DICTIONNAIRE DE DROIT ET DE PRATIQUE,

CONTENANT L'EXPLICATION DES TERMES DE Droit, d'Ordonnances, de Coutume & de Pratique.

AVEC LES JURISDICTIONS DE FRANCE.

Par Monsieur CLAUDE-JOSEPH DE FERRIERE, *Doyen des Docteurs-Regens de la Faculté des Droits de Paris, & ancien Avocat au Parlement.*

QUATRIEME EDITION.

PAR M. ***

TOME SECOND.

A PARIS, AU PALAIS,

Chez JOSEPH SAUGRAIN, Grande Salle vis-à-vis la Cour des Aydes, à la Bonne-Foi couronnée.

M. DCC. LVIII.

AVEC APPROBATION ET PRIVILEGE DU ROI.

DICTIONNAIRE DE DROIT ET DE PRATIQUE.

I

JACENT, se dit d'une succession dont l'héritier n'apparoît point ; & alors on fait créer un curateur à l'hérédité vacante, contre lequel les créanciers du défunt puissent intenter leurs actions ; & ce curateur doit exercer les droits qui appartenoient au défunt contre ses débiteurs.

JALAGE, est un droit que le Seigneur prend sur chaque piéce de vin qu'il est vendu en détail par sa permission. C'est la même chose que ce qu'on appelle ailleurs droit de forage.

JANVIER, est le premier mois de l'année: ce qui a été établi dans ce Royaume par l'article 39. de l'Ordonnance de Charles IX, donnée à Roussillon au mois de Janvier 1563.

Auparavant, l'année commençoit à Pâques, comme elle commence encore à Rome.

L'Ordonnance de Roussillon ne fut enregistrée au Parlement de Paris que le 19 Décembre 1564. Le premier jour de Janvier qui suivit cette vérification, le Roi en sa Cour & en sa grande Chancellerie, commença de compter 1565; ce que le Chancelier de l'hôpital fit observer à Toulouse, où le Roi étoit alors, & dans les lieux où il passa. Les Secretaires d'Etat commencerent au premier Janvier à dater de 1565, les Edits, Déclarations & lettres patentes. Les Secretaires du Roi suivirent durant quelques mois l'ancien usage; & dans toutes les lettres qu'ils présenterent pour être scellées du grand sceau, ils les daterent de 1564. & ne commencerent qu'à Pâques de compter 1565.

Le premier Janvier suivant, on commença en la Chancelerie de Paris de compter 1566. mais au Parlement de Paris, & dans tout son ressort, on ne commença à dater de 1566. qu'au 14 Avril,

& le premier Janvier suivant on compta 1567. Depuis on a toujours commencé l'année au premier Janvier dans tout le Royaume.

Il est important d'observer ceci, pour entendre la date des anciennes Ordonnances, & celle des Actes qui nous viennent encore aujourd'hui de Rome. *Voyez* ci-devant au mot An.

I D

IDES. L'usage introduit par les Romains, de compter les jours des mois par Calendes, Nones & Ides, est encore observé en la Chancellerie Romaine. *Voyez* Calendes.

Nous remarquerons seulement ici, que dans les mois de Janvier, Février, Avril, Juin, Août Septemb. Novemb., & Décembre, les Ides commencent le lendemain du jour des Nones, & durent huit jours: desorte que les Nones de Janvier étant le cinq de ce mois, il faut dater le six de Janvier, *octavo idus Januarii*. Si c'est dans les mois de Mars, Mai, Juillet & Octobre, où le jour des Nones n'est que le sept, les Ides ne doivent commencer que le huitiéme jour de ces mêmes mois, à cause que le jour qui leur est propre n'est que le quinze.

IDOINE, signifie propre convenable.

J E

JECTISSE. *Voyez* Terres jectisses.

JET DE MARCHANDISES EN MER, POUR SAUVER LES AUTRES, *Voyez* sur la lettre L. ce que j'ai dit de la Loi Rhodia, *de jactu*.

JEUX & BERLANDS, sont des amusemens pernicieux, qui font perdre le tems à ceux qui s'y adonnent, & causent souvent la ruine totale de leurs biens. Aussi sont-ils défendus par les Ordonnances royaux, sous peine d'amendes considérables.

Le mot de Berland dérive d'un jeu particulier de cartes qu'on appelle de ce nom; mais il est prix ici pour le genre, & signifie toutes sortes de jeux de hazard.

Il est même souvent employé pour exprimer les Maisons & Académies uniquement destinées pour jouer. Ces retraites de fainéans & de joueurs de profession ont de suites funéstes. Les peres de famille qui s'y laissent entraîner, s'y ruinent; & les fils de famille y dissipent presque toujours, par anticipation, les biens qui ne leur sont pas encore échus.

Ce n'est pas sans beaucoup de raison que les Ordonnances de nos Rois ont défendu les jeux & les berlans. Sur quoi *Voyez* le Code Henry, livre 8. titre 19. & le Traité de la Police, tome, 1. livre 3. titre 4. chap. 6.

Plusieurs Arrêts rendus au Parlement de Paris ont, conformement aux Ordonnances de nos Rois, fait défenses à toutes personnes, de quelque qualité & condition quelles soient, de jouer, ni donner à jouer dans les maisons & boutiques, même dans les foires, à quelque jeu de hazard que ce puisse être & particulierement aux Dez & jeux appellés le Hoca, la bassette, le Pharaon, le Lansquenet, la Dupe sous quelque forme qu'ils puissent être déguisés.

M. Brillon, *verbo* Jeu, remarque deux de ces Arrêts, dont l'un est du 30 Avril 1717. & l'autre du premier Juillet de la même année.

Les promesses causée pour jeux de hazard ne sont point exigibles, & celui qui a perdu de l'argent à un jeu de hazard ne peut être valablement poursuivi pour en faire le payement, comme il est décidé dans la Loi 2. §. 1. *ff de. aleatorib.* qui est observée parmi nous.

Ainsi, par Arrêt du Parlement de Bretagne du 12 Mai 1671. rapporté dans le Journal du palais, une promesse que l'on prouvoit par témoins avoit été faite pour argent perdu au jeu, a été déclarée nulle; mais par cet Arrêt, celui qui avoit fait la promesse a été condamnée de donner deux tiers ou environ de la somme, qu'il s'étoit obligé de payer, à trois Hôpitaux.

Il résulte de cet Arrêt, I°. Que dans ces sortes de contestations, au moyen de ce que l'on adjuge à des Hôpitaux une partie de l'argent perdu aux jeux de hazard, le gagnant & le perdant sont également privés de ces deniers, puisque le gagnant n'en profite en aucune maniere, & que le perdant est obligé de payer aux Hôpitaux les deux tiers ou environ de ce qu'il a perdu; & cela pour punir ceux qui jouent à des jeux défendus.

II°. Que l'on est recevable à faire preuve par témoins qu'un billet causé pour valeur réçue, excedant la somme de cent livres, a été véritablement fait pour argent gagné au jeu. C'est aussi ce qui a encore été depuis jugé par Arrêt du Parlement de Paris le 30 Juillet 1693. rapporté dans le Journal des Audiences, tom. 5. liv. 9. chap. 24.

Ainsi quand une promesse a été faite, & marquée l'avoir été pour argent prêté, quoiqu'elle l'ait été pour argent perdu au jeu, elle doit avoir son plein & entier effet, à moins qu'il ne soit prouvé que'lle l'a été pour argent perdu au jeu.

Les Juges n'écouteroient donc point la demande d'un Joueur qui actionneroit celui qui lui devroit pour une pareille cause. La raison est, que la Justice ne doit faire exécuter que les conventions qu'elle avoue; & s'il plaît aux Particuliers de s'engager pour des choses qu'elle reprouve, c'est à eux à s'arranger de façon qu'ils n'ayent jamais besoin du secours des Loix qu'ils ont méprisées en contractant de semblables engagemens.

Aussi ne voit-on point de pareils créanciers poursuivre leurs débiteurs, qu'en dissimulant avec grand soin la véritable origine de leur créance, en faisant marquer dans leur billets qu'ils sont causés pour valeur reçue.

Mais on demande si lorsque l'argent perdu au jeu a été payé par le perdant, il peut être par lui répeté?

Lorsque celui qui a perdu de l'argent à quelque jeu de hazard l'a payé, il n'a point d'action pour le répeter, à moins que celui qui a perdu & payé ne soit mineur, suivant l'article 59. de l'Edit de Moulins.

Ce que nous avons dit jusqu'ici ne regarde que les Jeux de hazard; car on peut faire demande en jugement de ce qui a été perdu aux Jeux d'adresse, comme à celui de la Paulme. Ainsi jugé par Arrêt de la Cour l'an 1603. rapporté par mornac, *ad Legem* 2. §. 1. *ff. aleatorib.*

Des obligations, promesses ou transactions qui se font à l'occasion du jeu *voyez Julius Clarus*, *lib.* 5. *Sent.* & les observations qui son à la fin de l'Ouvrage du même Auteur; *voyez* Bouvot, dans son Recueil d'Arrêts, tom 1. partie 3. *verbo* Jeu de cartes, & tome 2. *verbo* Jeux, quest. 3. M. le Prêtre, cent 4. chap. 81. *Voyez* le septiéme tome des Causes célébres, pag. 162. & suivantes.

I G

IGNORANCE, est un défaut de science.

La faute dans laquelle on est tombé par ignorance, sur un fait qui concerne la profession dont on se mêle, donne lieu à une demande en dommages & intérêts; parcequ'on ne doit pas faire une profession sans avoir acquis les connoissances requises pour s'en bien acquitter.

Cependant parmi nous cela ne s'observe pas à la rigueur, sur-tout quand la faute n'a pas été causée par un ignorance crasse.

A l'égard de l'excuse que l'on tire de l'ignorance de quelque chose, si cette ignorance est de fait, elle excuse; mais celle de droit n'excuse point. *Ignorance de fait ou de droit. Voyez* Erreur.

IGNORANCE DU DROIT NATUREL. Comme ce droit n'est autre chose que la raison & la justice naturelle, que Dieu a imprimé dans l'esprit des hommes pour regler leur conduite, l'ignorance de ce droit ne mérite point d'excuse. *ignorans jus naturæ, ignorabitur à Deo, à Lege, à Magistratu, Can.* 1. *in fine, dist.* 17. *Hæc ignorantia in religione ergà Deum, & in charitate ergà proximum, neminem ætatis & mentis compotem excusat.*

Par exemple, un homme coupable de vol ne seroit pas reçu à s'en excuser, sous prétexte qu'il ignoroit qu'un tel fait fût défendu; *quia furtum jure naturali prohibitum est.*

IGNORANCE DES FAITS PUBLICS, est celle qui tombe sur des faits qui ne sont ignoré de personne, & qui par conséquent n'est pas excusable. *Leg.* 9. §. 2. *de juris & facti ignorantiâ*

IGNORANCE AFFECTÉE, est l'ignorance de son propre fait, laquelle n'est point excusable quand il s'agit d'en tirer quelque profit au préjudice d'un tiers, *Quod peccat ignarus, & Quod peccatur per ignorantiam, excusabile est, ubi sola ignorantia errati causa est; sed ubi non ignorantia, sed ignavia errati causa est, non excusat.*

En effet, qui pourroit souffrir qu'un homme voulût s'excuser par l'ignorance de ce qu'il auroit fait lui-même? *Leg.* 6. *ff. de juris & facti ignorantiâ.* Quelle vraisemblance qu'une personne perde la mémoire de ce qu'elle auroit fait, à moins que le fait ne fût si ancien, que le tems en eût fait perdre le souvenir?

On peut néanmoins se servir de l'ignorance de son propre fait, quelque lourde qu'elle soit, lorsqu'il est question d'éviter quelque perte; comme si un homme faisoit si peu de réflexion sur ses affaires, que ne se souvenant pas d'avoir payé à son créancier ce qu'il lui devoit, il lui en fit encore une autre fois le payement: autrement ce créancier contre toute équité, & par une mauvaise foi insupportable, profiteroit de la simplicité de son débiteur. *Leg.* 25. §. 1. *ff. de probationib.*

IGNORANCE JOINTE A LA RUSTICITÉ, est excusable. *Leg. ult. cod. de testim. Leg.* 2. §. *pen. ff. si quis in jus vocat, non.*

Il faut dire le contraire de l'ignorance que les Paysans affectent souvent par malice; car elle est impardonnable. C'est pourquoi Balde, après Aristote; dit qu'il les en falloit guérir, *non argumentis sed verberibus.*

I L

ILLEGITIME, se dit de tout ce qui est fait contre la disposition des loix, ou qui n'y est pas conforme. Par exemple, on dit qu'un prêt usuraire est illégitime. On appelle celui qui est né d'une conjonction reprouvée, ou non autorisée par les Loix, un enfant illegitime.

ILLICO, est un mot latin qu signifie sur le champ. Comme selon l'ancienne Pratique, on étoit obligé d'interjetter appel aussi-tôt que la Sentence dont on se plaignoit avoit été signifiée, quand on ne l'avoit pas fait, on étoit obligé de prendre des Lettres en Chacellerie, pour être relevé de *l'illicò*, c'est-à-dire de n'avoir pas apellé sur le champ.

Il paroît que ce n'est que pour être relevé de *l'illicò*, qu'on a inventé les reliefs d'Appel.

ILLUSOIRE, se rapporte quelquefois à un Acte simulé, quelquefois à un Jugement inutile.

I M

IMBECILLE. *Voyez* Démence.

IMMEMORIAL, est un épithete qu'on donne au tems, à la durée d'une chose dont on ne peut dire le commencement *Voyez* Possession immémoriale.

IMMEUBLES, sont biens fixes, qui ont une assiete & situation certaine & assurée, & qui ne peuvent être transportés d'un lieu en un autre, comme sont les héritages, & les maisons.

Les immeubles se divisent en véritables immeubles, & en immeubles par fiction.

Les véritables immeubles sont exprimés par la définition que nous venons de donner d'immeubles.

Il y a d'autres immeubles qui ne le sont que par fiction, dont nous parlerons ci-après

Il y a plusieurs différences entre les meubles & les immeubles.

La premiere est, que les meubles suivent la personne de celui à qui ils appartiennent, & se reglent par la coutume de son domicile; parce qu'ils n'ont point de situation assûrée, certaine & permanente, d'autant qu'ils peuvent être facilement transportés d'un lieu dans un autre. Les immeubles au contraire se reglent, tant pour les dispositions entre-vifs que testamentaires, & pour les successions, suivant les Coutumes des lieux où ils se trouvent situés: *Quia cum certam sedem habeant, certoque finiantur territorio, secundùm ejusdem mores reguntur.*

La deuxiéme, que le retrait lignager n'a lieu que pour les immeubles, suivant l'article 144. de la même Coutume.

La troisiéme, que les meubles n'ont point de suite par hypotéque, article 170. & suivans.

La quatriéme, que les meubles ne se vendent point avec les solemnités des criées comme les immeubles, pas même les meubles précieux. *Voyez* ci-après Meubles précieux.

La cinquiéme, que la lézion d'outre moitié du juste prix n'a point lieu en vente de meubles.

La sixiéme, que les meubles se prescrivent par trois ans, & les immeubles par dix ans entre présens, & vingt ans entre absens.

La septiéme est, que les meubles se réglent autrement dans les successions que les immeubles. *Voyez* ce que j'ai dit *verbo* Succession.

La huitiéme, qu'en meubles il n'y a point de complainte, si ce n'est en universalité de meubles, suivant l'article 97. de la Coutume de Paris; au lieu qu'on peut intenter complainte pour raison d'un seul immeuble dans la possession duquel on est troublé.

La neuviéme est, qu'une donnation particuliére de meubles n'est point sujette à insinuation: il faut au contraire faire insinuer toute donnation d'immeubles, soit d'universalité d'immeubles, soit de quelque immeuble seulement.

En fin il faut remarquer qu'avant l'Ordonnance de 1539. la discussion des meubles étoit nécessaire avant que de pouvoir saisir les immeubles; mais cet usage est aboli a l'égard des majeurs, & ne subsiste plus qu'à l'égard des mineurs, comme je l'ai dit *verbo* Discussion.

IMMEUBLES PAR FICTION, sont des meubles qui ont pris la qualité d'immeubles; ce qui arrive par quatre causes.

La premiere est, quand le meuble est uni & incorporé à l'immeuble, ensorte qu'il y soit attaché à fer & à clou; ou bien quand par la seule destination du pere de famille, un meuble prend la nature d'immeuble, en tant que la chose mobiliaire est censée faire partie de l'immeuble auquel elle sert, & auquel elle est jointe pour toujours. *Voyez* Ustensiles d'Hôtel.

Ainsi dans ce cas deux choses doivent concourir pour faire qu'un meuble soit réputé immeuble. I°. Qu'il soit attaché à fer & à clou, ou scellé en plâtre. II°. Qu'il soit mis pour perpetuelle demeure. D'où il résulte que le locataire d'une maison qui auroit fait sceller en plâtre quelque chose mobiliaire, comme une garniture de cheminée, peut l'en séparer & la réprendre, en rétablissant les lieux en l'état qu'ils étoient auparavant, sans que le propriétaire puisse pretendre que ce meuble fasse partie de sa maison; parce que n'étant que locataire, on ne peut pas présumer qu'il ait placé cette garniture pour perpétuelle demeure.

La deuxieme cause qui fait prendre à un meuble la qualité d'immeuble, est la stipulation de propre, par laquelle une somme de deniers ou autre chose mobiliaire, comme meuble meublans ou marchandises, prennent la qualité d'immeubles. *Voyez* Stipulation de propres.

La troisiéme est, quand le meuble représente l'immeuble, Ainsi les matériaux d'un édifice démoli sont réputés immeubles

La quatriéme est la disposition de la Coutume, par laquelle certaines choses mobiliaires de leur nature sont censées immeubles, comme sont les rentes constituées à prix d'argent, suivant l'article 94. de la Coutume de Paris, ou les deniers provenans du rachat des rentes appartenantes à des mineurs. Sur quoi il faut remarquer que la disposition de cet article 94. de la Coutume de Paris qui répute immeuble dans la succession du mineur des deniers provenans du rachat d'une rente constituée, n'a point d'application à un imbecile. Ainsi jugé au Parlement de Paris par Arrêt du 18 Décembre 1702. *Voyez* le Traité de la Communauté de M. le Brun, liv. 3. chap. 3. sect. 2. nomb. 32.

IMMEUBLES RÉPUTÉS MEUBLES. De même que quelquefois les meubles sont réputés immeubles, de même aussi les immeubles sont quelquefois réputés meubles par une clause particuliére, qui porte qu'une partie des immeubles qui composent la dot, sera ameublie pour entrer dans la communauté. L'immeuble ainsi ameubli tombe en la disposition du mari, comme un autre effet mobilier.

Mais on demande si cet immeuble ne reprend jamais sa nature, pour produire son effet ordinaire?

Il faut dire que si la femme décede avant que le mari ait disposé de l'immeuble ameubli, & que l'enfant né du mariage décede ensuite, le pere héritier des meubles, acquets & conquêts, ne prend rien dans l'immeuble ameubli: ce sont les héritiers des propres qui y succedent.

La raison est, que l'héritage propre de la femme ameubli, doit être cousideré comme tous les autres conquêts, pour ce qui concerne l'intérêt du mari dans la communauté, suivant la convention d'ameublissement qu'il a faite; mais quand il ne s'agit plus de l'intérêt de mari, la fiction cesse, & l'héritage reprend la qualité qu'il avoit auparavant.

Mes fictions des meubles, d'immeubles, de propres, &c. ne s'étendent jamais d'un cas à un autre; ainsi l'ameublissement ne change la nature de l'héritage qu'à l'égard de la communauté, envers laquelle il sert de caution de la somme que l'on a promis d'y apporter : mais à l'égard des successions, l'héritage conserve toujours sa nature d'immeuble, nonobstant l'ameublissement. *Voyez* Ameublissement.

IMMEUBLES QUI DANS QUELQUES COUTUMES SONT RÉPUTÉS MEUBLES. *Voyez* ci-dessus Catel.

IMMUNITÉ, signifie privilége, exemption de quelque charge, devoir ou imposition.

IMMIXTION, est le maniement des effets d'une succession, que l'on fait en qualité d'héritier du défunt. S'immiscer se dit donc d'un présomptif héritier, ou de celui qui est habile à se porter héritier, quand il a pris ou appréhendé des biens de la succession, comme en étant le proprietaire.

Dans le Droit Romain il y a différence entre addition d'hérédité & immixtion. S'immiscer se dit seulement des héritiers siens, c'est-à-dire des descendans étant dans la puissance du défunt, en la succession du quel ils s'inmiscent en faisant acte d'héritiers.

Mais l'addition d'hérédité ne se dit que des héritiers étrangers, c'est-à-dire de ceux qui ne sont pas en la puissance du défunt, dont ils sont héritiers au jour de son décès. Cependant ces termes s'être porté héritier & s'être immiscé, addition d'hérédité & immixtion, se prennent dans une même signification dans notre usage.

IMPENSES, sont les choses qu'on a employées, ou les sommes qu'on a déboursées, pour faire rétablir, améliorer, ou entretenir une chose qui appartient à autrui, ou qui ne nous appartient qu'en partie, ou qui n'appartient pas incommutablement, comme sont les héritages de la femme, dans lesquelles le mari a fait des impenses pendant le mariage.

On distingue en Droit trois sortes d'impenses; sçavoir, les nécessaires, les utiles, & celles qu'on appelle voluptuaires.

Les nécessaires, sont celles sans lesquelles la chose ne pourroit exister, ou sans lesquelles la chose seroit périe, ou entiérement deteriorée, comme le rétablissement d'une maison qui ménace ruine; comme aussi des lévées & chaussées pour détourner la rapidité de l'eau, ou empêcher qu'elle n'endommage un héritage.

Les utiles, sont celles qui ne font pas exister la chose, & qui même ne servent pas à la conserver; mais qui en augmentent la valeur & le prix, comme la construction de remises & d'écuries, & autres choses semblables, qui ne sont pas nécessaires pour la conservation de la chose, mais qui en augmentent l'utilité & la valeur.

Les dépenses voluptuaires, autrement appellées impenses de plaisir, sont celles qui ne font point exister la chose, & qui n'en augmentent ni la valeur, ni l'utilité, mais qui servent à son embelissement, comme sont les parterres de fleurs, les peintures, & autres semblables décorations.

Le possesseur de bonne foi qui a fait des impenses dans le fond d'autrui, peut, lorsque le proprietaire de cet héritage le revindique, se servir contre lui de la retention; c'est-à-dire, rester en la possession de cet héritage, & faire les fruits siens, jusqu'à ce que les impenses nécessaires, & même les utiles qu'il y a faites, lui ayent été entierement remboursées.

Pour ce qui est des impenses voluptuaires, elles ne sont jamais remboursées; elles tombent toujours sur celui qui les a faites, quand même il auroit possedé de bonne foi l'héritage dans lequel il les a faites. La raison est, qu'il n'étoit pas besoin de les faire, & qu'elles n'apportent aucune utilité à l'héritage.

Toute la grace que peut esperer celui qui a bâti sur le fond d'autrui qu'il possedoit de bonne foi, c'est de pouvoir retirer les impenses nécessaires; & que tout le profit qu'ont produit à son bâtiment les impenses utiles qu'il y a faites, lui soit rendu par estimation, afin que sa dépouille n'enrichisse pas le proprietaire du fonds. *Leg.* 216. *ff. de reg. jur.*

Mais cette prétention doit se borner au profit réel, & ne pas aller jusqu'au faste & au luxe; car la Justice ne tient pas compte des superfluités.

A l'égard de celui qui auroit bâti sur le fonds d'autrui, ayant connoissance que ce fonds ne lui appartenoit pas, suivant la rigueur du Droit, le propriétaire de ce fonds pourroit rentrer dedans, sans indemniser ce possesseur de mauvaise foi des impenses qu'il auroit faites.

La raison est, que le possesseur de mauvaise foi, qui bâtit sur un fonds qu'il sçait ne lui pas appartenir, semble demeurer d'accord, en cas d'éviction, de perdre son bâtiment : car, ou il a intention de donner, & alors c'est une donation irrevocable, *Leg.* 53. *ff. de reg. jur.* où il prend sur lui l'événement, & alors lui-même fait la mesure de sa perte, *sibi legem dicit*; ou enfin il veut faire servir son entreprise à l'oppression de celui qu'il sçait être le proprietaire de ce fonds, & alors il ne mérite pas d'être épargné, *hominum malitiis indulgendum non est. Leg.* 38. *ff. de rei vindicat.* Ainsi, de quelque maniere qu'on regarde son procedé, la perte qu'il s'est lui-même procurée doit tomber sur lui.

Cependant, comme nous préferons en ce cas l'équité à la rigueur du Droit, le proprietaire qui rentre dans son fonds doit lui payer les impenses nécessaires qu'il y a faites; & à l'égard des utiles, le possesseur de mauvaise foi qui les a faites peut seulement les enlever, au cas qu'elles puissent être séparées du lieu où elles ont été faites sans aucune deterioration, ou s'en faire rembourser sur l'estimation qui en sera faite par prud'hommes, au plus bas prix, en gros & non en détail.

Il faut encore remarquer que si l'édifice n'accommodoit pas le proprietaire de ce fonds, il pourroit obliger le possesseur de mauvaise foi de remettre les lieux en l'état qu'ils étoient auparavant, comme il arrive lorsque dans l'an & jour l'acquereur a fait des édifices non nécessaires dans le fonds qui lui est évincé par un parent lignager,

Voyez ce que j'ai dit sur le §. 30. du tit. 1. du second livres des Institutes, & ce que j'ai dit sur l'art. 229. de la Coutume de Paris, §. 4. nombre 6. & suivans.

Touchant les impenses & améliorations faites pendant le mariage sur les propres héritages de l'un ou de l'autre des conjoins, *voyez* M. le Brun en son Traité de la communauté, liv. 3. chap. 2. sect. 1. dist. 7. M. le Prêtre, ès Arrêts de la Cinquiéme, & 2e. cent. chap. 89. le Vest, Arrêt 17. Carondas, liv. 5. rép. 10. & Auzanet, sur l'art. 244. de la Coutume de Paris.

IMPERITIE, est l'ignorance de l'art dont on fait profession; & cette ignorance n'est pas excusable lorsqu'elle est nuisible à quelqu'un, surtout quand le dommage est causé dans un fait qui concerne l'art dont on fait profession. *Imprudentiæ artificis non succurritur; quia unusquisque peritiam in arte suâ præstare debet; quamobrem si quis per imperitiam alicui nocuerit, tenebitur, si quidem imperitia culpæ adnumeratur; sicque nemo debet suscipere id in quo novit suam imperitiam vel imprudentiam alteri damnosam fore. Leg. 132. ff. de reg. jur.*

Ainsi on condamne en Justice un Chirurgien à des dommages & intérets envers celui qu'il aura estropié par impéritie.

Il en est des Apoticaires de même que des Chirurgiens, comme je l'ai dit dans ma Traduction des Institutes de Justinien, sur le §. 7. du troisieme tit. du quatriéme livre: *Quia scilicet impertia culpæ nunumeratur, & culpæ reus est, qui artem quam profitetur ignorat, dictâ Leg. 142. ff. de reg. jur.*

Mais pourquoi donc les fautes que commettent les Médecins, en ce qui regarde la Médecine qu'ils professent, demeurent-elles impunies? C'est que suivant l'opinion de bien de gens, la Médecine est un art conjectural,

Pour ce qui est des Juges qui par impéritie rendent des Jugemens injustes, *voyez* ce que j'en ai dit dans ma Traduction des Institutes de Justinien, sur le commencement du cinquiéme titre du quatriéme livre.

IMPERTINENT, se dit au Palais de ce qui n'appartient pas à la question dont il s'agit, & qui par conséquent ne peut point servir à sa décision.

Ce terme est opposé à celui de pertinent. Quand les faits dont on veut faire preuve, ou les reproches que l'on propose contre les témoins ne paroissent pas admissibles, on les soutient, & le Juge les déclare impertinens & inadmissibles.

IMPETRABLE, se dit d'une chose ou d'une grace qui se peut obtenir.

IMPETRANT, est celui à qui une grace a été accordeé par le Prince, & qui en a obtenu des Lettres.

IMPETRER, signifie obtenir quelque grace, quelque faveur, quelque don ou privilége.

IMPOSITIONS. Ce terme se prend souvent dans le même sens pue celui d'impôts, c'est-à-dire pour les charges qui sont imposées sur le peuple & sur les denrées, pour subvenir aux nécessités de l'Etat. Mais nous allons parler ici des impositions, par rapport à la maniere dont les impôts & autres charges se levent sur les habitans d'un lieu.

Voici quelques régles qui servent à faire connoître de quelle maniere les impositions doivent être faites.

Lorsqu'il s'agit de lever un impôt pour les affaires du Prince, l'on doit imposer les habitans du lieu à raison de ce qu'ils possedent, tant au lieu de la Province, qu'ailleurs. Mais quand l'impôt se fait pour la ville ou l'on demeure, il ne peut être fait que par rapport aux biens que l'on y possede. Papon, liv. 5. titre 10. nomb. 2. Guiy Pape, question 5.

Il y a des Particuliers qui par privilége spécial sont exempts de certaines impositions; mais il se rencontre quelquefois de nécessités publiques si intéressantes pour tous les habitans d'une Ville, que la levée de certains impôts se fait tant sur les priviligiés, que sur ceux qui ne le sont pas: par exemple, quand il s'agit de réparer, fortifier & munir une Ville. *Voyez* la Rocheflavin, liv. 6. tit. 73. & la Bibliotéque de Bouchel, lett. L, *verbo* Levées de deniers.

On excepte quelquefois les gens d'Eglises; mais ce n'est seulement que pour le regard des biens dépendans de leur Bénéfices. Ainsi par Arrêt du 2. Mars 1558, il a été jugé qu'un Prêtre avoit été valablement cotisé pour la solde de 50000 hommes. *Voyez* du Fail, liv. 1. chap. 99.

Les Forains sont même tenus en tems de guerre de contribuer aux frais des réparations des portes & murailles, & aux frais de la garde & garnison des lieux.

Par Arrêt de la Cour des Aydes de Paris du 26 Avril 1681. il a été jugé qu'un habitant privilégié est tenus de contribuer aux deniers levés pour la rédemption de la Ville où il demeure, pour la garder & les fortifications. Mémorial alphabetique, *verbo* Privilégié.

Les Forains sont contribuables aux surtaux & impositions pour le logement des gens de guerre; mais non pas les nobles, les Ecclésiastiques, ni les Officiers des Cours souveraines. Basset, tome 1. liv. 3. titre 3. chap. 8.

A l'égard des anciennes dettes d'une Paroisse, les nouveaux habitans peuvent y être imposés pour leur quote-part. Papon, liv. 7. tit. 2. nomb. 1. M. le Bret, act. 43. Philippi, ès Arrêts de la Cour des Aydes de Montpellier, art. 146.

Touchant les impositions qui se font sur une Communauté d'habitans, *voyez* ce qui en est dit dans le Dictionnaire des Arrêts, *verbo* Communauté, & *verbo* Communaux.

IMPOST,

IMPOST, est une charge imposée par le Souverain sur le peuple & sur les denrées, pour subvenir aux nécessités de l'Etat

Je dis *imposé par le Souverain*; autrement ce n'est point un impôt, mais une maltote, c'est-à-dire une exaction illégitime.

Autrefois que les Seigneurs avoient eu la témérité de vouloir s'ériger en Souverains, ils ne mettoient que trop souvent des impôts sur leurs sujets & sur les denrées qui se vendoient ou achetoient dans leurs terres, & ils le faisoient le plus souvent sous de faux & mauvais prétextes.

Mais ces violences ou abus ont éte réprimé depuis plusieurs siécles; ensorte qu'aucun d'eux ne prétend aujourd'hui contre la régle, qui veut qu'il n'y ait que le Roi seul qui ait le droit d'imposer ces sortes de charges.

Cette Loi est marquée dans l'Evangile par Jesus-Christ même, en ces termes: *Reddite ergo quæ sunt Cæsaris Cæsari, &c. Matthæi, cap. 22. vers. 21.*

Nous le trouvons aussi dans le Digeste & dans le Code, où il est dit; *Vectigalia constituere solius est Principis, & hujus solius est ea reformare, & iis addere, vel diminuere. Leg. 10 ff. de publican. vestigalib. & commiss. Leg. 3. cod. nov. vectig. inst. non poss.*

Nous avons plusieurs Edits qui sont conformes à cette régle, & qui font défenses à toutes sortes de personnes de faire aucunes impositions ni levées de deniers sans le comandement exprés du Roi, d'autant qu'il n'y a que lui seul qui ait droit d'en imposer dans son Royaume, & d'en décharger qui bon lui semble.

Nullus potest in regno Franciæ subsidia imponere nisi Rex, quâcumque prærogativâ; vel dignitate, vel potentiâ fulciatur, absque consensu Regis, qui omnium est superior in suo regno; & hoc teneas, nec unquam contrarium dicas, ne crimine sacrilegii accuseris, & reus Majestatis. Joan. Gall. quest. 60.

Voyez Fontanon, 2. tom. pag. 262. 866. Papon, livre 5. titre 11. nomb. 1. & du Fail, liv. 3 chap. 433.

IMPOSTEURS, sont ceux que pour en imposer avancent des faits qui ne sont pas, ou qui prennent un nom ou une qualité qu'ils n'ont point. *Voyez* Supposition de nom & Supposition de qualité.

IMPRESCRIPTIBLE, se dit de tout ce qui ne peut pas être prescrit. *Voyez* Prescription.

IMPRUDENCE, signifie inadvertance: sur quoi il faut remarquer qu'une faute commise par imprudence n'est pas excusable quand elle a causé du dommage à quelqu'un.

Voyez ce que j'ai dit dans ma Traduction des Institutes, sur le titre 4. du quatriéme livre.

IMPUBERES, sont ceux qui n'ont pas encore atteint l'âge de puberté, qui est défini à quatorze ans acconplis pour les mâles, & à douze accomplis pour les femelles. *Voyez* Puberté.

Les impuberes sont ou en enfance, ou proches de l'enfance, ou proches de la puberté.

Les impuberes sont en enfance jusqu'à ce qu'ils ayent atteint sept ans; ils sont proches de l'enfance quand ils sont plus éloignés de la puberté que de l'enfance; & ils sont proches de la puberté quand ils en sont moins éloignés que de l'enfance.

Le Droit Romain distingue entre les uns & les autres, quant aux obligations qui proviennent de contrat; & décide que ceux qui sont en enfance, ou proches de l'enfance, ne peuvent rien faire par eux-mêmes; & enfin, que ceux qui sont proches de la puberté, peuvent faire leur condition meilleure par eux-mêmes & sans l'autorité de leur tuteur, mais que sans cette autorité ils ne peuvent pas faire leur condition déterieure, & qu'ainsi cette autorité leur est nécessaire dans toutes les affaires dont ils pourroient recevoir quelque dommage par l'événement.

Nous ne suivons point en France cette disposition des Loix Romaines; & parmi nous, même au pays de Droit écrit, l'autorité des tuteurs n'est point reçue; mais l'usage est que les tuteurs ne fassent eux-mêmes, sans faire intervenir leurs pupilles, tous les actes qui sont nécessaires pour la conservation des biens de ceux dont on leur a confié la conduite, & dont ils sont les défenseurs.

Voyez ce que j'ai dit dans ma Traduction des Institutes, sur le tit. 21. du premier livre, où j'ai traité cette matiere amplement.

Pour ce qui est des crimes qui sont commis par des impuberes, nous suivons à cet égard la disposition des Loix Romaines. Elles distinguent entre les impuberes, qui sont en enfance, ou proches de l'enfance, & ceux qui sont proches de la puberté.

Les impuberes qui sont en enfance, ou proches de l'enfance, n'étant pas capables d'entendement, ne sont pas non plus sommis aux peines établies par les Loix contre ceux qui délinquent: *Quia scilicet sunt doli incapaces, delictum autem intelligi non potest absque dolo.*

A l'égard des impuberes qui sont proche de la puberté, s'ils commettent quelque crime, ils en peuvent être punis, suivant la Loi 7. au Code, tit. *de pœnis*, dont voici les termes: *Impunitas delicti propter ætatem non datur, si modo in eâ quis sit, in quam crimen quod intenditur cadere potest.*

Il resulte des termes dans lesquels cette Loi est conçue, que les impuberes qui sont *doli capaces*, peuvent délinquer, & être punis. Aussi tous les Arrêts qui ont été rendus à ce sujet n'ont point prononcé de peine, pas même de dommages & intérêts, contre les impuberes qui étoient accusés de quelque crime, à moins qu'ils ne fussent proches de la puberté, & par conséquent capables d'entendement. *Voyez* la Peyrere, *verbo* Crime. Peleus, quest. 16. & Soefve, tome 1. cent. 3. chap. 58.

Il est vrai que *publicè interest omni ratione impuberibus subveniri, ita ut ætati sit condonandum; sed magis publicè interest delicta non manere impunita, se à doli capacibus admissa sint, ne scilicet spe impunitatis alii invitentur ad delinquendum.*

Une observation qui reste à faire ici, c'est que quoique les impuberes qui sont proches de la puberté puissent être punis pour raison des crimes qu'ils commettent, les Juges doivent toujours avoir égard à la foiblesse de leur âge, & en conséquence adoucir la rigueur de la peine : *Itaque impuberes pubertati proximi, utpote doli capaces, puniri possunt ex delictis, ita tamen, ut pœnæ atrocitas mitigitur ætatis commiserationne.*

C'est aussi ce qui fait qu'ils ne sont ordinairement point punis de mort, mais de quelque peine légere, comme du fouet, de la prison, laquelle peut être perpétuelle, au cas que latrocité du crime l'exige.

IMPUISSANCE, est un défaut naturel qui rend inhabile à la génération.

Le Sacrement de mariage n'a été institué que pour deux fins, sçavoir pour la procréation des enfans, & pour appaiser les feux de la concupiscence. Or comme l'impuissance est un obstacle à l'un & à l'autre, il s'ensuit que ceux qui sont inhabiles & impuissans, ne pouvant atteindre aux fins pour lesquelles le Sacrement de mariage a été institué, ne peuvent pas non plus se marier valablement.

Ainsi quand ils se marient, ils profanent la sainteté du Sacrement de mariage; ils attentent à l'autorité de l'Eglise, qui défend aux impuissans de se marier, ayant mis l'impuissance au rang des empêchemens dirimans. Si les deux fins du mariage sont la génération des enfans, & le soulagement des feux de la concupiscence, dont la premiere est la plus noble, ils allument des feux qu'ils ne peuvent éteindre. Ainsi impuissant trompe la personne qu'il épouse, & même les parens qui l'a lui confient. Avec quelle horreur doit-on regarder ces infames, qui se servent du voile d'un Sacrement pour faire un commerce souillé des prostitutions les plus honteuses?

L'impuissance vient de la part de l'homme, ou de la femme.

Celle qui vient de la part de l'homme est causée par l'un de ces trois défauts, *nimirum erectionis, intromissionis, & immissionis seminis in vas fœmineum.* Du défaut de l'une de ces trois facultés vient *impotentia cœundi, quia tres illæ facultates ad coitum necessariò requiruntur.*

Celle qui vient de la part de la femme n'est fondée que sur ce que, *adeò arcta est, ut cum ea carnale commercium haberi nequeat*; mais cela est très-rare : aussi voit-on peu de procès qui soient intentés pour raison de l'impuissance qui vient de la part de la femme.

L'impuissance est ou perpetuelle & sans aucune espérance de guérison, comme celle des eunuques; ou temporelle, qui peut se guerir par les remedes ordinaires, sans avoir recours aux enchantemens qui sont défendus, ni à ces remedes extraordinaires & violent, que l'on ne peut prendre sans courir risque de perdre la vie.

L'impuissance perptuelle est un empêchement dirimant; c'est-à-dire, qu'elle ne met pas seulement obstacle à un futur mariage, mais qu'elle donne lieu à faire déclarer nul un mariage qui auroit été contracté.

La raison est, qu'elle est contraire à la mutuelle tradition des corps, en quoi consiste l'obligation à laquelle s'engagent ceux qui se marient. *Cap. laudabilem, extr. de frigidis & maleficiatis.*

A l'égard du mariage non contracté, l'impuissance est à plus forte raison un obstacle qui l'empêche, quand même la femme consentiroit de se marier avec un homme qu'elle sçauroit être impuissant. *Voyez* le Journal des Audiences, qui rapporte un Arrêt du huit Janvier mil six cens soixante cinq qui l'a jugé ainsi.

La raison est, qu'il ne convient pas de se fier à la promesse d'un homme & d'une femme, qui peuvent, habitans ensemble, s'abandonner à des violentes & vaines tentatives, d'autant plus criminelles, qu'elles ne font qu'allumer les feux de la concupiscence, sans les pouvoir éteindre. *Voyez* Chorier en sa Jurisprudence du Guy Pape, page 231.

Il faut dire le contraire de l'impuissance perpétuelle qui seroit survenue à l'un des conjoints depuis le mariage; car alors elle ne pourroit pas donner lieu à faire déclarer ce mariage nul, attendu que le mariage valablement contracté est indissoluble.

L'impuissance temporelle n'est pas un empêchement au mariage, *cap. fraternitatis, extr. de frigid. & maleficiat.* attendu que cette impuissance n'empêche pas absolument que le mariage n'ait un jour la fin pour laquelle il a été institué, puisque cet obstacle n'est que temporel, & qu'il y a espérance qu'il finira. *Voyez* ce que j'ai dit à ce sujet, *verbo* Eunuque.

Pour que l'impuissance perpétuelle donne lieu à la cassation du mariage, c'est-à-dire à le faire déclarer nul, il faut premierement que la demande en soit formée, & qu'ensuite sur cette demande il soit intervenu un Jugement interlocutoire, en conséquence duquel il ait été procedé à la preuve de l'impuissance.

La demande en séparation pour cause d'impuissance, ne peut être formée que par la Partie intéressée : ainsi quand le mariage est une fois célébré, quoique l'impuissance du mari soit constante, néanmoins les plus proches parens du mari ne seroient pas admis à poursuivre sa séparation d'avec celle qu'il auroit épousée.

En effet, il ne seroit pas juste de permettre à des étrangers de troubler, pour leur intérêt particulier, une societé contractée par un mariage entre deux personnes qui veulent bien y passer leurs jours. Les parens du mari ne seroient pas même reçus à contester à la femme qui auroit survécu, les effets civils d'un tel mariage.

C'est ce qui a été jugé par Arrêt rapporté par Carondas sur l'article 248. de la Coutume de Paris.

par lequel le don mutuel fut confirmé dans un cas semblable.

De plus, les parens du mari sont non-recevables après qu'il est décedé, à contester l'état de l'enfant né, *constante matrimonio*, sous prétexte que le pere de cet enfant étoit impuissant; parce que c'est un droit acquis personnellement à la femme, de demander la dissolution du mariage pendant qu'il existe, en offrant la preuve de l'impuissance. Ainsi les parens & autres n'ont aucun droit de s'en plaindre pendant que le mariage subsiste; encore moins après la mort du mari. Maynard, livre 3. chap. 29.

De ce que nous avons dit ci-dessus, il s'ensuit que quand le mariage est contracté entre personnes dont il y en a une qui est impuissante, si elles consentent de demeurer ensemble & de vivre comme frere & sœur, on ne peut les séparer, *Cap. consultationi & cap. laudabilem, extr. de frigidis & maleficiatis.*

Mais dans ces cas ils doivent vivre comme frere & sœur, s'abstenant *à tactibus impudicis*, & couchant séparément; autrement l'Evêque pourroit les séparer; & même celui des conjoints qui auroit consenti d'abord de vivre de cette maniere avec l'autre, & qui trouveroit dans la suite ne pouvoir s'accoutumer à une telle vie, pourroit demander la séparation, sans qu'on peut lui opposer le passage de l'Ecriture, *quos Deus conjunxit, homo non separet*; parce qu'il est certain qu'il n'y a pas de véritable mariage où il ne peut y avoir de conjonction corporelle, au moyen de la quelle *conjuges fiant una caro.*

Dailleurs, si on contraignoit celui des conjoints qui intente la demande en séparation à demeurer avec l'autre, sous prétexte qu'il y a consentit, lorsqu'il déclare après ne pouvoir garder la chasteté, ce seroit exposer l'union sainte du mariage aux horreurs du concubinage, & à des abominations perpétuelles.

La demande en séparation pour cause d'impuissance, peut donc être seulement intentée par celui des conjoints que cette impuissance intéresse, & auquel elle préjudicie; mais cette action ne passe point aux héritiers de celui qui l'a intentée, quand il vient à déceder avant que l'affaire ait été terminée. Ainsi l'arrêt du 31 Mars 1678. rapporté dans le Journal du Palais, a jugé que l'action d'impuissance, intentée par une femme, ne passoit point en la personne de son héritier.

La raison est, que les accusations d'impuissance ont toujours été extrêmement odieuses. D'ailleurs il n'y a que le mari & la femme qui s'y trouvent intéressés, & en qui réside le droit & la qualité légitime pour les poursuivre.

Quand une femme qui est mariée à un impuissant ne se plaint pas de l'impuissance de son mari, il ne seroit pas lui-même en droit de s'en plaindre; *quia nemo audiendus est propriam allegans turpitudinem.*

Le Juge d'Eglise pardevant lequel la demande en séparation pour cause d'impuissance doit être poursuivie, ne doit rien décider définitivement, sans avoir pris au préalable connoissance du fait, & s'être pleinement informé si la demande en séparation pour cause d'impuissance est juste ou non.

Pour connoitre si l'impuissance est véritable & constante, on avoit autrefois recours au congrès, qui étoit une invention toute nouvelle, inconnue des Loix canoniques & civiles; mais le congrés a été très sagement aboli, comme contraire à la pudeur & à la bienséance, & même à la raison.

Est-il naturel qu'après que des personnes ont eu ensemble des contestations aussi fâcheuses que le sont celles qui précedent toujours la demande en séparation pour cause d'impuissance, soient portées à se donner reciproquement des marques d'un tendre amour.

Le congrés a donc été aboli par Arrêt du Parlement de Paris, en date du dix-huit Février 1677. comme nous l'avons dit ci-dessus, *velbo* Congrés.

Depuis ce tems-là, lorsqu'une femme accuse son mari d'impuissance, le Juge ordonne que le mari sera visité, pour être, sur le rapport des Experts ordonné ce que de raison.

Si après que le mari a souffert la visite, le Juge ne trouve pas assez de quoi fonder son Jugement, il faut qu'il ordonne la visite de la femme. Ainsi quand la femme accuse son mari d'impuissance, c'est toujours lui qui doit être visité le premier. La raison est, que la femme peut n'être pas entiere, & le mari être impuissant.

Mais avant que le Juge ordonne ces sortes de visites, il y a des procédures, des préliminaires & des formalités qu'il faut nécessairement observer.

On doit d'abord séparer les conjoints, & assigner une demeure à la femme chez une personne amie des deux, pour un certain tems, pendant lequel il sera libre au mari de voir sa femme, pour éprouver si l'aversion & l'animosité qu'ils ont vraisemblablement l'un contre l'autre ne pourroit point cesser.

Il faut ensuite les engager d'implorer par leurs pénitences & par leurs prieres, auprès de l'instituteur du Sacrement de Mariage, la grace d'être en état de le consommer, comme il est marqué au chapitre *litteræ*, du titre des Decrétales *de frigid. & maleficiat.*

Enfin si toutes ces précautions ne sont pas suffisantes, & que la femme persevere toujours à se vouloir faire séparer de son mari pour raison de son impuissance, le Juge ordonne que le mari sera visité, & ensuite la femme, pour être ordonné ce que de raison.

Sur le rapport des Experts, si le mari est déclaré puissant, nonobstant les instances que feroit la femme au contraire, le mariage est déclaré bon & valable.

Mais lorsque sur le rapport des Experts le mari est déclaré impuissant, & que son impuissance est par eux attestée certaine, & sans espérance de guérison, le Juge doit, en conformité de leur rapport, casser le mariage ou pour parler plus juste, il doit déclarer nul celui que les Parties ont contracté.

Un tel Jugement, qui prononce la nullité d'un mariage pour cause d'impuissance, n'ordonne pas seulement la séparation de ceux qui avoient contracté mariage ensemble; il contient encore les conséquences qui doivent nécessairement être la suite d'une telle séparation.

La premiere est, que la femme qui s'est fait séparer à cause de l'impuissance de son mari, peut valablement se marier à un autre.

La deuxiéme est, que dans ce cas il doit être fait défense au mari de contracter mariage avec une autre personne, lorsqu'il est jugé impuissant indéfiniment & sans restriction, tant à l'égard d'une fille, qu'à l'égard d'une veuve, parce qu'il est absolument incapable de mariage.

La troisiéme est, que le mariage étant déclaré nul pour cause d'impuissance, la constitution de dot ne peut pas subsister.

La raison est, que la dot est donnée au mari pour soutenir les charges du mariage: ainsi quand il n'y a point de mariage, il ne peut y avoir de dot.

De plus, celui qui sçachant être impuissant a contracté mariage, ayant par ce moyen abusé du Sacrement, est tenu, *ob malam fidem*, non-seulement de restituer la dot à celle qu'il a trompée, avec les fruits qu'il en a perçus, mais encore ceux qu'il en a pû percevoir; & ce à compter du jour de la citation qui lui a été faite en dissolution de mariage; & enfin il est condamné en tous les dommages & intérets de celle qu'il a abusée.

Voyez Carondas sur l'art. 247. de la Coutume de Paris; Fillau, part. 4. quest. 144. Chenu, cent. 2. quest. 48. & Fevret, en son Traité de l'Abus, liv. 5. chap. 4. nomb. 13.

Mais comme ce qui concerne la restitution de la dot & les dommages & intérêts, n'est point de la compétence du Juge d'Eglise, il ne connoît que *de fœdere matrimonii*; sauf aux Parties, pour tout ce qui regarde le temporel, à se pourvoir pardevant le Juge laïc, à qui la connoissance en appartient.

Lorsque le mariage est résolu à cause de l'impuissance du mari, provenant d'un vice qu'il a pû ignorer, il n'est tenu que de rendre la dot, sans aucuns dommages & intérêts: au contraire, il peut répéter ce qu'il avoit donné à la femme en faveur de mariage, *per conditionem causa data, causa non secuta*.

Mais si le mari étant impuissant, & sçachant l'être, s'est marié, & a par son contrat de mariage fait une donnation à sa femme en faveur de mariage, cette donation ne sera pas annullée conséquence de la dissolution du mariage prononcée pour cause d'impuissance du mari, pourvû toutefois que la femme, au tens de la célébration du mariage, ait ignoré que son mari étoit impuissant. Le Bret, liv. 1. décision 11. rapporte un Arrêt qui l'a jugé ainsi.

Enfin, si le mari étant impuissant, & sçachant l'être, épouse une femme qui ait connoissance que son mari est impuissant, ils sont tous deux amendables envers le fisc. D'Argentré, 429. de la Coutume de Bretagne.

Il nous reste quelques observations à faire sur cette matiere.

La premiere, que la demande de la femme à fin de dissolution de mariage, pour cause d'impuissance de son mari, n'empêche pas qu'elle ne puisse être accusée d'adultere, à condition néanmoins que le mari ne pourra demeurer Partie civile, mais seulement simple dénonciateur. Ainsi jugé par Arrêt du 18 Janvier 1640. Bardet, tome 2. liv. 9. chap. 3. Soefve, tome 1. cent. 1. chap. 1.

La deuxiéme est, que l'enfant né pendant le mariage de celui que l'on prétendoit impuissant, est toujours dans le doute présumé appartenir au mari, lorsqu'il n'est point intervenu de Jugement qui déclare que le mari est impuissant. *Voyez* l'Arrêt du 31 Mars 1678. qui est rapporté dans le Journal du Palais.

Cela doit même avoir lieu quoique le mari eût reconnu être impuissant, suivant la régle, *pater est quem nuptiæ demonstrant, quidquid in contrarium vir & uxor dixerint*. Ainsi jugé par Arrêt du 5 Juillet 1655. rapporté par Soefve, tome 1. centurie 4. chap. 65.

La troisiéme est, qu'une femme ne peut pas se plaindre de l'impuissance de son mari, sous prétexte que sa sémence n'est pas prolifique. Soefve, tome 1. cent. 3 chap. 2. rapporte un Arrêt qui l'a jugé ainsi.

La raison est, que c'est un secret qua la nature ne releve à personne, & que la femme veut indécemment pénétrer. La confrontation de l'homme, ses actes & opérations de virilité suffisent pour la fin de non-recevoir, contre la demande de la femme en dissolution de mariage, sous un tel prétexte.

Il faudroit dire le contraire, si l'impuissance provenoit *ex defectu partium*, ou si le défaut de procréation & de génération étoit causé *insufficientiâ & sterilitate seminis*.

La quatriéme est, que si un mariage est déclaré nul pour cause d'impuissance, l'enfant qui seroit né avant la Sentence qui auroit déclaré nul le mariage, seroit adulterin, suivant Henrys, tome 2. liv 4. quest. 28.

La raison qu'il en rend est, que quoique le mari soit impuissant, la femme ne laisse pas jusqu'au tems de la Sentence de séparation de lui être jointe, *si non vinculo naturæ, saltem vinculo juris*: ainsi elle ne peut pas elle-même se faire droit, ni être jugé en sa propre cause, ni anticiper la Sentence de séparation, pendant le tems que le mariage est *in suspenso*.

La cinquiéme est, que la femme qui a fait déclarer son mari impuissant, n'est pas tenue de rendre les bagues & joyaux qu'elle auroit reçus en considération de son futur mariage. Filleau, part. 4. quest. 144.

Touchant la dissolution du mariage, pour cause,

d'impuissance & frigidité du mari, *voyez* d'Argentré sur la coutume de Bretagne, art. 429. glos. 4; Filleau, part. 4. quest. 14; Despeisses, tom. 1. part. 1. tit. 13. sect. 1; Tournet, lettre M, Arrêt 28; & le Recueil de Décombes, Greffier de l'Officialité de Paris, part. 1. chap. 5. pag. 675. & suiv.

Voyez aussi les Mémoires qui ont été faits en l'année 1712. & suivantes, dans l'affaire de M. le Marquis de Gesvres & de Madame Mascarani sa femme, où tout ce qui se peut dire de part & d'autre sur cette matiere, se trouve rapporté très-exactement, & avec beaucoup d'art.

IMPUNITÉ NE DOIT PAS DÉPENDRE DU JUGE, quand le crime est pleinement prouvé en Justice.

Dans le doute il vaut mieux absoudre un coupable, que de condamner un homme qui peut être innocent. On peut même quelquefois, suivant les circonstances, chercher un tempérament entre l'entiere impunité & la sévérité tout-à-fait exacte; mais quand le crime est pleinement prouvé en Justice, il est du devoir du Juge de ne le pas laisser impuni.

C'est l'esperance de l'impunité qui excite les méchans à faire des crimes. Ainsi on n'est pas seulement injuste en condamnant l'innocent, on l'est encore en déchargeant le coupable. Pour en sauver un, on en perd plusieurs, parce qu'on cause les maux qu'il fera probablement dans la suite: d'ailleurs, on ôte au public un exemple capable de détourner de pareils crimes que l'on verroit punir.

Aussi les Rois d'Egypte, persuadés qu'on ne peut pardonner à un criminel sans préjudicier à l'Etat & aux Particuliers, & faisoient jurer leurs Juges, lorsqu'ils les installoient dans leurs Charges, que quand même ils leur commanderoient d'absoudre un coupable, ou de juger contre les Loix, il n'en feroient rien.

Nos Rois défendent par leurs Ordonnances à leurs Chanceliers, d'expédier des Lettres de grace pour certains crimes, & aux Juges d'y avoir égard & ils marquent par là qu'ils ne veulent pas que ce que leur bonté accorde aux prieres des Grands, déroge aux régles de la Justice.

Les Juges qui ne sont pas assez attentifs à condamner les criminels aux peines que les Loix ont prononcées contr'eux, trahissent le public, & abandonnent les bons à la fureur des méchans. C'est ce qui a fait dire à un grand politique, que les Royaumes ne périssent pas tant à cause des crimes, qu'à cause qu'on néglige de les punir. Et de fait, l'Ecriture sainte nous apprend que la Tribu de Benjamin ne fut entierement détruite, parce qu'on n'avoit point chatié un homme qui avoit violé une femme.

L'exemple du Roi Achab, & les paroles que Dieu lui dit, pour n'avoir pas fait justice en la personne de Benedab, doivent donner de la terreur aux Juges qui se relâchent par crainte, par molesse, ou par complaisance. Voici comme Dieu lui parla: *Parce que tu as pardonné à un homme qui méritoit la mort, tu payeras de ta propre vie celle que tu lui as conservée.*

Concluons donc qu'un Juge ne peut soustraire un criminel au supplice qu'il mérite, sans trahir sa conscience, sans démentir sa profession, & sans se rendre coupable d'un très-grand crime.

IMPUTATION, signifie la déduction d'une somme sur une autre; & imputer, signifie déduire ou tenir compte.

Quand un débiteur de plusieurs obligations envers le même créancier lui fait quelques payemens, c'est d'abord au débiteur qu'appartient le droit d'imputer les menus payemens qu'il fait, sur telles des dettes qu'il veut choisir, pourvû qu'il en fasse l'imputation à l'instant du payement. Faute par le débiteur de s'en expliquer, ce droit passe au créancier, qui peut sur le champ imputer le payement qu'il reçoit, sur telle dette qu'il lui plaît.

Mais ce droit ne passe au créancier, qu'à la charge de faire l'imputation de la maniere qu'il la feroit lui-même s'il étoit le débiteur: *Nimirum in duriorem causam, quam magis debitori expediat extingui. Leg. 1. 2 & 3. ff. de solutionibus.*

Quand ni le créancier, ni le débiteur n'ont point fait l'imputation, le payement s'impute aussi le droit sur la dette qui est la plus onéreuse au débiteur.

Ce que nous disons n'a lieu que quand toutes les dettes dont il s'agit sont principales. C'est pourquoi s'il y a une obligation principale, & une obligation d'intérêts provenans de la convention des Parties l'imputation des payemens se fait d'abord sur les intérêts, & ensuite sur le sort principal. *Leg. 1. cod. de solutionib.*

Cela se pratique ainsi dans tous les Parlemens de Droit écrit.

Au Parlement de Paris, on distingue si les intérêts sont dûs *ex naturâ rei*, ou s'ils sont dûs *ex officio Judicis.* Au premier cas, les payemens s'imputent d'abord sur les intérêt, & ensuite sur le principal.

Mais si les intérêts n'étoient dûs qu'en conséquence d'une condamnation prononcée par le Juge à cause du retard où a été le débiteur de payer la somme par lui dûe, il faudroit s'en tenir à la régle ordinaire; & l'imputation se feroit alors *in duriorem causam*, sur la partie qui est la plus à charge au débiteur, c'est-à-dire sur le principal.

Comme en cette rencontre les intérêts ne sont adjugés par le Juge au créancier, que comme une peine contre le débiteur à cause de son retard, il est naturel, pour faire cesser l'effet de cette peine en faisant cesser sa cause, d'anéantir autant que l'on peut cette somme principale, qui produit des intérêts qui n'ont point entré dans la convention des Parties.

Cette disposition du Droit Romain est observée

parmi nous quant aux principes, mais non pas pour ce qui regarde l'exemple que nous venons de rapporter; car on ne peut en France stipuler des intérêts d'un argent prêté : nous en admettons que dans le cas du contrat de constitution, à cause de l'aliénation du sort principal; qui ne peut être redemandé au débiteur; auquel cas, suivant les Loix Romaines, l'imputation des menus payemens se fait d'abord sur les arrérages, & ensuite sur le sort principal.

Posons pour exemple que Primus ait passé un contrat de constitution au profit de Secundus. Primus en faisant à son créancier des payemens, ne peut l'obliger à les imputer sur le principal, que tous les arrérages qu'il lui doit de la rente ne soient entierement acquités; & il ne doit pas être permis à un débiteur de diminuer ou éteindre le principal, tant qu'il doit quelque chose des arrérages.

Enfin, les quittances que le créancier auroit données à compte à son débiteur, ne peuvent jamais être imputées d'abord que sur les arrérages.

Mais quand il s'agit parmi nous d'intérêts qui procedent d'une condamnation prononcée par le Juge *propter moram debitoris*, l'imputation se doit faire *in duriorem causam*, comme nous l'avons dit ci-dessus.

Hors le cas d'une constitution de rente, & des arrérages dont nous avons parlé ci-dessus, il est toujours au choix du débiteur de se liberer de la plus onéreuse des dettes.

Ainsi un homme qui auroit constituée une rente au profit d'un autre, & qui lui devroit par obligation une pareille somme à celle qui fait le principal de la rente, peut, en payant à son créancier la somme à laquelle se monte ce principal, s'en faire décharger; & le créancier ne peut pas imputer ce premier payement sur la somme qui lui est dûe par ce même débiteur par obligation.

Touchant cette matiere, *voyez* Papon, liv. 10. tit. 5. nomb. 6; Basset, tom. 2. liv. 6. tit. 9. ch. 7. liv. 4. tit. 17 chap. 3. & liv. 6. tit. 9. ch. 4; M. Catelan, liv. 5. chap. 52. & 53; la Peyrere, lett. V, nomb. 30. Dumoulin, cons. 28; Perchambault, pag. 203; Bardet, tom. 1. liv. 1. chap. 41; M. Augeard, tom. 2. Arrêt 56. & tom. 3. Arrêt 43. *Voyez* aussi le Recueil alphabétique de M. Bretonnier, *verbo* Intérêt.

Mais voici une nouvelle question qui s'est présentée en 1707. que je crois devoir rapporter ici; savoir; si lorsqu'un débiteur n'a donné caution que pour moitié de la somme portée par son obligation, le premier payement par lui fait sans imputation doit être censé fait à la décharge de la caution.

Par Sentence du 21 Juin 1707, rendue au Présidial de la Rochelle, il a été jugé qu'au moyen du premier payement fait par le débiteur sans imputation, la caution étoit déchargée. Cette affaire fut ensuite portée par appel au Parlement de Paris de la part du créancier.

On disoit pour l'appellant, que les maximes de Droit, qui veulent que l'imputation se fasse sur la portion réputée la plus dure au débiteur, n'ont lieu que lorsqu'il doit plusieurs sommes à un créancier par différentes obligations, par exemple, l'une avec caution, & l'autre sans caution; mais non pas lorsque la somme pour laquelle le débiteur a donné une caution, & celle pour laquelle il est seul obligé, sont dûes en vertu d'un même tit. On soutenoit que dans ce dernier cas l'imputation des payemens se devoit faire d'abord sur la portion dont la caution n'est point tenue. On citoit, par autoriser cette prétention, la Loi 73. *ff. de solutionib.* & la loi 68. §. *aurelio*, *ff. de fide jussorib.*

Pour les intimes, on soutenoit au contraire que lorsqu'une caution ne s'oblige qu'à une partie de la somme contenue dans une même obligation, le payement que fait le principal débiteur de cette partie, sans en faire l'imputation, s'impute de droit sur la portion qui est reputée la plus dure au débiteur, *leg. 3. ff. solutionib.* Or la portion pour laquelle le débiteur a donné caution, est certainement réputée la plus dure, parce qu'il est obligé non seulement envers son créancier, mais encore envers celui qui a bien voulu répondre pour lui. *Leg. 4. & 5. ff. de solutionib.*

D'ailleurs, l'engagement d'une caution n'étant que pour certifier & garantir au créancier la solvabilité du débiteur à concurrence de la somme pour laquelle il le cautionne, le payement fait à ce créancier de cette somme anéantit l'engagement de la caution, puisqu'il ne l'a certifié solvable que pour cette même somme.

On disoit enfin, que les maximes qui doivent servir de régle pour fixer l'imputation, lorsqu'elle n'a pas été faite du consentement des Parties intéressées, sont générales, & que par conséquent on ne doit pas les restreindre au cas particulier que marque l'appellant.

Sur ces raisons la Cour, par Arrêt du 3. Août 1709. a confirmé la Sentence, & a condamné l'appellant en l'amende & aux dépens. *Voyez* M. Augeard, tom. 2. Arrêt 89. où les raisons de part & d'autre, rapportés ci-dessus, sont déduites plus au long.

IN

INADVERTANCE, signifie méprise, manque de soin ou de réflexion.

INALIENABLE, signifie ce qui ne se peut valablement aliéner.

INCAPABLE, est celui qui n'a pas les qualités & les dispositions nécessaires pour faire ou pour recevoir quelque chose.

Quoique les qualités d'incapables & d'indignes ayent à peu près les mêmes effets, ces termes ont une signification différente, comme je l'ai remarqué *verbo* Indigne.

INCAPABLES DE SUCCEDER OU DE RECEVOIR A TITRE DE LEGS, sont ceux qui n'ont pas les qualités requises pour être héritiers & recueillir une succession ; ou bien recevoir à titre de legs, ou qui ont quelque défaut qui les en empêche.

Tels sont, I°. Tous ceux qui sont incapables des effets civils, comme les Aubains, les Religieux profès, à moins qu'il ne s'agit de quelque legs modique, pour avoir des Livres, ou fournir à d'autres petits besoins ; les condamnés à mort ou à d'autres peines qui emportent la mort civile.

II°. Les enfans exheredés, ou qui ont renoncé par leur contrat de mariage à la succession de leurs peres & meres.

Voyez ci-après Renonciation à une succession non échue.

III°. Les indignes, qui pour avoir démérité de quelqu'un, sont par la Loi privés des avantages qu'ils en auroient pû recevoir. *Voyez* Indignes. A l'égard de la différence qu'il y a entre l'héritier indigne, & l'heritier incapable de succeder, *voyez* Basset, tom. 2. liv. 8. tit. 1 chap. 8.

IV°. Ceux que l'infamie qui est en eux rend incapables de recevoir dons ni legs, comme les adulteres, les concubinaires, qui ne se peuvent point faire de dons ni legs. Cependant, lorsque les dons ou les legs sont modiques, on les leur confirme quelquefois par forme d'alimens. Les bâtards, par rapport à leurs peres & meres, ne peuvent aussi recevoir que des dons & legs modiques par forme d'alimens.

V°. Les conjoints par mariage ne peuvent, suivant notre Droit coutumier commun, se faire l'un à l'autre aucun dont ni legs, directement ni indirectement. Il n'y a que le don mutuel fait entr'eux qui puisse être valable. *Voyez* ce que nous avons dit sur l'art. 280. de la Coutume de Paris, & sur les deux suivans.

VI°. Les tuteurs, curateurs & pedagogues sont incapables de recevoir des dons & legs de la part de ceux qui sont sous leur conduite, suivant l'art. 131. de l'Ordonnance de François I. de l'année 1539. & la déclaration de François II. de l'année 1549.

VII°. Les Procureurs, généralement parlant, ne peuvent non plus recevoir des donations ou de legs de leurs cliens, quand ils font actuellement leurs affaires. Cependant il y a quelquefois des circonstances qui font confirmer les legs & les donations à eux faites, comme il se voit par l'Arrêt qui fut rendu en la Grand'Chambre le 22 Juin 1700. au profit de M. Pillon, Procureur au Châtelet.

VIII°. Les Médecins, Chirurgiens & Apotiquaires ne peuvent recevoir aucune chose par testament des malades dont ils prennent soin, parcequ'ils sont censés avoir sur leur esprit un pouvoir absolu.

IX°. Les Confesseurs & les Directeurs de conscience sont pareillement dans le cas de la prohibition, parce qu'il n'y a personne qui ait plus d'empire sur l'esprit d'un homme, qu'un Confesseur ou un Directeur.

Voyez ci-dessus Capacité de succeder, & ce que j'ai dit sur l'art. 276. de la Coutume de Paris, & les Arrêts de M. le Premier Président de Lamoignon, recueillis dans le Commentaire d'Auzanet sur la Coutume de Paris. *Voyez* aussi Hevin sur Frain, pag. 884. & ce que j'ai dit *verbo* indigne.

INCENDIAIRES, sont ceux qui par malice, & pour faire tort, mettent le feu à la maison ou à la grange d'autrui. Ce crime est puni de mort.

Mais pour ce qui regarde le genre dont on le punit, il faut faire distinction de la qualité des personnes, & de la quantité de feu, suiv. Bouchel, *verbo* Incendie.

Si le feu a été grand, & que la personne soit de qualité, elle est décapitée. Si le feu a été petit, elle est bannie à jamais du Royaume.

Si c'est une personne de condition vile, & que le feu ait été grand, cette personne est condamnée au feu. S'il a été petit, elle n'est condamnée qu'au bannissement perpétuel hors du Royaume.

Ce crime n'est pas un cas royal, quelque volontaire & prémédité qu'il soit : ainsi l'incendiaire ne sort point de la Jurisdiction de son Juge naturel, à moins que l'incendie n'ait été fait avec éclat, & par gens attroupés ensemble. *Voyez* Expilly, part. 2. ch. 120 ; Chorier en sa Jurisprudence de Guy Pape, pag. 268. la Peyrere, let. J, nomb. 5. Albert, let. J, *verbo* Incendie.

L'Ordonnance de 1570. art. 11. du tit. 1 régle les cas dont les Baillifs & Sénéchaux doivent connoître privativement aux Prevôts & Châtelains royaux, & aux Juges des Seigneurs. Dans l'énumeration de ces cas, celui de l'incendie n'est pas compris : d'où il résulte que les Juges des Seigneurs en peuvent connoître. Henrys tom. 1. liv. 2 chap. 2. quest. 5.

Il est parlé des incendiaires dans la Loi *Capitalium*, §. *incendiarii*, *ff. de pœnis* ; & dans M. Cujas, *libro 22. Observationum*, *cap. 21.*

INCENDIE, est un embrasement ou une combustion, causée par la malice ou par la faute de qu'elqu'un ou, par cas fortuit.

Au premier, cas les incendiaires sont punis de mort, comme nous l'avons dit ci-dessus.

Au second cas, celui qui a causé l'incendie par sa faute, est puni de peine pécuniaire, & condamné à la réparation du dommage qu'il a causé.

Cette peine pécuniaire doit être plus ou moins grande, suivant les circonstances, & que la faute qui a causé l'incendie a été lourde ou légere.

Mais à moins que le feu ne soit arrivé par cas fortuit, ou par une faute très-légere, celui qui a par sa faute & par sa négligence causé un incendie, est toujours tenu de la réparation de tout le dommage qu'il a causé.

Ainsi les locataires sont responsables des incendies, quand il y a de leur faute ou de la faute de leurs domestiques. Papon, liv. 22. tit. 11. Carondas, liv. 6. rép. 8. *in fin.*

Henrys, tom. 1. liv. 4. ch. 6. quest. 87. traitant cette question, dit que c'est au propriétaire à justifier que l'incendie est arrivé par la faute du locataire ou de ses gens. Mais je crois que cette décision ne doit pas être suivie, comme l'a remarqué M. Bretonnier sur cet endroit.

Aussi la plupart de nos Auteurs tiennent avec raison que le locataire est garant naturellement du dommage causé par le feu qui a pris dans la maison qu'il habite, parce que l'on présume que cela est arrivé par sa faute ; & comme cette présomption est de droit, elle rejette l'embarras de la preuve sur le locataire, qui est obligé de prouver que l'incendie est arrivé par cas fortuit, ou autrement que par sa faute.

C'est le sentiment de d'Argentré, sur l'art. 598. de la Coutume de Bretagne ; de Chopin, sur l'art. 44. de la Coutume d'Anjou, nomb. 11. de le Brun de la Rochette, tit. des Incendies ; de Catelan, tom. 2. liv. 5. chap. 3. de la Peyrere, let. J.

Plerumque incendia culpa fiunt inhabitantium ; leg. 11. ff. de peric. & comm. rei vend. Ce qui se doit entendre des locataires plutot que des propriétaires, parce que ceux-là sont présumés avoir toujours moins de soin & de précaution que ceux-ci. Henrys, tom. 1. liv. 4. chap. 6. quest. 49.

Quoique le locataire soit tenu de réparer le dommage qu'a causé à la maison l'incendie arrivé par sa légere faute, il n'en seroit pas tenu au cas d'un incendie qui seroit arrivé par sa faute très-légere: *Conductor enim non tenetur de levissima culpa.*

Voyez Albert, *verbo* Incendie ; Bouvot, tome 1. *verbo* Brûlement, quest. 1. & tome 2. *verbo* Societé, Communauté, quest. 40. de la Peyrere, *verbo* Incendie ; Basset, tom. 1. liv. 4. tit. 15. ch. 2. le Journal des Audiences, tom. 1. liv. 1. ch. 20. & tom. 2. liv. 5. chap. 9. & tom. 5. liv. 3. chap. 6. Bardet, tom. 1. liv. 2. chap. 9. & liv. 3. ch. 17. & tom. 2. liv. 2. chap. 25. & chap. 43. Basnage, sur l'article 453. & 613. de la Coutume de Normandie ; & Catelan, liv. 5. chap. 3.

Au troisiéme cas, c'est-àdire quand l'incendie est arrivé par accident, comme par le feu du ciel, personne n'en peut être tenu ; & la perte des choses qui sont consumées ou endommagées, tombe sur ceux à qui elles appartiennent, suivant la maxime, *res sua domino perit.*

Mais il faut observer, I°. Que quoique l'incendie soit mis au nombre des cas fortuits dans la Loi *Contractus*, *ff. de reg. jur.* néanmoins on est tenu lorsque par sa faute, ou par sa négligence, on y a contribué, ou que l'on est en retard de rendre la chose qui a été consumée par le feu.

II°. Que celui sur qui tombe la perte de la maison où le feu a pris d'abord, est responsable du dommage que l'incendie a causé aux maisons voisines.

Quand il arrive quelqu'incendie, le Magistrat qui a la Police doit s'y transporter sur le champ, & se faire donner du secours pour l'éteindre. S'il voit que le feu soit si allumé qu'on n'en puisse approcher, & qu'il y ait un danger évident que le feu gagne plus loin, il peut de son autorité faire abattre les maisons voisines.

Ceux de qui sont les maisons auront été par ce moyen vraisemblablement sauvées, doivent contribuer au dédommagement des Particuliers dont les maisons auront été abbatues.

Domus si propter incendium destruatur ; solvenda venit ab iis quorum domus salvæ factæ sunt. Franc. Marc. tom. 1. quest. 339. leg. 3. §. quod ait, ff. de incend. ruin. & naufr. leg. si alius, §. est & alia, ff. quod vi aut clam, leg. si quis fumo, §. 1. ff. ad legem Aquil. leg. 2. §. æquissimum, ff. ac leg. Rhodiam de jactu. Vide Gotoph. ad leg. 11. ff. de peric. & commod. rei vend.

C'est aussi la disposition de l'art. 604. de la Coutume de Bretaigne. *Voyez* Coquille, en son Institut du Droit François, titre des Servitudes réelles.

Comme dans les incendies on se trouve obligé de confier ce qu'on a de plus précieux à ceux qui viennent pour secourir, quoiqu'on ne les connoisse point, ce dépôt nécessaire ne pouvant être justifié par écrit, on en reçoit la preuve par témoins, à quelque somme que la chose puisse monter ; article 3. du titre 20. de l'Ordonnance de 1667.

INCENDIES FAIT AVEC ARMES, n'est pas mis au nombre des cas royaux.

L'Ordonnance de 1670. tit. 1. art. 11. regle les cas dont les Baillifs & les Sénéchaux doivent connoitre, privativement aux Prévôts & Châtelains royaux, & aux Juges des Seigneurs. Dans l'énumeration de ces cas, celui de l'incendie n'y est pas compris, à l'exception de ceux qui sont fait de dessein prémédité, ou dans une assemblée illicite, ou dans une émotion populaire. Ainsi les Juges royaux subalternes en peuvent connoitre, & même les Juges des Seigneurs. *Voyez* Henrys, tom. 1. liv. 2. chap. 2. quest. 5.

INCESTE, est le crime qui se commet par la conjonction de personnes qui sont parentes dans un dégré prohibé.

Inceste vient du mot latin *incestus*, au lieu de *non castus*. Quelques-uns cependant prétendent que ce mot *incestus* vient de ce que chez les Anciens *cestus* étoit la ceinture de Venus, qu'on donnoit aux mariés ; & que quand il y avoit quelqu'empêchement au mariage, on la refusoit à ceux qui le contractoient : desorte qu'un tel mariage étoit appellé incestueux, c'est-à-dire sans ceinture.

L'inceste en ligne directe est défendu par les Loix divines & humaines. La nature nous fait assez connoître que cette conjonction est une turpitude extrême, dont l'idée seule fait horreur. le respect que les enfans doivent à leurs peres & meres, est une chose entierement opposée à l'amour conjugal, auquel le mari & la femme sont naturellement obligés l'un envers l'autre : ce qui fait voir combien sont incompatibles la qualité de fille & de femme, ou celle de fils & de mari.

In linea recta, non possunt sine horrore confundi cognationis nomina, ita ut idem sit pater & conjux.

Ceux qui sont convaincus d'avoir commis inceste en ligne directe, sont ordinairement condamnés être brulés vifs, comme il a été jugé par arrêt du 12 Février 1536. rapporté par la Rocheflavin, liv. 2. lettre J, titre 3.

Cet Arrêt a condamné la mere & le fils à être brulés vifs ; & comme la mere étoit morte lors de la condamnation, il fut ordonné que ses os seroient décharnés & brulés.

Le même Auteur rapporte un autre Arrêt qui condamne un gendre & sa belle-mere, pour avoir commis inceste ensemble, le premier étant plein de vin, & n'ayant pas le soir trouvé sa femme chez lui, à venir un jour d'Audience au Parquet, & ensuite être mis entre les mains du Bourreau, pour être pendus & étranglés, & ensuite brulés ; les deux tiers de leurs biens confisqués, & l'autre adjugé à la femme & a ses enfans.

Voyez Papon, livre 22. titre 7. nombre 3 & 8.

Le mariage entre freres & sœurs est défendu par les Loix Romaines & par les Loix canoniques; mais la conjonction entre freres & sœurs, ou autres collatéraux, n'est pas un inceste du droit des gens, comme nous avons dit sur le §. 2. du tit. 10 du premier livre des institutes.

Cet inceste en ligne collatérale est puni parmi nous plus ou moins rigoureusement, suivant que le dégré de parenté est plus proche ou plus éloigné.

Pour sçavoir jusqu'à quel dégré le mariage est défendu parmi nous entre collatéraux, & en quels dégrés le Pape en dispense, *voyez* ce que j'en ai dit sur le §. 3 & 4. du titre 10. du premier livre des Institutes.

INCESTE SPIRITUEL, est le crime qui se commet par la conjonction de personnes qui ont une alliance spirituelle, comme sont le parrein & la filleule, la marreine & le filleul, le compere & la mere de l'enfant qu'il a tenu sur les fonts, la commere & le pere de l'enfant qu'elle a tenu sur les fonts, le Confesseur & sa pénitente.

Enfin, la conjonction qu'on a avec une Religieuse, est aussi une espéce d'inceste spirituel. La Rocheflavin, livre 2. lettre J, titre 3. rapporte un Arrêt du onze Javier 1535. qui condamne un nommé Salesse, accusé d'avoir abusé d'une Religieuse du Monastere de Monastier, à être décapité, ses menbres affigés en pali sur le chemin dudit monastere:

Cet Auteur raporte que cet Arrêt enjoignit à l'Evêque de Castres de réformer le Monastere, & renvoya pardevant lui ladite Religieuse, pour lui être fait son procés.

INCIDENT, est une contestation survenue entre les Parties pendant la poursuite de la cause principale.

Posons pour exemple que deux créanciers d'un même débiteur ayent fait saisir une même chose à lui appartenante, & que sur la contestation touchant la préference, le dernier saisissant prétende que la saisie faite par le premier saisissant est nulle pour quelque défaut de formalités; c'est un incident prélimimiaire, qui doit être jugé avant le fond.

Autre exemple d'un incident. Dans le cours d'un procès ou d'une instance, l'une des parties produit une Sentence; l'autre Partie, qui croit que ce Jugement pourra lui nuire, en interjette appel: c'est un appel incident.

Enfin, toute Requête contenant une nouvelle demande, après que la contestation principale est liée, est une demande incidente; & si cette demande est un préliminaire de qui dépende l'affaire qui est à juger, on doit préalablement juger l'incident à l'Audience ; sinon on le joint au procès, pour y être fait droit en jugeant.

Comme la plupart des demandes ou appellations incidentes servent à retarder le jugement des affaires, ou à les embarrasser, elles n'ont jamais été reçues favorablement. Aussi les Ordonnace ont prescrit la forme de les poursuivre, afin que les Parties ne puissent pas les servir à de mauvaises fins.

Voyez ci-dessus Demande incidente.

INCIDENTES, signifie chicanes, en faisant naître des incidens pour embrouiller la cause principale, ou pour en retarder le Jugement.

INCLUSIVEMENT. Ce terme dénote que la chose dont on parle est comprise dans ce qu'on avance.

Quand on dit, le mariage est défendu par le Droits canon jusqu'au quatriéme dégré inclusivement, cela veut dire que le quatriéme dégré est compris dans la prohibition. Ainsi ce terme d'inclusivement est proposé à celui d'exclusivement.

On dit aussi, que la Cour a renvoyé un criminel devant le Juge ordinaire, pour lui être fait son procès jusqu'à Sentence définitive inclusivement, sauf l'exécution s'il en étoit apellé, pour dire que la Cour a renvoyé le Jugement entier du procès, y compris la Sentence définitive.

INCOMPATIBLE, se dit des Bénéfices & des Charges qu'il est défendu de posseder en même tems.

La raison est, qu'un seul ne peut pas suffire à tout ; d'ailleurs il est juste que les Bénéfices & les Emplois honorables ne soient pas réunis en une même personne, afin qu'étant la recompense de la vertu & du travail, plusieurs soient excités à les mériter, dans l'espérance d'y parvenir. Mais ce n'est pas ici le lieu de parler de l'incompatibilité des Bénéfices.

A l'egard de l'incompatibilité des charges & Offices, un Officier ne devroit exercer qu'un seul Office; la Justice en seroit bien mieux administrée. *Voyez* ce qu'en a dit Chenu en son Traité des Offices, de France, 39. & l'Ordonance de Moulins, article 19. *Voyez* aussi ce qui en est dit dans Henrys, tom. 1. liv. 2. chap. 4. qu. 24.

INCOMPETENCE, est le manque de Jurisdiction de pouvoir connoître de certaines affaires qui ne sont pas de la compétence d'un Juge ordinaire, ou dont il ne peut connoître entre personnes qui ne sont pas ses justiciables.

Généralement parlant, on appelle aussi incompétence le manque de pouvoir connoître d'une affaire résultant du privilége de celui qui est assigné pardevant le Juge ordinaire, en vertu duquel il demande son renvoi.

Il y a donc plusieurs moyens d'incompétence. I°. Si le défendeur n'est pas domicilié dans le ressort de la Jurisdiction où il est traduit.

II°. S'il s'agit de choses dont la connoissance appartient par atribution particuliere à certains Juges, & que le défendeur ait été assigné pardevant le Juge ordinaire.

III°. Si le défendeur a ses causes commises aux Requêtes ou en quelqu'autre Jurisdiction, il peut demander son renvoi; ou, si c'est aux Requêtes, y faire renvoyer la cause.

IV°. Si un Juge veut connoître d'un crime qui ait été commis hors ses limites,

V°. Si en matiere réelle un Juge veut connoître d'une contestation qui concerne des biens qui ne sont pas situés dans l'étendue de sa Jurisdiction.

L'Ordonnance de 1667. tit. 6 art. 3 & 4. veut que les incompétence soit jugées sommairement à l'Audience, & que les appellations comme de Juge incompétens soient incessamment vuidées par expédient au Parquet.

Il faut remarquer qu'il y a une très-grande différence entre l'incompétence de Jurisdiction, & le privilége qu'on a d'être renvoyé pardevant un autre Juge; en ce que l'incompétence de Jurisdition peut être alléguée en tout état de cause, parce qu'il n'est pas au pouvoir de la Partie de donner jurisdiction à celui qui n'en a point, *L. 3. Cod. de Jurisdict. omn. Jud.* quand l'incompétence est *ratione materiæ*, & non pas quand elle est *ratione personnæ*, & que le défendeur a consenti expressement ou tacitement à la Jurisdiction d'un autre Juge que le sien.

C'est aussi de cette incompétence *ratione materiæ*, dont se doit entendre l'article premier du tit. 6. de l'Ordonnance de 1667. qui porte: *Défendons à tous nos Juges, comme aussi ux Juges ecclésiastiques & des Seigneurs, de retenir aucune cause, instance ou procès, dont la connoissance ne leur appartient; mais leur enjoignons de renuoyer les Parties pardevant les Juges qui doivent en connoître, ou d'ordonner qu'elles se pourvoiront, à peine de nullité des Jugemens; & en cas de contravention, pourront les Juges être intimés & pris à partie.*

Mais si le Juge est compétent, & que néanmoins le défendeur ait privilége pour être renvoyé à un autre Juge, il doit dès le commencement de la cause proposer son privilége; autrement il en demeureroit d'échu par le moindre acte par lequel il auroit approuvé la Jurisdiction. C'est le sentiment de Barthole, *L. si convenerit, ff. de Jurisdictione; & L. si quis in conscribendo, Cod. de pactis.*

Le pouvoir des Juges *ratione materiæ* ne dépend point du consentement des Parties, comme nous l'avons dit; & cette régle a lieu non-seulement pour les Juges établis dans le royaume, mais encore pour ceux qui sont établis par-tout ailleurs. La disposition en est expresse dans les articles 31. 44 & 45. des Libertés de l'Eglise Gallicane, sur lesquels les Arrêts sont rapportés dans les Preuves des Libertés.

INCORPOREL, se dit des choses qu'on ne peut toucher, & qui consistent en droits & actions. *Voyez* Choses incorporelles *Voyez* aussi ce que j'ai dit sur le second titre du second Livre des Institutes.

INDEFINIMENT, signifie sans restriction.

INDEMNITÉ, est le droit que le gens de main-morte payent aux Seigneurs de qui relevent les héritages qu'ils acquierent, pour les indemniser de ce que ces héritages ne sont plus dans le commerce, & que les Seigneurs seront privés par ce moyen des droits, qu'ils recevroient à chaque mutation, & autres, si les héritages n'étoient point acquis & possédés par eux.

C'est la définition que M. Charles Dumoulin donne de l'indemnité, & qui se trouve dans son Commentaire de la Coutume de Paris sur l'art. 51. de la nouvelle Coutume, glos. 11. nomb. 68: *Indemnitas est illa præstatio quæ fit & prestatur domino pro interesse suo, loco jurium utilium quæ verisimiliter percepturus erat, remanente re in privatorum manu, quæ sæpè variis mutatur modis.*

Le droit d'indemnité est dû, quoique les gens de main-morte ayent payé au Roi le droit d'amortissement; car quand les Communautés ont acquis des immeubles & les ont fait amortir, ces immeubles sont pour ainsi dire hors du commerce, attendu qu'elles ne les alienent que très-rarement; & que pour rendre valables ces sortes d'aliénations, il faut qu'elles soient revêtues des formalités requises.

Il est donc évident que le Seigneur qui laisse jouir les gens de main-morte d'un héritage situé dans l'étendue de sa Seigneurie, diminue son Fiefs, puisqu'il éteint à l'égard de cet héritage les confiscations, droits de deshérence, bâtardise, & autres droits casuels, comme sont les lods & ventes, les quints & les rachat, qui sont les revenus & profits feodaux: d'où il s'ensuit qu'il est juste que ce Seigneur retire d'eux quelque chose qui l'indemnise; & c'est ce qu'on appelle droit d'indemnité.

Ce droit est différent selon la diversité des Coutumes. Celle de Paris & plusieurs autres n'en parlent point: cependant, comme c'est un droit commun & général, il n'en est moins dû, & est défini suivant l'usage des lieux.

Au Parlement de Paris ce droit est estimé au cinquiéme denier du prix de l'héritage amorti, quand c'est un héritage tenu en roture; & au tiers, quand c'est en fief: mais les gens de main-morte en composent ordinairement avant l'acquisition avec les Seigneurs, & ils en tirent une meilleure condition.

La coutume de gens en l'article 7. regle le droit d'indemnité à la valeur des fruits de trois annéesde la chose acquise, ce qui se doit faire *arbitrio boni viri*; ou au sixiéme denier du prix de l'acquisition, au choix & option des gens de main-morte : mais cela se doit entendre pourvû qu'ils n'en ayent pas composé autrement; car après la composition par eux faite, ils sont déchus de l'option.

Suivant l'Arrêté du Parlement du 28. Mars 1692. lorsque des gens de main-morte acquierent des héritages situées dans la censive d'un Seigneur censier, auquel la Justice n'appartient pas; si le Seigneur demande l'indemnité, on doit lui adjuger la dixiéme partie dans la somme à laquelle le droit d'indamnité qui est payé lors de l'acquisition se trouve monter; & cette portion peut être diminuée, lorsqu'il y a des dispositions dans les Coutumes des lieux, ou des circonstances particulieres dans les affaires qui donnent lieu de le faire.

A l'égard du droit d'indemnité dûe au Roi par les Ecclésiastiques & gens de main-morte, pour les acquisitions qu'ils font dans l'étendue des Seigneuries & Justices royales, la Déclaration du 21. Novembre 1724. porte, article 2. que quand les biens acquis par les gens de main-morte seront dans la mouvance du Roi, le droit d'indemnité sera sur le pied fixé par les Coutumes ou Usages des lieux.

L'article 3 de la même Déclaration dit, que si les biens acquis sont seulement dans l'étendue des Justices royales l'indemnité sera payée au dixiéme de la somme qui seroit dûe au Roi, si les biens étoient aussi dans sa mouvance.

Pour ce qui est du droit d'indemnité que le Roi doit, lorsque Sa Majesté fait des acquisitions dans la mouvance de ses Sujets, *voyez* l'Arrêt du Conseil d'Etat du Roi du 9 Décembre 1727.

Outre le droit d'indemnité, il est encore dû au Seigneur feodal la foi & hommage, & les profits utiles. C'est pourquoi les gens de main-morte sont tenus, quand ils acquierent un fiefs, de bailler homme vivant & mourant, c'est-à-dire un homme qu'ils choisissent pour prêter la foi & hommage, après la mort duquel il y a ouverture & profit de fief.

A l'égard des héritages roturiers, le payement de l'indemnité fait par les gens de main-morte, pour les acquisitions qu'ils en font faites, ne les exempte pas de payer aux Seigneurs les cens, rentes & charges annuelles dont ces héritages sont chargés envers lui. Bâquet, des Amortissemens, chap. 53. nomb. 14.

Cela paroît fondé sur ce que l'indemnité ne se paye que pour dedommager le Seigneur des droits qui pourroient écheoir pour les ventes qui seroient faites par les Particuliers ausquels les héritages appartiendroient. D'ailleurs le Roi n'est point censé accorder de graces, que sauf le droit d'autrui, quand même cette clause auroit été omise dans les Lettres.

Quand un immeuble est légué par testament à gens de main-morte, c'est toujours à l'héritier à payer au Seigneur le droit d'indemnité, comme nous avons dit sur les préliminaires du tit. 1. de la Coutume de Paris.

Le droit d'indemnité est sujet à prescription par trente ans contre un Seigneur temporel, & quarante ans contre le Seigneur ecclésiastique. M. Dolive, liv. 2. chap. 12. & suivant. *Voyez* ce que j'ai dit à ce sujet sur la rubrique du premier titre de la Coutume de Paris, §. 3. nombre 20.

Le Seigneur qui reçoit homme vivant & mourant à foi & hommage, ne préjudicie point à son droit d'indemnité.

Le Seigneur qui reçoit les arrérages du cens à lui dûs pour les héritages roturiers, ne préjudicie point non plus à son droit d'indemnité, parce que le cens est un droit ordinaire qui est dû par tout propriétaire ou possesseur sans distinction, & qui n'a rien de commun avec le droit d'indemnité, puisque ce droit se paye uniquement pour récompenser le Seigneur des confiscations, droits de deshérence, bâtardise & autres droits casuels.

Le droit d'indemnité ne peut être demandé aux gens de main-morte par les Seigneurs, qu'après que les immeubles acquis par les gens de main-morte ont été amortis; parce qu'au moyen des Lettres d'amortissement, l'incapacité inhérente aux gens de main-morte est levée par Sa Majesté, & que les Seigneurs ne sont pas en droit de contrevenir à sa volonté; c'est pourquoi ils ne peuvent plus agir contre les gens de main-morte, que pour se faire payer du droit d'indemnité, & ne sont point en droit de les contraindre de vuider leurs mains des héritages amortis qu'ils possedent.

Mais avant que les héritages par eux acquis ayent été amortis, les Seigneurs de qui ces héritages relevent, peuvent contraindre les gens de main-morte d'en vuider leurs mains dans l'an, à compter du jour de la sommation, à quoi les gens de main-morte peuvent être contraints de satisfaire, ou d'obtenir du Roi des Lettres d'amortissement.

Mais on demande si après les Lettres d'amortissement, & avant l'action intentée par le Seigneur, les gens de main-morte alienoient l'héritage ou le fief amorti, le Seigneur pourroit en ce cas exiger doubles droits; les uns pour l'acquisition de l'immeuble faite par les gens de main-morte; & les autres pour la vente qu'ils en ont faite.

Il faut dire que dans ce cas doubles droits seroient dûs au Seigneur. La raison est, que par le moyen de l'amortissement, les gens de main-morte sont devenus capables de tenir l'héritage de même que les Particuliers qui ne sont pas gens de main-morte. Or il est certain qu'un Particulier qui auroit acheté un héritage, & qui le revendroit quelque tems après, seroit obligé de payer les droits dûs pour son acquisition, quoique lors de la pousuite du Seigneur il ne se trouvât plus en possession de l'héritage. Ainsi en regardant les gens de main-morte comme de simples Particuliers, & en les remettant dans le droit commun, il est sans difficulté que doubles droits sont dûs au Seigneur pour les deux mutations.

Mais en ce cas le droit d'indemnité cesseroit d'être dû au Seigneur, parce qu'il ne se paye que pour le futur, & en considération des pertes que pourroit faire dans la suite le Seigneur des droits de deshérence & de confiscation & autres.

Il me reste quelques observations à faire sur cette matiere.

La premiere est, que pour les héritages francs & allodiaux que les gens de main-morte acquierent, ils ne doivent aucun droit d'indemnité, *quia cessante causâ cessat effectus.* La Coutume d'Auxerre, art. 10. tit. des Justices, le décide en termes formels, & cette décision doit être générale pour tout le Royaume.

La deuxiéme est, que le droit d'indemnité est réel, & étant dû à une terre qui est vendue par décret, il appartient au Seigneur adjudicataire entre les mains duquel il passe, comme une partie du fonds. Ainsi ce droit ne peut appartenir à celui sur qui la terre a été vendue, quoiqu'avant le bail judiciaire de ladite terre & avant l'adjudication, la main-morte fut propriétaire des biens mouvans de la terre adjugée par décret. *Voyez* le Journal des Audiences, tome 5. liv. 5. chap. 16.

La troisiéme est, que les gens de main-morte qui acquierent de la main du Seigneur ou de son aveu, ne sont pas sujets au droit d'indemnité. *Voyez* Boniface, tome 1. liv. 2. tit. 31. chap. 21.

La quatriéme est, que ce que nous avons dit qu'au Parlement de Paris ce droit est estimé au cinquiéme denier du prix de l'héritage amorti, quand c'est un héritage tenu en roture, & au tiers quand c'est un fief, a lieu pour toutes les Coutumes qui ne parlent point du droit d'indemnité, & aussi pour celles qui en parlent, mais qui sont muettes à l'égard de la fixation de ce droit. Le Vest, Arrêt 78 & 171. Bacquet, en son Traité de l'amortissement, chap. 53. 54. Montholon, Arrêt 132.

Mais ce droit est reglé autrement en quelques endroits du Royaume ; par exemple en Normandie, l'indemnité est à la vérité au tiers denier pour les fiefs, mais il est reglé au quart pour les rotures. Basnage sur l'article 140 de la Coutume de Normandie.

En Dauphiné, l'indemnité est aujou'rdui évaluée à un droit de lods de vingt ans en vingt ans. *Voyez* Salvaing, de l'usage des fiefs, chap. 59

Touchant le droit d'indemnité dans la Coutume de Bretagne, *voyez* Hevin sur Frain, pag. 259, Du Fail, liv. 1. chap. 241 & liv. 3. chap. 249.

Voyez Amortissement. *Voyez* Homme vivant & mourant.

INDEMNITÉ, se dit aussi d'une reconnoissance ou acte, par lequel celui qui le fait, promet indemniser & dédommager celui au profit duquel il est fait, de toute la perte qu'il pourroit encourir.

Par exemple, deux persones s'obligent solidairement pour prêt d'argent ; il n'y en a qu'un des deux qui prend l'argent prêté, pour l'employer à ses besoins ; en ce cas il doit bailler à l'autre un acte d'indemnité, par lequel il déclare qu'il a pris pour lui toute la somme prêtée, & que celui qui s'est obligé solidairement avec lui, ne l'a fait que pour lui faire plaisir, parce qu'autrement le prêt n'auroit pas été fait ; & il promet l'indemniser de tout ce qui pourroit en arriver, comme s'il étoit poursuivi pour payer la somme, & des frais ausquels en conséquence de l'obligation solidaire il pourroit être condamné.

INDEMNITÉ, se dit encore du recours que la femme a sur les biens de son mari, pour les obligations ausquelles elle s'est obligée avec lui pendant le mariage, dont elle doit être entierement indemnisée par les héritiers de son mari, quand elle renonce à la communauté ; mais quand elle l'accepte, elle n'a son recours que pour la moitié.

Touchant l'indemnité dûe à la femme pour les dettes ausquelles elle s'est obligée, & de quel jour court l'hypotéque qu'elle a pour raison de cette indemnité, *voyez* M. le Brun en son Traité de la Communauté, livre 3. chapitre 2. section 2. dist. 6. le Journal des Audiences, tome 2. liv. 3. chapitre 35. & tome 5. livre 13. chapitre 7. M. le Prêt, ès Arrêts de la Cinquiéme : le Journal du Palais *infolio*, tome 1. page 577. & ce que j'ai dit sur l'article 237. de la Coutume de Paris ; glos. 1. §. 1. nombre 35. & §. 3. nomb. 13. & suivans.

INDEMNITÉ D'UN FERMIER, est la remise de la pension qu'un Fermier peut demander au propriétaire de la terre, pour le tems qu'a duré la stérilité. *Voyez* Stérilité.

INDEMNITÉ D'UN FERMIER OU SOUFERMIER DU DOMAINE, est la diminution qu'il demande pour cause de non-jouissance sur le prix de leurs baux.

Cette demande ne peut être faite qu'au Conseil d'Etat, & tous autres Juges n'en peuvent connoître, comme nous avons dit lett. F, en parlant des Fermes du Roi.

INDICATION, est la déclaration des biens d'un débiteur, que fait au créancier celui qui est poursuivi comme détenteur d'un héritage, afin que le créancier discute les biens de ce débiteur.

Pour entendre ce que c'est qu'indication, il faut sçavoir qu'en matiere de discussion d'un débiteur, celui qui a intérêt que la discussion soit faite, pour être possesseur & détenteur d'un héritage ou rente affectée à une dette ou rente, doit indiquer les biens du débiteur à celui qui est obligé à la discussion.

La raison est, que le créancier qui est obligé à la discussion, n'est pas tenu de sçavoir les biens de son débiteur, il est même censé les ignorer ; & puisque ce détenteur affirme que le débiteur commun a des biens, & qu'il est solvable, c'est à lui à les faire connoître au créancier pour les discuter ; & la discussion des biens indiqués se fait aux péril & fortune de l'indiquant : ensorte que si les biens qu'il indique n'appartiennent pas au débiteur, il est tenu des dommages & intérêts du créancier qui fait discussion, & qui poursuit le décret des biens indiqués.

INDICES, sont des conjectures desquelles on tire des conséquences pour établir des faits dont il s'agit ; comme si une chose qui a été volée, se trouve entre les mains de quelqu'un qui ait une mauvaise réputation, & qui ait été déja accusé d'avoir commis quelque vol, c'est un indice qu'il l'a volée. Si l'on a vû l'accusé, les armes à la main, sortir du lieu où le meurtre a été commis, c'est un indice qui fait contre lui.

Tous les Docteurs qui ont parlé des preuves en matiere criminelle, ont regardé la crainte d'un accusé, son changement de visage, le tremblement de son corps, comme de conjectures qui marquoient le crime ; & trahissoient les sentimens du cœur.

Les contradictions que font des accusés sur des faits récens & précis, forment aussi un moyen important contr'eux. Les contradictions qui prouvent le fait qu'un accusé veut cacher, font connoître en même tems sa mauvaise foi & l'injustice de ses défenses. *Voyez* Contradiction.

Les indices ne sont pas, à proprement parler, des preuves, & le Juge ne peut pas condamner un accusé sur des indices; mais ils font naître des soupçons : de sorte que plusieurs indices qui concourent de différentes parts, font un commencement de preuve qui porte quelquefois le Juge à condamner l'accusé à la question, si le crime est capital; mais il est de la prudence du Juge de ne rien ordonner à cet égard, qu'après beaucoup de reflexions. L'affaire du Sieur le Brun en est une preuve, aussi-bien que celle du Sieur d'Anglade, dont l'histoire est rapportée dans le premier tome des Causes célébres.

Voyez aussi dans le troisiéme tome l'histoire de la Pivardiere, à la fin de laquelle l'Auteur rapporte une autre histoire, tirée de Charondas, liv. 9. ch. 1. où la Cour sur des indices, alloit condamner un mari à mort comme ayant tué sa femme, si on ne l'eût représentée à la Cour.

INDIGNES, en termes de Jurisprudence, sont ceux qui, pour avoir manqué à quelque devoir envers un défunt de son vivant, ou après sa mort, ont démérité à son égard.

La Loi les prive de sa succession, ou des libéralités particulieres qu'il avoit exercées envers eux par derniere volonté.

Il y a une différence essentielle entre les incapables & les indignes. Les causes qui rendent un homme incapable de succeder à quelqu'un, ou de recevoir de lui quelque chose par derniere volonté, n'ont aucun rapport à ses devoirs envers le défunt; ce ne sont que des manques de qualités, ou des défauts, qui empêchent qu'un héritier ou un légataire puisse recueillir une succession, ou profiter d'un legs : en un mot, l'incapacité est un vice réel dans la personne, une prohibition qui émane de la Loi ; au lieu que l'indignité est un défaut accidentel, provenant des mœurs & de la conduite de celui qui a la capacité naturelle de succeder, mais qui trouve en lui, & par son fait, un obstacle à l'exercice de cette capacité.

Ainsi les causes qui rendent un homme indignes, proviennent toujours de quelque manque à certain devoirs que les Loix exigeoient de l'héritier ou du légataire envers le défunt ; faute de quoi les Loix Romaines leur ôtoient l'hérédité ou le legs, & en gratifioient le fisc.

Incapax nihil omninò capere potest : indignus verò rectè quidam acquirit, sed retinere acquisitum non potest, ideòque ipsi aufertur tanquam indigno, Legibusque Romanis fisco addicitur.

Voyez Bacquet en son Traité du Droit d'Aubaine, chap. 25. nomb. 7. & suivans, & en son Traité du Droit de bâtardise, chapitre 12. vers la fin.

Nous ne distinguons point en France les indignes & les incapables. Ce qui est ôté aux indignes, comme ce qui est laissé aux incapables, appartient à ceux ausquels les biens auroient appartenu, si l'indigne ou l'incapable ne se fût point rencontré ; desorte que le fisc n'en profite jamais. La peine de l'héritier ou du légataire indigne ne doi tomber que sur lui ; & il n'est pas juste que le fisc en profite, comme il a été jugé par plusieurs Arrêts remarqués par M. Louet & son Commentateur, lett. S, chap. 20. où il est dit que l'indignité ne défere pas la succession au fisc, mais au proche parent.

Voyez M Louet, lettre H, somm. 5. Pontanus sur l'art. 9. de la Coutume de Blois ; & Papon, liv. 21. tit. 4.

Nous admettons cependant quant à l'effet, en pays de Droit écrit, où l'institution d'héritier est reçue, la différence qu'il y a entre l'héritier institué, qui est indigne de recueillir la succession du testateur, & celui qui pour cause d'incapacité ne la peut pas recueillir; car si l'héritier institué est seulement indigne, comme il est capable d'acquerir, & que son indignité ne regarde que la retention & la conservation de la chose à laquelle il est appellé, & qui lui est ôtée après qu'il l'a acquise, celui qui profite de sa privation est tenu des mêmes charges qu'il auroit été obligé d'aquerir, si la succession lui fût restée, c'est-à-dire qu'il est tenu d'acquitter les legs & les fideicommis.

Il faut dire le contraire, lorsque l'héritier institué est incapable. Ceux qui profitent de son incapacité, ne sont point tenus des legs & des fideicommis dont il étoit chargé.

La raison est, que l'incapicité l'empêche, non pas de conserver, mais même d'acquerir. Ainsi son institution étant absolument inutile & comme non faite, il ne peut être rien dû de tout ce qui est laissé par le testament du défunt, suivant la régle, que *hæredis institutio est caput & fundamentum totius testamenti, atque adeò eâ corruente, cætera omnia quæ in testamento relicta sunt, corruant necesse est.*

Il est traité des indignes dans le tit. 9. du trentequatriéme livre du Digeste, & dans le tit. 35. du sixiéme livre du Code.

Voici les cas où parmi nous les héritiers ou légataires sont privés, comme indignes, de la succession ou des legs qui leur sont laissés par testament.

I°. Ceux qui ont commis l'assassinat du défunt, sont exclus de sa succession, soit testamentaire, soit *ab intestat*, soit en ligne directe, soit en ligne collatérale, & cette peine se communique aux enfans du meurtrier; M. Louet & son Commentateur, lettre S, somm. 20.

II°. L'héritier, soit testamentaire, soit *ab intestat*, qui a négligé de poursuivre en Justice la punition des coupables de la mort de celui à qui il devoit succeder, s'est par-là rendu indigne de sa succession; à moins que la foiblesse de l'âge, si cet héritier étoit mineur, ou quelqu'autre cause ne lui servît d'excuse.

Ainsi, par Arrêt du Parlement de Toulouse, en date du 7. Décembre 1639. il fut jugé qu'une sœur, pour n'avoir pas poursuivi sa sœur, meurtriere de leur tante, ne seroit pas privée de la succession de cette tante, parce que ce seroit achéter trop cher une succession, que de l'obtenir aux dépens de son propre sang; & même que c'est un crime d'accuser son frere ou sa sœur, *leg.* 13. *cod. de his qui accus. poss.* Peleus, Actions forenses, liv. 7. art. 4. & Albert, *verbo* Indignité, art. 1.

Il faut dire aussi qu'un Particulier que sa trop grande pauvreté auroit empêché de poursuivre la vengeance de celui dont il seroit héritier, n'encourroit pas la privation de sa succession, comme il a été jugé par deux Arrêts des trente Juillet 1630. & quatre Avril 1637. rapportés dans le premier tome du Journal des Audiences.

III°. Celui qui auroit sçû le dessein qu'un Particulier avoit d'assassiner celui qui l'a été, & qui ne l'a pas revelé & découvert, est indigne de succeder à celui dont il auroit pû sauver la vie, en lui déclarant le détestable dessein que le meurtrier avoit de le tuer. *Voyez* M. Servin, tome 3. plaidoyé 24.

Il faut dire aussi que celui par la négligeance de qui un particulier meurt, faute d'avoir été secouru, est indigne de lui succeder, lorsque par sa négligeance & son peu d'attention à le secourir, le pouvant faire, il lui a pour ainsi dire procuré la mort. *Voyez* ce qu'a dit Godefroi sur l'art. 244. de la Coutume de Normandie.

IV°. Celui qui auroit attenté à l'honneur du défunt, qui l'auroit accusé de quelque crime, ou qui lui auroit contesté sa qualité de noble ou de légitime, ou fait quelqu'autre injure atroce, seroit indigne de lui succeder, soit à titre de succession testamentaire, ou de succession *ab intestat*.

V°. Les inimitiés capitales survenues entre le défunt & celui qui devoit recueillir sa succession, le rendent indigne de lui succeder, à moins qu'une reconciliation apparente & sincére n'ait détruit tout sentiment de haine avant la mort de défunt.

VI°. Celui-là est indigne de rien recevoir de la libéralité d'un défunt, ou de sa succession *ab intestat*, qui a traité de son vivant de sa succession.

VII°. L'héritier présomptif qui a empêché le défunt de faire un testament, est indigne de recueillir sa succession. Il en est de même de celui qui sçachant être institué héritier, l'empêche de faire un autre testament.

VIII°. Celui qui a fait une poursuite inutile, pour faire déclarer faux le testament fait par un testateur, ou qui a prêté son nom pour un fideicommis tacite, ne peut prétendre profiter en quelque maniere que ce soit des biens du defunt.

IX°. Celui qui a caché le testament d'un défunt, au préjudice des héritiers institués, est privé comme indigne de toutes les libéralités que le défunt lui auroit faites par disposition de derniere volonté.

X°. Celui que le défunt a nommé tuteur à ses enfans par son testament, & envers lequel il avoit exercé sa libéralité, s'en est rendu indigne, s'il a refusé d'accepter la tutelle.

INDIRECTEMENT, signifie tout ce qui se fait contre les régles par détours & voies obliques, au moyen desquelles on contrevient aux prohibitions portées par les Loix ou par les Coutumes.

Par exemple, il est défendu par la Coutume de Paris aux conjoints, de s'avantager directement ni indirectement; directement, c'est-à-dire en donnant nommément par l'un des conjoints à l'autre; indirectement, quand l'un des conjoints donne à une personne interposée, à condition secrette de restituer la chose donnée à l'autres des conjoints.

Dans tous les cas où il est justifié que l'on a voulu éluder la disposition de la Loi, tout ce qui est fait indirectement contre, est de nul effet.

INDISSOLUBLE, est ce qui ne peut être dissous. Le mariage contracté *inter fideles*, est un lien sacré & indossoluble.

INDIVIS, signifie conjointement; divis, au contraire, signifie séparement. Ainsi, jouir par indivis, n'est autre chose que jouir d'une même chose non separée entre les copropriétaires, qui la possedent en commun, chacun pour leur part & portion.

Posseder par divis, c'est quand les parties & portions d'une chose qui étoit commune, ont été faites entre les Parties pour en jouir chacun séparément.

INDUCTION, se dit des preuves, conséquences & avantages qu'on tire des piéces, à mesure qu'on les produit dans une inventaire; & les contredits se font pour débattre les piéces & les inductions qu'en tire la Pattie adverse dans sa production.

INDULT, est une grace accordée aux Indultaires par le Pape Eugene IV. & par le Pape Paul III. d'être pourvus, chacun une fois en sa vie, d'un Bénéfice, sur la nomination du Roi, par le Collateur auquel la nomination du Roi est adressée.

Les Indultaires sont M. le Chancelier, Messieurs les Présidens du Parlement, Messieurs les Maîtres des Requêtes, les Conseillers & les Secretaires du Parlement. Mais ceux qui ont droit d'indult, peuvent nommer une autre personne pour être pourvue du Bénefice qui leur est dû.

Voyez le Traité de l'Indult qu'a fait M. le Président Cochet de Saint-Vallier.

INFAMES, sont ceux qui sont déchus non-seulement des dignités & des Charges, mais encore de tout ce qui est fondé sur la réputation d'honneur & de probité.

Tous ceux qui sont morts civilement, sont réputés infames quoiqu'elles n'emportent pas mort civile.

Tels sont ceux qui sont condamnés aux galeres ou au bannissement à tems, ou dont le bannissement n'est que d'une province ou d'une Jurisdiction.

Tels sont aussi ceux qui sont condamnés à faire amende honorable, au fouet, à la fleur de lis, à demander pardon à genoux, au blâme, ou à une amande pécuniaire en matiere criminelle.

Mais pour que les condamnations en matiere criminelle emportent infamie, il faut qu'elles ayent été prononcées par Arrêt ou par Sentences rendues après recollement & confrontation, & qu'il n'y ait point eu d'appel de ces Sentences; ou que s'il y en a eu, elles ayent été confirmées par Arrêt.

Les infames ne perdent aucun des droits & des avantages qui appartiennent aux Citoyens par les Loix de l'Etat. Ils peuvent faire testament, & tous autres actes qui sont interdits à ceux qui sont morts civilement. Ils peuvent hériter, & sont capables de toutes dispositions entre-vifs ou à cause de mort.

Mais comme ils sont déchus de tout ce qui est fondé sur la réputation d'honneur & de probité, ils sont I°. incapables de toutes Charges de Judicature & autres, s'ils ne sont réhabilités par Lettres du Prince.

II°. Ils ne peuvent posseder aucuns Bénéfices ecclésiastiques.

III°. Leur témoignage peut être rejetté, à cause qu'ils sont en quelque maniere retranchés de la société civile ? car quoique l'infamie ne cause pas la mort, néanmoins *infamia juris morti quodammodo æquiparatur.*

INFAMIE, est la perte de l'honneur & de la réputation. Or cet honneur, qui nous rend recommandables dans la société civile, dépend d'une conduite conforme à de certaine régles que la raison & les loix nous prescrivent.

On distingue deux sortes d'infamie, sçavoir celle de fait, & celle de droit.

L'infamie de fait, est celle qui provient d'une action infamante par elle même, & qui nous perd de réputation chez le gens d'honneur, quoiqu'il n'y ait aucune disposition de droit qui y attache expressement la peine d'infamie.

Hinc illi quorum fama facto turpi gravatur absque juris autoritate, nonumquam impropriè & abusivè dicuntur infames, quatenus eorum pudor, apud bonos & graves viros quodammodo suggillatur.

Quoiqu'il n'y ait aucun Jugement qui déclare infames ceux qui font quelqu'action basse & indigne d'un homme d'honneur, ils sont toujours honnis & exclus du commerce des honnêtes gens, qui les regardent avec mépris, & comme exclus de la vie civile & politique, qui consiste dans l'intégrité de l'honneur & de la réputation, à laquelle toutes les atteintes sont mortelles, ou du moins incurables.

Et pour me servir des termes d'Ulpien: *Illi verbis quidem edicti non habentur infames, re tamen ipsa & opinione hominum, non effugiunt infamiæ notam. Leg. 2. in princ. ff. de obseq. parent. & patro. præstand.*

On a cependant très-peu d'égard dans les Tribunaux à cette sorte d'infamie, si ce n'est en certains cas singuliers; ce qui dépand de la prudence du Juge.

Il se trouve néanmoins quelques occasions où ceux qui sont notés de cette infamie, sont semblables à ceux qui ont encouru l'infamie de droit, principalement en ce que leur témoignage en Justice n'est pas d'un grand poids.

Ceux qui sont notoirement usuriers, sont notés de cette infamie, & aussi ceux qui menent une vie scandaleuse & infame, avec lesquels les personnes d'honneur ne peuvent lier aucun commerce sans se deshonnorer.

Celui qui est renvoyé avec un plus amplement informé, sur l'accusation d'un crime infamant, n'est pas pour cela véritablement infame; mais il demeure toujours noté, jusqu'à ce qu'il ait obtenu en Jugement qui le renvoie absous; & cette note est une espéce d'infamie de fait.

Suivant les dispositions des Loix Romaines, les infames de fait ne doivent point être reçus à porter témoignage en Justice: cependant notre usage est qu'ils peuvent être dénonciateurs & témoins contre les autres; mais c'est au Juge à ajouter plus ou moins de foi à leurs dépositions, suivant la qualité de l'affaire dont il s'agit, & selon qu'ils sont plus ou moins suspect.

Un effet certain & indubitable de l'infamie de fait, est qu'elle sert d'obstacle à ceux qui en sont notés, pour entrer dans les Charges de Judicature, ou parvenir à quelque rang honnorable: c'est ce qui fait qu'on ne reçoit aucun Officier, qu'après une information exacte de ces vies & mœurs, encore cette information lui seroit-elle inutile, s'il étoit par la voix publique perdu d'honneur & de réputation, ou qu'il survint ensuite de preuves qui justifiassent qu'il fût noté d'infamie.

Voici ce que dit Loyseau, livre 1. des Offices, chap. 13 nomb. 38. L'Office étant défini dignité & titre d'honneur, ne peut demeurer à ceux qui n'ont plus l'honneur. J'appelle l'honneur, ce que nos Loix nomment *integram famam*, & en un mot, *existimationem. Existimatio*, dit Calistrate en la Loi *Cognitionem, ff. de extraordinar. cognitionib. est dignitatis illæsæ status, legibus aut moribus comprobatus, qui ex delicto nostro, aut consumitur, aut minuitur. Minuitur autem, quoties manente libertate circa statum dignitatis pœna plectimur, sicut cum relegatur quis, vel cum ordine movetur, vel cum prohibetur publicis honoribus fungi.* Voyez la Loi unique, *cod. de infamib.*

L'infamie de droit, est celle qui provient de la

condamnation pour crime au banniſſement, ou aux galeres à tems, ou à quelque peine corporelle, ainſi que nous avons dit ci-deſſus, en parlant des infames.

Ces ſortes de condamnations ſont infamantes, & rendent ceux contre qui elles ſont prononcées incapables des dignités & des Charges publiques. *Leg.* 1. *ff. ad leg. de vi priv.* qui dit que, *condemnatus omni honore quaſi infamis carebit.*

L'interdiction perpetuelle de la fonction d'une Charge, & le décret d'ajournement perſonnel, ou de priſe de corps, produiſent le même effet, & rendent ceux qui ſont ainſi notés incapables des Dignités & des Charges publiques.

Enfin, ceux que la Loi nomme infames, encourent pareillement l'infamie de droit; bien qu'ils ne ſoient pas condamnés, ils ſont infames de plein droit. C'eſt ce qui eſt décidé par la Loi premiere, au code *ex quibus cauſ. infam. irrog.*

Mais l'infamie de ceux qui ſont en décret, ceſſe par le Jugement d'abſolution, ou de condamnation à une peine légere & non infamante, comme quand celui qui eſt convaincu de quelque excès n'eſt qu'admoneſté.

On demande ſi un jugement qui condamne quelqu'un en une aumône, ou en une amende, le rend infame? *Voyez* Aumône.

On rejette ordinairement le témoignage des infames, comme nous l'avons dit ci-deſſus, *verbo* Infames. Il faut excepter le crime de léze-Majeſté, où la prononciation & le temoignage de toutes ſortes de perſonnes ſont reçus.

L'on reçoit même ſouvent dans les crimes ordinaires les dépoſitions de toutes ſortes de témoins indiſtinctement, comme un ſurcroît de preuves: deſorte que lorſqu'elles s'accordent avec d'autres, elles ne laiſſent pas d'être de quelque conſidération; ce qui dépend de la prudence du Juge.

Il nous reſte à obſerver que chez les Romains, ceux qui étoient condamnés dans certaines actions étoient infames.

Celles qui deſcendent du vol, de la rapine, de l'injure & du dol, notoient d'infamie, non-ſeulement ceux qui en étoient convaincus en juſtice, mais auſſi ceux qui avoient tranſigé ſur ces ſortes de cauſes, *data pecunia.*

Il y avoit même quatre actions qui, quoiqu'elles deſcendent de contrats, étoient infamantes, en tant que ces actions ſont directes.

En France, il n'y a que les condamnations pour crimes ou pour délits: qui tendent à quelque peine corporelle ou infamante, comme nous l'avons dit ci-deſſus, qui emportent infamie.

Pour ce qui eſt des traſactions faites pour crimes ou délits, quand même il y auroit de l'argent donné de la part de celui qui ſeroit ſoupçonné d'avoir commis le crime ou le délit en queſtion, elles ne ſont point infamantes parmis nous.

A l'égard des contrats, ou quaſi-contrats, dont les actions directes étoient infamantes chez les Romains, cette Juriſprudence n'eſt point ſuivie en France; & nous tenons pour maxime indubitable, qu'en procès civil, l'infamie n'eſt point encourue par quelque condamnation que ce ſoit. *Voyez* ce que j'ai dit à ce ſujet dans ma traduction des Inſtitutes, liv. 4. tit. 16. § .2.

INFEODATION, ſe prend pour la poſſeſſion du Fief, que l'acquereur acquiert par la reception en foi & hommage; car le Seigneur recevant en foi ſon Vaſſal, par l'acte qu'il lui en donne, il le met en poſſeſſion du Fief qui releve de lui, article 130. de la Coutume de Paris; ce qu'on appelle inveſtiture.

Dans les rotures, la priſe de poſſeſſion eſt appellée ſaiſine ou en ſaiſinement: d'où vient que ſaiſine ſignifie poſſeſſion. *Voyez* Enſaiſinement.

Touchant l'inféodation des Fief, il faut obſerver que le devoir fait, ſuivant l'article 63. de la Coutume de Paris, & l'acte pris de la foi & hommage ainſi faits, de même que celle qui eſt faite au refus du Seigneur, tient lieu d'inféodation, deſorte que dès-lors l'année de retrait commence à courir.

Il en faut dire de même de la ſouffrance baillée, comme il eſt dit en l'art. 364. de la Coutume d'Orléans.

Enfin, la réception par main ſouveraine a auſſi le même effet que l'inféodation: deſorte que l'an & jour du retrait lignager commence à courir du jour qu'elle eſt ordonnée, comme je l'ai dit ſur l'article 60 de la Coutume de Paris.

INFEODATION DE RENTES CHARGES OU HYPOTÉQUES, eſt une reconnoiſſance que le Seigneur feodal fait des rentes, charges & hypotéques que le Vaſſal a impoſées ſur le fief qu'il poſſede, & qui releve du Seigneur ſuzerain.

A l'égard des charges & rentes impoſées par le Vaſſal ſans le conſentement du Seigneur féodal, ce Seigneur, après qu'il a ſaiſi ou fait ſaiſir, & mettre en ſa main le fief tenu & mouvant de lui, par faute d'homme, droits & devoirs non faits pendant & durant le tems de ſadite main-miſe, & qu'il le tient en ſa main, n'eſt pas tenu de payer & acquitter les rentes, charges ou hypotéques non inféodées, conſtituées ſur icelui par ſon vaſſal, ſuivant l'art. 28. de la Coutume de Paris.

Mais, ſuivant ce même article, il eſt tenu d'acquitter pendant ſa jouiſſance celles qui ſont inféodées.

La raiſon eſt, que par le moyen de l'inféodation elles ſont partie du fief, & que l'inféodation eſt une aprobation & conſentement donné de la part du Seigneur, ou de ſon predeceſſeur, auquel il ne peut contrevenir: deſorte que pendant ſa jouiſſance il eſt obligé de payer les arrérages des rentes foncieres conſtituées ſur le fief ſaiſi, & de ſouffrir les ſervitudes & autres charges impoſées ſur icelui.

Cette inféodation ſe fait quand le Seigneur reçoit la foi & hommage, l'aveu & denombrement, ſes droits & autres actes, par leſquels il aprouve & agrée les charges & ſervitudes impoſées, ou les rentes

rentes & hypotéques constituées par le Vassal sur son fief, sans protestation contre lesdites charges; auquel cas le Seigneur, ni ceux qui lui succederoient ou qui exerceroient ses droits, ne pourroient pas les contester.

Mais une approbation tacite du Seigneur, telle qui seroit tirée de son silence, & de ce qu'il ne se seroit pas opposé à la constitution des charges que le Vassal auroit imposé sur son fief, en ayant eu connoissance, ne suffiroit pas pour tenir lieu d'inféodation.

Il n'est pas requis non plus qu'il les ait approuvées expressément; il suffit qu'elles ayent été énoncées dans l'aveu & dénombrement, & que le Seigneur n'ait pas blâmé cet article, & n'ait fait aucune protestation contre, auquel cas il est censé les avoir allouées.

Voyez ce que j'ai dit sur l'art. 28. & sur l'article 56. nomb. 14. & suivans, de la Coutume de Paris, & sur l'article 87. nomb. 15. de la même Coutume.

INFEODER, c'est recevoir une terre, ou une rente, ou dénombrement d'un Fief.

INFIRMER, signifie casser, annuller une Sentence, un contrat.

INFORMATION, est un acte judiciaire qui contient les dépositions des témoins touchant un crime qui a été commis; & cette information se fait en conséquence d'une permission d'informer accordée par le Juge, sur la Requête à lui présentée par celui qui a formé sa plainte; ou sans permission du Juge, lorsque le criminel a été pris en flagrant délit, ou que le crime est constaté au Juge par notorieté publique.

Il est parlé des informations dans tout le titre 6. de l'Ordonnance de 1670. qu'il faut voir avec les notes de Bornier.

L'information, qui est le fondement du procès criminel, & qui doit préceder l'ajournement personnel ou le décret de prise de corps, sert à justifier les faits contenus en la plainte, & n'est en matiere criminelle que ce qu'est l'enquête en matiere civile; mais ces termes ne se confondent point.

Cet acte est très-important, & doit déterminer le Juge à absoudre ou condamner celui qui est accusé de quelque crime, indépendamment des mémoires qui pourroient lui être donnés.

L'information se fait par le Juge, ou par quelque Officier à qui le droit de faire des informations a été spécialement accordé, tels que sont les Commissaires au Châtelet.

Mais les Notaires, Huissiers, Sergens & Archers ne peuvent point recevoir de plaintes, ni faire d'information.

Dans les crimes publics, le Juge peut informer d'office à la Requête du Procureur du Roi; mais dans les rixes & affaires légeres, le Juge ne doit point informer, s'il n'y a une Partie qui le requiere; encore doit-il examiner si les faits portés par la plainte le méritent.

Quand il y a lieu à l'information, le Juge y doit vaquer en personne, avec toute l'intégrité, toute la prudence & toute l'attention possible. Dans un acte d'une si grande importance, il ne se doit proposer pour unique but que la recherche de la vérité. C'est pourquoi il doit informer autant à charge qu'à décharge de l'accusé, pourvû que ce soit dans le même acte; c'est-à-dire, par les mêmes informations qui se font contre l'accusé.

L'Ordonnance défend d'en faire d'autres particulieres, à la requête & à la décharge d'un accusé, à moins qu'il ne soit reçu à faire preuve de ses faits justificatifs, lors du Jegement & après l'examen du procès, suivant l'article 1. du titre 28. de l'Ordannance de 1670.

L'on peut travailler à des informations, & proceder à l'instruction des procès criminels en quelque tems que ce soit, même les jours de Fête, de crainte que les preuves ne dépérissent.

Le Juge ne doit recevoir que les dépositions des témoins qui ont été produits par la Partie civile, ou par le Procureur Fiscal. Les témoins qui viendroient volontairement & sans aucune assignation pour déposer, sont suspects, & ne doivent pas être entendus.

Il faut excepter le cas de l'information qui est faite contre un criminel pris en flagrant délit: le Juge peut alors entendre les témoins d'office & sans assignation; autrement, pour parvenir par la Partie civile à faire informer sur la plainte par elle rendue, il faut qu'elle donne sa Requête au Juge, & qu'elle obtienne de lui Ordonnance portant permission d'informer.

En conséquence de cette Ordonnance, la Partie civile fait assigner les témoins.

Ceux qui comparoissent doivent représenter leurs Exploits d'assignation, & prêter le serment avant que de déposer; & mention doit être faite dans le procès verbal, de la repésentation de l'Exploit, & du serment prêté par chaque témoin.

Il ne suffit pas que le Juge ait fait mention dans l'intitulé des réformations, que les témoins ont prêté le serment avant que de déposer; il ne doit être fait mention expresse au commencement de chaque déposition. La même chose doit être pratiquée au recollement & à la confrontation.

Tous les témoins doivent être ouis par leur bouche, secretement & séparement. La déposition qu'ils voudroient faire par écrit, ou par Procureur, ne doit point être reçue.

Les dépositions des témoins doivent être écrites de la main du Greffier, & signée du Juge, du Greffier & des Témoins.

Il y a une déclaration du Roi, donnée à Saint Germain-en-Laye, le 21. Avril 1671 envoyée à tous les Parlemens & Cours, pour l'exécution des articles 6 & 7. du titre 6. de l'ordonnance de 1670. portant défenses à tous Juges de commettre d'autres personnes que leurs Greffiers pour écrire les informations.

Il faut même, suivant l'art. 9. du titre 6 de cette Ordonnance de 1670. que chaque page de l'information soit cotée & signée par le Juge : ce qui a été ainsi ordonné pour éviter l'enlevement de quelques feuillets, qui pourroient contenir des dépositions essentielles à l'affaire.

Le Juge, en recevant la déposition des témoins, doit examiner soigneusement la personne qui dépose le fait, & les circonstances que chaque témoin énonce dans sa déposition ; enfin, s'ils déposent avoir oui ou vû, & les circonstances qui aggravent ou affoiblissent les dépositions.

Par l'article 15. du titre 6. de l'Ordonnance de 1670. il est enjoint à tout Juge qui procéde à une information, de s'enquerir des noms, surnoms, âges, qualités & demeures de témoins ; s'ils sont serviteurs ou domestiques, parens ou alliés des Parties contre le Juge.

Si les témoins requierent salaire, il leur est accordé, selon leur qualité & selon la distance des lieux. *Voyez* Frais & salaires des témoins.

Après que les témoins ont fait leur déposition, ils la doivent signer, ou déclarer ne pouvoir signer; mais il faut auparavant qu'on leur en ait fait lecture & qu'ils ayent déclaré y persister: de quoi le Greffier est tenu de faire mention dans son procès verbal sous les peines portées par le susdit article 5. du tit. 6. de l'Ordonnance du 1670.

Quand un témoin est malade, le Juge se transporte chez lui, pour prendre sa déposition.

Si les témoins sont éloignés du lieu de la Jurisdiction où la plainte a été faite, il faut obtenir une commission rogatoire adressée au plus prochain Juge royal du lieu de leur demeure, pour faire l'information.

Par cette commission, ce Juge est prié & requis d'ouir les témoins qui lui seront produits par tel, & de proceder à l'information des faits contenus en sa plainte.

Lorsque la commission est demandée à un Juge superieur comme au Parlement, la Cour commet de plein droit dans icelle le Juge pour faire l'information, & permet au Suppliant de faire informer des faits contenus en sa plainte.

Après que l'information est faite, le Commissaire qui l'a faite la doit envoyer au Juge qui l'a commis, & il la doit envoyer close & scellée, sans en rien retenir pardevers lui.

L'appel interjetté d'une commission octroyée pour informer, ne doit pas arrêter ni empêcher le Commissaire de proceder à faire l'information, sauf l'appel, attendu qu'il est de l'intérêt public qu'une information ne soit pas retardée, de crainte que par ce moyen les preuves du crime ne dépérissent.

Les enfans de l'un & de l'autre sexe, quoiqu'audessous de la puberté, peuvent être reçus à déposer sauf en jugeant à avoir par les Juges tel égard que de raison à la nécessité & solidité de leur témoignage, ainsi qu'il est porté en l'article 2. du titre 6 de l'Ordonnance criminelle.

Toutes personnes assignées pour être ouies en témoignage, recollées ou confrontées, seront tenues de comparoir pour satisfaire aux assignations ; & pourront les Laïcs être contraints par amende sur le premier défaut, & par emprisonnement de leurs personnes en cas de coutumace; même les Ecclésiastiques par amende, au payement de laquelle ils seront cantrains par saisie de leur temporel.

A l'égard des Religieux, leurs Supérieurs peuvent être contraints de les faire comparoir, à peine de saisie de leur temporel, & de suspension des priviléges à eux accordé par les Roix de France ; article 3. du même titre.

Ainsi, quand un témoin assigné pour déposer ne comparoît pas, le Juge décerne une Ordonnance, portant que le témoin sera tenu de comparoir à une nouvelle assignation, à peine de dix livres d'amende.

Si le témoin refuse encore de comparoir, le Juge rend une autre Ordonnance, portant l'amende encourue ; & qu'il sera tenu de comparoir, même par corps, à une troisiéme assignation qui lui sera donnée à cet effet.

Ce que nous venons de dire, ne regarde que ceux qui sont véritablement Juges. Ainsi les Commissaires au Châtelet, qui font les informations, n'ont pas le pouvoir de prononcer de telles condamnations contre les témoins qui sont refusans de comparoir à l'assignation qui leur est donnée pour déposer ; il faut qu'ils en réferent à M. le Lieutenant criminel, qui seul est compétent pour prononcer sur l'amende, & la déclarer encourue.

Tous Juges qui travaillent à des informations, ne les peuvent point antidater, pour faire paroître quelle est la premiere faite, à peine d'être punis, comme faussaires, de peine capital.

Il est permis à un mari d'informer contre sa femme, qui a pris & emporté ses meubles en son absence. Il est aussi permis aux héritiers d'un mari d'informer contre la veuve qui a détourné, après la mort de son mari, les effets de la succession. Il est vrai que ces informations, & autres semblables, sont toujours converties en enquêtes, quoiqu'un Juge n'ait jamais la liberté de convertir des enquêtes en informations.

Par l'article 15. du titre 6. de l'Ordonnance de 1670. défenses sont faites aux Greffiers de communiquer les informations & autres piéces secrettes, ni de se désaisir des minutes, sinon ès mains du Procureur Fiscal, qui s'en chargeront sur le Registre, & manqueront le jour & l'heure, pour les remettre incessamment, & au plus tard dans trois jours, à peine d'interdiction contre le Greffier, & de cent livres d'amende, moitié envers le Roi, & moitié envers la Partie.

Ainsi, quoique l'information soit en matiere criminelle ce qu'est l'enquête en matiere civile, l'information est une piéce secrette qui se fait entre le Juge, son Greffier & les Témoins, qui ne se communique point aux Parties ; à la différence de l'enquête, qui se fait aussi en secret, mais qui se communique.

Lorsque des informations ne se trouvent point, & que le Greffier assure par serment ne les avoir point, l'accusé n'est pas pour cela renvoyé de l'accusation; il doit à la vérité être élargi par provision jusqu'à certain tems, si l'accusation n'est pas capitale; & pendant ce tems la Partie civile, ou le Procureur du Roi, doivent faire, leurs diligences pour trouver & rapporter les informations.

Ce tems préfix & déterminé étant écoulé sans que les informations ayent été rapportées, l'on donne un plus bref délai, lequel étant expiré, l'accusé est élargi purement & simplement, en cas que les informations n'ayent point été rapportées, & l'accusateur est condamné aux dommages & intérêts, & en tous les dépens.

Mais s'il est constant qu'il y ait un crime commis, & des informations faites qui ayent été perdues ou permet à la Partie d'en faire de nouvelles, pourvû que le crime ne soit point prescrit.

Quoiqu'en matiere civile on ne puisse faire entendre sur chaque fait plus de dix témoins, en matiere criminelle on en peut faire entendre autant que l'on en peut produire; ce qui est fondé sur l'intérêt qu'à le Public que les crimes ne demeurent pas impunis.

INFORMER D'OFFICE, signifie informer d'un crime public à la requête du Procureur du Roy, sans qu'il y ait de dénonciateur.

INFORMER A LA CLAMEUR PUBLIQUE, signifie faire une information sur le champ, d'un crime qui est constaté au Juge par notorieté publique.

INFORMATION PAR ADDITION, est celle qui se fait sur des preuves survenues après que l'information a été faite.

Pour faire informer par addition, il faut présenter Requête, dans laquelle on expose le fait & les nouvelles preuves qui sont survenues depuis l'information. Sur cette Requête, conformément aux conclusions, le Juge permet d'informer par addition, pour ce fait & communiqué au Procureur du Roi être ordonné ce que de raison.

INFORMATION DE VIE ET MŒURS, est celle qui se fait à la Requête de M. le Procureur général, de la conduite & des mœurs d'une personne qui est pourvue par le Roi d'une Charge de Judicature.

Cette information se fait au lieu où l'Officier à fait sa residence pendant les dernieres années.

INFRACTION, est la rupture, le violement d'un Traité, d'une Loi, d'une Ordonnance, d'une Coutume, d'un Privilége.

INGÉNUS. Pour entendre ce que signifie ce mot, il faut sçavoir que chez les Romains les hommes étoient libres ou esclaves, & que les hommes libres étoient ingenus ou affranchis.

Les ingenus étoient ceux qui étant nés libres, n'avoient jamais été dans une juste & légitime servitude. Les affranchis, au contraire, étoient ceux qui avoient été affranchis d'une juste servitude, & mis en liberté par leur maître.

Aujourd'hui que l'esclavage est aboli en France, il n'y a plus d'affranchis, & tous les hommes y sont tous libres & ingenus.

Voyez ce que j'ai dit dans ma Traduction des Institutes, sur le troisiéme, quatriéme & cinquiéme titre du premier livre.

INGRATITUDE, est la méconnoissance d'un bienfait, qui nous en rend indignes; c'est pour cette raison que quoiqu'une donation entre-vifs soit de sa nature irrévocable, l'ingratitude est une juste cause pour laquelle le donateur peut révoquer la donation qu'il a faite au donataire.

Les causes d'ingratitude pour lesquelles une donation entre-vifs peut-être révoquée, sont énoncées en la Loi derniere, au code *de revocandis donationibus*.

La premiere est, si le donataire a fait une injure considérable au donateur.

La deuxiéme est, si le donataire a battu & outragé le donateur.

La troisiéme, s'il lui a procuré malicieusement, & de dessein prémédité, la perte de ses biens.

La quatriéme, s'il a attenté à sa vie, ou lui a fait dresser des embuches par d'autres.

La cinquiéme, si le donataire n'a pas voulu, par une malice affectée & opiniâtre, satisfait aux clauses opposées à la donation.

Voyez ce que nous avons dit à ce sujet au commencement du titre des Donations de la Coutume de Paris, où cette matiére est traitée amplement.

Nous remarquerons seulement ici, que le droit de révoquer une donation pour cause d'ingratitude du donataire, ne passe pas à l'héritier du donateur, si lui-même ayant connu l'ingratitude l'a dissimulée, & n'a point agi en Justice pour faire révoquer la donation.

Nulla licentia concedenda donatoris successoribus hujusmodi querimoniarum primordium instituere. Et enim si ipse qui hoc passus est tacuerit, silentium ejus maneat semper; & non à posteritate ejus suscitari concedatur, vel adversus eum qui ingratus esse dicitur, vel adversus ejus successores. Leg. ult. cod. de revocand. donation.

INGRATITUDE DU VASSAL ENVERS SON SEIGNEUR, est parmi nous, à proprement parler, l'unique cause de la commise des Fiefs, au profit des Seigneurs.

Quoique l'ingratitude provienne de plusieurs causes, *leg. ult. cod. de revocand. donat.* néanmoins nos Coutumes ont réduit celles pour faire tomber par le Vassal son Fiefs en commise, à deux; sçavoir, le désaveu, & la félonie.

INHABILES, sont ceux qui sont incapables de faire ou de recevoir quelque chose.

Un impuissant est inhabile au mariage; un bâtard est inhabile à être admis à une succession *ab intestat*, & à posseder des Bénéfices sans dispense.

Les enfans qui sont exhéredés, *justâ de causâ*, par leur pere, sont inhabiles à lui succeder. Ceux qui ont renoncé à la succession du défunt, sont inhabiles à lui succeder.

Il y a des parens qui sont inhabiles par la Coutume à succeder à de certains biens. Enfin, les parens plus proches du défunt, rendent les autres inhabiles à lui succeder.

INHIBITIONS, sont des défenses faites à quelqu'un par la Loi, ou par le Juge, de faire quelque chose.

INJONCTION, signifie au contraire ordre & commandement fait à quelqu'un par la Loi, ou par le Juge, de faire quelque chose.

INJURE EN GENERAL, est tout ce qui est contraire au droit, *quasi non jure factum*. D'où vient que les bêtes n'étant pas capables de raison, ne le sont pas non plus du droit, ni par conséquent de ce qui est opposé au droit qui est appellé injure : ainsi le dommage qu'elles peuvent causer est appellé en droit *pauperies*; c'est-à-dire, dommage ou dégât qui est fait sans qu'il puisse y avoir de l'injure, ou de l'injustice de la part de celui qui l'a causé.

Voyez ma Traduction des institutes, sur le titre 9. du quatriéme livre.

INJURE, dans une signification plus étroite, est un mépris que l'on fait de quelqu'un, à dessein de l'offenser, & de donner atteinte à son honneur.

De cette définition il s'ensuit que les insensés, ou ceux qui par démence ne sont pas capables de malice, ne sont pas censés commettre ce délit.

On peut dire aussi que ceux qui sont yvres ne sont pas réputés capables de faire injure, au cas qu'ils soient si pris de vin, qu'ils ne connoissent pas ce qu'ils font ; c'est pourquoi on n'y doit pas prendre garde quand ils sont en cet état, ce qui s'entend seulement de l'injure verbale.

Mais si c'étoit une injure de fait, la personne qui auroit été injurié & blessée, pourroit en demander une réparation convenable ; & sur cette demande le Juge devroit faire droit, sur le fondement que celui qui a fait une telle injure n'est pas excusable : *Nam ibi quidem non est culpa vini, sed culpa bibentis, quæ est coercenda.*

On reçoit des injures, ou par soi-même, comme quand l'injure est faite à quelqu'un directement ; ou par les personnes qui dépendent de nous, comme lorsque l'injure est faite à la femme de quelqu'un, à ses enfans ou à ses domestiques.

Un Abbé se peut aussi plaindre de l'injure qui est faite à un de ses Religieux.

Une Compagnie peut même se plaindre d'une injure faite à quelqu'un du Corps, lorsqu'il a été offensé à l'occasion des fonctions de sa Charge.

Des parens peuvent agir, pour action d'injures, contre celui qui a dit à une personne une injure qui intéresse toute la parenté, comme s'il l'avoit appellé ladre ; car c'est une maladie de consanguinité. Il y a un Arrêt de la Cour du 15. Janvier 1582. qui l'a décidé ainsi. Il est rappporté par Papon, liv. 8. nombre 15.

Les héritiers d'une personne contre laquelle on auroit vomi des injures après sa mort, en pourroient aussi poursuivre la réparation comme il a été jugé par Arrêt du 15. Mai 1598. rapporté par Bouvot, tome 2. *verbo* Injure, quest. 33.

La raison est, que l'honneur du mort rejaillit sur ceux qui le représentent ; c'est un bien héréditaire, qui donne du relief à une famille.

On commet les injures, ou de fait, ou de paroles, ou par écrit.

De fait, en battant, frappant ou excedant quelqu'un ; ou lorsqu'on porte la main sur quelqu'un pour le battre, même sans le frapper, comme si on leve le bâton sur lui.

De paroles, lorsqu'on profere des paroles infamantes contre quelqu'un, qu'on fait à quelqu'un des reproches outrageans, ou qu'on adresse à quelqu'un des ménaces qui blessent sa réputation.

Par écrit, lorsqu'on compose ou qu'on fait composer des chansons, pasquins, épigrammes, & autres espéces de libelles diffamatoires, contre quelqu'un.

Pour raison de cette derniére espéce d'injure, non-seulement ceux qui ont composé ces libelles peuvent être poursuivis, mais aussi ceux qui les ont imprimés ou qui les ont rendu publics. *Voyez* Libelles diffamatoires.

Une injure est légere ou atroce par diverses circonstances, qui la font estimer plus ou moins grande. Ainsi on la tient atroce.

I°. Par le fait même, comme si on a griévement blessé quelqu'un, ou battu à coups de bâton. Sur quoi il faut remarquer que les témoins déposent seulement des coups qu'ils ont vû donner, mais que la qualité des blessures se prouve par des raports de Chirurgiens.

II°. Par le lieu où elle a été faite, comme si elle a été faite en un lieu public. Ainsi l'injure faite ou dite dans les Eglises, dans les Palais des Princes, dans la Salle de l'Audience, est beaucoup plus grande que celle qui auroit été dite ou faite dans un lieu ordinaire & particulier.

III°. Par la qualité de la personne qui a fait l'injure, & par la qualité de la personne offensée ; comme si l'injure avoit été faite à un Ecclésiastique, à un Magistrat, ou à un pere par ses enfans, ou à un Seigneur par son Vassal, par un Domestique à son Maître.

IV°. Par l'endroit du corps où la blessure a été faite, comme si quelqu'un a été blessé à l'oeil.

Vide leg. 7. §. ult. ff. de injur. & leg. 4. cod. de injuriis, & leg. 10. cod. de Episc. & Cleric.

La réparation de l'injure se peut poursuivre par la voie civile, ou par la voie criminelle.

Par la voie civile, c'est-à-dire par une demande qui se fait par Exploit, & dont le fait se prouve par enquête respective.

Par la voie extraordinaire, c'est-à-dire par plainte & information.

Mais l'on ne peut pas se servir des deux voies, &

le choix de la civile exclut entiérement l'usage de la criminelle, pas même pour être reçu à Monitoire. Ainsi, le commencement de la voie civile, en fait d'injures, est une exclusion de la plainte & de toute procédure extraordinaire. *Voyez* Bouvot, tom 2. *verbo* Injure.

Mais celui qui a commencé par la criminelle, y peut renoncer, & agir par la voie civile.

Quoiqu'on procéde civilement pour raison d'une injure que l'on a reçue, la demande en fait de réparation d'injures, quelques légeres qu'elles soient, doit être portée par devant le Juge criminel du lieu où l'injure a été faite, & non pas devant le Lieutenant civil.

Ainsi, par Arrêt du Parlement de Bordeaux du 27 Mai 1702, il a été jugé que pour de simples injures verbales il falloit aller devant le Lieutenant criminel, & non devant le Lieutenant civil: celui-ci étant intervenu dans l'instance d'appel, fut débouté de son intervention. Cet Arrêt est rapporté par la Peyrere lettre H, nomb. 44. & lettre J, nombre 28.

Quand pour raison d'une injure particuliére l'offensé choisit la voie civile, les Procureurs Fiscaux, non plus que les Substituts de M. le Procureur général, ne peuvent eux-mêmes employer leur ministere pour poursuivre la vengeance publique de l'injure: ainsi ils ne peuvent point d'office rendre aucune plainte à ce sujet.

La raison est, que le Procureur du Roi ne peut point de son chef employer son ministere dans les délits qui blessent, uniquement un Particulier, & où le Public n'a nul intérêt.

Lorsqu'on procéde criminellement pour raison d'injure, il n'est permis à qui que ce soit de se servir du ministére d'un Procureur dans l'interrogatoire, qui doit être subi en personne par l'accusé: pareillement les recollement & confrontation se doivent faire en présence de l'accusé, sans que son Procureur y puisse assister.

Quoique l'offensé veuille procéder criminellement pour raison de l'injure qui lui a été faite, le Juge ne doit pas cependant donner permission d'informer, à moins que les faits portés par la plainte ne méritent d'être poursuivis extraordinairement.

Ainsi, lorsqu'il ne s'agit que des simples injures verbales, il est défendu à tous nos Juges de donner permission d'en faire informer; la réparation s'en doit poursuivre sommairement à l'Audience; & même on doit faire comparoir à l'Audience les témoins, pour les y interroger, au cas qu'il soit besoin de le faire.

Voyez Papon, liv. 8. tit. 3. nomb. 13. la Bibliothéque de Bouchel, *verbo* Injure; la Peyrere, lettre J, nomb 32. du Fail, liv. 1. chap. 27. & liv. 3. chap. 415.

Mais lorsque l'injure est atroce, comme de dire qu'un homme est faussaire, un faux monnoyeur, & autres semblables injures, qui deshonorent entiérement un homme, le Juge peut sur la requisition de la Partie, faire proceder extraordinairement.

Ainsi, pour réparation d'injures verbales, la poursuite s'en peut faire par la voie de l'information, lorsque ces injures sont faites à des gens de condition, ou quand elles sont assez graves pour faire un tort considérable à la personne offensée, comme il a été jugé par Arrêt du Parlement de Paris, en date du 24 Octobre 1692. rapporté par M. Augeard, tom. 1. chap. 25.

Pour ce qui est des injures réelles, le Juge n'en doit pas non plus légerement faire un procès extraordinaire, sur-tout entre personnes viles, à moins que l'excès ne soit considérable, comme s'il y a plaie ouverte, effusion de sang, & rapport de Chirurgiens.

Mais si la considération de la personne offensée exige que l'injure soit poursuivie criminellement, ou que le lieu où l'injure a été faite l'aggrave & la rende plus considérable, le Juge doit faire proceder à l'extraordinaire, quand l'injure d'elle-même seroit légere.

A l'égard de l'injure qui se fait par libelles diffamatoires, elle est beaucoup plus atroce que l'injure verbale; & par conséquent, à moins qu'elle ne soit très-légere, elle doit être punie griévement: d'où il s'ensuit que la réparation en peut être presque toujours poursuivie par la voie extraordinaire. La raison est, que les écrits se communiquent & se perpétuent plus facilement que les paroles.

L'action d'injure cesse, lorsque les injures qui ont été dites sont véritables & notoires, c'est-à-dire, quand le fait est public, & connu pour ainsi dire de tout le monde, ou quand sur le fait injurieux est intervenu un Jugement de condamnation. En effet, la Loi permet d'injurier une personne de crime dont elle a été convaincue, *leg.* 18. *in princ. ff. de injur.* Il entre même dans l'intention de la Justice, que ceux qu'elle a condamnés & punis, soient exposés à une honte & à une infamie perpétuelle, afin de corriger les autres.

Ainsi, par Arrêt du Parlement de Bourgogne, en date du 8 Octobre 1610. rapporté par Bouvot, tom. 2. *verbo* Injure, quest. 2. un Particulier qui avoit dit à un autre que son pere avoit été pendu, fut renvoyé hors de Cour & de procès.

Lorsque le fait injurieux n'est pas notoire, ni autorisé par aucun Jugement, la vérité de l'injure n'excuse pas: *Veritas convitii ab injuria non excusat, ut latè explicat Boerius, cons.* 4.

Il y a des vérités offensantes qui sont cachées; ainsi c'est diffamer celui qu'elles regardent, que de les reveler; c'est lui ravir une réputation sur laquelle il a droit, tant que son crime n'est pas public.

Une coquette qui donneroit lieu par sa conduite de soupçonner qu'elle n'est pas cruelle, comme elle ne donneroit matiere qu'à des soupçons, pourroit demander réparation, si on la taxoit de prodiguer ses faveurs à tout venant. *Mulieri quæ non palam & passim paucis sui facit copiam, injuriarum actio competit adversus eum qui eam meretricem vocavit.* Boerius, consil. 4. nomb. 3.

Une fille qui auroit mis clandestinement au jour un fruit de l'amour à qui elle auroit conservé la vie, pourroit se plaindre en Justice du médisant qui reveleroit son deshonneur: elle ne pouroit pas exiger une retractation de la vérité, mais des dépens & dommages, parce que la diffamation la dépouille de l'honneur dont elle jouissoit par un faux titre, mais qui ne faisoit tort à personne; sa possession étoit légitime avec ce titre coloré.

Il est si vrai que la vérité de l'injure n'excuse pas, que celui qui auroit avancé contre qu'elqu'un des faits injurieux, dont il offriroit de faire preuve, le Juge ne devroit pas admettre de pareilles offres, à moins qu'il n'y eût quelque raison évidente qui le portât à s'instruire de la vérité de ses faits, à cause des conséquences qui pourroient servir à ladécision d'un procès qu'il doit juger.

Par exemple, une femme demande à l'héritier la délivrance du legs qui lui a été fait par un Particulier; l'héritier oppose qu'elle a été la concubine du défunt, & par cette raison la veut faire déchoir de sa prétention; le Juge doit admettre la preuve de ce fait, non pas comme la preuve d'une injure qui lui a été faite, mais comme la preuve d'un fait duquel dépend la décision de la contestation d'entre les Parties.

Ceux qui ont commis des injures de fait, sont punis suivant la qualité des blessures & des circonstances de la querelle.

Il faut même remarquer que les injures sont quelquefois telles, que pour leur réparation completel'oncondamnecelui quienestconvaincuàfaire amende honorable, & même quelquefois à la mort.

Si les coups ont été donnés dans la chaleur d'une querelle, & que la mort du blessé ne s'en soit pas suivie, l'injure n'est punie ordinairement que d'une peine pécuniaire, qui est adjugée à l'arbitrage du Juge, suivant la qualité de la personne offensée, par forme de dommages & intérêts.

Si les coups ont eté donné de guet-à-pens, ou que la mort du blessé en soit ensuivie, ou que l'offensé soit une personne de condition, l'injure est punie pour lors de mort naturelle ou civile, ou d'amende honorable avec quelque amende pécuniaire, tant envers le Roi ou le Seigneur du lieu, qu'envers la Partie ou ses héritiers, pour dommages & intérêts.

Ceux qui donnent charge de battre ou d'offenser autrui, ou avouent tacitement ou expressement le fait, sont punis de mort.

Il en est de même de ceux qui ont été loués pour le faire, ainsi qu'il est porté par l'Ordonnance de François I. de l'an 1536. chapitre 3. art. 9. & en l'Ordonnance de Blois, art. 195.

Cette maxime est tirée des Loix Romaines, qui portent que *mandans & mandatarius tenentur de injuria illata, leg. non solum §. si mandat. ff. de injuriis, egl. 1. §. 2. de eo per quem.*

La raison est, qu'en fait de délits n'y a point de garantie: c'est pourquoi un Particulier qui allégueroit en avoir injurié un autre par le mandement d'autrui, ne laisseroit d'être condamné à la peine que mériteroit l'injure qu'il auroit faite. Bouvot, tom. 2. quest. 40.

Il y a quelque tems qu'un procureur de la Cour crut, en rapportant un pouvoir de sa Partie, se justifier, pour avoir mis son nom au bas des écritures injurieuses à un Conseiller du Parlement, il ne fut point à l'abri de l'interdiction.

Pour ce qui est des injures qui se font par écrit, elles sont punies de peines corporelles contre ceux qui en sont coupables, comme nous avons dit en parlant des libelles diffamatoire.

Quand aux injures verbales, la peine n'est presque jamais capitale, à moins que le lieu ou la qualité de la personne offensée, ou les circonstances du fait, n'exigent une punition extraordinaire, suivant ce que nous avons dit ci-dessus.

Ordinairement l'orsque l'injure verbale est légere, & quelle ne consiste que dans des paroles injurieuses, on n'est condamné qu'à faire reparation d'honeur, & à déclarer en presence de quelques amis de l'offence, qu'on a dit & proferé témérairement & faussement des paroles injurieuses & calomnieuses, dont on lui demande pardon, &c.

Si celui qui est appellé réparation d'injure verbale s'en dédit, déclare qu'il s'en repent, & tient le demandeur pour homme de bien, & qu'il a témérairement & faussement dit & proferé les paroles injurieuses & calomnieuses contre le demandeur, pour reparation desquelles il est appellé en Justice, cela suffit pour la reparation: le Juge ne doitpasadmettre lapersonne offensée à fairepreuve que les injures dont elle se plaint ont été proferées; mais il doit condamner le défendeur au dépens de l'instance, lui faire défenses derécidiver *Voyez* Papon, livre 8. tit. 3. nomb. 15.

Cependant si les injures sont considérables & atroces, le Juge peut condamner, nonobstantcette déclaration, celui qui a fait l'injure, à faire reparation d'honneur à l'injurié, en presence de quelques personnes telles qu'il voudra choisir.

Il peut même le condamner à une punition corporelle, ou à une amende pecuniaire, ou à telleautre peine qu'il trouvera à propos, selon l'atrocité de l'injure; car quand l'injure est atroce, une telle déclaration n'est pas capable d'éteindre le crime, & d'empêcher la peine qui lui est dûe.

En effet, un tel désaveu n'est qu'une réparation imparfaite quand l'injure est grave: c'est pourquoi il ne suffit pas que celui qui a fait l'injure la désavoue; il faut qu'il soit obligé de reconnoitte son tort en Justice, & faire une déclaration autentique que la personne qu'il a voulu diffamer n'est point tachée des injures qu'il lui a dites.

Il est arrivé qu'un mari s'étant plaint d'injures atroces qui avoient été dites à sa femme, l'accusé dit ne lesavoir point proferées, & qu'il reconnoissoitcette personne pourêtre femme d'honneur, offrant de le déclarer en tous lieux, & de payer les dépens. Non obstant cette déclaration, il fut ordonné qu'il seroit pris au corps.

Cet Arrêt a été rendu au Parlement de Bretagne le 16 Février 1566. & est rapporté par du Fail, liv. 3. chap. 84.

Bouvot, *verbo* Injure, tome 2. quest. 5. rapporte un autre Arrêt rendu au Parlement de Bourgogne le 10 Décembre 1604. qui a ordonné qu'il seroit informé d'une injure dite à la femme d'un Procureur, qu'elle étoit putain, nonobstant que l'accusé déclarat qu'il la tenoit pour femme de bien.

Cela prouve que cette déclaration n'a pas été jugée suffisante pour la réparation d'une telle injure.

L'action en réparation d'injure ne dure qu'un an, suivant la disposition du Droit Romain, qui est en ce point observée en France.

Elle s'eteint encore, I°. Par la mort de celui qui a fait l'injure, ou de celui à qui elle a été faite. Ainsi l'action d'injure ne passe point aux héritiers, à moins qu'il n'y eût une action intentée auparavant l'année expirée, à compter du jour que l'injure a été faite; auquel cas le défunt se trouvant coupable par l'événement du procès, on condamne ses héritiers de bailler, en qualité d'héritiers, acte au demandeur qu'ils le tiennent pour homme de bien & d'honneur. Ainsi la poursuite d'une injure est accordée à l'héritier de l'offensé, & contre l'héritier de celui qui a commis l'offense; mais il faut pour cela qu'il y ait eu contestation en cause. *Leg.* 13. *in print. ff. de injun. & leg.* 1. *cod. de delict. defunct.*

II°. Par la réconciliation des Parties, soit que cette réconciliation soit expresse, soit qu'elle soit tacite, comme si les Parties ont bû, mangé & conservé ensemble. Bouvot, tome 2. *verbo* Injure, quest. 12.

III°. Par la remise qui en est faite par la Partie offensée.

Quand on dit que l'action d'injures est annale, & s'efface par la dissimulation, cette maxime ne regarde que les injures légeres, & non pas celles qui sont si graves, qu'elles sont envisagées comme crimes publics; ensorte qu'elles peuvent être poursuivies par recollement & confrontation, & méritent peine afflictive.

Une femme ne peut agir pour réparations d'injures, sans être autorisée de son mari, quoique l'an puisse agir valablement contr'elle pour injures par elle faites, sans qu'elle soit de lui autorisée. Bouvot, tome 2. *verbo* Droits appartenans à gens mariés, quest. 3.

De même que les inférieurs doivent obéissance & respect à leurs supérieurs, de même aussi les supérieurs doivent à leurs inférieurs toute protection, autant que la raison le peut permettre : c'est pourquoi les maîtres sont admis à poursuivre la vengeance des injures qui sont faites à leurs domestiques, sur-tout lorsqu'ils ont été insultés dans le tems qu'ils exécutoient les ordres de leurs maîtres.

Plus l'obligation d'obéissance & de respect envers une personne est grande, & plus l'injure qui lui est faite par son subordonné est atroce.

Sur ce fondement, un fils pour avoir battu son pere, & lui avoir montré *pudenda* en dérision, & objecté dans la confrontation qu'il avoit tué un homme, ce fils a été condamné à être pendu, par l'Arrêt qui a été rendu sur l'appel du premier Juge, qui l'avoit seulement condamné à faire amende honorable; la Rocheflavin, liv. 2. lettre J, tit. 5. ce qui est très-juste; car l'injure faite par un fils à son pere, pour peu qu'elle soit grave, n'est pas moins, à mon avis, qu'un parricide anticipé; & si l'injure faite par un fils à son pere ne mérite pas une peine capitale, elle met toujours le pere en droit de retrancher son fils, qui l'a commise, du nombre de ses enfans, & de lancer contre lui la foudre de l'exhérédation.

Par cette même raison, des Habitans ayant blessé à un doigt leur Seigneur, ont été condamnés au Parlement de Toulouse à faire amende honorable, au bannissement, & à de grandes amendes pécuniaires. Le même Auteur, liv. 2. lettre J, tit. 5. art. 3.

De ce même principe il s'ensuit que celui qui fait injure à un Prêtre, doit être plus puni que s'il avoit injurié un Laïque, à cause du respect qui est dû au Sacerdoce. Lapeyrere, lettre J, nombre 33 & 34.

Enfin, l'injure faite à un Juge, comme & en qualité de Juge, doit être punie très-séverement, sur-tout en la personne de ceux qui sont soumis à sa Jurisdiction, & même à l'égard de ceux qui n'y seroient pas soumis, lorsque l'injure lui a été faite en public, dans le tems qu'il remplissoit les devoirs de sa Charge. Ce seroit une chose bien scandaleuse, que le Magistrat séant fût impunement insulté.

Voyez la Rocheflavin, liv. 13. chap. 27. la Peyrere, lettre J, nomb. 29. Franc. Marc. tome 2. quest. 15. & 215. Bouvot, tome 2. *verbo* Injure, quest. 12. & 37. Corbin, suite du Patronage, ch. 145. Papon, liv. 8. tit. 3.

Mais l'injure personnelle faite à un Juge, & non à son état, c'est-à-dire qui lui seroit faite comme à tout autre particulier, ne seroit pas punie si severement. Papon, liv. 6. tit. 2. nomb. 1.

Généralement parlant, tout homme qui délinque dans un Auditoire, l'Audience tenant, se rend à cet égard le justiciable du Juge de cette Jurisdiction, & il ne peut demander son renvoi pardevant son Juge naturel, lorsqu'il est pris sur le fait, & que le Juge de cette Jurisdiction lui fait son procès sur le champ. Mornarc. *ad legem quoties* 3. *cod. de Judiciis*; & Coquille sur la Coutume de Nivernois, titre de Justice & des droits d'icelle.

Ce principe est si certain, que lorsqu'un Juge est insulté par quelqu'un dans le tems qu'il tient le Siége, il est en droit de connoître l'injure qui lui est faite, en faisant sur le champ le procès à ce téméraire, sans qu'il puisse demander son renvoi; & il le peut condamner à la peine que mérite son insolence : mais il faut qu'il le fasse *ex tempore.*

Dargentré sur l'art. 459. de la Coutume de Bretagne, glos. 3. nom. 4. *Julius clarus Sentent. lib. 5. quæst. 35. num.* 26. Loyseau, des Offices, liv. 1, chap. 7. nom. 17.

Comme c'est au Juge à maintenir le bon ordre dans le lieu destiné à rendre la Justice, quand il punit des injures qui lui sont faites dans le tems qu'il y tient le Siége, il n'est point censé être Juge dans sa propre cause; mais être le vengeur de l'insulte qui est faite à la majesté du lieu où se doit rendre la Justice, & que l'on a profané par les injures qui lui ont été dites.

Il est passé en proverbe qu'on a vingt-quatre heures pour injurier ses Juges quand on a perdu son procès; mais cette maxime est très-fausse. Je ne conseille pas à un plaideur, lorsqu'il sera dans le cas, de dire des injures, sur la foi de cette maxime, à ses Juges; car s'il le faisoit, il pourroit être condamné à quelque peine très-rigoureuse.

Il n'est pas permis en cause d'appel de dire des injures contre le Juge qui a prononcé la Sentence dont on est appellant. En tout cas ce seroit faire mal sa cour au Magistrat souverain, que de mépriser son image dans le Juge subalterne. D'ailleurs les injures plaidées en cause d'appel contre le premier, sont amendables, & il est reçu à en demander réparation, comme il a été jugé par Arrêt du 19 Mars 1575, rapporté par Papon, liv. 8. tit. 3. nomb. 2. Défendez-vous, à la bonne heure; mais gardez-vous bien de compromettre votre Juge. Il n'y a que la voie de la prise à partie, & encore faut-il qu'elle soit appuyée de moyens solides, & autorisée par un Arrêt; car une telle demande est une accusation qui n'étant pas bien prouvée, attire le blâme, & expose celui qui l'a intentée à des dommages & intérêts, qui peuvent, suivant les circonstances, être très-considérables.

Au reste, il n'est pas permis à celui qui est diffamé par des calomnies, de se venger & de se rendre justice à soi-même, parce que les Loix nous défendent d'usurper un droit qui appartient au Souverain; mais elle nous permet d'avoir recours à son Tribunal, où le Juge qui représente sa personne, est obligé en conscience de proteger les innocens, & de faire sentir aux calomniateurs toute la rigueur de la Justice, afin d'arrêter le fleux de ces ames corrompues qui répandent leur venin, au préjudice souvent de très-honnêtes gens.

INJURE REMISE. Quand l'offensé a remis l'injure qui lui a été faite, l'offençant ne peut être actionné ni poursuivi par aucun autre.

Mais cela se doit entendre quand l'injure ne regarde que celui qui l'a bien voulu remettre, & non pas lorsque l'injure rejaillit sur d'autres personnes qui sont en droit de s'en plaindre.

Ainsi, supposé qu'un Conseiller de la Cour eût été injurié au Palais, à l'occasion des fonctions de sa Charge; quoiqu'il remette l'injure, & déclare n'en vouloir pas poursuivre la réparation, cela n'empêchera pas M. le Procureur général de faire informer pour raison de l'injure faite à la dignité de ce Conseiller, & d'en poursuivre la vengeance.

Il en est de même de la remise qu'une femme feroit d'une injure qui lui auroit été faite; le mari ne cesseroit pas pour cela d'être en droit d'en faire informer, & d'en demander la réparation.

La raison est, que le mari est le premier offensé dans la personne de sa femme, parce qu'il a droit d'être *arbiter famæ, ut est vindex genitalis thori, & totius familiæ caput & princeps.* Ainsi c'est au mari à transiger des injures faites à sa femme, ou à en faire remise.

On peut dire la même chose des peres à l'égard de leurs enfans, & d'un Abbé à l'égard de ses Religieux.

On peut valablement transiger des injures légeres, à la réparation desquelles le Public n'a aucun intérêt, & dont nulle autre personne que celui qui est offensé, n'a droit de se plaindre.

A l'égard des injures atroces, on peut bien en transiger; mais la transaction n'a pas d'autre effet que celle qui est faite sur tout autre crime; ainsi la peine n'en peut jamais être remise en conséquence. Tout l'effet que peut produire la convention des Parties, est de regler ou éteindre les intérêts civils.

Mais pour la vengeance publique, le Procureur du Roi est obligé de demander en Justice une réparation proportionnée à l'injure, nonobstant toute convention ou toute transaction faite entre les Parties au sujet de l'injure.

En un mot, la remise d'injures atroces n'exclut point la poursuite de la vengeance publique: il faut des exemples pour détourner les autres de pareils crimes.

INJURES COMPENSÉES. Les injures verbales, quand elles sont reciproques; se peuvent compenser, & le Juge peut enjoindre aux Parties de se les remettre mutuellement; ce qu'il fait, en les mettant hors de Cour & de procès, avec défenses de récidiver.

Le Public n'ayant aucun intérêt à la réparation de telles injures, où il n'échet aucune peine afflictive, il y a lieu à la compensation; & c'est là le cas où a lieu parmi nous la maxime: *Paria delicta mutuâ compensatione tolluntur.*

Il faut excepter le cas où des injures respectives sont entierement inégales par rapport à la qualité des Parties, ou par rapport à d'autres circonstances.

Par exemple, des injures réciproques entre un Curé & un de ses Paroissiens, ne peuvent aisément se compenser l'une avec l'autre, à cause de la qualité de Prêtre & de la qualité de Curé. C'est pourquoi la satisfaction du Paroissien de le reconnoître pour homme de bien, ne suffit pas. Il faut que cette déclaration soit faite à l'Audience ou en la Chambre du Conseil, & qu'en outre le Paroissien soit condamné en une amende plus ou moins forte, selon la qualité de l'injure & le lieu où elle a été faite.

INNOCENT, se dit au Palais de celui qui est prévenu de quelque crime dont il n'est point coupable.

Les

Les Juges doivent bien prendre garde à ne point condamner indiscretement à quelque peine, ceux qui sont innocens des crimes qu'on leur impute. Aussi dit-on communément qu'il faut des preuves plus claires que le jour, pour condamner quelqu'un en matiére criminelle à quelque peine.

Il vaut mieux, dit-on, sauver cent criminels, que de faire mourir un innocent.

La Bruyere dit qu'un coupable puni est un exemple pour la canaille ; mais qu'un innocent condamné est l'affaire de tous les honnêtes gens.

INNOVER, en terme de Jurisprudence, signifie ne pas laisser un bien, dont il y a contestation, dans l'état où il étoit avant le procès.

C'est une régle du Droit conon, que pendant la litispendance l'une des Parties ne peut rien innover; & que toutes choses dans lesquelles les Parties sont intéressées, doivent demeurer dans le même état où elles étoient avant que le procès fût intenté : *Toto titulo extrà, ut lite pendente nihil innovetur.*

La raison est, que tant que dure la litispendance, l'une des Parties ne doit rien faire au préjudice de l'autre, & que par la contestation en cause, *quasi contrahitur.* Ainsi la chose doit toujours demeurer en état d'être rendue en son entier, au cas que par le Jugement définitif la restitution en soit ordonnée. C'est pourquoi le défendeur ne doit y rien innover, jusqu'à ce que l'affaire ait été entierement terminée.

Cette régle de Droit canon que nous venons de rapporter n'est point reçue parmi nous ; l'iliénation de la chose litigieuse n'est point défendue. Tout ce que peut faire celui qui est en procès pour raison d'une chose qui a été depuis alienée, est de faire mettre en cause le nouvel acquereur.

INOFFICIOSITÉ, signifie tout ce qui est fait contre le devoir : *Inofficiosum dicitur id omne quod contra pietatis officium factum est.*

Il y a trois actes sur lesquels le défaut d'inofficiosité peut tomber ; sçavoir.

I°. Un testament qui est inofficieux, quand le testateur a exhérédé ou passé sous silence, sans cause légitime, ceux à qui il étoit obligé de laisser sa succession. *Voyez* ce que j'ai dit sur le titre 18. du second Livre des Institutes.

II°. Une donation qui est inofficieuse, quand le donateur a fait une donation si excessive à un de ses enfans, que les autres ne trouvent pas dans ce qui lui est resté de biens de quoi remplir leur légitime.

III°. Une dot qui est inofficieuse, quand elle est si excessive, qu'elle empêche les autres enfans d'avoir leur légitime dans la succession de leur pere & mere.

INONDATION, ne change ni la face ni l'état des terres. Néanmoins pendant tout le tems qu'un héritage est inondé, on n'en retient ni la possession ni l'usufruit, pas même pour en avoir la pêche ni aucune servitude.

Mais comme l'inondation ne change ni la face ni l'état des terres, si-tôt que les eaux se sont retirées, tous ces droits reviennent & retournent à ceux à qui ils apartenoient ; ce qui se doit entendre d'une inondation temporelle ; car si elle étoit perpétuelle, ensorte qu'elle eût fait d'un héritage un étang ou un lac, la proprieté en demeureroit à celui à qui elle appartenoit; mais il n'en seroit pas de même de l'usufruit, lequel seroit éteint, comme je l'ai déja dit sur le §. 24. du premier titre du second Livre des Institutes.

INQUIETATION, est un vieux mot qui signige trouble ; mais on ne s'en sert plus guéres.

Il se trouve dans les articles 113, 114 & 118. de la Coutume de Paris, & il est employé pour signifier l'interruption qui arrête & empêche la prescription de courir & de continuer.

Voyez ci-après Interruption.

INQUISITION, est la recherche que le Juge fait d'office des crimes qui sont venus à sa connoissanee par la commune renommée, sans qu'il y ait aucun dénonciateur.

Cette pratique n'est pas reçue en France. On y tient pour maxime certaine, que personne ne peut être poursuivi criminellement, qu'il n'y ait une Partie civile qui se rendre dénonciatrice, ou que le Procureur du Roi ou le Procureur Fiscal ne se porte accusateur, & ne fasse les poursuites en cette qualité.

INQUISITIOM, se prend quelquefois pour une Jurisdiction ecclésiastique, qui fait la recherche de ceux qui ont des sentimens erronés sur la Religion, ou qui par leur actions ou leurs paroles manquent au respect qui lui est dû.

Cette Jurisdiction est reçue en Espagne, en Portugal & en Italie. On tient que c'est Innocent III. qui a jetté les premiers fondemens de l'Inquisition.

L'hérésie des Vaudois l'obligea d'envoyer à Toulouse des Prêcheurs, pour exciter la faveur des Princes & des Evêques à l'extirpation des hérétiques.

Ils rendoient compte au Pape du nombre des héritiques, & de la conduite des Princes & des Prélats ; & de là est est venu le nom d'Inquisiteurs.

Ils n'avoientt d'abord aucun Tribunal ni aucune autorité. Mais dans la suite l'inquisition est devenue le plus terrible & le plus formidable de tous les Tribunaux.

Cette Jurisdiction est exercée par de Inquisiteurs qui sont nommés par le Pape, & qui relevent immédiatement de lui. C'est ce qui a fait dire à Paul IV, que l'Inquisition étoit le grand ressort du Pontificat.

Elle soustrait les Laïques à leur propre Jurisdiction, & les abandonne au zéle & à la discrecretion des Ecclésiastiques.

Il faut, quand on est constitué prisonnier dans ses prisons, s'accuser soi-même ; & l'Inquisition affecte dans ses procédures tout ce qui peut inspirer la terreur & l'effroi.

Ceux que l'Inquisition saisit, sont abandonnés de tout le monde, & personne n'ose parler pour l'accusé, de crainte de faire tomber sur soi quelque soupçon d'héréſie & de complicité.

On y est accusé pour la moindre chose qui soit échapée contre l'Eglise, ou pour n'avoir pas parlé avec assez de révérence de l'Inquisition.

Celui qui est seulement diffamé d'héréſie par un bruit commun, sans autre preuve, est obligé de se purger canoniquement, c'est-à-dire par serment, avec le témoignage de plusieurs témoins.

Le soupçon véhément forme une présomption de droit, qui est suivie de condamnation, à moins qu'on ne justifie son innocence par des preuves évidentes & certaines.

Le soupçon violent, comme de frequenter les assemblées des herétiques, produit la présomption *juris & de jure*, contre laquelle la preuve n'est point admise; & celui qui en est atteint, est traité comme hérétique.

Celui qui est convaincu d'héréſie par sa propre confession, quoiqu'il s'en repente, & qu'il abjure, est condamné à une espéce d'amende honorable & à la prison perpétuelle, pour y faire pénitence au pain & à l'eau.

Les relaps, quoiqu'ils se repentent, sont livrés au bras séculier, pour être jettés au feu. Toute la grace qu'on leur fait, c'est de leur accorder les Sacremens de Pénitence & d'Eucharistie.

Je ne parlerai point ici de la procédure qui s'observe dans cette Jurisdiction, ni de la maniere dont on met à exécution ses Jugemens. On peut voir ce qui en est dit dans l'Institution au Droit ecclésiastique, & dans les autres Auteurs qui en ont traité, pour être convaincu que tout s'y passe à la derniere rigueur. Je rapporterai seulement ici ce qui est à la fin du chap. 10. de la troisiéme partie de l'Institution au Droit ecclésiastique. Voici les termes.

» En France, nous croyons que pour la poursuite » des crimes ecclésiastiques, les Evêque & leurs » Officiaux suffisent, sans recevoir ces commissions » extraordinaires, qui par la suite deviennent des » Tribunaux reglés. Il est à craindre que ceux qui « exercent ainsi une Jurisdiction empruntée, ne » soient tentés de faire valoir leur autorité, & de » grossir les fautes ou les soupçons, pour avoir de » l'occupation; car il est étrange que l'on trouve » tous les jours des hérétiques ou des apostats à punir, » dans les pays où depuis plus d'un siécle on n'en » souffre point: d'ailleurs la crainte est plus propre » à faire des hypocrites, que de véritables Chrétiens. La rigueur peut être utile pour réprimer une » héréſie naissante; mais d'étendre les mêmes rigueurs à tous les tems & à tous les lieux, & prendre toujours à la lettre toutes les loix pénales, » c'est rendre la religion odieuse, & s'exposer à » faire de grands maux, sous prétexte de Justice. » Nous mettons en France un des principaux points » de nos Libertés, à n'avoir point reçu ces nouvelles Loix & ces nouveaux Tribunaux, si peu » conformes à l'ancien esprit de l'Eglise.

M. de Saint-Amour, Docteur de Sorbonne, a fait imprimer en 1662. un Journal de ce qui s'est fait à Rome au sujet des cinq Propositions de Jansenius, & les Arrêts & Réglemens qui ont été rendus à cette occasion.

M. Brillon, *verbo* Inquisition, a tiré de cet Ouvrage ce que je crois ne devoir pas omettre ici, pour faire connoître que le Parlement de Paris, que nos Rois ont fait dépositaire des droits sacrés de la Couronne de France, s'est toujours opposé à tout ce qui pouvoit donner lieu à faire recevoir l'Inquisition dans ce Royaume.

En 1647. parut une Bulle au sujet des cinq Propositions de Jansenius, qui n'avoit pas la forme ordinaire. Ayant donc excité les plaintes du ministere public, M. Talon, Avocat général parla ainsi.

» L'on a imprimé en France, publié & voulu » exécuter un Décret de la Congrégation de l'Inquisition du Saint Office, intitulé: *Decretum sanctissimi D. N. D. Innocentii, divinâ Providentiâ Papæ* sous prétexte que le Pape a assisté & s'est « trouvé présent à cette Congrégation.

» Nous reconnoissons en France l'autorité du » saint Siége, & la puissance du Pape, Chef de » l'Eglise, pere commun de tous les Chrétiens: nous « lui devons toute sorte de respect & d'obéissance. » C'est la croyance du Roi, fils aîné de l'Eglise, la » croyance de tous les Chrétiens, & de tous ceux » qui sont dans la véritable Communion.

» Mais nous ne reconnoissons point l'autorité ni » la Jurisdictions des Congrégations qui se tiennent » en Cour de Rome, lesquelles le Pape établit comme bon lui semble. Les Décrets & les Arrêts de » ces Congrégations n'ont point d'autorité ni d'exécution dans le Royaume; & lorsque dans l'occasion des affaires contentieuses tels Décrets se sont » présentés, comme en matiere de dispense, de nullité de vœux, de translations de Religieux, & » autres semblables, la Cour a déclaré que les » Brefs de cette qualité étoient nuls & abusifs; sauf » aux Parties à se pourvoir par les voies ordinaires, » c'est-à-dire dans la Chancellerie, dans laquelle les » actes sont expédiés au nom de notre saint Pere le » Pape, en la personne duquel réside l'autorité légitime; & pour ce qui regarde les matieres de la » Foi & de la Doctrine, elles ne doivent pas se terminer dans ces Congrégations, sinon par forme » d'avis & de conseil, & non pas de puissance.

» Il est vrai que dans ces Congrégations se censurent les Livres suspects d'héréſie & de mauvaise » doctrine, & dans icelle se fait l'*Index expurgatorius*, lequel s'augmente tous les ans; & c'est là » qu'autrefois ont été censurés les Arrêts de cette » Cour, même l'Arrêt rendu contre Jean Chastel, » l'Histoire de M. le Président de Thou, les libertés » de l'Eglise Gallicane, & tous les autres qui regardent la conservation de la personne sacrée de nos » Rois, & l'établissement de la Justice royale.

» Que si le Décret dont il est question, & les autres de cette qualité étoient publiés & autorisés » dans ce Royaume, ce seroit en effet y recevoir

» l'Inquisition, par cette remarque qui semble » ne pouvoir recevoir de réponse; sçavoir, que » cette Congrégation prend cette qualité, *gene- » ralis & universalis Inquisitio in universâ Republi- » ca christianâ adversùs hæreticam privitatem : par* » le moyen de quoi ils prétendent pouvoir faire » le procès aux Sujets du Roi, & ils pensent avoir » droit de le faire aux Livres qui sont imprimés » dans le Royame.

» Ainsi ayant examiné le titre de ce Décret » émané de l'Inquisition, avec ces paroles tel- » les que nous les avons représentées, qui té- » moignent une prétention d'autorité universel- » le, nous avons cru être obligés de les remar- » quer à la Cour, pour lui en faire nos protesta- » tions, suivant le devoir de nos Charges.

La Cour fit inhibitions & défenses à tous Archevêques & Evêques, leurs Vicaires & Officiaux, Recteurs & Suppôts des Universités, de recevoir, faire publier & exécuter les Décrets & autres actes de la Congrégation de l'Inquisition de Rome, comme aussi toutes autres Bulles, sans la permission du Roi vérifiée en la Cour; sans néanmmoins que les provisions des Bénéfices & expéditions ordinaires, concernant les affaires des Particuliers, qui s'obtiennent en Cour de Rome, suivant les ordres du Royaume & les Loix de l'Etat, soient comprises ès susdites défenses.

Elle ordonna aussi que tous les exemplaires dudit Décret de l'Inquisition, en date du 25 Janvier 1647. seroient saisis à la requête du procureur général & apportés au Greffe de la Cour, pour être supprimés, &c.

INSCRIPTION, est l'apposition de son nom & de sa signature sur un Registre public, par le moyen de laquelle on se soumet Juridiquement à faire ou à prouver quelque chose, sous les peines du Droit.

Celui qui veut dénoncer quelqu'un pour raison d'un crime par lui commis, est tenu de faire son inscription sur le Registre du Procureur du Roi ou du Procureur Fiscal.

Celui qui a fait cette dénonciation, est sujet à la peine dûe aux calomniateurs, au cas que sa dénonciation se trouve calomnieuse.

Autrefois par l'inscription l'accusateur se soumettoit à subir la peine dûe au crime, faute d'en pouvoir convaincre l'accusé par des preuves suffisantes. *Leg. pen. ff. de furt. Leg. final. ff. de priv. delict.*

Cela avoit été ainsi reglé pour empêcher les hommes de former des accusations injustes, & pour mettre ceux qui sont innocens à couvert de la témérité des calomniateurs.

Mais cette nécessité de se soumettre à subir la peine dûe au crime, a été abolie par une raison contraire de l'intérêt public, qui veut que les crimes ne demeurent pas impunis, & que personne n'oseroit se rendre accusateur, s'il falloit se soumettre à une telle peine, dans la crainte de n'avoir pas des preuves suffisantes pour convaincre ceux qui auroient délinqué. *Vide Doctores, ad leg. ult. cod. ac actionib.*

Ainsi aujourd'hui quand on ne peut les convaincre du crime dont on les a accusé, on n'est condamné qu'en des dommages & intérêts; encore faut-il que l'on prouve que l'accusation est calomnieuse.

INSCRIPTION DE FAUX, est un acte passé au Greffe par le Procureur ou la Partie, par lequel on déclare & on soutient faux un tel acte que la Partie adverse a produit ou communiqué dans la cause principale, offrant de fournir des moyens de faux, soit que la signature soit fausse, ou qu'il y ait quelque mot de falsifié dans l'écrit; & lorsque le Juge trouve que les moyens sont pertinens & admissibles, il les déclare tels, & il ordone qu'il en sera informé tant par titres que par témoins.

Ainsi l'inscription de faux est une voie dont on se sert pour détruire & faire déclarer fausse une piéce que la Partie adverse a produite ou communiquée dans la cause principale.

Ce faux est appellé faux incident, à la différence du faux principal, qui s'intente directement contre un Particulier avec lequel on n'est point en procès, & qui a pardevers lui une obligation ou une piéce dont il pourroit se servir contre nous, que nous prétendons être fausse, & que nous voulons faire déclarer telle. *Voyez* ci-dessus, *verbo* Faux.

Tous les Juges qui sont saisis de la cause principale en laquelle est produite ou communiquée une piéce fausse, peuvent connoître du faux incident, c'est-à-dire de l'inscription de faux, incidemment formée contre cette piéce.

Il n'y a que les Juges & Consuls, & les bas & moyens Justiciers, qui en sont exceptés par l'article 20. du titre 1. de l'Ordonnance criminelle de 1670. La raison est, que les Juges & Consuls, & les bas & moyens Justiciers, ne connoissent point de crime; & partant ils ne connoissent point du faux, tant incident que principal.

On ne peut se pourvoir contre un acte autentique, que par l'inscription de faux, si l'on prétend prouver que cet acte n'a été passé, & que c'est un acte faux; mais on peut sans inscription de faux se pourvoir contre un acte, à l'effet de prouver qu'il est feint & simulé. *Voyez* Actes autentiques.

Celui qui veut se pourvoir par inscription de faux contre une piéce que la Partie a produite ou communiquée dans la cause principale, doit, avant que de faire aucunes poursuites pour la faire déclarer fausse, lui faire une sommation de déclarer s'il entend se servir de ladite piéce.

Si celui à qui cette sommation est faite, déclare ne vouloir point s'en servir, on donne sa Requête au Juge pour la faire rejetter; sauf à Messieurs les Gens du Roi à poursuivre le faux.

S'il déclare qu'il entend se servir de la piéce maintenue fausse, ou s'il ne repond point à la sommation qui lui est faite, celui qui maintient la piéce fausse, doit s'inscrire en faux contre. Ainsi l'inscription de faux doit être fait au Greffe avant que de pouvoir donner des moyens de faux.

Pour parvenir à cette inſcription, celui qui prétend qu'une piéce eſt fauſſe, eſt tenu de conſigner l'amende, ſuivant l'article 5. du titre 9. de l'Ordonnance de 1670. ſçavoir, aux Cours ſupérieures cent livres, aux Siéges qui y reſſortiſſent immédiatement ſoixante livres, & aux autres Siéges vingt livres.

L'acte de conſignation de ces ſommes ſera attaché à la Requête que le demandeur préſentera, afin d'avoir permiſſion de s'inſcrire en faux. Cette Requête doit être ſignée du demandeur en faux, ou de ſon Procureur fondé de pouvoir ſpécial, auſſi attaché à la Requête.

On conclut par cette Requête, *à ce qu'il plaiſe au Juge donner acte au Suppliant de ce qu'il s'inſcrit en faux contre la piéce maintenue fauſſe; & en conſéquence ordonner qu'elle ſera rejettée du procès; que ſans y avoir égard, il ſera paſſé outre au Jugement d'icelui; & condamner le défendeur aux dommages & intérêts du Suppliant.*

Quand le défendeur en faux n'a pas déclaré judiciairement ſe vouloir ſervir de la piéce, ſoit qu'il en ait été précédemment ſommé ou non, le demandeur en faux doit inſérer dans les concluſions de ſa Requête, *qu'il plaiſe au Juge, dans tel tems qu'il jugera à propos, ordonner au défendeur en faux de déclarer s'il veut ſe ſervir de la piéce mainte nue fauſſe.*

Le Juge met au bas de cette Requête ſon Ordonnance, portant que l'inſcription ſera faite au Greffe, & le défendeur tenu de déclarer dans un délai compétent, ſuivant la diſtance de ſon domicile, s'il veut ſe ſervir de la piéce inſcrite de faux.

On ſignifie cette Requête au défendeur, & on lui ſignifie auſſi un acte contenant ſommation s'il entend ſe ſervir de la piéce.

Si le défendeur ne veut point ſe ſervir de la piéce inſcrite de faux, il en fait ſignifier ſa déclaration, & le demandeur donne ſa Requête pour la faire rejetter de la cauſe d'entre les Parties.

Mais lorſqu'il a une fois déclaré ſe vouloir ſervir de la piéce maintenue fauſſe, il n'eſt plus recevable à s'en déſiſter. Ainſi jugé par Arrêt du Parlement de Paris, en date du 16 Mai 1688. rapporté dans le Journal des Audiences.

Si le défendeur déclare ſe vouloir ſervir de la piéce maintenue fauſſe, ſa déclaration doit être pure & ſimple, c'eſt-à-dire ſans condition. Ainſi celle par laquelle il déclareroit ne ſe vouloir ſervir de la piéce maintenue fauſſe, que ſous condition ou en qualité d'héritier, ou aux riſques, périls & fortune de celui de qui il l'a reçue, ne ſeroit pas valable, Baſſet, tom. 2. liv. 9. tit. 5. chap. 1.

Si donc le défendeur a produit une piéce ſuſpecte & maintenue fauſſe, il faut qu'il la porte au Greffe, & qu'il faſſe ſignifier l'acte du mis au demandeur, pour qu'il ait à former ſon inſcription dans les vingt-quatre heures, comme il eſt porté en l'art. 9. du tit. 9. de l'Ordonnance de 1670. Ainſi cet acte ayant été ſignifié au demandeur, il doit dans ledit tems former ſon inſcription de faux, ſuivant l'art. 8. du même titre.

Cet acte ſe fait ainſi *Extrait des Regiſtres de.... Aujourd'hui eſt comparu A..... aſſiſté de Me. L.....ſon Procureur, lequel a déclaré qu'il s'inſcrit en faux contre tel acte produit par B....., troiſiéme piéce de la cotte D.... de ſa production, offrant de donner ſes moyens de faux dans le tems de l'Ordonnance, éliſant ſon domicile en la maiſon dudit L..... dont il a requis acte. Fait ce....*

Après que cet acte a été paſſé au Greffe, le demandeur en faux le doit faire ſignifier au défendeur.

Si l'inſcription de faux a été formée contre quelque obligation ou contrat dont il y ait minutte, & que l'on n'ait mis au Greffe que la groſſe, le demandeur peut donner ſa Requête, à ce qu'il plaiſe au Juge ordonner que le défendeur ſera tenu de faire apporter la minute dudit contrat au Greffe, dans tel délai qu'il jugera à propos; ſinon que ladite groſſe ſera rejettée du procès.

Le délai pour faire apporter au Greffe la minute de la piéce maintenue fauſſe, ſera reglé ſuivant la diſtance des lieux, ainſi qu'il eſt porté en l'art. 9.

Au bas de cette Requête, le Juge donne une Ordonnance conforme aux concluſions, ou donne un Jugement ſéparé à même fin.

Comme c'eſt le défendeur qui ſe veut ſervir de la piéce, c'eſt auſſi à lui à la produire: pour raiſon de quoi il doit prendre une Ordonnance du Juge, à l'effet de contraindre ceux en la poſſeſſion de qui eſt la minute de la piéce inſcrire de faux, à la mettre au Greffe; ou ſi c'eſt en Cour ſouveraine, une Commiſſion en Chancellerie.

Si le défendeur ne fait pas apporter ſa minute dans le délai, qui ſera reglé ſuivant la diſtance des lieux, la piéce ſera rejettée du procès, ſuivant l'art. 9 du même titre.

Lorſque les piéces prétendues avoir été falſifiées, ont été dépoſées au Greffe, le défendeur le déclare au demandeur, & le ſomme de fournir ſes moyens de faux.

Le demandeur de ſa part doit requerir qu'il ſoit fait un procès verbal, contenant la deſcription de la piéce qu'il maintient fauſſe.

Si la cauſe principale eſt appointée, c'eſt le Rapporteur qui doit faire ce procès verbal. Si au contraire la cauſe principale ſe doit juger à l'Audience, & le demandeur fait commettre un Conſeiller pour en faire la deſcription, en vertu d'une Requête de *Committitur.*

L'uſage ordinaire eſt, que le demandeur prenne du Conſeiller-Rapporteur, ou du Conſeiller-Commis, une Ordonnance, & la ſignifie au défendeur en faux, à ce qu'il ait à ſe trouver au jour & heure marqués à la deſcription de l'état de la piéce.

Ce procès verbal commence par la date du jour, & l'énonciation de l'Ordonnance en vertu de laquelle le procès verbal ſe fait; enſuite il eſt fait mention de la comparaiſon des Parties: après quoi il porte, que la piéce maintenue fauſſe a été repréſentée au Juge, & qu'elle s'eſt trouvée en tel état, c'eſt-à-dire écrite ſur une telle feuille de papier, commençant par tels mots, & finissant par tels autres, & signée de tels & tels.

On marque combien elle contient de pages, & de lignes à chaque page; s'il y a des renvois; s'ils sont paraphés; s'il y a quelques mots d'effacés ou barrés; s'il y a des blancs ou des interlignes.

Enfin on y exprime les circonstances & les particularités qui concernent l'état de la piéce; & au bas d'icelle elle est paraphée par le Juge, & les blancs & marges par lui barrés de traits de plume.

Le procès verbal fini, doit être signé par le Conseiller-Rapporteur ou Commis, par le demandeur en faux & par son Procureur, & en cas d'absence du demandeur, par son Procureur fondé de procuration spéciale. La piéce inscrite de faux, après avoir été paraphée par le Juge, est remise au Greffe.

On n'appelle plus au Parlement le défendeur en faux au procès verbal de l'état de la piece: ce qui pourroit causer quelque inconvénient; car le défendeur en faux qui n'a point été présent à ce procès verbal, peut se soustraire au châtiment du crime de faux, en disant que la piéce dont on a fait la description sans l'appeller, n'est point celle qu'il a produite, & que l'on en a substitué une autre en sa place.

Après le procès verbal fait, le demandeur en faux peut avec son Conseil prendre communication de la piéce inscrite de faux par les mains du Greffier, sans déplacer.

Trois jours après la signification du procès verbal de la description de la piéce maintenue fausse, on met au Greffe les moyens de faux dans un sac, & n'en doit être donné copie ni communication au défendeur en faux. On les distribue en la maniere ordinaire des procès, s'il n'y a point de Rapporteur; & s'il y en a un, on les produit au Greffe pour lui être remis.

Après que les moyens de faux ont été mis au Greffe, & joints à la piéce maintenue fausse, le Procureur du Roi s'en charge sur le Regiftre du dépôt pour donner ses conclusions: & après avoir remis le tout, le Juge, ou celui qui est Rapporteur du procès s'en charge sur le même Registre, pour en faire le rapport à la Chambre.

Les moyens de faux sont tout ce qu'on a reconnu en la piéce, en conséquence de quoi on la prétend fausse ou falsifiée, comme la signature, la différence de l'encre, la marque du papier, l'altération, les additions ou ratures, l'antidate, l'incertitude ou chancellement d'écritures; & généralement tout ce qui peut faire appercevoir qu'on a voulu imiter & contrefaire la main d'autrui, & que l'acte est faux.

Dans les moyens de faux, celui qui les propose, doit conclure à la réparation civile, & demander que la piéce soit rejettée du procès, & le défendeur condamnés en tous les dépens, dommages & intérêts du demandeur en faux; sauf à M. le Procureur du Roi, si c'est une Jurisdiction inférieure, ou à M. le Procureur général, si c'est une Cour souveraine, à prendre pour la vindicte publique telles conclusions qu'il avisera bon être.

Après cela il faut narrer le fait sommairement, & ensuite cotter & articuler les moyens par lesquels on prétend prouver que la piéce est fausse; par exemple, que les signatures des Parties ou des témoins ont été contrefaites, ou qu'après les signatures & après coup on a fait des ratures & des additions à l'insçu des Parties, ou que la Partie que l'on a fait déclarer ne sçavoir pas écrire ni signer, étoit absente du lieu le jour qu'on prétend que la piéce ou obligation a été passée.

Si les moyens de faux fournis par le demandeur sont frivoles & impertinens, le Juge doit les déclarer impertinens & inadmissibles, & ordonner que sans y avoir égard il sera passé outre au Jugement du procès civil; où il les joindra au dit procès, pour en jugeant y avoir tel égard que de raison.

Si les moyens sont trouvés pertinens & admissibles, le Juge doit les déclarer tels, & permettre au demandeur d'en faire la preuve tant par titres que par témoins, & par comparaison d'écritures & signatures, qui doit être faite par Experts que le Juge doit nommer d'office par le même Jugement, suiv. l'art. 13. du tit. 9. de l'Ordonnance de 1670.

En matiere d'inscription de faux, la régle est de ne point admettre le défendeur en faux à fournir des piéces de comparaison; il y a trop à craindre qu'il n'en administre de fausses. C'est pourquoi le demandeur doit présenter requête, & faire ordonner en conséquence que le défendeur en faux ne fournira point de piéces de comparaison.

Néanmoins M. Brillon, *verbo* faux, cite plusieurs Arrêts qui ont jugé que le défendeur en faux peut fournir des piéces de comparaison; & deux entr'autres par lesquels il a été ordonné qu'il seroit procédé à la vérification des piéces arguées de faux, sur les seules piéces représentées par les défendeurs.

Le même Auteur dit cependant, qu'à la Grand'-Chambre, sur une Requête civile prise contre un semblable Arrêt, M. de Fleury, Avocat général, fut d'avis d'entériner la Requête civile, sur le seul moyen que le défendeur avoit fourni les piéces de comparaison; mais l'affaire fut appointée.

Si les Experts nommés d'office par le Juge sont suspects à l'une ou à l'autre des Parties, comme à qui ils sont suspects les pourra récuser.

En exécution du Jugement qui aura déclaré les moyens de faux pertinens & admissibles, il ne sera pas besoin de faire ouir d'autres témoins que les Experts, si les moyens de faux ne concernent que l'écriture ou les signatures qu'on prétend avoir été contrefaites.

La raison est, qu'en ce cas la preuve de la fausseté ne se fait que par comparaison d'écritures.

Mais si les moyens de faux sont fondés sur d'autres faits, comme sur l'absence de la Partie, au tems qu'on a supposé qu'elle s'est obligée ou qu'elle a signé, ou sur sa mort; au cas qu'on prétendit qu'elle fût décédée au tems auquel on l'a fait parler dans quelques contrats ou autres faits semblables; en tous ces cas il faut faire ouir tous les témoins qui en pourront déposer.

Si la fausseté dont est question se peut justifier par la comparaison d'écritures, il faut, suivant l'art. 15. du tit. 9. de l'Ordonnance de 1670 que les piéces inscrites de faux & celles de comparaison soient mises entre les mains des Experts, après avoir prêté serment, pour les voir & examiner, & ensuite délivrer leur rapport au Juge.

En fait de faux, le Juge doit régulierement nommer pour Experts des Maîtres Ecrivains; & au défaut des Maîtres Ecrivains, ou quand ils sont suspects, il peut nommer des Notaires ou des Greffiers.

Si la fausseté est de nature à ne pouvoir être justifiée par comparaison d'écritures, le demandeur en faux ne peut faire ouir des témoins en son information sur autres faits que sur ceux qu'il a précisément articulés par ses moyens de faux, suivant l'art. 14. du tit. 9. de la même Ordonnance.

Celui qui se sert de la piéce maintenue fausse, est aussi quelquefois reçu à faire preuve par témoins qu'elle est véritable; & en ce cas la déposition des témoins qui disent avoir vû écrire une quittance & compter l'argent, prévaut à un rapport d'Experts, à moins qu'il n'y ait une dissimilitude entiere dans les piéces de comparaison.

Ainsi dans le concours & dans la contrariété entre les Experts & les témoins, si les Experts déclarent l'acte faux, & que les témoins de l'enquête déposent avoir vû signer la Partie, l'enquête prévaut. M. Catelan, tom. 2. liv. 9. chap. 1.

Cette décision est conforme à la Novelle 73. L'Empereur dans la Préface représente combien le jugement des Experts peut être sujet à erreur, par la différence de l'âge ou de la santé de celui dont on examine le seing par comparaison d'écritures, & même par la difference des plumes & de l'encre.

Dans le chapitre 3. de cette Novelle, il conclut que l'enquête doit prévaloir. *Nos quidem existimavimus ea, quæ vivâ dicuntur voce; & cum jurejurando hæc digniora fide, quam scripturam ipsam secundum se subsistere: verumtamen sit hoc judicantis prudentiæ simul adque religionis.*

La raison est, que les Experts ne jugent que sur des conjectures qui peuvent tromper, & que les preuves l'emportent sur les présomptions, lorsqu'il n'y a pas de reproches contre les témoins.

L'information faite, & le rapport des Experts délivré, s'il y a charge, les Juges pourront décreter & ordonner que les Experts seront répétés séparement en leur rapport, recollés & confrontés, ainsi que les autres témoins. Art. 16 du tit. 9. de l'Ordonnance de 1670.

Après avoir communiqué le tout au Gens du Roi pour bailler leurs conclusions, on décrete contre l'auteur de la fausseté, & on instruit son procès par recollement & confrontation, comme en toute autre matiere criminelle.

Une observation à faire au sujet du rapport des Experts en fait d'écritures que l'on impugne de faux, c'est que le rapport des Experts est nul, lorsqu'ils se sont déterminés, non-seulement sur les moyens de faux admis par l'Arrêt, mais aussi sur d'autres, comme il a été jugé en la Cinquiéme Chambre des Enquêtes par un Arrêt rendu le 8 Juillet 1707. rapporté par M. Augeard, tome 2. chapitre 73.

Quand l'inscription de faux a été formée en un procès civil pendant aux Enquêtes, & qu'en voyant ledit procès, le crime de faux se trouve mériter une condamnation de mort, ou de galeres, ou de bannissement, Messieurs des Enquêtes doivent renvoyer le procès à la Tournelle criminelle, pour y être jugé.

Lorsque l'inscription de faux a été jusqu'au point d'être jugée criminellement depuis le décret, le demandeur en faux ne signifie plus rien, à l'exception de la Requête qui contient les conclusions civiles.

Le défendeur en faux peut se désister jusqu'au décret; & s'il se désiste & déclare ne vouloir plus se servir de la piéce inscrire de faux, on la fait rejetter du procès.

Dès qu'il a fait cette déclaration, la Partie civile n'a plus d'intérêt, & ne peut plus poursuivre pour raison du crime de faux. Il n'y a que M. le Procureur général, ou le Procureur du Roi, qui puisse poursuivre le faux après le désistement.

Cela fait voir que le fabricateur d'un contrat faux n'est pas mis à l'abri de la vengeance publique, par la déclaration qu'il fait de ne s'en vouloir point servir. Basset, tome 1. liv. 6. tit. 15. chap. 7. Bouvot, tome 2. *verbo* Faux, quest. 4. Boniface, tome 5. liv. 3. tit. 2. chap. 8.

Si celui qui s'est inscrit en faux contre une piéce, avant que la Partie adverse ait déclaré vouloir s'en servir, s'en désiste, l'amende lui est rendue; mais jusqu'au désistement il est condamné aux dépens. Ainsi jugé par Arrêt du Grand Conseil, en date du 15. Décembre 1713.

Si après le procès criminel instruit, celui qui a produit la piéce fausse se trouve convaincu d'être l'auteur de la fausseté, & que la fausseté soit importante, on jugera le procès criminel séparément, & le coupable sera condamné à mort, ou aux galeres, ou au bannissement, eu égard aux circonstances du fait, & à la qualité & condition des personnes.

Si celui qui a produit la piéce n'est pas l'auteur de la fausseté; par exemple, si c'est un héritier qui l'a trouvée parmi les titres & papiers du défunt, ou un cessionnaire qui a cru que le titre de la dette à lui cedée étoit véritable & légitime, ou si les preuves ne sont pas convaincantes; le Juge joindra l'incident du faux au procès civil, & en le jugeant il prononcera, *ayant égard au faux*, ou *sans avoir égard au faux*.

Le demandeur en faux qui succombe, est condamné en trois cens livres d'amende aux Cours souveraines; en cent vingt livres aux Siéges qui y ressortissent immédiatement, & aux autres en soixante livres, applicables pour les deux tiers au Roi ou au Seigneur, & l'autre tiers à la Partie, sur lesquelles seront déduites les sommes consign ées.

Pourront néanmoins les Juges condamner en plus grande amende, s'il y échet, ainsi qu'il est porté en l'article dernier du tit. 9. de l'Ordonnance de 1670.

Ils peuvent même condamner celui dont l'inscription de faux se trouve calomnieuse, à quelque peine afflictive, suivant la qualité de la calomnie, & la qualité de la personne à qui elle aura été faite.

Comme le crime de faux intéresse le Public, lorsqu'une Partie s'est inscrite en faux contre un acte, il ne lui est pas permis de transiger sur le faux. Ainsi jugé par un Arrêt du Conseil d'Etat, du 21. Août 1696. qui en casse un du Parlement, du 27. Juillet 1695. rendu par appointé, & qui fait défense aux Procureurs de signer à l'avenir de pareils appointemens.

Le crime de faux commis par celui qui est l'auteur d'une piéce fausse, se prescrit par vingt ans, comme la plupart des autres crimes. Ainsi le criminel devient par cette prescription à couvert de la punition du crime.

Mais la prescription n'a pas lieu à l'égard de la piéce ; car elle peut être déclarée fausse pendant tout le tems qu'on s'en voudra servir.

Par exemple, si un héritier revendique les biens d'un défunt contre ceux qui les ont usurpés ; en ce cas, supposé qu'on produise contre sa demande un testament faux, il peut l'attaquer de faux dans les trente ans, qui est le tems que la pétition d'hérédité dure. La prescription du crime qui est accomplie après les vingt ans, fait seulement que le fabricateur de ce faux testament ne peut plus être puni, ni poursuivi extraordinairement.

Touchant cette prescription de vingt ans, il faut remarquer qu'elle ne commence à courir, à l'égard du crime de faux, que du jour de la fausseté découverte, & non pas du jour que le faux a été commis, comme il a été jugé au Parlement de Provence, par Arrêt du 23 Mai 1670, rapporté par Boniface, tom 5. liv. 3. tit. 2. chap. 12.

Voyez le même auteur, tom. 2. part. 3. liv. 1. tit. 15. chap. 2. où les raisons de cette décision sont expliquées.

Voyez aussi la Peyrere, lett. F, nomb. 6. qui rapporte un Arrêt qui a jugé qu'on n'est pas recevable à s'inscrire en faux contre une piéce ancienne après cent ans, sur laquelle il y a eu Arrêt.

Au reste, il y a une nouvelle Ordonnance du mois de Juillet 1737. concernant le faux principal & le faux incident, qui a en plusieurs articles etabli une nouvelle Jurisprudence.

INSCRIPTION DE FAUX, peut être admise contre un Arrêt, comme il a été jugé par Arrêt du 7 Septembre 1740. en la Grand'Chambre, contre la minute d'un Arrêt ; où l'on prétendoit que ces mots, *& maternels*, qui étoient en interligne, avoient été ajoutés.

Il sembloit néanmoins qu'une telle inscription ne devoit pas être admise, attendu que le respect qui est dû au dépôt sacré de la Cour, l'intérêt de familles, le danger d'exposer les Loix les plus augustes à la science confuse & conjecturale des Experts, & les inconvéniens sans nombre qui en peuvent provenir.

Mais nonobstant toutes ces raisons, elle fut admise, attendu que plus un acte est auguste, plus il est de l'intérêt public qu'il ne soit point altéré.

INSCRIPTION DE FAUX DANS LES AYDES, se forme contre tous actes faits par les Employés dans leur exercice, & dans ce qui dépend de la régie.

Cette inscription a lieu pour les registres & pour les feuilles concernant l'exercice des caves, sur tout pour les procès verbaux, & pour les congés, quittances, faux emplois, suppositions de date, déclarations, passavans, lettres de voiture, certificats, suppositions de noms, registres, états, comptes & fausses marques, tant contre les Commis, que contre les Particuliers & redevables.

INSENSÉS, FOUX ET FURIEUX, sont ceux qui n'ayant pas l'usage de la raison & du bon sens, sont incapables de délibération & de malice.

On leur doit donner des curateurs qui prennent soin de leurs affaires ; & s'il y a lieu de craindre que quelque malheur arrive par leur fureur ou par leur folie, on les doit faire mettre en lieu de sûreté.

Ils sont excusables quand ils ont commis quelque délit, & ne sont point soumis aux peines dont on punit ordinairement ceux qui en sont coupables, sauf à faire la réparation des dommages & intérets sur leurs biens ; pourvû toutefois qu'ils n'ayent pas eu malicieusement recours à une folie ou fureur simulée pour se soustraire à la punition de leurs crimes.

A l'égard de leur testament, pour découvrir s'ils étoient sains d'esprit & d'entendement lorsqu'ils l'ont fait, on a recours à plusieurs circonstances qui sont rapportées par Boyer, décision 23. & 100. & par Mantica, *de conjecturis ultimar. volunt. lib. 1. tit. 5.* car la fureur & la folie ne sont pas toujours continuelles en l'homme. Ceux qui sont les plus furieux & les plus foux, ont souvent de bons intervalles pendant lesquels ils jouissent de tout leur bon sens.

Mais rien ne prouve mieux qu'ils en ont joui au tems qu'ils ont fait leur testament, que le contenu en icelui ; c'est-à-dire quand sa disposition est bien ordonnée, & telle qu'un homme bien sensé l'auroit faite. *Alexander Consilio 85. vol. 1. & Consilio 141. vol. 2. Angelus & Jason, ad leg. furiosum, cod. qui testam. facere poss. Vide Valerium Maximum, lib. 7. cap. 8.*

INSINUATION, est l'enregistrement qui se fait dans les Registres, des dispositions qui doivent être rendues publiques pour empêcher les fraudes clandestines qui se pourroient pratiquer, au préjudice de ceux qui n'en auroient pû avoir connoissance.

L'insinuation des donations entre-vifs avoit été introduite à Rome par l'Empereur Constantin. Mais avant François I. l'insinuation n'étoit point en usage en France, au moins dans les Provinces coutumieres. Aujourd'hui généralement parlant, toutes sortes de donations, soit entre-vifs, soit à cause de mort, doivent être insinuées.

Voyez l'Ordonnance de François I. de l'an 1539. art. 132. & l'Ordonnance de moulins de l'an 1566. art. 58. Elles sont rapportées dans le nouveau Recueil de Neron, avec des Commentaires.

Il faut excepter, I°. Les donations faite en ligne directe, à titre singulier, par contrat de mariage, qui sont exemptes de la régle. La raison est, que la donation faite par contrat de mariage, à titre particulier, par un pere ou une mere, un ayeul ou une ayeule, qui sont obligés de doter les enfans, est regardée comme un devoir, & comme l'acquit d'une dette, plutôt que comme une libéralité. *Voyez* l'Arrêt du 31 Juillet 1673. rapporté dans le Journal du Palais.

II°. Les donations des meubles, dont le donateur a fait la tradition réelle & actuelle; car pour la donation de meubles non livrés, elle est sujette à insinuation, attendu que quand on passe pardevant Notaires une donation de meubles, qu'on ne livre pas, il en résulte une hypotéque que le donataire est endroit d'exercer sur les immeubles du donateur, pour le contraindre d'exécuter sa promesse.

III°. Les donations faites par le Roi, où à Sa Majesté.

Les donations faites à des mineurs, n'en sont pas exemptes, sauf leur recours contre leurs tuteurs. Les donations faites à des personnes rustiques, sont pareillement nulles, faute d'avoir été insinuées, aussi bien que celles qui sont faites aux Eglises & aux Hôpitaux, si ce n'est que les donations faites pour œuvres pies fussent très-modiques, eu égard aux biens du donateur.

Une donation ne sçauroit être rendue trop publique; c'est pourquoi il a été ordonné que l'insinuation s'en feroit dans les Justices royales.

L'insinuation des donations de meubles doit être faite au Greffe de la Jurisdiction royale du domicile du donateur.

A l'égard de la donation des immeubles, l'insinuation s'en doit faire au Greffe des Insinuations royales, où les choses sont assises; & quand les immeubles donnés sont situés dans différentes Jurisdictions, il faut en insinuer la donation au domicile du donateur, & faire faire outre cela autant d'insinuation qu'il y a de biens immeubles situés dans différentes Jurisdictions.

Comme l'insinuation n'est point de la substance ntrinseque de la donation, elle se peut diviser. Ainsi la donation peut valoir pour les héritages situés aux Jurisdictions où elle aura été insinuée, & être nulle à l'égard des autres biens qui sont situés dans n'autres où cette formalité n'aura pas été observée.

L'insinuation doit être faite dans les quatre mois, à compter du jour de la donation; elle peut même être faite après ce tems, pourvû que ce soit du vivant du donateur; avec cette différence, que quand elle est faite dans les quatre mois, elle a un effet rétroactif au jour de la donation; mais lorsqu'elle est faite après, elle na pas le même effet; ainsi la donation n'a hypotéque que du jour qu'elle a été insinuée; ensorte que si le donnateur, depuis la donation par lui faite, & dans le tems intermédiaire de l'insinuation, contracte des dettes, les créanciers pourront agir valablement contre le donataire. *Voyez* Louet, lett. D, somm. 6.

François I, dans l'Ordonnance de 1539. ne parle que des donations entre-vifs, & ne parle point des donations à cause de mort, à l'exemple de l'Empereur Justinien, en la Loi 36. au code *de donat.* Mais à présent ces sortes de donations doivent être insinuées, ainsi qu'il est dit en l'art. 3 de l'Edit du mois de Décembre 1703.

Voici les articles de l'Ordonnance de Louis XV, du mois de Février 1731. qui concernent l'insinuation des donations.

» Art. XIX. Les donations faites dans les contrats de mariage en ligne directe, ne seront pas sujettes à la formalité de l'insinuation.

» XX. Toutes les autres donations, même les donations rémunératoires ou mutuelles, quand même elles seroient entiérement égales, ou celles qui seroient faites à la charge de services & de fondations, seront insinuées suivant la disposition des Ordonnances, à peine de nullité.

» XXI. Ladite peine de nullité n'aura pas lieu néanmoins à l'égard des dons mobiles, augmens, contre-augmens, engagemens, droits de retention, agencemens, gains de nôces & de survie, dans les Pays où ils sont en usage; à l'égard de toutes lesquelles stipulations ou conventions, à quelque somme ou valeur qu'elles puissent monter, notre Déclaration du 25 Juin 1729. sera executée suivant sa forme & teneur.

» XXII. L'exception portée par l'article précedent & par ladite Déclaration, aura pareillement à l'égard des donations des choses mobiliaires, quand il y aura tradition réelle, ou quand elles n'excederont pas la somme de mille livres une fois payée.

» XXIII. Dans tous les cas où l'insinuation est nécessaire, à peine de nulitté, les donations d'immeubles réels, ou de ceux qui sans être réels ont une assiette selon les Loix, Coutumes ou usages des lieux, & ne suivent pas la personne du donateur, seront insinnées, sous ladite peine de nullité, au Greffe des Baillages ou Sénéchaussées royales, ou autre Siége royal ressortissant nûement en nos Cours, tant du domicile du donateur, que du lieu dans lequel les biens donnés sont situés, ou ont leur assiette; & à l'égard des donations de choses mobiliaires, même des immobiliaires qui n'ont point d'assiette, & suivent la personne, l'insinuation s'en fera seulement au Greff du Bailliage ou Sénéchaussée royale, ou autre Siége royal ressortissant

» sortissant nûement en nos Cours, du domicile » du donateur. Défendons de faire aucunes insi- » nuations dans d'autres Jurisdictions royales, ou » dans les Justices seigneuriales, même dans cel- » les des Parties; & en cas que le donateur y ait » son domicile, ou que les biens donnés y soient » situés, l'insinuation sera faite au Greffe du Sié- » ge qui a la connoissance des cas royaux dans le » lieu dudit domicile ou de la situation des biens » donnés; le tout à peine de nullité.

» XXIV. Sera tenu à l'avenir dans chaque Bail- » liage ou Sénéchaussée royale, un registre parti- » culier, qui sera cotté & paraphé à chaque feuil- » let par le premier Officier du Siége, clos & ar- » rêté à la fin de chaque année par ledit Officier, » dans lequel registre sera transcrit en entier l'ac- » te de donation, si elle est faite par un acte sé- » paré, sinon la partie de l'acte qui contiendra la » donation, ses charges ou conditions, sans en rien » omettre; à l'effet de quoi la grosse ou expédi- » tion dudit acte sera représentée, sans qu'il soit » nécessaire de rapporter la minutte.

» XXV. Le dépositaire dudit registre sera tenu » d'en donner communication toutes les fois qu'il » en sera requis, & sans Ordonnance de Justice, » même d'en délivrer un extrait signé de lui, si les » Parties le demandent; le tout sauf son salaire rai- » sonnable, & ainsi qu'il est reglé par notre Dé- » claration du 17 du présent mois.

» XXVI. Lorsque l'insinuation aura été faite » dans les délais portés par les Ordonnances, même » après le decès du donateur ou du donataire la do- » nation aura son effet du jour de sa date, à l'égard » de toutes sortes de personnes. Pourra néanmoins » être insinuée après lesdits délais, même après le » décès du donataire, pourvû que le donateur » soit encore vivant; mais elle n'aura effet en ce » cas, que du jour de l'insinuation.

» XXVII. Le défaut d'insinuation des donations » qui y sont sujettes, à peine de nullité, pourra » être opposé, tant par les tiers acquereurs & » créanciers du donateur, que par ses héritiers » donataires, postérieurs ou légataires, & géné- » ralement par tous ceux qui y auront intérêt, » autres néanmoins que le donateur: & la dispo- » sition du présent article aura lieu, encore que » le donateur se fût chargé expressément de faire » insinuer la donation, à peine de tous dépens, » dommages & intérêts, laquelle clause sera re- » gardée commune nulle & de nul effet.

» XVVIII. Le défaut d'insinuation pourra pareil- » lement être opposé à la femme commune en » biens ou séparée d'avec son mari, & à ses héri- » tiers, pour toutes les donations faites à son pro- » fit, même à titre de dot, & ce dans tous les cas » où l'insinuation est nécessaire, à peine de nulli- » té; sauf à elle ou à ses héritiers d'exercer leur re- » cours, s'il y échoit, contre le mari ou ses héri- » tiers, sans que sous prétexte de leur insolvabili- » té, la donation puisse êre confirmée en auc un » cas, nonobstant le défaut d'insinuation.

» XXIX. N'entendons néanmoins qu'en aucun » cas ledit recours puisse avoir lieu quand il s'agi- » ra de donations faites à la femme, pour lui te- » nir lieu de bien paraphernal, si ce n'est seule- » ment lorsque le mari aura eu la jouissance de » cette nature de bien du consentement exprès » ou tacite de la femme.

» XXX. Le mari ni ses héritiers ou ayant cause » ne pourront en aucun cas, & quand même il » s'agiroit de donations faites par d'autres que » par le mari, opposer le défaut d'insinuation à » la femme commune ou separée, ou à ses héri- » tiers ou ayant cause, si ce n'est que ladite do- » nation eût été faite pour tenir lieu à la femme » de bien paraphernal, & qu'elle en eût eu la li- » bre jouissance & administration.

» XXXI. Les tuteurs, curateurs, administra- » teurs ou autres, qui par leur qualité sont tenus » de faire insinuer les donations faites par eux ou » par d'autres personnes, aux mineurs ou autres » étant sous leur autorité, ne pourront pareille- » ment, ni leurs héritiers ou ayant cause, oppo- » ser le défaut d'insinuation ausdits mineurs ou » autres donataires dont ils ont eu l'administra- » tion, ni a leurs héritiers ou ayant cause.

» XXXII. Les Mineurs, l'Eglise, les Hôpitaux, » Communautés ou autres qui jouissent du pri- „ vilége des mineurs, ne pourront être restitués „ contre le défaut d'insinuation, sauf leur recours „ tel que le droit contre leurs tuteurs ou admi- „ nistrateurs, & sans que la restitution puisse „ avoir lieu, quand même lesdits tuteurs ou ad- „ ministrateurs se trouveroient insolvables.

„ XXXIII. N'entendons comprendre dans les „ dispositions des articles précedens qui concer- „ nent l'insinuation, les pays du ressort de notre „ Cour de Parlement de Flandre.

Au reste, il paroît par l'art. 47. de cette Ordonnance, qu'elle ne comprend pas les dons mutuels & autres donations faites entre maris & femmes, autrement que par le contrat de mariage; ni pareillement les donations faites par le pere de famille aux enfans étant en sa puissance, à l'égard desquelles il ne sera rien innové jusqu'à ce qu'il y ait été autrement pourvu par Sa Majesté.

L'Edit dont nous venons de rapporter la teneur par rapport aux insinuations, a été suivi d'une Déclaration du 17 Février 1731, dont voici les termes.

„ Art. I. Voulons qu'à compter du jour de l'enre- „ gistrement des Présentes, toutes donations entre- „ vifs de meubles ou immeubles, mutuelles, réci- „ proques, rémunératoires, onéreuses, même à la „ charge de services & fondations en faveur de ma- „ riage & autres, faites en quelque forme & manie- „ re que ce soit (à l'exception de celles qui seroient „ faites par contrat de mariage en ligne directe) „ soient insinuées; sçavoir celles d'immeubles réel- „ les ou d'immeubles fictifs qui ont néanmoins une

» assiette, aux Bureaux établis pour la perception » des droits d'insinuations près les Bailliages ou Sé» néchaussées royales, ou autre Siége royal ressortis» sans nûement en nos Cours, tant du lieu du do» micile du donateur, que de la situaton des choses » données; & celles des meubles ou de choses im» mobiliaires qui n'ont point d'assiette, aux Bureaux » étrblis près lesdits Bailliages, Sénéchaussées ou au» tre Siége royal ressortissant nûement en nos Cours, » du lieu du domicile du donateur seulement. Et au » cas que le donateur eût son domicile, ou que les » biens donnés fussent situés dans l'étendue des Justi» ces seigneuriales, l'insinuation sera faite aux Bu» raux établis près le Siége qui a la connoissance des » cas royaux, dans l'étendue desdites Justices, le » tout dans le tems & sous les peines portées par » l'Ordonnance de Moulins, & la Déclaration du » 17 Novembre 1690. Déclarons nulles & de nul » effet toutes les insinuations qui seroient faites à » l'avenir en d'autres Jurisdictions, dérogeant à » tous Edits & Déclarations à ces contraires.

» II. Voulons qu'à commencer au premier Juil» let prochain, les Commis établis dans chacun » desdits Buraux, lesquels seront tenus de prêter » serment pardevant le Lieutenant général des Sié» ges ci-dessus nommés, tiennent un registre séparé, » cotté & paraphé par le Lieutenant général, ou » par le premier ou plus ancien Officier du Siége en » son absence, dans lequel les actes de donations, » si elles sont faites par un acte séparé, sinon la par» tie de l'acte qui contiendra la donation avec tou» tes ses charges ou conditions, seront inserés & en» registrés tout au long; pour le paraphe desquels » registres il sera prix dix sols pour ceux de cin» quante feuillets & au-dessous, vingt sols pour » ceux de cent feuillets, & trois livres pour » ceux qui contiendront plus de cent feuillets.

» III. Lesdits Commis seront tenus de commu» niquer lesdits registres, sans déplacer, à tous ceux » qui le demanderont, & de fournir des extraits ou » expéditions en papier, suivant qu'ils en seront re» quis, des actes y inserés; & ne sera pris que dix « sols pour le droit de recherche dans chaque regis» tre, & pareille somme pour chaque extrait déli» vré; & en cas qu'ils fussent requis de délivrer des » expéditions entieres des actes enregistrés, il » leur sera payé par rolle de grosse le même droit » qui se paye pour les expéditions en papier au » Greffe du Siége près lequel ils sont établis.

» IV. Lesdits registres seront clos & arrêtés, à la » fin de chaque annnée, par le Lieutenant général, » ou le premier ou plus ancien Officier du Siége en » son absence, & quatre mois après seront mis au » Greffe de la Jurisdiction à quoi faire lesdits Com» mis seront contraints par corps, à la diligence des » Substituts de nos Procureurs généraux; & sera » dressé procès verbal par le Lieutnant général, ou » par le premier ou plus ancien Officier du Siége, » de l'état desdits registres; au bas duquel le Gref» fier de la Jurisdiction s'en chargera, pour en don» ner communication toutes fois & quantes, même » en fournir des extraits *gratis* à nos Fermiers ou à » leurs Commis, en lui remboursant les frais du » papier timbré seulement, à peine de cent livres » d'amende, qui sera encourue sur le simple pro» cès verbal desdits Commis.

» V. Lesdits Greffiers seront pareillement tenus » de communiquer lesdits registres, sans déplacer, » à tous ceux qui le demanderont, & de fournir des » extraits ou expéditions aussi en papier, suivant » qu'ils en seront requis, des actes y inserés: leur » défendons de prendre pour raison de ce, d'au» tres droits que ceux qui sont attribués aux Com» mis part l'art. 3. des présentes.

» VI. N'entendons déroger à l'art. 3. de notre » Déclaration du 20 Mars 1708. en ce qu'il ordon» ne l'insinuation des donations par forme d'aug» mens ou contr'augmens, dons mobiles, engage» mens, droits de retention, agencemens, grains de » nôces & de survie, dans les pays où ils sont en usa» ge. Voulons que lesdits actes soient insinués con» formément à ladite Déclaration, & les droits » payés suivanr le tarif, en même tems que ceux » du controlle, dans les lieux où le controlle est » établi; & dans ceux où le controlle n'a pas lieu, » dans les quatre mois du jour & date desdits ac» tes; sans néanmoins que le défaut d'insinuation » desdits actes puisse emporter la peine de nullité, » & ce conformément à notre Déclaration du 15 » Juin 1729. lesquels droits, lorsqu'ils auront été » payés en même tems que ceux du controlle, » appartiendront aux Fermiers qui auront in« sinué lesdits actes, sans répétition.

» VII. Voulons pareillement que ladite peine de » nullité ne puisse avoir lieu à l'égard des donations » de choses mobiliaires, quand il y aura tradition » réelle, ou quand elles n'excederont la somme » de mille livres, au cas qu'elles n'eussent pas été » insinuées, conformément à l'article premier des « présentes. Voulons que les Parties qui auroient » négligé de les faire insinuer, soient seulement su» jettes à la peine du double droit, & que les droits » desdites donations soient payés conformément » à ce qui est prescrit par l'article précédent. Vou» lons au surplus que les Ordonnances, Edits & » Déclarations enregistrées en nos Cours, con» cernant les Insinuations, soient executés suivant » leur forme & teneur, dans toutes les disposi» tions ausquelles il n'est pas dérogé par ces pré» sentes. SI DONNONS EN MANDEMENT, &c.

Voyez ce que nous avons dit des insinuations dans la Traduction des institutes, sur le §. 2. du tit. 7. du second livre, & sur l'article 284. de la Coutume de Paris. *Voyez* aussi Belordeau, lettre D, art. 31. & le Recueil alphabétique de M. Bretonnier, *verbo* Donation.

INSINUATION DES SUBSTITUTIONS, a été introduite par l'art. 57. de l'Ordonnance de Moulins.

Cet article porte, que toutes dispositions entre

vifs ou de derniere volonté, contenant substitutions, seront pour le regard d'icelles substitutions, publiées en Jugement à jours de plaidoiries, & ce dedans six mois, à compter, quant aux substitutions testamentaires, du jour du décès de ceux qui les auront faites; & pour le regard des autres, du jour qu'elles auront été passées; autrement seront nulles, & n'auront aucun effet. Et après la publication d'icelles en Jugement, seront enregistrées ès Greffes royaux plus prochains des lieux où les choses sont assises, & aussi ès Greffes royaux plus prochains de la demeure de ceux qui ont fait lesdites substitutions.

Voyez, *verbo* Substitution, ce que l'on entend par substitutions entre-vifs, & par substitutions faites par une disposition de derniere volonté.

La publication & l'insinuation des substitutions n'ont été ordonnées que pour empêcher que des créanciers ne fussent trompés, en contractant avec des personnes grevées de substitution, dont ils n'auroient point pû avoir de connoissance, & qu'ils auroient crû très-riches & très-solvables, sous les apparences de biens substitués.

Sur les contestations qui se formoient tous les jours au sujet de la publication & de l'enregistrement des substitutions, il est survenu plusieurs Déclarations, & entr'autres celle du 18 Janvier 1712. qui porte:

I°. Que toutes substitutions faites par acte entre-vifs ou par testament, seront publiées en Jugement, l'Audience tenant, tant en la Justice royale du domicile de celui qui les aura faites, qu'en celle de la situation des biens situés; & que lesdites publications de substitutions seront enregistrées en même tems au Greffe desdites Justices royales, à la diligence des héritiers, soit institués, soit *ab intestat*, donataires ou légataires universels, ou même particuliers, lorsque leurs donations ou leurs legs seront chargés de substitutions; & en cas de minorité, à la diligence de leurs tuteurs ou curateurs, qui demeureront responsables du défaut desdites publications & d'enregistrement, à peine de nullité desdites substitutions.

II°. Que lesdites publications & enregistremens soient faits dans les six mois, à compter du jour des actes, si les substitutions sont faites par des dispositions entre-vifs; & du jour du décès du testateur, si elles sont faites par des dispositions à cause de mort.

III°. Que lesdites substitutions & publications seront enregistrées dans un Registre destiné à cet effet, qui sera paraphé à chaque page par le principal Juge des Siéges royaux où les substitutions doivent être publiées.

IV°. Que les substitutions qui n'auront pas été publiées ni enregistrées dans ledit tems de six mois, ne pourront être opposées aux créanciers ni aux tiers-acquereurs; & que celles qui auront été publiées & enregistrées après les six mois, ne pourront leur être opposées que du jour desdites publications & enregistremens.

V°. Que ce que dessus aura lieu à l'égard des mineurs, sans qu'ils puissent prétendre être relevés de ce défaut de publication & d'enregistrement, même en cas d'insolvabilité de leurs tuteurs.

VI. Que le défaut de publication & d'enregistrement ne pourra être opposé en aucun cas aux substitués par les héritiers institués ou *ab intestat*, donataires, ou légataires universels ou particuliers, ni par leurs successeurs, à l'égard desquels les substitutions auront leur effet comme si elles avoient été publiées & enregistrées.

VII°. Que lesdites publications & enregistremens des substitutions, seront faites dans les Justices royales du domicile de celui qui les aura faites, & dans celles de la situation des biens substitués, sans préjudice de l'insinuation desdites substitutions, ordonnée par l'Edit du mois de Décembre 1703.

INSINUATION LAÏQUE, est un enregistrement qui se fait en vertu de la Déclaration donnée au mois de Décembre 1703. non-seulement des donations & des substitutions, mais aussi de tous autres contrats & actes dont le public a intérêt d'avoir connoissance.

Cet enregistrement se fait au Greffe des insinuations laïques, établi en chacune des Villes où il y a Siége de Jurisdiction royale & ordinaire; & on paye les droits portés par le dernier tarif qui a été fait à ce sujet, & que nous avons rapporté dans la Science parfaite des Notaires.

Généralement parlant, tous les contrats & actes translatifs de proprieté sont sujets à cette insinuation; mais le trop grand nombre ne permet pas que nous en fassions ici l'énumeration. Le Lecteur peut s'en instruire dans le Livre que je viens de citer & dans Henrys, tome 1. livre 2. question 58.

INSINUATION ECCLESIASTIQUE, est un enregistrement qui se fait d'actes concernant les matieres ecclésiastiques & bénéficiales, aux Greffes des Insinuations ecclésiastiques qui sont établis dans chaque Diocèse.

Voyez ce que j'en ai dit dans la Science parfaite des Notaires.

INSTALLATION, est un terme composé de deux mots latins, sçavoir de la proposition *in*, qui signifie sur, & du substantif *stallum*, qui signifie marche-pied. Cela posé, installation est la prise de possession d'un Office de Judicature: *Stallum enim scamnum est, sive statio in aliquo loco.*

Ainsi quand un Officier est reçu, on l'installe, & on le met solemnellement dans la place qu'il doit tenir dans l'Auditoire; & c'est ce qu'on appelle la prise de possession de l'Office: car la reception ne donne pas la possession du droit, & la permission d'appréhender, celle de fait, qui est la vraie & parfaite possession qui met l'Officier en exercice de sa Charge, quand l'installation est faite dans les formes.

Pour y parvenir, il faut, si l'Officier reçu a un Supérieur, qu'il s'adresse à lui, & lui présente sa Requête tendante à cette fin. Si au contraire il est le premier Officier du Siége, c'est au Doyen des Conseillers à l'installer.

Quand il n'y a point d'Officier supérieur au Récipiendaire, ni de Lieutenans ou Conseillers dans le Siége, le nouvel Officier s'instale lui-même. C'est ainsi que cela se pratique dans les Justices royales & seigneuriales dans lesquelles il ne se trouve qu'un seul Juge.

L'instellation ne se fait qu'après la prestation de serment. On en dresse ordinairement un acte ou procès verbal.

Le nouvel Officier n'a part aux émolumens qui sont attachés à l'exercice, que du jour de son installation, parce que jusques là il ne peut exercer; au lieu que les profits de l'Office, tels que les gages, courent du jour des provisions.

Dans les Compagnies, quand il s'agit de dignités égales, le premier installé a toujours le premier rang.

La raison est, que le rang n'est déféré qu'à cause de la dignité, & par conséquent selon l'ordre de la promotion de chacun en son Office.

Cette promotion en France n'est certainement pas censée accomplie du jour de la reception, mais seulement du jour de l'installation publique. Loyseau dans son Traité des Offices, liv. 1. chap. 7. nomb. 27. & suivans.

Il y a des Offices pour lesquels, il n'y a point d'autre installation que la prestation de serment, tels que les Offices de Finance.

INSTALLER, signifie mettre en possession d'une Charge, d'un Bénéfice; placer l'Officier ou le Bénéficier dans la place qui lui appartient.

INSTANCE, se prend pour la poursuite d'une action pardevant le premier Juge; comme si j'ai intenté action pardevant le Prevôt ou autre, la Sentence qui sera rendue, sera dit Sentence rendue en premier instance.

Instance se prend aussi généralement pour la poursuite d'une action, soit pardevant le premier Juge, ou pardevant le Juge d'appel; comme quand on dit que l'instance périt par trois ans, pour avoir discontinué les procédures pendant ce tems.

On dit aussi dans ce sens une instance d'ordre, une instance de préférence, de saisie & arrêt.

On dit même une instance de partage, qui se poursuit ordinairement à Paris pardevant les Commissaires.

Quoique dans une signification étendue, instance signifie toutes sortes de pousuites, néanmoins dans l'usage on appelle instances toutes les affaires appointées, à la reserve des appellations qui s'instruisent en conséquence des appointemens de conclusion, à qui l'on donne spécialement le nom de procès.

Ainsi on appelle instances toutes les causes d'appel qui n'ont pû être jugées à l'Audience des Cours souveraines, soit lorsquelles ont été appointées sur la plaidoirie qui en a été faite à l'Audience, soit pour n'avoir pas eu le tems de les faire plaider, de maniere qu'elles ayent été appointées sur le rolle.

Ainsi les appellations verballes, lesquelles ayant été mises au rolle de la Grand'Chambre, & n'ayant pû venir à leur tour, sont appointées de plein droit, & font une instance, ne pouvant plus être jugées que sur productions des Parties.

INSTANCES SOMMAIRES, OU INSTRUCTION A LA BARRE DE LA COUR, étoient les instances appellées *Parlemens sommaires*, qui s'instruisoient par écrit en six jours, en conséquence d'une Requête présentée à la Cour.

Ces instructions avoient lieu dans les affaires de peu de conséquence, ou qui requeroient célérité.

Mais ces instructions à la Barre de la Cour ont été abrogées par l'article 11. du titre 11. des délais & procédures, &c. de l'Ordonnance de 1667.

INSTANCE DE PRÉFERENCE, est la contestation qui est formée entre le créancier qui a le premier fait saisir les meubles de son débiteur, & les créanciers opposans.

Elle tend à faire la distribution des deniers provenans de la vente de ces meubles; de maniere que le premier saisissant soit entierement payé par priorité de saisie, ou que lui & tous les créanciers opposans perçoivent ces deniers par contribution au sol la livre, en cas de déconfiture. *Voyez* Préférence. *Voyez* Contribution.

Quand l'instance de préférence se fait en conséquence de saisies faites sur des loyers ou arrérages de rente, le premier saisissant ne peut prétendre droit de priorité de saisie, que sur les deniers qui en sont échus jusqu'à la seconde saisie qui en a été faite.

Il ne vient donc sur les deniers qui en sont échus depuis, qui concurremment & par contribution avec le second saisissant, au cas qu'il n'eût pas été entierement payé sur les deniers échus précédemment.

La raison est, que les loyers & les arrérages de rente *dietim debentur.* C'est pourquoi dès qu'un autre créancier les fait saisir, la priorité de saisie cesse à l'égard de celui qui les avoit saisies auparavant.

INSTITUTES, sont les premiers élemens de la Jurisprudence, & les premiers principes du Droit Romain, qui ont été composés par Tribonien, Dorothée & Theophile.

L'Empereur Justinien donna aux Institutes force de Loi par sa Constitution qui est à la tête de cet Ouvrege, & qui lui sert de Préface.

Voyez ce que j'ai dit de ces premiers élemens de la Jurisprudence dans mon Histoire du Droit.

INSTITUTION D'HERITIERS, est la nomination faite par le testateur, en termes directs & impératifs, de son successeur universel, qu'il appelle généralement à la succession de tous ses droits & de tous ses biens.

Voyez, touchant l'institution d'héritier, ce que j'en ai dit dans ma Traduction des Institutes, sur le titre 14. du second Livre. Nous allons expliquer ici ce qui regarde cette institution, tant en pays de

Droit écrit, qu'en pays coutumier.

INSTITUTION D'HERITIER EN PAYS DE DROIT ECRIT, est reçue conformément à la disposition des Loix Romaines.

Elle y est la baze & le fondement de tous les testamens qui se font dans ces pays-la. Sans cette institution, il n'y a point de testament, ensorte que toutes les autres dispositions faites dans un acte portant le nom de testament, ne seroient point valables, ou s'il n'y avoit d'institution d'héritier, ou si celle qui auroit été faite par le testateur, n'avoit point son exécution.

Il faut donc en pays de Droit écrit, que l'héritier institué survive le testateur, & qu'il accepte la succession, pour faire valider les autres dispositions contenues dans le testament.

Si l'héritier mouroit avant le testateur, ou qu'il ne voulut pas excepter l'hérédité, le testament demeureroit caduc, & les autres dispositions contenues dans le testament n'auroient aucun effet, à moins que la renonciation de l'héritier ne fut faite en fraude des légataires, pour faire passer les biens aux plus proches héritiers avec lesquels il seroit d'accord, sans aucune charge de legs, *t. t. ff. & cod. si quis omiss. caus. testam.* ou à moins que le testament ne fût muni d'une clause codicillaire.

On peut en pays de droit écrit, conformément aux Loix Romaines, se faire qui l'on veut héritier par le moyen de cette institution; & cet héritier succede universellement dans tous les biens, noms & actions du défunt, sans aucune distinction de propres ou d'acquêts, qui est inconnue dans les Provinces qui se gouvernent par le Droit écrit.

Mais en pays coutumier on n'a pas la même liberté. La nature & le sang nous y donnent des héritiers malgré nous, à qui nous ne pouvons pas ôter cette portion de nos biens, que nous appellons légitime coutumiere.

En pays de droit écrit, de celui des deux conjoints qui décede le premier, institue souvent celui de ses enfans que le survivant voudra choisir. Sur quoi nous allons faire icideux observationsimportantes.

La premiere, que quand celui à qui la liberté de ce choix est laissée par celui des conjoints qui décede le premier, se donne à lui-même un de ses enfans pour héritier, il est censé avoir choisi & institué le même enfant pour héritier du précedé.

La deuxiéme, que comme cette faculté de choix n'est qu'un simple ministere & un honneur qui est déferé au survivant, qui ne lui apporte aucun profit, il n'en est pas déchu lorsqu'il convole en secondes nôces.

Sur toutes les questions qui se peuvent présenter au sujet du choix que donne le premier mourant à celui qui survit, de lui choisir pour héritier celui de ses enfans que le survivant voudra choisir, *voyez* Henrys, tom. 1. liv. 5. chap. 3. quest. 16. & 17. chap. 4. quest. 18. 28. 61. & 62, tom. 2. liv. 5. quest. 12.

Au reste, l'institution d'héritier étoit fondée chez les Romains sur ce qu'ils la regardoient comme une Loi qu'ils donnoient à leur postérité, & dans laquelle ils s'imaginoient revivre en la personne de celui qu'ils instituoient pour succeder dans tous leurs biens.

Quoique ce motif paroisse plausible, on peut néanmoins avancer que cette disposition universelle peut avoir ses inconveniens; car il arrive quelquefois que les biens & les possessions qui sont le plus ferme soutien des familles, au lieu de demeurer sous la direction générale des Loix, deviennent le jouet de la foiblesse capricieuse d'un testateur imbécille par nature ou par accident, ou mal disposé par prévention; en tout cas, d'autant plus facile à se laisser séduire qu'en donnant tout ce qu'il possede, il ne se prive de rien. Et de là vient que bien des gens affamés du bien d'autrui, s'occupent entiérement à obseder les riches vieillards ou les riches veuves, auprès desquels il n'omettent aucune sorte de flaterie & de souplesse, pour enlever leurs successions à leurs légitimes héritiers.

Aussi nos Coutumes n'ont point admis l'institution d'héritier, à l'effet de le faire succeder dans l'universalité des biens du testateur, comme nous l'allons faire voir dans l'article suivant

INSTITUTION D'HERITIER N'A LIEU EN PAYS COUTUMIER. Comme nos Coutumes ont eu plus d'égard aux liaisons du sang & de la nature, qu'à la volonté des testateurs, les institutions d'héritier ne sont point reçues dans la France coutumiere, & dans la plûpart de nos Provinces, qui sont régies par la Loi municipale qu'elles se sont faite. C'est cette même Loi qui fait l'héritier; c'est-à-dire que sitot qu'un homme est mort, son héritier est à l'instant saisi de sa succession, *solâ Legis autoritate*, suivant cette régle qui a été reçue par la plûpart de nos Coutumes: *Le mort saisit le vif, son hoir plus proche & habile à lui succeder.* Ainsi l'institution d'héritier n'a point lieu en pays coutumier.

Il s'ensuit de ce principe, qu'en pays coutumier un testateur ne peut pas se faire d'autres héritiers que ceux que la loi du sang lui donne.

C'est ce qui a fait dire à quelques-uns de nos Praticiens, que nous n'ayons pas de véritables testamens en pays coutumier, & que ce qu'on y appelle vulgairement des testamens, ne sont que des codiciles, puisque l'institution d'héritier, qui est la baze & le fondement d'un testament, n'y est point reçue.

Un testateur peut bien, en pays coutumier, faire non-seulement des legs particuliers, mais encore des legs universels; mais ces legs universels ne comprennent qu'une espéce de biens, comme dans la Coutume de Paris, les meubles & acquêts, & le quint des propres.

D'ailleurs, les légataires, quoiqu'universels, ne sont pas saisis par la loi des biens du défunt; ils sont obligés de demander la délivrance de leurs legs à l'héritier du défunt; & s'ils sont héritiers eux-mêmes, il faut absolument, pour avoir leurs legs, qu'ils renoncent à l'héridité, & qu'ensuite ils demandent délivrance de leurs legs à ceux qui demeurent héritiers.

Il n'y a que la Coutume de Berry, qui par une singularité toute particuliere, porte, que *l'on peut instituer héritier tant celui qui doit succeder ab intestat, qu'une personne étrangere* : mais cela ne se trouve point dans les autres Coutumes; ou s'il y en a quelques-unes qui ayent une semblable disposition, elles sont en très-petit nombre.

Il est aisé de pénétrer la raison de cette disposition toute particuliere de la Coutume de Berry, si différente des autres Coutumes du Royaume, en faisant réflexion que M. le Premier Président Lizet, qui étoit le plus grand Jurisconsulte de son siécle, & un très-grand admirateur des Loix Romaines, a été un des Commissaires députés pour la réformation de cette Coutume.

Comme il étoit rempli de l'esprit du Droit Romain, il a marqué dans la réformation de cette Coutume le zéle & l'affection qu'il avoit pour les décisions de ce Droit. Aussi, pour peu qu'on examine les dispositions de la nouvelle Coutume de Berry, l'on reconnoît aisément que le Droit Romain y domine plus que dans toutes les autres Coutumes.

Revenons présentement à l'explication de ce que nous avons dit ci-dessus, que l'institution n'a point lieu en pays coutumier, en exceptant toutefois de cette régle la Coutume de Berry, dont nous venons de parler.

Ces termes, *institution d'héritier n'a point lieu en pays coutumier*, nous marquent que cette institution ne vaut, ni comme institution d'héritier, ni comme legs universel, à moins que la Coutume ne s'en soit expliquée en termes précis, de maniere que l'on n'en puisse point douter.

Cela est si vrai, que comme l'ancienne Coutume de Paris portoit seulement en l'article 120. qu'*institution d'héritier ne vaut*, l'on fut obligé lors de la réformation de cette Coutume, pour lever toute difficulté & toute doute, d'y ajouter, *c'est-à-dire qu'elle n'est pas nécessaire pour la validité d'un testament; mais ne laisse pas de valoir la disposition jusqu'à la quantité des biens dont le testateur peut valablement disposer par la Coutume.* Cet article de la Coutume de Paris réformée, est le 299.

M. René Chopin sur la Coutume de Paris, liv. 2. tit. 4. nomb. 8. est d'avis que l'institution d'héritier emporte la nullité de la disposition, & qu'elle ne peut valoir, ni comme institution d'héritier, ni comme legs universel, dans les Coutumes qui ne s'en expliquent pas aussi clairement que celle de Paris.

M. Jean-Marie Ricard, dans son Traité des Substitutions, est aussi d'avis que les institutions d'héritiers sont absolument nulles dans les Coutumes qui ne s'expliquent pas aussi nettement que celle de Paris, & dans lesquels il est dit purement & simplement, qu'institution d'héritier ne vaut. Cet Auteur rapporte au même endroit un Arrêt qui l'a jugé ainsi.

M. Bobé, qui a commenté la Coutume de Meaux, remarque que ces mots, qui sont en l'article 28. de cette Coutume, *institution d'héritier n'a point de lieu au préjudice de l'héritier*, signifient que cette institution est absolument nulle & de nul effet ainsi qu'il a été jugé par Arrêt du 31 Août 1658. rendu en la quatriéme Chambre des Enquêtes, au rapport de M. Bernard de Rezé.

Nous avons quantité de Coutume qui rejettent expressément l'institution d'héritier, même par forme de legs; & dans ces Coutumes il ne peut y avoir aucune difficulté. Telles sont la Coutume de Nivernois, chap. 33. art. 10. celle de Montargis, chap. 13. art. 1. celle de Bourbonnois, art. 324. celle d'Auvergne, article 33. chap. 12. celle de Vitry, art. 10. & plusieurs autres.

De ce que nous venons de dire, il résulte que l'institution d'héritier ne peut valoir, ni comme institution d'héritier, ni comme legs universel.

I°. Dans les Coutumes qui rejettent expressément l'institution d'héritier, même par forme de legs.

II°. Dans les Coutumes qui portent simplement, qu'institution d'héritier ne vaut ou n'a point lieu, & qui ne s'expliquent pas sur le reste aussi clairement que celle de Paris.

Et c'est en ce cas que l'on peut dire, que le testateur qui a fait une institution d'héritier, au lieu de faire un légataire universel, comme il le pouvoit, a fait ce qu'il ne pouvoit, & n'a pas fait ce qu'il pouvoit : *Facit quod non potuit, & non fecit quod potuit.*

INSTITUTION D'HERITIER EN LA SOMME DE CINQ SOLS, est suffisante pour couvrir la prétérition des enfans. Ainsi elle empêche que celui qui a été ainsi institué par son pere, puisse attaquer son testament comme étant inofficieux : elle ne lui laisse que le droit de demander le supplément de sa légitime. *Voyez* Supplément de légitime.

INSTITUTION CONTRACTUELLE, est un don irrévocable de succession, ou d'une partie de succession, fait par contrat de mariage par des peres & meres, ou même par des étrangers, au profit de l'un des deux conjoints, ou des enfans qui doivent naître du futur mariage.

Les institutions contractuelles n'étoient point en usage chez les Romains; mais elles sont aujourd'hui généralement reçues par toute la France, pourvû qu'on les fasse non-seulement en faveur du mariage, mais dans le contrat de mariage, de maniere qu'elles fassent partie des conventions qui y sont inserées.

Les institutions contractuelles se peuvent faire, non-seulement au profit de l'un des deux conjoints mais aussi au profit des enfans qui naîtront du mariage.

La raison de douter, quand aux enfans qui doivent naître du futur mariage, est que n'étant pas encore existans, on peut leur objecter le défaut d'acceptation, qui est de la substance d'une donation.

La raison de décider se tire de la faveur des contrats de mariage, qui l'emporte sur toutes les raisons qu'on pourroit objecter au contraire, comme remarque Decius, dans son Conseil 225. n. 1.

M. Charles Dumoulin, dans son Apostille à l'endroit cité, dit que cet usage est même autorisé en pays de Droit écrit par plusieurs Arrêts du Parlement de Toulouse, rapportés par divers Auteurs qu'il cite.

Lorsque celui qui institue par contrat de mariage un des futurs conjoints, & le charge de restituer les biens qui lui viendront de sa succession aux enfans qui naîtront de ce mariage, cette disposition faite en leur faveur est une substitution contractuelle, qui empêche l'héritier institué d'aliéner les biens sujets à restitution, au préjudice des enfans substitués.

Les institutions contractuelles peuvent être faites de tous les biens du donateur, ou d'une certaine quotité seulement.

Mais quand l'institution portée par contrat de mariage est indéfinie, elle comprend tous les biens de celui qui a fait l'institution; elle comprend même tous ses propres. Ainsi jugé par Arrêt rendu en la Grand'Chambre du Parlement de Paris, après une plaidoirie de vingt-une Audiences, le trente Août 1700. en faveur de Monsieur le Duc de Chevreuse, neveu de Monsieur le Duc de Chaulnes. Cet Arrêt est rapporté dans le Journal du Palais.

Quand le donateur a des enfans, il faut que l'institution contractuelle soit faite de maniére que la légitime soit conservée aux enfans du donateur.

Ces institutions ont été introduites sur le fondement, I°. Qu'elles occasionnent souvent des mariages, qui n'auroient point été contractées sans cette condition.

II°. Qu'elles peuvent contribuer beaucoup à soutenir la Noblesse. *Talis consuetudo habet fomentum æquitatis propter favorem matrimonii; quia sub tali pacto Nobiles inveniunt nobiliores, per quos nobilitatas crescit.*

Le soutien & l'aggrandissement de la Noblesse, fait introduire parmi nous plusieurs autres choses contre le Droit commun; & la faveur des contrats de mariage est si grande, qu'ils sont susceptibles de toutes sortes de clauses, quoique contraires aux dispositions précises des Coutumes & des Loix, ou aux principes mêmes, pourvû qu'elles ne le soient pas aux bonnes mœurs, comme nous l'avons dit ailleurs.

Aussi dans la Coutume de Paris, & dans toutes les autres qui ne permettent de disposer par derniére volonté que du quint des propres, l'on en peut disposer de la totalité par une institution contractuelle, sans que les héritiers *ab intestat* puissent en demander la réduction.

Il y auroit une grande injustice d'anéantir pour une partie, & de réduire au quint des propres une telle institution, qui auroit donné lieu à la conclusion du mariage. Ainsi, comme le mariage ne se peut retracter, il n'est pas juste d'anéantir ou de réduire les clauses & conditions sans lesquelles il n'auroit pas été fait.

L'institution contractuelle n'est, à proprement parler, ni donation entre-vifs, ni donation à cause de mort, mais participe de l'une & de l'autre.

Elle convient avec la donation entre-vifs. I°. Parce que c'est un contrat, puisqu'elle ne se peut faire que par contrat de mariage; ce qui l'a fait appeller contractuelle.

II°. En ce qu'elle est irrévocable, & n'est point sujette à la reserve des quatre quints.

III°. En ce que l'instituant y abdique le pouvoir qu'il avoit de disposer à titre universel de tout, ou de partie de ses biens.

Elle convient avec la donation à cause de mort & les institutions testamentaires, en ce qu'une institution contractuelle est un don de succession, qui ne peut par conséquent avoir son plein & entier effet qu'au moment de la mort du donateur: desorte que les biens qui en doivent revenir un jour au donataire, peuvent augmenter ou diminuer jusqu'au moment de la mort du donateur; car l'héritier institué par contrat de mariage ne peut prendre que les biens qui se trouveront appartenir à l'instituant au jour de son décès, & on n'a point d'égard à ceux qu'il possedoit au tems de la donation, & qu'il a depuis aliénés.

L'exécution de l'institution contractuelle est donc differée au tems de la mort de l'instituant, de même que l'exécution des autres dispositions de derniere volonté est differée au tems de la mort de ceux qui les ont faites.

D'ailleurs, l'institution contractuelle a en soi tout le caractere de la donation à cause de mort, qui est que le donateur se prefére à celui à qui il donne, & préfere celui à qui il donne à son héritier.

Enfin, les institutions contractuelles ne sont point sujettes à insinuation, comme il a été jugé par Arrêt du douze Janvier 1712. rendu sur les conclusions de M. l'Avocat général Chauvelin. Ce qui est fondé sur le sentiment de Coquille, article 12. de la Coutume de Nivernois, & de M. le Brun, en son Traité des Successions; sçavoir, que l'insinuation n'étoit requise que par rapport aux créanciers & par rapport à l'héritier; que l'un & l'autre étoient sans intérêts dans les institutions contractuelles.

I°. Parce que l'héritier institué étoit tenu des dettes; ce qui mettoit absolument les créanciers hors d'intérêt.

II°. Parce qu'à l'égard de celui qui étoit par la Loi héritier de l'instituant, celui qui par contrat de mariage étoit institué héritier, portoit sa part des dettes, si l'institution étoit de quotité seulement; & de toutes les dettes, si l'institution étoit universelle.

Le 6. Septembre de la même année il a été jugé en la Troisiéme Chambre des enquêtes, au rapport de M. Doublet, qu'une institution contractuelle portée par un contrat de mariage, au profit d'un parent collatéral, n'étoit point sujette à insinuation.

La raison est, que l'instituant ne se dessaisit point,

& que l'héritier dépouillé par l'instruction universelle n'a point d'interêt de sçavoir s'il a quelque chose, puisqu'ils ne peut rien avoir.

M. Brillon, qui rapporte cet Arrêt *verbo* Institution, dit, qu'en opinant on insinua que s'il s'agissoit d'une institution d'héritier particulier, comme d'un quart ou d'un tiers de la succession, l'insinuation seroit nécessaire.

L'effet de l'institution contractuelle, par rapport à celui qui l'a faite, est d'empêcher qu'il ne puisse valablement faite une autre institution d'héritier, ni faire aucune donation universelle, ni disposer ni aucune maniere de sa succession, au préjudice de celui qui a fait don de sa succession par un contrat de mariage.

La raison est, que celui qui fait cette institution, a en vûe de se donner un héritier, & fait veritablement don de sa succession; ce qui lui ôte la faculté de rien faire qui puisse empêcher l'héritier institué de recuellir sa succession, c'est-à-dire les biens qui se trouveront appartenir audonateur au jour de son décès.

Il peut bien faire quelques legs modiques, pourvû que *maneat institutio in sua quota*, suivant le note de M. Charle Dumoulin sur l'article 12. de la Coutume de Nivernois, au titre des Donations.

Cette institution ne peut donc pas être révoquée directement ni indirectement, c'est-à-dire quecelui qui l'a faite ne peut rien faire au prejudice de portion héreditaire qui doit appartenir à l'héritier institué, par d'autres dispositions à titre lucratif, à d'autres enfans ou à des étrangers, comme il a été jugé par Arrêt du 14 Décembre 1641. rapporté dans le premier tome du Journal des Audiences.

Quoique cette institution ne puisse point véritablement avoir son exécution qu'au tems du décès de celui quil l'a, elle saisit cependant de la qualité d'héritier celui qui est institué, dès l'instant que cette institution est faite, desorte que cette qualité ne lui peut point être ôtée, & que l'instituant ne peut rien faire au préjudice.

Mais l'institution contractuelle ne lie pas les mains à celui qui l'a faite, par rapport aux dispositions entre-vifs, à l'exception de la donnation universelle; ainsi elle ne lui ôte pas la liberté de contracter, de vendre, d'aliener & d'engager ses biens de la maniére qu'il lui plaît, pourvû qu'il en use sans fraude.

La raisonest, qu'une institution contractuelle n'est pas une véritable donation entre-vifs, qui transfere au donataire la propriété des biens du donateur, cette institution est seulement un don de succession, qui ne saisit le donataire que de la qualité d'héritier, mais qui ne peut avoir son exécution, & produire son effet, qu'au tems de la mort du donateur.

Cette qualité ne peut servir au donataire, que pour prendre à titre d'héritier tous les biens qui se trouveront appartenir au donateur au tems de sa mort; en quoi certainement l'institution contractuelle participe de la nature des institutions d'héritier qui se font testament.

De ce que nous venons de dire, il s'ensuit que l'institution contractuelle n'induit aucune prohibition d'aliéner, & n'empêche point que celui qui a fait une institution contractuelle ne puisse disposer de ses biens sans fraude; parce qu'il n'a pas véritablement donné ses biens, mais seulement ceux qui setrouveront lui appartenir au tems de sa mort: ce qui fait que l'institué n'a pas droit d'évincer les acquereurs & détempteurs des biens que l'instituant a pû aliéner de son vivant.

L'effet de l'institution contractuelle, par rapport à celui qui est institué par contrat de mariage, est de le rendre, au jour du décès de l'instituant, véritablement son héritier, & de le saisir de plein droit de ses biens, de même que les héritiers du sang en sont saisis, suivant la régle, *le mort saisit le vif*.

La raison est, que l'héritier contractuel est constamment un véritable héritier, & autant héritier que celui qui est fait héritier par la Loi, en conséquence des droits du sang. Et comme tout héritier est tenu des dettes au-delà des forces de la succession, quand il n'a pas fait inventaire, il s'ensuit que l'héritier contractuel ou conventionnel les doit aussi payer pour le tout, quand il n'a pas observer cette formalité.

D'ailleurs, comment seroit-il possible qu'il ne fut tenu des dettes qu'à porportion de ce qu'il amendedela succession, lorsqu'il n'a pas d'inventaire à opposer aux créanciers du défunt qui le poursuivent?

Mais si cet héritier contractuel ne se porte héritier que par bénéfice d'inventaire, il tombe dans un autre inconvénient, qui est de pouvoir être exclus par quelqu'un du lignage du défunt qui se porteroit héritier pur & simple.

M. Charles Dumoulin, sur l'art. 223. de la Coutume de Bourbonnois, donne un moyen à un fils, qui seroit institué par son pere ou par sa mere, d'éviter ce danger; sçavoir, de renoncer à la succession contractuelle, & de se porter héritier *ab inrestat* par bénéfie d'inventaire; ce qui le mettroit à couvert, d'autant que l'héritier bénéficiaire en ligne directe ne peut point être exclus par un collatéral l'héritier pur & simple.

Comme on ne peut renoncer à la succession d'un homme vivant, l'institué par contra de mariage ne peut renoncer à la succession du vivant de l'instituant, mais il peut renoncer à sa succession aprés sa mort.

Voyez le Traité des Institutions contractuelles qu'à fait M. de Lauriere.

Il y a aussi un Traité des Conventions de succeder, ou des Successions contractuelles, par Boucheul, Commentateur de la Coutume de Poitou.

INSTITUTION D'HERITIER, OU DONATION UNIVERSELLE, A LA CHARGE QUE L'HERITIER INSTITUÉ OU LE DONATAIRE PORTERA LE NOM ET LES ARMES DU TESTATEUR OU DU DONATEUR. Les hommes sont portés naturellement à conserver l'honneur de leur maison; c'est ce qui fait que ceux qui n'ont point d'enfans laissent souvent leurs biens à quelqu'un qu'un de leurs amis, à la charge de prendre leur nom & de porter leurs armes.

Nous avons quelques Loix dans le Digeste qui paroissent autoriser cet usage. *Vide leg. 63. §. 18 ff. ad Senatusconf. Trebell. leg. 19. §. ult. ff. de donationib. & leg. 108. ff. de condit. & demonstr.*

Auguste même s'est servi de ce moyen, pour faire passer son nom à la posterité; car il laissa par son testament plus de la moitié de son bien à Tibere, & un tiers à Livie, à la charge de porter son nom. *Suetonius in Augusto, capite ultimo.*

Cet usage est venu jusqu'à nous, & nous avons plusieurs exemples de personnes qualifiées qui ont laissé leurs biens à leurs amis, à la charge de prendre leur nom & de porter leurs armes; auquel cas l'héritier institué ou le dontaire est obligé d'exécuter la condition qui leur est imposée par leur bienfaiteur.

Mais cette espéce d'adoption qui est reçue parmi nous, ne saisit pas l'étranger des biens du donateur ou du testateur; car il ne les peut prendre que comme donataire entre-vifs, ou héritier institué par contrat ou par testament: ce qui fait que cette adoption ne l'exempte pas de payer les droits seigneuriaux, qui ne sont pas néanmoins dûs pour mutation par succession en directe.

Au reste, lorsque l'héritier institué ou le donataire ne fait qu'ajouter à son nom celui du testateur ou du donateur il n'a pas besoin de Lettres du Prince; mais s'il quittoit son nom pour prendre celui du donateur ou du testateur, il lui faudroit nécessairement des Lettres Parentes du Roi, enregistrées au Parlement.

INSTITUTION CAPTATOIRE, *Voyez* Captatoire.

INSTRUCTION, se dit des procédures & formalités qu'on fait pour mettre une affaire en état d'être jugée.

Mais on se sert ordinairement de ce mot pour signifier les procédures qui se font depuis l'assignation jusqu'à l'appointement.

Il y a même encore des instructions qui se font depuis l'appointement jusqu'au Jugement définitif des procès, comme les Lettres de rescision, les inscriptions de faux, & les demandes incidentes.

INSTRUCTION A LA BARRE DE MA COUR. *Voyey* Instances sommaires.

INSTRUMENT, est un titre par écrit, qui sert, à établir le droit & la prétention qu'on peut avoir.

Nos Anciens se servoient fréquemment de ce terme, qui se trouve dans les textes du Droit civil, & dans ceux du Droit canon.

Mais aujourd'hui il n'est guéres usité dans le sens que nous venons de dire; & titre en François a présentement autant de force qu'instrument en Latin. Aussi donne-t'on le nom de titre à tout écrit dont on peut se servir pour prouver quelque chose.

On distingue en Droit de deux sortes d'instrumens; sçavoir, les publics, & les privés.

INSTRUMENT PUBLIC, est un acte ou contrat reçu par personnes publiques, comme sont les Notaires, Tabellions, Greffiers & autres.

Tels actes font foi, pourvû qu'ils soient signés par celui qui les expedie, & par les Parties en leurs originaux, suivant les Ordonnances.

INSTRUMENT PRIVÉ, ou écritures privées, sont cédulés ou promesses, Livres de comptes, ou Lettres missives.

Cependant par ce mot *instrument*, nous n'entendons proprement en France que les actes publics & autentique; & ainsi par le mot d'instrumenter, nous entendons faire actes puqlics, qui fassent foi en Justice.

INTENDANT DE LA MAISON D'UN PRINCE D'UN GRAND SEIGNEUR, est son premier Officier, qui a le soin & la conduite de sa maison, de son revenu & de ses affaires.

Auzanet, sur l'article 126. de la Coutume de Paris, rapporte un Arrêt du 25 Janvier 1662, qui a jugé que pour les marchandises & autres choses contenues ès article 126. & 127. de la Coutume de Paris, l'action intentée contre les Trésoriers & Pourvoyeurs des maisons des Princes & grands Seigneur, interrompt la prescription de la Coutume; & que les Marchands & gens de métier peuvent se pouvoir contr'eux en leur propres & privés noms, sauf à eux leur action contre leurs Maîtres.

La raison est, qu'ils font leurs propres dettes de toutes celles qu'ils contractent pour leurs Maîtres.

L'emploi des Intendans des Princes du Sang & des Princes souverains, ne déroge point à la noblesse, ni à l'indépendance de la qualité d'Avocat, lorsque ces Intendans n'ont point de maniement qui les rende comptables. Aussi le regarde-t-on comme chefs de conseils, & non pas comme des mercenaires qui font les affaires d'autrui.

INTENDANS DE PROVINCES, sont des Magistrats qui sont pour l'ordinaire Maîtres des Requêtes, que le Roi envoye dans les Provinces, pour y avoir l'inspection & la direction de la Justice, de la Police & des Finances, & pour y donner ordre aux affaires extraordinaires. Ils ne sont reconnus au Parlement que sous le titre de Commissaires départis par le Roi dans les Provinces.

Il y en a un dans chaque Généralité: ainsi le ressort d'une Intendance de Province, est l'étendue d'une Généralité.

Les Intendances ne se donnent ordinairement que pour trois ans: c'est pourquoi les Intendans n'étant que *ad tempus*, il ne sont point censés changer de domicile; c'est-à-dire, qu'ils conservent toujour celui qu'ils ont acquis à Paris, quand même il y auroit une prorogation de leur Intendance.

Les Intendans de Province sont ambulans, & ne résident pas toujours dans les principales Villes des Généralités: c'est pour cette raison qu'ils ont des Subdélégués qui instruisent les affaires en leur place; ausquels ces Intendans, qui ont une délégation immédiate du Souverain, communiquent une partie de leur pouvoir.

En parlant des Maîtres des Requêtes, nous avons marqué d'où prevenoit l'origine de ces Intendances, dont autrefois les Maîtres des Requêtes étoient chargés tour à tour, & envoyés dans les Provinces, pour y faire une visite exacte au nom de Sa Majesté. Aujourd'hui le Roi y envoye les personnes qu'il choisit à cet effet entre les Maîtres de Requêtes.

Le Roi nomme aussi quelquefois pour Intendans d'autres Magistrats, tels que des Premiers Présidens, des Conseillers de Cour souveraine.

Leur commission dure ordinairement trois années, comme nous l'avons dit ci-dessus, lesquelles étant expirées, Sa Majesté le continue, ou en envoye d'autres.

Le pouvoir des Intendans que le Roi envoye dans les Provinces est très-grand. Il ne se borne pas à ce qui est porté par les Ordonnances que nous avons marquées en parlant des Maîtres des Requêtes, il s'étend à tout ce qu'il plaît à Sa Majesté ajouter à leurs Commissions.

Le Roi leur envoye d'autres pendans leur séjour, selon l'exigence de cas, avec attribution de Jurisdiction particuliere, pour les choses dont Sa Majesté veut leur donner la connoissance, & souvent avec le pouvoir de juger en dernier ressort, en se faisant assister du Président du lieu, comme en matiere de duel & autres cas, dont il convient faire prompte Justice. *Voyez* Maîtres des Requêtes.

Quelques-uns prétendent que les appellations interjettées de leurs Ordonnances, de quelque nature qu'elles soient, ne peuvent être portées qu'au Conseil du Roi.

Cependant, lorsqu'ils ont pris connoissance d'une affaire qui appartient à la Justice ordinaire, l'appel de leur Jugement doit être porté au Parlement, ou à la Cour des Aydes, s'il s'agit de tailles.

Voyez les Observations sur Henrys, tom. 1. liv. 2. chap. 1. quest. 2. & le Mémorial alphabétique, *verbo* Intendans.

INTENDITS, est un vieux terme du Palais, qui n'est plus en usage. On appelloit autrefois intendits, les écritures qui se faisoient en conséquence d'un appointement sur faits contraires, & dont on offroit de faire preuve; & alors le Parties étoient appointées à écrire par intendits & faits contraires. Ainsi les faits que les Parties articuloient en conséquence de ces appointemens-là étoient appellés intendits.

Voyez Charondas, sur le Code Henrys, livre 2. titre 33.

Ce terme est encore en usage au Conseil Provincial d'Artois.

INTENTER UNE ACTION, & former une demande, signifient la même chose. Ainsi l'on dit intenter une action en retrait lignager contre un adjudicataire. On dit aussi intenter une action en garantie contre quelqu'un.

INTENTION, signifie l'esprit dans lequel on fait quelque chose. Dans ce sens, l'on tient pour maxime qu'en fait de contrats, il ne faut pas seulement s'arrêter aux paroles des contractans, mais qu'il faut regarder l'intention qu'ils ont probablement eûe, lorsqu'il y a quelque juste raison de le faire.

A l'égard des dernieres volontés, on doit s'attacher toujours à examiner l'intention du testateur, pour la suivre exactement; en l'interprétant le plus favorablement qu'il est possible.

Dans les crimes, on doit principalement considerer qu'elle a été l'intention de celui qui a fait quelque chose. D'où il s'ensuit:

I°. Que celui qui n'a point eu dessein de nuire n'est point coupable de délit; & le tort ou le mal qu'il peut avoir causé, ne peut passer que pour un quasi-délit.

II°. Que c'est l'intention qui régle & détermine le genre du délit dont on est tenu.

Par exemple, celui qui sépare les fruits des arbres de son voisin, dans le dessein d'en profiter, est coupable de larcin; au lieu que celui qui a fait la même chose, uniquement pour faire tort à son voisin, sans en vouloir profiter, n'est coupable que du dommage qu'il lui a causé: *Voluntas enim & propositum maleficia distinguunt.*

Enfin dans les Loix, il convient beaucoup mieux de regarder quel a été l'esprit & l'intention du Législateur, que de s'arrêter trop scrupuleusement aux paroles de la Loi: *Scire Leges non est verba earum tenere, sed vim ac potestatem. Leg. 17. ff. de legib.*

Voyez Interprétation de Loix.

INTERDICTION, est la suspension d'un Officier, ou la défense de faire les fonctions de sa Charge, ou d'exercer les Emplois de sa Profession.

L'interdiction est expresse, ou tacite L'expresse, est celle qui est prononcée par une Sentence de condamnation.

La tacite, est celle qui est causée tacitement par un décret de prise de corps, ou un décret d'ajournement personnel; Ordonnance de 1670. titre 10, article 11. Loyseau, des Offices, liv. 1. chap. 14. Mais un assigné pour être oui n'emporte pas interdiction contre l'Officier.

INTERDIT, est celui auquel le Juge a fait défense de faire les fonctions de sa Charge, ou qui est interdit de droit, à cause d'un décret de prise de corps, ou d'un ajournement personnel.

Les Juges & Officiers qui sont interdits, ne peuvent faire aucune fonction, pas même assister à aucun acte de Justice, à peine de nullité, & des dommages & intérêts des Parties intéressées, dont ils sont & demeurent responsables, & solidairement avec les autres Juges & Officiers, qui sçachant leur interdiction, auroient souffert que les Juges interdits eussent assisté, connu & jugé les procès avec eux.

Cette maxime, qui est rapportée dans l'article 26. de l'Arrêt du Parlement du 10 Juillet 1665.

est fondée sur ce qu'il ne convient pas qu'un homme noté fasse aucune fonction publique.

Nous avons dit ci-dessus qu'un Juge ou un Officier étoit interdit, quand il avoit été rendu contre lui un décret de prise de corps, ou d'ajournement personnel. Sur quoi il faut remarquer que quand le décret est émané d'un Juge inférieur, l'Officier peut faire lever son interdiction, en obtenant un Arrêt de défenses qui dévolue par appel la connoissance de l'affaire à la Cour, & qui suspend l'execution du décret : desorte que l'Officier est par *interim* conservé & maintenu dans l'exercice de sa Charge, jusqu'à ce qu'il en soit autrement par la Cour ordonné.

Mais quand le décret qui emporte l'interdiction de l'Officier est émané de la Cour, il faut, pour lever l'interdiction, que l'Officier subisse l'interrogatoire, & qu'il présente une Requête à la Cour pour être remis dans ses fonctions.

Sur cette Requête, Parties appellées & la cause plaidée, au cas qu'il paroisse que l'Officier n'ait pas absolument tort, la Cour rend un Arrêt qui le rétablit par provision dans les fonctions de sa Charge.

INTERDIT, est aussi celui auquel le Juge a ôté l'administration de ses biens, pour cause de fureur, imbecillité ou prodigalité, & à qui en conséquence il a créé un curateur, pour gerer ses affaires, & avoir l'administration de ses biens.

L'interdiction ne se prononce par le Juge qu'en conséquence d'un avis de parens, pour empêcher que celui qui est prodigue & débauché, furieux ou foible d'esprit, ne dissipe entierement ses biens, & ne soit réduit à la derniere nécessité, au deshonneur de sa famille.

L'interdiction fait que l'interdit ne peut faire aucun acte valable, & qu'il ne peut valablement s'obliger.

Mais, pour que la Sentence d'interdiction soit juridiquement prononcée, il faut que les causes d'interdiction soient justes, & qu'elles soient prouvées.

Ainsi, quand la Sentence d'interdiction n'est pas fondée sur une juste cause, ou que la cause n'est pas pleinement prouvée, on peut revenir contre, & la faire déclarer nulle, comme il a été jugé par Arrêt du 16 Février 1626. rapporté dans le Journal des Audiences, & par Bardet, tom. 1. liv. 2. chap. 71. & par un autre Arrêt du 3 Juin 1631. rapporté par Bardet, tom. 1. liv. 4. chap. 30.

Basnage, sur l'article 43 de la Coutume de Normandie, rapporte un Arrêt rendu au Parlement de Normandie, qui a jugé qu'une interdiction qui n'étoit fondée sur aucune cause légitime, ne pouvoit pas être opposée, quoiqu'il s'agit d'une donation faite par celui qui étoit interdit, attendu que le donateur n'avoit rien fait que de judicieux.

Pour parvenir à l'interdition pour cause de dissipation ou de démence, l'on présente une Requête au juge ordinaire, dans laquelle on expose le fait pour lequel il est nécessaire d'interdire un tel particulier ; & l'on conclut à ce que les parens soient assemblés, pour donner leur avis sur le contenu en ladite Requête.

En exécution de l'Ordonnance du Juge mise en bas de la Requête, on assigne les parens pour s'assembler & donner leur avis, dont on dresse un procès verbal, après quoi le Juge rend la Sentence d'interdiction.

Quand il s'agit d'interdiction, les parens doivent donner leur avis en personne, après avoir fait ouir en leur présence celui qu'on veut interdire, quoique quand il ne s'agit que de nommer un tuteur à des enfans mineurs, ou de les émenciper, ou d'emprunter pour leurs affaires, les parens puissent signer une procuration contenant leur avis.

Le Juge, avant que de prononcer sur la demande en interdiction, doit d'office faire une information des vie & mœurs de celui qu'on veut faire interdire, pour être plus certain des faits contenus en la Plainte ou Requête ; & cette information se joint à l'avis des parens

Quand il s'agit d'interdire un furieux ou un insensé, il doit être préalablement interrogé par le Juge, qui doit se transporter dans le lieu où il est, au cas qu'il ne puisse être amené en son Hôtel, & que le transport soit requis.

Cet interrogatoire doit être écrit par le Greffier, & ne doit pas seulement contenir les réponses de celui qui est interrogé, mais il doit encore faire mention de ses gestes, ris & actions, afin que l'on puisse, par la lecture de cet interrogatoire, connoître l'état de son esprit.

Le Juge fait rouler cet interrogatoire sur l'âge de celui qui est interrogé, sur ses biens, sur sa religion, sur ses enfans, s'il en a, s'il peut avoir soin de ses affaires, & s'il veut qu'on lui donne un conseil.

La Sentence qui intervient sur une demande d'interdiction, doit être conforme aux causes énoncées dans la Requête présentée au Juge à cet effet.

La Sentence d'interdiction prononcée dans les régles, ôte à celui qui est déclaré interdit l'administration de ses biens, soit qu'elle ait été prononcée pour cause de fureur, de démence ou de prodigalité.

Le Juge y nomme à l'interdit un curateur, pour administrer ses biens, dont il ne peut plus disposer entre-vifs, pas même par testamment, ou autre disposition de derniere volonté.

Cependant, si un furieux interdit avoit fait un testament rempli de dispositions judicieuses, il y auroit lieu d'en soutenir la validité ; ce qui dépend entierement des circonstances.

Le Juge n'ôte pas toujours à ceux que des parens veulent faire interdire, l'entiere administration de leurs biens, lorsqu'on ne leur peut imputer qu'une simple foiblesse d'esprit, & qu'il leur reste encore quelque peu de bon sens. Le Juge ne leur donne pas alors un curateur, mais seulement un conseil qu'il nomme d'office, sans lequel ils ne peuvent ni aliéner, ni hypotéquer leurs immeubles. Tout cela dépend de la prudence du Juge.

Un conseil n'est donc donné par le Juge à une personne, que pour la disposition de ses immeubles, de crainte que sa trop grande facilité ne lui en fasse perdre la proprieté.

Mais ce conseil n'a aucune inspection sur la jouissance & administration des biens de la personne, ni sur les dispositions de derniere volonté.

Ainsi, lorsque sur la Requête présentée au Juge par les parens d'une personne, à l'effet de la faire interdire, la Sentence ne contient point d'interdiction, mais lui donne seulement un conseil, une telle Sentenee ne l'empêchera pas de disposer de ses biens par testament, ou autre acte de derniere volonté, sans qu'elle ait besoin pour cela d'être assistée de ce conseil.

Voyez M. Brillon, *verbo* Interdiction, où il rapporte un Arrêt sans date qui l'a jugé ainsi, en la Troisiéme Chambre des Enquêtes, au rapport de M. Palu.

Comme il arrive quelquefois que les causes de l'interdiction cessent, en ce cas il faut lever l'interdiction; & pour y parvenir, on présente une Requête au Juge pour faire assembler les parens; & en conséquence de leur avis, l'interdiction se leve par une Sentence juridiquement rendue, & non autrement.

La raison est, que celui qui a été mis en curatelle par autorité de Justice, & qui a été privé de l'administration de ses biens par cette voie, ne peut être restitué & reprendre l'administration de ses biens, qu'en vertu d'un acte judiciaire. *Voyez* Basnage, sur l'article 224. de la Coutume de Normandie.

Bouvot, tome 2. *verbo* Prodigue, question 1. rapporte un Arrêt rendu au Parlement de Dijon le vingt-deux Mai 1578. qui casse une Setence qui avoit levé une interdiction sans connoissance de cause.

L'appel d'une Sentence d'interdiction n'est que dévolutif, & n'est pas suspentif. Ainsi une personne prodigue déclarée telle, quoique par défaut, a les mains liées, même pendant l'appel de la Sentence & ne peut aliéner. *Voyez* Papon, livre 7. titre 6. nombre 10.

Une personne interdite pour cause de démence, ne peut valablement contracter mariage Bardet, tome 2. liv. 7. cha. 37.

Celle qui est interdite pour foiblesse d'esprit, mais qui n'est pas entierement dépourvue de bon sens, peut valablement se marier, sans être assisté de son curateur.

Il n'en est pas de même de celle qui seroit interdite pour cause de prodigalité; mais les conventions qu'elle auroit faites par son contrat de mariage, pourroient être réduites *ad legitimum modum*.

Quoique la prodigalité soit une juste cause pour faire interdire une personne; néanmoins un enfant qui s'est marié sans le consentement de ses pere & mere, ne peut point poursuivre leur interdiction pour cause de prodigalité. La raison est, que ses pere & mere pouvant l'exhéréder, pour s'être marié sans leur consentement, il n'est pas censé être intéressé à la conservation de leurs biens. Ainsi jugé par Arrêt du Parlement de Paris, en date du seize Juin 1655. rapporté par Soefve, tome 1. cent. 4. chap. 93.

Il se trouve quelquefois des personnes qui demandent leur interdiction, ou à cause de leur grand âge qui les empêche de vaquer à leurs affaires, ou à cause de quelque infirmité considérable qui leur fait appréhender quelque suprise, comme seroit une foiblesse de vûe, qui peut donner à un homme une juste crainte d'être trompé par ceux avec qui il pourroit contracter.

Ceux qui se font interdire eux-mêmes, peuvent faire lever leur interdiction avec la même facilité qu'ils l'ont obtenue.

Comme une interdiction qui seroit secrette, pourroit causer de grands préjudices à ceux qui contracteroient de bonne foi avec celui qui auroit été interdit, l'on a pris de sages précautions pour rendre publiques les Sentences d'interdiction.

Nous avons deux Arrêts de réglement notables à ce sujet, qui sont imprimés dans le Livre des Charges de Notaires, pag. 915. & suivantes.

Le premier est du 18 Mars 1614. qui ayant égard aux conclusions du Procureur du Roi, ordonne que les Jugemens d'interdiction à l'avenir seront publiées, tant à l'Audience qu'à son de trompe, par les carrefours & marchés, à ce qu'aucun n'en prétende cause d'ignorance.

L'autre est de 23 Décembre 1621, qui confirme ce que dessus, & ordonne en outre qu'il sera mis un tableau contenant les noms & surnoms des interdits, extrait de celui de la chapelle de la Communautés des Notaires, duquel chacun d'eux aura autant en son Etude; & que la signification de la Sentence d'interdiction sera faite à chaque Notaire, & inserée au tableau de chaque Notaire, aux frais de ceux qui auront obtenu l'interdiction, pour être observée par les Parties contractantes. Ce dernier Arrêt porte encore, que chaque Notaire qui recevra un acte où une personne interdite sera Partie, sera teuu d'avertir l'aurre desdites Parties, & d'en faire mention dans l'acte.

Dans la thése générale, un Notaire n'est pas tenu de la nullité de l'acte qui provient de l'interdiction d'un des conttactans, comme je l'ai expliqué dans la Science parfaite des Notaires, liv. 1. chap. 17. C'est à ceux qui contractent avec quelqu'un, à s'informer de son état & de sa qualite. *Nemo debet esse ignarius conditionis ejus cum quo contrahit.*

Cependant, lorsque la Sentence d'interdiction a été signifiée aux Notaires, ils doivent toujours avertir ceux qui se présentent pour contracter avec une personne interdite.

INTERDIT, est ce que nous appellons action possessoire.

Ce terme est peu connu au Palais; il vient du Droit; on ne s'en sert pas ordinairement; mais les termes de complainte en cas de saisine & de nouvelleté, de réintégrande & de récréance, sont ceux dont nous nous servons.

Les interdits se divisent en interdits restitutoires, prohibitoires & exibitoires.

Les interdits restitutoires, sont ceux par lesquels on demande d'être réintegré dans la possession de laquelle on a été chassé & expulsé, & cet interdit est appellé en Droit, *unde vi*; & en Pratique, c'est la réintégrande.

Les interdits prohibitoires, sont ceux par lesquels on demande & on conclut à être conservé dans la possession dans lequelle on est, & qu'il soit fait défenses à la Partie adverse d'y troubler le demandeur. Tel est l'interdit appellé en Droit, *uti possidetis*; & en pratique, c'est la complainte en cas de saisine & de nouvelleté. *Voyez* Complainte & Recréance.

Les interdits exibitoires, sont ceux par lesquels on demande que quelque chose soit exibée & représentée. Ces sortes d'interdits ne sont point en usage parmi nous.

Touchant la matiere des interdits, *voyez* ce que j'en ai dit dans la Traduction des Institutes, sur le tit. 15. du quatriéme Livre.

INTEREST. Ce terme se prend ordinairement pour l'estimation du profit que l'argent eût pû produire à celui à qui il est dû, s'il lui avoit été payé à tems; car quoique l'argent ne produise rien de lui-même, & qu'il ne soit pas permis d'en tirer du profit quand on le prête, néanmoins il y a des cas où il est juste que le débiteur indemnise le créancier du profit légitime qu'il lui fait perdre.

En effet, celui qui a de l'argent, peut l'employer à quelque négociation utile, ou en achat d'héritages qui produisent des fruits.

Les fruits que produit l'argent, sont appellés intérêts quand il n'y a point d'aliénation du fonds: on les appelle arrérages quand le fonds est aliené; ce qui se fait par un contrat de constitution.

Les intérêts qui procedent d'une cause qui n'en doit point produire, sont usuraires, & par conséquent défendus parmi nous.

Il est vrai que le mot d'usure répond dans le Droit Romain à ce que nous appellons intérêt; mais en France nous ne prenons guéres le mot d'usure qu'en mauvaise part.

Ainsi nous n'appliquons ce mot qu'à l'intérêt illicite, tel qu'est l'intérêt du prêt; au lieu que dans le Droit Romain, où l'on pouvoit stipuler des intérèts du prèt & de toute autre dette, le mot d'usure ne se prennoit pas en mauvaise part.

Les causes qui peuvent parmi nous donner lieu à des intérêts, se réduisent à quatre; sçavoir, la nature de l'obligation, l'effet d'une convention, le retard du débiteur de payer, & la disposition de la Loi.

La nature de l'obligation produit des intérêts, par une raison d'équité autorisée par la Loi; & c'est le cas où les intérêts sont dûs, *ex naturâ rei*, & *beneficio legis*. Ainsi les intérêts du prix de la vente d'un fonds sont dûs par l'acheteur à qui la délivrance du fonds a été faite.

Ces intérêts sont dûs par l'acheteur, pour les fruits & pour la jouissance, à compter du jour qu'il a été mis en possession du fonds, quoique dans le contrat de vente il ne soit point fait mention d'intérêts.

La raison est, qu'il n'est pas juste que le vendeur perde les intérêts du prix de la vente, pardant le tems que l'acquereur jouit des fruits du fonds qu'il a acheté. Ainsi les intérêts tiennent lieu en ce cas des fruits & revenus du fonds dont l'acquereur jouit. *Voyez* la Rocheflavin, livre 6. titre 54. Arrêt 2.

Mais pour fait de marchandises ou de prêt d'argent, les intérêts ne peuvent être dûs que du jour de la demande. Charondas, liv. 13. rep. 25. d'Olive, liv. 4. chap. 20.

Il faut encore remarquer que si le vendeur d'un fonds avoit donné à l'acheteur un tems pour payer le prix de l'immeuble vendu, les intérêts n'en seroient point dûs, à moins qu'il n'en eût été fait une convention expresse.

La dot doit pareillement produire des intérêts de sa nature. Ainsi les intérêts de la dot qui a été promise à un mari, sont dûs à compter du jour du mariage, quoiqu'il n'y en ait eut aucune stipulation ni demande. La raison est, que le dot est donnée au mari, pour l'aider à porter les charges du mariage.

Ainsi, par Arrêt du Grand Conseil du mois de Février 1714. les intérêts de la dot ont été adjugés du jour de la promesse faite par contrat, quoiqu'il n'y eût point de demande, & même que les intérêts excedassent plus du double.

Les intérêts sont dûs en vertu d'une convention, lorsqu'il y a aliénation du sort principal.

Ce contrat est appellé contrat de constitution, & les intérêts qui en proviennent sont appellés arrérages, comme nous l'avons déja dit. Mais hors ce cas, toute stipulation d'intérêts est usuraire, à moins que la convention ne soit rendue légitime par les circonstances qui y donnent lieu.

Par exemple, dans une transaction où des prétentions sont réglées à une somme que l'un doit donner à l'autre, on peut convenir que les intérêts en seront dûs, à commencer même, si l'on veut, du jour de la transaction, quoiqu'il y ait un terme accordé pour le payement. La raison est, que ces intérêts sont une condition de la transaction, soit pour compenser ce que celui qui les stipule peut remettre d'ailleurs, ou pour d'autres causes.

Sur ce fondement, il a été jugé par Arrêt du 21. Février 1641. que les intérêts sont dûs sans interpellation, en vertu d'une transaction par laquelle le créancier avoit donné des albergemens, & stipulé les intérêts pendant les tenues, sur la fin de laquelle il s'étoit aussi départi de toutes poursuites, instances & saisies. Basset, tome 1. liv. 6. tit. 14. chapitre 4.

Le seul retard du débiteur de payer ne produit pas parmi nous des intérêts, quand même il y auroit eu une convention expresse de payer les intérêts, à compter du jour que le débiteur seroit en demeure de payer la somme dûe. *Voyez* Louet, lett. D. somm. 8. & d'Olive, liv. 4. chap. 20.

Pour devoir parmi nous les interêts d'une somme prêtée, trois circonstances doivent concourir; la contumace du débiteur, l'assignation à lui donnée par le creancier avec demande d'intérêt, & la prononciation faite par le Juge contenant condamnation d'intérêts.

La contumace du débiteur doit être véritable & non conventionnelle; & peut la faire présumer sérieuse, il faut du moins trois mois d'intervalle entre le prêt & l'assignation; la seule demeure de payer ne seroit pas suffisante. La raison est, que parmi nous les intérêts ne peuvent point être dûs *ex morâ dumtaxat, sed ex morâ & officio Judicis.*

Le retard du débiteur donne seulement lieu au créancier de faire une demande en justice, & de son principal, & de ses intérêts, faute de l'acquitter: & c'est la condamnation qui intervient sur cette demande, qui constitue le débiteur en demeure, & qui produit des intérêts, à compter du jour que le créancier a fait cette demande en Justice.

Ainsi, par Arrêt du 7 Juillet 1707. rendu en forme de Réglement, il a été jugé que les intérêts ne sont pas légitimes, quoiqu'adjugés par une Sentence rendue du consentement des Parties, sans exploit précedent qui contienne la demande d'intérêts.

Les intérêts ne peuvent donc être valablement adjugés par un Jugement, qu'en conséquence d'une demande judiciaire & d'une litispendance effective.

Ces sortes de condamnations d'intérêts, qui ne sont point précedées d'aucun exploit de demande d'intérêts, doivent être considérées comme un pur effet d'une convention reprouvée par les Ordonnances de nos Rois. *Voyez* l'Arrêt du 10 Mai 1990. rapporté par M. Augeard, tome 3. Arrêt 15. & Soefve, cent. 3. chap. 39.

Il faut dire enfin que les intérêts ne sont point dûs quand ils n'ont point été demandés, quoiqu'il y ait une condamnation du capital. *Voyez* Frain, pag. 162.

La demande du Principal & des intérêts faite à un coobligé, & suivie de condamnation, ne peut point produire des intérêts contre les autres coobligés. La raison est, que la peine du retardement ne doit pas être imposée à celui qui n'a pas été constitue en demeure: c'est pourquoi la Sentence de condamnation qui intervient sur une telle demande, ne peut pas s'étendre au-delà de la personne condamnée.

Brodeau sur M. Louet, lettre P, somm. 2. dit qu'il y a un Arrêt qui l'a jugé; mais qu'en 1630. le contraire avoit été jugé au Parlement de Paris. *Voyez* les raisons qu'il rapporte de part & d'autre sur cette question.

A l'égard d'un débiteur solidaire, qui en vertu d'un Jugement auroit payé toute la dette, & dont il auroit une indemnité de son coobligé, les intérêts de la somme payée lui sont dûs du jour du payement, sans qu'il en ait fait la demande; parce qu'ils lui sont dûs par forme de dommages & intérêts, comme il a été jugé par Arrêt du 22. Juillet 1682. rapporté dans le Journal des Audiences.

Pour que les intérêts soient dûs du jour de la demande, il faut que le principal soit échu, non contesté, & soit liquide & determiné; parce qu'autrement le débiteur ne seroit pas en demeure de payer: or les intérêts ne peuvent être dûs, que *ex morâ debitoris & Judicis officio.*

Les intérêts d'un droit échu & non contesté, mais qui est sujet à liquidation, ne courent pas du jour de la demande formée de ce droit, & en même tems des intérêts. Ainsi jugé en la Seconde des Enquêtes le 9 Février 1715. sur l'appel interjetté d'une Sentence du Domaine & Trésor à Paris.

Mais, quelque certaine & liquide que soit une dette, les intérêts n'en sont point dûs parmi nous que du jour de la demande suivie de condamnation, quelque promesse que pourroit avoir fait le débiteur d'en payer les intérêts. Cambolas, liv. 1. chapitre 37. la Rocheflavin, liv. 6. titre 54. Arrêt 7.

Nous avons quelques Provinces où les régles que nous avons données ci-dessus au sujet des intérêts, ne sont pas toutes observées exactement, suivant ce que nous en a dit M. d'Argou dans son Institution au Droit François, tome 2. liv. 4. chap. 18. dont voici la teneur.

Par un usage établi au Parlement de Bordeaux, les intérêts sont dûs du jour du premier exploit de commandement, quoiqu'il n'y ait point de demande en Justice.

En Dauphiné, les intérêts sont dûs du jour de la demeure de payer, quoiqu'il n'y ait aucune interpellation judiciaire, pourvû que dans ce contrat il y ait promesse de payer un tel jour, à peine de tous dépens, dommages & intérêts: & cela sur le fondement que l'article 60. de l'Ordonnance d'Orleans ne se doit entendre que quand il n'y a aucune peine conventionnelle apposée au contrat.

Au Parlement de Toulouse, on n'adjuge pas à la vérité les intérêts en vertu d'une simple promesse de les payer, énoncée au contrat, quoiqu'il faille une demande judiciaire pour les faire courir; mais aussi lorsque le débiteur les paye volontairement, on ne les impute pas sur le principal, pourvû cependant qu'ils n'ayent pas été payés sur un pied plus fort que celui qui est réglé par l'Ordonnance.

Enfin, il y a des Parlemens, comme Grenoble, Aix & Pau, où il est permis de stipuler les intérêts des deniers prêtés, sans qu'il soit besoin de demande ni de condamnation; ensorte qu'ils courent du jour de la stipulation. *Voyez* l'Observation sur la quest. 110. d'Henrys, tome 1. liv. 4.

On ne peut séparer les intérêts d'avec le principal pour le privilége & la maniere d'en exiger le payement, suivant cette maxime de Droit, *accessorium sequitur naturam principalis.*

C'est sur ce fondement, 1°. Que quand une somme principale est payée par privilége sur le prix d'un immeuble vendu en Justice, les intérêts ont payés de même par privilége.

II°. Que l'hypotéque des intérêts adjugés au créancier, en conséquence de la demande qu'il en a fait, court de jour & date de l'obligation passée pardevant Notaires; ensorte que *qui prior est in forte, prior sit in usuris*, du moins en pays coutumier. *Voyez* ce que j'ai dit à ce sujet, *verbo* Hypotéque.

III°. Que quoique la contrainte par corps soit odieuse, & qu'elle doive être restrainte au cas exprimé, néanmoins un débiteur peut être contraint par corps pour les intérêts, quand il est contraignable par corps pour le principal.

Les intérêts qui sont appellés proprement intérêts, ne sont dûs par le débiteur, que pour indemniser le créancier du profit légitime qu'il lui fait perdre; mais comme il seroit difficile d'estimer au juste cette indemnité dans chaque affaire particuliere, on a mis les intérêts sur le même pied que les arrérages des rentes, que les Ordonnances ont fixé anciennement au denier douze, puis au denier seize, ensuite au denier dix-huit, & enfin au denier vingt, qui a été rétabli depuis quelques années, après avoir été transmis au denier quarante pour les rentes de l'Hôtel de Ville, & au denier cinquante pour les rentes constituées sur des Particuliers.

Mais il y a en cela même une très-grande différence entre les arrérages de rentes constituées, & les intérêts qui résultent des obligations; c'est que dès le moment qu'une rente a été constituée, les arrérages en sont toujours dûs suivant l'ancienne constitution, sans que les Edits du Prince changent rien à l'égard des anciens contrats de constitution: au lieu que les intérêts des anciennes obligations sont sujets à toutes les réductions des Edits & Déclarations du Roi, qui sont enregistrées au Parlement.

Les intérêts, de même que les arrérages des rentes, sont donc aujourd'hui fixés au denier vingt.

Il n'a jamais été permis de porter les intérêts à plus haut prix que le taux de l'Ordonnance; & quand cela est arrivé, une telle convention a toujours été réduite à la fixation de l'Ordonnance. *Voyez* Henrys, tome 2. liv. 4. quest. 37. & le Journal des Audiences, tome 1, liv. 5. chap. 38.

Voici encore une autre maxime certaine touchant les intérêts; c'est que quand ils ont été exigés indûement, ou payés à plus haut prix que le prix de l'Ordonnance, ils sont toujours imputés sur le principal.

Dans la France coutumiere, les intérêts des sommes principales sont dûs du jour de la demande faite en Justice, jusqu'à l'actuel payement du principal, soit que les intérêts doublent ou triplent le principal; en un mot, à quelques sommes qu'ils puissent monter. *Voyez* le Recueil des actes de notorieté, pag. 246. & suivantes.

Mais dans les Parlemens de Droit écrit, les intérêts d'une somme dûe ne peuvent jamais aller plus loin que le capital; de sorte que quand les intérêts d'une somme de dix mille livres seroient dûs depuis cinquante ans, ils ne pourroient monter qu'à dix mille livres.

La raison est, que l'on ne juge pas à propos que quand le créancier a donné du tems à son débiteur, ou qu'il a négligé de le poursuivre, la trop grande facilité de ce créancier ou sa négligence servent à ruiner le débiteur par l'accumulation d'un trop grand nombre d'intérêts.

Néanmoins, quand le créancier a fait des poursuites continuelles contre son débiteur sans en pouvoir être payé, il est juste qu'il puisse se faire payer de tous les intérêts qui sont échus, à quelque somme qu'ils se montent, puisqu'on ne peut en ce cas lui rien imputer.

Voici une exception de cette régle; sçavoir, que quand les intérêts sont dûs *ex natura rei*, *& legis beneficio*, ils peuvent alors en pays de Droit écrit être valablement exigés par le créancier, quoiqu'ils excedent le double.

Par exemple, si l'acquereur d'un fonds n'en a pas payé le prix, il doit naturellement les intérêts de ce même prix, sans que le vendeur soit obligé de faire contre lui aucune demande; & ces intérêts sont dûs, quoiqu'ils excedent & doublent le capital.

La Peyrere, lettre A, nombre 26. dit que cet usage est confirmé par un grand nombre d'Arrêts. *Voyez* ce que dit à ce sujet le Commentateur d'Henrys, tom. 1. liv. 4. chap. 6. quest. 47. *Voyez* aussi Boniface: tom. 4. liv. 8. tit. 23. chap. 3.

Dans le Recueil des Actes de notorieté, pag. 41. & suivantes, il y en a un du 23. Juin 1688. qui marque que les intérêts des sommes portées par obligation, sont dûs à compter du jour de la demande, lorsqu'ils ont été adjugés en Justice, & que le payement desdits intérêts n'est point prescriptible tant que l'obligation & la Sentence demeurent en leur force; ensorte que le créancier n'est point obligé de faire autres diligences contre le débiteur pour raison desdits intérêts; la demande desquels intérêts ne peut jamais se prescrire que par l'espace de trente années, à compter du jour de la Sentence qui a été obtenue sur la demande desdits intérêts, comme toutes les autres actions personnelles. Mais si le créancier, après avoir fait une demande en Justice, pour avoir les intérêts de la somme qui lui est dûe, discontinue la procedure pendant trois ans, la péremption aura lieu après ce laps de tems: ainsi cette premiere demande d'intérêts étant périe, ne pourra produire aucun effet; ensorte que le créancier sera obligé de faire une nouvelle demande, duquel jour seulement il pourra demander les intérêts, au cas qu'il obtienne un Jugement qui les lui adjuge.

Lorsqu'un débiteur ne peut pas payer valablement; par exemple, quand il y a des saisies faites entre ses mains; s'il veut empêcher les intérêts de courir, il ne lui suffit pas de faire des offres, il faut qu'il presente sa Requête en Justice, pour avoir permission de consigner la somme qu'il doit & qu'il consigne en effet, ou qu'il y ait un Jugement que ordonne que les deniers lui demeureront entre les mains sans intérêts. *Voyez* M. le Prêtre, quatriéme centurie, chapitre 15; la Rocheflavin, liv. 2. lettre L, titre 4. Arrêt 11; Frain, page 252.

Touchant les intérêts d'une somme prêtée. *voyez* ce qui en est dit dans Recueil alphabétique de M. Bretonnier.

INTERESTS DES INTERESTS, ne peuvent jamais être dûs; c'est-à-dire, quelque retardement qu'il y ait de la part du débiteur de payer à son créancier des intérêts qu'il lui doit, pour quelque cause que ce puisse être, il ne doit jamais de seconds intérêts pour ceux qu'il est en demeure de payer; & le créancier n'en peut faire la demande en Justice ni les accumuler, à l'effet d'en faire un capital qui produise des intérêts.

Il ne faut pas confondre avec les intérêts des denier les revenus d'un autre nature, comme le prix d'un bail à ferme, les loyers d'une maison, & autres semblables produits; car ces sortes de revenus sont différens des intérêts, en ce que les intérêts ne sont pas un revenu naturel, & ne sont de la part du débiteur qu'une peine que la Loi lui impose pour son retardement; & de la part du créancier, un dédommagement de la perte qu'il souffre de n'être pas payé: au lieu que le prix des loyers est un revenu naturel, que de la part du débiteur, est la valeur d'une jouissance dont il a profité; & de la part du creancier, un bien effectif qui en ses mains fait un capital comme ses autres biens. Ainsi le débiteur du prix d'un bail en doit justement les intérêts depuis la demande suivie de condamnation.

Il n'en est pas de même des arrérages de rentes constituées à prix d'argent; le débiteur ne peut jamais devoir des intérêts des arrérages qu'il est en demeure de payer; & ces arrérages ne peuvent jamais faire un capital dont le débiteur puisse devoir de nouveaux intérêts.

Ainsi il n'est pas permis de faire un contrat de constitution des arrérages d'une rente, quoique le débiteur en fut consentant.

La raison est, que les rentes constituées ne sont pas des fruits d'un fonds, & n'ont pour le principal qu'une somme de deniers qui a fait le prix de l'acquisition de la rente.

D'ailleurs, si l'on admettoit ce commerce, un débiteur seroit ruiné en peu de tems, quelques biens qu'il eût; & il se trouveroit que la négligence du créancier à se faire payer des arrérages de sa rente, seroit très-préjudiciable à son débiteur; c'est pourquoi on a sagement établi pour maxime certaine, que ce qui procede d'intérêts, n'en peut jamais produire entre les même personnes. *Leg.* 28. *cod. de usur. leg.* 13. *cod. de usur. rei judicatæ. Voyez* M. le Prêtre, centurie 2. chap. 26. Louet, & son Commentateur, lett. R. somm. 55. Bouvot, tom. 1. part. 3. *verbo* Intérêts, quest. 2.

La régle, que les intérêts des intérêts ne peuvent jamais être dûs, n'est donc que pour le créancier à l'égard de son débiteur, & non pas à l'égard d'un tiers qui paye pour un débiteur des intérêts à son créancier, & qui peut de cet argent qu'il lui prête en faire un contrat de constitution, ou bien faire après le tems du payement échu une demande en Justice du principal & des intérêts.

La raison est, que ces intérêts deviennent une somme principale à l'égard du tiers, dont l'argent a servi à en acquitter le débiteur. *Voyez* Boniface, tom. 2. liv. 4.

De ce que nous venons de dire, il s'ensuit que la caution qui a payé pour le principal débiteur des intérêts, peut demander le remboursement de ce qu'il a payé pour lui, avec les intérêts du jour de la demande. La Peyrere, lettre D, nomb. 53.

Voyez l'article suivant.

INTERESTS DE DENIERS APPARTENANS A DES MINEURS. Un Privilége particulier que la Loi donne au mineurs, c'est de pouvoir légitimement prétendre contre leurs tuteurs les intérêts des deniers qui sont demeurés oisifs, faute par les tuteurs de les avoir employés dans le tems prescrit par la disposition du droit & des Ordonnances, c'est-à-dire dans les six mois, à compter du jour qu'ils les ont reçus.

Boniface, tome 4. livre 4. tit. 1. chapitre 8. rapporte un Arrêt du Parlement de Provence, en date du 23 Décembre 1664. qui a déclaré qu'un tuteur étoit obligé de payer les intérêts des sommes par lui reçues six mois après la reception, à la réserve de trois cens livres qui demeureroient entre ses mains, pour subvenir aux affaires du pupille. *Voyez* aussi Bouvot, tome 1. partie 2. *verbo* Tuteur, question 6.

Voici ce qui est dit a ce sujet dans le Recueil alphabétique de M. Bretonnier, *verbo* Tutelle: Le tuteur doit les intérêts des intérêts, parce que tout l'argent des mineurs est considéré comme un capital par rapport au tuteur: *Omnia sors officitur, leg.* 50. §. 4. *ff. de administr. tut.* Cela se pratique en France, à la reserve du Parlement de Bretagne, où le tuteur ne paye jamais les intérêts d'intérêts que du jour de la clôture du compte, parce qu'alors le reliquat est un capital. Dans les autres Parlemens, il y a un usage différent pour déterminer la quotité de la somme qui produit intérêts d'intérêts. Au Parlement de Paris, cela se régle suivant la qualité des Parties, & les revenus du mineur. Au Parlement de Normandie, le tuteur doit joindre les intérêts au capital de cinq ans en cinq ans, & payer l'intérêt du tout au denier vingt.

Dans le Recueil des Actes de notorité, il y en a un, page 29. donné par le Lieutenant Civil du Châtelet de Paris, le sept Mars 1687. qui porte que l'usage est, que lorsque le tuteur n'est pas en état de dépenser tous ses revenus, le surplus est réservé pour en fixer par accumulation un fonds, lorsqu'il qu'il est suffisant pour en faire une constitution pour être employée à produire intérêt, eu égard à la qualité des personnes, & que le tuteur du mineur a toujours six mois au-delà, tems convenable pour placer les sommes procédant desdits revenus.

Dans le même Recueil des actes de notorieté, il s'entrouve un autre, pag, 75. du 14 Juin 1689. qui porte que l'usage, aussi-bien que le Droit, ont introduit une maxime très-juste contre les tuteurs qui sont négligens de rendre compte aux mineurs, ou de faire l'emploi des deniers & revenus pupillaires ; ensorte que trois ou six mois après qu'un tuteur a entre ses mains une somme de trois ou quatre mille livres, eu égard à la qualité des Parties & à leur revenu, s'il n'en fait pas un bon emploi, il doit dans son conte se charger en recette des intérêts, & interêts des intérêts, qui font un capital au mineur, & ce par la présomption du Droit, que le tuteur qui n'apas fait l'emploi, ni les diligences convenables & suffisantes pour y parvenir, est présumé s'être servi des deniers de son mineur, & en avoir profité.

Et à l'égard du tems que les intérêts doivent cesser, il y a eu des sentimens différens, les uns voulant les faire cesser du jour de la presentation du compte, les autres du jour de la majorité, & les autres du jour de la clôture du compte.

Mais l'on a avec beaucoup de justice suivi une maxime fort équitable en faisant la distinction, lorsque ce compte se rend à un mineur émancipé par mariage ou par Lettres, à l'égard duquel les intérêts, & intérêts d'intérêts sont comptés jusqu'au jour de la clôture du compte ; & après la clôture le tuteur ne doit plus que les intérêts du reliquat sur le pied du denier de l'Ordonnance. Mais quand le compte se rend à un majeur, ou à un mineur qui pendant la reddition du compte devient majeur, l'on a jugé & établi pour une régle certaine, que le moment de la majorité fait cesser le privilége du mineur.

Voyez Deniers pupillaires.

INTERETS DES AVANCES FAITES PAR UN TUTEUR DANS LES AFFAIRES DU MINEUR, sont dûs, suivant le droit Romain, du jour que ces avances ont été faite. *Leg.* 3. §. 1. *ff. de contrariâ tutelâ, & utili actione.*

Tous les Parlemens du Droit écrit & le Parlement de Normandie suivent cette disposition. Celui de Paris ne donne au tuteur l'interêt que du jour de la demande par lui formée après la clôture du compte.

INTERESTS DE LA DOT. Dans tous les Parlemens, la dot produit des intérêts de plein droit, en faveur du mari, contre tous ceux qui ont constitué la dot ; en faveur de la femme, contre les héritiers de son mari ; en faveur des enfans quand ils répetent la dot de leur mere : mais il y a diversité de jurisprudence pour sçavoir en quel rang ces intérêts doivent être colloqués.

Au parlement de Paris, on les colloque avant le principal. Au Parlement de Toulouse, on ne les colloque qu'après tous les capitaux des dettes des créanciers du mari. Catelan, tom. 2. liv. 4. chap. 42. Il y a des Parlemens où l'on colloque le principal de la dot avant les intérêts ; & d'autres où l'on colloque le principal avec les intérêts concurremment.

Voilà ce qui est dit à ce sujet dans le Recueil alphabétique de M. Bretonnier, *verbo* Dot, vers la fin.

INTERESTS CIVILS, sont ceux qui tiennent lieu de dédommagement d'un tort, ou d'une injure qui nous a été injustement faite.

Tels sont les intérêts que l'on adjuge à ceux que l'on a fait emprisonner sans cause légitime, ou dont on a noté la réputation par colomnie.

On appelle aussi intérêts civils les sommes qui sont adjugées à la Partie civile, qui a poursuivi la vengeance de la mort d'un de ses proches, pour tenir lieu de dédommagement de leur perte.

Non-seulement la femme & les enfans sont en droit de poursuivre la vengeance du meurtre commis en la personne du défunt ; mais à leur défaut, ses héritiers présomptifs.

Ces intérêts leur sont dûs comme une récompense qu'ils tiennent des Loix de la nature ; d'où il s'ensuit qu'ils sont admis à cette poursuite, & en conséquence à la demande des intérêts civils, quoiqu'ils ayent renoncé à la succession du défunt.

C'est aussi la raison pour laquelle on écoute dans cette occasion la plainte des enfans bâtards, aussi-bien que celles des enfans légitimes. Ce qui paroît fort juste, en ce que leur douleur mérite quelque consolation, & leur perte un dédommagement ; mais cela se doit entendre quand il n'y a pas d'enfans légitimes qui se soient rendus Parties. *Voyez* le Grand, sur l'article 12. de la Coutume de Troyes, glos. 4. nomb. 7.

Le Prince qui remet à celui qui est condamné ce qui regarde l'intérêt civil, dont il peut faire remise, n'est jamais censé remettre l'intérêt civil de la Partie offensée.

Lorsque celui qui est accusé d'un homicide, vient à déceder après avoir obtenu sa grace, on peut poursuivre ses héritiers pour la réparation civile. Charondas, livre 6. réponse 87 ; Journal des Audiences, tom. 1. livre 8. chapitres 45. & 47.

Les intérêts civils qui sont adjugés à une femme, pour l'assassinat de son mari, sont considerés comme le prix du sang de son époux qu'elle a perdu ; c'est pourquoi ces intérêts civils ne peuvent point être saisis par ses propres créanciers, sauf à eux à se pourvoir sur ses autres biens. *Voyez* Basnage, sur l'art. 143.

Comme ils lui sont adjugés pour lui tenir en quelque façon lieu de consolation de la perte qu'elle a faite par l'assassinat de son mari, & ne sont nullement regardés comme un bien qui provient de lui ; quand elle se remarie, elle n'est point obligée de les réserver aux enfans de son premier mari homicidé.

Charondas, livre 6. réponse 82.

Si dans une transaction faite pour des intérêts civils, on convient que faute de payement de sa somme consentie, après un certain tems limité, les intérêts en seront payés, cette convention est valable, comme il a été jugé au Parlement de Paris le 11 Juin 1682. rapporté dans le Journal du Palais.

L'intérêt civil qui procede d'un crime, s'éteint par le laps de vingt ans, comme le crime même. Louet, lettre C, sommaire 47. M. le Prêtre, ès Arrêt de la Cinquiéme; Soefve, tom. 1. cent 4. chap. 30.

L'intérêt civil est préferé à l'amende du Roi, quoique l'un & l'autre soient adjugés par le même Arrêt. Le Journal des Audiences, tom. 2. liv. 3. chap. 11. rapporte un Arrêt du parlement de Paris, qui l'a jugé ainsi.

INTERESTS POUR DOMMAGE CAUSÉ, sont les sommes qu'on adjuge à quelqu'un, pour raison du dommage qu'il a reçu par le fait d'autrui, soit qu'on lui ait causé quelque perte, soit qu'on l'ait empêché de faire quelque gain.

Par exemple, si un particulier a retenu les marchandises d'un autre, & qu'elles soient déperies; comme elles ne valent plus le même prix, il est tenu des dommages & intérêts, pour raison de la perte qu'il a causée à celui à qui elles appartiennent.

Si elles ne sont pas déperies; mais qu'on ait, en les retenant, empêché celui qui les avoit achetées pour les vendre d'en tirer le profit qu'il auroit pû faire dessus, pour raison du gain qu'on lui a empêché de faire, il lui est dû aussi des dommages & intérêts.

A l'égard des dommages & intérêts qui proviennent de la perte que l'on a soufferte, il ait aisé de les régler en faisant l'estimation de cette perte; mais pour ce qui est des dommages & intérêts qui proviennent de ce que l'on a manqué à gagner, cette estimation de la perte du profit que l'on auroit pû faire, ne peut être bien précise, & consiste dans le fait & dans les circonstances.

INTERESTS, EN FAIT DE DEPENS, ne commencent à courir que du jour que la demande en a été faite en Justice. M. Brillon, cependant, tom. 3. pag. 854. dit, qu'au Grand Conseil, les intérêts d'un exécutoire de dépens ne couren t point du jour de la demande, mais du jour seulement qu'il intervient une condamnation contre le débiteur de payer les intérêts.

INTERIM. Ce terme emprunté du Latin, signifie provisoire en attendant.

INTERLIGNE, est une ligne écrite après coup entre deux lignes, & qui n'est point approuvée par ceux qui ont passé l'acte: ce qui le rend suspect de faux.

Il est défendu aux Notaires & aux Greffiers d'écrire en interlignes; il faut qu'ils fassent des renvois & des apostilles paraphés.

Ainsi dans les actes qui doivent faire foi en Justice, les interlignes ne sont d'aucune considération, & ne sont point regardées comme faisant partie des clauses. Si l'on veut changer quelque chose, il faut rayer; & par un renvoi à la marge, ou au bas de l'acte, ajouter une autre disposition.

Il est même nécessaire que les Parties approuvent les ratures, & paraphent les renvois.

INTERLINAIRE, ce qui est écrit entre deux lignes. *Voyez* Interligne.

INTERLOCUTION. *Voyez* Interlocutoire.

INTERLOCUTOIRE. Jugement interlocutoire, est un Jugement préparatoire, qui ne décide point le fond de la contestation, mais qui ordonne qu'il sera fait quelque chose pour l'instruction de la contestation, & pour parvenir à la connoissance de quelques faits, ou à l'examen & a la preuve de quelque point de Droit *Voyez* Appointement.

INTERLOQUER, signifie en terme du Palais, ordonner que quelque chose sera prouvée ou vérifiée entre les parties, avant que de prononcer sur le principal sujet de la contestation, à l'effet de parvenir à la connoissance de ce qui peut servir d'éclaircissement pour la décider.

INTERPELLATION: est une sommation ou réquisition, que l'on fait à quelqu'un, de répondre sur ce dont il est interpellé. Je vous interpelle de me dire telle chose, veut dire, déclarer la vérité sur un tel fait.

Les Juges font quelquefois des interpellations. Par exemple, dans une confrontation, l'accusé qui s'apperçoit que le témoin varie sur quelque circonstances qui vont à le Justifier, prie le Juge de sommer & d'interpeller le témoin de répondre sur quelque fait.

Quand ceux qui passent des actes ou des contrats ne sçavent pas signer, les Notaires sont tenus par les ordonnances de les interpeller de signer. Et on met à la fin de l'acte, qu'un tel ayant été interpellé de signer conformement à l'ordonnance, a déclaré ne sçavoir signer.

INTERPOSITION DE DECRET. Dans les saisies réelles, après la certification des criées, le poursuivant forme une demande contre la Partie saisie; à ce qu'elle ait à proposer ses moyens de nullité contre toute la procédure, si elle en a; sinon voir dire que le tout sera déclaré valable, & qu'il sera passé outre à la vente & adjudication par decret des biens saisis. Cette demande s'appelle *demande en interposition* de décret; & c'est sur cette demande qu'intervient le *congé d'adjuger*; c'est-à-dire le Jugement qui ordonne qu'il sera passé outre à la vente & adjudication par décret; & que la premiére enchere, appellée l'enchere de quarantaine sera mise au Greffe.

INTERPRETATION, est l'explication d'une chose douteuse.

Il y a des actes dont on étend les dispositions par des interpretations favorables; sçavoir, les testamens & les actes de derniere volonté.

Il y en a d'autres où l'on s'attache scrupuleusement à la lettre ; sçavoir, les contrats & autres actes entre-vifs; desorte qu'on réduit ordinairement leurs dispositions dans leurs propres termes, ou bien l'interprétation s'en fait au désavantage de ce-lui qui ne s'est pas expliqué assez clairement.

Ainsi on explique toujours une clause obscure, inserée dans un contrat, contre celui en faveur de qui elle a été mise, & qui a été maître de la faire rediger plus clairement. *Veteribus placuit pactionem obscuram, vel ambiguam iis nocere, in quorum fuit potestate legem apertius dicere. Leg. 39. ff. de pactis.*

INTERPRETATION EN MATIÉRE CRIMINELLE D'UN FAIT QUI N'EST PAS BIEN ECLAIRCI, se doit faire à l'avantage de l'accusé, lorsqu'il n'y a pas preuves claires & certaines d'ailleurs.

Ainsi dans le doute, on prononce toujours à la décharge de l'accusé; d'où vient que lorsque les Juges sont partagés en opinions, on prononce plutôt l'absolution que la condamnation ; ou quand le partage se rencontre sur le genre du supplice, on condamne toujours le coupable à la moindre peine.

INTERPELLATION DE LOIX, est un sens que l'on tire de la Loi pour lui donner des extentions ou des restrictions, que la raison & l'équité réquierent.

Il n'y a guéres de Loix qui n'ayent quelquefois besoin d'interprétation, tant à cause que les Legislateurs ne peuvent pas toujours prévoir les différens cas qui peuvent survenir, qu'à cause qu'il se trouve souvent dans les Loix les mieux redigées, des expressions qui sont susceptibles des différens sens.

Comme les termes d'une Loi n'en sont que la figure, il ne faut pas toujours s'opiniâtrer à en chercher le véritable sens dans les termes dans lesquels elle est conçue, principalement quand la raison y répugne.

Ainsi, comme c'est la raison qui en est l'ame; & la partie principale qui la doit faire subsister avec vigueur, quand une Loi a besoin d'être interpretée, il faut s'attacher à en découvrir le sens dans la raison qui a servi de fondement à cette Loi.

Voyez ci-dessus *verbo* Intention.

C'est ainsi qu'on peut étendre une Loi aux cas, aux personnes & aux choses qui y sont omise, lorsqu'il y a parité de raison; car il faut bien distinguer l'occasion de la Loi d'avec la raison de la Loi.

L'occasion de la Loi est presque toujours particuliere ; c'est souvent une contestation qui s'est élevée qui y a donné lieu. Mais l'esprit de la Loi, la raison de décider qui a determiné le Legislateur, est toujours générale, & s'applique à tous les cas semblables ou se rencontre la même utilité, la même nécessité qui se trouvoit dans la circonstance particuliere, qui avoit animé le Legislateur, & sur laquelle la Loi est intervenue. *Leg. 13. ff. de legib.*

C'est aussi en examinant le motif de l'établissement d'une Loi, qu'on la peut restraindre à certains cas, quand on voit que la raison de la Loi ne se peut appliquer qu'à certains cas, ou qu'il s'en rencontre quelques-uns ausquels la raison de la loi ne peut avoir aucune application. En effet, les distinctions & les exceptions ne dérogent à la régle générale, que parce qu'elles sont fondée sur des raisons particulieres.

Ainsi cette régle, que les exceptions confirment la régle dans tous les autres cas non exceptés, n'est pas infaillible, puisque si la raison de l'exception se rencontre dans quelques autres, il y a lieu d'en faire d'autres exceptions.

Mais on ne peut jamais s'écarter de la disposition de Loi, par une distinction que la Loi n'a point faite, à moins qu'il n'apparoisse que la Loi a eu en vûe de l'établir. *Ubi Lex non distinguit, nec nos distinguere debemus.* Ainsi, toute exception, toute dérogation à la Loi, doit être fondée sur une raison particuliére tirée précisement de la Loi, ou du motif sur lequel sa décision est fondée.

En effet, on tombe souvent dans l'erreur, quand on veut suivre servilement à la lettre la décision d'une Loi : au contraire, en ne s'attachant qu'à l'esprit de la Loi sans avoir égard aux termes dans lesquels elle est conçue, c'est rendre tout arbitraire, & par conséquent faire qu'il n'y ait plus de Loi.

Voici ce que décident la Loi 12. & la suivante *tituli digestorum, de Legibus. Non possunt omnes articuli sigillatim aut Legibus, aut Senatusconsultis comprehendi ; sed cum aliqua causa eorum manifesta est, is qui Jurisdictioni praeest, ad similia procedere, atque ita jus dicere debet. Nam, ut ait Pedius, quoties lege aliquid, unum vel alterum introductum est, bona occasio est, cætera quæ tendunt ad eandem utilitatem, vel interpretationem, vel certè Jurisdictione suppleri.* Cela souffre néanmoins plusieurs exceptions.

Les Loix qui renferment des disposition contraires au Droit commun, ne reçoivent point d'extension parce qu'un droit singulier est fondé sur une raison particuliere, qui ne peut préjudicier au Droit commun, qui est généralement plus utile & plus avantageux au Peuple.

Ainsi le droit singulier ne reçoit point d'extension d'un cas à un autre, d'une personne à un autre ni d'une chose à une autre.

Comme nos Coutumes sont dans nos Provinces du Droit coutumier, ce que le Droit civil étoit dans l'empire Romain, & qu'elles sont de la nature de toutes les Loix humaines, en ce qu'elles ne peuvent pas comprendre tous les cas qui peuvent se presenter sur une matiere, elles reçoivent des extentions des cas exprimés à ceux qui ne le sont pas, quand il y a partie de raison, & quand leurs dispositions ne sont pas exorbitantes du Droit commun.

Nos Rois se sont toujours réservé l'interprétation de leurs ordonnances, comme il est porté en l'article 3. du titre 1. de l'Ordonnance de 1667 ; & ce qui est conforme au Droit Romain, suivant lequel, quand les termes d'une Loi sont clairs, & renferment un sens auquel on ne peut donner atteinte, sans détruire en même tems la Loi, il faut s'en tenir à cette maxime : *Ejus est Legem interpretari, cujus est Legem condere. Vide leg 1. leg. 9. & leg. ult. §. 1. de legib.*

Ainsi, quand il se rencontre quelqu'ambiguité, obscurité ou omission dans les ordonnances, ce n'est pas sans raison que nos Rois s'en sont réservé la connoissance ; & ils y remedient par des Déclarations qui contiennent leur intention à cet égard.

Les Juges ne peuvent donc pas en France donner atteinte à la disposition d'une Loi qui est claire & précise; ainsi, supposé qu'il y eut dans quelque cas de l'injustice à suivre sa décision, ils ne pourroient pas l'enfreindre, & rendre un Jugement contraire. *Leges vim suam & potestatem trahunt, non à ratione, sed ab autoritate constituentis.*

Quand la Loi est écrite, & qu'elle décide precisement le cas dont il s'agit, il la faut absolument suivre, quoique sa decision ne soit pas tout-à-fait juste par rapport à l'espéce qui se présente.

C'est ce que nous enseigne Ulpien dans la Loi 12. §. 1. *ff. qui & à quib. manum liber. non fiunt. Quod quidem perquam durum est, sed ita Lex scripta est.*

Lorsque cela se rencontre, les Juges n'ont point d'autres choses à faire, pour ne pas suivre la décision de la Loi, que d'en réferer au Prince, pour qu'il décide là-dessus ce qu'il juge à propos.

Quoique régulierement les juges ne puissent rien changer aux Ordonnances ni aux coutumes, les Cours souveraines en peuvent néanmoins faire une juste interprétation, & étendre ou restraindre leurs dispositions, lorsque la raison & l'équité le requierent; car comme l'équité & la fin véritable de tout droit, il est évident que l'esprit des Loix est, que dans le doute on leur donne une interprétation favorable.

Mais ce pouvoir ne regarde que les Juges *souverains*, qui representent la personne du Roi, & *qui vice sacrâ Principis judicant*; car les Juges inférieurs sont obligés d'exécuter exactement les Ordonnances & les Coutumes des lieux, sans y rapporter aucun tempéramment de leur chef : autrement ils pourroientêtre mandés par les Cours souveraines pour en rendre raison *Voyez* Cour souveraine.

De tout ce que nous venons d'observer, il faut conclure que quand l'interprétation de la Loi se peut tirer d'elle-même, les Cours souveraines peuvent la faire par rapport à des circonstances particulieres, ou conformément à des motifs d'équité; mais si l'interprétation qu'il faudroit lui donner est absolument contraire, non-seulement aux termes, mais au sens de la Loi, il faut avoir recours au Souverain.

Ainsi les Juges ordonnent en pareil cas, que les Parties se retireront pardevers le Roi, ou bien ils supplient Sa Majesté d'expliquer ses intentions.

Voici ce que porte l'article 3 du titre 1. de l'Ordonnance du mois d'Avril 1667. » Si dans les Jugemens qui seront pendans en nos Cours de Parlemens, & autres nos Cours, il survient aucun » doute ou difficulté sur l'exécution de quelques articles de nos Ordonnances, Edits, Déclarations & Lettres patentes, nous leur défendons de les interpréter mais voulons qu'en ce cas elles ayent à se retirer pardevers nous, pour apprendre ce qui sera de notre intention.

Cela est entierement tiré des Loix Romaines, qui portent, comme nous l'avons déjà dit, que *Ejus est Legem interpretari, cujus est Legem condere. Explosis ambiguitatibus, tàm conditor, quàm interpres Legum, solus Imperator justè existimabitur. Leg. ult. cod. de Legib.*

Il seroit à souhaiter, dit le Prince des Philosophes, qui forma le Grand Alexandre, que les Loix fussent si exactes, qu'elles remarquassent jusqu'aux moindres circonstances, afin de laisser peu de chose à la discrétion des Juges ; & cela par plusieurs raisons, entr'autres.

I°. Parce que les Loix se font à loisir, au lieu que les Jugemens se rendent souvent avec précipitation.

II°. La Loi juge sans prévention & sans acceptation de personne, au lieu que le plus souvent les Juges sont agités du mouvement des passions humaines.

Charlemagne ayant trouvé la Loi des Lombards défectueuse en plusieurs choses, il l'augmenta, & tâcha de suppléer tous les cas omis, par une Ordonnance de l'an 801. à la fin de laquelle il ajouta, que dans les choses douteuses, il vouloit que les Juges eussent recours à son autorité, sans qu'il leur fût permis de les décider suivant leur caprice.

Enfin M. Conan, Maître des Requêtes, a eu raison de dire qu'il n'y a rien de plus dangereux, que de permettre aux Juges de s'écarter de la décision des Loix, sous prétexte de suivre les lueurs trompeuse d'une équité apparente. C'est, dit M. Bretonnier dans sa Préface sur Henrys, rendre la Justice incertaine & arbitraire. C'est introduire dans la Jurisprudence le Pyrrhonisme ; & en même tems le trouble dans les familles, & le désordre dans l'Etat.

Voyez ce que j'ai dit de l'interprétation des Loix, *verbo* Loi, & ce qui en est dit dans les Opuscules de Loisel, pag. 306.

INTERPRETATIONS D'ARREST, est une explication que donnent les Cours souveraines à un Arrêt, sans y donner atteinte, c'est-à-dire sans le retracter ; mais en rendant certain ce qui peut être équivoque, & en expliquant clairement ce qui paroît douteux ou ambigu.

Ce qui a lieu quand une Partie prétend qu'il y a contrarieté en quelques choses dans un Arrêt, ou qu'il s'y trouve quelque obscurité.

Lorsque cela se rencontre, & que ceux qui en pourront souffrir du dommage ne veulent pas se pourvoir contre cet Arrêt, ni par opposition, ni par Requête civile, ni par cassation, ils forment des demandes en interprétation d'Arrêt.

Cette demande se fait par une Requête. On la

fait répondre, ensuite on la fait signifier; & sur cette Requête, la cause plaidée à l'Audience, y est jugée définitivement ou appointée.

Si les Juges s'apperçoivent que l'interprétation qu'on demande n'est qu'un prétexte à une révision, & qu'il n'y a rien d'obscur, de douteux, ni d'ambigu dans l'Arrêt, ils en déboutent le demandeur, avec dépens.

Il y a même une Déclaration du vingt-un Avril 1671. qui défend aux Parties de se pourvoir contre les Arrêts par Requête en interprétation d'iceux, ni autrement que par Requête civile; & qui défend aux Cours de retracter lesdits Arrêts, & d'en changer les dispositions par maniere d'interprétation ou autre voie.

INTERPRETATION DE LA VOLONTÉ DES TESTATEURS, doit toujours se faire d'une maniere qui contribue à lui donner une pleine & entiere exécution. *Favore ultimarum voluntatum receptum est, ut plenissimam rescipiant interpretationem. Leg. 12. ff. de regul. jur.*

Voyez Peleus, question 50.

INTERPRETE D'UN ACCUSÉ QUI N'ENTEND PAS LA LANGUE FRANÇOISE. *Voyez* Etranger.

INTERROGATOIRE, est un acte qui contient les interrogatoires que fait le Juge à une Partie, sur la vérité de certains faits, & les réponses qui y sont faites, pour tirer l'éclaircissement de la bouche de celui qui est interrogé, & par ce moyen servir de preuve.

On distingue deux sortes d'interrogatoires; sçavoir, ceux qui se font en matiere civile, qui se nomment interrogatoires sur faits & articles; & ceux qui se font en matiere criminelle, qui s'appellent interrogatoires sur faits résultans de l'information.

Ordinairement on s'en tient aux derniers aveux où les personnes interrogés persistent, & on n'a point d'égard à ceux qui les précedent, parce qu'on les regarde comme anéantis par les aveux postérieurs.

Voyez, *verbo* Confession, la différence qu'il y a entre la confession qui se fait en matiere civile, & celle qui se fait en matiere criminelle.

INTERROGATOIRE SUR FAITS ET ARTICLES, est en matiere civile une recherche judiciaire de la vérité de quelque fait, par des interrogatoires faits à une Partie par le Juge devant qui le différend est pendant, à la requête de la Partie adverse, sur certaines propositions, circonstances & articles pertinens, & concernant l'affaire dont il s'agit, & souvent qu'on ne pourroit pas découvrir autrement.

Ainsi, quand on fait interroger sa Partie adverse sur faits & articles, c'est afin que ses réponses servent à prouver les faits qui peuvent contribuer à faire connoître la vérité, d'où peut résulter le gain de la contestation qui est entre les Parties.

L'objet de cet acte judiciaire & autentique, soutenu de la signature du Juge & de la Partie, est donc de faire preuve de la vérité contre celui qui est interrogé; & la preuve qui en résulte est telle, qu'elle va jusqu'a détruire les actes en faveur de la Partie qu'on interroge, quand elle fait des confessions qui les renversent.

Il y a une infinité de cas où ce remede se trouve non-seulement utile, mais même très-nécessaire.

Par Exemple, j'ai passé un contrat ou une transaction, n'y étant point porté de moi-même, mais y étant induit par le dol & la frauduleuse adresse de la Partie avec qui j'ai contracté; en conséquence de cet acte je me trouve lezé; & je veux me faire restituer contre & le faire casser. Ayant obtenu pour ce des Lettres de rescision, & voyant qu'il ne m'est pas facile de prouver le dol de ma Partie adverse, attendu que l'affaire s'est passée sans témoins, je fais interroger celui qui m'a trompé sur certains faits particuliers, qui étant avoués & confessés par la Partie, pourront servir à faire connoître au Juge que le contrat n'a été fondé que sur son dol, & qu'autrement je ne l'aurois pas passé.

L'on peut faire interroger sur faits & articles en tout état de cause, tant en premiere instance, qu'en cause d'appel.

Les faits proposés ne sont admissibles, que lorsqu'ils sont pertinens, & concernent la question dont il s'agit; autrement la Partie ne seroit pas obligée d'y répondre.

Pour parvenir à cet interrogatoire, il faut faire dresser les faits & articles, & obtenir du Juge, ou du Rapporteur si l'affaire est appointée, permission de faire assigner la Partie adverse pour être interrogée.

Si l'instance est pendante au Châtelet, l'usage est de commettre un Commissaire; si c'est en Cour souveraine, l'on commet un de Messieurs les Conseillers; & quand l'affaire est appointée, le Rapporteur se commet lui-même.

En conséquence de l'Ordonnance du Juge, ou du Commissaire commis, on fait assigner la Partie, & on lui donne copie des faits & articles, & de l'Ordonnance avec l'Exploit.

Mais il faut que l'assignation soit donnée à personne ou domicile de la Partie, & non à aucun domicile élu, ni a celui du Procureur, ainsi qu'il est porté en l'article 5. du titre 10. de l'Ordonnance de 1667.

Il n'y a point de délai marqué par l'Ordonnance pour l'assignation donnée à l'effet de subir interrogatoire sur faits & articles. On peut donner une pareille assignation aujourd'hui après midi, pour demain matin à huit hueres.

Si la Partie comparoît, le Juge doit prendre d'abord le serment de celui qui vient subir interrogatoire, avant de recevoir ses réponses. Il doit ensuite interroger la Partie, laquelle doit répondre en personne, & non par Procureur, ni par écrit, suivant l'article 6. du titre 10. de l'Ordonnance de 1667, qui est tiré de l'article 6. de l'Ordonnance de Roussillon.

La raison est, qu'on n'a pas besoin de secours

étranger, lorsqu'on veut établir ses réponses sur la vérité. Elles doivent être aussi expliquées avec beaucoup de précision & de simplicité.

Ainsi il faut qu'elles soient précises & pertinentes sur chacun des faits, sans être accompagnées de termes injurieux ni calomnieux, comme il est prescrit par l'art. 8. du titre 10. de l'Ordonnance de 1667

Les réponses que fait la Partie intterrogée sur les faits qui lui sont proposés par le Juge, ou par un Conseiller pour ce Commis, sont rédigées par écrit par le Greffier, & servent de preuves contr'elle, d'autant plus certaines qu'elles sont tirées de sa propre bouche.

Quand le Juge connoît par les réponses de celui qui subit l'interrogatoire, qu'il y a lieu de l'interroger encore sur des faits qui résultent de sa connoissance, ou de sa dénégation, ou de quelque circonstance qui n'auroit pas été assez expliquée par les faits signifiées, ou par les réponses, il peut interroger la Partie d'office sur aucuns faits qui ne lui auroient pas été communiqués, ainsi qu'il est dit en l'article 7. du même titre.

Celui qui fait faire l'interrogatoire, peut même donner au Juge d'autres faits que ceux qu'il a fait signifier à la Partie adverse, afin que le Juge l'interroge dessus.

Ces faits sont appellés *faits secrets*, que l'on tâche d'ajuster de maniere que celui qui doit répondre dessus ne puisse pas méditer des réponses contraires à la vérité.

On dresse un procès verbal, tant de l'interrogatoire fait par le Juge, que des réponses de celui qui est interrogé dont il est interrogé, dont est délivré copie à la Partie adverse, pour lui servir en tant que de raison.

Si celui qu'on veut faire interroger est malade, sur le requisitoire de celui qui fait proceder audit interrogatoire, le Juge doit se tronsporter en la maison du malade, pour y faire l'interrogatoire, dont sera fait mention dans le procès verbal.

Si la partie n'étoit pas demeurante au lieu où le procès est pendant, elle sera interrogée pardevant le Juge le plus prochain de sa demeure, en vertu d'une commission du Juge où l'affaire est pendante.

Cette commission s'obtient sur Requête; & si le Juge qui commet est souverain, la commission ne sera pas rogatoire, mais en forme d'Arrêt.

Si la Partie ne comparoît pas aux jours & lieux assignés, ou fait refus de repondre, il sera dressé un procès verbal sommaire, faisant mention de l'assignation & du refus; & sur le procès verbal, les faits seront tenus pour confessés & averés, sans aucun Jugement ni réassignation, ainsi qu'il est dit en l'art. 4. du tit. 10. de l'Ordonnance de 1667.

Mais, quoique les faits soient dans ce cas tenus pour averés, la Partie peut toujours être reçue a y repondre, si elles se présente avant le Jugement du procès pour subir l'interrogatoire, à la charge d'en payer les frais, & d'en donner copie, & même de rembourser ceux du premier sans réparation; art. 5. du même titre.

Ceux qui ne sont pas parties au procès, ne peuvent être interrogées sur faits & articles, quoiqu'ils ayent une connoissance parfaite des faits dont est question.

Quoiqu'on ne puisse, pour l'ordinaire, subir interrogatoire par Procureur; néanmoins, quand c'est un Corps ou une Communauté qu'on veut faire interroger, l'Ordonnance veut que cette Communauté soit tenue de donner un Procureur ou Officier, auquel elle donne pouvoir de repondre en son nom suivant les réponses marquées dans la procuration, & affirmés véritables; autrement seront les faits pour confessés & averés, sans préjudice de faire interroger les Syndics, Procureurs & autres qui ont agi par les Ordres de la Communauté, sur les faits qui les concernent en particulier, pour y avoir par le Juge tel égard que de raison, ainsi qu'il est porté en l'art. 9. du tit. 10. de l'Ordonnance de 1667.

Si un tuteur, poursuivi pour les affaires de son mineur, fait refus de répondre, les faits ne doivent pas être tenus pour confessés & averés, au préjudice du mineur.

Incontinent après que la Partie a subi l'interrogatoire, celui qui l'a fait interroger doit lever le procès verbal à ses frais & dépens, sans que par la suite il en puisse répeter les frais, ni les faire entrer en taxe, quand même par l'événement, il obtiendroit gain de cause avec dépens, comme il est dit en l'art. 10. du tit. 10 de l'Ordonnance de 1667. qui porte que *les interrogatoires se feront aux frais & dépens de ceux qui les auront requis, sans qu'ils puissent en demander aucune répetition, ni les faire entrer en taxe, même en cas de condamnation de dépens.*

Si la Partie qui a requis l'interrogatoire, n'en levoit pas le procès verbal, la Partie interrogée seroit en droit de le lever, & d'en obtenir exécutoire de remboursement contre celui qui l'a fait interroger.

Il nous reste à faire sur ce sujet les observations suivantes.

La premiere est, qu'un mari ne peut empêcher sa femme, sous prétexte de défaut d'autorisation, de subir l'interrogatoire sur faits & articles; parce qu'il est juste que la vérité soit connue, elle qui doit toujours prévaloir & servir de régle aux Jugemens. Ainsi jugé par Arrêt du Parlement de Paris le 19. Décembre 1713.

La deuxiéme est, que celui qui fait interroger sa Partie sur faits & articles, ne peut pas être présent aux réponses. Bouvot, *verbo* Serment, quest. 1.

La troisiéme, que quoiqu'il semble qu'un homme interrogé sur faits & articles soit établi Juge dans sa propre cause, cela n'est pas toujours vrai dans l'événement; car nonbstant la dénégation de certains faits, il arrive souvent que la Partie interrogée succombe, lorsque les Juges entrevoyent qu'il y a dol, mauvaise foi & imposture de sa part.

Il n'en est pas de même du serment décisoire; celui qui le défere constitue véritablement sa Partie

Juge dans sa propre cause : desorte que celui qui le défere est toujours censé renoncer à la poursuite qu'il avoit intentée contre lui à qui il a déferé le serment, au cas qu'il détruise, en affirmant, la demande qui est contre lui intentée.

INTERROGATOIRES SUR FAITS RESULTANS D'UNE INFORMATION, sont des interrogatoires qui se font en matiere criminelle, & qui se subissent par l'ajourné à comparoir en personne qui se présente, & par celui qui est décreté de prise de corps, & qui est constitué prisonnier. Sur quoi *voyez* le titre 14. de l'Ordonnance de 1670.

L'interrogatoire des accusés est d'une très-grande conséquence, pour avoir par leur propre confession la preuve complette du crime dont ils sont prévenus, & sur lequel il y a déja d'autres preuves & adminicules. D'ailleurs, cet interrogatoire peut aussi beaucoup servir pour avoir révélation des complices; mais elle n'a force que de demi preuve.

Ces interrogatoires se doivent faire par le Juge, sans retardement, dans le lieu où se rend la Justice, dans la Chambre du Conseil, ou dans la Géole, aprés que l'information est faite, & qu'il est survenus dessus quelque décret; car suivant les Ordonnances & l'ordre judiciaire, un procès criminel ne peut point être valablement commencé par les interrogatoires.

Il n'y a que le cas où le criminel est pris en flagrant délit; car il peut alors être interrogé par le Juge avant l'information, dans le premier lieu qui se trouve commode pour faire subir l'interrogatoire, d'autant que la flagrance du délit tient lieu de l'information. *Voyez* la note de Bornier sur l'article 9. du tit. 10. de l'Ordonnance de 1670.

A l'égard des accusés qui sont prisonniers, il est défendu aux Géoliers de leur permettre la communication de quelques personnes que ce soit, avant leur interrogatoire; mais leur interrogatoire doit être commencé au plus tard dans les vingt-quatre heures aprés leur emprisonnement; & si le Juge qui y doit vaquer ne le fait, il doit y être procedé par un autre Officier, suivant l'ordre du tableau.

L'Ordonnance de 1670. en l'article 1. ordonne que l'interrogatoire des accusés doit être commencé au plus tard dans les vingt-quatre heures, afin d'empêcher les conseils & instructions qu'on pourroient leur donner, pour faire retarder le Jugement du procés; & afin qu'ils n'ayent pas le loisir de méditer des ruses & des subtilités, pour celer ou deguiser la vérité.

Il n'appartient qu'au Juge de faire subir l'interrogatoire au criminel. Il doit être assisté de son Greffier, lequel rédige par écrit les interrogatoires du Juge & les réponses de l'accusé.

Le Juge en procedant à cet interrogatoire, doit agir avec beaucoup de sagesse & beaucoup de prudence, & ne doit point se servir de ruses, qui ne conviennent point à son caractere, ni promettre l'impunité à l'accusé, pour lui faire avouer son crime.

Les Prevôts des Maréchaux déclarés compétens, doivent déclarer aux accusés, lors de l'interrogatoire, qu'ils entendent les juger prevôtablement & en dernier ressort.

Le Juge royal ne peut avoir, ni faire aucun interrogatoire à un Clerc renvoyé, qu'en présence de l'Official.

Après les informations & le décret, le Juge fait subir l'interrogatoire à l'accusé, sans ordonnance, & sans signifier ni communiquer aucuns faits & articles.

A Paris, quand les criminels sont pris en flagrant délit, & menés chez un Commissaire, il les peut interroger d'abord; autrement il faut que l'interrogatoire soit fait par le Juge, lequel doit se transporter à cet effet dans la prison, dans les vingt-quatre heures après leur emprisonnement, ou dans la Chambre du Conseil, suivant l'article 1. du titre 14. de l'Ordonnance de 1670.

L'art. 28. de l'Edit du mois de Janvier 1685. en forme de Réglement pour l'administration de la Justice au Châtelet de Paris, porte que les Officiers, de l'ordonnance desquels les prisonniers sont arrêtés, les interrogent dans les vingts-quatre heures de leur emprisonnement, qu'ils ne reçoivent d'eux aucuns droits pour les interrogatoires, ni pour les Sentences d'élargissement, & qu'ils ne dressent aucuns procès verbaux pour la reception des cautions, si les Parties civiles n'y assistent pour en contester les facultés.

Si l'accusé a quelques moyens de récusation contre le Juge qui se présente pour l'interroger, il peut valablement le récuser, & réfuser de repondre devant lui; & si le Juge a connoissance de la vérité de ses moyens, il doit volontairement se désister de l'instruction du procès; sinon l'accusé doit faire juger ses causes de récusation.

Mais si le refus que fait l'accusé n'est fondé sur aucun moyen valable, le Juge lui fera sur le champ trois sommations de repondre, à chacune desquelles il lui déclarera qu'à faute de repondre, son procés lui sera fait comme à un muet volontaire.

Si l'accusé veut bien repondre, le Juge prendra de lui serment de dire la vérité, l'interrogera d'abord de son nom, de son âge, de sa qualité où de sa vacation, & du lieu de sa demeure ou de de son habitation.

Ensuite il l'interrogera sur tous les faits résultans de l'information & de toutes les circonstances; & s'il y a d'autres faits que ceux portés par l'information, qui néanmoins peuvent servir à découvrir la vérité, le Juge pourra interroger le prisonnier sur ces faits.

S'il a été mis au Greffe des armes, des écritures, hardes ou meubles qui puissent servir à la preuve du crime & à la conviction de l'accusé, le Juge, en procédant à son interrogatoire, fera représenter ces choses à l'accusé, & même les papiers & écritures, après les avoir paraphés; ensuite de quoi il l'interrogera sur les faits & les inductions qui en résultent.

L'accusé doit répondre sur le champ aux interrogatoires du Juge, sans demander délai pour ses réponses; il doit répondre par sa bouche, de quelque qualité & condition qu'il soit, sans ministere de conseil, n'en pouvant avoir aucun.

Si l'accusé dénie tous les faits portés par l'information, le Juge peut le presser de dire la vérité, & lui remontrer que le contraire de ce qu'il dit paroît suffisamment prouvé par l'information & autres piéces.

Si sur les remontrances du Juge l'accusé varie ou change quelque chose en ses reponses, ces changemens ou variations seront écrites de suite en continuant l'interrogatoire, auquel il ne doit être fait ni rature, ni interligne.

L'interrogatoire fait, doit être lû à l'accusé; & s'il y a plusieurs séances, la lecture de chacune lui doit être faite à la fin d'icelle

Toutes les pages dudit intérrogatoire doivent être cottées & paraphées, & signées par le Juge & par l'accusé, s'il sçait & veut signer; sinon il doit être fait mention de son refus, à peine de nullité.

INTERROGATOIRE SUR LA SELLETTE, est un interrogatoire que l'on fait subir sur la sellette à l'accusé, lorsque le procès criminel est instruit & prêt à juger, & que les conclusions vont à une peine afflictive.

Suivant la Déclaration du 12 Janvier 1681. les accusés contre lesquels il n'y a ni condamnation, ni conclusions à peine afflictive, dans les procès réglés à l'extraordinaire, & instruits par recollement & confrontation, doivent être entendus par leur bouche, dans la Chambre du Conseil, derriere le Barreau.

Il y a une autre Déclaration du 13 Avril. 1703. qui porte que celle du 12 Janvier 1681. sera exécutée; & en expliquant l'article 21. du titre 14. de l'Ordonnance de 1670. ordonne la même chose.

A l'égard des interprêtes & curateurs qui répondent pour l'accusé, ils ne sont dans aucun cas mis sur la sellete; ils sont débout & tête nue.

Touchant l'intérrogatoire sur la sellete, *voyez* l'article 21. & les articles suivans du titre 14. de l'Ordonnance de 1670.

INTERRUPTION, est tout ce qui empêche qu'une possession soit continuée, & puisse servir pour acquerir la proprieté d'une chose par la prescription.

L'interruption de la possession est, ou naturelle, ou civile.

L'interruption naturelle est une interruption de fait, qui arrive si-tôt qu'il survient quelqu'acte qui nous fait véritablement cesser depossederune chose que nous possedions auparavant, comme quand la possession a passé de nous en une autre personne.

Ainsi, par exemple, celui qui a été expulsé de la possession d'un immeuble qu'il possedoit, a cessé véritablement de le posseder, à moins qu'il n'y ait été réintegré; car la prescription ne s'acquiert que par une possession continue, & paisible pendant tout le tems reglé pour prescrire. *Leg.* 15. §. 1. *ff. de divers. temp. prescript. Leg.* 20. *ff. de usurpat. & usucap.*

Mais si le spolié avoit été ensuite réintegré, la possession ne seroit pas censée avoir été interrompue; parce que par le moyen de la réintegrande la dépossession est jugée nulle, & comme si elle n'étoit point intervenue; ainsi elle est sans effet.

L'interruption civile est celle qui se fait par quelqu'acte judiciaire, qui donne à connoître au possesseur que la chose qu'il possede ne lui appartient pas, & qui le constitue en mauvaise foi.

Non-seulement la contestation en cause peut interrompre la prescription, mais aussi une simple assignation donnée par un exploit libellé.

La prescription est donc interrompue, & cesse de courir par une demande libellée faite au possesseur; parce que pour prescaire, il faut que la possession ait été paisible & de bonne foi: or une telle demande fait que la possession n'est plus paisible, & que le possesseur cesse d'être dans la bonne foi; parce que l'explication qui s'en fait, & l'énonciation des moyens sur lesquels la demande est fondée, avec les conclusions qu'on en tire, font connoître au défendeur s'il doit acquiescer, ou s'il est en droit de repondre à la demande qui lui est faite.

Mais comme par les Loix Romaines celui qui donnoit une assignation n'étoit pas tenu d'expliquer sa demande, ni les moyens sur lesquels elle étoit fondée, il n'y avoit que la contestation en cause qui pût interrompre la prescription; ensorte qu'une demande n'en arrêtoit pas le cours, parce que ce n'étoit que par la contestation en cause que le défendeur pouvoit avoir connoissance de la prétention du demandeur, & des moyens dont elle étoit appuyée.

Il nous reste à remarquer ici une différence essentielle, qui se trouve entre l'interruption naturelle de la prescription & l'interruption civile, qui est que la nature sert non-seulement à celui qui la procurée, mais à tout autre qui peut avoir droit dans la chose dont il il s'agit; au lieu que l'interruption civile ne sert qu'à celui qui l'a causée. *Naturalis interruptio quibuslibet prodest, civilis autem ei tantum qui litem contestatus est; siquidem etiam lite contestatâ usucapio procedit; sed si petitor vincat, res illi restituenda est. Leg.* 5. *ff. de usurpat. & usucap.*

De ce principe il s'ensuit, que si l'instance contestée est discontinuée par trois ans, & par conséquent périe, la prescription ne laissera pas d'avoir son cours, comme il est dit en l'article 15. de l'Ordonnance de Roussillon du mois de Janvier 1563.

Voyez ce que j'ai dit sur l'art. 113. de la Coutume de Paris, glose cinquiéme.

INTERRUPTION DE PEREMPTION D'INSTANCE, est tout ce qui empêche qu'une instance soit perimée par le laps de trois ans.

Cette interruption arrive de deux manieres. 1°. Par la mort de l'une des deux Parties, ou d'un Procureur qui occupoit pour quelqu'une d'elles, ou par

par la mort du Rapporteur. La mort de quelqu'une de ces personnes, survenue avant l'échéance de trois ans requis pour la péremption d'instance, l'interrompt absolument.

II°. Par tout acte judiciaire qui est fait avant la péremption d'instance accomplie.

Mais il faut premierement que cet acte ne soit point frustratoire; c'est-à-dire, qu'il faut qu'il ait rapport à l'état où se trouve l'affaire dont il est question entre les Parties: c'est pourquoi si dans une affaire appointée l'une des Parties faisoit signifier un avenir, un tel acte n'empêcheroit pas la péremption d'instance.

En second lieu, il faut pour interrompre la péremption, que l'acte soit connu; ensorte que la Partie adverse ne puisse prétendre valablement n'en point avoir de connoissance.

INTERRUPTION ou ACTION D'INTERRUPTION, est l'action en déclaration d'hypotéque, qu'un créancier intente contre le possesseur d'un héritage qui lui a été affecté & obligé par son débiteur, & qui a été par lui vendu depuis, pour voir déclarer l'héritage affecté & hypotéqué à sa dette, à l'effet d'être payé sur cet héritage, après discussion faite du principal débiteur.

Cette action ne tend qu'à interrompre ou empêcher la prescription de l'hypotéque que le créancier a sur cet héritage, que l'acquereur pourroit autrement prescrire par une possession paisible de dix ans entre présens, & de vingt ans entre absens.

On peut intenter cette action avant que d'avoir discuté le principal débiteur.

Celui qui l'intente conclut, *à ce que l'héritage soit déclaré affecté & hypotéqué à la dette, ou à la rente qui lui est dûe, pour être par après saisie réellement, vendu & adjugé par décret en la maniere accoutumée, après discussion faite du principal obligé, en cas que le demandeur n'ait pû être payé de la dette contenue en l'obligation, ou de la rente constituée à son profit.*

Voyez ci-dessus action hypotéquaire.

INTERSTICE, est l'espace ou l'intervalle de tems qui doit être entre une chose & une autre.

Ce terme a lieu principalement en matiere ecclésiastique, & signifie les intervalles qui doivent être gardés par ceux qui aspirent aux Ordres sacrés.

INTERVENANT, est celui qui intervient en une instance formée entre d'autres Parties, soit pour prendre le fait & cause de l'une des Parties, ou pour se joindre à elle, ou pour quelque intérêt particulier qui différe de celui des Parties, mais qui a quelque connexité naturelle avec la contestation.

Ainsi, quand une personne a quelque intérêt dans une affaire, elle peut, quoiqu'elle n'y soit pas Partie, demander à y intervenir pour la conservation de ses droits.

Par exemple, j'apprens qu'il y a une instance pour raison d'un droit qui me regarde: je forme mon intervention, ou bien celui que j'ai garanti me dénonce le trouble qui lui est fait; j'interviens pour prendre son fait & cause.

INTERVENIR, est se rendre Partie incidemment en un procès pendant entre un demandeur & un défendeur, ou entre un appellant & un intimé.

INTERVENIR, signifie aussi survenir dans un contrat, l'autoriser, y consentir, la ratifier, ou se rendre caution de l'un des contractans.

Dans ce dernier cas, on ajoute cette clause. *A ce faire est intervenu un tel, qui s'est rendu caution, & s'est obligé solidairement au contenu au présent contrat.*

INTERVENTION, est une voie dont on se sert pour se rendre incidemment Partie en un procès.

Pour y parvenir, on doit en cause d'appel, de même qu'en premiere instance, présenter une Requête qui contienne ses moyens d'intervention, & donner copie des piéces justificatives.

Si la Requête d'intervention est donnée dans une cause d'Audience, il la faut porter au Greffier, qui met au bas, *viennent les Parties*; après quoi on fait signifier cette Requête aux Procureurs de toutes les Parties, avec un avenir en la Chambre où l'instance est pendante; & si la cause principale se doit juger à l'Audience, elle sera plaidée tant sur le principal, que sur l'intervention.

Mais si l'intervention est demandée en une affaire appointée, on fait mettre au bas de la Requête le *viennent* par le Rapporteur de l'instance; & après avoir fait signifier un avenir avec ladite Requête aux Procureurs des Parties intéressées, on va plaider à l'Audience, pour faire juger si le demandeur doit être reçu Partie intervenante; parce que dans les instances appointées, c'est un préalable de juger l'intervention avant le Jugement de l'instance, afin que l'intervenant puisse expliquer ses moyens pour soutenir ses droits.

Si l'intervenant est bien fondé dans sa demande, la Cour le reçoit Partie intervenante en l'instance dont est question, & lui donne acte de l'emploi de sa Requête, & ordonne que les défendeurs seront tenus d'y fournir de réponses dans trois jours, & la joint à l'instance principale.

Si l'intervenant est mal fondé en sa Requête, il en doit être débouté avec dépens.

Quand l'intervention est admise, il faut faire signifier le Jugement qui l'admet avec sommation d'y satisfaire, & en conséquence de fournir de réponses à ladite Requête d'intervention dans trois jours, à peine d'en être forclos; & dans le tems que l'intervenant fait cette sommation, il doit produire sa requête avec les piéces justificatives de sa demande.

Lorsqu'on intervient dans une instance prête à juger, on doit conclure, I°. A être reçu Partie intervenante.

II°. A ce qu'il soit ordonné, que le demandeur en intervention aura communication de l'instance appointée, pour prendre après telles conclusions qu'il avisera bon être : mais comme une telle intervention est d'ordinaire mendiée par l'une des Parties, à l'effet d'éloigner sa condamnation, celui qui veut accelerer doit en ce cas donner une Requête, à fin de faire déclarer non-recevable le demandeur en intervention.

INTERVENTION, signifie, en fait de contrats, l'approbation de ceux qui n'étant pas les principaux contractans, y souscrivent pour le ratifier, ou pour se rendre caution de la promesse que l'une des Parties y a faite.

Voyez Intervenir.

INTESTAT, est celui qui meurt sans avoir fait de testament, ou qui en a fait un qui n'étoit pas valable ; ou qui a été infirmé dans la suite, ou destitué d'héritier.

Voyez ce que nous avons dit sur le premier titre du troisiéme Livre des Instituts de Justinien.

INTIMATION, se dit quelquefois de la déclaration, ou signification & notification qu'on fait à quelqu'un par acte judiciaire ; mais ce terme se prend plus ordinairement pour l'exploit qu'un appellant fait donner à celui qui a obtenu gain de cause par une Sentence, pour la voir réformer par le Juge supérieur.

INTIMÉ, est celui au profit duquel une Sentence a été rendue, de laquelle est appel ; lequel soutient contre l'appellant qu'il a été bien jugé par la Sentence.

C'est un ancien mot qui vient du mot Latin *intimare*, qui signifie dénoncer & déclarer ; & la qualité *d'intimé* est restée à celui qui a gagné sa cause pardevant le Juge dont est appel.

Cette qualité avoit été donnée au défendeur en cause d'appel ; parce qu'autrefois l'appellant, qui est proprement le demandeur, ajournoit le Juge pour l'obliger de venir soutenir le bien jugé, & intimoit la Partie ; c'est-à-dire dénonçoit l'appel à la Partie qui avoit obtenu gain de cause, & qui étoit appellée par cette raison l'intimé.

Aujourd'hui que les Juges subalternes ne sont plus responsables de leurs Jugemens, on ne les ajourne plus pour soutenir le bien jugé. Mais quoique l'usage soit d'ajourner seulement celui qui a obtenu gain de cause en premiere instance, on a toujours continué de donner le nom d'intimés à ceux qui sont ajournés ainsi en cause d'appel.

Quand l'appel est d'une Sentence rendue à l'Audience, l'intimé n'est point obligé de fournir la Sentence, c'est à l'appellant à la rapporter ; mais quand l'appel est d'une Sentence rendue sur procès par écrit ou instance appointée, l'intimé est obligé de rapporter en forme la Sentence, & de la faire signifier en cause d'appel au Procureur de l'appellant.

Lorsque l'intimé y manque, le Procureur de l'appellant somme le Procureur de l'intimé de la rapporter en forme, & de lui en donner copie, aux termes de l'Ordonnance ; lui déclarant que sa Partie levera la Sentence au Greffe de la Justice où elle a été rendue, aux dépens de l'intimé, & obtiendra exécutoire de remboursement.

Le Procureur de l'intimé qui veut avancer, sommer le Procureur de l'appellant de consigner l'amende ; sinon il proteste de la consigner, sauf à répeter.

Ensuite il met au Greffe une copie au net de l'appointement de conclusion qu'il veut offrir, & l'original de la Sentence ; il somme le Procureur de l'appellant de signer l'appointement à lui offert ; sinon qu'il levera & produira son congé faute de conclure, & le fera juger en la maniere accoutumée.

INTIMER UN JUGE EN SON NOM, signifie le prendre à partie, & protester de répeter contre lui toutes pertes, dommages & intérêts qu'il aura causés. *Voyez* Prise à Partie.

INTRUSION, est une prise de possession d'un Bénéfice ecclésiastique par voie de fait, sans institution légitime & canonique, ou sans avoir observé les formalités requises.

Ainsi un dévolutaire qui a pris possession d'un Bénéfice, sans avoir obtenu condamnation contre le possesseur, est intrus. Il en est de même de celui qui auroit pris possession d'un Bénéfice sans le Visa de l'Evêque.

L'intrusion emporte une incapacité perpétuelle à celui qui est intrus de posseder le Bénéfice.

INVENTAIRE, est une description des biens d'un défunt délaissés après sa mort, laquelle se fait solemnellement & par des Officiers de Justice, pour maintenir les droits de tous ceux qui peuvent y avoir intérêt, comme des créanciers, des héritiers, légataires & autres.

Voyez ce que nous en avons dit dans la Science parfaite des Notaires, liv. 12. chap 1.

Il est quelquefois libre de faire inventaire, ou non, des biens d'une succession ; mais il y a des cas où la nécessité de faire inventaire est imposée.

I°. Quand un héritier veut se porter héritier par bénéfice d'inventaire. Sur quoi, *voyez* ci-dessus Bénéfice d'inventaire.

II°. Quand le survivant des conjoints, qui a des enfans mineurs, veut empêcher la continuation de communauté. *Voyez* Continuation de communauté.

III°. Quand celui qui est nommé tuteur à des mineurs, veut administrer la tutelle qui lui est déferée.

IV°. Quand il y a don mutuel entre les conjoints, le survivant doit faire inventaire.

L'inventaire doit être fait au lieu du domicile du défunt, & par les Officiers dudit lieu, quoiqu'il fût décedé ailleurs.

Touchant les Officiers qui ont droit de faire les inventaires, il faut, suivant l'art. 164. de l'Ordonnance de Blois, distinguer ce qui est du ministere du Juge, & ce qui appartient à la fonction du Notaire.

Pour ce qui regarde le Juge, il lui est expressément prohibé de faire aucun inventaire entre maleurs qui sont d'accord ensemble, à moins qu'il n'en soit requis. Ainsi les Parties ont alors la liberté de s'adresser au Juge, ou de s'adresser aux Notaires. Elles font donc faire un inventaire par un Notaire, quand elles veulent épargner les frais. Mais dans la crainte de quelque contestation, elles peuvent le faire faire par le Juge, afin que sa présence, qui fait acte de Jurisdiction, contienne en respect toutes les Parties.

Le choix qui est en ce cas donné aux Parties, de faire proceder à la confection d'un inventaire par le Juge ou par un Notaire, n'est point une exclusion pour les Juges ; au contraire, leur droit leur est entierement conservé dans le cas de la requisition. D'ailleurs, pour ce qui regarde les Notaires, tout est volontaire de la part de ceux qui se soumettent à leurs fonctions.

Mais il y a deux cas énoncés audit article 164. de Ordonnance de Blois, où les Notaires ne peuvent être choisis par les Parties pour faire les inventaires.

Le premier est, quand il s'agit de confiscation, deshérence, droit d'aubaine ou de bâtardise ; il faut alors que l'inventaire soit fait par le Juge, parce que dans ces cas il s'agit de la conservation des droits du Roi, ou des Seigneurs.

Le second est, quand il y a contention entre les Parties, & que la cause est contestée ; auquel cas le Juge ordonne qu'il sera fait l'inventaire, & il y procede lui-même, sans que le Notaire puisse l'empêcher.

Ce que nous avons dit des Juges, a lieu à l'égard des Commissaires, Enquêteurs & Examinateurs ; car ces Officiers ont, par rapport aux inventaires, les mêmes droits que les Juges. Ainsi, pour les inventaires qui se font à l'ordinaire, le choix est laissé aux Parties de les faire pour les Commissaires, Enquêteurs & Examinateurs, ou par les Notaires ; mais ces Officiers ont seuls le droit de faire des inventaires dans le cas de confiscation, aubaine, bâtardise, deshérence, ou de contention entre les Parties.

Il faut excepter Paris, ou tous les inventaires se doivent faire par les Notaires, & cela en vertu d'un privilége qui leur a été spécialement accordé à ce sujet.

Dans les Villes où il y a des Juges royaux & des Juges subalternes, ni le Juge royal, ni le Commissaire, Enquêteur & Examinateur, ne peut prévenir le Juge sulbalterne dans l'étendue de son ressort ; & alors le Juge subalterne a la même fonction que le Juge royal & le Commissaire. Le surplus demeure dévolu au Tabellion de cette Jurisdiction avec lequel concourent, pour les cas ordinaires, les Notaires royaux qui résident dans le même endroit.

Ce que je viens d'avancer est si certain, que les Notaires des Villes d'Issoudun, Loudun, Lyon, Vitry-le-François, ayant voulu entreprendre sur les fonctions des Commissaires, Enquêteurs & Examinateurs desdites Villes, & de faire les inventaires des biens des mineurs, & ceux ordonnés en Justice, les Commissaires, Enquêteurs & Examinateurs ont été maintenus dans les fonctions à eux attribuées par l'Edit de 1596. & notamment à faire les inventaires esdits cas, à l'exclusion de tous autres Officiers ; ensorte que par les Arrêts qui sont intervenus sur ces contestations, les Notaires n'ont été maintenus que dans le droit de faire des inventaires & partages qui seront faits volontairement entre majeurs, & ce concurrement avec lesdits Commissaires, Enquêteurs & Examinateurs.

Ces Arrêts de réglement, avec l'Edit de 1596, sont rapportés par Chenu, tome. 2 part. 3. chap. 46. & suivans.

Par un autre Arrêt de la Cour en forme de réglement, rendu le 10 Avril 1685. sur les conclusions de M. l'Avocat général de Lamoignon, entre les Commissaires, Enquêteurs & Examinateurs de la Ville d'Amiens, & les Notaires de la même Ville, la Cour a maintenu les Commissaires dans le droit & la possession de faire les inventaires dans la Ville d'amiens, quand il y aura des mineurs ou des absens, & dans les autres cas où les inventaires seront ordonnés par Justice, & a condamné les Notaires aux dépens.

Il est vrai qu'il y a eu un Arrêt rendu en 1729. au rapport de M. de Vervin, qui a été rendu en faveur des Notaires, contre les Officiers du Présidial de Poitiers, en qualité des Commissaires ; mais il paroît par le Factum des Officiers du Présidial de Poitiers, qui n'étoient point en possession : ainsi cet Arrêt ne doit pas tirer à conséquence pour les Officiers des autres Jurisdictions qui sont en possession de faire les inventaires où il y aura des mineurs ou absens, & tous autres ordonnés par Justice.

Suivant un Arrêt de réglement du 18. Juillet 1733. les scellés ne peuvent être levés & les inventaires commencés, soit à Paris ; ou dans les Bailliages & Sénéchaussées du ressort, que trois jours francs après les enterremens faits publiquement des corps des défunts.

INVENTAIRE, est aussi une vente publique ou à l'ençan, des meubles contenus en un inventaire, pour en empêcher la diminution de prix & le dépérissement.

INVENTAIRE QUE FAIT FAIRE UNE VEUVE TUTRICE DES SES ENFANS QUI SE REMARIE, doit être fait conformément à un Arrêt de réglement du 14 Mars 1731. qui ordonne qu'à l'avenir, quand une veuve tutrice de ses enfans convolera en secondes ou subséquentes nôces, soit qu'il y ait entre les futurs conjoints stipulation de communauté, ou de non communauté, par leur contrat de mariage, l'inventaire qui pourra être fait ne sera réputé bon & valable, s'il n'est fait avant la célébration du second ou subsequent mariage, & en présence d'un tuteur *ad hoc*, qui sera nommé ausdits enfans mineurs par l'avis de leurs parens, tant paternels que maternels, en la maniere accoutumée & pardevant Notaires, dont il y aura minute de tous les meubles & effets qui se trouveront appartenir à ladite veuve tutrice, dont elle sera actuellement propriétaire & en possession, tant de ceux compris en l'inventaire de la premiere communauté, que de ceux qu'elle pourra avoir acquis par succession, donation ou autrement : de façon qu'à présent, au moyen d'un tel inventaire, & de la séparation de biens par contrat de mariage, les biens du beau-pere ne seront point hypotéqués au compte dû par la mere remariée, mais seulement à cause de la gestion qu'il aura eue par lui-même.

INVENTAIRE DE PRODUCTION, est une piéce d'écriture contenant l'énumération & description des piéces que chaque Partie produit. Ces piéces sont arrangées par liasses, suivant l'ordre qui leur convient. Ces liasses sont cottées par les lettres de l'alphabet, & ces cottes sont marquées dans l'inventaire de production, avec l'induction que la Partie tire de chaque piéce pour l'établissement de ses prétentions.

Cet inventaire se fait tant par le demandeur que par le défendeur, tant par l'appellant que par l'intimé, en conséquence d'un Réglement qui appointe les Parties à mettre, ou à écrire & produire.

On y prend d'abord des conclusions, que l'on tire de la demande ou des défenses ; ou bien, si c'est en cause d'appel, on conclut comme on a fait dans les causes & moyens d'appel, ou comme on a fait dans les réponses qu'on a fournies aux causes & moyens d'appel.

Après les conclusions, on établit succinctement ce qui a donné lieu à la contestation d'entre les Parties, & on fait mention de toutes les procédures qui ont été faites ; & pour justifier de son droit, on produit les piéces & titres qui y peuvent servir.

On peut produire plusieurs piéces sous une même cotte, selon l'importance des inductions qu'on en veut tirer ; mais si c'est une piéce de conséquence, il ne faut pas l'embarrasser avec d'autres ; il faut au contraire appuyer fortement dessus séparément, pour en faire remarquer d'avantage les inductions qu'on en tire.

L'Ordonnance de 1667. titre 11. article 33. défend aux Procureurs de mettre au Greffe des productions en blanc, ni aucun inventaire dont les cottes ne soient remplies, & aux Greffiers de les recevoir, sous les peines portées.

De plus, il est ordonné par le même article, que le procès soit jugé sans qu'il soit besoin de faire aucunes poursuites pour remplir l'inventaire ; ce qui empêche l'abus qui se commettoit par quelques-uns, qui ne produisoient qu'en blanc, pour avoir occasion de demander de nouveaux délais pour remplir leurs inventaires.

INVENTORIER, signifie déduire & comprendre dans un inventaire ; ce qui se dit également des meubles, effets & papiers que l'on inventorie après le décés d'un défunt, ou des piéces que l'on comprend dans une inventaire de production.

INVESTITURE, est la reception en foi & hommage, par laquelle le Vassal est saisi & investi du Fief par son Seigneur dominant.

Ce mot vient du Latin *investire*, qui signifie-vêtir ou orner. C'est pour cela qu'investir & inféoder sont synonimes, & signifient l'un & l'autre mettre en possession & revêtir du Fief celui qui prête le serment de fidelité au Seigneur dominant.

Autrefois la prise de possession d'un héritage qui se fait *per manum Domini, & de ejus voluntate*, étoit appellée investiture.

On en faisoit un acte, qui étoit dressé en forme de contrat, distinct & séparé du contrat d'acquisition, qui étoit énoncé & approuvé dans l'acte d'investiture ; mais à présent ces actes d'investiture sont hors d'usage.

Ainsi la reception à foi & hommage est l'investiture pour les Fiefs ; & à l'égard des censives, la quittance des droits seigneuriaux tient lieu d'investiture ; desorte que le Seigneur ne peut plus après user du retrait féodal ou censuel, dans les Coutumes où il a lieu.

J O

JONCTION, se dit de l'union d'une demande à une autre, ou d'un incident à la cause principale, pour y être fait droit conjointement.

Cela arrive quand un procès est joint à un autre, ou qu'il survient un incident entre les Parties que le Juge ne peut pas juger en l'Audience : alors le Juge le joint au procès, pour être fait droit sur icelui conjointement avec le principal ; ou bien lorsqu'il survient une Partie intervenante, le Juge trouvant la demande équitable, il prononce, *appointé & joint*.

Cette jonction peut être ordonnée, même à l'égard des demandes à fin de provision. Ainsi, quand le Juge ne trouve pas à propos d'accorder une provision qui est demandée dans le cours d'une affaire ; & qu'il ne croit pas aussi en devoir débouter le demandeur, il joint à l'affaire pendante la demande à fin de provision, dépens réservés.

Il y a différence entre le Jugement par lequel le Juge prononce joint, ou appointé & joint : au premier cas, il n'y a point d'instruction à faire ; & en jugeant, les Juges statuent sur la Requête qui a été jointe : mais quand le Juge appointe & joint, il faut instruire la demande, écrire & produire sur icelle.

Voyez Appointé & joint.

LA JONCTION DU PROCUREUR DU ROI, se prend pour son intervention qu'on demande dans les matieres criminelles. La Partie civile est le demandeur M. le Procureur général joint est l'accusateur.

Il n'appartient pas en France aux Particuliers d'accuser ; la Partie offensée n'a que le droit de se plaindre, encore ne conclut-elle qu'aux intérêts civils : la peine & la vengeance publique résident en la personne & dans le ministere de Messieurs les

Procureurs généraux & de leurs Substituts.

Voyez Accusation.

JOINDRE, se dit de plusieurs instances, procès ou demandes, qu'on ordonne être mis ensemble pour les instruire & juger par un même Jugement. Quand on évoque des instances connexes, c'est pour les joindre. Les appellations verbales sont toujours jointes aux procès par écrit.

JOUER, OU SE JOUER DE SON FIEF, est en aliéner une partie, de maniére que l'aliénation n'excede pas les deux tiers, ou autre partie du Fief, suivant ce qui est porté par la Coutume du lieu, & que l'on retienne la foi entiére avec quelque droit seigneurial & dominial, sur la partie du Fief que l'on aliéne.

Qand le Vassal aliéne avec retention de foi, & quelque devoir seigneurial & domanial, la partie de son Fief que la Coutume lui permet d'aliéner sans le consentement de son Seigneur, cela s'apelle se jouer de son Fief; parce que ces sortes d'aliénations qui se font par le Vassal, avec réserve de porter toujours la foi & hommage pour les parties aliénées, ne sont qu'un jeu, puisque les portions du Fief aliénées ne cessent point de faire partie du même Fief, & sont toujours garanties sous le même hommage, sans qu'il y ait changement de Vassal.

Nos Coutumes ont sur cet article des dispositions très-différentes. Quelques-unes permettent au Vassal de se jouer de tout son Fief, pourvû qu'il retiennent la foi & hommage, comme celle d'Estampes, articles 35. qui permet au Vassal de disposer de son Fief en entier ou en partie, en baillant à cens ou rente, en se reservant la foi.

D'autres Coutumes ne permettent l'aliénation d'un Fief que d'une partie seulement comme des deux tiers. Telle est est la disposition de l'article 51 de la Coutume de Paris.

D'autres enfin permettent seulement au Vassal de donner son Fief à cens raisonable, & ne veulent pas qu'il reçoive aucuns deniers pour faire l'accensement à plus petit cens.

A l'égard des Coutumes qui ne s'expliquent pas touchant la maniére dont un Vassal peut se jouer de son Fief, la commune opinion des Interprétes est que le Vassal peut, dans ces Coutumes, sous-inféoder la totalité de son Fiefs sans le consentement de son Seigneur, & sans lui payer aucun droit, pourvû qu'il retienne la foi entiere.

Ainsi dans ces Coutumes le Vassal peut aliéner les terres qui dépendent de son Fief, les donner en arriére-Fief, en conservant la foi entiére à son Seigneur; car il ne fait alors aucun démembrement de Fief, qu'il reconnoît tenir toujours de lui tout entier & dans toute son étendue.

Cest aussi ce qui se pratiquoit anciennement dans l'étendue de la Coutume de paris, avant qu'elle eût été réformée, conformement à l'article 41. de l'ancienne Coutume, & à la commune opinion des Docteurs.

M. Cujas, sur le second titre du livre *de Feudis*, dit: *Vassallus Feudum potuit semper, potestque alii sine fraude in Feudum dare, sine voluntate Domini; ita ut sit Vassallus Vassalli.*

Monarc, sur la Loi 6. *ff. de pecul.* est de même avis *Certissimi juris est, inquit, licere Vassallo subinfeudare.*

C'est aussi l'opinion de Pontanus, sur les articles 61 & 62. de la Coutume de Blois, titre des Fiefs,

Charondas, livre 2. de ses Réponses, chapitre 6. dit que le Vassal peut vendre toutes les terres de son Fief, sans même aucune charge de cens; & qu'il peut ainsi se jouer de son Fief, pourvû que la Coutume du lieu n'y soit pas contraire, & pourvû que le Vassal se réserve la foi & hommage & la justice, au cas qu'il y en ait une annexée à son Fief.

La raison est, que le Fief lui demeure toujours, attendu qu'il n'y a point de démission de foi, & qu'un Fief se peut tenir en l'air, c'est-à-dire en la seule foi & hommage. D'où il faut conclure qu'il n'y a point alors d'ouverture de Fief par l'aliénation des terres du Domaine; parce qu'au moyen de la retention de la foi & hommage, il n'y a point de mutation d'homme, lorsque la Coutume n'a point de disposition contraire.

Il n'y a donc qu'une disposition expresse de la Coutume du lieu qui puisse empêcher le Vassal de se jouer de la totalité de son Fief. *Voyez* Fief en l'air.

Suivant la nouvelle Coutume de Paris, le Vassal peut se jouer de son Fief; mais il faut pour cela qu'il n'en aliéne qu'une partie qui n'excede pas les deux tiers, & qu'il se retienne quelque droit seigneurial & domanial, & la foi en entier sur la partie aliénée; c'est-à-dire, que l'acquereur s'oblige de lui en faire la foi & hommage, & reconnoisse qu'il la tient de lui en Fief: en conséquence de quoi le vendeur demeure toujours changé de faire la foi & hommage à son Seigneur, tant pour la partie du Fief qu'il retient, que pour la partie qu'il aliéne; & sera tenu de la mettre dans le dénombrement qu'il en donnera lui, ses héritiers ou ayans cause, quand il faudra. Article 51. de la Coutume de Paris.

Mais quand le Vassal aliéne une partie de son Fief, excedante les deux tiers, à la charge que l'acquereur lui en fera la foi & hommage, & qu'il la tiendra de lui en Fief, c'est un démenbrement de Fief qui est préjudiciable au Seigneur duquel il releve, suivant le même article 51.

Ainsi ce démembrement fait sans le consentement du Seigneur, ne peut lui porter aucun préjudice, & est nul à son égard, parce qu'il est de son intérêt que le Fief tenu de lui demeure entier; ensorte qu'il n'ait qu'un Vassal, & non plusieurs, dont les Fiefs soient de peu de valeur.

Le droit de se jouer de son Fief est restraint dans la Coutume de Paris aux deux tiers du Fief; car ce jeu est avantageux aux Seigneurs féodaux, en ce

fait

que les Fiefs qui relevent d'eux sont toujours entiers, & que les Seigneurs jouissent de ces Fiefs tout entiers, par faute d'homme, droits & devoirs non faits & non payés, qu'il y ait des parties de ces Fiefs aliénées, d'un autre côté le jeu de Fief est désavantageux aux Seigneurs féodaux, en ce qu'une partie des Fiefs qui relevoient d'eux, peut par ce moyen être vendue & passer en plusieurs mains, sans qu'ils puissent prétendre aucun droit pour ces aliénations, parce qu'il n'y a point de mutation de Vassal par rapport à eux.

Il y a encore une raison qui a fait restraindre le jeu deFief aux deux tiers, qui est le préjudiceque pourroit ressentir le Seigneur dominant, si son Vassal aliénoit plus de deux tiers de son Fief, ensorte qu'il ne lui restâtqu'un Fiefen l'air &sans domaine.

Il faut que le Vassal qui se joue de son Fief, se réserve un droit domanial & seigneurial sur la partie de son Fief qu'il aliéne, comme en le donnant à cens.

La raison est, que le droit seigneurial & domanial représente la partie aliénée : desorte que par ce moyen le Vassal n'est pas censé avoir rien aliéné de son Fief.

Voyez Démembrement de Fief.

De ce que nous venons de dire, il s'ensuit que dans la Coutume de Paris trois choses sont essentielles pour qu'un Vassal puisse se jouer de son Fief, & n'être pas censé l'avoir démembré. La premiere, la retention de la foi entiere; la seconde, que l'aliénation faite à prix d'argent, ou non, n'excede point les deux tiers du domaine du Fief; la troisiéme, que le Vassal qui se joue de son Fief retienne & reserve quelque droit seigneurial & domanial sur cequ'il aliéne, pour marque de la Seigueurie & propriété directe qui lui demeure.

Voyez Fief en l'air.

Au reste, il est toujours tres-dangereux d'acquerir d'un Vassal qui se joue de son Fief, par des aliénations avec retention de foi, sans le consentement du Seigneur; car ces sortes d'aliénations ont deux inconveniens très-considerables & très-disgracieux.

Le premier est, que le Seigneur qui n'y a pas consenti, soit par un consentement exprès, en inféodant le droit qui a été retenu sur le Fief, ou sur la partie du Fief aliénée ou par un consentement tacite, en recevant l'aveu & le dénombrement dans lequel le Vassal a employé ce droit, peut en cas d'ouverture du Fief servant, faire saisir nonseulement ce que le vassal a retenu, mais encore tout ce qu'il a aliéné.

Le deuxiéme est, que le Vassal venant à vendre son Fief, le Seigneur, qui n'a pas consenti à l'aliénation, peut retirer par retrait féodal le Fief entier avec les dépendances qui ont été aliénées, en remboursant le prix de l'acquisition du Fief, & les deniers reçus par le Vassal lors du bail à cens & rente, avec les bâtimens & améliorations, frais & loyaux-coûts.

Voyez Bacquet, des Francs-Fiefs, chapitre 7. nombre 10. & le Traité des Fiefs de M. Guyot, tome 3.

JOUIR, JOUISSANCE. Ces termes se prennent diversement. I°. Pour la jouissance de l'usufruit, suivant les articles qui suivent de notre Coutume; sçavoir, 2. 257. 280. 281. 287. 288. & 314.

II°. Pour la jouissance du Fief saisi par le Seigneur féodal, suivant les articles 12. & 54. de notre Coutume. La raison est, qu'en vertu de la saisie féodale faite faute d'homme, le Seigneur fait les fruits siens du Fief saisi, & les applique entierement à son profit, sans être obligé de les rendre; ensorte qu'il en jouit de même que l'usufruitier jouit des fruits du fond dont il a l'usufruit.

III°. Pour la jouissance du Fief saisi par deux Seigneurs contestans la directe sur icelui, laquelle pendant le procès est accordée au Vassal propriétaire du Fief, en consignant en Justice les droits par lui dûs, suivant l'article 60. de notre Coutume.

IV°. Jouissance se dit à l'égard des servitudes réelles, quand quelqu'un a joui d'une servitude dans le fonds de son voisin, comme de passer dans le fonds d'autrui, ou autres semblables, suivant l'article 186. de notre Coutume.

V°. Pour le droit ou la faculté de disposer de quelque chose, comme il resulte de l'article 174. qui dit, que c'est donner & retenir quand le donateur s'est réservé la jouissance de disposer librement de la chose donnée, &c.

Au reste, jouir & posseder ne signifient pas la même chose; car on peut posseder par écrit, comme disent les Jurisconsultes, c'est-à-dire avoir une possession fondée sur un titre légitime : mais jouir se dit seulement de la perception actuelle des fruits, soit à titre de proprieté, soit à titre d'usufruit, soit à titre de ferme ou de louage. Ainsi l'on peut posseder un bien sans en jouir. C'est ce qui arrive en la personne du propriétaire d'un bien saisi réellement, lequel pendant que ce bien est en decret, est toujours possesseur à titre de propriété, jusqu'à ce que l'adjudication en ait été faite, quoique ce soient les créanciers qui en jouissent à l'égard des fruits.

JOUIR DE SES DROITS EN BON PERE DE FAMILLE, c'est en jouir selon la raison & l'équité, sans en abuser, & sans que personne se puisse plaindre qu'on lui a fait tort.

Tout dissipateur ne jouit pas de son bien en bon pere de Famille, puisqu'il en abuse; aussi quand sa dissipation va jusqu'à un certain point, on le peut faire interdire, & lui ôter l'administration de son bien, *quia prodigi, quantùm ad bonorum administrationem, furiosorum exitum facere intelliguntur.*

Celui qui a droit de passer par la terre de son voisin, ne doit point passer par les jardins ou par les vignes, s'il peut passer ailleurs commodément & avec moins de dommage de la terre par où il a droit de passer. Il n'est pas défendu de jouir de ses droits; mais il faut que ce soit avec moderation, & autant qu'il est possible sans faire tort à autrui. *Malitiis hominum indulgendum non est.*

JOUR DE COUTUME, est l'ouverture qu'il est permis de faire dans un mur pour tirer des vûes, suivant la coutume des lieux.

JOUR PREFIX, est un terme ou un jour qu'on marque pour quelque affaire.

JOUR AUQUEL UNE CHOSE EST DUE, JOUR AUQUEL ELLE EST EXIGIBLE. On dit qu'une chose est dûe, *quando nata est oblig.* On dit qu'une chose est exigible, *quando peti potest.* Pour entendre quand une chose est dûe, ou quand elle est exigible, il faut sçavoir qu'une obligation se fait ou purement, ou pour un certain jour, ou sous condition.

Quand une obligation est faite purement, sans jour & sans condition, la chose promise est dûe d'abord, & peut être demandée sur le champ. *Leg.* 14. *ff. de reg. jur Leg.* 213. *ff. de verb. signif.*

A l'égard de l'obligation faite pour un jour certain, la chose est dûe d'acord; mais elle n'est exigible qu'après que le jour du terme est passé, *leg.* 186. *ff. de verb. signif.* parce qu'il a été ajouté en faveur du débiteur, *leg.* 41. *cum seq. ff. de verb. oblig.* Il faut excepter quand quelqu'un promet de donner quelque chose dans le jour; car le créacier peut alors agir le jour même, sans attendre qu'il soit passé, parce qu'il est ajouté en sa faveur, *leg.* 118. *ff. eod.*

Enfin, pour ce qui est de la convention conditionnelle, son effet est entierement suspendu jusqu'à l'événement de la condition; ensorte que la chose promise sous condition n'est point dûe, & par conséquent point exigile qu'après l'événement de la condition. *leg.* 54 & 213. *ff. de verb. signif.*

Néanmoins il naît d'une convention conditionnelle une espérance que la chose promise sous condition sera dûe au stipulant; & cette espérance est transmisible à ses héritiers; au cas qu'il décede avant que la condition soit arrivée, *leg.* 57. *ff. de verb. signif. leg.* 44. *ff. de obligat. & action.* Ce qui n'a pas lieu dans les legs conditionnels qui ne sont point transmisibles aux héritiers des légataires, lorsqu'ils décedent avant que la condition soit arrivée, comme nous l'allons dire en parlant du jour auquel un legs est dû.

Au reste, la promesse faite à quelqu'un, à condition de ne pas faire quelque chose, ne commence d'être obligatoire qu'au moment de la mort du créancier.

Voyez ce que j'ai dit dans ma traduction des Institutes, sur le §. 4. du seiziéme titre du troisiéme livre.

JOUR AUQUEL UN LEGS EST DÛ, JOUR AUQUEL UN LEGS EST EXIGIBLE. Il faut en fait de legs faire la même distinction que celle que nous venons de faire au sujet des obligations, & voir si le legs est fait purement, ou pour un certain jour, ou sous condition.

Les legs purs, c'est-à-dire qui n'ont ni jour, ni condition, sont dûs à l'instant de la mort du testateur; mais il ne sont exigibles qu'après que l'hérédité est apréhendée, parce qu'auparavant il n'y a personne à qui on puisse faire la demande. De ce que ces legs sont dûs au jour de la mort du testateur, cela procure aux héritiers des légataires l'avantage de la transmission; c'est-à-dire qu'en cas que les légataires viennent a mourir dans l'entretems de la mort du testateur & de l'acquisition de l'héredité, les legs sont transmis aux héritiers des légataires: ce qui n'arriveroit pas s'ils n'étoient dûs qu'autems que l'héredité seroit appréhendée, d'autant que ce qui ne nous est point dû de notre vivant, ne peut point être transmis à ceux qui nous succedent.

Il y a néanmoins quelques legs qui, quoique purs, ne sont dûs que du jour que l'héredité est aprehendée. Tels sont tous ceux qui sont annexés à la personne du légataire, comme le legs de l'usufruit d'un héritage. Comme ces sortes de legs s'éteignent par la mort de ceux à qui ils sont laissés, il seroit inutile qu'ils fussent dûs avant l'adition de l'héredité, puisqu'ils ne peuvent passer en la personne des héritiers de ceux à qui ils sont faits

A l'égard des legs faits *in diem certum*, ils sont dûs à l'instant de la mort du testateur; mais ils ne sont exigibles qu'après le jour de leur écheance, lequel n'arrivant qu'après la mort de ceux à qui ils sont faits; cela n'empêche pas qu'ils ne soient transmissibles à leurs héritiers.

Pour ce qui est des legs conditionnels, ils ne peuvent être dûs qu'à l'échéance de la condition sous laquelle ils ont été faits; & jusqu'à ce te.. s ils ne sont point susceptibles de transmission, quoiqu'une promesse faite à quelqu'un *sub aliqua conditione*, renferme une espérance que la chose sera dûe, & que cette promesse faite sous condition passe a ses héritiers, quoique la condition n'arrive qu'après la mort de celui à qui cette promesse a été faite.

Dans les contrats, on ne considere que le tems auquel ils sont faits; de maniere que lorsque la condition qui s'y trouve apposée arrive, elle a toujours un effet rétroactif au jour du contrat, *leg.* 78. *ff. de verb. obligat.* d'autant que celui qui contracte n'a pas seulement en vûe de se procurer du bien, il a encore intention d'en faire à ses héritiers. *Qui contrahit non sibi tantùm, sed etiam hæredibus suis prospicit. Leg.* 9. *ff. de probationib.*

Mais la condition apposée à un legs n'a point un effet rétroactif; desorte que quand le légataire décede avant que la condition sous laquelle le legs lui a été fait soit arrivée, le legs est absolument éteint, & le droit de le percevoir n'est point transmis en la personne de ses héritiers. La raison est, que celui qui fait un legs, n'a uniquement en vûe que de faire du bien à la personne du légataire; ainsi quand il décede avant que la condition sous laquelle le legs lui a été fait soit arrivée, ses héritiers n'y peuvent rien prétendre, attendu que le testateur n'a nullement pensé à eux. *Leg.* 42. *ff. de oblig. & action. Leg.* 109. *ff. de conditionib. & demonstr. Leg.* 1. §. 7. *cod. de caduc. tollend.*

JOURNAL, est un mémoire de ce qui se fait

& de ce qui se passe chaque jour.

Un homme d'ordre tient un papier journal de ce qu'il reçoit & de ce qu'il dépense.

JOURNAL DES MARCHANDS. Suivant l'article 1. du titre 3. de l'Ordonnance du Commerce du mois de Mars 1673. les Négotians & marchands doivent avoir un Livre Journal, qui contient leur négoce, leurs lettres de change, leurs dettes actives & passives, & les deniers employés à la dépense de leur maison. Quoique, suivant l'article 3. du même titre, ses Journaux doivent être signés sur le premier & dernier feuillet, par l'un des Consuls dans les Villes où il y a Jurisdiction consulaire, & dans les autres par le Maire ou l'un des Echevins, l'usage consulaire confirmé par les Arrêts, les a dispensés de cette rigoureuse exactitude.

Touchant ces Journaux & ceux des Agens de change, *voyez* le titre 3. de l'Ordonnance du Commerce, & ce qui en est dit ici *verbo* Livre de Marchands, & *verbo* Registre de Marchand.

JOURNÉE, se prend quelquefois pour un espace de chemin qu'on peut aisement faire en un jour, comme quand on dit, les journées sont reglées à dix lieues, tant pour les délais des assignations, que pour les frais de voyage.

JOURNÉE, signifie aussi, en matiére de dépens, le droit qu'à un Procureur pour avoir assisté sa Partie de son ministere & de sa présence le jour que la cause a été plaidée, ou qu'il y a eu quelqu'instruction à laquelle le procureur est réputé avoir été présent.

JOURS DE FESTE, sont ceux qui sont spécialement destinés au Service divin, & que tous les Fidéles doivent employer à prier Dieu & à le louer.

Ces jours étant destinés à l'oraison & au Service divin, ce seroit les profaner que de les employer à ce que la sainte Ecriture appelle œuvre servile: aussi cela est-il très-défendu par les Canons & par les Ordonnances de nos Rois.

Mais les Arts libéraux, comme l'étude de la Théologie, du droit & autres, ne tombent point dans cette prohibiton, selon les Canonistes: on peut, sans offenser Dieu, s'y attacher pendant ces jour-là, sans distinguer s'il en vient du gain ou non, pourvû qu'on satisfasse au devoir du Chrétien & au Commandement de l'eglise, qui est d'entendre la Messe.

De ce que nous avons dit ci-dessus, il s'ensuit,

I°. Que c'est avec beaucoup de raison que les Ordonnances de nos Rois défendent à tous Marchands, Artisans & autres personnes, de travailler, ni étaler aucunes marchandises ces jours-là, & de tenir des foires & marchés. Mais comme la nécessité n'a point de loi, on pourroit sans offenser Dieu s'occuper en particulier à quelqu'œuvre servile les jours de Fêtes ou de Dimanches, si on n'avoit pas le moyen de vivre autrement, ou de faire vivre sa famille, pourvû cependant que ce fût sans scandale. La moisson & la vendange sont aussi permises les jours de Fêtes & de Dimanches, quand il y a nécessité.

II°. Que les Juges doivent tenir la main à l'injonction qui leur est faite, d'empêcher les danses publiques pendant que l'on célebre l'Office divin ces jour-là.

III°. Qu'on ne peut faire valablement ces jours-là aucun acte judiciaire & de Jurisdiction contentieuse; mais on peut valablement faire toute sortes d'actes de Jurisdiction volontaire, c'est-à-dire ceux qui se font du consentement des parties, hors procès & contestation.

Il y a cependant des actes de Jurisdiction contentieuse qui requiérent célerité, & qu'il faut par cette raison excepter de la régle générale. *Quamvis citatio die feriato fieri non debeat, hæc regula fallit quoties res urget, aut actionis dies exiturus; adeo ut res esset peritura, quando dilatio periculosa est. Leg. 1. §. ult. cum duab. ll. sequ. ff. de feriis & dilationib.*

Coquille en ses Questions & Réponses, quest. 229. dit qu'une simple exécution se peut faire un jour de Dimanche ou autre Fête, comme signifier une Sentence, faire commandement sans passer outre, poser un ajournement dont l'assignation échet à un autre jour: *Quoties res urget*, dit M. Louet, lettre R, somm. 39. comme en retrait lignager attendu le péril qu'il y a dans le retard.

C'est pour cette raison que par Arrêt du 14 Juin 1566. rapporté par Dumoulin sur l'article 322. de la Coutume de poitou, il a été jugé qu'un exploit en retrait lignager, donné le jour de la Fête-Dieu, étoit valable. C'est aussi le sentiment de Brodeau, sur l'article 131. de la Coutume de Paris, & de Ricard & Auzanet, sur l'article 130.

Mais quand la chose ne presse point, & qu'il n'y a pas de nécessité de donner l'exploit un Dimanche ou une Fête, il est nul, Ainsi, par Arrêt rendu le 4 Janvier 1719. en la Seconde Chambre des Enquêtes, au rapport de M. Chavaudon, l'exploit de retrait lignager donné le dimanche, a été déclaré nul, parce qu'il y avoit encore un mois de l'an & jour du retrait.

Il y a un acte de notorieté, donné par M. le Lieutenant Civil le 5. Mai 1603. qui porte qu'en matiéres civiles les Huissiers & Sergens ne peuvent faire aucuns exploits les jours de Fêtes & Dimanches, sans permission particuliére du Juge, à peine de nullité des exploits. *Voyez* le Receuil des actes de notorieté, page 476.

Par cette même raison, un Juge peut travailler à des informations, & procéder à l'instruction des procès criminels, en quelque tems que ce soit, même les jours de Fêtes, de crainte que les preuves ne dépérissent.

Il a même été jugé par un Arrêt du Parlement de Grenoble, de l'avis de Chambres, rapporté par Basset, part. 2. liv. 2. tit. 38. chap. 4. qu'une enquête n'étoit pas nulle, quoique les assignations eussent été données, l'une le jour de S. Thomas, l'autre le jour des Rois

Touchant la sanctification & la solemnité du Dimanche & de fêtes, & du travail qui est permis ou ou défendu ces jours-là, *voyez* les Mémoires du Clergé, édition de 1716. tom. 5. pag. 1198. le Dictionnaire des cas de conscience, par M. Jean Pontas, *verbo* Dimanche; le Traité de la Police, tom. 1. liv. 2. tit. 8. Henrys, tom. 2. liv. 4. quest. 21. & Bornier, sur l'article 7. du titre 3. de l'Ordonnance de 1667.

JOURS DE FAVEUR EN FAIT DE LETTRES DE CHANGE, sont les dix jours qui sont accordés, dans plusieurs Villes de ce Royaume, à ceux sur qui les lettres de change sont tirées; & ce délai leur est donné pour les acquitter & en faire le payement.

On ne compte ces dix jours de faveur, qu'après le jour de l'échéance de la lettre; & par conséquent le jour de l'acceptation de la lettre de change ne se compte point, non plus que le jour de l'échéance de la lettre.

Mais, faute de payement, le protest s'en doit faire le dernier de ces dix jours de faveur; autrement elle demeureroit sur le compte de celui qui en seroit porteur.

Voyez Echéance. *Voyez* Délai des dix jours pour le payement des Lettres de change.

JOYEUX AVENEMENT A LA COURONNE, est le droit que payent les Sujets quand ils ont un nouveau Roi.

Tous les Coprs lui payent ce droit, & plusieurs Communautés font renouveller leurs priviléges par les Rois au tems de leur joyeux avénement.

Tous les Seigneurs & Vasseaux sont alors tenus de rendre à Sa Majesté la foi & hommage pour raison des Fiefs & Seigneuries qui sont dans sa mouvance, & ce dans le tems qui leur est marqué par des Lettres patentes que Sa Majesté fait expédier à cet effet. Le Roi les fait enregistrer dans les Chambres des Comptes, qui en envoyent des copies collationnées aux Bureaux des Finances des Généralités de leur ressort, pour y être pareillement lûes, publiées & enregistrées.

De plus, le Roi à cause de son joyeux avénement à la Couronne, nomme, au préjudice de tous les Gradués, à la premiere Prébende qui vaque dans chaque Eglise cathédrale ou collégiale.

IS

ISLE, est une terre qui s'éleve dans la mer ou dans les rivieres, & qui est entourée d'eau.

Les Isles qui naissent dans la mer appartiennent à celui qui s'en empare.

Celles qui naissent dans les fleuves ou dans les rivieres navigables, appartiennent aux propriétaires des terres joignantes les bords du fleuve de l'un & de l'autre côté, suivant la disposition du Droit Romain, ainsi qu'il est décidé au §. 22. du titre premier du second livre des Institutes.

Mais en France, les isles, pêcheries & atterissemens qui se font ès rivieres navigables, appartiennent au Roi, à moins qu'il n'y ait titre suffisant au contraire.

La raison est, que *quæ in nullius bonis sunt*, appartiennent au Prince, en vertu de son droit de souveraineté.

A l'égard des isles & atterissement qui se font aux rivieres non navigables, elles appartiennent aux Seigneurs Hauts-Justiciers des Terres où ces atterissemens se sont faits, pourvû qu'ils ne soient point en l'héritage d'un particulier; car en ce cas ils appartiendroient au propriétaire de l'héritage.

Voyez Bacquet, des Droits de Justice, chap. 30. *Voyez* aussi un Edit du mois de Novembre 1693. qui confirme les possesseurs & détenteurs des isles, islots, atterissemens & accroissemens de fleuves & rivieres navigales, dans la jouissance desdits biens ou en rapportant des titres de proprieté, ou en justifiant une possession centenaire; à la charge de payer au Roi une année de revenu desdits biens par ceux qui en rapportent des titres de proprieté, & deux années de revenu par ceux qui justifient d'une possession immémoriale.

ISSUE, signifie dans quelques Coutumes, le droit d'entrée que l'on paye au Seigneur pour la possession d'un héritage que l'on a acquis; ce droit est ordinairement appellé lods & ventes.

Voyez le Glossaire du Droit François, *verbo* Issue

IT

ITA EST, signifie cela est Ainsi. Voici l'application de ces termes dans notre usage. Lorsqu'un Notaire du Châtelet de Paris est décedé ou absent, le Scelleur du Châtelet, qui a un Registre sur lequel sont toutes les signatures de chaque Notaire, met son *ita est* sur l'expédition, pour tenir lieu de la signature du Notaire, après qu'il a vû la minute.

Ainsi l'*ita est* n'est autre chose que le certificat qu'on met au bas de l'expédition faite après la mort, ou pendant l'absence du Notaire qui a reçu la minute de l'acte, par lequel certificat ledit Scelleur atteste que ce qu'il signe & scelle du sceau du Châtelet est véritable, & qu'on y doit ajouter foi.

ITEM, est un terme dont on se sert pour distinguer & séparer les articles d'un compte ou d'un inventaire.

ITERATO, Arrêt ou Sentence d'*iterato*, est un Jugement portant contrainte par corps après les quatre mois, pour dépens excedans la somme de deux cens livres *Voyez* ci-dessus Arrêt ou Sentence d'*iterato*.

On appelle Lettres d'*iterato*, celles qui portent un nouveau mandement: *Quo circà notandum est, secundarium præceptum esse majoris momenti, & obreptionis errorisque suspicionem amovere, ut nostri observant. Ex Cassiodoro & Novellis.*

JU

JUDICATURE, signifie la profession de ceux qui servent à rendre la Justice. Ainsi les Offices des Greffiers, de Procureurs & autres, sont réputés Offices de Judicature.

JUDICIAIRE, se dit de tout ce qui appartient à la Justice, qui est fait en Justice, selon la Justice, ou par autorité de Justice.

JUDICIAIREMENT, signifie à l'Audience, comme dans cette formule, *Sur la Requête judiciairement faite pardevant nous*, &c. C'est ainsi que commencent les Jugemens rendus sur les Requêtes verbales, que l'on appelle aussi judiciaires, à cause qu'elles sont faites à l'Audience.

JUGE en général, est celui qui a la faculté de décider les différends des Particuliers, & de rendre par son Jugement à un chacun ce qui lui appartient.

Sa fonction est l'exercice d'une puissance légitime, qui faisant accomplir le devoir, & cesser le désordre & l'injustice, répare le mal, & rétablisse le bon ordre. On ne s'adresse au Juge que pour obtenir, par l'interposition de son autorité, ce qu'on ne peut légitimement avoir par soi-même. La demande ou la plainte portée devant un Juge, suppose donc en lui le pouvoir de faire obtenir ce qu'on demande : c'est ce qu'on appelle compétence. Ainsi ce Juge, en qui est ce pouvoir, est Juge compétent.

Tous les Juges dans ce Royaume tiennent leur autorité du Roi : il a reçu de Dieu seul le pouvoir de juger ; & ceux à qui il l'a communiqué, ne font que le représenter dans l'exercice de la Justice.

Aussi la Main de Justice, qui est d'yvoire au-dessus d'une verge, est une marque de la puissance de nos Rois, comme le Sceptre, la Couronne & l'Epée.

De ce que nous venons de dire, il s'ensuit qu'on ne peut, en matiere de Judicature, recevoir aucun caractere, ni aucune impression d'autorité, que du Roi.

Voyez Mornac, *ad legem* 3. §. 1 *ff. de testib.*

Autrefois les Rois rendoient eux-mêmes la Justice à leurs Peuples, & connoissoient des contestations qui s'étoient mûes entre leurs Sujets ; mais comme ils ne pouvoient suffire à pourvoir aux affaires de l'Etat, & en même tems à rendre la Justice à tous ceux qui la leur demandoient, ils créerent des pesonnes sages, pour les juger sous leur autorité.

On a donné à ces Juges plusieurs noms particuliers, suivant l'étendue de leurs Jurisdictions, & suivant les différentes matieres dont ils peuvent connoître.

Les Juges sont ordinaires ou extraordinaires ; ils sont encore ou Juges souverains, ou Juges inférieurs ; les Juges sont ou royaux, ou Juges des Seigneurs ; enfin, les Juges sont laïques ou ecclésiastiques.

Avant que d'expliquer les différentes fonctions & les différens pouvoirs de tous ces Juges, il est à propos de voir quelles personnes peuvent être Juges, quelles sont les qualités qui sont requises dans ceux qui desirent être reçus dans quelque Charge de Judicature, & quel est leur principal devoir.

Toutes sortes de personnes peuvent être Juges, à l'exception de ceux qui en sont empêchés par la nature, ou par la Loi.

La nature empêche d'être Juges ceux qui n'ont pas encore l'esprit formé, ou qui sont malades de maladies de l'esprit, ou même du corps, qui les empêchent de faire les fonctions attachées aux Charges de Judicature ; comme s'ils sont muets, ou sourds, ou aveugles, ou qu'ils soient malades d'autres maladies qui les rendent incapables d'agir.

La Loi déclare incapables de toutes Charges les femmes, parce que Dieu les a plutôt destinées pour le ménage que pour les autres affaires, qui n'appartiennent qu'aux hommes. La Loi 2. *ff. de reg. jur.* déclare les femmes incapables de toutes Charges civiles & publiques, & nous observons cette régle en France.

Ceux qui n'ont pas l'âge requis par les Ordonnances, ne peuvent pas être Juges. Sur quoi *voyez* Age.

Ceux qui sont morts civilement, soit par la profession monachale, ou par un Jugement de condamnation, comme étant incapables des effets civils, ne peuvent pas non plus être pourvus d'aucune Charge de Judicature.

Ceux qui sont notés d'infamie, ne peuvent pas non plus être Juges, à moins qu'ils n'ayent Lettres du Prince qui les en relevent.

Enfin, les Héretiques sont absolument exclus des Charges de Judicature.

Les parens au premier, deuxieme & troisiéme dégré, qui sont de pere à fils, de frere, oncle, neveu, ne peuvent être reçus à exercer conjointement aucun Office de Judicature dans le même Siége sans dispense.

Il en est de même des alliés jusqu'au second dégré, qui sont beau-pere, gendre & beau-frere. *Voyez* ce que j'ai dit, lettre P, en parlant de la parenté en fait de Charges de Judicature.

Comme il est d'une conséquence infinie que ceux qui embrassent la profession de Judicature soient pleinement instruits des sciences qui peuvent les rendre capables de remplir les Charges dont ils seront pourvûs, il est ordonné par plusieurs Edits & Déclarations, que nul ne puisse être pourvu d'aucune Charge de Judicature, sans faire apparoir de ses dégrés de Licence, endossés du serment d'Avocat.

Il n'étoit point fait mention expresse dans lesdites Ordonnances, des Juges que les Seigneurs ayant droit de Justice établissent dens leurs Terres ; ni des Officiaux qui sont établis par les Evêques dans leurs Diocèses : mais comme il n'importe pas moins qu'ils ayent la capacité requise pour leur ministere, il est survenu à cet égard la Déclaration du 26 Janvier 1680. qui enjoint qu'à l'avenir, en vacation des Charges de Baillif, Sénéchal, Prevôt, Châtelain, ou autre Chef de Justices seigneuriales qui sont tenues en Partie, ou dont l'appel ressortit nûement aux Parlemens en matiere civile, nul ne puisse être pourvû desdites Charges, s'il n'est Licencié & n'a fait le serment d'Avocat, dont il sera tenu d'apporter la matricule.

Par la même Déclaration, il a été ordonné

qu'aucun Ecclésiastique ne seroit admis à faire la fonction d'Official, qu'il ne fût Licencié en Droit canon. Cette Déclaration enjoint le tout à peine de nullité des Sentences & Jugemens qui seroient rendus par lesdits Juges & Officiaux.

L'article 16. de l'Edit de 1679. ordonne que ceux qui voudront entrer dans les Charges de Judicature, seront tenus, après avoir prêté serment d'Avocat, d'assister assidument aux Audiences des Cours & Siéges où ils font leur demeure, pendant deux ans au moins, & en prendre les attestations en bonne forme chaque année, tant des Avocats généraux ou des Avocats du Roi, que du Bâtonnier ou du Doyen des Avocats.

Par l'article 18. du même Edit, il est enjoint à toutes les Cours & Siéges de vaquer à l'avenir avec soin & exactitude à l'examen des Officiers qui s'y présenteront pour être reçus, avec défenses d'en recevoir deux dans le même tems.

Pour que cet examen soit fait dans les régles, il ordonne que les compagnies se ront tenues de s'assembler à huit heures précises du matin, ou à deux heures après midi, en cas de surcharge d'affaires, pour proceder aux examens & receptions; & qu'au même tems qu'on donnera la Loi, ou qu'elle sera portée dans les Chambres, il sera député nombre suffisant en chacune des Compagnies, & deux Conseillers au moins de chaque Chambre, dans les Compagnies où il y en aura plusieurs, pour disputer contre l'Officier qui se présentera, tant sur la Loi qui lui sera donnée huit jours auparavant, que sur les fortuites & sur la pratique. *Voyez* ce que nous avons dit sur le mot Récipiendaire.

La qualité de Juge parfait n'est dûe qu'à l'assemblage de plusieurs vertus réunies dans une même personne. Ce n'est point assez, pour être Juge, d'avoir de l'esprit & de la science; il faut que la prudence, la vérité & la candeur brillent dans tous ses Jugemens, de maniere qu'un sage discernement conduise toujours la rectitude de ses suffrages, & que son équité ne soit pas moins l'asile des infortunés, que la terreur des scélerats. Enfin, il faut que dans tout ce qu'il dit & dans tout ce qu'il fait il sçache bien regler sa vie & ses mœurs, & qu'il ait beaucoup d'attention à diriger ses discours & ses actions suivant la droite raison, & suivant le noble Emploi qui lui est confié.

Tout Magistrat qui prétend à ce titre glorieux, doit non-seulement avoir une droiture de cœur & une intégrité naturelle, mais aussi être armé d'une fermeté inébranlable, & être doué d'un discernement universel.

Quoiqu'un Juge sçache discerner ce qui est équitable, qu'il ait la volonté de le suivre, & assez de fermeté pour résister à certains moyens que l'on employe pour surprendre sa réligion; l'importunité d'un parent, les prieres d'un ami, la considération d'un Grand, sont de fâcheux obstacles, qui sont quelquefois cause qu'un Juge fait ou souffre des injustices.

Il faut donc qu'un Juge soit également porté à rendre justice à tout le monde, sans avoir égard à l'amitié, ni à la recommandation des Grands; qu'il ne connoissent ni sang, ni aliance, quand il s'agit de juger; qu'il n'ait rien tant à cœur que de suivre les Loix & la justice, & qu'il ait assez de prudence pour ajuster les Loix & les Ordonnances aux circonstances du fait; car il ne faut pas qu'il suive toujours la même régle.

Une chose essentielle à laquelle les juges doivent sans cesse faire attention, c'est de se représenter la place qu'ils tiennent, de considerer le ministere qu'il exerce, & de la part de qui ils l'exercent; en un mot, de songer qu'ils font la fonction, non pas d'un homme, mais de Dieu; & qu'autant de fois qu'ils rendent la justice, autant de fois ils représentent sa divine Majesté.

L'Ecriture sainte nous l'apprend par la bouche d'un Roi, qui parle aux Juges de son peuple. *Prenez bien garde*, leur dit-il, *à ce que vous faites; car ce n'est pas le Jugement d'un homme que vous devez rendre, mais celui de Dieu.*

S'il faut que les Juges rendent le Jugement de Dieu, & non pas le leur, il est évident qu'ils doivent juger comme Dieu jugeroit lui-même.

Ainsi pour meriter le nom de Juge, il faut que, *non odio, nec amicorum gratia, nec avaritiæ sordibus, sed sola justitia duce, jus suum cuique tribuat; ita ut sit innocentiæ templum, temperantiæ sacrarium, & Themidis ara.*

Si les Juges doivent être purgés de toutes leurs passions, qui sont des vapeurs de la terre qui ne doivent point monter jusqu'à eux; s'il ne doivent être capables de colere, que de celle que Saint Augustin appelle la chaleur de l'ame, l'aiguillon de la vertu, & le sel de la justice; ne cessent-ils pas d'être juges, quand l'amitié, l'avarice, ou la haine & la vengeance, les faisant abuser du dépot des Loix, ils en font un glaive pour punir quand il faut absoudre, & qu'ils les désarment quand il faut punir; ou quand ils négligent de les écouter pour faire quelqu'injustice, & ôter à un particulier ce qui lui appartient, pour le donner à un autre qui n'y a aucun droit? Enfin, n'abuse-t-il pas de leur Charge, de leur pouvoir & de leur autorité, quand il en use pour leurs intérêts particuliers?

Ils doivent donc exercer leurs Charges suivant les Loix de l'équité, & se représenter sans cesse qu'étant mortels, ils comparoîtront un jour devant Dieu, le souverain juge, qu'ils doivent consulter dans toutes les affaires qu'ils doivent terminer par leurs jugemens, & envers qui ils sont responsables des fautes qu'ils y auront commises.

Le soin de faire observer les Loix, qui regarde les Juges, exige sur tout qu'ils donnent l'exemple d'une conduite irréprochable, qui les mette audessus de tout soupçon, & fasse reverer en eux le caractere dont ils sont honorés.

Rien n'est plus méprisable, ni plus odieux, que de voir un Juge se livrer indiscretement à toute sorte de plaisirs. Un homme qui est en place, doit s'attacher principalement à faire réverer en lui le caractere de juge qui est en lui, & par conséquent être beaucoup plus circonspect que toute autre personne.

Une chose qui passera dans un simple Particulier pour une bagatelle, sera très-repréhensible dans un juge, qui doit toujours garder beaucoup de mesures dans toutes ses actions, même dans celles qui sont d'elles-mêmes indifférentes. Rien n'est plus puissant que l'exemple, sur tout de la part de ceux qui le doivent aux autres.

Les Peuples se soumettent aisément aux Loix dont leurs Supérieurs leur enseignent la pratique : l'obéissance est entiere lorsqu'elle est générale ; & quiconque veut assurer son autorité, ne peut jamais mieux y réussir, qu'en s'acquerant une estime & une approbation qui ne s'accordent qu'à une conduite irréprochable. Mais lorsque les Supérieurs menent une vie dereglée, & s'abandonnent à des choses illicites, le Peuple, qui ne perd jamais le respect qu'il ne perde la crainte, se laisse emporter à toutes sortes de désordres, & ne croit pas que les juges puissent punir ce que leur exemple autorise.

Quand ceux qui sont préposés pour maintenir le bon ordre, se laissent entraîner aux déreglemens communs, le mal devient sans remede. Il faut donc que ceux qui sont élevés aux Charges ayent sans cesse devant les yeux ce qu'ils doivent à eux-mêmes, & ce qu'ils doivent au Public.

Enim verò quia summo contemptu dignos, gravissimisque quæ afficiendos pœnis non existimet eos qui statuunt non adulterandum, & primi adulterant, statuunt non furandum, & furantur ; qui puniunt in alio peculatum, cum ipsi sint peculatores ; qui puniunt expilatores domorum, cum ipsi sint expilatores Civitatum & Provinciarum.

Il ne suffit pas, pour être bon juge, d'en faire les actions ; il faut encore que l'intention soit toujours portée à faire le bien ; sans quoi les meilleures actions seroient vicieuses. En un mot, le sçavoir ne renferme pas toutes les qualités d'un juge ; ce n'est pas même assez, pour se bien acquitter d'un tel emploi, de réunir l'esprit, l'art & la science ; il faut encore que la vérité & la candeur brille dans tous ses jugemens.

Si le principe qui nous porte à faire une bonne action, n'a pas pour but de s'acquitter de ses devoirs, mais de satisfaire son amour propre ou quelque autre passion, l'action, quelque bonne qu'elle soit en elle-même, deviendra mauvaise : en un mot la fin qui nous détermine à faire une chose, est ce qui la rend bonne ou mauvaise. Ainsi on ne peut être véritablement juste, & s'acquitter des devoirs d'un bon juge, si l'on n'aime pas la justice pour elle-même, & si l'intérêt, la vanité, ou quelqu'autre passion, à la moindre part à ce qui nous détermine a suivre la justice & l'équité.

Il n'y a qu'une véritable & solide pieté qui nous puisse porter à faire le bien, par rapport au bien même. Sans elle, les meilleures actions que les hommes puissent faire, ont bien peu de mérite, ce ne sont pas de véritables vertus, mais des vertus en apparence.

Concluons donc que, Pour être un bon Juge, il faut rapporter tout ce que l'on fait en cette qualité, à un desir sincere de remplir les devoirs d'un Juge vraiment chrétien ; de satisfaire plutôt Dieu que les hommes ; & de suivre les mouvemens d'une conscience épurée, plutôt que ceux de l'amour propre, qui change en vice les meilleures actions.

Je n'entens cependant pas qu'un juge doive être insensible à l'honneur : il est obligé plus que tout autre de veiller à sa réputation ; & il ne lui suffit pas d'éviter le blâme, il doit encore se garantir de tout soupçon : mais je veux que ce soit dans la vûe de plaire à Dieu, & de remplir ses devoirs, & non pas pour se complaire à soi-même par une sotte vanité.

Comme l'on peut manquer aussi-bien par ignorance que par malice, il ne suffit pas, pour être bon juge, d'avoir la volonté de l'être ; il faut se rendre capable des choses qui peuvent y contribuer.

C'est pour cette raison que celui qui s'attache à l'administration de la justice, doit joindre aux qualités du cœur dont nous venons de parler, les qualités de l'esprit, qui lui fassent acquerir les connoissances nécessaires pour se bien acquitter d'un tel emploi, afin de pouvoir distinguer le vrai d'avec le faux, le point d'équité d'avec celui de rigueur, & bien décider par jugement, plutôt que par rencontre.

Il faut, pour y réussir, s'appliquer à l'étude dès ses plus tendres années. Ceux qui ont passé leur jeunesse dans la mollesse & dans l'oisiveté, sont peu en état de s'adonner dans la suite à une vie laborieuse & pénible.

Quand on a passé un certain âge sans s'être accoutumé à l'étude, comme on ne peut plus s'y appliquer, on présume que le bon sens tient lieu de science, & qu'on peut par le seul secours de la raison naturelle, décider les questions les plus importantes & les plus difficiles. Mais combien en voit-on prendre le change, faute de sçavoir les principes sur lesquels est fondée la décision des questions qui sont soumises à leurs jugemens.

Quand il s'agit d'un fait, le Juge doit juger *secundùm allegata & probata, ut ait Cujacius, lib. 12. observ. cap. 19. quamvis contrarium colligi possit ex Gellio, lib. 14. noct. attic. cap. 2 ; & ex leg. 6. §. 1. ff. de offic. Præsid.* Mais dans les questions de Droit, il doit juger selon la Loi ; & pour juger selon la Loi, il faut la bien entendre.

C'est aussi pour cette raison que les Juges, au tems de leur reception, s'obligent par un serment solemnel de suivre en leurs Jugemens les Loix & les Ordonnances : serment qu'ils ne peuvent accomplir, que quand ils en ont une connoissance parfaite, & qu'ils se sont mis en état d'en développer les principes, & de les appliquer aux espéces particulieres qui se présentent tous les jours dans les Tribunaux.

Ainsi la paresse, qui est blâmable dans tous les hommes, la devient bien davantage dans ceux qui sont arbitres des biens & de la vie des autres. Il faut qu'ils menent une vie très-laborieuse, pour se bien acquitter d'un tel emploi; & quelques connaissances qu'ils ayent acquises, ils ne peuvent se livrer à l'étude avec trop d'ardeur ni avec trop d'assiduité. L'examen & les sérieuses réfléxions que demande chaque affaire, ne laissent à ceux qui veulent s'acquitter de leurs devoirs, que très-peu de relâche.

Le devoir d'un Juge consiste à rendre la Justice sans avoir égard à aucune recommandation; à proteger le pauvre; à conserver le riche dans ses Possessions; à confondre l'usurpateur; à soulager la veuve & l'orphelin, & à punir les crimes. Cela demande une parfaite connoissance des Loix, & un examen exact des affaires qu'il doit juger.

Il ne suffit donc pas qu'un Juge, pour remplir ses devoirs, ne se laisse point emporter à la faveur, ni à la haine, ni à aucune autre passion; il faut encore qu'il soit pleinement instruit des Loix & des Ordonnances qui concernent son ministere, pour pouvoir les suivre dans ses Jugemens, autant que la raison & l'équité le requierent; autrement il seroit tous les jours exposé à faire quantité d'injustices, qui ne seroient pas moins condamnables devant Dieu, que s'il les commettoit par malice; car les injustices qui sont occasionnées par la malice ou l'ignorance d'un Juge, mettent très-peu de différence entre un Juge méchant & un Juge ignorant.

L'un a devant ses yeux les régles de son devoir; l'autre ne voit ni le bien ni le mal qu'il fait. L'un péche avec connoissance, & est moins excusable; l'autre péche sans remords, & est plus incorrigible. Mais ils sont l'un & l'autre également criminels, à l'égard de ceux qu'ils condamnent, ou par erreur ou par malice.

Qu'on soit blessé par un furieux ou par un aveugle, la blessure n'en est pas moins sensible; & pour ceux qui sont ruinés, il importe peu que ce soit, ou par un homme qui les trompe, ou par un homme qui s'est trompé.

Concludamus ergò, duos sales esse oportere in Judice, unum scientiæ, ignorantia enim Judicis plerumque est calamitas innocentis; alterum securæ conscientiæ. Mornacius, ad Legem 4. ff. famil. erciscund.

Une chose importante à laquelle un Juge doit bien prendre garde, c'est d'avoir une attention toute particuliere, à ne se laisser point gagner par la prévention, qui a été de tout tems l'écueil des plus grands hommes, & qui a été la cause de quantité d'injustices; aussi doit-on moins craindre l'aveuglement des yeux, que celui qui est causé par la prévention; d'autant qu'elle nous ôte l'usage de la raison, & qu'elle est autant opposée à cette tranquillité d'ame si nécessaire pour bien juger, que les passions les plus fortes & les plus criminelles. Comme il y a peu de personnes qui ne puissent tomber dans cet écueil, il est absolument nécessaire à un Juge de se tenir toujours sur ses gardes, pour ne pas tomber dans les suites fâcheuses que nous voyons tous les jours être produites par la prévention, dans les personnes les plus judicieuses, & qui ont même une véritable envie de ne rien faire contre l'équité.

Quelques bonnes qualités qu'un Juge ait, s'il n'a pas un jugement solide & un discernement requis, il ne pourra jamais remplir comme il faut les devoirs de sa Charge. L'on a vû un Magistrat, qui par l'honneur, la probité, le désintéressement, la pureté d'intention, & par le travail auroit pû servir de modèle aux premiers Juges du monde; mais dont l'esprit étoit si gauche, que pour peu qu'une question fût douteuse, il ne prenoit jamais le bon parti.

Voici encore une chose qui regarde le devoir des Juges; c'est qu'ils ayent un extérieur qui les fasse connoître tels qu'ils sont. Il faut même que dans leurs habits, ils cherchent moins leur commodité que la bienséance. L'habit ne fait pas le Juge, mais il faut nécessairement que le Juge ait des habits qui marquent son caractere, & qui impriment le respect qui est dû à son rang & à sa qualité.

Un Juge qui auroit le maintien & les airs d'un Petit-maître, passeroit dans l'esprit des personnes sages pour un étourdi; & l'injure qui lui seroit faite seroit moins griévement punie, que celle qui seroit faite à un Juge, qui par son extérieur annonceroit ce qu'il est, & imprimeroit le respect qui est dû à sa qualité.

Il y a plusieurs Edits qui concernent la décence des habits des Présidens, Conseillers & autres Officiers de Judicature, & qui les invitent de s'abstenir des lieux où ils ne peuvent être vûs sans donner atteinte à leur dignité. *Voyez* le Dictionnaire des Arrêts, *verbo* Habits, où ces Edits sont rapportés.

A l'égard du devoir des Juges en général, nous trouvons dans l'Arrêt du Parlement du 10 Juillet 1665. deux art. qui en parlent; sçavoir les 29 & 30.

Art. XXIX. » Tous les Juges seront tenus de se » rendre assidus, en la fonction de leurs Charges, » aux lieux & heures portées par les Réglemens » de la Cour; porter les habits décens aux Magis» trats, sans s'absenter que pour cause légitime, » ou par congé de la Compagnie.

» Art. XXX. Ne pourront lesdits Juges exécutans » des Commissions, faire aucunes taxes à leurs » Clercs & Domestiques, ni souffrir qu'ils pren» nent aucune chose des Parties, directement ou » indirectement, dont lesdits Juges demeureront » responsables, à peine de concussion, & lesdits » Clercs & Domestiques de punition corporelle.

Il y a plusieurs articles dans ce même Arrêt, qui réglent les taxes & vacations des Juges. Le Lecteur qui voudra s'en instruire, n'a qu'à en prendre lecture. Il se trouve dans le Récueil des nouveaux Réglemens pour l'administration de la Justice, qui se vend chez Prudhomme, au Palais.

Voici quelques observations importantes à faire, sur ce qui concerne l'état & la qualité des Juges.

La premiere est que personne ne peut être Juge dans sa propre cause. *Sententia, in causâ propriâ dictâ est nulla, etiam parte non opponente; sed si sententia esset in causâ suorum, teneret parte non-opponente. Vide Julium Clarum, lib. 5. sent. §. ult. qu.* 35. *Voyez* aussi Bouchel en sa Bibliotéque du Droit François *verbo* Juge.

La deuxiéme, qu'en interprétation des art. 13 & 14 de l'Ordonnance de 1667. titre 24. il a été rendu un Arrêt au Parlement de Paris le 11 Février 1669. qui fait défenses à un Juge, qui n'a même que séance honnoraire en une Cour, d'entrer en la Chambre lors de la visitation ou jugement des causes où il est Partie. Permis néanmoins à lui pendant la plaidoirie, de prendre place avec Messieurs les Gens du Roi. Cet Arrêt se trouve dans le Recueil des Arrêts donnés en interprétation des nouvelles Ordonnances.

La troisiéme est, qu'un affidé ne peut être Juge des causes de son affidé. La relation des intérêts communs doit engager le Juge à s'abstenir volontairement dans tous les cas, où la récusation pourroit être valablement demandée. Un Juge ne peut pas non plus connoître des causes, où celui qui est à ses gages se trouve intéressé. *Voyez* Boniface, tome 1. liv. 1. tit. 1. nomb. 31 & 32.

La quatriéme, que le Juge du civil, l'est aussi du criminel incident au civil, quelque privilége ou commission qu'il y ait.

Voyez Basset, tome 1. livre 2. titre 3. chap. 5.

La cinquiéme, que les Juges ne peuvent être fermiers non plus qu'ils ne peuvent être adjudicataire de biens décretés pardevant eux. *Voyez* le Dictionnaire des Arrêts, *verbo* Bail, nomb. 63. & *verbo* Juge, nomb. 87.

La sixiéme est, que les Juges ne peuvent recevoir aucuns presens des Parties qui plaident devant eux, tant que le procès dure, & que les donations qui leur seroient faites pendant ce tems sont nulles, comme je l'ai fait voir sur l'article 276. de la Coutume de Paris, glos 1. nomb. 59. & suivans.

La septiéme, que les Gens du Roi, en l'absence, récusation ou maladie des Juges, doivent tenir leurs places, & exercer toutes Jurisdictions aux Siéges, excepté ès causes ausquelles le Roi auroit ou pourroit avoir intérêt. Il en est de même des Avocats Fiscaux des Justices subalternes. Filleau, 2 partie, titre 6. chap. 41.

La huitiéme, qu'un Juge étant homme n'est pas infaillible, & par conséquent peut se tromper, d'autant plus qu'il y a des conjectures qui tendent à sa prudence des piéges où elle succombe, quelqu'éclairé qu'il soit, & quelque peine qu'il se donne pour connoître parfaitement la vérité; c'est pourquoi il n'est jamais garant que de la sincérité de ses intentions: car le rendre responsable des fautes qu'il auroit commises par erreur non approchante du dol, ce seroit punir l'humanité, par ce qu'elle n'a pas le don de l'infaillibilité.

Voyez Erreur spécieuse.

Au reste, la qualité de Juge doit inspirer beaucoup de respect pour sa personne, sur-tout à ceux qui sont ses justiciables. C'est pourquoi les injures qui sont faite à des juges, doivent être punies très-severement. *Voyez* ce que j'ai dit à ce sujet *verbo* Injure.

Ce respect qui leur est dû, fut le motif d'un Arrêt de Réglement du 4 Juin 1699. qui fait défenses à toutes personnes de prendre à partie aucuns Juges, ni de les faire intimer en leur propre & privé nom, sur l'appel des Jugemens par eux rendus, sans en avoir obtenu de la Cour une permission expresse. Ce Réglement est rapporté dans le troisiéme tome des Causes célébres, page 114.

JUGES ORDINAIRES, sont ceux qui connoissent des différends & contestations entre personnes soumises à leurs Jurisdictions, en conséquence du Droit commun, & non pas par rapport à aucune attribution particuliére de Jurisdiction, eu égard à quelque privilége personnel, ou eu égard à la matiére qui fait le sujet de la contestation d'entre les Parties.

Voici ce que dit à ce sujet M. Domat en son traite du Droit public, liv. 2. tit. 1. section 2. art. 15. » La premiere distinction des Jurisdictions est celle des Officiers qui connoissent de toutes matiéres civiles, criminelles, bénéficiales, & de toutes autres indistinctement, à la reserve de quelques-unes qui ont été attribuées à d'autres Juges. » c'est par cette raison qu'on appelle cette Jurisdiction ordinaire, pour la distinguer de celle des » autres Juges, qu'on appelle par cette raison extraordinaire.

» Ainsi, les Parlemens, les Baillifs, les Sénéchaux, & les Officiers semblables, exercent la » Jurisdiction ordinaire; & les autres Jurisdictions » des Officiers, qui connoissent des Finances, des » Tailles, des Aydes, des Gabelles, des Monnoies, » & d'autres matiéres distraites de la Jurisdiction » ordinaire, sont en se sens des Jurisdictions extraordinaires, distinguées entr'elles, selon les matiéres propres à chacune.

» On peut remarquer, (ajoute cet Auteur dans » une observation sur cet article), que les anciens » premiers Juges qui connoissent naturellement de » toutes ces matiéres, étoient ceux qui avoient » cette Jurisdiction génerale, qu'on appelle aujourd'hui la Jurisdiction ordinaire, telle qu'est celle des Parlemens, & des Juges inférieurs.

» On appelle cette Jurisdiction du nom ordinaire, pour la distinguer des autres Jurisdictions, établies pour connoître de quelques matieres qui leur » sont attribuées, & qui auroient été du Tribunal de cette Jurisdiction ordinaire.

» Ainsi, les Juges ordinaires sont ceux qui ont » naturellement connoissance de toutes matieres, » sans autre exception que de celles qui ont été attribuées expressément à d'autres Juges: ainsi il » faut mettre dans ce rang les Baillifs, les Séné-

» chaux, les Prevôts & autres qui rendent la Justi-
» ce générale & ordinaire, à la reserve de ce qui
» en a été démembré.

JUGES EXTRAORDINAIRES, sont dont ceux qui jugent en vertu d'une Jurisdiction particuliere, qui leur a été attribuée par quelque privilége personnel, ou par rapport à la matiére qui fait le sujet de la contestation d'entre les Parties, attendu que cette matiere a été distraite de la Jurisdiction ordinaire.

Ainsi, les Juges extraordinaires sont de plusieurs sortes.

Les uns connoissent des matieres de la Jurisdiction ordinaire, mais entre personnes privilégiées: tels sont les Juges des Requêtes de l'Hôtel & du Palais, les Juges des priviléges des Universités, dont les appellations se relevent au parlement.

Les autres connoissent seulement de certaines affaires entre toutes sortes de personnes, comme la Chambre du Domaine & du Trésor, les Eaux & Forêts, l'amirauté, la Connétablie, les prevôt des Marchands & Echevins, les Juges & Consuls, les Conservateurs des Priviléges des Foires, dont les appellations ressortissent aussi au Parlement.

Outre ces Jurisdictions, il y a encore des Juges qui connoissent entre toutes sortes de personnes de certaines affaires particulieres, dont les Parlemens ne peuvent point connoître, ni en premiere instance, ni en cause d'appel.

Tels sont les Elûs, les Officiers du Grenier à sel & des Traités-foraine, les Cours des Aydes, où se relevent les appellations des Elûs, Greniers à sel & des Traités; le Grand Conseil, où ressortit l'appel du Grand Prevôt; la Cour des Monnoies & les Maîtres des Requêtes, pour les causes qu'ils jugent au Souverain.

JUGES SOUVERAINS, sont ceux qui jugent en dernier ressort, souverainement & sans appel: leurs jugemens sont appellés Arrêts.

Leurs Compagnies sont appellées Cours en dernier ressort; & jamais les Ordonnances royaux, sous le mot de Juges simplement, n'ont compris les Cours souveraines. Elles n'entendent sous ce terme que les Jurisdictions royales & subalterne.

Le pouvoir des Juges souverains est bien plus grand que celui des autres Juges: *Illi enim vice sacrâ Principis judicant; quapropter ab eorum judiciis appellare non licet, illaque rescendi non possunt, nisi extraordinario remedio. Quin illorum Magistratuum Curia ipsummet Justitiæ Templum est, firmissimumque totiùs Reipublicæ præsidium: illi verò sunt veri ac genuini Legum Interpretes, & Sacerdotes ipsiusmet Justiciæ. Et sanè parùm interest jus esse in Civitate, nisi sint Magistratus qui jura regere possint. Leg. 2. §. 13. ff. de reg. jur.*

Au reste, ce que nous venons de dire, qu'on ne peut pas interjetter appel de leurs Jugemens, se doit entendre non-seulement des Juges souverains ordinaires, mais aussi des Juges souverains extraordinaires & d'attribution, quand ils jugent des affaires donc la connoissance leur est attribuée, & pour raison desquelles il ont été établis à l'exclusion des Juges ordinaires. *Voyez* Juges d'attribution.

JUGES INFÉRIEURS, sont ceux qui ne jugent pas souverainement, & des jugemens desquels on peut interjetter appel: leurs jugemens sont nommés Sentences.

On peut se pourvoir contre par la voie d'appel: ce qui n'est pas permis de faire à l'égard des jugemens rendus par les Juges souverains.

Enfin, par l'article 6. de l'Arrêt de la Cour de Parlement, du 10 Juillet 1665. il leur est fait très-expresses inhibitions de faire aucuns Réglemens, soit provisionnaires, soit définitifs, concernant l'administration de la Justice.

Au reste ces termes, *Juges inférieurs*, se prennent souvent dans un sens plus étendus & signifient tous Juges inférieurs qui reconnoissent un Juge supérieur pardevant lequel sont portées les appellations de leurs Sentences, quoique ce Juge supérieur ne soit pas Juge souverain.

C'est une question, si les Juges inférieurs peuvent passer outre au préjudice des défenses & ordonnances des Juges d'appel & supérieurs. *Voyez* Henrys, tome 1. liv. 2. quest. 69 & 72. où cet Auteur marque en quel cas les premiers Juges peuvent passer outre, nonobstant l'appel.

Au reste, quoique régulierement on puisse interjetter appel des jugemens rendus par des Juges inférieurs, il y a des crimes dont ils connoissent en dernier ressort, comme je l'ai rémarqué, *verbo* Crime.

PREMIERS JUGES., sont tous Juges inférieurs dont on peut appeller pardevant le Juge supérieur, quoiqu'il ne juge pas souverainement, comme nous venons de le dire dans le précedent article.

JUGES ROYAUX, sont des Juges commis par le Roi pour rendre la justice à ses Sujets dans l'étendue de leur ressort.

Tels sont, 1°. les Châtelains, prevôts royaux, ou Viguiers: 2°. les Baillifs, Sénéchaux, ou Présidiaux; 3°. les Parlemens.

Il y a encore d'autres Juges royaux qui ne connoissent que des certaines affaires & qui sont appellés juges d'attribution & qui par cetre raison ne sont pas mis dans l'ordre des précédens.

Les Juges royaux ne peuvent exercer, ni tenir d'autres Charges dans les justices des Seigneurs, comme étant incompatibles avec l'Office royal, suivant les articles 31 & 44. de l'Ordonnance d'Orléans, & l'article 12. de l'Ordonnance de Blois.

La raison est, qu'ils doivent s'appliquer uniquement à remplir les devoirs de leurs Charges; & que s'ils se mêloient des affaires des autres, ils ne pourroient pas s'acquitter dignement de l'emploi que le Roi leur a confié.

D'ailleurs, il y auroit sujet de craindre, que tenant d'autres emplois, ils ne fussent dans l'occasion trop enclins à favoriser ceux dont ils auroient reçu des Charges ou des Emplois qui leur apporteroient du profit.

Outre les cas royaux dont il est parlé à la lettre C, les Juges royaux connoissent de plusieurs cas civils entre les justiciables des hauts-justiciers, comme de l'entérinement de toutes sortes de Lettres royaux. Bacquet, des Droits de justice, chapitre 7. nomb. 33.

Il doit y avoir des Substituts des Avocats & Procureurs du Roi des Siéges royaux, comme il est porté en l'Edit du mois d'Avril 1696, registré le 9. Mai suivant.

Les Officiers des principaux Siége royaux seront tenus d'assister les Lieutenans généraux de Police, pour juger en dernier ressort les mendians & vagabonds: & faute de ce, il leur est permis d'appeller des Gradués au nombre de l'Ordonnance, comme il est porté en l'Arrêt du conseil d'Etat du 12. Décembre 1700.

Par un Edit du mois de Juillet 1702, les Officiers des Siéges royaux ressortissans nûement aux Cours supérieures, avoient été affranchis de la taille moyenant finance; & par une Déclaration du 14 Octobre 1702. ils furent aussi affranchis de l'ustensile, aussi-bien que les Officiers des Elections & Greniers à Sel. Mais toutes ces exemptions ont été révoquées par deux Edits, l'un du mois d'Août 1705. l'autre du mois d'Août 1715. art. 6.

Par Edit du mois d'octobre 1703. ont été créés des Lieutenans généraux dans les Siéges qui ressortissent nuêment aux Cours; & en conséquence a été faite une Déclaration, le 30 Novembre 1704. portant réglement pour l'execution du susdit Edit.

Touchant la fonction des Juges royaux, *Voyez* le Réglement du 7 Septembre 1660. Papon, livre 1. tit. 5. nomb. 22. liv. 6, titre 2. nomb. 19. livre 7. tit. 7, Basnage, de jurisdiction, art. 18.

JUGES DES SEIGNEURS, appellés communément *subalternes*, sont les Juges des Seigneurs qui ont justice. Ils connoissent de tout ce qui concerne le domaine, droits & revenus de la Seigneurie, tant en fief que roture de la terre, même des baux, sous-baux & jouissances, circonstances & dépendances, soit que l'affaire soit poursuivie sous le nom du Seigneur ou du Procureur Fiscal. Mais à l'égard des autres actions où le Seigneur seroit Partie ou intéréssé, ils n'en peuvent pas connoître, suivant l'article 11. du tit. 24. de l'ordonnance de 1667. Ainsi, lorsque les Seigneurs ont reçu quelque injure de leurs vassaux ou emphitéotes, il faut qu'ils se pourvoient pardevant les Juges supérieurs.

Ces Juges ne peuvent pas connoître des plusieurs causes & contestations dont la connoissance est réservée aux Juges royaux. *Voyez* Justice subalterne.

Touchant les droits des Juges des Seigneurs, *voyez* ce qui en est dit ici *verbo* Justice subalterne, & *verbo* Officiers de Justice subalterne.

JUGES D'ATTRIBUTION, sont ceux qui sont établis spécialement pour connoître de certaines affaires, dont la connoissance leur est attribuée à l'exclusion des Juges ordinaires.

Par exemples, les Elus sont des Juges d'attribution à qui la connoissance est attribuée des différends qui naissent au sujet des tailles & des impôts en premiere instance, à l'exception des Gabelles & des Domaines du Roi.

Il y a encore d'autres Juges d'atrribution, comme ceux de la Chambre des Comptes, de la Cour des Aydes, de la Cour des Monnoyes, & autres.

M. Guy Coquille sur l'art. 28. du titre premier de la Coutume de Nivernois, remarque qu'il y a appel des Cours souveraines qui ont leur jurisdiction limitée *ad certum genus causarum*, quand elles jugent hors le cas de leur attribution; & il rapporte des Arrêts du Parlement qui l'ont ainsi jugé à l'égard des appellations interjettées de la Cour des Aydes & de la Chambre des Comptes. Ce qui fait voir que les Juges souverains, & qui sont Juges d'attribution, ne sont pas Juges souverains dans les affaires qui ne sont pas de leur attributton.

JUGES *A QUO*, est le Juge dont est appel; & Juge *ad quem*, est celui pardevant lequel l'appel est interjetté du Juge *à quo*.

JUGE COMPETENT, est celui qui peut connoître du différend des Parties, & qui a le pouvoir de mettre à execution entr'elles ce qui est juste, après avoir bien examiné ce dont il s'agit, & les raisons de part & d'autre. La compétence d'un Juge provient,

I°. Du domicile du défendeur, si ce n'est que l'une des parties ait un privilége pour faire renvoyer la cause pardevant le juge de son privilége, comme en vertu du droit de *Committibus*, ou des Lettres de garde-gardiennes, ou du droit des Clercs ou personnes ecclésiastiques.

II°. Du Sceau attributif de Jurisdiction; c'est-à-dire, quand un contrat est passé en une jurisdiction dont le Sceau lui attribue la connoissance de l'exécution des contrats qui sont passés; comme sont les Sceaux du Châtelet de Paris, de Montpellier & d'Orléans.

III°. Du délit qui rend le juge du lieu où il est commis compétent pour en connoître & pour condamner le criminel, quoiqu'il ait son domicile dans une autre Province, suivant l'Ordonnance Criminelle, art. 1. qui porte que la connoissance des crimes appartiendra aux juges des lieux où ils auront été commis, & l'accusé y sera renvoyé, si le renvoi en est requis, même les prisonniers transferé aux frais de la Partie civile, s'il y en a sinon aux frais du Roi, ou des Seigneurs.

Cette ordonnance, article 21, permet aux Ecclésiastiques, aux Gentilshommes & Secretaires du Roi, de pouvoir demander, en tout état de cause, d'être jugés en la Grand'Chambre du Parlement ou le procès sera pendant, assemblée, au cas que les opinions ne soient pas commencées. L'article suivant donne le même privilége aux présidens, Maîtres ordinaires, Correcteurs, Auditeurs, Avocats & Procureur généraux de la Chambre des Comptes de Paris.

Voyez Compétence en matiére criminelle.

IV'. En matiere réelle, le juge du lieu où la chose contentieuse est située, est compétent pour en connoître, & le défendeur peut être assigné pardevant lui, quoiqu'il ne soit pas le juge de son domicile.

JUGE INCOMPETENT, est celui qui ne peut pas connoître du différent des Parties, à cause de l'une des causes ci-aprés énoncées.

I'. Parce que le défendeur n'est pas assigné pardevant son juge.

II'. Parce qu'il demande son renvoi en vertu de son privilége.

III'. Enfin, parce que le juge pardevant lequel l'ajournement est fait, ne peut pas connoître de la cause dont il s'agit : comme si quelqu'un étoit assigné pardevant Messieurs des Requêtes de l'Hôtel ou du Palais, en matiere purement réelle.

Dans tous ces cas, le juge à qui le renvoi est demandé, ne doit point retenir la cause qui n'est pas de sa compétence ; mais il doit accorder le renvoi, ou ordonner que les Parties se pourvoiront, suivant la distinction que nous avons remarquée sous le mot de renvoi.

Au reste, il faut remarquer, I'. Que les juges qui ne peuvent pas connoître directement de certaines causes, en peuvent néanmoins prendre connoissance incidemment, quand il y a connexité de matieres. *Voyez* Charondas, liv. 4. rép. 7.

II'. Qu'un juge incompétent ne peut point être recusé, aprés que la cause est contestée, lorsque l'incompétence est *ratione personæ*. *Voyez* Incompétence.

JUGE DÉLEGUÉ, est celui qui est commis par le Prince, ou par une Cour souveraine, pour instruire & juger un différend.

Les Juges inférieurs ne peuvent pas déleguer à d'autres leur jurisdiction ; toutefois ils peuvent commettre quelqu'un d'entr'eux pour ouir & examiner des témoins.

Le Jege délegué ne peut point subdéleguer, & ne peut exceder ni passer les termes de sa commission.

Quand le Prince nomme des Commissaires pour instruire & juger une affaire, en matiere civile ou criminelle, leur pouvoir n'est pas absolument joint, & peut être séparé ; car comme la commission est ordinairement composée d'un grand nombre de Juges, pourvû qu'il y en ait un nombre suffisant pour rendre un Arrêt ou un jugement en dernier ressort, il n'est pas nécessaire qu'ils y assistent tous. *Voyez* le Commentateur d'Henrys, tome 1. livre 2. question 48.

Il nous reste à ebserver que dans tous les cas où l'on verbalise devant des Juges commis & délegués, ils doivent faire mention au commencement de leurs procès verbaux de la commission en vertu de laquelle ils procedent, & la dater. Cela est absolument nécessaire, comme étant le fondement de leur compétence & de leur pouvoir.

JUGES DÉLEGUÉS *in Partibus*, sont des Juges que le Pape délegue ès parties du Royaume, & dans le Diocese où l'affaire se doit traiter.

Quand on appelle au Pape des jugemens ecclésiastiques, il nomme des Evêques, des Abbés, ou des Officiers du Royaume pour juger l'appel, & ordinairement il en nomme trois. Ces Juges doivent instruire & juger le procès ensemble, & ne le peuvent juger en l'absence de l'un d'eux, parce que leur pouvoir est joint, & ne peut être séparé.

Ainsi, quand les appellations des Primats & Métropolitains vont au Pape, on ne va pas plaider à Rome ; mais le Pape doit donner des Commissaires *in partibus*, *& intra eamdem Diœcesim.*

De la Sentence des ces Commissaires, on peut encore en appeller au Saint Siége ; parce que c'est une maxime, qu'il y a toujours appel du Juge délegué à celui qui l'a délegué.

JUGE ECCLÉSIASTIQUE, est celui qui exerce la jurisdiction ecclésiastique.

Il connoît des matieres pures personnelles entre Ecclésiastiques, ou quand le défendeur est Ecclésiastique.

Néanmoins si un Ecclésiastique possedoit un Office royal, ou quelqu'autre Office non ecclésiastique, s'il trafiquoit ou tenoit des héritages à ferme, il seroit en ces cas justiciciable du Juge laïc, pour les fonctions de son Office, pour son commerce, ou pour sa ferme.

Le Juge d'Eglise ne peut connoître que des actions pures personnelles, & ne peut en aucun cas connoître des réelles, ni même des actions mixtes, à cause de la réalité qui s'y rencontre, de laquelle il est incompétent.

Outre les actions pures personnelles, dont le Juge d'Eglise connoît entre Ecclésiastiques, ou quand le défendeur est Ecclésiastique, il connoît encore entre Laïcs de quatre genres de causes ; sçavoir, des dixmes & du mariage, lesquelles sont civiles ; de l'hérésie & de la simonie, qui sont criminelles.

Le Juge d'Eglise ne connoît que des dixmes ecclésiastiques, & non des dixmes inféodées, dont la connoissance appartient au Juge royal, tant pour le possessoire, qu'au péritoire.

Quant aux dixmes ecclésiastiques, le Juge d'Eglise n'en peut connoître qu'au pétitoire ; car pour le possessoire, la connoissance en appartient au Juge royal.

A l'égard des dixmes inféodées, comme ce sont des biens purement profanes, le Juge d'Eglise n'en peut jamais connoître.

Pour ce qui est du mariage, le Juge d'Eglise n'en peut connoître que quand il est question de promesses de mariage, de fiançailles, & de la validité ou invalidité des mariages, quand on les prétend nuls par cause d'impuissance, ou de parenté, ou alliance, en dégrés prohibés, ou pour autres empêchemens dirimans.

Mais il ne peut, en prononçant sur la nullité de mariage, condamner l'une des Parties envers l'autre en dommages & intérêts, ou à la restitution de la dot, ou en une provision alimentaire. Ces causes étant purement temporelles, il doit ordonner que les Parties se pourvoiront pardevant le Juge royal. *Voyez* Bacquet, des Droits de justice, chapitre 7. nomb. 28. & ce que j'ai, *verbo*, Mariage.

Le crime de simonie se commettant par la vente des choses spirituelles, ou par l'accord & la convention qui en seroit faite pour choses ou droits temporels, c'est au Juge d'Eglise d'en connoître. Néanmoins le Juge laïc en peut aussi connoître incidemment, même entre Ecclésiastiques, en jugeant le possessoire des Bénéfices.

Le Juge d'Eglise est seul compétent pour connoître de l'hérésie, & punir les hérétiques des peines canoniques; mais s'ils méritent une punition corporelle, la connoissance en appartient au Juge laïc.

La discipline ecclésiastique, en ce qui concerne le Service divin, appartient au juge d'Eglise, soit qu'il s'agisse du fait d'un Ecclésiastique, ou d'un Laïc.

Par Arrêt du 9 Août 1664, obtenu par M. l'Evêque de Séez, défenses ont été faites à tous juges séculiers de prendre connoissance du Service divin ce qui doit être exactement observé: aussi toutes les affaires de cette nature sont toujours renvoyées aux juges d'Eglise, comme seuls compétens d'en connoître.

La discipline ecclésiastique appartient aussi aux juges d'Eglise, contre les Prêtres & Clercs, pour ce qui regarde les mœurs & la décence des habits.

Mais le juge d'Eglise ne peut connoître de la discipline ecclésiastique contre les Laïcs, si ce n'est sur l'usage de la fréquentation des Sacremens, contre ceux qui négligent la Communion paschale.

Le juge d'Eglise est seul compétent de connoître de toutes ces choses, & de tous les différends qui naissent à leur occasion; mais il faut que dans ses jugemens il se renferme dans les bornes de son pouvoir.

Il ne peut donc condamner les personnes assignées à la requête du Promoteur, & trouvées en faute, si ce n'est en quelqu'aumône ou œuvre pie.

La raison est, que l'Eglise n'a point de fisc, pour y pouvoir appliquer des amendes: Elle n'a point non plus de territoire; c'est pourquoi les juges d'Eglise ne peuvent de leur autorité, faire faire exécution sur les personnes, ni sur leurs biens temporels. *Voyez* Basset, tome 2. livre 2. chapitre 3. & liv. 7. chap. 4.

Ils peuvent bien ordonner sans abus, qu'un Prêtre sortira d'une Paroisse, pour se retirer dans celle de son origine; ils peuvent même ordonner, si le cas y échet, qu'il sera constitué prisonnier où il pourra être trouvé, le bras séculier imploré à cet effet.

Le juge d'Eglise ne peut connoître I°. De l'action hypotécaire, quand même le défendeur seroit Ecclésiastique; parce qu'elle est mixte, partie réelle, & partie personnelle, & qu'un juge d'Eglise ne peut jamais connoître d'une action réelle, ni de ce qui concerne un immeuble.

II°. D'une question de préséance, & d'un fait de possession, même en matière spirituelle & entre Ecclésiastiques. La raison est, que la possession des choses spirituelles n'est pas *mere temporalis*, *sed potius quid facti*. *Voyez* le journal du Palais, *in-folio*, tome 1. pag. 205. *Voyez* aussi Brodeau, lettre B, somm. 11. nomb. 6.

III°. De la validité ou invalidité d'une promesse de mariage entre les peres & meres des enfans. Il en est de même si après la mort d'un homme, la validité de son mariage étoit contestée à sa veuve par ses héritiers.

IV°. Il ne peut point connoître *de dote*, *de alimentis liberorum*, *neque de damnis*. Corbin, second plaidoyer, chap. 76.

V°. De la validité des oppositions formées par des peres & meres aux mariages de leurs enfans. Sur quoi *voyez* les Arrêts du 10 Janvier, 1 Février & 5 Avril 1701, rapportés dans le journal des Audiences.

VI°. Des oppositions formées à la publication des Lettres de monitoire. *Voyez* Official.

VII°. Le juge d'Eglise ne peut connoître de l'élection, de la reddition de compte, ou de quelqu'autre contestation formée entre les Marguilliers laïcs d'une Paroisse. Maynard, tome 1. livre 2. chapitre 1.

Nous avons remarqué ci-dessus les cas ausquels les Laïcs peuvent être traduits à la jurisdiction du juge ecclésiastique; mais hors ces cas, les Laïcs ne sont point ses justiciables.

Si l'Official connoissoit de quelqu'autre affaire entre Laïcs, ce seroit une entreprise sur la jurisdiction royale, qui formeroit l'abus le plus caractérisé, suivant la jurisprudence des Arrêts, & l'avis de nos meilleurs Auteurs.

Voyez M. de Marca, en son Traité *de Concordiâ Sacerdotii, & Imper. lib.* 4. *cap.* 18. & 19. Melchior Pastor, en son Traité *de Jurisdic. eccles. lib.* 3. *tit.* 8. & Fevret, liv. 1. chap. 9. nomb. 6.

Le juge d'Eglise ne peut donc connoître des fautes commises par son Procureur d'office, s'il est Laïc quoiqu'il ait prévariqué en l'exercice de sa Charge; il ne peut pas non plus connoître de la faute commise par son Géolier laïc, d'avoir laissé évader un prisonnier, ou pour avoir commis quelqu'autre délit en la géole. Bibliotéque canonique, tome 1. page 764. col. 2.

L'Eglise n'ayant point de territoire, une cédule reconnue pardevant le juge d'Eglise n'emporte point hypotéque. c'est pourquoi, après que la cédule a été reconnue devant lui, & qu'il a prononcé la condamnation, il faut se pourvoir devant le juge royal, & demander que la Sentence du juge d'Eglise soit déclarée exécutoire sur les biens du condamné. Mais pour se procurer plutôt l'avantage de l'hypotéque, on peut distraire du juge ecclésiastique la demande en reconnoissance du billet, & se pourvoir à cet effet d'abord devant le juge royal, tout juge étant compétent pour la reconnoissance d'une cédule ou billet.

Les contrats passés sous le scel ecclésiastique, n'emportent point d'hypotéque ni d'exécution parée, non plus que les Sentences rendues en Cour d'Eglise.

Ainsi les juges d'Eglise ne peuvent faire exécuter leurs jugemens sur des immeubles, mais seulement sur les meubles, & dans le cas seul de l'art. 62. de l'Ordonnance de Blois, qui porte que les jugemens des Officiaux seront exécutés jusqu'à la somme de vingt-cinq livres, même nonobstant l'appel en baillant caution.

Hors ces cas, ils ne peuvent mettre à exécution leurs jugemens, il faut qu'ils ayent recours au juges séculiers, par l'autorité desquels les saisies & exécutions puissent être vablement faites.

A l'égard des biens immeubles, ils ne sont point sujets à la jurisdiction ecclésiastique. La raison est, que les Evêques & autres juges ecclésiastiques n'ont point de territoire, ni aucun autre droit de sujetion temporelle. *Voyez* la Bibliotéque canonique, tome 1. pag. 766. colonne 1.

Le juge d'Eglise peut bien décerner un décret de prise de corps, mais non pas l'exécuter; &, comme nous l'avons dit, il faut pour l'exécution de ses Sentences, qu'il implore le secours de juge du territoire; mais il peut faire prendre prisonnier celui qu'il auroit condamné à quelque peine, pourvû que la capture s'en fasse dans le Palais Episcopal. *Voyez* Brodeau sur Louet, lettre B, sommaire 11. nomb. 8. Mornac, *ad rubricam*, *cod. de Episcop. audient.* Charondas, liv. 13. rép. 9. & ce que j'ai dit ci-dessus en parlant du bras séculier, où j'ai remarqué que le Clergé a obtenu un Edit du mois d'Avril 1695. qui permet entr'autres choses aux juges d'Eglise d'exécuter leurs décrets sans aucune permission du juge royal.

Un Official ne peut point condamner à mort, ni à aucune peine afflictive qui aille à l'effusion du sang, ou au retranchement de quelque membre: c'est pourquoi le juge d'Eglise doit abandonner au bras séculier ceux qui ont commis des crimes qui méritent des punitions qui ne conviennent point à l'esprit de douceur dont l'Eglise fait profession; *Ecclesia enim abhorret à sanguine.*

Il peut donc seulement ordonner qu'un Clerc convaincu de quelque crime léger, sera battu de verges dans la prison, par forme de correction paternelle, de maniere qu'elle ne puisse passer pour une peine afflictive.

Judex ecclesiasticus verberibus, flagellis, virgis, potest punire délinquentes quasi per modum correctionis; eâ tamen moderatione, adhibitâ ut flagella in vindictam sanguinis transire minimè videantur. Itaque Judex ecclesiasticus flagellis afficere potest usque ad sanguinis effusionem. Cap. 4. extr. de raptoribus. can 1. in fin. Juncta glossa, & can. reos, in princip. 23. qu. 5. can. fraternitatis 12. qu. 2. Boer. qu. 349. nom. 11.

Mais cette espéce de peine est plus ordinaire dans les Monasteres que dans les Officialités, où l'on regarde un tel châtiment comme peu décent, sur-tout contre des Clercs qui sont déja avancés en âge.

Il ne peut point condamner aux galeres: *Regum enim est corporalem pænam infligere, Sacerdotum verò inferre spiritualem. Voyez* Tournet, lettre B, nomb. 74.

Il ne peut pas non plus condamner au bannissement *quia territorium non habet Ecclesia.* Ainsi le juge d'Eglise ne peut même enjoindre à qui que ce soit, de sortir du Diocése: il peut seulement enjoindre à un Prêtre de se retirer du Diocèse, parce que ce mot *retirer* sent moins le bannissement, que celui de *sortir.* Basset, tome 2. tit 1 chap. 2

A l'égard de l'amende honorable, comme elle ne rend point irrégulier celui qui y condamne, & ne prive point des effets civils celui qui l'a fait, l'Official peut y condamner. Mais il faut qu'elle se fasse dans l'Officialité; parce que toute l'autorité du juge d'Eglise est renfermée dans le lieu où s'exerce sa jurisdiction; & il ne peut faire faire l'amende honorable dans une place publique, ni à la porte de l'Eglise.

Pour ce qui est de la question, on la regarde moins comme une peine, que comme un moyen qu'on croit devoir employer, pour tirer la vérité de la bouche des accusés; c'est pourquoi les Arrêts du Parlement de Paris ont jugé qu'il n'y avoit point d'abus dans les Sentences des Officiaux, qui condamnoient des Clercs à subir la question. Cependant comme ce moyen est très-violent, & a souvent de fâcheuses suites, il semble que le Juges ecclésiastiques ne devroient jamais l'employer. *Voyez* Brodeau sur Louet, lettre B, sommaire 1. nombre 9. le Traité de l'Abus, tome 2. livre 8. chapitre 4.

Comme l'Eglise n'a point de fisc, le Juge d'Eglise ne peut condamner en une amende pécuniaire, mais seulement en quelqu'aumône ou œuvre pie, comme nous l'avons dit ci-dessus. *Voyez* Basset, tome 2. livre 2. chapitre 3. & livre 7. chapitre 4.

Le Juge d'Eglise ne peut déclarer en termes généraux, un criminel atteint & convaincu des crimes à lui imposés; mais il les doit exprimer en détail. Cela est fondé sur ce qu'il n'est pas compétent pour connoître de toutes sortes de crimes, & qu'il n'y en a que de certains dont il puisse connoître. Basset, tome 2. livre 4. titre 2. chapitre 10. rapporte un Arrêt qui casse le jugement d'un Official, qui avoit déclaré l'accusé atteint des crimes à lui imposés, sans les avoir exprimés.

L'Ordonnance de Moulins faite en faveur du Clergé en 1580. porte en l'article 22. que l'instruction des procès criminels contre les Ecclésiastiques se fera conjointement, tant par le Juge d'Eglise que par le Juge royal, lequel est tenu d'aller au Siége de la jurisdiction ecclésiastique, desorte qu'ils font le procès ensemble, chacun à son Greffier; chacun donne & prononce sa Sentence séparément; & le Juge d'Eglise ne peut élargir le prisonnier, que le cas privilégié ne soit jugé. Papon, livre 1. titre 5. nombre 23.

Tous juges d'Eglise sont obligés de garder les formes prescrites par les Ordonnances, tant dans l'instruction des affaires civiles, que dans la poursuite des procès criminels; autrement il y auroit abus. *Voyez* Abus.

Pour connoître pardevant qui se portent les appellations des Sentences des Juges ecclésiastiques, il faut distinguer, ou ces appellations sont simples, ou elles sont qualifiées appels comme d'abus.

Les appellations simples des Sentences des Officiaux, vont pardevant le Juge supérieur ecclésiastique; par exemple, l'appel de la Sentence de l'Official de l'Evêque, va pardevant l'Official de l'Archevêque, dont on appelle au Primat, & du Primat, qui est l'Archevêque de Lyon, au Pape; de sorte qu'il y a quatre dégrés de la Jurisdiction ecclésiastique: on n'est pas néanmoins toujours obligé de passer par ces quatre dégrés, d'autant que par le Concordat il est statué qu'en la Jurisdiction ecclésiastique, il n'y a plus lieu à l'appel, quand il y a eu trois Sentences rendues conformes.

Quand l'appel est dévolu au Pape, on n'est pas obligé d'aller plaider à Rome; le Pape est tenu de bailler des Juges *in partibus*. *Voyez* ci-dessus Juges délegués *in partibus*.

Lorsque l'appel interjetté d'un Official est qualifié comme d'abus, il faut le relever au Parlement. *Voyez suprà* Appel comme d'abus. Nous remarquerons seulement ici, que le Juge d'Eglise ne peut après un appel comme d'abus interjetté de quelque Ordonnance instruire & juger le procès principal. *Voyez* Basset, tome 1 livre 2. titre 2. chapitre 11.

Touchant le pouvoir des Juges d'Eglise, *voyez* ci-après Jurisdiction ecclésiastique. *Voyez* aussi Bacquet, des Droits de Justice, chap. 7. & Henrys, tome 1. liv. 1. quest 84.

JUGE AUDITEUR; *voyez* Auditeur.

JUGE CONSULS, sont cinq Marchands qui doivent être natifs du Royaume, dont le premier s'appelle juge, les quatre autres Consuls, qui connoissent entre Marchands & gens de commerce de toutes sortes de contestations pour fait de marchandises.

Ceux de Paris donnent Audience trois fois la semaine; sçavoir le Lundi, le Mardi & le Vendredi, tant le matin que l'après midi.

La justice consulaire est royale. Cette jurisdiction fut crée par Charles IX, par Edit donné à Paris au mois de Novembre 1563.

Le nombre de ceux qui la devoient composer fut de cinq, dont il en eut un qui fut appellé juge, & les quatre autres Consuls. L'élection pour la premiere fois s'en fit par le Prevôt des Marchands de Paris, en l'assemblée de cent notables Bourgeois de la Ville, qui à cette fin furent convoqués; & ceux qui furent élus, prêterent serment devant le Prevôt des Marchands, à la charge que les cinq juge & Consuls n'exerceroient qu'un an, sans que l'un d'eux puisse être continué pour quelque cause que ce soit.

L'Edit de leur création les oblige de faire assembler, trois jours avant la fin de leur année, jusqu'au nombre de soixante Marchands Bourgeois de Paris, pour en élire trente d'entr'eux qui procedent, sans sortir du lieu, à l'élection des cinq qui doivent leur succeder, & qui prêtent serment devant les anciens, & ensuite au Parlement.

Ils ne peuvent juger que quand ils sont au moins au nombre de trois, & ils rendent gratuitement la justice. Ils connoissent de tous procès pour fait de marchandises entre Marchands, leurs Veuves & leurs Facteurs; ils connoissent aussi des billets de change entre Marchands & Négocians, & des lettres de change pour remise d'argent, faites de place en place entre toutes sortes de personnes.

Tous ceux qui font trafic de marchandises sont réputés Marchands; & pour le fait de leur trafic, ils peuvent être valablement poursuivis pardevant les juge & Consuls, quoique privilégiés, sans pouvoir se servir de leur privilége. Ainsi, quoiqu'une obligation fût passée sous le scel du Châtelet de Paris, pour fait de marchandises, celui qui seroit assigné en vertu d'icelle pardevant les juge & Consuls, ne pourroit pas demander son renvoi au Châtelet.

L'article 7. du titre 12. de l'Ordonnance du mois de mars 1673. veut que les Consuls connoissent aussi des différends à cause des assurances, grosses avantures; promesses, obligations, & contrats concernant le commerce de la mer, le fret & le naulage des Vaisseaux.

Suivant l'article 8. ils connoissent encore du commerce fait pendant les foires dans les lieux de leur établissement, si l'attribution n'est faite aux Juges conservateurs du privilége des foires.

Ils ont, suivant l'article 9. la connoissance de l'exécution des lettres de rescision, lorsqu'elles sont incidentes aux affaires de leur compétence, pourvû qu'il ne s'agisse pas de l'état ou qualité des personnes.

Suivant ce que nous venons de dire, celui qui achete chez un Marchand des marchandises pour son usage, ne peut pas être valablement assigné pardevant lesdits juges-Consuls; mais il doit être assigné pardevant son juge ordinaire.

Pour qu'une assignation puisse être valablement donnée aux juges-Consuls, il faut que ce soit de Marchand à Marchand, & entre Marchands faisant même négoce. En un mot, la jurisdiction des Consuls est tellement limitée à certain genre de cause, & entre les personnes que nous venons de dire, qu'elle ne pourroit pas être prorogée pour d'autres causes, & entre d'autres Particuliers du consentement des Parties. Bacquet, des Droits de justice, chapitre 8. nombre 17.

Les causes qui sont portées devant eux, doivent être jugées som airement, & les Parties y peuvent plaider sans le ministere d'Avocats ni de Procureurs;

ensorte qu'il y a un forme de procéder toute particuliere dans cette Jurisdiction.

L'on y a banni toutes les subtilités de Droit, & les formalités des procédures ordinaires, de crainte que les Marchands ne fussent détournés de l'assiduité & du soin que demande le négoce. *In Curia Mercatorum negotia deciduntur ex æquo & bono, non observatis apicibus, sive subtilitatibus Juris, sed summariè & quasi sine strepitu Judicii.* L'on n'y cherche qu'à découvrir la bonne foi de l'un, & la mauvaise foi de l'autre.

Voyez le dernier titre de l'Ordonnance du mois de Mars 1673. qui régle la jurisdiction des juge & Consuls des Marchands; & le titre 16. de l'Ordonnance de 1667. qui contient la forme de proceder pardevant eux.

Ils jugent en dernier ressort & sans appel jusqu'à la somme de cinq cens livres, suivant l'article 8. de l'Edit de leur création du mois de Novembre 1563.

L'appel de leurs jugemens portant condamnation de somme excedente cinq cens livres se releve au Parlement dans trois mois; mais leurs Sentences s'exécutent nonobstant l'appel, & sans préjudice d'icelui.

Leurs Sentences, après la signification & commandement faute de payer, s'exécutent par corps contre le condamné, mais non pas contre sa veuve, ni contre ses hériters.

Leurs Sentences sont sujettes au sceau du Châtelet, pour lequel il est payé pour celles au-dessous de cent livres, cinq sols, & dix sols pour celles qui sont au-dessus.

On peut, en vertu de leurs Sentences, faire vendre les meubles de celui qui est condamné à payer une somme, faute par lui d'y satisfaire; mais on ne peut faire aucunes criées pardevant eux: on peut seulement, en vertu de leurs Sentences, faire lesdites criées pardevant le Juge ordinaire.

Les Juges-Consuls ne peuvent connoître des inscriptions de faux incidentes aux affaires sont qui pendantes pardevant eux, ni des rebellions commises à l'exécution de leurs jugemens, suiv. l'art. 20. du titre premier de l'Ordonnance de 1670.

Cet article prouve que les Juge & Consuls ne peuvent plus connoître des matieres criminelles dont ils connoissoient auparavant. Sur quoi il faut remarquer,

I°. Que quoiqu'ils soient obligés de renvoyer ces cas pardevant les Juges naturels des accusés, ils ne sont pas pour cela dépouillés de la connoissance du fond; & qu'ils sont en droit de le juger, après que les autres Juges auront prononcé sur l'inscriptions de faux, ou sur la rebellion.

II°. Que quoique les Juge-Consuls ne puissent pas connoître de la rebellion, ni des matieres criminelles, néanmoins lorsque la rebellion arrive dans l'Auditoire des Consuls, ou qu'il s'y commet quelqu'insulte, ils en peuvent connoître par forme de police, & pour maintenir l'ordre & la discipline dans leur Auditoire.

Aujourd'hui la régle est donc que les Consuls sont incompétens de connoître d'un crime commis à la porte de leur jurisdiction, hors icelle & dedans la rue, comme il a été jugé par Arrêt du Parlement de Rouen le 23 Juin 1656. Il a même été jugé qu'ils étoient incompétens de connoître d'une plainte criminelle rendue pour une action qui s'étoit passée dans la Salle de la Bourse. *Voyez* Basnage, titre de jurisdiction, art. 1.

M. Augeard, tom. 1. art. 52. rapporte un Arrêt rendu à l'Audience de la Grand'Chambre le 27 Mars 1702. qui fait défenses aux juges & Consuls de connoître de l'homologation des contrats d'atermoyement.

Il y a dans le journal des Audiences un Arrêt de réglement du 23 Février 1695. qui régle les matieres dont les juges & Consuls doivent connoître.

La procédure qui se fait aux juges-Consuls est sommaire.

Le créancier qui est en droit de traduire le defendeur aux Consuls, fait assigner son débiteur, ou au lieu de son domicile, ou au lieu auquel la promesse a été faite, ou au lieu auquel le payement en doit être fait; article 17. du titre 12. de l'Ordonnance de 1673.

Cette assignation doit être revêtue des formalités ordinaires, à l'exception qu'on n'est pas tenu d'y déclarer le nom du Procureur, & que les délais se reglent suivant les articles 14 & 15. du titre 16. de l'Ordonnance de 1667.

Ainsi les assignations se donnent au premier jour d'Audience; le demandeur choisit le matin ou l'après midi, & il n'y a point de délais pour les Parties qui sont de Paris; on assigne au lendemain, & même du matin au matin ou à l'après midi.

Mais quand on assigne à comparoir dans le jour, l'Huissier doit marquer l'heure qu'il donne l'exploit, & l'heure de l'assignation, afin que l'on connoisse que l'assigné a eu un tems suffisant pour se rendre à l'assignation.

On fait enregistrer les exploits, & on appelle les causes à leur rang; desorte que personne ne s'en retourne le jour de l'assignation sans avoir audience. Ainsi, comme on y juge autant de causes qu'il s'en trouve d'enregistrées, on a vû quelquefois l'Audience tenir jusqu'à minuit.

Sur l'assignation, le défendeur est tenu de comparoir en personne, & en cas de maladie ou empêchement, il doit envoyer par un parent ou ami un mémoire contenant ses moyens & défenses, signé de sa main, avec une procuration spéciale, dont le porteur fera apparoir.

Si la Partie ne comparoît pas à la premiere assignation, sera donné défaut; & pour le profit, ordonné qu'elle sera réassignée.

En vertu de ce défaut, il faut faire réassigner le défendeur, & le faire signifier par les Audienciers de la jurisdiction consulaire.

Si c'est le demandeur qui n'a point comparu à l'Audience, on donne congé au défendeur, & pour le profit, le défendeur est déchargé de la demande.

Mais ces défauts & congés peuvent être rebatus, en sommant par le défaillant celui qui a obtenu congé ou défaut de comparoir à l'Audience.

Lorsque les Parties comparoissent, la cause doit être jugée sur le champ ; mais si l'affaire est de discussion, ensorte qu'elle ne puisse être facilement jugée à l'Audience, ils n'appointent pas: s'il est nécessaire de voir les piéces, ils nomment un des anciens Consuls en presence des Parties, ou un autre Marchand non suspect, pour les examiner ; & sur son rapport, Sentence est donnée en l'Audience prochaine.

Si l'on a proposé des déclinatoires, les juge & Consuls sont tenus d'en faire mention dans leurs Sentences, mais ils peuvent juger, nonobstant tout déclinatoire, appel d'incompétence, ou prise à partie, renvoi requis & signifié, sous prétexte de quelque privilége que ce puisse être, comme il est porté en l'art. 13. du tit. 12. de l'Ordonnance du mois de Mars 1673.

Cette jurisdiction ayant été établie & créée pour abréger les affaires dans le commerce, ce seroit aller contre son institution, que d'arrêter le jugement de ces juges, quand il s'agit d'affaires qui sont de leur compétence.

Mais aussi l'article 14. du même titre, enjoint aux juge & Consuls de déferer au déclinatoire, à l'appel d'incompétence, à la prise à partie & au renvoi, au cas que la connoissance de l'affaire qui est portée devant eux ne leur appartienne pas.

Autrement leurs jugemens seroient nuls, suivant l'art. I. du titre 6. de l'Ordonnance de 1667.

Lorsque celui contre qui la Sentence a été rendue n'a point eu connoissance de l'exploit, soit pour n'avoir pas été assigné à son domicile, ou parce que celui auquel il auroit envoyé son exploit pour se présenter, ne l'a pas défendu suivant son mémoire & piéces, il faut qu'il présente sa Requête, afin d'être reçu opposant à ladite Sentence, & avoir surséance ; & aussi afin de faire assigner pardevant les Consuls celui qui a obtenu gain de cause par défaut.

On donne cette Requête à l'un des Consuls avec les piéces justificatives ; & s'il trouve qu'il y ait lieu de surseoir, il met au bas : *soit donnée assignation au premier jour pardevant nous, aux fins de la présente Requête ; cependant sursis à l'exécution de la dite Sentence pendant trois jours. Fait à, &c.*

Il faut faire signifier cette Requête, donner assignation dans le délai de l'Ordonnance, & proceder comme sur les autres demandes. Si le demandeur est bien fondé, la Sentence fera droit sur l'opposition, & lui adjugera ses conclusions.

Lorsque les dépens adjugés par la Sentence ne sont pas liquidés, il faut les faire taxer, & faire dresser une déclaration de dépens que l'on fait signifier, en conséquence de la quelle on assigne celui qui a succombé pour voir taxer les dépens; ensuite de quoi on leve l'Exécutoire.

Il arrive quelquefois que dans les cours d'une instance pendante aux Consuls, il est nécessaire d'entendre la Partie noncomparante par sa bouche: en ce cas les Juge & Consuls doivent lui donner un délai competent ; ou si la Partie est malade, l'un des Consuls est commis pour l'interroger chez elle.

Le Consul commis, en procedant à l'interrogatoire, le fera rédiger en forme par le Greffier ; & la minute signée par le Consul demeurera au Greffe, & les expéditions en seront délivrées aux Parties intéressées par le Greffier.

Si ceux que l'on veut faire interroger sont absens, les Juges & Consuls donnent une commission rogatoire, adressante au plus prochian Juge royal du lieu de la demeure de la Partie, pour proceder à l'interrogatoire.

Quand les Parties sont contraires en faits, la preuve en est reçue par temoins: il doit être donné un délai compétent pour les assigner, & les ouir sommairement à l'Audience, après que les Parties auront proposé verbalement leurs reproches.

Contre la maxime ordinaire, la preuve par témoins est reçue au-dessus de cent livres dans la jurisdiction des Consuls.

Cependant on n'y reçoit aucune preuve testimoniale contre & outre le contenu en un acte de société.

En assignant les témoins en vertu de la Sentence qui l'ordonne, on assigne aussi la Partie pour fournir des reproces contre eux, & pour leur voir prêter le sermens; mais il faut prendre garde, dans la copie de l'exploit qui est laissée à la Partie adverse, de ne point mettre les noms des témoins, de peur qu'elle ne tâche de les corrompre avant qu'ils aillent déposer.

Si les témoins de l'une des Parties ne comparoissent pas, elle demeurera forclose de les faire ouir, si ce n'est que les juge & Consuls ne trouvent à propos de donner un nouveau délai d'amener les témoins, attendu la qualité de l'affaire ; auquel cas les Juges & Consuls pourront les ouir secretement en la Chambre du Conseil, s'ils le jugent à propos.

Quand les témoins sont ouis à l'Audience, leurs dépositions sont seulement rédigées par le Greffier; mais quand c'est à la Chambre du Conseil, elles doivent être signées des témoins, s'ils sçavent & veulent signer; finon en sera fait mention.

Cela fait, la cause doit être jugée en la même Audience, ou au Conseil, sur la lecture des piéces.

Défenses sont faites aux juges-Consuls de prendre aucunes épices, salaires, droits de rapport & de conseil, même pour les interrogatoires & auditions de témoins, ou autrement, sous les peines énoncées en l'article dernier du titre 16. de l'Ordonnance de 1667.

Au reste, quoique la science des Loix, jointe à une probité inébranlable, soit absolument nécessaire pour se bien acquitter des fonctions de Juge, il faut cependant demeurer d'accord qu'un homme versé dans le négoce peut, par le seul secours des lumiéres naturelles & de l'équité, connoître des affaires du commerce, sans avoir fait une longue étude la jurisprudence. C'est aussi la raison pour laquelle il n'y a que des Marchands & Négocians qui soit préposés à la jurisdiction consulaire, spécialement établie pour juger ces sortes d'affaires.

Touchant la jurisdiction des Consuls, *Voyez* l'Edit de leur création du mois de Novembre 1563 & les cinq Déclarations qui le suivent, & qui sont dans le Recueil qu'a fait Neron des Ordonances royaux.

Voyez aussi le titre 16. de l'Ordonnance de 1667. & le titre 12. du Code Marchand. *Voyez* aussi Henrys, tom. 1. liv. 2. chap. 4. quest. 16. & quest. 72.

JUGE ET CONSULS DE LYON. *Voyez* Conservateur des Foires de Lyon.

JUGES DES TRAITES FORAINES, sont ceux qui connoissent des contestations qui arrivent pour les droits qui se perçoivent sur les marchandises qui entrent ou qui sortent du Royame.

Les appellations de ces juges appellés Maitres des Portes, ressortissent aux Cours des Aydes de leur ressort, & doivent être relevées dans quarante jours.

Ils connoissent encore des marchandises de contrebande, & de beaucoup de matieres qui regardent l'entrée & la sortie des personnes & des choses hors le Royaume, suivant l'Ordonnance d'Henry II. du mois de Septembre 1549.

Voyez Traites foraines.

JUGES DE POLICE, sont des juges creés pour veiller à la sûreté des Villes où ils sont élablis, & pour connoître des délit de ceux qui contreviennent aux Ordonances & aux Reglemens de Police.

Par Edit du mois de mars 1667. le Roi a démembré de la Charge de Lieutenant civil du Châtelet de Paris, celle de Lieutenant général de Police; & par Edits des mois d'Octobre & Novembre 1699. il a été créé des Officiers pour l'administration de la Police dans toutes le Villes & lieux du Royaume où la justice appartient au Roi, pour faire les mêmes fonctions que fait le Lieutenant général de Police de Paris.

Comme il survenoit journellement des contestations à l'occasion du pouvoir & des fonctions de ces Officiers de Police, le Roi a, par sa Déclaration donnée à Versailles le 28 Décembre 1700. ordonné ce qui suit.

I°. L'appel des Ordonnances & jugemens rendus par eux, ou en leur absence par les Procureurs du Roi dans les Villes & lieux où avant leur création l'appel des Sentences rendues par les juges royaux, sur le fait de la Police, étoit porté directement ès Cours de Parlemet, ne peut être relevé ailleurs qu'esdites Cours.

II°. L'appel des Ordonnances & jugemens rendus par les Lieutenans généraux des Bailliages & autres Siéges, dont les appellations relevent directement ès Cours de Parlement, lesquels ont obtenu la réunion à leurs Offices de ceux de Lieutenans généraux de Police, est aussi porté esdites Cours.

III°. Défenses sont faites aux Officiers des Bailliages, Sénéchaussées & Siéges présidiaux d'en connoître, & de donner aucunes défenses de les exécuter, à peine de nullité de leurs jugemens, & de tous dommages & intérêts des Parties.

IV°. Hors le cas ci-dessus exprimés, les appellations des jugemens rendus par les Lieutenans généraux de Police des Villes & lieux distans de plus de dix lieues des Parlemens, sont portées aux Bailliages & autres Siéges, où ressortissoient avant ledit Edit les appellations des jugemens rendus par les juges de Police desdits lieux; & à l'égard des Villes & lieux situés dans l'étendue des dix lieues, les appellations des Lieutenans généraux de Police qui y sont établis, seront portées esdites Cours.

V. Dans l'un & l'autre desdits cas, soit que l'appel desdites Sentences soit porté esdites Cours, ou dans les Bailliages & Sénéchaussées, les jugemens desdits Lieutenans généraux de Police, qui ne porteront condamnation d'amende que jusqu'à soixante sols, soient exécutés par provision, nonobstant l'appel, sans que, pour quelque cause que ce puisse être, les juges d'appel puissent faire des défenses de les exécuter.

VI. Lesdits Lieutenans généraux de Police ont rang, séance & voix délibérative dans les Bailliages & Siéges Présidiaux, & autres Siéges ordinaires des Villes de leur établissement, tant aux Audiences que Chambre du Conseil, immédiatement après les Lieutenans généraux & autres premiers juges desdits Siéges, & avant les Lieutenans criminels, Lieutenans particuliers, & tous autres juges; & dans les Hôtel-de-Villes, en toutes assemblées après le Maire, sans qu'il puissent néanmoins prétendre présider en l'absence, soit des Lieutenans généraux ou des Maires, mais auront seulement séance après celui qui présidera.

VII°. Lesdits Lieutenans généraux de Police ont pareillement, dans toutes les assemblées & cérémonies publiques, même rang après les Lieutenans généraux, en l'absence desquels ils précederont, dans lesdites assemblées & cérémonies, tous les autres Officiers qui sont précedé par lesdits Lieutenans généraux.

Enfin ils ont rang & séance dans les Buraux établis pour la direction des Hôpitaux, immédiatement après les Lieutenans généraux, ou autres premiers Juge des Siéges, en l'absence desquels ils président, en cas que la présidence appartienne ausdits Lieutenans générauxou autres premiers juges.

JUGES CONCUSSIONNAIRES. *Voyez* Concussionnaire.

JUGEMENT, est une décision prononcée, sous l'autorité du Prince, par les Officiers qu'il a commis pour rendre en sa place la justice à ses Sujets.

Pour qu'un jugement soit juridique, il faut I°. Qu'ils soit rendu par un juge compétent; car s'il étoit incompétent par défaut de caractere, comme si c'étoit une personne privée, le jugement seroit nul de droit, si ce n'est qu'il eût jugé en qualité d'Arbitre, & en vertu d'un compromis.

II°. Qu'il soit rendu dans les formes prescrites par les Ordonnances. Ainsi il faut qu'il soit rendu dans le Siége ordinaire de la Jurisdiction, & non pas dans une maison privée; autrement il seroit nul de droit. *Voyez* l'ordonnance de François I. de 1523 & celle d'Henry III. de 1585.

Les juges ne peuvent donc pas faire dans leurs maisons aucun acte de jurisdiction contentieuse, à peine de nullité des jugemens. Filleau, tom. 1. chap. 85 & 88. tom. 2. chap. 2.

Il y a néanmoins des Ordonnances d'instructions qui se donnent en l'Hôtel du Juge. Les référés s'y font, pour plus grande célérité; mais il n'est pas permis aux Juges de juger dans leurs maisons les affaires qui doivent être publiquement jugées *in loco majorum*.

III°. Il faut qu'un jugement soit rendu un jour plaidoyable, & non pas un jour de Fête commandée par l'Eglise, *voyez* jours de Fête.

IV°. Que les délais prescrits par les Ordonnances ayent été observés.

V°. Qu'il soit conforme aux Loix, aux Us & Coutumes du Pays, & aux Ordonnances. *Voyez* Loi. Il faut remarquer ici qu'en Pays coutumier nos Coutumes sont notre vrai Droit écrit, ausquelles les Juges doivent conformer leurs Jugemens, & que les Loix Romaines ont force & autorité de Loix dans les Pays de Droit écrit, & que les Ordonnances de nos Rois sont sans contredit les vraies Loix de tout le Royaume, & sont au-dessus des Coutumes & du Droit Romain.

VI°. Un Jugement définitif doit contenir une absolution ou une condamnation d'une chose certaine c'est-à-dire, qu'il faut qu'il décharge le défendeur de la demande contre lui intentée, ou qu'il le condamne, & que la condamnation soit de chose certaine, & non pas vague & indeterminée.

VII°. Il faut qu'il n'adjuge pas à une des Parties plus que ce qu'elle demandoit : c'est ce que l'on appelle *ultra petita*, & ce qui est un moyen de Requête civile.

Voyez Requête civile. *Voyez* aussi Boniface, tom. 1. livre 1. tit. 16. nomb. 9.

Les Jugemens ne sont point translatifs d'un droit, mais seulement déclaratif du droit, qui appartient à celui qui à obtenu gain de cause ; à l'exeption des Jugemens divisoires, qui sont ceux qui sont formés pour le partage d'une succession, où pour le partage d'une chose commune, ou pour raison des bornes limites d'héritages, dans lesquels le juge peut adjuger à l'une des Parties quelque chose en entier, en la condamnant à payer à l'autre une somme par forme de dédommagement. *Voyez* ci-après jugemens divisoires.

Après qu'un Jugement a été rendu, il n'est pas permis au juge d'y rien changer; *quia fructus est officio, & tunc hac in contraversia desinit esse Judex.* D'ailleurs, le contenu au jugement est un droit acquis aux Parties, ausquelles il ne reste plus qu'à se pourvoir par les voies de droit. *Voyez* M. le Prêtre, cent. 4. chap. 26.

On peut être reçu opposant à un Arrêt, ou appellant d'une Sentence, dans une autre jurisdiction que celle où ces jugemens ont été rendus, quand ils sont opposés dans une contestation qui est poursuivie ailleurs, comme il a été jugé par Arrêt du du 9 Juillet 1698. rapporté dans le journal des Audiences, tom. 5. liv. 14. chap. 8.

Les jugemens rendus ne nuisent qu'à celui qui ayant été Partie a été condamné, & à ses héritiers & successeurs, & non aux autres qui n'ont pas été ouis. *Voyez* Tiers-oppositions & Tiers-opposans. *Voyez* aussi ce qui en est dit dans le second tome des Causes célebres, pag. 315, & suiv.

Il y a une Déclaration du Roi, donnée à Marly le 16 Juillet 1697. registrée en la Chambre des Comptes le 26 du même mois, qui porte que les expéditions de jugemens seront en parchemin timbré.

Voyons présentement quelles sont le principales divisions des jugemens. Ils se divisent d'abord en jugemens civils, & en jugemens criminels.

Ils se divisent encore en jugemens interlocutoires, provisionnels & définitifs.

D'autres sont rendus à l'Audience, d'autres sur productions des Parties.

D'autres sont contradictoires, & d'autres par défaut.

Enfin, il y a des jugemens rendus pas des Cours souveraines, d'autres qui sont rendus en dernier ressort par des juges inférieurs, d'autres qui sont par eux rendus à la charge de l'appel.

JUGEMENT CIVIL, est celui qui est prononcé en matiére civile, dans laquelle il ne s'agit que d'un intérêt pécuniaire. Tout procès civil commence par une assignation. *Voyez* Adjournement. *Voyez* Assignation.

JUGEMENT CRIMINEL, est celui qui est prononcé en matiere criminelle, & qui statue sur le dédommagement de la Partie civile, & sur la vindicte publique. Tout procès en matiere criminelle commence par une plainte, ou par une dénonciation. *Voyez* ce que j'ai dit *verbo* Accusateur & Accusé. *Voyez* aussi ce que j'ai dit, lettre P, en parlant du procès ordinaire ou civil, & du procès extraordinaire & criminel. *Voyez* aussi ce que j'ai dit *verbo* Absolution, & *verbo* Condamnation à mort.

JUGEMENT INTERLOCUTOIRE, est celui qui ne décide pas la contestation, mais qui ordonne quelque chose pour y parvenir; comme quand le juge ordonne que le demandeur ou le défendeur justifiera dans un tel tems d'un fait ou quand l'enquête, préalablement à la décision du fond, est ordonnée ; afin que dans une affaire où les Parties sont contraires en faits, le juge puisse connoître lequel des deux est fondé en raison & en droit.

JUGEMENT PROVISIONEL, est celui qui, sur une raison apparente & d'équité, adjuge pendant l'instruction à l'une des Parties quelque chose par provision, comme une somme de deniers pour alimens,

alimens, ou donne la liberté de sa personne, ou de ses biens.

JUGEMENT DÉFINITIF, est celui qui termine le différend des Parties, en absolvant le défendeur, ou le condamnant, suivant les conclusions prises par le demandeur.

Ce jugement doit contenir une absolution, ou une condamnation d'une chose certaine, & non pas vague & indéterminée; & il faut qu'il n'adjuge pas à une des Parties plus que ce qu'elle demande, comme nous avons dit ci-dessus en parlant du jugement en général.

JUGEMENT RENDU A L'AUDIENCE, ne contient que deux choses; sçavoir, les qualités des Parties, & le prononcé & dispositif.

JUGEMENT RENDU SUR PRODUCTION DES PARTIES, contient trois choses, qui sont les qualités, le vû, & le *dictum*.

JUGEMENT CONTRADICTOIRE, est celui qui est rendu par le Juge après avoir entendu toutes les Parties, qui ont défendu leurs intérêts.

JUGEMENT PAR DEFAUT, est celui qui est rendu contre une des Parties défaillantes. *Voyez* Défaut.

JUGEMENT RENDU PAR UNE COUR SOUVERAINE, est celui qui est rendu par le Parlement, ou autre Cour souveraine, contre lequel on ne peut se pourvoir que par opposition, requête civile, ou par la voie de cassation d'Arrêt.

Ces jugemens doivent être rendus par dix Juges. Le Parlement observe inviolablement pour juger, qu'il y ait dix Juges pour rendre un Arrêt, suivant les Ordonnances de Moulins, article 68. & de Blois article 133.

JUGEMENT EN DERNIER RESSORT, est un jugement rendu par un Présidial en dernier ressort & au premier chef de l'Edit.

Les Présidiaux ne peuvent juger qu'au nombre de sept au moins, suivant leur Edit de création de 1551. l'Ordonnance de Moulins, article 46. & l'Ordonnance du mois d'Août 1670. titre 25. article 11.

La raison est, que ne pouvant y avoir d'appel de ces jugemens, ils requierent un plus grand nombre de Juges.

JUGEMENT DES JUGES INFERIEURS, est celui qui est rendu par un Juge inférieur, soit royal, soit d'un Seigneur, contre lequel jugement on se peut pourvoir par la voie d'appel.

Les Juges ordinaires royaux, ou des justices seigneuriales, dont il y a appel, sont absolument obligés d'être au moins trois Juges pour juger, & doivent être Officiers dans le Siége, si tant il y en a, ou Gradués, suivant l'Ordonnance du mois d'Août 1670. titre 25. article 10. qui les y a obligés.

JUGEMENT RENDU A LA CHARGE DE L'APPEL PAR LES JUGES ROYAUX, sont ceux qui sont rendus en matiere criminelle, desquels le Procureur du Roi est obligé d'interjetter appel, quand même la Partie civile n'en reclameroit pas.

Les cas en sont énoncés dans l'article 6. du titre 26. de l'Ordonnance de 1670. qui porte que si la Sentence rendue par le Juge des lieux porte condamnation de peine corporelle, de galeres, de bannissement à perpetuité, ou d'amende honorable, soit qu'il y ait appel ou non, l'accusé & son procès seront renvoyés ensemble sûrement ès Cours.

Ainsi, de cet article il s'ensuit, que lorsqu'il y a jugement de condamnation à mort, ou à quelque peine afflictive de corps, on ne peut pas mettre à exécution le jugement, qu'il n'ait été confirmé par le Juge supérieur.

JUGEMENT PASSÉ EN FORCE DE CHOSE JUGÉE, est celui qui a été rendu en dernier ressort, ou celui dont il n'y a point d'appel, ou dont l'appel n'est pas recevable, soit que les Parties y eussent formellement acquiescé, ou qu'elles n'en eussent interjetté appel dans le tems prescrit, ou que l'appel fût déclaré péri, suivant l'Ordonnance de 1667. article 5. du titre 27.

Voyez ce que j'ai dit, lettre T, en parlant du tems prescrit pour interjetter appel.

Il y a des Sentences qui ne passent point en force de chose jugée, & dont par conséquent on peut appeller, *etiam post præfinitum appellandi tempus*. Ces Sentences sont celles qui sont nulles *ipso jure*, comme sont celles qui sont rendues contre la disposition des Loix & des Canons, comme nous l'avons dit.

Au reste, après qu'une Sentence a passé en force de chose jugée, celui qui est par icelle condamné ne peut se pourvoir contre, & empêcher l'exécution, même sous prétexte de piéces nouvellement recouvrées. *Voyez* Chose jugée. *Voyez* aussi Sentence passée en force de chose jugée.

JUGEMENT RENDU CONTRE LES LOIX, est celui qui contient une décision directement contraire à la disposition précise des Ordonnances ou des Coutumes.

Ces jugemens sont nuls de plein droit; ainsi on en peut empêcher l'exécution en se servant des moyens que nous avons expliqués, lettre N, en parlant de la nullité en fait de jugemens. Ces jugemens ne passent pas non plus en force de chose jugée, comme nous avons dit *verbo* Chose jugée.

Les jugemens ne sont censés rendus contre les Loix, que quand ils contiennent une décision qui y est directement contraire, & non pas quand ils sont contre le droit de l'une des Parties. *Sententia lata contrà jure litigatoris valet, transitque in rem judicatam, nisi ab eâ appellatum fuerit intrà tempus legibus definitum; sed aperté lata contra leges nullius est momenti, adeo ut nequidem necesse sit ab eâ appellare, nisi ut declaretur nulla, sicque non transit in rem judicatam, etiamsi intra præfinitum tempus ab eâ non fuerit appellatum. Leg.* 1. §. 2. *ff. quæ Sent. sine appel. rescind. Leg.* 19. *ff. de appel. Leg.* 5. *cod. de legib.*

Verum Sententia lata non est contrà leges, si aperta non fuerit, earum Sententia, & existimaverit Ju-

dex causam illis non juvari. Leg. 32. ff. de re jud.

Au reste, les premiers Juges sont assujettis plus que les autres à conformer leurs Jugemens aux Ordonnances & aux Coutumes; car les Juges souverains peuvent adoucir ou interpréter la Loi, suivant les circonstances du fait, attendu qu'ils sont censés Juges *vice sacra Principis*.

JUGEMENT INJUSTE RENDU PAR ERREUR. Le Juge qui a rendu un tel Jugement ne peut être pris à partie, au cas que l'erreur ait été de celles qui peuvent faire illusion aux gens les plus éclairés, comme je l'ai dit, lettre E, en parlant des erreurs spécieuses. *Voyez* aussi ce que j'ai dit, lettre M, en parlant du mal jugé.

JUGEMENT INJUSTE RENDU PAR IMPERITIE, est un quasi-délit que commet un Juge qui par ignorance rend un Jugement injuste. *Voyez* ce que j'en ai dit dans ma Traduction des Institutes, sur le commencement du cinquiéme titre du quatriéme livre.

JUGEMENT INJUSTE RENDU PAR DOL, est celui que rend un Juge dans la vûe de favoriser une des Parties, ou de faire de la peine & causer du dommage à celle qu'il a condamnée, ou par des raisons sordides. *Leg. 15. ff. de Judiciis.*

Il n'est pas étonnant qu'un Juge, sur tout de Village, rende des Jugemens injustes, croyant s'acquitter de son devoir: c'est le plus souvent l'ouvrage de la surprise ou de l'ignorance. Mais il est surprenant que la malignité, la passion, ou un intérêt sordide, corrompent le cœur d'un Officier qui a le glaive en main, & qui est préposé pour rendre à un chacun ce qui lui est dû. Rien n'est plus fâcheux pour le Public & pour les Particuliers, que ces détestables fléaux de la societé civile; & quand il s'en rencontre, ils peuvent être pris à partie; & le Juge qui en connoît doit réprimer leurs attentats, suivant l'attrocité de leur malignité & de leur prévarication.

Ils sont toujours condamnés aux dépens, dommages & intérêts de la Partie plaignante, en quelqu'amende ou aumône, & quelquefois enfin à quelque peine afflictive.

Par Arrêt du 7 Août 1733. rendu au Parlement de Dijon, rapporté dans le premier chapitre du neuviéme tome des Causes célébres, un Procureur Fiscal convaincu de subornation de témoins & de prévarication, a été condamné à être pendu, en quinze cens livres d'amende envers le Roi, en huit mille livres de dommages & intérêts réels & honoraires envers des Particuliers qu'il avoit vexés injustement, & en quelques autres articles qui sont énoncés dans cet Arrêt.

Voyez Prise à partie.

JUGEMENT DE CONDAMNATION A MORT, non sujet à l'appel rendu contre un accusé détenu en Justice, doit être exécuté jusqu'à ce que mort s'ensuive.

Ainsi, lorsqu'un condamné à mort a été exécuté, & que par hazard ou autrement il a survécu après l'exécution; s'il est repris, la régle est qu'il soit exécuté de nouveau, nonobstant la maxime, *non bis in idem*; parce qu'on ne peut pas dire qu'on lui impose une nouvelle peine pour le même crime, puisqu'on ne lui fait alors subir que celle à laquelle il avoit été condamné, & qui n'a pas été suivie de son entiere exécution.

Et pour ne plus laisser aucun doute sur cette article, il a été enjoint aux Juges de mettre dans les Jugemens de condamnation à mort, la clause *tant que la mort s'ensuive.*

JUGEMENT DE CONDAMNATION A MORT RENDU PAR CONTUMACE, est différent quant à l'effet, de celui qui est rendu contre un accusé détenu en justice; ce que les condamnations à mort rendues contre des accusés détenus en Justice produisent leur effet, & les rendent incapables des effets civils, dès l'instant que jugement de condamnation a été prononcé.

Cela est si vrai, que quand même le criminel s'échaperoit ensuite, le condamné ayant été entendu en ses défenses, son Jugement est parfait. Ainsi il est juste qu'il ait son exécution dès ce moment. La Loi l'ayant jugé digne de mort en connoissance de cause, elle ne le connoît plus pour homme vivant; mais à l'égard des condamnations par défaut, la Loi par une équité naturelle, donne un tems au condamné pour se représenter & venir expliquer ses défenses; elle fait dépendre son état de l'échéance de ce terme, sa capacité ou incapacité d'effets civils. On ne le dépouille de son état ni de ses biens, & ce n'est qu'après ce tems écoulé qu'elle l'en dépouille; desorte que s'il est rétabli dans les cinq ans, il est présumé n'avoir jamais perdu sa capacité, il recueille les successions, & passe tous les actes de la vie civille: c'est ce qui paroît par la disposition de l'article 28. de l'Ordonnance de Moulins, c'est-à-dire que durant ce tems-là la confiscation n'est point acquise au Roi, & le condamné reste propriétaire & possesseur de tous ses effets.

Il est donc vrai que le condamné à mort par contumace conserve la capacité des effets civils pendant les cinq ans; jusques-là que venant à déceder avant l'expiration de cinq ans, il est reputé mourir *integri status*, dans l'intégrité de son état; & les actes qu'il a passés sont jugés bons & valables. *Voyez* ce que j'ai dit *verbo* Contumace.

JUGEMENT DIVISOIRE, est celui dans lequel l'adjudication a lieu, & dans lequel se fait une véritable translation de proprieté. Il y en a trois; sçavoir, le jugement qui intervient en fait de partage d'une succession entre cohéritiers; celui qui intervient en fait de partage d'une chose commune entre plusieurs copropriétaires; & celui qui intervient en fait de bornage.

La régle est que le Juge ne donne point le droit en une chose, il déclare simplement à qui elle appartient; parce que celui qui a le droit en la chose qu'on lui refuse, ne peut la retirer de son autorité, il lui faut un jugement qui le déclare en être propriétaire. Ainsi régulierement un Arrêt ou une Sentence ne sont point attributifs d'un droit, mais seulement déclaratifs du droit qui appartient à celui qui obtient gain de cause; ils ne font que le confirmer dans la chose sans lui donner rien de nouveau. *Sententia Judiciis nec dominium transfert, nec imponit servitutem, sed tantùm declarat cujus res sit. Leg.* 8. §. 4. *ff. si servitus vindicetur.*

Cependant les jugemens divisoires sont exceptés de la régle générale, & l'adjudication qu'ils contiennent transfere la proprieté. *In Judiciis divisoriis dominium adjudicatione acquiritur. Ulpanius in fragment. titulo* 19. §. 15; *quod in his specialiter receptum est, quo faciliùs à communione recedatur; quia, si in eâ inviti retinerentur, pareret lites & jurgia quibus turbaretur publica tranquillitas.*

JUGEMENT APPELLÉ PAR LES INTERPRETES, *JUDICIUM RUSTICORUM*, est celui qui adjuge au demandeur & au défendeur la chose contentieuse, à l'effet d'être partagée entr'eux par portions égales; faute par le Juge de pouvoir connoître à qui des deux elles appartient en entier, à cause de la concurrence des preuves qui se trouvent égales de part & d'autre, & pareilles considérations.

Ainsi jugé au Parlement de Paris le 14 Mars 1533. pour sept arpens de terre que chacune des Parties prétendoit lui appartenir, par rapport au fief que chacune possedoit auprès.

Voyez Papon, livre 17. titre 2. Arrêt 1. où il rapporte à ce sujet le jugement de Salomon, & l'autorité de la Loi 3. *ff. uti possidetis.*

JUGEMENS RENDUS EN PAYS ÉTRANGERS, ne sont point reconnus en France, & ne peuvent s'exécuter sur les biens des François situés dans ce Royaume; il faut se pourvoir par une nouvelle action contre ceux qui sont condamnés par de tels Jugemens.

La raison est, que nous ne reconnoissons de jugemens exécutoires que ceux qui sont prononcés par des Juges dont la Jurisdiction émane de la souveraineté du Roi, qui seul a droit sur le temporel de son Royaume.

Il n'en est pas aujourd'hui de même des contrats passés en Pays étranger; car quand ils sont revêtus des formes, solemnités & usages du Pays, ils doivent avoir leur exécution en France, de même qu'ils l'auroient dans le Pays où ils ont été passés, en observant ce qui est porté dans la Déclaration donnée à Versailles le 6 Septembre 1707. qui porte que tous ces actes & contrats qui ont été ou seront passés par des Notaires demeurans hors l'étendue du Royaume, ou dans les Pays où les controlles des actes des Notaires & insinuations laïques ne sont pas établis, ne pourront avoir aucune exécution, ni fonder aucune action en Justice, s'ils n'ont été controllés & insinués: d'où il s'ensuit qu'ils font foi en Justice, dès qu'ils sont controllés & insinués.

EN JUGEANT, se dit, quand sur la plaidoirie contradictoire des Parties le Juge ne se trouve pas en état de décider, parce que la décision de la cause dépend de l'examen des piéces produites dans l'affaire principale qui est appointée, ou que la Requête tend à faire juger à l'Audience ce qui est appointé.

En l'un & l'autre cas le Juge prononce, *joint la Requête à l'instance ou procès, pour en jugeant y avoir tel égard que de raison.*

Enfin, le Juge prononce *en jugeant*, lorsqu'un procès est en état d'être jugé, & que l'on donne des Requêtes où l'on augmente les conclusions; au lieu de régler ces Requêtes par une Ordonnance d'appointé en droit & joint, on met *en jugeant.*

JUMEAUX, sont deux freres que la mere a portés en même-tems dans son sein; celui qui est né le premier, c'est-à-dire qui est venu le premier au monde, est reputé l'aîné.

C'est ce qui se décide à ce sujet journellement dans les Tribunaux, quoique plusieurs ayent prétendu que l'aîné soit celui qui vient le dernier au monde.

Ainsi, de deux jumeaux, celui qui est venu le premier au monde, doit avoir le droit d'aînesse. *Leg. si fuerit, ff. de rebus dubiis.*

Voyez Henrys, tome 2. liv. 6. qu. 8. & M. le Brun en son Traité des Successions, livre 2. chapitre 2. section 1. nombre 9.

JURAT, est en quelques lieux de ce Royaume l'Echevin ou le Capitoul d'une Ville. Les Echevins, Capitouls, Jurats sont tous des Officiers municipaux qui administrent les affaires communes de la Ville. A Paris & dans quelques autres Villes, il y a un Prevôt des Marchands & quatre Echevins; dans d'autres endroits, au lieu de Prevôt des Marchands, c'est un Maire; à Toulouse, ce sont des Capitouls; à Bordeaux & dans quelques autres Villes du même Pays, ce sont des Jurats.

JURÉS, c'est-à-dire Experts ou expérimentés dans un art, que le Juge choisit pour voir & visiter les ouvrages de leur art, quand il y a contestaion touchant la défectuosité d'iceux, ou pour en faire l'estimation, au cas que les Parties ne soient pas d'accord sur ce point.

JURIDIQUE, signifie régulier, conforme aux Loix du Pays, aux procedures qui y sont observées.

JURISCONSULTES, sont des personnes versées dans la science des Loix, qui donnent leurs réponses sur les questions de Droit à ceux qui les consultent. Si les Avocats qui se distinguent dans la plaidoirie sont comblés de gloire, les Consultans ou Jurisconsultes ne méritent pas moins d'estime & de considération, comme je l'ai dit lettre A. en parlant des Avocats, pag 192.

Voyez dans l'Histoire du Droit Romain ce que j'ai dit des Jurisconsultes de Rome.

JURISDICTION, est le pouvoir & l'autorité publique, accordée à celui qui en est pourvû, pour connoître & juger des differends des

Particuliers : ou bien jurisdiction, est cette émanation du pouvoir souverain qui est communiqué aux Magistrats, pour rendre la justice au nom du Prince.

Le pouvoir de connoître des différends des Particuliers, n'appartient qu'au souverain ; mais comme il ne peut pas lui-même décider toutes les contestations qui surviennent entre ses Sujets, il est obligé de communiquer cette puissance à d'autres, pour l'exercer sous son nom & sous son autorité.

Celui qui n'a pas de jurisdiction, ne peut pas être, Juge, même du consentement des Parties. La raison est, que la fonction de Juge est de droit public, & par conséquent ne dépend pas des Particuliers. *Leg. 3. cod. de Jurisdict. omnium Judic.*

Il n'en est pas de même des Arbitres ; car dans les affaires pour lesquelles il est permis de compromettre, on peut être nommé Arbitre, quoiqu'on n'ait point de jurisdiction.

La jurisdiction se divise en volontaire & contentieuse. La volontaire connoît de matieres & des affaires qui se présentent, dans lesquelles les Parties sont d'accord : ainsi cette jurisdiction s'exerce sans qu'il y ait contestation de part & d'autre. Les objets de cette jurisdiction sont les adoptions, les affranchissemens, les émancipations, & autres choses qui sont reglées du commun consentement des Parties.

La jurisdiction contentieuses est celle qui ne s'exerce que sur le début des Parties pour leurs propres intérêts, & qui n'a pour objet que les choses dans lesquelles les Parties sont opposées & contraires dans leurs prétentions.

Il y a encore deux sortes de jurisdictions ; sçavoir, la jurisdiction ecclésiastique, & la jurisdiction séculiere.

Ces deux jurisdictions ont la même origine, puisqu'elles sont émanées de Dieu ; mais elles sont distinctes & séparées, en ce qu'elles ont différens objets ; c'est pourquoi chacune doit se renfermer dans les bornes qui lui sont prescrites, & ne pas s'étendre au-delà. D'où il s'ensuit qu'il y a abus toutes & quantes fois que le Juge d'Eglise fait quelqu'entreprise sur la jurisdiction séculiere, ou que les Juges séculiers entreprennent sur la jurisdiction ecclésiastique : & c'est le cas où l'incompétence de jurisdiction *ratione materiæ*, peut être alléguée en tout état de cause ; parce qu'il n'est pas au pouvoir des Parties de donner jurisdiction à celui qui n'en a point. *Leg. 3. cod. de Jurisdictione omnium Judicum.* Or le Juge ecclésiastique n'a point de jurisdiction sur les choses temporelles ; le Juge séculier n'en a point aussi sur les choses spirituelles.

Voyez Appel comme d'abus ; *voyez* aussi Incompétence.

JURISDICTION ECCLESIASTIQUE, est celles qui appartient aux Evêques, Archevêques, Primats & au Pape.

Cette Jurisdiction se divise en Jurisdiction au for interne, & Jurisdiction au for externe.

La Jurisdiction ecclésiastique au for interne, est la Jurisdiction sur les ames & sur les choses purement spirituelles, à laquelle tous ceux d'un Diocèse, Ecclésiastiques ou Laïques, sont sujets. Elle vient de Dieu, & est attachée à la Dignité ecclésiastique.

Cette Jurisdiction est exercée par les Evêques & Archevêques, par leurs Pénitentiers, par les Curés & par les Confesseurs.

La Jurisdiction ecclésiastique au for externe est de deux sortes ; l'une est volontaire & dépend de la puissance d'administration ; & l'autre est contentieuse & dépend de la puissance judiciaire.

La volontaire & gratieuse est établie pour les affaires spirituelles, ou quasi-spirituelles, qui dépendent de la volonté de celui qui a droit d'exercer cette Jurisdictions : ainsi elle est exercée par l'Evêque lui-même, ou par le Prêtre qu'il commet à cet effet, qui est appellé son Grand Vicaire.

La Jurisdiction contentieuse consiste à vuider, par la voie judiciaire, les procès des Ecclésiastiques & ceux des Laïques, en certains cas seulement, & cette jurisdiction ne peut être aujourd'hui exercée que par un Prêtre gradué commis par l'Evêque, que l'on nomme son Official ; ensorte que les Evêques en France ne peuvent point à présent retenir à eux la connoissance d'une cause ou d'un procès, ni pour les juger ni pour commettre à cet effet une autre personne que leur Official.

La jurisdiction ecclésiastique contentieuse a pour chef l'Official, qui en est le Juge. La Partie publique de cette jurisdiction est le Promoteur ; & elle a pour Lieutenant de l'Official un Vicegerent.

Elle vient du Prince, & c'est de lui & de sa grace que les Ecclésiastiques la tiennent ; d'autant qu'il n'appartient qu'au Prince de rendre la justice à tous ses Sujets, de quelque qualité & condition qu'ils soient.

Les Ecclésiastiques sont sujets du Roi, & ses justiciables ; & comme la Jurisdiction ecclésiastique a été établie par les Princes souverains, elle leur est soumise pour être renfermée dans ses bornes ; ensorte qu'elle ne peut connoître des choses temporelles. *Voyez* M. le Bret, en son Traité de la Souveraineté, livre 1. chap. 12.

Il est vrai que pendant un tems les Juges d'Eglise ont connu, même dans ce Royaume, de la plûpart des affaires qui n'étoient pas de leur compétence ; mais cela n'est arrivé que contre les régles, en partie à cause qu'il ne se trouvoit pas des Juges laïcs capables dans ces tems-là, & en partie à cause de la condescendance qu'ont eu les Princes Chrétiens pour la Jurisdiction ecclésiastique.

Voici comme la chose est arrivée dans ce Royaume. Vers le dixiéme siécle, les Ducs & les Comtes mirent tout en usage pour usurper une partie des droits de la Souveraineté, sur les Provinces & sur les Villes, dont ils étoient les Gouverneurs. Dans cette vûe, ils s'en servirent comme de leur propre Domaine ; y firent des statuts particuliers, & introduisirent des usages qui, quoique très-différens les uns des autres, étoient néanmoins également bizares.

Ce changement interrompit l'ordre des Jugemens; & cette nouvelle Jurisprudence abolit celle qui étoit auparavant suivie, dont le Droit Romain, la Loi Salique, & les Capitulaires étoient les sources ordinaires.

Les troubles qui s'augmenterent de jour en jour, rendirent impratiquables les assemblées des Etats, où l'on faisoit auparavant des Loix, selon la diversité des matieres qu'on y traitoit.

Cette confusion fut cause que la France fut pendans trois cens ans sans aucune Loi certaine. Comme on ne se servoit que de Coutumes & d'un Droit incertain, les Juges séculiers ne sçachant dans quelles sources on pouvoit puiser les principes de la Jurisprudence, négligerent entierement l'étude, & tomberent dans une ignorance affreuse.

Voilà ce qui fit que les Laïques furent alors contraints de recourir aux Juges ecclésiastiques, & de se soumettre volontairement à leur Jurisdiction, dans les choses qui n'étoient pas de leur compétence.

Mais, grace au ciel, il y a long-tems que ces troubles sont dissipés, & que les causes qui avoient alors augmenté si fort la Jurisdiction ecclésiastique, n'ont plus lieu; c'est pourquoi il s'en faut tenir à la régle, qui dit que, *sua cuique servari debet Jurisdictio.*

Le Roi ne reconnoît en terre aucun supérieur; la puissance temporelle est entierement distincte & indépendante de la spirituelle, ayant différens objets, comme le marque l'Empereur Justinien dans la Préface de sa Novelle 6. *Maxima quidem (inquit) in hominibus sunt dona Dei, à supernâ collata clementiâ, Sacerdotium, & Imperium; & illud quidem divinis ministrans, hoc autem humanis præsidens ac diligentiam exhibens.*

Si la puissance temporelle n'est point dépendante de la puissance ecclésiastique, la Jurisdiction séculiere n'est pas plus dépendante de la Jurisdiction ecclésiastique. D'où il s'ensuit.

I°. Que les Officiers royaux ne sont point sujets aux interdits de l'Eglise, pour le fait de leur Charge & l'exercice de la Justice. *Voyez* Ferraut, en son Traité *de Jur. & privileg. Regni Franc. privileg.* 6. & la Rocheflavin, livre 6. lettre I, titre 56. article 24.

II°. Qu'un Juge d'Eglise ne peut prononcer par défenses à ses Justiciables, de comparoir pardevant le Juge séculier, & répondre aux assignations qui leur sont données, sous peine d'interdiction; mais il les doit seulement revendiquer par son Promoteur, comme il a été jugé par Arrêt du 18 Juillet 1692. rapporté dans le Journal des Audiences.

III°. Que le Juge d'Eglise ne peut adresser ses Lettres ni ses Mandemens à un Officier royal, ni le commettre. La raison est, qu'il ne seroit pas convenable que le Juge d'Eglise regardât le Juge royal comme son inférieur; il n'a que la voie d'implorer le secours du bras séculier. *Voyez* Basset, tome 1. livre 2. titre 2. chapitre 5.

Les Evêques & autres Juges ecclésiastiques n'ont point de territoire, ni autre droit de sujétion temporelle.

La Jurisdiction ecclésiastique n'est accordée par nos Rois, que pour connoître, I°. Des matieres pures personnelles entre Ecclésiastiques, ou quand le défendeur est Ecclésiastique.

II°. Pour connoître de certaines matieres, même entre Laïcs; sçavoir, de celles qui sont spirituelles, & qui ne concernent en rien le temporel.

III°. Pour connoître, même entre Laïcs, du crime d'hérésie, & de celui de la simonie.

Tout ce qui regarde le temporel, doit être jugé par le Juge séculier, & n'est point de la Jurisdiction ecclésiastique. D'où il s'ensuit.

Premierement, qu'en fait de choses spirituelles, la connoissance du péritoire appartient aux Juges d'Eglise, & celle du possessoire aux Juges laïcs. Ainsi c'est au Juge laïc qu'appartient la connoissance des Dixmes ecclésiastiques, des Bénéfices même, & du droit de Patronage, quand au possessoire.

En second lieu, que le Juge d'Eglise ne peut connoitre que de la validité ou invalidité du mariage, mais non pas des conventions matrimoniales, ni des dommages & intérêts. *Robertus, rerum judicatar. lib. 3. cap. 5. Monarcius, ad Legem 6. §. ult. ff. de minorib.* Expilly, Arrêt 62. & Filleau, partie 4. question 8.

En troisiéme lieu, que le Juge d'Eglise ne peut pas connoître de l'accusation d'adultere, ni d'une cause de séparation entre conjoints.

En quatriéme lieu, que le Juge d'Eglise peut bien connoître d'une promesse de mariage; mais non pas d'une demande en dommages & intérêts, intentée par une fille contre un garçon, pour l'avoir abusée. Papon, livre 1. titre 5. nombre 59.

En cinquiéme lieu, que la connoissance du Service divin dans l'Eglise, appartient au Juge ecclésiastique; mais non pas la connoissance des contestations qui concernent le salaire du Prédicateur, le luminaire de la lampe, le payement des Messes, ou autres choses semblables; car alors il n'est pas question du spirituel, mais du temporel qui lui est annexé, & qui en fait de Jurisdiction doit toujours être séparé du spirituel. A plus forte raison, le Juge d'Eglise ne peut pas connoître des contestations qui peuvent être intentées au sujet des réparations des Eglises, ni pour raison de la construction d'une nouvelle. Boniface, tome 1. livre 1. titre 2. nombre 18.

En sixiéme lieu, que le Juge ecclésiastique ne peut ordonner le sequestre des fruits d'un Bénéfice. La raison est qu'il est incompétent pour tout ce qui regarde la réalité & le possessoire. Basset, tome 1. livre 2. titre 2. chap. 4.

La Jurisdiction ecclésiastique avoit autrefois voulu s'attribuer le droit de menacer d'anathême ceux qui n'obéiroient pas à ce qui seroit par elle ordonne, comptant être en droit de le faire; mais cette ancienne erreur a été plusieurs fois reprimée & condamnées par des Arrêts de la Cour.

Au reste, l'appel d'une Sentence de l'Official d'un Evêque ressortit devant le Tribunal du Métropolitain, & de l'Official du métropolitain à celui du Primat, & de-là au Pape, pourvû qu'il n'y ait pas trois Sentences conformes; cas alors il n'y a plus d'appel dans la Justice ecclésiastique.

Voyez ci-devant Juge ecclésiastique. *Voyez* aussi l'Edit du Roi du mois d'Avril 1695. concernant la Jurisdiction ecclésiastique, qui est rapporté dans Henrys, tome 1. liv. 1. quest. 87.

JURISDICTION SECULIERE, est celle qui appartient au Roi & aux Seigneurs Justiciers; toutefois on ne dit pas proprement la Jurisdiction d'un Seigneur, mais seulement la Justice.

Il y a deux sortes de Jurisdictions séculieres & temporelles; sçavoir, les Jurisdictions royales, & les Jurisdictions des Seigneurs, vulgairement appellées subalternes; quoique les Jurisdictions royales puissent être aussi appellées Jurisdictions subalternes, par rapport aux Cours souveraines.

Voyez ce que j'ai dit touchant la Jurisdiction royale, lorsque j'ai parlé des Juges royaux; & à l'égard de la Jurisdiction des Seigneurs, *Voyez* ce que j'en ai dit en parlant des juges des Seigneurs.

JURISDICTION ORDINAIRE OU EXTRAORDINAIRE. *Voyez* Juges ordinaires & Juges extraordinaires.

JURISDICTION CONSULAIRE. *Voyez* Consuls. *Voyez* aussi Juge-Consuls.

JURISDICTION DE LA MARÉE, est une jurisdiction exercée par des Conseillers-Commissaires du parlement de Paris, où doivent être portées toutes les affaires, tant criminelles que civiles, qui concernent le commerce des poissons de mer.

Depuis 1678. toutes les instances civiles ou criminelles sont poursuivies dans cette Jurisdiction par le Procureur général de la Marée, & portées en premier instance devant Messieurs les Commissaires, sans distinction de celles que les Edits de nos Rois & les Arrêts de la Cour avoient conservées au Prevôt de Paris; & il n'est resté de certain au Châtelet, que les réceptions des Jurés-Compteurs & Déchargeurs, & des Jurés-Vendeurs de Marée.

Voyez le Traité de la Police, tome 3. livre 5. titre 37.

JURISDICTION DE LA MAÇONNERIE, est une Jurisdiction particuliere, établie pour connoître des contestations entre les entrepreneurs & les Ouvriers employés à la construction des bâtimens.

Le Juge de cette jurisdiction connoît aussi, I° De tous les différends de Maçon à Maçon, d'Ouvrier à Ouvrier, de Marchands à Ouvriers pour materiaux fournis, comme pierres, moilons, plâtre & autres choses nécessaires pour la construction des bâtimens.

II°. Des différends qui naissent pour voiture & chariages en dépendans.

En qualité de Maître général des bâtimens & des œuvres de maçonnerie, il est le chef de toutes ces personnes: d'ailleurs, la parfaite connoissance qu'il a de ces sortes d'affaires, fait que les Rois l'en ont fait le Juge naturel.

Le Bourgeois peut y traduire les Entrepreneurs & Maçons, pour raison des ouvrages de maçonnerie sur lesquels ils ont l'un & l'autre quelque contestation.

Mais un Entrepreneur ni un Maçon ne peuvent assigner pour un pareil sujet le Bourgeois, pour lequel il auroit fait quelque ouvrage de maçonnerie; & le Bourgeois seroit toujours en droit de décliner cette Jurisdiction.

La procedure qui s'y observe est semblable à celle des autres jurisdictions réglées, & les Procureurs de la Cour ont droit d'y postuler, quoiqu'il y ait huit Procureurs créés en titre d'Office, spécialement pour cette jurisdiction.

Elle se tient dans la Cour du Palais à côté de la Conciergerie: les jours qu'on y donne Audience, sont les Lundis & les Vendredis.

Il y a deux Maîtres généraux des Bâtimens, qui sont les Juges de cette jurisdiction, & qui l'exercent d'année en année l'un après l'autre.

L'appel de leurs Sentences se releve au parlement, à l'ordinaire, comme des Bailliages & Sénéchaussées, ou autres Juges qui y ressortissent nûement: ce qui prouve que cette jurisdiction est commise & d'attribution, attendu qu'autrement il n'y a point de premier Juge ordinaire qui ne releve au Bailliage ou à la Sénéchaussée, avant de venir au parlement.

Outre la connoissance des contestations dont nous venons de parler, cette jurisdiction a la Police de la maçonnerie, qui consiste dans la visite des bâtimens qui se construisent dans la Ville & dans les Fauxbourgs de Paris, à l'effet d'empêcher que les Ouvrirers y employent de mauvais matériaux.

Cette police se fait par des Juges qui, quand ils trouvent de la malfaçon dans les ouvrages de maçonnerie qui se font, donnent assignation à l'entrepreneur du bâtiment, pour se voir condamné à réparer le dommage selon l'exigence des cas, même à démolir, s'il en est besoin, jusqu'aux fondemens ou à redresser la ligne, si l'alignement n'avoit pas été bien pris; le tout au frais & dépens de celui qui conduit le bâtiment.

JURISPRUDENCE, est la cnnnoissance des choses divines & humaines, la science de ce qui est juste, & de ce qui ne l'est pas.

Voyez l'explication que nous avons donnée de cette définition sur le paragraphe premier du premier titre du livre premier des Institutes de Justinien.

Nous remarquerons seulement ici que deux choses font une parfaite jurisprudence, la justice & le Droit; parce qu'il n'y a point de Droit ni de véritable Loi qui ne prenne son origine & sa force de la Justice; & personne ne peut mériter le nom de Jurisconsulte, qu'il n'ait acquis par l'étude des Loix la science du Droit, & une véritable & solide probité. Aussi le plus grand mérite de ceux qui font profession d'enseigner la Jurisprudence, consiste à travailler à instruire des véritables principes du Droit, & à faire des hommes justes & équitables.

Il ne faut donc pas s'étonner si la raison nous fait regarder la jurisprudence comme le plus ferme appui & le plus bel ornement de la societé humaine.

JURISPRUDENCE, signifie aussi quelquefois l'usage qui s'observe dans une jurisdiction, sur certains points de procedure, ou sur certaines questions.

JURISPRUDENCE DES ARRETS, est l'induction que l'on tire de plusieurs Arrêts qui ont jugé une question de la même maniere, dans la même espéce.

Les Juges ne doivent pas toujours s'artêter à la jurisprudence des jugemens, dont les Parties se servent pour autoriser leurs prétentions.

Ils doivent examiner premierement si la question a toujours été décidée de la même maniére, ensorte que cela puisse faire une espéce d'usage certain; ce qui s'appelle, *autoritas rerum perpetuò similiter judicatarum.*

En second lieu, ils doivent examiner si ces Jugemens ont été rendus dans la même espéce que celle dont il s'agit; & s'il ne se rencontre point dans celle qu'ils ont à juger quelque circonstance qui les doive déterminer à juger différemment: ainsi il faut qu'il se trouve plusieurs Arrets rendus précisément dans la même espéce & dans les mêmes circonstances; car la moindre différence doit les empécher d'en être les fideles observateurs d'où il faut conclure que les préjugés n'ont pas parmi nous une autorité pareille à celle des Loix.

Aussi M. Charles Du moulin, sur la régle *depubl.* nomb. 35. dit à l'égard des préjugés & Arrêts qu'on oppose, que la moindre circonstance dans le fait produit une grande différence dans le droit. *In judicatis modica diversitas facti, magnam inducit diversitatem juris; quare periculosum est illis stare, & ad summum non exemplis, sed legibus judicandum.*

C'est ce qui fait dire à un grand Magistrat, en parlant des Arrêts, qu'ils étoient très-bons pour ceux au profit de qui ils étoient rendus; & c'est aussi pourquoi un autre grand Magistrat disoit que les Arrêts décidoient du passé, & que les Loix étoient des régles pour l'avenir.

En effet, Pour que de la Jurisprudence des Arrêts on pût tirer une autorité valable, il faudroit que la question dont il s'agit eût été toujours décidée de la même maniere. *Autoritas enim rerum judicatarum nihil aliud est, quàm res perpetuò similiter judicatæ, quæ similium causarum jus constituunt; alias legibus, non exemplis judicandum est. Leg.* 13. *cod. de sententiis & interlocutionibus.*

Quand on dit qu'il faut que les choses ayent été toujours décidées de la même maniere, il faut donc que ce soit *in terminis*, dans la même espérance, & dans les mêmes circonstances. Or, comme dans la plupart des espéces il se rencontre des circonstances particulieres, il n'est pas possible d'y adopter la décision qui a été prononcée dans une espéce, qui, quoiqu'en apparence toute semblable, se trouvera toute différente, quand on aura examiné & approfondi toutes les circonstances particulieres.

Le plus sûr est donc de suivre le sage conseil que donne Justinien, *in leg.* 13. *cod. de sententiis & interlocutionibus*, que nous venons de rapporter; parce que les Arrêts étant rendus le plus souvent *ex multis causarum figuris*, il est très-difficile, pour ne pas dire impossibles, de rencontrer les mêmes motifs & les mêmes circonstances sur lesquelles les Jugemens qui ont précedé ont été rendus; & ce qu'il y a en cela de plus fâcheux, c'est qu'il n'est point fait mention dans les Arrêts des circonstances particulieres sur lesquelles ils ont été rendus.

Bacquet, en son Traité des Boutiques du Palais, chap. 5. nomb. 8. dit à peu près la même chose.

D'ailleurs, comme dit le judicieux Coquille dans dans la question 129. il y a des Plaideurs qui défendent mieux leur cause les uns que les autres: ainsi, quoique les Juges ne doivent pas s'écarter sans raison de la Jurisprudence des Arrêts, ils ne sont pas obligés d'y souscrire aveuglement.

De plus, il arrive souvent qu'entre plusieurs personnes intégres & éclairées, les unes pensent d'une maniere, & les autres d'une autre, sur une même question: ce qui provient d'une foiblesse humaine & des différens caracteres des hommes, qui fait que les uns envisagent les choses tout autrement que les autres.

Enfin dans les Arrêts qui se rendent à l'ordinaire sur les raisons alleguées par les Parties, on ne voit point les motifs de leurs décisions, comme on le voit dans les Arrêts de Réglemens. Cela fait qu'on n'en peut faire avec certitude une juste application à d'autres espéces, quoiqu'elles paroissent semblables; car le motif étant l'ame d'un Jugement, se servir d'un Arrêt sans en rapporter le motif, c'est se servir d'un corps sans ame. Aussi les Arrêts ne sont que des conjectures de droit, dont les Praticiens de mauvaise foi se servent pour renverser les principes, & éluder les dispositions des Loix; & pour surprendre les Juges, ils objectent souvent des exemples qui n'ont pas beaucoup de rapport au fait dont il est question.

JURISPRUDENCE FEODALE, est celle qui est contenue dans les decisions qui concernent les Fiefs.

JURISPRUDENCE MILITAIRE, sont les Loix de la guerre, & les principes de droit qui y ont rapport.

JUSTE, signifie ce qui est selon les Loix & l'équité naturelle, qui est conforme à la raison & au bon sens.

JUSTE PRIX, est la juste valeur d'une chose ou l'estimation faite par Experts & gens connoissans, dont les Parties doivent convenir; sinon le

Juge en nomme d'office, quand il y a contestation entre les Parties touchant le prix d'une chose.

JUSTICE, est une ferme & constante volonté de rendre à un chacun le sien. Elle se divise en justice distributive, & justice commutative.

La distributive est celle qui nous enseigne à distribuer, les récompenses & les châtimens, à proportion du mérite & de la qualité des personnes, en gardant la proportion géométrique.

La commutative est celle qui nous enseigne à garder une entiere égalité dans les contrats, en observant la proportion arithmétique.

Nous avons donné un assez ample explication de la justice en général, & de la justice distributive & commutative, sur le commencement du titre premier du premier livre des Institutes, où je renvoye le Lecteur. Nous remarquerons seulement ici que, selon Aulugelle, on représentoit autrefois la justice avec des yeux vifs & perçans, pour montrer que les Juges doivent examiner avec la derniere exactitude les choses sur lesquelles ils doivent prononcer.

Mais on la représente aujourd'hui avec un bandeau sur les yeux, pour marquer qu'elle rend à chacun le sien, sans acception de personne, & sans rien envisager que la raison.

On la peint aussi tenant une épée d'une main, & une balance de l'autre. La balance marque qu'elle n'agit qu'avec discernement, & après avoir bien examiné & pesé le droit des Parties. L'épée marque que la force est nécessaire pour faire regner la justice, & que c'est par le glaive que la justice punit les malfaiteurs.

Au reste, la justice est fondée sur un ordre constant de la raison: elle est la base & le fondement du Thrône des Rois; elle est l'ame de toutes les autres vertus, qui, sans son secours, sont languissantes ou imparfaites; en un mot, elle est cette constante rectitude de cœur, mesurée sur la loi & sur l'équité, qui nous fait rendre à un chacun le sien, sans qu'aucune considération d'amitié, de haine, ni d'intérêt, nous en puisse détourner.

C'est donc la justice qui fait que l'homme juste se porte par sa seule volonté à faire des actions justes, & à s'éloigner de celles qui ne le sont pas; au lieu que la force, la tempérance & les autres vertus, quand elles ne sont pas accompagnées de la Justice, reçoivent souvent des mouvemens étrangers, de l'amour ou de la haine, de l'apréhension de quelque peine, ou de l'attente de quelque récompense; au contraire, celui-là seul est véritablement juste, qui l'est par le seul mouvement de sa volonté, sans attendre aucune récompense, & sans appréhender aucune peine.

JUSTICE ET JURISDICTION, signifient ordinairement la même chose; néanmoins Justice se dit proprement des Juges des Seigneurs, & elle est appellée subalterne; & la jurisdiction se dit des Juges ecclésiastiques & des Juges royaux.

Quelques Auteurs mettent encore une autre différence entre Justice & jurisdiction, qui est que par justice on entend la propriété de la justice qui appartient à un Seigneur, & est attachée à sa Seigneurie, à cause de laquelle ceux à qui elle appartient sont appellés Bas, Moyens & Hauts-Justiciers; au contraire, par le mot de Jurisdiction on entend l'administration & l'exercice de la justice, qui se fait par les Officiers du Seigneur.

Le droit de justice renferme essentiellement le devoir de la faire rendre par personnes capables, & tous les autres devoirs particuliers qui sont les suites de ce premier.

Fief & Justice n'ont rien de commun, ainsi que nous l'avons dit *verbo* Droit de Justice.

Si les hommes avoient pû pratiquer le précepte qui défend de faire à autrui ce qu'on ne veut pas qui soit fait à soi même, conduits par la lumiere naturelle, ils auroient été uniquement occupés du soin de se soulager réciproquement, & ils meneroient une vie heureuse & tranquille, sans avoir besoin de connoître la haute, moyenne & basse justice, les Juges royaux, & les Cours souveraines; mais le déreglement du cœur humain, l'ingratitude, la fierté, l'amour propre ont enfanté l'envie, l'avarice & l'injustice, qui ont fait naître la nécessité des Souverains; des justices & des Loix, pour tout contenir dans l'ordre par l'autorité.

Le premier & le principal droit des Souverains, le plus essentiel fleuron de leurs Couronnes, & le devoir auquel ils sont le plus étroitement engagés, est de rendre la justice à leurs Sujets, ou de charger de cet emploi si important des personnes qui en soient capables. Aussi l'on tient en France pour maxime certaine & indubitable, que le Roi seul est fondé de droit commun en toute justice, haute, moyenne & basse, dans toute l'étendue de son Royaume.

La Justice appartient dont au Roi seul en proprieté; il la tient uniquement de Dieu, *à quo omnis potestas, & per quem Reges regnant*: c'est pourquoi personne ne peut prendre le droit de Justice sans un titre particulier soit possession ou concession, prouvée par aveux & dénombremens suivis.

A Principe tanquam à fonte omnes Jurisdictionum rivuli, sive jura manant; & in Gallia Jurisdictionem habere nemo potest, nisi ex concessione vel permissione Principis. Comme la justice appartient au Roi seul en proprieté, on tient en France que le droit de justice ne peut être tenu en franc-aleu; parce qu'il est nécessaire pour raison d'icelui de reconnoître le Roi, de qui ce droit procede, & lui en faire la foi & hommage; quoiqu'on puisse tenir fiefs & héritages roturiers, & droits immobiliers en franc-aleu, sans reconnoitre aucun Seigneur. *Voyez* Dumoulin sur l'article 46. de la Coutume de Paris.

Plusieurs de nos Rois ont anciennement rendu la justice; mais comme il leur étoit impossible de la rendre en personne à tous leurs Sujets, ils commettoient, principalement dans les Provinces, ceux qu'ils jugeoient les plus capables d'un emploi si important.

Ce

Ce soin fut d'abord confié aux Comtes, qui avoient sous eux des Lieutenans, qu'on appelloit, selon la différence des Provinces, ou Vicomtes, *quasi Comitum vicem gerentes*; ou Prevôts, *quasi Præpositi juri dicundo*; ou Viguiers, *quasi Vicarii Comitum*; ou enfin Châtelains, *quasi Castrorum Custodes*.

Ces Juges n'étoient point perpétuels; ils n'étoient revêtus de cette dignité qu'autant qu'il plaisoit au Prince, & ils étoient révocables *ad nutum*. On voit même encore dans les vieilles Patentes de leurs concessions cette clause, *pour en jouir tant qu'il nous plaira*.

Mais insensiblement, de même que les Maires du Palais, les grands Seigneurs usurperent la Royauté; les Comtes se rendirent pareillement maîtres des Villes & des Provinces, dont ils n'avoient eu jusqu'alors que le gouvernement, & ils s'arrogerent dans leurs domaines le droit de justice, qu'ils firent exercer en leur nom par des Officiers qu'ils créerent, à lexemple des Rois leurs Maîtres.

Cette usurpation donna occasion à ceux qui avoient des grandes Terres d'en faire de même chez eux: ils accorderent aux petits Seigneurs qui relevoient d'eux la faculté de créer des Juges dans leurs Villages, pour y juger les causes de peu d'importance, à la charge de l'appel devant les Juges de leurs Seigneuries.

Voilà de quelle maniere les justices se sont introduites & multipliées en France, & comment elles y sont devenues patrimoniales.

Au reste, quoique par le mot de justice on entende ordinairement la justice seigneuriale, cependant on comprend souvent sous ce mot la Justice royale, quand ce terme est pris généralement pour le droit de rendre à chacun ce qui lui appartient. Ainsi, on distingue deux sortes de Justices; sçavoir, celle que le Roi fait exercer en son nom, & celle des Seigneurs.

Voyez Loyseau, en son Traité des Seigneuries; Chopin, sur la Coutume d'Anjou; au titre des jurisdictions, & en son Traité du Domaine de la Couronne; le Bret, en son Livre de la Souveraineté; & Bacquet, des Droits de justice, chapitres 4 & 5.

JUSTICE ROYALE, est celle que le Roi fait exercer en son nom par des Officiers de judicature, & qu'il pourroit exercer lui-même en personne, s'il y pouvoit donner le tems; car la justice, qui est la source de toute jurisdiction, est émanée de Dieu en la personne de nos Rois, mais ils la font exercer par des Officiers que l'on nomme Juges royaux. *Voyez* Juges royaux.

Il y a trois dégrés de jurisdiction royale. Le premier est celui des Châtelains, Prevôts royaux ou Viguiers. Le deuxiéme est celui des Baillifs, Sénéchaux ou Présidiaux. Le troisiéme est celui des Parlemens.

JUSTICE SUBALTERNE OU SEIGNEURIALE, est celle dont la proprieté appartient à quelque Seigneur, qui la fait rendre en son nom par des Officiers par lui nommés à cet effet.

Pour qu'un Seigneur ait droit de justice dans ses Terres, il faut que ce droit lui ait été accordé par concession particuliere de quelqu'un de nos Rois, ou qu'il se trouve établi sur une longue possession, prouvée par aveux, & dénombremens suivis.

La raison est, que la justice appartient au Roi seul en proprieté; mais celle des Seigneurs ne leur appartient pas *jure proprio*, mais seulement par concession du Prince, ou par une longue possession qui la fait présumer, & qui en tient lieu. Bacquet, des Droits de justice, titres 4 & 5.

Mais on demande si quand le Roi a donné, vendu ou changé un Fief, Terre ou Seigneurie, dont la proprieté & droit de justice appartiennent au Roi, le droit de justice est compris en cette donation, vente ou échange?

Si l'acte contient ces mots, *avec ses appartenances & dépendances, droits, noms, raisons & actions*, & si de tout tems la justice a fait partie du Fief, le droit de justice est compris dans l'acte d'aliénation; mais si l'une de ces conditions manque, le droit de justice n'est point compris dans cet acte. Bacquet, des Droits de justice, chapitre 6.

Aucun Seigneur n'a droit de rendre la justice en personne, mais par un Juge par lui commis. Ainsi, quand on parle de Haut-Justicier, par rapport à l'exercice de la justice, on entend parler du Juge qui est par lui préposé pour la rendre.

Les Seigneurs laïcs ou ecclésiastiques, même les Princes & Ducs & Pairs de France, ne peuvent créer ni conceder le droit de justice à leurs Vassaux dans leurs Fiefs, ni démembrer les justices, sans la permission & l'autorité du Roi.

Mais un hommager du Seigneur peut être son Prevôt ou son Procureur Fiscal. *Voyez* la Peyrere, lettre H, nombre 50 & suivans.

L'établissement, ou plutôt l'érection des Terres en Fiefs, semble avoir donné lieu à la justice seigneuriale; & la distinction de ladite justice en haute, moyenne & basse, vient sans doute de la distinction des Fiefs, & de la noblesse différente qui leur a été communiquée dès le commencement.

On place cette origine au tems que les Goths & autres Nations barbares furent enfin chassés entièrement du Royaume. Les terres étoient presque vuides d'habitans; on s'assembloit rarement pour rendre la justice; les Vassaux qui étoient restés pour la culture des terres, ne pouvoient être tirés que difficilement du lieu de leur habitation: il fut donc de l'intérêt de l'Etat que le Roi concedât le droit de justice aux Seigneurs ausquels il avoit accordé quelque Fief de dignité.

Il seroit difficile de sçavoir si dans l'origine la justice moyenne & basse a été concedée par le Roi, ou par les Seigneurs Hauts-Justiciers.

Cette distinction de la haute, moyenne & basse justice, paroît venir de la différence de la dignité qui étoit entre ceux qui possedoient les Fiefs: chaqun ayant usurpé plus ou moins d'autorité, selon le rang qu'il tenoit; & ensuite les Rois se sont trouvés engagés à confirmer ce que les Seigneurs s'étoient attribués eux-mêmes.

Quoiqu'il en soit d'une origine si obscure, il est certain qu'on ne peut aujourd'hui créer ni concéder le droit de justice à aucun Fief, sans la permission & l'autorité du Roi.

Le droit de concession de justice n'appartient donc qu'au Roi, comme il a été jugé par Arrêt du Parlement de Paris du 11 Janvier 1674. rapporté dans le Journal des Audiences, tome 3, livre 8, chapitre 2.

Mais quoique les Seigneurs particuliers ne tiennent leur justice que du Roi, néanmoins quand le droit leur en a été accordé par Sa Majesté, la justice ne s'exerce pas au nom du Roi, mais au nom des Seigneurs, par des Officiers qu'ils commettent, & à qui ils donnent des provisions à cet effet.

Quand le Roi a portion dans une justice, soit haute, moyenne ou basse, elle doit être entierement exercée par les Officiers qui seront créés par Sa majesté; mais le profit de la justice se doit partager entre les Coseigneurs, s'il n'y a titre ou convention au contraire faite avec Sa majesté.

Le Seigneur de Fief ne peut plus aujourd'hui faire lui même la fonction de Juge aux causes de ses Vassaux; il faut qu'il ait des Officiers capables de faire ces fonctions. Boniface, tome 1. livre 3. titre 2. chapitre 1.

Suivant l'article 27. de l'Ordonnance de Roussillon de l'année 1564. les Seigneurs sont responsables du mal jugé des Officiers qu'ils ont établis dans leurs justices: mais les inconvéniens qui pourroient provenir d'une telle garantie, en ont fait décharger les Seigneurs avec beaucoup de raison; car il est à présumer qu'un Seigneur a toujours eu dessein de faire un bon choix, & que si l'Officier qu'il a commis se comporte mal, c'est contre son intention.

Lorsqu'il y a de justes plaintes contre les Juges & Officiers établis & pourvus par les Seigneurs, on les condamne seulement à faire exercer leur justice par personnes intégres & capables. *Voyez* Louet, lettre O, somm. 4. & Bacquet, des Droits de justice, chapitre 18. nombre 1.

Mais le Seigneur qui abuse de sa justice contre son sujet, en doit être privé à son égard. Comme le Vassal qui maltraite son Seigneur perd son Fief, il est juste par la loi de réciprocité que le Seigneur qui maltraite son Vassal, & qui devient son tyran, perde aussi ses droits par rapport à lui. Papon, liv. 23. tit. 5. nombres 1 & 2. Charondas, livre 7. rép. 17. Guy Pape, quest. 62. Bover, quest. 304. Chopin, livre 2. du Domaine de France, titre 8. article 10. Bacquet, des Droits de justice, chap. 18. Despeisses, tom. 3. des Droits seigneuriaux, titre 6. article 6.

Les Seigneurs Justiciers ne peuvent donner l'état de Prevôt, ou de Procureur de la Seigneurie, à celui qui en sera Fermier; autrement ce seroit établir un même homme agent & patient, outre l'indécence qu'il y auroit que le Juge de la Seigneurie en fût aussi le Fermier.

Les Juges subalternes ne peuvent point être Receveurs des Seigneurs dont ils sont Juges.

Les Juges des Seigneurs doivent agir en tout dans la vûe de rendre la justice, & non pas dans le dessein de plaire à leurs Seigneurs.

Le Lieutenant d'un Juge Seigneurial doit être créé par le Seigneur, & non pas par le juge. Papon, livre 4. tit. 13. nombre 10.

Un Juge subalterne est compétent pour corriger & punir les Officiers d'une autre justice subalterne qui lui est inférieure.

Quand les Seigneurs ont la propriété de la justice de leur Terre, elle leur est patrimoniale, de même que le Fief auquel elle est annexée.

S'ils sont alors troublés en la possession de leur justice, soit haute, moyenne ou basse, ils peuvent donc former complainte contre ceux qui se prétendent possesseurs légitimes de la même Justice.

De ce que les Justices sont patrimoniales en France, il s'ensuit que le Roi même n'en peut pas disposer au préjudice des Seigneurs. Papon, livre 4, titre 1, nombre 1.

Ès grands Fiefs la Justice est annexée au Château, comme chef du Fief de dignité; car quoiqu'au regard de la substance interne le Fief & la Justice n'ayent rien de commun, néanmoins à cause de l'union, la Justice est censée une dépendance & un accessoire du Château, en qualité de manoir & partie principale du Fief: de sorte que le Château étant vendu avec ses appartenances & dépendances, la Justice passe à l'acquereur.

Cela n'auroit pas certainement lieu, si elle n'étoit unie & annexée au Château comme chef du Fief de dignité. *Molin.* § 1. *gloss.* 5, *n.* 44, 45, 46 & 47.

Les Justices étant patrimoniales en France, on a pris soin de les conserver aux Seigneurs à qui elles appartiennent. L'article 1 du titre 6. de l'Ordonnance de 1667 défend à tous Juges de retenir aucune cause, instance ou procès dont la connoissance ne leur appartient pas, & leur enjoint de renvoyer les Parties, ou d'ordonner qu'elles se pourvoiront; mais cela ne s'observe pas exactement, à moins que les Seigneurs ne revendiquent leurs Justiciables.

Comme le droit de Justice est spécialement inhérant à la Terre à laquelle il a été attaché au tems de la concession qui en a été faite par quelqu'un de nos Rois, ce droit ne peut être vendu ou aliéné sans la vente ou l'aliénation de la Terre à laquelle il est attaché. *Voyez* Soefve, tome 2, cent. 3, chap. 7.

Au reste, les Officiers des Seigneurs ne peuvent, après le décès des Seigneurs, apposer les scellés dans le Château, faire l'inventaire, & donner des tuteurs à leurs enfans; mais ce droit appartient aux Juges royaux où ressortissent les appellations de la justice du Seigneur. Ainsi jugé par Arrêt du 6 Février 1701 rapporté par M. Augéard, tom. 1. art. 30.

Suivant ce que nous venons de dire, la justice seigneuriale ou subalterne se divise en haute, moyenne & basse, selon qu'elle est accordée par le Roi aux Seigneurs, par rapport à leur qualité & à la dignité de leurs Seigneuries.

La haute justice comprend les deux autres, & la moyenne comprend la basse: d'où vient que l'on dit du Haut-Justicier, *il a haute, moyenne & basse Justice* & du moyen-Justicier, *il a moyenne & basse Justice.*

La raison est, qu'ordinairement celui qui peut le plus, peut aussi le moins.

On n'appelle point de la basse justice à la moyenne, on va droit à la haute; ce qui est une exception de la régle qui veut que tout appel soit porté *gradatim* au Juge supérieur, *non omisso medio.*

A l'égard des appellations interjettées des Sentences du Moyen-Justicier, elles vont, conformément à la régle ordinaire, à la haute justice.

Les Hauts & moyens Justiciers ont un Procureur Fiscal; mais le Bas-Justicier n'en a point, parce qu'il ne juge aucune cause où le Roi & le Public ayent intérêt.

Lorsque la nouvelle Coutume de Paris fut rédigée par écrit, certains articles furent dressés à l'Assemblée des trois Etats de la Prevôté de Paris, contenant tous les droits de justice haute, moyenne & basse, & presentés à Messieurs les Commissaires.

Mais comme dans l'ancienne Coutume il n'étoit fait aucune mention des Droits de justice, on ne trouva pas à propos de les inférer dans la nouvelle.

Bacquet, en son Traité du Droit de Justice, chapitre 2. les rapporte & les propose pour régles, comme étant très-justes, & ayant été dressés par des personnes très-sçavantes: c'est pourquoi nous en avons tiré une partie de ce que nous allons expliquer ici sur ce sujet.

M. le Lieutenant civil le Camus, dans l'Acte de notorieté qu'il a donné le 29 Avril 1702. sur les matieres dont les Hauts, Moyens & Bas-Justiciers connoissent, après en avoir fait le détail, dit: que ces Mémoires, qui furent donnés lors de la réformation de la Coutume, étoient conformes à ce qu'il en avoit dit; & que quoique ceux qui ont travaillé à la réformation de cette Coutume n'ayent pas jugé à propos d'en faire un nouveau titre, néanmoins l'usage a toujours été d'en suivre les décisions.

§. I. *De la Basse-Justice.*

Le Bas-Justicier est un Seigneur qui a droit de basse justice, que l'on appelle justice fonciere ou censuelle, à cause du cens, & des charges & redevances annuelles qui lui sont dûes.

Le Juge préposé à une telle justice connoît des droits dûs au Seigneur, cens & rentes, exhibitions de contrats, pour raison des héritages situés dans son territoire.

Il connoît encore de toutes matieres personnelles entre les Sujets du Seigneur, jusqu'à la somme de soixante sols parisis.

Enfin, il connoît de la police, d'un dégât de bêtes, d'injures légeres, & autres délits, dont l'amende ne pourroit être que de dix sols parisis, & au-dessous.

Lorsque le délit requiert une plus grande amende, il en doit avertir le Haut-Justicier, & alors le Bas-Justicier prendra sur l'amende adjugée jusqu'à six sols parisis.

Il peut prendre en sa Terre tous les délinquans, & pour cet effet avoir Maire, Sergent & prison; à la charge toutefois de faire, incontinent après la capture, mener le prisonnier au Haut-Justicier, avec l'information, sans pouvoir décréter.

Peut aussi le Bas-Justicier mesurer & mettre bornes entre ses Sujets, de leur consentement; connoître de la censive, & condamner ses Sujets en amende, par faute de cens non payé.

Le Bas-Justicier peut demander renvoi au Haut-Justicier des causes & matieres qui sont de sa compétence. *Voyez* ci-après justice fonciere.

§. II. *De la Moyenne-Justice.*

Le Moyen-Justicier est un Seigneur qui a le droit de moyenne justice, à cause de la foi & hommage, & des droits qui lui sont dûs par ses Vassaux.

Voici les articles qui expliquent le pouvoir du Moyen-Justicier, & de quelles causes connoît le Juge qui est préposé à une moyenne justice.

Il connoît en premiere instance de toutes actions civiles, réelles, personnelles & mixtes.

Il a aussi la connoissance des droits & devoirs dûs au Seigneur, avec le pouvoir de condamner ses Sujets en l'amende de la Coutume.

En matiere criminelle, il peut connoître des délits ou crimes légers, dont la peine ne puisse être tout au plus qu'une condamnation de soixante-quinze sols d'amende envers justice.

Si le crime commis en la Terre du moyen Justicier méritoit plus griéve peine, le Procureur Fiscal, appellé aussi Procureur d'Office, doit dénoncer le coupable au Haut-Justicier, pour qu'il ait à en connoître.

Pour l'exercice de la moyenne justice, il doit avoir Siége, Juge, Procureur d'office, Greffier, Sergent, prison au rez-de-chaussée, sûre & bien fermée.

Peut ledit Moyen-Justicier prendre, ou faire prendre tous délinquans qu'il trouve en sa Terre, les emprisonner, informer, tenir le prisonnier l'espace de vingt-quatre heures.

A l'instant des vingt-quatre heures passées, si le crime mérite plus griéve punition que de soixante sols parisis envers justice, il est tenu de faire conduire le prisonnier au Haut-Justicier, & y faire porter le procès, pour y être pourvû.

Ainsi, la connoissance des crimes dont la peine donne atteinte à l'honneur, n'appartient point au Seigneur qui n'a que moyenne & basse justice, mais seulement au Juge du Seigneur qui a la haute justice, auquel le Vassal est obligé d'envoyer les délinquans dans les vingt-quatre heures qu'ils auront été constitués prisonniers.

Le Juge du Moyen-justicier peut donc informer, même decréter les prévenus de crimes qui méritent plus griéve punition que de soixante sols parisis envers justice, & faire dans les vingt-quatre heures l'instruction, jusqu'à Sentence definitive exclusivement, & ensuite il doit transferer les prisonniers dans les prisons du Haut-justicier; mais après les vingt-quatre heures, il ne peut plus en prendre connoissance, ni faire aucune instruction.

Si le Haut-Justicier donne Sentence contre un Sujet du Moyen-justicier, ou autre dont il aura fait la capture, & icelui fait mener aux prisons du Moyen-justicier, ledit Moyen-justicier prendra préalablement, sur l'amende ou confiscation, soixante sols parisis, avec les frais de la capture, & autres semblables.

Celui qui a moyenne justice, peut créer & bailler tuteurs & curateurs, & pour cet effet faire apposer scellés, faire inventaire des biens des mineurs aux quels il aura fait pourvoir de tuteurs, & non autrement.

Peut le moyen-justicier faire mesurer, arpenter & borner entre ses Sujets les chemins & voiries publiques, élire Messieurs dans la saison, auxquels il fera taxes raisonnables, & condamner ses Sujets en l'amende par faute de cens non payé, aux justices où l'amende est dûe.

Les appellations des Bas & Moyens-justiciers se relevent devant le Haut-justicier.

Les Moyens ni Bas justiciers ne peuvent faire d'adjudication par décret.

Les Moyens-justiciers ont la connoissance, ou pour mieux dire, l'inspection des mesures, dans l'étendue de leur Justice.

Voyez Mesures publiques.

Comme le Bas-justicier peut demander renvoi au Haut-Justicier des causes & matieres qui sont de sa compétence, ce même droit appartient à plus forte raison au Moyen-Justicier.

§. III. *De la Haute-Justice.*

Le Haut-Justicier est un Seigneur qui a haute justice, moyenne & basse, c'est-à-dire, droit de connoître de toutes causes réelles, personnelles & mixtes entre ses Sujets, & qui a droit & puissance de glaive sur eux.

La Justice haute, moyenne & basse est appellée par Chopin, *Jus summæ, mediæ, ac infimæ coercitionis.*

Les Seigneurs qui l'ont, *habent jus gladii ad animadvertendum in facinorosos homines*: c'est pourquoi ils ont droit d'avoir fourches patibulaires, piloris, échelles & poteaux à mettre carcan. *Voyez* ce que j'ai dit sur chacun de ces mots.

Le Juge de la haute justice peut faire criées & proclamations publiques, & connoître de tous les crimes qui se commettent dans l'étendue de sa jurisdiction, pour lesquels il y a peine afflictive; mais le Bas ni le Moyen-Justicier ne peuvent connoître des crimes où il y a effusion de sang.

Pour l'exécution de sa justice, le Seigneur Haut-Justicier doit avoir des juges & des Officiers, par le ministere desquels il l'exerce.

Il doit aussi avoir des Geôliers & des prisons sûres & raisonnables, suivant l'Ordonnance; car le droit de justice renferme essentiellement le devoir de la faire rendre, & les autres devoirs particuliers qui sont les suites de ce premier.

Les juges des Seigneurs Hauts-Justiciers ne peuvent toutefois connoître des cas royaux, tels que sont le crime de léze-majesté, fausse monnoye, assemblées illicites, vols & assassinats sur les grands chemins, & autres qui sont marqués dans l'Ordonnance de 1670. *Voyez* ci-dessus Cas royaux. *Voyez* aussi Bacquet, des Droits de justice, chap. 6.

Mais à l'exception de ces cas, (dont la connoissance appartient aux juges royaux, privativement aux juges des Seigneur,) les Hauts-Justiciers peuvent connoître de tous les autres crimes qui sont commis dans l'étendue de leur jurisdiction & territoire de leur Seigneurie.

Ils connoissent donc des vols faits dans les maisons, jardins & héritages, des assassinats & homicides volontaires commis hors les grands chemins, de l'homicide de soi-même, de la suppression & latitation de part, & de l'incendie, pourvû néanmoins que les crimes que nous venons de rapporter ayent été commis par gens domiciliés, & non vagabonds.

Les juges des Seigneurs Hauts-Justiciers peuvent, dans les cas qui sont de leur compétence, condamner les coupables au fouet, au carcan, à faire amende honorable, à être marqués d'un fer rouge, au bannissement de la jurisdiction ou détroit, & même à la mort.

Mais ces condamnations ne peuvent se mettre à exécution, qu'elles n'ayent été confirmées par les juges supérieurs, soit que l'accusé s'en plaigne ou non, suivant l'article 6. du titre 26. de l'Ordonnance de 1670.

Cet article ordon[illegible], que si la Sentence rendue par le juge des lieux porte condamnation de peine corporelle, de galéres, &c. soit qu'il y ait appel ou non, l'accusé & son procès seront envoyés ensemble aux prisons des Cours supérieures. Ainsi, lorsque le condamné ne se plaint point du Jugement de condamnation, le Procureur Fiscal est tenu de se rendre appellant pour lui.

Les juges des Seigneurs Hauts-Justiciers doivent tenir la main à ce que la police soit observée : d'où il s'ensuit qu'ils doivent empêcher les débauches publiques, & les commerces infames de prostitution.

Outre la connoissance qui leur est attribuée en matiere criminelle, pour la punition des délits & crimes dans l'étendue de leur détroit, ils connoissent encore au civil,

I°. De toutes causes réelles, personnelles & mixtes.

II°. Ils ont droit de créer & bailler tuteurs & curateurs, & d'apposer les scellés.

III°. Ils ont droit de faire inventaire des biens des mineurs ausquels ils ont fait pourvoir de tuteurs & curateurs, & non autrement.

IV°. Ils peuvent faire les décrets des biens situés dans leur détroit, pourvû que les criées ayent été faites & publiées dans le lieu de leur jurisdiction.

V°. Ils connoissent des causes d'entre le Seigneur Haut-Justicier & ses Sujets, pour ce qui concerne les domaines, droits & revenus ordinaires & casuels de la Seigneurie, même de baux concernant lesdits droits.

Mais ils ne peuvent connoître des autres causes où le Seigneur a intérêt, comme pour promesses, ou obligations, ou réparations d'injures. *Qui Jurisdictioni præest, neque sibi jus dicere debet; neque uxori, neque liberis.*

Si le juge du Seigneur Haut-Justicier pouvoit connoître des causes où son Seigneur auroit intérêt, pour raison de telles choses, le Seigneur lui-même seroit juge dans sa propre cause, par rapport aux égards que son juge pourroit avoir pour lui, & par rapport à la crainte qu'il pourroit avoir d'être par lui destitué, au cas qu'il fît quelque chose qui pût lui déplaire.

Il y a d'autres causes dont la connoissance est interdite aux juges des Seigneurs Hauts-Justiciers, en matiere civile.

Ils ne peuvent connoître de toutes les causes qui sont réservées au juge royal, privativement aux juges subalternes; sçavoir, celles qui concernent le Domaine du Roi, & où le Roi a intérêt; celles qui regardent les Officiers royaux; celles des Eglises cathédrales & autres privilégiées & de fondation royale; les causes des Officiers du Roi, & de ceux qui ont leurs causes commises, quand ils veulent s'en servir.

Ils ne peuvent aussi connoître des dixmes, si elles ne sont inféodées, & si elles ne sont tenues en fief du Seigneur Haut-justicier; encore la prévention en appartient-elle aux Juges royaux.

Ils ne peuvent aussi connoître des actions qui naissent à raison des fiefs nobles soit entre Gentilshommes ou Roturiers.

Il ne leur appartient pas aussi de donner des tuteurs ni des curateurs aux Nobles; de proceder à leur émancipation, ni de faire aucun acte qui concerne cette espéce de tutelle ou de curatelle.

Pour ce qui est des causes des Nobles, quelques-uns prétendent que les Hauts-Justiciers n'en peuvent connoître, tant au civil qu'au criminel; parce que les Juges royaux ayant seuls le droit d'opposer les scellés, & de faire les inventaires des biens des Nobles, aux termes du Réglement de la Cour du 10 Décembre 1665. ils doivent par la même raison connoître des autres matieres contentieuses qui naissent entre les nobles, à l'exclusion des Juges des Seigneurs.

Mais cette opinion est entierement contraire à la Déclaration de 1537. sur l'Edit de Cremieu, qui porte que tous les Seigneurs de Fief qui ont Justice, pourront la faire exercer entre personnes Nobles & Plebeyens, tout ainsi qu'ils ont fait avant l'Edit de Cremieu.

Depuis cette Déclaration, il n'y a rien eu à cet égard; car le Réglement de 1665. ne parlant que des scellés & inventaires des biens des Nobles, ne doit point être entendu au préjudice de la Déclaration de 1537. qui subsiste, & à laquelle la Cour s'est toujours conformée.

Il en a un ancien Arrêt du 5 Mars 1568. cité dans Neron, sur l'article 5 de l'Edit de Cremieu. la même chose a été jugée en 1701. pour les Sieur de Liquieville d'Autricourt, contre la Dame de Pons de Vareuil.

Cette Jurisprudence est maintenant certaine au Palais, que dès que le Seigneur Haut-Justicier revendique la cause, les Juges royaux doivent renvoyer les Parties devant le Juge ordinaire, comme il a été jugé par Arrêt du 28 Avril 1713. pour le Sieur Guery de la Goupilliere, contre la Dame de Concise, sur l'appel d'une Sentence de la Sénéchaussée de Poitiers du 2 Mai 1712. Cet Arrêt est rapporté dans les observations faites sur Henrys, tome 1. liv. 2. chap. 4. quest. 34.

Il y a encore un nouvel Arrêt du 6 Avril 1716. qui maintient les Officiers de la Justice de Salsongue dans le droit de justice haute, moyenne & basse sur tous les sujet de cette justice, Nobles & Roturiers, avec défenses aux Officiers du Bailliage de Soissons de les y troubler.

Les Juges des Hauts-Justiciers ne peuvent connoître des complaintes pour des Bénéfices qui sont au-de dans de leur hautes justices. *Voyez* ci-dessus, *verbo* Complainte.

Ils ne peuvent point aussi user d'Arrêt ou emprisonnement sur aucuns Officiers royaux, comme Notaires ou Sergens, qui instrumentent ou exploitent dans le détroit de leurs hautes Justices. Mais ceux qui prétendent qu'ils ont failli, peuvent en porter leurs plaintes au prochain Juge royal, pour en avoir justice. Bacquet, des Droits de justice, chapitre 7. nombre 36.

Dans toutes les matieres sommaires qui sont de la compétence des Hauts-justiciers, leurs Sentences sont exécutoires par provision, nonobstant l'appel, jusqu'à la somme de mille livres, en baillant caution, suivant l'article 14. du titre 17. de l'Ordonnance de 1667.

L'article 13. du même titre dit que dans les matieres sommaires les Juges des Parties, & autres Justices subalternes qui ressortissent immédiatement au Parlement, peuvent juger définitivement, non-obstant l'appel, jusqu'à la somme de quarante liv. & les Juges des autres Jurisdictions subalternes non ressortissantes sans moyen au Parlement, jugeront définitivement jusqu'à la somme de vingt-cinq livres, encore qu'il n'y ait aucun contrat, obligation, ni promesse reconnue.

Il y a un Réglement de la Cour du sept Décembre 1689. qui fait défenses à tous juges de ressort d'ordonner l'exécution provisoire de leurs Sentences pendant l'appel, sinon dans les cas portés par l'Ordonnance.

Les appellations interjettées des juges Hauts-Justiciers, se relevent pardevant les Baillifs & Sénéchaux des Provinces, quand les Seigneurs Hauts-justiciers, relevent immédiatement du Roi.

Mais s'il relevent d'un Seigneur suzerain qui ait droit de ressort, elles se relevent pardevant le juge de ce Seigneur suzerain, si ce n'est en matiere criminelle, où les appellations des Hauts-justiciers sont directement portées au Parlement, quand il y a peine afflictive.

Les Comtes, le Barons & les Châtelains ont droit de pilori, échelles & fourches patibulaires à quatre piliers; & aussi les Hauts-justiciers, lesquels sont fondés en titre, ou possession immémoriale. *Voyez* Pilori *Voyez* Fourches partibulaires.

Le Haut-justicier a droit de confiscation de biens, meubles & héritages qui sont en sa justice, excepté pour le crime de léze-majesté & fausse monnoye; auquel cas les biens confisqués appartiennent toujours au Roi seul.

Les deshérences & biens vacans qui sont en la justice du Seigneur Haut-justicier, lui appartiennent, aussi-bien que les épaves trouvées en icelle, lesquelles épaves se doivent dénoncer dans vingt-quatre heures par celui qui les aura trouvées; & à faute de ce faire dans ledit tems, celui qui les aura trouvées sera amendable à l'arbitrage du juge, sinon qu'il y ait juste cause.

Les épaves trouvées en la justice du Seigneur Haut-justicier lui ayant été dénoncées par celui qui les aura trouvées; sera tenu ledit Seigneur Haut-justicier de faire publier & dénoncer aux lieux accoutumés, par trois Dimanches consécutifs, à l'issue des Messes de paroisses, lesdites épaves.

Si dans quarante jours après la premiere publication, celui auquel elles appartiennent les vient demander, elles lui doivent être rendues en payant la nourriture, garde & frais de Justice & ledit tems passé, elles sont acquises & appartiennent au Haut-justicier, qui se les fait adjuger.

Le Seigneur Haut-justicier succede aussi aux bâtards sous trois conditions; que nous avons énoncées ci-dessus, en parlant du droit de bâtardise.

Trésor caché d'ancienneté & de tems immémorial, appartient par moitié à celui qui le trouve dans son propre héritage, & l'autre moitié au Seigneur Haut-justicier.

Mais quand il est trouvé dans le fond d'autrui par un étranger, c'est-à-dire par un autre que le propriétaire du fond, il en appartient un tiers à celui qui l'a trouvé; l'autre tiers appartient au propriétaire de l'héritage, & l'autre au Seigneur Haut-justicier; & de ce fait, le Juge de la haute Justice en connoît, à l'exclusion du Juge de la moyenne & basse Justice.

Lorsque le Seigneur n'a que la proprieté de la haute Justice & qu'un autre à l'usufruit, tous les droits de confiscation, de bâtardise, de deshérence, & autres annexés à la haute Justice, appartiennent sans contredit à l'usufruitier de la haute Justice, & non à celui qui en est propriétaire, *Voyez* ce que j'ai dit sur l'article second du premier titre de la Coutume de Paris, glose premiere, nombre 10.

Le Seigneur Haut-justicier qui abuse de sa justice, & qui par le moyen d'icelle commet des exactions, concussions ou vexations envers ses Habitans & justiciables, est pendant sa vie privé du droit de justice sur ses justiciables, & sa Justice est en ce cas réunie & consolidée à la jurisdiction royale la plus prochaine, ou à celle de son Seigneur suzerain, si elle est à portée de la commodité des Habitans; & si le fait ne mérite pas qu'il soit privé de sa Justice, le Justiciable envers lequel il en a mal usé est déclaré exempt de son obéissance & de sa Jurisdiction. Bacquet, des Droits de justice, chap. 11. & 18.

Comme le droit de Justice & de Jurisdiction contentieuse n'a rien de commun avec la Jurisdiction volontaire, telle qu'est celle des Notaires & Tabellions, les simples Seigneurs Hauts-Justiciers qui ne sont pas Châtelains n'ont pas droit de Notariat ou de Tabellionage, comme je l'ai remarqué, lettre N, en parlant des Notaires des Seigneurs.

JUSTICE FONCIERE OU CENCIERE est une Justice particuliere qui a lieu dans quelques Coutumes, dont tout le pouvoir consiste à condamner les redevables à payer aux Seigneurs censiers & fonciers les cens & rentes foncieres.

Dans ces Coutumes, par Justice fonciere l'on entend la basse Justice, qui appartient au Seigneur foncier à cause de sa Seigneurie, & qui concerne la désaisine & saisine des héritages de lui tenus & mouvans. *Justitia fundi terræ est bassa Jurisdictio, quæ domino soli villæ vel vici competit, ad tutanda tantummodò jura quæ à subditis annuatim penduntur, quam foncertam Consuetudines Provinciarum plerumque denominant.*

L'auteur du grand Coutumier, livre 4. chapitre 5. de la Justice fonciere, dit que Justice fonciere est avoir cens sur ses sujets, qui est dit chef-cens, &c. mais il n'a pas la Justice des causes civiles & criminelles.

Les Justices foncieres viennent de l'usurpation qui en a été faite anciennement par les Seigneurs censiers, appuyés de la fausse opinion de ceux qui prétendent que tous fiefs ayant vassaux ou censives, emportent *ipso jure* le droit de Justice sur les vassaux ou censitaires. Ces Seigneurs se sont si bien maintenus dans cette usurpation, que dans quelques Coutumes, comme dans celle de Sens, il en a été fait un quatriéme dégré de justice qui se trouve confondue avec la basse Justice.

Les Juges des justices foncieres ont souvent tenté d'augmenter leur pouvoir. Non contens de connoître des droits de leurs Seigneurs, ils ont voulu connoître des causes foncieres & mixtes de Partie à Partie, même tenir les assises. Mais on s'est toujours opposé à l'établissement de cet abus; & quand la question s'est présentée, le Parlement a toujours jugé que dans les Coutumes qui ne la décident point, une Justice fonciere étoit limitée & bornée à connoître des droits utiles dûs au Seigneur, & que le Juge de la Seigneurie ne peut connoître des causes de Partie à Partie.

Voici ce qu'en dit M. le Lieutenant civil le Camus, dans l'acte de notoriété qu'il a donné au mois d'Avril 1702. au sujet des matieres dont les Hauts, Moyens & Bas-Justiciers connoissent.

Il dit que dans l'étendue du ressort du Châtelet de Paris, l'on ne reconnoit que trois sortes de Jurisdictions seigneuriales; sçavoir, la haute, la moyenne & la basse Justice; & que l'on n'y admet point, comme font plusieurs Coutumes, une jurisdiction attachée au Fief, pour appeller le censitaire devant le Juge du Fief, pour payer les droits & les cens; parce que l'on tient pour maxime que la justice & le Fief n'ont rien de commun: l'on peut avoir la Justice sans Fiefs, & l'on peut posseder des Fiefs sans justice, fondé sur un principe certain, que toutes les Justices dérivent du Roi, & qu'elles sont telles qu'il les a concedées; & lorsque celui qui la prétend n'a pas de titre, la longue possession lui en sert, pour en jouir ainsi qu'il l'a possedée.

En la Prevôté & Vicomté de Paris; il n'y a aucune Justice fonciere ni censiere, dit Bacquet en son Traité des Droits de Justice. chap. 3. nomb. 23.

La Justice fonciere a principalement lieu ès païs de nantissement, où pour acquerir droit de proprieté ou d'hypotéque, il faut être nanti par les Officiers de la justice fonciere des lieux. *Voyez* Nantissement. *Voyez* aussi Bacquet, & l'endroit marqué ci-dessus.

JUSTICIABLE, est celui qui est habitant & sujet à la justice ordinaire du lieu. *Voyez* ce que j'ai dit *verbo* Sujets.

Ce terme signifie aussi celui qui est tenu de répondre à un Juge auquel on a attribué certaine jurisdition; comme quand on dit, un homme sans aveu est justiciable du Prevôt des Maréchaux, un domicilié au contraire n'est point sont justiciable.

JUSTIFICATION, signifie la preuve qu'on fait de quelque chose par titre ou par témoin.

L

LABOUR, est le remuement de la terre, fait à dessein de la rendre fertile.

La culture des terres est très-favorable; c'est pourquoi il est défendu de saisir les chevaux de labour qui servent à la charue.

Le Seigneur jouissant pour son droit de relief du revenu d'un an du Fief de son Vassal, est tenu de lui rendre, ou à ses créanciers, les labours, semences & frais; *quia fructus non intelliguntur, nisi deductis impensis*. Ainsi jugé par Arrêt du 21 Mai 1649. rapporté dans le Journal des Audiences.

Les fruits des héritages propres pendans par les racines au tems du trépas de l'un des conjoints par mariage, appartiennent à celui auquel advient ledit héritage, à la charge de payer la moitié des labours & semences. C'est la disposition de l'article 231. de la Coutume de Paris. *Voyez* ce que j'ai dit sur cet article & sur le 59.

LADRE, est une personne attaquée de la lépre, maladie horrible & contagieuse; raison pour laquelle on sépare les ladres des hommes sains; mais avant qu'un homme soit déclaré tel, il faut qu'il soit préalablement visité. La Peyrere rapporte un Arrêt du Parlement de Bordeaux qui l'a jugé ainsi. Cette visite doit être faite sous l'autorité du Juge royal, privativement au Juge du lieu. Bouvot, *verbo* Ladre, question 1.

Un ladre peut se marier, suivant le chapitre *quoniam*, *extra de conjugio leprosorum*, & comme il a été jugé par Arrêt du Parlement de Dijon, le 20 Février 1581. rapporté par Bouvot, *verbo* Ladre, question 2. Il peut aussi tester & disposer librement de ses biens.

Celui qui est déclaré être ladre, est exclu des Bénéfices: mais cette maladie qui surviendroit à un Ecclésiastique pourvu d'un Bénéfice, ne l'en feroit pas priver; on lui en ôteroit seulement l'administration, que l'on donneroit à un Coadjuteur, qui auroit sa nourriture & son entretien sur le revenu du bénéfice.

Il y a déja long-tems que l'on ne connoît plus la maladie de la lépre; c'est pourquoi les Ladreries ou Maladreries & Léproseries ont été réunies aux autres Hôpitaux par différens Arrêts du Conseil.

Voyez le Glossaire du Droit François, *verbo* Ladre, & au mot Service. *Voyez* aussi Dufail, livre 3. chap. 98. & la Rocheflavin, liv. 2 tit 5. art. 1. & liv. 6. tit. 60. art. 2.

LAIQUE, est une personne du monde qui n'a aucun engagement dans l'Ordre ecclésiastique ou religieux; ensorte qu'elle peut s'immicer dans les affaires & négociations séculieres, & contracter mariage, ce que ne peuvent pas ceux qui sont engagés dans les Ordres sacrés, ou dans la vie religieuse. De ce que nous venons de dire, il résulte que les Religieux ou Religieuses qui ont fait profession, ne sont plus au nombre de personnes laïques.

LANGAGE FRANÇOIS, doit être usité dans toutes sortes de contrats, actes, procédures & prononciations. Anciennement en France toutes ces choses s'expédioient en Latin.

Pasquier, qui en ses Recherches, liv. 5. chap. 8. raconte le procès qu'il fut fait à Jeanne la Pucelle, en rapporte les interrogatoires & les réponses couchées en termes latins. Mais nos Rois, par différentes Ordonnances, ont obligé peu à peu de rédiger tous les actes publics en François; sçavoir Charle VIII. en 1489. art. 101. ce qui fut confirmé par l'article 47. de l'Ordonnance de Louis XII. faite en 1512. Il fut ordonné qu'à l'avenir toutes procédures criminelles & enquêtes seroient faites en Langue Françoise; afin que les témoins eussent une entiere intelligence de leurs dépositions, & les accusés des interrogatoires qui leur seroient faits: ce qui fut confirmé par l'Ordonnance de Charles IX. de l'an 1537. article 35.

Enfin, l'article 3. de l'Ordonnance de François

çois I. de l'an 1539. il fut ordonné que tous Actes, Contrats, Testamens, Sentences & Arrêts, seroient prononcés, rédigés & expédiés en Langue françoise, à l'exception des actes qui concernent les matiéres bénéficiales.

Ce qui donna lieu à François I. de faire cette réforme génerale, fut la réponse que lui fit un Gentilhomme par lui interrogé, sur une affaire qu'il avoit au Parlement. Ce Gentilhomme répondit à Sa Majeste, qu'étant venu en poste à Paris, pour assister au jugement de son procès, il ne fut pas plutôt arrivé, que la Cour le débouta. Il lui montra l'Arrêt, qui portoit ces termes: *Dicta Curia dictum actorem debotavit & debotat.* Le Roi, étonné d'un langage si extraordinaire, ordonna que dorénavant toutes sortes de contrats, testamens & actes judiciaires se feroient en Langne françoise.

Cette Ordonnance a été confirmée par Charles IX. en 1563 article 35. & par celle de 1629. art. 27. qui ordonne la même chose pour tous les Actes, Jugemens & Procédures faites dans les jurisdictions ecclésiastiques.

Ces Ordonnances ont remedié à uge infinité d'inconvéniens, qui provenoient des mots énigmatiques, des incongruités absudres, & des barbarismes affreux, dont les Notaires & les Praticiens, peu versés dans la Langue latine, remplissoient leurs actes. Cela les rendoit captieux, souvent même intelligibles; car ne sçachant pas la propriété des termes, ils en forgeoient ou en tiroient d'un vieux jargon, qu'ils se donnoient la licence de latiniser.

LARCIN, est l'enlevement & la soustraction clandestine & frauduleuse de quelque chose qui appartient à autrui, dans le dessein d'en profiter.

Voyez ce que j'ai dit sur le titre premier du quatriéme livre des Institutes.

On appelle larcin, le vol qui se fait clandestinement & en cachette; mais celui qui se fait par force, est appellé vol fait avec violence. Sur quoi je renvoye le Lecteur à ce que j'ai dit dans ma traduction des Institutes, sur le second titre du quatriéme livre.

Probrum & naturâ turpe furtum est, leg. 42. ff. de verbor. signif. jure gentium prohibitum, nec non etiam jure divino. Etenim, præceptum illud. NON FURTUM FACIES, extat in sacra scriptura. Cependant les Egyptiens & les Lacédemoniens permettoient le larcin; les Romains au contraire l'avoient en horreur, & avec beaucoup de raison, *furtum enim servile vitium est.*

Suivant la Loi des douze Tables, il étoit permis de tuer celui qui faisoit un larcin de nuit, en criant seulement à l'aide, & celui qui en faisoit un de jour, *si se telo defenderet.*

A l'égard des autres, comme cette Loi condamnoit les larrons manifestes au fouet, & à l'esclavage envers ceux à qui le larcin avoit été fait, à moins qu'ils ne fussent déja esclaves: auquel cas ils étoient flagellés, & ensuite précipités du haut du mont Tarpeïn. Enfin ceux qui étoient impuberes, & qui étoient pris sur le fait, n'etoient punis que du fouet.

Pour ce qui est des larcins non manifestes, la peine n'étoit que pécuniaire, & ne montoit qu'au double de la valeur de la chose dérobée.

Les Romains trouvanr la peine du larcin manifeste trop sévere, les Préteurs la changerent en pécuniaire, en introduisant une action qui fût du quadruple de la chose volée.

Enfin, comme cette peine du quadruple pour larcin manifeste étoit trop légere, l'usage s'introduisit de pouvoir aussi poursuivre criminellement les larrons, pour réprimer l'audace de ceux qui s'adonnoient à un tel crime. *Leg. ult. ff. de furtis.*

Nous n'admettons point en France la distinction du larcin manifeste, & de celui qui ne l'est pas, quant à la peine; & il n'y a point parmi nous de différence entre le larron qui est pris sur le fait, & celui qui est saisi après coup & convaincu, si ce n'est que celui qui est pris sur le fait peut être mené prisonnier sans décret ni autorité du Juge; au lieu que celui qu'on a prétendu coupable de larcin non manifeste, ne peut être emprisonné qu'en vertu d'un décret donné par le Juge, sur les charges & informations.

Ainsi, soit que le larcin soit manifeste ou non manifeste, l'on agit parmi nous criminellement, & la Partie civile ne peut demander que la restitution de la chose dérobée ou sa valeur, avec dépens, dommages & intérêts, qui sont toujours adjugés, suivant que le Juge trouve à propos de les arbitrer.

Outre ce dédommagement de la Partie qui a souffert le larcin, il y a la peine afflictive, qui est décernée à la poursuite de la Partie publique.

Anciennement en France on marquoit au front les larrons d'un fer chaud, où étoit gravé le mot *fur*; ce qui faisoit que celui qui avoit été puni en Justice pour larcin, étoit appellé *homo trium litterarum*, parce que le mot *fur* a trois lettres.

Mais aujourd'hui l'usage est parmi nous de condamner les coupeurs de bourses & les larrons au fouet, pour la premiére fois; pour la seconde, à être flétris de la marque publique, ce que nous appellons avoir le fouet & la fleur-de-lys; & pour la troisiéme à la mort.

Cependant quelquefois le larcin est puni de mort pour la premiére fois, par rapport à la valeur de la chose dérobée, ou au lieu où s'est fait le larcin, ou à quelqu'autre circonstance. *Voyez* Vol.

LATITER, signifie cacher & receler. Une veuve qui a caché & latité les effets de la succession de son mari, est privée des avantages qu'il lui a fait. *Voyez* Réceler.

LAUDE, est le droit de vendition qui se leve en foire ou marché sur les denrées & marchandises qu'on y met en vente.

Voyez le Glossaire du Droit François, *verbo* Laudé, & *verbo* Vendition.

LAY, en Latin *Laïcus*, est un terme dérivé du Grec *Laos*, qui signifie Peuple.

On appelle Frere lay, un homme qui n'étant point dans les Ordres, est entré dans un Couvent pour prier Dieu, & servir les Religieux dans ce qui concerne le temporel & l'extérieur. Il y a de ces Freres qui font les trois vœux de religion, & qui par conséquent sont de véritables Religieux. Il y en a d'autres qui sans faire de vœux, ne s'obligent qu'à une simple obéissance pour le tems qu'ils resteront dans le Couvent; ensorte qu'ils en peuvent sortir quand bon leur semble.

L E

LEGAL, se dit de ce qui est défini par les Loix: ainsi on appelle peines légales celles que les Loix ont définies pour tels crimes, à la différence des peines arbitraires, qui dépendent de l'opinion des Juges.

LEGALISATION, est un certificat donné par autorité de Justice, ou par une personne publique, & confirmé par l'attestation, la signature & le sceau du Magistrat, ou de celui qui le donne.

LEGALISER, est rendre un acte autentique; afin qu'on y ajoute foi en un autre pays. Quand il s'agit de légaliser un acte pour procéder dans une Officialité, ou prendre les Ordres dans un autre Diocèse, la légalisation doit être faite par l'Evêque.

Mais quand il s'agit de faire légaliser un acte pour servir dans une Jurisdiction royale, il faut que la légalisation soit faite par le plus prochain Juge royal du lieu où l'acte a été passé; car les Juges séculiers ne reconnoissent point la légalisation de l'Evêque, attendu que la Jurisdiction ecclésiastique & la Jurisdiction séculiere sont deux Jurisdictions tout-à-fait distinctes & séparées, & indépendantes entierement l'une de l'autre.

LEGAT, en pays de Droit écrit, est ce que nous appellons legs, & est dénommé légat: ainsi la plupart de nos Auteurs de ce pays mettent le mot de légat au lieu de celui de legs. *Voyez* ci-après ce que j'ai dit sous le terme de legs.

Ce terme Légat, signifie un Ambassadeur d'un Prince, & plus communément un Ambassadeur du Pape, que Sa Sainteté envoye vers quelque Prince souverain, avec pompe & cérémonie, pour quelque affaire importante. Il y en a même qui sans mission du Pape sont Légats, mais en vertu de leur dignité, & non pas à cause de leurs personnes: c'est pourquoi ils sont appellés *Legati nati*. Nous parlerons des Légats du Pape dans le Dictionnaire du Droit canonique, que nous espérons mettre au jour dans quelque tems

LEGATAIRE, est celui à qui un testateur a fait un legs. *Voyez* ce que nous avons dit *verbo* Legs.

En pays coutumier, nul ne peut être héritier & légataire; mais le légataire peut renoncer à cette qualité, & prendre celle d'héritier, s'il juge qu'elle lui soit plus avantageuse. *Voyez* ce que j'ai dit sur l'article 300. de la Coutume de Paris.

Un légataire universel dans la France coutumiere tient lieu d'héritier; cependant il ne l'est pas effectivement. *Voyez* Legs universel.

En pays coutumier, un testateur ne peut léguer que le quint de ses propres; ensorte que les quatre quints sont comme une espéce de légitime coutumiere, dont il n'est pas permis de disposer par testament au préjudice de ses héritiers.

Par la maxime générale de la France, le mort saisit le vif; c'est-à-dire, que l'héritier est saisi des biens du défunt dès l'instant de sa mort: ainsi tout légataire est obligé de lui demander la délivrance de son legs. Si un légataire s'étoit emparé de son autorité privée de la chose léguée, l'héritier pourroit le faire assigner à ce qu'il ait à la lui rendre. *Voyez* Bacquet, des Droits de Justice, chap. 8. nomb. 21.

Si la chose léguée étoit en la possession du légataire, il ne laisseroit pas d'être obligé d'en demander la délivrance à l'héritier; parce qu'il n'en est alors saisi que de fait, & non de droit, & que la proprieté ne peut lui être acquise que par la tradition qui lui en est faite par l'héritier.

Cependant les légataires de choses mobiliaires en peuvent demander la délivrance à l'exécuteur testamentaire, parce qu'il est saisi par la Coutume des meubles & effets mobiliers pendant l'an & jour; mais l'executeur testamentaire n'en doit point faire la délivrance sans l'aveu de l'héritier, parce que l'hérir(«sic») pourroit avoir des raisons valables de contester les legs.

L'obligation de demander la délivrance des legs, ne regarde pas seulement les légataires particuliers, mais aussi les légataires universels, parce que tous n'ont point d'autre titre que le tastament.

Lorsque le légataire universel a obtenu la délivrance de son legs, les légataires particuliers peuvent s'adresser à lui pour la délivrance de leurs legs; parce qu'il est *loco heredis*. D'où il s'ensuit qu'il est tenu, I°. de payer les legs particuliers faits par le défunt, II. De payer les dettes du défunt au prorata de ce qu'il amende des biens de sa succession. *Voyez* Dettes de Succession.

LEGISLATEUR, est celui qui fait les Loix d'un Royaume, d'un Etat qu'il fonde. Les Loix ne lient point celui qui en est l'Auteur; & par une espéce de reconnoissance de ce qu'il les fait observer, elles semblent lui permettre de les enfraindre; mais il est de sa prudence de ne le pas faire. *Voyez* ce que j'ai dit *verbo* Loi.

LEGITIMATION, *voyez* Légitimer.

LEGITIME, se dit de celui qui est né en légitime mariage; au lieu que l'enfant légitimé est celui qui étant né dans le concubinage, a été rendu légitime par un mariage subséquent de ses pere & mere, ou par Lettres du Prince.

Celui qui nait d'une femme mariée, est présumé

enfant du mari. *Filium eum definimus, qui ex viro & uxore nascitur. Leg. 6. ff. de his, qui sui vel alieni juris sunt.* Cette maxime est toujours admise, quand bien même la mere de l'enfant seroit convaincue d'adultaire. *Ratio est, quia pateris est, quem nuptiæ demonstrant. Leg. 5. ff. de in jus vocando.* Ainsi il est tenu pour légitime, s'il n'est évidemment prouvé qu'il ne l'est pas.

Comme le pere est incertain dans l'ordre civil, desorte qu'il n'est pas en la puissance d'un fils de prouver qui est son pere, les Loix ne s'arrêtent qu'à ce qui en paroît au dehors. Elles déclarent que celui-là est tenu pour le vrai pere, qui paroît l'être par son mariage; & elles laissent les secrets invisibles de la nature à Dieu qui en est l'auteur, & à cet œil invisible qui voit toutes choses. Aussi Tertulien déclare légitime tout ce qui naît sous le sceau du mariage, tout ce qui a sur le front cette marque si vénérable, tout ce qui entre dans le monde par cette porte d'honneur, de bénédictions & de graces.

Ainsi, en quelque tems que soit né un enfant pendant le mariage des ses pere & mere, il est toujours présumé être le fils du mari de celle qui l'a mis au monde; ce qui est si vrai, qu'on ne reçoit point la preuve contraire, si la femme cohabite avec un mari qui ne soit pas impuissant.

Que les maris examinent, s'ils veulent, les mœurs de leurs femmes, dit Quintilien en sa déclamation 330. que les maris les desirent, s'ils veulent, non-seulement modestes, mais séveres, c'est assez aux enfans d'être nés d'une femme légitime. *Ferendum non est, eum, qui cum uxore sua assiduè moratur, nolit filium agnoscere, quasi non suum. Leg. 6. ff. de his; qui sui vel elieni juris sunt.*

Ainsi les enfans des femmes qui sont convaincues d'adultere, sont sur le compte du mari, dès qu'on prouve que le mari en a pû être le pere: d'où il s'ensuit, qu'un pere ne peut pas prétendre que son fils soit adultérin, quand même il pourroit convaincre sa femme du crime d'adultere; car la mauvaise conduite de la mere n'est pas une preuve que l'enfant n'ait pas été engendré de son mari. *Leg. 11. ff. ad leg. Jul. de adult.* Ainsi jugé par Arrêt du 26 Janvier 1664. rapporté dans le Journal des Audiences.

Par autre Arrêt du 5 Juillet 1665. rapporté *ibidem*, un enfant a été déclaré légitime, quoique le mari déclarât qu'il étoit impuissant, & que la mere assurât la même chose. Ainsi la déclaration du mari & de la femme, qu'un enfant né pendant leur mariage n'est pas légitime, ne peut lui porter aucun préjudice.

Quoique la Loi présume qu'un enfant né d'une femme qui vit avec son mari est légitime, l'état de cet enfant ne se peut ordinairement prouver que par un extrait baptistaire, comme nous l'avons dit *verbo* Filiation.

A l'égard du tems dans lequel il faut qu'un enfant soit né pour être réputé légitime, il faut que le tems de sa conception quadre à celui de sa naissance, c'est-à-dire qu'il ait été conçu, *constante matrimonio.*

La régle est, que les enfans viennent au monde presque toujours dans le neuviéme mois de leur conception, & quelquefois dans le septiéme commencé, & aussi quelquefois dans le dixiéme commencé, & non par-delà: sur quoi *voyez* ce que j'ai dit *verbo* Naissance.

Les enfans qui naissent d'une femme dont le mari est absent, sont censés légitimes, étant nés *constante matrimonio*, à moins qu'il ne fût justifié qu'il y a impossibilité physique que le mari en soit le pere; auquel cas la régle *Pater est quem justæ nuptiæ demonstrant*, n'auroit pas lieu, comme nous l'avons dit *verbo* Absent.

Il en seroit de même si le mari, dont la femme accoucheroit, étoit tombé avant le tems de la conception de l'enfant, dans une maladie qui auroit causé en lui une impuissance absolue. Ainsi la régle qui veut que le mariage démontre la paternité, suppose une présomption égale de cohabitation des deux conjoints, qui ne peut pas avoir lieu, quand il s'y trouve une impossibilité physique.

Excepté ce cas, les enfans qui naissent d'une femme mariée, sont réputés être les enfans de son mari; & en conséquence de la régle, *pater est quem nuptiæ demonstrant*, ils suivent sa condition, comme, étant provenus de lui. Aussi une Princesse instruite de cette régle, dit un jour au Prince son mari: Vous ne pouvez pas faire des Princes sans moi, & j'en puis faire sans vous.

On met encore au rang des enfans légitimes ceux qui naissent d'un mariage illicite, quand il a été contracté de bonne foi & en face d'Eglise par les conjoints, qui ignoroient l'empêchement de parenté ou autre qu'il y avoit à leur mariage. La bonne foi même d'un seul des conjoints suffit pour assurer l'état des enfans, & faire produire à un mariage nul les effets civils.

Il paroît par ce que nous venons de dire, que les Loix veulent que les enfans qui naissent à l'ombre du Sacrement de mariage, soient légitimes lorsque le tems de leur conception quadre à celui de leur naissance, c'est-à-dire qu'ils ayent été conçus *constante matrimonio*, & qu'il n'y ait point eu d'impossibilité physique à la cohabitation de leurs pere & mere. Ces enfans sont alors tellement présumés légitimes, quequelques efforts que l'on fasse pour détruire toute la vérité de leur état, ils ne peuvent produire aucun effet; desorte que ni la preuve par témoins, ni le désaveu d'un pere, ni celui même de la mere, ni la conjuration des héritiers collatéraux, ne sçauroient rompre ce lien sacré; la Loi qui vient au secours de la nature, veut qu'il soit indissoluble. *Leg. 14. cod. de probation. Leg. 3. cod. de emancip. liberor. Leg. 9. cod. de patria potest.*

Enfin, lorsqu'un homme épouse la personne dont il a joui pendant son mariage, les enfans nés après la dissolution de ce marige, ne laissent pas d'être légitimes, pourvû qu'il n'y ait point eu pendant le premier mariage ni conspiration de mort, ni foi donnée, comme il a été jugé au Parlement de Dijon par Arrêt du 29 Avril 1664. rapporté par Taisand, sur la Coutume de Bourgogne, titre 8. article 3. nombre 3. parce que l'adulterere n'est point un empêchement au mariage, si ce n'est dans les deux cas énoncés ci-dessus. *Voyez* ce que j'ai dit à ce sujet *verbo* Adultere.

Au reste, on ne peut point demander à faire preuve par témoins de son état de légitime, lorsque l'on n'a point d'extrait baptistaire, ni d'autre commencement de preuve par écrit, & que l'on n'allégue point la perte des Registres de baptême, comme il a été jugé par Arrêt du parlement de Paris du 19 Mars 1691. rapporté dans le Journal des Audiences. *Voyez* Filiation. *Voyez* Question d'Etat

Touchant les question expliquées ci-dessus, *voyez* les Auteurs que j'ai cités à la fin du mot *Naissance.*

LEGITIME EN FAIT DE SUCCESSION, est une portion de l'héredité qui est dûe aux enfans nés en légitime mariage, par le droit naturel, dans les biens de leurs pere & mere, ou autres ascendans, & qui est définie par la Loi, au préjudice de quoi ils ne peuvent valablement disposer de leurs biens, à moins que les enfans n'ayent mérité d'être exhérédés.

La légitime est donc dûe aux enfans par le droit naturel; ainsi les peres & meres ne les en peuvent priver, si ce n'est pour une juste cause d'exhérédation.

En effet, la nature oblige les ascendans à faire subsister ceux à qui ils ont donné l'être; & il n'y a point d'animaux qui ne soient d'eux-mêmes portés à subir cette loi: autrement la nature seroit imparfaite en soi, de produire inutilement un être qui ne pourroit subsister de lui même, si elle n'obligeoit ceux du ministere desquels elle s'est servie, à lui procurer ce qui est nécessaire pour sa conservation.

Le pouvoir qui est donné aux peres & meres par les Loix civiles, de réduire leurs enfans à leur légitime, est fondé sur ce qu'il ne seroit pas juste que les peres & meres qui ont travaillé pour amasser & conserver leurs biens, fussent assujettis à la dure nécessité, de ne pouvoir entre leurs enfans exercer une pleine & entiere libéralité envers ceux qui s'en seroient rendus dignes; & de n'admettre à leurs successions ceux qui auroient démerité envers eux, que jusqu'à une certaine portion de leurs biens.

C'est une sage invention des Législateurs, qui fournit une espéce de remede aux maux des familles, & qui en même tems fournit à un pere indigné de la désobéissance de ses enfans, ou de leur mauvaise conduite, un moyen de s'en venger.

Ainsi la faculté de restraindre un enfant à sa légitime, le doit exciter à mériter les bonnes graces de ses pere & mere, par son obéissance & par sa bonne conduite, dans la crainte d'être privé d'une partie de leur succession, s'il manquoit à son devoir, ou s'il donnoit dans le déréglement.

La légitime, quoique dûe par le droit naturel quant à sa substance, est de droit civil quant à sa quotité; c'est pourquoi elle est différente suivant les différens lieux: ce qu'il y a, c'est qu'en quelque lieu que ce soit, la légitime ne s'estime que déduction faite des dettes & des frais funeraires.

Suivant la Coutume de Paris, art. 298. la légitime est la moitié de telle part & portion que chaque enfant eût eue dans la succcession de ses pere & mere, ayeul ou ayeule, ou autres ascendans, s'ils n'avoient pas disposé de leurs biens à leur préjudice.

Par le droit des Novelles, la légitime est le tiers de la portion que chaque enfant auroit eue *ab intestat*, dans la succession de ses pere & mere, ou autres ascendans, au cas qu'il n'y ait que quatre enfans ou moins venans à leur succession; mais quand il y en a plus de quatre, la légitime de chacun de ceux qui viennent à la succession, est la moitié de la part & portion qu'il en auroit pû avoir, si celui de la succession duquel il s'agit n'en avoit disposé autrement, *Novella de triente & semisse*, qui est observée en Pays de Droit écrit.

Quand il y a plusieurs enfans qui ont été avantagés par leur pere ou par leur mere, & qu'il y en a d'autres qui n'ont pas leur légitime, c'est le dernier avantagé qui paye la légitime lui seul; sauf après le payement, s'il n'a pas sa légitime, à la demander à celui qui a été immédiatement avant lui avantagé, & lui de même en remontant de la sorte. *Voyez* ce que j'ai dit ci-dessus en parlant de la donation inofficieuse.

Pour qu'un testament soit valable, il ne suffit pas en pays de droit écrit que le testateur fasse des legs à ses enfans, quand bien même ces legs excéderoient leur légitime; il faut qu'elle leur soit laissée à titre d'institution, ainsi que l'a ordonné l'Empereur Justinien par sa Novelle 115. chap. 3. parceque l'institution est un titre d'honneur, dont aucun des enfans ne doit être privé sans cause légitime.

Cependant on distingue dans les Parlemens de Toulouse & de Bordeaux, si l'héritier universel est un des enfans du testateur, ou un étranger: au premier cas, il n'est pas nécessaire de laisser la légitime aux autres enfans à titre dinstitution; mais au second cas, il le faut nécessairement pour que le testament subsiste. *Voyez* ce qu'à dit à ce sujet le Commentateur d'Henrys, tome 1. livre 5. qu. 40. *Voyez* aussi l'arrticle 50. & les onze suivans de l'Ordonnance des Testamens du mois d'Août 1735.

La légitime ne peut être chargée de substitution, comme il a été jugé par Arrêt du 30. Juin 1678. rapporté dans le Journal du Palais. En effet, la légitime appartient aux enfans en pleine proprieté, & ne peut etre grevée d'aucun fideicommis, charge ni condition, *juxta legem 30. & legem 32. cod. de inoffic. testam. ad quas Mornacium vide. Voyez* aussi dans le Journal du Palais l'Arrêt que je viens de citer.

La légitime peut ordinairement être demandée en corps héréditaires; mais si c'est sur les Marquisats, Comtés, & autres Terres de grande dignité, pour empêcher le démembrement, les enfans peuvent alors être contraints de recevoir leur légitime en deniers, ou autres effets de la succession. *Voyez* Henrys, tome 2. livre 5. question 33.

Il faut dans la régle que les enfans se portent héritiers de leur pere ou de leur mere, pour pouvoir prétendre la légitime dans leur succession.

Mais cette régle cesse quand un pere ou une mere, après avoir fait des donations considérables au profit d'un de leurs enfans ou d'un étranger, contractent des dettes qui excedent la valeur de ce qui leur reste de biens; alors les enfans qui font révoquer les donations jusqu'à la concurrence de leur légitime, ne doivent point prendre cette légitime en qualité d'héritiers, & on leur permet de la prendre sur les biens donnés, quoiqu'ils renoncent à la succession.

Enfin il faut remarquer que l'institution de chose particuliere, quelque modique qu'elle soit, est suffisante pour empêcher la nullité du testament des pere & mere ou autres ascendans, pour cause de prétérition; puisque celui qui est institué n'est pas prétérit, & il n'est en droit de se pourvoir que pour demander le supplément de sa légitime: *Actio enim ad supplementum legitimæ eam sufficienter replet. Voyez* Supplément de légitime.

La légitime étant une portion de la succession des peres & meres qui doit revenir aux enfans, ils ne la peuvent demander de leur vivant, quelque dissipation qu'ils fassent de leurs biens, *si quidem non est viventis hereditas.* Mais les peres & meres ne peuvent préjudicier à la légitime de leurs enfans par aucune disposition de derniere volonté.

La légitime saisit ceux qui ont droit de la demander, parce qu'elle est considérée comme une portion de la succession du pere ou de la mere où les successions saisissent les héritiers. D'où il s'ensuit I°. Que l'action pour demander la légitime, ou le supplément de la légitime, passe aux héritiers, soit descendans, soit collatéraux, lorsque l'enfant est décédé sans avoir fait la demande. II°. Que les enfans ne sont pas tenus d'en faire la demande aux héritiers, mais qu'ils peuvent former la complainte & provoquer directement le partage. *In Gallia filius non tenetur venire per actionem supplementi, sed est saisitus de sua legitima, & habet interesse*, pour *recta* demander partage & séquestre *in casu moræ*, dit M. Charles Dumoulin, sur l'article 3. du titre 18. de la Coutume de Berry.

L'action de la légitime dure trente ans. *Leg.* 2. *versiculo, sed sine pro se, cod. de constit. pecun.* Il en est de même de l'action pour le supplément de la légitime. M. le Prêtre, dans ses Arrêts de la Cinquiéme, en rapporte un du 15 Décembre 1612. qui l'a ainsi jugé. *V.* Henrys, tom. 1. liv. 4. chap. 6. qu. 76. Et ces trente ans se comptent du jour du décès du pere ou de la mere; ensorte que la nourriture que le légitimaire auroit prise dans la maison de l'héritier de son pere ou de sa mere, n'interromproit point la prescription, comme il a été jugé par Arrêt du Parlement de Bordeaux le 21 Mars 1673. rapporté par la Peyrere, édition de 1606. lettre L, n. 94. *Voyez* cependant d'Olive, liv. 5. chap. 31.

On demande si le fils institué héritier peut distraire la falcidie & sa légitime? Le Parlement de Bordeaux juge l'affirmative; tous les autres Parlemens jugent pour la négative.

Voyez, touchant la légitime, ce que j'en ai dit dans ma Traduction des Institutes, sur le §. dernier du titre 18. du second Livre, & ce que j'ai dit sur l'article 298. de la Coutume de Paris. *Voyez* aussi le Recueil alphabétique de M. Bretonnier, *verbo* Testamment, vers la fin.

Voici les articles de la Déclaration du mois de février 1731. qui regardent la légitime des enfans.

Art. XXXIV. » Si les biens que le donateur aura » laissé en mourant sans en avoir disposé, ou sans » l'avoir fait autrement que par des dispositions de » derniere volonté, ne suffisent pas pour fournir la » légitime des enfans, eu égard à la totalité des » biens compris dans les donations entre-vifs par » lui faites & de ceux qui n'y sont pas renfermés, » ladite légitime sera prise, premierement sur la » derniere donation, & subsidiairement sur les au» tres, en remontant des dernieres aux premieres; » & en cas qu'un ou plusieurs des donataires soient » du nombre des enfans du donateur qui auroient » eu droit de demander leur légitime sans la dona» tion qui leur a été faite, ils retiendront les biens » à eux donnés jusqu'à concurrence de la valeur » de leur légitime, & ils ne seront tenus de la légi» time des autres que pour l'excédent.

Art. XXXV. » La dot, même celle qui aura été » fournie en deniers, sera pareillement sujette au » retranchement pour la légitime dans l'ordre » prescrit par l'Article précédent: ce qui aura lieu, » soit que la légitime soit demandée pendant la » vie du mari, ou qu'elle ne le soit qu'après sa » mort, & quand il auroit joui de la dot pendant » plus de trente ans, ou quand même la fille do» tée auroit renoncé à la succession par son con» trat de mariage ou autrement, ou qu'elle en se» roit excluse de droit, suivant la disposition des » Loix, Coutumes ou Usages.

Art. XXXVI. » Dans le cas où la donation des » biens présens & à venir, pour le tout ou pour » partie, a été autorisée par l'Art. XVII, si elle » comprend la totalité des biens présens & à venir, » le donataire sera tenu indéfiniment de payer les » légitimes des enfans du donateur, soit qu'il en ait » été chargé nommément par la donation, soit que » cette charge n'y ait pas été exprimée; & lorsque » la donation ne contiendra qu'une partie des biens » présens & à venir, le donataire ne sera obligé de » payer lesdites légitimes au-delà de ce dont il en » peut être tenu de droit, suivant l'Article XXXIV, » qu'en cas qu'il en ait été expressément chargé par

» la donation, & non autrement; auquel cas d'ex» pression de ladite charge, le donataire sera tenu » directement & avant tous les autres donataires, » quoique postérieurs, d'acquitter lesdites légiti» mes, pour la part & portion dont il aura été » chargé dans la donation ; & si ladite portion n'y » a pas été expressément déterminée, elle demeu» rera fixée à telle & semblable portion, que cel» pour laquelle les biens présens & à venir se trou» veront compris dans la donation ; sauf au dona» taire, dans tous les cas portés par le présent arti» cle, de renoncer, si bon lui semble, à la dona» tion.

Art. XXXVII. » Si néanmoins le donataire par » contrat de mariage de la totalité ou de partie des » biens présens & à venir, déclare qu'il opte de » s'en tenir aux biens qui appartenoient au dona» teur au tems de la donation, & qu'il renonce » aux biens postérieurement acquis par ledit dona» teur, suivant la faculté qui lui est accordée par » l'Article XVII, les légitimes des enfans se pren» dront sur lesdits biens postérieurement acquis, » s'il suffisent ; sinon ce qui s'en manquera sera » pris sur tous les biens qui appartenoient au dona» teur dans le tems de la donation, si elle comprend » la totalité desdits biens ; & en cas que la dona» tion ne soit que d'une partie des biens, & qu'il y » ait plusieurs donataires, la disposition de l'Arti» cle XXXIV. sera observée entr'eux selon sa for» me & teneur.

Art. XXXVIII. » La prescription ne pourra » commencer à courir en faveur des donataires » contre les legitimataires, que du jour de la mort » de ceux sur les biens desquels la légitime sera de» mandée.

LEGITIME DES ASCENDANS, n'a lieu en pays coutumier. Soeve, tome 2. cent 4. chap. 93. Cette régle ne paroît pas déraisonnable; car la succession des descendans n'est déferée aux ascendans que *turbato mortalitatis ordine*, contre l'ordre de la nature & l'ordre des choses, Pour le seul soulagement de la douleur qu'ils ont reçue de la mort prematurée de leur enfans. Ainsi il ne leur est point dû de légitime sur les biens de leur enfans, *ex voto naturæ*. Mais à l'égard des enfans, on peut dire que la légitime leur est dûe par le droit naturel comme nous l'avons fait voir sur l'art. précédent.

En pays de Droit écrit, la légitime est dûe aux ascendans, lorsqu'un fils décede sans enfans, & laisse pere & mere, ou l'un de deux, ou à leur défaut laisse d'autres ascendans : & cette légitime est le tiers de toutes la succession.

Il faut cependant observer qu'aux Parlemens de Paris & de Toulouse, il y a une Jurisprudence particuliere à cet égard ; car quand il y a des freres & sœur du défunt, ils sont admis avec les ascendans à sa succession.

Au Parlement de Paris, on juge que la légitime des ascendans n'est que le tiers de la portion qu'ils auroient eue *ab intestat*, lorque le défunt a laissé des freres & des sœurs, qui sont admis conjointement à la succession avec eux.

Au Parlement de Toulouse, on distingue ; si les freres ou les sœurs ont éte institués héritiers par le défunt ; on ne donne aux ascendans pour leur légitime que le tiers de leur portion héréditaire ; mais si le défunt n'a institué que des étrangers, on donne alors pour légitime aux ascendans le bien de toute la succession.

Touchant la légitime des ascendans, *voyez* Henrys, tom. 3. liv. 6. chap. 5. quest. 16.

LEGITIME COUTUMIERE. *Voyez* quatre quints.

LEGITIMER, c'est rendre un enfant né hors le mariage, capable de succeder à ses parens, & de posseder des Bénéfices ecclésiastiques dans le Royaume, de même que les enfans nés d'un mariage légitime.

La légitimation se fait ou par subséquent mariage, ou par Lettres du Prince ; mais ces deux sortes de légitimations ont des effets biens différens.

Celle qui se fait par subséquent mariage, est appellée légitimation de droit, & rend celui qui est légitime semblable à ceux qui sont nés en légitime mariage, ensorte qu'il n'y a aucune difference entr'eux.

La raison est, que la conjonction prématurée des pere & mere de l'enfant né avant leur mariage, se trouve autorisée par la dignité de ce Sacrement dont elle a été suivie. & que le même Sacrement a corrigé le vice originel de la conception de cet enfant. *Voyez* le douziéme tome des Causes célébres, pag. 228. & sur-tout pag. 248. & suivantes.

Le légitimé par mariage subséquent a donc les mêmes droits, avantages & prérogatives, que celui qui est légitime par sa naissance. Il succede à ses pere & mere, & à tous ses autres parens indistinctement, de même que ceux qui sont nés *constante matrimonio*. *Vide capitulum Tantavis, extra qui filii sint legitimi.*

Il jouit même du droit d'aînesse, à l'exclusion de ceux qui seroient nés après lui pendant le mariage de ses pere & mere ; mais non pas au préjudice d'un enfant qui seroit né d'un mariage légitime contracté depuis leur naissance, & avant leur légitimation, c'est-à-dire avant le mariage sebséquent de leurs pere & mere. *Ratio est, quia legitimatio quæ fit per subsequens matrimonium nunquam retrotrahitur ad tempus nativitatis liberorum in præjudicium aliorum, quibns scilicet jus erat quæsitum ante patris & matris liberorum matrimonium, quod est subsequta illorum legitimationis causa. Voyez* ce que j'ai dit ci-dessus *verbo* Aîné.

A l'exception de cet article, les enfans légitimés par mariage subséquent, sont tellement égalés aux enfans nés légitimes, I°. Que les enfans légitimés de cette maniere succedent non-seulement à leur pere & mere, mais encore à tous leurs autres parens, comme s'ils étoient nés légitimes.

II°. ils font cesser la condition *si sine liberis decesserit*, apposée à un fideicommis. Peleus, qu. 36.

III°. Ils sont conpris dans la substitution réciproque des enfans ; faite en termes généraux.

IV°. Dans les Coutumes qui desirent une égalité absolue entre les enfans, il est certain que l'enfant ainsi légitimé, à qui son pere auroit fait sa part, pourroit demander un partage égal. Dans les autres Coutumes, le légitimé par le mariage subséquent a droit de légitime contre des enfans nés d'un autre mariage précedent & intermédiaire.

V°. Si le bâtard décede avant le mariage de sa mere, & laisse des enfans légitimes, ce mariage subséquent, contracté après la mort de leur pere, qui étoit bâtard de ceux qui se marient, rend ces enfans capables de succeder à leur ayeul.

VI°. Si le pere ou la mere des bâtards ont fait des donnations à des étrangers, & qu'après cela ils viennent à se marier ensemble, ces donations sont révoquées de plein droit, de même que par la naissance de enfans légitimes, quoique les bâtards fussent nés dans le tems que les donations ont été faites : ce qui se trouve confirmé par l'article 39. de l'Ordonnance Publiée au sujet des donnations, l'an 1731.

Sur toutes ces décisions, *Voyez* M. le Brun, en son Traité des Successions, livre 1. chapitre 2. section 1. distinction 1. nombre 16. jusqu'à la fin de cette distinction.

La légitimation par subséquent mariage requiert deux conditions.

La premiere, que le pere & la mere ayent été libres & ayent pû se marier ensemble au tems de la conception de l'enfant, au tems de sa naissance, & au tems intermediaire.

La deuxiéme que le mariage ait été célébré en face d'Eglise avec les formalités ordinaires; car ce n'est que la bénédiction nuptiale qui opere la légitimation des enfans nés auparavant. Ainsi par Arrêt du Parlement de Rouen du 9 Décembre 1604 rapporté par M. Brillon, une fille fut déclarée illégitime, quoique depuis sa naissance son pere ait été fiancé avec sa mere, n'ayant pû, étant mort avant que d'être allé à l'Eglise, recevoir la bénédiction nuptiale, quoiqu'il l'eut reconnue pour sa fille, & qu'il eût reçu la dot & en eût donné quittance. Cet Arrêt est semblable à un autre rapporté dans la Bibliotéque canonique, tome 2. page 271. col. 1.

La légitimation qui se fait par Lettres du Prince, est appellée légitimation de grace, qui a bien moins de force & d'étendue que la légitimation de droit dont nous venons de parler, puisque cette légitimation de grace ne produit aujourd'hui d'autre effet que de couvrir le vice de la naissance de celui qui est ainsi légitimé, comme nous le dirons dans la suite,

Le droit légitimer des bâtards, en leur donnant des Lettres de légitimation, est un droit de Souveraineté qui ne peut jamais appartenir qu'au Roi, & elles doivent être obtenues du consentement de leur pere.

Ces Lettres portent, que celui qui les impétre est déclaré capable de succeder à ses parens, tant en ligne directe que collatérale. Elles doivent être enregistrées au Parlement & à la Chambre des Comptes.

Elles donnoient autrefois aux bâtards le droit de succeder à leur parens qui avoient consenti à leur légitimation, comme l'a remarqué Chassanée sur la Coutume de Bourgogne, titre des bâtards, §. 3. Mais les derniers Arrêts ont jugé que les bâtards légitimés par Lettres du Prince, sont incapables de succeder à aucun de leur parens, & même de toutes dispositions universelles faites à leur profit par leur pere & mere, comme de legs universels : ce qui paroît fondé sur l'honnêteté publique, parce que le droit de succeder *ab intestat* est l'effet de la dignité du Sacrement de mariage *Voyez* Brodeau sur Louet, lett. S, chap. 7.

Ces Lettres sont donc presqu'inutiles, & ne servent qu'à couvrir le vice de leur naissance, & n'assurent leur état qu'à l'effet de les rendre capables des honneurs, dont les bâtards sont absolument incapables & inhabiles par la Loi génerale du Royaume; mais ces Lettres ne les rendent pas habiles à succeder *ab intestat* : ils n'acquierent que le droit de porter le nom & les armes de leur pere, encore faut-il qu'il y ait une barre dans les armes pour les distinguer des enfans légitimes, ou légitimés par mariage subséquent.

C'est aussi ce que M. Talon, Avocat général, a soutenu en la cause de Monsieur le Duc d'Elbeuf, & de Monsieur le Duc de Vendôme, défendeur ; jugée en la Grande Chambre, par Arrêt du 13 Juin 1651. Brodeau, à l'endroit cité, n. 7.

Pour ce qui est de la légitimation, ou plutôt de la dispense à l'effet de pouvoir être promû aux Ordres, & de posseder des Bénéfices, nonobstant le défaut de naissance, il se faut pourvoir en la Jurisdiction ecclésiastique.

Suivant ce que nous avons dit ci-dessus, il n'y a que les bâtards nés *ex soluto & soluta*, qui puissent être légitimés par subséquent mariage.

A l'égard des bâtards adulterins, ils ne peuvent être légitimés par subséquent mariage, suivant la disposition du Droit civil & du Droit canon. L'article 180. de la Coutume de Troyes le porte implicitement. La raison est, que cette légitimation n'est fondée que sur une fiction de Droit; on suppose que le pere & la mere étoient mariés lors de la conception du bâtard : or on ne peut pas feindre qu'un homme, par exemple, qui avoit une autre femme, fût en même tems marié à la mere du bâtard lorsqu'il a été conçû, sans feindre en même tems qu'il a eu deux femmes à la fois ; ce qui seroit encore plus criminel qu'un simples adultere.

Elizabeth Fiorelli, fille de Tiberio Fiorelli, dit Scaramouche, de l'anncienne Comédie Ita lienne & de Marie Duval, fut déclarée illégitime par Arrêt du 4 Juin 1697. rapporté par M. Augeard, tom. 1. chap. 2. nonobstant le mariage subséquent de son pere & de sa mere, parce que la premiere femme du Comédien vivoit encore dans le tems de la naissance de cette fille. On auroit jugé de la même maniere, quand même cette fille seroit née après la mort d'Elizabeth del Campo, premiere femme de Fiorelli, si le commerce du Comédien avec Marie Duval, dont cette fille étoit née, avoit précedé la mort de la premiere femme, parce que le tems de la conception qui doit servir de régle, la rendoit adulterine.

Pour ce qui est des bâtards incestueux, quelques Auteurs ont prétendu qu'ils ne sont pas légitimés par le mariage subséquent, quand même le pere & la mere obtiendroient une dispense pour se marier ensemble. Pour moi je crois que dans ce cas les enfans sont légitimés ; c'est aussi l'avis de M. le Brun, en son Traité des Successions, liv. 1. chap. 2. sect. 1. distinct. 1. nomb. 12. Ainsi, quoique l'on ait commencé *ab illicitis*, le mariage subséquent contracté avec dispense, légitime donc les enfans nés d'une conjonction incestueuse.

En effet, le mariage contracté avec dispense de parenté, efface toutes les taches de la naissance ; parce qu'au tems de la conception des enfans qui sont nés avant le mariage, il n'y avoit qu'un empêchement de parenté au mariage de leurs pere & mere, lequel empêchement est levé par la dispense qui a un effet rétroactif.

Il n'en seroit pas de même s'il y avoit eu une impossibilité à leur mariage, c'est-à-dire, que les pere & mere n'eussent pû en aucune maniere se marier ensemble lors de la conception des enfans ; car en ce cas, le mariage qui surviendroit depuis, ne les légitimeroit pas.

C'est aussi la raison pour laquelle, quand un homme marié a des enfans d'une autre femme que de la sienne, ces enfans ne sont pas légitimés par le mariage qu'il contracte avec la mere de ces enfans après la mort de sa femme ; parce que, comme nous avons déja dit, on ne peut jamais avoir droit d'avoir en même tems deux femmes : ainsi on ne peut pas feindre qu'au tems de la conception de ces enfans, leur mere ait été la légitime épouse de celui qui en est le pere, & qui étoit alors uni à une autre femme par un mariage légitime.

On demande, si pour que les bâtards incestueux soient légitimés par mariage subséquent, & pour que ce mariage efface le vice de la naissance de ces enfans, il est nécessaire qu'il y ait dans la dispense du Pape une clause précise pour opérer cette légitimation ?

Il faut dire, que quoique cette clause soit pour l'ordinaire insérée dans les dispenses de parenté, lorsqu'il y a des enfans procréés auparavant, néanmoins cette clause est inutile parmi nous quant aux successions, & que le droit de succeder est une conséquence naturelle de la légitimation par mariage subséquent avec dispense de parenté. D'ailleurs, il n'appartient pas à la Cour de Rome de rendre les sujets du Roi capables ou incapables de successions. C'est un des points des Libertés de l'Eglise Gallicane, comme le fait voir M. le Brun, en son Traité des Successions, livre 1. chapitre 11. section 1. distinct. 1. nomb. 11.

Touchant la légitimation, *voyez* ce qui en est dit dans Henrys, tom. 3. liv. 6. chap. 5. quest. 27.

LEGITIMITÉ, est l'état, la qualité d'un enfant qui est légitime.

LEGS, est une espéce de donation faite à quelqu'un par testament ou par codicile, & dont la délivrance doit être demandée à l'héritier.

Voyez le titre 20. du Livre second des Institutes, & ce que nous avons dit ci-dessus *verbo* Légataire. *Voyez* aussi Bacquet, des Droits de Justice, chapitre 8. nombre 21. & suivans, & mes Paratitles du Digeste, sur le trentiéme livre & sur les cinq suivans. Nous allons seulement donner ici les principes généraux qui concernent cette matiere.

Celui qui a l'âge requis pour disposer de ses biens par derniere volonté, & qui n'a point d'empêchement naturel ou civil qui y mette obstacle, peut disposer par testament ou par codicile de tous ses meubles, acquêts & conquêts immeubles, & du quint de ses propres, en pays coutumier, soit par un seul legs faits à une personne capables, soit par plusieurs & différens legs.

Les actions qui sont accordées aux légataires, pour avoir la délivrance de leurs legs, sont semblables aux actions héréditaires, dont il est parlé ici sous la lettre A. *Voyez* aussi Ricard, en sont Traité des Donations, partie 2. chapitre 1. section. 4.

Le légataire qui demande la délivrance de son legs, conclut contre l'héritier, *à ce qu'attendu sa qualité d'héritier, il soit tenu de lui faire la délivrance de telle chose, ou de lui payer telle somme qui lui a été donnée par le testament ou codicile du défunt.* Et en outre il conclut aux intérêts du jour de la demande, si c'est une somme d'argent ; ou aux dommages & intérêts, si c'est une chose dont le retard de la délivrance empêche le légataire de jouir.

Les legs même universels sont sujets à délivrance ; & tout légataire la doit demander au lieu où est le domicile du défendeur qui est l'héritier du défunt. Papon, liv. 20. tit. 5. nomb. 1.

Le légataire qui au tems de la mort du testateur se trouve saisi de la chose à lui léguée, en doit demander la délivrance à l'héritier, à l'effet qu'il soit tenu de le mettre en possession de la chose léguée, *fictione brevis manus*, sans rien déplacer. Maynard, liv. 7. chap. 1.

La marque la plus essentielle & la moins sujette à retour de l'acceptation d'un legs, est la demande en délivrance qui en est faite par le légataire.

Quand deux choses sont léguées alternativement, le choix appartient au légataire, & non à l'héritier, comme nous l'avons dit sur le §. 22. du titre 20. du second Livre des Institutes.

La faveur des dernieres volontés fait que quand il s'y rencontre quelque doute, l'interprétation s'en doit faire de maniere qu'elle ait son exécution dans toute son étendue. *Voyez* Dupineau, livre 2. des

des Arrêts, chap. 12. & Mornac, *ad legem 70. ff. de jure dotium*

Si un testateur a légué quelques meubles & quelque somme de deniers, à la charge de payer certaine dette, laquelle auroit été depuis acquittée par le testateur, cette dette ne doit point être déduite sur le legs, parce que le testateur est présumé avoir voulut augmenter le legs en payant cette dette. Charondas, liv. 9. rép. 69.

Dans le cas d'un legs conçu en ces termes : *Je donne à un tel mille écus, que mes héritiers payeront en argent, ou bien lui en feront la rente pendant sa vie à leur volonté*; si les héritiers optent de faire au légataire la rente de cette somme, ils la doivent faire annuelle & perpetuelle au denier vingt, & non viagere. Ainsi jugé par Arrêt rendu en la Grande Chambre le 27 Mai 1710. rapporté par M. Augeard, tome 3. Arrêt 96.

Un testateur peut léguer, non-seulement les choses qui lui appartiennent ou à son héritier, mais aussi celles qui appartiennent à autrui, au cas que le testateur ait connoissance qu'elles ne lui appartiennent pas. *Voyez* ce que j'ai dit sur le §. 4. du même titre *Voyez* aussi Henrys, tom. 1. livre 5. chap. 4. quest. 43; & Ricard, des Donations entre-vifs, part. 2. chap. 4 nomb. 164. & suivans.

Legs faits à personnes incertaines, ou à une Communauté ou Confrérie non approuvée par Lettres Patentes du Roi vérifiées en la Cour, ne sont pas valables. Soefve, tom. 1. cent. 2. chap. 15.

Lorsque la même chose a été léguée à plusieurs personnes qui sont jointes par la chose seulement, ou par la chose & par les paroles, la part de celui des légataires qui n'accepte point le legs, accroît aux autres, comme je l'ai dit *verbo* Accroissement, & dans ma Traduction des Institutes, sur le §. 8. du titre 20. du second Livre.

Il y a deux sortes de legs; sçavoir, les legs universels, & les legs particuliers.

LEGS UNIVERSEL, est celui qui est fait de tous biens, ou de tout un genre de biens, comme de tous meubles & acquêts, ou d'une partie & quotité, sans autre specification particuliere, comme du quint des propres, ou du quart ou autre quotité de tous meubles & acquêts; ce qu'on appelle legs universel par quotité.

On demande si dans un legs universel de meubles, est compris l'or & l'argent monnoyé ?

Il faut distinguer, si le testateur légue tous les meubles qu'il a, *de quelque nature & qualité qu'ils soient*, l'or & l'argent monnoyé y sera compris; à moins qu'ils n'eussent été destinés par le testateur à quelque acquisition. *Voyez* l'Arrêt du 8. Février 1624. rapporté dans le Journal des Audiences.

Si au constraire le testateur a dit simplement, je légue tous mes meubles, sans ajouter, *de quelque nature & qualité qu'ils soient*, il n'y aura que les meubles meublans, & ceux qui servent à l'usage ordinaire, que l'on appelle *suppellectilia*, comme sont les lits, les tables, les armoires, les tapisseries, les ustensiles de cuisine, &c. même la vaisselle d'argent. *Leg. 9. §. 1. ff. de suppellectile legata*. *Voyez* l'Arrêt du 27 Avril 1626. rapporté dans le Journal des Audiences.

Dans le legs universel des meubles, sont compris les bestiaux de toute espéce, & les harnois qui servent à la culture des terres, même jusqu'aux Esclaves Négres dans l'Isle de Saint-Domingue en Amerique, suivant un acte de notoriété de M. le Lieutenant civil du Châtelet de Paris, du premier Novembre 1705.

Le legs universel est sujet à délivrance, même en pays coutumier, où l'institution d'héritier n'a point lieu. Le légataire universel de tous les biens dont le testateur a pû disposer, y tient lieu d'héritier en plusieurs choses, quoiqu'il ne le soit pas véritablement.

Il est donc tenu de payer tous les legs particuliers du fonds de la succession, les dettes payées; mais il n'est tenu des dettes que jusqu'à concurrence de ce qu'il amende de la succession, pourvû qu'il ait fait inventaire des biens délaissés par le défunt.

Quoiqu'il tienne la place de l'héritier, & qu'il le répresente, il n'a pas besoin d'obtenir des Lettres de bénéfice d'inventaire, pour n'être tenu des dettes du défunt que jusqu'à concurrence.

La raison est, qu'il n'y a point de confusion de patrimoines & de biens du testateur, & du légataire universel, ce légataire étant obligé ne demander la délivrance de son legs à l'héritier *ab intestat* du défunt.

LEGS PARTICULIER, est celui qui se fait d'une chose laissée au légataire à titre particulier.

Il y en a de deux sortes; sçavoir, le legs d'une somme de deniers, & le legs en espéce de quelque corps certain, comme d'un tel tableau, d'une telle tapisserie, d'un tel meuble meublant, ou d'un tel héritage spécifié & désigné.

Les legs particuliers different beaucoup des legs universels; ce que les legs universels mettent ceux qui les reçoivent au lieu & place de l'héririer, les obligent de payer les dettes héréditaires, tant mobiliaires qu'immobiliaires, chacun à proportion de l'émolument qu'il retire de la libéralité du testateur. *Voyez* ce que j'ai dit sur l'article 334. de la Coutume de Paris.

Mais les légataires particuliers ne sont tenus d'aucunes dettes, *Leg. creditores, cod. de hæredit. actionib.* quand même la chose léguée auroit été spécialement obligée & affectée pour le payement d'une dette; & au cas qu'ils soient poursuivis par les créanciers du défunt, ils ont leur recours contre l'héritier, lequel est tenu de les en acquitter & garentir, & faire jouir paisiblement & sans inquiétation de leurs legs.

Toutefois les légataires particuliers sont tenus des charges anciennes, rentes foncieres & redevences annuelles, dont les héritages qui leur sont légués se trouvent chargés. Ils sont aussi obligés de payer les droits seigneuriaux, à raison de mutation du vassal, qui se fait en leur personne.

Au reste, on peut être dans une même Coutume légataire universel & légataire particulier. Soefve, tome 1. centurie 3. chap. 10. Journal des Audiences, tom. 1. liv. 5. chap. 41. Ricard, des Donations entre-vifs, part. 1. chap. 3. sect. 15. nombre 658.

LEGS DE CHOSES MOBILIAIRES, ne comprend que ce que vraisemblablement le testateur a voulu y être compris. D'où il s'ensuit:

I°. Que le legs de meubles qui sont dans une telle maison, ne comprend pas les grains qui s'y trouvent appartenans au testateur. Ainsi jugé par Arrêt du Parlement de Toulouse du 22 Mars 1628. rapporté par M. Dolive, liv. 5. chap. 21.

II°. Que l'argent comptant, les cédules, promesses, obligations, en un mot les dettes actives mobiliaires du testateur, ne sont pas comprises dans le legs qu'il auroit fait de ses meubles, comme il a été jugé par Arrêt du mois de Décembre 1590, rapporté par Montholon, chap. 65. & par Chopin, *de Domanio, lib. 3. cap. 2. tit. 1. num. 1.*

La raison est, que l'argent comptant n'a jamais été censé faire partie des meubles. *Leg. Chorus*, §. 1. *ff. de Legat. III.* D'ailleurs, les actes qui contiennent les dettes actives mobiliaires, ne sont point mis en évidence comme les meubles. Il paroît que c'est la décision de la Loi *Caius*, *ff. de Legat. II*; de la Loi *Quæsitum*: & de la Loi *Uxorem*, §. *legaverat*, *ff. de Legat. III.*

Toutefois en un tel legs l'or & l'argent monnoyé y sont compris, lorsqu'il paroît que telle a été la volonté du testateur; comme s'il a dit; je légue tous les meubles que j'ai en ma maison, de quelque nature & condition qu'ils soient. *Paulus, lib. 3. sententiarum, tit. 6. §. 60.* comme il a été jugé par Arrêt du 8 Février 1624. rapporté dans le Journal des audiences.

Le legs d'une boutique ne comprend par les dettes dûes au défunt, pour raison de marchandises qui y ont été vendues. En effet la boutique ne s'entend que des marchandises qui s'y trouvent en espéce. Aussi quand on fait l'estimation d'une boutique, on estime celles qui s'y trouvent; & pour les dettes qui sont dûes au défunt pour la vente de ses marchandises, l'estimation s'en fait à part; & celui qui achete la boutique, n'achete pas pour cela les dettes, parce que c'est aux héritiers du défunt à en poursuivre le payement. Charondas, livre 9. réponse 22.

Au reste, le légataire de tous les meubles, à la charge de payer les dettes, n'en est tenu que jusqu'à la concurrence de l'inventaire, comme il a été jugé par Arrêt du 28 Mai 1626. rapporté dans le Journal des Audiences.

LEGS DE BIENS MEUBLES ET IMMEUBLES, ne comprend précisément que les meubles & les héritages qui appartenoient au défunt; mais non pas les droits & actions, qui étant une espéce de biens différens des meubles & immeubles, ne sont point censés en faire partie.

Mais si le testateur avoit légué simplement ses biens, sans ajouter *meubles & immeubles*, il n'y auroit pas de doute que les droits & actions du défunt y seroient compris. *Voyez* Maynard, livre 9. chapitre 37.

LEGS D'UNE CHOSE DUE AU TESTATEUR, n'est pas censé être fait de la somme qui lui est dûe, qui est une chose corporelle; mais seulement de l'obligation en vertu de laquelle cette somme lui est dûe; §. 21. *Inst. tit. de legat.* C'est pourquoi s'il n'étoit rien dû au testateur, le legs seroit nul, comme étant fait d'une chose non existante.

Mais si la somme contenue dans l'obligation est dûe au testateur, & que le débiteur ne soit pas solvable, en ce cas l'héritier n'est pas tenu d'en faire les deniers bons au légataire; il suffit pour sa décharge qu'il lui fasse cession & transport de ses droits & actions, à l'effet de les pouvoir exercer contre le débiteur du défunt. *Leg. 44. §. 6. ff. de legat. III. Juncto Cujacio ad leg. 75. & 105. ff. eod.*

Cela est observé parmi nous, tant en pays coutumier, qu'en pays de Droit écrit.

LEGS QUI EXCEDE EN FAIT DE PROPRES CE DONT IL EST PERMIS PAR LA COUTUME DE DISPOSER, n'est pas nul; il est seulement réductible à la quantité dont il est permis de disposer.

La Coutume de Paris nous permet de disposer par derniere volonté du quint de nos propres; nous ne pouvons aller contre cette disposition, & disposer par de-là cette cinquiéme partie, pour quelque cause que ce puisse être: c'est pourquoi cette Coutume, en l'art. 292. ajoute, *& non plus avant, encore que ce fût pour cause pitoyable.*

Ces propres ne se doivent entendre que des véritables, & non pas de ceux qui ne le sont que par fiction, lesquels quant aux dernieres dispositions ne sont regardés que comme de véritables acquêts.

Ainsi une femme qui a stipulé que les deniers qu'elle a apporté en mariage seront employés en acquisition d'héritages, pour lui sortir nature de propres à elle & aux siens, de son estoc, côté & ligne, n'a pas moins de droit d'en disposer par testament comme d'un acquêt, & même au profit de son mari, dans les Coutumes qui permettent aux conjoints par mariage de tester en faveur l'un de l'autre.

En effet, cette stipulation n'a été faite que pour faire revenir ses deniers dotaux, ou le remploi d'iceux, à ceux de sa famille, & empêcher qu'ils ne passent en celle de son mari. Mais cette stipulation ne doit pas lui être désanvantageuse, & lui ôter la faculté de tester.

Si le testateur a disposé de tous ses meubles, acquêts & conquêts immeubles, & de plus du quint de ses propres, l'héritier peut, s'il veut, se contenter de prendre les quatre quints des propres, abandonner tous les autres biens aux légataires, les dettes toutefois préalablement payées, suivant l'art. 295. de la Coutume de Paris.

La plûpart de nos Coutumes contiennent une semblable disposition à celle de Paris, qui permet à chacun de disposer par testament de tous ses meubles, acquêts immeubles, & restraint la faculté de tester de ses propres au quint, à l'effet d'en conserver les quatre quints aux héritiers qui sont de la ligne d'où ils proviennent.

Mais il y a quelques Coutumes qui restraignent la faculté de disposer de ses propres au quart, & d'autres au tiers. Et en cela il faut se conformer à la disposition des Coutumes dans lesquelles sont situés les héritages.

Ce retranchement est purement de droit coutumier, & a été introduit en faveur des parens du côté & ligne, d'ou ces biens sont échus.

Voyez ce que j'ai dit sur les art. 292 & 295. de la Coutume de Paris.

LEGS PAR ASSIGNAT, est celui qui se fait d'une somme ou d'une rente à prendre sur un tel fonds; au lieu que les legs simples & sans assignat sont ceux qui se font d'une somme de deniers, ou d'une rente à prendre généralement sur tous les biens du testateur, ou sans désigner sur quoi elle sera prise.

Voyez Assignat, *voyez* aussi ce qui est dit ici lett. T, au sujet des termes démonstratifs & limitatifs.

LEGS D'ALIMENS. *Voyez* Alimens dûs par la disposition de l'homme.

LEGS PIEUX, est celui qui est fait *ob piam causam*; c'est-à-dire à un lieu consacré à Dieu, & destiné aux bonnes œuvres, comme pour une Eglise, un Monastere, un Hôpital, &c. & qui est fait pour une fin bonne & pieuse: ainsi, pour qu'un legs soit pieux, il ne suffit pas qu'il soit fait à une personne consacrée à Dieu; il faut encore que la fin en soit pieuse.

Le legs pieux a plusieurs prérogatives, que les autres legs n'ont pas: *Et in ejusmodi legatis voluntates testatorum plenissimam recipiunt interpretationem*; sur tout quand ces legs sont faits *cum onere* comme de services, ou de nourriture des pauvres, *Voyez* Louet, lett. A, somm. 12; & Henrys, tom. 1. liv. 1. quest. 68.

Les legs qui sont incertains par rapport à la personne à qui ils sont faits, ou par rapport à la chose léguée, sont nuls; mais quand ils sont faits *ob piam causam*, pour le rachat des captifs, ils sont valables.

Il en est de même du legs qu'une personne feroit en général pour le salut de son ame, sans désigner ni spécifier la chose qu'il auroit intention de léguer; comme si un testateur disoit simplement; *Je donne & légue pour le salut de mon ame*, sans rien dire davantage; en ce cas le legs seroit valable, & ce seroit à l'arbitrage du Juge de la rendre certain, par rapport à la qualité du testateur, & à ses facultés.

Quoique la falcidie soit un bénéfice que le droit accorde à l'héritier, de pouvoir distraire des legs ce qui excéde les trois quarts du bien du testateur, & que cette quarte se puisse distraire sur tous les legs, néanmoins la falcidie cesse à l'égard des legs pieux. *Authentica Similiter, cod. ad leg. falcid.* Ainsi ces sortes de legs sont à la charge tant de l'héritier que des légataires, en ce qu'ils sont prélevés *tanquam æs alienum*, de maniere que l'héritier a sa quarte moindre, & que les légataires ont aussi leurs legs diminués, comme le dit Barthole sur cette Authentique: *Legata pia integra solido jure, & sine ulla deductione præstari debent, nec jure falcidiæ ex iis quid detrahi debet. Voyez* M. Louet, lettre A, sommaire 12. Chopin, sur la Coutume de Paris, liv. 2. tit. 4. n. 19. Henrys, tome 2. livre 5. question 30. Anne Robert, *libro* 1. *rerum judicatarum, cap.* 1.

Quand un testateur par des codiciles diminue ou retranche des legs par lui faits par son testament, ceux qui sont faits *ob piam causam* sont dûs sans aucune diminution, à moins qu'ils ne soient révoqués ou diminués expressément par le testateur. Aussi la clause codicillaire est toujours tacitement entendue en telles dispositions. *Voyez* la Peyrere, lettre T, *verbo* Testament.

Lorsqu'il se trouve quelque doute à l'égard d'un legs pieux, on panche toujours plutôt pour le faire valoir, que pour le rendre nul. Henrys, tome 2. livre 1. question 15.

Quoiqu'un testament ne puisse être valablement fait *solo nutu*, par signes extérieurs, il est néanmoins valable quand il est *ad pias causas*, suivant Balde, *ad leg.* 1. *cod. de sacrosanct. Eccl.* Jason, *ad leg. licet de pact.* Tiraqueau, en son Traité *de privileg. causæ piæ*, privilége 8. *Voyez* la Peyrere, lettre T.

Aujourd'hui néanmoins cela pourroit souffrir beaucoup de difficulté; car l'article 2. de l'Ordonnance des Testamens, du mois d'Août 1735. déclare nulles toutes dispositions qui ne seroient faites que par signes, encore qu'elles eussent été rédigées par écrit, sur le fondement desdits signes.

Quoique par quelque statut on ne puisse disposer de ses biens, on peut néanmoins disposer d'une partie d'iceux *ob pias causas*. Ainsi un legs de trois cens livres de pension, fait en faveur d'une pauvre fille, par sa sœur mariée & ayant enfans, a été confirmé par Arrêt de l'année 1680. rendu au Parlement de Bordeaux, quoique la Coutume du lieu défende à une femme qui a des enfans, de rien donner à d'autres.

Quoique l'hérédité ne soit pas acceptée par l'héritier testamentaire, les legs *ob pias causas* n'en sont pas moins dûs, suivant Aufrerius, décis. 89. & Boyer, décis. 41 *Voyez* Tiraqueau, en son Traité *de privileg. piæ caus.* Barthole, *ad leg.* 1. *cod. de sacrosanct. Eccl.* Chassanée, en son Catalogue *de gloria mundi, parte* 12. *considerat* 3. *Vide etiam Doctores ad leg. id quod pauperib. cod. de Episc. & Cleric.*

Quelque favorables que soient les legs pieux, quand en pays coutumier le testament dans lequel ils sont laissés est défectueux, à cause de l'omission de quelque formalité requise par la Coutume, ils ne sont pas valables; cependant la Cour adjuge souvent quelque chose desdits legs à ceux à qui ils sont faits, *non tanquam ex testamento*, *sed tanquam ex imperfecta voluntate testantis*. Mornac, en son Recueil d'Arrêts, premiere partie, art. 9. & 35; Brodeau sur Louet, lettre R, somm. 52. Il arrive même que la Cour déclarant un testament nul par des considérations particulieres, ordonne quelquefois que le testament subsistera pour les legs pieux seulement. *Voyez* Tournet, lett. L, Arrêt. 31. & lett. T, Arrêt 2.

Si un homme avoit laissé par testament aux Hôpitaux sur le faux bruit que son fils fût mort, ce fils seroit en droit de le faire cesser, nonobstant la faveur des legs pieux, comme il a été jugé par Arrêt rendu en 1578. dont Mornac fait mention en son Recueil, part. 1. art. 51.

Lorsqu'un legs pieux n'est fait qu'après que les dettes du testateur auront été payées, il est sujet à rapport dans le cas d'une demande en garantie; & les administrateurs d'un tel legs doivent justifier à Monsieur le Procureur général l'emploi des deniers, comme il a été jugé par Arrêt du 29 Avril 1701. rapporté dans le Journal des Audiences. De plus, la faveur de la légitime l'emporte sur celle des legs pieux; parce que la légitime est pour ainsi dire une portion alimentaire accordée, pour que ceux à qui la Loi la donne ne tombent pas dans l'indigence.

Quand un testateur à fait un legs aux pauvres, ses parens qui sont pauvres doivent être préférés aux autres. Boniface, tom. 5. liv. 2. tit. 2. chap. 10. Cela est si vrai, que les héritiers du défunt qui a laissé son bien aux pauvres de sa Paroisse, peuvent, s'ils le sont, quoique d'un autre Paroisse, demander leur part. Papon, liv. 20. titre 6. nombre 8.

Une somme de deniers ayant été donnée par un moribond à quelqu'un, pour employer en œuvres pies à lui dites en secret, cette disposition a été déclarée nulle, parce qu'elle étoit faite au préjudice des pauvres parens du défunt, à qui la succession fut adjugée par Arrêt du 19 Février 1624. rapporté dans la Journal des Audiences. *Voyez* Sœfve, tome 1. cent 1. chap. 61; Ricard, des Donations, part. 2. chap. 2. nomb. 91; Henrys, tom. 2. liv. 5. quest. 28.

Ce que nous venons de dire de la préférence des pauvres parens du testateur sur les autres pauvres, n'a lieu que quand ces parens rapportent la preuve de leur pauvreté. L'Arrêt du Parlement de Paris du 16 Mars 1700. l'a ordonné ainsi à l'égard du testament de Dame Antoinette Charreton, veuve de M. Noel Renouard, Maître des Comptes.

Quand un testateur laisse un legs aux pauvres, sans spécifier de quel endroit, on présume toujours pour ceux du lieu où il étoit demeurant au jour de son décès. Papon, liv. 20. tit. 6. nomb. 8. Mornac, *ad leg. 24. cod. de Episcop. & Cler.*

D'un legs d'héritages en faveur des pauvres; mi-lods ne sont point dûs. Henrys, tom. 2. liv. 3. quest. 16.

Un legs fait à l'Eglise ou aux Hôpitaux, peut être accepté par les Marguilliers ou Administrateurs, quand il s'agit de sommes mobiliaires qui se délivrent de la main à la main, & sans aucune charge. Mais quand le legs peut être onéreux, il faut, pour l'accepter ou y renoncer, que M. le Procureur général y intervienne.

La prescription ne peut courir contre un anniversaire, & les legs pieux. Bouvot, tom. 2. *verbo* Legs, quest. 14. Duperier, tom. 2. pag. 448.

LEGS PENAL, est celui dont on charge un héritier, pour le punir, au cas qu'il fasse ou qu'il ne fasse pas quelque chose, & non dans la vûe de donner au légataire des marques de sa libéralité & de sa bienveillance; comme si le testateur avoit dit: *Si mon héritier donne sa fille en mariage à Titius*; ou bien, *si mon héritier ne donne pas sa fille en mariage à Titius, il donnera cent écus à Mævius.*

Suivant la Loi des douze Tables, ces sortes de legs étoient valables, puisqu'elle donnoit au pere de famille une liberté sans bornes de disposer de ses biens par testament. *Leg. 20. ff. de verbor. signif.*

L'Empereur Antonin ordonna qu'ils fussent de nulle valeur; parce que le legs est une donation & une libéralité, qui ne doit par conséquent être faite que par bienveillance envers le légataire, & qui ne doit pas provenir d'aucun mouvement de haine contre, l'héritier.

Mais Justinen a voulu que ces sortes de legs fussent valables, tant en faveur des dernieres volontés, qu'à cause qu'il paroît juste que celui qui doit recueillir de l'émolument & de l'avantage de la derniere disposition d'un homme, exécute entierement sa volonté. *Leg. unica, cod. de his quæ pæn. cauf. relinq.*

Ainsi, depuis cette Constitution, l'héritier est obligé d'accomplir toutes les clause du testament de celui auquel il succede, ou de subir les peines qui y sont portés, pourvû toutefois que ces clauses soient possibles, & puissent être mises à exécution sans blesser les Loix, ni violer les régles de l'honnêteté.

Cette décision de Justinien, comme très-équitable, a lieu parmi nous, comme je l'ai observé sur le denier paragraphe du titre des Legs, dans ma Traduction des Institutes de Justinien.

LEGS CONDITIONNEL, est celui qui est lassé sous condition, & qui n'est dû qu'après l'accomplissement de la condition sous laquelle il a été laissé, à moins que ce ne fût une condition impossible; car alors la condition est nulle, & regardée comme si elle n'avoit pas été apposée: de sorte que le legs n'en est pas moins valable, & est regardé comme s'il avoit été fait *purè & sine ulla conditione.*

Voyez ce que j'ai dit sur le §. 10. du titre 14. du second Livre des Institutes.

La condition suspend l'exécution de la chose à laquelle elle est opposée par le testateur, au cas qu'elle soit conçue *in futurum tempus*; car celle qui est conçue *in tempus præteritum*, ne differe aucunement l'accomplissement de ce à quoi elle a été ajoutée ; comme si le testateur dit : *Je légue à Titius cent écus, s'il a épousé Seïa* : parce que ou il l'a épousée, & en ce cas le legs vaut ; ou il ne la pas épousée, & alors le legs est nul. *Leg.* 37. & 39. *ff. de reb. dub.* & *leg.* 120. *ff. de verb. obligat.*

La condition dont l'évenement est absolument nécessaire, ne suspend pas aussi la disposition à laquelle elle a été ajoutée; comme si le testateur dit : *Je légue à Titius cent écus, s'il ne monte pas au Ciel. Leg.* 7. *in fine, ff. de verb. obligat.*

Cette condition étant présente, il est impossible que l'opposé à cette condition arrive : c'est pourquoi on présume que la condition est déja arrivée: & partant ce qui est laissé sous cette condition, peut être présentement demandé, si ce n'est que le testateur eût défendu d'en faire la demande jusqu'à l'évenement de cette condition; comme si le testateur dit : *Mon héritier donnera à Titius cent écus lorsqu'il mourra. Leg.* 79. *in prin. ff. de conditionib. & demonstrat.*

Un jour incertain auquel une chose est laissée par testament, a l'effet d'une condition, parce qu'il peut ne pas arriver; comme si le testateur dit: *Je légue cent écus à Mævius, lorsque mon héritier décedera* ; car il peut arriver que le légataire meure avant l'héritier, auquel cas le legs deviendroit entierement inutile. *Leg.* 4. *ff. quando dies legator*

Le legs conditionnels s'éteignent par la mort des légataires, l'orsqu'ils meurent avant que la condition sous laquelle ils sont faits, soit arrivée.

Il n'en est pas de même d'une obligation conditionnelle ; car l'espérance que la chose promise sous condition sera dûe au créancier, est transmissible à ses héritiers, lorsqu'il meurt avant que la condition soit arrivée. *Ratio differentiæ est, quia legatum relinquitur intuitu personæ; qui vero contrahit, non tantum sibi contrahit, sed etiam suis hæredibus*. *Voyez* ce que j'ai dit dans ma traduc[illegible]n des Institutes, sur le §. 4. du titre 16. du troisiéme Livre.

La condiction impossible ne suspend pas le legs ni les autres dispositions de derniere volonté, parce qu'on n'y a aucun égard, non plus que si elle n'avoit pas été apposée

Il en est de même de celles qui sont contre les bonnes mœurs, d'autant qu'elles sont impossibles, suivant la disposition des Loix; *sicque habentur pro non scriptis. Voyez* ce que j'ai dit sur le §. 11. du tit. 20. du second Livre des Institutes.

Une condition sous laquelle un legs est fait étant possible, doit nécessairement être accomplie avant que le legs soit dû, & puisse être demandé *Leg.* 21. *ff. quando dies legat.* La condition manquant, le legs est éteint, si elle n'a pas été remise par celui qui l'avoit apposée. *Leg.* 45. *ff. de conditionib. & demonstrat.* Et à cet égard on ne considere point si cette condition est de peu de conséquence, & même si son accomplissement n'est utile à personne : on ne considere que la volonté du testateur, qui a voulu que le legs dépendît absolument de l'événement de la condition qui y a été par lui apposée. *Leg.* 19 *ff. de conditionib. demonstrat.* Ainsi le légataire à qui le testateur a légué sous condition de donner quelque chose à un autre, est obligé de la donner, quoiqu'elle soit absolument inutile à celui qui la doit recevoir *L.* 55. *ff. eodem tit.*

Le défaut d'accomplissement d'une condition potestative cause donc la nullité de legs, lorsqu'il n'a dépendu que de la volonté du légataire de l'accomplir, parce qu'il s'est privé par ce moyen de la libéralité que le testateur a voulu exercer envers lui. *Leg.* 8. §. *quoties, ff. de conditionib. institution.* Mais lorsque celui qui a intérêt que la condition du legs ne s'accomplisse pas, en empêche l'accomplissement, la condition est réputée accomplie.

Lorsque le testateur a prescrit un certain tems pour l'accomplissement de la condition potestative, le légataire qui a laissé écouler ce tems sans accomplir la condition, n'est plus recevable à l'accomplir. En effet, il a déchargé par ce moyen l'héritier de lui payer le legs qui lui avoit été fait sous telle condition, conformément à la volonté du testateur, & il ne peut plus faire revivre cette obligation, qui se trouve éteinte par sa faute. *Leg. ult. cod. de conditionib. insert.*

Si un legs est fait à plusieurs personnes sous une condition potestative, par exemple, à condition qu'il donneront cent écus à Titius, & qu'il n'y en ait qu'un qui y ait satisfait, le legs est valable pour le tout, à l'égard de celui qui a rempli la condition, *leg. penult. cod. de conditionib. insert.* supposé qu'il ait donné le cent écus, mais s'il n'en a donné que sa part, il n'aura pareillement que sa part dans le legs. *Leg.* 54. & *leg. penult. ff. de conditionib. & demonst.*

Celui à qui un fonds est légué à condition, par exemple, qu'il donnera cent écus à Titius, ne peut pas diviser cette condition; c'est-à-dire, en donner cinquante pour avoir seulement la moitié de ce fonds.

Enfin, si la condition apposée à plusieurs légataire consiste dans un fait, celui qui y aura satisfait obtiendra le legs entier. *Dicta leg. penult cod. de condit. insert.*

Les conditions potestatives ne s'accomplissent ordinairement qu'aprés la mort du testateur ; car un légataire ne peut pas obéir au commandement du testateur dont il n'a aucune connoissance. *Leg.* 2. & 11. *ff. de condit. demonst.*

Il y en a cependant quelques-unes qui ne s'accomplissent que du vivant du testateur ; comme s'il a dit: *Je légue cent écus à Titia, si elle m'epouse. Leg.* 91. *ff. de condit & demonstrat.* Il y en a d'autres qui s'accompliſſent devant ou après la mort du teſtateur; comme par exemple ſi le teſtateur légue à Mœvius cent écus, s'il épouſe Mœvia; ou s'il légue cent écus à Mœvius, s'il eſt élu Conſul.

LEGS FAIT A UNE FILLE POUR LA MARIER, n'eſt pas conditionnel. Par exemple : *Je légue une telle ſomme à Seïa, pour la marier*. En effet, ces termes, *pour la marier*, contiennent ſeulement la cauſe impulſive, qui eſt le mariage, qui a pouſſé le teſtateur à exercer ſa liberalité en faveur de Seïa. *Voyez* Charondas, livre 7. réponſe 75.

Il faut dire auſſi, que ſi le teſtateur a marqué le tems que le legs pourra être demandé, le legs n'eſt point conditionnel; comme ſi le teſtateur légue ainſi : *Je donne cent écus à Seïa quand elle ſera mariée, ou lorſqu'elle aura vingt-cinq-ans*. Une telle diſpoſition ne rend pas le legs conditionnel, mais elle rejette la demande du legs au tems marqué par le teſtateur; enſorte que ſi Seïa décede avant ce tems, le legs paſſe à ſes héritiers. *Leg.* 5. *cod. quando dies legator*.

Voyez M. Ricard, au titre des diſpoſitions conditionnelles, chapitre 2. *Voyez* auſſi M. Maynard, livre 5. chapitre 98. & la Bibliotéque de Bouchel, *verbo* Legs.

LEGS FAIT A QUELQU'UN SOUS CONDITION DE NE PAS FAIRE QUELQUE CHOSE; comme ſi le teſtateur légue à Titius mille écus, s'il ne monte jamais au Capitole. On ne peut pas être certain de l'accompliſſement d'une telle condition qu'après la mort du légataire. C'eſt pourquoi, pour qu'elle ne differât pas le legs qui auroit été laiſſé ſous une pareille condition, Quintus Mutius Scævola introduiſit une caution, par laquelle le légataire s'obligeoit de rendre le legs, s'il faiſoit ce que le teſtateur lui avoit défendu de faire.

Au moyen de cette caution, le légataire jouiſſoit du legs; enſorte que la condition de ne pas faire une choſe n'avoit plus l'effet des conditions, qui eſt de ſuſpendre l'acte auquel elles ſont appoſées juſqu'à leur accompliſſement.

Voyez ce que j'ai dit dans mes Particules du Digeſte, ſur le tit. *de conditionib. & demonſtrat.*

LEGS FAIT PAR UN MARI A SA FEMME, A CONDITION QU'ELLE RESTERA VEUVE. Cette condition avoit été autrefois regardée comme deshonnête. *Conditiones prohibitivæ nuptiarum habebantur pro impletis; quia videntur eſſe contra bonos mores civitatis, cujus intereſt nuptias contrahi, ut legitima ſcbole repleantur civitates.*

Mais Auguſte remarquant que la plupart des femmes ſe marioient dans d'autres vûes, il fut Auteur de la Loi Miſcella, par laquelle il fut ordonné, que ſi un mari avoit fait un legs à ſa femme ſous condition qu'elle ne ſe remarieroit point, elle pût dans l'an & jour du legs ſe remarier, en affirmant qu'elle ne ſe remarioit que pour avoir des enfans. *Jurare cogebatur ſe liberorum procreandorum, non voluptatis gratia nubere.*

Suivant cette même Loi, la veuve ne pouvoit pas après l'an percevoir le legs qui lui avoit été fait à condition de reſter veuve, à moins qu'elle ne donnât caution de reſtituer le legs, au cas qu'elle ne mourût pas veuve.

Cette caution étoit la caution Muciane, qui avoit lieu dans toutes les conditions qui ſe terminoient par la mort des légataires; c'eſt-à-dire, leſquelles conſiſtent à ne pas faire quelque choſe, comme nous l'avons dit ſur le précedent article, en parlant de ces ſortes de conditions.

Ainſi la veuve qui vouloit après l'an recevoir le legs qui lui avoit été fait à condition de reſter veuve, donnoit cette caution, & faiſant ſerment s'obligeoit elle & tous ſes biens, de rendre la choſe léguée avec les fruits, au cas qu'il lui arrivât de ſe remarier.

L'exécution de cette Loi Miſcella produiſit un inconvénient que l'on n'avoit pas d'abord prévû; c'eſt qu'elle ſervoit d'occaſion aux parjures, en ce que pluſieurs femmes faiſoient ſerment qu'elles vouloient ſe remarier à deſſein d'avoir des enfans; leſquelles néanmoins n'avoient point d'autre but que leur plaiſir.

Juſtinien trouvant très-abſurde que les Loix qui puniſſent les parjures, procuraſſent elles-mêmes des moyens d'en faire, ordonna que la femme jouiroit en pleine proprieté des choſes qui lui auroient été léguées par ſon mari, *ſub indicta viduitate*, ſans avoir prêté le ſerment dans l'an, ou ſans avoir donné la caution Muciane après l'an, pourvû qu'elle n'eût point d'enfans du teſtateur; autrement elle ne pourroit en jouir que par forme d'uſufruit, la proprieté réſervée à ſes enfans; voulant auſſi que cette Ordonnance eût lieu à l'égard du mari. *Leg.* 2. & 3. *cod. de indicta viduitate*. Et au cas que la veuve eût paſſé à un ſecond mariage, après la délivrance du legs à elle fait, la choſe lui devoit être ôtée, comme ſi le legs ne lui avoit point été fait.

Depuis, Juſtinien par la Novelle 22. chap. 44. d'où a été tirée l'Autentique *Cui relictum*, *cod. de indicta viduitate*, ordonna que cette condition appoſée à un legs de ne ſe point remarier, ſoit par le mari, ſoit par un étranger, devoit être gardée, ne voulant pas que le legs ainſi fait pût être demandé avant l'an écoulé depuis la mort du mari; ſi ce n'eſt que la légataire ne fût plus en état de ſe remarier, comme ſi elle s'étoit fait Religieuſe, ou après l'an, en donnant caution de rendre la choſe léguée avec les fruits, au cas qu'elle convolât en ſecondes nôces.

Parmi nous, l'Autentique *Cui relictum*, *cod. de indicta viduitate*, eſt ſuivie en ce qu'elle porte, qu'une veuve qui ſe remarie perd le legs qui lui a été fait par ſon premier mari, à condition qu'elle demeureroit en viduité. Catelan, liv. 2. chap. 80. rapporte un Arrêt du 18. Décembre 1662. qui l'a jugé ainſi. Pareil Arrêt rendu en la troiſiéme Chambre des Enquêtes le 19 Mai 1673. ſe trouve dans le Journal du Palais.

LEGS FAIT SOUS CONDITION QUE LE LÉGATAI-

RE NE SE MARIERA POINT. Hors le cas que nous venons d'expliquer, une telle condition est inutile, & réputée non ajoutée au legs ; ensorte que le mariage contracté par le légataire, ne le fait pas déchéoir de son legs.

Toutes les conditions apposées dans les dernieres volontés, qui servent d'empêchement au mariage, sont remises, & n'obligent point les personnes à qui elles sont imposées, de les accomplir ; *leg. 5. cod. de institutionib. leg. 22. leg. 64. ff. de conditionib. & demonstrat.* d'autant qu'il est de l'intérêt public que plusieurs personnes contractent mariage, pour remplir les Villes de citoyens nés selon le desir des Loix.

Si un pere légue ainsi à sa fille, ou un autre à une fille, si elle se marie selon la volonté de Titius, le legs ne sera donc pas nul, quoiqu'elle se marie sans le consentement de Titius ; & même quoique Titius soit décedé avant que cette fille ait contracté mariage, la condition sous laquelle le legs lui aura été fait, ne sera pas censée avoir manqué, parce qu'elle a été remise *ab initio. Leg. 28. leg. 72. §. 4. de conditionib. & demonstrat.*

En effet, ce seroit un empêchement au mariage de cette fille, s'il falloit nécessairement qu'elle eût le consentement de titius pour se marier, d'autant qu'il pourroit arriver qu'il ne voudroit jamais y consentir.

Par la même raison, si un legs étoit fait au pere, au cas que sa fille ne se mariât point, telle condition seroit remise ; ensorte qu'il pourroit être demandé par le pere, quoique sa fille se fût mariée, même de son consentement : *Quod in fraudem legis ad impediendas nuptias scriptum est, nullam vim habet. Leg. 79. § ult.* Or le pere de qui dépend ordinairement l'établissement des enfans, ne la voudroit peut-être point marier, pour ne pas perdre le legs qui lui auroit été fait sous cette condition.

Il y a deux cas ou la prohibition de se marier apposée à un legs, doit être observée par le légataire, pour jouir du legs qui lui a été fait sous cette condition.

Le premier est, quand la condition n'empêche pas absolument que le legataire se marie, mais lui défend seulement de contracter mariage avec une telle personne. Par exemple, si le Testateur a dit : *Je legue à Seïa telle chose, à condition qu'elle ne se mariera pas à Titius. Leg. 63. & leg. seq. ff. de conditionib. & demonst.*

La raison est, que si Seïane peut passe marier avec Titius, elle peut contracter mariage avec d'autres.

Un Testateur peut même valablement apposer à un legs cette condition : *Je legue à Titus cent écus, s'il n'épouse aucune femme d'une telle Ville* ; parce qu'il peut épouser une femme d'un autre lieu. *Leg. 64. ff. cod. tit.* Conformément à cette Loi il a été jugé en Parlement d'Aix, par Arrêt du 19. Mars 1673. rapporté dans le Journal du Palais, qu'un pere ayant institué son fils, à condition qu'il ne se mariroit pas avec une telle, cette condition devoit être exécutée, & qu'autrement l'institution étoit nulle ; *quia talis conditio non est prohibitiva nuptiarum.*

Au contraire, si le Testateur avoit legué à Titius, sous cette condition qu'il épousera une telle personne, l'obligation de lui payer le legs dépendroit de l'accomplissement de cette condition, parce que n'étant pas prohibitive du mariage, elle n'est pas remise, à moins que le legataire ne pût sans deshonneur s'allier avec la personne que le Testateur auroit voulu lui faire épouser. *Leg. 2. §. 5. ff. de bonor. poss. contra Tabul.*

Il faut, pour que le legs fait sous condition que le legataire épouse une telle, ait son exécution, que le légataire l'ait véritablement épousée ; autrement le legs est nul. Ainsi par plusieurs Arrêts il a été jugé que le legs fait sous la condition, si Titus se marie avec Seïa, quoique cette fille fût morte après les fiançailles, étoit nul, suivant la Loi 4. *cod. de conditionib. insert. & leg. 31. ff. de conditionib. & demonstr. Voyez* Louet, lettre M. chap. 3. Mornac *ad leg. ff. locati* ; & M. le Prêtre, en ses Arrêts de la cinquiéme des Enquêtes.

Le second cas, où la condition de ne se point marier apposée à un legs n'est point remise, mais doit être accomplie par le legataire, est quand la condition de ne se poit marier n'est que pour quelque tems. Si le légataire n'accomplit pas cette condition ; & se marie avant le tems, le legs devient nul, attendu la volonté du Testateur. Ainsi, quand on dit que la condition prohibitive du mariage est remise, cela se doit entendre de la condition qui empêche que le legataire ne se puisse jamais marier, ou pendant un tems trop considérable, par rapport à l'état & à l'âge du légataire.

Mais quand la prohibition de se marier ne regarde pas le légataire, elle fait dépendre le legs de son accomplissement. C'est pourquoi si le testateur dit : *Je légue à Titius telle chose, si Mævia ne se marie point*, le legs n'est point valable, au cas que Mævia se marie. *Leg. 1. cod. de indict. viduitate, & leg. 74. ff. de conditionib. & demonst.*

La raison est, que la condition étant conferée en la personne d'un autre que du legataire, elle n'empêche point le légataire de se marier ; elle n'empêche point aussi que celui en la personne de qui elle doit être accomplie, soit détourné de contracter mariage ; puisqu'il n'acquiert & ne perd rien, soit qu'il se marie, ou qu'il reste dans le célibat.

LEGS FAIT SOUS UNE DÉMONSTRATION, c'est-à-dire sous une désignation certaine de la chose léguée, ou de la personne du légataire, n'est pas moins valable, quoique la démonstration se trouve fausse : *modo constet de re legata, & de personna legatarii. Quidquid enim demonstrandæ rei satis demonstratæ additur, frustra est. Leg. 19. in princ. ff. de conditionib. & demonst.* Par exemple si le testateur à dit : *Je légue à Titius ma maison de Passy que j'ai achetée* ; quoique cette maison lui soit échue par succession ou par donation, & non par achat le legs n'en sera pas moins valable.

Mais si la chose qui a été désignée sous une fausse démonstration n'étoit pas existante, le legs ne seroit pas valable, *ut in specie legis* 75. §. 1. & 2. *ff. de legat.* 1°. parceque la chose léguée ne pourroit pas être livrée au légataire. *Igitur si quis ita legaverit, centum quæ in arca habeo; si nihil in ea sit, nihil debetur, quia nulla corpora sunt. Voyez* Henrys, & son Commentateur, tom. 2. liv. 5. chap. 4.

Il faut dire aussi que l'erreur dans le nom ou le surnom du légataire, ne vicie pas le legs qui lui est fait, pourvû qu'on ne doute pas de sa personne. Les noms n'ayant été inventés que pour faire connoître les personnes, lorsqu'on les connoît par quelqu'autre moyen, l'erreur qui se trouve par rapport au nom sous lequel le testateur les a voulu désigner, ne vicie pas le legs. *Voyez* le paragraphe 29. du titre 20. du second Livre des Institutes.

LEGS FAIT POUR QUELQUE CAUSE, est bien différent du legs conditionnel.

Une cause ajoutée à un acte est énoncée par ce terme, *parce que*; au lieu que la condition est énoncée par la particule *si*.

Une cause se rapporte au tems passé; au lieu que la condition se rapporte au tems futur.

Enfin lorsque la condition qui est ajoutée à un legs manque, elle empêche qu'il ne puisse avoir d'exécution; au lieu qu'un legs fait pour quelque cause, n'est pas moins valable, quoique la cause se trouve fausse. En effet, elle n'est censée avoir été ajoutée au legs, que par une espéce de démonstration; *at non solent, quæ abundant, vitiare scripturas. Leg.* 94. *ff. de regul. jur.* La bienveillance & la libéralité du testateur est toujours censée être la véritable cause des legs qu'il fait, & non pas la cause qu'il y ajoute, laquelle n'étant qu'adjuvante, & non inhérente au legs, quoiqu'elle soit fausse, n'en peut pas causer la nullité. *Leg.* 17. §. 6. *ff. de conditionib. & demonstr.*

De ce que nous venons de dire il résulte, que si le testateur dit: *Je légue à Titius cent écus, parce qu'il a eu soin de mes affaires*, & qu'il n'en ait point pris le soin, le legs n'en est pas moins valable.

Cependant, si l'héritier prouvoit que le testateur n'auroit jamais rien laissé au légataire, s'il n'avoit cru qu'il avoit eu soin de ses affaires le legs seroit annullé en ce cas; parce qu'alors la cause ajoutée au legs ne passeroit pas pour être adjuvante, & pour avoir été ajoutée par occasion seulement, mais elle seroit regardée comme la cause principale qui auroit porté le testateur à exercer sa libéralité envers le légataire.

Il faut dire aussi que le legs ne seroit pas valable, auquel le testateur auroit ajouté une cause conditionnellement; comme si le testateur avoit dit: *Je légue à Titius cent écus, s'il fait mes affaires.* Cette clause étant ajoutée au legs comme une condition, en doit produire les effets, & par conséquent rendre nul le legs, au cas que le légataire n'eût pas effectué ce pour raison de quoi le testateur a voulu exercer envers lui sa libéralité.

Voyez Henrys, tom. 1. liv. 5. ch. 4. quest. 44.

LEGS fait SUB MODO, est un legs qui est fait afin que le légataire fasse quelque chose après la mort du testateur, en conséquence de ce qui lui est laissé; comme quand le testateur dit: *Je légue à Titius mille écus, afin, ou pour qu'il me fasse construire un monument.*

Itaque modus, hoc loco, est causa legandi in futurum collata; vel dici potest, cum Cujacio, in Paratitlis ad titulum de conditionib. & demonstr. adjectio, quæ ostendit, quod legatarium ex legato testator facere velit.

Le legs fait *sub modo* est donc différent du legs fait *propter causam*, en ce que celui-ci se rapporte au tems passé; au lieu que le legs fait *sub modo*, se rapporte au tems futur.

Il differe aussi du legs conditionnel; I°. Par rapport aux termes qui sont employés pour l'exprimer, en ce que la particule *si* est la marque du legs fait sous condition, & la particule *ut* celle du legs fait *sub modo*, c'est-à-dire qui indique l'emploi que le testateur veut être fait par le légataire de ce qui doit lui revenir du legs qui lui est fait. *Leg.* 40. §. *ult. leg.* 8. *ff. de conditionib. & demonstrat.*

II°. En ce que le legs conditionnel ne peut point être dû qu'après l'évenement de la condition, *si quidem actus conditionales pendent ex eventu conditionis.* Mais le legs qui est fait *sub modo*, peut être demandé avant l'exécution de la chose pour laquelle il a été fait. *Voyez* mes Paratitles du Digeste, sur le titre *de conditionibus & demonstrationibus.*

Ainsi, dans l'espéce que nous avons proposée ci-dessus, il faut que les mille écus soient d'abord délivrés à Titius, pour qu'il puisse après faire construire au testateur un monument. La cause pour laquelle le legs est fait, n'étant qu'une suite de la disposition du testateur, il faut absolument que l'exécution de cette disposition précede la cause pour laquelle le legs a été fait. Mais en ce cas l'héritier peut, avant que de faire délivrance du legs, obliger le légataire à donner caution, pour sûreté de l'accomplissement de la volonté du testateur; ou à faute de ce faire, de restituer la chose qui lui a été léguée.

Il y a cependant un cas où le manque d'accomplissement de la chose pour laquelle le legs a été fait au légataire, ne seroit pas une juste cause de répéter de lui la chose léguée, sçavoir, si son exécution n'avoit pas dépendu de lui; car alors il ne seroit pas obligé de la restituer; *quia tunc modus, sub quo legatum esset relictum, haberetur pro impleto. Leg.* 1. *cod. de his quæ suc. mod. relinq.*

Il faut dire aussi que le legs fait *sub modo turpi*, n'est pas moins valable, que s'il étoit fait *sine illius modi adjectione; quia non parens ejusmodi voluntati laudandus est magis, quam puniendus.*

Enfin, l'inexécution de la chose pour laquelle le legs a été fait, ne le rend pas nul, lorsqu'elle ne regarde ni le testateur ni un tiers, mais seulement l'intérêt du légataire; parce qu'alors la charge apposée

posée au legs n'est pas une cause finale, mais seulement une cause impulsive; c'est-à-dire, que quand la cause qui est ajoutée au legs, ne regarde que l'utilité du légataire, elle ne peut passer pour un commandement du testateur, mais pour un simple conseil, que le légataire n'est pas tenu d'accomplir.

Sur ce fondement, la Cour par Arrêt de l'an 1545. a jugé qu'un legs fait pour être employé à faire étudier celui à qui il étoit fait, lui seroit délivré, quoiqu'il fût âgé de trente ans, sans avoir étudié.

Voyez Papon, livre 20. tit. 5. Charondas, liv. 3. chapitre 10. Peregrinus, art. 11. *num.* 125. La Peyrere, lettre M, nombre 99.

LEGS FAIT SOUS CONDITION, DONNE LIEU A FAIRE DONNER CAUTION A L'HERITIER DE LE PAYER, LORSQUE LA CONDITION SERA ACCOMPLIE. Cette maxime tirée des Loix Romaines, est reçue parmi nous. Guy Pape, question 131.

Elle est fondée sur ce que si l'héritier ne pouvoit pas y être contraint, quelque riche qu'il fut au tems de la mort du testateur, il pourroit se trouver insolvable lors de l'évenement de la condition; ainsi la volonté du testateur ne seroit pas accomplie au préjudice des légataires. Par la même raison, l'héritier est obligé de donner caution, de payer les legs payables dans un certain tems, lorsque ce tems marqué par le testateur sera arrivé.

Par cette caution, l'héritier s'oblige de payer le legs conditionnel lors de l'évenement de la condition, ou le legs payable dans un certain tems, lorsqu'il sera arrivé: & il promet par cette caution que les choses léguées ne souffriront aucune diminution par son dol. *Leg.* 1. *in prin. ff. ut legatorum & fideicom. servandor. caus. caveatur.*

Cette caution doit être donnée non-seulement par l'héritier du testateur, testamentaire ou *ab intestat*, mais aussi par celui qui succede à cet héritier, par le substitué, & enfin par celui qui est chargé de restituer quelque chose. *Dict. leg.* 1. §. 3. *& seq.*

Si plusieurs contestent pour un même legs, la caution doit être donnée à tous. *Leg.* 19. *ff. cod.*

Il faut que cette caution soit suffisante: mais si la caution donnée par l'héritier a été reçue & acceptée, il ne peut pas être obligé d'en donner une autre, sous prétexte d'insuffisance, si ce n'est que par quelque malheur imprévû la caution acceptée eût fait depuis des pertes considérables qui donnassent lieu de craindre son insolvabilité.

Si l'héritier refuse de donner caution, les légataires peuvent saisir les biens de la succession par autorité du Juge.

Il y a quelques cas esquels l'héritier peut s'exempter de donner caution.

I°. Lorsque le testateur l'en a déchargé par son testament; parce que chacun peut imposer à sa libéralité telle clause & telle condition qu'il lui plaît. *Leg. ult. ff. eod. tit. & leg.* 2. *&* 4. *cod. eodem.*

II°. Lorsqu'il est constant, ou que l'héritier prouve que le legs est nul, & ne sera point dû; *leg.* 3. *in fin. leg.* 14. *ff. eod.* parce qu'on doit être certain de la validité du legs, avant que la caution puisse être exigée pour raison du payement qui en doit être fait.

LEGS NE COMMENCE A ESTRE DU QU'AU JOUR DU DÉCES DU TESTATEUR; parce que ce n'est que par sa mort que ses dernieres dispositions sont confirmées, & qu'il lui est permis de les changer jusqu'au dernier moment de sa vie. *Ambulatoria est hominis voluntas usque ad extremum vitæ spiritum. Leg.* 4. *de alimend. legat.* Mais il y a des legs qui ne sont pas encore dûs au jour de son décès, comme nous le dirons dans la suite.

Les legs qui ne sont point conditionels, *id est legata purè relicta*, sont dûs à l'instant de la mort du testateur; mais ils ne peuvent être demandés qu'après que l'héritier aura apprehendé la succession.

Ils sont dûs au moment de la mort du testateur, afin qu'ils puissent être transmis aux héritiers des légataires, en cas qu'ils décedassent après la mort du testateur, avant que l'héritier institué eût apprehendé la succession. Mais ces legs ne peuvent être demandés par les légataires, qu'après que celui qui est institué par le testateur, ne se soit porté héritier; parce que jusqu'à ce tems il n'y a personne contre qui cette demande puisse être intentée. D'ailleurs, l'héritier institué ne se portant pas héritier, tout le reste du testament ne peut avoir d'effet.

Les legs qui ne sont payables qu'à un jour certain, sont dûs au moment de la mort du testateur; mais ils ne peuvent être demandés avant l'écheance du jour marqué par le testateur.

A l'égard des legs conditionels, ils ne sont ni dûs, ni exigibles, qu'après l'évenement de la condition qui leur a été apposée par le testateur.

Enfin, les legs que le testateur a déclaré ne vouloir être exigibles qu'à un jour incertain, sont réputés faits sous condition; *leg.* 75. *de conditionib. & demonstr.* comme si le testateur légue à Titius cent écus, payables lorsque celui qu'il a institué héritier décedera. Ce legs est conditionnel, & conséquemment n'est point transmissible aux héritiers du légataire, au cas qu'il décede avant celui qui est institué héritier par le testateur. *Leg.* 4 *&* 5. *ff. quando dies legator. vel fideicom. cedat.* Quoiqu'il soit impossible que ce jour-là n'arrive pas, il se peut faire que le légataire décede avant l'héritier; auquel cas le légataire n'acquiert pas le legs qui lui est fait, puisqu'il n'est plus vivant au tems qu'il commence à être dû. *Leg.* 1. §. 3. *ff. de conditionib & demonstr.*

Mais si le legs ne devoit être payé au légataire qu'au jour de sa mort; comme si le testateur avoit dit: *Je légue à Titius cent écus, payables au jour de sa mort;* ce legs n'est point conditionnel, il contient seulement le jour auquel il doit être payé; de maniere qu'il est dû à l'instant de la mort du testateur, mais il n'est exigible qu'au tems de la mort du légataire.

Quoique le jour de la mort du légataire soit incertain, il n'y a pas de doute qu'il doit arriver; ainsi le legs lui est dû dès l'instant du décès du testateur; c'est pourquoi en quelque tems qu'il meure, il le transmet à son héritier *Leg.* 4. *in fine*, *ff. quando dies legator. vel fideicom. ced.*

LEGS INUTILES ET NON DUS, sont ceux, I°. Qui sont faits par celui qui n'avoit pas la faculté de tester, ou qui n'étoit pas en état de la mettre à exécution.

II°. Ceux qui sont faits par testamens ou codicilles, qui ne sont pas revêtus de toutes les formalités requises pour leur valadité.

III°. Les legs qui sont faits à des personnes incapables de recevoir par testament ou autre disposition de derniere volonté; comme sont les étrangers, ceux qui sont morts civilement, les conjoints par mariage en pays coutumier.

IV°. Les legs qui sont faits de choses dont le testateur n'a pas pû disposer.

Voyez sur tous ces articles ce que j'ai dit sur l'article 292. de la Coutume de Paris.

LEGS VALABLES AU TEMS QU'ILS ONT ÉTÉ FAITS MAIS QUI DEVIENNENT DANS LA SUITE INUTITES ET NON DUS: Cela peut arriver par différentes manieres.

Premierement, par la perte de la chose léguée. survenue sans qu'il y ait de la faute de la part de l'héritier, ni qu'il ait été en rétard d'en faire la délivrance. *Leg.* 47. §. *pen. & ult. leg.* 112. §. 1. *ff. de legat.* 1°.

Cela doit néanmoins s'entendre du legs consistant en une certaine espéce; comme quand le testateur a légué un certain fonds, un tel cheval; *quia debitor speciei ejus interitu liberatur; impossibilium enim nulla est obligatio, at impossibile est, præstare corpus certum, quod amplius non extat.* Mais quand le legs est fait de choses qui sont appellées par les Jurisconsultes, *res fungibiles, seu quantitates, quæ pondere, numero & mensura constant*, comme du vin, de l'huile, du bled, de l'argent monoyé, la perte qui en survient ne tombe point sur le légataire, mais sur l'héritier.

Ainsi, quand le testateur a par exemple légué à quelqu'un dix muids de vin, ou dix septiers de bled, ou cent écus, sans rien désigner d'avantage, la perte de tout le vin, de tout le bled, ou de tout l'argent que le testateur pouvoit avoir au tems de sa mort, tombe absolument sur l'héritier : *Quia genera & quantitates per rerum naturam non pereunt, sed numero multiplicantur; dicuntur enim fungibiles, quia una alterius vice fungitur, sicque una aliam representat; proinde debitur quantitatis, ejus interitu non liberatur; quia impossibile non est, hanc rem debitam per aliam ejusdem generis præstare.*

Il faudroit dire le contraire, si le legs étoit conçu de maniere que la chose consistant en genre & en quantité, étoit léguée comme faisant un corps certain; la perte qui en surviendroit tomberoit sur le légataire; comme si le testateur avoit dit: *Je légue à Mævius les dix muids de vin que j'ai dans ma cave: ou je légue à Mævius les mille écus que j'ai dans mon coffre.* Ce legs consistant dans une certaine espéce, c'est-à-dire dans les dix muids de vin que le testateur a déclaré être dans sa cave, ou dans les mille écus qu'il a dit être dans son coffre, le legataire n'a pas droit d'en demander d'autres.

En second lieu, les legs deviennent inutiles & non dûs, par la mort du légataire arrivée avant celle du testateur; parce que le testateur n'a eu en vûe que de donner des marques de son amitié au légataire, non pas à ses héritiers, dont il n'a fait aucune mention dans son testament.

En troisiéme lieu, par la répudiation que le légataire a faite du legs. *Leg.* 44. §. 1. *ff. de legat.* 1°.

En quatiéme lieu, si la condition sous laquelle le legs a été fait vient à manquer; *quia scilicet actus conditionales pendent ex eventu conditionis; unde in defectu conditionis de ademptione testator cogitasse intelligitur. Leg. denult. ff. de conditionib. institut.*

En cinquiéme lieu, lorsque le legs a été révoqué par le testateur, expressement ou tacitement. Sur quoi il faut remarquer que les loix Romaines mettoient quelque différence entre la révocation expresse des legs & la révocation tacite; comme je l'ai dit dans ma Traduction des Institutes, sur le titre 21. du second livre. Mais cette différence n'est d'aucun usage parmi nous.

UN LEGS EST REVOQUÉ EXPRESSEMENT, lorsque le testateur déclare que telle est sa volonté par des dispositions expresses, lesquelles sont ordinairement conçues en termes absolument opposés à ceux dans lesquels le legs avoit été par lui fait; comme si le testateur qui a dit: *Je donne & légue*, dit ensuite, *je ne donne point, & ne légue point.*

La révocation d'un legs seroit aussi valable, quoique faite en des termes qui ne seroient point directement opposés à ceux dans lesquels le legs auroit été fait; comme si le testateur avoit dit: *Je donne & légue*, & qu'il dit ensuite, *j'ôte & révoque &c.*

En un mot, toutes sortes de termes qui expriment que le testateur a changé de volonté touchant le legs par lui fait, sont suffisans pour le révoquer, sans qu'il soit besoin qu'ils soient directement opposés à ceux dans lesquels le legs est conçu.

Cette révocation expresse se peut faire, ou par le même testament dans lequel le legs a été fait, ou par codicilles confirmés par testament, & par codicilles *ab intestat*, & même parmi nous par quelque acte que ce soit, c'est-à-dire par un simple acte, sans forme de testament & de codicille.

Voyez Automne, *ad leg.* 2. *ff. de alimend. & transfert. legat.* Bouguier, lettre R, chapitre 16. & Ricard en son Traité des Donations part. 2. chap. 3. sect. 2. nomb. 239. *Voyez* aussi ce que j'ai dit dans ma Traduction des Institutes, sur le titre 21. du second livre, où j'ai remarqué quelques différences anciennement établies par le Droit Romain, entre les revocations qui étoient faites par testament ou par codicilles confirmés par testament, & entre celles qui étoient faites par codiciles *ab intestat*, ou par des termes non solemnels.

Un LEGS EST REVOQUÉ TACITEMENT, lorsqu'il paroît évidemment, par quelque fait ou par quelques circonstances & conjectures, que la volonté du testateur n'a pas été au tems de son décès, que le legataire jouit de legs qu'il lui avoit fait auparavant ; ce qui arrive,

Premierement, par les inimitiés capitales survenues entre le testateur & le légataire, depuis que le testament a été fait. *Leg.* 3. *ult.* & *leg.* 22. *ff. de adim. & transl. legat.* Le testateur n'ayent pas sujet de vouloir du bien à celui qu'il hait mortellement, on ne peut pas croire qu'il ait eu en mourant la volonté de lui faire part de ses biens après sa mort ; mais cette présomption cesse par la réconciliation qui auroit été faites entr'eux avant le décès du testateur. *Leg.* 4. *ff. eod. tit.*

En second lieu, par l'aliénation de la chose léguée, lorsqu'elle est faite volontairement par le testateur, sans qu'il y ait été forcé par la situation de ses affaires ; mais l'aliénation de la chose léguée, qui auroit été faite par le testateur dans une nécessité pressante, pour subvenir à ses affaires, ne feroit pas révoquer le legs. C'est ce qui a été jugé, conformément à la disposition des Loix Romaines, par Arrêt prononcé en robes rouges à la Pentecôte de l'an 1582. rapporté par Montholon en ses Arrêts, Arrêt 12. *Voyez* ce que j'ai dit à ses sujet dans ma Traduction des Institutes, sur le §. 12. du titre 20. du second livre.

A l'égard de l'engagement de la chose léguée, fait par le testateur après son testament, cet engagement ne dénote aucun changement de volonté dans la personne du testateur, & par conséquent ne renferme point une tacite révocation du legs. En effet, il n'arrive jamais qu'un homme, pour sûreté de quelque obligation qu'il contracte, engage & hypotéque son bien : à moins qu'il n'y soit contraint par la nécessité de ses affaires, *Leg.* 3. *cod. de legat.* Ainsi le légataire est en droit d'obliger l'héritier, non-seulement de lui livrer la chose léguée, mais encore de la décharger de l'hipotéque que le testateur a constitué dessus, pour en jouir sans aucune charge. *Dicta lege* 3.

En troisiémelieu, par la donnation que le testateur auroit faite à quelqu'autre personne de la chose léguée, les legs est toujours censé révoqué.

Testator donando rem legatam semper præsumitur mutasse voluntatem, quia nemo in necessitatibus liberalis existit. Leg. 18. *ff. de adimend. & transf. legat.* Cette donation est donc une preuve incontestable du changement de volonté de la part du testateur, & faitt ou jours présumer qu'il n'a fait cette donation qu'en vûe de révoquer le legs qu'il auroit fait auparavant de la même chose, sans distinguer, comme on fait dans le cas de l'aliénation de la chose léguée si elle a été faite volontairement, ou causée par la situation des affaires du testateur.

En quatriéme lieu, lorsque la forme de la chose léguée est détruite, ou que le testateur lui a fait prendre un autre forme de maniere qu'elle ne peut plus retourner à sa premiere, le legs est éteint. Par exemple, si le testateur avoit légué une telle quantité de laine qu'il avoit chez lui, & qu'ensuite il en eût faite des étoffes, les legs ne seroit point dû, mais censé revoqué par le testateur. *Leg.* 88. §. 2. *ff. de legat.* 2°.

Mais si le testateur avoit fait faire des tasses ou quelqu'autre chose, d'une matiere qu'il avoit léguée, en ce cas le legs ne seroit point censé avoir été par lui révoqué. *Dicta lege in fine.*

La raison de la différence est, qu'une chose n'est censée avoir changé de forme, que lorsqu'elle ne peut plus retourner à sa premiere, or la laine dont on a fait des étoffes a changé de forme, de maniere qu'il n'est pas possible de la lui faire reprendre ; mais une tasse, ou autre chose semblable, peut retourner dans la premiere forme qu'elle avoit étant en masse d'argent, d'or, d'étain ou d'autre matiere. *Leg.* 49. §. *penult. ff. de legat.* 3°.

Si un testateur légue une maison, & qu'au jour de son décès elle se trouve détruite, les legs est tellement éteint, qu'il ne subsiste pas même à l'égard du fonds, parce que la forme de la chose léguée est entierement détruite ; desorte même que si en la place de la maison léguée le testateur en avoit fait rebâtir une autre, elle ne seroit pas dûe au légataire, *Leg.* 65. *in fine. ff. de legatis* 1°. parce que ce ne seroit plus la maison qui avoit été légué subsisteroit, ce seroit un autre.

Mais si le testateur avoit légué un fonds, & que dans la suite il eût fait construire des bâtimens dessus, les édifices & le fonds appartiendroient au légataire, quoique ces bâtimens semblent avoir changé la forme du fonds qui lui avoit été légué. *Leg.* 39. *ff. de legat.* 2°. *Leg.* 24. §. 1. & 44. §. 4. *de legat.* 1°. Cela est fondé sur ce que *ædificium solo cedit*, l'édifice n'est qu'un accessoire de fonds sur lequel il est bâti, & partant il doit apparvenir à celui qui doit être le proprietaire du fonds.

En cinquiéme lieu, le legs est censé avoir été révoqué par le testateur lorsqu'il l'a rayé dans son testament. *Nihil interest, inducatur quod scritum est, an admatur. Leg.* 16. *ff. de adimend. & transf. legat.*

En sixiéme lieu, les legs d'un dette est éteint par le payement qu'en a réçu le testateur, parce qu'alors le legs se trouve être d'une chose qui n'existe plus. *Leg. penult.* §. *ult. ff. eod.* C'est ce qui a été jugé par Arrêt du 9 Juillet 1605. Il faut excepter le cas où il apparoîtroit que le testateur n'a point eu la volonté de priver le légataire du legs qu'il lui a fait, en recevant le payement de ce qui lui étoit dû, comme s'il en avoit employé l'argent en acquisition d'héritages ou d'autres choses ; *quia non videtur absumptum, quod in corpus patrimonii versum est Leg.* 23. *ff. eod.*

LEGS D'UNE CHOSE ACCESSOIRE, EST ÉTEINT PAR L'EXTINCTION DU LEGS PRINCIPAL. Ainsi un cheval légué *cum phalesis*, étant mort avant le décès du testateur, legs des ornemens & harnois est éteint ; *quia scilicet extincto rei principalis legator, accessorii quoque legatum extinguitur, secundum vulgatam regulam; accessorium sequitur naturam rei principalis.*

Il n'en est pas de même de l'extinction du legs qui n'est qu'accessoire, elle ne cause pas l'extinction du legs principal: ainsi le legs de la chose principale subsiste, quoique l'accessoire n'existe plus.

LEGS TRANSFERÉ DE LA PERSONNE DU LEGATAIRE A CELLE D'UNE AUTRE, EST CENSÉ REVOQUÉ, comme nous dirons ci-après, *verbo* Translation de legs.

LEGS DEVIENNENT NULS ET NON DÛS, LORSQUE L'HERITIER INSTITUÉ NE SE PORTE PAS HERITIER; & alors la succession est déférée à l'héritier *ab intestat*, à qui le legs ne peuvent pas être demandés; parce que l'héritier institué ne se portant pas héritier, tout le reste du testament devient nul, & par conséquent ne peut avoir d'effet : *Heredis enim instituo est caput & fundamentum totius testamenti, eaque corruente cætera corruere necesse est.*

Mais lorsque l'héritier institué, pour frustrer les légataires & les fideicommissaires refuse de se porter héritier *ex testamento*, pour succeder au défunt *ab intestat*, étant son plus proche héritier : il peut être, pour raison des legs & fideicommis laissés par le testateur, poursuivi de même que s'il possedoit les biens de la succession comme héritier testamentaire. *Quia scilicet nemini fraus sua patrocinari debet. Leg 1. 12. & ult. ff. si quis omis. caus. testam. ab instetato, vel alio mod. possid. hæred.*

A l'égard du substitué, qui par la rénonciation de l'héritier institué succede au testateur, ce substitué est tenu des legs dont l'institué étoit chargé, de même que le cohéritier l'est de tout ce dont étoit chargé le cohéritier qui repudie; *Leg. 25. ff. eod tit. leg. 74. ff. de legat 1'. leg. 77. §. 15. ff. de legat 2'.* à moins qu'il n'apparoisse par des circonstances que le testateur n'a pas voulu qu'au défaut de l'héritier institué, le substitué en fût chargé. *Leg. 98. ff. de legat. 3'.* La Rocheflavin, livre 6. titre 61. article 8. rapporte un Arrêt rendu au Parlement de Toulouse, qui, conformément aux Loix citées ci-dessus, a jugé que *legata ab instituto relicta, censentur à substituto repetita.*

LETTRES. Ce terme a plusieurs significations. Nous allons expliquer celles qui concernent le Droit & la Pratique. Généralement parlant, ce terme signifie un titre qui donne le droit de jouir de quelque chose, ou l'instrument avec lequel on justifie une prétention. Ainsi ce terme se prend souvent pour le contrat d'acquisition, comme dans les art. 73. 109. 136. & 137. de la Coutume de Paris. Il se prend aussi pour une déclaration qui se fait par quelqu'un au profit d'un autre, comme en l'article 211. Il se prend aussi pour des Lettres de maîtrise, qui sont des Lettres de privilége que le Roi accorde à quelques Artisans, pour les dispenser de faire chef-d'Oeuvres. Il y a des Lettres d'Ecolier Juré, de Maître ès-Arts, de Bachelier, de Licencié, de Docteur, de Gradué dans les Universités. Enfin il y a des Lettres de Tonsure, de Prêtrise, &c.

LETTRES UNIQUES ET CAPITALES étoient en usage chez les Romains: ils s'en servoient pour exprimer un mot entier. Par exemple, ces quatre lettres S. P, Q. R. signifioient : SENATUS POPULUSQUE ROMANUS.

Les huit lettres suivantes, H. E. R. J. Q. M. E. A, contenoient la formule de l'action réelle; sçavoir, HANC EGO REM JURE QUIRITUM MEAM ESSE AIO.

Dans les Assemblées du peuple, où un Magistrat de l'Ordre des Senateurs proposoit la Loi qu'il avoit envie de faire passer, chacun en entrant recevoit deux tablettes, sur l'une desquelles étoit un U. & un R, & sur l'autre étoit un A ; desorte que ces deux lettres U. R. signifie UTI ROGAS, soit fait ainsi que vous le desirez ; & la lettre A. signifioit ANTIQUO, je desapprouve & rejette.

LETTRES DE RECOMMANDATION, sont des Lettres vagues par lesquelles on mande a quelqu'un que celui qu'on lui recommande est homme de probité, & qu'il est en état de payer ou de ses bien acquitter d'un tel emploi. Ces sortes de Lettres ne produisent aucune obligation de la part de celui qui les a écrites.

Voyez Papon, liv. 10. chap. 4. nombre 12; & Bouvot, tom. 1. part. 2. *verbo* Lettres de recommandation *Voyez* aussi Maynard, livre 8. chap. 29; M. le Prêtre, cent 4. chap. 42 ; la Bibliotéque de Bouchel, *verbo* Preuves ; Boniface, tom. 2. livre 4. titre 12.

La regle que nous venons de donner souffre une exception ; sçavoir que les Lettres de recommandation faites entre Marchands, produisent l'action de mandat. Boniface, tom. 2. livre 8. chap. 6. rapporte un Arrêt en date du dernier Juin 1668. qui l'a jugé ainsi ; & que celui qui avoit donné de pareilles Lettres, étoit responsable de la personne en faveur de qui il les avoit données.

LETTRES PERPETUELLES. On entend par ces termes, en l'article 78. de la coutume de Bourbonnois, les testamens, contrats de mariages, constitutions de rentes, ventes, donations, échanges, & autres contrats translatifs de propriété, & non pas les obligations, les quittances, les louages, & autres actes semblables, dont souvent on ne fait point de minute.

LETTRES ROGATOIRES, *Voyez* Commissions rogatoires.

LETTRES DE CHANGE. *Voyez* Délai de dix jours accordés pour le payement des Lettres de change. *Voyez* le Traité des Lettres de change, fait par M. Fuleman, imprimé à Paris en 1739. dans lequel l'Auteur en sa Préface marque qu'il a donné l'explication des termes qu'il convient d'employer ou d'eviter dans ces sortes d'actes, avec les sages précautions qu'il faut prendre pour ne point tomber dans aucun embarras, en tirant, remettant, prenant ou endossant une Lettre de change.

LETTRES DE CHANGE TIRÉE DE PLACE EN PLACE, produisent plusieurs effets. I°. Quand elles sont protestées faute de payement, elles produisent des changes & rechanges.

II°. Conformément à l'article 7. du titre 6, de l'Ordonnance du mois de Mars 1673. l'intérêt du principal & du change est du jour du protest, quoiqu'il n'ait point été demandé en Justice; & celui du rechange, des frais du protest & du voyage, (si aucun a été fait) n'est que du jour de la demande.

III°. Suivant l'article 4 du titre 5. de ladite Ordonnance, le porteur d'une Lettre de change est tenu de la faire payer ou protester dans dix jours après celui de l'échéance.

IV°. Celui qui a tiré ou endossé une Lettre après avoir été protestée, doit être poursuivi en recours de garantie par le porteur d'icelle dans la quinzaine, s'il est domicilié dans la distance de dix lieues & au-delà, à raison d'un jour pour cinq lieues, conformément à l'article 13. après les délais ci-dessus. Suivant l'article 15. le porteur de Lettres est non-recevable en son action en garantie, tant contre le tireur, les endosseurs, que contre l'accepteur.

V°. Suivant les articles 4. du titre 34. de l'Ordonnance de 1667. & 1. du titre 7. de l'Ordonnance de 1673. les débiteurs pour les Lettres de change sont contraignables par corps, de quelque qualité & condition qu'ils soient.

VI°. l'article 20. du titre 5. de ladite Ordonnance, porte que les Lettres de change sont réputées acquittées dans les cinq ans après la cessation de demande, à compter du lendemain de l'échéance ou protest, ou de la derniere poursuite.

VII°. Pour fait de Lettres de change, entre telles personnes que ce soit, la connoissance en appartient aux Juge & Consuls, suivant l'article 2. du titre 12. de l'Ordonnance de 1673.

LETTRES DE CREDIT *Voyez* Crédit.

LETTRES, SENTENCES OU OBLIGATIONS AUTENTIQUES, sont celles qui peuvent être mises à exécution; c'est-à-dire qui sont grossoyées en parchemin, mises en bonne forme, & scellées du sceau de Justice ou de contrats.

LETTRES PATENTES, sont des Lettres du Roi scellées du grand sceau, qui servent de titre pour la concession de quelque octroi, grace, privilége, établissement. Elles doivent être signées en commandement par un Secretaire d'Etat, & vérifiées dans les Parlemens, après que les Parties intéressées ont été ouies, ou dûement appellées. Ces Lettres ont pour les Particuliers la même autorité que les Edits pour le Public.

On prend néanmoins quelquefois le terme de *Lettres patentes* dans un sens plus étendu, pour signifier toutes sortes d'Edits, Déclarations, & généralement toutes Lettres du sceau.

Ce terme de Lettres patentes dérive du participe Latin *patens*; parce que les Lettres du sceau, que les Latins expriment par le mot grec *diplomata*, à cause du repli qui les rend en quelque sorte *doubles*, sont ouvertes, à la différence des Lettres de cachet, qui sont closes.

Loyseau, livre 1. des Offices, chapitre 3. nombres 54 & 55. dit aussi que les Lettres patentes sont des Lettres du grand sceau, expédiées en parchemin au nom & de l'autorite du Roi, où il n'y a qu'un repli au pied & au bas de l'écriture, lequel n'en empêche pas la lecture; à la différence des Letttes closes, qui sont fermées par un cachet, & qu'on appelle Lettres de cachet.

Mais il semble que ce que dit Charondas en ses Pandectes, liv. 1. chap. 19. est plus notable. Les Lettres patentes (dit-il) sont ainsi appellées, non-seulement pour les distinguer des Lettres de cachet; mais principalement des Lettres de petite Chancellerie établie auprès des Parlemens, comme étant leur autorité plus grande & plus parente, à cause du grand sceau, auquel est empreinte l'image du Prince séant en son lit de Justice, avec les principales marques de l'autorité royale qui s'y rapportent.

Quelques-unes de ces Lettres sont générales & données en forme d'Edit; d'autres concernent les Communautés; & la plus grande partie regarde les affaires des Particuliers.

LETTRE DE CACHET, est un ordre du Roi contenu dans une Lettre, souscrite par un Secretaire d'Etat, & fermée du cachet de Sa Majsteé. On l'appelle ainsi, parce qu'elle est close; à la différence des Lettres qui sont ouvertes, & qui sont par cette raison appellées Lettres patentes. *Voyez* Lettres patentes.

Les Lettres de cachet portant injonction de demeurer dans un endroit, & de n'en pas sortir, n'emportent point d'infamie, & ne touchent en rien à l'état de la personne; ensorte qu'elle conserve tous ses droits pendant son exil. *Voyez* Relegation.

A l'égard de celui qui est prisonnier en vertu d'une Lettre de cachet, on ne reçoit point les recommandations que ses créanciers ou autres voudroient faire.

LETTRES D'ATTACHE, *Voyez* Attache.

LETTRES ROYAUX, sont des secours de droit émanés du Prince en faveur de l'impétrant, dont l'adresse ne se fait qu'aux Juges royaux, Huissiers ou Sergens royaux. Elles ne sont jamais censées être accordées au préjudice des droits du Roi, ni du droit d'un tiers; & par conséquent la clause, *sauf de droit du Roi & celui d'autrui*, y est toujours sous entendue.

L'expédition de ces Lettres se fait en parchemin; il faut qu'elles soient lisibles, sans ratures, sans interlignes, renvois ni apostilles. Le fait y doit être sommairement exposé, & elles ne doivent contenir d'autres conclusions que celles qui ont rapport à la matière.

Ces Lettres étant émanées de l'autorité royale, ne peuvent être adressées aux Juges ou autres Officiers des Seigneurs, que le Roi ne reconnoît point Officiers, & qui par conséquent n'ont pas le pouvoir d'exécuter ses ordres & ses mandemens.

Et s'il est nécessaire d'avoir Lettres royaux en quelque procès pendant pardevant un Juge subalterne & non royal, le Roi adresse ses Lettres; non pas au Juge subalterne, mais au premier Huissier de la Cour de Parlement, ou autre Huissier ou Sergent royal sur ce requis; auquel sera mandé de faire commandement au Juge subalterne, s'il lui appert, &c. de proceder au Jugement du procès d'entre les Parties, quand il sera en état de juger, sans s'arrêter ni avoir égard à tel contrat, ou à telle confession, dénégation ou déclaration, selon l'exigence de cas. Bacquet, des Droits de Justice, chapitre 7, nombre 34.

Au bas des Lettres Royaux, on a coutume de mettre ces mots: *Par le Roi en ses Conseils*; & lorsque c'est pour envoyer en Dauphiné, il faut mettre au bas: *Par le Roi Dauphin*; & au titre, après ces mots, *Roi de France & de Navare*, ajouter, *Dauphin de Viennois, Comte de Valentinois & Diois*; & ces Lettres qui sont pour envoyer en Dauphiné, doivent être scellées de cire rouge, à peine de nullité.

A l'égard des Lettres royaux que l'on fait expédier pour la Provence, après ces mots, *Roi de France & de Navarre*, il faut ajouter à l'intitulé: *Comptes de Provence & Forcalquier, & Terres adjacentes.*

Pour ce qui est des sceaux dont les Lettres royaux doivent être scellées, *voyez* ci-après Lettres du grand & du petit sceau.

Les Lettres royaux sont de deux sortes; sçavoir, les Lettres de grace, & les Lettres de Justice.

LETTRES DE GRACE, sont celles qui contiennent une pure libéralité du Prince. Elles dépendent uniquement de Sa Majesté; il les accorde par faveur à qui bon lui semble, & il peut les refuser quand il le juge à propos. Telles sont les Lettres de rémission, les Lettres de grace, les dispenses, les privilèges & autres semblables.

Voyez ci-après Lettres de grace en matiere criminelle.

LETTRES DE JUSTICE, sont celles qui sont fondées sur le droit commun, ou qui portent mandement de rendre la Justice, & que le Roi accorde moins par faveur, que pour subvenir au besoin de ses Sujets, suivant l'équité & la raison C'est pourquoi Sa Majesté croit être dans une espéce d'obligation de les accorder à ceux qui les lui demandent. Telles sont les rescisions & restitutions en entier, & autres semblables.

LETTRES DU GRAND ET DU PETIT SCEAU. Les Lettres royaux, soit de grace, soit de Justice, sont du grand ou du petit sceau.

Les Lettres du grand sceau sont celles qui ne peuvent être expédiées que par les Secretaires du Roi, & qui sont scellées en la grande Chancellerie, en présence de M. le Chancelier Garde des sceaux, qui y préside. Telles sont les Lettres de rémission, d'annoblissement, de légitimation, de naturalité, da réhabilitation amortissemens, privilèges évocations, exemptions, dont & autres semblables.

Les Lettres du petit sceau sont celles qui sont scellées en la petite Chancellerie, en présence d'un Maître des Requêtes qui y préside. Il y en a qui se dressent seulement par les Secretaires du Roi, & d'autres qui peuvent être par eux dressées, concurremment avec les Référendaires de la Chancellerie, comme nous avons dit, *verbo* Chancellerie.

Les Lettres qui s'expédient en la petite Chancellerie, sont les émancipations ou bénéfices d'âge, les Lettres de bénéfice d'inventaire, les terriers, les Lettres d'attribution de Jurisdictionpour criées, les Committimus du petit sceau, les Lettres de main souveraine, les Lettres d'assiette, les reliefs d'appel simple ou comme d'abus, les anticipations, les desertions, débit, les compulsoires, les rescisions, les Requêtes civiles & autres dont la plûpart regardent l'instruction & la procédure.

Toutes les Lettres de Chancellerie ne sont valables que pour un an. Quand on a négligé de s'en servir & de les signifier dans le tems, il faut se pouvoir en Chancellerie, & y obtenir des Lettres de sur-annation, qu'on attache sur les anciennes.

Après avoir donné ces principes généraux sur les Lettres de Chancellerie, nous allons donner une idée particuliere de chacune de celles dont l'usage est plus fréquent.

LETTRES D'ABOLITION, sont des Lettres du grand sceau, par lesquelles Sa Majesté, par la plénitude de sa puissance, abolissant le crime qui auroit été commis par l'impétrant, déclare être bien informé du fait dont il s'agit, sans même qu'il soit énoncé dans les Lettres que le Roi entend que le crime soit entierement aboli & éteint, & pardonne le cas, de quelque maniere qu'il soit arrivé, sans que l'impétrant en puisse être aucunement poursuivi à l'avenir.

Le Roi efface par ces Lettres la note que le crime imprime; mais il faut qu'elles soient obtenues avant le Jugement souverain, afin de lier les mains au Juges; & si elles ne sont obtenues qu'après le Jugement, elles ne lavant point l'infamie. C'est dans ce sens qu'on dit: *Quos Princeps absolvet notat.* Au lieu que quand elles sont obtenues avant, comme elles effacent la note que le crime imprime, il n'est pas permis de reprocher le crime à celui à qui le Prince en a remis la peine, *ut docet Julius Clarus, lib. Sententiarum, tractatu de injuria.*

Ces Lettres contiennent un pardon qui est plus général que les rémissions où le Roi dit, *s'il est ainsi qu'il est exposé*; au lieu que dans les Lettres d'abolition il est dit, que le Roi pardonne le cas, *en quelque maniere qu'il soit arrivé.* Mais il n'arrive presque jamais que le Roi en veuille accorder.

Il y a des abolitions particulieres qui s'accordent à quelqu'un en particulier, & il y en a aussi de générales qui sont accordées à une Province entiere, ou à un Corps ou Communauté.

Voyez Abolition. *Voyez* ci-après Lettres de grace en matiere criminelle.

LETTRES D'AFFRANCHISSEMENT, sont des Lettres du grand sceau, par lesquelles le Roi, pour des raisons particulieres, affranchit & exempte des habitans des tailles, contributions, & autres impositions qu'on avoit coutume de lever sur eux.

LETTRES D'ANNOBLISSEMENT. *Voyez* Lettres de Noblesse.

LETTRES D'AMNISTIE, sont des Lettres patentes qui contiennent un pardon général, accordé par le Roi à des Peuples qui se sont révoltés, & ont exercé des actes d'hostilité, ou qui se sont soulevés.

LETTRES D'AMORTISSEMENT, sont des Lettres du grand sceau, par lesquelles le Roi amortit des héritages acquis par des Gens de main-morte, pour en jouir, sans qu'ils soient tenus d'en vuider leurs mains. Elles ne s'accordent par le Roi aux Gens de main-morte, qu'en conséquence du payement qu'ils ont fait à Sa Majesté du droit d'amortissement.

Mais le Roi veut bien ne pas recevoir de finance, lorsque les héritages dont est question font partie de la clôture des Monasteres ; & cependant il n'en faut pas moins indemniser le Seigneur, & prendre aussi des Lettres patentes.

Voyez Amortissement. *Voyez* Gens de main-morte.

LETTRES D'AMPLIATION DE PERMISSION, sont des Lettres par lesquelles un homme, lequel a obtenu une rémission pour un crime, représente qu'il a oublié quelque circonstance du fait exposé dans sa rémission, laquelle circonstance omise causeroit la nullité de ses Lettres ; mais pour empêcher la nullité, sur l'exposition des circonstances omises, Sa Majesté, par les Lettres d'ampliation, lui pardonne cette circonstance oubliée.

LETTRES D'ANTICIPATION, sont des Lettres du petit sceau, qui portent commandement au premier Huissier ou Sergent d'ajourner & anticiper l'appellant sur l'appel par lui interjetté d'une Sentence. *Voyez* Anticiper.

LETTRES D'APPEL SIMPLES, sont des Lettres du petit sceau, portant mandement au premier Huissier ou Sergent d'ajourner à certain & compétent jour en la Cour, tel..... pour proceder sur l'appel que l'impétrant a interjetté, & qu'il interjette par ces Présentes, de la Sentence rendue par tel Juge le tel jour, & de tout ce qui s'en est ensuivi, & en outre proceder comme de raison.

LETTRES D'APPEL COMME D'ABUS, sont des Lettres du petit sceau, qui portent commandement au premier Huissier ou Sergent d'assigner au Parlement sur un appel comme d'abus.

Ces Lettres doivent être libellées, & contenir sommairement les moyens d'abus, avec le nom de deux anciens Avocats qui ont donné leur consultation, & le nom de celui qui a fait le rapport ; & ladite consultation doit être attachée ausdites Lettres. *Voyez* Appel comme d'abus.

Les Lettres d'anticipation qui s'obtiennent sur un appel comme d'abus, ne requierent pas les mêmes formalités ; car elles ne doivent point être libellées, & se scellent sans qu'il y ait aucune consultation attachée.

LETTRES D'ASSIETTE, sont des Lettres qui portent injonction aux Tresoriers de France d'imposer une somme à laquelle une Communauté d'Habitans a été condamnée, sur chacun desdits Habitans qui sont cottisés à la taille de ladite Communauté, pour être levée sur eux au fur des tailles ; sans néamoins que cette imposition puisse nuire ni préjudicier à la levée des tailles, & autres droits imposés par le Roi sur les Habitans.

Les condamnations obtenues contre une Communauté d'Habitans, ne se pouvant mettre à exécution par saisie & exécution de meubles, ni par saisie réelle des biens des Partculiers, ni par la contrainte par corps, on a trouvé le moyen de s'en faire payer en obtenant Lettres d'assiette, pour faire l'imposition sur tous les Habitans de la somme à laquelle la Communauté à été condamnée.

Les assiettes s'obtiennent en la Chancellerie, ou par Lettres, ou par Arrêt. Les premieres s'y scellent jusqu'à la somme de cent cinquante livres, & les autres jusqu'à celle de trois cens livres.

Les assiette par Lettres s'enregistrent à l'Audience de la Chancellerie, & sont déchargées sur le Registre par M. le Maître des Requêtes qui tient le sceau. Enfin, l'adresse en est toujours faite aux Trésoriers de France.

LETTRES D'ATTACHE SUR BULLES, sont des Lettres du grand sceau, par lesquelles le Roi autorise des Bulles données par le Pape de certains Bénéfices, particulierement dans les conquêtes. Par ces Lettres, Sa Majesté ordonne qui si dans les Bulles il n'y a rien de contraire aux priviléges & libertés de l'Eglise Gallicane, elles soient exécutées. Il faut aussi qu'il y ait un certificat de l'Intendant, qui rend bon témoignage de l'impétrant, c'est-à-dire de celui qui a obtenu la Bulle.

Cette formalité des Lettres d'attache, pour prendre possession en vertu, des Bulles, ne s'observe point au Parlement de Paris. *Voyez* le Traité des Matieres béneficiales de M. Fuet, livre 5. chapitre 7. pag. 654.

Il y a encore d'autres Bulles ou Brefs, sur lesquels on prend de semblables attaches ; parce que rien ne s'execute dans le Royaume, venant de la Cour de Rome, qu'après vérification faite qu'il n'y a rien de contraire aux libertés de l'Eglise Gallicane.

LETTRES D'ATTRIBUTION DE JURISDICTION, sont des Lettres du petit sceau, qui s'obtiennent par un poursuivant criées, aprés que des criées de biens situés en différentes Jurisdictions du ressort d'un même Parlement, ont été bien & dûement vérifiées par le Juge des lieux ; à l'effet de proceder à la vente & adjudication d'iceux pardevant le Juge dans le ressort duquel la plus grande partie des héritages saisis est située.

Ainsi, quand il y a plusieurs héritages saisis réellement en différentes Jurisdictions du ressort d'un même Parlement, pour éviter à frais, le poursuivant criées se pouvoit en la petite Chancellerie, pour y obtenir des Lettres qui portent attribution au Juge Royal dans le ressort duquel la plus grande partie des héritages saisis est située.

LETTRES DE BENEFICE D'AGE. *Voyez* Lettres d'émancipation.

LETTRES DE BENEFICE D'INVENTAIRE, sont des Lettres du petit sceau, par lesquelles le Roi permet à un présomptif héritier de se porter héritier par bénéfice d'inventaire, de celui de la succession duquel il s'agit ; à l'effet de n'être tenus des dettes de la succession, que jusqu'à concurrence du contenu en l'inventaire, dont il doit rendre compte.

Celui qui est assigné en qualité d'héritier pur & simple, doit en Pays coutumier justifier de ses Lettres de bénéfice d'inventaire ; faute de quoi, il est réputé héritier pur & simple.

Dans les Pays de Droit écrit, le bénéfice d'inventaire est de droit : ainsi pour en jouir, il n'est pas nécessaire d'obtenir des Lettres en Chancellerie ; il suffit de faire loyal inventaire de tous les biens de la succession, & de faire déclaration en Justice que l'on accepte la succession en qualité d'héritier par bénéfice d'inventaire, conformément à ce qui est porté en la Loi derniere, *cod. de jure deliberandi.*

Voyez Bénéfice d'inventaire. *Voyez* Héritier bénéficiaire.

Dans les Pays où ces Lettres sont nécessaires, elles se peuvent obtenir en tout tems, mêmes jusqu'à trente ans, pourvû qu'on n'ait point fait d'acte d'héritier pur & simple ; & si c'est en collatérale, qu'il n'y ait point d'autre héritier.

L'adresse de ces Lettres ne se fait jamais à des Cours supérieures, ni à des Juges de privilége, mais toujours au Juge ordinaire du lieu où la succession est ouverte, quelque litispendance qu'il y ait ailleurs entre les Parties, où les Lettres pourroient être incidentes.

Les clauses ordinaires de ces Lettres sont, I°. De faire bon & fidele inventaire, si fait n'a été. II° De bailler caution de la valeur d'icelui.

Au reste, elles ne sont accordées qu'en cas que l'impétrant n'ait point fait acte d'héritier pur & simple.

LETTRES DE COMMISSION, sont des Lettres que l'on prend à la petite Chancellerie, pour faire assigner quelqu'un au Parlement. Elles s'obtiennent ou à cause de quelque instance qui y est pendante, ou en exécution d'Arrêt de la Cour.

La nécessité d'obtenir ces sortes de Lettres, provient de ce qu'on ne peut assigner pardevant les Cours souveraines & les Juges qui jugent en dernier ressort, soit en premiere instance, soit par appel ou autrement, qu'en vertu de Lettres de Chancellerie particulieres, ou Arrêt.

Il faut excepter ceux qui ont droit de plaider au Parlement en premiere instance, lesquels peuvent y donner assignation sans Arrêt ni Commission.

Mais quand, par exemple, on veut faire assigner quelqu'un en vertu d'un Arrêt de la Cour, & que celui que l'on veut faire assigner est demeurant hors la Ville & Fauxbourgs de Paris, comme les frais seroient trop grands de faire assigner par un Huissier de la Cour en vertu d'un Arrêt, on obtient en Chancellerie une Commission, en vertu de laquelle on le peut faire assigner par tout Huissier ou Sergent royal.

LETTRES DE COMMISSION POUR CONSTITUER NOUVEAU PROCUREUR, sont des Lettres du petit sceau qui portent mandement au premier Huissier ou Sergent d'assigner en la Cour la Partie adverse dont le Procureur est décedé, à ce qu'elle ait à constituer un nouveau Procureur, à peine de tous dépens, dommages & intérêts.

LETTRES DE COMMISSION EN REPRISE, sont des Lettres du petit sceau, qui portent mandement au premier Huissier ou Sergent d'assigner la veuve, enfans & héritiers de la Partie adverse qui est décedée, pour reprendre le procès pendant en la Cour, suivant les derniers erremens.

LETTRES POUR FAIRE DECLARER UN ARREST EXÉCUTOIRE, sont des Lettres de petit Sçeau, qui portent mandement au premier Huissier ou Sergent d'assigner les enfans, héritiers & biens-tenans de quelqu'un qui est décedé, à l'effet de voir déclarer l'Arrêt obtenu par l'exposant, à l'encontre du défunt commun avec eux, tant en principal, intérêts, que dépens.

LETTRES DE COMMISSION, OU PAREATIS SUR ARREST EXPEDIÉ PAR EXTRAIT, sont des Letttres du petit Sceau, qui portent mandement au premier Huissier ou Sergent de mettre à dûe & entiere exécution un Arrêt de la Cour, obtenu par l'exposant dans l'étendue du ressort de la Cour, à l'encontre de ceux qui sont dénommés dans ledit Arrêt.

Nota, qu'on fait attacher aux Lettres l'extrait de l'Arrêt sous le contrescel de la Chancellerie.

LETTRES DE COMMISSION AVEC ADRESSE AU JUGE, sont des Lettres du petit Sceau, portant injonction à un Juge Royal de faire proceder à l'exécution d'un Arrêt de la Cour obtenu par l'exposant, selon sa forme & teneur, à l'encontre de tel y dénommé, & autres qu'il appartiendra.

Ces mêmes Lettres portent sur la fin mandement au premier Huissier ou Sergent de faire l'exécution dudit, Arrêt, & des Ordonnances du Juge commis, toutes significations, assignations & autres actes réquis & nécessaires.

Nota, qu'on attache auſdites Lettres l'Arrêt ſous le contreſcel de la Chancellerie.

LETTRES DE COMMITTIMUS, ſont des Lettres du grand ou petit Sceau, qui portent mandement au premier Huiſſier ou Sergent de faire payer au privilegié toutes les ſommes à lui dûes; & en cas de refus, aſſigner les redevables de deux cens livres & au-deſſus aux Requêtes de l'Hôtel ou du Palais, même faire le renvoi des cauſes en défendant.

Ces Lettres s'expédient en la grande Chancellerie, quand il s'agit d'une ſomme de mille livres & au-deſſus; & pour qu'elles s'expédient en la petite Chancellerie, il ſuffit qu'il s'agiſſe de deux cens livres & au-deſſus.

Voyez Committimus.

LETTRES DE COMMUTATION DE PEINE, ſont des Lettres du grand Sceau, par leſquelles le Roi, par des conſidérations particuliéres, rappelle & décharge l'impétrant de la peine de .... à laquelle il auroit été condamné à la charge de ſatisfaire aux autres condamnations portées par le Jugement

Il faut, ſuivant l'art. 6. du titre 16. de l'Ordonnance de 1670. que l'Arrêt ou le Jugement de condamnation ſoit attaché ſous le contreſcel de ces Lettres; à faute de quoi, les impétrans ne peuvent s'en aider; & défenſes ſont faites aux Juges d'y avoir égard.

LETTRES DE COMPULSOIRE, ſont des Lettres du petit Sceau, en vertu deſquelles, quand on a beſoin d'un acte qui eſt chez un Notaire, ou au Greffe, ou chez quelqu'autre perſonne publique, & que l'on ne peut en avoir communication de gré à gré on ſe le fait communiquer. *Voyez* Compulſoire.

LETTRES DE CONFORTEMAIN, ſont des Lettres de Chancellerie, qui s'obtiennent par les Seigneur féodeaux, afin de conforter, confirmer & autoriſer les ſaiſies faites en vertu de leur commandement, quoique leſdites Lettres ne ſoient pas néceſſaires pour la validité deſdites ſaiſies. L'uſage de ces Lettres eſt aujourd'hui entiérement abrégé.

LETTRES DE DEBITIS. *Voyez* Debitis.

LETTRES DE DÉCLARATION, ſont des Lettres du grand Sceau, que le Roi accorde aux Regnicoles, qui par une longue abſence étoient réputés avoir abdiqué leur patrie, & ſont revenus en France. Ils n'ont point beſoin de Lettres de naturalité, parce qu'ils ne ſont pas étrangers; mais il leur faut des Lettres de Déclaration, pour purger le vice de leur longue abſence.

LETTRES DE DESERTION, ſont des Lettres du petit Sceau, qui portent mandement au premier Huiſſier ou Sergent d'aſſigner l'appellant, pour voir déclarer déſert l'appel par lui interjetté, faute de l'avoir relevé dans le tems preſcrit par l'Ordonnance; & pour voir ordonner qu'il ſera paſſé outre au Jugement dont eſt appel. *Voyez* Déſertion d'appel.

LETTRES DE DISPENCE, ſont celles que le Roi accorde pour diſpenſer quelqu'un du droit commun & de la régle ordinaire. Telles ſont les Lettres de diſpenſe d'âge ou de parenté; & ces ſortes de Lettres ne s'expedient qu'en la grande Chancellerie.

LETTRES DE DON, D'AUBAINE, DESHERENCE ET BATARDISE, ſont des Lettres du grand Sceau, par leſquelles le Roi, pour gratifier quelqu'un, lui donne les biens qui ſont échus à Sa Majeſté par droit d'aubaine, deshérence, bâtardiſe ou autrement. Il y a un nombre infini de dons que le Roi fait des choſes qui lui échéent par le droits de ſa Couronne, & qu'il ne reunit point à ſon Domaine.

LETTRES DE DON GRATUIT, ſont des Lettres du grand Sceau, par leſquelles le Roi permet aux Etats d'une Province de faire un don d'une ſomme au Gouverneur, Lieutenant de Roi, ou autre Officier, à qui Sa Majeſté permet de l'accepter. Les Ordonnances défendent ces ſortes de dons ſans la permiſſion du Prince; c'eſt pourquoi il eſt beſoin de Lettres.

LETTRES D'ÉMANCIPATION, ou de bénéfice d'âge, ſont des Lettres de la petite Chancellerie, qui portent mandement aux Juges à qui elles s'adreſſent; de permettre à l'impétrant de jouir de ſes meubles & du revenu de ſes immeubles, *Voyez verbo* Emancipation, les formalités qui ont coutume d'y être obſervées, & l'effet que ces Lettres produiſent.

L'adreſſe ne s'en fait jamais à des Cours ſupérieures, ni à des Juges de privilége; mais toujours au Juge ordinaire des lieux, quelque litiſpendance qu'il y ait ailleurs entre les Parties, où les Lettres pourroient être incidentes.

LETTRES POUR ESTER A DROIT APRÈS LES CINQ ANNÉES DE LA COTUMACE, ſont des Lettres du grand Sceau, que l'on obtient, à l'effet de ſe repréſenter après cinq ans paſſés depuis une condamnation rendue par contumace, pour être admis à la purger. *Voyez* ci-deſſus, Eſter à droit.

Comme ceux qui ſont condamnés par contumace, doivent pour la purger ſe répréſenter dans les cinq ans, à compter du jour que leur Jugement de condamnation leur a été ſignifié à domicile; quand un condamné par coutumace veut ſe repréſenter après les cinq ans, il lui faut des Lettres du Prince qui le relevent de ce laps de tems: d'où il s'enſuit que ce tems de cinq ans n'eſt pas abſolument fatal; puiſque le Roi, par certaines conſidérations, en releve quelquefois.

Mais il faut abſolument des Lettres pour eſter à droit, après les cinq années de la contumace. Il a été rendu au Conſeil un Arrêt le 19 Avril 1681. qui caſſe un Arrêt du Parlement de Toulouſe, lequel avoit relevé un contumax ſans Lettres d'eſter à droit, & qui ne s'étoit repréſenté qu'après les cinq ans.

Ces Lettres portent mandement aux Juges à qui elles ſont adreſſées, qu'ils ayent à recevoir l'impétrant à ſe juſtifier du crime qui lui eſt impoſé, de même qu'il l'eut pû faire avant le Jugement, à la charge de se mettre en état lors de la présentation des Lettres ; que foi sera ajoutée aux témoins décédés, & qui auroient été récollés, comme s'ils avoient été confrontés ; & de refonder les dépens de la contumace ; & même de consigner en pure perte & sans espérance de retour, les amendes ausquelles l'impétrant a été condamné.

Quand celui qui a obtenu des Lettres de restitution de laps de tems, est dans la suite absous du crime dont il avoit été accusé, ou que la peine prononcée contre lui n'emporte point confiscation, (comme s'il n'étoit condamné qu'en une peine légere, ou à un simple bannissement) il rentre dans la possession de ses ; & alors ses meubles & ses immeubles lui sont rendus en l'état qu'ils se trouvent; mais il ne peut prétendre aucune restitution des amendes, intérêts civils, ni des fruits de ses immeubles, aux termes de l'article 28. du titre 17. de l'Ordonnance 1670.

Les condamnés par contumace qui se représentent dans les cinq ans, n'on pas besoin de Lettres, & effacent entierement leur condamnation: ceux au contraire qui ne se représentent qu'après les cinq ans, ne le peuvent faire sans obtenir des Lettres à cet effet; ils effacent à la vérité leur condamnation, mais ils sont obligés à ce que nous avons dit ci-dessus.

Il nous reste deux observations à faire sur les Lettres pour ester à droit.

La premiere, que quelquefois il y a clause dans ces Lettres, par laquelle le Roi dispense le demandeur de la consignation des amendes adjugées à Sa Majesté, en considération de l'impétrant, & sur l'exposition de sa pauvreté.

La deuxiéme est, que quelquefois on prend des Lettres dans les cinq années même de la contumace (qui est un tems de grace) à l'effet seulement d'êtres reçu à ester à droit, sans consigner les amendes adjugées au Roi ; ou pour y faire insérer une clause d'attribution de Jurisdiction souveraine, lorsque celui qui est condamné par défaut & contumace, se trouve pour l'intérêt de l'Eglise ou du Public, engagé dans quelque Charge dont il ne peut s'éloigner.

LETTRES D'ETAT, sont des Lettres du grand Sceau, qui sont accordées par le Roi à ceux qui sont en ambassade, ou qui servent actuellement à l'armée, ou qui sont absens pour quelque cause publique, dont il faut faire preuve par bons certificats. Il est parlé de ces Lettres dans tout le titre 5. de l'Ordonnance de 1669, qu'il faut lire avec les Notes de Bornier.

Le Roi par ces Lettres, mande aux Juges de surseoir pendant le tems qui y est porté, l'instruction & le jugement des procès où les impétrans ont un intérêt personnel.

Ces lettres sont ainsi appellées, parce qu'elles font demeurer l'impétrant dans le même état qu'il étoit lorsqu'il les a obtenues : ensorte qu'elles font surseoir l'instruction & le jugement des procès où l'impétrant a un intérêt personnel, comme nous venons de dire; mais elles ne donnent aucune surséance aux procès où il ne seroit qu'indirectement intéressé.

Ainsi, par exemple, un tuteur ne peut s'aider de Lettres d'Etat dans les affaires de son mineur; comme il est porté en l'article 8. de la Déclaration du Roi du 23. Décembre 1702. registrée en Parlement le 5. Janvier 1703.

Elles ne peuvent être révoquées que par d'autres Lettres, ou par Arrêt du Conseil. Le Parlement ou autre Cour ne peut juger au préjudice L'article 4. du titre 5. de l'Ordonnance de 1669. fait défenses à tous Juges de passer outre à l'instruction & jugement des causes & procès au préjudice de la signification de Lettress d'Etat; & aux Parties des continuer leurs poursuites, ni de s'aider des Jugemens qui pourroient être intervenus au préjudice de ladite signification, à peine de nullité, cassation de procédures, & de tous dépens, dommages & intérêts.

Les Lettres d'Etat n'ont d'effet & ne sont accordées que pour six mois; mais après ce délai on ne peut obtenir d'autres. Elles ne servent à rien, ou le Roi a intérêt, soit que la demande intentée regarde directement Sa Majesté, soit qu'elle n'y ait qu'un intérêt indirect.

Ces Lettres n'ont pas lieu non plus contre les Hôpitaux. Il y en a une Déclaration du 23 Mars 1680. donnée en faveur de l'Hôpital général de la Ville de Paris.

Elles ne suspendent pas le cours des procédures du retrait lignager ; comme il a été jugé par Arrêt du conseil d'Etat du Roi, le 21 Août 1696.

Elles ne servent pas non plus dans les matieres criminelles, compris l'inscription de faux, tant incidente que principale.

En matiere d'alimens elles n'en sont point surseoir la poursuite, *ne qui petit alimenta fame interim pereat.*

Elles n'empêchent pas que les créanciers ne puissent saisir réellement les biens de leurs débiteurs, au préjudice desdites Lettres.

Si elles sont signifiées avant le bail judiciaire, on fait la procédure jusqu'au bail judiciaire exclusivement. Si le bail judiciaire est fait, on continue jusqu'au congé d'adjuger aussi exclusivement.

Les Lettres d'Etat ne dispense point un adjudicataire de biens en Justice, de faire la consignation du prix de son adjudication.

Tous ceux qui sont obligés de rendre compte, ne peuvent pas s'en aider, à l'effet de retarder le compte qu'ils sont obligés de rendre.

Les opposans aux saisis réelles ne peuvent s'en servir, non plus que les opposans aux saisies mobiliaires.

Voyez la Déclaration du 23. Décembre 1702. servant de nouveau Réglement pour les Lettres d'Etat. Elle est dans le nouveau Neron.

LETTRES D'EVOCATION GENERALE, sont

des Lettres du grand Sceau, par lesquelles Sa Majesté, par grace spéciale pour quelqu'un, évoque à un Tribunal généralement toutes les affaires qu'il a, & qu'il peut avoir. Ces Lettres ne se peuvent expédier qu'en la grande Chancellerie, par ce qu'elles sont émanées de la suprême autorité du Roi, qui peut seul, comme Souverain & Chef de la Justice, ôter aux Juges ordinaires ce qui est naturellement de leur compétence.

LETTRES D'EVOCATION CONSENTIE, sont celles par lesquelles Sa Majesté, du consentement des Parties, évoque une procès, & le renvoye à un autre Tribunal que celui où il est pendant.

LETTRES D'EXEMPTION, sont des Lettres du grand Sceau, par lesquelles Sa Majesté exempte & décharge quelqu'un d'un devoir auquel il est assujetti, ou de quelque charge personnelle ou réelle. Par exemple, le Roi accorde des Lettres d'exemption à ceux qu'il veut bien exempter du ban & arriere ban, par une grace particuliere.

LETTRES DE GARDE-GARDIENNE, sont des Lettres du grand Sceau, accordées par le Roi à quelques Corps ou Communautés, à l'effet de renvoyer toutes leurs causes pardevant le Juge qui en a l'attribution partiliere.

Il est traité fort au long de ce privilege dans Bacquet, en son Traité des Droits de Justice, chapitre 8. nombre 51. & suivans.

Il y a encore d'autres Lettres qui sont aussi appellées Lettres de garde-gardienne, & qui sont accordées par les Conservateurs des privileges des Universités. Elles se donnent aux Régens, Ecoliers & Suppôts d'une Uuniversité, en vertu desquelles ils ont droit de plaider pardevant le Juge Conservateur des priviléges de leur Université. *Voyez* Garde-gardienne. *Voyez* aussi Conservateurs des Privilégés des Universités.

LETTRES DE GRACE EN MATIÉRE CRIMINELLE, sont des Lettres par lesquelles Sa Majesté, préférant la clémence à la rigueur & séverité des Loix remet la peine que l'impétrant pourroit avoir encourue. Telles sont les Lettres d'abolition, les Lettres de pardon, & les Lettres de rémission.

Toutes ces Lettres sont scellées en forme de Charte, *ad perpetuam rei memoriam*. A l'égard de l'adresse de ces Lettres, elle doivent être faite conformément à l'Ordonnance de 1670. & à une Déclaration du 7 Février 1703.

L'article 12. du titre 16. de l'Ordonnance de 1670. porte : » Que les Lettres obtenues par les » Gentilshommes, ne pourront être adressés qu'à » nos Cours, chacune suivant sa Jurisdiction & la » qualité de la matiere; qui pourront néanmoins, » si la Partie civile le requiert & qu'elle le juge à » propos, renvoyer l'instruction sur les lieux.

L'article suivant porte; » Que l'adresse des Let» tres obtenues par des personnes de qualité rotu» riere, sera faite aux Baillifs & Sénéchaux des » lieux où il y a Siége Présidial; & dans les Provin» ces où il n'y a point de Siége Présidial, l'adresse » se fera aux Juges ressortissans nûement en nos » Cours, & non autres, à peine de nullité des » Jugemens.

L'exécution de cet article 13. avoit fait naître des contestations entre les simples Bailliages & Sénéchaussées ressortissans nûement aux Cours de Parlement, & les Bailliages & Sénéchaussées ausquels les Siéges Présidiaux sont unis. C'est ce qui a donné lieu à la Déclaration du 27. Février 1703.

Cette Déclaration porte : » Que l'article 35. de » l'Ordonnance de Moulins, & l'article 185. de » celle de Blois, seront exécutés selon leur forme & » teneur; & en conséquence, & que l'adresse des » Lettres de rémission, pardon & autres de sembla» ble qualité, obtenues par des personnes de condi» tion roturiere, seront faites aux Baillifs & Séné» chaux ressortissans nûement aux Cours de Parle» ment, dans le ressort desquels le crime aura été » commis, sans que les Baillifs & Sénéchaux des » lieux ou il y a Siége Présidial, puissent prétendre » que l'adresse leur en doive être faite, si ce n'est » lorsque le crime aura été commis dans le res» sort de leur Bailliage ou Sénéchaussée; déro» geant à cet égard, en tant que besoin seroit, » à la disposition de l'article 13. du titre 16. de » l'Ordonnance du mois d'Août 1670. & de tous » autres Edits & Déclarations contraires.

» Voulons néanmoins que dans les cas où le » crédit des accusés feroit à craindre dans le Bail» liage, dans le ressort duquel le crime aura été » commis, les Lettres de rémission & autres de » semblable nature, puissent être adressées au » Bailliage ou à la Sénéchaussée la plus prochai» ne non suspecte: ce que nous n'entendons avoir » lieu qu'à l'égard des Lettres qui doivent être » scellées en notre grande Chancellerie.

Touchant la question, à quels Juges doivent être adressées les Lettres de grace, *voyez* l'Auteur des Observations sur Henrys, tom. 2. quest. 37. quest. 62. & 63.

Les Lettres de grace en matiere criminelle, doivent être expédiées en la grande Chancellerie; il n'y a que celles qui sont accordées pour les homicides involontaires, ou qui sont commis dans la nécessité précise d'une légitime défense de la vie, qui puissent être expédiées dans les Chancelleries près les Cours. Comme toutes les autres Lettres de grace en matiere criminelle émanent de la pleine & souveraine puissance de Sa Majesté, il n'y a que le Roi seul qui ait le droit de les accorder. *Voyez* M. le Bret, en son Traité de la Souveraineté, livre 4. chap. 6.

La Déclaration du 22 Novembre 1683. ordonne que l'article 2. & l'article 27. du titre 16. de l'Ordonnance de 1670. auront lieu seulement pour les Chancelleries qui sont auprès des Cours; & défend aux Maîtres des Requêtes, & aux Gardes-Scels de ces Chancelleries, de sceller aucune rémission, si ce n'est pour les homicides involontaires, ou pour ceux qui seront commis dans une légitime defenses de la vie, quand l'impétrant aura couru risque de perdre la vie ; & aux Juges de procéder à l'entérinement des Lettres de rémission expédiées aux Chancelleries pour autres cas que ceux exprimés ci-dessus, quand même l'exposé seroit conforme aux Charges. Et quant aux rémissions accordées par Sa Majesté pour d'autres crimes, qu'elle aura signées, & fait contresigner les Lettres par un de ses Secretaires d'Etat, & scellées du grand Sceau; Sa Majesté a ordonné que les Cours & Juges ausquels l'adresse en sera faite, procéderont à l'entérinement d'icelles, quand l'exposé que l'impétrant aura fait au Roi se trouvera conforme aux charges & informations, ou que les circonstances ne seront pas tellement différentes qu'elles changent la qualité de l'action, suivant l'article 1. du même titre, & nonobstant qu'ausdites Lettres le mot d'abolition n'y soit pas employé ; sauf ausdites Cours, après ledit entérinement fait, à faire remontrances à Sa Majesté & à ses autres Juges, de représenter à Monsieur le Chancelier ce qu'ils trouveront à propos sur l'attrocité des crimes, pour y faire à l'avenir la considération convenable.

Suivant l'article 16 du titre 16. de l'Ordonnance de 1670, il faut que les Lettres de grace soient présentées dans les trois mois du jour de l'obtention; passé lequel tems, défenses sont faites à tous Juges d'y avoir égard, sans que les impétrans soient reçus à en obtenir de nouvelles, ni qu'ils puissent être relevés du laps de tems.

Comme on obtenoit trop fréquemment des Lettres de surannation, & que cela étoit cause que les impétrans ne se servoient de leurs Lettres que lorsque le tems leur étoit plus favorable; l'Ordonnance, pour corriger cet abus, a voulu en cet article que les Lettres de grace fussent nulles & de nul effet après trois mois, à compter du jour de l'obtention, sans qu'il puissent en obtenir de nouvelles, ni être relevés du laps de tems.

Le Seigneur du lieu où le délit a été commis, ne peut pas s'opposer aux Lettres de rémission & de Grace, *verbo* Bouvot, Grace & *verbo* Lettres de rémission. Papon, Livre 24. tit. 8. nombre 3. & titre 27. nombre 2.

Celui qui a obtenu des Lettres de grace, doit, avant que de les présenter, refonder les dépens de contumace, & les amendes esquelles il a été condamné.

L'adresse des Lettres de grace n'attribue point de Jurisdiction au préjudice des Juges naturels. *Voyez* Henrys, tome 2. liv. 2. question 5. & liv. 4. quest. 9.

Les Lettres de pardon & de grace doivent être presentées à l'audience par des Avocats, & non par des Procureurs. Ainsi jugé au Parlement de Provence par Arrêt du 27. Septembre 1670. rapporté par Boniface ; tome 5. liv. 5. tit. 1. Chapitre 2.

La partie civile ne peut, trois mois après la présentation des Lettres de rémission, faire informer contre celui qui les avoit obtenues, Ainsi jugé au Parlement de Bordeaux, par Arrêt du 19. Janvier 1672 rapporté dans le Journal du Palais.

L'effet de l'entérinement des Lettres de grace, est que l'impétrant doit avoir la restitution de ses biens confisqués, ou non confisqués. Papon, liv. 24. tit. 17. nombre 13.

Indulgentia Principis quos liberat notat, nec infamiam criminis tollit, sed pœnæ gratiam facit. Leg. ult. cod. de generali abolitione. Cette Loi est appliquée par M. Charles Dumoulin, en sa régle *de infirmis*, nomb. 397. aux Bénéficiers, qui, quoiqu'ils ayent obtenu du Prince des Lettres de grace ou de rémission ; ne laisse pas de demeurer infames, pour encourir la perte de leurs Bénéfices.

LETTRES DE JUSSION, sont des Lettres du grand Sceau, envoyées par le Roi à des Cours & Jurisdictions supérieures, pour faire executer ses ordres, lorsqu'elles marquent faire quelque difficulté de s'y prêter d'elles-mêmes. Sa Majesté ordonne par ces Lettres l'enregistrement des Edits & Déclarations, auquel les Cours n'ont pas crû devoir procéder, sans lui avoir fait auparavant leurs très-humbles remontrances.

Lorsque l'autorité Royale ne juge point à propos d'y déferer, les Cours enregistrent les Edits & Déclarations, & quelquefois même elles n'y procédent qu'après avoir reçû du Roi plusieurs lettres de Jussion; & mettent que c'est avec cette modification du très-exprès commandement de Sa Majesté.

LETTRES DE LÉGITIMATION sont des Lettres du grand Sceau, par lesquelles le Roi légitime un Bâtard, & veut que dans tous les actes il soit reputé légitime, qu'il joüisse des privilèges des autres Sujets nés en légitime mariage.

Quand on dit que la légitimation par Lettres du Prince ne sert que pour posseder des Bénéfices, cela signifie donc, que quoique cette légitimation ne rende pas les bâtards capables de succéder à leurs parens à titre d'héritiers, elle les rend capables des Honneurs, Charges, Dignités, Offices & Bénéfices du Royaume, dont les bâtards non légitimés ne sont pas capables.

Voyez ce que j'ai dit à ce sujets sur le §. dernier du titre 10. du premier livre des Institutes de Justinien, & ce que j'ai dit ici *verbo* Légitimer.

LETTRES DE MAIN-SOUVERAINE. *Voyez* main-Souveraine.

LETTRES DE NATURALITÉ, sont appellées par Chopin en son Traité du Domaine, liv. 3. tit. 1, n. 28. *Juris indigenarum à Rege impetratio.* Ce sont des Lettres du grand Sceau, par lesquelles le Roi veut qu'un étranger soit réputé naturel sujet regnicole, à l'effet de joüir de tous les droits, privilèges, franchise & libertés dont joüissent les vrais & originaires François & qu'il soit capable d'aspirer aux Etats & honneurs de la République. *His enim Litteris peregrini seu advenæ fiunt cives & adsciti.*

On met au nombre de ces droits & privilèges qui sont accordés par ces Lettres à un étranger, celui de succéder & posseder comme un regnicole, les bien qu'il a acquis dans ce Royaume, & qu'il pourra y acquerir, soit par donation, legs ou autrement: le droit d'en pouvoir disposer par derniere volonté, ou de les transmettre à ses enfans, ou autres héritiers, pourvû qu'ils soient regnicoles.

Elles donnent aussi à l'impétrant le droit de succeder à ses parens nés & demeurans dans le Royaume. Enfin, elles donnent le droit de posseder des Offices dans ce Royaume. Ces Lettres sont pareillement nécessaires à un étranger pour pouvoir posseder en France des Benéfices. La raison est, que telle est la volonté du Roi, qui peut seul accorder des priviléges qui concernent l'état des personnes. *Voyez* M. le Bret, en son Traité de la Souveraineté, liv. 2. chap. 11.

Le Roi accorde quelquefois des lettres de naturalité à des François, à l'effet de pouvoir demeurer en Pays étranger, & d'être néanmoins toujours reputés regnicoles.

Ces Lettres sont scellées du grand Sceau en cire verte, avec des lacs de soye, & doivent être enregistrées en la Chambre des Comptes.

Lorsqu'un étranger a obtenu des lettres de naturalité, & qu'elles ont été entérinées; s'il vient ensuite à déceder, & que son fils décede après dans la Terre d'un Seigneur Haut-Justicier sans laisser d'héritiers, sa succession appartient au Roi, & non pas au Seigneur Haut-Justicier. Charondas, liv. 5. ch. 45.

Il nous reste à remarquer que ces Lettres de naturalité ne servent qu'aux étrangers qui sont résidans dans le Royaume; car le Roi, par une Déclaration du mois de Février 1720. a revoqué & annullé les lettres de naturalité accordées aux Etrangers qui n'y résident pas.

Voyez Aubain, *voyez* Droit d'Aubaine, *voyez* Etranger. *Voyez* aussi la République de Bodin, livre 1. chap. 6. Bacquet, en son Traité du Droit d'Aubaine, partie 3. chapitres 23. 24. 25. & 26. Charondas, livre 3. chapitre 45. Du Fail, livre 3. chapitre 153. & Soefve, tome 1. centurie 3. chap. 85.

LETTRES DE NATURALITÉ OBTENUES PAR UN ECCLÉSIASTIQUE, ne sont enregistrées qu'avec trois modifications, rapportées par Castel en son Traité des Matiéres bénéficiales, tome 1. page 21.

La premiere, que celui à qui elles sont données, fournira au Roi un Brevet du Pape, contenant consentement qu'avenant vcoation par mort, résignation ou autrement, de Bénéfices dont il pourra être pourvû dans ce Royaume, étant à la nomination du Roi, il ne sera pourvû d'iceux sans l'agrément de Sa Majesté, quoiqu'ils eussent vaqué *in Curiâ*; lequel Brevet il doit mettre ès mains du Chancellier de France.

La deuxiéme, qu'en cas que pour raison desdits Bénéfices il survienne des differends, il ne pourra les citer en Cour de Rome; mais sera tenu de les poursuivre par devant les Juges & Officiers du Royaume, à qui la connoissance en appartient.

La troisiéme, qu'il ne prendra Vicaires ou Fermiers qu'ils ne soient François.

LETTRES DE NOBLESSE OU D'ANNOBLISSEMENT, sont des Lettres du grand Sceau, par lesquelles le Roi, par une grace spéciale, annoblit un roturier & sa posterité, à l'effet de jouir par lui & ses descendans des droits, priviléges, exemptions & prérogatives des Nobles. *Voyez* Noble. *Voyez* Noblesse.

Ces Lettres sont expediées par un Secretaire d'Etat, & les armoiries de celui que le Roi annoblit, sont peintes dans le parchemin. Elles sont toujours scellées de cire verte, & sont ordinairement appuyées sur des services considérables que celui qui est annobli a rendus à l'Etat, soit dans l'Epée, soit dans la Robbe.

Il faut qu'elles soient enregistrées à la Chambre des Comptes, à la Cour des Aides, & au Parlement, pour que l'impétrant puisse jouir des priviléges de Noblesse, & pour qu'on puisse après sa mort proceder à un partage noble de ses biens. Par Arrêt du Parlement de Bretagne rendu sur la Requête & appel du Procureur Général, défenses ont été faites aux Juges inférieurs de prendre connoissance de la vérification & publication des Lettres d'annoblissement; d'autant que cette connoissance n'appartient qu'aux Parlemens, Chambres des Comptes, & Cours des Aides. Du Fail, liv. 1. chap. 83.

Suivant ce que nous venons de dire, les Lettres de Noblesse doivent être enregistrées au Parlement à l'effet des partages nobles & autres droits de noblesse, dont la discussion est portée au Parlement; autrement le partage seroit fait roturierement, non-obstant la vérification qui en auroit été faite en la Chambre des Comptes & en la Cour des Aides. On les doit faire enregistrer en la Chambre des Comptes, parce que les impétrans y doivent finance, laquelle y est fixée & arrêtée. Enfin, on les doit faire enregistrer en la Cour des Aides, pour que ceux qui les ont obtenues puissent jouir de l'exemption des tailles & des autres subsides, & dont les roturiers sont cottisables.

Pour que des Lettres d'annoblissement soient vérifiées, il faut faire préalablement une information qui porte, I°. Que celui qui les a obtenues, est de la Réligion Catholique, Apostolique & Romaine, & d'une conduite irréprochable II°. Qu'il est franche personne, & ne tire aucuns gages, & n'est domestique. III. Qu'il a des biens suffisans pour soutenir avec honneur la qualité de Noble.

Il doit encore être fait mention dans ladite information.

I°. Combien celui qui a obtenu des Lettres d'annoblissemens a d'enfans mâles, parce qu'au moyen de son annoblissement lesdits mâles sont annoblis.

II°. S'il posséde aucuns Fiefs ou arriere-Fiefs, & depuis quel tems, & s'il en a payé les francfiefs, & fait apparoir de ses quittances.

III°. S'il a été cottisé aux Tailles, & est en état de payer l'indemnité du peuple de la Parroisse en laquelle il est demeurant, & si les habitans de la Paroisse consentent à son annoblissement.

M. le Grand, sur l'article 1. de la Coutume de Troyes, glose 2. nombre 12. dit que les anciens Docteurs ont tenu que les Lettres d'annoblissement ne s'étendent pas aux enfans qui étoient déja nés lors desdites Lettres. Il ajoute ensuite, que pour lever toute difficulté, on ajoute ordinairement aux Lettres d'annoblissement cette clause, *pour ses enfans nés & à naître*. Mornac, *ad Leg.* 5. *ff. de Senatorib.*

Quoiqu'il en soit Mezerai appelle ces espéces de Nobles, *des Gentilshommes de parchemin.*

Les Lettres d'annoblissement n'ont effet que du jour qu'elles sont vérifiées en la Chambre des Comptes. Si elles n'ont été vérifiées du vivant de celui qui les a obtenues, sa succession se partage comme roturiere. Arrêt du mois de Février 1543. *Voyez* Pithou sur la Coutume de Troyes, tit. 1. art. 1.

Au reste, on ne peut faire aucun reproche à ceux qui par cette voie acquierent la noblesse, quand ils sont vertueux, magnanimes & bienfaisans. Mais il y auroit bien de la témerité à des gens qui auroient l'ame vile & Mercenaire, s'ils vouloient être décorés de la qualité sans la mériter. *Voyez* Nobles, *voyez* Noblesse.

LETTRES DE PARDON, sont des Lettres du petit Sceau, qui s'obtiennent dans les cas esquels il n'échet point de peine de mort, & qui néanmoins ne peuvent point être excusés. Par exemple, si quelqu'un s'est trouvé dans une querelle où il y a eu mort d'homme, quoiqu'il n'ait pas frappé, il est inexcusable, & est obligé d'avoir recours aux Lettres de pardon, pour ne s'être pas mis en devoir d'empêcher le meurtre qui a été fait.

Suivant les articles 11. 12. & 13. du titre 16. de l'Ordonnance de 1667. les Gentilshommes doivent exprimer leur qualité dans les Lettres, à peine de nullité; & l'adresse de leurs Lettres se fait au Parlement.

Pour ce qui est des Lettres de pardon accordées aux Roturiers, l'adresse s'en fait aux Baillifs & Sénéchaux où il y a Siége Présidial; & dans les Provinces où il n'y a point de Présidial, aux Juges qui ressortissent nûement au Parlement, & non autres, à peine de nullité.

On peut attaquer ces Lettres de nullité, d'obreption, ou de subreption. De nullité, quand elles ne sont pas conformes aux charges, ou que le cas n'est pas rémissible; alors les impétrans en sont déboutés, ainsi qu'il est porté en l'article 27. du même titre cité ci-dessus. D'obreption, quand un Gentilhomme, par exemple, tait sa qualité, ou que l'impétrant dissimule un fait qui auroit fait refuser les Lettres au Sceau. De subreption, quand au contraire on allégue des faits contraires aux informations.

Par ces Lettres, le Roi, sur l'exposé du fait, quitte & pardonne au Suppliant le fait & le cas tel qu'il lui a été exposé, avec toute peine, amende & offense corporelle & civile & criminelle, qu'il a pour raison de ce encourue. Il met au néant tous décrets, défauts contumaces, Sentences, Jugemens & Arrêts, si aucuns s'en sont ensuivis, le remet & restitue en sa bonne renommée, & en ses biens non d'ailleurs confisqués; satisfaction faite à Partie civile, si fait n'a été, & s'il y échet. Enfin, Sa Majesté imposé silence au Procureur général, à ses Substituts, présens & à venir, & à tous autres.

Les Lettres de pardon se datent du jour de leur expédition; elles sont scellées en cire jaune: le Maître des Requêtes qui tient le Sceau, ne les vise point sur le repli, & se contente de les charger à la marge d'une légere aumône.

Voyez le titre 16 de l'Ordonnance de 1670. *Voyez* ci-dessus Lettres de grace en matiere criminelle.

LETTRES DE PAREATIS. *Voyez* Pareatis.

LETTRES DE PEREMPTION D'APPEL, sont des Lettres du petit Sceau, que doit obtenir celui qui est intimé, lorsque l'appellant, après avoir relevé son appel, à été trois ans sans le poursuivre & sans l'instruire. Elles portent mandement au premier Huissier ou Sergent d'assigner l'appellant, pour voir dire que son appel sera declaré péri, faute de l'avoir poursuivi pendant trois ans, & que la Sentence dont est appel sera exécutée.

LETTRES DE PRIVILEGE, sont des Lettres du grand Sceau, par lesquelles le Roi dispense quelqu'un des charges ordinaires, ou accorde des graces spéciales, dont les autres ne jouissent pas.

LETTRES DE RAPPEL DE BAN, sont des Lettres du grand Sceau, par lesquelles le Roi rappelle & décharge celui qui avoit été condamné au bannissement à tems ou perpetuel, du bannissement perpetuel, ou pour le tems qui restoit à expirer & remet l'impétrant en ses biens non confisqués d'ailleurs, à la charge de satisfaire aux autres condamnations portées par le Jugement. Ces Lettres doivent être entérinées par les Juges à qui l'adresse en est faite, sans examiner si elles sont conformes aux charges & informations; sauf à faire telles remontrances qu'ils jugeront à propos.

LETTRES DE RAPPEL DES GALERES, sont des Lettres du grand Sceau, par lesquelles le Prince rappelle & décharge des Galeres celui qui y est ou de la peine des Galeres à laquelle il avoit été condamné, s'il n'y est pas effectivement. Elles doivent être enterinées de la même maniere que les précedentes.

LETTRES DE RATIFICATION, sont des Lettres du grand Sceau, qui s'obtiennent par celui qui a acquis par vente ou transport une rente constituée sur les Aydes & Gabelles, à l'effet de purger les hypotéques constituées par le cédant sur ladite rente. Elles ont le même effet à l'égard de ces rentes, qu'ont les décrets à l'égard des autres immeubles.

Il n'y a que les héritiers, même bénéficiaires, les donataires, ou légataires universels, qui ne soient point sujets à prendre des Lettres de ratification. Ainsi jugé par Arrêt du Conseil du 21 Mars 1679.

Par Sentence de l'Hôtel-de Ville de Paris du 18. Août 1689. il a été jugé que la matricule des rentes de l'Hôtel-de Ville ne pourra être changée sans Lettres de ratification, si ceux qui prétendent en jouir en leur nom ne sont héritiers pour le total de la rente de ceux au profit desquels elle aura été constituée, quelque déclaration qui en ait été passée par celui qui aura été immatriculé.

LETTRES DE RECOMMANDATION. *Voyez* Recommandation.

LETTRES DE REHABILITATION, sont des Lettres du grand Sceau, par lesquelles le Roi remet celui qui étoit noté d'infamie par quelque condamnation ou autrement, en sa bonne fame & renommée. Celui, par exemple, qui auroit fait cession générale des biens, & qui payeroit dans la suite ses créanciers, sans se prevaloir de la cession, pourroit obtenir des Lettres de réhabilitation. *Voyez* le Parfait Négociant de M. Savary.

La clause ordinaire de ces Lettres est, à l'égard de la réhabilitation de cession, pourvû que l'impétrant ait entierement satisfait & payé ses créanciers, ou se soit accommodé avec eux.

LETTRES DE REHABILITATION EN FAIT DE NOBLESSE, sont des Lettres du grand Sceau, qui s'obtiennent du prince par ceux qui étant nobles on fait acte dérogeant à la noblesse, comme l'exercice des Arts mécaniques, l'exploitation des Fermes d'autrui, & l'exercice de certaines Charges viles & abjectes. Après qu'ils ont quitté le trafic ou l'emploi dérogeant qu'ils avoient, ils obtiennent aisément des Lettres de réhabilitation, par lesquelles le Prince les remet dans leur premier état, à l'effet de jouir de tous les droits, privilèges & prérogatives des Nobles.

Lorsque le pere ou l'ayeul, ou tous les deux ont dérogé à noblesse, les enfans ou les petits enfans peuvent obtenir de pareilles Lettres, pourvû qu'il n'y ait pas plus de deux ancêtres qui ayent dérogé; car alors les Lettres de réhabilition ne seroient pas suffisantes, & il faudroit nécessairement de nouvelles Lettres de noblesse.

En Bretagne, les Nobles qui trafiquent laissent dormir la noblesse; c'est-à-dire qu'ils ne la perdent point; ils cessent seulement de jouir des privilèges de noblesse tant que leur commerce dure; mais sitôt qu'ils le quittent, ils reprennent la noblesse sans avoir besoin de Lettres de réhabilitation.

LETTRES DE RELIEF DE LAPS DE TEMS, sont des Lettres par lesquelles celui qui a laissé passer le tems prescrit pour obtenir des Lettres en forme de Requête civile, est relevé par le Prince de ce laps de tems; & en conséquence il lui est permis de se pourvoir par Requête civile, quoique le tems de les pouvoir obtenir soit passé.

LETTRES DE RELIEF D'APPEL. *Voyez* ci-dessus Lettres d'appel.

LETTRES DE REMISSION, sont des Lettres de grace que le Roi accorde pour homicide commis involontairement ou à son corps défendant, dans la nécessité d'une légitime défense de sa vie. Pour l'adresse de ces Lettres, il faut suivre à cet égard ce que nous avons dit s'observer pour les Lettres de pardon. Les rémissions, de même que les Lettres de pardon, peuvent être attaquées de nullité pour cause d'obreption ou subreption.

Mais les rémissions se dattent seulement du mois dans lequel elles sont accordées, & non scellées en cire verte; au lieu que les Lettres de pardon sont scellées en cire jaune, & se datent du jour de leur expédition. Les remissions s'intitulent par ces mots: *A tous présens & à venir.* Et les Lettres de pardon par ceux-ci: *A tous ceux qui ces présentes Lettres verront.*

Les Lettres de rémission accordées par le Prince, ne regardent que le temporel, & par conséquent ne levent pas l'irrégularité qu'un ecclésiastique auroit encourue pour avoir commis un homicide. Ainsi un Prêtre absous par des Lettres de rémission enterinées, doit obtenir des Lettres de réhabilitation du Pape, pour être relevé de son irrégularité. Bardet, tom. 2. livre 2. chapitre 58.

Voyez ci-dessus Lettres de grace en matiere criminelle.

LETTRES DE REPI, sont des Lettres qui s'obtiennent en la grade Chancellerie par un débiteur qui a fait des pertes considérables, tendantes à lui faire avoir un délai de payer ce qu'il doit à ses créanciers, & empêcher l'emprisonnement.

Voyez Répi.

LETTRES DE REPRISE DE PROCÉS, sont des Lettres qui s'obtiennent en la petite Chancellerie, par celui qui étoit en procès avec un Particulier qui est décédé, à l'effet de faire assigner ses héritiers qui sont demeurans en Province, de reprendre la cause, l'instance ou le procès où le défunt étoit partie, lorsque ses héritiers ne font point la reprise de leur chef. *Voyez* Reprise de Procès.

LETTRES DE REQUESTE CIVILE, sont des Lettres du petit Sceau, par lesquelles Sa Majesté mande aux Juges qui ont rendu un Jugement en dernier ressort, contre lequel on ne se peut point pourvoir par la voi d'appel, que si ce qui est exposé par l'impétrant se trouve véritable, & qu'il ait des moyens suffisans pour se pourvoir par Requête civile contre leur Jugement, ils remettent les Parties en tel & semblable état qu'elles étoient avant le dit Jugement. *Voyez* Requête civile.

Suivant les art. 13 & 14. de l'Ordonnance de 1667. tit. 35. il faut attacher à ces Lettres une consultation signée de deux anciens Avocats, & de celui qui en a fait le rapport. Il faut aussi que la consultation contienne sommairement les ouvertures de Requête civile; & que les noms des Avocats, aussi-bien que les ouvertures soient insérés dans les Lettres, à peine de nullité. De plus, il est d'usage dans la Chancellerie de Paris de faire transcrire la consultation sur du papier timbré.

La clause de ces Lettres est, que les Parties soient remises en tel état qu'elles étoient auparavant l'Arrêt.

Le tems dans lequel on peut obtenir des lettres en forme de Requête civile, est marqué dans les articles 5. 7. 8. 9. 11. & 12. du titre 35. de l'Ordonnance de 1667. & quand on n'est plus dans le tems, il faut obtenir des lettres pour être relevé du laps de tems.

LETTRES DE RESCISION, sont des lettres du petit Sceau, qui portent mandement aux Juges royaux à qui elles sont adressées, que s'il leur appert que l'exposé desdites lettres soit véritable, ils remettent les Parties au même état qu'elles étoient avant le contrat ou autre acte, dont Sa Majesté releve l'impétrant, pour raison de fraude, lézion ou autre cause. *Voyez* Restitution.

Si les lettres de rescision doivent être entérinées par un Juge royal, on lui en fait l'adresse; mais si elles doivent être entérinées par un Juge subalterne, l'adresse s'en doit faire au commencement & à la tête des lettres, au premier Huissier ou Sergent royal sur ce requis; & dans la conclusion ou le dispositif des lettres, après ces mots; *A ces causes, désirant subvenir à nos Sujets, suivant l'exigence des cas*, on met: *Nous te mandons de faire commandement de par Nous à tel Juge...... que s'il lui appért de ce que dessus notamment, &c. il ait à remettre les Parties en tel & semblable état qu'elles étoient auparavant le contrat d'un tel jour, que nous ne voulons nuire ni préjudicier à l'exposant; & dont en tant que besoin est ou seroit, nous l'avons relevé & relevons par ces Présentes.*

Nous avons expliqué la procédure qu'il faut observer pour parvenir à l'entérinement des lettres de rescision, *verbo* Rescision. Voici quelques observations importantes qui les concernent.

I°. Ces lettres doivent être obtenues dans les dix ans, & signifiées dans ce tems; autrement elles sont inutiles. Graverol, sur la Rocheflavin, livre 6. titre 11.

II°. Les voies de nullité n'ont point lieu en France; c'est-à-dire que celles qui sont prononcées par le Droit Romain, ne sont point admises dans ce Royaume, & qu'il faut nécessairement en ce cas se pourvoir par lettres du Prince contre les actes, qui sont déclarés nuls par le Droit Romain, afin de les faire casser & annuller. Il n'en est pas de même des contrats usuraires, des actes simoniaques, & des actes faits contre la disposition des Ordonnances royaux, ou des Coutumes écrites & reçues. *Voyez* Nullités.

III°. Celui qui obtient des Lettres de rescision pour être relevé d'un contrat, confesse que l'autre est possesseur de la chose en question, lequel par conséquent doit en jouir pendant le procès, en donnant caution. *Voyez* Charondas, livre 3. rep. 81. & la Bibliotéque de Bouchel, *verbo* Rescision.

IV°. Le mineur qui a obtenu l'entérinement de ses Lettres de rescision, peut y renoncer. Un Abbé ayant obtenu des Lettres de rescision contre une aliénation de biens appartenans à son Abbaye, & ayant fait entériner lesdites lettres, voyant qu'il ne pouvoit payer les réparations, présenta Requête à l'effet de ne s'en point servir, mais de demeurer en l'état où il étoit auparavant; il fut jugé par Arrêt rendu en 1568. qu'il étoit bien fondé. Bouchel en sa Bibliotéque, *verbo* Restitution.

LETTRES DE RETABLISSEMENT, sont celles par lesquelles le Roi rétablit la personne ou la chose en l'état qu'elle étoit auparavant. Par exemple, un Particulier est pourvû d'un Office sur la résignation qui lui en est faite; il trouve une opposition à sa reception, à cause d'une condamnation d'amende prononcée contre lui pour raison d'un crime: c'est le cas d'obtenir des lettres de rétablissement, pourvû que le Jugement ne porte aucune peine afflictive.

On obtient aussi des lettres de rétablissement pour rétablir une Justice, des piliers de la Justice, une maison rasée pour crime, &c.

LETTRES DE REVISION DE PROCE'S, sont des lettres du grand Sceau, que ceux qui sont condamnés en matiére criminelle obtiennent pour revenir contre l'Arrêt ou Jugement en dernier ressort. Ces lettres doivent être fondées sur des défauts & des nullités, qui sont, en matiére civile, les moyens de rescision ou restitution qui peuvent faire obtenir des lettres de Requête civile.

Ainsi, quand un condamné par Arrêt ou Jugement rendu en dernier ressort, prétend avoir été condamné injustement, s'il a recouvré des piéces suffisantes pour justifier de son innocence, ou s'il articule des faits décisifs non examinés lors du Jugement, il faut qu'il obtienne des lettres de revision, qui, quoiqu'elles soient en matiére criminelle ce que sont les Requêtes civiles en matiére civile, sont néanmoins différentes d'elles en plusieurs choses.

I°. Dans les matiéres civiles, on ne retracte pas les Arrêts sous prétexte de mal jugé au fond, s'il n'y a des ouvertures en la forme, & il n'est pas permis en plaidant d'entrer dans les moyens du fond: au contraire, en matiére criminelle la faveur de l'innocence est si grande, que s'il paroissoit évidemment qu'un innocent eût été condamné, il y auroit nécessité de revoir son procès, & en le renvoyant de l'absoudre.

II°. En entérinant les lettres de revision, on peut juger le rescindant & le rescisoire, & par un même Arrêt révoquer la condamnation, & adjuger au condamné ses dommages & intérêts, si le cas y échet: ce qu'on ne peut pas en matiére de Requête civile. C'est aussi pour cela que les lettres de revision sont beaucoup plus difficiles à obtenir, & qu'il faut qu'elles soient signées par un Sécretaire des Commandemens.

Pour obtenir des lettres de revision de procès, le condamné est tenu d'exposer le fait avec ses circonstances par Requête, qui sera rapporté au Conseil du Roi, & renvoyée, s'il est jugé à propos, aux Maîtres des Requêtes de son Hôtel, pour avoir leur avis, qui est ensuite rapporté au Conseil du Roi; & si les lettres sont justes, il est ordonné par Arrêt qu'elles seront expédiées & scellées, & pour cet

cet effet elles seront signées par un Secretaire des Commandemens. C'est la disposition de l'article 8. du titre 16. de l'Ordonnance de 1670.

La revision des procès jugés aux Cours souveraines y est renvoyée; mais la revision des procès jugés en dernier ressort par les Présidiaux ou les Prévôts des Maréchaux, est ordinairement renvoyée au Parlement ou au Grand Conseil, & jamais aux Juges qui ont rendu le Jugement. Sur quoi il faut remarquer que dans ce cas ce n'est pas tant revision, que c'est appel des Jugemens, quoique rendus en dernier ressort, qui est reçu par le Roi, lequel renvoye le procès & les Parties au Parlement ou au Grand Conseil, pour en connoître.

Comme la revision du procès participe de la Requête civile, pour maintenir l'autorité de la chose jugée souverainement ou en dernier ressort, & éviter que l'on en abuse, l'Ordonnance a voulu que les Lettres de revision passent par l'avis des Maîtres de Requêtes, avant que d'en renvoyer la connoissance aux Cours où le procès avoit été jugé; & que les impétrans qui y seroient mal fondés, encourussent la même peine qu'encourent ceux qui succombent dans les Requêtes civiles.

Ainsi, les impétrans des Lettres de revision qui succombent, sont condamnés aux dépens, & à l'amende de trois cens livres envers le Roi, & de cent cinquante livres envers la Partie, comme il est porté en l'article 28. du titre 16. de l'Ordonnance de 1670.

LETTRES DE SURANNATION, sont des Lettres du petit Sceau, qui portent mandement au premier Huissier ou Sergent de mettre à exécution une commission, nonobstant la surannation de la même commission. Ces Lettres sont nécessaires, parce que toutes Lettres de Chancellerie ne sont valables que pour un an.

Quand on obtient des Lettres de surannation, on attache les nouvelles Lettres sur les anciennes.

On ne donne plus de lettres de surannation sur des Lettres d'abolition, rémission, pardon, & pour ester à droit; parce que dans le tems qu'on en a accordé, il en arrivoit un très-grand abus, qui est que les impétrans ne se servoient de leurs Lettres que lorsque le tems leur étoit plus favorable. L'ordonnance criminelle, en l'article 16. du titre 16. pour corriger cet abus, a déclaré nulles & de nul effet les Lettres d'abolition, rémission, pardon, ou pour ester à droit, qu'ils pourroient obtenir une seconde fois, ou les Lettres qu'ils obtiendroient pour être relevés du laps de tems.

LETTRES DE TERRIER, sont des Lettres du petit Sceau, que les Seigneurs qui ont de grand territoires obtiennent. Elles portent commission générale d'appeller pardevant un ou plusieurs Notaires à ce commis; tous les débiteurs de redevances & devoirs dûs à l'impétrant à cause de sa seigneurie, afin de les reconnoître, leur faire payer les arrérages dûs, & leur faire passer des déclarations en forme autentique, au profit du Seigneur du fief ou de la censive.

Ces Lettres portent entr'autres clauses, permission de contraindre les détempteurs de bailler par déclaration, faite arpenter les terres, Parties présentes ou dûement appellées; mais on s'arrête à la Chancellerie à celle-ci: *Notre main suffisament garnie quant aux choses tenues noblement.* *Voyez* ci-après Papier terrier.

LETTRES DE VETERANCE, sont des Lettres du grand Sceau, que les Officiers qui ont servi vingt ans obtiennent, à l'effet de jouir des droits & priviléges attachés aux Vétérans qui, après vingt ans de service, se sont démis de leurs Charges. *Voyez* Vétérans.

LEVER, reçoit différentes significations. On dit, par exemple, *lever* un scellé, pour dire reconnoître si le Sceau est entier, & procéder à la description de ce qu'on trouve dessous.

On dit, *lever* un acte, pour dire s'en faire délivrer une expédition.

Lever la main, signifie prêter serment en Justice.

Lever des défenses ou une opposition, se dit quand on donne une main-levée de ces actes.

Lever un corps mort, signifie faire le procès verbal de l'état auquel on l'a trouvé.

Enfin, *lever* une Charge aux Parties casuelles, signifie qu'on l'achete.

LEVÉE DE SCELLÉS, est l'acte que fait en levant les scellés l'Officier de Justice qui les avoit apposés sur les effets d'une personne décedée, ou dans les autres cas esquels il lui est permis de les apposer.

Comme il s'étoit glissé au Châtelet de Paris, & dans d'autres Justice du ressort du Parlement de Paris, qu'incontinent après que les scellés avoient été apposés dans les maisons de ceux qui décedoient, les Juges donnoient la permission de les lever, sans que les créanciers qui ont intérêt d'en être avertis, ayent eu connoissance du décès & de l'apposition du scellé, est intervenu Arrêt le huit Juillet 1693. dont voici le prononcé.

» La Cour, faisant droit sur les conclusions du » Procureur général du Roi, fait défenses à tous » Juges, Commissaires & Notaires du ressort, de » proceder à la levée des scellés & confection des » inventaires; & à tous procureurs de les requerir » & y assister, que vingt-quatre heures après les » enterremens faits publiquement des corps des » défunts, à peine de nullité des inventaires, d'interdiction, & de cent livres d'amende contre les » Commissaires, Notaires & Procureurs: & sera » le present Arrêt lû, publié dans tous les Siéges » du ressort: enjoint aux Substituts du Procureur » général du Roi d'y tenir la main, & d'en certifier la Cour dans un mois.

Depuis, par un autre Arrêt de Réglement du 18. Juillet 1733. la Cour faisant droit sur le requisitoire du Procureur general, a ordonné que l'Arrêt de Réglement du 8. Juin 1693. aura lieu pour le passé; mais qu'à l'avenir les scellés ne pourront être levés & les inventaires commencés, soit dans cette Ville de Paris, soit dans les Bailliages & Sénéchaussées du ressorts, que trois jours francs après les enterremens faits publiquement des corps des défunts, à peine de nullité des procès verbaux de levées de scellés & confection d'inventaire, d'interdiction, & de cent livres d'amende contre les Commissaires, Notaires & Procureurs qui y assisteront; à moins que pour des causes urgentes & nécessaires justifiées au Juge, & dont il sera fait mention dans son Ordonnance, li en soit autrement ordonné. Sera le présent Arrêt lû & publié à l'Audience du Parc civil du Châtelêt tenante, registré ès Registres du Châtelêt & des Communautés des Commissaires & Notaires au Chatelêt, imprimé, publié & affiché par tout où besoin sera, & envoyé dans les Bailliages & Sénéchaussées du ressort, pour y être pareillement lû, publié & registrés: enjoint aux Substituts du Procureur général d'y tenir la main, & d'en certifier la Cour dans le mois &c.

LEZE-MAJESTÉ, signifie Majesté offensée. Ce crime regarde la Majesté divine, ou la Majesté humaine.

Le crime de leze-Majesté divine est une offense commise directement contre Dieu. Il se commet par l'apostasie, hérésie, sortilèges, simonie, sacrilège & blasphème. Ce crime étant un attentat contre la majesté de Dieu, est des plus énormes & des plus detéstables: cependant quelques-uns prétendent que les Juges des Seigneurs Hauts-Justiciers peuvent connoître dans leur détroit des crimes d'hérésie & autres, *quibus Deo præcipuè fit injuria* parce qu'ils ne sont pas publics.

Mais pour peu qu'on fasse attention que le culte qui est dû à Dieu regarde le bien de l'Etat & le repos public, on demeurera d'accord que les Juges royaux doivent connoître de ces crimes, à l'exclusion des Juges des Seigneurs Haut-Justiciers. *Voyez* Cas royaux.

Le crime de leze-Majesté humaine est une offense qui se commet contre les Rois & les Princes souverains, qui sont les images de Dieu en terre, pour gouverner les peuples qui sont sous leur dominatiou. Ce crime comprend plusieurs chefs.

Le premier est, la conspiration ou conjuration contre l'Etat, ou la personne du Prince, pour le faire mourir, soit par force & violence d'armes, poison ou autrement.

Le deuxiéme, est la conspiration contre ceux qui assistent le Prince en son Conseil privé, en choses qui concernent le Prince & l'Etat.

Le troisiéme, est la conjuration faite contre un Chef d'armée, Gouverneur d'une Province, ou autre ayant semblable Charge du Prince, lorsque la conjuration regarde leurs fonctions & leur ministère.

Le quatriéme, est l'infraction du sauf-conduit accordé par le Prince à l'Ennemi, à ses Ambassadeurs ou Otages.

Le cinquiéme, est le Traité qui se fait par un Sujet du Princes avec ses Ennemis, pour trahir sa personne sacrée, son Etat, son Armée ou ses Villes.

Le sixiéme, est la sédition.

Le septiéme, est la fabrication de monnoye sans permission du Prince.

Le huitiéme, est le duel.

Le crime de léze-Majesté au premier chef, regarde le repos public & la tranquilité de tous les Sujets du Prince. Ce crime est d'autant plus horrible, qu'il se commet directement contre la personne sacrée du Souverain, qui est l'image vivante de Dieu sur terre, & qui est par sa divine providence préposé pour gouverner les peuples qui sont sous sa domination: c'est ce qui a fait donner à ce crime le nom de sacrilége. *Proximum sacrilegio crimen est quod Majestatis dicitur*, *Leg. 1. in prin. ff. ad legem Juliam Majestatis.*

On qualifie aussi ce crime de crime de léze-Majesté divine & humaine par la même raison, en ce que celui qui est rebelle envers son Roi, & qui ose attaquer sa personne sacrée, se revolte contre Dieu même, & viole l'ordre qu'il a établi touchant la soumission & l'obéissance qu'il enjoint aux Sujets d'avoir pour celui qu'il leur a donné pour les gouverner sur la terre en son lieu & place, comme nous l'enseigne l'Ecriture sainte dans une infinité d'endroits, & entr'autres dans le chapitre treiziéme de l'Epitre de saint Paul aux Romains.

Omnis anima (inquit Apostolus) potestatibus sublimioribus subdita sit; non est enim potestas nisi à Deo; quæ autem sunt, à Deo ordinatæ sunt. Itaque qui resistit potestati, Dei ordinatione resistit. Qui autem resistunt, ipsi sibi damnationem acquirunt. Nam Principes non sunt timori boni operis, sed mali. Vis autem non timere potestatem, bonum fac, & habebis laudem ex illa, Dei enim minister est tibi in bonum. Si autem malum feceris, time; non enim sine causa gladium portat; Dei enim minister est: vindex in iram ei qui malum agit. Ideò necessitate subditi estote, non solum propter iram, sed etiam propter conscientiam, &c.

Enfin, ceux qui sont assez malheureux pour attenter à la vie de leur Roi, sont appellés parricides, parce qu'ils sont réputés s'adresser à leur propre pere, en ce que les Rois sont, pour ainsi dire, les peres communs de leurs Peuples, comme l'a rémarqué Brisson, *verbo Parricidum patriæ*.

Ce crime a quelque chose de particulier que les autres n'ont point, I°. A l'égard des accusateurs & des accusés. II°. A l'égard de la maniére dont il peut être commis. III°. A l'égard de la maniére dont il peut être prouvé. IV°. Par rapport à la peine dont sont punis ceux qui sont coupable de ce crime. V°. En ce qu'il ne s'éteint point par la mort de ceux qui en sont coupables, quoiqu'ils meurent avant qu'il y ait eu contr'eux aucun Jugement de condamnation, ni même aucunes poursuites. VI°. En ce que ce crime ne se prescrit point.

Premiérement, à l'égard des accusateurs, ceux qui ne seroient pas admis à accuser qui que ce soit, sont néanmoins admis à se porter accusateurs, quand il s'agit du crime de leze-Majesté.

Ainsi, ce crime peut être dénoncé & poursuivi par toutes sortes de personnes, dont la dénonciation ne seroit pas admise en tout autre crime, comme ceux qui sont notés d'infamie. *Vide Leg. 1. in princ.* §. 1, & *Leg. 8. ff. ad leg. Jul. Majest.* Le fils même peut accuser son pere du crime de léze-Majesté, & le pere son fils, quoiqu'une telle accusation soit capitale. La raison est, que toute personne qui sçait la conspiration qui est faite contre son Souverain, ou contre l'Etat est punie comme complice, lorsqu'elle vient à être découverte.

Si toutes sortes de personnes sont admises à déferer ceux qui sont coupables du crime de léze-Majesté, comme nous venons de le dire, toutes sortes de personnes sont aussi admises à porter témoignage contre ceux qui sont accusés de ce crime. Il faut seulement excepter ceux qui sont connus pour être ennemis irréconciliables de celui à qui on impute ce crime, que les Juges ne doivent point admettre; ou du moins s'ils l'admettent en témoignage, il est de leur prudence de n'y avoir égard, qu'autant que la raison & la Justice le requiérent; ce qui dépend des circonstances.

Non-seulement ceux qui ont commis le crime de léze-Majesté en sont punis, mais encore tous ceux qui ont trempé dans la conspiration, qui y ont prêté les mains. *Leg. 2, 3 & 4. ff. ad leg. Jul. Majest. 3 & 7. ff. de remilit. Leg. 14. cod. parum refert, suis manibus quis injuriam fecerit, an per alium. Leg. 1. §. dejecisse, ff. de vi & vi armat. Leg. 130. ff. de reg. jur. Qui junguntur in culpa non separantur à pœna, inquit Cicero Philipp. 2. num. 29. & ut ait sanctus Chrysolog. Sermone 173. Ne sint nomine & pœna dissimiles, qui fuerunt scelere consimiles, & junguntur vocabulo, quos criminis junxit turpitudo. Bis enim peccat, qui peccanti auxilium accommodat.*

Tous ceux même qui ont connoissance des projets & des conspirations qui se font contre le Souverain ou contre l'Etat, sont coupables du crime de léze-Majesté, lorsqu'au lieu d'en faire leur déclaration, comme ils le doivent, ils demeurent dans le silence. Dans ce qui regarde le Prince ou l'Etat, il n'y a aucune raison qui nous puisse dispenser de reveler ce que nous en sçavons, pour prévenir les fâcheuses suites de tels projets, qui intéressent toute la patrie.

Ainsi, par Arrêt rendu au mois d'Octobre 1603. un Potagier du Roi Henri IV. au quel un Gentilhomme de Dauphiné avoit parlé de lui faire gagner quelque somme d'argent pour empoisonner le Roi, fut pendu pour ne l'avoir pas revelé au Roi ou à Justice. Bouchel, *verbo* léze-Majesté.

Le seul dessein de faire quelque chose contre le Prince ou contre l'Etat, rend coupables du crime de léze-Majesté, lorsqu'il y en a preuve; c'est-à-dire, que quoique l'effet n'ait pas suivi la volonté de celui qui a formé un tel projet, il ne laisse pas d'être puni de mort, lorsque sa détermination est prouvée.

Bouchel dans sa Bibliotéque du Droit François, cite un Arrêt du 11. Janvier 1595. confirmatif d'une Sentence du Prevôt de Paris, par lequel un Vicaire de S. Nicolas des Champs fut condamné d'être pendu, pour avoir dit, *qu'il se trouveroit encore quelque homme de bien, comme Frere Jacques Clement, pour tuer le Roi Henri IV. ne fût-ce que lui.*

Un Gentilhomme étant malade à l'extremité, se confessa d'avoir eu la pensée de tuer le Roi, qui étoit Henri II. Le Confesseur en donna avis au Procureur général. Ce Gentilhomme étant revenu de cette maladie, fut, sur cette confession, condamné d'être décapité aux Halles; ce qui fut exécuté.

Cependant la seule pensée de commettre tout autre crime n'est point punie. *Nemo cogitationis pœnam subire debet, leg. 18. ff. de pœn. nisi conatus ad aliquem affectum perductus fuerit, ut docent Doctores ad leg. 1. ff. quod quisque, &c. & ad leg. 1. cod. demalefic. At vero in crimine Majestatis sola cogitatio hujusce patrandi criminis, pœnam meretur, etiam si ad nullum fuerit effectum perducta, sufficit si de ea constet: quod quidem singulari jure ita fuit receptum, quo magis deterreantur homines ab hujusmodi criminis admittendi cogitatione.*

Quiconque est convaincu d'avoir écrit, composé & semé libelles & placards diffamatoires contre l'honneur du Roi, ou pour exciter le Peuple à sédition & rébellion, est criminel de léze-Majesté au second chef, & punissable de mort, avec confiscation de biens envers Sa Majesté; privativement à tous autres. Et à pareilles peines sont sujets ceux qui sciemment les impriment; & ceux qui les exposent en vente sont punissables de peine afflictive, comme du fouet ou du bannissement, & même quelquefois de peine de mort; ce qui dépend des circonstances.

C'est ce qui est porté en l'Edit du Roi Charles IX. du mois de Décembre 1563. article 13. & en celui d'Henri III. du mois de Janvier 1580. article 6. *Qui Imperatorem contumeliâ affecerit, supplicium luito, Canon. 33. Apostolorum, ad exemplum nimirum, ut explicat Photius nomocanon, capite 36.*

La raison est, que qui parle mal de son Prince souverain & le méprise, méprise Dieu dont le Prince est l'image sur terre, comme nous l'avons dit ci-dessus. *Vide caput 22. Exodi versiculo* 28.

Pour ce qui est des preuves qui peuvent convaincre l'accusé de ce crime, nous remarquerons que la confession d'un accusé en matiére criminelle n'est pas une conviction suffisante pour le faire condamner, *quia non auditur perire volens*: toutefois en crime de léze-Majesté la confession peut emporter condamnation. *Voyez* Peleus, en ses Actions forenses, livre 8. action 13.

Le crime de léze-Majesté au premier chef est puni

de la mort la plus rigoureuse, qui est d'être tiré & démembré à quatre chevaux. C'est ce que porte l'Arrêt du 26 Octobre 1582. donné contre le nommé Salcede, qui avoit voulu attenter contre la vie de feu Monsieur, frere du Roi Henri III. Cela se prouve encore par les Arrêts qui ont été rendus contre Chastel & contre Ravaillac, dont j'ai cru devoir ici rapporter la teneur.

Extrait de l'Arrêt contre Jean Chastel, du 29 Septembre 1595. La Cour a déclaré & déclare ledit Jean Chastet atteint & convaincu du crime de léze-Majesté divine & humaine au premier chef, pour le très-méchant & très-cruel parricide attenté sur la personne du Roi: pour réparation duquel crime, a condamné ledit Jean Chastel à faire amende honorable devant la principale porte de l'Eglise, nud en chemise, tenant une torche de cire ardente du poids de deux livres; & illec à genoux, dire & déclarer que malheureusement & proditoirement il a attenté ledit très-inhumain & très-abominable paricide, & blessé le Roi d'un couteau en la face; & par fausses & damnables instructions, il a dit être permis de tuer les Rois, & que le Roi Henri IV. à présent regnant, n'est en l'Eglise jusqu'à ce qu'il ait l'approbation du Pape, dont il se repent, & demande pardon à Dieu, au Roi & à Justice, ce fait, être conduit en un tombereau en la place de Grève, illec tenaillé aux bras & cuisses, & sa main dextre, tenant en icelle le couteau duquel il s'est efforcé de commettre ledit parricide, coupée, & après son corps tiré & démembré avec quatre chevaux, & ses membres & corps jetté au feu, & consumés en cendres, & les cendres jettées au vent, ses biens acquis & confisqués au Roi; avant laquelle exécution sera ledit Jean Chastel appliqué à la question ordinaire & extraordinaire, pour sçavoir la vérité de ses complices, & d'aucuns cas résultans du crime de léze-Majesté: a fait inhibitions à toutes personnes, sur peine de crime de léze-Majesté, de dire, ni proferer en aucuns lieu public, ni autres, lesdits propos, lesquels ladite Cour a déclaré & déclare scandaleux, séditieux, contraires à la parole de Dieu, & condamnés comme hérétiques par les saints Décrets.

L'Arrêt rendu contre Ravaillac le 27 Mai 1610. porte: Vû par la Cour, les Grande Chambre, Tournelle & de l'Edit assemblées, le procès criminel fait par les Présidens & Conseillers à ce commis, à la requête du Procureur général du Roi, à l'encontre de François Ravaillac, Praticien de la Ville d'Angoulême, prisonnier en la Conciergerie du Palais, information, interrogatoire, confessions, dénégations, confrontations de témoins, conclusions du Procureur général du Roi: oui & interrogé sur les cas à lui imposés, procès verbal des interrogatoires à lui faits, à la question le 25 de ce mois, pour la révélation de ses complices; tout consideré: Dit a été, que la Cour a déclaré & déclare ledit Ravaillac dûement atteint & convaincu du crime de léze-Majesté divine & humaine au premier chef, pour le trés-méchant, très-abominable & très-détestable parricide commis en la personne du feu Roi Henri VI. de très-bonne & très-louable mémoire; pour réparation duquel l'a condamné & condamne à faire amende honorable devant la principale porte de l'Eglise de Paris, où il sera mené & conduit dans un tombereau: là nud en chemise, tenant une torche ardente du poids de deux livres, dire & déclarer que malheureusement & proditoirement il a commis le très-méchant, très-abominable & très-détestable parricide, & tué ledit Seigneur Roi de deux coups de couteau dans le corps, dont il se repent, & en demande pardon à Dieu, au Roi & à Justice; delà conduit à la place de Grêve, & sur un échaffaut qui y sera dressé, tenaillé aux mammelles, bras, cuisses & gras de jambes, sa main droite y tenant le couteau duquel il a commis ledit parricide, ards & brulée du feu de soulfre; & sur les endroit où il sera tenaillé, jetté du plomb fondu, de l'huile bouillante, de la poix-résine bouillante, de la cire & soulfre fondus ensemble: se fait, son corps tiré & demembré à quatre chevaux, ses membres & corps consumés au feu, réduits en cendres jettées au vent: a déclaré & déclare tous ses biens confisqués au Roi: ordonne que la maison où il aura été né, sera démolie, celui à qui elle appartient préalablement indemnisé, sans que sur le fonds puisse à l'avenir être fait aucun autre bâtiment: & que dans quinzaine après la publication du présent Arrêt à son de trompe & cri public en la Ville d'Angoulême, son perē & sa mere vuideront le Royaume, avec défenses d'y revenir jamais, à peine d'être pendus & étranglés, sans autre forme ni figure de procès. Défendons à ses freres & sœurs, oncles & autres, de porter ci-après le nom de Ravaillac, & leur enjoignons de le changer sur les même peines: & au Substitut du Procureur général du Roi, de faire publier & exécuter le présent Arrêt, à peine de s'en prendre à lui; & avant l'exécution d'icelui Ravaillac, ordonné qu'il sera de rechef appliqué à la question, pour la révélation de ses complices.

Au sujet de ce dernier Arrêt, voici deux observations à faire.

La premiere, que cet Arrêt a ajouté plusieurs choses qui aggravent la peine à laquelle Jean Chastel avoit été condamné par le précedent Arrêt.

La raison est, que Jean Chastel avoit à la vérité eu intention de tuer le Roi, & l'avoit blessé; mais Ravaillac l'avoit effectivement fait mourir des coups qui lui avoit donnés.

La deuxiéme observation est, que Ravaillac étant sur le point d'être exécuté, ayant demandé au Peuple un *Salve Regina*, il lui fut refusé, & le Peuple cria qu'il ne lui en falloit point, parce qu'il étoit condamné comme Judas.

Enfin, Ravaillac se retournant vers son Confesseur, le pria de lui donner l'absolution; mais le Confesseur la lui refusant, lui dit que cela étoit défendu pour crime de léze-Majesté au premier chef, tel qu'étoit le sien, s'il ne vouloit reveler ses complices. *Donnez-la moi*, dit Ravaillac, *à condition qu'au cas que ce que je vous ai protesté n'avoir point de complices, soit vrai.* Je le veux, répondit le Confesseur; à cette condition, qu'au cas qu'il ne soit pas ainsi, votre ame, au sortir de cette vie, s'en ira droit à tous les diables. Je l'accepte & la reçois, dit Ravaillac, à cette condition.

En fait de crime, la régle est, qu'il n'y a que celui qui l'a commis qui en doive porter la peine. *Pœna manet suos autores, & nemo debet ex alieno delicto prœgravari; nisi qui fuerint admissi criminis participes, ne ulterius progrediatur pœna quam reperiatur delictum.* Néanmoins, quand il s'agit du crime de léze-Majesté quoique les enfans du coupable de ce crime soient innocens, il ne laisse pas de retomber sur eux, en ce qu'ils sont privés de sa succession, quoiqu'elle leur appartienne par le droit de nature

Ainsi la peine du crime de léze-Majesté regarde non-seulement le criminel, mais elle regarde aussi, du moins indirectement, toute sa famille, afin de donner plus de terreur à ceux qui auroient conçu un dessein si détestable, dans l'apprehension d'en faire porter la peine à leurs enfans: *Paterna enim pietas consilium capit pro liberis, ne egeant, aliove quolibet premantur infortunio, cum instituente naturâ plus ferè filios quam nosmetipsos diligamus. Quis enim filiorum salutem magis quam suam non curet, dicebat Tertullianus, libro 2. adversus Marc.*

Ce n'est donc pas sans raison que l'on a reglé, qu'aucun des parens de celui qui seroit coupable du crime de léze-Majesté, ses enfans même, ne pussent rien prétendre dans ses biens, & qu'ils soient tous confisqués.

Dans les articles des Droits de Justice, faits lors de la rédaction de la nouvelle Coutume de Paris, article 4. titre de la Haute-Justice, il est dit: Le Haut-Justicier a droit de confiscation de biens, meubles & héritages étant en sa Justice, sinon pour crime de léze-Majesté divine & humaine, & fausse monnoye, esquels cas les biens confisqués appartiennent au Roi.

Il faut encore remarquer à ce sujet que la confiscation adjugée pour crime de léze-Majesté au premier chef, est déchargée de toutes dettes & hypotéques, du douaire envers la femme & les enfans, & de la substitution & restitution de biens.

Voici ce que porte l'art. premier de la Déclaration du Roi François I. du mois d'Août 1639. Ordonnons que ceux qui auront aucune chose conspiré, » machiné, ou entrepris contre notre personne, » nos enfans & posterité, ou la République de notre Royaume, soient étroitement & rigoureusement punis, tant en leurs personnes qu'en leurs » biens: Tellement que ce soit chose exemplaire » à toujours, sans que leurs apparens héritiers mâles ou femelles, parens en ligne directe ou collatérale, ou autres personnes, puissent prétendre » aucun droit de succession, substitution, ou de retour esdits biens, meubles ou immeubles, féodaux » ou roturiers, avec tous & chacuns les droits, » noms, raisons & actions qui pourront compéter » & appartenir à tels machinateurs ou conspirateurs, lors desdites entreprises & machinations, » soit qu'iceux biens fussent en leur libre & pleine » disposition, ou qu'ils fussent sujets à substitution, » retour par testament, ou disposition d'eux ou de » leurs prédecesseurs, en quelque maniere que ce » soit, nous soient & à notre fisc ou domaine, déférés & appliqués, & sans aucune desdites charges, mêmement quand il y aura crime de léze-Majesté joint avec félonie.

L'article second du même Edit porte encore, touchant les biens substitués: » Ordonnons qu'esdits cas ainsi commis contre nous, nos enfans & » posterité, mêmement quand il y aura crime de » léze-Majesté joint avec crime de felonie, outre » les biens féodaux possedés par lesdits criminels, » qui sont retournés ou retourneront à nous comme Seigneur souverain & féodal de tous nos Sujets & Vassaux, soit que lesdits fiefs soient tenus » de nous en fiefs ou arriere-fiefs, les autres biens » desdits criminels, meubles, immeubles, allodiaux ou roturiers, desquels biens il n'est encore » discuté à qui ils appartiennent, & s'ils doivent » être chargés desdites substitutions ou conditions » de retour, soient appliqués à nous, notredit fisc » ou domaine, sans lesdites charges de substitution » ou de retour, tellement que notredit fisc soit préféré esdits biens ausdits substitués, & qu'il les » exclut, ainsi qu'il feroit les enfans de tels criminels, si aucuns en avoient.

Tous les biens du condamné pour crime de léze-Majesté au premier chef, appartiennent donc au Roi seul, au moyen de la confiscation, quoique situés dans les Jurisdictions des Seigneurs Hauts-Justiciers, au profit desquels (hors ces cas) la confiscation des biens assis en leur Jurisdiction appartient. Guy Pape, décision 341. Chopin, du Domaine, liv. 2. tit. 7. & liv. 3. titre 7. Papon, livre 24. tit. 13. nombre 1.

Ces biens appartiennent au Roi sans aucunes charges de dettes ou hypotéques, pas même de substitutions ou autres droits quelconques, ensorte que le Roi prend les biens du condamné comme & en qualité de premier créancier privilégié, qui exclut tous les autres. Mornac, *ad Leg.* 31. *ff. de pignorib. & hypot.* Bouguier, lettre S, nombre 14, & Brodeau, sur la Coutume de Paris, art. 183. nom. 14.

C'est aussi l'avis de M. le Prêtre, cent. 2. ch. 69 nomb. 45. qui dit, que quoique *scelera suos maneant autores, ne ulterius progrediatur culpa, quam reperiatur delictum*: ce crime est si détestable & si contraire au bien public, qu'il est juste que la peine regarde & le criminel & sa famille, afin d'en détourner par la terreur des peines ceux qui seroient assez malheureux pour avoir conçu le dessein de commettre un crime si horrible.

Tout crime s'éteint par la mort du coupable, quisurvientavantleJugement de sacondamnation, *morte rei crimen extinguitur*: d'où il s'ensuit que régulièrement la confiscation de biens n'a lieu, que lorsque le corps est confisqué par Justice. Mais à l'égard du crime de léze-Majesté au premier chef, la mort du criminel n'empêche point que son procès ne lui soit fait, ou ne soit continué; & s'il est convaincu, quoiqu'après son décès, sa mémoire est condamnée avec confiscation de ses biens, & application de son cadavre au supplice. *Leg. ult. ff. ad leg. Jul. Cæs. Majest. Leg. ult. cod. eod. & leg. penult. ff. de accusationib.*

Cette disposition des Loix Romaines est observée parmi nous, comme il est pleinement prouvé par l'exemple qui suit.

Nicolas l'Hoste, natif d'Orléans, Commis de Monsieur de Villeroi, Secretaire d'Etat, trahit le Roi & Monsieur de Villeroi son Maître, ence qu'il donnoit avis au Roi d'Espagne de toutes les déliberations qui se faisoient au Conseil du Roi Henri IV. comme la chose fut découverte, l'Hoste se voyant poursuivi par le Prevôt de Meaux, se jetta dans la riviere de Marne, aux environs de la Ville de Meaux & se noya.

Son corps fut tiré de l'eau, & amené au Châtelet de Paris, où il fut vû pendant deux jours; ensuite il fut embaumé, & mis dans le Cimetiéredes Saints Innocens. On créa un curateur à son cadavre, & on lui fit son procès; & sur les preuves qui résultoient des informations, ledit l'Hoste fut atteint & convaincu du crime de léze-Majesté au premier chef.

Pour réparation de quoi, par Arrêt du 15. Mai 1604. il fut ordonné que son corps seroit trainé sur une claie en place de Grève; de-là tiré à quatre chevaux, & les quartiers mis sur quatre roues aux quatre principales avenues de la Ville de Paris, ce qui fut exécuté.

Enfin, quoique les crimes se prescrivent par vingt ans, *leg. 12. cod. ad leg. Cornel. de falsis; leg. 2 & 3. ff. de acquir. rer. dom. cap. cum numerabilis*, §. *intelleximus extrà de exceptionib.* néanmoins l'action criminelle, la peine & punition du crime de léze-Majesté, ne tombe point en prescription, tant ce crime est odieux & détestable; ensorte que ceux qui en sont coupables peuvent être poursuivis, quelque tems qu'il y ait que ce crime ait été par eux commis.

Au reste, la connoissance des crimes de léze-Majesté ne peut appartenir aux Juges des Seigneurs; elle n'appartient qu'aux Baillifs & Sénéchaux, & autre Juges présidiaux, excepté le crime de léze-Majesté au premier chef, dont la connoissance appartient au Parlement, lequel est seul compétent d'en connoître, ou bien les Commissaires députés par le Roi, pour en connoître souverainement.

Voyez, touchant le crime de léze-Majesté, ce que j'en ait dit sur l'art. 292. de la Coutume de Paris, glos. 1. nomb. 56. & dans ma Traduction des Institutes, sur le §. 3. du dernier titre du quatriéme livre. *Voyez* Chopin, au Traité du Domaine, liv. 1. ch. 7. & au liv. 3. de son Commentaire sur la Coutume de Paris, liv. 3. nomb. 25. *Voyez* aussi le Traité des droits du Roi, fait par M. Dupuy, pag. 141. M. le Bret, en son Traité de la Souveraineté, liv. 4. chap. 5. Papon, liv. 22. tit. 1. & *Julius Clarus, lib. 5. Sententiar.* §. *læsæ Majestatis crimen*, avec les Annotations qui sont à la fin de l'Ouvrage de cet Auteur; & ce qui est dit de ce crime dans le onziéme tome des Causes célébres, pag. 165. & suivantes.

LEZION, signifie le préjudice ou la perte qui nous est causée par le fait d'autrui, ou par quelque acte que nous avons passé inconsidérément & par légereté.

Un mineur lézé par trop de facilité, ou par le dol de la Partie adverse peut revenir contre les actes qu'il a faits qui lui sont préjudiciables.

Mais à l'égard des majeurs, toute sorte de lézion ne leur donne pas lieu de revenir contre les actes qu'ils ont passés, s'ils ne sont autorisés par quelque Loi à se faire restituer contre.

Le dol personnel donne lieu à la rescision des contrats & à la Requête civile entre majeurs, comme je l'ai dit, *verbo* Dol.

La lézion d'outre moitié, en fait de vente d'immeubles, est encore une juste cause de restitution entre majeurs.

Enfin la lézion du tiers au quart, en fait de partage, est aussi une juste cause de restitution entre majeurs.

LEZION D'OUTRE MOITIÉ DE JUSTE PRIX, est celle que souffre celui qui a vendu un héritage plus d'une fois moins de sa juste valeur. Par exemple, si un héritage qui vaut vingt mille livres a été vendu moins de dix.

Comme cette lézion est énorme, les Empereurs Maximian & Diocletian ont accordé à ce vendeur la faculté de se faire restituer contre une telle vente, par la Loi seconde, au code *de rescind. vend.*

Le bénéfice accordé au vendeur par cette Loi, est fondé sur l'équité, & lui est accordé quoiqu'il soit majeur. Il consiste à faire casser le contrat de vente, & à remettre les Parties en tel état qu'elles étoient avant le contrat, si mieux n'aime l'acquéreur payer au vendeur le supplément du juste prix.

Ce bénéfice est contraire au droit commun; *quia contractus sunt ab initio voluntatis, & ex postfacto necessitatis.*

Sed æquitate suadente introductum est beneficium illud, Constitutione Diocletiani & Maximiani, quæ extat in lege 2. cod. de rescind. vendit. cujus verba sunt. Rem majoris pretii si tu, vel pater tuus minoris distraxeris, humanum est, ut vel pretium te restituente emptoribus fundum venumdatum recipias, autoritate Judicis intercedente : vel si emptor elegerit quod deest justo pretio recipias. Minus autem pretium esse videtur, si nec dimidia pars veri pretii soluta sit.

Il faut, pour donner lieu à ce bénéfice, que plusieurs conditions se rencontrent.

La premiere, qu'il s'agisse de la vente d'un héritage, quoique cette Loi se serve dans le commencement de ce terme général *rem*, lequel comprend tant les meubles que les immeubles. La raison est, que les Empereurs Maximian & Dioeletian, qui ont fait cette Loi ne parlent à la fin que d'un fonds vendu, de la vente duquel ils permettent la rescision. Ainsi, on ne peut pas dire que par ce terme *rem*, on puisse entendre dans cette Loi autre chose qu'un héritage. Les mêmes Empereurs, dans la Loi 8. au même titre, ne parlent aussi que d'un fonds vendu.

Il est vrai qu'ils ont introduit ce bénéfice contre la disposition du Droit commun, par lequel un contrat de vente parfait ne peut pas être résilié, que du consentement du vendeur & de l'acheteur & il est vrai aussi que ce bénéfice est fondé sur l'équité; mais il ne s'ensuit pas de-là qu'il doive avoir lieu pour les meubles, comme pour les immeubles.

On demeure d'accord que l'équité est également requise dans la vente d'un meuble, comme dans celle d'un immeuble: *Verum quæ jus singulari, & contra jus commune constituta sunt, non debent trahi ad consequentias.* Or dans la Loi 2. & dans la 8e. au code *de rescind. vend.* il n'est parlé à l'occasion de ce bénéfice que de la vente d'un héritage. D'ailleurs, la raison sur laquelle est fondé ce bénéfice à l'égard de la vente d'un immeuble, cesse dans celle d'un meuble. Les meubles, quoique précieux, sont moins estimés que les immeubles, parce que nous ne pouvons perdre les immeubles sans notre fait & sans notre consentement; mais les meubles se peuvent perdre aisément: *vilis est mobilium possessio.*

De plus, les meubles se peuvent vendre plus facilement leur juste prix, ou à peu près, que les immeubles; car celui qui n'ayant que des immeubles se trouve pressé d'argent, est souvent obligé de les donner pour bien moins qu'ils ne valent. Ainsi, celui qui a vendu un meuble plus de moitié moins qu'il ne valloit, doit s'imputer à lui même de l'avoir fait, pouvant trouver quelqu'autre personne qui en auroit donné d'avantage.

Enfin, l'estimation des meubles n'est pas si certaine que celles des immeubles: on voit tous les jours que les uns prisent plus de certains meubles, d'autres moins. Un cheval, par exemple, peut être estimé mille francs par quelques personnes, & par d'autres quatre cens francs seulement.

C'est aussi la Jurisprudence qui est suivie dans ce Royaume, où la rescision pour lézion d'outre-moitié du Juste prix, n'est admise qu'en vente d'héritage, & par conséquent n'a pas lieu en vente de meubles; Despeisses, tom. 1. part. 1. sect. 4. la Coutume de Sens, article 252. & celle de Bourbonnois, article 86.

De ce que la rescision pour lézion d'outre moitié du juste prix, n'est accordée par la Loi 2. *cod. de rescindend. vend.* que pour vente d'héritages, il s'ensuit quelle n'a point lieu dans les cas suivans.

I°. En vente de droits universels. Ainsi celui qui a vendu une succession, ou le droit qu'il a dans la succession du défunt, ne peut s'en faire relever quand même il se trouveroit qu'elle valût six fois plus que le prix de la vente. *Voyez* Papon, liv. 16. tit. 3. nomb. 18. Charondas, liv. 3. chap. 18. Maynard, liv. 3. de ses questions, chap. 63. Despeisses, *loco citato* le Vest, Arrêt 232. M. Louet, lettre H, sommaire 8. & Soefve, tom. 1. cent. 4. chap. 73.

II. Dans les baux emphytéotiques. *Voyez* Brodeau sur M. Louet, lettre L, sommaire 4.

III. Dans les baux à fermes. *Voyez* Charondas, liv. 12. rep. 37. Mais ce bénéfice a lieu pour les baux à rente, parce que ce sont de véritables aliénations. Ainsi jugés par Arrêt du 18. Mai 1574. rapporté par Louet, lettre L. sommaire 11.

IV°. La rescision pour lézion d'outre moitié du juste prix, n'a point lieu en vente d'office. *Voyez* Loyseau, liv. 3. chap. 2. & Maynard, liv. 3. chapitre 61.

V. Ce bénéfice n'a point lieu dans la permutation ou échange d'héritages; comme si je permute un héritage de dix mille livres avec Titius, pour un autre héritage estimé seulement quatre mille livres: le contrat en fait d'échange ne peut être résilié sous prétexte de lézion, quelqu'énorme qu'elle soit.

La raison est, que celui contre lequel on voudroit faire casser la permutation, n'auroit pas le choix, ou de retenir la chose, en rendant le supplément du juste prix, ou de restituer la chose, vû que dans la permutation il n'y a point d'argent ni de prix. De plus, dans l'échange les deux Parties sont vendeurs & acheteurs; & comme le bénéfice de la Loi seconde, *cod. de rescinde. vend.* n'a pas lieu en faveur de l'hacheteur, comme nous le dirons ci-après, il faut conclure qu'il ne peut pas être accordé à l'un des copermutans, Charondas, liv. 9. rép. 68.

Mais ce que nous disons, qu'en fait déchange la rescision n'a pas lieu pour lézion d'outre moitié du juste prix, ne se doit entendre que quand l'échange est fait d'héritage contre héritage; car il faut dire le contraire, quand l'éhange est fait d'héritage contre une rente constituée.

La raison est, qu'en tel échange le prix est certain; sçavoir, le sort principal de la rente, qui tient lieu d'argent comptant: ainsi c'est comme si l'héritage avoit été vendu la somme à laquelle la rente est rachetable. Ainsi jugé par arrêt du 2. Mars 1646. rapporté dans le premier tome du journal des Audiences.

Suivant ce que nous venons de dire, la rescision n'a pas lieu pour lézion d'outre moitié du juste prix, dans la permutation ou échange d'héritage; & cela me paroît ne pas souffrir de difficulté: cependant quelques auteurs ont tenu l'opinion contraire, mais elle n'a pas été suivie. *Voyez* Belourdeau, en les Observarions forenses, lettre C, art. 35. & lettreL. art. 3.

VI. Ce bénéfice ne peut point avoir lieu dans le cas d'une transaction; ce qui paroît fondé sur l'autorité de la Loi, *Lucius* §. *ult. ff. ad trebell.* de la Loi *in summa, ff. de condict. indeb.* & de la Loi premiere, *cod. de plus petitionib.*

De plus, on ne peut pas objecter de lézion, quand l'avantage qu'on pourroit prétendre est incertain, or l'avantage qu'on peut prétendre dans les procès, est toujours incertain; *quia quod ex hominum judicio pendet, semper incertum est Leg. de fidei commisso, cod. de transact. Leg. si ea lege, cod. de usur.*

Enfin, la transaction est comparée à la chose jugée *Leg. minorem. cod. de transactionib.* Or la chose jugée ne peut pas être retractée sous prétexte de lézion, & sous prétexte même que le Jugement, auroit été rendu injustement, pourvû que ce ne soit pas directement contre la dispositiondes Loix *Leg.* 2. *cod. quando provocare necesse non est.* Ainsi il en faut dire de même de la transaction.

VII°. Le vendeur d'une coupe de haute futaie n'est point restituable pour lézion d'outre moitié du juste prix. La raison est, que dans l'usage ordinaire la coupe de bois haute futaie n'est point considerée comme un fonds dont le propriétaire se dépouille, vû que ce n'est qu'une superficie mise en vente, dont le fonds demeure toujours à celui qui en a la proprieté.

La deuxiéme condition requise pour que la lézion d'outre moitié du juste prix donne lieu à la rescision de la vente, est que cette lézion excede véritablement la moitié du juste prix de l'héritage suivant les termes dans lesquels la Loi 2. au code *de rescind. vend* est conçue. Ainsi la lézion qui ne seroit que de moitié du juste prix ne suffiroit pas, parce que cette Loi semble permettre la déception jusqu'à la moitié du juste prix. Maynard, livre 3. chapitre 65. & Rocheflavin, liv. 6. titre 31. art. 1.

Lestimation de la chose vendue en cas derescision pour lézion d'outre moitié du juste prix, se considere au tems du contrat, parce que ce tems est celui auquel naissent les obligations & les actions qui en proviennent: c'est pourquoi si un héritage vendu étoit augmenté de prix depuis la vente, soit que cela provînt des augmentations que l'acquereur y auroit faite; soit que cela provînt dailleurs, le vendeur seroit mal fondé de vouloir faire casser la vente, sous prétexte de lézion d'outre moitié du juste prix. *Voyez.* Belordeau, en ses observations forenses, lettre A, art. 56. Charondas, liv. 11. rép. 1.

La raison est que cette augmentation seroit survenue au tems que le vendeur n'auroit plus été propriétaire de l'héritage: ainsi le vendeur ne s'en peut pas servir pour faire casser la vente, au tems de laquelle il n'auroit pas souffert une lézion considérable.

Ainsi, la preuve de la valeur de l'héritage, en la vente duquel le vendeur prétend avoir été déçu d'outre moitié du juste prix, se doit faire par experts & gens à ces connoissans qui seront nommés par les Parties, & à leur défaut par le Juge, qui estimeroit l'héritage eu égard à ce qu'il valloit au tems du contrat, non pas au tems de l'estimation.

La Loi 2. au code *de rescind. vendit.* n'accorde le privilége de rescision pour lézion d'autre moitié du juste prix d'un fonds, qu'au vendeur, & par conséquent l'acheteur ne peut pas prétendre avoirdroitdeseservir deceprivilége; *quia beneficium llud contra jus commune introductum est; at quæ jure singulari contra jus commune introducta sunt non trahuntur ad consequentias, proindè non extenduntur de re ad rem, de persona ad personam, & de casu ad casum.*

Ainsi celui qui achete un héritage plus de moitié de sa juste valeur, ne peut pas se faire restituer contre un tel contrat, par la raison que nous venons de rapporter.

D'ailleurs, celui qui vend est présumée avoir vendu par nécessité; au lieu que l'acheteur, au cas qu'il ait acheté un héritage au-dela de sa valeur, ne peut pas dire qu'il y a été forcé par la necessité de ses affaires: c'est le plus souvent la nécessité qui nous fait vendre, & ce n'est jamais la nécessité qui nous fait acheter, mais le désir d'augmenter nos facultés & notre patrimoine, en acquerant le bien d'autrui.

Voyez. Belordeau, lettre L, article 3. Chenu, cent 1. quest. 75. Louet lett. L, sommaire 10. l'Annotation sur M. le Prêtre cent. 1. chap. 12. Charondas, liv. 7. rép. 209. & livre 12. rép. 33. Papon. liv. 16. tit. 3. nomb. 25. *vide etiam Cujacium, lib.* 16. *Observation cap.* 18. & *lib.* 23. *cap.* 32.

Il n'y a donc que le vendeur qui puisse, sous prétexte de lézion d'outre moitié du juste prix, faire résilier le contrat de vente, & non pas l'acheteur. Ainsi Jugé par Arrêt du 10. Juillet 1675. rapporté dans le Journal du Palais.

Ce bénéfice est tellement accordé au vendeur, qu'il pourroit s'en servir quoiqu'il y eût spécialement renoncé *Voyez* Charondas, liv. 10. rép. 88. qui rapporte un Arrêt du 9. Juin 1571. qui l'ajugé ainsi, & fait voir par plusieurs raisons que cette décision est très-juste.

Il y a un cas où le vendeur n'est pas admis à demander la rescision du contrat de vente, quoiqu'il soit lézé d'outre moitié du juste prix: c'est quand la vente d'un héritage est faite par décret forcé fait à la poursuite des créanciers de celui qui en est le propriétaire: la Partie saisie ne peut pas faire casser l'adjudication qui est faite de cet héritage par décret, sous prétexte de quelque lézion que ce soit, pourvû qu'il n'y ait point de nullité dans le décret. Belordeau, lettre L, art. 3.

La raison est que le prix du décret est présumé le

le juste prix de l'héritage saisi réellement, les encheres ayant été reçues à l'ordinaire pendant le tems requis par les Ordonnances, & l'adjudication ayant été faite judiciairement & en la maniere ordinaire, au plus offrant & dernier encherisseur; *Præsumptio juris est, & de jure, quæ non admittit probationem in contrarium.*

La partie saisie & les créanciers doivent s'imputer de n'avoir pas fait leur condition meilleure dans le tems qu'il le pouvoient, en faisant venir un plus grand nombre d'encherisseurs au tems de l'adjudication.

Ainsi, la vente qui est faite par un décret forcé avec toutes les formalités requises, ne peut être cassée sous prétexte de lézion d'outre moitié du juste prix, même en faveur d'un mineur; comme il a été jugé par plusieurs Arrêts rapportés par Louet & son Commentateur, lettre D, sommaire 32.

Il n'est pas de même des adjudications qui se font en conséquence de décrets volontaires; car ces décrets ne se font que pour purger les hypotéques de tous les droits réels qui pourroient être prétendus sur les immeubles vendus: ainsi le droit de l'acquereur ne vient point de l'adjudication qui se fait en conséquence de ce décret; mais son droit vient en conséquence & en vertu du contrat de vente qui a été passé entre lui & son vendeur; c'est pourquoi si le vendeur se trouve lézé d'outre moitié du juste prix dans la vente qu'il a faite de l'héritage, il peut revenir contre cette adjudication, quoique faite par autorité du Juge, comme il auroit pû faire contre la vente en cas de lézion énorme, puisque l'adjudication qui se fait en vertu d'un tel décret, n'est réputée que la premiere vente. *Voyez* Charondas liv. 7. rép. 50.

Lorsque le vendeur lézé d'outre moitié du juste prix demande la rescision du contrat, la Loi 2. au code *de rescind. vend.* oblige l'acheteur, ou a rendre au vendeur le fonds qui lui a été vendu, ou de payer au vendeur le supplément du juste prix ce qui se doit entendre de la véritable estimation de cet héritage, & de la totalité du prix qu'il devoit être vendu, & non pas de ce qui auroit suffi pour empêcher la cassation du contrat.

Posons que lhéritage qui valloit dix mille livres n'ait été vendu que quatre, l'acquereur qui ne veut pas adhérer à la cassation du contrat, doit payer au vendeur les six milles livres restans du juste prix de cet héritage.

La raison pour laquelle ce choix est donné à l'acheteur, & non pas au vendeur, est que le vendeur ne se plaint point de la vente, puisqu'il avoit dessein de vendre: il se plaint seulement de la lézion que lui cause la modicité du prix qu'il à reçu de la chose vendue: or en lui payant le supplément de sa juste valeur, il n'a plus sujet de se plaindre. Ainsi c'est avec raison que le choix de se départir du contrat de vente, ou de payer le supplément du juste prix de la chose vendue, est accordé à l'acheteur, & non pas au vendeur. aussi Mainard, tom. 1. liv. 3. chap. 59. rapporte un Arrêt du Parlement de Toulouse du 21. Mars 1595. qui l'a jugé ainsi.

On demande, I°. Si la vente pouvant être cassée pour lézion d'outre moitié du juste prix, si l'acheteur aime mieux restituer la chose que de payer le supplément du juste prix, il est obligé de rendre aussi les fruits qu'il a perçus?

Cette question est difficile, & partage les Docteurs; les uns sont pour l'affirmative, les autres pour la négative, & cette derniere opinion me semble la plus probable.

La raison est, que les Empereurs ne font aucune mention de la restitution des fruits dans la Loi seconde, au code *de rescind. vend.* Ils obligent seulement l'acheteur, au cas qu'il consente la cassation du contrat, de rendre la chose au vendeur.

De plus, l'acheteur est fondé sur un juste titre accompagné de bonne foi & par conséquent il a fait les fruits siens pendant tout le tems qu'il n'a pas été inquieté par le vendeur? il ne peut donc être obligé à restituer les fruits qu'il a perçus d'un fonds qui étoit à lui, qu'après la condamnation, du jour de laquelle il commence d'être constitué *in mora.*

Enfin, il seroit injuste que le vendeur qui auroit reçu le prix du fonds par lui vendu, fût reçu en rentrant dans cet héritage, à en demander encore la restitution des fruits, *Leg. curabit. cod de. action. empt.*

Ainsi les fruits perçus appartiennent à l'acheteur; mais pour ceux qui sont pendans par les racines, & attachés au fonds au tems de l'action intentée pour la rescision du contrat, ils appartiennent au vendeur, en payant par lui les labours & semences.

Vide peresium ad titulum, cod. de rescend. vendit. num 13; & fachinium lib. 2. controversiar. cap. 24.

II°. On demande si l'acquereur poursuivi pour la rescision du contrat de vente sous prétexte de lézion d'outre moitié du juste prix, peut exciper des améliorations par lui faites dans le fonds qu'il voudroit restituer?

Il faut dire que le vendeur n'est pas recevable à rentrer dans le fonds, q'uil ne restitue auparavant les impenses qui ont été faites par l'acheteur.

C'est la commune opinion des Docteurs: fondée sur la disposition de la Loi 40. §. *ult. ff. de minorib.* sur celle de la Loi *Domum, cod. rei vend.* & sur celle de la Loi *in fundo, cod. de præd. minor.* dans lesquelles il est dit, que le possesseur de bonne foi peut déduire les impenses qu'il a faites. Or l'acheteur est dans ce cas possesseur de bonne foi, & fondé sur un juste titre. Ainsi, quoique la condition du vendeur soit désavantageuse, le contrat n'en est pas moins contracté de bonne foi, attendu que ce n'est ni le dol de l'acheteur, ni aucune autre chose de sa part, qui a contraint le vendeur à passer le contrat de vente.

Quelques Docteurs, comme Salicet, qui tiennent l'opinion contraire, disent que dans ce cas l'acheteur ne peut pas exciper des améliorations par lui faites dans le fonds qu'il auroit acheté ; parce qu'il a le choix de restituer le fond au vendeur, ou de lui payer le supplément du juste prix.

On répond à cet argument, que l'achêteur ne fait point tort au vendeur en voulant lui restituer le fonds qu'il a acheté, à condition qu'il lui remboursera les impenses qu'il y a faites ; car il a le choix de l'un ou de l'autre, & le vendeur en ce cas ne peut rien opposer à l'acheteur qui fait ce qu'il a droit de faire: *qui jure suo utitur nemini facit injuriam*

III'. On demande si le vendeur se peut servir du bénéfice de la Loi seconde, *cod. de rescind. vendit*, au cas qu'il sçût au tems de la vente la valeur & le juste prix de son héritage?

Il faut dire qu'il le peut, parceque souvent ceux qui vendent leurs biens à vil prix, n'en ignorent pas la valeur, mais ils y sont forcés par la nécessité de leurs affaires ; c'est pour cela qu'il est dit dans cette Loi, *humanum est* : ainsi ce bénéfice n'est pas fondé sur l'ignorance dans laquelle étoit le vendeur du prix de son héritage; mais sur l'équité, qui veut que la restitution contre un tel contrat soit accordée au vendeur, sans s'informer s'il a sçu le prix du fonds qu'il a été contraint de vendre à quelque prix que ce soit, par la triste situation de ses affaires: autrement il n'y auroit presque jamais personne à qui ce bénéfice pourroit être accordé, vû qu'il n'est pas naturel qu'un Particulier vende un bien plus d'une fois moins qu'il ne vaut, sans sçavoir qu'il vaut beaucoup d'avantage. Cette présomption seroit toujours contre le vendeur, & il auroit bien de la peine à la détruire, & à justifier qu'il en ignoroit le prix au tems de la vente.

IV'. On demande si la vente d'un héritage étant cassé par le bénéfice de la Loi seconde, *cod. de rescind. vend.* les hypotéques constituées dessus par l'acheteur sont éteintes?

Bartole, sur la Loi *Si res, ff. quib. mod. pig. vel hypot. solu. & in leg. 4 §. si Marcellus, ff. de indiem addictione*, tient que les hypotéques ne sont pas éteintes. Balde, *ad leg. 2. cod. de rescind. vend.* est d'opinion contraire.

Le sentiment de Bartole, que nous suivons en cela est fondé sur ce que quand le contrat est résolu par la volonté de l'acheteur, les hypotéques par lui constituées ne sont point résoluë, *dictâ Leg. Si res, ff. quib. mod. pig. vel hypot. solv.* Or dans ce cas la vente n'est résoluë que par la volonté de l'acheteur, puisqu'il a le choix ou de restituer le fonpsou de le retenir en payant le supplémentdu juste prix.

D'ailleurs, les hypotéques que les créanciers de l'acheteur ont sur ce fonds, sont plus fortes que l'action personnelle, par laquelle le vendeur peut poursuivre l'acheteur, pour la rescision dela vente. La raison est, que l'hypotéque est sur la chose même, & la suit par-tout: ainsi la chose étant restituée au vendeur, l'hypotéque n'est point éteinte.

La vente étant parfaite & suivie de tradiction, transfere la proprieté de la chose pleine & entiere en la personne de l'acheteur ; & par conséquent l'acheteur a pû constituer telle hypotéque qu'il a jugé à propos sur la chose en étant le propriétaire incommutable, purement & sans qu'il y ait eu aucune condition apposée au contrat.

Si la vente est résolue dans la suite pour lézion d'outre moitié du juste prix, cela ne provient d'aucune condition qui ait été apposée au contrat; mais cela vient du fait du vendeur, lequel n'est pas restituable contre son propre fait, due par une, commisération de la Loi; mais la Loi n'entend pas que cette rescision qui lui est accordée contre l'acheteur, & qui est si opposé au Droit commun, soit préjudiciable à un tiers qui aura contarcté de bonne foi avec l'acheteur de cet héritage'

Concluons donc que cette hypotéque subsiste en ce cas, sauf au vendeur à poursuivre son indemnité à l'encontre de l'acheteur, comme il avisera bon être.

V'. On demande si la lézion peut être reputée énorme en conséquence d'un trésor que l'acheteur auroit trouvé dans le fonds qu'il auroit acheté?

Quelques Docteurs ont tenu l'affirmative; mais pour moi je suis l'opinion contraire.

La raison est, qu'au tems de la vente le trésor n'étoit pas possedé par le vendeur ; étant une chose occulte & cachée, & par conséquent inconnue à tout le monde, elle ne rendoit pas le fonds d'un plus grand prix : ainsi ce trésor étant trouvé par l'acheteur au tems qu'il est propriétaire du fonds dans lequel il étoit enseveli, il doit appartenir à l'acheteur, comme étant un gain inespéré & un pur don de la fortune, & ne peut point servir au vendeur pour se faire restituer contre le contrat de vente du fonds, sous prétexte de lésion d'outre moitié du juste prix.

Il est vrai, que quand il s'agit de juger de la lézion énorme qu'un vendeur a soufferte par la vente de ses biens, on doit faire faire l'estimation de la chose vendue sur le pied qu'elle pouvoit valoir au tems du contrat de vente. Mais il faut aussi demeurer d'accord, qu'un trésor caché dans un fonds au tems de la vente qui en a été faite, n'en a pû augmenter la valeur; puisque l'estimation ne s'en fait que par rapport à la commune opinion des hommes, qui ne peuvent estimer ce qu'ils ne voyent pas, & ce qui leur est entierement inconnu.

VI'. On demande si le vendeur qui auroit obtenu des Lettres de rescision sous prétexte de lézion d'outre moitié du juste prix, & qu'il auroit fait entériner, pourroit s'en départir.

Il faut dire que le vendeur peut être contraint d'exécuter le Jugement qui enterine lesdites Lettres, & qu'il ne peut s'en départir, si l'acheteur contre lequel il a obtenu lesdites Lettres, n'y veut pas consentir ; comme il a été jugé par Arrêt du 11 Juin 1550. rapporté par Charondas liv. 6. rép. 8.

La raison est, que le Jugement qui intervient entre les Parties, établit un droit commun entr'elles, dont chacune d'elle peut demander l'exécution, parce qu'il établit un droit qui est également acquis au défendeur & au demandeur ; *Quia judicio quasi contrahitur, ideoque ipsa judicati veluti obligario spectanda est*, *Leg. Licet*, §. *Idem scribit. ff. de peculio. Itaque cum sententia lata est jure communi, ab ea qui obtinuit non potest recedere, cum non sit pœnitentiæ locus. Bald. ad Leg. Si judex. ff de minorib. & Leg.* 2. *cod. de fidejus. minor. & in Leg. si constante* : §. *solut. matrimon.*

Dans l'espéce de l'Arrêt rapporté par Charondas, la contestation provenoit de ce que pendant le procès intenté pour la rescision, la maison bâtie sur l'héritage dont il étoit question, avoit été brûlée par la faute du Fermier de l'acheteur, contre lequel l'acheteur avoit intenté action, laquelle il offroit ceder au demandeur ; & parce qu'il y avoit eu Sentence & appel en la Cour, le tout y fut jugé, sçavoir que depuis la poursuite en rescision, le péril de la chose appartenoit au demandeur, & qu'ainsi il ne pouvoit plus se départir de la Sentence d'entérinement des Lettres de rescision.

VII. On demande à quel tems se doit rapporter l'estimation de l'héritage vendu, au cas que l'acheteur aime mieux payer le supplément du juste prix ; sçavoir, si c'est au tems du contrat ou de l'action intentée pour rescision en conséquence de la lézion d'outre moitié du juste prix ?

Il faut, comme nous l'avons dit ci-dessus, faire cette estimation de la chose vendue, par rapport au tems du contrat, & non pas par rapport au tems que l'action a été intentée. La Loi 8. au cod. *de rescind. vend.* en termes formels; *si minus dimidio justi pretii, quod fuerat tempore venditionis datum esset*: d'où il s'en suit, que si la chose est augmentée depuis la vente, la lézion se doit toujours considerer eu égard au tems de la vente, & par conséquent que l'augmentation n'empêche pas que la vente ne puisse être cassée par le bénéfice de la Loi seconde, *cod. de rescind. vend.*

La rescision du contrat de vente se doit demander dans les dix ans, du jour du contrat passé ; après lequel tems le vendeur n'y seroit plus recevable. Belordeau, lett. D., chap. 8.

Mais on demande, si le contrat contenoit la faculté de remere, les dix ans commenceroient-ils à courir du jour du contrat, ou du jour de la faculté expirée ?

Rebuffe, sur les Ordonnances *de rescis. contract. articulo unico, glossâ* 19. *num.* 1. & 21. tient que cette prescription ne commence que du jour que la faculté de remeré est expirée. La raison qu'il en donne est, que le tems pendant lequel le vendeur peut faire casser le contrat, *ex lege contractus*, en conséquence de la clause de remeré apposée au contrat, il n'a pas besoin des Lettres du Prince, puisqu'il le fait par le droit qu'il s'est réservé ; autrement il ne jouiroit pas du privilége accordé par le Roi à ceux qui sont, dans la vente de leurs biens, lézés d'outre moitié du juste prix. Louet, lettre R, chapitre 46. remarque un Arrêt du 21. Juillet 1601. rendu *consultis classibus*, qui l'a jugé ainsi.

Néanmoins les raisons qui sont pour l'opinion contraire, paroissent plus plausibles & plus fortes. En effet, il importe peu que le vendeur fasse casser la vente qui lui est préjudiciable, ou par le droit qu'il a en conséquence de la clause de remeré apposée à son contrat, ou par le privilége du Prince mais il semble que s'il ne l'a pas fait ni par l'un ni par l'autre dans le tems qui lui étoit accordé, il ne doit plus y être recevable.

Posons que le tems d'user de la faculté de remeré soit de dix ans, le vendeur doit dans les dix ans exercer le retrait; mais si le tems est de vingt ans, il ne doit plus, après ce tems, être recevable à faire casser le contrat sous prétexte de lézion; autrement, lorsque la faculté de remeré seroit de trente ans, le vendeur en auroit quarante pour faire casser ce contrat.

Ce sont deux droits qui tendent à la même fin, & dont par conséquent l'un nécessairement consomme l'autre ; de même qu'il arrive en la personne d'un Seigneur féodal, lequel se trouve parent lignager du vendeur, qui est son vassal ; il a quarante jours pour user du retrait féodal, & un an & jouer pour retraire par retrait lignager; l'an & jour étant passé, il ne peut plus prétendre avoir quarante jours pour retraire par retrait féodal.

Enfin l'article 110. de l'Arrêté du 6. Avril 1666. du Parlement de Rouen, porte que le relevement de la vente faite à condition de remeré, doit être pris dans les dix ans du contrat de vente, & non pas de l'expiration de la faculté de remeré.

Il nous reste à remarquer, que la poursuite que veut faire le vendeur qui prétend faire casser le contrat de vente pour lézion d'outre moitié du juste prix de l'héritage, doit être portée devant le Juge du domicile de l'acheteur ; parce que cette action est une action personnelle, & que toutes les actions personnelles doivent être intentées pardevant le Juge du domicile du défendeur.

Il est amplement traité de la restitution en entier, pour cause de lézion d'outre moitié dans les Observations qui se trouvent à la suite du septiéme Plaidoyé d'Henrys, où je renvoye le Lecteur.

LÉZION DU TIERS AU QUART, est une lézion, pour raison de laquelle un cohéritier majeur peut demander au Prince des Lettres de rescision, pour revenir contre un partage fait & précedé d'une estimation des corps héréditaires qui n'ont pas par eux-mêmes de prix certain comme des maisons; à l'effet de revenir contre ce partage, & faire ordonner en Justice, qu'en conséquence d'une nouvelle prisée & estimation des biens immeubles de la succesion, cette lézion étant prouvée, on procede à un nouveau partage.

Quand les partages ne sont pas precedés d'une

estimations des corps héreditaires qui n'ont pas de prix certain par eux-mêmes, la moindre lézion pourroit y donner atteinte, parce que tout droit être fait de maniere qu'il y ait entre les cohéritiers une très-grande égalité; c'est pourquoi quand on y a omis ce qui pouvoit contribuer à la leur procurer, une moindre lézion que celle du tiers au quart peut donner lieu à revenir contre.

Il en est de même des partages qui ont été faits entre personnes qui n'y étoient pas toutes présentes.

Mais quand un partage est fait entre person ne présentes, & qu'il a été précedé d'une estimation des corps héreditaires qui n'ont point de prix certain, il faut, pour qu'un des cohéritiers puisse revenir contre, qu'il ait été lézé du tiers au quart; Mais il n'est pas requis que la lézion soit d'outre moitié du juste prix, comme il est requis, pour que le vendeur puisse revenir contre la vente qu'il auroit faite d'un héritage. La raison est, qu'il ne s'agit pas alors de commerce, comme dans la vente, mais d'un partage entre cohéritiers, entre lesquels l'équité veut que l'égalité soit observée.

L'effet des lettres qui s'obtiennent par un des cohéritiers, sous prétexte d'être lézé du tiers au quart dans le partage, est que cette lézion étant prouvée, le Juge à qui ces Lettres sont adressées, & qui doit connoître de l'affaire, remet les Parties au même état qu'elles étoient avant le partage; de sorte néanmoins qu'il dépend de celui qui a obtenu & fait entériner les Lettres de rescision, de demander un nouveau partage, ou de se contenter d'une indemnité proportionnée à la lézion.

Cette alternative dépend uniquement de lui, & il ne peut être forcé d'accepter l'indemnité que lui proposeroient ses copartageans, si ce n'est qu'il parût une impossibilité absolue de proceder à un nouveau partage, comme si les biens avoient été vendus ou subdivisés depuis le partage; auquel cas on pourroit soutenir qu'il suffit d'écarter la cause des Lettres, c'est-à-dire, la lézion, par une indemnité qui lui soit proportionnée.

Ce tiers au quart est la lézion qui excede le quart de la portion du cohéritier, quoiqu'elle n'aille pas entierement au tiers. Imbert, en son Enchiridion, *verbo* Division. Papon, liv. 15. tit. 7. M. le Brun, en son Traité des successions, liv. 4. chap. 1. nombre 53.

On ne compte dans l'examen de cette lézion que ce qui manque au cohéritiers lézé, pour qu'il ait sa juste part & portion de la succession. Et pour y parvenir, on met en évidence l'estimation de la totalité de cette succession; on examine après si ce qui manque à sa portion excede le quart de ce à quoi elle doit monter.

La lézion du tiers au quart s'entend donc de ce que le lézé a de moins entre le tiers & le quart de ce qu'il auroit du avoir, & non pas entre le tiers & le quart de ce que le cohéritier qui profite a deplus. Par exemple, la masse partagée entre mon frere & moi, de la succession de notre oncle, est de soixante milles livres; nous n'en devons avoir chacun que trentemille: cependant il se trouve que ce qui est échu à mon frere par le partage, se monte à trente-quatre mille livres, & que ce qui m'est échu ne monte qu'à vingt-six milles livres. Dans cett espéce, il ne se touve point de lézion du tiers au quart, quoique mon frere ait huit mille livres plus que moi.

En effet, il ne s'en manque que quatre mille pour que ma portion monte à trente mille livres, à quoi elle doit naturellement monter; c'est pourquoi il n'y a pas alors de lézion du tiers au quart dans le partage qui a été fait entre nous, puisque cette lézion ne se doit régler qu'eu égard à ce que le cohéritier lézé a de moins, & non pas à ce que l'autre a de plus. Des huit mille livres que mon frere a plus que moi, il y en a quatre qui lui doivent appartenir pour remplir sa portion qui doit être de trente mille livres; ainsi je ne suis lézé que de quatre mille livres qui manquent pour que ma portion monte aussi à trente mille livres.

Pour que dans l'espéce proposée la lézion soit du tiers au quart, & que la supputation se trouve de ce que mon frere a de plus; & moi de ce que j'ai de moins, il faut que mon frere ait trente-huit mille livres, ou pour mieux dire, depuis trente-sept mille cinq cens livres jusqu'à quarante mille livres.

La raison est, que sept mille cinq cens livres au de là de sa portion de trente mille livres, sont le quart qu'il a plus que moi & qui m'appartient; parce que ce qui est entre trente-sept mille cinq cens jusqu'à quarante mille livres, est par-delà le quart anticipé sur les dix mille livres, qui sont le tiers en sus des trente mille livres de sa portion, & sont alors la lézion du tiers au quart.

Il faut de même, pour que le moins sur ma portion paroisse être du tiers au quart, que je n'aye eu que vingt-deux mille livres, ou entre vingt-mille livres & vingt-deux mille cinq cens livres; parce que vingt mille livres sont déja mes deux premier tiers, & que les deux milles livres ou deux mille cinq cens livres sont entre le tiers & le quart de ce que j'ai de moins: entre le tiers, parce que de vingt mille livres à trente mille livres, le tiers est dix mille livres; & entre le quart, parce que sept mille cinq cens livres sont la quatriéme partie de trente mille livres.

Lorsque, suivant le rapport de la nouvelle prisée des Expert nommé par les Parties, ou nommés d'office par le Juge, la lézion est jugée ne pas exceder le tiers au quart de la portion que devroit avoir celui qui se plaint, il n'y a pas lieu à un nouveau partage, & le demandeur est condamné aux dépens.

Cette lézion du tiers au quart en fait de partage, ne peut donner lieu à la rescision du partage que dans les dix ans qu'il a été fait, & cette rescision ne peut plus être demandée par-delà les dix ans.

Voyez M. le Brun, en son Traité des Successions.

liv. 4. chap. 1. nomb. 51, & suivans. *Voyez* aussi Henrys, tome 2. livre 4. question 59. qui examine quelle lézion est requise pour être restitué contre un partage fait entre majeurs. Il réfute l'opinion de la glose & les Auteurs qui tiennent qu'il faut une lézion d'outre moitié; & il établit que la moindre lézion est suffisante, laquelle pourtant il dit devoir être du tiers au quart, parce qu'autrement la chose ne vaudroit pas la peine de faire les frais d'un nouveau partage.

L I

LIASSE, se dit de plusieurs papiers attachés ensemble.

LIBELLER, signifie expliquer une demande qu'on fait en Justice & énoncer briévement les moyens sur lesquels elle est fondée, avec les conclusions qu'on en tire.

Pour la validité d'un exploit, il faut qu'il soit libellé, afin que le défendeur puisse être instruit du sujet pour lequel il est assigné; *ut perinde sciat reus, utrum cedere aut contendere debeat; & si contendum putet, veniat instructus ad agendum, cognitâ actione, quâ convenitur. Leg. 1. in princ. ff. de edendo*

Voyez les articles 1. & 6. du titre 2. de l'Ordonnance de 1667.

LIBELLES DIFFAMATOIRES, sont livres, écrits ou chansons faites & répandues dans le Public contre l'honneur & la réputation de quelqu'un, dont le succès doit être attribué à la malignité du cœur humain.

Ils sont réputés injures atroces & on ne les doit pas confondre avec les injures verbales, qui peuvent être l'effet d'un premier mouvement; mais un libelle diffamatoire est une injure réfléchie & méditée: c'est la raison pour laquelle elle est regardée comme un crime public, qui mérite une peine afflictive. En effet, les écrits se publient aisément & se perpétuent; ce sont des monumens satiriques, qui pour peu qu'ils soient artistement travaillés, plaisent beaucoup, & ravissent entierement la réputation des personnes qui en sont l'objet. Or l'injure qui attaque l'honneur, est bien plus sensible à un homme de bien, que celle qui n'attaque que le corps.

La peine de ce crime est arbitraire suivant les circonstances & la qualité des personnes. Mais pour peu que la calomnie que ces écrits renferment soit énorme, ceux qui en sont les auteurs, sont punis de peine afflictive, quelquefois même de peine capitale.

Par Arrêt du 22 Février 1716. Philippe-Nicolas Duval, Prieur de Cinqmares en Turaine, a été condamné de comparoir en la Chambre de la Tournelle, les Grande Chambre & Tournelle assemblées; & là, nue tête & à genoux, dire & déclarer, que méchamment il a composé une libelle contenant plusieurs faits injurieux & calomnieux contre les personnes y dénommées, & contraires au respect par lui dû à Monseigneur l'Archevêque de Tours & à ses Officiers: ce fait, banni pour cinq ans de la Ville, Prevôté de Paris, & de la Province de Touraine; condamné en dix livres d'amende, & en trois cens livres envers les personnes y dénommées.

Non-seulement ceux qui font des libelles diffamatoires contre quelqu'un, sont punis suivant les circonstances & la qualité des personnes; mais encore ceux qui les impriment, & ceux qui les publient, doivent être punis des mêmes peines que ceux qui en sont les auteurs. *Voyez* l'Edit du mois de Janvier 1561. art. 13. l'Edit de Moulins, art. 77. & l'Edit de 1571. art. 10.

LIBERATION, est la décharge d'une dette, d'une poursuite, d'une servitude, ou de quelqu'autre droit.

LIBERER, signifie décharger quelqu'un de quelque dette ou de quelque poursuite.

LIBERTÉ, est une faculté naturelle de faire ce que l'on veut, à moins qu'on n'en soit empêché par violence ou par quelque Loi. La liberté consiste donc à faire ce que nous voulons, à l'exception de ce que la violence ou la prohibition des Loix nous empêche de faire; car on n'en est pas moins libre pour cela.

Comme la violence est de fait, elle peut bien ôter l'usage & l'exercice de la liberté; mais elle ne peut jamais ôter la liberté. En effet, ce qui est de droit ne peut être détruit que par l'autorité du droit même, & par conséquent un homme n'est pas moins libre pour être détenu comme esclave par des brigands.

Il faut aussi demeurer d'accord que l'autorité que les Loix ont sur les hommes, & les peines qu'elles établissent contre les refractaires, ne diminuent pas leur liberté; d'autant que tout ce qui est contre les bonnes mœurs, & contre la disposition des Loix, doit passer dans l'esprit d'un homme de probité pour impossible.

Au reste, la servitude est la perte de la liberté; mais la division des personnes en libres & en esclaves n'a point lieu en France: tous les hommes y sont libres, à l'exception des esclaves qui sont dans les Isles de l'Amérique, & des criminels qui sont faits esclaves de peine.

Voyez ce que j'ai dit dans ma traduction des Institutes, sur le troisiéme titre du premier livre.

LIBERTÉS DE L'EGLISE GALLICANE, ne sont autre chose que l'observation des anciens Canons & des anciens usages, ausquels l'Eglise de France s'est toujours attachée, sans s'arrêter aux nouvautés qui se sont introduites depuis.

Ainsi ces libertés ne sont point des priviléges, mais d'anciens usages reçus dans la primitive Eglise ou d'anciens Canons, qui ayant été puisés dans la pureté des bonnes régles, ont toujours été suivis en France; & qui ayant été abolis ailleurs, ont reçu le nom de liberté de l'Eglise Gallicane, parce que l'Eglise de France s'y est toujours attachée inviolablement, & a par ce moyen toujours maintenu sa liberté & sa franchise contre la servitude que les nouveautés qui ont paru depuis avoient voulu introduire.

On peut dire encore que ces libertés sont des franchises naturelles & des ingénuités ou droits communs, *quibus* (comme parlent des Prélats du grand Concile d'Afrique, écrivant sur pareil sujet au Pape Celestin) *nullâ Patrum definitione derogatum est Ecclesiæ Gallicanæ*, dans lesquels nos ancêtres se sont très-constamment maintenus, & desquels par conséquent il n'est pas besoin de montrer d'autre titre, que la retenue & naturelle jouissance d'iceux.

Les particularités de ces libertés ne sont pas infinies; elles se peuvent réduire toutes à deux maximes fort connexes, que la France a toujours tenues pour certaines.

La premiére est, que les Papes ne peuvent rien commander ni ordonner, soit en général ou en particulier, de ce qui concerne les choses temporelles, dans les Pays & Terres de l'obéissance & souveraineté du Roi Très-Chrétien ; & s'ils y commandent ou statuent quelque chose, les Sujets du Roi, quoiqu'ils fussent Clercs, ne sont point tenus de lui obéir à cet égard.

La seconde, que quoique le Pape soit reconnu pour Souverain dans les choses spirituelles, toutefois en France sa puissance absolue & infinie n'a point lieu, mais est bornée par les Canons & les Régles des anciens Conciles de l'Eglise reçus en ce Royaume, & n'est pas supérieure au Concile général: *Generale Concilium neminem in terris superiorem habet, ne Papam quidem; licèt enim Papa major sit in Ecclesiâ, non est tamen tota Ecclesia major.*

De ce que nous venons de dire, il s'ensuit:

I°. Que toutes Bulles & Expéditions venant de la Cour de Rome, doivent être examinées, pour sçavoir s'il n'y auroit point quelque chose qui portât préjudice aux droits & libertés de l'Eglise Gallicane, & à l'autorité du Roi. De ce on trouve une Ordonnance du Roi Louis XI, suivie par les prédécesseurs de l'Empereur Charles V, lors Vassaux de la Couronne de France, & par lui-même dans un Edit qu'il fit à Madrid en 1543. & partiquées en Espagne & autres Pays de son obéissance, avec plus de rigueur qu'en ce Royaume.

II°. Que ce n'est pas sans raison que les appellations intejettées au futur Concile ont été reçues en France. *Itaque apud nos appellatur à Papâ ad Papam meliùs informatum, vel à summo Pontifice ad futurum Concilium. Voyez* le Traité de l'Abus de Fevret, pag. 8. & suivant.

III°. Qu'il y a lieu aux appellations comme d'abus, quand il y a entreprise de Jurisdiction, ou attentat contre les saints Décrets ou Canons reçus en ce Royaume, droits, franchises, libertés & priviléges de l'Eglise Gallicane, Concordats, Edits & Ordonnances du Roi, Arrêt de son Parlement; en un mot, contre ce qui est non-seulement de Droit commun, divin ou naturel, mais aussi des prérogatives de ce Royaume, & de l'Eglise d'icelui.

Mais comme nous avons dit: *verbo* Abus, ce remede est reciproque & commun aux Ecclésiastiques, pour la conservation de leur autorité & Jurisdiction. Ainsi le Promoteur, ou autre ayant intérêt, peut aussi appeller comme d'abus de l'entreprise ou attentat fait par le Juge laïc sur ce qui lui appartient: Sur quoi il faut remarquer.

Premiérement, que par une prudence singuliére, telles appellations se jugent, non par seuls Laïcs, mais par la Grande Chambre du Parlement, qui est composée de personnes ecclésiastiques & laïques.

En second lieu, que ces appellations comme d'abus sont un juste tempérament pour servir comme de lien & entretien commun des deux Puissances; desorte que niune ni l'autre n'ont aucun sujet de se plaindre.

Voyez ce qu'a dit M. Brillon sur cette matiére, & les Auteurs qu'il indique, & sur-tout le Traité des Libertés de l'Eglise Gallicane, fait par M. Pithou, avec les Commentaires qui ont été faits dessus par M. Rigaud, Avocat en Parlement.

Au reste, comme le Parlement de Paris est le défenseur des libertés de l'Eglise Gallicane, & des droits de la Couronne de France, pour maintenir ces droits & ces libertés, il a en plusieurs occasions rendu plusieurs Arrêts célébres, & récemment un le 23 Février 1730, dans lequel il donne des marques autentiques du zéle qu'il a toujours eu pour détruire tout ce qui pouvoit y donner quelque atteinte. Aussi a-t-il été reçu avec applaudissement par tous les fidéles Sujets de Sa Majesté.

LIBERTINS, suivant le Droit Romain, sont ceux qui par l'affranchissement sont sortis d'une servitude légitime. *Voyez* ci-dessus Affranchis & Affranchissement; & ce que j'ai dit dans ma Traduction des Institutes, sur le cinquiéme titre du premier livre.

LICENCIÉS, sont ceux qui étant Bacheliers dans une des Facultés supérieures, qui sont la Théologie, le Droit & la Médecine, y ont continué leurs études, & obtenu le dégré de Licence, c'est-à-dire, permission de ne plus prendre de leçons publiques, attendu qu'on n'obtient ce dégré qu'après avoir fréquenté les Ecoles pendant tous le tems requis. Ainsi lorsqu'un Licencié veut se faire passer Docteur, il n'a plus besoin de prendre de leçons publiques.

LICITATION, est l'exposition à l'enchere que l'on fait d'un immeuble qui ne se peut aisément partager, & dont les copropriétaires ne veulent point jouir par indivis.

Cette exposition à l'enchere se fait à l'effet de faire adjuger l'héritage au plus offrans & dernier encherisseur, pour être le prix en provenant distribué entre ceux qui en étoient les copropriétaires, à porportion de la part & portion que chacun d'eux avoit dans la proprieté de l'héritage ainsi vendu.

L'adjudication qui se fait en conséquence de la

licitation, transfere en la personne de l'adjudicataire tout droit de propriété : ce qui est très-équitable ; *quia nemo invitus debet incommunione retineri : si quidem communio lites & jurgia parit , quibus turbatur civium pax & concordia.*

La licitation d'un héritage étant faite entre copropriétaires ou cohéritiers, bien que de diverses lignes, l'action en retrait lignager n'a pas lieu quand l'un des copropriétaires ou cohéritiers se rend adjudicataire du total.

Voyez ce que j'ai dit sur l'article 154. de la Coutume de Paris & Soefve, tom. I. cent. 3. chap. 6. & le Journal des Audiences, tom. I. liv. 5. chapitre 57.

En licitation faite entre cohéritiers, ne sont dûs lods & ventes; mais si un des cohéritiers avoit cedé son droit à un étranger, & que la licitation se fit entre cet étranger & les autres cohéritiers, les lods & ventes seroient dûs au Seigneur, parce que ce seroit moins alors un partage de famille, qu'un accommodement & une espéce de vente.

Quoique l'article 80. de la Coutume de Paris ne parle que de l'adjudication faite à un des cohéritiers, quand elle dit qu'il n'est point dû en ce cas de lods & ventes, cependant la même chose a lieu quand elle est faite sans fraude à l'un de plusieurs qui ont un héritage en commun. *Ex licitatione intersocios légitimè & sine fraude factâ*, il n'est dû lods & ventes ; *non enim ex divisione debentur. Voyez* Pontanus, sur l'art. 89. de la Coutume de Blois, *verbo Sed his ita præmissis.*

Par Arrêt du 19 Mai 1615. il a été jugé qu'entre des colégataires particuliers du mari & de la femme, de deux terres acquises pendant leur communauté, quoiqu'il y eût une légere soulte, il n'étoit point dû de lods & ventes ; parce que c'est un partage ou accommodement, & non pas une vente.

Nous avons un autre Arrêt du 5 Août 1619. rapporté par Brodeau sur Louet, lettre L, somm. 9. nombres 5. 6 & 7. qui a jugé qu'entre associés en tous biens, tant meubles qu'immeubles, l'un des sept ayant quitté sa part & portion aux autres, moyennant une somme de deniers, il n'étoit point dû de lods & ventes au Seigneur.

Il n'en est pas de même quand la licitation est faite avec les cohéritiers ou associés & un étranger, comme nous avons dit ci-dessus. En effet, quoique l'étranger représente le cohéritier qui lui a cedé sa part, n'étant point de la famille, il n'y a point de raison qui puisse exempter de payer en ce cas les lods & ventes.

Ces droits sont même dûs alors, quoique l'adjudication soit faite du total au profit du cohéritier de celui qui avoit vendu à un étranger sa part & portion de la maison licitée. Ainsi jugé par Arrêt du 13 Décembre 1640. *Voyez* le Journal des Audiences, tom. I. liv. 3. chap. 69. Basnage, sur l'article 171. de la Coutume de Normandie; & Soefve, tom. I. cent. I. chapitre 24.

Quoique la régle soit qu'en licitation entre cohéritiers & copropriétaires d'héritages, il ne soit point dû de lods & ventes, il y a néanmoins un cas où ils sont dûs, qui est le cas de plusieurs copropriétaires qui ont acquis ensemble une maison ou des héritages qui se peuvent partager commodément entr'eux; s'ils les font liciter, celui qui est adjudicataire par licitation de la portion de l'autre, doit les lods & ventes. La raison est, qu'on regade cette licitation comme une véritable vente, & non comme une licitation de nécessité.

C'est ce qui a été jugé par Arrêt de la Grande Chambre, au rapport de M. l'Abbé Pucelle, le 1726. Cet Arrêt contre l'ordinaire, contient les motifs pour lesquels la Cour l'a ainsi jugé.

L'on peut procéder à une licitation à l'amiable, ou à une licitation à la rigueur.

Celle qui se fait à l'amiable, se fait du consentement des Parties pardevant Notaires, & on n'y reçoit point d'étrangers à y encherir, à moins que les copropriétaires n'en conviennent, soit parce quel'un d'eux n'est pas en état d'encherir, soit parce qu'ils le jugent ainsi à propos par d'autres raisons.

Celle qui se fait à la rigueur, se poursuit devant le Juge, & toutes sortes de personnes sont admises à encherir.

Pour y parvenir, il faut que celui des copropriétaires qui veut provoquer la licitation, fasse assigner les autres à l'effet de voir dire qu'un tel immeuble ne pouvant être partagé, sera vendu au plus offrant & dernier encherisseur, pour être les deniers provenans de la vente distribués entre les Parties; & que pour rendre la vente plus publique, publications soient faites, affiches soient mises & apposées aux lieux & endroits ordinaires & accoutumés.

Si les défendeurs, ou l'un d'eux soutiennent que l'immeuble est de nature à pouvoir être partagé, le Juge ordonne que les lieux seront vûs & visités par Experts, pour être sur leur rapport ordonné ce que de raison.

Les Experts ayant fait leur visite, délivrent leur rapport ; & s'ils estiment que l'immeuble puisse être commodément partagé, les déffendeurs demandent l'entérinement du rapport, & le Juge ordonne le partage.

Si au contraire leur avis est qu'il ne se puisse partager, celui qui a présenté sa Requête à fin de licitation, demande l'entérinement du procès verbal, & conclut par une Requête verbale, à ce qu'il soit procedé à la vente & adjudication du total de l'héritage par licitation.

En conséquence de la Sentence qui est conforme à la Requête verbale, le provoquant fait faire trois publicatations, fait apposer des affiches aux lieux & endroits accoutumés & fait signifier le procès verbal d'apposition aux défendeurs.

Il faut aussi qu'il fasse une enchere ou mise à prix, contenant la déclaration de la maison & des lieux, & les clauses & conditions sous lesquelles l'adjudication doit être faite.

Il met cette enchere ou mise à prix entre les mains du Greffier de l'Audience des criées, qui la paraphe, & la donne à un Audiencier, qui la publie.

Ensuite on reçoit les encheres de toutes les personnes qui veulent encherir; & après deux remises de quinzaine en quinzaine, l'héritage est adjugé au plus offrant & dernier encherisseur.

A l'égard des deniers provenans de la vente, ils sont livrés aux Parties qui ont fait la licitation; & s'il y a des créanciers opposans, les deniers sont distribués entr'eux, selon l'ordre de leur priviléges & hypotéques.

Voici quelques observations importantes sur la licitation.

La premiere, qu'une maison ayant été laissée en commun par les copartageans, & ensuite licitée depuis le partage, l'un des copartageans s'étant contenté d'une rente, pour ce qui lui revenoit pour sa part dans le prix de la licitation, avec réserve spéciales de ses hypotéques & priviléges, ne conserve pour la rente de privilége que sur la part & portion telle qu'elle lui revenoit, & non sur la totalité de la maison; ensorte que si cette maison, commune par exemple pour moitié, étoit ensuite décretée sur l'adjudicataire par licitation, en ce cas son créancier ne pourroit prétendre de privilége que sur la moitié du prix. Ainsi jugé au Parlement de Paris, par Arrêt du mois de Juillet 1707. après partage de la Grande Chambre.

La deuxiéme, que dans la licitation entre plusieurs cohéritiers, suivie d'adjudication au profit de l'un d'eux, il n'y a que la part de l'héritage qui lui appartenoit par droit de succession, qui soit propre en sa personne, quoique tout le prix ait été payé aux autres cohéritiers, pour les égaler. Ainsi jugé par Arrêt du 23 Juin 1660. rapporté dans le Journal des Audiences.

Il faut excepter les cas où les biens sont licités entres freres; car alors ils demeurent propres en la main de celui à qui ils sont adjugés, & il n'y a que le prix déboursé qui soit acquêt; comme il a été jugé par Arrêt du Parlement de Bordeaux le 20 Juin 1702. rapporté par la Peyrere, lettre P, nombre 213.

La troisiéme, que celui qui n'a qu'une légere portion dans un héritage, ne peut pas provoquer la licitation, mais peut être contraint par celui qui y a une plus forte portion à en venir à une licitation & à se contenter du prix de sa part. *Voyez* Bouvot, tom. 2. *verbo* Licitation, quest. 1. & la Bibliotéque de Bouchel, *verbo* Licitation.

A plus forte raison, celui qui n'auroit que l'usufruit d'une portion de maison, ne pourroit pas en provoquer la licitation; mais le propriétaire seroit préférable, & il pourroit faire ordonner qu'il jouira de toute la maison, en payant à l'usufruitier la rente de la portion dont il auroit l'usufruit. Duperier, tom. 2. pag. 381.

LICITATION D'UN HÉRITAGE SAISI RÉELLEMENT, OU VENTE D'ICELUI PAR FORME DE LICITATION, est celle qui se fait en vertu d'un Jugement, qui ordonne que cet héritage sera adjugé au plus offrant après trois publications, sans autres procédures, attendu que cet héritage saisi réellement n'est pas d'assez grande valeur pour soutenir les frais & les longues poursuites d'un décret, & que le débiteur sur qui cet héritage est saisi réellement n'a pas d'autres biens, sur lesquels ses créanciers puissent se pourvoir pour être payés de leur dû.

LICITE, se dit de tout ce qui n'est point défendu par les Loix. *Id omne licitum est, quod non est legibus prohibitum; quam-obrem, quod lege permittente fit, pœnam non meretur.*

LICITER, signifie poursuivre la licitation, contre des copropriétaires d'un héritage possedé par indivis, & qui ne se peut aisément partager *Voyez* Licitation.

LIEN, est un engagement. On dit, par exemple, que le mariage est un lien; & ce lien est un nœud sacré & indissoluble.

LIER, signifie engager, obliger quelqu'un à faire, ou à ne pas faire quelque chose.

LIEU, EN TERMES DE PALAIS, se dit d'un rang auquel on est subrogé en la place d'un autre. Ainsi, on dit qu'un créancier est subrogé au lieu & place d'un autre dont il a cession, pour dire qu'il est entré dans ces droit & hypotéques, qu'il a été colloqué au premier, au second lieu, dans un ordre de créanciers, sur la distribution de quelques deniers.

LIEU OÙ UN CONTRAT EST PASSÉ, DOIT ESTRE EXPRIMÉ DANS L'ACTE. Cela est d'une nécessité absolue, pour que le contrat emporte hypoteque & exécution parée. Ainsi, quand l'expression du lieu a été omise, le contrat ne vaut que comme écriture privée, & n'est point un acte exécutoire, & n'emporte hypotéque que du jour de la condamnation.

La raison pour laquelle l'expression du lieu est absolument nécessaire pour donner à un contrat la force & l'autorité d'un acte autentique, est qu'un Notaire ne peut exercer son Office que dans l'étendue des lieux où il a droit d'istrumenter: ainsi partout ailleurs il n'est point Officier public, mais réputé personne privée. Il en est de même des Magistrats, *qui extra Jurisdictionis fines jus dicere non possunt*. *Leg. ult. ff. de Jurisd. omn. judic. Leg. 3. ff. de Offic. præsid.*

Pour ce qui est des testamens passés par-devant des personnes publiques, il faut, à peine de nullité, qu'il y soit fait mention, non-seulement du jour, du mois & de l'année, mais encore du lieu où ils sont faits; desorte que l'omission de l'une de ces choses en causeroit la nullité.

LIEUE, est une mesure de chemins, un espace de terre consideré dans sa longueur, servant à mesurer les chemins & la distance d'une lieu à un autre.

La

La lieue contient plus ou moins de pas géométriques selon le différent usage des Provinces & des Pays.

La lieu des anciens Gaulois étoit de mille cinq cens pas Géométriques. Les autres croyent que les lieues ont chacune quatre mille pas. *Voyez* d'Ablancourt dans sa Préface sur Cesar.

Suivant les dernieres observations qui ont fixé le dégré du méridien vers Paris à 57183 toises, en prenant cette mesure pour le dégré moyen du méridien en France, les grandes lieues de France, dont il faut vingt pour faire un dégré du méridien, sont de 2860 toises, ou 5720. pas géométriques.

Les moyennes lieues, dont il faut vingt-cinq pour faire un dégré, ont 2287 toises, ou 4574 pa géometriques.

Les petites lieues dont il faut trente pour un degré ont, 1906 toises' ou 3812 pas géomertique.

La réduction des lieues de la plupart des Provinces de l'Europe, a été faite au pied Romain, comme il se voit dans le Dictionnaire de Trévoux, *verbo* Mille.

En Bourgogne, la lieue contient cinquante portées, c'est la chaîne d'un arpenteur, la portée douze cordes, la corde douze aunes de Dijon, l'aune deux pieds & demi, & le pied douze pouces.

Bouchel en sa Bibliotéque, *verbo* Lieux, dit que pour sçavoir combien il y a de lieues d'un Village à un autre, il faut prendre par les grands chemins, & non pas par les chemins de traverse, qui y conduisent droit.

La lieue du moulin bannal est reglée à deux mille pas, dont chacun est de cinq pieds.

En Justice, les voyages que l'on taxe sont reglés à dix lieues par jour.

Le délai des assignations données à ceux qui sont dans la distance de dix lieues, doit être de quinzaine; & ceux qui sont dans la distance de cinquante lieues, d'un mois; & de six semaines, au-delà de cinquante lieues, dans le ressort du même Parlement; & de deux mois pour ceux qui sont demeurans hors du ressort. *Voyez* l'Ordonnance du mois d'Avril 1667. tit. 3. articles 3 & 4.

LIEVE, est un extrait d'un papier terrier dune Seigneurie, qui sert de mémoire au Receveur pour faire payer les cens & rentes, & autres droits seigneuriaux. Cet extrait contient le nom des Terres, les tenanciers, & la qualité de la redevance, sans être autrement autentique. C'est ce que l'on appelle en d'autres endroits *Cueilleret.*

Les lieues anciennes servent quelquefois de preuves pour faire de nouveaux terriers, quand des titres ont été perdus par guerre ou par incendie; comme il est porté dans l'Edit de Melun, en faveur des Ecclésiastiques.

LIEUTENANT, est un mot composé de lieu & de tenant, qui signifie un Officier qui tient le lieu & la place d'un autre pour l'administration de la Justice, ou pour le fait de la guerre. *Vicarius est, seu Officiarius, qui alterius vices gerit.*

Les Baillifs & les Sénéchaux d'épée rendoient autrefois la Justice eux-mêmes à leurs sujets; mais dans la suite ils ont commis des Lieutenans, ausquels ils ont abandonné peu à peu l'administration de la Justice. Les Baillifs & Sénéchaux peuvent néanmoins toujours venir siéger en épée, quand ils le jugent à propos, & ont voix déliberative: mais ils ne prononcent point, ce sont leurs Lieutenans.

Dans les premiers tems, ces Lieutenans n'étoient point crées en titre d'office: le choix en appartenoit aux Baillifs; ainsi qu'il se voit dans les Ordonnances de Philippe le Bel de 1302. & de Charles VI de 1388.

Louis XII. par un Edit de 1499. ordonna que l'élection des Lieutenans des Baillifs & Sénéchaux se feroit en l'Auditoire; & par un autre Edit de 1552. il ordonna qu'il en fût nommé trois, l'un desquels il pourroit choisir.

Ils étoient autrefois gens d'épée, & il étoit défendu au Baillif de choisir pour Lieutenans des gens de Robe. Mais depuis on a laissé le commandement du ban & arriere-ban aux Baillifs & Sénéchaux; mais leurs Lieutenans qui sont toujours gens de robbe, ont le pouvoir de juger.

Il y a aujourd'hui des Lieutenans dans presque toutes les Justices, tant royales que subalternes.

Au Châtelet de Paris, il y a un Lieutenant civil, un Lieutenant général de Police, un Lieutenant criminel, un Lieutenant criminel de robecourte, & deux Lieutenans particuliers.

LIEUTENANT CIVIL, est un Magistrat établir pour juger les affaires civiles en premiere instance. Il est le premier des Lieutenans du Prevôt de Paris; & comme tel, c'est à lui qu'appartient le droit de présider aux assemblés du Châtelet; ensorte qu'il préside à toutes les receptions d'Officiers.

Tous les jours plaidoyables, à l'exception des Lundis de chaque semaine, on tient au Châtelet, depuis huit heures du matin jusqu'à midi, l'Audience du Parc civil à laquelle préside M. le Prevôt de Paris, en son absence M. le Lieutenant civvil. C'est-là que se jugent toutes les affaires, tant personnelles, que réelles & mixtes, à quelque somme que les demandes puissent monter.

On y porte pareillement toutes les contestations qui surviennent à l'occasion des contrats, testamens, promesses, matieres bénéficiales ou ecclésiastiques, apposition de scellés, confection d'inventaire, tutelle, curatelle, avis de parens, émancipation, & généralement toutes les matieres de Jurisdiction contentieuses & distributive, à l'exception seulement de ce qui regarde la Police, & de ce qui est de la connoissance du Présidial.

Le scel du Châtelet de Paris étant attributif de Jurisdiction, c'est pardevant Monsieur le Lieutenant civil en cette Audience du Parc civil, qu'il faut se pourvoir pour l'exécution des contrats qui ont été passés sous ce scel; ensorte que, quoique celui qui est assigné soit domicilié ailleurs qu'à Paris, c'est néanmoins au Châtelet qu'il est obligé de répondre.

Il est pareillement Juge conservateur des priviléges royaux accordés aux Particuliers de l'Université : mais les affaires qui ont été une fois décidées dans le tribunal de l'Université, vont par appel directement au Parlement.

Outre cela, les fonctions de Monsieur le Lieutenant civil, pour les affaires urgentes, sont presque infinies.

I. C'est à lui que s'adressent toutes les Requêtes en matiere civile, quand même l'affaire seroit dans le cas du Présidial.

II. C'est à lui qu'il faut s'adresser pour obtenir permission de faire assigner dans un plus bref délai que celui de l'Ordonnances.

III. C'est à lui qu'appartient de nommer d'office des experts, lorsque les Parties ne sont point d'accord sur ce point.

IV. C'est lui qui expédie les commissions rogatoires.

V. Il faut se pourvoir en son Hôtel pour tout ce qui requiert célérité. Par exemple, c'est lui qui regle les contestations arrivées à l'occasion des scellés, inventaires, &c. & le rapport qui lui en est fait s'appelle communément *Référé.* De plus, c'est lui qui accorde, quand il le juge à propos, des défenses d'exécuter les Sentences rendues dans les Siéges ressortissans au Châtelet de Paris.

VI. Toutes les affaires de familles le regardent uniquement. Ainsi les procès verbaux d'assemblées de parens, pour les affaires des mineurs, se font par devant lui & en son Hôtel, de même que ceux tendans au Jugement d'une demande en séparation intentée par une femme. Et lorsqu'il s'agit de l'interdiction de quelqu'un, c'est lui qui fait dresser par son Greffier le procès verbal contenant les demandes & réponses de ceux dont on poursuit l'interdiction.

VII. On porte chez lui les testamens trouvés cachetés après la mort d'un testateur, à l'effet d'en être fait ouverture en sa présence, & en celle des Parties intéressées, pour être ensuite le testament déposé chez le Notaire qui l'avoit en dépôt ; ou en cas qu'il n'y en eût point, chez celui qu'il lui plaît de commettre.

VIII. C'est lui qui autorise les femmes, au défaut de leurs maris, pour la poursuite de leurs droits, dans les affaires pendantes au Châtelet.

IX. Il est d'usage que Monsieur le Lieutenant civil régle les contestations au sujet des frais funéraires, & celles dans lesquelles les Communautés entiéres sont intervenantes, pour la conservation de leurs droits & priviléges.

Outre l'Audience du Parc civil dont nous venons de parler, & les affaires que nous venons de dire être portées en son Hôtel, le même Magistrat tient les Mercredis & les Samedis de chaque semaine, depuis midi jusqu'à deux heures, la Chambre civile, où il n'est point accompagné de Conseillers, mais seulement du plus ancien Avocat du Roi. C'est là où se jugent les affaires sommaires c'est-à-dire, qui sont au-dessous de mille livres, & où il n'y a de part ni d'autre aucun titre paré.

Ordinairement c'est un de Messieurs les Maîtres des Requêtes que le Roi choisit pour remplir cette Charge, qui est une des plus importantes de la Magistrature, puisque celui qui en est revêtu est considéré comme le pere de toutes les familles, & le tuteur de tous les mineurs.

LIEUTENANT GÉNÉRAL DE POLICE, est un Magistrat érigé par l'édit du mois de Mars 1667, pour veiller à la sureté de la Ville de Paris, & connoître des délits de ceux qui contreviennent aux Ordonnances & aux Réglemens de Police. Cette Charge a été démembrée de celle du Lieutenant civil.

C'est au Lieutenant général de Police qu'appartient la connoissance du port d'armes prohibé par les Ordonnances, du nettoyement des rues & des places publiques, circonstances & dépendances. Il donne ses ordres en cas d'incendie ou d'inondation; il veille à ce qu'il y ait toujours les provisions nécessaires pour la subsistance des Citoyens ; il a inspection sur le foin, sur les étaux des Bouchers, sur les halles, foires, & marchés, hôtelleries, auberges, jeux : cabarets, tabagies, & autres lieux semblables.

Il préside aux élections des Maîtres & gardes des six Corps des Marchands ; il connoît des brevets d'apprentissage, receptions des Maîtres, visites ensemble de renvois, sur l'avis du Procureur du Roi, sur le fait des Arts & Métiers.

Son autorité s'étend aussi sur les imprimeur ; Libraires & Colporteurs. Ainsi il connoit des contraventions commises à l'exécution des Ordonnances, Statuts & Réglemens pour le fait de l'Imprimerie en l'impression des Livres & Libelles défendus ; & par les Colporteurs, en la vente & distribution des mêmes Livres ou Libelles.

Il juge des assemblées illicites, tumultes, séditions & désordres, & généralement de toutes les affaires concernant la Police dans l'étendue de la Ville, Prevoté & Vicomté de Paris.

Il peut même juger seul les coupables en fait de Police, lorsqu'il sont pris en flagrant délit, & qu'il ne s'agit point de peine afflictive ; mais quand il s'en agit, il en doit faire son rapport au Présidial. Enfin, l'exécution des Ordonnances, Arrêts & Réglemens de Police, circonstances & dépendances, lui appartient.

Il y a pourtant quelques-unes de ces matieres, dont il ne connoît que concurremment, ou par prévention, avec d'autres Juges : c'est pourquoi son Edit de création du mois de Mars 1667. en lui en attribuant la connoissance, porte que c'est sans innover ni préjudicier aux droits & jurisdictions, ou possession en laquelle peuvent être les Lieutenans criminel & particulier, le Procureur du Roi, & les Prevôt des Marchands & Echevins.

Il tient son Siége ordinairement au Châtelet où il entend les rapports des Commissaires, & où il

Juge sommairement les matieres de police les jours qu'il juge à propos. Les appellations de ses Jugemens se relevent au Parlement.

Le Roi le commet souvent pour juger des affaires extraordinaires qui ne sont pas de sa compétence, & sa Majesté lui donne quelquefois le pouvoir de juger en dernier ressort ; le tout est reglé par la commission qu'il reçoit.

M. de Fontenelle fait voir fort ingénieusement combien l'emploi de Lieutenant de Police dans Paris est important & difficile. » Les Citoyens d'une » Ville bien policée jouisse (dit-il) de l'ordre qui » y est établi, sans songer combien il en coûte de » peine à ceux qui l'établissent ou le conservent, à » peu près comme tous les hommes jouissent de la » régularité des mouvemens celestes, sans en avoir » aucune connoissance; & même plus l'ordre d'une » police ressemble par son uniformité à celui des » corps celeste, plus il est insensible; & par conséquent il est toujours d'autant plus ignoré, qu'il » est plus parfait. Mais qui voudroit le connoître & » l'aprofondir, en seroit effrayé. Entretenir perpétuellement dans une Ville telle que Paris une con» sommation immense, dont une infinité d'accidens » penvent toujours târir quelques sources ; réprimer la tyrannie des Marchands à l'égard du Pu» blic, & en même tems animer leur commerce ; » empêcher les usurpations naturelles des uns sur les » autres, souvent difficiles à demêler ; reconnoître » dans une foule infinie tous ceux qui peuvent si ai» sément y cacher une industrie pernicieuse, en » purger la societé, ou ne les tolérer qu'autant » qu'ils peuvent être utiles par des emplois dont » d'autres qu'eux ne se chargeroient pas, ou ne s'ac» quitteroient pas si bien ; tenir les abus nécessaires » dans les bornes précise de la necessité, qu'ils sont » toujours prêts à franchir ; les renfermer dans » l'obscurité à laquelle ils doivent être condamnés, » & ne les en tirer pas même par des châtimens » trop éclatans ; ignorer ce qu'il vaut mieux igno» rer que punir, & ne punir que rarement & utilement ; pénetrer par des souterreins dans l'inté» rieur des familles, & leur garder les secrets qu'el» les n'ont pas confiés, tant qu'il n'est pas nécessai» re d'en faire usage; être présent par-tout sans être » vû; enfin mouvoir ou arrêter à songré une multitu» de immense & tumultueuse, & être l'ame toujours » agissante & presque inconnue de ce grand corps: » Voilà quelles sont en général les fonctions du Ma» gistrat de la Police. Il ne semble pas qu'un hom» me seul y puisse suffire, ni par la quantité des » choses dont il faut être instruit, ni par celle des » vûes qu'il faut suivre, ni par l'application qu'il » faut apporter, ni par la varieté des conduites qu'il » faut tenir, & des caracteres qu'il faut prendre.

Pour ce qui est des Lieutenans généraux de Police établis dans les autres Villes du Royaume, *Voyez* ci-dessus Juge de Police.

LIEUTENANT CRIMINEL, est un Magistrat institués pour corriger, châtier & punir les crimes qui se commettent dans l'étendue de la Ville & faux-bourgs de son présidial. *Est quasi Prætor vel Quæsitor, qui publicis judiciis exercendis præficitur, qui quæstionem de delictis & criminibus exercet, qui quærit de rebus capitalibus : unde Quæsitores parricidii*, Festus.

Il préside à tous les Jugemens criminels, quoique les accusés ayent été jugés être de la compétence du prevôt de l'isle, ou du Lieutenant criminel de Robe courte.

Il est donc évident que c'est lui seul que regarde l'instruction de tous les procès criminels, à l'exceptions de ceux qui sont de la compétence du Lieutenant de Robe courte & du Prevôt de l'isle, & qui sont énoncés au titre premier de l'ordonnance criminelle.

Le pouvoir du Lieutenant criminel de Paris est semblable à celui des autres Lieutenans criminels des Siéges où il y a Présidial. Le titre premier de l'Ordonnance de 1670. pour les matieres criminelles, regle sa compétence; mais il y a encore des attribution particuliéres qui lui ont été conservées par l'Edit de création du Lieutenant général de Police de l'an 1667, par prévention & concurremment.

Il donne Audience les Mardis & Vendredis, & même un troisiéme jour de la semaine s'il est bésoin, depuis midi jusqu'à deux heures, pour les affaires criminelles où il s'agit d'injures, excès & autres matieres légeres qui ne méritent pas d'instruction. Les contestations y sont vuidées sur le champ, sur les conclusions d'un Avocat du Roi, à qui les informations, s'il y en a, ont été communiquées. Lorsque le Lieutenant criminel trouve à propos de voir lui-même les informations ou autres procédures, il ordonne qu'elles seront mises sur le Bureau, & prononce la Sentence à la prochaine Audience.

Cette Audience, appellée du petit criminel, se tient par le Lieutenant criminel, assisté seulement d'un Avocat du Roi, sans qu'il y assiste aucuns Conseillers.

A l'egard des autres qui ne sont point d'Audience, & qui méritent instruction, après qu'elle a été faite, elles sont rapportées & jugées par devant lui en la Chambre criminelle, en présence de nombre de Juges, qui ne doivent pas être moins de cinq, quand la Sentence est sujette à l'appel; ou de sept, quand elle n'y est pas sujette. Ces Jugemens au criminel doivent être rendus le matin. Les Conseillers au Châtelet qui assistent aux Jugemens criminels rendus en dernier ressort & diffinitifs, doivent avoir deux années de service dans la Compagnie, suivant l'Edit de 1684. donné en forme de réglement pour l'administration de la Justice audit Châtelet.

Le Lieutenant Criminel du Châtelet de Paris connoît des cas prévôtaux, parce qu'il est le Lieutenant du Prévôt de Paris, qui est le premier de tous les Prévôts. Il y a la prévention, & juge les cas prévôtaux avec le nombre des sept Juges, par Jugement dernier, sa compétence préalablement jugée, & le Lieutenant criminel de robe courte connoît des captures qu'il fait & des cas privilégiées, qui sont au nombre de sept, incendie, fausse monnoye, crime de léze Majesté divine & humaine, sédition populaire, vol de nuit & de jour sur les garnds chemins & ailleurs, ports d'armes, des vagabonds & non domiciliés.

L'instruction des procès criminels appartient au Lieutenant criminel, privativement à tous autres; desorte que les autres Juges royaux civils sont incompétans d'en connoître au préjudice du Lieutenant criminel, par-tout où il y en a un. Ils ne peuvent pas même exécuter les Jugemens & Arrêts, soit interlocutoires ou diffinitifs, émanés du Conseil ou du Parlement en matiére criminelle, à moins qu'il n'y en ait pour eux un adresse expresse. Le Roi ayant crée des Juges pour les affaires civiles, & d'autres pour les affaires criminelles, chacun d'eux se doit renfermer dans les bornes de sa Jurisdiction, *sua cuique servari debet jurisdictio* : par conséquent un Juge ne doit & ne peut pas connoître des choses qui ne sont pas de son ressort; autrement il n'y auroit aucune régle dans l'administration de la Justice, & la confusion qui y regneroit, seroit un perpétuel obstacle qui ne cesseroit d'en interrompre le cours.

Les Lieutenans criminels ne peuvent retenir ni évoquer les affaires pendantes devant les Juges inférieurs. Surquoi *Voyez* Henrys, tom. 1. livre 2. chap. 2. question 7.

Au reste, quant au rang & à la préséance concernant la Charge de Lieutenant criminel, *Voyez* ce que j'ai dit *verbo* Préséance.

LIEUTENANT CRIMINEL DE ROBE COURTE, est un Lieutenant du Prévôt de Paris qui porte l'épée & une Robe plus courte que la Robe ordinaire des Magistrats. Ses fonctions ont pour objet la sûreté de Paris contre les meurtriers vagabonds, & autres gens de mauvaise vie, sur lesquels il a Jurisdiction.

Cette charge est ancienne. Elle n'étoit autrefois qu'une commission du Prévôt de Paris, comme on l'apprend d'une déclaration du Roi François I. en date du 7 Mai 1527. registrée le 4 Décembre suivant, par laquelle Sa Majesté permit au prévôt de Paris de commettre un Lieutenant laïc de Robe courte.

Elle fut depuis érigée en titre d'office : ainsi cet Officier prend aujourd'hui, comme les autres Lieutenans du Prévôt de Paris, des provisions du Roi, prête comme eux ferment en la Grande Chambre du Parlement, & est installé au Châtelet aussi-bien qu'eux par le Doyen du Parlement.

Bornier, sur l'article 17. du titre 1. de l'Ordonnance de 1670. dit que les Lieutenans criminels ont été créés par le Roi Henri II. en Novembre 1554. qui, à cause des différends qui survenoient ordinairement sur le sujet de la compétence ou incompétence des Prevôts des Maréchaux, les supprima, à la réserve de quelques-uns & attribua les fonctions de ces Charges aux Lieutenans criminels des Bailliages, Siéges présidiaux & royaux, & à des Lieutenans de Robe courte, qu'il établit par ses Edits; & depuis on a été contraint de rétablir lesdits Prevôts, ou dumoins la plus grande partie d'iceux, pour la sûreté publique, & pour purger la Province de vagabonds.

De-là vient qu'en beaucoup de Villes il se voit des Prevôts des Maréchaux, ou de leurs Lieutenans, & des Lieutenans criminels de Robe courte, desquels la fonction étant à peu près semblable & égale, cause de la jalousie, & empêche qu'ils ne puissent pas rendre au Public le même service qu'ils lui rendroient s'ils étoient tous réunis, & qu'ils ne reconnussent tous qu'un même chef.

Le Lieutenant de Robe courte connoît en dernier ressort comme le Lieutenant criminel, concurremment & par prévention entr'eux, dans la Ville & dans les Fauxbourgs de Paris, des cas & crimes mentionnés en l'article 12. du titre 1. de l'Ordonnance de 1670. en faisant juger préalablement leur compétence, suivant la forme prescrite par la même Ordonnance, & par les Arrêts du Conseil des 19. Juillet & 2. Septembre 1678. Mais s'ils ont décreté le même jour, c'est Monsieur le Lieutenant criminel qui connoît préférablement du crime dont l'accusé est prévenu.

Ainsi il connoît, comme les Prevôts, des cas royaux, & des délits commis par vagabonds & gens sans aveu, ou déja repris de Justice, dans l'étendue de la Ville & Fauxbourgs de Paris : il les juge présidialement & sans appel, après toutefois avoir fait juger sa compétence en la Chambre du Conseil.

Le Lieutenant de Robe courte connoît à la charge de l'appel au Parlement, à l'exclusion du Lieutenant criminel, des rébellions commises à l'exécution de ses Jugemens, des crimes & délits commis par les Officiers & Archers de sa compagnie, même par son Greffier, en faisant les fonctions de leurs Charges sous ses ordres, & en exécution de ses Jugemens.

Il connoît aussi à la charge de l'appel, par concurrence & prévention avec Monsieur le Lieutenant criminel, des meurtres ou attentats à la vie des Maîtres par leurs Domestiques, des crimes de viol & enlevement contre toutes sortes de personnes, de quelque qualité qu'elles soient, excepté contre les Ecclésiastiques.

Il lui est enjoint, & aux Officiers de sa Compagnie, de constituer en prison toutes personnes prises en flagrant délit, ou à la clameur publique, & d'en dresser des procès verbaux, qu'ils doivent remettre au Greffe criminel du Châtelet, pour y être pourvû par Monsieur le Lieutenant criminel.

Il ne lui est pas permis d'élargir ceux qui ont été constitués prisonniers en vertu de décrets de prise de corps par lui décernés, que sur les conclusions de M, le Procureur du Roi, & par déliberation prise à la Chambre du Conseil.

Aussi-tôt qu'il a instruit les procès, son Greffier est tenu de les porter au Greffe criminel du Châtelet, pour être distribués par M. le Lieutenant criminel en présence du Lieutenant particulier, qui est de service à l'Audience du Présidial, ou de l'autre en son absence, & du plus ancien des Conseillers de service au Criminel.

En cas qu'il soit recusé, absent ou malade, ou qu'il y ait quelqu'autre empêchement pendant vingt-quatre heures pour ce qui requiert célerité, & où il y a peril en la demeure, & pendant trois jours pour les autres affaires, l'instruction des procès de sa compétence appartient au Lieutenant particulier qui est de service à l'Audience du présidial, ou de l'autre en son absence, ou du plus ancien Conseiller qui est de service au criminel : mais lorsque l'empêchement cesse, il reprend l'instruction commencée par le Lieutenant particulier, & la continue.

Il commet tous les mois un Exempt & dix Archers de sa compagne, qui éxécutent les Décrets & Mandemens de Justice qui sont décernés par le Lieutenant criminel, aussi-tôt qu'ils en sont avertis.

L'Exempt & les Archers ainsi commis, ne doivent travailler à autre affaire pendant le tems de leur commission, sans la permission par écrit du Lieutenant particulier.

En cas que ce nombre ne soit pas suffisant, il est enjoint aux autres Officiers & Archers de s'y joindre, & d'obéir aux ordres de la Justice.

Lui & ses Lieutenans reçoivent les plaintes, & procedent aux informations des crimes qui sont de sa compétence. Il appose ses scellés sur les papiers & autres effets des accusés, pour y faire la réquisition des piéces qui peuvent servir à leur conviction.

C'est le Parlement qui régle les conflits d'entre Lieutenant criminel, & le Lieutenant criminel de Robe courte.

Sa Compagnie est composée de quatre Lieutenans, de douze exempts, & de soixante Archers, qui sont tous pourvus par le Roi sur la nomination du Capitaine.

LIEUTENANT PARTICULIER, est un Magistrat qui juge en l'absence du Lieutenant civil à Paris, ou du Lieutenant général dans les autres Présidiaux & qui tient l'ordinaire, c'est-à-dire, une Audience particuliere pour les causes ordinaires du Bailliage ou de la Prevôté, après que la grande ou la présidiale est finie.

Il y a comme nous avons dit ci-dessus, au Châtelet de Paris deux Lieutenans particuliers, qui de mois en mois, à commencer par le plus ancien, tiennent l'audience du Présidial ; ensorte que pendant que l'un y préside, l'autre préside à la Chambre du Conseil, où se jugent les procés par écrit.

Celui des deux qui préside à la Chambre du Conseil, tient tous les Mecredis & Samedis à la fin du Parc civil, l'Audience des criées.

Ce sont eux qui remplissent les fonctions des Charges de Lieutenant civil, de Police, & de Lieutenant criminel, en cas de vacance, de maladie, d'absence ou d'autre empêchement.

Ils peuvent, avant les heures destinées pour les Audiences, rapporter les procès civils & criminels qui leur ont été distribués.

LIEUTENANT GÉNÉRAL, dans un Présidial, est ce qu'est ici le Lieutenant civil ; ensorte qu'il ne peut connoître au préjudice du Lieutenant criminel, des affaires criminelles, ni de ce qui concerne la Police, si ce n'est dans les Présidiaux ou la Charge de Lieutenant de Police, & celle de Lieutenant criminel, sont réunies à la Charge de Lieutenant général.

LIEUTENANS DE ROI, sont des Officiers établis pas le Roi dans les Villes ou Provinces, qui sont comme les Controlleurs des Gouverneurs, & Commandent en leur absence. *Voyez* Loiseau en son Traité des Offices, liv. 4. chap. 4. nomb 75 & 76.

LIEUTENANS DES MARECHAUX DE FRANCE, sont des Officiers d'épée créés par Edit du mois de Mars, 1693. lesquels, en conséquence de cet Edit, sont nommés par Messieurs les Maréchaux de France dans chaque Bailliage royal & Sénéchaussée du Royaume, pour terminer les différends qui surviennent entre les Gentilshommes, & juger les affaires qui touchent le point d'honneur. Cette Jurisdiction est composée d'un Lieutenant, d'un Conseiller-Rapporteur, d'un Secretaire-Greffier du Point d'honneur, & de deux Gardes de la Connétablie, pour l'exécution des ordres. Quand le Lieutenant trouve quelque difficulté dont il ne veut pas prendre sur lui la décision, il renvoye à Messieurs les Maréchaux de France, c'est-à-dire, au Tribunal du Point d'honneur, qui se tient chez le Doyen.

LIGE, en fait de vassal lige, signifie celui qui est plus étroitement obligé envers son Seigneur qu'un vassal simple. *Voyez* ci-dessus Fief lige, & le Glossaire du Droit François, *verbo* Lige. *Vide etiam Glossarium D. Du Cange*, *verbo Ligius*

LIGNAGE, signifie cognation ; & en matiere de retrait lignager, ce terme signifie cognation de la ligne, souche & estoc, dont est l'héritage vendu.

LIGNAGER, c'est-à-dire, parent du côté & ligne & lignages dont est venu ou échu un héritage au vendeur par succession tant directe que collatérale, suivant plusieurs articles de notre Coutume, au titre du Retrait lignager. *Voyez* ci-après Retrait lignager.

LIGNE DIRECTE OU COLLATERALE. Ligne en général, se prend pour un ordre, ou une suite dans laquelle des parens sont contenus. La ligne de parenté se divise en ligne directe, & en ligne collatérale.

La ligne directe est celle qui contient les ascendans & les descendans. Elle est ainsi appellée, parce qu'elle contient ceux qui descendent directement les uns des autres. Les ascendans sont, *Proanus*, *Abanus*, *Atanus*, *Tritanus*. Les descendans sont, *Filius Nepos*, *Pronepos*, *Abnepos*, *Atnepos*, *Tainepos*. On n'a point de termes qui signifient ceux qui sont audessous ; on les appelle *Minores nepotes*. Ainsi, suivant ce que nous venons de dire, la ligne directe est ascendante ou descendantes

La ligne collatérale contient les collatéraux, c'est-à-dire, ceux qui descendent d'une même souche, & non pas les uns des autres. Ils sont ainsi appellés, parce que pour voir en quel dégré de parenté ils sont l'un envers l'autre, il faut recourir à la souche commune, c'est-à-dire, au parent ou ascendant commun duquel ils descendent, en montant d'abord à cette souche commune ; & ensuite il faut descendre à l'autre collatérale, & compter en montant & en descendant toutes les personnes qui se recontrent.

La ligne collatérale se divise en ligne égale, ou en ligne inégale. Dans la ligne égale, sont ceux qui sont également distans de la souche commune, comme deux freres, deux cousins germains, deux cousins issus de germains & autres. Dans la ligne inégale, sont ceux dont l'un est plus proche de la souche commune, l'autre en étant plus éloigné, comme l'oncle & le neveu, le cousin germain, & le cousin issu de germain.

Les parens, tant en ligne directe qu'en ligne collatérale, sont plus ou moins éloignés les uns des autres. Ces éloignemens ou distances sont appellés dégrés, & le dégré *est distantia unius cognati ab alio, quæ ex numero generationum computatur.*

Voyez ci-après Parenté. *Voyez* aussi ce que j'ai dit de la ligne directe & collatérale dans ma Traduction des Institutes, sur le titre 10. du premier Livre.

LIGNE DEFAILLANTE, se dit par rapport aux propres qui sont affectés à la ligne paternelle ou maternelle. Cette ligne venant à manquer a qui ces héritages doivent appartenir, elle est appellée ligne défaillante.

Les Coutumes de Bourbonnois, Anjou, Maine & Normandie, font succeder aux propres, au cas de la ligne défaillante, le Haut-justicier, le moyen ou le bas., & même le Seigneur qui n'a point de Justice, & qui exclut en Normandie tous les parens de l'autre ligne.

Suivant ces Coutumes, la premiere concession des héritages n'a été faite originairement qu'à une famille, & non à deux : la famille étant éteinte, les héritages retournent au bailleur, puisqu'il ne reste personne de ceux à qui il en avoit fait la concession.

La Coutume de Paris & autres font succeder une ligne à l'autre, au préjudice du Seigneur ; attendu que lorsque le Seigneur a transferé la proprieté des héritages dépendans de lui, à la charge de cens, il ne s'en est rien réservé que cette redevance annuelle. Ainsi le droit de Seigneurie ne doit point produire le retour de ces héritages, quoique la ligne vienne à manquer.

Dumoulin s'est toujours fort élevé contre l'abus qui provenoit de l'usage contraire, comme je l'ai remarqué sur l'article 330. de la Coutume de Paris.

Voici la régle que Loysel a faite à ce sujet, qui est la 26e. du titre 5. du livre 2. de ses Istitutes. *L'on a dit autrefois, qu'où ramage défaut, lignage succede : maintenant la ligne défaillant d'un côté, les pere & mere & autres ascendans succedent, puis l'autre ligne : & à faute de tout parens, le Seigneur Haut-Justicier.*

LIGNE FRANCHE, dans l'article 30. de la Coutume de Sens, s'entend de la ligne de celui desdeux conjoints qui étoit légitime. Voici ce que cet article porte : *Et si la ligne procedant desdits bâtards cesse, les biens dont seront detempteurs les derniers héritiers d'iceux bâtards, seront au Seigneur Haut-Justicier en la Justice duquel ils sont assis, pourvû qu'ils soient mouvans du propre chef d'icelui bâtard. Et quant aux autres biens meubles & immeubles, ils retourneront à la ligne franche desdits hoirs.*

Ce que dit cet article, que les biens des bâtards dont la ligne cesse, appartiennent aux Seigneurs Hauts-Justiciers, en la Justice desquels les biens sont situés, n'a lieu que dans le concours de trois conditions ordinaires, qui sont que le bâtard soit né dans la terre du Seigneur, qu'il y soit décedé, & que les biens soient situés & assis dans la Justice du Seigneur ; sans quoi il en sera exclu, & la succession de ces biens qui ont appartenu au bâtard, & qui sont mouvans de son propre chef, appartiendra au Roi.

LIGUE, est un Traité de conféderation entre plusieurs, pour quelqu'entreprise, soit pour attaquer, soit pour se défendre.

Les ligues & associations entre les Sujets sont défendues, sous quelque prétexte que ce puisse être, sans l'exprès commandement du Roi, sous peine de confiscation de corps & des biens.

C'est la disposition de l'Edit de Charles IX. de 1562. rt. 15. & de l'Edit de Blois, art. 84.

Armorum usus inscio Principe interdictus est. Leg. 1. 2 & 4. ff. ad Leg. Jul. Majestat. & Novellâ Justiniani 85.

Voyez la Bibliotéque de Bouchel, *verbo* Ligueurs.

LIMITATIF. *Voyez* ce que j'ai dit sous la lettre T, en parlant des termes démonstratifs & limitatifs.

LIMITES, OU BORNES, sont des marques qui séparent les chemins, les terres, ou autre chose. *Voyez* Bornes.

Dans les Décrets, la déclaration des limites est essentielle, *Voyez* Henrys, tom. 1. liv. 4. chap. 6. quest. 83.

LIQUIDATION, est une évaluation qui se fait de choses incertaines à une somme fixe & déterminée.

LIQUIDE, se dit des biens & effets qui sont clairs & sans contestation. Ainsi, quand on dit que la compensation ne se fait que de liquide, à liquide, cela signifie qu'on ne peut demander de compensation que quand la dette est de part & d'autre certaine & exigible, *hic & nunc*.

Cela ne se pourroit donc pas dire d'une dette qui dépendroit d'une condition, ou qui ne seroit exigible que dans un tems, ou qui dependroit de la discussion d'un compte, ou de l'évenement d'un procès.

Voyez Compensation.

LIQUIDER, est fixer, régler & arrêter à une certaine somme des prétentions contentieuses & incertaines.

LIQUIDER DES FRUITS, c'est les évaluer à certaine somme de deniers; c'est-à-dire, les estimer selon qu'ils valoient au tems qu'ils ont été perçus par celui qui est obligé d'en rendre l'estimation.

Lorsque le possesseur d'un héritage est condamné à la restitution des fruits, il doit délivrer en espéces ceux de la derniere année; & quant à ceux des années précedentes, la liquidation en doit être faite eu égard aux quatre saisons & prix commun de chaque année, si ce n'est qu'il en ait été autrement ordonné par le Juge, ou convenu entre les Parties. Mais cette liquidation n'a lieu que quand il s'agit de fruits naturels; car la liquidation n'a point lieu pour les fruits civils, puisqu'ils sont fixés & ne varient point.

Cette liquidation regarde, ou la quantité des fruits, ou leur valeur. Il faut faire preuve de l'une & de l'autre en cas de contestation. Pour y parvenir, voici cequi se pratique.

Le Juge qui ordonne la restitution des fruits, doit nommer le Commissaire pardevant qui s'en doit faire la liquidation, ainsi qu'il est porté en l'art. 1. du tit. 28. de l'Ordonnance de 1667. pour la réception de caution.

En exécution du Jugement portant condamnation de restituer les fruits, il faut faire assigner celui qui est condamné pardevant le Juge ou Commissaire, en vertu d'un Ordonnanee d'icelui, pour les voir liquider: & pour cet effet représenter par celui qui est assigné, les comptes, papiers de recettes, & baux à ferme des héritages dont il s'agit, & donner par déclaration les frais de labours, semences, & récoltes de ce qu'il a fait valoir par ses mains, & de la quantité des fruits qu'il en a perçu.

Si les Parties conviennent sur la quantité des fruits & des frais sur la déclaration, comptes, papiers de recettes, & autres piéces & actes représentés par celui qui est condamné à la restitution des fruits, le surplus doit par lui être payé dans un mois pour tout délai, & le Commissaire doit donner acte aux Parties de tout ce qui se sera ainsi passé entr'elles.

Si au contraire il y a contestation sur la déclaration des fruits & frais, & que celui qui a obtenu Jugement à son profit soutienne que cette déclaration n'est pas véritable, le Juge peut ordonner que les Parties feront preuve respectivement, tant par écrit que par témoins, de la quantité des fruits, suivant l'article 3. du titre 30. de l'Ordonnance de 1667.

Cette preuve se fait conformément à ce que nous avons dit en parlant des enquêtes.

Si la déclaration se trouve juste, le demandeur en liquidation, qui a insisté mal-à-propos sur la déclaration, est condamné en tous les dépens du défendeur, lesquels doivent être taxés par le même Jugement.

Si aucontraire la quantité des fruits excede le contenu dans la déclaration, le défendeur est condamné aux dépens, qui seront liquidés comme dessus par le même Jugement, suivant les articles 4. & 5. du même titre.

Pour ce qui est du prix & de la valeur des fruits, s'il y a contestation à ce sujet la liquidation & la preuve de leur valeur s'en fait par les extraits des Registres des gros fruits du Greffe plus prochain, suivant l'article 3. du même titre 30. de l'Ordonnance de 1667.

Pour cet effet, dans toutes les Villes & Bourgs où il y a marché, les Marchands faisant trafic de bleds & autres espéces de gros fruits, & les Mesureurs, sont obligés de faire leur rapport par chaque semaine de la valeur & estimation commune des fruits, sur peine d'amende & autres peines arbitraires, ainsi qu'il est porté par l'article 6.

C'est ce qui avoit déja été ordonné par l'Ordonnance de François I. de l'an 1539. article 102, pour reconnoître la valeur des fruits quand on en a besoin; comme la valeur en charge presque toutes les semaines, il surviendroit des contestations pour la valeur des fruits, qui ne se pourroient décider qu'au préjudice de l'une ou de l'autre des Parties.

Pour obliger les marchands à exécuter en ce point l'Ordonnance, il leur est enjoint de nommer deux ou trois d'entr'eux, pour faire & affirmer par serment pardevant le Juge du lieu, sans être appellés ou adjournés, le rapport de l'estimation que le Greffier doit enregistrer sur l'heure, sans faire séjourner ni attendre lesdits Machands, & sans exiger d'eux aucun salaire ni vacation, sur peine d'exaction, suivant l'article 7. du titre 30. de l'Ordonnance de 1667.

Cette maniere de faire preuve de la valeur des fruits est publique, & semble très-sure, parce que les Marchands n'ont point d'intérêt de faire de faux rapports; & s'ils en faisoient, ils seroient punissables, suivant la susdite Ordonnance de François I. article 102.

C'est aussi la raison pour laquelle il est défendu par l'article 8. du titre 30. de la nouvelle Ordonnance, soit en exécurion de Jugemens, ou en toutes autres matiéres où il est question d'appréciation, de faire preuve autrement de la valeur des fruits, ensorte qn'on ne seroit pas recevable à vouloir prouver le contraire; & le Juge, pour quelque raison que ce fût, ne la pourroit pas admettre.

Cette Ordonnance parle de l'appréciation des fruits dûs par contrats de rente, ou qui ont été adjugés par Sentence ou Arrêt, non pas de l'estimation d'une chose promise pour une fois en quantité;

car si quelqu'un a prêté du bled ou autre chose semblable, pour le rendre dans un certain tems, l'estimation s'en doit faire suivant que le bled valoit au tems qu'il devoit être rendu; & s'il n'a pas été convenu du tems auquel il devoit être rendu, l'estimation s'en doit faire eu égard à celui de la contestation en cause.

Cette estimation de fruits par les extraits des Registres des gros fruits, n'auroit pas lieu, si celui qui seroit condamnés à la restitution des fruits, avoit affermé l'éritage pendant le tems de sa jouissance.

Il faudroit seulement le faire appeller, pour l'obliger à représenter les baux à ferme par lui faits des héritages qu'il auroit été condamné de laisser, pour sur lesdits baux être faite la liquidation des fruits qu'il seroit tenu de restituer.

Enfin, pour ce qui regarde les labours, semences & frais de récolte, l'estimation en doit être faite par Experts, suivant l'article 3. *in fine* du titre 30. de l'Ordonnance de 1667.

LIQUIDER DES DÉPENS, c'est faire taxer les frais & dépens à une certaine somme contre celui qui y est condamné. *Voyez* Dépens. *Voyez* Taxe de dépens, & le titre 31. de l'Ordonnance de 1667.

LIQUIDER DES DOMMAGE ET INTERETS, c'est les faire taxer & arrêter. *Voyez* Dommages & intérêts. *Voyez* aussi le titre 32. de l'Ordonnance de 1667.

L'article 6. du titre 26. de l'Ordonnance de 1667. porte, que toutes Sentences, Jugemens & Arrêts sur productions des Parties, qui condamneront à des arrérages ou intérêts, en contiendront les liquidations ou calculs.

Cela est ainsi ordonné afin d'accelérer & d'éviter les frais; mais la disposition de cet article n'a lieu, que lorsque dans la production des Parties on a remis & communiqué au défendeur la demande en liquidation, & que l'on a précisément marqué le tems que les intérêts ou arrérages sont dûs.

Touchant la procédure qui s'observe pour faire liquider des dommages & intérêts, *voyez* ci-dessus Dommages & intérêts.

LIT DE JUSTICE, est le tribunal sur lequel le Roi est élevé au Parlement quand il y va prendre séance. Loyseau, des Offices, liv. 1. chap. 9. nomb. 22.

Anciennement le Lit de Justice étoit appellé le Trône royale des Rois de France. *Voyez* Du Tillet, part. 1. pag. 255. 256. 416. & part. 2. pag. 67 & suiv.

Sa Majesté est assise dans ce Trône pour rendre la Justice dans des affaires majeures, ou pour faire enregistrer des Edits déliberés dans ses Conseils.

Nos Rois tiennent encore leur Lit de Justice pour la déclaration de leur majorité, ou pour déferer la Régence pendant leur minorité aux Reines leurs meres ou ayeules, ou au premier Prince du sang, & pour d'autres affaires importantes.

Voyez ce qu'a dit du Lit de Justice M. Brillon, *verbo* Juge, où il rapporte à ce sujet quantiré de choses très-curieuses.

LITIGE, signifie procès, principalement en matiere bénéficiale

Lorsque de deux contendans l'un vient à déceder pendant le litige, on adjuge la possession du Bénéfice à celui qui reste; parce qu'en matiere bénéficiale les héritiers ne sont point appellés en reprise, la jouissance des Bénéfices étant personnelle: ainsi la Partie adverse, après le décès de celui avec qui il étoit en contestation pour raison du bénéfice, entre en possession dudit Bénéfice.

Il n'en est pas de même en matiere civile; car l'un des contendans étant mort, ses héritiers succedent en tous ses droits.

LITISPENDANCE, signifie le procès qu'on a avec quelqu'un, & dont la Justice est saisie.

La litispendance est un moyen d'évocation, c'est-à-dire, qu'on peut évoquer pour raison d'un procès qui connexité avec l'affaire dont il s'agit, lequel est pendant dans une autre Jurisdition.

Mais pour établir la litispendance, à l'effet de pouvoir en conséquence demander une évocation, trois choses doivent concourir; sçavoir que ce soit, I°. entre les mêmes personnes, II°. pour la même chose, III°. que ce soit *ex eâdem causâ*.

Les déclinatoires qui sont proposés sous prétexte de litispendance, doivent être jugés sommairement à l'Audience, comme il est porté en l'art. 3. du titre 6. de l'Ordonnance de 1667.

L'on a prétendu que la contestation & litispendence affectoit la chose, & en faisoit une espéce de gage de Justice; demaniere que non-seulemenr les biens litigieux ne pouvoient pas être aliénés pendant le litige, mais encore qu'ils ne pouvoient pas être prescrits par l'espace de dix ou vingt ans par un acquereur de bonne foi, *ut deciditur toto titulo passim, codice de litigios.*

Cependant l'opinion contraire a prévalu en France, où la disposition du Droit Romain n'a pas été reçue à cet égard. L'on y regarde le litige comme un vice personnel, qui n'empeche la prescrition de la chose litigieuse, que quand il y a de la collusion entre celui qui aliéne & celui qui acquiert; ou lorque l'aliénation se fait à des personnes prohibées par les Ordonnances, comme aux Juges, aux Avocats, aux Procureurs, & autres semblables.

Voyez Brodeau sur M. Louet, lettre L, chap. 19. & d'Argentté, sur la Coutume de Bretagne, art. 265. chapitre 3. nombre 5.

LITRE, OU CEINTURE FUNEBRE, est un des premiers droits honorifiques qu'ont les Seigneurs Patrons, & les Seigneurs Haut-Justiciers dans les Eglises qu'ils ont fondées, ou qui sont de leurs Seigneuries.

Ce droit consiste à faire peindre les écussons de leurs armes sur une bande noire en forme d'un lez de velours autour de l'Eglise, ou par dedans.

Les armoiries & litres ne prouvent point le droit de patronage, si elles ne sont mises à la clef de la voute du Chœur, ou au frontispice du portrail.

Le

Le droit de mettre des armoiries en une Eglise est personnel & inhérant à la famille du Fondateur ; ensorte qu'il ne passent point, *cum universitate fundi*, en la personne de l'acquereur du fonds.

De ce même principe il s'en suit, que ceux qui ont acquis Justice du Roi par engagement, ne peuvent mettre leurs armoiries ès Eglises étant esdites Justices.

L'usage des litres ou ceintures funébres n'est pas fort ancien, & n'a commencé que quand les armoiries ont été héréditaires, & des marques d'honneur pour distinguer les familles nobles.

Voyez ce qui est dit à ce sujet dans le Glossaire du Droit François, *verbo* Litre.

Le désir naturel qu'on les hommes de perpétuer leur mémoire, & de survivre, pour ainsi dire, dans ce monde après leur mort, avoit anciennement introduit l'usage de faire graver sur les ouvrages publics leurs noms, leur famille, leur dignités, celle de leurs ancêtres & leurs belles actions.

Les Chrétiens ont à cet égard imitté en plusieurs choses l'ambition des anciens.

Quelque tems après qu'on eut commencé à fonder des Eglises, les Fondateurs apposerent leurs noms & leur titres sur les frontispices des Eglises, & dans les Eglises aux endroits les plus éminens. On voit encore aujourd'hui en plusieurs Eglises de ces inscriptions gravées sur des lames d'airin ou de marbre.

Ils firent aussi graver leurs images dans les Eglises, *ut convincitur ex sancto Epiphanio, ad Joannem Hyerosol. Episcop. epistolâ 60. inter Hyeronimianas, & ex sancto Augustino, lib. 1. Confess. cap. 13. & in Tractatu de consonantiâ Evang. Math. & Luc.*

Mais dans la suite, comme on a vû que les familles illustres se distinguent mieux par leurs armoiries que par toute autre marque, les Fondateurs des Eglises, au lieu d'y faire mettre leurs noms & leurs titres, y ont fait mettre leurs armoiries.

Enfin, on a introduit les litres & les ceintures funébres, qui ne se mettent qu'après la mort.

C'est une espéce de bande qui se peint en noir tout autour du dedans de l'Eglise ou du dehors, sur laquelle les armoiries sont peintes de distance en distance.

Ainsi litre est une trace de peinture, de l'argeur d'un pied & demi, & de deux au plus, de couleur noire, qui entourre le corps d'une Chapelle ou Eglise, à l'honneur, mémoire, & en signe du deuil du Patron de l'Eglise, ou du Seigneur du lieu, sur laquelle trace sont peintes en divers endroits les armoiries du défunt.

Ces ceintures sont appellées funébres, parce qu'elles ne sont mises qu'après la mort, & qu'elles dénotent le décès de ceux dont elles portent les armes.

Les auteurs ne conviennent pas sur l'étymologie du mot de litres, ni pour quelle raison les ceintures funébres sont appellées de ce nom ; mais comme cette question est peu importante, je ne m'y arrêterai point. Je remarquerai seulement qu'on peut consulter ce que dit là-dessus M. du Cange *verbo Litra*; & ce qu'en dit Bacquet, en son Traité des Droits de Justice, chap. 20. nomb. 26.

Mais de quelqu'en droit que l'on tire l'étymologie de ce terme, je crois qu'on peut dire avec raison que c'est un abus qui s'est glissé parmi les Chrétiens, de souffrir des ceintures funébres dans les Eglises, où rien ne doit se présenter aux yeux des Fidéles, que ce qui peut leur inspirer un très-profond respect.

Ainsi, c'est mal-à-propos que l'ambition des hommes s'est venue placer jusques sur le Sanctuaire, & a voulu assujettir les choses les plus saintes à une espéce de servitude, dont elles devroient certainement être exemptes.

Si par le reproche d'un bienfait on en perd tout le mérite, ensorte qu'on se rende par ce moyen indigne de toute reconnoissance, ne doit-on pas croires que par ces sortes de bigarrures, dont les hommes se sont avisés de profaner un lieu si sacré & si saint, pour satisfaire leur sotte vanité, ils préferent ces sortes d'honneurs chimériques & ridicules, aux récompenses réelles & infinies dont Dieu reconnoîtroit leurs libéralités

Maréchal, au chapitre 5. de son Traité des Droits honorifiques, dit que la litre ne doit être que de deux pieds au plus de largeur, & qu'il n'y a que celles des Princes qui soient plus larges, étant ordinairement de deux pieds & demi.

Il ajoute, que sur celles des Princes, les écussons & armes doivent être peintes & éloignées de douze pieds ; & que sur celles des autres Seigneurs, les écussons & armes doivent être plus éloignées.

Comme l'apposition des armes est un signe de seigneurie & de supériorité, quoique dans les premiers tems il n'y eut que les Fondateurs des Eglises à qui elle fût permise, néanmoins elle fut dans la suite accordée aux Seigneurs Hauts-Justiciers, à cause de leur Justice.

C'est la disposition de l'article 60. de la coutume de Tours, & de l'article 2. du chapitre cinquiéme de la Coutume de Loudunois.

Suivant les articles que nous venons de citer de ces Coutumes, le Patron Fondateur est preferé, dans les droits honorifiques, au Seigneur Châtelain & Haut-Justicier du lieu ou l'Eglise est bâtie : ce qui est observé par toute la France.

Ainsi, le Fondateur doit avoir litre, tant dedans que dehors l'Eglise, avant le Baron, Châtelain ou autre Seigneur; comme il a été jugé par plusieurs Arrêts, rapportés par ceux qui ont donné des Traités du droit de Patronage.

I. Parce que la fondation de l'Eglise est présumée plus ancienne que la concession de la Justice faite par les Rois de France aux Seigneurs Justiciers, s'il n'appert du contraire ; car la concession des Justices au Seigneur particulie rs, ne précede pas le Roi Pepin le Bref, pere de Charlemagne.

II. Parce que le Seigneur est estimé avoir quitté & remis ses droits & prérogatives au Patron, en ni permettant de faire bâtir un Eglise en son territoire, sans avoir fait réserve expresse.

On peut ajouter à ces raisons celle qui se tire de l'intérêt de l'Eglise & du Public, qui doit prévaloir à l'intérêt du Seigneur. Ainsi, comme les droits & prérogatives dans l'Eglise sont accordés au Patron par rapport à l'intérêt de l'Eglise & du Public, le Seigneur Haut-Justicier ne peut pas empêcher le Patron d'en jouir, & d'y avoir toute préference sur lui-même.

Il faut excepter le cas où le Seigneur Haut-Justicier, en permettant à quelqu'un de faire bâtir une Eglise sur les terres de sa Seigneurie, se seroit expressément réservé les prérogatives, prééminences & honneurs dans l'Eglise; car ayant été bâtie avec cette charge, le Fondateur ne pourroit prétendre les honneurs qu'après le Seigneur Haut-Justicier.

De ce que nous venons de dire il s'ensuit, que le droit de litre appartient au Fondateur, quoiqu'il n'ait pas le Fief ni la Justice en laquelle l'Eglise a été bâtie, puisque c'est une suite du droit de patronage, qui est accordé au Fondateur d'une Eglien reconnoissance de son bienfait. *Jus Patronatûs introductum est ad excitandam & remunerandam Fidelium in Ecclesias liberalitatem.*

Mais quoique le droit de Patronage & de présentation cesse dans les Eglises conventuelles, néanmoins les Fondateurs & Patrons ne laissent pas de jouir de quelques honneurs, comme d'avoir litre & ceinture funébre, d'être enterrés dans le Chœur, ou en tel autre lieu de l'Eglise qu'il leur plaît. Mais ces droits & honneurs ne sont pas accordés aux Seigneurs Hauts-Justiciers, d'autant que les Magistrats n'ont aucun droit ni aucune jurisdiction sur les Eglises conventuelles, comme remarque de Roye, *in tractatu de Juribus honorif. lib.* 1. *cap.* 2.

Après le Patron le Seigneur Haut-Justiciers a droit de faire apposer & peindre litres dans les Eglises bâties dans les terres de sa Justice; mais les Moyens & Bas-Justiciers ne le peuvent point prétendre, à moins qu'ils ne se l'ayent réservé expressément en permettant au Patron de bâtir l'Eglise sur leur Fief ou dans leur Justice. Et si dans quelques Provinces les moyen& Bas-Justiciers, & les simples Seigneurs de Fiefs où l'Eglise est située, y font peindre litre, c'est plus par tolérance que par un droit, à moins qu'il ne l'ayent acquis par une possession immémoriale.

Ainsi, hors le cas d'une possession immémoriale, le Patron & le Seigneur Haut-Justicier peuvent empêcher quelques personnes que ce soit d'avoir litre dedans ou déhors l'Eglise.

Le Fondateur ou Patron a donc la prérogative & prééminence sur le Seigneur Haut-Justicier, ainsi ce Seigneur ne peut faire mettre sa litre qu'au dessous de celle du Patron, excepté le cas que nous avons remarqué ci-dessus.

En concurrence de deux Seigneurs Haut-Justiciers en la même Paroisse, s'il y en avoit un qui eût la préference & prérogative sur l'autre, en procession, offrande, pain-beni, paix, & par quelque dignité & rang qu'il possederoit, l'autre Conseigneur ne pourroit faire mettre litre qu'au dessous de celle du Seigneur qui auroit cette préference & cette prérogative

Mais lorsque l'un d'eux n'a point de prééminence sur l'autre, comme ils ont tous deux droit de mettre litre, celle du Seigneur qui décedera le dernier doit être mise au-dessous de celle du Seigneur qui sera décedé le premier. *Voyez* cependant ce que dit à ce sujet de Roy, *de Jure Patron. cap.* 4.

Lorsqu'il y a plusieurs Patron d'une même Eglise, l'aîné, ou celui qui est issu de l'aîné, a sa litre & ses noms à droit, le puîné à gauche; ou bien l'aîné les a au-dessus des autres.

Il faut dire la même chose au cas que la Justice soit possédée par indivis entre deux freres; alors l'aîné a la litre & armes à côté droit, l'autre à gauche en Eglise; ou bien il faut que celles de l'aîné soient placés plus haut que celles du puîné; ou enfin, s'il plaît à l'aîné, leurs armoiries seront mise en égale hauteur & parité de nombre, tant dedans que déhors de l'Eglise, sur même ceinture & litre; desorte que les armes de l'aîné soient peintes premierement, celle du puîné ensuite, dans une distance convenable de douze pieds en douze pieds, & ainsi alternativement.

Comme les droits honorifiques n'appartiennent qu'au propriétaires de la Justice ou du Fief, l'usufruitier n'a pas droit de litre, non plus que la douairiere, pas même le Seigneur par engagement d'une terre du Domaine, qu'oiqu'il ait les autres honneurs dans l'Eglise, par préference aux autres Seigneurs, Moyens & Bas-Justiciers, ou Seigneurs féodaux & Gentilshommes. *Chopin*, *de Domanio*, *lib.* 3 *tit.* 19. *num.* 16.

Les Fondateurs de Chapelles bâties à côté & aux aîles d'une Eglise principale, dont un autre est Patron ou Seigneur Haut-Justicier, ou Seigneur féodal du lieu; sont en droit d'avoir litre ou ceinture, mais dans leur Chapelle seulement, & non dans le Chœur, ni dans la Nef, ou au dehors de l'Eglise.

Néanmoins le Patron de l'Eglise principale peut, en faisant litre au tour, dedans & dehors l'Eglise, y comprendre le dedans & le dehors de ladite Chapelle, faisant peindre sa litre & armes au-dessus de celle du Fondateur de cette Chapelle.

Au reste, le Patron ecclésiastique ne doit point faire graver ses armes dans sa litre qu'il a droit de mettre dans l'Eglise, mais seulement les armes de son Eglise; parce que les armes des familles *sunt sæcularium insignia & militaria* & ne conviennent point à des Ecclésiastiques. De Roye *ibidem*, *cap.* 3.

Voyez le Traité des Droits honorifiques de Maréchal, & M. Dolive en ses Questions, livre 2. chap. 11.

LIVRAISON, est la tradition d'une chose, dont on met en possession celui à qui on la livre. *Voyez* Tradition.

LIVRE D'UN ADMINISTRATEUR, QUI A LE MANIEMENT DES AFFAIRES D'AUTRUI, est un Journal que doivent avoir les tuteurs, curateurs, exécuteurs testamentaires, & autres administrateurs, contenant la recette & la dépense qu'ils font chaque jour en conséquence de leur administration.

LIVRE DE MARCHAND, est un Journal dans lequel un Marchand écrit journellement ce qu'il reçoit & débite, & tout ce qui concerne le fait de son négoce, & non autre chose.

Pour que son livre soit en régle, il faut que dans l'exposé de ce qui y est contenu la cause y soit énoncée; car il ne suffiroit pas, par exemple, de mettre, *un tel jour j'ai fourni à un tel pour dix pistoles de marchandises*: il faut qu'il explique la qualité & la quantité des marchandises que l'on a fournies, & ensuite la somme à quoi le tout se monte.

Quand les Livres des Marchands sont bien suivis, & vraisemblablement conformes à la vérité, ils font foi entr'eux, c'est-à-dire, de Marchand à Marchand. La raison est, que l'utilité du commerce les fait considerer comme des Livres publics, du moins entre Marchands associés, faisant trafic de mêmes marchandises ou de marchandises qui ont entr'elles quelque rapport. Il y a même une espéce de societé entre celui qui prépare la marchandise, & celui qui la vend après quelle est préparée, comme un Imprimeur & un Libraire.

Voyez le titre 4 de l'Ordonnance de commerce de 1673. & ce que j'ai dit ci-dessus, *verbo* Journal. *Voyez* aussi le traité de la preuve par Témoins, par M. Danty, chap. 8. & ce que j'ai dit *verbo* Registre de Marchand.

Le Livre d'un Marchand fait encore foi contre celui qui l'a écrit, c'est-à-dire, qu'il fait une preuve entière par lui-même, sans qu'il soit besoin d'avoir recours au serment de celui qui l'a écrit; parce qu'il n'est pas probable que ce qui se trouve écrit dans un tel Livre, ne soit pas conforme à la vérité.

Cela même a lieu quoique ce Livre soit écrit de la main d'un autre, pourvû que cette personne reconnoisse que ce Livre journal est celui dont elle se sert.

Les Livres des Marchands font foi entr'eux, quand les articles en sont bien suivis, & conformes vraisemblablement à la vérité; mais ils ne font pas foi indistinctement contre un tiers, parce que ce ne sont que des écritures privées, qui ne font pas même une demi-preuve, & qui ne servent point à exclure la fin de non-recevoir que nos Coutumes ont établie contre les Marchands.

Ces Registres ne sont point publics ni autentiques par eux-mêmes, & il ne seroit pas juste qu'un particulier se pût faire un titre à l'inçu de celui qu'il prétendroit être son débiteur, à qui l'on ne pourroit pas imputer de ne l'avoir pas empêché, puisqu'il n'étoit pas en sa puissance de le faire.

D'ailleurs, ceux qui achetent d'un Marchand, payent ordinairement sur le champ sans tirer quittance: ainsi la présomption du payement est en faveur de l'acheteur, puisqu'il est libre au Marchand de vendre à crédit, ou de ne pas vendre; il doit donc s'imputer de n'avoir pas pris ses sûretés quand il a vendu à crédit.

Comme il est présumé avoir voulu suivre la foi de l'acheteur, en lui vendant à crédit sans prendre ses sûretés, lorsque l'acheteur ne veut point acquiescer à ce qui est portés dans son Registre, il n'a point d'autre ressource que de s'en rapporter à son serment.

Ce serment étant déferé par le Marchand à celui qu'il prétend lui devoir pour marchandises; il est tenu d'affirmer, sinon doit être condamné à payer; *quia manifeste turpidinis est, nec jurare velle, nec solvere. Leg. 38. ff. de jurejur.*

Il ne peut pas même refuser de prêter ce serment, sous prétexte que le tems de la prescription d'un an ou de six mois, introduite contre le Marchands par les articles 126 & 127. de la coutume de Paris, est écoulé.

La raison est, que ces sortes de prescriptions si courtes n'ont été introduites contre les Marchands, qu'en faveur des débiteurs qui payent d'ordinaire le Marchand sans témoins, & sans en tirer quittance; & sur-tout en faveur des héritiers, qui ignorent si le défunt a payé. M. Charles Dumoulin, en son Traité des Usures, quest. 22. nomb. 228.

Voici en peu de mots ce qui s'observe parmi nous, au sujets des Livres des Marchands. Quand des Marchands agissent contre des Marchands associés, le demandeur est cru sur son Livre en bonne forme, & sur son affirmation; & ces actions de Marchand à Marchand ne se prescrivent point par l'an ou par les six mois: elles durent trentes années, parce que la Coutume de Paris, ès articles 126 & 127: n'a voulu parler que du Marchand, & de celui qui achete sans être Marchand des mêmes choses, ou de celles qui servent pour leur commerce.

Mais quand cet un Marchand qui demande à un particulier, pour marchandises qu'il lui a fournies, le Marchand n'a qu'une année ou six mois pour faire sa demande, après lequel tems il est non-recevable; & comme cette fin de non-recevoir a été introduite contre lui, il n'en peut tirer aucun avantage pour se soustraire du Droit commun; c'est-à-dire, que l'acheteur, *penes quem est rei mobilis possessio*, sera toujours déchargé de la demande du Marchand en affirmant qu'il a payé, quand même l'action seroit intenté par le Marchand dans l'an ou dans les six mois de la Coutume.

Mais ce que nous disons de l'action qui est intentée par un Marchand contre un Bourgeois, pour marchandises fournies, ne se doit entendre que quand il n'y a ni promesse, ni titre; parce que quand il y en a, l'action personnelle qui en résulte dure trente années, & le Bourgeois ne peut prétendre que le Marchand soit obligé de s'en rapporter à son serment.

Comme les Marchands, Négocians & Banquiers ont différentes sortes de Livres qui ont différentes dénominations, nous allons donner une explication sommaire de ces Livres.

LIVRE DE COMPTE OU DE BANQUE. Pour observer un bon ordre, & une régle distincte & sans confusion, les Banquiers & les Marchands qui font des affaires importantes, ont coutume de tenir plusieurs Livres qui ont différentes dénominations, suivant ce à quoi ils sont employés.

LIVRE DE VENTE, est celui sur lequel on rapporte ce que l'on achete & ce que l'on vend continuellement; ce qui se transporte après sur le grand Livre par comptes séparés.

LIVRE DE CAISSE, est celui où l'on écrit la recette & la dépense de l'argent qui entre & sort du coffre pour le rapporter après sur le quarnet & grand Livre.

LIVRE DE RAISON, ou grand Livre, est celui dans lequel on écrit le capital ou le fonds qu'il y a en sa compagnie, l'achat & vente de toutes marchandises & toutes les affaires sérieuses d'icelle, spécialement les comptes qui ne peuvent être clos qu'avec quelque longeur de tems, appellés communément *compte de tems*.

LIVRE QUARNET, est un Livre dans lequel on rapporte tous les comptes courans, qui se terminent aux Foires ou autrement en peu de tems.

LIVRE DE FACTURES, est celui où l'on écrit le contenu des marchandises qu'on reçoit d'ailleurs, & qui sont envoyées à autrui.

LIVRE DE COPIE DE COMPTES, est pour tenir Registre de tous les comptes qu'on baille ou reçoit d'autrui.

LIVRE DE MEMOIRE, est un Livre où l'on tient registre des actes qu'on a passés, des Lettres de change qu'on accepte, & de toutes les affaires, dont on désire se ressouvenir.

LIVRE nommé BILAN, est un petit Livres qui contient en abregé ce que les banquiers ou Marchands doivent, & ce qui leur est dû pour leur être payé aux payemens de la prochaine Foire, au derriere duquel on écrit le virement des Parties.

LIVRE D'INVENTAIRE, est un état des meubles & marchandises qui sont en nature.

LIVRE DE TRACE, est un Livre qui se fait après la compagnie finie, contenant les reliquats d'icelle, qui est proprement le rapurement d'un négoce fini.

LIVRE NUMERAIRE, OU DE COMPTE, se prend en France pour vingt sols, qui est la valeur d'une monoye qu'on appelloit autrefois franc, & qui est synonime; mais quoique les termes de francs & de livres soient synonimes, ils ont néanmoins un usage très-différent. On ne dit point un franc, deux francs, trois francs, cinp francs, mais une livre, deux livres, trois livres, cinq livres. On dit quatre francs ou quatre livres; & quand la somme est de six livres & au-dessus, on se sert indifféremment du terme de franc ou de livre, comme six francs ou six livres, vingt francs ou vingt livres, &c. On dit j'ai dix milles livres de rente, & ce seroit mal parler de dire j'ai dix milles francs de rente: on nemet jamais francs avec mille & rente.

La livre parisis vaut vingt-cinq sols. Elle augmente du quart en sus les livres tournois, comme je l'ai dit *verbo* Parisis.

On dit au Palais, que les créanciers seront payés au sol la livre, au marc la livre, quand ils sont colloqués à proportion de leur dû sur des effets mobiliers, ce qu'on appelle par contribution, ou lorsqu'en matiere d'hypotéque ils sont en concurrence ou égalité de privilege, & qu'il y a manque de fonds; ou enfin lorsque en matiere de banqueroute ou de déconfiture, il faut qu'ils souffrent & partagent la perte totale, chacun en particuliers aussi à proportion de son dû.

Voyez le Dictionnaire de Trevoux.

LIVRE PONDERALE, est differente selon les lieux. Celle d'Avignon de Provence & de Languedoc est de treize onces. La livre de Lyon est de quinze. Celle de Paris est de seize. *Voyez* le Dictionnaire de Trevoux.

LIVRER, signifie mettre quelqu'un en la possession de quelque chose. *Voyez* Tradition.

LO

LOCAL. On entend par ce terme ce qui concerne spécialement un lieu: ainsi on appelle Coutume locale, une coutume particuliere à un lieu, à une Seigneurie, & qui n'est pas conforme à la Coutume générale de la Province.

LOCATAIRE, est celui qui tient une maison à loyer. Celui qui tient des terres à loyer est appellé Fermier. *Voyez* Loyer.

Un locataire est toujours tenu du dommage qu'il cause à la maison par sa faute, quoique légere mais non pas par sa faute très-legere. *Voyez* ci-dessus Incendei.

LOCATION, CONDUCTION. Ces termes relatifs signifient le contrat de louage, par lequel l'un des contractans s'oblige de donner à l'autre une maison ou une terre pour en jouir pendant un certain tems, à la charge d'en payer une certaine redevance, que l'on appelle loyer. *Voyez* Bail. *Voyez* Louage *Voyez* Loyer.

LOGEMENT DES GENS DE GUERRE, est une charge publique, dont sont tenus tous ceux qui n'en sont pas exempts par un privilége spécial accordé par Sa Majesté. *Voyez* Exemption du logement des gens de guerre.

Loi est une constitution ou une Ordonnance générale, qui vient d'une autorité souveraine, & qui résout selon la raison une chose, avec injonction d'obeir à sa décision. Sur quoi il faut remarquer que la soumission à la Loi est une véritable liberté; *Servi enim Legum sumus, ut magis simus liberi.*

C'est une constitution générale : d'où il s'ensuit qu'elle ne regarde pas seulement quelques Particuliers, mais s'étend généralement à toutes sortes de personnes; en quoi la Loi est différente du privilége, qui ne concerne que l'intérêt de quelque Corps & Communauté, ou de quelque particulier : ce qui fait qu'il est appellé *privata lex simpliciter*.

Les décisions & les résolutions d'une Loi doivent être conformes à la raison; car il n'y a point de véritable Loi qui ne prenne toute sa force de la raison : c'est pourquoi ceux qui font des Loix, ne les doivent arrêter qu'après une longue & mûre délibération, & par le conseil des plus sages & des plus expérimentés.

Enfin toute la force & la vertu de la Loi consiste à commander ce qui est juste, & à défendre ce qui ne l'est pas. En un mot, *Lex est omnium divinarum & humanarum rerum regina, præceptrix faciendorum, prohibitrix autem non faciendorum*, *Leg.* 2. *ff. de legib. Legis enim virtus hæc est, imperare, vetare, permittere, punire, Leg.* 7. *ff. de legibus.*

Pour peu qu'on fasse attention aux mauvaises habitudes, aux passions dereglées, & aux manieres bizarres, qui ne sont que trop en usage, on est bien persuadé que les Loix sont absolument nécessaires, pour arrêter la violence des méchans par la crainte, & proteger l'innocence des justes par une autorité souveraine.

La Loi ne doit rien ordonner qui ne soit juste, & elle doit punir les contrevenans. Elle ne diot rien ordonner qui ne soit honnête & possible, d'autant que les choses qui sont impossibles, ou selon la nature, ou selon la droite raison, ne peuvent obliger personne à les observer. *Impossibilium nulla est obligatio; & quæ bonos mores lædunt, viro probo impossibilia videntur.*

La Loi imposé la nécessité d'obéir à ce qu'elle prescrit; car la Loi ne nous enseigne pas seulement les choses qu'il faut faire, & celles qu'il faut fuir, elle nous impose aussi la nécessité de lui obéir : ce qui fait voir que ce commandement d'obéir, qui est essentiel à la Loi, ne peut provenir que d'une Puissance souveraine; & par conséquent qu'il n'est permis à personne de disputer de son autorité, ni d'appeller de ses volontés & de ses décisions.

De ce que la Loi est un commandement qui vient d'une autorité supérieure, il s'ensuit que les Loix n'ont de force en France, que par l'autorité souveraine du Monarque de qui elles sont émanées. Aussi M. le Bret, en son Traité de la Souveraineté, dit qu'il n'appartient qu'au Roi de faire des Loix dans le Royaume, de les changer & de les interpréter, liv. 1. chap. 9. & au chap. 10; il dit qu'il en peut faire en matiere ecclésiastique.

Quand la Loi a parlé d'une maniere claire & positive, il n'est pas permis de s'en écarter; quelque dure qu'elle soit, il faut s'en tenir à sa décision, ou avoir recours au Prince, pour qu'il lui donne une interprétation, ou qu'il en tempere la rigueur. *Voyez* Interprétation des Loix.

Qui veut le Roi, si veut la Loi. C'est la premiere régle de notre Droit. Loisel, Instit. livre 1. titre 1. régle 1. Ce qui est conforme non-seulement à la derniere Jurisprudence Romaine, §. 7. *tit.* 1. *lib.* 2. *Instit.* Mais encore aux Oracles sacrés de qui les Rois tiennent leur puissance, comme nous l'avons fait voir ailleurs.

La marque la plus éminante de la souveraineté, est le droit de faire des Loix; & comme l'ame de la Loi est la raison, que Dieu inspire aux hommes, & communique plus parfaitement à ceux qu'il a préposés pour nous gouverner, sur-tout lorsqu'ils font des Loix, il s'ensuit,

I°. Que les Loix étant inspirées de Dieu même, n'ont pour objet que de faire du bien à ceux qu'il a soumis à la puissance du Législateur.

Aussi quand il s'agit de corriger & abroger d'anciennes Loix, ou d'en faire de nouvelles, celui à qui Dieu a confié ce pouvoir suprême doit toujours avoir en vûe de porter la Jurisprudence à une plus grande perfection, & contribuer de plus en plus, par des Loix aussi uniformes que salutaires, à la tranquilité & à la félicité de tous ses Sujets.

II°. Que ces Loix du Prince obligent en conscience de ses Sujets, & qu'il n'y a que lui seul qui en puisse dispenser.

C'est le Prince qui donne la Loi à ses Peuples; il est lui-même une Loi animée, à laquelle Dieu a soumis les autres Loix. *Imperatori & ipsas Leges Deus subjecit, Legem animatam committens hominibus. Novel.* 105. *cap.* 2. *in fine.* En effet, comme Dieu fait les Rois pour tenir sa place au-dessus des hommes, il ne les éleve à ce haut rang là, que pour se faire regner lui-même par l'empire de la Justice qu'il met entre leurs mains; & c'est pour soutenir la grandeur d'un ministere si auguste, qu'il leur communique toute la puissance & toute la gloire qui les environne.

Le Prince n'est point assujetti aux Loix. *Leg.* 31. *ff. de Legibus.* Mais les bons Princes les observent religieusement pour donner l'exemple, & ils se croyent même obligés de le faire, *Leg.* 4. *cod. de Legib. cujus hæc sunt verba. Digna vox est Majestate regnantis, Legibus alligatum se profiteri : ado de autoritate nostri juris nostra pendet autoritas. Et revera majus Imperio est, submittere Legibus Principatum; Et oraculo præsentis Edicti, quod nobis licere non patimur, aliis interdicimus.*

On rapporte que Zaleuque, Roi des Locriens, fit une Loi qui ordonnoit que celui qui feroit convaincu d'adultère perdroit les deux yeux; & que son fils unique ayant été convaincu le premier d'avoir commis un adultère, Zaleuque, pour mettre la Loi à exécution, se fit créver un œil, & en fit créver un à son fils.

La fermeté du gouvernement des Princes, n'est fondée que sur l'observation des Loix & des Ordonnances qu'ils établissent; & c'est par les Loix que les Rois regnent. En effet, c'est la Loi qui régle les actions des hommes, qui entretient entr'eux la concorde, & les contient en leur devoir.

Une suite nécessaire de ce principe indubitable, est que l'observation des Loix étant le plus solide appui d'un Etat, l'administration de la Justice ne doit être confiée par le Prince qu'à des personnes qui ayent une connoissance parfaite des Loix, qui en soient non-seulement religieux observateurs, mais encore qui s'appliquent sans relâche à les faire observer aux autres très-exactement. *Voyez* ce que j'ai dit *verbo* Jugement.

Les Loix réglent les choses sur des principes généraux, & sur ce qui arrive le plus souvent: ainsi sans considerer les circonstances particuliéres, par rapport aux personnes, aux lieux & aux tems, leurs décisions sont générales, & par conséquent ne peuvent pas convenir à certains cas extraordinaires, qui n'ont pas été prévûs par le Législateur. *Cum Lex non possit omnes casus prævidere, postquam quod æquum est docuit, tradit reliqua justissimâ mente judicanda & administranda Magistratibus, si ex ipsâmet Lege illius interpretatio possit deduci.* Mais il faut avoir du Prince même l'interprétation qu'il faut donner à la Loi, quand il n'est pas possible de la tirer de la Loi même: *tunc enim ejus est, Legem interpretari, cujùs est Legem condere. Voyez* Interprétation de Loi.

Il est nécessaire que les Loix soient rédigées en forme d'Ordonnances, & elles n'obligent que lorsqu'elles ont été publiées. *Voyez* Publication des Ordonnances, Edits & Déclarations.

Réguliérement les Loix ne doivent avoir lieu que pour l'avenir, sur-tout quand elles sont introductives d'un droit nouveau, & contraires au droit commun.

Ainsi les Loix obligent aussi-tôt qu'elles sont publiées, non pas pour les affaires passées, à moins qu'elles ne l'ordonnent expressément, mais seulement pour celles qui se doivent faire à l'avenir. *Leg. 7. cod. de legib. Voyez* M. le Prêtre, cent. 1. chap. 55.

Les Loix postérieures, qui sont contraires aux précedentes, y dérogent de plein droit, *Leg. ult. de constitutionibus*, quoiqu'elles ne contiennent pas une dérogation expresse; ce qui n'a lieu cependant que lorsque ces Loix postérieures sont générales: car quand une Loi est particuliere & spéciale, elle doit être renfermée dans le cas particulier pour lequel elle a été faite, & par conséquent ne détruit point les Loix universelles, à moins qu'elle n'y déroge expressément.

De ce que nous venons de dire, il s'ensuit que les Loix humaines dont nous parlons ici ne sont point immuables; il n'y a que les Loix divines qui le soient. *Voyez* ci-après Loi immuable.

Comme les Législateurs affectent souvent la briéveté, leur volonté n'est pas toujours assez clairement expliquée; & cette obscurité qui se trouve quelquefois dans les loix, est une des raisons qui fait que quelques Loix ont besoin d'interprétation; autrement la trop rigoureuse exactitude à les suivre de point en point pourroit dans certains cas, faire commettre de grandes injustices.

Un Juge est donc obligé d'examiner quel peut être le véritable sens de la Loi, ou si l'on peut l'expliquer par une autre; mais sur-tout il faut bien prendre garde que quand on veut pénetrer le vrai sens d'une Loi, c'est toujours dans la pensée du Législateur qu'il en faut chercher l'éclaircissement, & non pas dans les termes dont il s'est servi, comme nous avons dit *verbo* Interprétation.

Pour qu'un Jugement soit valable, il faut qu'il soit conforme aux Loix, ou du moins qu'il n'y soit point absolument contraire.

Il s'est trouvé des Juges qui se croyant eux-mêmes aussi capables de bien décider que ceux qui ont fait les Loix, ont prétendu qu'ils ne devoient point être restraints à les suivre. Les Loix, disent-ils, ne sont que des décisions faites par des hommes comme nous, ne pouvons-nous pas rencontrer aussi bien qu'eux.

C'est delà qu'ils inferent que chacun peut juger selon son sens, & qu'il faut qu'aux Jugemens les opinions soient libres, & que l'on ne doit pas être plus obligé à s'assujettir aux opinions des anciens, qu'à suivre, quand on va aux voix, les opinions de ceux qui ont parlé les premiers. Enfin, que c'est imiter les bêtes, que de marcher sur les vestiges des autres.

Pour détruire cette erreur, il suffit de dire que si cet abus étoit introduit, nous n'aurions plus de maximes ni de régles; que ce seroit mettre toutes choses au hazard, puisque les Juges pourroient suivre leurs caprices; que par ce moyen notre Jurisprudence tomberoit dans la confussion, & qu'on la verroit changer plus souvent que changent les modes; que n'y ayant rien de reglé ni de certain, chacun pourroit espérer le gain de sa cause, fût-elle bonne ou mauvaise.

Enfin, rien ne seroit plus absurde, que de faire dépendre la fortune & la vie des hommes de la volonté des Juges; parce qu'il s'en peut rencontrer quelques-uns qui soient peu éclairés, & d'autres qui soient susceptibles de passions, comme les autres hommes. Il est donc juste d'obliger les Juges de conformer leurs Jugemens aux dispositions des loix & des usages. Les premiers Juges y sont plus astraints que les Juges souverains; ceux-ci étant censés juger *vice sacrâ Principis*, peuvent adoucir ou interpréter la Loi, suivant les circonstances du fait; mais ni les uns ni les autres ne peuvent juger contre directement. *Voyez* Cour souveraine.

Cela se prouve en ce qu'une Sentence ainsi rendue ne peut jamais passer en force de chose jugée, & si c'est un Arrêt, on peut se pourvoir contre en cassation. Il y a plus, c'est que le Juge qui a directement jugé contre les Loix, peut être prix à partie, suivant l'Ordonnance de 1667. au titre des prises à partie, art. 8.

Lorsqu'il y a des procès entre des étrangers, il faut

juger le fond & principal suivant les Loix étrangeres; mais pour ce qui est de la forme & instruction, il faut suivre les Loix de France. Brodeau sur Louet, lettre C, nomb. 42.

Un Etat ne peut subsister sans quelques Loix, mais leur trop grande multitude peut quelquefois en rendre la connoissance plus difficile. Il seroit à souhaiter qu'il y eût moins de Loix, & qu'elles fussent mieux observées.

C'est affoiblir les Loix, que d'en rechercher les motifs avec trop de curiosité, car dès qu'on ne les entend pas, on est quelquefois assez mal avisé pour s'imaginer que l'on est dispensé d'obéir à la Loi. *Non omnium quæ à majoribus condita sunt ratio reddi potest. Et ideò rationes eorum quâ constituuntur inquiri non oportet; alioquin multa ex his, quæ certa sunt, subvertuntur. Leg. 20 & 21. de Legib.*

Ce n'est pas sçavoir une Loi, que d'avoir dans sa mémoire les termes dans lesquels est rédigée; il faut en connoître la force & le pouvoir. *Scire Leges non est verba earum tenere, sed vim ac potestatem. Leg. 17. ff. eodem.*

Des Loix en général, de leurs publications & affiches pour en faire connoître les dispositions, & rendre inexcusables ceux qui ne les observeroient pas, *voyez* le Traité de la Police, tom. 2. livre 1. titre 15. *Voyez* aussi les Opuscules de Grimaudet, où il traite de la Loi, de la température de la Loi par équité, de l'équité par supplément, & de celui qui doit suppléer la Loi par équité. *Voyez* Enfin les Loix civiles dans leur ordre naturel, au préliminaire du premier livre, où il est parlé très-amplement & très-sçavamment des Loix naturelles, arbitraires, écrites, coutumieres, de leurs effets, autorités, exceptions, abolitions, interprétation & restriction.

LOI naturelle ou divine, est un rayon de lumiére, & un principe de la droite raison que Dieu a imprimé dans le cœur de tous les hommes, & qui leur fait appercevoir les régles communes de la justice & de l'équité; desorte que chaque homme qui vient au monde, apporte avec lui certains préceptes qui lui enseignent la raison naturelle, qui est en nous une précieuse émanation de la raison souveraine, que saint Augustin appelle la Loi naturelle: aussi est-elle fondée sur une justice aussi immuable que Dieu même.

LOI immuable ou muable. Il y a des Loix qui sont immuables, & d'autres qui sont muables & arbitraires.

Les Loix immuables, sont les Loix divines & les Loix naturelles. *Naturalia quidem jura, divinâ utpote providentiâ constituta, semper firma atque immutabilia permanent*; comme il est dit dans le §. dernier du second titre des Institutes, livre 1. Sur quoi *voyez* ce que j'ai dit sur ce paragraphe.

Les Loix muables & arbitraires, sont celles qu'une autorité légitime peut établir, changer & abolir, selon le besoin, pourvû que cela se fasse sans donner atteinte au droit divin ou au droit naturel.

Comme une infinité de Loix politiques sont faites pour subvenir à un besoin pressant, & que ce qui est utile & même nécessaire dans un tems, peut cesser de l'être dans la suite; ces sortes de Loix sont sujettes au changement, suivant les tems & les circonstances: ainsi une Loi peut être non-seulement abolie par une Loi contraire, mais aussi par le non usage, ou par un usage contraire, lorsque la raison de la Loi cesse.

Quæ utilia visa sunt, procedente tempore non modo inutilia quandoque fiunt, sed etiam, mutatâ rerum facie, damnosa & perniciosa; quapropter jura civilia sæpè mutari possunt, vel contrariâ Lege latâ, vel contrariâ consuetudine usu receptâ. On peut donc révoquer & abroger une Loi par une autre; mais il est de la prudence des Souverains de ne le pas faire légerement, & sans une nécessité évidente. *Ab eo jure, quod diù æquum visum est, nisi evidens poscat utilitas, non est facile recedendum. Leg. 2. ff. de constit. Princip.*

Il y a lieu à changer ou abolir une Loi, quand il s'y trouve des défauts qu'il faut corriger, ou des inconvéniens ausquels la raison veut qu'on remedie. C'est encore une juste cause de toucher à une Loi, quand il s'agit de suppléer ce qui peut y manquer pour le bien public, & pour affermir une Jurisprudence incertaine, en fixant le véritable esprit de la Loi par une juste interprétation.

LOI penale, est celle qui est principalement faite pour établir quelque peine à l'encontre de ceux qui feront, ou ne feront pas telle chose; ensorte que la peine prononcée par la Loi contre les contrevenans à ce qu'elle ordonne, est encourue de plein droit, sans qu'il soit besoin d'un Jugement qui y condamne les contrevenans.

Les Loix pénales ne sont point sujettes à extension; au contraire, comme ce sont des décisions fatales, elles doivent être restraintes & limitées, au cas qu'elles expriment formellement. *Odia restringenda, favores verò ampliandi.*

LOI ecclesiastique, est une constitution ou une Ordonnance faite par ceux qui ont droit d'en faire. *Voyez* l'Histoire du Droit canonique, & du Gouvernement de l'Eglise.

Anciennement on ne donnoit pas le nom de Loix aux constitutions ecclésiastiques; on les appelloit communément Régles. *Olim Constitutiones ecclesiasticæ regulæ potiùs quam jura dicebantur*, *Can. à Sanctis 25. quæst. 1. quia Ecclesia charitate potiùs, quàm imperio regit. Reges gentium dominantur eorum [inquit Christus Lucæ 22.] vos autem non sic. Pascite gregem, qui in vobis est, [inquit S. Petrus 1. à Petri cap. 5.] non coactè, sed spontaneè, secundùm Deum, neque dominantes in Cleris, sed ut forma & exemplum facti gregis.*

Mais parce que l'Eglise a ses Prélats & ses censures, qui se prononcent contre les refractaires & rebelles, on a dans la suite appellé ces Régles ecclésiastiques des Droits & des Constitutions.

Itaque his de causis Regulæ illæ ecclesiasticæ nuncu-

pantur Constitutiones in præfatione Dionisii Exigui, apud Justellum, & frequentias in Decretalibus, in præfatione primæ & quintæ collectionis. Quin & ecclesiasticarum Regularum collectio jus canonicum appellatur, cap. 9. extrà de foro competenti.

Voyez l'Histoire du Droit canonique, & du Gouvernement de l'Eglise.

LOI ROMAINE, est celle qui a été faite par les Rois du tems que Rome étoit gouvernée par eux, ou qui a été faite du tems de la République Romaine dans une assemblée générale de tout le Peuple, ou enfin qui a été faite par les Empereurs du tems que la Souveraineté du Peuple Romain passa en leurs personnes. Mais on entend aujourd'hui par Loi Romaine celle qui est dans le corps du Droit civil. *Voyez* ce que j'en ai dit dans mon Histoire du Droit Romain, & ce qui est dit ici, *verbo* Pays du Droit écrit.

LOI DES DOUZE TABLES, est une ancienne Loi Romaine, qui parut d'abord l'an de Rome 303, rédigée sur dix tables d'airain, ausquelles on en ajouta deux autres l'année suivante. *Voyez* ce que j'en ai dit dans mon Histoire du Droit Romain.

LOIX QUE LES JUGES SONT OBLIGÉS DE SUIVRE EN FRANCE. Il y en a de plusieurs sortes. I°. Les Ordonnances de nos Rois, qui sont les Loix générales du Royaume.

II°. Les Coutumes qui sont rédigées par écrit sous l'autorité du Prince, pour les Provinces régies par le Droit coutumier. Aussi Loi, en Pays coutumier, signifie la Coutume locale, & la Loi municipale & particuliere de quelque lieu, ou de quelque Province.

III°. Le Droit Romain, pour les Provinces que nous appellons Pays de Droit écrit; car à l'égard du Pays coutumier, il n'y a pas force de loi, & il n'y est regardé que comme une raison écrite.

IV°. Le corps du Droit canon, pour les matieres ecclésiastiques & bénéficiales, en tant que ses décisions sont reçues parmi nous, & ne sont point contraires aux anciens Canons, ni aux libertés de l'Eglise Gallicane, que nous suivons dans ces sortes de matiéres, aussi-bien que la Pragmatique-Sanction & le Concordat, nos usages & les Constitutions de nos Rois.

LOI DU ROYAUME, est celle qui regarde la conservation du domaine & patrimoine de la Couronne de France, à laquelle on ne peut donner atteinte; desorte qu'elle doit toujours subsister: en quoi elle différe des Loix que les Rois font, lesquelles sont muables & peuvent être changées, selon que les affaires le requierent, & que les Rois le trouvent à propos, par rapport à la varieté des tems & des circonstances. *Voyez* ce que j'ai dit ci-dessus à ce sujet, *verbo* Domaine du Roi.

LOI COMMISSOIRE. *Voyez* l'acte de la Loi Commissoire.

LOI FALCIDIE. *Voyez* Quatre falcidie.

LOI RHODIA DE JACTU. Cette Loi regarde la négociation maritime. Elle fut ainsi appellée du nom de Rhode, dont les Habitans étoient très-expérimentés dans ce qui concerne la navigation. Aussi les Romains ont reçu d'eux quantité de choses qui la concernent, & entr'autres la Loi *Rhodia de jactu*.

Cette Loi fut confirmée d'abord par Auguste, & ensuite par Antonin; à la réserve néanmoins de ce qui pourroit s'y rencontrer entiérement opposé à ce qui seroit décidé par quelque Loi Romaine.

Cette Loi décide qu'en cas de naufrage éminent, s'il étoit nécessaire de jetter quelques marchandises dans la mer pour décharger le vaisseau, la perte de ces marchandises seroit réparée par tous ceux dont les marchandises auroient été conservées, & qui auroient été envelopées dans le naufrage sans la précaution que l'on auroit eue de décharger le vaisseau.

Lege Rhodia de jactu, constitutum est ut omnium contributione sarciatur damnum, quod pro omnibus datum est; suadet enim ipsa æquitatis ratio, commune fieri detrimentum eorum, qui propter amissas res aliorum consecuti sunt, ut merces suas salvas habeant.

Celui dont les marchandises ont été perdues, n'a pas droit de poursuivre, en vertu de cette Loi, ceux qui sont dans le vaisseau, desquels il a mis à couvert les marchandises par la perte des siennes.

La raison est, qu'ils ne lui sont obligés par aucune cause; mais le maître du vaisseau qui lui est obligé par un contrat de louage, doit en ce cas retenir les marchandises restées dans le vaisseau, jusqu'à ce que ceux ausquels elles appartiennent ayent contribué, chacun à proportion de ses marchandises, & aussi à proportion de la perte de celles que l'on a jettées dans la mer.

L'estimation des marchandises qui ont été jettées dans la mer, se fait sur le pied du prix qu'elles ont été achetées, & non pas sur le prix qu'elles eussent pû être vendues, si elles étoient arrivées à bon port; mais l'estimation de celles qui ont été conservées, se fait par rapport à ce qu'elles pourroient être vendues pour lors, & non pas suivant le prix qu'elles ont été achetées. *Æstimatio mercium projectarum fit, quanti revera emptæ sunt, non verò quanti vœnire potuissent, si appulissent ad portum, quia detrimenti, non lucri præstatio fit: salvæ vero merces æstimantur quanti nunc vœnire possunt, quia hoc quoque lucrum ipsis ex projectarum mercium jactura videtur accessisse. Leg. 4. §. 4. ff. de Lege Rhodiâ de jactu.*

Suivant ce que nous venons de dire, il s'ensuit que la disposition de la Loi *Rhodiâ* n'a point lieu dans les cas suivans.

I°. Si par la tempête une partie des marchandises qui étoient dans le vaisseau est périe. *Leg. 4. 5. & 7. ff. eod.*

II°. Si quelques marchandises ont été jettées dans la mer pour décharger le vaisseau, & que toutes les autres ayent ensuite été péries par le naufrage. *Dictâ Leg. 4. §. 1. ff. eod.*

III°. Si quelques marchandises d'un vaisseau ont été enlevées par les Pirates, celles qui y sont restées ne ne doivent point contribuer à leur dédommagement. *Leg* 2. §. *si navis*, *ff. cod.*

Au reste, comme rien n'est plus juste que de dédommager celui dont les marchandises ont été jettées dans la mer, pour sauver du naufrage celles des autres, la disposition de la Loi *Rhodia*, comme très-équitable, est suivie dans ce Royaume.

Voyez Louet, lettre R, sommaire 27.

LOI SALIQUE, est une fameuse Loi établie par les anciens François.

Les uns tiennent qu'elle a été ainsi appellée, parce qu'elle a été faite par les Francs ou François Saliens, qui habitoient au long de la riviere de Sale en Allemagne.

D'autres disent que ce nom lui a été donné à cause de Salogast, l'un des quatre Barons par qui ils prétendent qu'elle a été composée.

D'autres prétendent que cette Loi a été ainsi appellée, parce que chaque article de cette Loi commence par ces mots: *Si aliquis.*

Enfin, plusieurs prétendent qu'on ne peut rien dire de certain du tems auquel elle a commencé à paroître, ni qui en est l'Auteur; & c'est à mon avis le parti qu'il faut prendre.

Les diverses éditions qui en ont été faites n'en marquent rien, & la double Préface qui est au commencement de cette Loi n'en fait aucune mention. Ce qui est de plus constant, c'est que les motifs qui ont donné lieu à son établissement en France, ont été les mêmes qui porterent les Romains à faire la Loi des douze Tables.

On sçait que les fréquentes querelles & les divisions continuelles qui survinrent à Rome, entre les Patrices & le tiers État obligerent ce Peuple de recourir à des Loix qui reglassent les droits entr'eux, & missent en sûreté la foiblesse des uns contre la puissance absolue & trop licencieuse des autres.

La même chose est arrivée chez les anciens François. La Noblesse, non contente de maltraiter le Peuple par des exactions extraordinaires, traitoit ceux qui étoient dans leurs terres comme de véritables esclaves. La brutalité des Seigneurs alla si loin, qu'ils les tuoient sans aucun juste sujet. Comme ils étoient les maîtres absolus, leurs cruautés étoient impunies, & se multiplioient de jour en jour. Ainsi ces anciens François eurent besoin de Loix, pour prévenir les malheurs qui pourroient arriver dans la suite de tous ces désordres, & pour inspirer à tous un esprit d'union & de paix.

Pour l'éxécution de ce dessein, on fit donc la Loi Salique, qui passe pour être la premiere Loi des Francs. Mais le titre de Loi, qui est attribué à ce Recueil, ne doit pas nous faire croire qu'il ait été l'ouvrage d'une prudence consommée, comme les Loix d'Athènes, ou de Lacedemone.

La Loi Salique, la Ripuaire, la Gombette & quelques autres, qui furent faites dans les premiers tems de la Monarchie Françoise, ne sont, à proprement parler, que des Coutumes écrites; c'est-à dire, un Recueil de ce que certains Peuples qui habitoient quelque partie de la France, avoient accoutumé de suivre dans les Jugemens de leurs différends, composé par ceux qui en avoient le plus d'expérience.

Cela est constaté par l'ancien exemplaire de la Loi Salique, qui marque en l'angue barbare le nom des lieux où de pareils Jugemens avoient été rendus, & quelquefois la qualité de l'action.

Mais soit que cette Loi ait paru du tems de Pharamond, ou après lui, soit qu'elle ait été d'abord rédigée par écrit ou non, il est certain que le long usage en a fait une Loi inviolable.

Aussi est-elle considerée comme une Loi fondamentale du Royaume, quoiqu'on n'en puisse fixer l'époque, ni prouver précisement le lieu où elle a été faite, ni rendre une juste raison pour laquelle elle est appellée Loi Salique.

Sans nous arrêter davantage à ces recherches, nous allons donner quelques observations importantes sur cette Loi.

I°. Cette Loi, tirée des anciennes Coutumes des anciens Gaulois, & conçue en termes barbares, se trouve aujourd'hui rédigée par autorité publique, & approuvée non-seulement par les Rois, mais aussi par les Peuples, ou du moins par les principaux, qui l'ont acceptée au nom de toute la Nation: c'est pourquoi la Loi Salique est intitulée le Pacte, ou le Traité de la Loi Salique.

II° La principale matiére de cette Loi roule sur les crimes, & même les plus fréquens entre les Peuples brutaux, comme le vol, le meurtre, les injures, en un mot tout ce qui se commet par violence.

III°. La peine ordinaire que cette Loi inflige, est une amende pécuniaire.

IV°. Les Rois Chrétiens ont réformé cette Loi en plusieurs chef, & y en ont ajouté plusieurs autres: c'est ce que nous allons expliquer ci-après.

V°. Cette Loi ne parle presque point des contrats, ni des successions: cependant l'article sixiéme du titre *des alleuls*, contient une décision fort remarquable, qui est que, *nulle portion de la terre salique ne doit passer aux femmes, mais que le sexe viril l'acquiert; c'est-à-dire, que les fils succedent dans l'héritage.*

Ainsi cettte Loi appelle un ancien patrimonie *terre ou héritage Salique*, duquel les femelles étoient excluses par la Loi Salique, selon laquelle elles n'héritoient qu'ès meubles & acquêts, quand il y avoit des fils.

Plusieurs ont cru que c'est sur ledit article de la Loi Salique qu'est fondée la Coutume de ce Royaume, qui exclut les filles de la Couronne: c'est pourquoi ils l'ont appellée par excellence la Loi Salique.

Quoiqu'il en soit, c'est un proverbe commun que le Royaume de France ne tombe point en quenouille. *Voyez* M. le Prêtre, cent. 1. chap. 72.

Sur ce fondement, Philippe de Valois fut sacré Roi après l'accouchement de Jeanne, veuve du

Roi Charles-le-Bel, dont nâquit une fille ; & il fut préféré à Edouard, Roi d'Angleterre, fils d'Elisabeth, fille du Roi Philippe-le-Bel.

Nous avons dit ci-dessus que les Rois Chrétiens ont réformé cette Loi en plusieurs chefs, & y en ont ajouté plusieurs autres.

Cela s'est fait sous la premiere & la seconde race des Rois de France. Voici quels sont les Auteurs de ces changemens & de ces augmentations.

Clovis rendu Chrétien, Childebert & Clotaire retrancherent en faveur de la Religion ce qui tenoit du Paganisme.

Charlemagne y ajouta quelques articles la troisiéme année de son Empire, & de J. C. 803. & ce pour y ajouter ce qu'on y desiroit, pour y retrancher ce qu'on y trouvoit d'inutile, & pour concilier les contrarietés qu'on y remarquoit ; & il confirma ces articles l'année suivante, ordonnant qu'ils seroient réputés de la Loi Salique, & auroient le même effet.

Après la mort de Charlemagne, l'Empereur Louis le Débonnaire fit publier dans une assemblée générale, convoquée la troisiéme année de son Empire, de nouveaux articles, qu'il ordonna être ajoutés à la Loi Salique ; & c'est ainsi qu'elle a été à la fin parfaite.

Il est parlé de la Loi Salique dans le Livre *de feudis*, *tit.* 29. *de filiis natis ex matrimonio ad Morgonat.* On l'a trouvée toute entiere dans les Capitulaires de Charlemagne, donnés au public par M. Baluse. Il y a joint le Glossaire de M. Pithou, & les sçavantes Notes de l'illustre M. Bignon.

Voyez ce qu'a dit sur cette Loi M. le Bret, dans son Traité de la souveraineté du Roi, liv. 1. chap. 4. *Voyez* les Opuscules de Loysel, pag. 60. Dupuy, en son Traité des Droits du Roi, pag. 125. le Glossaire du Droit, François, *verbo* Salique ; le Dictionnaire de Trevoux, *verbo* Salique les Recherches de Pasquier, liv. 2. chap. 18. & Basnage, à la Table de son Commantaire sur la Coutume de Normandie.

Au reste, les Traités qui ont rapport à la Loi Salique, sont indiqués dans la Bibliotéque historique de la France, par le Pere le Long, pag. 602. & suiv.

LOI APPAROISSANT OU APPARENTE, est un Bref ou Lettres royaux qu'on obtient en Chancellerie, à l'effet de recouvrer la possession d'un héritage dont on est propriétaire, & que l'on a perdue.

Cette revendication particuliere, admise & autorisée par la Coutume de Normandie, est donc acccordée à celui qui a perdu la possession d'un héritage dont il est propriétaire. Mais pour que cette faculté d'agir par Loi apparente puisse avoir son effet, il faut que trois choses concourent.

La premiere, que le demandeur justifie qu'il est propriétaire de l'héritage, & qu'il en a perdu la possession depuis moins de quarante ans.

La seconde, que celui contre qui la demande est faite soit possesseur de l'héritage, & qu'il n'ait aucun droit à la proprieté d'icelui.

La troisiéme, que l'héritage contentieux soit désigné certainement par ses bornes & par sa situation.

Durant l'instance de cette poursuite, le défendeur reste toujours en possession & jouissance de l'héritage ; mais si par l'évenement il perd sa cause, il est condamné aux dépens, & à la restitution des fruits par lui perçus depuis que la demande en Loi apparente a été intentée contre lui.

Voyez le Commentaire de Basnage, sur les articles 60. 61 & 62. de la Coutume de Normandie.

LOTIR, signifie partager : ce qui ne tomboit autrefois que sur les censives ; car les fiefs anciennement ne tomboient point en partage, & n'étoient pas estimés patrimoniaux ; ensorte qu'ils ne transferoient pas à l'héritier, comme l'héritage censuel, roturier & non noble. Mais dans la suite des tems les fiefs ont éte rendus héréditaires, comme nous l'avons dit *verbo* Fief.

LOT, signifie une portion d'une chose divisée en plusieurs parties pour la partager entre plusieurs personnes, & leur en faire la distribution. Quand un aîné fait les lots d'une succession, c'est le cadet qui choisit. Quand c'est un étranger, on les tire au sort. *Voyez* ci-après Partage.

Les Marchands font des lots de Marchandises dans le Bureau de leur Communauté, pour se les partager entr'eux.

Ce terme signifie dans quelques Coutumes un certain cens ou tribut qu'on leve sur les personnes, sur les héritages, ou sur la marchandise.

Ce mot vient du Flamand *lot*, qui signifie *sort*. En Allemand on dit *loss*, & en Bas-Breton *loden*. D'autres dérivent ce mot de *loud*, vieux mot François qui signifioit héritage, & disent que lotir signifioit *partager une chose qui est en censive*, & *lot*, *part & portion*.

LOTS ET VENTES, sont des droits qui se payent au Seigneur direct duquel réleve un héritage tenu en censive par l'acquereur d'icelui à titre de vente, ou autre équipollant à la vente.

Ces droits sont de douze deniers un dernier, c'est-à-dire la douziéme partie du prix de la vente, ou un sol huit deniers pour livre, suivant qu'il est porté par l'article 76. de notre Coutume, que dit que *les droits de vente sont de douze deniers dans un denier qui est pour chacun franc seize deniers parisis*, c'est-à-dire vingt deniers.

Ce droit est ainsi appellé, *quasi* lots & ventes, comme étant le lot ou la part & portion que le Seigneur prend sur le prix de la vente ; de sorte que ces deux termes, lots & ventes, signifient la même chose dans les Coutumes qui n'en disposent point au contraire.

Ce droit provient, dit Loyseau, d'une tacite convention, que le Seigneur utile ne peut vendre son héritage sans le consentement du Seigneur direct ; pour lequel le consentement & approbation il est dû un droit au Seigneur direct, que l'on appelle lots, soit parce que c'est une part & un lot dans le prix de la chose vendue, soit que ce droit se paye au Seigneur, afin qu'il loue & agrée la vente. D'Argentré dit que le mot *lods* signifie sujet. Lods, *barbarâ voce subjectos appellavit, à quibus vera laudimiorum analogia est.*

Dans la Coutume d'Estampes, en l'article 48. lots & ventes ne sont qu'un seul & même droit. Celle de Paris, articles 76 & 81. ne parle que des ventes seulement. D'autres parlent des lots & ventes, & veulent que l'acquereur les paye.

La Coutume de Sens distingue les lots & les ventes, & en fait deux droits distincts & séparés, voulant que pour les lots il soit payé vingt deniers tournois par livre, & pareille somme de vingt deniers par livre pour les ventes; mais le Seigneur, pour exiger le payement de ces deux droits différens, doit justifier qu'ils lui appartiennent, & qu'il a titre à cet effet.

La raison est, que la Coutume ajoute à la fin de l'article 21. qu'il y a des lieux particuliers où il n'est dû que les lots, ou les ventes seulement; ensorte que comme ces lieux ne sont pas marqués ni expliqués, le Seigneur ne peut les prétendre *cumulatim*, qu'en faisant apparoir de son droit.

Le droit des lots & ventes n'est dû au Seigneur, qu'à cause de l'approbation qu'il fait du nouvel acquereur, & de l'ensaisinement & de la possession qu'il lui donne; ce qui ne peut avoir lieu que pour les véritables immeubles, dans la possession desquels on ne peut entrer sans le consentement du Seigneur, parce qu'il représente ceux qui les ont originairement donnés à bail, à cens, à emphitéose; mais à l'égard des droits qui sont reputés immeubles par fiction, comme les rentes constituées ils ne viennent point originairement de la libéralité des Seigneurs, & l'on n'a pas besoin de leur consentement pour en jouir. Le Commentateur d'Henrys, tom. 1. quest. 77. pag. 237 & 238

Pour connoître dans quels cas sont dûs les lots & ventes, *voyez* ci-après Mutation en matiere de censive, & ce que j'ai dit sur les articles 76, 78 79. & 80 de la Coutume de Paris. *Voyez* aussi Henrys & son Commentateur, liv. 3. chap. 3. quest. 21. & suiv.

Les lots & ventes ne peuvent pas être demandés après trente ans. Il est bien certain qu'un vassal ou un censitaire ne peut pas prescrire contre son Seigneur; mais cela n'est vrai que par rapport à la Seigneurie, & aux droits qui la dénotent; & cela n'a pas lieu à l'égard des droits utiles accidentels, qui sont attachés à la Seigneurie directe, lorsqu'il sont échus & prescrits.

Ce tems de trente années commence à courir du jour de la notification de la vente & requisition de l'investiture fait au Seigneur direct. *Voyez* de la Roche, en son Traité des Droits seigneuriaux, des Lods, chap. 38. art. 9.

LOTERIE, est un jeu de hazard, où l'on met des lots de marchandises, ou des sommes d'argent. On mêle plusieurs billets noirs & blancs: sur les uns sont inscrits les lots mêmes, ou les numeros qui marquent un bon lot, & sur les autres rien; chacun en achete telle quantité qu'il lui plaît. Ces billets sont ensuite distribués au sort. Quelques-uns tirent de bons lots, & la plupart des autres rien du tout.

Les sçavans Canonistes ont consideré les Loteries comme une chose permise, quand elles sont faites avec autorité du Prince, avec toutes les formalités de Justice & la bonne foi qui s'y doivent observer.

Voyez ce qui est dit des Loteries dans le Traité qui en a été fait par le Pere Menestrier, imprimé à Lyon *in*-12. en 1700. & dans celui qui en a été fait en 1708. par M. Desbaur, Avocat. *Voyez* aussi ce qui en est dit dans le Dictionnaire de M. Brillon, où sont rapportés les Edits, Déclarations & Arrêts qui ont été rendus au sujet des Loteries.

LOUAGE, est un contrat par lequel deux ou plusieurs conviennent que l'un baillera à l'autre une chose mobiliaire ou immobiliaire, pour en jouir pendant un certain tems, moyennant une certaine somme payable par chaque année, ou autrement, ou par lequel quelqu'un donne ses peines ou journées à un autre, pour une certaine somme ou récompense.

Voyez ce que j'ai dit du contrat de louage dans la Traduction des Institutes, sur le titre 25. du troisiéme livre; & ce que j'ai dit ci-dessus *verbo* Locataire. Nous observerons seulement que comme ce contrat est obligatoire de part & d'autre, il produit une action, tant en faveur du bailleur, qu'en faveur du preneur.

Dans celle qui est donnée au bailleur, il conclut *à ce que le preneur soit condamné à lui payer le louage convenu, & à remplir les clauses & conventions du contrat.*

Dans celle qui est donnée au preneur, il conclut *à ce que le bailleur soit tenu de le faire jouir de l'héritage, ou de la chose qu'il a louée, & à remplir toutes les clauses du contrat, offrant de lui payer le louage convenu entr'eux.*

Outre les baux que l'on peut faire de maisons & d'héritages, on peut donner l'usage des choses mobiliaires, comme des meubles meublans, des chevaux, & autres choses samblables: on peut même louer son tems & son industrie; c'est dont nous allons parler.

LOUAGE DE MEUBLES, DE CHEVAUX, ET AUTRES CHOSES DE CETTE NATURE, est un contrat fort simple, qui consiste ordinairement dans le prix du loyer, le tems dont les Parties conviennent, & la destination de l'usage.

Par exemple, je loue un cheval pour dix-huit jours, pour aller à Rouen & en revenir; je suis obligé de payer le prix convenu, de le rendre le dix-neuviéme jour suivant, & je ne dois pas le mener ailleurs, à peine de répondre envers celui qui me l'a loué, de tous dépens, dommages & intérêts. Et quand le cheval pris à louage périt par la faute lourde ou légere de celui qui l'a loué, il le doit payer selon l'estimation qui en doit être faite, eu égard au tems qu'il l'a pris à louage. *Voyez* Expilly, plaidoyé 11 ; la Rocheflavin, livre 1. titre 30 article 2 ; Bouvot, tom. 1. *verbo* Louage, quest. 1 & 5.

Comme ce contrat regarde également l'utilité des deux Parties, celui qui a loué doit avoir le même soin de la chose louée, qu'il auroit de la sienne propre ; mais on n'exige pas de lui une exactitude aussi réguliere, que si la chose lui avoit été prêtée gratuitement.

Ainsi, lorsque la chose louée vient à périr, la perte ne tombe point sur celui qui l'a louée, à moins que la perte n'en ait été causée par sa lourde faute, ou par sa légere faute ; mais non pas quand elle a été causée par cas fortuit, ou par la faute très-légere du preneur à louage.

Le propriétaire de son côté est responsable des dommages & intérêts qui sont causés dans la chose louée par sa lourde faute, ou par sa faute légere.

Le Juirsconsulte, en la Loi 19. §. 1. *ff. locati*, nous donne pour exemple des tonneaux loués pour mettre du vin ou quelqu'autre liqueur : si les tonneaux sont en mauvais état, & que la liqueur s'écoule & se perde, le propriétaire des tonneaux doit payer cette perte. La raison est, qu'on présume qu'elle est arrivée par sa faute, puisqu'il devoit connoître le vice d'une chose qui étoit à lui. *Voyez* Bail.

LOUAGE DE TEMS ET D'INDUSTRIE, est celui qui se fait par des Ouvriers, des Domestiques, qui se louent pour un certain tems, pour faire quelques ouvrages, ou pour servir ceux qui les veulent prendre à leur service, à la charge d'en recevoir la récompense dont les Parties sont demeurées d'accord.

LOUER, signifie donner à ferme, à louage des héritages, des maisons, des droits, pour en jouir sous certaines conditions & pour un certain tems, & se dit tant à l'égard du bailleur que du preneur. Louer se dit aussi des meubles, des voitures, des personnes & de leur travail que l'on loue. Il se dit aussi des bestiaux. Ainsi, donner des vaches, des bestiaux à loyer, signifie en retirer du profit de ceux à qui on les donne à nourrir. *Voyez* Louage.

LOYAL, se dit de ce qui est légitime & conforme aux Loix.

On dit aussi loyal, pour signifier féal ; & dans ce sens on dit, qu'un vassal doit être féal & loyal à son Seigneur.

LOYAUTÉ, veut dire fidelité.

LOYAUX-COUTS, ou coutemens, en matiére de retrait lignager, sont tous les frais que l'acquereur a faits pour l'acquisition de la chose tombée en retrait, que le retrayant est obligé de lui payer, outre le prix de l'héritage.

Ces frais sont les droits seigneuriaux, à moins que l'héritage acquis ne fût un franc-aleu ; ce qui se paye aux entremetteurs, les épingles de la femme, les frais du contrat, & autres qui se font ordinairement, & dont les acquereurs doivent être remboursés par les retrayans.

On les appelle loyaux-coûts, parce que l'on ne rembourse que ce qui a été payé suivant la Loi ; desorte que si celui qui en doit être remboursé a, par exemple, trop payé au Notaire pour le contrat, la taxe ne doit être faite que sur le pied du Réglement qui est la Loi.

Les loyaux-coûts s'entendent aussi d'autres choses que des frais pour l'acquisition d'un héritage, expédition & levée du contrat ; car les réparations nécessaires faites par autorité de Justice, entrent dans les loyaux-coûts ; ensorte que le retrayant est obligé de les rembourser à l'acquereur, sur lequel il exerce le retrait. *Voyez* ce que nous avons dit là-dessus, *verbo* Réparations faites par l'acquereur pendant l'an & jour.

Touchant les loyaux-coûts ; *voyez* ce que j'ai dit sur l'article 129. de la Coutume de Paris.

LOYER, est ce qui est donné par le locataire, pour le louage d'une maison.

Les loyers des maisons sont privilégiés sur les meubles.

Voyez ce que j'ai dit dans ma Traduction des Institutes, sur le titre 25. du troisiéme livre. *Voyez* aussi ce que j'ai dit ici, en parlant du privilége du propriétaire pour les loyers.

LU

LUCRATIF, qui apporte du gain, du profit. *Voyez* Titre lucratif.

LUSTRE, étoit chez les Romains une espéce de cinq ans, au bout desquels on faisoit un nouveau rolle des Citoyens Romains.

Varron fait venir ce mot de *Luo*, qui signifie payer ; parce qu'au commencement de chaque cinquiéme année on payoit le tribut qui avoit été imposé par les Censeurs, dont la Charge duroit cinq ans par leur premiere institution ; mais depuis elle devint annale.

LUXE, est une dépense supeflue & excessive, soit dans les habits, soit dans les meubles, soit dans la table, soit dans les équipages.

Depuis plusieurs années, le luxe en France a égalé celui de l'ancienne Rome ; ensorte qu'il est rare de voir aujourd'hui des gens qui se renferment dans les bornes de leur état & de leur condition ; on passe même pour ridicule quand on ne fait pas comme les autres ; & personne ne fait réflexion que le luxe effemina les Romains, & vengea l'univers vaincu, en corrompant les vainqueurs.

Nos Rois ont cependant fait de tems en tems des Ordonnances pour remedier au luxe ; mais l'ambition démesurée des hommes les fait tomber dans une désobéissance qui est scandaleuse pour

'Etat, & souvent ruineuse pour quantité de familles.

Voyez le Traité de la Police, tome 1. livre 3. titre 1. où il est traité du luxe en général, de la police des Grecs à ce sujet, des Loix Romines & principalement de ce qui a été ordonné par les Rois de France, pour mettre des bornes à la vaine & ridicule somptuosité de leurs Sujets.

LUXURE, est un terme qui comprend tout ce qui concerne l'incontinence & l'impudicité.

On appelle luxure abominable, celle qui consiste dans la bestialité, l'inceste, la sodomie, le commerce impudique des femmes luxuriant avec elles-mêmes, qui sont tous crimes exécrables qui proviennent de l'impieté & de l'irréligion, & qui méritent peine de mort.

M

MAÇON. *Voyez* ci-après Privilége du Maçon.

MAÇONNERIE. *Voyez* ci-dessus Jurisdiction de la Maçonnerie.

MAGIE, est un art détestable qui apprend à invoquer les démons, & à opérer, en vertu d'un pacte fait avec eux, des choses surnaturelles. *Voyez* le Dictionnaire de Richelet, celui de Trevoux, & le second tome des Causes célébres, page 524.

MAGISTRAT, est un Officier de Judicature, qui a Jurisdiction & autorité sur le Peuple, & qui est *quasi Magister suæ Judisdictionis.* Aussi ce terme, *propriæ & strictè loquendo*, ne signifie que le chef d'une Jurisdiction ordinaire. Mais aujourd'hui ce titre se donne avec raison, non-seulemens aux chef des Jurisdictions souveraines, mais aussi à tous les Juges qui l'a composent, attendu qu'ils ont un grand pouvoir, & que le rang auquel ils sont élevés inspire beaucoup de vénération pour eux.

Ceux qui sont chefs d'une Jurisdiction extraordinaire & subalterne, ne sont donc que Juges, & non Magistrats; comme les chefs des Elections les Juges & Consuls, les Prevôts des Maréchaux & autres, qui, selon le sentiment de Loyseau, ont plutôt une simple puissance de juger, qu'une vraie Jurisdiction; au lieu que les chefs des Jurisdictions ordinaires ont droit de Justice universellement sur toutes les personnes, & sur toutes les choses qui sont soumises à leur Jurisdiction. Ainsi les Baillifs & Sénéchaux, les Prevôts royaux & leurs Lieutenans, sont véritablement, Magistrats, quoiqu'ils ne soient pas Juges souverains.

Le principal devoir des Magistrats, est de faire respecter en eux la personne du Prince, qui leur a confié une partie de son autorité, & de se rendre utiles à l'Etat & aux Particuliers, par leur intégrité, leur sçavoir, leur vigilance, & toutes les autres vertus qu'exige un rang si relevé; enfin, de consacrer presque tout leur tems à défendre la vérité contre les artifices du mensonge, & à soutenir la majesté des Loix par la sagesse de leurs décisions.

Nous en avons parlé ci-dessus, *verbo* Juge; ainsi nous nous contenterons d'en dire ici un mot en passant.

La droiture du cœur, les lumieres de l'esprit, un jugement solide, un discernement exquis, une profonde connoissance du Droit Romain & de la Jurisprudence Françoise, perfectionnée par une étude continuelle, & une grande expérience des affaires, une fermeté inébranlable, une noble gravité jointe à beaucoup de modestie & d'affabilité, une attention perpétuelle à ses devoirs, & principalement à ne se point laisser gagner par la prévention, qui a de tout tems été l'écueil des plus grands hommes, un désintéressement parfait, accompagné d'un véritable amour de la justice & du bien public, sont certainement les vertus qui rendans les Magistrats plus recommandables, que le rang auquel ils sont élevés.

Qu'on ne s'imagine donc pas que les grandes dignités soient honorables par elles-mêmes; elles ne le sont qu'autant que ceux qui en sont revêtus les honorent par leur mérite & par leurs vertus; car comme a dit fort spirituellement un Auteur moderne, *d'un Magistrat ignorant, c'est la Robe qu'on revere*: mais il y en a quelques-uns qui sont assez aveugles pour s'approprier les honneurs que l'on rend à leur dignité, sans se mettre en peine de les mériter.

Ceux qui embrassent le parti de la Robe, au lieu d'envisager l'honneur de rendre la Justice, par les dehors de la dignité, & par la faveur attachée au crédit qu'elle donne, ne doivent y aspirer que dans un desir vraiement désintéressé d'être les Ministres fidéles de la Justice, c'est-à-dire de se liter courageusement à leurs fonctions.

Pour remplir tous les devoirs d'un emploi si important, il faut avoir des mains sûres qui ne fassent point trébucher la balance, s'armer du glaive pour venger les opprimés, surmonter les obstacles de la timidité & de la fausse complaisance, vaincre les tentations de l'avarice & les efforts de l'ambition.

Il faut donc qu'un Magistrat soit assez généreux, & assez dévoué au bien de la patrie, pour conserver sans éclipse les lauriers de la science des Loix, & pour exercer sans passion l'autorité dont il est revêtu. En un mot, science & probité font un Magistrat parfait.

Les Magistrats n'ont d'autorité que celle que le Roi leur donne : ils sont en grand nombre dans le Royaume, & leur pouvoir est différent, suivant leurs différentes attributions.

MAJESTÉ. Ce terme signifie ce qui surpasse toutes choses en grandeur & en supériorité : c'est pourquoi dans sa propre signification il n'appartient qu'à Dieu seul, qui est le Roi des Rois, de tous les tems, de tous les Etats & de tous les siécles, duquel le Royaume n'aura jamais de fin.

Mais parce que les hommes ont coutume d'attribuer aux Puissances de la terre les titres les plus elevés, l'usage s'est introduit d'exprimer par le nom de Majesté ce caractere de grandeur qui fait revérer les Puissances souveraines, c'est-à-dire les Rois & les Empereurs, parce qu'ils sont les plus grands entre ceux qui gouvernent les Etats, ou qui ont un pouvoir souverain. *Voyez* Pasquier dans ses Recherches, liv. 8. chap. 5.

Ainsi, l'Empereur s'appelle Sacrée Majesté, ou Majesté Impériale, ou Majesté Cesarée ; le Roi de France s'appelle Sa Majesté Très-Chretienne ; le Roi d'Espagne, Sa Majesté Chatholique ; & enfin aux autres Rois, on ajoute le nom de leur état : par exemple Sa Majesté Polonoise, Suedoise ; &c.

On se sert même du terme de Majesté dans une signification plus étendue : pour parler des personnes & même des choses qui attirent de l'admiration, & ausquelles on doit de la vénération & du respect ; & dans ce sens on dit, la Majesté du Parlement, la Majesté de cette auguste Assemblée.

Voyez la Note de M. Godèfroy, sur la rubrique du Digeste, *ad Leg. Jul. Majest.*

MAJEUR, se dit de celui qui a accompli sa vingt-cinquiéme année.

Majeur, se dit aussi quelquefois de celui qui est mineur de vingt-cinq ans, comme quand il s'agit de faire la foi & hommage au Seigneur. Les mâles âgés de vingt ans, & les filles âgées de quinze ans accomplis, sont réputés majeurs, quant à la foi & hommage seulement ; & cette majorité est appellée majorité féodale.

Il y a aussi la majorité coutumiere, qui est l'âge auquel les Coutumes accordent l'administration des biens ; à la différence de la pleine majorité, ou majorité parfaite, qui ne s'acquiert qu'à vingt-cinq ans, & qui est l'âge auquel on peut faire toutes sortes de dispositions & aliénations de ses biens. Par exemple à Paris, suivant l'article 272. de la Coutume, on peut disposer de ses meubles à vingt ans, c'est une espéce de majorité coutumiere ; mais on ne peut disposer de ses immeubles qu'à vingt-cinq ans, suivant ce qui résulte du même article. *Voyez* majorité

MAIN-BOURNIE, signifie garde, tutelle, paix, sûreté, protection, & quelquefois aussi la puissance paternelle. *Voyez* les Institutes de Loysel, liv. 1. titre 4. & les Notes de M. de Lauriere.

MAIN DE JUSTICE, est la puissance & l'autorité publique, qui a son effet dans la Justice, ou qui est exercée par les Gens & Officiers de Justice, sous l'autorité du Roi, car la main de Justice, qui est d'yvoire au-dessus d'une verge, est une marque de la puissance de nos Rois, comme le Sceptre, la Couronne & l'Epée.

Loysel, liv. 5. tit. 4. régle 30. dit que sequestre garde, & main de Justice ne dessaisit, & ne préjudicie à personne.

MAIN-FERME, est un vieux mot de Coutumes, qui signifioit un bail à cens de quelques héritages ou terres roturieres, qu'on appelloit autrefois cotteries. C'étoit proprement des héritages chargés de rentes, qui n'étoient point sujets au droit de retenue.

Quelquefois on a appellé main-ferme tous les immeubles qui n'étoient point fiefs.

La main-ferme différoit d'un fief, en ce qu'elle n'étoit accordée que pour la vie, ou tout au plus d'un héritier ; au lieu que le fief étoit pleinement héréditaire ; & que la main-ferme étoit chargée de redevance, au lieu que le fief n'étiot tenu que d'un simple hommage.

On l'a appellée main-ferme, *eo quod manu donatorum firmabatur.*

Voilà ce qui en est dit dans le Dictionnaire de Trévoux.

MAIN-FORTE, est le secours que l'on prête à la Justice. Il est enjoint aux Prevôts des Maréchaux de prêter main-forte à l'exécution des Arrêts.

Les Officiers de la Maréchaussée sont obligés de prêter main-forte pour l'exécution des Jugemens des Eaux & Forêts. De ce, il y a un Arrêt du Conseil d'Etat, du 18 Avril 1723.

Les Juges d'Eglise ne peuvent employer main-forte ; ils ne peuvent qu'implorer le bras séculier. *Voyez* Bras séculier.

MAIN-GARNIE, signifie la possession de la chose contestée. Ainsi quand on fait une saisie de meubles, on dit qu'il faut garnir la main du Roi, pour marquer qu'il faut donner un gardien qui s'en charge.

MAIN-GARNIE, se dit aussi du Seigneur, lequel ne plaide en cette qualité contre son vassal que main-garnie, c'est-à-dire, ayant préalablement saisi le fief mouvant de lui, & faisant les fruits siens du fief saisi pendant le procès, jusqu'à ce que le vassal ait fait son devoir : desorte que la saisie féodale tient pendant que dure le procès, & que contre icelle les Juges ne peuvent donner aucune provision, si on ne désavoue celui qui a fait ladite saisie féodale. Sur quoi *voyez* Bacquet, au chapitre 59. de son Traité des Francs-fiefs & nouveaux acquêts.

On dit aussi que le Roi plaide toujours main-garnie.

Bacquet, au chap. 36. article 2. & suivans, de son Traité du Droit d'Aubaine, dit que cette maxime n'a lieu qu'en deux cas.

Le premier en matiére féodale, auquel cas le Roi a le même privilége que tout Seigneur de fief, dont nous venons de parler.

Le second est en matiére notoirement domaniale, comme de Justice, de Péage, de Tabellionage. Sur quoi *voyez* Bacquet, en son Traité des Droits de Justice ; & M. Charles Dumoulin, sur la Coutume de Paris, art. 52. nomb. 27. & suivans.

Mais hors ces deux cas, le Roi ne peut pas déposseder le possesseur d'un héritage, *pendente lite* ; ensorte que ce possesseur doit toujours jouir, pendant que le procès dure, de l'héritage en la possession duquel il se trouve, soit qu'il fasse apparoir de titre, ou non, d'autant que son opposition le conserve, de même qu'un tiers opposant qui est en possession réelle d'un héritage saisi en vertu d'un acte autentique & exécutoire.

MAIN-GARNIE, se dit aussi de la saisie & arrêt que peut faire un créancier qui n'est fondé qu'en cédule & promesse sous seing privé, conformément à l'article 144. de l'Ordonnance d'Orléans, qui permet à tous créanciers de proceder par voie d'Arrêt sur les meubles & hardes de leurs débiteurs obligés par cédule, en quelque lieu qu'ils soient trouvés, jusqu'à ce qu'ils ayent reconnu leur signature, à la charge des dépens, dommages & intérêts contre les téméraires arrêtans.

Cette faculté de pouvoir proceder par voie de saisie & arrêt sur les meubles & hardes de leurs débiteurs, avant d'avoir obtenu Sentence, peut être très-avantageuse à ceux qui n'ont pour titre de leur créance qu'une promesse sous seing privé.

Mais comme, pour avoir l'exécution parée sur son débiteur, il faut avoir contre lui un titre autentique, un créancier qui n'a qu'une simple promesse sous seing privé, ne peut, pour sûreté de son dû, faire aucune saisie, qu'il n'en ait préalablement la permission du Juge, laquelle s'obtient sur une simpe Requête qu'on lui présente.

MAIN-LEVÉE, est un acte qui détruit une saisié ou une opposition, soit qu'il soit consenti par la Partie, soit qu'il soit prononcé en Justice.

Ainsi, bailler main-levée, est lever & ôter l'autorité de Justice apposée sur la chose saisie, & en rendre au saisi la libre jouissance, telle qu'il l'avoit avant la saisie.

En fait d'opposition, bailler main-levée, est lever l'empêchement qu'on avoit formé par autorité de Justice à quelque chose, & consentir que les Parties à l'encontre de qui l'opposition avoit été formée, passent outre, si bon leur semble.

Comme le fait d'autrui ne peut point préjudicier à un tiers, lorsqu'un poursuivant criées donne main-levée de la saisie réelle qu'il a fait faire, cette main-levée ne peut point nuire aux opposans, parce que tout opposant est réputé saisissant : une telle main-lévée accordée à une Partie saisie, ne peut empêcher qu'un créancier opposant ne puisse continuer, ou reprendre la poursuite du décret.

MAIN-MISE, généralement parlant, signifie saisie : toutefois ce terme se dit proprement de la saisie féodale.

MAIN-MORTE, a deux significations dans l'usage du Droit François.

Il signifie premierement les Corps & Compagnies ecclésiastiques, les Corps de Villes, Bourgs & Villages, les Colléges & Hôpitaux, & enfin généralement toutes les Communautés, tant laïques qu'ecclésiastiques, qui sont perpétuelles, & qui par une subrogation de personnes étant censées être toujours les mêmes, ne produisent aucune mutation par mort, ni par conséquent aucuns droits seigneuriaux de ce chef, non plus qu'une chose morte, pour raison de quoi ils sont appellés Gens de morte-main ; & la permission que le Roi leur donne d'acquerir & posseder des héritages, est appellée amortissement. *Voyez* Gens de main-morte.

En second lieu, *main-morte* signifie les hommes de condition servile, qui sont sujets de corps envers leur Seigneur, qui leur succedent en meubles ou immeubles, ou en tous biens selon la Coutume, ou selon les anciennes pactions ou conventions.

Ils sont appellés Gens de main-morte ; ce qui est tiré de ce que les Romains tenoient les serfs comme morts, quant aux fonctions publiques & civiles. *Leg.* 209, *ff. de regul. jur.* ou bien parce que le Seigneur met en sa main les biens du serf décedé san[s] hoir commun.

Ils n'ont pas la faculté de tester, & sont réputé[s] comme morts, ce qui fait qu'on les appelle hommes de main-morte, ou main mortables, qui v[i]vent libres, & meurent serfs.

Ceux qui sont appellés dans les Loix Romaine[s] *adscriptii, seu glebæ addicti*, étoient, pour ainsi dir[e] les membres des fonds ; ensorte que les fonds éta[nt] vendus, ces personnes étoient comprises dans [la] vente, & appartenoient à l'acheteur, de même par notre ancien Droit les mains-mortables, ou l[es] hommes & femmes de condition servile, étoie[nt] réputés faire partie des terres.

Il faut cependant distinguer deux sortes de mai[n-]mortables. Il y en avoit qui ne l'étoient que p[ar] rapport à leurs héritages, & ceux-là n'étoie[nt] point partie des fonds, ensorte qu'ils devenoie[nt] libres ou franches personnes, en renonçant à leu[rs] héritages.

L

Les autres étoient main-mortables ou serfs de corps qui étoient réputés faire parties des terres, & se bailloient au Seigneur en aveu & dénombrement par les vassaux : ils ne pouvoient par conséquent devenir libres & franches personnes, que par l'affranchissement fait du consentement du Seigneur ; car lorsqu'un fief étoit abregé, c'est-à-dire diminué, l'hommage & les services de la Partie, que le vassal en avoit ôté, étoient acquis au Seigneur, si l'abregement avoit été fait sans sa permission. *Voyez* Serfs.

Touchant ce droit personnel de main-morte, *Voyez* ce qui en est dit dans le recueil alphabétique de M. Bretonnier, *verbo* Main-morte.

MAIN SOUVERAINE, se dit en matiere de fiefs de l'autorité du Juge royal, quoique Juge inférieur.

La main souveraine est la main du Roi, qui est le souverain Seigneur de tous les vassaux & arriere-vassaux du Royaume. Ainsi la reception par main souveraine ne se peut faire que par le Juge royal, auquel appartient la connoissance des matieres féodales, comme sont les Baillifs & Sénéchaux.

La reception par main souveraine a lieu, quand le Seigneur féodal est refusant sans cause, de recevoir son vassal en foi & hommage, ou en cas de débat de fief entre deux ou plusieurs Seigneurs ; auquel cas le vassal qui veut avoir main-levée de la saisie féodale qui auroit été faite par eux, ou par un seulement, doit se faire recevoir par main souveraine.

Pour cet effet il doit obtenir Lettres royaux, appellées *Lettres de main souveraine*, par lesquelles il est mandé au Baillif ou Sénéchal du lieu ou le fief est assis ou pardevant lequel l'instance est liée, de faire jouir & user l'impétrant de son fief pendant le débat entre les compétiteurs, comme s'il avoit prêté la foi & hommage ; à la charge de consigner les droits, si aucuns sont dûs, & à la fin du procès faire la foi & hommage à celui des Seigneurs contendans à qui la mouvance sera adjugée.

C'est le sentiment des Commentateurs de la Coutume de Paris, sur l'at. 60.

Cependant M. de la Lande, sur l'article 87. de la Coutume d'Orleans, qui ne requiert pas de Lettres soutient que la reception par main souveraine est le droit commun, & que c'est la pratique de plusieurs Jurisdictions du Royaume.

Aussi un des Auteurs des Notes sur M. Duplessis, ajoutée; à l'édition de 1704. convient qu'il ne faut pas de Lettres ; mais il ajoute qu'il n'y a que les Sénéchaux qui peuvent recevoir par main souveraine, à l'exclusion des autres Juges même royaux ; ce qui paroit raisonnable.

Il y a même dans la derniere édition de M. Duplessis une Note marginale, qui porte, que l'usage a changé en la Chambre du Domaine, & qu'on n'y obtient plus de Lettres.

Voyez ce que j'ai dit sur l'art. 60. de la Coutume de Paris.

MAINTENUE, est la possession accordée par la Sentence définitive qui intervient en conséquence de la complainte par laquelle le juge, faisant droit au demandeur en complainte, le maintient dans sa possession, en attendant à faire droit aux Parties sur le pétitoire ; car la possession de la chose contestée, accordée à l'une des Partie, n'est pas une juste conséquence de la proprieté.

La maintenue n'a lieu, aussi-bien que la recréance, qu'en matiere possessoire ; mais il ne faut pas confondre ces deux Jugemens, qui sont bien differens l'un de l'autre.

La recréance n'est que la possession provisoire adjugée à l'une des parties pendant le procès touchant la possession.

Mais la pleine maintenue est la pleine & entiere possession adjugée par Sentence définitive à celui qui a le meilleur droit, par rapport au possessoire.

Ainsi, par la pleine maintenue, le procès possessoire prend entierement fin, & est terminé définitivement ; ce qui ne se peut pas dire de la recréance, qui ne s'adjuge qu'*interim & pendente moto super possessione judicio*, c'est-à-dire jusqu'à ce que le Juge puisse connoître à qui la pleine maintenue doit être définitivement adjugée. *Voyez* Recréance.

Au reste, avant que de proceder sur la pleine maintenue, le Jugement de recréance doit être entierement exécuté.

MAINTENUE, PLEINE MAINTENUE EN MATIERE BÉNÉFICIALE, est la Sentence qui maintient dans la possession d'un Bénéfice celui qui étoit troublé ; desorte que le Bénéfice est déclaré lui appartenir.

Cette Sentence doit être exécutée par forme de recréance, à la caution juratoire de celui qui l'aura obtenue.

L'appel d'une telle Sentence n'en peut pas suspendre l'exécution ; comme il a été jugé au Parlement de Grenoble, par Arrêt du 7 Mai 1694. rapporté par la Peyrere, lettre M, nomb. 3.

Ce qui formoit la difficulté, c'est que l'Ordonnance de 1667. en l'article 9. du titre 15. ne parle que des Sentences de recréance. Voici les termes : *Les Sentences de recréance seront exécutées à la caution juratoire, nonobstant oppositions ou appellations quelconques, & sans y préjudicier.* Mais raisonnant *de minori ad majus*, l'on crut & avec raison, que la Sentence de maintenue emportoit un plus grand droit.

MAIN-TIERCE, signifie un sequestre, une personne entre les mains de qui on dépose une chose contestée, & qui n'a aucun intérêt en l'affaire, pour la rendre à celui qui aura gain de cause. *Voyez* Sequestre.

MAJOR, soit d'un Regiment, soit d'une Place, est un Officier principal en ce qui concerne la discipline des Troupes & l'entretient de son ressort. Cette police particuliére faisant partie de la police générale de l'Etat, il s'ensuit de là que le Major a des fonctions qui lui sont communes avec les Officiers de l'ordre civil.

Il est revêtu, comme eux, d'un caractere public. Dépositaire de l'autorité des Ordonnance, militaires, il lui est spécialement réservé d'en maintenir l'exécution. Aussi; aux termes des Ordonnances contenus dans le Code militaire, est-il obligé d'avoir des Registres où chaque Officier & chaque Soldat du Régiment est inscrit: à côté de chaque article il doit marquer les Soldats qui sont morts, & ceux qui ont déserté, faire mention des enrollemens, tenir en un mot un état exact de tout ce qui concerne le Régiment: Ces Registres sont publics & font foi non-seulement dans les Troupes, mais aussi dans les tribunaux Ordinaires.

Les Majors, dans différentes occasions, font des procès verbaux, dressent des informations. Dans les Conseils de guerre, ils prennent des conclusions, & font tous les requisitoires qu'ils jugent convenables pour la manutention de la police & discipline militaire.

Quand un Officier meurt dans une Place de guerre, c'est au Major de la Place qu'il appartient, privativement aux Juges ordinaires, d'apposer le scellé sur ses effets, d'en dresser l'inventaire, & d'en faire la vente à l'encan, après un ban public au son du tambour. Le même droit appartient aux Majors des Régimens, lorsqu'ils sont en campagne; car alors le Major du Regiment, comme chargé de la police, fait publier à la tête du camp la vente de ses équipages.

Après que cette vente est faite à l'encan, de l'argent qui en provient on paye ce que l'Officier pouvoit devoir dans l'Armée & dans le Régiment: on congédie ses Domestiques, pour débarrasser l'Armée des bouches inutiles. Ce qui reste du surplus les dettes acquitées, si l'Officier décedé a fait un testament est remis par le Major à l'exécuteur testamentaire, qui paye les legs, sans avoir besoin pour cela du consentement des héritiers, où il fait tenir l'argent aux héritiers du défunt, quand il est mort *intestat*.

Enfin ce qui marque encore la foi & la confiance publique qui résulte de la fonction des Majors, c'est que dans l'art. 27. de l'Ordonnance des Testamens, de l'année 1735, ils sont expressément nommés pour recevoir les testamens, codiciles & autres dispositions à cause demort, de tous ceux qui servent dans les Armées; ensorte que cet article leur accorde à cet égard le même dégré de pouvoir qu'aux Notaires, & autres Officiers publics.

MAJORAT, est une disposition par laquelle une personne, dans la vûe de conserver le nom, les armes & la splendeur de sa maison, laisse ses biens ou un immeuble à une famille, pour y être déféré par ordre successif perpétuellement en entier à l'aîné le plus proche. Ce nom a été donné à ces sortes de fideicommis & substitutions perpétuelles, parce qu'elles assurent les biens du testateur à ceux de sa famille qui sont & seront successivement *natu majores*.

Le majorat est au fideicommis, ce que l'espéce est au genre; c'est-à-dire, que tous les majorats sont des fideicommis, mais que tous les fideicommis ne sont pas des majorats. Qu'on propose un fideicommis graduel, successif, perpétuel, fait à la famille, indivisible & destiné pour l'aîné, ce sera un majorat; mais tout autre espéce de fideicommis n'en aura ni le nom, ni les effets, & pourra être tout au plus un majorat improprement dit.

Comme on peut faire des fideicommis sans se servir du terme de fideicommis, on peut aussi faire des majorats sans se servir du terme de majorat.

Nos livres sont remplis de l'explication des conjectures qui font décider qu'un testateur a fait un fideicommis. Tous les Auteurs qui ont traité des majorats, s'expliquent sur les conjectures qui peuvent aussi servir à décider qu'un testateur a fait un majorat.

Les majorats ont commencé en Espagne; aujourd'hui il y en a en Italie & dans d'autres pays; nous en avons même quelques-uns dans la Franche-Comté, qui, comme tout le monde sçait, a été conservé dans tous ses droits & privileges, lorsqu'elle a passé au Royaume de France.

Le droit civil contient des dispositions touchant les conditions & les charges qui font l'économie des majorats.

La véritable origine des majorats d'Espagne, se tire de quelque Loix particulieres, faites du tems de la Reine Jeanne en l'année 1505, dans une Assemblée des Etats qui fut tenu à Toro, Ville d'Espagne au Royaume de Léon. *Voyez* ce qu'a dit à ce sujet Gomez, dans le sçavant Traité qu'il a fait sur les Loix faites à Toro.

Depuis, pour terminer les différens qui se présentent au sujets des majorats, on a toujours suivi les Loix faites à Toro. Au défaut de ces Loix: on a recours à celles que le Roi Alphonse fit en l'année 1251, pour régler la succession de la Couronne, qui est un majorat. Enfin toutes ces Loix cedent à la volonté du testateur, qui peut y déroger, ainsi que les Loix faites à Toro le portent expressément.

Pour faire un majorat en Espagne, il n'est pas besoin d'avoir la permission du Prince, que lorsqu'on désire ériger ses biens en majorat de dignité.

De droit commun, les majorats sont des substitutions perpétuelles. S'il y en a qui ne le soient pas il faut que cela provienne de la volonté précise & expresse du testateur, qui ait déclaré en termes formels qu'au défaut de certaines personnes, en faveur desquelles il fait le majorat, il veut & entend qu'il soit éteint.

De ce que le majorat emporte avec soi, & sans autre expression, la vocation de la famille à perpétuité, il s'ensuit.

I°. Que la disposition de la Novelle 159, qui limite à quatre générations la prohibition d'aliéner n'a pas lieu dans les majorats.

II°. Que non-seulement les descendans, mais encore les collatéraux qui descendent d'une souche commune; soit de la cognation, soit de l'agnation y sont appellés. Ainsi, la perpétuité qui est naturelle au majorat, fait qu'au défaut de la ligne descendante, le plus proche d'entre les collatéraux y est admis, fût-il au milliéme dégré de la cognation; de même que le plus proche d'entre les collatéraux, fût-il au milliéme dégré de la cognation, est appellé à la Couronne d'Espagne, à moins qu'il ne paroisse par une clause expresse que le testateur a borné ses vûes à l'agnation, c'est-à-dire, aux mâles de sa famille qui en portent le nom.

III°. Que les vocations particuliéres de certaines personnes, faites nommément dans un majorat, ne le limittent point: elles donnent seulement la préference aux personnes de la famille qui sont nommées sur celles qui ne le sont pas; & comme celles-ci ne sont pas exclues par la vocation des autres, elle sont admises dans leur rang, suivant leur proximité, a succéder au dernier décedé de ceux qui étoient nommément & spécialement appellés au majorat.

La raison est, que ces vocations particuliéres ne peuvent restraindre la vocation générale qui résulte de la fondation du majorat; & s'il se trouve dirigé à de certaines personnes, & fait spécialement en leur faveur, quand le testateur n'a pas expressément déclaré vouloir qu'au défaut de ces personnes le majorat soient éteint, il est toujours censé fait à toute la famille, & la vocation n'est point restrainte aux seules personnes dénommées.

Quelque nomination de personnes que l'on fasse, elle n'opere qu'une préference, & jamais d'exclusion: c'est pourquoi après l'extinction des personnes nommées spécialement, ou en termes collectifs, le majorat passe au plus proche du dernier décedé.

La raison est, que quoique le testateur n'ait appellé nommément que quelques personnes de la famille, il a du moins pensé en général à toutes les personnes qui en sont, ou qui en seront; & ce n'est pas alors par une extension qu'on admet au majorat ceux de la famille qui ne sont pas spécialement appellés au majorat, mais par une compréhension qui a son principe dans l'intention du testateur, & dans la raison qui l'a déterminé à faire un majorat.

Ainsi, quand le testateur a défendu toutes sortes d'aliénations, qu'il a déclaré vouloir conserver sa maison, son nom & ses armes, ce sont des dispositions qui équipollent à la fondation d'un majorat, & qui renferment une vocation expresse & litterale la famille entiere. Quoiqu'il n'appelle expressément que quelques personnes de la famille, il n'est censé n'avoir consideré les personnes nommées, qu'autant qu'elles pourroient contribuer à l'accomplissement de ses voeux, sans exclure à leur défaut les autres personnes de sa parenté.

De ce que le majorat est un droit spécial & particulier, attaché à l'aîné le plus proche, suivant l'ordre successif, sans distinction d'agnation ou de cognation, ni de sexe, il s'ensuit.

I°. Que lorsque le testateur ne s'est pas expliqué sur les dévolutions du majorat, on suit l'ordre de succeder *ab intestat*.

II°. Que les femmes y sont appellées, à l'exemple de la succession du Royaume d'Espagne, qui est le modéle des majorats.

En effet, le majorat est laissé à la famille entiére, & comme les femmes sont comprises dans la famille, elles sont appellées au majorats: de maniére néanmoins que comme les majorats sont indivisibles, en parité de dégré, & dans la même ligne, le mâle est préferé à la femme.

Mais comme c'est un principe certain, que l'on ne doit pas passer de la ligne directe à la collatérale sans avoir épuisé la directe; ni d'une branche à un autre, sans avoir épuisé celle où est le majorat; la fille du dernier possesseur est toujours préferée au mâle de l'autre ligne, ou d'un autre branche.

Il faut excepter le cas ou le fondateur du majorat en auroit exclu les femmes en faveur des mâles plus éloignés; car alors la fille du dernier possesseur est excluse en faveur du mâle, qui lui est préferé en vertu de la volonté du testateur, qui peut sur ce point déroger au droit commun des majorats.

Pour que dans les majorats les femmes soient exclues en faveur des mâles plus éloignés, il n'est pas nécessaire que le testateur ait prononcé en termes formels cette exclusion; il suffit qu'il ait fait connoître que tel étoit sa volonté par de simples conjectures; comme si le testateur n'appelle que les mâles aux majorats; s'il met la qualité de mâle pour servir de régle générale; si dans une vocation de mâles il y joint la clause, que dans tous les cas & dégrés l'on succedera de la même maniere.

Le terme indéfini de mâles comprend les mâles descendans par femmes, à moins que le seul objet du testateur n'ait été, en faisant le majorat, de conserver l'agnation.

Mais cela ne se présume pas, & se doit prouver par une clause qui manifeste en termes exprès que telle a été la volonté du testateur; car celui qui fait un majorat, n'est jamais réputé avoir uniquement pensé à la conservation de l'agnation, & avoir limité le majorat aux mâles descendans des mâles, que quand il en a fait une déclaration précise.

La raison est; que la cause qui détermine ordinairement une personne à faire un majorat, est la conservation de son nom & la splendeur de sa maison: ainsi on ne peut pas dire que ce soit la pensée de conserver l'agnation.

Cette derniere idée est trop bornée, pour remplir les vastes objets de ceux qui songent à immortaliser leur nom: c'est pourquoi on ne présume jamais qu'ils ayent eu la volonté de limiter leurs majorats à l'agnation, ou à la simple masculinité: il faut pour cela qu'ils en ayent fait, lors de la fondation du majorat, une déclaration précise en termes formels.

Ceux qui voudront avoir une connoissance parfaite des majorats, n'ont qu'à lire l'excellent Traité qu'a fait Molina, sur l'origine des Majorats d'Espagne, où la plus pure doctrine des majorats est renfermée : aussi cet Ouvrage a-t-il été regardé avec raison comme un chef-d'œuvre ; & plusieurs de nos Auteurs les plus renommés le citent, même en matiere de fideicommis.

Suivant la doctrine de cet Auteur, la représention a lieu dans les majorats, soit dans la ligne directe, soit dans la ligne collatérale : droit spécial & particulier, qui caractérise ces sortes de substitutions ; au lieu que dans les fideicommis ordinaires la représentation n'a lieu tout au plus que dans la ligne directe, & n'est point absolument admise.

Quelques-uns tiennent qu'il seroit à souhaiter que le majorat fût établi en France, au lieu des substitutions, qui ne sont que des pépinieres de procès.

Voyez ce qui est dit du majorat dans le douziéme tome des Causes célebres, pag. 436. & suiv.

MAJORITÉ, est l'âge où sont parvenus ceux & celles qui ont passé le dernier moment de leur vingt-cinquiéme année, pour les femmes comme pour les hommes.

Nous avons néanmoins quelques coutumes où la majorité est plus avancée. Celles de Reims, Châlons, Amiens, Peronne, Normandie, Anjou & Maine, réputent les enfans majeurs à vingt ans. Celles de Pontieu & Boulenois avancent la majorité des mâles à l'âge de quinze ans, & des filles à un moindre âge.

Cette majorité avancée, appellée *majorité coutumiere*, ne regarde que l'administration des biens, la disposition des meubles, & la faculté d'ester en Jugement ; mais pour aliéner les imméubles, en disposer & les charger d'hypotéques, sans pouvoir revenir contre telles aliénations par le bénéfice de restitution en entier, l'âge de vingt-cinq ans accomplis est nécessaire dans toutes les Provinces de ce Royaume.

Il faut dire aussi que la majorité dont il est parlé dans les Ordonnances royaux, sur le fait de la validité des mariages contractés par des fils de famille, sans le consentement de leurs pere & mere, ne s'entend que de l'âge de vingt-cinq ans.

Ainsi dans les coutumes qui réputent les enfans majeurs à vingt ans, ils ne peuvent pas pour cela valablement contracter mariage sans le consentement de pere & mere avant la majorité ordinaire, qui est de vingt-cinq ans accomplis. *Voyez* Blondeau, dans ses additions à la Bibliotéque canonique, tom. 1. pag. 5. & Soefve, tom. 1. cent. 3. chapitre 70.

Cet âge de vingt-cinq ans accomplis est expressément requis par les Loix, pour les tutelles & curatelles ; & pour remplir les Charges de Judicature ; ensorte qu'un mineur ne peut pas y être admis sans dispense. Il en est de même des Charges de Notaires, & de celles de Procureurs, Greffiers & autres Offices publics.

Il nous reste quelques observations à faire sur la majorité coutumiere.

La premiere, que cette majorité doit être reglée par la Coutume du lieu de la naissance, & non pas par celle du domicile.

La deuziéme, que cette majorité légale s'établit sans avis de parens, & sans aucuns ministere de Justice, & donne la faculté de contracter valablement. Néanmoins dans la Coutume de Normandie on a coutume de prendre du Juge un acte de *Passé âge*, pour la notorieté de sa majorité, & cet acte ne se doit accorder par le Juge, qu'après qu'il lui est apparu par une preuve valable de la naissance & de l'âge de vingt ans accomplis.

La troisiéme, que cette majorité coutumiere donne à la vérité le pouvoir d'aliéner les immeubles ; mais elle n'exclut point le bénéfice de restitution, lorsqu'il y a lézion dans la vente. *Contractus non est nullus ; venit autem annullandus ; non tam ex capite minoris ætatis, quam ex læsionis capite.*

Cette majorité peut être regardée comme une espéce d'émancipation légale, qui n'empêche pas le Bénéfice de restitution en entier, suivant l'Apostille de M. Charles Dumoulin, sur les articles 154. de la Coutume d'Artois, 37. de celle de Lille, & 142. de celle d'Amiens. *Voyez* M. le Prêtre, cent. 3. chap. 47. Peleus, liv. 4. de ses Actions forenses, chap. 29. Soefve, tom. cent. 2. chapitre 81. *Voyez* aussi l'Arrêt du 8. Août 1684. rapporté dans le Journal des Audiences.

MAJORITÉ DES FILLES. Les filles sont, pour certains égards, censées majeures quand elles sont mariées. Par exemple, lorsqu'un legs est fait à une fille pour en jouir quand elle sera venue à sa majorité, cette fille est en droit de jouir du legs dès qu'elle est mariée.

Un pere qui doit jouir des biens de ses enfans jusqu'à ce qu'ils soient en majorité, cesse d'avoir la jouissance de ceux de ses filles, si-tôt qu'elles sont mariées. Papon, liv. 17. tit. 3. nomb. 13.

Une femme qui avoit donné à son gendre, par son contrat de mariage, la jouissance de certains héritages, jusqu'à ce que son autre fille fût venue à sa majorité, fut déclaré quitte de sa promesse dès le jour que son autre fille fut mariée. Papon, liv. 17. tit. 3. nomb. 13.

MAJORITÉ PAR L'ANCIENNE COUTUME DE LA FRANCE, étoit fixée à quatorze ans, Loysel, liv. 1. tit. 1. régle 34.

Comme l'âge parfait étoit anciennement à quatorze ans, ceux qui l'avoient atteint pouvoient valablement contracter, dit M. Lauriere sur cette régle, & ester en Jugement, du moins en Cour laye. Mais comme cette Jurisprudence étoit préjudiciable aux jeunes gens, elle fut abolie dans plusieurs de nos Coutumes.

Dans quelqu'autres où ils sont demeurés majeurs à quatorze ans, on ne leur a laissé que la disposition de leurs meubles, & l'on a voulu qu'ils eussent vingt années pour disposer de leurs immeubles, encore leur a-t-on donné le bénéfice de restitution.

Il nous reste de cet ancien droit, qu'en plusieurs de nos Coutumes la garde noble dure aux mâles jusqu'à vingt ans, & aux femelles jusqu'à quinze ans accomplis; & la garde bourgeoise aux mâles jusqu'à quatorze ans, & aux femelles jusqu'à douze ans finis.

MAJORITÉ DU ROI, est définie en France à quatorze ans commencés; c'est-à-dire que dès que le Roi est entré dans sa quatorziéme année, il est majeur.

Jusqu'à Charles V. il n'y a rien eu de certain touchant la majorité des Rois de France; les uns avoient été majeurs plutôt, les autres plus tard.

La sagesse de Charles V. lui faisant prévoir les malheurs qui pourroient arriver de cette incertitude, sur l'âge auquel son fils & ses successeurs pourroient être reconnus majeurs, lui fit rendre un Edit perpetuel & irrévocable, par lequel il déclara qu'à l'avenir les Rois de France ayant atteint l'âge de quatorze ans, prendroient en main le gouvernement du Royaume, recevroient la foi & hommage de leurs Sujets, & des Archevêques & Evêques; en un mot, qu'ils seroient réputés majeurs, comme s'ils avoient vingt-cinq ans.

Cet Edit, daté de Vincennes au mois d'Août 1374. fut vérifié en Parlement, le même Roi tenant son Lit de Justice, le 20. Mai suivant.

Il y a eu depuis plusieurs autres Edits & Déclarations, qui portent la même chose.

Quand le Roi est entré dans sa quatorziéme année, il tient un Lit de Justice au Parlement, où il fait publier sa majorité; mais, comme l'a remarqué M. Dupuy dans son excellent Traité de la Majorité de nos Rois, & des Régences du Royaume, les Rois pourroient se dispenser de cette Déclaration, qui n'est qu'une pure cérémonie, & non pas une condition absolument requise; parce que la Loi qui fixe la majorité des Rois de France à quatorze ans commencés, est précise, & a été observée exactement. D'ailleurs, personne en France n'ignore le jour de la naissance du Roi, & le tems auquel, suivant l'Edit de Charles V, il est réputé majeur de plein droit.

Voyez le Traité de M. Dupuy, de la Majorité de nos Rois; & le Code de Louis XIII, où l'Ordonnance de Charles V, que nous venons de citer ci-dessus, est rapportée avec des Commentaires. *Voyez* aussi, sur la majorité du Roi, ce qu'en a dit M. Lauriere sur Loisel, liv. 1. tit. 1. régle 34. & Dolive, en ses Actions forenses, part. 1. act. 1. & les notes.

MAJORITÉ FÉODALE, est définie en l'art 32. de la Coutume de Paris, qui porte que tout homme tenant fief est tenu & réputé âgé à vingt ans, & la fille à quinze ans accomplis, quant à la foi & hommage, & charge de fief. *Voyez* ce que j'ai dit sur cet article.

MAIRE OU MAJEUR; *quasi major populi, qui præsidet aliis*, est en plusieurs endroits celui qui est le Chef de la Jurisdiction de la Ville; comme est à Paris M. le Prévôt des Marchands.

Ce terme *Maire* signifie aussi quelquefois bas-Justicier, & Mairie signifie basse Justice.

A l'égard des Maires, en tant qu'ils sont dans certaines Villes du Royaume à la tête des Echevins, *voyez* l'Ordonnance de Moulins de 1566. art. 71. Mornac, *ad Leg. unic. ff. si quis jus dicenti non*, &c. & Dolive, liv. 1. chap. 37.

L'Edit du mois d'Août 1692. porte nouvelle création des Maires dans toutes les Villes du Royaume, à l'exception de Paris & de Lyon, où les Prévôts des Marchands sont nommés en la maniere accoutumée: ils jouissent des mêmes droits dont les autres Maires, Jurats, Consuls, Capitouls, Prieurs, premiers Echevins, ou autres faisant leurs fonctions sous d'autres titres, jouissoient auparavant.

Ils convoquent les Assemblées de Ville, & y président; ils y reçoivent le serment des Officiers qui ont été élus, & président à l'examen, audition & clôtures des comptes qui se rendent de l'administration des affaires de la Ville.

Ils connoissent de l'exécution de l'Ordonnance en forme de réglement du mois d'Août 1669. concernant les Manufactures, & de toutes les matiéres dont les Officiers qui ont fait leurs fonctions avoient droit de connoître.

Touchant les droits & Offices des Maires, il a été rendu depuis plusieurs Arrêts du Conseil d'Etat & Edits, qui sont rapportés dans le Dictionnaire de M. Brillon.

MAIRE DU PALAIS, étoit, sous la première & seconde race de nos Rois, le Lieutenant général par-tout le Royaume. C'étoit d'abord le Grand-Maitre de la Maison du Roi, qui avoit commandement sur tous les Officiers Domestiques, & qui fut appellé Maire du Palais par abbréviation, au lieu de Maitre du Palais.

La grandeur des Maires commença à s'accroître sous le regne de Clotaire II. Mais la foiblesse des derniers Rois de la seconde race ne contribua pas peu à leur aggrandissement.

Ce fut alors qu'ils s'attribuérent le maniment des affaires de la Guerre, de la Justice, de la Finance & le gouvernement de la Maison du Roi. Ainsi, comme dit Aimon le Moine, *lib. 4. cap. 35. Palatium cum Regno gubernabant.*

Ils commandoient aux Ducs & aux Comtes qui étoient les Gouverneurs des Provinces; ce qui fit qu'on les appella Ducs des Ducs, ou simplement Ducs de France.

Les Rois de la troisiéme race ayant compris combien il étoit dangereux de confier une si grande autorité à une seule personne, abolirent l'Office de Maire du Palais.

Ils en partagerent donc les fonctions, & créerent les quatre grands Officiers de la Couronne. Ils donnerent le commandemens des Armées au Connétable, l'administration de la Justice au Chancelier, le maniment des Finances au grand Tréforier, & l'intendance de la maison du Roi au Sénéchal, qui s'est depuis appellé Grand-Maitre.

Voyez Pasquier, liv. 2. chap. 11. & Loiseau, liv. 1. chap. 1. *in fine*, & liv. 4. chap. 1. *Voyez* aussi le Traité qu'a fait M. Petit-pied, du droit & des prérogatives des Ecclésiastiques dans l'administration de la Justice séculiere, chap. 8. & de la Bibliothéque historique de la France, par le Pere le Long, page 578.

MAIRIE, signifie la qualité ou Office de maire, laquelle en plusieurs endroits annoblit.

Quelques Fiefs sont appellés Mairies, ou Fiefs boursiers. Il y en a plusieurs au Pays Chartrain. Ces Mairies sont inhérentes à certaines Terres, & ne consistent qu'en certains droits & émolumens sans domaine.

MAISON DE FORCE. On entend par maisons de force, celles qui servent à la correction des fils de famille débauchés, & des femmes libertines.

MAISON FORTE. Le Droit Romain, conformément à la liberté naturelle, permettoit à chacun de fortifier sa maison pour sa défense, pourvû que ce ne fût point sur les frontiéres.

Par un usage généralement reçu dans ce Royaume, nul, de quelque qualité qu'il soit, ne peut bâtir à fossés, à douves, à ponts-levis, à carneaux & à canonieres, sans la permission du Seigneur Haut-Justicier. Il faut néanmoins distinguer entre le Seigneur de Fief, & le simple Censier.

Le premier peut bâtir Château & se fortifier, *irrequisito Domino*, pourvû qu'il n'ait pour objet que sa défense, & n'agisse point par un esprit d'émulation contre son Seigneur supérieur.

Mais celui qui tient un héritage en censive, ne peut jamais bâtir forteresse sans le consentement de son Seigneur. *Voyez* Salvaing, part. 1. chap. 44. & M. le Prestre, cent. 2. chap. 51.

MAISONS ROYALES, sont celles non-seulement où le Roi fait son habitation ordinaire, mais encore toutes celles où Sa Majesté loge par occasion de promenade ou de voyage.

Comme elles sont très-respectables, ceux qui violent le respect qui leur est dû, soit en y faisant quelque vol, ou en y commettant quelque crime, sont punissables de mort.

Ces maisons servent d'asile à ceux qui pourroient être poursuivis pour dettes ou pour crimes; c'est pourquoi il n'est pas permis de les y prendre au corps, à moins que ce ne fut en vertu d'un ordre du Roi.

Celui qui auroit commis un vol dans une Maison royale, doit être puni de mort, comme il est porté dans les Déclarations des premier Novembre 1530. 15. Janvier 1677. & 7. Décembre 1682.

MAISONS DES VILLES, sont celles où se tiennent les Assemblées des Maires & Echevins, Consuls, Prevôts des Marchands, où se tient le Tribunal de la Jurisdiction consulaire & municipale. *Voyez* ce que j'ai dit sur la lettre H, de l'Hôtel de Ville de Paris.

MAISTRE, est le propriétaire d'un bien dont il peut disposer.

Ce terme est aussi attribué à certains Chefs & officiers, qui ont quelque commandement, quelque pouvoir d'ordonner. *Voyez* la Loi 57. *ff. de verbor signific.*

MAISTRES DES COMPTES, sont des Officiers du premier ordre de la Chambre des Comptes, qui sont Juges de toutes les affaires qui se rapportent à la Chambre, tant par l'un d'eux, que par les Correcteurs & Auditeurs.

Ils ont droit de rapporter toutes les Requêtes, à l'exception de celles qui sont du rapport des Auditeurs: & ils ont seuls le droit de proceder aux informations des Officiers Récipiendaires, Comptables ou autres, dans l'étendue de leur ressort, & à toutes informations qui se font par ordre de la Chambre.

Voyez Chambre des Comptes.

MAISTRES DES REQUESTES, sont des Magistrats, dont les fonctions ordinaires sont de rapporter les requêtes, & instances, tant au Conseil d'Etat, qu'au Conseil privé ou des Finances, & qui outre cela servent à la Chancellerie, & enfin exercent une Jurisdiction aux Requêtes de l'Hôtel.

La fonction de ces Officiers, dont l'institution est plus ancienne que celle du Parlement, étoit anciennement de recevoir les plaintes & les requêtes présentées au Roi, de les examiner, & d'en faire le rapport à Sa Majesté. C'est pour cette raison qu'ils furent appellés *Clercs & Référendaires des Requêtes*. On les nomma aussi *Suivans la Cour*, parce qu'ils étoient toujours à la suite de la Cour, près de la personne du Roi.

Ils ont succedé à ces Envoyés, appellés *Missi Dominici*, qui étoient des personnes de distinction, tirés le plus souvent des Conseils du Prince, & qui étoient envoyés dans les Provinces, avec un pouvoir souverain. *Voyez Missi Dominici.*

Les Maitres des Requêtes ne furent d'abord que deux, ensuite quatre; & la grande autorité qu'ils avoient, leur fit donner le nom de Maitre des Requêtes, depuis qu'on s'apperçut que le bon ou mauvais succès des requêtes dépendoit d'eux, *quasi Magistri Libellorum supplicum.*

On les appella aussi Maîtres des Requêtes de l'Hôtel, ou Juges de la porte de l'Hôtel du Roi, parcequ'ils étoient logés au Louvre, comme étant du nombre des Commensaux de sa Maison, lesquels après M. le Chancelier, étoient les Chefs de la Justice.

Ils étoient toujours auprès de la personne du Roi, & assistoient tant au Conseil, qu'à la Chancellerie, pour l'expédition des grandes affaires.

On ajouta dans la suite quatre autres Maitres des Requêtes aux quatre qui étoient déja, & ces huit ordinaires sont demeurés seuls jusqu'en l'an 1344. qu'il en fut créé un autre. Ils furent depuis multipliés, de maniere qu'ils ont été jusqu'au nombre de soixante-douze.

Louis XIV. en ajouta huit en 1674.; & huit autres en Février 1689, ce qui fait quatre-vingt-huit

Maîtres des Requêtes; & comme ils servent par quartier, ils sont vingt-deux à chaque.

Ainsi les Maîtres des Requêtes sont présentement distribués en quatre quartiers, & servent alternativement de six mois en six mois, sçavoir, trois mois aux Requêtes de l'Hôtel, & trois mois au Conseil du Roi.

C'est M. le Chancelier qui est leur Chef au Conseil, & qui y préside; mais aux Requêtes de l'Hôtel, c'est le Doyen de Messieurs les Maîtres des Requêtes, qui préside le premier quartier, & le premier mois des autres quartiers; au lieu duquel dans ces trois quartiers, le plus ancien Maître des Requêtes de chaque quartier préside.

Pour parler avec ordre de la fonction des Maîtres des Requêtes, il les faut considerer par rapport au Conseil, & par rapport à la Jurisdiction qu'ils exercent aux Requêtes de l'Hôtel.

La plus ancienne & principale fonction des maîtres des Requêtes, a été de recevoir les Requêtes des Parties, de les présenter au Roi, & d'en faire le rapport à sa Majesté en son Conseil.

Ce droit leur a été conservé par l'art. 33. de l'Ordonnance d'Orléans, qui défend aux Présidens & Conseillers des Cours & autres, de rapporter aucune Requête au Conseil, voulant que ce soit les Maîtres des Requêtes, comme étant les seuls Rapporteurs au Conseil devant le Roi, ou M. le Chancelier.

Les Maîtres des Requêtes ont encore des Commissions extraordinaires dans les Armées & dans les Provinces, avec la qualité d'Intendans de Justice, Police & Finances.

En qualité d'Intendans, ils président dans tous les Présidiaux des Généralités où ils sont départis. Ces Intendances que le Roi leur donne, sont des Commissions qui les substituent en la place de Sa Majesté, pour faire exécuter ses ordres, & observer la Justice, la Police, & les Réglemens qui regardent les Finances.

Ainsi les Maîtres des Requêtes, en qualité d'Intendans, représentent la personne du Roi dans toutes les Provinces du Royaume. C'est à eux qu'appartient le pouvoir de maintenir les Sujets du Roi dans l'obéissance, à faire exécuter ses ordres, & pourvoir au bien & au repos public.

L'origine de ces Intendances vient de ce que les Baillifs & Sénéchaux négligerent leur premiére fonction, qui étoit de visiter les Provinces, soit à cause de l'institution des Parlemens qu'ils avoient pour supérieurs, soit à cause des emplois qu'ils avoient près la personne du Roi, & en l'armée.

Cela fut cause que les Maîtres des Requêtes furent envoyés en leur place; de maniere que dans les commencemens ils jugeoient en dernier ressort les appellations des Ducs & Comtes, qui auparavant s'interjettoient devant le Roi, ou le Grand Duc de France le Maire du Palais.

C'est de-là qu'est venue la nécessité qui leur a été imposée de visiter les Provinces, comme il est écrit au même art. 33. de l'Ordonnance d'Orléans, qui leur enjoint de faire les chevauchées qu'ils sont obligés de faire, & de mettre entre les mains de M. le Chancelier les procès verbaux de tout ce qu'ils feront chacun dans les Provinces de leur département; leur donnant pouvoir de recevoir toutes les plaintes des personnes dans les lieux qu'ils visiteront, & de les inserer dans leurs procès verbaux.

La même chose a été encore ordonnée par les Ordonnances de Moulins, art. 7. & de Blois, art. 209. mais plus précisément par celle de Louis XIII du mois de Janvier 1629.

Cette derniere Ordonnance porte; en l'article 58. que les Maîtres des Requêtes visiteront les Provinces, suivant le département qui sera fait tous les ans par M. le Chancelier ou Garde des Sceaux; qu'ils se transporteront dans toutes les Cours de Parlemens, Bailliages & Sénéchaussées; y recevront les plaintes des Sujets du Roi, tant sur l'administration de la Justice, que pour raison des levées & impositions excessives, que l'autorité des plus forts pourroit faire tomber sur les plus foibles: voulant que lesdits Maîtres des Requêtes informent d'office de tous ces abus & malversations commises par les Officiers royaux, & autres choses concernant le service du Roi, le bien public, & le soulagement du peuple; & qu'ils rapportent le tout à M. le Chancelier ou Garde des Sceaux, pour y être pourvu.

Cette même ordonnance du mois de Janvier 1629. art. 58. enjoint encore aux Maîtres des Requêtes, dans la visite qu'ils font des Provinces,

I°. D'observer le traitement qui se fait aux Sujets du Roi en l'imposition, levée & recette des tailles, exemptions & décharges indues.

II°. De se faire à cette fin représenter tous rolles, registres & actes que besoin sera.

Cette même Ordonnance veut aussi, que pour réprimer les abus & contraventions qu'ils trouveront, leurs Jugemens & Sentences sur ce que dessus, soient exécutoires, nonobstant oppositions ou appellations quelconques, & sans préjudice d'icelles, dont la poursuite sera faite aux Cours où ressortissent les Siéges, dont les officiers ou autres Particuliers seront appellans.

Enfin cette Ordonnance leur enjoint de s'informer de quelle maniere les Bénéficiers s'acquittent dans leurs Provinces, de l'accomplissement de leurs Charges & Offices.

Les Maîtres des Requêtes qui sont envoyés dans les Provinces, ont pour titre la qualité d'Intendans de Justice, Police & des Finances. Comme tels, ils opinent & prennent place en tous les Parlemens de France auparavant les Conseillers & Présidens.

Dans tous les Présidiaux, Bailliages & Sénéchaussées par où ils passent, les Baillifs, Sénéchaux & Présidens leur cedent la première place, comme à leurs Supérieurs.

Ils tiennent aussi le Sceau dans les Chancelleries de tous les Parlemens du Royaume où ils vont, &

ils ne rendent compte qu'au Roi & au Conseil de tout ce qu'ils font pendant leur Commission.

Tout ce que nous venons de dire, fait assez connoître que cette dignité de Maitre des Requêtes a toujours reçu de grands honneurs, tant par le droit d'approcher la personne du Roi, & de l'assister en son Conseil, que par les grands emplois qui ont été de tout tems donnés à ceux qui sont pourvûs de ces Charges.

Les Maitres des Requêtes servent au Conseil d'Etat privé du Roi, ainsi qu'à la direction des Finances. Ils y ont voix délibérative, y rapportent les affaires dont ils sont chargés, & signent les minutes des Arrêts rendus à leur rapport.

Ils servent aussi à la grande Chancellerie, où ils rapportent les Lettres en réglement de Juges, les évocations & autres Lettres de Justice; & M. le Chancelier leur demande leurs avis sur les rémissions qui lui sont présentées au Sceau.

Ils sont du Corps du Parlement, & ont séance à la Grande Chambre, tant aux Audiences qu'aux Conseils, après les Présidens, & au-dessus des Conseillers; mais il n'y peuvent venir qu'au nombre de quatre. A l'égard du droit d'Indult, ils l'ont tous comme les Présidens & Conseillers du Parlement.

Par Edit du Roi Henri IV, du 12. Mars 1599. ils tiennent le petit Sceau de la Chancellerie du Parlement de Paris, successivement par chacun mois, suivant l'ordre de leur réception; & ils écoutent les rapports que leur font les Référendaires, pour l'admission des Lettres de Chancellerie qu'ils veulent faire sceller.

Les Maitres des Requêtes ont une Jurisdiction dans l'enclos du Palais, appellée les Requêtes de l'Hotel. Cette Jurisdiction est ordinaire & extraordinaire.

Ils exercent l'ordinaire comme Juges inférieurs du Parlement; & en cette qualité ils connoissent en premiere instance, par un droit d'attribution particuliere à eux accordé, des causes des Princes, des Officiers de la Couronne, des Commensaux de la Maison du Roi, & autres personnes qui ont droit de Committimus, tant au grand qu'au petit Sceau.

Cette attribution qui leur a été faite par les anciennes Ordonnances, a été communiquée dans la suite à Messieurs des Requêtes du Palais; ensorte que Messieurs les Maitres des Requêtes connoissent aujourd'hui de toutes ces affaires concurremment avec eux. Ils n'en connoissent pas en dernier ressort, mais à la charge de l'appel qui se releve au Parlement.

A l'extraordinaire, ils connoissent, & en dernier ressort, des différends qui naissent pour raison du titre des Offices royaux, tant de Judicature, Domaine, Tailles, Aydes, Gabelles, Traites, Impositions, qu'autres, sans aucune exception; mais les différends qui naissent entre Officiers pour le pas, ou pour d'autres prérogatives de leurs Charges, & généralement toutes les contestations qui ne concernent point le titre de l'Office, ne se peuvent point porter aux Requêtes de l'Hôtel.

Ils connoissent aussi à l'extraordinaire des causes que le Conseil Privé ou d'Etat leur renvoye, soit à cause qu'elles ne regardent que la procédure, ou qu'elles ne sont pas assez graves pour être traitées devant le Roi.

Ils connoissent encore des appels interjettés, des Appointemens & Ordonnances données par un Maitre des Requêtes en l'instruction d'un Procès au Conseil, des forclusions, taxes & exécutoires de dépens adjugés par Arrêts du Conseil; comme aussi de tous les différends qui naissent par rapport à l'exécution des Arrêts qui y ont été rendus, des demandes en condamnation de frais & salaires des Avocats au Conseil, des désaveux formés contr'eux pour avoir occupé au Conseil.

Enfin, ils connoissent à l'extraordinaire de toutes les falsifications des Sceaux de la grande & petite Chancellerie, & de tous les différends qui naissent à l'occasion du Sceau; comme aussi des priviléges des Livres accordés aux Auteurs, ou aux Libraires & Imprimeurs.

Dans les matieres où les Maitres des Requêtes jugent à l'extraordinaire, ils ne sont point considerés comme des Juges inférieurs au Parlement; au contraire, leurs Jugemens sont souverains, nonobstant l'art 99. de l'Ordonnance de Blois, qui porte que les Maitres des Requêtes ne pourront juger en dernier ressort aucuns procès.

Mais cet article n'est point observé. Pour que les Maitres des Requêtes jugent au souverain, il faut qu'ils soient au moins au nombre de sept, & ils commencent leurs Jugemens par ces termes: *Les Maitres des Requêtes, souverains en cette partie.*

Quand ils jugent au souverain, on ne se peut pourvoir contre leurs Jugemens que par Requête civile; ce qui met une grande différence entre les Jugemens qu'ils rendent au souverain, & ceux qu'ils rendent à l'ordinaire; & ces derniers Jugemens sont ainsi qualifiés pour marquer qu'ils ne sont pas rendus en dernier ressort, mais que les appellations en sont portées au Parlement.

Ce ressort d'appel a fait que ci-devant les Gens du Roi des Requêtes de l'Hôtel n'étoient connus que sous le titre de Procureur & Avocat du Roi, quoique dans les affaires au souverain ils ayent le même droit que les Gens du Roi au Parlement.

Néanmoins depuis plusieurs années l'usage s'y est introduit de leur donner les mêmes titres qu'on donne à ceux du Parlement.

MAISTRES DES EAUX ET FORESTS. *Voyez* ci-dessus Eaux & Forêts.

MAISTRISE, PARMI LES MARCHANDS ET LES ARTISANS, est la qualité qu'on acquiert quand on est reçu Maitre dans quelque Corps, laquelle donne le droit & privilége d'avoir boutique, pour vendre des marchandises, ou pour travailler à quelque manufacture.

Il faut être Apprentif avant que d'être Maitre.

Il

Il n'y a que les Maitres de Lettres qui ont privilége, des Maitres d'apprentissage & des fils de Maitres, qui puissent entrer dans les Corps des Marchands & Artisans.

Pour parvenir à la maitrise dans quelque métier, il faut faire son chef-d'œuvre en présence des Maitres & des Jurés.

Les Jurés ont droit de visite sur les autres Maitres, parmi les Artisans; mais chez les Marchands, les Visiteurs s'appellent les Maitres & Gardes du métier.

Les veuves jouissent du privilége de la maitrise de leurs maris.

Les maitrises jurées dépendent du droit de Police, & font partie des droits de la Justice & du Domaine, & ne sont pas des droits dépendans de la Couronne, qui appartient au Roi à l'exclusion des Seigneurs, puisque la Justice & la Police sontpatrimoniales.

Ainsi, comme les Seigneurs peuvent prescrire telles Loix de Police que bon leur semble en leurs terres, ils peuvent introduire les maitrises jurées, ou les bannir de leurs terres, & par conséquent faire des Maitres par Lettres, & les dispenser du chef-d'œuvre, parce que l'un comprend l'autre, & qui peut le plus, peut le moins : c'est pourquoi celui qui peut ôter la maitrise entierement, peut bien dispenser du chef-dœuvre.

MALADERIE, est un lieu fondé pour retirer & assister les malades, & particulierement ceux qui sont entichés de lépre. *Voyez* ce qui en est dit dans le Dictionnaire de Trevoux, *verbo* Léproserie, & *verbo* Maladerie.

MALEFICE. Ce terme pris généralement, signifie toutes sortes de crimes; mais dans une signification moins étendue; il se prend pour l'action par laquelle on procure du mal, soit aux hommes, soit aux animaux & aux fruits de la terre, en employant le sortilége, le poison, ou autres choses semblables.

Ce crime est puni de différentes peines, suivant le mal qu'il a procuré, & suivant que les circonstances sont plus ou moins aggravantes.

MALTOTÉ, est une imposition extraordinaire, faite sans fondement, sans nécessité, & sans autorité légitime; en un mot, c'est une nouvelle levée qui se fait à l'oppression du Peuple, sans aucune nécessité de l'Etat.

Ce terme vient de *malè tollere*; d'où vient que l'on appelle encore maltotiers ceux qui donnent toutes sortes d'avis pour l'établissement ou exaction de nouveaux droits à charge au Peuple, que le Ministre a grande attention de supprimer, quand il en reconnoit ou les abus, ou les inconveniens.

MALJUGÉ. On entend par ce terme un Jugement rendu contre le droit de la Partie qui a été condamnée.

Le mal-jugé donne lieu à l'appel, & les Juges supérieurs doivent sur l'appel, réformer le Jugement. Mais le mal-jugé prononcé par Arrêt ou Jugement en dernier ressort, ne donne point lieu à la cassation d'Arrêt, ni à la Requête civile. *Voyez* Cassation d'Arrêt, & Requête civile.

MALVERSATIONS DES OFFICIERS, sont les concussions, les violences, ou les faussetés que les Officiers commettent dans l'exercice de leur Charge. Ce crime est plus ou moins grand, suivant les circonstances, qui augmentent ou diminuent la peine de ces sortes de délits.

Les malversations des Officiers royaux sont mises au nombre des cas royaux : c'est pourquoi la connoissance en est interdite aux Juges des Seigneurs, qui n'ont aucun droit d'animadversion sur ceux qui sont au-dessus d'eux par le caractere dont le Souverain les a distingués.

MANDAT, est un contrat obligatoire de part & d'autre, qui se forme par le seul consentement des Parties, par lequel on charge d'une affaire, pour la gerer gratuitement, une personne qui consent volontiers d'en prendre le soin.

Ce contrat produit une obligation mutuelle, & par conséquent l'action qui en provient est double; c'est-à-dire que l'action qui provient du mandat, est directe ou contraire.

La directe est donnée au mandant, qui conclut *à ce que le mandataire soit tenu de lui rendre compte de sa gestion, & à réparer le dommage qu'il peut avoir causé au demandeur.*

La contraire est donnée au mandataire, qui conclut *à ce que le mandant soit condamné de lui payer les impenses qu'il a faites pour s'acquitter de sa commission, & à l'indemniser des pertes qu'il a souffertes à ce sujet.*

Voyez Procuration. *Voyez* aussi ce que j'ai dit dans la Traduction des Institutes, sur le tit. 27. du troisiéme livre.

MANDATAIRE, est celui qui gere les affaires de quelqu'un, en vertu de la procuration qu'il en a reçue.

Il doit s'acquitter de sa commission avec toute l'exactitude possible : s'il est chargé de recevoir ce qui est dû à celui dont il est mandataire, & aussi de payer ceux à qui il doit; ce mandataire, en cas qu'il soit son créancier, doit se payer par ses mains de ce qui lui est dû; & s'il étoit son débiteur, il est tenu de lui tenir compte de ce qu'il lui doit. *Nam qui alterius negocia administranda suscipit, id præstare debet in suâ personâ, quod in aliorum. Leg. 31. ff. mandati. Voyez* Belordeau, lettre M, art. 12.

MANDÉ ET BLAMÉ, est celui qui est mandé par la Chambre du Conseil pour être blamé de quelque crime, avec défenses de recidiver.

Il différe donc de celui qui est mandé & admonesté, lequel n'est pas blamé, mais seulement averti de ne point recidiver.

Cette derniere peine n'est point infamante, à la différence du blâme, qui est une plus severe correction, qui emporte infamie.

MANDEMENT, signifie un ordre ou commission de faire quelque chose.

Ce terme signifie aussi une injonction de venir appellée *veniat* dont il est parlé sous la letrre V,

MANDEMENT DES TAILLES, est l'état, l'arrêté de ce qu'une Provinces doit payer de tailles pour une année. Cet état est arrêté au Conseil Royal, & ensuite envoyés aux Intendans, qui en font la répartition dans chaque Paroisse, & qu'ils appellent asseoir les tailles.

MANIEMENT, se dit des recettes du bien d'autrui, dont on a le gouvernement & la conduite.

MANOIR, est un vieux mot qui signifioit autrefois une maison, un certain lieu fixe & distingué, où un homme est présumé faire sa demeure. Ce terme n'est plus aujourd'hui en usage qu'en matiere de fiefs. *Voyez* Manoir principal, dont nous allonsparler.

MANOIR PRINCIPAL, est un Château, ou la Maison principale d'un fief, destinée pour l'habitation du Seigneur, où se rendent ordinairement les foi & hommage par les vassaux.

Ce lieu seigneurial appartient à l'aîné, & est la principale partie de son préciput féodal.

Manerium est habitatio, cum certâ agri portione, à manendo dictâ, Gallicè Manoir: *quomodo in consuetudinibus nostris municipalibus vulgò accipitur pro præcipuâ feudi domo, quæ cum universo ipsius ambitu penes primogenitum esse debet.* Ducange, *hoc verbo.*

Voyez le glossaire du droit François, *verbo* Manoir; & ce que j'ai dit sur l'article 13. de la coutume de Paris glose troisiéme, où j'ai expliqué la plûpart des questions qui se peuvent présenter à ce sujet.

A l'égard de sçavoir si dans l'aliénation des deux tiers du fief, le principal manoir peut y être compris, *Voyez* ce que j'en ai dit sur l'article 51. de cette Coutume, glose deuxiéme, nomb. 57.

MANUFACTURE, est le lieu où l'on a ramassé plusieurs Ouvriers pour travailler à une même sorte d'ouvrage. Il y a une Déclaration du mois de Juillet 1667. portant réglement général sur les Manufactures.

MANUMISSION, dont il est parlé dans le droit Romain, n'est autre chose que le don de la liberté, qu'un maître fait à son esclave, en le mettant hors de sa main & de sa puissance.

Comme la servitude est abolie en France, la manumission n'y peut pas avoir lieu : c'est pourquoi, sans m'arrêter à en donner ici d'amples explications, je renvoye le Lecteur à ce que j'en ai dit dans ma Traduction de Institutes, sur le cinquiéme titre du premier Livre.

MANUSCRITS D'UN PARTICULIER, doivent appartenir à son fils aîné, préferablement à ses freres & sœurs. Il n'en est pas de même d'une Bibliotéque, c'est un effet de la succession qui doit faire le bien commun de tous les héritiers.

Voyez Jovet, *verbo* Manuscrit.

MANUTENTION, signifie le soin que doivent avoir les Magistrats & les Juges de faire observer les Loix, le bon ordre & la police dans l'étendue de leur Jurisdiction.

MAQUERELLAGE, signifie l'infame commerce de prostitution de femmes & de filles.

Ce crime est puni de différentes peines, suivant les circonstances. Ordinairement ceux qui en sont convaincus, sont condamnés au fouet & à la fleur-de-lys, & au bannissement.

Ceux qui sont convaincus d'avoir séduit & suborné des femmes & filles d'honneur, par des stratagêmes & des manœuvres accompagnées de violences, sont condamnés d'être pendus : ce qui est d'autant plus juste, que ceux qui ont dérobé de l'argent sont punis de mort, à plus forte raison doivent être punis de mort ceux qui ont fait perdre à une femme ou fille d'honneur ce qu'elle avoit de plus précieux.

Toutes les Républiques chrétiennes ont eu en horreurs ces commerces infames introduits par le démon pour faire triompher l'impureté de l'innocence & de la pudeur. Si le crime dadultere est punissable, celui qui en fournit les moyens est non-seulement coupable du crime qu'il commet, mais aussi de celui qu'il fait commettre. aussi plusieurs Docteurs tiennent, que *lenocinium gravius & majus est crimen adulterio; quia scilicet adulter in se tantum & in unam dum taxat fœminam peccat, leno autem peccat ipse, & duos pariter peccare facit; & idcircò graviùs puniendus est. Leg. Athletas, §. Lenocinium, ff. de infamiâ Barrholus, ad Legem iis, qui reus ff. de publicis judiciis.*

Enfin, les Payens ont eu en horreur ce crime, puisque Lucien même le blâme très-fort.

Le Roi Charle IX, par son Ordonnance rendue aux Etats d'Orléans, art. 101. défend expressément tous bordels & brelans, ordonnant que ceux qui les tiendront soient punis extraordinairement,

Il y a une ancienne Ordonnance du Roi S. Louis de l'an 1254. qui ordonne que les femmes de mauvaise vie seront chassées de tous les lieux de son Royaume, avec confiscation des maisons qui auront été louées à des personnes infames; *qui vero domum publicæ meretrici locaverit, volumus, quod ipsa domus incidat in commissum.*

Le Pape Pie V. voulut chasser toutes les femmes infames de la Ville de Rome; mais cette entreprise ayant été trouvée de difficile exécution & de périlleuse entreprise, il ordonna qu'elles se retireroient dans un certain quartier de la Ville; ce qui s'observe encore à présent.

Sanctus Thomas, quæst. 2. art. 11. ait: In regimine humano illi qui præsunt rectè, aliqua mala tolerant. ne aliqua bona impediantur. Sanctus verò Augustinus, in libro de ordine hæc verba protulit, aufer meretrices de rebus humanis, turbaveris omnialibidinibus.

Voyez la Novelle 14. de Justinien; Julius Clarus, *in Pract.§. ult. quæst.* 68; Corrard *in Pract. de leonibus*; Imbert, liv. 3. chap. 22. nomb. 19.

& 22; le Code Henry, liv. 8. des Crimes, art. 1. & 2; & ce que j'ai dit ci-dessus, lettre F, en parlant des femmes prostituées.

MAQUIGNONS, sont des espéces de Proxenetes ou Courtiers qui se mêlent de faire vendre & acheter des chevaux. *Voyez* le Dictionnaire de Brillon, au mot Maquignons.

Marais, sont des terres basses & humides, couvertes d'eaux croupissantes qui n'ont point de pente pour s'écouler. On appelle marais desséchés les terres qui étoient autrefois couvertes d'eaux que l'on a fait écouler en leur donnant de la pente & des décharges par plusieurs fossés & saignées. Enfin, on appelle marais salans, les lieux préparés pour faire le sel.

Voyez le Dictionnaire de Trevoux. *Voyez* aussi celui de M. Brillon, où il est fait mention des Edits, Déclarations & Réglemens qui ont été faits pour le déchessement des marais.

MARC D'OR, est un droit qui se leve sur tous les Offices de France, à chaque changement de Titulaire.

Ce droit est consideré comme une espéce d'hommage & de reconnoissance que les nouveaux Officiers rendent au Roi lorsqu'ils sont pourvus de leurs Offices, à l'effet d'obtenir leurs provisions.

Comme tous les Officiers sont également obligés à ce devoir, aucun n'est exempt du droit qui se paye en conséquence; desorte qu'on n'expédie au Sceau aucunes provisions, sans que la quittance du Trésorier du Marc d'or y soit attachée.

Ce droit consiste en une certaine somme payable au Roi par tous ceux qui sont pourvus des Offices casuels domaniaux, héreditaires, de Justice, de Finance & de Police.

C'est ce qu'on appelloit autrefois droit de provisions, ou droit de serment, qui s'évaluoit par un ou plusieurs marcs d'or, ou par une portion d'un marc d'or, suivant le prix de la charge. C'est de-là qu'est venue la dénomination de ce droit; mais il a été depuis évalué en argent.

Par un Edit donné à Paris au mois de Décembre 1578. Henri III. Roi de France & de Pologne, institua l'Ordre du Saint Esprit, pour marque d'une éternelle pieté & de la reconnoissance qu'il désiroit rendre à Dieu des bienfaits qu'il en avoit reçus, sur-tout au jour de la Pentecôte, auquel il avoit été élu Roi de Pologne en 1573. & avoit succedé à la Couronne de France par le décès du Roi Charles IX. arrivé l'année suivante le même jour de la Pentecôte.

Le Roi Henri III. lors de la fondation de l'Ordre du Saint Esprit, lui attribua par chaque année cent vingt mille écus d'or; & le 7. Décembre 1582. il donna le droit du marc d'or à cet Ordre, pour partie desdits cent vingt mille écus.

Ce droit a été réuni au Domaine par Edit du mois de Janvier 1720. & par une Déclaration du 18. Mai 1721. l'Ordre du Saint Esprit a été rétabli en la jouissance de ce droit, jusqu'à la concurrence de quatre cent mille livres de rente, & Sa Majesté s'oblige par le même Edit de payer tous les ans à l'Ordre du Saint Esprit ce qui pourroit y manquer de la dite somme.

Voyez le Dictionnaire de M. Brillon.

MARCHAGE, est une societé que des Communautés d'habitans de Paroisses voisines & limitrophes ont contractée ensemble, pour avoir droit de faire marcher & paître les bestiaux de part & d'autre sur les terres du village joignant.

MARCHANDISE. La faveur du commerce a fait que les enfans de famille & les femmes mariées sont tenus pour autorisés de leurs peres & de leurs maris, en ce qui est du fait des marchandises dont ils s'entremettent à part & à leur sçû. Loisel, en ses Institutes, livre 1. tit. 1. art. 39. Sur quoi *voyez* les Commentaires de M. Lauriere; Boniface, tom. 2. liv. 4. tit. 17. chap. 1.

Mais le fils de famille non Marchand ne peut pas s'obliger pour marchandises, à moins que le marchand ne prouve que le prêt de marchandises par lui fait à un fils de famille, étoit pour ses besoins, & qu'il en a profité. Papon, liv. 12. tit. 4. nomb. 1 & 2; Taisand, sur la Coutume de Bourgogne, tit. 5. art. 3. nomb. 7; Chorier, en sa Jurisprudence de Guy Pape, pag. 313.

Il est aussi défendu aux Marchands de prêter des marchandises à des mineurs, sans le consentement de leurs tuteurs ou curateurs. *Voyez* Boniface tom. 1. liv. 4. tit. 7. chap. 1.

Il faut excepter les mineurs qui son Marchands trafiquans, lesquels sont tellement réputés majeurs pour le fait de leur négoce, qu'ils ne pourroient pas se faire relever contre les engagemens qu'ils auroient contractés pour raison de ce. Cambolas, liv. 5. chap. 26; Catelan, liv. 5. chap. 60; Boniface, tom. 2. liv. 4. tit. 17. chap. 1. & tit. 8. chap. 7; Sœfve, tom. 1. cent. 2. chap. 47.

Ainsi un mineur Marchand peut valablement s'obliger pour marchandises concernant son négoce, mais non pour autre chose. Cela est si certain, qu'un mineur, quoique Marchand, ne pourroit pas être caution d'un autre qui auroit pris de la marchandise à crédit chez un autre Marchand: *Nullâ enim re magis læditur minor, quàm fidejussione; quia scilicet hâc cautione nihil ad eum pervenit.* *Voyez* les Commentateurs de la Coutume de Bretagne, sur l'art. 492. & Bouvot, tom. 1. *verbo* Fidejusseur.

Il n'est pas permis de constituer une rente pour prix de marchandises, à moins qu'il n'y ait quelque espace de tems entre la vente de la marchandise, & la constitution de rente, comme de trois ou quatre mois. *Voyez* Dumoulin, en son Traité *de usuris*, nomb. 225. & suiv. le Prêtre, cent. 4. ch. 1: Chopin, sur la Coutume de Paris, liv. 3. tit. 2. nomb. 14. Mornac, *ad Leg.* 25. *cod. de usur.* Charondas, liv. 11. rép. 25; Papon, liv. 12. tit. 7. n. 8; & Jovet, *verbo* Rentes.

Un Marchand est préferé à tous autres créanciers

sur la marchandise qu'il a vendue ; & en la faisant saisir, il n'est point tenu de venir à contribution avec les autres pour raison desdites marchandises, quand elles sont existantes. *Voyez* le Vest, Arrêt 137 ; Charondas, liv. 11. rép. 32 ; Montolon, Arrêt 51.

Sur l'appel d'une Sentence rendue par le Conservateur de Lyon, est intervenu Arrêt au Parlement de Paris le 21 Février 1697. qui a jugé qu'un Marchand qui avoit vendu le fonds d'une boutique à terme, étoit privilégié sur ledit fonds de boutique, quoique renouvellé depuis la vente, & fourni de beaucoup d'autres marchandises.

Prêt de marchandises, ne rend pas justiciable de la Jurisdiction des Consuls, à moins qu'il ne soit fait de Marchand à Marchand ; au quel cas il emporte la contrainte par corps.

MARCHANDISE vicieuse. Quoiqu'il soit permis de se servir de son industrie pour vendre ses marchandises bien cher, ou d'en acheter au plus vil prix, néanmoins il n'est pas permis de tromper dans la chose ; c'est-à-dire, de vendre des marchandises défectueuses, comme du bled, du vin, des étoffes, & autres choses semblables. Ainsi le Marchand peut être en ce cas obligé de les reprendre par l'action redhibitoire, & d'en rendre le prix, à moins que le vice & la défectuosité n'en eût été découverte à l'acheteur. *Voyez* Redhibitoire.

MARCHANDISE de contrebande, est celle dont le transport ou la vente sont défendus.

Les marchandises dont on ne peut trafiquer pour les transporter hors du Royaume, sans la permission expresse du Roi, sont les bleds, le pastel, les munitions de guerre, & les autres qui sont spécifiées par les Ordonnances. Et il est défendu aux Conservateurs des Foires, & aux Maitres des Ports, de les laisser sortir du Royaume, sous des peines très-rigoureuses.

Voyez ci-dessus Contrebande.

MARCHANDISES jettées dedans la mer, en cas de peril et naufrage éminent. La perte de ces marchandises doit être soutenue & réparée par tous ceux dont les marchandises auroient été conservées.

Voyez ci-dessus Loi Rhodia.

MARCHANDS et Negocians, ont quelque chose de particulier pour les billets de change, contrainte par corps, & Jurisdiction consulaire.

On entend par Marchands & Négocians, tous ceux qui s'immiscent dans les affaires du négoce, & qui sont dans l'habitude d'acheter pour revendre, afin de tirer par leur négociation un profit du trafic qu'ils font.

Il est juste que ceux qui font le même trafic & négoce que les Marchands & Banquiers, soient sujets aux mêmes Loix, & comme eux contraignables par corps.

Un Particulier qui n'est point Marchand, & qui ne se mêle point des affaires du négoce, pour tirer du profit de la marchandise ou de l'argent, n'est ni justiciable des Consuls, ni sujet à la contrainte par corps, pour raison d'aucun billet, soit au porteur, soit à ordre valeur reçue comptant, ou en marchandises.

Il n'y a que les Lettres de change, ou remises d'argent faites de place en place, qui puissent le soumettre à la Jurisdiction consulaire & à la contrainte par corps.

Les Marchands n'ont qu'un an pour demander ce qui leur est dû, pour raison des marchandises par eux fournies a des Particuliers ; à moins qu'il n'y ait compte arrêté par les débiteurs. A l'égard des petits Marchands & des Artisans, ils n'ont que six mois.

Mais cette fin de non-recevoir d'un an ou de six mois n'a pas lieu de Marchand à Marchand. *Voyez* Perchambault, sur l'art. 292, de la Coutume de Bretagne, l'art. 9. du tit. 1. de l'Ordonnance de 1673, Basset, tom. 1. liv. 2. tit. 29. chap. 8. Chorier, en sa Jurisprudence de Guy Pape, pag. 315 ; Basnage, sur l'art. 534. de le Coutume de Normandie ; l'Arrêt du Grand Conseil du 12. Juillet 1672. rapporté dans le Journal du Palais ; & ce que j'ai dit sur l'art. 125. & suiv. de la Coutume de Paris.

Les Livres des Marchands font foi entre eux en Justice, quand il n'y a point de preuve contraire qui résulte du régistre de l'autre Marchand ; quand il y en a, les circonstances doivent déterminer le Juge à juger en faveur de celui qui lui paroit être plus de bonne foi. *Voyez* Livres des Marchands.

Nous remarquerons seulement ici que le Livre de raison d'un Marchand, qui contient divers articles distincts & séparés, ne peut être divisé, & fait foi, *contra scribentem & pro scribente*, entre Marchands négocians en commun. Ainsi jugé au Parlement de Provence, par Arrêt du 29. Janvier 1681, rapporté par Boniface, tom. 4. liv. 9. tit. 6. chap. 3.

Entre Marchands & négocians associés, il n'y a point de division ni de discussion ; ils sont tous obligés solidairement. Et sont les Marchands réputés solidairement obligés, lorsqu'ils contractent de compagnie ce qui est fondé sur le privilége & la sûreté du commerce.

Voyez Papon, liv. 10. tit. 4. nomb. 25. Charondas. liv. 8. rép. 38, Bacquet, des Droits de Justice chap. 21. nomb. 248. 249. & 251, & en son Traite des transports des rentes constituées, chap. 26. nomb. 9. & suiv. *Fachinæus, liv. 8. cap. 53 ; Boerius, descis. 221. num. 13. & seq.* Maynard, liv. 14 ; Charondas, liv. 8, rép. 38 ; la Peyrere, lettre M ; nomb. 16 ; Henrys, tom. 2. liv. 4. chap. 6. quest. 26.

Mais la solidité établie entre Narchanp ne passe point à leurs héritiers, lorsque par l'acte elle n'est point stipulée expressément. La raison est, que cette société se trouve finie par la mort de l'associé. Bacquet, des Droits de Justice, chapitre 21. nomb.

252. rapporte un Arrêt du 2 Juillet 1591. qui l'a jugé ainsi.

Il faut remarquer que l'on peut assigner tous ceux qui sont associés pour fait de marchandises, au domicile d'un seul, & cela pour la facilité du commerce ; autrement ce seroit des longeurs infinies qu'il faudroit essuyer, par l'éloignement de chacun des associés, s'il failloit les assigner chacun à leur domicile particulier. Il y a plus, c'est que chaque associé pour fait de marchandises est l'homme & le facteur de la societé : c'est pourquoi il peut vendre & acheter, recevoir l'argent & payer, actionner les débiteurs, & par la même raison être actionné, & engager par-là ses associés. *Voyez* l'Ordonnance de 1673. tit. 4. & les remarques de Bornier sur Henrys, liv. 4. chap. 6. quest. 26.

La séparation de biens inserée ès contrats de mariage des Marchands & Banquiers, doit être publiée & mise dans un tableau exposé en lieu public, pour empêcher que des créanciers de bonne foi ne soient trompé par une séparation qui ne leur seroit pas connue, comme nous avons dit *verbo* Séparation.

Un Garçon ne peut pas s'établir dans la même rue où demeure son Maître ; autrement il pourroit arriver souvent que le Garçon détourneroit & attireroit les pratiques de son Maître, & lui feroit un tort considérable.

Voyez ce qui est dit dans le Dictionnaire de M. Brillon *verbo* Marchand.

MARCHANDS ÉTRANGERS FREQUENTANS LES FOIRES DE FRANCE, lorqu'ils décedent dans ce Royaume, ne sont pas sujets au droit d'aubaine pour raison de leurs hardes meubles & marchandises. *Bona mobilia mercartoris exteri morientis in Gallid sunt libera peregrinitati nexv.* Voyez Mornac, *ad Legem* 19. §. 2. *ff. de judiciis* & ce que j'ai dit ci-dessus en parlant du droit d'aubaine; & Papon, liv. 5. tit. 2. nomb. 3.

Les créanciers d'un Marchand étrangers peuvent obliger ses Facteurs de représenter leurs Regiftres & Journaux de commerce & facture, pour connoitre ce qu'ils ont de denier ou d'effets à lui appartenans. *Vyoez* M. Pinault, tom. 2. Arrêt 287.

MARCHANDE PUBLIQUE, est celle qui fait un négoce séparé de celui de son mari, à son vû & sçû ; & pour raison des dettes qu'elle contracte au sujet de ce négoce, elle s'oblige par corps & aussi son mari.

Les Maîtresses de quelques négoce ou métier, comme Lingeres, Couturieres, Regratieres, Revendeuses, & autres semblables, sont marchandes publiques.

Quand elles sont mariées, elles n'ont pas besoin d'être autorisées de leurs maris, pour être tenues des dettes & obligations qu'elles contractent pour raison de leur commerce. Il y a plus, c'est qu'elles engagent en ce cas leurs maris comme elles ; ainsi le mari & la femme sont obligés par corps, quoiqu'il ne parle pas en l'obligation.

La raison est, qu'en ce cas la femme est censée agir du consentement de son mari pour tout ce qui regarde son négoce, sitôt qu'il a souffert qu'elle fît un commerce séparé du sien. D'ailleurs, comme il en profite, il semble qu'il doive être tenus des dettes que sa femme contracte pour ce sujet. Coquille, sur l'art. 2. du chap. 29. de la Coutume de Nivernois. Enfin, la foi publique & l'intérêt du commerce ont exigé qu'on s'éloignât de la régle ordinaire. Brodeau sur M. Louet, lettre F, somm. 11.

Ce que j'ai dit, que la femme Marchande s'obligeoit, & même son mari par corps, cela ne se doit entendre que pour ce qui concerne le fait de sa marchandise M. le Prêtre, cent. 3. chap. 68.

Une marchande publique qui a fait son billet, par lequel elle reconnoît devoir une somme d'argent qui lui a été prêtée pour employer à son commerce, est réputée avoir fait cet emprunt pour son négoce ; & ainsi elle s'oblige par corps & son mari, pour raison du contenu en une telle promesse.

Mais on ne peut mettre à exécution contre le mari le titre que l'on a contre la femme, qu'on ne l'ait auparavant fait déclarer exécutoire contre lui.

Suivant la définition que nous venons de donner d'une Marchande publique, une femme qui fait le même commerce que fait son mari, n'est pas Marchande publique. Ainsi une femme qui ne fait que vendre & débiter les marchandises de son mari, ne seroit pas pour cela tenue des dettes que son mari auroit contractées pour raisons desdites marchandises, à moins qu'elle ne s'y fût personnellement obligée.

Une femme dont l'emploi ordinaire est d'acheter & revendre des étoffes de soie, auvû & sçû de son mari, qui fait un commerce tout autre & séparé, oblige donc son mari de la même maniere qu'elle s'oblige elle-même envers les Marchands qui lui fournissent leurs marchandises. Ainsi jugé par Arrêt du 20 Mars 1678.

Cette question s'est présentée au Châtelet, sçavoir si un femme qui tient chambre garnie, obligeoit son mari pour meubles à elle vendus pour raison de ce négoce.

Quoiqu'il semble que cette femme soit Marchande publique, néanmoins la Sentence qui est intervenue sur cette question, a jugé que celui qui avoit prêté & vendu les meuble, ne pourroit point actionner le mari, qui dans l'obligation n'avoit point autorisé sa femme.

La Marchande publique peut renoncer à la communauté de bien délaissés par son mari ; mais cela ne la décharge pas des dettes contractées pour le fait de ses marchandises, pour lesquelles elle est obligée aussi bien que son mari. Charondas, livre 13. rép. 83.

Celui qui veut agir contre une Marchande publique, non séparée ni autorisée, doit appeller le mari & le mettre en cause, pour la validité de la procédure & du Jugement qui sera rendu. C'est l'avis de M. le Camus, sur l'article 236. de la Coutume de Paris.

Voyez ce que j'ai dit sur les articles 234. 235. & 236. de la coutume de Paris, où jai traité amplement ce qui concerne les marchandes publiques. *Voyez* aussi Coquilles, quest. 103.

MARCHES COMMUNES, sont des Paroisses qui séparent des Provinces l'une de l'autre, ou les choses par moitié indivises, & où les habitans d'icelles sont justiciables des Jurisdictions de l'une & de l'autre Province, par droit de prévention de Jurisdiction; c'est-à-dire, que quand les habitans des Marches communes de l'une de ces Provinces sont appellées en la Jurisdiction de l'une d'icelles, pour quelque cause de Jurisdiction contentieuse, civile ou criminelle, réelle ou personnelle, ils sont tenus d'y répondre, & d'en subir la Jurisdiction sans la pouvoir décliner; ensorte que la Jurisdiction qui est la premiere saisie pour quelque demande ou plainte; exclut l'autre d'en connoître.

Voyez dans les Observations de M. Sauvageau sur la Coutume de Bretagne, tom. 1. à la fin, un Traité qu'il a fait de la nature & usage des Marches communes séparantes les Provinces de Bretagne, Poitou & Anjou. *Voyez* aussi ce que jai dit des Marches communes, sur l'article 116. de la Coutume de Paris.

MARCHÉ, signifie la halle le lieu où l'on étale & où l'on vend des marchandises.

Ce terme sigifie aussi une convention, un traité, par le moyen duquel on achete, ou l'on troque quelque chose, ou l'on fait quelqu'acte de commerce.

MARCHÉS PUBLICS, ne doivent être tenus les jours de Dimanches & Fêtes solemnelles.

Voyez ce qui est dit de ces marchés dans le Dictionnaire de M. Brillon.

MARCHÉS D'OUVRAGE, sont des conventions par écrit entre un Entrepreneur ou un Ouvrier, & celui qui fait bâtir, ou qui veut faire faire quelque ouvrage, comme de charpenterie, menuiserie ou autre, conformément au devis qui en a été fait.

On fait marché *à la toise*, c'est-à-dire, tant par toise. On fait aussi marché *la clef à la main*, ou marché *en bloc & en tas*, quand l'Entrepreneur s'oblige de fournir tout ce qui est nécessaire pour la construction d'un édifice.

Tous les devis d'ouvrages & marchés, en vertu desquels on prétend avoir un privilége sur tous les autres créanciers, doivent être passés par devant Notaires, lesquels sont tenus d'en garder minutes; les ouvrages doivent y être déclarés en détail, & le prix de la toise & des bois.

Ceux qui prêtent leurs deniers pour employer au payements desdits ouvrages, doivent tirer des quittances passées pardevant Notaires des payemens qu'ils font; & ces quittances doivent porter subrogation au profit de ceux qui auront prêté leurs deniers, dont sera aussi gardé minute par les Notaires qui les recevront; mention & décharge doit être faite des payemens; portant déclarations & subrogation, sur les minutes & expéditions des devis & marchés d'ouvrages.

Défenses sont faites aux propriétaires & autres qui font bâtir, & aux Ouvriers, de donner aucunes contre-lettres pour diminuer ou changer le prix, clauses & conditions desdits devis & marchés qu'ils feront, sur peine de punition corporelle, & de tous dépens, d'ommages & intérêts des Parties; & aux Notaires, de passer ni recevoir lesdits actes & contre lettres, à peine de nullité, & aussi de tous dépens, dommages & intérêts des Parties.

Ceci est tiré de l'Arrêt du Parlement de Paris du 31 Juillet 1690. en forme de réglement, qui est rapporté dans le Journal des Audiences.

MARCHÉS AU RABAIS, sont ceux qui se font pour les ouvrages publics, par adjudication à celui qui offre de faire l'ouvrage à plus bas prix.

MARCHÉS A AGHAIS, sont des marchés faits à terme, & de payement, & de livraison; desorte que celui qui veut en profiter doit aghaiter, ou aguester, & observer le jour du terme, & ne le point laisser écouler, sans avoir préalablement livré ou payé; & au refus de sa Partie, consigné en Justice & fait signifier. Galand, dans son traité du Franc-aleu, page 80.

MARCHÉS EN BLOC ET EN TAS. *Voyez* Bloc.

MARECHAUSSÉE, est la Jurisdiction des Prevôts des Maréchaux. *Voyez* Prévot des Maréchaux.

MARECHAUX DE FRANCE. Touchant leur Jurisdiction, *Voyez* Connétable, *Voyez* Point d'honneur.

MARÉE *Voyez* Jurisdiction de la Marée.

MARGUILLIERS, sont ceux qui administrent les revenus des Fabriques.

Ils doivent être laïcs & du tiers état, & être élus par les Paroissiens dans une assemblée qui se tient à cet effet. Quand ils sont élus, ils jurent à l'Autel, entre les mains du Curé ou de son Vicaire, d'exercer fidelement leur emploi, & d'en rendre compte.

Le premier emploi de Marguilliers, étoit d'avoir soin de distribuer les aumônes aux pauvres inscrits dans les registres. Ils ont été depuis préposés à l'administration des revenus de l'Eglise.

Dans les affaires importantes, & dans lesquelles le Curé peut être interessé, ils ne peuvent rien faire sans la participation du Curé; ainsi ils ne peuvent sans lui accepter des fondations faites à l'Eglise. Ordonnance de Blois, article 53.

Les Marguilliers doivent, conjointement avec le Curé, avoir le soin des reliques & principaux ornemens, des vases sacrés, calices, pierreries, lorsqu'il y en a, & de tout ce qui sert à l'usage de l'Eglise pour le service divin; mais le Curé & les Marguilliers en chargent ordinairement un Ecclésiastique, qu'ils appellent clerc de l'Œuvre.

Par Arrêt du 14 Mars 1681. rendu à l'Audience de la Grande Chambre, la Cour a maintenu les Marguilliers de la Paroisse de S. Nicolas des Champs de la Ville de Paris, dans le droit de nommer aux deux places de l'Œuvre & des Sacremens, indépendamment du Curé, qui prétendit en vain avoir seul le droit de nommer celui qui l'assiste dans l'administration des Sacremens, & qui est communément appellé Clerc des Sacremens.

Mais il faut que cet Arrêt ait été rendu sur des raisons particulieres, comme sur ce que les Marguilliers étoient en possession de ce droit; car les Marguilliers de la Paroisse de S. Jacques de la Boucherie dans la Ville de Paris, ayant voulu exclure leur Curé des assemblées, où ils choisissent les Ecclésiastiques pour exécuter les fondations & faire les Catéchismes, ont été déboutés de leur prétention par Sentence du Châtelet de Paris du 9 Janvier 1706, confirmée en ce chef par Arrêt du 23 Juillet 1703.

Il y a une Déclaration du 31 Janvier 1690., enregistrée le 6 Février audit an, qui fait défenses aux Marguilliers de bâtir sans permission.

Il y a des Paroisses où les Marguilliers sont en possession de nommer des Prédicateurs, & dans quelques autres Eglises c'est le Curé qui a droit d'en nommer. Il faut en cela suivre l'usage des Paroisses.

Les Marguilliers ont droit de conceder des bancs; mais ils ne doivent pas sous prétexte, de faire le bien de la Fabrique & de l'Eglise, exercer des monopoles que les Loix condamnent.

Ils doivent tous ensemble présenter aux bénéfices si le droit de présenter leur appartient; auquel cas ce droit de patronage est purement laïc; comme il a été jugé par Arrêt rendu au Parlement de Paris le 14. Juin 1638. rapporté par Bardet, tom. 2. liv. 7. chap. 28.

La raison est, que les Marguilliers sont tous laïcs; ainsi le droit de patronage qui leur appartient ne peut pas être ecclésiastique, quoique ce droit ne leur appartienne qu'à cause de l'Eglise, des revenus de laquelle ils ont l'administration.

Les Marguilliers ou Trésoriers des Eglises ne peuvent pas vendre & adjuger d'eux mêmes, à titre de fermage, à l'issue de la grande Messe paroissiale ou Vêpres, les dixmes, ou autres droits de l'Eglises. Il n'appartient qu'aux Juges royaux ordinaires d'en faire vente & adjudication publique, sur une seule proclamation, au plus offrant & dernier encherisseur. Bibliotéque canonique, tom. 1. pag. 466.

Les Marguilliers sont élus dans l'assemblée qu'ils tiennent à cet effet avec le Curé, & le choix s'en fait à la pluralité des voix.

Ce n'est point au Seigneur à les instituer, Sauvageau, liv. 2. chap. 103, ni même à l'Evêque. Du Luc, *lib.* 1. *tit.* 5. *cap.* 6. Papon liv. 19. tit. 2. nomb. 14. Maynard, liv. 2. de ses questions, chap. 1. Catelan, liv. 1. chap. 64.

L'Office de Marguillier est une charge publique; ainsi les filles & les femmes ne peuvent pas y être admises. Mornac, *ad Autenticam Diaconissam*, *cod. de Episcop. & Cleric.*

Il n'y a que ceux qui sont de la Paroisse qui puissent y être admis; mais comme l'Eglise succursale n'est qu'un aide de l'Eglise principale, ceux qui habitent dans la Paroisse succursale peuvent être élus en la Paroisse principale, dont elle est censée faire partie.

Comme l'Office de Marguillier est une charge qui demande des soins, ceux qui en sont chargés ne peuvent pas être employés, pendant leur administration, au recouvrement des deniers des subsides, emprunts, tailles, & autres impositions.

Il y a quelques personnes qui sont exemptes de ces sortes de Charges. *Voyez* les Mémoires du Clergé, édition de 1716. tom. 3. pag. 1285.

Les Marguilliers doivent rendre compte tous les ans. *Voyez* Charondas, liv. 4. rép. 1. & l'Arrêt de réglement fait à ce sujet au Parlement de Paris le 28 Avril 1673. rapporté dans le Journal des Audiences.

MARI, est celui qui est joint & uni à une femme par le Sacrement de mariage, & qui en conséquence est chef de sa famille; ensorte que sa femme lui doit être docile, circonspecte & attentive à plaire, en se soumettant de bon gré au pouvoir juste & légitime que les Loix divines & humaines lui ont donné sur elle.

Ce pouvoir qu'a le mari sur la personne de sa femme, vient d'une source bien respectable, puisqu'elle tire son origine de la Loi de Dieu & de l'ordre de la nature: c'est pourquoi il a lieu par-tout. Il ne faut donc pas le confondre avec ce que nous appellons puissance maritale, comme nous l'avons dit, lettre P, en parlant de cette puissance.

Ce pouvoir qu'a le mari sur la personne de sa femme, est fondé sur ce qu'un homme est censé avoir plus de force, plus de prudence, & plus de modération qu'une femme, dont les inclinations sont ordinairement très-vives, & les passions très-impétueuses.

MARIAGE, est un contrat civil élevé à la dignité de Sacrement, par lequel l'homme & la femme sont joints d'un lien indissoluble, qui ne se peut dissoudre que par la mort de l'un deux.

Le mariage est un Sacrement dont le lien est spirituel & indissoluble; c'est la parole divine qui l'a ainsi décidé: *Que l'homme ne puisse séparer ce que Dieu a conjoint; que la femme demeure liée à son mari tant que son mari est en vie, & qu'elle n'en puisse être affranchie que par la mort.*

Le mariage est la premiere des societés d'où dérivent toutes les autres: c'est une union sacrée, qui renferme ce qu'il y a de plus saint & de plus inviolable dans la nature, dans la loi civile & dans la réligion. De-là vient que l'une & l'autre puissance, la temporelle & l'ecclésiastique, semblent s'être épuisées pour lui donner plus de force & d'autorité. Aussi lorsqu'on donne la moindre atteinte aux mariages dans les Officialités, & que l'on s'écarte des Loix qui sont prescrite en cette matiere, soit par les Canons, soit par les Ordonnances ou par les Arrêts, on commet autant d'abus, on blesse autant de fois cette souveraine puissance (dont la Cour est dépositaire) qui assure le repos de l'Etat par celui des Particuliers.

Le mariage est un contrat civil. Sur quoi il faut remarquer que par contrat civil nous entendons le consentement des conjoints, donné selon les Loix de l'Etat; car pour la validité d'un mariage, il n'est pas nécessaire qu'il y en ait un contrat par écrit, parce que cet écrit ne concerne en aucune maniere le mariage, ni le consentement des Parties qui est requis pour sa validité; mais cet écrit ne sert que pour constater le droit des Parties contractantes touchant la dot, le douaire, le préciput, & autres choses semblables; & quand il n'y en a point, les Parties contractantes sont censées avoir adopté les conventions, qui, tacitement & de plein droit ont lieu entre conjoints par la disposition de la coutume.

Quoiqu'un contrat ne soit pas de l'essence du mariage, il est cependant toujours plus avantageux à ceux qui se marient, de faire un contrat de mariage, d'autant qu'ils y peuvent mettre des clauses & des conventions particulieres, & les régler autrement qu'elles ne le seroient par la Loi; outre qu'il y a des dispositions qui ne sont point supplées par la Coutume; comme le préciput, qu'on stipule ordinairement dans les contrats de mariage en faveur du survivant. *Voyez* Contrat de mariage.

Le mariage est, comme nous avons dit, un Sacrement, mais un Sacrement dépendant du contrat civil; de maniere que lorsque le contrat est nul par défaut du consentemet légitime, le Sacrement n'y peut être attaché, non plus que la forme ne peut subsister sans la matiere.

Il est vrai que le Sacrement est une chose spirituelle, dépendante uniquement de la puissance de l'Eglise; mais le Sacrement de mariage suppose une convention qui précede, & cette convention est un contrat civil, qui est dans le pouvoir de l'Etat & du Prince; c'est pourquoi il dépend de sa prudence de le régler, soit par-rapport à l'âge des personnes, soit relativement au pouvoir des peres & meres, tuteurs & curateurs, soit par rapport à des dispenses de parenté pour mariage, & par rappoort à d'autres objets.

Le mariage, en tant qu'il est un contrat civil reçoit, son être & sa perfection de la Loi du Prince, & de l'autorité du Magistrat; c'est pourquoi on anéantiroit l'autorité royale dans le Prince & dans les dépositaires de son pouvoir, si l'on n'en faisoit dépendre la validité que de la puissance & de la volonté du souverain Pontife.

Ainsi toute dispense qui passe les limites du droit commun, qui blesse la disposition des saints Décrêts ou les usages & la Police publique, doit être rejettée, & ne peut produire aucun effet, à moins qu'elle ne soit confirmée par des Lettres Patentes enregistrée.

L'article 42. des Libertés de l'Eglise Gallicane porte: *Le Pape ne peut dispenser pour quelque cause que ce soit, de ce qui est de droit divin & naturel, ni de ce que les saints Canons ne lui permettent pas de faire.*

L'article 22. de l'Ordonnance d'Orleans porte: *Défendons à tous Juges de notre Royaume d'avoir aucun égard ..... & aux dispenses octroyées contre les saints Décrets & Conciles, à peine de privation de leurs Offices .... & ne pourront les impétrans de telles dispenses s'en aider, s'ils n'ont de nous congé & permission.*

Ces deux Loix sont conformes au 28e. article de l'instruction que le Roi Charles IX. avoit fait donner à ses Ambassadeurs, & aux Prélats qui devoient assister aux Concile de Trente, dont voici ce que porte cet article: » Que l'on conserve les anciens » & les nouveaux dégrés de consanguinité, d'affini» té, & de cognation spirituelle; qu'il ne soit pas » permis à ceux qui en sont liés d'obtenir des dis» penses, sinon aux Rois & aux Princes, à cause de l'intérêt public.

Comme en fait de mariage, le contrat civil est dans la main du Souverain, l'effet de ces graces odieuses, contraire à l'ordre public, est toujours anéanti, si elles ne sont confirmées par sa Majesté.

Le mariage contracté entre chrétiens, selon les Loix de l'Eglise & de l'Etat, est un lien indissoluble, qui ne se peut dissoudre que par la mort de l'un des deux conjoints. C'est la parole divine qui l'a ainsi déclaré: *Que l'homme ne puisse jamais séparer ce que Dieu à conjoint.*

Ainsi, quand on se sert du terme de dissolution de mariage, pour exprimer la séparation qui se fait des conjoints, à cause de quelqu'empêchement dirimant, c'est improprement, & la véritable expression dont on se doit servir, est de dire que le mariage a été déclaré nul; car quand le mariage est valablement contracté, il ne se peut dissoudre que par la profession monastique, encore faut-il pour cela qu'il n'ait pas été consommé. *Voyez* ce que nous avons dit *verbo* Divorce.

Cela est si vrai, qu'une Sentence rendue *in causâ matrimonii*, ne passe jamais en force de chose jugée, comme nous avons dit lettre S, en parlant de la Sentence qui a passé en force de chose jugée.

Les devoirs des deux époux l'un envers l'autre sont fondé sur l'amour conjugal, qui est pur, & au-dessus de tout autre amour; parce que tout autre amour, quelque violent qu'il soit, est toujours l'amour d'autrui: or de quel amour doit-on suivre les loix par préference, ou de l'amour de soi-même, ou de l'amour d'autrui? *Qui uxorem diligit se ipsum diligit, ut ait sanctus Paulus ad Ephes. cap. 5. vers.* 28.

C'est par cette raison que la Loi divine ordonne que l'homme quittera son pere & sa mere pour s'attacher à sa femme. *Relinquet homo patrem & matrem, & adhærebit uxori suæ & erunt duo in carne unâ, Gen. cap* 2. *vers.* 24.

L'amour

L'amour conjugal est donc l'amour de soi-même, parce qu'une femme & son mari sont deux moitiés du même tout, ce sont deux chairs qui n'en font qu'une & qui ne doivent faire qu'un même cœur & une même ame.

Plusieurs conditions sont requises pour qu'un mariage soit valablement contracté, & toutes les formalités dont ces conditions doivent être accompagnées pour en justifier, sont de rigueur, attendu qu'il s'agit ici de la dignité d'un Sacrement, de l'Etat & de l'honneur des Sujets du Roi, & de l'intérêt des familles.

La premiere condition est le consentement de ceux qui le contractent, & c'est même ce qui en fait la substance. *Leg.* 2. *ff. de ritu nuptiar.*

Les personnes qui se marient, sont elles-mêmes les ministres du Sacrement, & leur consentement en fait la matiere: le Prêtre reçoit leur engagement, mais ils le forment eux-mêmes.

De ce que le consentement de ceux qui se marient fait la substance du mariage, il s'ensuit que l'erreur touchant la personne qu'on a intention d'épouser, empêche le mariage, & le rend absolument nul. La crainte qui ôte absolument la liberté du consentement, rend aussi le mariage nul. *Voyez* ce que j'ai dit à ce sujet dans ma Traduction des Institutes, sur le commencement du titre des Nôces. Nous remarquerons seulement ici que le consentement qui fait le mariage, peut être donné par signes, ensorte que celui qui est sourd & muet de naissance peut se marier, *leg. mutus* 73. *ff. de jure dotium.* Pour qu'un mariage soit valable, il suffit que les Parties fassent connoître leur volonté par paroles ou par signes, *cap.* 23 & 25. *extra de sponsalibus & matrim.* Ainsi, quand on dit que les paroles sont nécessaires pour les fiançailles & le mariage, cela s'entend selon l'usage & la Coutume ordinaire de l'Eglise, pour en faire preuve; car les fiançailles & le mariage ne consistent pas dans les paroles, mais dans le consentement des Parties: c'est pourquoi ceux qui peuvent le prêter, quoiqu'ils n'ayent pas l'usage de la parole, peuvent contracter mariage; ceux au contraire qui ne peuvent pas consentir, ne le peuvent pas contracter, quoiqu'ils ayent la parole libre.

La deuxiéme condition requise pour qu'un mariage soit valable, est que ceux qui le contractent, ayent atteint l'âge de puberté, c'est-à-dire que les mâles ayent quatorze ans accomplis, & les filles douze ans aussi accomplis: *Consensus enim qui nuptias facit, tacite debet continere votum prolis, quia præcipuus matrimonii finis est liberorum procuratio; quapropter impuberes, & alii qui præcipuum hunc matrimonii finem non possunt assequi, non possunt etiam nuptias contrahere.*

La troisiéme est le consentement des peres & meres, & celui des tuteurs ou curateurs pour les mariages des mineurs. *Voyez* ci-après, mariages contractés par des mineurs, & mariages contractés par des majeurs.

La quatriéme est la proclamation de trois bans en la Paroisse de l'un & de l'autre des conjoints, faite un jour de Dimanche ou de Fête. *Voyez* Proclamation des bans.

La cinquiéme est l'assistance de quatre témoins digne de foi, domiciliés, & qui sçachent signer leurs noms, s'il s'en peut aisément trouver autant dans le lieu où l'on célébrera le mariage, & au cas que le Curé ou Vicaire qui doit célébrer le mariage, ne connoissent pas ceux qui veulent se marier, les témoins doivent certifier les bien connoître, & depuis quel tems ils sont demeurans dans les Paroisses dans lesquelles ils se diront domiciliés. Edit du mois de Mars 1697. registré au Parlement; Arrêts en forme de Réglement des 13 Mars 1684, & 15 Juin 1691, lûs & publiés.

La sixiéme est la bénédiction nuptiale du Curé ou du Vicaire de l'un des conjoints; *matrimonia enim carnali copula non præsumuntur, sed probantur sacerdotali benedictione. Voyez* M. Louet, lettre M, sommaire 26.

Cette condition qui a été introduite par le Concile de Trente, a été requise par les Ordonnances de 1629. & de 1639., & du mois de Mars 1697, qui font très-expresses défenses à tous Curés, Vicaires & Prêtres, tant séculiers que réguliers, de célébrer aucuns mariages, qu'entre leurs vrais Paroissiens, demeurans actuellement dans leurs Paroisses, & depuis un tems suffisant: si ce n'est qu'ils en ayent la permission par écrit du Curé des Parties qui contractent, ou de l'Archevêque ou Evêque diocèsain, nonobstant les Coutumes immémoriales, & Privilèges que l'on pourroit alléguer au contraire; & à cet effet, tous Curés & autres Prêtres qui doivent célébrer des mariages, sont tenus de s'informer soigneusement, avant que d'en commencer les cérémonies, & en présence de ceux qui y assistent, du domicile de ceux qui contractent mariage.

Lorsqu'un mariage a été fait en la présence du Curé de l'un des conjoints, & qu'il n'y a point d'empêchement au mariage, c'est un lien sacré qui est indissoluble; mais si au mépris des Loix respectables qui l'ordonnent, les Parties ont été unies par un Prêtre sans pouvoir, ce mariage n'est qu'une ombre de mariage; ensorte que non-seulement il est facile de rompre un pareil engagement, mais il n'est pas même permis d'y perseverer; ensorte que ceux qui sont unis par un tel mariage, doivent en faire célébrer un autre par leurs Curés, ou par le Curé de l'un d'eux.

Le tems suffisant pour acquerir droit de domicile dans une Paroisse, à l'effet d'y pouvoir contracter mariage, est au moins de six mois, à l'égard de ceux qui demeuroient auparavant dans une autre Paroisse de la même Ville, ou du même Diocèse, & d'un an pour ceux qui demeuroient auparavant dans un autre Diocèse. Edit du mois de Mars 1697, registré au Parlement.

Au reste, plusieurs Arrêts ont jugé que la présence de deux Curés des futurs époux n'est pas requise, & que la présence du Curé de l'un d'eux suffit : l'un est de 1707. sur les conclusions de Monsieur le Nain ; & l'autre a été rendu sur les conclusions de Monsieur le Procureur général. En effet, le Concile de Trente ne parle que d'un Curé, *à proprio Parocho*. Si les Ordonnances qui ont adopté le Concile de Trente, & qui seules lui ont donné force dans le Royaume, parlent expressément des Curés, c'est par opposition aux mariages, dont elles parlent en général ; mais elles ne requierent pas expressément le concours des deux Curés.

Cependant on tient à présent pour maxime certaine, que le concours des deux Curés des Parties contractantes est absolument nécessaire pour la validité du mariage.

En effet, la Déclaration du 26 Novembre 1639. article 1. veut que les bans soient publiés par le Curé de chacune des Parties contractantes.

Les Conférences ecclésiastiques du Diocèse de Paris sur le mariage, publiées en 1715. par ordre de M. le Cardinal de Noailles, tom. 3. liv. 4. confer. 5. pag. 304. établissent la nécessité du consentement des Curés des deux Parties quand elles demeurent sur différentes Paroisses. Il y est dit, que feu M. l'Avocat général Joly de Fleury a fait déclarer nuls huit ou dix mariages faits *spreto Parocho* de l'une des Parties, & qu'un mariage ayant été célébré par des personnes de famille très-considérable, l'avis de plusieurs Magistrats & Avocats distingués dans Paris par leur érudition, fut qu'il falloit le réhabiliter, & qu'il fut réhabilité.

Enfin, lors de l'Arrêt rendu en la Grande Chambre le 21 Février 1732. M. le premier Président Portail avertit le Barreau par ordre de la Cour, que dans l'Arrêt qu'elle venoit de rendre elle s'étoit déterminé par le fait ; mais que si la question se présentoit, elle décideroit toujours pour la nécessité du concours des deux Curés ; & présentement cela ne fait plus de question.

Par la présence du propre Curé, l'on n'entend pas sa présence corporelle seulement, mais on entend une présence volontaire, à l'effet de donner la bénédiction nuptiale à ceux qui se marient. Ainsi un mariage reçu par un Notaire en présence du Curé & en l'Eglise, n'est pas valablement célébré, comme il a été jugé par Arrêt du 20 Décembre 1688. rapporté dans le Journal des Audiences.

La même question s'étant présentée à la Tournelle criminelle du Parlement de Paris, l'Arrêt qui fut rendu le 28 Mai 1712. ordonna que les Parties qui étoient vivantes procederoient à une nouvelle célébration, si faire se devoit, (c'est-à-dire, s'il n'y avoit point d'autre empêchement,) qu'il seroit procedé extraordinairement contre le Sergent qui avoit délivré un acte aux Parties de ce qui s'étoit fait devant le Curé.

En effet, les Ordonnances de nos Rois, qui ont adopté le Concile de Trente à cet égard, portent que le Curé recevra le consentement des Parties, & qu'il leur donnera la bénédiction nuptiale.

L'esprit de ces Ordonnances est donc de rendre cette action, non-seulement plus sainte & plus solemnelle, mais encore d'empêcher qu'on ne procede au mariage, nonobstant les oppositions, qui deviendroient inutiles si la présence involontaire du Curé suffisoit pour la validité du Sacrement. *Voyez* M. d'Hericourt, dans son Traité des Loix ecclésiastiques, page 432.

Enfin, pour qu'un mariage soit valablement contracté, il faut qu'il n'y ait aucun empêchement au mariage qui en cause la nullité, pas même une opposition. *Voyez* Empêchement. *Voyez* Opposition au mariage.

Le défaut de l'une de ces conditions emporte nullité absolue, excepté :

I°. Celle de trois bans, dont on peut obtenir dispense ; outre cela, l'omission de la publication des bans ne fait pas déclarer nul un mariage contracté entre majeurs, quand il n'y a pas d'ailleurs d'autre cause qui emporte nullité, & même quoique les Parties ayent commencé *ab illicitis* ; comme il a été jugé par Arrêt du 15 Mars 1691. rapporté dans le Journal des Audiences. *Voyez* aussi Louet, lett. M, chap. 6.

II°. On peut quelquefois obtenir dispense des empêchemens au mariage, quoique dirimans ; auquel cas le mariage est valablement contracté.

III°. On peut aussi obtenir de l'Evêque, ou de son Curé, la permission de se marier dans une autre Eglise que dans sa Paroisse.

Comme le mariage est le lien de la société civile, qui regarde non-seulement le bien des familles & la conscience des Particuliers, mais encore le repos & la tranquilité publique, & le maintien de l'Etat, les Loix ne peuvent trop sévir contre ceux qui par fraude tâchent d'éluder les sages dispositions qui ont été faites touchant les mariages, & les conditions qui sont requises pour leur validité.

Sur ce fondement, les Parties qui abusent d'une célébration de mariage, doivent être condamnées, pour la réparation publique, en des aumônes envers les prisonniers : le Prêtre qui abuse de son caractere en cette rencontre, doit être puni.

Voyez l'Arrêt du 15 Juillet 1689. rapporté dans le Journal des Audiences.

Le procès doit être fait à tous ceux qui auront supposé être les peres & meres des enfans de famille, ou être les tuteurs ou curateurs des mineurs, pour l'obtention des permissions de célébrer des mariages, & des main levées des oppositions formées à la célébration desdits mariages ; comme aussi aux témoins qui auront certifié des faits qui se trouveront faux à l'égard de l'âge, qualité & domicile de ceux qui contractent ; & que ceux qui seront trouvés coupables desdites suppositions & faux témoignages, soient condamnés ; sçavoir, les hommes à faire amende honorable, & aux galeres pour le tems que les Juges royaux estimeront juste, &

au bannissement s'ils ne sont pas capables de subir ladite peine des galeres; & les femmes, à faire pareillement amende honorable, & au bannissement, qui ne pourra être moindre de neufs ans. Edit du mois de Mars 1697.

L'inexécution des promesses de mariage, ou la nullité prononcée des mariages contractés abusivement, donnent lieu à des dommages & intérêts de la part du garçon; & à l'égard de la fille, à la restitution de tous les présens que le garçon prouve qu'elle a reçus de lui. *Voyez* Promesse de mariage.

Les Juges d'Eglise sont seuls compétens pour connoître directement des causes de mariages, par rapport à leur validité.

Ainsi, lorsqu'il s'agit en France de juger les causes de mariages qui surviennent entre les Sujets du Roi Très-Chrétien, il faut qu'en premiere instance l'affaire soit portée devant l'Evêque ou l'Official des Parties. Quand un Seigneur de France, dit Papon, obtint au commencement du dernier siécle un Bref du Pape, pour tirer du Tribunal de l'Official de Paris une contestation survenue au sujet de son mariage, & la faire commettre à l'Archevêque de Lyon, & dix autres Prélats du Royaume qu'il pourroit choisir à sa volonté, il y avoit cette clause dans le Bref: *qu'il étoit accordé nonobstant les Priviléges de l'Eglise Gallicane pour cette fois seulement, & du consentement du Roi*, Conférences Ecclésiastiques sur le mariage, tom. 1. liv. 1. confer. 5. §. 4.

Quoique les Juges d'Eglise soient seuls compétens pour connoître directement de la validité des mariages, les Juges séculiers en peuvent connoître indirectement, comme lorsqu'ils connoissent du rapt par la voie criminelle, ou quand ils connoissent des choses temporelles qui résultent de la promesse ou du contrat de mariage.

La connoissance des contestations concernent les mariages clandestins, ou de ceux qui sont faits au préjudice des Ordonnances, ne peut appartenir qu'aux Juges royaux; parce que dans ces sortes de causes il s'agit de l'état des personnes. Ainsi le Juge d'Eglise ne peut connoître des mariages contractés par des impuberes, ou par ceux qui sont sous la dépendance d'autrui. *Voyez* Fevret, en son Traité de l'abus, liv. 5. chap. 1.

Les Juges des Seigneurs ne peuvent pas connoître des oppositions aux mariages, suivant deux Arrêts rendus en l'Audience de la Grande Chambre, l'un du 11 Janvier 1730. l'autre du 12. Décembre 1736.

Enfin, quand il y a appel comme d'abus, il n'y a que le Parlement qui puisse prononcer sur la validité du mariage.

Les Juges d'Eglise ne peuvent donc connoître ni prononcer sur la séparation de corps & de biens des maris d'avec leurs femmes, ni sur les conventions matrimoniales, non plus que sur les provisions demandées pour nourritures & alimens, ni condamner aux dommages & intérêts.

La raison est, que le pouvoir qu'a le Juge d'Eglise de connoître des causes de mariage, est limité au Sacrement; ainsi il ne peut connoître que de la validité ou invalidité du mariage en tant qu'il est Sacrement. Ainsi toute autre contestation qui seroit faite à l'occasion d'un mariage, ne peut être décidée que par le Juge séculier.

Voyez ce que dit M. Dumoulin sur le chapitre *de Prudentia* 3. *ext. de donationibus inter vir. & uxor. In Gallia nostra nullo modo potest Judex ecclesiasticus nequidem accessoriè de dote cognoscere. Simulatque Pontificius Juridicus super matrimonii fœdere functus est officio, nullum illi superest de dote judicium pactisve conjugalibus, aut arabone, cæterisque hujusmodi pactorum connubialium appendiciis; Pontificio enim Juridico pronunciante super eo quod interest, ob non impletum pactum nuptiale locum esse provocationi ad Senatum pluribus arrestis judicatum est.*

Cela fait que le Juge d'Eglise, après avoir déclaré des promesses de mariage nulles & résolues, & après avoir permis aux Parties de se pourvoir par mariage, ainsi, & avec qui elles aviseront bon être, il les renvoye pardevant le Juge ordinaire & séculier, pour les dommages & intérêts prétendus contre celle ou celui qui refuse de contracter mariage avec la personne avec laquelle il est en procès pour ce sujet.

Le Juge d'Eglise ne peut connoître de la validité ou invalidité d'un mariage, qu'entre les deux personnes qui plaident pour raison du lien qui en résulte *qui litigant de fœdere matrimonii*. *Voyez* Opposition à un mariage.

Ainsi, quand l'une des deux personnes qui ont contracté mariage est décédée, & qu'il se forme quelque contestation au sujet de sa validité, le Juge d'Eglise n'en peut pas connoître; parce que cette question est relative au temporel, dont la connoissance appartient uniquement à la Justice royale.

Enfin, suivant ce que nous venons de dire, une Sentence du Juge ecclésiastique qui déclareroit un mariage valide & légitime pour toutes sortes d'effets, seroit très-abusive, d'autant qu'elle seroit contraire aux droits du Roi, aux droits de l'Etat & à l'ordre public des Jurisdictions.

Comme le mariage est un Sacrement, & qu'il est d'une conséquence infinie qu'il soit valablement contracté, l'appel en matiere de mariage suspend toujours l'exécution des Jugemens.

Ainsi jugé par Arrêt du 20 Mars 1687. par lequel la Cour fit défenses à tous les Officiers du ressort de prononcer pendant l'appel sur une question de mariage, & que leur Sentence sera exécutée nonobstant l'appel. Cet Arrêt est rapporté par M. Augeard, tom. 2. chap. 7.

Il nous reste à remarquer que le mariage est un titre solemnel qui est une preuve certaine de l'alliance des hommes & de l'état de leurs enfans. Ainsi celui dont on conteste l'état, n'a pas de meilleure preuve de sa filiation, que l'acte de célébration mariage de ses pere & mere, en y joignant son extrait baptistaire.

Touchant le mariage, *voyez* ce que j'ai dit lettre C, en parlant du contrat de mariage, & lettre P, en parlant des promesses de mariage. *Voyez* aussi ma Traduction des Institutes, livre premier, titre 10. où j'ai traité cette matiere fort au long. Enfin, *voyez* le Dictionnaire de M. Brillon, où quantité d'Edits, de Déclarations & d'Arrêts sont rapportés, dont la lecture peut beaucoup servir à la décision des questions qui se présentent sur cette matiere.

MARIAGE SE PROUVE PAR DES REGISTRES PUBLICS, ET NON PAR TÉMOINS, afin que la vérité du mariage, qui est le fondement des familles, & la partie la plus essentielle du droit public, ne dépende pas de la foi douteuse & suspecte des témoins, & qu'il ne soit pas à la liberté des Particuliers d'être mariés, ou de ne l'être pas, selon qu'il leurs plairoit de faire parler des témoins séduits par l'attrait de l'amitié, ou celui de l'intérêt.

Voyez ce qui est dit à ce sujet dans le troisiéme tome des Causes célébres, page 175. & suivantes, où il en est amplement parlé.

MARIAGE CONTRACTÉ PAR UNE CRAINTE QUI ÔTE ABSOLUMENT LA LIBERTÉ DU CONSENTEMENT REND LE MARIAGE NUL, puisque le mariage est un contrat, & qu'il n'y a point de contrat, qui ne soit fait du consentement des Parties contractantes. Or il n'y a riende plus opposé au consentement, que la violence. D'ailleurs, les mariages qui seroient faits par contrainte, auroient de très-fâcheuses suites.

Une fille infortunée qui se seroit livrée malgré elle à un époux pour lequel elle auroit horreur, doit donc trouver un azile dans le Tribunal sacré de la Justice, moins par sensibilité pour ses malheurs, que par attachement aux régles saintes de l'Eglise. Il en est de même d'un fils de famille qui auroit, *patre cogente*, épousé une fille malgré lui; il pourroit faire déclarer nul un tel mariage, pourvû qu'il ne l'eût point ratifié par une cohabitation subséquente.

Mais toutes sortes de violences ne suffisent pas pour ébranler un engagement aussi sacré que l'est celui du mariage; il faut de ces violences capables d'abatre une ame ferme & constante.

Voyez ce que j'ai dit dans ma Traduction des Institutes, sur le commencement du titre des Nôces.

MARIAGE CONTRACTÉ PAR DES MINEURS, est nul, si leurs peres & meres ou tuteurs n'y ont donné leur consentement : c'est-à-dire, que si les Parties contractantes ou l'une d'elles sont mineures de vingt-cinq ans, en ce cas, avec le consentement des mineurs, il faut encore le consentement de leurs parens, c'est-à-dire, de leurs peres & meres légitimes, tuteurs ou curateurs, soit qu'ils ayent pour tuteurs ou curateurs leurs peres & meres, autres personnes, ainsi qu'il est enjoint en l'article 40. de l'Ordonnance de Blois, & en l'article 1. de l'Ordonnance de 1639.

Quelques Auteurs prétendent que la raison pour laquelle les Parlemens déclarent nuls les mariages contractés par des mineurs sans le consentement de leurs peres & meres, tuteurs ou curateurs est la clandestinité; sur ce que nos Ordonnances en quelques endroits appellent ces mariages clandestins.

Cependant il nous paroit plus conforme à l'esprit & à la lettre des Edits, de faire tomber cette nullité sur le rapt de séduction, qui est ordinairement accompagné de clandestinité, laquelle confirme la subornation.

Enfin on peut dire que les Parlemens déclarent nuls les mariages contractés par des mineurs sans le consentement de leurs peres & meres, parce qu'il s'agit des droits de ceux qui ont donné l'être à ces mineurs, dans le point le plus délicat & le plus important; & aussi des intérêts des Ordonnances de nos Rois, qui ont soutenu de leur autorité le droit des peres & meres dans cette occasion, où les enfans ne sont pas assez éclairés pour faire un choix qui leur puisse convenir.

Il seroit à souhaiter, dit M. d'Hericours, que nos Rois s'explicassent d'une maniere plus claire & plus précise sur une matiere de cette importance, & qu'ils déclarassent les enfans mineurs inhabiles à contracter mariage sans le consentement de leurs pere, mere ou tuteur, ou du moins sans un Arrêt, dans le cas où les Cours souveraines jugeroient que le refus des peres & meres fut injuste.

En effet, il s'est rencontré des cas où les Cours souveraines, ayant reconnu un refus injuste de la part des peres ou des meres, ont permis aux enfans mineurs de contracter des mariages que le reste de la famille trouvoit avantageux; mais ces cas sont rares, & la présomption est toujours en faveur des peres & meres, & du desir qu'ils ont naturellement de veiller aux intérêts de leurs enfans.

Pour prévenir & empêcher les fraudes que les mineurs pourroient pratiquer pour se marier sans le consentement de leurs peres & meres, ou tuteurs, il est enjoint aux Curés & Vicaires de s'enquerir soigneusement de la qualité de ceux qui voudront se marier; & en cas qu'ils ne les connoissent pas, de s'en faire instruire par le témoignage de quatre témoins dignes de foi qui certifieront bien connoître la qualité des contractans, s'ils sont en la puissance d'autrui, ou non.

Il est même expressément défendu aux Curés & Vicaires de passer outre la célébration des mariages, s'il ne leur apparoit du consentement des peres & meres, tuteurs & curateurs, sous peine d'être punis comme fauteurs de rapt. Ordonnance de Blois, art. 40. Edit du mois de Mars 1697. enregistré au Parlement le quatriéme du même mois.

Il y a un Arrêt du Parlement de Paris du 5 Mai 1710. en forme de Réglement, qui enjoint à tous Curés & Prêtres du ressort d'observer les Ordonnances sur le fait des mariages; & en conséquence leur fait défenses d'en célébrer aucuns, s'il ne leur apparoit du domicile des contractans dans leurs

Paroiſſes; même à l'égard des mineurs & fils de famille, du conſentement de leurs peres, meres, tuteurs & curateurs.

Ce même Arrêt leur enjoint de faire déclarer aux témoins, depuis quand les contractans ſont domiciliés dans leurs Paroiſſes, & d'avertir les témoins des peines ordonnées contre ceux qui auront fait de fauſſes déclarations, &c. *Voyez* le Recueil de M. Augeard, tom. 2. chap. 97.

Enfin l'Ordonnance de Blois, art. 43. défend à tous tuteurs d'accorder ou conſentir le mariage de leurs mineurs, ſinon avec l'avis & le conſentement de leurs plus proches parens, tant paternels que maternels, ſous peine de punition exemplaire. Sur quoi il faut remarquer que la prohibition que fait cette Ordonnance aux tuteurs s'étend aux curateurs, attendu qu'il y a parité de raiſon. Auſſi l'Ordonnance de 1639. art. 1. fait défenſes aux mineurs de ſe marier ſans le conſentement de leurs peres, meres, tuteurs & curateurs. Cela eſt encore confirmé par l'Edit du mois de Mars 1697. concernant la célébration des mariages; & quand les mineurs ſe marient ſans le conſentement des perſonnes énoncées ci-deſſus, les Parlemens déclarent le mariage non-valablement contracté.

Quand il s'agit de marier un mineur qui a un tuteur autre que le pere ou la mere, ce tuteur ne peut donc valablement conſentir au mariage ſans un avis de parens. Il en eſt de même d'un curateur.

Lorſque les parens ne ſont pas d'accord avec le tuteur, & qu'il y a quelque oppoſition au mariage, ils doivent rendre compte au Juge des motifs de l'oppoſition, & s'ils ne ſont pas juſtes & pertinens, on paſſe outre.

La diſpoſition de l'article 43. de l'Odronnance de Blois eſt d'autant plus raiſonnable, que les tuteurs ne pouvant point diſpoſer des fonds qui appartiennent à leur mineurs, ils ne peuvent pas à plus forte raiſon engager leur liberté, ni faire de leur chef, & ſans avis de parens des articles du mariage de leurs mineurs.

Cette prohibition aux mineurs de ſe marier, a lieu même à l'égard des fils ou filles, veufs ou veuves, mineurs de vingt-cinq ans, quoique émancipés, ſi ce n'eſt qu'ils ayent pour tuteur ou curateur leur pere ou leur mere; auquel cas les mineurs peuvent, du conſentement de leur pere ou de leur mere, ſe marier ſans avis de parens.

Ainſi quand la mere eſt vivante, & qu'elle eſt tutrice ou curatrice de ſes enfans, elle peut les marier ſans l'avis des parens; mais lorſqu'il y a un tuteur ou curateur autre que la mere, & qu'ils ne ſont pas d'accord, il faut avoir recours au Juge, qui doit ſuivre l'inclination de la perſonne qui veut ſe marier, ſi le parti eſt à peu près égal, *Leg.* 18. *cod. de nupt.*

Il ſeroit fort à propos de ne jamais permettre aux tuteurs ou curateurs de marier leurs mineurs ſans l'avis des plus proches parens; car ordinairement ils les marient ſuivant leur caprice ou leurs intérêts.

Dans les pays de Droit écrit, il eſt facile aux mineurs d'éluder l'Ordonnance en ce qui concerne le conſentement de leurs curateurs; car, ſuivant la diſpoſition du Droit, la tutelle finit à l'âge de puberté; & après la tutelle finie, les mineurs ne ſont pas obligés de prendre des curateurs, comme nous avons obſervé ſur le §. 2. du titre 23. du premier Livre de Juſtinien.

Ainſi, quand un mineur veut ſe marier à ſa fantaiſie, ou il en choiſit un à ſa mode, ou ceux qui le ſubornent lui en donnent un dont ils ſont les maitres, qui fait tout ce qu'ils veulent; & quand même le curateur voudroit s'y oppoſer, cela ne lui ſerviroit de rien, parceque le curateur n'a point d'autorité ſur la perſonne de ſon mineur. *Curator datur bonis, non perſonæ.*

Le Parlement de Paris a rendu un Arrêt de Réglement qui fait défenſes aux tuteurs de prendre de l'argent pour conſentir au mariage de leurs mineurs. La Coutume de Bretagne a ſur cela une diſpoſition expreſſe en l'art. 679. dont voici les termes: *Les tuteurs ou parens qui auront pris or, argent ou préſens pour conſentir les mariages de leurs parens mineurs, ſeront comme indignes privés de leurs ſucceſſions, comme elles échoiront, & outre puni à l'arbitrage du Juge.* Ce qui eſt très-juſte & devroit être une Loi générale exactement obſervée dans tout le Royaume; cela mettroit ordre à bien des abus qui ſe commettent ſouvent à cet égard.

Touchant le conſentement des peres & meres des contractans, il faut remarquer que nous ne ſuivons pas en France la diſpoſition des Loix Romaines.

Le droit Romain ne requeroit le conſentement que du pere, ou autre aſcendant mâle, en la puiſſance de qui étoient les perſonnes qui ſe vouloient marier; mais en France le conſentement des peres & meres eſt requis pour la validité des mariages de leurs enfans, à moins qu'ils ne ſoient majeurs; encore peuvent-ils être exhérédés, s'ils n'ont pas demandé par écrit le conſentement de leurs peres & meres, les filles à vingt-cinq ans accomplis, & les fils après qu'ils ont paſſés trente ans, comme nous allons dire dans l'article ſuivant.

Cela n'eſt donc pas fondé parmi nous ſur la puiſſance paternelle, mais ſur le reſpect que les enfans doivent à leurs peres & meres.

En effet, la Religion & la raiſon naturelle inſpirent à tous les enfans de donner une marque de reſpect à ceux dont ils ont reçu l'être, dans une affaire qui eſt des plus importantes de la vie, & qui doit donner à ces mêmes parens des deſcendans & des héritiers.

Les enfans mineurs ne peuvent donc pas ſe marier ſans le conſentement de ceux de qui ils tiennent le jour; la foibleſſe de leur âge fait que les Loix ſoumettent abſolument leur détermination en fait de mariage à la volonté de leurs peres & meres, ſans quoi ils ne peuvent diſpoſer de leurs perſonnes.

Comme le Ciel ſemble les avoir faits les maitres

de leurs vœux, ils n'en peuvent disposer que par leur conduite. Les peres & meres n'étant prévenus d'aucne folle ardeur, courent moins risques de se tromper que leurs enfans, & sont présumés voir beaucoup mieux qu'eux ce qui leur convient. C'est pourquoi il en faut plutôt croire les lumieres de leur prudence que l'aveuglement d'une folle passion. Aussi voit-on que l'emportement de la jeunesse entraîne tous les jours un grand nombre de mineurs dans des précipices fâcheux dont ils ont lieu de se repentir toute leur vie.

Si le pere consent au mariage de son enfant mineur, & que la mere ni veuille pas consentir, ce mariage sera valable ; *quia plus honoris tribuitur judicio patris quam matris.*

Quand des enfans mineurs se sont en cela écartés de leur devoir, les peres & meres peuvent, si bon leur semble, se pourvoir contre le mariage, & le faire déclarer nul.

Si les peres & meres ne se plaignent point en Justice du mariage que leurs enfans mineurs ont contracté sans leur consentement, ces enfans mineurs ne peuvent agir eux-mêmes, & n'ont aucun moyen pour donner atteinte à leur mariage.

La raison est, que ce moyen n'étant fondé que sur le manque de respect dû aux peres & meres, n'est pas un moyen d'abus absolu, mais seulement un moyen rélatif aux personnes dont l'autorité a été blessée dans le mariage qui a été contracté.

Ainsi c'est uniquement aux personnes qui ont reçu l'offense à s'en plaindre : l'injure leur a été faite, la vengeance leur en appartient ; & comme ces moyens leur sont particuliers, eux seuls y sont admis à les proposer.

D'ailleurs, on n'admet personne à alléguer sa propre turpitude, pour revenir contre son propre fait. Ainsi on n'est pas recevable à demander la nullité d'un mariage, qu'on ne fonde que sur un crime dont on a été soi-même l'auteur. *Voyez* le Recueil de M. Augeard, tom. 2. chap. 59.

A l'égard des mariages contractés par des mineurs qui n'ont ni pere ni mere, il est loisible à leurs tuteurs ou curateurs qui n'y ont pas donné leur consentement, d'en poursuivre la nullité.

Quand il y a un tuteur honoraire & un tuteur onéraire, & qu'ils sont de différens avis sur le mariage du mineur, en ce cas le sentiment du tuteur honoraire prévaut à celui du tuteur onéraire.

Lorsque le tuteur & la mere ne sont pas d'accord sur le sujet du mariage d'une mineure, l'avis de la mere doit être préféré par le Juge, pourvû que cet avis soit raisonnable, & que la fille y donne son consentement.

Voyez ci-dessus, Appel comme d'abus de la célébration du mariage.

Au reste, la majorité coutumiere ne peut pas faire valider un mariage contracté par un fils de famille sans le consentement de ses pere & mere. Soefve, tom. 1. cent. 3. chap. 70.

Touchant le consentement des peres & meres, à l'égard des mariages des fils de famille, *Voyez* ce que j'en ai dit dans ma Traduction des Institutes, sur le commencement du titre des Nôces.

MARIAGE DE MAJEURS DE VINGT-CINQ ANS ACCOMPLIS, ne peut ordinairement être attaqué de nullité, faute de consentement des peres & meres des contractans. Ainsi par Arrêt du 28 Novembre 1690. rapporté dans le Journal des Audiences, il a été jugé qu'un fils de famille ayant vingt-cinq ans, peut se marier valablement sans le consentement de ses peres & meres.

Mais pour que les mariages des fils de famille, majeurs de vingt-cinq ans, contractés sans le consentement de leurs peres & meres, soient valables, & que les peres & meres ne puissent revenir contre ; il faut qu'ils ayent été célebrés avec toutes les formalités requises ; autrement les peres & meres seroient en droit d'en interjetter appel comme d'abus.

Ainsi un pere a été reçu à interjetter appel comme d'abus de la célébration du mariage de son fils, majeur de trente-deux ans, avec une fille majeure, parceque leurs mariages avoit été célebré sans publications de bans, sans quatre témoins, & par un autre Prêtre que leur propre Curé. L'Arrêt est du 19 Août 1656. *Voyez* les notables Arrêts des Audiences, Arrêt 38, & les Arrêts 66 & 117. rapportés dans le Journal des Audiences, tome 2 liv. 2. chap. 41. & livre 6. chapitres 14. & 20.

Quoique les mariages fait par des majeurs de vingt-cinq ans, sans le consentement de leurs peres & meres soient valables quand ils ont été célebrés avec toutes les formalités requises ; néanmoins les Parties contractantes, quoique majeurs de vingt-cinq ans ou de trente ans, sont toujours obligés de demander par écrit le consentement de leurs peres & meres, & à leur défaut, de leurs ayeuls ou ayeules. Faute d'avoir satisfait à ce devoir, ils peuvent être deshérités par leurs peres & meres, & privés des avantages qu'ils en auroient pû recevoir ; & sont au moyen de leur exhérédation rendus incapables des avantages qu'ils pourroient prétendre en vertu des contrats de mariage de leurs peres & meres, ou en vertu de la Loi ou de la Coutume. Ce qui a été ainsi ordonné pour maintenir les enfans dans le respect qu'ils doivent à leurs peres & meres, en ne contractant mariage que de leur consentement. Edit d'Henri II. du mois de Février 1556. Ordonnance de 1639. Edit du mois de Mars 1697.

Mais les enfans majeurs peuvent se marier après avoir demandé le consentement de leurs peres & meres sans l'avoir obtenu, quand les filles ont vingt-cinq ans accomplis, & les fils trente ans passés ; alors il leur suffit, pour n'être point exposés aux peines des Ordonnances, de requérir par écrit en la maniere prescrite, le consentement de leurs peres & meres, sans être obligés de l'attendre.

La raison est, qu'il ne feroit pas juste que par un

price, les peres & meres abusant de leur autorité, fissent perdre à leurs enfans les occasions de s'établir, en continuant de négliger de leur procurer un mariage convenable.

Néanmoins, quand les meres sont remariées, les fils majeurs ne sont pas obligés d'attendre qu'ils ayent passé trente ans; il leur suffit, lorsqu'ils en ont vingt-cinq accomplis, de requerir leur consentement, sans être obligés de l'attendre. Edit d'Henri II. du mois de Février 1556.

Voyez ci-après, Sommations respectueuses. *Voyez* aussi ce que j'ai dit touchant le consentement des peres & meres, sur le commencement du titre 10. du premier Livre des Institutes.

De ce que nous avons dit ci-dessus, il résulte qu'un fils majeur de vingt-cinq ans, mineur de trente, ne peut contracter mariage après les sommations, sans en courir l'exhérédation; comme il a été jugé par Arrêt de la Grande Chambre, au rapport de M. le Nain, le 25. Juin 1708.

Il faut encore remarquer ici, I°. que l'Ordonnance de Louis XIII. de 1639. qui déclare nuls les mariages contractés sans le consentement des meres, n'a pas lieu à l'égard de celles qui se comportent mal après la mort de leur maris. *Voyez* la Roche-flavin, liv. 2. lettre M. titre 4. arrêt 36.

II°. Que pour la validité du mariage d'un enfant de famille, le consentement du pere suffit, quoique la mere s'y oppose.

MARIAGE D'UN FRANÇOIS EN PAYS ÉTRANGER, n'est pas regardé favorablement dans ce Royaume, parce qu'ordinairement il ôte à celui qui le contracte l'esprit de retour en France. C'est ce qui a donné lieu à plusieurs Déclarations qui paroissent détourner les Sujets du Roi de contracter de tels mariages.

Il y en a une du 16 Juin 1685. publié le 9. Juillet de la même année, qui fait défenses aux Sujets du Roi de marier leurs enfans, soit garçons ou filles, hors le Royaume, sans permission du Roi.

L'Ordonnance du 11. Août 1716. exclut de toutes Charges & administrations publiques, & des Assemblées du Corps de la Nations dans les Echelles du Levant, les Négocians François qui y épouseront des filles ou veuves nées sous la domination du Grand Seigneur; & desdites Charges & Administrations, ceux qui n'ayant pas l'âge de trente ans, épouseront, sans le consentement de leurs peres & meres, des filles même de François.

Celle du 21 Janvier 1717 exclut des droits & privilèges appartenans à la Nation Françoise dans les Villes & Ports d'Italie, d'Espagne & de Portugal, les enfans nés des mariages contractés entre les François naturels, ou entre les Etrangers naturalisés François, & les filles du pays.

C'est une question; sçavoir, si un mariage contracté par un François mineur, sans le consentement de ses pere & mere, étoit valable lorsqu'il étoit célebré dans un pays étranger où l'on suit la discipline du Concile de Trente, qui ne requiert point, pour la validité de tels mariages, le consentement des peres & meres des Parties qui se marient.

Une pareille affaire a été plaidée en la Grande Chambre, au rolle de Vermandois, en l'année 1716. Il s'agissoit d'un mariage célébré à Liege sans fraude, entre un jeune homme de Lyon, mineur, & une fille du Diocèse de Liege, chez qui il demeuroit.

On dit que ce mariage ne pouvoit être regardé ni comme clandestin, ni comme un rapt de séduction, parce que dans le Diocése de Liege le consentement des parens au mariage des mineurs n'est pas nécessaire.

On ajouta qu'un mariage ne pouvoit être valable pour un pays, & nul dans un autre; que pour la validité d'un acte, il suffit d'avoir satisfait aux formalités prescrites par la Loi du lieu où l'acte est passé.

Enfin on rapporta le sentiment de Fevret en son Traité de l'Abus, qui soutient que tels mariages sont valables, & autorisés par la Jurisprudence des Arrêts. Sur quoi on peut voir le Journal des Audiences, tom. 1. chap. 24. Bardet, tom. 1. liv. 2. chap. 27; le vingt-deuziéme plaidoyé de M. le Maitre.

Cependant la Cour jugea qu'il y avoit abus, & regarda probablement les Ordonnances qui défendent aux mineurs de se marier sans le consentement des personnes auxquelles ils sont soumis, comme des Loix personnelles qui le suivent par-tout, & qui font présumer qu'ils ont été séduits, en quelque qu'en droit qu'ils se trouvent; ou plutôt la Cour présuma sur la qualité des Parties, qu'il y avoit eu une véritable subornation du jeune homme, de la part de la mere de la fille, chez laquelle le jeune homme étoit logé.

D'ailleurs, un mineur n'a point d'autre domicile que celui de son pere; en quelque lieu qu'il aille, qu'il se transporte, la Loi du domicile le suit toujours; l'incapacité demeure attachée & inhérente à sa personne: ainsi ce n'est pas la capacité du domiciliés dans le lieu où l'on suit la discipline du Concile de Trente, qui se communique à l'autre, c'est plutôt l'incapacité du fils de famille mineur qui influe sur l'autre contractant.

On ne peut pas douter qu'une incapacité inhérante à la personne la suive & l'accompagne par-tout dans quelque pays qu'elle aille. Par exemple, la majorité est acquise en Normandie & en Touraine à vingt ans: ainsi un mineur âgé de vingt ans pourroit dans ces Coutumes s'obliger à Paris: mais un mineur domicilié à Paris, quoiqu'âgé de vingt-ans ne pourroit pas, en se transportant dans ces Coutumes, y passer une obligation valable.

Une femme, sans autorisation de son mari, peut valablement s'obliger en certaines Coutumes mais une femme qui demeureroit à Paris, & qui se transporteroit dans ces Coutumes, où les femmes mariées peuve s'obliger sans être autorisées de leurs maris, son incapacité la suivroit, de maniere que tous les actes qu'elles passeroit sans autorisation de son mari, seroient de nulle valeur.

Autrement, ce seroit frauder la Loi: à plus forte raison dans une question d'état telle qu'est celle du mariage, on n'autorisera pas un fils de famille à quitter le domicile de ses pere & mere, pour éviter la peine & la nullité du défaut de leur consentement au mariage, qu'il auroit contracté dans un lieu où leur consentement ne seroit pas requis d'une nécessité absolue, mais seulemeut *ex honestate*.

MARIAGE DES ENFANS DONT LES PERES ET MERES SONT HORS LE ROYAUME. Les enfans des peres & meres qui sont sortis du Royame, & se sont retirés dans les Pays étrangers, peuvent en leur absence valablement contracter mariage, sans attendre ni demander le consentement de leurs peres & meres ou de leurs tuteurs ou curateurs, qui se sont pareillement retirés dans les Pays étrangers; à condition néanmoins de prendre le consentement & avis de leurs autres parens ou alliés, s'ils en ont, ou à leur défaut, de leurs amis ou voisins, suivant la Déclaration du 6 Août 1686. registrée au Parlement le 20 des mêmes mois & an.

Et à cet effet il est ordonné, qu'avant de passer outre au contrat & célébration de leur mariage, il soit fait devant le Juge royal des lieux, le Procureur du Roi présent, & s'il n'y a pas de Juge royal en présence du Juge ordinaire des lieux, le Procureur Fiscal de la Justice présent une assemblée de six de plus proche parens ou alliés, tant paternels que maternels, s'ils en ont, ou à leur défaut, de six amis ou voisins, pour donner leur avis ou consentement, s'il y échoit, dont il est enjoint de faire mention sommaire dans le contrat de mariage, qui doit être signé desdits parens, alliés, voisins ou amis; comme aussi sur le Registre de la Paroisse où la célébration dudit mariage se fera lesquels actes doivent être expediés sans frais; & pour ce regard seulement, il est dérogé à ce qui est porté par les Ordonnance pour raison desdits mariages, & sans que lesdits enfans audit cas puissent encourir les peines portées par icelles, sous quelque prétexte & en quelque maniere que ce soit.

MARIAGES DES PRINCES DU SANG, & des grands Seigneurs qui ont des Fiefs relevans immédiatement de la Couronne, ne peuvent être faits que du consentement du Roi.

Quoique par le droit naturel rien ne soit plus libre que les mariages, & que l'on tienne même que l'on n'est pas obligé d'obeir aux Loix & conventions qui en restraignent la liberté, néanmoins cette maxime n'a pas lieu à l'égard des Princes du Sang & des grands Seigneurs du Royaume, par le droit de souveraineté, il leur est défendu de se marier sans l'avis & le consentement du Roi. *Voyez* M. le Bret, dans son Traité de la Souveraineté liv. 1. chap. 8.

Les Princes & les grands Seigneurs doivent donc prendre le consentement du Roi pour leurs mariages, & cette dépendance fait certainement partie de leur devoir.

Mais on demande, si supposé qu'ils ne se soient pas acquittés de ce devoir, cela emporte la nullité du mariage?

L'Assemblée du Clergé consultée en 1635. sur cette question, répondit que les Coutumes des Etats peuvent faire que les mariages soient nuls & non valablement contractés, quand elles sont raisonnables, anciennes & autorisées par l'Eglise; que la Coutume de France ne permet pas que les Princes du Sang, & particulierement ceux qui sont présomptifs héritiers de la Couronne, se marient contre le sentiment du Roi, beaucoup moins contre sa défense, & que tels mariages sont invalides, *Voyez* la Bibliotéque canonique, tom. 2. pag. 85.

Mais il faut remarquer que cette délibération du Clergé de l'année 1635. semble distinguer entre les mariages des Princes du Sang présomptifs héritiers de la Couronne, & les autres Princes du Sang; & décider que suivant l'ancienne Coutume de France, les présomptifs héritiers de la Couronne ne peuvent valablement contracter mariage sans le consentement du Roi; mais que sans ce même consentement les autres Princes du Sang ont toujours la liberté de se marier.

Ainsi les mariages des présomptifs héritiers de la Couronne seroient absolument nuls, si le Roi n'y avoit mis par son approbation le sceau; parce que leurs alliances rejaillissent sur la Couronne à laquelle ils appartiennent, & dont ils peuvent hériter: c'est pourquoi il faut que leurs mariages soient dignes d'eux, & qu'ils ne soient pas contraires au service du Roi & à l'intérêt de l'Etat; & par conséquent ne peuvent être valablement contractés que du consentement du Roi. *Voyez* ce qui est dit à ce sujet dans le neuviéme tome des Causes célébres, page 638. & suivantes.

MARIAGES NULS, sont ceux qui ont été contractés nonobstant quelque empêchement dirimant, ou sans y avoir observé les conditions ou formalités absolument requises. Personne n'est plus intéressé à s'assurer de la validité du mariage, que ceux qui l'ont contracté, puisqu'il s'agit de leur propre sort, non-seulement par rapport à cette vie, mais encore par rapport à l'autre.

Quand on vient à découvrir, qu'au lieu d'être lié par nœud sacré; on ne l'est que par un engagement que la Religion déteste, demeurer dans un état si horrible, ne le pas réparer par une réclamation autentique, c'est le comble de l'égarement

MARIAGES NULS QUAND AUX EFFETS CIVILS SEULEMENT. Ordinairement, lorsque le contrat de mariage est nul par défaut de consentement légitime, le Sacrement n'y peut être attaché, non plus que la forme ne peut subsister sans la matiere.

Il y a néanmoins trois cas esquels les mariages sont valables quant au Sacrement, & sont nuls quant aux effets civils seulement.

La

La raison est, que de même qu'il y a des régles ecclésiastiques pour la validité & l'exécution des mariages quant au lieu du Sacrement, il y a aussi des Loix politiques pour empêcher l'exécution du contrat de mariage.

Voici les cas esquels les mariages sont valables quant au Sacrement, & nuls quant aux effets civils seulement. I°. Les mariages tenus secrets pendant toute la vie de l'un des conjoints. II°. Les mariages faits *in extremis*. III°. Les mariages contractés par personnes mortes civilement. Elles peuvent bien se marier *quoad fœdus*, mais non pas quant aux effets civils. V. la Déclaration du 26 Novembre 1639.

MARIAGE ILLICITE ET NUL PRODUIT DES EFFETS CIVILS, quand il a été contracté de bonne foi & en face d'Eglise par les conjoints, qui ignoroient l'empêchement de parenté, ou autre, qu'il y avoit à leur mariage. *Voyez* le douziéme Plaidoyé de M. Henrys.

Un homme ou une femme, par exemple, se remarie sur de fausses nouvelles que son mari ou sa femme est décedée : les enfans nés de ce mariage sont légitimés, à cause de la bonne foi des pere & mere, & ils sont admis à leur succession. Bacquet. du Droit de Bâtardise, part. 2. chapitre 9. nomb. 8. *Voyez* Absent.

La bonne foi même d'un seul des conjoints suffit pour faire produire à un mariage nul les effets civils, pourvû qu'il ait été contracté en face d'Eglise ; car la bonne foi des deux conjoints ; ou de l'un deux, est le soutien de l'état des enfans nés de mariages nuls ou équivoques.

Ainsi les enfans, quoiqu'adulterins, succedent alors à leurs pere & mere, sur le fondement d'un mariage qui a précedé leur naissance, & que le pere ou la mere a contracté de bonne foi.

Par exemple, un homme marié contracte un second mariage du vivant de sa premiere femme, avec une personne qui est dans l'ignorance & la bonne foi ; les enfans qui naîtront de ce mariage seront légitimes, & succederont tant à celui des conjoints qui est en mauvaise foi, qu'à celui qui est dans la bonne foi. Charondas en ses Réponses, livre 8. chapitre 17.

Mais s'il y avoit d'autres enfans nés avant ce mariage, & qu'un homme marié eût celé son mariage à sa concubine, dont il auroit des enfans, & qu'il l'épousât ensuite pendant la vie de sa femme, la bonne foi de cette concubine n'opéreroit rien en faveur des enfans nés auparavant ce mariage, parce qu'il n'y a point de concubinage de bonne foi, comme le prouve parfaitement M. le Brun, en son Traité des Successions, liv. 1. chap. 2. sect. 1. dist. 1. nomb. 14.

Il arrive aussi quelquefois que les enfans d'un Prêtre sont censés légitimes, & capables de succeder à leurs pere & mere, à cause de la bonne foi de celle qu'il auroit épousée, lorsqu'elle étoit dans une juste ignorance de son engagement dans l'état ecclésiastique. Et c'est le cas d'un Arrêt du 28 Juillet 1598. rapporté par M. Anne Robert, livre 2. chap. 18.

MARIAGE CLANDESTIN, est celui qui est fait sans les solemnités requises, comme hors la Paroisse des contractans, sans publication de bans, & sans dispense.

Ainsi on appelle un mariage clandestin, un mariage qui n'est pas contracté à la face de l'Eglise ; & il est présumé n'être point fait à la face de l'Eglise, quand il est célebré hors de la présence du Curé, & sans sa permission.

Ces sortes de mariages sont nuls, du moins quant aux effets civils : ainsi les enfans qui en naissent sont toujours privés de toutes successions, tant directes que collatérales. *Voyez* la Bibliotéque canonique, tom. 2. pag. 78.

Mais la clandestinité toute seule ne fait pas toujours annuller un mariage ; il est quelquefois confirmé *quoad fœdus*, & néanmoins déclaré incapable de produire des effets civils.

Voyez Fontanon, tom. 1. liv. 4. tit. 7. pag. 749 ; le traité qu'a fait Coras des Mariages clandestins, qui est inséré dans les Arrêts de M. le Prêtre ; Papon, livre. 15. tit. 1. nomb. 5 ; Tournet, lettre M, Arrêt 24. & suivans ; le Recueil de Decombes, chap. 3 & 4 ; le Traité de la preuve par témoins, de M. Danty, chap. 5. part. 1. & la Déclaration du 26 Novembre 1639.

L'inégalité des conditions, & le défaut de contrat de mariage, ne rendent pas clandestin un mariage célebré entre majeurs en plein jour par leur Curé, & suivi d'une cohabitation publique. *Voyez* le Recueil de M. Augeard, tom. 2. chap. 28. *Voyez* aussi l'Arrêt du 11 Janvier 1691, rapporté dans le Journal des Audiences.

Il faut remarquer au sujet des mariages clandestins, que l'on prive seulement ceux qui les ont contractés des effets civils, & qu'on laisse les qualités stériles de veuve & d'enfans légitimes, en ordonnant toutefois quelque somme une fois payée, ou quelque pension annuelle aux enfans.

La connoissance des contestations concernant les mariages clandestins, ou de ceux qui sont faits au préjudice des Ordonnances, ne peut appartenir qu'aux Juges royaux ; parce que dans ces sortes de causes, il s'agit de l'état des personnes, comme nous l'avons déja dit.

MARIAGES SECRET, est celui dans lequel on a gardé les formalités requises, mais qu'on tient caché pendant la vie de l'un des conjoints contre le respect qui est dû à un si grand Sacrement.

Ces sortes de mariages sont nuls quant aux effets civils, quand on les tient cachés pendant toute la vie de l'un des conjoints, par un extérieur contraire à l'état du mariage.

L'honneur du mariage demande une cohabitation publique ; autrement il ressentiroit plutôt la honte du concubinage, que la dignité du mariage. La Déclaration du 26 Novembre 1639. article 5.

porte : *Desirant pourvoir à l'abus qui commence à s'introduire dans notre Royaume, par ceux qui tiennent leurs mariages secrets & cachés pendant leur vie, contre le respect qui est dû à un si grand Sacrement, nous ordonnons que les majeurs contractent publiquement & en face d'Eglise, avec les solemnités prescrites par l'Ordonnance de Blois ; & déclarons les enfans qui naîtront de ces mariages que les Parties ont tenu jusqu'ici, ou tiendront à l'avenir cachés pendant leur vie, qui ressentent plutôt la honte d'un concubinage, que la dignité d'un mariage, incapables de toutes successions, aussi-bien que leur postérité.* Voyez Sœfve, tom. 1. cent. 4. chap. 27. & tom. 2. chap. 57. & 71.

Il faut donc mettre une grande différence entre le mariage clandestin, & le mariage secret ; le défaut de formalités rend le mariage clandestin, & le fait déclarer nul & abusif ; mais un mariage célébré dans toutes les formes peut être tenu secret, & c'est ce secret que l'Ordonnance de 1639. punit de la privation des effets civils, quoique le mariage soit valable *quoad fœdus & Sacramentum.*

Avant cette Ordonnance, on ne faisoit aucune distinction, par rapport à la validité du mariage, entre le lien & le contrat ; tout mariage valable en soi produisoit des effets civils. L'Ordonnance de 1639. a introduit un nouveau droit ; elle a voulu, pour conserver le respect dû à la dignité du Sacrement, que tous ceux qui s'y seroient engagés valablement fissent une profession publique de leur état, sous peine de privation des effets civils.

Ainsi les enfans procréés d'un tel mariage sont privés de toutes successions, tant directes que collatérales, & ne peuvent pas porter le nom de leur pere, (sans néanmoins être déclarés illégitimes ;) & leur mere ne peut point non plus, après la mort de son mari, en porter le nom, & s'en qualifier veuve, quoique le mariage ait été bon & valable *in foro conscientiæ ;* comme il a été jugé par Arrêt du 24 Juillet 1704. rapporté par M. Augeard, tom. 1. chap. 51.

Le contrat de mariage ne doit avoir en pareil cas aucune exécution pour le douaire, la communauté, le préciput, & autres conventions matrimoniales.

Mais quoiqu'un mariage ait été tenu secret, cela n'empêche pas que les héritiers du mari ne puissent être contraints à restituer la dot qu'il auroit reconnu avoir reçue, pourvû toutefois qu'il ne s'agisse pas d'une somme exorbitante, par rapport à l'état & à la qualité des Parties ; comme il a été jugé par Arrêt du 26 Mai 1705. rapporté par M. Augeard, tom. 1. chap. 60.

MARIAGE NON CONSOMMÉ, n'en est pas moins valable, pourvû qu'on y ait observé toutes les formalités requises, & qu'il ait été contracté par personnes capables de le consommer.

Ainsi, quoiqu'un mariage n'ait pas été consommé, il ne laisse pas de produire tous les effets civils qui en sont une suite, comme la communauté en pays coutumier, & même le douaire ; à l'exception de quelques Coutumes, qui portent en termes exprès : *qu'au coucher la femme gagne son douaire*, comme nous avons dit ci-dessus, *verbo* Douaire.

Cependant un mariage valablement contracté & célébré, n'ayant point été consommé, est résolu de plein droit, quand l'une des deux Parties entre dans un Monastère approuvé, & y fait profession religieuse par des vœux solemnels. Et en ce cas celle des deux Parties qui reste dans le monde, peut se remarier après la profession de celle qui l'a abondonnée. *Voyez* le titre des Décretales, *de conversione conjugatorum.*

Il n'en est pas de même du simple vœu de chasteté, lequel ne donne point d'atteinte au mariage, & duquel les conjoints peuvent aisément se faire relever.

Aussi M. Perchambault, en son Commentaire sur la Coutume de Bretagne, tit. 20. art. 1. cite l'exemple du sieur de Monteclair & de sa femme, qui firent un vœu de chasteté, avec serment, le jour de leurs nôces ; mais le mari ayant changé de sentiment, la Sorbonne jugea que telles promesses étoient téméraires.

MARIAGE INÉGAL. L'inégalité des conditions n'est pas un moyen suffisant pour faire déclarer nul un mariage, d'ailleurs valablement contracté ; mais elle donne lieu à faire annuller toutes les conventions faites par le contrat de mariage.

Quoique l'amour puisse par son aveuglement rendre égales les personnes du plus bas étage à celles qui sont d'un rang très-distingué, les Loix ont cru devoir mettre quelque frein à des alliances d'une trop grande inégalité, & ont regardé ces sortes d'habitudes avec indignation. *Quatenus ejusmodi matrimonia culpabilis intemperantiæ signa sunt.*

Ainsi elles ont annullé les avantages que des femmes de qualité pourroient faire, en faveur de tels mariages, à des personnes de basse extraction qu'elles auroient épousées ; leur ont ôté non-seulement la tutelle de leurs enfans d'un premier lit, mais même l'administration de leur propre bien.

Tertullien, au livre 2. *ad uxorem*, parlant de ces mariages, dit : *Pleræque de genere nobiles, & re beatæ, ignobilibus & mediocribus conjunguntur, aut ad luxuriam inductis, aut ad licentiam expeditis : nonnullæ se libertis & servis suis conferunt, omnium hominum existimatione despecta, dummodo habeant à quibus nullum impedimentum libertatis suæ timeant.*

L'Ordonnance de blois, art. 182. défend aux veuves ayant des enfans d'un autre mariage, qui se remarient à des personnes indignes ou à leurs valets, de faire aucun avantage à leur second mari. L'Ordonnance de 1629. art. 145. les prive du douaire à elles acquis par leur premier mariage. La Coutume de Bretagne, art. 454. contient la même disposition.

Quoique la disposition de ces Ordonnances &

de cette Coutume soit très-sage, il en faut néanmoins excepté les veuves d'Artisans & de marchands, quand elles se marient à leurs Valets ou Domestique ; autrement cela empêcheroit des mariages qui pourroient être utiles à l'Etat, & avantageux aux enfans du premier lit.

Voyez l'article 182. de l'Ordonnance de Blois; l'article 145. de l'Ordonnance de 1629.; Belordeau, lettre F, article 4; Anne Robert, *lib* 1. *cap.* 8; Chenu, quest. 16, 64, 66, 68, cent. 1. quest. 51. cent. 2.; Frain plaidoyé 43; Coutume de Bretagne, art. 454; l'Arrêt du 15 Février 1674. rapporté dans le Journal du Palais; & un autre Arrêt du 2 Septembre 1687. rapporté par M. Augeard, tom. 2. Arrêt 10.

MARIAGE PAR PAROLES DE PRESENT. Autrefois par ces sortes de mariages on entendoit les mariages où les Parties contractantes, après s'être transporté à l'Eglise & présentées au Curés, pour recevoir la bénédiction nuptiale, sur son refus, déclaroient l'un & l'autre, en présence des Notaires qu'ils avoient amenés, qu'ils se prenoient pour mari & femme, dont ils requeroient acte ausdits Notaires.

Mais aujourd'hui toute déclaration passée pardevant Notaires, qu'on se prend pour mari & femme, est absolument nulle; & défenses ont été faites aux Notaires d'en recevoir, à peine d'interdiction.

L'Arrêt de réglement rendu à ce sujet le 5 Septembre 1680. est rapporté dans le Journal des Audiences. *Voyez* aussi l'Arret du 29 Août 1687, qui est rapporté dans le Journal du Palais

Il faut dire aussi que la promesse faite devant le Curé, de se prendre par nom & loi de mariage, n'est pas valable; & que pour que le mariage soit célebré, il faut que le Curé reçoive le consentement des personnes qui se marient, & leur donne la bénédiction nuptiale, disant: *Ego vos conjungo*, dans l'Eglise, *intra missarum solemnia*, comme je l'ai dit, *verbo* Fiancailles.

Voyez les Loix ecclésiastiques, par M. d'Hericourt, pag. 432.

MARIAGES FAITS IN EXTREMIS, sont ceux qui commencent par une débauche, que des hommes ont entretenue avec des femmes, qu'ils épousent à l'extrémité de la vie.

Ces sortes de mariages, quoique valables quant à la conscience, ne produisent aucuns effets civils.

Avant l'Ordonnance de 1639. un mariage contracté & célebré *in extremis*, avec une concubine, dont il y avoit des enfans, étoit déclaré bon & valable, & les enfans légitimes, & capables de succeder à leur pere. Mais cette Ordonnance, en l'art. 6. a déclaré les enfans nés des femmes que les peres avoient entretenues, & qu'ils épousoient à l'extrémité de la vie, incapables de toutes successions, tant directes que collatérales. Ainsi un tel mariage est valable quant au Sacrement, mais nul quant aux effet civils.

Cependant quelquefois, pour des considérations particulieres, la Cour adjuge une partie des biens du pere en propriétés aux enfans nés de tels mariages, & une partie en usufruit à la mere; déclarant que cette partie en proprieté n'étoit pas donnée aux enfans comme portion héréditaire, mais par forme d'alimens, comme nous le dirons ci-après.

Pour qu'un mariage soit déclaré non valable quant aux effets civils, pour avoir été fait *in extremis*, il faut que deux choses se rencontrent.

La premiere qu'il ait été précedé de concubinage; car l'Ordonnance de 1639. contre les mariages faits à l'extrémité de la vie, ne comprend point ceux qui sont ainsi contractés par des personnes qui n'auroient point eu ensemble de mauvais commerce auparavant; comme il a été jugé par Arrêt du 8 Juillet 1675. rapporté dans le Journal du Palais.

La deuxiéme, que le mariage ait été contracté & célebré à l'extrémité; c'est-à-dire dans la vûe d'une mort certaine & prochaine, dans un tems où la nature & la raison, affoiblies par la maladie, accablés par les douleurs qui l'accompagnent, ne sont plus en état de resister aux larmes d'une personne pour qui on a eu de la foiblesse, & de s'opposer à des conseils qui ont souvent pour principe un intérêt honteux, que l'on couvre du prétexte de la religion.

Ainsi, par Arrêt du 18 Mai 1681, sur les conclusions de M. de Lamoignon, Avocat général, il a été jugé qu'un homme étant décedé un mois après le mariage qu'il avoit contracté avec sa concubine, le mariage n'étoit point censé fait à l'extrémité de la vie, parce que le mari étoit en bonne santé dans le tems de la célébration.

Il faut donc faire une très-grande différence entre les mariages faits en pleine santé avec la personne avec qui on a été en débauche, & ceux qui se font à l'extrémité de la vie: les premiers sont valables, non-seulement quant au Sacrement, mais aussi quant aux effets civils; mais les autres au contraires ne sont valables que quant au Sacrement, & ne produisent aucuns effets civils.

La raison de la différence est, que celui qui étant en bonne santé, se marie avec la personne avec laquelle il a vécu dans le concubinage, paroît s'y être portés par des vûes honnêtes, dans le dessein de se retirer de la débauche, & en même tems de réparer par une meilleure conduite le scandale qu'a causé son libertinage, dont il se repent, & dont il a un ardent desir de se corriger.

Mais celui qui se trouvant à l'extrémité de la vie, se détermine à épouser (pour le peu de tems qui lui reste à demeurer dans ce monde) celle avec laquelle il a entretenu un mauvais commerce, n'est pas présumé s'en repentir; il y a lieu de croire que ni l'amour de la vertu, ni le desir de s'amender, ne le font point consentir à un tel mariage, mais la seule crainte des châtimens que méritent ses déreglemens, qu'une mort prochaine lui fait quitter malgré lui, en rénonçant en apparence aux plaisirs défendus que lui procuroit un amour criminelle. Ainsi, uniquement occupé des pensées de l'éternité, il accorde volontiers la dignité d'épouse à une fille déreglée, qu'il n'auroit jamais épousée, s'il avoit pû se flater de vivre encore quelques années.

Quoique les mariages faits *in extremis* ne produisent aucuns effets civils, comme nous avons déja dit; néanmoins, comme ils sont valablement contractés, les enfans qui étoient nés avant peuvent avoir quelque part dans la succession de leur pere, non pas comme héritiers, mais par forme d'alimens; & cette part est plus ou moins forte suivant les circonstances.

Par Arrêt du Parlement, en date du 14 Juillet 1687. le tiers des biens du défunt a été adjugé aux enfans, de maniere que la moitié de ce tiers appartiendroit à la mere à titre d'usufruit; & ledit Arrêt déclara que ce tiers n'étoit pas adjugé aux enfans comme portion héreditaire, mais par forme d'alimens. Cet Arrêt est rapporté dans le second tome de M. Augeard, chap. 9.

MARIAGE PROMIS. *Voyez* promesse de mariage.

MARIAGE CÉLEBRÉ NONOBSTANT QUELQUE EMPÊCHEMENT. *Voyez* ci-dessus Empêchement en fait de mariage.

MARIAGE D'UNE FEMME, est la dot quelle apporte à son mari, pour soutenir les charges du mariage. *Dotem recentiores maritagium appellarunt.*

MARIAGE A MORT-GAGE, est un mariage pour raison duquel une terre est donné par un pere ou une mere à leurs enfans, pour en jouir & percevoir les fruits jusqu'à ce quelle soit rachetée. *Voyez* Boutiller, dans sa somme, livre 1. titre 78. page 458 & Loysel, dans ses Institutes, livre 3. titre 7. article 2. & 3.

MARIAGE AVENANT, en est quelques Coutumes ce qu'une fille noble non mariée peut demander à ses freres, après le décès de ses pere & mere, qui n'est autre chose qu'une dot raisonnable non limitée, & qui est à l'arbitrage des freres, quand ils trouvent à marier leur sœur, sans la départager ni mésalier.

Ainsi, dès que le mariage est fait dans une proportion de condition, la fille doit se contenter de la dot qui lui est donnée par le frere, pourvû, dans quelques-unes de ces Coutumes, que ce que son frere lui a donné, se monte à la part & portion qu'elle à droit de prétendre dans le tiers de tous les immeubles délaissés par ses pere & mere; parce que dans ces Coutumes, qui ne donnent qu'un mariage avenant à la fille, les deux tiers des immeubles avec tous les meubles appartiennent à l'aîné.

En Normandie, le mariage avenant est la légitime des filles non mariées du vivant de leurs pere & mere. Leur part se régle ordinairement au tiers de la succession, article 256. de la Coutume, & quelque nombre qu'elles soient, elles ne peuvent jamais demander plus que le tiers: mais s'il y a plus de freres que de sœurs, en ce cas les sœurs n'auront pas le tiers, mais partageront également avec leurs freres puinés, art. 269. de la Coutume; parce que, soit en bien noble ou en roture, soit par la Coutume générale ou par la Coutume de Caux, jamais la part d'une fille ne peut être plus forte ni exceder la part d'un cadet puiné. Sur la maniere dont le mariage avenant doit être liquidé, *Voyez* Routier sur la Coutume de Normandie, livre 4, chapitre 4. section 4.

Voyez Hevin sur Frain; pag. 869; au commencement; & du Pineau dans ses observations sur l'article 244. de la Coutume d'Anjou. *Voyez* aussi les Commentateurs de la Coutume de Normandie, sur les articles 249, 261. & suivans.

MARIAGE ENCOMBRÉ, est dans la Coutume de Normandie le droit qu'a une femme mariée, ou ses héritiers, de se pourvoir, par une espéce de réintégrande, contre les aliénations que son mari a faites sans son consentement, ou elle sans l'autorité de son mari, & ce dans l'an & jour du décès de son mari, en renonçant à sa succession, à l'effet de rentrer dans la possession desdits héritages.

Voyez les Commentateurs de la Coutume de Normandie, sur l'article 537.

MARINE. Voyez *verbo* Amiral, & *verbo* Amirauté.

MAS. Ce terme usité en Provence, & en Languedoc, signifie le tenement & héritages des personnes de serville condition & de main-morte.

MASLE, est celui qui est de sexe masculin. En plusieurs choses, la condition des mâles est plus avantageuse que celle des femmes. C'est la décision de la Loi 9. *ff. de statu hominum, cujus verba sunt. In multis Juris nostri articulis deterior est conditio fœminarum, quam masculorum.*

Cette maxime est en plusieurs rencontres reçue parmi nous. Ainsi nous n'admettons point les femmes aux charges publiques. La Loi Salique veut que les mâles seuls succedent à la Couronne. La plûpart des substitutions sont faites de mâle en mâle: *quia scilicet per mares, non verò per fœminas nomen & familia propagatur.*

Nous avons plusieurs Coutumes qui n'admettent point les filles à un partage égal avec leurs freres dans la succession de leurs peres & meres, & dans lesquelles il ne leur est dû que le mariage avenant.

Dans la Coutume de Paris & en plusieurs autres, en succesion & hoirie en ligne collatérale en fief, les femeles n'éritent point avec les mâles en pareil dégré. *Voyez* ce que j'ai dit sur l'article 25. de la Coutume de Paris.

MASSE, se dit de plusieurs sommes, de plusieurs effest assemblés, qui font un tout. Les enfans qui viennent en partage à la succession de leur pere, doivent rapporter à la masse ce qu'ils ont reçu en avancement d'hoirie. Lorsqu'après discution faite des biens d'un débiteur, il apparoît qu'ils ne sont pas suffisans pour satisfaire ses créanciers, on fait une masse de tous ses effets mobiliers que l'on partage entre ses créanciers au sol la livre.

MATERIAUX, sont tout ce qui est nécessaire pour construire les bâtimens, comme pierre, bois, fer, chaux, sable, tuile, brique, &c.

Vieux matériaux, sont les démolitions d'un bâtiment.

Les matériaux préparés & amenés sur le lieu pour bâtir, tiennent nature de meubles; mais les pierres & matériaux d'une maison démolie pour la rebâtir, & destinés pour la réédification d'icelle, sont immeubles.

Touchant la question, sçavoir à qui doivent appartenir les matériaux dont le proprietaire d'un fonds s'est servi pour y bâtir, ou ceux qui ont été employés par celui à qui ils appartenoient, & dont il s'est servi pour bâtir sur le fonds d'autrui; *voyez* ce que j'ai dit dans la Traduction des Institutes, sur le §. 29. & 30. du titre premier du second Livre.

MATIERE, se dit d'un procès, des affaires, des questions; comme quand on dit, cela s'observe en matiere civile, mais non pas en matiere criminelle.

Touchant les matieres civiles & criminelles, *voyez* ce que j'en ait dit lettre P, *verbo* Procès.

MATIERES SOMMAIRES, sont celles qui doivent être jugées & instruites plus promptement que les autres: *Quæ scilicet debent judicari summariè & de plano, sine strepitu, formâ & figurâ judicii.*

Ainsi les matieres sommaires doivent se juger à l'Audience en toutes Jurisdictions, tant souveraines qu'inférieures, incontinent après les délais échus, sur un simple acte, pour venir plaider sans autre procédure ni formalité. Dans ces sortes de causes, les Parties peuvent plaider sans être assistés d'Avocats ni de Procureurs, si ce n'est ès Cours souveraines, aux Requêtes de l'Hôtel & du Palais, & aux Siéges présidiaux.

Les causes sommaires en général regardent ou les personnes, ou les choses. Les personnes, comme les Artisans, les Manœuvres, les Serviteurs, & autres semblables, qui demandent le payement de leurs ouvrages, salaires & vacations.

On peut même y comprendre ceux qui requierent être reconnus pour enfans, & être nourris; & les pupilles qui implorent le bénéfice du Juge, pour leur nourriture & entretenement, contre leurs tuteurs.

Quant aux choses, toutes les matieres pour sommes & choses légeres, & de peu de valeur, ou celles qui se consument en dépense, ou pour longue garde, sont réputées sommaires; & celles qui sont pour alimens, médicamens, & autres semblables provisions, même de dot & de douaire, quand la cause ne requiert pas une ample discussion, suivant l'Autentique *Nisi breves, cod. de sent. ex pericul. recitand.* tirée de la Novelle 17. *cap.* 3. & de la Novelle 83. *in princ.*

Le titre 17. de l'Ordonnance de 1667. met au rang des matieres sommaires, les causes pures personnelles qui n'excedent pas la somme ou valeur de 400 livres, & qui sont pendantes aux Cours souveraines, ou aux Requêtes de l'Hôtel ou du Palais.

Néanmoins si les demandes qui sont au-dessous de quatre cens livres, & qui excedent deux cens livres, ont été appointées en cause principale, elles doivent être jugées aux Cours souveraines où elles sont portées par appel, comme procès par écrit, de même que si elles étoient au-dessus de 400. liv.

Les matieres sommaires sont, dans des Bailliages, Sénéchaussées & autres Jurisdictions, Justices des Seigneurs & Officialités, quand les demandes & obligations, ne sont que de 200. livres & au-dessous.

Dans toutes les Cours & dans toutes les Jurisdictions & Justices, les choses qui regardent la Police, à quelque somme ou valeur qu'elles puissent monter, sont mises au rang des matieres sommaires.

Il en est de même des achats, ventes délivrances & payemens, pour provisions & fournitures de maisons, en grain, farine, pain, vin, viande, foin, bois & autres denrées; les sommes dûes pour ventes faites sur les ports & étapes, dans les foires & marchés, loyers de maisons, fermes & actions pour les occuper ou exploiter, ou aux fins d'en vuider, tant de la part des propriétaires, que des locataires ou fermiers non jouissans, diminutions de loyers, fermages & réparations, soit qu'il y ait bail ou non.

Les impenses utiles & nécessaires, les méliorations, détériorations, labours & semences, les prises de chevaux & bestiaux en délit, les saisies qui en seront faites, leur nourriture, dépense ou louage, les gages des serviteurs, peines d'ouvriers, journées de gens de travail, parties d'Apoticaires & Chirurgiens, vacations de Médecins, frais & salaires des Procureurs, Huissiers, Sergens, & autres droits d'Officiers, appointemens & récompenses, sont aussi réputées matieres sommaires, pourvû que ce qui est demandé n'excede pas la somme ou valeur de 1000 livres.

Sont aussi réputées matieres sommaires, les appositions & la levées des scellés, les confections & clôtures d'inventaires, les oppositions formées à la levée du scellé, aux inventaires & clôtures, en ce qui concerne la procedure seulement; les oppositions faites aux saisies, exécutions & ventes de meubles; les préférences & privileges sur le prix en provenant, pourvû qu'il n'y ait que trois opposans, & que leurs prétentions n'excedent la somme de mille livres, sans y comprendre les cas de contributions au marc la livre.

Les demandes à fin d'élargissement & provisions de personnes emprisonnées, & celles à fin de mainlevée des effets mobiliers saisis ou exécutés, les établissemens ou décharges des Gardiens, Commissaires, Dépositaires ou Sequestres, les réintégrandes, les provisions requises pour nourritures & alimens, & tout ce qui requiert célérité, & où il peut y avoir du péril en la demeure, sont aussi réputées matieres sommaires, pourvû qu'elles n'excedent pas la somme ou la valeur de 1000. livres.

Les demandes sur les matieres sommaires se font aux Jurisdictions inférieures par des exploits à l'ordinaire; mais au Parlement & autres Cours, Requêtes de l'Hôtel & du Palais, les actions dans les matieres sommaires & provisoires s'intentent par Requêtes, sur lesquelles on met, *viennent les Parties*, s'il y a Procureur en cause; & s'il n'y en a point, on met *soient Parties appellées.*

Les matieres sommaires doivent être jugées sommairement à l'Audience, sur un simple avenir.

Mais si la cause ne peut être jugée à l'Audience, à cause de quelques piéces qu'il convient préalablement examiner, on ordonne que les piéces seront mises sur le Bureau, sans inventaire de production pour y être déliberé sans épices ni vacations.

Si les Parties en plaidant se trouvent contraires en faits, & que la preuve par témoins en soit reçue, ils seront ouis en la prochaine Audience, en la présence des Parties, dans les Jurisdictions inférieures.

A l'égard des Cours, Requêtes de l'Hôtel & du Palais, les témoins pourront être ouis au Greffe par l'un des Conseillers commis, & les reproches seront proposés à l'Audience, avant que les témoins soient entendus.

Si la Partie est présente, il en sera fait mention sur le simple plumitif, ou par le procès verbal, si c'est au Greffe: ce qui sera fait sommairement & sans frais, & observé tant en cause principale que d'appel.

Pour connoitre les cas ou les Jugemens rendus par des Juges inférieurs en matieres sommaires, s'exécutent nonobstant l'appel, il faut voir les articles 12. 13. 14. 15. & 16. du titre dix-septiéme de l'Ordonnance de 1667.

Dans les cas où les Jugemens rendus en matiere sommaire, s'exécutent nonobstant l'appel, il est défendu aux Cours souveraines, à peine de nullité, de donner des Arrêts de défenses. Article 16. du même titre.

En fait de Police, les Jugemens définitifs ou provisoires doivent être exécutés par provision, à quelque somme qu'ils puissent monter, nonobstant oppositions ou appellations, en donnant caution; l'exécution n'en pouvant être retardée, à cause de la sureté publique qui en dépend, article 12. Et par une déclaration du Roi du 28. Décembre 1700. les Sentences de Police ne portant condamnation que de soixante livres d'amende, doivent être exécutées nonobstant l'appel, sans que pour quelque cause que ce puisse être, on puisse donner des Arrêts de défenses.

C'étoit autrefois un usage de ne pas accumuler le principal avec la provision; il falloit donner séparément la Sentence de provision, & la définitive. Mais cet usage a été abrogé par l'Ordonnance de 1667. article 17. titre 17. ensorte que l'on peut prononcer aujourd'hui sur la provision & sur le définitif, quand l'un & l'autre sont en état d'être jugés. On ordonne seulement que la Sentence sera exécutée par maniere de provision, en cas d'appel, en baillant bonne & suffisante caution, lorsque la Sentence ne seroit pas exécutée au principal nonobstant l'appel.

Voyez le titre 17. de l'Ordonnance de 1667. avec les Commentaires de Bornier.

MATRICULE, est un registre qu'on tient des réceptions d'Officiers, ou des personnes qui entrent en quelque Corps, Compagnie ou Societé, dont on fait une liste, un catalogue. D'où vient, que quand un Officier de Judicature est reçu au Greffe de la Jurisdiction, on dit ordinairement qu'il est immatriculé, & qu'on appelle aussi matricule l'acte qui en est délivré.

On dit pareillement la matricule d'un Avocat, pour exprimer l'acte qui lui a été délivré au Greffe, de sa présentation aux Barreau, & prestation de serment.

Une remarque qu'il convient de faire ici, c'est que ce n'est pas la matricule, mais la profession qui fait l'Avocat; & la matricule ne sert que de titre pour le devenir un jour, après s'être appliqué pendant quelques années à l'étude de la Jurisprudence; c'est pourquoi ceux qui sont immatriculés, & qui ne suivent pas cette route, ne sont point regardés comme Avocats; & comme ils n'en font point la profession, ils ne jouissent point des droits, priviléges & prérogatives qui sont attachés à cette profession.

MATRONES. *Voyez* Sages-femmes.

MAUVAISE FOI. *Voyez* Possesseur.

ME

MÉDECIN, est celui qui ayant étudié la structure du corps humain, & les maladies qui lui arrivent, fait profession de les guérir, autant qu'il lui est possible, par la vertu des remedes dont il fait aussi une étude particuliere, & dont il a la prudence de se servir à propos, suivant l'âge & le tempérament du malade, & suivant les circonstances qui accompagnent la maladie.

En un mot, un bon Médecin est celui qui par l'étude qu'il a fait de la Médecine, a des remédes spécifiques, ou s'il en manque: qui permet à ceux qui les ont de guérir son malade.

La Médecine est un art effectif qui conserve la santé présente, & qui guérit les maladies curables avec le secours de l'érudition, de l'expérience & de la raison.

Cette définition est d'autant plus juste & plus précise, qu'elle comprend la nature de la Médecine, la fin qu'elle se propose, & les moyens qu'elle doit prendre pour y parvenir.

La Médecine étant un art effectif, elle ne marche

pas en aveugle, quoiqu'elle marche quelquefois dans l'obscurité; & par conséquent si elle ne guérit pas toutes les maladies, elle ne laisse pas d'avoir la santé pour fin, à laquelle elle tend toujours.

Mais pour que celui qui exerce la Médecine puisse parvenir à cette fin qu'elle a toujours en vûe, il faut que tout ce qu'il ordonne, émane de son érudition; de son expérience & de sa raison.

De son érudition, parce que sans beaucoup d'érudition on ne peut pas faire la profession de médecin, & il n'y a point dans le monde de profession où l'ignorance puisse causer de plus grands dommages que dans celle-ci.

De son expérience, parce que l'érudition sans expérience ne peut pas suffire pour faire une juste application de ce que l'on a appris en particulier, touchant la nature des maladies, & des remedes qui peuvent servir à les guérir.

De sa raison, parce que comme la raison peut s'égarer quelquefois, si elle n'est secondée par l'expérience; de même aussi l'expérience nous conduit quelquefois dans de terribles extrêmités, si elle n'est soutenue & secourue par la raison, faute d'examiner avec attention s'il n'y a point dans la personne que l'on entreprend de guérir, quelque circonstances qui exige qu'on s'écarte des régles ordinaires.

Il faut donc que celui qui fait profession de la médecine, joigne à beaucoup d'érudition une grande expérience, & beaucoup de prudence & de raison; sans quoi il courra toujours risque de tomber dans des inconvéniens qui sont d'autant plus funestes, qu'ils sont le plus souvent irréparables. Mais un Médecin qui sçait joindre beaucoup de prudence & de raison à beaucoup d'érudition & d'expérience, & sans contredit un homme utile au Public, au-delà de ce qu'on peut dire.

Quelque chose que l'on ait dit jusqu'à présent contre la médecine & contre les Médecins; rien ne peut donner atteinte à la sublimité de la médecine, ni en diminuer l'utilité; rien même ne doit nous détourner de la vénération qui est dûe à ceux qui s'adonnent à une profession si relevée, & en même tems si nécessaire, l'orsqu'après s'être appliqués pendant un tems considérable à s'instruire des préceptes de cet art, ils les mettent en pratique avec beaucoup de prudence.

La médecine n'est pas absolument une science conjecturale; quoique ces principes ne soient pas tous à la portée de l'esprit humain, & que Dieu se soit réservé la connoissance de plusieurs, tous sont également certains.

Ceux qui font la médecine, après avoir passé par de longues & pénibles épreuves, par lesquelles on parvient au dégré de Docteur, & qui s'appliquent sérieusement à s'en acquitter comme il faut sont certainement des personnes d'honneur, qui tiennent un rang distingué parmi les Gens de Lettres, & en qui on reconnoit beaucoup de Littérature. Aussi sont-ils appellés Nobles, à Lyon, Forez Beaujolois, & dans quelques autres lieux de ce Royaume, comme je l'ai dit *verbo* Nobles.

Outre les raisons communes à tous les Docteurs qui peuvent se qualifier Nobles, les Médecins en ont des particulieres tirées de leurs Lettres mêmes de Doctorat, & de la cérémonie qui se fait dans leur faculté, lorsqu'on les reçoit. On leur met un anneau d'or au doigt, en leur disant: *Accipe annulum aureum in signum nobilitatis ab Augusto & Senatu Romano Medicis concessæ*.

Voici ce qui donna lieu à cette concession. Antonius Musa, célébre Médecin, ayant guéri Auguste d'une maladie dangereuse; outre une somme considérable qu'il reçut pour récompense Auguste & le Sénat lui accorderent, & à tous ceux qui exerçoient & exerceroient à l'avenir la Médecine, le droit de porter l'anneau d'or, & de jouir de toutes sortes d'exemptions; c'est-à-dire qu'Auguste annoblit Musa & tous les Médecins de l'Empire Romain; car l'anneau d'or étoit à Rome la marque de la noblesse.

Le titre au code *de Professoribus & Medicis*, exempte les Professeurs de toutes sortes de charges publiques, & après vingt ans d'exercice les met au rang des Comptes de l'Empire.

Aujourd'hui même dans la plûpart des pays étrangers, les Médecins sont annoblis par leur Lettres de Docteurs, & d'une noblesse réelle, transmissible, & qui fait souche.

Tous ces honneurs rendus dans tous les tems à la Médecine, sont l'accomplissement de ceux faits à ceux qui étudient l'art de rendre la santé aux hommes. *Disciplina Medici exaltabit caput illius, & in conspectu Magnatorum collodabitur*. Ecclesiastic. capit 3. vers. 3. *Honora Medicum propter necessitatem, etenim illum Altissimus creavit à Deo est enim omnis medela, & à Rege accipiet donationem*. Ibidem, vers. 1. & 2.

Non-obstant tous ces honneurs rendus dans tous les tems à ceux qui font une profession si noble, si utile & si pénible, elle ne donne aujourd'hui en France qu'une noblesse purement honoraire, & non pas une noblesse réelle, ni aucune exemption; mais elle ne fait aucun préjudice à la noblesse déja acquise.

Il n'y a certainement point d'étude si pénible que celle qu'exige la profession de Médecin. Ceux qui s'y addonnent, doivent s'appliquer sans cesse à bien connoître le corps humain, à pénetrer les secrets de la nature, & à chercher dans leur art tous les moyens de guérir, ou du moins de soulager ceux qui sont contraints d'implorer leurs secours.

Est-il une profession plus relevée, plus pénible, & en même tems plus utile à tous les hommes? En est-il aussi où l'on soit autant obligé à s'appliquer à l'étude, que celle qui tend à conserver la santé des hommes, & à lutter pour la vie contre la mort; *Nemo justius assiduè legit, quam qui de humanâ salute tracturus est, ut ait Cassiodorus*.

Si, malgré les soins & les peines qu'ils se donnent, ils ne réussissent pas toujours dans les cures qu'ils entreprennent, cela vient ordinairement de ce que le mal est au-dessus de leurs remedes; & ce n'est jamais la faute de la médecine, ni même le plus souvent celle du Médecin.

On doit être persuadé qu'un Médecin fait tous ses efforts pour faire des cures éclatantes: c'est-là ce qui fonde & ce qui soutient sa réputation. Un Médecin est un être bienfaisant, qui ne cherche que le soulagement de ses malades; si le succès ne répond pas toujours à ses vœux, c'est un malheur: les symptômes de la maladie sont quelquefois trompeurs, des accidens imprévûs arrivent, un sujet usé n'a pas assez de forces pour soutenir les remedes nécessaires, un sang appauvri, des ressorts usés, une maladie qui fait trop de progrès, des remedes faits à l'extrémité, & quand ils ne peuvent plus être efficaces, & que le malade ne peut presque plus les soutenir: voilà des accidens qui trompent souvent l'attente des Médecins; leur peut-on imputer alors le défaut de succès?

Les anciens ont pensé des Médecins ce que nous en pensons. Ils ont regardé la médecine comme une profession très-belle dans sa théorie, mais très-équivoque dans sa pratique. Les principes en sont recherchés, mais l'application de ces principes est souvent trompeuse. Ils connoissent en général l'œconomie de la nature, mais il ne leur est pas toujours facile de pénétrer dans celle de chaque Particulier. Les dérangemens qui arrivent souvent dans le corps humain, cette diversité presqu'infinie de concours dans les causes & les effets des maladies, exposent la science des Médecins à des conjectures continuelles; mais comme ils n'en ont pas moins d'habileté, il ne seroit pas juste de les rendre responsables des événemens. Aussi un ancien Auteur a dit: *Æquum est non imputari Medico luctuosum morbi eventum, quamvis de sanitate referat gratiam. Quin & ulpianus in leg. 6. §. 7. ff. de officio Præsidiis docet Medico imputari non debere mortalitatis eventum.*

L'homme est-il immortel? Ne naissons-nous pas tous pour mourir? Nos jours ne sont-ils pas comptés? Ainsi les Médecins n'en peuvent prolonger le cours, qu'autant qu'il plaît à la divine Providence.

Lorsqu'un Avocat habile & prudent a, pour la défense de sa Partie, employé tous ses soins & tous ses talens, & qu'il a mis au jour tous les moyens que sa science lui a pû suggerer, quand elle perd sa cause, est-elle en droit de prétendre qu'il en est responsable?

Les infirmités ausquelles on est sujet dans cette vie, l'appréhension que la plupart des hommes ont de la quitter, leur font avoir recours aux Médecins; & ceux qui ont le moins de foi dans leur art, sont dans l'habitude d'implorer leur secours dès qu'ils sont attaqués de la moindre maladie: enquoi je ne les trouve point blâmables.

Il y a déja long-tems que l'on improuve les Médecins & que l'on s'en sert, dit M. de la Bruyere: le théatre & la satyre ne touchent point à leurs pensions; ils dotent leurs filles, placent leur fils aux Parlemens & dans la Prélature, & les railleurs eux-mêmes fournissent l'argent. Ceux qui se portent bien deviennent malades, il leur faut des gens dont le métier soit de les assurer qu'ils ne mourront point. Tant que les hommes pourront mourir, & qu'ils aimeront à vivre, les Médecins seront raillés & bien payés.

Je demeure d'accord que l'efficacité de leurs soins & de leurs remedes dépend. de l'Etre souverain; mais il est toujours d'un homme sage de recourir dans ses besoins à ceux qui, par leur science & par leur expérience, peuvent soulager ses maux, plutôt que de s'en rapporter au hazard ou à ses propres lumieres, dans une chose dont il n'a lui-même aucune connoissance.

Aussi l'Ecriture sainte nous marque qu'il faut honorer les Médecins. En effet, n'est-il pas juste d'honorer ceux qui consacrent leur vie à travailler à la conservation, ou rétablissement de la santé des hommes, & qui passent leur tems à leur rendre d'officieuses visites dans cette vûe.

On doit avoir pour eux toute la vénération & toute la reconnoissance possible; & toutes les louanges qu'on leur donne, comme de les appeller Sauveurs, ne paroîtront jamais excessives, quand elles ne seront appliquées qu'à ceux qui s'acquittent dignement d'un si noble & si pénible emploi.

Un Ancien appelle la Médecine, *peremptorium remedium à perimendo*, pour nous faire entendre qu'il faut que les Médecins en tuent plusieurs pour en sauver quelques-uns.

Un Sénateur de Turin a dit en l'une de ses décisions, que les Médecins n'assistent point aux enterremens, de crainte que le sang qui peut s'écouler du corps ne les accuse d'un homicide.

Mais on peut donner à ces deux traits une interprétation plus favorable, & en même tems plus naturelle.

Quand cet Ancien appelle la Médecine, *peremptorium remedium à perimendo*, ce n'est pas parce qu'elle tue les malades, mais parce qu'elle abrege le cours des maladies par ses remedes, plutôt que par la mort.

A l'égard de ce qu'a dit ce Sénateur de Turin, chacun sçait que les Médecins assisteroient inutilement de leur présence une personne après sa mort, & qu'il est naturel qu'ils fassent un meilleur emploi de leur tems, que de le passer en cérémonies entierement infructueuses de toute maniere.

Bouillet, Médecin du Prince de Condé, bâtit à Chantilly une maison qui n'avoit de vûe que sur le Cimetiere de la Paroisse, un jour que l'on en parla devant Monsieur le Prince son fils, comme d'un bâtiment mal-entendu; c'est que Bouillet, dit-il, a voulu se donner le plaisir de contempler son ouvrage. Amelot, tom. 2. pag. 194.

On tient par tradition, que pendant quatre cens

cens ans que la Ville de Rome s'est passée du secours de la Médecine, les hommes y ont vécu plus sainement & plus long-tems. Mais on peut répondre à cela que les Romains se voyant dépourvus des ressources de la Faculté médicinale, avoient été plus sobres & plus attentifs à eux-mêmes.

On dit vulgairement après Plaute, que le soleil fait briller avec éclat les heureux succès qui leur arrivent, quelquefois même sans qu'ils y ayent beaucoup de part; mais que la terre couvrent leurs fautes, & que jamais ceux qui sont la victime de leur ignorance ne leur en font des reproches, & gardent là-dessus un très-profond silence.

Quoiqu'il en soit, l'art dont ils font profession est tout divin, & absolument nécessaire pour le rétablissement ou pour le maintient de la santé des hommes, qui est sans contredit le plus bel ornement du corps, & le plus précieux de tous les biens dont on puisse jouir dans ce monde: aussi les hommes en font plus de cas que des richesses, & de tout ce que l'on pourroit s'imaginer leur faire plus de plaisir par rapport à cette vie, puisque sans la santé tous les autres biens leur sont entierement insipides.

Il y a des conditions plus éclatantes plus nobles & plus illustres que celles des Médecins; mais il n'en est pas de plus nécessaire, puisqu'il n'est ni condition, ni âge, ni sexe qui n'en ait quelquefois besoin; & ceux-là mêmes qui déclament contr'eux, changent bientôt leurs invectives en éloges, quand ils sont attaqués de la moindre indisposition.

Les mauvaises plaisanteries que l'on a répandues contr'eux dans tous les tems, n'ont pas empêché que les Empereurs Romains ne leur ayent accordé, non-seulement l'exemption des charges publiques, mais aussi quantité de très-beaux priviléges, dont il est parlé dans les Loix du titre 3. du treiziéme livre du Code Théodosien.

La confirmation qui a été faite par les ordonnances royaux, d'une partie de ces exemptions & priviléges, justifie assez l'estime particuliére que l'on fait en France de cette profession.

Les Médecins sont dans ce Royaume exempts de la collecte des tailles, comme il a été jugé par plusieurs Arrêts. *Voyez* le mémorial alphabétique de la Cour des Aydes.

Ceux qui sont de la Faculté de Paris, sont aussi exempts de tutelles, curatelles, & autres charges publiques; mais ceux qui sont reçus dans les autres Facultés, n'en sont pas exempts; & on tient que les Loix Romaines n'ont pas lieu en France à cet égard.

Ainsi jugé par Arrêt du 2 Décembre 1652. rapporté dans le Journal des Audiences. *Voyez* aussi ce que j'ai dit dans ma Traduction des Institutes, sur le §. 15. du titre 25. du premier livre.

Leur cause est toujours très-favorable, quand ils demandent en Justice leurs honoraires. *Leg.* 2. §. 2. *ff. de var. & extraord. cognitionib.*

Ils sont même préferés à tous autres créanciers, pour raison de la derniére maladie dont le défunt est décedé; car comme les assistances du Médecin, & les drogues & médicamens fournis en la derniére maladie, semblent faire partie des frais funéraires, ils doivent avoir le même privilége, comme nous l'avons dit sur l'article 125. de la Coutume de Paris.

Mais le trop grand empire que les Médecins ont sur l'esprit & sur la personne de leurs malades, a fait que les Loix ont mis des bornes aux promesses ou libéralités que leurs malades pourroient faire en leur faveur, dans le tems qu'ils ont besoin de leur secours; car comme dit la glose sur la Loi 6. au code *de postulando*, *infirmus omnia daret Medico propter timorem mortis.*

Suivant la Loi *Archiatri*, *cod. de Professorie. & Medic.* les Médecins ne peuvent pas composer de leurs honoraires pendant la maladie de ceux à qui ils donnent leurs soins; ils doivent attendre la guérison ou la mort du malade, pour recevoir la récompense de leurs peines. *Quos & ea patimur accipere, quæ sani offerunt pro obsequiis, non ea quæ periclitantes pro salute promittunt.*

Ainsi aux termes de cette Loi, les libéralités excessives qu'un malade auroit faites pendant sa maladie en faveur de son Médecin, doivent être toujours réduites à une certaine somme, eu égard à la qualité des personnes, & aux vacations & services du Médecin.

La raison est, qu'on présume que c'est la crainte de la mort qui explique en cette occasion la volonté du malade. *Non libera voluntas, sed truculentæ necessitatis manus hujusmodi contractibus stilum suum imponit.*

C'est aussi sur ce fondement qu'un Médecin, parmi nous, est incapable de legs & de donations que son malade lui pourroit faire pendant la maladie dont il viendroit à déceder.

L'article 151. de l'Ordonnance de François I. de l'année 1539. déclare nulles les libéralités faites à ceux qui, par l'autorité & l'empire qu'ils ont sur l'esprit & sur la personne du donateur, pourroient en abuser, & l'obliger de faire à leur profit des donations qui seroient moins l'effet de la volonté, que de la contrainte. Or qui est-ce qui peut avoir autant d'autorité sur une personne, qu'un Médecin en a sur un malade? puisque, suivant Galien, les Médecins ont autant d'empire sur les esprits de leurs malades, que les Souverains en ont sur leurs Sujets, & les Capitaines sur leurs Soldats.

C'est aussi la raison pour laquelle les Arrets de la Cour, rendus en interprétation de cet article de l'Ordonnance de 1539. ont déclaré que les Médecins sont incapables de recevoir aucune donation ou legs qu'un malade pourroit leur faire pendant la maladie dont il viendroit à déceder.

Les Médecins sont en droit de demander leurs honoraires; mais il faut qu'ils en fassent la demande dans le tems qui leur est préfini par la Loi; ce tems semble bien court ; mais la Loi les amis avec ceux qui faisoient partie de la Médecine, & qui sont aujourd'hui des Corps séparés.

Suivant l'article 125. de la Coutume de Paris, les Médecins, Chirurgiens & Apoticaires doivent intenter leur action pour leurs assistances, drogues & médicamens, dans un an, à compter du jour qu'ils ont cessé de visiter ou de soigner le malade, s'il n'y a promesse, autre titre ou interpellation judiciaire.

Quand un Médecin, Chirurgien ou Apoticaire vient dans l'an, il est reçu à son serment ; au lieu que quand il intente son action après l'an, il peut seulement s'en rapporter au serment de celui qui dit avoir payé ; ou si c'est son héritier, sur ce qui est de son fait & de sa connoissance touchant le payement prétendu.

Il me paroît étrange qu'ils se trouve des gens assez ingrats, pour ne pas d'eux-mêmes satisfaire noblement à une dette si juste & si légitime qu'est la reconnoissance qu'un malade doit à son Médecin.

Sans entrer dans quelques désagrémens de la profession, comme d'être toujours avec des malades, les peines que prennent journellement les Médecins, les curieuses recherches qu'ils font toute leur vie pour conserver celle d'autrui, le zéle qu'ils ont pour la guérison de leurs malades, méritent toujours beaucoup de reconnoissance.

Cette reconnoissance est dûe aux Médecins de la part de leurs malades qui se sont tirés d'affaire ; & elle n'est pas moins dûe de la part des héritiers de ceux dont le trépas n'a pû être reculé, ni par la science du Médecin, ni par la vertu des remedes.

Celui qui dans tout autre affaire beaucoup moins importante que n'est celle de notre santé, auroit à notre priére employé tous ses soins, & auroit épuisé tous ses talens pour nous rendre quelque service, seroit-il privé de la récompense dûe à ses peines, pour n'avoir pas réüssi selon nos desirs, lorsqu'il n'y auroit pas de sa faute, & qu'il auroit mit tout en usage pour se bien acquitter de la commission que nous lui aurions donnée ?

Tout ce que nous venons de dire à la louange & à l'avantage des Médecins, ne regarde que ceux qui, après un cours d'étude, ont acquis par des voies légitimes le titre de Médecins ; titre qui ne s'acquiert pas facilement dans la faculté de Paris.

Mais pour ce qui est des Charlatans qui font la Médecine sans aucuns titre, & qui sans être approuvés, se font Médecins eux-mêmes de leur propre autorité privée, ou qui se font passer Médecins sous la cheminée dans quelques Faculté de Province en donnant de l'argent pour du parchemin, ils sont tous regardés comme des imposteurs, & ils n'ont aucune action pour demander leurs salaires, ainsi que l'a remarqué Chopin sur l'article 125. de la Coutume de Paris, *num.* 10. & *suivant.*

La témérité des Charlatans, & leurs tristes succès qui en font les suites, font valoir la Médecine & les Médecins : si ceux-ci laissent mourir, les autres tuent pour l'ordinaire.

Les fautes que commettent les Médecins, en ce qui regarde la Médecine qu'ils professent, demeurent impunies ; quoique pour raison de celles que les Chirurgiens & les Apoticaires commettent, ils puissent être condamnés aux dépens, dommages & intérêts, comme je l'ai dit *verbo* Imperitie. Quoiqu'il en soit, le nombre des fautes des Apoticaires, des Chirurgiens & des Médecins n'est pas petit, & la moindre est souvent irréparable ; raison qui doit les engager à s'acquitter parfaitement de tout ce qui concerne leur état.

MEIX ou MEX, dont il est parlé dans plusieurs Coutumes, est le tenement & héritage main-mortable des personnes de servile condition & de main-morte. *Voyez* ce qui en est dit dans le Glossaire du droit François.

MELIORATIONS, du mot *melior*, signifient les impenses qu'un possesseur a faites dans un héritage, qui en augmentent le prix & la valeur. *Voyez* Impenses.

Tout possesseur de bonne ou mauvaise foi, suivant l'article 53. de l'Ordonnance de Moulins, doit être préferé à tous créanciers pour le remboursement des réparations nécessaires ou utiles.

Mais il est obligé de quitter la possession de l'héritage dont il est évincé, en donnant par celui au profit duquel le Jugement est rendu, bonne & suffisante caution de payer les mêmes réparations quand elles seront liquidées ; à moins que celui qui est condamné n'offre de les faire liquider dans le mois ; auquel cas il reste dans l'héritage jusqu'à ce tems-là.

MELTHE ou MELTE, ainsi écrit par corruption pour Mete du Latin *Meta*, qui signifie limite ; dans la Coutume de Mons, chap. 12. 13. & 41. & dans celle de Hainault, chap. 69. 73, & 74. signifie le territoire d'un Juge, l'étendue de sa Charge & Office : il se dit aussi de l'étendue de l'Office d'un Sergent.

MEMOIRE, est le nom que l'on donne à un écrit sommaire qui contient le narré d'un fait, avec les circonstances sur une question que l'on veut consulter.

On appelle aussi Memoire, un Factum qui contient les faits & les circonstances d'une affaire qui est sur le point d'être jugée : & ces sortes de Mémoires tiennent lieu de Factum, ou pour mieux dire en sont véritablement.

MEMOIRE, *voyez* Retablissement de mémoire.

MEMOIRE DE FRAIS, est le détail fait par articles des frais dont un Procureur demande le payement ou l'arrêté.

Quand un Procureur veut compter avec sa Partie, ou qu'il s'agit de régler à l'amiable les dépens dûs par la Partie adverse, le mémoire qu'il donne des frais, salaires, vacations & déboursés, s'appelle le mémoire de frais, pour lequel mémoire il n'est rien dû au Procureur.

Mais lorsque les dépens doivent être taxés à la rigueur, pour parvenir à un exécutoire, le mémoire se fait par une déclaration de dépens, & entre en taxe.

MENACES CAPABLES D'INTIMIDER, sont défendues, & même punissables, quoiqu'elles n'ayent été suivies d'aucun effet.

Un Fermier, vers la fin de son bail, pour faire quitter prise à des Laboureurs qui se présentoient pour l'avoir, les menaça de les tuer. Par Arrêt du Parlement de Paris rendu en vacations le 22. Septembre 1700. il fut condamné en cent livres de domages-intérêts & aux dépens, avec défenses de récidiver, à peine de punition corporelle. Cet Arrêt est rapporté par M. Augeard, tome 2. ch. 49.

Si quelqu'un avoit menacé un particulier de le battre & de l'outrager: si ce particulier est battu & excedé quelques jours après, telles menaces constatées par les informations, peuvent donner lieu à un décret de prise de corps contre celui qui les auroit faites; mais elles ne sont pas suffisantes pour le faire condamner à la question. *Voyez* Bouvot tom. 2. *verbo* Criminel, quest. 8.

MENDIANS, sont ceux qui demandent l'aumône. Il y en a de deux sortes; les uns le font par lâcheté & par libertinage, pouvant gagner de quoi vivre par leur travail; & d'autres ne le font, que parce qu'ils y sont forcés par leur grand âge, ou par une foiblesse de corps qui les met hors d'état de travailler. Les premiers excitent de l'indignation contr'eux: les seconds excitent en leur faveur de la pitié & de la bienveillance.

Voyez ce que j'ai dit des uns & des autres, *verbo* Vagabonds.

Il y a aussi quatre Ordres des Religieux qu'on appelle Mendians, qui sont les Cordeliers, Jacobins, Augustins, & Carmes.

MERCURIALES, sont des Assemblées qui se font dans les Cours Souveraines & aux Siéges Présidiaux, où le Président & les Gens du Roi exhortent les Conseillers à rendre la Justice avec exactitude, & font quelquefois des remonstrances à ceux qui ont manqué à leur devoir.

Ces sortes d'exhortations ont été établies par Edits des Rois Charles VIII. Louis XII & Henry III.

Ces Assemblées doivent être tenues de six en six mois, les premiers Mercredis après la lecture des Ordonnances, qui se fait après les Fêtes de la St. Martin & de Pâques.

Aussi tient-on que ce mot a pris son origine de ce qu'anciennement on avoit coutume de faire les mercredis ces sortes d'Assemblées, dans lesquelles on faisoit une charitable remontrance des fautes qu'un chacun avoit faite précedemment.

Ces sortes de remonstrances ont été instituées, sur ce qu'on a reconnu que la splendeur & la dignité de la Justice dépendroit principalement des bonnes mœurs & de la réputation de ses Ministres. Ainsi, pour les obliger à se tenir dans leur devoir, on a jugé à propos de les exciter de tems en tems à honorer leurs Charges par la pratique de toutes les vertus qui leur sont les plus convenables, & de réprimer ceux qui par leur déportemens se rendent indignes d'un emploi si noble & si relevé.

On peut dire que les mercuriales ressemblent à la censure des Romains, & qu'elles conservent la discipline du Palais.

Voyez la Rocheflavin, des Parlemens de France, liv. 11.

MERE, est celle qui a porté & mis un enfant au monde: elle doit, aussi-bien que le pere veiller à son éducation; & son mari venant à mourir avant que cet enfant n'ait plus besoin de tuteur, elle est admis à gerer sa tutelle préférablement à tous autres, pourvû qu'il n'y ait rien à redire à sa conduite. *Voyez* ce qui est dit icy *verbo* Tutrice.

A l'égard de la succession des meres à leurs enfans, *voyez* ce que j'en ai dit lettre E en parlant de l'Edit des Meres; & ce qui est dit dans les observations sur le dixiéme Plaidoyé d'Henrys, où M. Bretonnier remarque que les meres qui se remarient sans avoir fait pourvoir d'un tuteur à leurs enfans du premier lit, rendu compte, & payé le reliquat sont privées de leur succession.

MESSAGERS, sont responsables de vols qui leur sont faits, même entre deux soleils, s'ils ne rapportent une plainte faite par devant le plus prochain Juge des lieux, quoique subalterne, & procès verbal de l'état des marchandises qui restent *Voyez* Desmaisons, lettre M. nombre 16.

A l'égard du vol fait en leurs Bureaux nuitament & par effraction, ils n'en sont point tenus, ni l'hôte du logis, comme il a été jugé par Arrêt du 15. Mars 1629. rapporté dans le Journal des Audiences. *Voyez*-y aussi un Arrêt du Parlement de Paris, en datte du 3 Décembre 1676. touchant la décharge des Lettres & Paquees dont les Messagers se sont chargés.

Voyez aussi dans le Dictionnaire de M. Brillon ce que porte une Ordonnance du Lieutenant Civil du Châtelet de Paris; du 18 Juin 1681. ou Sentence en forme de réglement, touchant les Messagers Rouliers, Maîtres de Coches & Carrosses qui se sont chargés de valises, coffres & autres choses fermés à clef.

Au reste, les Messagers & Maîtres des Coches ne sont responsables que des paquets dont leurs Regîstres se trouvent chargés: c'est pourquoi ils ne sont pas responsables de ce qui aura été confié à leurs Cochers pour en charger leurs magasins; comme il a été jugé par Arrêt du 31. Janvier 1693, rapporté dans le Journal des Audiences,

Cette Jurisprudence a été confirmée par un autre Arrêt de la Grande Chambre, rendu au rapport de M. Dreux, le 4. Septembre 1715. qui a jugé qu'un Fermier des Coches, un Messager & un Hôtelier ne sont point garants des vols faits nuitament & avec effraction dans leurt Bureaux ou Hôtelleries.

MESSAGERS DE L'UNIVERSITÉ, sont des Suppôts de l'Université, ausquels le Recteur donne des Lettres ou Commission de Messager : ce qui vient de ce qu'originairement l'Université a été l'inventrice des Messageries. Présentement ces sortes de Messagers sont sans fonction, & ne prennent plus ces Lettres que pour jouir du privilége de garde-gardienne. *Voyez* Garde-gardienne.

MESSIERS, sont gens établis pour garder les fruits pendans par les racines, & dont l'emploi finit chaque année après la récolte.

Comme ils sont préposés pour veiller à la conservation des fruits avant la recolte, ils sont responsables envers les propriétaires des dommages qui s'y peuvent commettre pendant le tems qu'ils sont chargés d'y veiller. *Voyez* le Glossaire du Droit François, *verbo* Messier.

MESSIRE, est le titre & la qualité que les Nobles prennent dans les Actes qu'ils passent.

MESURAGE, signifie quelquefois un droit seigneurial qui se prend sur chaque mesure. *Est modiatio prout à Rege vel Domino Jurisdictionis instituta est.*

Mais ordinairement ce terme est employé pour signifier ce qu'on donne à celui qui mesure, pour sa peine.

MESURE PUBLIQUE, est le droit de donner par ses Officiers, les poids & les mesures. Cette marque d'autorité participant en quelque maniere de la Souveraineté, ne devroit appartenir qu'au Roi. Mais si les Seigneurs en jouissent aujourd'hui, c'est qu'ils ont usurpé ce droit aussi-bien que plusieurs autres qui ne devroient appartenir qu'au Roi seul.

Les mesures sont différentes, suivant les différens lieux. Elles doivent être étalonnées dans la Justice royale voisine, ou dans celle du Seigneur à qui ce droit appartient.

Les mesures sont de droit public, d'où il s'ensuit, I°. Qu'on peut, nonobstant toute prescription, en demander la réduction selon l'étalon qui est en la Justice du Juge supérieur. *Voyez* la Peyrere, lettre P.

II°. Que celui qui se serviroit d'une mesure non marquée & foible, quand même il n'y auroit pas de mauvaise foi de sa part, seroit condamnable à l'amende, mais sans note d'infamie. *Voyez* Chorier en sa Jurisprudence sur Guy Pape, page 130.

Pour faciliter le commerce & obvier aux fraudes, on a souvent projetté d'établir par tout le Royaume une uniformité de poids & de mesures; mais jusqu'ici l'exécution ne s'en est point suivie, soit que l'on y ait trouvé beaucoup plus de difficulté que d'utilité, soit que quelques raisons particulieres y mettent obstacle.

De la Mare, dans son Traité de la Police, tom. 2. liv. 5. tit. 8. ch. 2. parle des mesures de France en particulier; il explique d'où provient leur inégalité, à qui appartient de les établir ou de les réler, & à en tirer le profit; il expose la proportion des mesures de quelques-unes des Provinces avec celle de Paris, & ce qui a été fait en différens tems pour les rendre uniformes.

Voyez ci-dessus Etalons. *Voyez* aussi le Dictionnaire de Trevoux, *verbo* Mesure.

MESURE EN FAIT DE CONTRAT DE VENTE, se doit faire suivant la Coutume du lieu où les héritages sont situés, & non pas suivant la Coutume du lieu où le contrat a été passé, quand il n'est point fait mention dans le contrat suivant quelle régle la mesure doit être faite. Charondas, liv. 7. rép. 83; & Papon, liv. 17. tit. 2.

MESUS, signifie l'abus & la dégradation qui se fait dans les bois, pâturages & communes.

Voyez Bouvot, tom. 2. *verbo* Mesus; & Taisand, sur l'art. 6. du titre 1. de la Coutume de Bourgogne.

METAIRIE, est l'habitation d'un Métayer avec les logemens convenables pour exploiter les terres qu'on lui donne à cultiver, soit pour y serrer les grains, soit pour y faire des nourritures de bestiaux.

METAYER PARTIAIRE, est un Fermier qui retient la moitié de la récolte, & donne l'autre au propriétaire de la Terre. *Voyez* Admodiateur.

Les Fermiers qui sont appellés par les Jurisconsultes, *Coloni partiarii*, sont nommés parmi nous métayers; & cette dénomination vient du mot de moitié. Aussi voyons-nous qu'en quelques vieux contrats rédigés en Latin, ils sont appellés *medietarii*, c'est-à-dire *partiarii*, à raison du partage des fruits qui se fait entre le Fermier partiaire & le propriétaire du fonds, qui les rend comme associés. Pasquier en ses Recherches, livre 7. chapitre 43.

Voyez le Glossaire du Droit François.

METROPOLE, signifie la Ville capitale d'une Province, qui est comme la mere des autres.

METTRE, se dit en plusieurs sens au Palais.

On dit *mettre* en cause, pour dire faire assigner quelqu'un en garantie.

On dit *mettre* en la main du Roi & de Justice pour dire saisir.

On dit *mettre* un fief hors des ses mains, pour dire s'en défaire, ne le pouvant tenir selon les Loix.

On dit *mettre* un Fief en sa table, pour dire qu'un Seigneur unit un Fief servant au Fief dominant, par puissance & retenue de Fief. *Voyez* Table.

On dit se *mettre* en état, pour dire se mettre en prison, quand il y a un décret de prise de corps; mais quand il y a ajournement personnel, c'est faire un acte de comparution personnelle en Justice.

Donner un appointement à *mettre*, c'est ordonner que les piéces & titres des Parties seront mis entre les mains d'un Rapporteur, pour sur iceux être fait droit sommairement, en matieres de légere conséquence.

A l'égard de ce qui signifie *mettre* l'appellation au néant, *voyez* prononciation.

MEUBLES, sont tout ce qui se peut facilement transporter d'un lieu à un autre sans être détérioré ; ainsi de l'argent comptant, des meubles meublans, bestiaux & autres choses semblables, ont la nature de meubles.

Ainsi une somme de deniers entre majeurs, quoiqu'elle provienne de la vente d'immeubles, est réputée meuble ; ensorte que les créanciers ne viendroient sur iceux par ordre d'hypotéque, mais des saisies, si ce n'est en cas de déconfiture, & les héritiers des meubles y succederoient. C'est pourquoi, si Titius avoit vendu un fief dont le prix se trouvât dans ses coffres, ou qui lui fût dû, ces deniers se partageroient comme meubles entre ses enfans, sans droit d'aînesse.

Ces deniers qui proviennent du rachat de rentes constituées appartenantes à des majeurs, sont de même qualité.

Les meubles, si précieux qu'ils soient, comme diamans, perles, vaisselles d'or ou d'argent, sont toujours regardés comme des meubles, & sont en cette qualité vendus à l'encan ; si ce n'est que les bagues, joyaux & vaisselle d'argent de la valeur de trois cens livres au plus, ne peuvent être vendus qu'après trois expositions à trois jours de marchés différens ; si ce n'est que le saisissant & le saisi en conviennent par écrit, qu'il sera mis entre les mains du Sergen pour sa décharge, comme il est dit en l'art. 13. du titre 23. de l'Ordonnance de 1667.

Les matériaux préparés & amenés sur les lieux pour bâtir, sont aussi réputés meubles. Il en faut dire de même I°. des Presses d'Imprimerie. II°. Des ustensiles d'Hôtels, comme je l'ai dit lettre U. III°. Des moulins sur bateau, & des Pressoirs qui se peuvent desassembler. IV°. Du Poisson en boutique ou réservoir. V°. Des Pigeons en voliere destinés pour l'usage ordinaire de la maison. *Voyez* ce que j'ai dit sur les articles 90. & 91. de la Coutume de Paris.

Bois coupé, bled, foin, ou grain soyé ou fauché, quoiqu'il soit encore sur le champ & non transporté, est réputé meuble. *Voyez* ce que j'ai dit sous la lettre B, en parlant du bois de haute futaie.

Lorsque le douaire préfix consiste en une somme de deniers pour une fois payer, dès qu'elle est parvenue aux enfans par la mort de leur pere, cette somme conserve sa nature de meuble, & il n'y a point de fiction qui lui puisse faire prendre la nature d'immeubles & de propres, puisqu'il perd sa qualité de douaire, & n'est plus qu'une somme d'argent comme il est dit en l'article 259. de la Coutume de Paris ; & par conséquent un douaire venu aux enfans, appartient après leur mort à leurs plus proches héritiers paternels ou maternels.

Quelquefois un immeubles prend la nature de meubles par stipulation. *Voyez* Ameublissement. Les meubles, au contraire, prennent quelquefois la qualité d'immeubles, comme je l'ai expliqué *verbo* Immeubles.

Les actions sont quelquefois réputées meubles, & quelquefois immeubles, selon la nature & la qualité de la chose qu'elles poursuivent.

Si c'est un immeuble, soit véritable ou fictif, comme une somme de deniers stipulée propre, c'est un immeuble.

Si l'action ne tend qu'à se faire rendre ou payer une somme de deniers, ou autre chose mobiliaire par convention, c'est un meuble. *Voyez* ce que j'ai dit sur l'art. 89. de la Coutume de Paris.

Mais on demande, si dans un legs de meubles les obligations & dettes actives & mobiliaires sont comprises ? *Voyez* ce que j'ai dit à la lettte L. des Legs de choses mobiliaires.

Les meubles se reglent suivant la Coutume du domicile de celui à qui ils appartiennent ; au lieu que les immeubles se réglent par la Coutume du lieu où ils sont situés. *Voyez* ce que j'ai dit *verbo* Statut.

Ainsi les meubles n'ayant point de situation certaine & permanante, pouvant être facilement transportés d'un lieu dans un autre, doivent suivre le corps de celui à qui ils appartiennent, & par conséquent se régler suivant la Coutume de son domicile, dans le partage qui s'en doit faire après sa mort entre ses héritiers, soit qu'il ne décede pas au lieu de son domicile ordinaire, ou même que ces meubles ou une partie d'iceux fussent transportés ailleurs ; comme quand quelqu'un a son domicile dans un lieu, & qu'il a des maisons de campagne dans d'autres où il a des meubles.

Il faut excepter les cas de deshérence & de confiscation, dans lesquels les meubles du défunt ne suivent pas son domicile, mais appartiennent à chaque Seigneur Haut-Justicier, dans le territoire de qui les meubles se trouvent au tems de la mort, comme je l'ai remarqué sur l'article 167. de la Coutume de Paris.

Voyez verbo Immeubles, les différences qu'il y a entre les meubles & les immeubles.

MEUBLES N'ONT POINT DE SUITE PAR HYPOTEQUE. En Droit, les meubles sont susceptibles d'hypotéque. *Leg. 34. ff. de pignorib. & hypot. & Leg. 12. cod. de distr. pign.* Ce qui est en usage dans quelques pays de Droit écrit, comme le rapporte M. Bretonnier dans son Recueil alphabétique.

Mais par-tout ailleurs les meubles n'ont point de suite par hypotéque. La raison est, qu'il y auroit trop d'inconveniens d'assujettir au droit de suite les meubles qui sont si sujets à changer de main, qu'ils peuvent, comme dit M. Charles Dumoulin, *una hora transire per centum manus.*

De ce que les meubles n'ont point de suite par hypotéque, il s'ensuit que le créancier qui a été payé le premier de son dû par son débiteur, ou par exécution & ventes de ses meubles, ne doit pas rapporter aux créanciers antérieurs ce dont il a été payé, parce qu'il n'a reçu que ce qui lui étoit dû. Il faut excepter le cas de déconfiture, où chacun vient à contribution au sol la livre sur les biens meubles du débiteur.

Voyez ce que j'ai dit sur la lettre C. en parlant de la contribution au sol la livre, & lettre S, en parlant de la saisie & exécution, vers la fin. *Voyez* aussi ce que j'ai dit sur les articles 170, 178. & 179. de la Coutume de Paris, & le Recueil alphabétique de M. Bretonnier.

MEUBLES PRECIEUX SONT A CERTAINS ÉGARDS COMPARÉS AUX IMMEUBLES, attendu que dans ces sortes de meubles tombe l'intérêt d'affection, & qu'ils sont ordinairement des présens ou des gages de l'amitié des personnes proches.

C'est pour cette raison que l'aliénation en peut être prohibée ; qu'ils peuvent être substitués, comme on voit dans les contrats de mariage des personnes illustres, dont les exemples sont rapportés par Brodeau, sur l'article 144. de la Coutume de Paris.

Aussi dans quelques Coutumes, quand un meuble précieux a été légué, l'héritier le peut retenir en payant l'estimation au légataire ; & les mineurs de vingt-cinq ans les peuvent aliéner sans l'avis des parens & l'autorité de Justice. Enfin plusieurs de nos Jurisconsultes ont été autrefois d'avis que les meubles précieux étant saisis sur celui à qui ils appartiennent, doivent être vendus avec les mêmes solemnités que les immeubles.

Néanmoins, quelques précieux que soient les meubles, ils ne peuvent être réputés immeubles que par fiction, attendu que leur valeur & l'excès du prix qui dépend le plus souvent de l'affection ou de la rareté, ne change rien à la nature de la chose : c'est pourquoi il est aujourd'hui certain qu'ils ne doivent pas être vendus par décret ; tout ce qu'il faut faire quand des bagues, joyaux & vaisselle d'argent de la nature de 300. livres ou plus sont saisis, c'est de suivre la disposition de l'art. 13. du tit. 33. de l'Ordonnance de 1667. qui porte qu'ils ne peuvent être vendus qu'après trois expositions à trois jours de marchés différens. *Voyez* ce qu'a dit Bornier sur cet article.

MEURTRE, dans sa propre signification, dénote un homicide commis de guet-à-pens & de dessein prémédité, comme il est dit au titre *de alta media & bassa Jurisdictione*, du Stile du Parlement en ces termes : *Differentia est inter meurtrum & occisionem ; meurtrum dicunt esse quando homicidium factum est scienter & pensatis insidiis : occasionem verò quando factum est homicidium sine proposito, sed in rixa.*

Voyez ce que j'ai dit *verbo* Homicide.

Nous remarquerons seulement ici, qu'attendu l'attrocité de ce crime, par la Loi de Moïse, les meurtriers pouvoient être tirés par force hors du Temple, quoiqu'ils eussent embrassé l'Autel. *Exodi, cap. 21. vers. 14. cujus hæc sunt verba. Si quis per industriam occiderit proximum suum, & per insidias, ab altari meo evelles eum ut moriatur.*

MI

MI-DENIER, est la moitié des deniers employés pour impenses ou méliorations de l'héritage de l'un des conjoints ; lesquelles impenses ayant été faites des deniers de la communauté, il est dû récompense pour moitié au survivant des conjoints, ou aux héritiers du prédécedé.

Lorsque pendant la communauté il a été fait des améliorations ou impenses nécessaires dans le fonds ou héritage de l'un des conjoints, ces impenses ou améliorations cedent au fonds ; mais le propriétaire d'icelui, après la dissolution de la communauté, doit rembourser au survivant, ou à l'héritier du prédécedé, le mi-denier, c'est-à-dire la moitié des deniers employés pour ces impenses ou améliorations, & qui ont été tirés de la communauté.

Loysel, liv. 3. tit. 3. article 14. dit que mari ou femme ayant melioré leur propre, ou réuni quelque chose à leur fief & domaine, ou fait quelque ménage qui regarde le seul profit de l'un d'eux, sont tenus d'en rendre le mi-denier.

Cette récompense du mi-denier est de droit ; autrement ce seroit un moyen aux conjoints de se faire à l'un ou à l'autre des avantages indirects.

Elle n'a lieu que quand la femme survivante ou ses héritiers ont accepté la communauté ; car quand ils y renoncent, ce n'est point la récompense du mi-denier qui a lieu ; & en ce cas le remboursement se fait tout entier par la femme ou par ses héritiers, si les impenses ou améliorations ont été faites dans son fonds ; & si elles ont été faites dans celui du mari, le remboursement cesse, d'autant que le mari ou ses héritiers demeurent maîtres de toute la communauté, au moyen de la renonciation qu'a fait la femme ou ses héritiers à ladite communauté.

Au reste, le mi-denier n'est dû pour les améliorations, que quand elles augmentent le fonds. Par exemple, il n'en est point dû pour avoir fait planter des arbres, ou marné quelque terre. Il n'en est point dû non plus pour les réparations d'entretenement.

Voyez M. de Renusson, en son Traité de la Communauté, partie 2. chapitre 3. nombres 12, 13 & 14. ; & M. Duplessis, de la Communauté, liv. 2. section. 4.

MI-DOUAIRE, est une pension qui est adjugée à la femme dans certains cas, pour lui tenir lieu du douaire.

Comme le douaire n'est ouvert que par la mort naturelle du mari, on adjuge quelquefois à la femme séparée, ou à celle dont le mari est absent depuis long-tems, ou dont le mari est mort civilement, une pension dont elle jouit jusqu'à ce que le douaire ait lieu.

Cette pension est à l'arbitrage des Juges, mais elle se régle ordinairement à la moitié du douaire ; c'est ce qui fait qu'on la nomme vulgairement mi-douaire.

MI-LODS, sont une redevance de moitié de lods, dûs en quelque pays à toutes mutations ; c'est-à-dire, que pour quelque changement de possesseur que ce soit, qui arrive dans un héritage censier (excepté celui qui se fait par vente) il est dû un droit qui s'appelle mi-lods, d'autant qu'il est moindre de moitié que celui qui se paye pour l'acquisition à titre de vente; auquel cas le droit de lods & ventes est dû en entier au Seigneur.

Voyez ce qu'a dit à ce sujet le Commentateur d'Henris, liv. 3. chap. 3. quest. 11, 22, 23, 24, & suivantes; sur-tout la question 75. dudit livre. *Voyez* aussi ce qui en est dit dans le Glossaire du Droit François, en retranchant le mot *seulement*, qui y a été mis par erreur, dans la troisiéme ligne de la remarque de M. Lauriere.

MINAGE, est le droit que le Seigneur prend sur la mine de bled, pour le mesurage: ainsi mine est le vaisseau qui sert à mesurer le bled, & le minage est le droit dû au Seigneur pour le mesurage des bleds par mines.

Ce droit en France est du domaine du Roi en plusieurs lieux.

Voyez le Dictionnaire de M. Brillon, où sont rapportés plusieurs Edits & Arrêts qui concernent cette matiere.

TENIR A MINAGE, c'est tenir à ferme, à la charge de rendre par an tant de mines de bled.

MINE. Ce terme, pris dans une autre signification que du vaisseau à mesurer le bled, dont nous avons parlé en l'article précedent, signifie cette partie de la terre où se forment les métaux & les minéraux.

Les endroits de la terre où l'on trouve quelque mine sans suite, c'est-à-dire qui peuvent produire une certaine qualité de métal tout seul & sans suite, sont appellés mines égarées; & on appelle mines fixes, celles qui sont étendues en longueur, largeur & profondeur, dont les veines se trouvent divisées comme en branches dans un même continent.

Suivant l'ancien Droit Romain, les mines d'or, d'argent, de cuivre, de fer, d'acier, de plomb & autres, appartiennent au propriétaire du fonds dans lequel elles sont trouvées. *Erant privati juris, & in libero privatorum usu & commercio. Leg.* 7. §. 13. *ff. solut. matrim. leg.* 13. *ff. de usufr. leg.* 3. & 4. *ff. de rebus eorum.*

La raison est, que ce bénéfice provient uniquement de la nature, qui n'a, en formant les mines, voulu favoriser que les propriétaires des fonds dans lesquels elle les a produites.

Dans la suite, les Empereurs Romains se sont attribués un dixiéme du produit des mines, en quelques lieux qu'elles se trouvassent. *Leg.* 3. *cod. de metallariis*

En France, les mines d'or & d'argent appartiennent au Roi, en payant le fonds au propriétaire. La raison est, que c'est un bénéfice appellé communement *fortune d'or*, qui fait partie du droit de Souveraineté. *Voyez* M. Lauriere sur Loysel, livre 2. titre 2. régles 13 & 52.

Les autres mines appartiennent aux propriétaires des fonds, qui peuvent y fouiller comme il leur plait. Mais le Roi, pour les besoins de l'Etat, leve le dixiéme du revenu des mines qui ne sont ni d'or ni d'argent.

Enfin, il est aujourd'hui défendu à toutes personnes de tirer & fouiller des mines sans la permission du Roi. *Voyez* M. Lauriere au lieu cité ci-dessus.

De ce que nous venons de dire, il s'ensuit que le Seigneur Haut-Justicier n'a jamais de part dans les mines, quoiqu'il en ait une dans les trésors trouvés dans les terres de sa Seigneurie.

La raison de la différence est, que le trésor est mis dans son lieu par main d'homme; mais les mines sont portion de la terre, & ainsi elles appartiennent à celui qui en est le propriétaire. *Voyez* Coquille, sur les articles 1 & 2. de la Coutume de Nivernois, & dans son Institution, au titre des Droits de Justice.

Il y a des Juges, apellés Maîtres des Mines, qui connoissent en premiere instance des contestations qui se peuvent présenter à ce sujet, & leurs appellations ressortissent en la Cour des Monnoyes. Sur quoi *voyez* le Traité des Monnoyes de Constans, page 172.

MINEURS, sont ceux qui n'ont pas encore accompli leur vingt-cinquiéme année.

Il y a néanmoins certaines Coutumes où les mineurs deviennent majeurs avant l'âge de vingt-cinq ans, à l'effet seulement d'être assujettis aux dispositions de ces mêmes Coutumes & de s'en prévaloir contre le Droit commun.

Quelquefois le terme de mineur est employé pour signifier celui qui l'étoit, & qui ne l'est plus; & cette prorogation du terme de mineur se fait à l'égard du tuteur, comme quand on dit que le tuteur rend compte à son mineur; ce qui se dit ainsi, quoique le mineur qui reçoit le compte qui lui est rendu soit majeur de vingt-cinq ans. Le tuteur se dit aussi en ce cas de celui qui l'a été, & qui ne l'est plus.

Quoique régulierement par mineur on entende celui qui n'a point encore accompli sa vingt-cinquiéme année, soit qu'il soit pubere, ou non; cependant en pays de Droit écrit on entend par mineur celui qui est pubere, & qui n'a pas encore accompli sa vingt-cinquiéme année; & on entend par pupille un impubere qui est sous l'autorité d'un tuteur, & qui en doit sortir lorsqu'il sera parvenu à l'âge de puberté.

Ainsi en pays de Droit écrit, conformément au Droit Romain, il ne faut point d'émancipation pour sortir de tutelle, le pupille devient de plein droit mineur à quatorze ans accomplis, & la pupille devient mineure à douze ans aussi accomplis.

C'est cet âge de puberté qui les émancipe, à l'effet de pouvoir disposer de leurs meubles, & des revenus de leurs immeubles, sans avoir pour cela de Lettres d'émancipation du Prince.

En pays coutumier, ceux qui sont en tutelle n'en sortent qu'à la majorité, ou par des Lettres d'émancipation, en vertu desquelles celui qui étoit pupille & en tutelle devient mineur, & sort de la puissance du tuteur, dispose de ses meubles, & reçoit ses revenus en son nom, & sans être assisté de son curateur.

Le mariage du mineur produit l'effet de l'émancipation en pays coutumier.

Ainsi, en pays coutumier le mineur émancipé ou marié reçoit lui-même ses revenus, & n'a besoin de curateur que pour aliener ses immeubles.

Un mineur émancipé ou marié peut donc ester en Jugement, sans être assisté de son curateur, lorsqu'il s'agit de ses revenus.

S'il n'a point de curateur, & qu'il y ait une action à intenter pour toute autre chose que pour ses revenus, c'est ordinairement le Procureur qu'il constitue qui fait serment de curateur en la cause où il occupe.

C'est au nom du pupille que les actions qui lui appartiennent s'intentent par son tuteur; mais à l'égard d'un mineur, il procéde en son nom sous l'autorité d'un curateur: mais ni l'un ni l'autre ne peut ester en Jugement en matiere civile. Il faut nécessairement que ce soit le tuteur qui agisse pour le pupille, & que le mineur procede sous l'autorité de son curateur.

Il faut excepter, I°. Quand un mineur est émancipé ou marié; car alors il peut, comme nous avons dit, ester en Jugement, sans être assisté de son curateur, lorsqu'il s'agit de ses revenus.

II°. Il faut excepter les mineurs pourvus de Bénéfices; car ils peuvent ester en Jugement sans l'autorité & l'assistance d'un tuteur ou curateur, tant en ce qui concerne le possessoire, que pour les droits & revenus de leurs Bénéfices, comme nous dirons ci-après, en parlant des mineurs pourvus de Bénéfices.

La raison pour laquelle on donne aux mineurs des tuteurs ou des curateurs, est qu'ils ne sont pas capables de se conduire, ni d'avoir l'administration de leurs biens, à cause de l'infirmité de leur âge. *Fragile est hujusmodi ætatis consilium, multis captionibus obnoxium, multorum insidiis expositum. Leg. 1. in prin. ff. de minorib.*

C'est aussi pour cette même raison, que conformément à la disposition des Loix Romaines, par un privilége spécial, les mineurs lézés peuvent se faire relever contre tous les actes qui leur causent quelque préjudice.

Ainsi la fragilité de cet âge, que les Loix Romaines appellent *lubricum ætatis*, est la principale cause de restitution parmi celles qui concernent la personne; & cette faveur que la Loi accorde aux mineurs, est fondée sur ce que leur âge est exposé aux fraudes & aux embuches. *Leg. 1. ff. de minorib.*

Mais il faut pour cela que le mineur ait été lézé: *Nam non restituitur tanquam minor, sed tanquam læsus, leg. 9. §. 1. & 2. leg. 44. ff. eod. tit.* & il est toujours en droit de se faire restituer, soit qu'il soit lézé par le dol de la Partie adverse, ou par sa trop grande facilité & son peu d'expérience. *Non interest, an minor læsus sit dolo & calliditate Adversarii, vel ætatis lubrico & inconsultâ facilitate. Leg. 11. §. 4. & seq. ff. eod. tit.*

Minoribus in his, quæ vel prætermiserunt vel ignoraverunt, innumeris autoritatibus constat esse consultum, leg. penult. cod. de in integ. rest. minor. Ainsi un mineur peut se faire restituer non-seulement quand il est lézé par ce qu'il a fait, mais aussi quand il l'est par l'omission de ce qu'il auroit dû faire pour son avantage, soit qu'il ait omis de le faire *ignorantiâ, aut negligentiâ.*

Le mineur est censé être lézé, non-seulement quand l'acte contre lequel il veut revenir, cause la perte ou la diminution de ses biens; mais encore quand il fait manquer au mineur l'occasion de faire le gain qu'il auroit pû faire, ou qu'il l'assujettit à quelque charge onéreuse.

Læsus dicitur minor, si vel damni aliquid passus sit, vel aliquam lucri occasionem omiserit, vel oneri se subjecerit, leg. 6. & 7. §. 6. cum. §. seq. & leg. 24. §. 1. ff. eod. Unde quoties minoris non interest, & res ejus damno cessura non est, denegatur restitutio. Leg. 3. §. 4. leg. 23. ff. 4. h. t. Leg. 9. §. 4. ff. de jurejurando.

Il faut donc, pour que le mineur se puisse faire restituer, qu'il ait été lézé, ou par le dol de la Partie adverse, ou par son imprudence & par sa trop grande facilité. D'où il s'ensuit qu'il n'y auroit pas lieu à la restitution, s'il arrivoit quelque perte à un mineur par un cas fortuit, dans laquelle un pere de famille bon œconome seroit tombé, ou quand le mineur a suivi le droit commun. *Leg. 11. §. 4. leg. 16. §. de minorib.*

Cependant quoique cette décision des Loix Romaines paroisse très-juste, elle n'est pas absolument suivie en France; il suffit qu'un mineur ait été lézé pour se faire restituer; & on n'y examine pas toujours la cause de la lézion.

De ce que nous venons de dire, il s'ensuit que le mineur qui s'est servi du Droit commun, ne peut pas se faire restituer; *quia qui jure communi usus est, non intelligitur læsus, leg. ult. cod. de in integ. restitut. minor. leg. 1. cod. si advers. donat. leg. 28. cod. de jure dotium; leg. 51. §. pen. ff. de fidejussor.*

Un mineur qui auroit acheté une chose qui lui étoit nécessaire, ne pourroit donc pas être restitué, quand même il l'auroit achetée un peu plus cher qu'elle ne vaut, pourvû qu'il n'y ait point de dol de la part du vendeur; *quoniam hoc casu minor jus publicum secutus est, jure communi usus est; naturaliter enim & ex naturâ contractuum possunt contrahentes se decipere in pretio, leg. 16. §. 4. ff. de minorib.* Autrement les mineurs seroient dans une espéce d'interdiction, qui leur feroit souvent perdre l'occasion de faire de bonnes affaires; car personne ne voudroit contracter avec eux, s'il n'y avoit point de sûreté.

Cependant

Cependant, si un mineur avoit acheté une chose au-delà de sa juste valeur, ensorte qu'il en souffrit un dommage non léger, il pourroit alors se faire restituer. Ainsi par Arrêt du 9 Avril 1630. rapporté dans le Journal des Audiences, la vente d'un cheval faite à un mineur, à plus haut prix qu'il ne valoit, fut réduite à sa juste valeur.

Il n'y auroit pas lieu à la restitution, pour raison de la perte qui proviendroit par une force majeure, à une chose qu'un mineur auroit achetée; ensorte qu'un majeur même, très-sage & très-vigilant, n'auroit pû éviter cette perte *Etenim occasio damni fato contingentis non præbet justam causam restitutionis in integrum, sed inconsulta facilitas. Leg.* 11. §. 4. *ff. de minor.*

C'est sur ce fondement, que par Arrêt rendu en l'année 1676. en la Tournelle civile, il a été jugé qu'un soldat mineur, qui avoit acheté deux chevaux pour aller à la guerre, l'un desquels étoit mort peu après la vente, fut déclaré non-recevable à demander la restitution contre ladite vente; parce que la perte qu'il avoit faite en ce cas, n'étoit pas arrivée par le fait ni le dol du vendeur, mais par un malheur qui seroit arrivé à tout autre, même au plus avisé & au plus prudent de tous les hommes.

De ce principe, qu'un mineur ne peut être restitué que quand il a été lézé, il s'ensuit encore qu'il n'est pas restituable contre les obligations qu'il a faites par son utilité, & à son avantage; ensorte que s'il s'est obligé pour chose qui ait été employée à la conservation de ses biens, quoiqu'il prouve sa minorité, il ne peut être restitué; mais il faut que la Partie adverse prouve que *in rem & utilitatem ejus versum est. Leg.* 27. §. 1. *cod. de in integ. rest. min. leg.* 1. & 2. *cod. si advers. cred.*

De ce principe il s'ensuit aussi, qu'un mineur qui s'est rendu caution judiciaire pour retirer son pere de prison, n'est pas restituable, parce qu'il n'est pas censé lézé. Auzanet, livre 2. des Arrêts, chap. 78.

Il faut enfin dire qu'un mineur ne pourroit pas se faire restituer contre des donations modiques & moderées qu'il auroit faites à des personnes à qui il auroit obligation, parce que ces sortes de reconnoissances ne sont pas censées lui causer aucun dommage. *Leg.* 12. §. *pen. ff. de adm. & per tutor. leg.* 1. *cod. si advers. donat.*

Lorsque l'acte fait par le mineur est nul *ipso jure*, il n'y a pas lieu à la restitution, *leg.* 16. §. 3. *ff. de minorib.* mais il faut que la nullité en soit prononcée par les Ordonnances ou par la Coutume; parce qu'on ne peut pas être restitué contre un acte qui n'est point, ou qui est présumé n'avoir point été fait. C'est pourquoi en pays coutumier, une femme mineure n'est pas en droit de se faire restituer contre les obligations qu'elle a contractées sans l'autorisation de son mari.

Quand les mineurs ont été lézés, ils peuvent se faire restituer contre les actes qui leur sont préjudiciables, soit qu'ils ayent été passés par les mineurs seuls, soit qu'ils ayent été passés du consentement de leurs tuteurs ou curateurs; & cette restitution se fait toujours par le moyen de Lettres du Prince. *Voyez* Lettres de Rescision.

Ainsi, quand un mineur est poursuivi pour un contrat, ou autre acte passé en minorité, & qu'il s'en veut faire relever, il faut qu'il propose sa minorité, & obtienne des Lettres de rescision incidentes. Il peut aussi sans être poursuivi prévenir le créancier, & en obtenir, pour se liberer, des actes obligatoires que l'on a pû surprendre de lui. Mais comme la seule minorité ne suffit pas pour la restitution en entier, il faut que le Juge, avant que d'enteriner les Lettres de rescision, & en conséquence casser le contrat, ou autre acte passé par le mineur, examine si véritablement il lui cause quelque préjudice.

Le mineur n'est pas exclus d'obtenir des Lettres de rescision, pour avoir passé l'acte avec le consentement de son tuteur ou curateur, comme nous venons de le dire; de même aussi une femme mineure peut en obtenir pour se faire relever des actes qu'elle a passés sous l'autorité de son mari.

Les mineurs peuvent se faire relever des contrats & actes qu'ils ont passés en minorité, dans les dix ans de leur majorité; après lesquels ils ne sont plus recevables à se pourvoir contre ce qu'ils ont fait en minorité. C'est la disposition de l'article 46. de l'Ordonnance de Louis XII. de l'an 1510. & de l'Ordonnance de François I. de l'an 1539. article 134.

Mais ce tems ne court point contre ceux qui ne peuvent point agir; & par conséquent il ne court point contre une femme qui auroit passé quelque acte en minorité, sous l'autorité de son mari, pendant tout le tems qu'elle est restée en sa puissance; comme il a été jugé par deux Arrêts, l'un du 27. Mai 1672. & l'autre du premier Juillet de la même année, rapportés dans le Journal du Palais.

La restitution des mineurs sert à leurs héritiers quoique majeurs, *leg.* 18. *ff. de minorib.* Elle leur est accordée à l'encontre de ceux qui ont profité du fait ou de l'acte des mineurs.

L'effet de la restitution est, que les Parties sont remises dans le même état qu'elles étoient auparavant, comme si elles n'avoient fait aucune affaire entr'elles: car comme le bénéfice de la restitution n'a été introduit que pour empêcher que le mineur demeure lézé par ce qu'il a fait, il est aussi de l'équité naturelle que ce bénéfice ne lui donne pas occasion de s'enrichir au préjudice de celui avec qui il a contracté, ou fait quelqu'affaire. *Restitutio ita facienda est, ut unusquisque suum recipiat. Leg.* 24. §. 4. *ff. de minoribus.*

Ainsi le mineur qui s'est pourvû par la faveur de la Loi, pour rentrer dans un héritage qu'il auroit vendu, dont il auroit fait casser la vente, est obligé de rendre à l'acheteur ce qui a tourné à son profit, du prix qu'il en a reçu; & c'est audit acheteur à faire preuve que les deniers que le mineur a reçus ont tourné à son profit.

Il en est de même lorsqu'un mineur est restitué en cas de lézion contre une transaction ou un partage de biens communs; car en ce cas, de même que le mineur est rétabli dans le même état qu'il étoit avant la transaction ou le partage, les Parties adverses du mineur sont aussi remises dans les mêmes droits qu'elles avoient auparavant, & elles reprenent les mêmes actions qu'elles pouvoient exercer contre le mineur, lesquelles avoient été éteintes par la transaction ou par le partage.

Les mineurs peuvent, en vertu de Lettres de rescision, rentrer dans leurs biens qu'ils ont vendus conventionnellement, nonobstant la qualité de Marchand par eux prises dans les contrats de vente, avec restitution de fruits, contre les acquereurs de bonne foi, qui n'auroient point eu connoissance de leur minorité; & leurs femmes qui se seroient obligées pour eux en majorité à la garantie des biens vendus, & qui auroient pris la qualité de femmes séparées de biens, en doivent être déchargées, sans qu'elles ayent besoin de Lettres de rescision. Ainsi jugé au Parlement de Paris, par Arrêt du 21 Avril 1701. rapporté par M. Augeard, tome 2. chapitre 52.

Il paroît résulter de cet Arrêt, que quand l'obligation du mineur ne peut avoir d'effet, celle de ceux qui l'ont cautionné devient absolument nulle; *quia scilicet extinctâ principali obligatione, extingui quoque obligationem accessoriam necesse est, si quidem cessante causâ cessat effectus.*

Il nous reste cinq observations à faire touchant les mineurs.

La premiere, que quoiqu'un mineur puisse se faire restituer contre les actes qu'il a passés, même sous l'autorité ou avec le consentement de son tuteur ou curateur, quand il se trouve être lézé, il peut néanmoins se servir des actes & contrats qu'il a faits pour son avantage sans son tuteur.

Il y a plus; c'est que ceux qui ont contracté avec un mineur, ne peuvent jamais faire donner atteinte au contrat qu'ils ont passé avec lui, sous prétexte de sa minorité. *Voyez* Belordeau, lettre C. article 38 & 39. & lettre E. article 4.

La deuxiéme qu'il n'est pas permis à un mineur de vingt-cinq ans de se marier sans le consentement de ses pere & mere, ou de son tuteur ou curateur, comme nous avons dit en parlant des mariages des mineurs.

La troisiéme, qu'un débiteur de deniers royaux ne se peut faire restituer, sous prétexte de minorité. *Voyez* Deniers royaux.

La quatriéme, que quoique la discussion des effets mobiliers ne soit pas aujourd'hui nécessaire pour procéder à la vente des immeubles d'un débiteur qui est majeur, néanmoins elle l'est absolument à l'égard des immeubles appartenans à un débiteur qui est mineur. *Voyez* Discussion de meubles. *Voyez* Chenu, cent. 1. quest. 30. & M Louet, lettre M, sommaire 15.

La cinquiéme, que les prescriptions ordinaires ne courent point contre un mineur pendant sa minorité; mais les mineurs sont sujets aux commises & aux prescriptions qui sont portées par les Coutumes, sans qu'ils puissent se faire restituer contre.

Ainsi l'an & jour du retrait court contre les mineurs; car les dispositions coutumieres obligent les mineurs aussi bien que les majeurs, si ce n'est au cas où ils sont nommément exceptés. *Voyez* ce que j'ai dit *verbo* Prescription.

Touchant les mineurs, *voyez* le Recueil alphabétique de M. Bretonnier, *verbo* Bénéfice de restitution; & ce que j'ai dit sur l'article 239. de la Coutume de Paris.

MINEUR ÉMANCIPÉ en pays coutumier. *Voyez* Emancipation.

MINEUR DONT LA TUTELLE EST FINIE, ne se fait point émanciper par Lettres du Prince en pays de Droit écrit. Il peut recevoir ses revenus, & disposer de ses meubles, sans être assisté d'un curateur; mais pour ester en Jugement, ou faire quelqu'acte judiciaire, il lui faut l'assistance d'un curateur; c'est pourquoi, s'il n'en a point, il faut lui en faire créer un, que l'on nomme curateur aux causes.

Ceux qui lui doivent par contrat de constitution, ne peuvent pas lui rembourser valablement le sort principal de la rente, sans qu'il soit assisté d'un curateur; autrement ils seroient responsables des sommes qu'il auroit dissipées, ou qui n'auroient pas tourné à son avantage: c'est pourquoi si un mineur à qui on veut rembourser le sort principal d'une rente, n'a point de curateur, le débiteur lui en doit faire créer un. *Voyez* ce que j'ai dit sur le §. dernier, titre 8 du second livre des Institutes.

MINEUR NON DÉFENDU, peut se pourvoir par Requête civile. Cette voie lui est ouverte, soit qu'il n'ait point été défendu en aucune maniere, ou qu'il ne l'ait pas été valablement, quand même il auroit été assisté d'un tuteur ou d'un curateur. Il n'est point défendu, lorsqu'on a laissé prendre contre lui un défaut fatal, ou juger par forclusion. n'est point valablement défendu, lorsque l'on a omis de produire quelque piéce ou faits décisifs; car pour les moyens de droit & d'équité, quand ils n'auroient pas été proposés, ce ne seroit pas un moyen de Requête civile, parce que le Juge est toujours présumé les suppléer contre un Arrêt ou Jugement rendu en dernier ressort contre lui.

MINEUR NEGOCIANT OU MARCHAND, OU AYANT UNE CHARGE OU UNE COMMISSION, est réputé majeur dans ce qui concerne son négoce, ou sa Charge, ou sa Commission.

Suivant l'article 6. du titre 1. de l'Ordonnance du Commerce de 1673. tous Négocians & Marchands en gros & en détail, comme Banquiers, sont reputés majeurs, pour le fait de leur commerce & banque, sans qu'ils puissent être restitués, sous prétexte de minorité. Ce qui est fondé sur ce que le commerce avec les mineurs n'est pas défendu, & que la profession de Marchand met un obstacle à la restitution en entier, à cause du commerce, dont la faveur doit l'emporter sur celle de la minorité; ce qui fait que *mercator non præsumitur lapsus per ætatem. Leg.* 1 *cod. qui & adversus quos.*

Toutes personnes qui agissent dans le Public, qui achetent, vendent & traitent d'affaires, sont donc censées capables de les bien gouverner, autrement personne ne voudroit avoir affaire avec des Marchands, Négocians & Banquiers qui seroient mineurs, à cause qu'il n'y auroit pas de sûreté de négocier avec eux.

Ils sont non-seulement réputés majeurs, mais encore émancipés, de sorte qu'un fils de famille mineur peut valablement s'obliger, pour le fait de sa marchandise & commerce, sans le consentement de son pere, suivant la Loi derniere, *cod. ad Senatusconf. Macedon.* suivant la Loi 3. §. *sed ultrum, ff. de minorib.*

Pour ce qui est de l'âge auquel les Marchands & Négocians sont réputés majeurs, Bornier, sur l'article 6. du titre 1. de l'Ordonnance du Commerce de 1673. dit que c'est dès le moment qu'ils entrent dans la vingt-uniéme année de leur âge, dans les Villes où il y a Maitrise; & dans celles où il n'y en a point, dès le moment qu'ils font le commerce pour leur compte particulier.

Quoiqu'un Négociant ou Marchand soit réputé majeur, cela ne s'entend que pour ce qui concerne le négoce dont il se mêle; car il est restituable dans toute autre affaire, en prouvant qu'il a été lézé.

C'est aussi la raison pour laquelle, quand il se rend fidéjusseur d'un autre qui a pris de la marchandise, il peut se faire décharger du cautionnement.

La raison est, que quand il cautionne celui qui prend de la marchandise, il ne s'oglige pas pour un fait qui le regarde, & dont il puisse tirer aucun profit. Bouvot, *verbo* Fidejusseur, quest. 3. rapporte un Arrêt du 28 Juillet 1614. qui l'a jugé ainsi.

Les Officiers de guerre qui sont mineurs, sont aussi réputés majeurs pour l'entretien de leurs Compagnies & pour leurs équipages.

Les Officiers de Judicature mineurs, sont pareillement réputés majeurs pour le fait de leurs Charges seulement; ensorte qu'ils peuvent se faire restituer pour raison de tous les actes & contrats qu'il auroient passés pour choses qui ne regarderoient point le fait de leurs Charges; ce qui est incontestable pour tous les Officiers de Judicature, & même pour les Notaires, Procureurs & autres.

Enfin, les Commis ou Facteurs, dans tous ce qui concerne l'erxercice de leurs emplois, sont, quoique mineurs, regardés comme s'ils étoient majeurs, & par conséquent ils ne sont pas recevables à demander, sous prétexte de leur Minorité; la cassation des contrats & des autres actes qu'ils auroient passés à ce sujet.

MINEUR POURVU DE BENEFICE, est réputé majeur, de vingt-cinq ans, à l'effet de pouvoir agir en Justice sans l'autorité & l'assistance d'un tuteur ou curateur, tant en ce qui concerne le possessoire, que pour les droits, fruits & revenus du Bénéfice.

C'est la disposition de l'art. 9. du tit. 15. de l'Ordonnance du Commerce de 1673. ce qui est conforme au chap. 3. *in* 6. *de Judiciis*, sur lequel la glose ajoute que les titres des Bénéfices, & tout ce qui en dépend, sont censés *quasi-quastrenses;* & que le mineur étant à l'égard du pécule *castrense*, & du pécule *quasi*, *castrense*, réputé pere de famille, il ne dépend de personne; ni dans l'action pour la poursuite des Bénéfices, ni dans l'administration. C'est pour cette raison qu'un mineur peut former de son chef une complainte, & en qualité de dévolutaire attaquer un paisible possesseur.

Un mineur peut donc ester en Jugement, tant en demandant qu'en défendant, en matiere bénéficiale, sans espérance de restitution; ensorte qu'il peut être poursuivi pour les dépens ausquels il aura été condamné.

Il paroit même qu'il pourroit être constitué prisonnier, faute de payement desdits dépens après les quatre mois, en vertu d'un Arrêt d'*iterato*, s'ils se montoient ou excedoient la somme de deux cens livres suivant l'article 2. du titre 34. de l'Ordonnance de 1667.

Cependant il a été jugé au Souverain, aux Requêtes de l'Hôtel à Paris le 21 Mars 1676. qu'un mineur Bénéficier n'est point sujet à la contrainte par corps pour les dépens esquels il a succombé dans la poursuite des Bénéfices, sauf à se pouvoir après la majorité, dépens compensés.

On allégué envain que les mineurs sont réputés majeurs pour ce qui concerne les Bénéfices.

On répond, I°. Que l'Ordonnance des quatre mois étant une Loi pénale, il falloit une disposition expresse pour y assujettir un mineur Bénéficier, & poursuivant un Bénéfice.

II°. Qu'un mineur est réputé majeur pour plaider; mais qu'il n'est réputé majeur pour pouvoir engager son patrimoine ou sa liberté.

III°. Que ce qui est spécialement introduit en faveur de quelqu'un, ne doit en aucun cas être interprêté à son préjudice.

Voyez cet Arrêt, qui est rapporté dans le Journal du Palais, avec les raisons de part & d'autre, & où il est fait mention de plusieurs Arrêts contraires.

De ce que la minorité n'est point considerée en matiere bénéficiale, il s'ensuit aussi qu'un Bénéficier qui auroit joui des fruits d'un Bénéfice, pourroir être contraints & par corps, à les restituer. *Vide Mornac. ad leg.* 7. *de menorib.*

A l'égard de la résignation de Bénéfices faite par des mineurs, sans le consentement de leurs parens, elle est valable, à moins que les parens ne justifient que le mineur qui l'a faite a été surpris: ainsi cette question dépend des circonstances.

MINEUR EN MATIERE DE CRIMES, est réputé majeur, & il ne peut se faire restituer contre le Jugement qui aura été prononcé contre lui; il suffit suivant la Loi 7. au code *de pœnis*, qu'il soit en âge de connoître ce qu'il fait: mais il est dû la prudence du Juge d'adoucir la rigueur de la peine, par rapport aux circonstances.

Les mineurs peuvent donc être poursuivis pour crimes, sans être assistés de leurs curateurs; ce qui est directement opposé à la disposition de la Loi *Clarum, cod. de autoritate præstanda. Nam, ut ait Gotoph. ad dictam legem; hæc lex in Gallia non observatur; quia in delictis minor 25. annis major habetur præcipuè si delictum confitetur.*

La même Loi ordonne que, pour qu'un mineur puisse intenter une accusation contre quelqu'un, il soit assisté d'un curateur; & à cet égard cette Loi est observée dans ce Royaume.

La raison pour laquelle un mineur doit être en ce cas assisté d'un curateur, est à cause des dommages & intérêts ausquels un accusateur peut être condamné; au lieu que quand le mineur est accusé, il n'a pas besoin de l'assistance d'un curateur, parce que sa tête répond de lui.

Voyez d'Argentré, sur l'article 467. de la Coutume de Bretagne, glose 2. l'article 11. du titre 1. de la Coutume de Berry; celle de Bourbonnois, art. 169. & la Peyrere, lettre M.

MINEUR QUI S'EST DIT MAJEUR, & qui a donné de fausses preuves de sa majorité, pour engager un autre à contracter avec lui, est indigne du bénéfice de restitution. La raison est, que *jura deceptis, non vero decipientibus subveniunt, t. 1. codice si minor se majorem dixerit.*

Anciennement on suivoit en France cette Jurisprudence des Loix Romaines. Ainsi quand un mineur s'étoit dit majeur, pour tromper celui avec lequel il contractoit, il ne pouvoit point se faire restituer, quelque lézion qu'il eut soufferte; comme il paroit par les Arrêts rapportés par Louet & son Commentateur, lettre M, chapitre 7.

Mais depuis on a trouvé que cela provenoit ordinairement du dol de celui avec qui le mineur contractoit; & que ces créanciers avides d'un gain sordide, qui prêtoient à des mineurs leur argent à grosses usures, ne manquoient pas de les faire affirmer dans les contrats qu'ils étoient majeurs, & même d'y faire attacher de faux extraits baptistaires, afin qu'ils ne pussent pas se faire relever contre les obligations qu'ils avoient ainsi contractées sous des usures énormes. C'est ce qui a donné lieu à plusieurs Réglemens de la Cour, qui ont été faits pour remedier à cet abus.

Premierement, par Arrêt de réglement du 6 Mars 1620. rendu sur les conclusions de M. l'Avocat général Talon, défenses furent faites aux Notaires de ne plus inserer à l'avenir, dans les contrats & obligations causées pour prêt, les déclarations de majorité & extraits baptistaires, sous peine de nullité, & d'en répondre en leur propre & privé nom.

Depuis, la Cour par un autre Arrêt de réglement du 26 Mars 1624. au rapport de M. de la Grange, toutes les Chambres assemblées, fit défenses à toutes personnes, de quelque qualité & condition qu'elles soient, de prêter de l'argent aux enfans de famille, quoiqu'ils se disent majeurs, & mettent l'extrait de leur baptistaire entre les mains de ceux qui leur prêtent, à peine de nullité des promesses, & de punition corporelle.

Ces deux Arrêts sont rapportés par le Commentateur de M. Louet, lettre M, chap. 7. nomb. 4.

Néanmoins les mineurs ne sont pas admis au bénéfice de restitution, lorsqu'il y a preuves évidente que la bonne foi du créancier a été déçue par le dol du mineur qui s'est fait passer pour majeur, *ut facilius posset creditoris pecuniam emungere*; comme il a été jugé par Arrêt du 26. Avril 1629. rapporté dans le Journal des Audiences.

MINISTERE PUBLIC, est le vengeur des Loix; c'est à lui seul qu'il appartient de les faire respecter, & de punir ceux qui les méprisent.

Ce Ministere est exercé dans les Cours souveraines par les Avocats & Procureurs généraux, ou par leurs Substituts; & dans les autres Siéges royaux, par les Avocats & Procureurs du Roi, ou par leurs Substituts; & dans les Justices seigneuriales, par les Avocats & Procureurs fiscaux, ou d'office.

Les Particuliers n'agissent en Justice, que quand quelqu'intérêt les y porte, soit par rapport à l'honneur, soit par rapport à leurs biens.

Mais l'unique intérêt qui guide le ministere public dans ses poursuites, c'est le maintien du bon ordre & de la discipline.

MINISTRE, est celui qui a une Charge ou un Emploi dont le but est de rendre service au Public.

MINISTRE D'ETAT, est celui sur qui le Prince se repose de l'administration de son Etat, & à qui il commet le soin de ses principales affaires.

MINORITÉ, est l'âge au dessous de vingt-cinq ans, & auquel on n'a pas l'administration de ses biens. *Voyez* le Traité des minorités, des tutelles, des curatelles, & des droits des enfans majeurs & mineurs, qui a été imprimé en 1714.

MINU, dont il est parlé dans les articles 81. & 360. de la Coutume de Bretagne, est la déclaration, aveu & dénombrement qu'un nouvel acquereur doit bailler par le menu à son Seigneur, des héritages, terres, rentes & devoirs qu'il a acquis.

MINUTE, est l'original des actes qui se passent chez les Notaires, & des Jugemens qui s'expédient dans les Greffes, sur quoi on délivre des grosses & des expéditions autentiques.

La minute des actes qui se passent chez les Notaires, reste en dépôt chez l'un d'eux, pour y avoir recours en tems & lieu.

Ces minutes doivent être nécessairement signées de toutes les Parties, & des Notaires; au lieu que les grosses & les expéditions ne doivent être signées que des Notaires. Ces grosses & expéditions se délivrent aux Parties, pour faire foi en Justice, ou pour faire exécuter l'obligation quand le sceau y est apposé.

La minute d'un acte, quoique signée par les Parties chez le Notaire, si elle n'est pas signée du Notaire, le contrat est imparfait, & ne peut passer que pour écriture privée.

Il n'est pas au pouvoir du Notaire qui a passé un acte, de se défaire de la minute de cet acte ; ce qui est si vrai, que les minutes des contrats remboursés ne peuvent être rendues aux Parties, comme il est porté en l'Arrêt du Conseil d'Etat du 7 Septembre 1720.

Il faut excepter la minute d'un testament, qu'un Notaire peut remettre entre les mains du testateur, lorsqu'il la lui redemande ; *quia testamentum vim habet tantum post mortem testatoris, & ambulatoria est suprema hominis voluntas usque ad extremum vitæ spiritum.*

Ceux qui ont traité des Charges de Notaires, doivent se charger des minutes du prédecesseur par inventaires.

Une derniere observation à faire touchant les minutes des contrats & actes passés pardevant Notaires, c'est que les Notaires qui les ont passés ne doivent point les montrer, ni en donner copies, qu'aux Parties mêmes énoncées dans les actes & contrats, ou à leurs héritiers, ou enfin à ceux qui y ont intérêt formel & non à tous autres, si ce n'est en vertu d'une Ordonnance du Juge.

Vide Mornacium, ad leg. 6. §. 4. ff. de edendo ; & l'Ordonnance de 1639. article 178.

Voyez la Science parfaite des Notaires, liv 1. chap. 22. & suiv.

Pour ce qui est des minutes des Jugemens, il faut qu'elles soient signées par les Juges, & elles restent en dépôt au Greffe de la Jurisdiction où les Jugemens ont été rendus.

OPINIONS MIPARTIES. *voyez* ce que j'en ai dit sur la lettre O.

MIROIR, en terme d'Eaux & Forêts, se dit des places entraillées & marquées avec le marteau sur les arbres pieds-corniers, tournés ensorte qu'on puisse mirer en droite ligne d'un pied-cornier à l'autre ; & le côté où se fait cette marque est appellé *face*. Ces miroirs sont aussi appellés *plaques*.

MIROUER DE FIEF. Loysel, en ses Institutes coutumieres, liv. 4. tit. 3. nomb. 77. dit : *En chacune branche de parage, celle qui s'appelloit* mirouer de fief *par l'ancienne Coutume du Vexin, pouvoit porter la foi pour tous les autres.*

Cette régle est fondée sur ce que les Seigneurs, pour régler leurs droits & devoirs féodaux, n'ont les yeux que sur le branche ainée, & ne mirent qu'elle : c'est pourquoi cette branche a été nommée mirouer de fief.

Voyez le Glossaire du Droit François, *verbo* mirouer de fief, & *verbo* Parage.

MIS, est la date du jour qu'on a mis un procès au Greffe ; ce qu'on marque aussi sur l'étiquette du premier sac.

Il faut, pour trouver un procès au Greffe, sçavoir le jour du mis ; autrement on seroit en danger de chercher long-tems pour le pouvoir trouver.

MISE A PRIX, est une déclaration d'un immeuble, que celui qui en poursuit la vente par décret fait afficher ; laquelle contient l'état de l'héritage & des lieux, les clauses & conditions sous lesquelles l'adjudication en doit être faite, & le prix que le poursuivant y a mis.

Il met cette enchere ou mise à prix entre les mains du Greffier de l'Audience des criées, qui la paraphe, & la donne à un Audiencier, qui la publie.

Ensuite on reçoit les encheres de tous ceux qui veulent encherir ; & après les deux remises de quinzaine en quinzaine, l'héritage est adjugé au plus offrant & dernier encherisseur.

MISE EN POSSESSION, est, dans certaines Coutumes, une formalité essentielle pour la validité des acquisitions.

La mise de fait, qui a lieu dans le pays d'Artois, est (dit M. Brillon) une formalité introduite pour avoir par le créancier hypotéque & assurance, & même privilége & préférence, sur les biens de son débiteur pour le payement de ce qui lui est dû.

Sa forme est une commission que l'on prend du Juge pour ladite mise de fait, sur une Requête qu'on lui présente.

Son effet n'est point de déposseder les débiteurs; propriétaires des biens sur lesquels elle se fait, ni de la proprieté, ni même de la jouissance desdits biens ; mais seulement de procurer une hypotéque sur ces biens au profit de celui qui l'a fait faire, & un privilége & une préference contre les créanciers du même débiteur qui n'ont pas fait la même diligence.

En un mot, c'est la même chose que le nantissement dans la Champagne & la Picardie, ès lieux où le nantissement a lieu. *Voyez* Nantissement.

MISE EN FAIT DE COMPTE, signifie la dépense que le comptable a faite. *Voyez* Compte.

MISSI DOMINICI, étoient des Commissaires qui étoient envoyés par Sa Majesté dans les Provinces, avec un très-grand pouvoir, à l'effet d'informer de la conduite des Comtes & des Juges, & de juger les causes d'appel dévolues au Roi ; ce qui n'a eu lieu que sous la deuxiéme Race.

Sous la troisiéme, le pouvoir des ces Commissaires a été transferé en la personne des Baillifs & Sénéchaux, qui depuis ont dû juger en dernier ressort, jusqu'au tems que le Parlement à été rendu sédentaire par Philippe le Bel.

Voyez Maître des Requêtes.

Pour réjouir le Lecteur, nous remarqueront qu'un homme qui se piquoit d'être sçavant, étans tombé sur un endroit d'un livre où il étoit fait mention *de Missis Dominicis*, dit à ceux avec qui il étoit, que ces termes signifioient les Messes du Dimanche ; & on eut beaucoup de peine à lui faire entendre que ces termes avoient autrefois signifié les personnes qui étoient envoyées par le Prince dans les Provinces.

MITOYEN, se dit d'un mur qui appartient aux deux voisins, dont il sépare les héritages. *Voyez* Mur mitoyen. *Voyez* aussi Puits mitoyen. *Voyez* aussi le Dictionnaire de Trévoux, *verbo* Mitoyen, où est rapportée l'étimologie de ce mot.

MIXTE, se dit au Palais des actions qui sont réelles & personnelles. *Voyez* Actions mixtes.

MO

MOBILIER, se dit en général des meubles & effets qui se peuvent transporter d'un lieu à un autre, sans être détériorés. *Voyez* Meubles.

MOBILISATION, signifie en quelques Coutumes l'ameublissement des immeubles que l'on veut faire entrer dans la communauté de biens entre mari & femme. *Voyez* Ameublissement.

MODIFICATIONS, sont des adoucissemens, des limitations & exceptions que les Cours souveraines inserent quelquefois dans les enregistrement qu'elles font des Edits & Déclarations du Roi.

MOHATRA, est un contrat de vente usuraire, par lequel un homme achete d'un Marchand des marchandises à credit, & à très-haut prix, pour les revendre au même instant à la même personne argent comptant & à bon marché.

Par exemple, un Marchand vend à un homme qui a besoin d'argent, des marchandises pour cinq cens livres, dont il se fait faire une promesse ou obligation payable dans un an, & ces marchandises ne valent tout au plus que trois cens livres ; dans le même tems, l'acheteur les revend au même Marchand pour deux cens livres argent comptant. C'est la même chose que si un Marchand prêtoit à usure le somme de deux cens francs pour avoir cinq cens livres au bout d'un an.

Par l'article 141. de l'Ordonnance d'Orléans de 1560. défenses sont faites à tous Marchands & autres, de quelque qualité qu'ils soient, de supposer aucun prêt de marchandise appellé perte de finance, qui se fait par revente de la même marchandise à personnes supposées, à peine de punition corporelle, & de confiscation de biens.

Pour ôter toute occasion de passer de tels contrats, il seroit à souhaiter que le Roi fit défenses à tous Marchands, sous des peines très-rigoureuses, de faire vente de quantité de marchandises à des personnes qui ne seroient pas dans l'exercice d'en faire trafic. Cela pourroit empêcher que des gens n'empruntassent des marchandises à prix excessif, pour les revendre ensuite à vil prix.

Voyez la Rocheflavin, lettre M, livre 1. titre 3. Arrêt 4. qui rapporte un Arrêt du 18 Avril 1551. portant défenses à tous Marchands du ressort de Toulouse de faire contrats de vente de quantité de marchandises à personnes qui ne soient Marchands, sur peine de bannissement, confiscation de la marchandise, & autre peine arbitraire.

MOINES-LAIS. *Voyez* Oblats.

MOIS. Ce mot proferé simplement, & sans aucune énonciation de tems certain & préfix, est entendu devoir contenir l'espace de trente jours, comme il est décidé par les interpretes sur la Loi *Si maritus prevenerit*, §. *hæc in maritis* ; & sur la Loi *Miles*, §. *Sexaginta*, *ff. ad Leg. Jul. de Adult. Balde in Auth. qui semel*, *cod. quomodo & quando Judex.*

MOISON, signifie une Ferme ou une convention qui donne lieu au Laboureur ou Métayer de partager les fruits avec sons maître, sour condition d'entretenir les terres, & de les emblaver. Et ce Fermier est appellé Fermier partiaire. *Voyez* Admodiateur. *Voyez* Métayer partiaire.

MOISSON, signifie aussi quelquefois la récolte des grains semés ; sur quoi il faut remarquer que les moissons, n'ont plus que les vendanges, n'ont point de fêtes, c'est-à-dire que ceux qui les font peuvent, après avoir entendu la messe, y travailler toute la journée les jours de Fête, à cause du danger qu'il pourroit y avoir dans le retard. *Leg. omnes*, *cod. de feriis.*

MONITOIRE, est un Mandement de l'Official adressé à un Curé pour avertir tous les Fidéles de venir à révélation sur les faits y mentionnés, à peine d'excommunication.

Lorsque le Partie civile, ou le Procureur du Roi, ou des Seigneurs, ne peuvent justifier par témoins le contenu dans leur plainte ils peuvent demander au Juge pardevant lequel la plainte a été faite, & qui doit connoître du crime, la permission d'obtenir & de faire publier Monitoire ; à l'effet de contraindre par les censures écclésiastiques ceux qui ont connoissance du fait dont il s'agit, à venir à révélation.

Cette forme de procéder par censures ecclésiastiques, pour contraindre les détenteurs du bien d'autrui à le restituer, & engager les personnes à découvrir la vérité des choses ou le Public a intérêt, a été introduite par les Officiaux.

Mais la Justice séculiere, en tirant ce secours de la discipline ecclésiastique, n'a permis aux Juges d'Eglise de délivrer aucun Monitoire, pour les causes qui ne sont pas de leur compétence, sans Ordonnances des Juges ordinaires pardevant lesquels les affaires se poursuivent : encore l'Ordonnance d'Orléans, art. 18. ne permet d'en user, sinon pour crimes ou scandales publics, & pour d'autres causes de conséquence.

La permission d'obtenir Monitoire pour bonne & juste cause, ne se peut point refuser à personne de quelque qualité & condition qu'elle soit ; & même au tems que la Réligion prétendue réformée étoit tolerée en France, un Huguenot pouvoit obtenir un Monitoire, mais il ne le pouvoit faire que sous le nom du Procureur du Roi.

La raison est, qu'il ne seroit pas juste que ceux qui méprisent les céremonies de l'Eglise, participassent nommément aux secours & remedes qu'elle veut bien accorder à ses fidéles.

Par l'article 1. du titre 7. de l'Ordonnance de 1670. tous les Juges peuvent permettre d'obtenir Monitoires, encore qu'il n'y ait aucun commencement de preuve, ni refus de déposer par les témoins. En quoi il ne peut y avoir d'inconvenient, puisque personne n'est nommé dans les Monitoires.

Pour procéder dans les régles, il faut présenter Requête au Juge laïc, si la cause est de sa compétence, ou au Juge d'Eglise si la cause est de l'Ecclésiastique, à ce qu'il soit permis au Suppliant d'obtenir & faire publier Monitoire en la forme de droit sur les faits qu'on à exposés dans la Requête, pour en avoir révélation.

Au bas de cette Requête le Juge met son ordonnance, en vertu de laquelle l'Official est obligé d'accorder le Monitoire; & en cas de refus, après qu'on lui a fait une sommation d'y satisfaire en payant les droits, on présente Requête au Juge qui a donné la permission, à ce que l'Official soit contraint de le faire par saisie de son revenus temporel.

Sur cette Requête, à laquelle est attachée la sommation, le Juge permet de saisir, ainsi qu'il est requis; ce qui s'exécute non-obstant oppositions ou appellations quelconques; & les fruits & deniers saisis sont ordinairement délivrés aux pauvres du lieu, suivant l'article 6. du même titre.

Pour cet effet, il faut que la Partie présente Requête au Juge, pour voir déclarer les saisies valables, & ordonner que les fruits & deniers saisis seront distribués aux pauvres.

Les Monitoires ne doivent contenir d'autres faits que ceux qui sont contenus dans la Requête qui a été présentée, à l'effet d'avoir permission d'obtenir Monitoires, à peine de nullité, tant des Monitoires, que de ce qui auroit été fait en conséquence, suivant l'article 3. du titre 7. de l'Ordonnance de 1670.

Les Monitoires ne doivent nommer ni désigner personne, & se publient en général contre des *Quidam*; autrement il y auroit abus, & amende de cent livres contre la Partie, & de plus grandes peines s'il y échet; art. 4. du même titre.

Il faut excepter certains cas ausquels ils est absolument impossible de ne pas désigner les Parties contre lesquelles les Monitoires sont obtenus; comme dans l'accusation de l'adultere, le nom du mari complaignant étant en tête du Monitoire, l'on met ensuite tous ceux & celles qui sçavent qu'une certaine personne femme du complaignant, &c. Peut-on une désignation plus formelle, mais il est impossible de faire autrement.

Les publications de Monitoires se font par trois Dimanches consécutifs aux Prônes des Paroisses, ainsi qu'il est joint aux Curés ou à leurs Vicaires. Le Monitoire doit être publié en son entier, & non tronqué & il n'est pas permis d'en obtenir deux pour le même fait.

Si le Curé ou le Vicaire fait refus de faire la publication du Monitoire à la premiere réquisition qui lui en est faite, suivant l'article 5. du titre 7. de l'Ordonnance de 1670. le Juge peut ordonner la saisie de leur temporel, & la publication être faite par un autre Prêtre nommé d'office.

Mais auparavant il faut avoir fait une sommation d'accorder le Monitoire, en leur payant leurs droits: & sur le refus il faut présenter Requête au Juge, à ce qu'il soit permis en conséquence du refus du Curé ou Vicaire, de faire saisir & arrêter par un Huissier ou Sergent leurs revenus entre les mains de leurs débiteurs & fermiers.

Au bas de cette Requête le Juge met son Ordonnance, qui en donne la permission.

On peut aussi saisir les fruits, & y établir Commissaire en la maniere ordinaire & accoutumée.

Si après la saisie du temporel à eux signifiée ils persévérent dans leur refus, le Juge peut ordonner la distribution de leurs revenus aux Hôpitaux, ou aux pauvres des lieux, en conséquence d'une Requête qui lui sera présentée par la Partie à cet effet, suivant l'article 6. du même titre.

Pour faire commettre un autre Prêtre pour publier le Monitoire, il faut aussi présenter Requête au Juge, par laquelle on conclut à ce qu'il lui plaise nommer un autre Prêtre d'office pour faire la publication du Monitoire, attendu le refus qu'en a fait le Curé ou Vicaire: & au bas de cette Requête le juge met son Ordonnance, portant nomination d'office d'un autre Prêtre pour cet effet.

Par l'article 7. du titre 7. de l'Ordonnance de 1670. les Officiaux ne peuvent prendre pour chacun Monitoire que trente sols, leur Greffier dix, y compris les droits du Sceau; & les Curés ou Vicaires dix sols, à peine de restitution du quadruple; desorte néanmoins qu'ils ne peuvent prendre que ce qui est permis dans les lieux, où l'usage est de prendre moins.

Il arrive quelquefois que ceux qui prétendent avoir intérêt que le Monitoire ne soit pas publié, font signifier aux Curés des oppositions, ou interjettent appel comme d'abus; ce qui interrompt l'ordre des publications jusqu'à ce que l'opposition soit levée, ou l'appel jugé.

Par l'article 8, les opposans à la publication d'un Monitoire sont tenus d'élire domicile dans le lieu de la Jurisdiction du Juge qui en a permis l'obtention, à peine de nullité de leur opposition. Et pardevant ce Juge, ils doivent être assignés à certain Jour & heure, dans les trois jours pour le plus tard, sans commission ni mandement, pour déduire leurs causes & moyens d'opposition.

Il faut plaider sur l'opposition au jour de l'assignation, suivant l'article 9; & le Juge doit vuider en l'Audience la contestation sur l'opposition, sans appointer les Parties.

Le même article porte, que le Jugement qui intervient sur une telle opposition, doit être exécuté nonobstant opposition ou appellation même comme d'abus, avec défenses à toutes Cours & à tous Juges de donner de défenses ou surséances de les exécuter, si ce n'est après avoir vû les Informations & le Monitoire, & sur les conclusions du Procureur du Roi déclarant nulles toutes celles qui pourroient être obtenues; ordonnant que sans qu'il soit besoin d'en demander main-levée, les Arrêts, Jugemens & Sentences soient exécutées; & que les parties qui auroient présentés Requête à fin de défenses ou sur séances, & les Procureurs qui y auroient occupé, soient condamnés en cent livres d'amende.

Un Curé ne peut refuser la publication d'un Monitoire, sous prétexte que le coupable du crime est venu se confesser à lui, & lui a donné charge d'offrir les dommages & intérêts. Du Fresne, livre 1. chapitre 65.

On peut suivant ce que nous avons dit, interjerter appel comme d'abus de l'objection du Monitoire; & cet appel peut être fondé.

I°. Sur ce qu'on y auroit nommé ou désigné des personnes, contre la disposition de l'Ordonnance.

II°. Sur ce qu'on y auroit inseré d'autres faits que ceux qui seroient contenus dans la Requête présentée aux fins d'avoir permission d'obtenir Monitoire.

III°. Sur ce qu'il auroit été obtenu pour avoir révelation d'un fait dont la preuve n'est pas recevable par les Ordannances; comme si on prétendoit informer de l'adultere commis par une femme du vivant de son mari, lequel ne s'en seroit point plaint.

Si en conséquence d'un Monitoire il y a des révélation, les Curés ou Vicaires doivent les renvoyer cachetées au Greffe de la Jurisdiction où le procès est pendant; & le Juge doit pourvoir aux frais du voyage, s'il y échet: art. 10. du tit. 7. de l'Ordonnance de 1670.

Pour cet effet l'Official présente Requête au Juge, contenant qu'ayant reçu les révélations de plusieurs personnes, il les auroit rédigées dans un cayier qu'il auroit envoyé cacheté en son Greffe par un homme exprès, &c. Le Juge donne une Ordonnance qui taxe les frais du voyage selon la distance des lieux.

Sur cette Ordonnance le Greffier expedie exécutoire, qu'il fait signifier à la Partie, & lui fait commandement de payer; & sur le refus, on peut mettre cet exécutoire à exécution sur ses biens meubles, ou faire saisir & arrêter ce qui lui est dû par ses débiteurs.

En matiere criminelle, les Procureurs du Roi & ceux des Seigneurs, & les Promoteurs aux Officialités, doivent avoir communication des révélations des témoins qui ont révelé en conséquence d'un Monitoire; & les Parties civiles doivent avoir seulement communications des noms & domiciles des témoins, ainsi qu'il est porté en l'article 11. du même titre. La raison est, que ces révélations doivent être secrettes.

Après que les révélations ont été envoyées au Juge, la partie doit lui présenter Requête, à l'effet de faire répéter les temoins qui ont fait les révélations par-devant lui; autrement on n'ajouteroit pas foi à ces révélations, d'autant que la déposition d'un témoin ne peut faire foi, à moins que le témoin n'ait prêté le serment devant le Juge qui doit Juger le procès, ou par-devant le Commissaire par lui délegué, & qu'il ne soit ensuite récollé & confronté par-devant l'accusé.

Ainsi, pour rendre les révélations des témoins certaines, le Juge ordonne sur la Requête qui lui est présentée à cette fin, qu'ils seront assignés par devant lui pour être répetés; & c'est la même procédure que dans l'information; on les contraint par les mêmes voies, & l'on dresse un procès verbal de leurs dépositions.

La partie civile n'est pas obligé de faire recenser tous les témoins qui sont venus à révélation. Si c'eût été l'esprit de l'Ordonnance, elle n'eût pas oublié un point si important.

Il n'est pas aussi permis à l'accusé, faute par la Partie civile d'y procéder, de les faire ouir à sa requête; sauf à l'accusé de nommer les témoins ouis en révélation, pour déposer en son enquête d'Office, lorsqu'il sera admis à la preuve de ses faits justificatifs.

Ce qui a été jugé par Arrêt rendu en la Grande Chambre du Parlement de Grenoble, le 8. Avril 1680, rapporté dans le Journal du Palais.

Un témoin qui a donné sa révélation au Curé sur la publication d'un Monitoire, n'est pas tenu de persister devant le Juge étant répeté, s'il ne lui plait; il en est quitte en se purgeant par serment de dire la vérité. La raison est, qu'il n'a point juré, ni fait de serment devant le Curé qui a reçu sa révélation.

Ceux qui ont donné leurs révélations au Curé, même par écrit sur la publication d'un Monitoire, doivent encore être ouis comme témoins devant le Juge, lequel est tenu d'inserer tout au long leur déposition dans l'information ou l'enquête qu'il fait; & le Juge ne peut pas mettre, que le témoin a persisté dans ce qu'il a dit par sa révélation, cela ne vaudroit rien.

Un Curé même dans les régles ne devroit prendre que le nom, la qualité & la demeure de ceux qui viennent à révélation, La raison est, que le Curé ne peut point faire prêter serment à ceux qui viennent à révélation devant lui.

Voyez le titre 7. de l'Ordonnance de 1667. & les remarques de Bonnier; le Dictionnaire des Arrêts; Bacquet, des Droits de Justice, chapitre 7. articles 29. 30. & 31; les Loix ecclésiastiques, page 162. & suivantes. Rouland, Libraire, a imprimé en 1713, un Traité des Monitoires.

MONNOYE, est une espéce d'or, d'argent, ou d'autre métail qui a cours; c'est une portion de matiére matiere à laquelle le Souverain donne tel poids & telle valeur qu'il veut, pour servir de prix dans le commerce; en un mot, c'est une matiere marquée du coin public, dont l'usage & la valeur viennent plutôt de sa marque que de sa substance.

Les Romains donnerent le nom de *pecunia* à la monnoye; parce que ce terme vient de *pecus*, qui signifie bétail, & qu'on fit imprimer la figure ou la tête des bestiaux sur les premieres monnoyes qui furent fabriquées.

Numa Pompilius fit de la monnoye ronde de bois & de cuir; & pendant un long-tems l'on ne sçavoit chez les Romains ce que c'étoit que de battre de la monnoye du métal, sur tout en or & en argent.

On ne commença à y faire de la monnoye d'argent que quatre cens quatre-vingt-quatre ans, & de la monnoye d'or que cinq cens quarante-six ans après la fondation de Rome.

Depuis que l'usage s'est introduit de faire de la monnoye de métal, on l'a marquée des têtes & des armes des Princes, ou de quelques marques qui montroient les origines des Etats. Jules César fut le premier dont la tête fut gravée sur les monnoyes par l'ordonnance du Sénat.

Voyez le Glossaire de du Cange, sous le mot de *Moneta*, où il rapporte la valeur des monnoyes dans les Regnes différens. *Voyez* aussi Grimaudet en son Traité des Monnoyes, où il parle de l'invention de la monnoye, de celui à qui appartient le droit de la faire, de sa matiere, poids, marque, valeur, noms de ceux qui doivent l'approuver, de ceux qui la négocient, de ses changemens & mutations, comment se doivent payer les rentes, & du crime de fausses monnoye.

Avant l'invention de la monnoye, on se servoit de trocs & d'échanges. Mais l'inégalité des denrées a fait voir l'utilité de la monnoye pour faire des achats.

Les monnoyes ont leur valeur suivant le titre, carat ou denier de métaux dont on les fabrique, & suivant le prix pour lequel il plaît au Prince qui les fait battre qu'elles ayent cours.

Il y a deux sortes de monnoye: l'une réelle, comme sont toutes les espèces qui ont cours; l'autre imaginaire & de compte, inventée pour la facilité du commerce ou de la supputation: c'est un nom collectif qui comprend sous soi un certain nombre de monnoyes réelles; comme en France les livres ou les francs, en Angleterre les sterlins, en Allemagne les florins.

Cette monnoye de compte n'est pas sujette au changement; mais pour la composer, il faut certain nombre d'espéces, qui changent suivant les temps & les lieux. Ainsi la livre numéraire ne change jamais de valeur; & depuis le tems de Charlemagne que l'on s'en sert en France, elle a toujours valu vingt sols, & les sols douze deniers.

Comme ce qui fait la monnoye est la marque qui est apposée sur une certaine matiere par autorité publique, par une conséquence nécessaire la valeur de la monnoye dépend de cette même autorité.

Il s'ensuit aussi de ce principe, que le droit de faire battre monnoye doit être consideré comme une des plus éminentes marques de la Souveraineté.

Aussi en France tous ceux qui fabriquent, alterent ou exposent de la monnoye, sans permission du Roi, sont criminels de léze-Majesté, & condamnés à mort. *Voyez* ci-devant Cour des Monnoyes. *Voyez* Fausses Monnoye.

Néanmoins anciennement quelques Evêques & quelques grands Seigneurs de ce Royaume ont fait battre monnoye.

On appelloit deniers parisis celle qui se faisoit à Paris par l'autorité de l'Evêque, qui étoit une monnoye plus forte que toutes les autres, en considération de ce que Paris est la Ville capitale du Royaume.

On appelloit deniers tournois celle qui étoit faite à Tours par l'autorité de l'Archevêque.

L'Evêque du Mans faisoit battre monnoye dans sa Ville & dans son Diocèse. Cette monnoye portoit cette divise. *Cænomanensis moneta*: & comme elle étoit plus forte de la moitié que celle de Normandie, elle donna lieu au proverbe, qui dit, *qu'un Manceau vaut un Normand & demi.*

Mais le Roi Louis Hutin, & les autres Rois ses successeurs, ont fait plusieurs Ordonnances, par lesquelles ils ont corrigé cet abus, & ont fait défenses aux Evêques & aux grands Seigneurs de battre monnoye.

La connoissance de tout ce qui regarde la monnoye appartient au Juge royal. *Voyez* Bacquet, des Droits de Justice, chap. 7. nomb. 6; & ce que j'ai dit ci-dessus, lett. C, en parlant de la Cour des Monnoyes. *Voyez* M. le Bret, dans son Traité de la Souveraineté du Roi, liv. 2. Chap. 13; les Traités des Monnoyes par le Blanc, Boizard, Poulain, & autres Traités cités dans la Bibliotéque historique du Pere le Long, page 734 *Voyez* aussi le Dictionnaire de M. Brillon.

MONOPOLE, terme qui vient du Grec, signifie ordinairement un trafic illicite & odieux, qui se fait par celui qui se rend tout seul le maître d'une marchandise; ensorte que tous ceux qui en ont besoin, sont dans la nécessité de passer par ses mains, & de lui en payer le prix qu'il y veut mettre.

Aujourd'hui on entend par monopole un impôt qu'on met sur le Peuple: ce qui ne se peut faire que par l'autorité du Souverain.

A l'égard du monopole, ou trafic illicite & odieux des marchandises, il a été défendu à Rome par l'Empereur Zenon, *leg. unicâ, de Monopolis*, à quoi est conformé l'Edit du 20 Juin 1539. fait par François I. confirmé par une Déclaration faite au mois d'Août suivant.

MONSTRE. Celui qui naît d'une femme

sous une figure qui ne tient point de l'humanité, est réputé monstre, & par conséquent n'est pas mis au nombre des hommes.

La Loi 14. *ff. de statu homin.* veut que l'enfant soit formé selon l'ordre de la nature; ensorte que des caracteres qui effacent ceux de l'humanité ne prédominent point en lui. *Non sunt liberi, qui contra formam humani generis converso more procreantur, veluti si mulier monstrum aliquod, aut prodigiosum enixa sit.*

Ainsi l'on répute monstre celui qui naît contre la forme ordinaire du genre humain, & dans lequel dominent des caracteres qui effacent ceux de l'humanité *Leg.* 135. *ff. de verb. signif.*

Les monstres, quoique procréés d'une femme, ne vivant que contre l'ordre de la nature, n'ont point de vie humaine, ne doivent point être baptisés, & on peut les tuer impunément.

Tel seroit celui dont les membres seroient semblables à ceux des autres hommes, mais qui auroit la tête d'un cheval ou de quelqu'autre animal. La tête étant le siége de l'entendement, & la plus noble partie de l'homme, en fait aussi le principal caractere: c'est par conséquent à la tête à quoi l'on doit principalement s'arrêter pour décider un tel point.

Ainsi, au cas qu'un enfant vint au monde avec une tête de figure humaine & bien composée, mais qui auroit des pieds de chevre, ou quelqu'autre membre mal agencé, & nullement conforme aux membres ordinaires des hommes, ne laisseroit pas pour cela d'être réputé homme, étant né selon l'ordre de la nature, & par conséquent il seroit capable de succeder.

Bardet, tom. 1. liv. 1. chap. 68. rapporte un Arrêt qui a jugé qu'un posthume institué, né monstrueux avec un museau de singe & un pied fourchu, étoit capable de succeder à son pere; & a déclaré la substitution pupillaire ouverte au profit de la mere.

MONSTRÉE. *Voyez* Vûes & Monstrées.

MONT DE PIETÉ, est en quelques lieux, comme en Italie, une bourse & magasin public où l'on prête de l'argent & autres marchandises nécessaires à ceux qui en ont besoin, en donnant quelque nantissement; & cela sans intérêt, ou du moins à un intérêt modique.

Les conditions les plus ordinaires de ces sortes de bourses sont:

I°. Que le Mont de pieté ne serve qu'aux personnes du lieu où il est établi, & non pas aux Etrangers.

II°. Que le prêt ne se fasse que pour un tems limité.

III°. Que ceux qui empruntent, donnent des gages que l'on puisse vendre après l'expiration du tems, pour la conservation du fonds.

IV°. Que ceux à qui l'on prête, donnent quelque chose pour contribuer aux apointemens des Officiers nécessaires, au loyer du magasin, & autres frais inévitables.

On en avoit établi un en France par un Edit du mois de Février 1626. qui en donnoit la direction aux Commissaires aux Saisies réelles, & qui permettoit de prêter de l'argent au denier seize sur nantissement.

On croyoit que ce Mont de pieté devoit apporter quelque sorte d'utilité, & quelque soulagement à ceux qui se trouveroient pressés d'argent; mais comme l'effet s'est par l'événement trouvé contraire à ce que l'on en attendoit, cet établissement n'a pas subsisté, & l'Edit qui l'établissoit a été révoqué par l'article 19. d'une Déclaration du 24 Mars 1627. sur le même Edit, & par un Arrêt du Conseil d'Etat du dernier Juillet suivant.

Voyez le Dictionnaire de M. Brillon, où plusieurs choses curieuses, touchant l'origine de ces sortes des bourses, sont rapportées.

MORGUE, est le second guichet où l'on tient quelque tems ceux qui entrent en prison, afin que les Guichetiers les regardent fixement, & s'impriment si bien l'idée de leur visage dans leur imagination, qu'ils ne puissent manquer de les reconnoître. Ceci est tiré du Dictionnaire de Trévoux.

On appelle aussi la Morgue à Paris un endroit de la basse géole du grand Châtelet, où l'on expose les cadavres de ceux que l'on a trouvé noyés dans la riviere, ou tués dans les rues.

MORT, signifie trépas, décès, séparation de l'ame d'avec le corps, qui termine en l'homme cetre vie humaine & passagere, & met fin à tout ce qui la concerne.

On ne présume jamais la mort d'une personne par l'absence de plusieurs années; c'est pourquoi celui qui demande la succession d'un homme absent, sur le fondement qu'il est décedé, est tenu de prouver qu'il est mort.

Ainsi un homme absent est toujours réputé vivant, jusqu'à ce qu'on justifie le contraire: autrement il faut que l'absence soit telle, que la vie d'un homme (qui peut durer cent ans) soit censé mort.

Cependant on peut au bout de dix ans d'absence procéder au partage provisionnel des biens d'un absent, en baillant caution: & s'il ne revient point dans l'espace de trente ans, à compter du jour de son absence, on procedera à un partage définitif de ses biens. *Voyez* ci-après, lett. P, ce que j'ai dit en parlant du partage des biens d'un absent.

Il nous reste à remarquer ici, I°. Qu'en matiere de conventions & conditions de stipulations, le cas de mort ne s'entend que de la mort naturelle, & non pas de la mort civile.

II°. Que quoique les déclarations faites au lit de la mort semblent mériter quelque considération, n'étant pas à présumer qu'un homme prêt à paroître devant Dieu pour en être jugé, soit capable de ne pas dire la vérité; néanmoins ces déclarations ne sont pas décisives. Nous en avons une preuve certaine dans Sœfve, tom. 2. cent. 4. chap. 1.

MORT CIVILE, est celle qui rend un homme

mort au monde incapable de tous effets civils, comme de succeder, de disposer de ses biens par testament, &c. En un mot, celui qui est mort civilement, est entiérement retranché de la societé civile, & ne peut plus y contracter aucun commerce, ni participer à aucuns droits des citoyens; c'est aussi pour cette raison que l'on appelle cet état une mort civile qui prive de la vie civile, comme la mort prive de la vie naturelle.

A l'égard des mariages, voici les effets que produit la mort civile. Celui qui seroit contracté par un homme mort civilement, seroit bon quant au Sacrement, mais il seroit nul quant aux effets civils. Ainsi, suivant les Loix de l'Eglise, la mort civile n'empêche pas l'union des personnes dans la communication du Sacrement; mais selon les Loix de l'état, elle empêche les effets civils du mariage, soit en la personne des conjoints, soit en celle des enfans qui en sont issus; car la personne condamnée aux Galeres à perpétuité, ou à un bannissement perpétuel, étant retranchée de la societé civile, ne peut plus y contracter aucun commerce, ni participer à aucun de ses droits, comme nous l'avons déja dit.

Elle arrive par une condamnation capitale, par le bannissement perpétuel hors du Royaume, ou par la dondamnation aux galeres à perpétuité. *Voyez* Bannissement.

Cela n'a pas moins lieu pour les condamnations par contumace, lorsque les condamnés à telles peines décedent après les cinq années sans s'être représentés ou avoir été constitués prisonniers: ils sont réputés morts civilement du jour de l'exécution de la Sentence de contumace; desorte qu'ils deviennent incapables de succeder, & de faire aucun acte de citoyen.

La profession religieuse est une espéce de mort civile, comme nous avons dit *verbo* Religieux. Ainsi elle ôte le pouvoir d'hériter, de succeder, de contracter, & de faire en particulier des acquisitions de biens terrestres. Mais cette mort civile, que procure la profession religieuse, est chrétienne & glorieuse; à la différence de la mort civile infamante, dont nous venons de parler.

A l'égard de la prison perpétuelle, elle n'emporte point la mort civile, lorsque cette condamnation se fait *custodiæ causa, non vero in pœnam delicti*, comme nous avons dit *verbo* Prison.

La captivité n'est point parmis nous une mort civile. Celui qui est pris par des infidéles, est consideré comme un absent, comme nous avons dit *verbo* Captivité.

Enfin les infames ne perdent pas entiérement la vie civile, mais seulement l'honneur, qui en fait partie; ainsi les infames peuvent hériter & faire testamens, comme nous avons dit *verbo* infames.

La mort civile produit souvent les mêmes effets que la mort naturelle; ainsi, quand un homme est mort civilement, sa succession se partage entre ses présomptifs héritiers, de même que s'il étoit mort de mort naturellle, parce que la mort civile fait qu'on ne présume pas un homme vivant.

Mais quoiqu'un homme mort civilement soit entiérement, & pour tous effets, réputé mort, suivant le sentiment de M. Cujas sur la Loi 121 *ff. de verb. oblig.* & des autres Docteurs; néanmoins la mort civile ne produit pas toujours les mêmes effets que la mort naturelle, principalement dans les cas où la Loi ne parle simplement que de la mort; car ce terme ne se doit entendre alors que de la mort naturelle, & non pas de la civile. *Leg. sed si neces, ff. de donat. int. vir. & uxor. leg. cum pater*, §. 4. *ff. de legat.* 2. *glossâ ad cap. suscepta de rescrip. in 6°.*

Ainsi, quand nos Coutumes disent que par la mort d'un mari, douaire a lieu, cela ne s'entend que de la mort naturelle, & non pas de la civile. D'Argéntré, sur l'art. 433. de la Coutume de Bretagne.

Dans les contrats, quand il est parlé de la mort, on n'entend point que ce soit de la mort civile, mais seulement de la mort naturelle. Suivant ce principe (qui est certain) celui qui auroit promis de payer une somme au tems de la mort, s'il étoit banni à perpétuité du Royaume, la somme ne seroit pas dûe pour cela, ni exigible avant la mort naturelle du débiteur. *Cujacius, ad leg.* 122. *ff. de verbor. obligat.*

Pareillement, en matiére de substituion, la mort civile ne produit pas toujours le même effet que la mort naturelle, & ne donne pas ouverture à la substitution, suivant la Loi 48. *ff. de jure fisci. Voyez* le Recuil alphabétique de M. Bretonnier, *verbo* Substirution.

MORT CIVILE, NE CESSE POINT PAR LA PRESCRIPTION DU CRIME POUR RAISON DUQUEL L'ACCUSÉ A ÉTÉ CONDAMNÉ PAR CONTUMACE. Les effets civils, que cette condamnation avoit éteint, ne pouvant plus renaitre, le condamné ne peut rentrer dans la vie civile, quoique le Jugement rendu contre lui ne puisse être mis à exécution, son crime étant prescrit. Ainsi, un homme qui a prescrit contre la peine de mort par trente ans, reste pendant tout le reste de sa vie dans l'état de mort civile, à moins qu'il n'ait été justifié, ou qu'il n'ait obtenu des Lettres du Prince, pour être remis dans son premier état.

Quand il ne s'agit que d'une simple poursuite criminelle, l'extinction qui s'en fait par la prescription de vingt ans, laisse l'accusé au même état qu'il étoit avant qu'il eût commis le crime: mais lorsquil est intervenu un Jugement définitif exécuté par effigie, il faut alors trente ans pour prescrire; & cette prescription n'éteint le Jugement que par rapport à la peine du délit, & non pas à l'égard de la mort civile.

Suivant l'article 29. du titre 17. de l'Ordonnance de 1670. le condamné par contumace étant réputé mort civilement du jour de l'exécution du Jugement, l'orsqu'il ne s'est point représenté dans les cinq ans de la contumace, ne peut après ce tems se présenter pour se purger sans avoir des Lettres du Prince.

M. Catelan, tom. 1 liv. 2. chap. 68. apres avoir dit que l'absolution du condamné à mort a un effet rétroactif pour les successions échues pendant la contumace, dit qu'il n'est pas de même de la prescription de trente ans; parce que ce n'est qu'une exception que le tems donne au condamné, pour le mettre à convert de toutes poursuites, & non pas une innocence justifiée: c'est un payement de la peine dûe au crime que le condamné peut bien prescrire; mais il ne peut au moyen de cette prescription recouvrer le droit de cité.

Le Brun, dans son Traité des Successions, liv. 1. chap. 2. sect. 3. distinct. 3. nomb. 11. Basnage, sur l'art. 235. de la Coutume de Normandie; Domat, part. 2. tit. 1. sect. 2. art. 36. sont de même avis.

C'est aussi ce qui a été jugé par Arrêt du 7. Septembre 1737. rapporté à la fin du quinziéme tome des Causes celébres, où le Lecteur trouvera tout ce qui se peut dire de part & d'autte sur cette question.

MORT CIVILE DE L'HOMME VIVANT ET MOURANT, BAILLÉ PAR GENS DE MAIN-MORTE NE DONNE POINT OUVERTURE AU FIEF; comme il a été jugé par Arrêt du 6 Février 1642. rapporté dans le Journal des Audiences. C'est aussi le sentiment de M. Charles Dumoulin, sur l'art. 61. de la Coutume de Paris, glos. 2. nomb. 81.

LE MORT SAISIT LE VIF. Cette régle, qui est de notre Droit coutumier, signifie que l'héritier, dès l'instant de la mort du défunt, est fait Seigneur & propriétaire de tous ses biens, & même possesseur d'iceux, tant meubles qu'immeubles, sans aucune appréhension de fait; ensorte qu'en pays coutumier tout légataire est obligé de demander à l'héritier du sang la délivrance de son legs, quand bien même il se trouveroit saisi de la chose à lui léguée.

Cette régle, aussi bien que le retrait lignager établi dans nos Coutumes, & la prohibition de tester au-delà du quint des propres, sont des preuves convaincantes qu'on a eu dessein dans les pays coutumiers de conserver les biens dans les familles: au lieu qu'en pays de Droit écrit on suit le Droit Romain, suivant lequel la disposition de l'homme qui fait son testament, l'emporte sur les droits du sang & de la parenté.

Cette régle favorise beaucoup les héritiers du sang, puisqu'ils sont censés possesseurs des biens du défunt sans appréhension de fait, & qu'ils peuvent *recta* intenter complainte à l'égard des biens de la succession, de la même maniere que le pourroit faire le défunt, s'il vivoit.

Cette régle s'est introduite dans toute la France coutumiere, contre la disposition du Droit commun, suivant laquelle l'héritier n'est point saisi de la possession des choses héréditaires sans appréhension d'icelles. *Aditâ hereditate omnia quidem jura transeunt ad hæredem, possessio tamen nisi naturaliter comprehensa ad eum non pertinet. Leg. cum hæredes 23. ff. de acquir. vel amitten. possess. id quæ latè tractat. Tiraquellus, in lib.* Le mort saisit le vif. *Et sic quamvis jure civili hæres succederet in omne jus defuncti, & non tantum rerum singularum dominium, sed etiam omnes actiones in hæredem transirent. Leg. 37. de acquir. vel amitt. hæreditat. leg. 24. ff. de verb. signif. tantum possessio defuncti non transibat in hæredem, quemadmodum transit per nostras Consuetudines.*

Quoique cette régle ait été faite pour favoriser les héritiers présomptifs, elle n'en est pas moins mal conçue; car il n'est point vrai, comme l'a fort bien remarqué un Auteur moderne très-versé dans la connoissance de l'ancien Droit François, que parmis nous, & selon notre usage, ce soit le mort qui saisisse le vif; mais c'est la Loi *non mortuus investit vivum, sed lex.*

Cela est si vrai, que le défunt ne peut empêcher par aucune disposition que son héritier ne soit saisi de ses biens à l'instant de sa mort, par la disposition de la Loi.

Ainsi cette régle n'a lieu qu'en faveur des héritiers légitimes & *ab intestat*, & non pour les héritiers institués par testament, lesquels ne sont regardés en pays coutumier que comme des légataires universels, & qui sont tenus de demander à l'héritier du sang la délivrance de leur legs, comme nous avons dit en parlant du legs universel.

Cette régle est admise dans toute la France coutumiere, tant pour les héritiers en ligne collatérale, que pour les héritiers en ligne directe, à l'exception de la Coutume de Bretagne, qui n'admet cette régle qu'en ligne directe, & qui veut qu'en ligne collatérale la Justice soit saisie de la succession, & que l'héritier présomptif la prenne par sa main.

Comme cette régle s'est introduite en faveur des héritiers du sang, elle ne fait pas l'héritier présomptif héritier nécessaire & ne l'oblige pas d'accepter la succession du défunt; elle ne fait que désigner pour succeder en son lieu & place, & n'a son plein & entier effet qu'au cas qu'il accepte la succession: ainsi il lui est libre de la répudier, s'il le juge à propos, pourvû toutefois qu'il ne se soit point mis en possession des biens du défunt, & qu'il n'ait point fait acte d'héritier.

La raison est, que l'héredité ne trasfere que le droit, & non pas la possession, qui est de fait: c'est pourquoi, pour rendre héritier celui qui est habile à succeder, il faut le concours de sa volonté, avec la disposition de la Loi; autrement ce que la Loi auroit introduit en faveur des plus proches parens tourneroit souvent à leur préjudice.

C'est aussi pour cela que l'Ordonnance de 1667. accorde à l'héritier présomptif un délai pour déliberer s'il se portera héritier, ou s'il renoncera à la succession de celui dont il est présomptif héritier.

Cette régle, *le mort saisit le vif*, ne saisit donc pas, de maniere qu'il ne faille encore quelque formalité pour se dire maître & proprietaire des biens qui ont appartenu au défunt. La seule qualité de plus proche ne rend pas héritier, parce qu'en France il n'y a point d'héritier nécessaires, comme il y en avoit chez les Romains.

Pour être héritier de quelqu'un dans ce Royaume, il faut donc le vouloir; le dégré ne donne qu'une espérance à la succession, la volonté seule y donne le droit; encore faut-il que cette volonté soit certaine, déterminée & constatée par quelqu'acte qui ait été fait *animo hæredis*.

Cette régle, *le mort saisit le vif*. contient encore ces mots, *son hoir plus proche & habile à lui succeder*. Ces derniers termes nous marquent que c'est l'hoir le plus proche qui est désigné par la Loi héritier du défunt.

Mais on peut objecter que cela ne paroît pas absolument vrai dans le cas où la représentation fait concourir un héritier plus éloigné en dégré, avec un héritier plus proche du défunt.

On répond à cette objection, que dans le cas de la représentation, celui qui est plus éloigné en dégré, par rapport à celui avec lequel il concourt, est du moins le plus proche du défunt, *ex suo latere*; d'ailleurs qu'il est réputé être au lieu & place de celui qu'il représente.

Voyez, touchant cette régle, ce que j'ai dit sur l'article 318. de la Coutume de Paris.

MORT DU CRIMINEL ÉTEINT TOUTES SORTES DE CRIMES. Les actions civiles qui naissent des délits & des crimes; soit qu'elles soient pénales, soit qu'elles ne poursuivent que l'intérêt des Particuliers, finissent par la mort du criminel, & ne passent pas à ses héritiers, s'il est décedé avant la contestation, si ce n'est qu'ils ayent profité & qu'ils se soient enrichis du délit du défunt.

Mais pour ce qui regarde les poursuites criminelles, elles sont toujours éteintes par la mort du criminel, s'il est décedé avant sa condamnation; & même quoiqu'il ait été condamné, si s'étant porté appellant, il meurt pendant l'appel; ensorte que non-seulement on ne peut point condamner la mémoire du défunt pour le crime dont il est accusé, mais encore son héritier est en droit de jouir de ses biens, sans être tenu ni de la peine corporelle qu'eût souffert: le défunt, ni d'aucuns dommages & intérêts de la Partie. La roison est, que la peine corporelle ne peut être que personnelle; & à l'égard de la perte des biens, cette peine ne passe pas aux héritiers, si le criminel n'a été condamné avant la mort.

Il faut néanmoins excepter certains crimes, pour lesquels on peut faire le procès au cadavre ou à la mémoire d'un défunt; sçavoir, pour crine de léze-Majesté divine ou humaine, duel, homicide de soi-même, & rébellion à Justice avec force ouverte, dans la rencontre de laquelle le défunt a été tué.

Voyez le titre 22. de l'Ordonnance de 1670 art. 1 *Voyez* Poursuite criminelle.

MORT-BOIS, est du bois de peu de valeur, comme nous avons dit *verbo* Bois mort.

MORT-GAGE. *Voyez* Gage.

MORTAILLABLES, sont en quelques Coutumes, comme en celles de Bourgogne & de Nivernois, ceux qui ont pris à rente des terres & héritages des Seigneurs pour les cultiver, sous certaines rétributions annuelles, & sous certains droits & devoirs.

Ils sont tellement *glebæ addicti*, qu'ils ne peuvent point abandonner l'héritage sans le consentement de celui de qui ils l'ont reçu, semblables en cela à ceux qui sont appellés *ascriptitii* par le droit Romain.

Ces hommes en plusieurs lieux sont tailliables envers leur Seigneur, pendant leur vie, de taille abonnée, ou à Plaisir & volonté; & même à leur décès ils sont en quelques Coutumes taillables, quand ils décedent sans enfans nés en légitime mariage & de leur condition.

M. Gousset, sur l'article 1. de la Coutume de Chaumont en Bassigny, dit que ces sortes d'esclaves & mortaillables ne transferent leurs successions qu'aux enfans procréés de leur corps; & qu'au défaut d'enfans, le Seigneur Haut-Justicier prend tous leurs biens, & exclut tous les autres proches parens. Et telle est la disposition de l'article 78. de la Coutume de Chaumont.

Ils sont donc appellés mortaillables, parce qu'ils dépendent & sont tellement asséjettis à leur Seigneur jusqu'à la mort, qu'ils ne peuvent s'affranchir avant lui de ce qu'ils lui doivent en quittant sa Terre, & qu'ils n'ont pas la libetté de disposer de leurs biens par testament, ou autre disposition de derniere volonté, à son préjudice. *Voyez* Chassanée, sur la Coutume de Bourgogne. *Voyez* aussi ce que j'ai dit, *verbo* Serfs.

Comme à l'instant de leur décès leurs biens appartiennent à leur Seigneur, si un mortaillable ou de main-morte commet quelque crime qui mérite la mort, ou qu'elqu'autre crime qui emporte confiscation de biens, le Seigneur envers lequel les héritages sont main-mortables aura la confiscation à l'exclusion de tout autres Seigneurs, & même du Roi, si ce n'est pour crime de léze-Majesté.

Il est traité de la condition de main-morte & des mortaillables, tant pour le regard des héritages que des personnes, en la Coutume d'Auvergne, chap. 127. & la Marche, chap. 17.

MORTAILLE, est le droit qu'a le Seigneur en quelques Coutumes, de succeder à son serf décedé sans parens communs. *Voyez* M. de la Thaumassiere, sur les anciennes Coutumes de Berry. *Voyez* ci-après Taille abonnée.

MORTIER, est une marque de dignité que portent les Présidens du Parlement. Ils le portoient autrefois sur la tête, & ils le font encore aux grandes cérémonies, comme à l'entrée du roi. A l'ordinaire ils le portent a la main.

Le mortier est la marque de la Justice souveraine: c'est pour cela que le Chancelier & les Présidens du Parlement le portent.

Celui du Chancelier est de toile d'or bordé & rebrassé d'hermines. Celui du Premier Président est de velours noir, bordé de deux galons d'or ; celui des Présidens au mortier n'a qu'un seul galon.

MOTTE FERME, est le terrein que la riviere n'a pas couvert.

La Coutume de Bourbonnois, dans les articles 340. & 341. porte que la connaissance que la riviere donne, est le vrai domaine du Seigneur Haut-Justicier; & ajoute en l'article 342. que motte ferme est conservatrice au Seigneur propriétaire & très-foncier, en telle maniere que si la riviere noye ou inonde une partie de l'héritage d'aucun Seigneur, la partie qui demeure en terre ferme & non inondée, conserve droit au propriétaire en sa partie inondée ; tellement que si la riviere par trait de tems laisse ladite partie inondée, le Seigneur propriétaire la reprendra, & ne sera en ce cas au Seigneur Haut-Justicier.

Loysel, livre 2. titre 9. article 2. en a fait une régle en ces termes : *La riviere ôte & donne au Seigneur Haut-Justicier ; mais motte ferme demeure au propriétaire très-foncier.*

Salvaing au chapitre 50. dans son Traité des Fiefs de Dauphiné, a adopté cette exception.

Cependant par Arrêt du Conseil d'Etat du 10. Février 1728. rapporté dans le quatriéme tome de la suite du Recuil des Edits & Réglemens concernant le Domaine du Roi, il a été jugé que lorsqu'un terrein a été inondé, & qu'il a fait partie d'une riviere navigable pendant plus de dix ans, il appartient à Sa Majesté, sans que ceux qui prétendent en avoir été propriétaires avant l'inondation, puissent alléguer que la motte ferme qui n'a pas été inondée leur a conservé la proprieté de ce qui a été inondé pendant plus de dix ans.

La raison est, que les droits qu'à le Roi sur les rivieres navigables, & sur la proprieté de leur ancien lit, sont reglés par des maximes & des Loix ausquelles il ne peut être dérogé par aucune Coutume.

Ainsi la disposition de la Coutume de Bourbonnois, qui est singuliere dans son espece, ne peut être opposée au Roi pour lui ôter la proprieté des rivieres navigables, & les isles, islots, accroissemens & atterissemens qu'elles renferment.

L'Edit du mois d'Avril 1683. porte, que *les rivieres navigables, les isles, islots, cremens & atterissemens qui s'y forment, appartiennent à Sa Majesté.* Elle ne contient aucune exception de la motte ferme, & elle déroge à toutes Loix & Coutumes contraires, & par conséquent à la Coutume de Bourbonnois, & à tout ce qui peut être allegué contre les droits de Sa Majesté. Ainsi l'autorité de Loysel, ni celle de Salvaing, ne peuvent pas faire perdre au Roi des droits qui sont acquis irrévocablement à son Domaine.

MOULIN, est une sorte machine qui fait tourner des meules, à l'effet de moudre du bled & autres grains pour en faire de la farine. Il y en a de plusieurs sortes.

Quelques-uns se tournent à la main, appellés *molæ manuariæ* en la Loi 26. §. 1 *ff. de instructo vel instrumento legato*, lesquels sont meubles, parce qu'ils ne tiennent ni à fer ni à clou, & qu'ils se peuvent transporter d'un lieu à un autre sans fraction ni déterioration.

Il y en a d'autres qui sont, à eau posés sur bateaux, lesquels sont pareillement meubles, parce qu'ils se peuvent aisément transporter, n'étant point attachés au fond. Cependant quand ils produisent un revenu annuel & perpétuel, ils se décretent comme immeubles ; mais cette fiction, qui les fait en cela regarder comme des immeubles, pour en empêcher la mouvance, n'a lieu que pour cet effet seulement ; & pour tous les autres effets, ils sont toujours regardés comme meubles dans les communautés & successions : en quoi ils different des Offices, qui sont réputés immeubles dans les successions & dans les communautés.

La Coutume de Tours, en l'article 121 met une exception à cette régle pour le moulin bannal, lequel quoiqu'il soit bâti sur bâteau, est réputé immeuble. *Idem* du moulin avec attache, pour y demeurer perpétuellement.

Il y a enfin d'autres moulins à vent ou à eau, qui sont édifiés, lesquels sont immeubles, parce qu'ils sont bâtis sur terre, & inhérens aux fonds en leurs fondemens, soit sur rivieres ou ruisseaux, quoiqu'ils ne soient soutenus que sur des piliers.

Le droit de bâtir un moulin est un droit féodal, qui ne peut par conséquent appartenir qu'au Seigneur du fief dans l'étendue duquel il est bâti.

Les Particuliers ne peuvent donc pas de leur autorité faire construire des moulins sur les rivieres & les ruissaux, ni pareillement en tirer de l'eau pour faire moudre les moulins sans la permission du Seigneur Haut-Justicier, qui peut accorder le droit d'en construire sur les ruisseaux & les petites rivieres qui passent dans leurs Terres, au préjudice des propriétaires des moulins voisins. Brodeau, sur l'article 71. de la Coutume de Paris.

Mais M. le Président Faure, *tit. cod. de servitutib. & aquâ, def.* 5. distingue entre les différens genres de préjudice que peut causer le moulin nouvellement bâti, & soutient que s'il ne consiste que dans la diminution du revenu de l'ancien moulin, cet intérêt n'est pas assez considérable pour empecher la construction d'un nouveau moulin parce qu'il est permis à un chacun de se faire un fonds ce que bon lui semble, pourvû qu'il le fasse pour son utilité, & non dans la vûe de nuire à son voisin : *cum quisque possit conditionem suam meliorem facere, etiam cum alterius detrimento, dummodo citra injuriam.* Mais si le nouveau moulin fait regarger l'eau ensorte que l'ancien ne puisse plus moudre, en ce cas le propriétaire de l'ancien moulin peut empêcher la construction du nouveau.

Enfin, le Seigneur Haut-Justicier peut accorder à qui bon lui semble le droit de prendre de l'eau dans les ruisseaux ou petites rivieres qui passent par leurs terres ; & ceux à qui ce droit aura été par lui accordé, pourront empêcher les autres d'en prendre.

Voyez Henrys, tom. 1. liv. 3. chap. 3. quest. 34. *Voyez* aussi le Dictionnaire de M. Brillon, & les autres qu'il cite.

MOULIN BANNAL, est celui où ceux qui sont demeurant dans l'étendue d'une Seigneurie, sont obligé de venir moudre leur bled, en payant au Seigneur un certain droit. *Pistrinum est non liberæ facultatis, sed cui annexum est jus servitutis, cujus ratione hujus loci incolæ tenentur ibi molituram facere aliquam dando pecuniæ summam* Domino.

Un Seigneur ne peut prétendre avoir droit de bannalité, sans en justifier par un titre valable, parce que c'est une espéce de servitude.

Ce droit paroît avoir été dans les premiers tems une usurpation des grands Seigneurs, qui ont contraint leurs vasseaux à venir moudre leurs bleds à leurs moulins.

Ce droit produit au Seigneur un profit qu'on appelle droit de moute.

Voyez ci-dessus Bannal, Bannalité.

MOUTE. Droit de moute, moutage & moulage, est un droit qui appartient au Seigneur d'un moulin bannal, & dont il perçoit le profit par son meunier, lequel prend une certaine quantité de bled, ou autre grain, sur celui que l'on fait moudre dans ce moulin. Ce droit est différent dans toutes les Coutumes qui l'admettent.

En Normandie, on distingue la moute séche, qui est le droit ci-dessus, & la moute verte, qui est un droit dû au Seigneur par le vassal bannier, qui labourre des terres dans le territoire de la bannalité, & qui enleve les grains ailleurs sans les engranger sur le fief : c'est la seiziéme gerbe, ou le seiziéme boisseau.

Il y a encore le droit qu'ont les familles de franche moute, ou de cuire franc.

Voyez le Dictionnaire de M. Brillon.

MOUTONAGE, est le droit Seigneurial qui se prend sur ceux qui vendent & achetent bétail, ou autre marchandise, sur le fief d'un Seigneur *Voyez* le Glossaire du Droit François, *verbo* Moutonage ; le Glossaire de du Cange, sous le mot de *Mutanagium*, Moutanagium ; & le Traité de la Police, tom. 2. livre 5. titre 17. chap. 17. §. 9.

MOUVANCE FÉODALE, signifie la supériorité d'un fief dominant à l'égard d'un autre qui en releve, & la dépendance d'un fief servant à l'égard du fief dominant dont il releve, comme ès articles 20. 28. 43. 56. 60. 63. 65. & autres de la Coutume de Paris.

Ainsi un fief est dit tenu & mouvant d'un autre fief, lorsqu'il lui doit la foi & hommage, & autres devoirs. *Voyez* Fief dominant.

MOUVANT, se dit d'un fief considéré à l'égard du fief supérieur dont il releve ; car ce terme *mouvant* signifie la relation de dépendance.

MOUVOIR, signifie commencer un procès ; comme quand on dit, les Parties ont transigé sur les procès mûs & à mouvoir sur ce sujet.

MOYEN, signifie ce qui est au milieu entre-deux ; comme quand on dit, l'appel d'une telle Justice ressortit au Parlement nûement & sans moyen, c'est-à-dire directement, sans qu'il y ait d'autre Justice entre deux où il faille se pourvoir.

MOYEN JUSTICIER. *Voyez* Justice.

MOYENS, sont les raisons & fondemens sur lesquels on établit ce qu'on avance ; ainsi moyens de faux sont les raisons qui sont alleguées par celui qui maintient faux un acte, piéce ou titre dont quelqu'un se veut servir contre lui.

MOYENS DE SE FAIRE PAYER DE CE QUI NOUS EST DÛ. Quand un débiteur ne paye pas de bon gré ce qu'il doit, le créancier a quatre différens moyens pour l'y contraindre.

Le premier & le plus doux, est de faire saisie & arrêt entre les mains de ceux qui lui doivent. *Voyez* Saisie & arrêt.

Le second, est de faire saisir ses meubles, & de les faire vendre à l'encan. *Voyez* Saisie de meubles.

Le troisiéme, est de faire saisir réellement ses immeubles, & de les faire vendre par décrêt. *Voyez* Saisie réelle.

Le quatriéme, qui n'est aujourd'hui permis que pour certaines dettes, est de faire emprisonner le débiteur, & de le détenir en prison jusqu'à ce qu'il se soit acquitté. *Voyez* Contrainte par corps.

MOYENS DE NULLITÉ, sont les écritures qu'on fournit dans les procès criminels, dans les procès où l'on débat une saisie réelle, & où l'on conteste sur une confection d'enquête, pour prouver la nullité de ses actes. Par exemple, c'est un bon moyen de nullité, de dire qu'un témoin a déposé sans avoir prêté serment, ou qu'une saisie réelle de terres roturieres ne contient pas les tenans & aboutissans.

MOYENS DE NULLITÉ EN FAIT DE MARIAGE, sont des moyens d'abus qui donnent lieu à faire déclarer un mariage nul. Il y en a de deux sortes ; sçavoir, les moyens d'abus qui sont absolus, & les moyens d'abus qui ne sont que respectifs.

Les moyens d'abus qui forment une nullité absolue, sont ceux qui rendent le mariage nul dans son principe, comme le défaut du propre Curé. Tous ceux qui ont intérêt à faire casser le mariage, peuvent faire valoir cette nullité, ne fussent-ils que des parens collatéraux.

Cependant il faut en cela faire une distinction de tems. Lorsque les Parties qui ont contracté mariage sont toutes les deux vivantes, les collatéraux ne sont point recevables dans l'appel comme d'abus ; ils ne peuvent troubler *bene concordans matrimonium* ; ils n'ont encore aucun intérêt.

Mais quand l'une des deux Parties est décedée, les collatéraux sont recevables dans l'appel comme d'abus, parce que leur intérêt commence à être ouvert, sçavoir s'ils viendront à la succession, ou s'ils n'y viendront pas ; ce qui dépend de la validité du mariage : ainsi *per consequentias* ils sont recevables dans leur appel comme d'abus.

Les moyens d'abus respectifs, sont ceux qui ne forment point une nullité absolue, mais seulement une nullité respective par rapport à quelques personnes particulieres, comme le défaut du consentement des peres & meres.

Ces moyens d'abus étant personnels, lorsque les peres & meres ne s'en sont pas servis pour attaquer le mariage, dans la célébration duquel le respect qui leur étoit dû a été violé, les collateraux des conjoints ne sont pas capables pour les proposer.

MOYENS DE FAUX, sont ceux que celui qui s'est écrit en faux contre un écrit, est obligé de mettre au Greffe dans trois jours au plus tard, & dont le Greffier ne doit donner copie ni communication au défendeur, suivant l'article 11. du titre 9. de l'Ordonnance de 1670.

Si ces moyens sont trouvés pertinens ou admissibles, la preuve en sera donné par titres, par témoins, & par comparaison d'écritures & signatures par Expert qui seront nommés d'office par le même Jugement, sauf à les recuser, suivant l'article 13. du même titre.

Voyez Inscription de faux.

MU

MUET. Un sourd & muet de naissance peut valablement contracter mariage, *cap.* 23. *extra de sponsalibus & matrimoniis.* La raison est, que le mariage peut être contracté par tous ceux qui n'en sont point empêchés,

Or cette infirmité n'est pas mise au nombre des empêchemens de mariage, & un sourd & muet peut déclarer par signes ce qu'il ne peut déclarer par paroles: *Voyez* Basnage, sur l'article 235. de la Coutume de Normandie ; & Soefve, tom. 2. cent. 1. chap. 82.

Comme il n'est pas Juste de condamner un accusé sans l'entendre, à moins que ce ne soit par contumace, auquel cas il est réputé confesser le crime dont il est accusé, si l'accusé est muet ou sourd, ensorte qu'il ne puisse en aucune maniere entendre, le Juge lui doit nommer d'office un curateur qui sçache bien écrire, pour répondre pour lui, suivant l'article 1. du titre 18. de l'Ordonnance de 1670.

Ce curateur doit d'abord faire serment de bien & fidellement défendre l'accusé, dont il doit être fait mention, à peine de nullité, ainsi qu'il est porté en l'article 2. du même titre.

L'interrogatoire du muet ou sourd, & la confrontation des témoins, se font de la même maniere qu'aux autres accusés, excepté qu'il doit être fait mention de l'assistance de son curateur, suivant l'article 6.

Si le muet ou sourd sçait écrire, il peut écrire & signer toutes ses réponses, dires & réproches contre les témoins, lesquels doivent être aussi signés par le curateur suivant l'article 4. du même titre 18. de l'Ordonnance de 1670.

Mais si le sourd ou muet ne veut, ou ne sçait écrire ni signer, pour lors le curateur doit répondre en sa présence, fournir les reproches qu'il peut avoir contre les témoins, & faire généralement tous les actes que feroient l'accusé ; & les mêmes formalités doivent être observées, à la réserve que le curateur doit être debout & tête nûe en présence des Juges, lors du dernier interrogatoire, quelque conclusion ou Sentence qu'il y ait contre l'accusé, suivant l'article 5.

Si l'accusé est sourd ou muet, ou ensemble sourd & muet, tous les actes de la procédure doivent faire mention de l'assistance de son curateur, à peine de nullité ; & des dépens, dommages & intérêts des Parties contre les Juges : le dispositif néanmoins du Jugement diffinitif ne doit faire mention que de l'accusé.

MUET VOLONTAIRE, est celui qui étant accusé, refuse de répondre aux interrogatoires qui lui sont faits, quoiqu'il ne soit pas muet, & qu'il puisse y répondre.

Il n'est pas besoin de lui créer un curateur ; mais le Juge doit lui faire trois interpellations de répondre, à chacune desquelles il lui déclarera, qu'autrement son procès lui sera fait comme à un muet volontaire, & qu'après il ne sera plus reçu à répondre sur ce qui aura été fait en sa présence pendant son refus de répondre ; ainsi qu'il est dit en l'article 8. du titre 18. de l'Ordonnance de 1670. qui porte aussi que le Juge pourra, s'il le trouve à propos, donner un délai pour répondre, qui ne pourra être plus long de vingt-quatre heures.

Si l'accusé persiste en son refus, le Juge continuera l'instruction de son procès, sans qu'il soit besoin de l'ordonner ; & sera fait mention en chacun articles des interrogatoires & autres procédures faites en la présence de l'accusé, qu'il n'a voulu répondre, à peine de nullité des actes où mention n'en aura été faite, & des dépens, dommages & intérêts de la Partie contre le Juge; comme il est dit en l'article 9. du titre 18. de l'Ordonnance de 1670.

Suivant cet article, le Juge doit faire mention à chaque interrogatoire que l'accusé n'a voulu répondre : Par exemple le Juge dans son procès verbal dit. *l'avons interpellé de répondre, & lui avons déclaré qu'autrement son procès lui sera fait par nous, comme à un muet volontaire, & qu'après il ne sera plus reçu à répondre sur ce qui aura été fait en sa présence pendant son refus de répondre*; ensuite il dit, *à quoi il n'a voulu répondre. Interpellé pour la seconde fois de répondre, &c. à quoi il n'a voulu répondre* : ainsi des autres.

Si l'accusé refuse de répondre, est-il réputé criminel pour cela ? Il faut dire que non ; mais s'il y a preuve, l'accusé par son silence est réputé contumace, & en ce cas son silence lui tient lieu de confession ; desorte qu'il peut être condamné suivant que le crime dont il est accusé le mérite, après que

le

le récollement & la confrontation des témoins lui aura été faite.

Si dans la suite de la procédure l'accusé veut répondre, *quid juris* ? Dans ce cas ce qui sera fait jusqu'à ses reproches contre les témoins subsistera, & il ne sera plus reçu à fournir de reproches contre les témoins qui lui auront été confrontés, si les reproches ne sont justifiés par piéces, comme il est porté en l'article 10. du titre 18. de l'Ordonnance de 1670. *Voyez* les articles 19 & 20. du titre 15. & l'article 22. du titre 17. de la même Ordonnance, où il est parlé des reproches par écrit qui sont reçus en tout tems.

Enfin *quid juris*, si l'accusé qui a commencé à répondre cesse de le vouloir faire ? En ce cas la procédure sera continuée, comme il est dit en l'article 11. du titre 18. de l'Ordonnance de 1670.

MUNICIPAL, se dit d'un droit qui s'observe dans une Ville de Province du Royaume, & qui n'est point reçu dans les autres lieux, quoique voisins. Par exemple, le droit de mi-lots est admis dans quelques Provinces de ce Royaume, & entierement inconnu ailleurs; la garde bourgeoise, qui est accordée aux seuls Bourgeois de la ville de Paris, n'a pas lieu à l'égard des Bourgeois des autres Villes qui sont du ressort de la Coutume de Paris.

On appelle Officiers municipaux, ceux qui sont préposés pour maintenir les droits & priviléges des Villes. *Voyez* ce que j'en ai dit lettre O.

MUR MITOYEN, est un mur séparant deux héritages appartenans à deux propriétaires, lequel est commun entre l'un & l'autre, & leur appartient à chacun pour moitié, s'il n'y a titre au contraire. *Voyez* ci-dessus Filets.

Il n'y a que les gros murs joignant la cour, jardin, ou autre place vuide, qui ne sont pas mitoyens, s'il n'y a titre au contraire.

Comme tous les murs de clôture & gros murs séparans maisons sont mytoyens, ou réputés tels, s'il n'y a titre au contraire, ou peuvent le devenir en payant la moitié, un propriétaire peut poser ses bois sur le mur de son voisin, l'élever s'il n'est pas assez haut, le fortifier, le démolir même, s'il n'est pas suffisant, en payant les charges, ou le bâtissant à ses frais & dépens, & en gardant les formalités requises.

Il y a deux sortes de titres de la proprieté du mur entier, quoiqu'il sépare deux héritages.

L'un est la reconnoissance par écrit, ou un Jugement obtenu par l'un des voisins, par lequel il soit déclaré que le mur lui appartient entierement & pour le tout.

L'autre est le chaperon du mur, c'est-à-dire la pointe de maçonnerie dont on le couvre, laquelle a un filet de pierre de deux côtés quand le mur est mitoyen; s'il n'en a que d'un côté, il est pour le tout à celui du côté duquel il est fait. Ainsi la marque qu'un mur est mitoyen, c'est quand il est chaperonné des deux côtés.

MUR DE CLÔTURE, est celui qui sépare les lieux vuides appartenans à deux propriétaires, & où il n'y a aucun bâtiment ni d'un côté, ni d'un autre.

Tout mur de clôture est réputé mitoyen, s'il n'est justifié du contraire par écrit, ou par construction.

Suivant la Coutume de Paris & plusieurs autres, chacun peut contraindre son voisin, ès Villes & Fauxbourgs, de faire séparation de leurs maisons, cours & jardins par un mur de clôture, jusqu'à la hauteur de neuf, dix ou douze pieds, compris le chaperon, quoiqu'il n'y en ait jamais eu, & de contribuer aux frais, & fournir par moitié la largeur de dix-huit pouces de terre d'épaisseur pour le faire.

Dans d'autres Coutumes, on ne peut être contraint de clorre & fermer son héritage, si on ne veut.

Si le mur est bon pour clôture & de durée, qui veut bâtir dessus & démolir le mur ancien, pour n'être suffisant pour porter son bâtiment, est tenu payer tous les frais sans aucune charge; mais s'il s'aide du mur ancien, il doit les charges, suivant l'article 196. de la Coutume de Paris.

Qui a bâti le mur de clôture à ses dépens, & pris entierement la terre de son côté pour se clorre d'avec son voisin, ne peut demander son remboursement qu'au cas que dans la suite le voisin se serve du mur.

Hors les Villes & Fauxbourgs, ne se clôt qui ne veut, comme il est porté en l'article 210 & 211. de la Coutume de Paris.

Si l'un des voisins veut se clorre, faire le peut à ses dépens, prenant le fonds du mur de son côté, & le voisin refusant d'y contribuer, est tenu lui donner acte que le mur est à lui pour le tout.

Quand un mur de clôture sépare les héritages des deux voisins, il n'est pas permis à un des deux d'ouvrir une porte dans ce mur pour aller chez son voisin, s'il n'a un titre qui lui en donne le droit: ce seroit une servitude sur son voisin dont il faudroit avoir un titre, suivant la maxime, nulle servitude sans titre.

Mais quand un mur de clôture est joignant immédiatement à un héritage qui appartient au même propriétaire en tout, rien ne peut empêcher de faire une ouverture à ce mur, pour aller à l'héritage sur lequel il a droit de proprieté.

En effet, tout propriétaire a la faculté d'aller & venir sur un héritage auquel il a droit. Ainsi dans ce cas ce n'est point une servitude, c'est un droit de proprieté.

MURS ET PORTES DES VILLES, sont choses respectables, & mises par les Loix à l'abri de l'injure des hommes, par les peines qu'elles ont établies contre ceux qui manqueroient au respect qui leur est dû.

Romulus, qui avoit de son autorité fait mourir son frere Remus, pour avoir par mépris franchi les premieres murailles de Rome, ordonna ensuite, par une Loi particuliere, que ceux qui violeroient les murailles des Villes, seroient punis de mort.

Cette peine fut ensuite par l'interprétation des Jurisconsultes, étendue à ceux qui violeroient les portes des Villes, lesquelles furent aussi depuis appellées saintes. *Sanctum autem dicitur, quod ab injuriis hominum defensum atque munitum est Leg. 6. ff. de rer. divis.*

Ainsi, quiconque donne atteinte au respect dû aux murs & aux portes des Villes, en les profanant, est puni de mort. *Si quis violaverit muros, capite punitur: sicuti si quis transcendet scalis admotis, vel alia qualibet ratione: nam cives Romani alia, quam per portas egredi non licet, cum illud hostile, & abominandum sit. Leg. 11. ff. eod.*

En France, la peine de mort est quelquefois prononcée contre ceux qui violent les murs & les portes des Villes. Ainsi parmi nous il est défendu, sous peine de la vie, d'escalader les murailles des Villes frontieres, ou d'en forcer les portes.

A l'égard des autres infracteurs des murs & portes des Villes, la peine à laquelle ils sont condamnés est plus ou moins grande, suivant l'atrocité & les circonstances du fait.

Les murailles & les portes des Villes, les remparts, fossés, & tous lieux servans aux clôtures & fortifications des Villes, appartiennent au Roi en pleine propriété, desorte qu'aucun particulier, ni aucune Communauté, ne peut prétendre aucun droit dessus.

De ce principe incontestable il s'ensuit, qu'il n'est pas permis à personne de détruire de sa propre autorité des parapets, d'abbattre les murailles des Villes, d'en transporter des pierres pour se former des terrasses agréables, ou pour quelque autre cause que ce soit.

Il faut même une permission du Principe, ou du Magistrat à qui il daigne confier le soin de ses intérêts, pour rétablir les murs des Villes, que la désolation des guerres ou leur ancienneté a détruits. *Muros autem municipales nec reficere licet sine Principis, vel Præsidis autoritate, nec aliquid eis conjungere vel superponere. Leg. 9. §. 4. ff. de rer. divis.*

S'il faut une permission pour réparer les murs des Villes, il en faut une bien plus précise pour les détruire, ou pour y faire des ouvertures; car il peut arriver que ces ouvertures intéressent la sûreté des Citoyens, en facilitant l'entrée aux espions, la sortie aux Soldats pendant la nuit, & la fuite aux déserteurs.

Enfin, à l'exception du Seigneur, il n'est permis à personne de pratiquer des portes dans les murs de la Ville pour aller dans les dehors, sans être obligé de passer par les portes principales & publiques.

Ainsi, par Arrêt rendu au Parlement de Provence le 21 Avril 1644. il a été jugé que le Seigneur pouvoit faire une posterle aux murailles du lieu, pour sortir quand il voudroit; mais que les habitans qui ont des maisons contre les murailles du lieu, doivent treillisser les fenêtres, aux formes du Statut. Cet Arrêt est raporté par Boniface, tom. 4. liv. 3. tit. 2. chap. 6.

MUTATION EN MATIERE DE FIEF, se dit quand un fief change de main, c'est-à-dire change de propriétaire ou détempteur; ce qui arrive par la mort du Seigneur, ou par celle de l'ancien vassal, ou par l'aliénation qu'il fait de son fief, soit a titre onéreux ou lucratif.

La mutation arrive, ou de la part du Seigneur, ou de la part du vassal.

Dans les mutations qui arrivent de la part du Seigneur, le vassal ne doit que la foi & hommage; ensorte que si le nouveau Seigneur exigeoit de son vassal un aveu & dénombrement, il faudroit qu'il en fit les frais. *Voyez* ce que j'ai dit sur l'article 46. de la Coutume de Paris.

Dans les mutations qui arrivent de la part du vassal, il est toujours dû, outre la foi & hommages, l'aveu & le dénombrement seulement; mais quelquefois aussi il est dû, outre cela, le droit de relief, ou le droit de quint.

L'aveu & le dénombrement est dû seulement, I°. Dans les successions & donations en ligne directe, si le défunt ou le donateur ne devoit ni droit ni profit de fief.

II°. Pour les mutations qui arrivent par les partages & par les divisions faites entre cohéritiers, tant en ligne directe, qu'en ligne collatérale.

III°. Pour licitation faite en Justice sans fraude, entre cohéritiers, d'un héritage, dont l'adjudication a été faite à un d'eux.

IV°. Dans les mutations qui arrivent par l'accroissement de la part d'un des héritiers à l'autre, au moyen de la renonciation qu'il a faite.

V°. Dans celles qui arrivent par le premier mariages des filles.

Outre la foi & hommages, l'aveu & le dénombrement, le droit de relief est dû pour succession, donation & substitution en collatérale, pour le second & autres mariages des filles, pour bail emphytéotique, pour mutation du titulaire de Bénéfice, pour mort de curateur créé à une succession vacante, ou à un héritage déguerpi.

Au reste, lorsqu'un fief substitué passe d'un collatéral à un autre collatéral, le droit de relief est dû; quoique celui qui le recueille soit descendu en ligne directe de l'auteur de la substitution; comme il a été jugé par Arrêt du Parlement de Paris, rendu le 20 Mai 1727.

Pour ce qui est des mutations qui arrivent par vente de fief, ou par bail à rente rachetable, ou autre contrat équipollent à la vente, outre la foi & hommage, l'aveu & le dénombrement, il est dû au Seigneur de qui le fief releve le droit du quint. *Voyez* ce que j'ai dit *verbo* Quint.

Anciennement le droit de quint n'étoit point dû pour les mutations qui arrivoient par échange; mais par plusieurs Edits & Déclarations de Louis XIV. le droit de quint est dû en cas d'échange, comme en cas de vente. Il est vrai que les droits d'échange n'appartiennent point au Seigneur, mais au Roi, à moins que les Seigneurs n'en ayent traité avec le Roi.

Tout ce que nous venons de dire est tiré des articles du premier titre de la Coutume de Paris, sur lesquels le Lecteur peut voir mon grand Commentaire.

MUTATION, EN MATIERE DE CENSIVE, se dit quand un héritage censuel change de main, c'est-à-dire change de propriétaire ou détempteur; & alors les droits de lods & ventes ne sont dûs au Seigneur censier que pour l'une des deux causes de mutation marquées ès articles 78. & 79. de la Coutume de Paris; sçavoir.

I°. Pour les acquisitions qui se font par vente.

II°. Pour celles qui se font par bail à rente rachetable.

III°. Pour celle qui se font par échange.

C'est une régle générale, que pour vente d'héritage censuel, les lods & ventes sont dûs au Seigneur censier.

Dans le commencement, il n'étoit pas permis au censitaire de vendre l'héritage qui lui avoit été baillé à cens, sans avoir le consentement du Seigneur; & pour avoir son consentement, on lui payoit une certaine somme: ce qui a depuis passé en droit commun.

Il est aujourd'hui permis au censitaire de vendre l'héritage chargé de cens, & cela sans le consentement du Seigneur censier; mais en lui payant un droit qui est reglé par les Coutumes, & que l'on appelle communément lods & ventes.

L'on a douté autrefois s'il étoit dû lods & ventes d'un contrat d'échange, & de permutation d'héritage, par la raison que dans un contrat déchange, il n'y a point d'argent qui fasse que l'un des contractans soit vendeur, & l'autre acheteur. *In permutatione non intervenit pecunia, cujus numeratio venditionis causam inducat.*

Ainsi, supposant que la part ou le lot du Seigneur ne lui soit dû que dans le cas de vente, *propter pretii numerationem*, les lods étant la partie du prix qui doit appartenir au Seigneur, il paroît que ces droits ne lui sont point dûs dans le cas de permutation: *quia in ea pretium non intervenit*.

Mais par les Edits, Déclarations & Arrêts du Conseil, il a été ordonné que les droits seigneuriaux seroient dûs pour échange d'héritages, de même que pour vente; sçavoir, le quint pour échange de fiefs, & les lods & ventes pour échange d'héritage en roture.

La raison qu'on en peut donner est, que les droits seigneuriaux sont dûs par l'acquereur d'un héritage pour le droit d'investiture, & pour marque de la reconnoissance de son Seigneur; *quod tam in permutatione quam in emptione occurrit, in quibus novus semper possessor debet approbari.*

D'ailleurs, la permutation ou échange, fait dans la chose ce que fait le prix dans la vente. *In emptione enim aliud res, aliud pretium; in permutatione autem res alia fingitur esse loco pretii.*

Voyez les Edits, Déclarations & Arrêts du Conseil qui ont été donnés à ce sujet, & que j'ai rapporté sur l'article 78. de la Coutume de Paris, & un Arrêt du Conseil du 12. Décembre 1724. par lesquels il paroît qu'à présent l'échange produit les mêmes droits que la vente; avec cette différence que les droits d'échanges n'appartiennent pas au Seigneur, mais au Roi, à moins qu'ils n'en ayent traité avec le Roi, comme nous avons dit ci-dessus.

Pour bail à rente rachetables, les lods & ventes sont dûs, parce que c'est un acte équipollent à la vente. Ainsi, dans ce cas le preneur à vente est tenu de payer au Seigneur censier ou foncier les ventes du sort principal de la rente, encore qu'elle ne soit pas rachetée.

Il en faut dire de même de l'échange d'un héritage contre des meubles, du délaissement que fait le propriétaire de l'héritage à son créancier pour s'acquitter de ce qu'il lui doit, de l'adjudication par décrêt à la charge d'une rente rachetable, & de quelques autres actes de cette nature qui sont équipollens à la vente.

Pour l'héritage donné à la charge d'une rente fonciere non rachetable, ne sont dûs aucuns droits au Seigneur, parce qu'une telle rente tient lieu de l'héritage; mais lorsque la rente est vendue ou rachetée, les droits en sont dûs. *Voyez* M. Lauriere dans sa note sur l'article 4. du titre second du quatriéme livres des Institutes de Loysel, sur la fin.

Ne sont dûs aucuns droits pour beaux emphytéotiques, quand il n'y a point d'argent déboursé. Mornac, *ad legem ultimam*, *cod. de jure emphyt.*

Lorsque l'acquereur d'un héritage le fait décreter sur lui-même pour purger les hypotéques, il n'est dû qu'un seul droit pour la vente & pour le décret; parce qu'en effet le décret n'est pas une nouvelle vente, ce n'est proprement qu'une assurance de la premiere, comme je l'ai observé sur l'article 84. de la Coutume de Paris.

Mais si celui qui a acquis un héritage vient à déguerpir avant que d'avoir payé les droits seigneuriaux, le Seigneur ne peut pas obliger à les lui payer, d'autant qu'il ne les doit qu'en conséquence de l'héritage qui ne se trouve plus lui appartenir; ce qui paroît autorisé de ce que dit Fabert, sur les trois premieres Loix du Code, au titre *quando liceat ab emptione discedere.*

C'est aussi ce qui a été jugé par arrêt rendu au mois de Juin 1590. raaporté par Mornac en son Recueil, partie 1. article 85.

Si l'acquereur d'un héritage est contrain de le déguerpir pour les dettes de son vendeur, cet héritage étant vendu à la poursuite des créanciers, l'acquereur qui a déguerpi succede au droit du Seigneur, & prend en sa place les ventes du décrêt; parce qu'il seroit injuste que cet acquereur perdit les droits qu'il a payés pour un héritage qu'il est obligé d'abandonner, malgré lui par le fruit d'autrui.

Il est cependant aux choix du Seigneur de prendre les ventes du décrêt, en rendant celles qu'il a reçues de la premiere acquisition. *Voyez* ce que j'ai dit sur l'article 70. de la Coutume de Paris.

L'orsqu'un héritage est possedé par indivis par plusieurs cohéritiers ou copropriétaires à titre particulier, ils peuvent le partager entr'eux; mais s'ils ne le peuvent pas faire commodément, & que par la licitation qu'on en fait il est adjugé en entier à l'un deux, il ne doit aucuns droits, ni de sa portion, ni de celle qui appartenoit à ses cohéritiers ou propriétaires.

Ce que nous disons des copropriétaires à titre particulier, n'a lieu que quand l'association ou communauté est forcé, *necessitate juris*; car si un étranger acquiert la portion divisée de l'un des cohéritiers ou copropriétaires, & qu'ensuite il fasse liciter l'héritage & s'en rendre adjudicataire, les droits sont dûs au Seigneur.

En ventes d'héritages à faculté de rachat, sont dûs lods & ventes dès-lors du contrat; parce que la vente est des-lors parfaite, pure & simple, quoiqu'elle puisse être résolue sous condition. Mais le cas avenant, il n'est point dû de nouveaux droits pour l'exercice de la faculté du rachat: la vente étant résolue, la chose, par rapport au vendeur, & comme si elle n'avoit pas été aliénée.

Pour vente d'usufruit ou de bois de haute-futaie, il n'est point dû de droits au Seigneur, lorsqu'ils sont vendus séparément du fonds, excepté le cas de la fraude, qui se présumeroit si la proprieté étoit vendue quelque tems après à l'usufruitier, ou le bois de haute-futaie à celui qui auroit acquis la superficie.

Les droits ne sont donc point dûs pour vente d'usufruit, parce que les droits ne sont dûs qu'en cas de mutation : or par la constitution d'usufruit il n'y a aucune mutation, puisque la constitution de l'usufruit ne fait point changer de propriétaire; & que quand on dit que *usùsfructus facit partem proprietatis, illud debet intelligi de usufructu causali, qui conjungitur cum sua causa, nimirum cum proprietate, non verò de usufructu formali, qui est servitus, quæ scilicet à proprietate penitus distinguitur.*

Nous avons cependant quelques Coutumes, comme celle de Laon, article 191. & celle de Châlons, article 192. qui veulent que les droits se payent pour vente d'usufruit : mais comme elles sont exorbitantes du Droit commun, elles ne peuvent être étendues aux autres.

A l'égard de la vente du bois de haute-futaie, elle ne donne point non plus lieu aux droits seigneuriaux quand il n'y a point de fraude; parce que quoique le bois de haute-futaie fasse partie du fonds tant qu'il y est attaché, néanmoins il est réputé meuble si-tôt qu'il est vendu & coupé. Coquille, quest. 20.

Les droits n'étant point dûs au Seigneur pour vente d'usufruit, ils ne lui sont pas non plus dûs pour bail à vie; parce que le droit de celui en faveur de qui ce bail est fait n'a aucun droit dans la proprieté de l'heritage, puisqu'il n'a point de tems fixe & certain, & que son droit peut être éteint d'un jour à l'autre.

La veuve n'est point aussi obligée de payer aucuns droits, ni les héritiers du mari, pour son douaire coutumier, suivant l'article 40. de la Coutume de Paris.

Pareillement, les Gardiens Nobles ou Bourgeois ne payent aucuns droits aux Seigneurs pour la jouissance des biens des mineurs pendant la garde, suivant l'article 48. de la même Coutume.

Il faut que le contrat de vente soit bon, pour produire des droits au Seigneur. Il n'en pourroit pas prétendre d'un contrat qui seroit nul, ni de celui qui auroit été bon dans son origine, mais qui auroit iété dans la suite résolue par une cause ancienne qui procéderoit du contrat même; & en ce cas il seroit obligé de rendre ceux qu'il auroit reçus.

Par exemple, si le tuteur avoit vendu l'héritage de son mineur avec toutes les formalités requises, & que ce mineur se fit restituer contre la vente pour cause de lézion, il ne sera dûs aucuns droits au Seigneur, ni pour le contrat de vente, ni pour la résolution, parce que la cause de la résolution procede du contrat même par lequel le mineur a été lézé.

Il n'en est pas de même lorsque le contrat est résolu pour une cause qui n'est survenue qu'après. Par exemple, le vendeur rentre dans la chose vendue, faute par l'acquereur d'en payer le prix : le défaut de payement, qui cause la résolution de contrat, est une nouvelle cause qui n'est point dans le contrat même, & qui n'en tire point son origine : c'est pourquoi en ce cas les droits du premier contrat sont dûs au Seigneur; mais il n'en doit pas avoir de la résolution, parce qu'elle n'est pas volontaire.

A l'égard de la résolution du contrat de vente, qui se fait du consentement des Parties, après que le contrat est parfait & accompli, les droits sont dûs au Seigneur, tant du contrat de vente, que de la résolution, laquelle étant purement volontaire, doit être regardée comme une véritable vente.

Dumoulin, sur l'article 20. de la Coutume de Paris, glose 5. nomb. 11. & sur l'article 33. nomb. 10. & 11. tient néanmoins que si les choses sont encore entieres; c'est-à-dire si le contrat n'a eu aucune exécution, les Parties peuvent en consentir la résolution sans devoir aucuns droits au Seigneur.

Mais pour cela il faut, suivant cet Auteur, que trois choses concourent ensemble.

I°. Que l'acquereur ne soit pas entré en possession de l'héritage.

II°. Que le vendeur n'ait pas reçu le prix.

III°. Que le Seigneur n'ait formé aucune demande de ses droits.

Voyez, touchant le cas où les droits sont dûs

pour mutation, ce que j'ai dit sur les articles 78, 79 & 80. de la Coutume de Paris. *Voyez* aussi Henrys & son Commentateur, liv. 3. quest. 52 & 75.

MUTATION EN FAIT DE FIEF REGIE SELON LA COUTUME DU VEXIN LE FRANÇOIS. *Voyez* ce que j'en ai dit *verbo* Vexin.

MUTUEL, est un terme relatif qui se dit de ce qui est réciproques entre deux ou plusieurs personnes.

Ainsi, un testament mutuel est celui que deux personnes font réciproquement pour laisser leurs biens au survivant. Cette sorte de testament est abrogée par l'article 77. de l'Ordonnance de 1735.

Don mutuel, est un don réciproque fait entre conjoints.

Donation mutuelle, est une donation réciproque faite entre deux ou plusieurs personnes au profit du survivant.

Voyez ce que j'ai dit sur ces mots, lettre D.

N

AISSANCE, signifie la venue d'un enfant au monde.

Les enfans ne laissent pas seulement à leurs peres, mais à la République; ainsi l'état de leurs personnes appartient plus au Public qu'à leurs peres mêmes : c'est pourquoi la Loi de Romulus, qui permettoit à un pere de deshériter & même de tuer ses enfans, ne lui permettoit pas de les rejetter & de les abdiquer comme étrangers. Les peres chez les Romains pouvoient bien renoncer à la bonté paternelle, mais non pas à la qualité de pere; ils pouvoient leur ôter la vie, mais non pas le titre de leur naissance.

Comme il n'est pas au pouvoir d'un fils de prouver physiquement & démonstrativement qui est son pere, les Loix ne s'arrêtant en cela qu'à ce qui en paroît au-dehors, déclarent que celui-là est tenu pour le vrai pere, qui paroît l'être par le mariage; & elles laissent les secrets invisibles de la nature à Dieu qui en est l'auteur, à cet œil invisible qui voit toutes choses.

Elles présument de l'innocence d'une femme légitime : ainsi elles jugent toujours favorablement des choses secrettes par celles qui sont connues; & suivant la maxime, *Pater est quem justæ nuptiæ demonstrant*, elles déclarent légitime tout ce qui naît sous le sçeau du mariage, tout ce qui a sur le front cette marque vénérable; en un mot, tout ce qui entre dans le monde par cette porte de bénédictions & de graces.

Lorsque deux personnes sont unies par les Loix inviolables de ce contrat spirituel & politique, ce ne sont plus elles, mais les Loix qui font la généalogie de leurs enfans : ainsi les peres sont obligés d'avouer comme nés d'eux les enfans que leur mariage leur présente. *Voyez* ce que j'ai dit, lettre E, en parlant de l'état des enfans.

Pour maintenir l'état des enfans nés *ex nuptiis*, il suffit donc d'alléguer la possibilité des approches du mari & de la femme. D'où il s'ensuit.

I°. Que l'état d'un enfant né pendant le mariage ne peut être contesté, sous prétexte que la mere est devenue enceinte dans le tems que le mari étoit absent, à moins qu'il ne fut justifié qu'il y a impossibilité physique que le mari en soit le pere, comme je l'ai remarqué *verbo* absent.

II°. Qu'un enfant né pendant le mariage ne peut être désavoué, quelques preuves qu'il y ait de la débauche de sa mere, à moins que l'on ne prouve qu'il y ait impossibilité physique que le mari de la mere ait eu avec elle aucune fréquentation dans le tems que cet enfant a été conçu, comme je l'ai dit *verbo* adultere, & comme il est dit dans le troisiéme tome des causes célébres, pag. 278 & suiv.

Voyons présentement dans quel tems il faut que les enfans soient nés d'un légitime mariage, pour qu'ils soient réputés légitimes.

Quoiqu'il n'y ait rien qui soit absolument certain touchant le terme de la naissance d'un enfant, néanmoins l'expérience a fait introduire pour régle, que les enfans viennent au monde presque toujours dans le neuviéme mois de leur conception, & quelquefois dans le septiéme commencé, & quelquefois dans le dixiéme commencé, & non par-delà; à moins que des circonstances particulieres ne forment des présomptions très-évidentes en faveur de la veuve, & ne donnent lieu de croire, par une conduite irréprochable, que sa grossesse a été plus longue que les grosses ordinaires.

Ainsi, pour qu'un enfant soit légitime, ce n'est pas assez qu'il naisse d'une mere dont le mariage est légitime & valablement contracté, il faut encore qu'il soit né dans le mariage; & que s'il est né après, le posthume naisse dans un tems qui le fasse présumer être du défunt; ce qui n'est guéres probable lorsqu'il vient au monde dix mois après que mari de sa mere est décedé.

Aussi les Loix Romaines ont décidé que celui qui est né dix mois après la mort du mari de sa mere, n'étoit légitime. *Leg.* 3. §. *Penult. ff. de suis & legitim. hæredib.* & cette régle est observée en France.

Nous avons cependant plusieurs Arrêts qui ont jugé, que des enfans nés dans le onziéme mois, & même par-delà, depuis la mort de leur pere, étoient légitimes & admis à sa succession. Dufrene en rapporte deux, l'un du deux Août 1649. & l'autre du 6. Septembre 1653. Mais hors les circonstances particulieres qui ont porté les Juges à s'écarter de la régle générale, il s'y faut tenir *Voyez* Bourguier, lettre E, nombre 4. & M. Augeard, tom. 1. chap. 62.

Il ne paroît pas cependant qu'on puisse régler absolument les justes termes de la durée d'une grossesse, pour faire juger qu'un enfant est légitime ou non, s'il est né quelques jours plutôt ou plutard. Ainsi on ne fait pas toujours dépendre une question de cette importance d'une régle, qui pourroit en fixant les opérations de la nature, se trouver quelquefois fausse. Il n'est pas possible de marquer bornes précises de ce que la nature peut & ne peut pas, attendu que les combinaisons de différentes causes diversifient quelquefois ses opérations, comme il est dit dans le troisiéme tome des causes célebres, page 279.

Quoiqu'il en soit, la régle est, que pour qu'un enfant soit absolument réputé légitime, il faut, conformément à ce que nous avons dit, que le tems de sa conception quadre à celui de sa naissance, c'est-à-dire qu'il ait été conçu *constante matrimonio*; autrement on pourroit être admis à prouver qu'il n'est pas né *ex nuptiis*.

Ainsi, ceux qui naissent d'une veuve dix mois après la mort de son mari, sont reputés n'avoir été conçus qu'après sa mort, & par conséquent ne sont pas ordinairement mis au rang des enfans légitimes.

A l'égard de l'enfant qui vient au monde dans le septiéme mois commencé, à compter du jours des nôces de ses pere & mere, il est légitime, & réputé provenir de leur mariage; *quia non solum natus est ex justis nuptiis, sed etiam conceptus constante matrimonio*: desorte que le mari est obligé de le reconnoître pour son fils, & ne peut être admis à prouver le contraire. *Inest ejus nativitati præsumptio juris & de jure, contra quam non admittitur probatio.*

Voici ce que dit le Jurisconsulte Paul, dans la Loi 12. au Digeste *de statu hominum. Septimo mense nasci perfectum partum jam receptum est, propter auctoritatem doctissimi viri Hypocratis: & ideo credendum est eum, qui ex justis nuptiis septimo mense natus est, justum filium esse.*

Par l'argument tiré *à contrario* de cette décision, il semble qu'on doive conclure que l'enfant qui est né pendant les premiers mois *à contractis nuptiis*, avant le septiéme mois commencé, n'est pas légitime; cependant il est réputé tel, à cause de la présomption qui est tirée de la régle. *Pater est quem justæ nuptiæ demonstrant. Leg.* 5. *ff. de in jus vocando.*

Mais dans ce cas cette présomption n'est pas *juris & de jure*, ce n'est qu'une présomption *juris, contra quem admittitur probatio.* D'où il s'ensuit, que le mari ne seroit pas dans une nécessité absolue de reconnoître pour son fils un enfant dont sa femme accoucheroit avant le septiéme mois de leur mariage; mais qu'il peut, s'il a des preuves évidentes pour prouver le contraire, être admis à en justifier.

La raison est, que cet enfant est né à la vérité pendant le mariage, mais non pas *ex nuptiis*, puisqu'il avoit été conçu auparavant.

Il faut néanmoins des preuves bien fortes pour justifier qu'un enfant qui est né dans le premier, second, troisiéme, quatriéme, cinquiéme ou siziéme mois, *à contractis nuptiis*, n'est pas légitime.

Je ne serois pas de l'avis de M. du Nod, qui dans son Traité des Prescriptions, page 219. dit que l'enfant qui naît avant le septiéme mois n'est pas légitime: je crois aucontraire que la présomption est en sa faveur; mais que cette présomption n'étant point *juris & de jure*, on peut être admis à prouver le contraire, & qu'on la peut détruire par des preuves évidentes. Ainsi la Cour par Arrêt du deux Juillet 1666. rapporté dans le Journal des Audiences, reçut des enfans à faire preuve par témoins que leur mere étoit enceinte au tems de son mariage. Par Arrêt du Parlement de Paris, rapporté par Bardel, tom. 1. liv. 7. chap. 32. la Cour a déclaré illégitime, & incapable de succeder au mari de sa mere, un enfant qui étoit né quatre mois après la célébration de leur mariage.

Mais pourque cela puisse être ainsi ordonné, il faut comme nous l'avons dit, qu'il paroisse très-évidemment que l'enfant n'a pû être le fils de celui qui en avoit épousé la mere au tems qu'elle en étoit enceinte.

Voyez M. Louet & son commentateur, lettre E, chap. 5. Bardet, tom 2. liv. 1. chapitre 26. & liv. 7. chap. 32. ce que j'ai dit sur l'article 328. de la Coutume de Paris, glose 3. sect. 2. §. 1: & M. le Brun, en son Traité des Successions, liv. 1. chap. 4. nomb. 2. & suiv.

NAISSANCE DES ENFANS SE TROUVE PAR DES EXTRAITS BABTISTAIRES, tirés des Régistres que les Curés des Paroisses sont tenus d'avoir à cet effet.

Autrefois les peres, pour prouver la naissance de l'âge de leurs enfans, faisoient une déclaration de leur naissance dans les actes publics. A présent on tient dans toutes les Paroisses un Registre des nativités & baptêmes des enfans; ce qui sert à sçavoir leur âge, & à connoître leur état & leur condition. En ces Registres on marque le jour de leur naissance & de leur baptême, le nom de l'enfant, & s'il est mâle ou femelle, le nom de ses pere & mere, & celui de son parrein & de sa maraine.

Les Ordonnances veulent donc que dans ces Registres de Baptéme on inscrive le nom des peres &

meres, afin que les enfans reconnoiſſent quel eſt le pere qui les avoue ſur la terre, par acte qui leur en découvre un dans le Ciel; qu'ils ne puiſſent pas plus douter de la vérité de leur origine, que de la vérité de leur Baptême ; & que la Religion elle-même conſacre l'aveu de la vérité de leur naiſſance temporelle par le ſceau de la preuve de leur naiſſance ſpirituelle.

Voyez Filiation. *Voyez* Légitime. *Voyez* Queſtion d'état.

NANTIR, ſignifie en quelques Coutumes conſigner. Nantir, ſignifie auſſi ſe faire inſcrire dans un Regiſtre public, pour avoir hypotéque ſur les biens de ſon débiteur, comme on fait en certaines Coutumes, appellées Coutumes de nantiſſement.

NANTISSEMENT, eſt la ſûreté & le gage que le débiteur donne à ſon créancier. On ne peut obliger un créancier à rendre les titres qu'on lui a donnés en nantiſſement, qu'en lui payant ce qui lui eſt dû. Ainſi jugé au Parlement de Paris par Arrêt du 9. Juillet 1698. rapporté dans le Journal des Audiences,

Voyez Gage.

NANTISSEMENT, ſignifie auſſi une maniere d'établir & conſtituer hypotéque ſur des immeubles, dans quelques Provinces ds France, appellées Coutumes de nantiſſement; ce qui ſe fait par une eſpéce de tradition feinte & ſimulée, comme en Picardie & en Champagne.

C'eſt auſſi une formalité qui s'obſerve en quelques Coutumes en la vente & l'aliénation des immeubles, pour en acquerir droit de proprieté.

Le nantiſſement n'a lieu que pour les héritages ſitués dans l'étendue des Coutumes qui le requierent, pour acquerir droit de proprieté ou d'hypotéque.

En la Prevôté & Vicomté de Paris, le nantiſſement n'eſt pas requis ni obſervé ; *quia ſolo conſenſu contrahitur hypotheca, & ſola traditione transfertur dominium, ſine alio miniſterio & ſolemnitate*, conformément à la diſpoſition du Droit Romain. *Leg. contrahitur, ff. de pignorib. & hypoth. Leg. per traditionem, cod. de pactis.* Bacquet, des droits de Juſtice, chap. 3. nomb. 23.

Le nantiſſement ſe fait de trois manieres, ſelon Loyſeau.

La premiere eſt par déſaiſine, & ſaiſine, autrement par deveſt & veſt, quand le vendeur ou le débiteur ſe deveſt de la proprieté de l'héritage ès mains du Seigneur Juſticier, & que l'acquereur ou créancier hypotécaire s'en fait en ſaiſiner par le Seigneur, par la tradition d'un bâton. *Voyez* ci-après; Veſt & Deveſt. *Voyez* Paſquier, dans ſes Recherches; liv. 8. chap. 58. Cette formalité ſe pratique plus communément ès ventes & aliénations, qu'ès ſimples engagemens & obligations des héritages.

La deuziéme ſe fait par main aſſiſe, quand le créancier à qui l'héritage eſt obligé, y fait mettre & aſſeoir la main du Roi ou de Juſtice, & fait ordonner par le Juge, le débiteur & le Seigneur appellés, que la main miſe tiendra juſqu'à ce qu'il ſoit payé de ſon dû.

La troiſiéme ſe fait par priſe de poſſeſſion de l'héritage obligé, quand le créancier, par commiſſion du Juge, ſe fait mettre de fait en poſſeſſion réelle & actuelle de l'héritage qui lui eſt hypotequé, ayant ajourné pour cet effet le débiteur & le Seigneur direct. Cette acte de priſe de poſſeſſion porte: *Nous avons nanti, réaliſé & hypotequé un tel, ſur tels & tels héritages, pour une telle ſomme.* Le nantiſſement produit deux effets conſiderables.

Le premier eſt, que le créancier acquiert un droit réel ſur la choſe, qui eſt tel, que l'héritage ſur lequel il s'eſt fait nantir, ne peut plus être engagé ni aliené au préjudice de ſon dû ; enſorte que celui qui s'eſt fait nantir, doit être préferé à tous autres créanciers hypotécaires qui ne ſe trouveroient point ſur les Regiſtres du Nantiſſement, ou qui auroient été mis poſtérieurement : ce qui fait que le premier nanti, quoique poſtérieur dans la date de ſa créance, précede un créancier dont la créance eſt antérieure lorſqu'il ne s'eſt fait nantir que depuis.

Mais ſi le nantiſſement n'avoit point d'autre effet, on pourroit le regarder comme une cérémonie ſuperflue, puiſque l'autenticité du ſceau opere la même choſe dans la plus grande partie du Royaume, & que ce ne ſeroit pas remédier à l'inconvénient, & de prêter à un homme qui ſeroit ſouvent oberé de dettes dont on n'auroit point de connoiſſance.

Ainſi l'autre effet du nantiſſement eſt, que par ſon moyen le commerce eſt plus aſſuré, en ce qu'étant public, celui qui veut prêter avec ſureté, peut par le moyen de nantiſſement connoître à qui il donne ſon bien, & avec qui il contracte, & à la faculté de s'inſtruire de l'état de ſes affaires; au lieu que dans les autres Coutumes, tel croit contracter avec un homme riche & rangé, dont les biens ſont peut-être chargés de quantité d'obligations inconnues.

Le nantiſſement de quelque maniere qu'il ſoit fait, eſt donc toujours public ; ainſi on peut en avoir connoiſſance.

Premierement, celui qui ſe fait par veſt & deveſt entre les mains du Seigneur, eſt public, puiſque le Seigneur doit avoir un Regiſtre pour ces ſortes d'actes, dont il doit donner communication à tous ceux qui veulent y avoir recours.

A l'égard des nantiſſemens qui ſe font par main aſſiſe, ou par miſe en poſſeſſion, la formalité en eſt publique, puiſqu'il faut que le créancier ſe tranſporte ſur les héritages avec un Huiſſier, qui dreſſe un procès verbal de la main aſſiſe, ou de la miſe en poſſeſſion ; en conſéquence de quoi, le créancier en obtient une Sentence du Juge, le débiteur & le Seigneur dûement appellés. Sur quoi il faut remarquer qu'il y a dans la Juriſdiction

diction des Registres particuliers de ces sortes de Sentences que l'on peut consulter.

Le nantissement qui se prend dans la Jurisdiction du Seigneur d'où relevent les héritages, n'a lieu que pour les héritages qui s'y trouvent nommément compris; de même que la vente ne s'entend que des héritages qui y sont expressément énoncés.

On a tenté plusieurs fois d'établir par toute la France la formalité du nantissement, sous prétexte de la conservation des hypotéques; mais cela n'a pas été exécuté.

Il seroit cependant à souhaiter, pour le bien des Particuliers, qu'un tel projet fut mis à exécution; car en rendant les hypotéques notoires, ceux qui prêteroient leur argent courroient moins de risque; & cela empêcheroit quantité de stellionats, qui ne sont que trop fréquens dans les Coutumes où les hypotéques sont secretes, & ne sont pas connues du Public, comme elles le sont dans les pays de nantissement.

Outre les trois manieres de nantissemens dont nous venons de parler, il y en a une quatriéme qui se pratique par un simple acte de nantissement dans les Provinces de Picardie, & le pays de Vermandois & d'Artois, & qui se fait en la maniere qui suit.

L'acquereur d'un héritage, où un créancier fait nantir ses Lettres d'acquisition ou de créances expédiées en forme autentique, sur les héritages énoncés dans sa réquisition, à l'effet d'avoir hypotéque dessus; & qu'il ne soit reçu aucun autre nantissement, si ce n'est à la charge de son dû, ou rente & priorité de son croit.

L'acte de nantissement doit être délivré & endossé en sesdites Lettres, & doit aussi être enregistré au Greffe des lieux où sont assis lesdits héritages.

Dans les Provinces de nantissement, les contrats; quoique passés pardevant Notaires, n'emportent point hypotéque contre des tierces personnes: ils sont à leur égard réputés purs personnels & mobiliers, s'ils ne sont nantis & réalisés par les Officiers des lieux d'où relevent les biens affectés & obligés. C'est la disposition de l'article 137. de la Coutume d'Amiens, de l'article 119. de la Coutume générale de Vermandois, & de l'article 72. de la Coutume réformée d'Artois.

Le nantissement est une formalité purement réelle, qui ne touche point à la personne & qui ne concerne en aucune maniere l'autenticité de l'acte. Elle ne touche point à la personne, puisqu'elle n'est pas du nombre de ces formalités qui habilitent les personnes à contracter, ou à pouvoir agir, comme est l'autorisation ou le consentement du mari, sans quoi la femme ne peut agir en Jugement ou hors Jugement.

Elle ne concerne pas aussi l'autenticité de l'acte, puisque l'acte non nanti n'en est pas moins acte public, quand il est passé sous le scel royal ou seigneurial. Or c'est à l'autenticité de l'Acte (si d'ailleurs on excepte les Coutumes de nantissement & d'ensaisinement) que sont attachés les droits d'hypotéque.

Cette formalité appartient si peu à l'autenticité de l'acte, qu'il doit être autentique avant que d'être nanti; & que le nantissement ne peut être accordé par des Jugemens, si ce n'est sur des actes passés pardevant Notaires, & controllés; comme il est porté en l'article 5. de la Déclaration du 19 Mars 1696. touchant le Controlle des Actes des Notaires: desorte que le nantissement n'ajoute rien à l'autenticité de l'acte; sans cette formalité il subsiste, il n'est point sujet à vérification, & il ne peut être détruit que par l'inscription de faux, comme tous actes publics, dont la foi est attestée par des Officiers qui ont un caractere public.

Il est vrai que faute de cette formalité, il ne produit pas d'hypotéque sur les biens situés dans les Coutumes de nantissement, parce que l'hypotéque ne se constitue sur les biens situés dans ces Coutumes, qu'en conséquence de cette formalité; mais il ne laisse pas de donner hypotéque sur les biens situés dans les autres Coutumes qui ne requierent pas une pareille formalité, parce que l'hypotéque est une prérogative attachée à l'autenticité de l'acte dans toutes les Coutumes qui n'en exigent pas davantage.

Ainsi un contrat passé à Paris, non nanti, emportera hypotéque dans toutes les Coutumes, qui pour la constitution de l'hypotéque, ne requierent pas d'autres formalités que l'autenticité de l'acte; mais il ne l'emportera pas dans les Coutumes de nantissement, où il faut, outre l'autenticité de l'acte, des formalités particulieres pour acquerir hypotéque.

Les hypotéques notoires & publiques qui peuvent être aisément connues, n'ont pas besoin de nantissement, même dans les Coutumes qui requierent cette formalité. Telles sont les hypotéques légales & tacites d'un mineur sur les biens de son tuteur, & d'une femme sur les biens de son mari, & sur ceux de son pere qui a promis de la doter. *Voyez* Louet & Brodeau, lettre H. sommaire 26. Il faut néanmoins remarquer, qu'en pays d'Artois l'hypotéque tacite, n'y est pas admise sans nantissement, notamment celle qui résulte des contrats de mariage. Sur quoi *voyez* la Note de M. Maillard, sur l'article 72 de la Coutume d'Artois, nomb. 269.

Les Sentences emportent pareillement hypotéque sans nantissement, à cause, des Ordonnances de 1539. art. 82. de Moulins; 1556. article 53. & de la Déclaration du 10 Juillet de la même année. *Voyez* Brodeau sur Louet, lettre L. sommaire 25.

La raison de douter étoit, qu'aux trois formes prescrites pour avoir hypotéque ès Coutumes de nantissement, la Sentence n'y étoit pas dénommée, & qu'elle ne doit pas se suppléer en ce qui est d'une formalité requise par la Coutume.

La raison de décider est, que si cela étoit admis, il s'ensuivroit qu'en pays de nantissement l'Ordonnance ne pourroit pas avoir lieu, ce qui seroit absurde. *Voyez* Bourdin, sur l'article 92. de l'Ordonnance de 1539. M. le Maître, en son Traité des Criées, chap. 31. nomb. 4. & suiv.

Il faut excepter le pays d'Artois, où les Sentences n'emportent pas les droits réels sur les biens situés dans cette Coutume, parce que l'Ordonnance de 1566. a été faite en un tems où l'Artois n'étoit pas sous le ressort de la France, & n'y a pas été enregistrée. *Voyez* le Commentateur de cette Coutume, sur l'article 1. nomb. 39. & sur l'article 74. nomb. 265.

Les dettes privilégiées n'ont pas encore besoin de nantissement. *Voyez* de Heu, sur l'article 139. de la Coutume d'Amiens; & Dumoulin, sur l'article 137. de la même Coutume.

Enfin les souches de partage n'ont pas besoin de nantissement; comme il a été jugé par Arrêt du 2 Juillet 1551. rapporté par Mornac, *ad legem 26. ff. de pignor. act.*

Il nous reste à remarquer sur cette matiere, qu'en pays de nantissement, le créancier qui s'est fait nantir sur la part que possedoit son débiteur par indivis en un héritage commun de la succession, avant le partage d'icelle, ne pouvoit perdre l'hypotéque acquise par son nantissement sur ledit héritage, pour la part qui appartenoit à son débiteur, quoique par le partage tout l'héritage fût avenu au lot d'un autre copartageant. Ainsi jugé par Arrêt du 6 Septembre 1608.

La raison est, que par le nantissement on se fait propriétaire de la chose sur laquelle on s'est nanti jusqu'à la concurrence de son dû: c'est pourquoi le partage ne peut causer aucun préjudice au créancier d'un des copartageans qui s'est fait nantir sur l'héritage, dont une portion appartenoit auparavant par indivis à son débiteur. *Voyez* M. le Prêtre, cent. 4. chap. 3. vers la fin.

Touchant le nantissement, *voyez* ce que j'en ai dit sur l'article 170. de la Coutume de Paris.

NATION, se dit dans dans les Universités certaine distinction d'Ecoliers, de Professeurs & de Colléges. *Voyez* ce qui en est dit dans le Dictionnaire de Trévoux.

NATURALISER, signifie rendre un étranger capable de tous effets civils, de la même maniere que le sont les Regnicoles & originaires François.

Cette grace ne peut s'accorder que par Sa Majesté; c'est pourquoi les étrangers qui desirent en jouir, obtiennent en grande Chancellerie des Lettres de naturalité, par lesquelles le Roi leur permet de demeurer en France, d'y acquerir des biens, de pouvoir librement disposer de ceux qu'ils auront acquis par quelque disposition que ce soit, ou par actes entre-vifs, comme par contrats, ou par derniere volonté, testamens ou codiciles, de succeder à leurs parens, & que leurs parens leur succedent, pourvû que leurs parens soient Regnicoles ou naturalisés; de pouvoir exercer des Charges dans le Royaume, & d'y pouvoir posseder des Bénéfices ecclésiastiques; & enfin de jouir de tous les autres droits dont jouissent ceux qui sont nés en France, desquels autrement ils seroient incapables.

Chez toutes les Nations on a toujours préferé les habitans du pays aux étrangers. Selon les préceptes de Licurge, on ne souffroit à Lacédémone que ceux qui étoient de la Patrie; & si l'entrée d'Athenes étoit libre, les habitans de cette fameuse Ville ne laissoient pas d'y être distingués plus que ceux qui tiroient leur origine d'ailleurs.

L'Histoire nous apprend combien il étoit nécessaire à un étranger d'acquerir à Rome le droit de Bourgeoisie.

En France, tous les ports sont ouverts à ceux qui abandonnent leur pays pour y venir habiter: le Roi ne refuse point de naturaliser les étrangers qui lui demandent cette grace; mais quand ils meurent en France sans avoir pris cette précaution, Il est juste que Sa Majesté leur succede par droit d'aubaine.

Ce droit est inséparable de la Couronne, sans qu'il puisse appartenir à quelque Seigneur que ce soit. Les aubains ne sont dans le Royaume que par la permission du Roi, qui veut bien les y souffrir; c'est pourquoi il est juste que les droits & avantages qui peuvent revenir en conséquence de la demeure qu'ils font en France, appartiennent à Sa Majesté. Il y a une Déclaration du mois de Février 1720. registrée au Parlement de Paris le 29 Avril suivant, qui porte révocation & nullité des Lettres de naturalité accordées aux étrangers qui ne resident pas dans le Royaume, conformément à la déclaration du 21 Août 1718. rendue au sujet des Genois naturalisés, & à l'Arrêt du Conseil rendu en interprétation le 21 Novembre suivant.

Voyez Aubains. *Voyez* Droit d'Aubaine. *Voyez* Lettres de naturalité.

NAUFRAGE. La contribution pour la perte des marchandises que l'on jette à la mer, dans la crainte du naufrage, doit se faire parmi nous de la maniere qui avoit été prescrite par la Loi *Rhodia*. *Voyez* ce que nous avons dit à ce sujet, lettre L. en parlant de la Loi *Rhodia*.

A l'égard des marchandises & autres choses qui ont été dans un naufrage englouties dans la mer, quand ensuite elles en sont retirées, il en appartient un tiers au Roi, un tiers à l'Amiral, & l'autre tiers à celui qui les a retirées de la mer.

Boniface tom. 1. livre 8. titre 18. chap. 3. rapporte un Arrêt du Parlement de Provence, du mois de Novembre 1664. qui confirma une procédure criminelle faite contre celui qui avoit pris une chose périe par naufrage, à dessein de le dérober.

NAVIGATION, doit être entierement libre: c'est pourquoi les moulins qui sont sur les rivieres, doivent être placés de maniere qu'ils n'empêchent point la navigation.

Voyez M. Brillon dans son Dictionnaire, *verbo* Navigation, où il remarque plusieurs Edits, Déclarations & Arrêts, qui contiennent des Réglemens sur le fait de la navigation.

NE

NEANT, APPELLATION AU NÉANT. Lorsque les Cours souveraines confirment un Jugement dont l'appel étoit porté devant elles, si c'est en matiere civile ou de petit criminel, elles prononcent par *l'appellation au néant*; si c'est une matiere de grand criminel, elles prononcent par *bien jugé, mal & sans grief appellé.*

Les Juges inférieurs devant lesquels sont portées des appellations, ne peuvent jamais, soit au civil ou criminel, prononcer *au néant*, mais par *bien ou mal jugé* *Voyez* ci-après les Prononciations des Jugemens.

NÉANT, se dit dans les comptes & dans les déclarations de dépens, quand les articles sont tirés à néant, & qu'il n'y a qu'un simple mémoire, ou qu'on n'y taxe aucune somme.

NÉGATIVE, est la dénégation d'un fait, quand elle est vague & indéfinie; telle que celle qui n'est circonstanciée d'aucune allégation qui puisse la faire valoir, la preuve en est impossible, comme je l'ai dit *verbo* Preuve, & *verbo* Déposition négative.

Mais pour bien entendre ce qui regarde ce sujet, il faut observer que les Docteurs établissent trois sortes de négatives; sçavoir, une négative de fait, une négative de droit, & une négative de qualité.

La négative de fait, est celle qui n'est pas vague & indéfinie, dont la preuve est admise; par exemple, quand celui qui est accusé d'avoir commis un meurtre un tel jour dans un tel lieu, peut se justifier en niant qu'il fût alors dans ces endroits, comme nous avons dit *verbo* Alibi.

La négative de qualité, est quand on nie qu'une certaine qualité soit dans une chose ou dans une personne; comme si on nie qu'un tel héritage qu'un tel fonds est en roture ou en fief. Cette négative doit être éprouvée par celui qui l'allégue, quand il se fonde sur icelle.

La négative de droit, est quand on nie qu'un acte est valable, attendu qu'il n'est pas revêtu de toutes les solemnités requises; c'est à celui qui allegue qu'il n'est pas valable, à en justifier la défectuosité. *Leg.* 11. *cod. de probationib.* La raison est, que tous les actes sont présumés faits dans les formes & selon la disposition du droit, jusqu'à ce qu'on justifie le contraire. *Leg.* 5. §. *ff. cod. tit. juncta; Leg.* 18. *cod. ibidem.*

NEGOCE, signifie trafic ou commerce, soit en argent ou en marchandises. Tous les Négocians doivent avoir grand soin de conserver leur crédit sur la place.

Savary a écrit du négoce, & a intitulé son Livre: *Le Parfait Négociant.*

NEGRE se dit de ces esclaves noirs qu'on tire de la côte d'Afrique, & qu'on vend dans les Isles de l'amerique, pour la culture du pays; & dans la terre ferme, pour travailler aux mines, aux sucreries, &c. *Voyez* ce que j'en ai dit *verbo* Esclave.

NEVEU, terme relatif à oncle & à tante qui signifie le fils du frere ou de la sœur de celui dont on parle, & qui lui est parent au troisiéme degré, selon le Droit civil; & au deuxiéme, selon le Droit canon.

PETIT NEVEU, est le fils du neveu à l'égard du grand oncle, ou fils de sa niéce. Ils sont au quatriéme degré de parenté, selon le Droit civil; & au troisiéme selon le Droit canon.

NEVEU A LA MODE DE BRETAGNE, est le fils d'un cousin germain, ou d'une cousine germaine: ce qui vient de ce qu'en Bretagne, les cousins germains sont appellés oncles des fils de leurs cousins germains.

NEUFME. Droit de neufme ou de mortuage, étoit un droit connu dans quelques Provinces, & particulierement danr celle de Bretagne, qui consistoit dans une portion des meubles, que les Curés prétendoient dans la succession des personnes décédées, pour leur sépulture & inhumation.

Ce droit est appellé *neufme*, parce qu'il étoit la neuviéme partie de certains biens.

Il étoit appellé *tierçage*; parce que cette neuviéme partie ne se prenoit que sur un tiers des meubles de la communauté du décédé.

Enfin il étoit appellé *mortuage*, parce qu'il s'exigeoit comme un tribut sur les morts.

C'étoit un espéce d'xaction odieuse, à laquelle les Nobles se sont vigoureusement opposés, de maniere qu'ils en ont toujours été exempts.

Voyez M. Brillon, *verbo* Neufme & les Auteurs qu'il cite.

NO

NOBLES, sont ceux qui ont le titre de noblesse sur l'ancienneté de leur race, & pour avoir toujours vécu noblement, ou qu'ils sont dûement annoblis par le Prince, Noble vient de *nobilis*, ou du vieux mot Latin *noscibilis*. qui signifie celui qui se fait connoître.

Le Noble est une personne distinguée, ou par la vertu de ses ancêtres, ou par la faveur du Prince. Les premiers sont les nobles de race; & les autres sont ceux à qui le Roi a par grace spéciale accordé des Lettres de noblesse, ou qui possedent des Charges qui annoblissent.

Il y a donc trois sortes de Nobles. Les uns sont nobles de naissance, tels sont ceux qui descendent des anciennes Maisons & Familles, que l'on appelle Noble de race, & ceux qui tiennent leur noblesse de leur pere ou ayeul, que l'on nomme simplement Nobles de naissance, & non pas Nobles de race.

Les autres acquierent la Noblesse par leur profession & par les services qu'ils rendent au Prince & à l'Etat; & on les appelle Nobles d'Office.

c'est-à-dire devenus Nobles par les provisions que le Roi leur a accordées d'Offices, qui annoblissent par rapport à la noblesse de leurs fonctions.

D'autres enfin deviennent Nobles, en vertu de Lettres de noblesse qu'ils obtiennent du Roi.

Ainsi, Nobles par Lettres, sont ceux que le Roi par gace spéciale, & pour récompense des services rendus à Sa Majesté ou à l'Etat, honore & décore du titre de noblesse par des Lettres expédiées à cet effet.

Depuis long-tems la possession des fiefs de dignité ne change point l'état des personnes. *Nobles étoient jadis non-seulement les extraits de noble race en mariage, ou qui avoient été annoblis par Lettres du Roi ou pourvus d'Office nobles ; mais aussi ceux qui tenoient fiefs, & faisoient profession des armes.* Loysel, livre 1. titre 1. régle 9.

Mais cela fut changé par l'Ordonnance de Blois de 1579. article 258. qui porte, que *les Roturiers & non Nobles, achetant fiefs nobles, ne seront pour ce annoblis, ni mis au rang & dégré des Nobles, de quelque revenu & valeur que soient les fiefs par eux acquis.*

Les Nobles sont proprement sujet du Roi ; & sur le fondement de ce privilége, ils n'étoient autrefois justiciables que du Roi seul, ou des Juges royaux.

Mais cet ancien droit est abrogé ; & les Nobles demeurans dans les tertes des Seigneurs Justiciers, sont obligés de plaider en leurs Justices, tant en matieres civiles, réelles, personnelles & possessoires, qu'en matieres criminelles.

Voyez Loysel, liv. 1. titre 1. régle 18. & suivantes, & les notes de M. Lauriere. *Voyez* aussi ce que j'ai dit ci-dessus, en parlant de la haute-Justice, *verbo* Justice, & ci-après *verbo* Noblesse.

Le devoir auqel les Nobles sont indispensablement obligés de faire attention, consiste non-seulement à ne point faire d'acte dérogeant à leur qualité, mais encore à relever l'éclat de leur noblesse par la probité, la douceur, & la pratique de toutes les vertus.

C'est en effet l'unique moyen de se faire respecter & cherir ; au lieu que ces hauteurs insuportables & ces violences barbares qui ne conviennent qu'à des gens de la plus basse extraction, attirent à certains Gentillastres, qui n'ont quelquefois ni mérite, ni biens, ni honneur, la haine & le mépris de leurs voisins, & de tous ceux qui ont le malheur d'avoir affaire à eux. *Certissimum est veræ nobilitatis argumentum urbanitas, & mansuetudo; stolidæ verò rusticitatis superba ferocitas & inclementia.*

Qu'y a-t-il donc de plus méprisables, qu'un Noble, qui au lieu de vivre noblement, se couvre lui-même d'infamie par ses bassesses, par ses brutalités & par ses forfaits, & qui veut qu'on le revere, non-obstant toutes ses forfanteries audacieuses, tous ses défauts & tous ses vices ? *Verum eo majori homines notantur infamiâ, quo majori natalium splendore illustrantur.*

Au reste, les Avocats & les Docteurs en médecine ne sont qualifiés de Nobles dans les Provinces de Lyon, Forez, Beaujolois & aussi dans quelques autres en droits du Rouyaume ; mais ce terme n'est alors qu'une simple épithéte, consacrée en quelque maniere au mérite des hommes de Lettres, qui ne peut avoir d'autre signification que celle de son étimologie, Noble en François vient du mot latin *nobilis*, qui signifie *notus & noscibilis*.

Ainsi, quand un Avocat un Médecin est appellé Noble, cela ne veut dire autre chose, sinon un tel connu & distingué par la science dont il fait profession. Cette qualité de Noble ou noble Homme, ne faisant point titre de noblesse, ceux à qui l'on est en usage de la donner, ne peuvent pas être poursuivis comme usurpateurs de Noblesse. Uniquement attachés au caractére qu'impriment le sçavoir & le mérite, ils cherchent bien moins à briller par de vains titres d'une ambition mal entendue, qu'à se rendre utiles au Public par de solides effets de leur art.

Saint Augustin, dans son Commentaire sur le Psaume 28. dit qu'il n'est rien de plus grand, rien de plus digne de l'estime des hommes que le ministere des Avocats & des Médecins ; qu'il n'y a personne dont on puisse tirer, dans l'embarras des affaires, & dans les infirmités de la vie, des secours plus efficaces: & il appelle leur emploi la plus excellente fonction du monde.

On ne doit donc point envier au mérite un titre qui l'honnore & qui n'est point à charge à l'Etat, puisqu'il n'exempte point des tailles ni des charges roturieres. *Voyez* ce qui est dit à ce sujet dans le seiziéme tome des Causes célébres, & ce qui est dit ci après, *verbo* Noblesse, qui vient de l'esprit & de la science.

NOBLESSE (qui est le second ordre des trois Etats de France) est une qualite qui donne à ceux qui en sont revêtus, plusieurs droits, priviléges, prérogatives & exemptions, qui les distinguent du commun des hommes.

Nous allons donner ici les principes généraux qui concernent matiere ; ceux qui souhaîteront l'approfondir davantage, n'auront qu'avoir le Traité de la Noblesse, fait par Gilles-André de la Roque, & les autres Auteurs qui en ont traité, & dont les noms sont rapportés par le P. le Long, pag. 822. & suivantes.

La Noblesse dans son origine a pour seul fondement le mérite & la vertu. *Nobilitas sola est atque unica virtus.* C'est la récompense des services que l'on a rendus à l'Etat. Par cette raison, la Noblesse n'est point héréditaire à la Chine, suivant ce qui est rapporté dans le second tome de l'Histoire de cet Empire, si ce n'est dans la famille du célébre *Confucius*. Le fils de celui qui a possedé les plus hautes dignités, rampe avec le peuple, s'il ne s'éleve par lui-même ; il hérite des biens & non des honneurs de son pere.

Néanmoins, comme il est naturel de récompenser dans la personne des descendans la vertu de leurs ancêtres, on a trouvé à propos en France & dans d'autres Royaumes, que ceux qui auroient par leur merite acquis la Noblesse, communicassent ce glorieux titre à leur postérité, & la fissent jouir de toutes ses prérogatives.

Ainsi la noblesse vient aujourd'hui, ou de naissance ou d'annoblissement; mais la premiere est la meilleure: ainsi on n'appelle proprement noblement nobles que ceux qui le sont par naissance; & l'on donne le nom d'annoblis à ceux qui sont faits nobles, qui ne le sont pas d'extraction, & qui ne sont dûement nobles que par Lettres d'annoblissement, ou par la reception en quelque dignité ou office, à qui le Prince a joint le titre de noblesse.

Il faut néanmoins demeurer d'accord que ces sortes de noblesse sont égales en France, quant aux priviléges & exemptions; mais il n'en est pas de même à l'égard de certains honneurs qui sont spécialement déferés à la noblesse d'extraction.

Mais on demande si la noblesse qui s'acquiert par certaines Charges ou par Lettres, se communique aux enfans?

Il faut dire que oui; car les Edits qui attribuent la noblesse à certaines Charges font toujours mention des enfans & postérité. A l'égard des Lettres de noblesse qu'il plaît au Roi d'accorder à quelqu'un pour le récompenser de ses belles actions & de son mérite dans l'épée, dans la robe, & dans les beaux arts, on pourroit douter de l'intention de Sa Majesté, si ces Lettres comprenoient ses descendans mais l'usage s'est introduit de les comprendre toujours dans ces sortes de Lettres. Tel est aujourd'hui le stile de la Chancellerie.

Si la noblesse n'etoit pas héréditaire, & que ce fût une récompense qui ne s'accordât que spécialement & personnellement aux Particuliers qui l'auroient méritée par leurs belles actions & par leurs vertus, il y a des Nobles qui seroient mis au rang des plus vils & des plus abjects Roturiers; car les récompenses & les louanges des prédécesseurs sont un blâme pour leur descendans, quand ils ne les égalent pas; & souvent même il est beaucoup plus glorieux d'être l'auteur de sa noblesse, que d'en être redevable à sa naissance: en un mot, il est plus glorieux d'être le premier de sa race, que le dernier.

Venons à présent à l'explication des trois sortes de noblesse, qui sont reçues dans ce Royaume.

La noblesse qui s'acquiert par la naissance, est celle qui vient de la descendance & filiation, & qui a passé du pere ou autre ascendant paternel en la personne de ses descendans nés en légitime mariage.

Comme la noblesse a été rendue héréditaire en France, elle ne continue dans les descendans par mâles jusqu'à ce qu'elle soit éteinte, ou faute de mâles, ou par actes dérogeans à la noblesse.

Ainsi, lorsque le pere est noble & vivant noblement, quoique la femme soit roturiere, leurs enfans sont nobles, & suivent la condition de leur pere.

On peut dire de même que cette régle est fondée en raison, non-seulement par rapport à ce que nous venons de dire, mais encore par rapport à la premiere formation de l'homme; car Dieu créa d'abord Adam, & ensuite il forma la femme d'une côte qu'il avoit tirée d'Adam. Enfin, comme dans la suite la propagation du genre humain ne s'est faite que par la conjonction de l'homme & de la femme, & que depuis l'enfant s'est toujours formé de ce que la mere a reçu du pere, il est très-juste qu'elle & l'enfant suivent la condition du pere.

Comme par le sacré lien du mariage l'homme & la femme ne font qu'une même chair, il est juste que cette union rende la femme participante des droits & prérogatives de son mari, qu'elle les conserve même toujours après sa mort, pendant le tems qu'elle demeure en viduité.

A l'égard des enfans, qui est sans difficulté, que quand ils sont issus d'un pere noble, ils le sont aussi, comme nous l'avons déja dit, parce que les enfans nés en légitime mariage suivent la condition de leur pere.

La noblesse des peres ne se communique qu'aux enfans légimes, ou légitimés par mariage subséquent: d'où il s'ensuit que les bâtards d'un Gentilhomme, quoique légitimé par Lettre du Prince, ne sont pas nobles. La raison est, que comme les bâtards n'ont point de pere certain, ou du moins qui soit reconnu par la Loi, ils sont au rang des roturiers. *Voyez* ci-dessus, *verbo* Bâtard.

Les enfans des annoblis sont véritabelment nobles de naissance, parce qu'ils tirent leur noblesse de leur filiation; mais ils ne sont pas nobles de race. Ce titre n'appartient qu'à ceux qui tiennent leur noblesse de leurs ancêtres.

La noblesse des filles finit toujours en leurs personnes, & elle ne la transmettent point à leurs enfans, parce que la noblesse des filles est pure personnelle; d'autant que la noblesse est une récompense des services rendus à l'Etat, dans la robe ou dans l'Epée, d'aill eurs il est certain que *Mulier est caput & finis familiæ.*

Quoique la noblesse qui s'acquiert par la naissance soit très-estimable, & que ce soit un très-grand avantage d'être né d'une illustre famille, il ne faut pas pour cela s'entenir à l'honneur qui en provient; il faut au contraire, suivant ce que nous avons dit ci-dessus, avoir une attention particuliere à en soutenir l'éclat par ses propres actions, & être bien persuadé qu'on ne mérite guéres l'estime des hommes, quand on ne tire son lustre que de la vertu de ses ancêtres.

Autrement on ne pourroit dire que la noblesse, qui doit être la marque & la récompense de la vertu, ne seroit qu'une de ses opinions chimeriques enfantées par un orgueil excessif, ou une fade prévention attachées à l'esprit des gens, qui ne pouvant se distinguer des autres hommes par leur merite & par leurs talens, font ostentations de leur naissance, s'imaginent être par ce moyen au-dessus des autres: comme si la raison ne nous enseignoit pas qu'il ne faut considerer l'homme que par lui-même, & non pas par rapport aux vertus de ses ancêtres, qui lui deviennent tout-à-fait étrangeres, quand il n'y répond pas.

On peut rapporter à cela que M. Brillon dit avoir lû dans un Manuscrit anonime, que la noblesse est à la vertu ce qu'est la niche à la statue, l'enchassure a un riche tableau, l'or au pierreries & aux diamans, la beauté du corps à l'ame, & l'habit à la grace du corps; elle n'ajoute rien à sa perfection, mais elle la fait mieux paroître: les belles & excellentes parties qui se rencontrent en une nature relevée de naissance & d'extraction, sont comme les étoiles semées sur l'azur des globes célestes; elles ont beaucoup plus de lumiere, de lustre & d'éclat.

Alphonse, Roi d'Arragon, s'entendant louer sur ce qu'il étoit fils de Roi, neveu de Roi & frere de Roi, dit au flateur: *Je compte pour rien ce que vous estimés tant en moi; c'est la grandeur de mes Ancêtres, & non pas la mienne. La vrai noblesse n'est point un bien de succession; c'est le fruit & la recompense de la vertu.*

Si la noblesse soutenue d'un merite personnel est un titre très-respectable; celle qui est pour ainsi dire toute une, n'est qu'une chimére. En effet, à quoi servent ces vieilles pancartes échapées à la pourriture, si l'on dément une haute naissance par des bas sentimens, & par des actions infames? En un mot, si celui qui est noble de naissence, passe ses jours dans la molesse & dans l'oisiveté, la gloire de ses Ancêtres n'empêchera pas qu'on le méprise.

Voyez ce que dit l'Auteur des Melanges d'Histoire & de Litterature, tome second, pag. 278. & suiv. au sujet de la noblesse qui s'acquiert par la naissance.

La noblesse qui vient d'annoblissement est une noblesse naissante qui vient de la concession faite à quelqu'un par le Prince, du tirre de Noble, par des Lettres de noblesse; ou qui vient de la réception en quelque dignité ou office à qui le Prince a joint le titre de noblesse.

Le droit d'annoblir est un droit de Souveraineté, par conséquent il n'y a en France que le Roi qui ait le pouvoir d'annoblir dans ses Etats, comme l'a très-bien expliqué M. le Bret dans son traité de la Souveraineté, liv. 2. chap. 10.

La raison est qu'étant la source de toute noblesse, il n'en fait part qu'à qui lui plaît, & on présume toujours que c'est pour récompenses de services.

Le Roi annoblit de deux manieres. Premierement, par Lettres d'annoblissement, lesquelles contiennent la clause de transmission de noblesse à sa postérité; ainsi cette noblesse passe aux enfans & descendans par mâles.

Mais pour que l'inpétrant jouisse du contenu ausdites Lettres d'annoblissement, il faut qu'elles soient vérifiées & en registrées en la Chambre des Comptes, en la Cour des Aydes, & au Parlement.

En la chambre des Comptes, parce que toutes les concessions de nos Rois y sont enregistrées, & que d'ailleurs les impétrans y doivent finance, laquelle y est fixée & arrêtée.

En la Cour des Aydes, pour l'exemption des tailles & autres subsides.

Au Parlement, à l'effet des partages nobles & autres droits de noblesse, dont la discution est souvent portée au Parlement.

En second lieu, le Roi annoblit par les provisions d'un Office qui annoblit, comme un Office de Secretaire du Roi, de Conseiller au Parlement de Paris & autres.

Mais afin que l'Officier puisse transmettre la noblesse à ses enfans, il faut qu'il demeure revêtu de sa Charge; ou qu'après vingt ans d'exercice il ait obtenu des Letrres de vétérance.

La noblesse est une qualité adventice & accidentelle: dans le doute, on présume plutôt qu'un homme est roturier que Gentilhomme, à cause que la seule nature fait des roturiers & non pas des nobles. *Nobilitas est qualitas adventitia, quæ nobis non inest à natura, ideòque non præsumitur: & qui se nobilem asserit, probare debet, tanquam hujusmodi qualitas paucis insit. Bald. ad Leg. non ignorat. cod. qui accus. non possunt.*

Comme les nobles, à cause du rang qu'ils tiennent au-dessus des autres hommes, ont plusieurs priviléges & prérogatives, ce n'est pas assez pour en jouir de se dire de cet ordre distingué, il faut en faire preuve par écrit.

Ceux qui tiennent la noblesse de leurs ancêtres, sont obligés, si on conteste leur qualité, de justifier par titres autentiques la possession & jouissance de leur noblesse; c'est-à-dire d'articuler des faits de généalogie, & de prouver par des actes solemnels, comme sont des contrats de mariage, des extraits baptistaires, de partages nobles entre freres & sœurs & des testamens que leurs pere & ayeul ont eu la qualité de nobles.

Il faut enfin qu'ils justifient par ces titres que leurs ancêtres par mâles ont été nobles, & qu'ils ont toujours continué de l'être successivement & sans interruption.

Pareillement ceux qui sont annoblis par des Lettres vérifiées au Parlement, à la Chambre des Comptes & à la Cour des Aydes, ou pourvûs d'une dignité qui tiennent lieu d'annoblissement, sont dans la même obligation de représenter leurs titres à ceux qui ont intérêt de contester leur état.

Les principaux droits des nobles sont, I°. D'avoir le droit de ptendre la qualité d'Ecuyer, & de porter armoiries timbrées.

II°. Ils sont exempts de tailles & de subsides qui ne sont imposés qu'aux roturiers, Ordonnance de Blois, article 5. Il faut néanmoins excepter certains cas, où la noblesse ne donne point des titres d'exemption des taxes extraordinaires.

III°. Ils peuvent seuls posseder des fiefs & autres biens nobles, & les roturiers n'en peuvent posséder, ou du moins il faut pour cela qu'ils payent au Roi une finance appellée droit de francs-fiefs, & de nouveaux acquêts, s'ils n'en sont exempts par un privilége spécial, comme les Bourgeois de Paris.

IV°. Les Nobles sont exempts des corvées personnelles dont un héritage peut être chargé, mais ils ne sont pas exempts des corvées réelles dont ils doivent l'estimation; ensorte qu'un noble succedant à un fonds asservi à pareilles corvées, doit payer un homme qui satisfasse, sinon payer l'evaluation. Ainsi jugé par Arrêt rendu au Parlement de Grenoble le 6 Septembre 1663. rapporté par Basset, tom. 2. liv. 3. tit. 11. chap. 4.

V°. Les nobles vivant noblement ne plaident s'ils ne veulent, en demandant ou en défendant en matiere civile, personnelle, ou possessoire, que pardevant les Baillifs & Sénéchaux, & Juges Présidiaux, à l'exclusion des Prevôts & Châtellains, & autres Juges royaux inférieurs: Privilége accordé aux nobles par l'article 5. de l'Edit de Cremieu, afin qu'ils ne soient pas tenus de passer par les trois dégrés de la Jurisdiction royale. Néanmoins quand ils sont demeurans dans la Justice d'un Seigneur Haut-Justicier, & qu'ils sont poursuivis en matiere civile, personnelle ou possessoire, ils ne peuvent décliner sa Jurisdiction, ce qui a été ainsi reglé par une déclaration faite sur le susdit article 5. de l'Edit de Cremieu, en faveur des Hauts-Justiciers. *Voyez* Henrys & son Commentateur, tom. 1. liv. 2. quest. 34. où est rapporté un Arrêt du Parlement du 28 Avril 1713. par lequel les Juges des Seigneurs Haut-Justiciers sont maintenus dans le droit de connoître des causes nobles, privativement aux Juges Royaux, Baillifs & Sénéchaux.

VI°. Les Nobles ne peuvent être poursuivis criminellement en premiere instance que pardevant les Baillifs & Sénéchaux, à l'exclusion des autres Juges Royaux inférieurs, ou pardevant les Juges des Seigneurs Haut-Justiciers, quand ils sont demeurans dans l'étendue de leur Justice, suivant la susdite Déclaration. Et quand l'appel du Jugement rendu contr'eux en matiere criminelle est porté au Parlement, ils ont le privilége de pouvoir être Jugés en la Grande Chambre, les Chambres assemblées, s'ils le requierent, avant que les opinions soient commencées, suivant l'art. 21. du titre 1. de l'Ordonnance criminelle.

Il y a encore d'autres droits particuliers qui sont attribués à la Noblesse. Par exemple, la Coutume de Paris en l'article 238. accorde un préciput au survivant des deux conjoints nobles, dont les roturiers ne jouissent pas. *Voyez* Préciput de l'aîné, & ce que j'ai dit sur l'atticle de la Coutume de Paris.

Cette même Coutume au titre 11. met plusieurs différences entre la garde-noble & la garde-bourgeoise; qui rendent la premiere plus étendue & plus avantageuse que l'autre. *Voyez* ce que j'ai dit sur l'article 265. de cette Coutume.

Il ne suffit pas d'être noble de race ou annobli pour joüir des avantages de la noblesse, il faut en conserver perpetuellement l'honneur sans interruption; ainsi la noblesse se perd par dérogeance; c'est-à-dire par acte dérogeant à la qualité de noble.

Ceux qui étant nobles, se font Marchands ou Artisans, Sergens ou Huissiers, ou prennent d'autres emplois qui ne conviennent qu'aux roturiers, ou qui prennnent des fermages, dérogent à leur noblesse; & en perdent tous les privileges; mais ils peuvent, après avoir quitté le trafic & la marchandise, ou quelqu'autre emploi dérogeant qu'ils avoient embrassé, s'en faire relever, en obtenant du Prince des Lettres de Réhabilitation. *Voyez* Lettres de Réhabilitation.

Comme la pauvreté accompagne souvent la vertu, & que la noblesse ne donne pas de quoi vivre, pour ne pas exposer les nobles qui se pourroient trouver dans la disette, à la misere, ou à la honte de se faire roturiers pour gagner leur vie, il leur est permis de faire sans déroger quelque profession honnête, comme d'Avocat, Médécin, d'enseigner les Sciences, même de cultiver les terres, pourvû qu'ils ne cultivent que celles qui leur appartiennent.

Ainsi le noble qui laboure dans ses terres, & qui cultive lui-même ses fonds, ne donne aucune atteinte à sa noblesse. *Voyez* Guy-Pape, question 41. & 392.

Par des raisons de commerce, il a été permis aux nobles de pouvoir, sans déroger, faire trafic sur mer, pourvu qu'ils ne vendent point en détail, comme il est porté en l'Edit du mois d'Août 1669. vérifié au Parlement & en la Cour des Aydes.

Enfin, par un autre Edit du mois de Décembre 1701. registré au Parlement le 30 Décembre, Sa Majesté a permis à tous ses Sujets nobles par extraction, par charges, ou autrement, excepté ceux qui sont actuellement revêtus de Charges de Magistrature, de faire librement toute sorte de commerce en gros, tant au-dedans qu'au dehors du Royaume, pour leur compte, ou par commission, sans déroger à leur noblesse.

En Bretagne, le trafic même en détail ne déroge point à la noblesse: il est vrai que tant qu'un noble exerce la marchandise en détail, il cesse de participer aux priviléges de la noblesse, laquelle dort pour ainsi dire pendant ce tems: mais il la reprend en quittant son négoce, sans avoir besoin de Lettres de Réhabilitation.

Sur ce que nous venons de dire, il faut remarquer: Premierement, que quoique les nobles qui prennent des héritages à ferme dérogent à leur noblesse, néanmoins quand ce n'est pas de dessein prémédité, mais seulement par occasion dans un cas de nécessité, & pour un reste de temps, ils ne sont pas censés deroger à leur noblesse.

Ainsi par Arrêt rendu en la Cour des Aydes d'Auvergne, il a été jugé qu'un noble, héritier d'un cousin roturier, qui étoit decedé avant la fin des baux de quelques héritages qu'il tenoit à ferme, n'avoit point derogé à noblesse, pour avoir continué lesdits baux jusqu'à la fin. *Voyez* la Bibliothéque de Bouchel, *verbo* Noblesse, tome 2. pag. 813. à la fin.

Il y a même un cas où les nobles peuvent prendre de leur chef des fermes, sans déroger à noblesse ni à ses priviléges; c'est quand ils prennent à ferme des Terres des Princes & Princesses du Sang, comme il a été décidé par Arrêt du Conseil d'Etat du 25 Fevrier 1720.

La deuxiéme remarque qu'il convient de faire sur ce que nous avons dit ci-dessus, est que par Arrêt du Conseil d'Etat du 10 Octobre 1668. les enfans nés avant la dérogeance de leurs Peres nobles, sont déclarés exempts desdites dérogeances, & déchargés d'obtenir des Lettres de Réhabilitation.

La troisiéme remarque est, que non-seulement on perd la noblesse par trafic & négoce dérogeant, mais aussi par tout crime infamant; de maniére néanmoins que le crime de Leze-Majesté prive de la Noblesse, non-seulement celui qui en est convaincu, mais aussi ses enfans; au lieu que les autres crimes, quoiqu'ils soient suivis de condamnations infamantes, ne privent de la noblesse que la personne du condamné.

Il faut excepter le cas auquel un homme qui n'avoit qu'une noblesse d'office ou de dignité, seroit condamné à une peine infamante; car il feroit perdre à ses enfans les droits & prérogatives de cette noblesse naissante, qu'il ne pourroit pas leur transmettre, puisqu'il ne l'auroit pas conservée jusqu'à la mort.

C'est une usurpation condamnable que de se faire honneur de la qualité de noble quand on ne l'est pas, comme je l'ai observé *verbo* Usurpateur de noblesse.

Il y a cependant quelques Provinces, comme celles du Lyonnois, Forez & Beaujolois, où sans encourir la peine des usurpateurs de noblesse, les Officiers de Justice, les Avocats & les Medécins de ces provinces peuvent prendre la qualité de nobles, & ce en vertu de la possession dans laquelle ils sont de prendre cette qualification, & dans laquelle ils ont été maintenus par Arrêt du Conseil d'Etat du 15 Mai 1703.

Mais cet Arrêt porte que c'est sans que cette qualité de noble puisse leur acquerir, ni à leurs enfans & successeurs, le titre de noblesse, s'ils ne l'ont de race & d'ancienneté. *Voyez* les Observations sur Henrys, tom. 2. quest. 161.

Au reste, une Communauté ne peut pas compromettre sur la qualité de noble qu'un Particulier s'attribueroit; parce que ces sortes de causes sont de droit public, auquel la convention des Parties ne peut point déroger. *Voyez* Bouvot, tome 2. *verbo* Nobles.

Plusieurs Auteurs ont fait des Traités sur la Noblesse, que Mr. Brillon indique dans son Dictionnaire.

NOBLESSE ANCIENNE, ou noblesse de race, est une noblesse si ancienne que l'on ne peut pas remonter jusqu'à son origine, ou dumoins qui est immémoriale & prouvée au-dessus de cent ans par une continuité de noblesse transmissible par mâles, de génération en génération, sans interruption par aucun acte de dérogeance.

Elle se prouve par actes faits par les ayeul, bisayeul & trisayeul, qui justifient que pendant plus de cent ans au moins, ces ancêtres ont toujours été qualifiés des titres de Nobles & d'Ecuyers, sans aucune interruption. Sur quoi il faut remarquer que l'antiquité de la noblesse, bien loin d'en diminuer le prix, l'augmente considérablement, & que plus elle est vieille, & plus elle est belle. Aussi a-t'on grand soin d'exiger des preuves de cette antiquité dans ceux qui demandent d'être reçus dans les Ordres de Chevalerie, où la meilleure noblesse n'est jamais trouvée trop bonne.

NOBLESSE NAISSANTE, est celle dont on ne peut donner de preuve qu'audessous de cent ans; à plus forte raison appelle-t'on naissante celle qu'un Particulier acquiert par quelque Office, ou par quelque Emploi, auquel le droit de noblesse est annexé; ou celle que l'on acquiert par Lettres du Prince, pour jouir du privilége des nobles.

Quoique ceux qui sont annoblis par les Charges ou par Lettres du Prince, transmettent le droit de noblesse à leurs descendans, on met néanmoins beaucoup de différence entre l'ancienne noblesse & la naissante. Les enfans des annoblis sont véritablement nobles, & on peut même dire qu'ils sont en quelque façon nobles de naissance, mais ils ne sont pas nobles de race, jusqu'à ce qu'ils puissent faire remonter leur noblesse au-delà de cent ans, comme nous avons dit ci-dessus.

NOBLESSE PAR LES MERES, est une noblesse qui passe en quelques Coutumes de la mere noble en la personne de ses enfans, quoiqu'ils soient procréés d'un pere roturier.

Ainsi, quoique dans la régle ordinaire la noblesse des filles soit pure personnelle, néanmoins par un droit particulier en quelques Coutumes, comme en celle de Troyes, le ventre annoblit.

Suivant le Droit commun, toute noblesse ne doit proceder que du pere. République de Bodin, livre 1. chapitre 3; les Institutes coutumieres de Loisel, tome 1. livre 1. tit. 1. article 22. La raison est, qu'en mariage légitime, les enfans suivent la condition de leur pere. *Liberi sequuntur conditionem patris, quod nomen, dignitatem & familiam, mulierque est caput & finis familiæ suæ.*

Il résulte de ce principe que la femme noble mariée à un roturier, ne peut communiquer sa noblesse à ses enfans, & les rendre d'une autre condition que celle de leur pere; d'autant plus que la noblesse est une espèce de récompense des services rendus à l'Etat, dans la Robe ou dans l'Epée: ce qui ne peut regarder que les hommes.

Aussi ne fonde-t'on la dérogation à cette régle que

que sur un privilége spécial accordé aux femmes nobles de Champagne, après une grande défaite de nobles de cette Province, qui leur a permis de se marier à des roturiers, avec le privilége d'annoblir les enfans qui proviendroient d'un tel mariage. C'est ce qui fait que dans la Coutume de Troyes le ventre annoblit, comme il est dit en l'article 1.

Ce privilége directement contraire au Droit commun, n'a donc été fondé que sur la nécessité de retablir une noblesse éteinte, afin de conserver les familles de ceux qui avoient perdu la vie pour le salut de leur Patrie.

Mais quoique la Coutume de Troyes ait été à cet égard observée de tems immémorial, cette noblesse ne peut servir que pour ce qui dépend de la Coutume, comme pour tenir fiefs, pour les partages & successions, & autres choses semblables, de maniere néanmoins que cette noblesse ne puisse préjudicier aux droits du Roi; c'est ce que porte l'article 2. de la Coutume de Châlons, en ces termes: *Le ventre affranchit & annoblit, pour jouir du bénéfice que la Coutume octroye aux nobles seulement, & non en ce qui concerne les droits du Roi.* *Voyez* Bacquet, en sa premiere partie du droit des Francs-Fiefs, chap. 11.

M. Lauriere, dans son Glossaire du Droit François, sur *Noblesse par les meres*, donne à cette noblesse une origine plus ancienne: il dit que de droit commun il y avoit autrefois en France deux sortes de noblesse; une *de parage*, ou de par le pere, qui étoit absolument nécessaire pour être Chevalier; & l'autre étoit de par la mere; & cette derniere étoit suffisante pour posseder des Fiefs. *Voyez* aussi ce que dit cet Auteur à ce sujet sur la 22e. Régle de Loysel, liv. 1. tit. 1.

Quoiqu'il en soit, la noblesse par les meres n'est aujourd'hui reçue que dans les Coutumes qui en ont une disposition expresse.

NOBLESSE PERSONNELLE, est une qualification que donne le titre de certaines Charges à ceux qui en sont pourvus, ou certaines professions à ceux qui les exercent, sans que cette qualité de noble puisse leur acquerir, ni à leurs enfans, le titre de la vraie noblesse. Ainsi cette qualification de noble peut faire jouir de quelques priviléges pendant la vie de ceux qui jouissent de cette qualité; mais ils n'ont point d'autre titre de noblesse, ils vivent comme nobles, & doivent mourir comme roturiers: d'où il résulte que cette possession de noblesse personnelle n'est qu'un simple privilége qui ne fait point un premier dégré c'est-à-dire souche de noblesse.

NOBLESSE QUI VIENT DE L'ESPRIT ET DE LA SCIENCE, est une véritable noblesse, & passe pour telle dans toutes les Nations, sur tout chez les Grecs & chez les Romains. *Scientia nobilissimos facit, nobilitasque filia scientia meritò nuncupatur.*

Cependant la noblesse qui vient de l'esprit & de la science, n'est en France qu'une noblesse purement honoraire qui n'exempte point des charges publiques, & qui n'a point de suite par transmission; ensorte qu'elle n'est point transmissible dans les familles, qu'autant que la science & la vertu y sont héréditaires; mais par cette raison-là même, elle est de beaucoup préferable à celle dont on est redevable à ses ancêtres. La premiere est notre ouvrage, & l'autre est un présent de la nature; & *sanè qui genus jactat suum, alienæ laudat.*

Voyez ce que j'ai dit ci-dessus, sous les mots de Nobles & de Noblesse.

NOÇAGES. Ce terme signifie le past nuptial, c'est-à-dire le droit ou prétention qu'ont en quelques pays, comme en Bretagne, les Curés d'exiger quelque chose, *nomine ferculorum*, pour la célébration qu'ils font du Sacrement de mariage.

Voyez Ce qu'en dit M. du Cange, sous le mot de *fercula.*

NOÇAGES. Ce terme signifie aussi les droits de nôces qu'avoit autrefois en quelques lieux le Seigneur d'assister aux nôces de ses vassaux.

Ces droits étoient que le Seigneur féodal Haut-Justicier, & en son absence le Sergent de sa Justice; devoit être convié à la nôce huit jours devant, pour accompagner l'épouse allant à l'Eglise, & se pouvoir seoir avant le marié à dîner, avoir deux chiens courans & un lévrier durant le dîner, & après dîner ce Seigneur ou son Sergent pouvoit dire la premiere chanson.

De ce est intervenu Arrêt au Parlement de Paris le 6 Mars 1601. qui, en conséquence que ces droits étoient spécifiés par les aveux, l'a ordonné ainsi; d'autant qu'il n'y a rien en ces droits qui soit contre les bonnes mœurs.

Par la Sentence du Juge des lieux, qui fut en tout confirmée par cet Arrêt, il étoit ordonné que les mots concernant autres droits de nôces contraires aux bonnes mœurs, contenus dans les mêmes aveux, seroient rayés.

Bibliotéque de Bouchel, *verbo* Droits seigneuriaux, pag. 920.

NÔCES. Ce mot vient de *nubere*; parce qu'autrefois chez les Romains les filles que l'on marioit étoient conduites dans la maison de leur Epoux, couvertes d'un voile, pour marquer leur pudeur, & on tient que ce voile étoit d'un jaune rougeâtre.

Les Romains se servoient du mot de nôces pour exprimer une conjonction légitimément contractée entre des Citoyens Romains, & avec toutes les conditions réquises par les Loix civiles: & ils employoient le mot de mariage pour signifier celle qui se faisoit du consentement mutuel de l'homme & la femme, sans toutes les conditions nécessaires pour faire ce qu'on appelle de nôces.

Parmi nous l'on entend par le mot de nôces le mariage; c'est pourquoi on appelle premieres nôces celles qui n'ont point été précedées d'aucunes autres par les Parties; & par secondes, troisiémes, & quatriémes nôces, on entend celles qui ont été précedées d'un, deux ou trois mariages. *Voyez* ce que j'ai dit dans ma Traduction des Institutes, sur le dixiéme titre du premier Livre.

SECONDES NOCES. *Voyez* ce que j'en ai dit Lettre S.

NOLIS. *Voyez* Fret.

NOLISSEMENT. *Voyez* Affretement.

NOM est un mot qui s'employe pour denoter la personne ou la chose que l'on veut exprimer : *quasi unamquamque personam, aut rem monstret, ac notet quasi notamen.*

Comme les noms n'ont été introduits que pour connoître les personnes & les choses, quoiqu'un testateur ait erré dans le nom de la personne du légataire, ou dans le nom de la chose leguée, le legs n'en est pas moins valable, si l'on peut être d'ailleurs certain de la volonté du testateur, *Voyez* ce que j'ai dit sur le §29. du titre vingtiéme du second Livre des Institutes.

A l'égard des personnes, il y a parmi nous deux sortes de noms qui servent à les désigner ; sçavoir, le nom de Baptême, & le nom de famille.

Le nom de Baptême est une sorte de nom que le parrein & la marreine donnent à un enfant quand on le baptise. Chez les Catholiques il est pris dans le Catalogue des Saints de la nouvelle Loi. Les prétendus Réformés & les Protestans affectent de prendre celui des Patriarches de l'ancien Testament. Ils prennent aussi quelquefois celui des Apôtres.

Comme les rentes de l'Hôtel de Ville se payent suivant l'ordre des noms de Baptême rangés sur les lettres de l'Alphabet, par une Déclaration du Roi du 10. Février 1706. il a été défendu aux proprietaires desdites rentes de se servir d'autres noms de Baptêmes que de leurs véritables.

Le nom de famille est un nom qui se continue de pere en fils ; & qui passe à tous les descendans & à toutes les branches.

Par l'Ordonnance de 1555. il a été défendu de le changer sans une permission expresse du Roi. Mais Sa Majesté ne la refuse pas, & en accorde des Lettres de Chancellerie, quand la demande que l'on fait paroît raisonnable.

Comme le sieur Boileau a fort maltraité dans un de ses Satyres le Procureur Rolet, en disant : *j'appelle un chat un chat, & Rolet un fripon.* Un des enfans de Rolet qui avoit été Mousquetaire, & ensuite Capitaine, pour se mettre à l'abri des insultes ausquelles il étoit continuellement exposé, obtint des Lettres du Roi, portant permission de changer & commuer son nom en celui de *Saint-But.*

J'ai connu un Procureur au Parlement qui s'appelloit de son nom de famille *Malice*, lequel, pour empêcher que ce nom lui causât quelque tort dans une profession aussi délicate que celle qu'il vouloit embrasser, obtint des Lettres du Roi, portant permission de changer son nom en celui de *Molice.*

Il y avoit chez les Romains différence entre *nomen, cognomen, prænomen & agnomen.*

Nomen étoit le nom de famille qui étoit donné à toute la race, qui se continuoit de pere en fils, & passoit à toutes les branches.

Cognomen, étoit un surnom qui appartenoit à chaque branche sortie d'une même famille, & qui étoit mis après le nom de famille, pour differencier ceux qui étoient de la même famille, mais de différentes branches. Ainsi, *Nomen* avoit rapport à ceux que les Romains appelloient *Agnati*, & *Cognomen* à ce qu'ils appelloient *gentiles.*

Prænomen, étoit un nom propre qui appartenoit à quelqu'un en particulier, & qui étoit mis avant le nom de famille.

Agnomen étoit un surnom qui étoit donné à quelqu'un pour quelque cause particuliere, & qui ne regardoit ni la famille ni la branche d'où il descendoit.

Voici ce qu'en a dit Denis Godefroi, sur la Loi 4. au Code de *Testamentis.*

PRÆNOMEN, inquit, est quod familiæ nomen præcedit, ut LUCIUS, PUBLIUS, MARCUS soletque ut plurimùm notis scribe. Hodie successit ei id quod familiæ nomini præponimus, puta JACOBUS, PETRUS, ANTONIUS, quod ideò docte solent etiam notis, scribere ; indocti verò propria nomina appellant.

NOMEN, apud Romanos, significavit familiæ nomen, ut TULLIUS.

COGNOMEN erat ; quod nomini cojungebatur, ut cognationis nomen.

AGNOMEN verò, cognominis nomen est, quod ob insignem aliquam rem nomini additur. Undè Cæsar à cæsarie, Cicero à cicera.

On donnoit à Rome les trois premiers noms que nous venons de dire à ceux qui étoient Citoyens Romains & ingénus, & on ne donnoit qu'un seul nom aux Esclaves. *Ingenui triplicem appellationem induerunt : Prænomen, Nomen & Cognomen ; servi unius nomine designabantur.*

Voyez le Traité qu'a fait Gilles-André de la Roque, touchant les noms & surnoms, & ce qui en est dit dans la Bibliotéque du Droit François de Bouchel.

NOM DE SEIGNEURIE, est celui qu'on ajoute au nom de famille, & qui est pris d'une Terre ou d'un fief, lequel sert quelquefois de surnom ou de titre.

NOM, EN TANT QU'IL SIGNIFIE UNE DETTE, est usité dans cette phrase : *Un tel est subrogé en tous les droits, noms, raisons & actions de son cedant, ou du créancier qu'il a payé de ses deniers.*

NOM, DU CRÉANCIER EN BLANC. *Voyez* ci-après Obligation ou Promesse, le nom du Créancier en blanc.

NOM SUPPOSÉ. *Voyez* Supposition de nom.

NOM EZ MONITOIRES NE DOIT ETRE MIS. *Voyez* Monitoire.

NOM ET ARMES. Les enfans nés en légitime mariage portent le nom & les armes de leur pere. Les Batards n'ont pas le même droit ; parce que les Loix ne reconnoissent point de pere à de tels enfans, & qu'elles ont voulu qu'ils suivissent en tout la condition de leur Mere ; *quia mater semper certa est : pater verò is demum, quem justæ nuptiæ demonstrant.*

Néanmoins si un pere avoit reconnu que des enfans viennent de lui, ils pourroient porter son nom & ses armes, même malgré lui, sur tout s'il décédoit sans enfans légitimes, & ne laissoit pour héritiers que des collatéraux. Ainsi jugé au Parlement de Paris, sur les conclusions de M. l'Avocat général Le Nain, par Arrêt du 18 Juin 1707. rapporté par M. Augeard, tom. 1. chap. 84.

Les Bâtards reconnus prennent donc ordinairement le nom & les armes de la maison d'où ils sortent, mais en faisant mettre la barre aux armes.

Les enfans ne peuvent pas prendre le nom & les armes de leur mere qui seroit noble, le pere étant roturier, à moins qu'ils n'en ayent obtenu la permission du Prince par des Lettres Royaux.

Il arrive assez souvent qu'un testateur ou un donateur fasse une institution ou une donation, à la charge que l'héritier ou le donataire portera le nom & les armes du testateur ou du Donataire; & cette charge rend l'institution ou la donation conditionnelle. *Voyez* Guy-pape, quest. 251. Papon, liv. 20. tit. 1. nomb. 18. Peleus, quest. 143. & Lapeyrere, lettre N.

Mais la seule condition de porter le nom & les armes ne rend pas la substitution graduelle & perpétuelle, si le testateur ne s'en est pas expliqué autrement; & elle n'affecte pas non plus les biens aux mâles, à l'exclusion des filles. Peleus, quest. 35. & 52. Charondas, liv. 10. rep. 38. & 70. M. le Prêtre, cent 3. chap. 6. Ricard, des Substitutions, traité 3. chap. 7. part. 1. nomb. 318.

NOMINATAIRE, est la personne qui est nommée par le Roi à quelque Bénéfice qui est à sa nomination.

NOMINATION, est la désignation de la personne que l'on choisit pour quelque fonction, ou quelque emploi, ou quelque Bénéfice ou quelque charge.

NOMINATION DE TUTEUR. En Pays de Droit écrit, lorsqu'un Tuteur est insolvable, ceux qui ont répondu pour lui, ou qui l'ont nommé, sont tenus solidairement de payer pour lui, après discussion faite de ses biens.

Mais il faut pour cela que le Tuteur ait été insolvable lors de sa nomination; car s'il étoit devenu insolvable après, ceux qui l'auroient nommé, ne seroient pas responsables, du moins en quelques endroits du Pays de Droit écrit.

En Bretagne & en Normandie, les nominateurs du Tuteur, sont garants de son administration, chacun pour leur part & portion, & non pas solidairement. Ils ne sont garants que subsidiairement après la discussion de ses biens meubles & immeubles. A l'égard de ceux qui ont été présens à l'élection, ils ne sont point garants de son administration, si le Tuteur a été élu contre leur avis.

Mais régulierement en Pays Coutumier il n'y a que le tuteur qui soit tenu de sa gestion. Aussi Mornac, sur la Loi 3. au Code *de Probationibus*, dit que *nominatores Tutorum non possunt conveniri ex administratione tutelæ, neque Judices.*

En effet dans la plûpart de nos Coutumes, les tuteurs ne sont pas obligés de donner caution, & les parens qui ont donné leur avis ne sont pas responsables de la mauvaise administration du tuteur, quand même il auroit été insolvable lors de la nomination, parce que leur avis ne passe que pour un simple conseil; *nemo autem ex consilio obligatur, nisi fraus subsit.*

Enfin, le Magistrat qui l'a reçu & nommé, n'en est pas non plus tenu, à moins qu'il n'y eût de la fraude de sa part.

Voyez Papon, liv. 15. tit. 5. nomb. 21. Maynard, liv. 6. chap. 56. Montholon, Arrêt 48. M. le Prêtre, cent. 3. chap. 61. Charondas, liv. 12. rep. 42. M. Louet & son commentateur, lett. T. som. 1. *Voyez* aussi le Récueil alphabétique de M. Bretonnier, *verbo* Tutelle.

NOMINATION D'EXPERTS, signifie l'acte par lequel on convient d'iceux. *Voyez* Experts.

NOMINATION A DES CHARGES ET OFFICES. Les Seigneurs ont la nomination des Offices de leurs terres, parce que ce droit est un fruit inséparable de la Seigneurie. Plusieurs Officiers Royaux sont même à la nomination ou présentation des Seigneurs, ou Engagistes particuliers.

Les Echevins font la nomination de tous les Officiers qui sont sur les Ports; & à l'égard des Echevins, la nomination en appartient aux Officiers de la Ville.

NOMINATION A UN BÉNÉFICE, est la présentation d'une personne idoine, que fait celui qui a droit de nomination au Collateur, pour qu'elle soit par lui pourvue d'un Bénéfice.

Le Patron, par exemple, présente au Collateur une personne idoine, pour être pourvue du Bénéfice vacant, auquel le Patron a droit de présenter.

On appelle aussi nomination celle qui est faite par les Universités aux Collateurs des Bénéfices de ceux qui, après avoir obtenu des grades dans une Université, y ont pris des Lettres de nomination, en vertu desquelles le Collateur est tenu de conferer le Bénéfice vacant au plus ancien des Gradués nommés, lorsque le Bénéfice vient à vaquer dans les mois qui leur sont affectés.

NOMINATION ROYALE, est celle que le Roi fait, ou en vertu du Concordat, ou en conséquence du droit de Régale, ou comme Fondateur & Patron.

Comme je me suis proposé de donner dans quelque tems mon Dictionnaire de Droit Canonique, je me reserve à traiter dans cet Ouvrage ce qui regarde la nomination à des Benéfices, & celle qui appartient au Roi; ainsi je n'en dirai pas ici davantage.

NON BIS IN IDEM. Ces termes Latins contiennent une maxime, qui est, que pour un même crime on ne peut essuyer qu'une seule poursuite;

c'est-à-dire, qu'un accusé qui a été renvoyé absous par un Jugement souverain, ou rendu en dernier ressort, ne peut plus être poursuivi pour le même crime.

Telles sont les Loix que l'humanité a introduites en faveur des criminels. Ils ne peuvent jamais être jugés deux fois, ni courir une seconde fois le risque de perdre la vie, ou le risque de quelqu'autre peine. Le bonheur d'être absous, même injustement, n'est jamais vain ; & le Magistrat animé de la Justice ; qui veut la punition du crime, a des entrailles de compassion pour le criminel, dès que son forfait est expedié.

Mais il faut pour cela que l'absolution ait été prononcée *ritè* ; c'est-à-dire, dans les formes, parce qu'un Jugement dans lequel les formes n'ont pas été gardées, ne peut produire aucun effet. Ce n'est point à proprement parler un Jugement; c'est un acte nul, qui est regardé comme non avenu.

On peut donc repeter une accusation, si l'absolution n'a pas été prononcée *ritè* ; c'est-à-dire, si les procédures nécessaires pour l'instruction d'un Procès, criminel n'ont pas été observées.

Lorsque contre un Ecclésiastique atteint & convaincu de crimes, le Juge Ecclésiastique & le Juge Laïc ont séparement donné leur Jugement, l'Official pour les peines Ecclésiastiques, le Juge Royal pour les amendes envers le Roi, & pour les peines afflictives & corporelles: on ne peut pas dire qu'on soit dans le cas de la Loi *bis in idem*, c'est-à-dire, de rendre deux Jugemens diffinitifs touchant le même accusé. La raison est qu'il y a deux glaives différens, l'un commence & l'autre acheve.

NON-VALEUR, signifie dette non exigible, par l'insolvabilité du débiteur. *Inanis est actio quam excludit inopia debitoris.*

NONCIATION DE NOUVEL ŒUVRE *Voyez* Dénonciation.

NONES, est un terme du Calendrier Romain qui signifie le cinquiéme jour du mois, dans ceux de Janvier, Février, Avril, Juin, Août, Septembre, Novembre & Décembre : & qui signifie le septiéme jour du mois, dans ceux de Mars, Mai, Juillet & Octobre.

Voyez Calendrier.

NOTA, est un terme Latin, qui signifie une marque qu'on met en quelqu'endroit d'un Livre ou d'un écrit, pour y faire attention.

NOTAIRE. Ce mot tire son origine du mot latin *notæ*, qui veut dire titres, écritures, ou chiffres; parce que ceux qui recevoient anciennement les Actes à Rome, les écrivoient ordinairement par abregés, ou par chifres.

Quelques-uns cependant prétendent que ce mot de Notaire vient de ce que ceux qui passoient anciennement les actes, y mettoient eurs cachets : marques chiffres, notes ou noms en abregé.

Quoiqu'il en soit, un Notaire est parmi nous un Officier public, dont la fonction est de rédiger par écrit, & dans la forme prescrite par les Loix, les actes, conventions, & dernieres dispositions des hommes.

Mais par les Ordonnances de nos Rois, les Notaires sont obligés d'écrire les contrats & actes à l'ordinaire sans chiffres, notes, ou abréviations. Et s'ils retiennent encore aujourd'hui dans leurs minuttes quelques abréviations, comme leur &c. c'est sans conséquence, & ils ne sont réputés l'employer, que pour des choses de peu d'importance, & qui n'ont pas besoin d'être exprimées, comme étant de droit, sans qu'il en soit fait mention dans l'acte.

Voyez ce que j'en ai dit ci-dessus, sous ce mot *Et cætera.*

De toutes les possessions qui servent à maintenir la societé civile, il n'y en a guéres de plus délicate ni de plus importante que celle des Notaires.

M. Brillon, *verbo* Notaire, dit à ce sujet, qu'il a été fort édifié de trouver sous ce mot, dans le Dictionnaire économique, un extrait de leurs Statuts, & les régles de leur état en ce qui concerne la probité personnelle, & leurs devoirs par rapport à la Religion.; il y renvoye le Lecteur, qui y trouvera une bonne morale, que la corruption des mœurs & l'avarice du siécle a rendue presque universellement inutile, & réprouvée dans la pratique.

Quoiqu'en dise cet Auteur, la plupart de ceux qui font à Paris cette Profession s'en acquittent très-dignement, & on ne peut pas leur rien reprocher par rapport à la probité, & par rapport au désintéressement.

La Charge de Notaire est parmi nous fort honête ; aussi est-elle compatible avec la noblesse : ainsi ceux qui en sont revêtus, lorsqu'ils sont nobles, ne dérogent pas pour cela ; ils conservent leur noblesse, & la transmettent à leur postérité.

Il est vrai qu'ils sont appellés *servi publici*, *in Lege 2. ff. rem pupilli salvam fore*; *non quod revera servi sint, sed quod populariter rogentur, & cuique serviant.*

Pour être reçu dans une Charge de Notaire, il faut être majeur de vingt-cinq ans, & les Juges pardevant qui s'en fait la reception, ne les peuvent admettre qu'après avoir fait une information de leurs vie & mœurs, & leur avoir fait subir un examen, quand ils ne sont pas reçu Avocats.

A l'égard de l'âge, il y en a qui en obtiennent des dispenses, mais il faut que ce soit pour des considérations particuliéres; comme si celui qui se présenteroit étoit fils de Notaire ; parce qu'on présume toujours qu'étant élevé pour ainsi dire dans la profession, il a été en état de s'en rendre capable dans un âge moins avancé que tout autre.

Il y a donc quelquefois des Notaires qui sont mineurs ; & alors la qualité de Notaire les rend majeurs pour ce qui est de l'exercice de leurs Charges, ou pour ce qui regarde la conduite de leurs affaires ; mais non pas pour ce qui concerne l'aliénation de leurs immeubles, ni pour ce qui regarde l'intérêt d'un tier : c'est aussi la raison pour laquelle un mineur qui seroit Notaire ne pourroit être tuteur. Brodeau sur M. Louet, lettre G, sommaire 9. nombre 5.

Les actes qui sont passés pardevant Notaires, dans la forme prescrite par les Loix, produisent trois principaux effets.

Le premier est d'avoir une date certaine, & de faire foi en Justice; ensorte que l'on ne seroit point reçu à prouver par témoins le contraire de ce qui est énoncé par les actes qui sont passés pardevant Notaires; ainsi pour les détruire, il faut nécessairement passer à l'inscription de faux.

Voyez le Recueil des actes de notorieté, pages 73. & 134.

Le deuxiéme est, que les actes passés pardevant Notaires emportent hypotéque sur les biens de l'obligé, quand même il n'en seroit point fait mention.

Le troisiéme est, qu'étant scellés du sceau de la Jurisdiction dans laquelle les Notaires sont immatriculés, ils peuvent être mis à exécution, sans qu'il soit besoin de mandement ni de permission du Juge.

Ainsi les actes passés pardevant Notaires sont bien différens des actes passés sous signature privée, en ce que, I°. Ces derniers n'ont point de date certaine. II. Qu'ils n'emportent point hypotéque III°. Qu'ils ne peuvent être mis à exécution, qu'après avoir été reconnus en Justice, & autorisés par une Sentence du Juge.

Mais pour les actes passés pardevant Notaires produisent les effets que nous venons de dire, il faut qu'ils soient rédigés dans la forme prescrite par les Loix, & passés par Notaires qui ayent droit d'instrumenter dans le lieu où les actes ont été passés, & entre personnes dont les Notaires soient en droit de recevoir les actes; autrement ils ne pourroient passer que pour écrits sous signature privée.

Il paroît par ce que nous venons de dire que les Notaires assurent la foi des actes par leur témoignage, & les rendent autentiques par leur signature.

Ces Officiers sont des témoins choisis, à qui le Public se rapporte de la vérité des actes qui ont été faits en leur présence, & qu'ils ont attesté véritables. Les actes qui se passent chez eux font foi en Justice, & sont regardés comme des loix que les Parties se sont imposées elle-mêmes dans une pleine liberté.

Aussi les Juges y déferent toujours; desorte que ceux qui les ont passés ne peuvent revenir contre que par l'inscription de faux, ou en rapportant à la Partie adverse ce qui en est, comme nous avons dit ailleurs.

Les Notaires sont dépositaires de la fortune des Particuliers & du secret des familles, qui assurent tout à la fois, & la possession des biens, & la tranquillité de ceux à qui ils appartiennent, ils rendent exécutoires les traités qui se passent entre les hommes, & perpétuent leur mémoire, en rendant autentiques leurs dernieres volontés.

Ces Officiers sont des médiateurs équitables, qui par des tempéramens sûrs & judicieux, concilient les intérêts de chaque Partie, terminent à l'amiable leurs contestations, & préviennent souvent celles qui pourroient naître dans la suite.

Comme ils sont dépositaire du secret des familles, ils sont dispensé de porter témoignage dans les choses qui concernent le fait de leur charges, & de relever le secret des Parties.

Par la même raison, ils ne doivent point communiquer les actes qui sont passés chez eux, si ce n'est aux Parties qui les ont passés; & ils ne peuvent être contraints de les exhiber à d'autres, qu'en vertu de Lettre de compulsoire obtenues à cet effet.

Comme les Notaires sont établis pour assurer la foi publique, il ne leur est pas permis de se saisir des minutes des actes qu'ils ont passés, ni de les remettre entre les mains des Parties, à peine d'être privés de leurs Charges.

Il faut néanmoins excepter les testamens; car un Notaire qui en a reçu un, peut le remettre entre les mains du testateur, s'il le requiert. *voyez* Minute.

Les Notaires étant dépositaires publics, ne peuvent donc jamais être contraints, pour quelque cause que ce soit, de se désaisir des minutes qui sont en dépôt dans leurs études, si ce n'est à l'occasion de l'inscription de faux formée & admise; auquel seul cas il est de la régle d'ordonner que la minute de l'acte sera portée, par le Notaire qui en est dépositaire, au Greffe de la Jurisdiction où l'instance est pendante; & qu'en ce faisant, il en demeurera valablement déchargé.

Il faut néanmoins observer, qu'aux termes des Lettres patentes du Roi, données à Nancy le 29 Août 1673. enregistrées au Parlement le 7 Septembre audit an, les Notaires du Châtelet de Paris ne peuvent être traduits hors du Châtelet & du Parlement, en des Jurisdictions éloignées, ni être contraints d'abandonner l'exercice de leurs Charges.

Ainsi lorsqu'un inscription de faux est formée contre un acte dont la minute à été reçue par un Notaire du Châtelet de Paris, si cette inscription est formée au Parlement de Rouen ou de Bordeaux, ou autre, les Juges de ces Parlemens peuvent faire instruire & faire juger cette inscription de faux au Châtelet de Paris.

Mais s'ils retiennent l'instruction de cette inscription de faux en leur Parlement, l'usage qui se pratique en pareil cas, est d'ordonner que la minute de l'acte sera portée par le Notaire dépositaire au Greffe du Châtelet de Paris, pour après avoir été paraphée par Monsieur le Lieutenant civil en la maniere accoutumée, en être fait procès verbal, & être ensuite remise ès mains de l'un des Voituriers, ou Maîtres des Carosses de Paris à Rouen ou à Bordeaux, tel qu'il sera choisi par Monsieur le Lieutenant civil, afin d'être portée au Greffe du Parlement ou se poursuit l'inscripition de faux; au moyen de quoi le Notaire dépositaire demeurera bien & valablement déchargé.

Quoique régulierement on ne puisse se pourvoir contre une acte passé pardevant Notaires, que par l'inscription de faux: néanmoins quand on a une expédition d'une acte passé pardevant Notaires, on peut, sans s'inscrire en faux, demander l'exhibition de la minute au Notaire qui en est le dépositaires. Bouvot, tom. 2. *verbo* Notaire, quest. 2.

Pour rendre un acte autentique dans notre Coutume, il suffit qu'il soit passé devant deux Notaires, sans qu'il soit besoin de témoins qui soient présens à l'acte.

Dans la plupart des autres Coutumes, il faut qu'il soit passé devant un Notaire & deux témoins; mais nous en avons quelques-unes où il faut qu'il soit passé devant un Notaire en présence de trois témoins, & dans ces Coutumes qui requierent trois témoins un acte passé pardevant deux Notaires sans témoins, ne seroit pas autentique. *Voyez* l'Ordonnance de 139. article 133. & Brodeau sur M. Louet, lettre R, somm. 52. nomb. 18. Ricard, Traité des Donations entre-vifs, part. 1. chap. 5. sect. 8. nomb. 1583. & ce que j'ai dit sur l'article 284. de la Coutume de Paris, glossaire 4. nombre 25.

Aucuns actes & contrats ne peuvent être passés, que les témoins y dénommés ne soient présens, lors de la passation entiere desdites actes & contrats, & que la lecture leur ait été faite d'iceux avant leur signature, ou leur déclaration qu'ils ne sçavent écrire ni signer, dont mention doit être faite dans lesdits actes & contrats.

Les Notaires ne peuvent point se servir de leurs Clercs, ni des personnes au-dessus de vingt ans accomplis, pour être témoins dans les contrats, actes & testamens qu'ils reçoivent.

Les Notaires sont obligés, avant que de recevoir les actes, de les écrire devant les Parties contractantes & les témoins, & ensuite de les relire devant eux.

Après cela, ils doivent faire signer les actes par les Parties & par les témoins, & en faire mention. Et à l'égard de ceux qui ne sçavent ou ne peuvent pas signer, les Notaires doivent faire mention qu'ils ont déclaré ne sçavoir ou ne pouvoir signer, de ce interpellés suivant l'Ordonnance.

Enfin, les Notaires doivent mettre fin à l'acte par leur signature; ce qui est d'une conséquence infinie: car un contrat qui ne seroit pas signé par le Notaire; mais seulement par les Parties & par les témoins, n'emporteroit point hypotéque ni exécution parée, & ne pourroit être regardé que comme un écrit sous seing privé, & il est valable d'ailleurs.

La raison en, que ce qui fait un contrat, c'est le consentement des Parties, lequel est suffisamment prouvé par leur signature: ainsi, quoique celle du Notaire ne s'y trouve point, il est de la bonne foi & de la sureté publique qu'il ait dumoins son exécution comme un écrit sous seing privé, qui n'est point exécutoire par lui-même, & qui n'emporte point hypotéque; mais cet acte produira tous ces effets du jour qu'il aura été reconnu en Justice.

Pour obvier à tous les inconveniens qui peuvent arriver du défaut de la signature du Notaire qui a passé un acte, il est enjoint aux Notaires, après qu'ils auront fait signer aux Parties les minutes des actes qui seront faits & passés devant eux, ou qu'elles auront déclaré ne pouvoir signer, de signer sur le champ lesdites minutes en présence des Parties.

L'article 167. de l'Ordonnance de Bois porte, que les Notaires doivent mettre & déclarer dans les contrats, testamens & actes, la qualité, demeure & Paroisse des Parties contractantes, & des témoins qui sont dénommés dans les actes, & aussi la maison où ils seront passés, & enfin le jour, le mois & l'année qui seront passés, & même si c'est devant ou après midi; ce qui est conforme à l'article 67. de l'Ordonnance de 1639.

Les Notaires ne doivent point passer d'actes sans connoître les Parties contractantes, ou sans les faire attester par deux témoins qui les connoissent, dont il doit être fait mention dans l'acte.

Les Notaires doivent délivrer en brevet les actes dont il n'est pas nécessaire de garder minute, & que les Parties demandent qu'ils leur soient délivrés ainsi.

Ils gardent des minutes de ceux dont il doit rester minute, par rapport à la nature de l'acte, ou par rapport à la volonté des Parties; & ils en délivrent des expéditions en papier,

Enfin, ils délivrent des grosses en parchemin des actes dont la minute reste en dépôt dans leurs études, quand les Parties leur en demandent des grosses.

Il a été un tems où les Charges de Notaires étoient en France séparées de celles des Tabellions & des Garde-notes.

Le Notaire étoit celui qui recevoit & passoit les minutes des actes & contrats, & qui ne pouvoit les délivrer aux Parties qu'en brevet.

Le Tabellion étoit celui à qui le Notaire étoit tenu de donner ses minutes, pour les garder & les délivrer en grosse aux Parties quand elles le requeroient, pour avoir une execution parée.

Le Garde-note enfin, étoit celui qui, en vertu d'un Edit d'Henri III. de l'an 1575. avoit la garde de toutes les minutes des Notaires après qu'ils étoient décedés, ou qu'ils avoient résigné leurs Offices.

Avant cet Edit, on apportoit au Greffe les minutes des actes qui se passoient pardevant Notaires, & les Greffier en délivroient des expéditions aux Parties; mais quatre ans après, les Charges de Garde-notes furent supprimées, & réunies à celles des Notaires, qui en prennent à présent la qualité.

En 1597. les Charges des Tabellions furent aussi

réunies à celles des Notaires par Henri IV. Ainsi, dans la plupart des Villes de ce Royaume, les Notaires reçoivent les actes en qualité de Notaires, ils en délivrent des expéditions & des grosses en qualité de Tabellions, & ils gardent les minutes des actes & contrats qu'ils ont passés; & ces minutes appartiennent après leur mort à ceux qui leur succedent en leurs Offices.

Il y a néanmoins encore quelques Villes dans ce Royaume où l'Office de Notaire est distingué de celui de Tabellion, & où les Notaires reçoivent seulement les minutes des actes & contrats qu'ils passent, & qui ne les peuvent délivrer aux Parties qu'en brevet; mais ils sont tenus de les porter aux Tabellions, pour les garder & les délivrer en grosse aux Parties, si elles le requierent, pour avoir une exécution parée.

Mais presque par toute la France, les Offices de Notaires & de Tabellions sont réunies, & n'en font qu'un seul, qu'on nomme l'Office de Notaire; ensorte que celui qui en est pourvu, l'exerce en recevant, grossoyant, & délivrant les contrats & autres actes à ceux qui les ont passés.

Comme il doit y avoir une différence entre celui qui reçoit le contrat, & la Partie contractante, un Notaire ne peut passer comme Notaire un contrat où il feroit une des Parties contractantes. *Voyez* Gui-Pape, question 318. & Chorier, en la Jurisprudence du même Auteur, page 211. Il ne peut pas non plus recevoir un testament dans lequel le testateur lui feroit quelque legs. Il ne peut pas même recevoir d'actes & contrats où ses cousins germains, & autres parens ou alliés plus proches, seroient intéressés. Mornac, *ad leg.* 17. *ff. de testib.* Boniface, tom. 1. liv. 1. tit. 20. nomb. 2. rapporte plusieurs Arrêts de réglemens qui l'on jugé ainsi.

Par Arrêt rendu en la Grande Chambre le 21 Avril 1741. sur un Déliberé, il a été jugé qu'un Notaire n'avoit pas pû recevoir un testament dans lequel sa parente du troisiéme ou quatriéme dégré, étoit légataire universelle.

Cependant le contraire s'observe au Parlement de Bordeaux, comme il est remarqué par la Peyrere, lettre N.

Un Notaire qui reçoit un contrat de vente d'uue chose qui lui est hypotéquée, perd son hypotéque, parce qu'il est présumé y renoncer tacitement.

Celui qui reçoit une acte prohibé par les Loix, comme de Simonie, usure, doit être puni. *Leg.* 3. *cod. de Sacrosanc. Eccles.* Il en faut dire de même du Notaire qui recevroit une obligation, le nom du Créancier en blanc.

Il est aujourd'hui défendu aux Notaires d'inserer dans les contrats & obligations les déclarations de majorité & extraits baptistaires, sur peine de nullité & d'en répondre en leur propre & privé nom. Brodeau, sur M. Louet, lettre M. sommaire 7.

Il leur est aussi défendu de déchirer aucun acte, pas même du consentement des parties, s'il n'y a un acte separé Desmaisons, lettre N. nomb. 5.

Ils ne peuvent pas non plus, à peine d'interdiction, passer aucuns actes par lesquels les hommes & les femmes déclarent qu'ils se prennent pour mari & femme. *Voyez* l'Ordonnance de blois, article 44.

Les Notaires ne sont point responsables des nullités qu'ils ont causées par imperitie dans les actes qu'ils ont passés. *Voyez* Louet & son Commentateur, lettre N. chap. 9. Bourguier, lettre N. chap. 3. & le Commentateur d'Henrys, tom. 1. liv. 2. chap. 4. quest. 27.

A l'égard des dommages & intérêts qu'ils auroient causés par dol ou par une lourde faute, qui est un droit comparé au dol, ils sont toujours tenus des dommages & intérêts causés par ce moyen à l'un des contractans.

Mais les héritiers d'un Notaire ne peuvent être recherchés que dans deux cas pour fait de charge, dont il seroit tenu s'il vivoit: le premier est, s'ils avoient profité de quelque chose par rapport à la faute du Notaire dont ils seroient héritiers: le deuxiéme est, si la cause avoit été contestée avec le Notaire de son vivant. *Voyez* Basset, tom 1. liv. 2. tit. 14. chap. 2. & Brodeau sur Louet, Lettre N. sommaire 9.

Un acte passé par un homme que le Public croyoit être Notaire, & qui ne l'étoit pas, n'en seroit pas moins valable. *Voyez* ce que j'ai dit lettre E. au sujet de la commune erreur.

Touchant les droits, devoirs & fonctions des Notaires, *Voyez* la Science parfaite des Notaires, où j'ai traité de toutes ces choses fort au long.

A l'égard des faussetés commises par les Notaires, *Voyez* Fontanon, tome 1. liv, 3. titre 70. pag. 67. & M. le Prêtre, cent. 2. chap. 36.

Il y a en France deux sortes de Notaires: sçavoir les Notaires royaux, & les Notaires des Seigneurs, ausquels on peut ajouter une troisiéme espéce de Notaires qui sont les Notaires Apostoliques.

NOTAIRES ROYAUX, sont ceux qui sont crées par le Roy dans les Justices Royales, pour recevoir les actes faits entre toutes sortes de personne, de quelque qualité qu'ils soient, & en quelque lieu qu'elles ayent leur domicile, pourvû que les actes soient passés dans le ressort de la Jurisdiction où le Notaire est immatriculé.

Les contrats qu'ils passent, emportent hypotéque sur tous les biens des obligés, en quelque lieu du Royaume qu'ils soient situés; & ils peuvent être mis à exécution par toute la France, en les faisant sceller du sceau Royal de la Jurisdiction dans laquelle les Notaires qui les ont passés, sont immatriculés.

Comme le sceau est la marque autentique que le Roi donne aux actes qui sont passés par les Officiers quand un acte est scellé, il est exécutoire, sans qu'il soit besoin de mandement ni de permission du Juge du lieu où l'on veut le mettre à exécution; parce que le sceau Royal doit être connu dans toute l'étendue du Royaume, & peut parconséquent y étendre son pouvoir par tout.

Tous Notaires, même Royaux, n'ont droit d'instrumenter que dans l'étendue du ressort de la Jurisdiction où ils sont immatriculés, parce qu'un Notaire hors de sa Jurisdiction, n'est qu'une personne privée. *Voyez* le Commentateur d'Henrys, tome 1. liv. 2. chap. 4. quest. 28.

Néanmoins les Notaires du Châtelet de Paris, par un privilége particulier, peuvent instrumenter par tout le Royaume. Les Notaires des Villes d'Orléans & Montpelliers ont le même droit, à l'exception toute fois de la Ville de Paris, où ils ne peuvent recevoir aucun acte, pas même par droit de suite. *Voyez* Brodeau sur Louet, lettre N. sommaire 10. Mornac *ad Leg. ult. ff. de Jurisdictione*; & les Coutumes du Poitou, article 378. Orleans, article 463.

NOTAIRES DES SEIGNEURS, sont ceux qu sont créés dans les Justices seigneuriales, pour recevoir tous contrats, acte entre-vifs, & ordonnances de derniere volonté, dans l'étendue de la Jurisdiction dans laquelle ils sont immatriculés, & entre les personnes qui y sont demeurantes.

Les contrats qu'ils passent dans leur ressort, & entre personne y demeurantes, emportent hypotéque sur tous les biens des obligés, en quelqu'endroit du Royaume qu'ils soient situés; & ils sont exécutoires dans le ressort de la Seigneurie du Seigneur qui a droit de Notoriat, en les faisant sceller du sceau de la Jurisdiction seigneuriale dans laquelle les Notaires qui les ont passés sont immatriculés.

Les Contrats passés par des Notaires de Seigneurs, quoique munis du sceau de la Jurisdiction où les Notaires qui les ont passés sont immatriculés, ne sont donc exécutoires que dans le ressort de la Seigneurie du Seigneur qui a droit de Notariat, & non pas ailleurs. La raison est, que le sceau du Seigneur n'est connu que dans l'étendue de sa Justice, & ne peut par conséquent étendre son pouvoir sur les terres du Roi, ni sur celle des autres Seigneurs.

Nous avons dit cy-dessus, en parlant des Notaires Royaux, que tous les Notaires, même Royaux, n'ont droit d'instrumenter que dans l'étendue du ressort de la Jurisdiction où ils sont immatriculés; mais il y a quelque chose de plus à l'égard des Notaires des Seigneneurs, c'est qu'outre cela il faut encore, pour que leurs actes soient autentiques, qu'ils soient passés entre personne qui soient justiciables & demeurantes dans le territoire de la Seigneurie; autrement les contrats reçus par des Notaires des Seigneurs, quoique dans l'étendue de leur ressort, mais entre personnes qui n'y seroient pas domiciliées, n'auroient force que d'écritures privées. Bouguier, lettre C. nombre 7. Brodeau sur Louet, lettre N. sommaire 10. Journal des Audiences, tom 1. livre 5. chap. 4. Henrys, tome 1. liv. 2. chap. 4. question 28.

Cependant plusieurs Arrêts rendus au Parlement de Paris ont décidé le contraire par rapport à l'hypotéque, & ont jugé qu'une obligation passée par devant un Notaire subalterne dans son ressort, au profit d'un particulier qui y étoit domicilié, portoit hypotéque sur les biens du débiteur qui étoit demeurant dans une autre Jurisdiction; de sorte que ces Arrêts ont mis une différence entiére entre l'hypothéque & l'exécution parée des contrats, sur le fondement que l'une & l'autre n'ont rien de commun, & se reglent par des maximes différentes.

Ainsi, quoique les contrats soient passés par devant des Notaires subalternes entre deux parties, dont l'une n'est pas domiciliée sous le ressort des Notaires, on ne peut pas néanmoins leur refuser l'hypothéque, vû que l'hypothéque est du droit des gens, & qu'elle dépend de la convention des Parties, & qu'ainsi il suffit, pourqu'elle soit constituée, que les contrats reçus par un Officier public qui ait pouvoir d'instrumenter. *Voyez* l'arrêt du 14 Juillet 1672. qui est rapporté dans le Journal du Palais; & celui du trois Février 1711. rapporté prr M. Brillon, *verbo* Notaire, nombre 83.

Mais on demande, I'. Si les testamens & autres actes de derniere volonté sont valables, quand ils sont passés par des Notaires hors de leur ressort? Il faut dire que les actes sont nuls.

On demande II'. *quid juris* des donations entre-vifs qui semblent être au nombre des contrats? Il faut cependant dire qu'elle sont nulles.

Voyez sur ces deux questions ce qui est dit dans les Observations sur Henrys, tome 1. liv. 2. chap. 4. quest. 28.

Tous les Seigneurs Haut-Justiciers n'ont pas droit de créer les Notaires dans leurs Terres. Quiconques est Seigneur Châtelain, on a droit de Tabellionage, qui est de créer Notaire ou Tabellion, pour recevoir tous contrats & actes volontaires passés au dedans de sa Châtellenie, & a droit de sceaux pour sceller lesdits contrats.

Mais les simples Seigneurs Hauts-Justiciers qui ne sont point Châtelains, n'ont point droit de Tabellionage, s'ils n'en ont un titre particulier, par un privilége spécial & concession du Roi, ou par une possession imméinoriale, quoiqu'ils ayent droit de Justice ou de Jurisdiction contentieuse.

La raison est, que le droit de Justice & de Jurisdiction contentieuse n'a rien de commun avec la Jurisdiction volontaire: or le droit de Notariat ou de Tabellionage *est actus non contentiosæ, sed voluntariæ Jurisdictionis, qui inter volentes tantum & consentientes exercetur, non verò inter invitos. Separatorum autem jus est separatum, & diversa ratio; nec de uno ad aliud rectè infertur.*

Voyez Bacquet, en son Traité des Droits de Justice, chap. 25. Loyseau, en son Traité des Seigneuries, chap. 8. nomb. 85. & Viguier, sur Angoumois, art. 5.

NOTAIRES APOSTOLIQUES, étoient autrefois des personnes nommées par les Evêques & Archevêques, pour passer les actes concernant les Bénéfices, & pour exercer la fonction de Notaire en matiere tiére Bénéficiale, dans l'étendue du Diocèse de celui par lequel ils avoient été nommés.

Comme l'Evêque n'est pas Seigneur de son Diocèse, mais le Roi, ces Notaires ne pouvoient recevoir aucuns actes concernant les choses temporelles.

Mais depuis l'Edit du mois de Décembre 1691. par lequel le Roi a créé des Notaires Royaux & Apostoliques dans tous les Diocèses de son Royaume, ces Notaires ne sont plus nommés par les Evêques, mais par le Roi, de qui ils obtiennent des provisions.

Ils ont, par cet Edit le pouvoir de faire seuls, & privativement à tous autres Notaires, certains actes, & la faculté d'en faire d'autres concurremment avec les Notaires Royaux, ou ceux des Seigneurs.

Comme il seroit difficile de faire l'énumeration de ce qui concerne ces Notaires, & que le tout est détaillé dans cet Edit que nous avons rapporté tout au long dans la Science parfaite des Notaires, livre 16. chap. 21. j'y renvoye le Lecteur,

Nous remarquerons seulement ici, que par un Edit donné à Versailles en Février 1693. les Charges de Notaires Royaux & Apostoliques, pour le Diocèse de Paris, ont été réunies aux Notaires du Châtelet de Paris, qui ont par ce moyen le droit de passer toute sorte d'actes, tant en matieres civiles, que bénéficiales.

NOTE, est un mot tiré du mot latin *nota*, qui veut dire titre, écritures abregées ou en chiffres. *Voyez* ce que nous avons dit là-dessus, *verbo* Notaire; & ce qui en est dit dans le Traité de la preuve par témoins, seconde partie, chap. 1. aux additions.

NOTER. *Voyez* Blâmer.

NOTIFICATION, est une déclaration certaine & assurée de quelque acte que l'on fait à quelqu'un, en lui en donnant copie.

Nous avons plusieurs sortes de notifications qui sont absolument nécessaires; sçavoir, la notification de la vente d'un fief, la notification d'une saisie féodale, la notification de la vente d'un héritage roturier, & enfin la notification que doivent faire les gradués tous les ans au Carême, de leur nom & surnom, au Greffe du Diocèse dans lequel sont situés les Bénéfices ausquels leurs Lettres sont adressées.

Nous allons parler ici des trois premieres, nous réservant de parler de celle de gradués dans le Dictionnaire de Droit canonique. Mais il faut remarquer qu'il y avoit autrefois une autre espéce de notification, qui étoit celle qui se faisoit des actes passés pardevant Notaires, & qui se faisoit au Greffe établi pour cela, en payant pour chaque acte le droit de notification; mais ce droit n'est plus en usage depuis que le controlle des contrats a été établi pour lui succeder en son lieu & place, comme nous avons dit, *verbo* Controlle.

NOTIFICATION DE LA VENTE D'UN FIEF, est celle qui se fait par celui qui a acquis à titre de vente un fief au Seigneur dont ce fief releve, à l'effet de faire courir l'an du retrait féodal.

Cette notification, suivant l'article 20. de la Coutume de Paris, doit être faite, & les quarante jours accordés au Seigneur pour exercer le retrait féodal, ne courent que du jour que la vente du fief a été signifiée & notifiée au Seigneur, & que le contrat lui a été exhibé & d'icelui baillé copie.

Elle se peut faire par le vassal en personne, ou par son tuteur, curateur, ou autre administrateur, ou par Procureur fondé de procuration spéciale, de laquelle il doit instruire le Seigneur s'il en est requis.

Il faut faire l'exhibition & la notification du contrat de vente au Seigneur; desorte qu'il la faut faire à lui-même au lieu du principal manoir, s'il y est présent; ou domicile du Seigneur, s'il ne demeure pas dans son fief.

La raison est, qu'il suffit que le Seigneur soit rendu certain du contrat de vente; & il lui importe peu que la vente lui ait été déclarée & notifiée au manoir & chef-lieu de son fief, ou à son domicile ordinaire & actuel.

Pour preuve de cette notification, l'acquereur doit en prendre acte des Officiers de la Justice seigneuriale, en cas qu'ils lui en veuillent bailler un, sinon par deux Notaires ou par un Notaire en présence de deux témoins, ou faire faire l'exploit de l'exhibition & notification par un sergent, en présence de deux témoins.

Si l'acquereur manquoit à faire la notification du contrat de vente, ou qu'elle ne fut pas valablement faite, la prescription contre le droit de retenue féodale dureroit trente ans.

Voyez ce que j'ai dit sur l'article 20. de la Coutume de Paris.

NOTIFICATION D'UNE SAISIE FÉODALE, est celle qui se fait par le Seigneur féodal à son vassal, sur lequel il a saisi le fief faute d'homme, droits, & devoirs non faits & non payés

Cette notification est absolument nécessaire, sur peine de nullité de la saisie féodale. La raison est, que nos Coutumes ont donné aux Seigneurs un moyen d'obliger leurs vasseaux de leur faire promptement leurs devoirs, & de leur payer les droits qui leur sont dûs; mais elles ne leur permettent pas de se servir de surprise, & de tenir cachée & secrete une saisie féodale: elles veulent que les vassaux en soient avertis, afin d'y pouvoir satisfaire.

La notification d'une saisie féodale, suivant l'article 30. de la Coutume de Paris, se peut faire de deux manieres.

La premiere est, de la faire ou au vassal, ou à son fermier & receveur, ou à son laboureur, au principal manoir ou au lieu seigneurial du fief, par copie baillée de la saisie. Elle ne peut pas être faite au vassal domicilié ailleurs, parce que c'est un acte féodal, qui se doit par conséquent faire sur le fief.

Cette notification se fait par copie baillée de la saisie, de même que la notification de la vente d'un fief se doit faire ainsi ; quoique cette obligation de bailler copie de la saisie féodale ne soit point imposée au Seigneur par l'article 30. de la Coutume de Paris, parce que cela s'y doit suppléer en conséquence des Ordonnances, qui veulent que de toutes saisies & exécutions il en soit baillé copie.

L'autre maniere de notifier une saisie féodale, se fait par une publication que l'on en fait faire un jour de Dimanche, à la porte de l'Eglise paroissiale du lieu où le fief saisi est situé, à l'issue de la Messe de Paroisse ; ce qui ne peut être admis que quand le vassal ne reside point dans son fief, & qu'il n'y a ni Receveur ni Fermier à qui la saisie puisse être notifiée.

Cette publication a lieu contre le mineur & contre l'absent, parce qu'ayant été rendue publique, ils sont présumés en avoir été informés.

Comme la saisie féodale doit être regardée comme les autres saisie qui doivent être signifiées & notifiées, il est constant que la notification de la saisie féodale doit être faite, même dans les Coutumes qui n'en parlent point, parce que cette saisie dépossede le vassal, & par conséquent il en doit être averti pour y donner ordre ; autrement elle seroit nulle & de nul effet.

Au reste, la saisie féodale doit être enregistrée, soit qu'elle soit notifiée par signification faite au Vassal, ou à son Fermier ou Receveur, ou qu'elle soit notifiée par publication, parce que les Sergens pourroient supposer avoir fait des significations ou publications qu'ils n'auroient pas faites.

Voyez ce que j'ai dit sur l'article 30. de la Coutume de Paris.

NOTIFICATION DE LA VENTE D'UN HERITAGE ROTURIER, est celle que l'acquereur d'un héritage roturier est obligé de faire au Seigneur censier duquel l'héritage releve, pour ne pas encourir l'amende dûe *ipso jure*, pour ventes recelées & non notifiées. C'est ce qui est porté en l'article 77. de la Coutume de Paris.

Cette notification doit être faite dedans les vingt jours de l'acquisition ; autrement l'amende est encourue *ipso jure*, contre le nouvel acquereur, majeur ou non ; parce qu'en matiere de droits féodaux & seigneuriaux, & de prescriptions coutumieres, les mineurs sont obligés comme les majeurs sans distinction ; mais en ce cas le tuteur est responsable de l'amende en laquelle sa négligence à fait tomber le mineur, sans qu'il puisse l'employer en la dépense de son compte.

Dans la Coutume de Paris, il suffit, pour éviter l'amende, qu'il y ait eu exibition du contrat de vente sans que les lods & ventes ayent été payés ; ce qui n'est pas observé par-tout de même : car, par exemple, dans la Coutume de Meaux, l'acquereur doit l'amande, faute d'avoir payé les lods & ventes dans la huitaine du jour de l'acquisition.

Cette notification se fait par la signification & par l'exhibition du contrat de vente, ou par l'exhibition seule, dont le Seigneur auroit donné une reconnoissance ; mais si l'acquereur avoit fait signifier par une personne publique l'acquisition qu'il auroit faite, sans lui exhiber son contrat, il ne seroit pas moins sujet à l'amende, que s'il n'avoit point fait cette signification.

L'amende n'est encourue, que pour n'avoir pas notifié au Seigneur le contrat de vente qui donnoit lieu aux lods & ventes ; & cette amende a été introduite pour punir la mauvaise foi de l'acquereur, qui est présumé avoir voulu frustrer le Seigneur de ses droits : d'où il s'ensuit que si l'acquisition n'est pas par vente, mais par autre titre pour lequel il ne soit rien dû au Seigneur comme par donation, ou autre semblable, l'acquereur ne chet point en amende, parce qu'il n'est pas tenu de faire l'exhibition de son contrat sur peine d'amende ; & en ce cas le Seigneur a seulement droit de se pourvoir en Justice, pour être payé des droits qui lui peuvent être dûs.

La Coutume de Paris ne donne que vingt jours à celui qui a acquis par contrat de vente un héritage roturier, pour en faire la notification au Seigneur. Sur quoi il faut remarquer.

I°. Que plusieurs de nos Coutumes donnent un plus long terme.

II°. Qu'on ne compte point dans ces vingt jours celui de la vente, c'est-à-dire le jour que le contrat a été passé, suivant cette maxime, que *dies termini non computatur in termino*, qui est pratiquée dans les autres délais qui sont accordés par la Coutume, comme pour bailler dénombrement, fournir de blâme, faire la foi & hommage, ainsi que je l'ai expliqué sur les articles 7. 8 & 10 de la Coutume de Paris.

III°. Que si le Seigneur recevoit, après les vingt jours passés, les lods & ventes, sans reserve & protestation de l'amende, il seroit présumé l'avoir remise, & ne seroit pas ensuite recevable à la demander, soit qu'il ait sçu que les vingt jours étoient passés, soit qu'il n'en ait point eu connoissance, parce qu'il doit s'imputer de ne s'en être pas instruit par la lecture du contrat.

Cette amende n'est pas une charge réelle & fonciere, mais elle est pure personnelle, pour punir l'acquereur de sa négligence : c'est pourquoi elle ne suit pas l'acquereur de l'héritage.

De ce même principe il s'ensuit encore, que comme les héritiers représentent la personne du défunt auquel ils succedent, si l'acquereur étoit décédé avant les vingt jours, les héritiers n'auroient que le tems qui restoit au défunt pour faire la notification, sur peine d'encourir l'amende.

Voyez ce que j'ai dit sur l'article 77. de la Coutume de Paris.

NOTIFIER, est exhiber & donner copie d'un acte ou contrat à quelqu'un, à l'effet de l'en rendre certain ; & que celui qui a fait la notification de l'acte, soit à couvert des peines qu'il auroit encourues s'il ne l'avoit pas fait.

Voyez ce que j'ai dit sous le mot de Notification.

NOTORIETÉ, se dit des faits qui sont publics & connus d'un chacun ; ensorte que c'est une lourde faute, que de prétendre n'en point avoir de connoissance.

ACTE DE NOTORIETÉ, est un acte par lequel les Officiers d'un Siége consultés sur quelque matiere, rendent raison de leur usage, après avoir pris l'avis des Avocats & Praticiens.

Les Juges ne peuvent pas seuls donner de ces sortes d'actes. Rebuffe, *in Tractatu de Consuetudine*, *num. 6. loquens de Judice*, *ait* : *Ad ejus officium non spectat attestari*, *sed judicare*, *si tamen Judex interrogaret Praticos in judicio super hac Consuetudine*, *& ipse secundum eos proferre*, *talem esse Consuetudinem*. *illa receptura per judicium facta postea probaret* ; *ita solet in Franciâ fieri*.

Si les Juges ne peuvent donner seuls des actes de notorieté, à plus forte raison les Avocat & Praticiens n'en peuvent point donner de leur chef ; ils peuvent seulement donner des consultations.

Depuis l'abrogation des enquêtes par turbes, par l'Ordonnance de 1667. s'est introduit l'usage de prendre des actes de notorieté du Siége royal du lieu ou s'est formée la question.

Quand on veut avoir une acte de notorieté d'un Juge, on lui présente Requête : le Juge sur la Requête présentée par l'une des Parties, après en avoir conferé avec les Officiers, & entendu les Avocats & Procureurs du Siége, déclare que tel est l'usage, &c. & en conséquence ordonne qu'acte en sera délivré à la Partie qui l'a requis, pour lui servir ce que de raison.

Pour que les actes de notorieté soient en forme probante, il faut, 1°. Q'ils ayent été obtenus en vertu d'un Arrêt de la Cour, après avoir fait appeller les Parties qui peuvent y avoir intérêt. Ainsi par Arrêt rendu le 30 Août 1706. rapporté par M. Augeard, tome 1. on n'eut aucun égard à des certificats de Messieurs les Avocats généraux, & des anciens Avocats du Parlement de Bordeaux. On en trouve encore un bel exemple dans Bretonnier, au commencement de sa note sur Henris, tom. 1. liv. 4. chapitre 3. quest. 8.

En second lieu, les actes de notorieté doivent être données par les Officiers des Bailliages, après que les Avocats ont été ouis de vive voix à l'Audience, ainsi que le Syndic des Procureurs pour tous ceux du Siége, & sur les conclusions des Gens du Roi. *Voyez* Henrys, tome 2. livre 4. quest. 27.

En troisiéme lieu, il faut qu'en ces actes on fasse mention des Jugemens sur lesquels est établie la notorité ; autrement il dépendroit des Juges inférieurs & des Avocats de changer à leur gré les Loix, & les usages de leur Jurisdiction, & de se rendre par ce moyen les maitres de la Jurisprudence.

Les actes de notorieté n'ont pas toujours beaucoup de force, à moins qu'ils n'ayent été ordonnés par la Cour, qui a desiré par ce moyen instruire sa religion sur un usage, ou sur l'interprétation de quelque article de Coutume ; auquel cas l'acte de notorieté est d'un grand poids, quoique les Juges souverains ne soient pas astraits de s'y soumettre.

Il a paru en 1709. un Recueil des actes de notorietés donnés par M. le Camus, Lieutenant civil, de l'usage observé au Châtelet de Paris en plusieurs matieres importantes, imprimé chez Jean-Baptiste Coignard, rue S. Jacques, à la Bible d'or.

NOTORIETÉ EN FAIT DE CRIME, est une espéce de certitude que la personne qui passe pour en être coupable, l'a commis.

Ainsi un crime est réputé notoire, quand il n'y a pas lieu de douter qu'il a été commis, & par qui il l'a été ; ce qui a lieu lorsqu'il a été commis en présence du peuple, au milieu d'une multitude.

Si celui qui l'a commis est pris en flagrant délit, & conduit en prison, le Juge doit ordonner qu'il sera arrêté & écroué sans information précedente, d'autant que la notorité du délit tient lieu d'information.

Voyez l'article 9. du titre 10. de l'Ordonnance de 1670. avec les notes de Bornier *Voyez* aussi *Julius Clarus. libros* 5. §. 1. *finali quæst.* 9. & les additions qui sont à la fin de l'ouvrage du même Auteur.

NOVALES, sont des terres nouvellement cultivées, où mises nouvellement à culture, ayant été défrichées.

Quelque droit & titre qu'un Seigneur ecclésiastique ou laïque ait de percevoir les anciennes dixmes, les novales appartiennent toujours au Curé *in cujus Parrochiâ surgunt*.

Comme les dixmes appartiennent de droit au Curé, dans le doute il faut toujours se déterminer en sa faveur : c'est pourquoi toute terre où il ne paroit aucune marque de culture, est réputée novale de sa nature, & les dixmes n'en peuvent appartenir au Seigneur.

Voyez Henrys & son Commentateur, tome 1. livre 1. chap. 3. question 43. le Vest, Arrêt 21. Charondas, liv. 1. réponse 28. Chenu, cent 2. quest. 9. Filleau, partie 4. quest. 109. & Coquille. quest. 78.

NOVATION, est le changement d'une obligation en une autre postérieure : ainsi la novation détruit l'ancienne obligation, & elle en constitue un autre. Elle se fait de quatre manieres.

La premiere se fait par un changement de la cause seulement, sans changer de débiteur ; comme si ce que je dois par obligation, en vertu de laquelle mon créancier me peut poursuivre, pour avoir le payement de la somme contenue en obligation, & que j'en passe un contrat de constitution au profit de mon créancier de son consentement, pour lors il se fait une novation ; car l'ancienne obligation ne subsiste plus ; mais c'est un contrat de constitution, en vertu duquel je suis obligé de payer & continuer les intérêts jusqu'à ce que j'en fasse le rachat, sans que j'y puisse être contraint, en payant à mon créancier les arrérages de cette rente.

A ce sujet il s'est présenté une question ; sçavoir, si dans le cas proposé ci-dessus l'hipotéque de l'obligation subsiste, ou non ?

J'ai traité cette question ci-dessus, *verbo* Hypotéque, où je renvoye le Lecteur.

La deuxiéme maniere dont se fait la novation, est la légation, quand la personne du créancier est changée. *Voyez* Délégation.

La troisiéme se fait par le changement de la personne du débiteur ; comme si vous stipuliez avec Titius qu'il vous payera ce que je vous dois, en ce cas l'obligation que vous aviez de moi est éteinte, & vous commencez d'en avoir une nouvelle contre la personne de Titius.

La quatriéme se fait par le changement de la personne du créancier & du débiteur ; comme si je délégue mon débiteur pour payer à mon créancier la somme que je vous dois.

Nous avons traité amplement de la novation dans le troisiéme livre des Institutes de Justinien, au §. 3. du trentiéme titre : c'est pourquoi nous y renvoyons le Lecteur.

NOVELLES, sont les dernieres constitutions de l'Empereur Justinien, qui composent la quatriéme & derniere partie du corps du Droit civil.

Ces dernieres Constitutions de Justinien ont été rédigées par un Auteur anonyme en un volume, lequel est appellé l'Autentique, *quasi plurimùm valens*, par ce que les Loix postérieures dérogent toujours aux précedentes ausquelles elles sont contraires. Il y a aussi les Novelles de l'Empereur Leon.

Voyez ce que j'ai dit des Novelles dans mon Histoire du Droit civil, & ce que j'ai dit ci-dessus, *verbo* Autentique.

NOUVEAUX ACQUÊTS, sont tous héritages, de quelque nature qu'ils soient, féodeaux, roturiers & allodiaux, & tous droits immobiliers appartenans à des Gens de main-morte non amortis par le Roi.

Comme les Gens de main-morte ne peuvent posseder des immeubles dans ce Royaume sans la permission du Roi, Sa Majesté fait de tems en tems la recherche des héritages & immeubles qu'ils ont acquis, & qu'ils possédent sans sa permission, contre la disposition des anciennes Ordonnances du Royaume, & leur fait payer une certaine finance pour raison de ce, soit que ces héritages & immeubles soient situés dans la mouvance & censive du Roi, ou qu'ils soient situés dans tout autre, ou enfin soit qu'ils soient allodiaux.

Cette finance est appellé *Droit de nouveaux acquêts*. Et quoique ce terme semble ne marquer que les acquêts nouvellement faits, néanmoins il comprend toutes les acquisitions faites par les Gens de main-morte, pour lesquelles ils n'ont point obtenu Lettres d'amortissement.

Ainsi, par nouvel acquêt, l'on entend tout ce qui est acquis de nouveau par Gens de main-morte, c'est-àdire depuis leur premiere donation, qu'ils ont fait amortir par le Roi, en prenant des Lettres patentes pour leur établissement.

Mais si les gens de main-morte avoient négligé de faire amortir les biens de leur ancienne & premiere donation, ils en devroient le droit de nouvel acquêt, aussi bien que des autres héritages & droits immobiliers acquis depuis leur établissement.

Il est vrai que par rapport à ces anciens biens qui ont servi à leur premiere fondation, le terme de nouvel acquêt est très-impropre, puisqu'il suppose une acquisition précedente : mais c'est le terme unique & ordinaire dont on a coutume de se servir pour exprimer le droit dû au Roi par les Gens de main-morte, pour les jouissances des immeubles qu'ils ont possedés sans les avoir fait amortir.

Ce droit de nouvel acquêt est donc une taxe que les Gens de main-morte doivent payer au Roi depuis le jour qu'ils ont acquis la proprieté des biens immeubles, jusqu'au tems qu'ils en ont obtenu des Lettres d'amortissement. Mais après que ces immeubles ont été amortis, ils ne sont plus sujet au droit de nouveaux acquêts, tant qu'ils demeurent en la possession de ceux qui ont payé ce droit à Sa Majesté.

Ce droit est regardé premierement comme une espéce de peine encourue par les Gens de main-morte, pour avoir possedé des immeubles non amortis, quoiqu'ils soient incapables d'en posseder sans la permission de Sa Majesté.

En second lieu, ce droit est regardé comme une espéce de récompense & de dédommagement de la diminution que le Roi souffre des droits féodeaux, seigneuriaux, censuels & domaniaux, pour la jouissance passée ; de même que l'amortissement est une espéce de récompense de la diminution des mêmes droits pour l'avenir.

Cette taxe étoit autrefois plus ou moins forte, suivant la nature des biens & la maniere dont ils avoient été acquis. On la payoit sur un pied plus haut pour les fiefs, ou pour les censives qui étoient dans le Domaine du Roi, que pour ceux qui relevoient des Seigneurs particuliers.

A présent ce droit se leve pour toutes sortes de biens, suivant l'évaluation d'une année de revenu, pour vingt années de jouissance, c'est-à-dire que les Gens de main-morte payent pour chaque année la vingtiéme partie du revenu des biens qui ne sont point amortis.

Lorsque les Gens de main-morte ont payé au Roi le droit de nouveaux acquêts, ils ne peuvent être inquietés par les Seigneurs de qui leurs héritages relevent, pour raison de leur jouissance passée : les Seigneurs ne peuvent que les sommer de vuider leurs mains desdites héritages dans l'an, au cas qu'en payant le droit de nouveaux acquêts ils ne les ayent pas fait amortir ; ce qui les oblige de prendre des Lettres d'amortissement, & de payer au Seigneur le droit d'indemnité.

Mais le Seigneur ne peut, comme nous venons

de le dire, rien demander aux Gens de main-morte, pour raison de leur jouissance passée.

La raison est, que les Seigneurs doivent imputer à leur négligence d'avoir laissé jouir tranquillement les Gens de main-morte des héritages par eux acquis dans l'étendue de leur Seigneurie.

Ce droit de nouveaux acquêts est imprescriptible; ensorte que si le Roi n'avoit point amorti des héritages possedés par Gens de main-morte depuis plus de cent ans, il pourroit néanmoins leur en faire payer le droit.

La raison est, que les Gens de main-morte ne peuvent posseder aucuns immeubles dans le Royaume sans la permission du Roi, sans laquelle ils demeurent toujours dans cette incapacité; ainsi les Gens de main-morte manquent de titre & de possession légitime pour prescrire le droit de nouveau acquêts. Il n'en est pas de même des profits casuels dûs au Roi par les Particuliers, comme de quints, reliefs, & autres semblables, lesquels se prescrivent contre le Roi, parce qu'il n'y a point de cause qui empêche cette prescription, puisqu'il ne s'agit alors que d'un droit casuel.

La perception du droit de nouveaux acquêts se fait aujourd'hui de deux manieres; l'une regarde les Communautés laïques, qui sont les Habitans des Villes & Bourgs, Villages & Hameaux, lesquels possedent en commun des droits de glandages, pacages, & autres énoncés dans les Arrêts des 23 Janvier 1691. & 15 Novembre 1720. L'autre regarde les Communautés régulieres & séculieres, les Titulaires des Bénéfices & autres, pour les biens qu'ils possedent, dont ils n'ont pas payé l'amortissement, ou pour ceux qui leur sont donnés en usufruit pour un tems.

A l'égard des Communautés laïques, l'imposition s'en fait annuellement sur tous les Habitans des Paroisses ayant droit d'usage, exempts, nobles & roturiers, privilégiés & non privilégiés, par Messieurs les Intendans dans les Provinces & Généralités, & dans les Pays d'Etats, par les Députés ordinaires desdits Etats, sur le pied du vingtiéme du revenu desdits usages, ou suivant les Arrêts particuliers rendus pour chaque Province ou Généralité, conformément aux articles 9 & 21. de la Déclaration du 9 Mars 1700. & à l'article 8. de l'Edit du mois de Mai 1708.

Quand aux Communautés séculieres, régulieres & autres, lorsque le recouvrement des droits d'amortissement se faisoit en différens tems, selon les besoins de l'Etat, les Gens de main-morte payoient le droit de nouvel acquêt, à raison d'une année de revenu, pour vingt années, pour les jouissances passées, à compter du jour du titre de proprieté, jusqu'au jour qu'ils en payoient l'amortissement; parce que tant qu'une Communauté possede un bien sans l'avoir amorti, elle en doit le droit de nouvel acquêt, qui est une indemnité ou un intérêt du droit d'amortissement non payé.

Mais ce droit ne se paye plus aujourd'hui, parce que les Gens de main-morte sont obligés, suivant l'article 14. de l'Edit du mois de mai 1708. de faire (dans l'an & jour de la date de leurs contrats d'acquisition, ou autres titres de proprieté) leurs déclarations, & d'en payer les droits d'amortissement; ensorte que le droit de nouvel acquêt (qui n'est que le vingtiéme du revenu d'une année) se réduit à peu de chose, le Regisseur étant le maître de le faire payer à l'expiration de l'année du jour du titre.

Enfin, s'il se trouve des cas où les Communautés séculieres, régulieres & autres, ayent droit de jouir des biens à certains tems seulement sans proprieté, le droit de nouvel acquêt en est dû à proportion de la jouissance, une année pour vingt annees.

Voyez, touchant le droit de nouveaux acquêts, le Traité qu'en a fait Bacquet. *Voyez* aussi Amortissement & indemnité.

NOUVEAUX ACQUETS, DONT IL EST PARLÉ DANS LA COUTUME D'ARTOIS, articles 114. & suivans, sont les acquisitions que des personnes non nobles font de fiefs, ou de tenemens nobles, pour raison desquelles acquisitions il est dû au Seigneur le droit de nouveaux acquêts, qui est de trois années une, & que le Seigneur leve de vingt ans en vingt ans.

Ce droit est personnel, & par conséquent n'est dû qu'une fois, pour raison du fief acquis par une personne non noble, quelque tems qu'elle continue de le posseder.

NOUVEL ŒUVRE, *voyez* Dénonciation de nouvel œuvre.

NOUVELLETÉ, signifie le trouble qu'a fait le défendeur en complainte par l'usurpation de la chose, ou par la novation qu'il y a faite au préjudice du demandeur.

Il est traité amplement des cas de nouvelleté, dans le second livre du grand Coutumier, chap. 21 & 22. *Voyez* aussi ce que j'ai dit dans les préliminaires du quatriéme titre de la Coutume de Paris, & ce que j'ai dit ici sur le mot de Complainte.

NU

NUESSE, est un terme de Jurisprudence féodale. On dit tenir un fief en nuesse, ou de nud à nud, d'un tel Seigneur, pour marquer que ce fief releve de lui nûement & immédiatement.

NUIT, est la partie du jour pendant laquelle le soleil est sous notre hémisphere.

La vicissitude du jour & de la nuit prescrit aux hommes une vicissitude de travail & de repos.

Ainsi aucuns Jugemens ne doivent être rendus que de jour. La Rocheflavain, des Parlemens de France, liv. 8. chap. 53. article 5.

L'exécution des Jugemens ne se peut aussi faire que de jour, excepté en matiere criminelle.

Les actes judiciaires ne peuvent non plus être siggnifiés que de jour, suivant les anciennes Ordonnances. Mais aujourd'hui la signification qui en seroit faite la nuit commencée, n'en seroit pas moins valable, pourvû que ce ne fut pas à heure indûe. Cependant s'il s'agissoit d'offres ou d'actes en matiere de retrait, on en pourroit prétendre la nullité, faute d'avoir été faits de jour.

Il nous reste à faire ici une observation curieuse au sujet de la nuit; c'est que les anciens Gaulois, au raport de César, faisoient la division du tems, non par jour, mais par nuit; de même que les Allemands, au rapport de Tacite.

Cet usage de diviser & de compter le tems, avoit de ces peuples passé parmi nous; car anciennement en France les Laïques comptoient par nuits les tems & les délais judiciaires, ainsi qu'on voit dans la Loi Salique, & dans un Jugement tiré du Trésor de Saint Denis.

Ce Jugement est raporté par Ragueau en son Indice des Droits royaux, *verbo* Nuits, où il cite les Auteurs qui ont fait des Dissertations historiques sur ce mot, & sur cet usage de compter le tems & les délais par le nombre des nuits, & non par celui des jours.

NULLITÉ, signifie la qualité d'un acte, en ce qu'il est contre les Loix ou les formes reçues dans un pays.

Les nullités n'ont point lieu en France; c'est-à-dire que quoique des actes ou contrats soient nuls par la disposition du Droit Romain, toutesfois en France il faut avoir recours au bénéfices du Prince, lequel n'est point refusé à ceux qui l'implorent dans le tems & avec juste cause.

Ainsi une vente qui auroit été faite par le dol du vendeur, laquelle *ipso jure* seroit nulle par le Droit Romain, *leg. 7. ff. de dolo malo*, ne pourroit être cassée que par Lettres du Prince; & c'est ce qu'on appelle nullités de Droit.

Mais quand la nullité d'un acte est prononcée par l'Ordonnance ou par la Coutume, il ne faut point de Lettres pour en faire la rescision, elle se fait de plein droit.

Ainsi les contrats usuraires sont nuls de plein droit par les Ordonnances; & les contrats passés par femmes en puissance de leurs maris sans en être autorisées, sont pareillement nuls par la disposition de nos Coutumes, & partant l'autorité du Prince n'est pas nécessaire pour les faire casser.

Un mariage célébré nonobstant un empêchement dirimant, est nul de plein droit, & doit être déclaré tel par le Jugement qui doit intervenir en conséquence.

Les voies de nullité sont reçues contre les procédures judiciaires, lorsqu'elles sont faites contre la disposition des Coutumes Ordonnances ou Réglemens.

NULLITÉ EN FAIT DE JUGEMENS, EN PEUT EMPECHER L'EXECUTION, parce que, *quod ipso jure nullum est, nullos juris effectus potest parere*: ainsi ces Jugemens étant nuls, doivent être regardés comme s'ils n'avoient pas été rendus, pourvû que celui qu'ils condamnent se serve des moyens de Droit pour en empêcher l'exécution. Ces Jugemens sont ceux qui contiennent une décision absolument contraire aux Ordonnances & à la disposition précise des Coutumes. On distingue si ce sont des Arrêt ou des Jugemens en dernier ressort: il faut, pour en empêcher l'exécution, se pourvoir contre par la voie de cassation. *Voyez* ce que j'ai dit *verbo* Cassation.

Si c'est une Sentence qui ait été rendue contre la disposition précise des Ordonnances royaux qui sont en vigueur, ou contre les termes exprès des Coutumes, elle ne passe point en force de chose jugée; mais il faut en interjetter appel, non pas pour la faire casser, mais pour la faire déclarer nulle. Et comme cette Sentence ne passe point en force de chose jugée, le tems préfini pour interjetter appel, ne court point contre celui qui a été condamné par une telle Sentence; ensorte qu'après ce tems écoulé, il est toujours en état d'en pouvoir appeller. *Voyez* Chose jugée. *Voyez* aussi Jugement rendu contre les Loix.

NUMERATION D'ESPECES, signifie payement.

NUNCUPATIF, se dit seulement d'un testament fait verbalement & de vive voix. *Voyez* ce que j'ai dit dans ma Traduction des Institutes, sur le §. dernier du titre 10. du second livre.

NUPTIAL, signifie ce qui concerne le mariage ou les nôces. On dit, par exemple, recevoir la bénédiction nuptiale. Chez les Juifs, on n'alloit point aux nôces sans une robe nuptiale, comme on voit dans une Parabole de l'Evangile.

O

OBEDIENCE, est l'obéissance que les Ecclésiastiques doivent à leur Supérieur.

On appelloit aussi obédiences, celles des petits Monasteres ou Prieurés dans lesquelles les Abbayes envoyoient quelques Religieux qui dépendoient toujours de l'Abbaye.

OBEDIENCE, signifie aussi une espece de dimissoire que le Supérieur d'une Maison religieuse donne aux Religieux qui voyagent, ou qui vont demeurer dans une autre Maison.

Enfin on appelle pays d'obédience, ceux qui ne sont point compris dans le Concordat. *Voyez* ci-après Pays d'obédience.

OBJETS, c'est-à-dire reproches contre les témoins produits, pour raison d'alliance, de familiarité, de liaison étroite avec la Partie qui produit de tels témoins, comme d'être son Avocat ou son Procureur, &c.

Une distinction qu'il faut donc faire entre ces deux mots, que l'on confond quelquefois, c'est que les objets ne chargent point la réputation des témoins contre qui ils sont proposés; au lieu que les reproches sont infamans, en ce qu'ils sont fondés sur une cause qui blesse l'honneur de ceux qui en seroient convaincus.

C'est ce que dit Bouchel, *verbo* Reproches, dans sa Bibliotéque du droit François, en ces termes: La différence d'entre objets & reproches est, que objets *non recipiunt turpitudinem testis, puta est compater, affinis, est Advocatus, Procurator, & sic de similibus.* Reproches *verò respiciunt turpitudinem, videlicet quod est homo malæ vocis, & adulter, latro publicus parjurius, juxta latæ notata per Glossam in cap. præsentium, §. finali. in verbo, & aliorum, de testibus, in sexto; & Jason, in legem admonendi 31. ff. de jure jurando.*

Voyez Reproches.

OBEISSANCE, signifie la sujetion des Peuples & des Provinces à leur Souverain. Ce terme signifie aussi le respect que les enfans doivent à leurs peres & meres.

Dans la Coutume de Normandie, le terme d'obéissance signifie acquiescement.

Dans la Coutume d'Anjou, art. 216. du Maine, article 321. de Loudunois, chapitre 12. article 8. retourner à l'obeissance, signifie aller à la Cour du Parageur, & reconnoître sa Jurisdiction.

OBLAST ET MOINES-LAIS, étoient autrefois des Soldats estropiés, ausquels les Rois avoient donné une place dans chaque Abbaye pour sonner la cloche; ce qui s'évaluoit à une pension de cent livres, & s'obtenoit du Roi par Lettre de la grande Chancellerie.

Mais cela ne s'observe plus, depuis que ces mêmes pensions ont été employées à entretenir les Soldats estropiés dans la Maisons des Invalides, qui est sans contredit une des plus belles institutions qui se puissent jamais faire.

Voyez ce qui est dit des Oblats dans le Dictionnaire de Trevoux, où plusieurs autres significations de ce terme sont rapportées.

OBLIAGE, est un droit seigneurial dont il est parlé dans l'article 40. de la Coutume de Blois; qui consiste en un chapon, ayant un douzain au bec de rente en quelques lieux. *Voyez* le Glossaire du droit François.

OBLIC OU OBLIAL, est un droit seigneurial établi en argent ou en volaille sur un fonds, par les baux & par les reconnoissances, par-dessus la censive annuelle, avec laquelle il est censé vendu, quand le Seigneur en vendant la censive annuelle (qui dégenere en rente seche) s'est réservé la Seigneurie directe. *Voyez* Graverol sur la Rocheflavin, des Droits seigneuriaux, chap. 35. art. 2.

OBLIGATION, est un lien de droit, par lequel nous sommes obligés à donner ou à faire quelque chose à quelqu'un.

Il y a trois sortes d'obligations ; l'obligation naturelle, l'obligation civile, & l'obligation mixte, laquelle est naturelle & cilvile.

l'obligation naturelle est un lien de l'équité naturelle, qui nous oblige à donner ou à faire quelque chose, sans que nous puissions y être contraints en Justice.

Cette obligation qui n'est soutenue que par le droit naturel, ne produit point d'action en vertu de la quelle elle puisse être mise à exécution ; desorte que l'exécution d'icelle dépend seulement de la probité de celui qui est obligé.

Telle est l'obligation de celui auquel du vin ou autres choses ont été vendues en détail, par assiette, par un Cabaretier en sa maison ; car en vertu de telle vente il ne provient qu'une obligation naturelle, qui ne produit Point d'action pour le Cabaretier contre son débiteur, suivant l'article 128. de notre Coutume.

Il faut en dire de même de l'obligation qu'une femme a contractée en Pays coutumier, sans être autorisée de son mari,

L'obligation civile est celle qui descend de la Loi, mais qui peut être détruite par quelque exception péremptoire, au moyen de laquelle cette obligation devient sans effet. Telle est l'obligationqu'on a extorquée de quelqu'un par force & par violence.

L'obligation mixte est celle qui est fondée sur l'équité naturelle, & sur l'autorité de la Loi par laquelle elle est confirmée, & qui ne peut être détruite par aucune exception péremptoire.

L'obligation mixte produit une action efficace, au moyen de laquelle le créancier fait condamner son débiteur à lui payer ce qu'il lui doit, ou à faire ce à quoi il est obligé envers lui, sans que le débiteur lui puisse valablement opposer contre cette action aucune exception péremptoire. Sur quoi il faut remarquer que celui qui est obligé envers un autre à lui donner quelque chose, y peut être contraint en Justice : mais qand l'obligation consiste à faire quelque chose, une telle obligation se termine en dommages & intérêts, faute de satisfaire à l'obligation.

Inter obligationem, quæ in faciendo consistit, & eam quæ consistit in dando, hoc summum discrimen est, quòd qui ad faciendum tenetur, non obligetur præcisè ad faciendum, sed ejus obligatio resolvitur in id quod interest, propter naturalem hominum libertatem, quæ non patitur, quemquam ad faciendum præcisè compelli. Qui verò dare tenetur, præcisè ad dandum cogi potest; quia si non det id quod dare tenetur, manu militari capi potest.

Voyez ce que j'ai dit à ce sujet dans ma traduction des Institutes, sur le §. dernier du titre 16. du troisiéme Livre.

Les obligations descendent de quatre causes ; sçavoir du contrat, du quasi-contrat, du délit & du quasi-délit.

Les principes que nous venons de donner sur les obligations, sont tirés du Droit Romain, & peuvent beaucoup servir pour connoître ce que c'est qu'obligation, & de combien il y en a de sortes. Mais voyons ce qu'on entend ordinairement parmi nous par obligation.

Nous appellons obligation, un acte passé pardevant Notaire, pour prêt d'argent ou pour autre cause ; à la différence des reconnoissances sous signatures privées, que l'on appelle simples promesses, cédules ou billets.

Ce qui est essentiel à une obligation, c'est qu'elle doit contenir la raison pour laquelle elle est causée, comme nous dirons ci-après.

Il y a plusieurs autres conditions requises pour la validité des obligations, qui sont déduites & expliquées dans la nouvelle édition de la Science parfaite des Notaires. *Voyez* aussi ce que j'ai dit des obligations dans ma Traduction des Institutes, sur le titre 14. du troisiéme Livre.

Les principales conditions requises pour la validité des actes passés pardevant Notaires, sont l'énonciation de la date, de l'an & du jour celle du nom & de la qualité des contractans ; la signature des Parties, des Notaires & des témoins.

Toutes les obligations & actions pour sommes de deniers à une fois payer, sont réputées mobiliaires, parce que toute action prend la qualité de la chose à laquelle elle tend ; & par cette raison toutes obligations & actions qui tendent à avoir une chose mobiliaire, sont réputées meubles. *Voyez* ce que j'ai dit sur l'article 39. de la Coutume de Paris. Les obligations se font, ou purement, ou pour un certain jour, ou sans condition.

OBLIGATION PURE, est celle où l'on n'a point mis de jour ni de condition ; auquel cas non-seulement la chose est dûe d'abord, mais elle peut être demandée sur le champ. *Voyez* ce que j'ai dit dans ma Traduction des Institutes, sur le §. 2. du seixiéme titre du troisiéme Livre.

OBLIGATION FAITE POUR UN JOUR CERTAIN, est celle où l'on est convenu d'un jour pour faire le payement de la somme promise, ou pour faire ce à quoi l'on s'est obligé. Sur quoi *voyez* ce que j'ai dit *verbo* Terme.

OBLIGATION FAITE SOUS CONDITION, est celle qui ne peut avoir aucun effet que la condition ne soit arrivée, *ità ut neque statim diei cedat, neque statim dies veniat, sed tantùm post eventum conditionis. Voyez* ce que j'ai dit dans ma Traduction des Institutes, sur le §. 4. du titre 16. du troisiéme Livre.

OBLIGATION, OU PROMESSE CAUSÉE, est celle où se trouve énoncée la cause pour laquelle elle est faite ; ce qui paroît être une condition nécessaire, pour que l'obligation ou la promesse puisse avoir son effet, desorte qu'on n'y puisse donner atteinte.

Il

Il est bien vrai que celui qui aura fait l'obligation ou la promesse sans en exprimer la cause, est présumé devoir ; ou du moins, s'il ne devoit rien, il est censé avoir eu intention de donner.

C'est le sentiment de M. de Perchambault sur l'article 9. du titre 11. de la Coutume de Bretagne, qui porte que les obligations ne laisseront pas d'être valables, quoique la cause pour laquelle on les fait ne soit pas exprimée, pourvû qu'elles soient de bonne foi ; ensorte que ce seroit au débiteur à prouver la mauvaise foi de celui qui se prétend créancier.

Il y a même un Arrêt du 16 Mai 1664. rapporté dans le Journal des Audiences, qui a jugé valable une obligation dont la cause n'étoit point exprimée dans l'acte.

Nonobstant cet Arrêt, & le sentiment de M. de Perchambault, qui a écrit sur une Coutume qui contient là-dessus une disposition particuliere, il y a lieu de croire que toute cédule, promesse & obligation qui ne contient point de cause, est nulle, suivant la Loi 7. §. 4. *ff. de pact.* à moins qu'il n'y ait quelque circonstance qui fasse présumer que l'obligation est faite pour une juste cause, quoiqu'elle n'y soit pas exprimée, comme seroit l'obligation qu'un malade auroit faite à son Médecin, ou un client à son Procureur.

C'est le sentiment de Ranchin, quest. 176. de Papon dans ses Arrêts, livre 10. titre 2. & de Belordeau en ses Observations forenses, lettre C. art. 5. *Voyez* l'Arrêt de Réglement fait à ce sujet, rapporté dans le Journal des Audiences, en date du 16 Mai 1650.

L'article 1. du titre 5. de l'Ordonnance de 1673. porte, que les Lettres de change contiendront sommairement le nom de ceux ausquels le contenu devra être payé, le tems du payement, le nom de celui qui en a donné la valeur, & si elle a été reçue en deniers, marchandises ou autres effets.

Cette Ordonnance regarde particulierement les Négocians & les Gens d'affaires ; mais le Réglement de 1650. est général pour toutes sortes de personnes, aussi-bien que quantité d'Arrêts postérieurs, qui ont jugé qu'une obligation ou promesse est nulle, lorsque la cause pour laquelle elle est faite ne s'y trouve point énoncée.

Comme les obligations ne peuvent produire leur effet, si elles ne sont fondée sur des causes approuvées & autorisées par les Loix ; quand la cause n'y est pas énoncée, elles sont presumées faites *ob turpem vel injustam causam*, pour raison du jeu, ou pour autre cause également reprouvée.

Mais les nouveaux Arrêts ont en cela changé la Jurisprudence ; & aujourd'hui l'on juge qu'une obligation est valable, quoique la cause pour laquelle elle est faite ne soit pas exprimée. Il n'y a que les circonstances qui pourroient à présent faire déclarer nulles de pareilles obligations ; sçavoir lorsqu'il y auroit lieu de présumer qu'elles auroient été faites contre la prohibition des Ordonnances, comme pour argent perdu au jeu, ou pour autre cause non licite. Ainsi c'est la qualité des personnes qui doit déterminer à les déclarer exécutoires ou non, & autres circonstances semblables.

La reconnoissance qu'un Particulier feroit qu'il doit une telle somme à un tel, ne pourroit pas être réputée une obligation sans cause, parce que le mot *devoir* suppose une cause légitime de cette reconnoissance, & par conséquent peut suffire pour faire condamner le débiteur au payement, si les circonstances ne font pas présumer que la cause n'est pas légitime.

Au reste, quand une obligation est conçue pour argent prêté, on n'est pas recevable à prouver par témoins qu'elle a été causée par le jeu. Ainsi jugé le 16 Mai 1664. rapporté par Basset, tome 1. livre 2. tit. 22. chap. 9.

OBLIGATION OU PROMESSE, LE NOM DU CRÉANCIER EN BLANC, n'est pas valable ; comme il a été jugé par plusieurs Arrêts, qui ont déclaré nulles de semblables obligations, & qui ont fait expresses défenses d'en passer de pareilles : ce qui a pareillement lieu pour les Lettres de change. *Voyez* l'Edit du mois de Mai 1716. rapporté dans Bornier, sur l'article 1. du titre 5. de l'Ordonnance du Commerce de 1673.

OBLIGATION PRÉPOSTERE, est une promesse conditionnelle qui est conçue de maniere, que le jour de la demande précede celui de l'oblition. Ces sortes de promesses étoient autrefois nulles par l'ancien Droit Romain.

La raison est, qu'une obligation conditionnelle dépend de la condition qui y est apposée : ainsi il est de la nature de ces sortes d'obligations ; que la chose ne soit exigible qu'au tems que l'obligation commence d'exister véritablement, c'est-à-dire au tems que la condition est accomplie ; car on ne peut raisonnablement se représenter à l'esprit que la fille puisse naître avant la mere : *At certè obligatio est mater actionis.*

Néanmoins l'Empereur Leon avoit admis ces sortes de stipulations dans les dots, & l'Empereur Justinien a voulu qu'elles fussent admises dans toutes autres sortes d'affaire ; *leg. 25. cod. de testam.* de maniere néanmoins que la demande ne s'en put faire qu'après l'accomplissement de la condition sous laquelle elles seroient faites, parce qu'il faut avoir plus d'égard à la volonté des contractans, qu'aux termes dont ils se sont servis.

Cette Ordonnance de Justinien a été reçue généralement par toute la France ; ensorte que toutes sortes d'actes prépostères sont valables, tant en Pays coutumier qu'en Pays de Droit écrit, à condition que la demande qui peut être faite en conséquence, ne puisse avoir lieu qu'après l'accomplissement de la condition. *Voyez* ce que j'en ai dit sur le §. 14. du titre 20. du troisiéme livre des institutes.

OBLIGATION, QUÆ IN FACIENDO CONSISTIT. *Voyez* ce que j'en ai dit ci-dessus, en par lant de l'Obligation en général; & ce que j'en ai dit dans ma Traduction des Institutes, sur le §. dernier du titre 16. du troisiéme Livre.

OBLIGATION EN FORME AUTENTIQUE, est une obligation passée pardevant Notaire, qui est grossoyée & scellée; à la différence de l'obligation qui n'est qu'en papier & en brevet.

Un Huissier ou Sergent ne peut faire aucune exécution en vertu d'une obligation, qu'elle ne soit mise en parchemin & en grosse, & autorisée par le scel de la Jurisdiction où l'obligation a été passée.

OBLIGATION SOUS SEING PRIVÉ, OU PASSÉE PARDEVANT NOTAIRES, EST EXIGIBLE A LA VOLONTÉ DU CRÉANCIER, OU APRE'S LE JOUR PRÉFINI POUR FAIRE LE PAYEMENT DE LA SOMME PROMISE: ce qui fait que le créancier n'en peut pas demander les intérêts, sans préalablement y avoir fait condamner le débiteur pour le terme à venir, à compter du jour de l'assignation sur laquelle le Jugement de condamnation sera intervenu: ce qui marque la différence qu'il y a entre une simple promesse ou obligation, & un contrat de constitution de rente, fait sous seing privé, ou passé pardevant Notaires, lequel produit des intérêts *ab initio*, attendu l'aliénation du fonds qui s'y fait par le créancier. *Voyez* Rachat en fait de rente.

OBLIGATION SOLIDAIRE, est celle qui est contractée par plusieurs personnes envers le même créancier, pour une même dette, en conséquence d'une clause qui marque la solidité.

Je dis *en conséquence d'une clause qui marque la solidité;* car si une obligation étoit purement & simplement contractée par plusieurs envers le même créancier, & pour la même chose, & qu'il n'y eût aucune mention de solidité, l'obligation seroit divisée de plein droit, c'est-à-dire que chacun des coobligés ne seroit tenu que pour sa part & portion; au lieu que quand l'obligation est solidaire, chacun peut être poursuivi pour le tout, sauf son recours contre les autres.

Il faut donc, pour former une obligation solidaire de plusieurs coobligés, qu'il y ait dans l'acte une clause qui marque qu'ils se sont tous obligés solidairement, à l'exception de quelques cas que nous avons remarqué *verbo* Solidairement.

S'il y avoit dans l'acte, que tous les obligés se sont obligés conjointement, ce terme, *conjointement*, ne suffiroit pas pour former une obligation solidaire, si ce n'est entre Marchands & Négocians. *Voyez* les Observations sur Henrys, tome 1. liv. 4. quest. 26. & tome 2. liv. 4. quest. 28.

Quand l'obligation est solidaire, les poursuites qui sont faites contre l'un des coobligés, tombent sur tous les autres par rapport à certains égards.

Premierement, en ce que les poursuites qui sont faites contre l'un des coobligés, servent à interrompre la prescription de la dette par rapport à tous.

En second lieu, en ce qui regarde les intérêts: ainsi la demande formée contre l'un des coobligés, produit également des intérêts à l'égard des autres. *Voyez* les Observations sur Henrys, tome 2. livre 4. quest. 40.

L'obligation solidaire cesse de l'être, par le consentement exprès ou tacite du créancier.

Il y consent expressement, lorsqu'il convient avec les coobligés que chacun d'eux ne sera tenu que pour sa part.

Il y consent tacitement, lorsqu'il reçoit d'un des coobligés la portion dont il seroit seulement tenu si l'obligation n'étoit pas solidaire; car alors ne faisant aucune réserve ni aucune protestation, il est présumé avoir voulu, par une convention tacite, faire la même grace à tous les autres, & diviser l'obligation de tous.

Mais il faut en ce cas que dans la quittance il soit fait mention que le créancier a reçu d'un tel la somme de tant, pour sa part & portion, ou qu'il décharge le coobligé du surplus de l'obligation en d'autres termes qui donnent lieu à cette présomption. Autrement le créancier n'est pas réputé avoir divisé la dette, pour en avoir reçu de l'un des obligés la somme qui montoit à sa part & portion. *Voyez* Charondas, livre 4. rep. 84. & livre 8. rep. 43.

Je crois cependant qu'il est plus à propos que le créancier qui ne veut point diviser son obligation, en ne recevant d'un des coobligés solidairement que sa part & portion, fasse dans la quittance qu'il donne une réserve expresse du surplus, pour éviter toute contestation.

Ce que nous avons dit, que le créancier qui reçoit d'un de ses coobligés la portion dont il seroit seulement tenu, si l'obligation n'étoit pas solidaire, est présumé avoir tacitement divisé l'obligation de tous, cela ne doit s'entendre que du principal de la somme qui lui est dûe; car le créancier qui auroient reçu, même pendant trente ans, les arrérages ou intérêts de sa dette séparément par chacun des coobligés le principal ne seroit pas pour cela divisé entr'eux.

Il y a un cas où une obligation solidaire se divise sans la participation & sans le consentement du créancier; c'est lorsqu'un des coobligés solidairement vient à déceder, & qu'il laisse plusieurs héritiers: le créancier ne peut alors agir contre chacun d'eux par action personnelle, que pour sa part & portion.

Je dis *par action personnelle*; car le créancier peut toujours agir hypotécairement pour le tout contre chacun des héritiers du défunt.

Lorsque l'obligation est solidaire, les coobligés entr'eux sont caution l'un de l'autre; & celui qui paye la totalité de la dette, à son recours contre ses coobligés pour la répétition de la part de chacun d'eux.

Le bénéfice de division qui avoit lieu chez les Romains, suivant la Novelle 99. à moins que les coobligés n'y eussent renoncé, n'a pas lieu parmi nous.

La raison est, que ces termes, *s'obligeant solidai-*

rement, ou un seul pour le tout, par lesquels on a coutume en France d'exprimer la solidité, emportent avec eux une renonciation tacite au bénéfice de division. D'ailleurs, pour éviter toute difficulté, la renonciation expresse audit bénéfice de division est devenue de stile. Mais il n'est pas nécessaire parmi nous que ceux qui s'obligent conjointement & solidairement, renoncent au bénéfice de division & discution. Henrys, tom. 2. liv. 4. quest. 38.

Suivant la Loi derniere, *cod. de fidejussorib.* qui est observée en France, quand un créancier s'adresse à un de ses coobligés solidairement, les autres ne sont point liberés pour cela.

Celui de plusieurs coobligés solidairement qui paye toute la dette, a son recours contre les autres pour la répétition de la part de chacun d'eux, sans qu'il soit besoin que les créanciers lui fasse cession de ses droits.

Mais il ne peut agir solidairement, sa part deduite, contre un de ses coobligés, sauf son recours contre les autres, & cela pour éviter le circuit d'actions, comme je l'ai dit sur l'article 108. de la Coutume de Paris.

Lorsqu'il il y a deux débiteurs solidaires d'une rente constituée, & que l'un deux paye les arrérages & le principal, l'on fait distinction du principal & des arrerages.

A l'égard du principal, le coobligé qui a payé est subrogé de droit pour moitié, & les arrerages courent à son profit du jour de la quittance du payement qu'il a fait du principal.

Mais pour ce qui est des arrerages échus lors du payement, ou il les a payés volontairement, ou forcement; en l'un & l'autre cas, il doit faire une sommation au codébiteur négligent, qui lui doit rembourser les arrerages qu'il a payés, & les intérêts des sommes empruntées, après qu'il a fait les diligences & poursuites nécessaires.

Il en est de même lorsque l'un des obligés solidairement a donné une indemnité & reconnoissance, qu'il a seul profité; car en ce cas, celui qui a l'indemnité à son profit, ne doit pas payer les arrerages, s'il n'y est contraint; & s'il les paye sans contrainte, il ne peut demander que la restitution de ce qu'il a payé sans intérêt.

Mais s'il y est contraint par le créanciers; alors, en vertu de l'indemnité, il doit dénoncer les poursuites, & emprunter les deniers pour payer; & dont il aura fait ses diligences, le codébiteur dont il aura l'indemnité, sera tenu de lui rembourser les sommes qu'il aura payées pour les arrérages au créancier, & les interêts même des sommes empruntées, par forme de dommages & intérêts. *Voyez* l'acte de notorieté donné par M. le Camus, le 14 Mars 1692.

Touchant les obligations solidaires, *Voyez* ce que j'en ai dit dans ma Traduction des Institutes, sur le commencement du titre 17. du 3. livre. *Voyez* Bacquet, des Droits de Justice, chap. 21. nomb. 255. jusqu'au nomb. 255.

OBLIGATION PASSÉE ENTRE MARCHANDS ET NÉGOCIANS, est toujours solidaire, lorsqu'ils contractent de compagnie. *Voyez* Marchands & Négocians.

OBLIGATIONS QUI SE PASSENT EN LA PERSONNE DE L'HÉRITIER, sont celles qui proviennent des contrats & des quasi-contrats.

Qui contrahit, non tantum sibi sed etiam suis hæredibus prospicere velle intelligitur. Ainsi l'héritier succede dans tous les droits provenans des contrats qui ont appartenu au défunt.

Qui contrahendo se obligat, non tantùm sed etiam hæredes suos obligat. Ainsi les contrats par lesquels le défunt s'est obligé, passent à l'encontre de son héritier.

Il en est de même des quasi-contrats, dont les obligations parmi nous, comme chez les Romains, passent aux héritiers, & à l'encontre des héritiers.

Les obligations qui descendent des délits, passent ordinairement aux héritiers; mais elles ne passent pas à l'encontre des héritiers, du moins quant à la peine corporelle, ni quant à la peine pécuniaire applicable au fisc; *quia scilicet pœna manet suos autores, & nemo succedit in delicta.*

Mais l'obligation qui provient du délit, ne s'éteint point par la mort du coupable, quant à la peine pecuniaire & intérets civils de la Partie, à qui il est dû quelque dédommagement, dont les héritiers des coupables sont toujours tenus, lorsqu'il décede avant son Jugement de condamnation *Voyez* Louet & son Commentateur, lettre A, sommaire 8. Basset, tome 1. liv. 6. titre 2. chap. 2. & Bardet, tom. 1. liv. 3. chap. 12.

A l'égard des quasi-délits, les obligations qui en proviennent, passent à l'encontre des héritiers, sur tout pour ce qui regarde le dédommagement de la Partie qui en a souffert quelque dommage.

Nous avons dit que les obligations qui descendent des délits, passent *ordinairement* aux héritiers, parce qu'il y a un cas où cette régle n'a point lieu, qui est à l'égard des injures; car parmi nous de même que chez les Romains, les actions dont on se peut servir pour avoir la vengeance & la réparation d'injures, s'éteignent, tant par la mort de ceux qui les ont intentées, que par la mort de ceux à qui les injures ont été faites; *quia qui vivus injuriam ultus non est, videtur eam remisisse.*

OBLIGATION A LA GROSSE OU A LA GROSSE AVANTURE. *Voyez* ce que j'en ai dit *verbo* Grosse avanture.

OBLIGATION DE PAYER UNE SOMME QUAND ON SERA PRESTRE, MORT OU MARIÉ. *Voyez* ce que j'en ai dit *verbo* Promesse.

OBLIGATION NULLE, est celle qui ne peut avoir d'effet : ce qui arrive, I°. par rapport à la chose qui en fait la matiere; II°. par rapport aux personnes qui stipulent ou qui promettent; III°. par rapport à la personne au profit de qui on stipule. IV°. à cause du défaut de consentement mutuel des Parties ; V°. à cause de quelque défaut dans la forme.

OBLIGATION NULLE PAR RAPPORT A LA CHOSE QUI EN FAIT LA MATIERE, est celle qui est faite d'une chose qui n'est pas dans le commerce, ou d'une chose qui n'est point *in rerum natura*, & qui n'y peut point être. *Voyez* ce que j'ai dit sur les deux premiers paragraphes du titre 20. du troisiéme livre des Institutes.

L'obligation est encore nulle, quand quelqu'un promet l'effet d'autrui, parce que celui qui en a fait la promesse, n'a rien promis du sien, & qu'une personne n'en peut pas obliger un autre.

Mais la promesse est valable, quand on promet qu'on fera en sorte qu'un autre donnera ou fera quelque chose au profit du stipulant, ce qu'on appelle se faire fort, ou bien quand on y appose quelque peine ; car dans l'un & l'autre cas, ce n'est pas tant le fait d'autrui qu'on promet, que le sien propre.

OBLIGATION NULLE PAR RAPPORT AUX PERSONNES QUI STIPULENT OU QUI PROMETTENT. Cela peut arriver en plusieurs cas.

I°. Quand l'obligation est faite entre ceux, dont l'un est dans la puissance de l'autre. Ainsi une obligation passée par le pere au profit de son fils, qu'il a en sa puissance, est nulle, de même que l'est aussi celle qu'un fils passe au profit de son pere, sous la puissance duquel il est, parce que le pere & le fils sont réputés la même personne : *at distincta esse debet creditoris & debitoris persona*.

Mais cela ne peut avoir lieu que dans les pays de Droit écrit, où la puissance paternelle est en vigueur ; car dans la France coutumiere, où la puissance paternelle ne produit pas les mêmes effets que chez les Romains, & où les enfans acquierent pour eux, & non pas pour leur pere, les conventions faites entre les peres & les enfans sont valables, pourvû qu'elle ne soient pas frauduleuses, comme seroit la vente simulée qu'un pere feroit à son fils de ses biens, pour le mettre à couvert de ses créanciers. *Voyez* ce que j'ai dit sur le §. 6. du titre 20. du troisiéme livre des Institutes.

II°. Une obligation est nulle par rapport aux personnes qui stipulent ou qui promettent, quand elle est passée par un furieux, soit à son profit, soit au profit d'un autre. *Voyez* ce que j'ai dit sur le §. 8. du même titre.

Lorsqu'un pupille s'étoit obligé sans l'autorité de son tuteur, l'obligation étoit nulle par les Loix Romaines : mais en France, un pupille ne peut s'obliger avec l'autorité de son tuteur ; c'est toujours le tuteur qui agit au nom de son pupille, comme nous l'avons dit sur le §. 9. du même titre.

OBLIGATION NULLE PAR RAPPORT A LA PERSONNE AU PROFIT DE QUI ELLE EST FAITE, est celle qui est faite au profit d'un étranger, sans un pouvoir spécial. En effet, les contrats ont été inventés pour que celui au profit de qui ils sont faits, augmente son patrimoine, suivant cette maxime de Droit, que notre intérêt est la mesure, la régle & le fondement de toutes les conventions : or nous n'avons aucun intérêt qu'une chose soit donnée à un autre. *Voyez* ce que j'ai dit sur le §. 4. du titre 20. du troisiéme Livre.

OBLIGATION NULLE A CAUSE DU DÉFAUT DE CONSENTEMENT MUTUEL DES PARTIES. Si ceux qui contractent ne sont pas d'accord, touchant la chose & le tems du payement, qui en doit être fait, l'obligation est nulle. Tout contrat requiert le consentement des contractans ; sans quoi il ne peut y avoir de contrat : or il n'y a point de consentement, quand la pensée des contractans se trouve différente sur la chose qui fait la matiere du contrat.

Il faut donc, pour qu'il soit valable, qu'ils consentent & soient d'accord touchant la chose. Sur quoi il faut remarquer que quand l'acte, en vertu duquel nous devons avoir quelque chose, est gratuit, il suffit que les Parties consentent dans le corps de la chose ; mais quand l'acte, en vertu duquel nous devons avoir quelque chose, n'est pas gratuit, il faut encore que les Parties consentent dans la substance & dans la matiere dont la chose est faite. *Voyez* ce que j'ai dit sur le §. 5. & sur le §. 23. du titre 20. du troisiéme Livre des Institutes.

Une obligation est encore nulle, à cause du défaut de consentement des Parties, lorsqu'elle est faite sous une condition impossible ; *quia sic contrahentes videntur jocari potiùs quàm seriò agere, & velle contrahere obligationem*. *Voyez* ci-dessus, Condition.

OBLIGATION D'UN FILS DE FAMILLE. *Voyez* Senatusconsulte Macedonien.

OBLIGATION D'UNE FEMME QUI SE REND CAUTION. *Voyez* Velleïen.

OBLIGATION NULLE A CAUSE DE QUELQUE DÉFAUT DANS LA FORME, est par exemple, une promesse qui seroit faite sans que la cause y fût énoncée ; ou celle dans laquelle le nom du créancier seroit en blanc. *Voyez* ce que nous avons dit ci-dessus de ces sortes d'obligations.

OBLIGATION REMISE ÉS MAINS DU DÉBITEUR VAUT QUITTANCE, en affirmant par le débiteur qu'il a payé. Ainsi jugé au Parlement de Paris le 7. Juin 1700. par Arrêt rendu en la troisiéme Chambre des Enquêtes.

OBOLE, étoient autrefois une monnoye de cuivre, valant une maille ou deux pites, la moitié d'un denier.

Il est parlé dans la Coutume de Sens, article 247. & suivans, du droit d'obole, qui étoit autrefois dû pour le tabellionage du Roi, & qui étoit de chacune livre une obole, à sçavoir de tournois le tournois, & de parisis le parisis, pour raison des obligations de deniers prêtés, & contrats de vente excedans quinze livres tournois pour une fois.

Mais ce droit ne se leve plus depuis l'Edit de 1575. par lequel le Roi Henry III. créa & institua des Notaires-Gardenotes ; ensorte qu'il n'y a plus de tabellionnage. Ainsi ce sont les Notaires qui grossoyent leurs contrats, & qui les delivrent aux Parties en grosse & forme autentique.

OBREPTICE. *Voyez* Subreptice.

OBREPTION, est opposée à subreption. Obreption signifie la fraude qu'on a commise dans l'obtention de quelque grace, titre ou concession d'un Supérieur, en lui taisant une vérité qu'il étoit nécessaire d'énoncer pour la validité de l'acte, laquelle auroit peut-être été un obstacle à sa concession.

Mais subreption est la fraude qui se commet dans l'obtention desdits actes, par dissimulation du fait & de la verité, en avançant des faits qui y sont contraires, pour les faire passer plus aisément. *Obreptio fit veritate tacitâ ; subreptio autem fit subjectâ falsitate.*

L'obreption ou la subreption annulle de droit le titre ou la grace où elle se trouve, principalement si elle procéde du dol de l'impétrant.

OBSESSION, est une espéce de privation de la raison, en tout ou en partie, causée par une personne qui nous ôte la liberté de résister à ses sollicitations, par l'ascendant qu'elle a sur notre esprit.

La substance de tous contrats, & de toutes dispositions, tant entre-vifs qu'à cause de mort, que font les hommes, consiste dans le consentement de ceux qui les passent. Mais ce consentement n'opére efficacement, de maniere qu'on ne puisse lui donner aucune atteinte, que quand il est émané d'une volonté entierement libre.

Or il n'y a rien de plus opposé à la liberté, que la contrainte, de quelque cause qu'elle provienne ; soit qu'elle naisse de la force & de la violence, soit qu'elle tire son principe de la séduction ou de l'obsession, qui ne sont pas moins puissantes ni moins dangereuses que les voies de fait.

Ainsi un acte qui doit sa naissance à l'une de ces causes, n'étant pas l'ouvrage de la liberté, ne peut jamais être accompagné d'un véritable sentiment.

Comme cet acte peche dans la plus essentielle de ses qualités, il ne peut jamais avoir d'exécution, pour peu que les Parties intéressées veuillent revenir contre, & s'y opposer : ce qui a lieu pour toutes sortes d'actes, où la volonté de ceux qui les passent se trouve génée ; & sur tout pour les actes lucratifs.

Par cette raison, les Loix du Royaume annullent les donations faites par les mineurs au profit de leurs tuteurs, celles des écoliers en faveur de leurs Précepteurs & Pédagogues, celle d'un malade à son Médecin, d'un Pénitent à son Confesseur, & d'un Novice à son Monastere.

On présume que l'autorité des donataires sur l'esprit des donateurs, ôte aux derniers toute liberté ; & que leurs dispositions sont plutôt l'effet de l'obsession, que de la volonté pure : surquoi il faut remarquer que cette présomption est une de celles qui est appellée par les Jurisconsultes, *præsumptio juris & de jure, quæ plenam probationem facit, & adversùs quam non admittitur probatio.*

La même présomption concourt aussi à la réprobation des donations immoderées, faites par des concubinaires à leurs concubines ; d'autant qu'un homme frappé d'une passion vive, ne peut pas se défendre de souscrire aux sollicitations de la personne qui le charme. *Voyez* Concubinage.

OBVENTIONS EXTRAORDINAIRES, sont des fruits insolites & casuels, qui n'arrivent pas ordinairement, comme sont les reliefs : à la différence des fruits qui naissent & renaissent ordinairement, & qui se perçoivent chaque année.

Voici une question qui a partagé nos Auteurs ; sçavoir si ces obventions extraordinaires, quoiqu'elles arrivent en un seul moment, se partagent *pro rata* entre les héritiers du bénéficier prédécedé, & le titulaire ?

M. Charles Dumoulin, sur l'article 50. de la Coutume de Paris, nomb. 4. estime qu'un fruit insolite, comme le relief, étant acquis en un instant, appartient à celui qui a droit de percevoir les fruits du fief, quoique les fruits ordinaires ne lui appartiennent qu'au *pro rata temporis*. Et cet avis qui est le plus suivi, est aussi le plus juste ; car dès le moment qu'on demeure d'accord que le relief est un fruit qui échet en un moment, il s'ensuit qu'il doit appartenir à celui qui a droit de percevoir les fruits lors de l'échéance de cette obvention, quelque extraordinaire qu'elle soit ; & l'incertitude du tems auquel elle peut arriver, rend les choses égales entre le titulaire du bénéfice & son prédécesseur.

Ceci est tiré des additions sur le Traité des successions de M. le Brun, pag. 56. où sont rapportés les noms de ceux qui sont en cela de l'avis de Dumoulin, ou qui tiennent une opinion contraire.

O C

OCCUPANT, se dit d'un Procureur constitué par une Partie pour l'instruction d'une cause ou procès qu'elle a avec une Partie.

OCCUPER, signifier un acte d'occuper, est déclarer par un acte qu'on est Procureur de quelqu'un dans une cause ou procès.

OCTROI, signifie la concession de quelque grace ou privilége, faite par le Prince à quelque Particulier, ou à une Communauté.

Ce terme ne s'employe guéres que dans les Lettres de Chancellerie, & dans les affaires de finance, en parlant des deniers d'octroi.

Pour entendre ce que signifient ces mots *deniers d'Octroi*, il faut sçavoir que les Villes ont de deux sortes de revenus, qui s'appellent deniers communs ; les uns patrimoniaux, & les autres d'octroi.

Les deniers patrimoniaux sont les biens appartenans en propre aux Villes, & les Receveurs n'en sont comptables qu'aux Maires & Echevins.

Ceux d'octroi sont les droits qui se levent sur le vin & sur les denrées qui entrent ou sortent des Villes, ou qui s'y débitent & consomment : & cette levée se fait en conséquence de la permission qui en est octroyée par les Rois de tems en tems ausdites Villes, pour être lesdits deniers employés aux besoins communs, réparations, fortifications & décorations desdites Villes.

Les droits d'octroi se levent donc par permission du Roi, en vertu de ses Lettres patentes, dûement vérifiées en la Chambre des Comptes, Cour des Aydes, ou Trésoriers de France.

Ces droits se donnent communément à ferme, & les Fermiers en payent le prix entre les mains de celui qui est préposé par les Habitans, qui doit compter de sa recette & dépense au Bureau des Finances, & à la Chambre des Comptes.

Pour justifier la recette, il doit rapporter Lettres de sa nomination, les Lettres d'octroi bien & dûement vérifiées, & les baux.

A l'égard de la dépense, elle consiste dans les ouvrages & réparations faites pour l'entretien de la Ville, gages des Portiers, Tambours, Trompettes, Horloges & autres dépenses publiques.

Pour justifier ladite dépense, il faut rapporter les ordonnances & les quittances.

Pour ce qui est des ouvrages & réparations dont les parties sont au-dessus de cent livres, il faut rapporter les devis des ouvrages, les baux au rabais, acte de visitation & reception d'iceux, les ordonnances & les quittances des Entrepreneurs; & pour les parties au-dessous de cent livres, il faut seulement rapporter les parties arrêtées par les Maires & Echevins, des ouvrages & fournitures, avec quittances des Ouvriers & Marchands.

La moitié des octrois appartient au Roi, & l'autre moitié à la Ville.

Par la Déclaration du 3 Mars 1693. il est ordonné que l'adjudication de la seconde moitié des octrois des Villes se fera dans le mois d'Octobre, qui suivra immédiatement l'adjudication de la Ferme générale, en présence du Fermier des Aydes.

L'article 3. du titre des Octrois de l'Ordonnance de 1681. porte, que les Fermiers de la premiere moitié seront préferés, dans les lieux où le partage n'a point été fait, à tous autres, dans les baux à faire de l'autre moitié, en se soumettant aux mêmes charges & conditions; & à l'egard des baux faits, ils pourront s'y faire subroger, en indemnisant les preneurs.

Mais ladite préference & subrogation accordée auxsdits Fermiers ne peut avoir lieu que lorsqu'ils n'ont pas été présens ou dûement appellés aux baux & adjudications de la moitié appartenante aux Villes, comme il est dit en l'article 16. de la Déclaration du 4 Mai 1688.

ŒCONOME, est celui qui est préposé pour percevoir, régir & administrer les revenus d'un Bénéfice vacant.

Le Roi nomme des Œconomes aux Evêchés & Abbayes, lorsque la Régale est ouverte: sur quoi il faut remarquer que l'Œconome en Régale n'est établi que pour la garde des fruits, & ne peut par conséquent rien changer à l'état de l'Eglise.

Il ne peut même résoudre les baux faits par le Prélat décedé, & est tenu de les entretenir du moins pour l'année courante; & il peut ensuite les continuer, ou en faire de nouveaux pour deux ou trois années pardevant Notaires, de l'avis du Procureur du Roi sur les lieux, & après trois publications faites au Prône des Paroisses dans lesquelles les Fermes seront situées, ainsi qu'il est porté en l'article 9. du dernier Edit de création des Œconomes sequestres, du mois de Décembre 1691.

Enfin, par la Déclaration du 20 Février 1725. il est défendu aux Œconomes sequestres d'intenter aucuns procès pendant la vacance des Bénéfices; & il leur est ordonné de faire seulement toutes les diligences nécessaires pour le recouvrement des droits, fruits & revenus, dont le dernier titulaire étoit actuellement en possession lors de son décès: sursis à tous les procès intentés jusqu'à ce qu'il y ait un nouveau titulaire.

Il y a un Arrêt du Conseil d'Etat du 16 Décembre 1741. portant nouveau Réglement pour la régie des Œconomats.

Voyez M. Duperay en son Traité de l'état & de la captivité des Ecclésiastiques, liv. 1. chap. 16. & M. Brillon, *verbo* Œconome. *Voyez* aussi Mornac, sur l'Authentique *Si debitum*, *cod. de sacrosanct. Eccles.* Chopin, *de sacra Polit.* chap. 7. nomb. 7. Cabassutius dans sa Pratique, liv. 2. chap. 26. nomb. 12. & Fevret en son Traité de l'abus, tom. 1. liv. 1. chap. 8. nomb. 8.

O F

OFFENSE, signifie injure, affront, outrage, tort qu'on fait à quelqu'un, soit en sa personne, soit en ses biens, ou en son honneur.

On n'est pas recevable à se plaindre d'une offense qui est faite à un autre, quand l'offensé est en état de le faire, parce qu'en ce cas son silence fait présumer qu'il veut remettre l'offence qu'on lui a faite; mais cette présomption cesse lorsqu'il est dans un état qui ne lui permet pas d'agir.

Cependant quand il s'agit d'un crime qui mérite la vengeance plublique, si celui qui a été offensé ne se plaint pas, un Particulier en peut être délateur, & la Partie publique doit poursuivre la peine d'un tel crime.

Voyez Accusateur. *Voyez* Partie publique.

OFFICE, est une dignité ou fonction publique qui nous donne une qualité, un titre, & un rang, selon les fonctions: on les appelle Charges.

Ce sont en effet des Charges souvent très-onéreuses à ceux qui en sont revêtus. On les appelle aussi Etat, parce qu'ils arrêtent & fixent la qualité & la condition des personnes & donnent un état à ceux qui s'en font pourvoir.

En France, on a toujours distingué trois sortes d'Offices ; sçavoir ceux du Gouvernement, qui avoient autrefois pour Chef un Connétable ; ceux de Justice ou de Judicature, qui ont M. le Chancelier à leur tête ; & ceux de Finances, qui ont pour Chef un Surintendant, ou un Controlleur général des Finances.

Dans les premiers tems, les Dignités & les Offices étoient la récompense du mérite & de la vertu. Ensuite la faveur contribüa beaucoup à les faire obtenir. Enfin l'argent est devenu le grand mobile pour y parvenir.

Louis XI. ayant déclaré que les Officiers ne seroient révocables que pour forfaiture, donna lieu aux Particuliers, par cette assurance, de faire entrer les Offices dans le commerce, par les démissions qui s'en faisoient, avec l'agrément du Roi, moyennant un certain prix que le résignataire donnoit au résignant.

Louis XII. commença d'abord à taxer les Offices de Finance. François I. en introduisit ouvertement la vénalité en 1522. par l'établissement du Bureau des Parties casuelles; & les Offices de Justice eurent bien-tôt un pareil sort, sous le titre & le nom de prêt.

Enfin en 1567. les Greffes & les autres Offices domaniaux, qui avoient toujours été affermés, se vendirent à faculté perpétuelle de rachat : & c'est de-là que vient la différence qu'on remarque aujourd'hui dans les Offices.

On en distinge de deux sortes; sçavoir les Offices vénaux, & les Offices non vénaux.

Les Offices vénaux sont ceux qui ont été vendus & alliénés par le Roi, moyennant certaine finance.

Les Officiers non vénaux sont ceux qui n'ont point de finance, & qui ne tombent point dans les Parties casuelles ; comme les Offices militaires, au moins pour la plus grande partie ; ceux de la Maison du Roi, qui ne sont proprement que de simples Commissions.

Ainsi les Charges militaires ou de Gouvernement, & celles de la Maison du Roi, comme elles ne sont point vénales, en ce qu'elles n'ont point de finance, rentrent en la possession du Roi par la mort des Officiers, à moins que sa Majesté n'en ait accordé des survivances ou des Brevets de retenue. C'est pour cette raison qu'il n'est pas permis aux Officiers de les vendre de leur vivant, qu'avec l'agrément du Roi.

Ces Charges ne sont point sujettes à saisie, priviléges ni hypotéques, ni à entrer à partages. Ceux qui sont pourvus de ces sortes d'Offices, par mort ou survivances de leurs peres ou autres parens, jouissent des émolumens de leurs Charges, sans pouvoir être inquietés par aucuns créanciers, héritiers, ou autres prétendans droits sur les titres, prix & valeur d'icelles ; à la charge néanmoins d'entretenir les contrats, convention & obligations qui peuvent être faites avec l'agrément de Sa Majesté, pour le prix & récompenses des mêmes Offices.

Les Offices vénaux sont de deux sortes ; les uns domaniaux, & les autres casuels.

Les domaniaux sont ceux qui ont été démembrés du Domaine, & qui ne se vendent & ne s'aliénent par le Roi, que par des contrats à faculté de rachat perpétuel, sans être sujet aux Parties casuelles, mais seulement à la revente, de même que les biens aliénés du Domaine à cause que par ce moyen ils sont héréditaires comme des héritages, sans payer finance ni prendre de provisions du Roi. Tels sont les Greffes & les Tabellionages,

Ces Offices domaniaux ne sont point de simples Commissions attachées à la personne ; ce sont au contraire de véritables Domaines aliénés, comme est une terre aliénée par le Roi, toujours à faculté de rachat perpétuel.

On les posséde en proprieté comme un domaine solide & fixe ; le Roi n'y a plus rien pendant que dure l'engagement.

Toutes personnes sont capables de les posseder, les femmes, les filles, les enfans nobles ou roturiers ; on en fait de baux à ferme ; on les vend par décret, & on en transfere la proprieté à qui l'on veut, sans le consentement du Roi, & sans même sa participation.

Dans la vente de ces sortes d'Offices on ne prend point de provision du Roi, parce qu'elles seroient inutiles ; le Roi n'y a plus de droit au moment de l'adjudication ; les Commissaires qu'il députe pour faire l'engagement, ont consommé leur pouvoir par une vente & aliénation de la proprieté à un Particulier.

Celui qui voudroit obtenir des provisions de ces sortes d'Offices, dans la vûe de purger les hypotéques, s'abuseroit lui-même ; ces provisions ne purgeroient point les hypotéques, s'il y en avoit.

Les Offices vénaux casuels sont ceux dont les Officiers ne sont pourvus qu'a vie par le Roi, & dont ils ne peuvent être dépossedés qu'en trois cas ; par mort, par résignation, & par forfaiture.

Ces Offices sont attachées à la personne du titulaire, qui en a obtenue du Roi des provisions en Chancellerie. C'est pourquoi si on a quelque droit à prétendre sur ces Offices, il faut s'opposer au Sceau ; & une simple saisie faite entre les mains de l'acquereur, ne suffit pas pour empêcher que les opposans au Sceau ne soient préferés.

Tout ce que peut espérer le saisissant, c'est d'être payé sur les deniers qui restent après que les opposans auront été satisfait, si ce n'est que la Charge n'étant pas de Judicature, eût été saisie réellement ; parce que la saisie réelle faite avant que le résignataire soit pourvû, conserve l'hypotéque du créancier saisissant.

De ce que ces Offices sont attachés à la personne du titulaire, il s'ensuit qu'ils peuvent être retenus par le mari qui en a été pourvu pendant la communauté, en recompensant les héritiers de la moitié de l'acquisition.

Ils sont appellés casuels, parce que celui qui en

est pourvu, venant à déceder sans avoir résigné, ou avoir payé la Paulette ils tombent aux Parties casuelles au profit du Roi, qui en dispose pour lors comme il lui plaît.

Avant que les Charges fussent vénales, comme elles n'entroient point dans le commerce, on ne les comptoit point entre les biens; c'est pourquoi en 1510. lors de la premiere rédaction de la Coutume de Paris, il n'en est fait aucune mention.

Mais en 1580. dans le tems que se fit la réformation de cette Coutume, la vénalité en étant déja établie, on mit les Offices vénaux au rang des immeubles. *Voyez* ce que j'ai dit sur l'article 95. de la Coutume de Paris.

C'est la raison pour laquelle les Offices se décretent comme de véritables immeubles, qu'ils ne sont point compris dans un legs universel de meubles, & enfin qu'ils sont en certains cas considerés comme propres dans une succession.

Ils deviennent donc propres à ceux ausquels ils sont échus par succession; & même l'Office résigné au fils par le pere, est réputé propre, & se partage aprés la mort du résignataire entre les héritiers des propres.

Ainsi par Arrêt du 14 Mars 1633. il a été jugé que les deniers provenans d'un Office de Conseiller au Grand Conseil, dont M. de la Rutrie avoit été pourvu avant son mariage, lui étoient propres, & par son décès avoient appartenus à ses enfans; en sorte que l'un deux étant décedé, la mere, en qualité d'héritiére mobiliaire, n'y pouvoit pas succeder, mais qu'ils appartenoient à sa sœur survivante. Additions à la Bibliotéque de Bouchel, *verbo* Office.

Les Offices sont aussi propre de communauté, c'est-à-dire qu'ils n'y entrent point quand ils sont acquis par le mari avant le mariage.

Ainsi, quand un homme pourvu d'un Office se marie, tel Office n'entre point en communauté. Mais quand pendant le mariage il traite d'un Office, en cas de prédécès de la femme, le mari ne peut être dépossedé; il est seulement obligé de payer à ses héritiers la moitié des deniers pris dans la communauté. *Voyez* Bardet, tome 1. liv. 2. chap. 97. le Journal des Audiences, tom. 1. liv. 1. chap. 125. & 127. Brodeau sur Louet, lettre E, somm. 2. & Bouguier, lett. D, nomb. 13.

Cependant les Offices ne sont pas absolument de véritables immeubles; ils se partagent entre cohéritiers selon la Coutume du domicile de l'Officier.

On ne fait point de criées des Offices qui sont saisis réellement.

L'enchere de quarantaine, ni l'adjudication sauf quinzaine, ne s'observent point dans la vente forcée qu'on en fait.

Le retrait lignager n'a point lieu dans un Office, quoiqu'il soit héréditaire, & qu'il ait été dans la famille de pere en fils.

On peut donc dire que les Offices sont d'une nature biens hétéroclites, qui sont propres dans les successions, sans être sujets au retrait lignager; que la disposition testamentaire en est libre, & n'est point sujette à la réduction du quint, comme le sont les véritables immeubles.

Ce ne sont que des Commissions à vie, que le Roi confie par les provisions qu'il en donne à ceux qu'il lui plaît. Ainsi, comme ces Commissions dépendent uniquement du Roi, & non du titulaire, qui n'en a que la simple fonction attachée à sa personne, le contrat de vente d'une Office ne sert de rien à l'acquereur, sans la procuration *ad resignandum*; & la résignation lui est aussi inutile, sans les provisions qu'il faut obtenir du Roi, qui en est seul maître & le propriétaire.

Quand le titulaire vient à déceder, son héritier présomptif, quoique saisi par la Coutume, n'est point pour cela titulaire de l'Office; au contraire, l'Office est vacquant, & ne fait point partie de la succession; il n'y a uniquement que le prix de l'office, & le droit de donner une procuration *ad resignandum*, qui se trouve conservé, si le droit annuel en a été payé par le défunt.

Le contrat de vente d'un Office, & la procuration *ad resignandum*, ne transfere donc rien pour ainsi dire au résignataire, de la part de son résignant. Le Roi n'entrant point dans les actes & contrats passés entre des Particuliers, tout ce qu'operent la vente d'un Office, & la procuration *ad resignandum*, est que l'Office est remis entre les mains du Roi, au quel le titulaire renonce, & abdique la fonction qui lui avoit donnée & confiée pour exercer ledit Office.

Il réunit par ce moyen l'usufruit qu'il avoit de cette Commission à la proprieté qui réside toujours en la personne du Roi. Ainsi les provisions que le Roi en octroye, après que l'Office lui a été remis entre les mains, font l'Officier, puisqu'ils lui en donnent le caractere, le titre & la fonction.

Si un Officier débiteur d'une rente, qui vend son Office, peut être obligé au rachat? *Voyez* ci-après, Vente d'Office.

Quels créanciers sont préferés sur les deniers provenans de la vente d'un Office? *Voyez* Henrys, tom. 1. liv. 2. chap. 4. quest. 26.

Il y a deux sortes d'émolumens dans les Charges, sçavoir les gages & les profits de l'exercice.

Les gages courent du jour des provisions, & cessent du jour du décès, parce que ce sont des fruits civils qui s'acquierent au jour le jour, & qui sont inhérans à la personne du titulaire de l'Office.

Les profits de l'exercice courent du jour de la réception, qui rend l'Officier capable d'exercer, & défere la puissance au Juge, qui peut ensuite s'installer ou se faire installer.

Quand il y a deux résignataires d'un Office, le premier est préferé au dernier. Henrys, tom. 1. liv. 2. quest. 67.

Voyez ce qui est dit des Offices & Officiers dans les Loix civiles, & dans le Dictionnaire de M. Brillon.

OFFICE HÉRÉDITAIRE, est celui auquel le droit d'hérédité est attribué par Edit ou Déclaration.

Ces sortes d'Offices ont les mêmes privilèges que les Offices domaniaux, & ne sont point sujets au droit de Paulette; desorte qu'ils sont comme héréditaires, & après la mort des titulaires ils passent à leurs héritiers.

OFFICES DE JUDICATURE, sont ceux qui donnent à ceux qui en sont pourvus, le droit de juger les causes & procès dont la connoissance leur est attribuée.

Autrefois ces Offices ne pouvoient pas être saisis réellement, ni vendus par décret; mais cette Jurisprudence a été changée par l'Edit du mois de Février 1683. *Voyez* Henrys, tom. 1. liv. 2. quest. 51. & ce qui est dit ci-après, *verbo* Saisie des Offices de Judicature.

OFFICES DE FINANCE, sont ceux qui donnent pouvoir de recevoir & de manier les deniers du Roi ou du Public, à la charge d'en rendre compte; comme sont les Charges de Trésoriers, Receveurs généraux, Payeurs des Rentes, des Gages des Officiers.

Ceux qui possedent ces sortes de Charges, sont Officiers comptables.

Leurs comptes doivent être dressés en la forme ordinaires, composés d'une Préface, & de trois Chapitres; sçavoir, de recette, de dépense & de reprise. Ils ont pour régles le titre 29. de l'Ordonnance de 1667. & encore d'autres Réglemens en faveur de Sa Majesté. Ils doivent être présentés à la Chambre des Comptes, pour être arrêtés par les Maîtres, après avoir été examinés par les Auditeurs, & vérifiés par les Correcteurs. *Voyez* Chambre des Comptes.

OFFICES DU SCEAU, sont ceux dont les fonctions sont attachées & inhérentes au Sceau. Telles sont les Charges de Secretaires du Roi, des Audienciers, Grand Rapporteur, Référendaires, Controlleurs, Trésoriers, Chauffecire, & autres de la Grande Chancellerie.

Il en faut dire de même des quatre Gardes-Rolles des Offices de France, des quatre Greffiers Conservateurs des hypotéques des Rentes de l'Hôtel-de-Ville de Paris. Les Avocats aux Conseils ont encore des Charges qui sont appellées Offices du Sceau.

Plusieurs de ces Charges tombent aux Parties casuelles de M. le Chancelier, faute de lui payer l'annuel.

Lorsque ces Charges sont vendues de force & à la poursuite des créanciers, ce sont les Avocats au Conseil qui occupent sur telles poursuites, & alors elles ne sont vendues que le Sceau tenant.

C'est M. le Chancelier qui en reçoit les encheres, qui sont publiées par un Huissier de la Chancellerie. C'est aussi M. le Chancelier qui en prononce l'adjudication, & qui en scelle les provisions.

Enfin l'usage du Sceau est, que quinzaine auparavant que de sceller les provisions, le Grand Audiencier les publie le Sceau tenant, pour avertir qu'à la quinzaine suivante les Lettres seront scellées, *lecta & publicata.*

OFFICES QUI ANNOBLISSENT, sont ceux ausquels le Roi a par ses Edits & Déclarations attribué la noblesse; comme les Charges de Conseiller au Parlement, les Offices de la Couronne, les Charges de Secretaires du Roi, & plusieurs autres. Mais pour que ceux qui sont revêtus de ces Charges puissent transmettre la noblesse à leurs enfans, il faut qu'ils ayent joui pendant vingt ans de la Charge, ou qu'ils en meurent revêtus.

Cette régle néanmoins cesse à l'égard des Dignités ausquelles le Roi a attribué la noblesse, & qui expirent après une ou deux années, comme est celle d'Echevin de Paris; car les Echevins de cette Ville transmettent leur noblesse à leurs enfans, quoiqu'au tems qu'ils décedent ils ne soient plus revêtus de cette dignité.

OFFICIAL, est un Ecclésiastique qui tient la place de l'Evêque ou de l'Archevêque, & qui exerce sa Jurisdiction ordinaire au for externe.

La déclaration du Roi du 26 Février 1680. registrée au Parlement le 12 Avril suivant, porte: Qu'aucun Ecclésiastique ne pourra à l'avenir être admis à faire la fonction d'Official, qu'il ne soit Licentié ou Docteur en Théologie dans la Faculté de Paris, ou dans les autres Facultés de Théologie, ou de Droit Canon du Royaume, à peine de nullité des Sentences & Jugemens qui seroient rendus par ceux qui ne seroient point Docteurs ou Licenciés en Théologie, ou en Droit Canon. *Voyez* les Mémoires du Clergé, édition de 1719. tit. 7. p. 250.

Tous les Clercs du Diocèse de l'Evêché ou Archevêché de l'Official, sont ses Justiciables en action pure personnelle, quand ils sont défendeurs.

Outre les actions purement personnelles dont l'Official connoît entre Ecclésiastiques, ou quand le défendeur est Ecclésiastique, il connoît encore entre Laïques de quatre genres de cause; sçavoir des dixmes au pétitoire, du mariage quant à sa validité ou invalidité seulement, de l'hérésie & de la simonie.

In causis civilibus Officialis non potest cognoscere inter Laïcos, nisi de his quæ sunt mere spiritualia, & quæ ad Sacramenta pertinent; ideoque sive lis principaliter sive incidenter controversa res pecuniarias spectet, earum ratione Judex ecclesiasticus semper incompetens est.

L'Official connoît des crimes commis par les Ecclésiastiques, pour ce qui est du délit commun, comme nous avons dit *verbo* Délit. Mais il ne peut jamais imposer que des peines canoniques, & quand les crimes méritent des peines corporelles, c'est toujours au Juge séculier d'en connoître.

Ses Sentences sont exécutoires par provision jusqu'à 25 livres; il peut passer contre non-obstant l'appel, en matiere de correction & de discipline.

L'Official n'a point de territoire, & ne peut faire emprisonner : il doit, pour mettre ses décrets à exécution, implorer le bras séculiers.

Par la Déclaration du 17 Août 1700. registrée en Parlement le 19 Janvier 1701. il est enjoint aux Archevêques & Evêques de pourvoir gratuitement, suivant les régles de l'Eglise, des personnes capables par leur probité & par leur doctrine, pour exercer les fonctions d'Officiaux, Vice-Gérens & Promoteurs : & en conséquence, Sa Majesté les a maintenus au droit qui leur appartient, de les instituer & destituer à quelque titre & en quelque maniere qu'ils en ayent été pourvus, quand ç'auroit été à titre onéreux.

Les Officiaux sont tenus d'observer la forme de procéder prescrire par les Ordonnances royaux, ainsi qu'il est porté en l'art. 1. du tit. 1. de l'Ordonnance de 1667. La raison est, que ce sont des Loix générales qui lient également tous les Sujets du Roi. *Leg.* 3. *cod. de legib. Voyez* ce que dit Bornier sur cet article de l'Ordonnance de 1667.

Voyez Juges ecclésiastiques, & Jurisdiction ecclésiastique.

OFFICIERS DE JUSTICE, sont ceux qui sont préposés pour rendre la Justice, ou pour faire les actes & les procedures nécessaires dans la poursuite des procès, ou qui sont préposés pour exécuter les ordres des Juges. Tels sont les Juges, les Greffiers, Notaires, Procureurs, Huissiers & Sergens.

Touchant les Officiers, & les peines qui sont décernées contre ceux qui malversent, *voyez* le Bret en son Traité de la Souveraineté du Roi, livre 2. chapitre 2 & 3.

Ceux qui sont revêtus de ces Charges, sont ou Officiers de Justice royale, ou de Justice subalterne.

OFFICIERS DE JUSTICE ROYALE, sont ceux qui après avoir obtenu des provisions du Roi, & subi l'examen requis, ont prêté le serment, & ont été admis à faire les fonctions de leurs Charges.

Je dis après avoir obtenu des provisions du Roi; car il est défendu par plusieurs Edits & par plusieurs Arrêts du Conseil d'Etat, & à tous les Sujets de Sa Majesté de s'immiscer en l'exercice d'aucuns Offices royaux sans Lettres de provisions; & à tous Juges d'en recevoir par Matricules ou autrement, sur les peines portées par ces Edits & Arrêts. *Voyez* l'Arrêt du Conseil d'Etat du 3 Juin 1671. & celui du premier Mars 1686.

Les provisions ne servent que d'entrée à l'Office: ainsi nul ne se peut dire Officier, qu'il n'ait obtenu des provisions du Roi.

Sur ces provisions on se fait recevoir dans la Charge, après une information de vie & mœurs, en subissant un examen sur les choses convenables à l'exercice de la Charge dont on est pourvu.

Enfin la protestation du serment rend l'Officier capable d'exercer, & lui donne le droit de s'installer ou de se faire installer, quand il s'agit de Charges qui requierent une installation ; & alors c'est l'installation qui imprime le caractere à l'Officier, qui lui donne rang entre ses Confreres, & le rend capable de faire les exercices de sa Charge, & de profiter des émolumens qui y sont annexés.

Le Roi seul peut établir des Officiers dans ses Terres où il a toute Justice. M. le Bret, liv. 2. de la Souveraineté, conformément à la Loi 1. *in princip. ff. ad Legem Jul. de ambitu*. C'est pourquoi ce droit de pouvoir créer des Officiers pour rendre la Justice, est mis au rang des droits royaux.

OFFICIERS DE JUSTICE SUBALTERNE, sont ceux qui sont nommés par un Seigneur Justicier, qui fait rendre la Justice en son nom, en conséquence d'une concession particuliere de quelqu'un de nos Rois ou d'une longue possession prouvée par aveux & dénombremens suivis.

Comme la Justice appartient au Roi seul en proprieté, celle des Seigneurs ne leur appartient pas *jure proprio*, mais seulement par concession du Prince, ou par une longue possession qui la fait présumer; & qui en tient lieu.

L'effet de cette concession du Prince, ou de cette longue possession qui en tient lieu, est que le Roi ne peut pas dans les Terres des Seigneurs qui ont droit de Justice, établir des Officiers pour exercer la Justice ordinaire, ni même pour connoître des cas royaux. Loyseau en son Traité des Offices, liv. 5. chap. 1. nomb. 54. & suivans. Ainsi les cas royaux doivent être jugés au prochain Juge royal. Il n'y peut pas même établir des Notaires lorsque les Seigneurs ont droit de Tabellionage. Bacquet au Traité des droits de Justice, chap. 25. nomb. 28. & Loiseau, liv. 5. chap. 1. nomb. 57. Chopin, *de Domanio*, *lib.* 3. *tit. de reg. tabell.* 21. *nomb.* 5. & Charondas sur le Code Henrys, liv. 3. tit. 22. article. 1

Les Officiers des Justices subalternes doivent donc obtenir des provisions du propriétaire de la Terre à laquelle le droit de Justice est annexé.

S'il y a un Propriétaire & un Usufruitier de cette Terre, la nomination des Officiers appartient à l'Usufruitier; mais la Justice se doit toujours rendre au nom du Propriétaire, & c'est lui qui doit donner des provisions à ceux qui sont nommés par l'Usufruitier. Loyseau en son Traité des Offices, liv. 5. chap. 2. nomb. 19. & 20.

Ces provisions sont données ou gratuitement, ou pour récompense des services, ou à titre onéreux.

Au premier cas, le Seigneur peut destituer quand bon lui semble les Officiers qu'il a établis. Au second cas, il ne le peut qu'en remboursant la finance, & en payant l'estimation du service, en contemplation duquel il a donné les provisions, comme nous avons dit *verbo* Destitution, & comme il a été jugé par plusieurs Arrêts qui sont rapportés dans le Dictionnaire de M. Brillon, *verbo* Officiers destitués.

On demande, I°. Si les Officiers des Seigneurs peuvent, après le décès des Seigneurs, apposer les scellés dans le Château, faire l'inventaire, & donner des tuteurs à leurs enfans ? Par Arrêt du Parlement du 6 Février 1702. rapporté par M Augeard, il a été Jugé qu'ils ne sont pas compétens pour cela, & que ce droit appartient aux Juges royaux où ressortissent les appellations de la Justice du Seigneur.

On demande, II'. Si les Officiers de Justice seigneuriale peuvent requerir des gages? Il faut dire qu'ils ne peuvent demander que ceux qui leur ont été spécialement & nommément accordés par leurs provisions: c'est pourquoi la clause qui porteroit qu'ils sont pourvus de leur Office, aux honneurs, prérogatives, charges & émolumens qui y sont annexés, ne s'entendroit que du bénéfice provenant de l'exercice de cet Office, & ne s'entendroit pas des gages effectifs.

Touchant la réception, les droits & devoirs des Officiers des Justices subalternes, *voyez verbo* Justice seigneuriale. *voyez* aussi Despeisses, tome 3. Traité des Droits seigneuriaux, titre 5. où il en a parlé fort au long.

OFFICIERS MUNICIPAUX, sont ceux dont les fonctions consistent à défendre les droits & priviléges des Villes; comme les Maires & Echevins, les Consuls, les Capitouls, & autres Officiers populaires.

On parvient à ces Offices par élection, à l'exception de celui de Maire, lequel est aujourd'hui vénal depuis que Louis XIV, par un Edit du mois d'Août de 1692. a créé dans toutes les Villes du Royaume (excepté Paris & Lyon) des Charges de Maires perpétuels, qui sont les premiers Officiers des Villes.

OFFICIERS DE POLICE, sont ceux qui sont créés pour veiller à la sureté des Villes où ils sont établis. *Voyez* Police. *Voyez* Juges de Police. *Voyez* aussi le Dictionnaire de M. Brillon, *verbo* Officiers de Police.

OFFICIERS DU ROI, sont des Commensaux de sa Maison, qui jouissent de leurs Charges & des émolumens qui en proviennent, sans crainte de saisie, priviléges & hypotéques.

Les Edits des mois de Juillet 1653. de Janvier 1678. & la Déclaration du 14 Novembre 1678. le portent expressément. Il y a eu depuis un Arrêt du Conseil d'Etat du Roi, en date du 29 Juin 1718. qui ordonne aussi que les Charges de la Maison du Roi, leur prix ou appointement d'icelles, ne pourront être affermés & hypotequés à aucuns créanciers, saisis & arrêtés, sans l'expresse permission du Roi par écrit.

Entre leurs privileges, on compte celui d'être exempts des tailles, pourvû qu'ils ne possedent point de Charges de Judicature. Déclaration du 23 Octobre 1680.

Ils jouissent du privilége de Vétérance après vingt-cinq ans de service, quand ils sont couchés sur l'Etat. Déclaration du mois de Juillet 1688.

Ils ont droit de Committimus. *Voyez* ci-dessus Offices & Committimus.

Leurs Commissions s'éteignent entierement par la mort, à moins que Sa Majesté n'ait accordé aux héritiers des titulaires un brevet de retenue; auquel cas il n'y a que ceux qui y sont dénommés qui puissent y avoir droit, & aucun des créanciers ne peut rien prétendre aux sommes pour lesquelles ils ont été accordés par Sa Majesté.

OFFICIERS COMPTABLES. *Voyez* Offices de Finance.

OFFICIERS DE LA COURONNE. *Voyez* Maire du Palais.

OFFRES EN GÉNÉRAL, signifient les propositions qu'on fait de payer ou de faire quelque chose. Elles sont verbales, ou par écrit, ou réelles.

De quelque maniere qu'elles soient faites, elles ne sont point divisibles; c'est pourquoi celui à qui elles sont faites, doit les accepter ou les rejetter pour le tout: & le Juge ne peut en jugeant des offres, les déclarer bonnes en partie, & les déclarer en partie non valables; desorte que le Jugement qui intervient sur des offres, n'y doit rien ajouter ni diminuer. Papon, liv. 8. tit. 15. nomb. 1. du Luc. liv. 9. tit. 4. chap. 3. Charondas, liv. 7. rép. 102. Maynard, liv. 8. chap. 78.

Quand un homme, par erreur, s'est trompé dans ses offres, il peut s'en faire relever en obtenant contre ses offres des Lettres de rescision. Un homme avoit consenti de payer cinquante muids de sel, quoiqu'il n'en dût que quarante-cinq: suivant ses offres signées en jugement, il est condamné: en cause d'appel il obtient Lettres pour être restitué contre ses offres: Arrêt rendu au Parlement de Bretagne le 9 Octobre 1576. qui les entérine.

OFFRES VERBALES, sont celles qui se font de bouche seulement pardevant témoins, ou en l'Audience.

OFFRES PAR ÉCRIT, sont celles qui se font par quelqu'acte signifié à la Partie.

OFFRES RÉELLES, sont celles qui se font à deniers découverts. Ces offres sont nécessaires dans le retrait lignager; sinon le retrayant seroit déchu du retrait: elles sont encore nécessaires pour faire cesser le cours des intérêts, & faire tomber la perte des deniers offerts avec consignation, au cas qu'elle arrive, sur le créancier qui a refusé mal-à-propos de les recevoir. *Voyez* Consignation.

Pour que les offres réelles soient valablement faites, il ne suffit pas de les faire & de consigner la somme chez un Notaire; il faut qu'il y ait un procès verbal dressé chez le Notaire, sur l'assignation donnée au créancier, à l'effet d'y venir recevoir ses deniers; sans quoi les offres sont jugées insuffisantes.

OFFRES VALABLES, sont celles qui sont conformes à l'obligation; & si elles sont jugées telles, celui qui les a faites ne doit point de dépens du jour qui les a faites: au contraire; celui qui n'a pas accepté les offres, y doit être condamné depuis la signification.

Offres de payer en monnoyes étrangeres, sont de nulle valeur. Ainsi jugé au Parlement de Paris le

17 Janvier 1623. rapporté par Bardet, tome 1. liv. 1. chap. 107.

OFFRES EN FAIT DE RETRAIT. *Voyez* Retrait lignager.

OFFRES DE MI-DENIER. *Voyez* Retrait de mi-denier.

OFFRIR. DROIT D'OFFRIR, est un droit spécial accordé aux créanciers postérieurs hypotécaires, d'offrir aux créanciers antérieurs de leur débiteur le payement de ce qui leur est dû, à l'effet d'être lesdits créanciers postérieurs mis & subrogés au lieu & place des créanciers antérieurs; & au cas que les créanciers antérieurs n'acceptent pas le remboursement de leur dû, qu'il leur est offert par les créanciers postérieurs, ils sont déchus de leur hypotéque.

Ce droit a été introduit par les Loix Romaines. *Leg.* 11. *ff. qui potiores. Leg.* 5 & 6. *ff. de distractione pignor. Leg.* 5 & 8. *cod. qui potiores. Leg.* 4. *cod. de his qui in priorum credit. loc. succed.*

Il est observé dans plusieurs Provinces du Droit écrit, & a lieu même après que par le décret les biens du débiteur ont été adjugés aux créanciers antérieurs, nonobstant l'autorité du contrat de vente & celle des choses jugées, qui semble mettre à couvert les créanciers antérieurs de la poursuite des créanciers postérieurs.

Mais quand ce droit est exercé après le décret, il faut que ce soit par les créanciers qui n'y ont pas été opposans; ceux qui l'ont été, ne sont pas reçus à offrir.

Durand, quest. 5. est d'avis que le droit d'offrir doit avoir lieu après le Décret. M. Dolive, liv. 4. chap. 11. soutient le contraire. M. Catelan, liv. 6. chap. 1. distingue entre les opposans au sceau, & ceux qui ne l'ont point été. Ainsi il n'y a rien de certain sur cette question. Cependant il paroit que l'autorité du sceau devroit mettre à l'abri l'acquereur, vû que les créanciers doivent s'imputer à eux-mêmes s'ils n'ont pas exercé un droit si favoble pour eux.

Le droit d'offrir n'est pas admis au Parlement de Paris, même pour les Pays du Droit écrit de son ressort. Le Parlement de Bordeaux ne l'a pas non plus reçu, suivant ce que témoigne Lapeyrere, lettre H, nomb. 89.

Il est admis au Parlement de Toulouse, ainsi qu'il est prouvé par les Arrêts qui se trouvent dans M. Dolive, livre 4. chapitre 11 & 14. à la fin, & dans M. Catelan, tome 2. livre 6. chap. 1.

Il est aussi reçu au Parlement de Provence, comme il résulte de Duperier, liv. 3. quest. 11. & liv. 4. quest. 4. & de Boniface, en plusieurs endroits.

Ce droit devroit être reçu par-tout le Royaume; ce seroit le moyen de soulager les débiteurs, d'arrêter les vexations des créanciers mal-intentionnés, de réprimer l'avidité des Procureurs, & d'empécher les frais immenses des décrets.

Voyez M. Dumoulin, *de usuris*, questions 49 & 276.

Ce droit n'est accordé par le Droit Romain qu'aux créanciers hypotécaires; les chirographaires ne sont pas reçus à l'exercer. *Leg.* 10. *cod. qui potiores.* Cette Loi est observée dans les Provinces où le droit d'offrir est en usage.

Au reste, ce droit est différemment reçu, & se prescrit & éteint dans ces Provinces, comme l'on peut voir par les Arrêts qui sont rapportés dans le Dictionnaire de M. Brillon, sous le mot Offrir. *Voyez* aussi ce qui est dit dans le Recueil alphabétique de M. Bretonnier, du droit d'offrir.

O I

OINDRE, signifie froter d'huile. Les Rois de France sont oints par les Prélats à leur Sacre. On oint ceux à qui on confere les Sacremens de Baptême, de Confirmation, d'Ordre & d'Extrême-Onction.

O. Cette lettre, dans nos Coutumes & anciens Praticiens, signifie *avec.* Coutume de Loudunois, tit. 12. art. 2. O *devoir ou sans devoir*, c'est-à-dire avec devoir ou sans devoir. En Province, quelques Huissiers mettent encore dans leurs exploits, *o intimation*, pour dire, avec intimation ou assignation sur un appel.

O L

OLOGRAPHE. *Voyez* Holographe.

O M

OMISSION DE RECETTE OU DE DÉPENSE DANS UN COMPTE, se doit réparer aux frais & dépens du rendant; parce qu'il est tenu de faire les choses dans les régles, & qu'une telle omission vient de sa faute.

Mais il est juste de le recevoir à former la demande des omissions, à cause qu'il peut arriver, pour avoir rendu le compte avec trop de précipitation, qu'il n'ait pas eu le tems de faire toute sa recette, & de justifier de sa dépense.

Quand il s'agit de deniers royaux, l'omission de recette qui se fait par le dol du comptable, est une espéce de larcin qui est consideré & puni comme le péculat. *Leg.* 1. 3 & 10. *ff. ad Leg. Jul. peculat.*

Cependant si les comptables déclarent l'omission en la Chambre des Comptes, & qu'ils soient prêts à la réparer, ils sont déchargés de la peine des Ordonnances.

Voyez Charondas sur le Code Henry, livre 12. titre 42.

O N

ONCLE, est un terme relatif qui signifie le frere du pere ou de la mere de celui auquel on le rapporte. Les oncles paternels sont donc les freres du pere; & les oncles maternels sont ceux du côté de la mere, Grand-oncle est celui qui est frere du grand-pere ou de la grand-mere.

ONCLE A LA MODE DE BRETAGNE, est celui qui a le germain sur un autre. Un tel & mon pere étoient cousins germains, & il est mon oncle à la mode de Bretagne.

ONERAIRE, est celui qui a le soin & la charge d'une chose dont un autre a l'honneur. De plusieurs Marguilliers il y en a qui sont honoraires, & d'autres qui sont oneraires & comptables. On donne à un enfant de qualité deux tuteurs, l'un honoraire; & l'autre onéraire, qui a le soin des affaires du mineur, & qui est responsable de l'administration de son bien, dont il est tenu de rendre compte au tems que la tutelle sera finie.

ONEREUX, se dit d'une chose qui coûte, & que nous ne possedons pas à titre lucratif. *Voyez* Titre onereux.

OP

OPINER, est donner son avis. Ce qui se dit ordinairement des Juges, quand après avoir entendu les raisons des Parties à l'Audience, ou avoir entendu le rapport d'un procès, ils donnent leur décision.

Les Juges opinent aux déliberés comme aux affaires d'Audience. Ce sont les plus jeunes qui commencent à opiner; au lieu qu'aux affaires apppointées & par écrit, ils opinent les derniers.

OPINION COMMUNE EN FAIT DE JURISPRUDENCE, est un avis unanime sur une question fondée sur une raison pertinente, approuvée généralement par tous les Juges, & par tous les Praticiens d'une Jurisdiction.

La présomption est toujours pour les opinions communes, & les Juges y deferent ordinairement, à moins qu'elles ne se trouvent rejettées par un usage contraire, ou détruites par des raisons évidentes.

OPINIONS DE JUGES, doivent être par eux données en honneur & en conscience, *secundùm allegata & probata.*

Les opinions doivent être secrettes.

Les jeunes Conseillers qui ont été dispensés pour obtenir des provisions de leurs Charges, n'ont point voix déliberative, si ce n'est dans les affaires dans lesquelles ils sont Rapporteurs.

Lorsque les opinions sont partagées en différens avis & qu'il y en a trois differens, la moindre en nombre doit revenir à l'une des deux autres. Du Luc, liv. 11. tit. 4. chap. 20.

Les voix des Officiers des Cours & Sieges, tant titulaires, honoraires, que véterans, qui seront parens aux degrés de pere & fils, de frere, oncle & neveu, de beau-pere, gendre & beau-frere, ne sont comptées que pour une, quand elles sont uniformes.

C'est ce qui est ordonné par l'Edit du mois de Janvier 1681. registré le 12 Février suivant en interprétation de celui du mois de Juillet 1669. *Voyez* ce que j'ai dit, lett. P, en parlant de la parenté en fait de Charge de Judicature.

Dans les assemblées des Parlemens & autres Cours supérieures, pour donner plus de poids aux déliberations qui seroient prises sur l'enregistrement des Ordonnances, Edits, Déclarations & Lettres Patentes à eux adressées, il étoit porté par un Edit du mois de Juin 1725. qu'on ne seroit pas admis à ces sortes d'assemblées qu'après dix années de service. Mais par un autre Edit du mois de Décembre suivant, ce terme de dix années a été reduit à cinq. M. Brillon rapporte cet Edit dans son Dictionnaire, *verbo* Opinions.

OPINIONS PARTAGÉES *Voyez* ci-après, Partage d'opinions.

OPPOSANT, est celui qui s'oppose & met empêchement à ce qu'il soit passé outre à quelque chose, ou qui met obstacle à l'exécution de quelque Ordonnance ou Jugement par un acte, par lequel il dénonce son opposition à la Partie adverse, ou à son Procureur.

Les publications & affiches des criées ne se font qu'afin d'avertir tous les prétendans droit de s'y rendre opposans. On instruit un décret avec le plus ancien Procureur des opposans. Un tiers opposant à la vente des meubles, s'il succombe, est condamné à cinquante écus d'amende.

OPPOSER, se dit des obstacles qu'on forme à des actions, à des procedures & executions, qui se font contre nous.

OPPOSITION, est un acte judiciaire, par lequel on forme opposition à quelque chose.

Ainsi on forme opposition à un mariage, pour empêcher que des personnes qui veulent se marier passent outre à la celebration du mariage.

On forme aussi opposition à une vente d'une chose mobiliaire ou immobilaire, pour empêcher qu'on ne passe pas outre, ou au moins qu'il n'y soit procedé qu'à la charge de la conservation de nos droits.

OPPOSITION A UN MARIAGE, empêche que le Curé ou Vicaire puisse passer outre à la celébration, sans avoir auparavant main-levée par écrit desdites oppositions.

Il est enjoint à tous Curés ou Vicaires d'avoir des registres, pour y transcrire les oppositions qui pourront être formées à la célébration des mariages, & les désistemens & main-levées qui en seront données par des Parties ou prononcées par les Jugemens qui interviendront à ce sujet.

Il leur est aussi enjoint de faire signer lesdites oppositions, par ceux qui les feront, & les main-levées par ceux qui les donneront; & en cas qu'ils ne les connoissent pas, ils doivent faire certifier par des personnes dignes de foi que ceux qui donneront lesdites main-levées sont les personnes dont il sera fait mention. Edit du mois de Mars, registré au Parlement, en forme de réglement du 15 Juin 1691. lû & publié.

Au reste, par Arrêt du Parlement de Paris, rendu en la Grande Chambre le 18 Mars 1733. défenses ont été faites à l'Official de Paris de connoître des oppositions à la publication des bans & à la célébration des mariages, autres que celles où il peut être question de promesse ou engagement de mariage.

Cette décision est fondée sur ce que pour être Juge d'une opposition à un mariage, il faut être Juge des moyens sur lesquels elle est fondée : c'est pourquoi, si l'opposition étoit fondée sur le rapt, sur la condition des Parties, & sur les autres empêchemens qui regardent l'état des personnes, il est certain que le Juge d'Eglise n'en peut pas connoître; *quia potest tantùm cognoscere de fœdere matrimonii inter contrahentes*.

Les Officiaux ne peuvent donc connoître des oppositions formées aux mariages, que quand il s'agit du lieu & du Sacrement; comme quand l'on prétend qu'il y a eu des fiançailles avec un autre personne, faites par l'une des Parties, ou a un mariage actuellement subsistant : mais à l'égard des oppositions formées par des peres & meres, des tuteurs & curateurs, & des tierces personnes, qui n'ont pour objet que des intérêts temporels, la connoissance n'en peut appartenir qu'aux Juges séculiers.

Les Arrêts & Réglemens y sont précis. En 1732. au mois de Mai, dans l'affaire de la Demoiselle Queru, une Sentence de l'Officialité de Paris, qui avoit fait main-levée d'une opposition à la publication de ses bans & à la célébration de son mariage, fut déclarée abusive par Arrêt de la grande Chambre, sur les conclusions de M. l'Avocat général Gilbert, qui fit recevoir M. le Procureur général Appellant comme d'abus de cette Sentence, & d'autres qui, avant de prononcer la main-levée de l'opposition, avoient par provisions ordonné la publication des bans. L'Arrêt fit à l'Official les injonctions convenables qui ont été renouvellées par d'autres.

Le 20 Février 1733. a été rendu un autre Arrêt en la Grande Chambre, qui, *faisant droit sur le requisitoire du Procureur général du Roi, fait défenses à l'Official de Paris de connoître des oppositions à la publication des bans & à la célébration des mariages, autres que celles où il peut être question de promesse ou engagement de mariage. Ordonne que l'Arrêt sera transcrit dans les Registres de l'Officialité.*

Ainsi c'est au Juges ordinaires, & non aux Juges ecclésiastiques, à connoître des oppositions formées au mariage, par ceux qui pretendent l'empêcher pour toute autre cause que celle qui résulte d'une promesse ou engagement de mariage pris avec l'opposant.

Mais on demande si une opposition à un mariage doit être porté pardevant un Juge Royal, ensorte qu'il l'a puisse revendiquer quand elle est portée pardevant un Juge de Seigneur? Il faut dire, que oui.

Touchant les oppositions formées à la célébration d'un mariage, *Voyez* le Recueil de Descombes, Greffier de l'Officialité de Paris, chap. 2.

OPPOSITION A UNE SENTENCE, est un moyen de se pourvoir contre le Jugement qu'un Juge inférieur a rendu par défaut, pour que la cause, après avoir été par lui entendue, soit décidée.

Celui qui a été condamné par défaut, doit former opposition dans la huitaine, à compter du jour de la signification de la Sentence à la quelle il est opposant. Quand on a laissé passer ce délai sans former opposition, on peut faire signifier un acte d'appel contre cette Sentence rendue par défaut, & en même tems signifier une Requête, par laquelle on convertit son appel en opposition. *Voyez* Conversion d'appel en opposition.

Dans la plupart des Jurisdictons, il n'est pas permis de former plus d'une fois opposition à une Sentence rendue par défaut; & dans d'autres Jurisdictions, on peut s'y opposer plus d'une fois.

OPPOSITION A UN ARRET OU JUGEMENT EN DERNIER RESSORT, est un moyen de se pourvoir dans certains cas contre un Arrêt ou Jugemens en dernier ressort.

I°. Quand l'Arrêt qui nous fait préjudice n'a point été rendu avec nous, & que nous n'y sommes point partie. *Voyez* Tiers opposant.

II°. Quand il a été rendu contre nous, sur simple Requête, & sans y être appellé.

III°. Lorsqu'il a été obtenu par défaut contre nous, sans que nous ayons été bien & dûement appellés, ou sans que les délais de l'Ordonnance ayent été exprimés.

IV°. Quand il a été bien & dûement obtenu par défaut aux Présentations ou à l'Audience, faute de plaider.

Mais dans ce dernier cas il faut que l'opposition soit formée dans la huitaine, à compter du jour de la signification de l'Arrêt à personne ou domicile de ceux qui seront condamnés, s'ils n'ont constitué Procureur, ou au Procureur quand il y en a un.

Par Arrêt rendu le 20. Décembre 1690. à la Tournelle criminelle de Paris, il a été jugé qu'une opposition formé avant la huitaine à un Arrêt par défaut, faute de comparoir, étoit non-récevable, quoique l'opposant offrit de refonder les dépens du défaut.

Il y a un cas ou il n'est pas permis de se pourvoir par opposition contre un Arrêt rendu par défaut; c'est quand la cause a été appellée à tour de rolle; auquel cas les Parties ne se pourront pourvoir contre les Arrets & Jugemens en dernier ressort, intervenus en conséquence, que par Requête civile.

On ne peut pas non plus former opposition à un Arrêt faute de conclure. Ainsi jugé par Arrêt contradictoire rendu en la Grande Chambre le 18 Mars 1702.

Dans le cas où il est permis de se pourvoir par opposition contre un Arrêt ou Jugement en dernier ressort, rendu par défaut, celui qui a été condamné présente sa Requête à l'effet d'être reçu opposant. Dès que la Requête à fin d'opposition aura été présentée, il faut la faire signifier au Procureur adverse, avec un avenir pour plaider.

Néanmoins si la cause intéresse le Roi, l'Eglise, le Public, ou la Police, on en communique préalablement à Messieurs les Gens du Roi.

Dès que la cause sera plaidée & jugée, celui qui voudra avancer fera signifier les qualités, & les donnera au Greffier pour expédier l'Arrêt ou Jugement, qui fera droit sur l'opposition, ou qui en déboutera celui qui l'aura formée.

L'opposition contre les Sentences présidiales rendues au premier chef de l'Edit, se fait pareillement par une simple Requête donnée au même Présidial.

Si l'opposition à l'exécution des Arrêts obtenus faute de comparoir ou de défendre vient dans la huitaine, les Parties procederont comme elles auroient pû faire avant l'Arrêt, sauf à faire régler à la Communauté le remboursement des frais, s'il y échet. Les oppositions de cette qualité ne peuvent faire la matiere d'une plaidoirie ni d'une instance & s'il s'en fait, les frais en doivent être portés par le Procureur qui l'aura faite, sans répetition même contre sa Partie. S'il se trouve quelques difficultés sur la fin de non-recevoir, les Parties se retireront au Parquet des Gens du Roi, pour y être réglées sans autres procédures que la simple sommation, en conformité de l'avis de la Communauté. C'est ce qui est statué par un Arrêt du Parlement de Paris du 25 Novembre 1689. rapporté dans le Journal des Audiences.

OPPOSITION A LA PUBLICATION D'UN MONITOIRE EST NULLE, si l'opposant ne fait élection de domicile dans le lieu de la jurisdiction du Juge qui en a permis l'obtention. Art. 8. du tit. 7. de l'Ordonnance de 1667.

Et si l'on ordonne que nonobstant l'opposition il sera passé outre, il n'y a qu'un Arrêt qui en puisse retarder l'exécution.

OPPOSITION EN FAIT DE DÉCRET, est un acte judiciaire qui se fait à la vente d'un immeuble par décret pour empêcher qu'on passe outre, ou du moins qu'il n'y soit procedé qu'à la charge de la conservation des droits de celui qui forme l'opposition.

Il y en a de quatre sortes; sçavoir, opposition à fin d'annuller, opposition à fin de distraire, opposition à fin de charge, & opposition à fin de conserver. Sur quoi *Voyez* ce que j'en ai dit sur l'article 354. de la Coutume de Paris. Nous en allons toujours donner ici les définitions & les principes généraux.

L'opposition afin d'annuller est celle qui est ordinairement formee par la Partie saisie, à l'effet de faire déclarer nulle la saisie & les criées qui ont été faites; & c'est à quoi conclut celui qui forme cette opposition.

Cette opposition se fait ou par rapport à la forme, ou par rapport à la matiere.

L'opposition à fin d'annuller est faite par rapport à la forme, lorsque la saisie réelle ou les criées n'ont pas été valablement faites, c'est-à-dire que l'on n'y a pas observé les formalités requises par les Ordonnances & par les Coutumes & usages des lieux.

Elle est faite par rapport à la matiere, quand la saisie réelle & les criées ont été faites pour choses non dûes, par celui sur qui elles ont été faites.

Cette opposition peut être formée par un autre que par le débiteur, sur qui la saisie & les criées ont été faites, lorsque l'héritage saisi réellement ne lui appartient pas; car alors celui qui en est proprietaire, doit former son opposition à fin d'annuller.

Mais au lieu de cette opposition, on se sert souvent de la voie d'appel & de la saisie réelle, & de tout ce qui s'est ensuivi; & par devant le Juge supérieur pour l'une des causes énoncées ci-dessus, on fait déclarer le tout nul, quand on justifie que la saisie ou les criées ont été mal faites.

L'opposition à fin de distraire est celle qui est formee par celui qui est propriétaire d'un héritage en tout ou enp artie, qui a été compris dans la saisie réelle.

Il conclut à ce que la portion des biens compris dans la saisie réelle en soit distraite, & aussi du bail judiciaire s'il y en a, avec restitution des fruits, dommages, & intérets & dépens.

Si le décret étoit fait sans que le propriétatre de l'héritage, ou de partie d'idelui, eût formé son opposition, il auroit toujours la voie d'appel pardevant le Juge supérieur, pour faire casser la saisie réelle & tout ce qui s'en seroit ensuivi.

L'opposition à fin de charge est celle qui est formée par celui qui prétend avoir un droit réel sur l'immeuble saisi, comme un droit de servitude, rente fonciere, ou autres droits réels & inhérens à la chose.

Il conclut à ce que cet immeuble ne soit vendu qu'à la charge du droit réel qu'il prétend avoir dessus; de matiere que l'adjudicataire en soit tenu, ainsi que l'étoit celui sur lequel la saisie réelle a été faite.

L'opposition à fin de conserver est celle qui est formée par un créancier de la Partie saisie, soit en vertu de contrat, obligation, Sentence ou Arrêt, ou par promesse reconnue, afin d'être pour son dû colloqué utilement du jour de son hypotéque, pour son principal, arrérages, intérêts, frais & dépens.

Cette opposition rend donc à ce que celui qui la fait soit conservé dans tous ses droits, hypotéques & priviléges, & soit payé sur le prix de l'adjudication de tout ce qui lui est dû, suivant l'ordre de son hypotéque.

Le créancier qui a fait la saisie réelle, est obligé de former son opposition aux criées à fin de conserver; autrement il ne pourroit être colloqué dans l'ordre du prix de ce qui auroit été adjugé.

Quand un créancier est négligent de faire cette opposition, ses créanciers peuvent valablement exercer ses droits, & la former pour lui. *Voyez* Opposition en sous-ordre.

Après avoir donné ces définitions des différentes oppositions qui peuvent être formées à une adjudication par décret, nous allons présentement donner les principes généraux que l'on suit à l'égard de toutes ces oppositions, ou par rapport à chacune en particulier.

Toutes oppositions doivent contenir élection de domicile, être faites au Greffe de la Jurisdiction où se poursuit le décret. Elles doivent aussi être enregistrée & signifiées au Procureur poursuivant.

Si une opposition avoit été formée entre les mains du Sergent faisant les criées, il faudroit que le poursuivant fît assigner cet opposant pour la réiterer au Greffe; & faute de l'avoir fait, cet opposant seroit déchu de son opposition.

Les oppositions à fin d'annuller, de distraire, ou de charge, doivent être formées avant que le congé d'adjuger ait été rendu & enregistré au Greffe, ainsi qu'il est porté dans les articles 5 & 6. de l'Edit d'Henri II. du 3. Septembre 1551. & dans l'article 3. de l'Arrêt de Réglement du 23 Novembre 1598.

Cependant l'article 354. de la Coutume de Paris desire seulemenr qu'elles soient formées avant l'adjudication.

La disposition de cet Edit ni de cet Arrêt de Réglement n'est en cela observée que pour les décrets qui se poursuivent aux Requêtes du Palais ou au Parlement.

Au Châtelet & autres Jurisdictions, il suffit que les oppositions à fin d'annuller, de distraire, ou de charge, soient formées avant l'adjudication.

Pour ce qui est de l'opposition à fin de conserver, on la peut en toutes Jurisdictions former en tout tems avant l'adjudication.

On peut même la former après l'adjudication faite, pourvû qu'elle soit formée dans les vingt-quatre heures que le décret reste entre les mains du Scelleur; mais en ce cas il faut faire l'opposition entre ses mains; suivant la déclaration concernant les consignations, en date du 16 Juillet 1689. article 7.

Après que le décret est scellé, on n'est plus recevable à former opposition, pas même l'opposià fin de conserver.

Si quelqu'un avoit oublié de s'opposer à fin de distraire il le pourroit faire dans les vingt-quatre heures du scel du décret, non pour avoir distraction de son héritage compris dans la saisie réelle, mais pour être colloqué & mis en ordre sur le prix pour la valeur de son héritage, lequel sera estimé & ventilé à ses frais.

Mais lorsque le décret est scellé, & que les vingt-quatre heures qui s'en sont ensuivies sont passées sans que le proprietaire de la chose décretée ou partie d'icelle se soit opposé à fin de distraire le décret fait en une Jurisdiction inférieure n'auroit pas pour cela purgé les droits de ce proprietaire, & il seroit toujours recevable à se porter appellant du décret pour le faire casser à son égard, par rapport aux choses qu'il justifieroit lui appartenir; parce qu'un décret ne peut être valablement fait sur celui qui n'est pas le proprietaire de la chose décretée.

Si ce décret avoit été fait au Parlement ou autre Jurisdiction souveraine, on demande par quelle voie le proprietaire de l'héritage adjugé pourroit se pourvoir contre, après que le tems de s'opposer au décret seroit écoulé.

Toutes les oppositions ou appellations qui se trouvent formées à un décret avant l'enchere de quarantaine, doivent être jugées avant que l'on procede à cette enchere, parce qu'autrement il faudroit peut-être la changer.

L'opposition afin d'annuller doit toujours être vuidée la premiere; parce que si les criées sont déclarées nulles, le saisissant est condamné aux dépens, dommages & intérêts, & tout le reste est annullé, & aucun opposant ne peut être subrogé à la poursuite, mais il faut recommencer une nouvelle saisie & de nouvelles criées.

Un Procureur qui est chargé de piéces par une Partie, pour former une opposition à fin de conserver, s'il ne l'a pas faite, en demeure responsable en son nom. Ainsi jugé par Arrêt du 26 Avril 1644. rapporté dans le Journal des Audiences, tome 1. liv. 4. chap. 14.

Mais un Procureur ne seroit pas garant envers sa Partie, pour n'avoir pas bien entendu & expliqué les causes de son opposition.

Lorsqu'un tuteur ne s'est pas opposé pour son mineur au décret des biens qui lui sont hypotéqués, le mineur ne peut pas être relevé du défaut d'opposition; il a seulement recours contre son tuteur, pour être dédommagé du tort que lui cause cette négligence.

Cela s'observe, soit que le tuteur soit solvable, soit qu'il ne le soit pas; ce qui est fondé sur l'utilité publique des décrets, qui est plus favorable que la conservation des biens des mineurs.

Un mineur ne peut donc faire retracter un Arrêt d'adjudication, sur le fondement que son tuteur seroit insolvable; ni même sur le fondement qu'il n'en avoit point lors de ladite adjudication. *Voyez* Bardet, tome 1. livre 2. chapitre 73.

Une femme mariée non autorisée par son mari, ou en Justice, ne peut être admise à former une opposition à un décret.

Celui qui se dit être Procureur à l'effet de former une opposition à un décret, ne doit être admis à la faire sans avoir préalablement exhibé sa procuration.

Les créanciers qui s'opposent sur les biens de leur débiteur, saisi réellement, pour être payés des sommes qui leur sont dûes, ne sont point tenus d'expliquer en détail, dans l'acte d'opposition, les titres de leur créance; & ceux à qui le mari & la femme ne se trouvent obligé, peuvent être colloqués comme

comme exerçans les droits de la femme leur débitrice, quoique dans leur opposition ils n'ayent pas déclaré qu'ils s'opposent comme créanciers de la femme, & que la femme ni ses héritiers, & ceux qui la représentent ne soient point opposans.

Voyez dans le Journal du Palais deux Arrêts de Réglement qui le décident ainsi; l'un est du 31 Août 1690. fait au Parlement de Paris; & l'autre est du 9 Avril 1691. fait en la Cour des Aydes.

Voici un effet particulier des oppositions formées à un décret, qui est, que quoique les sommes dûes aux créanciers opposans ne portent pas intérêt de leur nature, & qu'ils n'en ayent point formé de demande, néanmoins les intérêts courent du jour qu'ils ont formé leurs oppositions (que l'on appelle intervention en pays de Droit écrit) au décret des biens de leur débiteur.

Ainsi toute opposition équipolle à une demande, elle a même plus d'effet; car une simple demande sans poursuite pendant trois ans tombe en peremption; au lieu que l'opposition à un décret n'est point sujette à peremption, lorsqu'il y a établissement de Commissaire, & des baux faits en conséquence, suivant l'Arrêt de Réglement du Parlement de Paris du 28 Mars 1692. Henrys, tome 1. liv. 4. chap. 6. quest. 46.

On tient aussi que l'opposition formée à un décret pour une rente, fait cesser la prescription des cinq années de l'Ordonnance concernant les arrérages.

Quand il y a plusieurs opposans ayant hypotéque d'un même jour, ils doivent tous être payés par contribution au sol la livre.

Il y a des choses que le manque d'opposition à un décret ne nous fait point perdre, ensorte que notre droit sur l'héritage adjugé, comme étant inhérant audit héritage.

Ainsi les servitudes réelles, apparentes & visibles, ne s'éteignent point faute d'opposition au décret.

L'opposition de la part du Seigneur féodal ou censier, n'est pas non plus nécessaire pour la conservation de son droit de fief ou de censive, attendu que l'adjudication est toujours faite à la charge desdits droits; parce que ces droits étant ordinaires & inhérans à la terre, sont censés ne pouvoir être ignorés de personnes,

Mais à l'égard des droits féodaux extraordinaires, & des droits seigneuriaux autres que les cens, qui lui seroient dûs, il est obligé de s'opposer au décret s'il les veut conserver. *Voyez* les articles 355. 357 & 358. de la Coutume de Paris.

Par Arrêt rendu au Parlement de Paris le 28 Février 1707. il a été jugé qu'une rente fonciere, même dûe à l'Eglise, se purgeoit par le décret.

Quand un bien est décreté sur un mari de son vivant, le décret ne purge point le douaire, quoiqu'il n'y ait pas d'opposition formée par les enfans, parce que le douaire n'est ouvert que par la mort de leur pere.

Un décret ne purge pas non plus les droits de reversion par baux emphytéotiques, quoiqu'il n'y ait point d'oppositions formées au décret avant l'adjudication; parce que le bail emphytéotique ne transfere pas la pleine proprieté de la chose, le domaine d'icelle demeurant toujours en la personne du bailleur en vertu de la clause de reversion; ainsi le décret fait sur le preneur, & non sur le bailleur, en fait *supra non domino*, attendu que le véritable proprietaire, qui est le bailleur, n'est pas dépossédé, vû qu'il possede par le preneur de même que le proprietaire possede par l'usufruitier.

C'est une question, si le decret purge les biens substitués avant que la succession soit ouverte, faute par le substitué d'avoir formé son opposition.

Charondas, sur l'article 354. de la Coutume de Paris, dit que l'usage du Palais étoit de son tems, qu'il n'étoit besoin d'opposition que quand la substitution étoit ouverte. Tronçon, sur l'article 355. & Maynard, liv. 5. chap. 81. sont de même avis. D'autres comme Mornac, sur la Loi 13. *ff. qui satisd. cog.* disent qu'il est plus sûr de s'opposer. Mornac ajoute que cette question n'avoit pas encore été jugée; en quoi il se trompoit, puisque l'on trouve deux Arrêts qui l'avoient jugée, avant que Mornac eut mis au jour aucun de ses Ouvrages.

Le premier est du 23 Décembre 1586. remarqué par Peleus, chap. 88. de ses Plaidoyés par lequel il dit avoir été jugé que le décret n'empêche pas l'ouverture de la substitution arrivée depuis.

Le deuxiéme est du 11. Février 1601. qui a jugé la même chose entre Claude de Pathay, & Messire Claude Bruffard, Secretaire d'Etat.

Le Grand, sur la Coutume de Troyes, cite un autre Arrêt du Parlement de Paris, du mois de Mars 1644. M. Molé premier Président tenant l'Audience, qui a jugé que la substitution étoit éteinte par le décret, faute par le tuteur du substitué de s'y être opposé. Mais il faut remarquer que la substitution n'avoit pas été publiée, ce qui avoit pû determiner la Cour à juger ainsi.

Quoiqu'il en soit, il y a de fortes raisons de part & d'autre; car si on oppose la faveur de l'adjudicataire qui a contracté par autorité de Justice, & sur la foi publique; d'un autre côté le fideicommissaire n'est pas moins favorable, lequel n'ayant eu aucun droit avant la substitution ouverte, n'a pas été obligé de veiller à la conservation d'un droit qu'il ne lui étoit pas acquis, & qui étoit douteux & incertain : ainsi l'adjudicataire doit s'imputer de ne s'être pas informé des droits qui pouvoient être prétendus sur l'héritage, & ne pouvoient être purgés par le décret, ce qu'il pouvoit faire au moyen de la publication de la substitution; car si la substitution n'avoit pas été publiée, la substitution seroit éteinte, faute par le substitué d'avoir formé opposition au décret, comme il a été jugé par l'Arrêt du mois de Mars 1664. que nous avons cité ci-dessus.

Il est vrai que celui à qui la restitution d'un fidéicommis doit être faite, peut avant l'ouverture d'icelui s'opposer au decret, afin d'être conservé dans ses droits, comme il a été jugé par Arrêt du dernier Fevrier 1570. & par un autre du 23 Décembre 1690. qui ordonne que l'adjudication du Marquisat de Varennes seroit faite à la charge de la substitution. Mais il ne s'ensuit pas de-là, que quand il n'y a point d'opposition de la part du substitué, le décret purge la substitution. *Voyez* l'Auteur des Observations sur Henrys, tom. 2. liv. 4. chap. 6. quest. 19.

OPPOSITION EN SOUS-ORDRE, est une opposition formée par un créancier d'un créancier opposant, lequel s'oppose à ce que la somme pour laquelle son débiteur sera colloqué dans l'instance d'ordre, lui soit délivrée, & conclut à ce qu'il soit payé dessus de son dû.

Comme un opposant en sous-ordre est aux droits de son débiteur, il doit être colloqué & mis en ordre du jour de l'hypotéque de son débiteur, quoique son hypotéque fut postérieure; parce qu'au moyen de son opposition, il exerce ses droits, noms, raisons & actions.

Mais si les créanciers, au lieu de faire une opposition en sous-ordre au Greffe, n'avoient que saisi la collocation de leur débiteur entre les mains du Receveur des consignations, ils ne viendroient tous qu'à contribution au sol la livre, sur ce qui leur doit appartenir sur le prix de l'adjudication.

La Déclaration du 12 Juin 1694. concernant les Consignations, article 7. porte que les créanciers qui formeront leurs oppositions en sous-ordre, ne pourront faire évoquer aux Requêtes de l'Hôtel ou du Palais les criées pendantes au Châtelet de Paris.

Quand il y a des créanciers qui exercent les droits d'un créancier de la Partie saisie, & forment opposition, cette instance n'est pas aujourd'hui confondue avec l'instance d'ordre, mais fait une instance en sous-ordre, qui doit être jugée separement.

Le Parlement de Paris, toutes les Chambres assemblées, a arrêté & ordonné:

I°. Que l'on ne prendra à l'avenir aucun appointement sur les oppositions en sous-ordre, portant jonction à l'ordre, & que lesdites oppositions en sous-ordre seront jugées après que l'on aura prononcé sur l'ordre, & par un Arrêt ou Sentence séparée.

II°. Que les oppositions en sous-ordre seront jugées au rapport de celui qui aura fait le rapport de l'ordre.

III°. Que les frais nécessaires pour la poursuite, instruction & jugement des oppositions en sous-ordre, seront pris sur la somme qui aura été adjugée au créancier, sur lequel lesdites oppositions ont été faites ou avancées par les opposans, si bon leur semble; sans qu'en aucun cas ils puissent être pris sur le revenu, ni sur le reste du prix des immeubles qu'il s'agit de distribuer entre les créanciers.

IV°. Que les créanciers d'un opposant qui ne forment entr'eux aucunes contestations, pourront intervenir dans l'ordre, lorsqu'ils le trouveront à propos, pour y faire valoir la créance de leur debiteur commun.

V°. Que les oppositions en sous-ordre, qui sont jointes présentement aux ordres, & dont le Jugement a été commencé, seront jugées en la maniere observée jusqu'à present; & que celles dont le Jugement n'a pas été commencé, demeureront disjointes de l'ordre, pour être instruites & jugées separement, & en la maniere ci-dessus.

Cet Arrêté a été fait le 22 Août 1691. & est rapporté dans le Journal du Palais.

Voici un autre Arrêté fait en la Cour des Aydes le 25 Septembre 1691. qui est aussi rapporté dans le Journal du Palais.

Ce jour M. le Premier President a dit, que la Cour avoit, par son arrêté fait, les Chambres assemblées, le 27 Avril 1686. pourvu, entr'autres choses, au Jugement des oppositions en sous-ordre, & ordonné qu'à l'avenir les oppositions ne seroient point instruites avec le Procureur du poursuivant; & le plus ancien des Procureurs opposans, peut empêcher que les frais de l'ordre fussent grossis, & tombassent sur le dernier créancier utilement colloqué, qui n'a aucun intérêt dans les oppositions en sous-ordre, qui ne regardent que la partie sur laquelle elles sont faites; que cet Arrêté étoit demeuré sans exécution, & qu'il croyoit pour le bien de la Justice, que ce Reglement devoit être executé.

Les Gens du Roi ouis en leurs conclusions, & la matiere mise en déliberation, a été arrêté que l'Arrêté du 27 Avril 1686. sera executé selon sa forme & teneur: ce faisant, la Cour a fait très-expresses inhibitions & défenses aux créanciers opposans en sous-ordre, de faire à l'avenir, pour raison de leurs oppositions, aucunes procedures, avec & contre le Procureur du poursuivant, & le plus ancien des Procureurs des opposans, à peine de nullité, & sans qu'elles puissent entrer dans la taxe des frais extraordinaires des criées, & de l'instance d'ordre; sauf aux créanciers opposans en sous-ordre, à faire les procedures nécessaires pour la conservation de leur dû avec le débiteur opposant à l'ordre, & leur Procureur seulement.

De plus, la Cour a ordonné que les vacations qu'il conviendra employer pour le Jugement des oppositions en sous-ordre, ensemble les épices à proportion, & leur part du coût de l'Arrêt, seront consignées par les opposans en sous-ordre, si bon leur semble, sans qu'elles puissent être prises sur le prix des ventes & adjudications; sauf à eux à les repeter sur les créanciers, sur lesquels ils se seront opposés en sous-ordre, ainsi qu'ils aviseront bon être; défenses au contraire: & faute par les créanciers opposans en sous-ordre, de faire la consignation des vacations, leurs oppositions en sous-ordre seront disjointes de l'instance d'ordre, & passé outre au Jugement d'icelles.

OPPOSITION AU SCEAU, est un empêchement qu'un créancier forme entre les mains de M. le Chancelier, Garde des sceaux, en parlant au Garde-Rolles des Offices, à l'effet qu'aucunes provisions soient expédiées au préjudice de ses droits, sur la procuration *ad resignandum* de son débiteur, pour faire passer en la personne d'un autre l'Office dont il est revêtu.

Les Offices royaux ne sont véritablement que des Commissions attachées & inhérentes aux personnes qui en sont pourvues; desorte qu'un titulaire ne peut transmettre son droit à qui que ce soit, parce que la proprieté de son Office ne lui appartient pas; mais il faut pour faire passer son Office en la personne d'un autre, qu'ils s'en démette entre les mains du Roi & de M. le Chancelier, & que celui en faveur de qui la procuration *ad resignandum* est faite, en obtienne l'agrément du Roi: ce qu'il n'accorde point au préjudice des oppositions au Sceau.

Quand le Roi accorde une grace à quelqu'un, il entend toujours que ce soit sans préjudice du droit d'un tiers, surtout quand il est instruit. Or ces oppositions faisant connoître au Roi le droit & la créance des opposans, les Lettres des provisions ne sont point accordé à celui qui les présente, que l'opposition ne soit vuidée ou elles ne se font qu'à la charge de l'opposition.

L'opposition au Sceau, dont on attribue l'origine à M. du Vair, Garde des Sceaux a été introduite pour empêcher ceux qui sont pourvus d'Offices royaux, de s'en démettre au préjudice dd leurs créanciers.

Pour être pourvu d'un Office royal, comme il faut nécessairement en obtenir du Roi des provisions sur la procuration *ad resignandum* du titulaire, les créanciers d'un homme qui est pourvu d'un tel Office, peuvent, en faisant une opposition au Sceau, empêcher pendant le tems que leur opposition dure, que leur débiteur ne se démette de sa Charge à leur préjudice: autrement, quand les provisions obtenues par un autre sur la procuration *ad resignandum*, sont scellées sans opposition, le sceau des provisions purge les hypotéques pour les charges, de même que le décret purge les hypotéques qui sont sur les héritages.

Bien plus, on prétend que les provisions d'un Office qui sont scellées sans l'opposition d'un crécier, purgent non-seulement toutes les actions qu'il a sur celui qui a vendu l'Office, mais encore les actions qui sont comme en suspens, & qui pourroient naître un jour, comme celle du douaire qui n'est pas encore ouvert.

La raison qu'on en rend, est qu'un Officier royal ne subsiste véritablement qu'en la personne du Roi, qui n'entre point dans les contrats qui se font entre les Particuliers, s'en réservant les provisions, & les pouvant éteindre & suprimer à sa volonté. Ainsi le nouveau titulaire ne tient pas son droit du résignant, mais du Roi seul.

Outre que les oppositions au Sceau empêchent que le Titulaire d'un Office ne s'en puisse démettre au préjudice de ses créanciers, il y a toujours un très-grand avantage pour les créanciers du Titulaire d'un Office à faire leur opposition, elle les fait préferer sur le prix de l'Office aux créanciers non opposans, quand même ceux qui non pas fait leur opposition, auroient un privilége spécial sur la Charge; car tout privilége se perd & s'évanouit par le défaut d'opposition au Sceau, ainsi qu'il est reglé par l'Edit du mois de Février 1683.

Un mineur ne peut donc pas se faire relever de l'omission qu'auroit fait son tuteur, de former au nom de son mineur une opposition au Sceau; il n'auroit que son recours contre son tuteur, soit qu'il fût solvable ou non.

M. Augeard, dans son second tome des Arrêts, chap. 27. en rapporte un rendu en la grande Chambre le 2 Mars 1693. au rapport de M. Frezon qui a jugé du'un tuteur ayant résigné son Office à son propre fils, dans la suite la Charge ayant été saisie réellement sur le fils, ses créanciers seroient colloqués avant le mineur, qui objecta en vain que le défaut d'opposition au sceau ne lui pouvoit pas nuire, parce qu'étant mineur, & n'ayant point de subrogé tuteur; il lui avoit été impossible de former cette opposition, & de prévenir la fraude de son tuteur.

Il y a deux sortes d'oppositions au Sceau, des provisions d'Offices royaux; sçavoir, l'opposition au titre, & l'opposition à fin de conserver.

L'opposition au titre, est celle qui se forme pour empêcher qu'aucunes provisions ne soient scellées de l'Office qui est encore dans l'opposition, attendu le droit spécial qu'a l'opposant sur le titre dudit Office, & que c'est lui qui a vendu l'Office au Titulaire. D'où il s'ensuit, que celui qui a prêté ses deniers pour l'acquisition d'un Office, pour le tout ou en partie, ne peut former l'opposition au titre, d'autant qu'il n'a point de droit sur le titre de l'Office de son débiteur; ce qui fait qu'on ne le regarde que comme créancier.

Il n'y a que celui qui a vendu l'Office, ou ses ayans-cause, qui soient considerés à cet égard, comme ayant quelque droit sur le titre de l'Office qu'ils ont vendu, & dont le prix ne leur a pas été payé.

Il faut encore ajouter ceux envers qui le Titulaire est obligé pour fait de Charge; car ils sont préferés à tous autres créanciers, même au vendeur de l'Office, & peuvent former leur opposition au titre.

Cette opposition doit être signée d'un Avocat aux Conseils, chez lequel est élû le domicile de l'opposant. Elle ne dure que six mois, après lesquels, si elle n'est renouvellée, elle ne sert de rien.

Pendant que cette oppsition subsiste, & qu'on présente à la Chancellerie des provisions, il faut absolument faire vuider l'opposition à fin de titre, avant que les Lettres de provisions de l'Office au profit d'un autre puissent être scellées.

Ainsi celui qui fait une telle opposition, est assuré que l'Office ne se vendra jamais qu'il n'en soit averti. Plusieurs même qui n'ont pas droit au titre de l'Office, ne laissent pas de faire une telle opposition, afin que l'Office ne soit pas vendu sans y être appellés : mais en jugeant l'instance de cette opposition, on les condamne à des dommages & intérêts.

L'opposition à fin de conserver, est celle qui se forme par un créancier d'un Titulaire, à l'effet de conserver ses droits, noms, privilèges & hypotéques sur le prix de l'Office, au cas que le débiteur qui en est titulaire, vienne à s'en démettre au profit d'un autre personne.

Cette opposition dure un an, & se forme sans être signé d'un Avocat aux Conseils. Son effet n'est pas d'empêcher, qu'on ne délivre & ne scelle des Lettres de provision sur la procuration *ad resignandum* du Titulaire.

Comme cette opposition n'est faite que pour conserver la créance, les hypotéques & les priviléges que prétend avoir celui qui l'a fait ; elle n'empêche pas que les provisions du nouvel acquereur soient scellés, mais elle fait qu'elles sont scellées avec réserve & restitution du droit de l'opposant, c'est-à-dire à la charge des causes énoncées dans l'opposition, ausquelles on fait droit dans l'ordre qui doit être fait dans la suite entre les créanciers opposans au Sceau.

Une opposition au Sceau ne donne pas lieu aux intérêts, par ce que ce n'est qu'un acte conservatoire, & que M. le Chancelier n'a point de Jurisdiction contentieuse.

Lorsqu'une Charge est adjugée, & le prix consigné, il n'est plus nécessaire de continuer ses oppositions au Sceau, comme il a été jugé par Arrêt du 16 Février 1682. rendu en la Cour des Aydes, & qui est rapporté dans le Journal du Palais.

Une opposition au Sceau faite sans être libellée, & sans dire en qu'elle qualité on la prétend faire, est limitée dans les termes ausquels elle est conçue. Ainsi jugé par Arrêt du Parlement de Paris, du 14 Février 1688. rapporté dans le Journal des Audiences.

Nous avons un Edit & une Déclaration qui prescrivent les formalités qui doivent être observées dans la poursuite & Jugement des oppositions au Sceau. L'Edit du 17 Juin 1703. Les deux se trouvent dans le Dictionnaire de M. Brillon, *verbo* Office, nomb. 77 & 78.

OPTION, appartient au débiteur, dans les cas où un débiteur doit une chose *in genere aut alternatim* ; au lieu que dans les legs de cette nature, l'option appartient au légataire, qui est le créancier de la chose leguée.

Voyez ce que j'ai dit dans ma Traduction des Institutes, sur le §. 22. du titre 20. du second livre.

OR

OR ET ARGENT, sont des métaux précieux qui contribuent beaucoup à bien soutenir les Etats, & les Particuliers qui les composent.

Par plusieurs Edits & Déclarations, il est défendu de porter l'or & l'argent hors le Royaume.

Il y a eu plusieurs Edits & Déclarations qui défendoient de porter or ou argent sur les habits. Mais ces défenses n'ont eu qu'un tems.

Plusieurs Déclarations ont réglé le poids de la vaisselle d'or & d'argent fabriquée & à fabriquer par les Orfévres & autres Ouvriers.

L'Arrêt du Conseil d'Etat du 6 Juillet 1720. a ordonné l'exécution de la Déclaration du 18 Février de la même année, qui fait défenses à tous Orfévres & autres Ouvriers travaillans en or & argent, de fabriquer, exposer ou vendre aucuns ouvrages d'or & d'argent de la qualité prohibée, ou qui excedent le prix fixé par ladite Déclaration. *Voyez* le Dictionnaire de Chasles.

ORDINAIRE, se dit de la procédure civile. Quand on civilise une affaire, on dit qu'on reçoit les Parties à l'ordinaire ; sauf à reprendre l'extraordinaire, si le cas le requiert.

ORDINAIRE, se dit des Jugemens qui se rendent à la charge de l'appel. Les Maîtres des Requêtes doivent être sept pour juger au Souverain ; mais ils jugent à l'ordinaire au nombre de trois.

ORDINAIRE, signifie quelquefois le Juge naturel du territoire où le défendeur est domicilié.

Il signifie aussi que celui qui a une Jurisdiction ordinaire, soit en premiere instance, soit en cause d'appel ; à la différence des Juges qui sont établis par des commissions extraordinaires, comme sont les Juges des priviléges, les Prevôts des Maréchaux, & autres.

ORDINAIRES EN FAIT DE JURISDICTION ECCLESIASTIQUE, sont les Archevêques & Evêques qui sont Juges ordinaires dans leurs Diocèses, qui ont le pouvoir d'ordonner & de conferer les Bénéfices de leurs Diocèses, & d'y exercer toute Jurisdiction ecclésiastique, tant contentieuse que volontaire.

Néanmoins, quant à la collation des Bénéfices, il y a d'autres Prélats qui sont aussi appellés quelquefois Collateurs ordinaires, comme les Abbés & les Prieurs, les Chapitres, les Archidiacres & autres, qui ont par quelque droit ou priviléges particulier, la collation de quelques Bénéfices.

ORDONNANCE, généralement parlant, signifie Loi, Statut, Commandement d'un Souverain ou d'un Supérieur.

Mais ce terme signifie plus particulierement les Loix qui sont établies par la seule autorité du Roi ; & dans ce sens on dit les Ordonnances royaux dont nous parlerons ci-après.

ORDONNANCE, se dit aussi des simples commandemens des Miniſtres ou des Juges. On dit, par exemple, qu'un tel a été conſtitué priſonnier de l'Ordonnance verbale de la Cour, de l'Ordonnance du Lieutenant criminel.

ORDONNANCE, ſignifie auſſi la commiſſion que donne un Juge ou Commiſſaire pour faire aſſigner des témoins, ou des Parties, pour être interrogées, pour dépoſer ou former une conteſtation, ou l'inſtruction d'une inſtance. *De l'Ordonnance de nous..... Conſeiller ou Commiſſaire, il eſt enjoint au premier Sergent d'aſſigner, &c.*

ORDONNANCE, ſe dit auſſi de ce qui eſt mis par les Juges au bas des Requêtes qu'ils répondent.

On dit, par exemple, cette Requête eſt repondue d'un *Soit communiqué.*

On employe auſſi ce terme, pour ſignifier ce qu'ils mettent au bas d'un procès verbal, où qu'ils y inſerent, pour juger quelques conteſtations qui ſe forment devant eux.

ORDONNANCE EN TERMES DE FINANCE, ſignifie un ordre, un mandement à des Tréſoriers, de payer une certaine deſtination.

On appelle auſſi Ordonnances, les mandemens que donnent les Seigneurs particuliers ou les Intendans, à leurs Tréſoriers ou Receveurs.

ORDONNANCE DE DERNIERE VOLONTÉ, eſt une diſpoſition faite par un Particulier, laquelle ne peut être exécutée qu'après ſa mort; comme ſont les teſtamens, les codiciles, & les donations à cauſe de mort. *Voyez* Diſpoſition.

ORDONNANCES ROYAUX, ſont des Loix & des Conſtitutions générales que le Roi fait publier dans ſon Royaume, & qui obligent tous ſes Sujets.

Le droit nouveau que les Rois de la troiſiéme race établirent, pour être obſervé dans toute l'étendue du Royaume, fut conçu ſous le nom d'Ordonnance, comme celui des Rois précedens étoit conçu ſous le nom de Capitulaires; deſorte qu'on a depuis appellé proprement Ordonnance, ce qui ſe propoſe pour être obſervé generalement comme Loi.

Cette ſignification du mot d'Ordonnance, pour marquer toutes les Lettres patentes, par leſquelles le Roi propoſe quelque choſe, pour être obſervée généralement comme Loi, n'a commencé d'être en uſage que depuis le tems de Saint Louis; & le Recueil le plus ample des Ordonnances, qui eſt celui de Fontanon, n'en contient point de plus anciennes.

Ce qu'on a vû des prédeceſſeurs de Saint Louis, ne ſont que des Chartres de conceſſions de privilèges en faveur de l'Egliſe, des Communautez, des Villes, ou des Univerſitez.

Une obſervation à faire ſur ces termes, *Ordonnances Royaux*, eſt que cette maniere de parler n'eſt pas correcte; mais elle deſcend d'une ancienne façon de parler, qui n'eſt pas encore changée; car ſi on vouloit parler régulierement, il faudroit dire Ordonnances royales: mais l'uſage eſt le tyran des Langues.

Les Ordonnances Royaux ſont ou appellées ſpécialement Ordonnances, ou Edits, ou Déclarations.

Les Ordonnances ſpécialement appellées ainſi, ſont des Conſtitutions générales de nos Rois, qui ordonnent ou qui défendent quelque choſe, ſur les remontrances des Magiſtrats, ou ſur les prieres des Particuliers.

Les Edits ſont des Conſtitutions générales de nos Rois, qui ordonnent ou qui défendent quelque choſe de leur propre mouvement.

Les Déclarations ſont des Conſtitutions générales, que nos Rois font pour interpréter, modifier, augmenter ou diminuer les diſpoſitions de quelque Edit.

Les ordonnances de nos Rois de la premiere & ſeconde race, ſont connues ſous le nom de Capitulaires *Voyez* Capitulaires.

Les Ordonnances des Rois de la troiſiéme race, regardent la Religion, la Juſtice, le devoir des Magiſtrats, la Police, les droits du Roi, la création des Officiers, & la procédure.

Les Ordonnances ſont les vraies Loix du Royaume; elles font la partie la plus générale & la plus certaine de notre Droit François, attendu qu'elles ſont ſoutenues de l'autorité auſſi-bien que de la raiſon: au lieu que les Loix Romaines ne ſubſiſtent que par leur équité; elles n'ont par elles-mêmes aucune autorité, qu'autant qu'elles ſont conſiderées comme une raiſon écrite, du moins en pays coutumier: & à l'égard du pays de Droit écrit, les Loix Romaines n'y ont force de Loi, que parce que nos Rois ont bien voulu y conſentir.

Comme les Ordonnances ſont les Loix générales du Royaume, tous les Magiſtrats, tous les Juges, tant laïques qu'eccléſiaſtiques, & généralement tous les Officiers de Juſtice, ſont obligés de les obſerver exactement. La raiſon eſt, qu'ils dépendent tous du Prince, & de l'autorité de la Loi qui eſt émanée de lui.

Tous les Juges, tant laïques qu'eccléſiaſtiques, ſont donc obligés de s'y conformer dans leurs Jugemens; mais il faut pour cela qu'elles ſoient enregiſtrées au Parlement & aux autres Cours ſouveraines; car elles n'ont d'effet que du jour de l'enregiſtrement, & elles ne réglent que l'avenir, s'il n'y a une diſpoſition expreſſe pour le paſſé. *Leges & Conſtitutiones futuris dant formam negotiis, non verò præteritis, niſi illud in iis nominatim expreſſum ſit. Leg. ult. cod. de legib.*

Au reſte, les Ordonnances de nos Rois n'ont que leur tems, & ſe ſuccedent les unes aux autres, comme je l'ai remarqué ci-deſſus, lettre D. en parlant du Droit immuable.

Voyez, touchant les Ordonnances, le tit. 1. de l'Ordonnance de 1667. avec les notes de Bornier.

Touchant la prééminence qu'ont les Ordonnances ſur les Coutumes, *voyez* ce que j'en ai dit *verbo* Coutume.

ORDONNANCES DE NOS ROIS, se trouvent pour la plupart recueillies par ordre des dates dans le nouveau Neron, qui a été donné au Public l'an 1721. en deux volumes *in-folio*.

Les principales sont,

L'Edit de Cremieu de l'an 1536. L'Ordonnance de 1539. sous François I. L'Edit de Cremieu a été fait pour regler la Jurisdiction des Baillifs, Sénéchaux & autres Juges ordinaires. L'Ordonnance de 1539. a été faite à Villers-Cotterets, pour l'abréviation des procès.

L'Edit des Présidiaux en 1551. par Henry II, pour établir des Présidiaux dans les Bailliages & Sénéchaussées du Royaume, afin que dans les affaires de peu de conséquence l'on ne fût point obligé d'appeller aux Cours souveraines. *Voyez* Edit.

L'Edit des secondes Nôces en 1560. par François II. sur quoi *voyez* ce que nous en avons dit *verbo* Edit.

L'Ordonnance d'Orléans en 1560. l'Ordonnance de Roussillon en 1564. celle de Moulins en 1566. l'Edit des Meres en 1567. & l'Edit d'Amboise en 1572. par Charles IX.

L'Ordonnance d'Orléans rendue sur les plaintes des trois Etats du Royaume, portant Réglement pour les Ecclésiastiques, pour la noblesse, & pour les Universités. Il y est aussi parlé du cours de la Justice, des Tailles, des Elections, & des Marchands.

L'Ordonnance de Roussillon a été faite pour satisfaire au surplus des Cahiers présentés par les Etats d'Orléans, en ce qui concerne la Justice, & ce qui regarde la Police du Royaume. Il y a eu encore une Déclaration en ampliation de quelques articles de la même Ordonnance.

L'Ordonnance de Moulins fut faite pour la réformation de la Justice, tant ès Cours souveraines qu'inférieures.

Touchant l'Edit des Meres, *voyez* ce que nous en avons dit *verbo* Edit.

A l'égard de l'Edit d'Amboise, il a été fait pour regler le devoir & l'autorité des Officiers de Justice.

Voilà les principales Ordonnances qui ont été faites depuis François I. jusqu'à Louis XIV.

ORDONNANCES DE LOUIS XIV, sont en grand nombre.

Entre celles qui ont été faites touchant la Justice & la maniere de procéder, on regarde comme principales celles qui suivent; sçavoir,

L'Ordonnance du mois d'Avril 1667. appellée le Code civil, qui contient un Réglement général pour la procédure en matiere civile, & l'établissement d'un style uniforme dans toutes les Cours & dans tous les Siéges du Royaume. Le premier titre regarde l'observation des nouvelles Ordonnances.

L'Ordonnance du mois d'Août 1669. qui regarde les Réglemens de Juges, les Committimus, & les Evocations.

L'Ordonnance du 13 Août 1669. qui est un Réglement sur le fait des Eaux & Forêts. Cette Ordonnance regarde les matieres qui doivent être portées aux Juges des Eaux & Forêts, & les choses qu'ils doivent observer dans l'exercice de leurs Charges. Les matieres qui sont de leur compétence, sont les bois, les rivieres, les chasses, & la pêche. *Voyez* Eaux & Forêts.

L'Ordonnance du mois d'Août 1670. appellée le Code criminel, est un Réglement général touchant l'instruction de la procédure criminelle, & la compétence des Juges dans ces sortes de matieres.

L'Ordonnance du mois de Janvier 1673. qui contient un Réglement fait par le Roi, pour être observé en son Conseil d'Etat.

L'Ordonnance du mois de Mars 1673. appellée le Code Marchand, qui contient un Réglement pour le Commerce des Négocians & Marchands, tant en gros qu'en détail, & un Edit pour les épices & vacations des Commissaires, & autres frais de Justice.

L'Ordonnance de 1680. pour les Aydes & Gabelles.

L'Ordonnance du mois d'Août 1681. fixe la Jurisprudence des contrats maritimes, & la Jurisdiction des Officiers de l'Amirauté; régle les différends qui naissent entre les Négocians & gens de mer; & établit la Police dans les Ports, Côtes & Rades qui sont dans l'étendue de la domination du Roi.

L'Ordonnance du mois de Juin 1687. qui contient un Réglement pour la procédure, dans toutes les affaires qui se traitent au Conseil du Roi soit pour les Finances, soit pour les Parties.

De toutes les Ordonnances de Louis XIV, il n'y en a point de plus utiles à l'Etat que celles qu'il a faites pour reformer la Justice, & pour abreger les procédures, surtout celle de 1667. & celle de 1670. Sa Majesté fit assembler les principaux Magistrats de son Conseil & du Parlement, qui tinrent plusieurs conférences chez M. le Chancelier Seguier, au commencement de l'année 1667. pour examiner & arrêter les Articles de l'Ordonnance civile, qui fut publiée au mois d'Avril de la même année. L'Ordonnance sur les matieres criminelles fut dressée & examinée de la même maniere, & ensuite publiée au mois d'Août 1670.

ORDONNANCES DE LOUIS XV. Nous avons déja quelques Ordonnances de ce Prince, qui nous font desirer qu'elles soient suivies de plusieurs autres.

Voici les principales de celles qui ont été publiées sous son régne.

La Déclaration du 5 Octobre 1726. servant de Réglement entre les Curés primitifs, & les Curés-Vicaires perpetuels.

L'Edit concernant les Successions des meres à leurs enfans, du mois d'Août 1729.

La Déclaration du premier Mars 1730. concernant les fonctions des Huissiers & Sergens royaux.

La déclaration du 15 Janvier 1731. servant de Réglement général entre les Curés primitifs, & les Curés-Vicaires perpétuels.

La Déclaration du 5 Février 1731. sur les cas prevôtaux ou présidiaux.

L'Ordonnance du mois de Février 1731. qui fixe la Jurisprudence sur la nature, la forme, les charges & les conditions des Donations.

La Déclaration du Roi du 17 Février 1731. touchant les Insinuations.

L'Ordonnance concernant les Testamens, du mois d'Août 1735.

La Déclaration du Roi, portant que l'Artois n'est point censé compris dans les Articles XIX, XX & suivans, jusq'à l'Article XXXII. de l'Ordonnance du mois de Février 1731. concernant les formalités des insinuations des Donations. Donnée à Versailles le 17 Janvier 1736.

La Déclaration du Roi, concernant la forme de tenir les Registres des Baptêmes, Mariages, Sépultures, Vêtures, Noviciats & Professions; & des Extraits qui en doivent être délivrés. Donnée à Versailles le 9 Avril 1736.

L'Ordonnance concernant le faux principal & le faux incident; & la reconnoissance des écritutes & signatures en matiere criminelle. Donnée à Versailles au mois de Juillet 1735.

L'Ordonnance concernant les Evocations & les Réglemens des Juges, du mois d'Août 1637.

La Déclaration du Roi, qui ordonne aux Curés des Paroisses dépendantes du Châtelet de paris, ou autre Juge par lui commis, d'avoir un double Registre pour la présente anné, des Baptêmes, Mariages & Sépultures, conformément à la Déclaration du neuf Avril 1736. Donnée à Versailles le 17 Août 1737.

ORDONNER signifie condamner, donner ordre, prescrire. On dit, par exemple, le Roi à ordonné telle chose par un tel Edit.

Ce terme est souvent employé dans les testamens, pour marquer ce qu'un testateur a prescrit; comme quand on dit que le testateur ordonne à son héritier de faire telle chose.

ORDRE, signifie mandement, commission, qui nous donne pouvoir de faire quelque chose. Un Procureur, un Agent qui fait quelque chose sans ordre & sans procuration, est sujet à désaveu.

ORDRE DE COMPTES, est un arrangement qui se tient dans un compte par le moyen des chapitres dont il est composé; sçavoir, premierement de celui de recette, ensuite de celui de dépense, & enfin de celui de reprise.

Un Comptable est obligé de se charger dans le chapitre de recette, du total d'une somme qu'il avoit à recouvrer, quoiqu'il n'en ait reçu qu'une partie, à la charge de mettre dans le chapitre de reprise ce qui lui reste dû, & cela pour tenir ordre de compte.

ORDRE, signifie quelquefois la discution des biens du principal débiteur, à laquelle le créancier est obligé avant que de venir sur le fidejusseur.

Pour empêcher ce bénéfice qui est accordé de droit ou fidejusseur, on le fait renoncer ordinairement à l'ordre de droit, pour le rendre caution solidaire. *Voyez* Discution.

ORDRE DES CREANCIERS, est un Jugement qui se rend entre plusieurs créanciers opposans à la distribution des deniers, provenans du prix des immeubles décretés sur leur débiteur, suivant les droits, hypotéques & priviléges qu'ils ont les uns sur les autres.

Dans un ordre Il y a trois rangs de créanciers. Les uns sont privilégiés, comme le Procureur pour suivant, pour les frais extraordinaires de criées; car les frais ordinaires sont à la charge de l'adjudicataire.

On met encore au nombre des créanciers privilégiés, par exemple, ceux qui ont prêté pour l'achat ou la conservation de la chose.

D'autres ont un hypotéque expresse ou tacite, & sont appellés créanciers hypotécaires.

Les autres enfin sont simples créanciers chirographaires.

Ceux qui sont privilégiés, doivent être payés les premiers de ce qui leur est dû. Les créanciers qui ont prêté leurs deniers pour l'acquisition d'une chose, ont un privilége sur icelle seulement, & sont préferés aux autres créanciers; & si plusieurs créanciers privilégiés ne peuvent pas être entierement payés, ils viennent à contribution sur la chose, ayant tous un privilége égal.

Voyez Créancier privilegiés.

Les Créanciers hypotecaires viennent ensuite suivant l'ordre de leur hypotéque, comme il est dit ici *verbo* Créanciers hypotécaires: & si après il reste quelques deniers, ils doivent êrre distribués entre les troisiémes à contribution au sol la livre; Parce que entre les créaniers simples chirographaires, il n'y a aucune préference, tous sont payés également, & perdent aussi tous également, à proportion de ce qui est dû à chacun deux. *Voyez* Contribution.

Cet ordre n'a lieu qu'en la vente des immeubles appartenans au débiteur; car les meubles n'ayant point de suite par hypotéque, tous les créanciers ont autant de droit les uns que les autres sur les meubles, & y viennent à contribution, soit hypotécaires ou chirographaires, excepté les priviégiés personnels, lesquels sont préferés à tous les autres, en vertu de leurs priviléges.

Tels sont les créanciers des frais funéraires; les Médecins, Chirurgiens & Apoticaires, pour leurs salaires dûs pour la derniere maladie dont le défunt seroit décedé; les propriétaires sur les meubles étans dans la maison, & appartenans aux locataires, &c. *Voyez* Créancier privilégiés.

De ce que nous venons de dire, il s'ensuit que l'instance d'ordre est différente de l'instance de preference, quoiqu'on l'instruise à peu près de la même maniere, en ce que celle de préference n'aboutit qu'à faire distribuer des deniers provenans de la vente des effets mobiliaires saisis, par contribution au sol la livre, en cas de déconfitures; au lieu que l'instance d'ordre rend à faire distribuer les deniers provenans du prix des immeubles décretés, suivant la priorité d'hypotéque, ou le privilége des créanciers.

ORDRE EN FAIT DE JURISDICTION signifie degré. *Voyez* Degré de Jurisdiction.

ORDRES, sont les distinctions & qualifications des personnes qui composent un Etat.

Il y en a trois qui composent l'Etat de la France; sçavoir, le Clergé, la Noblesse, & le Tiers-Etat.

Dans chaque Ordre, il y a des dégrés ou subordinations, qui servent à distinguer les supérieurs d'avec les inférieurs.

ORDRE DE MALTHE *Voyez* le Dictionnaire de M. Brillon.

ORDRES DE RELIGIEUX, sont des Communautés de Religieux vivans sous un Chef, d'une même maniere, & sous un même habit, à quoi ils se sont obligés par la profession qu'ils en ont faite. *Voyez* ce qui en est dit dans le Dictionnaire de Chasles.

ORDRES MILITAIRES, sont certaines Compagnies de Chevaliers, institués par les Rois ou de Princes, pour donner en certaines occasions des marques de leur valeur, & principalement pour la défense de la foi.

Touchant Ces Compagnies, *Voyez* aussi le Dictionnaire de M. Brillon, qui rapporte à ce sujet des choses très-curieuses.

ORFEVRE, est celui qui fabrique, vend ou trafique de la vaisselle, ou des ouvrages d'or ou d'argent.

Tous les droits, priviléges & devoirs, des Orféyres, dépendent absolument de ce qui est prescrit à ce sujet par les Edits & Déclarations du Roi. Comme M. Brillon les a rapportées dans son Dictionnaire, *verbo* Orfévres, j'y renvoye ceux qui auront intérêt d'en être pleinement instruits. *Voyez* aussi le Dictionnaire de Chasles, *verbo* Orfévres.

ORIGINAL, est la minute ou la grosse de quelqu'acte. Ce terme est relatif à copie; & dans ce sens on dit collationner une copie à son original.

Celui qui veut s'aider de quelque piéce, en doit produire l'original; parce qu'une copie, même collationnée à l'original, sans appeller la Partie, ne fait pas foi.

Mais si elle est extraite du Regiſtre du Notaire, sans appeller Partie, & que le Notaire l'ait signée & délivrée, on y ajoute foi: toutefois cet extrait n'emporteroit pas exécution. *Voyez* Charondas, liv. 4. réponse 4.

ORPHELIN, est un enfant mineur qui a perdu son pere, ou qui n'a ni pere ni mere qui puissent avoir soin de sa nourriture & de son éducation.

Il y a dans la Ville de Paris & dans plusieurs autes Villes du Royaume, des Hôpitaux, pour nourrir & élever les pauvres orphelins, & pour les mettre en état de gagner leur vie.

OS

OSTICE, est en quelques endroits un droit d'une geline par an, que le Sujet est obligé de payer à son Seigneur, pour le fouage. *Voyez* ce qui en est dit dans le Glossaire du Droit François.

OT

OTAGES, se dit des personnes que deux partis ennemis se donnent reciproquement, quand ils sont sur le point de faire quelque Traité ou Capitulation, pour assurance de part & d'autre de l'exécution de ce qui sera convenu.

Un Otage devient le principal obligé, lorsqu'on convient qu'il répondra de l'événement des choses. Par exemple, si une Ville promet de se rendre, en cas qu'elle ne soit point secourue dans un certain tems, les Otages que donne la Ville sans caution de l'exécution de ses promesses; & si elle y manque, l'on peut punir sur eux sa mauvaise foi.

L'Otage étranger décedant en France, est sujet au droit d'aubaine, s'il n'est pas naturalisé, suivant l'opinion de Bacquet en son Traité du Droit d'Aubaine, chap, 12. nomb. 3. de Chopin. *de Domanio, lib.* 1. *tit.* 11 *n.* 28. & de M. le Prêtre cent. 3. chap. 33. Je crois néanmoins que l'opinion contraire est celle qu'il faut suivre, attendu que les Otages sont des Envoyés du Prince, qui par conséquent doivent être exempts du Droit d'Aubaine, comme le sont les Ambassadeurs. *Voyez* la Peyrere, de l'édition de 1725. lettre A, nomb. 80.

OU

OUTREPASSES, en termes des Eaux & Forêts, sont les abbatis qu'on fait des bois au-delà des bornes marquées par les Officiers.

L'Ordonnance des Eaux & Forêts veut que les Marchands qui font des outrepasses, soient condamnés au double, à raison du prix de leur adjudication.

OUVERTURE DE FIEF, a lieu quand il y a mutation de Vassal, & que le nouveau possesseur n'a pas encore été investi par le Seigneur féodal; ou quand il y a mutation de Seigneur, & que le Vassal n'a pas été reçu en foi par le nouveau Seigneur.

Ainsi il y a ouverture de fief, quand par défaut d'homme le fief n'est pas servi, & que le Seigneur de fief n'a point d'homme; comme quand l'héritier differe, après le délai de quarante jours, à compter du jour de la mort du Vassal, de prendre qualité; ou quand l'acquereur d'un fief à quelque titre que ce soit, ne fait point la foi & hommage dans quarante jours, à compter du jour de son acquisition

quisition ; en ce cas le fief est ouvert, & le Seigneur qui a intérêt d'avoir un homme ou vassal, peut saisir le fief, & faire les fruits siens du fief saisi, jusqu'à ce que le nouveau vassal se soit mis à son devoir : ce qui a été introduit, afin de réveiller par ce moyen l'assoupissement & la négligence du propriétaire du fief, par la perte assurée des fruits du fief saisi.

OUVERTURE DE REGALE. *Voyez* Régale.

OUVERTURE DE TESTAMENT, est un procès verbal qui se fait par le Juge, de l'apport qui lui est fait d'un testament olographe, & de l'ouverture & de la lecture qu'il en a faite, en conséquence du requisitoire qui lui en a été fait par celui qui lui a apporté ledit testament : ensuite il est fait mention qu'il a été déposé ès mains d'un tel Notaire, lequel à ce présent s'en est chargé pour en délivrer des expéditions.

Si les parens du défunt sont présens, il faut en faire mention, & les interpeller de reconnoître s'il est écrit de la main du défunt ; & en cas de protestation contre ledit testament, il en faut faire mention dans le procès verbal.

Au reste, cette ouverture & cette lecture d'un testament, ne peut tenir lieu de la publication d'une substitution qui se trouveroit dans ledit testament, comme nous avons dit, *verbo* Publication de Substitution.

OUVERTURE DE SUCCESSION, arrive ou par mort naturelle, ou par mort civile, de celui de la succession duquel il s'agit.

Pour être admis à recueillir une succession, il suffit d'avoir été conçu au tems que la succession a été ouverte, quoiqu'on ne fût pas encore né : *quia qui sunt in utero, pro jam natis habentur, quoties de eorum commodis agitur.*

Voyez ce que j'ai dit, *verbo* Conçu ; & ce que j'ai dit dans ma Traduction des Institutes, sur le §. 8. du tit. 1. du 3e. liv.

OUVERTURE DE FIDEICOMMIS OU DE SUBSTITUTION, arrive par l'avénement de la condition sous laquelle le testateur a fait le fideicommis ou la substitution.

OUVERTURE DU PARLEMENT, commence, suivant un ancien usage, par une Messe solemnelle qui se dit le lendemain de la Saint Martin, à laquelle le Parlement assiste en robes rouges ; après quoi le Parlement va prendre séance en la Grande Chambre ; ensuite le Greffier appelle le Rolle des Avocats généraux, & des autres Avocats, qui vont les uns après les autres prêter serment sur l'Evangile de Saint Jean entre les mains de M. le premier Président. Quelques jours après, un de Messieurs les Avocats généraux fait une harangue en la Grande Chambre sur les devoirs de la profession d'Avocat. M. le premier Président prend ensuite la parole, & traite quelque point de la même matiere : l'un & l'autre dans leurs discours font l'éloge des plus célébres Avocats qui sont morts dans l'année. Ils ajoutent aussi à la fin de leurs discours un mot pour exhorter les Procureurs à remplir leur ministere avec honneur. Ensuite on appelle la premiere cause du Rolle de Vermandois. L'Avocat qui doit parler le premier dans cette cause, prend ses conclusions : après quoi on continue la cause au lendemain, & on leve l'Audience.

Voyez ci-après Parlement de Paris.

OUVERTURE DE PORTES, ne se peut faire sans autorité de Justice. Il n'est pas permis à qui que ce soit d'entrer par force dans un logis, sans ordonnance du Juge, ni de faire ouverture de portes, soit qu'il y ait quelqu'un dans un logis qui refuse d'ouvrir, ou qu'il n'y ait personne.

Un Commissaire n'est pas en droit d'entrer dans une maison, ou dans un appartement fermé ; & d'en faire ouvrir les portes sans permission du Juge, à moins que ce ne fût dans un cas extraordinaire, qui ne pût admettre aucun retardement.

OUVERTURE DE REQUETE CIVILE, sont les moyens sur lesquels elle est fondée, qui doivent se tirer de la forme, & non pas du fond.

Ils sont contenus dans le titre 35. article 34. de l'Ordonnance de 1667.

Voyez ci-après, Requête civile.

OUI, est un adverbe d'affirmation, qui est opposé à non. Dans les interrogatoires, il faut répondre cathégoriquement par oui ou par non. L'Ordonnance de 1539. article 39. porte qu'il n'y aura plus de réponses par crédit, ni de contredits contre lesdits des témoins ; & défend aux Juges de les recevoir, & aux Parties de les bailler, sur peine d'amende arbitraire.

O Y

OYANT, est celui à qui on rend un compte en Justice.

Le compte se rend aux dépens de l'oyant compte ; c'est lui qui en qualité de défendeur fournit les débats de compte, ausquels le rendant fournit de réponses, que l'on appelle soutenemens.

P

ACIFICATION, signifie le rétablissement de la tranquillité publique ; c'est pourquoi on a donné le nom d'Edit de pacification à ceux que la nécessité des tems, & les fâcheuses circonstances ont obligé nos Rois d'accorder, pour appaiser les troubles qui furent excités en 1562. *Voyez* Edits de pacification.

PACTE, est selon le Droit Romain une simple convention, laquelle ne promet point d'action, mais seulement une exception. *Voyez* ce que j'en ai dit dans la Traduction des institutes, sur le quatorzieme titre du troisiéme Livre.

On ne s'arrête point en France aux scupuleuses différences que les Loix Romaines avoient introduites entre les contrats & les pactes. Nous appellons contrats généralement, tous les pactes & conventions qui se font entre les hommes ; ensorte que parmi nous toutes conventions sont obligatoires, pourvû qu'elles ne soient pas contraires aux bonnes mœurs ni au droit public.

Ratio primi est, quia quæ sunt contra bonos mores viro probo impossibilia videntur : sic pactum de hereditate viventis non valet, quia est contra bonos mores ; si quidem induceret corviam sollicitudinem mortis alienæ. Ratio secundi est, quia jus publicum privatorum pactis infringi non potest : si quidem publica utilitas privatorum commodis anteponenda est.

PACTE, appellé *in diem addictio*, étoit chez les Romains une convention qui étoit autrefois ajoutée à un contrat de vente, par laquelle les contractans convenoient que si dans un certain tems quelqu'un offroit un plus grand pris de la chose vendue, ou rendoit dans un certain tems la condition de celui qui vendoit meilleure, par quelque moyen que ce soit, le vendeur pourroit retirer la chose vendue des mains de l'achêteur.

Il est traité de ce pacte dans le dix-huitiéme Livre du Digeste, au titre second : sur quoi l'on peut voir ce que j'en ai dit dans mes Paratitles du Digeste.

Nous remarquerons seulement ici, que ce pacte n'est point usité en France pour les ventes volontairement faites entre les particuliers ; mais on le peut rapporter aux ventes publiques des héritages qui se font par décret, dont les adjudications se font par le Juge, sauf quinzaine, pendant laquelle chacun est admis à encherir sur le prix de l'adjudicataire, & cette quinzaine ne commence que du jour que s'en fait la publication en Jugement.

PACTE, appellé FACTUM DE QUOTA LITIS, est une convention par laquelle un créancier d'une somme difficile à recouvrer gratifié quelqu'un d'une partie de la dette, au cas de recouvrement.

Par exemple : celui qui a un procès de discution, ou dans la poursuite duquel il faut faire beaucoup d'avance, convient que celui qui s'en veut charger aura le tiers ou le quart pour la poursuite, en cas que l'affaire soit gagnée. Cette paction s'appelle *pactum de quota litis* ; elle est vicieuse, illicite & contre les bonnes mœurs.

Cette convention est toujours reprouvée, quand elle est faite en faveur d'un Juge. Elle l'est aussi toujours, quand elle est faite au profit d'Avocats, Procureurs, ou Solliciteurs de procès. Mais elle ne l'est pas, quand elle est faite en faveur d'une personne qui ne fait que l'office d'ami, & qui veut bien avancer son argent pour la poursuite d'un procès.

Voyez Papon, liv. 12. tit. 2. nomb. 1. Louet & son Commentateur, Lettre L, sommaire second ; & ce qu'en écrit Mornac sur la Loi 6. §. *Maurus*, *ff. Mandati* sur la Loi *Sumptus*, *ff. de pactis* ; & sur la Loi *Si qui Advocatorum*, *cod. de postulando*.

PACTE DE LA LOI COMMISSOIRE, est une convention qui se fait entre l'acheteur & le vendeur, que si le prix de la chose vendue n'est pas payé dans un certain tems, la vente sera nulle, s'il plait au vendeur.

Ce pacte est appellé loi, parce que les pactes sont appellés les Loix des contrats, desquels ils prennent leur forme. Il est dit commissaire, parce que le cas dont le vendeur & l'acheteur conviennent étant arrivé, la chose vendue est rendue au vendeur, *res vendori committitur*.

Ce pacte ne fait pas que la vente soit faite sous condition; mais seulement qu'elle soit resolue sous condition, c'est-à-dire au cas que l'acheteur n'en paye pas le prix dans un tems convenu. *Leg. ff. de Leg. commissoria.*

Ainsi l'effet de ce pacte est, que faute par l'acheteur de payer le prix de la chose vendue, ou même le restant du prix dans le tems marqué, le vendeur rentre dans la proprieté de la chose, comme si elle n'avoit point été vendue. *Leg.* 4. §. *ult. ff. eod.* Cela est fondé sur la liberté que les hommes ont d'apposer aux contrats qu'ils passent telles clauses & conditions qu'ils jugent à propos.

Suivant les loix Romaines, ce pacte à son effet, quoique l'acheteur n'ait pas été averti par le vendeur de payer le prix de la chose vendue, s'il n'excuse son retardement par quelque cause juste. La raison est, que le jour apposé dans le contrat lui sert d'avertissement, *dies interpellat pro homine*; c'est pourquoi il n'en peut prétendre cause d'ignorance.

Comme ce pacte est fait en faveur du vendeur, il est en sa liberté ou de s'en servir, ou de poursuivre l'acheteur pour l'exécution de la vente, en lui payant le prix convenu; mais le choix de l'un l'empêche de pouvoir après recourir à l'autre. *Leg.* 4.§ *Eleganter & Leg. penult. ff. de Leg. Commissoria.*

En fait de vente d'héritage, le vendeur qui se sert du droit que ce pacte lui donne, peut faire condamner l'acheteur à lui restituer le fonds vendu, avec les fruits qu'il en aura pû percevoir, à moins qu'il n'ait payé des arrhes, ou qu'il n'ait payé une partie du prix convenu, auquel cas il se récompense de la perte desdits arrhes, ou de la partie du prix payé, par le gain qu'il a fait des fruits qu'il a tirés du fonds. *Dicta Leg.* 4. §. 1. *& leg.* 5. *in princ. ff. eod.*

Ce pacte n'a pas lieu, lorsque dans le tems convenu l'acheteur a offert le prix au vendeur, ou qu'en son absence il a protesté qu'il étoit prêt d'exécuter le contrat, & de faire le payement au vendeur, ou qu'il a consigné la somme. *Dicta Leg.* 4. § *ult. & leg. ult. ff. eod.*

Tout ce que nous venons de dire est observée en France, & le pacte de la Loi commissoire y est en usage. Bien plus, c'est que sans cette convention il est toujours au pouvoir du vendeur de poursuivre l'acheteur pour le payement du prix convenu; ou à faute de ce; il peut faire déclarer la vente nulle, & rentrer dans le bien qu'il a vendu.

Touchant l'effet de la Loi commissoire, *voyez* ce qui en est dit dans Henris, tom. 2. Liv. 4. chap. 6. quest. 41 & 42.

PACTE DE LA LOI COMMISSOIRE EN FAIT DE PRET SUR GAGE, est une convention faite entre Créancier & le débiteur, par laquelle ils conviennent que si le débiteur ne satisfait pas dans le tems convenu, la chose engagée sera acquise au créancier.

Mais ce pacte est usuraire, & comme tel a été réprouvé, même par les loix Romaines; *Leg. ult. cod. de pact. pignor.* à moins que le créancier n'achêtât la chose qui lui a été donnée en gage son juste prix; auquel cas ce pacte étoit admis chez les Romains *Leg.* 16. § *ult ff. de pignorib. & hypot.*

C'est aussi ce qui se pratique parmi nous.

PAGESIE est une solidité qui s'exerce en Auvergne sur les Censitaires appellés Copagenaires. *Voyez* le Glossaire du Droit François.

PAIN DU ROI OU LE PAIN DES PRISONNIERS, est le pain que le Roi donne sur les fonds des amendes pour la nourriture des pauvres prisonniers.

PAIRIE, est une dignité de Pair, attachée à quelque Duché ou Comté; & cette Dignité est indivisible & incommunicable aux femmes. *Voyez* Loyseau, en son Traité des Offices, liv. 3. chap. 2. nomb. 46. & 47.

Les Rois de France peuvent seuls dans leur Royaume ériger des Terres en Prairies.

Les appellations des Duchés-Prairies se relevent directement au Parlement; mais depuis que ces dignités se sont trop multipliées, on ne vérifie plus les Lettres qu'à la charge du Ressort ordinaire.

PAIRS, étoient anciennement douze grands Seigneurs de France, à qui le Roi avoit donné la qualité de Pairs. Aujourd'hui on appelle proprement Pair tout Seigneur dont la Terre est érigée en Pairie.

La Cour du Parlement de Paris est la Cour des Pairs, parce que les Pairs y ont séance & voix déliberative; les Ducs & Pairs s'y trouvent quand il leur plaît.

Touchant les Pairs, *Voyez* le Dictionnaire de Trevoux & celui de M. Brillon, *verbo* Pair & Loyseau en son Traité des Offices, Livre 2. chap. 2. nombre 42. & suivans.

PAIRS, OU COMPAGNONS DE FIEF, sont les Vassaux d'un même Seigneur, qui étoient préposés pour tenir la Justice du Seigneur.

Ils étoient ainsi nommés, parce qu'ils avoient pareille Jurisdiction, autorité, & pareilles prééminences & Charges.

On appelle aussi Pair ou compagnon de Fief, tout homme possedant Fief, soit qu'il fût noble de race, ou qu'il ne fût pas; car anciennement le Fief affranchissoit celui qui le possedoit, & lui donnoit le privilége de Noblesse quand il demeuroit dessus. Et sous le nom de cottier on comprenoit le Noble ou le Gentilhomme qui demeuroit sous son héritage cottier, ou villain avec les autres villains ou cottiers, tenant du même Seigneur. M. Laurière, sur l'art. 14. du titre troisiéme du quatriéme livre des Institutes de Loysel.

PAISIBLE. *Voyez* Possession paisible.

PAISSON, terme ancien qui vient du mot latin *pascere*, & qui signifie les herbes que les bestiaux mangent dans les forêts & dans la campagne; mais qui s'employe plus particulierement pour signifier la glandée & autres fruits sauvages qui servent à la nourriture des porcs.

Il y a des endroits où les Habitans ont droit de paisson, & d'envoyer paître leur bestiaux dans une forêt.

Le droit de paisson est aussi appellé droit de panage.

PALAIS. On appelle de ce nom les Maisons des Rois, des Princes & des Grands.

Le Palais où la Cour du Parlement de Paris réside actuellement, a été la demeure de la plupart des Rois de la troisiéme Race jusqu'au tems de Philippe le Bel; le quel ayant rendu le Parlement sédentaire à Paris, lui donna le Palais pour y tenir ses séances.

C'est un Bâtiment grand & vaste, divisé en plusieurs Chambres, où sont distribués Messieurs les Présidens, les Maîtres de Requêtes, & Conseillers, pour y rendre la Justice au public.

PALATIN, est un nom qu'on donnoit autrefois à tous ceux qui avoient quelque Charge ou Office au Palais d'un Prince.

Voyez ce qui en est dit dans le Dictionnaire de Trevoux.

PANAGE, est le droit de paisson, c'est-à-dire, de faire paître des bestiaux dans des forêts. *Voyez* Paisson.

PANCARTE, est une affiche qu'on met à la porte des Bureaux des Douanes, & autres lieux où on leve des Impositions sur diverses marchandises, qui contient la taxe qui en est faite, & qu'on doit payer.

PANDECTES. *Voyez* Digeste.

PANONCEAUX, sont des affiches où sont imprimées les armes du Roi, lesquelles on attache aux portes des maisons saisies, & aux portes principales des Eglises paroissiales dans lesquelles elles sont situées, pour marquer que ces maisons sont saisies & mises en la main du Roi & de Justice.

L'origine de ces affiches vient du droit Romain, par lequel on avoit coutume de mettre des affiches aux maisons & aux héritages qui étoient à vendre par vente volontaire ou forcée, comme j'ai observé au commencement du titre 16. de la Coutume de Paris, § 3. des affiches & panonceaux.

Par ces affiches il est déclarés que telles maisons sont saisies & mises en décret, afin que si quelqu'un y prétend quelque droit, il vienne déclarer en Justice, & former son opposition.

Ainsi ces panonceaux se mettent pour faire connoître à un chacun la saisie, & en autoriser la vente prochaine, qui en est indiquée par l'affiche & opposition des armes du Roi.

Quoique les criées se poursuivent dans une Justice de Seigneur, il faut néamoins mettre les armes du Roi aux affiches de la saisie réelle; & un décret où l'on se seroit servi des armes du Seigneur, ne seroit pas valable.

Solius est fisci titulos alieni prædiis imponere dit M. Cujas sur la Loi *Si quando*, *cod. de bon. vacant*

Ainsi ces affiches sont une marque de l'autorité royale, & c'est à elle seule à qui on doit avoir recours.

On appelle aussi panonceaux, des écussons d'armes que les Seigneurs font afficher à des poteaux dans les carrefours & sur les grands chemins, pour marquer le droit de Justice & de Voirie qu'ils y ont.

Les écussons qu'on met aux portes des maisons qui sont en sauve-garde, sont aussi appellés panonceaux.

Touchant l'étymologie & les significations du mot de panonceaux, *voyez* Hevin sur Frain, tom. 1. pag. 448.

PAPIER ET PARCHEMIN TIMBRÉ, est celui qui est marqué au coin du Prince, dont on est obligé de de se servir pour toutes les expéditions judiciaires, & pour priviléges, Lettres patentes & autres actes publics.

Il a été établi en France par une Déclaration du Roi du 19. Mars 1673. qui ne commença néanmoins à avoir son exécution qu'au premier Octobre 1674.

Il ne peut servir que dans sa Généralité, & à un seul acte, à moins que cet acte ne soit demeuré imparfait; ou étant parfait, on l'ait barré, & l'on ait fait mention qu'il n'a point servi.

Les peines contre ceux qui auront falsifié le papier ou parchemin timbré, sont de milles livres d'amende, à faire amende honorable aux portes de la principale Eglise de la Jurisdiction, & aux Galeres pour cinq ans; & en cas de récidive, aux Galeres à perpétuité: & les peines contre les contrevenans aux articles des Ordonnances & Réglemens touchant led. papier, sont de 300. liv. pour la premiere fois, de 600. liv. pour la seconde, & de 1000 liv. pour une troisiéme fois: & de plus, si les contrevenans sont Officiers & Ministres de Justice, ils seront interdits pour un an pour la premiere fois, & pour toujours en cas de récidive.

Voyez l'Ordonnance de 1680. au titre du papier timbré, & un Arrêt de la Cour des Aydes de Paris, rendu en 1723. contre plusieurs fabricateurs de faux timbres.

Par Arrêt du Conseil du 27. Juin 1690. il est défendu au Parcheminiers, & à toutes autres personnes d'enlever l'encre & l'écriture, étant sur du parchemin timbré, de raturer l'écriture, à l'effet de le faire servir une seconde fois, le tout à peine de faux & de 1000. livres d'amende.

Il est permis au Fermiers des Formules, ses Procureurs & Commis, de visiter les Productions des Parties dans toutes Jurisdictions, Siéges & Cours, & de saisir & arrêter les Instructions qui se trouveront en papier non timbré, pour poursuivre les contrevenans, & faire déclarer l'amende de 1000. livres & autres peines encourues contr'eux; comme il est porté en l'Arrêt du Conseil du 11. Novembre 1673.

Voyez le Dictionnaire de Chasles.

PAPIER TERRIER, est une description de tous les héritages, tant féodaux que roturiers, qui sont dans la mouvance féodale d'un Seigneur, ou dans sa censive, & de tous les droits, dixmes, terrages, coutumes, corvées, rentes foncieres, seigneuriales ou non seigneuriales, & autres semblables, de tous les vassaux & arriere-vassaux, & sujets censier, & tenanciers à d'autres droits.

Ainsi le papier terrier est le papier du Seigneur, auquel sont contenues les réconnoissances de ses cens, rentes & autres droits seigneuriaux, soit féodaux, censuels, fonciers ou autres. Les déclarations des vassaux & censitaires portées par les terriers, font titre contr'eux en faveur du Seigneur.

Il est appellé papier terrier, parce que c'est une déclaration par le menu & en détail de ce que chaque vassal ou sujet censier, ou autre tenancier tient dépendant ou relevant de la Terre dont le Seigneur a fait son papier terrier.

Il n'y a que le Roi qui ait droit d'accorder des commissions générales pour proceder à la confection d'un papier terrier: les Baillifs Royaux, & les Juges des Seigneurs haut-Justiciers, n'en peuvent accorder que de particulieres. Si les Seigneurs étoient obligés d'obtenir des Juges des commissions particulieres pour chaque article contre chaque censitaire, il leur en couteroit de grosses sommes pour la confection de leurs terriers.

Pour éviter cette dépense, ils obtiennent des Lettres de papier terrier en Chancellerie, portant commission générale pour faire appeller pardevant le Notaire à ce commis, tous les débiteurs des redevances prétendues par les Seigneurs, afin de les connoître, & en passer forme autentique.

Ces Lettres sont toujours adressées à des Juges Royaux, parce que les Lettres de Chancellerie ne s'adressent point à d'autres Juges, & les Juges Royaux ne commettent point d'autres Notaires que des Notaires Royaux.

Lorsque les Terres & Seigneuries pour lesquelles les terriers se font, ne relevent point en premiere instance d'un Juge Royal, alors, pour ne point fatiguer les vassaux, l'on peut par une clause spéciale que l'on insére dans les Lettres, donner pouvoir au Juge de l'adresse du terrier, de deléguer celui de la Seigneurie pour regler les contestations des vassaux. Cela est d'autant plus juste, que s'agissant de droits fonciers, les Juges des Seigneurs sont très-compétent d'en connoître.

Par les Lettres de la Grande Chancellerie, que l'on obtient pour proceder à la confection d'un nouveau papier terrier, le Roi ordonne qu'après un commandement fait par le Prevôt ou autre Juge Royal, à la requête de l'impétrant, cri public, son de trompe & affiches, &c. à tous vassaux, tenanciers, censiers, & autres redevables, &c. ils ayent à venir porter les foi & hommage, payer les droits, &c. bailler aveu & denombrement par le menu, tenans & aboutissans nouveaux referés aux anciens, par déclaration signée d'eux, & de tel Notaire, &c.

Ces Lettres contiennent toujours le pouvoir de compulser les aveux & dénombremens. Mais lorsque ces anciens titres & terriers sont perdus, ou qu'on les croit égarés, on étend à la fin des Lettres la clause du compulsoire en ces termes:

» Et pour la vérification & éclaircissement des » droits de l'Exposant, & exécution des Présentes, » mandons à notre premier Huissier ou Sergent sur » ce requis, faire exprès commandement de par » Nous, à tous Notaires, Tabellions, Greffiers, » & autres personnes publiques qui ont aucuns » contrats de ventes, transports, échanges, do» nations & papiers terriers des choses susdites, » qu'ils ayent à les montrer & exhiber pardevant » Nous, pour être compulsés, & d'iceux baillé co» pie collationnée aux originaux, Parties présentes » ou dûement appellées, &c.

Après que ces Lettres ont été enterinées par le Juge auquel elles sont adressées, l'impétrant fait faire les proclamations par un cri public, s'il est haut Justicier, aux marchés s'il y en a, ou à l'issue des Messes de Paroisse, & fait apposer les affiches: ensuite il fait proceder par le Notaire ou Tabellion commis, à la confection du papier terrier, & chacun des vassaux ou censiers est obligé de faire venir sa déclaration, & la faire écrire dans le papier terrier, & sur les titres de son acquisition, aveux & dénombremens qu'il peut avoir.

Enfin, lorsque le papier terrier est achevé, il faut le faire clorre par le Juge qui a enteriné les Lettres, qui rend une Sentence en forme, portant clôture de terrier.

Le tout doit être fait & parachevé dans l'an. Les Lettres de terrier étant surannées, il faut obtenir d'autres Lettres en Chancellerie pour parachever l'exécution d'un terrier suranné.

Il est ici d'usage que les censitaires qui passent déclarations & réconnoissances aux Seigneurs des cens & droits Seigneuriaux, lors des renouvellemens de leurs terriers, doivent donner une grosse de leurs déclarations, & payer les frais des déclarations au Notaire nommé par la Sentence, qui enterine les Lettres de renouvellement de terrier, à raison de cinq sols pour le premier article, & deux sols six deniers pour chacun des autres articles de la déclaration.

C'est ce que porte un acte de notorieté donné par M. le Lieutenant civil, le cinq Mars 1689. qui est rapporté dans le Recueil de ces actes, pages 54. & 55.

Il y a une déclaration du 19 Avril 1691. registrée le 17 Mai suivant, qui porte que les Juges qui procederont à l'exécution des Lettres de terrier, accordées aux Communautés & particuliers, pour rentrer dans les biens & devoirs qu'ils prétendent leur être dûs à cause de leurs Fiefs & Seigneuries, prononceront sur les demandes desdites Communautés & Particuliers, ainsi qu'ils verront être à faire en leurs consciences, nonobstant & sans s'arrêter à ce que par lesdites Lettres les impétrans sont relevés de la prescription autorisée par la coutume des lieux; ce qui ne pourra nuire ni préjudicier aux vassaux, &c.

Il nous reste deux observations à faire au sujet des papiers terriers. La premiere est, qu'un terrier, pour être en bonne forme doit avoir cent ans, & en rappeller un autre. Il y a cependant des cas où une seule réconnoissance est suffisante; c'est quand elle a été suivie d'une prestation, ou quand elle a été inserée dans un terrier qui a eu son exécution contre les autres censiaires, quand le territoire est limité, quand la réconnoissance est faite en faveur de l'Eglise ou du Seigneur haut-Justicier.

La deuxiéme observation est, que le préambule des terriers qui contient des droits & devoirs qui ne sont pas conformes aux déclarations particulieres des censitaires, n'est point obligatoire. Il faut cependant distinguer: ou ce préambule se fait en présence de tous les censitaires, & de leur consentement, ou il se fait en leur absence. Au premier cas il pourroit être valable & obligatoire; mais il faudroit que tous les censitaires y fussent dénommés & assemblés à cet effet, & que le Notaire leur eût fait entendre la teneur du préambule & les conditions qu'il porte; mais bien loin de cela, on voit que les réconnoissances contenues dans un terrier sont faites non-seulement à divers jours, mais aussi à divers mois; d'où on ne peut pas dire qu'ils ayent été tous assemblés pour faire une obligation conjointe. Il faut donc se persuader que c'est un acte solidaire qui n'oblige personne, puisqu'aucun ne s'y oblige; de même que le dénombrement que le vassal donne ne fait pas foi, & n'oblige pas le Seigneur, s'il ne l'a accepté & approuvé.

Aussi à present les nouveaux terriers qui se dressent, ne contiennent aucun préambule, puisqu'on est persuadé qu'ils ne servent de rien, & que chaque réconnoissance est un contrat particulier qui ne peut être renfermé dans une préface générale.

Il faut dire de même que les réconnoissances générales ne sont valables que lorsque les droits concernent également tous les possesseurs des héritages, comme les droits de bannalité des moulins, fours, pressoirs, & autres semblables; pour lors il suffit que les reconnoissances soient passées par la plus grande partie des habitans, pour obliger tous les Particuliers & même les forains qui possedent des héritages dans l'étendue de la terre: mais hors ces cas, les réconnoissances générales ne sont point obligatoires: à plus forte raison les préambules des terriers ne doivent point être obligatoires, puisqu'ils sont faits par les Notaires seuls, & en l'absence des censitaires. Arrêt du Parlement de Grenoble du 21. Juillet 2653. rapporté par Basset dans son recueil d'Arrêts, Liv. 3. tit. 7. chap. 1. *Voyez* Henrys, liv. 3. chap. 3. quest. 19.

PAPIERS ROYAUX OU PUBLICS, sont non-seulement ceux qui sont signés par Sa Majesté, & par les principaux Magistrats & Officiers, pour raison & en conséquence de leurs Magistratures, Charges & Offices; mais aussi ceux qui sont signés par des personnes faisant fonctions publiques par Office, Commission ou Subdélégation, leurs Clercs ou leurs Commis.

Par la Déclaration du Roi donnée à Paris le 4. Mai 1620. ceux qui seront convaincus d'avoir imité, contrefait, falsifié ou alteré les papiers royaux ou publics, doivent être punis de mort.

PARAGE, est une espèce de dépié de Fief, qui est permis dans quelques Coutumes, comme Tours, Loudunois, Anjou, Maine, Blois, Poitou, Angoumois.

Il a lieu dans quelques-unes de ces Coutumes, tant à l'égard des Roturiers, qu'à l'égard des Nobles, & dans d'autres, il n'a lieu qu'entre Nobles, comme en la Coutume d'Anjou & en celle du Maine.

Le parage à lieu entre co-héritiers, ensorte que le fief se divise en autant de parts qu'il y a d'héritiers, de maniere que les puînés tiennent leur parts de l'aîné par parage; ainsi les portions des puînés ne doivent aucun droit ou devoir à celle de l'aîné, & l'aîné qui est appellé parageur ou chemier, fait la foi & hommage pour lui & pour ses freres puînés, qui sont appellés parageux.

On nomme cette maniere de démembrer un fief, parage, comme qui diroit parentage, parce qu'elle n'a lieu qu'entre parens, ou comme qui diroit pairage ou paraige, parce que les parageaux sont égaux en dignité avec le parageur, en ce que les parageux tiennent leur part sans aucune dépendance envers lui.

Ainsi les uns & les autres sont pareils dans le fief. *Sunt pares in feudo qui feudum tenent jure paragii, quoniam alter alteri non tenetur hominii & fidei nexu. Cujacius ad tit. 10. lib. 2. de Feudis.*

En effet, la tenure en parage est, lorsqu'un aîné a baillé à son frere puîné son partage, & qu'il l'a reçu à homme de certaine terre ou fief. Cette sorte de tenue n'étant sujette à aucun devoir, à l'exception de quelques déferences personnelles dûes par les puînés à leur aîné, ils sont ainsi pairs en quelque façon avec lui, & de cette parité, la tenure a été nommée *parage*.

Les puînés ne sont pairs avec l'aîné qu'en puissance & autorité sur la portion du fief que chacun possede: mais il ne s'ensuit pas de là que la portion des puînés soit égale à celle de l'aîné, laquelle étant de deux tiers du fief, est bien plus forte que celle des puînés.

C'est en conséquence de ce droit que l'aîné prend plus que ses puînés dans le fief; qu'il est chargé de faire la foi & hommage, & garentir en franc Parage sous son hommage à ses puînés, la partie qu'ils prennent franche de tout devoir féodal ordinaire, dû pour raison dudit hommage.

Ainsi, tant que le parage dure, le parageur porte la foi pour tout le fief, & en garantit ses parageaux : raison pour laquelle, en cas de parage, quoiqu'en effet les fiefs soient divisés, ils paroissent néanmoins entiers par rapport aux Seigneurs, qui ne reconnoissent que les aînés pour vasseaux.

De ce que les Seigneurs ne reconnoissent que les aînés pour vasseaux, il s'en suit, que lorsqu'il y a ouverture au fief de la part du parageur, faute par lui de faire la foi & hommage dont il est tenu, les Seigneurs suzerains peuvent faire saisir les portions des parageaux, & en conséquence lever les fruits sur leurs portions du fief, de même que sur celle de l'aîné; sauf aux parageaux à se pourvoir contre le parageur, pour leurs dommages & interêts.

Il faut dire aussi par la même raison, que lorsque la portion du parageur tombe en rachat, à cause de la vente que l'aîné auroit faite de la part qu'il avoit dans le fief, le Seigneur a droit de jouir de la portion des parageaux, comme de celle du parageur, sauf le recours des parageaux contre le parageur.

Lorsque le parage est fini, les possesseurs des portions données aux parageaux doivent la foi & hommage au parageur, & non pas au Seigneur dominant, ainsi qu'il est dit en l'article 127 de la Coutume de Tours.

Le parage finit en trois manieres, suivant l'article 126. de la même Coutume.

I° Lorsque la parenté des aîné & des puînés est parvenue au sixiéme degré ; & en quelques lieux, quand le fief est tellement éloigné, qu'on se pourroit prendre par mariage, sçavoir quand la parenté est du quatriéme dégré au cinquiéme.

II°. Quand la chose garantie en parage est transportée à des personnes étranges du lignage, c'est-à-dire lorsque le parageau transporte sa portion à tout autre qu'à son héritier présomptif.

III°. Lorsque le parageau, sans nommer son parageur, à fait hommage au Seigneur suzerain, qui est le Seigneur dominant du parageur.

Quand le parage est fini, les puînés ou leurs successeurs tiennent de l'aîné ou de ses hoirs par hommage, ce qui étoit auparavant tenu par parage, & dont l'aîné ou ses hoirs faisoient hommage au Chef-Seigneur, tant pour eux que pour leurs puînés.

Voyez Brodeau sur l'article 13. de la Coutume de Paris nomb. 19. & le Traité du Droit de Parage, par M. Pierre Bertet, Avocat au Parlement de Paris & au Siége présidial de Saintes. *Voyez* aussi ce qui est dit sur ce mot dans le Glossaire du Droit François dans le Dictionnaire de Trevoux, & dans celui de M. Brillon.

PARAGRAPHE. Ce terme dérivé du Grec signifie une section ou une division qui se fait des textes des Loix Romaines. Ainsi quand une Loi est trop longue & contient différente parties, la premiere est appellé le principe ; c'est à dire, le commencement de la Loi & les suivantes sont désignées par le terme de paragraphe, avec le nombre de premier, second, &c. Ainsi un paragraphe est en fait de Jurisprudence ce qui s'appelle ailleurs un article.

PARAGRAPHE, est une marque, un caractere composé de plusieurs traits de plume joints ensemble, que chacun s'est habitué de faire toujours de la même maniere, pour mettre au bout de son seing, & empêcher qu'on ne contrefasse sa signature. Les Notaires font mettre de paraphes à tous les renvois, apostilles & ratures des actes qu'ils passent. Au lieu de paraphes, ceux qui n'en sçavent point faire, y mettent les premieres lettres de leur nom.

PARAPHER, signifie mettre une apostille ou paraphe à quelque piéce.

PARAPHER PAR PREMIERE ET DERNIERE, se dit dans le secretaire d'un rapporteur qui donne un procès en communication, paraphe chaque piéce en la cottant par premiere, deuxiéme, troisiéme &c.

Celà se fait pour abreger le tems qu'il faudroit à les vérifier sur l'inventaire de production.

PARAPHER, *ne varietur*, se dit, lorsque chacune des Parties avec un Officier paraphent une piéce combattue de faux, ou qui par d'autres considérations est de conséquence.

PARAPHER EN APPOINTEMENT, est quand on porte une cause au Parquet, & qu'on en passe par l'avis de Messieurs les Avocats généraux. On dresse un appointement, que l'Avocat-général qui a entendu les Avocats, paraphe. Ensuite on poursuit la reception de l'appointement.

PARAPHERNAUX. Les biens paraphernaux, selon le Droit Romains, sont ceux que la femme en se mariant retient & se reserve, pour en disposer à sa volonté & indépendemment de son mari : où ce qui lui vient pendant le mariage par succession donation ou autrement.

Ces biens réservés par la femme, ou à elle échus & donnés pendant le mariage, sont appellés *parapherna*, *quasi extra dotem*.

Il faut néanmoins remarquer que les biens qui sont échus à la femme durant le mariage, sont appellés proprement biens aventices ; mais ils sont compris sous le terme général de biens paraphernaux, en tant qu'ils ne font point partie de la dot de la femme.

Itaque paraphernalia bona sunt res uxoris extra dotem constitutæ vel sunt res, quas uxor usu habet in domo mariti, neque in dotem dat. Ainsi on peut dire que les biens paraphernaux, sont le pécule des femmes. *Nam quæ Græci paraphernos dicebant, Galli peculium appellabant. Vide leg. 9. §. 3. ff. de jure dot.*

Suivant les Loix Romaines, il est donc permis à une femme qui se marie, de ne porter en dot qu'une partie de ses biens, & d'en retenir l'autre, pour en avoir la proprieté, & la pleine & entiere jouissance, à l'effet d'en pouvoir disposer à sa volonté, tant du fonds que des fruits, sans que le mari y puisse rien prétendre.

Cela se pratique aussi en pays de Droit écrit, où conformément au Droit Romain, le mari est censé proprietaire de ce qui compose la dot de sa femme, & elle de son côté a l'entiere disposition de ses autres biens.

Ainsi le mari n'a aucun droit ni aucun pouvoir sur les biens paraphernaux de sa femme, qu'autant qu'elle veut bien lui en accorder. Mais il est toujours censé administrateur & Procureur de sa femme par rapport à ces sortes de biens, à moins qu'elle ne déclare le contraire. *Vide leg.* 8. & 11. *cod. de pact. tàm super dote, quàm super don. ante nupt. & paraph.*

Si les biens paraphernaux consistent en meubles que la femme apporte dans la maison de son mari, il en faut faire la description dans le contrat de mariage, ou en faire inventaire, afin qu'ils ne soient pas présumés appartenir au mari; car la Loi veut qu'on présume que tout le mobilier appartient au mari, à moins qu'il n'y ait preuve au contraire.

C'est aussi ce qui se pratique parmi nous en pays coutumier, à l'égard des effets mobiliers, lorsqu'il y a dans le contrat de mariage une clause portant qu'il n'y aura point de communauté entre les futurs conjoints; ou bien l'on appretie ces meubles à une certaine somme dont les Parties conviennent.

Dans les Parlemens de Droit écrit, l'autorisation du mari n'est point en usage, soit qu'il s'agisse des biens dotaux, soit qu'il s'agisse des biens paraphernaux.

A l'égard des premiers, il faut distinguer, ou il s'agit des fruits ou du fonds. Pour ce qui est des fruits & de tout ce qui en dépend, le mari en est le maître, *est dominus dotis constante matrimonio*; c'est pourquoi il n'a pas besoin du consentement de sa femme, ni qu'elle parle dans l'acte. A l'égard du fonds, il est inaliénable, comme nous avons dit sur le titre 7. du second Livre des Institutes.

Pour ce qui est des biens paraphernaux, la pleine proprieté en appartient toujours à la femme, quand même elle en auroit donné l'administration à son mari, lequel ne seroit en ce cas que son Procureur; c'est pourquoi elle peut toujours disposer de ces sortes de biens, les engager, vendre & aliéner, à quelque titre que ce soit, sans le consentement de son mari. *Voyez* Chorier sur la Jurisprudence de Guy Pape, page 229. d'Olive, livre 3. chap. 29. & Boniface, tome 4. livre 7. titre 1. chapitre 2.

Il faut cependant remarquer que cela ne s'observe pas dans les pays de Droit écrit du Parlement de Paris, & que la femme ne peut contracter sans le consentement de son mari, soit par rapport aux biens dotaux, ou paraphernaux.

Suivant ce que j'ai dit ci-dessus, l'action pour les biens paraphernaux réside dans les mains de la femme, tant en demandant qu'en défendant, dans les pays de Droit écrit, & dans les autres Coutumes qui reconnoissent ces sortes de biens; mais comme dans la Coutume de Bordeaux, le mari a l'usufruit & l'administration de tous les biens de sa femme, l'action qui regarde l'usufruit des biens paraphernaux réside dans les mains du mari, à moins que dans le contrat de mariage le mari n'ait expressément renoncé à l'usufruit des paraphernaux, & qu'au moyen de cette renonciation, la femme ait fait ordonner qu'il lui sera permis de prendre, recevoir & disposer du fonds & capital desdits biens paraphernaux. La Peyrere, édition de 1725. lettre P, nomb. 1.

La femme, pour la restitution des biens paraphernaux à hypotéque sur les biens de son mari, du jour de son contrat de mariage, quand il y en a une stipulation expresse; autrement elle n'a son hypotéque, pour les biens paraphernaux, que du jour de l'aliénation, ou du jour que le mari a reçu les deniers de sa femme, ou le payement de chaque obligation, ou le remboursement de chaque contrat de constitution *Vide leg. ult. cod. de pact. convent: tàm sup. dote, quàm sup. donat. ante nupt. & paraphern.*

Il a été néanmoins jugé au Parlement de Paris le 21 Juin 1695. qu'en pays de Droit écrit, une femme, dont le contrat de mariage stipule la communauté entre elle & son mari, & lui donne hypotéque de ce jour pour la restitution de son fonds dotal, a la même hypotéque pour la restitution du prix d'un de ses biens paraphernaux; on prétendoit qu'elle ne l'avoit que du jour de l'aliénation qui en avoit été faite par le mari.

Voyez M. Augeard en son Recueil d'Arrêts, tome 3. chap. 39. qui rapporte cet Arrêt, & remarque que cette question partagea le Barreau.

Après la dissolution du mariage, le mari est non-seulement obligé de rendre les effets qui composent les biens paraphernaux, mais encore les fruits, si ce sont des héritages, ou les intérêts, si ce sont des dettes actives. Chorier sur la Jurisprudence de Guy Pape, page 229.

Cependant cela n'a lieu à l'égard des revenus des biens paraphernaux, que quand le mari les a dissipés, ou qu'il en a fait des épargnes; auquel cas il en doit tenir compte à sa femme, parce que par rapport à ces sortes de biens, il n'est que son Procureur; mais s'il a employé les revenus qu'il en a touchés à l'entretien de sa famille, il n'en doit aucune restitution à sa femme.

On voit peu de contestations au sujet de ces revenus dans les pays de Droit écrits; car la plupart des femmes en se mariant, se constituent en dots tous leurs biens présens & à venir; lorsqu'elles n'ont pas constitué tout en dot, & qu'elles ont des biens paraphernaux de conséquence, le mari ne manque pas de leur faire donner des quittances, quoiqu'il en dispose comme bon lui semble.

Mais celles qui seroient d'humeur à refuser ces quittances,

quittances, n'ont pas coutume de laisser au mari l'administration de leurs biens paraphernaux; elles s'en réservent la jouissance & l'administration à elles-mêmes.

Cette espece de biens paraphernaux est inconnue dans la France coutumiere, où la femme apporte tous ses biens en dot & en transporte la jouissance & l'administration à son mari, pour soutenir les charges du mariage.

Suivant le Droit coutumier, la femme ne se réserve donc la jouissance d'aucune chose, à moins que par le contrat de mariage il ne soit convenu qu'il n'y auroit point de communauté, & qu'en outre la femme jouiroit de ses biens, en donnant une certaine pension à son mari pour les charges du mariage.

Au cas qu'il y ait communauté, tous les deniers, meubles & effets mobiliers de la femme, tombent dans la communauté, s'il n'y a convention au contraire.

Touchant les biens paraphernaux, *Voyez* le Recueil alphabétique des questions de Droit fait par M. Bretonnier, où il en est amplement parlé.

PARAPHERNAUX, DANS LA COUTUME DE NORMANDIE. L'article 195. de cette Coutume par des biens paraphernaux, mais dans un autre signification que n'en ont parlé les Loix Romaines.

Dans cette Province on entend par biens paraphernaux, une espéce de préciput l'égal, que la Coutume défere officieusement à la femme qui a renoncé à la succession de son mari, & qui n'a pas eu la précaution de stipuler par son contrat de mariage une reprise de sa chambre meublée, ses habits, linges à son usage, bagues & joyaux, ou une certaine somme d'argent à son choix.

Ce préciput l'égal ou coutumier de Normandie pour la femme, consiste en lits, robes, linges, & autres meubles nécessaires pour sa personne, qui s'adjugent a la veuve en vertu de la Coutume, sans être stipulé par son coutrat de mariage, & qu'on appelle en ce cas, mais improprement, biens paraphernaux.

Basnage s'étend fort sur cet article 195. de la Coutume de Normandie; & parlant de la modicité de ce paraphernal qui n'est accorde dans cette Province que par commisération; c'est avec raison, dit-il, que Loyseau dit que ce paraphernal des femmes est seul infernal, parce que ce n'est qu'un effet de leur misere & de leur infortune.

PARATITLES, est un terme barbare dont Justinien s'est servi dans la Loi premiere au code *de vet. Jur. enucl.* où il permet seulement de faire les paratitles & non pas des commentaires sur le Code & sur le digeste. Quelques interprétes, comme Mathieu Blastares, & la Coste après lui, on crut que cet Empereur a voulu marquer par le mot de pararitles, un supplément de ce qui manque à chaque titre, à quoi l'on pouvoit suppléer par les autres titres. M. Cujas au contraire, & plusieurs autres, tiennent que ce n'est q'un abregé ou sommaire des Loix contenues sous chaque titre, & l'usage à determiné le nom de paratitles à cette derniere signification.

Ainsi l'on entend communément par le mot de paratitles, des sommaires de ce que contient un Livre de Jurisprudence civile ou canonique, qui donnent une explication précise de tous les titres, & qui en renferment les principales décisions. *Paratitla, hæc barbara vox à Græcis desumpta, librorum Jurisprudentiæ compendia, titulorum claves & summarias materiarum expositiones exhibentia, significat. Illa, si generales regulas & præcipua rerum principia, non lucidè minùs quàm apprimè tradant, exquisitam universæ doctrinæ quasi medullam continere necesse est. Si verò, quod est imprimis necessarium antiquis veteris Jurisprudentiæ, ubi res exigit, monumentis, ea quæ posterior ætas est amplexa referant, & quid ex iis omnibus inter se collatis quodammodo constatum observetur, ponderosa & luculenta brevitate explicent, quis dubitet quin qui ea mente & memoriâ sedulò tenerint, temporis successu plenissimam rerum cognitionem dubio procul assequantur.*

L'utitilité de ces sommaires est évidente par elle-même, puisque c'est une méthode courte & facile pour éviter la confusion d'une infinité de Loix, qui, quoique rangées sous différens titres, ont encore besoin d'être réduites à des principes rédigés dans un certain ordre. C'est aussi pour tracer une route certaine à ceux qui veulent le Code & le Digeste avec fruit, que plusieurs Auteurs ont entrepris de faire ces paratitles.

PARAGE, est un droit qui est dû en quelques lieux au Seigneur, par ceux de ses habitans qui ont un parc où ils mettent leurs troupeaux. *Voyez* Despeisses, tom. 3. liv. 6. sect. 11. page 227.

PARCOURS ET ENTRECOURS. Pour entendre ce que signifient ces mots, il faut sçavoir qu'anciennement en quelques pays, quand un homme une femme de franche condition venoient s'établir dans un lieu de servitude de corps, ils étoient acquis au Seigneur de la servitude dès le moment qu'ils y avoient pris leur domicile, & en d'autres après l'an & jour.

Mais des Seigneurs voisins firent ensemble des traités, au moyen desquels leurs habitans francs & non nobles pouvoient parcourir & entrecourir, & établir reciproquement leur domicile dans l'un & l'autre pays, sans craindre de servitude.

Ainsi parcours & enrecours, sont ces traités & sociétés qui passoient entre des Seigneurs voisins, en vertu desquels celui qui quittoit son pays dans lequel il étoit Bourgeois, devenoit aussi-tôt Bourgeois du Souverain dans le pays duquel il venoit s'établir, & étoit nommé Bourgeois de carcours, & jouissoit des mêmes droits & priviléges que les autres Bourgeois.

Voyez M. Lauriere dans son Glossaire, *verbo* Parcours; & dans les notes sur Loysel. liv. 1. titre 1. rég. 21. *Voyez* Bouvot, *verbo* Communauté, & *verbo* Parcours.

PARC, signifie une grande enceinte de murailles pour enfermer les bêtes fauves. Touchant l'étymologie de ce mot *voyez* ce qui est dit dans le Dictionnaire de Trevoux.

Selon le Droit Romain, les parcs servent à s'acquerir & se conserver la proprieté des animaux que l'on y tient renfermés. *Leg. possideri*, 3. §. *item feras* 14. *ff. de acquir. vel amit possess.* Mais cette Loi n'a son exécution en France que dans les Provinces & les lieux éloignés des Maisons royales.

Voyez le traité de la Police, tome 2. liv. 5. tit. 23. chap. 4. *Voyez* aussi le Code des Chasses, chap. 24.

PARDON. *Voyez* ci-dessus Lettres de pardon.

PAREATIS, sont Lettres du grand Sceau, par lesquelles le Roi mande au premier Sergent ou Huissier d'exécuter l'Arrêt ou la Sentence de quelques Juges dans une Province où ces Juges n'ont aucune Jurisdiction, & où le Sceau de leur Chancellerie n'a aucune autorité.

Le pouvoir de tous les Juges est borné & restraint dans le ressort de leur Siége, & l'autorité du Sceau des Chancelleries des Parlemens n'excede pas l'étendue des Parlemens où elles sont établies.

Ainsi un Arrêt du Parlement de Paris ne peut être exécuté que dans l'étendue de son ressort. Il faut donc, pour le pouvoir faire mettre à éxécution dans le ressort d'un autre Parlement; il faut, dis-je prendre des Lettres du grand Sceau, appellées *Pareatis*, c'est-à-dire obeissés.

Les Juges souverains ou autres ne peuvent pas empêcher l'exécution des Jugemens, ou donner des surséances, par des Arrets, Jugemens ou Ordonnances, si l'Huissier ou Sergent qui les met à exécution, est fondé sur un *Pareatis* du grand Sceau.

L'article 6. du titre 27. de l'Ordonnance de 1667. veut que le rapporteur & celui qui aura présidé, soient tenus solidairement des condamnations portées par les Arrêts dont ils auront retardé ou empêché l'exécution, & des dommages & intérêts de la Partie, & qu'ils soient condamnés solidairement en deux cens cinquante livres d'amende envers le Roi, & que la connoissance de telle contravention appartienne au Conseil.

On peut, si l'on veut, prendre un *Pareatis* de la Chancellerie du Parlement où l'on veut mettre à exécution un Arrêt d'un autre Parlement; & ne peuvent les Gardes des Sceaux des Chancelleries Parlemens refuser de donner ces Lettres de *Pareatis* à ceux qui les demandent.

On peut se passer de *Pareatis*, en prenant la permission du Juge des lieux, qui se met au bas d'une Requête, sans qu'elle se puisse refuser, & sans qu'on en puisse empêcher l'exécution, suivant l'article 6. du titre 27. de l'Ordonnance de 1667.

L'on n'a besoin de *Pareatis*, ni de permission des Juges des lieux, pour exécuter les Arrêts des Parlemens, lorsque l'exécution s'en fait dans l'étendue de leur Jurisdiction; *quia non extrà territorium jus dicere videtur, qui jus dicit in ea Provincia cui toti præest.*

Les Lettres de *Pareatis* ne sont pas nécessaires pour exécuter les commissions du Conservateur des priviléges royaux de l'université de Paris hors cette Ville, ni celles de tous les autres Juges conservateurs des Universités de France, & autres Députés par le Roi.

Les Sentences & Jugemens donnés par les Juges Consuls, sont aussi exécutoires dans toutes l'étendue du Royaume, sans qu'il soit besoin de demander aucun placet, visa ni *pareatis*, suivant l'Edit de Charles IX. & la Déclaration par lui donnée le 6 Février 1566. vérifiée le 4 Avril suivant.

Au reste le *Pareatis* du grand Sceau est exécutoire par toute la France. *Voyez* Despeisses, tom. 2. & ce que j'en ai dit sur l'article 164 de la Coutume de Paris.

PARENT. Ce terme dans notre langue est un terme relatif, qui se dit de tous ceux qui sont d'une même famille, & sortis d'une même souche; au lieu que les Auteurs Latins & sur-tout les Jurisconsultes, par le mot *Parentes* n'entendent ordinairement que le pere & la mere, & quelquefois en certains cas les ayeuls & ayeules, & autres ascendans; mais ils n'employent jamais ce terme pour signifier ceux que nous appellons parens collatéraux: ils se servent alors des termes *agnati*, *cognati*, *consanguinei.* La seule étymologie du mot *parens* qui vient de *pario*, qui signifie je donne la vie, justifie pleinement qu'ils ont raison.

PARENTAGE, nom collectif, qui se dit de tous les parens ensemble.

PARENTÉ, est un lien du droit naturel, qui se rencontre entre ceux dont l'un descend de l'autre, ou qui descend d'une même souche.

Ceux qui descendent l'un de l'autre, sont les ascendans & descendans.

Ceux qui descendent d'une même souche, sont les freres & sœurs, oncle & neveu, & les cousins, lesquels sont appellés collatéraux.

Ces descendans, ascendans, & collatéraux sont plus ou moins éloignés les uns des autres. Il en faut connoître les éloignemens, tant pour les mariages, que pour les successions.

Il faut pour cela mettre les ascendans & descendans dans une même suite ou ligne, que nous appellons directe; & les collatéraux dans un autre appellé collatérale.

Ces éloignemens sont appellés dégrés; chaque personne engendrée, ou chaque génération, en fait un. Ainsi le fils est dans le premier éloignement de son pere, ou pour mieux dire, dans le premier degré de parenté, parce qu'entre le pere & le fils il n'y a qu'une génération, ou qu'une seule personne engendrée, qui est le fils.

Par la même raison, le petit-fils est éloigné de son ayeul de deux dégrés; parce qu'il y a deux personnes engendrées entre eux, sçavoir le fils & le petit-fils ; car quoiqu'il y ait trois personnes, qui sont l'ayeul, le fils & le petit-fils, toutefois il n'y a que deux degrés ; parce qu'il n'y a que deux personnes engendrées, le fils & le petit-fils, d'autant qu'il ne s'agit pas en ce cas de la génération de l'ayeul, qui est la souche, & qui ne se compte pas, *cum de ejus generatione non agatur.*

Les éloignemens ou degrés qui se rencontrent entre les collatéraux, se comptent pareillement par les générations, ou par les personnes engendrées, avec cette difference qu'il faut, pour en sçavoir le nombre, avoir recours à la souche commune, de laquelle descendent les collatéraux desquels on veut connoître les degrés de parenté, & compter entre la souche ou le parent commun & les collatéraux, combien il se rencontre des degrés ; ensorte que *tot sunt gradus, quòt sunt personnæ genitæ, dempto communi stipite, qui non computatur.*

Par exemple, si je veux sçavoir de combien de degrés sont éloignés deux cousins germains l'un de l'autre, il faut que je remonte à celui duquel ils descendent tous deux, qui est l'ayeul, & que je dise : entre l'ayeul & les deux petits-fils il y a quatre générations ou personnes engendrées, les deux fils & les deux petits-fils, des degrés desquels il s'agit, & qui sont au regard l'un de l'autre cousins germains. Je trouve donc qu'ils sont éloignés de quatre degrés, suivant cette régle, *chaque personne engendrée fait un degré, sans y comprendre la souche commune* ; & ainsi des autres.

Les degrés se comptent par cette régle en ligne directe, tant par le Droit civil, que par le Droit canon ; mais elle n'est suivie en ligne collatérale que par le Droit civil.

Suivant le Droit canon, en ligne collatérale, il faut deux personnes engendrées pour faire un degré, comme nous l'avons expliqué dans la Traduction des Institutes, sur le §. 1. du titre 10. du premier Livre.

En France l'on compte les dégrés selon la supputation canonique pour les mariages, & pour les récusations des Juges ; mais pour les successions, on suit la maniere de compter les degrés établie par le Droit civil.

Ainsi la coutume de Paris, en l'article 338. admet l'oncle à la succession du neveu, à l'exclusion du cousin germain, parce que l'oncle est véritablement plus proche, suivant la régle du Droit civil, qui veut que chaque personne engendrée fasse un degré.

La prohibition du mariage entre les ascendans & les descendans s'étend jusqu'à l'infini ; & si ces personnes se marient ensemble, cet inceste seroit puni des plus rigoureux tourmens ; sçavoir du feu. *Voyez* ce que j'ai dit sur ce sujet dans ma Traduction des Institutes, sur le §. 1. du titre des Nôces.

Le mariage est aussi défendu jusqu'à l'infini entre les collatéraux qui se tiennent lieu entr'eux d'ascendans & de descendans.

Pour ce qui est des collatéraux qui n'ont point entr'eux cette ressemblance d'ascendans & de descendans, le mariage est défendu jusqu'au quatrieme degré canonique ; c'est-à-dire, qu'il est défendu aux petits fils des cousins germains.

Touchant la prohibition du mariage entre collateraux, & de ceux à qui le Pape peut accorder dispenses de se marier, *voyez* ce que j'en ai dit sur les paragraphes 2. 3. 4 & 5. du titre des Nôces.

Pour ce qui est des successions qui sont déferées *ab intestat* à cause de la parenté, *voyez* ce que j'en ai dit lettre S. *verbo* Succession ; & le traité que j'en ai fait, qui se trouve au commencement du quatrieme tome de ma Traduction des Institutes de Justinien.

PARENTÉ SPIRITUELLE, est celle qui provient de l'administration, ou collation, ou réception du Sacrement de Baptême ou de celui de Confirmation. Cette parenté est un empêchement au mariage entre le parrein & sa filleule, & entre la marreine & son filleul. *Voyez* Despeisses, tom. 1. pag. 258.

PARENTÉ EN FAIT DE CHARGE DE JUDICATURE, est un empêchement de pouvoir être pourvû d'une Charge de Judicature dans une Cour, ou dans un Siége où l'on a quelque parent au degré marqué par l'Ordonnance.

L'Edit du mois d'Août 1669. porte défenses expresses à ceux qui sont parens au premier, second, & troisiéme degré, qui sont pere & fils, freres, oncle & neveu, & à ceux qui sont alliés jusqu'au second degré, qui sont beau-pere, gendre & beaufrere, d'être reçu à exercer conjointement aucun Office, soit dans les Cours Souveraines, ou Siéges inférieurs, à peine de nullité des provisions & des receptions qui seroient faites, & de la perte des Offices. Sur quoi il faut remarquer que, suivant ce que nous venons de dire en fait de parenté, pour raison des charges de Judicature, l'on compte les degrés suivant la régle du Droit civil, qui est que chaque personne engendrée fait un degré. *Voyez* ci-dessus Parenté.

Le même Edit porte aussi défense aux Officiers titulaires reçus & servans actuellement dans les Cours & Siéges, de contracter alliance au premier degré de beau-pere & gendre ; autrement & en cas de contravention, il est déclaré par ledit Edit d'Office du dernier reçu vacant au profit du Roi.

On peut obtenir des dispenses de parenté, à l'effet d'être reçu Officier dans une Cour ou dans un Siége où l'on a des parens aux degrés marqués cy-dessus ; mais en ce cas les voix des parens & alliés jusqu'au 2e. degré de parenté & alliance, ne sont comptées que pour une, si ce n'est qu'ils se trouvent de differens avis. Ce qui a été depuis confirmé par Arrêt du Conseil du 30 Juin 1679. par un Edit du mois de Janvier 1681. & par une Déclaration du 25 Août 1708.

Quoique la parenté soit un lien qui unit les hommes ensemble, & que rien ne soit si naturel, que ceux qui sont d'une même famille prennent un même parti, & embrassent une même profession, néanmoins la parenté est un empêchement à pouvoir être admis aux charges de Judicature jusqu'au degré marqué par les Ordonnances; mais le Roi en dispense, auquel cas les avis des dispensés ne sont comptés que pour un lorsqu'ils sont uniformes.

Il y a une Déclaration du 17 Décembre 1679. qui porte qu'il n'y aura point d'incompatibilité de parenté entre les Auditeurs & Correcteur des comptes. *Voyez* le Recueil des Edits imprimé en 1682.

PARFAIRE, signifie achever ce qu'on a commencé.

Ainsi quand la Coutume de Paris, en l'article 134. & en l'art. 140. oblige celui qui veut retraire un héritage d'offrir, tant par l'ajournement qu'à chaque journée de la cause principale, jusqu'à contestation en cause inclusivement, bourse, deniers, loyaux-coûts, & à parfaire, ces derniers termes nous marquent quelles formalités cette Coutume requiert dans les offres qui se font jusqu'à contestation en cause inclusivement.

Elle n'oblige pas le retrayant d'offrir le prix entier, qu'après la Sentence adjudicative du retrait: mais elle ordonne dumoins qu'à chaque journée de la cause, &c. il offre bourse, deniers, loyaux-coûts, & à parfaire, c'est-à-dire à fournir dans tems tout l'argent qui peut manquer dans la bourse qu'il offre, pour achever entierement tout le payement qu'il est obligé de faire à l'acquereur, au cas que l'héritage lui soit adjugé par retrait.

Ces mots *à parfaire*, sont absolument nécessaires dans les offres, à peine d'être déchu de la demande en retrait, comme nous avons dit sur l'art. 140. de la Coutume de Paris.

PARFAIT, signifie achevé & complet. On dit que le procès sera fait & parfait à un accusé, pour dire qu'il en sera instruit jusqu'à la Sentence définitive inclusivement.

PARIAGE, est une espéce de societé entre le Roi ou quelqu'autre grand-Seigneur, & un petit Seigneur, pour avoir par le plus petit la protection du plus grand. Autrefois les Ecclésiastiques le pratiquoient, pour avoir la protection des grands-Seigneurs. M. Brillon rapporte sur ce mot plusieurs choses curieuses, j'y renvoye le Lecteur.

On peut encore voir la Rocheflavin, des Droits Seigneuriaux, chap. 24. & Bacquet, en son traité des boutiques du Palais, chap. 15. où il explique si un droit d'association, ou pariage perpetuel, que les Evêques, Abbés, ou autres gens d'Eglise ont contracté avec le Roi ou autres Seigneurs peut-être prescrit.

PARISIS, est un terme qui signifie le quart en sus. Ce qui vient de ce qu'autrefois la monnoye de Paris valoit un quart plus que celle de Tours. Aussi parisis est opposé à tournois, & le sol parisis vaut quinze deniers, au lieu que le sol tournois n'en vaut que douze,

La livre parisis vaut pareillement un quart en sus, ou un cinquiéme en total, plus que la livre tournois; de sorte que vingt sols parisis valent vingt cinq sols tournois, & qu'il faut cinq livres tournois pour faire quatre livres parisis.

Dans le tarif des dépens de 1665. les droits sont reglés à la charge du parisis; de sorte qu'il est nécessaire d'augmenter à chaque article le quart en sus, qui fait un cinquieme. Cependant aujourd'hui le terme de parisis n'est plus en usage, & les Juges ne peuvent condamner en tant de *parisis*, & toute condamnation ne s'étend qu'à tant de livres tournois. *Voyez* le Dictionnaire de Trevoux, *verbo* Parisis & *verbo* Tournois.

PARJURE, signifie & le crime, & le coupable. Un homme qui a fait un faux serment est parjure, & a commis un parjure.

Celui-là est parjure, qui trompe quelqu'un par le serment qu'il fait, soit en jurant à faux & affirmant qu'une chose est véritable, qui cependant ne l'est pas, soit en manquant à son serment, c'est-à-dire en n'accomplissant pas la promesse qu'il a faite, sous la foi & sous la réligion du serment.

La peine de ce crime est arbitraire, & est plus ou moins grande, suivant les circonstances qui en aggravent ou qui en diminuent l'atrocité, en ce que le mal qui en résulte, intéresse plus ou moins le public ou les particuliers.

Il se trouve dans le quatrieme tome du Journal des Audiences, liv. 5. chap. 1. un Arrêt rendu le 9. Mars 1681. qui condamne en 500. liv. d'aumônes un Commissaire au chatelêt convaincu de parjure; & dans d'autres cas ce crime est puni d'une peine plus legére.

Quoiqu'il en soit, celui qui est convaincu d'avoir fait un faux serment, devient infâme; & s'il n'encourt pas l'infâmie de droit, il encourt toujours l'infâmie de fait qui le deshonnore chez les gens de probité & d'honneur.

Bouteiller, en sa Somme rurale, tit. 9. soutient qu'on ne doit pas ouir en témoignage un homme qui a fait un faux serment. Masuer en sa pratique, titre 17. assure la même chose, suivant l'opinion de Jason, §. *Item si quis postulante instit.* & de Bartole, sur la Loi *Si quis major*, *cod. de transactionib.*

Imbert en sa pratique, liv. 1. chap. 45. dit que où il se trouvera par les preuves le défendeur avoir mal & calomnieusement affirmé, il doit être condamné en une grosse amende envers le Roi, & en une reparation envers la Partie.

En son enchiridion *verbo* parjure, il dit que ce crime n'emporte point infamie de droit, mais que la peine en est arbitraire, comme d'amende pecuniaire ou honorable. Sur quoi Automne remarque, qu'encore qu'un parjure ne soit pas infâme, c'est pourtant une assez grande tache à son honneur, pour l'empêcher d'être reçû dans une Dig[illegible].

Pour ce qui est de sçavoir si, sous prétexte de parjure on peut faire retracter un Jugement rendu en conséquence du serment décisoire, *voyez* ci-après Serment décisoire.

Touchant la peine du parjure *voyez* *Julius-Cla-*

rus, *libro* 5. *sentent*. & les annotations qui sont à la fin de l'Ouvrage du même Auteur § *Parricidium*, Papon, liv. 22. tit. 12. nomb. 10. Boniface, tom. 5. liv. 3. tit. 1. chap. 14. Louet, *Leg. som* 4. du Cange, lettre F. où il est parlé *de fide violata*; Belordeau, sur l'article 193. de la Coutume de Bretagne; & Sauvageau, en ses Annotations sur le même article.

PAR LA GRACE DE DIEU, est la formule qui sert de commencement aux Lettres Royaux, pour faire voir que nos Rois ne tiennent leur sceptre & leur pouvoir que de Dieu seul, & qu'ils ne reconnoissent aucun supérieur sur la terre; ensorte même qu'ils disputent cette qualité à tous autres Princes qui ne sont pas souverains, soit qu'ils rélevent d'eux en fiefs, ou de quelqu'autre Souverain.

Pour cette raison Louis XI. ne voulut point signer un traité fait avec le Duc de Bretagne, qui se disoit Duc par la grace de Dieu, qu'à la charge que ces mots *par la grace de Dieu* seroient ôtés.

Les Arrêts des Cours souveraines commencent aussi par ces termes; *Louis, par la grace de Dieu*, &c. pour montrer que leurs Jugemens émanent directement de l'autorité du Roi, & que c'est précisément en son nom qu'ils rendent la Justice.

Les Présidiaux, quoiqu'ils jugent en dernier ressort, & pour ainsi dire souverainement, ne peuvent pas employer cet intitulé dans leurs Sentences. Le 6. Juin 1704. le Grand-Conseil sur les conclusions de M. de Saint-Port, Avocat général, en fit un Réglement pour le Présidial de Nimes, dans une Audience extraordinaire qui fut donnée de relevée.

PARLEMENT, se prend quelquefois pour la séance du Parlement, depuis l'ouverture de la rentrée, jusqu'aux vacances; comme quand on dit, cette affaire ne sera pas jugée ce Parlement; il faut attendre à l'autre.

PARLEMENT, est une Compagnie souveraine établie par le Roi pour juger en dernier ressort les différends des particuliers, & prononcer sur les appellations des Sentences rendues par les Juges inférieurs.

On appelloit anciennement Parlement, une assemblée des Grands & des Barons du Royaume, à laquelle le Roi présidoit. On y décidoit des plaintes des Sujets, on y recevoit des Ambassadeurs, & on y faisoit quelquefois des réglemens pour le bien de toute la nation.

Pepin les convoquoit souvent, pour gagner l'affection de ses Sujets, en ne faisant, ne déterminant rien, que par l'avis & le conseil des Grands-Seigneurs de l'Etat. Charlemagne en usoit de même quelquefois; & Louis le Débonnaire les convoqua très-fréquemment; il en fixa même deux par an, à des jours marqués, afin de les rendre plus solemnelles. On y proposoit les affaires les plus importantes du Royaume, & l'on y terminoit les différends les plus grands entre les Sujets.

Ces Parlemens acquirent tant de réputation, que les étrangers les prenoient pour Juges de leurs démêlés.

Le Roi les convoquoit tantôt dans une Ville, tantôt dans un autre, & d'ordinaire vers les Fêtes de Pâques Pentecôte, Toussaint & Noel. De-là est venue la coutume que le Parlement fait sédentaire prononçoit des Arrêts en robbe rouge la veille de ces jours-là.

Ces Parlemens étoient composés d'Ecclésiastiques & des gens d'Epées; mais dans la suite les Evêques & Archevêques, & autres Prélats qui avoient séance au Parlement, furent renvoyés à leurs fonctions ecclésiastiques, à l'exception des six Archevêques ou Evêques qui sont Pairs Ecclésiastiques, & qui ont toujours séance au Parlement.

A l'égard des gens d'Epée qui siégoient au Parlement, que l'on appelloit les Barons, qui étoient les Grands du Royaume, depuis que le Parlement devint ordinaire, que les affaires & les formes se multiplierent, en introduisit dans le Parlement des Gens de loi ou de robe, & les Chevaliers ou Barons se retirerent peu à peu; à l'exception des Princes du Sang, des Ducs & Pairs laics, qui viennent toujours prendre séance au Parlement lorsqu'ils jugent à propos.

Au commencement, on ne jugeoit point dans ces assemblées sur des appellations des Juges inférieurs. Les Baillifs & les Sénéchaux jugeoient en derniers ressort; mais on pouvoit se pourvoir au Parlement par requête en forme de plainte.

Depuis que ce Parlement fut rendu sédentaire, & réduit en Cour de Justice ordinaire, il confondit les plaintes avec les appellations, pour accroître son pouvoir, & dépouiller les baillifs & les Senéchaux du privilége de juger souverainement & sans appel.

Ainsi, depuis ce tems-là le Parlement de Paris, & les autres qui ont été érigés depuis, ont connu des appellations des Juges ordinaires & extraordinaires qui sont de leur ressott, & ont reçû les sermens des Juges dont les appellations relévent immédiatementt devant eux.

Suivant ce que nous venons de dire, il n'y avoit autrefois en France qu'un Parlement, qui étoit le Conseil du Roi & des Grands du Royaume, & qui étoit un Tribunal ambulatoire.

Les affaires s'étant multipliées, les Rois ont établi des Parlemens dans différentes Provinces du Royaume, & leur ont donné le pouvoir de Juger souverainement, chacun dans leur département, tant en matiere civile, qu'en matiere criminelle; mais sans les rendre participans de plusieurs droits, honneurs & priviléges qu'ils ont spécialement accordés à celui de Paris, non pas parce qu'il est établi dans la Ville Capitale du Royaume, mais parce qu'il a succedé à ceux qui composoient anciennement le Conseil du Roi, & qu'il est la Cour des Pairs, le Lit de Justice & le Thrône de Sa Majesté.

Les Parlemens ont droit de juger en dernier ressort, non-seulement toutes les appellations des Juges Inférieurs de leur ressort, tant en matiere civile que criminelle, mais encore les appellations comme d'abus des Jugemens rendus par les Officiaux ou Vicaires des Diocéses, & des Juges delegués en France par le Pape, sans pouvoir conoître des matieres appartenantes à la Jurisdiction Ecclésiastique autrement que par appellations comme d'abus, ni des autres matieres en premiere instance, suivant l'Ordonnance de Charle VII. de 1453.

Cette Ordonnance, en l'article 79. enjoint au Parlement de renvoyer les causes pardevant les Juges qui en doivent connoître ; ce qui a été encore ordonné par celles de Louis XII. du mois de Novembre 1507. & de François I. du Novembre 1535 chap. 1. aricle 68. ce que l'Ordonnance du mois d'Avril 1669. a rendu général en l'article 1. du titre 6. qui défend à tous Juges de retenir aucune cause ou procès dont la connoissance ne leur appartient pas, leur enjoignant de renvoyer les Parties pardevant les Juges qui en doivent connoître, ou d'ordonner qu'elles se pourvoiront.

Les Parlemens ne peuvent donc connoitre d'aucunes affaires en premiere instance, à l'exception de quelques causes dont la connoissance est spécialement attribuée au Parlement de Paris.

A l'égard des différents qui pourroient naître entre les Officiers du même Parlement, comme entre les Conseillers de la Grande-Chambre & ceux des Enquêtes, ils ne peuvent être reglés que par le Roi leur souverain Seigneur.

Ainsi, aux termes de l'Ordonnance de Louis XIII. du mois de Janvier 1629. article 68. il leur est défendu d'en connoitre, & il leur est enjoint de se pourvoir au Conseil, pour raison de ces sortes de contestations.

Les Parlemens ne sont pas si astraints que les autres Juges à suivre de point en point les dispositions des Loix ; ils peuvent en certain cas, & pour de justes tempérammens, s'en écarter, de maniere néanmoins qu'ils ne paroissent pas entierement les détruire ; en un mot, ce sont les Juges qui peuvent donner aux Loix une interprétation que l'équité peut leur suggérer ; mais les autres Juges n'ont pas ce privilége. *Voyez* les questions 19. 58. & 120. de Guy-Pape ; & Chorier pag. 75.

On compte en France douze Parlemens. Celui qui est le plus ancien & le plus considerable, fut établi sédentairement à Paris par Philippe IV. dit le Bel, vers l'an 1302. Il y avoit autrefois sous sa Jurisdictions les Duchés de Bourgogne, de Normandie de Guienne de Brétagne, & les Comtés de Flandre & de Toulouse. Ainsi plusieurs Parlemens qui ont été érigés depuis, ont été démenbrés de celui de Paris.

Aujourd'hui sa Jurisdiction s'étend sur les Provinces de l'Isle-de-France, sur la Beauce, la Sologne, le Berry, l'Auvergne, le Lyonnois, le Forez & Beaujolois, le Nivernois, le Bourbonnois, le Maconnois, l'Anjou, l'Angoumois, la Picardie, la Champagne, la Brie, le Maine, le Perche la Touraine, le Poitou, & le Pays d'Aunis & Rochelois.

II°. Le Parlement de Toulouse qui fut établi par un Edit du mois de Décembre 1303. & après plusieurs variations, fut fait sédentaire par Charle VII. en 1443. Il a sous son ressort la Province de Languedoc.

III°. Le Parlement de Grenoble, dont la Jurisdiction ne s'étend que sur le Dauphiné. Louis XI. n'étant encore que Dauphin de Viennois, érigea le Conseil du Dauphiné en Parlement l'an 1453. ce que le Roi Charles VII. son Pere confirma par un Edit du 4. Août 1455.

IV°. Le Parlement de Bordeaux, qui fut établi par Louis XI. en 1462. Il a le Duché de Guienne sous son ressort.

V°. Le Parlement de Dijon pour la Bourgogne, par Louis XI. en 1476.

VI°. Le Parlement de Rouen, qui a sous son ressort la Province de Normandie. Ce fut Louis XIII. qui érigea en Parlement l'Echiquier de Normandie en 1499.

VII°. le Parlement d'Aix qui fut établi pour la Provence, par Louis XII. en 1501.

VIII°. Le Parlement de Rennes, pour la Bretagne. Le Roi Henry II. érigea ce Parlement par un Edit du mois de Mars 1553. avant Pâques, au lieu des Grands-jours qui avoient été établis dans le Duchés de Bretagne par Charle VIII. en Novembre 1495. Charle IX. par un autre Edit du 4. Mars 1560. le rendit sédentaire à Rennes.

IX°. Le Parlement de Pau, établi par Louis XIII. pour la Province de Bearn dans la Ville de Pau, qui est la capitale, & pour la Basse-Navarre, par un Edit du mois d'Octobre 1602. portant union de ce Royaume & de cette Principauté au Royaume de France. Il confirma cet établissement par un autre Edit du mois de Juin 1624.

X°. Le Parlement de Metz, établi par Edit du Roi Louis XIII. en Janvier 1633.

XI°. Le Parlement de Douai. Louis XIV. après la paix d'Aix-la-Chapelle, établit un Conseil souverain pour ses nouvelles conquêtes de Flandre, par Edit du mois d'Avril 1668. Il en augmenta le ressort après la paix de Nimégue, y joignant toutes les places qui lui avoient été cedées, par Edit du mois de Mars 1679. & lui donna le titre de Parlement par un autre Edit du mois de Février 1686. Sa Majesté ayant évacué la Ville de Tournay, en conséquence du Traité d'Utrecht, ce Parlement à été transferé à Douay, où il siége présentement. Il comprend dans son ressort toutes les Villes qui sont dans le Gouvernement de Douay, & qui sont toutes Pays conquis.

XII°. Le Parlement de Besançon, qui d'ambulatoire qu'il avoit long-tems été, fut sédentaire à Dole, par le Duc de Bourgogne, Philippe-le-Bon, l'an 1422. Après la premiere conquête de la Franche-Comté faite par Louis XIV. en Fevrier 1668.

& la restitution de cette Province faite la même année par le Traité d'Aix-la-Chapelle, le Roi d'Espagne Charles II. suspendit ce Parlement, & établit une Chambre de Justice qui siégea à Besançon. Louis XIV. s'étant rendu maître une seconde fois de la Franche-Comté en 1674 retablit le Parlement à Dole. Mais par l'Edit du mois de Mai 1676. il le transfera à Besançon.

Touchant l'origine, le pouvoir & les droits des Parlemens, *voyez* la Bibliotéque du Droit François par Bouchel, *verbo* Parlemens; Bruneau dans son Avant-propos du Traité des Criées: du Luc, *lib.* 4. *tit.* 1. *cap.* 1. Rebuffe, *in præmio Concordat.* sur le mot *Curias summas*; & la Rocheflavin, en son Traité des Parlemens de France; Chenu, des Offices de France; le Mémoire de Pierre Miraumont, sur l'origine & institution des Cours souveraines; Joly, des Offices de France, tom. 1. liv. 1. tit. 1. & aux additions, pag. 1. jusqu'à la 105, & Coquille, en son Institution au Droit François, pag. 2.

PARLEMENT DE PARIS. Ce Parlement est le plus considérable, non-seulement parce qu'il est dans la capitale du Royaume, & qu'il a succedé à l'ancien Conseil de nos Rois, qui se tenoit dans ces Assemblées des Grands du Royaume, ausquelles le Roi présidoit; mais encore par les prérogatives considérables qui lui sont accordées sur tous les autres Parlemens.

Il en a plusieurs, & entr'autres, de connoître seul de la Régale, & des droits de la Couronne, privativement à tous les autres. C'est aussi à lui seul qu'appartient le droit de nommer à la Régence pendant la minorité des Rois. Enfin il est appellé avec raison la Cour de Paris, le Lit de Justice, & le Trône de nos Rois.

Personne n'ignore que c'est aux illustres Magistrats qui le composent, que le Roi confie le soin de veiller à la conservation de la Couronne, à maintenir le bon ordre dans son Royaume, à soutenir la gloire de ses Etats, & à procurer la félicité de ses Peuples.

Aussi a-t'on vû avec admiration l'intrepidité avec laquelle ils ont soutenu, au peril de leur vie, les Loix du Royaume & les libertés de l'Eglise Gallicane, dans les tems les plus difficiles, & dans des occasions très-périlleuses; desorte qu'on peut dire avec confiance qu'ils sont le soutien de la Religion & de l'Etat, & les Protecteurs des fidéles Sujets de Sa Majesté.

La sagesse de leur conseils, & l'équité de leurs Jugemens, ont fait donner par le Roi Charles VII. à cet auguste Tribunal des titres glorieux, qui marquent la vénération que l'on doit avoir pour lui, en le nommant la lumiere, l'exemple & le modéle des Juges, pour faire entendre qu'il est le Temple de Themis, l'interprête du Droit, & le médiateur entre la rigueur de la Loi & les justes tempéramens qu'elle peut recevoir sans être absolument détruite.

Il ne faut donc pas s'étonner si l'on a vû les Thiares, les Couronnes, en un mot ceux qui ne voyent au-dessus d'eux que le Tribunal de Dieu, avoir recours à la Justice de cette illustre Compagnie, en la prenant pour arbitre de leurs differends, ou en y faisant homologuer leurs accords & leurs contrats pour les rendre plus autentiques.

Quoique l'on dise communément que tous les Parlemens fraternisent, il faut néanmoins demeurer d'accord que celui de Paris est non-seulement le plus ancien, mais encore le premier de tous, par rapport à l'attention que cette Cour a toujours eue de se rendre digne de tous les droits, honneurs & priviléges dont nos Rois l'ont bien voulu honorer, sans en rendre participans les autres, qui n'en sont que des émanations que nos Rois ont été obligés de faire, pour la décharge & le soulagement de ce Parlement.

Il le faut donc toujours regarder comme le premier de tous, non pas tant parce qu'il est le plus ancien, & qu'il est situé dans la Ville capitale du Royaume, que parce que ceux qui le composent en soutiennent avec éclat toutes les prérogatives.

Il faut de plus observer que le Roi est le vrai Chef du Parlement: c'est pourquoi on laisse toujours à la Grande Chambre la première place vuide, comme étant celle du Roi appellée le Lit de Justice, où Sa Majesté s'assied quand il lui plaît; & lors même qu'elle est absente, les Arrêts du Parlement ne laissent pas d'être expédiés sous son nom, pour remarquer que ses Officiers ne sont que les Conseiller & Assesseurs de Sa Majesté, qui en ce Royaume purement monarchique, n'y pourroient pas exercer la Justice souveraine que sous le nom de Sa Majesté, dont elle est inséparable. Loyseau, en son Traité des Offices, liv. 1. chap. 9. nomb. 22.

Avant que le Parlement de Paris fût rendu sédentaire, (ce qui fut fait par Philippe-le-Bel en 1315.) il étoit ambulatoire à la suite des Rois; ce qui le distingue des Autres Parlemens; en ce qu'il remplace les Princes, les Barons, qui composoient le Conseil d'Etat du Roi; & il faut remarquer que les Princes & les Pairs y siégent encore.

Enfin, le Procureur général du Parlement de Paris ne prête serment qu'au Roi; au lieu que les autres Procureurs généraux prêtent serment à leur Compagnie.

Touchant les prééminences du Parlement de Paris, *voyez* Fontanon, tom. 1. liv. 2. pag. 9. Joly, des Offices de France, tom. 1. liv. 1. Corbin, Traité du Patronage, tom. 1. chap. 1. & le Traité de la Majorité des Rois & des Regences du Royaume, par M. Duppuy, imprimé à Paris en 1655.

Ce Parlement est aujourd'hui composé de sept Chambres; sçavoir, de la Grande Chambre, de cinq Chambres des Enquêtes, & d'une autre Chambre sous le nom de la Tournelle criminelle. Quelquefois, dans le cas qu'il y a bien des affaires à juger, le Roi en établit une autre sous le nom de Tournelle civile, qui est composée, comme la Tournelle criminelle, d'un Président à Mortier, & de Conseillers de Grande Chambre & des Enquêtes. On peut encore ajouter à ce nombre deux Chambres des Requêtes du Palais, & une des Requêtes de l'Hôtel, qui sont composées de Conseillers au Parlement.

La Grande Chambre est composée de dix Présidens à Mortier, des Conseillers d'honneur, de quatre Maîtres des Requêtes ordinaires de l'Hôtel du Roi, & de trente-trois Conseillers; sçavoir, vingt-un Laïcs, & douze Clercs.

Les Princes, les Ducs & Pairs, le Chancelier Garde des Sceaux, les Conseillers d'Etat, & quatre Maîtres des Requêtes, l'Archevêque de Paris & l'Abbé de Cluny, y ont séance.

Cette Chambre connoît de toutes les appellations verbales qui sont interjettées des Sentences rendues aux Audiences des Présidiaux, Bailliages & autres Jurisdictions, tant ordinaires qu'extraordinaires, dont l'appel ressortit en ce Parlement.

Elle connoît aussi des appellations comme d'abus des Juges ecclésiastiques qui sont dans son étendue, mais pour ce qui concerne le civil seulement; car pour ce qui regarde le criminel, les appellations comme d'abus sont portées à la Tournelle criminelle.

La Grande Chambre connoît en premiere instance, I°. Des causes ausquelles Monsieur le Procureur général est Partie pour les droits du Roi, & aussi des droits des Terres qui sont tenues en appanage de la Couronne.

II°. des causes des Pairs de France, & des droits de leurs Pairies, & aussi des procès criminels des Pairs de France. C'est aussi pour cela que le Parlement de Paris est appellé la Cour des Pairs, parce qu'il n'y a que ce Parlement qui en puisse connoître en premiere instance. On peut dire encore qu'il est ainsi appellé, parce que les Pairs sont les premiers Conseillers de ce Parlement, & qu'ils y ont leurs séances après les Présidens.

III°. Des causes de Régale de tous les Diocèses du Royaume, & des droits de la Couronne, privativement à tous les autres Parlemens.

IV°. Des causes de l'Hôtel-Dieu, du grand Bureau des Pauvres de l'Hôpital général de Paris, & d'autres personnes & Communautés qui ont droit d'y plaider en premiere instance.

L'Université de Paris en Corps a le même privilége, & est comprise dans l'article 12. du titre 2. de l'Ordonnance de 1667. sous ces mots : *Et autres Communautés.*

V°. Du crime de léze-Majesté, contre toutes sortes de personnes.

VI°. Des procès criminels des principaux Officiers de la Couronne, des Présidens & Conseillers du Parlement de Paris, des Présidens, Maîtres, Correcteurs, & Auditeurs de la Chambre des Comptes de Paris, des Gentils-hommes, des Ecclésiastiques, & autres personnes d'Etat.

C'est aussi la raison pour laquelle cette Chambre est appellée la Chambre des Prélats, au livre 2. des Parlemens, par la Rocheflavin, sect. 2.

Voyez les articles 21. & 22. du titre 1. de l'Ordonnance du mois d'Août 1670. avec les notes de Bornier.

Il faut remarquer à ce sujet que le privilége dont Messieurs du Parlement de Paris sont en possession de ne pouvoir être poursuivis & jugés en matiere criminelle que par le Corps du Parlement, leur est particulier, & que les Officiers des autres Parlemens ne jouissent pas du même privilége; desorte qu'en matiere criminelle ils peuvent être poursuivis & jugés par le Juge du lieu du délit, comme il a été jugé par plusieurs Arrêts, & récemment par un du 18 Mars 1701. rendu au Parlement de Paris, sur les conclusions de M. Portail, qui étoit alors Avocat général, & qui est décedé premier Président.

M. Brillon, *verbo* Parlement de Paris, nomb. 53. rapporte cet Arrêt avec les motifs sur lesquels il est fondé, & qui avoient été déduits par Monsieur Portail.

Les Chambres des Enquêtes au Parlement de Paris sont composées de trois Présidens & de trente-deux-Conseillers.

Elles connoissent des appellations des Sentences rendues sur le procès par écrit, c'est-à-dire des Sentences rendues non à l'Audience, sur la plaidoirie des Parties, ou de leurs Avocats & Procureurs, mais sur productions des Parties; & sur lesquelles il y a eu épices.

Elles connoissent aussi, I°. Des appellations verbales incidentes au procès par écrit qui y sont distribués.

II°. Des appellations principales, & des causes en premiere instance dont connoît la Grande Chambre, lesquelles sont envoyées aux Enquêtes par Arrêt du Conseil, sur les évocations de la Grande Chambre & des autres Parlemens.

III°. Des appellations des Sentences rendues sur les procès dont la condamnation n'est que pécuniaire, & où il n'y a point de peine afflictive, ni de bannissement, ni de blâme.

La Tournelle criminelle est composée des cinq derniers Présidens à Mortier, qui y servent toujours; des dix Conseillers de la Grande Chambre, qui y servent tour à tour durant six mois; & de deux Conseillers de chacune des Chambres des Enquêtes, qui y servent aussi tour à tour durant trois mois.

Elle est appellée Tournelle, parce que les Conseillers des autres Chambres n'y vont que tour à tour, afin que l'habitude de condamner & de faire mourir des hommes n'altere la douceur naturelle des Juges, & ne les rende inhumains.

La Tournelle criminelle connoît des causes & des procès criminels qui sont portés par appel au Parlement.

Toutefois elle ne connoît pas des appellations sur procès

procès criminels, quand la condamnation n'est que pécuniaire, & qu'il n'y a point de peine afflictive. Telles appellations se jugent aux Enquêtes qui connoissent du petit criminel, c'est-à-dire où il n'y a point de peine corporelle. Mais il n'y a que la Tournelle criminelle qui connoisse *jure communi* des causes & procès criminels qui sont portés par appel au Parlement, & où il y a peine afflictive : ce qui fait que, les Conseillers-Clercs n'y vont jamais siéger.

Anciennement la Tournelle ne connoissoit que du petit criminel ; & lorsqu'il y avoit peine de mort, les procès étoient portés en la Grande Chambre *Voyez* l'article 25. de l'Ordon. de Charle VIII. de l'an 1453.

Mais la Tournelle ayant été rendue continuelle par l'Ordonnance de François I, du mois d'Avril 1515. il y fut décidé qu'elle connoitroit de tous les crimes où il y auroit peine capitale. Et par l'article 38. de l'Ordonnance de Moulins, les Ecclésiastiques, les Nobles, & certains Officiers eurent le privilége de demander leur renvoi en la grande Chambre, comme nous l'avons dit ci-dessus. *Voyez* ci-après Tournelle criminelle.

Autrefois il y avoit au Parlement une Tournelle civile, crée par déclaration du 18 Avril 1667. 15 Mars 1673. & 17 Novembre 1690 à cause des grandes affaires dont la Grande Chambre se trouvoit surchargée. Elle connoissoit des causes qui n'excedent pas une certaine somme ; mais cette Chambre a été depuis suprimée, & enfin a été rétablie. *Voyez* ci-après Tournelle civile. Touchant la Chambre des Vacations, *Voyez* ci-dessus *verbo* Chambre.

La rentrée du Parlement de Paris se fait le 12 Novembre, le lendemain de la saint Martin, jour auquel Messieurs en habits de cérémonie, après avoir assisté à la Messe solemnelle du S. Esprit, qui se dit en la grande Salle du Palais, reçoivent les sermens des Avocats & des Procureurs.

L'ouverture des grandes Audiences se fait à la Grande Chambre le premier Lundi d'après la semaine franche de la S. Martin, par des harangues qu'un de Messieurs les Avocats généraux & Monsieur le Premier Président font aux Avocats & Procureurs, après lesquelles on appelle les causes des Rolles des Provinces, dont le premier est celui de Vermandois.

Le Mercredi & Vendredi suivans, se font les Mercuriales par M. le Premier Président, & par l'ancien de Messieurs les Avocats généraux, ou par Monsieur le Procureur général alternativement. Il y a un autre Mercuriale le Mercredi ou Vendredi d'après la Quasimodo.

Les Audiences de la Grande Chambre, où Messieurs les Présidens sont en Robes rouges & fourures avec leur mortier, commencent depuis la S. Martin jusqu'à la Notre-Dame de Mars, & en Robes rouges sans fourures, depuis la Notre-Dame de Mars jusqu'à la mi-Août. Mais celles de relevée ne commencent qu'au premier Vendredi d'après les Mercuriales ; & depuis la Notre-Dame d'Août jusqu'à la fin du Parlement, les Audiences se tiennent à huis clos & en Robes noires.

M. le Premier Président fait l'ouverture des Audiences de relevée ; elles sont continuées par le premier Président à mortier, & ne se closent qu'à la Notre-Dame d'Août, par M. le Premier Président qui y assiste, & préside à la derniere de ces Audiences.

Les Mardis & Vendredis sont appellés jours ordinaires, à cause que ces jours-là Messieurs entrent le matin & l'après midi jusqu'au 14 Août.

Depuis la S. Martin jusqu'au Carême, la Cour entre à l'Audience le matin à huit heures, elle la leve à midi. Pendant le Carême, la Cour n'ouvre la grande Audience qu'à neuf heures, & la leve à onze.

Après Pâques, elle ouvre à huit heures, & elle leve l'Audience à dix.

De relevée, depuis la S. Martin jusqu'au mois de Mars, elle entre à deux heures, & se leve à quatre ; mais depuis le mois de Mars elle n'entre qu'à trois heures, & se leve à cinq.

Depuis le jour de la translation de saint Nicolas en Mai, la Grande Chambre se leve le matin à neuf heures & n'entre point de relevée.

Messieurs de la Grande Chambre tiennent les grandes Audiences en Robes rouges sur les hauts Siéges, les Lundis, Mardis & Jeudis ; & celles de relevées en Robes noires, les Mardis pour les causes de Rolles, & les Vendredis pour celles des Placets.

On ne laisse pas d'apeller les Mardis de relevée, des Placets avant le Rolle. Lorsqu'il est fête le Jeudi, on plaide les causes du Rolle des Jeudis Vendredi matin.

Les Audiences ordinaires de la Grande Chambre se tiennent les Mercredis, Vendredis & Samedis : avec cette différence, que les Mercredis & Samedis on plaide de petits Rolles, dans lesquels on ne met que des Réglemens de Juges, les appels des Sentences de Police, &c. au lieu que les Vendredis ce sont ordinairement des causes considérables.

Avant les grandes Audiences, il est donné une Audience à huis clos pour les matieres provisoires par placets, à sept heures. M. le Premier Président prend soin de faire avertir les Procureurs des causes qui doivent être plaidées à ces Audiences.

Les Audiences de la premiere & de la deuxiéme Chambre des Enquêtes, se tiennent les Mercredis & Samedis ; celles de la troisiéme & de la cinquiéme, les Lundis & Jeudis ; & celles de la quatriéme, les Mardis & Jeudis.

Les Audiences de la Tournelle se tiennent les Mercredis, pour les causes dans lesquelles le ministere de Messieurs les Gens du Roi est nécessaire ; le Vendredi pour les causes d'instruction, sans Gens du Roi ; & le Samedi pour les causes du grand Rolle, aux mêmes heures que se tiennent les Audiences de la Grande Chambre.

Les Audiences de la Tournelle durent pendant tout le cours du Parlement, & pendant la Chambre des Vacations.

Touchant les Rolles qui se plaident à la Grande Chambre, *voyez* ce que j'en ai dit *verbo* Rolle.

PARNAGE. *Voyez* Pasnage.

PARQUET, est l'Auditoire d'un Juge, ainsi appellé, parce que le Tribunal est ordinairement entouré: *Solet enim Tribunal Judicis muniri septis & cancellis in quibus stantes adsunt Advocati & Procuratores*, comme on peut voir au Parquet des Requêtes du Palais.

PARQUET, est aussi le lieu où les Gens du Roi s'assemblent pour déliberer sur les affaires qui regardent le ministere public, soit dans l'usage de la parole, soit dans les procès sujets à rapport, & dans tout ce qui est susceptible de conclusions par écrit ou à l'Audience.

On ne communiquoit autrefois à Messieurs les Gens du Roi, que les affaires dans lesquelles le Roi, l'Eglise, ou les mineurs ont intérêt: présentement on leur communique toutes les affaires des grandes Audiences du matin, quoiqu'elles ne concernent ni l'intérêt du Roi, ni celui des Eglises, ni celui des mineurs.

C'est aussi au Parquet du Parlement que se décident les affaires où il s'agit d'appel d'incompétence purement & simplement, de déclinatoires, de conflits entre les Enquêtes & la Grande-Chambre.

Enfin c'est au Parquet du Parlement où se décident plusieurs affaires qui y sont renvoyées par la Grande Chambre, pour y être jugées par l'avis de messieurs les Gens du Roi. *Voyez* Gens du Roi.

PARQUET DES REQUETES DE L'HÔTEL ET DES REQUETES DU PALAIS. *Voyez* Requêtes du Palais.

PARQUET DES HUISSIERS, est le vestibule de la Grande Chambre où se tiennent les Huissiers, lorsque la Cour est aux opinions dans les affaires de rapport.

PARREIN, est celui qui a tenu un enfant sur les Fonds de Baptême, *qui aliquem de sacro fonte levavit, cap. veniens, extra de cognatione spirituali. Voyez* Parenté spirituelle.

Le parrein n'est pas tenu de donner des alimens à celui ou à celle qu'il a tenu sur les Fonts de Baptême. Papon, liv. 18. tit. 1. nomb. 45. Charondas, liv. 9. chap. 16. & Filleau, part. 1. tit. 1 chapitre 20. *Voyez* ci-dessus Alimens.

PARRICIDE, dans sa propre signification, est un hommicide commis en la personne des peres & meres, ayeuls & ayeules, & autres ascendans; ou en la personne des enfans, petits-enfans, & autres ascendans en ligne directe.

Mais dans une signification plus étendue, il signifie tout homicide commis en la personne de ceux qui nous tiennent lieu de pere & de mere, ou ausquels nous sommes si étroitement unis par la nature, que cet homicide soit dénaturé.

Et c'est dans ce sens qu'on appelle parricide celui ou celle qui tue son frere ou sa sœur, son oncle ou sa tante, & même ceux qui par alliance nous tiennnent lieu de pere & de mere, de fils ou de fille.

Voyez, touchant le parricide pris en sa propre signification, ce que j'en ai dit dans les Institutes de Justinien, liv. 4. titre dernier, §. 6. *Voyez* aussi Papon, liv. 22. tit. 4. Despeisses, tom. 2. pag. 648. *Julius Clarus, lib. 5. sent. §. parricidium*; & les Annotations qui sont à la fin de l'Ouvrage du même Auteur.

Ce crime est puni du dernier supplice, accompagné des peines les plus rigoureuses, que j'ai rapportées dans mes Institutes, à l'endroit cité ci-dessus.

Ce crime est si énorme, que la seule volonté de le commettre, jointe à quelques faits & circonstances qui dénotent qu'on l'a tenté, est également punie que l'accomplissement de ce crime.

Solon étant interrogé pourquoi il n'avoit point établi de supplice pour les parricides, répondit qu'il n'avoit pas cru qu'il se pût trouver quelqu'un capable de commettre un si grand crime. Mais les autres Législateurs de Grece & ceux de Rome ont fort bien jugé que le cœur humain a dans lui le levain des crimes les plus horribles; & qu'il y a des naturels où ce levain domine tellement, qu'il leur est très-facile de commettre des crimes qui sont difficiles à croire.

Sunt crimina quæ ipsa magnitudine fidam non impetrant: parricidium aliquando legem non habuit, quia enim si facile vinculis naturæ exsolvat, itaque ad tantum nefas magno oportet scelere parricida veniat.

Attamen, ut ait Cicero in Oratione pro Roscio Amerino, quia nihil tam sanctum est, quod non aliquando violet audacia, excogitatum fuit in parricidas singulare supplicium, ut illi quos naturæ honestas in officio retinere non possit, pœnæ magnitudo à maleficio summoveret.

Caracalla, après avoir tué son frere Geta entre les bras de Julie sa mere, voulut faire autoriser ce crime par Papinien. Ce grand Jurisconsulte lui répondit, qu'il étoit plus facile de commettre un parricide que de l'excuser.

Il n'y auroit qu'une seule chose qui pourroit en quelque façon excuser & soustraire celui qui auroit commis un tel crime, aux peines qu'il auroit méritées; c'est la folie, dont il y auroit preuve complette. Un fils qui avoit tué sa mere, fut condamné à mort par un Juge de Peronne. L'appel de la Sentence étant porté à la Tournelle, ses parens articulerent plusieurs faits de folie & de fureur par lui commis, & causés par une maladie qu'il avoit eue avant le meurtre de sa mere. Ils demanderent à en faire preuve; & comme la plupart de ces faits étoient déja mentionnées dans les dépositions des témoins, la Cour, par Arrêt du 23 Février 1690. rendu au rapport de M. Lambert d'Herbigny, ordonna qu'il en seroit informé. L'information faite

& rapportée en la Tournelle suivante, la Sentence du Juge de Perronne fut infirmée, & il fut ordonné que ce malheureux seroit enfermé & gardé par les soins de ses parens. M. Augeard, tome 3. Arrêt 2.

Les enfans qui n'ont point attenté à la vie de leurs peres & meres, mais qui les ont battus, excedés & outragés, sont punis très-griévement, selon que les circonstances sont plus ou moins aggravantes. *Voyez* Papon, liv. 22. tit. 4. nomb. 1. & Bouvot, tome 2. *verbo* Parricide, quest. 2.

Celui qui a tué ou fait tuer son pere ou sa mere, ou autre ascendant, & non-seulement privé de sa succession, comme en étant indigne; mais aussi ses enfans en sont exclus. Louet & Brodeau, lettre S, chapitre 20. Bardet, liv. 1. chap. 49. & 63. le Brun, des Successions, livre 1. chap. 4. sect. 6. dist. 3.

Ce dernier Auteur estime que les enfans du fils parricide doivent être exclus de la succession de leur ayeul, soit qu'ils soient nés depuis ou avant le crime détestable de leur pere: c'est, dit-il une branche qui a porté le venin sur sa tige, & qui n'en doit plus atteindre de substance. *Boerius decisione* 25.

Cependant il a été rendu un Arrêt au Parlement de Paris, sur les conclusions de M. de Lamoignon, le 4 Mai 1723. qui a jugé.

I°. Que ce crime n'empêche pas que l'enfant du parricide né lors du crime, ne succede au dégré, quoiqu'il ne succede point à la personne.

II°. Que la mort civile du pere, operée par l'indignité, fait passer ses droits à ses enfans nés ayant le crime commis.

Voyez le Dictionnaire de M. Brillon, *verbo* Parricide, nomb. 6.

Ce crime se prescrit, comme les autres, par vingt ans, quand il n'y a point eu de Jugement rendu par contumace qu'il ait été executé, car alors il ne se prescrit que par trente ans, ainsi qu'il en est des autres crimes. Filleau, part. 4. quest. 8.

Mais la prescription du crime de parricide n'emporte point celle de l'indignité pour le regard des biens du pere assassiné. Soefve, tom. 2. cent. 3. chap. 56.

L'indignité de succeder par le parricide à son pere par lui assassiné, est encourue dès l'instant que le crime a été commis: d'où il s'ensuit,

I° Qu'une Sentence intervenue contre le fils parricide condamné à mort, pouvoit avoir un effet rétroactif au jour de l'action commise, pour le rendre indigné de succéder à son pere décedé avant la Sentence de condamnation. Ainsi jugé par Arrêt du 10 Juin 1659. rapporté par Soefve, tom. 2. cent. 2. chap. 1.

II°. Qu'un fils qui a tué son pere, & qui par son Jugement de condamnation à mort est aussi condamné en une amende, cette amende ne peut pas être prise sur la part & portion de ce fils en la succession de son pere, dont il s'est rendu indigne. Ainsi jugé par Arrêt du 12 Août 1659. Desmaisons, lettre P, nombre 1. Jovet, *verbo* Enfans, nom. 24.

PART, signifie accouchement; il signifie aussi quelquefois l'enfant dont la mere est encore enceinte.

PART, EXPOSITION DE PART, est un crime que commettent des peres & meres qui exposent ou font exposer leurs enfans dans des Eglises ou dans des allées, ou sur des portes, ou dans des rues, pour se liberer du soin & de la honte que ces enfans leur pourroient causer.

Ce crime est puni de mort, suivant l'Edit d'Henri II, vérifié en Palement le quatre Mars 1556. On se contente aujourd'hui de fouetter & flétrir ceux qui sont convaincus de ce crime, pour empêcher un plus grand mal.

Les enfans qui ont été exposés, doivent être élevés & nourris par le Seigneur Haut-Justicier dans la Justice duquel ils ont été trouvés; par la raison que les épaves & choses sans aveu ni maître, qui sont trouvées dans la Justice d'un Seigneur Haut-Justicier, lui appartiennent, & que *par debet esse ratio commodi & incommodi.*

Lorsque les enfans qui ont été exposés viennent à être reconnus, & que leurs peres & meres sont découverts, les nourritures & entretiens peuvent être répetés contr'eux; & comme c'est une dette qui procéde d'un délit, ils sont contraignables par corps au payement d'icelle.

Voyez ci-après Supposition de part. *Voyez* aussi Suppression de part.

PART AVANTAGEUSE, est une portion plus forte qui appartient à l'aîné dans le partage des Fiefs, outre son préciput.

Ainsi, après que l'aîné a pris son préciput dans les successions de ses pere & mere, les deux tiers, dit l'article 15. de la Coutume de Paris, des autres fiefs & héritages tenus noblement lui appartiennent, s'il n'a qu'un puiné, & l'autre tiers appartient à ce puiné; mais s'il y a, dit l'article suivant, plusieurs enfans excedans le nombre de deux, l'aîné prend la moitié, & les autre enfans partagent entr'eux l'autre moitié.

Si l'un des enfans puinés renonce, sa part accroît à l'aîné & aux autres, sans aucune prérogative; il ne doit comme aîné avoir les deux tiers, que lorsqu'il ne se trouve qu'un autre enfant avec lui lors de l'ouverture de la succession qu'il s'agit de partager.

Voyez ce que j'ai dit sur l'article 15 de la Coutume de Paris.

PARTAGE, est la séparation, division & distribution qui se fait d'une chose commune entre plusieurs copropriétaires, ou d'une succession commune entre cohéritiers.

Par le partage, les biens qui étoient auparavant communs se divisent entre tous les copartageans, selon la part & portion que chacun d'eux avoit dans les choses communes.

PARTAGE DE SUCCESSION, est celui qui se fait entre cohéritiers; à l'effet que chacun d'eux ait la part & portion des biens de la succession qu'il lui doit appartenir en sa qualité d'héritier. Ce partage doit être fait devant le Juge du lieu où est décedé le défunt.

Le Juge pardevant qui se doit faire le partage, renvoye quelquefois les Parties pardevant un Notaire, pour être procedé au partage. Sur quoi il faut remarquer que par Arrêt du Parlement de Paris du 17 Juillet 1691. rendu à la Tournelle civile, il a été jugé,

I°. Que quand un Juge renvoye les Parties pour faire un partage ou compter devant Notaire, il doit nommer le Notaire, & ne pas dire pardevant Notaire indéfiniment.

II°. Que les Notaires pardevant qui le renvoi est fait, ne peuvent nommer des Expers d'office, ni leur faire prêter le serment pour proceder au partage, d'autant que les Notaires n'ont point de Jurisdiction contentieuse. L'appel étoit d'une Sentence rendue à Poitiers, laquelle fut infirmée en ces deux chefs par l'Arrêt que nous venons de citer.

Dans les partages, les meubles se reglent suivant la Loi du domicile du défunt. Mais à l'égard des immeubles, le partage s'en doit faire entre cohéritiers conformément aux Coutumes des lieux où sont situés les héritages qui sont à partager. Bouguier, lettre D, nomb. 16.

De ce principe s'ensuit, que la régle générale, qui veut qu'entre filles il n'y ait point de droit d'aînesse, ne doit s'entendre que pour les fiefs qui se trouvent situés dans les Coutumes qui en ont une disposition contraire.

Ainsi, quand les biens qui sont à partager, sont situés en différentes Coutumes, dont l'une donne à la fille ainée le droit d'ainesse, sa disposition doit avoir lieu par rapport aux fiefs qui y sont situés, & non par rapport aux autres. La raison est, que les Coutumes sont réelles, comme dit Loysel, liv. 2. tit. 4. régle 4.

L'on n'est pas obligé de garder la convention qu'on auroit faite de ne point partager; *quia communiolites & jurgia parit, quibus turbatur pax & concordia civium.* D'ailleurs, comment admettre une societé perpetuelle entre des cohéritiers, dont les intérêts peuvent être differens, & qui sont représentés, ou par des créanciers, ou par des cessionnaires, ou par d'autres successeurs?

Les successions se doivent partager en l'état qu'elles se trouvent au jour du decès de celui dont les biens se partagent, avec les récompenses du prix des biens propres, s'ils ont changé de nature pendant la minorité, & que le decès soit arrivé avant la majorité. Et à l'égard des dettes payées par le tuteur des revenus du mineur, acquêts & autres biens mobiliers, l'extinction de la dette étant faite, l'on ne peut la faire revivre, parce qu'elle ne fait plus partie des dettes, ni des charges de la succession; & qu'entre les cohéritiers il ne peut plus naitre de contestation, pour raison desdites dettes acquittées, puisque les héritiers, soit des acquêts, soit des propres, n'en peuvent être recherchés, étant tous aux droits de celui dont ils sont héritiers, qui en étoit liberé; & qu'entr'eux ils n'ont droit que de prendre, chacun à leur égard, la succession en l'état qu'elle se trouve au jour du decès de celui dont ils sont héritiers, n'ayant aucune action les uns contre les autres, pour une dette qui n'étoit plus, ayant été acquittée, & dont les uns ni les autres ne peuvent jamais être recherchés.

C'est ce qui est en usage dans la Coutume de Paris, comme il resulte d'un Acte de notorieté de M. le Camus, du 12. Mai 1699.

Il est souvent nécessaire de faire ces frais pour liquider une succession commune, & pour parvenir au partage: tous ces frais tombent sur les cohéritiers, à raison de ce que chacun d'eux a droit de prétendre de la succession.

Ainsi les dépens faits pour arpenter des bois à l'effet de parvenir à un partage, doivent être taxés contre les deux Parties, quoique l'une le requiere, & que l'autre s'y oppose. Papon, Livre 15. titre 7. nomb. 3.

Celui des cohéritiers qui avance les frais nécessaires pour parvenir à un partage, a droit de s'en faire rembourser par préference, même au préjudice de l'hypotéque antérieure de la veuve d'un des cohéritiers. Ainsi jugé par Arrêt du Parlement de Paris du 31 Janvier 1692. rapporté par M. Augeard, tom. 3. Arrêt 19.

Dans quelques Coutumes, comme en Anjou c'est l'ainé qui fait les lots, & les cadets qui choisissent; ainsi l'ainé se trouve engagé par ce moyen d'observer l'égalité.

Ailleurs, tant en Pays Coutumier qu'en Pays de Droit écrit, les lots se tirent au sort.

L'égalité doit être gardée dans les partages; cependant, lorsqu'on a signé un partage en majorité, on n'est plus récevable à proposer l'inégalité, si ce n'est en obtenant des Lettres de rescision dans les dix ans, encore faut-il que l'on prouve que l'on a été lezé du tiers au quart.

La Loi *in majoribus* au code *communia utriusque judicii*, y est précise; & Mornac rapporte sur cette Loi plusieurs Arrêts qui ont été rendus conformément à sa disposition.

Voyez ce que j'ai dit ci-dessus, Lettre L. en parlant de la lezion du tiers au quart. *Voyez* aussi Basset, tom. 2. liv. 6. tit. 1. chap. 4. Mornac *loco citato, & ad Leg. 20. §. ult. famil. erciscund.* Papon, Liv. 15. tit. 7. nomb. 6.

Mais on demande si un partage ayant été fait par forme de transaction, celui des copartageans majeurs, qui se trouveroit lezé, pourroit se faire restituer contre.

Il faut distinguer: si la transaction est vraye, & qu'il n'y ait point de fiction, c'est-à-dire qu'il y ait eu procès entre les cohéritiers, touchant le partage des biens de la succession, ou quelque juste sujet d'en faire : alors il n'y a point de restitution, quelque lézion qu'il y ait dans la part d'un des copartageans ; parce qu'en fait de transactions, les majeurs ne peuvent être restitués pour quelque lézion qu'il y ait de prix, qui est appellée *dolus in re ipsa*. La raison est, que tout ce qui est promis, donné ou remis par transaction, est censé l'être *ex justa causa, nempè ut à lite discedatur.*

Mais quand les transactions ne sont point vrayes, & n'en ont que le titre, étant des actes déguisés sous ce nom, & sous un feint prétexte de procès intenté ou à intenter sans aucun fondement ; le demandeur en Lettres de rescision, qui prouvera l'inégalité & lezion du tiers au quart contre un tel partage coloré & deguisé sous le nom de transaction, doit être admis.

La raison est, que les transactions feintes & colorées se doivent toujours prendre pour les actes & contrats, au lieu desquels elles sont supposées, & desquels elles prennent la place. *Et sanè transactio fit tantum de re dubia & lite incerta, adeò ut lites fingi non debeant ; ut hoc colore transactiones fiant ; quando enim nullum est subjectum litis, nullum est transactionis. Voyez* Charondas, liv. 6. rép. 3. & Boniface, tom. 2. liv. 1. tit. 13. chap. 3.

Dans les partages, les lots sont garants les uns des autres ; c'est-à-dire, qu'en cas d'éviction de la chose échue en partage à l'un des cohéritiers, les autres en sont tenus pour leur part & portion. *Leg. Si fratres, cod. commun. utriusque judic. & leg. unus individuum, cod. in quib. caus. cess. long. temp. præscript. Voyez* ci-dessus Garantie de lots.

Il faut remarquer, I°. qu'en partage de meubles, ce recours de garantie n'a point lieu. Brodeau sur Louet, lettre G. sommaire 25.

II°. Que pour raison de la garentie en fait d'éviction d'un immeuble échu par le partage à l'un des cohéritiers, son hypotéque sur les biens particuliers de ses copartageans étoit autrefois du jour du partage ; mais les derniers Arrêts ont jugé que c'est du jour de l'addition. Le motif de cette nouvelle Jurisprudence est pour éviter les fraudes entre les héritiers, qui pourroient opposer que les biens partagés ont changé de nature. Dans le Journal du Palais *in-folio*, il est dit qu'il a été rendu un Arrêt le 27. Juin 1686. qui l'a reglé ainsi.

Les premiers actes qui se font entre cohéritiers, après la succession ouverte, de quelque maniere qu'ils soient conçus, sont reputés partages ; c'est pourquoi la lézion du tiers au quart suffit pour y donner atteinte comme dans les véritables partages ; une moindre lézion même suffit lorsqu'il n'y a pas eu une estimation précédente, parce que tout doit être fait de bonne foi & avec égalité entre cohéritiers.

Un partage fait par erreur avec une personne que l'on croyoit être admise à la succession du défunt, & qui ne l'étoit pas, est irrévocable. Bouvot, tom. 1. part. 2. *verbo* Fidéjusseur, quest. 1. & *verbo* partage, question 2.

Le partage d'une succession produit un effet retroactif & déclaratif, & non pas attributif de proprieté ; c'est-à-dire, que le partage ne donne rien de nouveau à chaque cohéritier, & ne sert qu'à déclarer de quelle portion chaque cohéritier étoit propriétaire ; ensorte qu'il n'est présumé avoir eu droit que dans les choses qui lui sont échues, & non dans celles qui sont échues aux autres cohéritiers.

De ce principe on juge que les créanciers ausquels un cohéritier a obligé sa portion indivise, ne peuvent après le partage exercer leur hypotéque sur tous les immeubles de la succession, & qu'ils ne peuvent s'adresser qu'à ceux qui sont tombés dans son lot, à moins que le partage n'eut été fait en fraude des créanciers.

De la nature du partage entre cohéritiers, & comment il se fait ; de ce qui entre ou n'entre point en partage, & des dépenses que les héritiers qui les ont faites peuvent recouvrer ; des garenties entre cohéritiers, & des autres suites du partage ; *voyez* les Loix civiles, seconde partie, liv. 1. tit. 4. Bouvot, tom. 2. & Jovet, *verbo* Partage. M. le Prêtre, cent. 4. chap. 89. du Luc, liv. 8. tit. 11. Charondas, liv. 5. rép. 9. Papon, liv. 15. tit. 7. & M. le Brun en son Traité des Successions, liv. 3. chapitre 1.

PARTAGE DE COMMUNAUTÉ, est celui qui se fait des effets de la communauté entre le survivant des conjoints, & les héritiers du prédécedé.

Pour donner lieu à ce partage, quatre conditions sont requises. La premiere, que la communauté ait été établie, soit par contrat de mariage, ou *in vim consuetudinis* ; autrement tous les biens acquis par le mari pendant le mariage, lui appartiennent ou à ses héritiers.

La deuxiéme, que la femme ou ses héritiers acceptent la communauté ; car en y renonçant, tous les biens d'icelle appartiennent au mari ou à ses héritiers.

La troisiéme, que la femme ne s'en soit pas renduë indigne, comme il arrive quand elle en est privée par Jugement pour crime d'adultére dont elle seroit convaincue, ou pour avoir quitté son mari par légereté & sans cause légitime.

La quatriéme, qu'il n'y a point de convention contraire portée dans le contrat de mariage ; comme s'il étoit dit, qu'avenant le décès du mari sans enfans, tous les biens de la communauté appartiendront à la femme ; le cas arrivant, les héritiers du mari en sont exclus.

Lorsque toutes ces conditions requises pour donner lieu au partage de la communauté concourent, elle se doit partager en l'état qu'elle se trouve lors de la dissolution d'icelle.

Voici comme on y procéde. On fait une masse de tous les meubles qui se trouvent alors, & de tous les effets mobiliers, de tous les conquêts immeubles, & de tout ce qui a dû entrer en la communauté, suivant les stipulations accordées par le contrat de mariage.

Cela fait, les biens de la communauté se divisent, ensorte que la moitié appartient au survivant des conjoints, & l'autre aux héritiers du prédécedé; & le survivant & les héritiers du prédécedé reprennent chacun leurs propres en nature, sans confusion ni division.

Si pendant que ladite société a duré, il y a eu des immeubles propres de part & d'autre vendus, ou quelques rentes rachetées; comme la communauté en a été augmentée, celui à qui appartenoit la rente ou l'héritage, en reprend le prix sur la masse; ou si l'on en rend compte, le rendant compte se charge en recette de la moitié de la somme.

Il en est de même quand l'un des conjoints devoit une rente constituée devant le mariage; si cette rente est rachetée des deniers de la communauté, celui qui la devoit, doit une récompense de la moitié, aussi-bien que lorsque l'on a fait des augmentations sur les héritages qui lui sont propres: comme les propres n'entrent point dans la communauté, le propriétaire des héritages propres dans lesquels on a fait des augmentations, doit récompense pour la moitié de la valeur desdites augmentations.

Voyez touchant le partage de la communauté, ce que j'ai dit sur l'article 229. de la Coutume de Paris.

PARTAGE DE CHOSES INDIVISIBLES NE SE PEUT FAIRE: c'est pourquoi il faut que ceux qui en sont copropriétaires en jouissent en commun, ou en jouissent tour à tour, ou enfin qu'ils en viennent à la Licitation. *Voyez* Licitation.

PARTAGES FAITS PAR LES PERES ET MERES DE LEUR VIVANT ENTRE LEURS ENFANS, sont si favorablement reçus, qu'ils sont dispensés des formalités, régles & maximes ordinaires.

Si l'acte est fait dans une forme qui justifie que la volonté du testateur est certaine & constante, ce partage, qui n'est autre chose qu'un testament, doit donc avoir son exécution, & ne peut être débattu, quoique ses dispositions ne soient pas absolument égales, & que quelques-uns des enfans soient plus avantagés que les autres. Mornac *ad Leg.* 10. *cod. famil. ercisc.* Brodeau, sur Louet, Lettre P. som. 23.

Divisio testamentaria à parentibus inter liberos quocumque modo facta, valet, dummodo de voluntate testatoris constet; quia parentibus arbitrium dividendæ hæreditatis inter liberos adimendum non est; siquidem præsumptio propter naturalem affectum facit omnia parentibus videri concessa.

Mais il faut pour cela, que quand un pere ou une mere avantage par un tel partage un de ses enfans, que la légitime des autres n'en reçoive aucune atteinte; parce que cette portion des biens des peres & meres est dûe aux enfans par le droit naturel, qui veut que ceux à qui nous avons donné l'être, reçoivent de nous de quoi vivre. Ainsi les enfans, à qui le pere auroit par un tel partage laissé moins que leur légitime, sont en droit d'en demander le supplément. Papon, liv. 15. tit. 7. nombre 8. Boniface, tom. 2. liv. 1. tit. 13. chap. 2.

Un pere qui auroit des fiefs & des rotures, ne pourroit pas non plus rien faire, par le partage qu'il feroit entre ses enfans, qui intéressât le droit d'aînesse: ensorte que si le pere qui avoit des fiefs & des rotures, avoit de son vivant fait un partage égal de tous ses biens entre tous ses enfans, sans aucune réserve du droit d'aînesse en faveur de l'aîné, cet aîné feroit toujours en droit de le demander, nonobstant un tel partage.

Cela est si vrai, que quoique tous les enfans, y compris l'aîné eussent accepté un tel partage du vivant de leur pere, rien n'empêcheroit l'aîné de demander après le décès de son pere son droit d'aînesse; de sorte que l'acceptation qu'il auroit faite de ce partage, ne pourroit en aucune maniere préjudicier à son droit. *Voyez* Mornac en son récueil d'Arrêts, pag. 1. nomb. 83.

La raison est, qu'un droit accordé par la Coutume, ne peut pas être ôté par la volonté des Pere & mere, & pour ce qui regarde l'acceptation faite par l'aîné du partage égal fait par le pere entre tous ses enfans, le fils aîné qui l'a signé, n'est pas censé avoir par-là renoncé à un droit que la Loi lui donne; mais il est censé avoir seulement voulu donner à son pere des marques d'une soumission aveugle, qui ne doit lui porter aucun préjudice.

Le pere ne peut pas non plus, par le partage qu'il fait entre ses enfans, déroger à la promesse qu'il auroit faite à un d'eux, de lui donner dans ses biens une part égale à celle des autres. Ainsi par Arrêt rendu au Parlement de Tournai le 24 Décembre 1699. rapporté par Pinault, tome 2. Arrêt 277. il a été jugé qu'un Pere, qui avoit promis par transaction à un de ses enfans, de lui laisser part égale dans ses biens pour quelque cause, n'avoit pas pû par d'autres dispositions le priver de l'effet de ses promesses.

Comme une disposition faite par le pere entre ses enfans par forme de partage, est une espèce de testament, elle ne peut passer que pour une disposition de derniere volonté; c'est pourquoi elle peut être revoquée, si celui qui a fait un tel partage le juge à propos. *Iste actus magis est ultimæ voluntatis utpotè ambulatorius & revocabilis.* Bouvot, tom. 1. *verbo* Disposition. Taysand, sur la Coutume de Bourgogne, tit. 7. art. 8. note 4.

Il faudroit cependant dire le contraire, si le partage avoit été fait dans un contrat de mariage; car alors il seroit irrévocable.

PARTAGE FAIT EN L'ABSENCE D'UN DES COHÉRITIERS, ne peut être que provisionnel. Ainsi quoique régulierement on ne considére en fait de partage, que la lézion du tiers au quart, pour qu'un des cohéritiers puisse revenir contre; néanmoins quand il s'agit d'un partage fait avec un absent, pour peu qu'il soit lezé, lorsqu'il est de retour, il peut se faire restituer contre.

La raison est, qu'on n'a pas pû contracter avec

lui définitivement, parce qu'il y a lieu de présumer qu'on a fait l'avantage des autres parts au préjudice de la sienne, & qu'il n'a point consenti a un tel partage : ce qui est de l'essence de tous les contrats.

PARTAGE FAIT AVEC UN MINEUR, est regardé par M. Lebrun en son Traité des Successions, & par plusieurs autres de nos Auteurs, comme provisionnel.

Cependant il semble aujourd'hui qu'on s'écarte au Palais de cette opinion, sur le fondement, qu'étant certain dans le droit que l'on peut contracter avec les mineurs, sauf à eux à se faire restituer lorsqu'ils sont lézés, il s'ensuit que lorsqu'ils n'y a point de lézion, le partage doit subsister définitivement, & de la même maniere que s'il avoit été fait avec un majeur.

Au reste il est certain qu'un mineur ne peut pas être partie dans un partage, sans être assisté d'un Curateur.

PARTAGE DES BIENS D'UN ABSENT, ne peut être que provisionnel, parce qu'il peut dans la suite revenir & rentrer dans ses biens.

On ne peut même proceder à un tel partage, qu'après dix ans d'absence, en baillant caution : & s'il ne revient point dans l'espace de trente ans, à compter du jour de son absence, ses présomptifs héritiers peuvent proceder à un partage définitif de ses biens, & sont déchargés de donner caution pour raison de ce partage, comme je l'ai dit *verbo* Absent.

La Coutume d'Anjou, art. 269. celle du Maine, art. 287. ne desirent que sept ans continuels d'absence, pour proceder à un partage provisionnel : celle de Hainault, que trois ans : mais le Parlement de Paris juge qu'il faut dix ans dans les Coutumes muettes.

On demande si ceux qui étoient les plus proches au commencement de l'absence, conservent toujours leur droit, lorsque l'échéance des dix ans ils ne se trouvent plus les plus proches ?

Par Arrêt du 2. Juillet 1715 rendu en la premiere Chambre des Enquêtes du Parlement de Bordeaux, après partage vuidé en la seconde, il a été jugé que ceux qui étoient les plus proches au commencement de l'absence, n'ont aucun droit dans les biens de l'absent, lorsqu'ils ne se trouvent plus les plus proches à l'échéance des dix ans.

La raison qu'on peut rendre de cette décision, est, que la succession de l'absent commence à être, pour ainsi dire, ouverte après les dix ans d'absence, & non auparavant ; ainsi, comme il n'est réputé mort qu'après ce laps de tems, ce doit être l'époque où l'on doit avoir égard à la proximité de ceux qui lui doivent succeder. *Voyez* Lapeyrere. édition de 1717. page 248. le Brun, en son Traité des successions, chap. 150.

Quoiqu'il en soit, je ne sçai si cette raison est peremptoire, si cet Arrêt doit sur ce point fixer la Jurisprudence : car lorsqu'un homme est absent, on ne procéde à la vérité au partage provisionnel de ses biens, qu'après dix ans, mais ce n'est qu'en sa faveur & dans l'espérance de son retour ; c'est pourquoi, lorsqu'après dix ans d'absence on n'en a pas des nouvelles, rien n'empêche qu'on ne le présume mort dès l'instant qu'il a disparu.

En effet, un homme qui a disparu, peut être comparé à un homme pris captif par les ennemis : or un captif qui ne revient point, est censé mort du moment de sa captivité. *Leg. Si Filius familias, ff. de test. mil.* Il en doit être de même de celui qui s'est absenté, & dont on n'a point des nouvelles.

C'est aussi ce que décide M. le Premier Président de Lamoignon dans ses Arrêts, en ces termes. *L'absent est réputé mort du jour qu'il n'a point paru, & de la derniere nouvelle qui a été reçue de lui.* Ainsi, quoique le Brun en son Traité des Successions, chapitre 150. soit d'un sentiment contraire, cette derniere opinion me paroît plus juste ; car l'absent est réputé mort par fiction : or les fictions ont toujours un effet rétroactif.

Au reste, ceux à qui l'on donne la possession des biens d'un absent, ont droit d'intenter toutes les actions rescindantes ou rescisoires qui lui sont compétentes : ainsi ils peuvent obliger le tuteur ou le Procureur de l'absent de rendre compte de leur gestion, & de leur payer le reliquat, en donnant caution de les faire décharger par l'absent, en cas de retour.

Voyez ce qui est dit au sujet du partage des biens d'un absent entre ses héritiers présomptifs, dans le Recueil alphabetique de M. Bretonnier, *verbo* Absent, où sont traitées plusieurs questions qui concernent cette matiere.

PARTAGE D'OPINIONS, est l'égalité qui se rencontre dans les voix des Juges ; desorte qu'il y en a autant d'un côté que d'un autre : ce qui empêche la décision de la cause du procès.

Dans les affaires d'Audience, quand les voix sont partagées, il faut ordonner un déliberé, les piéces mises sur le Bureau ; & quand c'est dans un affaire appointée, le procès doit être départi par d'autres Juges de la même Jurisdiction, ou d'un autre semblable.

Dans les Jurisdictions inférieures, quand les voix des Juges sont partagées, celui qui préside doit appeller quelques autres Juges pour départir, & il les appelle en nombre impair, pour ne pas tomber dans un second partage. Sur quoi il faut remarquer qu'un procès parti à un Présidial, ne peut être départi par les Avocats du Siége : mais qu'il doit être envoyé au plus prochain Siége Présidial pour y être départi, comme il a été jugé par Arrêt du 13 Juillet 1587. dont Mornac fait mention en son recueil d'Arrêt, partie premiere, article 40.

Au Parlement, si le procès est parti en la grande Chambre, il est de parti en la premiere Chambre des Enquêtes. Si c'est dans une Chambre des Enquêtes que le procès soit parti, le partage est porté dans un autre où il est départi, dans laquelle le Rapporteur & le Compartiteur se transportent pour rapporter les opinions du partage avec les raisons de part & d'autre, le Compartiteur est celui qui soutient le sentiment contraire à l'avis du Rapporteur.

Après que l'un & l'autre ont été entendus, l'affaire se termine en faveur de celui qui a plus de voix pour lui; desorte que l'on dit, le procès a été parti, par exemple, dans la premiere, & départi, c'est-à-dire jugé dans la seconde ou autre, où il aura été porté.

Au reste, lorsque dans un affaire les voix sont partagées, comme la matiere est pleinement discutée, bien des gens ont bien de confiance aux Jugemens intervenus sur partage qu'aux autres.

PARTAGE D'OPINIONS EN MATIERE CRIMINELLE, ne peuvent avoir lieu; car lorsque les voix sont égales de part & d'autre, on suit toujours le parti le plus doux. Ainsi il n'y a jamais de partage, puisqu'on doit suivre l'opinion la plus favorable au criminel; ce qui a lieu même, quand elle seroit moindre d'une voix; si bien que l'opinion la plus rigoureuse ne l'emporte point sur l'autre, qu'elle ne l'a passe au moins de deux voix.

La raison est tirée de l'humanité qui est naturelle aux hommes; *Pœna molliendæ sunt potius quàm asperandæ, leg. 42. ff. de pœnis. Proniores esse debemus ad absolvendum quàm ad condemnandum, maximè in criminalibus judiciis, siquidem condemnationes reorum tristes sunt admodum sententiæ : & leviùs est nocentem absolvere quàm innocentem condemnare. Leg. 5. ff. eod.*

Voyez Charondas sur le Code Henry, livre 2. titre 16. *Voyez* aussi l'article 12. de l'Ordonnance de 1670. & ce qu'a dit Bornier dessus.

PARTIAIRE. *Voyez* Métayer partiaire.

PARTICULE CONJONCTIVE OU DISJONCTIVE. En Droit la particule conjonctive se prend quelquefois pour la disjonctive, & la particule disjonctive, pour la jonctive, suivant les circonstances. *Leg. 53. ff. de verbor. signif. leg. 4. cod. de rerum & verbor. signif. Voyez* le Recueil de Jurisprudence de M. de la Combe, *verbo* Disjonctive, Substitution, partie 2. §. 1. nomb. 5 & 6. & *verbo* Testament §. 4. dist. 5. nomb. 5.

PARTIE, en terme de Palais, se dit de tous les plaideurs.

Les demandeurs & défendeurs, les appellans & les intimés, s'appellent Parties principales; & les Parties intervenantes sont celles qui s'y joignent par quelque intérêt, ou qui y sont appellées en assistance de cause.

PARTIE CIVILE, se dit en matiere criminelle, de celui qui se déclare Partie contre celui qu'il accuse d'avoir commis un crime. Il est appellé Partie civile, parce qu'en concluant sur sa plainte, il ne peut jamais demander qu'une réparation civile, par rapport à l'injure & au dommage que lui cause le crime dont il se plaint.

Après avoir ainsi conclu pour ses intérêts civils, il laisse au Procureur du Roi à prendre telles fins & conclusions qu'il avisera bon être, pour la réparation & vengeance publique du crime dont il est question.

Celui qui a rendu sa plainte, n'est pas pour cela Partie civile; car lorsque la plainte ne porte pas la déclaration d'être Partie civile, elle ne tient lieu que de dénonciation, suivant l'article 5. du titre 3. de l'Ordonnance de 1670. mais au cas que la plainte soit calomnieuse, celui qui l'a faite peut être poursuivi comme calomniateur.

Il n'y a que celui qui a intérêt qu'un criminel soit puni, qui puisse se porter Partie contre le criminel comme celui auquel un vol auroit été fait, ou l'héritier de celui qui auroit été tué.

Ceux qui n'y ont qu'un intérêt public, peuvent seulement servir d'instigateurs & de dénonciateurs envers le Procureur du Roi.

C'est donc un principe certain en France, que nul ne peut agir civilement ou criminellement, que suivant la mesure de son intérêt; & que dès-lors que l'intérêt d'un Particulier est rempli, on ne souffre point qu'il intente d'action criminelle pour la vengeance du crime. Il n'y a que le ministere public qui puisse s'en plaindre, quand le Particulier est satisfait; & alors ce Particulier ne peut plus agir, ni se rendre dénonciateur.

Ainsi un parent, après avoir reçu les réparations civiles de l'homicide de son parent, ne peut plus intenter un procès criminel contre le coupable qui auroit satisfait à son intérêt civil; & s'il le faisoit, outre qu'il ne seroit pas admis à une telle poursuite, il seroit punissable; *quia scilicet hominum malitiis non est indulgendum.*

Coquille, question 12. explique qui sont ceux qui peuvent être admis à dénoncer, ou à faire poursuite, d'un crime; & si ceux qui ont commencé une telle poursuite peuvent s'en désister.

Lorsque l'accusé est condamné à mort naturelle ou civile, ordinairement la Partie civile fait créer un curateur aux biens du condamné, pour être payée de ses intérêts civils.

Au reste, l'Ordonnance permet bien aux Juges de poursuivre la vengeance d'un crime, quoiqu'il n'y ait ni dénonciateur ni Partie civile : mais voici la distinction que la Cour a toujours faite, c'est lorsqu'il y a un corps de délit, & qu'il est certain que le crime a été commis : mais à l'égard des crimes qui sont dans le doute, & lorsque les Parties interessées demeurent dans le silence, la Cour n'a jamais approuvé la diligence trop curieuse & trop affectée des Juges subalternes, qui paroit alors trop suspecte & hors d'œuvre.

PARTIE PUBLIQUE, est le Procureur général ou ses Substituts, qui ont seuls parmi nous le droit de poursuivre la vengeance, & conclure à peines afflictives.

Chez les Romains il n'y avoit point de Partie civile. Mais en France, soit qu'il y ait un accusateur,

teur, soit qu'il y ait un dénonciateur, la Partie civile est toujours le Procureur général, ou ses Substituts.

La personne intéressée est bien admise à déferer le coupable à la Justice, à découvrir les preuves pour la conviction du criminel, & les administrer à la personne publique : mais l'accusateur ou Partie civile n'a pas la liberté de conclure à la peine que mérite le crime ; il peut seulement conclure au payement du dommage qu'il a souffert par le crime de l'accusé : & pour ce qui est de la vengeance publique, nos Loix en saisissant la Personne publique préposée pour maintenir le bon ordre, n'accordent qu'à elle le droit de demander que la peine attachée à un crime soit imposée à celui qui en est trouvé coupable.

La pratique de France est en cela bien différente de celle des Romains ; car, suivant les Loix civiles, celui qui étoit accusateur concluoit, & à la réparation du dommage, & à la peine afflictive que méritoit le crime de l'accusé. Mais en France, les actions ciminelles ne sont point comme dans le Droit Romain populaires & publiques, c'est-à-dire qu'elles n'appartiennent point au premier d'entre les Citoyens qui veut s'en saisir & les poursuivre. Les actions criminelles non plus que les civiles ne peuvent, selon nos mœurs, s'exercer que par ceux qui y sont intéressés ; encore en fait d'action criminelle, la Partie civile ne conclut qu'à ses intérêts civils ; mais la partie de l'action criminelle qui regarde le crime, & la peine dont le coupable doit être puni, ne peut être exercée par cette même personne, mais seulement par la partie publique, comme nous l'avons dit.

L'article 19. du titre 25. de l'Ordonnance de 1670. enjoint aux Procureurs du Roi & à ceux des Seigneurs, de poursuivre incessamment ceux qui seront prévenus de crimes capitaux ausquels il échoira peine afflictive, nonobstant toutes transactions faites entre les Parties.

Mais à l'égard des délits qui ne sont point capitaux, ou ausquels il n'échoit point de peine afflictive, les Procureurs du Roi ou des Seigneurs ne doivent pas s'y interposer pour en prendre vengeance; *quia non ad publicam læsionem respiciunt, sed rem dumtaxat familiarem*, comme il est dit *verbo* Vindicte publique.

Les Procureurs du Roi & des Seigneurs Hauts-Justiciers peuvent donc poursuivre, pour raison d'un crime, celui qui en est soupçonné, & cela *ex officio* sur le soupçon public, & sur des indices, sans que pour raison de ce ils puissent être tenus des dommages & intérêts envers l'accusé, en cas qu'il ne puisse être convaincu ; car comme il est de l'intérêt public, *delicta non manere impunita*, ils doivent faire la recherche des crimes & des criminels, sans être exposés à aucune peine, faute de preuve suffisante.

Comme leur charge les y oblige, on présume que l'accusé qui a été renvoyé absous, n'a reçu d'eux aucune injure, puisqu'ils n'ont fait cette poursuite que pour l'intérêt & le repos public, *cujus sunt Assertores.*

Il suffit qu'il y ait une raison probable pour dénoncer celui que l'on soupçonne d'avoir commis un crime. *Sanè si probabilem deferendi criminis causam quis habuerit, non exigimus ut sufficientes & plenas afferat probationes. Faber ad titulum, cod. de accusat.*

Cette régle doit être encore plus certaine à l'égard d'un Officier à qui la Loi ordonne de poursuivre les crimes pour l'intérêt public, parce que ses poursuites sont forcées & nécessaires. Ainsi, quand l'accusé justifieroit de son innocence, cet Officier ne seroit garant que de la sincérité de ses intentions. Il suffit même qu'il s'agisse par la seule instigation de la commune renommée, *instigante famâ*, pour que son erreur paroisse avoir un fondement solide.

Mais si un Procureur du Roi ou un Procureur d'un Seigneur Haut-Justicier avoit accusé un Particulier d'un crime commis, dont on ignoreroit l'auteur, & qu'il l'eût accusé par dol, concussion, ou calomnie évidente, il seroit condamné aux dépens dommages & intérêts de l'accusé, parce qu'en ce cas il seroit consideré comme un dénonciateur particulier.

Au reste, quand le Procureur du Roi, ou celui d'un Seigneur Haut-Justicier, qui a commencé contre un Particulier la poursuite d'un crime, reconnoît l'innocence de l'accusé, il doit s'en désister à l'instant.

Voyez Guy Pape, quest. 269. & *Boerius*, décis. 324. *in princip.*

PARTIES CASUELLES, sont des deniers provenans des Offices venaux & casuels, qui ont vaqué par mort ; ou les droits qui se payent à chaque résignation, qu'on taxe au quart ou huitiéme denier ; ou le droit annuel, appellé Paulette, & les prêts qu'on paye d'année en année pour les conserver.

Quand un Office est tombé aux Parties casuelles & que Sa Majesté en fait don au présomtif héritier du titulaire, ce présomptif héritier n'est pas pour cela censé faire acte d'héritier, & par conséquent n'est pas tenu des dettes du défunt, s'il ne veut point accepter la succession, parce qu'il ne tient cet Office que de la liberté du Roi ; ce qui ne l'engage en aucune maniere aux dettes de la succession.

Au reste, celui qui fait recette des deniers procédans des Officiers, & qui appartiennent au Roi, est appellé Trésorier des Parties casuelles.

Voyez *verbo* Casuels, ce que j'ai dit de la signification de ce mot.

PARTISAN OU FINANCIER, est un homme qui fait des traités, des partis avec le Roi, qui rend ses revenus à ferme ; qui se charge de la recherche & du recouvrement des impôts, & qui en donne aussi les avis & les mémoires.

Le but de la plûpart de ces gens-là qui se rendent

comptables des deniers du Roi est toujours de n'y rien perdre, comme de raison; mais il s'en trouve quelques-uns qui y font des gains si excessifs, que Sa Majesté établit de tems en tems des Chambres de Justice, pour leur ôter une partie de ce qu'ils ont tiré du Public, au-delà de ce qui leur en devoit revenir.

Voyez Comptables.

PASNAGE ou PARNAGE, est un droit seigneurial qui est dû au proprietaire d'une Forêt, pour la glandée & paisson des porcs ou autre bétail. *Voyez* ce qui en est dit dans le Glossaire du Droit François.

PASSAGE, Droit de passage, est le droit de passer sur le fonds d'autrui.

Voyez ce que j'ai dit sur le commencement du troisiéme titre du second livre des Institutes, & sur le commencement du neuviéme titre de la Coutume de Paris. *Voyez* aussi Peleus, quest. 108. & Louet, lettre C, sommaire 1.

PASSE-AGÉ, est un acte que le Juge délivre en Normandie, par lequel il notifie qu'il lui a apparu de la naissance & de l'âge de vingt ans accomplis, de celui à qui cet acte est accordé par le Juge; ce qu'il ne fait qu'en connoissance de cause.

Quoique la majorité coutumiere soit établie par la Loi, elle existe sans aucun ministere de Justice, & donne la faculté de contracter valablement; néanmoins on a coutume en Normandie de prendre du Juge un acte de Passe-âgé, pour la notorieté de cette majorité coutumiere.

Cet acte n'est accordé par le Juge, qu'après qu'il lui est apparu de la naissance & de l'âge de vingt ans accomplis, dans la personne de celui qui se dit majeur de majorité féodale.

Il y a plus, c'est que le Juge peut quelquefois (en Normandie) apposer de la restriction à l'acte de passe-âgé, & faites défenses au majeur de majorité coutumiere d'aliener ses biens, qu'après un certains tems, pour peu qu'il y ait ou d'imbécillité ou de prodigalité, & de mauvaise conduite alléguée & prouvée par les parens; & en ce cas, il faut que la restriction soit publiée en l'assise de la Jurisdiction du domicile du majeur interdit.

Voyez Pesnelle, sur l'article 223. de la Coutume de Normandie.

PASSEPORT, est un ordre par écrit donné par le Souverain, ou par celui qui a pouvoir de lui, pour la liberté & la sûreté du passage des personnes, des hardes, des marchandises, &c.

PATENTES. *Voyez* Lettres patentes.

PATERNA PATERNIS, MATERNA MATERNIS. Suivant le Droit Romain, qui ne reconnoit point de propres, c'est toujours le plus proche parent du défunt qui est appellé à sa succession, tant pour les immeubles sans aucune distinction, que pour les effets mobiliers. C'est ce qui se pratique dans le Pays de Droit écrit.

Mais dans la France coutumiere, il n'en est pas de même à l'égard des immeubles qui sont propres paternels ou maternels; car pour être admis à la succession des propres du défunt, il faut lui être parent du côté paternel ou maternel, suivant que lui sont avenus les héritages qui lui sont propres.

C'est ce que nous marque cette régle, *paterna paternis, materna maternis*, qui s'est introduite dans les Coutumes de France, afin que les biens soient conservés dans les familles desquelles ils proviennent.

Cette régle est très-ancienne; quelques-uns la prétendent plus ancienne que la Monarchie. Imbert dans son Enchiridion dit qu'elle a été de tout tems observée dans le Royaume.

Voici ce qu'en dit Dumoulin, sur l'article 24. de la Coutume de sens, & *Consil.* 7. *num.* 48. *Prædicta consuetudo, quòd hæredia antiqua sint affecta lineæ seu gentilitati, fuit originalis Francorum & Hurgundiorum; & per Constitutionem Caroli Magni, primi Franciæ Imperatoris, prorogata fuit etiam ad Saxones, ut testatur Baldus, Consil.* 174. *lib.* 15. *& dixi in Tract. contra abus. in proem num,* 2.

Comme cette régle n'est pas conforme aux Loix Romaines qui déferent les successions au plus proche parent du défunt, sans distinction de côté & ligne, elle n'a pas été reçue en Pays de Droit écrit, comme nous l'avons remarqué ci-dessus.

Mais quoiqu'elle ait été admise dans la plûpart de nos Coutumes, elle y a été reçue bien differemment: desorte qu'il faut admettre plusieurs sortes de Coutumes touchant la succession des propres, comme nous le ferons voir, après avoir donné une idée générale de ce que cette régle contient.

Cette régle du Droit coutumier veut que dans la succession de celui qui ne laisse que des héritiers collatéraux, les propres appartiennent à ceux du côté duquel ils sont échus au défunt, sans avoir aucun égard à la prérogative de dégrés, qui se pourroit trouver dans un parent d'un autre côté que celui d'où les héritages sont venus au défunt.

Ces propres appartiennent donc aux plus proches parens du défunt, du côté & ligne d'où ces propres lui étoient venus, quoique plus éloignés en degré que d'autres parens du défunt de l'autre ligne. Ainsi jugé par Arrêt du 18. Septembre 1569. rapporté par le Vest, Arrêt 292.

Par exemple Titius laisse pour héritiers un frere consanguin, & un frere uterin; ces deux freres doivent partager entr'eux les meubles & les acquêts par portions égales; mais pour ce qui est des propres, suivant notre régle, le frere consanguin succéde seul aux propres paternels du défunt, parce-qu'il est seul son frere de pere; & il partage ses propres maternels avec le frere uterin, comme étant tous deux enfans d'une même mere.

Mais posons que Titius ait laissé un frere uterin, & un cousin issu de germain, pour plus proche parent du côté paternel, & qu'il y ait dans la succession deux héritages, dont l'un lui soit échu du côté maternel, & l'autre du côté paternels; en ce cas le frere uterin succedera dans l'héritage maternel.

& le cousin issu de germain dans l'héritage paternel, quoiqu'il soit plus éloigné de degré que le frere uterin.

Avant que d'entrer dans ce qui concerne les différentes manieres dont cette régle a été reçue par diverses Coutumes, il faut observer;

I°. Que cette régle est inutile, par rapport à la ligne directe, attendu qu'elle ne peut pas y avoir lieu, puisque les descendans succedent indistinctement à tous les biens de leurs ascendans, soit propres, acquêts ou meubles, à l'exclusion de tous autres héritiers: d'où il suit que cette régle ne peut avoir son effet, que quand il s'agit des biens d'une personne qui est décedé sans hoirs.

II°. Que cette régle a lieu en ligne collatérale à l'infini. *Hæc regula* Paterna paternis; Materna maternis, *in lineâ collaterali procedit*, *in eâque locum habet in infinitum. Voyez* Charondas, Liv. 3. rép. 18. & liv. 13. rép. 77.

Pour bien entendre à qui les propres d'un défunt appartiennent en Pays Coutumier, il ne suffit pas de sçavoir en général la régle *Paterna paternis*, *materna maternis*; il faut distinguer trois sortes de Coutumes pour connoître les différentes manieres dont cette régle a été reçue en Pays coutumier, & les différens effets qu'elle y produit.

La premiere est de celles qui admettent simplement la régle *paterna paternis*, *materna maternis*, sans avoir égard à la souche ni à la ligne d'où les héritages sont parvenus au défunt.

Telles sont les Coutumes de Chartres, art. 44. & de Normandie, art. 244.

Dans ces Coutumes, pour succéder aux propres, il n'est pas nécessaire de remonter au premier acquereur de l'héritage; il suffit d'être le plus proche parent du côté d'où est échu l'héritage au défunt, quoiqu'on ne le soit pas de l'acquéreur.

Par exemple, mon bisayeul paternel a acquis une maison avant son mariage; elle a passé par succession à mon ayeul; ensuite à mon pere, & enfin à moi: si un descendant du frere de ma bisayeule se trouve mon plus proche parent au jour de mon décès, il me succédera dans cette maison, quoique je laisse des parens qui soient de l'estoc & ligne de mon bisayeul acquereur, s'ils ne me sont parens que dans un degré plus éloigné.

La raison est, que dans ces Coutumes il suffit d'être plus proche parent paternel au défunt, pour lui succéder dans un propre qui lui est échu du côté paternel.

Il faut dire aussi, que quoique mon ayeule paternelle ne soit pas descendante de mon bisayeul acquereur de l'héritage, & par consequent que les descendans d'icelle ne soient pas de l'estoc & ligne de mon bisayeul; néanmoins ces descendans de mon ayeule paternelle succederoient à cet héritage, s'ils étoient mes plus proches parens du côté de mon pere, & seroient préferés à ceux qui me seroient parens du côté de mon bisayeul acquereur, s'ils étoient plus éloignés.

La seconde, est de celles qui n'admettent pas seulement la régle *paterna paternis &c.* mais qui veulent encore que pour succéder aux propres, on soit du tronc commun, c'est-à-dire que l'on soit descendu en ligne directe de l'acquereur; faute de quoi on n'y succede point comme à un propre, mais il appartient au plus proche parent, comme si c'étoit un acquêt.

Telle est la coutume de Mantes, & quelques autres que l'on appelle soucheres, à cause que pour succéder à un héritage propre, il faut que cet héritage ait appartenu à celui qui a fait le tronc commun & ancien entre le défunt & celui qui vient lui succeder audit héritage.

Par exemple si j'ai succedé à mon pere à une maison qu'il auroit achetée, & que je meure sans enfans, laissant un oncle paternel, un cousin paternel, & un frere uterin; dans la Coutume de Paris, l'Oncle seroit préferé comme plus proche parent paternel, & le frere uterin seroit exclus, n'étant pas du côté paternel, duquel m'est venue cette maison, & qui a été en ma personne propre naissant paternel.

Mais dans les Coutumes soucheres, le frere uterin seroit préferé, parce que cette maison n'a pas appartenu à celui qui a fait le tronc commun & ancien entre moi, mon oncle, ou mon cousin germain paternel. Il faudroit pour cet effet qu'elle eut appartenu à mon ayeul; desorte que dans ce cas, on ne peut pas y succeder comme à un propre: c'est pourquoi le frere uterin y succéde comme plus proche parent.

La troisiéme, est de celles qui admettent la régle *Paterna paternis*, & qui veulent que pour succéder à un propre, on soit parent du défunt du côté & ligne du premier acquereur de l'héritage, sans néanmoins qu'il soit nécessaire pour y succéder, que l'on soit descendu en ligne directe de l'acquereur, c'est-à-dire de celui qui a acquis le premier héritage, & qui l'a mis le premier dans la famille.

Telle est la Coutume de Paris, & la plus grande partie de nos autres Coutumes.

Ces Coutumes gardent un milieu entre les Coutumes soucheres, & celles qui appellent à la succession des propres le plus proche parent du défunt du côté paternel ou maternel, sans avoir égard s'il est le plus proche du côté & ligne du premier acquereur de l'héritage.

En effet, il n'est pas requis dans la Coutume de Paris, & dans les autres qui ont une disposition semblable, d'être descendu de l'acquereur de l'héritage pour y succéder; il ne suffit pas aussi d'être le plus proche parent du défunt & son plus proche du côté & ligne de l'acquereur de l'héritage.

Voyez Côté & ligne.

Mais on demande si l'on doit suppléer à cette régle, *Paterna paternis*, *materna maternis*, dans les Coutumes qui n'en font aucune mention?

Papon, liv. 21. tit. 1. nombre 9. dit qu'en ligne collatérale, celui qui est le plus proche en dé gré, hors les termes de *réprésentation*, doit succéder pour le tout au défunt; & que la régle *paterna paternis, materna maternis*, n'a point lieu, si ce n'est dans les Coutumes qui ont une disposition précise, attendu que cette régle est contre le Droit commun.

Il fait mention d'un Arrêt du Parlement de Paris qui l'a jugé ainsi. Il ne datte point cet Arrêt, mais il dit qu'il est rapporté par du Luc, au titre des hérédités *ab instestat*, Arrêt 3. liv. 8. Ce dernier Auteur ne le datte pas non plus; il en rapporte seulement le prononcé, & dit qu'il a été rendu *consultis Classibus, quod eâ re ad exemplum sæpiùs revocatum iri videretur.*

Si ce qu'avancent ces Auteurs étoit en usage de leur tems, la Jurisprudence a depuis changé; car on tient communément au Palais, que l'on doit suppléer à cette omission, & que pourvu qu'il n'y ait point dans une Coutume de disposition contraire, cette régle doit avoir lieu.

La raison est; que cette régle a été reçue par la plûpart de nos Coutumes qui l'ont admise précisement: d'où l'on peut conclurre qu'elle est devenue régle de notre Droit coutumier. Or les dispositions du Droit commun doivent être suppléées dans les Coutumes qui n'ont point de disposition contraire. *Voyez* Chopin dans ses remarques sur les Coutumes, quest. 1. & M. Lebrun en son Traité des Successions, liv. 2. chap. 1. sect. 2. nomb. 9.

Mais il faut observer que dans ces Coutumes qui n'ont point de disposition précise pour l'affectation des propres à la ligne d'où ils procedent, il suffit d'être le plus proche parent du défunt pour avoir les propres paternels, *& vice versâ.*

Dans ces Coutumes, l'héritage venu d'un frere mort sans enfans dans la succession du frere héritier, appartient donc au plus proche parent du côté de ce premier frere, quoique cet héritage n'ait pas fait souche depuis lui, puisqu'il n'a pas eu d'enfans, à l'exclusion des peres paternels ou maternels du même frere plus éloignés.

La raison est, que dans ces sortes de Coutumes il suffit pour succéder à un propre, d'être le plus proche parent du côté de celui par la succession duquel il est échu à celui *de cujus bonis agitur.*

Il est vrai qu'en ce cas la régle change de nom, & devient en effet la régle *fraterna fraternis*: mais cela est dans l'intention de notre régle *paterna paternis*, qui est simple & sans embarras, & qui tient d'une autre régle, qui dit *le mort saisit le vif, son plus prochain. &c,*

Touchant la régle *paterna paternis, materna maternis*, *voyez* ce que j'ai dit sur l'article 326. de la Coutume de Paris; Bacquet en son Traité de Desherence, chap. 4. & en son Traité des Droits de Justice, chap. 21. nomb. 26. Brodeau sur Louet, lettre P. somm. 28. nom. 5. & 6. le Traité des Propres de M. Renusson. M. le Prêtre ès Arrêts de la cinquiéme & premiere cent. chap. 71. le Vest, Arrêts 56. Peleus, quest. 136. Henrys, liv. 6. chap. 1. quest. 3. & 4. M. le Brun en son Traité des Successions, liv. 2. chap. 1. sect. 2. & suivantes; & les Observations faites par M. François Guiné en son Traité de la Représentation.

PATIBULAIRE, se dit de ce qui concerne le gibet. *Voyez* Fourches patibulaires.

PATRIMOINE, se prend quelquefois pour toute sorte de biens; dans une signification moins étendue, il se prend pour un bien de famille.

Quelquefois même ce terme signifie que ce qui est venu à quelqu'un par succession de pere ou de mere, ou de quelqu'autre ascendant.

PATRIMOINE DU ROI. *Voyez* Domaine particulier du Roy.

PATRIMONIAL, se dit d'un immeuble qui vient de succession de pere, mere, ayeul, &c. que nos Coutumes appellent un propre, & qu'elles distinguent des biens d'acquisition. *Voyez* Propre. *Voyez* Acquêts.

PATRON, étoit chez les Romains, celui qui avoit donné la liberté à un esclave. Il s'entend quelquefois parmi nous du Seigneur, lequel est appellé *Patronus feudalis.*

Les Avocats sont aussi appellé *Patroni*, comme gens qui prennent sous leur protection les cliens dont ils défendent les intérêts.

PATRON, en Droit Canonique est celui qui a fondé, bâti ou doté une Eglise: en conséquence de quoi il a droit de présenter à l'Evêque un Ecclésiastique pour desservir l'Eglise.

Il a encore le premier rang dans les Processions; il a la premiere place dans le Chœur; il y a droit de sépulture; on lui donne du pain béni & de l'eau bénite le premier; & le Curé exhorte ses Paroissiens à la Messe paroissiale de prier pour le Patron *nominatim.*

Lorsque le Patron est hérétique, il est privé du droit de Patronage jusqu'à ce qu'il abjure. *Voyez* le Dictionnaire de M. Brillon, *verbo* Hérésie.

Nous ne nous étendons pas sur cette matiere, attendu que nous devons la traiter tout au long dans le Dictionnaire du Droit Canonique.

PATURAGE, est en quelques lieux un droit que le Seigneur leve sur chacun de ses Sujets, ou de ses habitans, qui font paître leurs troupeaux sur sa terre.

En la Coutume de Vitry-le-François, ce droit s'appelle droit de Pasquis; dans celle de Senlis, il se nomme droit de Passage; & dans celle de Meaux., droit de pâturage ou Paisson.

PATURAGE, signifie aussi le droit de faire pâturer ses bestiaux sur certaines terres.

Les Coutumes d'un Village ont droit de pâturage dans ses Varennes; de sorte qu'il n'en coute rien à chaque habitant pour le pâturage de ses bestiaux.

L'on peut acquerir le droit de pâturage sur les terres d'autrui par titre ou par prescription d'un tems immémorial. *Jus pascendi in agris vicinis cùm habeant discontinuam causam, titulo tantum vel tem-*

pore cujus non extet memoria acquiritur : & probatio debet fieri rejectis omnibus quorum animalia pascuntur in pascuo controverso. Mornac *ad legem* 3 *ff. de servitutibus rusticor. Voyez* le Vest, Arrêts 208. & 209. Henrys, tome 1. livre 4. chapitre 6. question 79. Chorier en sa Jurisprudence de Guy-Pape; page 330. & Loysel, liv. 2. titre 2. régle 20. & suivantes, & les notes de M. Lauriere.

Illa servitus pascendi pecoris pascua tantum & sylvas respicit, nec potest ad vineas extendi.

Ainsi par Arrêt du 13. Juillet 1545. rendu au Parlement de Toulouse, sur les déliberations des trois Etats de Languedoc, sur le fait des paturages, défenses ont été faites de mettre bétail aux vignes, & de contrevenir en aucune maniere à l'Arrêt donné par la Cour sur le fait des pâturages. La Rocheflavin, livre 3. Lettre P. tit. 1. Arrêt 6.

Illa servitus pascendi peccoris pro certâ tantum anni parte constitui potest : ità tamen ut qui jus illud habet, eo moderatè utatur. Vide Fanc. Marc. tom. 1. quest. 223.

Il n'est donc pas permis de se servir du droit de pâturage dans tous les tems de l'année.

La coutume d'Orléans en l'article 54. porte qu'en tems de glandée & paisson, aucun ne peut aller ni mener pâturer ses bêtes aux escrues des bois venus ès terres labourables qui ne lui appartiennent, depuis le jour de S. Remy jusqu'au premier de Janvier, ni ès forêts & autres bois anciens, en quelque tems que ce soit, s'ils ne sont siens, ou qu'il ait titre ou privilége exprès du droit d'usage.

Voyez le traité de la Police, tome 2. livre 5. titre 17. Henrys, tome 1. livre 4. chapitre 6. question 79. Papon, livre 14. titre 1. la Bibliotéque de Bouchel, *verbo* pâturage; Bouvot sous ce même mot; Taisand, sur le titre 13. de la Coutume de Bourgogne; Chassanée, *ibidem*; Boniface, tome 4. livre 3. titre 1. chapitre 3 & suiv. livre 10 titre 3 chapitre 8 l'ordonnance des Eaux & Forêts de 1669. titre 19. & la Conférence qui en a été faite en deux volumes *in-quarto*; Despeisses, tome 3. page 192. Coquille, tome 2. page 167 & de ses Questions, page 325. & en sa Coutume de Nivernois, titre des Servitudes réelles; Louet sous les mots Pâturages & Usages. *Voyez* ci-après, sous le mot usage.

On distingue deux sortes de pâtures; sçavoir, les grasses & les vaines.

Grasses pâtures ou vives pâtures, sont les endroits où il est défendu de faire paître des bestiaux dans de certaines saisons réglées par la Coutume, & par l'Ordonnance des Eaux & Forêts.

Par exemple, il n'est pas permis de faire pâturer des bestiaux sur des terres qui s'ensemencent, qu'après la récolte; dans les prés, qu'après qu'ils ont été fauchés, encore ne faut-il pas qu'ils soient à deux herbes.

Il n'est pas non plus permis de faire paître des bestiaux dans les bois, qu'ils ne soient déclarés désensables. Il n'est pas plus permis de les y faire paître dans le tems de glandée.

On appelle encore grasses pâtures, des landes, marais, pâtis & bruyeres, qui appartiennent à des Usagers, où il n'y a qu'eux seuls qui puissent faire pâturer leurs bestiaux.

Voyez l'article 146. de la Coutume de Sens; l'article 267. de la Coutume de Châlons; celle de Bourgogne, chap. 13. article 4. l'article 205 & suivans de celle de Bar; avec l'Ordonnance de 1669.

Vaines pâtures, sont les grands chemins, les prés après la dépouille, les guerets & terres en friche, & généralement tous les héritages où il n'y a ni fruit ni semences, & qui par l'usage du pays ne sont en défense. Les bois de haute futaie, les taillis après le quatriéme ou cinquiéme bourgeon, sont aussi vaines pâtures, aux lieux où la Coutume ne les a pas exceptés. Enfin toutes accrues sont réputées vaines pâtures.

Vaines pâtures ont lieu de clocher à clocher; mais les grasses n'appartiennent qu'aux communiers de la Paroisse.

En Normandie, chaque habitant n'a pas la faculté de faire pâturer dans les communes de la Paroisse, ou dans les terres vuides & non cultivées, autant de bêtes qu'il lui plaît; mais ils doivent faire de maniere que le nombre des bêtes qu'ils envoyent paître, soit proportionné à la quantité des héritages qu'ils possedent dans le même territoire; parce que ces terres étant communes, chacun en doit avoir sa part. *Voyez* Basnage, sur l'article 82. de la Coutume de Normandie.

Dans cette Province, il est défendu en tout tems de mettre les chévres, les porcs & autres bêtes malfaisante, pâturer dans les terres communes parce que leur morsure fait mourir les herbes, & gâte l'autre bétail; desorte qu'on peut les tuer quand on les trouve en dommage, pourvû que le proprietaire ait été averti auparavant de ne les plus envoyer paître dans les terres communes. *Voyez* l'Auteur de l'Esprit de la Coutume en Normandie, page 51.

PAULETTE, est un droit annuel que les Officiers sont obligés de payer au Roi pour donner l'hérédité à leurs Charges & transmettre à leurs héritiers le droit de nommer qui ils voudront au Roi pour en être pourvu.

Ce droit est appellé annuel, parce que quoiqu'il ne s'exige pas, il se doit néanmoins payer tous les ans; ensorte que si un Titulaire mouroit dans une année pour laquelle il n'auroit pas payé la Paulette, sa Charge tomberoit aux Parties casuelles.

Cela fait voir que ce droit est un expédient qui conserve & perpétue les Offices, & qui les rend comme héréditaire, en ce que le prix en est conservé à la succession de ceux qui en sont pourvus, & qui viennent à déceder après avoir payé ce droit pour l'année dans laquelle ils meurent.

Il est appellé Paulette, parce que cette héréd té

des Charges que ce droit procure, a été introduite à la poursuite de Charles Paulet; d'abord par Arrêt du Conseil du 7 Septembre 1604. sur lequel le 12 du même mois fut faite la Déclaration en forme d'Edit, qui fut seulement publiée en la Grande Chancellerie.

Par cette Déclaration, le Roi dispensa des quarante jours de suivie depuis la résignation des Offices, ainsi qu'il étoit porté par l'Edit de François I, moyennant une rente annuelle, dont la quittance dispense des susdits quarante jours, & donne la faculté aux héritiers de nommer qui ils voudront pour être pourvû de l'Office.

Ce droit annuel est le soixantiéme denier du prix de la Charge, ou autre, selon qu'il est arrêté au Conseil.

Il a été établi sur le fondement que les Offices ne sont véritablement que des Commissions attachées & inhérentes aux personnes des Officiers qui en sont pourvus, qui par conséquent finissent par leur mort & dont il ne leur est pas lible de disposer. Cela est si vrai, que les Titulaires ne les peuvent pas transmettre à qui que ce soit, parce que la propriété & le corps de l'Office appartient toujours & réside en la personne du Roi, qui en est le collateur.

Pour faire passer un Office d'une personne à une autre, il faut donc qu'il devienne vaquant par la mort du Titulaire, par forfaiture de sa part, ou par résignation; & dans ce dernier cas il faut que l'Office soit remis entre les mains du Roi & de Monseigneur le Chancelier, par la démission que le Titulaire en fait par sa procuration *ad resignandum*, qui est un acte par lequel il se démet entierement de tout le droit qu'il a dans l'Office, & le remet entre les mains du Roi, pour en pouvoir celui au profit duquel la résignation est faite sous le bon plaisir de sa Majesté.

Comme après cette démission il ne reste plus au Titulaire aucun droit dans l'office, qui n'est à proprement parler qu'une Commission, nos Rois ont cru qu'il leur étoit loisible d'agréer ou de rejetter la résignation, & d'y opposer telle condition que bon leur sembleroit.

François I. par son Edit ne permit la résignation des Offices, qu'à la charge que le résignant survivroit quarante jours après la résignation; sinon que l'Office tomberoit dans les Parties casuelles.

Quand la résignation avoit lieu, & que le résignant survivoit les quarante jours, il falloit toujours faire agréer du Roi cette résignation, & lui donner une somme d'argent, qui, quoique modique, ne laissoit pas de marquer le droit qu'il avoit dans la chose.

Enfin, depuis a été introduit sous Henri IV. le droit de Paulette, qui a rendu les Charges comme héréditaires, sans néanmoins en changer véritablement la nature, car ne sont toujours que des Commissions dépendantes du Roi; desorte que ni le Titulaire, ni ses héritiers, n'en peuvent disposer encore aujourd'hui que sous son agrément.

Ainsi ce ne sont pas véritablement les Offices qui sont héréditaires, mais c'est uniquement le prix, en ce qu'il est conservé à la succession du Titulaire par le moyen de la Paulette, lorsqu'il se trouve au jour de sa mort qu'il a payé ce droit pour l'année. Bien plus, quand ce droit annuel se trouve payé au jour du décès du Titulaire, son Office, ou pour mieux dire, le prix de son Office est conservé, non-seulement à ses héritiers, mais même à ses créanciers; & au cas qu'un Officiers soit négligent de payer au commencement de chacune année ce droit de Paulette, il est permis à ses créanciers de le payer pour lui, pour se conserver un gâge qui autrement périroit.

Quand ce droit n'a pas été payé par un Officier, ni par ses créanciers, au commencement de l'année, s'il vient à déceder dans le cours de cette année, sa Charge tombe aux Parties casuelles, & après que la taxe en a été faite au Conseil, elle s'inscrit dans un rolle qui se communique au Public pendant quelques jours, après lesquels, dans l'adjudication qui s'en fait au plus offrant, on préfere les veuves, héritiers ou ayans causes, suivant la Déclaration du mois de Février 1672.

Comme il arrive souvent que le vendeur d'un Office ne reçoit qu'une partie du prix convenu, ou que des Particuliers prêtent leurs deniers pour l'acquisition d'un Office, il est de leur intérêt de stipuler dans le traité qu'ils font, que l'acquereur sera obligé de payer le droit annuel chaque année, & de leur en fournir la quittance dans la huitaine après le Bureau ouvert, afin que l'Office soit conservé.

Alors, au cas que le pourvu de l'office soit négligent de payer ce droit annuel, le vendeur, ou un de ses créanciers privilégiés, peuvent le payer dans la quinzaine de l'ouverture du Bureau, ayant préalablement sommé le Titulaire de l'Office de le payer; & le Trésorier ou le Commis à la recette du droit annuel ne peut, sur la sommation faite au Titulaire, refuser d'en recevoir le payement, & d'en donner quittance.

Celui qui a fait le payement de la paulette, est préferé à tous autres créanciers, quelque privilége qu'ils ayent sur l'Office, jusqu'à concurrence des deniers payés pour ledit droit.

Voyez le Dictionnaire de M. Brillon, *verbo* Paulette; & celui de Chasles, *verbo* Prêt & Droit annuel.

PAUVRETÉ N'EST PAS VICE; mais en grande pauvreté n'y a pas grande loyauté Institutions coutumieres de Loysel, liv. 5. tit. 5. nomb. 16. *Rara viget probitas, ubi regnat grandis egestas.*

La pauvreté ne donne donc que de mauvais conseils, & est mere de quantité de crimes, qui, dans une République bien policée, ne doivent pas demeurer impunis. Aussi les mandians & vagabonds qui enlevent des enfans, & les mutilent pour en faire des objets de compassion, sont punis de mort. *Voyez* Plagiaire.

En effet, il y a quelques vagabons accablés de la pauvreté, qui n'ayant pas assez de courage pour la vaincre par leur travail, se font de leur oisiveté un métier utile, qui leur sert à vivre de leurs blessures & de leurs maladies; ils ne s'étudient qu'à se donner de la difformité, & à se rendre un spectacle hideux, pour exciter d'avantage la commisération.

La pauvreté est un moyen de s'excuser de la charge d'une tutelle, tant en pays coutumier, qu'en pays de Droit écrit.

Une personne à qui on auroit légué l'usufruit de quelques immeubles, n'en pourroit demander la jouissance qu'en offrant bonne & suffisante caution à l'héritier du défunt; mais si elle étoit si pauvre qu'elle n'en pût trouver, elle ne doit pas être privée de ce legs; & en ce cas le Juge doit ordonner, par forme de sequestre, que les immeubles seront donnés à ferme, & que le prix du bail sera payé à la fin de chaque année à celui à qui l'usufruit en a été légué.

PAYEMENT, est la prestation naturelle ou civile de la chose dûe au créancier, ou à celui qui a charge ou droit de recevoir en sa place.

Mais il n'importe qu'elle soit faite par le débiteur ou par un autre même contre sa volonté; car en ce cas le débiteur n'en est pas moins acquitté.

Pour qu'un payement soit valable, & libere le débiteur, plusieurs conditions sont requises.

La premiere est, qu'il soit fait de la chose dûe; car le créancier ne pourroit pas être contraint de recevoir en payement une chose pour une autre. *Aliud pro alio, invito creditore, solvi non potest. Leg. 2. ff de reb. cred.* D'où il s'ensuit qu'un débiteur ne pourroit pas donner à son créancier des héritages en payement, pour & au lieu d'une somme qu'il lui devoit, à moins qu'il n'y consentit. Guy Pape, quest. 358. Bouvot, tom. 2. *verbo* Detteurs, quest. 7. Hevin sur Frain, page 87. de ses additions aux notes; Soefve, tome 2. cent 4. chapitre 77.

Le créancier ne peut pas non plus demander l'estimation de la chose qui lui est dûe; il ne peut demander que la chose *in specie*, à moins qu'elle ne fût plus existante, & qu'elle fût perie par la faute du débiteur; auquel cas l'estimation tiendroit lieu de la chose même, *quia impossibilium nulla est obligatio.*

Le débiteur ne pourroit pas non plus contraindre son créancier à recevoir en payement l'estimation de la chose par lui dûe, à moins qu'elle ne fût plus existante, & que le débiteur ne fût pas liberé par sa perte.

La deuxiéme est, que le payement soit fait par le débiteur, ou autre en son nom qui ait la libre administration de ses biens; d'où il s'ensuit.

I°. Qu'un mineur ne peut pas valablement payer à son créancier ce qu'il lui doit, comme je l'ai fait voir sur le §. 2. du titre 8. du second Livre des Institutes. *Voyez* aussi la Rocheflavin, liv. 2. lettr. M, titre 9. Arrêt 3. & Maynard, livre 3. chap. 53.

II°. Qu'en pays coutumier, la femme ne peut faire aucun payement sans être autorisée de son mari, de maniere que *autoritas mariti requiritur, & in contractu, & in distractu* Bouvot, tom. 2. *verbo* Mariage, quæst. 65.

La troisiéme condition requise pour la validité d'un payement, est qu'il soit fait à celui à qui la chose est dûe, & que ce créancier ait la faculté de recevoir le payement c'est-à-dire la libre administration de ses biens.

La quatréme est, que le payement soit fait dans le lieu dont les Parties sont convenues expressément, sinon au lieu du domicile du créancier.

Ainsi un créancier peut refuser de recevoir une somme qui lui est offerte dans un autre lieu que celui où le débiteur s'est obligé d'en faire le payement. Bouvot, tom. 1. part. 3. *verbo* Promesse de payer en certain lieu.

Quand un débiteur s'est obligé de payer dans un certain tems, la chose est dûe à la vérité dès l'instant de l'obligation; mais elle n'est pas exigible avant que le tems marqué pour la payer soit entiérement échu. *Voyez* ce que j'ai dit dans ma Traduction des institutes, sur le §. 2. du titre 16. du troisiéme Livre.

Comme ce tems qui est marqué pour faire le payement, est un délai accordé en faveur du débiteur, il peut renoncer à cette grace, & anticiper le payement; il peut même faire valablement la la consignation de la somme par lui dûe avant l'échéance du terme qui lui est accordé pour la payer.

Quelques Auteurs néanmoins soutiennent, que comme le débiteur ne peut pas être contraint de payer avant l'échéance du terme, de même le créancier ne peut pas être contraint de recevoir son dû avant que le terme du payement soit échu, suivant la régle qui dit, que *pacta dant legem contractibus.*

Pour moi je crois que réguliérement un créancier peut être contraint de recevoir son dû avant l'écheance du terme, *idque favore liberationis*; mais il peut arriver dans de certains tems des circonstances où cette régle n'auroit pas lieu.

Voyez Boniface, tom. 2. liv. 4. tit. 5. chap. 2. & Basset tom. 1. liv. 2. tit. 32. chap. 2.

Celui qui est débiteur de différentes sommes envers le même créancier, lorsqu'il fait un payement, a le choix d'imputer ce payement sur la dette la plus onéreuse. *Voyez* Imputation.

L'effet du payement valablement fait, est de liberer le débiteur; & la preuve du payement est la quittance: c'est pourquoi un débiteur qui ayant été condamné de payer une somme contenue en une obligation, si après l'avoir payée en conséquence du Jugement, il trouve quittance qui Justifie qu'il l'avoit payée autrement, il est en droit de la répeter. Papon, liv. 10. tit. 6. nomb. 1.

Touchant la matiere des payemens, *voyez* ma Traduction des Institutes, sur le commencement du titre 30. du troisiéme Livre; Charondas, liv.

3. rép. 80. livre 10. rép. 40. M. le Prêtre, cent. 1, chap. 6. & 17. Papon, liv. 10. tit. 5. Despeisses, tom. 1. part. 4. tit. 1. Bouvot, tom. 1 part. 2. *verbo* Preuve de payement, quest. 1. *verbo* Procurations, quest. 4. Duperier, liv. 4. quest. 20. la Peyrere, lettre P; les Loix civiles, tom. 1. liv. 4. tit. 1.

PAYEMENT FAIT A DES MINEURS, ne peuvent être valable, s'il n'a pas été fait en présence & du consentement du curateur. C'est une régle certaine, que ceux qui doivent à des mineurs, ne peuvent pas leur payer valablement ce qu'ils leur doivent sans l'assistance d'un curateur. Supposé donc qu'un payement eût été autrement fait à un mineur qui eût dissipé les deniers, celui qui l'auroit fait en seroit responsable, & pourroit être contraint de payer une seconde fois.

Cela étant, si le mineur à qui l'on veut faire un payement n'a point un curateur, il faut que le débiteur lui en fasse créer un, si mieux il n'aime veiller à l'emploi des deniers qu'il paye, & en répondre. Mais si le mineur ou ses parens ne vouloient pas donner les mains à la création du curateur, le débiteur qui voudroit se liberer seroit bien fondé à demander qu'il lui fût permis de consigner, afin de faire casser le cours des intérêts ou des arrérages.

Néanmoins un payement fait à un mineur non-assisté d'un Curateur, ne pourroit pas être contesté. I°. Si l'obligation n'étoit que d'une somme modique, ce qui se doit estimer par rapport au bien du mineur. II°. Si un mineur émancipé avoit fait à son profit des obligations provenantes de ses épargnes, ou de quelque gain adventice, il en pourroit recevoir le payement sans être assisté d'un Curateur.

PAYEMENT FAIT D'UNE CHOSE NON DUE, est un quasi-contrat, par lequel celui qui a payé par erreur de faire une chose qui n'étoit dûe, oblige celui qui en a reçu le payement, comme s'il l'avoit reçu à titre de prêt.

Ce quasi-contrat produit une action appellée *condictio indebiti*, qui est donnée à celui qui a fait un tel payement.

Dans cette action le demandeur, après une sommaire exposition du fait, déduit les motifs qui l'ont induit à payer au défendeur une telle somme, qu'il croyoit par erreur de fait lui devoir; & ensuite il conclut, *à ce que le défendeur soit condamné de la lui rendre, attendu qu'il ne la lui devoit point; & que ce n'a été que par erreur de fait qu'il la lui a payée.* Et en outre, il conclut aux intérêt du jour de la demande, si c'est une somme d'argent; ou si c'est autre chose, il conclut aux dommages & intérêts pour la jouissance, & aux dépens.

Pour que cette action ait lieu, il faut que plusieurs conditions concourent. Sur quoi *voyez* ce que j'ai dit sur le §. 6. du titre 28, du troisiéme livre des institutes. *Voyez* aussi le premier tome des Loix Civiles, liv. 2. tit. 7. sect. 1. & despeisses, tom. 1. part. 4. tit. 11.

Mais on demande si le Jugement qui ordonne la restitution d'une chose payée par erreur, peut porter une condamnation d'intérêts, à compter du jour que le payement aura été fait par erreur?

Il faut distinguer entre le payement qui en auroit été fait volontairement, & celui qui en auroit été fait par contrainte. Au premier cas, les intérêts ne sont dûes que du jour de la demande, parce que c'est une espéce de prêt, qui par conséquent n'en peut produire que de ce jour-là. Mais au second cas c'est une restitution qui ne seroit pas parfaite, si l'on indemnisoit pas entierement celui qui a été forcé de faire un payement d'une chose qu'il ne devoit pas. *Voyez* Henrys & son Commentateur, tome 2. liv. 2. quest. 32. *Voyez* aussi Duperier, tom. 1. pag. 447.

PAYEMENT DANS LE COMMERCE, signifie certains tems fixes & arrêtés, où les Négotians font acquitter leurs dettes, & renouveller leurs billets.

A Lyon les termes des payemens sont aux jours des Foires, qui se tiennent aux quatres termes de l'année.

Le payement des Rois commence le premier Mars, & dure tout le mois. Le payement de Pâques commence le premier de Juin; celui d'Août, le premier Septembre; celui de la Toussaint, le premier de Décembre, & durent aussi tout le mois.

PAYS D'ETAT, sont les Provinces de Bretatagne, de Bourgogne, de Franche comté, de Provence, de Languedoc, d'Alzace, Roussillon Metz, Flandre, Hainault, & L'orraine; lesquelles sont ainsi appellées, parce que l'on assemble les Etats de ces Provinces dans de certains tems, pour poser les sommes que chacun doit payer, & ce que ces Provinces donnent au Roi.

PAYS DE FRANC-SALÉ, sont les Provinces qui sont exemptes de la Gabelle. *Voyez* Franc-Salé. *Voyez* Gabelle.

PAYS D'OBEDIENCE, sont ceux qui ne sont pas compris dans le Concordat; sçavoir, la Brétagne. la Provence, la Lorraine, où le Pape a huit mois pour conférer de plein droit les Bénéfices vacans; ensorte que les Collateurs ordinaires n'en ont que quatre, & dans ces Pays on ne prévient point le Pape pendant ses mois.

PAYS DE DROIT ÉCRIT. Pour donner une juste idée de la signification de ces termes, nous observerons d'abord que le droit de Justinien & les Coutumes partagerent la France en Pays de Droit écrit & en Pays Coutumier.

Le Pape Honorius dans sa Décretale *Super specula*; & Philippe le Bel, dans ses Lettres patentes pour l'érection de l'Université d'Orleans, font mention de ce partage, lequel dure encore aujourd'hui; avec ce tempéramment que dans le Pays de Droit écrit on juge selon le Droit Romain, s'il n'y a quelque Coutume particuliere qui lui soit contraire. Au Pays Coutumier on juge pour d'ordinaire suivant la disposition de la Coutume du lieu.

Je dis pour l'ordinaire; car pour ce qui regarde les

les contrats & autres Matieres que les Coutumes n'ont pas décidées, on suit le Droit Romain, comme un Droit commun à toute la France.

Et parce que l'un & l'autre de ces Droits ne peuvent avoir aucune force dans ce Royaume que par l'autorité du Roi, qui seul a le pouvoir d'y faire des Loix, les Juges n'ont aucun égard ni au Droit Romain, ni aux Coutumes, lorsque les Ordonnances y sont contraires.

Les Pays de Droit écrit sont donc les Provinces de ce Royaume où le Droit Romain est observé comme Loi, suivant les restrictions que nous avons marqués cy-dessus.

Ces Provinces sont celles qui ont été les premieres conquêtes des Romains, & les dernieres des François, & qui au tems qu'elle ont été réduites sous l'obéissance de nos Rois, n'avoient point d'autre Droit que les Loix Romaines.

Le voisinage de l'Italie ne leur donnoit pas seulement la commodité de les étudier, mais encore une entiere disposition à s'y conformer. Ayant été reduites sous l'obéissance de nos Rois, elles ont obtenu d'eux, par une grace particuliere, de suivre le Droit Romain dans les choses qui ne seroient point décidées par les Ordonnances, qui sont les Loix générales du Royaume.

On met au nombre de ces Provinces la Guyenne, la Provence, le Dauphiné & autres, en un mot, toutes les Provinces qui relevent des Parlemens de Toulouse, de Bordeaux, de Grenoble, d'Aix & de Pau; & plusieurs Provinces qui relevent du Parlement de Paris; sçavoir, le Lyonnois, le Forez, le Beaujolois, & une très-grande partie de l'Auvergne.

PAYS COUTUMIERS, sont les Provinces de ce Royaume qui se réglent par des usages particuliers, qui dans la suite ont été rédigés par écrit sous l'autorité de nos Rois; mais cela n'empêche pas que les Ordonnances royaux n'y dérogent, comme nous avons dit, *verbo* Coutume.

Ces Provinces que l'on nomme pays coutumier, étant plus éloignées de l'Italie que ne le sont les Provinces que l'on nomme pays de Droit écrit, n'ont pas eu d'abord communication des Loix Romaines; & lorsqu'elles sont venues à la connoissance des Habitans de ces Provinces, ceux qui étoient accoutumés à suivre des usages contraires, ou peu conformes au Droit Romain, ne l'ont pas voulu adopter comme une Loi qu'ils fussent obligés de suivre.

Mais l'excellence du Droit Romain, & le peu de secours que les Habitans de ces Provinces trouvoient dans leurs usages, pour décider quantité de questions qui n'y sont point traitées, les ont portés à regarder le Droit Romain comme une raison écrite qu'ils devoient suivre, ou défaut de leurs Coutumes & des Ordonnances de nos Rois.

Voilà ce qui les a déterminés à suivre les principes de raison & d'équité dont il est un précieux recueil, sans pour cela reconnoître qu'il ait force de Loi ou autorité publique à leur égard.

PAYS DE NANTISSEMENT, sont ceux où la Coutume veut que pour acquerir hypotéque on se fasse nantir; c'est-à-dire, qu'on s'adresse au Juge du lieu où l'héritage sur lequel on veut acquerir hypotéque est situé; que là on exhibe son contrat, & qu'on en obtienne un acte, lequel doit être endossé sur le contrat, & enregistré au Greffe.

L'effet de cette formalité est, que dans les pays de nantissement, le créancier qui l'a observée est préferé à tous autres créanciers hypotécaires qui ne se trouveroient point sur les Registres du nantissement, quoiqu'antérieurs, ou qui y auroient été mis postérieurement. *Voyez* Nantissement.

PE

PEAGE, est un droit qui se paye par les Marchands & autres pour leurs marchandises, en passant par certaines Villes, Ponts & Rivieres.

Il reçoit différens noms, comme barrage, à cause de la barre qui est sur le chemin pour marque du péage; pontenage, ou passage du pont, billette, quand il y a un petit billot de bois pendu à un arbre; branchiere, à cause de la branche à laquelle le billot est pendu; travers, pour montrer que ce droit se perçoit à cause qu'on traverse la terre du Seigneur.

Le droit de péage ou de pontage, établi sur les bestiaux & sur les marchandises qu'on fait passer sur un pont, ne se doit point étendre sur les bestiaux & sur les marchandises qu'on fait traverser la terre du Seigneur sans passer sur le pont, à moins qu'il n'y ait titre exprès qui l'ordonne. Basset, tome 2. livre 3. titre 9. chap. 3.

Ces droits sont domaniaux, & non d'aide ou subside, & ont été introduits pour l'entretenement des ponts, passages, ports & chemins publics, afin que les marchandises soient voiturées sûrement.

Ainsi les Seigneurs péagers sont dans l'obligation d'entretenir & de réparer à leurs dépens les ponts, ports & passages. *Voyez* la Rocheflavain, des Droits seigneuriaux, chap. 8. art 1. & suiv. *Voyez* aussi l'Ordonnance d'Orléans, art. 107. & celle de Blois, article 282.

Ils doivent aussi tenir les passages sûrs; autrement ils seroient tenus de récompenser la perte que des Particuliers auroient faite, faute par les Seigneurs d'y avoir mis ordre. Bibliotéque de Bouchel, *verbo* Péage; Loyseau, au Traité des Seigneuries, chap. 9. de la Police; Boërius, sur la Coutume de Tours, art. 5. Mais cela n'est pas observé.

Les Seigneurs, & autres prétendans droit de Péage, doivent avoir un poteau, auquel sera attaché une pancarte, contenant par le menu les droits de leur péage; faute de quoi ceux qui en devroient payer ne pourroient pas y être contraints. *Voyez* l'Ordonnance d'Orléans, article 138. & Bouvot, tome 2. *verbo* Pâturages, question 1.

La peine de l'infraction des péages, est une amende arbitraire, & la confiscation des marchandises au profit du Proprietaire, & non pas du Fermier, à moins que dans le bail il n'y en ait une clause particuliere. Boniface, tom. 5. liv. 5. tit. 7. chap. 1. Chorier, en sa Jurisprudence de Guy Pape, page 136. & Papon, liv. 13. tit. 6. nomb. 4.

Ainsi ceux qui ne payent pas des droits de péage, & qui font passer des marchandises sans payer les droits de péage, encourent la perte desdites marchandises, conformément à la disposition des Loix.

Nul Seigneur ne peut imposer nouveau péage sans la permission du Roi; & la connoissance de telle chose n'appartient qu'au Juge royal, soit qu'il s'agisse du droit de péage & de la peine encourue pour l'infraction de ce droit, soit qu'il s'agisse de l'excès commis en le demandant. Bouvot, tom. 2. *verbo* Jugement, quest. 8.

Comme le droit de péage est purement royal, il ne peut s'acquerir par une possession immémoriale & centenaire; il faut un titre, qui ne peut émaner que de la concession du Prince, M. Catelan, liv. 3. chap. 37.

Cependant pour la perception & jouissance de ces droits il n'est pas necessaire de rapporter le titre primordial de la concession; il suffit d'une possession immémoriale accompagnée de quelque titre faisant mention de ce droit, comme peuvent être des aveux & dénombremens anciens. Sœfve, tom. 2. cent. 3. chap. 42. *Voyez* aussi Chorier; en sa Jurisprudence de Guy Pape, pag. 137.

Quoique le droit de péage soit royal, comme le prétend Chopin en son Traité du Domaine, titre 9. néanmoins dans le Pays de Forez, & tout le long de la riviere de Loire, il est seigneurial & appartient aux Seigneurs particuliers des lieux où passe la riviere. Sur le fleuve du Rhône les péages appartiennent aussi aux Seigneurs des lieux. Mais quoique les péages appartiennent à des Seigneurs particuliers, s'il survient des contestations à ce sujet, la connoissance en appartient au Juge royal, privativement aux Juges des Seigneurs. Ragueau, *verbo* Péage.

Pour vente d'un droit de péage il n'est point dû de lods & ventes, parce que ce droit n'est dû au Seigneur qu'à cause de l'approbation qu'il fait du nouvel acquereur, & à cause de l'ensaisinement ou de la possession qu'il donne à l'acquereur de l'héritage: ce qui ne peut avoir lieu que pour les véritables immeubles, dans la possession desquels on ne peut entrer sans le consentement du Seigneur parce qu'il représente ceux qui les ont originairement donnés à bail, à cens, à emphitéose; mais à l'égard des droits qui sont réputés immeubles par fiction, comme péages, ils ne viennent point originairement de la libéralité des Seigneurs, & l'on n'a pas besoin de leur agrément en jouir.

Touchant le droit de Péage, *Voyez* Bacquet, des Droits de Justice, chap. 30. Chopin, du Domaine, tit. 9. Despeisses, tom. 3. Traité des Droits seigneuriaux, tit. 6. sect. 6. l'Ordonnance des Aydes & Gabelles, tit. 12. & Henrys, tom. 1. liv 1, chap. 77. *Voyez* aussi le Dictionnaire de Trévoux.

PEAGEAU, ou PEAGIER, se dit d'un chemin où l'on paye péage.

PEAGER, est le fermier du péage, qui exige & fait payer ce droit, & qui pour faire connoître aux passans qui est dû, doit mettre en lieu éminent des billettes, des tableaux & pancartes qui le marquent.

PEAU, se prend au Palais pour du parchemin; c'est pourquoi les Greffiers qui mettent au Parlement les Arrêts en grosse, c'est-à-dire en parchemin, sont appellés Commis-Greffiers à la Peau.

PECULAT, est le larcin ou interversion des deniers & finances du Roi, qui se commet par les Receveurs & autres Officiers qui en ont le maniement; ou par les Magistrats ou autres Officiers qui en sont les Ordonnateurs.

Ce crime se commet par toutes les manieres dont se servent ceux qui veulent s'enrichir aux dépens des finances qui appartiennent au Prince, ou qui se levent sur le public: la peine de ce crime est ordinairement pécuniaire.

Coquille a fait quelques vers en latins: rapportés dans la Préface de ses Œuvres, qui marquent que les richesses soudaines & extraordinaires de ceux qui ont manié les deniers publics, sont des preuves suffisantes pour les convaincre de péculat.

L'Ordonnance de François I. du mois de Mars 1545. porte que ceux qui seront convaincus du crime de péculat, soient punis par confiscation de corps & de biens; & que si le délinquat est Noble, il soit en outre privé de Noblesse lui & sa posterité. Mais depuis plus d'un siécle, ces peines corporelles ont été converties en pécuniaires.

Parmi nous, ceux qui sans Lettres & Commissions du Roi levent des deniers dans le Royaume, ou qui s'approprient les finances, sont coupables de ce crime; mais chez les Romains on en étoit coupable, non-seulement lorsqu'on voloit ce qui appartenoit au Prince, mais aussi losqu'on voloit ce qui appartenoit au Peuple.

C'est ce que Tacite, *lib 7. Annalium*, marque dans la définition qu'il donne de ce crime. *Peculatus; ait, propriè est pecuniæ publicæ, vel fiscalis furtum; & peculator dicitur qui de principis vel populi ærario furatur.* *Voyez* ce que j'ai dit *verbo* Fisc.

Chez les Romains, ceux qui étoient convaincus de ce crime, étoient punis de mort, & ils ne pouvoient obtenir d'abolition. *Leg. 3. cod. de abolitionib.* Mais en France on s'en tire pour de l'argent, comme nous l'avons dit; & même l'adresse de ceux qui commettent ce crime, fait qu'il demeure le plus souvent impuni, comme nous l'avons remarqué, lett. V, en parlant du vol qualifié par rapport à la qualité des choses volées.

Touchant le crime de péculat, *Voyez* Papon, liv. 22. tit 2. & Despeisses, tome 2. Traité des Causes criminelles partie 1. tit. 12. sect. art. 7. & ce que j'en ait dit sur le §. 9. du dernier titre du quatriéme livre des Institutes de Justinien.

PECULE, se dit de ce qu'un Religieux a épargné des fruits de son Bénéfice, dont il peut disposer par acte entre-vifs; sinon il appartient au Prieur, Abbé, ou Couvent, ou bien à la Fabrique & aux Pauvres de la Paroisse.

La Jurisprudence du Parlement de Paris est, que le pécule des Religieux Curés appartienne à la Fabrique & aux Pauvres de la Paroisse; mais le Grand Conseil attribue ce pécule aux Abbés, à l'exclusion de la Fabrique & des Pauvres.

L'Abbé ou le Monastere qui succede au pécule d'un Religieux, *hæres quidem non est, sed loco hæredis*; & comme il est censé être son héritier, ou lui en tenir lieu, il doit payer ses dettes jusq'uà concurrence de l'émolument qu'il tire de ce pécule, suivant cette régle: *par debet esse ratio commodi & incommodi, & secundùm naturam est, ut quem sequuntur oommoda, sequantur & incommoda.*

Voyez Brodeau sur M. Louet, lett. R, somm. 42. nomb. 6. M. le Brun en son traité des Successions, liv. 1. chap. 2. sect. 2. & ce que j'ai dit sur l'art. 336. de la Coutume de Paris.

Le Droit canon admet aussi le pécule des Ecclésiastiques, qui ne sont ni Moines ni Religieux, dont ils peuvent disposer en France, & qui passe à leurs héritiers quand ils n'en ont pas disposé de leur vivant. *Voyez* ce qui en est dit dans le Dictionnaire de Trévoux.

PECULE, se dit aussi de ce qu'un fils de famille amasse par son industrie, ou acquiert par quelqu'autre maniere que ce soit, ou ce dont son pere lui donne l'administration.

On distingue deux sortes de pécule; sçavoir, le castrense, qui est acquis dans le service militaire; & le quasi-castrense, qui est acquis dans les emplois honorables de l'Eglise & de la Robe.

Voyez ma Traduction des Institutes au §. 1. du titre 7. du livre second, où j'ai rapporté les différentes espéces de pécule des fils de famille, & quels droits ont les peres sur ces sortes de biens.

PENAL, qui assujettit à quelque peine. *Voyez* Loi pénale.

PEINE, signifie le châtiment qu'on fait souffrir à ceux qui ont commis quelque crime ou quelque faute.

Les peines ont été établies pour que les criminels qui les subissent servent d'exemple aux autres, & les détournent de commettre des crimes. Il est de l'intérêt public qu'ils ne demeurent pas impunis. L'appréhension des tourmens retient une partie des hommes dans leur devoir, plutôt que l'inclination qu'ils ont pour la vertu. *Inducta est pœna ad disciplinæ publicæ emendationem; imponitur quippè, ut exemplo cæteri deterrantur, & non quià peccatum est, sed ne peccetur; nec enim tam ad præterita, quàm ad futura pœna refertur, quià revocari præterita non possunt, sed caventur futura.*

Si la Loi n'avoit établi des peines contre ceux qui contreviendroient à ses préceptes, elle deviendroit souvent sans exécution; il a donc fallu de nécessité en établir, afin que ceux que l'amour de la vertu ne peut détourner de mal faire, en soient détournés par la crainte des supplices, & que la punition exercée contre les criminels imprime de la terreur aux autres, & les renferme dans leur devoir.

Comme les peines dépendent de l'autorité du Prince, les Juges n'en peuvent décerner pour un crime, qu'elles ne soient établies par quelque Ordonnance.

Les Juges peuvent bien quelquefois adoucir la rigueur de la peine portée par la Loi; mais il faut qu'il y ait quelque circonstance qui les y porte; car généralement parlant, comme ils sont les ministres de la Justice, ils ne doivent point affecter la gloire d'une trop grande indulgence, non plus que celle d'une trop grande sévérité.

C'est au Souverain à donner la Loi; & aux Juges, qui sont les exécuteurs de ses volontés, à la suivre.

Cependant il y a des circonstances qui aggravent ou diminuent l'atrocité des crimes, & qui par conséquent en rendent les peines plus ou moins grandes. Comme les Juges souverains ne sont pas si étroitement obligés de suivre la Loi à la lettre, ils peuvent pour cause juste & raisonnable diminuer la rigueur des peines. C'est pourquoi l'on dit communément qu'en France les peines sont arbitraires, ainsi que l'explique Bornier sur l'art. 13. du tit. 25. de l'Ordonnance de 1670. *Voyez* ci-après Peine arbitraire.

En général, un Juge ne doit point affecter la gloire d'être trop sévere, ni trop indulgent; mais il doit examiner avec toute l'attention possible la nature & la qualité des crimes qu'il faut punir, & les circonstances qui en augmentent ou en diminuent l'atrocité.

Les considérations particulieres ausquelles les Juges doivent avoir égard dans les Jugemens criminels, sont,

I°. Si l'accusé a commis le crime de dessein prémedité, ou par un emportement auquel il étoit difficile de ne se pas laisser aller.

II°. Si le crime n'a été que commencé, & qu'il n'ait pas été mis entierement à exécution.

III°. Si le criminel a commis un crime plutôt par une correspondance aveugle pour celui qui avoit pouvoir sur lui, que de bon gré; auquel cas il doit être puni d'une peine moins rigoureuse; ce qui dépend en partie de la nature du crime.

IV°. Si le criminel a commis le crime lui seul, ou s'il s'est servi de secours, & de quelles personnes.

V. De quelle maniere le crime a été commis; car celui qui auroit tué quelqu'un avec un poignard, seroit plus criminel que si ç'eut été avec une épée. *Idem* s'il l'avoit assommé avec un marteau, avec une hache ou autre chose semblable, en dormant, ou l'ayant pris par derriere lorsqu'il n'y pensoit pas.

VI°. Le lieu où le crime a été commis en aggrave

quelquefois l'attrocité, comme s'il a été commis dans l'Eglise ou dans une Maison royale.

VII°. Le tems auquel le crime a été commis en augmente aussi l'énormité, comme si c'est de nuit qu'un meurtre ou un vol a été commis.

VIII°. La qualité de la personne offensée augmente le crime ; ainsi l'offense faite à un pere par son fils, ou à un maître par son valet, seroit beaucoup plus criminelle que celle qui seroit faite à un étranger. Pareillement l'offense qui seroit faite à une personne de condition, seroit plus griéve que celle qui seroit faite à un artisan.

Enfin, le Juge doit considerer trois choses à l'égard de la personne du criminel.

La premiere, est le sexe ; car le Juge doit moderer la rigueur des peines à l'égard des femmes, d'autant qu'elles sont de leur nature foibles & fragiles.

La deuxiéme, est l'âge auquel les Juges doivent avoir quelque égard ; ainsi, quoique les impuberes, quand ils sont *doli capaces*, soient punissables quand ils ont délinqué, ils doivent être punis de peines moins rigoureuses quand ils sont encore dans une extrême jeunesse. *Impunitas delicti propter ætatem non datur, si modò in eâ quis sit, in quam crimen, quod intenditur, cadere potest, Leg. 7. cod. de pœn. Sed ætatis miseratio ad mitiorem pœnam solet judicem impellere, Leg. 37. §. 1. ff. de minorib.*

La troisiéme, est la qualité du criminel ; car les personnes de basse condition sont ordinairement appliquées à des supplices plus rigoureux, que celles qui sont d'une condition honnête & relevée.

Ajoutons à tout ce que nous venons de dire, qu'il faut qu'un Juge ait toujours en vûe de suivre le parti de la douceur dans les crimes légers, & celui d'une sevérité moderée dans les grands crimes. *Prospiciendum est judicanti, ne quid aut durius, aut remissius constituatur, quam causa deposcit ; nec enim aut severitatis, aut clementiæ gloria affectanda est, sed perpenso judicio, prout quæque res expostulat statuendum est. Planè in levioribus causis proniores ad lenitatem judices esse debent, in gravioribus pœnis severitatem legum cum aliquo temperamento benignitatis subsequi. Leg. 11. ff. de pœnis.*

Enfin un Juge ne doit jamais imposer aucune peine à un accusé, qu'il ne soit entrainé à le faire par des raisons évidentes qui lui fassent voir que l'accusé est coupable. Ainsi dans le doute, non-seulement il doit tenir son glaive en suspens, mais il le doit renvoyer. *Voyez* Vindicte publique, & ce que j'ai dit lett. C. en parlant de la condamnation à mort.

Il y a des peines pécuniaires & des peines corporelles. Les corporelles sont capitales ou non capitales. Il y a des peines infamantes, & d'autres qui ne le sont point. Enfin il y a des peines légales, & d'autres qui sont arbitraires.

PEINE PECUNIAIRE, est celle qui consiste à payer quelque somme d'argent à la Partie lézée, par forme de dommages & intérêts, pour réparation de quelque tort ou injure.

L'amende envers le Roi, & l'aumône appliquable au pain des prisonniers, sont aussi des peines pécuniaires. *Voyez* Amende pécuniaire.

Jusqu'au tems de Charlemagne, excepté le crime de léze-Majesté, on ne punissoit tous les crimes que par des peines très-médiocres ; comme il est rapporté dans le Dictionnaire de Trévoux, où il est dit qu'on étoit quitte de la mort d'un Evêque *pro nonagena solidis.*

PEINES CORPORELLES, sont celles qui affligent le corps ; c'est pourquoi on les appelle peines afflictives, ausquelles il n'y a que ceux qui exercent le ministere public qui puissent conclure, tels que les Gens du Roi dans les Justices royales, & les Avocats & Procureurs fiscaux dans les Justices seigneuriales, étant les seuls en qui réside la vindicte publique, comme nous avons dit *verbo* Accusateur.

Les peines corporelles sont plus ou moins rigoureuses. Voici l'ordre dans lequel les met l'article 13. du titre 25. de l'Ordonnance de 1670. qui porte, qu'après la peine de la mort naturelle, la plus rigoureuse est celle de la question, avec réserve des preuves en leur entier, des galéres perpétuelles, du bannissement perpétuel, de la question sans réserve de preuves, des galeres à tems, du fouet, de l'amende honorable, & du bannissement à tems. *Voyez* Bornier sur cet article.

Ces peines ne doivent pas être prononcées légerement, comme nous avons dit *verbo* Accusé.

Lorsqu'une poursuite criminelle a été civilisée, les Juges ne peuvent plus prononcer de peine corporelle, à moins que la Partie publique n'intervienne par la voie d'opposition, ou par la voie d'appel contre le Jugement qui a civilisé l'affaire, ou à moins que la Partie civile n'interjette appel de ce Jugement.

Les peines corporelles sont, ou capitales, ou non capitales.

PEINE CAPITALE, est celle qui fait perdre la vie naturelle ou civile au criminel.

Telle est la peine de mort ou la condamnation aux galeres à perpétuité, ou l'exil perpetuel hors le Royaume ; cependant à proprement parler, par peine capitale, on entend la peine de mort.

Elle s'exécute de différentes manieres parmi nous ; sçavoir, la condamnation d'être pendu, d'être décapité, d'être roué, ou d'être brulé, suivant la nature du crime dont un criminel est convaincu, ou suivant la qualité des personnes ; car les Nobles en France sont décapités, à moins que l'énormité du crime ne les fasse déchoir de ce privilége.

La potence est la peine ordinaire du vol avec effraction, ou du vol domestique. La roue est la peine de l'assassinat, & des vols faits sur les grands chemins. Le feu est celle des impiétés, des sacriléges, & du poison.

PEINE NON CAPITALE, est celle qui ne fait perdre ni la vie naturelle, ni la vie civile ; comme la fustigation, l'amputation des mains, l'application de la marque publique sur les épaules, la condamnation aux galeres, jusqu'à un tems au-dessus de dix ans.

PEINE INFAMANTE, est celle qui ôte l'honneur à celui qui est condamné; comme la peine de mort, ou autre peine afflictive; la dègradation ou condamnation à se défaire de sa Dignité, & en être dégradé solemnellement; l'amende honorable, & l'amende pecuniaire en matiere criminelle. Le blame emporte aussi infamie; mais l'admonition n'emporte qu'une infamie de fait, & non pas une infamie de droit.

PEINE NON INFAMANTE, est celle qui n'ôte point l'honneur de celui qui y est condamné comme l'aumône en matiere criminelle. *Voyez* Infames.

PEINE LEGALE, est celle qui est imposée par la Loi; c'est-à-dire parmi nous, par les Ordonnances royaux.

On appelle aussi peines légales, celles qui sont prononcées en matiere civile par la Coutume contre ceux qui ne font pas quelque chose dans le tems qu'elle prescrit.

Ces peines courent contre toutes sortes de personnes, même contre les mineurs, sans espérance de restitution.

PEINE ARBITRAIRE, est celle qui n'étant point definie par les Loix, dépend du Juge.

La plûpart des peines sont arbitraires, attendu que dans les crimes où les Loix ont défini les peines, il arrive souvent qu'il y a dans le corps du délit des circonstances qui rendent les Juges maîtres d'adoucir ou d'augmenter les peines établies par les Loix, surtout quand il s'agit de peine de mort.

Quoique les peines soient pour la plûpart arbitraires en France, les Juges n'en peuvent pas inventer de nouvelles; ils doivent suivre celles qui sont reçues par les Ordonnances ou par l'usage.

Papon liv. 25. tit. 11. nomb. 2. rapporte un Arrêt du Parlement de Paris, par lequel un Anglois condamné par Sentence du Prevôt de Paris à être noyé, a été reçu appellant de cette Sentence, & condamné à être gardé au pain & à l'eau, jusqu'à ce qu'il plût au Roi d'en ordonner.

Voyez l'article qui suit, où nous expliquons si les Juges souverains peuvent condamner un criminel à mort, lorsqu'il n'y a point de Loi qui impose cette peine pour le crime dont il est convaincu.

PEINE DE MORT. Comme la perte de la vie est irréparable, la peine de mort ne peut être prononcée que quand le crime dont quelqu'un est accusé mérite cette peine, & quand il en est pleinement convaincu par des preuves plus claires que le jour, *Leg. ult. cod. de probationibus*; *satiùs enim est impunitum relinqui facinus, quam innocentem damnari Leg. 5. ff. de pœnis, Leg. 16 cod. eod.* D'où il s'ensuit.

I°. Que les seules présomptions, quelques violentes qu'elles soient, ne sont pas suffisantes pour qu'un Juge puisse prononcer cette peine contre un accusé d'un crime qui mérite peine de mort. Mais il doit arriver avec prudence, & faire ce que nous avons marqué *verbo* Abolition,

II°. Quand les présomptions sont légeres, le Juge doit dans le doute non-seulement tenir son glaive en suspens, mais il doit renvoyer l'accusé.

Mais on demande s'il est nécessaire, pour qu'un crime mérite peine de morr, qu'il y ait quelque Loi qui impose cette peine au crime dont un accusé seroit convaincu? Ou si un Juge peut condamner à mort de sa propre autorité le coupable d'unt crime énorme, quoiqu'il n'y ait point de Loi qui Prononce peine de mort contre ceux qui en seroient convaincus?

On peut dire en faveur des Juges du moins à l'égard des Parlemens & autres Juges souverains, qu'ils sont dépositaires de l'autorité du Roi, & que Sa Majesté leur communique toute puissance dans la distribution de la Justice qu'il leur a confiée.

Supremi Judices possunt quæ potest Princeps. Guido Papa decis. 29. Nam ut loquitur lex 1. ff. de Offic. Præfect. Prætor. credidit Princeps eos, qui ob singularem prudentiam exploratâ eorum fide & gravitate ad hujus officii magnitudinem adhibentur, non aliter judicaturos esse pro sapientia, ac luce dignitatis suæ, quàm ipse foret judicaturus.

Ainsi les Empereurs écrivant au Prevôt de la Ville de Rome, avoient coutume de se servir de ces termes, *cum urbem nostram fidei vestræ commiserimus.*

Il est si vrai que ces premierrs Magistrats avoient un plein pouvoir & une autorité absolue dans leurs Jugemens, qu'il est dit dans l'Autentique *Hodie codice de judiciis*, que la forme du serment des Juges est de promettre qu'ils jugeront selon ce qu'ils estimeront le plus juste & le plus raisonnable *Hodie jurant se facturos secundùm quod eis visum fuerit justius & melius.*

Il est même nécessaire de leur laisser cette liberté; car étant difficile que la Loi s'accommode toujours aux espéces qui se présentent, & les différentes circonstances en rendant pour l'ordinaire l'application impossible, le ministere des Juges seroit trop souvent interrompu, s'il leur failloit dans toutes ces rencontres recourir au Prince pour la décision.

C'est pour cela que Ciceron appelle le Magistrat une Loi animée, parce qu'en effet il en est le véritable interpréte, & n'est pas serviteur attachée à la lettre; mais il a droit d'user de ce juste tempérament d'équité, qui étend & resserre les Loix, selon que le fait qui se présente le requiert.

Il est donc juste que les Juges souverains ayent une liberté honnête de juger selon la nature des causes qui se présentent, pourvû toutesfois qu'ils en usent sobrement, & avec toute la retenue & la circonspection que demande leur emploi.

Aussi les Loix leur accordent-elles cette faculté dans la distribution même des peines dûes aux criminels. *Leg. 13. ff. de pœnis, cujus hæc sunt verba, Hodie licet ei, qui extrà ordinem de crimine cognos-*

quam vult sententiam ferre vel graviorem, vel leviorem, ità tamen ut in utroque modo rationem non excedat.

Bodin, dans son Livre de la République, livre 3. chapitre 5. dit que cette question fut autrefois solemnellement agitée en présence de l'Empereur Henri VII. entre deux célébres Jurisconsultes de ce tems-là, sçavoir Lothaire & Azon, qui prirent cet Empereur pour arbitre de leur différend, sçavoir, si par les Loix Romaines, le droit de vie & de mort appartenoit aux Magistrats.

Cet Empereur fut pour Lothaire, qui soutenoit que non; mais la plûpart des Docteurs se déclarerent pour Azon; & Bodin dit que ces deux Jurisconsultes ne s'étoient pas entendus l'un de l'autre, & que leur difficulté venoit de ce qu'ils n'avoient pas une parfaite connoissance de l'Etat des Romains, dont ils exposoient les Loix & qu'ils n'avoient pas pris garde au changement survenu sous les Empereurs.

En effet, sous l'état de la République, lorsque toute la puissance étoit entre les mains du Peuple, les Magistrats n'avoient que l'exécution des Loix; mais depuis que la souveraine autorité fut passée aux Empereurs, ils donnerent aux Magistrats la liberté d'accroître ou de diminuer les peines, selon leur conscience & leur religion; & c'est à ce tems-là qu'il faut rapporter toutes les Loix qui sont remarquées ci-dessus.

Cette Jurisprudence ainsi observée sous les Empereurs Romains, paroît avoir passé jusqu'à nous; ensorte que nos Juges, du moins les souverains, peuvent augmenter ou diminuer les peines portées par les Loix, selon la qualité de l'accusation & les circonstances.

Si quelquefois il se présente des crimes contre lesquels la Loi n'a point prononcé de châtiment, c'est donc au Magistrat pardevant qui l'on en poursuit la punition, de les punir selon leur atrocité, & quand même dans ces cas extraordinaires il condamne à la mort, ce n'est qu'en suivant les peines portées par les Ordonnances pour les crimes qui ont le plus de rapport avec celui dont il s'agit.

On peut dire que cette doctrine a été suivie par la Jurisprudence des Arrêts. Papon, livre 24. titre 10. nombre 2 & 3. en rapporte trois, du Parlement de Paris & deux du Parlement de Bordeaux.

Voici comme il parle: Lorsqu'une peine est arbitraire, & laissée à déclarer *officio Judicis*, le Juge la peut ordonner à la mort, si le cas le mérite; comme d'un Sergent ayant abusé de son Office. Si les abus sont pour multiplication ou gravité dignes de supplice de mort, il le peut faire mourir. Ainsi fut jugé par Arrêt du Parlement de Paris, donné en Décembre 1545.

Il dit ensuite qu'il n'y a point de peine ordinaire pour le sacrilége; mais qu'elle est arbitraire, & dépend de l'office du Juge qui doit examiner la qualité & les circonstances du crime.

Sur ce fondement, au Parlement de Bordeaux, on condamna à mort une homme qui avoit dérobé un saint Ciboire, & qui l'avoit foulé à ses pieds, & entierement corrompu pour le rendre plus facile à emporter. Il date cet Arrêt du 17. Mars 1527.

En cela continue-t-il, on suit la disposition de la Glosse, sur le §. *in summâ*, *tit. Institutionem de injuriis*; après quoi il rapporte une autre Arrêt du même Parlement de Bordeaux, rendu le 12 Septembre 1533. qui est conforme à cette Jurisprudence.

Il n'y a point de Loi en France qui punisse l'inceste de mort; néanmoins nous avons plusieurs Arrêts qui ont condamné au dernier supplice ceux qui en ont été convaincus. Despeisses, en sa Pratique criminelle, partie premiere, titre 12. section 2. article 4. nombre 12. en rapporte deux du Parlement de Toulouse, qui l'ont jugé ainsi: & il y en a un des derniers grands Jour de Clermont en Auvergne, qui impose aussi la peine de mort pour ce crime.

Le Parlement de Paris, par Arrêt du 22. Juin 1673. a confirmé la Sentence du Lieutenant criminel du Châtelet, qui avoit condamné à mort un Directeur qui avoit abusé de sa Pénitence: cependant il n'y a ni Loi ni Ordonnance qui impose cette peine à ce crime.

Quoique tout ce qui vient d'être rapporté paroisse plausible; néanmoins pour que les Juges, même souverains, puissent condamner un criminel à mort, il ne suffit pas qu'il soit pleinement convaincu du crime dont il est accusé; il faut encore qu'il y ait une Loi qui impose la peine de mort au coupable du crime dont il s'agit.

Le droit de vie & de mort réside principalement dans la personne du Prince, & personne n'est maître des Sujets du Roi: d'où il s'ensuit que personne n'a droit de disposer de leur vie qu'en vertu d'une Loi qui disoit émanée de Sa Majesté, ou confirmée par elle; autrement ce seroit en quelque façon attenter à son autorité.

S'il s'est trouvé dans la nécessité de créer des Magistrats, ausquels il a donné le pouvoir d'absoudre ou de condamner dans les matieres criminelles, il a aussi établi des Loix, qu'il leur a proposées pour être les modéles de leurs Jugemens. Aussi ces Magistrats prêtent-ils serment de garder les Ordonnances & les Loix de l'Etat.

Tout cela marque invinciblement que quand le Prince leur donne la puissance de juger souverainement, & qu'il les subroge pour ainsi dire en sa place, ce n'est pas pour exercer une autorité absolue & sans bornes, mais pour s'en servir suivant l'étendue des Loix, dont l'observance leur est prescrite; de maniere que ce n'est pas à eux, mais seulement au Prince, qu'appartient le droit de les interpréter lorsqu'il s'agit de détruire entierement leurs décisions; comme nous avons dit *verbo* Interprétation.

Aristote, dans le premier Livre de sa Rhétorique, en parlant du devoir du Législateur, dit que celui qui fait une Loi, doit prévoir, s'il est possible tous les cas qui peuvent arriver, & ne laisser à l'office du Juge que le pouvoir d'exécuter la Loi.

S'il n'est pas permis aux Juges d'interprêter les Loix & les Ordonnances qu'ils doivent suivre, à plus forte raison ne leur appartient-il pas de suppléer une peine que l'Ordonnance ni la Loi n'ont point prononcée, sur-tout quand cette peine est capitale, & va à la mort.

Papinien, dans la Loi premiere, §. 4. *ff. ad Senatusconsult. Turpillian.* s'en explique ainsi : *Facti quidem quæstio in arbitrio est judicantis; pœnæ verò persecutio non ejus voluntati mandatur, sed Legis autoritati reservatur.* Et Godefroy dit sur cette Loi, *in Legislatorum voluntate est pœnam criminibus certam statuere; Judicis non est statuere, sed statutam Legibus facto accommodare*

La peine de mort étant une peine contre nature, elle doit être établie par quelque Loi pour raison du crime dont il s'agit ; car tout ce qui est établi dans le monde, ne le peut être que par la nature ou par la Loi : or la nature n'a point permis à l'homme de tuer l'homme ; il ne peut donc avoir cette puissance que de la Loi.

Enfin, le criminel n'est punissable qu'autant qu'il s'est par son crime tacitement soumis à la peine établie contre lui, sur-tout quand il y va de la perte d'une chose aussi importante qu'est la vie.

C'est le sentiment de Julius Clarus, & l'opinion commune, que les Juges, même souverain, ne peuvent de leur propre autorité condamner un criminel à mort : opinion qui se trouve confirmée par plusieurs Arrêts, & notamment par un rendu au Parlement de Paris le 22. Janvier 1658. au rapport de M. Doujat, qui a jugé qu'un bigame n'étoit point punissable de mort, parce qu'il n'y avoit point d'Ordonnance ni de Loi civile qui imposât cette peine à la bigamie.

Ce n'est pas assez qu'il ait une Loi qui établisse la peine de mort contre ceux qui sont convaincus d'un crime ; il faut encore que cette Loi soit claire, certaine, sans équivoque, & qu'elle ne soit pas susceptible d'un autre interprétation. En effet, il seroit absurde de fonder un tel Jugement sur une Loi équivoque.

Comme la perte de la vie est irréparable, il faut auparavant que d'en pouvoir asseoir la condamnation, avoir une certitude moralement infallible que le coupable est digne de mort, & par conséquent il faut être assuré que la Loi a établi cette peine contre son crime ; car un homme n'est digne de mort qu'en conséquence de la Loi. Pour connoître donc la peine, il faut sçavoir clairement la décision de la Loi. Or il est impossible de la sçavoir clairement, si la Loi est équivoque, incertaine & obscure : c'est pourquoi ceux qui font les Loix, doivent avoir une attention particuliere pour les rendre intelligibles, & exemptes d'équivoques, sur tout en matiere criminelle.

Celle qui ne feroit pas manifestement connoître la peine qu'elle prétend imposer, exposeroit les peuples à la surprise, comme celles de Caligula, qui, au rapport de Suetone, faisoit écrire ses Loix en lettres menues, pressées & difficiles à déchiffrer, afin que les Peuples ignorant la peine de la désobéissance, y pussent plus facilement contrevenir.

C'est pour cette raison que les Empereurs Valentinian & Martian, *in Leg. 9. cod. de Legibus*, veulent qu'une Loi pénale soit intelligible, afin qu'on puisse aisément se précautionner contre sa défense, & que l'on évite les crimes qu'elle a condamnés. *Leges sacratissimæ, quæ constringunt hominum vitas, intelligi ab omnibus debent, ut universi præscripto earum manifestiùs cognito vel inhibita declinent, vel permissa sectentur.*

Ce qui est encore remarquable dans cette Loi, est qu'elle ajoute que s'il y a quelque chose d'obscur & d'ambigu, c'est à l'Empereur à l'expliquer, & à mitiger la dureté qui s'y rencontre. *Si quid verò in iisdem Legibus latum fortassis obscurius fuerit, oportet id ab Imperatoriâ interpretatione patefieri, duritiamque Legum nostræ humanitati incongruam emendari.*

Enfin, pour qu'un Juge puisse condamner un criminel à mort, outre qu'il est requis qu'il y ait une Loi certaine, claire & précise qui impose la peine de mort au crime dont il est convaincu, il faut encore qu'elle soit reçue dans le Royaume ; c'est-à-dire qu'elle ait été vérifiée dans les Cours souveraines, envoyée & publiée dans les Bailliages & Sénéchaussées, & que cette Loi n'ait point été abrogée.

Au reste, nous n'observons point en France, qu'un condamné à mort puisse être soustrait de la peine qu'il a méritée, par la demande qu'une fille en pourroit faire pour l'épouser.

Voyez Sœfve, tome 1. cent. 4. chapitre 96.

PEINES AUSQUELLES PEUT CONDAMNER UN JUGE D'EGLISE. Il y en a de spirituelles, & d'autres qui sont temporelles.

Les peines spirituelles sont celles par lesquelles les Fidéles, en punition de quelque péché notable & scandaleux, sont privés des biens spirituels que Dieu a laissés à la disposition de son Eglise.

Telles sont l'excommunication, la suspense & l'interdit. Il n'y a point de doute qu'elles ne puissent être imposées aux Fidéles qui ont commis quelque grand péché, & qu'elles ne soient de la compétence du Juge ecclésiastique ; il n'y a même que lui qui les puisse imposer.

Elles ne regardent que les biens spirituels dont il convient de priver ceux qui s'en sont rendus indignes ; & elles ne leur sont imposées que pour les faire revenir de leur égarement, & pour leur procurer la guérison des maladies spirituelles que leur ame a contractées

Les peines temporelles sont celles qui affligent le corps, ou qui diminuent le patrimoine, ou qui rendent infames.

Ces peines peuvent se réduire à l'aumône, au

jeune, à des priéres extraordinaires, à la prison, au fouet dans la prison, à l'amende honorable dans le Prétoire de l'Official, ou à d'autres peines de cette nature; car l'Eglise qui fait profession d'un esprit de douceur, ne peut condamner à la mort, ni à aucune peine qui puisse aller à l'effusion du sang, ou à la mutilation, ou qui marque une autorité temporelle, comme la condamnation aux galeres, ou le bannissement. C'est pourquoi même dans tous les Tribunaux séculiers, il est absolument défendu aux Ecclésiastiques d'assister au Jugement des criminels.

Touchant les peines que le Juge d'Eglise peut imposer, nous en dirons d'avantage dans notre Dictionnaire de Droit canonique.

PEINES COMMINATOIRES, sont celles qui ne sont imposées que pour obliger les hommes à faire ce à quoi ils sont obligés, dans l'appréhension d'encourir les peines qui sont énoncées contre les contrevenans, mais qui ne sont pas observées à la rigueur. Telles sont souvent les peines conventionnelles.

PEINES CONVENTIONNELLES, sont celles qu'une Partie fait apposer par une clause particuliere dans un acte, afin d'engager davantage celle avec laquelle elle contracte, à s'acquitter de ses promesses, c'est-à-dire de faire quelque chose dans un certain tems.

Ce sont des clauses pénales qui sont ordinairement comminatoires; à moins qu'on ne Justifie du dommage que l'on a reçu de l'inexécution de la promesse qui nous avoit été faite.

Ainsi ces sortes de peines ne sont jamais encourues de plein droit. *Voyez* Clause pénale. *Voyez* Comminatoire.

PELERINAGE, est un voyage qu'on fait par dévotion pour arriver à un lieu où repose quelque Saint.

Comme les Pelerinages ont donné lieu à quantité d'abus, il a été défendu par plusieurs Edit & Déclarations d'aller en pelerinage sans la permission expresse du Roi, signée par l'un des Secretaires d'Etat, sur l'approbation de l'Evêque diocesain.

Voyez le Dictionnaire de M. Brillon.

PELLAGE, dans les Bailliages de Mantes & de Meulan, est un droit particulier aux Seigneurs qui ont des Terres & des Ports le long de la riviere de Seine, qui consiste en quelques deniers que ces Seigneurs levent sur chaque muid de vin chargé ou déchargé en leurs Ports. *Voyez* le Glossaire du Droit François, *verbo* Pellage.

PENSION, ANNUELLE DE BLED LÉGUÉE A UN HÔTEL-DIEU, DOIT ETRE PAYÉE EN ESPECES, ET EST PORTABLE ET NON RECEVABLE. Celà paroît fondé sur la faveur des legs pieux, *in quibus voluntates testatorum plenissimam recipiunt interpretationem.*

PENSION VIAGERE, est une rente qui est constituée au profit de quelqu'un, à l'effet de lui servir pendant sa vie, desorte qu'elle soit éteinte par sa mort naturelle.

Je dis par sa mort naturelle; car ces sortes de pensions, qui sont regardées comme devant servir à fournir des alimens à ceux au profit de qui elles sont faites, peuvent être valablement promises & dûes; I°. à un Etranger non naturalisé; II°. à ceux qui sont morts civilement; & ces pensions ne sont point éteintes par la mort civile de ceux à qui elles seroient dûes.

Ces pensions viageres different des rentes constituées.

I°. En ce qu'elles ne passent point aux héritiers de celui au profit de qui elles ont été constituées; *nisi in personâ filii aut filiæ fuerint repetitæ*; au lieu que les autres passent aux héritiers de ceux au profit de qui elles sont faites.

II°. En ce que les rentes constituées peuvent être saisies réellement par les créanciers de celui à qui elles sont dûes; mais les pensions viageres ne sont pas réputées immeubles, & par conséquent ne peuvent pas être saisies réellement: il est bien vrai que les créanciers peuvent en saisir les arrérages, mais en laissant tous les ans une somme modique à celui au profit de qui ladite rente viagere est faite pour ses alimens. *Voyez* dans le Journal du Palais, l'Arrêt rendu en la Grande Chambre du Palement de Paris le 31 Juillet 1685.

III°. En ce qu'on ne peut demander que cinq années d'arrérages de rentes constituées; mais on peut demander vingt-neuf années d'arrérages des rentes viageres & la courante: de plus, les arrérages échus de ces sortes de pensions passent aux héritiers, quoique les rentes n'y passent pas, comme nous avons dit. *Voyez* Soefve, tom. 2. cent. 4. quest. 15. *Voyez* aussi Henrys, tom. 2. liv. 4. question 70.

IV°. Une rente constituée est rachetable par celui qui en est débiteur, toutes & quantes fois qu'il lui plaît; mais la rente viagere ne peut être rachetée que du consentement de celui au profit de qui elle est faite.

Les pensions viageres & alimentaires sont payables de quartier en quartier, & par avance, quoique le titre ne le porte pas.

Le quartier d'une pension viagere qui auroit été payé par avance au pensionnaire, suivant la clause précise du contrat, pourroit se répeter par le débiteur de la pension contre les héritiers ou légataires universels du pensionnaire, qui seroit décedé avant que le quartier de ladite pension fût entierement expiré, déduction faite du tems que le pensionnaire aura vécu pendant ledit quartier. Ainsi jugé par Sentence du Châtelet, qui a été confirmée par Arrêt du Parlement rendu le 9 Janvier 1705. *Voyez* Alimens.

Touchant les pensions viageres, *voyez* Guy-Pape, quest. 8. Charondas, liv. 4. rép. 25. Filleau, part. 1. tit. 1. chap. 48. Auzanet sur l'article 334. de la Coutume de Paris; Brodeau sur Louet, lett. C, somm. 8. & Boniface, tom. 2. liv. 4. titre 5. chap. 6.

PENSION

PENSION EN MATIERE DE BÉNÉFICE est un droit de jouir d'une partie des fruits d'un Bénéfice, sans titre ni fonction; comme quand le titulaire d'un Bénéfice le résigne à un autre, à la charge de lui en payer une pension par chacun an, comme d'un quart du revenu du Bénéfice.

Comme je réserve à mettre dans mon Dictionnaire de Droit canonique ce qui regarde de ces sortes de pensions, je ne m'étendrai pas ici d'avantage sur cette matiere.

PERES ET MERES, sont des personnes à qui les enfans doivent beaucoup de respect, par le droit naturel & par le droit divin; suivant lesquels il y a entre les peres & meres & les enfans des devoirs essentiels & respectifs.

Indépendamment du droit de puissance paternelle, (dont il est parlé *verbo* Puissance,) les peres & meres sont obligés de pouvoir aux besoins de leurs enfans, à leur donner une bonne éducation, à veiller à leur conduite, & à les établir suivant leurs facultés.

On voit peu de peres & meres assez dénaturés pour marquer à ce devoir, pour peu qu'ils ayent d'aisance & qu'ils soient en état d'y satisfaire, à moins qu'ils ne soient entierement dépourvus de bon sens.

On dit communément que les peres & meres sont tenus de doter leurs enfans; & en pays de Droit écrit, on dit que le pere seul est tenu de doter sa fille, suivant la Loi *Si Pater*, au Code *de dotis promissione*; mais cette obligation de la part des peres & meres n'est qu'une obligation naturelle qui ne produit aucune action pour les enfans; tout ce qui en résulte, c'est qu'en pays de Droit écrit la dot est toujours censée donnée par le pere de *suo*; au lieu qu'en pays coutumier la dot est censée donnée moitié par le pere & moitie par la mere, à cause de la communauté dont elle est présumée avoir été tirée. *Voyez* au mot Dot.

Les enfans sont obligés de respecter leurs peres & meres, & de reconnoître par leur obeissance les soins qu'ils ont pris de leur éducation, & de tâcher de mériter ceux qu'ils continuent de prendre pour leur établissement.

Il y a bien des enfans à qui l'on a beaucoup de peine à faire attendre cette morale; mais mal'heur à ceux qui ne s'acquittent pas comme il faut d'un tel devoir.

Voyez Enfans. *Voyez* Correction des enfans. *Voyez* Education des enfans.

PEREMPRION, qui vient du Latin *peremptum*, qui signifie ce qui est péri, est l'anéantissement de la cause ou du procès, pour n'avoir pas été poursuivi pendant un certain tems défini par la Loi.

La peremption d'instance a été introduite par la Loi *Properandum*, *cod. de judic.* suivant laquelle tous les procès criminels doivent être terminés dans deux ans, & les procès civils dans trois ans, à compter du jour de contestation en cause.

Cette Loi, dit M. Bretonnier dans son Recueil alphabétique, a été d'abort reçue en France; mais ayant été négligée, l'art. 15. de l'Ordonnance de Roussillon la renouvella en ces termes. *L'instance intentée, quoique contestée, si par le laps de trois ans elle est constituée. n'aura aucun effet de perpetuer ni de proroger l'action, ainsi aura la prescription son cours, commme si ladite instance n'avoit été formée ni indroduite, & sans qu'on puisse dire ladite prescription avoir été interompue.*

L'Ordonnance de 1629. art. 91. ordonne l'exécution de l'ordonnance de Rousillon dans tout le Royaume. Néanmoins il y a des Parlemens où elle n'a point lieu. Basset tome 1. liv. 2. titre 19. chapitre 15.

Au Parlement de Rouen & au Parlement de Bretagne, la péremption n'est reçue que quand elle emporte la prescription entiere de l'action: ce qui paroît fort judicieux; car autrement la péremption ne peut servir qu'à multiplier les procédures.

Dans les autres Parlemens, la peremption est pratiquées fort diversement.

Parmi nous, l'effet de la peremption est que toutes les procédures sont péries, faute de les avoir poursuivies & continuées pendant trois années entieres. C'est aussi ce qui fait que celui à qui les dépens sont finalement adjugés, ne peut prétendre ceux qui avoient été faits à l'occasion de la même demande dont l'instance est périe; parce que l'instance étant périe, elle ne peut produire aucun effet, & est regardée comme si elle n'avoit point été intentée.

La peremption n'avoit autrefois lieu qu'après que la cause avoit été contestée; c'est pourquoi on l'appelloit péremption d'instance: & comme l'instance ne se forme que par la contestation en cause, le simple exploit de demande avoit assez de force pour perpétuer l'action à trente autres années; parce que le demandeur qui fait une demande sans autres poursuites, est censé ne l'avoir intentée que pour interrompre la prescription; au lieu que quand après les défenses fournies par la Partie adverses, il est trois ans sans faire des poursuites, il est présumé avoir renoncé à son droit, & avoir reconnu qu'il est injuste.

Cependant aujourd'hui pour que la péremption ait lieu, il n'est pas besoin que la cause ait été contestée; il suffit qu'il y ait eu Procureur de part & d'autre: il peut même y avoir péremption, lorsque le défendeur n'a pas constitué de Procureur.

Il est d'usage au Châtelet de Paris, qu'une instance qui est introduite par un exploit, demeure périe après trois années accomplies, lorsque l'exploit de demande n'a été suivi d'aucune procédure pendant les trois années, quoique le défendeur n'ait pas constitué de Procureur *Voyez* l'Acte de notorieté donné par M. le Lieutenant civil, le 18 Juillet 1687. rapporté dans le Recueil de ces Actes, page 33.

Cependant, lorsqu'un exploit de saisie & arrêt se donne sans assignation, il dure trente années, & n'est annullé que par la prescription. La raison est, que cet exploit de saisie & arrêt ne peut jamais tomber dans le cas de l'Ordonnance pour faire périr l'instance, puisqu'il n'y en a point, & qu'il ne peut y en avoir, d'autant qu'il n'y a pas d'assignation devant le Juge, qui est le fondement d'une instance. *Voyez* un acte de notorieté donné par M. le Lieutenant civil le Camus, le 23 Juillet 1707. rapporté page 222.

L'article 1. des Arrêtés de la Cour du Parlement, du 28 Mars 1692. porte que les instances intentées, bien qu'elles ne soient contestées, ni les assignations suivies de constitution & de présentation de Procureur, seront déclarées péries, en cas que l'on ait cessé & discontinué les procédures pendant trois ans; & n'auront aucun effet de perpétuer ni de proroger l'action, ni d'interrompre la prescription.

L'article 2. porte que les appellations tomberont en péremption, & emporteront de plein droit la confirmation des Sentences, si ce n'est qu'en Cour les appellations soient conclues ou appointées au Conseil *Voyez* Louet, Lett. P, somm. 16.

L'article 3. porte que les saisies réelles, & les instances de criées de terres, héritages & autres immeubles, ne tomberont en péremption, lorsqu'il y aura établissement de Commissaires, & baux faits en consequence.

L'article 4. porte que la péremption n'aura pas lieu dans les affaires qui y sont sujettes, si la Partie qui a acquis la péremption reprend l'instance, si elle forme quelque demande, fournit de défenses, ou si elle fait quelqu'autre procédure, & s'il intervient quelque appointement ou Arrêt interlocutoire ou définitif, pourvû que lesdites procédures soient connues de la Partie, & faites par son ordre.

Cet Arrêt de Réglement du 28. Mars 1692. est rapporté dans le Jonrnal du Palais, & dans celui des Audiences. Il faut, à l'occasion de cet Arrêt, remarquer qu'il a été un tems où depuis l'année 1692. on a prétendu, nonobstant la disposition de l'article 1. du susdit Arrêt du 28 Mars 1692. qu'il ne pouvoit y avoir de péremption, à moins qu'il n'y ait eu constitution de Procureur, & présentation au Greffe. M. Augeard, tome 2. chapitre 40. rapporte un Arrêt du 26 Février 1697. qui l'a jugé ainsi.

Mais par Arrêt rendu le 5. Juin 1703. au Parlement de Paris, en forme de Réglement, sur les conclusions de M. le Procureur général, & sur l'avis des anciens Avocats & Procureurs de Communautés, il a été jugé que la péremption s'acquiert, quoiqu'il n'y ait point de présentation au Greffe, & qu'elle court contre toutes personnes qui procedent.

Ce dernier Arrêt de 1703. & l'avis des anciens Avocats & Procureurs, contenant les motifs sur lesquels il a été rendu, sont rapportés dans le Traité des Criées de Bruneau, page 136. & suivantes, de l'édition de 1704.

La péremption en premiere instance n'éteint pas l'action, mais seulement les procédures qui ont été discontinuées pendant trois ans. D'où il s'ensuit que si le tems qui précedent l'action, & les trois années de la péremption, ne font pas ensemble celui de la prescription; c'est-à-dire, si l'on est encore dans les trente ans de l'obligation, ou dans les dix de la rescision, le demandeur peut de nouveau former sa demande, & se servir des actes probatoires qui établissent son droit, comme des enquêtes, des interrogatoires, une quittance, & autres semblables; mais toutes les procédures demeurent sans effet, & quoique les intérets ayent été demandés, ils ne sont dûs que du jour de ce dernier exploit, qui en contient la demande, s'il est suivi d'une condamnation dans les formes. *voyez* Papon, liv. 8. tit. 16. nomb. 3. *Voyez* aussi la Bibliotéque de Bouchel, *verbo* Actes probatoires.

On n'est pas reçu en premiere instance à alléguer que la cause étoit en état d'être jugée, & qu'il dépendoit du Juge de rendre sa Sentence, puisque les Parties, suivant la disposition du titre 25. de l'Ordonnance de 1667. peuvent, après trois sommations, appeller comme de déni de Justice, & montrer par-là qu'ils n'abandonnent pas leurs prétentions.

Les seules excuses qui sont admises, & qui empêchent la péremption, sont, si le Rapporteur, une Partie, ou le Procureur, sont décedés dans les trois années, ou si une fille, ou une veuve qui étoit Partie dans l'affaire, s'est mariée. La raison pour laquelle il n'y a point de péremption d'instance dans tous ces cas, est que.

I°. Lorsque le Rapporteur est décedé dans les trois ans, la Partie adverse devoit faire distribuer l'affaire à un autre Rapporteur.

II°. Quand c'est une des Parties qui est décedée dans les trois ans, la Partie adverse devoit faire assigner son héritier en reprise.

III°, Lorsque le Procureur de la Partie adverse décede dans les trois ans, l'autre devoit la sommer de constituer un nouveau Procureur.

IV. Quand une fille, ou une veuve qui étoit Partie dans une affaire, s'est mariée, la Partie adverse doit s'imputer de n'avoir pas fait assigner le mari pour reprendre l'instance avec sa femme, qui a besoin en pays coutumier de son consentement pour proceder en Jugement.

De ce que nous venons de dire, il s'ensuit que le changement d'état d'une Partie, ou celle de son Procureur, vaut exploit ou piéce de procédure, à l'effet d'empêcher la péremption; de sorte que quelque silence qui suive après, pourvû que la faculté d'agir ou de relever appel dure encore, chacune des Parties peut reprendre l'instance, soit principale ou d'appel.

Mais si pendant le silence de trois ans, qui suit la mort de la Partie, le tems de l'action vient à expirer, il se fait un concours de discontinuation par trois ans, & de la prescription qui abolit tout. *Voyez* Hevin sur Frain, page 28. de ses additions aux notes.

Un Juge ne peut point rendre sa Sentence sur une contestation, dont les derniers erremens sont de plus de trois années, à moins que la Partie, à qui la péremption est acquise, ne donne charge expresse à son Procureur de proceder; auquel cas la Partie, au profit de qui la péremption est acquise, a renoncé à son droit.

La péremption n'est point acquise de plein droit; il faut la faire prononcer par le Juge. C'est un usage constant au Palais; d'où il s'ensuit que si par la moindre procédure la péremption est une fois couverte, on n'en peut plus faire la demande ni l'opposer.

Il n'y a que le Roi qui ne soit point sujet à la péremption. *Voyez* Chopin sur la Coutume de Paris, livre 2. titre 8. nombre 7.

L'Eglise a aussi la même faveur, quand il s'agit du fonds des héritages, & non pas des fruits & jouissances qui ne regardent que l'intérêt du Bénéficier. *Voyez* Chenu, cent. 1. quest. 9.

Brodeau sur Louet, lett. P, somm. 14. dit que le bien & le domaine de la Fabrique d'une Eglise, n'est pas sujet à péremption, parce que l'administration en est commise à des Marguilliers, dont la Charge expire tous les ans, ou tous les deux ans; & que par conséquent, avant qu'ils ayent connoissance des affaires de la Fabrique, & principalement de celles qui concernent les procès, il ne seroit pas juste que la Charge de Marguillier étant plus courte que le tems de la péremption, elle eût lieu contr'eux & en conséquence contre la Fabrique de l'Eglise. Enfin, il dit avoir été ainsi jugé par Arrêt rendu à la Grande Chambre, le 23 Décembre 1630. au profit des Marguilliers de S. Leu S. Gilles, pour lesquels il avoit écrit.

On n'en exempte pas les mineurs, parce qu'ils ont pour garants leurs tuteurs ou curateurs; contre qui le droit de se pourvoir leur est conservé. *Voyez* Chenu, cent. 1. quest. 91. & le tom. 4. pag. 378. Papon, liv. 8. tit. 16. nomb. 3. le Prêtre, cent. 2. chap. 66. Louet & son Commentateur, lett. J, somm. 13. Mornac, *ad Leg. properandum*, §. *si defidia cod. de Judiciis.*

Pour ce qui est du tems requis pour acquerir la péremption d'instance, il faut toujours que l'interruption des procédures ait duré pendant trois années antieres dans quelques affaires que ce soit, & elle ne suffiroit pas si elle n'avoit duré que pendant le tems requis pour éteindre les actions dont il s'agiroit.

Ainsi en action possessoire, en action intentée pour le retrait lignager, ou pour le retrait féodal, il faut toujours trois années d'interruption de procédures, sans quoi on ne peut pas être fondé à demander la peremption; comme il a été jugé par Arrêt rendu au Grand Conseil, le 2. Janvier 1705. rapporté par M. Brillon, *verbo* Péremption, nombre 40.

Il est enjoint à tous Juges de juger suivant les Ordonnances, touchant la péremption dinstance, après la discontinuation des procédures pendant trois ans.

Cependant la péremption d'instance ne peut être suppléée d'office par le Juge; celui qui la veut opposer en doit faire une demande précise; car elle peut être couverte, comme nous l'avons dit ci-dessus, par la moindre procédure, pourvû qu'elle soit connue de la Partie, & faite par son ordre, suivant l'article 7. des Arrêtés de M. de Lamoignon.

Une demande jointe à un procès, n'est point périe par la discontinuation de procédure pendant trois ans, lorsque le principal ne l'est pas; comme il est jugé par Arrêt rendu au Parlement de Paris, le 24 Mai 1685. rapporté dans le Journal des Audiences.

Quand un Arrêt interlocutoire ne contient que des chefs interloqués, l'instance est périe par trois ans; mais s'il contient quelque chose sur lequel on ait jugé diffinitivement quelque point du procès, ce chef diffinitif proroge pendant trente ans le tems de l'interlocutoire. La Rocheflavin, liv. 3. tit. 6. Arrêt 1.

Un Arrêt qui renvoye une instance en un autre Siége, n'est point sujet à péremption. Ainsi jugé au Parlement de Paris, le 7 Septembre 1649. *Voyez* Henrys, tom. 1. liv. 4. chap. 6. quest. 99.

Il y a peremption d'instance par discontinuation de procédure pendant trois ans ès Siéges royaux & présidiaux, & même aux Requêtes du Palais, ou aux Requêtes de l'Hôtel, lorsqu'ils jugent à l'ordinaire, quoique les procès soient conclus & en état d'être jugés: mais ès Cours souveraines, quand le procès est conclu, il ne peut pas y avoir lieu à la péremption. Chenu, cent. 1. quest. 90. & cent. 2. quest. 34. & 35. Peleus, quest. 14. Charondas, livre 7. rép. 138. Filleau, part. 4. quest. 135. Louet & son Commentateur, lett. P, somm. 18. le Prêtre, cent. 1. chapitre 56. le Recueil de Descombes, Greffier en l'Officialité de Paris, part. 1. chap. 2. pag. 466.

Quand une demande en premiere instance est périe, les Parties ne peuvent la reprendre, continuer & poursuivre, mais on en peut faire une nouvelle demande. Chenu, cent. 2. quest. 36. & Filleau, part. 4. quest. 136. Mais en fait d'appel, la péremption d'instance emporte la prescription de l'action, comme nous le dirons sur l'article suivant.

La péremption d'instance ne peut pas avoir lieu sur une Sentence rendue par défaut, lorsqu'elle n'a pas été signifiée. Ainsi jugé par Arrêt de la Grande Chambre le 22. Décembre 1716. au Rolle de Vermandois, suivant les conclusions de M. l'Avocat général Chauvelin.

L'instance de Requête civile est sujette à péremption. Boniface, tom. 3. liv. 3. tit. 4. chap. 11.

En matiere de saisie réelle & de criées, lorsque

le débiteur est dépossedé, & la Justice mise en possession par le moyen d'établissement de Commissaire, & de bail judiciaire, elles ne sont plus sujettes à péremption, & la saisie conserve le droit des créanciers jusqu'à trente ans. Mais quand le proprietaire n'a point été dépossedé, pour n'y avoir point eu d'établissement de Commissaire, ni de bail judiciaire, la saisie & les criées sont sujettes à péremptiion. Brodeau sur Louet, lettre S, sommaire 14. C'est aussi la décision de l'atricle 3. de l'Arrêt de Réglement du 28 Mars 1692. que nous avons rapporté ci-dessus.

La peste empêche la péremption, pourvû que notoirement elle ait empêché l'instruction des procès, & l'exercice de la Justice. *Voyez* Louet, lett. P, sommaire 14. Filleau, part. 4. quest. 92. Chenu, cent 1. quest. 92. & 93.

J'ai traité de la péremption très-amplement sur le titre des Prescriptions de la Coutume de Paris. On peut voir aussi l'Ordonnance de 1539. art. 20. celle d'Henry II. donnée à Fontainebleau au mois de Février 1549. & celle du mois de Janvier 1563. art. 15 & 120. que l'on suit présentement sous les limitations & modifications que la Jurisprudence des Arrêts y a apportées. *Voyez* enfin le Recueil alphabétique de M. Bretonnier.

PEREMPTION D'APPEL, est une prescription qui s'oppose de la part de l'intimé, quand l'appellant a laissé passer trois ans sans poursuivre son appel; au moyen de quoi toutes les procédures faites sur l'appel sont annullées, & l'appel considéré comme s'il n'avoit point été interjetté & relevé, & que la Sentence fut passée en force de chose jugée; desorte qu'il n'est plus permis d'en interjetter un nouvel appel.

Il n'est plus même permis en ce cas à l'appellant d'intenter de nouveau son action, quoique le tems de la prescription ne soit pas accompli. D'où il s'ensuit que l'action périt avec l'instance, par le moyen de la péremption en cause d'appel, puisque la Sentence passe en force de chose jugée.

De ce que nous venons de dire, il résulte qu'il y a de la différence entre la péremption d'appel & la péremption d'instance.

Cette derniere empêche bien l'interruption de la prescription; mais elle n'empêche pas que l'on ne puisse de nouveau intenter son action, si l'on est encore dans les trente ans.

Mais la péremption d'appel éteint tout; de maniere que l'appel étant une fois péri, il n'est plus loisible d'en appeller de nouveau, quoique l'on soit encore dans le tems que dure l'action.

Voyez Chenu, cent. 1. quest. 94. & en sa deuxiéme centurie, quest. 37. Louet & Brodeau, lettre P, somm. 14 & 15. le Prêtre, cent. 2. chap. 66. Henrys, tom. 2. liv. 4. quest. 33. Papon, liv. 12. tit. 3. nomb. 18. & Boniface, tom. 2. liv. 1. tit. 23. nomb. 1.

Un appel peut être déclaré péri, sans qu'il soit pour cela nécessaire que l'intimé se soit présenté au Greffe des Présentations.

Suivant l'Arrêt du 26 Février 1697. il a été jugé que l'intimé qui ne s'étoit point présenté au Greffe, ne pouvoit pas former une demande en péremption contre l'appellant, faute de poursuites pendant trois années. Cet Arrêt est rapporté par M. Augeard, tom. second, chap. 40.

Mais l'Arrêt rendu le 5 Juin 1703. dont nous venons de parler ci-dessus pag. 475. a jugé que la péremption s'acqueroit, quoiqu'il n'y eut point de présentation au Greffe.

Suivant ce que nous venons de dire, si les Parties ont laissé passer trois ans sans faire aucunes poursuites sur l'appel, l'intimé peût demander par une requête que l'appel soit déclaré péri, & en conséquence que l'appellation soit mise au néant, & qu'il plaise à la Cour ordonner que la Sentence sera exécutées selon sa forme & teneur, avec dépens.

On fait répondre cette requête par un *viennent les Parties*; après quoi on la fait signifier, & on somme la Partie adverse de fournir de défenses.

Mais comme la décision d'une telle demande dépend d'un examen de piéces qui ne se peut faire à l'Audience, l'usage est d'offrir un appointement en droit à écrire, produire & contredire dans le tems de l'Ordonnance.

En exécution de cet appointement, les Parties fournissent & produisent au Greffe leurs piéces par un inventaire de production, de la même maniere qu'on fait dans les autres appointées en droit: & si la Cour trouve que l'appel soit péri, elle le déclare, & ordonne que la Sentence sera executée selon sa forme & teneur, & condamne l'appellant aux dépens.

Il faut excepter les appellations qui sont appointées ou conclues en la Cour, lesquelles ne sont point sujettes à péremption, ainsi qu'il est porté en l'article 2. dudit Réglement du 28 Mars 1692. Tout ce qui procede du fait de la Cour, empêche la péremption. Un procès par écrit, conclu & reçu par la Cour pour juger, n'est donc point sujet à peremption, parce qu'il n'est point permis de faire aux Cours souveraines des sommations de juger, & ensuite appeller comme de déni de Justice. Ainsi, comme il n'y a point du fait de la Partie, il ne peut y avoir lieu à la péremption.

Non-seulement les appellations qui ont été conclues par un appointement pris au Greffe de la Cour, ne sont pas sujettes à péremption; mais même les appellations verbales qui auroient été mises au Rolle, & qui, pour n'avoir pas été plaidées, seroient appointées en vertu de l'appointement général qui en résulte; auquel cas ces appellations ne sont pas sujettes à péremption, quoique l'appointement ne soit pas levé ni signifié, ni l'amende consignée lors du mis au Rolle, comme il a été jugé par Arrêt du 19 Avril 1719.

La raison est, que le Rolle dure trente ans, & que pendant ce tems on peut lever les appointemens qui sont intervenus en vertu de l'appointement général.

Mais une cause mise au Rolle de la Grande Chambre, qui n'est point venue à son tour, & qui n'a point été appointée ni remise à un autre Rolle, périt faute de poursuites pendant trois années entieres comme il a été jugé par plusieurs Arrêts du Parlement de Paris, & entr'autres par un du 12 Août 1694. & par un autre du 27. Février 1708.

Suivant ce que nous avons dit, il y a bien de la différence entre la péremption d'appel & la désertion d'appel. La péremption d'appel éteint tout, de maniere que la Sentence passe en force de chose jugée; au lieu que quand l'appel n'est que désert, l'appellant peut toujours faire convertir son appel en opposition en refondant les dépens, & empêcher l'exécution de la Sentence dont il avoit interjetté appel. *Voyez* Désertion d'appel.

PEREMTION D'INSTANCE EN MATIERE CRIMINELLE. Louet, lettre P, sommaire 37. dit que quand les Parties sont reçues en procès ordinaire, & que l'affaire est civilisée, la péremption d'instance peut avoir lieu; mais que les matieres criminelles intentées extraordinairement par information; recollement & confrontation, ne sont point sujettes à péremtion.

Brodeau au même endroit, tient que la péremption ne doit pas être moins admise en matiere criminelle qu'en matiere civile. Il dit que cela a été jugé par plusieurs Arrêts; & il en rapporte un, qui a jugé que la péremption d'un appel interjetté d'une Sentence rendue en matiere criminelle, avoit eu tout l'effet qu'ont les péremptions d'appel en matiere civile, c'est-à-dire d'exclure toutes nouvelles poursuites.

Cet Arrêt qui a été rendu le 11 Février 1604 a jugé que l'appel étant péri, toute poursuite qui pouvoit résulter du crime commis, étoit prescrite. Il s'agissoit d'un vol commis en une Forêt, & de la restitution des marchandises volées: & ce fut envain que le défendeur en péremption mit en fait, que le Prevôt des Maréchaux avoit supprimé la minutte des charges & information, & autres piéces, du procès, au moyen de quoi on lui avoit ôté le pouvoir & la liberté d'agir.

Boniface, tome 1. partie 1. livre 1. titre 23. nombre 5. tient aussi que la péremption d'instance a lieu en matiere criminelle comme en matiere civile. Il rapporte un Arrêt du Parlement de Toulouse, rendu le 20 Décembre 1642 qui l'a jugé ainsi.

PEREMPTOIRE, en fait d'exception, se dit de celles qui sont décisives, & ausquelles il n'y a point de réponses; ensorte qu'elles emportent la décision de l'affaire dont est question.

PERILS ET FORTUNES, se dit quand on fait quelque chose à ses risques; ensorte que la perte ou l'incommodité qui en peut arriver regarde de celui qui agit, comme au cas de l'article 2. de la Coutume de Paris.

Quelquefois il se dit de celui qui fait quelque chose aux risques & fortunes d'un autre; comme quand le défendeur originaire, qui a été condamné par Sentence à déguerpir un héritage qu'il avoit acheté, appelle de la Sentence, déclarant que c'est aux risques, périls & fortunes de celui qu'il a appellé en garantie.

PERMUTATION. *Voyez* Echange.

PERQUISITION, est la recherche que fait un Huissier ou Sergent de la personne d'un accusé décreté de prise de corps, & qui se cache ou s'absente, pour se soustraire à la Justice; en ce cas l'Huissier ou Sergent qui est porteur du décret doit faire perquisition de sa personne, & en même tems la saisie & annotation de ses biens, sans que pour ce faire il ait besoin d'autre Jugement ou Ordonnance, que dudit décret de prise de corps. *voyez* le titre 17. de l'Ordonnance de 1670.

Cette perquisition doit être faite au domicile ordinaire de l'accusé, ou au lieu de sa résidence. Le Sergent en doit dresser procès verbal, & en laisser copie au domicile de l'accusé.

S'il n'a point de domicile, ou ne réside point au lieu de la Jurisdiction où s'instruit le procès, il suffit d'afficher copie du décret à la porte de l'Auditoire.

Par Edit du mois de Décembre 1680. la perquisition de l'accusé pourra être valablement faite dans la maison où il résidoit, dans l'étendue de la Jurisdiction où le crime aura été commis, dans trois mois du jour qu'il a commis le crime, sans qu'il soit nécessaire de faire la perquisition au lieu où il demeuroit auparavant; & après les trois mois, la perquisition de l'accusé doit être faite en son domicile.

Quoique les perquisitions dans les maisons ne soient pas permises pour dettes civiles, comme nous l'avons remarqué *verbo* Capture; néanmoins au mois de Septembre 1714 il a été enregistré au Parlement de Paris un Edit, qui porte que les Sentences rendues en la Conservation de Lyon, seront exécutées dans le Royaume, & même que les débiteurs pourront être pris & appréhendés dans leurs maisons. On peut aussi en toute matiere civile faire un procès verbal de perquisition au dernier domicile connu d'un Particulier, pour constater qu'il est absent.

PERSONNIER. Ce terme a différentes significations. Dans quelques Coutumes, il signifie celui qui est associé avec un autre pour tenir un ménage en commun: ce qui est en usage particulierement en Bourgogne, où les main-mortes ont lieu; car elles font que ceux d'une famille tiennent ménage en commun, & chacun de ceux qui le composent se nomme personnier.

Dans d'autres Coutumes, ce terme signifie copossesseur d'un même héritage sujet aux mêmes droits de tailles, ou autres redevances.

Dans d'autres, il signifie des associés en même trafic ou négoce, qui sont convenus d'avoir en commun tous les meubles & toutes les acquisitions qui seront faites par chacun d'eux durant leur société. On ajoute même quelquefois à cette convention de societé des convenances ou dactions, à l'effet que les associés auront droit de se succeder.

En quelques Coutumes, ce terme signifie un cohéritier. Enfin il se prend quelquefois pour le complice d'un forfait.

PERTE OU DETERIORATION D'UNE CHOSE VENDUE, QUOIQUE NON LIVRÉE, tombe sur l'acheteur qui demeure toujours obligé d'en payer le prix qu'il en a promis. *Voyez* ce que j'ai dit là-dessus dans ma Traduction des Institutes, §. 3. du tit. 24. du troisiéme Livre.

PERTE OU DIMINUTION DE DENIERS CONSIGNÉS. Lorsque la consignation est faite, c'est aux créanciers à veiller pour toucher ce qui leur est adjugé, le plutôt qu'il leur est possible; car si les deniers diminuent ou périssent par un cas fortuit, ou par la banqueroute du Receveur, la perte tombe sur les créanciers qui étoient utilement colloqués: ce qui est fondé sur ce que le debiteur est libre par la consignation, de même que l'adjudicaire. *Voyez* M. Louet & son Commentateur, lettre C, chap. 50. & 51.

PESCHE. La pêche & la chasse sont les plus anciennes manieres d'acquerir que les hommes ayent eues. Ainsi l'une & l'autre furent permises à tout le monde par le droit des gens, comme étant le premier art que la nature enseigne aux hommes pour se nourrir; & ces animaux furent d'abord le prix de l'industrie & de l'adresse de ceux qui les prenoient; mais par les mœurs des peuples, cette liberté naturelle de chasser & de pêcher a été limitée & restrainte à certaines régles.

Comme les rivieres navigables sont mises par le Droit au nombre des choses publiques, lesquelles sont en la garde des Rois elles sont en France censées leur appartenir, aussi-bien que le droit de pêche. Ainsi la permission d'y pêcher dépend absolument de Sa Majesté; à moins que le Seigneur ne soit fondé en titre ou en possession immémoriale, d'avoir des défenses dans l'étendue de sa terre ou dans quelque endroit de la riviere. *Sic testatur Joannes Faber, ad §, flumina, Instit de rer. divis. Et sic vides, inquit, obtinere hodie de Consuetudine Regni Franciæ, ubi sunt piscariæ & defensæ in multis locis fluminum.*

Il n'y a que la pêche seule à la ligne qui soit permise à chacun par les anciennes Ordonnances de ce Royaume, comme l'assure le même Faber, & après lui M. le Bret en son Traité de la Souveraineté du Roi, liv. 2. chap. 15. Encore présentement cette pêche n'est-elle plus permise dans les lieux où elle a été érigée en maîtrise, comme à Paris ou il y a une Communauté des Maîtres Pêcheurs à verge. Il faut être reçû Maître pour pêcher à la ligne, quand on ne pêcheroit que pour son plaisir, & non pour vendre du poisson.

Les Particuliers peuvent seulement pêcher avec toutes sortes d'instrumens dans les ruisseaux qui bordent leurs héritages.

Comme les rivieres navigables appartiennent au Roi, il n'est pas permis à ceux qui sont Seigneurs de terres voisines d'y pêcher, comme nous venons de le dire, à moins qu'ils n'en ayent une concession particuliere du Prince, ou qu'ils ne soient fondés en une possession immémoriale. M. d'Olive, livre 2. chapitre 3.

Sur le fondement que les fleuves publics & rivieres navigables sont du Domaine du Roi, & qu'il n'y a que lui seul qui ait droit de donner la permission d'y pêcher, tous les Maîtres Pêcheurs, même ceux qui sont demeurans en la Prevôté & Vicomté de Paris, prennent Lettres des Grands Maîtres, ou bien des Maîtres particuliers des Eaux & Forêts; & chacun d'eux est tenu de payer certaine redevance à la recette ordinaire de Paris, pour la permission qui leur est baillée de pêcher ès rivieres navigables.

Les petites rivieres non publiques, non navigables appartiennent au Seigneur haut-justicier seulement, parce que ces rivieres ne sont à proprement parler que des ruisseaux qui appartiennent en proprieté aux Seigneurs des terres qu'elles arrosent. C'est pourquoi plusieurs Coutumes les appellent rivieres de cens, & rivieres en garenne.

Ceux qui sont propriétaires des étangs, fossés, & de ces petites rivieres particulieres non navigables, ont non-seulement le droit d'y pêcher; ils peuvent encore empêcher que qui que ce soit y pêche sans leur permission. Baniface, tome 4. livre 2. titre 5. chap. 1.

La raison est, qu'elles appartiennent à des Particuliers, Seigneurs justiciers, féodaux, ou autres personnes en pleine proprieté: ensorte que ni le Roi, ni les Seigneurs, n'y ont pas plus de droit que sur tout autre héritage appartenant aux Particuliers.

A l'égard de la pêche qui se fait en mer, quoiqu'elle soit libre à tout le monde, suivant le Droit des gens, les Rois de France ne la permettent à leurs Sujets dans l'étendue de leur domination, qu'avec les filets permis: & il est défendu au Pêcheurs qui arrivent à la mer, de se mettre & jetter leurs filets en lieux où ils puissent nuire à ceux qui se feront trouvés les premiers sur le lieu de la pêche, ou qui l'auront déja commencée, à peine de tous dépens, dommages & intérets, & de cinquante livres d'amende. Ordonnance du mois d'Août 1651. touchant la Marine, liv. 5. titres 1. & 2. article 9.

Au reste, les Ecclésiastiques, Seigneurs, Gentils-Hommes & Communautés, qui ont obtenu de Sa Majesté le droit de pêcher dans les rivieres navigables, sont tenus d'affermer ce droit à des Particuliers, & s'ils ne le font pas, & que chacun en veuille user, le Juge du Seigneur Haut-Justicier peut le leur interdire; & en cas d'appel de son Ordonnance, il doit être relevé à la Table de Marbre privativement à toutes autres Jurisdictions. Ainsi jugé au Parlement de Paris, par Arrêt du 18. Février 1689. rapporté dans le Journal des Audiences. La raison est, que s'il étoit permis à chacun d'une Communauté, par exemple d'une paroisse, où il y a quelquefois quatre ou cinq cens feux, d'user de ce droit de pêche, tout le poisson d'une riviere ne suffiroit pas pour leur en fournir à tous. Or l'intérêt public est que les rivieres ne demeurent pas sans poisson.

Touchant le droit de pêche *Voyez* Bacquet, des Droits de Justice, chap. 30.

PESTE, est une maladie causée par un venin qui se repand en l'air, & qui s'attaquant aux esprits, au sang, au suc nerveux & aux parties solides, les remplit de taches, de pustules, de bubons & de charbons.

Comme cette maladie est contagieuse & ordinairement mortelle, elle fait cesser tout commerce dans les lieux qui en sont affligés.

C'est pour cette raison, que pendant tout le tems qu'elle dure, celui qui est requis pour la prescription ou pour la péremption d'instance, ne court point.

Les Fermiers des droits de péage, & ceux qui tiennent à ferme des moulins & autres choses, dont ils ne peuvent point jouir pendant le tems que dure cette calamité, peuvent demander que le prix du bail soit diminué à proportion de leur non-jouissance, *Vide Franc. Marc. tome* 1. *quest.* 1066.

Mais les locataires des maisons, qu'ils ont été obligés d'abandonner à cause de la peste, ne peuvent demander aucune remise; parce que les meubles occupent les lieux, & que les locataires ont les clefs. Charondas, livre 7. réponse 76. Expilly, Arrêt 2.

A l'égard des testamens faits par des pestiferés, nous n'avons point dans le corps de Droit de Loix qui les dispensent des solemnités requises.

Cependant la plûpart des Docteurs ont prétendu qu'ils étoient exempts d'une partie, & nottamment du nombre des sept témoins requis par les Loix Romaines, pour la validité d'un testament, & que le nombre de cinq étoit suffisant pour ceux qui sont faits en tems de peste, ainsi s'observe dans les testamens des rustiques, faits dans les lieux où l'on ne trouve pas facilement ces personnes qui sçachent lire & écrire.

L'Ordonnance des Testamens du mois d'Août 1735. a réglé les solemnités qui doivent être observées pour la validité des testamens faits, tant par ceux qui seroient attaqués de la peste, que par ceux qui seroient dans les lieux infectés de ladite maladie.

On se contentera de rapporter ici des articles, ainsi qu'ils sont conçus.

Art. XXXIII. En tems de peste, les Testamens, Codiciles, ou autres dispositions à cause de mort, pourront être faits en quelque pays que ce soit, en présence de deux Notaires ou Tabellions, ou de deux Officiers de Justice royale, seigneuriale ou municipale, jusqu'aux Greffiers inclusivement; ou pardevant un Notaire ou Tabellion avec deux Témoins; ou pardevant des Officiers ci-dessus nommés, aussi avec deux Témoins; ou en présence du Curé ou Deservant ou Vicaire, ou autres Prêtre chargé d'administrer les Sacremens aux malades, quand même il seroit régulier, & de deux Témoins.

Art. XXXIV. Ce qui a été réglé par l'Article 28. pour les Testamens militaires, sur la signature, tant du Testateur, que de celui ou de ceux qui recevront le Testament, & des Témoins, sera aussi observé par rapport aux Testamens Codicilles, ou autres dispositions faites en tems de peste.

C'est-à-dire que le Testateur doit signer le Testament, Codicile, ou autres dispositions, s'il sçait ou peut signer; & en cas qu'il déclare ne sçavoir ou ne pouvoir le faire, il en doit être fait mention. Lesdits actes doivent pareillement être signés par celui ou ceux qui les recevront, sans qu'il soit nécessaire d'appeller des Témoins qui sçachent & puissent signer, si ce n'est lorsque le Testateur ne sçaura ou ne pourra le faire: & à la réserve de ce cas, lorsque les Témoins ou l'un d'eux déclareront qu'ils ne sçavent ou ne peuvent signer, il suffit d'en faire mention.

Art. XXXV. Seront en outre valables en tems de peste, en quelque pays que ce soit, les Testamens, ou autres dispositions à cause de mort, qui seront entierement écrits, datés & signés de la main de celui qui les aura faits. Déclarons nuls tous ceux qui ne seroient pas revêtus au moins d'une des formes portées aux deux Articles précedens, & au présent Article.

Art. XXXVI. La disposition des Articles XXXIII., XXXIV. & XXXV, aura lieu, tant à l'égard de ceux qui seroient attaqués de la peste, que pour ceux qui seroient dans les lieux infectés de ladite maladie, encore qu'ils ne fussent pas actuellement malades.

Art. XXXVII. Les Testamens, Codiciles, & autres dispositions à cause de mort, mentionnés dans les quatres Articles precedens, demeureront nuls six mois après que le commerce aura été rétabli dans le lieu où le Testateur se trouvera ou qu'il aura passé dans un lieu où le commerce n'est point interdit, si ce n'est qu'on eût observé dans lesdits actes les formes requises de Droit commun, dans le lieu où ils auront été faits.

Ainsi aujourd'hui, soit dans les Pays de Droit écrit, soit dans le Pays coutumier, le Testament d'une personne malade de maladie contagieuse, n'est pas nul, pour n'être pas revêtu des solemnités requises par la Coutume ou l'usage du lieu où il a été fait; mais il est seulement assujetti à celles introduites par les Articles ci-dessus, & dont l'exécution est beaucoup plus facile dans un tems si dangereux.

PETITION D'EREDITÉ, est une action qui est accordée à celui qui est l'héritier d'un défunt contre celui qui possede l'hérédité en qualité d'hétitier, ou en qualité de possesseur.

Celui-là possede en qualité d'héritier, qui possede une succession, croyant qu'elle lui appartient, & qu'il est véritablement héritier du défunt, où subrogé aux droits du véritable héritier, comme seroit celui qui auroit acheté une succession de celui qui passoit pour être héritier du défunt. Celui-là possede en qualité de possesseur, qui possede une succession sans aucun titre ou sans titre valable. *Pro possessore possidet, qui prædonis more possidet; qui aut nullum aut non justum possessionis suæ titulum affert.*

Comme cette action est universelle, étant donnée pour revendiquer une succession en entier ou en partie, en qualité d'héritier, elle ne peut être intentée contre celui qui ne se trouve possesseur que de quelques effets d'une succession à titre particulier, comme à titre d'achat, de donation, ou de tout autre titre particulier; il peut seulement être poursuivi par l'héritier, par l'action réelle, appellée en Droit *rei vindicatio*, pour qu'il soit condamné à rendre au véritable héritier l'effet de la succession qu'il possede à titre particulier.

La pétition d'hérédité est une action réelle, mais universelle, comme nous venons de le dire; & outre qu'elle est réelle, elle est appellée mixte. *Leg.* 20. *& seq. ff. de hæreditat. petitione; & leg.* 7. *cod. eod.*

Premierement, à cause de la restitution des fruits, des améliorations ou dégradations, qui sont personnelles & jointes à la demande de l'hérédité, aussi-bien que la restitution des dettes actives de la succession, que le possesseur a exigées des débiteurs du défunt.

En second lieu, pour raison du prix des choses de la succession qu'il a vendues ou alienés, à quelque titre que ce soit.

D'ailleurs, celui qui est obligé de restituer au véritable héritier la succession dont il étoit en possession, a droit de poursuivre le remboursement des deniers qu'il a payés aux créanciers de la succession en qualité d'héritier.

Tout cela fait que cette action ne doit pas être réputé purement réelle, & qu'elle doit être mise au nombre des actions mixtes, quoique véritablement elle soit plus réelle que personnelle.

Le demandeur conclut dans cette action, *à ce que celui qui possede l'hérédité, en qualité d'héritier ou de possesseur, soit condamné à lui restituer tous les biens héréditaires, avec les fruits, accession & dépendances; & en outre à lui faire raison des dégradations qu'il a faites dans les biens de la succession; à lui restituer les dettes qu'il a exigées & reçues des débiteurs du défunt, & à l'indemniser des biens de la succession qu'il a aliénés, avec dépens, dommages & intérêts.*

Par les biens héréditaires, nous entendons non-seulement les choses corporelles, mais aussi les choses incorporelles, comme les droits & actions.

Nous entendons aussi par les biens héréditaires, non-seulement ceux qui ont appartenu au défunt de son vivant, mais encore toutes les choses qui se trouvent dans sa succession, quoiqu'il n'en fût pas le proprietaire, comme ce qu'il lui a été prêté ou mis en gage, ou qu'il possedoit de bonne foi, *leg.* 18. §. *ult. & leg. seq. ff. de hæred. petit.* & celles qui ons été acquises par le moyen de la succession, comme des troupeaux & autres choses semblables, *leg.* 20. *ff. eod.* Et enfin, celles qui après le décès ont fait un accroissement à la succession, comme les fruits des héritages, & les loyers des maisons. *Dict. leg.* 20. §. 8. *& seq. & leg.* 27. *ff. eod. tit.*

Toutefois, le possesseur de bonne foi ne restitue pas tous les fruits qu'il a perçus, mais seulement ceux qui ont augmenté ses biens: au contraire; le possesseur de mauvaise foi est tenu de restituer tous ceux qu'il a pû percevoir.

La mauvaise foi commence du jour que l'on sçait que sa possession est vicieuse; & la bonne foi du possesseur cesse du jour de la contestation en cause.

Cette action ne se peut prescrire que par trente ans, de la part des cohéritiers, contre celui qui demande partage; mais un tiers acquereur des choses héréditaires à titre d'achat, de donation & autres semblables, peut prescrire contre l'héritier, les choses mobiliaires par trois ans, & les choses immobiliares par dix ans entre présens, & vingt ans entre absens. Ainsi jugé par Arrêt du 24. Avril 1674. rapporté dans le Journal du Palais.

PETITOIRE, est la poursuite que l'on fait pour retirer la possession d'un bien qui nous appartient, de celui qui en est le possesseur, en justifiant que nous en avons la proprieté.

Cette poursuite est opposée à celle qui est appellée possessoire, qui nous oblige seulement a justifier que nous sommes en possession de la chose dont il s'agit, ou que nous en avons été déjettés par force & par violence.

Quand il y a contestation au possessoire & au petitoire pour une même chose, il faut d'abort instruire & juger le possessoire; après quoi, celui contre qui la complainte ou réintégrande aura été jugée, doit poursuivre le pétitoire; mais il n'y peut venir qu'après que le trouble aura cessé, & que celui qui a été possedé aura été rétabli.

On ne peut donc jamais cumuler le pétitoire avec le possessoire; & on ne peut venir au petitoire, que le possessoire ne soit jugé, & entierement terminé: ce qui doit s'entendre lorsqu'il y a contestation au possessoire; car autrement il est libre à celui qui est troublé d'abandonner le possessoire, & de proceder directement au petitoire. Papon liv. 8. tit. 12. nomb. 1. 3. & suiv. Charondas, liv. 12. réponse 3. Bouvot, tom. 2. *verbo* Petitoire, Possessoire, question 1 & question 6. & l'Ordonnance de 1667. tit. 18, art. 5. avec les notes de Bornier.

PETITS-ENFANS. On demande ce nom aux enfans du second degré de filiation, & le nom d'enfans aux fils qui sont au premier degré. *Voyez* ce que j'ai dit *verbo* Enfans.

PEUPLE

PEUPLE. *Voyez verbo* Tiers-Etat.

PI

PIECES, EN TERMES DU PALAIS, se dit de tout ce qu'on écrit & produit en Justice, pour justifier de sont droit.

Un Procureur qui est chargé de piéces par une Partie, pour la poursuite & conservation de ses droits, s'il a négligé de remplir sa commission, il est tenu du dommage qu'il aura causé à sa Partie. Ainsi un Procureur qui avoit été chargé de piéces par une Partie, pour former à des criées une opposition à fin de conserver; faute de l'avoir fait, en a été déclaré responsable en son nom, par Arrêt du 26 Avril 1644. rapporté dans le Journal des Audiences.

Les Procureurs ne peuvent retenir les titres des Parties, sous prétexte de leurs salaires & vacations; mais ils peuvent tenir leurs procédures jusqu'à ce qu'ils soient payés. *Voyez* l'Ordonnance de Charles VII, de l'année 1453. art. 43 & 44. & Coquille, en ses questions & réponses, article 197.

A l'égard du tems que dure la poursuite que l'on peut faire contr'eux pour retirer les piéces dont ils sont chargés par leurs récepissés, *voyez* ci-après, Recherches de procès & instances.

PIECES INVENTORIÉES, sont les piéces d'un procès que les Procureurs manquent par les lettres de l'alphabet, aux inventaires des procès.

PIECES PARAPHÉES ET COTTÉES, sont celles au dos desquelles le Greffier ou autre, comme un des Messieurs, a mis son paraphe, pour empêcher qu'elles ne soient changées ni alterées.

PIECES MISES SUR LE BUREAU. Quand les Avocats des Parties ne conviennent pas des faits, & qu'ainsi la Cour ne peut pas juger sans avoir vû les piéces des Parties, la cause ne méritant pas d'être appointée, elle ordonne que les piéces seront mises sur le Bureau, pour être vûes & examinées par la Cour en la Chambre du Conseil. Quelquefois la Cour nomme un Conseiller pour les voir & les rapporter en la Chambre; c'est ce qu'on appelle referé, pour sur le rapport être le Jugement rendu en la Chambre. *Voyez* Referé.

PIEDS CORMIERS, ès Ordonnances des Eaux & Forêts, sont des arbres que l'on laisse aux coins des ventes pour enseigne, & que l'on marque du marteau des Forêts & du Mesureur, afin de connoître l'étendue, les limites & extremités des ventes, & pour empêcher par ce moyen qu'on ne puisse les élargir, & leur donner plus d'étendue qu'elles n'en doivent avoir, suivant le contrat de vente qui a été fait.

PIED FOURCHÉ, est un droit qui se leve aux portes de Paris & autres Villes, sur les bœufs, vaches, moutons & autres bêtes qui ont le pied fourchu.

PIERRES, que l'on tire des carrieres, ne peuvent passer pour des fruits; ainsi elles appartiennent à celui qui est le propriétaire de la terre dans laquelle sont ces carrieres, & n'appartiennent point à celui qui en a l'usufruit.

Voyez Carriere.

PIERRERIES. *Voyez* Bagues & Joyaux.

PIGNORATIF. *Voyez* Contrat pignoratif.

PILIER DES CONSULTATIONS, est le premier pilier de la Grande Salle du Palais, où se rangent les anciens Avocats Consultans.

PILLAGE, est en Bretagne un droit qui appartient au fils aîné roturier, ou sur son refus, à l'aîné d'après lui, de prendre sur la lotie d'un des puînés la principale maison de ville ou de campagne, en chacune des successions de ses pere & mere, à la charge d'en faire récompense par assiette sur les biens de la même succession; & s'il n'y en avoit point, il ne pourroit exercer ce droit.

Voyez M. de Perchambault sur la Coutume de Bretagne, titre 23. §. 40. & sur l'article 588. de cette Coutume.

PILORI, est un poteau qu'un Haut-Justicier fait élever en un carrefour pour marque de sa Seigneurie, où sont ses Armes & ordinairement un carcan.

Le pilori & les fourches patibulaires ont cela de commun, qu'ils sont des marques de la Justice des Seigneurs hauts-justiciers, comme nous avons dit lettre F, en parlant des fourches: mais le pilori differe des fourches patibulaires, en ce que le pilori sert pour les punitions corporelles non capitales, qui de tout tems ont pû être faites dans les Villes; c'est pourquoi il est toujours mis au principal carrefour ou endroit de la Ville, Bourg ou Village de la Seigneurie: mais le gibet qui signifie les fourches patibulaires, ne sert que pour les supplices capitaux, dont les exécutions ne se faisoient autrefois que hors les Villes. C'est pourquoi le gibet est toujours planté dans les champs, Despeisses, tome 3. tit. 5. art. 2. sect. 2.

Les Seigneurs qui n'ont que la Justice moyenne & basse n'ont pas le droit d'avoir des poteaux ou piloris. Loysel, chap. 4. nombre 67. titre des Seigneuries. Il faut néanmoins excepter quelques lieux où le Seigneur qui n'a que la moyenne Justice, a le droit de pilori.

Le pilori à Paris, est le lieu où l'on attache les banqueroutiers frauduleux, pour être vûs de tout le monde, & servir de risée à chacun.

Il y a differentes sortes de piloris: les uns sont de simples poteaux dressés dans les Places publiques, ausquels on attache des carcans ou colliers de fer, pour mettre au col de ceux qui sont condamnés à y être exposés: d'autres sont faits en échelles, au bout desquels est une planche, au milieu de laquelle il y a une ouverture propre à passer le col: tel est celui dont on voit les restes dans la rue du Temple à Paris.

Celui qui est au milieu des Halles de la même

Ville, est construit de bois & à quatre faces à chacune desquelles il y a une planche ouverte en trois endroits; celui du milieu est pour passer la tête, & les deux autres pour passer les mains. Il y a des endroits où au lieu de pilori, on promene les banqueroutiers & autres criminels dans une cage de fer, portée sur une charrete par toute la Ville. Cela s'est ainsi pratiqué à Lyon au mois de Mars 1745. à l'égard d'un banqueroutier frauduleux.

Qui a droit d'avoir pilori, a aussi droit d'avoir échelles, & *vice versa*. Mais les Seigneurs hauts-justiciers ne peuvent avoir piloris en forme dans les Villes, Bourgs & Bourgades, dans lesquelles le Roi y en a, comme il est dit dans le grand Coutumier de France, au titre des Droits appartenans au Roi; & en ce cas les Hauts-Justiciers se doivent contenter d'échelles & poteaux à mettre au carcan.

Voyez Fourches patibulaires.

PIRATES, sont des corsaires, écumeurs de mer, qui font des courses sur mer, sans aveu ni autorité du Prince ou du Souverain, & dont le crime est puni de mort, quand on les peut prendre.

Voyez ce qui en est dit dans le Dictionnaire de Trevoux.

P L

PLACARD, est une feuille de papier étendue, dans laquelle se mettent les Edits, Réglemens, Encheres &c. que l'on fait afficher pour que le Public en ait connoissance.

On dit en Chancelleries que des Lettres sont scellées en placard, lorsque le parchemin est en toute son étendue, comme il est dans les Lettres qui sont scellées en queue. On dit aussi au Greffe qu'on expédie un Arrêt en placard, quand on n'y employe qu'un quart de parchemin étendu & non plié.

Enfin, Placard se dit quelquefois des libelles injurieux qui s'affichent la nuit contre le Gouvernement, ou contre les Particuliers.

PLACET, est une supplique, une priere que l'on fait au Roi, aux Ministres ou aux Juges, à l'effet d'obtenir quelque grace ou d'avoir audience, & qui contient sommairement les moyens qui peuvent appuyer la supplique que l'on fait.

Ce mot *Placet*, vient du mot Latin *placeat*, à cause qu'on le commence par *plaise* au Roi, à Monseigneur le Président, &c. Enfin un Placet, *latino idiomato*, *est libellus supplex*.

PLAGIAIRE, est celui qui supprime frauduleusement un homme libre ou un esclave qui appartient à autrui. Les Loix divines & humaines ont établi des peines contre ceux qui seroient convaincus d'avoir commis ce crime.

La Loi de Moïse, au chap. 21. de l'Exode, verset 16. rend sujet à la même peine que l'homicide, celui qui sera convaincu d'avoir dérobé un homme, & de l'avoir vendu.

Platon, dans son Dialogue intitulé le *Sophiste*, ne tient pas ce crime moins odieux que la tyrannie.

Les Romains ont établi différentes peines contre les coupables de ce crime. La peine portée par la Loi Fabia contre les Plagiaires, n'étoit que pécuniaire; mais dans la suite on la rendit extraordinaire. Le plus souvent c'étoit la condamnation aux mines; quelquefois même ce crime étoit puni de mort par les Constitutions impériales, surtout à l'égard de ceux qui enlevent les enfans à leurs parens. La raison est, qu'il n'est pas juste que ceux qui font souffrir aux parens, par le larcin barbare & inhumain de leurs enfans, la même douleur qu'ils auroient de leur mort, soient traités moins rigoureusement que les assassins & les homicides.

En effet, on ne sçauroit faire à des parens une plaie plus sensible que de les priver de leurs enfans. Aussi plusieurs prétendent que les voleurs d'enfans sont appellés Plagiaires du mot latin *plaga*, qui signifie une plaie : *Sicque Plagiarii dicuntur, qui viventium filiorum miserandas infligunt parentibus orbitates. Leg. ult. cod. ad leg. Fabiam de Plagiariis.*

Parmi nous, la suppression des esclaves ne peut point avoir lieu, mais bien celle des personnes libres; auquel cas c'est à la Personne publique à poursuivre la vengeance de ce crime, lequel est ordinairement puni des galeres.

Quelquefois ce crime est puni de mort; ce qui dépend des circonstances. Par exemple, ceux qui seroient assez barbares pour enlever des enfans & les vendre aux Infidéles qui en feroient des esclaves, seroient punis de mort.

Il en est de même des mendians, vagabonds, qui enlevent des enfans & qui les mutilent, pour en faire des objets de compassion, afin qu'on donne aux clameurs d'une famille languissante ce qu'on refuseroit aux prieres d'une seule personne misérable. Ces Plagiaires ont beau dire, pour excuser leurs larcins, qu'ils sont bien contraints de dérober des enfans, puisqu'ils sont contraints de s'estropier eux-mêmes, & de rendre inutile la moitié de leur corps pour trouver de quoi nourrir l'autre : tous ces raisonnemens ne les excusent point; car la pauvreté ne met point à l'abri des peines décernées par les Loix contre les délinquans.

Voyez ce que j'ai dit des Plagiaires dans ma Traduction des Institutes, sur le paragraphe 10. du dernier titre du quatriéme Livre.

Il nous reste à remarquer au sujet de ce mot, que c'est en France l'épithete qu'on donne aux Auteurs qui prennent effrontément les ouvrages d'autrui, & s'en attribuent la gloire.

Il est permis de profiter à propos & avec modération des lumieres de ceux qui nous ont précedé, encore faut-il les citer & leur en faire honneur. Mais les Plagiaires prennent la licence de s'emparer du bien d'autrui, copient servilement & presque mot à mot tout un ouvrage ou une bonne partie, & employent souvent tout leur génie à cacher leurs larcins.

Si la République des Lettres établissoit des taxes sur ces Copistes, & qu'on les obligeât de rendre ce qu'ils ont pris dans d'autres livres, il resteroit bien peu de chose dans les livres, & ils ressembleroient au Geai de la Fable, comme dit l'Auteur des Mélanges d'Histoire & de littérature, tome 3. page 213.

PLAIDANT, se dit, quand sur une affaire qui se doit plaider, on présente des Requêtes nouvelles, le Juge met dessus, *en plaidant*, c'est-à-dire que lors de la plaidoirie on fera droit sur le tout, tant sur la nouvelle Requête, que sur la demande qui forme la contestation d'entre les Parties.

PLAIDER, se dit des Avocats & Procureurs, lorsqu'ils maintiennent & défendent les droits de leurs cliens au Barreau.

PLAIDER, se dit aussi de ceux qui ont des procès, soit qu'ils soient demandeurs ou défendeurs, appellans ou intimés.

Les Regnicoles demeurans en France, ne peuvent être distraits de leur Jurisdiction naturelle pour aller plaider hors du Royaume, pour quelque cause que ce soit. Basset, tome 2. livre 2. titre 3. chapitre 6.

PLAIDER PAR PROCUREUR, c'est mettre du Procureur pour plaider en son lieu & place, sous le nom de qui se fait toute l'instruction, & sous le nom de qui se rend le Jugement qui intervient en conséquence.

Le Roi seul plaide par Procureur, & c'est son Procureur géneral qui agit pour lui, tant en demandant qu'en défendant; & quand il s'agit de l'intérêt particulier du Roi, son Procureur général quitte sa place & se met au Barreau des Pairs de France. Toute l'instruction se fait au nom du Procureur général; & le Jugement qui intervient, est aussi prononcé pour ou contre lui nommément.

Les Seigneurs hauts-Justiciers dans l'étendue de leur Justice, plaident aussi par leur Procureur, mais pour les droits de leurs Terres seulement.

Toutes les autres personnes qui plaident en France, doivent plaider en leur nom. Cela est si vrai, qu'il a été jugé au Parlement de Metz, que le Roi de Suede ne pouvoit pas plaider en France par Procureur. L'Arrêt a été rendu le 29. Janvier 1697. & est rapporté par M. Augeard, tome 2. chapitre 29.

Ce privilége spécial qu'a le Roi de plaider non pas en son non, est aussi accordé à la Reine. Chopin, *de Domanio*, *lib.* 1. *tit.* 5. *num.* 5. Joly, tome 1. aux additions, page 122.

Il faut cependant remarquer que les pupilles agissent en France sous le nom de leurs tuteurs, les imbécilles ou les furieux sous le nom de leurs curateurs, & en Pays coutumier les femmes sous le nom de leurs maris: mais cette exception de la régle générale n'a été introduite qu'en faveur des personnes qui, par leur âge ou par leur état, ne peuvent rester en Jugement.

Tous les autres sont obligés d'agir eux-mêmes; & quoiqu'ils se servent du ministere des Avocats & des Procureurs, c'est toujours en leur nom que sont faites toutes les procédures. Ainsi cela ne s'appelle pas plaider par Procureur, puisque tout se fait au nom de la Partie, & non pas au nom du Procureur; & que le Jugement est prononcé pour ou contre le demandeur ou le défendeur, & non pas pour ou contre les Procureurs qu'ils ont constitués pour occuper pour eux.

PLAIDEUR, signifie un homme qui est en procès, dont l'esprit est incapable d'écouter la raison, lorsqu'il est séduit par l'amour propre, l'ambition, ou par avarice: passions qui ne se trouvent que trop souvent réunies dans les Plaideurs de profession.

La ressource de ces téméraires, quand ils ont point de Loix pour colorer leurs prétentions injustes, est de tâcher de détruire par des subterfuges celles qui leur sont absolument contraires, & leur faire dire ce qu'elles ne disent point.

Comme leur aveuglement est extrême; il les fait toujours tromper dans leur propre cause: c'est pourquoi les Procureurs qui sont établis pour secourir ceux qui plaident, doivent s'appliquer à maintenir leurs droits, sans entrer dans leurs passions. C'est les tromper que de condescendre à leur foiblesse, & se tromper soi-même que de les écouter au préjudice de la raison & de son devoir.

On dit qu'il faut avoir pitié des pauvres Plaideurs: mais cette pitié ne consiste qu'à leur donner de bons conseils, & à leur prêter les secours qui sont nécessaires pour maintenir leurs droits, surtout quand on voit qu'ils plaident malgré eux, & uniquement pour sauver leur bien & se tirer de l'oppression.

Pour ce qui est des chicaneurs, qui ne s'appliquent nuit & jour qu'à chercher des moyens de faire des procès à leurs parens ou à leurs voisins, & qui ne s'embarrassent pas qu'il leur en coûte, pourvû qu'ils fassent de la peine aux autres; bien loin d'être dignes de pitié, il seroit à souhaiter que la Justice, qui doit être l'appui de l'innocence & le fléau des méchans, les punit aussi griévement qu'ils les méritent; & quand ils sont connus pour tels, il faudroit même qu'ils ne pussent trouver aucun Procureur qui voulût occuper pour eux.

Ces sortes de gens, ennemis de leur propre repos, & de celui des autres, sont comparés à une pierre à éguiser, qui use en s'usant; parce que ces obstinés se ruinent à plaisir, & ruinent les autres, & causent toujours beaucoup de mal à ceux mêmes envers lesquels ils sont condamnés.

Mais lorsque les Juges voyent qu'une personne n'agit que par une opiniâtreté de plaider, & de former de mauvaises contestations, ils ordonnent qu'elle ne pourra intenter aucune action, sans avoir préalablement pris conseil d'Avocat; ce qui est une espéce d'interdiction.

Celui qui entreprend un procès légerement, sans avoir préalablement consulté gens habiles, pour ne pas s'engager témérairement dans un mauvais procès, est à mon sens bien téméraire.

L'Auteur des Causes célébres, tome 7 sur la fin de l'article, où il parle de la Concubine donataire, semble être d'avis que tout Plaideur est téméraire, & que tout homme bien sensé doit toujours éviter les procès, quelque bon droit qu'il paroisse avoir. Voici en peu de mots les raisons qu'il en rend.

C'est, dit-il, une grande hardiesse d'entreprendre un procès, & de commettre sa fortune au jugement des hommes, quand même ils seroient intégres & éclairés, la foiblesse humaine, & la diversité de leurs génies & de leurs caracteres ne nous permettant pas de faire aucun fond sur leurs décisions, jusqu'à ce qu'ils les ayent déclarées. Tel gagne un grand procès d'une voix seulement, qui faute de cette voix l'auroit perdu & auroit été ruiné sans ressource. Tel a été jugé à cette Chambre du Parlement, & y a gagné son procès, qui l'auroit perdu si l'affaire eût été jugée dans une autre. Ce qui paroît une demonstration à un Juge, est un sophisma pour un autre; tous deux néanmoins sont éclairés. Voilà ce qui arrive naturellement à l'égard des Juges qui sont les Oracles de la Justice. Mais ne s'en peut-il pas trouver; qui moins occupés du soin de remplir les devoirs de leurs Charges, que de passer le tems agréablement, jugent, pour ainsi dire, au hazard les affaires même les plus importantes; ou qui se laissant guider par le crédit & par la faveur, ont le cœur ouvert aux charmes d'un sexe séduisant, & n'ont d'autres décisions que celles qu'on leur inspire? Enfin il en coûte tant pour plaider, qu'on est souvent ruiné après avoir gagné son procès; & l'on reconnoît, mais trop tard, que pour s'être réfugié dans le Temple de la Justice pour sauver son bien, on en perd une bonne partie, dont on auroit pû éviter la perte par un accommodement, tel qu'il fût; car, comme on dit, *un mauvais accommodement vaut mieux qu'un bon procès*. Voyez ce que j'ai dit *verbo* Accommodement.

PLAIDOYER, est un discours qu'un Avocat ou un Procureur prononce au Barreau, pour établir & faire valoir le droit de sa Partie.

Ces sortes de discours doivent être proportionnés à la nature des affaires qui en sont l'objet. Si la cause est d'un genre commun & ordinaire, le plaidoyé doit être d'un style simple, clair, net & méthodique. Si l'affaire est importante, le pladoyé doit être plus relevé, soit du côté des pensées, soit du côté des tours, des expressions, des figures: mais dans les unes & dans les autres, il faut éviter les lieux communs & les faits étrangers à la cause, aussi-bien qu'une vaine ostentation d'éloquence recherchée, affectée, suivant cette maxime fondée sur le bons sens & la pratique des plus grands Orateurs de l'Antiquité: *La véritable éloquence consiste à dire tout ce qu'il faut, & à ne dire que ce qu'il faut.*

Il faut donc, pour qu'un plaidoyé fasse honneur, que l'Avocat se renferme dans son sujet; qu'il établisse avec précision le fait & la question dont il s'agit; qu'il observe surtout, en détaillant ses moyens, de les appuyer de raisons solides, qui servent même par avance à détruire celles que son adversaire pourroit lui objecter: il faut enfin qu'il accompagne le tout d'un style élégant, pur, net & concis, se renfermant dans son sujet, sans trop s'étendre sur ses moyens, à moins que la matiere ne le requiere. En effet, les raisons maniées avec précision, loin de perdre de leur force, n'en deviennent que plus énergiques & plus frapantes.

Une autre partie essentielle à l'éloquence consiste dans le ton de la voix, & dans le geste ménagé avec prudence: *Gestus enim venustas, & pulchra sonoræ vocis pronunciatio, elegantis & ritè ut decet elaboratæ orationis, splendorem mirum in modum adaugent, summoque illustrant decore.* Voilà les régles & les talens qui doivent faire l'objet de l'étude & de l'application de ceux qui se destinent à suivre le Barreau; en les pratiquant ils se feront honneur: mais surtout qu'ils prennent soin de ne pas mériter le nom de *Rabula*, mot latin qui signifie un Avocat braillleur, qui crie comme un furieux en plaidant, jusqu'à perdre haleine à chaque instant; & le tout pour ne dire que des mots qui ne signifient rien, & dont il est impossible de faire aucune application à l'affaire dont il s'agit. D'ailleurs ses grimaces, ses yeux étincelans, sa bouche; d'où sort une voix de corbeau qui croasse, feroient qu'on ne l'entendroit pas, quand même ses pensées & ses paroles seroient convenables au sujet dont il seroit question. *Hæc ventosa & enormis loquacitas horrenda & detestabilis est, sicque Rabula patrocinium suo sæpe clienti magis nocet quàm prodest.*

Voyez ce que j'ai dit *verbo* Eloquence du Barreau, où j'ai parlé amplement du caractere que doit avoir un plaidoyé, pour faire honneur à celui qui le prononce. *Voyez* aussi ce que j'ai dit *verbò* Factum, ou j'ai rapporté que M. de Sacy dit, que quoiqu'il n'y ait aucune différence entre les factums & les plaidoyés, ni dans la matiere, ni dans l'objet de ces sortes d'Ouvrages, il s'y en trouve beaucoup dans leur composition.

PLAIDS. Jours de plaids, sont ceux ausquels le Juge doit donner Audience.

PLAIGNANT, est celui qui a fait une plainte contre quelqu'un. *Voyez* Partie civile. *Voyez* aussi le troisiéme titre de l'Ordonnance de mil six cent soixante-dix.

PLAINTE, est une déclaration qu'on fait devant le Juge ou devant un Commissaire, sans aucune requête ni permission du Juge, de quelque tort ou affront qu'on a fait, afin d'en faire informer, & d'en poursuivre la réparation civile par les voies de droit.

Les procès criminels commencent par une plainte, au lieu que les procès civils commencent par un exploit de demande. *Voyez* Partie civile. *Voyez* aussi le titre 3. de l'Ordonnance de 1670. avec les notes de Bornier.

Dans le cours de la procédure, après que sur les

informations le Juge a prononcé un décret d'ajournement personnel, ou un décret de prise de corps, celui contre qui la plainte a été faite demeure accusé, & celui qui a rendu la plainte est regardé, comme l'accusateur.

Mais on demande, lorsqu'il y a des plaintes respectives, quel est celui qui sera l'accusateur, & quel est celui qui sera l'accusé.

Cela est très-important de sçavoir, & peut être demandé par l'un des plaignans en tout état de cause. Le Juge doit, après avoir examiné la chose, déclarer accusé celui contre qui les charges sont les plus fortes, & déclarer l'autre accusateur.

Par Arrêt de Réglement du Parlement de Paris, du 10. Juillet 1665. article 10. il est enjoint aux Lieutenans criminels, & à tous autres Juges, incontinent après les interrogatoires, de juger qui des deux plaignans sera l'accusateur, & qui demeurera l'accusé, pour contre lui le procès être instruit, sans pouvoir faire diverses instructions, ni proceder à des récollemens & confrontations, sur diverses informations respectives.

Voyez les observations sur Henrys, tome 1. livre 2. chap. 4. quest. 30.

PLAINTE D'INOFFICIOSITÉ. *Voyez* Inofficiosité, & ce que j'ai dit dans ma Traduction des Institutes, sur le titre 18. du second Livre.

PLAINTE A LA COMMUNAUTÉ DES AVOCATS ET PROCUREURS, est une Requête qu'un Procureur donne contre son Confrere pour l'obliger à rendre des piéces, où à se conformer en quelqu'autre point à l'ordre de la procédure & à la discipline du Palais qu'il a violée. La Communauté donne son avis sur cette plainte, & l'avis est reçu en la Grande Chambre par forme d'appointement.

PLAISIR, signifie volonté, délibération, & est dérivé du mot Latin *placitur.* Les Edits & Lettres de Chancelerie se terminent par cette clause: CAR TEL EST NOTRE PLAISIR, pour dire que telle est la volonté du Roi.

PLAIT SEIGNEURIAL, est un droit seigneurial qui est dû en Dauphiné par la mutation du Seigneur, ou du possesseur de la chose qui y est sujette, ou par la mutation de tous les deux ensemble, selon qu'il est stipulé.

Ce droit est aussi appellé pour cette raison, *muragium*, & en notre langue, *muage ou muance*, & est le même que le relief ou rachat dans les Provinces de Coutumes; mais l'usage en est différent.

Il y a le plait conventionnel, le plait accoutumé, & le plait à merci.

Le plait conventionnel, est celui qui est déclaré par le titre: il peut être dû en argent, en grains ou en autres choses.

Le plait accoutumé, est celui qui est reglé par l'usage du lieu.

Le plait à merci, est celui qui se leve au gré du Seigneur, mais qui est aujourd'hui fixé à la moitié du revenu d'une année, déduction faite des impenses ordinaires.

Voyez ce qu'a dit M. Brillon sur ce mot. *Voyez* aussi le Traité que Boissieu a fait du plait seigneurial, imprimé à Grenoble en 1652. *in-octavo.*

PLEBISCITES étoient les Loix que le peuple Romain, séparé des Sénateurs & des patrices faisoit du tems de la République, à la réquisition d'un Tribun. *Voyez* ce que j'en ai dit dans l'Histoire du Droit Romain.

PLEIGE, signifie caution judiciaire, qui s'oblige devant le Juge de représenter quelqu'un, ou de payer ce qui sera jugé contre lui. Dans les actes de soumission qu'on délivre, on met toujours qu'un tel s'est rendu pleige & caution d'un tel.

Voyez Caution & Fidéjusseur. Le Lecteur trouvera sous ces mots les principes qui conviennent à celui de pleige, puisqu'il signifie la même chose.

Ménage après Saumaise, dit que ce mot Pleige vient de *Prægius*. qu'on a fait de *Præs*, *Prædis*, signifiant la même chose. Du Cange le dérive de *Plegius*, qu'on a dit dans la basse latinité dans le même sens.

PLEIGEMENT. Ce mot dans le titre 4. de la Coutume de Bretagne, se prend tontôt pour une assurance & cautionnement, tantôt pour une saisie, tantôt pour une action faite en Justice telle qu'elle soit, & tantôt pour une complainte.

PLEIGER, signifie cautionner en Justice, répondre pour quelqu'un, & s'obliger de payer le Juge.

PLEIN, se dit de ce qui est entier, complet, au plus haut degré de force ou de perfection: ainsi *plein-fief* est celui qui est entier & non-démembré. Le Roi finit ses Edits par ces mots, *de* notre certaine science, *pleine* puissance & autorité royale.

PLEIN POSSESSOIRE, est la pleine maintenue & garde, qui est adjugé en Justice à celle des Parties, qui justifie par titres avoir le droit le plus apparent; a la différence de la recréance, qui n'est que provisoire, & qui s'adjuge sur des preuves qui ne sont complettes.

Voyez Maintenue.

PLUMITIF, autrefois PLUMITIF, est un sommaire qu'écrivent les Greffiers & Notaires en minutte, & par abregé sur le champ, & pour la premierefois, avant qu'il soit mis au long & au net. D'où vient que l'on appelle encore aujourd'hui Plumitif, le Registre sur lequel le Greffier écrit pendant que le Juge prononce. Loyseau, des Offices, liv. 2. chap. 5. nombre 80. *Voyez* Viser la feuille. On appelle *Greffiers au Plumitif*, ceux qui tiennent la plume à l'Audience; à la différence des Greffiers à la Peau & autres, qui expédient les Arrêts.

PLUMITIF, EN FAIT DE RAPPORT DE JURÉS, est un sommaire ou petit narré & projet de l'état des questions, que les Experts font en faisant leurs visites, & qu'ils signent sur les lieux, ou le paraphent en présence des Parties, lesquelles aussi le signent, si bon leur semble.

Lorsque les Juges font descente sur les lieux avec

les Experts, ils signent le plumitif ou la minute, au cas que les Parties le requierent, mais cela n'arrive que très-rarement; & les Juges qui connoissent les Experts laissent faire, & n'entrent en aucune défiance de leur intégrité, leur permettant de corriger leur minutte, & de retourner sur les lieux seuls, & à l'insçu des Parties, pour pouvoir plus à loisir, & avec moins d'interruption, entrer en la connoissance des choses, pour en donner leur avis avec plus de certitude.

Voyez ce que j'ai dit sur les art. 184. & 185. de la Coutume de Paris.

PLUS AMPLEMENT INFORMÉ, est un Jugement qui se prononce en procès criminel, lorsque les preuves ne sont pas assez fortes pour condamner l'accusé, ou pour l'absoudre. Dans ce cas le Juge ordonne qu'il sera amplement informé, soit indéfiniment, soit pour un tems qui est limité par le Jugement.

PLUS-PETITION, étoit par l'ancien Droit Romain punie; ensorte que celui qui demandoit plus qu'il ne lui étoit dû, étoit déchu de sa demande avec dépens; mais dans la suite cette rigueur du Droit a été corrigés par les Ordonnances des Empereurs.

En France les peines établies par les Loix Romaines contre ceux qui demandent plus qu'il ne leur est dû, n'ont jamais été en usage.

Voyez ce qui en est dit à ce sujet dans Cambolas, Livre second, tit. 1. §. 14. Arrêt 15. *Voyez* aussi ce que j'en ai dit dans ma Traduction des Institutes sur le §. 33 du titre des Actions, où j'ai aussi expliqué de combien de maniere un créancier peut demander plus qu'il ne lui est dû.

PLUS-VALUE. *Voyez* Value.

PO

POIDS, est un instrument qui sert à faire connoître la gravité des choses, en quelle proportion elle est dans un corps à l'égard d'un autre. Ce terme se dit aussi des corps réglés & étalonnés qui servent à la mesure de cette proportion, & qu'on met dans un plat de balance, tandis que le corps dont on veut sçavoir la pesanteur est dans l'autre. Ce n'est pas assez d'avoir les balances, il faut avoir aussi les poids.

Il y a des poids depuis une livre jusqu'à cent. Les poids sont différens suivant les lieux & les tems. Ils sont non-seulement différens dans les pays étrangers, mais encore en chaque Ville de France; desorte qu'on en peut faire l'expression précise sans une réduction par voie d'arithmétique. *Voyez* ce qui est dit à ce sujet dans le Dictionnaire de Trevoux.

Le droit de donner ou de faire donner poids & mesures, ne devroit appartenir qu'au Roi seul: cependant aujourd'hui ce droit appartient aux Seigneurs Hauts-Justiciers; mais ce n'est qu'en conséquence de l'usurpation qu'ils ont faite anciennement de plusieurs droits semblables, dans la possession desquels ils sont restés. *Voyez* Etalon.

Voici ce que dit, au sujet des poids & mesures, M. Brillon, lettre D, en parlant des Droits seigneuriaux. Les Seigneurs des terres qui ont Justice, ont droit de poids & de mesures, suivant la Coutume des lieux & la possession, & surtout pour les choses qui concernent *victum & alimenta.*

Il ne leur est pas contesté en Dauphiné, suivant Bacquet en son Traité de Justice, chapitte 27. où il employe la question 490. de Guy Pape. *Voyez* aussi Chorier, Jurisprudence de Guy Pape, page 138.

L'inspection des poids & mesures est une des plus importantes attentions de la Police. Ce qui est à craindre dans les Justices seigneuriales, est le compere & la commere; les recommandations de l'un & de l'autre, ou de tous deux, sont dangereuses au bon ordre.

Il y a plusieurs Edits & plusieurs recherches sur les poids & mesures. Ceux qui sont curieux d'en avoir connoissance, peuvent voir le Dictionnaire de M. Brillon, à l'endroit cité ci-dessus, & à ce qu'il a dit lettre P, *verbo* Poids & mesures *Voyez* aussi ce qui en est dit dans le Dictionnaire de Trevoux.

POIDS LE-ROI, sont les droits qui se levent pour le Roi, sur toutes les marchandises qui se pesent; lorsqu'elles entrent dans les Ports & dans les Villes.

Ce droit fait partie du Domaine du Roi; & les contestations qui surviennent à ce sujet, sont portées à la Chambre du Domaine, à l'exclusion de la Cour des Aydes.

POINT D'HONNEUR, consiste en certaines régles & maximes, d'où les hommes s'imaginent que c'est donner atteinte à leur honneur, que d'y manquer à leur égard.

Messieurs les Maréchaux de France sont Juges du point d'honneur entre les Gentilshommes, & entre ceux qui font profession des armes. Ce Tribunal se tient chez le Doyen des Marechaux de France. Les Requêtes sont mises entre les mains d'un Maître des Requêtes qui en a fait le rapport.

En chaque Balliage & en chaque Sénéchaussée, ils ont un Lieutenant & un Garde de la Connétablie.

La fonction du Lieutenant, est de connoître & de juger les différends qui surviennent entre les Gentilshommes, ou autres faisant profession des armes, à cause des chasses, des droits honorifiques des Eglises, des prééminences de Fiefs, & des Seigneuries, ou autres querelles mêlées avec le point d'honneur.

Les Juges du point d'honneur condamnent celui qui a perdu au Jeu sur sa parole, à payer celui qui a gagné; ce qui ne se pratique pas dans les autres Jurisdictions.

Quand il y a un différend dans la Ptovince, le Lieutenant de Messieurs les Maréchaux de France y pouvoit sur le champ, conformément à l'Edit du mois d'Août 1679, confirmé par celui du mois de Mars 1693. & en donne avis à Messieurs les Maréchaux de France, pour travailler à l'accommodement.

Lorsqu'il y a des paroles piquantes, ou d'autres causes qui touchent l'honneur & semblent porter les Parties à quelque ressentiment, il leur envoye aussi-tôt des défenses de se rien demander par les voies de fait, & les fait assigner devant lui pour être réglés. S'il prévoit même les voies de fait, il leur envoye un Garde de la Connétablie, pour se tenir auprès d'eux à leurs dépens, jusqu'à ce qu'ils se soient rendus pardevant lui.

Si les Parties sont de différens départemens, le Lieutenant qui prend connoissance le premier de l'affaire, en demeure Juge exclusivement à l'autre, par droit de prévention; & en cas d'absence de l'un, celui du département le plus proche qui en est le premier informé, connoit du différend à l'exclusion des autres.

Messieurs les Maréchaux de France ont la nomination de ces Lieutenans, qui prennent des provisions du Roi, & qui se font recevoir dans les Bailliages de leurs départemens.

Cette attribution de Jurisdiction est principalement pour empêcher les duels, dont le point d'honneur entre les Gentils-hommes est presque toujours la cause.

Les Lieutenans font dans leurs départemens ce que l'ancien de Messieurs les Maréchaux de France fait à Paris, sur le rapport d'un Conseiller d'Etat ou d'un Maître des Requêtes, qu'il nomme avec l'agrément du Roi.

Pour obvier aux suites fâcheuses des insultes qui attaquent l'honneur, voici ce que porte une Déclaration donnée à Versailles le 12 Avril 1723.

» Par notre Edit du mois de Février dernier, » nous avons confirmé les Ordonnances des Rois » nos prédécesseurs, touchant les duels, & nous » avons établi de nouvelles peines, pour empêcher » que par des détours affectés, aucuns de nos Su» jets puissent colorer la témérité qu'ils auroient » de contrevenir à des Loix si saintes : mais vou» lant faire d'autant plus connoître notre inten» tion, d'employer tout le pouvoir que Dieu nous » a donné pour arrêter dans leurs principes les con» séquences d'un tel abus, nous avons ordonné à » nos Cousins les Maréchaux de France, de s'as» sembler pour déliberer sur les satisfactions & ré» parations d'honneur à l'occasion des injures qui » en sont la source entre les Gentils-hommes, gens » de guerre & autres ayant droit de porter les ar» mes pour notre service : & nosdits Cousins nous » ayant présenté ce qu'ils auroient arrêté à ce sujet » dans leur assemblée du 8 de ce mois, nous avons » jugé à propos d'en ordonner l'exécution.

» A CES CAUSES, &c. Nous avons dit, &c. Vou» lons & nous plait;

» I°. Que dans les offenses faites sans sujet, par » paroles injurieuses, comme celles de sot, lâche » traître, & autres semblables; si elles n'ont pas » été repoussées par des reparties plus atroces, ce» lui qui aura proferé de telles injures, soit con» damné en six mois de prison, & à demander par» don, avant d'y entrer, à l'offensé, en la forme » marquée par l'article 7. du Réglement de nosdits » Cousins de l'année 1653.

» II°. Si l'offensé a repliqué par injures pareilles » ou plus fortes, il sera condamné à trois mois de » prison, sans qu'il lui soit demandé pardon par » l'aggresseur, qui n'en sera pas moins condamné » à six mois de prison.

» III°. Les démentis & ménaces de coups de » main ou de bâton, par paroles ou par gestes, se» ront punis de deux ans de prison; & l'aggresseur, » avant d'y entrer, demandera pardon à l'offensé.

» IV°. En cas que les démentis ou ménaces de » coups ayent été repoussés par coups de main ou » de bâton, celui qui aura donné le démenti, ou » fait les menaces, sera condamné comme aggres» seur à deux ans de prison; & celui qui aura frapé, » sera puni des peines portées par notre Edit du » mois de Février dernier.

» SI DONNONS en mandement, &c.

POISON. On tient que ce mot vient du Latin *potio*, parce que ceux qui veulent faire mourir quelqu'un clandestinement, se servent d'un breuvage envenimé. Quoiqu'il en soit, nous entendons aujourd'hui par poison, tout venin qui peut procurer la mort à l'homme, soit par la respiration ou transpiration, soit par une plaie ou morsure, soit enfin par la bouche, en buvant ou mangeant.

Cette maniere de faire mourir un homme, est des plus barbares & des plus cruelles: *cum plus sit hominem extinguere veneno, quàm gladio; leg.* 1. & 3. *cod. ad leg. Cornel. de sicar. & venef.* La raison est, qu'on se défie ordinairement, & qu'on se peut précautionner de l'homicide qu'on veut commettre en nous par le fer; au lieu que l'homicide qui se fait par le poison, est clandestin, & est souvent commis par ceux de qui on se défie le moins.

Ce crime est capital, & est puni du feu. On punit de pareille peine ceux qui apprêtent ou qui vendent du poison. Il faut excepter néanmoins les Apoticaires, Chirurgiens & Maréchaux, qui peuvent travailler à faire de certaines drogues dans lesquelles il entre du poison, qui, mêlé avec d'autres drogues, peut contribuer à la santé: mais il faut qu'ils soient en cela très-circonspects.

Louis XIV. a fait une Déclaration au mois de Juillet 1682. dont les trois premiers articles font mention de la punition du crime de sortilege, &c. & les autres du poison.

L'art. 4. porte, que ceux qui seront convaincus de s'être servis de vénéfices & poisons, seront punis de mort, soit que la mort des personnes ausquelles ils auront voulu faire prendre du poison, s'en soit ensuivie, ou non.

Par le même article il est ordonné que ceux qui

seront convaincus d'avoir composé & distribué du poison pour empoisonner, seront punis de mêmes peines.

De plus il ordonne que ceux qui auront connoissance qu'il aura été travaillé à faire du poison, qu'il en aura été demandé ou donné, soient tenus de dénoncer incessamment ce qu'ils en sçauront aux Procureurs généraux du Roi, ou à leurs Substituts, & en cas d'absence au premier Officier public des lieux, à peine d'être extraordinairement procedé contr'eux, & punis selon les circonstances & l'exigence des cas, comme fauteurs & complices desdits crimes, & sans que les dénonciateurs soient sujets à aucune peine, ni même aux intérêts civils, lorsqu'ils auront déclaré & articulé des faits ou des indices considérables qui seront touvés véritables & conformes à leur dénonciation, quoique dans la suite les personnes comprises dans lesdites dénonciations soient déchargées des accusations; dérogeant à cet effet à l'art. 73. de l'Ordonnance d'Orléans pour l'effet du poison seulement; sauf à punir les calomniateurs selon la rigueur de ladite Ordonnance.

Par l'article 5. il est dit que ceux qui seront convaincus d'avoir attenté à la vie de quelqu'un par poison, ensorte qu'il n'ait pas tenu à eux que ce crime n'ait été consommé, seront punis de mort.

L'article suivant répute au nombre des poisons, non-seulement ceux qui peuvent causer une mort prompte & violente, mais aussi ceux qui en alterant peu à peu la santé, causent des maladies, soit que lesdits poisons soient simples, naturels ou composés.

En conséquence de ce, le même article défend à toutes personnes, à peine de la vie, même aux Médecins, Chirurgiens & Apoticaires, à peine de punition corporelle, d'avoir & garder de tels poisons, simples ou préparés, qui retenant toujours leur qualité de venin, & n'entrant en aucune composition ordinaire, ne peuvent servir qu'à nuire, étant de leur nature pernicieux & mortels.

A l'égard de l'arsenic, du réagale, de l'orpiment & du sublimé, quoiqu'ils soient poisons dangereux de toute leur substance, comme ils entrent & sont employés en plusieurs compositions nécessaires, pour empêcher qu'on n'en abuse, l'article 7. ordonne qu'il n'en sera permis qu'aux Marchands qui demeurent dans les Villes, d'en vendre & d'en délivrer eux-mêmes seulement aux Médecins, Apoticaires, Chirurgiens, Orfévres, Teinturiers, Maréchaux, & autres personnes publiques, qui par leurs professions sont obligés d'en employer; lesquels néanmoins, en les prenant, écriront sur un Registre particulier, tenu pour cet effet par lesdits Marchands, leurs noms, qualités & demeures, ensemble la quantité qu'ils auront pris desdits minéraux.

Si au nombre desdits Artisans qui s'en servent, il s'en trouve qui ne sçachent pas écrire, lesdits Marchands écriront pour eux, ainsi qu'il est prescrit par ledit article 7.

Quand aux personnes inconnues ausdits Marchands, comme peuvent être les Chirurgiens & les Maréchaux des Bourgs & Villages, le même article ordonne qu'ils apporteront des certificats en bonne forme, contenant leurs noms, demeures & possessions, signés du Juge des lieux, ou d'un Notaire & de deux Témoins, ou du Curé & de deux principaux Habitans, lesquels certificats & attestations demeureront chez lesdits Marchands pour leur décharge.

Par l'article 8. il est enjoint à tous ceux qui ont droit par leurs possessions & métiers, de vendre ou d'acheter des susdits minéraux, de les tenir en des lieux sûrs, dont ils garderont eux-mêmes la clef, & aussi d'écrire sur un Registre particulier la qualité des remedes où ils auront employé lesdits minéraux, les noms de ceux pour qui ils auront été faits, & la quantité qu'ils y auront employée.

L'article 9. défend aux Médecins, Chirurgiens, Apoticaires, Epiciers, Droguistes, Orfévres, Teinturiers, Maréchaux, & tous autres, de distribuer des minéraux en substance à quelque personne que ce puisse être, & sous quelque prétexe que ce soit, sous peine corporelle.

Le même article leur enjoint aussi de composer eux-mêmes, ou de faire composer en leur présence par leurs Garçons, les remèdes où il devra entrer nécessairement desdits minéraux, qu'ils donneront après cela à ceux qui leur en demanderont pour s'en servir aux usages ordinaires.

Par l'article 10. défenses sont faites à toutes autres personnes qu'aux Médecins & Apoticaires, d'employer aucuns insectes veneneux, comme serpens, viperes & autres semblables, sous prétexte de s'en servir à des médicamens, ou à faire des expériences, & sous quelque prétexte que ce puisse être, s'ils n'en ont la permission expresse & par écrit.

Les articles 11 & dernier font très-expresses défenses à toutes personnes, de quelque profession & condition que ce puisse être, excepté aux Médecins approuvés & dans le lieu de leur résidence, aux Professeurs de Chimie, & aux Maîtres Apoticaires, d'avoir aucuns laboratoires & d'y travailler à aucune préparation de drogues ou distillations, sous prétexte de remédes chimiques, expériences, secrets particuliers &c. sans en avoir obtenu la permission par Lettres du grand Sceau, présenté icelles, & fait déclaration en conséquence aux Juges & Officiers de Police des lieux.

Par le même article il est aussi défendu à tous Distillateurs, Vendeurs d'eau de vie, de faire aucune distillation que celle de l'eau-de-vie, sauf à être choisi d'entr'eux le nombre qui sera jugé nécessaire pour la confection des eaux-fortes, dont l'usage est permis; lesquelles néanmoins ne pourront y travailler qu'en vertu de Lettres de Sa Majesté du grand Sceau, & après avoir fait leurs déclarations, à peine de punition exemplaire.

Il est facile de voir que cette déclaration a été faite,

faite, non-seulement pour punir ceux qui seroient convaincus de s'être servis de venefices & poisons contre la vie de quelqu'un ; mais encore pour ôter toutes les occasions de s'en pouvoir servir pour un si funeste dessein.

POLICE, vient du mot grec *Polis* qui signifie une Cité, d'où dérive *Lolitia*, qui signifie le réglement, gouvernement & bon ordre d'une Cité.

Ainsi Police se prend communément pour l'ordre qui s'observe dans une Ville ou dans un lieu pour y maintenir la discipline, & empêcher les forfaits & les désordres que les scélérats & les yvrognes y pourroient commettre, ou qui pourroient être causés par la débauche ou par le luxe. Ce mot *Police* est particulier, & propre pour les Villes.

Dans les Troupes on dit discipline Militaire ; on s'en sert aussi pour les Colléges, & lieux d'exercice pour les jeunes gens.

Dans les Communautés, on dit les Régles ou les statuts.

Police, se dit aussi de la Jurisdiction que le Juge de Police a droit d'exercer en ce qui concerne la Police de la Ville, & a y faire observer un bon ordre pour la sureté des habitans, tant pour leurs personnes, que pour leurs biens.

Ce bon ordre consiste I'. A entretenir la netteté & la sureté dans une Ville, l'abondance des denrées nécessaires à la vie, l'observation des Statuts des Marchands & Artisans.

II'. A réformer les abus qui se peuvent commettre dans le commerce.

III'. A empêcher le scandale public.

IV'. A retrancher des Villes le luxe, les lieux de débauche, & les jeux défendus, qui sont, comme l'on sçait, la ruine des familles.

Toutes ces choses sont comprises sous le nom de Police, parce qu'il est impossible qu'une République où elles ne seroient pas observées exactement, pût long-tems subsister.

La connoissance & la direction de la Police de Paris appartenoit autrefois au lieutenant civil ; mais aujourd'hui elle appartient à un Officier créé pour cet effet par un Edit du mois de mars 1667. appellé Lieutenant de Police.

En cet année, Louis XIV. pourvut par cet Edit à la sûreté publique par l'établissement des lanternes, par le redoublement du guet & de la garde, par un Réglement sur le port d'armes, & contre les gens sans aveu, & par plusieurs autres sages Ordonnances, dont l'exécution fut confiée à Monsieur de la Reynie, Lieutenant général de Police. En peu de tems la sûreté fut rétablie dans Paris.

Il y a dans la Ville de Paris quarante-huit Commissaires qui font des visites de Police, sans comprendre les Inspecteurs de Police, qui sont aussi des Officiers principalement institués pour la Police. Il y a une Chambre de Police au Châtelet de cette Ville, où l'on assigne verbalement ceux qui ont contrevenu aux Réglemens de Police.

Voyez ci-dessus Juges de Police *Voyez verbo* Police, le Dictionnaire de M. Brillon, où il rapporte quantité d'Edits & de Déclarations qui concernent cette matiere. *Voyez* aussi Henrys, tome 1. livre 2. quest. 95.

POLICE DE L'HÔTEL DE VILLE, est une Police particuliere, qui est exercée à Paris, sous l'autorité de M. le Prevôt des Marchands, par les Huissiers de l'Hôtel de Ville, qui sont Commissaires des Ports, & ont droit de marquer avec un poinçon les pintes & autres mesures de vin qui se vend à Paris en détail par les Cabaretiers.

POLICE en fait de ces contrats, signifie promesse. Ce terme vient du mot Latin *Polliceri*. Il est encore usité dans quelques Provinces, pour exprimer une promesse en général ; & même dans tout le Royaume, pour signifier certains actes particuliers dont il est parlé ci-après.

POLICE DE CHANGEMENT, signifie la même chose sur la Méditerranée, que Connoissement sur l'Ocean. *Voyez* Connoissement.

POLICE D'ASSURANCE, est un contrat maritime, par lequel un assureur stipule un prix, moyennant lequel il prend sur lui le péril de la navigation ; & ce prix se nomme prime, parce qu'il se prend par avance.

Voyez l'Ordonnance du mois d'Août 1681. touchant la Marine, titre 6. des Assurances. *Voyez* aussi l'Arrêt du 25. Mars 1572. rapporté dans le Journal des Audiences.

POLIGAMIE, est le mariage d'un homme avec plusieurs femmes, ou d'une femme avec plusieurs hommes en même tems.

La poligamie est défendue par le Droit divin, comme il paroît par ce qui est dit du mariage dans la sainte Ecriture. *Et erunt duo in carne una. Genesæos, cap. 2. num. 24. Mathæi, cap. 19. num. 5. & 6.*

Ce crime est contre les Loix générales de la France : il étoit même autrefois puni de mort dans quelque Parlemens. Mais comme nous n'avons point des Loix qui condamnent à mort ceux qui sont coupables de crime, il n'est aujourd'hui puni que du bannissement ou des galeres, le coupable préalablement attaché au carcan avec deux quenouilles : & si c'est une femme, elle y est attachée avec un chapeau sur sa tête.

Suivant les Loix Romaines, la peine de ce crime étoit l'infamie. *Leg. 1. ff. de his qui notant. infam.*

En France, les coupables de ce crime peuvent être poursuivis criminellement ; comme il a été jugé par Arrêt du 3. Novembre 1668. rapporté par Boniface, tome 2. part. 3. tit. 2. livre 1. chap. 20. nomb. 1.

On demande si celui qui ayant contracté plusieurs mariages, a eu des enfans des différentes femmes qu'il a epousées, elles ignorant qu'il étoit marié à d'autres, lui venant à déceder, comment se doivent partager entr'eux les biens de leur pere, & qu'elle part ces femmes peuvent prétendre sur les biens de leur mari; *Voyez* ce que j'ai dit ici en parlant du mariage illicite; & Charondas en ses Réponses, liv. 8. chap. 17.

POLLICITATION, est une espéce de donation qui se fait par une simple promesse, c'est-à-dire, sans convention. Ainsi la pollicitation differe du pacte, en ce que le pacte est une convention de deux personnes; au lieu que la pollicitation est la promesse ou l'offre d'une seule personne.

Quoique régulierement la simple pollicitation ne produise aucune action, néanmoins si un simple Particulier promet de faire quelqu'ouvrage, ou quelque chose pour le Public, telle promesse est obligatoire, si elle est fondée sur une juste cause; & quand même elle ne seroit fondée sur aucune cause, lorsque l'ouvrage promis a été commencé, il n'est plus au pouvoir de celui qui l'a commencé d'en cesser l'exécution.

Voyez ce que j'ai dit sur la Coutume de Paris, au titre des Donations, pag. 1092. tom. 3.

Il y a un titre au Digeste *de Pollicitationibus*. Il faut observer que l'Ordonnance du 1731. concernant les donations, article 3. regle qu'il n'y aura que deux formes de disposer de ses biens à titre gratuit, les testamens & les donations: elle ne parle point des pollicitations.

PONT. Les ponts sont de droit public & royal; c'est pourquoi les Seigneurs particuliers dont la Seigneurie s'étend sur les rivieres & moulins y flotans, ne peuvent point demander de lods & ventes pour la concession qu'un Particulier feroit du péage à lui accordée par le Roi. *voyez* M. le Bret., liv. 5. décis. 12.

On ne peut bâtir un pont sur l'éclusе d'autrui.

Il a été imprimé à Paris, chez André Cailleau, en 1716. un Tairé des Ponts qui est assez curieux, non-seulement pour l'architecture, mais encore pour ce qui regarde la Jurisprudence.

PONTENAGE, est un droit qui se prend pour les passages & voitures sur les ponts. *Voyez* Péage.

PORTABLE, OU REQUERABLE, se dit du cens, qui dans quelques Coutumes est portable; c'est-à-dire, doit être porté par le tenancier au manoir du Seigneur ou autre lieu à certain jour, sans qu'il soit réquis & demandé; faute de quoi, le possesseur de l'héritage qui est sujet au cens, doit payer l'amende par la Coutume.

Dans d'autres Coutumes, le cens est requerable, c'est-à-dire, que le Seigneur censier est tenu de l'envoyer demander à ses Sujets; desorte qu'il n'échet d'amende qu'après qu'il a été demandé.

Voyez ce que j'ai dit à ce sujet, tome 1. *verbo* Cens.

Une redevance ou pension annuelle de bled léguée à un Hôtel-Dieu, doit être payée en espéces; & cette pension est portable, & non requerable, comme il est dit lettre P.

PORT D'ARMES, est un crime royal, qui se commet lorsque plusieurs personnes armées s'assemblent pour faire quelque action de violence.

Par les anciennes Ordonnances, il est défendu à toutes personnes, à l'exception des Officiers & des Gentilshommes, de porter des armes. Ainsi; comme il n'y a que le Roi qui ait droit de défendre ou de permettre de porter des armes, il n'y a aussi que ses Officiers qui ayent droit de connoître des délits qui sont accompagnés de port d'armes. En un mot, le port d'armes est un cas royal; & il n'y a que les Juges royaux qui en puissent connoître. Clerc accusé de port d'armes, ne peut décliner la Jurisdiction séculiere.

Il en est de même des assemblées illicites, émotions populaires, & violences publiques; parce que ces délits & ces malversations attaquent précisément l'autorité royale.

Voyez, touchant le port d'armes, ce qu'en a dit M. Brillon, *verbo* Armes. *Voyez* aussi la Déclaration du 9 Septembre 1700 qui est rapportée par le même Auteur, *verbo* Port d'armes.

PORTAGE. Droit de portage, est la part que prend celui qui leve & apporte les droits aux Seigneurs; c'est la huitiéme partie du lot: ce droit est en usage dans le Lyonnois.

Comme ce droit est la huitiéme partie du lot, quand le Seigneur donne une quittance générale des lots à lui dûs sans réserve, le droit de portage n'est point dû; & quand il fait grace d'une partie du lot, le droit de portage diminue à proportion. *Voyez* Henrys, tome 1. livre 3. chapitre 3. question 31.

PORTAGIUM. Ce terme Latin, qui se trouve dans les anciennes Chartes, signifie le droit que l'on doit payer aux portes des Villes, pour l'entrée des marchandises que l'on y apporte.

PORT; est une ance ou une avance d'une côte de mer qui entre dans les terres, qui a un fond & un abri suffisant pour le mouillage & le repos des vaisseaux, pour y prendre leur chargement, y faire leur décharge, ou pour s'y tenir en sûreté.

On appelle aussi ports les lieux qui servent sur le bord des rivieres, & où l'on fait aborder les bateaux pour les charger & les décharger.

Voici la définition qu'en donne Ulpien dans la Loi 59. *ff. de verbor. signific. Portus appellatus est conclusus locus, quo importantur merces, & inde exportantur: eaque nihilominus statio est conclusa, atque munita: inde angiportum dictum est.*

Le proprietaire d'un fonds qui aboutit à une riviere navigable, ne peut empêcher qu'on n'y attache un port pour l'utilité publique, d'autant plus que par le Droit François les rivages appartiennent au Roi. *Voyez* Salvaing, de l'usage de Fiefs, chapitre 60 vers la fin; & ce que j'ai dit dans ma Traduction des institutes, sur les paragraphes 4 & 5 du premier titre du second Livre.

PORTES DES VILLES. *Voyez* ci-dessus Murs & Portes des Villes.

PORTION congrue, qui est comme la légitime des Curés, est une pension annuelle, qui est adjugée aux Curés ou aux Vicaires perpetuels, contre les gros Dixmeurs & Curés primitifs.

Comme la dixme est dûe de Droit commun à celui qui dessert l'Eglise, s'il y a d'autres Décimateurs sur une Paroisse, il est bien juste qu'ils fournissent du moins des alimens au Curé ou au Vicaire perpetuel. *Voyez* l'Edit de Charles IX. de 1517. & Rebuffe en son Traité de la Portion congrue.

Il y a aussi un Traité de M. Duperay sur cette matiere.

Il y a divers Arrêts, Edits & Déclarations sur les portions congrues, qui établissent une nouvelle Jurisprudence sur cette matiere; le tout est ramassé dans un Recueil qui porte ce titre.

La portion congrue est de 300. liv. pour les Curés ou Vicaires perpétuels, & de 150 liv. pour les Vicaires amovibles, lorsqu'il est nécessaire qu'il y en ait un. *Voyez* la Déclaration du 29 Janvier 1686.

PORTIONS viriles, sont des portions qui sont égales: ce qui arrive en fait de successions, lorsque plusieurs héritiers viennent *ab intestat* à la succession du défunt, ou lorsqu'ils y viennent en vertu de son testament, dans lequel ils sont institués héritiers, sans que le testateur ait manqué pour quelle part & portion il les instituoit héritiers: *Tunc partes illorum sunt viriles, idest æquales.*

PORTION virile en fait d'augment de dot, est en pays de Droit écrit la portion qu'une veuve qui a des enfans, & qui ne s'est point remariée, a en pleine proprieté dans son augment de dot; desorte qu'elle peut la laisser à qui bon lui semble par disposition de derniere volonté; & quand elle ne le fait pas, elle appartient à ses enfans par égales portions.

Cette portion de la veuve est appellée virile, parce qu'elle est égale à celle qui appartient à chacun de ses enfans, *nudâ tantum proprietate, dum vivit*, & dont ils doivent avoir la pleine & entiere proprieté après sa mort, quand elle n'en a pas disposé par testament.

Voyez Augment; *Voyez* Henrys & son Commentateur, tome 2 liv. 4 question 140 & tome 4. plaidoyé 15.

PORTRAITS et Tableaux de famille avec les bordures, apparriennnent à l'aîné des enfans du défunt, hors part & sans confusion.

Ils ne tombent jamais dans le legs universel qu'un testateur auroit fait, mais ils doivent être rendus aux héritiers *ab intestat*; comme il a été jugé par Arrêt du Parlement de Paris, rendu à la Grande Chambre le 11. Mai 1719.

POSITION, signifie These ou Proposition que l'on soutient dans les Ecoles.

POSITION ou suspension sur un lieu passager de choses qui peuvent tomber et causer quelque dommage aux passans, est un quasi-délit, dont est tenu celui qui a quelque chose sur une fenêtre, ou sur un balcon, qui peut tomber & nuire aux passans.

Il n'y a point parmi nous d'action qui soit à ce sujet donnée aux Particuliers, à moins que le danger ne fût évident, ou qu'il parût de l'affectation de nuire aux voisins.

C'est un fait purement de Police, qui est porté à Paris par les Commissaires, pardevant M. le Lieutenant de Police, qui sur leur rapport, condamne à une amende telle qu'il juge à propos.

Dans les autres Villes, c'est le Juge qui a soin de la Police qui d'office condamne à l'amende, sur l'avis qu'on lui a donné du fait & sur l'examen qu'il en fait préalablement.

Voyez le paragraphe 1. du cinquiéme titre du quatriéme Livre des Institutes, & ce que j'ai dit ci-dessus.

POSSEDER, signifie détenir, avoir une chose en sa possession.

POSSEDER a titre de proprieté, signifie avoir la disposition absolue d'une chose, la pouvoir vendre, engager, &c.

POSSEDER a titre d'usufruit, signifie avoir le revenu & le produit d'une chose pendant sa vie.

POSSEDER en Fief, signifie posseder un héritage à titre de la foi & hommage.

POSSEDER en roture, signifie posseder à titre de cens.

POSSEDER par indivis, signifie posseder en commun.

POSSEDER par engagement, signifie posseder à faculté de rachat.

POSSEDER au nom d'autrui, signifie avoir à ferme, ou à louage.

POSSESSEUR, est opposé au proprietaire; car le possesseur d'une chose, à proprement parler, n'est pas le proprietaire: aussi on ne dit pas que celui qui a la proprieté d'un fonds, en soit le possesseur.

Le possesseur se dit donc de celui qui détient une chose en qualité de proprietaire, & qui ne l'est pas, soit qu'il sçache ou qu'il ignore qu'elle appartient à autrui. Tout possesseur est, ou possesseur de bonne foi, ou possesseur de mauvaise foi.

POSSESSEUR de bonne foi, est celui qui a acquis à titre translatif de proprieté, comme par achat, par dot, par legs; une chose de celui qu'il croyoit en être le proprietaire. Tout possesseur est présumé de bonne foi, tant qu'on ne prouve pas le contraire.

Le possesseur de bonne foi a trois avantages. Le premier est, qu'il fait les fruits siens, comme nous avons dit en parlant de la perception des fruits.

Le second est, qu'il peut acquerir la proprieté de la chose par le moyen de la prescription.

Le troisiéme est qu'il peut rester en possession de l'héritage dans lequel il a fait des impenses nécessaires & utiles, jusqu'à ce qu'elles lui soient remboursées par le proprietaire qui le revendique. *Vo-*

yez ce que j'ai dit sur le §. 30. du titre premier du second Livre des Institutes.

POSSESSEUR DE MAUVAISE FOI, est celui qui posséde une chose dans le dessein de se l'approprier, quoiqu'il n'ait aucun titre translatif de proprieté ; ou qui posséde une chose en vertu d'un titre translatif de proprieté ; qu'il tient de celui qu'il sçait n'en être pas le proprietaire.

Ce possesseur n'a pas les mêmes avantages que nous venons de dire être accordés au possesseur de bonne foi.

POSSESSEUR DE BONNE FOI DEVIENT PROFESSEUR DE MAUVAISE PAR LA CONTESTATION EN CAUSE. La raison est, que la contestation en cause a dû faire connoître au possesseur que le bien dont il s'agit ne lui appartient pas, au moyen des titres que la Partie adverse a énoncés pour appuyer son droit : c'est pourquoi la contestation en cause le constitue en mauvaise foi, & interrompt par conséquent le gain des fruits, qui ne peut être que le prix & la récompense de la bonne foi : d'où vient cette régle de Droit, *post litem contestatam omnes possessores sunt pares.*

Cela est si vrai, qu'un possesseur étant devenu une fois de mauvaise foi par la contestation en cause, ne peut se prévaloir de ce que l'instance est périe depuis ; il doit restituer les fruits par lui perçus depuis la contestation en cause, de même que s'il n'y avoit point eu de péremption. Ainsi jugé au Parlement de Paris, par Arrêt rendu le 30 Octobre 1556. rapporté par M. le Prêtre, ès Arrêts célébres du Parlement, *in principio.*

Tout possesseur ne peut être contraint de prouver que la chose qu'il posséde lui appartient ; c'est à celui qui la revendique à prouver qu'il en est lui-même proprietaire : *Non enim possessori incumbit necessitas probandi rem quam possidet ad se pertinere, cum inde probatione contraria cessante dominium apud eum remaneat. Leg. 2. cod. de probationib.* Je posséde parce que je posséde : ma possession est mon titre : la Loi même le met en œuvre contre quiconque le veut attaquer, & l'oblige à prouver le vice d'une possession qu'il veut détruire.

POSSESSION, est la détention d'une chose corporelle. Comme posséder est tenir positivement, nous ne pouvons pas posséder véritablement les choses incorporelles, puisque nous ne pouvons pas les tenir.

On distingue deux sortes de possession ; l'une est purement de fait, & l'autre est de fait & de volonté.

POSSESSION DE FAIT n'est qu'une simple détention d'une chose qui est en nos mains, sans intention d'avoir la chose ; ainsi ce n'est pas une véritable possession.

Telle est celle du dépositaire, du commodataire, du fermier, & autres qui possédent une chose pour & au nom d'autrui, sans intention n'en posséder en leur nom ; desquels on dit qu'ils sont plutôt en possession, qu'ils ne possédent.

POSSESSION DE FAIT ET DE VOLONTÉ, est une véritable possession d'une chose que nous avons en nos mains, & que nous tenons avec affection de la posséder en notre propre nom, & de la garder ; ou avec affectation & de la tenir, comme en ayant la proprieté.

Cette possession se divise en possession naturelle, & en possession civile.

POSSESSION NATURELLE, est la détention d'une chose avec affection de la garder, quoique nous sçachions qu'elle appartient à autrui : & on en distingue de deux sortes ; sçavoir, celle qui est juste, & celle qui est injuste.

La juste est celle qui est autorisée par les Loix ; telle est celle d'un créancier qui posséde la chose qui a été donnée en gage par son débiteur.

L'injuste est celle qui est réprouvée par les Loix ; telle est celle d'un voleur, & d'un possesseur de mauvaise foi.

POSSESSION CIVILE, est la détention d'une chose avec affection de la tenir, comme en ayant la proprieté, quoique nous ne l'ayons pas véritablement.

Telle est la possession d'un possesseur de bonne foi ; comme si j'ai acheté un fonds de celui que j'en croyois le proprietaire, lequel cependant ne l'étoit pas : j'en suis le possesseur & non pas le propriétaire, quoique la cause de ma possession soit translative de proprieté. La raison est, que celui de qui je l'ai acheté n'a pû transferer en ma personne plus de droit qu'il n'en avoit.

Quoique la possession civile ne transfere pas la proprieté, elle sert au possesseur à faire les fruits siens, tant que sa possession n'est pas interrompue par le proprietaire. Elle lui sert aussi à acquerir la proprieté de la chose par le moyen de la prescription.

En matiere bénéficiale, le pourvu d'une Cure auquel on a réfusé le *visa*, qui appelle comme d'abus de ce refus, peut être renvoyé devant un autre Supérieur ecclésiastique pour obtenir le *visa*, s'il y a abus dans le réfus de l'Ordinaire ; & cependant on lui permet de prendre possession civile du Bénéfice, à l'effet de gagner les fruits du jour de cette prise de possession ; mais il ne peut faire aucune fonction ecclésiastique, qu'il n'ait obtenu le *visa*.

POSSESSION ACTUELLE, est la possession qui est accompagnée de la jouissance réelle & actuelle d'un fonds, avec perception des fruits.

Cette possession est opposée à la possession imaginaire ou artificielle.

POSSESSION ARTIFICIELLE OU FEINTE, est une fiction de Droit, qui nous fait reputer possesseur d'une chose qu'un autre posséde sous notre nom ; comme dans le cas de la rélocation, du constitut & du précaire.

Par la relocation, l'acquereur qui veut laisser jouir le vendeurs ou le donataire, lui fait un bail de la chose pendant un certain tems.

Par la clause de constitut le vendeur ou le donateur qui retient la chose, déclare qu'il se constitue possesseur pour & au nom du propriétaire.

Par le précaire, le vendeur ou le donateur déclare qu'il ne possede que précairement, sous le bon plaisir du propriétaire, & à la priere qui lui en a été faite.

Il en est de même, quand par la retention d'usufruit le vendeur ou le donateur reste en possession de la chose vendue ou donnée, l'acheteur ou le donataire est réputé posseder par le vendeur ou par le donateur.

Cette possession artificielle, qui est l'effet d'une tradition feinte, produit deux effets.

Le premier est, qu'elle sert à transferer la proprieté à l'acquereur, quoiqu'il ne possede pas sur le champ réellement & de fait: aussi ne donne-t-elle pas le droit d'exercer les actions possessoires, parce qu'il n'y a que ceux qui possedent véritablement qui puissent se dire troublés ou dépouillés de leur possession.

Le deuxiéme effet de la possession feinte, est, qu'elle donne le pouvoir à l'acquereur de se mettre en possession de plein droit de la chose qu'il a acquise, dès le moment que l'usufruit est fini, ou que le terme de la recolation est expiré, sans en demander la permission au vendeur ni à ses héritiers.

Voyez d'Argentré, des Appropriances, article 265. *verf. qu. l. possess. exig. in auct.*

POSSESSION IMMÉMORIALE, quelquefois s'entend d'une possession qui a duré pendant plus de cent ans.

Ainsi possession centenaire, est une possession immémoriale, & vaut titre. Mais il faut pour cela que les cent années de possession soient accomplies; car quand la possession excederoit la mémoire des hommes, comme l'excede en effet une possession qui approche de cent ans non accomplis, s'il est établi par actes que la possession ne va pas tout-à-fait à cent ans, pour peu qu'il s'en faille, ces témoignages écrits, qui marquent que la possession a commencé depuis moins d'un siécle, excluent le témoignage subsidiaire de la possession immémoriale, quoiqu'il y puisse avoir de quoi en fonder & en établir la preuve.

Quelquefois Possession immémoriale se dit de celle qui excéde la mémoire des hommes les plus anciens; ensorte que les plus vieux n'ont pas connoissance quand elle a commencé.

Par exemple, quand il s'agit de sçavoir quelle a toujours été la disposition & situation de certains lieux, pour laquelle il y a procès entre quelques particuliers, celui-là sera dit avoir une possession immémoriale, qui justifiera par les plus anciens du lieu que la disposition des lieux a toujours été telle qu'il la soutient, pourvu qu'on ne prouve pas le contraire par un acte par écrit. Alors cette possession est présumée centenaire par l'impossibilité morale & physique de trouver des témoignages vivans & positifs d'une possession qui approche de cent ans.

Cette possession acquiert tout ce qui n'est pas absolument inprescriptible, c'est-à-dire, tout ce dont la Loi ou la Coutume ne prohibe pas expressement la prescription par quelque tems que ce soit.

Par exemple, la Coutume de Paris en l'article 186. porte, que *le droit de servitude ne s'acquiert par longue jouissance qu'elle soit, sans titre, encore que l'on en ait joui par cent ans.* Ainsi le droit de servitude ne se peut acquerir, suivant cette Coutume, par une possession immémoriale, parce que ce droit y est absolument inprescriptible.

Mais dans les choses qui ne sont pas absolument inprescriptibles, la possession immémoriale tient lieu de titre; & c'est avec beaucoup de raison qu'on défere entierement à une si longue possession, parce qu'il seroit injuste d'obliger ceux qui en ont joui de rapporter des titres, qui peuvent avoir été égarés, sans qu'on puisse en rien imputer à ceux qui les possedoient, attendu un nombre d'années si considerable, outre que le tems seul peut à la longue effacer ou altérer toutes sortes d'écrits. *Voyez* M. Catelan liv. 1. chap. 67.

POSSESSION VICIEUSE, est celle que l'on a par force & par violence, ou en cachette, ou à titre de précaire, par rapport à la Partie adverse.

POSSESSION TRIENNALE, est la paisible possession d'un Bénéfice qu'a eu pendant trois ans un Bénéficier; au moyen de laquelle, en vertu des Lettres de Chancellerie appellées *de triennali* ou *de pacificis possessionibus*, il ne peut plus être troublé ni inquieté dans la possession du Bénéfice, pourvû qu'il soit fondé en titre, si ce n'est qu'on prouve qu'il ait obtenu le Bénéfice par simonie, ou qu'il y ait confidence.

POSSESSION PAISIBLE, est celle qui n'a point été interrompue. *Voyez* Interruption.

POSSESSION D'ÉTAT ET DE LEGITIMITÉ, est ce que les Docteurs appellent *tractatus & educatio*, & qu'ils réduisent à trois circonstances; la premiere, que l'enfant ait été élevé dans la maison, & qu'il ait été traité comme tel par le pere & mere; la seconde, que les pere & mere l'ayent souvent nommé & appellé leur fils; la troisiéme, que l'enfant ait été connu & traité dans le public comme l'enfant des pere & mere qu'il s'attribue. *Menochius, quest. & causis, casu* 89. *num.* 56.

Mais ce qui est important à observer, est que cette éducation, ce traitement, doivent être l'ouvrage du pere & de la mere. Voilà pourquoi l'Ordonnance de 1667. art. 14. tit. 20. veut qu'au défaut du titre public, c'est-à-dire si les Régistres sont perdus, ou s'il n'y en a jamais eu, on ait recours à des papiers domestiques, où le pere & la mere reconnoissent celui qui se dit être leur fils.

C'est dans ce cas, seulement, ou lorsque celui qui se dit fils d'un tel pere, d'une telle mere, muni d'une pareille reconnoissance, articule des faits positifs qui caractérisent une possession d'état, alors il est admis à la preuve par témoins.

POSSESSION D'ÉTAT PAR RAPPORT A DES PERSONNES QUI ONT VECU PUBLIQUEMENT ENSEMBLE COMME MARI ET FEMME. De quelque durée qu'ait été une telle possession, elle ne peut suffire pour constater & prouver le mariage, si ce n'est au cas que les Régistres de mariages auroient été perdus & adhirés, comme cela s'est vû en plusieurs Paroisses, mêmede cette Ville de Paris, ainsi qu'observe M. Denis le Brun dans le nombre 8. de la section 2. du chap. 4. du livre 1. de son Traité des Successions. Mais tel accident n'est plus à craindre depuis que le Roi, par une Déclaration du 9. Avril 1736. a ordonné que dans chaque Paroisse il y aura deux Régistres, pour être l'un de ces deux Régistres envoyé au Greffe du Bailliages, Sénéchaussée, ou Siege Royal.

POSSESSOIRE, est une poursuite qui ne regarde que la possession d'un hérit age, ou de quelque droit.

Le pétitoire au contraire est une poursuite qui concerne le fonds & la proprieté d'un héritage ou de quelque droit.

La poursuite qui se fait au possessoire est fort utile, car celui qui agit au pétitoire par action réelle, est obligé de justifier sa proprieté, faute de quoi il est debouté de sa demande avec dépens.

Mais quand on agit au possessoire, il suffit de justifier de sa possession;& soit qu'on y remis ou qu'on y soitmaintenu, on ne peut être indiquépar la partie adverse, qui ne peut agir que par action réelle, dans laquelle le demandeur est tenu de justifier de sa proprieté.

Les Jugemens possessoires étoient chez les Romains ce qu'ils appelloient interdits, & ce que nous appellons actions possessoires.

Ces actions s'intentent, ou pour conserver la possession dans laquelle on est troublé, ou pour recouvrer celle de laquelle on a été déjetté, ou pour acquerir celle à laquelle on a droit, mais que l'on n'a pas encore eue.

L'action possessoire que l'on intente pour être maintenu dans la possession d'un héritage ou autre droit, & pour faire cesser le trouble qui nous y est fait, est appellée *complainte.*

Celle par laquelle on demande d'être rétabli dans la possession de laquelle on a été déjetté, est appellée *réintégrante.*

Celle enfin par laquelle on demande que la possession en laquelle nous avons droit, nous soit accordée, quoique nous ne l'ayons pas encore eue, est appellée *récréance.*

On ne peut poursuivre le pétitoire, que le possessoire ne soit vuidé, & la Sentence entierement exécutée, tant pour le principal, que pour les dommages & intérêts; & cela pour que les matieres possessoires puissent s'expédier plus vite.

Dès que le pétitoire a été une fois intenté, on ne peut plus former complainte, parce qu'en formant l'action au pétitoire on réconnoit la possession du défendeur; ce qui est absolument contraire à la nature de l'action en complainte, dans laquelle on se dit possesseur, & on se plaint d'avoir été troublé en sa possession.

Voyez Complainte. *Voyez* aussi Pétitoire.

POSSESSOIRE EN MATIERE BENÉFICIALE. Les Juges royaux sont seuls compétans pour le possessoire des Bénéfices, & si le Juge d'Eglise prenoit connoissance du possessoire, il y auroit abus.

C'est une maxime certaine, que les Juges d'Eglise ne peuvent connoître des causes possessoires, quoiqu'il s'agisse de Bénéfices, & de matiere purement spirituelle: c'est au Roi seul & à ses Officiers de conserver les possesseurs; il n'appartient qu'à eux de les maintenir, & non aux Juges ecclésiastiques. Le Pape Martin V. l'a reconnu lui-même en sa Bulle de l'an 1429. que Guy Pape a inserée mot à mot dans sa décision premiere. Cette Bulle du Pape Martin, & celle du Pape Eugene de l'an 1432. ne concedent pas ce droit au Roi, mais ils ne font que le déclarer: c'est en effet plutôt la reconnoissance d'un droit royal, que la concession d'un privilége; & c'est aussi pour ce sujet que Dumoulin, sur le chap. 2. *in verb. possession. de testibus in 6'*, a mis pour note, que *in Regno Franciæ cognitio omnis possessorii, vel quasi etiam inter Ecclesiasticos & de rebus quas spirituales vocant, spectat ad Judicem sæcularem, non ex aliquo privilegio Papæ, sed jure proprio.*

Le Juge d'Eglise ne peut donc connoître des causes possessoires, soit de saisine & de nouvelleté, ou de réintégrante; il n'y a que le Juge laïc qui en puisse connoître, suivant le chap. 7. *extra qui filii sint legitimi*; & ce pour les raisons suivantes.

I°. Le possessoire est purement de fait. *Leg.* 1. §. 15. *ff. si is qui testam. liber esse jus.* Or le Juge d'Eglise n'est pas compétent pour juger des faits.

II°. Le possessoire se résout en intérêts, parce que la possession étant de fait, & l'obligation *in id quod interest* succedant à l'obligation *in factum*, *leg. ult. ff. de reg. jur.* la connoissance des intérêts, à l'égard de quelque personne que ce soit, n'appartient qu'au juge séculier.

III°. C'est le Roi qui maintient les possesseurs en leurs droits possessoires, & qui ordonne ou le sequestre, ou la maintenue; & l'ancienne formule de prononcer en ces sortes d'instances, étoit de lever & ôter la main du Roi; ce qui ne se peut faire que par son autorité, ou par celle de ses Officiers, ausquels seuls appartient le droit de maintenir en paix les Sujets du Roi, & de réprimer les violences & voies de fait. *Regali jure vim rectè inferendo.*

IV°. Dans les possessoires, l'usage est de prononcer sur la récréance, & de l'exécuter nonobstant l'appel, ou de faire droit sur le sequestre; & les exécutions consistent en pure réalité; ainsi le Juge d'Eglise n'en peut point connoître.

Enfin le Juge d'Eglise n'a point d'autorité pour exécuter les Jugemens; ainsi il ne peut prêter mainforte aux spoliés pour les rétablir, ni aux possesseurs pour les maintenir dans leur possession; il ne peut même ordonner ni saisie, ni sequestre des fruits.

Voyez Louet & son Commentateur, lettre B, somm. 11. Henrys, liv. 1. quest. 15. & quest. 84. *Voyez* aussi l'art. 4. du tit. 15. de l'Ordonnance de 1667.

Comme en matiere bénéficiale le possessoire est seulement de la compétence du Juge royal, & le pétitoire de la compétence du Juge ecclésiastique, le Juge royal, en prononçant sur le possessoire, prononce sur la peine maintenue, après un examen exact du droit & des titres des Parties; ce qui fait qu'il ne reste plus rien à juger sur le pétitoire, & que le Juge d'Eglise n'en peut plus connoître.

Voyez le Recueil alphabétique de M. Bretonnier.

POSTERIEUR, est opposé à antérieur. Un créancier hypotécaire n'est payé dans une instance d'ordre, qu'après les créanciers qui lui sont antérieurs en hypotéque.

POSTHUME, est un enfant qui est né après la mort de son pere, ou après son testament.

La prétérition d'un posthume ne vicie pas *ab initio* le testament de son pere, nonobstant la régle qui veut que, *qui sunt in utero pro jam natis habeantur, quoties de eorum commodis & utilitate agitur*; parce que cette régle n'a lieu que dans les choses qui ne souffrent point de retard, & qui ne se peuvent remettre à un tems.

Or il est indifferent à un postume passé sous silence dans le testament de son pere, de le vicier *ab initio*, ou de le rompre par sa naissance, puisque l'un & l'autre produisent le même effet.

Ainsi on a trouvé qu'il suffisoit à un posthume de rompre par sa naissance le testament de son pere, dans lequel il étoit passé sous silence.

En pays de Droit écrit, un testament est rompu par la survenance d'un posthume héritier sien, conformément aux Loix Romaines. *Voyez* M. Henrys, tom. 2. liv. 5. quest. 45.

La même chose a lieu en pays coutumier; ainsi la prétérition d'un posthume descendant du testateur, fait rompre son testament dès qu'il vient au monde. Sœfve. tom. 2. cent. 3. chap. 49.

La raison est, que l'affection paternelle fait présumer qu'un pere n'auroit pas manqué de laisser son bien à ce fils qui naît après son testament ou après sa mort, s'il avoit cru qu'il dût naître.

Pour éviter cet inconvenient, il faut qu'un testateur institue par son testament celui qui pourra naître de sa femme & de lui; ou si c'est en pays coutumier, il faut qu'il fasse voir par son testament qu'il n'ignoroit pas qu'il lui surviendroit un enfant, en disposant de ses biens, de maniere que sa légitime lui soit entierement réservée.

Pour ce qui est de l'exhérédation d'un posthume, elle ne peut être valable, suivant la Novelle 115. qui est reçue à cet égard parmi nous, tant en pays coutumier, qu'en pays de Droit écrit.

Touchant les postumes, *voyez* ce que j'ai dit dans ma Traduction des Institutes, sur les paragraphes 2 & 5. du titre 13. du second Livre.

POSTULANT, se dit des Avocats & Procureurs qui plaident dans les Justices inférieures. Il y a des Avocats du Roi en certains Sieges, qui ont pouvoir d'être Avocats postulans, dans les causes où il n'y a rien qui concerne l'intérêt du Roi ou du Public.

On appelle aussi postulans certains Praticiens qui plaident aux Consuls pour ceux qui n'ont pas la facilité de parler pour eux-mêmes.

POSTULATION, POSTULER, est faire les procédures & les actes judiciaires pour une Partie, sans avoir de titre pour cela; ensorte que le tout se passe sous le nom d'un Procureur, qui prête son nom à celui qui postule.

La postulation peut jetter les Parties dans de très-grands embarras. Il y a de grands inconvéniens de donner la conduite de ses affaires à des Particuliers qui n'ont aucun caractere pour agir, ou qui ont cessé d'avoir celui qu'ils avoient, ayant vendu leurs Charges.

Aussi avons-nous quantité d'Arrêts & de Réglemens qui en défendent l'usage, en conformité des Ordonnances de Charles VII. de 1455. Louis XII. de l'année 1507. François I. de 1535.

Depuis, pour arrêter le cours de la postulation, est intervenu Arrêt le 6 Septembre 1670. portant qu'il sera nommé des Procureurs par la Communauté de six mois en six mois, pour tenir la main à l'exécution des Réglemens. Ceux qui sont préposés pour cela, font une recherche exacte de ceux qui postulent, & des Procureurs qui leur prêtent leurs noms. Quand ils sont découverts, les papiers sont saisis, & leur procès leur est fait à la requête de M. le Procureur général, poursuite & diligence des préposés; & lorsqu'ils se trouvent convaincus d'avoir postulé, les Procureurs d'avoir prêté leur nom & signé pour les postulans, ils en portent la peine qui est prononcée par les Réglemens. En exécution de ce Réglement, il a été établi une Chambre de la Postulation composée de dix-huit Procureurs qui sont élus par la Communauté, & présentement leur fonction dure trois ans. Le premier d'entr'eux s'appelle Président, le second Procureur général, les autres Conseillers; il y a un Greffier: les deux derniers vont avec un Huissier de la Cour faire les procès verbaux de perquisition & enlevement des piéces. La Chambre où ils s'assemblent au Palais, est au-dessus de la Chambre des Tiers.

Il y a un Recueil de tous les Réglemens de la postulation; on y renvoye ceux qui voudront avoir de plus grands éclaircissemens sur cet article.

POT-DE-VIN, est en fait de bail, ce qu'est le vin de marché en fait de vente. Ainsi on appelle pot-de-vin un présent, ou une gracieuseté, que le preneur, indépendamment du prix du bail, donne au bailleur, ou à celui qui en est l'entremetteur.

C'est ce que n'ignorent pas les Intendans des grandes Maisons, qui sçavent parfaitement bien tirer de gros pots-de-vin des baux qu'ils font faire à leurs Maîtres.

Quoique ces pots-de-vin ne fassent pas partie du prix du bail, néanmoins ils doivent être regardés comme une paravance qui le diminue, c'est pourquoi arrivant la résolution du bail, il convient que la restitution du pot-de-vin se fasse à proportion du tems de la non-jouissance.

Mais cela peut être sujet à contestation : ainsi ceux qui veulent éviter tout procès, prennent la précaution de stipuler la restitution du pot-de-vin, dans le cas & pour les années ausquelles le bail cessera d'avoir lieu.

Il faut enfin remarquer que l'on appelle aussi pot-de-vin, ce que l'on donne au vendeur dans certaines ventes, comme en vente d'une Charge ou d'un héritage : ainsi ces termes, pot-de-vin & vin du marché, sont quelquefois pris dans une même signification en fait de vente. Ce qui est promis à la femme du vendeur, est ordinairement qualifié *épingles*. Sur quoi il faut remarquer que quand un héritage est retrait, le retrayant est tenu d'en rembourser à l'acquereur, non-seulement le prix, mais encore les frais du contrat, le pot-de-vin qu'il justifie par acte autentique en avoir payé, & toute autre dépense par lui faite pour parvenir à l'acquisition dudit héritage. *Voyez* Vin de marché.

POTE, en vieux langage, signifie puissance. Ainsi on appelloit gens de pote, les serfs & les mortaillables.

Quoique par ces termes, *gens de pote*, on entende naturellement gens soumis à la puissance d'autrui, ces termes néanmoins signifient quelquefois gens de condition roturiere, comme en l'article 1. de la Coutume de Meaux. Et c'est ce qu'on appelloit autrefois gens coutumiers. *Voyez* Coquille, en sa Coutume de Nivernois, chap. 1. art. 7.

POTEAU, est un gros pieu de bois fiché en terre, & placé ordinairement dans la principale place ou carrefour le plus apparent du Bourg ou Village du Seigneur haut-justicier qui y fait mettre ses armes ; & plus bas est attaché un carcan ou collier de fer on y met aussi les affiches. Ce poteau est une marque de la Jurisdiction & de la Haute-Justice.

Il y a un Journal des Audiences un Arrêt du 9 Avril 1709. intervenu sur les conclusions de M. le Nain, Avocat général, lequel dit qu'il ne faut pas de permission du Roi pour rétablir un poteau, lorsqu'on le fait dans l'année ; mais l'Arrêt ne juge pas cette question : il s'agissoit seulement d'un poteau transporté d'un lieu dans un autre sans nouvelle permission. L'Arrêt juge que cela se peut, & que le Seigneur haut-justicier a droit de le mettre dans le Fief d'autrui où il a la Justice.

POTENCE, est un gibet de bois où l'on pend les malfaiteurs. *Voyez* Pilori.

POURPRIS, signifie en quelques Coutumes l'enclos, les environs & les clôtures du lieu seigneurial.

POURSUITE, se dit des procédures qu'on fait en Justice. On dit, par exemple, une poursuite civile, une poursuite criminelle, une poursuite de criées, une poursuite de distribution de deniers.

POURSUITE CIVILE, est celle qui se fait à l'ordinaire, & qui commence par un exploit, par lequel le demandeur conclut à un intérêt pécuniaire. *Voyez* Procès ordinaire & civil.

POURSUITE CRIMINELLE, est celle qui se fait à l'extraordinaire, & qui commence par une plainte, ou par une dénonciation qui est suivie d'une information, de recollement, & de confrontation de témoins. *Voyez* Accusé. *Voyez* procès extraordinaire & criminel.

POURSUITE CRIMINELLE S'ETEINT PAR LA MORT DE L'ACCUSÉ ; c'est-à-dire que les accusations prennent fin par la mort du criminel, en tant que par icelles on poursuit la vengeance & la punition du crime commis, qui ne doit en aucune maniere être exercée contre l'héritier de celui qui a délinqué.

Omne crimen morte rei extinguitur ; qui enim in reatu decedit, integri statûs decedit, leg. ult. in prin. ff. ad Leg. Jul. Majest. unde defuncto eo qui reus fuit criminis, pœna extincta est, leg. 6. ff. de publ. judic. Pœna manet suos autores, & nemo succedit in delicta. Leg. 38. ff. de reg. jur.

Cette maxime a lieu, non-seulement lorsque le criminel est décedé avant sa condamnation, mais encore lorsqu'il est décedé pendant l'appel interjetté de la Sentence qui l'a condamné : ainsi sa mémoire ne peut être condamné après sa mort, & son héritier jouit de ses biens, sans être tenu de la peine corporelle qu'il eût soufferte s'il eût vêcu, ni d'aucuns dommages & intérêts.

La raison est, que l'accusation principale qui tend à la peine, étant éteinte par la mort de l'accusé, il faut nécessairement que l'action en dommages & intérêts, qui n'est qu'un accessoire de cette accusation, prenne aussi fin : autrement, l'accessoire subsisteroit sans le principal, contre la disposition du Droit, qui veut que l'accessoire suive la nature & le sort de la chose principale. D'ailleurs, le Juge ne pourroit pas prononcer une condamnation en dommages & intérêts, sans juger le principal qui se trouve éteint.

Lorsqu'on ne procede que civilement contre celui qui est prevenu de quelque délit, c'est-à-dire qu'on ne le poursuit que pour les dommages & intérêts, & non pas pour la peine corporelle, quoiqu'il décede après la contestation en cause, son héritier demeure obligé pour raison desdits dommages & intérêts envers la Partie lezée par le délit du défunt.

Il faut dire aussi, que de même que l'héritier n'est pas tenu de subir la peine encourue par le défunt, il ne doit pas non plus profiter des gains illicites qui se pourroient trouver dans sa succession, *leg. 38. ff. de regul. jur. Turpia lucra etiam hæredibus auferenda sunt, leg. 5. in prin. ff. de calumniator. Licet enim crimine careant, lucrum tamen sentiunt ; quod quidem in delictis privatis locum habet.*

At

At in publicis judiciis, non aliàs transeunt adversùs hæredes pœnæ bonorum redemptionis, quàmsi lis contestata & condemnatio fuerit secuta: aliàs morte extincto crimine, nulla quæstio superest, & bona successoribus non denegantur, nisi reus sibi mortem consciverit, leg. defunctis, cod. si reus vel accus. mort. fuer. Leg. 20. in prin. ff. de accus.

La régle qui porte que tout crime est éteint par la mort du criminel, n'a pas lieu à l'égard du crime de léze-Majesté au premier chef; car il ne s'éteint point par la mort celui qui en seroit coupable. On peut même commencer la poursuite après sa mort. *Tale judicium, propter sceleris atrocitatem, adversùs defunctum exercetur; ut ejus memoria post mortem damnetur, & illius bona vindicentur fisco.*

Il en est de même du crime d'hérésie, qui est un crime de léze-Majesté divine, pour raison duquel la mémoire de celui qui en seroit convaincu, pourroit être condamnée après sa mort. *Leg. 4. §. 4. cod. de hæreticis.*

Il y a encore trois crimes qui ne sont pas éteints par la mort de celui qui en est prevenu, & pour raison desquels l'héritier pour être poursuivi; sçavoir,

I°. Le crime de concussion, appellé par les Jurisconsultes, *crimen repetendarum.*

II°. Le crime de péculat, qui est le larcin ou intervention des deniers & finances du Roi, qui se commet par ceux qui en ont le maniement.

III°. Le crime *de residuis*, que commet celui qui étant chargé des deniers publics, pour en faire un certain emploi, les a gardés sans le faire.

La raison est, que dans la poursuite qui se fait de ces trois crimes, il s'agit principalement de la restitution de deniers publics, usurpés & mal reçus, ou volés, ou soustraits, & non employez suivant leur destination; ce qui fait que l'héritier peut être condamné de les restituer. *Nam crimina in quibus agitur tantùm propter bona, vel contra personnam & bona, morte rei non extinguuntur; repetitio enim bonorum scelere quæsitorum nunquam perimitur. Cujac. ad legem 10. cod. de jure fisci.*

Il n'en est pas de même à l'égard des autres crimes, car l'on en poursuit principalement la vengeance & la punition qui en résulte: or cette punition ne peut pas être exécutée contre les héritiers de celui qui est prévenu du crime qui a été commis, puisqu'il en sont innocens.

Enfin, si celui qui est accusé d'un crime capital, s'est tué lui-même par la crainte du supplice, & par les remords de sa conscience; en ce cas on peut confisquer ses biens & condamner sa mémoire, par la raison qu'il est censé avoir confessé son crime, & s'être condamné lui-même: ainsi la conséquence qui résulte de ce crime, empêche qu'il ne soit réputé mort avant sa condamnation.

Quoiqu'ordinairement le crime s'éteigne par la mort de l'accusé, néanmoins il ne s'éteint pas par la mort du dénonciateur, ou de la Partie civile. Il est vrai que les héritiers de l'accusateur ne peuvent pas être contraints de continuer la poursuite criminelle commencée contre l'accusé; mais cet accusé peut toujours être poursuivi par la Partie publique sur les anciennes dénonciations, ou sur de nouvelles.

L'accusation intentée contre plusieurs prévenus d'un même crime, demeure à la vérité éteinte par la mort de l'un d'eux, survenue pendant le cours de la poursuite; mais elle n'est éteinte que par rapport à celui des criminels qui est décedé, & reste toujours en son entier par rapport à ses complices qui lui survivent. *Leg. 2. cod. si reus vel accusat. mort. fuer.*

POURSUIVANT, est celui qui poursuit une vente de meubles par autorité de Justice, ou un décret, une licitation, un ordre & distribution de deniers.

POURSUIVANT CRIÉES, est ordinairement celui qui a fait la saisie réelle sur l'héritage dont il poursuit les criées.

Un autre est quelquefois subrogé en sa place: par exemple, lorsque le saisi vient à satisfaire le saisissant depuis la saisie, pour lors un autre créancier se fait subroger en sa place; ou quand le poursuivant criées est négligent de faire les poursuites, ou quand il y a collusion entre lui & le débiteur commun.

Le poursuivant criées représente tous les créanciers, & l'instruction du procès ne se fait qu'avec lui & le plus ancien Procureur des opposans.

Le poursuivant criées peut valablement obtenir un Arrêt *d'iterato*, portant condamnation par corps contre la Partie saisie, quoiqu'il soit certain d'en être remboursé par préference, comme frais extraordinaires, sur les deniers provenans de la vente des biens saisi. Ainsi jugé au Parlement de Paris, par Arrêt de la Grande Chambre, le 17. Janvier 1684.

POURVOIR, signifie donner le titre d'une Charge d'un Bénéfice, le droit de le posseder & de l'exercer.

PR

PRAGMATIQUE-SANCTION, est un Réglement général fait dans une Assemblée de l'Eglise Gallicane tenue à Bourges sous Charles VII. en 1438. qui contient la plus grande partie des Canons du Concile de Bale.

Ce Réglement n'est pas seulement pour les Bénéfices, mais encore pour le Service divin, & pour tout ce qui regarde la police & la discipline ecclésiastique.

M. Brillon rapporte au sujet de la Pragmatique-Sanction, plusieurs traits historiques qui sont très-curieux.

PREAMBULE, est le proëme, la préface, l'exorde qu'on fait avant une narration, ou avant que d'entrer en matiere.

PREAMBULE DE TERRIER N'EST PAS OBLI-

GATOIRE. *voyez* ce que j'ai dit à ce sujet en parlant du Papier terrier.

PRATICIEN, est un homme expert ès procédures & instructions des procès, qui fréquente les Cours & Siéges des Juges, qui entend le style & l'ordre judiciaire, qui sçait les usages, les formes prescrites par les Ordonnances & les Réglemens, & qui est capable de dresser toutes sortes d'actes, sommations, libelles & écritures.

Enfin, quelquefois Praticien se dit d'un ancien Clerc, ou d'un Solliciteur de procès qui sçait la Pratique.

PRATIQUE, est la science de bien instruire un procès, & de faire les procédures convenables, soit en demandant, soit en défendant ; ce qui est opposé à la science du Droit : & c'est dans ce sens qu'on dit qu'un Procureur doit sçavoir parfaitement la Pratique, & un Avocat le Droit.

PRATIQUE D'UN PROCUREUR, consiste dans les instances, procès, poursuites jugées, ou qui sont encore à juger, dont il a les piéces. Cette Pratique est meuble, n'a point suite par hypotéque, & ne produit aucun des effets qui sont attribués aux immeubles.

Elle ne peut être saisie par les créanciers de celui à qui elle appartient, non plus que la Pratique d'un Notaire, à moins qu'il n'y ait quelques circonstances particulieres qui obligent d'admettre une telle saisie ; encore faut-il y observer bien des formalités qui n'ont point lieu dans toute autre saisie de meubles.

M. Brillon, *verbo* Pratique, rapporte ce qui est arrivé lors de la saisie de la Pratique de Faudoire Notaire, qui a été confirmée par Sentence des Requêtes de l'Hôtel, rendue le 17. Janvier 1709. Le même Auteur rapporte aussi que l'apposition de scellés sur la Pratique de Feloix, Procureur au Parlement, a été déclarée valable.

Suivant un Arrêt de Réglement du Parlement de Paris du 8. Août 1714. la Pratique d'un Procureur ne peut être vendue au-delà de l'estimation qui en doit être faite par deux anciens Procureurs de la Communauté ; mais par le moyen des pots-de-vin, ce Réglement n'est point toujours observé à la rigueur.

Ce que nous avons dit ci-dessus, que la Pratique d'un Procureur est meuble, reçoit une exception, qui est, lorsque par contrat de mariage le Procureur à qui elle appartient, stipule qu'elle lui seroit propre, à l'effet de ne point entrer dans la communauté. Ainsi jugé par Arrêt du 16. Mars 1661. rapporté dans le Journal des Audiences.

Il faut dire aussi qu'un Notaire peut, de même qu'un Procureur, attacher la qualité de propre à sa Pratique, par une clause expresse apposée à son contrat de mariage.

PRÉALABLE, se dit de ce qui doit être fait auparavant. Il est préalable de juger le possessoire avant que d'aller au pétitoire ; d'instruire l'instruction de faux avant que de juger le procès ; d'examiner la forme avant que de venir au fond.

PREAU, est une cour de Conciergerie ou d'une Prison, où on laisse aller les Prisonniers pour prendre l'air, comme il y en a une dans la Conciergerie du Palais.

En un coin d'icelle sous la galerie, il y a un Siége qu'on couvre de tapisserie aux veilles de Fêtes de Noël, Pâques, Pentecôte, de la Nôtre-Dame d'Août, & de la Saint Simon Saint Jude, où Messieurs de la Tournelle, & Messieurs les Commissaires de la Cour des Aydes, vont juger les Requêtes des Prisonniers qui demandent élargissement.

PRECAIRE. *Voyez* Constitut.

PRECAIRE, en Droit, se prend dans une autre signification pour un contrat, par lequel on prête quelque chose à quelqu'un, sans définir pour quel tems ni pour quel usage. Par exemple, si je prête mon cheval à Titius simplement, en ce cas je le peux répéter toutefois & quantes qu'il me plaira. En quoi il differe du commodat, en vertu duquel le commodant ne peut pas répeter la chose qu'il a prêtée, avant que le tems du commodat soit expiré.

Ce contrat differe encore du commodat, en ce que le commodataire est tenu *de dolo & omni culpa etiam levissima* ; au lieu que celui qui a pris quelque chose à titre de précaire, n'est tenu que *de dolo & lata culpa, non verò de levi aut levissima. Leg.* 8. §. 3. *ff. de precario.*

La raison de la différence qu'en rend le Jurisconsulte dans cette Loi, est que *totum hoc liberalitate descendit ejus qui precario concessit, & satis est, si dolus & culpa dolo proxima præstetur. At is qui commodato dedit cùm in eo gravetur, quod ante usum finitum non possit rem commodatam revocare, sublevandus est in eo quod & ad culpam etiam levissimam agat.*

Voici ce que dit Décius, sur la Loi *contractus. ff. de regul. jur. Breve & fragile beneficium est precarium, cùm id quoque restitui debeat, vel confestim, vel quandocumque libuerit concedenti.*

PRECEPTES DU DROIT, sont pour ainsi dire infinis, puisqu'il n'y a point de Loix, ou de parties de Loix, qui ne soient autant de préceptes particuliers que nous devons suivre, principalement celles qui consistent dans le commandement ou dans la défense de faire quelque chose. Mais il y en a trois qui sont généraux, comme il est dit dans le paragraphe troisiéme du premier titre du livre premier des Institutes de Justinien ; sçavoir vivre honnêtement, ne faire tort à personne, & rendre à chacun le sien.

Le premier précepte semble contenir les deux autres, suivant la doctrine des Stoïciens, qui croyent qu'il n'y a point d'autre bien que ce qui est honnête, & point de mal que ce qui est contraire à l'honneteté : cependant on les distingue tous les trois, en ce que l'objet du premier est de faire un homme de bien & de probité ; l'objet du deuxiéme est de faire un bon citoyen ; enfin l'objet du troisiéme est de faire un bon Magistrat.

Le premier enseigne ce que l'homme doit à soi-même; le second lui apprend quelles sont ses obligations par rapport aux autres; le troisiéme, quelles sont les obligations d'un Magistrat par rapport à ceux qui sont sous sa Jurisdiction.

Ainsi le premier de ces préceptes se restraint à une pure & simple honnêteté, laquelle peut être violée sans faire tort à personne, lorsque l'on fait une chose qui est permise, mais qui n'est pas conformée à l'honnêteté: *Non omne quod licet honestum est*, *leg.* 144. *ff. de. reg. jur.* Tout ce qui est permis n'est pas honnête: par exemple, le concubinage étoit permis suivant les Loix Romaines, cependant cette union n'est pas conforme à l'honnêteté.

Le second nous enseigne à ne faire dans le commerce de la vie rien qui cause du dommage à qui que ce soit, *sive in bonis*, *sive in fama*, *sive in corpore*. Ainsi ce précepte exclut toute violence, toute malice, toute fraude, & généralement tout ce qui est opposé à la bonne foi.

Le troisiéme enfin enseigne à ceux qui sont préposés pour rendre la Justice, les régles qu'ils doivent suivre dans les fonctions de leurs Charges.

PRECIPUT, dans les contrats de mariage qui sont faits en Pays Coutumier, est l'avantage qui est accordé, en vertu d'une clause expresse au survivant des conjoints, de prende sur les biens meubles de la communauté jusqu'à une certaine somme desdits biens, selon la prisée faite par le Sergent sans crue, hors part, c'est-à-dire sans confusion de sa part en la communauté: ce qui a fait donner à cet avantage le nom de preciput.

Je dis *sans crue*, ce qui se doit entendre lorsque dans le contrat on a ajouté que la somme dans laquelle consiste le préciput, sera prise en deniers ou en meubles, suivant la prise de l'inventaire, & *sans crue*; ce qu'on ne manque pas de mettre: autrement cela n'auroit pas lieu. Et en ce cas le préciput est exempt de dettes, & le survivant n'est pas même tenu d'y contribuer à raison de l'émolument, parce qu'il ne prend pas le préciput à titre universel. *Secùs*, si le survivant avoit ou pour son préciput tous les effets mobiliers.

S'il n'est point fait mention du préciput dans le contrat de mariage, il n'a point lieu, c'est un avantage qui n'est point établi par la Coutume; mais qui est uniquement fondé sur la convention des Parties.

Le préciput ne se prend que sur les biens de la Communauté, & que quand la Communauté a lieu. D'où il s'ensuit que la femme qui renonce à la communauté n'a point droit de le prendre, à moins qu'il ne soit porté expressement qu'en renonçant elle le prendra.

Il faut dire aussi que le mari ne peut pas prendre, quand les héritiers de la femme ont renoncé à la communauté.

Voyez touchant le préciput, ce que j'en ai dit sur l'article 229. de la Coutume de Paris, §. 2.

PRECIPUT LEGAL DES NOBLES, est ce que la Coutume de Paris donne au survivant des conjoints nobles, qui consiste dans le gain des meubles qui se trouvent au jour du decès du predécédé, hors la Ville & Fauxbourgs de Paris, à la charge de payer toutes les dettes mobiliaires & les fraix funéraires du défunt.

Ce préciput est appellé préciput légal, parce qu'il n'a lieu qu'en conséquence de la disposition de cet article de notre Coutume, qui n'a lieu que sous les conditions suivantes.

La premiere, que les conjoints soient nobles; sur quoi il faut remarquer qu'il suffit que le mari soit noble, pour que la femme puisse jouir de ce préciput; parce que la femme roturiere jouit des droits & priviléges après la mort de son mari noble, tant qu'elle demeurera en viduité.

La deuxiéme est, que les conjoints nobles n'ayent pas renoncé à cet avantage par leur contrat de mariage, ni pendant icelui.

La troisiéme, qu'il y ait entr'eux communauté de biens.

La quatriéme est, qu'il n'y ait point d'enfans.

La cinquiéme est; que les meubles que le survivant a droit de prendre en vertu de ce préciput, se trouvent au jour du décès du prédecedé hors la Ville & Fauxbourgs de Paris sans fraude.

La sixiéme est, que le survivant paye les dettes mobiliaires & les frais funéraires du pédécedé: ce qui fait voir que ce préciput n'est pas purement lucratif, puisqu'il est *sub onere*, la charge pouvant même exceder l'émolument.

Voyez ce que j'ai dit sur l'article 238. de la Coutume de Paris.

PRECIPUT DE L'AINÉ, se dit de l'avantage & du droit d'aînesse accordés aux aînés sur les biens nobles de leurs peres & meres, qu'ils prennent hors part, & sans préjudice du partage égal avec tous les autres enfans. Il est appellé préciput, parce que *præcipitur*, *seu ante capitur*, il est pris avant que de venir au partage, & sans préjudice de la part que celui à qui il est dû, a droit de prendre avec ses autres copartageans. *Voyez* les articles 13. 14. 15. 16. & 18. de la Coutume de Paris. *Voyez* ci-dessus, Part avantageuse.

En partage noble l'aîné a le principal fief ou manoir pour son préciput, avec un arpent de terre que l'on appelle le vol du chapon; mais quand il n'y a point de fief, il a seulement le vol du chapon.

Il faut non-seulement que le principal manoir soit noble, la basse-cour & le jardin; mais aussi cet arpent de terre qui est donné au lieu de jardin; parce que le préciput de l'aîné ne se prend que dans le fief, & que tout ce que les Coutumes lui donnent doit être tenu en fief; sans quoi ce ne seroit point terre noble, ni partage de chose noble: cet avantage n'est point donné à l'aîné au partage des biens roturiers, & la féodalité est une qualité essentielle à tout ce que l'aîné prend pour son préciput & droit d'aînesse.

Il faut que cet arpent de terre dont il est ici parsoit proche le manoir, comme doit être un jardin ; & il n'importe que ce soit terres labourables ou autres, soit bois ou vignes, il est indifférent de quelle qualité il soit.

Mais si cet accompagnement ne se trouve point, c'est-à-dire qu'il n'y ait point d'arpent de terre en fief proche du manoir, l'aîné ne peut s'en plaindre, ni en demander la recompense ; à la différence du défaut de principal manoir, qui doit être récompensé par un arpent de terre en fief, au choix de l'aîné.

Si au contraire les terres qui sont proches le principal manoir contiennent plus d'un arpent ; il est loisible à l'aîné d'en prendre un arpent ; mais comme cette faculté n'est qu'un droit de bienséance, s'il n'en veut pas souffrir le partage, & s'il veut retenir le tout, il le peut, pourvû qu'il en récompense ses puînés en la maniere prescrite par la Coutume.

Voyez ci-après, *verbo* Récompense.

Si dans l'étendue de l'enclos ou arpent de terre qui est donné à l'aîné par le préciput, il y a des bâtimens qui fassent un revenu certain, tels que sont un moulin bannal ou non bannal, un four & pressoit bannaux seulement, la proprieté en demeure nue à l'aîné ; mais les revenus s'en divisent, de même que ceux de tous les autres fiefs, parce que cela produit une seconde proprieté qui devient partageable dans le profit seulement.

Cet enclos ou arpent de terre n'est donc donné par préciput, que pour la commodité particuliere du principal manoir, & non pas pour produire aucun profit. C'est même l'esprit général de toutes nos Coutumes.

Ainsi, quand quelques-unes ont voulu donner à l'aîné davantage pour son préciput, elles s'en sont expliquées par forme d'exception de la régle générale & du Droit commun, qui ne donnent à cet égard rien à l'aîné, qui puisse produire du revenu, sans l'obliger de faire part de ce revenu à ses puînés.

Mais comme il feroit incommode à l'aîné de partager tels profits, il lui est permis de les prendre en entier, en récompensant ses puînés. *Voyez* l'article 14. de la Coutume de Paris, l'article 9. de la Coutume d'Etampes, & l'article 114. de la Coutume de Bar.

Plusieurs de nos Coutumes donnent au fils aîné son préciput dans toutes les successions des ascendans ; d'autres ne le donnent que dans celles des peres & meres ; & dans ces Coutumes, l'aîné ne peut prendre son préciput dans les successions de l'ayeul ou de l'ayeule, parce que les Coutumes sont de Droit étroit, & ainsi on ne peut rien ajouter à leurs dispositions.

Nous avons même les Coutumes qui ne donnent au fils aîné qu'un seul préciput dans les successions du pere & de la mere, & il est hors de doute qu'il faut s'en tenir à leurs dispositions.

Le préciput fait bien partie du droit d'aînesse, mais il n'en fait pas la totalité ; puisqu'outre le principal manoir avec ce qui en dépend, ou ce qui est donné en la place, qui se prend hors part & avant partage, nos Coutumes donnent au fils aîné une part avantageuse dans tous les fiefs.

Voyez Droit d'aînesse, Part Avantageuse, Principal manoir.

PRECLOTURES. Par ce terme, qui se trouve dans quelques Coutumes, on entend les enclos qui sont donnés par preciput dans le fiefs aux aînés, avec le principal manoir. *Voyez* la Peyrere, *verbo* Aînesse, & un acte de notorieté de M. le Lieutenant civil le Camus, en date du 12 Novembre 1699.

PRÉCOMPTER, signifier prélever, déduire d'abord les sommes qu'on a reçues, ou les choses qui sont sujettes à rapport, avant que de venir à compte ou partage. Les enfans qui viennent à la succession de leurs peres & meres, doivent précompter ce qu'ils ont reçu en avancement d'hoirie.

PRÉFERENCE, est un avantage que l'on donne à un de plusieurs contendans sur les autres. Elle se doit donner à celui qui a le meilleur droit, suivant la disposition des Loix, mais dans le doute il la faut donner à celui qui a le droit le plus apparent, & suivre en cela la raison & l'équité, comme nous avons dit en parlant des choses douteuses. Nous allons présentement rapporter ici quelques maximes générales tirées des Loix Romaines, touchant le droit le plus apparent de l'un de ceux qui prétendent à une même chose.

Il faut en toutes rencontres rendre à un chacun le sien, à moins qu'on n'en soit détourné par une autre demande qui soit plus juste. Par exemple, si un voleur dépose chez quelqu'un une chose qu'il a volée, la fidélité du dépot oblige le dépositaire à la rendre au voleur qui la lui a déposée : mais cette obligation cesse, si-tôt que celui à qui elle appartient se sera fait connoître. *Leg.* 31. §. 1. *ff. depositi.*

Celui qui conteste pour éviter le dommage ou la diminution de son bien, doit être toujours préferé à celui qui se trouveroit augmenter son bien si on lui donnoit gain de cause ; c'est pourquoi, lorsqu'on fait vendre les biens d'un défunt, les créanciers sont préferés aux légataires. *Potior est causa ejus, qui certat de damno vitando, quàm illius qui certat de lucro captando. Leg.* 41. §. 1. *ff. de reg. jur.*

Entre ceux qui contestent également pour gagner ou pour se garantir de quelque dommage, il faut toujours préferer celui qui un droit antérieur, ou qui a été plus diligent. *Leg.* 98. *ff. de reg. jur. Leg.* 9. §. 4. *ff. de publ. in rem act.*

Par exemple, entre plusieurs créanciers hypotécaires, on a égard au tems que l'hypotéque de chacun d'eux a été constituée, suivant la maxime, *qui prior est tempore, potior est jure.*

Au contraire, entre les créanciers chirographaires, celui qui a demandé & reçu le premier, est préferé aux autres, & n'est pas obligé de rapporter; parcequ'il est juste que les plus diligens ayent quelqu'avantage, & que chacun porte la peine de sa négligence.

Enfin entre ceux qui contestent, ou pour le dommage, ou pour le gain, si le droit est égal, celui qui posséde est toujours préferé. *In pari causa melior est conditio possidentis, quàm petentis. Leg.* 33. *leg.* 126. §. 1. *leg.* 128. *ff. de regul. jur. Leg.* 8. *ff. de condict. ob turp. causam*

Il n'y a donc pas de plus juste moyen de décider la contestation qui s'est formée entre les personnes qui ont à la chose un droit égal, qu'en rendant meilleure la condition de celui qui la posséde.

Ainsi entre ceux qui contestent pour la proprieté d'une terre, si l'un ou l'autre ne prouve suffisamment que la terre lui appartient, celui qui est en possession doit être toujours préferé,

PRÉFERENCE SUR LES DENIERS PROVENANS DE LA VENTE D'IMMEUBLES. Cette préference se regle suivant l'ordre des hypotéques des créanciers, ou suivant leurs priviléges. *Voyez* Ordres des créanciers. *Voyez* aussi Créanciers privilégiés

PRÉFERENCE SUR LES DENIERS PROVENANS DE LA VENTE D'UN OFFICE. *Voyez* Henrys, tome 1. liv. 2. chap. 4. quest. 26. où est rapporté l'Edit du mois de mars 1685 portant Réglement tant pour la vente des Offices & distribution du prix d'iceux, que pour la préference entre les créanciers opposans au Sceau.

PRÉFERENCE SUR MEUBLES, est un droit acquis au premier saisissant, d'être payé sur le prix provenant de la vente des immeubles, par préference à tous autres créanciers opposans.

Comme les meubles en pays coutumier, si ce n'est en Normandie, ne sont pas susceptibles d'hypotéque, les deniers provenans de la vente d'iceux ne se distribuent point par ordre d'hypotéque, mais le premier saisissant en emporte le payement par préference à tous autres, à moins qu'il n'y eût déconfiture, c'est-à-dire que le débiteur ne fût insolvable, ses meubles & immeubles n'étant pas suffisans pour satisfaire les créanciers apparens; auquel cas le créancier qui auroit le premier saisi les meubles, ne viendroit qu'à contribution au sol la livre avec les autres créanciers opposans, sans aucune préference; à l'exception des dettes privilégiées, comme sont les frais de Justice, les frais funéraires, les loyers de maisons & autres.

Quand il y a contestation entre le premier saisissant & les autres touchant la suffisance du débiteur, le Juge peut ordonner que le premier créancier touche le prix des meubles, en donnant caution de le rapporter pour être mis en contribution, au cas que la confiture soit justifiée.

L'instance de préference entre les créanciers opposans, pour être payés sur le prix provenant de la vente des meubles, s'instruit de même maniere que l'instance d'ordre, mais elle sont au fond bien différentes; car l'instance de préference ne tend qu'à faire distribuer des deniers provenans des effets mobiliers, par priorité de saisie, ou par contribution au sol la livre, au cas de déconfiture; mais l'instance d'ordre tend à la distribution des deniers provenans du prix des immeubles décretés sur un débiteur, laquelle se doit faire entre les créanciers, suivant la proprieté d'hypotéque, ou suivant leur privilége.

Voyez Meubles *Voyez* Saisie & exécution, vers la fin, & ce que j'ai dit sur l'article 170. de la Coutume de Paris, & sur le suivant.

PREJUGÉ, est un Jugement préparatif & précédent qui sert de régle & d'autorité pour juger la contestation principale au fond. *Voyez* Actions préjudicielles.

Il se dit aussi des Jugemens, Sentences ou Arrêts qui n'ont pas jugé *in terminis* une question dont il s'agit; mais qui servent néanmoins de préjugé par leur décision, à cause du rapport que se trouve avoir l'affaire dont il est question, avec celles qui ont été jugées.

PRELATION; est un droit de préference. En Dauphiné, prelation est le droit de retrait féodal.

En fait de bail emphytéotique, c'est le droit qu'à le bailleur d'être préferé à tout autre dans les améliorations que le preneur veut aliéner.

Il y a encore la prélation en fait de cens, qui est une espéce de retrait censuel dans les Coutumes qui l'admettent, comme Senlis, Valois, Clermont, Berry, Nivernois & Bourgogne. *Voyez* Salvaing, de l'usage des Fiefs.

Le droit de prélation est aussi un droit que le Roi a en plusieurs endroits du Royaume, & singulierement en Languedoc, de retirer une Terre & Seigneurie, en remboursant l'acquereur, pourvû qu'il n'ait pas fait la foi & hommage; car si elle étoit faite, & les droits & devoirs payés, Sa Majesté ne pourroit exercer ce droit.

Voyez ci-dessus, Droit de prélation: *Voyez* aussi ce qui en est dit dans le Dictionnaire des Arrêts.

PRELEGS, est un legs qui est laissé à quelqu'un de plusieurs héritiers, pour être par lui prélevé hors part & sans confusion de sa portion héréditaire.

Les prélegs sont valables dans les pays de Droit écrit, de la même maniere qu'ils l'étoient chez les Romains; dans les pays de Droit coutumier, ils ne sont pas admis.

Ce legs se prend en pays de Droit écrit, par celui des cohéritiers du testateur, hors part & sans confusion de sa part & portion héréditaire. Ainsi on peut être en pays de Droit écrit héritier & légataire, lorsque le testateur fait plusieurs héritiers, & qu'il en veut gratifier quelqu'un de legs, qui sont appellés par les Loix Romaines *legata per præceptionem.*

Dans la Coutume de Paris, & dans plusieurs autres qui ont une disposition semblable, on peut être donataire entre-vifs, & héritier en collatérale; mais l'on ne peut être légataire & héritier, tant en directe qu'en collatérale.

La raison est, qu la donation saisit de droit, & que le legs est sujet à délivrance, par conséquent imcompatible dans la personne d'un héritier qui seroit obligé d'agir contre lui-même, pour demander la délivrance du mal.

PRELEVER, signifie prendre hors part & sans confusion, avant qu'on procede au partage d'une succession, ou d'une chose commune, cela se pratique dans les Loix Romaines, & s'observe aussi en pays de Droit écrit.

Quand il s'agit de partager les biens d'une societé, ceux des associés qui ont avancé des sommes pour la societé, & qui ont droit de les retirer, les prélevant avant que l'on procede au partage; & cela s'observe parmi nous, tant en pays coutumier, qu'en pays de Droit écrit.

PREMESSE, est en Bretagne ce que le retrait lignager est dans les autres Coutumes; car le mot de prémesse signifie proche parent, & le droit qu'il a de retirer les héritages de la famille qui ont été aliénés.

Voyez les Commentateurs de la Coutume de Bretagne, sur le titre 16.*verbo* Retrait. *Vide etiam Eguinar. Baro. in methodo de feudis, libro 2. cap.* 15. *& præstantissimum Cujacium, ad tit.* 4. *libri* 2. *feudor.*

PREMIERE INSTANCE, est celle qui est intentée par devant le premier Juge.

La maniere de proceder en premiere instance au civil, est de commencer par un exploit de demande: fondée sur la proprieté & le droit que nous avons dans une chose qui est possedée par un autre ou sur quelque obligation dont le défendeur est tenu envers nous.

Si dans les délais de l'assignation la Partie assignée ne comparoît pas, le demandeur levera son défaut faute de comparoir.

Si après avoir comparu elle ne fournit pas de défenses, le demandeur prendra défaut faute de défendre.

Mais si le défendeur comparoît & fournit de défenses, le demandeur peut fournir de repliques.

Ensuite la Partie la plus diligente peut poursuivre l'Audience sur un avenir; & si l'une des Parties ne comparoît pas, si c'est le défendeur, le demandeur obtient contre lui défaut, faute de venir plaider; & si c'est le demandeur, le défendeur obtient congé contre lui.

Si sur l'avenir les Parties comparoissent par leurs Avocats ou Procureurs, & que la cause soit appellée, elle est jugée à l'Audience, si la matiere y est disposée; & l'affaire jugée, la Partie qui a obtenu gain de cause fait signifier les qualités & les porte ensuite au Greffier, qui expedie & délivre Jugement.

Si au contraire la contestation n'a pû être jugée à l'Audience, ou par la difficulté de la question, ou pour la contrarieté des faits, les Parties doivent être appointées en droit, ou à mettre, ou à faire enquêtes respectives sur les faits controversés. *Voyez* Appointement.

PRENDRE DROIT DE QUELQUE CHOSE, signifie en tirer des inductions & des conséquences.

L'article 17. du titre 14. de l'Ordonnance criminelle porte, que les Interrogatoires seront incessamment communiqués aux Procureurs du Roi ou à ceux des Seigneurs, pour prendre droit par où requerir ce qu'ils aviseront.

L'article 19. porte que l'accusé de crime, auquel il n'échoira point de peine afflictive, pourra prendre droit par les charges, après avoir subi l'interrogatoire. Dans ces deux articles, prendre droit, ne signifie autre chose que ce que nous venons de dire.

En matiere civile, quand on veut prendre droit de quelque moyen avancé par la Partie adverse, pour le constateur il en faut demander acte au Juge, par une Requête qui lui doit être présentée à cet effet.

PRENEUR A BAIL OU A FERME, se dit de celui qui loue une maison ou un héritage; & le bailleur est celui qui donne à loyer ou à ferme une maison ou un héritage. *Voyez* ci dessus ce que j'ai dit *verbo* Bail.

On appelle aussi *Preneur* dans les beaux à cens ou à rente, celui qui prend l'héritage à la charge du cens ou rente; & bailleur celui qui lui donne l'héritage à ce titre.

PREOPINANT, est celui qui opine le premier.

PREPARATOIRE, est ce qui prépare en attendant. Les appointemens ne sont que des Jugemens préparatoires.

PRESCRIPTIBLE, se dit de ce qui est sujet à prescription.

PREROGATIVE, signifie avantage, privilége, prééminence ou immunité.

PRESCRIPTION, est l'acquisition du domaine de quelque chose, par le moyen de la possession d'icelles continuée sans interruption, pendant le tems requis par la Loi.

La prescription est aussi l'affranchissement & la libération des droits incorporels, tels que sont les obligations, actions, & autres, faute par celui à qui ces droits appartiennent, de s'en être servi & de les avoir exercés dans le tems préfini par la Loi.

Voyez ce que dit à ce sujet M. d'Argentré, *Consult.* 2. *num.* 19. Il y a bien de la différence entre prescrire une chose, & prescrire une action. Prescrire une chose, c'est l'acquerir par le benéfice du tems; & prescrire une action, c'est seulement se maintenir dans la possession de ce qu'on possede, & se défendre contre le trouble qu'on y pourroit faire.

La prescription est nécessaire, quand quelqu'un a acquis à titre de proprieté une chose de celui qu'il en croyoit le proprietaire, quoiqu'il ne le fût pas véritablement.

La prescription paroît opposée à l'équité naturelle, qui ne permet pas que l'on s'enrichisse des dépouilles d'autrui; mais elle est fondée sur l'intérêt public, pour fixer & arrêter la proprieté des biens en la personne des possesseurs, comme nous l'avons expliqué au commencement du sixiéme titre du 2e. livre des Institutes de Justinien.

Si la prescription n'avoit pas lieu, il arriveroit souvent qu'un acquereur de bonne foi seroit évincé après une longue possession; & que celui-là même qui auroit acquis un bien du véritable proprietaire, ou qui se seroit liberé d'une obligation par les voies de droit, venant à prendre son titre, seroit exposé à être dépossedé ou à être assujetti de nouveau à des droits dont il auroit été affranchi: c'est pourquoi il étoit nécessaire pour le bien public que l'on fixât un terme, après lequel il ne fût plus permis d'inquiéter les possesseurs, & de rechercher des droits trop long-tems négligés.

La Loi présume donc que celui qui a possedé pendant le tems requis, doit être réputé le véritable propriétaire. Et ce n'est pas sans raison qu'elle a été admise pour assurer la proprieté des choses que l'on auroit possedée pendant le tems requis par la Loi. Aussi est-elle appellée en matiere civile, *patrona generis humani*, à cause de la paix & de la tranquillité qu'elle produit; & en matiere criminelle, *finis sollicitudinem.*

Quatre conditions sont requises pour la prescription. La premiere, que la chose soit prescriptible.

La deuxieme qu'elle soit possedée sans interruption pendant le tems requis par la Loi pour la prescription. *Voyez* Interruption.

La troisiéme, la bonne foi en la personne de celui qui commence la prescription.

La quatriéme, que la possession soit fondée sur un titre suffisant pour acquerir la proprieté de la chose.

Cette possession se continue non-seulement en une même personne, mais aussi en plusieurs; de sorte que la possession du défunt sert à son héritier, & se continue en sa personne, pourvû que la chose n'ait pas été possedée par un autre dans un tems intermédiaire; & même le tems de la possession du vendeur & de l'acheteur se joignent, ce qui est sans difficulté, supposé que la possession de l'un & de l'autre soit accompagnée de bonne foi.

Les choses imprescriptibles sont, Ie. Les choses hors le commerce, comme les choses sacrées, les choses saintes, & les choses religieuses, & même les biens temporels de l'Eglise, à moins qu'ils ne soient acquis suivant les formalités pour ce requises.

IIe. Les cens & la foi & hommage; suivant les articles 12. & 24. de la Coutume de Paris.

IIIe. Le Domaine du Roi, de même que tous droits de Souveraineté, & qui appartiennent à la Couronne, ne se prescrivent point, pas même par un tems immémorial.

Mais les biens, tant meubles qu'immeubles échus au Roi, par confiscation, aubaine, bâtardise ou deshérance, se prescrivent par trente ans. Bacquet, du droit de deshérence, chap. 7. nombre 20.

IVe. Les servitudes des héritages, lesquelles ne se peuvent acquerir sans titre, par quelque tems que ce soit, suivant l'article 186. de la Coutume de Paris. Mais la liberté, ou libération des servitudes se prescrit par trente ans.

Ve. Les dixmes dûes aux Ecclésiastiques par Laïques.

VIe. Le droit de Patronage ecclésiastiques.

VIIe. La faculté de racheter les rentes constituées à prix d'argent.

VIIIe. Les droits de pure faculté ne se prescrivent pas; c'est-à-dire, que la prescription ne court point contre le droit qu'on a de faire quelque chose, & dont il nous est libre d'user ou de ne pas user, quoiqu'on ait cessé d'en user pendant un tems fort considérable.

Voyez Taisand sur la Coutume de Bourgogne, titre 13. nombre 9. & Henrys, tome 1. livre 4. chapitre 6. question 91. *Voyez* aussi M. Charles Dumoulin, sur la Coutume de Paris, titre des Fiefs, §. 1. glose 4. *verbo* mettre à sa main, nombre 13.

Au reste, dès qu'une chose est imprescriptible, l'action pour la reclamer l'est aussi.

Toute possession ne suffit pas pour la prescription; il n'y a que la civile. La possession naturelle, c'est-à-dire la détention corporelle d'une chose, n'est pas suffisante pour acquerir au possesseur la proprieté d'icelle. Il faut qu'un possesseur se croye proprietaire de la chose qu'il possede, autrement il ne la peut pas prescrire.

Mais cette croyance n'est requise par le Droit civil qu'au commencement de la possession, pour la rendre juste & légitime; desorte que quoique le possesseur reconnoisse peu de tems après que la chose ne lui appartient pas, cette connoissance ne rend pas la possession vicieuse, & ne le fait pas devenir possesseur de mauvaise foi.

Par le Droit canon que nous suivons à cet égard, la bonne foi est nécessaire pendant tout le tems qui est requis pour la prescription.

L'effet de la prescription fondée sur un juste titre & sur la bonne foi, est que celui qui a prescrit, peut en conscience retenir la chose qu'il a prescrite, lorsqu'il n'a eu connoissance qu'après la prescription accomplie, que la chose n'appartenoit pas à celui dont il l'a acquise.

La raison est, qu'une chose prescrite n'est plus le bien d'autrui, & qu'il appartient à celui qui en est devenu propriétaire par la prescription, qui est au moyen d'acquerir par les Loix, & autorisé par le Droit canon.

Ainsi les choses mobiliaires possedées à juste titre & de bonne foi pendant trois ans publiquement & sans interruption, sont prescrites par le possesseur, lequel n'est point obligé de les restituer à celui qu'il sçauroit après ce tems en avoir été le véritable propriétaire.

Les immeubles possédés à juste titre & de bonne foi pendant dix ans entre présens, & vingt ans entre absens, sont aussi prescrits par celui qui les a possedés pendant ce tems sans violence & sans trouble, en qualité de proprietaire; desorte qu'il n'est point sujet en conscience à en faire la restitution à celui qu'il sçauroit dans la suite en avoir été le proprietaire.

Ce n'est pas l'assiette des héritages, mais le domicile des personnes qui fait l'absence ou présence à cet égard: ainsi, pour que le proprietaire & le possesseur de l'héritage soient censés présens, il suffit qu'ils ayent tous deux leur domicile dans le même Bailliage, quoique l'héritage n'y soit pas situé.

La proximité des lieux n'empêche pas que l'on ne soit reputé absent pour la prescription de dix ou vingt ans; c'est assez que l'on ne soit pas dans le même Bailliage ou Sénéchaussée, suivant l'article 116. de la Coutume de Paris. Ainsi ceux qui sont de différens ressorts, & qui ne sont éloignés que de deux ou trois lieues, sont réputés absens à cet égard.

En fait de prescription de dix ou de vingt ans, on ne compte pas le tems de l'absence à l'égard de ceux qui sont *pro parte temporis præsentes*, & *pro parte temporis absentes.* Ce qui est conforme à la Loi *Quod si quis si*, *cod. de præscript. longi temporis*, & à la Novelle 119. chap. 8. Ainsi la prescription de dix ans a lieu, à la charge de doubler le tems des années qu'aura duré l'absence de l'une des Parties.

Ainsi par Arrêt du 12 Août 1723. rendu en la premiere Chambre des Enquêtes, au rapport de M. de Courteil, il a été jugé qu'il falloit compter l'absence en prenant deux années pour une, & par conséquent qu'un homme qui avoit été huit années présent, & quatre ans absent, avoit acquis la prescription de dix ans.

Il faut remarquer ici qu'il y a une prescription de trente ou de quarante ans, appellée en Droit *præscriptio longissimi temporis*, qui est bien différente de la prescription de dix ou vingt ans, appellée *præscriptio longi temporis.*

Ces prescriptions different entr'elles, non-seulement par rapport à l'espace du tems, mais aussi en ce que celui qui veut se servir de la prescription de trente ou de quarante ans, n'est pas obligé d'avoir possedé de bonne foi ni de justifier d'aucun titre de sa possession.

Ainsi celui qui a joui d'une maison pendant trente ou quarante ans, sans avoir d'autre titre que sa jouissance, se sert de la prescription, en disant *possideo quia possideo*; & il n'est point obligé de rapporter le titre de sa possession, pourvû qu'il ait toujours possedé *animo domini*, *aut si habendi.*

La Loi 1. *cod. de annali exceptione*, dit que toutes actions se prescrivent par trente ou quarante ans, *etiam actio furti & vi bonorum raptorum*; & la glose dit en cet endroit, *præscribi res furtiva à fure*, & *vi capta à prædone potest triginta annorum spatio.* Ce qui marque que pour se servir de cette prescription, on n'a pas besoin de bonne foi ni de titre.

Cependant la Loi 1. *cod. de præscript.* 30. *aut* 40. *annor* dit, que celui *qui precario possidet*, ne peut prescrire; & la Loi 2. au titre, dit que celui qui possede *vi*, *aut clam*, est dans le même cas. Ce qui semble marquer que pour prescrire, la bonne foi est absolument nécessaire, *initio possessionis.*

On concilie ces deux Loix en disant, que pour se servir de la prescription de trente ou quarante ans, il n'est pas nécessaire d'avoir de titre, ni d'avoir joui & possedé de bonne foi; il suffit d'avoir possedé *animo sibi habendi.*

Ainsi le possesseur de mauvaise foi, quoique sa possession soit injuste, possede néanmoins *animo sibi habendi*; *sibi*, *non alteri*, *possidet*, *atque adeo debet sibi imputare dominus*, *quod rem suam tanto temporis spatio penes alium remanere passus fuerit.*

Le proprietaire de la chose ne peut point lui objecter de titre, qui prouve que sa possession a été dans son commencement contraire & directement opposée à l'acquisition qu'il en a faite par la prescription de trentre ou quarante ans, puisque *semper & ab initio possidet animo sibi habendi.*

Mais quand le propriétaire de la chose peut prouver que le possesseur de mauvaise foi n'a pas commencé sa possession *animo sibi habendi*, & qu'il avoit *ab initio* un titre contraire, en vertu duquel il possedoit, *non sibi*, *sed alteri*, & *alieno nomine*; alors ce possesseur de mauvaise foi ne se peut servir de la prescription de trente ou quarante ans. Et c'est en ce cas qu'on se sert de ce brocard, *satius non est habere titulum*, *quam habere vitiosum*: il est plus avantageux de n'avoir point de titre, que d'en avoir un vicieux, c'est-à-dire un qui marque que dans le commencement de sa possession on n'a pû avoir l'intention de posseder *proprio nomine.* C'est ce qui fait que ceux qui possedent *precario*, *vi aut clam*, *vel alio vicioso titulo*, & *prescriptioni contrario*, *numquam possunt præscribere.*

La raison est, qu'on ne peut jamais changer la cause de sa possession, ni s'en faire un titre de proprieté, desorte qu'on ne peut jamais prescrire contre son titre; & voilà sur quoi est fondée la régle, *satius est non habere titulum*, *quam habere vitiosum.*

Cela est si vrai, qu'il a été jugé qu'une chose qui avoit été possedée pendant plus de deux siécles par l'Eglise à titre de dépôt, n'avoit pas pû être prescrite, nonobstant l'ignorance & la bonne foi des successeurs de ceux à la garde de qui on l'avoit confiée. *Voyez* Papon, livre 12. titre 3. nombre 21.

Touchant la prescription, *voyez* ce que j'en ai dit sur le titre 6. de la Coutume de Paris, & sur le titre 6. du second Livre des Institutes. *Voyez* aussi le Recueil alphabétique de M. Bretonnier, & le

Traité de la Prescription de M. Dunod, Professeur en l'Université de Besançon.

Au reste, comme le tems concernant la prescription est différemment établi par la Loi ou par la Coutume, suivant les différentes choses dont il s'agit, nous avons cru devoir donner une sommaire exposition des différentes sortes de prescriptions, ou des différens tems par lesquels on peut prescrire.

PRESCRIPTION DE VINGT-QUATRE HEURES, a lieu au cas des articles 136. & 137. de la Coutume de Paris, qui veulent que le retrayant auquel un héritage est adjugé par retrait, rembourse l'acheteur des deniers qu'il a payés au vendeur pour l'achat dudit héritage, ou consigne deniers dans les vingt-quatre heures après ledit retrait adjugé par Sentence, & que l'acheteur aura mis ses Lettres au Greffes, & affirme le prix s'il en est requis, faute de quoi le retrayant est déchu du retrait.

PRESCRIPTION DE HUITAINE, a lieu dans le cas de l'article 361. de la Coutume de Paris, qui enjoint à ceux qui sont opposans aux criées, de porter dans huitaine leurs titres au Commissaire commis pour fonder leurs oppositions; & faute de ce faire après un autre délai de huitaine, ils en sont exclus.

PRESCRIPTION DE NEUF JOURS a lieu en fait de vente de chevaux, en ce qu'après les neuf jours passés, le marchand qui a vendu un cheval, ne peut être obligé de le reprendre pour les trois vices ou défauts dont les marchands sont garant pendant ce tems, qui sont la pousse, la morve & la courbature. *Voyez* Redhibitoire.

PRESCRIPTION DE DIX JOURS, à lieu en fait de Lettres de change, en ce que le porteur d'une Lettre de change qui aura été acceptée ou dont le payement échet à jour certain, est tenu de le faire payer ou protester dans dix jours après celui de l'échéance; faute de quoi elle demeure à ses périls & fortunes, sans aucune garantie contre le tireur. Ordonnance du Commerce, titre des Lettres de change, article 4.

PRESCRIPTION DE QUINZE JOURS a lieu contre les tireurs & endosseur de Lettres de change domiciliés dans la distance de dix lieues, & ce pour les personnes qui seront domiciliées dans le Royaume, qui seront poursuivies pour la garantie. Article 13. du titre 4. de l'Ordonnance de 1673.

PRESCRIPTION DE VINGT JOURS. La Coutume de Paris en l'article 77. donne ce tems pour notifier le contrat d'acquisition au Seigneur, lequel étant passé, l'amende pour ventes recelées & non notifiées est encourue.

PRESCRIPTION DE QUARANTE JOURS, a principalement lieu en fait de retrait féodal, & autres matieres concernant les fiefs. *Voyez* les articles 7, 8, 9, 10. 11, 20, 60, & 65.

Cette prescription exclut le propriétaire d'une épave, de la pouvoir reclamer après quarante jours échus, depuis que la proclamation en a été faite. Coutume de Melun, article 7. Bacquet, Traité des droits de Justice, chap. 2. nomb. 9.

PRESCRIPTION DE TROIS MOIS. Ce tems accordé pour mettre à exécution les Lettres de grace, pardon & rémission, étant passé, l'impétrant ne s'en peut plus aider. Ordonnance de Moulins, article 35.

PRESCRIPTION DE QUATRE MOIS. L'insinuation d'une donation entre-vifs doit être faite dans ce tems, après lequel elle ne pourroit avoir hypotéque que du jour de l'insinuation, encore faudroit-il qu'elle eût été faite du vivant du donateur, pour que la donation pût valoir. *Voyez* Insinuation.

PRESCRIPTION DE SIX MOIS, a lieu, I°. pour la publication des substitutions; & quand elles sont faites après, elles n'ont d'effet que du jour de leur enregistrement.

II°. Pour se pourvoir par Requête civile contre les arrêts. *Voyez* Requête civile.

III°. Pour faire demande du prix des marchandises énoncées en l'article 126. de la Coutume de Paris, & en l'article 8. du titre 1. de l'Ordonnance du Commerce *Voyez* les Arrêts de M. de Lamoignon, sur le titre des Prescriptions de la Coutume de Paris.

Nous remarquerons seulement ici, que cette prescription n'a pas lieu de marchand à Marchand; comme il a été jugé par Arrêt rendu au Grand Conseil le 12 Juillet 1672. rapporté dans le Journal du Palais.

PRESCRIPTION D'UN AN, a lieu, I°. pour les demandes & actions pour raison de marchandises qui sont énoncées en l'article 125. de la Coutume de Paris, & en l'article 7 du titre 1. de l'Ordonnance du Commerce. Sur quoi il faut remarquer que celui qui veut se servir de la prescription de six mois, ou d'un an, pour marchandises & autres choses contenues ès articles 125, 126, & 127. de cette Coutume, est obligé d'affirmer que le payement a été par lui fait; & à faute de faire l'affirmation, il ne peut se prévaloir de la prescription, laquelle n'a été introduite qu'à cause que les marchandises & autres choses mentionnées en ces trois articles, sont le plus souvent payées manuellement, & sans en prendre de quittance. M. Auzanet, sur l'article 126. de la Coutume de Paris, observe que les héritiers sont aussi tenus de faire le serment du payement, sinon de souffrir condamnation de payer. Au reste, ces prescriptions n'ont pas lieu de Marchand à Marchand; comme je l'ai dit *verbo* Marchands.

II°. La prescription d'un an exclut de pouvoir former la complainte en cas de saisine & de nouvelleté, à compter du jour du trouble. Article 99. de la Coutume de Paris.

III°. Cette prescription éteint l'action en retrait lignager. Article 129. & suivans de la même Coutume.

IV°. Elle ôte au Seigneur haut-Justicier le droit de relever ses fourches patibulaires, quand elles sont tombées; car après l'an, il ne le peut faire sans Lettres royaux.

V°. L'action pour dixmes est annale; ainsi après l'an, le possesseur d'un héritage n'en peut pas être tenu, à moins qu'il n'y ait eu contestation. Il faut excepter la dixme abonnée, dont on peut demander cinq ans. *Voyez* Henrys, tome 1. chapitre 3. question 38.

VI°. L'action d'injure se prescrit par l'espace d'un an.

VII°. Les Maîtres, Précepteurs & Pédagogues, après l'an, ne sont plus recevables à faire demande de leurs salaires & enseignemens. Article 265. de la Coutume d'Orléans.

VIII°. Les Lettres de la Chancellerie, pour les choses qui ne sont pas jugées ou exécutées, ne durent qu'un an; en sorte qu'après ce tems elles sont caduques, & il en faut obtenir d'autres, au cas qu'elles n'ayent pas été signifiées.

PRESCRIPTION DE DEUX ANS, a lieu contre les Procureurs, lesquels ne peuvent demander leurs frais & salaires après ce tems, à compter du jour qu'ils ont été révoqués, ou qu'ils ont discontinué d'occuper. *Voyez* ci-après, prescription de six ans.

PRESCRIPTION DE TROIS ANS. Le compromis perit par trois ans, de même qu'une instance perit par ce laps de tems.

Dans l'ancien Droit, les meubles se prescrivoient par l'espace d'une année, Justinien a etendu ce terme à trois ans. *Leg. unic. cod. de usucap. transform.*

Les domestiques ne peuvent demander que trois ans de leurs gages. Ordonnance de Louis XII. en 1510, article 67.

PRESCRIPTION DE CINQ ANS à lieu dans plusieurs cas.

I°, les arrérages d'une rente constituée à prix d'argent, se prescrivent par cinq ans, c'est-à-dire qu'on n'en peut demander que cinq années.

Les fermages & loyer se prescrivent de même quand on a été cinq ans après la fin du bail sans le demander. Ordonnance de 1929. article 142.

II°. L'accusation du crime d'adultere se prescrit par cinq ans. *Voyez* M. le Prêtre, cent. 2. chap. 4.

Il en est de même de la plainte d'inofficiosité. *Voyez* Domat, titre du Testament inofficieux. sect. 3. n. 9.

III°. Les Billets & Lettres de change sont réputés acquittés après cinq ans de cessation de demande & de poursuite, à compter du lendemain de l'échéance ou du protest, ou de la derniere poursuite: Néanmoins les prétendus débiteurs sont tenus d'affirmer, s'ils en sont requis, qu'ils n'en sont point redevables; & leurs veuves & héritiers ou ayans causes, qu'ils estiment de bonne foi qu'il n'en est plus rien dû. Article 21. du titre 5. de l'Ordonnance de 1673.

IV°. Un Officier qui a joui paisiblement & sans trouble d'un droit pendant cinq ans, n'y peut plus être troublé par un autre. Mornac, *ad leg. ult. cod. de dolo, & ad leg. ult. cod. ubi caus. stat.*

V°. Ceux qui prétendent avoir été forcés à faire profession dans un Monastere, ou Maison religieuse, doivent reclamer contre leur vœux dans les cinq ans, à compter du jour de leur profession. *Voyez* Brodeau sur M. Louet, lettre C, nombre 6.

VI°. Dans les Coutumes d'Anjou & du Maine, le tenement de cinq ans a lieu, tant contre les présens, que contre les demeurans hors les Bailliages desdites Coutumes. *Voyez* Chopin sur la Coutume d'Anjou, livre 3. chapitre 2. titre 4. & le Journal des Audiences, tome 1. livre 6. chapitre 12.

VII°. Ceux qui sont condamné par contumace, doivent se représenter dans les cinq ans; s'ils laissent passer ce tems sans le faire, ils perdent la proprieté de tous leurs biens. *Voyez* Contumace.

VIII°. Les veuves & héritiers des Avocats & Procureurs ne peuvent après cinq ans être recherchés, tant des procès jugés, que de ceux qui sont à juger, à compter du jour des récépissés.

PRESCRIPTION DE SIX ANS. Les Procureurs ne peuvent demander leurs frais, salaires & vacations, que pour deux années après qu'ils ont été révoqués, ou que les Parties sont décedées. en cas qu'ils ayent discontinué d'occuper pour les mêmes Parties, ou pour leurs héritiers.

Et à l'égard des affaires non jugées, ils ne peuvent demander leurs frais, salaires & vacations pour les procédures faites au-delà de six années précedentes immédiatement, quoiqu'ils ayent toujours continué d'y occuper, à moins qu'ils ne les ayent fait arrêter ou reconnoître par leurs Parties, & ce avec le calcul de la somme à laquelle ils montent, lorsqu'ils excedent celle de deux mille livres. *Voyez* Procureur.

PRESCRIPTION DE DIX ANS, a lieu, I°. en fait d'immeubles entre présens, comme nous avons dit en parlant de la prescription en général.

II°. En fait d'actions hypotécaires entre présens, à l'encontre du tiers détenteur de bonne foi.

III°. La faculté de se faire restituer contre des actes, se presrit par dix ans, à compter du jour de la passation des actes à l'égard des majeurs, & du jour de la majorité à l'égard des mineurs: mais cette prescription n'a pas lieu lorsqne le contrat est nul. On peut opposer cette nullité jusqu'à trente ans. *Voyez* Basset, tome 1. livre 2. titre 29. chap. 16. & M. Pinault, tome 2. Arrêt 198. *Voyez* aussi restitution.

IV°. Les Avocats & Procureurs sont à couvert de toutes recherches de sacs & papiers des procès non finis, après dix années, à compter du jour des dattes de leurs récépissés, suivant la Déclaration du 11. Décembre 1597.

Enfin la prescription de vingt ans exclut toute poursuite de crime, comme nous dirons ci-après.

PRESCRIPTION DE TRENTE ANS, qui est appellée *præscriptio longissimi temporis*, a lieu pour héritages & droits réels, sans que le possesseur soit obligé de produire aucun titre de sa possession, parceque sa longue jouissance lui tient lieu de titre & le met en droit de dire, *possideo quia possideo*, quand même il seroit possesseur de mauvaise foi: ce qui n'auroit pas lieu dans la prescription de dix ou vingt ans, comme nous avons dit ci-dessus.

Cette prescription de trente ans a encore lieu dans les cas suivans.

I°. En fait d'action hypotécaire à l'égard du possesseur de mauvaise foi, & même à l'égard du débiteur, quand l'hypotéque n'est pas conventionnelle, mais légale. *Voyez* Action hypotécaire. *Voyez* Hypotéque.

II°. Pour les profits des fiefs échus, quotité & arrerages de cens. *Voyez* ce que j'ai dit sur les articles 12. & 124. de la Coutume de Paris. Ainsi les quints lots & ventes, & autres Droits seigneuriaux échus, se prescrivent par 30. ans, même contre le titulaire d'un bénéfice, & contre l'Eglise. *Voyez* Louet & son Commentateur, lettre C. nomb. 21. & lettre D. nomb. 53. & Bacquet, au Traité des Droits d'amortissement, chap. 60. & au Traité des Droits de Deshérence, chap. 7. Dolive, Liv. 2. chap. 12. & Dumoulin, §. 12. nomb. 16. 39. & 49.

III°. Le Seigneur direct, qui posséde le fief de son vassal en vertu d'un autre titre que de saisie féodale, peut prescrire contre son vassal par trente an; comme s'il posséde le fief pour l'avoir acquis à titre de vente, déchange, &c. par droit de bâtardise ou de deshérence, parce qu'il posséde alors comme toute autre personne. *Voyez* Henrys & son Commentateur, tome 2. livre 3. question 46.

IV° L'action de légitime, ou de supplément de légitime, se prescrit par trente ans *voyez* Henrys, tome 1. liv. 4. chapitre 6. question 67. & ce que j'ai dit sur l'article 118. de la Coutume de Paris.

V°. La liberté se peut prescrire par trente ans contre la servitude fondée en titre. *Voyez* l'article 186. de la Coutume de Paris.

VI°. La liberté de rachêter une rente de bail d'héritage, stipulée rachetable à toujours, & aussi la faculté de racheter par parties une rente constituée, se prescrivent par trente ans. *Voyez* l'article 120. de la Coutume de Paris: & Brodeau sur Louet, lettre R. somm. 10.

VII°. La faculté de retirer à toujours un héritage, se prescrit aussi par ce tems.

Enfin, tous les droits & toutes les actions que nous pouvons intenter, se prescrivent ordinairement par trente ans, excepté celles qui sont bornées par les Loix, les Coutumes, ou les Ordonnances, à une prescription qui s'accomplit par un moindre tems.

On demande de quel jour commence à courir la prescription de trente ans, contre une cédule reconnue en Justice? *Voyez* Cédule reconnue.

PRESCRIPTION DE QUARANTE ANS, a lieu, I° contre l'Eglise, comme nous l'avons dit sur l'article 123. de la Coutume de Paris.

II°. L'action hypotécaire jointe à la personnelle, se prescrit par quarante ans, comme nous avons dit sur l'article 118. de la Coutume de Paris.

PRESCRIPTION DE CENT ANS. L'Eglise Romaine n'est sujette, ni à la prescription de trente ans, ni à celle de quarante, mais seulement à celle de cent ans, qui éteint toutes ses actions contre les tiers possesseurs des choses corporelles qui lui ont autrefois appartenu. *Voyez* ce que j'ai dit sur l'article 123. de la Coutume de Paris, glose 2.

Les Eglises qui lui sont soumises immédiatement, n'ont pas ce privilége. *Voyez* Guy Pape, quest. 36. & 416. Papon, livre 12. titre 3. nomb. 1. & Tournet, lettre E, nombre 48.

PRESCRIPTION D'ACTION, est l'extinction d'une dette, faute par le créancier d'avoir agi contre son débiteur dans le tems préfini par la Loi.

Ainsi la prescription ne nous fait pas seulement acquerir le domaine d'une chose; elle nous sert aussi à acquerir la libération d'une dette ou change, lorsque le créancier a laissé passer le tems défini pour agir.

L'on prescrit la libération de toute hypotéque, rente, & charge fonciere, (à la réserve du cens) par l'espace de dix ans entre présens, & de 20. ans entre absens.

Les actions personnelles, soit pour rente, somme de deniers, ou autre chose, se prescrivent par trente ans de cessation, sans que la dette ait été demandée, payée ni reconnue; & par quarante ans contre l'Eglise, tant entre absens que présens, soit qu'il y ait bonne foi, ou non.

Enfin, quand l'action personnelle & l'action hypotécaire concourent ensemble, elles ne se prescrivent que par quarante années, si l'hypotéque est conventionnelle.

Il n'en est pas de même quand l'hypotéque est légale; en ce cas l'action personnelle qui est jointe à l'action hypotécaire, se prescrit par trente ans.

C'est en observant cette distinction, que l'on concilie sans peine une infinité d'Arrêts rendus sur cete matiere, qui paroissent absolument contraires, & qui ne le sont pas véritablement. *Voyez* Action hypotécaire.

Au reste, en fait d'actions personnelles, la prescription court du jour de l'obligation; quand l'obligation est pure, & donne au créancier la liberté de se faire payer à sa volonté. Mais quand l'obligation contient un tems auquel le payement doit être fait, la prescription ne court pas du jour de la date de l'obligation, mais du jour de l'échéance du payement; *quia scilicet adversus agere non valentem, non currit præscriptio.*

Ainsi, dans les obligations qui sont faites sous condition, ou qui ont un terme préfix pour le payement, la prescription ne court qu'après la la condition arrivée, ou le terme échu *Voiez* la Loi *cum notissimi*, §. *illud autem*, *cod. de prescript.* 30. *vel* 40. *annor.* & Henrys, tome 1. liv. 4. chap. 6. quest. 90.

En fait de rente constituée, la prescription commence du jour du contrat, pour ce qui regarde le principal; mais pour ce qui est des arrérages, la prescription ne commence que du jour de l'échéance du premier payement. Voyez Henrys, tome 1. liv. 4. chap. 6. quest. 92.

Touchant la prescription des actions, Voyez ce que j'en ai dit dans ma traduction des Institutes sur le titre 12. du quatriéme Livre. Voyez aussi ce que j'ai dit ci-dessus, en parlant de la prescription de trente ans.

PRESCRIPTION DE CRIME, s'accomplit ordinairement par vingt ans, quant à la peine publique, & quant aux intérêts civils, tant contre mineurs que contre majeurs, tant contre absens que contre présens; quoiqu'il y ait eu condamnation, pourvû qu'elle n'ait pas été exécutée. Mornac, *ad leg.* 40. *ff. ex quib. cauf. major.*

Mais quand sur une poursuite criminelle est intervenue une Sentence de condamnation, qui a été exécutée par effigie, ou duement signifiée dans les cas oùil n'y a pas lieu de l'exécuter par figure, le crime ne se prescrit que par trente ans, à compter du jour de l'exécution ou de la signification de cette Sentence. La raison est, que cette exécution perpétue l'action, & que le Partie civile ayant fait exécuter la Sentence autant qu'il dépendoit de lui, on ne peut lui rien imputer.

M. Catelan, tom. 1. liv. 2. chap. 68. dit que l'absolution du condamné à mort a un effet rétroactif pour les sucessions échues pendant sa contumace, mais que la prescription du crime n'a pas le même effet. La raison est, que la prescription n'est qu'une exception que le tems fournit au prévenu pour le mettre à couvert de toutes poursuites; ce n'est pas une innocence justifiée, mais le payement de la peine dûe au crime, lequel payement est présumé avoir été fait par les inquiétudes du prévenu pendant ce nombre d'années: d'où il résulte que le condamné à mort peut bien prescrire la peine du crime, mais qu'il ne peut au moyen de cette prescription recouvrer le droit de Cité. Le Brun dans son Traité des Successions, liv. 1. chap. 2. section 3. dist. 3. nomb. 11. Basnage sur l'article 235. de la Coutume de Normandie; Domat, part. 2. tit. 1. sect. 2. art. 36. sont de cet avis. C'est aussi ce qui a été jugé par Arrêt du 7. Septembre 1737, rapporté dans le quinziéme tome des Causes célébres.

Voyez, touchant la prescription des crimes, le Recueil alphabétique de M. Bretonnier, & ce qu'en a dit M. Dunod, Professeur en l'université de Besançon, dans son Traité des prescription, part. 2. chap. 9. Voyez aussi M. le Bret en son Traité des Questions notables, déc. 3. & 4.

PRESCRIPTION CONVENTIONNELLE OU CONTRACTUELLE, est celle qui descend de la convention des Parties: ainsi la faculté de remeré stipulée pour trois ans seulement, ou pour dix, se prescrit par le tems exprimé dans l'acte.

Mais la nouvelle Jurisprudence établie par plusieurs Arrêts, & principalement par un Arrêt célébre rendu en la Cinquiéme des Enquêtes, *consultis Classibus*, le 16. Mars 1650. a jugé que la faculté de remeré stipulée par contrat de vente, dure trente ans, si l'acquereur ne fait ordonner par le Juge, Partie présente ou dûement appellée, qu'à faute d'avoir remboursé le prix porté par le contrat, l'héritage lui demeurera incommutablement.

Ce n'est pas absolument l'action de remeré qui est prorogée jusqu'à trente ans; c'est que de la stipulation de remeré, il naît une action personnelle, qui ne se prescrit que par trente ans: ainsi cette clause, qui porte que la faculté de remeré sera prescrite avant ce tems, n'est que comminatoire, contre laquelle le vendeur peut revenir si bon lui semble.

PRESCRIPTION LEGALE, est celle qui descend de la Loi, comme la prescription de dix ans entre présens, & de vingt ans entre absens.

PRESCRIPTION STATUAIRE, est celle qui provient de la Coutume, comme la prescription d'an & jour pour le retrait lignager.

PRESCRIPTION CONTRE LE ROI. Voyez ce que j'ai dit ci-dessus, *verbo* prescription; & sur le commencement du titre 6. de la Coutume de Paris, §. 3.

PRESCRIPTION CONTRE L'EGLISE. *Voyez* ce que j'ai dit ci-dessus, parlant de la prescription de trente ans & de celle de quarante ans; & ce que j'ai dit sur l'article 123 de la Coutume de Paris.

PRESCRIPTION DE DOT. L'action qu'a le mari pour demander la dot de sa femme, se prescrit par dix ans. C'est ce qui se juge au Parlement de Grenoble, en conséquence de la Loi 33. *ff. de jure dotium*, dont ce Parlement suit en partie les décisions, suivant ce qui est à ce sujet rapporté dans le Recueil alphabétique de M. Bretonnier, *verbo* Dot, vers la fin, en ces termes.

Si c'est un étranger qui a constitué la dot, soit *ex necessitate*, *vel liberalitate*, le mari faute de poursuites demeure responsable de la dot après dix ans, Catelan, tome 2. liv. 4. chap. 48. Graverol sur la Rocheflavin, liv. 2. tit. 6. art. 18. Si c'est le pere de la femme qui a constitué la dot, le mari en demeure pareillement responsable après dix ans; ce terme étant suffisant pour justifier la conduite du gendre envers le beau-pere, suivant les Arrêts rapportés par ces mêmes Auteurs aux mêmes endroits.

Mais si c'est la femme qui s'est constituée le dot elle-même, elle doit s'imputer de n'avoir pas satisfait à sa promesse ; & en ce cas le mari ne peut être en aucun tems poursuivi pour raison de cette dot, suivant les mêmes Auteurs.

Dans les deux premiers cas, la négligence du mari le charge à la vérité de la restitution de la dot envers sa femme ; mais elle ne décharge pas les débiteurs, à moins que la prescription entiere de l'action personnelle ne soit acquise. Catelan, *ibidem*.

Cet Auteur dit que par Arrêt de l'an 1664. une femme dont le mariage avoit duré plus de dix ans, fut colloquée dans l'ordre des biens de son mari pour sa dot, quoiqu'il n'apparut d'aucune insolvabilité du pere de la femme qui avoit constitué la dot ; mais que par le même Arrêt l'on reserva aux créanciers du mari le recours contre le constituant: ce qui prouve que le débiteur de la dot ne peut point alléguer la prescription de dix ans

La Jurisprudence du Parlement de Paris est sur cela fort singuliere.

I°. Il admet la prescription de dix ans en faveur de tous ceux qui ont constitué la dot, soit parens ou étrangers, même au préjudice de la femme, au profit de laquelle la dot a été constituée, nonobstant les principes qui décident que les actions qui descendent des conventions, sont des actions personnelles qui durent trente ans.

II°. Il reçoit la prescription de dix ans contre le mari ou ses héritiers, quoique ce soit la femme qui s'est constituée sa dot. Cependant suivant l'esprit du Droit Coutumier, au lieu d'étendre la Novelle 100. de Justinien, on devroit au contraire la restraindre ; car la raison pourquoi le mari ne peut après dix ans opposer l'exception *non numeratæ dotis*, c'est qu'il est présumé par ce long silence avoir voulu faire un present à sa femme du montant de sa dot : *Si tacere elegerit, palam est noluisse, etiamsi non accepit dotem, omnino eum aut suos hæredes reddere.* Cela est un avantage indirect qui est défendu par la Coutume de Paris, & par le plus grand nombre des Coutumes.

Voyez ce que j'ai dit sur l'article 113. de la Coutume de Paris, glose 6. & l'Institution au Droit François de M. Argou, livre 3. chapitre 8.

PRESCRIPTION DE DOUAIRE, L'article 117. de la Coutume de Paris, dit qu'en matiere de douaire, la prescription ne commence à courir que du jour du décès du mari, entre âgés & non privilégiés. *Voyez* ce que j'ai dit sur cet article.

PRESCRIPTION DE DROITS, OU DE BIENS APPARTENANS A DES MINEURS. La régle est, que la prescription ne court point contre les mineurs. Ce qui est si vrai, qu'elle ne court pas contr'eux, quoiqu'elle ait commencé du vivant d'un majeur auquel un mineur auroit succedé. Mais dans ce cas la prescription dort, pour ainsi dire, durant tout le tems de leur minorité, & reprend son cours dès le moment que les mineurs sont devenus majeurs.

Il y a néanmoins quelques prescriptions qui courent contre les mineurs ; premierement, les prescriptions conventionnelles commencées contre les majeurs, courent contre les mineurs, sans esperance de restitution. Ainsi la prescription conventionelle de retirer un héritage aliené par un majeur, & commencée contre lui, tombant en la personne du mineur héritier dudit majeur, a lieu, sans que ce mineur puisse se faire restituer contre. *Voyez* ce que j'ai dit sur l'article 113. de la Coutume de Paris, glos. 7. nomb. 7.

En second lieu, les prescriptions établies par les Ordonnances, sans distinction de personnes, ont leur effet contre les mineurs, aussi-bien que contre les majeurs. Telle est la prescription en demande d'arrérages de rentes constituées à prix d'argent, établie par l'Ordonnance de Louis XII. de l'an 1510. Ainsi le mineur ne peut être restitué contre cette prescription, & ne peut demander que cinq années d'arrérages d'une telle rente.

En troisiéme lieu, les prescriptions statuaires ou coutumieres courent contre les mineurs, sauf leur recours contre leurs tuteurs ou curateurs. Ainsi la prescription du retrait lignager par an & jour, court contre le mineur sans esperance de restitution, comme il a été jugé par Arrêt, remarqué par Brodeau sur Louet, lettre R, chap. 7.

En quatriéme lieu, les prescriptions judiciaires, comme est la péremption d'instance, ont leur cours contre les mineurs en cas qu'ils ayent été assistés de leurs tuteurs ou curateurs dans le procès.

Voyez ce que j'ai dit sur l'article 113. de la Coutume de Paris, glos. 7.

Pour ce qui est des prescriptions ordinaires, établies par le Droit Romain, elles ne courent point contre les mineurs. Il faut excepter en pays de Droit écrit la prescription de trente ans, laquelle dans ces pays court à la vérité contre les mineurs ; mais ils s'en peuvent relever par le bénéfice de restitution. *Voyez* les Observations sur Henrys, tome 2. liv. 4. quest. 21.

PRESCRIPTION ENTRE LE SEIGNEUR ET LE VASSAL, n'a pas lieu dans ce Royaume c'est-à-dire,

I°. Que le Seigneur ne peut prescrire le fief de son Vassal qu'il auroit saisi, quoiqu'il l'ait possedé pendant cent ans & plus, en vertu d'une saisie féodale.

II°. Que le Vassal ne peut prescrire la foi qu'il doit à son Seigneur, pour quelque tems qu'il ait joui de son fief sans lui avoir fait hommage, même par cent ans & plus.

La raison pour laquelle le Seigneur ne peut jamais prescrire le fief qu'il auroit possedé pendant un tems infini, est que *nemo potest sibi mutare causam possessionis*, & que personne ne peut prescrire, que celui *qui possidet animo domini*. Or le Seigneur qui a saisi & mis en sa main un fief, *non possidet animo domini, nec potest sibi mutare causam possessionis*.

Par la même raison le vassal ne prescrit jamais la foi qu'il ne rend pas, parce qu'il n'a jamais eu intention de posseder son fief, que chargé de foi & hommage, & qu'il ne peut aller directement contre son titre, & *sibi mutare causam possessionis.*

Cependant le Vassal peut prescrire par trente ans les droits & profits pécuniaires dûs au Seigneur féodal, par la raison que les droits seigneuriaux échus dégénerent en action personnelle, qui se prescrit par l'espace de trente ou quarante ans, à moins qu'il n'y ait des actes qui ayent interrompu la prescription.

Voyez ce que j'ai dit sur l'article 12. & sur l'article 124. de la Coutume de Paris. *Voyez* aussi Henrys & son Commentaire, tom. 2. liv. 3. question 46.

PRESCRIPTION DE SERVITUDE. *Voyez* ce qui est dit ici, *verbo* Servitude. §. 5.

PRESCRIPTION CESSE DE COURIR, QUAND LA POSSESSION REQUISE POUR PRESCRIRE EST INTERROMPUE. *Voyez* ce que j'ai dit ci-dessus, *verbo* Interruption, & sur l'article 113. de la Coume de Paris, glose 5.

PRÉSÉANCE, est le rang, la place d'honneur qu'on a droit d'avoir, soit pour la marche, soit pour la séance dans quelque assemblée, ou dans quelque cérémonie.

Suivant la Philosophie, & principalement suivant les régles du Christianisme, au lieu d'être jaloux d'aucune préséance, nous devons mépriser tous les vains honneurs d'ici bas, qui certainement n'augmentent en rien le mérite de ceux qui en sont comblés: mais cette morale n'est pas du goût de bien des gens. *Vana hæc honorum simulacra, umbræ tenus laborantis ambitionis, humanæ cupiditatis vana nomina, in quibus nihil est quod teneri manu possit, quantis agitationibus impellunt inanium opinione gaudentes?*

Il faut néanmoins remarquer, que quelqu'indifférence que l'on doive avoir pour une chose qui ne regarde que le cérémonial, il est des occasions où ceux qui en sont le moins curieux, se trouvent dans une nécessité absolue de soutenir leur rang, ainsi que l'exige la société & l'ordre politique; autrement les affaires les plus sérieuses se passeroient dans le désordre & dans la confusion.

La préséance provient; ou de l'état & de la condition des personnes, ou de la qualité de leurs Charges & Emplois, ou enfin de l'ancienneté de leur réception dans leurs Compagnies.

Par rapport à l'état & à la condition des personnes, nous remarquerons,

I°. Que les Nobles ont la préséance sur les Roturiers; & qu'entre les hommes qui n'ont point d'autre qualité que celle de leur noblesse, l'ancienneté de l'âge donne la préséance; auquel cas les femmes sont obligées de suivre le rang de leurs maris; ainsi celle qui est plus âgée que la femme du plus vieux Gentilhomme, ne peut prétendre le pas pour cela; comme il a été jugé au Parlement de Rouen par Arrêt du 5 Août 1683. rapporté par Basnage sur l'article 142. de la Coutume de Normandie.

II°. Qu'un Gentilhomme qui n'a point de fief dans une Paroisse, ne peut prétendre la préséance au-dessus du Juge du Seigneur; parce qu'un homme qui n'a point de fief, est en quelque sorte sans caractere.

Par rapport à la qualité des Charges & Emplois, nous remarquerons que la préséance se regle suivant les prérogatives qui y sont attachées. Par exemple, les Conseillers de Cours souveraines ont le pas & la préséance sur les Conseillers des Cours inférieures, les Avocats l'ont sur les Notaires, les Notaires sur les Procureurs.

Pour ce qui est de la grande attention que les Avocats ont toujours eue, de conserver le rang qui leur est dû, on peut dire qu'elle n'est point blâmable, puisqu'elle ne provient que d'un zéle très-juste & très-louable de maintenir la noblesse de leur profession, qui est si pénible, si désintéressée, & en même-tems si glorieuse.

Aussi par plusieurs Arrêts du Parlement de Paris, il a été jugé que les Avocats précederoient, ès Processions & cérémonies publiques, les anciens Marguilliers comptables de la Paroisse, & entr'autres par un Arrêt rendu le 15 Juin 1688. sur les conclusions de M. Talon, qui est rapporté dans le Journal du Palais.

Entre les Officiers d'une même Compagnie, le rang se donne du jour de la reception, pour les Charges où il n'y a point d'installation; & pour celles où il y en a, le rang se donne du jour de l'installation; M. le Prêtre, cent. 4. chap. 71. Maynard, tom. 1. liv. 1. chap. 72. ensorte qu'à l'égard de ces sortes de Charges, celui de deux Officiers qui auroit été reçu le premier, & qui n'auroit été installé qu'après l'autre, seroit obligé de lui ceder le pas. Ainsi jugé par Arrêt du mois de Mai 1692. rapporté par M. Brillon, *verbo* Préséance, nombre 15.

Celui qui a exercé un Office, & qui le vend & en reprend après un autre dans la même Compagnie, ne peut pas jouir du rang de sa premiere reception, parce que le rang perdu dans une Compagnie ne se recouvre jamais. *Voyez* Dolive, livre 1. chap. 36. Loyseau, Traité des Offices, liv. 1. chap. 7. nomb. 73 & suiv.

Suivant ce que nous venons de dire, dans toutes les Jurisdictions du Royaume, le rang des Officiers dépend de leur reception ou installation: ainsi un Conseiller vendant sa Charge, son successeur n'est que le dernier. Mais il y a des Offices dans un même Siége qui ont un rang fixe & reglé, comme les Lieutenans, qui ont la préséance sur les Conseillers reçus avant eux, à cause de la supériorité de leurs Charges.

A ce sujet il s'est présenté une question; sçavoir, si un Lieutenant civil d'une Election ne devoit avoir rang qu'après le Lieutenant criminel de cette Jurisdiction, qui avoit été reçu avant lui?

Le Lieutenant criminel étant le premier reçu en Charge, & l'ayant exercée pendant plusieurs années, prétendoit avoir rang & préséance sur le Lieutenant civil, par cette considération & celle de son âge; que d'ailleurs les fonctions de sa Charge sembloient lui donner cette prérogative, attendu qu'elles sont plus importantes, puisqu'au civil il ne s'agit que des biens, & qu'au criminel il s'agit des biens, de l'honneur & de la vie.

Nonobstant toutes ces raisons, par Arrêt de la Cour des Aydes, rendu le dix huit Septembre 1656. il a été jugé que le Lieutenant civil avoit droit de préceder le Lieutenant criminel; parce qu'en fait d'Offices, quand Sa Majesté n'en a pas reglés les rangs il faut recourir à leur source & à leur ancienneté. Or il est certain que la Charge du Lieutenant criminel a eté tirée de celle de Lieutenant civil, & qu'elle en est une partie distraite : ainsi celui qui en est pourvu de la Charge de Lieutenant criminel, doit reconnoître sa dépendance; & sans examiner qui des deux Officiers connoît de choses plus importantes, il faut que le dernier créé cede au premier dont il a été démenbré. Cet Arrêt est rapporté par Henrys, tome 1. liv. 2. question 36.

Voilà les régles générales qui peuvent servir à décider les contestations qui surviennent au sujet de la préséance. Il faut seulement remarquer qu'un homme qui auroit différens Offices ou Emplois, dont l'un fût plus éminent que l'autre, ne seroit pas pour cela en droit, quand il feroit quelque fonction de l'Office le moins qualifié, de prétendre la préséance & le pas au-dessus de ceux qui auroient un pareil Office.

Ainsi un Secretaire du Roi qui seroit aussi Avocat au Conseil, quand il feroit la fonction d'Avocat au Conseil, ne pourroit pas se prévaloir de sa Charge de Secretaire du Roi, pour avoir la préséance sur les autres Avocats au Conseil; & il seroit obligé de s'en tenir, dans ces sortes d'occasions, au rang que lui donneroit sa reception parmi eux. La raison est, que les fonctions de Secretaire du Roi, & d'Avocat au Conseil, n'ont rien de commun ensemble.

Les Commissaires des Pauvres font une cérémonie aux Petites-Maisons le jour de la Fête-Dieu. Il y avoit toujours quelque contestations pour le pas, entre les Procureurs au Parlement, ceux du Grand Conseil, & les Notaires.

M. Daguesseau, lors Procureur général, (aujourd'hui Chancelier de France) pour prevenir ces sortes de contestations, toujours scandaleuses, ordonna en l'année 1703. que le rang se regleroit par le jour de la reception au Bureau, sur le fondement que ce n'étoit pas là l'occasion d'examiner les conditions de chaque particulier qui avoit été Receveur des Pauvres, & qu'on ne portoit là que le titre de Bourgeois; ce qui fut alors exécuté, & l'a toujours été depuis.

Dans les Compagnies, le rang & la préséance ne se reglent donc pas suivant la qualite des personnes mais suivant l'ordre de leur reception. Ainsi un Marchand qui se trouve en place ne le cede pas a un Echevin nouveau, quoique Gradué. Quand deux Echevins sont reçus en même tems à Lyon, c'est le quartier qui donne le rang : ainsi ceux qui demeurent au delà de la riviere de Saone, où est bâti l'Hôtel de Ville, ont la préséance; & si les deux Elus sont du même quartier, le Gradué l'emporte sur le Marchand. A Paris, c'est la pluralité des voix qui regle la primauté entre les Echevins qui sont reçus le même jour; & comme il y a toujours un Officier de Ville avec un Bourgeois, presque toujours l'Officier, sur-tout quand il est Quartinier, a un plus grand nombre de voix : en ce cas, quoique ce Quartier soit Marchand, il précede les Conseillers les Avocats les Médecins.

Touchant la préséance, *Voyez* la Bibliotéque de Jovet; celle de Bouchel, *verbo* Préséance; M. le Prêtre, cent 5. chapitre 91. Chassanée, *in catalogo gloriæ mundi;* Tiraqueau, *de nobilitate*; Filleau, part. 3. tit. 10. page 427. les Loix civiles dans leur ordre naturel, au Traité du Droit public, livre 1. titre 9. sect. 3. & le Dictionnaire de M. Brillon, *verbo* Préséance.

La vanité du sexe a bien fait imaginer des choses sur ce point qui lui paroît toujours essentiel. Pour peu qu'on aprofondisse toutes les contestations formées entre les hommes au sujet de la préséance, on verra que la ridicule ambition des femmes y a souvent beaucoup de part.

PRÉSÉANCE DES OFFICIERS DE JUDICATURE SUR CEUX DES FINANCES. *Voyez* ce qui en dit dans Henrys tome 1. livre 2. chap. 4. quest. 11.

PRESENS, en matiere de prescription, sont ceux qui sont demeurans dans l'étendue d'un même Bailliage : absens au contraire, sont ceux qui ont leur domicile en différens Bailliages.

Quelque fois présens, sont ceux qui ont leur domicile actuel dans un lieu, comme dans une Ville; & ils sont tant réputés absens quand il n'y résident pas actuellement.

voyez ce que j'en ai dit dans ma Traduction des Institutes, sur le titre des usurpations au commencement, où j'ai expliqué qui sont ceux qui sont réputés présens ou absens en fait de prescription. *voyez* ci-dessus, *verbo* Præscription; & ce que j'ai dit sur l'article 116. de la Coutume de Paris.

PRESENT DE NÔCES, est celui qui est fait par le fiancé à la fiancée, ou par la fiancée au fiancé.

Par l'ancien Droit Romain, les présens qui avoient été faits à la future épouse par le fiancé, ne lui étoient point rendus; lorsque le mariage n'avoit pas été contracté, à moins que les Parties ne fussent demeuré d'accord qu'ils seroient rendus, ou qu'ils n'eussent été donnés qu'à la charge & condition que le mariage s'ensuivroit.

Mais l'Empereur Constantin voulut que toute donation faite entre les fiancés, fût réputée faite sous cette condition, quoiqu'elle ne fût pas exprimée; ensorte que si le mariage n'étoit pas contracté, la donation fût révoquée, pourvû qu'elle ne vînt pas de la part du donateur. Cet Empereur ordonna aussi, que lorsque le mariage n'étoit pas contracté du mutuel consentement des Parties, les présens de nôces seroient aussi rendus à celui qui les auroit faits. *Leg. 15. cod. de donat. ante nuptias.*

Le même Empereur, dans la Loi suivante, ordonna que si la mort de l'une des Parties avoit empêché l'accomplissement du mariage, & que le fiancé eût donné un baiser à la fiancée, le fiancé ou son héritier ne pourroit répeter que la moitié de ce qui auroit été donné à la fiancée; mais que la fiancée ou son héritier pourroit répeter que la totalité de ce qui auroit par elle été donné au fiancé. Et enfin, que si le fiancé, n'avoit donné un baiser à la fiancée, tout ce qui auroit été donné de part & d'autre, pourroit être répeté.

La raison pour laquelle, suivant le Droit Romain, le fiancé qui a donné un baiser à la fiancée, ne peut répeter ou son héritier, que la moitié de ce qu'il a donné, vû qu'au contraire la fiancée ou son héritier peut répeter tout ce que le fiancé a donné, est que le baiser est le commencement de la jouissance de la fiancée, & par conséquent il semble diminuer en quelque façon la pudeur & la pudicité de la fille à laquelle il est donné; c'est pourquoi elle en doit être récompensée, en cas que le mariage ne puisse pas être accompli par la mort de son fiancé.

Voyons présentement quel est notre usage à l'égard des présens de nôces, lorsque le mariage ne s'ensuit pas.

Les présens faits par le fiancé à la fiancée ne lui sont point rendus, lorsque c'est par sa faute que le mariage n'est pas accompli. Voyez les Arrês qui sont rapportés par Brodeau sur Louet, lettre F, chapitre 18, Voyez aussi un Arrêt du 10. Décembre 1670. rapporté dans le Journal des Audiences. La Cour par cet Arrêt, confirmant la Sentence du Prevôt de Paris, ordonna conformément aux conclusions de M. l'Avocat général Talon, que les choses reçues par la fille, lui demeureroient comme un présent de nôces; & en outre condamna Maître Henrys Bourjot, Procureur en la Cour; à lui payer la somme de six milles livres, pour dommages, intérêts & dépens, pour avoir rompu le mariage de son fils le jour des fiançailles.

Quand c'est la fille qui refuse d'accomplir le mariage, elle est obligée de rendre ce qu'elle a reçu; & outre ce, elle est même quelquefois condamnée aux dommages & intérêts, ou ses pere & mere pour elle: ce qui dépend des circonstances.

Lorsque l'inexécution du mariage vient du fait du pere de la fille, il est ordinairement condamné aux dommages & intérêts du fiancé. Voyez M. le Prêtre, cent. 2. chapitre 68. *in margine*; & Chenu, cent. 2. chapitre 45.

Voyez Bagues & Joyaux. Voyez Promesse de mariage. Voyez Stipulation pénale faute d'épouser la personne que l'on avoit promis d'épouser.

PRESENT FAIT PAR UNE PARTIE A SON JUGE, est réputé avec raison être un présent captatoire; au lieu que tout autre présent est un don gatuit, une reconnoissance, marque d'estime ou d'amitié que l'on fait à quelqu'un.

Les hommes préposés pour rendre la justice doivent toujours être en garde pour se préserver des tentations de l'avarice, & de tout ce qui pourroit les corrompre: ils ne doivent donc recevoir aucuns présens des Parties, directement ni indirectement; *quia ut aiunt sacræ Sripturæ, venia & dona obcæcant oculos Judicium, & mutant verba justorum.*

Voyez la Rocheflavin, des Parlemens de France, liv. 8. chap. 17. Joly des Offices de France, tom. 1. tit. 5. pages 34 & 35. & Maynard, tom. 1. livre 1. chap. 86.

PRESENTATION, est une cédule qu'un Procureur met au Greffe, contenant la comparution qu'il fait en Justice pour celui pour lequel il occupe, soit demandeur, soit défendeur.

La nouvelle Ordonnanee, tit. 5. art. 2. avoit abrogé la présentation du demandeur ou appellant, voulant qu'au lieu de la présentation, le demandeur cotte dans son Eploit son Procureur, sur peine de nullité.

Mais l'Edit du mois d'avril 1695. article 6. & la Déclaration du 12. Juillet de la même année, ont rétabli la présentation du demandeur; desorte qu'il ne peut lever son défaut, s'il ne s'est présenté.

Plusieurs Tribunaux ont des Greffiers appellés *des Présentations*, parce qu'ils sont établis pour recevoir les présentations, pour raison de quoi les Edits de création leur ont attribué un droit. Au Parlement, les Procureurs sont proprietaires de ce droit de présentation; & font eux-mêmes leur cédules de présentation, que le Commis de la Communauté des Procureurs collationné. Le Procureur qui fait la cédule, en fait la minute, qui reste au Greffier en chef des Présentations, & le Commis du Greffe signe le duplicata qui est rendu au Procureur. Le Greffier en chef des Présentations au Parlement donne les défauts faute de comparoir.

Aux Requêtes du Palais, les Procureurs ont le même droit qu'au Parlement, & ils y ont de plus l'expédition des défauts faute de comparoir; il y a un Commis de la Communauté qui reçoit les cédules de présentation, les collationne & les signe; ainsi que les défauts faute de Procureurs.

Voyez ce que dit Bornier, sur les articles 1 & 2. du titre 4. de l'Ordonnance de 1667.

PRESENTATION, se dit aussi du droit qui est dû à un Procureur, en conséquence de ce qu'il occupe pour une Partie.

PRESENTATION, se dit aussi de quelques Lettres qu'on lit, qu'on publie, & dont on donne la connoissance, comme quand on fait la présentation des Lettres au Chancelier, des Ducs & Pairs.

PRESENTATION EN MATIERE BENEFICIALE, est un acte de nomination par lequel le Patron

tron d'un Bénéfice présente au collateur une personne idoine, pour être par lui institué dans le Bénéfice vacant.

Comme cette matiere est purement du Droit Canonique, nous reservons d'en parler dans le Dictionnaire que nous espérons donner sur ces sortes de matieres.

PRESENTER UN ACCUSÉ A LA QUESTION, est lui faire peur en le faisant conduire à la chambre de la question, depouillé, lié, attaché, & mis en état de la souffrir. Sur quoi il faut remarquer,

I°. Qu'il n'est permis qu'aux Cours souveraines, & non à tous autres Juges, d'ordonner qu'un accusé sera presenté à la question sans y être appliqué. *Voyez* l'article 4. du titre 19. de l'Ordonnance de 1670.

La raison pour laquelle cela n'est permis qu'aux Juges des Cours supérieures, est qu'ils sont seuls dispensez de l'étroite observation des Loix, & qu'il leur est permis de préferer l'équité à leurs décisions, quand ils le trouvent à propos; c'est pourquoi ils sont appellés *Judices æquitatis*.

II°. Que cette feinte ne doit pas être pratiquée sans cause. Il y en a deux pour lesquelles les Cours souveraines s'en servent.

La premiere est, lorsque les indices ne sont pas suffisans pour appliquer l'accusé à la question; & alors elles ordonnent qu'il y sera presenté, pour tâcher de découvrir la verité par l'horreur de la gêne qu'il voit imminente.

La seconde est, lorsque les accusés ne sont pas en état de supporter la question sans danger de perdre la vie, soit par rapport à leur âge, comme les impuberes & les vieillards d'un âge avancé, soit à cause de leurs infirmités, comme les malades; auquel cas on les présente seulement à la question, ou on la leur donne moderée, pour découvrir la verité du fait.

A l'égard d'une femme grosse, elle ne peut jamais être appliquée ni presentée à la question: *Ne calamitas matris noceat ei qui in utero est*; *leg.* 3. *ff. de pœnis*. Et sur une telle allégation, *venter inspicitur*, afin d'éviter toute surprise à cet égard.

III°. Que dans l'exécution d'un tel Jugement qui ordonne que l'accusé sera présenté à la question sans y être appliqué, lorsque le Greffier le prononce, il doit lire le mot *présenté* ou *exhibé* tout bas, de maniere que l'accusé ne le puisse pas entendre.

Il faut même qu'on porte à l'exécution de ce Jugement tout l'appareil qu'on a coutume de faire quand on applique à la question: cela fait, on procede à l'interrogatoire; & si l'accusé ne confesse rien du crime, il est détaché & ramené dans la prison.

PRESIDENT, est un Magistrat créé pour présider à une Compagnie.

Président se dit aussi dans l'Université, d'un Docteur ou d'un Professeur qui préside à une Thèse.

PRESIDIALEMENT, signifie en dernier ressort. Pour que les Juges des présidiaux puissent juger présidialement, il faut qu'ils soient au nombre de sept.

PRESIDIAUX, sont des Tribunaux établis pour juger en dernier ressort ou par provision de certaines affaires médiocrement importantes.

Le principal motif de leur institution a été d'abroger la longueur des procès, de remedier aux chicanes de ceux qui veulent par le moyen des appellations éluder le payement de ce qu'ils doivent; d'empêcher les Particuliers de se voir obligés de quitter leurs demeures & leurs emplois, pour aller plaider dans les Parlemens, pour des choses souvent de peu de conséquence; d'autant plus que ces Cours souveraines n'ont été établies que pour juger les plus grandes & les plus importantes affaires des Sujets du Roi.

C'est sur ces raisons, que par l'Edit d'Henry III. donné à Fontainebleau au mois de Janvier 1551. & verifié le 15. Février suivant, il a été créé des présidiaux dans chacun siége des grands Bailliages du Royaume.

Avant cet Edit, les Justices des Baillifs & Senéchaux étoient appellées présidiaux, comme il se voit par les articles 4, 7, 8, 10 14 15 23 25 26 28 & 29. de l'Ordonnance de Cremieu de 1536. mais ce qui est dit en cette Ordonnance des présidiaux, ne se peut adopter aux présidiaux d'à présent, puisqu'ils n'ont été créés que quinze ans après, par le susdit Edit de Janvier mil cinq cens cinquante-un.

Depuis le nom des présidiaux n'a plus été donné aux Justices des Baillifs & Sénéchaux en général, & n'est resté qu'à celles qui ont été véritablement érigées en présidiaux.

Cet Edit du mois de Janvier 1551. appellé communement *l'Edit des Présidiaux*, contient deux chefs.

Le premier est, que les présidiaux peuvent juger diffinitivement par Jugement dernier & sans appel, jusqu'à la somme de deux cens cinquante livres pour une fois payer, & jusqu'à dix livres de rente en revenu annuel, & aux dépens, à quelque somme qu'ils puissent monter. Sur quoi il faut remarquer.

I°. Que si le procès n'étoit intenté que pour des dépens, & que les dépens excedassent la somme du pouvoir des présidiaux, ils ne pourroient pas en ce cas juger en dernier ressort. M. le Prêtre, cent 1. chap. 61.

II°. Que les présidiaux ne peuvent pas juger souverainement des dommages & intérets, s'ils excedent la somme de deux cens cinquante livres, même en ce compris ce qui est du principal.

III°. Que les présidiaux ne peuvent juger en dernier ressort une demande qui excede deux cens cinquante livres, quand elle est composée de différentes sommes, & pour différentes causes; il suffit que la somme portée par l'exploit de demande excéde deux cens cinquante livres. *Voyez* Henrys & son

Commentateur, tome 1. liv. 2. chap. 4. quest. 18.

Le deuxiéme chef de l'Edit des Presidiaux est, qu'ils peuvent juger par provision, en baillant caution, jusqu'à cinq cens livres en principal, & jusqu'à vingt livres de rente ou revenu annuel, & aux dépens, à quelque somme qu'ils puissent monter. Et en ce dernier cas; l'appel peut être interjetté en la Cour; de sorte néanmoins qu'il n'a aucun effet suspensif, mais seulement dévolutif.

Dans ces deux cas, il faut qu'il y ait sept Juges pour rendre le Jugement; sans quoi il n'auroit pas l'effet des Jugemens rendus par les Présidiaux, & l'appel pourroit en être interjetté en la Cour, & en suspendroit l'exécution.

Voici quelques observations à faire à ce sujet.

La premiere est, que les Présidiaux peuvent prendre des Avocats pour juger présidialement, comme il a été jugé au Parlement de Paris par Arrêt du 26. Août 1608. rapporté par M. le Prêtre, ès Arrêts de la cinquiéme.

La deuxiéme, que pour qu'une Sentence soit reputée au premier chef de l'Edit, il ne suffit pas que les Juges soient au nombre de sept; il faut encore qu'il soit fait mention dans la Sentence, du nom des sept Juges qui y ont assisté, & il ne suffiroit pas que le Greffier donnât une attestation qu'ils étoient au nombre préfix.

Les Juges du Présidial ne font qu'une même Compagnie avec les Juges des Baillages & des Sénéchaussées où ils sont établis. Les mêmes Officiers jugent à l'ordinaire les causes qui excedent le pouvoir des Présidiaux, à la charge de l'appel, qui a un effet dévolutif & suspensif, ou présidialement dans les deux chefs de l'Edit des Presidiaux, qui sont énoncés cy-dessus.

Lorsque la somme dûe au créancier excéde le pouvoir porté par l'Edit des Présidiaux, il se peut restraindre à la somme portée par cet Edit.

Cette restriction se peut faire par l'appointement de contestation, ou auparavant icelui, ou même après, pourvû que ce soit avant le Jugement définitif.

Mais si l'une & l'autre des Parties sont respectivement demandeurs, comme au cas de saisine & de nouvelleté, l'une ne peut pas faire la restriction au préjudice & sans le consentement de l'autre.

Quand les Présidiaux prononcent au premier chef de l'Edit, ils sont obligés de prononcer en ces termes, *par Jugement dernier*; & quand ils jugent au second chef, ils prononcent *par Jugement Présidial*.

Lorsqu'ils prononcent au dernier ressort, ils ne peuvent pas prononcer, *jugé souverainement*, ou *par Jugement souverain*; car quoique l'Edit des Présidiaux porte qu'ils jugeront comme Juges souverains, néanmoins il ne dit pas qu'ils déclareront leurs jugemens souverains.

De plus, quand ils prononcent en dernier ressort sur les appellations des Juges inférieurs, ils ne peuvent prononcer *l'appellation ou Sentence au neant*. Cette forme n'appartient qu'aux Cours souveraines. Du Fail, liv. 3. chap. 26. Maynard, liv. 2. chap. 15. & 17. la Rocheflavin, chap. 2. art. 12.

Ils ne peuvent pas non plus user en leurs Jugemens de ces termes, *Arrêt*, *Cour*, quoiqu'en matieres dans lesquelles ils jugent en dernier ressort; *Quia supremis duntaxat Curiis denominationes illæ conveniunt*. Mornac sur la Loi 11. au Digeste *de Jurisdictione*; Du Fail, liv. 2. chap. 9.

En un mot, dans les appellations qui se relevent devant les Présidiaux, ils doivent prononcer simplement qu'*il a été bien ou mal jugé*; autrement s'ils pouvoient se servir des termes qui ne conviennent qu'aux Cours souveraines, ils se mettroient pour ainsi dire de niveau avec elles, ce que l'ordre politique ne peut pas admettre: car il seroit absurde que les Juges souverains eussent pour émules des Juges inférieurs.

On ne peut se pourvoir contre un Jugement présidial rendu au premier chef de l'Edit que par Requête civile.

Quand il est rendu au second chef de l'Edit; c'est-à-dire pour somme qui n'excede pas cinq cens livres une fois payée, & vingt livres de rente ou de revenu annuel, ensemble pour les dépens, à quelque somme qu'ils puissent monter, on peut se pourvoir contre par la voye d'appel: mais les Présidiaux peuvent faire mettre à exécution ces jugemens rendus au second chef de l'Edit; en baillant caution, suivant ce que nous avons dit ci-dessus. *Voyez* M. le Prêtre, cent. 1. chap. 61.

Lorsque les Présidiaux jugent en dernier ressort, outre l'intitulé de leur Sentence, ils doivent mettre au pied de leur Jugement; *jugé présidialement*, & *en dernier ressort*. M. le Prêtre, *loco citato*.

Si celui qui est condamné par un Jugement présidial en dernier ressort en interjette appel, quand c'est une appellation verbale, l'Intimé, avant que d'entrer à plaider l'appellation, doit conclure en folle intimation, & aux dépens, dommages & intérêts de l'assignation sur l'appel; & que nonobstant icelui, le jugement dont a été appellé, sortira son plein & entier effet.

Mais si le Jugement présidial & en dernier ressort a été rendu en procès par écrit, en ce cas l'intimé doit faire mettre dans l'appointement de conclusion, *joint les fins de non-recevoir*, qui sont que le Jugement dont est appel, a été rendu présidialement en dernier ressort.

Cela fait que Messieurs du Parlement, au lieu de voir le procès, ordonnent que l'appellant acquiescera; car s'ils passoient par-dessus les fins de non-recevoir, l'intimé pourroit se pourvoir par simple Requête au Grand-Conseil, qui casseroit l'Arrêt de la Cour, à moins qu'il n'y eût une injustice manifeste dans le jugement présidial rendu en dernier ressort.

Quoique l'intimé, dans l'appointement de conclusion, eût omis les fins de non-recevoir, la Cour les suppléeroit, parce qu'étant de l'Ordonnance, elles doivent être suppléées par les Juges.

Les Présidiaux ne peuvent pas juger en dernier ressort de certaines causes, quoiqu'il s'agisse d'une chose dont le prix n'excéderoit pas, & même seroit au-dessous de la somme portée par le premier chef de l'Edit des Présidiaux.

I°. Du retrait lignager, par la raison qu'il est fondé sur l'affectation que l'on a pour des héritages qui viennent de notre famille : or cette affection est inestimable ; ainsi c'est avec raison qu'il a été décidé que les Présidiaux ne pouvoient pas juger une telle cause en dernier ressort.

II°. Du Domaine ou partie d'icelui ; des Eaux & Forêts, soit pour raison du fonds ou proprieté, ou à cause des degats & malversations ; des saisines & amendes ; des causes des Eglises & des mineurs.

III°. De la mouvance féodale ; des causes dans lesquelles les qualités d'héritier ou de commune en biens sont revoquées en doute & controversées ; ni de celles où il s'agit d'interprétation de Coutume ; parce que le pouvoir des Présidiaux ne s'étend que sur des sommes liquides, ou choses qui peuvent recevoir estimation par argent seulement.

Pour cette raison, ils ne peuvent point juger en dernier ressort du droit & proprieté du cens, quand même il ne seroit que d'un denier, parce que ce droit emporte d'autres droits qui sont beaucoup plus considérables.

Voyez touchant le pouvoir des Présidiaux, Henrys & son Commentateur, tome 1. liv. 2. chap. 4. quest. 18. & 19.

Touchant la Jurisdiction des Présidiaux en matiere criminelle, il faut voir ce qui en est dit dans Henrys, tome 2. livre 2. quest. 76. dans un Arrêt de Réglement du 10. Décembre 1665. & le titre premier de l'Ordonnance du mois d'Août 1670.

Il faut voir aussi la Déclaration du 29. Mai 1702. qui déroge en plusieurs articles à ladite Ordonnance ; & qui régle la Jurisdiction criminelle des Juges présidiaux, & des Baillifs & Sénéchaux.

PRESOMPTIF HERITIER, est celui qu'on presume devoir héritier de quelqu'un, en qualité de plus proche parent. *voyez* Héritier présomptif.

PRESOMPTIONS, sont des conséquences probables qu'on tire d'un fait connu, pour servir à faire connoître la verité d'un fait incertain, dont on cherche la preuve. Mascardus, *de probationib. cap.* 1147. *num.* 20. dit que c'est une régle établie, que dans les cas où la verité est obscurcie, les conjectures & les présomptions doivent être admises. *Receptissimi est in jure illa propositio in his quæ probatu sunt difficilia, leviores probationes, ut sunt conjecturæ & præsumptiones admitti.*

Par exemple, en matiere civile, s'il y a contestation entre le possesseur d'un fonds, & un autre, touchant la proprieté de ce fonds, la présomption est en faveur du possesseur qui doit être maintenu en sa possession, jusqu'à ce que l'autre prouve son droit de proprieté. *Actore non probante reus absolvitur, & manet in loco possessio.*

La présomption est aussi admise en matiere criminelle. Par exemple, lorsqu'un homme a été tué, sans qu'on sçache par qui : si on découvre qu'il avoit eu peu auparavant une querelle avec un autre qui l'avoit ménacé de le tuer, on tire de ce fait connu de la querelle & de la ménace, une présomption, que celui qui a fait une menace, pourroit être l'auteur de ce meurtre. *Voyez* ci-après Présomption en matiere criminelle.

La présomption est aussi admise dans la supposition de part, où la vérité est toujours obscurcie & enveloppée par les artifices de la fraude. *In his enim simulatis actibus ac fraudulentis, qui occultè patrari solent, sufficit probatio per conjecturas & præsumptiones. Mascardus, loco citato, num.* 3.

Les présomptions sont donc admises dans les questions d'état, mais elles doivent être soutenues de plusieurs adminicules, pour tenir lieu de preuves. Dans les causes de filiation, il n'y a point d'argument plus puissans pour justifier, que celui qui se tire de la nourriture & de l'éducation que l'on a donnée à l'enfant. La nourriture est une seconde naissance, quand les titres de la premiere sont obscurs. Cette seconde peut contribuer beaucoup à se déterminer, quand les Registres des Baptêmes sont perdus, ou qu'il n'y en a jamais eu, comme je l'ai dit *verbo* Filiation.

Les conséquences que l'on tire d'un fait connu, pour servir à faire connoître un fait incertain & caché, ne sont pas toujours sûres & infaillibles, parce que ce n'est pas assez que ces faits dont on tire des présomptions soient assurez ; ils n'ont de force qu'autant qu'ils ont de liaison avec les faits qu'on prétend prouver.

Les présomptions sont des deux espéces : quelques-unes sont si fortes, qu'elles vont à la certitude, & tiennent lieu de preuves, même dans les crimes ; & d'autres ne sont que des conjectures qui laissent dans le doute.

Cela dépend de la certitude ou incertitude des faits dont on tire les présomptions, & de la justesse des conséquences qu'on tire de ces faits pour la preuve de ceux dont il s'agit.

Voyez, touchant les présomptions, ce qui en est dit dans les Loix civiles, livre 3. titre 6. section 4. & dans le Traité de la Preuve par Témoins, page 175. & suivantes.

PRESOMPTIONS EN MATIERE CRIMINELLE, ont plus ou moins de force, suivant la bonne ou mauvaise conduite qu'a toujours tenue l'accusé.

Quand elles vont à sa décharge, elles la lui procurent : mais quand elles sont contre lui, elles ne lui font jamais subir la peine établie par la Loi contre les coupables du crime dont il est accusé. *Nec de suspicionibus quemquam damnari oportet.*

Leg. 5. *ff. de pœnis.*

Elles peuvent bien, quand elles sont fortes, servir à faire condamner l'accusé, mais à une moindre peine. Celui, par exemple, qui dans le cas d'une preuve complette devroit être condamné à mort, ne sera condamné qu'aux galeres ou au fouet; car quand il s'agit de la vie d'un homme, il faut que la condamnation qui la lui fait perdre soit fondée sur une preuve certaine qu'il est coupable du crime dont il s'agit: or les présomptions sont des signes équivoques qui sont toujours accompagnez de doute & d'obscurité. Aussi M. Cujas, sur le titre du code, *ad leg. Jul. majestatis, ait*; *Quæ non est plena veritas, est plena falsitas; sic quod non est plena probatio, planè nulla est probatio.*

Plusieurs Docteurs exceptent le cas où les indices sont indubitables & si concluans, qu'ils ne laissent aucune suspicion au contraire; & ils tiennent qu'ils font alors preuve entière, & suffisent pour faire condamner à mort l'accusé. D'autres sont d'avis, que les Juges ne doivent pas condamner à mort sur des indices qui paroissent les plus certains & les plus indubitables. En effet plusieurs accusez ont été sur de tels indices condamnés à mort, qui ensuite ont été reconnus innocens. Ce qui prouve que les indices les plus apparens sont souvent trompeurs, comme je l'ai dit *verbo* Indices.

Voyez Papon, livre 24, titre 8; & Charondas, liv. 9. de ses Réponses, chapitre 1. *Voyez* aussi d'Argentré sur l'article 41. de la Coutume de Bretagne.

PRESSOIR, est immeuble, lorsqu'il ne se peut déplacer sans être dépecé; & ne peut être pris par exécution, pour un cens dû sur la maison où il est. Bouvot, tome 2. *verbo* Cens, quest. 33.

Un Curé peut néanmoins disposer par testament, comme d'une chose à lui appartenante, d'un pressoir qu'il auroit fait construire pour sa commodité dans la maison presbytérale. Sœfve, tome 1. cent. 3. chap. 64.

PRESSOIR BANNAL. Parmi les droits de bannalité qui sont pratiqués dans ce Royaume, celui de pressoir bannal, auquel tous les habitans d'une terre sont obligez de faire pressurer leur vendange, est usité en quelques Provinces. *Voyez* Bannalité.

Le vin qui provient de pressoirs bannaux & dixmes appartenans aux Ecclésiastiques, Nobles, Officiers des Cours, & autres privilégiez, est réputé être vin du crû, pourvû & non autrement que la bannalité soit établie avant 1560. ainsi qu'il est porté en l'article 8, du titre des Exemptions du gros de l'Ordonnance de 1680.

PREST, se prend ou pour le contrat que nous appellons en Droit *mutuum*, prêt mutuel, ou pour celui qui est appellé *commodatum*, prêt à usage. M. Cujas appelle le premier, *commodatum, ad abusum*; & l'autre, *commodatum ad usum*.

Dans la premiere signification, c'est un contrat par lequel on donne gratuitement une chose consistante en quantité, à condition que dans le tems convenu on en rendra un autre de même genre, ou semblable en substance, quantité & qualité.

Je dis *gratuitement*, parce que les intérêts ne peuvent être dûs en conséquence du prêt, quand même ils auroient été promis par le débiteur en vertu d'une stipulation, en quoi notre Droit François differe du Droit Romain, suivant lequel en ce cas les intérêts étoient dûs, comme je l'ai remarqué dans ma Traduction des Institutes, sur le commencement du titre 15. du troisiéme livre.

Ils ne peuvent être dûs parmi nous que du jour de la demande faite en Justice du principal avec les intérêts; encore faut-il que cette demande soit suivie d'une Sentence qui les adjuge; auquel cas ils sont dûs, non pas du jour de la Sentence, mais du jour de la demande qui en a été faite.

Dans l'action personnelle provenant du prêt mutuel, le demandeur conclut *à ce que le défendeur soit condamné à lui payer la somme de.... qu'il lui a prêtée, ou à lui rendre pareille quantité de bled ou de vin, ou d'autre chose fungible, de même bonté & valeur, avec les intérêts du jour de la demande, & qu'il soit condamné aux dépens.*

Le prêt pris pour le commodat, appellé prêt à usage, est un contrat par lequel on prête une chose gratuitement pour un certain usage & un certain tems, à condition qu'après le tems expiré, & l'usage accompli, elle sera rendue en même espéce.

Voyez, touchant ces deux contrats, ce que nous avons dit au titre 15. du troisiéme livre des Institutes; & dans la Science parfaite des Notaires, troisiéme livre, chapitre 1. & 6.

PREST A PERTE DE FINANCE. *Voyez* Mohatra.

PREST A DROIT ANNUEL. *Voyez* Paulette.

PRESTATION DE SERMENT, est celle que fait un Officier pour faire les fonctions de la Charge dans laquelle il a été reçu. Ce serment se fait entre les mains du Roi, ou de ceux qui le doivent recevoir.

PRESTATIONS ANNUELLES OU QUOTIDIENNES DE CERTAINES RENTES, OU LIVRÉES DE FRUITS EN ESPECES, QU'ON DONNE A DES RELIGIEUX, CHANOINES, OU AUTRES PERSONNES SEMBLABLES, tiennent lieu d'alimens, & par conséquent ne peuvent être saisies.

PRESTATIONS PERSONNELLES, sont des obligations mutuelles & reciproques, contractées par la disposition du Droit, entre les coproprietaires d'une même succession, ou d'une même chose particuliere.

Ces prestations personnelles se réduisent à trois; sçavoir, au gain, au dommage & aux impenses. Ainsi, dans les actions mixtes, dans lesquelles ces sortes de prestations ont lieu, le demandeur conclut premierement à ce que partage soit fait de la chose commune.

En second lieu, à ce que le défendeur qui a tiré quelques profits, & perçu les fruits de la chose commune, soit tenu de les communiquer & restituer au demandeur pour sa part & portion; comme aussi à ce que le défendeur soit tenu seul de réparer les dommages qu'il a causés en la chose commune.

Enfin il conclut, à ce que le défendeur soit tenu de payer pour sa part & portion, les impenses qu'a fait le demandeur dans la chose commune.

PRESTATION DE FOI ET HOMMAGE, se dit du vassal qui fait la foi & hommage à son Seigneur. La reception en foi & hommage se dit au contraire du Seigneur qui reçoit la foi & hommage qui lui est faite par son vassal.

PRESTER, se prend au Palais de différentes manieres: on dit, par exemple, *prêter* main-forte, pour dire donner du secours: *prêter* son nom à quelqu'un, pour dire faire quelque acte simulé; *prêter* le serment, pour dire faire un serment en Justice.

PRETENDU, signifie ce qui est incertain, ce qu'une Partie prétend vrai, dont l'autre ne demeure pas d'accord.

PRETERITION, est en matiere de testament, l'omission que l'on a faite de quelqu'un dans son testament, que l'on ne devoit omettre & exclurre de sa succession. En un mot, c'est une injure faite à la nature, qui ne doit point être excusée.

Touchant l'effet de la prétérition d'un fils de famille, à l'égard du testament de son pere, *voyez* ce que nous avons dit sur le titre 13. du second Livre des Institutes.

Pour ce qui est de l'effet de la prétérition des peres & meres, ou autres ascendans du testateur, *voyez* ce que j'en ai dit sur le titre 18. du second Livre des Institutes, §. 1. & l'Auteur des Observations sur Henrys, tom. 2. liv. 5. quest. 32.

PREVARICATION, est la malversation d'un Officier dans les fonctions de sa Charge.

Un Juge prévarique, lorsque séduit par intérêt ou par faveur, il s'écarte tant soit peu de ce que lui inspireroit la justice pure, désintéressée & sans a. ssion.

Pour ce qui regarde les peines qu'il encoure, *voyez* le Bret en son Traité de la Souveraineté du Roi, liv. 2. chap. 2 & 3.

A l'égard des peines qu'encourent les Greffiers, Notaires, Procureurs, Huissiers & autres, qui prévariquent dans leurs Charges, ces peines sont plus ou moins grandes suivant les circonstances; quelquefois la peine ne consiste qu'en dommages & intérêts, quelquefois c'est l'interdiction, & quelquefois l'amende-honorable, les galeres, & enfin quelquefois cette peine est capitale.

PREVENTION, est le droit qu'un Juge a de connoître d'une affaire, parce qu'il a prévenu un autre Juge, à qui la connoissance de cette même affaire appartenoit aussi par prévention.

Ainsi la prévention prive le Juge naturel & compétent de quelque partie de sa Jurisdiction; & c'est la régle en fait de prévention, que de deux Juges qui ont droit de connoître par prévention d'un différend, *qui premier prend, ou est saisi le premier, devient seul compétent à l'exclusion de l'autre Juge qui a aussi droit d'en connoître.*

Les Baillifs ont droit de prévention sur les Prevôts royaux en matiere de complainte. A présent la Jurisprudence est donc certaine, que les Juges des Seigneurs sont compétens pour connoître des complaintes entre leurs Justiciables ès matieres profanes; mais quant aux complaintes en matiere Bénéficiale, on a toujours tenu que la connoissance en appartient aux Juges royaux privativement aux subalternes, même entre leurs Justiciables, sans qu'à cet égard la prévention puisse avoir lieu. Cette prévention, quand aux complaintes en matiere profane, est établie par l'article 19 de l'Edit de Cremieu, qui permet aux Parties d'en intenter leurs demandes pardevant les Baillifs & Sénéchaux, ou pardevant les Prevôts & Châtelains à leur choix.

Les Officiers royaux peuvent juger par prévention des causes, dont la connoissance appartient aux Juges des Seigneurs.

L'Arrêt du 15 Novembre 1554. contenant la vérification de la Déclaration du Roi, donnée à Laon le 17. Juin de la même année, y est formel.

Il porte que toutefois & quantes que les sujets des Gentilshommes & Juges subalternes des Juges royaux seront poursuivis pardevant les Baillifs & Sénéchaux, ou les Prevôts royaux, s'ils ne sont point requis par les Seigneurs hauts-justiciers, en ce cas la prévention aura lieu; & que les Baillifs ni les Prevôts ne se pourront plaindre, ni les Seigneurs s'ils n'ont demandé le renvoi; & que si les Baillifs & Juges présidiaux préviennent, ce sera à la charge qu'ils connoîtront du différend seulement comme Juges ordinaires, & non comme présidiaux. Ce qui a été confirmé par l'article 2. de la troisiéme Déclaration donné sur l'Edit de Cremieu.

Le Chapitre IX. du Traité des Droits de Justice fait par Bacquet, explique ce qui regarde cette matiere.

Le Prevôt de Paris juge par prévention du crime de fausse monnoye, quand il a prévenu la Cour des Monnoyes; car la fausse monnoye est de la compétence du Prevôt de Paris, attendu que c'est un cas prevotal, dont la connoissance appartient tant aux Présidiaux, pour en juger en dernier ressort, qu'à la Cour des Monnoyes.

Ainsi la Cour des Monnoyes juge aussi par prévention du crime de fausse monnoye, quand elle a prévenu le Prevot, c'est-à-dire qu'elle est saisie du criminel.

L'ajournement fait la prévention en matiere civile ; en matiere criminelle, c'est l'exécution du décret en la personne ou domicile. *Leg. quis postea quam, ff. de Judiciis, leg. cùm quidam* 19. *ff. de Jurisdict. omnium Judic. Guido Papa, decis.* 202. & 315. Charondas, liv. 4. de ses Pandectes, part. 1. chap. 5. Chenu, tom. 2. de ses Réglemens, tit. 42. sect. 1.

Si un homme est tué en une Jurisdiction, & que le coup ait été tiré par un homme qui étoit dans une autre Jurisdiction, en ce cas les Juges des deux Jurisdictions sont compétens, & la prévention a lieu ; ensorte que celui-là demeurera Juge qui aura prévenu. Mornac, *ad leg.* 19. *ff. communi dividundo, & a leg. ult. ff. de Jurisdict. Julius Clarus, sentent. lib.* 5. *quæst.* 38. *num.* 9. & M. le Prêtre, cent. 4. chap. 52.

Il a été rendu un Arrêt au Conseil d'en-haut le 7. Septembre 1662. qui ordonne qu'à l'avenir celui des Juges royaux, qui aura décrété & fait emprisonner un délinquant, sera réputé avoir prévenu, quoiqu'il ait paru un décret beaucoup antérieur à celui en vertu duquel l'accusé auroit été emprisonné.

La raison est, que par le moyen de l'emprisonnement la chose n'est plus entiere ; outre qu'il pourroit souvent arriver qu'un Juge, pour son intérêt particulier, & celui de sa Jurisdiction fit un décret du tems qu'il jugeroit à propos.

Les Arrêts de Réglement qui ont été donnés au sujet de la prévention en matiere criminelle, entre les Lieutenans criminels des Baillifs & Sénéchaux, & les Prevôts royaux, sont différens, comme on peut voir dans le Recueil des Réglemens de Chenu, tit. 12. des Prevôts, chap. 7. tom. 1. part. 2. tit. 5. chap. 33.

Mais tous donnent aux Lieutenans criminels, privativement & à l'exclusion des Prevôts, Viguiers & Châtelains, la connoissance du crime de léze-Majesté, fausse monnoye, assemblées illicites jusqu'au nombre de cinq, avec armes de propos déliberé, pour faire insulte & outrage à autrui, émotions populaires & autres cas royaux.

Les Arrêts s'accordent aussi pour la prévention, sur les sujets des Hauts-Justiciers, en cas que les Hauts-Justiciers ne les ayent revendiqués, & qu'ils n'ayent demandé le renvoi.

Il y a de la différence entre la prévention & la concurrence : la concurrence est proprement le droit que divers Juges ont de connoître du crime ; au lieu que la prévention est le droit qu'a un Juge d'attirer à soi la connoissance du crime, parce qu'il a prévenu, & en a été saisi le premier.

L'Ordonnance de 1670. titre 1. article 7. nous donne un exemple de la concurrence, en statuant que la prévention est ôtée entre les Juges royaux ; & néanmoins, qu'en cas que trois jours après le crime commis ils n'ayent informé & décreté, la concurrence est établie entre le Juge royal supérieur & le Juge ordinaire ; ensorte qu'après ce tems on a la liberté de se pourvoir devant l'un ou l'autre de ces Juges.

La raison pour laquelle cette concurrence est établie après les trois jours, est fondée sur l'intérêt qu'a le Public, que la négligence & connivence des Juges ordinaires ne donne point lieu à l'impunité des crimes.

Voyez dans Henrys, tome 1. liv. 2. quest. 77. ce qui est dit de la prévention des Juges royaux sur les Juges subalternes. *Voyez* Concurrence. *Voyez* aussi ce que j'ai dit sur la lettre C, en parlant des Coutumes de prévention.

PREVENU DE CRIME ; est celui qui est accusé d'un crime, & qui n'a point encore été condamné à une peine capitale.

Cette accusation ne lui fait point perdre son état : il conserve ses honneurs & ses dignités, quoique l'exercice en soit en suspens.

Enfin, à l'exception qu'il ne peut pas disposer de ses biens par donation, quand il est véritablement coupable, & que dans la suite il est condamné, *leg.* 15. *ff. de donat.* on ne considere point cette accusation quant aux effets civils. C'est une des questions jugées par l'Arrêt du 24 Mars 1603. rapporté par M. Sevin, tome 1. Plaidoyé 9. *Voyez* Accusation.

PREVOST, est un Juge inférieur, & premier Juge royal, qui juge les affaires civiles, en premiere instance, c'est-à-dire les affaires civiles, personnelles, réelles & mixtes, entre roturiers, à l'exception de celles qui sont réservée aux Baillifs & Sénéchaux par l'Edit de Cremieu.

Les premiers Juges royaux sont appellés en quelques lieux Prevôts, en d'autres Châtelains, en d'autres Vicomtes, comme en Normandie ; en quelques endroits ils sont dits Viguiers, comme en Languedoc & en Provence.

Ils connoissent I°. de toutes matieres civiles, personnelles, réelles & mixtes, entre roturiers, & de tous délits, excepté ceux qui sont reservés aux Baillifs & Sénéchaux. *Voyez* l'Ordonnance de 1670. tit. 1.

II°. Par l'article 8. de la Déclaration d'Henry II. de l'année 1559. faite en interpretation de l'Edit de Cremieu, ils connoissent des Fermes du Domaine du Roi, quand le fond n'est point contesté, & que le Procureur du Roi n'est point Partie principale, comme quand il s'agit des conventions entre les Fermiers du Domaine, & les Particuliers.

III°. Par l'article 9. de l'Edit de Cremieu, ils connoissent des causes des Eglises qui sont dans leur ressort, au cas qu'elles n'ayent pas des Lettres de Garde-gardiennes, de la Police, des abus & malversations qui s'y commettent. L'article 3. de la Déclaration d'Henry II. de l'année 1559. leur donne aussi la connoissance des comptes & différends des Eglises & Fabriques, qui sont au-dedans de leurs Prevôtés & Châtellenies à moins que lesdites

Eglises ne fussent de fondation royale, & eussent des Lettres de Garde-gardiennes, &c.

IV°. De la Police des Villes, suivant l'article 25. de l'Edit de Cremieu.

V°. Ils connoissent de toutes pactions, conventions, circonstances & dépendances d'icelles, faites dans leurs Prevôtés, soit que l'on procéde par action ou exécution de meubles entre personnes roturieres, ou par criées de biens situés dans les limites des Prevôtés & châtellenies, en vertu des contrats reçus & passés sous les Sceaux desdites Châtellenies, suivant l'article 9. de l'Edit de Moulins, du mois d'Août 1546. qui ne permet pas aux Parties contractantes de se soumettre par leurs contrats à la Jurisdiction des Baillifs & Sénéchaux, au préjudice des Prevôts & Châtelains.

Par l'article 5. de l'Ordonnance d'Henry III, donnée à Paris au mois de Décembre 1581. il est défendu à tous particuliers d'intenter aucunes actions en premiere instance, qui sont de la compétence des Prevôts & Châtelains, pardevant d'autres Juges, sur peine de déchéance de leurs droits; nullités des Jugemens, avec défenses à tous Huissiers & Sergens de mettre à exécution, ni avoir aucun égard aux Sentences & autres actes des causes attribuées aux Prevôts & Châtelains royaux, qui auront été rendus, & seront émanés par les Baillifs & Sénéchaux, ou leurs Lieutenans, sur peine de privation de leurs Offices, dépens, dommages & intérêt des Parties à recouvrir sur eux en leur propre & privé nom.

Par l'article 7 du même Edit, ceux qui intentent leurs actions en premiere instance pardevant d'autres Juges que les Prevôts & Châtelains, chacun dans son détroit & Jurisdiction, sont condamnés à vingt écus d'amende, & les procédures sont déclarées nulles; & le même article porte, contre les Huissiers qui auront donné les assignations, privation de leurs Offices, & cent écus d'amende.

Mais quand la soumission à la Jurisdiction du Baillif est faite par les sujets des Hauts-Justiciers, qui sont dans l'enclos des Prevôts, mais dont les appellations ressortissent pardevant lesdits Baillifs & Sénéchaux, le Baillif en ce cas seroit rendu compétent par cette soumission, & celui qui l'auroit faite seroit obligé de subir sa jurisdiction, jusqu'à ce qu'il fût reclamé & revendiqué par son Seigneur; car en ce cas le Baillif seroit obligé de renvoyer la cause au Seigneur Haut-Justicier, parce que les Justices seigneuriales étant patrimoniales, les Juges ni doivent point préjudicier dans les causes qui sont de la connoissance desdits Seigneurs Hauts-Justiciers.

VI°. Les Prevôts & Châtelain connoissent en premiere instance, privativement à tous autres Juges, des matieres réelles, pour raisons d'héritages roturiers ou nobles; situés dans l'étendue de leurs Prevôtés, soit que les parties soient nobles ou roturieres.

VII°. Des complaintes & matieres possessoires, intentées par les sujets de la Prevôté: & à l'égard des sujets des Hauts-Justiciers qui sont dans le ressort de la Prevôté, ils peuvent en matiere possessoire s'adresser au Prevôt ou Baillif, comme bon leur semble, suivant l'article 4 de l'Edit de Cremieu. Mais il est défendu aux Baillifs, Sénéchaux & Présidiaux, d'entreprendre aucune connoissance des matieres possessoires de nouvelleté, ou autre quelle qu'elle soit, sous prétexte de prévention sur ceux qui sont justiciable des Prevôtés & Châtellenies.

Il faut cependant remarquer, que quand l'action possessoire est intentée pour un fief, le Prevôt n'en peut point connoître; parce que, suivant l'article 4. de l'Edit de Cremieu, la connoissance des fiefs & de toute matiere féodale, est attribuée aux Baillifs & Sénéchaux, à l'exclusion des Prevôts.

VIII°. Suivant l'article 2. de la Déclaration de 1559. faite sur l'Edit de Cremieu, les Justiciables des Prevôtés & Chatellenies, qui se servent de Lettres de restitution pour cause de minorité, lézion d'outre moitié de juste prix, ou d'autre moyens de rescision, soit principalement, ou incidemment, doivent se pourvoir en conséquence pardevant les Prevôts & Châtelains, dont ils sont justiciables, quoique l'adresse desdites Lettres eût été faite aux Baillifs & Sénéchaux.

IX°. La condition de tutelle & curatelle, Bail & gouvernement, confection d'inventaire des biens des mineurs entre personnes roturieres & non nobles, appartient aux Prevôts & Châtelains, comme il est dit en l'article 6° de l'Edit de Cremieu.

X°. Suivant l'article 7. du même Edit, les Prevôts & Châtelains connoissent des matieres de partage de successions universelles, entre roturiers & non nobles, quoiqu'il y eût quelque fief parmi les héritages nonnobles desdites successions. Mais s'il y avoit quelques biens & héritages situés en diverses Prevôtés & Jurisdictions, ce seroit le Baillif où elles ressortissent qui connoitroit desdits partages, & non aucun desdits Prevôts.

XI°. Les Prevôts & Châtelains connoissent des appellations des Seigneurs ayant Justice dans l'étendue de leur Prevôtés.

Il nous reste deux observations à faire, touchant la Jurisdiction des Prevôts & Châtelains en matiere civile.

La premiere que par l'article 13. de la déclaration de 1559. faite sur l'Edit de Cremieu, les Sentences de garnison & provision des Prevôts & Châtelains, à quelques sommes qu'elles puissent monter, sont exécutoires contre les Justiciables des Prevôtés, & autres obligés par contrats reçus & passés sous les Sceaux établis dans lesdites Prevôtés, nonobstant les appellations interjettées desdites Sentences. *Voyez* l'article 15 du titre 17. de l'Ordonnance de 1667. En toutes matieres sommaires, leurs Sentences qui n'excedent pas la somme de mille livres sont aussi exécutées, nonobstant & sans préjudice de l'appel, en baillant caution, quoiqu'il n'y ait contrat, obligation, promesse reconnue ou condamnation précedente, comme il est dit en l'article précedent du titre 17. de la même Ordonnance.

La deuxiéme observation est, que c'est au Prevôt à parapher les Registres des mariages, baptêmes & sépultures; comme il a eté ordonné par Arrêt du Conseil privé, du 23. Septembre 1668 entre le Viguier & les Officiers de la Sénéchaussée de Toulouse.

Cependant aujourd'hui, suivant l'article 2 de l'Ordonnance du 9 Avril 1736. concernant la forme de tenir les Registres de Baptêmes, mariages & sépultures, le paraphe desdits Registres n'appartient plus aux Prevôts royaux, mais aux Lieutenans généraux, ou autres premiers Officiers desdits Bailliages, Sénéchaussées, ou autres Justices royales ressortissantes nuement au Parlement. Il est vrai que lorsqu'il y a des Paroisses trop éloignées dans l'étendue desdits Siéges, les Curés peuvent s'addresser, pour faire cotter & parapher lesdits Registres, au Juge royal qui doit être à cet effet commis pour lesdits lieux, au commencement de chaque année, par le Lieutenant général, ou autre premier Officier dudit Siége, sur la requisition du Procureur du Roi, & sans frais.

Pour ce qui est de la Jurisdiction des Prevôts en matiere criminelle, ils peuvent connoître des crimes commis dans le détroit de leurs Prevôtés, excepté de ceux qui ont été commis par des Gentilshommes, ou par des Officiers de judicature.

Les Sénéchaux & Baillifs n'ont pas droits de prévention sur les Châtelains & Prevôts royaux à moins que les Châtelains ou Prevôts n'eussent omis d'informer & de décreter dans les trois jours après le crime commis.

Ni les Châtelains ou Prevôts, ni les Juges des Seigneurs ne peuvent point connoître des cas royaux ou prevôtaux; la connoissance est spécialement attribuée aux Baillifs, Sénéchaux & Juges présidiaux, ou aux Prevôts des Maréchaux, aux termes des articles 11 12 13 du titre 1 de l'Ordonnance de 1670.

Voyez Cas royaux.

PREVOT DE PARIS, est un Juge d'Epée, qui a la même Jurisdiction que les Baillifs & Sénéchaux.

Quoique la prevôté soit le premier degré de la Jurisdiction royale, dont l'appel ressortit aux Baillifs & Présidiaux, néanmoins le Prevôt de Paris a été déclaré le premier Baillif de France, & précede tous les autres.

Ils ont tous comme lui, la convocation & le commandement de la Noblesse de leur Bailliage ou Sénéchaussée, lors de l'arriere ban; mais le Prevôt de Paris & la Noblesse de la Prevôté de Paris ont toujours le pas sur tous les autres Nobles des autres Bailliages & Sénéchaussées, lorsqu'ils sont rassemblés dans un même corps d'armée, & le Prevot de Paris les commande sous les ordres des Officiers généraux.

C'étoit autrefois le Comte ou Gouverneur qui administroit la Justice, & faisoit la même chose dans les Prevotés, que les Baillifs dans les Bailliages, & Sénéchaux dans les Sénéchaussées.

Conformément à cet ancien usage, le Prevot de Paris à la premiere séance au Châtelet; il y a même voix délibérative; mais ce sont ces Lieutenans qui recueillent les voix & qui prononcent: & comme dans cette Jurisdiction la Justice est rendue au nom du Prevot de Paris, toutes les Sentences & tous les Contrats en forme sont intitulés en son nom.

Ainsi tous les actes émanés de cette Prevoté, soit contentieux, soit volontaires, ne peuvent être exécutés que sous son autorité & sont intitulés de son nom. Cela est aussi d'usage dans tous les autres Bailliages & Sénéchaussées.

Les Lieutenans du Prevot de Paris sont le Lieutenant civil, le Lieutenant général de police, le Lieutenant criminel, deux Lieutenans particuliers, & un Lieutenant de Robe-courte.

On appelle le Prevot de Paris simplement Garde de la prevoté, parce que c'est le Roi qui est le premier Juge & prevot.

C'est pour cette raison qu'il y a un dais au-dessus du Siége du Prevot de Paris ou de son Lieutenans civil, ce qui n'est pas même dans les Parlemens, si ce n'est lorsque le Roi y va tenir son lit de Justice.

On tient aussi que le dais y fut mis originairement pour S. Louis lequel alloit souvent en personne rendre la Justice au Châtelet; en mémoire de quoi il a toujours un dais, tant au Parc civil qu'au Présidial.

Le Prevot de Paris représente dans le Tribunal du Châtelet la personne du Roi au fait de la Justice par rapport au Citoyens de cette grande Ville; & lorsque cet office vient à vacquer, la Prevoté retourne au Roi, & la Charge est exercée par son Procureur général du Parlement de Paris qui s'intitule alors: *Garde de la Prevôtés de Paris, le Siége vacant.*

Le Prevot de Paris ne reconnoît d'autre Supérieur que le Roi & le Parlement. Il y prête serment en la Grande Chambre, & est installé en son Siége par un Président à Mortier, le Doyen des Conseillers, & le plus ancien Conseiller-Clerc du Parlement.

Un des plus grands honneurs attribués à cette Charge, c'est que quand le Roi tient son lit de Justice, le Prevot de Paris à la garde du Parquet, & il y est placé au-dessous du grand Chambellan.

Il a été rendu au Conseil de Sa Majesté, le 10. Novembre 1725. un Arrêt qui régle les droits & prérogatives du Prevot de Paris & du Lieutenant

Civil

civil, lequel est rapporté par M. Brillon, avec un extrait des Mémoires qui ont été de part & d'autre présentez à Sa Majesté. Comme il y a dedans des choses très-curieuses, j'ai cru en devoir donner avis au Lecteur.

PREVOTS DES MARÉCHAUX, sont des Juges d'Epée, établis presque dans toutes les Provinces, pour faire le procès à tous vagabonds, gens sans aveu & sans domicile, & pour connoître & punir de certains crimes en certains cas, quoique commis par des personnes domiciliées. *voyez* le titre 2 de l'Ordonnance de 1670. avec les remarques de Bornier.

Les Vice-Baillifs & les Vice-Sénéchaux sont tous Officiers de même pouvoir & fonction, qui ne different que de nom des Prevôts des Maréchaux.

Les Prévôts des Maréchaux & leurs Lieutenans ont la qualité d'Ecuyers & de Conseillers du Roi, voix délibérative dans les affaires qu'ils peuvent juger, rang & séance aux Siéges présidiaux après le Lieutenant criminel du Siége.

Il y a un Arrêt du Conseil d'Etat du Roi, du 29 Septembre 1693, qui porte que les Prevôts des Maréchaux, Vice-Baillifs & Lieutenans criminels de Robe-courte, quoiqu'ils ne soient pas Gradués, auront voix délibérative dans le Jugement des procès de leur compétence, instruits par eux, leurs Lieutenans ou Assesseurs. Fait défenses aux Officiers des Présidiaux & autres Siéges de les y troubler, à peine de mille livres d'amende, & de tous dépens, dommages & intérêts.

Les Juges royaux n'ont donc aucune autorité ni jurisdiction sur eux; & ils doivent, pour les fautes qu'ils commettent, être jugés au Parlement.

Les Prevôts des Maréchaux ne peuvent posseder que ce seul Office; il leur est deffendu d'en tenir un autre.

Ces Juges d'Epée; qui ont ordinairement des Assesseurs pour leur servir de conseil, & qui ont aussi quelquefois des Lieutenans, sont principalement établis pour battre la campagne avec leurs Archers dans leur département, & pour prévenir & empêcher les désordres, ou pour les punir, & purger la campagne de vagabonds & de brigands; comme il leur est enjoint par les Ordonnances d'Orléans, articles 68 & 69; de Moulins, article 43; de Blois, articles 186 & 187.

Ils ne connoissent que des cas énoncés en l'article 12. du titre 1. de l'Ordonnance de 1670. Il y en a dont ils connoissent tant dedans que hors les Villes de leurs résidence seulement, & d'autres dont ils ne peuvent connoître que hors les Villes de leur résidence.

Les cas dont les Prevôts, Vice-Baillifs & Vice-Sénéchaux connoissent dans les Villes de leur résidence, en dernier ressort & concurremment avec les Présidiaux, sont,

I°. Tous crimes commis par les vagabonds, gens sans aveu & sans domicile, qui ont été condamnés à peine corporelle, bannissement ou amende honnorable.

II°. Les oppressions, excès, ou autres crimes commis par gens de guerre.

III°. Désertion, assemblées illicites avec port d'armes, levée de gens de guerre sans commission, & vols sur les grands chemins.

Les autres crimes dont ils connoissent hors les Villes de leur résidence seulement, sont les vols faits avec effraction, le port d'armes & les violences publiques, les sacriléges avec effraction, les assassinats prémédités, séditions, émotions populaires, fabrication, altération ou exposition de monnoye contre toutes sortes de personnes.

Les Prevôts des Maréchaux ne peuvent prendre connoissance des crimes commis dans les Villes de leur résidence, quand ils ont été commis par des gens domiciliés.

Comme ils n'ont été institués que pour les champs, leur devoir consiste principalement à faire des courses dehors sans séjourner dans les Villes, ni dans un lieu, plus d'un jour, si ce n'est pour occupations nécessaires & légitimes, afin de purger la campagne de brigands; mais à l'égard des vagabonds, coupeurs de bourse, qui suivent ordinairement les Foires & les Marchés, ils peuvent les juger, quoique le crime ait été commis dans les Villes de leur résidence: ce qui doit être entendu, *incalescente adhuc maleficio, vel in flagranti delicto.*

Lorsque le Juge ordinaire a commencé de faire le procès à un délinquant, il ne peut le livrer entre ses mains du Prevôt des Maréchaux; & s'il le fait, le prisonnier est bien fondé d'en interjetter appel en la Cour.

La raison est, que cela ne se fait que pour l'opprimer, ou pour épargner au Seigneur Justicier les frais de la procédure ou de l'exécution, s'il y en avoit à faire par l'évenement.

Les Prevôts des Maréchaux ne peuvent recevoir aucune plainte, ni informer hors leur ressort, si ce n'est pour rebellion à l'exécutinn de leurs décrets. Article 2. du titre 2. de l'Ordonnance de 1670.

La raison est, que l'excès commis à l'exécution du mandement ou décret, doit être puni non par le Juge du lieu où l'excés a été commis, mais par celui qui a donné la commission ou le décret. D'ailleurs, cette rébellion est un accessoire & une dépendance du premier crime.

Ils sont obligez de prêter main-forte à la Justice, & sont tenus de mettre à exécution les décrets & mandemens des Juges, lorsqu'ils en sont requis par les Juges Royaux, & sommés par les Procureurs du Roi ou par les Parties, à peine d'interdiction & de trois-cens livres d'amende, applicable moitié au Roi, moitié à la Partie. Article 3. du même titre.

Mais la capture ne leur donne pas droit de prendre connoissance des crimes qui ne leur appartiennent pas : ainsi ils doivent faire conduire les accusez aux prisons ordinaires, pour leur procès être fait par les Juges qui auront décreté.

Par l'Article 4. du titre 3. il leur est enjoint d'arrêter les criminels pris en flagrant délit, ou à la clameur publique.

Quand il arrive qu'ils ont besoin de main-forte pour faire capture, il leur est permis de faire assembler les Communautés & sonner le tocsin, pour prendre les voleurs de grands chemins, & arrêter les déserteurs des armées & les vagabonds.

Les Prevôts, Sergens & Archers ayant ordre, commission & pouvoir d'arrêter un accusé, peuvent le tuer à leurs corps défendant, au cas qu'il tire, & qu'ils ne puissent se tirer autrement d'affaire eux-mêmes.

L'article 5. du titre 2. de l'Ordonnance de 1670. défend aux Prevôts des Maréchaux, de donner des commissions pour informer à leurs Archers, à des Notaires, Tabellions ou autres personnes, à peine de nullité de la procédure, & d'interdiction contre les Prevôts.

Comme dans la procédure criminelle il s'agit de l'honneur & de la vie des personnes, elle doit être faite par les Juges mêmes, ou autres que la Loi leur permet de commettre à cet effet.

Ainsi les Prevôts ne peuvent subroger ni commettre pour l'instruction du procès, ni autre chose du faits de leurs Charges, que leurs Lieutenans & Assesseurs. Il n'y a que les captures qu'ils sont en droits de commettre à leurs Archers.

Les Archers des Prevôts des Maréchaux peuvent écrouer des prisonniers arrêtés en vertu de leurs décrets, suivant l'article 6.

Ces Archers peuvent aussi arrêter les délinquans pris en flagrant délit, ou émotion populaire, & les conduire devant le Prevôt ou son Lieutenant, pour y être par eux pourvû, quoiqu'ils n'ayent point de décret ni d'Ordonnance dud. Prevôt ; à la charge d'informer, décréter & bailler copie des exploits dans les vingt-quatre heures.

Ils sont tenus de laisser aux prisonniers qu'ils auront arrêtés, copie du procès-verbal de capture & de l'écroue, pour qu'ils sçachent à la requête de qui & par quelle autorité ils sont arrêtés.

C'est la disposition de l'article 7. qui n'enjoint pas de leur laisser copie du décret, parce que ce seroit leur découvrir les noms des autres accusés, qu'il est important de ne leur pas faire connoître.

Les accusés contre lesquels le Prevôt des Maréchaux aura reçu plainte, informé & decreté, pourront se mettre dans les prisons du Présidial du lieu du délit, pour y faire juger la compétence ; & à cet effet, obliger le Prevôt de faire porter incessamment au Greffe les charges & informations en vertu du jugement du Présidial, ainsi qu'il est dit en l'article 8.

Les Prevôts des Maréchaux, en arrêtant un accusé, sont tenus, au terme de l'article 9. de faire inventaire de l'argent, hardes, chevaux & papiers dont il se trouvera saisi en présence de deux habitans les plus proches du lieu de la capture, qui signeront l'inventaire ; sinon déclareront la cause de leur refus, dont sera fait mention, pour être le tout porté au Greffe du lieu de la capture.

Cela empêche les malversations que les Archers pourroient commettre en mettant une main sur le collet d'un accusé, & l'autre sur la bourse. D'ailleurs, c'est le plus sur moyen d'empêcher la soustraction & l'enlevément des choses saisies.

A l'instant de la capture, les Prevôts des Maréchaux doivent conduire les accusez aux prisons du lieu, s'il y en a ; sinon aux plus prochaines, dans vingt-quatre heures au plûtard, ainsi qu'il est dit en l'article 10. qui leur défend de faire chartre privée dans leurs maisons ni ailleurs, parce que ce seroit violer l'autorité du Prince.

L'article 12. enjoint aux Prevots d'interroger les accusés dans les vingt-quatre heures de la capture. Si après les avoir interrogez, ils reconnoissent qu'ils ne sont pas de leur gibier, ils doivent les renvoyer, & faire conduire le même jour dans les prisons de l'Ordinaire. Faute de l'avoir fait dans les 24. heures, ils ne pourront les renvoyer que par l'avis des Présidiaux, article 14. car les Prevots des Maréchaux ne sont pas Juges de leur compétence, ni de leur incompétence.

Ceux qui étoient poursuivis par devant les Prevôts des Maréchaux, ou les Présidiaux, pour crimes sujets aux Jugemens en dernier ressort, s'adressoient souvent au Grand-Conseil, sous prétexte de contravention aux Ordonnances, & y obtenoient des Commissions en cassation. Cela retardoit l'instruction des procès criminels, faisoit que les preuves dépérissoient, & empêchoit le jugement des criminels, en ce que ces cassations demeuroient sans poursuite. Le Roi, par ses Lettres patentes, données à Fontainebleau le 23 Septembre 1698, a remedié à ces inconvéniens.

Elles ordonnent entr'autres choses, que les accusez contre lesquels les Prevôts des Maréchaux auront reçû plainte, informé, decreté, ne pourront se pourvoir auparavant le Jugement de la compétence ; & comme dans l'instruction des procédures il pourroit y avoir des contraventions aux Ordonnances, Sa Majesté, pour donner moyen à ses Sujets de se pourvoir, a par provision, permis au Grand-Conseil de recevoir les requêtes en cassation des jugemens de compétence des autres procédures faites depuis par lesdits Prevôts des Maréchaux, ou Juges présidiaux, & accorder des Commissaires sur icelles; à la charge que les accusez qui présenteront lesdites requêtes, rapporteront les copies qui leur auront été signifiées desd. Jugemens de compétence, que lesd. accusés seront effectivement prisonniers dans les prisons des Siéges où le procès criminel sera pendant, & qu'ils rapporteront les écroues dûement attestés & signifiés aux parties, ou à leurs

Procureurs sur les lieux, dont sera fait mention dans la commission; qu'il en sera en outre porté expressément dans la commission, que la procédure sera continuée par le Juge où le procès est pendant, jusqu'à Jugement définitif exclusivement; & que le demandeur en cassation, en la faisant signifier, fera donner les assignations par un seul & même exploit: les délais desquelles assignations seront énoncés dans la Commission, & reglés suivant la derniere Ordonnance; & qu'à faute de ce faire, les défenses de passer outre au jugement définitif soient levées & ôtées, sans qu'il soit besoin d'autre Arrêt ni Lettres.

La compétence des Prevôts des Maréchaux doit être jugée au Présidial, dans le ressorr duquel la capture aura été faite, dans trois jours au plûtard, quand même l'accusé ne proposeroit pas de déclinatoire. Art. 15. du titre 2. de l'Ordonnance de 1670.

Les prevénus de crime peuvent ignorer les dégrés de Jurisdiction, & les raisons & moyens d'incompétence; & comme il s'agit en cette occasion du droit public, les Prevôts ne peuvent pas se prévaloir de l'ignorance des accusés, ni même de la réconnoissance qu'ils auront faite de leur Jurisdiction, attendu que les particuliers ne peuvent point déroger au droit public: ainsi il faut toujours faire juger la compétence.

Lorsqu'un accusé propose des recusations contre le Prevôt des Maréchaux avant le Jugement de la compétence, l'article 16. ordonne qu'elles soient jugées au Présidial, au rapport de l'Assesseur en la Maréchaussée, ou d'un Conseiller du Siége, au choix de la partie qui les présentera; & celles contre l'Assesseur, aussi par l'un des Officiers dudit Siége: mais qu'à l'égard de celles qui ne seront proposées qu'après le jugement de la compétence, elles seront reglées au Siége ou le procès criminel devra être jugé.

L'accusé ne peut être élargi, pour quelque cause que ce soit, avant le jugement de la compétence; & ne pourra l'être après, que par Sentence du Présidial ou Siége qui devra juger diffinitivement le procès. Article 17.

Les jugemens de compétence ne peuvent être rendus que par sept Juges au moins; & ceux qui y assistent, sont retenus d'en signer la minute. Article 18.

Il faut, conformément à l'article suivant, que l'accusé ait été oui en la Chambre en présence de tous les Juges, dont sera fait mention dans le jugement, ensemble du motif de la compétence.

Il faut enfin, que le jugement de la compétence soit prononcé, signifié, & copie baillée sur le champ à l'accusé, sous les peines portées en l'article 20.

Lorsque le Prevot est déclaré incompétent, l'article suivant ordonne que l'accusé sera transferé aux prisons du Juge du lieu où le délit aura été commis, & les charges & information, procès-verbal de capture, l'interrogatoire de l'accusé, & autres piéces & procédures remises à son Greffe; & ce dans deux jours au plûtard après le jugement d'incompétence.

Quand au contraire le Prevôt est déclaré compétent, l'article 23. lui enjoint de procéder incessamment à la confection du procès avec son Assesseur, sinon avec un Conseiller du Siége où il devra être jugé, suivant la distribution qui en sera faite par le Président.

Si après le procès commencé par un crime prevotal, il survient de nouvelles accusations, dont il n'y a point eu de plainte en justice, pour crimes non prevotaux, elles doivent, suivant l'art. 32. être instruites conjointement, & jugées prevotalement.

Cela se doit néanmoins exécuter de maniere que si la condamnation intervient pour le crime qui n'est pas prevotal, elle ne s'execute point en dernier ressort; mais on est tenu de déferer à l'appel.

Le Jugement des procès sur les matieres dont connoissent les Prevôts des Maréchaux, doit être rendu au Siége royal ou Bailliage le plus prochain, dans le ressort duquel le crime aura été commis, encore que ce ne soit pas un Présidial, après néanmoins que la compétence aura été jugée par le Presidial le plus prochain du lieu.

Toute Sentence prevotale, preparatoire, interlocutoire ou définitive, doit être rendue au nombre de sept au moins Officiers ou Gradués; en cas qu'il ne se trouve au Siége nombre suffisant de Juges, art. 24. & par la Déclaration du 3. Octobre 1694. il a été ordonné que ledit article 24. seroit même observé pour les Sentences portant que les témoins seront recollés & confrontés aux accusés par les Lieutenans Civils, Prevôts des Maréchaux, Vice-Baillifs, Vice-Sénéchaux, & autres; & que les sept Officiers ou Gradués qui y auront assisté, seront tenus d'en signer la minute.

L'article 25. porte, qu'il sera dressé deux minutes des jugemens prevotaux, qui seront signées par les Juges, dont l'une demeurera au Greffe du Siége où le procès aura été jugé, & l'autre au Greffe de la Maréchaussée.

Si l'accusé est appliqué à la question, le procès-verbal de roture se fait par le Rapporteur, en présence d'un Conseiller du Siége & du Prevôt. C'est la disposition de l'article 26.

L'article suivant porte, que les dépens adjugés par le Jugement prevotal, seront taxés par le Prevôt en présence du Rapporteur, qui n'en pourra prétendre aucuns droits; & s'il est interjetté appel de ladite taxe, le Siége qui aura rendu le Jugement, en connoîtra en dernier ressort.

Les Prevôts des Maréchaux ne peuvent juger en aucun cas à la charge de l'appel; ils jugent toujours en dernier ressort, suivant les articles 12 & 14. du tit. 1. de l'Ordonnance de 1670.

La raison est, qu'ils ont été établis pour expedier les affaires criminelles, & principalement pour extirper les brigands. Or, s'ils jugeoient à la charge de l'appel, ils ne termineroient jamais rien, parce que les prisonniers chargés des cas prevotaux, pour differer ou éluder la punition de leurs crimes, ne manqueroient pas de se rendre appellans de la procédure ou de leur Jugement.

Ainsi l'appel n'est pas reçu de leurs sentences; mais cette régle se doit entendre lorsque leurs Jugemens portent condamnation, *& hoc in odium criminum*; car quand ils déchargent le criminel de l'accusation, la partie civile est reçue à en interjetter appel.

L'article 13. du titre 2. enjoint aux Prévots des Maréchaux de déclarer à l'accusé, au commencement du premier interrogatoire, qu'ils entendent le juger prevotalement, & que mention en soit faite dans ledit interrogatoire.

Lorsque la compétence a été jugée, & qu'il a été ordonné que le procès sera fait à l'accusé par Jugement en dernier ressort, le Juge doit lui faire la même déclaration, soit en l'interrogeant de rechef, soit en lui recollant & confrontant les témoins, & lors du Jugement définitif de son procès & de l'interrogatoire qu'il prêtera sur la sellette, avant que d'être jugé définitivement.

Les Prevots des Maréchaux ne connoissent que du criminel: ayant fait executer à mort un criminel jugé être leur gibier & condamné, ils ne peuvent point connoître de la vente de ses biens, soit par décret ou autrement; il faut se pourvoir à la Connétablie, ou au Juge ordinaire pour cela.

Ils ne peuvent pas non plus connoitre des dommages & intérêts, ni de quelque matiere civile que ce puisse être.

Dès que les Parties sont reglées en procès à l'ordinaire, leur Jurisdiction cesse absolument, parce qu'elle ne peut avoir lieu que quand il s'agit de crime qui mérite peine afflictive.

Il y a dans le Journal des Audiences un Arrêt du Conseil du 11 Août 1692. qui juge que les Prevots des Maréchaux ne peuvent pas faire le procès à un Ecclésiastique qu'à la charge de l'appel, quoique hors ce cas ils jugent toujours en dernier ressort.

Par les Ordonnances d'Orleans, art. 31 & 71, Moulins, art. 45. Blois, art. 185. les Prevots des Maréchaux, Lieutenans & Archers, ne peuvent rien prendre des Parties, sous quelque prétexte que ce soit, à peine de perdre leurs Offices.

Les Prevots des Maréchaux, & tous autres Officiers de Robbe courte, sont tenus du fait de leurs Sergens & Archers, lorsqu'ils commettent quelque délit en leur présence ou en leur absence illégitime, dans les cas esquels ils doivent être à la tête de leur Compagnie, parce que nous sommes responsables de ce que font ceux qui sont sous notre dépendance, & à qui nous sommes en droit de commander.

Ils ne peuvent pas destituer leurs Archers sans cause légitime, & qu'après la preuve d'abus & de malversations par eux commis, suivant l'article 188. de l'Ordonnance de Blois, parce que cela donneroit lieu au Public de croire que leur destitution a eu pour fondement quelque cause infamante.

Par l'Arrêt de Réglement des grands Jours d'Auvergne du 10 Décembre 1665. ni les Prevots des Maréchaux, ni leurs Greffiers ne peuvent retenir dans leurs maisons les minutes des informations, interrogatoires, recollemens, confrontation, & autres instructions par eux faites; il faut qu'elles soient mises en un dépôt public dans le lieu de la Jurisdiction où est le Siége auquel ils sont résidans, & non ailleurs: auquel lieu ils auront un Greffe fermant à clef, d'où ne pourront être tirées les minutes, qu'en cas qu'il fût ordonné par les Juges supérieurs qu'elles seroient apportées, ou qu'il fut nécessaire de faire quelque instruction à la Compagnie.

Les Greffiers seront tenus de faire des grosses des informations & autres procédures sur lesquelles l'instruction sera parachevée, sans que pour raison de ce ils puissent rien prendre de leurs grosses; & les mêmes Greffiers tous les ans rapporteront leurs minutes au Greffe de la Maréchaussée & du Prevot sur lesquelles ils pourront s'instruire s'il y échet, & en faire des expéditions.

Il est enjoint à tous les Prevots de donner ou faire donner tous les ans par leurs Greffiers, au Receveur du Domaine des lieux où lesdits Prevots sont établis, le rolle signé du Greffier, de toutes les amendes, forfaitures & confiscations par eux adjugées, à peine de privation de leurs états, afin que le Fisc ne soit pas privé de ses droits.

Les gages des Prevots des Maréchaux & de leurs Archers ne peuvent point être saisis & arrêtés, parce qu'ils sont donnés par forme d'alimens; leurs armes & leurs chevaux ne peuvent pas non plus être saisis.

Les Prevots ne peuvent décerner d'exécutoire pour les vacations de leurs Greffiers & Archers, & moins encore pour eux; & ils ne peuvent rien exiger des Parties pour leurs frais, salaires & déboursés, ainsi qu'il est porté en l'art. 45. de l'Ordonnance de Moulins.

Par Arrêt du Conseil du 5 Mai 1685. il a été ordonné que les frais du procès faits par les Prevots des Maréchaux, où il n'y aura pas de Parties civiles, & dont par conséquent Sa Majesté est tenue, seront payés par les Receveurs des Domaines; sçavoir, quant aux procès pour lesquels le Prevot aura été déclaré incompétent, sur les exécutoires qui seront décernés par les Lieutenants criminels & Procureur du Roi des Siéges où ladite compétence aura été jugée; & à l'égard des autres procès pour lesquels le Prevot aura été déclaré compétent, sur les exécutoires de Lieutenans criminels ou Procureur du Roi des Siéges dans lesquels le Prevot aura jugé le procès.

Nous avons jusqu'ici rapporté les décisions portées ès anciennes Ordonnances, & en celle de 1670 touchant les cas Prevôtaux, & la jurisdiction des Prevôts des Maréchaux, & les dispositions des Edits & Déclarations particulieres qui ont été faites depuis. Mais comme il a paru le 5. Fevrier 1731. une nouvelle Déclaration qui explique plus exactement, & la qualité des personnes, & la nature des crimes qui sont de la compétence des Prévots des Maréchaux, & qui réglent plusieurs points importans qui n'avoient point encore été décidés, nous avons crû devoir rapporter ici le contenu ès articles de cette Déclaration.

„ ART. I. Les Prévots de nos Cousins les Maréchaux de France connoîtront de tous crimes commis par vagabonds & gens sans aveu; & ne seront reputés vagabonds & gens sans aveu, que ceux qui n'ayant ni profession ni métier, ni domicile certain, ni bien pour subsister, ne peuvent être avoués, ni faire certifier de leurs bonnes vies & mœurs par personnes dignes de foi Enjoignons ausdits Prévots des Maréchaux d'arrêter ceux ou celles qui seront de la qualité susdite, encore qu'ils ne fussent prévenus d'aucun autre crime ou delit, pour leur être leur procès fait & parfait, conformément aux Ordonnances. Seront pareillement tenus lesdits Prévots des Maréchaux d'arrêter les mendians valides qui seront de la même qualité, pour procéder contre eux, suivant les Edits & Déclarations qui ont été donnés sur le fait de la mendicité.

„ II. Lesd. Prévôts des Maréchaux connoîtront aussi de tous crimes commis par ceux qui auront été condamnés à peine corporelle, Bannissement ou amende honorable; ne pourront néanmoins prendre connoissance de la simple-infraction de ban, quelorsque la peine du bannissement aura été par eux prononcée. Voulons que dans les autres cas les Juges qui auront prononcé la condamnation, connoissent de ladite infraction de ban, si ce n'est que la peine du bannissement ait été prononcée par Arrêt de nos Cours de Parlement, soit en infirmant ouen confirmant les Sentences des premiers Juges, & quand même l'exécution auroit été renvoyée ausdits Juges; ausquels cas le procès ne pourra être fait ou parfait à ceux qui seront accusés de ladite infraction de ban, que par nosdites Cours de Parlement. Voulons au surplus que nos Déclarations des 8 Janvier 1719. & 5 Juillet 1722. soient exécutées selon leur forme & teneur, en ce qui concerne notre bonne Ville de Paris.

„ III. Lesdits Prévots des Maréchaux auront aussi la connoissance de tout excès, oppressions, ou autres crimes commis par gens de guerre, tant dans leur marche, que dans les lieux d'étapes, ou d'assemblée, ou de séjour pendant leur marche; des déserteurs d'armée, de ceux qui les auroient suborné, ou qui auroient favorisé ladite désertion, & ce quand même les accusés de ce crime ne seroient point gens de guerre.

„ IV. Tous les cas énoncés dans les trois articles précédens, & qui ne sont réputés Prévotaux que par la qualité des personnes accusées, seront de la conpétence des Prevots des Maréchaux, quand même il s'agiroit de crimes commis dans les villes de leur résidence.

„ V. Ils connoîtront en outre de tous les cas qui sont Prevotaux par la nature du crime; sçavoir du vol sur les grands chemins sans que les rues des villes & Fauxbourgs puissent être censées comprises à cet égard sous le nom de grands chemins; des vols faits avec effraction, lorsqu'ils seront accompagnés de port d'armes & violence publiques ou lorsque l'effraction se trouvera avoir été faite dans les murs de cloture, ou toits des maisons, portes & fenêtres extérieures, & ce quand même il n'y auroit eu ni port d'armes, ni violence publique; des sacriléges accompagnés des circonstances ci-dessus marquées à l'égard du vol commis avec effraction; des séditions, émotions, populaires, attroupemens & assemblées illicites avec port d'armes; des levées de gens de guerre sans commission émanée de nous; de la fabrication ou exposition de fausse monnoye: le tout sans qu'aucuns autres crimes que ceux de la qualité ci-dessus marquée, puissent être réputés cas prevotaux par leur nature.

„ VI. Ne pourront néanmoins lesdits Prevots des Maréchaux connoître des crimes mentionés dans l'article précedent, lorsque lesdits crimes auront été commis dans les Villes & Fauxbourgs du lieu où lesdits Prevôts ou leurs Lieutenans font leur résidence.

„ VII. Nos Juges présidiaux connoîtront aussi en dernier ressort des personnes & crimes dont il est fait mention dans les articles précédens, à l'exception néanmoins de ce qui concerne les déserteurs, subornateurs & fauteurs desdits déserteurs, dont les Prevots des Maréchaux connoîtront seuls à l'exclusion de tous Juges ordinaires.

„ VIII. Les Siéges présidiaux ne prendront connoissance des cas qui sont prevotaux par la qualité des accusés, ou par la nature du crime, que lorsqu'il s'agira du crime commis dans la Sénéchaussée ou Bailliage dans lequel le Siége présidial est établi & à l'égard de ceux qui auront été commis dans d'autres Sénéchaussées ou Bailliages, quoique ressortissans audit Siége présidial dans les deux cas de l'Edit des presidiaux, nos Baillifs & Senéchaux en connoîtront, à la charge de l'appel en nos Cours de Parlement, conformement à la Déclaration du 29. Mai 1702.

„ IX. En cas de concurrence de procédures, les présidiaux, même les Baillifs & Senéchaux, auront la préférence sur les Prevots des Maréchaux, s'ils ont informé & décreté avant eux, ou le même jour.

„ X. Nos Prevots, Châtelains, & autres nos Juges ordinaires, même ceux des Hauts-Justiciers.

„ connoîtront à la charge de l'appel en nos Cours „ de Parlement, des crimes qui ne sont pas au nombre des cas royaux ou prevôtaux par leur nature, „ & qui auront été commis dans l'étendue de leur „ Siége & Justice par les personnes mentionnées „ dans les articles premier & deux de la présente „ Déclaration, même de la contravention aux „ Edits & Déclarations sur le fait de la mendacité „ & ce concurremment & par prévention avec lesdits Prevôts des Maréchaux, & préférablement „ à eux, s'ils ont informé & décreté avant eux, „ ou le même jour.

„ XI. Les Ecclésiastiques ne seront sujets en aucun cas, ni pour quelque crime que ce puisse „ être, à la Jurisdiction des Prevôts des Maréchaux „ ou Juges présidiaux en dernier ressort.

„ XII. Voulons qu'à l'aveuir les Gentilshommes „ jouissent du même privilége, si ce n'est qu'ils s'en „ fussent rendus indignes, par quelque condamnation qu'ils eussent subi, soit de peine corporelle, „ bannissement, ou amende honorable.

„ XIII. Nos Secretaires & nos Officiers de Judicature, du nombre de ceux dont les procès criminels ont accoutumé d'être portés à la grande „ ou premiere Chambre de nos Cours de Parlement, ne pourront être jugés en aucun cas par „ les Prevôts des Maréchaux ou Juges présidiaux „ en dernier ressort.

„ XIV. Si dans le nombre de ceux qui seront accusez du même crime, il s'en trouve un seul qui „ ait une des qualités marquées par les trois articles précedens, les Prevôts des Maréchaux n'en „ pourront connoître, & seront tenus d'en délaisser la connoissance aux Juges à qui elle appartiendra; quand même la compétence auroit été jugée en leur faveur; & ne pourront aussi nos Juges présidiaux en connoître qu'à la charge de l'appel.

„ XV. Pourront néanmoins les Prevôts des Maréchaux informer contre les personnes mentionnées dans les articles XI. XII. & XIII. même décréter contr'eux & les arrêter, à la charge de renvoyer les procédures par eux faites aux Bailliages ou Senéchaussées dans l'étenduë desquelles „ le crime aura été commis, pour y être le procès „ fait & parfait auxdits accusés, ainsi qu'il appartiendra, à la charge de l'appel en nos Cours de „ Parlement.

„ XVI. Ne pourront pareillement les Prevôts des Maréchaux, ni les Juges des présidiaux, connoître d'aucuns crimes, quoique prevôtaux, lorsqu'il s'agira de crimes commis dans l'étenduë „ des Villes où nos Cours de Parlement sont établies, Fauxbourgs desdites Villes, & ce quand „ même lesdits Prevôts & des Maréchaux ou leurs „ Lieutenans n'y feroient pas leur résidence; le tout „ à l'exception des cas qui ne sont prévôtaux que „ par la qualité des accusés, suivant les articles „ I. & II. des Présentes, desquels cas lesdits Prévôts & Maréchaux ou présidiaux pourront continuer de connoître, même dans les Villes où „ nosdites Cours ont leur séance, à la charge de se „ conformer par eux à la disposition de l'article II. „ de la présente Déclaration, en ce qui concerne „ l'infraction de ban.

„ XVII. Si les mêmes accusés se trouvent poursuivis pour des cas ordinaires, soit par devant „ nos Baillifs ou Senéchaux, soit par devant nos „ Prévôts, Châtelains, ou autres nos Juges, même ceux des Hauts-Justiciers, & qu'ils soient „ aussi prévenus de cas prévotaux par leur nature, „ & qui ayent donné lieu aux Prevôts des Maréchaux ou aux Juges présidiaux de commencer „ des procédures contr'eux, la connoissance des „ deux accusations appartiendra ausdits Baillifs & „ Senéchaux, à l'exclusion des Prévôts, Châtelains ou autres Juges subalternes, & préférablement ausdits Prevôts des Maréchaux & Juges „ présidiaux, si lesdits Baillifs & Senéchaux, ou „ autres Juges à eux subordonnés, ont informé & „ decreté avant lesdits Prevôts des Maréchaux & „ Juges présidiaux, ou le même jour: & lorsque „ le crime dont le Prevôt des Maréchaux aura connu, n'aura pas été commis dans le ressort des „ Bailliages & Senéchaussées où les cas ordinaires „ sont arrivez, il en sera donné avis à nos Procureurs généraux par leurs substituts, tant ausdits Bailliages & Senéchaussées, que dans la Jurisdiction du Prevot des maréchaux, pour y être „ pourvû par nos Cours de Parlement, sur la réquisition de nosdits Procureurs généraux; par „ Arrêt de renvoi des deux accusations dans tel „ Siége ressortissant nuement en nosdites Cours „ qu'il appartiendra.

„ XVIII. Voulons réciproquement, que si dans „ le cas de l'Article précedent les Prevots des „ Maréchaux, ou les Juges présidiaux, ont informé & décreté pour le crime qui est de leur compétence, avant que les autres Juges nommés dans „ ledit Article ayent informé & décreté pour le „ cas ordinaire, la connoissance des deux accusations appartienne en entier ausdits Prevots des „ Maréchaux, ou ausdits Siéges présidiaux, pour „ être instruites & jugées par eux, même pour ce „ qui regarde les cas ordinaires; & lorsque lesdits „ cas ne seront pas arrivés dans le Département „ du Prevot des maréchaux qui aura connu des cas „ prevôtaux, nous nous réservons d'y pourvoir sur „ l'avis qui en sera donné à notre ame & féal „ Chancelier de France, en renvoyant les deux accusations pardevant tel présidial ou Prevot des „ Maréchaux qu'il appartiendra. N'entendons „ comprendre dans la disposition du présent Article les accusations dont l'instruction seroit pendante en nos Cours, contre des coupables prévenus de crimes prevôtaux; auquel cas en tout „ état de cause seront toutes les accusations jointes & portées en nosdites Cours.

» XIX. En procédant au Jugement ces accusations qui auront été instruites conjointement par » lesdits Prevôts des Maréchaux ou Juges présidiaux, au cas de l'article précedent, les Juges seront tenus de marquer distinctement les cas dont » l'accusé sera déclaré atteint & convaincu; au » moyen de quoi sera le Jugement exécuté en dernier ressort, si l'accusé est déclaré atteint & convaincu du cas prevôtal; sinon ledit Jugement ne » sera rendu qu'à la charge de l'appel, dont il sera » fait mention expresse dans la Sentence: le tout » à peine de nullité, même d'interdiction contre les » Juges qui auroient contrevenu au présent article.

» XX. Si dans le même procès criminel il y a » plusieurs accusés, dont les uns soient poursuivis » pour un cas ordinaire, & dont les autres soient » chargé d'un crime prevôtal, la connoissance des » deux accusations appartiendra à nos Baillifs & » Sénéchaux, préferablement aux Prevôts des Maréchaux & Siéges présidiaux, soit que les Juges » qui auront informé & décreté pour le cas ordinaires ayent prévenu lesdits Prevôts des Maréchaux ou Juges présidiaux, soit qu'ils ayent été » prévenus par eux; & si les Juges présidiaux s'en » trouvent saisis, ils n'en pourront connoître qu'à » la charge de l'appel. Voulons qu'il en soit usé de » même, s'il se trouve plusieurs accusés, dont les » uns soient de la qualité marquée dans les articles » I. & II. des présentes, & dont les autres ne » soient pas de ladite qualité.

» XXI. Voulons que tous Juges du lieu du » délit, royaux ou autres, puissent informer, décreter & interroger tous accusés, quand même » il s'agiroit de cas royaux ou de cas prevôtaux: » leur enjoignons d'y proceder aussi-tôt qu'ils auront eu connoissance desdits crimes, à la charge » d'en avertir incessamment nos Baillifs & Sénéchaux » dans le ressort desquels ils exercent leur Justice, » par acte dénoncé au Greffe criminel desdits Baillifs & Sénéchaux, lesquels seront tenus d'envoyer querir aussi incessament les procédures & les » accusés. Pourront pareillement lesdits Prevôts » des Maréchaux informer de tous cas ordinaires » commis dans l'étendue de leur ressort, même » décreter les accusés & les interroger, à la charge » d'en avertir incessamment nos Baillifs & Sénéchaux, ainsi qu'il a été dit ci-dessus, & de leur » remettre les procédures & les accusés, sans attendre même qu'ils en soient requis.

» XXII. Interprétant en tant que besoin seroit » l'article XVI. du titre premier de l'Ordonnance » de 1670. voulons que si les coupables d'un cas » royal ou prevôtal, ont été pris soit en flagrant » délit, ou en exécution d'un décrêt décerné par le » Juge ordinaire des lieux, avant que le Prevôt des » Maréchaux ait décerné un pareil décret contre eux » le Lieutenant criminel de la Sénéchaussée, ou du » Bailliage supérieur, soit censé avoir prévenu ledit Prevôt des Maréchaux par la diligence du Juge inférieur.

» XXIII. Le tems de vingt-quatre heures, dans » lequel les Prevôts des Maréchaux sont tenus, suivant l'article XIV. du titre II. de l'Ordonnance » de 1670. de délaisser au Juge ordinaire du lieu » du délit la connoissance des crimes qui ne sont » pas de leur compétence, sans être obligés de » prendre sur ce l'avis des Présidiaux, ne commencera à courir que du jour du premier interrogatoire, auquel ils seront tenus de proceder dans » les vingt-quatre heures de la capture.

» XXIV. Les Prevôts des maréchaux, Lieutenans criminels de Robe-courte, & les Officiers » des Siéges présidiaux, seront tenus de déclarer à » l'accusé, au commencement du premier interrogatoire, qu'ils entendent le juger en dernier » ressort, & d'en faire mention dans ledit interrogatoire; le tout sous les peines portées par l'article » XIII. du titre II. de l'Ordonnance de 1670, & » faute par eux d'avoir satisfait à ladite formalité, » voulons que le procès ne puisse être jugé qu'à la » charge de l'appel, à l'effet de quoi il sera porté » au Siége de la Sénéchaussée ou du Bailliage, dans » le ressort duquel le crime aura été commis, pour » y être instruit & jugé ainsi qu'il appartiendra.

» XXV. Lorsque les Prevôts des Maréchaux ou » autres Officiers, qui sont obligés de faire juger » leur compétence, auront été déclarés compétens » par Sentence du Présidial a qui il appartiendra » d'en connoître, ladite Sentence sera prononcée » sur le champ à l'accusé, en présence de tous les » Juges, & mention sera faite par le Greffier de ladite prononciation au bas de la Sentence, laquelle mention sera signée de tous ceux qui auront » assisté au Jugement ensemble de l'accusé, s'il » sçait & veut signer, sinon sera faite mention de » sa déclaration qu'il ne sçait signer, ou de son refus; le tout à peine de nullité, & sans préjudice » de l'exécution des autres dispositions de l'article » 20. du titre 2. de l'Ordonnance de 1570.

» XXVI. Lorsque les Prévôts des Maréhaux & » autres Juges en dernier ressort, qui sont obligés » de faire juger leur compétence, auront été déclarés incompétens par Sentence des Juges présidiaux, ni les parties civiles, ni lesdits Officiers, » ou nos Procureurs aux Sieges présidiaux ou aux » Maréhaussées, ne pourront se pourvoir en quelque maniere que ce soit, contre les Jugemens par » lesquels lesdits Prevôts des Maréchaux ou autres » Juges en dernier ressort, auront été déclarés incompétens, ni demander que l'accusé soit renvoyé pardevant eux; mais sera ladite Sentence exécutée irrévocablement à l'égard du procès sur lequel elle sera intervenue: n'entendons néanmoins » empêcher que si lesdits Officiers prétendent que » ledit Jugement donne atteinte aux droits de leur » Jurisdiction, & peut être tiré à conséquence » contr'eux dans d'autre cas, ils ne nous en portent leurs plaintes, pour y être par nous pourvû » ainsi qu'il appartiendra.

„ XXVII. Dans les accusations de duel, que les „ Prevots des Maréchaux ne peuvent juger qu'à la „ charge de l'appel, suivant l'article 19. de l'Edit » du mois d'Août 1679. ils ne déclareront point à „ l'accusé qu'ils entendent le juger en dernier res- „ sort, & il ne sera donné aucun Jugement de com- „ pétence: ne pourra être aussi formé aucun Régle- „ ment de Juge à cet égard; sauf, en cas de con- „ testation entre différens Siéges sur la compéten- „ ce, à y être pourvu par nos Cours de Parlement „ sur la Requête des accusés, ou sur celle de nos „ Procureurs ausdits Siéges, ou sur la réquisition „ de nos Procureurs généraux.

„ XXVIII. Les Prevots des Maréchaux, même „ dans le cas de duel, seront tenus de se faire assis- „ ter de l'assesseur en la Maréchaussée ou en l'absen- „ ce dudit Assesseur, de tel autre Officier de Robe- „ longue qui sera commis par le Siége où se fera „ l'instruction du procès; & ce, tant pour les in- „ terrogatoires des accusés, que pour ladite ins- „ truction; le tout conformément aux articles 12. „ & 23. du tit. 2ᵉ de l'Ordonnance de 1670. à l'ex- „ ception néanmoins de l'interrogatoire fait au mo- „ ment ou dans les vingt-quatre heures de la cap- „ ture, qui pourra être faite sans l'Assesseur, suivant „ ledit article 12. Ne pourront audit cas de duel „ les Jugemens préparatoires, interlocutoires ou „ définitifs être rendus qu'au nombre de cinq Ju- „ ges au moins; & il sera fait deux minutes desdits „ Jugemens, conformément à l'article 25. du „ même titre.

„ XXIX. L'article 19. du titre 6. de l'Ordon- „ nance de 1670. sera exécuté selon sa forme & te- „ neur; & en y ajoutant, voulons que les Greffiers „ de Bailliages, Sénéchaussées, Présidiaux & Ma- „ réchaussées, soient tenus d'envoyer tous les six „ mois à nos Procureurs généraux en nos Cours de „ Parlement, chacun dans leur ressort, un extrait „ de leur Registre ou dépôt signé d'eux, & visé, „ tant par les Lieutenans criminels, que par nos- „ dits Procureurs ausdits Bailliages, Sénéchaussées „ & Siéges présidiaux, dans lequel extrait ils seront „ tenus d'inserer en entier la copie des Jugemens „ de compétence rendus pendant les six mois pré- „ cedens, & de la prononciation d'iceux en la for- „ me prescrite par l'article 24. ci-dessus: le tout à „ peine d'interdiction, ou de telle amende qu'il „ appartiendra, & sans préjudice de l'exécution „ des autres dispositions contenues dans ledit arti- „ cle 19. du titre 6. de l'Ordonnance de 1670.

„ XXX. Voulons que la présente Déclaration „ soit exécutée selon sa forme & teneur, dans tous „ les Pays, Terres & Seigneuries de notre obeissan- „ ce, dérogeant à cet effet à toutes les Loix, Or- „ donnances, Edits, Déclarations & usages, mê- „ me à ceux de notre Châtelet de Paris, en ce „ qu'ils pourroient avoir de contraire aux dispos- „ tions des présentes. SI DONNONS EN MANDE- MENT, &c.

Voyez Henrys, tome 1. livre 2. question 66. 70. 71. & 73.

PREVOT DE L'ISLE, est le Prevot des Maréchaux dans l'étendue de l'Isle de France, lequel juge des cas exprimés ci-dessus avec les Officiers du Présidial à Paris, comme les autres Prevots des Maréchaux dans les Provinces avec les Présidiaux.

PREVOT DES MARCHANDS, Maires & Echevins, Capitouls & autres semblables, sont des Officiers dont les Charges populaires ont en France divers noms, comme Mayeurs, Consuls, Jurats, Pairs, & Gouverneurs, dont l'exercice ne dure qu'une, deux années, selon l'usage des lieux.

A Paris, c'est le Roi qui nomme le Prevot des Marchands mais les quatres Echevins sont électifs d'année en année pour exercer deux ans & ils font leur serment entre les mains du Roi. Dans les autres Villes, tout est électif.

Afin que les affaires communes des Villes soient mieux gouvernés & ménagées avec plus de soin, que n'en pourroient avoir les Officiers de Justice, assez occupés d'ailleurs, Henrys II. par son Edit donné à Fontainebleau au mois d'Octobre 1647. a défendu délire aucun Officier des Cours ou de Jurisdiction ordinaire pour être Prevot, Maires, Echevins ou autres Officiers de Villes, soit par voie d'élection, ou autres maniere de provisions, sous peine aux élisans de cent écus d'or d'amende au profit de la Ville, & en outre d'être privés de leur droit d'élection ou nomination, qui pour cette fois appartiendra au Roi, attendu la nullité de l'élection.

Charles IX. par son Edit de 1571. a érigé un Corps de Ville à Châtellerault sous cette même condition, qu'aucun Habitant de Robbe-longue ou de pratique ne pourroit être élu à la dignité de Maire ou d'Echevin.

Ces Ordonnances ne sont point exécutées; on met aujourd'hui dans ces places des Officiers de Justice, & des personnes de pratique. Mais on exécute seulement l'article 7. de la Déclaration donnée en interprétation de l'Ordonnance de Cremieu qui pour éviter les brigues, défend de faire aucune assemblée de Ville, pour traiter & déliberer d'affaires publiques, en aucune maison particuliere; voulant que ces sortes d'Assemblées soient tenues en lieux publics à ce destinés, après avoir appellé tous ceux qui y doivent assister, sous peine de nullité des assemblées.

L'Ordonnance de Blois, article 363. veut que ces élections se fassent librement, & que ceux qui entreront en telles Charges par d'autres voies, en soient ôtés, & leurs noms rayés des Registres.

Celle de Louis XIII. du mois de Janvier 1629. article 412. en confirmant celle de Blois, ajoute que les élections de toutes les Charges de Ville seront faite en la maniere accoutumée, sans brigues ni monopoles, de personnes qui seront jugées les plus propres pour le bien de l'Etat, le service du Roi,

Roi, & l'avantage de la Ville ; & que ceux qui seront pourvus desdites Charges, seront tenus d'y résider.

Le même article ordonne que tous les Corps & Maisons de Villes se regleront pour la maniere de s'assembler & déliberer, même pour l'administration, à ce qui s'observe en celle de Paris, ou en la plus prochaine.

Enfin, par l'article 413. de cette Ordonnance de 1629. il est statué que les Lettres & Paquets qui seront envoyés par le Roi, ou par les Gouverneurs des Provinces aux Maires & Echevins, ne seront ouverts qu'en la présence de deux ou trois Echevins ; & que tous les actes de délibérations & résolutions qui seront prises des Corps & Communautés des Villes, seront reçus par les Greffiers, & signés à la fin de chaque Assemblée avant de se séparer, & incontinent enregistrés.

Voyez, touchant la Jurisdiction du Prevôt des Marchands, ce que nous en avons dit, *verbo* Hôtel-de-Ville.

PREVOSTÉ DE L'HÔTEL, est une Jurisdiction qui s'étend sur le Louvre, & sur la Maison du Roi.

Le Grand Prevot en est le chef : il a ses Lieutenans généraux, deux de Robe-courte, & deux de Robe-longue, qui donnent leurs Audiences dans la Salle basse du Grand Conseil.

Il connoît de toutes les causes, tant civiles que criminelles, des Officiers & Marchands privilégiés qui suivent la Cour. C'est lui qui taxe le pain, le vin, la viande, & toutes les denrées nécessaires pour la Cour.

Il donne aussi des Lettres aux Marchands privilégiés, par lesquelles il les déclare francs de tous péages & passages.

Il connoît encore de tous les crimes & délits qui se commettent à la suite de la Cour, à dix lieues aux environs.

Il peut faire saisir & appréhender les criminels & délinquans à dix lieues à la ronde, leur faire faire leur procès par ses Lieutenans, souverainement & en dernier ressort, en y appellant six Maîtres des Requêtes qui se trouvent à la suite de la Cour, & à leur défaut six Avocats.

Les appellations des Jugemens du Grand Prevot se relevent au Grand Conseil.

Voyez Grand Prevot de l'Hotel.

PREVOSTÉ DE LA MARINE, est une Jurisdiction particuliere qui connoît des affaires de la Marine.

Au mois d'Avril 1704. a été publié un Edit, portant établissement d'une telle Jurisdiction en chacune des Ville de Brest, de Rochefort, de Toulon, de Marseille, de Dunkerque, du Havre, du Port-Louis & de Bayonne, avec création des Officiers dont cette Jurisdiction doit être composée, & des Réglemens qui reglent leurs fonctions.

Au même mois a été adressé un semblable Edit au Parlement de Grenoble.

PREUVE, est une conséquence légitime ; qui résulte d'un fait évident, dont la certitude fait conclure qu'un autre fait est véritable, ou ne l'est pas.

Les preuves sont fondées, ou sur la foi des actes par écrit, ou sur la déposition des témoins, ou sur la commune renommée & autres présomptions qui résultent des circonstances du fait : mais aucune de ces preuves n'est démonstrative, quoique la Loi les regarde comme vraies & certaines.

Un acte autentique passé pardevant Notaires, est une preuve en Justice de la convention faite entre les Parties, laquelle sans cet acte pourroit être révoquée en doute ; cependant cet acte peut être faux.

Lorsque des témoins déposent avoir vu une personne commettre un crime, on ajoute foi à leur déposition ; néanmoins leur témoignage peut être contraire à la vérité.

La commune renommée induit à faire croire ce qu'elle nous annonce ; mais l'expérience fait bien voir qu'elle se peut quelquefois tromper.

L'usage des preuves ne regarde pas les faits qui sont naturellement certains, dont la vérité est toujours présumée, si le contraire n'est prouvé : il regarde seulement les faits incertains, dont la vérité n'est présumée ; desorte qu'on n'y a point égard, si elle n'est prouvée. Ainsi, celui qui se prétend propriétaire d'un fonds qu'un autre possede, doit en faire preuve.

En un mot, dans tous les cas d'un fait contesté, s'il est tel qu'il soit nécessaire d'en faire preuve, c'est toujours celui qui l'avance qui doit le prouver.

Ceux qui font des demandes en Justice, sont donc obligés de faire la preuve des faits qu'ils allé-guent pour les fonder.

Ei incumbit onus probandi qui dicit, non ei qui negat, quoniam factum negantis per rerum naturam nulla probatio est. Leg. 2. *ff. de probationib. leg.* 23. *cod. eod. leg.* 10. *cod. de non numer. pecun. Quod quidem de mera negatione intelligere oportet ; non verò de ea quæ affirmationem admixtam habet. Dict. leg.* 2. *ff. h. t. leg.* 14. *ff. de contr. & commit. stipul.*

La preuve d'une négative vague est donc impossible, *per rerum naturam*, comme dit la Loi 13. *cod de probationibus*, c'est-à-dire, *ratione naturali* ; car pour pouvoir prouver une négative, il faut qu'elle ne soit point vague, mais qu'elle soit restrainte à des circonstances de tems & de lieu, ou qu'il lui soit substitué une affirmative équivalente ; comme si quelqu'un dit : ce jour-là je ne fus pas en un tel endroit, parce que je fus ailleurs, *eodem die in eo loco non fui* ; voilà la négative restrainte à des circonstances : je fus ailleurs, voilà l'affirmative & alors la preuve en doit être admise. Mais la raison naturelle nous fait voir qu'une proportion vague & indéfinie, telle qu'une négative qui n'est restrainte par aucune circonstance ne peut porter aucune lumiere dans l'esprit.

Concluons donc que pour qu'une négative soit admissible, il faut qu'elle renferme une affirmation, & qu'elle soit restrainte à des circonstances du tems, du lieu & des personnes.

Voyez ci-dessus ce que j'ai dit, *verbo* Négative.

Quoniam verò actor semper aliquid intendit, ei regulariter incumbit onus probandi, adeò ut actore non probante reus sit absolvendus, etiamsi nihil prestiterit. Leg. 4. cod. de eden. Ainsi la cause du possesseur est toujours bonne, lorsque celui qui reclame la chose en question, ne justifie point de son droit.

Pareillement les défendeurs sont obligés de prouver les faits sur lesquels ils fondent leurs défenses; *quia tunc ipse reus aliquid dicit & intendit, atque adeo in exceptione partibus actoris fungitur, Leg. 19. ff. de probationib.*

La liberté de faire preuve des faits, a ses bornes: c'est au Juge à n'admettre la preuve que de ceux qu'on appelle pertinens, c'est-à-dire dont on peut tirer des conséquences qui servent à établir le droit de celui qui les allégue.

Il dépend toujours aussi de la prudence du Juge de discerner si les témoignages ou les autres sortes de preuves sont suffisantes, ou ne le sont point.

Pour qu'un fait soit prouvé, il faut que la preuve en ait été faite dans la forme & dans l'ordre prescrit par les Loix.

Ainsi, dans les cas où les preuves par témoins peuvent être reçues, il faut examiner s'ils sont au nombre que la Loi demande; s'ils ont été ouis par leur bouche; s'il n'y a point de cause qui rende leur témoignage suspect; s'ils ont été assignés, s'ils ont prêté le serment; enfin, si leurs dépositions ont été accompagnées de toutes les formalités que les Loix demandent.

Quand c'est par écrit que la preuve se fait, il faut examiner si l'acte est dans les formes, & tel qu'il serve de preuve.

Il faut surtout que les conséquences qui résultent de la preuve, établissent la vérité des faits contestés.

Pour ne se point tromper en une chose si importante, le Juge doit considerer le rapport & la liaison que peuvent avoir les faits qui résultent des preuves, avec ceux dont on cherche la vérité.

Il doit aussi examiner attentivement de quel poids peuvent être les preuves que l'on produit. Ainsi, quand la preuve se fait par témoins, il doit bien prendre garde s'ils déposent sur les faits dont il s'agit, & quel égard on doit avoir à leurs dépositions, par rapport à leur état, à leur bonne ou mauvaise renommée, & aux circonstances qui se rencontrent dans toutes sortes de preuves, afin de pouvoir pénétrer ce qui peut suffire pour établir la vérité d'un fait, & ce qui laisse dans l'incertitude.

Voilà ce qui peut faire discerner si les preuves sont concluantes, ou si ce ne sont que des conjectures, des indices, des présomptions, & quel égard on doit y avoir.

Porrò ea tantùm quæ sunt facti, probatione indigent, non ea quæ juris sunt; sed ipse judex, ubi de facto constat, de jure statuere debet, etiamsi à litigantibus allegatum non fuerit.

On distingue trois sortes de preuves; sçavoir, la preuve littérale, la testimoniale, & celle qui résulte de la commune renommée, & autres circonstances qui portent à faire croire un fait.

PREUVE LITTERALE, est celle qui résulte de quelque acte rédigé par écrit, comme d'un contrat, d'un testament, ou autre écrit.

Comme cette peuve tire sa force du témoignage même des personnes qui ont passé les actes, il semble qu'il ne peut y avoir de meilleure preuve.

C'est pour cette raison qu'on n'admet point de preuve testimoniale au contraire, comme nous l'expliquerons ci-après, en parlant de la preuve testimoniale.

Pour que les actes fassent preuve, il faut qu'ils soient dans les formes que les Loix prescrivent pour leur donner le caractere de l'autenticité, & l'effet de servir de preuve. Ce sont des marques par lesquelles les Loix veulent qu'on reconnoisse & qu'on distingue ce qu'elles mettent au nombre des preuves, & ce qu'elles rejettent.

Il faut encore que les actes que l'on produit pour servir de preuves, contiennent & prouvent par la lecture le fait dont il s'agit.

Il est certain que dans l'ordre de la Justice, il n'y a guéres de preuve plus convaincante que celle-là. *Voyez* ce qui en est dit dans le douziéme tom. des Causes célébres, pag. 158. & suiv.

PREUVE TESTIMONIALE, est celle qui se fait par témoins idoines & dignes de foi, qui justifient un fait qu'on a allegué & mis en avant, la preuve duquel sert pour la décision du différend des Parties.

La preuve testimoniale seroit la plus simple & la plus parfaite de toutes les preuves, si l'on pouvoit supposer que les hommes sont incapables de se tromper & de s'écarter de la verité & de la Justice. Mais l'expérience funeste que nos Législateurs ont faite de la facilité avec laquelle les hommes tombent dans l'erreur & se trompent, ou même se livrent au mensonge & à l'imposture, ne leur ayant pas permis de concevoir une opinion si avantageuse du genre humain, ils se sont accommodés à la foiblesse de l'humanité.

Il y avoit peut-être un égal inconvenient à rejetter absolument, & à admettre indistinctement la preuve testimoniale; il eût été imprudent de se reposer sur la foi des témoins, quand il y a des voies plus sures pour parvenir à la connoissance de la vérité; il eût été injuste de proscrire la preuve testimoniale dans tous les cas où il est impossible de découvrir la vérité par une autre voie.

Voici le tempérament qu'ont pris nos Législateurs; ils l'ont rejettée dans les cas où l'on est à portée de recourir à d'autres preuves plus juridiques & moins suspectes; ils l'ont autorisée dans les cas où, par la fatalité de certaines conjonctures, on ne peut découvrir la vérité sans son secours: mais dans ce cas-là même ils ont épuisé leur attention à en temperer les inconveniens, comme on le verra par ce qui suit.

Quoiqu'il en soit, on ne peut pas nier que la preuve testimoniale ne soit la plus ancienne, que la nécessité en avoit formé l'usage chez toutes les Nations & qu'il a été un tems où elle étoit également reçue dans toute sorte de matieres, quelque considérable qu'en fût l'objet; mais elle est de toutes les preuves la moins sûre, & souvent très-dangereuse.

Pour que la preuve testimoniale soit admissible & produise son effet, plusieurs conditions sont requises, soit par rapport aux personnes que l'on veut faire entendre pour témoins, & par rapport à la maniere dont ils rendent leur témoignage, soit par rapport à d'autres circonstances.

Il y des personnes qui ne sont pas idoines pour porter témoignage, comme nous le dirons, *verbo* Témoins; & d'autres dont le témoignage est suspect ou rejetté, parce que le mauvais renom qu'ils ont fait présumer, que ce qui les engage à porter témoignage, n'est pas l'amour de la Justice & de la vérité.

Les témoins qui déposent d'un fait, doivent rendre témoignage de la connoissance qu'ils en ont par eux-mêmes, & déposer du fait comme d'une chose qu'ils sçavent de pleine certitude, pour y avoir été présens, & l'avoir vû eux-mêmes. Ainsi la Loi *Divus* 24. *ff. de testamento militis*: ne veut pas qu'on ajoute fois à un témoin qui parle par oui dire *Testis ex auditu fidem non facit*; mais on tient que cette Loi ne comprend pas ceux qui disent avoir oui dire quelque chose à un accusé.

Il faut au moins deux témoins dans les affaires dans lesquelles la Loi n'en requiert pas un plus grand nombre, comme elle fait dans les testamens & autres actes, dans lesquels, ou pour leur solemnités, ou pour plus grande preuve, elle a requis un plus grand nombre que celui de deux. Ainsi, tant en affaire civile que criminelle, le témoignage d'un seul témoin ne fait pas foi; il en faut toujours au moins deux.

Il faut encore que leurs témoignages soient concordans, ensorte qu'il ne résulte de tous qu'une même induction; car si plusieurs témoins déposent chacun d'un fait singulier ou d'un même fait, mais circonstancié différemment, leur témoignage ne sera pas d'un plus grand poids.

Le cas ordinaire où la preuve testimoniale est admise, sont quand il s'agit d'un quasi-contrat, d'un délit ou quasi-délit, d'une possession ou autre fait controversé.

En un mot, toutes sortes de faits se peuvent prouver par témoins; mais en fait de conventions, la preuve par témoins n'est pas toujours admise, & la preuve par écrit est absolument nécessaire, lorsqu'il s'agit de convention excedant la somme de cent livres: ce qui a été introduit d'abord par l'article 54. de l'Ordonnance de Moulins, & ensuite confirmé par la Jurisprudence des Arrêts, & par l'article 2. du titre 20. de l'Ordonnance de 1667.

Cette sage décision n'a été établie qu'après la triste expérience que l'on a eue de la facilité avec laquelle bien des gens vendent leur témoignage à ceux qui sont assez méchans pour les acheter.

Mais cette décision ne regarde que les conventions, & n'ont pas les faits, lesquels, comme nous avons dit, se peuvent prouver par témoins, sans quoi ils resteroient presque toujours dans l'incertitude, attendu qu'il ne s'en fait pas ordinairement d'écrit. *Facta per testes probantur; pacta verò possunt per scripturam seu per instrumenta probari.*

Ainsi cette prohibition de la preuve testimoniale en matiere de conventions, est fondée sur ce qu'il dépend des Parties de rédiger par écrit les conventions, & par conséquent elles doivent s'imputer de ne l'avoir pas fait; au lieu que les faits ne se peuvent prouver que par témoins.

Par exemple, je serai reçu à faire preuve par témoins que Mævius a occupé ma maison pendant un tel tems, parce que c'est un fait dont la preuve est reçue pour quelque chose que ce soit, à quelque somme que monte celle qui résulte de ce fait; mais je ne serai pas reçu à prouver que Mævius est convenu avec moi de la somme de milles livres par chacun an, pour les loyers de ma maison; parce que ce n'est pas un fait, c'est une convention, dont la preuve par témoins n'est reçue que pour chose qui n'excede point la valeur de cent livres; toutes conventions pour choses excedantes cette somme, devant être rédigées par écrit soit pardevant Notaires, ou sous signatures privées.

Ainsi la tradition & la jouissance se peuvent prouver par témoins, en chose excedant la valeur de cent livres, quand les faits qui donnent lieu à la preuve ne sont point susceptibles de convention. M. Ricard des Donations, sect. 6. nomb. 676. M. le Prêtre, cent 4. chapitre 2. Charondas, livre 11. rép. 5.

Enfin on a senti tout le danger, tous les inconveniens de la preuve testimoniale, & qu'ainsi les engagemens des hommes ne doivent pas dépendre du caprice de leur volonté, ni de l'incertitude de leur témoignage. En prenant de sages précautions pour rendre leurs conventions immuables, il étoit nécessaire de marquer en même tems à quels traits & quels caracteres on en pourroit reconnoître la vérité. C'est ce qu'a fait l'Ordonnance de Moulins, en prescrivant qu'il seroit passé contrats de toutes choses excedantes cent livres, & qu'on ne pourroit recevoir la preuve par témoins contre & outre le contenu aux contrats.

Cette régle, que la preuve par témoins n'est

point admise pour conventions qui excedent la valeur de cent livres, souffre quelques exceptions.

La premiere est à l'égard de la Jurisdiction des Juges & Consuls, où la preuve testimoniale pour conventions excedantes ladite somme est admise, suivant ce qui est dit à la fin de l'article 2. du titre 20. de l'Ordonnance de 1667. La raison est, que les Marchands font leurs négociations sur le champ dans les Marchés ou dans les Foires, où il ne leur est pas toujours aisé d'assurer leurs conventions par écrit.

Voyez Taisand sur la Coutume de Bourgogne, tit. 4. art. 11. nomb. 13.

La deuxiéme est pour dépôt nécessaire, en cas d'incendie, ruine, tumulte ou naufrage, ou en cas d'autres accidens imprévûs, dans lesquels on n'a pas le tems ni la liberté de délibérer, ni de faire des actes par écrit; ce qui fait que la preuve par temoins a lieu pour choses déposées dans les cas énoncés ci-dessus, à quelque somme que s'en puisse monter la valeur, suivant l'article 3. du même titre.

Mais la preuve par temoins n'a pas lieu à l'égard d'un dépôt volontaire. Soefve, tom. 1. cent. 3. chap. 7. rapporte un Arrêt du Parlement de Paris, rendu le vingt Avril 1649. qui l'a jugé ainsi; parce que le déposant doit s'imputer, *si minus diligentem amicum elegerit*, & s'il ne s'est pas servi de moyens convenables pour assurer ses effets contre l'infidélité du dépositaire, ayant du tems pour prendre les mesures convenables pour cela. En un mot, on ne permet la preuve par témoins pour conventions qui excédent la somme de cent livres, que dans les cas ausquels les Parties n'ont pû se procurer une preuve par écrit.

La troisiéme exception où la preuve par témoins est admise pour conventions, est quand il s'agit de dépôts faits en logeant dans une Hôtellerie, entre les mains de l'Hôte ou de l'Hôtesse, suivant la qualité des personnes & la qualité du fait, comme il est dit en l'article 4. du même titre. *Voyez* aussi le Vest, Arrêt 173. Louet, lettre, D, sommaire 33.

Néanmoins l'Hôte ne seroit pas responsable du vol qui auroit été fait dans son Hotellerie des choses déposées, soit qu'il eût été fait par quelqu'un de ceux qui y logent, ou par quelque passant, pourvû que ce ne fût pas par quelqu'un de ses domestiques; car en ce cas il en seroit responsable, de même que de toutes les hardes qui auroient été prises. *Voyez* Messagers.

De ces trois exceptions où la preuve par témoins est admise pour conventions, il résulte que ce n'est point à l'importance de l'objet que la Loi accorde ou refuse la preuve testimoniale, mais à l'impossibilité ou à la validité des autres preuves.

La quatriéme exception est, quand il y a commencement de preuve par écrit, suivant l'article 5. du même titre. *Voyez* Bardet, tome 2. liv. 7. chapitre 39.

Par exemple, un homme m'écrit un billet par lequel il me prie de lui prêter cinquante pistoles, & qu'il m'en donnera une reconnoissance par devant Notaire quand je voudrai; je lui mande qu'il vienne, & que je lui les prêterai: & d'autant qu'il m'assure qu'il me les rendra dans peu de tems, je les lui prêterai en présence de quelques personnes, sans exiger aucune reconnoissance: dans ce cas, s'il nie que je les lui ai prêtées, je suis reçu d'en faire preuve par témoins, parce qu'il y a commencement de preuve par écrit, qui est le billet par lequel il me prie de lui prêter cette somme. Néanmoins dans cette espéce le Juge doit examiner la qualité & la condition des témoins, & de toutes les Parties, avant que de condamner le défendeur au payement de la somme.

Voici un autre espéce où la preuve par témoins a été admise pour raison d'une convention de chose excédant la valeur de cent livres, à cause d'un commencement de preuve par écrit. Un marchand de vin à Paris achete des vins d'un Forain, qui promet de les faire entrer à Paris sous le nom dud. Marchand; les vins étant sur la riviere, prêts d'arriver à Paris, ce Marchand fournit au Forain cinquante-un louis d'or d'une part, & vingt d'autre, pour les droits d'entrée & autres frais.

Le Marchand de Paris voyant que les vins n'étoient point entrés sous son nom, & par quelqu'autre raison, rompit le marché du consentement du Forain: il lui demande ensuite les cinquante-un louis d'or d'une part, & les vingt d'autre.

Le Forain denie les avoir reçus, rapporte les quittances des droits d'entrée qui prouvent que c'est lui qui a payé ces droits, & soutient qu'on ne doit pas ordonner la preuve par témoins contre ces quittances.

Le Marchand de Paris soutient au contraire, que le marché qu'il a fait étant par écrit, est un commencement de preuve que c'est lui qui a payé ou du moins fourni les deniers pour payer les droits d'entrée, puisque par le marché les vins devoient entrer sous son nom, & que c'est celui à qui les vins appartiennent qui doit payer les droits, & que lors le marché subsistoit encore.

La preuve par témoins fut permise par Sentence contradictoire du Châtelet, laquelle a été confirmée par Arrêt du Parlement, rendu le 4 Août 1687.

Si dans une même instance la partie fait plusieurs demandes dont il n'y ait point de preuve par écrit & que jointes ensemble elles soient au-dessus de cent livres, elles ne pourront être vérifiées par témoins, quoique ce soit diverses sommes qui viennent de différentes causes & en différens tems, à moins que ce ne fût pour droits procedans par succession, donation, ou autrement de différentes personnes, comme il est dit en l'article 5. du même titre.

Au reste, il faut remarquer, 1°. Que quand il s'agit d'une convention sur laquelle la Partie a pû faire un acte, au cas qu'il s'agisse de plus de cent livres, la régle est que nulle preuve testimoniale ne doit être admise sans un commencement de preuve par écrit.

II°. Que s'il s'agit d'une convention sur laquelle les actes par écrit qui en ont été faits, n'ayent pas été au pouvoir de celui qui a intérêt de la prouver, quelque considérable que soit l'objet, la preuve testimoniale en doit être reçue sans aucun commencement de preuve par écrit.

III°. Que quand la convention a été constante par la signature des parties, ou qu'elle a été reçue sous le sceau de la foi publique, qu'il y en a eu un acte, & que cet acte vient à se perdre par un cas fortuit & notoire, la disposition de l'article 54. de l'Ordonnance de Moulins cesse en ce cas. En effet, ce n'est plus d'une convention qu'il s'agit de faire preuve: la convention en elle-même étoit certaine; c'est la preuve de l'acte qui en faisoit foi, & qu'il est alors uniquement question de prouver. Le témoignage des hommes auquel on est forcé d'avoir recours dans ces circonstances, ne peut être regardé que comme l'expression fidéle d'une vérité déja connue, & qui avoit été constatée dans la forme prescrite par la Loi même.

Aussi tous les Auteurs qui ont le plus approfondi la matiere, ont pensé unanimement que la perte des titres & des actes portant obligation de sommes au-delà de cent livres, étoit susceptible de la preuve testimoniale, & que par le secours de cette preuve il étoit permis de recouvrer ce qu'ils contenoient.

Boiceau, en son commentaire sur cette Loi, s'explique à cet égard de la maniere la plus précise: *Sic ergo expeditus casus iste, testibus nimirum probari posse amissionem, & per consequens tenorem instrumenti.* Il marque ensuite de quelle maniere il faut que cette perte soit arrivée, pour qu'on soit reçu à en faire preuve. *Et sub verbo amissionis intelligo omnes casus fortuitos, omnemque vim majorem, ut incendia, naufragia, incursus latronum, deprædationes, expilationes domorum, & alia ejusmodi fortuitos adcasus pertinentia.*

Enim verò, aliud est probare summam aut quantitatem sibi debitam esse, aliud est probare instrumentorum amissionem; nam facta per testes probari possunt, non vero pacta in quibus agitur de summa centum libras excedente.

Voyez Bouvot, tome 2, *verbo* Preuve par témoins.

Mais pour prouver par témoins la perte d'un acte, il faut qu'ils parlent non-seulement de la perte de l'acte, mais aussi de sa teneur; c'est-à-dire, qu'ils déclarent de quelle maniere il a été perdu, & ce qu'il contenoit. *Voyez* M. le Prêtre, cent. 1, chap. 60. Charondas, liv. 7. rep. 84. & Mornac, *ad Leg. 1 & 2. cod. de fide instrument.*

Quoique tout cet acte de Justice se prouve par Registre du Greffe, néanmoins la soustraction se peut prouver par témoins. Papon, l. 9. tit. 1. n. 1.

La défense de faire preuve par témoins au-dessus de cent livres, n'a point lieu lorsqu'on allégue avoir recelé de piéces ou soustractions de deniers. Boniface, tom. 1. liv. 8. tit. 27. chap. 9. Soefve, tome 1. cent 3. chap. 57. Bardet, tom. 2. liv. 8. chap. 30. En effet, il ne s'agit pas alors d'une convention faite entre les parties, mais d'un fait: or toutes sortes de faits se peuvent prouver par témoins.

Quoique les conventions faites pour somme qui excede cent livres, ne se puissent vérifier par témoins, il faut néanmoins remarquer.

I°. Que celui à qui est dûë une somme plus forte, peut faire la preuve par témoins, en réduisant sa demande à cette somme; mais il faut que ce soit par le premier exploit de demande que cette réduction se fasse; car après avoir demandé une somme au-dessus de cent livres, on ne peut plus reduire sa demande à cette somme, pour en faire la preuve par témoins. Ainsi jugé par Arrêt du Parlement de Grenoble le Février 1678. *Voyez* Chorier, Jurisprudence de Guy-Pape, pag. 252.

II°. Que quoique les conventions faites pour somme qui excede cent livres, ne soient pas admises, le créancier de la somme pour laquelle la preuve testimoniale n'est point admissible, peut toujours déferer le serment décisoire à la Partie adverse; sçavoir, si elle doit la somme qu'il lui demande; ensorte que celui à qui ce serment est deferé, est obligé d'affirmer, sinon doit être condamné par le Juge au payement de la somme qui lui est demandée. *Manifestæ enim pravitatis est nec jurare velle, nec solvere, Leg. 38. ff. de jure jur.* *Voyez* Basset, tom. 1. liv. 2. tit. 28. chap. 1.

Par la disposition du Droit Romain, les témoins font autant de foi que les actes en toutes matieres, *leg. in exercend. cod. de fide instrument.* & le témoignage de deux témoins fait preuve entiere.

Nous voyons même qu'il a été un tems où la preuve testimoniale a été estimée plus forte que celles des actes; ensorte que quand elle étoit contraire, la preuve par témoins l'emportoit sur celle des actes; ce qui est attesté par Bouteiller en sa Somme rurale, tit. 106. où il rapporte cette maxime: *Témoins par vive voix détruisent Lettres.*

La raison sur laquelle étoit fondée cette maxime, est que la preuve des actes est un témoignage muet, qui ne peut donner aucun éclaircissement sur des circonstances qu'il seroit important d'approfondir; au lieu que les Juges en peuvent tirer quelque connoissance par la déposition des témoins. D'ailleurs, la fausseté qui se peut rencontrer dans un acte, ne se découvre pas aisement; au lieu que le Juge peut découvrir la fausseté de la déposition des témoins par leurs variations, ou par les différentes depositions des uns & des autres.

Mais la facilité d'avoir des témoins qui deposent des choses dont ils n'ont aucune connoissance, & qui ne déposent que ce qu'on leur a suggeré, a oblige de mettre des bornes à la preuve testimoniale: outre que quand même la corruption ne seroit pas à craindre, les témoins peuvent être surpris.

Ainsi l'on n'admet point ordinairement la preuve par témoins pour conventions faites pour sommes qui excédent cent livres, comme nous l'avons expliqué cy-dessus.

On n'admet pas non plus la preuve par témoins contre le contenu dans un acte par écrir, encore qu'il s'agisse d'une somme au-dessous de cent livres, comme il est dit en l'article 54. de l'Ordonnance de Moulins, & en l'article 2. du titre 20. de l'Ordonnance de 1667.

Ainsi c'est un principe certain, qu'on n'admet point de preuves par témoins contre la teneur d'un contrat fait dans les régles, & passé par des personnes non suspectes de dol & de fraude. *Contra scriptum testimonium non fertur. Leg. 1. cod. de testibus.*

Cette prohibition est fondée sur le danger qu'il y auroit de faire dépendre le sort des conventions du témoignage de trois ou quatre personnes affidées ou mal instruites. Il n'y auroit plus rien de sûr dans la societé, si celui qui s'est engagé par un écrit, pouvoit être reçu à faire preuve de tout ce qu'il allégueroit pour détruire cet écrit. *Voyez* un acte de notorieté du Châtelêt de Paris du 15. Janvier 1700. *Voyez* aussi l'acte de notorieté du dix-neuf Août 1701.

Mais comme la preuve que l'on tire d'un acte, n'a pour fondement que la fidelité du témoignage que donne l'écrit de la verité de ce qu'il contient, lorsque l'on donne atteinte avec raison à cette fidélité, l'écrit perd sa force; & celui qui prétend qu'il y a un vice essentiel dans cet écrit, doit être admis à faire preuve, même par témoins, des faits & des circonstances qui le detruisent, ou qui doivent empècher que l'on n'y ait égard.

C'est aussi la raison pour laquelle la preuve par témoins est admise contre le contenu dans un acte par écrit toutes les fois qu'il y a lieu de revoquer en doute la foi de l'acte; ainsi la preuve testimoniale est admise contre, dans les cas suivans.

I°. Lorsqu'on prétend qu'il est faux, ou qu'il a été fait par l'impression d'une crainte, ou d'une violence qui en doit empècher l'effet.

II°. Quand il y a semi-preuve par écrit, ou presomption violente du contraire de ce qui est contenu dans un contrat. Boniface, tom. 1. liv. 8. tit. 27. chap. 6. & 21.

III°. La simulation d'un contrat peut se prouver par témoins. *Voyez* Boné, Arrêt 87 Maynard, liv. 6 chap. 76. Sur ce fondement, il a été jugé qu'on pouvoit prouver par témoins qu'un billet causé pour valeur reçue, a été donné pour argent perdu au jeu. *Voyez* actes autentiques.

IV°. Lorsqu'il y a soupçon de fraude, la preuve par témoins peut être admise contre un acte par écrit. Papon, liv. 9. tit. 11. nomb. 2. Plaidoyé de M. le Noble, pag. 38. & suiv. Maynard, liv. 6. chap. 77. 78 & 79.

La preuve testimoniale est admise en matiere criminelle; où il s'agit souvent de la vie d'un homme, quoiqu'elle ne soit pas admise pour conventions qui excédent la somme de cent livres, comme nous l'avons dit cy-dessus. La raison est, qu'en matiere criminelle il est presque toujours impossible d'avoir d'autre preuve que la testimoniale; & on ne pourroit l'exclurre sans introduire l'impunité des crimes, qui entraine après elle le désordre & le renversement de la societé civile.

A l'égard des questions d'état, la preuve par témoins n'est pas reçue, comme nous avons dit *verbo* Question d'état.

Au reste, il est arrivé quelquefois qu'un créancier ou un débiteur d'une somme excedante cent livres, & ne pouvant par conséquent prendre la voye civile, dans laquelle la preuve par témoins n'est pas admise pour une telle somme, s'est avisé de prendre la voye extraordinaire, pour rendre par ce moyen inutiles les dispositions de nos Ordonnances, & être admis à faire preuve par témoins des sommes excedantes cette somme.

Mais toutes les fois que sous prétexte qu'il s'agit de la preuve d'un crime, un plaideur prend la voye criminelle dans un affaire civile, à l'effet de se servir de la preuve par témoins pour somme excedante cent livres, il est toujours regardé comme un homme qui veut, nonobstant la disposition de nos Ordonnances, être admis à la preuve par témoins, qui la defendent quand il s'agit d'une telle somme, à cause de la facilité qu'il y a d'avoir des témoins, comme nous avons dit cy-dessus; & alors l'affaire est civilisée par le Juge, ou par consequent la preuve par témoins ne peut pas être admise pour raison d'une somme excedante celle de cent livres.

C'est ce qui a été jugé au Parlement de Paris, par Arrêts des 16. Janvier 1664. & 7. Avril de la même année, le premier sur les conclusions de M. Lalon; & le second sur celles de M. Bignon, qui ont décidé que les informations surprises pour s'acquerir une preuve interdite par les Ordonnances, doivent être rejettées.

Le Parlement, par un autre Arrêt du 16. Mars 1723. sur les conclusions de M. Gilbert, infirma une Sentence du Châtelet, qui avoit permis une information pour prouver un depôt ou nantissement, dont on accusoit une personne d'être retentionnaire.

Enfin, par Arrêt rendu à la Tournelle le 9. Fevrier 1734. la Cour en renvoyant un procès criminel à la Grande Chambre, le civilisa. Voici l'espéce: Un nommé Bertaud demandoit à des Marchands le payement de leurs billets payables au porteur. Ces Machands ne pouvant pas être admis à faire preuve s'ils prenoient la voye civile, prirent la voye extraordinaire, pour rendre inutiles les dispositions des Ordonnances, qui ne permettent pas d'admettre la preuve par témoins pour somme excedante cent livres. Mais la Cour renvoyant l'affaire à la Grande Chambre, la civilisa comme nous l'avons dit.

Touchant la preuve par témoins, *Voyez* le Traité qu'en a fait Boiceau, & qui a été donné au public en 1715. avec des augmentations considérables, par M. Danty, Avocat. *Voyez* Henrys & son Commentateur, tom. 4. Plaidoyé 14. *Voyez* aussi ce qui en est dit ici, *verbo* Temoins ; & dans le douziéme Tome des Causes célébres, page 172. & suivantes.

PREUVE RESULTANTE DE LA COMMUNE RENOMMÉE, n'est qu'une présomption qui ne prouve pas avec certitude ; mais qui nous induit à une croyance douteuse sur le fait dont il s'agit.

La raison est, qu'il n'y a rien de si crédule ni de si aisé à surprendre que le peuple par une fausse opinion. Il ne faut qu'un homme qui commence à dire une chose, pour être suivi d'une infinité d'autres. il se fait un plaisir d'être l'auteur, & pour ainsi dire, le pere de ceux qu'il appuye. La persuasion s'en communique par une contagion secrette ; les espèces se multiplient & se grossissent tellement, que d'un doute particulier il s'en forme une opinion universelle ; c'est un écho qui rend les sons, & qui les multipliant à l'infini, forme ce que nous appellons communement renommée, qui ne peut passer pour une preuve complette, n'étant le plus souvent qu'une prévention populaire. *Voyez* ce que j'ai dit let. C, en parlant de la commune renommée.

Comme elle n'est qu'une présomption qui ne prouve pas avec certitude, nous distinguons les preuves en celles qui sont pleines & complettes, & celles qui ne sont que semi-preuves.

PREUVE PLEINE ET COMPLETTE, est celle qui prouve tellement le fait ou la chose dont il s'agit, qu'il ne reste aucun lieu d'en douter ; comme celle qui se fait par deux temoins irreprochables, ou par des actes publics, qui sont appellés preuves indubitables : d'où il s'ensuit que ce qui est ainsi prouvé & ce qui est effectivement, est la même chose, du moins dans l'esprit de l'homme. *Voyez* Erreurs spécieuses.

SEMI-PREUVE, est celle qui ne prouve pas, mais qui nous procure une croyance douteuse & incertaine, comme celle qui vient de la commune renommée. *Voyez* ci-dessus, Commune renommée.

Telle est aussi la preuve qui se tire du temoignage ou de la deposition d'un seul temoin ; ce qui oblige le juge en matiere civile à déferer le serment à celui en faveur de qui le témoignage a été rendu.

PREUVE PLEINE ET ENTIERE EN MATIERE CRIMINELLE, est celle qui résulte,

I. De deux temoins idoines & non reprochables, qui ont parlé clairement du fait, dont les témoignages sont concordans, tant per rapport au corps du délit, qu'à ses circonstances.

II. De quelque écrit qui ne laisse aucun doutte que celui qui est accusé d'un crime, l'a commis.

III. De l'évidence parfaite & entiere du délit, qui exclut tout doute sur le crime qui a été commis & sur la personne de celui qui en est reconnu coupable.

Cependant le juge qui a vû commettre un crime ne peut condamner le criminel sur la propre certitude qu'il en a ; il faut qu'il y ait un accusateur, qu'il entende des témoins, & qu'il garde les mêmes formalités, que si ce crime ne lui étoit pas notoire.

La raison est, que ce crime ne lui est connu qu'en qualité de témoin qui l'a vû commettre, & non en qualité de Juge.

La confession du Criminel ne fait pas preuve pleine & entiere, comme nous l'avons dit ci-dessus, *verbo* Confession.

La violente présomption, la commune renommée, ou autre présomption ne font point preuve suffisante pour condamner celui que l'on tient coupable du crime qui a été commis, à la peine que la Loi a prononcée contre ceux qui en seroient coupables ; sur-tout quand il s'agit de la vie d'un homme, ou de le condamner à quelque peine afflictive, il faut alors que son crime soit prouvé par des preuves plus claires que le jour, *Satiùs est absolvi nocentem, quàm innocentem condemnari.* Il vaut mieux laisser un criminel impuni, que de s'exposer à perdre un innocent. *Leg. 5. ff. de pœnis ; & leg. ult. cod. de Episc. audient.*

Cependant, quoique la violente presomption ne fasse point preuve suffisonte pour condamner à la peine que la Loi prononce contre les coupables du crime qui a été commis, l'accusé ne doit pas toujours, faute de preuve suffisante, être renvoyé absous.

En effet, si les criminels ne pouvoient être convaincus que par la preuve vocale, ou la preuve litterale, ou par l'évidence du fait, que de crimes demeureroient entiérement impunis, que de criminels seroient à l'abri ; parce qu'ils auroient pris la précaution d'écarter des témoins, & de ne point confier au papier leurs desseins criminels ; les seuls coupables imprudens succomberoient, & ceux qui commettent des crimes en secrets, échapperoient à la Justice, contre l'intérêt public ; *si quidem publicè interest crimina non remanere impunita.*

C'est la raison pour laquelle, au défaut de preuves vocales ou littérales, ou d'évidence du fait, la Loi admet les présomptions, dont il y en a de si fortes ; qu'elles vont à la certitude, & qu'elles tiennent même dans les crimes de preuves. *Judicia certa quæ jure non respuuntur, non minorem probationis quàm instrumenta fidem continent. Leg. 19. cod. de rei vindic. Sciant cuncti accusatores eam se rem deferre in publicam notiorem debere, quæ munita sit idoneis testibus ; vel instructa apertissimis documentis, vel indiciis ad probationem indubitatis, & luce clarioribus expedita. Leg. ult. cod. de probationibus.*

Ainsi, lorsque les présomptions sont très fortes,

le Juge doit condamner l'accusé à quelque peine, suivant les circonstances, mais ordinairement à une moindre peine que celle qui est prononcée par la Loi contre ceux qui sont pleinement convaincus du crime dont il est accusé, à moins que ces sortes présomptions ne fussent suivies de la confession de l'accusé.

Enfin, quand il y a quelque preuve contre l'accusé, mais insuffisante pour le condamner, ou pour le faire appliquer à la question, le Juge ordonne un plus amplement informé jusqu'à un certain tems, & même quelquefois que l'accusé restera en prison, les preuves demeurantes en état.

Voyez Absolution. *voyez* Conviction en matiere criminelle, *Voyez* Présomption. *Voyez* aussi peine de mort.

Quoique la déposition de deux témoins uniformes & non reprochez sur un même fait, passe pour une preuve indubitable, suivant toutes les Loix divines & humaines, cependant il est arrivé plus d'une fois que deux témoins de ce genre se sont trompez, ou qu'ils ont trompé, & on n'oseroit dire que toutes condamnations intervenues sur les dépositions de deux témoins précis, & de la qualité reçue par les Loix, soient infaillibles.

Au reste, les Juges ne peuvent rendre un Jugement criminel sur le fondement de la preuve testimoniale, que quand les témoins ont été confrontés à l'accusé.

PREUVE DE CRIMES QUI NE SE COMMETTENT QU'EN CACHETTE, NE DOIT PAS ESTRE TIRÉE DE L'ACTION MESME. Comme l'inceste, l'adultére, & les autres crimes de cette espéce se commettent en cachette, en vain exigeroit-on pour leurs preuves des témoins oculaires de l'action même; c'est pourquoi elles se tirent des présomptions & de la preuve de certains faits assez graves, pour que l'on en puisse conclurre la consommation du crime.

La circonstance d'un crime caché, & la difficulté d'éclaircir la vérité, font oublier les régles ordinaires dans ces occasions.

Ce principe est autorisé par tous les criminalistes & par tous les Docteurs.

Quoties agitur de rebus, quæ in secessu & remotis fiunt; indicia & conjecturæ sufficiunt ad probationem. Leg. 5. §. barbaris, ff. de re militari. Vide Laurentium Vallam. de reb. dub. tractatu 1. nomb. 20.

Cùm clam & occultè committi soleant adulteria, & prohibiti concubitus, sint que ob id difficilis probationis, factum hinc est, ut præsumptionibus & conjecturis probari possint. Menochius de præsumptionibus 41. num. 1.

Les présomptions d'où l'on peut conclurre la consommation de ces sortes de crimes, sont les fréquens colloques tête à tête & en particulier que des personnes ont ensemble.

Ce sont aussi des embrassemens, des baisers, & autres libertés criminelles, qui donnent lieu de croire à ceux qui s'en apperçoivent, que l'accomplissement du crime ne manque pas de se faire lorsqu'on est en particulier, & sans témoins oculaires.

Saint Cyprien, en sa Lettre à Pomponius, *de Virginibus*, dit que les embrassemens & les baisers suffisent pour prouver le crime en la personne d'une fille, & la deshonorer. *Certè ipse complexus, ipsa osculatio, quantum de decoris & criminis consitentur.*

La Loi 23. *in principio ff. ad Leg. Jul. de adult.* décide que le mari & le pere qui surprenent le galant *in ipsis rebus venereis* peuvent le tuer impunément. La glose en expliquant ces mots, *in ipsis rebus venereis*, dit que ce sont les préludes de l'amour, comme les colloques, les repas, les baisers, &c. & que ces familiarités outrées sont des présomptions très-violentes du crime: *Sunt enim res veneris antecedentia ipsum scelus, scilicet apparatus, colloquia, locus constitutus, convivia, basia, tactus; nam ab ipsis argumentum sceleris inducitur.*

Barthole, sur la Loi 25. *ff. eodem titulo, ad legem Juliam de adulteriis*, voulant marquer qu'elles sont les preuves suffisantes du crime d'adultére, décide qu'il suffit que des témoins disent avoir surpris une femme seule avec un homme dans un lieu, s'embrassant & se baisant: *Nota ergo, inquit, quod si testis dicit quòd cum invenit in camera solum cum sola vel osculantem, vel tangentem, quia ista sufficiunt ad probationem adulterii.*

Ce même Auteur ajoute que c'est le sentiment de la glose & de tous les Canonistes, sur le chapitre *præterea, extra de præsumptiouib.* sur le chapitre *litteris*, & sur le chapitre *tertio loco, extra de testibus.*

Menochius, *loco supra citato, numero 26.* n'exige pas d'autre preuves pour convaincre une femme d'adultere, que des baisers avec un autre homme que son mari.

Panorme, sur le chapitre *præterea, extra de præsumptionibus*, dit que les embrassements les baisers sont les actes immédiats & les plus prochains; *Adhuc plus dico, quod probata erit fornicatio, si viderunt virum & mulierem in latebris se osculantes & amplexantes, quia isti sunt actus propinqui ad actum.*

Lessius même, *in suo de Justitia Tractatu, lib 4. cap. 3. num. 59.* décide que les baisers sont une preuve de commerce, & supposent nécessairement, un consentement du moins tacite, à toutes les satisfactions de l'amour: *Osculum, ut est delectabile carni natura sua, est signum copulæ vel instantis, vel futuræ: itaque in eo contineri videtur tacitus quidam consensus in copulam.*

Suivant ce que nous avons dit ci-dessus, les fréquens colloques qu'un homme a tête à tête avec une femme ou une fille, enfermés ensemble dans une chambre, donnent lieu de croire que leur conversation a été entremêlée de faits peu permis, & qu'ils ne se sont pas toujours amusés à parler de la pluie & du beau tems. *Conjectura & præsumpti est perpetrati adulterii, quando solus cum sola, in loco secreto & abdito inventus est. Menochius, lib. 5. præsumpt. 41. num. 11.*

Enfin

Enfin les Lettres tendres & passionnées que des personnes s'écrivent, peuvent beaucoup servir à prouver qu'ils vivent ensemble dans une habitude criminelle, pour peu qu'il y eût d'autres circonstances qui contribuassent à faire croire la même chose.

Il nous reste à remarquer au sujet des crimes qui ne se commettent qu'en cachette, que ceux qui ne sont pas regulierement admis à porter témoignage dans les affaires qui concernent les personnes dans la dépendance desquelles ils sont, doivent néamoins être admis à déposer dans les choses dont il n'y a guéres qu'eux qui puissent en avoir connoissance, comme nous le dirons, lettre T, en parlant des Témoins nécessaires.

PREUVE EN MATIERE CRIMINELLE NE SERT QUE CONTRE LES ACCUSÉS, pour la condamnation du crime & la peine : mais à l'égard du civil, elles font preuve contre toutes sortes de personnes indifféremment qui y entrent pour des intérêts civils.

Par exemple, dans un procès que lon fairoit à un Officier pour concussion, si ses créanciers intervenoient pour la conservation de leurs droits, les preuves du procès pour condamnation de cet Officier à la peine pour raison de son crime, n'auroit que lui pour objet; mais pour le civil, elles ne laisseroient pas d'être concluantes contre les créanciers, en faveur de ceux à qui les prévarications de cet Officier auroient causé du domage.

PREUVE DE NAISSANCE, D'AGE, DE MARIAGE ET DE DÉCÉS. *Voyez* Registres des Naissances, Mariages & sépultures.

PREUVE DES TONSURES, DES ORDRES, DES NOVICIATS, ET PROFESSIONS *Voyez* Registres des Tonsures, &c.

PRIME, est la somme que l'assuré paye pour le prix de l'assurance. *Voyez* police d'assurance.

PRINCES DU SANG, sont ceux qui sont issus de la race royale, & qui sont par conséquent du sang auquel la royauté & la souveraineté est affectée, non simplement, dit Loiseau, à droit héréditaire, mais à droit de sang & de leur chef, & comme un patrimoine substitué à toute la famille royale.

Le premier Prince du Sang s'appelle absolument *M. le Prince.*

La qualité de Prince du Sang donne bien un grand rang à ceux qui la possedent; mais elle n'enferme point de Jurisdiction, à moins qu'elle ne soit jointe à d'autres Charges.

L'Edit donné à Blois au mois de Décembre 1576, registré le 8 Janvier, suivant, porte que les Princes du Sang, Pairs de France précederont & tiendront rang, selon leur dégré de consanguinité, devant les autres Princes & Seigneurs Pairs de France, de quelque qualité qu'ils puissent être, tant ès Sacres & Couronemens des Rois, qu'ès séances de Cours de Parlemens, & autres quelconques solemnités, assemblées & cérémonies publiques, sans que cela puisse plus à l'avenir être mis en dispute ni controverse, sous couleur de titre & priorité des Pairies des autres Princes & Seigneurs, ni autrement, pour quelque cause & occasion que ce soit. Fontanon, tome 2. pag. 32.

Ce qui concerne la tutelle des Princes du Sang, se fait en la Grande Chambre du Parlement de Paris; & quand il s'agit de recevoir leur serment pour une acceptation de tutelle ou curatelle, deux de Messieurs se transporte en l'hôtel du Prince.

Dans les actes ou actions publiques, on n'a pas coutume de nommer Princes autres Seigneurs que ceux du Sang royal.

PRINCIPAL, se dit de ce qui est plus important & plus considérable, & est alors opposé à l'accessoire. Par exemple, les fruits sont l'accessoire du fonds; les instrumens & ustensiles d'un fonds ou d'une métairie, comme la charue & autres, en sont les accessoires.

Le principal peut être sans l'accessoire ; mais l'accessoire, comme accessoire, n'a pas lieu quand le principal cesse. Par exemple, si un fonds est légué avec ses ustensiles ouinstrumens nécessaires pour les métairies & pour les fermes, si le legs du fonds est nul, celui des insturmens l'est aussi, & non au contraire.

Principal, se dit aussi du sort principal d'une rente constituée, à l'égard des arrérages qui n'en sont que les accessoires.

PRINCIPAL MANOIR, est le lieu seigneurial, & le Château ou maison qui est destinée dans un fief pour servir d'habitation au Seigneur féodal.

En succession de fief en ligne directe, le principal manoir appartient à l'ainé par droit d'ainesse. Et c'est au principal du fief dominant que les Vassaux sont obligés de faire la foi & hommage à leur Seigneur, pour les fiefs qu'ils tiennent de lui.

La Coutume de Paris en l'article 17., en donnant ce principal manoir à l'ainé, quand il n'y a pas d'autres biens dans la succession, réserve dessus ce principal manoir aux puînés leur droit de légitime ou de douaire, soit coutumier ou préfix.

Cela paroît très-équitable, en ce que c'est préferer le droit naturel au droit d'ainesse, & empêcher que l'affection paternelle pour le fils ainé opprime le droit de nature, qui inspire aux hommes de donner des alimens à ceux à qui ils ont donné la vie.

PRIORITÉ, est une préference qui provient de l'antériorité du tems. Ainsi on appelle priorité d'hypoteque, le droit qu'ont les anciens créanciers hypotécaires d'être payés sur les immeubles de leur débiteur avant ses créanciers postérieurs.

Mais cela n'a lieu qu'à l'égard de ceux qui n'ont qu'une simple hypotéque; car les créanciers privilégiés ont la préference à cause de leur privilége.

Les créanciers hypotécaires & non privilégiés viennent par ordre d'hypotéque, & sont colloqués chacun suivant son rang, qui se régle par la priorité & postériorité de son hypotéque.

Mais cela n'a lieu que pour le prix provenant de la vente des immeubles vendus par décret sur leur débiteur ; car quant aux meubles, le premier saisissant est préferé aux autres créanciers, si ce n'est en cas de déconfiture.

Tel est le Droit commun, qui s'observe à cet égard partout le Royaume.

Cependant nous avons quelques Coutumes qui établissent l'ordre d'hipoteque sur les deniers provenans de la vente des meubles, de même que sur ceux qui proviennent de la vente des immeubles ; comme Metz, titre 15, article 6 ; & Normandie, article 582.

PRISE A PARTIE, est un moyen extraordinaire accordé à une Partie contre son Juge dans les cas portés par l'Ordonnance, à l'effet de le rendre responsable de tous dépens, dommages & intérêts. *Voyez* le titre 25 de l'Ordonnance de 1667.

Celui qui veut prendre un Juge à partie, ne peut pour cela se pourvoir qu'au Parlement. Il présente à cet effet sa Requête, qui doit contenir sommairement les moyens sur lesquels il prétend faire intimer le Juge en son nom.

Si les moyens sont trouvés admissibles par Messieurs les Gens du Roi, ils donnent des conclusions qui les déclarent tels ; & en conséquence la Cour donne Arrêt qui permet de faire intimer le Juge en son nom.

Celui qui a obtenu cet Arrêt, le doit faire signifier au Juge qu'il prend à partie, & lui donner assignation dans les délais compétens, pour être condamné en son propre & privé nom en tous les dépens, dommages & intérêts.

Par la disposition du Droit Romain, un Juge ne pouvoit pas être pris à partie, que quand il avoit un grief irreparable par la voye d'appel.

Ce moyen étant extraordinaire, on n'y pouvoit récourir quand on pouvoit se servir de l'ordinaire, qui est l'appel par lequel le Juge supérieur peut réparer le grief fait par le premier Juge.

Il y avoit chez les Romains deux clauses pour lesquelles un Juge pouvoit être pris à partie ; sçavoir la malversation & l'ignorance.

L'effet de la prise à partie étoit de le faire condamner à tous les dommages & pertes qu'il avoit causés par son Jugement.

Voyez ce que j'ai dit sur le commencement du titre 5. du quatriéme Livre des Institutes.

Autrefois en France les Baillifs & Sénéchaux étoient obligés de comparoir à la Cour, lorsqu'on plaidoit les clauses d'appel de leurs Bailliages & Sénéchaussées ; mais il y a long-tems que cela n'est plus en usage, si ce n'est à l'égard du Prevôt de Paris ou son lieutenant civil, lequel tous les ans, à l'ouverture du rolle de Paris, vient en l'Audience de la Grande Chambre, assisté de quelques Conseillers du Châtelet, en présence desquels on plaide un appel d'une de leurs Sentences ; & après la cause jugée, la Cour les renvoye pour faire leur charge, dont le Registre est chargé.

Généralement parlant, un Juge peut être pris à partie quand il commet dol, fraude ou concussion quand il abuse de son autorité, & qu'il contrevient aux Ordonnances & Loix communément reçues.

Mornac sur la Loi 2. *ff. per res*, *ff. de origine Juris*, dit que les Officiers de Justice ne doivent jamais être pris à partie, à moins que leurs iniquités ne soient évidentes, & que leurs crimes, & non pas l'apparence de leurs crimes, soient saisis par les yeux de tout le monde.

Voyez Louet, lettre J, sommaire 14. *Voyez* aussi Papon, livre 19. titre 1. nombre 24 ; & Rebuffe sur les Ordonnances, *de Sentent. executor. art* 7. *glos.* 16 ; verbo *Ou délinqué*.

La nouvelle Ordonnance, tit. 1. art. 8. a voulu que les Juges pussent être pris à partie :

I°. Quand ils jugent contre la disposition des nouvelles Ordonnances, & Edits & Déclarations, ordonnant qu'ils soient responsables en ce cas des dommages & intérêts des Parties.

II°. Quand ils refusent de juger un procès en état. L'article 1. du titre 25. de l'Ordonnance de 1667. veut que les Juges souverains, ou autres, procedent incessamment au Jugement des causes, instances & procès qui seront en état de juger, à peine de répondre en leur nom des dépens, dommages & intérêts des Parties.

Mais on ne peut prendre à partie les Juges souverains pour le déni & refus de Justice ; on n'a que la voie de porter sa plainte verbale à M. le Chancelier. Cela est fondé sur la dignité de leurs Charges, & le respect qui est dû au caractere dont ils sont revêtus.

L'article 2. du même titre, qui permet, pour raison de déni & refus de Justice, de prendre les Juges à partie, ne parle que des Juges dont il y a appel pardevant d'autres Juges ; il veut que si ceux-là negligent de juger, ils soient sommés de le faire par deux différens actes signifiés de huitaine en huitaine, s'ils ressortissent nuement aux Cours souveraines ; & autrement de trois jours en trois jours, en leur domicile au Greffe de leur Jurisdiction ; qu'ensuite la Partie pourra appeller comme de déni de Justice, & faire intimer le Rapporteur en son nom s'il y en a, sinon celui qui devra présider.

La nouvelle Ordonnance marque trois autres cas esquels les Juges peuvent être pris à partie.

Le premier est, quand ils font acte de Jurisdiction etant incompétens, comme quand ils tiennent & évoquent les instances dont la connoissance ne leur appartient point. Article 1. du titre 6.

Le deuxiéme, quand ils évoquent les instances pendantes aux Siéges inférieurs, sous prétexte d'appel ou connexité, à moins qu'ils ne les évoquent pour les juger définitivement en l'Audience. Article 2. du même titre.

Le troisiéme, lorsqu'il paroît que la demande originaire n'a été formée que pour traduire le garant hors sa Jurisdiction, & que les Juges la retiennent, au lieu de la renvoyer pardevant ceux qui en doivent connoître. Article. 8. du titre 8.

Les Juges peuvent encore être pris à partie, quand ils jugent nonobstant une récusation qu'ils n'ont pas fait décider.

Papon, liv. 6. tit. 2. nomb. 21. rapporte un Arrêt rendu au Parlement de Paris le 20. Février 1521. qui a jugé qu'un Juge qui avoit appointé par avarice, avoit été bien & valablement pris à partie; mais aujourd'hui une telle prise à partie pourroit bien n'être pas admise.

Quand le Juge laïque empêche la jurisdiction du Juge ecclésiastique, il peut être pris à partie; mais quand le Juge laïque prend connoissance d'un affaire qui est de la compétence du Juge ecclésiastique, il ne peut être pour cela pris à partie: le Juge ecclésiastique peut seulement revendiquer la cause.

Boniface, tom. 3. liv. 2. tit. 4. chap. 3. rapporte un Arrêt du 8. Février 1687. qui a déclaré légitime la prise à partie du Juge & substitut du Procureur du Roi, pour leur négligence à juger les procès criminels.

Par Arrêt du Parlement de Paris, les Chambres assemblées, le 4. Juin 1699, défenses sont faites d'intimer & prendre à partie en son nom un Juge en vertu d'une simple commission obtenue en chancellerie, ni de faire intimer les Juges en leur propre & privé nom sur l'appel des jugemens par eux rendus, sans en avoir auparavant obtenu la permission par Arrêt de la Cour, à peine de nullité des procédures, & de telle amende qu'il conviendra. Cela fut ainsi ordonné, parce que les prises à partie étoient auparavant trop fréquentes & sans modération.

Ce même Arrêt enjoint en outre à tous ceux qui croiront devoir prendre les Juges à partie, de se contenter d'expliquer simplement & avec modération les faits & les moyens qu'ils estimeront nécessaires à la décision de leur cause, sans se servir de termes injurieux, à peine de punition exemplaire. Cet Arrêt est rapporté dans le troisiéme tome des Causes célébres, pag. 111; & dans Henrys, tom. 1. liv. 2. quest. 7.

Par autre Arrêt du 9. Mars 1714. rendu en la Chambre de la Tournelle, il a été jugé que ce n'est qu'en la Cour de Parlement qu'on peut se pourvoir pour prendre à partie les Juges inférieurs.

Lorsque l'on trouve que la prise à partie est sans fondement, celui qui l'a intentée est condamné en des peines proportionnées à l'injure qu'il a faite à son Juge. Nous en avons un Arrêt rendu le 26. juin 1699. immédiatement après l'Arrêt de Reglement du 4. du même mois.

Par cet Arrêt du 26. Juin, un Marchand, qui avoit pris témérairement à partie le Juge consulaire de Bourges, fut condamné à lui faire réparation d'honneur en présence de six personnes, telles que ledit Juge voudroit choisir, & de lui en délivrer acte, & en mille livres de dommages & intérêts, avec défenses de récidiver, sous peine de punition exemplaire, & aux dépens.

Lorsque la prise à partie est jugée bonne & valable, ce qui est rare, le Juge est déclaré bien intimé, & condamné aux dépens, dommages & intérêts, comme il a été jugé par Arrêt du 20. Octobre 1714. & il ne peut plus Juger du differend des parties; au lieu que celui qui a été follement intimé, peut en être Juge. Article 5. du titre 25. de l'Ordonnance de 1667.

Par le susdit Arrêt, rendu en Vacations le 20. Octobre 1714. sur les conclusions de M. de la Galissoniere, Doyen des Substituts de M. le Procureur général, le Juge de Nogent-le-Roi, & le Substitut du Procureur Fiscal, ayant été pris à partie en vertu de permission de la Cour ils furent déclarés bien intimés & pris à partie, & condamnés en cinq cens livres de dommages & intérêts, & aux dépens envers ceux qui les avoient pris à partie.

Les moyens de prise à partie étoient, que les Juges de Nogent-le-Roi avoient rendu une Sentence de provision avant qu'il y eût un décret, & en ce que ces Juges avoient décreté de prise de corps des personnes domiciliées, & qui n'étoient aucunement chargées par les informations.

M. de la Gallissoniere observa, qu'il n'y avoit que le décret seul qui faisoit l'accusé, & non pas la plainte; qu'ainsi l'on ne devoit jamais adjuger de provisions que contre les décretés & accusés.

Il fit voir aussi qu'il y avoit de la malice & du fait personnel des Juges, d'avoir décreté de prise de corps des gens qui n'étoient point chargés par les informations; d'où il conclut que comme le décret avoit été exécuté, il étoit dû des dommages & intérêts aux Parties.

PRISE A PARTIE PEUT AVOIR LIEU CONTRE LES JUGES SOUVERAINS. Comme ces Juges sont les dépositaires de l'autorité du Roi, on ne peut, sans des motifs très-justes & très-graves, exposer le ministere auguste qu'ils exercent à être en quelque maniere avili par des pareilles poursuites. Aussi les Juges souverains ne peuvent être pris à partie pour le déni & refus de Justice, comme nous l'avons dit ci-dessus.

Mais ils peuvent l'être pour raison d'un jugement injuste qu'ils auroient rendu par dol, c'est-à-dire par une faveur évidente par la Partie adverse, ou par haine de la personne qu'ils ont condamnée, ou par des raisons d'un intérêt sordide, suivant ce que dit la Loi 15. au Digeste *de Judiciis*. En voici les termes: *Judex tunc litem suam facere intelligitur, si dolo malo fraudem Legis Sententiam dixerit; dolo autem malo hoc facere videtur, si evidens arguatur ejus vel gratia, vel inimicitia, vel ejus sordes ut veram æstimationem litis præstare cogatur.*

Cette prise à partie ne peut être poursuivie qu'au Conseil d'Etat du Roi. Les Cours supérieures ne reconnoissent point des Juges qui ayent droit de connoître de leurs jugemens, & de les réformer: d'où il s'ensuit qu'il n'y a que le Roi qui le puisse quand le cas y échet; & par conséquent qu'il n'y a que lui seul aussi qui puisse permettre de les prendre à partie.

Celui qui prétend avoir été injustement condamné, se pourvoit d'abord en cassation ; & après que l'Arrêt a été cassé par celui du Conseil, il présente une Requête au Roi, par laquelle il lui demande la permission de prendre à partie les Juges qui ont abusé de l'autorité que Sa Majesté a bien voulu leur confier.

Si les moyens de prise à partie sont justes, le Roi rend un second Arrêt qui permet de prendre à partie les Juges souverains qui ont assisté à l'Arrêt qui a été cassé : ce qui est très-équitables, quelques raisons qu'on puisse alléguer contre.

Les égards que l'on est obligé d'avoir pour le caractère des Juges souverains doit avoir des bornes : ainsi quand ils se sont dépouillés les premiers du caractère de Juges, pour se rendre les propres parties de ceux dont ils tenoient le sort entre les mains ; quand ils ont profané l'autorité sacrée dont ils sont les dépositaires, en la faisant servir à l'oppression ; qu'ils ont violé pour cela toutes les régles, non-seulement de l'ordre judiciaire ; mais même de la bonne foi & de l'équité, il n'y a plus de ménagemens à conserver pour eux.

Après une telle prévariation, s'ils étoient à l'abri de toutes recherches, les fondemens de l'ordre public en seroient ébranlés, l'autorité royale en souffriroit elle même, puisqu'elle seroit obligée de voir l'iniquité triompher impunément à ses yeux sans pouvoir la réprimer.

Pour que les Officiers des Cours supérieures ne pussent point être pris à partie, il faudroit qu'ils fussent au-dessus des Loix, & qu'ils pussent les transgresser impunément, & se rendre les arbitres absolus des biens, de l'honneur & de la vie des sujets du Roi.

Mais Sa Majesté, qui établit des Juges, leur prescrit en même tems des Loix qu'ils sont obligés de respecter, & en faire la régle de leur conduite ; s'ils s'en écartent, ils sont plus coupables que les autres Juges, parce qu'ils doivent agir avec plus de lumiere, de prudence & de circonspection. Il ne doit donc pas être permis à des Juges supérieurs de chercher l'impunité de leurs crimes dans la supériorité de leurs Offices. Plus ils sont élevés par l'autorité suprême qui leur est confiée, & plus ils sont coupables quand ils font servir à l'oppression & à des injustices un ministere si auguste, qui n'est destiné qu'à rendre la justice, & à protéger l'innocence.

Que deviendroit l'autorité des Loix, si ceux mêmes qui sont établis pour les faire observer pouvoient les violer impunément ? Toutes celles du Royaume recommandent étroitement aux Juges l'exacte observation des Loix, & surtout point de partialité.

La Justice est le fondement le plus solide du Trône des Rois : leur premier devoir est de la faire regner dans leurs Etats ; & comment pourroient-ils s'en acquiter, si les Officiers des Cours supérieures n'étoient point obligés de rendre compte de leur conduite ?

Il est certain que si ces Officiers pouvoient, en ce qui concerne le ministère de leurs Charges, se soustraire à l'observation des Loix, ils croiroient que tout leur seroit permis ; & cela pourroit donner lieu à quantité de prévarications, calomnies, faussetés, véxations, condamnations arbitraires, qui pourroient quelquefois procurer l'impunité des coupables, & faire périr les plus innocens.

Quel seroit le sort de ceux qui se trouveroient injustement condamnés par des Juges souverains, s'il ne leur étoit pas permis d'en porter leurs justes plaintes aux pieds du Trône de celui que Dieu a établi pour être dans son Royaume le Juge des Juges, & l'asile assuré de l'innocence opprimée ?

Outre la nécessité qu'il y a que les Officiers des Cours souveraines puissent être pris à partie, les Ordonnances du Royaume y sont précises, & spécialement l'art. premier du titre premier de l'Ordonnance de 1667, dont voici les termes : *Voulons que nos Ordonnances soient gardées & observées dans toutes nos Cours du Parlement, Grand Conseil, Chambre des Comptes, Cours des Aydes & autres Cours.*

L'article 8. du même titre porte : *Déclarons les Jugemens & Arrêts qui seront donnés contre la disposition des nos Ordonnances, nuls & de nul effet & valeur, & les Juges responsables des dommages & intérêts des Parties ainsi qu'il sera par nous avisé.*

Ces termes : *& les Juges responsables des dommages & intérets des Parties, ainsi qu'il sera par Nous avisé*, marquent deux choses ; la premiere, que les Juges souverains peuvent être pris à partie ; la deuxiéme, que cette prise à partie doit être poursuivie au Conseil du Roi. Aussi la Cour des Aydes de Paris rendit un Arrêt le 18 Juillet 1691. qui est rapporté dans le Journal des Audiences, qui dit, *que quand les Juges en dernier ressort sont pris à partie, le procès doit être porté devant le Roi.*

Dans les conférences qui furent tenues lors des dernieres Ordonnances, entre les Commissaires du Conseil & ceux du Parlement, convoqués par ordre du Roi, les Commissaires du Parlement firent des remontrances sur plusieurs articles qui prononcent des peines contre les Juges, & prétendirent que du moins ceux des Cours supérieures ne devoient point y être compris.

Monsieur Pussort, qui avoit eu tant de part à la réduction de ces Ordonnances, fit voir par l'autorité des anciennes Loix du Royaume, & par les principes de l'ordre public, qu'il étoit impossible de soustraire à la rigueur des peines, non-seulement les Officiers des Cours supérieures en particulier, mais même les Compagnies en entier ; que de quelque pouvoir que ces Officiers fussent revêtus, ils étoient soumis aux Loix ; & que lorsqu'ils les transgressoient : la Justice & l'autorité du Roi étoient autorisées à les punir.

Ce fut conformément à ces principes, que les articles que l'on avoit voulu faire réformer subsisterent.

Loin que le Droit Romain excepte de la prise à partie les grands Magistrats, ausquels on peut comparer les Parlemens & les autres Cours supérieures il les y comprend expressément dans les Loix 1 & 5 du code *ad leg. Jul. repetund.*

Nos plus fameux Docteurs tiennent que les Officiers des Cours supérieures peuvent être pris à partie, de même que les Juges inférieurs; & que les Juges sans aucune distinction, lorsqu'ils ont procedé par dol ou par faveur dans le fait de leur ministere, doivent non-seulement être condamnés aux dommages & intérêts des Parties, & à une amende, mais qu'ils peuvent encore être privés & interdits de leurs Offices, & même condamnés au dernier supplice. *Voyez* d'Argentré sur la Coutume de Bretagne, art. 34. nomb. 1 & 8.

Papon liv. 19. tit. 8 nomb. 9. rapporte un Arrêt du 11 Octobre 1556. par lequel un Procureur général du Roi au Parlement de Chambery fut condamné aux dépens, dommages & intérêts des Parties qu'il avoit poursuivies pour crime de faux, jusqu'au payement desquels il fut dit qu'il tiendroit prison; & par ce même Jugement ce Procureur général fut condamné à faire amende-honorable, tête & pieds nuds, la corde au cou, tenant un flambeau de cire ardente à la main, au Parquet & à l'Audience du Parlement de Paris, & au Pilori des Halles de ladite Ville de Paris, à trois jours consécutifs, &c.

La cause de cette condamnation fut, qu'il n'avoit pas été fondé dans l'accusation de faux qu'il avoit intentée; & quoiqu'il eût exposé pour sa défense qu'il n'avoit pas agi dans cette accusation que par le droit de son ministere, son injustice étoit trop évidente pour qu'on pût lui faire quelque grace.

Nous avons plusieurs autres Arrêts qui prouvent que les Juges souverains peuvent être pris à partie; mais je me contenterai d'en rapporter quelques-uns.

Par Arrêt de la Cour des Monnoyes du 3 Mars 1691. le nommé Aubry, Soldat fut condamné à mort pour raison du vol de la lampe de Chartres. Sa veuve s'étant pourvue contre cet Arrêt au Conseil d'Etat privé, intervint Arrêt audit Conseil d'Etat le 24. Janvier 1701. & Lettres de révision du procès furent accordées à cette veuve, & adressées à la Tournelle du Parlement de Paris le 19. Mars audit an.

Ladite Chambre, en procedant à l'entérinement desdites Lettres de revision, par Arrêt du 18 Février 1704. remit les Parties en tel & semblable état qu'elles étoient avant l'Arrêt de la Cour des Monnoyes du 3 Mars 1681. & permit d'intimer & prendre à partie les Juges de ladite Cour qui avoient procedé à l'instruction & au Jugement dudit Aubry en leurs propres & privés noms, quoique Sa Majesté, en renvoyant lesdites Lettres de révision à ladite Chambre de la Tournelle, ne lui eût point attribué aucune Cour, Jurisdiction, ni connoissance de ce qui pouvoit concerner les Officiers de ladite Cour des Monnoyes.

De plus, dans le dispositif de ce même Arrêt de la Tournelle, l'on a qualifié ladite Cour des Monnoyes de Chambre, & ses Arrêts de Jugemens en dernier ressort, au préjudice & contre la disposition de plusieurs Edits vérifiés & enregistrés au Parlement de Paris, lesquels l'ont érigée & confirmée dans sa qualité de Cour supérieure, à l'instar des autres Cours supérieures du Royaume.

Sur les contestations résultantes de cet Arrêt de la Tournelle, Sa Majesté étant en son Conseil, a rendu un Arrêt le 2 Juin 1704. par lequel elle a évoqué à soi & à sa Personne la connoissance de ladite prise à partie, & des faits allégués par ladite veuve Aubry, qui concernent les Officiers de ladite Cour des monnoyes, avec défenses de faire aucune poursuite ailleurs, & à ladite Chambre de la Tournelle d'en connoître, à peine de nullité & cassation de procédures; & a ordonné qu'en ses Parlemens & autres Cours ladite Cour des Monnoyes sera qualifiée du nom de Cour, & ses Jugemens d'Arrêts.

Enfin par Arrêt définitif du Conseil d'Etat du 15 Octobre 1708. les Officiers de la Cour des Monnoyes qui avoient assisté au Jugement de mort du prétendu voleur, ont été déclarés bien pris à partie, eux, leurs veuves & héritiers condamnés en six milles livres de dommages & intérêts envers la veuve, & en tous les dépens.

Voici un autre Arrêt qui justifie pleinement que quand les Juges, même souverains, ont jugé par faveur pour l'une des Parties, ou par passion contre l'une d'icelles, ils peuvent être pris à partie en leur nom; & comme on ne peut pas appeller d'un Jugement rendu par des Juges souverains, on se pourvoit alors au Conseil privé du Roi.

Le fait est trop long, & rempli de trop de circonstances, pour que je le puisse raconter ici; je dirai seulement que Jean Laugier, Avocat au Parlement de Provence, domicilié à Barcelonette, par Arrêt du 26 Novembre 1726. rendu en la Tournelle criminelle du Parlement d'Aix, fut injustement condamné, pour crime de calomnie, à faire amende honorable en chemise, tête & pieds nuds, le hart au cou, tenant un flambeau ardent & à genoux, &c. & de-là conduit sur l'échafaut, pour y être flétri de la marque des galeres, & ensuite conduit à Marseille, pour y servir sur les galeres pendant dix ans, &c.

Laugier après l'exécution de cet Arrêt se pourvut en cassation au Conseil privé du Roi, où il fut cassé, & l'affaire renvoyée pardevant le Prefet de Barcelonette, qui par son Jugement condamna la Partie adverse de Laugier au dernier supplice, ce qui fut exécuté par effigie; au moyen de quoi Laugier n'ayant plus d'absolution à obtenir du crime qui lui avoit été faussement imputé, puisqu'il étoit éteint par le Jugement du Préfet de Barcelonette, a présenté une Requête au Roi, à l'effet d'obtenir de Sa Majesté la permission de prendre à partie les Juges de la Tournelle du Parlement de Provence, qui avoient assisté aux Jugemens intervenus contre lui.

Par cette Requête, qui est très-judicieuse & des mieux travaillée, Laugier, après avoir déduit le fait avec toutes ses circonstances, représente que nonobstant le Jugement du Préfet de Barcelonette il n'en a pas moins été persécuté, flétri, ruiné par les procédures monstreuses faites contre lui au Parlement d'Aix; & que depuis près de cinq ans il a été exposé, par la passion des Juges qui l'ont condamné, à la plus violente tempête qu'il soit possible d'essuyer.

Ensuite il déduit & prouve parfaitement bien les moyens qu'il a de prendre à partie les Juges de la Tournelle du Parlement d'Aix, & il y conclut.

Sur cette Requête est intervenu Arrêt du Conseil d'Etat privé le 20 Mai 1733. qui permet audit Laugier de prendre à partie les Juges de la Tournelle du Parlement de Provence qui avoient assisté aux Jugemens intervenus contre lui, même les héritiers de ceux qui sont décédés: ordonne en outre qu'en marge de l'Arrêt qui avoit condamné Laugier aux galeres, il sera fait mention de celui du Conseil qui en a prononcé la cassation.

L'on ne doute pas que l'Arrêt qui interviendra ne lui adjuge des dommages & intérêts considérables, & proportionnés aux affreuses vexations qu'il a souffert si injustement.

PRISE DE CORPS, est la capture qui se fait d'une personne pour la mener en prison, en vertu d'une commission du Juge, soit pour crime, soit pour dette, dans le cas où les débiteurs sont contraignables par corps.

Il n'est pas permis d'appréhender quelqu'un, même pour crime, sans commission du Juge, de laquelle celui qui fait l'emprisonnement doit être porteur.

Il faut excepter, I°. Si le délinquant est pris en flagrant délit. II°. Si c'est un homme banni, qui soit trouvé au préjudice de son ban, dans le lieu d'où il a été banni. III°. Si c'est un homme qui soit reconnu pour être poursuivi par la Justice, comme coupable d'un crime notoire.

Voyez le titre 10. de l'Ordonnance de 1670.

PRISE DE CORPS. Ces termes signifient aussi quelquefois le Jugement qu'on a obtenu contre quelqu'un pour le faire emprisonner.

PRISE DE POSSESSION D'UN HÉRITAGE, se faisoit autrefois avec quelques cérémonies, qui se pratiquent encore aujourd'hui dans quelques-unes de nos Coutumes, comme je l'ai dit *verbo* Vest & Devest.

PRISÉE, signifie la valeur & estimation des choses. Cette prisée se fait ou à l'amiable, ou par autorité de Justice. Quand on fait un inventaire à l'amiable; ou un état des meubles compris dans une donation, ou dans un contrat de mariage, les parties peuvent elles-mêmes faire la prisée. Quand l'inventaire ou prisée se fait par autorité de Justice, il faut que la prisée soit faite par Experts convenus ou nommés d'office. Dans les endroits où il y a des Huissiers-Priseurs en titre, comme à Paris, ce sont eux qui font la prisée & la vente des meubles inventoriés. On stipule ordinairement dans les contrats de mariage que le préciput se prendra en meubles, suivant la prisée qui sera faite par l'Huissier.

Voyez le Traité de la crue des meubles au-dessus de leur prisée, par M. Boucher d'Argis.

PRISON est un lieu public qui est destiné à garder les criminels, & aussi quelquefois les débiteurs, dans les cas où ils sont obligé par corps, comme pour stellionat, pour lettres de change, ou pour dépens en vertu d'un Arrêt ou Sentence d'*iterato*.

Les prisons ne sont établies que pour garder les criminels, & non pas pour les punir. *Carcer ad continendos homines, non ad puniendos haberi debet. Leg. aut damnum, §. solent ff. de pœnis. Ex eo quod carcer custodia magis est, quam pœna, sequitur incarceratos omnia sua jura intacta & illibata retinere.*

La prison même pour crime, étant moins considerée comme une peine, que comme un lieu de sûreté, ceux qui sont détenus prisonniers ne perdent donc ni leur liberté, ni leur droit de cité, c'est-à-dire l'exercice des droits civils: d'où il s'ensuit.

I°. Qu'ils peuvent donner des procurations pour la régie & l'administration de leurs biens, & passer toutes sortes de contrats.

II°. Qu'ils peuvent faire testament & autres actes de derniere volonté.

Une observation qu'il convient de faire ici, c'est que les actes qu'ils passent doivent être faits entre deux guichets, pour marquer qu'ils les ont faits en pleine liberté.

Ce que nous venons de dire, que la prison est plutôt considerée comme un lieu de sûreté, que comme une peine, ne doit point s'appliquer à la prison perpétuelle ou pour un tems, à laquelle un criminel seroit condamné *in pœnam delicti*, pour des considérations particulieres, comme s'il y avoit été condamné pour sauver l'honneur de sa famille ou si le crime étoit en si bas âge, qu'il y auroit pour ainsi dire de l'humanité à lui faire subir la peine de la Loi dans toute sa rigueur.

Dans tous les cas où l'accusé est condamné par le Juge laïque à une prison perpétuelle, c'est-à-dire à être mis dans une maison de force, ou reclus dans un Monastere pour le reste de ses jours, il perd la liberté & tous les droits de cité; desorte qu'il est réputé mort civilement : d'où il s'ensuit que ses biens sont confisqués, & par conséquent qu'il n'en peut pas disposer par acte entre-vifs, ni par acte de derniere volonté. Maynard, liv. 9. ch. 42. Brodeau sur Louet, lettre S, somm. 15. & sur la lettre P, somm. 45. Coquille, quest. 19.

Il nous reste à remarquer, I°. Que l'on met différence entre les prisons ordinaires & les maisons de force : les prisons ordinaires sont, comme nous avons dit, établies pour garder les criminels ; mais les maisons de force sont des peines : aussi la condamnation à une prison perpetuelle ne s'exécute jamais dans les prisons ordinaires des Jurisdictions, mais toujours dans ces sortes de maisons.

II°. Que les Juges ecclésiastiques condamnent quelquefois à une prison perpetuelle. Papon, liv. 23. tit. 1. & Fevret en son Traité de l'Abus, liv. 8. chap. 4. nomb. 9. Mais cette prison n'ôte pas la faculté ni l'exercice des droits civils.

Nous n'avons en France, à proprement parler, que deux sortes de prisons ; sçavoir, les prisons royales, & celles des Seigneurs Hauts-Justiciers ; & il n'est permis à personne de tenir chartre privée : celui qui feroit une prison de sa maison, violeroit la majesté du Prince.

Il est même défendu aux Seigneurs Hauts-Justiciers d'avoir des prisons dans leurs Châteaux, comme il a été jugé par Arrêt rapporté par Guenois, liv. 9. tit. 4. §. 27. de la Conférence des Ordonnances, pour empêcher l'abus qu'ils en pourroient faire, & leur ôter aussi le pouvoir d'avoir des prisons privées, qui sont défendues sous peine de la vie.

Il y a néanmoins quelques cas où il est permis de détenir chez soi des déliquans. *Vide Boerium, decisione* 275. *Carol. Molin. ad cap.* 29. *stil. cur. part.* 1. *Mornacium, ad leg. si hominem, ff. depositi* ; & *Argentr. not.* 1. *in articulum* 4. *Voyez* aussi la Conférence des Ordonnances, liv. 9. tit. 10. §. 21. aux notes ; & Papon, liv. 23. tit. 1.

L'article 5. de l'Ordonnance d'Orléans en 1560. enjoint à tous Hauts-Justiciers d'avoir prisons sûres, & qui ne soient pas plus basses que le rez-de-chaussée, d'autant qu'elles ne doivent servir que pour la garde des prisonniers. Ils doivent aussi entretenir un Géolier qui y réside ; & si faute de ce les prisonniers s'échappent, ils en sont responsables, tant en civil que criminel. *Voyez* Bacquet, chap. 18. nomb. 9. au Traité des Droits de Justice ; & Papon, liv. 24. tit. 5. nomb. 5.

Touchant les prisons, Greffiers des géoles, Géoliers, Guichetiers & Prisonniers, écroues & recommandations, *voyez* le tit. 13. de l'Ordonnance de 1670. la Déclaration du 6 Janvier 1680. & quelques Arrêts de réglement qui sont rapportés dans Bornier sous ce titre.

PRISONS ÉTABLIES POUR FAITS QUI CONCERNENT L'ÉTAT, sont celles dans lesquelles on ne constitue ordinairement prisonniers, que pour choses ausquelles l'Etat peut avoir intérêt, & l'emprisonnement ne s'en fait qu'en vertu de Lettres de cachet. Telle est la Bastille, & le Château de Vincennes.

Comme les Gouverneurs de ces prisons ne sont point obligés d'obéir à d'autre qu'au Roi, lorsqu'un homme s'y trouve enfermé par le crédit de ses créanciers, & qu'on le poursuit en la Cour, il n'en peut sortir que par un ordre de Sa Majesté, qui se donne par une Lettre de cachet qui revoque celle en vertu de laquelle il a été constitué prisonnier dans ces sortes de prisons. C'est pourquoi la Cour ne peut qu'ordonner qu'il sera sursis à toutes poursuites contre lui, jusqu'à ce qu'on ait obtenu du Roi de transferer le prisonnier dans d'autres prisons.

PRISONNIERS POUR DETTES. On ne peut être constitué prisonnier pour dettes, que pour certaines causes, que nous avons avancées ci-dessus, *verbo* Contrainte par corps.

Voici quelques autres observations qu'il faut faire au sujet de ceux que des créanciers font constituer prisonniers pour dettes.

I°. Il n'est pas permis d'emprisonner les jours de Fêtes pour dettes civiles, ni de prendre aucune personne dans sa maison.

Voyez M. Augeard, tom. 1. chap. 36 ; & ce que j'ai dit *verbo* Capture *verbo* Emprisonnement. Il faut excepter ceux qui sont débiteurs en vertu d'une Sentence de la Conservation de Lyon, qui peuvent être constitués prisonniers le jour de Dimanche & Fête, & qui peuvent aussi être arrêtés dans leurs maisons, suivant les autorités que rapporte M. Brillon, *verbo* Prison, nom. 23.

II°. Faute par le créancier de fournir des alimens à son débiteur qu'il a fait emprisonner, ce débiteur doit être mis hors des prisons ; & après avoir été élargi pour raison de ce, il ne peut plus être emprisonné une seconde fois pour la même dette. Ainsi jugé au Grand Conseil, par Arrêt du 4 Août 1672, rapporté dans le Journal du Palais.

III°. Les septuagenaires ne peuvent être contraignables par corps pour dettes purement civiles. *Voyez* Septuagenaire.

PRISONNIERS RECOMMANDÉS. *Voyez* Prisonnier.

PRISONNIERS NE PEUVENT ETRE MIS HORS DE PRISONS, QU'EN VERTU DE JUGEMENS QUI L'ORDONNENT, & rendus de la maniere que nous avons marquée, *verbo* Elargissement. Tout élargissement fait autrement & par surprise, seroit punissable en la personne de ceux qui l'auroient procuré.

Ainsi, par Arrêt du 19 Fevrier 1647. rapporté par Soefve, tom. 1. cent. 1. chapitre 99. il a été ordonné qu'un Procureur seroit tenu de représenter dans deux mois un prisonnier élargi par surprise sur une Requête signée de lui ; sinon & ledit tems passé, le Procureur condamné au payement de cinq cens livres envers le créancier, & dès à présent en tous les dépens.

Par autre Arrêt du 18 Janvier 1658. rapporté par le même Auteur, tom. 2. cent. 1. chap. 84. il a été ordonné que le procès sera fait & parfait à un Huissier & Greffier de la Géole, à fin de représentation du prisonnier accusé d'assassinat, lequel avoit été tiré de prison par l'Huissier, pour le transferer à Poitiers, en vertu d'un Arrêt rendu sans ouir la Partie principale, au préjudice de plusieurs Arrêts faisant défenses d'élargir qu'en vertu d'Arrêts contradictoires rendus avec toutes les Parties, ou de condamnation de dix mille livres pour la perquisition du prisonnier évadé par les chemins. La Partie civile prétendoit que l'Huissier & le Greffier avoient touché de l'argent pour favoriser l'évasion.

Il fut aussi ordonné par le même Arrêt, que le Procureur, que l'on prétendoit avoir signé la Requête sur laquelle l'Arrêt étoit intervenu, seroit interrogé sur faits & articles, & que le Secretaire du Rapporteur seroit pris au corps, pour être pareillement interrogé.

Enfin cet Arrêt condamna l'Huissier & le Greffier de la Géole solidairement, envers la Partie civile, en la somme de six mille livres de provision.

PRISONNIERS, QUAND DOIVENT ESTRE REPRESENTÉS, ET PAR QUI. Il y a plusieurs cas esquels les prisonniers élargis doivent être representés.

I°. Lorsqu'ils ont été élargis par surprise, ceux qui y contribuent sont condamnés de les représenter dans un certain tems, sinon de payer pour eux, comme nous venons de le dire en l'article précedent.

II°. Celui qui s'est obligé de représenter un prisonnier que l'on élargit, ou bien de payer la somme pour laquelle il est détenu prisonnier, est tenu de satisfaire à cette obligation; mais elle cesse par le décès du débiteur qu'il a promis de représenter; *quia scilicet impossibilium nulla est obligatio.* Ainsi jugé au Parlement de Paris, par Arrêt du 13 Février 1642. rapporté dans le Journal des Audiences.

PRISONNIERS, COMMENT DOIVENT ESTRE TRANSFERÉS, en cas d'appel de leur condamnation. *Voyez* Transport de prisonniers.

PRISONNIERS DE GUERRE. Suivant le droit des gens, ceux qui sont pris à la guerre par les ennemis, deviennent les esclaves de ceux qui les ont pris.

Mais aujourd'hui l'esclavage a été banni de l'Europe, par un tacite consentement unanime de toutes les Nations chrétiennes.

Ainsi la victoire a perdu chez ces Nations le droit de faire perdre la liberté aux vaincus, & de les rendre esclaves des vainqueurs.

Ceux qui sont pris deviennent seulement prisonniers de guerre, & ne sont obligés que de payer leur rançon. *Voyez* Rançon.

De ce que nous venons de dire, il résulte qu'un prisonnier de guerre peut, en pays ennemi, faire son testament; ensorte que les Loix Romaines à cet égard ne sont point observées en France, comme il a été jugé par Arrêt du 21 Juin 1554. confirmatif du Testament fait par le Vicomte de Martigues, mort prisonnier de guerre en Flandre. Bibliotéque de Bouchel, *verbo* Prisonnier.

Aussi Loysel en ses institutes coutumieres, liv. 1. tit. 1. nomb. 84. dit que les droits de servitude sur prisonniers de guerre n'ont lieu en Chrétieneté, & qu'ils peuvent rester.

PRIVILEGE, se prend ordinairement pour un droit accordé à quelqu'un par grace spéciale & particuliere : d'où il s'ensuit que les priviléges dérogent au droit commun.

Comme un privilége est un droit spécial accordé à quelqu'un pour quelque raison particuliere, il ne souffre point d'extension d'une personne à une autre. *Privilegium est jus singulare, quod contra tenorem rationis propter aliquam utilitatem publica autoritate inductum est, leg. 16. ff. de legibus; quamobrem non protrahitur de persona ad personam, de re ad rem, neque de casu ad casum.*

Celui qui allégue un privilége dont, suivant le droit commun, il ne doit pas jouir, est tenu d'en justifier. *Voyez* Papon, liv. 9. tit. 7. nomb. 2.

PRIVILEGE, se prend quelquefois pour une preference fondée sur la raison & l'équité, qui fait qu'un créancier est payé, par un droit spécial, sur les deniers provenans de la vente des effets de son débiteur, préférablement à ses autres créanciers de même espéce. *Voyez* ce que j'ai dit, lettre C, des Créanciers privilégiés hypotécaires, & des Créanciers chirographaires privilégiés.

Quand il y a plusieurs créanciers privilégiés, le plus favorable doit être préferé; car comme les priviléges des créanciers sont fondés sur différentes causes, dont les unes sont plus favorables que les autres, c'est avec raison qu'il y a préférence entre les privilégiés, eu égard aux causes de leurs priviléges, à moins qu'ils ne soient également favorables.

Pari privilegio certantes privilegiati, præfertur ille qui certat de damno vitando; sed si uterque certat de damno, potior est causa ejus à quo petitur; si verò sint dispari privilegio, privilegium potentioris præfertur, Mornacius, ad leg. 11. §. ult. ff. de minorib.

PRIVILEGE DE CLERICATURE, est un privilége particulier accordé aux Ecclésiastiques, en vertu duquel ils ne peuvent être assignés en matiere purement personnelle, que pardevant le Juge d'Eglise, & ne peuvent être jugés que par lui pour raison de délits communs.

Par l'article 40. de l'Ordonnance de Moulins, nul ne peut jouir de ce privilége, s'il n'est constitué aux Ordres sacrés, & pour le moins Sousdiacre, ou Clerc actuellement résidant & servant aux Offices,

Offices, Ministeres & Bénéfices qu'il tient en l'Eglise.

La Déclaration du Roi Charle IX. du mois de Juillet 1566. porte que les simples Clercs tonsurés jouiront de ce privilége, pourvû qu'ils soient Bénéficiers ou Ecoliers étudians actuellement, & faisant les fonctions de Clercs.

Le privilége de Cléricature, suivant la définition que nous en avons donnée, consiste en deux articles; sçavoir, I°. Qu'un Clerc ne peut être assigné en matiere purement personnelle, que pardevant le Juge d'Eglise. II°. Qu'il ne peut être jugé que par lui, pour raison de délits communs.

A l'égard du premier article, il faut remarquer que ce privilége des Clercs, de ne pouvoir être assignés en matiere purement personnelle, que pardevant le Juge d'Eglise, n'est pas aujourd'hui ce qu'il étoit autrefois, c'est-à-dire dans les premiers tems où les Ecclésiastiques se sont soustraits de la Jurisdiction des Juges laïques; car les Juges royaux sont enfin rentrés dans le droit de juger les Ecclésiastiques, même en matiere purement personnelle.

Aux deux articles en quoi consiste le privilége de Cléricature, il en faut en ajouter une troisiéme, qui est que les Ecclesiastiques ne peuvent être contraint par corps pour dettes civiles, où il n'y auroit point de dol de leur part. *Voyez* Contrainte par corps.

PRIVILEGE DE CLERICATURE EN MATIERE CRIMINELLE, consiste, comme nous avons dit, en ce que les Clercs ne peuvent être jugés que par le Juge d'Eglise, pour raison de délits communs: ainsi ce privilége ne leur est point accordé pour les cas privilégiés. *Voyez* ci-dessus, Délit commun,

Les Ecclésiastiques qui sont poursuivis pour crimes, ont par conséquent pour Juges le Juge d'Eglise & le Juge royal; l'un pour le délit commun, & l'autre pour le cas privilégié. *Voyez* Henrys, tome 2, liv. 1. question 16. & tome 1. livre 2. tome 2. liv. 1. question 5. Bacquet, des Droits de Justice, chapitre 6. nombre 16. & chapitre 7. *Vide etiam Ann, Robertum, rerum judicatar. lib. 1. cap. 6. & julium Clarum, 5. Sententiar. §. ult. quæst.* 36.

Quoique dans ce cas l'Official & le Juge royal instruisent conjointement le procès de l'accusé, ils ne jugent pas néanmoins conjointement, mais ils donnent leur Sentence séparément chacun dans son Tribunal.

Un Ecclésiastique sans domicile & vagabond qui est pris & arrêté en habit séculier, est déchu de son privilége, & ne peut demander son renvoi pardevant le Juge d'Eglise, dans les cas ausquels il l'auroit pû demander, si lorsqu'il a été pris & arrêté, il eût été trouvé en habit décent & convenable à son état.

Il faut dire aussi qu'un Clerc qui fait quelque métier ou négoce indigne de son état, ne peut se servir de son privilége de Cléricature, & en conséquence demander son renvoi pardevant le Juge d'Eglise. *Voyez* la Bibliotéque canonique, tom. 1. page 253. au commencement; & Papon, livre 1. tit. 6. nomb. 1.

Les Clercs qui ont commis meurtre, assassinat, ou exercé l'art militaire, vols, & mené un mauvais commerce avec une femme impudique, perdent leurs priviléges. Bibliotéque canonique, tom. 2. pag. 461. à la fin.

Celui qui après le crime commis auroit pris les Ordres, ne jouiront pas du privilége de Cléricature, quoique le crime fût un délit commun; ainsi son procès lui seroit fait par le Juge séculier, auquel la connoissance en appartenoit lors du crime commis Papon, liv. 7. tit. 7. nomb. 35. Charondas, liv. 7. rép. 3. Biblioteque canonique, tom. 1. pag. 254. & tom. 2. pag. 462.

Voyez le Traité des matieres criminelles de M. Bouvot, premiere partie, titre second des Renvois.

PRIVILEGE DES FOIRES. *Voyez* Foire.

PRIVILEGE DE SCHOLARITÉ. *Voyez* Scholarité. *Voyez* Gardes-gardiennes.

PRIVILEGE DES BOURGEOIS DE PARIS. *Voyez* Bourgeois de Paris.

PRIVILEGE EN FAIT DE JURISDICTION, est le droit qu'ont certaines personnes de plaider, tant en demandant qu'en défendant, devant le Juge de leur privilége; comme les Suppôts des Universités devant le Juge conservateur de leurs priviléges; ceux qui ont droit de *Committimus*; les Corps & Communautés qui ont des Lettres de garde-gardienne.

Ces priviléges n'ont d'effet en demandant, que quand le privilégié a donné son assignation en conséquence & en vertu de son privilége.

Ce privilége n'a lieu en défendant, que quand le privilégié ajourné devant un autre Juge que celui de son privilége, comparoît & demande son renvoi en vertu de son privilége; autrement il seroit condamné par défaut, & seroit obligé de payer les frais de la condamnation. Ainsi jugé par Arrêt du 12 Mai 1613. Comme si un Ecclésiastique étoit cité pardevant l'Official d'un autre Evêché que celui de son domicile, il seroit obligé de comparoir pour demander son renvoi; car on ne doit pas faire mépris de la Jurisdiction où l'on est assigné, attendu que c'est aux Juges à connoître & à décider de ce qui concerne leur compétence.

Mais cela n'a pas lieu quand le défendeur a droit de *Committimus*; car alors le renvoi se fait en vertu du *Committimus*, par exploit d'assignation donné à la Partie ou à son Procureur, sans que les Huissiers ou Sergens soient tenus d'en faire requisitions aux Juges; & du jour de l'assignation du renvoi toutes poursuites, procédures & Jugemens surseoient en la jurisdiction d'où le renvoi a été demandé; & s'il s'y fait quelques procédures au préjudice, elles sont cassées judiciairement, quoiqu'il n'y ait lieu à la retention de la cause, suivant les articles 9. & 10. du titre 4. de l'Ordonnance de 1667.

PRIVILEGE DU FISC, est un droit spécial & particulier accordé au Fisc, qui consiste principalement dans l'hypotéque tacite qu'il a sur les biens de ceux qui ont contracté avec le Roi, & dans une préference qui lui est accordée sur les autres créanciers de son débiteur dans certains cas, quoique ces créanciers ayent une hypotéque plus ancienne que celle du Fisc.

Cette matiere, qui est d'une grande discution, est traitée dans le titre du Digeste *de jure Fisci*, & dans celui du Code *de privilegio Fisci*.

Dans les causes lucratives le Fisc est moins favorables que les Particuliers. Ainsi le Fisc n'a aucun privilége dans les dettes pénales; au contraire, il ne vient pour icelles qu'après tous les créanciers de celui qui est tenu. *Leg. un. cod. pœnis Fiscalib. creditores præferri.* Telles sont les confiscations & les amendes.

La raison est, que le Fisc dans la poursuite de telles dettes ne conteste que *pro lucro captando*; au lieu que les autres créanciers contestent *pro damno vitando*: c'estpourquoi leur cause est plus favorable que celle du Fisc, *Leg.* 33. *ff. de regul. jur.* & même les confiscations ne lui sont adjugées qu'à la charge de payer les dettes *Leg.* 72. *ff. de jure dot.* & *leg.* 37. *ff. de jure Fisci.*

Dans les causes onereuses, le Fisc a hypotéque sur les biens des Partisans & Financiers, du jour qu'ils se sont immiscé dans les affaires du Roi, & le Fisc est préferé à tous les créanciers chirographaires de ceux avec qui il a contracté; car quoique régulierement le Fisc soit consideré dans les contrats qu'il passe comme les Particuliers, on lui a néanmoins accordé quelques priviléges que la raison sembloit exiger: c'est pourquoi ils sont d'autant mieux reçus, qu'ils sont plutôt fondés sur l'autorité souveraine.

Voyez ce que nous avons dit, en parlant des Comptables.

PRIVILEGE DU PROPRIETAIRE EN FAIT DE BAIL A LOYER, est un privilége particulier introduit par le Droit Romain, & confirmé par notre usage, en vertu duquel le proprietaire peut contrevenir au bail à loyer par lui fait d'une maison, & en expulser le locataire, quoique le bail dure encore, pour y demeurer lui-même.

Ce privilége est appellé privilége de la Loi *æde* 3. *cod. de locato conducto*, par la raison que c'est par cette Loi qui a été introduit chez les Romains, & qu'il étoit inconnu auparavant.

Comme le proprietaire ne loue sa maison, que parce qu'il n'en a pas besoin pour lui-même, c'est une condition tacite, que s'il a besoin dans la suite pour son propre usage, le locataire sera tenu de la lui remettre. Mais le proprietaire peut renoncer à ce droit.

Ce privilége n'est accordé qu'à celui qui est proprietaire de la totalité d'une maison, & non pas à celui qui ne l'est que d'une partie par advis, étant impossible qu'il puisse exploiter sa portion indivise séparément.

Mais s'il avoit le consentement par écrit de ses coproprietaires, il pourroit en ce cas jouir de ce privilége.

Ce droit est personnel au seul proprietaire; desorte qu'un locataire de la totalité d'une maison ne peut en jouir. Mais une mere qui voudroit occuper une maison appartenante à sa fille, dont elle seroit tutrice, & qui demeureroit avec elle, pourroit jouir de ce privilége.

Il n'a lieu que pour les maisons de Villes qui sont louées pour un tems qui n'emporte point aliénation c'est pourquoi il cesse à l'égard des fermes; il cesse aussi à l'égard des maisons de Villes qui seroient données à bail à longues années.

Le locataire qui a eu la précaution de faire spécialement hypotéquer la maison à la sûreté de son bail, ne peut être dépossedé.

Quand le proprietaire a expressément renoncé à ce privilége, il ne s'en peut plus servir, étant permis à chacun de renoncer au droit particulier & spécial qui est introduit en sa faveur, lorsque le Public n'y est point interessé.

Mais cette renonciation ne regarde que celui qui l'a faite, & son héritier; ensorte que son successeur à titre de vente, ou autre titre particulier n'en seroit point tenu, par la raison, que *resoluto jure dantis, resolvitur jus, accipientis* à moins que l'acquereur ne se fût chargé d'entretenir le bail par son auteur.

Au reste, il semble que le proprietaire peut rentrer dans sa maison & en expulser le locataire, sans être tenu envers lui d'aucun dommages & intérêts; parce qu'il étoit tenu de dédommager le locataire, alors, suivant le sentiment de quelquesuns il n'y auroit plus de privilége. Cependant il paroît que l'équité a fait introduire que dans les cas où le proprietaire use de son droit, on accorde des dommages au locataire; mais il faut qu'il en fasse la demande, & alors ils se liquident à un demi-terme, à un, deux ou trois termes, selon la qualité & condition du locataire, & le tems qui reste du bail.

Voyez Louet & Brodeau, lettre L, sommaire 4, Coquille en ses questions & réponses, art. 202, Renusson en son Traité du Douaire chap. 14.

PRIVILEGE DU PROPRIETAIRE POUR LES LOYERS, est une préference accordée au proprietaire d'une maison à tous autres créanciers, même aux frais funéraires, pour être payé des loyers sur le prix de tous les meubles dont le locataire s'est servi pour la meubler.

Ce privilége est accordé au proprietaire, quoiqu'il ne soit pas le premier saisissant; mais il faut qu'il ait formé son opposition avant que les meubles ayent été vendus par autorité de Justice; c'est la disposition de l'article 171. de la Coutume de Paris. Ainsi le proprietaire s'opposeroit inutilement, s'il formoit son opposition après la vente & délivrance des meubles, quoique ce fût avant la distribution des deniers en provenans.

La raison est, que le procès verbal de vente des meubles purge le droit de suite que pourroit prétendre tout créancier privilégié, quelque favorable que soit son privilége.

Ce privilége est restraint aux trois derniers quartiers & le courant, à moins que le bail n'ait été passé pardevant Notaires; auquel cas ce privilége a lieu, non-seulement pour les trois derniers quartiers & le courant, mais encore pour les loyers qui doivent échoir jusqu'à la fin du bail; sauf aux autres créanciers à faire le profit de la maison, & à la relouer pendant le restant du bail, si bon leur semble.

Mais quand il n'y a pas de bail passé pardevant Notaires, comme les loyers des maisons sont payables de quartier en quartier, le proprietaire doit s'imputer d'en avoir laissé accumuler plus de trois.

Les meubles des sous-locataires ne sont obligés envers les proprietaires que pour le loyer de la portion qu'ils occupent, & par rapport à ce qu'ils en doivent, & non pas pour la totalité du prix du bail de la maison entiere.

Comme ce privilége est fondé sur ce que les meubles qui occupent pour ainsi dire la maison, doivent être considerés comme le gage du proprietaire, il s'ensuit que ce privilége cesse dès que ces meubles sont hors de la maison; mais cela n'empêche pas que le propriétaire n'ait toujours son action pour être payé des loyers qui lui sont dûs par le locataire. Sur quoi *voyez* ce que j'ai dit sur l'art. 171. de la Coutume de Paris.

Voyez sous le mot Gagerie, un autre privilége accordé au proprietaire sur les meubles de son locataire.

PRIVILEGE DU PROPRIETAIRE D'UNE FERME, est une préference accordée au proprietaire d'une ferme à tous autres créanciers, pour être payé de ses loyers sur certains effets mobiliers.

Le Droit Romain ne donne au proprietaire d'une ferme de campagne, qu'un privilége sur les fruits de la terre recueillis par le Fermier : ainsi, par la disposition du Droit Romain, les fruits & revenus des fonds sont affectés pour le prix du bail, soit que le Fermier demeure en jouissance, ou qu'il en subroge un autre, ou qu'il baille à sous-ferme.

Mais le Droit Romain ne donne point au proprietaire d'une ferme de privilége sur les meubles & ustensiles, qu'en vertu d'une convention expresse.

La Coutume de Paris, en l'article 171. établit un privilége sur les meubles, pour les fermes comme pour les maisons, en faveur des proprietaires.

Ainsi dans cette Coutume, le proprietaire d'une ferme, en faisant son opposition avant la vente, est préferé au premier saisissant sur les fruits, meubles, bestiaux & ustensiles, pour tous les fermages qui lui sont dûs, tant pour le payement de l'année courante, que pour les arrérages du passé. M. Louet, lett. F, somm. 4. M. le Prêtre ès Arrêts de la Cinquiéme Chambre des Enquêtes, & cent. 2. chap. 57. Henrys, tom. 1. liv. 4. chap. 6. quest. 27. Journal des Audiences, tom. 1. liv. 8. chap. 25.

Mais comme cette disposition de la Coutume de Paris est contraire à la disposition du Droit, les Arrêts ont jugé qu'elle ne doit pas être admise dans les Coutumes qui n'ont point de disposition semblable à celle de Paris. Ainsi dans les Coutumes qui n'en parlent point, le premier saisissant les meubles ou chevaux trouvés en une ferme tenue par son débiteur, est préferé sur la vente d'iceux au proprietaire de la ferme opposant pour ses redevances, suivant les Loix 4 & 5. *ff. in quib. caus. pign. &c.* de maniere que le proprietaire n'a de privilége que sur les fruits de la terre recueillis par le Fermier, conformément à la disposition du Droit Romain.

Je crois même que le proprietaire d'un héritage des champs ne peut pas stipuler ce privilége de préference sur les meubles qui seront apportés dans la ferme, dans les Coutumes qui n'en parlent point.

En effet, les priviléges doivent être fondés sur l'autorité des Loix. Les conventions d'un créancier & d'un débiteur doivent à la vérité être exécutées en tant qu'elles ne sont point contre les Loix prohibitives, ni contre les bonnes-mœurs; mais à l'égard d'un tiers, telles conventions qui dérogent au Droit commun, ne peuvent être exécutées contre lui, lequel peut se servir du Droit commun sans qu'on lui puisse opposer une convention qui n'est point autorisée par la Loi ni par l'usage. Or le Droit commun est que dans les Coutumes qui n'en parlent point, les proprietaires des héritages des champs n'ont point un tel privilége; & par conséquent le créancier qui saisit le premier les meubles du Fermier, doit être payé le premier, si ce n'est au cas de déconfiture. Ainsi ce proprietaire ne pourroit pas opposer un privilége sur les meubles qu'il se seroit donné lui-même par sa convention avec le débiteur. En effet, un privilége est un droit spécial accordé à quelqu'un pour quelque raison particuliere qui ne souffre point d'extension, & qui d'ailleurs ne peut en vertu d'une convention particuliere nuire & porter préjudice à d'autres. *Talis conventio est res inter alios acta, quæ aliis non nocet. tit. cod. res inter alios.*

Voyez ce que j'ai dit sur l'art. 171. de la Coutume de Paris.

PRIVILEGE DU MAÇON QUI A BATI UNE MAISON, OU QUI A FAIT DES REPARATIONS DANS UNE MAISON, L'EMPORTE SUR TOUT AUTRE PRIVILEGE. La raison est, que sa créance a une hypotéque privilegiée sur la chose même; ensorte que le Maçon est préferé sur la maison, pour ce qui lui est dû par le propriétaire, à tous autres créanciers, quoiqu'ils soient antérieurs en date & hypotéque. *Leg. licet, cod. qui potior. in pign.*

Il est même préferé au bailleur d'héritage à rente sur les loyers. Charondas, liv. 2. rép. 79.

Il n'y a que le Seigneur direct qui soit préferable au Maçon, pour les droits seigneuriaux & les frais de Justice.

Pour jouir de ce privilége, il faut que l'Entrepreneur ou Maçon qui a fait bâtir ou réparer la maison, ait un devis & marché des ouvrages, passé devant Notaire, & que les ouvrages ayent été reçus en Justice.

Touchant le privilége du Maçon, *voyez* Charondas, liv. 10. rép. 79. & la Peyrere, lett. P, nombre 74.

PRIVILEGES REVOQUÉS. *Voyez* Révocation de privilége.

PRIVILEGIÉS. Nos Coutumes, au sujet de la prescription, parlent des majeurs âgés & non privilegiés, marquant que les prescriptions ordinaires ne courent point contre les mineurs ni contre les privilégiés.

Par agés & non privilegiés, elles entendent les majeurs de vingt-cinq ans accomplis qui n'ont point de privilége qui empêche la prescription de courir contre eux.

Les privilégiés, outre les mineurs de vingt-cinq ans, sont les Seigneurs féodaux & censuels, le Fisc, la femme pour son douaire, le substitué.

Voyez ce que j'ai dit sur les art. 113. 120. 123 & 125. de la Coutume de Paris.

PRIX, est l'estimation d'une chose, qui ne peut dans le contrat de vente consister qu'en argent monnoyé. Si pour le prix d'une chose on en donnoit une autre au lieu d'argent, ce ne seroit pas une vente, mais un échange, parce qu'on ne pourroit pas alors distinguer le prix d'avec la chose vendue.

Néanmoins dans notre usage, lorsqu'un héritage est changé contre des choses mobiliaires qui peuvent être facilement estimées, comme des grains, du vin, de l'argent en masse, &c. cela produit le même effet qu'une véritable vente, tant à l'égard des droits seigneuriaux, que du retrait lignager : autrement il n'y auroit rien de plus facile que de commettre des fautes; car pour éviter les droits seigneuriaux & le retrait, on ne verroit plus que des échanges d'héritages contre des choses mobiliaires qu'il seroit facile de revendre du soir au matin. Voilà ce qu'en dit M. d'Argou, au Livre troisiéme de son Institution au Droit François, chap. 23. du Contrat de vente.

La Coutume de Clermont en Beauvoisis, Rubrique du Retrait lignager, article 21. porte, que *l'héritage qui est changé à l'encontre d'un cheval, ou autre marchandise, chet en retrait, pour ce qu'avant qu'échange empêche retrait, il est requis que les choses échangées soient d'une même qualité, & que l'une des choses soit aussi-bien immeuble que l'autre.*

On convient quelquefois dans un contrat de vente, que si l'acheteur n'en paye pas le prix, la vente sera résolue : sur quoi *voyez* Clause résolutoire.

Lorsqu'on achete une seule chose, il n'y a qu'un seul prix de la vente ; mais si on achete au nombre, au poids ou à la mesure, chaque piéce, chaque boisseau, chaque livre a son prix suivant le marché.

Le prix de la vente est presque toujours certain, mais il peut arriver qu'il soit incertain ; comme si on remet à un tiers de régler le prix, ou si l'acheteur donne pour le prix l'argent qui lui reviendra d'une telle affaire. Dans ces cas & autres semblables, le prix ne sera certain que par l'estimation ou autre événement qui le fixera. §. 1. *Institution. tit. de emptione & vend. Leg. ult. cod. de contrah. empt. & vend. Leg. 7. §. 1. ff. eod. tit.*

Il y a quelques marchandises dont le prix peut être reglé pour le bien public, comme le pain & autres choses qui peuvent être reglées par la Police ; mais hors ces Réglemens, le prix des choses est indéfini : & comme il doit être differemment reglé, selon les qualités des choses, & selon l'abondance & la disette de l'argent & des marchandises, les facilités ou difficultés du transport, & autres causes qui augmentent la valeur ou la diminuent, cette incertitude du prix fait une étendue du plus & du moins qui demande que le vendeur & l'acheteur reglent eux-mêmes de gré à gré le prix de la vente.

PROCEDER, signifie faire des actes, des poursuites, & des instructions en un procès.

Les déclinatoires s'appellent fins de non-proceder.

Proceder juridiquement, c'est faire des instructions d'un procès, conformément aux Ordonnances & Réglemens.

On dit dans les rétentions, défenses de proceder ailleurs qu'en la Cour. On dit proceder criminellement contre quelqu'un, pour dire le poursuivre criminellement.

L'art de proceder & de bien dresser des formules, est tiré des Ordonnances, Edits, Déclarations, des Coutumes, des Réglemens & des maximes, & enfin du stile & usage de la Jurisdiction où l'on procede.

Mais quoique chaque Jurisdiction ait son style particulier, & que les mêmes actes ne reçoivent pas toujours partout les mêmes formes, ils doivent toujours contenir en substance ce qui est prescrit par les Loix générales & particulieres, & ce que la raison veut que l'on y observe.

L'art de proceder n'est souvent autre chose que le fruit de l'expérience ; car, comme nous avons dit ailleurs, à force de pratiquer on devient Praticien. Ceux mêmes dont les lumieres sont plus foibles, & qui aspirent à devenir bons Praticiens, n'ont point à désesperer du succès, quand ils voudront par une continuelle & sérieuse assiduité au travail, surmonter les obstacles que leur cause le manque de facilité qu'ils reconnoissent en eux.

Tout le monde sçait qu'une pénétration trop vive a quelquefois ses inconvéniens, sur tout quand elle est mal ménagée, ou qu'elle fait naître en nous une confiance téméraire qui détruit tous les talens & toutes les dispositions que nous pourrions avoir, bien loin de les perfectionner.

L'intelligence médiocre étant accompagnée de modestie, & soutenue par l'application, produit souvent, en fait de pratique, & même dans les sciences beaucoup plus relevées, des avantages plus solides que ceux ausquels aspirent les esprits les plus brillans, & ausquels ils ne parviennent jamais, lorsqu'ils sont aveuglés par trop de présomption, ou par trop de vivacité.

PROCEDURES, sont les actes, les expéditions & instruction d'un procès.

La procédure civile est l'instruction d'un procès dans lequel il s'agit d'intérêt pécuniaire, & de toute autre chose que de crime.

La procédure criminelle, au contraire, qui est aussi appellée procédure extraordinaire, est celle qui se fait en matiere criminelle, pour la poursuite de quelque crime.

La procédure civile commence par un exploit, & la procédure criminelle par une plainte. *Voyez* ce qui est dit de l'une & de l'autre procédure dans le Dictionnaire de M. Brillon.

PROCEDURES NULLES, sont celles qui sont faites contre la disposition des Ordonnances. Sur quoi il faut observer.

I°. Que le Juge peut prononcer d'office sur la nullité de quelque procédure, quoique la Partie adverse n'ait point objecté le défaut qui s'y trouve. Ainsi jugé par Arrêt du Parlement de Grenoble, du mois de Décembre 1545, rapporté par Expilly Arrêt 20.

II°. Qu'il y a des cas où la forme emporte le fond, & principalement en matiere de retrait lignager.

III°. Qu'en fait de procédure en matiere criminelle, on doit suivre de point en point ce qui est prescrit par l'Ordonnance de 1660, & que le Juge qui y manque peut être condamné à recommencer la procédure à ses frais & dépens, quelquefois même aux dommages & intérêts, comme au cas de l'article 24. du titre 15. de l'Ordonnance de 1670. *Voyez* ci-dessus, Forme judiciaire en matiere criminelle.

PROCE'S, est une action personnelle ou réelle porté devant un Juge compétent, pour être par lui fait droit aux Parties, & leur contestation terminée selon la Loi & l'usage des lieux.

Ainsi procès en général signifie toutes sortes de contestations, en quelque état que soit la procédure.

Mais quand ce terme est pris dans une signification étroite, on distingue la cause & l'instance de ce que l'on appelle procès.

Par cause, l'on entend l'instruction qui se fait depuis l'Exploit jusqu'au Jugement qui se rend à l'Audience.

Par instance, l'on entend l'instruction qui se fait depuis l'appointement à mettre, ou en Droit ou au Conseil, jusqu'au Jugement définitif.

Par procès, on entend l'instruction qui se fait en conséquence d'un appointement de conclusion, qui ne se rend que sur l'appel d'une Sentence rendue sur une instance appointée.

PROCES PAR ÉCRIT. *Voyez* Cause, Instance, Commissaire.

PROCES ORDINAIRE OU CIVIL, est celui que l'on poursuit par action, & où il ne s'agit que d'un intérêt pécuniaire, quand même il seroit intenté pour raison de quelque délit; car ce n'est pas le délit qui rend la cause criminelle, mais seulement la maniere de proceder.

Ainsi lorsqu'une Partie offensée a pris la voie civile, s'est pourvue par action contre celui qui a delinqué, le Juge ne peut prononcer aucune peine corporelle, mais seulement une amende pécuniaire, ou une condamnation aux dommages & intérêts, à moins que les gens du Roi ne découvrent qu'il s'agit d'un crime qui mérite punition corporelle, & par leurs conclusions ne requierent qu'il soit ordonné que le procès sera instruit à leur diligence par voie d'information.

Voyez Cause civile *Voyez* aussi Conversion des procès civils en procès criminels.

PROCES EXTRAORDINAIRE ET CRIMINEL, est celui qui commence par une plainte ou par une dénonciation, & qui se poursuit par information interrogatoire de l'accusé, récollement & confrontation de témoins; & en cas que le crime soit prouvé, il y a une peine corporelle. *Voyez* Plainte, Dénonciation, accusation, Partie civile.

Ainsi, lorsque le Juge voit dans le cours de l'instruction, mais avant la confrontation des témoins que l'affaire ne doit point être poursuivie criminellement, il doit la civiliser. *Voyez* le titre 20. de l'Ordonnance de 1670. *Voyez* ci-dessus Civiliser.

Les formalités en matiere criminelle ont toujours été réputées de l'essence des Jugemens, & doivent être suivies très-exactement: c'est pour cette raison que le Juge qui a manqué dans la procédure, est obligé de la faire refaire à ses dépens. Il faut donc que le Juge observe de point en point ce qui est prescrit par les Ordonnances, & surtout par celle de 1670.

Cela vient de ce que la Jurisprudence criminelle est d'autant plus imporante, que dans les affaires qui en sont l'objet, il s'y agit non-seulement de la fortune des Particuliers, mais encore de leur honneur & de leur vie. Cette Jurisprudence doit donc être observée à la rigueur, puisqu'elle ne tend qu'à assurer le repos public, en contenant par la crainte des châtimens des personnes que la considération leurs devoirs ne peut rendre sages.

Ceux qui sont chargés de juger les procès criminels, ou d'en entreprendre la conduite & la défense, doivent donc être parfaitement instruits de toutes les régles qui concernent une matiere si importante, & où tout est, par cette raison, de rigueur. Ainsi il ne faut pas s'étonner si lorsque le Juge manque en matiere criminelle, en quelque chose dans la procédure, on la fait refaire à ses dépens, & quelque fois même avec dommages & intérêts.

Celui qui a commis un crime, doit être poursuivi pardevant le Juge du lieu où le crime a été commis. *Voyez* Compétence en matiere Criminelle.

Il est défendu à tous Juges de donner des décrets de prise de corps sans informations préalables.

Pendant le cours d'un procès criminel, les Juges peuvent adjuger jusqu'à deux provisions, & ordonner plusieurs visites de Chirurgiens en cas de blessures; mais ils ne peuvent accorder deux provisions aux deux parties qui se trouveroient avoir été blessées.

Ils peuvent, en cas de nouveaux indices, permettre à la Partie civile de faire de nouveau assigner les témoins, pour déclarer ce qui est venu à leur connoissance depuis l'information.

Les Juges ne peuvent point prononcer de Jugemens qui emportent peines afflictives ou infamantes, que lorsque le procès aura été instruit par information, interrogatoire, récollement & confrontation, comme il a été jugé par Arrêt de la Tournelle, le 6. Août 1722.

Les Juges subalternes ne peuvent pas prononcer en cette sorte, *pour les causes résultantes du procès*, d'autant que cette forme de prononciation est un terme de Souverain. Boniface, tom. 4. liv. 1. tit. 1. nomb. 6.

Les Sentences rendues après midi en matiere criminelle, sont nulles. Boniface, *ibid.* tit. 16. nom. 5.

Les seules présomptions, quelques véhémentes qu'elles soient, ne sont pas suffisantes pour faire condamner quelqu'un pour crime capital. Ces sortes de condamnations ne sont juridiques, que quand elles sont fondées sur des preuves plus claires que le jour. *Voyez* Peine de mort. *voyez* Présomptions.

Il n'y a en France que les Procureurs du Roi, ou les Procureurs Fiscaux des Seigneurs, qui puissent former une accusation tendante à une peine afflictive. Les Particuliers qui forment des accusations, ne sont, à proprement parler, que des dénonciateurs.

Voyez ce que j'ai dit *verbo* Accusateur & *verbo* Accusation.

Les accusés d'un meurtre ne peuvent point proceder à la preuve de l'existence d'une personne qu'on dit qu'ils ont tuée; il faut que ce fait justificatif soit ordonné après toute l'instruction & dans la visite du procès.

Les Juges souverains ne peuvent pas accorder un sauf-conduit à une personne qui étant prévenue d'un crime capital, n'ose se présenter pour se justifier d'un autre crime dont on l'accuse. Il n'y a que le Roi qui puisse accorder un tel sauf-conduit.

Tout Juge soit séculier ou ecclésiastique, doit, en procédant à une confrontation, faire déclarer aux témoins que l'accusé présent est celui qui a commis le crime dont est question.

Il ne doit point interroger les accusés lors de la confrontation ni procéder au recollement & confrontation, qu'il n'y ait un Jugement qui l'ordonne, ni interroger les témoins lorsqu'il reçoit leurs dépositions.

Le Juge qui prend pour Greffier un autre que celui de la Justice ordinaire, doit lui faire prêter le serment suivant l'Ordonnance.

Quoiqu'il n'y ait point de parie civile, un Procureur du Roi ou d'un Seigneur peut poursuivre la punition d'un crime sans dénonciateur, si la renommée dénonce qu'un tel en est coupable, & en ce cas, si l'accusé est renvoyé absous, le procureur du Roi ou du Seigneur n'est tenu d'aucuns dommages & intérêts, comme je l'ai dit *verbo* Partie publique.

Les Juges supérieurs peuvent informer des crimes commis dans le ressort des Justices subalternes qui relevent d'eux, au cas que les premiers Juges ayent négligés de le faire dans les vingt-quatre heures.

En France, il n'y a point de tems préfini pour terminer un procès criminel, comme je l'ai dit *verbo* Accusation.

Celui qui a formé sa plainte, y peut renoncer, & agir par la voye civile pour raison du tort qui lui a été fait, mais celui qui a commencé par la voye civile, ne peut plus agir par la voye extraordinaire & criminelle au sujet du dommage pour raison duquel il est pourvû par un simple exploit.

Comme l'imprudence ou la malignité doit plutôt préjudicier à celui qui s'y est laissé aller, qu'à d'autres, nos Ordonnances n'admettent point de poursuite criminelle, qu'il n'y ait quelqu'un qui puisse répondre de la calomnie au public, & du dommage particulier à l'accusé, soit qu'elle soit l'effet de l'imprudence ou de la malignité.

Ainsi, quand un accusation est calomnieuse, le public est vengé par une punition convenable à laquelle l'accusateur est condamné, & l'accusé absous est indemnisé par des réparations & par des dommages & intérêts proportionnés au préjudice qu'il a reçu; mais lorsque l'accusation n'est que téméraire, l'accusateur est exempt de la peine, & l'accusé ne peut prétendre que des dommages & intérêts.

PROCES PARTI ET DÉPARTI. *Voyez* Partage d'opinions.

PROCES. VERBAL, est un acte dressé & attesté par les Officiers de Justice, lequel contient ce qui s'est passé en une capture, descente, ou autre expédition ou commission particuliere, comme sont les dires & contestations des parties, leur comparutions ou absences, la prestation de serment, les auditions des témoins, & autres semblables.

La clôture ordinaire des procès verbaux où il y a des contestations, c'est qu'il en sera réferé à la Cour.

Un procès verbal de réception de caution, d'enquête, de vérification d'écriture se fait par le Juge; comme aussi un procès verbal de récollement & confrontation.

Un procès verbal d'apposition & de levée de scellé, se fait par un Commissaire.

Un procès verbal de rebellion, se fait ordinairement par un Huissier ou Sergent.

Les procès verbaux des Juges font foi, sans qu'il soit besoin de les faire réconnoître ni vérifier. La Rocheflavin, Liv. 10. chap. 3.

Ils doivent être redigés par le Greffier en présence du Juge, & doivent être signés de l'un & de l'autre.

PROCÉS VERBAUX QUI SE FONT EN CAS DE DÉLIT, doivent contenir l'état auquel sont trouvées les personnes blessées, ou le corps mort. Ils doivent être dressés sur le champ & sans déplacer, & doivent contenir le lieu où le délit aura été commis, & faire mention de tout ce qui peut servir à conviction ou décharge.

Les Juges doivent dans les procès-verbaux des vols faits avec effraction, faire mention de l'état des portes, armoires, tiroirs, cabinets, coffres, cassetes, & des lieux où les vols auront été commis, suivant l'article 26. de l'arrêt de Réglement des grands Jours de Clermont, du 10. Décembre 1665.

Lorsque l'accusé pris en flagrant délit, ou à la clameur publique, aura été conduit prisonnier, le Juge doit ordonner qu'il sera arrêté & écroué, & l'écroue lui sera signifiée parlant à sa personne, suivant l'art. 9. du tit. 10. de l'Ordonnance de 1670.

Si quelqu'un a été blessé, le Juge doit recevoir sa plainte par le même procès verbal. S'il se trouve un cadavre, il faut recevoir la plainte de ses parens. Il doit en l'un & l'autre cas expliquer l'état des blessures, de l'habillement, ou si le cadavre a été trouvé nud, & faire un inventaire exact des armes, meubles & hardes qui peuvent servir tant à charge qu'à décharge.

Ces procès verbaux doivent être remis au Greffe dans les vingt-quatre heures, ensemble les armes, meubles & hardes qui pourront servir à la preuve, & feront ensuite partie des piéces du procès, ainsi qu'il est porté en l'art. 2. du tit. 4. de l'Ordonnance de 1670.

Touchant les procès verbaux qui se font lorsque l'on donne la question à un accusé, *Voyez* le titre 19. de l'Ordonnance de 1670. avec les remarques de Bornier.

PROCÉS VERBAUX DES COMMIS, font crus jusqu'à l'inscription de faux. Leurs formalités consistent en la date, aux sommations, au fraudeur de signer ses réponses, à faire mention de l'élection de domicile, de l'interpellation de signer après lecture faite, & à délivrer copie du procès verbal qui sera signé de deux Commis, ainsi que l'original, dans les jours, heures & tems prescrits, & le tout fait sur le champ & sur le lieu.

La Déclaration du 6. Novembre 1717, porte, que les procès verbaux de fraudes qui seront faits par les Commis des Fermes avant midi, seront signifiés dans le même jour; & que lorsqu'ils seront faits après midi, la signification en sera valable, pourvû qu'elle soit faite le lendemain avant midi. C'est pourquoi les Commis sont tenus de faire mention à la fin de leurs procès verbaux, si c'est avant ou après midi qu'ils les ont signifiés.

L'affirmation desdits procès verbaux doit être faite devant l'un des Elus, dans la quinzaine au plus tard, à l'égard des Elections composées de cent Paroisses & au-dessus, & dans la huitaine pour les autres Elections, suivant l'art. 7. du tit. 5. de l'Ordonnance de 1680.

Mais depuis, par une Déclaration du 30. Janvier 1717. ces sortes d'affirmations peuvent être valablement faites par les Commis devant les Juges, soit royaux, ou seigneuriaux des lieux, ou plus prochains, sans néanmoins aucune attribution de Jurisdiction qui demeurera toujours conservée aux Juges ausquels elle appartient; & l'affirmation desdits procès verbaux doit être reçue sans frais.

L'Arrêt du conseil du 8. mars 1720. enjoint à tous Elus de recevoir l'affirmation des procès verbaux des Commis des Fermes, au moment qu'ils se présenteront, en quelque tems & lieu que ce soit, sous les peines portées par ledit Arrêt. Pareille injonction a été faite à tous Juges, même des Seigneurs, par les Arrêts du Conseil des 26. Mai & 7. Septembre 1722.

Enfin il y a une Déclaration du Roi du 4. Octobre 1725. enregistrée en la Cour des Aydes le 13. Décembre de la même année, qui ordonne que tous les procès verbaux qui seront faits par les Commis & Gardes des Fermes du Roi, tant en matiere civile, lorsqu'il s'agit seulement de prononcer des confiscations, amendes, & autres peines pécuniaires, que dans les matieres criminelles, où il sera nécessaire de prononcer des peines afflictives, soient par eux affimés véritables, & que lesdites affirmations soient faites dans les délais prescrits par les Ordonnances & Réglemens, à peine de nullité desdits procès verbaux.

En conséquences desdits procès verbaux, les contrevenans doivent être assignés dans la huitaine du jour de l'affirmation, à peine de nullité; & peuvent être données lesdites assignations par les Commis, & même par leurs procès verbaux; mais ceux qui ne contiennent point d'assignation, sont déchargés du droit de controlle & autres nouveaux droits; & à l'égard de ceux qui contiennent assignation, ils ne sont sujets au contrôlle que huit jours après leur date, suivant les Arrêts du Conseil des 13. Juillet 1688, & 30. Octobre 1708.

Les procès verbaux faits par les Commis des Fermes n'ont pas besoin d'être affirmés par eux, lorsqu'ils les ont faits en présence & assistés d'un Officier de l'Election, ou autre Juge à qui il appartient de les faire, ainsi qu'il est décidé par Arrêt du Conseil du 22. Octobre 1718.

Les Commis peuvent se faire assister d'Huissiers & autres Officiers ayant serment en Justice, pour faire le recouvrement des fraudes, & en faire leurs procès verbaux, encore qu'ils ne soient signés que d'un Commis & d'un Huissier ou autre Officier, en faisant mention de leurs résidences actuelles, fonctions ordinaires, & de la Jurisdiction en laquelle ils auront prêté serment, suivant l'Arrêt du Conseil du 26. Octobre 1719.

Lorsque les Commis & Gardes ne sortent pas de leur district, ils ne sont pas tenus de faire mention dans leurs procès verbaux de la Jurisdiction où ils ont été reçus; comme il a été décidé par Arrêt du Conseil du 27. Mai 1721.

PROCESSIF, se dit d'un homme qui aime les procès, & qui en fait légerement à ses proches & à ses voisins.

PROCLAMATIONS, sont des publications qui se font, ou par un cri public, ou à son de trompe, ou aux Prônes des Eglises paroissiales, ès jours de Dimanches ou de Fêtes solemnelles, suivant l'article 65. de la coutume de Paris.

Il ne s'en fait plus aux prônes; on ne les fait aujourd'hui qu'à l'issue de la messe, à la porte de l'Eglise. *Voyez* ci-après, Publications au Prône.

PROCURATION, est un acte par lequel celui qui ne peut vacquer lui-même à ses affaires, donne pouvoir à un autre pour lui, comme s'il étoit lui-même présent, soit qu'il faille lui-même gerer & prendre soin de quelque bien ou de quelque affaire, ou que ce soit avec pour traiter d'autres.

On peut donner pouvoir de traiter, agir, ou faire autre chose non-seulement par une procuration en forme, mais par une simple lettre, ou par un billet, ou par une tierce personne qui fasse sçavoir l'ordre, ou par d'autres voies qui expliquent la charge ou le pouvoir qu'on donne: & si celui à qui on le donne l'accepte ou l'exécute, consentement reciproque forme en même tems la convention, & les engagemens qui en sont les suites.

La procuration peut contenir, ou un pouvoir indéfini de faire ce qui sera avisé par le Procureur constitué, ou seulement un pouvoir borné à ce qui sera précisément exprimé par la procuration.

Si la procuration marque & spécifie ce qui est à faire celui qui l'accepte doit s'en tenir à ce qui lui est prescrit.

Si au contraire la procuration lui donne un pouvoir indéfini, il doit y donner les bornes & l'étendue qu'on peut raisonnablement présumer de la volonté de celui qui l'a donné, soit pour ce qui regarde la chose même qui est à faire, ou pour les manieres de l'exécuter.

En général, tout Procureur constitué peut faire tout ce qui se trouve compris ou dans l'expression ou dans l'intention de celui qui l'a proposé, & tout ce qui fut naturellement du pouvoir qui lui est donné, ou qui se trouve nécessaire pour l'exécuter.

Ainsi le pouvoir de recevoir ce qui est dû, renferme celui de donner quittance: aussi le pouvoir d'exiger une dette, renferme celui de saisir les biens du débiteur; mais une procuration de poursuivre & de recevoir le payement d'une dette, ne donne pas la faculté d'en transiger avec le débiteur.

Celui qui fait quelque chose en vertu d'une procuration, ne peut être condamné à la garantie en son propre & privé nom, à moins qu'il ne s'y soit obligé. En effet, celui qui passe quelque contrat au nom & comme Procureur du mandant, n'est pas censé le passer en son nom, à moins qu'il n'apparoisse que telle a été sa volonté. *Voyez* Maynard, tom. 1. liv 4. chap. 15.

Le porteur d'une procuration qui s'est obligé, tant en son nom, que comme ayant charge, est tenu solidement pour le tout, sans division ni discussion, *quia socius præsumitur. Voyez* Papon, liv. 6, tit. 5, nomb. 4; & Boërius, décis. 273, nomb. 6.

Celui qui, en conséquence de la procuration qui lui a été donnée, a fait quelque dépense pour exécuter l'ordre qui lui étoit commis, comme s'il a fait quelque voyage ou fourni quelque argent, ou fait quelques autres impenses nécessaires ou utiles, en peut demander le remboursement, quand même l'affaire n'auroit pas le succès qu'on en pouvoit attendre, à moins qu'il n'y eût de la faute du Procureur constitué.

Comme la gestion d'un Procureur est un office d'ami, elle ne doit pas lui être dommageable. Si un Procureur souffre quelque perte ou quelque dommage à l'occasion de l'affaire dont il est chargé, il peut donc s'en faire rembourser, à l'exception des accidens qui lui seroient arrivés plutôt par sa faute, ou par cas fortuits, que par rapport à l'affaire dont il s'étoit chargé.

Enfin il peut non-seulement recevoir la recompense de ses peines, mais même, en cas de refus, en faire la demande en Justice, & il a hypotéque du jour de sa procuration; comme il a été jugé par Arrêt de l'année 1672, & par autre Arrêt du 19. Juin 1674, qui sont rapportés dans le Journal des Audiences, avec les raisons sur lesquelles leur decision est fondée.

Ainsi, quand on dit que sa fonction est gratuite, & n'est pour ainsi dire qu'un office d'ami, cela ne dénote rien autre chose, sinon qu'on ne doit pas convenir

convenir du salaire, & qu'une telle convention est contre la nature du mandat.

En effet, si au tems de la commission donnée on convenoit du salaire, ce seroit une espèce de louage où celui qui agiroit pour un autre, donneroit pour un prix l'usage de son industrie & de son travail.

Mais la récompense qui se donne sans convention & par honneur pour reconnoitre un bon office, est d'un autre genre, & ne change pas la nature de la procuration, & même peut après l'affaire finie, être demandée en Justice, comme nous venons de le dire.

Il est loisible à celui qu'on veut charger du soin d'une affaire, de ne pas accepter la commission que l'on veut lui donner; mais s'il l'accepte & qu'il s'en charge, il est obligé de l'exécuter; & s'il y manque, il sera tenu des dommages & intérêts qu'il aura causés, à moins qu'il ne justifie qu'il a été hors d'état de pouvoir agir, par maladie ou autre juste cause, ou qu'ayant manqué d'exécuter l'ordre qu'il avoit accepté, il n'en arrive aucun préjudice à celui qui l'avoit donné.

Contractus sunt ab initio voluntatis, & ex post facto necessitatis. Ainsi, quand on s'est chargé de faire les affaires d'autrui, on est tenu de les gerer, & ce qui n'étoit au commencement que d'honnêteté, devient ensuite l'obligation. *Voyez* le §. 11. aux Institutes, titre du mandat, & la Loi 156. *ff. de reg. jur.*

Celui qui, en vertu d'une procuration, a conduit quelqu'affaire pour un autre, est tenu de rendre compte de sa gestion, & de restituer les jouissances, profits, & généralement tout ce qui peut être provenu de ce qu'il a geré.

Il est aussi tenu de reparer tout le dommage que sa négligence aura pû causer à celui qui l'a chargé de la commission; mais il n'est point tenu des cas fortuits.

Par Arrêt du mois de Février 1704. il a été jugé au Parlement de Paris, qu'un homme ayant dissipé l'argent qu'il avoit reçu en vertu d'une procuration, le mandant avoit hypotéque pour la repeter du jour qu'il l'avoit reçu.

Il y a d'autres principes géneraux sur cette matiere, que j'ai expliqué sur le tit. 27. du troisiéme Livre des Institutes.

On distingue quatre sortes de procurations; sçavoir, la procuration en blanc; la procuration générale, la procuration *cum libera*, & la procuration particuliere.

PROCURATION EN BLANC, est une procuration dont le nom du Procureur n'est pas rempli au tems qu'elle est faite, & que l'on ne remplit que dans le tems que l'on agit en conséquence.

L'usage a fait recevoir ces sortes de procurations, afin que si la personne que l'on auroit envie de constituer Procureur, ne pouvoit ou ne vouloit pas accepter la procuration, on puisse la remplir du nom d'un autre, & éviter l'embarras de faire faire une autre procuration.

PROCURATION GENERALE, est celle qui contient un pouvoir général & indéfini d'administrer toutes les affaires, & gouverner tous les biens de celui qui donne la procuration.

Celui qui s'en est chargé en l'acceptant, peut exiger toutes les dettes de celui qui l'a donnée; il peut aussi déferer le serment en Justice, recevoir les revenus, payer ce qui est dû, vendre les fruits & autres choses qui peuvent facilement se corrompre, & qu'un bon pere de famille ne doit point garder.

En un mot, une telle procuration donne pouvoir de faire généralement tout ce qui peut être néceſſaire pour l'administration & la conservation des biens de celui qui a donné un tel pouvoir.

Mais une procuration génerale ne suffit pas pour faire une demande en rescision, ou restitution en entier, ni pour acquerir en exerçant le retrait lignager, ni pour faire des offres, transiger, vendre, recevoir, & faire tous autres actes, lesquels emportent alienation de biens, ou perte & diminution de droits.

Il n'y a que celui qui en est le maitre qui puisse en disposer de cette maniere; & pour que tels actes se puissent faire par Procureur, il faut un pouvoir exprès.

PROCURATION *cum libera*, est celle qui porte plein & absolu pouvoir d'administrer & disposer d'une chose ou d'une affaire comme maitre d'icelle.

On ne reçoit point en France les procurations *cum libera*; ensorte que le Procureur fondé de telles procurations, ne peut pas valablement faire les actes qui requierent des procurations spéciales.

PROCURATION PARTICULIERE, est celle qui porte un pouvoir borné à gerer une affaire particuliere, ou à occuper sur une cause, ou instance, ou procès.

Celui qui est chargé d'une telle procuration n'en doit point passer les bornes, & doit se renfermer uniquement dans ce qui est naturellement l'effet de la commission qu'on lui donne. En cas qu'il soit à propos, pour l'avantage de celui pour lequel il agit, de faire quelque chose qui excede son pouvoir, il doit en demander une autre. *Voyez* ce que j'ai dit sur le §. 8. du tit. 27. du troisiéme liv. des Institutes de Justinien.

PROCURATION *ad resignandum*, est un acte par lequel le titulaire d'un Office donne pouvoir spécial à une personne dont le nom est en blanc, de résigner & remettre entre les mains du Roi ou autre Collateur, son Office, pour, au nom, & en faveur toutefois de la personne avec qui on en a traité, que l'on nomme, & non d'autre personne ni autrement; & à cette fin on donne pouvoir au Procureur, dont le nom est en blanc, de consentir que toutes Lettres de provision, & autres nécessaires soient expediées en faveur de qui la procuration *ad resignandum* est faite.

Mais cette procuration après l'an est non valable, quand celui au profit de qui elle est faite n'a pas en conséquence obtenu dans ce tems des provisions.

Comme les Offices ne peuvent pas, par un commerce entierement libre, être transferés directement & immédiatement d'une personne en une autre, par vente ou transport suivi de tradition, il faut la résignation ou démission de la part du titulaire, & la provision de la part du Collateur.

Ainsi, c'est sur la procuration *ad resignandum*, qui est la démission du titulaire, que le collateur donne des provisions; & ce sont ces provisions qui donnent droit en l'Office au résignataire; car la procuration *ad resignandum* ne lui donne que *jus ad rem*, & non pas *jus in re*. *Voyez* Provisions.

PROCUREUR, est celui qui a reçu procuration & pouvoir de faire quelque chose pour un autre, soit pour la gestion ou administration de ses affaires, soit pour le défendre en Justice.

On distingue donc deux sortes de Procureurs; les uns pour négocier les affaires, que l'on appelle Procureurs *ad negotia*; les autres pour occuper en Justice pour leurs cliens, & défendre leurs intérêts, ce qui fait qu'on les appelle Procureurs *ad lites*.

PROCUREUR *ad negotia*, est celui à qui l'on donne un mandat de faire quelque chose, *Voyez* Procuration.

On peut constituer pour Procureur *ad negotia* qui l'on veut, même des femmes. Il est seulement à observer qu'en Pays coutumier, lorsqu'une femme constitue son mari pour Procureur, il est nécessaire qu'il soit présent pour l'autoriser; ou s'il est absent, qu'il lui envoye un acte par lequel il l'autorise à l'effet de passer la procuration; & si c'est le mari qui constitue sa femme, il est pareillement de régle qu'il l'autorise.

De même qu'il est libre de charger qui l'on veut de sa procuration, pour gerer & administrer les affaires dans le particulier; il est permis aussi de la révoquer, sans être obligé d'en exprimer les causes.

PROCUREUR *ad lites*, est aujourd'hui parmi nous un Officier établi par autorité publique dans les Jurisdictions Royales, pour postuler & défendre en Justice les intérêts des personnes qui les lui confient.

Le droit de créer des Procureurs dans les Cours souveraines, & dans les Jurisdictions royales du Royaume, appartient au Roi seul.

L'emploi de Procureur n'est point vil comme certains Auteurs ont voulu le faire entendre. Il a même été un tems que la fonction des Procureurs étoit confondue avec celle des Avocats. C'est le sentiment de M. Dolive en ses questions notables liv. 1. chap. 36. mais cela n'est plus aujourd'hui. Il y a un Arrêt de réglement du Parlement de Paris du 17. Juiletl 1663. rapporté dans le Journal des Audiences, dont la lecture fait aisément connoitre ce qui est du ministere des Procureurs, & ce qui est reservé à celui des Avocats en fait d'Ecritures.

Voyez cet Arrêt, & ce que j'ai dit *verbo* Avocat, où j'ai marqué quelles causes les Avocats plaident à l'exclusion des Procureurs.

L'emploi de Procureur déroge à la Noblesse; mais je ne sçai par quelle raison cette délicatesse s'est introduite parmi nous. L'art de bien conduire une procedure, est un assez grand art pour être mis au point de niveau avec plusieurs autres professions qui ne dérogent point.

En France, la partie est réputée non valablement défendue, si elle n'est assistée d'un Procureur. Ainsi dans les Jurisdictions où il y a des Procureurs en titre d'office, leur ministère est absolument nécessaire; l'on ne peut, soit en demandant ou en défendant, s'en passer; & il en faut constituer un qui soit pourvu de l'Office de Procureur dans la Jurisdiction où l'affaire doit être jugée.

Dans les Jurisdictions subalternes le ministère des Procureurs n'est point nécessaire, ni dans la Jurisdiction des Juge-Consuls, Grenier à Sel, Traites foraines, Conservateurs des priviléges des Foires: chacun est reçu dans ces Jurisdictions à plaider soi-même sans le ministere d'un Procureur.

On peut néanmoins prendre quelqu'un pour y plaider pour soi; auquel cas on prend ordinairement quelqu'un de ceux qui, sans titre d'Office, se mêlent d'y faire la fonction de Procureur; mais cela n'empêche pas que tout autre particulier qui s'y présente pour plaider pour d'autres, n'y soit reçu.

Deux choses ont rendu nécessaire le ministére des Procureurs.

I°. Parce que la liberté qu'avoient les Parties d'expliquer leurs droits devant les Juges, étoit suivie d'emportemens, de confusions, de tumultes & d'irréverances, qui blessoient le respect dû à la Justice, & en troubloient l'ordre.

II°. Parce que les procedures sont nécessaires pour l'instruction des procès: ceux qui plaident, n'étant pas toujours versés dans l'art de proceder en Justice, il faut qu'ils ayent recours aux Procureurs qui entendent la pratique, & qui sont obligés de garder l'ordre qui en est prescrit par les Ordonnances & par l'usage.

Les Procureurs *ad lites* ne doivent pas être regardés comme ceux qui sont Procureurs *ad negotia*; car ils reçoivent salaires, & ce n'est que sous l'attente d'être récompensés de leur travail qu'ils s'employent pour leurs Parties; au lieu que le mandat est gratuit, & n'est fondé que sur l'amitié de celui qui veut bien s'en charger. Ainsi ce qui se fait entre le Procureur *ad lites* & sa partie, *magis expectat ad locationem operarum, propter mercedem, quàm ad contractum mandati*.

On Constitue un Procureur, ou pour toutes les causes que l'on a & que l'on pourra avoir dans la

Jurisdiction ou il a droit de postuler; ou on le constitue seulement pour un certain procès, une instance ou une cause.

Au premier cas, son emploi dure jusqu'à ce qu'il soit revoqué ; desorte qu'un affaire étant jugée, il continue toujours d'occuper pour sa partie dans les autres cas qu'elle a. Au second cas, son pouvoir finit après le Jugement définitif.

Quand un Procureur est constitué par une procuration générale pour occuper dans toutes les affaires que pourra avoir le constituant dans la Jurisdiction ou le Procureur est reçu, le Procureur a hypotéque pour tous les frais qui lui seront dûs dans chaque affaire, du jour de la date de la procuration passée pardevant Notaires ; au lieu qu'un Procureur qui, sans une procuration générale, occuperoit pour une Partie dans différentes affaires, n'auroit pour ses frais hypotéque sur les biens de son client, que du jour de la procuration particuliere qui lui auroit été donnée pour chaque affaire. *Voyez* l'Arrêt du 19. Juin 1674. rapporté dans le Journal des Audiences.

Le ministre du Procureur *ad lites* est d'avoir la charge & la conduite des causes & procès dans lesquels il occupe, & de faire pour leur instruction toutes les poursuites & procédures nécessaires jusqu'à la Sentence ou Arrêt définitif, & cela en vertu de la procuration expresse ou tacite qu'il en a reçue de sa Partie.

Autrefois un Procureur ne pouvoit pas occuper pour quelque Partie, sans une procuration par écrit ; & il étoit enjoint aux Procureurs de la Cour par Arrêt du Parlement de 1538. de tenir des Registres des noms de ceux qui leur donnoient des procurations.

Néanmoins par un usage qui s'est introduit, les Procureurs n'ont plus besoin pour occuper de la procuration expresse & par écrit de leurs Parties ; l'exploit qu'on leur remet leur en sert, & suffit pour qu'ils ne puissent être désavoués.

Un Procureur ne doit pas comparoir pour une Partie, sans être chargé d'occuper pour elle, soit expressément, soit tacitement ; & si un Procureur entreprenoit de défendre la cause d'une Partie en attendant son pouvoir, il faudroit qu'il s'offrit de soutenir le jugé en cas de désaveu.

Il y a certaines choses que les Procureurs constitués ne peuvent pas faire sans une procuration spéciale.

I°. Quand il s'agit de former une nouvelle demande.

II°. Lorsqu'il s'agit d'interjetter appel, ou de renoncer à un appel interjetté.

III°. Quand il s'agit de faire quelque désistement ou quelque renonciation que ce soit.

IV°. Un Procureur ne peut, sans une procuration spécialement, donner un consentement qui porte quelque dommage à sa Partie.

V°. Il ne peut pas non plus affirmer ni faire des offres, sans une procuration spéciale.

VI°. Il ne peut pas non plus récuser un Juge, sans une procuration spéciale.

VII°. Un Procureur ne peut pas former une inscription de faux, sans être fondé d'une procuration spéciale à cet effet.

VIII°. Il ne peut pas, sans une procuration spéciale, reconnoître une promesse ou une écriture privée.

IX°. Il ne lui est pas permis, sans une procuration spéciale, de faire aucun désaveu.

X°. Nul Procureur ne peut recevoir deniers & passer quittance au nom de celui pour lequel il agit, rans en avoir une procuration spéciale.

En un mot, un Procureur ne peut, sans une procuration spéciale, faire aucune acte qui dépende du fait de la Partie, & qui ne soit pas de l'instruction ordinaire de la procédure ; à quoi le pouvoir du Procureur est borné. Ainsi, dans toutes les choses qui dépendent de la Parie il est nécessaire que son Procureur ait pour la représenter une procuration spé ciale, & qui soit autre que celle qui le constitue simplement Procureur pour proceder dans la forme ordinaire.

Mais pour éviter les frais & l'embarras d'une nouvelle procuration, les Procureurs ont coutume quand leurs Parties sont sur les lieux, de leur faire signer les actes qui sont du fait personnel des Parties : cette signature vaut procuration.

Suivant ce que nous avons dit, un Procureur est maître des procédures ; il a même le pouvoir de vuider les causes par expédient, après les avoir fait passer au Parquet.

Mais si un Procureur passe les bornes de son ministere & de son pouvoir, en faisant de son chef & sans procuration spéciale quelqu'un de ses actes qui regardent absolument la personne du clien, & qui ne soient point de la procédure ordinaire, il court risque d'être désavoué & condamné en son nom aux dommages & intérêts des Parties. Néanmoins, tant qu'il n'est point désavoué, l'acte qu'il a passé est toujours nuisible à celui pour lequel il occupe.

Les significations qui sont faites au domicile des Procureurs pour l'instruction des causes, instances ou procès, valent, & sont regardées comme si elles étoient faites à leurs Parties. Mais à l'égard des Jugemens que l'on veut mettre à exécution, outre la signification que l'on en doit faire au Procureur de la Partie qui a été condamné, il le faut encore signifier au domicile de la Partie, avec commandement de l'exécuter.

Un Procureur est obligé par honneur & par le devoir de sa Charge de veiller aux droits de sa Partie, & d'y opposer toute la vigilance & toute l'éxactitude possible ; de sorte même que dès qu'il a reçu les pieces & les mémoires qui lui doivent servir d'instruction, il est tenu de sa négligence quand elle est grossiere, & peut être considerée en quelque maniere comme dol ; car si l'on excusoit dans un Procureur une telle négligence, ce seroit donner à quelques uns d'eux un prétexte de couvrir leur malice.

C'est sur ce fondement qu'un Procureur chargé de piéces pour former une opposition à des criées, a été condamné envers sa Partie, pour n'avoir pas formé l'opposition qu'elle lui avoit mandé de faire. L'Arrêt est du 26. Avril 1644. & est rapporté dans le Journal des Audiences.

Il faut donc établir pour principe certain, qu'un Procureur qui doit son ministere à ses Parties, & qui s'y est obligé dès le moment qu'il s'est chargé de leurs affaires, est tenu des omissions grossieres qu'il pourroit faire, si ces omissions causoient un notable préjudice à leurs parties ; comme s'ils avoient omis de former une opposition sur quelque saisie, ou de produire le pouvant faire.

Mais hors le cas de telles omissions grossieres & impardonnables, les Procureurs ne sont pas ordinairement responsables de leur négligence, ni des défauts & manquemens qui se trouvent dans leurs procédures, à moins qu'il n'y ait de la fraude.

Il faut encore excepter les décrets dans lesquels les Procureurs poursuivans sont responsables de leurs procédures ; desorte que pour les défauts qui s'y rencontrent, ils peuvent être recherchés : mais après l'espace de dix ans, ils sont entierement à couvert de cette recherche. *Voyez* Henrys, tom. 1. liv. 2. chap. 4. quest. 27.

Un Procureur qui occupe pour une Partie, ne doit point suivre aveuglement sa passion, & vexer la Partie adverse par des chicanes qui ne font le plus souvent qu'embrouiller les affaires ; il ne doit pas non plus faire des frais inutiles & contre les régles.

Lorsque cela se rencontre, il est permis à ceux qui se trouvent lézés par de mauvaises procédures, de se pourvoir contre le Procureur qui est sorti des bornes de son devoir, & de présenter requête contre lui.

Mais avant que de donner une requête contre un Procureur en son nom, pour raison de son ministere, il faut avoir porté sa plainte à la Communauté, & qu'il soit réfractaire à l'avis qui y a été rendu. *Voyez* le Recueil des Arrêts & Réglemens concernant les fonctions des Procureurs, page 180.

Comme les Procureurs deviennent nécessairement les dépositaires des titres & des secrets des familles, il s'ensuit.

I°. qu'ils ne peuvent conserver ce dépôt avec trop de fidélité : aussi ne peuvent-ils servir de témoins contre qui que ce soit dans les causes où ils ont été constitués Procureurs, même après qu'ils auroient été révoqués *Joan. Gall. quæst.* 98. Papon, liv. 9. titre 1. nomb. 31. Guenois sur Imbert, liv. 1. chap. 62. lettre G ; Guy Pape, quest. 45, & Chorier, Jurisprudence de Guy Pape, page 314.

II°. Qu'ils sont responsables de la perte des piéces dont ils sont chargés, comme il a été jugé par Arrêt du 30. Août 1682. rapporté dans le Journal des Audiences. Ils peuvent même être recherchés dans cinq ans pour les procès jugés dont ils sont chargés, & dans dix pour ceux qui ne sont pas jugés.

Les Procureurs ont droit de se faire payer par leurs Parties de leurs frais, salaires & vacations : cependant ils ne peuvent pas retenir, pour raison de ce qui leur est dû, les titres de leurs Parties, mais seulement les procédures qu'ils ont faites. *Voyez* Coquille, quest. 197.

Ils ont deux ans pour demander en justice leurs frais, salaires & vacations, en cas de décès des Parties, de révocation, ou discontinuation de procédures ; autrement ils ont six ans pour en faire la demande, à compter du jour qu'ils ont commencé d'occuper. *voyez* les Arrêts de la cour du 23 Mars 1692. qui sont rapportés dans le Recueil des Arrêts & Réglemens concernant les fonctions des Procureurs.

Les Procureurs ne doivent point abuser de la confiance que leurs Parties ont en eux, ni du crédit qu'ils peuvent avoir sur leur esprit : c'est pourquoi pendant le cours des causes, instances ou procès, ils sont incapables de recevoir de leurs Parties quelque disposition que ce soit, au-delà de leurs frais, salaires & vacations.

Ils ne peuvent pas non plus se faire faire aucune cession de droits litigieux, ni stipuler à leur profit une portion d'une dette ou d'un effet contesté, en cas qu'ils obtiennent gain de cause. En un mot, ils ne peuvent faire aucuns traités, compositions ou pactions pour leurs droits, en quelque maniere & sous quelque prétexte que ce soit, à peine d'être rayés de la matricule. Extraits des délibérations de la Communauté des Avocats & Procureurs du Parlement de Paris, confirmées par Arrêt du 29 Juillet 1679. rapporté dans le Journal des Audiences.

On a décidé avec raison, qu'il seroit contre les bonnes mœurs, qu'un Officier qui est dans l'obligation de servir sa Partie par le devoir de sa Charge, ne s'y portât que par le motif d'un intérêt sordide.

Les Procureurs constitués, aussi-bien que tous ceux qui font les affaires des autres, ne peuvent se rendre adjudicataires des biens de ceux dont ils font les affaires ; mais ils peuvent en être acquereurs, en les achetant d'eux-mêmes volontairement.

Rien n'empêche aussi que le Procureur du poursuivant criées ne se fasse adjuger les biens de la Partie saisie ; & c'est ce que les plus habiles ne négligent pas.

Il arrive même quelquefois qu'ils font cette acquisition sans bourse délier ; ce qui paroît aussi commode & agréable à l'acquereur, que cela l'est peu aux Parties intéressées. Ainsi un Auteur a eu raison de dire, qu'on vivoit au Palais des sotises d'autrui.

Les Procureurs peuvent substituer un ou deux de leurs confreres, pour signer leurs expéditions en leur absence.

Cela n'empêche pas que dans l'occasion d'autres ne les puissent signer, sans être leurs substituts.

Un Procureur dans une instance d'ordre ou de préférence, ne peut occuper sur un pouvoir de son confrere; il faut qu'il en ait un de la Partie. Arrêté du 12. Mai 1696. au Parlement de Paris, Journal des Audiences.

La procuration cesse par la mort du constituant, ou par le décès du Procureur de la Partie, si le procès n'est pas en état.

Il faut au premier cas, pour procéder sur les derniers erremens, faire assigner en reprise ceux qui succédent aux droits du défunt.

Au second cas, il faut sommer la Partie adverse de constituer un nouveau Procureur.

Un Procureur *ad lites*, substitué par un fondé de procuration générale, n'est point révoqué par la mort du substituant, mais par celle du premier constituant. Papon, liv. 6. tit. 6. tit. 4. nombre 15. *Joannes Galli*, *quæst.* 63.

A l'égard des procurations qui leur sont données par les Parties pour occuper pour elles, ces procurations ne sont point annales, & sont valables, jusqu'à ce que les affaires pour lesquelles elles ont été données soient finies & terminées.

Ainsi le pouvoir & l'ordre que les Procureurs ont eu par les procurations dure toujours, jusqu'à ce que l'instance soit périe ou jugée diffinitivement; à moins que les procurations ayent été révoquées avant le Jugement définitif, ou la péremption acquise. *Voyez* un Acte de notorieté du Châtelet de Paris, du 23. Juin 1692.

Comme les Procureurs se doivent uniquement mêler de ce qui concerne la procédure qu'il convient de faire pour défendre le droit de leurs Parties, & qu'ils ne doivent point autrement entrer dans ce qui concerne leurs affaires, il a été jugé par plusieurs Arrêts, qu'un Procureur ne pouvoit pas être caution de sa Partie.

Les Procureurs postulans sont tenus d'avoir des Régistres, pour y marquer l'argent qu'ils reçoivent de leurs cliens, & de les représenter toutes & quantes fois qu'ils en sont requis; faute de quoi ils seront déclarés non-recevables à demander le payement de leurs frais, salaires & vacations. Ainsi jugé par un Arrêt du Parlement de Paris, du 28. Mars 1692. rapporté dans le Journal du Palais.

Il nous reste à parler de la probité & de la capacité, qui sont deux qualités si fort requises dans un Procureur.

La probité qui doit être la base de toutes les qualités essentielles dans la vie civile, est d'autant plus à souhaiter dans un Procureur, que sans elle tous les talens qu'il pourroit avoir d'ailleurs, peuvent non seulement demeurer infructueux, mais encore devenir funestes. Sans cette vertu principale, les lumieres les plus vives courent risque d'être dangereuses.

L'habileté ne sert qu'à inspirer plus de confiance; mais cette confiance destituée de probité dégénere en vice parcequ'elle rend celui qui s'y livre plus hardi dans ses malversations, soit en lui faisant naître la présomptueuse idée de les ménager avec plus d'adresse, soit en l'entretenant dans une fausse sécurité sur la crainte des recherches que sa mauvaise conduite lui pourroit attirer.

De ces principes comparés avec la prévention, peut-etre trop répandue dans le monde à l'égard des Procureurs, il résulte pour ceux qui embrassent cette profession avec des sentimens d'honneur, une obligation très-étroite de l'exercer avec pureté, droiture & désintéressement.

Tel est l'esprit de ceux qui s'y adonnent dans la seule vûe d'être utiles au Public. Toujours ambitieux de se faire distinguer par l'assemblage des vertus ausquelles la réputation de l'homme incorruptible est attachée, les écueils qu'ils évitent préparent leur éloge, & le suffrage du Public le confirme.

Non-seulement tous leurs devoirs leur sont précieux, mais encore ils se refusent à l'avidité d'un gain toujours illégitime, dès qu'il ne contribue point à la décision de l'affaire contestée; & l'estime universelle qu'ils s'acquierent de leur vivant, n'est que la moindre récompense de leur droiture.

Pour définir les moyens de parvenir à cet heureux point, on ne peut s'empêcher d'observer d'abord, que le Procureur n'étant établi que pour conduire au Tribunal ceux qui sont dans la nécessité de recourir à son ministere, c'est toujours par le sentier de la vérité qu'il doit les y conduire.

Il contracte l'engagement d'en user ainsi, par le serment qu'il prête lors de sa réception, & qu'il réitere toutes les années.

Mais en traçant l'idée du zéle que cet Officier doit avoir pour la défense de ses cliens, il n'est pas indifférent d'observer que ce même zéle a des bornes qu'il est dangereux de passer.

L'effet le plus ordinaire des procès, est d'inspirer à ceux qui les entreprennent, ou qui les soutiennent, une passion dont le Procureur doit se défendre avec soin. Son secours n'appartient qu'au Plaideur fondé sur l'équité, & son ministere ne se doit jamais prêter à aucune injustice. Aussi l'expérience nous apprend que les mauvais détours, dont un Procureur se sert pour servir sa Partie, retombent ordinairement sur lui.

Ainsi, quand on découvre les artifices qu'a témérairement employés un Procureur, pour rendre bonne une cause mauvaise & injuste, il en est tenu en son propre & privé nom, & les Juges ne manquent pas de le rendre responsable de l'événement: C'est ce qui a été jugé par Arrêt du 20 Février 1647. rapporté dans le Journal des Audiences.

A ces dispositions dépendantes du cœur, il faut joindre les connoissances de l'esprit, c'est-à-dire particulierement celle des Ordonnances & Réglemens concernant la procédure, & un grand usage de la Pratique,

Aussi faut il avoir vingt-cinq ans accomplis pour être reçu Procureur, & avoir été chez un Procureur pendant dix années, comme nous l'avons dit ci-dessus, *verbo* Basoche.

C'est une opinion assez généralement reçue, que la capacité d'un Procureur peut se renfermer dans les limites de la procédure.

Il est vrai que sa profession le dispense des sciences étendues & relevées, & de l'ornement du discours ; mais il n'est pas moins certain qu'elle oblige à sçavoir quelqu'autre chose que la procédure.

Le secours que doit attendre un client de son Procureur, sera bien foible & bien stérile, s'il ignore certains principes généraux du Droit & des Coutumes, & s'il n'a pas assez d'intelligence pour pénétrer dans leurs dispositions, afin d'en faire ensuite une application raisonnable, surtout dans les conclusions qu'il prend pour sa Partie.

Le ministère d'un Procureur est d'autant plus important, que les demandes qu'il fait, & les défenses qu'il oppose, sont la base des Jugemens : ce qui marque qu'en fait de procureurs, il y a beaucoup de choix.

Il a été un tems où le Palais étoit rempli d'un grand nombre de Clercs attachés à la Pratique, avec d'autant plus d'émulation, qu'ils espéroient qu'en considération de leurs services, la Cour les voudroit bien immatriculer. Les Offices étoient alors la recompense du travail & du mérite.

Si les changemens arrivés depuis n'ont pas entierement ralenti l'ardeur des jeunes Praticiens, on peut du moins dire qu'ils n'ont pas peu contribué à ce que quelques-uns se soient portés à l'ambition de se revêtir d'un titre, plutôt qu'à s'assurer les talens nécessaires pour en remplir dignement les fonctions.

De quelque supériorité d'esprit dont se puisse flater un Procureur, il ne doit jamais oublier que sa fonction ne s'étend point sur ce qui appartient aux Avocats. Son partage est assez ample pour qu'il s'en contente. Le tout est de s'acquitter avec honneur d'une si pénible, & en même tems si délicate & si dangereuse profession.

Voilà quels sont en général les devoirs des Procureurs : à l'égard de leurs droits, il faut demeurer d'accord que personne ne les entend si bien qu'eux.

Il y en a même qui sçavent les amplifier, & d'autres qui ont l'adresse de s'en procurer injustement par des manœuvres très-blâmables ; mais s'il y en a quelques-uns de ce caractère, il y en a ici un très-grand nombre qui s'acquitent dignement de leur profession.

Aussi M. l'Avocat général Talon, depuis Président à Mortier, dit dans une harangue à la Saint Martin, après avoir vesperisé les Procureurs selon la coutume qu'il ne prétendoit pas confondre tous les Membres de ce Corps ; qu'il y avoit des Procureurs fripons, mais qu'il y en avoit aussi de très-honnêtes gens ; que ce qu'ils y avoit de plus grand dans la Robe & dans le Ministère sortoit de Procureurs, & que lui-même en étoit sorti. C'est ce que rapporte l'Auteur des Mélanges d'Histoire & de Littérature, tom. 2. p. 257.

Le même Auteur, tom. 3. page 311. rapporte le sort fortuné qu'eut Dormans, Procureur au Parlement de Paris, qui vivoit dans le quatriéme siécle. L'aîné de ses fils fut Evêque, Cardinal, Chancelier de France, & Légat du Pape Grégoire X. pour travailler à la paix entre le Roi Charles V. & le Roi d'Angleterre. C'est lui qui est le Fondateur du Collège de Saint Jean de Bauvais. Le second de ses enfans fut d'abord Avocat général au Parlement de Paris, & puis Chancelier de France : celui-ci eut plusieurs enfans, dont un eut aussi l'honneur de remplir cette premiere place de la Magistrature ; ensorte que de la famille d'un Procureur sont sortis trois Chanceliers de France, un Cardinal Légat, & un Archevêque ; car le cinquiéme fils de Jean de Dormans eut premierement l'Evêché de Meaux, & peu après l'Archevêché de Sens.

PROCUREUR NE PEUT AGIR DANS LES CHOSES OU IL S'AGIT DE LA PRESENCE ET DU TÉMOIGNAGE DE LA PERSONNE. Ainsi, en matiere civile, quand on est assigné pour répondre sur faits & articles, on ne peut pas subir l'interrogatoire par Procureur, parce que c'est un fait personnel dont il s'agit. Il en est de même des témoins qui sont assignés pour être ouis, en conséquence d'un Jugement qui ordonne une enquête.

Il en faut dire de même des témoins qui sont assignés pour être ouis sur un Jugement qui permet d'informer.

L'accusé ne peut pas non plus se servir de Procureur pour justifier son innocence lors de l'interrogatoire, du récollement & confrontation, & à plus forte raison lorsqu'il s'agit de l'interrogatoire sur la sellette.

Mais un accusé peut se servir du ministère d'un Procureur, & même ne peut s'en passer, quand il s'agit de nullité de procédure, d'incompétence de Jurisdiction, ou quand un accusé prétend après son interrogatoire qu'il n'y a pas lieu de passer ou récollement & à la confrontation, ou quand il s'agi de regler un incident, ou de le joindre, ou de le disjoindre du principal chef de l'accusation. Enfin, pour faire admettre ses faits justificatifs, & soutenir son attenuation de preuves, il faut qu'il se serve du ministère d'un Procureur.

PROCUREURS NE SONT RESPONSABLES DE LEUR NEGLIGENCE, NI DES DÉFAUTS DE LEURS PROCEDURES, QUE DANS LES DECRETS ; & encore ce n'est que pendant dix ans. Pour ce qui est des offres ou des consentemens qu'ils peuvent faire ou donner sans ordre & sans pouvoir de leurs Parties, ils sont sujets à être désavoués. Mais à l'égard des écritures qu'ils auroient faites, & qui auroient fait perdre le procès à leurs Parties, ils n'en sont pas responsables.

PROCUREURS AU PARLEMENT DE PARIS, anciennement n'étoient que postulans avec matricules, de même que les Procureurs de toutes les autres Jurisdictions du Royaume.

Ils furent créés en titre d'Office en 1572. L'Edit de création n'ayant point eu de lieu, ils resterent matriculaires fixés au nombre de quatre cens jusqu'en 1639. qu'ils furent de nouveau créés héréditaires.

Depuis ce tems, ils sont toujours restés titulaires dans ce même nombre de quatre cens. Plusieurs différens titres & priviléges leur ont été accordés par les différens Edits & Déclarations qui sont survenus depuis.

Ils ont droit seuls, à l'exclusion de tous autres, de postuler dans toutes les Jurisdictions de l'enclos du Palais, à l'exception de la Chambre des Comptes & de l'Election, où ils ne postulent point, à cause qu'il y a d'autres Procureurs en titre d'Office.

A l'égard de la Chambre des Bâtimens, ils postulent conjointement avec les Procureurs qui ont été créés depuis pour cette Jurisdiction, appellée communément la Jurisdiction de la Maçonnerie.

PROCUREUR TIERS, est celui qui est pris par les Parties ou par leurs Procureurs, pour régler les contestations qui surviennent dans les taxes de dépens, ou dans quelque point de procédures.

Voyez cy-après, Tiers en fait de dépens.

PROCUREURS DE COMMUNAUTÉ, sont ceux que l'on élit au Palais pour avoir soin des affaires du Corps, récueillir les aumônes & droits de la Chapelle ou de la Confrairie, faire dire le service, & assister les Pauvres. *Voyez* Communauté des Avocats & Procureurs.

PROCUREURS DES BAILLIAGES, SIÉGES PRÉSIDIAUX ET AUTRES SIÉGES ROYAUX, sont ceux qui sont en titre d'Office, établis pour occuper & faire dans ces Siéges les mêmes fonctions que font aux Parlemens les Procureurs qui y sont reçus.

Voyez Chenu, en son Traité des Offices de France, tit. 34.

PROCUREURS DE LA CHAMBRE DES COMPTES, sont des Officiers établis pour rendre les comptes de tous les Trésoriers & Réceveurs qui manient les deniers du Roi.

Tels sont les Gardes du Trésor Royal; les Trésoriers de l'extraordinaire & ordinaire des Guerres de la Marine, des Galeres; les Trésoriers des Maréchaussées; les Trésoriers payeurs des Compagnies supérieures; les Receveurs généraux des Domaines & Bois; les Réceveurs généraux des Finances: les Receveurs des Tailles; les Trésoriers des Ponts Chaussées, argenterie, menus plaisirs & affaires de la Chambre du Roi; les Receveurs & Payeurs des gages des Secrétaires du Roi, & Officiers des grandes & petites Chancelleries du Royaume; les Receveurs des deniers, créances & octrois des Villes, & autres.

La fonction des Procureurs de la Chambre des Comptes, consiste aussi, I°. à faire épurer, & purger tous les comptes desdits Trésoriers & Receveurs qui manient les deniers du Roi.

II°. A faire faire en la Chambre des Comptes, les enregistremens de toutes les Lettres patentes qui y devoient être enregistrées, & à faire recevoir ausdites Chambres des Comptes, tous les Tresoriers & Receveurs cy-dessus, en vertu de leurs provisions obtenues de Sa Majesté.

Enfin, l'on ne peut se passer du ministere desdits Procureurs, dans toutes les affaires qui se passent en la Chambre des Comptes, comme pour rendre la foi & hommage pour les fiefs qui relevent du Roi, pour en donner un denombrement, & pour quelqu'autre affaire que ce soit.

Il n'en est pas de même des Procureurs des autres Chambres des Comptes; car ils n'ont qu'une partie des fonctions de ceux de la Chambre des Comptes de Paris, parce qu'il se passe beaucoup d'affaires dans celle de Paris, privativement à toutes les autres.

Au reste, il faut remarquer que les Offices de Procureurs en la Chambre des Comptes ne dérogent point, suivant une Déclaration du 6 Septembre 1500.

PROCUREUR GÉNÉRAL, est un Magistrat établi dans les Cours souveraines.

Il est l'homme du Roi, la partie publique, qui seule peut conclurre à peine afflictive, & qui doit avoir communication de tous les procès où le Roi, le Public, les Mineurs, l'Eglise & les Communautés ont intérêt.

Dans les procès où ils ont intérêt, il donne ses conclusions, ausquelles la Cour a tel égard que de raison; car elle n'est pas obligée de les suivre, attendu que le Procureur général n'est pas Juge, & ne sert proprement qu'à faire voir à la Cour l'intérêt que le Roi ou le public peuvent avoir dans une affaire.

Le Procureur général est le Censeur public, & doit en cette qualité veiller, I°. à la manutention de la Police générale. II°. à ce que les Ordonnances soient observées. III°. à ce que la Justice soit rendue dans l'étendue de son ressort, tant en matiere civile que criminelle.

Quant aux affaires qui se plaident & se jugent en l'Audience, comme il ne pourroit pas faire tant de fonctions différentes, il a des Avocats généraux, lesquels servent aux causes d'Audience pour y donner leurs conclusions: quoique leurs fonctions fussent bornées à parler seulement dans les affaires où le Roi, le Public, les Mineurs & l'Eglise ont intérêt, néanmoins présentement ils parlent dans toutes les affaires qui se jugent dans les grandes Audiences, & leurs playdoyés sont fort utiles aux Avocats qui suivent le Barrreau pour apprendre les véritables maximes.

C'est M. le Procureur général qui distribue à ses Substituts les procès qui doivent passer par le parquet, & sur leur rapport il déliberé les conclusions avec ceux de Messieurs les Avocats généraux qui s'y rencontrent.

Lorsqu'il n'y a qu'un Avocat général, c'est la voix du Procureur général qui prévaut en cela comme en tout le reste.

Hors le parquet, il répond seul les Requêtes qui lui sont présentées sur des affaires qui requierent celérité.

Le Procureur général a rang & séance au milieu des Avocats généraux. Le plus ancien d'eux a toujours le premier rang, & le Procureur général le second.

Cela s'observe de même à l'égard des Gens du Roi des Présidiaux.

Un des principaux devoirs du Procureur général, & d'entreprendre la cause des foibles contre les plus puissans; de faire exécuter les provisions, les Arrêts & Mandemens de la Cour; de prendre communication des accords, appointemens, acquiescemens & transactions, pour en consentir l'exécution, ou s'y opposer; de poursuivre les criminels sur la plainte d'une Partie civile, même d'office, sans attendre aucune dénonciation; lorsque les crimes méritent une peine afflictive, nonobstant toutes transactions passées entre les Parties. Ordonnance de 1670, tit. 25. art. 19.

Il doit aussi faire informer de la capacité, & des vie & mœurs de celui qui veut être reçu à un Office royal de Judicature.

Il donne ses conclusions sur les Arrêts que la Cour veut rendre en forme de Réglement.

C'est à lui qu'appartient le droit de prendre communication de tous Edits, Ordonnances, Lettres patentes envoyées de la part du Roi pour être vérifiés en la Cour.

Il doit veiller à la conservation du Domaine, proteger l'Eglise; les Hôpitaux & les Mineurs.

Aussi la Cour avertit souvent le Procureur général d'appeller comme d'abus d'exécution de Bulles préjudiciables aux droits du Roi. *Voyez* du Fail, liv. 3. chap. 38.

Le Procureur général doit veiller à ce que les Evêques résident dans leurs Evêchés, & il doit les y contraindre par saisie de leur temporel.

M. le Procureur général du Parlement de Paris a droit d'Indult, & jouit de tous les droits, prérogatives & priviléges des Conseillers du Parlement.

Il sert de régle à tous les Procureurs généraux établis dans les autres Cours souveraines.

Il exerce l'Office de Prevot de Paris pendant le Siége vacant, & marche dans les Provinces à côte des Lieutenans généraux.

Il y a plusieurs autres priviléges & prérogatives qui sont spécialement attachés à la Charge & à la dignité de M. le Procureur général du Parlement de Paris, comme de ne répondre qu'au Roi en personne, ou au Parlement en Corps, & de n'être point sujet aux Arrêts du Conseil dont il ne reconnoît point l'autorité.

Avant que le Parlement fût établi pour toujours à Paris, le nom de Procureur général étoit encore inconnu, & on ne connoissoit que les Procureurs du Roi: aujourd'hui même, lorsqu'au Parlement de Paris on parle des Procureurs généraux des autres Parlemens, on ne les appelle jamais que Procureurs du Roi. Il n'y a que celui du Parlement de Paris que l'on appelle Procureur général, pour le distinguer des autres.

PROCUREUR DU ROI, est un Substitut de M. le Procureur général, établi dans une Jurisdiction royale, pour maintenir l'ordre public dans l'étendue de son ressort: intervenir dans les causes où le Roi & le public ont intérêt, comme sont celles des Eglises & des Mineurs.

Il y a entre lui & l'Avocat du Roi la même conformité & la même différence, qu'entre Messieurs les Gens du Roi des Cours souveraines.

Aux Assemblées publiques où le Présidial assiste en Corps, les Avocats du Roi y assistent avec le Substitut du Procureur général, après les Conseillers, sans pouvoir se désunir d'avec lui, le plus ancien Avocat étant au-dessus du Substitut du Procureur général, & le dernier reçu au-dessous, sans déroger au rang des Avocats du Roi, avec les Conseillers, selon l'ordre de leur réception de Conseillers ès autres Assemblées où le Présidial n'assiste pas en Corps.

C'est lui qui donne des conclusions dans les affaires criminelles; il est même obligé de poursuivre les criminels d'office, sans attendre aucune dénonciation.

Mais il doit bien prendre garde d'accuser par animosité; autrement il pourroit être pris à partie, & être condamné aux dépens, dommages & intérêts des accusés qui seroient renvoyés absous. Papon, liv. 24. tit. 1. nom. 4.

Il doit faire juger les incompétences proposées contre les Prevôts des Maréchaux; veiller à ce que les affaires criminelles soient jugées promptement, afin que les prisons ne soient pas trop chargées, & que les crimes ne demeurent pas impunis.

Pour faire connoître qu'il s'acquitte de ce devoir, il lui est enjoint d'envoyer tous les six mois au Procureur général dont il est Substitut, un état de tous les accusés qui sont détenus dans les prisons de sa Jurisdiction. Ordonnance de 1670. tit. 10. article 20

Un Procureur du Roi a encore d'autres fonctions.

tions. Les principales sont reglées par un Edit du mois de Juin 1661. rendu en faveur du Procureur du Roi au Châtelet de Paris, qui peut servir aussi de regle pour les autres.

Cet Edit ordonne, I°. que le Procureur du Roi ou son Substitut soit appellé, pour être procedé à la levée des scellés des biens vaquans ou abandonnés, en cas de banqueroute, absence, minorité ou substitution, soit qu'il s'agisse des droits & intérêts du Roi, ou de l'Eglise & Hôpitaux, à peine de nullité, quatre cens livres d'amende payable à l'Hôpital général par les Commissaires qui auront procedé à la levée des scellés de la qualité susdite, sans la présence du Procureur du Roi.

II°. Qu'il ne sera fait aucune tutelle, curatelle, inventaire, description de meubles, titres, effets, papiers & vente de meubles, en cas de banqueroute, démence, ou de biens vaquans & abandonnés, qu'il n'y soit appellé.

III°. Qu'il ne soit fait aucuns avis de parens, pour personnes absentes ou abandonnées, qu'il n'en ait eu auparavant communication.

IV°. Qu'il ne soit fait aucune aliénation ou emploi de biens de personnes de la qualité susdite, qu'au préalable le tout ne lui ait été communiqué, & qu'il ne soit procedé qu'en sa présence à la clôture d'aucun inventaire où il aura assisté.

V°. Que toutes Lettres de bénéfice d'âge, d'émancipation & de répi, ne seront entérinées, qu'il n'y ait conclu.

VI°. Que toutes descentes & visitations pour absens, ne seront point faites sans lui; qu'il ne soit reçu aucune caution pour ce qui regarde le domaine du Roi, ou les biens ecclésiastiques en Justice, que de son consentement; comme aussi ne sera permis, lors des visites ou descentes, de donner aucun alignement, tant des voyeries que pavé, qu'il n'y soit présent.

VII°. Qu'en tous les actes de Police généralement quelconques, il y soit présent; & qu'il ne soit non plus procedé aux additions des comptes, soit d'Hôpitaux ou Fabriques, sans préjudice des comptes des Communautés qui doivent être rendus devant le Procureur du Roi, comme premier Juge & Conservateur des Arts & Métiers, ni être prononcé aucune séparation de biens & d'habitation, sans ses conclusions.

PROCUREUR FISCAL, est un Officier établi dans les Justices des Seigneurs, pour défendre & soutenir leurs droits & ceux du Public, & faire les mêmes fonctions dans les Justices des Seigneurs, que font les Procureurs du Roi dans les Justices royales.

Ainsi on lui communique les affaires où le public est interessé, comme sont celles des mineurs, la poursuite des crimes; de maniere qu'on peut dire que ce qui est prescrit pour la procedure, la discipline, la police, aux Procureurs du Roi, convient aux Procureurs Fiscaux.

Les Procureurs Fiscaux sont ainsi appellés, parce qu'ils doivent veiller à la conservation du Fisc, & poursuivre les droits & profits pécuniaires qui appartiennent au Seigneur de la Justice.

Quand le Procureur Fiscal succombe, il est condamné aux dépens; à la différence des Procureurs du Roi, qui n'encourent & qui n'obtiennent jamais cette condamnation. Elle peut néanmoins être prononcée contr'eux, s'ils sont pris à partie pour juste cause. Au reste, par Arrêt du Parlement de Paris du 20 Mars 1629. défenses sont faites aux Procureurs d'Office de prendre la qualité de Procureur Fiscal.

Il nous reste à remarquer, I° qu'un Procureur Fiscal, non plus qu'un Procureur du Roi, ne peut jamais sortir de son ministere & faire la fonction de Juge. Ainsi, en cas de récusation de Juge, au défaut d'autres Officiers dans le Siége, l'ancien Avocat du même Siége, & à son défaut le plus ancien Praticien, bien entendu dans l'instruction & jugement du procès criminel où il ne faudra point être gradué, doit faire les fonctions de Juge, à l'exclusion du Procureur Fiscal ou du Procureur du Roi; parce qu'il feroit en cette partie deux fonctions directement opposées, celle d'accusateur & celle de Juge.

II°. Que les Procureurs Fiscaux ne peuvent faire les fonctions des Procureurs des Parties dans leur Justice, en matiere criminelle.

Voyez Bardet, tom. 1. liv. 3. chap. 36.

PRODIGUE, est celui à qui par Sentence du Juge a été ôtée l'administration de ses biens pour cause de dissipation. *Prodigi (inquit Tullius, lib. 2. de Offic. art. 16.) sunt qui epulis & viscerationibus, & gladiatorum muneribus, ludorum, venationumque apparatu, pecunias profundunt in eas res, quarum memoriam aut brevem, aut nullam omninò sint relicturi.*

Les prodigues sont de même condition que les furieux; ainsi, au moyen de l'interdiction, ils ne peuvent ni administrer leurs biens, ni en disposer par dispositions entre-vifs, ou à cause de mort.

Le Jurisconsulte Paul, *lib. 3. Sentent. tit. 4.* rapporte la formule qui regardoit l'interdiction d'un prodigue. *Quando tua bona paterna, avitaque, nequitiâ tuâ disperdis, liberosque tuos ad egestatem perducis, ob eam rem tibi ea re commercioque interdico.*

Chez les Athéniens, ceux qui avoient dissipé leur patrimoine, étoient notés d'infamie par la Loi de Solon; ils étoient même traités comme des criminels par les Jugemens des Aréopagites.

Ce vice de prodigalité étoit si odieux parmi les Anciens, que Naucher, chez le Poëte Menander, au rapport d'Athenée, au livre 4. des Dipnosophistes, faisoit des vœux au Ciel contre tous ceux qui consumoient follement leur patrimoine, que pour peine de leur luxe ils fussent portés sur les ondes en une continuelle navigation; afin que privés à jamais de pouvoir marcher sur la terre, ils sentissent mieux la faute qu'ils avoient commise, en ne conservant pas sagement le bien que la terre leur mere leur avoit libéralement fourni pour les nécessités de la vie.

Ce n'est donc pas sans raison, qu'à Rome le Préteur interposoit son autorité pour réprimer & arrêter leurs dépenses excessives, puisqu'il y va de l'intérêt public qu'un Particulier ne mésuse pas de son bien jusqu'à l'excès.

Celui qui, de riche qu'il étoit, se trouve tombé dans une extrême pauvreté, est souvent capable de tout entreprendre pour s'en tirer. La prodigalité est la mere de l'indigence, & l'indigence est la mere de toutes sortes de vices dans les personnes qui ont été assez aveuglées pour s'y être plongées, en préferant de mener une vie fastueuse au vrai bonheur de jouir d'une vie modeste & tranquille, comme il étoit en leur pouvoir.

En France, pour proceder à l'interdiction d'un prodigue, il faut que celui des parens qui la provoque, présente Requête au Juge du domicile du prodigue; & sur l'avis des parens intervient une Sentence portant interdiction, en cas qu'il y ait des preuves suffisantes de dissipation. Dans le doute, le Juge qui veut instruire sa religion, doit ordonner une enquête.

Voyez Interdit. *Voyez* Sentence d'interdiction; d'Argentré sur les art. 266 & 491. de la Coutume de Bretagne; du Fail, liv. 3. chap. 142. la Roche-Flavin, liv. 3. tit. 17. Arrêts 1 & 2. Dolive, liv. 4. chap. 18. Boniface, tom. 1. liv. 6. tit. 9. chap. 2. Bardet, tom. 1. liv. 4. chap. 18. & un Arrêt du 9. Février 1693. rapporté dans le Journal des Audiences.

Touchant le testament d'un prodigue, *voyez* Cambolas, liv. 5. chap. 50. Maynard, liv. 7. chap. 19. & ce que j'ai dit sur l'art. 292. de la Coutume de Paris, glos. 1.

PRODUCTION, est un assemblage de piéces, qui en vertu d'un appointement, se mettent au Greffe dans un sac, & dont on fait un inventaire sous des cottes alphabétiques. Chaque alphabet est une cotte qui contient une ou plusieurs piéces, ou emplois de piéces.

Les productions principales sont celles qui contiennent les piéces sur lesquelles les premiers Juges ont rendu leur Sentence qui fait le procès par écrit.

On ne fait point en la Cour d'inventaire de ces sortes de productions; on les met au Greffe dans un sac telles qu'elles ont été retirées des premiers Juges.

Comme ces productions principales ne se signifient point, non plus que les productions qui se font à la Grande Chambre en vertu d'un appointement au Conseil, au lieu d'en signifier un acte de produit, on fait seulement signifier à la Partie adverse un acte de mis, c'est-à-dire un acte qui déclare & dénonce le jour qu'on a mis au Greffe la production.

Il n'y a au Parlement que les productions qui se font en conséquence d'un appointement portant injonction, qui se signifient; & le jour même que l'on a mis sa production au Greffe, on le déclare au Procureur adverse par un acte de produit. *Voyez* Acte de produit.

Une piéce ayant été produite, la Partie adverse peut s'en servir, & en tirer des conséquences qu'il croit pouvoir contribuer au gain de sa cause. *Voyez* Charondas, liv. 12. rép. 5.

PRODUCTION NOUVELLE, est une production que l'on fait dans le cours d'une instance ou procès par écrit, après que la production principale a été mise au Greffe, distribuée à un Conseiller pour en être Rapporteur.

Ainsi, quand on a recouvré des piéces qui peuvent justifier & appuyer notre droit, il faut présenter une Requête de production nouvelle, dans laquelle on énonce par premiere & derniere toutes les piéces que l'on produit de nouveau.

Cette Requête ne se met point au Greffe, mais il la faut porter au Rapporteur avec les piéces que l'on produit, & une sommation de fournir de contredits, le tout enfermé dans un sac.

Au bas de cette Requête, le Rapporteur met son ordonnance en cette forme: *Soient la Requête & piéces communiquées à Partie, pour y fournir de contredits dans trois jours.*

Il faut faire signifier & donner copie à la Partie adverse des piéces & de la Requête; faire transcrire ensemble lesdites piéces, & les faire signifier avec un acte de baillé copie. Après quoi, c'est à la Partie adverse d'y fournir des contredits.

Quand un procès est partagé, on ne reçoit plus de production nouvelle, parce qu'alors les procédures sont closes, & que les Juges ont donné leurs voix, desorte que l'affaire est décidée par rapport à eux. *Voyez* Louet, lettre P, somm. 7.

PRODUIRE DES PIECES ET PAPIERS, signifie les mettre entre les mains du Juge, pour établir la vérité d'un fait, & justifier de son bon droit, & ce en vertu d'un Jugement qui appointe les Parties à écrire & produire.

PRODUIRE DES TÉMOINS, c'est les faire comparoir pour les faire déposer.

PRODUIRE DES LOIX, DES AUTORITÉS, DES TÉMOIGNAGES D'AUTEURS, c'est les citer, les alléguer, & les appliquer au fait ou à la question dont il s'agit, pour faire valoir le droit que l'on peut avoir.

PRODUIT, est l'acte qu'on fait signifier à sa Partie, du jour qu'on met sa production au Greffe, & dont on fait mention sur l'étiquette du sac; c'est ce qu'on appelle autrement le jour du mis. *Voyez* Acte de produit.

PROFESSEUR, est un Docteur Régent qui enseigne publiquement les arts & les sciences dans les Universités.

PROFESSION RELIGIEUSE, est la promesse qu'on fait solemnellement d'observer les trois vœux *castitatis*, *paupertatis*, & *obedientiæ*, & les Régles de l'Ordre que l'on embrasse, après les avoir éprouvées pendant le Noviciat.

L'Ordonnance de Blois, article 28. a fixé à seize ans l'âge de faire profession.

On n'est point reçu à en faire preuve par témoins; il faut un acte solemnel qui en justifie.

Suivant les Capitulaires de Charlemagne, il étoit défendu de faire profession sans le consentement du Prince.

La profession religieuse est une mort civile, mais chrétienne & non infamante, qui ne donne point ouverture à la substitution ni au fideicommis, si ce n'est dans quelques Parlemens. *Voyez* le Recueil alphabétique de M. Bretonnier, *verbo* Substitution, où il marque dans quels Parlemens la profession religieuse donne ouverture à la substitution & au fideicommis.

Si le douaire ou l'augment de dot finit par la profession de la vie religieuse? *Voyez* les Observations de Me Bretonnier sur le quinziéme Plaidoyé de M. Henrys.

PROFIT, défaut en portant profit, c'est-à-dire gain de cause.

PROFITS FEODAUX, sont les profits pécuniaires qui adviennent au Seigneur d'un fief dominant, à raison de sa directe Seigneurie, comme sont les droits de relief ou rachat, de quint & requint, ès Coutumes où le requint est dû.

PROHIBITION, signifie défense. Sur quoi il faut remarquer que ce qui se fait nonobstant la prohibition de la Loi, est nul.

PROHIBITION D'ALIENER, est un empêchement qui provient de la Loi ou de la convention des parties, ou d'une clause apposée à une donation, ou à une disposition de derniere volonté.

Les Biens substitués ne peuvent être aliénés au préjudice de la substitution, parce que la Loi en défend l'aliénation: ce qui est très-juste, d'autant que celui qui est grevé de substitution, n'est pas incommutablement propriétaire des biens qui y sont sujets.

Une convention faite entre deux particuliers de ne point aliener un bien commun entr'eux, est valable, quand elle n'est faite que pour donner une préference mutuelle dans la part & portion de celui qui viendra s'en défaire. Par exemple, si deux particuliers copropriétaires d'un héritage convenoient de ne point aliéner leur part sans avertir l'autre, & sans qu'il ait refusé de la prendre; si l'un deux étoit contrevenu à cette convention, l'autre seroit en droit d'évincer l'acquereur en le remboursant.

Voyez Bouchel en sa Bibliotéque, *verbo* Aliénation.

Mais la convention faite entre plusieurs copropriétaires de ne point aliéner les biens qu'ils ont en commun pour les conserver au survivant d'eux, n'a point un effet irrévocable; *quia hæc conventio nihil aliud est, quàm reciproca promissio de futura successione; quæ cùm habeat tantùm effectum ultimæ voluntatis, revocari potest ad extremum vitæ spiritum.*

Voyez Charondas, liv. 5. rép. 56.

On s'impose tacitement la prohibition d'aliénation, en opposant dans un contrat de vente la faculté de rémerer en faveur du vendeur. Une telle faculté renferme une prohibition formelle d'aliéner au préjudice de cette clause.

La raison est, que la vente n'est réputée faite, que sous condition que l'acheteur vendant l'héritage dans le tems du réméré, le premier vendeur sera en droit de rentrer dedans, en remboursant le nouvel acquereur du prix qu'il en aura payé, ou du prix que le premier vendeur en a reçu; & cette prohibition tacite dure trente ans, encore que le terme du réméré fût expiré, à moins qu'il n'y ait une Sentence de déchéance juridiquement rendue.

La condition de ne point aliéner apposée à une donation, empêche le donataire d'aliéner la chose donnée; *quia pactis standum est.*

Voyez Charondas, liv. 7. rép. 194. & Mornac *ad leg. 2. cod. de condict. ob caus. dator.*

A l'égard de la prohibition d'aliéner faite par testament, quand elle est pure & simple, & quelle est conçue sans cause & sans déclaration au profit de qui elle est ordonnée, elle ne passe que pour un simple conseil qui n'oblige point l'héritier, & qui lui laisse la liberté de faire telle disposition que bon lui semble en faveur de qui il lui plaît.

Voyez Chopin, livre 3. titre 4. nombre 14. *de moribus Andium*; & Montholon, Arrêt 28.

Mais quand la prohibition d'aliéner est faite en faveur de quelqu'un dénommé dans le testament, elle ôte à l'héritier la faculté d'aliéner, parce qu'elle emporte un fideicommis. Or toute prohibition d'aliéner qui tient de la substitution, doit avoir son effet.

Voyez Henrys tome 1. liv. 5. chap. 4. quest. 49. M. Louet & son commentateur, lettre S, sommaire 9. M. Ricard en son Traité des Donations entre-vifs, partie 1. chapitre 3. sect. 3.

Il en est de même lorsque l'institution d'héritier faite avec prohibition d'aliéner, contient la peine de privation de l'hérédité en cas de contravention, car cette clause forme un fideicommis en faveur des descendans de l'héritier; comme il a été jugé par Arrêt du dernier Juin 1677. rapporté par Boniface, tome 3. liv. 2. tit. 8. chapitre 1. Et si le legs est fait à un Hôpital ou à quelque Eglise avec clause de revocation du legs en cas d'aliénation, cette clause doit être absolument exécutée, sinon le legs est révoqué.

Voyez Albert, *verbo* Testament, art. 6.

Nul ne peut être contraint d'aliéner, à moins que ce ne soit par rapport au bien public; *quia publica utilitas privatorum commodis est anteponenda.*

PROJET D'UN CRIME, accompagné de mesures prises pour l'exécution, est punissable, quoiqu'il n'ait pas toutes les suites que l'on s'étoit proposé de lui faire avoir. Ainsi quand il y a eu un complot contre quelqu'un qui disparoît de maniere qu'on ignore ce qu'il est devenu, ses proches sont recevables à s'en plaindre.

Mais quand le projet d'un crime n'a eu aucun commencement d'exécution, ce dessein qui n'a point été clos ne peut être poursuivi en Justice, parce que les hommes ne peuvent point étendre leur empire sur l'ame qui n'est soumise qu'au Tribunal de Dieu.

PROMESSE EN GENERAL, est un engagement de donner quelque chose à quelqu'un, ou de faire quelque chose pour son utilité.

Il y a différentes sortes de promesses; les unes obligent ceux qui les ont faites à donner quelque chose; les autres consistent à faire ce que l'on a promis; *aliæ consistunt in dando*, comme de donner une telle somme; *aliæ consistunt in faciendo*, comme de bâtir une maison pour quelqu'un. *Leg.* 74. & 75 *ff. de verb. oblig.*

Il y a des promesses verbales, & d'autres qui sont rédigées par écrit; & ces derniers sont sous seing privé, ou passées pardevant Notaires.

Comme toutes ces obligations produisent différens effets, nous allons donner une explication de chacune en particulier.

PROMESSE DE FAIRE EST BIEN DIFFERENTE DE CELLE PAR LAQUELLE ON S'ENGAGE DE DONNER. Celui qui a promis de donner quelque chose, peut être précisement contraint à la donner; *quia promisit se daturum aliquid, si non det, manu militari capi potest.*

Il n'en est pas de même de la promesse de faire quelque chose; car si celui qui a promis de faire quelque chose n'exécute pas sa promesse, il ne peut pas être précisément contraint à faire ce qu'il a promis; *quia nemo præcisè ad faciendum cogi potest ne naturalis hominum libertas infringatur*: mais il peut être condamné en tous les dommages & intérêts, de celui à qui il a manqué de parole. Or comme les dommages & intérêts sont une chose incertaine; laquelle dépend des circonstances, & se regle par le Juge ainsi qu'il le trouve à propos, il convient à ceux à qui une telle promesse est faite d'y ajouter que si celui qui a promis de faire une telle chose ne l'a fait pas dans un tel tems, il donnera une telle somme par forme de dédommagement.

PROMESSE VERBALE, n'étoit obligatoire, suivant les Loix Romaines, que quand elle étoit revêtue de la solemnité de paroles, comme nous l'avons observé sur le titre 15. du troisiéme Livre des Institutes de Justinien: mais parmi nous, toute obligation contractée par parole est obligatoire, & se peut trouver par témoins, pourvû qu'elle n'excede pas la somme de cent livres, suivant l'article 54. de l'Ordonnance de Moulins, & l'art. 2. tit. 20. de l'Ordonnance de 1667. Il faut encore que l'obligation soit fondée sur une cause qui soit confirmée par les Loix.

Celui qui demande l'exécution d'une telle promesse, conclut *à ce que le défendeur soit condamné à lui payer la somme, ou à lui faire la chose qu'il lui a verbalement promise pour telle clause; & qu'en cas de déni, il soit permis au demandeur d'en faire preuve par témoins.*

S'il n'y a point de témoins qui puissent rendre témoignage d'une telle promesse, le demandeur n'a point d'autre voie que de s'en rapporter au serment du défendeur.

PROMESSE PAR ÉCRIT SOUS SEING PRIVÉ, appellé simple promesse, & celle qui n'étant pas passées pardevant Notaires n'est point exécutoire, & ne donne point d'hypotéque sur les biens du débiteur. *Voyez* Simple promesse.

PROMESSE DOIT CONTENIR LA CAUSE DE LA DETTE. *Voyez* ce que j'ai dit sur l'article 107. de la Coutume de Paris.

Nous remarquerons seulement ici, que les Arrêts ont quelquefois confirmé certains billets où la cause n'étoit point littérallement énoncée, lorsque toutes les circonstances suppléoient à ce défaut, & que la cause étoient suffisamment justifiée; mais ils ont rejetté ceux de la même espéce, quand l'affaire ne présentoit rien qui couvrit cette omission, & qu'on n'appercevoit aucune cause réelle qui eût pû servir de fondement au billet.

PROMESSE OÙ LE NOM DU CRÉANCIER EST EN BLANC, est nulle; parce qu'il y a lieu de présumer qu'il y a du vice dans la promesse, & que la cause n'en est pas légitime. *Voyez* ce que j'ai dit sur l'art. 107. de la Coutume de Paris.

PROMESSE SOUS SEING PRIVÉ RECONNUE. *Voyez* Reconnoissance d'écriture privée.

PROMESSES CAUSÉES POUR VALEUR REÇUE EN ARGENT, autres néanmoins que celles qui seront faites par des Banquiers, Négocians, Marchands, Manufacturiers, Artisans, Fermiers, Laboureurs, Vignerons, Manouvriers & autres de pareille qualité, sont de nul effet & valeur, si le corps du billet n'est écrit de la main de celui qui l'aura signé, ou du moins si la somme portée audit billet n'est reconnue par une approbation écrite en toutes lettres aussi de sa main; faute de quoi le payement n'en pourra être donné en Justice. C'est ce que porte la Déclaration du 22. Septembre 1733. registrée le 14. Octobre suivant.

PROMESSE DE VENDRE OU DE LOUER, lorsqu'elle est indéterminée, n'est point une vente ni une location; attendu que le consentement des Parties contractantes ne forme ces sortes de contrats, que lorsqu'il est précis & déterminé par rapport à la chose & au prix. Dumoulin sur l'article 78. de la Coutume de Paris, nomb. 81. Basset, tom. 1. liv. 4. tit. 12. chap. 1.

Et comme la promesse de faire quelque chose se résout en dommages & intérêts, lorsque celui qui a fait la promesse de vendre ou de louer ne la veut pas tenir; il ne peut être condamné qu'aux dommages & intérêts envers l'autre partie.

Voyez Boniface; tome 2. liv. 4. tit. 1. chap. 1.

Ces dommages & intérêts s'estiment, comme en tout autre occasion, suivant les circonstances ausquelles le Juge doit avoir égard.

La promesse de vente vaut vente, lorsque les trois conditions nécessaires pour former ce contrat s'y rencontrent, *nimirum res, pretium & consensus*. Plusieurs Arrêts ont jugé que lorsque les parties étoient convenues de la chose vendue & du prix, c'étoit un véritable contrat de vente; & qu'une telle promesse ne devoit être considerée que par rapport à la maniere & à la forme de le rédiger par écrit, pour servir de preuve que le contrat a été passé, & pour hypotéque & l'exécution parée qui résultent des actes qui sont passés pardevant Notaires. Voyez Henrys, tome 1. livre 3. chapitru 6. question 40. Voyez aussi Bardet, tome 1. livre 2. chapitre 31 & 100.

Mais il faut toujours que la promesse de vendre ou de louer ait été faite par écrit; car une telle promesse ne seroit pas recevable à être prouvée par témoins. Papon, liv. 6. tit. 11. nomb. 2.

Mais quand elle est par écrit, même sous seing privé, elle oblige de passer le contrat. Ainsi jugé par Arrêt du 28. Mai 1658. rapporté dans le Journal des Audiences; & par un autre Arrêt du trois Décembre 1680. qui a condamné le sieur Abbé Tallement à renouveller le bail à son ancien Fermier, sur le fondement de ce que lui avoit écrit ledit sieur Abbé, qu'il acceptoit les conditions que ce Fermier lui avoit fait faire par son fils, au sujet de ce nouvellement de bail. *Voyez* M. Brillon, *verbo* Bail, nomb. 16.

Par un autre Arrêt du 19. Juillet 1697. rapporté dans le Journal des Audiences, il a été jugé que les propositions contenues & signées pour la vente d'une terre très-considérable, ont été jugées obligatoires.

La promesse de vendre une maison ne peut être éludé par l'acheteur, sous prétexte qu'elle est chargée de trois douaires, & que l'eviction est imminente, le vendeur offrant de donner caution. Bardet, tom. 1. liv. 2. chap. 100.

PROMESSE DE DONNER OU D'INSTITUER, FAITE PAR CONTRAT DE MARIAGE: vaut donation ou institution, même en pays coutumier, où toute institution d'héritier faite par testament est nulle quant à l'effet de faire un héritier. La raison est, que la faveur des contrats de mariage les rend susceptibles de toutes sortes de clauses qui ne sont point contraires au droit public, ni aux bonnes mœurs.

Le caractere essentiel de l'institution d'héritier par contrat de mariage, est d'être irrévocable; mais elle n'a son effet que sur la succession de l'état qu'elle se trouve au jour du décès de celui qui a fait l'institution: ainsi, quoiqu'elle soit irrévocable, elle ne lui lie pas absolument les mains, & ne l'empêche de vendre, d'aliéner, même donner entre-vifs quelque portion de ses biens, pourvû que la donation ou autre disposition soit modique, & non universelle, qu'elle ne soit pas faite en fraude de la promesse de donner ou d'instituer faite par contrat de mariage.

Celui qui a fait une semblable promesse, ne peut donc disposer de la totalité de ses biens, principalement si celui auquel la promesse a été faite, a fait insinuer son contrat de mariage; parce que l'acquereur & tous créanciers postérieurs étant suffisamment avertis par l'insinuation, leurs contrats ne peuvent donner atteinte à la promesse de donner ou d'instituer faite antérieurement. Le donateur est censé s'être dépouillé de ses biens, dès le tems que le contrat de mariage a été fait, & ne s'en être réservé que l'usufruit, lequel doit finir au moment de sa mort.

Il n'a plus par conséquent la liberté d'en disposer du moins par des dispositions universelles; mais il peut, surtout par des actes entre-vifs, en disposer en bon pere de famille & sans fraude, c'est-à-dire en vendant quelque partie modique de ses biens, si la nécessité de ses affaires le requiert; & même en faire quelques libéralités particulieres & très-modiques, dans le cas où l'on s'y trouve engagé par honneur.

Alors, quoique l'institué ait fait insinuer son contrat de mariage, l'insinuation ne portera aucun préjudice aux acquereurs & aux créanciers postérieurs; car toute obligation qu'il contracte en faisant une telle insinuation; est de garder sa succession, & de ne pouvoir en faire un autre, ni disposer entre-vifs d'une partie excessive de ses biens à son préjudice.

Voyez M. Dumoulin sur l'article 12. de la Coutume de Nevers, titre des Donations. *Voyez* aussi le Traité des Institutions contractuelles de M. Lauriere, tom. 1. pag. 98, nomb. 26.

PROMESSE DE PASSER UNE LETTRE DE CHANGE est obligatoire & vaut Lettre de Change; desorte que celui qui a fait une telle promesse, peut être contraint par celui au profit de qui il l'a faite, de l'accomplir, & même par corps.

PROMESSE DE PASSER CONTRAT DE CONSTITUTION est une promesse sous seing privé de passer un contrat de constitution, à la volonté de celui de qui on a reçu un sort principal, & cependant d'en payer l'intérêt.

Cette promesse ne differe point du contrat de constitution passé pardevant Notaires, qu'en ce qu'elle n'emporte point hypotéque, & n'est point exécutoire jusqu'à ce qu'elle soit reconnue en Justice ou par devant Notaires.

PROMESSE DE PAYER UNE SOMME, OU D'EN PASSER CONTRAT DE CONSTITUTION, donne à celui qui a fait une telle promesse le choix de payer la somme, ou d'en passer contrat de constitution, sur le fondement que l'on interprete toujours la clause d'une obligation en faveur du débiteur & de sa libération.

PROMESSE DE FAIRE RATIFIER UN ACTE PAR QUELQU'UN *Voyez* Ratification.

PROMESSE DE FOURNIR ET DE FAIRE VALOIR *Voyez* ci-dessus Garantie. *Voyez* aussi Fournir & faire valoir.

PROMESSE DE MARIAGE, est une Promesse réciproque entre un homme & une femme de se marier ensemble : cette promesse se peut faire pardevant Notaires ou sous seing privé, mais elle ne peut pas être prouvée par témoins.

Ces sortes de promesses doivent être faites entre personnes capables de se marier : elles doivent être réciproques & doubles entre les Parties, quand il n'y a point de minute. Le Juge d'Eglise est le seul compétent qui peut connoître de la validité de ces promesses. *Voyez* Mariage.

Ainsi, quand il y a quelque promesse verbale ou par écrit, il faut aller pardevant l'Official pour la dissoudre, lequel condamne ordinairement celui qui ne veut pas accomplir la promesse de mariage qu'il a faite, à une aumône & aux dépens de la cause; & pour les dommages & intérêts, il renvoye pardevant le Juge qui en doit connoître, c'est-à-dire le Juge royal. Il n'y a point de distinction à cet égard entre une simple promesse de mariage & un contrat de mariage, ni entre une fille sage & une fille débauchée, de quelque nature que soit l'acte, & de quelque qualité que soit la fille : il faut toujours aller pardevant l'Official pour faire résoudre les promesses de mariage; mais il y en a beaucoup pour les dommages & intérêts, qui sont bien plus considérables quand la fille est de bonnes mœurs, & qu'elle s'est laissée séduire sur la foi d'un contrat de mariage.

Comme la volonté doit être moins forcée dans le mariage que dans tout autre action de la vie, puisqu'elle est la plus importante, c'est avec beaucoup de raison qu'il est loisible de révoquer des promesses de mariage faites même par contrat public, jusqu'à ce que la célébration du mariage soit faite en face d'Eglise. Bardet, tom. 2, liv. 6. chap. 15. rapporte un Arrêt du 9. Juin 1637. qui l'a jugé ainsi.

Si l'Official en connoît, ce n'est pas pour en ordonner l'exécution, mais pour les déclarer nulles, si elles ont été extorquées, ou pour condamner en l'aumone & aux dépens de celui qui n'est pas dans la volonté de les exécuter. Au cas qu'il y ait une fausse promesse, le faux s'instruit, & il déclare la promesse fausse & supposée, sauf à se pourvoir pardevant le Juge compétent sur le crime de faux, & pour les dommages & intérêts. *Voyez* le Recueil de Decombes, Greffier de l'officialité de Paris, chap. 1.

Bardet, tom. 2. liv. 7. chap. 26. rapporte un Arrêt du premier Juin 1638, qui a jugé que l'Official commet abus quand il contraint, par censures ecclésiastiques, d'accomplir & exécuter des promesses de mariage.

On ne peut donc être contraint par aucune voie d'exécuter une promesse de mariage : elle ne donne lieu qu'à une condamnation de dommages & intérêts, contre le garçon qui est refusant de l'exécuter sans juste cause.

A l'égard de la fille, quand elle est refusante sans cause d'exécuter une promesse de mariage, on ne la condamne pas régulierement en des dommages & intérêts; on ne la condamne qu'à rendre & restituer au garçon les presens qu'elle en a reçus en contemplation du futur mariage qu'elle est refusante d'accomplir *Voyez* M. le Prêtre, tom. 1. cent. 3. chap. 33. & 34.

Ces sortes de condamnations ne regardent que le temporel, & par conséquent ne peuvent être prononcées que par le Juge séculier, & non par le Juge d'Eglise, qui ne peut connoître que de la validité ou invalidité de la célébration du mariage, encore faut-il que ce ne soit pas en conséquence d'un appel comme d'abus qui en auroit été interjetté; car il n'y a que le Parlement qui en puisse connoître.

Ecclesiastico Judici de fœdere matrimonii cognoscere licet; sed de damnis & eo quod inter est, pronunciare non permittitur. Ann. Robertus, lib. 3. rer. judicata, cap. 5.

De ce que notre volonté doit être moins forcée dans le mariage que dans tout autre action de notre vie, il s'ensuit que régulierement les peines apposées dans les promesses, articles ou traités de mariage, ne sont pas suivies à la rigueur; & que le Juge, sans y avoir égard, condamne celui qui refuse d'accomplir sa promesse, à tels dommages & intérêts qu'il juge à propos. M. Louet, lettre M, somm. 24. Expilly, Arrêt 134.

Mais quand la promesse n'est point faite sous une clause pénale, & qu'on a seulement promis d'épouser dans un tel tems, sinon & en cas de dédit de payer une telle somme, une telle promesse est valable. *Voyez* M. le Prêtre, cent. 1. chapitre 68.

Touchant les dommages & intérêts faute d'accomplissement de mariage promis *Voyez* Papon, liv. 1. tit. 4.; Filleau, part. 4. quest. 143. & 145; Chenu, cent. 2. quest. 45. 47. & 48.; Bardet, tom. 2, liv. 8. chap. 15. M. Louet & son Commentateur, lettre M, somm. 24. le Dictionnaire de M. Brillon, tom. 2. *verbo* Dommage, pag. 733; M. le Prêtre, cent. 4. chap. 87. Soefve, tom. 1. cent. 4. chap. 94. tom. 2. cent. 1. chap. 54. cent. 3. chap. 12. cent. 4. chap. 80.; le Journal des Audiences, tome 2. liv. 2. chap. 31. & liv. 6. chap. 23. tome 5. liv. 5. chap. 35.; & ce que j'ai dit lettre P, en parlant du présent de Nôces; & Lettre S, en parlant de la Stipulation de peine faute d'épouser la personne que l'on avoit promis d'épouser.

PROMESSE DE MARIAGE ENTRE UN GAR-

MON ET UNE FILLE, SUIVIE DE COHABITATION ET DE GROSSESSE, n'a point aujourd'hui d'autre effet au cas que le garçon soit refusant d'accomplir cette promesse, que de le faire condamner aux frais de gesine, à être chargé de l'enfant jusqu'à ce qu'il soit en état de gagner sa vie, & aux dommages & intérêts envers la mere, qui sont plus ou moins considérables, selon les circonstances & la qualité des Parties; comme nous l'avons dit, lettre C, en parlant de la cohabitation avec une fille, sous l'appas d'une promesse de mariage; & lettre G, *verbo* Grossesse.

PROMESSE DE MARIAGE PAR PAROLES DE PRESENT, est une promesse réciproque, par laquelle deux personnes, sur le refus fait par l'Evêque ou par le Curé de leur conferer le Sacrement de mariage, déclarent qu'ils se prennent pour mari & femme.

Ces promesses sont aujourd'hui entierement nulles; & il a été, par plusieurs Arrêts de réglemens, défendu aux Notaires d'en recevoir, sous peine d'interdiction. Si elles étoient reçues, ce seroit admettre les fiançailles de présent, qui sont absolument défendues parmi nous. *Voyez* l'Ordonnance de Blois, article 44.

PROMESSE DE PAYER UNE SOMME QUAND ON SERA PRESTRE, MORT OU MARIÉ. Plusieurs prétendent que ces sortes de promesse sont nulles. *Voyez* M. Charles Dumoulin dans son traité des Usures; M. le Prêtre, cent. 4. question 19.

Cependant je crois qu'une telle promesse faite par un majeur, peut valoir; & qu'en ce cas le Juge doit se déterminer par les circonstances, en examinant I°. La cause de l'obligation. II°. A quoi se monte ce à quoi s'est obligé celui qui a fait une telle promesse. III°. La qualité des personnes entre lesquelles une telle convention a été faite. *Voyez* Basset, tom. 2. liv. 4. tit. 1. chap. 3; Duperier, tom. 2. pag. 417; Belordeau, let. G, art. 1. à la fin; Maynard, liv. 7. chap. 67; la Bibliotéque de Bouchel du Droit François, let. P, *verbo* Prêtre, &c. la Rocheflavin liv. 6. tit. 69.

PROMOTEUR, est un Ecclésiastique qui est la Partie civile dans la Jurisdiction ecclésiastique; desorte que c'est lui qui requiert pour l'intérêt public, comme le Procureur du Roi dans les Cours laïques; & c'est à lui qu'appartient le droit de faire informer d'office contre les Ecclésiastiques qui sont en faute, & aussi de maintenir la discipline ecclésiastique.

Un Promoteur doit, surtout en fait de poursuite criminelle, agir avec beaucoup de prudence, & ne rien faire de son chef, sans être bien certain de ce qu'il avance; car un Promoteur qui intente une accusation capitale sans délateur, s'il succombe, est condamné en son nom, soit en réparation, soit en dommages & intérêts, selon que par les circonstances le Juge l'estime le plus convenable.

Les Promoteurs des Officialités ne peuvent obtenir de condamnation de dépens, ni de remboursement des frais nécessaires pour l'instruction des procès, soit pour les dépens ou frais dans leurs Officialités en premiere instance, soit pour leurs frais dans les Officialités supérieures en cause d'appel. Ainsi jugé par Arrêts des 7. Septembre 1697. & 9. Février 1700. Ce dernier est rapporté par M. Augeard, tom. 2. chap. 46.

PRONONCER, signifie décider avec autorité.

PRONONCIATION DES JUGEMENS, est la déclaration qui est faite publiquement & à haute voix par le Juge, l'Audience tenante, de ce qui a été décidé dans une cause. Dans un Jugement rendu à l'Audience, il n'y a que deux parties; sçavoir, les qualités, & *prononcé* ou dispositif. Dans un Jugement rendu par écrit, il y a les qualités, le vû & le dispositif. On ne dit point dans ceux-ci *le prononcé*, parce qu'ils ne se prononcent point.

La formule du prononcé ou dispositif est différente, suivant les Cours & Jurisdictions.

Les Juges royaux, même les Présidiaux, sur l'appel, doivent prononcer qu'il a été bien ou mal jugé; & ils ne peuvent point dire, *l'appellation & ce dont est appel au néant*, parce qu'il n'appartient qu'aux Cours souveraines de prononcer ainsi.

Les Présidiaux, jugeant en dernier ressort & sans appel ne peuvent prononcer *souverainement* ou *par Jugement souverain* mais seulement *par Jugement dernier* ou *présidial*.

En appellation verbale, la Cour prononce sur un congé, *l'appellant déchu de l'appel, & condamné en l'amende & aux dépens*. Et sur un defaut; elle prononce, *déchu du profit de la Sentence, condamné aux dépens, tant de la cause, que de l'appel*.

Quand l'appellation est verbale, & que la Cour infirme toute la Sentence, elle prononce, *l'appellation & ce dont est appel au néant*.

Lorsqu'elle infirme seulement un chef, elle ajoute, *émendant quant à ce*: néanmoins la Cour ne laisse pas d'ajouter quelquefois ce terme quand elle infirme toute la Sentence; car l'émendant se dit à l'égard de ce qu'elle infirme: ainsi, quand de plusieurs chefs elle n'en infirme qu'un, elle dit: *l'appellation & ce, en ce que, &c. l'émendant, &c. La Sentence au résidu sortissant effet*.

En appellation interjettée d'une Sentence sur production des Parties, ou procès par écrit, la Cour prononce: *l'appellation & Sentence dont est appel au néant*. Et c'est une différence à remarquer entre les prononciations de la Cour en appellations verbales, & en appellations de procès par écrit, car en appellation, la Cour ne dit pas: *l'appellation & Sentence, &c.* Elle ne dit pas aussi ordinairement, en appellation d'une Sentence rendue sur production des Parties, *l'appellation & ce dont est appel au néant*.

En appellation de Sentence rendue en procès par écrit, quand il n'y a point de griefs, la Cour dit: *mal & sans griefs appellé, l'appellant condamné à l'amende & aux dépens*.

En appellation comme d'abus, quand l'intimé gagne sa cause, la Cour prononce *qu'il n'y a abus*; ou bien, *l'appellant non recevable condamné en l'amende & aux dépens*. Lorsque l'appellant gagne sa cause, la Cour prononce : *mal & abusivement Jugé, & ordonne, &c.*

Quand la Cour prononce *hors de Cour de procès*, cela signifie qu'elle juge le demandeur déchu de sa requête ou de sa demande, sans le condamner aux dépens, parce qu'il auroit crû être bien fondé. Par exemple, si l'héritier d'un defunt fait demande de plusieurs sommes à un Particulier, & qu'une d'icelles eût été payée au defunt, dont le demandeur n'auroit point de connoissance, la Cour, sur la demande de cette somme, mettroit les Parties *hors de Cour & de procès*.

PROPOSITION D'ERREUR, étoit autrefois un moyen pour faire retracter un Arrêt, quand il avoit été rendu sur une erreur de fait, soit que le Juge eût erré par hazard, ou faute d'instruction. Dans l'un & l'autre cas, la Partie qui avoit perdu son procès, se pourvoyoit par Lettres ou par Requête, à fin de révision de procès.

Mais l'Ordonnance de 1667. a abrogé les propositions d'erreur; article 62. du tit. 34. Sur quoi il faut remarquer qu'il y a deux sortes d'erreurs; sçavoir, l'erreur de droit & l'erreur de fait.

L'erreur de droit n'est pas aujourdhui proposable contre un Arrêt, & ne l'a même jamais été, parce qu'on ne peut présumer qu'une Cour souveraine péche par ignorance du Droit & des Ordonnances. Si néanmoins il y avoit une contravention évidente à la disposition de l'Ordonnance & de la Coutume, pour lors on se pourroit pourvoir en cassation d'Arrêt au Conseil privé du Roi.

L'erreur de fait ne peut plus se proposer aujourd'hui que par Requête civile, sous prétexte du dol personnel, procédant du fait de celui qui a obtenu gain de cause.

Mais quand l'erreur de fait procéde de la faute de celui qui a succombé, pour n'avoir pas bien expliqué le fait sur lequel son droit étoit fondé, comme il ne peut rien imputer à la Partie adverse, il n'a pas d'autre voie que celle de se pourvoir en cassation, ou pour faire casser l'Arrêt, ou pour faire convertir ce moyen d'erreur en moyen de Requête civile.

PROPRE FAIT. On ne peut revenir contre son propre fait. Cet axiome, *nemo contra proprium factum venire potest*, est le fondement de plusieurs Loix.

PROPRES EN PAYS COUTUMIER, sont les immeubles qui nous sont échus par succession en ligne directe ou collatérale, ou par donation en ligne directe; & ces immeubles qui sont ainsi appelés, sont opposés à ceux que l'on nomme acquêts.

Il y a plusieurs différences entre les propres & les acquêts, que nous avons rapportées, *verbo* Acquêts.

Une des principales est, qu'un homme peut bien disposer par testament de tous ses acquêts; mais il ne peut disposer par derniere volonté que d'une certaine portion de ses propres; sçavoir, du quint dans la Coutume de Paris, & dans la plupart des autres Coutumes. *Voyez* ce que j'ai dit sur les articles 292. & 295. de la Coutume de Paris.

De plus, quand un homme décede *ab intestat*, c'est toujours son plus proche héritier qui succede aux acquêts; mais à l'égard de ses propres, ils appartiennent à ses parens de la ligne d'où ils procédent, suivant la régle *paterna paternis*, *materna maternis*.

Le Droit Romain ne met point de différence entre les propres & les acquêts; ensorte que, suivant les Loix Romaines, un homme peut disposer par testament de tous ses biens, sans distinction de propres ou d'acquêts; & les parens les plus proches succedent *ab intestat* à tous ses biens, sans aucune distinction.

Mais en pays coutumier, on distingue entre les propres & les acquêts; & cette distinction a été introduite par nos Coutumes, pour que les immeubles ne sortent point des familles autant qu'il est possible, & pour faire retourner les propres à la ligne d'où ils procedent: c'est pourquoi elles ne permettent pas de disposer de la totalité par disposition à cause de mort.

On ne sçait pas trop qu'elle est la premiere origine de cette distinction de propres & d'acquêts; mais on tient qu'elle vient d'une plus anciennes Loix des Gaulois. Quoiqu'il en soit, elle est fondée sur le principe d'équité, qui inspire aux hommes de conserver & d'affecter à leur famille les biens qu'ils ont reçu de leur pere & mere, & de les transmettre à ceux qui sont de la souche d'où ils sont sortis.

Il est certain que les immeubles sont acquêts avant que de recevoir la qualité de propres, par la raison qu'il faut que l'héritage ait été acquis par quelqu'un de la famille, avant qu'il devienne propre : c'est pourquoi dans le doute, si l'on ne peut pas prouver par titre qu'un héritage est propre, il est réputé acquêt. Dumoulin, *consilio* 63; Bacquet, Traité des Droits de Deshérence, chap. 4. nomb. 16.

Les rentes constituées passent, en pays coutumier, pour de véritables immeubles; c'est pourquoi elles peuvent devenir propres, non-seulement de succession mais encore de disposition.

Les Offices venaux sont aujourdhui mis au nombre des immeubles, & par conséquent peuvent acquerir la qualité de propres; mais ils ne peuvent être que des propres de succession, & non pas des propres de disposition. Ainsi le titulaire d'un Office venal peut en disposer par testament, & n'est point obligé d'en laisser les quatre quints à son héritier des propres.

Le droit annuel que paye l'Officier, ne lui conserve

serve pas seulement son Office ; mais il est regardé comme un droit en vertu duquel il en fait, pour ainsi dire, l'acquisition, en le préservant de tomber aux Parties casuelles : c'est ce qui fait que l'Office est toujours réputé acquêt en la personne du titulaire, quant à la disposition.

Cependant cette Jurisprudence a changé, il a été jugé par plusieurs Arrêts rendus au Parlement de Paris, que les Offices venus par succession, étoient de véritables propres de disposition, & qu'on n'en pouvoit pas disposer au-delà du quint par testament. Il en a été rendu un en la Seconde Chambre des Enquêtes le 9 Juillet 1693, & un autre rendu en la Grande Chambre le 9 Juillet 1709. *Voyez* un Mémoire qui a été fait à ce sujet, sur lequel a été rendu ce dernier Arrêt. Ce mémoire est rapporté par M. Brillon, tom. 4. *verbo* Office, nomb. 88.

Voilà les principes généraux qui concernent cette matiere, qui a fait naître une infinité de questions très-difficiles. Comme nous ne pouvons pas ici les rapporter toutes, il suffira d'indiquer les sources d'où l'on en peut tirer l'explication.

J'en ai parlé amplement sur l'article 326. de la Coutume de Paris, & dans le présent Livre *verbo* Estoc, *verbo* Côté & ligne ; & lettre P, en parlant de la régle *paterna paternis* lettre C, *verbo* Coutumes soucheres, Coutumes d'estoc & ligne. *Voyez* aussi le Traité des propres de M. Renusson, celui des Successions de M. le Brun, liv. 2. chap. 1. & suiv. & le Traité de la Représentation de M. Guiné.

Les propres se divisent, I°. En propres anciens, & en propres naissans. II°. En propres paternels, & en propres maternels, en propres véritables & en propres fictifs. III°. En propres de succession seulement, en propres de disposition.

PROPRE ANCIEN, est un immeuble qui nous vient de nos ancêtres, & qui nous est échu après avoir fait souche en la directe ; c'est-à-dire, qui nous vient de notre ayeul, bisayeul, trisayeul ou autre ascendant.

Ces propres sont ainsi appellés, *quasi prædia à nostris majoribus præfecta*. Ainsi, pour qu'un héritage fut un propre ancien en ma personne, il ne suffiroit pas que mon pere l'eut acquis à titre d'achat, & qu'il me fut ensuite échu à titre de donation ou de succession de sa part ; mais il faudroit que mon pere l'eut possedé à titre de succession en ligne directe ou collatérale, ou à titre de donation en ligne directe.

PROPRE NAISSANT, est un immeuble qui étoit acquêt dans la personne de celui de qui nous le tenons à titre de succession en ligne directe ou collatérale, ou à titre de donation en ligne directe.

Ainsi l'héritage acquis par mon pere, & qui m'est échu par sa succession, ou qu'il m'a donné en avancement d'hoirie, m'est un propre naissant, lequel commence à faire souche en ma personne ; & s'il échet à mon fils, il sera à son égard un propre ancien.

Il faut dire aussi que si mon frere, après avoir acquis un heritage, décede sans enfans, & que je lui succede, cet héritage sera propre naissant en ma personne, & il deviendra propre ancien en celle de mes enfans, lorsqu'il leur sera échu par ma succession.

PROPRES PATERNELS, sont ceux qui vienn'ent du côté du pere ; les propres maternelles sont ceux qui sont échus du côté de la mere.

Suivant la régle *paterna paternis, materna maternis*, le plus proche héritier du côté paternel succede aux propres paternels, & le plus proche du côté maternel succede aux propres maternels.

Les héritages qui ont fait souche en la personne du défunt, affectent dont la ligne d'où ils lui sont échus, appartiennent aux héritiers de cette ligne, à l'exclusion des héritiers de l'autre ligne, quoiqu'ils soient plus proches parens du défunt. Ainsi un propre maternel échu à un enfant, doit appartenir après sa mort à ses cousins maternels, préférablement à ses freres consanguins, qui ne lui sont parens que du côté paternel. *Voyez* ce que j'ai dit sous ces mots *paterna paternis, materna maternis*.

PROPRES VERITABLES, sont des immeubles qui nous sont échus par succession en ligne directe ou collatéralle, ou par donation en ligne directe, comme nous avons dit ci-dessus.

Les héritages ayant fait souche en la personne du défunt, sont de véritables propres, & affectent la ligne d'où ils sont échus, à l'exclusion des héritiers des meubles & acquêts, quoique plus proches parens du défunt, comme nous venons de dire en parlant des propres paternels.

PROPRES FICTIFS, sont des sommes de deniers, ou des immeubles qui n'ont pas la qualité des propres ; mais qui l'ont par fiction, suivant la volonté de l'homme, ou par la convention des Parties.

Par exemple, un testateur légue un héritage à quelqu'un qui ne lui est point parent, à condition qu'il demeurera propre au légataire & aux siens de son côté & ligne. Cet héritage devient par fiction un propre en sa personne, mais seulement un propre de succession ; ensorte qu'à la mort du légataire il appartiendra à l'héritier des propres : mais ce n'est pas un propre de disposition, c'est-à-dire que cette clause opposée au legs n'empêche pas que le légataire ne puisse disposer de la totalité par testament.

Les propres conventionnels sont aussi des propres par fiction, lorsque des sommes de dernies sont stipulées propres : ce qui se pratique dans beaucoup des contrats de mariage.

Par exemple, une femme apporte en mariage la la somme de soixante mille livres en effets mobiliers ; pour que toutes la dot ne tombe pas en communauté, elle stipule par le contrat de mariage que le tiers seulement entrera en communauté, & que les deux autres tiers demeureront propres à la future épouse.

Souvent même on stipule qu'ils demeureront propres *à la future épouse & aux siens*, c'est-à-dire à ses enfans.

Enfin quelquefois cette stipulation est étendue plus loin ; & alors on met qu'ils demeureront propres *à la future épouse, & aux siens de son côté & ligne.*

Non-seulement ces sortes de stipulations de propres ont lieu en faveur de la future épouse, mais aussi en faveur du futur époux, sans aucune distinction entre celui qui se dote *de suo* ; & celui que l'on dote. Ainsi par Arrêt du 17 Avril 1703, rendu en la Grande Chambre, il a été jugé qu'un majeur qui se dote de son propre bien, peut stipuler dans son contrat de mariage qu'une somme mobiliaire demeurera propre à lui, & aux siens de son côté & ligne. *Voyez* M. Augeard, tom. I. chap. 39.

Touchant les différens effets des clauses qui font des propres conventionnels, *voyez* Stipulation de propres.

Une observation qu'il convient de faire, c'est que tous les propres qui ne sont tels que par fiction, reprennent leur premiere qualité sitôt qu'ils ont eu l'effet que pouvoit produire l'acte qui les faisoit propres ; & qu'ainsi la fiction finie, ils cessent à l'instant d'avoir cette qualité.

PROPRES DE COMMUNAUTÉ ; sont tous les biens qui appartiennent aux conjoints par mariage, & qui n'entrent point dans la communauté conjugale. Ces propres, de quelque nature qu'ils soient, sont opposés aux biens communs entre les conjoints.

Ils ne sont pas de véritables propres, ce n'est qu'improprement qu'on leur en donne le nom ; car les propres sont les immeubles qui nous sont échus par succession en ligne directe ou collatérale, ou par donation en ligne directe.

Par l'art. 220. de la Coutume de Paris, tous les meubles qui appartiennent aux conjoints, & les immeubles par eux acquis pendant le mariage, sont communs entr'eux.

Les acquêts immeubles, faits auparavant le mariage sont donc propres de communauté, & même tout ce qui ne tombe point dans la communauté, par une convention & stipulation expresse, sont des propres de communauté, comme les legs & donations faites en ligne directe ou collatérale à l'un des conjoints, quand ils ont stipulé par leur contrat de mariage, que tout ce qui leur seroit échu & avenu à titre de legs, de donation, de succession leur seroit propre.

Il faut dire aussi que sans stipulation, tout ce qui est donné ou légué à l'un des conjoints, à la charge qu'il lui sera propre, est un propre de communauté.

Ces propres sont tellement propres aux conjoints que si pendant le mariage l'aliénation en étoit faite le remploi en seroit dû, & les deniers de l'aliénation repris hors part & sans confusion sur les biens de la communauté, par celui auquel ils lui étoient propres.

Ces propres, qui sont ainsi appellés parce qu'ils n'entrent point dans la communauté des conjoints, ne sont pas des véritables propres, & ils reprennent leur premiere nature après la mort du prédécédé des conjoints ; desorte que dans la succession de celui à qui ils sont retournés en entier, ils n'affectent point de ligne ; & cessant d'être considerés comme des propres, appartiennent à l'héritier des meubles & acquêts.

C'est ce qui a été jugé par plusieurs Arrêts, & entr'autres par un rendu en la Grande Chambre le 4 Juillet 1713, dans l'espéce suivante. Un pere donne en dot six mille livres à sa fille, tant pour ses droits maternels échus, que pour les droits paternels à échoir : avec stipulation que la somme donnée seroit propre à la future épouse, & aux siens de son côté & ligne. La fille décede, laissant un enfant qui décede dans la suite. On prétendoit que l'ayeul ne pouvoit succeder à la dot de sa fille, attendu que les deniers avoient été stipulés propres & que les propres ne remontent point. Cependant la dot lui fut adjugée par le susdit Arrêt, parce que cette clause ne pouvoit avoir d'effet que contre le mari ; & qu'ainsi contre les différens héritiers de la femme ou des enfans, le mari étant exclus en vertu de cette clause, la fiction cessoit entierement.

Touchant les propres de communauté, *Voyez* M. le Brun en son Traité de la Communauté, liv. 3, chap. 2, sect. 1 ; & ce que j'ai dit sur l'art. 246. de la Coutume de Paris.

PROPRES DE DISPOSITION TESTAMENTAIRE, sont ceux dont il n'est permis de disposer par testament que du quint, comme sont les immeubles qui nous sont échus par succession, tant en ligne directe qu'en ligne collatérale, ou à titre de donation en ligne directe.

Les propres au contraire qui ne le sont que de succession, & non pas de disposition testamentaire, sont ceux dont on peut disposer pour le tout par derniere volonté ; mais qui dans la succession de celui qui les possede sont considerés comme propres, & appartiennent à l'héritier des propres, lorsque le défunt à qui ils appartenoient n'en a pas disposé par testament ou autre acte de derniere volonté.

Par exemple, un testateur légue à quelqu'un qui ne lui est point parent un héritage, à condition qu'il demeurera propre au légataire, & aux siens de son côté & ligne : cet héritage est par fiction un propre, mais de succession seulement, & non pas un propre de disposition, comme nous avons dit ci-dessus en parlant des Propres fictifs.

En un mot, tous les propres par fiction ne sont propres que de succession, & non pas de disposition ; desorte que ni la volonté d'un testateur, ni la convention des Parties, ne peut jamais, en faisant un propre, lier les mains de celui à qui la chose doit appartenir, & l'empêcher d'en pouvoir disposer par testament.

Les deniers stipulés propres dans un contrat de mariage, appartiennent donc à l'héritier des propres, à l'exclusion de l'héritier des meubles : cependant on en peut disposer par testament, parce que ce ne sont que des propres de succession, non pas propres de dispositions. Ainsi la convention apposée à un contrat de mariage, que la chose demeurera propre à la future épouse, & aux siens de son côté & ligne, ne lie point les mains à l'effet de n'en pouvoir disposer par testament.

PROPRES APPARTENANS A UN MINEUR, s'ils sont alienés, même pour cause nécessaire, doivent être dans leurs sucessions remplacés par le prix au cas qu'ils viennent à déceder pendant leur minorité ; par conséquent ce prix appartient à l'héritier des propres.

Par exemple, si les rentes que le pere a laissées à son fils mineur sont rachetées, ou si l'Office du pere a été vendu, ce fils venant à mourir avant que d'être parvenu à sa majorité, sa mere n'aura pas le prix de ces rentes, ni celui de l'Office, comme faisant partie de la succession mobiliaire de son fils ; mais ce prix appartiendra à ses héritiers des propres maternels.

PROPRES NE REMONTENT POINT ; c'est-à-dire qu'en païs coutumier les ascendans ne succedent à leurs descendans, que dans les meubles, acquêts & conquêts immeubles, non pas dans les propres

Ainsi en succession directe propre héritage ne remonte point, & n'y succedent les pere & mere, ayeul ou ayeule, suivant l'article 312, de la Coutume de Paris : d'où il s'ensuit que cette maxime n'a point lieu en ligne collaterale, & que dans cette ligne les propres remontent ; de sorte qu'il n'y a que les proches parens du côté & ligne qui y succedent.

Cette maxime s'est introduite dans nos Coutumes pour la ligne directe, afin que les immeubles qui ont fait souche, & qui viennent de la ligne collatérale, soient conservés à la famille de celui en la personne de qui ils ont fait souche en les empêchant de sortir de la ligne, & en laissant à ceux du côté & ligne d'où ils sont venus ; & cela se rapporte à la régle *paterna paternis*, *materna maternis*, laquelle suffit pour l'une & l'autre ligne, & fait voir que les propres d'une ligne ne peuvent point appartenir aux descendans d'une autre ligne.

Il n'en est pas de même des immeubles qui proviennent de la liberté de quelqu'un des ascendans ; car quoique ces héritages ayent été faits propres en la personne des enfans donataires, les ascendans qui les ont donnés succedent à ces sortes de biens, lorsque les enfans donataires décedent sans enfans, suivant l'article 313. de la Coutume de Paris.

M. Charle Dumoulin, sur l'art. 74. de la Coutume d'Artois, dit que dans ce cas les propres ne remontent pas, mais retournent à ceux d'où ils sont venus, & que les Coutumes, *pingui soluta minerva capiunt compositum pro simplici*, & disent *remontent* pour *monter*.

Ce n'est donc pas tant par droit de succession, que par droit de retour, que les ascendans prennent les héritages dont il se sont volontairement dépouillés en faveur de leurs enfans, lorsque ces enfans qui ont été faits donataires viennent à déceder sans enfans. *Voyez* Retour.

La maxime, que les ascendans ne succedent point aux propres de leurs descendans, a été confirmée par plusieurs Arrêts dans les Coutumes qui n'en parlent point ; mais cette maxime souffre plusieurs exceptions, outre ce que nous venons de dire des immeubles qui ont été donnés par les ascendans à leurs enfans.

La premiere est, que lorsque les pere & mere, & autres ascendans, sont du côté & ligne d'où sont échus les immeubles ; parce que quand ils en sont & qu'ils sont les plus proches, ils y succedent, & excluent les collatéraux. Il est vrai que les héritages patrimoniaux ne remontent point ; mais ce n'est précisément, *ne labantur in diversam lineam* : or cette raison cesse, *quando ascendentes sunt de linea & proximiores*.

La seconde est, lorsque les parens de la ligne manquent ; auquel cas, par l'article 330. de la Coutume de Paris, les propres appartiennent au plus prochain habile à succeder de l'autre côté & ligne ; & le survivant des pere & mere succede, quoiqu'il ne soit pas de la ligne, à l'exclusion des parens qui n'en sont pas. Comme les ascendans ne sont pas exclus de la succession des propres *odio sui* mais seulement en faveur des collatéraux qui sont du côté & ligne d'où sont provenus les immeubles qui étoient propres au défunt, la faveur de ces collatéraux cessant, les ascendans retiennent leur dégré de parenté, à l'effet de succeder à leurs enfans, en vertu de leur droit de consanguinité & de proximité. *Voyez* Brodeau sur Louet, lettre P, somm. 47.

La troisiéme est, quand le fils a retiré un héritage propre du côté paternel par retrait lignager, le pere y succede, & en ce cas le propre remonte. *Voyez* M. le Brun en son Traité des Successions, livre I. chap. 5. & ce que j'ai dit sur l'article 312. de la Coutume de Paris.

PROPRE ADJUGÉ PAR LICITATION JUDICIAIRE A UN COHÉRITIER, EST EN SA PERSONNE PROPRE POUR LE TOUT. Ce principe que l'on tient aujourd'hui pour certain au Palais, n'y a été reçu que depuis quelques années. En effet, il semble qu'on ne doit entendre par propres que les héritages qui nous sont échus par succession en ligne directe ou collatérale, ou par donation en ligne directe : ainsi un héritage commun entre cohéritiers, adjugé à l'un deux par licitation, ne devroit naturellement être propre en sa personne, que jusqu'à concurrence de la portion qui lui en devoit appartenir *hæreditario jure*, & non pas la totalité, c'est-à-dire les part de ses cohéritiers, qui semblent ne pouvoir jamais lui devenir d'acquêts. Telles est l'opinion qu'a tenu M. Renusson en son Traité des Propres, chap. 1. §. 6 nombre 7. autorisée & confirmée par un Arrêt du 23. Juin 1660. rapporté dans le Journal des Audiences.

Cependant, quelque juste que ce sentiment paroisse, & non-obstant l'autorité de cet Arrêt, on a resté au Palais dans l'incertitude pendant un tems considérable. Enfin est intervenu l'Arrêt de Mariva, qui a fixé sur ce point une Jurisprudence qui étoit auparavant très-incertaines.

Ce fameux Arrêt, qui a été rendu au Parlement de Paris il y a environ onze ou douze ans, a jugé qu'il suffit qu'un cohéritier ait la moindre partie d'un héritage à titre de propre, pour que la licitation qui en a été faite dans la suite rende le tout de pareille nature, parce que la licitation qui se fait entre cohéritier tient lieu de partage, & produit les mêmes effets; ensorte que la même maniere qu'un héritage échu à un héritage dans un partage, à la charge d'une soulte en deniers au profit de ses cohéritiers, quelque considérable qu'elle soit, n'en est pas moins un propre pour le tout; de même la totalité d'un héritage qui est adjugée par licitation à l'un de plusieurs cohéritiers, est propre dans sa personne, quelque modique que fût la portion pour laquelle il étoit fondé dans l'héritage, & quelque considérable que soit la somme qu'il a payée pour l'avoir entier.

La raison fondamentale de cette décision est, que dans une succession commune chaque héritier est saisi de la totalité des biens qui la composent, & que chaque partie de cette totalité; ensorte que ce n'est que par le concours des cohéritiers que se forment les portions, & que la totalité cesse de lui en appartenir: d'où il s'ensuit que le droit indivis qui leur appartient, jusqu'à ce que les biens de la succession ayent été partagés entr'eux, les faits tous regarder ensemble, & chacun d'eux en particulier, comme saisis du tout: ainsi celui à qui par le partage, ou par l'opération d'une licitation qui tient lieu de partage, il tombe d'un héritage entier à la charge du payement d'une somme de deniers, ne fait que retenir la chose dont il étoit déja saisi par la Loi en qualité d'héritier du défunt, & il l'a retient entiere au même titre qu'elle lui est échue, c'est-à-dire a titre de succession, titre qui ne peut jamais former que des propres dans la personne de ceux qui s'y trouveut appellées. *Voyez* Coquille, quest. 32. & M. le Brun en son Traité des Scccessions, liv. 4. chap. 1. nomb. 34. & suiv.

Ce principe est aujourd'hui si bien établie au Palais, que sur son fondement on a encore passé plus avant, & qu'il a été jugé par Arrêt de relevée le Mardi 24. Mai 1629. infirmatif d'une Sentence du Châtelet, que la licitation d'un héritage entre cohéritiers, rendoit propre cet héritage pour le tout quoiqu'en différentes lignes. Pour donner une parfaite connoissance de la décision de cet Arrêt, j'en vais rapporter l'espéce. Un mari & une femme qui avoient acquis une terre considérable des effets de la communauté ne laisserent qu'un fils, à qui cette terre devint un propre paternel pour moitié, & maternel aussi pour moitié. Ce fils étant mort sans enfans issus de lui, il se fit une licitation de cette terre entre ses héritiers de la ligne paternelle & ceux de la ligne maternelle. Un des héritiers de la ligne paternelle, qui s'étoit rendu adjudiciaire de cettte terre, mourut sans enfans: la question fut de sçavoir si dans sa succession la terre étoit un propre paternel pour le tout, ou seulement pour moitié, & acquêts pour l'autre moitié. La Sentence du Châtelet, dont il fut interjetté appel, jugea que cette terre n'étoit propre que pour moitié en la personne de celui de la succession duquel il s'agissoit.

L'affaire étant portée au Parlement, celui qui avoit interjetté appel de cette Sentence dit, qu'il suffisoit d'être cohéritier & avoir part en la chose, pour que la licitation imprime un caractére de propre à tout ce qui est licité; & que, quoiqu'il ne soit héritier que d'une ligne, il ne laisse pas d'être cohéritier en la totalité, par rapport à la contribution des dettes, & à la masse qu'il faut faire avant le partage & la licitation des biens du défunt.

L'intimé dit, au contraire, que la licitation ne peut faire des propres que pour la totalité de ce dans quoi l'on a droit de suucceder, que c'est l'espérance de l'Arrêt de Mariva; mais que l'appellant n'ayant jamais eu aucun droit de succeder dans la moitié de cette terre, qui étoit à cet égard propre maternel au défunt, il ne pouvoit pas prétendre que cette moitié qui lui étoit échue par licitation lui fût propre. Cela est si vrai, dit-il qu'il y auroit lieu au retrait lignager sur lui pour cette moitié; & qu'ainsi tout l'effet de la licitation ne pourroit être que de rendre propre paternel en la personne du défunt la moitié entiere de cette terre, & non l'autre, en laquelle il n'avoit droit de succeder.

Si ces raisons prouvent d'une maniere sensible que la licitation rend propre pour le tout & à tous effets l'héritage adjugé à un cohéritier, elles sembloient de me prouver que son effet devoit être bornés aux héritages de la ligne seulement dans laquelle un cohéritier avoit droit de succeder, & non pas à l'égard des héritages de l'autre ligne. Cependant cet Arrêt du 24. Mai 1729. a jugé que le contraire, *sed multis contradicentibus*.

PROPRIETAIRE D'UN HÉRITAGE, est celui qui en a la proprieté, c'est-à-dire le droit d'en jouir & d'en faire ce que bon lui semble, soit qu'il le tienne en fief, ou en censive, ou en franc-aleu. Il a donc le droit d'en disposer à sa volonté, en l'aliénant & le déteriorant, en tant qu'il n'en est point empêché par la Loi, ou par quelque convention qui restraigne son droit de proprieté, & y mette des bornes.

Le propriétaire est bien différent de l'usufruitier; car l'usufruitier n'a que la jouissance pleine & entiere de la chose dont il a l'usufruit: pour qu'elle lle soit remise un jour à celui qui en est le proprietaire, l'usufruitier en doit jouir en bon pere de famille; d'où il s'ensuit qu'il ne peut point changer l'état des lieux, ni les déteriorer, ni rien faire qui puisse y causer le moindre dommage.

De ce que le propriétaire d'un fond peut entierement changer l'état des lieux, & déteriorer l'heritage comme bon lui semble; il s'ensuit que celui qui a sur ce fonds la Directe Seigneurie, ne peut pas empêcher celui qui en a le domaine utile, de fouiller dans cet héritage, & d'y faire des carrieres ainsi qu'il avisera, pour en tirer de la marne, de l'ardoise, de la pierre, & autre chose semblable.

En vain objecteroit-il que l'héritage étant déterioré, s'il étoit vendu, les droits seigneuriaux en seroient diminués. La liberté de pouvoir disposer comme bon nous semble de ce qui nous appartient, est sans bornes, & ne peut être restrainte & limitée que par la disposition des Loix.

Ainsi jugé au Parlement de Paris & en la Grande Chambre le 14. Février 1648. contre un Seigneur qui prétendoit empêcher son Vassal de tirer de la marne sur le fonds qui étoit de sa censive, pour la transporter sur un fonds qui n'en étoit pas. Basnage sur l'article 204. de la Coutume de Normandie.

PROPRIÉTAIRE D'UNE MAISON. *Voyez* Privilége du propriétaire.

PROPRIÉTÉ, est le droit de jouir & de disposer à notre volonté de ce qui nous appartient, en tant que la Loi n'y met point d'obstacle.

La proprieté & la possession different, en ce que tel est possesseur d'une chose, qui n'en est pas le proprietaire; & au contraire, souvent le proprietaire n'a pas la possession de la chose qui lui appartient.

La propriété est bien différente de l'usufruit, comme nous venons de le dire, *verbo* Proprietaire d'un héritage.

PRORATA, est un mot latin qui veut dire à proportion, & qui vient du mot *rata* ou *ratio*.

Par exemple, quand un défunt laisse plusieurs héritiers, & qu'ils succedent diversement, c'est-à-dire les uns aux meubles, les autres aux immeubles, les uns aux propres, les autres aux acquêts; ils sont tenus de payer chacun les dettes de la succession, à proportion de ce qu'ils amendent des biens du défunt, à moins que la Coutume n'ait quelque disposition particuliere là-dessus.

PROROGATION, signifie une continuation de délai.

PROROGATION DE GRACE, est quand l'acheteur qui a acheté sous faculté de remeré jusqu'à un certain tems, après ce tems fini, proroge ce délai, & accorde la faculté de rachat au vendeur jusqu'à un autre tems.

PROROGATION DE COMPROMIS, est l'extention du tems donné par compromis aux Arbitres, pour décider le différend dont ils sont nommés Arbitres.

Quoique régulierement, après que le tems défini par le compromis est passé, ils cessent d'être Arbitres, ils peuvent néanmoins proroger ce tems, s'ils en ont le pouvoir par le même compromis, ou si les Parties en consentent la prorogation.

Mais pour que la peine portée par le compromis ait lieu, il faut qu'il en soit fait mention expresse dans la prorogation du compremis; autrement elle n'auroit point lieu, quoique le pouvoir des Arbitres fût prorogé.

De même qu'un Procureur fondé de prorogation générale ne peut pas compromettre, il ne peut pas non plus proroger un compromis; il faut pour l'un & pour l'autre une procuration spéciale. Expilly, Arrêt 112.

Touchant la prorogation des compromis, *voyez* ce qui en est dit dans le Dictionnaire de M. Brillon, *verbo* Compromis, vers la fin.

PROROGATION DE JURISDICTION, est l'attribution ou la reconnoissance volontaire que fait un Particulier de la Jurisdiction d'un Juge qui n'a pas droit de connoître du différend des Parties, soit par rapport au domicile du défendeur, soit par rapport à la matiere dont la question. *Leg.* 1. 3. 14. & 18. *ff. de Jurisdiction*, *Leg.* 1. & 2. *ff. du Judiciis.*

Suivant le Droit Romain, les Particuliers ne peuvent pas à la vérité donner droit de Jurisdiction à celui qui n'en a point; mais ils peuvent proroger la Jurisdiction d'un Juge qui n'est pas leur Juge, ou qui n'est pas compétent pour juger du différend dont il s'agit: *Si se subjiciant aliqui Jurisdictioni, & consentiant: inter consentientes cujusvis Judicis qui Tribunali praeest, vel aliam Jurisdictionem habet, est Jurisdictio. Consensisse autem videntur, qui sciant se non esse subjectos Jurisdictioni ejus, & in eum consentiant. Leg.* 1. & 2. *ff. de Judiciis.*

En France, on ne peut se soumettre à d'autre Juge qu'à celui qui doit connoître du différend d'entre les Parties, soit par rapport au domicile du défendeur, soit par rapport à la matiere qui fait le sujet de la contestation. Ainsi parmi nous on ne peut pas valablement se soumettre à la Jurisdiction d'un Juge, qui n'est pas le Juge qui doit connoître du différend des Parties.

Le consentement que nous aurions donné par une soumission passée pardevant Notaire, ou par un acte judiciaire, en procedant volontairement sur une demande qui nous auroit été faite pardevant un Juge incompétent, *vel ratione domicilii, vel ratione materiæ*, ne nous assujettiroit pas à sa Jurisdiction. La raison est, qu'en France les Jurisdictions sont patrimoniales; Bacquet, au Traité des Droits de Justice, chap. 8. ou plutôt parce que l'ordre des Jurisdictions est de droit public.

Il est vrai que celui qui se seroit par un acte judiciaire volontairement soumis à la Jurisdiction d'un autre Juge que celui qui doit connoître *ratione materiæ* du différend d'entre les Parties, ne seroit pas bien fondé à demander son renvoi, parce qu'on ne peut pas venir contre son propre fait.

Mais nonobstant toute soumission faite volontairement par acte judiciaire à la Jurisdiction d'un Juge, en procedant devant lui, le Procureur du Roi, ou le Procureur Fiscal de la Jurisdiction qui a droit de connoître du différend, peut toujours intervenir avant le Jugement de l'affaire, & revendiquer son justiciable, ou la cause dont la Jurisdiction a droit de connoître, & empêcher que le Juge pardevant lequel les Parties ont commencé de procéder, n'en prenne connoissance.

Il y a néanmoins un cas où il semble qu'il y ait en quelque maniere une prorogation du Jurisdiction; c'est quand un Particulier passe un contrat, & fait élection de domicile dans lieu où le contrat est passé, quoiqu'il n'y demeure pas effectivement; toutes les significations, sommations & assignations qui sont données à ce domicile, concernant l'exécution du contrat, sont valables, comme si elles étoient faites au véritable domicile, surtout lorsqu'il ne s'agit que d'une demande en condamnation d'intérêt, ou d'interrompre la prescription.

Voyez Fins de non-proceder. *Voyez* Bacquet en son Traité des Droits de Justice, chap. 8. nomb. 16. & M. d'Argou, titre des Domiciles, vers la fin. *Voyez* aussi ce que j'ai dit *verbo* Incompétence, & *verbo* Domicile.

PROROGER, signifie étendre un délai pour faire quelque chose.

PROSCRIRE, signifie mettre des têtes à prix, sous promesse de donner des récompenses à ceux qui les apporteront. Sur quoi il faut remarquer que chez les Romains il s'est fait un grand nombre de proscriptions; mais que cette voie a été très-peu en usage en France.

PROTEST, est un acte de sommation faite par un Notaire ou Sergent à un Banquier ou Marchand, d'accepter une Lettre de change tirée sur lui par un correspondant, ou bien quand le tems du payement est échu, & que celui qui l'a acceptée en refusant de la payer; le protest est alors une sommation faite par un Notaire ou un Sergent à un Banquier ou Marchand de l'acquitter.

Il y a donc des protests faute d'acceptation, & d'autres faute de payement.

Les protests, faute d'accepter, doivent être faits dans le même tems que l'on présente la Lettre, lorsque celui sur lequel elle est tirée refuse de l'accepter, soit pour le tems, ou pour les sommes portées, ou pour défaut des Lettres d'avis ou de provision.

Les protests, faute de payer, se font lorsque dans les dix jours de faveur, à compter du lendemain de l'échéance des Lettres, celui qui l'a acceptée refuse d'en faire le payement. Dans ces dix jours de faveur sont compris les Dimanches & Fêtes, même les plus solemnelles; desorte que si les dix jours de faveur échoient le jour de Pâques ou de Noël, il faudroit faire protester les mêmes jour, parce qu'il faut que cette diligence soit faite dans les dix jours après celui de l'échéance de la Lettre de change, qui n'est jamais compté, non plus que celui de l'acceptation.

Dans toutes sortes de protests, on déclare & proteste que faute d'acceptation, ou faute de payement de la Lettre de change dont il s'agit, on la rendra au tireur, ou qu'on se pourvoira ainsi qu'on avisera bon être.

Le protest, faute d'acceptation, n'oblige le tireur qu'à rendre au porteur la valeur de la Lettre de change protestée, ou de lui donner des sûretés qu'elle sera acquitée; au lieu que le protest, faute de payement, dans les dix jours de l'Ordonnance, donne une action solidaire au porteur contre tous les endosseurs tireurs, accepteurs à son choix.

Ainsi la formalité des actes concernant une Lettre de change, pour établir au porteur son action en garantie contre le tireur & les donneur d'ordre, est tout-à-fait différente des actes qui concernent un transport, pour établir au cessionnaire son action en garantie contre le cédant; parce qu'il suffit seulement au cessionnaire de faire une simple sommation ou commandement à celui sur lequel a été fait le transport, de payer le contenu en icelui.

Mais en matiere de Lettres de change, il faut indispensablement faire un acte, par lequel on somme l'accepteur de payer le contenu en icelle; & au refus, protester de prendre l'argent à change & rechange pour le lieu d'où la Lettre est tirée, & de retourner sur le tireur & donneur d'ordre, qui est la raison pour laquelle on appelle cet acte un protest.

Une simple sommation ne suffiroit pas pour établir l'action en garantie contre le tireur & les donneurs d'ordre. Aussi l'article 10. du cinquiéme titre de l'Ordonnance du Commerce de 1673. porte, que le protest ne pourra être suppléé par aucun autre acte.

Le porteur d'une Lettre de change est donc obligé de faire ses diligences, & de protester, au cas que celui sur quielle est tirée, refuse de la payer dans le tems marqué ci-dessus; sinon il se rend responsable de l'insolvabilité qui peut survenir en la personne de celui sur qui elle est tirée, ensorte que la Lettre demeure sur son compte.

L'on a jugé pendant un tems que le protest produisoit hypotéque; mais cette Jurisprudence est changée. Il y a une Déclaration du Roi du 2. Janvier 1717. qui porte que le simple protest n'acquiert pas d'hypotéque, & qu'il faut pour l'acquerir obtenir une condamnation après l'échéance du terme *Voyez* M. Brillon, *verbo* Protest.

PROTESTANS, est un nom qu'on a donné en Allemagne à ceux qui suivent la doctrine de Luther. Ils furent ainsi nommés, à cause qu'ils protesterent en 1529. contre un Décret de l'Empereur & de la Diette de Spire, & déclarerent qu'ils appelloient à un Concile général. Le nom de Protestant a été aussi donné à ceux qui suivent les erreurs de Calvin.

PROTESTATION, est une déclaration que l'on fait par quelque acte, contre la fraude, l'oppression & la violence de quelqu'un, ou contre la nullité d'une action, d'un Jugement, d'une procedure, portant qu'on a dessein de se pourvoir contre en tems & lieu.

Par exemple, un fils de famille qui seroit engagé par ses pere & mere à entrer dans un Couvent malgré lui, pour y prendre l'habit & y faire profession, & qui pour éviter leurs mauvais traitemens, se seroit déterminé à leur obéir, pourroit faire ses protestations, à l'effet de pouvoir reclamer un jour contre ses vœux.

Les protestations se font quelquefois pardevant Notaires, par un acte par lequel on proteste de nullité de quelqu'autre acte que l'on a déja passé, ou qu'on est sur le point de passer.

Mais les protestations secrettes qui se font chez les Notaires, ne servent que de conjectures, & on n'y a pas beaucoup d'égard, si elles ne sont appuyées de preuves qui justifient du contenu aux protestations.

Ainsi les protestations secrettes que feroit un fils de famille contre des actes passés avec son pere, ne seroient que des préparatoires pour se faire restituer contre ces mêmes actes, en justifiant qu'il y a eu lésion. Ainsi jugé au Parlement de Bordeaux, par Arrêt du mois d'Août 1683. rapporté par la Peyrere, lett. R, nom. 131.

Au reste, il n'y a guéres d'actes judiciaires contre lesquels on ne puisse protester de nullité, à l'effet de recouvrer toutes pertes, dépens, dommages & intérêts contre sa Partie adverse. *Voyez* la Science des Notaires, liv. 2. chap. 36.

PROTOCOLE, du Latin *Protocollum*, chez les Romains signifioit ce qui étoit écrit au haut du papier, où l'on mettoit ordinairement le tems auquel il avoit été fabriqué. Parmi nous, Protocole se prend ordinairement pour un répertoire que les Notaires font de leurs actes, pour les trouver plus facilement, dans lequel ils indiquent briévement la qualité de l'acte & son objet. On appelle aussi quelquefois Protocole, quoiqu'improprement, un recueil de formules qui sert aux Praticiens de Province à dresser leurs actes.

PROTOCOLE DE NOTAIRE, est un droit que le Roi prend au pays du Bourbonnois, Forez & Beaujolois, sur les Registres des Notaires décedés, lesquels sont vendus au plus offrant & dernier encherisseur; de laquelle vente le Roi en a les trois quarts, & l'autre quart appartient aux veuves & héritiers; pour la vérification duquel droit il faut rapporter l'adjudication qui en a été faite par les Officiers des lieux, en présence du Procureur du Roi.

PROTUTEUR, est celui qui n'étant pas tuteur d'un pupille, a geré & administré ses affaires en qualité du tuteur, soit qu'il crût être chargé de la tutelle, ou qu'il sçût ne l'être pas.

Par rapport à son administration, il est consideré comme s'il eût été véritablement tuteur de celui dont il a geré les affaires en cette qualité; ensorte que les actions qui résultent de la gestion de tutelle ont lieu à son égard.

Il faut dire de même de celui qui auroit geré en qualité de curateur, quoiqu'il ne le fût pas véritablement.

Par l'art. 1. du tit. 29. de l'Ordonnance de 1667. les tuteurs, les protuteurs & autres qui auront administré les biens d'autrui, sont tenus de rendre compte aussi-tôt que leur gestion sera finie.

PROVINCE, est une partie d'un Royaume, d'une Monarchie, d'un Etat, dans laquelle sont comprises plusieurs Villes, Bourgs, Villages, Hameaux, &c. sous un même Gouvernement.

Les Provinces étoient originairement des Duchés, Comtés, ou autres Seigneuries considérables qui ont été réunies sous un même Chef. A présent ce sont des Gouvernemens.

Il y a trente-neuf Gouvernemens généraux de Province pour le militaire. Le Clergé de France est divisé en seize Provinces. Il y a aussi certains Ordres & Congrégations de Religieux qui sont divisés par Provinces.

PROVISION est l'adjudication que fait un Juge à une Partie, d'une somme de deniers à prendre préalablement sur certains effets, ou sur la Partie adverse, avant la décision du différend qui est à juger, pour lui tenir lieu d'alimens.

Pour qu'il y ait lieu à une provision, il faut que l'équité le requiere, & que la Partie qui en fait la demande soit fondée en raison. Par exemple, une veuve demande son douaire: on le lui conteste; elle peut demander au Juge une provision sur les biens sujets au douaire, pour lui servir d'alimens.

Il faut dire aussi qu'une veuve seroit bien fondée à demander une provision pour la restitution de sa dot; mais elle ne pourroit en obtenir contre un tiers possesseur des biens de son mari, qu'elle auroit vendus conjointement avec lui. Papon, livre 18. tit. 1. nomb. 16.

En cas de partage entre enfans ou héritiers, quand un d'entr'eux n'a reçu de son pere décedé aucuns avantages entre-vifs ou autrement, & que les autres ont été avantagés, & que le partage ne peut être fait en peu de tems, à cause des procès qui sont entre les Parties; pour lors le Juge lui adjuge, par forme d'alimens, une provision pour se nourrir, entretenir, & fournir aux frais du procés.

Celui qui est en possession de filiation, peut demander une provision alimentaire à celui qui refuseroit de le reconnoître pour son fils. *Voyez* Filiation. *Voyez* Papon, liv. 18. tit. 1. nomb. 1.

Quand on conteste à un fils la succession de son pere, il est en droit de demander une provision sur les biens de la succession, pour alimens, & pour fournir aux frais qui lui convient de faire pour la poursuite de ses droits. Mais ces sortes de provisions ne s'adjugent qu'en ligne directe, & non en ligne collatérale. Papon, liv. 18. tit. 1. nomb. 34.

Une provision peut encore être demandée contre un tuteur qui n'a pas rendu compte à celui dont il a geré la tutelle, & à qui il refuse des alimens.

On en peut demander pour une femme qui est en procès avec son mari pour raison de séparation.

On en peut aussi demander pour une personne dont tous les biens seroient saisis réellement.

Sur un rapport de Chirurgie, on adjuge au blessé une provision pour ses alimens & médicamens contre l'accusé.

Une provision peut être donnée en tout état de cause, même en cause d'appel. Papon, liv. 18. tit. 1. nomb. 3.

Les provisions sont arbitraires, & elles sont plus ou moins fortes, suivant qu'il plaît au Juge, qui doit les regler par rapport à la qualité des Parties, aux circonstances du fait.

Au reste, les provisions alimentaires se payent par préference à toutes choses : *quia scilicet alimentorum causa re qualibet favorabilior est.*

PROVISION EN MATIERE CRIMINELLE, s'adjuge souvent quand il s'agit de batterie, & qu'il y a quelqu'un de blessé ; en ce cas, celui qui a été maltraité, obtient facilement une somme d'argent par provision, pour lui fournir des médicamens, nourritures & alimens pendant sa maladie.

Mais il est défendu aux Juges d'accorder des provisions aux deux Parties, à peine de suspension de leur Charges, & de tous dépens, dommages & intérêts.

Touchant les provisions en matiere criminelle, *voyez* le titre 12. de l'Ordonnance de 1670. & ce que j'ai dit ci-dessus, en parlant des procès criminels.

PROVISION SUR DES BIENS SAISIS RÉELLEMENT, est une somme de deniers que l'on donne à la Partie saisie, soit le mari ou la veuve, ou leurs enfans, à prendre sur le produit des baux judiciaires, pour leur servir de provision alimentaire, jusqu'à ce que l'ordre soit fait du prix des biens.

En donnant cette provision, on doit considerer la valeur des biens, & avoir égard au nombre des créanciers opposans, quelquefois même à l'état & à la qualité de la personne saisie, pour donner cette provision plus ou moins forte.

On ne donne point au préjudice des créanciers une provision à des héritiers collatéraux, qui sont devenus Parties par la mort du débiteur saisi auquel ils ont succedé.

On n'en donne pas non plus à des enfans, héritiers par bénéfice d'inventaire de leurs pere & mere, sur les biens de la succession bénéficiaire, au préjudice des créanciers.

Il a été rendu une Ordonnance par M. le Lieutenant civil le 18 Mai 1679. qui, pour éviter aux frais, & empêcher que le prix des biens saisis ne soient consommés, porte que toutes les demandes à fin de provisions & réparations, seront formées contre le plus ancien Procureur des opposans, le poursuivant criées, & la Partie saisie ; fait défenses aux Procureurs de faire aucunes dénonciations desdites demandes, Requêtes & Sentences, aux Procureurs des opposans, sous peine de ne pouvoir être reçus à les faire allouer ni passer dans la taxe des frais ; & en cas qu'ils les reçoivent, d'être contraints à la restitution par les créanciers opposans, utilement colloqués dans l'ordre.

PROVISION, est aussi la possession qui s'adjuge à celui qui a la plus apparente possession, ou d'un Bénéfice, ou d'un héritage. *Voyez* Recréance.

PROVISION COLORÉE, est une provision en matiere bénéficiale, qui n'a que la couleur & l'apparence d'un titre légitime, quoiqu'il y ait des nullités & des défauts couverts par une possession paisible de trois ans, pourvû qu'elle n'ait point été prise & retenue par force & par violence.

PROVISION EN FAIT DE TITRE. La provision est toujours dûe au titre ; c'est-à-dire, que le Juge doit toujours ordonner l'exécution du titre, quoiqu'il soit contesté ; parce que jusqu'à ce qu'on en ait fait voir la nullité, on présume toujours en sa faveur.

Cela est si vrai, que l'exception même de faux n'empêche pas l'exécution du contrat. Expilly, article 33.

SENTENCE EXÉCUTOIRE PAR PROVISION. *Voyez* Sentence provisionnelle.

PROVISIONS EN FAIT DE CHARGES ET OFFICES, sont des Lettres du grand Sceau, par lesquelles le Roi confere & donne le titre d'un Office à un Particulier, en confirmant la résignation qui lui a été faite dudit Office par celui qui en étoit pourvu.

Quand un Office est possedé par un titulaire qui s'en veut démettre, il ne peut de son autorité privée en revêtir un autre ; & pour qu'un Office passe d'une personne à une autre, il faut la résignation ou démission de la part du titulaire, laquelle se fait par un acte que l'on appelle procuration *ad resignandum*, dont nous avons parlé ci-dessus : & de la part du collateur, il faut des provisions.

Ainsi la composition d'un Office ne donne pas droit en l'Office, mais seulement droit à l'Office. Celui qui a une procuration irrévocable de son vendeur,

deur, pour le résigner en sa faveur, mais un acte exprès de résignation, n'a pas encore de droit en l'Office jusqu'à ce que la démission soit admise par le collateur, & les Lettres de provision expédiées en sa faveur.

Jusques-là l'Office est *in bonis* du résignant, & par conséquent peut être saisi par ses créanciers; il peut être confisqué pour malversation, & peut être résigné à un autre qui en peut être pourvu, en prévenant le premier résignataire.

Il n'y a que les Lettres de provision expédiées & scellées, qui donnent droit en l'Office à un résignataire, & qui transmettent en sa personne tous droits de propriété.

De plus, le sceau des provisions purge toutes les hypothéques & tous les priviléges qui pourroient être prétendus sur l'Office, pour raison des dettes du résignant, quand il n'y a point eu en conséquence d'opposition au Sceau avant l'obtention des provisions.

De tout ce que nous venons de dire, il s'ensuit que le contrat de vente d'un Office ne sert de rien à l'acquereur, sans la procuration *ad resignandum*; & la résignation lui est aussi inutile sans les provisions, puisque l'Officier qui vend ne le peut transmettre de son chef, & qu'il n'y a que le Roi seul qui le puisse conferer, parce qu'il en est seul le maître & le proprietaire; l'Officier n'a que la simple fonction attachée à sa personne.

Les provisions donnent bien au pourvu le titre de l'Office; mais il n'y a que la prestation de serment qui doit être observée dans la poursuite & Jugement des oppositions au Sceau. L'Edit est du mois de Février 1683. & la Déclaration est du 17 Juin 1703. *Voyez* ce que nous en avons dit, lettre O, en parlant des Oppositions au Sceau.

PROVISOIRE, se dit des choses qui requierent célérité, & qui doivent être jugées par provision. Les alimens & les réparations sont des matieres provisoires.

PROUVER, signifie établir la vérité de quelque fait, de quelque proposition, la persuader. En Justice il faut prouver ce qu'on allégue, ou par titres, ou par témoins.

PROXENETE, est un entremetteur d'un marché, d'un mariage, ou de quelqu'autre affaire. Il en est parlé au titre 14. du dernier livre du Digeste, où je renvoye le Lecteur.

Nous observerons seulement ici, qu'on proxenete en fait de mariage n'est pas en droit d'exiger le payement de ce qui lui a été promis; l'exécution & l'accomplissement d'une telle promesse dépend entierement de l'honnêteté & de la libéralité de ceux ausquels il a rendu service, quelqu'avantageux que paroisse le mariage qu'il auroit fait réussir: c'est pourquoi telles pactions sont illicites. Ainsi jugé par Arrêt du 29 Janvier 1691. rapporté par Mornac en son Recueil qui est à la fin de ses Ouvrages, part. 1. art. 55. *Voyez* les Plaidoyés de M. Gillet, de l'édition de 1718. tome. 1. page 114.

PRUD'HOMMES, se dit des Experts nommés en Justice, pour visiter ou estimer quelque chose, pour raison de quoi les Parties sont en contestation.

En effet de relief, on prend ordinairement des Gentilshommes pour faire l'estimation du revenu annuel du fief, comme je l'ai dit sur l'article 47. de la Coutume de Paris.

PU

PUBERTÉ, est l'âge auquel ont est réputé capable de contracter mariage; elle est définie à quatorze ans accomplis pour les mâles, & à douze accomplis pour les filles.

La puberté est absolument nécessaire pour pouvoir contracter mariage, parce qu'il ne peut subsister entre des personnes qui sont incapables de la fin principale du mariage, qui est la procréation des enfans. *Voyez* ce que nous avons dit dans la Traduction des Institutes, au titres des Nôces.

Nous remarquerons seulement ici, que l'adolescence qui suit la puberté, est un âge qui ne dévoilant aux jeunes gens qu'imparfaitement la lumiere de la raison, ne fait que les exposer à une infinité de surprises qui leur causeroient souvent la perte de leurs biens, s'il ne pouvoient s'en préserver par le secours du bénéfice de restitution en entier. *Voyez* Mineur.

PUBLICATION, est une notification qui se fait à haute & intelligible voix dans les assemblées & lieux publics, de quelque chose, afin qu'elle puisse être par ce moyen connue de tout le monde.

Telle est celle qui se fait ès Eglises paroissiales aux Prônes les jours de Dimanches & Fêtes, des Bans de Mariages, Monitoires, &c. comme nous le dirons ci après. Telle est aussi celle qui se fait en Jugement à jours de plaidoirie, des acquisitions faites par un Seigneur des héritages tenus en sa censive, suivant l'article 135. de la Coutume de Paris.

Au reste, il y a une Déclaration du Roi du 16 Décembre 1698. enregistrée le 31 du même mois, portant que les publications pour affaires temporelles ne seroient faites qu'à l'issue des Messes Paroisses.

PUBLICATION DE SUBSTITUTION; se fait en Jugement au jour de plaidoirie, afin qu'étant rendue publique, ceux dont les biens sont substitués ne trouvent pas à emprunter de l'argent sur des biens dont ils n'ont que la jouissance pendant leur vie.

L'ouverture & lecture qui se feroit à l'Audience, d'un testament trouvé cacheté après la mort d'un défunt, ne pourroit pas tenir lieu de la publication d'une substitution qui seroit contenue dans ledit testament.

La raison est, que cette ouverture & lecture ne se fait que pour être dressé procès verbal de ce testament, pour être ensuite déposé chez un Notaire; & alors il n'est pas besoin que la lecture s'en fasse à haute & intelligible voix; & d'ailleurs cette ouverture & lecture se fait ordinairement dans l'Hôtel du Juge. Mais la publication d'une substitution, pour être valable, doit être faite à l'Audience à haute & intelligible voix, afin qu'elle soit entendue de tout le monde: après quoi le Juge donne Lettres de la publication, & non pas de la lecture; autrement il ne satisferoit pas à ce qui est porté en l'article 57. de l'Ordonnance de Moulins, qui veut que la substitution soit publiée à l'Audience.

Les substitutions faites par actes entre-vifs, doivent être publiées dans les six mois du jour qu'lles ont été passées, au quel cas elles ont lieu du jour de leur date; mais si elles ne sont publiées qu'après les six mois, elles n'ont effet que du jour de leur enregistrement.

La publication des substitutions faites par dispositions de derniere volonté, doivent être faites dans les six mois, & compter du jour du décès du testateur; mais la publication qui en seroit faite après les six mois, seroit suffisante pour exclure les créanciers postérieurs à la publication, qui ne laisse pas d'être valable à leur égard. Ainsi jugé par Arrêt rendu en la Grande Chambre, au rapport de M. Pelletier, le 5 Août 1682.

Mais la publication d'une substitution qui n'aura pas été faite dans les six mois, à compter du jour du décès du testateur, ne pourra pas nuire aux créanciers intermédiaires de l'institué. Ainsi jugé par Arrêts des 14 Septembre 1669. & 9 Avril 1680. rapportés dans le Journal du Palais. *Voyez* l'article 57. de l'Ordonnance de Moulins, & ce que j'ai dit ci-dessus, lettre I, en parlant des insinuations des substitutions. *Voyez* aussi un Acte de notorieté du premier Juin 1691, rapporté dans le Recueil de ces Arrêts, page 77.

PUBLICATION DES ENQUETES. Les enquêtes, après qu'elles avoient été faites & rapportées au Greffe, doivent autrefois être publiées, c'est-à-dire rendues publiques & communiquées entre les Parties, suivant l'Ordonnance du Roi Charles VII. de l'an. 14. 16., art 31. à laquelle est conforme celle du Roi François I. de l'an 1535, chap. 15. art. 12.

Mais les publications d'Enquêtes ont été abrogées par la nouvelle Ordonnance, titre des Enquêtes, article 16.

PUBLICATIONS AU PRÔNE, sont celles qui se doivent faire aux Prônes des Messes paroissiales. Il n'y a aujourd'hui que les publications des Bans de mariage & celles des Monitoires qui se doivent faire ainsi.

L'article 32. de l'Edit du mois d'Avril 1695, concernant la Jurisdiction ecclésiastique, veut que les Curés, leurs Vicaires, & autres Ecclésiastiques ne soient obligés de publier aux Prônes, ni pendant l'Office divin, les actes de Justice, & autres qui regardent l'intérêt des Particuliers; mais que les publications qui en seront faites par les Huissiers, Sergens & Notaires, à l'issue des grandes Messes de Paroisses, avec les affiches qui en seront par eux posées aux grandes portes des Eglises, soient de pareille force & valeur (même pour les décrets) que si les publications avoient été faites aux Prônes; & par ce même Edit le Roi a dérogé en cela en toutes les Ordonnances & Coutumes contraires.

Ainsi on ne publie aujourd'hui au Prône que les Bans de mariage & les Monitoires; les autres qui concernent l'intérêt des Particuliers, ne se publient qu'aux portes des Eglises; mais il faut toujours qu'elles soient faites ès jours de Dimanches & Fétes, contre ce qui est dit en la Loi *Dies Festos codice de Feriis. Diebus Festis sileat vox horrida praeconis.*

Cette publication des actes qui concernent l'intérêt des Particuliers, qui se fait aux portes des Eglises ès jours de Dimanches & Fétes, a son utilité; parce que ces jours-là, comme tous les Paroissiens sont obligés de se trouver à la Messe, les publications qui se font à l'issue sont plus notoires que si elles se faisoient les autres jours.

PUBLICATION DE BANS, est une notification qui se fait au Prône les jours de Dimanche & de Féte, des noms, surnoms & qualités des personnes qui se doivent marier ensemble, afin que par ce moyen la chose soit rendue notoire, & que s'il y a quelqu'empêchement au mariage, ceux qui en ont connoissance ayent à le déclarer, comme il leur est enjoint sous peine d'excommunication.

Cette publication se doit faire dans la Paroisse des futurs conjoins, s'ils sont demeurans dans une même Paroisse, sinon dans la Paroisse de chacun d'eux.

Quand il s'agit d'un mariage entre majeurs, tous deux libres de s'engager, il n'y auroit point d'abus, quoiqu'il n'eût point été précedé de publication de bans, comme il a été jugé par Arrêt du 7 Août 1638, quoique les mariés eussent commencé *ab illicitis*. Ainsi jugé par Arrêt du 15 Mars 1691. Ces deux Arrêts sont rapportés dans le journal des Audiences.

En effet le Concile de Trente ne prononce pas la nullité des mariages célébrés sans proclamation précedente des bans; au contraire, il remet expressement à la prudence de l'Ordinaire d'en disposer selon qu'il le jugera à propos: ce qui marque qu'il ne les croit pas nécessaire à l'essence du mariage. *Voyez* ce que j'ai dit ci-dessus *verbo* Bans. *Voyez* aussi ce qui en est dit dans le neuvieme tome des Causes célebres, page 606 & suivantes.

PUBLICATION DES ORDONNANCES, EDITS, ET DÉCLARATIONS, est la lecture qui s'en fait dans les Cours, pour être connues au Peuple, & être ensuite exécutées.

Les volontés de nos Rois ne peuvent avoir leur exécution, qu'elles n'ayent été présentées & publiées aux Cours : ce qui ne provient pas certainement d'un defaut de puissance en la personne de nos Rois, puisqu'ils sont absolument Souverains ; mais cela n'est qu'un effet de leur sagesse & de leur équité, qui les empêche de vouloir que les choses qui sont émanées d'eux, soient exécutées sans passer auparavant par l'organe de la Justice.

Mais la publication des Edits & Ordonnances étant faite, elle oblige tous les Sujets ; & les Particuliers qui les ont violées ne sont pas admis à s'en excuser, sous prétexte que la publication qui en a été faite n'etoit pas venue à leur connoissance. *Voyez* l'art 4. & les suivans du premier titre de l'Ordonnance de 1667, avec les notes de Bornier. *Voyez* aussi Bardet, tome 1, page 333. qui dit que les Edits enregistrés au Parlement, n'obligent dans les Baillages, que du jour qu'ils ont été publiés en iceux.

Il y a cette différence entre la publication des Edits & Déclarations, & leurs enregistremens. La publication s'en fait par la lecture ès jours de plaidoirie pour les notofier ; mais l'enrégistrement est la description qui s'en fait dans les Registres publics.

Il est arrivé quelquefois que le Parlement a cru devoir, pour le service de l'Etat, refuser d'enregistrer des Edits ou des Déclarations ; & que pour obéir néanmoins, autant que sa conscience lui pouvoit permettre, aux ordres de Sa Majesté, il n'a fait mettre sur les Edits, que *lûs & publiés* : & quand les Rois ont exigé par autorité absolue que l'on ajoutât, *& enrégistrés*, celas'est presque toujours exécutée, après y avoir fait quelques modifications.

PUBLICATION DES COUTUMES, est la notification qui s'en fait au Parlement. L'Ordonnance de Charles VII. de l'an 1443, porte que les Coutumes réformées seront apportées au Parlement, & enregistrées, afin qu'on examine s'il n'y a rien qui soit contraire aux droits du Roi & au bien public. La raison est, que la rédaction s'en faisant avec toutes Parties intéressées, il pourroit s'y glisser quelque chose contraire aux intérêts du Roi & du Public.

Charondas en ses Réponses, liv. 1. chap. 72, dit que lorsqu'il s'agit d'un nouveau droit établi par la Coutume, il doit être observé dès-lors qu'elle a été accordées & rédigée par écrit, de l'ordonnance des Commissaires, comme étant parfaite dès ce moment. Mais à l'égard des nouvelles formes & solemnités ajoutées à la Coutume qu'on réforme, elle n'a effet que du jour qu'elle a été apportée & publiée, d'autant qu'on les peut ignorer jusqu'à ce qu'elles ayent été publiées.

Cela est fondé sur ce que ce nouveau droit n'ayant été établi que du consentement du Peuple, il l'a connu dès-lors. Mais à l'égard des formalités, ce sont choses qui regardent précisément des Officiers qui les doivent pratiquer. Ceux-là ont une juste raison de les ignorer, à moins qu'elles ne leur soient annoncées par la publication de la Couronne. *Voyez* M. Louet & Brodeau, lett. C, chap. 20, où cela est expliqué assez amplement.

PUINÉS, se disent des enfans du premier dégré, c'est-à-dire fils ou fille, eu égard à l'aîné.

PUISSANCE, signifie une autorité, une souveraineté, un pouvoir absolu.

PUISSANCE ECCLESIASTIQUE, est une autorité que Dieu a établie pour gouverner les hommes quant au spirituel ; à la différence de la Puissance royale, qu'il a établie pour les gouverner dans ce qui concerne le temporel.

Nous allons parler de l'une & de l'autre dans l'article suivant, ou nous ferons voir que ces deux Puissances ont différens objets, & que chacune d'elles doit se tenir dans ses bornes. Sur quoi l'on peut voir le Traité de l'Abus, composé par Fevret, où toutes les questions qui ont rapport à ce principe sont traitées.

PUISSANCE ROYALE, est une Puissance souveraine, qui n'en reconnoît point d'autre que celle de Dieu. Aussi tous les Edits du Roi portent cette clause, *de notre pleine puissance & autorité roïale.*

Quelques prérogatives que le Pape ait pour ce qui concerne le spirituel, la puissance de nos Rois ne lui est point soumise, & le Pape ne peut rien commander ni ordonner en géneral ni en particulier de ce qui concerne les choses temporelles ; & s'il le faisoit, les Sujets du Roi, quoiqu'ils fussent Clers, ne feroient pas tenus de lui obéir pour ce regard. Article 4. du Traité des Libertés de l'Eglise Gallicane de M. Pithou.

Jesus-Christ a dit lui même : *Regnum meum non est de hoc mundo.* Ainsi le Pape ne se peut rien attribuer sur les choses temporelles de ce monde, que Dieu lui même a soumis au pouvoir de ceux qu'il a établis sur la terre pour les gouverner.

Il faut donc demeurer d'accord que Dieu a établi deux Puissances pour nous gouverner ; l'une pour le spirituel, & l'autre pour le temporel, lesquelles sont distinctes, séparées, & entierement indépendantes l'une de l'autre.

C'est ce que l'empereur Justinien nous marque dans la Préface d'une de ses Nouvelles, qui se trouve la sixiéme dans le Recueil que nous en avons. En voici les termes. *Maxima quidem in hominibus sunt dona Dei à supernâ collata clementiâ, Sacerdotium & Imperium ; & illud quidem divinis ministrans, hoc autem humanis præsidens ac diligentiam exhibens*

Voici ce que dit à ce sujet Henris, liv. 1. quest. 84. Comme les choses spirituelles & temporelles, sont distinctes, la Jurisdiction en est diverse, & ne se doit pas confondre. Si le Juge séculier au royal doit être retenu à ne prendre point connoissance de ce qui concerne les Sacremens & les matieres ecclésiastiques au pétitoire, le Juge d'Eglise ne doit pas non plus entreprendre de connoître des matieres profanes, & qui ne regardent que le temporel. Chacun se doit tenir dans ses bornes, & ne point choquer l'Etat & l'Eglise. Il faut donc rendre à Dieu & à ses ministres ce qui dépend de leur ministere & de leurs fonctions, & au Roi & à ses Officiers ce qui regarde la puissance & la Jurisdiction que Dieu lui a commise.

Voyez ce qui est dit à ce sujet dans les Traités qui ont été faits sur les Libertés de l'Eglise Gallicane; Basset, tom. 2. liv. 2. tit. 1. chap. 1. & Fevret en son Traité de l'Abus.

A l'égard de ce qui regarde l'autorité des Rois, Voyez ce que j'en dis, lettre S., *verbo* Souveraineté. Voyez aussi la République de Bodin, liv. 1. ch. 3. & 4.

Enfin, pour ce qui est de l'usage de la puissance temporelle de nos Rois, en ce qui regarde l'Eglise, soit pour réprimer les entreprises de ses Ministres sur les droits du Prince, soit pour la conservation & administration de son temporel, Voyez les Loix civiles, au Traité du droit public, liv. 1. tit. 19.

PUISSANCE DE FIEF, est la faculté qu'a le Seigneur d'exercer le retrait féodal, en conséquence du droit que lui donne la Seigneurie directe sans qu'il soit obligé de demander au Juge ou au Roi le pouvoir d'user du retrait sur le fief servant qui a été aliené par son Vassal. Voyez Retrait féodal.

On appelle aussi puissance de fief, le droit qu'à le Seigneur de saisir le fief servant, faute d'homme droits & devoirs Voyez Saisie féodale.

PUISSANCE PATERNELLE, est un droit accordé au pere, ou autre ascendant mâle & du côté paternel, sur la personne & sur les biens des enfans qu'ils ont par les voies que les Loix autorisent.

Il n'y a parmi nous que les enfans né en légitime mariage, ou qui ont été légitimés, qui soient sous la puissance de leur pere. Les enfans adoptifs n'y sont point, parce que l'adoption n'est plus en usage en France. A l'égard des bâtards non légitimés, il ne sont point sous la puissance de leur pere; *quia neque gentem neque familiam habent.*

La puissance paternelle dans les pays de Droits écrit, produit presque les mêmes effets qu'elle produisoit chez les Romains au tems de la derniere Jurisprudence, c'est-à-dire au tems de l'Empereur Justinien; comme l'ont remarqué Maynard, tom. 1. liv. 5. chap. 2. nomb. 1. & 2. & 3. liv. 9. chap, 36; *Eguin*, *Baro. ad Instit. Justim. tit. de patria potest.*

Ainsi, dans les pays qui sont régis par le Droit écrit, la puissance paternelle donne aux peres le droit de jouir par usufruit, *jure patriæ potestatis*, de tous les biens qui appartiennent à leurs enfans à titre de péculaire adventice, mais non pas des biens castrenses ou quasi-castrenses, tels que sont les biens que les fils de famille ont acquis à la Guerre; au Barreau; ou au service de l'Eglise; cas ils appartient en pleine proprieté aux enfans qui sont en puissance de leur pere: *ita ut in his bonis pro patribus familias habentur, & de iis possint facere testamentum.*

Les fils de famille ne peuvent pas dans ces pays tester de leur pécune adventice; mais seulement de la pécule castrense ou quasi-castrense, conformément à la disposition du Droit Romain; comme je l'ai remarqué dans ma Traduction des Institures, sur le commencement du douziéme titre du second Livre.

En pays de Droit écrit, les fils de famille n'ont point leur propre enfans sous leur puissance, parce qu'ils sont sous celle de leur ayeul, selon la régle, *qui est in potestate alterius, non potest habere alium in sua potestate*

Les peres peuvent substituer pupillairement aux enfans impuberes qu'ils ont sous leur puissance. Ils peuvent par testament aussi leur donner des tuteurs.

Les peres ont soin de l'éducation de leurs enfans; & quand ils sont impuberes & qu'ils les émancipent, ils sont leurs tuteurs légitimes.

Les donations faites par les peres aux enfans qui sont sous leur puissance, quoiqu'elles soient conçues entre-vif, ne sont pas irrévocables, & n'ont leur effet que lorsque le pere en mourant les a confirmées par une disposition expresse, ou du moins par son silence, ainsi qu'il est décidé en la Loi 25. *cod. de donat. inter vir & uxor.*

En pays de Droit écrit, la prétérition du fils en puissance de son pere, y cause nullité de son testament; & à l'égard des enfans émancipés qui sont omis dans le testament de leur peres, ils peuvent demander que la succession soit, en conséquence de leur prétérition, de déclarée ouverte *ab intestat.*

Lexhérédation d'un fils, faite par son pere sans juste cause, donne lieu à la plainte d'inofficiosité.

L'es fils de famille ne peuvent pas s'obliger valablement pour prêt d'argent, quelqu'âge qu'ils ayent suivant le Senatus consulte Macedonien qui y est observé, comme nous avons dit, *verbo* Senatus-consulte.

La puissance paternelle dure jusqu'à ce que les enfans soient émancipés; ensorte que le mariage ne met pas les enfans hors de la puissance de leur pere, qui a tous ses descendans par mâles sous sa puissance, à moins qu'il ne les émancipe, à quoi régulierement il ne peut être contraint. *Voyez* Henrys & son Commentateur, tome 2. livre 4. quest. 13.

Voilà les principaux effets que produit la puissance paternelle en pays de Droit écrit. Je ne rapporte point à cette puissance un autre effet qu'elle produisoit chez les Romains, à l'égard des mariages des fils de famille; parce que parmi nous ce n'est pas la puissance parternelle qui fait que les enfans ne peuvent pas se marier sans le consentement de leurs parens, comme nous l'avons dit, lettre M. en parlant des mariages contractés par des mineurs.

En France, la puissance paternelle n'est pas en usage en pays coutumier, & il n'y est passé que des vestiges de cette puissance que les Romains avoient sur leurs enfans; comme l'ont remarqué *Boërius*, *quest.* 13, *num*, 11. & *quest.* 197; Guy Pape, quest. 419; Bacquet, chap. 21. des Droits de Justice, nomb. 59; & Brodeau sur Louet, lettre M. chap. 18.

Dans la plupart de nos coutumes, les peres n'ont guéres plus de pouvoir sur les enfans, que les tuteurs en ont sur leurs pupilles; car ils n'ont que le soin de leur éducation, & l'administration de leurs biens, jusqu'à ce qu'ils soient majeurs, ou émancipés d'âge par Lettres du Prince.

Ainsi dans presque tout le pays coutumier, tout ce qui advient aux enfans par succession au autrement leur appartient en pleine proprieté.

Nous n'avons plus, dit M. du Vair, au sixiéme des Arrêts prononcés en Robes rouges, pag. 1121. la puissance que les Romains avoient sur leurs enfans; cette souveraine domination est changée de la part des peres en charitable amour, & cet esclavage de la part des enfans en un honneur plein de respect; & par conséquent les effets de cette puissance sont changés.

Le pere n'acquiert donc point en païs coutumier ni la proprieté, ni l'usufruit de ce qui advient à ses enfans. Si la garde noble ou bourgeoise appartient au pere après le décés de sa femme, ce n'est pas en vertu de la puissance paternelle, puisqu'elle est commune au pere & à la mere; & d'ailleurs elle ne leur donne que l'usufruit de certains biens, & jusqu'à un certain âge, qui est différent suivant les différentes coutumes.

Mais quoique la puissance paternelle ne soit pas reçue dans la plupart de nos Coutumes, nous en avons néanmoins quelques-unes où le pere acquiert par ses enfans tous leurs meubles, & les fruits de leurs immeubles, jusqu'à ce qu'ils soient parvenus à un certain âge, suivant les diverses Coutumes, comme Auvergne, Bourbonnois, Reims, Berry & quelques autres. Il y en a même quelques-unes, comme celle de Bourgogne, où la puissance paternelle finit dès que les enfans ne demeurent plus dans la maison de leur pere, & tiennent leur ménage à part.

Enfin, dans les lieux mêmes ou la puissance paternelle n'a pas été admise, le pere a droit de correction sur ses enfans mineurs; mais ce droit n'est pas un effet de la puissance paternelle, puisqu'il appartient aussi à la mere. *Voyez* ce que j'en ai dit dans ma Traduction des Institutes, aux titres 9 & 12. du premier livre, au titre 9. du Livre second, en parlant des différens pécules des fils de famille; le Recueil alphabérique de M. Bretonnier; & ce que j'ai dit ici, *verbo* Correction. *Voyez* aussi Bodin en sa République, livre 1, chap. 44.

PUISSANCE MARITALE, est un droit & une autorité que le mari acquiert sur sa femme & sur ses biens, du jour de la célebration du mariage.

Cette puissance ne consiste pas dans un simple respect auquel les femmes sont obligées envers leurs maris, mais dans une étroite dépendance & soumission.

En pays de Droit écrit, le mari a l'administration des biens dotaux de sa femme, mais non pas des paraphernaux.

En pays coutumier, la puissance du mari est plus étendue; & a l'administration de tous les biens de sa femme, qui sont tous réputés dotaux. Les femmes ne peuvent s'y obliger sans être autorisées de leurs maris.

L'obligation de la femme mariée sans autorisation, est nulle & sans effet en toutes Coutumes, non-seulement pendant le mariage, mais aussi après la dissolution d'icelui, tant à l'égard de son mari, que par rapport à elle-même, pour les biens situés même en pays où l'autorisation n'est pas nécessaire.

C'est aussi en conséquence de la puissance maritale, qu'une femme mariée ne peut ester en Jugement, sans le consentement de son mari, si elle n'est autorisée ou separée par Justice, & ladite séparation exécutée : ce qui a lieu, tant en pays de Droit écrit, qu'en pays coutumier. *Voyez* ce que j'ai dit sur les articles 223. & 224. de la Coutume de Paris; & ce que j'ai dit ici de ce pouvoir, *verbo* Mari.

PUITS MITOYENS, est celui qui est dans le mur mitoyen, & qui sert aux deux voisins à qui ce mus est commun.

PULVERAGE, en latin *pulveragium* ou *pulveratium*. signifioit autrefois,

I°. La récompense donnée aux Arpenteurs.

II°. Le présent que les Gouverneurs des Provinces exigeoient des Villes qu'ils visitoient.

III°. Les binos & solidos que l'on donnoit aux serfs qui s'enrolloient pour la milice, dont il est fait mention en la Loi 16, *cod. Theod. de Tinorib.*

IV°. Le péage.

Aujourd'hui en Dauphiné, où ce mot est le plus usité, pulverage est un droit que les Hauts-Justiciers, fondés en titre ou possession immémoriale, ont accoutumé de prendre sur les troupeaux de moutons qui passent dans les terres, à cause de la poussiere qu'ils excitent. En Provence, ce droit s'appelle droit de passage.

Le même droit de pulverage est du aux Seigneurs, pour les brebis passant au terroir des Seigneurs de fiefs.

Voyez Chorier, Jurisprudence de Guy Pape, pag. 292; Salvaing, de l'Usage des Fiefs, chapitre 34; & Boniface, tom. 4. liv. 3. tit. 7. chapitre 3.

PUPILLE, suivant le Droit Romain, est un fils de famille qui n'a pas encore atteint l'âge de puberté, & qui, à cause de la foiblesse de son âge, est en tutelle; au lieu que par le mineur on entend celui qui est parvenu à sa puberté, mais qui n'est pas encore majeur; de sorte qu'il n'est point en tutelle, laquelle finit par la puberté; mais on lui donne seulement un curateur, pour gerer & administrer ses biens.

Cette différence entre pupille & mineur n'a point lieu en Pays Coutumier; car la tutelle ne finit pas par la puberté, comme je l'ai observé dans ma Traduction des Institutes, sur le titre 12. du premier livre.

Ainsi on se sert indifféremment en pays coutumier du mot de mineur, pour signifier tous ceux qui ne sont pas encore parvenus à leur majorité, soit qu'ils soient impuberes, ou qu'ils ayent atteint l'âge de puberté.

PUR, signifie ce qui n'est chargé d'autre clause ni condition; comme quand on dit, un élargissement pur & simple pour signifier celui qui se fait sans caution; un bail pur & simple, pour dire celui qui n'a aucune clause particuliere, comme celle de six mois; une quittance pure & simple, pour dire celle qui est sans réserve ni protestation; une donation pure & simple, c'est-à-dire sans condition & sans retention d'usufruit.

PURE PERTE, se dit de la saisie du fief du Vassal faite par le Seigneur, laquelle tombe en pure perte sur le Vassal, faute d'avoir fait la foi & hommage, parce que le Seigneur fait les fruits siens du fief tant que dure la saisie, jusqu'à ce que le Vassal ait fait & payé ses droits & devoirs au Seigneur saisissant, ensorte que le Seigneur n'est pas obligé de restituer les fruits qu'il a perçus pendent le tems qu'a duré la saisie faite faute de foi & hommage. *Voyez* Saisie féodale.

PURGER, signifie oter & éteindre: ainsi on dit purger les hypotéques, pour marquer qu'on les éteint.

C'est dans ce sens que l'on dit que le décret purge les hypotéques, mais qu'il ne purge pas le douaire ni les substitutions. *Voyez* ci-dessus ce que nous en avons dit, en parlant des Oppositions en fait de décret.

On se purge aussi par serment à l'Audience, sur un fait dont il n'y a point de preuves.

On dit aussi purger le remeré, lorsque le délai est au-dessus de trente ans; car en ce cas, nonobstant la fixation du délai, la faculté du remeré dureroit trente ans, à moins qu'au bout du terme stipulé on n'obtienne un Jugement qui déclare le vendeur déchu de lad. faculté: ce que l'on appelle un Jugement de purification, ou qui purge le remeré.

PURGER LA CONTUMACE, est se mettre en état dans les prisons du Juge qui a instruit la contumace, à l'effet de justifier qu'on est innocent du crime dont on a été accusé, & condamné par contumace; en conséquence des charges & informations qui ont été faites.

Dès que le condamné par contumace est arrêté prisonnier, ou s'est représenté, la contumace est purgée de plein droit, & les deffauts & contumaces sont mis au néant, *ipso facto*, sans qu'il soit besoin de Jugement, ou d'interjetter appel de la Sentence de contumace. Article 18. du titre 17. de l'Ordonnance de 1670.

Toutes les procédures sont anéanties, & *resolvuntur in simplicem citationem*; desorte qu'il ne s'en suit pas que le Procureur du Roi & la Partie civile soient astreins à recommencer le procès, & qu'il suffise au condamné de se tenir sur la defensive; mais le condamné est chargé de prouver & justifier son innocence.

Pour qu'un condamné par contumace puisse la purger en se mettant en état, il faut qu'il vienne & se constitue prisonnier dans les cinq ans, à compter du jour de la condamnation; autrement ceux qui sont condamnés par contumace ne se représenteroient jamais que le plus tard qu'ils pourroient, afin de faire dépérir les preuves.

C'est pour cette raison qu'après ce tems de cinq ans, un homme condamné par contumace ne peut plus être reçu, se constituant prisonnier, à purger la contumace, à moins qu'il n'obtienne des Lettres pour rester à droit, suivant l'Ordonnance criminelle.

L'article 28. du titre des défauts & contumaces, porte, que si ceux qui ont été condamnés ne se représentent, ou ne sont pas constitués dans les cinq ans de l'exécution de la Sentence de contumace, les condamnations pécuniaires, amendes, & confiscations sont reputées contradictoires, & valent comme ordonnées par Arrêt.

Celui qui ne vient qu'après les cinq ans pour purger la contumace, se mettent en état, & ayant obtenu des Lettres à cet effet, doit donc payer la réparation civile; pour peine de sa contumace.

Néanmoins les condamnés par contumace qui ont été empêchés de comparoir pendant les cinq ans par quelque juste cause, peuvent obtenir des Lettres du Prince pour être reçus à ester à droit; & nonobstant le laps du tems de cinq années, être admis à purger la contumace.

Dans ce cas, si le Jugement qui intervient ensuite porte absolution, ou n'emporte point confiscation, les meubles & immeubles confisqués sur l'accusé lui doivent être rendus en l'état qu'ils se trouvent; mais sans qu'il puisse prétendre restitution des amendes, intérêts civils, & des fruits de ses immeubles.

PURGER LA MÉMOIRE D'UN DÉFUNT, est prouver qu'il n'étoit point coupable du crime dont il a été accusé, ou pour raison duquel il a été condamné : ce qui ne peut se faire qu'en vertu de Lettres du grand Sceau, adressées aux mêmes Juges qui ont rendu contre le défunt le Jugement de condamnation. *Voyez* l'Ordonnance de 1670. au tit. 27.

Quoique cette Ordonnance semble n'entendre parler que des condamnés par contumace, on peut néanmoins être admis à purger la mémoire de ceux qui auroient été exécutés à mort; car en ce cas leurs parens, en obtenant des Lettres du Prince, peuvent les justifier, & faire voir qu'ils ont été condamnés injustement, soit par la déposition des faux témoins, ou autrement; & ils sont admis en tout tems à purger la mémoire du défunt nonobstant l'autorité des choses jugées.

Cela est fondé sur l'intérêt notable que des héritiers ont, non-seulement pour raison des biens du défunt, qui est ce qu'on doit le moins considerer dans ces sortes d'occasions, mais principalement pour rétablir & réhabiliter l'honneur du défunt, & même celui de toute sa famille, qui semble avoir été en quelque maniere flétri par le Jugement de condamnation. *Voyez* Papon, liv. 22. tit. 2. Automne en sa conférence, sur le tit. *de pœnis*, au Digeste, & Guenois sur le chap. 22. tit 3. de la Pratique. d'Imbert.

A l'égard de ceux qui sont condamnés par contumace, & qui sont décedés avant les cinq ans, leurs veuves, enfans, ou autres proches parens, peuvent appeller de la Sentence; & si la condamnation de contumace est par Arrêt ou par Jugement en dernier ressort, ils doivent se pourvoir pardevant les mêmes Cours ou Juges qui l'ont rendu, suivant l'art. 1. du tit. 27. de l'Ordonnance de 1670; & dans ce cas il n'est pas besoin de Lettres de Chancellerie pour juger la mémoire du défunt.

Mais si le condamné par contumace est décedé après les cinq ans, on n'est pas admis à purger sa mémoire, qu'en obtenant en la grande Chancellerie des Lettres qui reçoivent à purger la mémoire du défunt; d'autant que s'il vivoit, & qu'il voulût après cinq ans purger la contumace, il n'y seroit point admis sans Lettres du Prince pour ester à droit.

Les Lettres qui reçoivent à purger la mémoire d'un défunt, contiennent l'exposition du fait.

Par exemple, qu'en tel tems le défunt se seroit rencontré dans une telle batterie, dans laquelle tel auroit été tué, &c. la veuve duquel auroit fait informer & obtenu contre le défunt un Jugement de mort par défaut & contumace, en telle Jurisdiction, pendant un voyage qu'il fit en tel pays où il est décedé, & où il étoit allé pour son négoce, ne croyant pas qu'il dût être poursuivi criminellement pour raison d'une chose à laquelle il n'avoit aucune part, & dont il étoit entierement innocent.

Ensuite il est dit dans ces Lettres, que l'exposant est reçu à purger la mémoire du défunt de ladite accusation, ainsi qu'il eût pû faire auparavant lesdits défaut & contumace, & condamnation à mort contre lui prononcée quoique l'exposant soit hors le tems porté par les Ordonnances, dont il est relevé, à la charge de payer les frais de la contumace, comme frais préjudiciaux, & de consigner les amendes, dépens, dommages & intérêts civils, & que foi sera ajoutée aux dépositions des témoins décedés, comme s'ils avoient été confrontés.

Si le défunt avoit obtenu des Lettres de rémission avant son décès, on pourroit inserer la clause qui suit dans les Lettres obtenues pour purger sa mémoire : *Et permis à l'exposant de poursuivre l'entérinement des Lettres de grace & rémission accordées au dit défunt, & du contenu en icelles faire jouir l'exposant, comme si elles eussent été entérinées du vivant dudit défunt, à la charge de payer les frais &c.*

Les Lettres pour purger la mémoire du défunt ayant été obtenues par la veuve, ou les héritiers, ou parens, il faut en vertu d'icelles faire assigner le Procureur du Roi & la Partie civile, leur en donner copie, & procéder dans les délais prescrits pour les affaires civiles, suivant l'art. 3. du tit. 27. de l'Ordonnance de 1670.

Avant que de faire aucune procédure, il faut acquitter les frais de Justice qui ont été faits pour la poursuite & Jugement de la contumace, & consigner l'amende. Art. 4.

Il faut ensuite faire remettre le procès, c'est-à-dire les informations, procédures & piéces sur lesquelles la condamnation par contumace est intervenuë, entre les mains du rapporteur auquel il est distribué; & faire joindre au procès d'appel, ou à l'instance des Lettres, les informations & procédures criminelles faites par contumace contre le défunt.

Si les Parties assignées ne se présentent pas sur l'assignation, pour proceder sur l'appel, ou sur les Lettres en forme de Requête civile, ou sur celle donnée en vertu des Lettres pour ester à droit, après les cinq ans de la contumace, le demandeur peut obtenir défaut, & le faire juger selon les régles prescrites par l'ordonnance en matiere civile.

Le Jugement de l'instance, à l'effet de purger la mémoire du défunt, se rend sur les charges & information, procédures & piéces sur lesquelles la condamnation par contumace a été renduë. Article 5.

Néanmoins les Parties peuvent aussi respectivement produire de nouveau telles piéces que bon leur semble, & les attacher à une requête, qui doit être signifiée à la Partie, & copie baillée de la Requête & des piéces, sans qu'il puisse être pris un appointement. Article 6.

Les Parties y peuvent répondre par une Requête, qui doit aussi être signifiée & copie baillée d'icelle, & des piéces qui y sont attachées, dans les délais ordonnés pour les matieres civiles, à moins que le Juge ne trouve à propos de les proroger. Art. 7.

Sur les Lettres & sur le procès auquel elles sont jointes, on purge la mémoire du défunt; lorsqu'il apparoit de son innocence, on le décharge de l'accusation intentée contre lui, & on ordonne que la veuve, enfans & héritiers demeureront en la possession & jouissance des biens & effets de la succession.

Si la Partie civile ou le dénonciateur sont en cause, on les condamne à la réparation & aux dommages & intérêts; & s'ils ne sont point en cause, on réserve l'action contr'eux.

Q

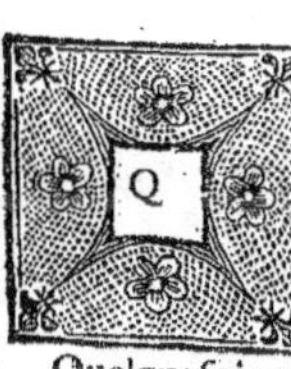

QUADRIENAL, Office qui se divise entre plusieurs titulaires, dont chacun n'exerce que de quatre en quatre ans.

QUADRUPLE, signifie le prix & l'estimation d'une chose multipliée par quatre.

Quelquefois ce terme signifie le même nombre en fait d'argent, multiplié par quatre.

Les Ordonnances veulent que la peine de l'omission de la recette par les Comptables, soit du quadruple.

QUALITÉ, est un titre qui marque le rang & la condition d'une personne sur quoi il faut remarquer qu'il n'est pas permis de s'arroger un titre qu'on n'a pas.

Le Journal des Audiences rapporte un Arrêt de Réglement rendu le 13 Août 1663. qui fait défenses à tous propriétaires de terres, de se dire Barons, Comtes ou Marquis, & d'en prendre les couronnes à leurs armes, sinon en vertu de Lettres patentes de Roi, bien & dûement vérifiées en la Cour; à tous Gentilshommes, de prendre la qualité de Messires & de Chevaliers, sinon en vertu de bons & légitimes titres; à ceux qui ne le sont pas, de prendre la qualité d'Ecuyer, ni de timbrer leurs armes, à peine de qu'inze cens livres d'amende payables, sçavoir un tiers au dénonciateur; un autre tiers à l'Hopital général, & l'autre aux Pauvres des lieux.

QUALITÉ EN TERME DE PALAIS, se dit du titre dont on se sert pour établir son droit, ou faire quelque chose.

Par exemple, une femme agit après la mort de son mari, pour avoir ses conventions matrimoniales, en qualité de veuve du défunt. Un tuteur agit pour son pupille, en qualité de tuteur.

QUALITÉS, sont les noms de ceux qui, soit en demandant ou en défendant, ont été Parties dans une cause d'Audience, avec l'énonciation des qualités esquelles ils ont procedé, tant en demandes principales qu'incidentes.

Quand une affaire est jugée à l'Audience, celui qui veut faire expédier & lever le jugement, fait signifier des qualités & les donne ensuite au Greffier qui met le prononcé de la Sentence ou Arrêt au bas de ces qualités, & sur le tout s'expédie le jugement.

Comme il arrive souvent que les qualités des Parties sont contestées, on met ordinairement à la fin desdites qualités de cette clause: *Sans que les qualités puissent nuire ni préjudicier aux Parties.*

On ne signifie point des qualités dans les instances & procès par écrit; c'est le Greffier qui dresse lui-même le jugement en entier. Il met d'abord les qualités des parties; ensuite le vû, c'est-à-dire, l'énumération des principales pieces & demandes; à la fin de quoi il met le *dictum* du Jugement qu'il a reçu du Rapporteur.

On signifie des qualités pour les appointemens Le Procureur de celui qui veut avancer les faits signifier au Procureur de la Partie adverse, afin qu'il ait à y former opposition, si bon lui semble.

Dans les appointemens de conclusion, on prend les mêmes qualités de la Sentence dont est appel.

Mais dans les appointemens, Sentences ou Arrêts qui ne sont précedés d'aucun Jugemens qui régle les qualités des Parties, on prend les qualités dans les requêtes & dans les exploits qui contiennent les demandes & les défenses. Il y en a des formules au Stile civil.

On les porte au Greffier, pour faire expédier le Jugement; & si l'une des Parties forme un empêchement à la reception, ce qui se peut faire par une réponse au bas de la signification, ou par un acte séparé, l'expédition est arrêtée.

Ces sortes d'incidens se réglent ordinairement entre les Procureurs & le Greffier, ou par l'avis des anciens Procureurs; ou enfin, quand la difficultéest considérable, à la Chambre où le Jugement est intervenu.

Il est important d'examiner de près les qualités. Si on donnoit, par exemple, la qualité d'héritier à une Partie qui ne voudroit point de la succession, & que son Procureur eut laissé expédier le Jugement sur ces qualités signifiées, on trouveroit dans le procès matiere de faire un autre procès.

QUANTI MINORIS ACTIO, est une action qui est donnée à l'acheteur, qui a donné un prix plus fort que la chose vendue ne valoit, & qu'il n'en auroit donné, s'il avoit eu connoissance de sa defectuosité.

Dans cette action, le demandeur conclut à ce que le vendeur soit tenu de le dédommager du tort qu'il lui a fait, en lui vendant une chose moins considérable & de moindre valeur qu'il n'a prétendu l'acquerir: en un mot il conclut à ce qu'il soit condamné envers lui aux dépens, dommages & intérêts, quoique le vendeur n'eût point, lors du contrat de vente, connoissance du vice inhérent à la chose vendue.

Une terre avoit été vendue ou baillée en payement aux Peres de la Doctrine Chrétienne de Nantes, dont une partie n'appartenoit pas aux vendeurs. Quelques années après, le *quanti minoris* leur est adjugé; & liquidé par Expers à une somme.

Les intérêts de cette somme doivent être adjugés, non pas depuis le contrat de vente, mais depuis la demande du *quanti minoris*. Ainsi jugé par Arrêt rendu au Parlement de Toulouse l'an 1695. rapporté pat Catelan, liv. 6. chap. 5.

L'action *quanti minoris* n'a pas lieu ès ventes qui se font par decret. Dolive, livre 4. chap. 25.

Touchant cette action, *Voyez* ce que j'en ai dit, *verbo* Redhibitoire.

QUANTI PLURIMI, signifie le plus haut prix auquel étoit une chose fongibile, lors l'échéance du payement qui en devoit être fait au créancier.

Par exemple, un homme doit payer au premier Avril un muid de vin, ou un muid de bled, ou autre chose semblable; s'il est en demeure après que le créancier l'aura sommé judiciairement de lui payer la chose, il pourra être condamné d'en payer l'estimation sur le pied du plus haut pris qu'elle aura valu lors de l'échéance du payement qui en devoit être fait.

L'avantage de l'estimation *quanti plurimi*, consiste donc en ce que si le prix de la chose dûe à certain jour est depuis diminué, le débiteur qui a été judiciairement sommé, est tenu, *propter moram*, d'en payer l'estimation sur le pied de *quanti plurimi ea res valuerit tempore quo fuit solvenda*.

Voyez Coquille, question 106. & *Joan. Gall. quæst.* 54 & 56.

QUART EN SUS, signifie une augmentation d'une somme de son quart. Ainsi supposé qu'il s'agisse de quarante francs, le quart en sus est dix pardessus. *Voyez* Parisis.

QUARTE FALCIDIE, est un retranchement d'un quart que l'héritier en pays de Droit écrit peut faire sur le legs. On l'appelle Falcidie, parce qu'elle fut introduite par Falcidius; Tribun du Peuple: elle fut rétablie sous l'Empire d'Auguste, pour mettre en dernier lieu des bornes au legs. En effet, par la Loi des douze Tables, la faculté de léguer étoit si étendue, qu'il étoit permis à un pere de famille d'absorber en legs tout son patrimoine. Aussi a-t'on trouvé à propos de restraindre cette liberté, & cela en faveur des Testateurs, qui le plus souvent mouroient *ab intestat*; parce que les héritiers institués voyant qu'ils ne devoient recevoir aucun avantage, ou qu'un très-modique de l'hérédité, refusoient de l'appréhender. Et comme ni la Loi Furia, ni la Loi Veconia, n'étoient pas suffisantes pour remédier à cet inconvenient, on publia enfin la Loi Falcidie, par laquelle il est défendu aux Testateurs de léguer plus de trois quarts de leurs biens, afin que la quatriéme partie reste exempte de legs, soit qu'il n'y ait qu'un héritier institué, soit qu'il y en ait plusieurs. *Voyez* le commencement du tit. 22. du second liv. des Institutes de Justinien, & ce que j'ai dit dessus dans ma Traduction.

La Loi Falcidie, qui n'avoit été établie que pour les legs laissés par testament, fut depuis étendue,

I°. Aux legs & fideicommis laissés *ab intestat*, & aux donations à cause de mort, à cause du rapport qu'elles ont avec les legs. *Leg.* 3. *cod. ad Leg. Falcid. & leg.* 1. *cod. de mort. caus. donat.*

II°. Aux donations entre-vifs, qui sont confirmées par la mort du donateur. *Leg.* 12. *cod. ad Leg. Falcid.*

III°. A ce que les Jurisconsultes appellent *mortis causa capio*; c'est-à-dire, quand le Testateur a institué son héritier, à condition qu'il donnera une telle somme à un tel, ce que l'héritier est obligé de lui donner, est appellé *mortis causa capio*, & a été soumis au retranchement de la Quarte Falcidie par la Loi penultiéme, au code *ad Leg. Falcid.*

Suivant ce que nous avons dit, la Loi Falcidie a été faite pour engager par un gain certain, ceux qui étoient institués héritiers, à se porter héritiers, & ne pas répudier la succession.

Tous les héritiers institués qui sont chargés de legs, ont droit de jouir du bénéfice de cette Loi; c'est-à-dire que chaque héritier peut, selon la portion de laquelle il est institué, retirer la Falcidie des legs dont cette portion est chargée. Ainsi la

Loi Falcidie a voulu pourvoir à l'intérêt de tous les héritiers en particulier, & non pas à l'intérêt d'un seul. *Voyez* ce que j'ai dit sur le §. 1. du titre 22. du second livre des Institutes.

La Quarte Falcidie se tire de tous les biens du défunt, eu égard à leur quantité au tems de sa mort, & non pas au tems que le testament a été fait, ni au tems que l'hérédité a été appréhendée; comme je l'ai fait voir sur le §. 2. du titre 22. du second livre des Institutes.

Mais il y a de certaines choses qu'il faut prélever de la succession du défunt, & qui n'entrent point dans le compte à l'égard du retranchement de la Quarte Falcidie, comme je l'ai remarqué sur le paragraphe suivant.

Il y a même quelques où la cas Falcidie cesse entierement, que j'ai rapportés au même endroit, & dans mes Paratitles du Digeste, sur le tit. *ad Legem Falcidiam*, où j'ai aussi remarqué quelles choses ne souffrent point la distration de la Quarte Falcidie.

Lorsqu'il est incertain si la Falcidie aura lieu ou non, à cause que le Testateur a fait plusieurs legs sous condition, ou a cause que les dettes ne sont pas encore déclarées, ou parce que l'héritier est obligé d'entreprendre & de soutenir des procès dont l'issue est incertaine, il ne peut être alors contraint par les légataires de payer les legs, qu'en baillant par eux caution de restituer ce qu'ils auroient reçu au-delà de ce que la Loi Falcicie permet, & de ne commettre aucun dol dans la chose leguée qui leur auroit été délivrée prématurement.

Hæc cautio introducta est, ne interim priventur legatarii commodo legatorum, & ne hæredes legata integra statim præstando, non levi damno afficiantur, si fortè postea legatarii fiant non solvendo, reddatque inutilem hæredi condictionem indebiti legatorium inopia, toto titulo, ff. si cui plusquàm per Legem Falcid. licuer. Legat. es. dicet.

La Loi Falcidie est en usage dans le pays de Droit écrit, où les testamens sont nuls sans institution d'héritier; c'est-à-dire que tout ce qui est contenu dans un testament est nul, & ne peut avoir son exécution, quand le testament ne contient point p'institution d'héritier ou lorsque celui qui est institué ne se porte point héritier.

Ainsi pour que l'héritier institué ne répudie point la succession, on y admet la déduction de la Quarte Falcidie sur les legs, quand le Testateur a légué au-delà des trois quarts de ses biens.

Mais il faut remarquer que la distraction de la Quarte Falcidie n'a point lieu en pays de Droit écrit, quand l'héritier n'a point fait d'inventaire; car alors il est tenu de payer les legs en entier. Peleus, question 161. Brodeau sur Louet, lett. J, sommaire 7. & lett. H, sommaire 24. Ricard, des Dispositions conditionnelles, chapitre 4. section 1.

On n'importe en la Falcidie que ce que l'héritier prend *hæreditario jure, aut ultimæ voluntatis titulo, nimirùm legati, aut mortis causa donationis, non verò quæ pertinent ad hæredem titulò donationis inter vivos. Voyez* Dolive, livre 5. chap. 30. Henrys, tom. 2. liv. 5. quest. 56. & liv. 6. quest. 11. Voyez aussi Cambolas, liv. 5. quest. 6.

Mais on demande si une donation faite par un pere à son fils, *in antecessum futuræ successionis*, en avancement d'hoirie, peut être imputée en la Falcidie, que ce fils institué héritier par son pere, veut déduire sur le legs dont il est chargé? Dufresne, Auteur du premier tome du Journal des Audiences, liv. 4. chap. 10. rapporte un Arrêt du 23. Juillet 1643. qui a jugé qu'une telle donation ne devoit point être imputée en la Falcidie. Brodeau sur M. Louet, lett. H, sommaire 13. tient le contraire, & je crois que c'est le sentiment qu'il faut suivre.

La Quarte Falcidie doit se prendre au *prorata* de ce à quoi chaque legs monte, & il n'est pas loisible à l'héritier de la retenir sur un seul légataire. *Leg. 73. §. ult. ff. ad Leg. Falcid. & §. ult. Just. tit. de Leg. Falcid.*

Dans la France coutumiere, l'institution d'héritier n'a point lieu, c'est-à-dire qu'elle n'est point requise; car elle ne vicie pas un testament, suivant l'art. 299. de la Coutume de Paris, qui contient en ce point un Droit qui est observé dans presque toutes les Provinces du pays coutumier.

On peut disposer de ses biens par legs universels ou particuliers, excepté ce que chaque Coutume veut être réservé aux héritiers légitimes, soit ascendans ou collatéraux: en quoi nos Coutumes ont des dispotions différentes; c'est pourquoi on n'y a point reçu la déduction de la Quarte Falcidie.

Touchant la Falcidie Voyez ce que j'ai dit dans ma Traduction des Institutes, sur le titre 22. du second livre; Henrys & son Commentateur, tome 2. livre 5. quest. 56. & les Loix civiles, livre 4. titre 3. Voyez aussi le Traité qu'a fait de la Quarte Falcidie, *Berengarius Fernandus*, dans lequel il parle des Quartes qui se trouvent dans le Droit, soit civil, soit canonique, & où il en rapporte les convenances & les différences.

QUARTE TREBELLIANIQUE, est, suivant le Droit Romain, la quatriéme partie des biens que l'héritier grevé de fideicommis peut retenir; au moyen de quoi cet héritier & le fideicommissaire universel sont tenus des dettes au prorata de la part & portion que chacun d'eux amende dans la succession.

Rar la disposition du Droit Romain, observé en ce point dans les pays de Droit écrit, l'héritier testamentaire chargé de fideicommis universel, c'est-à-dire de restituer la succession ou partie d'icelle à quelqu'un, peut distraire & retenir la quatriéme partie des biens du testateur en en faisant la restitution au fideicommissaire.

Si celui qui feroit chargé d'un fidei commis universel, n'étoit héritier que d'une partie qu'il fût chargé de rendre, il en auroit donc la Trebellianique, qui feroit le quart de fa portion d'hérédité. Il en feroit de même, fi plufieurs héritiers étoient chargés de rendre leurs portions héréditaires, & chacun auroit la Trébellianique de fa portion.

Le quart qui doit demeurer à l'héritier, eft une quote de l'hérédité, qui oblige à un partage des biens de la fucceffion entre l'héritier & le fideicommiffaire. Cependant le Teftateur peut affigner à l'héritier un certain fonds ou autre chofe, ou même une fomme d'argent au lieu de ce quart: & en ce cas, l'héritier remettant l'hérédité au fideicommiffaire fous cette referve, celui-ci demeurera feul tenu de toutes les charges; au lieu que fi l'héritier prenoit le quart de l'hérédité, il fe feroit un partage entr'eux des biens & des charges à proportion de leurs portions.

Cette déduction eft appellée Quarte Trébellianique, introduite *ad fimilitudinem Quartæ Falcidiæ*, pour engager les héritiers inftitués & chargés de reftitution à fe porter héritiers; parce qu'il arrivoit fouvent que les héritiers inftitués n'efpérant rien ou peu de chofe de leur inftitution, refufoient d'appréhender la fucceffion; & par ce moyen, ceux au profit defquels le reftitution devoit être faite, n'en pouvoient rien prétendre.

Ainfi elle s'eft trouvée avantageufe, tant aux teftateurs, qu'aux héritiers inftitués, & aux fideicommiffaires, envers lefquels ils étoient chargés de fideicommis univerfels; deforte que les deux Quartes, celle qui defcend de la Loi Falcidie, & la Quarte Trébellianique, font différentes, quoiquelles ayent été introduites pour un même motif & pour une même caufe.

La Quarte Falcidie fe diftrait des legs particuliers; la Trébellianique des fideicommis univerfels. La Falcidie eft un droit établi pour les héritiers chargés de legs; la Trébellianique eft un privilége introduit en faveur des héritiers fiduciaires. Dans la Trébellianique, *imputatur quidquiq quocumque jure capitur*; dans la Falcidie, *illud folum venit imputandum quod jure hæreditario capitur.* Ainfi la Falcidie & la légitime fe peuvent prendre enfemble. Voyez Dolive, livre 5. chapitre 27. le Journal des Audiences, tome 1. livre 4. Chopin, Coutume de Paris, livre 2. titre 4. nombre 18. Henrys tome 1. livre 5. queftion 54. & 56.

De même que la diftraction de la Quarte Falcidie ceffe en pays de droit écrit, quand l'héritier inftitué n'a point fait d'inventaire; de même auffi la diftration de la Trébellianique ceffe en ce cas. Peleus, queftion 60. Dolive, livre 5. chapitre 26. Charondas, livre 13. réponfe 68. Henrys, tome 2. liv. 5. queftion 6.

L'une & l'autre Quarte font en ufage dans le pays de Droit écrit, & inconnues dans la France coutumiere. Néanmoins en pays coutumier, la fubftitution fideicommiffaire y eft en ufage, mais non pas de la même maniere que dans les pays de Droit écrit.

On peut charger fes enfans de reftituer les biens qui leur doivent échoir, en leur laiffant leur légitime fans aucune charge. On peut auffi en pays coutumier fubftituer aux collatéraux, en leur laiffant la portion des biens dont on ne peut pas difpofer à leur préjudice, exempte de toute charge. Voyez l'art. 295. de la Coutume de Paris; & ce que j'ai dit ci-deffus, *verbo* Fideicommis.

On tient communément que la Quarte Trébellianique n'eft pas en ufage dans les pays coutumiers; il faut néanmoins excepter les Coutumes qui défirent, pour la validité d'un teftament, qu'il y aït une inftitution d'héritier.

Il nous refte quelques obfervations importantes à faire touchant cette matiere, qui eft, comme nous avons dit, en ufage dans le pays de Droit écrit, & dans nos Coutumes qui défirent une inftitution d'héritier pour la validité d'un teftament.

La premiere eft, que quand l'héritier n'eft chargé de rendre l'hérédité qu'après un certain tems, ou fous une condition, tous les fruits qu'il a perçus avant l'échéance du terme ou de la condition, doivent être imputés en cette Quarte; deforte que s'il a joui affez long-tems pour la remplir, il ne peut plus rien retenir. Mais il faut excepter de cette régle les enfans, qui étant chargés de fubftitution, ne font point en ce cas tenus d'imputer fur la Quarte Trébellianique les fruits qu'ils ont perçus. *Voyez* les Obfervations fur Henrys, tome 2. livre 5. queftion 8.

La deuxiéme obfervation eft, que quand le Teftateur a expreffément défendu la déduction de la Trébellianique, l'héritier a bien la liberté d'accepter l'hérédité ou d'y renoncer; mais s'il l'accepte, il fera tenu d'accomplir le fideicommis fans rien retenir. Il faut néanmoins remarquer que cette décifion n'eft p[illegible] généralement fuivie dans tous les Parlemens dans ce Royaume; comme on peut voir dans ce qu'à dit le Commentateur d'Henrys, tome 2. livre 5. queftion 11.

La troifiéme eft, que les enfans grevés de fubftitution ne pouvoient par le Droit Romain prendre la Quarte Trébellianique, ou la légitime à leur choix: mais nous avons à cet égard fuivi le Droit canon, qui leur donne la Quarte Trébellianique & la légitime tout enfemble; ce qu'on appelle les deux Quartes. Voyez les articles 56. 57. 58. 59. 60. & 61. de la nouvelle Ordonnance des Teftamens, du mois d'Août 1735.

La quatriéme eft, que comme la Trébellianique eft un quart de l'hérédité, l'héritier qui prétend retenir ce quart, doit juftifier en quoi confiftent les biens, pour régler ce qu'il peut retenir & ce qu'il doit rendre: c'eft pourquoi il doit faire inventaire de tous les biens de l'hérédité; faute de quoi, il feroit privé de la Trébellianique, comme nous avons déja dit, à moins qu'il ne fût dans un cas qui le dispensât de cette precaution, ou que des circonstances particulieres ne fissent connoître que ce manque d'inventaire ne peut être imputé à sa négligence.

La cinquiéme est, que le fideicommissaire de l'hérédité ou d'une partie, qui seroit chargé de la rendre à un autre personne, ne pourroit pas en retrancher une seconde Trébellianique, quoique l'héritier qui lui auroit remis l'hérédité, eût retenu sa Quarte; parce qu'elle n'est dûe qu'à l'héritier qui succede immédiatement au Testateur, s'il ne l'accorde aussi à ce fideicommissaire, *Leg.* 47. §. 1. *ff. ad Leg. Falcid. Leg.* 1. §. 19. *ff. ad Senatusconsult. Trebell.*

La sixiéme est, que cette Quarte ne se peut pas prendre non plus sur un fideicommis contractuel, ni sur celui dont seroit chargé un héritier que le Testateur n'auroit institué héritier que d'une somme particuliere. Boniface, tome 5. livre 2. chapitre 4 & 5.

La septiéme est, que la Quarte Trébellianique ne peut point avoir lieu, quand le testament n'est soutenu que par la force que lui donne la clause codicilaire; parce qu'en ce cas les héritiers *ab intestat* sont censés être chargés de rendre l'hérédité purement, & sans aucune déduction, à celui que le Testateur à institués héritier dans son testament. Basset, tome 1. liv. 4. tit. 13 chap. 3. rapporte un Arrêt rendu au Parlement de Grenoble le 24. Mars 1625. qui l'a jugé ainsi.

La huitiéme est, que l'héritier chargé de rendre purement & simplement, ou après un tems certain l'hérédité, peut la rendre à l'instant qu'il l'aura appréhendée, & même renoncer à la Quarte Trébellianique au préjudice de ses créanciers. La raison est, qu'on présume qu'il ne le fait pas en fraude, mais pour exécuter plus fidellement & plus pleinement la volonté du Testateur.

Voyez. touchant la Quarte Trébellianique, ce que j'en ai dit dans ma Traduction des Institutes, sur le §. 7. du titre 23. du second livre; M. Ricard en son Traité des Substitutions directes & fideicommissaires, chap. 17. Despeisses, tome 2. pag. 338. & suivantes; le Recueil alphabétique de M. Bretonnier, *verbo* Substitution, vers la fin; & les articles 56. & suivans de l'Ordonnance des Testamens, du mois d'Août 1735.

QUARTE DE LA FEMME PAUVRE, est le quart en proprieté des biens de son mari, accordé par l'Empereur Justinien, par sa Novelle 53. chapitre 6. Mais par sa Novelle 117. chapitre 5. il ne lui donne ce quart qu'en usufruit, quand il y a des enfans du mariage. De ces deux Novelles, Irnerius a composé l'Autentique *Præterea*, *cod. unde vir & uxor.*

Cette disposition est suivie en pays de Droit écrit *Voyez* le Recueil alphabétique de M. Bretonnier, *verbo* Femme.

QUART-DENIER, est le quart du denier de l'Office qui se paye aux Parties casuelles, comme un droit de mutation; dans lequel le Roi est le Seigneur, & celui qui succede à l'Office de vassal.

QUARTENIERS, sont des Officiers de la Ville de Paris, qui ont été institués pour commander les Bourgeois de leur quartier. Ils sont au nombre de seize, qui ont chacun sous eux quatre Cinquanteniers & seize Dixainiers. Ils donnent leur voix pour l'élection du Prevôt des Marchands & Echevins, & ils parviennent à l'Echevinage alternativement avec les Conseillers de Ville. *Voyez* ce qui en est dit dans le Dictionnaire de M. Brillon, & dans la Bibliotéque du Droit François.

QUASI-CONTRAT, est un fait par lequel deux ou plusieurs personnes se trouvent obligées l'une envers l'autre, quoiqu'il n'y ayent point donné leur consentement. Il y en a cinq. Nous allons donner de chacun la définition: le Lecteur en trouvera l'explication dans ma Traduction des Institutes, liv. 3. tit. 28.

La gestion des affaires d'un homme absent, est un quasi contrat qui oblige celui qui a geré à rendre compte de sa gestion, & qui a été la répétition de ce qu'il a déboursé pour les affaires de l'absent. S'il y avoit un mandat, ce seroit un véritable contrat; mais n'y en ayant point eu, ce n'est qu'un quasi-contrat.

L'administration de la tutelle est un quasi-contrat, lequel produit une obligation mutuelle entre le tuteur & le pupille, quoique le tuteur soit donné au pupille sans le consentement du pupille, & souvent contre la volonté du tuteur.

La communauté de biens, soit qu'elle soit de choses particulieres, soit qu'elle soit d'une succession, est un quasi-contrat, en vertu duquel ceux qui ont en commun la proprieté d'une chose particuliere, ou d'une succession, sont obligés réciproquement à en faire le partage & à se faire mutuellement raison sur le fait des prestations personnelles.

L'acquisition d'une hérédité est un quasi-contrat, en vertu duquel l'héritier qui a appréhendé une succession, devient obligé envers les créanciers, les légataires & les fideicommissaires de l'hérédité, & les débiteurs du défunt lui deviennent obligés.

Le payement d'une chose non dûe est un quasi-contrat, par lequel celui qui a payé par erreur de fait une chose qui n'étoit pas dûe, oblige celui qui en a reçu le payement, comme s'il l'avoit reçu à titre de prêt.

QUASI-DELIT, est le dommage que l'on a causé à quelqu'un par sa faute, sans avoir eu la volonté de lui en faire; en quoi le quasi-délit différe du délit, qui est toujours accompagné de dol & d'un mauvais dessein de nuire.

La réparation du quasi-délit ne consiste que dans le payement des dommages & intérêts de la Partie lézée.

Voyez ce que j'ai dit sur le titre 5. du livre 4. des Institutes, où vous trouverez l'explication des quasi-délits, qui sont au nombre de quatre ; sçavoir, le mal jugé par impéritie ; la déjection, ou l'effusion des choses qui ont porté préjudice à quelqu'un ; la position, ou la suspension sur un lieu passager, de choses qui peuvent tomber & causer quelque tort aux passans ; & le dommage ou le vol fait dans un Navire, dans un Cabaret ou dans une Hôtellerie, par les domestiques préposés pour y servir.

QUATORZAINES, se disent des criées ou publications des biens saisis réellement, lesquelles se doivent faire par quatre Dimanches, de quatorzaine en quatorzaine, en la Paroisse où les biens saisis sont situés ; ensorte qu'entre deux publications on laisse passer un Dimanche sans faire la publication.

Ainsi, quatorzaine est l'intervalle dans lequel se doivent faire chacune des quatre criées des biens dont on poursuit la vente par décret

QUATRE-QUINTS, est une espèce de légitime coutumiere des biens propres, dont il n'est pas permis en pays coutumier de disposer au préjudice de ses héritiers.

Elle leur doit demeurer franche & quitte de legs & de toutes autres charges testamentaires. Ainsi on ne peut disposer par derniere volonté que du quint de ses propres.

Le motif sur lequel est fondée la disposition de nos Coutumes, qui veulent qu'on ne puisse disposer par derniere volonté que du quint des propres, a été de conserver dans les familles les biens propres ; ensorte que les quatre quints qu'elles ont regardé comme un dépôt qui doit être transmis aux héritiers de la ligne d'où ils proviennent, demeurent francs & quittes de legs & de toutes autres charges testamentaires.

Ainsi, quand le testateur a légué plus du quint de ses propres, la diminution se fait de l'excedent, comme nous l'avons expliqué, *verbo* Retranchement.

Il est si vrai qu'on doit laisser ces quatre quints francs & quittes de toutes charges, qu'on n'en peut pas même léguer l'usufruit ; *quia hæc portio bonorum propriorum est loco legitimæ, quæ nullatenus legatis gravari potest.* Montholon, Arrêt 35.

On peut cependant disposer entre vifs de la totalité de ses biens propres ou acquêts. *Ratio differentiæ est, quia liberatiores sunt homines qui moriuntur, quàm qui vivunt ; & sæpè leges prohibent quæ sunt faciliora, quàm quæ vix solent accidere.*

Comme nos Coutumes ont presumé que les hommes auroient plus de facilité à disposer de leurs biens par derniere volonté, que de s'en dépouiller eux-mêmes par des dispositions entre-vifs, elles ont restraint aux dispositions testamentaires & à cause de mort la prohibition qu'elles ont faite de disposer au-delà du quint des propres.

Si néanmoins un homme qui a d'autres biens dispose par son testament au-delà du quint de ses propres, il est réputé avoir plutôt laissé la valeur de la chose que la chose même ; c'est pourquoi les légataires ont droit de prétendre récompense sur les meubles & acquêts, quand le testateur en a laissé. Autrement la disposition qu'il auroit faite par derniere volonté de ses propres au-delà du quint, seroit reductible.

M. le Brun en son Traité des Successions, livre 2. chapitre 4. fait voir que ce qu'on appelle communément légitime coutumiere, n'est pas une véritable légitime. *Voyez* ce que j'ai dit sur l'article 292. de la Coutume de Paris, glose derniere à la fin, & sur l'article 295. glose premiere au commencement. Il y a des Coutumes où l'on ne peut disposer que du tiers de ses propres ; d'autres où l'on n'en peut point disposer du tout par testament. *Voyez* Propres.

QUAYAGE, est un droit qui se prend sur les Quais pour raison des marchandises que l'on y décharge. Ce droit est appellé en Normandie Caisse & Haure.

QUERELLE, est un démêlé, une contestation, une plainte. En certains pays ce terme se prend aussi pour une complainte possessoire.

QUERELLE D'INOFFICIOSITÉ. *Voyez* ce que j'en ai dit dans ma Traduction des Institutes, sur le titre 18. second liv.

QUESTE, est un droit que le Seigneur leve tous les ans sur chacun chef de maison ou famille tenant feu & lieu. Ce droit n'est rien en France que dans quelques Provinces. *Voyez* Fouage. *Voyez* aussi la Rocheflavin, des Droits seigneuriaux, chap. 18. Henrys & son Commentateur, tome 2. livre 3. chap. 24.

QUESTE ABONNÉE, dont il est parlé dans l'article 345. de la Coutume de Bourbonnois, est une Taille seigneuriale qui a été réduite entre le Seigneur & les Dépendans de sa Seigneurie, à une certaine somme ; à la différence de celle qui s'impose à la volonté du Seigneur, qui s'appelle quête courante dans l'article 128. de la Coutume de la Marche.

QUESTION. Toutes les contestations qui forment les procès, sont ou questions de Droit, ou questions de Fait ; & quelquefois elles sont questions de Droit & de Fait.

QUESTION DE DROIT, est celle qui se décide par la Loi, c'est-à-dire par les Ordonnances, par le Droit coutumier, ou par le Droit écrit, ou même par la Jurisprudence des Arrêts ; comme quand il s'agit de sçavoir à quel âge on peut tester dans une Coutume qui n'en parle point, & si l'on doit en cela suivre la disposition du Droit Romain, ou celle des Coutumes voisines, ou de la Coutume de Paris.

C'est encore une question de Droit, s'il est question de sçavoir dans une Coutume qui n'en parle pas, comment les dettes se doivent payer entre plusieurs héritiers qui succedent inégalement ; si elles se doivent payer sur les meubles & effets mobiliers ; ou si tous les héritiers succedans inégalement dans différentes espéces de biens, doivent les payer *pro rata emolumenti*, à proportion de ce que chacun amende de la succession.

QUESTION DE FAIT, est ce qui se décide par la preuve d'un fait dont les parties ne sont pas d'accord ; l'une soutenant l'affirmative, & l'autre la négative ; comme s'il s'agit de sçavoir si un donataire à cause de mort a survêcu le donateur ou non. C'est encore une question de fait, si un héritier prétend que le legs fait à une femme par le défunt est nul, sur le fondement qu'elle étoit sa concubine.

QUESTION DE DROIT ET DE FAIT, est celle qui se doit décider par les régles & le principe du Droit, & par la preuve d'un fait controversé. Par exemple un Seigneur veut confisquer le fief de son vassal pour felonie ; le vassal nie le fait, & au surplus soutient, que quand même il seroit véritable, l'injure qui en résulteroit ne seroit que très-légere, & ne pourroit pas donner lieu à la commise. Il se trouve ici deux articles, dont l'un est une question de Fait, & l'autre une question de Droit.

QUESTION D'ÉTAT, est celle qui regarde l'état d'une personne ; sçavoir, si un homme est fils de celui qu'il dit être son pere, ou si celui qui se dit être légitime, l'est véritablement, ou s'il est bâtard, ou si un homme qui se dit noble l'est ou roturier.

C'est aussi une question d'état, si un homme est Ecclésiastique ou Laïque; ou si la profession monastique qu'il a faite est valable ou non ; enfin, si un mariage contracté est valable ou non.

Toutes ces contestations sont des questions d'état, d'autant qu'il s'y agit de l'état de la personne contre qui elles sont intentées : ce qui influe aussi sur l'intérêt public & de tous les citoyens.

Toute question d'état s'intente par action personnelle ; en quoi parconséquent il faut suivre le domicile du défendeur, suivant la regle *actor sequitur forum rei*.

Les questions d'état sont préjudicielles ; c'est pourquoi elles doivent être vuidées avant toutes choses. *Voyez* Question préjudicielle.

Comme les questions d'état sont d'une très-grande importance ; les Ordonnances ne les ont pas confiées à une preuve aussi fragile que l'est celle qui se fait par témoins, qui sont quelquefois des échos fidéles qui répetent le langage de celui qui les produit.

Quelque grand qu'ait été le crédit de la preuve testimoniale chez les Romains, on ne voit pas cependant qu'elle ait jamais décidé seule de l'état des hommes : au contraire, il y a des textes de droit qui desirent qu'elle soit secondée d'autres preuves. *Probationes quæ de filiis dantur, non in sola testium affirmatione consistunt. Leg. 29 ff. de probationib.*

l'Ordonnance de 1667. art. 7. & suivans, pour assurer l'état des personnes, & en pouvoir décider avec certitude, veut qu'il soit tenu des Régistres publics dans les Paroisses qui marquent la naissance, le mariage, & le décès de ceux qui y sont demeurans ? qu'il y ait un autre Régistre tenu par les Evêques, concernant le nom de ceux qui sont promûs aux Ordres ; & un autre Régistre tenu par les Superieurs réguliers, où soient inscrits ceux qui font profession. La Déclaration du 9. Avril 1636. ordonne que l'on fasse deux de chacun de ces Régistres, dont l'un soit déposé au Greffe du Bailliage Royal, & l'autre en dépôt aux Archives de la Paroisse, de l'Evêché ou du Couvent, & que les Extraits qui en seront délivrés par les Greffiers fassent foi. Mais nonobstant toutes ces précautions, la preuve testimoniale n'est pas toujours interdite.

L'Ordonnance de 1667. art. 14. porte que la preuve en sera reçue en cette matiere, tant par titres que par témoins, lorsque les Registres seront perdus, ou qu'il n'y en aura jamais eu. Quel est le motif de cette disposition ? C'est que dans l'un & l'autre cas, il est impossible à celui qui à besoin d'un Acte de célébration de mariage, de le produire; c'est pourquoi la Loi vient à son secours, & lui permet de substituer un autre preuve à celle qu'il lui étoit impossible de faire.

Ainsi, pour assurer l'état des hommes, il a été ordonnés qu'elles ne pourroient être intentées que par ceux qui auroient intérêts de le faire; qu'on seroit obligé d'en faire preuve par écrit, & qu'on n'admettra point la preuve par témoins sur une question d'une telle importance, lorsqu'on en peut avoir une par écrit. *Si tibi controversia ingenuitatis fiat, tuam causam defende instrumentis & argumentis ; soli enim testes ad ingenuitatem non sufficiunt, Leg. 2. cod. de testib.*

Sur ces principes, le Parlement de Paris a déclaré abusives deux Sentences de l'Officialité d'Arras; l'une qui sur une demande en nullité de mariage, sous prétexte du défaut de présence du propre Curé, avoit admis la preuve par témoins ; & l'autre qui, sur l'enquête faite, avoit declaré le mariage nul.

Cet Arrêt est du 30. Avril 1723. sur les Conclusions de M. Daguesseau, conseiller d'Etat, lors Aavocat Général.

on n'est donc point admis à contester l'état de quelqu'un, lorsqu'on n'a point d'intérêt de le faire, comme nous l'avons dit ; & il faut, pour être admis à une telle contestation, que cet intérêt soit appuyé de justes raisons.

Ceux qui attaqueroient témérairement l'état de quelqu'un, prétendant qu'il n'est pas né de ceux qu'il dit être ses pere & mere, ou qu'il n'est pas légitime, se rendroient coupables d'une injustice affreuse, en ce qu'ils tenteroient de lui ravir tout en semble le soutient de sa vie, le droit de sa naissance, & l'honneur de sa condition.

L'état d'une personne est toujours très-favorable ainsi dans les questions d'état, quand il y a du doute, le public & les Juges panchent toujours vers la douceur, & suivant ce principe que tout le monde a dans le cœur : *In dubio pro libertate respondendum est.*

Nos livres sont pleins d'Arrêts qui ont canonisé cette maxime sage & judicieuse, & qui ont décidé ces sortes de questions d'état en faveur de la bonne foi & de la possession, principalement quand les aggresseurs sont des collatéraux qui intentent la question par un principe d'intérêts vil & sordide. *Voyez* Soefve, tome 1. cent 4. chap. 6. & tom. 2. cent. 4. Henrys, tome 2. Liv. 6.

Il est certain que la seule déclaration du pere & de la mere ne suffit pas pour priver un enfant de son état, parce que l'état des enfans ne doit point dépendre de la volonté des peres & meres; c'est le titre solemnel du mariage qui fait l'état des enfans.

Un pere dans sa prévention ou dans sa passion, déclareroit donc envain, même avec serment que l'enfant qui porte son nom ne fait que remplir la place de son véritable enfant mort; sa déclaration vraye ou fausse ne changeroient rien à la régle, parce qu'il importe infiniment pour la societé civile que l'état des hommes soit certain, & que cette certitude soit établie sur des Loix publiques & inviolables, qui ne dépendent point du caprice des particuliers : *Questionis enim status causa non privata, sed publica est quæ pendere non debet ex privatorum arbitrio.*

La déclaration d'une femme, qu'un enfant né d'elle pendant son mariage n'est pas légitime, ne peut aussi lui porter aucun préjudice, parce que l'état de cet enfant est le titre du mariage de ses pere & mere, auquel leurs déclarations ne peuvent donner aucune atteinte. *Voyez* ce qui est dit à ce sujet dans le troisiéme tome des causes célébres, pag. 278. & suivantes.

Il y a néenmoins deux cas où la déclaration du pere ou de la mere devient d'un très-grands poids, & où elle peut même former une preuve.

Le premier est, quand le pere ou la mere persevere dans le désaveu jusqu'à la mort. Dans ces derniers momens où les passions amorties ne laissent plus que le regret de s'y être livré, il n'est point d'homme qui ne s'efforce de reparer les injustices qu'il a faites, sur tout quand la réparation ne dépend uniquement que de sa volonté. Peut-on présumer qu'un pere véritable, un pere chrétien, s'il eût connu que l'enfant étoit le sien, eût persisté dans son désaveu jusqu'au dernier soupir de sa vie; qu'il ne l'eût rappellé chez lui; qu'il n'eût pas fait en sa faveur une déclaration autentique pour le mettre à l'abri des informations qui déposoient contre lui ?

Le second cas où la déclaration d'une femme, qu'un enfant prétend être sa mere, est d'un très-grand poids; c'est lorsqu'elle se trouve forcée d'avouer la supposition de l'enfant qui se donne pour véritable. *Non enim præsumendum quod mater contra se ipsam, & contra proprium filium, si talis fuisset, mentita fuerit Menochius de presomptionibus. tom. 2. Lib. 5. conclusione 24. nomb. 23.*

En effet, qui est la mere assez denaturée & assez ennemie d'elle-même, pour vouloir ravir à son fils son état & se deshonorer elle-même à la face de la Justice ?

Cet Auteur qui rapporte aussi cette décision dans la conclusion 1147, nomb. 21, avoue que cette confession ne seroit pas suffisante, si elle étoit dénuée de toute présomption; mais il soutient après Alciat, que lorsqu'elle est accompagnée d'autres conjectures, elle doit faire une preuve complette.

Si la déclaration de pere & de mere, quand elle est dénuée d'autres indices, ne suffit pas pour priver un enfant de son état, à plus forte raison la déclaration d'une personne étrangere ne doit produire aucun effet à cet égard. M. Soefve liv. 11. cent. 4. chap. 1. rapporte un Arrêt rendu sur les conclusions de M. l'Avocat général Talon, le 11. Août 1667. qui l'a jugé ainsi. *Voyez* cet Arrêt.

Il paroît parce que nous venons de dire, que les Loix veulent que les enfans qui naissent à l'ombre du Sacrement de mariage, soient reputés légitimes, quelques efforts que l'on fasse au contraire pour détruire la vérité de leur état, de sorte que ni la preuve par témoins, ni le désaveu d'un pere, ni celui même de la mere, ni la conjuration des héritiers collatéraux, ne sçauroient rompre ce lien sacré. La Loi qui vient au secours de la nature, veut qu'il soit indissoluble. *Leg.* 14. *cod. de probationib. Leg.* 3. *cod. de emancip. liberis, leg.* 9. *cod. de patria potestate.*

Une question d'état décidée par un Jugement solemnel & souverain, ne peut plus être discutée. C'est précisement sur les questions d'état que tombe la maxime de Droit *res judicata pro veritate habetur.* Dès que l'état d'une personne est une fois jugé, il n'est plus permis de douter de ce qui est contenu dans un tel Jugement.

Les Loix qui sont dans le titre du Digeste & du Code. *Ne de statu defunctorum post quinquennium quæratur*, défendent de contester l'état des défunts, dans la possession duquel ils ont vécu, lorsque cinq ans se sont écoulés depuis leur decès, au cas que cette contestation se forme à leur préjudice.

Voyez Filiation. Voyez Légitime. Voyez ce qui est dit des effets que produisent les Jugemens rendus sur les questions d'état, dans le second Tome des Causes célébres, page 307. & suivantes, & dans le neuviéme tome, page 579. & suivantes. Voyez enfin l'Histoire de Madmoiselle de Choiseul, qui est à la fin du sixiéme tome des causes célébres; où sont rapportés & discutés parfaitemsnt bien tous les principes qui concernent la question d'état.

QUESTION

QUESTION DOUTEUSE, est une question problématique qui n'est pas décidée clairement par la Loi, & dont l'affirmative & la négative se trouvent appuyées de raisons également fortes.

Cela donne aux Juges la liberté de prendre tel parti qu'il leur plait, sans blesser leur conscience; mais il faut qu'ils examinent bien la question, & qu'ils voyent si dans le doute & en parité de raison l'équité ne penche pas d'un côté plus que de l'autre; car en ce cas c'est le parti qu'il faut embrasser.

Montagne dit à l'occasion des questions douteuses, qu'un Juge avoit coutume, quand il en rencontroit dans un livre, de mettre à la marge, *question pour l'ami*. Ce qui signifie que l'amitié, qui généralement parlant ne doit faire aucune impression sur l'esprit d'un Juge, sert néanmoins beaucoup à déterminer l'incertitude de l'esprit, qui se trouve suspendu & incertain dans les questions douteuses par l'égalité des raisons.

Mais voici la régle qu'un Juge prudent doit suivre dans les affaires douteuses; c'est de prendre le parti le plus doux. *Semper in dubiis benigniora sunt præferenda. Leg. 56. ff. de regul. Jur.* En effet, ce sentiment nous est inspiré par l'équité naturelle, qui nous défend d'user de trop de rigueur, lorsque l'on en peut user autrement sans blesser la Justice, & sans nuire au droit des parties. Les adoucissemens facilitent la décision des affaires, & font toujours plaisir aux personnes interessées qui s'y soumettent plus volontiers. Si c'est une affaire criminelle, il y a de l'humanité à n'être pas si sevère à moins que l'atrocité du crime ou autres circonstances n'obligent le Juge à faire punir très-sévérement celui qui en est coupable. *In pœnalibus causis benignius interpretandum est Leg. 155. §. ult. ff. de Regular. Jur.*

En un mot, dans toutes sortes d'affaires, il faut pour suivre la véritable intention de la Loi, l'interpréter par le sens le plus doux. *Benigniùs Leges interpretandæ sunt quò voluntas earum conservetur. Leg. 155. §. ult. ff. de Regul. Jur.*

QUESTION PRÉJUDICIELLE, est celle dans laquelle il s'agit de l'état d'une des Parties. On l'appelle préjudicielle, tant à cause qu'elle fait préjudice à un autre action principale dans laquelle le Juge doit suivre ce qui se trouvera décidé dans l'action préjudicielle, qu'à cause qu'elle doit être décidée la premiere.

Il y avoit chez les Romains plusieurs questions d'état; sçavoir, si quelqu'un est libre, ou ingénu, ou enfant de celui qu'il prétend être son pere.

Nous n'avons point en France de causes touchant la liberté, ou l'ingenuité; mais nous avons celle qui se présente à l'occasion des enfans; sçavoir s'ils sont légitimes ou non; & cette question dans notre usage, est une action préjudicielle de même que chez les Romains.

Par exemple, Titius qui se prétend petit-fils d'un défunt, a pris qualité d'héritier, & a intenté l'action de partage contre les autres enfans, qui ont aussi pris la qualité d'héritiers; si on lui conteste la qualité de petit-fils du défunt, c'est une question préjudicielle de sçavoir si en effet il est petit-fils du défunt né d'un légitime mariage; ou si son pere décedé est né aussi en légitime mariage; & cette question doit être préalablement jugée avant de venir à la question s'il sera reçu au partage: la décision de cette question doit servir à la décision de l'autre; car s'il justifie être le petit-fils du défunt, & que le Juge le prononce tel, il faut aussi de nécessité qu'il condamne les autres enfans de le recevoir au partage de la succession de son ayeul.

Outre cette question d'état, sçavoir si un enfant est légitime ou non, nous avons encore d'autres questions d'état, qui sont aussi préjudicielles. *Voyez* Questin d'état.

Quoique l'action préjudicielle doivent être jugée la premiere, comme nous l'avons dit, il faut excepter la cause des alimens, laquelle ne peut être remise, mais doit être vuidée avant toute autre contestation, lorsque celui qui en fait la demande est comme en possession de la filiation; *quia satius est eum qui forte filius non est ali, quàm eum fame necari, qui forte filius pronuntiabitur*; de maniere toutefois que ce qui sera prononcé dans la cause d'alimens, ne portera point préjudice à la verité. *Leg. 5. §. 8. cum seq. ff. de agnos. & calend. liber. Voyez* ce que j'ai dit *verbo* Filiation, & ce que j'ai dit dans ma traduction des Institutes, sur le §. 13. du tit. 6. du quatriéme liv.

QUESTION OU TORTURE, est un moyen dont les Juges se servent pour tirer des accusés la vérité sur quelque crime qui mérite peine de mort; soit pour leur faire avouer leur crime, dont ils ne sont qu'à demi convaincus par des indices & preuves non complettes; soit dans le cas où ils en sont pleinement convaincus, pour les obliger à déclarer leurs complices.

Cette torture n'est pas une invention de nos jours; elle est tirée du Droit Romain, comme il paroît par les titres du Digeste & du Code *de quæstionibus*.

Ce moyen de tirer des accusés la vérité sur quelque crime est aboli en Angleterre, & y est regardé comme dangereux & capable de faire périr un innocent d'une complexion délicate, & sauver un coupable robuste.

Tous les Juges, tant royaux, que des Seigneurs hauts-Justiciers, peuvent condamné à la question.

Le Juge d'Eglise y peut aussi condamner, pourvû que la torture ne soit si sevère, qu'il s'ensuite effusion de sang. Brodeau sur M. Louet, lettre B, sommaire 1, nombre 9; Fevret en son Traité de l'Abus, tome 2, livre 8, chap. 4. La raison est, que la question ne doit point être regardée comme un genre de peine, mais comme un moyen de découvrir la vérité.

Toutes sortes de personnes peuvent nonobstant

leur dignité, être appliquées à la question *quia reatus omnem dignitatem excludit. Leg. 1. cod. ubi clariss. & Leg. Senator, ff. de ritu nuptiar.*

Les Sentences qui condamnent à la question, ne s'exécutent pas par provision quoiqu'elles ne soient que préparatoires : ce qui est fondé sur ce que le mal qui en résulte est irréparable. Ainsi les Sentences qui condamnent à la question, ne peuvent être exécutées, qu'elles n'ayent été préalablement confirmées par Arrêt, à moins qu'elles n'ayent été rendues en dernier ressort par Jugement prevotal.

La question ne se doit donner qu'en la forme qui est reçue & autorisée par l'usage du lieu. *Voyez* Charondas, livre 9. reponse 45. Cet usage est différent, suivant les différentes Cours & Jurisdictions de ce Royaume.

En plusieurs endroits on la donne avec de l'eau, ou avec les brodequins, ou chauffant les pieds. Elle est ordinaire, ou extraordinaire, selon qu'elle est ordonnée, eu égard aux circonstances & aux preuves ; & c'est à la prudence du Juge d'en décider.

Le Jugement de condamnation à la question doit être dressé & signé sur le champ ; & le Rapporteur assisté de l'un des autres Juges, se doit à l'instant transporter en la Chambre de la question, pour le faire prononcer à l'accusé, ainsi qu'il est dit en l'article 6. du titre 20 de l'Ordonnance de 1670.

Mais cet article ne doit s'entendre que dans les cas où la question est ordonnée par Arrêt, ou par un Jugement en dernier ressort ; car selon l'article suivant, les Sentences de condamnation à la question, ne pourront être exécutées, qu'elles n'ayent été confirmées par Arrêt, quoique régulierement en matiere criminelle on ne reçoive pas les appellations des Sentences interlocutoires. La raison de cette exception est fondée sur le tort irréparable en définitive que causeroit l'exécution de cette Sentence interlocutoire, comme nous l'avons déja dit.

L'article 8. porte que l'accusé sera interrogé après après avoir prêté serment, avant qu'il soit appliqué à la question, & qu'il signera son interrogatoire, sinon sera fait mention de son refus.

Mais l'accusé ne doit être interrogé que sur les crimes dont il est chargé, & pour lesquels il est appliqué à la question, d'autant que la question n'est qu'un examen des crimes de l'accusé.

Quand il est interrogé de son fait, il lui faut demander précisément si ce n'est pas lui qui a commis un tel crime ; & lorsqu'il est interrogé sur ses complices, il ne faut pas lui demander si un tel est coupable, mais en général quels sont ses complices, *quoniam alias hoc esset suggerere, potius quam inquirere.*

La question sera donnée en présence des Commissaires, qui chargeront le procès verbal de l'état de la question, & des reponses, confessions, dénégations & variations, à chaque article de l'interrogatoire, ainsi qu'il est porté en l'article 9. du titre 20. de la même Ordonnance de 1670. Ce qui est ainsi ordonné, afin d'en tirer de nouveaux indices, tant à la charge qu'à la décharge de l'accusé.

Il sera loisible aux Commissaires de faire moderer & relâcher une partie de la rigueur de la question, si l'accusé confesse ; & s'il varie, de le faire remettre dans les mêmes rigueurs : mais s'il a été délié, & entierement ôté de la question, il ne pourra plus y être remis.

C'est la disposition de l'article 10. du même titre, qui paroit conforme à la décision de la Loi 7. *ff. de quæst. Quæstionis modum magis est Judicis arbitrari oportere. Itaque quæstionem habere oportet, ut salvus sit vel innocentiæ, vel supplicio.*

Après que l'accusé aura été tiré de la question, il sera sur le champ & derechef interrogé sur les déclarations, & sur les faits par lui confessés ou déniés, & l'interrogatoire par lui signé ; sinon sera fait mention de son refus, ainsi qu'il est dit en l'art. 11. du même titre de l'Ordonnance de 1670. Sur quoi il faut remarquer.

I°. Que dans ce cas l'accusé ne doit point prêter un nouveau serment, parce que c'est la suite du même interrogatoire, avant lequel il a prêté serment.

II°. Que la raison pour laquelle on interroge derechef l'accusé après qu'il a été tiré de la question, est pour voir s'il persevere en sa confession : *Multos enim innocentes mentiri cogit dolor ; quapropter confessio facta in tormentis perseverantiam requirit. Vide Franc. Marc. tom. 1. quæst. 916.*

III°. Que la confession qu'aura faite l'accusé dans la torture, n'est pas suffisante pour le condamner, si elle n'est ratifiée hors le tourment de la torture ; à moins que les indices soient si grands & si pressans, qu'ils ne doivent pas être purgés par la question, & qu'ils ayent été réservés.

Il y a comme nous allons voir, deux sortes de question ; sçavoir, la préparatoire, & de la définitive.

QUESTION PRÉPARATOIRE, est celle qui se donne aux criminels prévenus de crime qui mérite peine de mort, qui est certain & constant, & dont il y a contr'eux des preuves considérables, pour sçavoir d'eux la vérité, lorsque ces preuves ne sont pas suffisantes pour les condamner à mort.

De cette définition il s'ensuit, I°. Que pour appliquer un homme prévenu de quelque crime, il faut que le crime mérite peine de mort, parce qu'autrement la peine de la question seroit plus grande que celle que méritoit le crime dont l'accusé seroit prévenu. Ainsi la question ne se peut donner pour délits ausquels il n'échet qu'une peine pécuniaire, bannissement ou fustigation. *Leg. 8. ff. de quæstionib. Julius Clarus in Praxi, quæst. 64. num. 4.*

II°. Il faut que le crime soit constant, c'est-à-dire qu'il y ait un corps de délit évident ; sans quoi le Juge ne peut appliquer l'accusé à la question, quelques indices pressans qu'il y ait que le crime a été commis, *Julius Clarus loco citato*; quand même l'accusé avoueroit avoir commis le crime. *Leg.* 1. *ff. de quæstionib.*

III°. Il faut qu'il y ait preuve considérable contre l'accusé, parce que la question ne s'ordonne que pour supplément de la pleine preuve, & pour la fortifier & confirmer d'avantage. *Ad eruendam veritatem criminis contra reum quæstio non debet infligi, nisi crimen sit dimidia ex parte probatum, quia per quæstionem gravamen infertur irreparabile.*

Un accusé ne peut donc être mis à la question, qu'il n'y ait semi-preuve contre lui, comme un témoin irréprochable qui parleroit *de visu*, dont la déposition seroit bien circonstanciée, avec quelque circonstance qui serve d'indice contre l'accusé. Mais quand il n'y a point de témoins, on ne peut appliquer l'accusé à la question, à moins que plusieurs indices ne concourent contre lui; encore faut-il qu'ils soient graves, véhémens & manifestes. Par exemple, en matiere de meurtre, si l'accusé a été vû sortir de la maison, ou du lieu où le corps a été trouvé, ayant son épée nue & sanglante marchant à grands pas, ou s'enfuyant, ayant le visage pâle & changé. La déposition seule ne suffit donc pas, si elle n'est accompagnée de quelqu'indice, ni la déposition de l'un des accusés, pour condamner les autres accusés du même crime à la question.

La déclaration d'un condamné à mort, qui charge quelqu'un du même crime, ne suffit pas pour le faire appliquer à la question, parce qu'un condamné à mort est incapable de porter témoignage, & qu'il ne peut être récollé ni confronté.

Enfin la déclaration faite par le blessé en mourant, qu'il a été tué ou assassiné par l'accusé, ne suffit pas pour faire apliquer l'accusé à la question.

Si l'accusé étoit d'ailleurs suffisamment convaincu par témoins, ou par moyens joints à sa confession, il n'y auroit pas lieu à l'appliquer à la question. *Veritatis enim eruendæ causa tormenta inventa sunt, quæ si aliter reperiri possit, aut jam reperta sit, absurdissimum profecto foret tam duro & penè ab humanitate abhorrente remedio uti; quid enim conferre ampliùs tormenta possunt?*

Il faut néanmoins excepter le cas où celui qui seroit convaincu d'un crime, seroit présumé ne l'avoir pas commis seul; car alors il doit être appliqué à la question, pour l'obliger de découvrir ses complices, comme il sera dit ci-après.

Lorsque les Juges procedant au Jugement d'un procès criminel, ne trouvent pas que les preuves produites contre l'accusé soient suffisantes pour le convaincre du crime dont il est accusé, & pour le condamner, & que néanmoins il n'est pas juste de l'absoudre, parce que l'on connoît bien qu'il est coupable du crime; dans ce cas, pour tirer de sa propre confession la vérité du fait, ils doivent le condamner à la question.

Quelquefois, lorsque les indices ne sont pas suffisans pour appliquer à la question, les Cours souveraines, pour tâcher de découvrir la vérité du crime, ordonnent que l'accusé sera présenté à la question; mais, cela n'est permis qu'aux Cours souveraines.

Les Sentences qui condamnent à la question, ne s'exécutent pas par provision, comme nous l'avons dit cy-dessus.

L'accusé ayant souffert la question sans rien avouer, doit être renvoyé absous, avec dépens, dommages & intérêts; à moins que les Juges qui l'ont condamné à la question, n'ayent arrêté que nonobstant la question les preuves subsisteront en leur entier; auquel cas ils peuvent condamner l'accusé à toutes sortes de peines pécuniaires & afflictives, excepté celle de la mort, à laquelle l'accusé qui a souffert la question sans rien avouer, ne peut être condamné.

Il faut excepter le cas où il surviendroit de nouvelles preuves depuis la question, comme il est dit en l'article 2. du titre 19. de l'Ordonnance de 1670. & comme il avoit été auparavant jugé au Parlement de Grenoble, par Arrêt rendu le 10 Juin 1667. rapporté par Boniface, tome 2. partie 3. livre 1. titre 1. chapitre 11. conformément à l'article dernier du titre 8. du Code Henry.

Bornier, sur l'article 2. du titre 19. de l'Ordonnance de 1670. dit qu'il n'y a que les Cours souveraines qui puissent condamner à la question, *manentibus indiciis*, & que cette réserve de preuves ne peut être faite par les juges inférieurs; mais ce sentiment me paroît contraire aux termes dans lesquels cet article est conçu.

Au reste, la question est un dangereux moyen pour parvenir à la connoissance de la vérité: c'est pourquoi les Juges ne doivent pas y avoir recours sans y faire réflexion. Rien n'est plus incertain ni plus équivoque. Il y a des coupables qui ont assez de fermeté pour cacher un crime véritable au fort de la question; d'autres innocens, à qui la force des tourmens a fait avouer de crimes dont ils n'étoient pas coupables.

La véhémence de la douleur, ou l'infirmité de la personne, fait confesser à l'innocent ce qu'il n'a pas commis; & l'obstination des autres, qui se trouvent robustes & plus assurés dans leurs crimes, leur fait tout dénier. Ainsi la question est une invention qui peut faire perdre un innocent qui a la complexion foible, & qui peut sauver un coupable qui est robuste.

Quæstio res fragilis est & periculosa, quæ veritatem fallit. Nam plerique patientia, sive duritia tormentorum, ita tormenta contemnunt, ut exprimi veritas nullo modo possit: alii tanta sunt impatientia, ut quid vis mentiri quam pati tormenta velint. Leg. 1. §. *quæstionib. ff. de quæstionib. Vide Val. Max. lib.* 8. *cap.* 4.

Charondas, livre 9. réponse premiere, en repporte un exemple très déplorable. Un mari accusé d'avoir tué sa femme, dénie le fait. Le soir de sa retraite il l'avoit maltraitée. Sur les présomptions, le mari est appliqué à la question; il confesse que c'est lui qui a tué & brûlé sa femme dans un four; il est condamné à mort. Appel du Jugement. Comme on fait le rapport du procès, la femme, qui étoit cachée dans la maison d'un Prêtre qui étoit son corrupteur, se représente. L'Arrêt qui intervint en conséquence, déchargea le mari de l'accusation.

Nous avons plusieurs autres exemples de gens appliqués à la question, qui preferant une prompte mort à de longs supplices, ont, pour s'en delivrer, confessé être coupables des crimes dont ils étoient innocens. *Voyez* Saint Jerôme, Epitre 34. & Papon, livre 24. titre 8. nomb. 1.

QUESTION DÉFINITIVE, est celle qui se donne à un criminel pleinement convaincu d'avoir commis un crime qui mérite peine de mort, & à laquelle il a été condamné pour déclarer ses complices, quand il y a lieu de présumer qu'il n'a pas seul commis le crime.

Lorsque par le Jugement de mort il est ordonné que le condamné sera préalablement appliqué à la question, ce n'est que pour avoir révélation des complices, & non pas pour tirer la vérité de sa bouche sur ce qui le regarde. Comme il est condamné à mort, on ne l'applique point à la question pour sçavoir s'il est coupable, mais pour découvrir ceux qui sont participans du crime pour lequel il a été condamné.

Ce qu'il y a, c'est que les Juges doivent en ce cas user d'une gêne moins rigoureuse. *Debent Judices torquendo reo super sociis; moderatam inferre torturam, nec juris terminos excedere.*

QUESTIONNAIRE, est celui qui est établi pour donner la question ou torture aux criminels.

QUEVAGE, selon Lafond dans ses notes sur la Coutume de Vermandois, page 173. signifie le chef-cens: ce qui vient de ce que les Picards disent *kiel* ou *Quief*: d'où ils ont fait *Quevage*, au lieu de *Chevage*. D'autres prétendent que ce terme *Quevage* signifie *Muiage* ou *Forage*, une queue, un muid. *Voyez* Brodeau sur l'article 98. de la Coutume de Paris, nombre 6. & Galand dans son Traité du Franc-aleu, page 83 84 & 85.

QUINQUENNELLES. On appelloit ainsi autrefois Lettres de répi & de surséance pour cinq années, qu'un débiteur obtenoit en justifiant sommairement que par la perte de la plus grande partie de ses biens, il étoit dans l'impossibilité de payer ses dettes.

Ces Lettres étoient appellées Quiquennelles, *quia erant quinquennales induciæ.*

QUINQUENNIUM, est l'espace de cinq ans d'étude, dont un Gradué doit justifier pour pouvoir obtenir, en vertu de ses grades, un Bénéfice vacant par mort, dans les mois qui sont affectés aux Gradués qui ont obtenu nomination de l'Université où ils ont étudié pendant le tems requis. Sur quoi il faut remarquer,

I°. Qu'il y a deux sortes de Gradués; sçavoir, les Gradués simples, & les Gradués nommés, comme je l'ai dit ci-dessus, *verbo* Gradués. Les Bénéfices vacans par mort dans le mois d'Avril & d'Octobre, appellés mois de faveur, sont affectés aux Gradués simples ou nommés, pourvû qu'ils ayent fait les uns & les autres leurs réitérations en tems de Carême. Ceux qui vaquent par mort dans les mois de Janvier & de Juillet, appellés mois de rigueur, sont spécialement & uniquement affectés aux Gradués nommés, pourvû qu'ils ayent fait leurs réitérations au tems de Carême.

II°. Que pour la validité du certificat du *Quinquennium*, il faut que ce certificat marque ce tems auquel le Gradué à commencé & fini chaque année d'étude. *Voyez* ce qui est dit à ce sujet dans le Dictionnaire des Arrêts, tome 1. page 734. nombre 21.

QUINT EN MATIERE DE SUCCESSION, est la part & portion des propres dont on peut disposer par derniere volonté en pays coutumier. *Voyez* Quatre-quints.

QUINT EN MATIERE DE FIEFS, est un droit qui consiste en la cinquiéme partie du prix du fief vendu, qui se paye au Seigneur duquel il releve par le nouveau Vassal. Ainsi, lorsque le fief est vendu vingt mille livres, le quint est quatre mille livres.

Ce droit a été reçu presque par toute la France. Il s'est introduit sur ce qu'anciennement le Vassal ne pouvoit vendre son fief sans le congé du Seigneur suzerain, & pour avoir ce congé, il falloit marchander avec lui; desorte que cela causoit souvent beaucoup d'embarras: c'est pourquoi on a trouvé à propos de laisser la liberté aux Vassaux de vendre leurs fiefs, en admettant les Seigneurs de qui ils relevent à la cinquiéme partie du prix de la vente.

Le quint est dû, non-seulement au cas de la vente du fief, mais aussi pour tout acte équipolent à la vente; & par conséquent il est dû au cas du bail à rente rachetable.

Il est même dû aujourd'hui pour mutation faite par échange. *Voyés* ce que j'ai dit ci-dessus, lettre M, en parlant de la Mutation en matiere de fief; & en matiere de censive.

Mais quand le fief change de main, par mort, legs, donation, récompense ou autrement, le quint n'est point dû; mais sont dûs les droits de rachat ou relief.

Il faut excepter pour les fiefs qui échoient en ligne directe, descendante ou ascendante, par succession ou donation, pour lesquels il n'est dû que la bouche & les mains.

C'est à l'acheteur à payer le quint, à moins qu'il

n'y ait stipulé au contraire.

Le quint se prend, nonseulement des sommes payées au vendeur, mais aussi celles que l'acheteur s'est obligé de payer en son acquit, parce qu'elles font partie du prix.

Dans le prix, on ne compte point les frais du contrat, ni les loyaux-coûts, ni les frais extraordinaires des criées & du décret, payés par l'adjudicataire.

Le quint est, par rapport aux fiefs, ce que les lods & ventes sont par rapport aux héritages tenus en censive; desorte que de même que les lods & ventes sont dûs au Seigneur censier par l'acquereur à titre de vente, ou autre équivalent à vente, pour les héritages tenus en censive, le quint est pareillement dû au Seigneur féodal par l'acquereur d'un fief, à titre de vente, ou autre équipollent à vente.

Le droit de quint n'est pas toujours dû en cas de vente. Par exemple, la licitation est une espèce de vente; & s'il arrive que le fief servant ne puisse pas être commodément partagé entre cohéritiers, & qu'ils soient obligé d'en faire une licitation, le cohéritier qui se rend adjudicataire de la totalité, ne doit point de droits de quint; mais si c'étoit un étranger, il les devroit: C'est la disposition de l'article 80. de la Coutume de Paris.

Il y a plusieurs autres cas où en matiere de vente le droit de quint n'est pas dû. *Voyez* ce que j'ai rapporté sur l'article 23. de cette Coutume. *Voyez* aussi ce que j'ai dit sur les articles 78. 79. & 80. de la même Coutume, où j'ai parlé des droits seigneuriaux, sous le nom desquels le quint est compris.

QUINT ET REQUINT. Le requint comme nous l'avons dit, est le cinquiéme denier du prix de la vente qui est dû au Seigneur, presque par toute la France, par celui qui acquiert un fief à titre de vente ou autre équipollent à vente; & le requint est le cinquiéme denier du quint dernier.

Le quint & requint est dû, dans quelques Coutumes, au Seigneur de qui releve le fief vendu, quand la vente est faite francs deniers, ainsi qu'il est porté en l'article 132. de la Coutume de Meaux: desorte que si le fief est vendu vingt mille livres, le quint est de quatre mille livres, & le requint est de huit cens livres. S'il est vendu vingt-cinq mille livres, il est dû cinq mille livre pour le quint, & mille livre pour le requint; & ainsi des autres ventes, en observantt la même régle.

M. Bobé, Commentateur de la Coutume de Meaux, sur ledit article 132. dit que le requint dans cette Coutume tient lieu de récompense au Seigneur, lorsque le prix du contrat est moindre que celui que la chose vendue; ce qui arrive quand l'acheteur est changé de payer les droits seigneuriaux: ce qui est marqué par ces termes dudit article 132. *si le fief est vendu francs deniers*; car en ce cas un fief qui vaut cinq mille livres n'est vendu que quatre, d'autant que l'acquereur compte au par dessus de son acquisition le quint, dont il se c harge & qui fait partie du prix à son égard, quoiqu'il n'augmente pas les droits seigneuriaux.

C'est sur cette considération que le droit de requint a été introduit dans quelques Coutumes en faveur du Seigneur pour l'indemniser de la perte qu'il souffre lorsque l'acheteur est chargé de payer les droits seigneuriaux.

Lorsque les quints & requint d'un fief ont été payés par le vendeur, & que le contrat est ensuite resolu par la faute de l'acheteur, en vertu d'une clause inserée au contrat de vente, à laquelle on ne satisfait pas, les droits payés par le vendeur lui doivent être rendus par l'acheteur. Charondas, livre 2. rép. 23.

QUINT EN MONTANT, est celui qui se fait par rapport au prix de la vente du fief, en l'augmentant d'un cinquiéme, qui appartient par droit de quint au Seigneur féodal.

Ainsi, quand un fief est vendu quatre-vingt mille livres, le quint est de vingt mille livres; de maniere que le droit du Seigneur est un augment d'un cinquiéme du prix qui lui appartient pour son droit de quint: ce qui s'observe dans la Coutume de Nivernois. *Voyez* Coquille sur l'article 21. du titre 4. de cette Coutume.

QUINT DE TOUS LES FIEFS ET HÉRITAGES FÉODAUX DÛ PAR L'AÎNÉ A SES PUÎNÉS DANS QUELQUES COUTUMES, est la cinquiéme partie des fiefs que l'aîné doit à ses puînés dans quelques Coutumes, qui donnent à l'aîné tous les fiefs, à la charge d'en délivrer un quint aux puînés. Ce quint est appellé naturel & coutumier, & est ou viager ou héréditat.

Le viager est le droit de jouir en usufruit par les héritier puînés, leur vie durant seulement, & par le survivant d'eux, du quint du fief, ou fiefs échus de succession à leur cohéritier aîné, soit fils ou fille, par le trepas de leurs pere & mere.

Les Coutumes qui ne donnent aux puînés que le quint viager, sont Ponthieu, article 1. Noyon, article 2. Ribemont, article 59. Coucy, article 5. Chauny, article 70. & Saint-Quentin, article 33. Comme dans ces Coutumes le droit de quint n'est que viager & personnel, il ne passe point aux héritiers; mais le survivant jouit de la part des prédécedés, après la mort duquel il est entierement éteint.

Le quint héréditat, contraire au viager, est celui qui, par la disposition de la Coutume, demeure aux puînés en propriété, auquel leurs enfans succedent, sans néanmoins sortir de la ligne directe.

Les Coutumes qui ont donné un quint héréditat, sont celles d'Amiens, article 71. Boulogne, article 63. Peronne, article 169. Artois, article 94. la Salle de l'Ille, article 21. des Successions; Tournay, des Fiefs, article 8.

Ces Coutumes sont plus favorables aux puînés,

en ce qu'étant faits propriétaires de leurs portions de quint, ils en peuvent disposer. Mais ces Coutumes donnent à l'aîné la faculté de recompenser le quint des puînés, soit en héritages roturiers, soit en argent.

Entre l'un & l'autre quint, il ne se trouve de différence qu'en la durée.

L'un & l'autre n'a lieu qu'entre freres & sœurs seulement, sans répréfentation; & n'est dû aucun quint en succession collatérale. Il y a même quelques Coutumes qui restraignent ce droit aux successions des peres & meres seulement.

Ce droit d'aînesse, qui donne les fiefs à l'aîné, à la charge d'un quint pour les puînés, ne se peut tendre aux Coutumes qui n'ont point de dispositions semblables.

Ces Coutumes n'ayant donné le quint aux puînés que comme héritiers, & ce quint étant une portion de la succession, il oblige les puînés de contribuer, pour leur part & portion, aux charges anciennes & autres qui étoient dûes sur les fiefs; comme aussi de contribuer aux menues réparations, entretenemens nécessaires des héritages, & gages des Officiers, suivant l'article 40. de la Coutume de Saint-Quentin. Il faut seulement remarquer que les Coutumes de Peronne, de Ponthieu, & de la Salle de l'isle, exemptent les puînés de ces charges & dettes dont le quint est chargé.

Quant au partage qui se fait du quint, tous les puînés y ont autant l'un que l'autre; excepte en la Coutume locale de Coucy, du ressort du Bailliage de Vermandois, qui porte en l'article 5. qu'entre Nobles en ligne directe, l'aîné emporte tous les fiefs, la réserve d'un quint à vie pour les puînés, dans lequel un fils a autant que deux filles.

Dans cette Coutume, quand il n'y a que des filles, les puînées n'ont aussi qu'un quint à vie. *Voyés* Buridan sur la Coutume de Vermandois, 997.

Il nous reste à remarquer, I°. Que ce que portent les Coutumes de Picardie, en attribuant aux aînés les quatres quints des fiefs propres, & terres nobles d'ancienneté dans les maisons, & non des fiefs acquis, dont le pere peut disposer & faire un partage égal entre ses enfans par son testament. Ainsi jugé par Arrêt du 2 Janvier 1623. rapporté dans le Journal des Audiences.

II°. Que les trois ans que la Coutume de Vermandois accorde à l'aîné majeur, pour racheter le quint des puînés dans les fiefs; courent du jour du décès du pere; comme il a été jugé par Arrêt du 20 Décembre 1638. rapporté par Bardet, tome 2. livre 7. chap. 47.

QUINT DATIF, ainsi nommé par la Coutume de Boulogne en l'article 89, est la cinquiéme partie de ses héritages, dont on peut faire dans quelques Coutumes dont ou legs, même en propriété, à un étranger de la famille; & ce quint est préféré au quint naturel & coutumier dont nous venons de parler.

On ne peut quinter qu'une fois ses héritages, comme il est dit en l'article 25. de la Coutume de Ponthieu: ce qui a été ainsi établi, afin qu'une personne pendant sa vie ne puisse, en quintant plusieurs fois, épuiser les fiefs qu'il posséde, pour ne laisser à son héritier qu'un titre vain & infructeux: lequel, comme aîné en cette Coutume, au lieu d'avoir toute la succession, non-seulement des fiefs, mais de tous les biens, auroit une moindre part qu'un étranger ou un de ses puînés, s'il étoit permis de quinter plusieurs fois.

C'est à quoi cette Coutume a remedié; & la défense qu'elle fait de quinter plus d'une fois ses héritages, peut servir de régle génerale pour les Coutumes qui ne donnent aux puînés qu'un quint dans les héritages ou dans les fiefs; parce que sans cette restriction les aînés pourroient être frustrés des avantages que ces Coutumes leur donnent.

QUINT, OU CINQUIÉME ET SURABONDANTE CRIÉE, est une criée, qui se fait après les quatre autres, lorsqu'il y a quelque défaut dans les quatre criées, dans les enchères ou dans les remises.

Cette quinte & surabondante criée couvre tous les défauts des quatre criées, s'il y en a, & assure le décret. Elle purge aussi les défauts qui pourroient se rencontrer dans la procédure des enchères.

La raison est, que si la vente n'a pas été suffisament énoncée, par rapport à la défectuosité qui se trouveroit dans les criées & dans les enchères, la quinte & surabondante criée, avec les enchères qui la suivent, rétablissent la notorieté qui y manqueroit.

Mais pour que la quinte & surabondante criée couvre le défaut qui se trouveroit dans les criées, ou dans les enchères, ou dans les remises, il faut que ce défaut ne soit pas assez considérables pour faire déclarer la procédure absolument nulle.

Il faut dire aussi qu'elle ne purge point le défaut qui se trouveroit dans la saisie réelle, & qui en opereroit une nullité radicale; parce que le fondement des criées étant vicieux, on ne peut rien établir dessus qui puisse valider. Ainsi, comme toute la procédure est alors anéantie, il faut faire une nouvelle saisie en corroborant, & recommencer toute la procédure qui a été faite.

Rebuffe dans son Traité *de Præconiis & Citionibus, tom. 2. art. 4. glossâ unicâ, num.* 30. dit que l'on a coutume de prendre des Lettres royaux pour obtenir la quinte & surabondante criée, à l'effet de purger les défauts des quatre criées & de la procédure, ce qui paroit fondé sur ce que le poursuivant ayant manqué contre la Loi, c'est-à dire contre l'Ordonnance ou la Coutume, il semble qu'il n'y ait que le Prince qui puisse purger un tel défaut.

Cependant ces Lettres ne se prennent plus aujourd'hui; les Juges ordonnent d'office, ou sur la réquisition du poursuivant, la quinte & surabondante criée, lorsqu'il paroit être plus avantageux

aux Parties de rectifier ce qu'il y a de défectueux, que de faire les frais d'une nouvelle procédure.

Ils ordonnent encore une quinte & sur-abondante criées, I°. Lorsque l'on procede à une nouvelle adjudication.

II°. Quand il y a eu une longue discontinuation de poursuites après les premieres remises.

En ce dernier cas, le Procureur poursuivant fait signifier aux opposans, qu'il fera de nouvelles publications, qui seront affichées aux lieux accoutumés, comme il avoit fait publier & afficher l'enchere de quarantaine.

QUITTANCE, est un acte par lequel un créancier tient quitte son débiteur de ce qu'il lui doit, & reconnoit en avoir été, payé, ou déclare qu'il l'en tient quitte pour quelqu'autre cause.

Cette derniere partie de la quittance n'est pas essentielle. Quoiqu'une obligation sans cause, & qui ne contiendroit pas la raison pour laquelle elle seroit faite, fût nulle; néanmoins il n'en seroit pas de même d'une quittance, laquelle ne seroit pas nulle, pour ne pas contenir la cause pour laquelle elle est donnée; la seule déclaration du créancier, qu'il quitte son débiteur de ce qu'il lui doit, opere la libération.

Les quittances des trois dernieres années d'arrérages d'une rente, induisent la libération des précedentes, si elles ne portent expressément la clause, *sans préjudice à ce qui est dû des précédentes années* Papon, livre 10. titre 5. nomb. 6. Catelan, livre 3. chapitre 27. M. le Prêtre, centurie 1. chapitre 7. nombre 2.

Une quittance portant payement de la dot, ne peut être débatue par exception d'argent non nombré *Leg.* 14. *cod. de non numer. pecun. Voyez* le Recueil alphabétique de M. Bretonnier, *verbo* Dot, à l'endroit où il parle de la prescription de la dot.

On peut contraindre pendant trente ans un adjudicataire, ou ses héritiers de rapporter quittance de la consignation. Ainsi jugé par Arrêt du 21. Janvier 1630. rapporté par Dufresne, livre 2. chapitre 6.

La raison est, que le vrai titre d'un adjudicataire est la quittance de consignation, & qu'un créancier absent ou malade pendant le cours des criées, qui ne sçait ce que sont devenus les deniers de l'héritage adjugé, n'a point d'action valable contre le Receveurs des Consignations, à ce qu'il soit tenu lui faire apparoir du payement & des quittances des colloqués en ordre; à moins qu'on ne lui justifie par sa quittance, que les deniers ont été par l'adjudicataire consignés entre ses mains en son Bureau.

Pour qu'une quittance soit valable, plusieurs conditions sont requises.

La premiere qu'elle n'ait été donnée par le véritable créancier de la dette, & que ce créancier ait droit d'en recevoir le payement D'où il s'ensuit.

I°. Qu'un mineur ne peut donner quittance, sans être assisté de son curateur, lorsqu'il s'agit d'une somme dont il ne peut pas valablement recevoir le payement sans son curateur.

II°. Qu'une femme mariée ne peut en pays coutumier donner quittance, qu'elle ne soit autorisée de son mari; à moins qu'elle ne fût marchande publique, & que ce fût pour choses concernant son négoce, ou qu'elle ne fût séparée des biens d'avec son mari, & qu'il ne s'agit que des choses mobiliaires. Mais pour ce qui est des dettes immobiliaires, comme d'une rente, elle n'en peut recevoir le rachat ni en donner quittance, sans être autorisée de son mari; parce que tout l'effet de la séparation est de dissoudre la communauté, & non de diminuer & ôter l'autorité du mari, qui demeure toujours le maître de sa femme en pays coutumier.

Cela est si certain, qu'il a été jugé au Parlement de Paris, le 17. Mars 1691. qu'une femme, quoique mineure & séparée des biens, peut valablement recevoir le remboursement d'une rente qui lui est propre sans être autorisée que de son mari, & qu'il n'est pas nécessaire de lui créer un curateur à cet effet. Cet Arrêt est rapporté dans le Journal des Audiences.

La deuxiéme condition requise pour la validité d'une quittance, est qu'elle ne soit point faite en fraude d'un tiers. Henris, tome 2. livre 4. question 42. rapporte un Arrêt du 23. Juin 1640, qui a jugé la quittance passée par un frere à son frere, au préjudice de son créancier, frauduleuse; & nonobstant cette décharge, l'a condamné à payer le dû à ce créancier.

Un enfant qui, demeurant avec son pere, auroit régi & administré tout son bien, la quittance de décharge que lui donneroit son pere passeroit pour avantage indirect; au moyen de quoi ce fils demeureroit toujours obligé de rendre compte à ses freres de son administration. Charondas, livre 4. réponse 36.

L'Ordonnance de 1629. article 130. porte que toute quittance de dot sera passée pardevant Notaires, à peine de nullité, pour le regard des créanciers seulement.

Comme la fraude ne doit point être autorisée, tous billets & actes faits au préjudice d'une quittance, ne peuvent nuire à un tiers. Ainsi un vendeur qui auroit reconnu par le contrat de vente avoir été satisfait par la chose vendue, ne pourroit pas, en vertu d'un billet par lequel l'acheteur reconnoitroit en devoir au vendeur le prix entier ou une partie, prétendre aucun privilége sur la chose vendue. Ainsi jugé au Parlement de Tournay, par Arrêt du 6 Novembre 1696. rapporté par M. Pinault, tome 1. Arrêt 124.

La troisiéme condition requise pour la validité d'une quittance, est qu'elle soit signée par le créancier, cependant si un débiteur produisoit une quittance écrite par son créancier, & non signée

de lui, & qu'il dit en avoir fait le payement, il seroit admis à le prouver par témoins. Bouvot, tome 2, *verbo* Preuve par témoins questions 16.

L'effet d'une quittance est d'éteindre l'obligation; ce qui est si vrai, qu'un créancier qui auroit donné quittance, ne pourroit pas revenir contre, ni même déferer le serment au débiteur, à l'effet de faire revivre l'obligation. Ainsi jugé au Parlement de Bordeaux par Arrêt du trente Avril 1631. apporté par la Peyrere, lettre O.

QUITTANCE DE FINANCE, est la quittance qu'on donne pour les deniers qui entrent dans les coffres du Roi, pour le prix des Charges ou des Domaines aliénés.

QUOTITÉ, signifie une portion ou quantité d'un tout.

Notre Coutume se sert de ce terme en l'article 122. *quotité du cens se peut prescrire*, c'est-à-dire que la quantité de la somme qui se paye pour le cens se peut prescrire. Si j'ai précedemment payé un sol par chaque année pour le cens, & qu'ensuite pendant trente ans consécutifs je n'en paye que six denier, j'aurai prescrit la quotité du cens, quoique le cens soit inprescriptible, suivant cette maxime: *Nulle terre sans Seigneur, s'il n'y a titre de contraire.*

Il en est de même des fixes, qui ne se peuvent point prescrire pour le total, mais bien pour la quotité.

On distingue ceux qui sont héritiers donataires ou légataire d'une quotité, de ceux ausquels on n'a donné qu'un corps certain; le premier contribuent aux dettes, les autres n'y contribuent pas.

R

RABAIS, est opposé à l'enchere, & se dit d'une adjudication que l'on fait de quelque ouvrage à celui qui veut l'entreprendre à moindre prix & au rabais.

On fait une adjudication au rabais pour la conduite d'un prisonnier, pour des ouvrages ou réparations à faire pour des Eglises par des Mineurs ou pour le Public.

On adjuge aucontraire un bail judiciaire au dernier enchérisseur, c'est-à-dire, à celui qui en offre davantage.

Mais dans l'un & l'autre cas, on fait le profit des Parties intéressées.

RABATEMENT DE DECRET, est une pure grace, qui est admise depuis environ un siecle dans le Parlement de Toulouse, laquelle est contraire au Droit commun & n'est fondée que sur des motifs d'humanité.

Ce rebatement de décret s'accorde par le Parlement de Toulouse, au débiteur dont les biens immeubles ont été adjugé par décret, ou à ses enfans; à la charge de rembourser à l'adjudicataire la somme pour laquelle l'adjudication lui a été faite de l'immeuble, les frais & les loyaux-coûts, de maniere qu'il soit entierement indemnisé.

Le Parlement de Toulouse a cru trouver un modele de ce rabatement dans la Loi 3, § 3, *Cod. de jure dominii impetrando*, qui dit que, *pietatis intuitu habeat debitor in suam rem humanum regressum.* Mais en examinant bien la décision de ce paragraphe, l'on trouvera qu'il n'a point de rapport au rabatement de décret.

Quoi qu'il en soit, les Juges du ressort ne le peuvent ordonner, & il n'y a que ce Parlement qui l'accorde. *Voyez* Dolive, liv. 1. ch. 38.

Cette grace est si extraordinaire, que lorsque ce Parlement juge ces sortes de demandes, il commence toujours par débouter le demandeur de l'effet de ses Lettres avec dépens; & ensuite il ajoute, par forme de grace, que pour certaines considérations, le demandeur rentrera dans les immeubles adjugés par décret.

Comme c'est l'humanité qui a donné lieu à l'introduction de ce droit, lorsque le débiteur sur qui l'adjudication a été faite, ne veut pas rentrer lui même dans un héritage ou autre immeuble sur lui adjugé par décret & que dès le commencent il cede son droit à un autre, cette cession ne peut rien opérer, & ne peut transferer un droit uniquement introduit contre les regles par humanité, en faveur du du débiteur. Catallan, liv. 6, ch. 11.

L'action en rabatement de décret auroit autrefois trente ans, quand le décret avoit été obtenu par Sentence; & ne duroit que dix ans quand il avoit été obtenu par Arrêt.

On prétend que ces trente ans autrefois étoient donnés pour intenter l'action en rabatement de décret, parce que l'on avoit trente ans pour interjetter appel d'une Sentence.

Mais comme par l'ordonnance de 1667. une Sentence passe en force de chose jugée aprés dix ans, on tient que l'action en rabatement de décret adjugé par Sentence, se prescrit aujourd'hui par dix ans.

Touchant le rabatement de décret, *voyez* le Dictionnaire des Arrêts, *verbo* Décret, nomb. 48. *Voyez* aussi la Déclaration du Roi du 16 Janvier 1737.

RABATRE UN DEFAUT, est remettre la cause au même état, que si l'Avocat ou le Procureur qui a obtenu un Jugement par défaut à l'Audience faute de plaider, n'avoit rien obtenu.

Mais le Juge ne rabat aucun défaut aprés que l'Audience est levée: il faut que celui qui a laissé prendre un défaut contre lui, se présente avant que l'Audience soit levée; & demande que le défaut soit rabatu; ce qui lui est accordé, à l'effet de plaider sur l'heure, ou au premier jour l'Audience.

RABULA, terme latin, qui vient *à rabie*, *aut à ravi*; signifie un Brailleur. *Voyez* ce que j'en ai dit, *verbo* Plaidoyé.

RACHAT, est l'action par laquelle on rachete, on retire une chose qu'on a vendue, ou qui étoit en la possession d'un autre.

RACHAT DANS LES VENTES, n'est autre chose que la faculté de racheter dans un certain tems l'héritage vendu, en rendent à l'acquereur le prix qu'il en a payé. Quand cette faculté est à toujours, elle ne laisse pas de se prescrite par trente ans. *Voyez* Faculté de rachat, Retrait conventionnel, Rémére.

RACHAT EN FAIT DE RENTES CONSTITUE'ES, est la faculté de rembourser le principal.

Cette faculté n'est jamais prescriptible; le débiteur est toujours reçu à se libérer, quand même il y auroit convention au contraire, *quia res non potest esse sine sua substantia.* Or il est de la substance des rentes constituées d'être rachetable en quelque tems que ce soit quoique le créancier n'en puisse pas exiger le remboursement, si ce n'est dans le cas de droit.

Suivant ce que nous avons dit, le rachat d'une rente constituée dépend absolument de celui qui en est le débiteur, par la raison que celui au profit de qui le rente est constituée, a fait une vraie aliénation du fonds qu'il a donné pour constitution de la rente

Cependant il y a des cas où le créancier peut contraindre le débiteur d'une rente constituée à la racheter.

1°. Pour cause de stellionat, attendu la mauvaise foi du débiteur, & que celui au profit de qui la rente est constituée a été trompé, & n'a pas les furetés sur lesquelles il comptoit lorsqu'il a donné son argent à constitution.

II°. Lorsque celui qui est débiteur de la rente, aliéne un immeuble affecté & hypotéqué à ladite rente. La raison est, qu'une telle aliénation est préjudiciable au créancier, en ce qu'elle diminue la sureté de sa rente. *Voyez* ci après Vente d'Office.

III°. Lorsque celui qui a passé un contrat de constitution, s'est obligé de faire emploi de l'argent, & d'en fournir acte au créancier dans un certain tems, & de déclarer dans le contrat d'acquisition que c'est des deniers du créancier, consentant qu'il ait une hypothéque privilégiée sur la chose; s'il ne le fait, il peut être contraint au rachat.

IV. Celui qui achete un héritage chargé d'un douaire préfix de deniers, à condition de payer la rente jusqu'à ce que le douaire ait lieu, est obligé d'en faire le remboursement sitôt que le douaire a lieu.

Enfin, l'acquereur d'un héritage à la charge de n'en payer le prix que dans un tel tems, & d'en faire *interim* la rente, peut être contraint d'en faire le remboursement, lorsque le tems est arrivé.

Au reste, de ce que le rachat d'une rente constituée ordinairement dépend absolument de celui qui en est le débiteur, il résulte que le coobligé qui rachete la rente due par lui & ses coobligés, ne les peut contraindre de lui en faire le remboursement. M. le Prêtre, cent. 1, ch. 8; Dumoulin en son Traité des Usures, nomb. 245 & 246. Louet, lettre F, somm. 27, & lettre R, somm. 11.

Touchant le rachat des rentes constituées, *voyez* ce que j'ai dit sur l'art. 121. de la Coutume de Paris.

RACHAT ou RELIEF, est un droit dû au Seigneur, pour les mutations qui arrivent de la part du Vassal en certains cas, consistant au revenu du fief d'une année, ou une somme pour une fois offerte de la part du Vassal, ou le dire de Prud'hommes, au choix du Seigneur.

Ce droit est appellé rachat, parce que le nouveau Vassal est obligé de le payer à son nouveau Seigneur en entrant dans le fief; comme pour le racheter de la perte qui est censée en être faite par la mutation du Vassal.

Ce droit est aussi appellé relief, du mot de relevement, *à relevando, id est liberando, seu solvendo*, pour marquer que le nouveau Vassal qui paye le relief est censé le relever, le dégager, & le remettre dans son premier état; *quasi mortè Vassalli, vel alienato feudo, feudum ceciderit.*

L'origine de ce droit vient de ce qu'anciennement les fiefs étoient réunis de plein droit à la table des Seigneurs dominans par le décès des Vassaux, dont les héritiers collatéraux ne pouvoient rentrer dans ces fiefs, qu'en les rachetant ou les relevant des Seigneurs à qui ils payoient un droit, qui fut nommé par cette raison rachat ou relief.

On l'appella d'abord *placitum*, parce que n'étant pas réglé, il dépendoit à la rigueur de la volonté des Seigneurs dominans; & de-là vient encore aujourd'hui les reliefs ou rachats, quoique reglés ou fixés, sont encore nommés relevaisons à plaisirs, & plait à merci.

Le rachat ou le relief consiste, comme nous venons de dire, au revenu du fief d'une année, ou le dire de Prud'hommes, ou une somme pour une fois offerte de la part du Vassal, au choix & élection du Seigneur. Art. 47. de la Coutume de Paris.

C'est au Seigneur à choisir le revenu d'un an de fief, ou la somme offerte par le Vassal pour le relief.

L'année du relief ne commence que du jour des offres acceptées par le Seigneur, ou valablement faites par le Vassal, jusqu'à pareil jour de l'année suivante.

Si le Seigneur choisit le revenu d'un an, le Vassal est tenu de lui communiquer ses baux, & le Seigneur est tenu réciproquement de les entretenir.

Ce droit est dû dans la Coutume de Paris, & dans la plus grande partie des autres Coutumes, en toutes mutations de fief, excepté celles qui arrivent par vente ou par acte équipolent à la vente, esquelles est dû quint au Seigneur, avec le requint dans quelques Coutumes.

Il faut encore excepter les mutations qui arrivent par succession en ligne directe, tant ascendante, que descendante, esquelles il n'est rien dû au Seigneur féodal que la bouche & les mains, c'est-à-dire, la foi & hommage. *Voyez* Mutation, & ce que j'ai dit sur les art. 3. & 4. de la Coutume de Paris.

Il n'est dû qu'un relief, quoique le fief change de main par plusieurs mutations dans la même année. La raison est, que le relief est le revenu d'un an: or une terre ne produit des fruits qu'une fois l'an.

Ainsi, par Arrêt du 10 Mars 1662, rendu en la Grande Chambre au rolle de Paris, il a été jugé en la Coutume de Meaux, semblable à celle de Paris, que dans une même année y ayant eu deux mutations de Vassaux en succession collatérale, l'une par la mort du frere décédé sans enfans, & l'autre par le mariage de la sœur héritiére de son frere, il n'étoit dû qu'un seul droit de rachat pour raison du fief dont il étoit question. Jovet, *verbo* Seigneur, n. 18.

On tient pour maxime certaine, que les droits de relief & autres se payent sur le pied de la Coutume où est assis le fief qui en est tenu. Aussi par Arrêt du Grand Conseil du 1 Mars 1721, il a été ordonné que, suivant les offres faites par Madame la Duchesse de Richelieu, elle payeroit le droit de relief dû à cause du fief de Menevillers, relevant de celui de Monsure, suivant la Coutume d'Amiens. Le Comte de Bourdin prétendoit que son fief de Monsure relevant de Conti, & par conséquent celui de Menevillers étant un arriere-fief de Conti, le droit de relief devoit être payé suivant l'article 74. de la Coutume de Clermont, où est situé le fief de Conti.

Touchant le relief, *voyez* ce que j'ai dit sur l'article 47. de la Coutume de Paris, & sur les deux suivans.

RACHAT RENCONTRÉ, est en quelques Coutumes quand deux ou plusieurs rachats échoient en une même année & se rencontrent, en ce cas le premier dure jusqu'à ce que le second soit échu; ensorte que s'il arrive qu'en une même année deux ou plusieurs Vassaux, Seigneurs d'une même terre meurent, & qu'il y ait rencontre de rachats, le Seigneur du fief jouïra depuis le décès du premier jusqu'au décès du second, & depuis le décès du dernier pendant un an entier, selon l'article 70. de la Coutume de Bretagne. *Voyez* Brodeau sur Louet, lettre R, chapitre 2, nomb. 8.

RACHETER, signifie éteindre une rente, s'en libérer.

RACINE. On dit que des fruits sont pendans par les racines, quand ils ne sont pas encore coupés ni cueillis. *Voyez* ce que j'en ai dit, *verbo* Fruits.

Il est d'usage que les fruits pendans par les racines ne peuvent être saisis qu'après la S. Barnabé, qui arrive le 11. Juin.

RADIATION, se dit des ratures qui sont ordonnées par autorité de Justice. On ordonne la radiation des qualités prises sans aucun droit, la radiation des injures, la radiation d'un écroue; & dans les comptes, la radiation des articles qui ne sont pas établis.

RAISON, signifie le droit qu'on a de poursuivre quelque chose en Justice. On dit, par exemple, qu'un cédant subroge son cessionnaire en tous ses droits, noms, raisons & actions.

RAMAGE, en termes de Coutumes, signifie quelquefois le droit ou la faculté qu'ont quelques sujets de couper des branches, ou des rameaux d'arbres, dans les forêts de leurs Seigneurs.

Ce terme est aussi employé pour signifier la parenté de collatéraux. Aussi M. d'Argentré la définit, *descensus à stipite communi*.

Cela paroît fondé sur ce que dans chaque personne il y a deux lignes qui se terminent; sçavoir, la paternelle & la maternelle, & chaque ligne en remontant directement de degré en degré se fourche par les femmes, ensorte qu'elle se divise en une multitude de lignes directes. De ces différentes sortes de lignes directes, il sort en différens degrés des lignes collatérales en descendant; & ces lignes collatérales sont appellées branchages ou ramages, parce qu'elles sont comme des branches ou des ramaux qui s'écartent de la tige d'un arbre. *Voyez* le Glossaire du Droit François, *verbo* Ramage. *Voyez* aussi l'art. 595. de la Coutume de Bretagne, & le Commentaire de M. de Parchambault, tit. 25, §. 46.

RAMEAU, se dit dans les généalogies des diverses branches des familles qui sortent d'un même tronc, d'une même souche.

RANÇON, est une somme que l'on paye pour tirer des mains des ennemis un homme qui auroit été pris par eux.

Ceux qui sont pris par les ennemis ne deviennent point aujourd'hui leurs esclaves, comme nous avons dit ci-dessus en parlant des prisonniers de guerre; ensorte qu'ils ne sont obligés que de payer leur rançon.

Elle est telle qu'il est convenu publiquement entre les Peuples qui sont en guerre, ou telle qu'il plaît aux vainqueurs d'exiger, lorsqu'il n'y a point de convention à cet égard; mais cette rançon doit toujours être proportionnée à l'état & aux facultés des vaincus.

L'obligation pour une rançon est non-seulement valable, mais cette dette est privilégiée; ensorte que ceux qui l'ont payée sont préférés à tous autres créanciers de celui dont on a procuré la liberté, même à sa femme qui demanderoit sa dot ou son douaire, & à ses enfans qui se tiendroient au douaire de leur mere. Plaidoyés de Corbin, chap. 80; le Bret, liv. 1, décis. 10; Brodeau sur Louet, lett. A, somm. 9, nomb. 11.

Redemptor captivi præfertur omnibus creditoribus, etiam viduæ, quamvis illa sit prior tempore. Mornacius, ad Authent. si captivi, cod. de Episcop. & Clerici. Ce qui est fondé sur ce que par le moyen de la rançon le prisonnier pris en guerre rachete sa vie que le Capitaine ou le Soldat pouvoit lui ôter.

Un pere est tenu de payer la rançon de son fils. Bardet, tom. 1, liv. 1, chap. 72; le Journal des Audiences, tom. 1, liv. 1, chap. 133, & tom. 2, liv. 6. chap. 11; Boniface, tom. 2, liv. 4, tit. 17, chap. 1.

Un fils est pareillement tenu de payer la rançon de son pere. Suivant l'Ordonnance de l'année 1681, touchant la Marine, art. 14, liv. 3, tit. 6, les mineurs peuvent par l'avis de leurs parens, s'obliger pour tirer leur pere d'esclavage, sans qu'ils puissent être restitués. *Voyez* Basnage sur l'article 399. de la Coutume de Normandie.

Un Vassal opulent est tenu de payer la rançon de son Seigneur, pris en légitime guerre pour le Royaume. Boërius, décision 128.

Un Marchand est tenu de payer la rançon de celui à qui il a commis le soin de ses marchandises, lorsqu'il est pris. Peleus, question 137.

La faveur de cette dette est si grande, que les biens substitués & sujets à un fideicommis, au défaut de biens libres, peuvent être valablement obligés par l'héritier grevé pour le payement de sa rançon. Basset, tom. 1, liv. 5, tit. 9, chap. 14.

Des prisonniers de guerre relâchés sur leur parole de payer leur rançon, & celle des autres prisonniers qui étoient restés, n'étant point retournés & n'ayant point satisfait à leur promesse, il fut jugé au Parlement de Metz le 8 Mars 1640, que ceux qui étoient restés, & qui avoient été obligés de payer la rançon, pouvoient demander à ceux qui étoient sortis sur leur parole, & qui ne l'avoient pas tenue, leurs parts de ce qui avoit été payé. *Voyez* le 57e. Plaidoyé de M. de Corberon. *Voyez* aussi Grotius dans son Traité *de Jure belli & pacis, lib. 7, cap. 7.*

RANG, est la place que l'on donne à la qualité, au mérite. *Voyez* Préséance.

RAPPEL, est ordinairement une disposition

de derniere volonté, par laquelle un homme rappelle à sa succession une personne qui n'auroit pas droit d'y venir autrement.

Cette disposition est ordinairement de derniere volonté, parce qu'elle se peut faire aussi par contrat de mariage. Sur quoi il faut remarquer que le rappel fait par testament est révocable, mais qu'il est irrévocable quand il est fait par contrat de mariage.

L'on ne peut faire rappel à succession au profit de celui qui en est exclus, que jusqu'à la concurrence de ce dont on peut disposer par testament. Loysel, liv. 2, tit. 4, regle 11; Brodeau sur Louet, lettre P, somm. 24, nomb. 13.

Il y a plusieurs sortes de rappels; sçavoir, I°. Celui qui répare le défaut de représentation. II°. Celui qui se fait dans le cas de l'Exclusion coutumiere des filles dotées. III°. Celui qui se fait dans le cas de la rénonciation expresse des filles dotées. IV°. Celui qui releve les enfans de leur exhérédation.

Nous allons parler séparément de ces différentes espèces de rappels. Voici les Auteurs que l'on peut aussi consulter pour résoudre les questions qui se peuvent présenter sur cette matiere. Louet, lettre M, somm. 4; Bacquet, des Droits de Justice, chap. 21, nomb. 72; M. Ricard, Traité des Donations entre vifs, part. 1, chap. 4, sect. 2, dist. 3, nomb. 1070; Henrys, tom. 2, liv. 4, quest. 7; le Traité des propres, chap. 2, sect. 8; M. le Brun, Traité des Successions, liv. 3, chap. 10.

RAPPEL QUI REPARE LE DEFAUT DE PRESENTATION, est une disposition qui est ordinairement de derniere volonté, par laquelle un homme rappelle à sa succession une personne qui n'auroit pas droit d'y venir autrement, parce qu'il seroit plus éloigné en degré que d'autres enfans, ou d'autres parens col.

Celui qui passe un tel acte, déclare qu'il veut & entend qu'un tel parent plus éloigné que ses autres enfans ou col. lui succede au lieu & place de son pere ou autre, avec ses autres héritiers légitimes qui lui succederont après son décès. Pour que ce rappel soit valable, il faut que la Cout. qui n'admet pas la représentation, ne contienne pas aucune prohibition de faire le rappel; autrement il ne seroit pas valable.

Ce rappel qui se fait pour réparer le défaut de représentation, est de deux sortes; sçavoir, celui qui se fait dans les termes du Droit, & celui qui se fait hors les termes du Droit.

Le rappel qui se fait *intra terminos Juris*, est celui par lequel on rappelle à sa succession des collatéraux qui y peuvent venir, suivant la disposition du Droit civil, & qui est nécessaire dans certaines Coutumes où la représentation n'a point lieu en ligne col.

Tel est le rappel que l'oncle fait de ces neveux & nieces, à l'effet de lui succéder conjointement avec ses freres & sœurs. C'est la disposition expresse du chap. 3 de la Novelle 118 de Justinien. Ainsi ce rappel est fait *intra Juris terminos*.

A plus forte raison le rappel qui se fait des petits enfans d'un fils prédécédé, est fait *intra Juris terminos*, dans la Coutume de Boulonois, qui donne tout aux enfans du premier degré, à l'exclusion des descendans qui sont dans un degré plus éloigné.

On tient que les Coutumes qui n'admettent point la représentation dans les cas où elle est établie par le Droit Romain, sur-tout en ligne directe descendante, sont très-odieuses; & que c'est pour les adoucir, autant qu'il est possible, que l'on a introduit le rappel.

Aussi ce rappel qui se fait *intra terminos Juris*, est extrêmement favorable, parce qu'il produit un retour au Droit commun, c'est-à-dire, à la disposition du Droit civil, qui est en cela observée presque par toute la France; à l'exception de quelques Cout. qui n'admettent point en ce cas la représentation.

La faveur que l'on a donnée au rappel qui se fait dans les termes de Droit est si grande, que nos plus fameux Auteurs tiennent qu'il peut être fait, non-seulement par quelqu'acte que ce soit par devant Notaires, mais encore par un simple acte sous seing privé.

On donne à ce rappel toute son étendue, c'est-à-dire, que celui qui est rappellé succede de la même maniere que si la Coutume avoit admis la représentation conformément au Droit, jusques-là que s'il est fils de l'aîné, il succede au droit d'aînesse. Louet & son Commentateur, lettre R, chap. 9. Il y a plus, c'est que le rappel fait dans les termes de Droit, en ligne directe, profite à tous les petits enfans qui sont dans le même degré que celui qui a été rappellé; quoiqu'ils ne soient pas compris dans l'acte de rappel. Soefve, tom. 1, cent. 2, chap. 48.

Le rappel qui est fait *intra terminos juris*, a encore un effet bien différent de celui qui est fait *extra Juris terminos*; car ceux qui viennent par représentation en vertu du rappel fait dans les termes de droit, sont véritablement héritiers du défunt, & ils prennent leur part & portion à titre de succession; de sorte que les immeubles qu'ils en recueillent deviennent propres en leurs personnes. Ainsi jugé par Arrêt du 9 Juin 1687, rapporté dans le Journal du Palais; au lieu que ce qui vient en conséquence du rappel fait *extra terminos Juris*, ne vaut que *per modum legati*.

Le rappel fait *intra terminos Juris*, fait aussi que la succession du défunt se partage par souches, même en ligne collatérale; comme il a été jugé par Arrêt du 6 Septembre 1660, rapporté dans le Journal des Audiences, & par Soefve, tom 2, cent. 2, chap. 13.

Le rappel qui se fait *extra terminos Juris*, est celui par lequel on rappelle à sa succession des collatéraux qui n'y pourroient pas venir, suivant la disposition du Droit civil, comme si le rappel se faisoit d'un arriere-neveu. Il est certain que ce rappel est fait hors les termes de Droit, dautant que par la disposition du Droit civil la représentation n'a point lieu en ligne collatérale, que dans le cas exprimé dans le chap. 3. de la Novelle 118. de Justinien, qui contient un droit nouveau & spécial, lequel par conséquent ne reçoit point d'extension.

Le rappel qui est fait *extra terminos Juris*, est moins favorable que celui qui est fait *intra Juris terminos*: c'est pourquoi celui qui est fait hors les termes de Droit, n'est pas tant un véritable rappel, qu'un legs: d'où il s'ensuit.

I°. Que les propres n'y sont pas compris qu'autant que la Coutume permet d'en disposer par testament.

II°. Qu'il se peut faire que par un testament; desorte qu'une simple déclaration faite pardevant Notaires ne suffiroit pas pour cela, ni à plus forte raison un acte sous seing privé. Ainsi quand un grand-oncle qui a des neveux rappelle ses petits-neveux, ce rappel étant fait hors les termes de Droits, n'est valable que par forme de legs, & celui qui a été rappellé ne peut avoir part que dans les biens dont on a la faculté de disposer par testament.

Voyez Montholon, Arrêt 126. M. le Brun dans son Traité des Successions, liv. 2. tom. 1. cent. 2. chap. 58. & tom. 2. chap. 10. sect. 3. M. Louet & son Commentateur, lettre R, chap. 9. M. Soefve, cent. 3. ch. 40. *Voyez* aussi, touchant le Rappel, le Traité particulier qu'en a fait M. Marie Ricard, qui a été mis dans la derniere édition de ses Ouvrages.

RAPPEL DANS LES CAS DE L'EXCLUSION COUTUMIERE DES FILLES DOTÉES, est celui qui se fait pour remédier à l'exclusion coutumiere des filles dotées. Ce rappel a lieu dans les Coutumes qui excluent les filles dotées des successions directes & collatérales, parce que cette exclusion est principalement fondée sur la présomption de la volonté du pere qui a doté, & de l'affection duquel la Loi présume qu'il a suffisamment pourvu à sa fille en la dotant & en la mariant: c'est pourquoi le pere s'expliquant contre cette exclusion, la Loi autorise sa volonté, & le rappel qu'il fait de sa fille à sa succession; d'autant que la volonté expresse du pere prévaut alors sur cette présomption, & la fait absolument cesser.

Il faut que ce rappel soit fait par le pere ou par la mere l'ayeul, ou l'ayeule, parce qu'il n'y a qu'eux qui soient obligé de doter, & qu'ils excluent leurs filles en les dotant: ce qu'on leur a permis en faveur des mâles, & sur la présomption de l'affection paternelle.

Si le pere & la mere ayant doté, il n'y a que l'un des deux qui rappelle la fille dotée à sa succession, le rappel aura seulement lieu pour la succession de celui qui l'aura fait; & si par la Coutume la fille dotée est excluse de toutes successions, même collatérales, c'est-à-dire, de celles des freres & autres descendans du pere, la fille réservée ou rappellée par le pere ou la mere seulement, demeure exclusé des successions collatérales.

Ce rappel qui répare l'exclusion d'une fille dotée doit être fait expressément par le contrat de son premier mariage; après quoi elle ne peut être rappellée à aucun droit successif au préjudice des mâles ou leurs descendans sans leur consentement exprès. La raison est que ses freres ont un droit acquis, lorsque par le premier mariage de leur sœur dotée il n'y a point de réserve. *Voyez* M. le Brun en son Traité des Successions, liv. 3. ch. 10. sect. 1. Coquille quest. 128.

RAPPEL DANS LES CAS DE LA RENONCIATION EXPRESSE DES FILLES DOTÉES, est celui dont on se sert réparer une rénonciation qu'une fille dotée a fait à une succession future.

Les pere & mere qui ont stipulé la renonciation peuvent rappeller leur fille à leur succession; car une fille, pour avoir renoncé, ne s'est pas rendue indigne de l'affection de ses pere & mere.

Il n'y a rien de plus favorable que ce rappel; c'est un retour au Droit commun, & même au Droit naturel, qui égale tous les enfans. Ainsi ce rappel se peut faire par toute sorte d'actes, soit entre-vifs, ou à cause de mort; c'est-à-dire par une simple déclaration devant Notaires ou par disposition de derniere volonté.

Comme un même contrat de mariage ne peut pas porter une rénonciation expresse & un rappel, il faut que l'acte de rappel soit postérieur au contrat de mariage, même dans les Coutumes qui veulent que le rappel de la fille soit fait par le contrat de son premier mariahe.

Quelques Coutumes ne permettent pas de rappeller les filles qui ont renoncé aux successions, à moins que le pere ou l'ayeul; en les mariant, ne se soient réservé cette facuté; mais ils peuvent leur faire des legs, ou des donations particulieres.

Hors ces Coutumes, les parens ont la liberté de rappeller à leur succession, & à celle de leurs autres enfans, les filles qui ont renoncé, quoiqu'il n'y ait point de semblable réserve dans le contrat de mariage.

Le rappel en ce cas admet la fille à la succession, comme si elle n'avoit point renoncé: mais il faut qu'il soit formel & précis; car un legs fait par le pere à la fille, n'est pas un rappel suffisant pour lui donner droit de venir à partage avec ses freres & sœurs. Henrys, liv. 4. quest. 11.

Le rappel formel & précis peut se faire par toute sortes d'actes, soit entre-vifs ou à cause de mort. Dumoulin sur l'art. 139. de la Coutume de Blois.

Quand les peres & meres, en mariant leurs filles, les ont fait renoncer à la succession de leurs freres & sœurs, ou autres parens collatéraux, elles peuvent être par eux rappellées à leurs successions; & un tel rappel les remet dans le même état où elles seroient si elles n'y avoient pas renoncé. Mornac en son Recueil, part. 1. art. 49. fait mention d'un Arrêt qui l'a ainsi jugé. *Voyez* M. le Brun en son Traité des Successions, liv. 3, chap. 10. sect. 2. *Voyez* aussi Coquille, quest. 129.

RAPPEL QUI RELEVE LES ENFANS DE LEUR EXHÉRÉDATION, est celui par lequel le pere ou tout autre qui a prononcé une exhérédation contre son héritier présomptif, déclare qu'il entend qu'il vienne à sa succession, de la maniere qu'il auroit fait avant l'exhérédation qu'il révoque.

Une exhérédation faite par un testament solemnel, doit être révoqué par un autre testament également solemnel & parfait, si ce n'est que le testament qui portoit l'exhérédation eût été fait dix ans auparavant; auquel cas une déclaration du testateur, faite en présence de trois témoins, qu'il ne veut pas que son testament ait lieu, suffit pour la révocation: ce qui se tire des Textes du Droit civil, § 3. *Inst. quibus mod. testam. infirmant. Leg.* 18. *ff. de legat.* 3. *Leg.* 27. *cod. de testam.*

Mais cette rigueur de Droit ne s'observe pas dans les Provinces du Droit écrit ; & un acte de revocation passé pardevant un Notaire & deux témoins est réputé suffisant. L'Ordonnance qui ne requiert que ces formalités pour toutes sortes d'actes, prévaut à la regle.

A l'égard du Pays coutumier, comme l'exhérédation y peut être faite par un simple acte pardevant Notaires, il n'y a pas lieu de douter que la révocation ne s'y en puisse faire de même.

Outre ce rappel exprès d'une exhérédation, il y en a encore un tacite, qui résulte du pardon de l'injure qui a causé l'exhérédation, ou qui se tire de la simple réconciliation entre le pere & le fils.

Un pere qui a déclaré qu'il pardonne à son fils l'injure qui l'avoit porté à l'exhéréder, est réputé lui avoir remis son exhérédation, pourvu que le pardon soit sans réserve, parce qu'après un tel pardon la faute est effacée. Ainsi, comme l'exhérédation demeure sans cause, elle demeure aussi sans effet, quoiqu'elle n'ait pas été nommément révoquée.

La réconciliation entre le pere & le fils n'induit pas toujours le pardon&le rappel de l'exhérédation surtout quand cette réconciliation se fait à l'article de la mort, ou dans les circonstances de nécessité ou de bienséance.

Une telle réconciliation n'est pas suffisante pour révoquer l'exhérédation du pere; il faut que l'action dont on infere une révocation tacite, donne à connoître que par une rémission pleine & entiere de la part du pere, les justes ressentimens qui avoient donné lieu à l'exhérédation, sont dissipés & que la tendresse paternelle a entierement pris le dessus. *voyez* M. le Brun en son traité des successions liv. 3, cha. 10. sec. 4.

RAPPEL DE BAN OU DES GALERES, est une révocation que fait le Roi par des Lettres du grand Sceau, de la peine du bannissement ou de celles des galeres, à laquelle étoit condamné l'impétrant, par Sentence ou Arrêt rendu contre lui présent.

Le plus souvent cette révocation contient un changement ou comutation de ban ou des galeres en un autre peine plus douce & plus légere que celle qui étoit portée par le Jugement de condamnation

Ce rappel est une grace imparfaite, qui n'ôte point l'infamie encourue par celui qui avoit été précédemment condamné par Jugement. c'est pour ainsi dire, un milieu entre la condamnation & la grace entiere, d'autant que le Roi fait grace à la vérité d'une peine au condamné, mais il ne veut pas que le crime demeure entierement impuni : c'est pourquoi Sa Majesté subroge un autre peine en la place, comme en une amende; ensorte que celui qui a obtenu des Lettres de rappel demeure toujours noté, & ne rentre pas pour cela dans ses biens, s'ils ont été en conséquence de sa condamnation confisqués. Voyez Maynard, liv. 5. chap. 1. tit. 80.

De ce principe il s'ensuit, qu'un Officier qui après avoir été condamné aux galeres ou au bannissement, a obtenu des Lettres de rappel, ne peut rentrer dans l'exercice de sa Charge, ou se faire recevoir dans une autre, sous prétexte desdites Lettres. Albert. lettr. N. article 2. Boniface, tom. 1. art. 1. tit. 1. nomb. 28.

Voyez le titre 16. de l'Ordonnance de 1670. Despeisses, tom. 2. pag. 703. du Fail, liv. 3. chap. 273. Albert lettre N, art. 2. Basnage sur l'art. 143. de la Coutume de Normandie.

RAPPORT. Ce terme a plusieurs significations. Il signifie quelquefois le détail que fait un Juge en pleine Chambre d'un procès dont il est rapporteur. Aussi les Jugemens qui sont rendus en conséquence portent : *Oui le rapport d'un tel, Conseiller, dit a été, &c.*

Ce terme signifie aussi la remise des sommes qu'un des cohéritiers doit remettre à la masse de la succession avant que de la partager, afin de conserver l'égalité entre tous les cohéritiers du défunt.

RAPPORT DE BIEN SELON LE DROIT ROMAIN, est la confusion & le mélange des biens de ceux qui le font avec les biens de ceux dont la succession est à partager, à l'effet d'être joints à la masse, pour être le tout partagé en autant de portions qu'il s'en doit faire de la succession, y compris ceux qui rapportent, & ceux à qui le rapport est fait.

Le rapport se peut faire de différentes manieres.

Premierement en rapportant effectivement les choses sujettes à rapport, & les faisant comprendre dans la masse des biens du défunt.

En second lieu, en retenant ce qui est sujet à rapport, & prenant d'autant moins des biens de la succession.

Le Droit Romain a introduit le rapport, & voici à quelle occasion.

Par l'ancien Droit, c'est-à-dire, par la disposition de la Loi des douze tables, (*quæ Lex appellata est fons & origo omnis publici privatique Juris*,) les enfans émancipés étoient regardés comme étrangers, & par conséquent étoient exclus de la succession de leur pere, ou autre ascendant paternel. Sur quoi *voyez* ce que j'en ai dit sur le §. 9. du premier titre du troisiéme Livre des Institutes.

Mais le Préteur ayant admis les enfans émancipés à leurs successions, il trouva qu'en les y admettant avec les enfans qui etoient héritiers siens du défunt, il seroit injuste de leur laisser biens qu'ils avoient acquis depuis leur émancipation; d'autant que toutes les acquisitions qu'avoient faites les enfans qui étoient restés en la puissance de leur pere, augmentoient son patrimoine, dont les enfans émancipés devenoient participans.

Pour remédier à cet inconvénient, le Préteur trouva à propos d'obliger les enfans émancipés venant à la succession de leur pere, à raporter tout ce qu'ils avoient acquis depuis leur émancipation, du moins tout ce qui auroit appartenu à leur pere, s'ils étoient restés dans sa puissance : ainsi sa vue fut de rendre égale par ce moyen la condition des uns & des autres enfans.

A Prætore injuncta fuit emancipatis bonorum collatio, 1°. *Ut injuria, quam emancipati suis facient*, *contrario collationis commodo repensaretur.* II° *Quia Prætor emancipatos ad parentum successionem vocat, quasi rescissa emancipatione semper in familia remansissent; hic autem color postulat, ut quemadmodum quasi sui succedunt, ita quasi sui ea patri censeantur acquisisse, quæ revera ipsi acquisissent, si non fuissent emancipati.* III° *Ut inter liberos servetur æqualitas, quæ maximum est concordiæ inter fratres retinendæ vinculum.*

De ce que nous venons de dire il s'ensuit, I. Que les enfans émancipés ne faisoient point entr'eux de rapport; *quia emancipati nullo incommodo se se invicem afficiunt, sed pari jure utuntur.* Ainsi les émancipés n'étoient obligés au rapport, que quand ils succedoient à leur pere, ou autre ascendant paternel, concurremment avec les héritiers siens du défunt.

II°. Que les enfans émancipés qui étoient institués héritiers par leur pere, n'étoient point obligés de rapporter; *Quia eo ipso, quo emancipati meruerunt judicium patris, nec quidquam amplius consequuntur quam pater eis dedit, non faciunt fratribus injuriam.* Mais Justinien ordonna qu'ils seroient obligés de rapporter ce qu'ils avoient acquis depuis leur émancipation, à moins que le testateur ne l'eût défendu expressément. *Authent. ex testamento, cod. de collationib.*

III°. Que les enfans héritiers siens ne sont point obligés de rapporter, ni entre eux, ni à ceux qui sont émancipés.

Mais il a été réglé dans la suite que tous les enfans soit qu'ils soient sous la puissance de leur pere, soit qu'ils soient émancipés, fussent obligés de rapporter à la succession de leur pere ce qu'ils en auroient reçu en dot, ou à titre de donation à cause de noces.

Hodie liberi omnes, sive sui juris sint, sive in potestate constituti, dotem & donationem propter nuptias à patre profectam in medium conferre tenentur, æqualitatis inter liberos servandæ causâ: cui rationi accedit quod dos & donatio propter nuptias dari censeantur quasi mortis causâ, in antecessum futuræ successionis, & ut cedant in legitimam; at ea quæ veniunt in legitimam, veniunt & in collationem, non tamen vice versa. Leg. penult. cod. de collationib.

De ce que nous avons dit il s'ensuit, que les émancipés ne sont obligés à rapporter à la succession de leur pere, que les biens qu'ils lui eussent acquis s'ils étoient restés en sa puissance; & par conséquent qu'ils ne sont point obligés de rapporter les biens castrenses, ou quasi castrenses. *Leg. 1. §. 15. ff. de collationib. bonor.*

Par le Droit nouveau ils ne rapportent que les biens profectices, & l'usufruit des biens adventices; parce que quand même ils seroient restés en la puissance de leur pere, ils n'auroient acquis à leur pere que l'usufruit des biens adventices, comme il a été ordonné par la Constitution de Justinien. *Leg. ult. cod. de collationib. & Leg. ult. cod. de bon qu. liber.*

Voilà l'origine & le progrès du rapport, suivant le Droit Romain, dont à cet égard on suit, en pays de Droit écrit, la disposition de la derniere Jurisprudence. Voyons présentement ce qui s'observe parmi nous en pays coutumier, au sujet du rapport des biens.

RAPPORT DE BIENS SELON LE DROIT COUTUMIER, est différent de celui qui avoit été introduit par le Droit Romain.

En pays coutumier, tous les enfans venans à la succession de leurs pere & mere, ou autre ascendant du côté paternel ou maternel, sont obligés de rapporter à la masse de leur succession commune tous les avantages qu'ils ont reçus d'eux en avancement d'hoirie, pour être confondus avec les autres biens de la succession, & partagés entre ceux qui rapportent & leurs cohéritiers. Cela posé, il y a beaucoup de différence entre le rapport qui se fait suivant le Droit Romain, & le rapport qui se fait suivant le Droit coutumier.

I°. Le rapport qui se fait suivant le Droit Romain, oblige les enfans émancipés à rapporter ce qu'ils ont acquis depuis leur émancipation. Il oblige aussi les enfant émancipés, & les enfans héritiers siens, à rapporter ce qu'ils ont reçu à titre de dot ou de donation à cause de noces; au lieu que suivant le Droit coutumier, le rapport ne se fait de ce que les enfans ont reçu en avancement d'hoirie de leur pere & mere, & non pas de ce qu'ils ont acquis d'ailleurs.

II°. Le rapport, suivant le Droit Romain, n'a originairement été introduit qu'à l'égard des enfans émancipés: au contraire, en pays coutumier la puissance paternelle n'étant point admise, le rapport y a été introduit indépendamment de cette considération.

Mais quoique le rapport qui se fait en pays coutumier, soit différent de celui qui se pratique suivant les Loix Romaines en pays de Droit écrit, une des raisons qui avoient fait introduire le rapport chez les Romains, l'a fait adopter par nos Coutumes.

Cette raison qui est tirée de l'équité naturelle, tend à maintenir la paix dans les familles, en conservant, autant qu'il est possible, l'égalité entre tous les enfans qui viennent à la succession de leurs pere & mere, ou autres ascendans de l'un & de l'autre côté; autrement il n'y auroit pas de justice, qu'entre ceux qui sont appellés à la succession de leurs ascendans par un droit égal de la nature, il y en eût de plus avantagés que les autres.

C'est un principe certain, que quand la raison de la Loi cesse, sa disposition doit aussi cesser. Or le rapport n'a été admis parmi nous en ligne directe descendante, que pour conserver dans les familles la paix entre les enfans venans à la succession de quelqu'un de leurs ascendans, en rendant leur condition égale.

Le rapport n'a point lieu dans la ligne directe ascendante: car comme, selon le droit naturel, la succession des ascendans est due également à tous les enfans, rien ne paroît plus équitable, que l'égalité soit conservée entre tous les enfans qui se portent héritiers de leurs pere & mere. Mais cette raison n'a pas lieu à l'égard des ascendans, lorsque leurs enfans décedent sans enfans; car c'est une succession à laquelle ils ne doivent pas s'attendre naturellement, & qui ne leur échoit que *turbato mortalitatis ordine.* Aussi les Loix Romaines ne parlent que de la ligne directe descendante, & aucune de nos Coutumes n'ordonne le rapport la ligne directe ascendante, pas même celles qui l'ordonnent dans la ligne collatérale.

Dans les régles, le rapport ne peut pas avoir lieu en collatérale : ainsi, quelque donation qu'un des héritiers d'un défunt eût reçue de lui de son vivant, il ne seroit pas obligé de la rapporter ; parce que les biens d'un défunt n'étant déferés à ses collatéraux que par une espéce de bienfait volontaire, ils sont réputés étrangers, & ils ne peuvent contester les dispositions entre-vifs faites à l'un d'eux. Brodeau sur Louet, lett. D. somm. 17. nomb. 10.

Il y a néanmoins quelques Coutumes, comme celles de Blois & de la Rochelle, qui veulent que tout donataire, soit en ligne directe, soit en ligne collatérale, venant à la succession du donateur, rapporte les choses qu'il en a reçues de son vivant à titre de donation.

Il n'y a donc régulierement que les héritiers en ligne directe descendans, qui soient obligés à rapporter ce qui leur a été donné par celui auquel ils succedent ; mais ils peuvent, si bon leur semble, retenir ces avantages en renonçant à leur succession, quoique ce qui leur a été donné excede de beaucoup leur portion héréditaire, pourvu que la légitime soit réservée aux autres.

Ainsi, quand les donataires en ligne directe ne viennent point à la succession, & se tiennent à leurs dons, les choses données ne sont sujettes à rapport, que jusqu'à concurrence de la légitime des autres enfans.

Néanmoins dans les Coutumes d'égalité, le rapport est d'une nécessité si absolue, tant en ligne directe qu'en ligne collatérale, que celui qui renonce à la succession de celui dont il a reçu quelques dons, est obligé de les rapporter, aussi bien que ceux qui l'acceptent ; mais ce rapport n'est absolument nécessaire de la part de ceux qui renoncent à la succession, que lorsqu'il y a des cohéritiers qui le demandent ; parce qu'il n'a été introduit qu'en leur faveur, & pour conserver l'égalité entr'eux. D'où il résulte que s'il n'y avoit que des créanciers du défunt qui voulussent obliger l'héritier du donateur de rapporter, ils n'y seroient pas recevables.

Comme le rapport n'a lieu qu'entre cohéritiers ; si un pere ou une mere qui ont avantagé quelques-uns de leurs enfans, & les font tous légataires universels par leur testament, veulent pour conserver l'égalité entr'eux tous, que ceux qui ont été avantagés fassent le rapport de ce qu'ils ont reçu d'eux, il faut qu'ils ajoutent une clause qui les y oblige ; autrement, tous les avantages qu'auroient reçus quelques-uns d'eux, ne seroient point sujets à rapport, parce que les légataires universels tiennent à la vérité lieu d'héritiers, mais ils ne le sont pas effectivement.

En ligne directe, l'héritier par bénéfice d'inventaire, qui renonce à la succession, est obligé de rapporter de qui lui a été donné, mais ce rapport n'est qu'à l'égard des cohéritiers, & non des créanciers de la succession.

Les enfans qui sont rappellés à la succession de leurs pere & mere, sont sujets au rapport, soit que le rappel soit fait en conséquence d'une renonciation contractuelle, ou d'une exhérédation, soit qu'il soit fait pour rétablir le défaut de représentation.

L'enfant rappellé est véritablement héritier *ab intestat*, suivant la régle, *le mort saisit le vif* ; c'est pourquoi il est saisi de plein droit par le rappel : d'où il s'ensuit que le petit-fils qui est rappellé, dans les Coutumes où la représentation n'a pas lieu en directe, fait que la succession se partage par souches & non par têtes.

Puisque le rapport ne peut avoir lieu qu'entre cohéritiers, il s'ensuit que si tous les enfans sont donataires entre-vifs ou légataires, & qu'ils renoncent tous à la succession du défunt, se tenans aux avantages qui leur ont été faits entre-vifs ou par testament : il ne peut y avoir de rapport entr'eux, le défunt n'ayant point d'héritier. *Voyez* un acte de notorité du Châtelet, du premier Juillet 1702.

Il faut régler les rapports de cohéritiers avant que de faire des lots. Ainsi, avant que de procéder aux partages, il faut nécessairement sçavoir en quoi consistent les biens de la succession ; & pour y parvenir il faut faire deux choses ; sçavoir, un inventaire de tous les meubles & de tous les titres de la succession, & obliger chaque cohéritier à faire le rapport des choses qui y sont sujettes.

Le rapport se fait en pays coutumier, de la même maniere qu'il se fait suivant le Droit Romain, que nos Coutumes expriment par ces mots, *rapporter ou moins prendre* ; c'est-à-dire que le rapport se fait en rapportant en espéce les biens reçus, s'ils sont encore en la possession de celui qui vient à la succession, ou en moins prenant des autres effets de la succession ; ce qui dépend du choix de celui qui est obligé de rapporter.

Dans ce dernier cas, l'estimation des choses sujettes à rapport, & non pas sur le pied qu'elle est au tems du rapport, & non pas sur celui qu'elle auroit été auparavant.

Nous avons néanmoins quelques Coutumes, où le choix n'est point accordé à celui qui est obligé de rapporter, & dans lesquelles le rapport se doit faire en espéce, quand les biens se trouvent en la possession de l'héritier.

On ne doit pas seulement rapporter les choses données, il en faut aussi rapporter les fruits perçus & revenus qui sont échus depuis l'ouverture de la succession ; mais les fruits perçus, ou les revenus échus auparavant, ne se rapportent point.

Si l'enfant donataire avoit fait des impenses nécessaires pour la conservation de la chose donnée, ses cohéritiers sont tenus de lui en tenir compte, lorsqu'il en fait le rapport.

Les rapports des choses données ne se font qu'aux succession des donateurs ; ainsi, la petite fille n'est point obligée de rapporter à la succession de son pere, ce qui lui a été donné par son ayeul paternel.

Mais ce qui a été donné par l'ayeul à l'enfant de son fils ou de sa fille, doit être rapporté par le fils ou la fille :

fille, lorsqu'ils viennent à la succession de leur pere, suivant l'article 306. de la Coutume de Paris, dont voici les termes : *Ce qui a été donné aux enfans de ceux qui sont héritiers, & viennent à la succession de leur pere, mere, ou autres ascendans, est sujet à rapport, ou à moins prendre.*

Il faut dire aussi que ce qui a été donné au fils ou à la fille par le pere, doit être rapporté par les petits-enfans, lorsqu'ils viennent à la succession de leur aïeul quoiqu'au moyen de la renonciation qu'ils ont faite à la succession de leur pere, ils viennent de leur chef à celle de leur aïeul.

A l'égard de la dot constituée conjointement par les pere & mere, elle ne se rapporte que sur la succession du pere, suivant les Loix Romaines, qui sont à cet égard observées dans les pays de Droit écrit. Suivant le Droit Romain, c'est donc au pere à doter sa fille, & non pas à la mere: *Dotare filiam patris est officium, non matris. Leg.* 19, *ff. de rit. nupt, Leg.* 16, *cod. de dot. prom.* Cela est fondé sur ce que le pere a ses enfans dans sa puissance, & non la mere; en conséquence de quoi, les enfans acquierent à leur pere, & non pas à eux; c'est pourquoi il est juste que l'obligation de doter les filles regarde leur pere. D'ailleurs, la communauté de biens entre mari & femme n'étant pas en usage suivant le Droit Romain, il seroit injuste que la femme en supportât les charges, dont une des principales est de doter les filles.

Mais dans la France coutumiere, la dot qui est donnée conjointement par les pere & mere, est imputée également sur leurs successions ; ainsi la fille n'en rapporte que moitié sur la succession de son pere, & moitié sur celle de sa mere : desorte que, soit qu'elle renonce à la succession du prédécédé de ses pere & mere, elle n'en rapporte que moitié à la succession du survivant, Brodeau sur Louet, lettre R, nombre 54.

Comme en pays coutumier, l'obligation de doter les filles regarde également les meres comme les peres; quand une veuve renonce à la communauté, elle n'en est pas moins tenue de la moitié des dots de ses filles, & de ce qui a été donné à ses autres enfans en avancement d'hoirie par son mari & elle, quoique dans le contrat de mariage il y eût la clause, que la femme renonçant pourra reprendre franchement & quittement tout ce qu'elle auroit aporté.

La donation est l'acte qui donne le plus ordinairement lieu au rapport. Ainsi toutes les choses qui ont été données aux enfans en avancement d'hoirie ou de future succe ssion, ou qui sont réputées données pour cette cause, sont sujettes à rapport; parce que les enfans ne peuvent être donataires & héritiers, comme nous avons it ci-dessus, *verbo* Héritier.

De ce principe incontestable il s'ensuit, I°. Que les dots & donations à cause de nôces, faites par les pere & mere à leurs enfans, sont sujettes à rapport.

II°. Que les impenses qui se font par les pere & mere pour procurer un établissement à leurs enfans, doivent être rapportées comme ce qu'il en coûte pour être reçu Marchand; mais à l'égard de ce qui se donne pour l'apprentissage, il n'est pas sujet à rapport.

III°. Que le titre clérical qui est fait par les ascendans à leurs enfans, y est aussi sujet.

IV°. Que les Bibliotheques qui leur auroient été données par leurs ascendans, y sont pareillement sujettes. Mais cela se doit entendre des Bibliotheques considérables, & non pas des livres qui sont fournis par les parens dans le cours des études pour parvenir aux sciences. En un mot, cela se doit estimer par la circonstance de la valeur des livres, & des facultés de celui qui les a donnés, & se doit décider *arbitrio boni viri.*

V°. Qu'une Pratique de Procureur ou de Notaire, qu'un fils auroit reçue de son pere, y est aussi sujette.

VI°. Que les donations rémunératoires y sont également sujettes, jusqu'à concurrence de ce qui excede ou qui pourroit être légitimement dû au donataire, pour les peines & services pour lesquels il pourroit avoir action ; parce qu'il ne seroit pas juste que par une donation rémunératoire, sous prétexte de récompense, on fasse à un de ses enfans un avantage indirect au préjudice des autres ; & il ne seroit pas raisonnable aussi que celui qui a servi & à qui il est dû *alio titulo*, perdît ce qu'il pourroit demander légitimément en Justice.

VII°. Que les Offices venaux de Judicature sont sujets à rapport : sur quoi voici deux observations qu'il convient de faire. La premiere, que quand le pere s'en démet en faveur de son fils, il a la liberté de le lui donner pour ce qu'il lui a coûté, ou pour ce qu'il veut, lorsqu'il s'en démet, sans que cela puisse être regardé comme un avantage indirect, à moins que l'estimation qu'il en auroit faite ne fût à trop bas prix de beaucoup ; mais quand le pere ne se'st point déclaré là-dessus, on en fait l'estimation eu égard au tems que le pere s'en est démis.

La deuxiéme est, qu'un Office ne se rapporte jamais en espèce, à moins que le titulaire ne veuille s'en démettre; parce qu'il n'est permis à personne de déposséder un Officier qui tient son caractere du Prince au moyen de ses provisions, comme nous avons dit, *verbo* Office.

La donation est l'acte qui donne le plus ordinairement lieu au rapport, comme nous l'avons dit ci-dessus : cependant il y a des choses qui se rapportent, quoiqu'elles n'ayent pas été données; & d'autres qui, quoiqu'elles ayent été données, n'y sont pas sujettes.

Voici les choses qui se rapportent, quoiqu'elles n'ayent pas été données.

Premiérement, tout l'argent que le pere aura prêté à son fils, est sujet à rapport, comme étant réputé donné en avancement d'hoirie, quoique le pere ne l'ait pas prêté *animo donandi*, mais dans l'intention d'en être remboursé.

En second lieu, les dettes du fils acquittées par le pere : autrement, ce seroit donner un moyen d'avantager un de ses enfans au préjudice des autres.

En troisiéme lieu, l'amende & les intérêts civils, &

662 ; Guy Pape, question 555. & les annottions qui sont à la fin de l'Ouvrage de Julius Clarus.

Dans le Journal du Palais, il y a un Arrêt du 22. Mai 1681. où le Lecteur trouvera sur cettre matiere plusieurs recherches & plusieurs décisions très-curieuses & très sçavantes. Cet Arrêt a jugé, I°. Qu'une fille ravie & menée hors du Royaume où son ravisseur l'avoit épousée, ne pouvoit sans la consentement de son pere se marier pendant sa majorité avec ce même ravisseur; & que le Juge d'Eglise n'avoit pû connoître de l'opposition formée par le pere au marige, au préjudice de l'instance criminelle pendante pardevant le Juge séculier.

II°. Que l'assemblée des parens de la fille seroit faite, pour convenir du lieu où la fille pourroit être mise.

RAPT DE SEDUCTION, est la subornation qui se fait d'une jeune personne par des sollicitations secrettes, s'emparant de son cœur, & en abusant du peu d'expérience de son âge & de la foiblesse de son esprit, sous promesse de l'épouser.

C'est donc se rendre coupable de ce crime, que de s'emparer du cœur d'une jeune fille, sous promesse de l'épouser, & par ce moyen l'engager à tromper la vigilance de ses pere & mere, tuteur ou curateur, & de la soulever contre une autorité légitime, en la trompant par une telle promesse.

Ce rapt est présumé toutes les fois qu'une personne mineure consent de se marier sans le consentement de ses pere & mere; auquel cas les pere & mere peuvent faire déclarer tel mariage nul, comme nous avons dit dans la nouvelle Traduction des Institutes, au commencement du titre des Noces.

Ce rapt donne lieu à faire déclarer nul le mariage, quand la personne séduite est mineure, & que celle qui l'a ravie se trouve être en majorité. Ainsi par plusieurs Arrêts il a été jugé qu'on ne pouvoit pas accuser un jeune homme mineur d'avoir ravi une fille majeure : mais cela ne se doit entendre que du rapt de séduction; car l'enlevement d'une fille majeure pourroit être fait par un jeune homme qui ne seroit pas majeur.

Les Ordonnances ne mettent point de différence entre le rapt de violence & le rapt de séduction : elles imposent une peine capitale pour l'une ou pour l'autre, & délarent dirimant l'obstacle que le rapt de violence & celui de séduction apportent au mariage.

Ceux qui se trouveront avoir suborné fils ou fille mineurs de vingt-cinq ans, sous prétexte de mariage, ou autre couleur, sans le gré, sçu, vouloir & consentement exprès des peres, meres, ou des tuteurs, seront punis de mort, sans espérance de grace & pardon, nonobstant tous consentemens que lesdits mineurs pourroient alléguer avoir donné audit rapt lors d'icelui, ou auparavant. Et pareillement seront punis extraordinairement tous ceux qui auront participé au rapt, & qui y auront prêté conseil & ayde, en quelque maniere que ce soit. Article 42. de l'Ordonnance de Blois.

Cela est très-juste; car le rapt de séduction est plus dangereux que le rapt de violence, parce qu'il est plus difficile à éviter. En effet, l'ame résiste au rapt de violence, & on s'échappe des mains des ravisseurs dès qu'on le peut : mais sitôt que l'ame d'une jeune personne est subjugée par la séduction; elle ne peut pas se délivrer de la captivité où elle se trouve réduite. Dans le rapt de violence, tous les sens de concert avec le cœur s'élevent contre le ravisseur, mais dans le rapt de séduction, tous les sens sont fascinés avec le cœur, on ne pense que comme pense le séducteur, on a les mêmes sentimens que lui, & l'on ne voit que par ses yeux.

Les anciennes Ordonnances infligent la peine de mort également aux fils & aux filles, selon que les uns & les autres sont convaincus de séduction. La Déclaration du 20. Novembre 1730, concernant le rapt de séduction, sévit également contre les fils & les filles, attendu que la subornation peut venir de l'un ou de l'autre côté, & que celle qui vient du sexe le plus foible, est souvent la plus dangereuse.

Au reste, les Ordonnances n'ont imposé des peines capitales contre ceux ou celles qui seroient coupables de ce crime, que pour assurer l'honneur & la liberté des mariages, & empêcher que des alliances indignes par la corruption des mœurs, encore plus que par l'inégalité des conditons, ne flétrissent l'honneur de plusieurs familles illustres, & ne devinssent souvent la cause de leur ruine, comme il est dit dans ladite Déclaration du 20. Nov. 1730. *Voyez* Chorier en sa Jurisprudence de Guy Pape, pag. 269. & Boniface, tom. 2. partie 3. liv. 1. tit. 6. chap. 5. & suivant, tit. 6. chap. 10. & tom. 3. liv. 4. tit. 3. chap. 3. & suivant.

RATIFICATION, est l'approbation de ce qu'on a fait, ou de ce qui a été fait en notre nom par un autre.

L'effet de la ratification est rétroactif; c'est pourquoi la ratification remonte au jour du contrat auquel elle est survenue, lorsque le contrat n'est pas dans son principe; autrement la ratification n'auroit pas un effet rétroactif.

Quand une personne vend le bien d'autrui, la vente n'étant pas valable à l'égard du propriétaire, le contrat ne prend sa force, par rapport à lui, que du jour de sa ratification. Ainsi, lorsqu'un mari a vendu un héritage appartenant à sa femme, & qu'il a promis de la faire ratifier, la ratification qui survient n'a point un effet rétroactif. Il en faut dire de même, quand un mari emprunte une somme & promet de faire ratifier le contrat par sa femme, la ratification n'a pas un effet rétroactif

En l'un & l'autre cas, l'hypotéque n'est donc constituée sur les biens de la femme, que du jour de sa ratification, à moins que la femme n'eût donné procuration à son mari, étant de lui autorisée à l'effet du contrat qu'il a passé, tant pour lui que pour elle.

De ce que nous venons de dire, il résulte encore que l'an du retrait sur l'héritage de la femme vendu par le mari, ne commence à courir que du jour de la

Il faut dire aussi que, comme les Experts ne sont pas Juges, on ne peut pas en interjetter appel; mais on peut avoir recours au Juge, & lui demander la permission de faire procéder à un neuveau rapport à ses dépens; sauf à les recouvrer, au cas que par un Jugement définitif il soit ainsi ordonné. Larocgeflavin, liv. 6, tit. 51, Arrêt 1.

RAPPORT DE MEDECINS ET CHIRURGIENS, est l'acte par lequel des Médecins & Chirurgiens déclarent l'état des blessures qu'à reçues la personne qu'ils ont visitée. *Voyez* le tit. 5, de l'Ordonnance de 1670, avec les Commentaires de Bornier.

Quand une personne a été battue & blessée, elle peut se faire visiter par Médecins & Chirurgiens, qui doivent affirmer leur rapport véritable. Ce rapport doit contenir le nombre & la qualité des blessures, les endroits du corps où elles sont, si elles sont mortelles ou non, si le blessé en sera esttropié ou mutilé de quelque membre, combien de tems il pourra être obligé de garder le lit, de quels médicamens il a besoin, & quel régime il sera tenu de garder pour recouvrer la santé; afin que ser toutes ces circonstances le Juge puisse adjuger une provision, & rendre un Jugement définitif avec équité.

Il est même quelquefois de l'intérêt du défendeur de requerir que le demandeur soit visité; auquel cas il peut le sommer de convenir d'un des deux Chirurgiens pour procéder à ladite visite, & nommer l'autre de sa part.

Les visites & rapports des Médecins & Chirurgiens doivent être faits, Partie présente, ou duement appellée.

L'art. 2. du tit. 5. de l'Ordonnance de 1670, porte que le Juge peut ordonner une seconde visite & rapport de Médecins & Chirurgiens; & veut que les Médecins & Chirurgiens nommés d'office par le Juge, soient tenus de préter le serment avant que de visiter le blessé, dont il doit être expédié acte; & après leur visite ils doivent dresser & signer sur le champ leur rapport, pour être remis au Greffe & joint au procès sans que le Juge puisse dresser aucun procès verbal de ce rapport, sur peine de cent livres d'amende contre le Juge, moitié envers le Roi, & moitié envers la Partie.

Il faut remarquer qu'au cas de cet article les Médecins & Chirurgiens ne sont pas tenus d'affirmer leur rapport véritable, d'autant qu'il suffit qu'ils ayent prêté le serment: car quand l'article premier dit qu'ils affirmeront leur rapport véritable, cela se doit entendre lorsque les visites sont faites sans autorité de Justice, & que les Médecins & Chirurgiens n'ont pas prêté le serment.

L'article 3. du même titre porte, qu'à tous les rapports ordonnés en Justice, assistera un des Chirurgiens commis par le premier Médecin du Roi, aux lieux où il y en a d'établis, à peine de nullité des rapports; mais cela ne s'observe pas.

Le Juge ordonne, que vû le procès verbal du.... &c. contenant la plainte, &c. que le, &c. sera visité par tel, &c. lesquels pour cette fin seront assignés pardevant lui, pour prêter serment de procéder en leur conscirnce à cette visite. Par l'acte de prestation, le Juge dit que tels, &c. en exécution de son Ordonnance du, &c. ont fait le serment de bien & en conscience visiter, & lui en faire un fidele rapport.

Le rapport des Médecins & Chirurgiens est adressé au Juge, lesquels déclarent, après serment par eux fait pardevant lui, qu'ils se sont transportés, &c. & de ce ils ont dressé leur procès verbal qu'ils certifient être véritables; en foi de quoi ils l'ont signé le jour de &c.

RAPPORT D'HUISSIER, qui marque avoir été injurié & maltraité, fait foi en Justice, à cause du serment que font tels Officiers lors de leur reception, de ne faire que de véritables raaports.

Quand on demande un Arrêt par défaut à tour de rolle à la Grande Chambre du Parlement, & à la Premiere de la Cour des Aydes, celui qui préside ordonne de faire appeller & rapporter. L'Huissier va à la Barre de la Cour, c'est-à-dire hors de l'Audience, appeller le défaillant & son Procureur; ensuite il vient à la Barre du Parquet de la Chambre, où il dit qu'il a appellé à la Barre de la Cour un tel & son Procureur; & alors le Président dit, après que la Cause a été appellée & rapportée, La Cour a donné défaut, &c.

RAPPORT DE COMMIS. *Voyez* ci-dessus, Procès verbaux de Commis.

RAPPORTEUR, est l'un des Juges qui est chargé de voir & examiner une instance ou procès, pour en faire le rapport aux autres, à l'effet de procéder ensuite au Jugement de l'instance ou procès.

RAPPORTEUR DE CRIÉES. *Voyez* Certificateurs de criées.

RAPT, est l'enlevement que l'on fait par force & par violence, d'une fille ou d'une femme vivant honnetement, ou même d'une Religieuse.

Il est traité de ce crime dans la Loi unique, au code *de raptu virginum, vel viduarum, necnon Sanctimonalium*, qui est le titre 13. du livre 9. Voici les décisions que contient cette Loi.

Comme elle n'a été faite que pour venger l'honneur des femmes, sa disposition ne s'étend point à celles qui sont prostitués: ainsi ceux qui enlevent des personnes de mauvaise vie, n'encourent point les peines que cette Loi prononce contre les ravisseurs, parce qu'il n'y a pas sujet de craindre qu'elles perdent leur honneur par un tel enlevement.

Quoique cette Loi ne parle que des hommes, néanmoins par une juste interprétation, elle regarde aussi les personnes du sexe. Ainsi une femme qui auroit enlevé un homme seroit punie des peines qui y sont décernées contre les ravisseurs.

Le ravisseur n'est pas moins coupable, quoique la personne qu'il a enlevée aitconsenti à sonenlevement; car le rapt ne regarde pas seulement la personne qui a été enlevée, mais ses parens qui en sont deshonorés; ce qui est de l'intérêt public, & d'une conséquence infinie d'empêcher.

Un raviſſeur allegueroit envain qu'il n'a point touché à celle qu'il a enlevée, parce qu'il ſuffit que le rapt ait été exécuté, pour être puni ſelon la rigueur de la Loi. Or le rapt eſt entierement exécuté par l'enlevement de la perſonne, quoiqu'elle ſoit reſtée *intacta*, & dans le même état qu'elle étoit auparavant; enſorte que l'injure n'en eſt pas moins faite à elle & à ſa famille.

La Loi unique, au code *de raptu virginum*, punit ce crime de mort, & de la confiſcation des biens au profit de la perſonne qui a été enlevée, ſi c'eſt une fille ou une femme ingenue; mais ſi elle eſt eſclave ou affranchie, le raviſſeur ne ſouffre pas la perte de ſes biens.

Enfin, ſi elle eſt Religieuſe & conſacrée à Dieu, les biens de ſon raviſſeur ſon adjugés au Monaſtere dans lequel elle s'eſt retirée. *Novell. Juſtin.* 134. & *Novell.* 150.

La Loi unique au code *de rapt virginum* permet encore aux parens de la fille enlevée de tuer le raviſſeur, s'il eſt par eux pris dans le rapt & dans la ſuite. *Leg. ult. in princ. cod. de rapt. virgin. & Leg.* 54. *cod. de Epiſcop. & Cler.*

Cette Loi unique au code *de raptu virginum*, n'a pas ſeulement établi la peine de mort contre celui qui s'eſt porté à un tel excès, ou qui l'a entrepris ſans y avoir réuſſi, mais même contre ceux qui lui ont prêté ſecours & aſſiſtance; & cela, ſoit que la fille y ait conſenti ou non. Ainſi l'eſprit du Légiſlateur étoit de punir ce crime de maniere que la vengeance publique y eût beaucoup de part.

La rigueur de cette Loi va juſqu'à défendre le mariage entre le raviſſeur & la perſonne ravie, quelque conſentement qu'elle y puiſſe donner, enſorte que s'il eſt ainſi contracté, il eſt déclaré nul, & les biens de celle qui a été enlevée n'appartiennent pas à ſon raviſſeur, mais aux parens de cette fille, pourvu toutefois qu'ils n'ayent pas conſenti au mariage; car y ayant donné leur conſentement, ils ſemblent complices du même crime que le raviſſeur. *Novell.* 143. *in fin.*

Cette Loi unique, au code *de raptu virginum*, n'eſt pas obſervée à la lettre dans ce Royaume. Il eſt vrai que tous les Légiſlateurs, excepté Solon ſeul, ont puni de mort le crime de rapt, & qu'en ce Royaume la peine de ce crime eſt capitale: cependant cela ne s'exécute pas toujours à la rigueur.

Par l'Ordonnance de Blois, articles 42. & 43. le rapt fait d'une perſonne honnête, fille ou veuve, quoique ce fût pour l'épouſer, eſt puni de mort. L'article 41. eſt conçu en ces termes:

„ Tous ceux qui ſe trouveront avoir ſuborné fils ou „ filles mineurs de 25. ans ſous prétexte de mariage, „ ou autre couleur, ſans le gré ſçu, vouloir & con- „ ſentement exprès des peres & meres, & des tu- „ teurs, ſeront punis de mort, ſans eſpérance de gra- „ ce & pardon, nonobſtant tous conſentemens que „ les mineurs pourroient alléguer avoir donné audit „ rapt d'icelui ou auparavant. Et pareillement ſeront „ punis extraordinairement tous ceux qui auront „ participé audit rapt, & qui auront prêté conſeil, „ confort & aide, en aucune maniere que ce ſoit.

Cette Ordonnance a été renouvellée & confirmée par celle du Roi Louis XIII. du mois de Janvier 1639. qui ordonne la peine de mort & la confiſcation de biens contre ceux qui commettent ce crime ſans, qu'il ſoit permis aux Cours ſouveraines de moderer ces peines; déclarant nuls les mariages faits avec ceux qui ont enlevé les femmes veuves, fils ou filles, nuls & de nul effet, comme non valablement contractés, ſans que le tems, le conſentement des perſonnes ravies, de leurs parens & tuteurs, prêté ou avant ou après leſdits mariages, puiſſent les confirmer ou valider; & que les enfans qui naîtront de tels mariages, ſoient & demeurent bâtards & illigitimes, indignes de toutes ſucceſſions directes & collatérales qui leur pourroient échoir. *Voyez* ce que j'ai dit ſur l'article 318. de la Coutume de Paris, gloſe 3. ſection 2. §. 2.

Enfin cette Ordonnance a été encore confirmée par une autre du mois de Novembre de la même année 1639. Cependant, comme nous avons dit, quoiqu'en France la peine de ce crime ſoit capitale, & qu'on ait en cela ſuivi la diſpoſition de la Loi unique, au code *de raptu virginum*, aujourd'hui l'on n'y punit pas toujours de mort ceux qui ſont coupables de ce crime; ce n'eſt que quand il y a des circonſtances qui l'aggravent: ce qui dépend de la maniere dont ce crime eſt commis, ou de la qualité du raviſſeur & de la perſonne ravie.

La maniere dont ce crime eſt commis, faits condamner à mort celui qui en eſt coupable, lorſqu'il l'a commis à main armée, avec port d'armes, ou avec gens attroupés.

La grande inégalité de condition entre le raviſſeur & la perſonne ravie, donne auſſi lieu de faire condamner à mort le raviſſeur: par exemple, ſi la perſonne ravie eſt de famille, & que le raviſſeur ſoit d'une condition vile & abjecte; ou ſi la perſonne ravie étoit conſacrée à Dieu; ou ſi le raviſſeur étoit domeſtique de la perſonne ravie, ou de ſes parens.

Hors le cas des circonſtances aggravantes, ceux qui ſont convaincus de ce crime, ne ſont punis en France que des galeres à tems ou à perpétuité, ſuivant que le Juge trouve à propos d'augmenter ou de diminuer la peine; & pour réparation de ce crime, ceux qui en ſont convaincus, ſont toujours condamnés en des dommages & intérêts proportionnés à la qualité & aux facultés des Parties.

Nous n'obſervons pas non plus à la rigueur ce que porte cette Loi unique, au code *de raptu virginum*, & pluſieurs de nos Ordonnances, touchant l'incapacité abſolue & indéfinie qu'elles prononcent contre le raviſſeur, de pouvoir jamais épouſer la perſonne ravie.

L'uſage eſt parmi nous, conformément aux dernieres Conſtitutions canoniques, de ne défendre le mariage entre le raviſſeur & la perſonne ravie, que pendant qu'elle eſt en la puiſſance du raviſſeur; ainſi dès qu'elle eſt miſe en liberté, il lui eſt permis de l'épouſer, ſi elle y donne ſon conſentement, parce qu'alors rien ne fait préſumer que ce conſentement ſoit involontaire.

Bien plus, c'est que dans la condamnation de mort qu'on prononçoit autrefois dans plusieurs Provinces de ce Royaume contre celui qui étoit convaincus de rapt, quand l'affaire étoit portée par appel aux Parlemens l'Arrêt qui condamnoit à mort le ravisseur, donnoit toujours l'alternative au condamné, ou d'être pendu, ou d'épouser la fille qu'il avoit ravie.

Quand les Juges subalternes ont condamné les ravisseurs à la mort, ils n'ont jamais été en droit de leur donner le choix d'épouser les filles qu'ils avoient ravies. Cette alternative étant une dérogation aux Ordonnances royaux qui ont été faites à ce sujet, elle ne peut être accordée que par les Cours souveraines. Bardet, tom. 2. liv. 2. chap. 1. Boniface, tom. 1. liv. 1. tit. 4. nomb. 10. Despeisses, tom. 2. pag. 566. nomb. 41. Basset, tom. 1. liv. 6. tit. 18. chap. 1.

En France, non-seulement la personne qui a été ravie peut se plaindre de cette injure, mais encore ses pere & mere, tuteur ou curateur. Une fille proche de sa majorité peut, conjointement avec son pere qui ne l'a point autorisée, poursuivre en crime de rapt celui qui l'a abusée. Cette action n'est point réservée au pere seul, quoiqu'il ait sa fille dans sa puissance. Ainsi jugé par Arrêt du 7. Mars 1691. rapporté dans le Journal du Palais. Mais le Frere n'est pas partie capable d'intenter l'action de rapt commis sur la personne de sa sœur, le pere étant mort sans se plaindre. Ainsi jugé au Parlement de Bordeaux par Arrêt du 24. Juillet 1699.

Le rapt est entierement pardonné, lorsque le ravisseur, & la personne ravie, après qu'elle a été mise en liberté, consentent au mariage, si ses parens y veulent bien consentir aussi.

Boniface, tome 2. partie 3. livre 1. titre 6. chapitre 12. rapporte un Arrêt rendu au Parlement de Provence le 10. Mers 1661. qui a déchargé le ravisseur des amendes, en épousant après la fille ravie.

Il nous reste à faire ici trois observations importantes. La premiere est, que le rapt est un cas royal, dont les Baillifs, Sénéchaux & Juges présidiaux peuvent connoître, privativement aux autres Juges, & à ceux des Seigneurs, même aux Prevôts des Maréchaux. Ordonnance de 1670. tit. premier, art. 11.

Par une ancienne Ordonnance de Louis premier du nom, dit le Débonnaire, le rapt est mis au nombre des crimes atroces, *quæ ad malum, id est ad majus Auditorium Comitis rejicienda sunt.*

Chopin, *lib.* 2. *de Dom. cap.* 6. rapporte que lorsque le Parlement de Paris procéda à la vérification des Lettres du premier appanage d'Anjou & du Maine, concédé par le Roi Saint Louis à Charles son frere en 1249. il y eut réservation des cas royaux, & spécialement du crime de rapt.

La deuxiéme observation est, que le rapt se doit juger avant toutes choses: ainsi, pendant l'instruction criminelle qui se fait pour raison de crime pardevant le Juge royal, le ravisseur ne peut pas agir pardevant le Juge d'Eglise, contre la fille ou la veuve, pour se voir condamner à l'épouser.

Quand un accusé se défend du crime de rapt, par la célébration de son mariage avec la personne ravie, la premiere question qu'il faut agiter, est donc de sçavoir s'il y a rapt, & remettre après la décision qui en sera faite, la question qui concerne la validité du mariage.

La raison est, que non-seulement de droit il ne peut y avoir de véritable mariage entre le ravisseur & la personne ravie, tant qu'elle est en sa puissance; mais encore parce que dans nos mœurs & suivant nos Ordonnances, le rapt étant puni de peine de mort, l'exécution de la condamnation rend la discussion de la validité du mariage inutile.

C'est ce que dit M. le Maître dans son Traité des Appellations comme d'abus, chap. 3. où il releve le proverbe, *qu'il n'y a si bon mariage que la corde ne rompe;* d'où il conclud que la question de rapt doit toujours passer avant celle du mariage, comme il a été jugé par une infinité d'Arrêts. Papon dans son Recueil, liv. 22. tit. 6. nomb. 2. en cite une foule qu'il dit avoir établi la maxime, *que le rapt doit premier être traité que la nullité du mariage.*

La Peyrere, lett. M. nomb. 5. de l'édition de 1715. en rapportant un Arrêt qui avoit donné la préférence à la question du mariage sur celle du rapt, remarque que régulierement on juge le contraire; & que lorsque le mariage est allégué par forme d'exception au rapt dont on est accusé; il faut en ce cas plutôt juger la cause du rapt que celle du mariage.

On trouve dans les nouvelles notes faites sur cet Arrêt, que dans les conjonctures où il y avoit appel comme d'abus du mariage & action en crime de rapt, il avoit été décidé qu'il falloit commencer par juger le rapt en la Tournelle, avant de juger l'abus en la Grande Chambre. Il en cite l'Arrêt & deux autres qui lui servent à prouver que, *pendente quæstione raptûs coram Judice laïco, silet quæstio matrimonii coram Judice ecclesiastico.*

Cognitio & punitio raptûs ad regalem Judicem pertinet, nec potest. Officialis prævenire : & pendente quæstione raptûs coram Judice laïco, silet quæstio fæderis matrimonii coram ecclesiastico. Filleau, tome 2. partie 4. question 12. Chopin, *lib.* 2. *de sacrâ Politiâ, tit* 7. *num.* 30. l'Edit de Melun de 1580. article 25.

La troisiéme observation est, que ceux qui ont prêté secours & assistance à celui qui a commis un rapt, sont punis sévérement, suivant les circonstances & la maniere dont le rapt a été commis; quelquefois ils sont condamnés au fouet & à la fleur-delys, quelquefois au bannissement; & quand il n'ont contribué au rapt que très-légerement, ils ne sont condamnés qu'au blâme. *Voyez* un Arrêt rendu au Parlement de Paris à la Tournelle criminelle, le 29. Janvier 1709. que M. Brillon rapporte, *verbo* Rapt, nomb. 7.

Du crime de rapt & subornation des filles, *Voyez* Fontanon, tome 1. livre 3. titre 72. page 672; Papon, livre 22. titre 6. Despeisses, tome 2. page

dépens d'un procès criminel, payés par le pere pour son fils qui auroit été condamné, se doivent rapporter à sa succession : c'est une espèce de prêt que le pere lui a fait pour acquiter cette dette. Le fils doit s'imputer s'il n'en profite pas ; & il ne seroit pas juste qu'un tel fait causât préjudice à ses cohéritiers. *Factum cuique suum non alteri debet nocere.*

En quatriéme lieu, le fils qui auroit volé à son pere une somme considérable, seroit tenu de la rapporter à sa succession, quand même il l'auroit fait en minorité ; *quia in delictis minor non restituitur.*

Voici les choses qui, quoiquelles ayent été véritablement données, ne sont pas sujettes à rapport.

Premierement, les nourritures & entretiens fournis par pere & mere pendant leur mariage, ne sont point sujets à rapport, parce qu'ils y sont naturellement obligés *Voyez* Soefve, tom. 1, cent. 3, chap. 6.

En second lieu, les frais qu'ils font pour l'éducation de leurs enfans & pour leurs études, ne sont point sujets à rapport, par la même raison & de la même maniere que les nourritures fournies par les pere & mere à leurs enfans, n'y sont pas sujettes. *Voyez* les Institutes coutumieres de Loysel, liv. 2, tit. 6, nomb. 3, avec les notes de M. Lauriere ; & M. le Brun en son Traité des Successions, liv. 3, chap. 6, sect. 3.

En troisiéme lieu, les Charges militaires, ni les Charges de la Maison du Roi, ne sont point sujettes à rapport, parce que ce ne sont que de simples Commissions.

En quatrieme lieu, les frais que des peres & meres auroient avancés pour obtenir des provisions d'un Bénéfice pour un de leurs enfans.

En cinquiéme lieu, les frais que les peres & meres font pour l'obtention des degrés de Bachelier & de Licencié, n'y sont point sujets. A l'égard de ceux qui sont faits pour le degré de Docteur, je ne crois pas non plus qu'ils y soient sujets. Cependant ceux qui se font pour obtenir le degré de Docteur en la Faculté de Médécine de Paris, étant considérables, pourroient bien être sujets à rapport ; mais cela dépend des circonstances, c'est-à-dire de la quantité des biens que le pere auroit laissés, de la fortune de celui pour qui ils auroient été faits, & de l'état des autres enfans qui en demanderoient le rapport.

En sixiéme lieu, les présens de nôces *ad legitimum modum*, ne sont point sujets à rapport, non plus que les festins de fiançialles & de nôces.

On demande si la fille est tenue de rapporter la dot qu'elle a reçue, en cas que son mari soit décédé insolvable ?

Ulpien dans la Loi 1, §. 6. *de dot. collat.* dit que si le mari n'est pas solvable, la femme n'est pas tenue de rapporter la dot entiere, mais seulement ce qu'elle en a pu retirer : ce qui est confirmé par la Novelle 97, §. 6, avec cette exception, s'il n'y a eu ni faute ni négligence de la part de la femme de rapporter sa dot, quand elle a vu que les affaires de son mari alloient mal.

La disposition de cette Novelle qui n'est point admise dans tous les Parlemens du pays coutumier, est suivie dans toutes les Cours du pays de Droit écrit ; mais le Parlement de Paris ne la suit pas dans les pays de Droit écrit de son ressort.

Le principal effet du rapport est, que la chose rapportée n'est plus au donataire ; mais elle fait partie de la succession dès le jour même du décès du pere, & non du jour que le rapport s'est fait.

La raison est, que la qualité de l'enfant héritier remonte au jour du décès du défunt, par la regle, *le mort saisit le vif* ; & cette qualité l'obligeant au rapport, quoiqu'il ne la prenne que quelque tems après, le rapport doit toujours être censé fait de ce jour ; ensorte que les enfans donataires d'un immeuble qu'ils rapportent, cessent d'en être propriétaires du jour de l'ouverture de la succession. C'est pourquoi le cohéritier qui a été en retard de rapporter, doit les fruits & intérêts depuis qu'il est en demeure, c'est-à-dire depuis le jour de la succession échue.

De ce principe il résulte, que les hypoteques constituées par le fils donataire sur les choses données, sont éteintes de ce jour ; desorte qu'elles retombent sur les immeubles qui peuvent tomber aux donataires par le partage de la succession.

Mais s'il arrive sans fraude qu'il ne leur en échoient aucuns, mais seulement de l'argent comptant & des effets mobiliers, comme promesses & obligations, leurs créanciers n'ont pas droit de contester le partage, & ils perdent leurs hypotéques, faute d'y être intervenus pour la conservation de leurs droits.

Touchant le rapport, *voyez* Papon, liv. 21, tit. 7 ; le Recueil alphabétique de M. Bretonier ; & ce que j'ai dit sur l'art. 304 & les cinq suivans de la Coutume de Paris. *Voyez* aussi M. le Brun en son Traité des Successions, liv. 3, chap. 6 ; Loysel, liv. 2, tit. 6 ; M. d'Argou liv. 2, chap. 38.

RAPPORT QUI SE FAIT A LA COMMUNAUTÉ CONTINUÉE Voyez M. le Brun en son Traité de la Communauté continuée, liv. 3, chapitre 3, section 6.

RAPPORT DE MAITRE ECRIVAINS, est la déclaration que ceux qui sont nommés en Justice, font touchant la vérification d'une écriture qui est contesteé. Voyez Vérification d'Ecritures. Voyez aussi le Dictionnaire de M. Brillon, lettre E, *verbo* Ecritures.

RAPPORT D'EXPERTS, est l'acte par lequel des Experts nommés par un Jugement, déclarent avoir vu & visité les lieux en conséquence ; au moyen de quoi ils marquent ensuite quel est leur avis sur le fait dont est question. Voyez Visite Voyez Expert.

Les rapports d'Experts doivent être expédiés par les Greffiers de l'Ecritoire, dans les lieux où ces Charges sont établies. Ainsi jugé au Parlement de Paris le 24. Novembre 1711.

Comme les Experts ne sont ni Juges ni Arbitres des Parties, leur rapport ne peut jamais passer en force de chose jugée, quoiqu'il soit bien fait & conforme à la vérité.

ratification qu'elle en fait, quelque possession que l'acheteur en ait. Charondas livre 7. rép. 36.

Lorsque l'on a passé un acte pour & au nom de quelqu'un avec promesse de le faire ratifier, l'obligation qui résulte d'un tel acte est conditionnelle & en suspens, jusqu'à ce que la condition ait été remplie par la ratification de la personne dont on s'est fait fort: c'est pourquoi on ne peut demander l'exécution de l'acte de la part de la Partie adverse, qu'après que cette ratification aura été faite

Quand la ratification est promise, on ne peut donc rien prétendre en vertu du contrat, jusqu'à ce qu'elle soit fournie, parce que jusqu'à ce le contrat est imparfait. Du Fail, liv. 1. chap. 380. Guy Pape, question 15.

Mais cette regle n'auroit pas lieu, quand celui qui a promis de faire ratifier une personne, s'est par le même contrat obligé personnellement; car cette promesse ne rendroit pas l'acte conditionnel à son égard, desorte qu'il ne pourroit pas se prévaloir de ce que l'autre n'auroit pas ratifié, & il pourroit être toujours contraint de faire ce à quoi il s'est obligé, parce que cette clause ne regarde que celui dont il a promis la ratification. *voyez* Frain p. 100.

Quand un contrat est fait au nom d'un absent en vertu de sa procuration spéciale, & qui est ensuite par lui ratifié, l'hypotéque court du jour même du contrat. Mais si celui qui a passé le contrat au nom de l'absent, sans avoir de lui une procuration spéciale, a seulement promis de le faire ratifier, en ce cas l'hypotéque ne court contre l'absent que du jour de la ratification, qui est sa véritable obligation & non pas le contrat qui a été passé en son nom, sans procuration spéciale de lui.

Pour ce qui est d'un contrat de constitution qu'auroit passé au profit d'un particulier un mari, sous promesse de faire ratifier sa femme dans un tel tems; si elle refuse de le ratifier, ou qu'elle décede sans l'avoir fait, son mari peut être contraint au rachat, attendu que le créancier n'a pas toutes les sûretés ausquelles il s'étoit attendu en passant contrat de constitution.

La ratification ne fait pas toujours valider un acte que nous aurions passé, & dans lequel il se trouve quelque défaut: mais il faut distinguer entre le défaut extérieur, & celui qui se trouve dans l'acte même, & qui est essentiel.

Lorsque le défaut qui se trouve dans l'acte n'est qu'extérieur, & n'emporte pas une nullité absolue de l'acte, la ratification sert à rétablir ce défaut, & à valider l'acte, & ce du jour qu'il a été passé. Par exemple, si un majeur ratifie un acte qu'il avoit passé en minorité, cette ratification lui ôte la faculté de se faire restituer contre, pour cause de minorité, comme nous le dirons ci-après.

Mais si le défaut qui se trouve dans l'acte est essentiel, & emporte une nullité de plein droit; comme si en pays coutumier une femme mariée s'étoit obligée sans être autorisée de son mari, la ratification qu'elle en feroit, étant devenue veuve, ne pourroit pas couvrir un tel défaut; *quia quod ab initio non valet, ex post facto convalescere non potest.*

Ainsi la différence qu'il y a entre la ratification d'un acte qui est absolument nul dans son principe, & la ratification d'un acte qui est bon & valable; mais contre lequel on pourroit se pourvoir par le bénéfice de restitution en entier, c'est qu'au premier cas la ratification n'a point d'effet rétroactif, parce qu'alors la ratification est le vrai contrat; mais quand le contrat est bon dans son principe, elle a un effet rétroactif, parce que la ratification de ce contrat n'en est que la confirmation.

RATIFICATION FAITE EN MAJORITÉ, D'UN ACTE QUE L'ON A PASSÉ ÉTANT MINEUR, produit deux effets. Le premier est de faire que le contrat ait son effet, non pas du jour de la ratification, mais du jour qu'il a été passé suivant la maxime, *ratihabitio retrotrahitur ad initium.* Ce qui a lieu pour les contrats de constitution, tant pour le principal, que pour les arrérages, comme il a été jugé par Arrêt du 23. Juillet 1667. qui est rapporté dans le Journal du Palais. Ainsi lorsqu'un mineur a passé quelque contrat & qu'il le ratifie après sa majorité, l'hypotéque court du jour de ce contrat, & non pas du jour de la ratification. Il en est de même de la prescription & de l'an du retrait, qui court alors du jour du contrat, & non de la ratification. *Voyez* Anne Robert en son Recueil *de Rerum judicatarum*, livre 3. chapitre. 17.

L'autre effet de la ratification faite en majorité d'un acte que l'on a passé étant mineur, est qu'elle empêche que celui qui l'a faite puisse se faire restituer contre, quand il n'y a pas été induit par dol.

C'est ce qui est décidé dans le titre du code, *Si major factus ratum habuerit*, qui est observé par toute la France. Charondas liv. 4. rép. 42. Ainsi quand un majeur a ratifié ce qu'il a fait en minorité, il ne peut plus obtenir le bénéfice de restitution, quelque dommage qu'il en souffre; parce que par cette ratification il remet les droits qu'il pourroit exercer à cause de sa minorité, à moins qu'il n'eût été induit a ratifier par le dol de ses Partie; ; auquel cas il pourroit se faire restituer pour cause de dol, mais non pas pour cause de minorité.

Pour que la ratification empêche que le mineur puisse recourir au bénéfice de restitution, il importe peu que cette ratification soit expresse par paroles ou par écrit, ou par fait, comme en exigeant ou recevant quelque chose, faisant partage & division; ou que cette ratification soit tacite, comme quand le mineur devenu majeur laisse passer le tems dans lequel il pouvoit demander la restitution.

Un mineur qui a vendu un héritage, & qui n'en a mis l'acquereur en possession qu'après être devenu majeur, ne peut pas se faire restituer contre cette vente, parce que la restitution n'est accordée aux mineurs, que contre les actes qu'ils ont faits & parfait en minorité, mais non pas contre ceux ausquels ils ont donné la perfection étant devenus majeurs. Or la tradition est la consommation de la vente: ainsi la vente n'est censée faite qu'au tems de la tradition, qui est une véritable ratification; car celui qui devenu majeur, acheve

& consomme volontairement un acte fait en minorité, le ratifie, & est réputé l'avoir fait majeur.

Mais un mineur qui se seroit porté héritier de quelqu'un, & qui étant devenu majeur, auroit exigé ce qui étoit dû par les débiteurs de cette succession, ne seroit pas censé avoir ratifié l'acceptation de l'hérédité qu'il auroit faite en minorité. *Voyez* Acte d'héritier.

Il faut dire aussi que la réception d'arrérages d'une rente payée depuis la majorité, n'induit point de ratification du contrat de vente fait en minorité. Ainsi jugé par Arrêt du 27. Juin 1664. rapporté par Berault à la fin du second tome de la Coutume de Normandie, pag. 107. col. 2.

Au reste, quand celui qui a acheté un héritage d'un mineur parvenu depuis à sa majorité, criant qu'il ne se fasse un jour restituer contre dans les dix ans de sa majorité, il peut l'obliger à ratifier le contrat, ou à reprendre son héritage, en lui offrant de lui en rendre le prix. Boniface, tome. 4. livre 8. tit. 2. chap. 12.

RATIFICATION LETTRES DE RATIFICATION sont des Lettres du grand Sceau que l'acquereur d'une rente que le Roi obtient, à l'effet de purger les hypotéques que son auteur auroit pû avoir constituées sur ladite rente.

Ces Lettres ont à l'égard des rentes sur le Roi, le même effet que peut produire un décret à l'égard des héritages; ainsi elles purgent les hypotéques de la même maniere.

L'Edit du mois de Mars 1673. a créé en titre d'office quatre Greffiers-Conservateurs des hypotéques sur les Tailles & autres revenus de sa Majesté, pour recevoir les oppositions de ceux qui prétendent quelque droit sur les proprietaires & vendeurs de ces rentes, sans qu'il soit besoin de faire d'autres diligences.

Pour la sureté ces acquereurs à quelque titre que ce soit, cet Edit porte, qu'ils sont seulement tenus de prendre des Lettres de ratification scellées en la grande Chancellerie; & si avant que lesdites Lettres soient scellées il ne se trouve point d'oppositions au sceau, les rentes sont purgées de toutes hypotéques.

Il faut excepter les douaires & les substitutions, que les Lettres de ratification ne purgent point, attendu qu'elles n'ont pas plus de force à l'égard des rentes sur l'Hôtel de Ville, qu'en peuvent avoir les décrets par rapport aux héritages.

En second lieu, il faut excepter les rentes des Comptables, qui ne sont point exemptes du privilege du Roi lorsqu'ils les ont vendues ou aliénées à quelqu'autre titre.

Ainsi quoique par les Lettres de ratification duement obtenues, tous les droits des créanciers particuliers soient éteints, le Roi conserve toujours le privilege qu'il a dessus, nonobstant les Lettres de ratification que les acquereurs en auroient obtenues sans opposition de la part du Roi, parce que le Roi n'est jamais présumé accorder un privilege contre lui.

Pour que les acquereurs des rentes des Comptables puissent les acquerir en toute sureté, il faut, suivant la Déclaration du 4. Novembre 1680. qu'ils fassent signifier le contrat d'acquisition aux Proc. généraux des Chambres des Comptes sur le ressort desquelles tes rentes sont situées, & qu'ils retirent leur consentement par écrit sur l'original du contrat, sur lequel les Lettres de ratification doivent être expédiées au grand Sceau, & enregistrées aux Chambres des Comptes, après avoir été communiquées aux Procureurs généraux, qui donnent leur consentement, en cas que les Comptables ou leurs auteurs ne soient plus redevables au Roi & que leurs comptes ayent été rendus & approuvé à la correction. *Voyez* ci-dessus Lettres de ratification.

RATURE, est l'effet d'un trait de plume qui efface quelques mots ou quelque lignes d'un écrit.

Il est défendu aux Notaires de rayer des lignes ou des mots ou actes qu'ils reçoivent, ni faire des additions ou renvois, qu'ils ne soient ratifiés & paraphés par les Parties, autrement ils pourroient être condamnés aux dépens, dommages & intérêts des Parties, pour raison du procès auquel ils auroient donné lieu.

RAYER, signifie raturer, passer un trait de plume sur une écriture. Quand on déclare un emprisonnement injurieux, on fait rayer & bisser l'écroue. *Voyez* Radiat.

RE

RE'AJOURNEMENT, est une seconde assignation que l'on donne à celui qui a été condamné par défaut, à ce qu'il ait à comparoir sur ledit défaut. L'usage en a été abrogé par l'Ordonnance de 1667. cependant la pratique s'en continue toujours aux Consuls pour les causes de Paris.

RE'AJOURNER, signifie assigner une seconde fois celui qui n'a point comparu sur le premier ajournement. Mais on ne réajourne plus aujourd'hui, si ce n'est en matiere criminelle.

RE'AGGRAVE, est le dernier Monitoire qu'on publie après trois monitions, qui doit précéder la derniere excommunication. Le Curé ne peut procéder à publier le Monitoire par aggravation & réaggravation sans une permission du Juge laïque, & un autre de l'Evêque ou de l'Official.

Pendant cette derniere monition, on allume une petite chandelle; & si le pécheur ou le rebelle à l'Eglise ne vient se soumettre aux ordres de l'Eglise avant qu'elle soit éteinte, on fulmine l'excommunication, & on en déclare toutes les peines encourues.

RE'ALISER, signifie rendre réel & effectif ce que l'on est obligé d'effectuer.

Quand toute la dot d'une femme ne consiste qu'en argent comptant; on a coutume de stipuler qu'une partie de la somme qu'elle apporte en mariage lui tiendra nature de propre, & l'on ajoute souvent à elle; & aux siens de son côté & ligne; & pour cet effet, qu'une partie de cette somme sera employée en achat d'héritage.

Réaliser dans ce cas est effectuer cette promesse, en achetant à cette fin quelque héritage, pour tenir lieu de propre à la femme.

Cette réalisation ne passe pas les actes pour lesquels le le est faite: ainsi la somme ayant été realisée en faveur

veur de la femme, tout l'effet de cette réalisation n'est pas d'empêcher qu'elle tombe en communauté; mais elle n'est pas réalisée quant à la disposition, & contre la femme même: ensorte qu'elle pourra disposer de ladite somme nonobstant la réalisation, même au profit de son mari, dans les Coutumes qui le permettent; comme il a été jugé en la Premiere Chambre des Enquêtes du Parlement de Paris, par Arrêt du 27. Août 1695. *voyez* M. le Brun en son Traité de la Communauté, liv, 1. chap. 5. nomb. 4.

REALISER DES OFFRES EN JUSTICE, c'est faire porter son argent à l'Audience, & demander au Juge, Partie présente ou duement appellée, acte des offres actuelles & réelles; & qu'en cas de refus par le créancier de recevoir l'argent aux conditions portées par les offres, il soit permis de consigner, aux risques, périls & fortunes de qui il appartiendra.

REATU. Etre *in reatu*, signifie l'état où se trouvent ceux qui sont accusés de quelque crime, au moyen d'un décret de prise de corps, ou d'un ajournement personnel. *Reatus omne honoris publici muneris excludit exercitium*.

De cette maxime il résulte, qu'un Officier qui est *in reatu*, ne peut plus, tant qu'il restera *in reatu*, fait aucunes fonctions de sa Charge. Mais un simple décret d'assigné pour être oui, ne met ni un Officier, ni un Ecclésiastique *in reatu*, & ne les empêche pas de pouvoir remplir leurs fonctions.

Quoique celui qui est *in reatu*, perde entierement l'exercice des fonctions ecclésiastiques, ou des Charges publiques, il conserve tous ses autres droits, & n'est pas censé mort civilement, quand même il seroit condamné à mort par le Jugement qui interviendroit ensuite; car ce Jugement n'a point d'effet rétroactif. *Voyez* Accusé.

REBELLION, signifie quelquefois le soulevement qu'un Sujet fait contre son souverain, en prenant les armes contre lui, ou en levant des troupes sans sa permission.

Cet attentat est un crime de leze-Majesté, & est puni de mort. *Voyez* ce que j'ai dit *verbo* Sédition.

Rébellion signifie aussi la résistance qu'on fait aux ordres du Roi ou de la Justice, dont Sa Majesté est le Chef.

Ainsi la rébellion qui est faite aux commissions & mandemens du Roi, ou de ses Officiers, est une espèce de crime de leze-Majesté: c'est pourquoi il n'y a que les Juges Royaux qui en puissent connoître.

La rébellion à Justice, & le crime de battre & excéder les Huissiers & Archers exécutant un ordre de Justice, est digne de mort, suivant les Ordonnances royaux. Voyez l'Ordonnance de Blois, art. 190 M. Expilly, Arrêt 91. & l'Ordonnance criminelle, tit. 16. Art. 4. Mais cette rigueur n'est pas suivie, s'il n'y a que de simple excès.

Toutefois cette offense mérite punition extraordinaire; car c'est violer la Majesté du Roi en la personne de son Officier, & offenser le Juge en la personne de son Ministre: c'est aussi violer le Droit public, qui donne sureté aux personnes qui exécutent les ordres & mandemens de la Justice. Voyez ci-après Sergens battus & excédés.

Quoiqu'un Sergent excede son pouvoir dans une exécution, il ne lui faut point faire de résistance. S'il abuse en quelque chose des droits que lui donne sa Charge, il faut s'en plaindre & se pourvoir en Justice, pour le respect de la Justice même, & des Juges dont il exécute les mandemens.

En cas de rébellion, excès & violence, les Huissiers, Sergens & autres Officiers chargés de prise de corps, ou autres mandemens de Justice, doivent en dresser leur procès verbal, signé d'eux & de leurs Records, & des voisins & autres, s'il se peut; & le mettre entre les mains du Juge pour y être pourvu, & en être envoyé une expédition à M. le Procureur général, sans néanmoins que l'instruction & le jugement en puissent être retardés.

A l'égard de ceux qui ont fait la rébellion; on décrete contre eux d'ajournement personnel sur la seule signature du Sergent & de ses Records; & si la rébellion est considérable, le procès verbal sert de plainte, & en conséquence on informe, quoiqu'il n'y ait qu'un ajournement personnel contre le dénommés au procès verbal du Sergent; & s'il y a charge, le Juge peut décreter de prise de corps, & le reste de l'instruction se faire comme en matiere criminelle.

En cas de rébellion, il est enjoint aux Gouverneurs, Lieutenans généraux des Provinces & Villes, Baillifs, Sénéchaux, Maires & Echevins, de prêter main forte à l'exécution des décrets & de toutes les Ordonnances de Justice; même Prévôts des Maréchaux, Vice-Baillifs, Vice-Sénéchaux, leurs Lieutenans & Archers, à peine de radiation de leurs gages en cas de refus, dont il sera dressé procès verbal par les Juges, Huissiers ou Sergens, pour être au Procureur général du ressort.

La rébellion aux Mandemens ou Jugemens des Juges royaux, est un cas royal, comme nous l'avons dit ci-dessus en parlant des royaux.

Lorsqu'en exécutant une Sentence rendue au Bailliage ou Siege présidial en matiere civile, l'on vient à commettre quelque rébellion, ce n'est point le Juge civil; mais le Lieutenant criminel qui en doit informer & instruire le procès, ainsi qu'il a été décidé par tous les Arrêts de réglement qui ont été rendus entre les Lieutenans généraux & criminels.

Tous Juges à la réserve des Juges & Consuls, & des bas & moyens Justiciers peuvent connoître des rébellions commises à l'exécution de leurs Jugemens, comme il est dit en l'article 20. du titre premier de l'Ordonnance de 1670.

Voyez l'Ordonnance de Moulins, art. 29. l'Ordonnance de Blois, art. 191. Theveneau, liv. 4. tit. 8. art. 1. & suiv. Mornac, *ad Leg.* 3. *cod. de his qui ad Eccl. confug.* Boniface, tom. 2. part 3. liv. 1. tit. 2. chap. 36. M. le Prêtre, cent. 4. chap. 54.

REBLANDIR. Ce terme est usité dans quelques-unes de nos Coutumes, pour signifier la nouvelle démarche humble que fait un Vassal envers son Seigneur en plusieurs cas. 1°. Pour sçavoir de lui s'il veut débattre l'aveu & dénombrement qu'il lui a donné, ou si le Seigneur l'a débatu, pour sçavoir du débat qu'il en a fait. II°. Pour sçavoir la cause de la saisie que le Seigneur auroit faite. *Voyez* la Coutume de Montfort, art. 7. celle du Maine, art. 15. celle de Reims, art. 108. *Voyez* aussi la Coutume de Tours, articles 18. 22 25. 30. & 31. celle de Dourdan, art. 17. celle de Loudunois, chap. 1. articles 14. 16. 21. & 24.

RECELÉ ET DIVERTISSEMENT, signifient le crime qui est commis par un héritier qui détourne des effets de sa succession, ou bien par un des conjoints qui détourne des effets de la communauté après la mort de l'autre conjoint.

Par le Droit Romain celui qui détournoit les effets d'une succession, pouvoit être poursuivi par l'action appellée *expilatæ hæreditatis*. A l'égard de la femme qui avoit soustrait des choses, qui appartenoient à son mari ou à sa succession, l'on ne donnoit point contre elle l'action de vol, mais seulement une action particulière, appellée *actio rerum amotarum*.

Parmi nous, quand les effets d'une succession ont été recelés, on peut faire informer, ou l'on présente une Requête au Juge à cet effet. Le Juge met au bas de cette Requête : *Permis de faire informer du recelé & divertissement des effets pardevant. . . . . obtenir & faire publier Monitoire, saisir & revendiquer les choses diverties & recellées.*

Les recelés & divertissemens se poursuivent donc extraordinairement parmi nous.

L'héritier présomptif qui est convaincu d'avoir recelé & distrait des effets de la succession, est réputé héritier pur & simple, sans pouvoir jouir du bénéfice d'inventaire, même en offrant de rendre les choses par lui distraites & recelées, quoiqu'il fût mineur. Brodeau sur Louet, lett. H. somm. 24. & lett. R. somm. 1. Guy Pape, conf. 42.

Il est encore puni en ce que l'héritier qui soustrait des effets de la succession du défunt, si d'autres que lui ont intérêt à la conservation des biens de la succession, il est privé du droit & de la part qui lui appartenoit dans les effets par lui détournés. Ainsi l'héritier qui est condamné de rapporter ce qu'il a recelé, ne peut *in celatis & substractis habere partem. Voyez* Louet, lett. R. sommaire 48. & Bacquet, des droits de Justice, chap. 21. nomb. 63. 64. & 65.

Ce que nous avons dit ci-dessus, que les recelés & divertissemens peuvent être poursuivis extraordinairement, n'a point lieu pour ceux qu'une femme auroit commis appartenans à son mari; car à son égard les informations sont converties en enquêtes, à cause de l'étroite union du mariage dont elle étoit unie au défunt. Louet, lettre C. somm. 36. M. le Prêtre, cent. 1. chap. 4. & cent. 3. chap. 71.

La poursuite contre les complies de la veuve, qui n'ont rien pris à leur profit particulier, mais qui n'ont fait qu'exécuter ses ordres, est pareillement civilisée; comme il a été jugé par Arrêt du Parlement de Paris le 19. Avril 1698. rapporté dans le Journal des Audiences.

Pour ce qui est de la peine dont on punit la femme qui a fait des recelés & divertissemens ; il faut distinguer, ou ils ont été faits par la femme pendant le mariage, ou après le décès de son mari.

Lorsqu'il s'agit de recelès faits par la femme du vivant de son mari, si elle rapporte ce qu'elle a détourné, elle n'encourt aucune peine. Si après la mort de son mari elle dénie avoir fait aucun recelé, & en soit convaincue, elle est privée de la part qui lui appartenoit dans les effets qu'elle a détournés.

Si elle avoit disposé des choses par elle détournées du vivant de son mari, elle ou ses héritiers devroient récompense du total des recelés, lesquels séroient déduits & précomptes sur ses reprises.

Pareillement, si un mari avoit fait de recelés pendant le mariage, pour en profiter, avenant la mort de sa femme, lui ou ses héritiers en doivent tenir compte.

Voyons présentement comme est punie la veuve qui est convaincue d'avoir soustrait & recelé, après la mort de son mari, des effets de la communauté.

Il faut d'abord distinguer, ou elle accepte la communauté ou elle renonce.

Si elle l'accepte, la peine du recelé à l'égard des héritiers du mari, est d'être privée de la part qu'elle pouvoit y avoir. Ainsi elle est privée de la moitié en propriété qu'elle pouvoit avoir dans les choses recelées en qualité de commune, & aussi de l'usufruit de l'autre moitié, lorsqu'elle est donataire mutuelle. Voyez l'Arrêt du 15. Mai 1656. rapporté dans le Journal des Audiences.

Si elle renonce à la communauté, il faut encore distinguer, ou elle renonce après avoir recelé des effets de la communauté ou avant.

Lorsqu'une veuve renonce à la communauté après en avoir recelé des effets, la peine qu'elle encourt à l'égard des héritiers & des créanciers, est d'être privée du privilége de n'être tenue des dettes *ultra vires emolumenti*, & d'être obligée d'en payer la moitié ; parceque la soustraction qu'elle a faite précédemment des effets de la communauté la rend commune, & lui ôte le privilege de la renonciation, à l'exemple de l'héritier, qui est réputé tel nonobstant sa renonciation à la succession, lorsqu'il est convaincu en avoit soustrait des effets avant que d'y avoir renoncé.

Mais si la veuve, après avoir fait sa renonciation à la communauté, en recelé des effets, elle n'est pas réputée commune, de même que le présomptif héritier qui, après avoir renoncé à la succession, en détourneroit des effets, n'est pas réputé héritier : elle est seulement obligée de les représenter, & d'en tenir compte à la succession de son mari.

La raison de la différence, que celui qui a soustrait des biens d'une hérédité, a fait acte d'héritier : c'est pourquoi il ne peut plus renoncer à la succession. Mais celui qui détourne des effets de la succession après y avoir renoncé, ne fait pas acte d'héritier, parce que, y ayant renoncé, il ne peut être héritier ni en faire les actes, il est seulement condamnable aux dommages & intérêts des héritiers, ou de ceux qui y ont intérêt. *Voyez* Louet & son Commentateur, lett. R. somm. 1.

Par arrêt du Vendredi de relevée 29. Avril 1689. il a été jugé qu'un enfant pouvoit faire informer contre sa propre mere, pour raison de recelés & divertissemens. On lui accorda la permission d'obtenir Monitoire, sauf, après l'information faite & rapportée, être convertie en enquête par les Juges M. de Bailleul Président; plaidant, le Brun & Vaultier; les Parties, la Dame Marquise du Fresnoy & son fils.

Le mari qui, après le décès de sa femme, a recelé des effets de la communauté perd la part qui lui appartenoit dans les choses recelées.

Outre les peines remarquées ci-dessus contre le survivant qui a fait des recelés, il est encore tenu de rendre les fruits, & intérêts de choses recelées.

La défense de faire preuve par témoins au-dessus de cent livres, n'a point lieu lorsqu'il s'agit de recelé de piéces, ou de soustractions de deniers, comme nous l'avons dit ci-dessus, *verbo* Preuve testimoniale.

En matiere de recelé, la disposition des domestiques est reçue. Le témoignage des parens de la personne qui a recelé, est aussi admis, Basnage sur l'article 394. de la Coutume de Normandie.

Au reste, on n'est point reçu à intenter une action de recelé & divertissement contre un cohéritier, après plus de vingt ans du jour de la succession ouverte, & du prétendu recelé commis. Ainsi jugé par Arrêt du Parlement de Paris le 20. Mai 1692. rapporté dans le Journal des Audiences.

Touchant les recelés, *voyez* ci-dessus Expilation d'hérédité, & ce que j'ai dit sur l'article 237. de la Coutume de Paris, glos. 2. nomb. 16 & suiv.

RECELÉ D'UN CORPS MORT. Il est défendu de receler les corps morts, & sur-tout ceux des Bénéficiers, pour avoir le tems d'impétrer leurs Bénéfices.

RECELEURS, sont ceux qui recelent les choses volées. Ils sont ordinairement punis des mêmes peines dont on a coutume de punir les voleurs, principalement quand ils ont tiré quelque profit du vol; ce qui est très juste; car, comme on dit communément, s'il n'y avoit point de receleur, il n'y auroit point de voleur.

RECENSEMENT, est la répétition & l'audition des témoins qui ont révélé devant un Curé, en conséquence d'un Monitoire publié par une Ordonnance du Juge laïc; & cette répétition & audition de témoins se doit faire devant lui, & non devant le Juge ecclésiastique.

La raison est que le Monitoire ayant été publié de l'autorité du Juge laïc, n'attribue aucune Jurisdiction au Juge d'Eglise, qui même ne pourroit pas prendre connoissance de l'opposition qui seroit formée à la publication d'un Monitoire qui seroit requis par une Partie, de l'Ordonnance du Juge laïc. Basset, tome 2. liv. 2. chap. 1. *Voyez* ci-dessus Monitoire.

RECEPISSE', du mot latin *recepisse*, signifie un acte sous signature privée, par lequel on reconnoit avoir reçu des piéces de quelqu'un pour en prendre communication.

Quand un Procureur retire de chez le Rapporteur les sacs d'une instance ou procès, il en donne sa reconnoissance par un récepissé, & il est contraignable par corps à les rendre.

A l'égard de l'obligation qui résulte d'un récepissé à l'encontre de celui qui l'a donné, *voyez* Rechreches de Procès & Instance.

RECEPTION EN FOI ET HOMMAGE. *Voyez* Prestation de foi & hommage.

RECEPTION PAR MAIN SOUVERAINE. *Voyez* Main souveraine.

RECEPTION D'OFFICIERS. *Voyez* Récipiendaire.

RECEPTION DE CAUTION, est la procédure qui se fait en Justice par un procès verbal de la présentation d'une caution judiciaire, de la soumission, de la communication de ses facultés, & des contestation de ceux qui la combattent. Sur quoi se fait un référé à la Chambre, en conséquence de quoi la caution est reçue ou rejettée. *Voyez* le tit. 28. de l'Ordonnance de 1667.

Les moyens raisonnables pour rejetter une caution, sont quand par la déclaration de ses biens, & de la communication des pieces justificatives, il n'est pas suffisamment justifié qu'elle soit solvable pour la restitution de la somme dont il s'agit. Par exemple, si celui qui est présenté pour caution n'avoit que des effets mobilierrs & des marchandises, il pourroit être rejetté, sous prétexte qu'il n'a point d'immeubles, à moins que la somme qu'il s'agit de cautionner ne fût modique; parce que les meubles n'ont point de suite par hypotéque, & se peuvent facilement détourner.

La qualité de femme mariée ne seroit pas une raison suffisante pour rejetter celle que l'on présenteroit pour caution, au cas qu'elle eût du bien, & qu'elle fût autorisée par son mari.

Comme les cautions judiciaires sont contraignables par corps, un Prêtre ne pourroit pas être présenté en Justice pour caution, parce qu'il ne pourroit être contraint par corps, comme je l'ai dit, *verbo* Caution judiciaire.

RECEPTION DE CAUTION D'UN FERMIER JUDICIAIRE, est ordonnée par l'article 4. de l'Edit de 1551. Le Parlement de Paris, par son Arrêt du 12. Août 1664, fixe le délai pour la présentation de cette caution à la huitaine après la déclaration du Procureur.

Cette présentation de caution se fait par un acte au Commissaires des Saisies réelles, ou à son Procureur.

Si la caution est contestée, il faut donner copie de la déclaration de ses biens, & en communiquer les titres justificatifs sous le récepissé du Procureur.

Si après l'examen des titres le Commissaire avoit encore quelque sujet de craindre, il pourroit demander un certificateur de la caution. Il est de la prudence du Juge d'examiner si les difficultés que l'on forme à la reception de la caution présentée, sont admissibles, ou non.

Il doit la recevoir sur le champ, ou la rejetter, sans appointer les Parties.

Ses Ordonnances sont toujours exécutées, nonobstant oppositions ou appellations quelconques, & sans préjudice d'icelles.

La caution étant reçue, on en signifie l'acte à la Partie ou à son Procureur, & la caution fait au Greffe sa soumission, par laquelle elle déclare qu'elle se constitue caution envers le Commissaire des Saisies réelles, pour l'exécution du bail des biens saisis dont elle nomme le Fermier judiciaire. On signifie encore au Commissaire le procès verbal de réception de caution, & l'acte de soumission.

Le Commissaire étant chargé par Justice de la régie des biens saisis, pour en rendre compte aux créanciers, doit agir avec beaucoup de circonspection dans la procédure qui se fait pour la réception des cautions & des certificateurs; car il est responsable, non seulement des pertes que les créanciers feroient par sa mauvaise foi, mais encore de celles qu'ils souffriroient par sa faute.

Au surplus, quand il a pris toutes les précautions qu'auroit pû prendre un pere de famille intelligent & attentif à ses intérêts, on ne peut lui rien imputer c'est pourquoi il n'est point responsable de l'insolvabilité de la caution qui seroit depuis survenue.

Si l'adjudicataire ne présente point de caution, ou si celle qu'il présente est rejettée, parce qu'elle n'est point trouvée solvable, le Commissaire fait procéder à un nouveau bail judiciaire, à la folle enchere du premier adjudicataire, en observant dans la procédure les mêmes formalités que celles qui avoient été faites pour parvenir au bail qui n'a point d'effet.

RECEPTION D'ENQUESTE, est l'admission qui s'en fait. Autrefois les enquêtes étant faites, & les reproches baillés contre les témoins, la reception ne s'en faisoit qu'après que la lecture publique en avoit été faite, afin que les Parties ne s'engageassent pas mal-à-propos dans la poursuite d'un procès.

Cette publication d'enquête avoit lieu partout, excepté au Parlement de Paris & aux Requêtes de l'Hôtel, suivant l'article 86. de l'Ordonnance de 1539. Elle y a été depuis introduite par celle d'Henry III. faite à Blois, article 150.

Aujourd'hui la cummunication d'enquête tient lieu de cette publication, qui a été abrogée par l'article 3. du tit. 22. de l'Ordonnance de 1667, qui porte qu'après que les reproches auront été fournis contre les témoins, ou que le délai d'en fournir sera passé, la cause sera portée à l'audience, sans faire aucun acte ou procédure pour la réception d'enquête, & ne seront plus fournis moyens de nullité par écrit, sauf à les proposer en l'Audience ou par contredits, si c'est en procès par écrit.

RECETTE. *Voyez* Compte.

RECEVABLE, en terme de Palais, signifie une allégation, une proposition, ou une prétention qui est admissible, contre laquelle on ne peut opposer des fins de non-recevoir.

RECEVEUR, est celui qui reçoit pour autrui. Les Fermiers des Terres Seigneuriales s'appellent Receveurs.

On appelle aussi Receveurs, des Officiers titulaires créés pour recevoir certains deniers qu'ils doivent employer suivant leur destination, & dont ils sont obligés de rendre compte.

Il y en a de plusieurs sortes; sçavoir, les Receveurs généraux des Finances, établis en chaque Généralité, dont nous allons parler ci-après; les Receveurs des Tailles, du Domaine; les Receveurs du Clergé, des Décimes; les Receveurs des amendes; les Receveurs des Gabelles; les Receveurs des Consignations; les Receveurs des Saisies réelles; les Receveurs des Epices.

Touchant les Receveurs des Tailles, *voyez* le Memorial alphabétique de la Cour des Aydes, *verbo* Receveur.

Touchant les Receveurs des Consignations, *voyez* le Traité de la vente des immeubles, page 207. & suivantes; Henrys, tome 1., livre 2, question 59, & ce que j'ai dit ci-dessus, *verbo* Consignation.

Touchant les Receveurs aux Saisies réelles, *voyez* ci-dessus Commissaires.

RECEVEURS GENERAUX DES FINANCES, sont ceux qui sont proposés pour recevoir en entier les droits d'aubaine, deshérence, bâtardise, confiscation, & autres droits casuels & féodaux, & qui s'en doivent charger dans leurs comptes.

Ils ont été créés par les Edits des années 1685. & & 1701. par lesquels Edits, & principalement par le dernier, il est fait défenses aux Fermiers des Domaines de Sa Majesté, & à tous autres, de recevoir lesdits droits.

Mais il arrivoit souvent que les scellés apposés sur les effets de cette nature se levoient, & qu'on travailloit aux inventaires desdits effets sans appeller lesdits Receveurs généraux des Domaines; & que les Huissiers & Sergens qui procédoient à la vente des meubles, préjudicioient aux droits du Roi, en ce qu'ils s'ingeroient de donner des termes & délais aux acheteurs, & de distribuer les deniers aux Officiers pour leurs vacations & droits, & aux créanciers prétendus privilégiés, & sous ce prétexte, retenoient pendant plusieurs mois les deniers provenans desdits meubles, sans qu'on pût les obliger de les remettre, non plus que leurs procès verbaux de vente: ce qui faisoit d'autant plus de préjudice à Sa Majesté, que la plupart des successions de cette nature ne consistent qu'en quelques meubles, qui se trouvoient consommés par les frais, loyers & intérêts des dettes, qui couroient toujours, pendant que les Huissiers retenoient les deniers; & d'ailleurs les dettes actives desdites successions dépérissoient, par l'impossibilité d'en faire le recouvrement faute des titres, qui n'étoient remis ausdits Receveurs généraux qu'avec lesdits procès verbaux de vente.

Pour remédier à ces abus, le Roi en son Conseil a ordonné, par Arrêt du 13 Novembre 1703, que les Edits des mois d'Avril 1685. & Décembre 1701, seront exécutés; & qu'en conséquence les Receveurs généraux des Domaines recevront les deniers provenans des successions échues à Sa Majesté par droits d'aubaine, bâtardise, deshérence, confiscation; ensemble les droits, dépens, & autres droits seigneuriaux & casuels; comme aussi qu'ils poursuivront à la requête des Procureurs de Sa Majesté, aux Bureaux des Finances & Chambre du Domaine, la vente des meubles provenans desdites successions.

Fait défenses Sa Majesté de procéder ou faire procéder à la levée des scellés apposés sur les effets desdites successions appartenantes à Sa Majestés aux titres ci-dessus; ensemble à la cofection des inventaires & ventes des meubles & effets en provenans qu'en présence des Receveurs généraux des Domaines en exercice, ou eux dûement appellés.

Ordonne en outre Sa Majesté, que pour lesd. ventes & autres actes ou procédures, pour lesquelles il sera besoin du ministere d'Huissiers ou Sergens, lesdits Receveurs des Domaines se serviront de tels Huissiers ou Sergens que bon leur semblera, sans qu'ils en puissent être empêché par les Procureurs de Sa Majesté aux Bureaux des Finances & Chambres du Domaine ou autres, ausquels Sa Majesté fait défenses de les nommer; & ce à la charge par lesdits Receveurs généraux de demeurer garants & responsables des Huissiers & Sergens qu'ils employeroient, lesquels seront tenus de leur remettre leurs procès verbaux de vente de meubles, trois jours après la derniere vacation au plus tard; & les deniers qu'ils recevront desdites ventes, jour par jour, au fur & à mesure qu'ils recevront; à quoi ils seront contraints à la diligence desdits receveurs généraux des Domaines, par les voies ordinaires, pour les dernieres affaires de Sa Majesté.

Fait pareillement Sa Majesté défenses aux Huissiers ou Sergens de délivrer aucuns desdits deniers à autres qu'auxdits Receveurs généraux, sous prétexte de créances, dettes privilégiées, fraix, de Justice vacations d'Officiers ou autrement, à peine de payer deux fois; & seront lesdits Huissiers & Sergens contraints au payement des deniers desdites ventes, nonobstant les payemens qu'ils pourroient en avoir faits.

Enfin, veut Sa Majesté que les dettes privilégiées, vacations des Officiers & autres fraix, soient payés par lesdits Receveurs généraux, sur les quittances des Parties prenantes.

RECEVOIR, signifie, I°. accepter ce qu'on nous donne, ce qu'on nous présente, ce qu'on nous paye, ou ce qu'on nous met en main, pour quelque cause que ce soit. II°. Mettre quelqu'un en possession d'une Charge ou d'une Dignité. III°. Approuver, demeurer d'accord, déferer à quelque chose. IV. Admettre quelqu'un à faire quelque chose, ou à passer quelqu'acte. *Voyez* ce qui est dit sur ce mot dans le Dictionnaire de Trévoux.

RECHANGE DE LETTRES D'ECHANGE, est un second droit de change, qui est dû quand une Lettre de change qui est protestée, & que celui qui en étoit porteur a été obligé de fournir une autre Lettre de change.

Par exemple, un Marchand de Paris me fournit une Lettre de change à vue, dont je lui paye le change suivant le cours de la place: j'arrive au lieu où elle est tirée, le Correspondant du Banquier refuse de l'accepter; ayant besoin de la somme, je la prend d'un autre banquier du même lieu, j'en paye le change, & lui donne une Lettre sur Paris. Ce second change est le rechange. A mon retour, le Marchand de Paris qui m'a fourni la Lettre que son Correspondant a laissé protester; me doit restituer la somme principale, le change que je lui ai payé, les intérêts du jour du protest, & le rechange. Si mon Exploit d'assignation ne porte point demande expresse de l'intérêt du rechange & des autres fraix, le Juge ne m'accorde que ceux du principal & du change, qui me sont dûs de plein droit du jour du protest.

Pour prétendre le rechange, il n'est pas nécessaire de tirer une Lettre d'où le protest a été fait; il suffit que le porteur prouve qu'il a pris de l'argent, & qu'il en a payé le change. *Voyez* l'Ordonnance de 1673. titre 6. & le Traité du Change & Rechange, fait par Maréchal.

RECHERCHE, signifie l'enquête, l'examen, la perquisition qu'on fait des actions ou de la qualité d'une ou de plusieurs personnes.

RECHERCHE DE L'ÉTAT D'UNE PERSONNE MORTE. Par le Droit Romain qui est contenu au titre du Digeste & du Code, *ne de statu defunctorum post quinquennium quæratur*, il est défendu de rechercher l'état d'une personne morte après cinq ans, à compter du jour de sa mort.

Voici l'exemple ordinaire qui s'en trouve dans les Loix Romaines. Un homme étant mort dans l'opinion d'un chacun qu'il étoit libre, après cinq ans, à compter du jour de son décès, son état devient fixe & inébranlable; ensorte qu'il n'est plus permis à qui que ce soit de le contester.

Cette maxime *ne de statu defunctorum post quinquennium quæratur* a été reçue parmi nous, mais dans des cas différens. *Non potest apud nos moveri quæstio status ei qui in possessione quieta & pacifica natalium, nobilitatisve decesserit, si quinque anni à morte illius effluxerint. Vide Mornacium, ad legem ultimam, codice ubi causa status.*

Voici un cas où il a été jugé que l'état d'une personne ne peut être recherché après sa mort, quoique cinq ans ne fussent pas écoulés depuis. Une Religieuse obtint dans les 5. ans un Rescrit contre ses vœux, sur fondement qu'elle avoit été forcée de faire profession. Par deux Sentences des Officialités son Rescrit ayant été entériné, elle se maria, & mourut laissant une fille née de ce mariage.

La personne qui lui avoit intenté procès prétendant faire déclarer ses vœux bons & valables, l'entérinement de son Rescrit abusif, & son mariage non-valablement contracté, continua le proces contre sa fille.

On répondit pour la fille, que ces questions étoient terminées par le décès de sa mere morte en l'état de liberté.

Mais l'Avocat général Talon dit, qu'on peut rechercher l'état d'une personne morte dans les cinq ans, mais que c'est lorsqu'il n'y a point eu de Jugement rendu de son vivant, ou lorsqu'il y en a eu un contre elle & non pas quand il y en a eu un pour son état, suivant la Loi §. *ult. ff. de statu defunctor.* & que comme l'état de la défunte avoit été confirmé par Jugement de Cour ecclésiastiastique, il n'y a pas lieu de le révoquer après sa mort.

Par Arrêt de la quatriéme Chambre des Enquêtes, du 3. Septembre 1681. la Cour jugea conformément aux conclusions de Monsieur l'Avocat Général.

RECHERCHE DE PROCES ET INSTANCES, est la répétition qu'on en peut faire contre ceux qui en sont chargés par récépissés ou autrement.

Comme il est difficile que les Procureurs, quelque bon ordre qu'ils puissent tenir, se ressouviennent toujours de ce que deviennent les pieces qui leur ont été confiées & qui peuvent quelquefois avoir été rendues aux Parties par les Clercs, sans en tirer de reconnoissance, on a trouvé que l'obligation qui résulte des recépissés des Procureurs ne devoit pas durer trente ans, & que cette obligation personnelle devoit finir par un moindre tems.

C'est aussi ce qui a été Jugé par plusieurs anciens Arrêts, qui sont antérieurs à la Déclaration d'Henri IV. du 11. Décembre 1597. qui a fixé le tems que devoit durer cette obligation. Par cette Déclaration, les Avocats & Procureurs, leurs veuves, enfans & ayant droit d'eux, sont déchargés après cinq ans de toutes recherches de procès & instances.

Mais l'enrégistrement de cette Déclaration, qui fut fait au Parlement de Paris le 14. Mars 1613. y a apporté cette modification; sçavoir, qu'ils ne seroient déchargés des instances & procès indécis, & non jugés, que par dix ans, à compter du jour qu'ils en seroient chargé par récépissés; & à l'égard des jugés, cinq ans après.

Il y a néanmoins des cas où l'action en vertu de récépissé, pour répétition des pieces, dure trente ans.

Le premier est, lorsqu'il y a la moindre présomption de dol, fraude ou mauvaise foi. Par exemple, un Procureur qui auroit reconnu judiciairement avoir en sa possession un procès non-jugé, dont il seroit chargé par son récépissé, opposeroit en vain la prescription de dix ans, s'il étoit poursuivi par la Partie adverse pour rendre le procès, parce qu'il y auroit lieu de croire que le refus qu'il feroit de le rendre proviendroit de quelque acccord frauduleux fait avec sa Partie. Ainsi jugé par Arrêt donné en la Grande Chambre à huis clos, le 27. Août 1727.

Le deuxiéme est, lorsque l'obligation de rendre des pieces ne regarde point la qualité ni la nécessité de l'Office de celui qui a donné le récépissé. Alors l'action en vertu du récépissé, pour la répétition desdites pieces, demeure aux termes du Droit commun, & comme personnelle dure trente ans.

Par exemple, un Procureur qui seroit chargé de quelques pieces, non envers une de ses Parties, ni en qualité de Procureur, ni pour un fait qui dépende de sa Charge, mais qui les auroit empruntées pour s'en servir dans une affaire où il auroit intérêt pour lui-même ou pour une de ses Parties ne pourroit pas se servir de la fin de non-recevoir de cinq ans ou de dix ans, établie par la Déclaration de 1597. & l'Arrêt d'enrégistrement de 1613.

Il faut dire aussi qu'un Huissier ou Sergent qui se seroit chargé par récepissé de titres & pieces, pour en tirer le payement & en tenir compte, ne pourroit pas opposer à la demande qui lui seroit faite de rendre lesdites pieces, la prescription de dix ans, parce qu'il ne seroit pas juste; sous prétexte de cette prescription il pût profiter impunément du bien d'autrui.

Voyez touchant le tems que dure l'action pour la recherche des pieces; ce qui est dit dans Louet & son Commentateur, lettre S. somm. 21. & dans le Recueil des Arrêt & Reglemens concernant les fonctions des Procureurs, part. 3. tit. 1.

RECIDIVE, est la rechute dans une même faute.

Dans les Jugemens qui se rendent sur les actions ou sur les plaintes d'injures & de mauvais traitemens, on fait défenses de récidiver sous plus grandes peines, sous telles peines qu'il appartiendra.

RECIPIENDAIRE, est celui qui poursuit sa réception dans une Charge dont il est pouvu.

On appelle être pourvu d'une Charge, quand sur sa procuration *ad resignandum* du titulaire, on a obtenu du Roi des provisions.

En conséquence, pour connoître si le Recipiendaire n'a aucune qualité ni empêchement en sa personne qui serve d'obstacle à sa réception, il est ordonné qu'il sera procedé à une information de vie & mœurs, à laquelle il faut joindre une attestation de son Curé, qui certifie que le dénommé fait profession de la Religion Catholique, qui fréquente les Sacremens; & qu'aux dernieres Fêtes de Pâques il s'est acquitté du devoir paschal.

Le Récipiendaire se présente au jour marqué pour subir l'examen, lequel se fait de différentes manieres, selon les différentes Cours & Jurisdictions.

Les Juges & Officiers non-lettrés, ne sont examinés que sur les Ordonnances, sur la Pratique & sur l'ordre judiciaire. Ceux qui sont examinés pour entrer dans des Charges où il faut être gradué, doivent être examinés sur le Droit & sur la Pratique.

On fait tirer à ces derniers une Loi, & on leur donne quelques jours pour la rendre & répondre dessus.

Après l'examen, le Récipiendaire prête serment de s'acquitter des devoirs de sa Charge; & dès qu'il est reçu, il peut s'installer ou se faire installer, c'est-à-dire prendre possession ou séance.

Voici de quelle maniere cela se pratique au Parlement. Celui qui a des provisions du Roi pour être reçu dans une Charge de Judicature dans le ressort du Parlement, présente une Requête à M. le Premier Président, tendante à ce qu'il plaise à la Cour ordonner qu'il sera procedé à la réception du Suppliant dans la Charge dont il a plu au Roi lui donner des provisions.

Sur cette Requête M. le Premier Président commet un Conseiller de la Grande Chambre pour rappore teur, à l'effet de rendre compte à la Cour si le Récipiendaire est en état d'être admis.

On porte cette Requête au Rapporteur, qui met ou fait mettre par le Greffier un soit montré au Procureur général, ensuite on rend visite à M. le Procureur général, qui donne des conclusions préparatoires pour informer sur les lieux des vie & mœurs du Récipiendaire.

Sur ces conclusions que l'on porte au Rapporteur, la Cour rend un Arrêt préparatoire, qui porte que les provisions de l'Officier seront enrégistrées au Greffe de la Cour, & qu'information sera incessamment faite sur les lieux des vie & mœurs du Récipiendaire, pour être dessus ordonné ce que de raison.

Cet Arrêt est envoyé sur les lieux, à la diligence de M. le Procureur général; & l'information lui étant envoyée avec l'extrait de Baptême, & le certificat que le Récipiendaire n'a aucuns parens ou alliés au dégré prohibé dans le Siege où il demande d'être admis, M. le Procureur général donne des conclusions définitives.

On les porte avec les autres pieces au Rapporteur, qui le lendemain fait son rapport à la Grande Chambre; & en conséquence la Cour rend un Arrêt qui renvoie le Récipiendaire à une des Chambres des Enquêtes, pour y être examiné en la maniere accoutumée.

Le Récipiendaire porte cet Arrêt au Premier Président de la Chambre où il est renvoyé pour y être examiné, & le Premier Président lui donne un Rapporteur.

Le Récipiendaire rend visite au Rapporteur, qui lui donne jour pour tirer sa Loi. Il va ensuite voir tous les Juges, & prend des mésures avec le Buffétier de la Chambre, qui l'instruit de tout ce qu'il faut faire en cette rencontre.

Le Récipiendaire se trouve au jour marqué à la porte de la Chambre, avant que MM. entrent; & quand ils sont assemblez, ils font dire au Récipiendaire d'entrer pour tirer la Loi; & la Loi étant tirée, on le remet à huitaine, ou à tel autre jour plus proche qu'il souhaite pour la rendre.

Le jour assigné au Récipiendaire pour rendre sa Loi étant venu, il se trouve le matin à la porte de la Chambre; & quand on la fait entrer, il commence par un compliment en latin, & fait l'exposition de la Loi qu'il a tirée, avec les raisons de douter & de décider.

Ensuite le Président & quelques Conseilliers argumentent contre lui; & cet examen se termine à quelques argumens, & à quelques questions de Droit & de Pratique.

Il faut remarquer à ce sujet qu'un Récipiendaire doit être dans un état modeste, & ne peut par conséquent être ganté ni couvert, lorsqu'il subit l'examen pour sa réception.

Lorsque le Récipiendaire est trouvé capable le Président & le Rapporteur vont à la Grande Chambre le certifier tel; & sur leur rapport on le fait entrer en la Grande Chambre, & il y prête serment.

Le serment prêté, il va remercier le Président & le Rapporteur, & paye les droits de son Arrêt de réception, lequel lui étant délivré, il doit s'en aller sur les lieux, pour se faire installer en conséquence.

Il nous reste à remarquer, touchant la réception des Officiers de Judicature.

I°. Que quand un Récipiendaire va voir Monsieur le Premier Président, Monsieur le Procureur général & Messieurs les Conseillers, il faut qu'il soit en robe & en bonnet.

II°. Que quand un Récipiendaire a des dispenses d'âge ou de parenté, il faut qu'il présente d'abord deux Requêtes à M. le Premier Président, l'une pour l'enrégistrement de ses provisions, l'autre pour l'enrégistrement des dispenses; car pour qu'un Officier qui a des dispenses soit admis, il faut que préalablement ses provisions & ses dispenses soient enrégistrées: pour raison de quoi il faut des conclusions différentes de M. le Procureur général, & différens Arrêts, parce que les provisions & les dispenses n'ont rien de commun. Ainsi la réception est retardée, quand on ne prend pas la précaution de faire les deux enrégistremens en même tems.

III°. Qu'à présent tous les Conseillers des Présidiaux, des Bailliages & Sénéchaussées, sont reçus au Parlement, si ce n'est que pour des raisons pressantes la Cour ne donne un Arrêt portant permission au Récipiendaire de se faire recevoir au Présidial.

IV°. Que les Présidens & les Lieutenans généraux sont examinés & reçus en la Grande Chambre, & tous les autres Officiers sont examinés aux Chambres des Enquêtes, mais ils prêtent le serment en la Grande Chambre.

RÉCIPROQUE, signifie mutuel, ce qui se fait mutuellement de part & d'autre.

RÉCLAMER, se dit de ceux qui reviennent contre quelque acte, comme ceux qui reclament dans les dix ans de majorité contre les actes qu'ils ont passez étant mineurs; ou bien comme ceux qui se pourvoient contre leurs vœux, & qui prétendent les faire déclarer nuls, sous prétexte, ou qu'ils n'avoient pas l'âge requis quand ils les ont faits, ou qu'ils les ont faits par force & par une juste crainte: ce qu'ils doivent faire dans les cinq ans, à compter du tems qu'a cessé la force & la violence qu'on a employées pour les retenir dans l'état monastique.

RÉCLAMER EN MATIERE DE CHOSE MOBILIAIRE, se prend pour revendiquer; comme quand après la mort d'un défunt on fait inventaire de ses biens, & qu'il se trouve quelques choses qui ne lui appartenoient pas, comme celles qui lui auroient été prêtées; en ce cas ceux qui en sont les maîtres les reclament, c'est-à-dire qu'ils déclarent qu'elles sont à eux, & demandent qu'elles leur soient rendues, & ne soient pas comprises dans l'inventaire.

RÉCLAMER DES GENS DE SERVILE CONDITION, se dit d'un Seigneur qui revendi que ses gens de servile condition, qui sont allez demeurer dans une autre Seigneurie sans son congé.

RECOLLEMENT D'INVENTAIRE, est un acte de représentation faite de meubles & papiers, pour voir s'il est conforme à l'inventaire.

RECOLLEMENT EN MATIERE CRIMINELLE,

est une procédure qui se fait après que l'accusé a été ouï en interrogatoire ou mis en contumace, en relisant à un témoin la déposition qu'il a faite auparavant pour voir s'il y veut persister, y ajouter ou diminuer.

Ainsi, lorsqu'en matiere criminelle la déposition des témoins a été reçue par le Juge, il les récolle aux fins que dessus; mais lorsque les témoins n'ont pas été entendus par le Juge, comme par exemple, quand ils ont été entendus par un Curé, qui après avoir publié un Monitoire, a reçu leurs révélations, le Juge ne récolle pas les temoins, mais il les répete.

Suivant la disposition de l'article 1. du titre 14. de l'Ordonnance de 1670. le récollement & la confrontation des témoins n'est requise, qu'autant que le Juge trouve que les témoins chargent l'accusé, & que l'accusation mérite d'être instruite.

Mais alors il doit commencer par répéter les témoins en leur déposition secrettement, & en l'absence des Parties, afin de leur donner plus de liberté de penser à ce qu'ils ont déposé, d'interpréter leurs dépositions, y ajouter & diminuer, selon qu'ils estiment être plus véritable, en conséquence du serment que le Juge leur fait prêter. D'ailleurs ils deviennent liez par leur répétition; de sorte que lorsqu'ils sont ensuite confrontez à l'accusé, ils ne peuvent plus varier.

Quand il s'agit de l'instruction d'un procès criminel par contumace, le récollement vaut confrontation.

Le récollement ne se réitere point, quand même il auroit été fait pendant l'absence de l'accusé, & que le procès auroit été instruit en différens tems, ou qu'il y auroit eu plusieurs accusez. La raison est, que le récollement ne se fait que pour le témoin, & pour rendre sa déposition certaine; aussi l'accusé n'est-il pas présent, ni même appellé au récollement.

Quoique par le Jugement rendu sur la contumace de l'accusé, il eût été ordonné que le récollement vaudroit confrontation; néanmoins, si l'accusé dans la suite se rendoit ou étoit constitué prisonnier, il faudroit lui confronter les témoins.

Le récollement est ce qui fait la preuve en matiere criminelle; l'information n'est qu'une préparation à la preuve.

Au reste, le récollement des témoins doit toujours précéder la confrontation; & lors de la confrontation, lecture du récollement doit être faite. Il y a un Arrêt de reglement du 29. Mai 1693. qui l'ordonne ainsi.

Touchant les récollemens & confrontations des témoins, *voyez* le titre 15. de l'Ordonnance de 1670. & Deispeisses, tom. 2. pag. 622.

RECOMMANDATION, de paroles ou par écrit en faveur de quelqu'un, n'est pas un cautionnement.

Celui qui donne un domestique, & le déclare être une personne de bien & d'honneur, n'est point tenu de ses faits, à moins qu'il n'y eut dol de sa part.

Pareillement, si étant interrogé sur la probité & les facultés d'une personne, on répond qu'elle est solvable & a coutume de bien payer, s'il n'y a point de fraude de la part de celui qui s'explique en ces termes, lorsque le debiteur se trouve insolvable, le particulier qui l'a recommandé n'est pas censé avoir répondu pour lui.

Les lettres de récommandation, quoiqu'elles contiennent que celui qu'on recommande est homme de probité & payera bien, n'obligent donc en rien celui qui les a écrites. Maynard, livre 8, chapitre 29.

Il faut dire aussi, que celui qui prie un Pédagogue de prendre le soin de quelques disciples, l'assurant qu'il en sera bien payé, ne s'oblige en aucune maniere; *quia scilicet commendare videtur, non vero mandare*. *Voyez* M. le Prêtre, cent. 4, chapitre 29. *Voyez* aussi le Biblioteque de Bouchel, *verbo* Preuves.

La raison est; qu'il y a bien de la différence entre donner de la confiance à celui à qui l'on écrit une Lettre de récommandation, & se rendre caution d'un autre envers lui.

RECOMMANDER UN PRISONNIER, est faire un acte par lequel on le constitue de nouveau prisonnier, à l'effet d'empêcher qu'il ne puisse sortir de prison jusqu'à ce qu'il soit ainsi ordonné.

Cette recommandation a lieu lorsqu'un homme a été constitué prisonnier à la requête d'une autre personne, & que l'on craint qu'il ne sorte de prison, & qu'on n'eût après de la peine à mettre à exécution une contrainte par corps que l'on a contre lui.

Voici le cas: un homme a plusieurs créanciers, dont les créances vont par corps; un d'eux l'a fait constituer prisonnier; les autres doivent le recommander, pour empêcher qu'après qu'il aura terminé ou se sera accommodé avec ce créancier, il ne puisse sortir de prison qu'après les avoir satisfait.

La récommandation se doit faire avec les mêmes formalités qu'un emprisonnement. Il faut que le Sergent porteur de pieces ait une contrainte par corps, qu'il la signifie & fasse un commandement au prisonnier amené entre les deux guichets; & le lendemain il le fait encore venir pour faire la récommandation & le constituer prisonnier, de la même maniere que s'il en avoit fait la capture.

Quand un homme est prisonnier en vertu d'une Lettre de cachet, on ne reçoit aucunes récommandations à l'effet qu'il ne puisse sortir de prison, jusqu'à ce qu'il soit ainsi ordonné.

Plusieurs tiennent qu'il faut que les récommandations soient faites pour causes semblables à celle pour laquelle il a été constitué prisonnier. D'où il s'ensuit qu'un homme qui est emprisonné pour crime, ne peut être recommandé pour une cause civile. C'est l'avis de Bornier sur l'art. 13. du tit. 13. de l'Ordonnance de 1670.

D'ailleurs, un accusé qui est constitué prisonnier pour crime, est dans les liens de la Justice, pour assurer sa personne à la Justice même, & pour rendre à la vérité le témoignage qui lui est dû.

Enfin, pour cause criminelle, il n'y a point de raison qui suspende l'exécution des décrets, ni bienséance pour les jours de Fête, ni privilege pour les maisons particulieres, mais ces raisons retardent l'exécution des contraintes par corps pour dettes civiles; & si un prisonnier

prisonnier pour crime pouvoit être recommandé pour une cause civile, ce seroit abuser du dépôt de la Justice, que de conserver dans ses liens, pour cause purement civile, celui que l'on n'auroit pu y mettre qu'avec les précautions & les bienséances prescrites par les Réglemens.

Néanmoins l'Arrêt rendu le 7. Septemb. 1714. contre Beaumont, a jugé le contraire. Il est remarqué par M. Brillon en son Dictionnaire des Arrêts, *verbo* Emprisonnement, nombre 15. Cet Auteur dit que cet Arrêt parut nouveau & rigoureux; mais que Beaumont étoit si peu favorable, qu'on ne crut pas lui faire injustice de le retenir en prison. Cependant je crois qu'il a jugé dans les regles.

Quand un emprisonnement est déclaré nul, tortionnaire & injurieux, il est regardé comme n'ayant point été fait, & ne peut produire aucun effet: c'est pourquoi l'on ordonne que l'écrou sera rayé, & que le prisonnier sera élargi & réintégré dans sa maison par un Huissier nonobstant toutes recommandations survenues depuis l'emprisonnement; parce qu'il n'est pas juste que des créanciers profitent, & que le débiteur souffre de ce que l'on a fait un emprisonnement injurieux. D'ailleurs, quand le principe est vicieux, tout ce qui a été fait sur le même principe est infecté du même vice.

Ainsi par Arrêt du 20. Septembre 1715. il a été jugé que les recommandations faites en vertu de bons titres, mais sur un emprisonnement déclaré nul, étoient pareillement nulles & de nul effet; de sorte que l'Arrêt en fait main levée.

Mais quand par l'évenement l'emprisonnement est déclaré bon & valable, quoique par le Jugement il soit dit que le prisonnier sera élargi, ou en payant, ou en donnant caution, ou en faisant ce qui lui est enjoint, les recommandations faites depuis l'emprisonnement dans le tems intermédiaire ont leur effet.

Pour que les recommandations accessoires d'un emprisonnement légitime ne fussent pas véritables, il faudroit que la prison fût un lieu de privilege, où l'on ne pût pas mettre la main sur son débiteur, lorsqu'il seroit contraignable par corps; ce qui certainement n'est pas.

Touchant les recommandations, Voyez ce qu'en dit l'Ordonnance de 1670. au titre 13.

RECOMPENSE, est un dédommagement qui se fait à quelqu'un pour raison d'une chose dans laquelle il a quelque droit.

RECOMPENSE EN FAIT DE COMMUNAUTÉ, est une indemnité qui est dûe à un des conjoints par l'autre qui a profité des deniers de la communauté.

Les biens de la communauté étant communs entre le mari & la femme, doivent être partagez également après la dissolution d'icelle entre le survivant & les héritiers du prédécédé.

Ainsi, quand l'un en a tiré quelque avantage pendant le mariage, lui ou ses héritiers en doivent récompense à l'autre ou à ses héritiers; autrement il dépendroit du mari d'avantager indirectement sa femme, en faisant des améliorations dans les héritages de sa femme; ou de convertir les biens de la communauté à son profit, en faisant des bâtimens & des dépences considérables dans ses propres héritages. Je dis considérables; car il n'échet aucune recompense pour simple réparation d'héritages, qui se fait pour l'entretenement ordinaire des lieux & maisons appartenans aux conjoints.

La récompense a principalement lieu pour raison des impenses & améliorations faites des deniers de la communauté dans les héritages des deux conjoints, ou de l'un d'eux.

Pour que la récompense ait lieu pour améliorations faites dans les héritages du mari, il faut que la femme ou ses héritages acceptent la communauté; quand ils y renoncent, ils n'y a point de récompense à demander par eux au mari ou à ses héritiers; pour les améliorations faites dans ses héritages.

Pour celles qui sont faites dans les héritages de la femme, la récompense en est due toute entiere, quoiqu'elle ou ses héritiers renoncent à la communauté.

La raison est, qu'en cas de rénonciation par la femme ou par ses héritiers à la communauté, tous les biens de la communauté doivent demeurer au mari ou à ses héritiers. Or cette récompense due par la femme pour raison des impenses ou améliorations faites dans ses héritages, fait partie des biens de cette communauté, dont il n'est pas juste que la femme ou ses héritiers profitent, quand ils y ont renoncé.

Il y a plusieurs autres cas où récompense est due entre conjoints; nous les avons rapportés sur l'art. 229. de la Coutume de Paris, §. 4. où je renvoie le Lecteur.

RECOMPENSE QUE DOIT LE FRERE AÎNÉ A SES PUÎNÉS, QUAND IL RETIENT TOUT L'ENCLOS OU JARDIN JOIGNANT LE CHATEAU OU MANOIR, QUI CONTIENT PLUS D'UN ARPENT DE TERRE, est un dédommagement qu'il est obligé de leur faire en terres de même fief si tant y en a, sinon en d'autres terres ou héritages de la succession, à la commodité des puînés le plus que faire se pourra, au dire de Prud'hommes, ainsi qu'il est porté en l'article 13. de la Coutume de Paris.

Celle de Calais, Dourdan, Montfort, Laon, Reims, & plusieurs autres, ont une disposition semblable. Celle d'Estampes prévoyant le cas où il n'y auroit point d'héritages dans la succession pour faire cette récompense, dit en l'article 10. *sinon en deniero, ou autrement*; & ajoute, que pour ladite récompense il n'est dû quint ni rachat au Seigneur féodal. La Coutume d'Orléans, en l'article 96. dit la même chose.

Le tems auquel se doit faire cette récompense est différent, suivant les différentes Coutumes où elle se doit faire. Celle de Dourdan, article 6. donne un an pour faire cette récompense. *Voyez* ce que j'ai dit sur l'art. 13. de la Coutume de Paris.

RECOMPENSE POUR LEGS EXCEDANT LE QUINT DES PROPRES, n'est point due au légataire, lorsque le testateur n'a pas laissé d'autres biens à son héritier, sur lesquels il puisse être dédommagé de l'excédant le quint des propres.

Mais elle est dûe au légataire, quand le testateur a laissé d'autres biens libres en meubles & acquêts, qui valent plus que les quatre quints des propres, & qu'il ne veut pas abandonner au légataire que le quint de l'héritage propre qui lui a été légué par le testateur. Voyez ce que j'ai dit sur les articles 292 & 295. de la Coutume de Paris.

RECOMPENSE DES SERVICES. Voyez Donation rémunératoire.

RECONCILIATION, est le renouement d'amitié & le racommodement qui se fait entre personnes qui avoient été brouillées ensemble.

Elle fait cesser l'action d'injure, & l'éteint entierement, comme nous avons dit sur le paragraphe dernier titre des Injures, aux Institutes.

Le mari, après la cohabitation & la réconciliation avec sa femme, ne peut pas l'accuser d'adultere, ni celui qui a commis adultere avec elle. Boniface, tom. 2. part. 3. liv. 1. tit. 7. chap. 4.

La réconciliation du fils avec son pere, révoque l'exhérédation que le pere auroit faite; mais il faut pour cela que la réconciliation soit expresse & parfaite: ensorte qu'une réconciliation tacite ne seroit pas suffisante pour révoquer l'exhérédation.

Ainsi l'exhérédation du fils faite par le pere, pour s'être marié sans sa permission, n'est pas révoquée par la conversation que le fils & sa femme auroient eue avec le pere depuis l'exhérédation.

La bénédiction seule qu'auroit donnée à l'art. de la mort le pere à son fils exhérédé, ne seroit pas non plus suffisante pour révoquer l'exhérédation.

Cependant Ricard, des Donations entre-vifs, part. 3. chap. 8. sect. 4. nomb. 963, fondé sur la Loi 5. *cod. famil. ercifcund.* tient que comme l'exhérédation est odieuse, la moindre réconciliation du pere avec le fils doit empêcher que l'exhérédation n'ait son effet; attendu que le pere est présumé avoir oublié le passé. *Voyez* le Dictionnaire des Arrêts, *verbo* Exhérédation; nomb. 15. & 16.

On dit aussi reconcilier une Eglise, c'est-à-dire la benir de nouveau, lorsqu'elle a été prophanée par quelque effusion de sang ou autre scandale.

RECONDUCTION, est un renouvellement d'un louage ou d'un bail à ferme.

Il se fait ou expressément, c'est-à-dire par écrit ou par paroles expresses entre les Parties; ou tacitement, comme quand le locataire demeure dans la maison louée après le bail expiré, sans que le propriétaire s'y oppose: c'est ce qu'on appelle tacite réconduction. Voyez ce que j'en dis sous la lett. T.

Pour ce qui est de la reconduction en général, *voyez* les Loix civiles, l. 1. tit. 4. sect. 4. n. 7. & suiv.

RECONFRONTATION, est une seconde représentation faite à l'accusé, des témoins qui ont déposé contre lui; ou une seconde représentation des complices l'un à l'autre, qui se sont accusés l'un l'autre, ou qui se sont contrariés dans leurs réponses.

RECONNOISSANCE, est un acte par lequel on demeure d'accord d'une dette contenue dans une simple cédule, ou du cens qui est dû à un Seigneur, quand on déclare qu'on reconnoit tenir une terre de lui à cens, ou à quelque redevance annuelle.

RECONNOISSANCE D'ÉCRITURE PRIVÉE, se fait pardevant Notaire, du consentement des Parties; ou en Justice, quand le porteur d'une promesse ou autre écriture privée, assigne celui qui l'a signée à comparoir pardevant le Juge compétant, pour reconnoître ou dénier son seing, à l'effet, en cas de dénégation d'être procédé à la vérification des Experts, en la maniere accoutumée.

Les écritures privées, dès qu'elles sont reconnues pardevant Notaires ou en Justice, commencent à être exécutoires, emportent hypotéque sur tous les biens du débiteur du jour de la reconnoissance.

Pour ce qui est de la reconnoissance qui se fait d'écritures privées pardevant Notaires, il faut qu'elle soit faite pardevant ceux de la Jurisdiction dans le ressort de laquelle les Parties sont demeurantes, ou bien pardevant Notaires royaux.

Il faut nécessairement que cette reconnoissance soit faite devant Notaires, & non autres Officiers: ainsi celle qui seroit faite pardevant des Secretaires du Roi, n'emporteroit point hypotéque, & ne donneroit pas plus d'autorité à l'acte du seing privé. Chopin sur la Coutume de Paris, liv. 3. tit. 2. nomb. 20.

Il faut enfin remarquer que les Notaires ne peuvent point aujourd'hui recevoir de reconnoissance d'écrits ou promesses sous signatures privées, qu'ils n'ayent été préalablement controllés.

La reconnoissance d'une cédule qui se fait en Jugement emporte hypotéque, tant pour la somme contenue en la cédule, que pour les intérêts qui courent après en conséquence de la demande d'intérêt qui en est faite, & de la Sentence qui les adjuge sur ladite demande; & jour de la reconnoissance, ou du jour de la dénégation, au cas que par la suite elle soit vérifiée. *Quæ in judicio comprobata sunt, vim habent judicati.*

Mais il faut que la reconnoissance ou vérification soit faite pardevant le Juge séculier; car celle qui seroit faite pardevant le Juge d'Eglise, même entre Ecclésiastiques, seroit absolument inutile pour rendre exécutoire un acte passé sous seing privé, ou pour lui faire emporter hypotéque sur les biens du débiteur. Maynard, liv. 7. chap. 68.

La reconnoissance d'une cédule produit encore un autre effet à l'égard de la prescription: sur quoi *voyez* Cédule reconnue.

Touchant les effets de la reconnoissance des cédules, *Voyez* ce que j'en ai dit sur l'article 107. de la Coutume de Paris.

Lorsqu'il n'y a point d'affaire portée en Jugement entre le créancier & le débiteur, & que le créancier veut agir en vertu d'un billet sous seing privé, il doit faire assigner le débiteur pardevant son Juge naturel, c'est-à-dire celui de son domicile.

Mais quand il y a entr'eux une affaire principale, les reconnoissances & vérifications d'écritures privées se doivent faire, Partie présente ou duement appellée, pardevant le Rapporteur, ou s'il n'y en a point, pardevant l'un des Juges qui sera commis sur une simple Requête, pourvu & non autrement, que la Partie contre laquelle on prétend se servir des piéces, soit domicilié ou présente au lieu où l'affaire est pendante.

Lorsque cela ne se rencontre pas, il faut que la reconnoissance se fasse pardevant le Juge royal ordinaire du domicile de la Partie, qui sera assignée à personne ou domicile, & sans prendre aucune commission ; & s'il échet de faire quelque vérification, elle sera faite pardevant le Juge où est pendant le procès principal, ainsi qu'il est porté en l'art. 5. du tit. 12. de l'Ordonnance de 1667.

En interprétation de cet article 5. de l'Ordonnance de 1667, l'Edit du mois de Décembre 1684. porte en l'art. 2 : „ Que le créancier d'une promesse ou billet „ pourra faire déclarer à sa Partie par l'exploit de sa „ demande, qu'après un délai, qui ne pourra être „ plus court de trois jours, il demandera à l'Audien„ce du Juge devant lequel il le fera assigner, que la „ promesse ou billet soient tenus pour reconnus;& s'il „ prétend qu'ils soient écrits ou signés par le défen„ deur, & qu'il ne comparoisse pas au jour qui aura „ été marqué par ledit exploit, le Juge ordonnera „ que lesdites promesses ou billets demeureront pour „ reconnus, & que les Parties viendront plaider sur „ le principal dans les délais ordinaires.

Si la Partie est domiciliée au lieu où l'affaire est pendante, il faudra donc faire assigner à fin de condamnation de la somme contenue en la promesse, & par le même exploit déclarer que dans trois jours on demandera à l'Audience que ladite promesse soit tenue pour reconnue & être écrite de sa main.

Si sur cette assignation de Partie ne comparoît pas en personne ou par son Procureur, le demandeur obtient défaut à l'Audience, & pour le profit la promesse est tenue pour reconnue & paraphée par le Juge, & sur le principal on procede à l'ordinaire.

Mais si une personne est assignée en reconnoissance d'écriture, sans aucune rélation d'autre affaire, & qu'elle ne constitue pas Procureur, il faut mettre la piéce au Greffe, dont le Greffier dressera son procès verbal, & en délivrera certificat au défendeur, après quoi, le tout ayant été signifié au domicile de la Partie : on levera le défaut faute de comparoir en la maniere accoutumée ; & pour le profit la promesse sera tenue pour reconnue, & la demande adjugée avec dépens.

Si la Partie comparoit à l'Audience & dénie l'écriture, il est ordonné que la piéce sera vérifiée, tant par témoins, que par comparaison d'écritures publiques & autentiques, pardevant des Juges qui auront assisté à l'Audience.

Mais si la Partie dénie l'écriture par des défenses, il faudra, aux termes de l'article 3. de l'Ordonnance du mois de Décembre 1684. la sommer à comparoir devant le Juge, pour proceder à la vérification de l'écriture déniée, & à cet effet nommer & convenir d'Experts & de piéces de comparaison ; auquel cas c'est pardevant le Juge que la vérification doit être faite.

Si sur cette sommation le défenseur ne comparoit pas à l'Hôtel du Juge, le demandeur aura défaut ; & pour le profit : si on prétend que l'écriture soit de la main du défendeur, la piéce sera tenue pour reconnue.

Mais si l'on prétend qu'elle est d'une autre main, il sera permis de la vérifier, tant par témoins, que par comparaison d'écritures publiques & authentiques.

Si le défenseur comparoît, & que le demandeur soit défaillant, le défendeur obtiendra congé ; & pour le profit sera déchargé de l'assignation.

Tout ceci se fait par un procès verbal que le Juge dresse de ces faits & circonstances.

Mais si toutes les Parties comparoissent, & conviennent des piéces de comparaison, & nomment des Experts, le procès verbal en fera mention ; & en conséquence de l'Ordonnance du Juge apposée au bas, on assigne les Experts pour prêter serment, & la Partie adverse pour le voir faire.

Si les Parties & les Experts comparoissent à cette assignation, le Conseiller-Commissaire ou le Juge parachevera son procès verbal.

Mais si l'une des Parties ne comparoit point, le Juge ne laissera pas de le continuer ; & pour le profit, ordonnera que les Experts procederont à la vérification.

La preuve testimoniale est reçue pour le fait d'écritures déniées : pour raison de ce, il faut proceder à une enquête en la forme ordinaire. Alors la déposition d'un témoin sera bonne, s'il dit qu'il a vû écrire & signer la piéce dont il s'agit, & que cette piéce a toujours été en sa possession depuis qu'il l'a vû écrire ou signer ; & le Juge doit parapher la piéce dont il s'agit à chaque déposition, & la faire parapher au témoin auquel elle sera présentée.

Le Juge ne peut ordonner la vérification d'écritures que quand celui de l'écriture duquel il s'agit est défunt, & qu'on prétend qu'elle est d'une autre main que de la sienne, ou quand l'écriture est déniée par le défendeur.

Si durant l'instruction d'un procès par écrit, il survient une vérification décritures à faire, elle doit être faite devant le Rapporteur du procès par écrit, suivant l'article 5. du titre 12. de l'Ordonnance de 1667.

On peut procéder à la reconnoissance d'écritures, tant en matiere civile, qu'en matiere criminelle. Le titre 12, des Compulsoires & Collation des piéces de l'Ordonnance de 1667. traité de la reconnoissance & vérication d'écritures en matiere civile. Le titre 8. de l'Ordonnance de 1670. traité de la reconnoissance d'écritures & signatures en matiere criminelle. *Voyez* ces deux titre & l'Edit du mois de Décembre 1684. touchant la reconnoissance & vérifications d'écritures, qui est rapporté tout au long dans la Conférence de Bornier, sur l'article 5. du titre 12. de l'Ordonnance de 1667.

J'ai aussi parlé de la forme requise pour la reconnoissance des cédules & promesses, *verbo* Simple promesse. *Voyez* aussi ce qu'en a dit Henrys, tom. 1. liv. 4. chap. 6. quest. 27.

RECONNOISSANCE ET VERIFICATION D'ECRITURES PRIVÉES EN MATIERE CRIMINELLE. Il en est traité au titre 8. de l'Ordonnance de 1670.

L'article 1. porte que les écritures & signatures privées qui peuvent servir à la preuve du crime d'un accusé, doivent lui être présentées; & après serment par lui prêté, il doit être interpellé de reconnoître si elles sont écrites & signées de lui: ensuite elles doivent être paraphées par le Juge & par l'accusé, s'il veut & s'il peut les parapher; sinon il en doit être fait mention, & les piéces demeurent jointes aux informations.

Les piéces que l'accusé aura reconnu être écrites & signées de lui, font foi contre lui, & il n'en doit être fait aucune vérification, suivant l'article 2. du même titre de cette Ordonnance.

Par l'article 3. les écritures & signatures d'une main étrangere, qui sont reconnues par l'accusé, font aussi foi contre lui.

Lorsque l'accusé refuse de reconnoître les piéces ou déclare ne les avoir écrites ou signées, le Juge ordonne qu'elles seront vérifiées par Experts & Maîtres Ecrivains nommés par lui d'office, sur piéces de comparaison autentiques ou reconnues par l'accusé, suivant les articles 4. 5. & 9.

Par l'article 6. les Procureurs du Roi ou ceux des Seigneurs, & les Parties civiles, peuvent fournir des piéces de comparaison.

Les piéces de comparaison doivent être représentées par le Juge à l'accusé, pour en convenir ou les contester, sans qu'il lui soit donné pour raison de ce délai ni conseil; & s'il en convient, elles sont paraphées par lui & par le Juge, qui en doit ordonner la réception, suivant l'article 7.

Si les piéces sont contestées par l'accusé, ou s'il refuse d'en convenir, le Juge en doit dresser procès verbal, pour y pouvoir après qu'il aura été communiqué au Procureur du Roi, ou à celui des Seigneurs, & à la Partie civile, conformément à l'article 8.

Au cas que le Juge ordonne le rejet des piéces de comparison, les Procureurs du Roi ou des Seigneurs, & les Parties civiles, en doivent rapporter d'autres dans le délai qui sera prescrit par le Juge; autrement les piéces dont la vérification aura été ordonnée, doivent être rejettées du procès, suivant l'art. 10.

Les piéces de comparaison & celles qui doivent être vérifiées doivent être présentées & données séparement à chaque Expert, pour les voir & examiner à loisir.

A l'égard de la maniere dont les Experts sont récollés & confrontés à l'accusé, *voyez* le titre 15. de l'Ordonnance de 1670.

Ceux qui ont vu écrire ou signer les piéces, peuvent servir à la conviction des accusés, aussi bien que ceux qui en ont connoissance, en quelque maniere que ce soit, suivant l'article 14. du tit. 8. de la même Ordonnance.

Voyez à la fin du Tome premier de l'Ordonnance de Louis XV. du mois de Juillet 1737. concernant le faux principal & le faux incident, & la reconnoissance des écritures & signatures en matiere criminelle, qui renferme de nouvelles dispositions sur cette matiere.

RECONNOISSANCE DE PAIEMENT, exclut toute demande. Ainsi, quand un créancier a reconnu avoir été payé de ce qui lui étoit dû par son débiteur, il ne peut plus pour raison de ce intenter demande contre lui.

RECONNOISSANCE D'UNE DETTE LÉGITIME FAITE PAR TESTAMENT, EST BONNE ET VALABLE, quoique le testament qui le contient soit nul; & même quoique l'obligation primordiale faite par une femme en puissance de mari sans être de lui autorisée, fût pareillement nulle. Ainsi jugé au Parlement de Paris, par Arrêt du 10. Février 1658. rapporté par Bardet, tom. 1. liv. 7. chap. 13.

Il en est de même quoique le testament qui contient la reconnoissance de la dette soit révoqué par un autre testament. *Voyez* les Observations sur Henrys, tom. 1. liv. 5. chap. 1. quest. 7.

RECONNOISSANCE FAITE PAR UN PRÉTENDU CRÉANCIER, QU'IL NE LUI EST, ET NE LUI A JAMAIS ÉTÉ RIEN DÛ PAR SON PRÉTENDU DÉBITEUR, exclut aussi toute demande. Ainsi, quoique l'obligation se trouve dans la suite entre les mains du prétendu créancier, il n'est pas en droit d'en faire demande, quoique la reconnoissance par lui donnée ne porte pas quittance de la somme portée en l'obligation. Soefve, tom. 1. cent. 4. chap. 7. rapporte un Arrêt du Parlement de Paris, en date du 17. Décembre 1654. qui l'a jugé ainsi.

RECONNOISSANCE D'AÎNÉS ET HERITIERS PRINCIPAUX, sont des déclarations qui contiennent de la part de ceux qui les font; une espece d'institution contractuelle des biens qu'ils possedent actuellement, & s'obligent tacitement à les conserver à celui de leurs enfans qu'ils ont reconnu par contrat de mariage devoir être, comme & en qualité d'aîné, leur principal héritier: ce qui est observé néanmoins suivant les différentes Coutumes où se font ces sortes de reconnoissances. *Voyez* le Traité des Institutions, & des Substitutions contractuelles, fait par M. Lauriere, & donné au Public en 1715. où cette matiere est traitée amplement.

RECONNOISSANCE EN FAIT DE PAPIERS TERRIERS ET D'AVEUX ET DENOMBREMENS. *Voyez* ce que j'en ai dit, *verbo* Papier terrier.

RECONSTITUTION, est une constitution ordinaire à prix d'argent, avec déclaration d'emploi, qui est affectué par la même acte, & qui opere une subrogation en faveur du prêteur, au lieu & place du créancier remboursé.

La reconstitution est bien plus avantageuse que le transport, en ce que dans le transport, la rente cedée reste sujette aux dettes hypotécaires qu'a contractées celui qui la transporte, à moins qu'on ne purge ces dettes par le décret; au lieu que dans la reconstitution le créancier recevant le remboursement des mains du débiteur, ce créancier subroge en son lieu & place celui qui vient de prêter ses deniers pour faire ce remboursement : ce qui fait que cette reconstitution est affranchie de toutes les dettes que le créancier remboursé auroit pû contracter, & auxquelles il auroit hypotéqué son contrat de constitution, pour raison duquel le nouveau créancier n'est pas moins subrogé en tous les droits & privileges de l'ancien.

RECONVENTION, est une action intentée contre celui qui en a intenté une auparavant; ensorte que le défendeur devient aussi demandeur.

Titius, par exemple, intente action contre moi, pour une somme qu'il prétend que je lui dois; & j'intente une autre action contre lui pardevant le même Juge, pour des dommages & intérêts que je prétends contre lui, pour n'avoir pas satisfait à la promesse qu'il m'a donnée de faire quelque chose à mon profit : en ce cas j'use de reconvention, & je suis défendeur originaire à son égard, & demandeur incidemment contre lui.

La reconvention n'a pas lieu en Jurisdiction séculiere, quand le défendeur & le demandeur ne sont pas sujets à la même Jurisdiction, si ce n'est en un cas contenu en l'article 106. de la Coutume de Paris qui porte : *Reconvention en Cour laïque n'a lieu, si elle ne dépend de l'action, & que la demande en reconvention soit la défense contre l'action premierement intentée ; & en ce cas le défendeur par le moyen de ses défenses, se peut constituer demandeur.*

Par cet article la reconvention n'a point lieu en la Jurisdiction séculiere, si elle ne dépend & n'est la défense contre l'action premierement intentée contre le défendeur pardevant le Juge de son domicile; ensorte que le défendeur ne peut pas user de reconvention contre le demandeur pardevant le même Juge, pour une demande qui soit différente de la demande faite par le demandeur pour faire instruire ces deux actions par mêmes procédures, & les faire juger conjointement & par un même Jugement.

Si le défendeur a quelque action à intenter contre le demandeur, il la doit intenter pardevant le Juge du domicile du demandeur.

Au contraire, quand l'action que peut intenter le défendeur, est la défense contre l'action du demandeur, le défendeur peut s'en servir par forme d'exception, & par le moyen d'icelle se constituer incidemment demandeur; auquel cas le demandeur est tenu de défendre & procéder sur la reconvention.

Par exemple, vous demandez vingt écus que vous m'avez prêtés; je vous allégue pour défense, que je vous ai donné depuis des marchandises en payement: en tant que besoin est, je me constitue incidemment demandeur pour pareille somme. Et puisque sur la reconvention au cas de cet article, le demandeur est tenu de défendre & de procéder, il s'ensuit qu'il ne peut point opposer l'exception d'incompétence.

La raison pour laquelle les reconventions n'ont point lieu en Jurisdiction séculiere, est que par ce moyen on préjudicieroit aux Jurisdictions des Seigneurs, lesquelles sont patrimoniales, & pardevant lesquelles les actions se doivent intenter directement & non obliquement par le moyen de la reconvention. Cette raison cesse à l'égard des Jurisdictions ecclésiastiques; c'est pourquoi la reconvention a lieu en icelles.

Nonobstant la disposition de cet article, auquel la plus grande partie des autres Coutumes sont conformes, la reconvention s'est introduite dans les Jurisdictions séculieres: les Juges renvoient le moins qu'ils peuvent les affaires qui se présentent pardevant eux; car étant compétens pour connoître de la matiere, il semble aussi qu'ils peuvent connoître de la demande incidente formée par le défendeur contre le demandeur; & il est de l'intérêt public que plusieurs causes soient vuidées par un même Jugement.

C'est l'usage du Parlement de Rouen & du Châtelet de Paris, quand la demande principale & la demande incidente tendent à quelque somme d'argent dont la compensation se peut faire ; autrement il n'y auroit pas lieu à la reconvention.

Il seroit trop rigoureux que le défendeur étant assigné par une action tendante à quelque somme d'argent, ne pût pas user de reconvention, au cas qu'il fût bien fondé à lui faire une demande de quelque somme ; autrement il arriveroit que le demandeur ayant obtenu ses fins, la demande incidente ayant été renvoyée pardevant le Juge du demandeur, ou le Juge ayant ordonné qu'il se pourvoiroit comme il trouveroit à propos, le défendeur seroit obligé de payer la somme à laquelle il auroit été condamné, au hazard de ne pouvoir pas répéter un jour celle à laquelle le demandeur seroit condamné envers lui.

Mais la reconvention ne peut avoir lieu pardevant les Juges qui ne jugent que certaines matieres, & dont le pouvoir est borné & limité, ni pardevant des Arbitres dont le pouvoir est restraint aux demandes portées par les compromis, sur peine de nullité de leurs Jugemens, quand même la demande incidente seroit connexe & dépendante du différend sur lequel les Parties auroient compromis.

Il faudroit dire le contraire, si par le compromis il étoit donné pouvoir aux Arbitres de juger & terminer tous les différends des Parties, suivant les demandes qu'elles bailleront par écrit.

Quoique la reconvention ait lieu en Cour & Jurisdiction ecclésiastique, néanmoins cela n'est pas si général, que la reconvention se puisse étendre à toutes especes de demandes que le défendeur pourroit faire contre le demandeur; car elle n'auroit pas lieu, au cas que le Juge d'Eglise ne fût pas Juge compétent pour en connoître.

Il en faut dire de même à l'égard des personnes; partant si j'ai fait assigner un Ecclésiastique pardevant le Juge d'Eglise, & qu'il use de reconvention contre moi, & que ce Juge l'ordonne, je peux en appeller comme d'abus, parce que ce Juge ecclésiastique n'est pas Juge compétent pour connoître des actions par lesquelles le Laïcs sont poursuivis.

Au reste, comment se doit entendre cette maxime, *Reconvention n'a pas lieu en Cour laïque.* Voyez Bacquet, des Droits de Justice, chapitre 8. nombre 10. &

suivans ; Coquille, question 207. & ce que j'ai dit sur l'article 106. de la Coutume de Paris.

RECORDS, est un aide de Sergent, qui l'assiste dans les exécutions qu'il fait, qui lui sert de témoin & lui prête main forte.

On prétend que ce terme vient du mot latin *recordare*, qui signifie se ressouvenir ; ainsi les Records sont appellés de ce nom, cause qu'anciennement l'Officier qui exploiroit, leur disoit : qu'il vous souvienne de cet acte, & en soyez records, c'est-à-dire mémoratifs, pour pouvoir en porter témoignage.

Depuis l'Edit du Controlle des exploits, le ministère de ces Records n'est plus nécessaire, si ce n'est dans le retrait lignager; dans les saisies réelle & dans les emprisonnemens. *Voyez* un acte de notoriété du Châtelet, en date du 23. Mai 1699. rapporté dans le Recueil de ces Actes, page. 103.

RCOURS, signifie une action récursoire & de garantie ; par laquelle on peut se faire dédomager par un tiers d'une condamnation qu'on a soufferte. ou qu'on est en danger de souffrir.

Par exemple l'acheteur qui est évincé d'un héritage qu'il a payé, a naturellement son recours contre son vendeur. La caution qui a payé pour le principal obligé a son recours contre lui.

En sommation & recours d'action personnelle, il faut suivre la Jurisdiction du défendeur. *Voyez* Charondas, liv. 3. rép. 60.

Les actions récursoires sont très-bien traitées dans le huitiéme chapitre du second livre du Déguerpissement de Loyseau, ou je renvoie le Lecteur.

RECOUSSE, signifie l'action par laquelle on rattrape, on reprend ce qui avoit été enlevé, ou l'on sauve une partie de ce qui étoit en danger de se perdre.

En quelques Coutumes, comme en celles de Tours & d'Angers, on appelle le retrait lignager *recousse*, & les rentes rachetables, rentes à *recousse*.

Quelques Ordonnances se servent du terme de recousse, pour signifier l'enlevement d'un prisonnier ; comme quand il est dit dans l'article 21. de l'Edit de Melun, que *les Ordinaires ne pourront être contraints à bailler Vicariats, si non ès causes criminelles où il y auroit crainte manifeste* de recousse du prisonnier ; *auquel cas sera libre de choisir en leur conscience tel Vicaire qu'ils jugeront capable.*

RECOUSSE, signifie aussi le moyen d'acquérir tout les butin que les ennemis avoient fait. *Voyez* l'Ordonnance de la Marine du mois d'Août 1681, liv. 3, tit. 9, art. 8.

RECOUSSE OU FORGAGE, est le droit que celui dont les meubles ont été vendus, a dans quelques Coutumes, de les retirer dans un certain tems, en rembourſant le prix à l'acheteur.

RECOUVREMENT DE TITRES JUSTIFICATIFS, sert à se pourvoir contre un Jugement rendu par une Cour souveraine, par la voie de Requête civile, quand la soustraction de quelques pieces nécessaires au procès, a donné lieu au Jugement qui a été rendu, au cas que lesdites pieces ayent été détenues par le fait de la Partie adverse.

Cependant un Noble, qui par Arrêt auroit été déclaré roturier, pour n'avoir pas justifié de sa noblesse par piece & titres justificatifs, pourroit se pourvoir contre un tel Arrêt par Requête civile, sous prétexte d'avoir recouvré lesdits titres, sans être obligé de prouver qu'ils avoient été recelés & detenus par dol, fraude & surprise de la Partie adverse. Voyez M. le Bret en son Plaid. 27.

A l'égard des transactions passées de bonne foi entre les Parties, on ne peut se faire restituer contre, sous prétexte de pieces nouvellement recouvrées. *Ratio est, quia præcipuus transactionis effectus est, ut liti finem imponat, adeò ut nnmquam ipsa renovetur, ne quidem prætextu instrumentorum de novo repertorum. Leg. 19, cad. de transactionibus.*

RECOUVREMENT DE LA VIE CIVILE. Ceux contre qui un Jugement de mort a été prononcé par contumace, ou qui ont encouru une mort civile par une condamnation aux galères à perpétuité, ou au bannissement perpétuel, ne meurent pas véritablement pour cela ; cependant ils sont tenus pour morts : esclaves de la peine, ils sont incapables de tous effets civils, de tous droits, de tous honneurs. Cette peine perpétuelle & immuable les suit en tous lieux, à moins qu'ils ne se justifient, ou soient justifiés par des Lettres du Prince. Voyez Mort civile. *Voyez* Contumace.

RECREANCE, est une action possessoire, par laquelle on demande par provision la possession & la jouissance de quelque immeuble, ou de quelque droit, pour raison de quoi il y a contestation ; & on en demande la possession par provision, jusqu'à ce que la cause soit entierement jugée au fond, c'est-à-dire au pétitoire.

La possession qui est adjugée par *interim*, est appellée en Droit, *fiduciaria possessio*. Elle se peut demander en tout état de cause, séparement ou conjointement avec la réintégrande, à l'effet d'obtenir définitivement la pleine maintenue, ou la restitution de la possession de laquelle on a été spolié.

Il y a différence entre la pleine maintenue & la recréance, en ce que la recréance n'est que par provision jusqu'à la décision du procès ; & celui auquel elle est adjugée, est tenu de bailler caution, de restituer les fruits perçus, au cas qu'il succombe au pétitoire, à moins que la recréance ne fût adjugée par Arrêt.

Mais la pleine maintenue est une pleine possession & jouissance de la chose contentieuse, en vertu de laquelle le possesseur est fait possesseur de bonne foi, ensorte que s'il succomboit au pétitoire, il ne seroit point tenu de restituer les fruits, sinon depuis la contestation au pétitoire, comme ayant eu juste cause de soutenir son droit. Ainsi celui auquel la pleine maintenue est adjugée, n'est pas obligé de bailler caution.

Il y a cette différence entre la complainte & la réintégrande, que la complainte ne peut être intentée que par celui qui a été en paisible possession pendant an & jour, mais la recréance ou provision, ou la possession par provision, se demande par ceux qui se prétendent possesseurs de la même chose.

Par exemple, si deux Seigneurs prétendent qu'un même héritage soit situé dans leurs Seigneuries, & qu'en conséquence ils soutiennent l'un & l'autre qu'il leur appartient, ou par droit de deshérence ou de bâtardise, & qu'ils s'en soient emparés l'un & l'autre en la forme & maniere accoutumée, ils sont l'un & l'autre en possession, & ils doivent demander chacun la possession par provision.

Ainsi quand deux personnes prétendent avoir droit à la même chose, chacun conclut, à ce que pendant le procès qui est entre les Parties pour raison de la chose entr'elles controversées, la possession lui en soit adjugée par provision, jusqu'à ce que le procès soit jugé définitivement; & chacune des Parties fonde ses conclusions sur ce qu'il apparoît par les titres & piéces par elles produites, qu'elle a dans la chose contentieuse le droit le plus apparent.

La recréance est accordée à celui qui a le droit le plus apparent par les titres & pieces qu'il produit; mais elle ne lui est accordée qu'à la charge de bailler bonne & suffisante caution de restituer la chose, avec les fruits perçus pendant la récréance, au cas qu'il succombe au pétitoire.

Quand il n'apparoît pas par les titres & pieces produites de part & d'autre, lequel des deux contendans a le droit le plus apparent, le Juge doit ordonner le sequestre, comme nous avons dit *verbo* Sequestre. *Voyez* Complainte, Possessoire, Sequestre, & les Arrêts de Tournet, *verbo* Recréance.

RECREANCE EN MATIERE BENEFICIALE, est la provision d'un Bénéfice, qui s'adjuge à celui qui a le droit le plus apparent, jusqu'à ce que le fond soit jugé.

Eelle se demande par celui qui n'a pas été un an & jour en possession du Bénéfice, mais qui prétend avoir plus de droit que sa Partie; & le Juge l'adjuge à celui qui a le droit le plus apparent & le mieux fondé, sauf à la partie adverse à contester sur la pleine maintenue.

Quand les droits & titres des Parties sont si douteux, qu'il n'y a pas lieu d'adjuger la maintenue à l'un ou à l'autre, le Juge n'ordonne gueres aujourd'hui le sequestre, il doit, suivant les articles 57. & 58. de l'Ordonnance de 1539, faire droit sur le possessoire, & adjuger la recréance au possesseur; sauf à juger dans la suite l'instance possessoire par le Jugement de pleine maintenue, sans user à cet égard de renvoi pardevant le Juge d'Eglise sur le pétitoire.

Par le Jugement qui adjuge la recréance à l'un des contendans, les fruits & revenus du Bénéfice lui sont aussi adjugés du jour de ses provisions, & le défendeur est condamné à lui rendre ceux qu'il a perçus.

En matiere Bénéficiale, les Sentences de recréance s'exécutent nonobstant l'appel, sans donner caution. Article 19. du titre 15. de l'Ordonnance de 1667.

RECRIMINATION, est l'accusation postérieure que fait un accusé contre son accusateur.

Quand deux personnes ont fait leur plainte en même tems, il faut juger premierement qui demeurera l'accusé & l'accusateur, & sur qui tombera la récrimination.

On appelle aussi la récrimination, l'acccusation que forme un accusé en se rendant dénonciateur d'un autre crime contre celui qui l'accuse. Imbert en sa Pratique, liv. 3. chap. 10., Papon, liv. 24. tit. 2. nomb. 6.

Cette récrimination n'est point reçue en France, quand il s'agit de pareil délit ou de moindre; autrement il n'y auroit point de coupable qui ne tâchât par une accusation fausse ou véritable, de se mettre à couvert de l'accusation qui auroit été formée contre lui ou qui ne tâchât par ce moyen d'éluder, ou du moins de retarder son Jugement *Is qui reus factus est, purgare se debet, nec ante potest accusare, quàm fuerit excusatus; Constitutionibus enim observatur, ut non relatione criminum, sed innocentiâ reus purgetur.*

Cela étoit observé chez les Romains, comme il est porté en la Loi 16. *cod. qui accus. poss. vel non cujus verba sunt : neganda est accusatis, qui non suas suorumque injurias exequuntur, licentia criminandi in pari vel minori crimine, priusquam se crimine quo premuntur, exuerint.* Ce qui a été ainsi ordonné, afin que les premieres plaintes & les accusations faites contre des criminels ne soient point éludées & rendues sans effet par leur artifice.

On admet néanmoins la récrimination lorsque celui qui est accusé d'un crime léger, accuse son accusation d'un plus atroce; ou pour mieux dire, on n'appelle cela récrimination. Par exemple, quand celui qui est poursuivi en réparation d'injure verbales, se rend Partie & Accusateur pour un crime capital, *præsertim si accusator suam suorumve injuriam prosequitur, audiendus est.*

Belordeau, lettre R, dit avoir été ainsi jugé au Parlement de Bretagne, à l'occasion d'un Prêtre demandeur en réparation d'injures contre un mari qui l'accusa d'adultere & d'inceste. L'arrêt reçut la derniere accusation, comme plus grave & plus importante au Public, & ordonna que le procès seroit fait & parfait au Prêtre, quoiqu'il eût fait sa plainte le premier.

En effet, un coupable vigilant en seroit quitte pour former une accusation légere contre celui qu'il auroit cruellement offensé, & par ce stratagême il trouveroit le moyen de fermer les yeux de la Justice sur son délit, & de se soustraire à sa vengeance, parce qu'il auroit été plus vigilant que celui qui avoit un droit plus légitime de se plaindre. *Voyez* Bouchel, *verbo* Récrimination.

Il y a encore un autre cas où la plainte de l'accusé est admise contre son accusateur, c'est quand l'accusé a un commencement de preuve par écrit du crime qu'il défere à la Justice; car alors ce n'est pas tant une récrimination qu'une poursuite légitime qui ne peut être réputée fiction de la part de l'accusé, puisqu'elle est fondée sur des piéces qui établissent de violens soupçons.

Mais la récrimination n'est rejettée que parce qu'on la regarde comme un détour artificieux dont l'accusé se sert pour se soustraire à une instruction dont il a sujet d'appréhender l'évenement. Or la Justice n'a pas cette crainte à surmonter quand il y a des preuves qui servent de véhicule à la plainte de l'accusé.

RÉCUSATION, est une fin ou exception déclinatoire, pour éviter la jurisdicton du Juge p ardevant lequel on est assigné, que l'on regarde comme suspect, demendant que le différend soit renvoyé pardevant un autre Juge.

Voyez Exception déclinatoire. *Voyez* le titre 24. de l'Ordonnance de 1667.

Ce moyen peut être allégué en toutes manieres civiles criminelles & bénéficiales ; *quia omnem veritatis rationem Judex omittere solet occupatus affectibus*, & *corruptus Judex nescit discernere verum.* Mais aussi les Parties ne doivent pas récuser un Juge sans une juste cause.

La premiere cause de récusation est, si le Juge est parent ou allié d'une des Parties.

En matiere civile, en toutes Cours, Jurisdictions & Justices, si le Juge est parent ou allié de l'une des Parties, jusqu'aux enfans des cousins issus de germain, qui font le quatriéme degré inclusivement, suivant l'Ordonnance, tit. des récusations des Juges art. 1.

En matiere criminelle un Juge peut être récusé, s'il est parent ou allié de l'accusateur oude l'accusé, jusqu'au cinquiéme degré inclusivement, suivant l'article 2. du même titre ; & même si le Juge porte le nom & armes de l'accusateur ou de l'accusé, ou s'il est de la famille de l'un ou de l'autre, il est obligé de s'abstenir, en quelque degré de parenté ou d'alliance que ce puisse être dès qu'il en a connoissance.

L'Ordonnance dans ce titre compte les degrés de parenté, suivant la disposition canonique, & non pas suivant le Droit civil, car, comme il a été dit ci-dessus sur le mot de *Parenté*, des cousins germains sont éloignés de quatre degrés par le Droit civil, & par le Droit canonique ils ne sont éloignés que de deux ; ainsi, par ce Droit les enfans des cousins issus de germains sont éloignés de quatre degrés.

Les degrés d'alliance se reglent de la même maniere que ceux de parenté ; ensorte que je suis allié aux enfans des cousins issus de germain de ma femme, au quatriéme degré.

La récusation a lieu aussi quoique le Juge soit parent ou allié commun des Parties, au degré porté par l'Ordonnance ci-dessus, article 3. du même titre.

La parenté ou alliance dans les degrés & les causes marquées, a lieu pareillement à l'égard de la femme de l'une des Parties; art. 4. du même titre. Par conséquent, si ma femme est parente ou allié au Juge dans les degrés susdits, ou si la femme du Juge est ma parente ou alliée aux mêmes degrés, la Partie adverse peut le récuser, au cas que la femme soit vivante, ou si elle est décédée ; au cas qu'il y ait des enfans nés d'elle, parce que ces enfans font entretenir & conserver l'alliance entre les Parties, laquelle autrement est censée éteinte & dissoute, comme si elle n'avoit jamais été contractée par le mariage.

Si la femme étoit décédée sans enfans, le même article défend au beau-pere, au gendre, & aux beaux-freres, d'être Juges des Parties.

Mais une Partie peut-elle proposer la récusation ou demander l'évocation, sur ses propres parentés ou alliances ? Autrefois cela se pouvoit, mais depuis peu sont intervenues des Déclarations du Roi, & entr'autres une du 14. Août 1701. qui ordonne que nul ne puisse à l'avenir demander son renvoi du chef de ses propres parens ou alliés, mais seulement du chef de ceux de sa Partie adverse, ou de l'une de ses Parties adverses, s'il en a plusieurs.

Touchant les récusations & évocations pour raison de parenté. *Voyez* Henrys & son Commentateur, tome 1. liv. 2. quest. 35.

La deuxiéme cause de récusation est, lorsque le Juge a différend sur pareille question de celle dont il s'agit entre les Parties, pourvu qu'il y en ait preuve par écrit sinon le Juge est cru à sa déclaration, sans que celui qui propose la récusation puisse être reçu à la preuve par témoins, ni même demander aucun délai pour rapporter la preuve par écrit.

La troisiéme est, si le Juge a donné conseil, ou s'il a connu auparavant du différent comme Juge ou Arbitre, ou s'il a sollicité ou recommandé, ou s'il a ouvert son avis hors la visitation & Jugement ; en tous ces cas il est cru à la déclaration, à moins qu'il n'y ait preuve par écrit. Art. 6. du même titre.

La quatriéme est, si le Juge a procès en son nom dans une Chambre en laquelle l'une des Parties est Juge ; art. 7. Par exemple, j'ai procès contre un Président des Requêtes, à la Grande Chambre, & un Conseiller de la Grande Chambre a en son nom un procès pardevant ce même Président : dans ce cas ce Conseiller peut être récusé.

La cinquiéme est, si le Juge a menacé une des Parties verbalement ou par écrit, depuis l'instance, ou dans les six mois précédens la récusation proposée; ou s'il y a eu inimitié capitale ; art. 8. *Ratio est, quia, ut ait Cassiodorus, lib. 12. Epist. periculosum est pati Judicem rationabiliter iratum & illum de tuis fortunis decernere ; quem te constat graviter irritasse.*

La sixiéme est, si le Juge ou ses enfans, son pere, ses freres ; oncles, neveux, ou ses alliés en pareil degré, ont obtenu quelque Bénéfice des Prelats, Collateurs & Patrons ecclésiastiques ou laïcs; qui soient Parties intéressées dans l'affaire, pourvu que les collations ou nominations ayent été volontaires, & non nécessaires, Art. 9.

La septiéme est, si le Juge est Protecteur ou Sindic de quelque Ordre, & nommé dans les qualités ; s'il est Abbé, Chanoine, Prieur, Bénéficier, ou du corps d'un Chapitre, College ou Communauté, tuteur honoraire ou onéraire, subrogé tuteur ou curateur, héritier présomptif ou donataire, maître ou domestique de l'une des Parties : en tous ces cas il ne peut demeurer Juge. Article 10.

Enfin un Juge peut être récusé par d'autres moyens de droit & de fait, que ceux portés par l'Ordonnance article 12.

Posez pour moyen de fait, qu'il s'agisse d'une possession qu'une des Parties prétendroit avoir prise sous l'autorité du Juge, & que l'autre nie que cette possession eût été prise; en ce cas le Juge ne pourroit pas être Juge de cette contestation, parce qu'il ne pourroit pas l'être de son propre fait.

Si l'une des Parties récusoit un Juge, à cause de débauches qu'il feroit avec sa Partie adverse, ce seroit un moyen de droit qui seroit recevable, quoique l'Ordonnance n'en parle point.

Il en faut dire de même, si l'on pouvoit prouver qu'un Juge est en grande liaison avec la Partie adverse, qu'ils jouent fréquemment ensemble, & se donnent mutuellement des repas: *Sicut enim sermones & cibi, ita & lusus, communicatio amicitiam conciliare omnibus notum est.*

Il faut dire aussi que lorsqu'un Juge a des sujets de différend avec la Partie, il peut être récusé; car l'Ordonnance ayant marqué comme un moyen de récusation, les menaces faites depuis six mois par le Juge, ou l'inimitié capitale en quelque tems qu'on l'articule, à plus forte raison un différend que le Juge auroit actuellement avec la Partie, quoique léger, seroit un moyen valable de suspicion, & par conséquent de récusation. En effet il ne seroit pas juste de donner pour Juge à une Partie, celui qu'elle auroit elle-même pour Partie dans une autre cause.

Il n'est pas permis aux Juges récusés de solliciter pour leurs parens, ou pour les mineurs dont ils sont tuteurs, dans les lieux de la séance, ni de s'y présenter.

Dès qu'un Juge est récusé, il doit se retirer sans paroître à l'Audience, ni au Bareau en cas de rapport, qu'après la prononciation du Jugement; il ne doit pas non plus attendre qu'il soit récusé; il est de son devoir, quand il sçait qu'il y a des causes de récusation contre lui, de déclarer lui même qu'il est récusable, & faire ordonner qu'il s'abstiendra, ou de s'abstenir de son chef. Article 17 du titre 24. de l'Ordonnance de 1667.

Les bons Juges n'attendent donc pas qu'ils soient récusés par les Parties, pour se déporter quand ils connoissent en eux quelque sujet de suspicion; & ils ne permettent pas que l'on dise d'eux, je ne veux point avoir un tel pour Juge, parce qu'il m'est suspect.

Il est enjoint aux Parties qui sçauront causes de récusation contre aucun des Juges, de les proposer aussi-tôt qu'elles seront venues à leur connoissance. Article 19. du titre 24. de l'Ordonnance de 1667.

L'article suivant porte, qu'après la déclaration du Juge, ou de l'une des Parties, celui qui voudra récuser, sera tenu de le faire dans la huitaine du jour que la déclaration aura été signée, après lequel tems n'y sera plus reçu.

Mais si la Partie est absente, & que son Procureur demande un délai pour l'avertir & en recevoir procuration expresse, il lui sera accordé suivant la distance des lieux, sans que les délais puissent être prorogés pour quelque cause que ce soit.

L'article 21. porte, que si le Juge ou l'une des Parties n'avoit point fait de déclaration, celui qui voudra récuser, le pourra faire en tout état de cause, en affirmant que les causes de récusation sont venues depuis peu à sa connoissance.

Il s'ensuit de ce qui vient d'être dit, que toutes causes de récusation doivent être proposées avant la contestation en cause; suivant la Loi *Apertissimi*, *cod. de Judic.* La récusation étant une exception dilatoire, se doit proposer dès le commencement de la cause, avant qu'elle ait été contestée; car quand on a approuvé la Jurisdiction d'un Juge, on n'est plus en droit de le récuser. *Leg. pen. & ult. cod. de exceptionib.*

Il y a néanmoins deux cas qui sont exceptés de cette regle générale, & où l'on peut récuser un Juge après la contestation en cause. Le premier, lorsque la cause de récusation est survenue après la cause contestée. Le second, quand elle n'est venue à sa connoissance qu'au tems de la récusation proposée; & en ce cas il faut s'en tenir à la religion de son serment.

Quand un Juge est commis pour faire une descente, & qu'on veut le récuser, il faut le faire trois jours avant son départ, lorsque le jour du départ a été signifié huit jours auparavant. Article 22. du titre 24. de l'Ordonnance de 1667. La Partie qui ayant connoissance des causes de récusation, ne les a pas proposées dans le tems prescrit par cet article, est censée avoir consenti que le Commissaire procede & fasse la descente; autrement il arriveroit tous les jours qu'une Partie empêcheroit l'exécution des Jugemens, en ne proposant des causes de récusation que lorsqu'il seroit sur le point de partir.

On ne peut récuser tout un Siege, & encore moins tout un Présidial, principalement en matiere criminelle, comme il a été jugé en la Chambre de la Tournelle criminelle par Arrêt du 8 Avril 1713, sur les conclusions de Monsieur l'Avocat général de Lamoignon.

Les récusations ne sont point recevables quand elles sont faites en termes généraux; il faut que l'on exprime particulierement la cause de suspicion, soit de faveur ou de haine, & la cause d'icelle.

On forme la récusation par une Requête qui en contient les moyens, & par laquelle on conclut à ce que les causes de récusation soient déclarée pertinentes & admissibles, qu'il soit ordonné que le Juge s'abstiendra du rapport ou du Jugement de la cause, de l'instance ou procès. Cette Requête doit être signée de la partie & de son Procureur, ou seulement de son Procureur, s'il a une procuration spéciale à cet effet.

Tout le pouvoir d'un Procureur qui n'a point de procuration spéciale pour récuser, est seulement de conclure, qu'en attendant qu'il en reçoive une, le Juge ait à s'abstenir.

La Requête en demande de récusation est communiquée au Juge, qui déclare si les faits sont véritables ou non; & en cas qu'il n'en convienne point, la contestation est portée & jugée à la Chambre, où il ne doit point alors être present.

Celui qui a présenté sa Requête en demande en récusation, s'en peut désister; mais ce désistement doit être fait par écrit, & signifié au Juge.

Lorsque celui qui a formé sa demande en récusation, procede volontairement devant le Juge récusé, il est censé avoir renoncé à sa demande en récusation, du moins en matiere civile; car en matiere criminelle cette tacite renonciation ne seroit pas admise, d'autant que par l'article 3. du titre 25. de l'Ordonnance de 1670, les procédures volontairement faites avec les accusés & sans protestation, ne peuvent leur être opposées comme fins de non-recevoir; à plus forte raison, les appellations comme de Juge incompétent & récusé, ne doivent pas arrêter l'instruction d'un procès criminel. La raison est, qu'il faut toujours assurer, fixer & constater les preuves qui pourroient pendant cette instruction péricliter; sauf à faire droit sur la récusation avant de procéder au Jugement définitif du procès: & si les accusés refusoient de répondre, sous prétexte d'appellations, même de Juge incompétent & récusé, leur procès leur seroit fait comme à des muets volontaires, jusqu'à Sentence définitive inclusivement, suivant l'article 2. du titre 25. de ladite Ordonnance de 1670.

Dans toutes les Jurisdictions où il y a six Juges ou plus, y compris le récusé, la récusation doit être jugée au nombre de cinq; s'il y a moins de six Juges, la récusation sera jugée au nombre de trois; mais si plusieurs sont récusés, ou que le récusé soit seul, le nombre de cinq ou de trois est supplée & rempli par les Avocats du Siége, s'il y en a, sinon par les Praticiens, suivant l'ordre du tableau. Art. 25. du tit. 24. de l'Ordonnance de 1667.

L'article 26. porte que les Jugemens & Sentences qui interviendront sur les causes de récusation, seront exécutées nonobstant oppositions ou appellations, & sans y préjudicier, si ce n'est lorsqu'il sera question de proceder à quelque descente, information ou enquête; auquel cas le Juge récusé ne pourra passer outre nonobstant l'appel, & y sera procedé par un autre des Juges ou Praticiens du Siége non suspects aux Parties, selon l'ordre du tableau, jusqu'à ce qu'autrement il en soit ordonné sur l'appel du Jugement de la récusation, si ce n'est que l'intimé déclare vouloir attendre le Jugement de l'appel.

Les Juges présidiaux peuvent, aux termes de l'article 28, juger sans appel les récusations, aux matieres dont la connoissance leur est attribuée en dernier ressort, pourvu que ce soit au nombre de cinq.

Les Prevôts des Maréchaux & autres Officiers de Maréchaussée qui sçavent des causes de récusation, même de suspicion, valables & pertinentes en leurs personnes, sont tenus de les déclarer pardevant les Juges présidiaux où le procès se jugera, sans attendre qu'elles soient proposées par l'accusé ou la Partie civile, s'il y en a une pour être lesdites causes de récusation jugées par lesdits Juges, mais toujours à la charge de communiquer préalablement les causes de récusation au Prevôt ou autre Officier récusé, à peine de nullité du Jugement de récusation.

Un Juge récusé ne peut reprocher les témoins produits par le récusant, pour justifier les faits de récusation; on ajoute foi à leur déposition; on examine seulement leurs qualités & leur renommée, & si on peut les croire & ajouter foi à ce qu'ils ont dit: le procès principal traîneroit trop en longueur, si l'on examinoit des reproches en pareil cas en la maniere ordinaire.

Celui dont les récusations auront été déclarées impertinentes & inadmissibles, sera condamné en une amende, ainsi qu'il est prescrit en l'article 29. Et en outre, le Juge récusé pourra demander réparation des faits contre lui proposés, qui lui sera adjugée suivant sa qualité & la nature des faits, auquel cas néanmoins il ne pourra demeurer Juge, article 30. En effet, il ne seroit pas juste qu'il demeurât Juge, non-seulement parce qu'il a sujet d'être irrité des faits qui ont été proposés contre lui; mais encore parce que s'étant porté à en demander la réparation, il est par là devenu Partie, quoique pour une cause juste & nécessaire.

Touchant les récusations, *voyez* l'Ordonnance de 1539, article 10; & de Rousillon, article 12; l'Ordonnance de Blois, article 118. & suivant; l'Ordonnance de 1667, titre 24, avec les notes de Bornier; Expilly, Arrêt 154; Peleus, question 134; la Rocheflavin, des Parlemens de France, livre 13, chapitre 83; *Julius Clarus*, *lib.* 5. *Sentent quæst.* 43. §. *ult.* Despeisses, tom. 2. p. 499; Bouvot, tom. 2, *verbo* Récusation; du Fail, liv. 3, ch. 21, 28, 67, 102, 432, & 498; Papon, livre 7, titre 9; Henrys, tome 1, liv. 2, chapitre 4, question 35. *Voyez* aussi le Traité des Récusations fait par Ayrault, dans son Instruction judiciaire; & celui qu'a inseré Bruneau, dans son Traité des matieres criminelles.

RECUSATION FRAUDULEUSE, est celle qui est fondée sur des créances feintes ou véritables, que les Plaideurs se font ceder sur des Jeges devant lesquels ils plaident actuellement, ou sur des demandes vaines & illusoires qu'ils affectent de former contr'eux, & par lesquelles ils prétendent les obliger à descendre de leur Tribunal pour devenir leurs Parties; ensorte que si cet abus pouvoit être toleré, les plaideurs se rendroient bientôt les maîtres du choix de leurs Juges, en retranchant de ce nombre tous ceux qu'il leur plairoit de regarder comme suspects, sans aucune cause raisonnable.

En conséquence de ce, a été fait à Versailles une Déclaration le 27 Mai 1705, en ces termes: » A ces » causes, & autres à ce nous mouvans, de notre cer- » taine science pleine puissance & autorité royale, » nous avons par ces Présentes signées de notre main, » dit, déclaré & ordonné, disons, déclarons & or- » donnons, voulons & nous plaît, qu'aucun de nos » Sujets de quelque état & condition qu'il soit, ne » puisse prétendre & accepter directement ni indirec- » tement des transports ou cessions de droit litigieux » ou non litigieux, à prix d'argent ou autrement, sur » les Juges devant lesquels il plaideront, depuis le

» jour que leurs causes, instances ou procès auront » été portés devant lesdits Juges, jusqu'au Jugement » ou Arrêt définitif. Déclarons toutes les cessions qui » seront faites en ce cas & pendant ledit tems, nulles & de nul effet; ensemble toutes les demandes » & procédures faites en conséquence, sans que les » Juges y puissent avoir égard, soit en statuant sur les » récusations fondées sur de pareils transports, ou » autrement.

» Voulons que ceux qui auront récusés leurs Juges » sur ce fondement, soient en outre condamnés en » deux milles livres d'amende en nos Cours de Parlement, Grand Conseil, & autres nos Cours; mille » livres aux Requêtes de notre Hôtel & du Palais; » cinq cens livres aux Présidiaux, Bailliages & Sénéchaussées; trois cens livres en nos Châtellenies, » Prévôtés, Vicomtés, Elections, Greniers à sel, & » aux Justices des Hauts-Justiciers, tant des Duchés » & Pairies, qu'autres, ressortissantes nuement en » nos Cours; & deux cens livres aux autres Justices » Seigneuriales: le tout applicable, sçavoir, moitié » nous & aux Hauts-Justiciers dans leurs Justices, & » l'autre moitie à la Partie, sans que lesdites amendes » puissent être remise ni moderées.

» Voulons que la même peine puisse être prononcée » contre ceux qui, sans avoir pris des transports & » cessions de droits, auront formé frauduleusement » des demandes contre leurs Juges, pour avoir un » prétexte de les récuser sans aucun fondement.

» N'entendons néanmoins comprendre dans la présente disposition, les transports, cessions de droits » qui échoiront par succession, partages, donations » faites en contrat de mariage, ou en faveur des héritiers présomptifs, ou par des dispositions testamentaires; ensemble par traités faits sans fraude » entre des créanciers & leur débiteur, en vertu des » créances acquises, avant que les demandes, instances ou procès ayent été portés dans la Jurisdiction où la récusation sera proposée, ou entre des » créanciers seulement, en conséquence d'un abandonnement de biens fait par leur débiteur commun; » dans tous lesquels cas il sera permis à ceux qui auront » acquis sur leurs Juges des droits de cette qualité, » de les exercer contr'eux par les voies ordinaires de » la Justice, sans être sujet aux peines portées par » notre présente Déclaration: & sera statuée sur les » Requêtes de récusation qu'ils pourront présenter » contre lesdits Juges, suivant les dispositions des Ordonnances & qualité des circonstances, ainsi qu'il » appartiendra, dont nous chargerons l'honneur & la » conscience des Juges qui en doivent connoître. Si » donnons en mandement, &c.

REDACTION OU REFORMATION DES COUTUMES, ne se peut faire qu'après qu'on a obtenu du Roi des Lettres patentes à cet effet. En vertu de ces Lettres, on fait assembler par Députés les trois Etats de la Province.

Le résultat de la premiere assemblée, est d'ordonner à tous les Juges royaux, aux Greffiers, à ceux qui l'ont été, & aux Maires & Echevins des Villes, d'envoyer les Mémoires des Coutumes, des usages & des styles qu'ils ont vû pratiquer de tout tems.

On remet ces Mémoires entre las mains des Commissaires nommés dans les Lettres patentes, qui sont tirés du corps du Parlement, & qui président aux Assemblées des Etats.

La lecture des cahiers se fait dans ces Assemblées pour en accorder les articles ou les changer; & après qu'ils ont été arrêtés par les Etats, on les envoye au Parlement pour y être enregistrés.

Cette rédaction ou réformation de nos Coutumes n'est jamais que l'ouvrage des Praticiens de chaque Siége, dont on ne doit point attendre ni méthode ni style. La précipitation avec laquelle on fait lecture des cahiers, ne donne pas le loisir d'y faire toutes les corrections & augmentations qu'il conviendroit d'y faire, & ausquelles on ne pourroit réussir, qu'en y travaillant pendant un tems considérable avec beaucoup d'attention. C'est pourquoi il ne faut pas s'étonner si nos Coutumes sont rédigées avec si peu d'ordre & si le stile en est si peu exact, quoique les Commissaires dont on voit les noms en tête, ayent été de grands persoñages.

La premiere de nos Coutumes qui ait été rédigée par écrit par autorité publique, est celle de Ponthieu, qui fut faite en 1495. sous Charles VIII, & de son autorité: mais il n'y eut point de Commissaires nommés par le Roi, & les Etats choisirent quelques Officiers notables des lieux, entre les mains desquels les Mémoires des praticiens furent remis, pour les mettre en ordre, & en composer un seul cahier.

REDDITION DE COMPTE. *Voyez* Compte.

REDEVANCES, sont les droits ou changes ausquels les proprietaires d'héritages sont tenus envers le Seigneur féodal, censuel ou rentier. Ainsi redevance se dit des rentes foncieres les premieres après le cens ou autres, lesquels sont dûes par chaque année par les possesseurs des héritages, soit que telles rentes soient dûes en argent, gain, volailles ou autres choses.

Toutefois en l'article 56. de la Coutume de Paris, redevance est pris proprement pour ce que le fermier paye au proprietaire par chaque année pour le prix de la ferme.

REDHIBITION, est une action intentée par l'acheteur d'une chose défectueuse, qui tend à en faire casser la venre, pour raison du dol ou de la mauvaise foi du vendeur. J'ai expliqué dans mes Paratitles du Digeste, sur le premier titre du vingt-unieme livre, ce que c'étoit que cette action chez les Romains je vais expliquer dans l'article suivant de quel usage elle est suivant notre Droit François.

REDHIBITOIRE. Quoiqu'il soit permis en France conformément au Droit Romain, de se servir de son industrie pour vendre ses marchandises bien cher; ou d'en acheter au plus vil prix; néanmoins il n'est pas permis de tromper dans la chose, c'est-à-dire de vendre des marchandises défectueuses comme du bled, du vin, des étoffes & autres choses semblables

 qui

qui auroient quelque vice ou défaut caché, sans en avertir l'acheteur.

Ainsi, lorsque cela arrive, le Marchand peut être contraint par l'action redhibitoire de les reprendre; ou par l'action appellée en Droit *actio æstimatoria, vel quanti minoris*, à rendre à l'acheteur la moins-value, c'est-à-dire ce qu'il en a payé de trop par rapport à sa valeur, & à ce qu'il en auroit probablement voulu donner, s'il avoit eu connoissance des vices & défectuosités qui se trouvent dans la chose qui lui a été vendue.

L'action redhibitoire est donc une action particuliere, par laquelle l'acheteur agit contre le vendeur d'une chose défectueuse, à ce qu'il ait à la reprendre à cause des vices & défauts cachés qui s'y trouvent & qu'il n'a pas déclarés, & qui soit tenu de rendre à l'acheteur le prix qu'il en a reçu, & en outre les pansemens & médicamens, ou autres choses qu'il a employés pour sa conservation, avec dépens, dommages & intérêts.

Elle est appellée redhibitoire, parce qu'au moyen de cette action le vendeur a de rechef la chose qu'il avoit avant le contrat de vente, lequel est cassé & annuelles, & les Parties remise en tel état qu'elles étoient auparavant.

Au lieu de l'action redhibitoire, l'acheteur peut agir contre son vendeur par une autre action appellée en Droit *actio æstimatoria, vel quanti minoris*, quand il a acheté une chose défectueuse. Par cette action il demande que le vendeur soit tenu de lui rendre ce qu'il en auroit payé de moins, s'il en avoit connu les défauts.

Ces actions ont lieu en vertu d'une convention particuliere, quand le vendeur a vendu une chose qu'il a déclaré être d'une qualité qui ne s'y trouve pas, ou être exempte de défauts & de vices quelle avoit. Elles ont aussi lieu sans convention particuliere par la disposition des Loix, dans les cas suivans.

I°. En vente de chevaux, en cas qu'il s'y rencontre quelque vice caché qui ne se reconnoisse pas à voir & visiter un cheval, comme sont les trois vices dont le vendeur est garant, sçavoir, la pousse, la morve & la courbature; & dans ces trois cas il faut que l'action soit intentée dans les neufs jours, suivant l'usage de Paris. *Voyez* Loysel, liv. 1. titre 4. regle 17.

II°. En fait de vente de chose vendue par un Marchant ou Artisan, qui ne se trouve pas de la qualité requise par les statuts & Reglemens de leur Communauté; auquel cas ces actions doivent être intentées au plutôt: mais en France le tems n'est pas défini.

Enfin ces actions peuvent avoir lieu dans la vente d'un héritage, si les vices & défectuosités qui s'y rencontrent, & qui étoient inconnues à l'acheteur, le rendent absolument inutile; comme s'il exhale d'un fonds vendu des vapeurs malignes, capables de causer des maladies dangereuses à ceux qui y resteroient quelque tems.

Dans l'action redhibitoire, le demandeur conclut *à ce que le défendeur soit condamné à reprendre la chose qu'il a vendue, à cause des vices & défauts qui s'y trouvent, qu'il n'a pas déclarés, & qu'il soit tenu de rendre à l'acheteur le prix qu'il en a reçu, & les pansemens & autres impenses qu'il a faites pour la conservation de la chose, avec dépens, dommages & intérêts.*

Dans l'action *quanti minoris*, le demandeur conclut *à ce que le défendeur soit tenu de rendre au demandeur ce qu'il lui auroit payé de moins pour l'achat de telle chose, s'il en avoit connu les défauts.*

La redhibition qui se demande par l'action redhibitoire, ni la diminution du prix qui se demande par l'action *quanti minoris*, à cause des défauts de la chose vendue, n'ont pas lieu dans les ventes publiques qui se font en Justice. *Arg. leg.* 1. §. 3. *ff. de ædil. edict.*

La raison est, que dans ces ventes ce n'est pas le propriétaire qui vend, mais c'est l'autorité de la Justice qui tient lieu de vendeur, & qui n'adjuge la chose que telle qu'elle est, & sur l'exposition qui en est faite publiquement. Ainsi jugé par Arrêt rendu au Parlement de Toulouse le 11. Septembre 1635. rapporté par M. Dolive, liv. 4. chap. 25.

Les Juges Consuls connoissent de l'action redhibitoire, lorsqu'il s'agit de marchandises défectueuses vendues entre Marchands, ou même entre personnes privilégiées faisant trafic de marchandises, sans qu'elles puissent obtenir leur renvoi.

Touchant l'action redhibitoire & l'action *quanti minoris voiés* ce que j'en ai dit dans mes Paratitles du Digeste, sur le titre *d'ædilitio edicto;* & ce que j'en ai dit ci-dessus, lettre Q, en parlant de l'action *quanti minoris*, *voyes* aussi les Loix civiles, liv. 1, titre 2, sect. 11, & Basnage sur l'article 40. de la Coutume de Normandie.

REDISTRIBUTION D'INSTANCE OU DE PROCÈS, est une nouvelle distribution qui a lieu, I°. Quand un Rapporteur est récusé justement, ou qu'il se déporte lui-même du rapport. II°. Lorsque pendant la poursuite d'un procès le Rapporteur vient à se défaire de sa Charge, ou vient à mourir. Dans tous ces cas, le Président doit redistribuer le procès à un autre Conseiller de sa Chambre.

Pour parvenir à la redistribution d'une instance ou d'un procès, il faut que la Partie qui a intérêt d'avancer fasse remettre les sacs au Greffe par le Secretaire du Rapporteur qui s'est déporté, ou qui pour quelqu'autre cause ne peut rapporter l'instance ou le procès.

Il présente ensuite au Président un Placet par lequel il le supplie d'en faire la redistribution, Enfin, lorsque l'instance ou le procès est redistribué, il le déclare par un acte qu'il fait signer au Procureur de la Partie adverse.

REDOTATION, est une seconde dot, qui est accordée dans quelques Provinces de Droit écrit, à une fille sur les biens de son pere, qui l'a dotée en deniers, lorsque cette dot se perd par l'insolvabilité de son mari, & qu'après sa mort elle passe à un second mariage. *Voyez* le Dictionnaire des Arrêts, *verbo* Dot, nombre 82.

REDUCTION, est une diminution, un retranchement qui se fait à quelque disposition entre-vifs, ou de derniere volonté, pour la rendre conforme aux Loix. Par exemple, les avantages qu'un homme qui se remarie fait à sa seconde femme, sont sujets à réduction en faveur des enfans du premier lit ; de sorte que suivant l'Edit des secondes Nôces, elle n'ait pas plus que le moins prenant desdits enfans. *Voyez* Edit des secondes Nôces.

En pays de Droit coutumier, quand un testateur a légué plus du quint de ses propres, la diminution & réduction se fait de l'excédent, comme nous l'avons expliqué, *verbo* Retranchement.

REFERENDAIRES, sont des Officiers de la petite Chancellerie, qui font le rapport des Lettres de Justice, appellées à cause de ce Lettres de rapport, qui s'y doivent expédier pardevant le Maître de Requêtes qui y préside, & qui expose les difficultés qui se trouvent aux Lettres de Chancellerie que l'on veut obtenir.

Ces Officiers, qui ont été substitués dans les petites Chancelleries, pour y faire les mêmes fonctions que les Maîtres de Requêtes font dans les grandes, doivent être Gradués & Avocats, & sont aujourd'hui reçus sur la Loi pardevant les Maîtres des Requêtes.

Le grand nombre d'autres importantes occupations des Maîtres des Requêtes a donné lieu de leur créer ces Substituts, pour faire le rapport dans les petites Chancelleries des Lettres de Justice, qui gissent toutes en exécution & conformité des Loix, Coutumes & Ordonnances du Royaume.

C'est la raison pour laquelle nos Rois ont desiré que ceux qui seroient substitués aux Maîtres des Requêtes dans ces fonction, ne fussent pas des personnes ignorantes & non lettrées, mais graduées & instruites des Loix, tels que sont les Avocats, qui, par l'étude & l'exercice de leur profession, acquierent cette connoissance.

Anciennement douze des Anciens Avocats faisoient les fonctions de Referendaires par brevet, & avoient en cette qualité plusieurs priviléges.

Ils ont été créés au nombre de douze en la Chancellerie du Parlement de Paris. Le Roi François I. par son Edit de création du mois de Février 1522. leur donne la qualité de Conseillers-Rapporteurs & Referendaires ; marqua qu'elles étoient leurs fonctions, voulant que tous autres en fussent exclus, fors & excepté les Maîtres des Requêtes ; fit défenses aux Secretaires du Roi de mettre aucunes Lettres sur le Sceau si elles ne sont expédiées, corrigées, rapportées & signées en queue par l'un des Maîtres des Requêtes, Conseillers au Grand Conseil, Rapporteurs & Correcteurs des Lettres, ou l'un desdits douze Conseillers-Rapporteurs Referendaires, ausquels Referendaires il permet de joindre la profession d'Avocat à l'exercice de leurs Charges.

Il ordonne en outre qu'où besoin seroit, les Maîtres des Requêtes appelassent lesdits douze Referendaires, en tel nombre qu'ils aviseroient, pour ouir leurs opinions sur les difficultés qui surviendront sur l'expédition & concession des Lettres de rapport en la petite Chancellerie.

Enfin François I. par ce même Edit, voulut que chacun des douze Referendaires pût, par commission du Grand Conseil, Cour du Parlement & autres Jurisdictions faire enquête, examens, exéutions des Lettres, Arrêts & Jugemens desdites Cours, comme Juges, leur en attribuant le caractere & les fonctions.

Henri II. par sa Déclaration du 30 Juillet 1556. réitérant à peu près les mêmes concessions en faveur des Referendaires des petites Chancelleries, leur donna séance & voix délibérative dans les Présidiaux.

La Déclaration de 1609. qui attribue des droits aux fonctions de Referendaires, les charge expressément *de vaquer continuellement à la visitation de toutes les Lettres qui se présentera pour être scellées d'en rapporter fidelement les difficultés qui regardent dont l'observance des Loix, Coutume & Arrêts des Cours souveraines, pour, étant trouvées de justice, être par l'une desdits Referendaires signées en queue.*

Cette Déclaration n'excepte sur la fin des fonctions des Referendaires, que les Lettres de Rémissions, assiette, & Committimus, qui sont les Lettres de pure grace, qui se scellent aux petites Chancelleries, & sur lesquelles seules les Referendaires n'ont nuls droits ni fonctions.

Par l'article 8. du Reglement général des Tailles du mois de Janvier 1634. Louis XIII. ayant donné l'exemption des tailles aux Secretaires du Roi, a déclaré l'accorder pareillement aux Referendaires. Ils ont toujours été maintenus en l'immunité des tailles, logemens de gens de guerre, & autres droits semblables.

Ils prétendent même jouir de tous les privileges & de toutes les prérogatives qui ont été accordées aux Secretaires du Roi, en qualité de Suppôts & Officiers de la Chancellerie.

Ils fondent cette prétention sur la Déclaration de Louis XIII. du mois d'Avril 1619. e régistrée au Grand Conseil le 27. Février 1620. qui a confirmé & maintenu les Referendaires aux mêmes graces, faveurs, priviléges, franchises, libertés & exemptions, généralement & sans aucune restriction sous les termes de Suppôts & Officiers du Coprs & College des Sécretaires du Roi.

Ils rappellent encore à ce sujet la Déclaration de Louis XI. du mois de Novembre 1482. & autres, qui leur ont accordé originairement, sous le nom de Suppôts de la Chancellerie, les mêmes droits & priviléges qu'ont les Sécretaires du Roi.

Enfin, par Arrêt du Conseil du Roi du 19. Avril 1678. les Referendaires de la Chancellerie sont confirmés dans le droit de Committimus, tant au grand Sceau, qu'au petit Sceau.

Touchant les Referendaires des Chancelleries de France leurs Charges, droits & priviléges, *voyez* Joly, des Offices de France, tom. I. liv. 2. tit. 7. page 758. & aux additions., pag 355.

REFERÉ, est le rapport d'un incident qui s'est formé dans le cours d'un acte judiciaire, lequel requerant célérité, doit être préliminairement décidé par le

Juge en son Hôtel, après avoir oui les raisons de part & d'autre.

Par exemple, quand un Sergent qui a fait une saisie & exécution de meubles refuse de prendre pour gardien celui qui lui est présentée par le débiteur, il donne assignation au débiteur pardevant Monsieur le Lieutenant civil en son Hôtel, à deux heures de relevée le même jour, pour en voir ordonner, laissant des Records dans la maison du saisi, pour empêcher la distraction des choses saisies.

REFERER, se dit des rapports que les Conseillers en particulier, ou des Commissaires, font à leur Compagnie, des difficultés qui se forment dans les procès verbaux de levée de scellés, réceptions de cautions, &c. sur lesquelles ils ordonnent qu'il en sera par eux référé à la Chambre.

REFERER, dans la Coutumes de Mons, chap. 12, signifie encherir.

REFERER L'OPTION DU SERMENT, signifie ordonner qu'une Partie optera, ou affirmera dans un tel tems: à faute de quoi l'option sera referée à la Partie adverse.

REFONDER LES DEPENS, signifie payer préalablement les dépens de la contumace.

On peut être contraint de les payer avant que d'être admis à aucunes poursuites dans l'affaire dans laquelle on a fait défaut; parce qu'il est juste que tout homme qui fait défaut, paye les fraix de sa contumace.

C'est aussi la raison pour laquelle les dépens de la contumace ne se répetent point; quand même on auroit raison au fond, & que l'on obtînt gain de cause par l'évenement.

REFRACTAIRES, se dit de ceux qui sont rébelles, & qui refusent d'obéir aux Loix, & aux ordres des Supérieurs.

REGAINS, sont des rejets de foin, que la terre produit après la S. Jean.

Comme dans quelques Coutumes les foins après la mi-Mai, quoique non coupés & inhérens au fonds, sont réputés meubles; & dans d'autres après la S. Jean, il s'est présenté cette question; sçavoir, si la seconde herbe que la terre produit après ce tems, & que l'on appelle regain, doit aussi être réputée meuble?

Il a été jugé au Parlement de Rouen, par Arrêt du 2. Octobre 1683. que le regain étoit immeuble, & appartenoit au proprietaire de la terre, & non pas à la veuve, qui le prétendoit comme meuble. *Voyez* Basnage sur l'article 505. de la Coutume de Normandie.

REGAIRES; se dit en Bretagne de la Jurisdiction temporelle des Evêques, qui appartient au Juge & Sénéchal de l'Evêque, dont les appellations ressortissent nûement au Parlement de Bretagne. *Voyez* le Dictionnaire de Trévoux.

REGALE, est un droit appartenant au Roi, par lequel il jouit des fruits des Evêchés ou Archevêchés de son Rayaume tant qu'ils sont vacants, & jusqu'à ce que le nouvel Evêque ou Archevêque lui ait prêté le serment de fidélité.

La Régale donne aussi au Roi le Droit de conferer tous les Bénéfices dépendans desdits Evêchés ou Archevêchés, qui n'ont point charge d'ames, lesquels se trouvent vacans de fait ou de droit, pendant la vacance du Siége épiscopal ou archiépiscopal.

Ce droit est ouvert par la mort de l'Evêque, par sa promotion au Cardinalat, & ayant son titre; car s'il est seulement créé & publié Cardinal sous l'attente de son titre, la Régale n'a pas lieu. Ce droit est encore ouvert par la démission de l'Evêque; ou translation à un autre Siége épiscopal. *Voyez* l'Edit concernant l'usage de la Régale, du mois de Janvier 1682.

La clôture de la Régale se fait par des Lettres patentes de main-levée que le Roi fait expédier au nouvel Evêque, qui doivent être enregistrées en la Chambre des Comptes de Paris. Il faut outre cela qu'elles ayent été signifiées avec le serment de fidélité aux Procureurs généraux, à la requête desquels les fruits ont été saisis immédiatement après l'ouverture.

Ce droit est universel sur tous les Evêchés & Archevêchés du Royaume.

La seule Grande Chambre du Parlement de Paris est compétence pour connoître de ce droit. Ainsi elle connoît privativement aux autres Chambres du même Parlement, & à toutes autres Cours & Juges du Royaume, du pétitoire des Bénéfices qui auront vaqué en Régale.

Quand donc celui qui est pourvu en Régale trouve un autre en possession du Bénéfice, il faut qu'il forme sa demande verbalement en l'Audience de la Grande Chambre par un Avocat; & sur cette Requête judiciaire, la Cour ordonne que tous les prétendans droit au Bénéfice dont le demandeur a été pourvu en Régale, seront assignés pour venir défendre dans les délais ordinaires.

Il faut lever cet Arrêt, le faire signifier à toutes les Parties intéressées, & leur donner assignation en conséquence dans les délais ordinaires. S'il y avoit contestation sur le possessoire du Bénéfice entre d'autres contendans dans un autre Siege: elle demeure évoquée de droit en la Grandre Chambre, sitôt que la demande en Régale est signifiée.

Après l'expiration des délais, la cause se porte à l'Audience sur un à venir. C'est l'Avocat du défendeur en Régale qui plaide le premier; l'Avocat du demandeur réplique.

Si quelques-unes des Parties assignées ne comparoissent pas, le demandeur en Régale prend défaut faute de comparoir en la maniere ordinaire.

Mais si les Parties ont toutes comparu & constitué Procureur, que l'affaire ait été appellée à l'Audience, & que quelqu'un n'y comparoisse pas, la Cour donne congé ou défaut contre le défaillant, & le profit est jugé sur le champ.

La cause ayant été plaidée, si le Bénéfice se trouve avoir vaqué en Régale, il est adjugé au Régaliste; sinon, en cas que la Cour trouve qu'il n'a pas vaqué en Régale, elle peononce la pleine main levée ou la recréance au profit de l'un des autres contendans.

Si sur la plaidoirie contradictoire la Cour ne se trouve pas en état de juger, elle appointe la demande en Régale au Conseil, & cependant adjuge l'état au Régaliste.

Si pendant le cours de l'instance un des deux contendans meurt, celui qui survit présente une Requête, va communiquer au Parquet, & obtenir Arrêt à l'Audience qui lui adjuge le Bénéfice ; si c'est le Régaliste, elle déclare le Bénéfice vaquant en Régale, & le lui adjuge ; si c'est le possesseur, elle lui donne la pleine maintenue.

REGALES, au pluriel, signifient tous les droits qui appartiennent au Roi, à cause de sa Souveraineté. On en distingue de deux sortes ; sçavoir, les grandes & les petites.

Les grandes Régales, qu'on appelle *majora Regalia*, sont celles qui appartiennent au Souverain comme Souverain, *jure singulari & proprio*, & qui sont incommunicables, attendu qu'elles ne peuvent être séparées du Sceptre, comme étant les marques & les caractères de la puissance suprême : par exemple, de se qualifier par la grace de Dieu, de faire des Loix, de les interprêter ou changer, de connoître en dernier ressort des Jugemens de tous Magistrats, de créer & instituer des Officiers, de déclarer la guerre ou faire la paix, de traiter par Ambassadeurs, de faire battre monoye, d'en hausser ou baisser se titre & valeur, d'imposer ou d'exempter les Sujets des Tailles, Aydes & Gabelles, de donner des graces & abolitions contre la rigueur des Loix, de naturaliser les étrangers, d'octroyer des Lettres de noblesse, de légitimer les bâtards, de donner des Lettres d'état, d'amortir les héritages tombés en main-morte, de fonder des Universités, d'ériger des Foires & Marchés publics, d'instituer des Postes & des Couriers publics, d'assembler les Etats généraux ou provinciaux, &c.

Les petites Régales, qu'on appelle *minora Ragalia*, sont celles qui n'étant point nécessairement inhérentes au Sceptre, en peuvent être séparées : ce qui fait qu'elles sont communicables & cessibles.

Tels sont les grands chemins, les grandes rivieres, les péages, & autres semblables droits. Non pas *æqualitate participationis*, *sed per derivationem*, *veluti luterna accensa de magno igne*, *ita ut concedenti nihil pereat de suo supremo jure*, pour user des termes de Dargentré sur la Coutume de Bretagne, article 56. *nota* 3. nomb. 4.

REGALEMENT, signifie la partition & distribution d'une taxe ou d'une somme imposée, par laquelle on regle ce que chacun des contribuables en doit porter à proportion de ses forces.

REGALER, suivant ce que nous venons de dire, signifie distribuer une somme avec égalité ou avec proportion sur plusieurs contribuables, afin que chacun en paye la part qu'il en peut porter.

REGENT DU ROYAUME, est un Prince qui gouverne le Royaume au nom du Roi, pendant sa minorité ou son absence.

Quelques-uns ont prétendu que, comme les femmes ne pouvoient pas succeder à la Couronne, elles ne pouvoient pas aussi être Regentes du Royaume ; mais l'usage a décidé en leur faveur, & l'on défere toujours cet honneur aux Reines meres. *Voyez* le Traité de la Majorité de nos Rois, & des Régences du Royaume, par M. Dupuy, & les Mémoires de la Rochefoucault.

REGISTRATA, est l'extrait de l'Arrêt d'enregistrement que l'on met sur le repli des Edits & autres Lettres de Chancelerie, quand elles ont été vérifiées & enregistrées.

REGISTRE, est un Livre qui sert à garder des mémoires, ou des actes, ou minutes, pour la justification de ce qu'ils contiennent, dont on peut avoir besoin dans la suite.

REGISTRES DES MARCHANDS, NÉGOCIANS ET BANQUIERS, sont des Livres journaux, dans lesquels ils mettent journellement tout ce qu'ils font concernant leur négoce & leur banque.

Les Marchands, Négocians & Banquiers sont tenus de représenter leurs Registres, s'il en sont requis par ceux qui ont intérêt, ou par ceux avec qui ils sont en procès.

On ajoute foi aux Régistres des Marchands, principalement lorsque les conditions suivantes se rencontrent. I°. Si le Marchand qui produit son Régistre contre sa Partie, passe dans le monde pour un homme de conscience & s'il a écrit lui même ce qu'il produit.

II°. S'il a exprimé la cause pour laquelle il prétend qu'il lui est dû, comme pour avoir fourni cinq aunes de drap d'une telle couleur & d'une telle qualité, pour être employées à telle chose.

III°. Si par les circonstances on peut présumer que sa créance est véritable.

Voyez l'Arrêt du 2. Décembre 1659. rapporté dans le Journal des Audiences.

Par l'Ordonnance du Commerce, tit. 3. il faut que le Livre que les Marchands & Négocians sont obligés d'avoir leur négoce & Marchandise, & pour leurs dettes actives & passives, soit signé sur le premier & dernier feuillet par l'un des Consuls, dans les Villes où il y a Jurisdiction consulaire ; & dans les autres, par le Maire, ou par l'un des Echevins. *Voyez* ce que j'ai dit *verbo* Livre de Marchand.

REGISTRES DES COMMISSAIRES AUX SAISIES RÉELLES. *voyez* Commissaires aux Saisies réelles.

REGISTRES DES GEOLIERS ET CONCIERGES DES PRISONS, sont deux Régistres qu'ils sont tenus d'avoir en bonne forme, reliés, cottés, paraphés par tous les feuillets, & sans qu'il y ait aucun blanc.

Le premier doit servir pour mettre les écroues ; & il faut que les feuillets soient séparés en deux colonnes, pour que l'une serve à mettre les écroues & les recommandations, & l'autre pour mettre les élargissemens & décharges.

Le second Régistre doit servir à faire l'inventaire des meubles & hardes des prisonniers.

Il est défendu aux Geoliers de faire des écroues ou décharges autrement que sur le Régistre qui est destiné à cet usage ; & ils sont tenus d'en donner des extraits aux Parties intéressées, c'est-à-dire à celui qui est emprisonné, au cas qu'il prétende que son emprisonnement est tortionnaire & déraisonnable, pour avoir réparation de l'injure qui lui est faite ; & à celui à la requête de qui l'emprisonnement a été fait, pour lui servir de sûreté, & prouver en cas de besoin l'emprisonnement qu'il a fait faire. *voyez* les art. 6. 7. 8. & 9. du tit. 13. de l'Ordonnance de 1670.

REGISTRES DES NAISSANCES, MARIAGES ET SEPULTURES, sont des Régistres en bonne forme que tous les Curés sont tenus d'avoir, pour y rédiger les mariages, les baptêmes & les sépultures qui se font dans leurs Paroisses. *voyez* l'Edit de 1539. article 52. l'Ordonnance de Blois, article 181; l'Ordonnance de 1667. tit. 20. des faits qui gissent en preuve; l'Ordonnance du 9. Avril 1736. & celle du 17. Août 1737.

On n'admet point dans ces sortes de choses la preuve par témoins, afin d'éviter les fraudes qui peuvent se rencontrer dans les preuves testimoniales; mais seulement par des Régistres en bonne forme, qui doivent faire foi & preuve en Justice. La raison est que des témoins sont quelquefois des échos fidéles qui répetent le langage de celui qui les produit. *Voyés* Filiation & Question d'état.

Mais ces Régistres publics font un témoignage de ce qu'ils renferment, le plus certain, le plus solemnel, & le plus invariable, qui soit dans la société civile. Voyez ce qui est à ce sujet dans le troisiéme tome des Causes célébres, pag. 165 & suiv.

Il doit donc être fait, par chacun an deux Régistres dans chaque Paroisse pour les baptêmes, mariages & sépultures, les feuillets cottés & paraphés par premier & dernier, dont l'un servira de minute au Curé ou Vicaire, & l'autre sera porté au Greffe du Juge pour servir de grosse. Voyez le titre 20. de l'Ordonnance de 1667. & ladite même Ordonnance du 17. Août 1737.

Il est défendu aux Greffiers, à peine de concussion, d'exiger aucune chose des Curés, pour la remise qu'ils sont obligés de faire par an des Régistres des baptêmes, mariages & mortuaires par eux tenus.

Si les Curés refusent de délivrer des extraits desdits Régistres, on les peut faire compulser, à peine de saisie de leur temporel, & de privation des droits, privilege & exemptions accordés aux Curés.

Quoique les baptêmes, mariages & morts ne se prouvent pas ordinairement par témoins, néanmoins ils peuvent être justifiés, tant par titres que par témoins, en cas de perte de Régistres. Article 14. du titre 20. de l'Ordonnance de 1667.

Touchant les Régistres des baptêmes & le témoignage des parens, Voyez Mornac, *ad leg.* 29. §. 1. *ff. de probationib. & ad leg.* 7. *cod. de integ. rest. minor & ad leg.* 1. & 2. *cod. si min. se major. dixer. & ad leg.* 2. *ff. de excusat. tutor.* Voyez Belordeau en ses Observation forenses, lett. B. art. 4. *V.* aussi ce qui en est dit dans le Dictionn. de M. Brillon, *verbo* Baptême.

REGISTRES DES TONSURES, DES ORDRES MINEURS ET SACRÉS, VESTURES, NOVICIATS ET PROFESSIONS DE VŒUX, sont ceux qui servent à en faire preuve.

L'article 15. du titre 20. de l'ordonnance de 1667. porte qu'il sera tenu Régistre des Tonsures, des Ordres mineurs & sacrés, aux Archevêchés & Evêchés; & que pareillement sera tenu Régistre des Vêtures, Noviciats & Professions de vœux aux Communautés régulieres: lesquels Régistres seront en bonne forme, reliés, & les feuillets paraphés par premier & dernier par l'Archevêque ou Evêque, ou par le Supérieur ou la Supérieure des Maisons religieuses, chacun à son égard; & seront approuvés par un acte capitulaire inseré au commencement de chaque Régistre. *voyez* cet article de l'Ordonnance & les articles suivans, avec les Remarques de Bornier. *Voyez* aussi l'Ordonnance du 9. avril 1736, & celle du 17. Août 1737.

REGISTRE D'UN ACCOUCHEUR, peut dans une question d'état être regardé comme un commencement de preuve par écrit, capable de conduire à la preuve par témoins. *Voyez* ce qui est dit à ce sujet dans le Dictionnaire de M. Brillon, *verbo* Régistres d'accoucheurs. *voyez* aussi l'Histoire de Mademoiselle de Choiseul, qui est à la fin du sixiéme tome des Causes célébres.

REGISTRE DE GROS FRUITS, est le Régistre qui se tient par le Greffier de la Justice ordinaire des Villes & Bourgs où il y a marché, des rapports qui se font toutes les semaines par les Marchands de grains ou les Mesureurs, de l'estimation ou valeur desdits grains: ce qui a été ainsi ordonné, tant par les anciennes Ordonnances, que par celle de 1667. articles 6. 7. & 8. du titre 30.

Ces rapports contiennent ordinairement trois sortes de prix, le plus haut prix, le moyen, le plus bas. Par exemple, en un tel marché le sétier du meilleur froment a été vendu quinze livres, le sétier du médiocre douze livres, & le sétier du moindre neuf livres.

Cela sert beaucoup pour la liquidation des fruits, car en y procédant on fait un prix commun, eu égard à ce qu'une espèce de grains a valu aux quatre saisons d'une année; & sur le pied de ce prix commun, on évalue & on liquide les fruits de chacune des années dont la restitution se doit faire.

REGLEMENT. Ce terme pris dans un sens étendu, comprend toutes les Ordonnances, Edits; Déclarations, Arrêts & Sentences qui contiennent quelque décision faite pour servir de regle sur quelque matiere.

Quelquefois ce terme de Reglement ne s'applique qu'aux décisions que les Cours souveraines font, pour être observées comme Loi dans l'étendue de leur ressort. Voyez Arrêt de reglement.

Les Juges inférieurs ne peuvent faire aucuns Reglemens, soit provisoires, soit définitifs, concernant l'administration de la Justice. C'est la disposition de l'art. 6 de l'Arrêt du Parlem. de Paris du 10 Juillet 1665 Mais les Juges inférieurs peuvent ordonner l'éxécution des Réglemens, & les rappeller dans leurs Jugemens.

REGLEMENT OU APPOINTEMENT, est un Jugement preparatoire pour l'instruction d'un procès ou instance, qui ordonne que le procès sera conclu, ou qui appointe les Parties au Conseil ou en droit.

REGLEMENT DE JUGES, est une demande qui se fait au Conseil privé du Roi, dans le cas de conflit de Jurisdiction portés par l'Ordonnance, à l'effet

fet de faire ordonner qu'un même différend dont deux Cours ou Jurisdictions sont saisies, entre les mêmes ou diverses Parties, soit renvoyé aux Cours & Juges qui en doivent connoître par les Edits & Ordonnances, pour éviter la diversité des Jugemens & la contrarieté d'Arrêts.

Il est parlé des Réglemens de Juges au titre 2. de l'Ordonnance de 1669., où je renvoie le Lecteur.

L'article 1. de ce titre marque deux cas où l'on se peut pourvoir au Conseil privé du Roi en réglement de Juges. Le premier est, quand il y a conflit de Jurisdiction entre deux Cours de Parlement, ou entre le Parlement & une autre Cour souveraine; car comme une Cour souveraine ne fait pas Loi à une autre, il faut avoir recours à Sa Majesté. Le deuxieme est, lorsqu'il y a conflit de Jurisdiction entre deux Cours inférieures indépendantes l'une de l'autre, & non ressortissantes en même Cour.

Par exemple, si le Baillif du Palais & le Grand Prévôt de l'Hôtel étoient saisis du même differend, il faudroit nécessairement se pourvoir au Conseil privé, parce que ce seroit inutilement que l'une des Parties se pourvoiroit en la Cour où ressortit la Jurisdiction où il voudroit faire juger l'affaire; d'autant que dans l'exemple proposé, si le Parlement en attribuoit la connoissance au Baillage du Palais, qui est de son ressort, le Grand Conseil, où le Grand Prevôt ressortit, l'attribueroit aussi à la Prevôté.

Mais il n'y a pas lieu à se pourvoir en réglement de Juges au Conseil privé, quand un même différend est pendant dans deux Cours inférieures qui ressortissent en la même Cour souveraine.

Par exemple, si le Châtelet & la Jurisdiction consulaire étoient saisies d'un même differend, comme ces deux Cours inférieures ressortissent en la même Cour souveraine, qui est le Parlement, l'une des Parties peut s'y pourvoir, pour faire ordonner que la même affaire qui est pendante dans les deux Jurisdictions, soit poursuivie & jugée dans l'une des deux; & pour le faire ordonner, il n'y a qu'à appeller comme de Juge incompétent de Juge pardevant lequel on ne veut point proceder, ou obtenir au Parlement un Arrêt qui attribue la connoissance de l'affaire à l'une des deux Jurisdictions.

On se pourvoit seulement au Conseil privé en réglement de Juges dans les deux cas de l'Ordonnance énoncés ci-dessus; mais l'assignation n'y peut être donnée sans en obtenir la permission par des Lettres de grande Chancellerie, ou par Arrêt du Conseil privé du Roi.

Il faut que ces Lettres soient rapportées au Sceau par les Maîtres des Requêtes ordinaires de l'Hôtel, ou grands Rapporteurs, après qu'elles auront été dressées & signées en queue par un des Secretaires du Roi Article 2. du titre 2. de l'Ordonnance de 1669.

Les Secretaires du Roi ne peuvent signer aucune de ces Lettres, & les présenter au Sceau, si elles ne contienne élection de domicile chez un des Avocats au Conseil du Roi, à peine de nullité des Lettres & de demeurer responsables des dépends, dommages & intérêts des Parties. Article 3.

Elles doivent faire mention des assignations sur lesquelles elles sont formées, & le tout doit être attaché sous le contre-scel, pour en donner copie à la Partie, conjointement avec l'assignation qui lui est donnée au Conseil privé. Article 4.

Ces Lettres doivent contenir la clause de surséance des poursuites en toutes les Jurisdictions saisies du différend des Parties, pendant le délai accordé pour donner les assignations; & qu'à faute de donner les assignations dans le délai, les défenses demeureront levées & ôtées. Le tems porté par les Lettres court du jour & date de l'expédition. Article 5.

Elles doivent contenir les délais dans lesquels les assignations seront données, lesquels délais ne peuvent être que de deux mois au plus. Article 6.

Mais ce tems donné dans les Arrêts ou Commissions pour faire assigner les Parties, étant une espece de grace qui est accordée à l'impétrant pour l'obliger à se diligenter, il lui est loisible de l'anticiper & de l'abréger comme bon lui semble.

Les Lettres étant expédiées & scellées, il les doit faire signifier aux Parties, & leur faire donner assignation au Conseil par le même exploit; car si elles étoient signifiées sans assignation, les Juges n'y auroient aucun égard, & les Parties pourroient continuer leurs poursuites comme elles auroient pû faire auparavant, sans qu'il soit besoin de se pourvoir au pour faire lever les défenses. Article 8.

Les Parties étant assignées pour être reglées de Juges, peuvent sans attendre l'échéance des assignations, obliger l'Avocat nommé dans les Lettres à contester. L'article 9. l'ordonne ainsi, & que les réglemens de Juges, tant en matiere civile que criminelle, soient instruits & jugés en la même forme & maniere que les évacations, ainsi qu'il est porté par les articles 23 & 32. du titre premier de l'Ordonnance de 1669.

Pour ce qui est du conflit de Jurisdiction entre les Cours de Parlement & des Aydes de chacun ressort, l'article 12. ordonne pour cet effet que les Avocats & Procureurs généraux s'assemblent tous les mois à certain jour, & plus souvent s'ils en sont requis, pour conferer & convenir; & que sur les résolutions qui seront prises entr'eux, & signées de part & d'autre, les Parties se pourvoient & procedent en celle des Cours dont il seront convenus; & en cas de diversité, qu'ils délivrent leurs avis avec les motifs aux Parties, pour leur être fait droit sur le tout sommairement dans le Conseil.

REGLEMENT DE JUGES EN MATIERE CRIMINELLE, est celui qui est formé en matiere criminelle, lorsqu'en deux Jurisdictions indépendantes l'une de l'autre, & non ressortissantes en même Cour, il aura été informé & décreté pour raison du même fait entre les mêmes Parties. Voyez le titre 3. de l'Ordonnance de 1669.

Ce réglement en matiere criminelle a le même fondement qu'en matiere civile, *ne reus ex eodem de-*

ro vexetur in duobus locis, pour empêcher d'ailleurs que le conflit de Jurisdiction ne donne lieu à l'impunité des crimes, ou ne retarde le Jugement des affaires de cette nature.

Comme l'information est le fondement du procès criminel, & que sur l'information est donné ensuite le décret de prise de corps ou d'ajournement personnel, qui fait que l'accusé *refertur inter reos*, on ne peut se pourvoir en réglement de Juges en matiere crimnelle, qu'il n'y ait eu information & décret dans les deux Jurisdictions.

De même qu'en matiere civile, pour obtenir au Conseil privé des Lettres ou Arrêts en réglement de Juges, il faut rapporter les exploits qui auront été donnés aux Parties en deux différentes Jurisdictions: Il faut pareillement en matiere criminelle, pour obtenir pareilles Lettres ou Arrêts, justifier, qu'il y a eu information & décret en deux diverses Jurisdictions, & que ces Jurisdictions soient aussi indépendantes l'une de l'autre, & non ressortissantes en même Cour.

Les lettres & Arrêts de réglement de Juges en matiere criminelle, doivent être expédiés en la même forme & maniere, & contenir les mêmes clauses qu'en matiere civile; & doivent en outre contenir une clause particuliere, que l'instruction sera continuée en l'une des deux Jurisdictions entre lesquelles il y a conflit, laquelle sera commise par les Lettres ou Arrêts, comme ayant le droit le plus apparent pour instruire & proceder jusqu'à Jugement définitif exclusivement. Article 2. du titre 3. de l'Ordonnance de 1669.

Cela est pareillement observé en matiere d'appellation, nonobstant lesquelles il est permis de proceder à l'instruction jusqu'à Sentence définitive exclusivement, bien qu'elles soient relevées comme de Juge récusé ou incompétent, afin que sous prétexte de l'appellation ou de l'instance en réglement de Juges, les preuves ne dépérissent pas.

S'il y a originairement décret de prise de corps contre un accusé, il ne peut obtenir Lettre ou Arrêt de réglement de Juges, sans justifier par l'écroue, duement attesté & signifié aux Parties ou à leurs Procureurs, qu'il est dans les prisons; lequel écroue demeurera attaché sous le contre scel, & en sera fait mention dans les Lettres, à peine de nullité, suivant l'art. 4.

Pour qu'il y ait réglement des Juges en matiere criminelle, il faut que deux Cours indépendantes l'une de l'autre & non ressortissantes en même Cour, ayent informé & décreté pour raison du même fait entre les mêmes Parties. De ce principe il s'ensuit,

I°. Que lorsque deux Juges ordinaires qui ressortissent à un Sénéchal ou Présidial, ou deux qui ressortissent immédiatement au même Parlement, sont entre eux en contestation de Jurisdiction, il ne faut pas se pourvoir en réglement de Juges; il suffit de relever appel en la Sénéchaussée ou Présidial, ou au Parlement, parce qu'ils en peuvent connoître par le moyen de l'appel. Art. 5. du tit. 3. de l'Ordonnance de 1669.

II°. Que losqu'il n'y a que le simple déni de renvoi, & qu'un autre Juge n'a pas informé & décreté pour le même fait, l'accusé qui a été débouté de son déclinatoire ne peut se pourvoir en réglement de Juges; art. 3. Il n'y a en ce cas que la voie d'appel comme de Juge incompétent, si c'est un Juge ordinaire; mais si c'est un Juge extraordinaire, comme un Prévôt des Maréchaux, un Vice-Sénéchal ou leur Lieutenant, il faut seulement se pourvoir par requête de renvoi devant le Sénéchal ou Présidial plus prochain du lieu où a été faite la capture & l'instruction, pour faire juger la compétence ou l'incompétence desdits Prevôts.

REGLENENT DE JUGES APPARTENANT AU GRAND CONSEIL. Il y a deux énoncés dans l'Ordonnance de 1669. art. 6. & 7. du titre troisieme, où la connoissance des réglemens de Juges appartient au Grand Conseil.

L'article 6. porte, que les conflits entre les Cours de Parlement & Siéges Présidiaux dans le même ressort, pour raison de cas portés par l'Edit des Présidiaux, se reglent au Grand Conseil, sans que pour raison de ce il puisse être formé aucun réglement entre les Cours de Parlement & Grand Conseil, ni que nos Cours de Parlement, puissent au préjudice des Commissions qui auront été décernées par le Grand Conseil, prendre connoissance du différend des Parties, ni contrevenir aux Arrêts rendus par le Grand Conseil pour raison de ce, à peine de nullité & cassation des procédures. Ce qui forme ces réglemens de Juges au Grand Conseil, est lorsque les Présidiaux ont jugé en dernier ressort les matieres dont ils peuvent connoître au cas de l'Edit, & que l'on interjette appel des Sentences ou Jugemens qu'ils ont rendu au premier chef, en ce cas on se pourvoit au Grand Conseil en réglement de Juges; sçavoir l'appellant, lorsque le Présidial continue la procédure nonobstant l'appel par lui interjetté; ou bien l'intimé, lorsque le Parlement lui dénie un Arrêt de défense. L'intimé peut aussi se pourvoir en réglement de Juges au Grand Conseil lorsque le Parlement reçoit l'appel, & fait défenses d'exécuter une Sentence rendue par provision au second chef de l'Edit; d'autant que par l'Edit de Charles IX. du mois de Mars 1566. Il est dit entre autres choses, *que les Présidiaux jugeront des matieres qui n'excederont vingt livres tournois de rente, ou la somme de cent livres tournois pour une fois payer; & que leurs Sentences seront exécutées, tant en principal que dépens, par provision.*

L'article 7. du titre 3. de l'Ordonnance de 1669. attribue aussi au Grand Conseil la connoissance des reglemens des Juges d'entre les Lieutenans criminels & les Prévôts des Maréchaux, & le même article fait défenses au Grand Conseil de faire expédier aucunes commissions, ni de donner audience aux accusés contre lesquels il y aura décret de prise de corps, qu'ils ne soient actuellement en état, soit dans les prisons des Juges qui les auront décernés, ou dans celles du Grand Conseil, & qu'il ne leur en ait apparu par des extraits tirés du Régistre de la géole en bonne forme, à peine de nullité. *Voyez* la derniere Ordonnance du Réglement de Juges du mois d'Août 1737.

REGLES, sont des préliminaires raisonnés & fondés sur l'expérience, qui conduisent aux arts & aux sciences ceux qui veulent s'y adonner, & sans lesquels il n'est pas facile d'y réussir.

Ce terme signifie aussi les maximes qu'il faut toujours observer dans tous les arts. Le dernier titre du cinquantiéme livre du Digeste est un recueil des anciennes régles de Droit, qui contiennent en peu de mots des décisions sur la plupart des contestations qui peuvent naître entre les hommes : c'est pourquoi les Juges & les Avocats doivent en être parfaitement instruits, & ne point passer d'année sans les relire. M. J. B. Antoine, Docteur en Droit & Avocat en Parlement, a fait une Traduction des regles du Droit civil, qui se vend à Lyon, chez Claude Plaignard.

REGLES DE LA CHANCELLERIE ROMAINE, sont des maximes qui ont été introduites dans la Cour, au sujet de l'obtention & de la possession des Bénéfices. Il y en a plusieurs ; mais toutes n'ont pas lieu en France, & nulles par elles-mêmes n'y sont Loi. Il y en a quatre qui ont été trouvées si prudentes, & si solides pour le maintien de la pureté des Canons, qu'on les regarde comme les filles adoptives de la sage autorité de nos Rois.

La premiere est celle *de infirmis resinantibus*, qui veut que la résignation faite par un malade soit nulle, s'il ne survit au moins vingt jours à sa résignation.

La deuxiéme est, *de publicandis resignationibus*, qui veut que la résignation du Bénéfice, & la provision obtenue sur icelui, soient nulles, si le résignant décede six mois après, sans que le résignataire ait pris possession du Bénéfice.

La troisiéme est, *de impetrantibus beneficia viventium*, qui défend de demander le Bénéfice d'un homme vivant, & déclare nulle la povision obtenue depuis sa mort, laquelle auroit été demandée pendant la vie de celui qui en auroit été pourvu.

Le quatriéme est, *de verisimili notitia obitûs*, qui veut qu'entre le jour du décès & celui de la provision en Cour de Rome, il se trouve un tel intervalle, que la nouvelle ait pû être vraisemblablement portée du lieu où le Bénéficier est mort jusqu'à Rome ; autrement on présume que le Bénéfice a été couru.

Voyez ce qui est dit des Regles de la Chancellerie Romaine dans le Dictionnaire de M. Brillon, tom. 2. pag. 855. & suiv. & tom. 5. pag. 748. & suiv.

REGNICOLES, sont les naturels François qui sont nés sujets du Roi.

L'état des Personnes ne consiste pas seulement à jouir de la liberté naturelle ; il comprend encore les droits de citoyen, c'est-à-dire tous les avantages qui nous sont donnés par les Loix de l'Etat.

Ces droits consistent à pouvoir intenter des actions en Justice, à pouvoir succéder, comme aussi à pouvoir disposer ses biens par testament, & à pouvoir posséder des Offices & des Bénéfices dans ce Royaume.

Les regnicoles qui ne sont pas morts civilement, jouissent de tous ces avantages, en quoi ils différent des étrangers, qui, étant dans ce Royaume, ne peuvent à la vérité y acquérir des biens, & en disposer entre-vifs ; mais ils ne peuvent pas tester, ni posséder des Offices ou des Bénéfices dans ce Royaume, ni jouir des autres effets civils, à moins qu'ils n'ayent obtenu des Lettres de naturalité. Voyez Aubain.

Il y a quelques Nations qui sont affranchies du droit d'aubaigne, par des Traités faits avec la France ; mais elles ne sont pas pour cela réputées regnicoles, à moins que cela ne soit dit par les Traités.

REGNICOLES SONT REPUTÉS AUBAINS, lorsqu'ils ont abandonné leur partie, en s'établissant dans les pays étrangers, sans la permission du Roi.

L'Edit du mois d'Août 1669. veut que leur procès leur soit fait & parfait ; & lorsqu'ils ont été déclarés atteints & convaincus de désertion, on peut dire qu'ils sont d'une condition pire que les aubains, puisque la peine de ce crime est la confiscation de corps & de biens, qui emporte mort civile ; mais il est rare qu'on se porte contre eux à cette rigueur, quoique légitime ; cependant lorsque cet établissement est prouvé, ils perdent le droit de citoyens, à moins qu'ils ne reviennent & fassent présumer par leur retour qu'ils en ont conservé l'esprit. Les successions qui seroient ouvertes à leur profit, accroissent à leurs cohéritiers, s'ils en ont, ou passent aux parens d'un dégré plus éloigné ; & leurs biens n'appartiennent pas au Roi, mais leurs héritiers les recueillent, si ce n'est dans le cas de confiscation.

REGRATIERS DE VIVRES ET MARCHANDISES, sont ceux qui en font provision & achat, pour en faire revente aux Particuliers.

Mais ce terme se dit plus particulierement de ceux qui vendent du sel au peuple à la petite mesure, & qui achetent ce droit des Fermiers des Gabelles.

REGREZ, est la révocation de la résignation que l'on a donnée d'une Charge en faveur d'un autre.

Tant que les choses sont entières, c'est-à-dire, que le résignataire n'a pas obtenu des provisions de l'Office dont il a traité, le résignant peut y rentrer par la voie du regrès ; mais il faut qu'il revoque sa procuration & fasse signifier sa révocation au résignataire.

Le plus sûr est de s'opposer au sceau, pour empêcher le résignataire d'obtenir des provisions ; car si une fois il en avoit obtenu, le regrès n'auroit pas lieu, encore moins s'il avoit été reçu & installé.

Au cas de regrès admis, le résignataire est conservé dans son Office, sans avoir besoin de nouvelles provisions, attendu qu'il n'en a pas été dépossédé : c'est pourquoi il retient toujours dans sa Compagnie le même rang qu'il y tenoit au tems qu'il a fait la résignation.

Quand le regrès se fait dans les vingt-quatre heures du traité, il n'y a point lieu aux dommages & intérêts de celui sur lequel il est fait ; mais s'il survient après les vingt-quatre heures, celui qui l'exerce est tenu des dommages & intérêts de celui sur lequel il est fait.

Cela s'est ainsi introduit sur ce que dans le louage & autres contrats, on peut se retracter dans les vingt-quatre heures, sans être tenu d'aucuns dommages & intérêts. Voyez ce qui est dit du regrès en fait d'Office dans Henrys, tom. 1. liv. 2. quest. 68.

REGREZ EN MATIERE BÉNÉFICIALE est le retout à un Bénéfice dont on a passé procuration en faveur de quelqu'un. Voyez ce qui en est dit dans le Traité des matiéres bénéficiales de M. Fuet, liv. 5. chap. 5.

RÉHALILITATION, sont des Lettres de grand Sceau, par lesquelles le Roi remet & restitue en sa bonne réputation & renommée celui qui auroit été condamné à quelque peine infamante, comme celle du fouet; voulant que pour raison de telle condamnation il ne lui puisse être imputé aucune incapacité ni note d'infamie, & qu'ainsi il puisse tenir, posséder & exercer toutes sortes d'Offices. *Voyez* le tit. 16. de l'Ordonnance de 1670.

RÉHABILITATION DE NOBLESSE, sont des Lettres que l'on obtient au grand Sceau, pour se faire réhabiliter lorsqu'on est déchu du tit. & de la qualité de noble, par quelque trafic ou emploi dérogeant à noblesse.

Ainsi les Nobles qui ont perdu leur Noblesse par l'exercice de quelque art vil, peuvent se faire réhabiliter, en prennant des Lettres du Roi & les faisant vérifier en la Cour des Aydes Voyez Bacquet, des Francsfiefs, chap. 11. nomb. 6. & 7.

Quand cette dérogation vient d'ancêtres, & qu'elle a continué dans plus de deux ascendans, il faut absolument de nouvelles Lettres de Noblesse; attendu que la noblesse que nous pouvions tenir d'eux est entierement éteinte. Voyez Relief de noblesse.

RÉHABILITATION DE MARIAGE, est une nouvelle célébration de mariage, qui est quelquefois ordonnée par le Parlement lorsque dans celle qui en a été faite il s'est trouvé quelque défaut considérable, & que les Parties marquent consentir de demeurer unies, & qu'il n'y a nul empêchement, ni civil ni canonique, à leur mariage.

Ainsi quoiqu'il y ait appel comme d'abus de la part des parens, si néanmoins les Parties persistent, la Cour en prononçant sur l'abus, ordonne qu'elles se retireront pardevers l'Evêque, pour être leur mariage réhabilité. Voyez Recueil de Descombes, chap. 3. à la fin.

Mais on tient que comme le Juge d'Eglise ne peut connoître & juger que de la validité du mariage, s'il y a mariage ou non, il ne peut point ordonner une pareille réhabilitation. Il y a plusieurs Arrêts qui ont déclaré abusives des Sentences de l'Official, qui l'avoient ordonnée. Voyez le Dictionnaire des Arrêts, *verbo* Mariage, nomb. 171.

REJET, signifie le renvoi qu'on fait d'une partie d'un compte sur un autre. Quand il n'y a point de fonds pour payer une partie dans le compte d'une année, on en fait le rejet sur la suivante.

Ce terme signifie aussi la réimposition d'une taxe déjà imposée, & qu'on fait sur d'autres Particuliers. Ainsi, lorsqu'une Paroisse a été déchargée de sa taille à cause de la grêle, on en fait le rejet sur le reste de la Généralité.

REJETS DE COUPÉ, sont les rejetons qui reviennent aprés les coupes de haute futaie. Voyez Futaie, Haute-Futaie.

RÉINTÉGRANDE, est l'interdit *unde vi*, ou l'action possessoire, par laquelle celui qui a été dejeté & spolié de la possession d'un immeuble, se peut pourvoir dans l'an & jour de la spoliation, afin d'être remis & réintégré en sa possession, dont il a été dépouillé par force & par violence.

C'est une maxime certaine, tirée du Droit civil & du Droit canon, que *spoliatus ante omnia restituendus est, etiam si qui spoliatus est nullum jus in re habeat; quia nemo jus sibi dicere potest, & alium, de sua possessione dejicere. Alias partes ad arma quotidie prosilirent sicque pax & concordia civium turbaretur.*

La réintégrande se peut poursuivre ou civilement, ou criminellement.

Civilement, quand celui qui a été expulsé fait simplement ajourner le détenteur, ou celui par lequel il a été expulsé, de lui restituer la chose dont il a usurpé la possession.

Criminellement, par informations faites pardevant le Juge du lieu, sur lesquelles il décerne ajournement personnel ou décret de prise de corps, si le cas le requiert.

Mais quand celui qui a été spolié a commencé d'agir par l'une de ces deux manieres, il ne peut plus avoir recours à l'autre, si ce n'est qu'ayant commencé par la voie extraordinaire, le Juges en jugeant le procès lui ayent réservé l'action civile.

Ainsi, quand on a demandé la réintégrande par la voie civile, la criminelle n'est plus ouverte. Si au contraire on s'est pourvu d'abord par la voie criminelle, c'est-à-dire par une plainte suivie d'informations, & qu'il n'y ait pas de matiere pour approfondir le prétendu crime, le Juge décharge le défendeur de la poursuite extraordinaire faite contre lui, sauf au demandeur à se pourvoir par action civile.

Celui qui a été spolié, & qui se sert de la voie civile, fait donner assignation à celui par lequel il a été déjeté de la possession de l'héritage qu'il possédoit. Il conclut par son exploit, *à ce qu'il soit remis & réintegré en la possession de la maison & héritage dont il a été déjeté par la violence, avec restitution des fruits; & à ce que le défendeur soit condamné aux dommages & intérêts, & que défenses lui soient faites de le troubler à l'avenir dans sa possession; sauf au défendeur à se pourvoir au pétitoire, & à justifier de sa propriété.*

La réintégrande se peut former devant tous Juges, même non royaux, pourvu qu'il n'y ait point de port d'armes: mais Messieurs des Requêtes n'en peuvent connoître, quand elle est intentée à l'extraordinaire, si ce n'est quand elle est incidente, c'est-à-dire, quand la spoliation est faite d'un héritage pour lequel il y avoit déjà procès pendant pardevant eux.

Si le défendeur assigné en réintégrande dénie le trouble & la spoliation, il faut, comme en matiere de complainte, appointer les Parties à informer.

Il n'est pas nécessaire que le demandeur en réintegrande fasse preuve en détail de toutes les choses qui lui ont été prises, mais il suffit qu'il le fasse en général; & pour le détail, il en sera cru à son serment, jusqu'à la somme qu'il plaira au Juge d'arbitrer.

Si pendant l'instance de réintegrande, le défendeur veut poursuivre l'instance principale touchant la proprieté, le demandeur en réintegrande peut demander que toute Audience lui soit déniée, jusqu'à ce qu'il soit réintegré en possession des choses dont il a éte spolié.

On peut aussi faire la même chose, quand le défendeur a interjetté appel de la Sentence de réintegrande sans l'avoir exécutée ; parce que ces sortes de Sentences s'exécutent nonobstant l'appel, & sans préjudice d'icelui ; tant pour le principal que pour les dépens, en baillant caution.

Si le défendeur refusoit d'exécuter la Sentence de réintegrande, il faudroit dresser procès verbal du refus & de la rébellion, & demander au Juge qu'il soit permis d'user de force, & de rompre les portes & les serrures.

Si les dommages & intérêts n'ont pas été liquidés par la Sentence, il faut former demande afin de les liquider en la maniere ordinaire.

La réintegrande n'est point distinguée de la complainte ; mais elle est comprise sous icelle dans le cas où il y a eu spoliation, & non pas un simple trouble. Ainsi la complainte a lieu, quand quelqu'un est simplement troublé dans sa possession sans en être expulsé, ou quand il en a été chassé & expulsé par violence.

Au premier cas, il n'y a pas lieu à la reintegrande, puisque pour être réintegré & rétabli, il faut avoir été expulsé ; & en ce cas le demandeur conclut à ce qu'il soit fait défenses au défendeur de le troubler, ni inquiéter d'avantage dans la jouissance de la chose dont est question, de laquelle il a été possesseur publiquement & paisiblement pendant un tel tems ; & c'est proprement la complainte en cas de saisine & de nouvelleté, qui est séparée de la réintegrande.

Au deuxiéme, c'est aussi la complainte, en ce que le demandeur se plaint pardevant le Juge, de la nouvelleté qui est faite par le défendeur contre sa possession & jouissance ; & d'autant qu'il a été expulsé de sa possession, il ne conclut pas seulement à y être confirmé, & qu'il soit fait défenses au défendeur de le troubler d'avantage, mais il conclut à ce qu'il soit rétabli & réintegré dans sa possession ; c'est proprement ce qu'on appelle réintegrande.

Ainsi il ne faut point distinguer ici ces actions, la réintegrande étant comprise sous la complainte, quand il y a spoliation : c'est pourquoi l'Ordonnance parle de la réintegrande sous le titre de complainte.

Pour intenter l'une ou l'autre de ces actions, il faut, I°. Avoir été troublé ou déjetté de la possession paisible où l'on étoit pendant un an & jour, & celui, *nec vi, nec clam, nec precario, ab adversario.*

II°. Il faut agir dans l'an & jour du trouble, autrement on n'y est plus récevable ; parce que celui qui a fait le trouble, est devenu, après ce laps de tems, possesseurs lui-même pendant l'an & jour par notre négligence.

Ces deux demandes étant des actions possessoires, ne peuvent être cumulées & jointes avec la contestation sur la proprieté, qu'on appelle pétitoire ; mais elles doivent être terminées, & la condamnation exécutée pour les frais, dommages & intérêts, avant que d'agir pour la proprieté.

Dans l'une & dans l'autre, en cas de retardement par celui qui a gagné le possessoire, de faire liquider les restitutions des fruits, dommages, intérêts & dépens, l'autre peut poursuivre le pétitoire en donnant caution.

Dans l'une & dans l'autre de ces actions, les Juges condamnent les Parties qui succombent en l'amende.

Enfin, les Jugemens rendus sur la complainte & sur la réintegrandre, s'exécutenr par provision & nonobstant l'appel, en donnant caution. *Voyez* Complainte, Pétitoire, Possessoire & Spoliation. *Voyez* aussi le titre 18. de l'Ordonnance de 1667, qui traite de la procédure qui doit être gardée dans la complainte & dans la réintagrande.

REINTEGRER, signifie rétablir quelqu'un dans la possession dont il avoit été évincé.

Ce terme se dit aussi du rétablissement qui se fait avec connoissance de cause d'un Officier qui avoit été interdit, & qui est remis & réintegré en la fonction de sa Charge.

Enfin, ce terme se dit d'un prisonnier qu'on fait remettre en prison.

REINTERROGER, signifie interroger de nouveau un criminel ; ce qu'un Juge fait pour voir s'il ne varie point.

RELAPS, est celui qui est retombé dans un crime dont il avoit eu rémission, ou qui est retombé dans une hérésie dont il avoit été absous.

RELATION, signifie le témoignage d'une personne publique.

RELAXATION, est la délivrance & la sortie d'un prisonnier, qui se fait du consentement de sa Partie adverse.

RELAXER UN PRISONNIER, signifie consentir à sa sortie.

RELEGATION, est une espèce d'exil qui se fait par l'autorité du Prince, qui envoye ordre à quelqu'un d'aller en un endroit qu'il lui marque, & de n'en point sortir jusqu'à ce que le Prince le rappelle.

A Rome, la rélégation ne faisoit point perdre le droit de citoyen, & elle ne le fait point perdre non plus parmi nous.

Comme ceux qui étoient rélégués prenoient quelquefois la licence de sortir du lieu où il leur étoit enjoint de demeurer jusqu'à ce que le Prince les eût rappellés, il y a plusieurs Ordonnances à ce sujet ; & enfin le 24 Juillet 1705. le Roi fit une Déclaration à Versailles, portant que l'Edit & la Déclaration des mois d'Août 1669, & 14 Juillet 1682, seront exécutés ; & y ajoutant défenses à ceux qui sont rélégués par ordre du Roi, de sortir du lieu où ils sont rélégués, à peine de confiscation de corps & de biens.

Cette rélégation se fait ordinairement par une Lettre de cachet, que le Roi adresse à celui qu'il juge à propos d'exiler, & qu'il lui fait tenir par un Officier des Troupes de sa Maison, par des Hoquerons, par un Prevôt de Maréchaussée, ou par un Huissier de la Chaîne, suivant la qualité de la personne.

Quand ceux qui sont relegués par le Prince, sont d'ailleurs accusés de quelque crime commis depuis & pendant leur exil, les Juges ne laissent pas d'avoir la liberté de le décreter & de s'assurer de sa personne; parce que la punition des crimes est une suite de la Justice qui émane du Roi, & dont il n'entend pas arrêter le cours par la peine de l'exil.

Ainsi il est du devoir des Juges d'instruire le procès, & de donner sur le champ avis en Cour du crime commis par cet exilé; mais ils ne peuvent point proceder au Jugement définitif, qu'ils n'ayent reçu de la part du Roi la permission de le faire. La raison est, qu'ils n'ont pas la liberté de rien prononcer contre les biens & la personne d'un homme qui est détenu dans un certain lieu par ordre de sa Majesté.

RELEVÉ, se dit d'un dépouillement ou extrait que l'on fait d'un inventaire ou état des meubles, titres & papiers.

RELEVÉE, signifie l'après-dînée, ou le tems d'après midi. Ce mot vient de ce qu'autrefois on faisoit la méridienne sur des lits de salles qu'on nommoit grabats, & on nommoit relevée le tems où l'on se relevoit pour retourner à son travail.

Ce terme n'est aujourd'hui en usage qu'au Palais, où l'on appelle Audiences de relevée celles qui se donnent après midi. On donne des assignations chez des Commissaires à deux ou trois heures de relevée. On ne juge point les procès criminels de relevée, quand les conclusions des Gens du Roi vont à la mort, ou aux galères, ou au bannissement, comme il est porté en l'article 9. du titre 25. de l'Ordonnance de 1670.

RELEVER UN FIEF, est faire la foi & hommage à son Seigneur, à la mutation & ouverture de fief qui vient d'arriver. C'est aussi payer le droit de relief & de rachat dans les Coutumes où il est dû. *Voyez* Rachat.

RELEVER SON APPEL, c'est obtenir des Lettres de Chancellerie, ou un Arrêt, pour faire intimer une Partie sur l'appel qu'on a interjetté d'une Sentence.

RELEVER, se dit aussi en parlant du ressort où il faut plaider en cause d'appel. Les appellations des Duchés & Pairies ne se relevent qu'au Parlement.

SE FAIRE RELEVER, c'est obtenir des Lettres du Prince, pour faire casser des contrats & autres actes pour lézion, ou pour nullité de fait ou de droit qui s'y trouve. *Voyez* Restitution en entier.

RELEVOISONS A PLAISIR est un droit seigneurial usité dans la Coutume d'Orléans, qui est dû au Seigneur censuel, & qui consiste dans le revenu d'un an de l'héritage aliéné.

Ce droit lui est dû pour toutes mutations précedentes de la part des possesseurs des héritages chargés de cens, soit par mort, ventes ou autrement. *Voyés* les articles 115, 116, 121 & 124. de la Coutume d'Orléans.

Quand plusieurs mutations arrivent en une même année par mort, il n'est dû qu'un seul droit de relevoison; mais quand les mutations qui arrivent dans une même année sont volontaires, il en est dû autant de relevoisons.

Il y a d'autres relevoisons dans la même Coutume, qui se payent au denier six, ou autrement, selon les concessions des Seigneurs. Au denier six, c'est-à-dire que l'acquéreur paye pour relevoisons six deniers pour chacun denier du cens; de sorte que si le cens est de douze deniers, les relevoisons seront de douze sols. *Voyez* les articles 117, 118, 124 & 134 de la même Coutume.

RELIEF OU RACHAT, est un droit Seigneurial, dont j'ai donné l'explication, *verbo* Rachat.

RELIEF EN FAIT DE FIEFS RÉGIS, SELON LA COUTUME DU VEXIN-LE-FRANÇOIS. *Voyez* Vexin.

RELIEF A MERCI, est en quelques lieux le revenu d'un an, qui se paye au Seigneur féodal pour le profit de fief.

RELIEF DE BAIL, est en quelques Coutumes un rachat dû par le mari, pour le fief de sa femme, parce qu'il jouit de ce fief en qualité de gardien ou de ballistre. D'où il s'ensuit.

I°. Que le relief de bail n'est point dû, quand la femme a stipulé par son contrat de mariage qu'il n'y aura point de communauté, & qu'elle aura la disposition & l'administration de ses biens, parce qu'en ce cas ses biens ne tombent point en garde. *Voyés* Brodeau sur l'article 37. de la Coutume de Paris, nombres 24 & 29.

II°. Que si le mari décede sans avoir payé le relief de bail, sa veuve n'en devroit rien, au cas qu'elle renonçât à la communauté.

Voyez le Glossaire du Droit François, lettre B, à l'endroit où il est parlé de relever de bail. *Voyez* aussi ce que j'ai dit ci-dessus en parlant du Bail de mariage.

RELIEF D'APPEL, est une espèce de commission qui doit s'obtenir par l'appellant après la signification de son acte d'appel, pour faire assigner l'intimé à ce qu'il ait à proceder sur l'appel.

Cette commission se fait par Lettres de la petite Chancellerie, par lesquelles le Roi mande au premier Huissier ou Sergent sur ce requis d'intimer sur l'appel, & d'assigner au Parlement, ou en une autre Cour souveraine, les Parties y dénomées, & autres qui pourroient avoir intérêt dans l'affaire, pour proceder sur l'appel interjetté par l'impétrant.

Il ne suffit pas d'avoir déclaré par un simple acte que l'on est appellant; il faut dans les Cours souveraines relever son appel par des Lettres de relief, ou par un Arrêt qui reçoit appellant: on ne peut autrement faire intimer ou assigner pour proceder sur l'appel; & lorsque l'appellant néglige, après le simple acte qu'il fait signifier, de relever son appel, il peut être anticipé. *Voyez* Anticiper.

Quand le relief d'appel est d'une Sentence rendue sur productions des Parties, ou en matiere criminelle, on met à la fin une clause de commandement au Greffier d'apporter ou d'envoyer sans délai au Greffe de la Cour le procès, piéces & procédures, ou bien les charges & informations sur lesquels la Sentence dont est appel a été rendue; & en cas d'opposition, refus ou délai, assigner ledit Greffier à certain jour en ladite Cour, pour en dire les causes: ce qui n'a point lieu quand le relief est pour une appellation verbale

RELIEF DE NOBLESSE, sont Lettres du grand Sceau & de grace, par lesquels le Roi rétablit celui qui est déchu de sa noblesse par son fait, ou par celui de son pere, ou de son ayeul, pour s'être mêlé de trafic, ou pour avoir faite autre acte dérogeant.

Ces Lettres sont addressées aux Cours des aydes, avec connoissance de cause, & mandement de les entériner, au cas que les Juges trouvent que l'exposé en icelui sont vrai, & que l'exposant justifie la noblesse de son pere & de son ayeul. *Voyez* Réhabilitation de noblesse.

RELIEF DE SURANNATION, sont Lettres royaux, qui s'obtiennent par ceux qui ont gardés des Lettres qui leur avoient été accordées, desquelles il ne se sont point servis pendant un an.

Telles Lettres sont dites surannées, parce que les Lettres du Sceau ne durent qu'un an, après lequel tems il faut des Lettres de surannation pour s'en servir & les mettre à exécution.

RELIGIEUX, sont ceux qui par un vœu solemnel se sont engagés à suivre la régle de la Maison religieuse dans laquelle ils ont fait profession.

Comme les Religieux se sont entierement voués à Dieu, & ont solemnellement renoncé aux biens temporels, au mariage & à leur liberté, ils sont réputés morts au monde; ensorte que la profession religieuse est une espece de mort civile. Louet & son Commentateur, lettre C, sommaire 8.

Ils ne succedent donc point à leurs parens, ni le Monasteres pour eux. *Voyez* ce que j'ai dit sur l'article 136. de la Coutume de Paris. ils sont même incapables de toutes sortes de donations & de legs, si ce n'est de pensions viageres modiques; encore n'en peuvent-ils pas jouir par leurs mains, qu'avec la permission de leurs Supérieurs.

Cela ne se doit entendre que de chaque personne religieuse en particulier, & non des Communautés religieuses; car elles sont capables de donations & de legs, & peuvent agir & contracter pour la conservation de leurs biens; mais elles ne peuvent acquerir des immeubles sans obtenir du Roi des Lettres d'amortissement.

C'est une maxime, que les Religieux, Novices ou Profès ne peuvent être témoins dans aucuns actes de derniere volonté.

Voyez l'art. 41. de l'Ordonnance des Testamens, du mois d'Août 1735.

Par la Loi *Deo nobis*, & par l'Autentique *Ingressi, cod. de sacros. Eccles.* tous les biens de ceux qui entroient dans les Monasteres, étoient acquis à celui où ils faisoient profession. Les successions même de leurs pere & mere, qui leur échéoient après leur profession, appartenoient à la mense commune des Religieux & du Monastere. Mais comme ces Constitutions étoient trop dommageables à l'Etat, & que leur disposition tendroit à la ruine des familles, elles ont été abrogées par notre Droit François. Ainsi, ceux qui ont fait profession, ne sont plus considerés que comme incapables de tous effets civils; ensorte qu'ils ne peuvent plus succéder à aucuns de leurs parens. Ils ne peuvent point aussi avoir d'héritiers; c'est le Couvent qui succede à leur pécule, sans qu'ils puissent disposer de la moindre chose par derniere volonté.

Pour ce qui est de leurs livres & effets mobiliers qu'ils ont acquis par leur travail, ils peuvent en disposer entre-vifs; & lorsqu'ils en ont fait la tradition de leur vivant, le Monastere ne peut pas revenir contre. Ainsi jugé par Arrêt du 14. Mai 1587. rapporté par Charondas liv. 7. rép. 217.

Les Novices peuvent, ayant l'âge requis, disposer par donations entre-vifs, ou par derniere volonté de leurs biens, comme tout autre personne, pourvû qu'ils n'en disposent pas en faveur d'aucun Monastere, soit du même Ordre ou autre.

L'Ordonnance d'Orléans, article 19. & celle de Blois, art. 28. l'ont ainsi réglé, pour empêcher les suggestions qui pourroient être faites aux Novices, & les intelligences que pourroient avoir les Monasteres, pour se prêter la main les uns aux autres. Mais pour qu'une derniere disposition olographe faite par un Novice puisse être valable, il faut qu'il la reconnoisse pardevant Notaires avant que de faire profession, si-non elle est absolument nulle; comme il est décidé en l'art. 21. de l'Ordonnance des Testamens, du mois d'Août 1735.

Il semble qu'on pourroit comparer les Moines & les Religieux aux esclaves des Romains, en ce que les vœux d'obéissance & de pauvreté qu'ils font, les obligent à une soumission aveugle aux volontés de leurs Supérieurs, & les rendent incapables de toute sorte de propriété & de possession des choses temporelles, qu'ils ne peuvent acquerir en France; & que font quelque action, elle tourne au profit du Monastere. Enfin, de même que les esclaves, *in toto jure civili pro nullis habentur*, les Moines & les Religieux sont pour les effets civils, regardés comme entierement morts au monde.

Nonobstant toutes ces raisons, il faut demeurer d'accord qu'on ne peut pas raisonnablement comparer les Religieux aux esclaves des Romains. I°. parce que l'obéissance des Religieux n'est pas servile, mais filiale, les Supérieurs sont les peres, & non pas les maîtres, & par conséquent ils n'ont droit de les gouverner que selon la raison & avec charité.

II°. Parce que la renonciation à toutes les choses temporelles les éleve à un état de perfection au-dessus du commun des hommes, bien loin de leur imprimer aucune marque de servitude.

III°. Les dispositions de derniere volonté qui leur sont faites ne tournent point au profit de leur Monastere comme l'a remarqué M. Dolive liv. I. chapitre 4. mais quand elles sont modiques, ils en peuvent jouir avec la permission de leurs Supérieurs ; autrement elles sont nulles, comme nous l'avons dit : au lieu que chez les Romains les dispositions de derniere volonté faites à des esclaves, tournoient au profit de leurs maîtres.

Voyez ce qui est dit des Religieux dans le Recueil alphabétique de M. Bretonnier, & ce que j'ai dit ici, *verbo* Profession.

RELIGIEUX FAIT EVEQUE NE PEUT SUCCEDER A SA FAMILLE quoique sa famille ne laisse pas de lui succéder. *Habet succedendi facultatem passivam, non verò activam.*

Ainsi nous ne suivons pas la disposition du Canon *Statutum* 18. *qu.* I *cujus hæc sunt verba. Statum est, Monachus quem canonica electio à jugo regulæ & monasticæ professionis absolvit & sacra ordinatio de Monacho Episcopum facit, velut legitimus hæres paternam sibi hæreditatem vindicandi potestatem habeat.*

Le caractere de la Dignité épiscopale affranchit donc un Religieux de l'obligation de ses vœux ; ensorte que c'est une espece d'émancipation qui retire celui qui en est honoré de la puissance de son Supérieur, à qui il étoit soumis, d'autant qu'il est devenu personne publique & Prince de l'Eglise. Mais cette émancipation ne le releve que du vœu d'obéissance, & ne regarde pas la rénonciation qu'il a faite à la succession de ses parens, laquelle demeure en son entier, nonobstant sa Dignité épiscopale.

Et c'est un cas auquel la rélation cesse en fait de succession ; car le Religieux promû à l'Episcopat ne succede point, & néanmoins ses parens lui succedent ; ce qui est contre la maxime de Droit, qui veut que pour succeder à une personne, il faut qu'elle soit capable de nous succéder, c'est-à-dire qu'il faut que ces deux personnes puissent se succéder mutuellement l'une à l'autre. *Voyez* M. le Brun en son Traité des Successions liv. I. chap. 2. sect. 2. & ce que j'ai dit sur l'art. 336. de la Coutume de Paris.

RELIQUA DE COMPTE, est le reste ou debet dont le rendant compte se trouve débiteur par la clôture & l'arrété de son compte, toutes déductions faites. Ainsi par reliqua l'on entend ce que le comptable doit par l'Arrêté & clôture de son compte, quand la mise doit à la recette, pour avoir été moins mis & dépense que reçu.

Ceux qui ont administré les biens d'autrui, sont toujours réputés comptables, quoique leur compte soit clos, jusqu'à ce qu'ils ayent payé le *reliqua*, s'il en est dû, & rendu les pieces justificatives.

RELIQUATAIRE, est celui qui en est débiteur d'un *reliqua* de compte.

On appelle aussi quelquefois reliquataires, ceux qui n'ont payé qu'une partie d'une somme dûe à un créancier, & qui sont reliquataires du reste.

RELOCATION, qui fait aujourd'hui partie des contrats pignoratifs, est un contrat par lequel un débiteur qui a vendu à son créancier un héritage pour l'argent qu'il lui doit, avec faculté de rachat perpétuel s'en rend le fermier pour une somme à laquelle peuvent monter les intérêts de ce qu'il doit à ce créancier.

Cette relocation n'est pas injuste, puisqu'elle est toujours en faveur des débireurs; mais on ne peut pas dire la même chose du contrat pignoratif, dont elle est une suite, parce que dans ce contrat il y a, par la convention des Parties, de l'accroissement à la somme prêtée, & que tout ce qui accroît par la convention des Parties à la somme prêtée, est une usure.

En effet, n'est ce pas la même chose de payer en argent l'usure au créancier, ou de lui ceder la jouissance d'une terre ou d'un autre immeuble, pour en prendre les fruits, soit que ces fruits égalent ou n'égalent pas l'intérêt fixé par les Ordonnances & le débiteur qui tient à bail son propre fonds donné à titre de contrat pignoratif à son créancier, ou qui le reloue de lui ne paye-t-il pas en argent cette même mesure.

REMBOURSEMENT, est le payement d'une dette, de quelque nature qu'elle soit ; mais ce terme se prend souvent pour le payement du sort principal d'une rente.

Le mari peut recevoir le remboursement d'une rente constituée au profit de sa femme, parce que ce n'est pas une aliénation volontaire, mais une aliénation forcée. Ainsi jugé par Arrêt du 17. Mars 1691. rapporté dans le Journal des Audiences.

Cela aussi pour la même raison que le débiteur d'une rente dûe à des mineurs, est valablement déchargé par le remboursement qu'il en a fait à leur tuteur, quoiqu'il n'y ait point eu d'avis de parens.

Ainsi par Arrêt rendu en la Troisiéme Chambre des Enquêtes le 31. Mars 1708. il a été jugé que les mineurs devenus majeurs ne pouvoient inquiéter le débiteur qui s'étoit libéré, sous prétexte de l'insolvabilité du tuteur ; parce qu'un débiteur est toujours en droit de se libérer, & qu'un tuteur est valablement autorisé par l'acte de tutelle pour toucher sans avis de parens, le remboursement des sorts principaux des rentes dûes à ses mineurs.

Cependant je conseillerois toujours à un débiteur de ne point faire de pareils remboursemens à un tuteur sans avis de parens, & même avec stipulation d'emploi.

Mais toutes ces précautions ne sont point nécessaires quand il s'agit d'un payement fait en vertu d'un Jugement qui condamne le débiteur d'un mineur à lui payer ce qu'il doit ; il suffit qu'un tel payement se fasse à son tuteur.

REMERÉ. La faculté de reméré ou rachat, est une clause apposée à un contrat de vente, par laquelle le vendeur se réserve le droit de rentrer dans l'héritage vendu, en remboursant à l'acheteur le prix qu'il en a reçu.

Au moyen de cette clause, l'acquereur n'est point proprietaire incommutable, & la vente de l'héritage qui lui est faite sous une telle stipulation, n'est que conditionnelle; ainsi la vente est entierement résolue, & comme non faite, si le vendeur rentre dans la chose vendue en payant le prix; c'est pourquoi il la reprend exempte

exempte des charges que l'acheteur auroit pû y mettre.

La faculté de racheter, non déterminée par aucun tems, se prescrit de même que toute action personnelle par trente ans.

Il faut dire la même chose de la faculté de reméré stipulée à *toujours*; parce que toute convention opposée à un contrat, ne produit autre chose qu'une obligation & une action personnelle, laquelle de sa nature se prescrivant par trente ans, la convention devient inutile, faute d'en pouvoir demander l'exécution.

Mais si le tems de grace apposé au contrat, est au dessous de trente ans, la proprieté ne peut être acquise incommutablement à l'acquéreur que par trente ans, à moins qu'il n'y ait un Jugement qui, après le tems de grace expiré, l'ordonne ainsi.

Par Arrêt rendu en la Grande Chambre du Parlement de Paris le 12 Avril 1694, il a été jugé que le remeré stipulé par un contrat, peut être exercé de plein droit pendant qu'il dure, sans que le vendeur soit obligé de former aucune action.

L'acquéreur, pour s'assurer la proprieté incommutable, & prévenir les contestations qui pourroient lui être faites à l'occasion de la faculté de remerer, doit immédiatement après le tems du remeré, expiré, faire assigner le vendeur pardevant son Juge, pour le faire déchoir de cette faculté, faute d'y avoir satisfait dans le tems porté par le contrat: ce que l'on appelle purger le remeré; & le Jugement qui déclare le vendeur déchu du remeré, s'appelle un Jugement de *purification*.

Cependant il a été jugé par Arrêt rendu en la Grande Chambre le 13 Mai 1715, que le remeré accordé pour trois ans dans un contrat de mariage, étoit éteint de plein droit, faute d'avoir été exercé dans les trois ans.

Le vendeur exerçant la faculté de rachat d'un héritage, l'acheteur doit lui restituer les fruits depuis le jour de la demande accompagnée d'offres faites dans les formes.

On tenoit anciennement que les droits étoient dus aux Seigneurs, pour vente d'héritages faite à faculté de remeré. Mais la Jurisprudence d'aujourd'hui est, qu'il ne sont point dus pour raison d'une telle vente, lorsque le remeré est exercé dans le tems porté par le contrat.

Voyez Louet & Brodeau, lettre U, chapitre 12; le Recueil alphabétique de M. Bretonnier; & ce que j'ai dit, *verbo* Retrait conventionnel.

REMETTRE, signifie, I°. relâcher de ses droits & de ses prétentions.

II°. Restituer quelqu'un en son premier état. Une Requête civile tend à faire remettre les Parties en tel & semblable état qu'elles étoient avant le Jugement qui a décidé leur contestation. Les mineurs obtiennent des Lettres de restitution, afin qu'on les remette en l'état où ils étoient auparavant la lézion dont ils se plaignent.

III°. Remettre, signifient s'en rapportera au jugement de quelqu'un, & en passant par son avis, pour ne point avoir de procès.

REMISE D'UNE CAUSE, est lorsque le Juge renvoie la cause appellée à un autre jour, soit fixe, ou au premier jour, sans le déterminer. La remise d'une cause est différente de la continuation. Quand la cause est remise, elle n'est pas censée commencée; mais quand elle est continuée, quoiqu'elle n'eût fait simplement que poser les qualités, elle est censée commencée à plaider, & cette continuation fait une journée de la cause: ce qui est de conséquence en certains cas, comme en matiere de retrait lignager, où il faut des offres réelles lorsque la cause est continuée; au lieu qu'il n'en faut pas lorsqu'elle est simplement remise.

REMISE EN FAIT DE DETTE, tient lieu de payement; c'est-à-dire, que tout créancier âgé & usant de ses droits, peut liberer son débiteur de quelque dette que ce soit.

REMISES EN FAIT D'ADJUDICATION PAR DECRET, sont les délais de quinze jours, qui s'accordent au poursuivant criées depuis l'adjudication sauf quinzaine, pour parvenir à une adjudication pure & simple de fonds d'héritages, rentes, censives & droits immobiliers.

L'Ordonnance de Moulins en l'article 49. porte, que l'adjudication ne doit pas passer la quarantaine, la quinzaine, ou la huitaine après le congé d'adjuger

Cependant il y a des Jurisdictions où les remises sont tellement passées en usage, que faute d'en avoir observé le nombre ordinaire, cela emporte la nullité du décret.

La raison pour laquelle s'accordent ces délais en fait d'adjudication par décret, est fondée sur le danger qu'il y auroit de vendre avec trop de précipitation des biens mis en décret, afin qu'ils ne soient pas vendus à trop vil prix, faute d'encherisseurs qui en connoissent la valeur. Outre cela, il arrive souvent que dans le tems que l'adjudication pure & simple est sur le point d'être faite, elle différée par des incidens ou appellations qu'il convient faire vuider auparavant.

Les remises contiennent ce qui a été mis dans l'enchère de quarantaine, & ce qui est arrivé depuis; & par icelles la Cour remet l'adjudication à quinzaine, & en fixe & dénote le *jour*.

Elles se publient, s'affichent & se signifient comme l'adjudication sauf quinzaine. Il en faut nécessairement trois pour parvenir à l'adjudication pure & simple par décret.

La premiere se prend à l'échéance de l'adjudication sauf quinzaine, les autres ensuite se continuent de quinzaine en quinzaine, jusqu'à l'adjudication par décret pure & simple.

Elles se dressent par le Procureur du poursuivant criées, qui les fait recevoir par le Commis de l'Audience du Parquet, & les fait ensuite signifier au Procureur du saisi, & aux Procureurs de tous les opposans.

Si la quinzaine d'une des remises tombe au tems de Paques, on remet au lendemain de *Quasimodo* ; si elle tombe dans le tems des Vacances, on remet au premier jour plaidoyable d'après la Saint Martin.

Si on déclare le décès du saisi, ou qu'il arrive quelqu'autre chose qui empêche d'adjuger, on fait remettre l'adjudication à longs jours, c'est-à-dire à deux ou trois mois ; & on ordonne cependant que le poursuivant fera ses diligences.

Si le saisi a fait remettre l'adjudication, sous pretexte que les enchères ne sont pas montées à la juste valeur du bien saisi réellement, on lui accorde une derniere remise, dans laquelle on ajoute que c'est sans espérance d'aucune autre.

Enfin, le jour de l'adjudication marqué par la derniere remise étant arrivé, on procede à l'adjudication par décret pure & simple, & jusqu'à ce que le Juge ait prononcé *adjugé*, l'on reçoit des enchères, mais après on n'en reçoit plus ; & en cas d'une trop grande inégalité de pris, on peut revenir contre l'adjudication par la voie d'appel.

Cependant quand l'adjudication est faite avant la quinzaine, ou la quinzaine non expirée, parce qu'elle doit être franche, & que le jour de l'adjudication n'y est pas compris, on est toujours reçu à enchérir, pourvu que le décret ne soit point encore délivré ni scellé, de même que si le Juge s'étoit apperçu qu'il y eût eu de la surprise dans l'adjudication ; car alors il peut ordonner une nouvelle enchère, quoiqu'il ait levé le Siége, & prononcé.

Il nous reste à remarquer ici, I°. que lorsque le jour de l'échéance de trois quinzaines est venu, auquel on pourroit faire une adjudication définitive, si faute d'enchérisseurs ou autrement, le Juge estime qu'il soit nécessaire de faire une ou plusieurs remises, les remises se fixent toujours de quinzaine en quinzaine, pour les ventes & adjudication par décret.

II°. Que ces délais ne courent que du jour de la signification faite desdites remises; ce qui est non-seulement d'usage, mais absolument nécessaire; parce que les adjudications se fixant toujours à la quinzaine, il seroit presqu'impossible de faire signifier la remise en tems convenable : par ce moyen les délais s'allongeroient, & les frais augmenteroient. Ceci est tiré d'un Acte de notorieté du Châtelet, donné le 11. Février 1690.

REMISE EN FAIT DE BAUX JUDICIAIRES, est à peu près la même chose que les remises pour adjudications de biens : il y a cependant quelques différences.

I°. Les remises pour adjudication de biens se font à la requête & diligence du poursuivant criées ; au lieu que les autres se font à la requête & diligence des Commissaires aux Saisies réelles. Par l'Edit de leur création du mois de Février 1626, il est enjoint aux Huissiers de mettre dans les trois jours entre les mains du Commissaire aux Saisies réelles, leur exploit des saisies réelles, pour être par lui enregistré ; & l'exploit de saisie réelle doit contenir élection de domicile, tant pour le saisissant que pour le saisi, en la Ville des établissements du Commissaire aux Saisies réelles, dans le département duquel la Saisie réelle doit être poursuivie ; & en dénonçant la Saisie réelle à la Partie saisie, l'Huissier doit lui notifier l'élection de domicile qu'il a faite pour lui, avec sommation d'en élire un autre, si bon lui semble ; ce qu'il peut faire en le faisant signifier au Commissaire aux Saisies réelles, suivant l'Arrêt de Réglement du Parlement du 12 Août 1664, quinzaine après l'enregistrement de la saisie réelle au Bureau du Commissaire, pour les maisons saisies à Paris, & six semaines pour les maisons, terres & héritages situés hors de Paris : il doit faire apposer affiches sur les lieux de la situation des biens, les tenans en substance, que tel jour il sera procedé pardevant tel Juge au bail & loyer des choses saisies, qui seront spécifiées par le menu, au plus offrant & dernier enchérisseur, aux charges qui seront déclarées par l'enchère qui sera ledit jour mise au Greffe, lue & publiée en Jugement.

II°. Les remises pour les adjudications de biens se font de mois en mois, & au plutôt de quinzaine en quinzaine ; au lieu que celles pour les baux judiciaires se font de trois jours en trois jours, & au plus tard de huitaine en huitaine.

III°. Aux adjudications par décret, on peut, suivant l'exigence des cas, faire plus de trois remises, du moins il n'y a point de Réglement qui défende d'exceder ce nombre ; au lieu qu'aux adjudications des baux judiciaires elles sont nommément fixées à trois.

L'Arrêt de 1664, art. 2, porte expressément, que que le Commissaire aux Saisies réelles fera signifier trois remises seulement ; sauf aux Parties saisies & saisissantes ou opposantes, de provoquer ledit Commissaire à faire de nouvelles diligences pour parvenir aux baux, par acte que le saisissans ou créanciers opposans lui feront signifier ; après laquelle sommation, sera le Commissaire aux Saisies réelles tenu de renouveller sa procédure, pour parvenir au bail jusqu'à trois autres remises inclusivément.

Et cela conforme à l'article 5. d'un Réglement fait par Messieurs des Requêtes du Palais du premier Juin 1647, par lequel défenses sont faites aux Commissaires aux Saisies réelles de faire plus grande procédure pour parvenir à un bail judiciaire, qu'une ordonnance & deux défauts ; & tout ce qui sera fait au par-dessus, sera rejetté sans qu'il puisse le répéter.

REMISSION. Lettres de rémission s'accordent par le Roi pour crimes qui requierent punition de mort, mais qui sont rémissibles ; comme quand on a tué un homme à son corps défendant, ou par malheur & sans dessein.

Ces Lettres sont différentes de celles d'abolition, que le Roi accorde en tous crimes capitaux, quoique dans les régles ordinaires ils ne sont point rémissibles, mais Sa Majesté déclare qu'étant bien informée du fait, elle veut & entend que le crime soit entierement aboli & éteint, de quelque maniere que le cas soit arrivé, sans que l'impétrant en puisse être à l'avenir aucunement poursuivi.

Ces Lettres sont Lettres de grace, procedant de la pleine & souveraine autorité du Roi.

La Déclaration du 22. Novembre 1683. défend aux Chanceliers près les Cours, de sceller aucune rémission, si ce n'est pour homicides involontaires, ou pour légitime défense de la vie, ou quand l'impétrant aura couru risque de la perdre; & aux Cours & Juges de les entériner en autres cas, quand même l'exposé se trouveroit conforme aux charges.

Mais quant aux rémissions scélées au grand Sceau, ordonne aux Cours & Juges de les entériner, quand l'exposé se trouvera conformes aux charges & informations, ou que les circonstances ne seront pas tellement différentes, qu'elles changent la qualité de l'action; & ce suivant l'art. 1. du tit. 16. de l'Ordonnance de 1670, & quoique le terme d'abolition ne soit pas employé dans les Lettres.

Le Roi n'accorde point des Lettres d'abolition & de rémission: I°. Pour duels. L'article 30. de l'Edit pour les duels de l'année 1679. porte, que nul ne pourra poursuivre au Sceau l'expedition d'aucune grace, ès cas où il y aura soupçon de duel ou de rencontre préméditée, qu'il ne soit actuellement prisonnier à la suite du Roi, ou dans la principale prison du Parlement, dans le ressort duquel le combat aura été fait; & après qu'il aura été vérifié qu'il n'a contrevenu en aucune façon à l'Edit, & avoir pris sur ce l'avis de Messieurs les Maréchaux de France, Sa Majesté se réserve d'accorder des Lettres de rémission en connoissance de cause.

II°. Pour les assassinats prémédités. Dans ces deux cas, le Roi défend de donner des Lettres d'abolition ou de rémission, tant aux principaux auteurs, qu'à ceux qui les ont assistés, pour quelque occasion ou prétexte qu'ils ayent été commis, soit pour venger leur querelle, ou autrement.

III°. Pour ceux qui à prix d'argent ou autrement, se louent ou se gagent pour tuer, outrager, exceder ou recouvrer des mains de Justice les prisonniers pour crimes, ni à ceux qui les ont loués ou induits pour ce faire, encore qu'il n'y ait qu'une seule machination ou attentat, & que l'effet n'en soit point ensuivi.

IV°. Pour crime de rapt commis par violence.

V°. Pour ceux qui ont outragé ou excedé des Magistrats ou Officiers, Huissiers & Sergens, exerçans ou exécutans quelque acte de Justice.

Le Roi ordonne que, si pour les cas susdits, des Lettres d'abolition ou de rémission avoient été accordés, les Cours lui en puissent faire leurs remontrances, & les autres Juges représenter à M. le Chancelier ce qu'ils jugeroient à propos.

Les Lettres d'abolition, de rémission, ou de pardon, obtenues par des Gentils-hommes, ne peuvent être adressées qu'aux Cours souveraines, lesquelles néanmoins peuvent renvoyer sur les lieux l'instruction du procès, si la Partie civile le requiert, & qu'elles le jugent à propos.

Mais celles qui sont obtenues par d'autres, doivent être adressées aux Baillifs & Sénéchaux royaux des lieux où il y a Présidial; & dans les Provinces où il n'y a point de Présidial, l'adresse en doit être faite aux Juges ressortissans nuement aux Cours souveraines.

Néanmoins les Lettres obtenues par des Gentilshommes, peuvent être adressées aux Présidiaux, si leur compétence y a été jugée.

Ces Lettres doivent être présentées dans trois mois du jour de l'impétration, après lesquels les impétrans sont obligés d'en obtenir d'autres; & pour présenter des Lettres de rémission, il faut être actuellement en prison. *Voyez* le tit. 16. de l'Ordonnance de 1670. *Voyez* aussi ce qui est dit ici sur le mot d'abolition.

REMONTRANCE, est une humble supplication que les Cours souveraines font au Roi, pour le prier de faire reflexion sur les inconvéniens ou les conséquences de quelqu'un de ses Ordres ou de ses Edits.

Par l'Ordonnance de Louis XIII. art. 1. les Remontrances étoient permises touchant l'observation des Ordonnances. L'article 5. du tit. 1. de l'Ordonnance de 1667. porte, que les Cours à qui Sa Majesté aura envoyé des Ordonnances, Edits & Déclarations, & Lettres patentes, seront tenues de lui représenter ce qu'elles jugeront à propos, dans la huitaine après la délibération, pour les Compagnies qui se trouveront dans les lieux de son séjour, & dans six semaines pour les autres qui en seront éloignées; après lequel tems elles seront tenues pour publiées, &c.

La Déclaration du 24. Février 1673. regle la forme qui doit être observée dans les Compagnies, pour l'enregistrement des Edits & Lettres patentes du Roi, émanés de sa propre autorité & seul mouvement; excepté les Lettres patentes expédiées sous le nom & au profit des Particuliers, à l'égard desquelles les oppositions pourront être reçues.

Mais par la Déclaration du 15. Septembre 1715. le Parlement de Paris a été rétabli dans l'ancienne liberté de faire ses remontrances, avant que d'être obligé de procéder à l'enregistrement des Ordonnances, Edits & Déclarations qui lui seront adressés. La Chambre des Comptes & la Cour des Aydes de Paris ont aussi obtenu semblables Déclarations en leur faveur en date du même jour.

L'exécution d'une Ordonnance n'est pas sursise, sous prétexte des représentations qu'il est permis aux Cours de faire pour son interprétation, de la déclaration ou modération. *voyez* l'Ordonnance de Moulins, article 1. & celle de 1667. article 3. tit. premier.

Voici le contenu ès Lettres patentes données à Paris le 26. Août 1718. au sujet des Remontrances.

I°. Que le Parlement de Paris peut continuer de „ nous faire des Remontrances sur nos Ordonnances, „ Edits, Déclarations & Lettres patentes qui lui sont „ adressés, pourvû que ce soit dans la huitaine, ainsi

„ qu'il est porté par la Déclaration du mois de Septembre 1715, & dans la forme prescrite par l'article 3. du titre 1. de l'Ordonnance de 1667; lui défendons de faire aucunes remontrances, délibérations, représentations sur nos Ordonnances, Edits, Déclarations & Lettres patentes qui ne lui auront pas été adressées.

„ II'. Que faute par ledit Parlement de Paris de faire ses remontrances dans huitaine du jour que lesdits Esdits : Déclarations & Lettres patentes lui auront été présentés, ils soient réputés & tenus pour enregistrés; & en conséquence, qu'il sera envoyé une expédition en forme aux Bailliages & Sénechaussées du ressort du Parlement de Paris, pour être exécutés selon leur forme & teneur, & le contenu en iceux être observé sous telles peines qu'il appartiendra; & en cas de contravention, tant par lesdits Baillifs & Sénéchaux, dans leurs Arrêts, Sentences & Jugemens, qu'ils seront par nous cassés & annullés, suivant la forme prescrite par l'Ordonnance.

„ III'. Que lorsque le Parlement aura déliberé de faire des remontrances dans la forme & dans le tems ci-dessus marqué, les Cens du Roi se retireront vers nous pour nous en informer, & nous leur ferons sçavoir si nous desirons de les recevoir de vive voix ou par écrit.

„ IV'. Au premier cas, nous indiquerons au Parlement le jour auquel nous trouverons bon d'écouter ses remontrances; & au second cas, faute par le Parlement de remettre ses remontrances par écrit à l'un de nos Secretaires d'Etat & de nos commandemens, huit jours après que nous leur en aurons donné l'ordre, les Edit, Déclarations & Lettres patentes seront censés enregistrés; ainsi qui est porté par l'article 2. des Présentes.

„ V'. Après que nous aurons écouté ou reçu les remontrances, s'il nous plaît d'ordonner que les Edits, Déclarations & Lettres patentes seront enregistrés, le Parlement sera tenu d'y satisfaire sans délai, sinon l'enregistrement sera censé en avoit été fait, & il en sera envoyé des expéditions, suivant qu'il est expliqué au second article ci-dessus; sauf au Parlement, après l'enregistrement, de faire de nouvelles remontrances, ausquelles nous aurons tel égard qu'il appartiendra.

„ VI'. Défendons très-expressement audit Parlement d'interprêter les Edits, & Déclaration & Lettres patentes qui auront été dressés de notre ordre, & en cas que quelques articles lui paroissent sujets à interprétation, le Parlement de Paris pourra, conformément à l'article 3. du titre 1. de l'Ordonnance de 1667, nous répresenter ce qu'il estimera convenable à l'utilité publique, sans que l'exécution en puisse être sursise, ni qu'aucun de nos Edits, Ordonnances, Déclarations, Lettres patentes ou Reglemens, puissent être interprétés ou modifiés par ledit Parlement de Paris, sous aucun prétexte.

„ VII'. N'entendons que le Parlement de Paris puisse inviter les autres Cours à une association, union, confédération, consulation ni assemblée, par députés ou autrement, pour quelque cause ou occasion que ce soit, sans notre expresse permission par écrit, à peine de désobéissance, & sous telle autre peine qu'il appartiendra, suivant l'exigence des cas.

„ VIII'. Lui défendons pareillement de faire aucune assemblée ou délibération, touchant l'administration de nos Finances, ni de prendre connoissance d'aucuns affaires qui concernent le gouvernement de l'Etat, si nous n'avons agréable de lui en demander son avis par un ordre exprès.

„ IX'. Déclarons nuls & de nul effet tout procès verbaux, Arrêts, délibérations arrêtés ou autres actes que ledit Parlement de Paris pourroit avoir faits par le passé, ou pourroit faire à l'avenir au sujet des Edits, Déclarations & Lettres patentes qui ne lui ont pas été adressés, soit par rapport aux affaires du gouvernement de l'Etat, sur lesquelles nous ne lui aurons pas demandé son avis.

„ X'. Ce faisant, avons d'abondant cassé & annullé l'Arrêt du Parlement de Paris du 20 Juin dernier, dont nous avons ordonné la cassation par celui rendu en notre Conseil le même jour.

„ Comme aussi avons cassé & annullé, cassons & annullons tous Arrêts, Actes de publication d'affiches, de notification & autres, qui pourroient avoir eté faits contre l'Edit du mois de Mai dernier, enregistré en la Cour des Monoyes, ou l'adresse en avoit été faite, soit au préjudice dudit Arrêt du Conseil; & de celui du lendemain, ou des Lettres patentes expédiées sur icelui, adressées au Parlement qui ne les a pas encore enregistrées.

„ Avons pareillement cassé & annulé l'Arrêt du Parlement de Paris du 12. de ce mois, comme attentoire à l'autorité Royale, & tous les délibérations ou procédures qui ont précedé & suivi l'Arrêt, ou qui pourroient être faites à l'avenir sur ce qu'il contient, & sur toutes autres matieres semblables. Défendons au Parlement de traiter de telles affaires, que lorsque nous voudrons de lui l'honneur de l'en consulter.

„ Voulons que lesdits Arrêts, arrêtés, délibérations, procès verbaux, & autres Actes faits en conséquence, soient rayés & biffés dans les Registres du Parlement, & par-tout ailleurs où besoin sera; & qu'en marge d'iceux mention soit faite dudit Arrêt, & de ces Présentes qui seront lûes, publiées & affichées, tant dans notre bonne Ville de Paris que dans les Villes & principaux lieux du ressort; à l'effet de quoi, copies duement collationnées en seront envoyées directement aux Bailliages, Sénéchaussées, & par-tout où besoin sera, pour être enregistrées à la diligence de nos Procureurs, qui seront tenus de nous en certifier dans le mois, à peine d'interdiction.

„ Si vous mandons que ces Présentes vous ayez à faire lire, publier & enregistrer, & le contenu en icelles garder & observer de point en point selon

» leur forme & teneur, sans que, pour quelque cause ou prétexte que ce soit, il y soit contrevenu. » Enjoignons à notre Procureur général de nous avertir des contraventions, si aucunes y étoient faites, » même d'en informer; & à nos Baillifs, Sénéchaux, » Siéges présidiaux, & tous autres nos Juges de votre ressort, que ces Présentes ils ayent à faire pareillement lire, publier & enregistrer, & en certifier dans le mois, à peine d'interdiction: car tel est » notre plaisir, &c.

LE ROI, séant en son Lit de Justice, de l'avis du Duc D'Orléans Régent, a ordonné & ordonne que les presantes Lettres patentes seront enrégistrées au Greffe de son Parlement, & que sur le repli d'icelles il soit mis que la lecture en a été faite, & ledit entregistrement ordonné, ce requérant son Procureur général, pour le conteuu en icelles être exécuté selon sa forme & teneur; & copies collationnées envoïées aux Bailliages & Sénéchaussées du ressort, pour y être pareillement lues, publiées & registrées; Enjoint aux Substituts de son Procureur général de l'en certifier dans le mois. Fait en Parlement, le Roi tenant son Lit de Justice dans le Château des Tuilleries, le vingt-sixieme jour d'Août mille sept cens dix-huit. Signé, GILIBERT.

REMONTRANCE, se prend aussi pour l'excuse qu'un Avocat ou Procureur fait au Barreau, quand une cause est appellée, pour la faire remettre à un autre jour. En ce cas, les Juges font droit sur la remontrance & remettant la cause, s'ils le trouvent à propos sinon ils ordonnent aux Avocats ou aux Procureur de plaider, si les causes sur lesquelles la remontrances est fondée, leur paroissent frivoles.

REMONTRANCES, sont des écritures que les Parties fournissent respectivement au Châtelet de Paris, suivant la Sentence qui les appointe à mettre dans trois jours. Ce terme est plus usité en Province qu'à Paris.

On les dresse comme un avertissement; il n'y a que le premier mot à changer.

REMONTRANCES ET REPRESENTATIONS SUR DES LETTRES D'ABOLITION, sont celles qui se font par les Juges à qui elles sont adressées, pour marquer au Roi ou à M. le Chancelier, que le crime pour lequel elles ont été obtenues n'est pas remissible, sans que la liberté d'en débouter les impétrans leur soit en ce cas laissée.

Ces remontrances se font par les Cours supérieures à Sa Majesté; & à M. le Chancelier, quand elles se font par les autres Juges.

Voyez Bornier sur le titre 18. de l'Ordonnance de 1670., article premier & suivans, & article pénultieme.

REMPLACER, signifie remettre une chose en la place d'une autre. Un mari est tenu de remplacer en d'autres immeubles les deniers provenans des propres de sa femme. Un tuteur est dans la même obligation à l'égard des deniers de ses mineurs.

REMPLIR, se dit de ce qu'on écrit à l'endroit qu'on avoit laissé en blanc. Un Notaire ne doit délivrer aucun acte dont la date & les sommes ne soient remplies.

REMPLOI DES PROPRES ALIENÉS, est le remplacement qui doit être fait des propres appartenans à l'un des conjoints, lorsqu'ils ont été aliénés pendant le mariage, à l'effet que le d'empêcher que le prix d'iceux entre dans la communauté.

On ne distingue plus à présent entre les aliénations volontaire & les aliénations forcées. C'est aujourd'hui une maxime certaine, que le remploi des propres aliénés pendant le mariage est toujours dû, tant à l'un qu'à l'autre des conjoints.

Ainsi, quand il a été vendu des propres à l'un des conjoints, celui à qui ils appartenoient, ou son héritier, en reprend le prix sur la communauté & hors part, quoiqu'il n'y ait eu dans le contrat de mariage aucune convention là-dessus. Cette disposition de l'article 232. de la Coutume de Paris a paru si juste, que presque toutes celles qui ont été réformées après la Coutume de Paris, en ont adopté la décision, & que l'autorité des Arrêts l'a étendue aux Coutumes qui n'en ont point parlé.

Si les biens de la communauté ne sont pas suffisans pour fournir le prix des propres de la femme qui ont été aliénés, le prix se prend sur les propres du mari.

Il n'en est pas de même quand il s'agit des propres du mari; il n'en peut jamais reprendre le prix sur les biens de sa femme; parce qu'il doit s'imputer lui même, si étant maître de la communauté, il ne l'a pas rendu opulente.

Quand les deniers stipulés propres à la femme par son contrat de mariage, sont employés par son mari en acquisition d'héritages ou autres immeubles, le mari déclare par le contrat d'acquisition, que c'est pour satisfaire à la clause du remploi stipulé ou porté par son contrat de mariage.

Mais c'est improprement qu'on dit remploi, car c'est un emploi de deniers; & le remploi suppose que les deniers sont provenus de l'aliénation d'un héritage appartenant à la femme, faite pendant la communauté, par le moyen du consentement de la femme; auquel cas, le mari faisant depuis des acquisitions d'héritages ou d'autres immeubles, & déclarant par les contrats d'acquisiton que c'est pour servir de remploi des biens ou héritages propres de sa femme qu'il a aliénés, les héritages acquis appartiennent à la femme, le remploi des propres aliénés étant fait & exécuté par ceux qui ont été acquis.

Voyez M. le Brun, Traité de la Communauté, liv. 3, chap. 2, sect. 1, dist. 2; & ce que j'ai dit sur l'article 232. de la Coutume de Paris.

RENCHERIR, signifie faire une enchere au dessus d'un autre.

RENFORT DE CAUTION, est celui qui se rend caution du principal débiteur conjointement, & s'oblige solidairement avec la premiere caution à payer ce qu'il doit, au cas que sa caution ne soit pas solvable.

Il y a donc un grande différence entre un renfort

de caution, & un certificateur de caution. Le renfort de caution répond de la solvabilité du principal débiteur, comme la caution; au lieu que le certificateur de caution ne répond que de la solvabilité de la caution, & n'est tenu envers le créancier qu'après discussion faite, non-seulement du principal débiteur, mais encore après la discussion faite de la caution, à moins qu'il n'y ait quelque clause à ce contraire dans l'acte dans sa réception. *Voyez* Certificateur de caution.

RENONCIATION, se dit de tout acte par lequel on renonce à un droit acquis.

On ne peut valablement renoncer au droit qui n'est pas acquis, puisque pour renoncer à une chose, il faut qu'elle nous appartienne. Ainsi toute renonciation que nous aurions faite d'une chose qui nous seroit échue depuis, ne nous empêcheroit pas d'en jouir, attendu que la renonciation seroit nulle, & que ce qui est nul ne peut produire aucun effet.

Mais on peut renoncer à un droit qui est acquis, pourvu que la renonciation ne déroge qu'au droit particulier de celui qui la fait, & ne contienne point de dérogation au droit public. *Quilibet potest juri suo renuntiare, modò tamen juri publico simul non renuntiet; quia privatorum pactis jus publicum infringi non potest*, comme nous dirons ci-après.

Générale renonciation ne vaut, dit Loysel, liv. 3, tit. 1, art. 9. c'est-à-dire, que celui qui renonce dans un acte à tous privilèges; ne renonce à aucun: il faut que les privilèges ausquels on renonce, soient nommément exprimés; ou qu'après avoir renoncé expressément à quelques privilèges, ou renonce à tous autres généralement quelconques, en déclarant qu'on ne veut point s'en servir.

RENONCIATION AU BÉNÉFICE D'ORDRE, DIVISION ET DISCUSSION. Pour entendre ce que c'est que cette renonciation, il faut sçavoir que les fidéjusseurs, qui en s'obligeant pour le principal débiteur, n'ont point rénoncé au bénéfices de discussion, ne peuvent être contraints de payer, que discussion préalablement faite des biens du principal obligé.

Mais ordinairement on les fait renoncer, tant entr'eux, s'ils sont plusieurs, au bénéfice de division à leur égard, qu'au bénéfice de discussion à l'égard du principal obligé, auquel ils deviennent tous obligés solidairement, chacun pour le tout.

Les fidéjusseurs qui ont renoncé à ces bénéfices, ou à l'un d'eux, ne s'en peuvent servir. *Quilibet potest renuntiare favori specialiter pro se introducto. Leg. penult. cod. de pactis*

Mais il faut que cette renonciation soit expresse; car celle par laquelle un fidéjusseur renonceroit en général à tous les bénéfices qu'il pourroit avoir, ne seroit pas suffisante pour l'exclure de ces bénéfices, parce que la renonciation aux droits qui nous sont acquis est de rigueur; & par conséquent si elle n'est expresse, elle ne se sous entend point; autrement il arriveroit très-souvent qu'on seroit exclus, contre son intention, de quelque bénéfice qui nous seroit accordé par la Loi.

Voyez M. Charles Dumoulin, *Tract. de Usur. quest.* 7, *n.* 133; Maynard, liv. 8. chap. 31; & la Peyrere lettre D.

RENONCIATION AU DROIT PUBLIC, n'est pas valable, suivant la Loi 38, *ff. de pactis*, qui dit: *Jus publicum privatorum pactis mutari non potest* Giphanius sur cette Loi dit: *Ratio est perspicua, quia major est vis legis & juris quàm pacti. Usus hujus regulæ latissimè patet in matrimoniis, in successionibus & conractibus.*

On n'a donc pas la liberté de déroger au Droit public par des conventions particulieres, à moins que la Loi qui enjoint ou qui défend expressément quelque chose, ne permette d'y déroger. Autrement la Loi deviendroit illusoire, si l'on autorisoit de semblables renonciations. *Vide Cujacium, ad dict. Leg.* 38, *ff. de pactis. Voyez* aussi ce que j'ai dit, *verbo* Déroger à la Loi.

On permet néanmoins dans les contrats de mariage, de s'écarter du Droit commun par des conventions particulieres; mais il n'y a que la faveur des contrats de mariage, qui est un grand bien pour le Public, qui a fait admettre dans ces sortes de contrats toutes sortes de conventions, pourvu qu'elles ne soient pas contraires aux bonnes mœurs. Enfin, depuis qu'un tel contrat a eu son entiere exécution par la célébration du mariage, on n'y peut plus donner d'atteinte directement ni indirectement par des traités postérieurs.

RENONCIATION AU SENATUSCONSULTE VELLEÏEN. En Droit, ce Sénatusconsulte exempte les femmes de payer ledettes ausquelles elles se sont obligées comme cautions; mais il leur est permis de renoncer au bénéfice que ce Sénatusconsulte leur accorde. C'est la disposition de la Loi 32, §. 4, *ff. ad Senatusconf. Velleïan.* & de la Loi 21, au code *eodem titulo.*

Cette renonciation se peut faire, soit en Jugement ou hors le Jugement. *Leg. ult.* §. 4, *ff. ad Senatusconf. Velleian. Leg.* 21. *cod eodem.*

Il y a bien de la différence entre le Senatusconsulte Macedonien, & le Senatusconsulte Velleïen: comme le premier a été fait en haine des usuriers qui prêtent de l'argent au fils de famile pour fournir à leurs débauches, il est défendu aux fils de famille d'y renoncer; l'autre au contraire ayant été fait en faveur des femmes, il leur est permis d'y renoncer, suivant la régle qui veut, que, *quilibet renuntiare possit juri pro se introducto.*

Quoique suivant la Loi 32, *ff. ad Senatusconf. Velleïan.* il soit permis à une femme de renoncer au Velleïen, tous les Docteurs qui ont écrit sur cette Loi, & tous les Arrêts qui sont intervenus en cette espéce, ont decidé que pour renoncer valablement au Velleïen, il faut que la femme soit avertie quel est l'effet des ce Senatusconsute, & que les mots de cet avertissement prononcés par le Notaire à la fèmme, soient marqués dans le contrat; autrement la renonciation n'est pas valable. Guy Coquille dans son Commentaire de la Coutume de Nivernois, sur l'article 10. du titre des Droits ppartenans à gens mariés.

RENONCIATIONS AUX CAS FORTUITS, ont valables : cependant les cas fortuits sont ceux ue l'on ne peut prévoir, & que l'on ne peut empêher. Or on n'est jamais tenu à l'impossible. *Impossiilium nulla est obligatio.*

On répond à cela : que celui qui renonce aux cas ortuits ne s'oblige point à l'impossible ; car il ne 'engage point à les empêcher, mais il se charge eulement de prendre sur lui tout le dommage qui ourra en arriver : ce qui lui sera possible, puisqu'il e s'agit plus que d'intérêt pécuniaire.

RENONCIATION A LA COMMUNAUTÉ, est in acte par lequel une femme renonce à la communauté qui étoit entre son mari & elle ; au moyen le quoi elle n'est pas tenue des dettes de la communauté.

Cette renonciation se faisoit dans les premiers tems avec des cérémonies qui tenoient de la simplicité des siécles passés, & qui depuis ont été jugées inutiles. La veuve jettoit sa ceinture, sa bourse & ses clefs sur la fosse du défunt ; par ces marques extérieures d'un abandonnement apparent, elle payoit de ses larmes les dettes de son mari,

Aujourd'hui cette renonciation se fait au Greffe, ou par acte passé pardevant Notaires ; mais il faut, pour que la renonciation soit valable, que les choses soient entieres, & que la veuve ait fait faire inventaire, ainsi que l'ordonne l'article 237. de la Coutume de Paris.

La clôture d'inventaire dans trois mois, qui est requise par l'article 241. de la même Coutume, à l'égard des enfans mineurs, à l'effet d'empêcher la continuation de communauté, n'est point requise pour la validité de la renonciation à l'égard des créanciers, puisque la Coutume n'en parle point à cet égard. Ainsi dans les Coutumes qui n'en parlent point, la clôture de l'inventaire n'est point requise pour faire valider cette renonciation.

La Coutume de Paris ne prescrit point de tems dans ledit article 237. pour faire l'inventaire à l'effet de la renonciation à l'égard des créanciers ; desorte qu'il suffit que la veuve le fasse, quand elle est poursuivie par les créanciers, sauf l'action de recelé. Mais il y a d'autres Coutumes plus sages qui ont prescrit aux veuves un certains tems pour faire inventaire ; ce que la Coutume de Paris ne devoit pas omettre.

Cette nécessité de faire inventaire pour la validité de la renonciation à la Communauté, n'a point lieu en cas de séparation de biens, mais seulement dans la dissolution de communauté qui arrive par la mort du mari ; parce qu'au dernier cas la veuve demeure saisie de tout, & qu'au premier cas tout est au mari.

La femme ou ses héritiers peuvent renoncer à la Communauté, à la différence du mari qui n'y peut pas renoncer, parce qu'étant maître de la Communauté, il se doit imputer si elle est désavantageuse.

La faculté qu'à la femme de renoncer à la communauté, étant un droit établi sur la Coutume, elle est transmissible à ses héritiers. Mais la faculté de reprendre franchement de toutes dettes tout ce qu'elle y aura apporté, étant un droit fondé sur la clause de stipulation qui est apposée au contrat de mariage, cette faculté est bornée & restreinte à la personne de la femme, quand elle lui est spécialement accordée, & qu'il n'est point fait mention de ses heritiers ; parce que les stipulations particulieres & personnelles, qui sont en quelque maniere contraires au droit commun, sont bornées aux personnes, au nom & en faveur desquelles elles sont faites.

Les enfans qui renoncent à la communauté, ne peuvent donc reprendre ce que leur mere y a apporté, que quand il y a une clause expresse dans le contrat de mariage, qui leur accorde cette faculté ; & à plus forte raison des héritiers en ligne collatérale n'ont la faculté de reprise, que quand elle leur est spécialement accordée par le contrat de mariage.

Pour que la renociation de la veuve à la communauté soit valable, il faut qu'elle soit faite, *la chose étant entiere*, ainsi qu'il est dit en l'article 237. de la Coutume de Paris ; c'est-à-dire que la veuve n'ait pas accepté la communauté, ni fait acte de commune, en disposant des biens qui l'a composent, ou en les recelant.

Voyez ce que j'ai dit sur cet article de la Coutume de Paris. Nous remarquerons seulement ici que la renonciation faite à la communauté par une veuve, qui en avoit auparavant soustrait & recelé quelques effets, seroit tenue des dettes de la communauté pour moitié, comme si elle n'avoit point renoncé à la communauté : *Quia fraus sua nemini patrocinari debet, Leg. 1. ff. de dolo malo* ; & parce qu'au moyen de ce recelé, elle auroit fait acte de commune. Mais les effets qu'une veuve auroit recelés après sa renonciation à la communauté, ne t'obligeroit qu'a les representer, & à en tenir compte à la succession de son mari *Leg. 71. §. 7. & ult. ff. de acquir. vel omit. hæred.*

L'effet de la renonciation valablement faite par une veuve à la communauté, est qu'elle n'est point tenue des dettes de la communauté.

elle reprend donc ses propres & acquêts qu'elle avoit avant son mariage, avec ses habits, ce faisant, elle est déchargée de toutes dettes esquelles elle ne s'est point obligée. Al'égard de celles dans lesquels elle auroit parlé, elle peut être poursuivie par les créanciers envers lesquels elle s'est obligée, & ils sont en droit de la faire payer ; mais elle à son recours sur les biens de son mari.

Il y a même des dettes si privilégiées, que la renonciation à la communauté n'en libere point la veuve, quand le mari est mort insolvable. Ainsi, par Arrêt du 19. Avril 1580. il a été jugé que la veuve qui avoit renonçé à la communauté, étoit tenue des dettes contractées par son mari pour alimens pendant le mariage, ausquelles du moins les fruits de ses deniers dotaux sont affectés, parce que ces dettes sont nécessaires, & que la femme y a participé.

Par la même raison, une veuve peut, nonobstant sa renonciation à la communauté, être poursuivie par les Médecins, Chirurgiens & Apoticaires, pour visites, pansemens & médicamens fournis pendant la communauté, lesquels peuvent se prendre sur les fruits des biens de la femme, quand le mari est mort insolvable.

Touchant l'effet que produit la renonciation de la la veuve à la communauté, *voyez* ce que j'ai dit sur l'article 237. de la Coutume de Paris.

Autrefois la veuve qui renonçoit à la communauté perdoit le don mutuel dont elle auroit pu jouir; mais cette Jurisprudence est aujourd'hui changée, & la même qui renonce à la communauté, ne le perd plus. *Voyez* ce que j'ai dit sur l'article 280. de la Coutume de Paris, glose 3. nomb. 29.

RENONCIATION A UNE SUCCESSION ECHUE, est un acte par lequel un héritier renonce à une succession qui lui est échue.

Tout héritier peut renoncer à une succession directe ou collatérale ouverte à son profit, pourvû que les choses soient entieres, c'est-à-dire qu'il ne se soit point immiscé dans les biens de la succession, & n'ait fait aucun acte d'héritier. *Voyez* l'article 317. de la Coutume de Paris, & ce que j'ai dit ci-dessus *Voyez* aussi ce que j'ai dit ci-dessus, *verbo* Acte d'héritier.

Cependant un débiteur ne peut point, en fraude de ses créanciers, renoncer aux successions qui lui sont échues, tant en directe qu'en collatérale. Ainsi quoique suivant les regles, nul ne se porte héritier qui ne veut, néanmoins un débiteur n'a pas liberté de renoncer à une succession qui lui seroit échue; autrement il arriveroit qu'il dépendroit de lui de frauder ses créanciers, & de tirer en même tems quelque avantage de sa fraude, en prenant sous main une récompense de ses cohéritiers pour faire sa renonciation.

Les créanciers d'un débiteur qui veut renoncer à une succession, peuvent donc le contraindre à leurs risques, périls & fortunes de l'accepter, en demeurant caution de l'acquitter en tout évenement; bien ils peuvent se faire subroger en son lieu & place, ce faisant, exercer ses droits, & faire toutes les poursuites nécessaires pour la discution de ses droits & actions, ainsi qu'il auroit pû faire.

Mais cette subrogation ne peut être demandée que par les créanciers antérieurs à la renonciation; car à l'égard de ceux qui sont postérieurs, ils ne peuvent pas dire que la renonciation ait été faite à leur préjudice, puisque pour lors ils n'étoient pas encore créanciers: ce qui a été jugé ainsi par Arrêt du Parlement de Rouen, le 7 Juillet 1644, rapporté par Basnage sur l'article 178. de la Coutume de Normandie.

L'héritier présomptif en ligne directe peut être poursuivi pour prendre qualité, jusqu'à ce qu'il ait fait la renonciation en Justice ou pardevant Notaires suivant l'usage du Châtelet de Paris. Mais il suffit à l'héritier en ligne collatérale, pour faire cesser les poursuites des créanciers héréditaires, de faire signifier une simple déclaration qu'il n'est point héritier, sans qu'il soit obligé de renoncer en Justice ou pardevant Notaires.

L'effet de la renonciation est, que l'héritier qui a renoncé est déchargé de toutes les dettes & autres charges de la succession, pourvû que la renonciation soit pure & simple, & non pas en faveur d'une certaine personne; car ce ne seroit pas alors une renonciation, mais une véritable cession, qui donneroit à celui qui l'auroit faite la qualité d'héritier; parce qu'il n'a pû ceder le droit qu'il a dans la succession échue, qu'après l'avoir acquis par l'acceptation de la succession. Le Prêtre, cent. 2, chap. 62.

Touchant la renonciation à une succession échue, *voyez* ce que j'en ai dit sur l'article 316. de la Coutume de Paris.

RENONCIATION A UNE SUCCESSION NON ENCORE ECHUE. Dans les regles ordinaires, personne ne peut valablement renoncer au droit qui ne lui est pas acquis; néanmoins une fille contractant mariage, peut valablement renoncer aux successions de ses pere & mere, par lesquels elle est dotée.

Suivant la disposition du Droit Romain, la renonciation aux successions futures n'est pas valables comme il est décidé en la Loi derniere, au Digeste *de suis & legitimis hæredibus*; & la Loi 3. au Code *de collationibus*. Cependant le Pape Boniface VIII. par le chap. 2. *de pactis*, au sixiéme livre des Décretales, a autorisé une semblable convention, sous prétexte qu'elle étoit faite avec serment.

En France, l'on a reçu la disposition de ce chapitre, & selon les apparences, ce n'a été d'abord que par un motif de conserver la splendeur des familles.

Dans la suite, non-seulement on a admis la renonciation des filles au profit des mâles, mais aussi celle des filles au profit des autres filles, & celle des mâles au profit des autres mâles, & quelquefois même au profit des filles, du moins indirectement.

C'est ce qui arriveroit, si le puîné avoit renoncé aux successions de pere & de mere au profit de son frere aîné, & que cet aîné vînt à mourir sans enfans; dans ce cas, il ne resteroit dans la famille qu'une fille non mariée, elle seroit seule héritiere de ses pere & mere, à l'exclusion de son frere qui auroit renoncé à leurs successions.

Ces renonciations aux successions futures ne se font que par contat de mariage, étant comme le prix de la dot qui ne se constitue que par un conrtat de mariage.

Comme elles sont contraires au Droit commun, elles sont odieuses & de droit étroit, & ne sont admises que sous certaines conditions.

Il faut,

Il faut, qu'elles soient formelles & expresses : c'est la doctrine de Faber, sur le Code *de pactis def.* 13, qui me paroît très-juste ; ensorte qu'une telle renonciation tacite ou par équipolence ne seroit pas valable.

II°. Que si le mariage de la fille qui a fait une telle renonciation, soit légitimément contracté & accompli avant le décès de ses pere & mere. C'est pourquoi si tous les deux décedent avant l'accomplissement du mariage, la renonciation est nulle pour le tout ; si l'un d'eux décede, la renonciation sera nulle à son égard, & valable à l'égard du survivant.

III°. Que la dot soit certaine, payée comptant, ou dans un certain terme, & que le payement soit fait avant le décès des pere & mere ; car s'ils décedoient avant le payement, la renonciation n'auroit point d'effet par rapport au prédécedé. La raison est, que la dot est le prix de la renonciation ; c'est pourquoi il seroit injuste d'obliger la fille qui l'auroit faite à l'exécuter, quand la dot promise n'a été entierement remplie. *Voyez* Brodeau, lett. R, chap. 17, nomb. 12 ; Vigier sur la Coutume d'Angoumois, tit. 7, art. 95, 96, & 97.

La fille qui a renoncé à la succession de ses pere & mere en faveur des mâles, n'est point tenue des dettes & autres charges des successions ausquelles elle a renoncé ; parce que ces successions n'étant pas encore échues lors de sa renonciation, elle ne peut pas être reputée avoir fait acte d'héritier par sa renonciation, quoique faite en faveur de ses freres, attendu que la succession n'étant pas encore échue, la renonciation que l'on fait ne peut pas tenir lieu d'acceptation.

Ces renonciations ne comprennent que les successions des pere & mere, & non pas les successions des collatéraux des pere & mere, ni celle des collatéraux des filles, à moins qu'il n'en soit fait mention expresse, ou que la renonciation ne fût générale pour toutes successions ; auquel cas elle comprendroit les successions, tant directes que collatérales.

La fille qui a renoncé, est en vertu de cette renonciation, non-seulement exclue des successions de ses pere & mere, mais encore les enfans de cette fille sont aussi exclus par ce moyen des successions de leur aïeuls & aïeules, soit qu'ils viennent de leur chef, ou par représentation, & qu'ils offrent de rapporter ce que leur mere a reçu.

Il y a néamoins deux cas où la renonciation faite par une fille, ne l'empêche point de succeder à ses pere & mere.

I°. Quand il ne se trouve point d'autres enfans de ses pere & mere.

II°. Quand sa renonciation n'a été faite qu'en faveur des enfans mâles, & qu'il ne se trouve que des filles ou des descendans des filles ; auquel cas la renonciation devient inutile en rapportant la dot, ou en prenant moins.

La fille qui a renoncé, peut être rappellée à la succession, comme nous avons dit ci-dessus, *verbo* Rappel ; mais elle ne peut se plaindre en pays coutumier, si ayant renoncé à la succession de son pere, elle a été passée sous silence dans son testament, parce qu'elle n'a plus rien à prendre dans ses biens. D'ailleurs, la prétérition des enfans n'annulle point en pays coutumier le testament du pere, & ne donne point lieu à la plainte d'inofficiosité à l'égard du testament de la mere.

En pays de Droit écrit, la fille qui a renoncé & qui a été passée sous silence, ne peut pas non plus se plaindre, attendu que sa renonciation subsistant, le pere ou la mere qui l'ont passée sous silence, ne lui ont fait aucun tort, pourvu qu'ils ayent institué héritiers leurs enfans mâles, ou leurs descendans par mâles.

Mais s'ils ont institué une fille ou un étranger, la renonçante qui a été passée sous silence, peut attaquer le testament par les voies de droit, attendu que la cause de sa renonciation cesse.

Dans la plupart de nos Coutumes, la fille qui a renoncé, n'est pas admise à demander le supplément de la légitime, quoique la dot qu'elle a reçue n'égale pas la légitime ; *quia dos succedit loco legitimæ.*

Mais dans les Parlemens de Droit écrit, la fille qui a renoncé, peut nonobstant sa renonciation demander un supplément de légitime. *Voyez* Louet & Brodeau, lett. R, somm. 17.

La fille qui a renoncé, ne pouvant plus esperer d'avoir part dans la bonne fortune de ses parens, elle n'est pas aussi exposée à subir le sort de leur mauvaise. Ainsi je crois que la dot de la fille qui a renoncé, ne doit pas contribuer à la légitime de ses freres & sœurs en cas d'insuffisance des biens du pere & de la mere. D'ailleurs, ces sortes de renonciations n'étant autorisées que moyennant une dot certaine, elle deviendroit incertaine, si la fille couroit le risque de la fortune de ses parens. Plusieurs de nos Auteurs sont de cet avis.

Néanmoins M. le Brun, des Successions, liv. 3, chap. 8, sect. 1, nomb. 73, soutient que la légitime est plus favorable que la dot de la renonçante, & qu'ainsi elle doit contribuer à fournir la légitime aux autres enfans ; & cela a été ainsi jugé par deux Arrêts récens.

Touchant la renonciation des filles aux successions futures de leurs parens, *voyez* Henrys, liv. 4, quest. 11 & 12 ; & ce qui en est dit dans le Recueil alphabétique de M. Bretonnier.

RENONCIATION FRAUDULEUSE, est celle qui est faite par une veuve à la communauté, après en avoir soustrait & recellé des effets. *Voyez* Recelé.

RENONCER A UN HÉRITAGE. *Voyez* Abandonner.

RENOUVELLER. Ce terme en plusieurs cas se prend pour réitérer. Quand notre Coutume dit dans les articles 31 & 62, que la saisie féodale doit être renouvellée après trois ans, cela signifie qu'elle n'a plus d'effet après ce tems, si elle n'est réiterée.

On dit au Palais, renouveller un délai, pour dire en accorder un nouveau

On oblige les débiteurs à renouveller leurs obligations, leurs reconnoissances, à en passer titre nouvel.

Lorsqu'un bail est expiré, quelquefois on le renouvelle & on en fait un nouveau.

RENTE, est un revenu qui vient tous les ans. Il y en a de plusieurs sortes, dont nous allons donner l'explication.

RENTE CONSTITUÉE, est celle qui est dûe à celui qui a livré une somme d'argent qui tient lieu de fonds, moyenant un certain intérêt licite, payable par chacun an, jusqu'à ce qu'il plaise au débiteur de la rente de faire le rachat du sort principal.

La rente constituée est appellée rente volante, ou courante, quoiqu'immeuble.

La constitution de rente a quelque rapport avec le contrat de vente; c'est même une espèce de vente à faculté de rachat. Celui qui constitue la rente, en est le vendeur; & celui au profit de qui elle est constituée, en est l'acheteur.

La constitution de rente se peut faire sous signature privée, par promesse de passer contrat de constitution à la volonté du créancier, & d'en payer cependant les intérêts; mais une telle promesse n'emporte point hypotéque sur les biens du débiteur, qu'elle ne soit reconnue en Justice ou pardevant Notaires: auquel cas l'hypotéque n'en résulte que du jour de cette reconnoissance.

Rentes constitutées sont rachétables à toujours. Il doit seulement dépendre du débiteur de faire le rachat de la rente, & non pas du créancier; & telle rente est appellée volante, parce qu'elle dure tant qu'il plaît à celui qui la doit de la racheter.

Ainsi constitution de rente est un contrat de vente qui emporte aliénation, par lequel celui qui emprunte de l'argent, vend & constitue sur lui une rente au profit de celui qui en donne le prix, au moyen de l'argent qu'il donne au débiteur dont il aliene le fonds; de maniere qu'il ne le peut redemander qu'en certains cas. *Voyez* Rachat en fait de rente.

Les rentes constituées à prix d'argent sont dûes par la personne, & non pas par les héritages affectés & hypotéqués pour la sûreté d'icelles. C'est pour cette raison qu'elles sont appellées rentes personnelles, à la différence des rentes foncieres qui sont attachées au fonds.

Il est vrai qu'autrefois les rentes constituées étoient réelles & assignées sur des fonds, dont elles étoient censées faire partie, comme le prouve M. Lauriere dans sa Dissertation sur le ténement de cinq ans. Mais la Jurisprudence est très-certaine à présent, que les rentes constituées ne sont plus des charges réelles, mais personnelles, & que les fonds n'y sont plus qu'hypotéqués, comme à toutes les autres dettes hypotécaires, sans qu'on puisse assigner aucune différence entre l'hypotéque d'une simple dette exigible, & celle d'une rente constituée.

Les rentes constituées à prix d'argent sont réputées immeubles, parce que le sort principal qui en est le prix ne peut point être exigé, mais les deniers provenans de leur rachat sont meubles, à moins que la rente rachetée n'appartînt à un mineur.

Ce que nous venons de dire de la qualité des rentes constituées, qu'elles sont réputées immeubles, est certain en général en pays de Coutume; il y a néanmoins plusieurs Coutumes où elles sont meubles, comme Vitry, Troyes, & quelques autres.

Dans les coutumes de saisine & de nantissement, elles sont meubles jusqu'à ce que le contrat ait été ensaisiné ou nanti. Enfin il y a quelques Coutumes, comme Monfort & Mantes, où elles ne sont immeubles que quand elles sont spécialement assignées sur les héritages.

A l'égard des pays du Droit écrit, les rentes constituées sont meubles, si ce n'est dans ceux qui sont du ressort du Parlement de Paris, où elles sont réputées immeubles, suivant un Arrêt rendu à l'Audience de la Grande Chambre le 16 Juillet 1668, rapporté dans le Journal des Audiences.

Pour juger si les rentes constitués sont meubles ou immeubles, & sçavoir quelle Coutume il faut suivre, si c'est celle du créancier ou celle du débiteur, il faut distinguer entre les rentes dûes par le Roi, le Clergé, les Villes, les Provinces, & celles qui sont dûes par les particuliers.

Pour les rentes dûes par le Roi, le Clergé; les Villes ou les Provinces, l'on suit la Coutume du lieu où elles sont assignées, *quia habent situm certum*. Elles ont une assiete & un fonds certain, ou le Bureau est établi pour la recette du fonds destiné, & pour le payement des arrérages qui s'en fait aux créanciers. Louet, lett. R, somm. 31, nomb. 2. Ainsi les rentes de l'Hôtel de Ville de Paris sont immeubles; mais celles qui sont dûes par les Etats de Languedoc, sont meubles.

Les rentes dûes par des Particuliers se reglent par le domicile du créancier; & en cas que le créancier change de domicile, il faut suivre celui qu'il avoit lors de la création de la rente.

Néanmoins le Parlement de Rouen juge que la qualité des rentes sur Particuliers se doit régler par la Coutume du domicile du débiteur. Mais le Parlement de Paris, quand il s'agit d'une succession ouverte dans son ressort dans laquelle il y a des rentes dûes en Normandie, juge que les rentes seront partagées suivant le domicile du créancier.

Comme le mot de dette comprend tout ce qui nous est dû, tant en choses mobiliaires qu'immobiliaires, celui qui a constitué une rente, quand même il n'en devroit aucuns arrérages, est toujours débiteur envers celui à qui il l'a constituée, & par conséquent une rente est une dette. En effet, une rente n'est autre chose qu'un revenu annuel au profit du créancier de la rente; & celui qui se rend débiteur d'un revenu annuel se constitue débiteur de tous les arrérages qui en doivent échoir jusqu'au rachat, parce que les prestations annuelles sont toutes dûes dès le moment que ce contrat a été fait: ces arrérages ne sont pas néanmoins tous exigibles en même tems; aussi le débiteur n'y est pas obligé, mais seulement à les payer successivement année par année, & à mesure que le tems du payement échoira.

Cela fait que l'obligation de tous les arrérages est née dès le moment de la constitution ; au lieu que l'action ne naît pour les arrérages que d'année en année. Ainsi dans les contrats de constitution il n'y a qu'une seule dette, une seule obligation, & une seule action ; & il n'y a que les payemens qui doivent être faits en conséquence, qui doivent être distribués dans les différens tems qu'ils doivent échoir.

En permettant les rentes constituées à prix d'argent on a fixé les intérêts que l'on en pouvoir exiger, parce qu'il eût été trop dangereux d'en laisser la fixation à l'arbitrage des particuliers.

Il y a eu différentes fixations de rentes sous le regne de Louis XIV, & sous le commencement du regne de Louis XV. à présent régnant. Enfin l'Edit du mois de Juin 1725. fixe les rente sur les particuliers au denier vingt.

L'Ordonnance de Louis XII. de l'an 1570, art. 71, porte qu'on ne peut demander que cinq années d'arrérages de rentes constituées.

Les rentes constituées à prix d'argent sont personnelles, comme nous l'avons dit ci-dessus ; mais parce que les fonds y sont hypotéqués, elles sont indivisibles, comme leur hypotéque, qui est indivisible.

Voyez le Recueil alphabétique de M. Bretonnier, & ce que j'ai dit des rentes constituées dans la Science parfaite des Notaires, liv. 5, chap. 18, & sur le commencement du second titre de la Coutume de Paris. *Voyez* aussi ce que je vais dire sur ce qui suit, où je rapporte les différences qu'il y a entre les rentes constituées & les rentes foncieres.

RENTE FONCIERE, est celle qui est dûe la premiere après le cens, ce qu'on appelle sur-cens ou fonds de terre. Ce n'est pas que le cens ne soit quelquefois appellé rente fonciere; mais c'est une rente fonciere seigneuriale qui emporte la directe seigneurie de l'héritage, & par consequent les lots & ventes.

La rente fonciere est celle qui est constituée pour être dûe par le fonds d'un héritage ; ensorte qu'elle en tient lieu ; comme étant subrogée en sa place ; ce qui fait que la rente fonciére est au bailleur de l'héritage de même qualité que lui étoit cet héritage, c'est-à-dire propre ou acquêt.

Cette rente est appellée fonciere, parce qu'elle est dûe par le fonds, & en tient lieu au bailleur ; à la différence des rentes constituées, lesquelles sont pures personnelles, & ne sont point dûes par les héritages affectés & hypotéqués pour la sûreté d'icelles. Ainsi le débiteur est tenu personnellement de la rente constituée, quoiqu'il ait aliené l'héritage qui y est hypotéqué ; au lieu que le preneur à rente fonciere n'en est plus tenu, après qu'il a, en déguerpissant, mis hors de ses mains l'héritage qu'il avoit pris à rente fonciere. Mais celui qui a hypotéqué un fonds pour la sûreté d'une rente constituée, n'en est pas liberé en déguerpissant le fonds qu'il a hypotéqué pour ladite rente.

Les rentes foncieres different encore des rentes constituées, en ce que les rentes foncieres sont de leur nature non rachetables, & le preneur ne s'en peut décharger qu'en délaissant & abandonnant le fonds, ainsi que je l'ai expliqué sur l'art. 120. de la Coutume de Paris ; au lieu que les rentes constituées à prix d'argent sont de leur non nature rachetables à toujours, & à la volonté du débiteur, mais qui ne peut pas être contraint d'en faire le rachat. Les rentes constituées étant de leur nature rachetables, ce seroit une clause vicieuse & de nul effet, que celle par laquelle on déclareroit une rente constituée non rachetable.

Les rentes foncieres sont indivisibles, à cause de l'intérêt que le Seigneur à d'être payé de sa rente, qui est souvent un revenu assez fort. De ce que ces sortes de rentes sont indivisibles, il s'ensuit que quand il arrive que les fonds par qui elles sont dûes sont divisés, ces rentes ne le sont pas. Les rentes constituées au contraires sont divisibles; mais parce que les fonds y sont hypotéqués, elles sont indivisibles, comme leur hypotéque est indivisible.

Les rentes foncieres, quoique stipulées rachetables, ne peuvent être réduites en argent, quand elles ont été constituées en bled ou autres especes; au lieu que les autres rentes constituées en bled ou autres especes, sont réduites en argent par l'Ordonnance de 1553.

Le retrait lignager a lieu pour les rentes foncieres non rachetables ; mais il n'a pas lieu pour les rentes constituées.

Les criées des rentes foncieres se font de la même maniere que celles des héritages ; mais les rentes constituées se décretent autrement.

On peut demander vingt-neuf années d'arrérages des rentes foncieres ; mais on ne peut demander que cinq années d'arrérages de rentes constituées.

Pour les arrérages d'une rente fonciere, on peut proceder par voie d'arrêt ou brandon sur les fruits ; ce qui n'a pas lieu pour la rente constituée. *Voyez* d'autres différences entre les rentes foncieres & les rentes constituées, dans Loyseau, liv. 1. des Rentes, chap. 3.

Quoique les rentes foncieres soient non rachetables de leur nature, elles peuvent néanmoins être rachetables en vertu d'une convention expresse apposée au contrat de constitution desdites rentes.

La rente fonciere stipulée rachetable est une vraie vente, & elle en produit tous les effets. L'acquereur, au lieu de payer le prix de l'héritage, constitue sur sur lui une rente rachetable, qui est reputée le prix convenu ; duquel l'acquereur est obligé de payer les intérêts au vendeur jusqu'au remboursement de ladite rente.

Et comme cette rente fonciere stipulée rachetable est une vraie vente, les droits de lots & ventes sont dûs au Seigneur dès le tems du contrat, sans qu'il tenu d'attendre le rachat de la rente.

Mais le bail à rente fonciere non rachetable n'est point reputé vente. Ainsi quand l'acquereur, au lieu de l'héritage qu'il acquiert, constitue une rente non rachetable, il ne doit point les droit seigneuriaux, parce que cette rente tient lieu du fonds : c'est pourquoi, lorsque l'on vend cette rente, les droits sont dûs, & l'aliénation devient parfaite.

Les rentes foncieres se divisent en rentes seigneuriales, & simples rentes foncieres.

Les rentes foncieres seigneuriales sont celles qui sont dûes au Seigneur de fief, dans la mouvance duquel est l'héritage baillé à rente.

Les simples sont dûes à celui qui a aliéné l'héritage, à la charge d'une rente fonciere, perpétuelle & non rachetable. *Voyez* ci-après Rente seigneuriale. *Voyez* aussi ce que j'ai dit sur le commencement du second titre de la Coutume de Paris.

Touchant les rentes foncieres, *voyez* ci-dessus Bail d'héritage, & la Science parfaite des Notaires, liv. 5, chap. 23.

RENTE DONT ON IGNORE L'ORIGINE, EST REPUTÉE RENTE FONCIERE, ET QUELQUEFOIS RENTE CONSTITUÉE. Elle est reputée rente constituée & rachetable, quand elle n'est pas fort ancienne; mais quand une redevance, dont on ne peut prouver l'origine & la cause, est fort ancienne, & qu'elle est dûe en grains sur des terres, on ne présume point alors qu'elle ait été constituée pour argent, & par conséquent cette redevance est reputée rente fonciere non rachetable; comme ledit Chopin sur la Coutume de Paris, liv. 3, tit. 2, nomb. 12.

C'est aussi ce qui a été jugé par plusieurs Arrêts rapportés par cet Auteur; & par Pithou sur l'art. 67. de la Coutume de Troye; par le vest, Arrêt 20; & par Bouguier, lett. R, nomb. 7.

Enfin, par Arrêt du 31 Décembre 1741. sur les conclusions de M. Daguesseau, Avocat général, il a été jugé qu'une rente de trente six bichets de blec, acquise en 1282. par les Religieux de Reconfort, sur les moulins de Saint-Didier en Nivernois, moyennant la somme de vingt cinq livres, étoit une rente fonciere & non rachetable; & l'on a infirmé la Sentence des Requêtes du Palais, qui avoit jugé le contraire.

RENTES FONCIERES ASSIGNÉES SUR LES MAISONS SITUÉES DANS LA VILLE DE PARIS, sont toujours rachetables, nonobstant toute prescription ou convention contraire. Ce qui a éte ainsi accordé par nos Rois à la Ville de Paris & à quelques autres, afin que les Habitans des Villes qui jouissent de ce privilége, soient plus soigneux de conserver & d'augmenter les bâtimens, & ne les négligent pas pour raison des charges perpétuelles & non rachetables dont ils seroient chargés, & dont ils ne pourroient se libérer. *Voyez* ce que j'ai dit sur l'article 121. de la Coutume de Paris.

RENTES FONCIERES APPARTENANTES AUX EGLISES ET FABRIQUES, ne sont jamais remboursables, nonobstant toute convention contraire. C'est une aliénation qui leur est interdite; à moins que l'on ne fasse leur condition si avantageuse, ou par échange, ou par remploi, qu'il y auroit une perte évidente pour l'Eglise de ne s'y pas tenir.

RENTE ARRIERE FONCIERE, est celle qui a été créée après la premiere & la plus ancienne rente fonciere, de même que le sur-cens & celui qui a été créé après le premier & chef-cens.

RENTE DE FIEF, ou rente féodale, est celle qui est dûe au Seigneur, à cause de son fief; comme quand un vassal donne une partie de son fief, à la charge d'une rente fonciere non rachetable, en se retenant la foi & hommage, & que le Seigneur dominant l'a inféodée, ou que le vassal a donné une partie de son fief à bail emphitéotique, à la charge d'une pension ou rente.

RENTE SEIGNEURIALE, est, comme nous venons de dire, celle qui est dûe au Seigneur de fief, dans la mouvance du quel est l'héritage baillé à rente; au lieu que la simple rente fonciere est celle qui est dûe à celui qui a aliené l'héritage, à la charge d'une rente fonciere, perpétuelle & non rachetable.

Elles différent, I°. en ce que les rentes seigneuriales emportent lods & ventes, saisines & amendes: mais les simples rentes foncieres n'emportent point lods & ventes, n'étant point la marque de la directe Seigneurie; c'est pourquoi elles sont appellées par quelques Coutumes rentes séches.

II°. Les rentes seigneuriales ne peuvent être prescrites que par rapport à la quotité, de même que le cens qu'elles représentent; au lieu que les simples rentes foncieres se prescrivent par trente ans par le preneur ou ses héritiers, & par dix ou vingt ans par un tiers détenteur de bonne foi de l'héritage qui est chargé de ces rentes, suivant l'art. 114. de la Coutume de Paris.

III°. Les rentes foncieres seigneuriales sont nobles & féodales comme le cens, & partant se partagent comme elles; mais les simples rentes foncieres sont roturieres comme le cens; parce que les premieres représentent une partie du fief qui a été donné à la charge d'icelle; au lieu que les autres représentent l'héritage qui en est chargé.

IV°. Un héritage peut être chargé de plusieurs rentes foncieres, mais non pas de plusieurs rentes seigneuriales; parce qu'un héritage ne peut pas reconnoître deux Seigneurs *in solidum* pour Seigneurs directs. *Voyez* ce que j'ai dit sur le commencement du second titre de la Coutume de Paris, au paragraphe troisiéme.

RENTE INFEODÉE. *Voyez* Inféodation.

RENTE SEICHE, est celle qui n'est point la marque de la directe Seigneurie, & qui n'est point imposée par le Seigneur du fief, mais par l'emphytéote, ou par le tenancier de l'héritage.

Elle est appellée sous acasement; comme elle n'emporte point de lods & vente, elle est appellée en quelques Coutumes rente seiche. *Voyez* Acaser.

RENTE VIAGERE, est celle qui n'est qu'à vie, & qui s'éteint par la mort de celui au profit de qui elle est constituée.

On tient que celui au profit de qui elle est constituée, ne peut pas être contraint d'en recevoir le remboursement. Nous avons parlé de ces sortes de rentes dans la Science parfaite des Notaires, liv. 5, ch 22. Nous remarquerons seulement ici,

I°. Que les rentes viageres constituées entre-vifs,

ou laissées par testament à quelqu'un, tiennent lieu d'alimens : or comme les alimens ne peuvent être données à toutes sortes de personnes, même à un étranger non naturalisé, à une concubine, à des bâtards adulterins, & aux enfans des Prêtres, par leur pere & mere, les rentes viageres qui leur sont faites par ceux qui ne pourroient faire en leur faveur de legs universels, sont valables, à moins que ces rentes ne soient exorbitantes par rapport à la qualité des personnes, & par rapport à leurs biens ; auquel cas elles seroient reductibles.

II°. Qu'on ne peut demander que cinq années d'arrérages d'une rente viagere, de même que d'une rente constituée.

III°. Que ces sortes de rentes ne peuvent pas être rachetées, que du consentement de toutes les Parties, & suivant la composition qui s'en peut faire entr'elles.

IV°. Qu'elles ne peuvent pas être saisies par les créanciers de celui au profit de qui elles sont constituées.

L'Edit du mois d'Août 1661. registré en Parlement le 2. Septembre suivant, défend à toutes personnes de donner à l'avenir aucuns deniers comptans, héritages ou rentes ou Communautés ecclésiastiques régulieres & séculieres, à l'exception de l'Hôtel-Dieu de Paris, au Grand Hôpital de Paris, & de la Maison des Incurables, par donnations entre-vifs, ou autres contrats, à condition d'une rente leur vie durant, plus forte que ce qui est permis par les Ordonnances, ou qui excede le légitime revenu des biens vendus ou donnés, à peine de nullité du contrat, & d'amende. Entre Particuliers, les rentes viageres se fixent depuis le denier dix jusqu'au denier vingt, selon l'âge de ceux à qui on constitue la rente.

RENTES CRÉÉES PAR LE ROI, sont celles qui sont assignées sur les Tailles, Gabelles, Aydes, Entrées, Décimes & Clergé, ou sur les dons gratuits, & autres revenus appartenans au Roi.

Toutes ces rentes sont dans le commerce, & se peuvent vendre. Pour les acquerir sûrement, il faut que l'acquereur prenne au Sceau des Lettres de ratification, & se faisant immatriculer. *Voyez* Ratificarion.

Mais on demande si le transport d'une telle rente, fait avec promesse de fournir & faire valoir, donne au cessionnaire son recours contre le cédant, lorsque le Roi ne veut pas payer?

Cette clause à laquelle on ajoutoit ordinairement ces mots: *non-obstant le fait du Prince, cas d'hostilité, retadement des derniers, détournement d'assignations, changement de monnoye, & généralement tous cas fortuits & inopinés, exprimés & non exprimés*, avoit causé une infinité de procès entre les cessionaires & les cédans, & leurs successeurs pendant le tems des troubles, & la Cour par ses Arrêts condamnoit ceux qui avoient baillé en échange, ou cedé & transporté des rentes sur le Roi avec la susdites garantie, sans aucune discution préalable, à payer les arrérages d'icelles, les continuer & garantir de tous cas fortuits & autres inconvéniens, même du fait du Prince, si mieux ils n'aiment consentir la résolution de leur contrat d'échange, ou les rembourser du prix desdits rentes avec les arrerages qui en étoient échus.

Cela donna lieu à l'Edit des surséances, fait par le Roi Henry IV. le 10. Mai 1597. vérifié au Parlement le Roi y séant, le 21. du même mois, portant surséance de toute instances & poursuites, condamnations & exécutions faites par la garantie des rentes de l'Hôtel de Ville, & ce pour deux ans ; faisant défenses à toutes personnes de quelque qualité & conditions qu'elles fussent : d'en faire poursuite pendant le tems de la surséance, à peine de nullité des procédures, & de faire mettre à exécution les Jugemens donnés & à donner pour ce regard, à tous Avocats & Procureurs d'occuper pour le fait d'icelles : & à tous Huissiers ou Sergens de faire aucuns exploits & contraintes, à peine de nullité, & de tous dépens, dommages & intérêts ; évoquant tous les procès, instances & exécutions d'Arrêts, circonstances & dépendances, à son Conseil, avec interdiction à tous Juges d'en connoître, à peine de nullité des procédures, & de tous dépens dommages & intérêts; faisant main levée de toutes les saisies faites pour raison de ce.

Cet Edit a été depuis continué pendant plusieurs années par d'autres Lettres, par lesquelles au moyen de la surséance, le Roi demeuroit garant des rentes ; & par conséquent ses Sujets ne pouvoient être poursuivis pour raison de la garantie qui étoit son fait.

Comme cette surséance n'étoit pas entierement aux successionnaires l'espérance de recours contre leurs cédans, & que la cessation de leurs poursuites n'étoit que pour un tems, & jusqu'à ce qu'il plût au Roi de la faire cesser, il se présenta une difficulté, sçavoir si le cessionnaire pouvoit s'opposer aux criées des héritages de son cédant, pour raison de la susdito clause & de la garantie des rentes qu'il avoit cedées, nonobstant le susdits Edits des surséances, & s'il pouvoit demander d'être mis en ordre, & d'être remboursé de sa rente, attendu qu'autrement il perdoit son hypotéque ?

Le Prevôt de Paris jugea que son opposition étoit bonne & valable, & qu'il devoit être mis en ordre du jour de son hypotéque, & d'être nonobstant la surséance payé sur les deniers provenans de la vente des héritages de son cédant, en baillant caution, ou en se constituant dépositaire des biens de Justice pour rendre ce qu'il auroit reçu aux créanciers postérieurs, s'il étoit ainsi ordonné.

La Cour par ses Arrêts jugea au contraire que la surséance ayant, il n'étoit pas juste que les cessionnaires fussent payés, en privant le débiteur du bénéfice du Prince, & qu'il suffisoit si les garants étoient assurés au cas que la surséance fût levée ; & en infirmant les Sentences du Prevôt de Paris, ordonna que les créanciers postérieurs aux garantis, seroient payés auparavant eux, en baillant bonne & suffisantes caution de restituer les sommes par eux reçues, au cas que la surséance fût levée. *Voyez* Louet & son Commentateur, lett. C. somm. 41 ; & le Prêtre cent. 2. chapitre 26.

Nonobstant ces Arrêts, une nouvelle Jurisprudence

s'etoit depuis introduite, que quelque clause de garantie qui fût opposée dans la vente, échange, cession ou transport des rentes sur le Roi, le vendeur ou cédant ne seroit tenu que de la garantie simple, générale, & de son fait, que la rente lui appartient & lui est dûe: c'est-pourquoi dans les transports de ces rentes on mettoit ordinairement, que *le cédant s'oblige garantir de tous troubles & empêchemens généralement quelconques, excepté du fait du Prince seulement.*

Enfin, voici la derniere Jurisprudence, qui conformément à ce qui étoit anciennement observé à cet égard, est que la garantie des faits du Prince doit avoir lieu quand elle est expressement stipulée, comme nous avons dit lettre G, en parlant de la garantie des faits du Prince, où j'ai rapporté un Arrêt rendu au Parlement de Paris, le 21. Mai 1715. qui a déclaré valable la stipulation de la garantie des faits du Roi, en matiere de rentes sur l'Hôtel de Ville.

Mais on demande si la cession d'une rente sur l'Hôtel de Ville, avec promesse *da garantir & faire jouir sans aucun trouble*, produit le même effet que la cession faite avec promesse de *fournir & faire valoir*? Il faut dire que non; parce que faire jouir ne regarde que le titre de la rente, & non pas la bonté de la rente: ainsi cette clause ne dénote rien autre chose si ce n'est que la rente cedée au cessionnaire est existante; & comme de cette cession il en est devenu propriétaire, la perte ou la diminution de cette rente qui pourroit survenir dans la suite, doit tomber sur lui, sans aucuns recours contre son cédant: *nam res sua domino perit.*

RENVOI, est un changement de Jurisdiction en un autre que celle où l'on a été assigné. Ce renvoi s'accorde en conséquence d'une exception déclinatoire, qui est une voie de droit dont se peut servir un défendeur qui est ajourné pardevant un autre Juge que celui de son domicile ou que celui pardev. lequel il a ses causes commises, comme ceux qui jouissent du privilége de scolarité; en ce cas il doit demander son renvoi pardevant son Juge, & celui pardevant lequel il a été assigné est obligé de l'accorder; & même les Juges doivent de leur chef renvoyer les causes qui ne sont pas de leur compétence.

Cela est ainsi ordonné, afin que les Juges n'entreprennent point l'un sur l'autre, comme le droit & la restriction de leur pouvoir, & préjudice d'autre Jurisdiction.

Il faut remarquer, I°. Que le Juge inférieur ou égal ne doit pas user de ce mot *renvoi*, ni renvoyer les Parties pardevant son supérieur ou son égal mais il doit ordonner que les Parties se pourvoiront.

II°. Que si c'est un Juge inférieur qui releve de lui, il peut user du terme de renvoi.

III°. Que les renvois aux Requêtes en vertu d'un Committimus, se font par exploit d'assignation donnée à la Partie, ou à son Procureur, s'il y en a un constitué, sans que les Huissiers ou Sergens soient tenus d'en faire requisition au Juge pardevant lequel celui qui a droit de committimus a été assigné; mais à Messieurs des Requêtes, qui sont Juges suffisans sur ce qui concerne leur compétence.

Voyez Committimus.

Dans ce que nous avons dit ci-dessus il s'ensuit, que quand celui qui a été assigné pardevant un Juge demande valablement son renvoi, il doit lui être accordé.

C'est la disposition de l'article 1. du titre 6. de l'Ordonnance de 1667, qui ordonne au Juge de renvoyer les Parties pardevant les Juges qui doivent connoître de la contestation, ou d'ordonner qu'elles se pourvoiront, à peine de nullité des Jugemens; & en cas de contravention, pourront les Juges être intimés & pris à partie.

La nullité des Jugemens est en ce cas tirée de la disposition du Droit civil *Sententia à non idoneo, vel ab incompetente Judice lata, ipso jure nulla est. Leg.* 9. §. 10. *ff. de injust. rupt & irrit. fact. testam. & tit.* 1. *ff. si à non competente Judice.*

L'article 4. du titre 6. de l'Ordonnance de 1667. dit, que les appellations de déni de renvoi seront vuidées par l'avis des Avocats & Procureurs généraux.

Les Juges peuvent être intimés & pris à partie, faute par eux de déferer au renvoi qui leur est demandé, comme il est dit dans ledit article 1. du tit. 6. de l'Ordonnance de 1669.

Mais cela n'a lieu que lorsqu'il paroît par évidence de fait, que les Juges ont retenu la connoissance d'une cause qui n'étoit point de leur compétence; comme si les Elus avoient retenu une cause concernant les matieres beneficiales.

RENVOI NE PEUT ETRE DEMANDÉ APRE'S CONTESTATTION EN CAUSE, par celui qui auroit été assigné pardevant quelqu'autre Juge que celui de son domicile.

RENVOYER, se dit des affaires qu'on tire d'une Jurisdiction pour les porter en un autre, comme nous venons de dire, *verbo* Renvoi.

Ce terme est aussi employé en plusieurs prononciations de Jugemens. Un homme par exemple, est renvoyé quitte de la demande qu'on lui a fait; ou bien, en matiere criminelle, il est renvoyé absous de l'accusation qu'on avoit formée contre lui.

Les Juges renvoyent quelquefois pardevant d'autres Juges l'instruction d'une affaire: sur quoi il faut remarquer que la Cour ne renvoie jamais l'instruction d'une affaire, que pardevant les Juges royaux.

REPARATION CIVILE, est une somme à laquelle un criminel est condamné envers quelqu'un pour tenir lieu de dédommagement du tort qu'il lui a causé par son crime.

On distingue en matiere criminelle les dommages & intérêts des réparations civiles. Ces dommages & intérêts ne produisent la contrainte par corps qu'après les quatres mois, & s'ils excedent deux cent livres. Ordonnance de 1667. tit. 34. art. 2. Au lieu que les réparations civiles emportent de droit la contrainte par orps, indépendamment de la somme à laquelle elles peuvent monter. *Voyez* l'Ordonnance criminelle, tit. 13, art. 29 ; & Bornier, *ibid.*

La mere & ses enfans doivent participer par moitié aux deniers de la réparation adjugée pour l'homicide commis en la personne de son mari.

La mere se remariant après la réparation adjugée à la poursuite, n'est point privée de la part qu'elle doit avoir dans les deniers qui en proviennent ; parce qu'ils lui sont dûs en considération de la perte qu'elle a faite de son mari, & pour la dédommager des peines qu'elle s'est données dans cette poursuite. D'ailleurs, il n'y a point de Loi qui l'oblige de demeurer en viduité, pour être capable de participer aux deniers de cette réparation.

Femme veuve prend part à la réparation civile adjugée par la mort de son mari, quoiqu'elle renonce à la communauté ; de même que l'enfant du défunt, quoiqu'il ne soit pas son héritier. *Voyez* l'article 24. de la Coutume de Lille, avec le Commentaire de Bouke. Brodeau sur Louet, lett. D, somm. 1, nomb. 29 & 30, & lett. H, somm. 5.

Quand le délit a été commis en la personne d'un fils qui n'a point d'enfans, la réparation doit appartenir au pere ; & si le pere étoit prédécédé, elle appartiendroit à la mere ; & au défaut de pere & de mere : à ses freres & sœurs.

Pour avoir part à cette réparation, il faut en avoir fait la poursuite ; mais si les enfans n'avoient pas le moyen de poursuivre la réparation de l'homicide commis en la personne de leur pere, ils n'en seroient pas privés, parce que leur pauvreté les excuseroit.

Les réparations civiles emportent la contrainte par corps, & doivent être payées à celui à qui elles sont adjugées préférablement à l'amende adjugée au Roi pour les biens du condamné.

Ainsi le 28. Février 1681, à l'Audience tenue le matin en la Grande Chambre par M. le Président de Novion, la Cour, en confirmant la Sentence des Juges du Trésor, a jugé que la somme adjugée pour réparation civile & dommages & intérêts, doit être prise sur les biens du condamné, préférablement à l'amende adjugée au Roi.

Il s'agissoit des biens de la femme du Commissaire Desclaircins, exécutée à mort pour avoir fait assassiner son mari. La contestation étoit entre la mere du Commissaire Desclaircins, & le Fermier du Domaine.

Lorsque plusieurs sont accusés du même crime, la réparation est adjugée entre tous solidairement, sauf leur recours contre les autres, pour repeter sur chacun d'eux sa part de ladite réparation. *Leg. 6, ff. de publican. & vectigalib.*

RÉPARATION D'HONNEUR, est le rétablissement de l'honneur que l'on fait à une personne que l'on a injuriée.

Toute offense demande une réparation. Il n'y a personne qui n'ait cette Loi gravée dans son cœur, & qui ne sente combien il est intéressé à ce qu'elle soit observée à la rigueur. En effet, elle est un des plus forts liens de la société, & on ne pourroit s'en écarter sans en déranger tout l'ordre. De-là vient que dans les Tribunaux de la Justice, & dans les Tribunaux militaires, les réparations sont reglées par différens genres d'offenses, même pour les simples paroles injurieuses.

Quand l'injure est légere, la réparation se fait par un acte que l'on fait au Greffe, par lequel on déclare que l'on tient celui que l'on a injurié pour personne d'honneur.

Lorsque l'injure est forte, celui qui l'a faite est condamné à faire une semblable déclaration que dessus devant des témoins.

Ainsi, par Arrêt du Parlement de Toulouse du 15 Décembre 1679, rapporté par M. de la Rocheflavin, livre 2, *verbo* Injure, article 15 le Sieur Dénis Pascal, de Nîmes, pour avoir appellé Etienne Guinhoux banqueroutier, fut condamné d'aller dans sa maison, où il déclareroit en présence de six Marchands amis dudit Guinhoux, & en présence du Sindic des Marchands, pardevant M. Dulbenas, Viguier, qui fut commis pour cet effet, que mal-à-propos il avoit calomnié & offensé ledit Guinhoux, & qu'il le tenoit pour homme de bien & d'honneur.

Ces sortes de satisfactions ne sont pas pour tout le monde ; & comme les gens de la lie du peuple souffrent moins d'une injure, par rapport à leur condition vile & abjecte, que les autres personnes, on les traite aussi avec moins de cérémonie, & une condamnation pécuniaire leur plaît infiniment mieux qu'une réparation d'honneur.

RÉPARATION EN FAIT DE BATIMENT, est le rétablissement des choses qui se trouvent détruites ou déteriorées, le bâtiment subsistant d'ailleurs en son entier, ou au moins en partie. Ainsi il ne faut pas confondre la réédification d'une maison avec les réparations & entretenemens.

On distingue de trois sortes de réparations; sçavoir, les grosses réparations, les réparations viageres, & les menues réparations.

GROSSES REPARATIONS, sont les quatre gros murs, les gros murs de refend, les escaliers, les cheminées appliquées aux gros murs, quand on refait lesdits murs, les poutres, & les voutes, les couvertures entieres ou les couvertures en partie, quand il faut entierement charger les lates.

Ces réparations sont toujours à la charge du propriétaire, & jamais à la charge de la douairiere, ou de tout autre usufruitier ; parce que ces réparations ne doivent pas seulement servir à la commodité présente de l'édifice, mais à son utilité perpétuelle : ainsi elles ne conservent pas seulement l'usage, mais aussi la substance & la proprieté.

RÉPARATIONS VIAGERES, sont celles qui se font pour l'entretenement & l'usage présent de l'édifice ; comme sont de mettre des goutieres neuves en la place de celles qui sont vieilles, & qui ne peuvent plus servir, la vuidange des lieux & latrines ; les âtres & contromeurs des cheminées; la réparation des trous qui sont aux planchers & aux dégrés ; & plusieurs autres semblables réparations, qu ne regardent point la substance & la proprieté de l'édifice.

Ces réparations sont à la charge de la douairiere, ou de tout autre usufruitier quand même les revenus de l'édifice ne seroient pas suffisans pour fournir à ces réparations d'entretenement ; parce que celui qui prend & accepte l'usufruit d'une maison, s'oblige personnellement d'en faire les réparations, tant que durera sa jouissance, étant juste que celui qui retire tout l'émolument d'une chose, en supporte les charges qui servent à le faire jouir, & qui regardent sa commodité présente & actuelle, plutôt que la substance & la proprieté de la chose.

MENUES REPARATIONS, sont celles qui regardent l'usage présent & actuel d'une maison, mais qui sont d'une dépense modique, comme le racommodage des serrures, le remplacement des vitres cassées, celui de clefs des portes, & des carreaux (quand il ne s'agit point de recareler entierement une chambre,) le raccommodage des gonds, des portes & des fenêtres, & autres semblables réparations qui sont à la charge du locataire, & à plus forte raison de l'usufruitier, qui est tenu, comme nous avons dit, de toutes réparations viageres. Bacquet, des Droits de Justice, chap. 21. nomb. 276.

REPARATIONS DES BIENS SAISIS RÉELLEMENT, sont celles qu'il convient de faire à des maisons & héritages saisis réellement, dont il a été fait baux judiciaires.

Pour parvenir à les faire, voici ce qui se pratique. L'adjudicataire d'un bail judiciaire, avant que de se mettre en possession doit présenter Requête au Juge de la Jurisdiction où le bail a été fait, quand les biens saisis y sont situés, sinon au plus prochain Juge royal des lieux ; & conclure à ce qu'il soit permis de faire visiter les lieux, afin que l'état soit constaté par la visite qui en sera ordonnée.

Le Juge à qui la Requête aura été présentée nomme des Experts, qui en conséquence font leur visite, & dressent procès verbal de l'état des lieux, & des réparations qui y conviennent faire ; & le Juge qui les a commis taxe leurs vacations.

Si par le procès verbal il paroît que les lieux sont en péril, & ne sont pas logeables : ni en état de servir à leurs usages, le Fermier judiciaire donne seconde Requête, par laquelle il demande qu'il lui soit permis de faire faire les réparations nécessaires, & d'en avancer les deniers en déduction du prix du bail ce faisant, que le Commissaire aux Saisies réelles sera tenu de prendre les quittances des Ouvriers pour deniers comptans, en payement du prix du bail judiciaire, lesquelles lui seront allouées & passées en compte, ensemble les frais faits pour la visite des lieux ; c'est ce qu'on ordonne : & quand les réparations sont considérables, il faut les faire adjuger par un bail au rabais.

Ces Requêtes & procédures faites en conséquence doivent être signifiées au Procureur du poursuivant & du saisi, à celui qui est le plus anciens des opposans, & aussi à celui du Commissaire des Saisies réelles.

Si pendant le cours du bail judiciaire il est nécessaires de faire de grosses réparations en l'héritage saisi réellement, le Fermier judiciaire fait assigner le poursuivant, le saisi & le plus ancien des opposans, à ce qu'il lui soit permis de les faire, & d'en avancer les deniers, sauf à s'en faire tenir compte, visite des lieux préalablement faite par autorité de Justice.

Un Fermier judiciaire ne peut employer en réparations que le tiers du prix du bail, quand le bail est de mille livres par an, la moitié lorsqu'il est audessous, & le quart lorsqu'il est au-dessus ; mais quand un bien saisi menace une ruine évidente, le Juge peut avec connoissance de cause ordonner que le prix entier de trois années du bail judiciaire sera employé à en faire les réparations nécessaires pour empêcher & prévenir la ruine qui en pourroit arriver, faute de les avoir faites.

Quand il s'agit de faire des réparations qui passent les sommes qu'on y peut employer suivant les Réglemens, sçavoir le tiers, la moitié ou le quart, conformément à ce que nous venons de dire, il faut qu'elles se fassent en vertu d'une visite extraordinaire, qui ne se fait point à la Requête du Fermier, mais en vertu d'un Jugement rendu à la requête du poursuivant criées sur l'avis que le Fermier lui donne de ruines arrivées aux bâtimens ; & cet avis donné par écrit, suffit pour valable décharge à son égard.

Il a un Réglemens du 23. Juin 1678. qui est rapporté dans le Journal des Audiences, tome 4. liv. 1. chap. 9. concernant les réparations qui doivent être faites pendant le tems des baux judiciaires, & les formalités qui doivent y être observées.

REPARATIONS FAITE PAR L'ACQUEREUR D'UN HÉRITAGE PENDANT L'AN ET JOUR, tombent sur lui en pure perte, lorsque l'héritage vient à être retiré par retrait lignager, à moins qu'elles n'ayent été faites par l'Ordonnance du Juge sur rapport d'Experts & après marché fait pardevant Notaires.

L'acquereur doit encore pour la sureté tirer quittance des Ouvriers, passées pardevant Notaires, des sommes à eux par lui données, afin que sur icelles il en puisse tirer le remboursement sans aucune difficulté ni diminution.

A l'égard des réparations faites pour améliorer l'héritage, ou pour le décorer, l'acquereur ne les peut point repeter au cas du retrait; il peut seulement les ôter, au cas qu'il le puisse faire sans déteriorer l'héritage, & qu'en les retirant il en puisse tirer quelque profit, à moins que le retrayant ne lui en veuille payer l'estimation.

Comme pendant l'an & jour l'acquereur n'est pas proprietaire incommutable de l'héritage, il doit être prévenu qu'il en peut être évincé par les parens lignagers du vendeur. Ainsi, lorsqu'il fait des changemens & améliorations à l'héritage avant que le tems de retrait soit passé, il doit s'attendre à n'en pouvoir faire de repétition, que conformément à ce qui en est décidé par la Coutume.

Si la chose n'étoit pas ainsi reglée, les acquereurs seroient souvent maîtres d'empêcher le retrait, en faisant

sant de bâtimens inutiles, ou des réparations peu urgentes, dans le dessein de mettre hors d'état les lignagers de pouvoir exercer le retrait, faute de pourvoir rembourser l'acquereur des impenses qu'il auroit faites dans l'héritage pendant l'an & jour du retrait.

Il n'en est pas de même du retrait de midenier: celui sur qui ce retrait est exercé est en droit de répeter toutes les impenses nécessaires, utiles & volontaires. La raison est, que l'an & jour de ce retrait ne court que du jour du décès de l'un des conjoints, qui sont considerés comme propriétaires incommutables, vû que ce retrait ne peut être exercé pendant tout le tems que dure la communauté.

REPARATIONS DE BIENS APPARTENANS A DES MINEURS, ne peuvent être allouées aux tuteurs que quand ils les ont faites en vertu d'un avis de parens, lorsqu'elles sont considérables.

En Normandie, il faut que le tuteur présente sa Réquête au Juge, qui ordonne que les lieux seront vûs & visités, & qu'il en sera dressé procès verbal: après quoi il permet de faire les réparations jusqu'à la concurrence d'une certaine somme. Si les tuteurs ne prenoient pas cette précaution, on ne leur alloueroit aucunes réparations.

REPARATIONS DES EGLISES. Le Bénéficier étant réputé usufruitier, quant au for extérieur, est entierement tenu des réparations viageres de son tems; M. le Prêtre, cent. 1, chap. 91; & il y a hypotéque pour cet effet sur tous ses biens du jour de sa prise de possession. Louet, lettre R, somm. 50.

Pour ce qui est des réparations qui viennent de caducité, & qui vont à un rétablissement entier, le Bénéficier n'en est tenu que jusqu'au tiers du revenu de son Bénéfice, de sorte qu'on lui laisse les deux autres tiers pour subsister & pour faire le service pendant le tems que se font lesdites réparations.

Il en est de même des réparations viageres qui ont dû être faites du tems de son prédécesseur, dont la succession se trouve insolvable; car celui qui lui succede dans le Bénéfice n'est tenu que du tiers.

Pour établir ces distinctions, le Bénéficier doit, avant que d'entrer en jouissance, faire visiter les lieux par des Experts, en vertu d'une Ordonnance du plus prochain Juge royal, & en doit garder le procès verbal.

Les réparations dont nous parlons ne s'entendent pas seulement de celles qu'il faut faire aux Eglises, mais aussi de celles qu'il faut faire aux maisons, fermes, granges, & à tous bâtimens dépendans des Bénéfices.

Pour ce qui est des réparations qu'il convient de faire aux Eglises paroissiales qui n'ont point de revenu destiné pour la Fabrique, on en distingue les parties qui sont à réparer.

Le Curé, ou tout autre qui jouit des grosses dixmes, est tenu des réparations du chœur & du chancel; les Habitans sont tenus du reste, & de loger le Curé.

C'est à l'Evêque, dans le cours de sa visite, à ordonner les réparations nécessaires, & il peut y contraindre par censures ecclésiastiques; mais cela n'empêche pas que les Juges royaux en France n'y doivent aussi tenir la main, & y contraindre les Bénéficiers par saisie de leur temporel, parce que le Roi est le protecteur de la discipline extérieure. *Voyez* l'Ordonnance d'Orléans, article 21.: & celle de Blois, article 52.

Comme il est naturel que ceux qui perçoivent les revenus attachés à l'Eglises, fournissent aux frais des réparations qu'il convient d'y faire; quand il y a des réparations à faire dans une Eglise cathédrale, si le tiers du revenu destiné pour cela ne suffit pas, l'Evêque & les Chanoines doivent y contribuer, selon le revenu qu'ils en tirent.

A l'égard des Abbayes en commende, les Abbés sont tenus des réparations des biens dépendans de la mense abbatialle, suivant le partage fait entr'eux & les Religieux. Si les réparations sont à faire dans l'Eglise, l'Abbé & le Monastere sont obligés d'y contribuer.

Enfin les réparations des Eglises collégiales, & des biens en dépendans, se doivent faire aux dépens du Chapitre & des Chanoines. *Voyez* dans le Dictionnaire de M. Brillon ce qui est dit des réparations des Eglises & Bénéfices.

REPARATIONS DES CHEMINS. Comme les grands chemins appartiennent au Roi, Sa Majesté ordonne qu'ils soient réparés à ses dépens, à moins que ce ne soit dans des endroits où des Seigneurs particuliers prennent des péages, barrages, & autres droits semblables; auquel cas c'est à ceux qui levent ces sortes de droits à réparer les grandes routes, parce qu'ils n'ont été anciennement accordés par nos Rois à quelques Seigneurs, que pour tenir les chemins en bon état: & les réparer en cas de besoin. *Voyez* ci-dessus Péage; & Bacquet en son Traité des Droits de Justice, chap. 30. nomb. 27.

Les Péages doivent contribuer, non-seulement à entretenir les ponts & chaussées des grands chemins, mais encore ceux de traverses, voisinaux & petits, qui sont dans la Jurisdiction des péages, suivant la Déclaration du mois de Janvier 1663.

Mais quand le Seigneur n'a point de péage, il n'est obligé que de contribuer avec les habitans de la Seigneurie, aux réparations d'un chemin du Village dont il est Seigneur; comme il a été jugé au Parlement de Paris le 21 Mai 1686, rapporté dans le Journal des Audiences.

Touchant les réparations des chemins, *Voyez* le Dictionnaire de M. Brillon, *verbo* Chemin, nomb. 8.

REPARTIR, signifie repliquer. Il signifie aussi diviser une somme en plusieurs autres.

REPARTITION, est une division, régalement d'une imposition ou d'une charge sur plusieurs Particuliers, pour sçavoir ce que chacun en doit porter.

REPETITION, est le droit qu'on a de redemander en Justice ce qu'on a avancé pour quelqu'un, ou ce qu'on lui a payé de trop, ou enfin ce qu'il n'est plus en droit de posseder ou de retenir.

Ce terme signifie quelquefois la réitération de quelque acte ou de quelque fait.

REPETITION DE DOT, est un droit accordé à la femme ou à ses héritiers, tant en pays coutumier, qu'en pays de Droit écrit, de pouvoir répeter la dot après la dissolution du mariage, ou après la dissolution de la Communauté, s'il n'y a stipulation au contraire.

Par le Droit Romain, la Femme a non-seulement pour la répetition de sa dot une hypotéque tacite sur les biens de son mari, mais cette hypotéque emporte une préférence aux créanciers hypotécaires, même antérieurs à l'exception du fisc.

Cela n'est pas reçu parmi nous en pays coutumier; car la femme n'a pour la répetition de sa dot, d'hypotéque sur les immeubles de son mari, que du jour du contrat de mariage, s'il y en a un; & s'il n'y en a point, du jour de la benédiction nuptiale.

REPETITION D'UNE CHOSE DONNÉE SOUS QUELQUE CONDITION NON ACCOMPLIE, se fait par une action personnelle, appellée en Droit *conditio causa data, causa non secuta*. Pour que cette action ait lieu il faut que la chose ait été donnée pour une cause future & honnête; par exemple, si je donne mon cheval à Titius pour aller à Rouen dans quinze jours y terminer une affaire que j'y ai, mais si la chose étoit donnée pour une cause qui auroit été déja terminée, la répetition n'auroit point lieu, *quoniam donatio intelligeretur; donatio autem nullam aliam causam requirit, præter donatoris libertatem*.

Cette action a lieu premierement lorsque celui qui a donné la chose *ob causam futuram*, la demande, les choses tant encore dans le même état; *quia datio ob causam contractus est innominatus, at in contractibus innominatis pœnitentiæ locus est, ita ut is qui debet ob causam, alium statim obliget, ipse verò ei non obligetur, priusquam alter conventionem impleverit. Leg. 3. §. 2. ff. de condict. caus. dat. caus. non secut.*

J'ai dit qu'il falloit que les choses fussent encore dans le même état, *pœnitentiæ enim locus tantùm est rebus integris*; car si celui qui a reçu la chose avoit fait quelque dépense pour exécuter la cause pour laquelle la chose lui auroit été donnée, la chose n'étant plus entiere, la répetition resteroit; *quia re non integra non licet pœnitere, quapropter actio repetere volenti nondaretur vel saltem qui acceperat, indemnis esset præstandus. Leg. 5, ff. eodem.*

En second lieu, cette répetition est admise, lorsque la cause pour laquelle la chose qui auroit été donnée n'auroit point eu d'exécution: mais il faut qu'il s'agisse d'un contrat innomé; car dans les contrats nommés, la répetition *ob causam non secutam* n'a point lieu. Par exemple, dans le contrat de vente, la répetition de la chose vendue & livrée ne seroit pas admise, parce que l'acheteur n'en auroit pas payé le prix; & le vendeur n'auroit que l'action *ex vendito pretio nomine; quia causa tradendæ, rei vendito non est saluto pretii, nec vice versa, sed obligatio ipsa exemptionis venditionis contractu descendens.*

Enfin, il faut que la cause pour la quelle la chose a été donnée, n'ait pas eu son exécution par la faute de celui qui s'en étoit chargé, ou bien que ce manque d'exécution ait été causé par cas fortuit. *Leg. 1, §. 1; leg. 5. in prin. leg. ult. ff. 5. t. leg. 1, cod.* Mais si ce manque d'exécution est causé par la faute de celui qui a donné la chose, la répetition n'a point lieu.

REPETITION DE CE QUI A ÉTÉ DONNÉ POUR CAUSE DESHONNETE OU INJUSTE. Pour sçavoir quand on peut répeter ce que l'on a donné pour cause deshonnête, il faut distinguer trois cas; ou il y a seulement de la turpitude de la part de celui qui a donné, ou seulement de la part de celui qui a reçu, ou enfin de la part de l'un & de l'autre.

S'il n'y a de la turpitude que de la part de celui qui a donné la répetition ne peut avoir lieu; *quia non est audiendus propriam turpitudinem allegans, & quia tunc nihil imputari potest ei qui accepit.* Par exemple si l'on a donné de l'argent à une femme de mauvaise vie, *libidinis implendæ causa*, on ne le peut pas répeter; car quoiqu'elle soit fort blâmable de faire un tel commerce, on ne peut pas répeter ce qu'on lui a donné, parce que ce n'est pas en recevant cet argent qu'il y a de la turpitude de sa part: *turpiter enim facit quod sit meretrix, sed cum sit meretrix turpiter non accipit. Leg. 4, §. 3, ff. de condict. ob. turp. vel injust. caus.*

S'il n'y a de la turpitude que de la part de celui qui a reçu, la répetition a lieu. Par exemple, si un dépositaire se fait donner quelque chose pour restituer le dépôt qui lui auroit été fait, ou si un homme se fait donner quelque chose pour ne pas assassiner quelqu'un; *quia tunc nulla ex parte dantis versatur turpitudo, sed tantùm ex parte accipientis: turpiter enim quis mercedem accipit pro eo quod ex jure vel officio facere tenetur. Leg. 2. ff. eod.*

S'il y a de la turpitute de la part de celui qui a donné, & de la part de celui qui a reçu, la répetition cesse. Par exemple, si l'on a donné de l'argent à un Juge pour mal juger, ou si l'on a donné à quelqu'un pour débaucher une femme ou une fille, *leg. 3. & 4, ff. eod. quia in pari causa melior est conditio possidentis, tuncque datum apud accipientem rei manet; is enim à quo datum est non posset illud aliter repetere, quàm suam allegando turpitudinem, at non est audiendus propriam turpitudinem allegans.*

Au reste, ce qui a été livré pour une cause injuste en conséquence d'une stipulation extorquée par dol ou par violence, peut être redemandé, *ne alicui sua violentia aut dolus prosit. Leg. 6 & 7, ff. de condict. ob turp. vel injust. caus. juncta glossa, cum notis Cujacii ad dictas leges.*

REPETITION D'UNE CHOSE NON DÛE, PAYÉE PAR ERREUR, est une action personelle, qui est appellée en Droit *condictio indebiti*. Elle est accordée à celui qui a payé par erreur de fait une chose qui n'étoit pas dûe, à l'encontre de celui qui en a reçu le payement, & qui oblige de la rendre, comme s'il l'avoit reçue à titre de prêt.

Elle ne provient point d'u véritable consentement que les Parties ayent eu de contracter une obligation, mais seulement d'un consentement fictif & présumé elle ne provient donc point d'un contrat, mais seulement d'un quasi contrat.

Pour que cette action ait lieu, plusieurs conditions sont requises. La premiere, que le payement ait été fait d'une chose qui n'étoit point dûe même naturellement: cette répetition n'étant fondée que sur la seule équité naturelle, celui qui a payé ce qu'il devoit naturellement, a payé ce à quoi il s'étoit obligé par l'équitté naturelle; ainsi cette même équitté naturelle le rend non recevable à redemander ce qu'il a payé.

La seconde, que ce payement ait été fait par erreur; parce que celui qui paye sciemment ce qu'il ne doit pas, est présumé vouloir donner par pure libéralité.

La troisiéme, que ce payement ait été fait par erreur de fait, & non par erreur de droit; parce que le droit étant restraint dans certaines regles, & ne pouvant être connu de tous les citoyens d'une Province, on ne peut pas être admis à demander quelque grace, sous prétexte de l'avoir ignoré; au lieu que les faits sont infinis, & trompent souvent les plus sages & les plus habiles.

La quatriéme, que ce payement ait enrichi celui qui l'a reçu; car la répetition de la chose qui a été payée sans être dûe, n'a été introduite que sur le fondement de l'équitté naturelle, qui ne permet pas que quelqu'un s'enrichisse au préjudice d'un autre c'est pourquoi si celui qui a reçu le payement d'une chose qui ne lui étoit pas dûe, n'en a pas augmenté son patrimoine, soit par ce qu'il l'a consumé de bonne foi, soit parce qu'elle est périe, il n'est pas tenu de la restituer.

L'effet de cette action est, que le Juge ordonne que la chose qui a été, quoique non dûe, payée par erreur, soit rendue à celui qui a fait le payement.

Mais on demande si celui a payé par erreur une chose non dûe, peut demander les profits que l'autre en a perçus pendant sa jouissance?

Il faut distinguer: ou la chose payée par erreur produit naturellement des fruits, comme un héritage; ou elle est stérile de sa nature, & ne produit d'elle même aucuns fruits, comme une somme d'argent.

Au premier cas, celui qui intente cette action, peut demander que la chose lui soit rendue, avec tous les fruits que le défendeur en a perçus pendant sa jouissance; *quia fructus fiunt quasi pars rei, & jure naturali ad rei dominium pertinent, accessionis jure. Igitur præter rem, de qua principaliter agitur in hanc actionem veniunt accessiones naturales; atque ideo qui agit hâc actione, non tantùm concludere debet ut res data rei reddatur, sed & rei solutæ accessiones, quæ vel per alluvionem accreverunt, pecorum que fœtus, necnon mercedes habitationis. Leg. 15 & 65, §. penult. ff. de condictione indebiti.*

Au second cas, c'est-à-dire quand il s'agit d'une chose stérile de sa nature, celui qui l'a payée par erreur n'en peut pas demander les intérets; il se doit contenter qu'on lui rende le principal: *Sola quantitas potest repeti quæ indebitè soluta est. Leg. 1, cod. de condict, indebiti; nam cùm conditio naturali æquitate nitatur æquitas non patitur, ut plus reddatur, quàm datum sit, neque vult, ut qui solvit lucretur cum alterius jactura, sed ne damno afficiatur. Leg. 13. & seq. cod. de condict indeb.*

Celui qui paye par erreur une somme, ou une autre chose stérile de sa nature, qu'il ne doit pas, est censé en faire un prêt; c'est ce qui fait que dans ce cas il n'a plus de privilége que n'en ont ceux qui passent un tel contrat. Cette disposition des Loix Romaines est observée parmi nous, tant en pays coutumier, qu'en pays de Droit écrit. *Voyez* ce que j'ai dit dans ma Traduction des Institutes, livre 3, tit. 28, §. 6. & 7. Henrys, tome 2. livre 4. quest. 32; & Duperier, tome 1. pag. 447.

REPETITION DE RETRAIT, est en quelques Coutumes le droit qu'à un parent lignager de retirer un héritage, qui ayant été retiré par retrait par le plus proche parent du côté & ligne, a ensuite été par lui vendu à un étranger.

Pour entendre ce que c'est, il faut sçavoir qu'en quelques Coutumes le plus proche parent du côté & ligne du vendeur d'un héritage, peut le retirer par retrait lignager, lorsqu'il a été vendu à un autre parent du côté & ligne qui n'étoit pas le plus proche.

Mais si le parent le plus proche, après avoir usé du retrait, vend ensuite l'héritage retiré à un étranger, le parent le plus éloigné, sur qui le retrait a été exercé, en la répetition, & peut retirer l'héritage vendu, non sur le pied du second contrat, mais sur le pied du premier.

Cette répetition de retrait a été sagement introduite, pour empêcher les fraudes des lignagers, qui ne se servent du retrait que dans la vûe d'y gagner, & non pas pour conserver les biens dans la famille, suivant l'esprit de nos Coutumes.

REPETITION DE TEMOINS, est une nouvelle audition de témoins, qui se fait quand un affaire civile, sur laquelle il y a eu enquête, est convertie en procès criminel, sur le requisitoire des Gens du Roi. En ce cas il faut que les témoins qui ont été oüis dans l'enquête le soient de nouveau en conséquence de l'information; parce que quoiqu'une information se puisse convertir en enquête, une enquête ne se convertit jamais en information.

REPETITION ET REITERATION DE QUESTION, étoit autrefois admise quand il y avoit de nouveaux indices contre l'accusé, plus forts & plus pressans que les premiers, & différens en espéce & en substance des autres. Mais l'Ordonnance de 1670. tit. 19. art. 12. en a décidé autrement. Voici les termes de cet article: *Quelque nouvelle preuve qui survienne, l'accusé ne pourra être appliqué deux fois à la question pour un même fait.*

REPIT n'est autre chose qu'un délai & surséance accordé à un débiteur pour payer ses créanciers. Ainsi par Lettres de répit, on entend des Lettres de surséance ou de délai de payer. *Voyez* sur cette matiere le titre 6. de l'Ordonnance de 1669.

Il n'y a que que le Roi qui puisse accorder ces sor-Lettres, elles ne peuvent être expédiées qu'au grand Sceau, de même que les Lettres d'Etat. Ainsi celles qui seroient obtenues ès Chancelleries près les Cours, seroient nulles, comme il a été jugé par Arrêt du Parlement de Provence le 4. Février 1667, rapporté par Boniface, tome 3, livre 3, titre 2, chapitre 3.

Pour que ces lettres soient valables, il faut qu'elles soient fondées sur des considérations très-fortes; comme s'ils est arrivé des pertes considérables à celui qui requiert ces Lettres, sans qu'il y ait de sa faute, c'est-à-dire par cas fortuit, ou par des banqueroutes véritables, dont il y a commencement de preuves par actes autentiques, lesquels doivent être expliquées dans les Lettres attachées sous le contre-scel, suivant l'article 2. du même titre de ladite Ordonnance de 1669.

Ces Lettres doivent être adressées au plus prochain Juge royal du domicile de l'impétrant, à moins qu'il n'y ait instance pendante pardevant un autre Juge, avec la plus grande partie des créanciers hypotécaires en ce cas les Lettres doivent lui être adressées; ensorte qu'aucune des Parties ne pourroit demander évocation ni renvoi pour cause de son privilége, suivant l'article 3.

Les Lettres de répit portent mandement exprès au Juge à qui elles sont adressées, qu'en procedant à l'entérinement d'icelles, les créanciers appellés, il donne à l'impétrant tel délai qu'il jugera raisonnable pour payer ses dettes; mais il ne peut être que de cinq ans, si ce n'est du consentement exprès des deux tiers des créanciers hypotécaires.

Par ces mêmes Lettres il est accordé à l'impétrant un délai de six mois pour en poursuivre l'entériment, pendant lequel délai défenses sont faites d'attenter à sa personne, & meubles meublans servans à son usage, sur peine de cent livres d'amende contre chacun des Huissiers ou Sergens, moitié envers le Roi, & moitié envers la Partie, & des dépens, dommages & intérêts contre chacun des créanciers contrevenans: ce qui doit être ordonné par le Juge auquel les Lettres sont adressées, au cas qu'il soit requis, ainsi qu'il est porte en l'article 4.

Cette surséance de six mois, portées par les Lettres de répit, commence à courir du jour de la signification d'icelles, avec assignation pour proceder à l'entérinement, suivant l'article 5, c'est-à-dire, que l'impétrant doit faire signifier ses Lettres, & en même tems faire donner assignation à ses créanciers, au moins aux plus considérables, pour les voir entériner, afin qu'ils puissent y former empêchement, au cas qu'ils ayent de justes causes pour le faire; comme si les moyens sur lesquels les Lettres auroient été obtenues, étoient faux & supposés.

Si la signification des Lettres de répit ne portoit pas assignation pour proceder à l'entérinement d'icelles, rien n'empêcheroit alors les créanciers d'agir contre leur débiteur, & de le contraindre de payer par toute sortes de voies, jusqu'à ce qu'elles seroient signifiées, comme dessus.

Les créanciers peuvent, nonobstant les Lettres de répit, faire saisir & exécuter les meubles de leur débiteur, comme il est porté en l'article 6. du titre des Répis de l'Ordonnance de 1669. Ce même atticle leur permet aussi de mettre ses immeubles en criées, de faire proceder au bail judiciaire; de sorte néanmoins que pendant le délai accordé par les Lettres, ou par le Juge auquel elles ont été adressées, il ne peut être procedé à la vente & adjudication des choses saisies, si ce n'est du consentement du débiteur & de ses créanciers, excepté quant aux meubles qui pourroient déperir pendant la saisie.

Si tous les biens de l'impétrant, ou la plus grande partie d'iceux étoient saisis, provision lui seroit adjugée, telle que de raison, sur les fruits & revenus de ses immeubles, les créanciers appellés pardevant le Juge qui a entériné lesdites Lettres de répit. Article 8.

Les Ordonnances du Juge à qui sont adressées les Lettres de répit, s'exécutent par provision, nonobstant oppositions ou appellations, soit que lesdites Ordonnances soient préparatoires, ou définitives. Article 7.

Les Sentences des Juges à qui le renvoi des Lettres de répit est adressé, ressortissent sans moyen aux Cours de Parlement, article 9. afin que passant un dégré de Jurisdiction, lorsque les Lettres sont présentées à un Juge qui neressortit pas nûement au Parlement, l'instance de répit soit plutôt terminée pour l'intérêt des créanciers.

Suivant l'article 111. de la Coutume de Paris, & l'article 11. du titre 6. de l'Ordonnance de 1669, les Lettres de répit ne peuvent pas avoir lieu I°. Pour pensions & alimens. Comme ils ne sont ordinairement données qu'à ceux qui en ont besoin, & qui n'ont pas le moyen d'attendre, leur cause est toujours très-favorable. Il en est de même des médicamens, dont la cause ne l'est pas moins.

II°. Pour loyers de maisons. Le propriétaire est préferés aux autres créanciers, pour les loyers qui lui sont dûs, sur les meubles qui sont dans la maison, par un droit & un privilége spécial, fondé sur ce que les meubles ont occupé la maison, & que les loyers sont plutôt dûs à raison des meubles, que de la personne à qui ils appartiennent. Ainsi les Lettres de répit ne peuvent point empêcher qu'il ne poursuive le payement de ses loyers sur lesdits meubles, en les faisant saisir, exécuter & vendre, selon la Coutume, mais ce privilége n'a point lieu sur les meubles qui se trouveroient appartenir au locataire, & qui n'auroient pas occupé la maison, pour lesquels les Lettres de répit auroient leur effet.

III°. Pour moisson de grain. La cause en est favorable; il ne feroit pas juste qu'un Fermier eût consumé les fruits du fonds qui lui auroit été donné à ferme, & qu'il obtînt, au préjudice du propriétaire, surséance de payer.

IV'. Pour gages de domestiques, journées d'artisans & mercenaires, d'autant que ces sortes de gens attendent leurs alimens de ce qu'ils gagnent par leur travail.

V'. Pour reliquats de compte de tutelle. Les deniers pupillaires sont très-privilégiés. Un tuteur est contraignable par corps pour payer le reliqua de son compte, suivant l'article 3. du titre de la Décharge des contraintes par corps de l'Ordonnance de l'an 1667. Il en est de même de ceux qui manient des deniers privilégiés, comme ceux des Hôpitaux & des Eglises, pour raison desquels les Lettres de répit n'ont point lieu.

VI'. Pour maniement des deniers publics, & pour dépôts nécessaires.

VII'. Pour lettres de change; il est de l'intérêt du commerce qu'elles soient payées sans délai. Pour marchandises vendues sur l'étape, c'est-à-dire au lieu destiné pour la vente des marchandises. Pour marchandises achetées aux Foires, Marchés, Halles & Ports publics; ce qui est fondé sur l'intérêt du commerce. Pour poisson de mer, frais, sec & salé; ce qui a été ainsi ordonné pour entretenir le commerce avec les Marchands étrangers.

VIII'. Pour cautions judiciaires à cause de l'autorité des Jugemens; c'est-à-dire que celui qui a servi de caution judiciaire, ne se peut servir des Lettres de répit qu'il auroit obtenues.

IX'. Pour fraix funéraires: cette dette est si favorable, qu'elle est préferée à toute autre, même aux loyers, sur les meubles qui occupoient la maison où demeuroit celui auquel ils appartenoient.

X'. Pour arrérages de rente fonciere & redevance de baux emphytéotiques, qui semblent être destinées pour servir aux alimens de celui à qui elles sont dûes; mais les arrérages de rentes constituées ne sont pas privilégiés, comme ceux des rentes foncieres.

XI'. Pour dû adjugé par Sentence définitive & contradictoire. Article 111. de la Coutume de Paris.

XII'. Pour dettes des mineurs contractées avec les mineurs ou leurs tuteurs, durant leur minorité *Ibid.*

Quant à ce qui est dit dans l'article 111. de la Coutume de Paris, que le répit n'a lieu contre le dû adjugé par Sentence, cela n'est pas observé, à moins que ce ne fût pour dettes privilégiées; autrement il arriveroit rarement qu'un débiteur pût utilement obtenir des Lettres de répit, étant assez difficile qu'un homme qui est mal dans ses affaires, n'ait été poursuivi par quelques-uns de ses créanciers, & n'ait été condamné envers eux; ainsi il ne pourroit pas se servir des Lettres de répit contr'eux: ensorte que nonobstant lesdites Lettres ils ne laisseroient pas de faire vendre ses meubles, & de poursuivre les criées & adjudications de ses immeubles.

Mais elles n'auroient pas lieu pour sommes adjugé à cause de réparation de crimes, suivant l'article 321. de la Coutume de Melun, ni pour dépens adjugés par Sentence ou Arrêt, parce que cette dette est privilégiée, d'autant qu'elle est causée par la faute du condamné, quoique ce soit en matiere civile.

C'est aussi la raison pour laquelle l'Ordonnance de l'an 1667, titre 34, qui a défendu les condamnations par corps en matiere civile, permet néanmoins de les ordonner, par l'article 2. du même titre, après les quatre mois, pour dépens adjugés, s'ils montent à deux cens livres, & au-dessus.

Quant à ce qui est dit dans ledit article 111. de la Coutume de Paris, des dettes contractées avec les mineurs, ou avec leurs tuteurs, quoique l'Ordonnence n'en parle point, néanmoins il est observé en faveur des mineurs, quand les dettes ont été contractées de leurs deniers, & non quand c'est des deniers dûs à ceux ausquels ils ont succedé: c'est pourquoi cet article ne parle que dettes contractées avec les mineurs, ou avec leurs tuteurs.

On ne peut valablement renoncer au bénéfice des Lettres de répit. L'article 12. du titre 6. de l'Ordonnance de 1669 déclare telles rénonciations nulles & de nul effet; mais cet article n'a point lieu dans les Coutumes qui en disposent au contraire, comme celle d'Auvergne.

Il seroit inutile d'accorder ce bénéfice, si les créanciers y pouvoient faire renoncer leurs débiteurs: cette clause dans la suite du tems entreroit toujours dans le stile des Notaires, & se trouveroit dans tous les contrats qu'ils passeroient. C'est aussi pour cette raison qu'on ne peut renoncer au bénéfice de cession.

On ne peut obtenir plusieurs Lettres de répit les unes après les autres. L'art. 13. du même titre défend d'accorder de secondes Lettres de répit, si ce n'est pour des causes nouvelles & considérables, dont il y ait commencement de preuves, sans que, pour quelque cause que ce soit, on en puisse accorder d'autres.

Les Lettres de répit doivent contenir, I'. Les causes pour lesquelles elles sont demandées; sçavoir, les pertes que l'impétrant a faites, soit par banqueroutes, ou autrement, dont il doit avoir commencement de preuves par actes autentiques attachés sous le contre-scel, suivant l'article 2.

II'. L'adresse des Lettres au Juge royal plus prochain du lieu du domicile de l'impétrant, ou de celui avec lequel il y instance pendante avec la plus grande partie des créanciers, hypotécaires, suivant l'article 3.

III'. Le mandement exprès au Juge de donner un délai raisonnable, les créanciers étant appellés pardevant lui.

IV'. Le délai de six mois accordé à l'impétrant pour en poursuivre l'entérinement.

V'. La défense à tous Huissiers & Sergent d'attenter à la personne de l'impétrant, & à ses meubles meublans.

Pour qu'un Négociant, Marchand ou Banquier puisse obtenir des défenses générales, ou des Lettres de répit, il faut qu'il ait auparavant mis au Greffe de la Jurisdiction dans laquelle les défenses ou l'entérinement des Lettres devront être poursuivis, de la Jurisdiction consulaire s'il y en a, ou de l'Hôtel commun de la Ville, un état certifié de tous ses effets, tant meubles qu'immeubles, & de ses dettes; & qu'il ait représenté à ses créanciers, ou à ceux qui auront pouvoir d'eux, s'ils le requierent, ses Livres & Registres, dont il est tenu d'attacher le certificat sous le contre scel des Lettres, ainsi qu'il est porté par l'art. 1. du tit. des Défenses & Lettres de répit du Code Marchand.

En effet, il ne seroit pas juste que ceux qui obtiennent des défenses générales, ou des Lettres de répit, puissent détourner leurs effets pendant le délai qui leur est accordé. Ainsi, afin qu'il ne puissent pas facilement tromper leurs créanciers, ils sont obligés de leur représenter leurs Registres & leurs papiers journaux, pour voir si l'état qu'ils ont mis au Greffe est conforme à leurs Registres, ou à leur Livres.

Quant à ce qui est dit dans cet article, que celui qui veut obtenir des défenses générales, ou des Lettres de répit, doit auparavant représenter à ses créanciers, s'ils le requierent, ses Livres & Registres: cela ne s'observe pas, d'autant que les créanciers commenceroient par emprisonner leur débiteur, sans vouloir voir ni examiner ses Registres; ainsi cela lui seroit inutile: mais le débiteur doit commencer par obtenir des défenses générales, c'est-à-dire un Arrêt de défenses contre tous ses créanciers, ou des Lettes de répit, & ensuite représenter les Livres à ses créanciers, pour les examiner & voir s'il sont conformes à l'état qu'il a mis au Greffe de tous ses effets.

Si l'état se trouvoit frauduleux, & qu'il ne fût pas conforme aux Registres & aux Livres de l'impétrant, il seroit déchu d'icelles, quoiqu'elles fussent entérinées, ou accordées contradictoirement; & il ne pourroit plus en obtenir d'autres, parce que par ce moyen il s'en seroit rendu indigne, étant présumé avoir voulu tromper ses créanciers, & avoir caché ses effets; il ne seroit pas même reçu au bénéfice de cession, suivant l'art. 2. du même titre.

Les défenses générales & les Lettres de répit, doivent être signifiées aux créanciers & à ceux qui y ont intérêt, dans huitaine, à compter du jour de leur impétration, suivant l'article 3. du même titre, qui veut qu'elles n'ayent effet qu'à l'égard de ceux ausquels elles ont été signifiées; ce qui a été ainsi établi, afin que les créanciers informés des Lettres de répit, ou des défenses obtenus par leur débiteur, puissent déduire leurs causes & moyens d'opposition contre, & qu'ils puissent faire connoître le dol & la fraude de leur débiteur.

Ceux qui ont obtenu des défenses générales ou des Lettres de répit, ne peuvent pas payer un de leurs créanciers au préjudice des autres; à peine d'être déchus desdites défenses & Lettres de répit, suivant l'article 4.

Comme par le moyen de ces défenses générales & de ces Lettres, tous leurs biens sont réputés être sous la main & l'autorité de la Justice, ils ne peuvent plus disposer au profit de l'un au préjudice de tous les autres.

Les Lettres de répit à l'égard de l'impétrant ont deux effets, l'un utile, & l'autre onéreux.

L'utile, en ce qu'elles donnent d'abord six mois de surséance à toutes les contraintes, tant contre sa personne, que ses meubles meublans; & après si elles sont entérinées, il lui est donné un délai considérable pour satisfaire ses créanciers, jusqu'à cinq ans; & pendant le cours de la procédure qui se fait pour le faire entériner, en cas que tous ses biens soient saisis, il peut encore obtenir une provision; & afin que rien n'en puisse retarder l'exécution, l'article 7. du titre 6. de l'Ordonnance de 1669. veut que les Ordonnances, tant préparatoires que définitives, du Juge qui connoîtra de l'entérinement des Lettres, soient exécutées par provision, nonobstant oppositions ou appellations; lesquelles appellations, suivant l'art. 9, se doivent relever ès Cours de Parlement, & non ailleurs.

L'effet onéreux des Lettres de répit est que, suivant l'article 5. du titre 9. de l'Ordonnance de 1673. ceux qui ont obtenu des Lettres de répit, ou des défenses générales, ne peuvent être élus Maires ou Echevins des Villes, Juges ou Consuls des Marchands, ni avoir voix active & passive dans le Corps & Communautés, ni être Administrateurs des Hôpitaux, ni parvenir aux autres fonctions publiques, jusqu'à ce qu'ils ayent obtenu des Lettres de réhabilitation. Cet article veut même qu'ils en soient exclus, en cas qu'ils fussent actuellement en charge. La raison est, que ces Lettres sont odieuses, & portent avec elles une espèce d'infamie, & donnent atteinte à leur réputation. Ainsi, comme les charges & les administrations publiques requierent dans les personnes que l'on y reçoit, non-seulement de la probité, mais un bien suffisant pour en répondre, qu'elle apparence y a-t-il d'y admettre des gens dont les affaires sont en désordre, & dont la réputation est en quelque façon flétrie, *apud graves & bonos viros. Voyez* ce qui est dit dans Bornier sur cet article 5. du titre 9. de l'Ordonnance de 1673.

Au reste, des coobligés, cautions & vérificateurs, ne peuvent point jouir du bénéfice des Lettres de répit accordées au principal débiteur, comme il est dit en l'article 10. du titre 6. de l'Ordonnance de 1669. En effet, les Lettres de répit & de cession sont personnelles, & par conséquent ne peuvent servir à d'autres qu'à celui qui les a obtenues.

Il faut donc distinguer entre les exceptions personnelles & celles qui sont réelles: les personnelles ne passent jamais aux fidejusseurs ni à d'autres, elles sont inhérentes à la personne en faveur de qui elles ont été introduites; mais les réelles étant inhérentes à la chose même, sont accordées à tous ceux qui y ont intérêt. *Voyés* ce que j'ai dit sur le paragraphe dernier du titre 14. du quatriéme Livre des institutes.

Touchant les Lettres de répit, *voyés* le titre 6. de l'Ordonnance de 1669, avec les Commentaires de Bornier ; & ce que j'ai dit sur l'article 111. de la Coutume de Paris *Voyés* aussi la Déclaration du 18. Décembre 1699, portant réglement pour les Lettres de répit.

Présentement les Lettres de répit sont peu en usage; le débiteur préfere ordinairement de faire un contrat d'attermoyement avec ses créanciers.

REPLIQUES, sont les réponses que le demandeur fait aux défenses qui ont été fournies à sa demande.

REPONSES, sont des défenses, des réparties aux moyens & raisons qu'on nous objecte, dans la vûe de détruire le droit dans la cause dont est question.

REPONSES A GRIEFS ET AUX CAUSES D'APPEL, son les moyens qu'on allégue contre les griefs ou contre les causes d'appel.

REPREHENSION, signifie la réprimande qu'un Supérieur fait à quelqu'un de ceux qui lui sont soumis, & qui ont failli ou manqué à leur devoir.

REPRENDRE UN PROCÈS. *Voyez* Reprise de procès.

REPRENDRE UN FIEF. *Voyez* Reprise de Fief.

REPRÉSAILLES. Ce terme signifie le droit qu'ont les Princes de reprendre sur leurs ennemis les choses qu'ils leur retiennent injustement, ou des choses équivalentes.

Lorsqu'on retient une Place à un Prince, il s'empare d'une autre par droit de représailles. On prend aussi quelquefois des gens d'un parti ennemi par droit de représailles.

Ce terme s'employe aussi quelquefois pour signifier des Lettres que les Rois accordent à leurs Sujets, en grande connoissance de cause, pour reprendre sur les premiers biens appartenans à quelqu'un du parti ennemi, l'équivalent de ce qu'on leur aura enlevé par violence, & dont le Roi ennemi ne leur aura pas voulu faire justice.

La maniere d'obtenir ces Lettres, & ce à quoi les impétrans sont obligés, se trouve dans le titre 10. du livre 3. de l'Ordonnance de la Marine. Ce droit de représailles s'appelle droit de marque & d'arrêt; *quia est jus transeundi in alterius Principiis marchas, seu limites, & bona eorum occupare, qui nostra usurparunt.*

Droit de représailles, est aussi un droit que peut exercer celui qui ayant été pris prisonnier, a été obligé de payer sa rançon pour sa propre liberté. Ce droit consiste à pouvoir faire prisonniers ceux du parti contraire qu'il pourra ensuite arrêter; & en faisant déclarer la prise bonne & valable par Sentence ou Arrêt, leur faire payer par droit de représailles une somme, pour le récompenser des pertes qu'il a souffertes en guerre, & de ce qu'il a payé pour sa rançon.

REPRÉSENTATION, est l'exhibition d'une personne, ou l'exhibition de quelque chose, pour découvrir la vérité d'un fait.

Quand on s'inscrit en faux contre une piéce, le Juge ordonne qu'on en fera la représentation. Quand on fait le procès à un accusé d'avoir commis un homicide, on lui fait la représentation des armes dont il s'est trouvé saisi lors qu'il a été pris; on lui fait aussi la représentation du corps mort de l'assassiné, & de tous les indices qui sont contre lui. *Voyez* Exhibition.

REPRÉSENTATION DE MEUBLES SAISIS, est celle à laquelle sont obligés par corps ceux qui s'en sont rendus gardiens.

Mais les Huissiers ne peuvent pas, de leur autorité privée, emprisonner un gardien établi aux saisies de meubles, faute de les représenter.

REPRÉSENTATION D'UN ACCUSÉ, est celle à laquelle est obligé par corps l'Huissier à la garde duquel un accusé a été mis.

La promesse qu'un Huissier a faite de représenter quelqu'un, se résout toujours en dommages & intérêts seulement, & jamais à la condamnation de la peine afflictive que pourroit mériter l'accusé.

REPRÉSENTATION D'UN CONDAMNÉ PAR CONTUMACE. *Voyez* Contumace.

REPRÉSENTATION EN MATIERE DE SUCCESSION, est le droit de succeder à quelqu'un du chef d'une personne prédécedée; de sorte que ceux qui le représentent, en quelque nombre qu'ils soient, ne sont admis à la succession, que pour la part & portion qu'auroit eue la personne prédécedée, si elle étoit vivante, & qu'elle recueillit la succession du défunt. Tous les représentans ne peuvent pas avoir plus de droit à une succession que celui qu'ils représentent.

Quand la représentation à lieu, comme ceux qui viennent à la succession en vertu de ce droit, n'y viennent pas de leur chef, mais du chef de la personne qu'ils représentent, s'ils se trouvent plus éloignés en dégré de parenté, que d'autres avec qui ils concourent, ils ne laissent pas d'être admis, comme occupans le dégré de la personne qu'ils représentent.

Ainsi, par le moyen de la représentation, des héritiers plus éloignés en dégré viennent avec des héritiers plus proches en la succession du défunt; ensorte que les plus éloignés ne sont pas exclus par les plus proches, les plus éloignés succedant par représentation de ceux desquels ils descendent.

Jamais on ne succede par représentation, que la Loi ne le décide expressement; parce que l'effet de la représentation étant de rapprocher celui qui est plus éloigné, pour le faire concourir avec un parent plus proche en dégré, & de faire que ceux qui sont en même dégré, succedent quelquefois inégalement la représentation apporte une exception à la régle fondamentale des successions, qui veut que les plus proches en dégré succedent à l'exclusion de tous les autres, & que ceux qui sont en pareil dégré succedent également entr'eux; & cette exception ne sçauroit jamais être admise que par une disposition précise de la Loi.

Suivant les Loix Romaines, la représentation a toujours eu lieu en ligne directe jusqu'à l'infini. *Ratio est, quia pater & filius pro una eademque persona habentur: quapropter filii etiam vivo patre rerum paternarum domini esse intelliguntur, & ideò mortuo eo in ejus locum succedunt quoad hæreditates ascendentium, propter arctissimum, quo liberi junguntur parentibus, vinculum.*

La liaison, pour ne pas dire l'identité du pere & du fils, fait que le petit-fils & l'arriere petit-fils, qui tirent leur origine de celui de la succession duquel il s'agit, viennent par représentation à sa succession, quand leur pere ou autre ascendant décedés ne remplissent par leur dégré. *Natura enim veluti tacita lex, bona parentum liberis addicit; atque adeò æquissimum est, ut filius præmortuum patrem in successione avi aut alterius ascendentis representer.*

Ainsi les petits-fils, au défaut de leur pere décedé, succedent à leur aïeul avec leurs oncles fils du défunt. Pareillement, les petits-neveux succedent à leur bisaïeul avec leurs grands-oncles, par représentation.

Enfin, la représentation a lieu en ligne directe à l'infini; & cette décision est tirée des sentimens que la nature inspire à toutes les personnes raisonnables: ensorte que c'est une décision du Droit de nature, plutôt qu'une décision du Droit civil.

De ce principe il s'ensuit, que si trois enfans issus de l'aïeul étoient décedés avant lui, le premier laissant deux enfans, l'autre trois, & le dernier quatre, tous ces petits-fils, encore qu'ils soient tous joints à leur ayeul en pareil dégré, viendroient *in stirpes* à la succession de leur aïeul, *tantam de hæreditate morientis partem accipientis quanticumque sint, quantam eorum parens habuisset, si viveret.* Et c'est ce que nous appellons succeder par souches, & non par têtes. Ces petits-fils ne venant pas de leur chef à la succession de leur ayeul, mais du chef de leur pere qu'ils représentent, ils ne peuvent prendre que la part & portion qu'il auroit eue, s'il étoit lui même admis à la succession du défunt.

En ligne collatérale, la représentation n'avoit point lieu, suivant la disposition des Loix Romaines, parce que les collatéraux ne tirent point leur origine les uns des autres. Les enfans n'étoient point admis à remplir le degré de leur pere, dans une succession collatérale, qui n'est point dûe par le droit de nature, comme l'est véritablement la succession des ascendans à leurs descendans.

Mais Justinien, par sa Novelle 118, a voulu que la représentation soit admise en ligne collatérale dans un cas; sçavoir, en faveur des neveux & niéces, quand ils concourent avec un oncle ou une tante, à la succession d'un autre oncle ou tante; auquel cas les neveux & niéces succedent à leur oncle ou tante par représentation de leur pere ou de leur mére, quoiqu'ils soient plus éloignés en degrés que leurs oncles ou tantes avec qui ils succedent.

Comme dans ce cas la représentation a été introduite par Justinien, contre les régles & les principes du Droit, on n'en a point fait d'extension ni d'interprétation favorable. Ainsi hors ce cas la représentation n'a point lieu en ligne collatérale; & les collatéraux, à l'exception de ce cas, succedent par têtes, & non point par souches; ensorte que le plus proche exclut toujours le plus éloigné.

Cela s'observe même entre les neveux de plusieurs freres ou sœurs, lorsqu'ils succedent à leur oncle ou à leur tante de leur chef, c'est-à-dire qu'ils ne concourent point à sa succession avec un autre oncle ou tante; & alors ils partagent tous également & par têtes.

En pays de Droit écrit, la représentation est admise à l'infini en ligne directe, dont la faveur est très-grande; en ligne collatérale, la représentation n'y est admise que dans le cas défini par la Novelle 118. de l'Empereur Justinien.

La Coutume de Paris, & un très-grande nombre d'autres, ont une semblable disposition. Mais il y a plusieurs Coutumes dans le Royaume, qui ont sur ce point des dispositions si particulieres & si bizarres, qu'il seroit difficile, pour ne pas dire impossible, d'en rendre de bonnes raisons.

Sans entrer dans le détail de ces Coutumes, qui meneroit trop loin, il faut tenir pour principe, que par le Droit commun du Royaume, la représentation est admise à l'infini en ligne directe; & en ligne collatérale, dans le cas seulement de la Novelle 118.

Comme la représentation est un droit, en vertu duquel des enfans succedent au lieu de leur pere ou de leur mere, qui sont décedés avant que la succession soit ouverte, on ne peut pas représenter une personne vivante. La raison ne veut pas qu'on entre dans la place d'un homme vivant qui remplit son degré.

Quand plusieurs enfans viennent par représentation de leur pere ou de leur mere à une succession, ils n'y peuvent venir que pour la part & portion qui auroit appartenu à leur pere ou à leur mere, s'ils étoient vivans; car ils remplissent le degré de la personne qu'ils représentent, & par conséquent il faut partager la succession contre les cohéritiers, comme si la personne représentée étoit vivante & succedoit; ce que nous appellons partager par souches.

Ainsi, quand un homme décede laissant un fils, & quatre enfans d'un autre fils prédécédé, les petits-fils qui viennent par représentation de leur pere, ne prennent tous ensemble dans sa succession que la portion que leur pere auroit eue s'il avoit survécu le défunt.

Pareillement, lorsque le défunt n'a laissé que des petits-fils issus de divers enfans prédécédés, chacun des petits-enfans ne prend pas une portion de la succession de l'aïeul; mais tous les petits-enfans issus d'un fils ou d'une fille prennent à eux tous la part que leur pere auroit dû avoir; & par ce moyen, s'il n'y a qu'un petit-fils d'une branche, il aura autant à lui seul, que tous ceux d'une autre branche, fussent-ils douze ou plus.

Quelques-unes de nos Coutumes qui n'admettent point la représentation en ligne directe descendante, sont très-odieuses, comme celle de Ponticu. Dans ce ces Coutumes, le rappel fait à l'égard d'un des enfans, est réputé fait au regard de tous les autres qui sont dans le même cas ; c'est-à-dire, que quand un ayeul qui a des enfans vivans, rappelle un de ses petits-enfans dont le pere est décédé, le rappel profite à tous les autres petits enfans sans distinction.

Ainsi jugé au Parlement de Paris, dans la Coutume de Ponthieu, le 27. Janvier 1648. sur les conclusions de M. l'Avocat général Talon, qui dit que quand un pere ou une mere veulent déroger au Droit public, & à la Loi établie par la Coutume, pour un intérêt domestique &particulier, ils ne le peuvent pas faire en faveur de quelques-uns de leurs enfans sans y comprendre tous les autres qui sont dans le cas de joüir du même droit. M. Soefve, tome I. centurie 2. chap. 58.

Voyez aussi M. le Brun en son Traité des Successions, liv. 3. chapitre 10. sect. 3. ou il dit que le rappel ou la réserve faite en ligne directe pour une branche, ou pour un des enfans d'une branche, profite aux autres branches ; parce que l'ayeul ayant une fois voulu modérer la rigueur de la Loi, l'égalité qu'il a souhaitée doit être universelle pour tout ses petits-enfans.

Il n'est pas nécessaire d'être héritier de celui qu'on veut représenter, ni dans la directe, ni dans la collatérale; l'effet de la représentation, qui n'est autre que de réparer le défaut de la personne représentée, & de la feindre présente en entrant en son lieu & place, ne vient que de la liaison du pere & du fils.

C'est aussi pour cela qu'il n'y a que les enfans qui représentent, & que cela ne s'est jamais permis en quelque cas que ce soit aux collatéraux. Ce droit ne vient point d'une qualité civile d'héritier ; mais il a son fondement dans la nature, qui fait une subrogation perpétuelle des enfans au pere, & rend un pere mort en la personne d'un fils qui lui survit. Et c'est une des différences qu'il ya entre la transmission & la représentation, en ce que nous ne pouvons transmettre qu'à celui qui nous succede ; mais un pere peut être représenté par son fils, soit que ce fils lui succede ou non.

On ne peut pas, comme nous avons dit ci-dessus, représenter une personne vivante ; il faut que celui que l'on veut représenter, soit mort d'une mort naturelle ou d'une mort civile. D'où il s'en suit que quand un fils est vivant, & qu'il renonce à la succession de son pere, ses enfans n'y peuvent pas être admis en sa place par la voie de la représentation, tant qu'il y a des enfans ou des petits-enfans qui viennent par représentation. Mais lorsqu'il n'y a point de petits-enfans d'un fils prédécédé, & que tous les enfans du prédécédé ont renoncé, alors les petits-enfans du fils qui a renoncé succedent de leur chef à de leur ayeul & non pas par représentation.

Voyez ce que j'ai dit sur l'article 319. de la Coutume de Paris ; & dans ma Traduction des Institutes, sur le premier titre du troisiéme Livre *Voyez* aussi ce qui est dit ci-après *verbo* Transmission.

La représentation n'a jamais lieu en ligne directe ascendante, c'est-à-dire qu'elle n'est point admise entre les ascendans, lorsqu'ils succedent à leurs descendans ; on a seulement égard entr'eux à la proximité du degré de parenté ; ainsi le plus proche en degré exclut toujours le plus éloigné : c'est pourquoi si quelqu'un décede sans enfans, & qu'il laisse son pere ou sa mere, & son ayeul ou ayeule du côté du prédécédé de ses pere & mere; l'ayeul ou l'ayeule ne concourt point avec le pere ou la mere du défunt. *Si plurimi ascendentium vivum, hos præponi jubemus, qui proximi gradu reperiuntur, masculos & fœminas, sive paterni sint sive materni sint Nov.* 118 *capite* 2.

Mais on demande si en pays coutumier, lorsque plusieurs ayeuls concourent & sont admis à la successions de leurs petits-enfans, ils succedent par têtes ou par souches?

Il faut dire qu'ils succedent par têtes, & non par souches, parce que la représentation n'a point lieu en ligne directe ascendante: les ayeuls & ayeules ne succedent qu'au défaut des peres & meres, & par conséquent également & par têtes; car suivant l'esprit du Droit, on ne succede par souches, soit en ligne directe ou collatérale, que quand on succede par représentation. Loysel en a fait une régle dans ses Institutes coutumieres, au titre des Successions. Dumoulins dans son Apostille sur l'article 241 de la Coutume du Maine, décide que la représentation n'a jamais lieu en ligne directe ascendante ; qu'ainsi on n'y peut succéder par souches.

Le chapitre second de la Novelle 118. est donc contraire & à l'esprit de l'ancien Droit Romain, & à l'esprit du Droit coutumier, lorsqu'il a ordonné le partages par souches entre les ascendans. Mais cette décision n'est pas suivie dans le pays coutumier *Voyez* ci-après, Succéder par souches.

Touchant la représentation, *voyez* ce qui en est dit dans le Recueil alphabétique de M. Bretonnier, *verbo* représentation, & *verbo* Succession.

REPRISE EN GÉNÉRAL, signifie l'action par laquelle on reprend une chose.

REPRISE DE FIEF, signifie la prise de possession d'un fief que fait l'héritier du vassal dont il hérite, laquelle possession il reçoit du Seigneur, en lui faisant la foi & hommage, & lui payant ses droits, car anciennement les fiefs retournoient aux Seigneurs après le décès des vassaux, & les héritiers des vassaux en devoient être investis par les Seigneurs.

On appelle aussi fiefs de reprise ceux qui ne procédant pas de vraie concession, mais qu'ayant été originairement des aleux, ont été cedés par les proprietaires à des Seigneurs, & repris d'eux aussitôt pour être tenus à foi & hommages.

REPRISE DE PROCÈS, est une procédure qui à lieu dans l'une des Parties vient à décéder, à l'effet d'obliger ses héritiers à reprendre la cause, l'instance ou le procès où le défunt étoit Partie, lorsque ses héritiers ne font point la reprise d'eux-mêmes.

Le Jugement d'un procès qui est en état d'être jugé, c'est-à-dire lorsque les forclusions sont acquises, ou qu'il a été satisfait de part & d'autre à tous régle mens, ne peut être differé par la mort d'une des Parties, ou de son Procureur, suivant l'article 1. du titre 36. de l'Ordonnance de 1667.

En ce cas il n'est donc pas nécessaire de faire assigner en reprise les héritiers du décédé, sauf à faire déclarer exécutoire contr'eux le Jugement qui interviendra; mais cela ne se doit entendre que des procès civils, & non des procès criminels, parce que les crimes s'éteignent par la mort des criminels, & les procès finissent aussi par leur décès, quant à la vengeance publique.

Si toutefois il s'agissoit de quelque amende ou intérêt civil adjugé ou poursuivi, on y garderoit la même forme qu'en matiere civile.

Cela posé, quand en matiere civile une Partie décede pendant la poursuite d'une cause, instance ou procès, & avant le Jugement, ses héritiers peuvent reprendre, sans qu'ils soient assignés pour cela; & font la reprise par un acte passé au Greffe de la Jurisdiction, ou pardevant Notaires; & leur Procureur, ayant fait signifier la reprise & obtenu un Jugement qui tient l'Instance pour reprise, les Parties procedent comme auparavant le décès.

Si les héritiers de celui qui est décédé ne reprennent d'eux-mêmes, la Partie adverse doit les faire assigner pour reprendre le procès suivant les derniers erremens ou actes du procès, dont il faut donner communication aux héritiers qui sont assignés en reprise. Autrement, les procédures faites, & les Jugemens intervenus depuis le décès d'une des Parties, sont nuls, suivant l'article 2. du titre 26. de l'Ordonnance de 1667.

Mais cet aricle se doit interpréter par l'article suivant, qui veut que le Procureur qui sçait le décès de sa Partie, soit tenu de le faire signifier à l'autre, & que les poursuites soient valables jusqu'à la signification du décès. Ainsi toutes les procédures faites depuis le décès d'une Partie, sont valables jusqu'à ce qu'il ait été déclaré & signifié à la Partie adverse; ensorte que l'article 2. qui déclare nuls les procédures & les Jugemens intervenus depuis le décès, se doit entendre au cas que le décès ait été signifié, ou que la Partie adverse en ait eu connoissance d'ailleurs.

Si celui à qui la signification du décès a été faite, prétend que la Partie n'est pas décédée, il peut continuer sa procédure; ensorte néanmoins que si le décès se trouve véritable, tout ce qui aura été fait depuis la signification sera nul, sans que les fraix puissent entrer en taxe, ni même être employés par le Procureur à sa Partie dans son mémoire de fraix & salaires, si ce n'est qu'elle eût donné un pouvoir spécial & par écrit de continuer la procédure, nonobsta signification du décès.

L'assignation qui se donne en reprise dans les Cours souveraines, se fait ou en vertu d'une permission que l'on fait mettre au bas d'une Requête présentée, ou en vertu d'une Commission que l'on obtient en Chancellerie.

Si la Partie que l'on veut faire assigner en reprise demeure à Paris, on lui fait donner l'assignation en présentant Requête sur laquelle on fait mettre une Ordonnance de soit Partie appellée.

Si la Partie demeure en Provence, on prend une Commission en Chancellerie, en vertu de laquelle on l'assigne en reprise.

Quand les héritiers comparoissent sur l'assignation à eux donnée, & reprennent l'instance ou procès, il faut procéder suivant les derniers erremens, mais s'ils comparoissent, & qu'ils fournissent des défenses, le Juge doit ordonner ce que de raison.

Les héritiers ou la veuve assignés en reprise, peuvent opposer contre cette demande; I°. Les délais qui leur sont accordés pour déliberer; II°. L'acte de renonciation à la succession du défunt, ou à la communauté.

S'ils comparoissent sans répondre & sans fournir des défenses, on prend au Greffe un défaut faute de défendre, que l'on fait juger, & il tient l'instance pour reprise.

S'ils ne compäroissent pas, on prend au Greffe un défaut faute de comparoir, que l'on fait juger à l'ordinaire, & qui pour le profit tient l'instance pour reprise.

Ce défaut étant jugé, on le fait signifier avec assignation à la Partie pour procéder suivant les derniers erremens de l'instance qui a été tenue pour reprise; ce faisant, voir adjuger les conclusions.

S'ils ne comparoissent pas sur cette assignation, on prend encore un défaut faute de comparoir, qui adjuge les conclusions.

Touchant les reprises de procès, *voyez* le Dictionnaire de M. Brillon, *verbo* Procédure, nombre 21. & suivans.

REPRISE EN FAIT DE COMPTE. Pour entendre ce que c'est, il faut sçavoir que les comptes ont trois sortes de chapitres; ceux de recette, ceux de dépense, & ceux de reprise. Pour regarder l'ordre du compte, le rendant emploie dans le chapitre de recette une somme entiere, dont il n'a reçu qu'une partie; mais c'est à la charge de reprise, c'est-à-dire de mettre chapitre de reprise les deniers comptés dans le chapitre de recette, qu'il n'a pas reçus. Ainsi on entend par chapitre de reprise, celui où le comptable a employé les deniers qu'il n'a pas reçus, & dont il demande la déduction.

REPRISE DE LA FEMME, EN RENONÇANT A LA COMMUNAUTE', sont tout ce qu'elle a droit de reprendre sur les biens communs, ou sur les biens de son mari, après le décès d'icelui, soit par la disposition du Droit, comme ses deniers dotaux qu'elle s'est stipulé propres, ou ce qui lui est avenu pendant le mariage par succession, ou ce qu'elle reprend par convention ou stipulation portée par le contrat de mariage; ce qu'on appelle conventions matrimoniales.

La stipulation ce reprise est une clause apposée dans un contrat de mariage, par laquelle il est porté que la femme, au cas qu'elle renonce à la communauté, reprendara franchement & quittement tout ce qu'elle aura mis dans ladite communauté. On y ajoute aussi ordinairement, I°. Tout ce qui échoira à la femme pendant le mariage par succession, donation, legs ou autrement; II°. Le préciput, & les avantages faits par le mari.

Cette stipulation est nécessaire, non pas pour que la femme puisse renoncer à la communauté, puisque cette faculté lui appartient de droit; mais pour quelle puisse, en renonçant à la communauté reprendre franchement & quittement ce qui seroit tombé de ses propres biens dans ladite communauté, & ce qui y auroit été confondu sans ladite stipulation.

Si elle etoit omise dans le contrat de mariage, la femme, en renonçant à la communauté, perdroit tout ce qu'elle y auroit mis, & ne pourroit reprendre & demander ce qui lui auroit été stipulé propre, & les immeubles qui lui seroient avenus & donnés en ligne directe, ou échus par succession, tant en ligne directe que collatérale. La raison est, que le mari est le maître de la communauté, & par conséquent de tout ce qui y entre; & la femme, en y renonçant, n'y ayant plus de part, n'en peut rien prétendre, & perd parconséquent tout ce qu'elle y a mis.

Mais quand par une sage prévoyance la femme a stipulé, qu'en renonçant à la communauté lors de la dissolution d'icelle: elle a fait dans son contrat de mariage une stipulation de reprise franche & quitte de toutes dettes, elle peut en ce cas renoncer à la communauté, & néanmoins reprendre franchement & quittement tout ce qu'elle a apporté en dot, & tout ce qui lui est échu par succession ou autrement, suivant la convention énoncée dans le contrat de mariage.

Cette clause de reprise n'est jamais sous-entendue, & ne se supplée point, par ce qu'elle n'est pas accordée à la femme par le Droit coutumier: ainsi la faculté que donne cette clause étant extraordinaire & contre le Droit commun, elle ne se peut exercer qu'en vertu d'une stipulation expresse apposée au contrat de mariage.

De ce principe il s'ensuit, que la faculté de renoncer à la communauté exprimée dans le contrat de mariage, n'emporte point la faculté de reprise.

Il n'en est pas de même de la clause de reprise apposée en faveur de la future épouse, elle emporte toujours la faculté de renoncer, quoique non exprimée dans le contrat de mariage; parce que la clause de reprise est une conséquence du pouvoir de renoncer à la communauté: pouvoir d'ailleurs que la femme tient de la disposition de la Coutume.

La clause de reprise étant contre le Droit commun, est restreinte aux termes dans lesquels elle est conçue; ainsi elle ne peut rien opérer au-delà de ce qu'elle contient expressément. C'est un droit étroit, une faculté extraordinaire qui s'interprête & s'exécute à la lettre suivant la propre signification des termes dans lesquels cette clause est conçue, & avec limitation aux choses & aux personnes qui sont expressément dénommées dans la stipulation; c'est pourquoi cette clause ne s'étend point d'un cas à un autre, d'une personne à une autre, ni d'une chose à un autre.

La clause de reprise ne s'étend pas d'un cas à un autre; elle n'est point transmissible hors le cas de la stipulation; c'est pourquoi si la reprise n'a été stipulée qu'en cas de dissolution de mariage, elle ne peut être etendue au cas où la communauté seroit rompue, autrement que par la mort naturelle du mari.

On la doit donc stipuler, non pas simplement au cas de dissolution du mariage, mais en général, *au cas de dissolution de communauté*; afin que si la communauté est rompue par la mort civile du mari, ou par la séparation des biens accordée en Justice à la femme, ou par quelqu'autre maniere que ce soit, la femme puisse exercer la reprise.

En vertu d'une telle clause *au cas de dissolution de communauté*, la femme ayant exercé la reprise en conséquence de la dissolution de communauté pour cause de séparation, & venant ensuite à décéder avant son mari, le mari survivant n'est pas en droit de redemander cette reprise aux héritiers de la femme; comme il a été jugé par Arrêt du 30. Décembre 1718. rendu sur les conclusions de M. Gilbert de Voisins, lors Avocat général.

La raison est, que la reprise que fait la femme dans le tems de la séparation de biens, n'est pas seulement provisoire, mais définitive, & que sans que la femme survive, elle acquiert irrévocablement pour elle & ses héritiers par la séparation, ce qu'elle auroit droit de reprendre, si elle survivoit à son mari, quand il est dit que la clause aura lieu, *arrivant la dissolution de la communauté*.

La clause de reprise étant un droit extraordinaire, & par conséquent personnel, ne s'étend pas d'une personne à un autre: c'est pourquoi quand la reprise n'est accordée qu'à la femme, elle ne peut être exercée par ses héritiers; c'est une faculté personnelle qui s'éteint avec la personne. Ainsi cette clause étant conditionnelle, c'est-à-dire n'étant accordé à la femme, qu'en cas qu'elle survive à son mari, si elle meurt la premiere, la faculté de reprise qui lui étoit personnelle, devient caduque; & la condition de suivie n'étant pas arrivée, la faculté de reprise stipulée en faveur de la femme, est éteinte par sa mort.

La faculté de renoncer est toujours accordée aux héritiers de la femme, tant en ligne directe que collatérale; parce qu'autrement la communauté introduite en faveur de la femme, seroit préjudiciable à ses héritiers. Mais la stipulation de reprise ne sert point à ses héritiers, à moins qu'ils n'y soient compris; parce qu'étant ordinaire & contre le Droit commun, elle n'est point extensive, & par conséquent ne peut servir qu'à ceux en faveur desquels elle est expressément faite. Ainsi jugé par Arrêt en 1697. rapporté dans le Journal des Audiences, tome 5. liv. 13. chap. 7.

Par cette raison, quand la clause de reprise est faite au profit de la femme & des siens, elle ne peut être exercée que par elle ou par ses enfans.

Pour qu'elle puisse être exercée par d'autres héritiers de la femme, il faut que la clause de reprise soit faite *tant pour la future-épouse que pour les siens & ses héritiers collatéraux.* Mais il n'est pas ordinaire qu'on accorde la faculté de reprise à d'autres qu'à la femme & aux siens, ou à leur défaut, à ses pere & mere.

Quand la faculté de reprises n'est précisément accordée qu'à la femme, elle ne peut être exercée par ses héritiers ni par ses créanciers lorsque la femme meurt avant son mari.

Mais cette faculté est transmissible aux héritiers ou aux créanciers de la femme, lorsqu'elle a survécu à son mari, & qu'elle vient ensuite à décéder sans avoir renoncé à la communauté, & sans avoir demandés ses reprises franches & quittes, conformément à son contrat de mariage; comme il a été jugé par Arrêt du 2. Juillet 1716.

Le droit de reprendre ayant par le décès du mari été acquis à la femme survivante, ce droit faisant partie de sa succession, peut être exercé de son chef par ses héritiers ou ayans cause, comme la représentant lorsqu'elle est décédée sans s'être expliquée à cet égard, d'autant que son silence n'est pas suffisant pour faire perdre à ceux qui la représentent, un droit qui lui étoit acquis avant son décès.

M. Renusson en son Traité des Propres, chap. 4, sect. 9. rapporte un Arrêt du Parlement de Rouen du dix-neuf Août 1676. qui dans la même espéce a jugé le contraire, mais j'ignore sur quel fondement, & je crois que la décision de l'autre Arrêt est incontestable, suivant la raison que nous en venons de rendre.

La faculté de reprise étant un droit extraordinaire & contre le Droit commun, elle ne souffre point d'extension d'une chose à un autre, & n'est admise que pour les choses qui sont nommément comprises dans la stipulation: c'est pourquoi si la stipulation qui est faite à ce sujet, porte seulement que la future épouse renonçant à la communauté, reprendra tout ce qu'elle y aura apporté, cette clause ne sera pas suffisante pour lui donner droit de reprendre ce qui lui seroit échu par legs, donation ou autrement; parce que cette clause ne peut être entendue précisément que des choses qui sont effectivement entrées dans la communauté au moment qu'elle a été contractée; comme il a été jugé par Arrêt du seize Juillet 167. rapporté dans le journal des Audiences; & par un autre Arrêt du 8. Juin 1687. rapporté dans le Journal du Palais.

Ainsi, pour que la clause soit complette à cet égard il faut qu'elle comprenne non-seulement tout ce que la femme aura apporté à la communauté, mais aussi tout ce qui lui sera échu pendant le mariage, à quelque titre que ce soit.

L'hypoteque de la femme pour ses reprises est du jour du contrat de mariage, attendu que la clause de reprise fait partie du contrat.

La clause de reprise n'empêche pas le don mutuel; ainsi quoiqu'il y ait clause de reprise pour la femme, les siens, & ayans cause, après son décès, ses pere & mere renonçant à la communauté, les choses mobilisées de la femme prédécédée ne laissent pas d'être sujette au don mutuel. Ainsi jugé en la Grande Chambre le 8. Juin 1694. rapporté dans le Journal des Audiences, tome 5, livre 10, chapitre 11.

Touchant la faculté de reprise, *Voyés* ce que j'ai dit sur l'article 137, de la coutume de Paris, §. 2; & dans la Science parfaite des Notaires, livre 4, chapitre 15. & 16.

REPRISE DE DENIERS STIPULÉS PROPRES, est un droit qui s'exerce après la dissolution de la communauté par les conjoints ou par l'un d'eux, avant toute autre reprise.

Cette reprise des deniers stipulés propres, quand elle se fait pour la femme ou pour ses héritiers, se prend sur la communauté en cas d'acceptation; & en cas de renonciation, elle se prend sur les biens du mari.

Quand elle se fait pour le mari ou pour ses héritiers, elle ne se prend que sur les biens de la communauté; & en cas de renonciation, il n'y a point de reprise.

La reprise cesse quand les deniers ont été dûement réalisés; car pour lors la femme ou ses héritiers reprennent l'héritage acquis pour l'emploi.

De la reprise des propres en cas de renonciation, *Voyez* M. le Brun en son Traité de la Communauté, livre 3. chapitre 2. section 1, dist. 1. & ce que j'ai dit sur l'article 237. de la Coutume de Paris, §. 2.

REPROCHES DE TEMOINS, sont les moyens ou raisons qu'on allegue contre les temoins pour empêcher que le Juge n'ajoute foi à leur déposition, soit en matiere civile ou criminelle; comme si la Partie justifie que les témoins en une enquête, sont parens très-proches de la Partie adverse, ou qu'ils ont intérêt dans l'affaire, ou qu'ils sont obligés de prendre le parti de celui qui les produit, ou parce qu'ils sont ses domestiques, ou pour raisons; ou qu'ils sont ennemis capitaux de la Partie adverse, ou que la Partie leur à donné de l'argent pour déposer en sa faveur; *voyez* ce qui est dit ici, *verbo* Témoins.

Les reproches se font encore contre les témoins, par rapport à leur vie, leurs mœurs & leur condition; comme si l'on justifié qu'ils ont été condamnés pour vol, pour meurtre ou autre crime semblable, ou pour avoir déja fait un faux témoignage.

En matiere civile, on propose les reproches par un dire, & ils doivenr être pertinens & circonstanciés; autrement on n'y a point égard, & ils ne donnent point d'atteinte aux dépositions des témoins de l'enquête; les faits sont même réputés calomnieux s'ils ne sont justifiés avant le Jugement du procès.

Celui qui a fait faire l'enquête, peut, si bon lui semble, fournir par un autre dire de réponses aux reproches: ces réponses doivent être signées de la Partie qui les fait, & doivent être signifiées à la Partie adverse.

Les Juges ne doivent point appointer les Parties à informer sur les faits contenus dans les reproches

& dans les réponses, si ce n'est qu'en voyant le procès, ils connussent que les moyens de reproches sont pertinens & admissibles.

L'ordre est de juger les reproches avant le procès; & s'ils sont trouvés pertinens & suffisamment justifiés, les dépositions des témoins reproché ne doivent pas être lûes.

Les Procureurs ne doivent point proposer de reproches sans procuration spéciale, ou sans qu'il soient signé de la Partie.

En matiere criminelle, l'accusé est obligé de fournir dans le tems même de la confrontation, ses reproches contre le témoin; & le Juge le doit avertir qu'il n'y sera plus reçu après avoir oui la lecture de la déposition.

Au cas que l'accusé en propose, le Greffier rédige par écrit le reproche que fait l'accusé, & la réponse du témoin. Cependant les reproches sont entendus en tout état de cause, quand ils sont prouvés par écrit.

Entre plusieurs accusés, les reproches fournis par l'un d'iceux contre les témoins, servent aux autres accusés qui n'en ont point proposé, à cause de la connexité de l'affaire; mais cela ne s'étend pas jusques aux complices qui sont contumaces, parce que la contumace est si odieuse, qu'elle emporte avec soi une déchéance de toutes sortes d'exceptions.

Si un accusé; après avoir suivi les confrontations, brise les prisons, les objets ou reproches par lui baillés contre les témoins qui lui ont été confrontés ne sont pas lus; car sa fuite est une présomption qui fait contre lui.

Celui qui a fait entendre des témoins à sa requête pour lui, ne le peut reprocher, si en un autre affaire ils déposent contre lui, pour raison de quoi lesdits témoins sont appellés affidés; à moins qu'il ne prouve que depuis ces témoins sont devenus ses ennemis, ou qu'ils ont été convaincus de crime, ou qu'ils ont été corrompus par argent.

Il ne suffit pas de proposer des reproches contre les témoins qui sont produits par la Partie adverse; il les faut prouver: autrement le Juge n'y a point d'égard.

Voyez le Dictionnaire de M. Brillon, *verbo* Témoins; Despeisses, au titre des Reproches des témoins; Papon sur le même titre; Louet & son Commentateur, lettre R, chap. 4 & 5; la Note de M. le Président de Perchambault, sur l'art. 151. de la Coutume de Brétagne; & le tit. 23. de l'Ordonnance de 1667. avc les notes de Bornier.

REPUDIER SA FEMME, signifie l'abandonner, & rompre l'engagement de mariage que l'on avoit contracté avec elle; en un mot, c'est faire avec elle divorce, *quoad fœdus & vinculum matrimonii*. Mais cela ne peut avoir lieu chez les Catholiques, d'autant que chez eux le lien du mariage légitimément contracté, est un lien qui ne peut être dissous, & leur divorce n'aboutit jamais qu'à une séparation de corps & de biens. *Voyez* Divorce. *Voyez* Séparation.

REPUDIER UNE SUCCESSION, signifie en pays de Droit écrit, déclarer qu'on n'accepte point la succession qui nous est deferée, ou par testament ou *ab intestat*. En pays coutumier, on dit renoncer à une succession, de même que l'on dit renoncer à un legs. *Voyez* Renonciation.

REQUERIR, signifie former une demande, ou conclure à quelque chose.

REQUESTE, est une demande qu'on fait en Justice, ou un acte par lequel on supplie le Juge de vouloir adjuger au suppliant les conclusions qu'il y a prises.

Cet acte commence par l'adresse, *à Monsieur le Lieutenant civil*, ou *à Nosseigneurs du Parlement*; ou par l'intitulé d'autres Juges pardevant qui l'on procede: ensuite on met le nom & les qualités du suppliant; après quoi on expose le fait dont il s'agit; & enfin on déduit ses conclusions en commençant par ces termes: *Ce considéré, Monsieur* ou *Nosseigneurs, il vous plaise* permettre au suppliant telle chose, ou ordonner telle chose.

Il n'est pas nécessaire que les Requêtes soient signées par les Parties; il suffit qu'elles le soient par leur Procureur: cependant quand elles tirent à conséquence, un Procureur doit pour sa sureté, les faire signer par les Parties, de crainte de desaveu.

Le Juge à qui on présente une Requête, y répond, à l'effet que celui qui l'a présentée, donne assignation à la Partie adverse, pour que le Juge puisse connoître s'il doit adjuger ou non les conclusions qui sont prises dans la Requête.

Au reste, il y a de simples Requêtes à fin d'opposition à quelque Sentence ou Arrêt, d'autres simples Requêtes pour se pourvoir contre des Sentences présidiales; d'autres Requêtes appellées Requêtes civiles. Il y a Requête principale, Requête incidente, & plusieurs autres especes de Requêtes.

REQUESTE D'INTERVENTION, est une Requête par laquelle on supplie la Cour de vouloir recevoir le suppliant partie intervenante dans une instance pendante en la Cour entre tel & tel, à cause de l'intérêt qu'il y a.

Il faut, pour être reçu Partie intervenante dans un procès, I°. Donner copie de ses moyens, & des piéces justificatives. Article 28. du titre 1. de l'Ordonnance de 1667.

II°. Il faut prendre des conclusions, sauf à augmenter si le procès est appointé, après qu'on en aura eu communication; car si on ne prenoit aucunes conclusions dans un procès en état de juger, l'intervention ne seroit pas reçue, elle ressentiroit la chicanne, & l'intervention mandiée.

REQUESTE VERBALE Au Châtelet & aux Requêtes du Palais, les Procureurs donnent des Requêtes appellées *verbales*, parce qu'autrefois elles se faisoient verbalement & judiciairement l'Audience tenant: présentement on les rédige de même que si elles avoient été faites en Jugement; mais on se contente de les faire signifier, afin de ne pas surcharger l'Audience de tous ces incidens. Au Châtelet, ces Requêtes commencent par ces mots : *A venir plaiders au Parc civil par un tel, contre un tel, &c.* Et à la fin il est dit : *A ces causes, le Demandeur conclut, &c.*

Aux Requêtes du Palais, ces Requêtes se donnent pour procéder au Parquet, ou pour faire évoquer. Elles commencent par ces mots : *Sur ce que M. tel Procureur*; & finissent ainsi; *Sur quoi la Cour ordonne, &c. & soit signifié.*

REQUESTE D'EMPLOI, est une Requête qui se fait en procès par écrit, pour supplier la Cour qu'il lui plaise donner acte de ce que le suppliant emploie pour réponses à telles piéces produites par sa Partie, celles qu'il auroit deja produites auparavant. Le Rapporteur met au bas de la Requête : *Ait acte d'emploi, & soit signifié*; comme si l'intimé supplioit la Cour de lui donner acte qu'il emploie ce qu'il a dit dans ses réponses à griefs, contre les écritures qui seroient faites contre lui par sa Partie.

REQUESTE EN CASSATION. *Voyez* ci-dessus Cassation.

REQUESTE CIVILE, est une voie par laquelle on revient contre un Arrêt ou Jugement en dernier ressort, contre lequel on ne peut point venir par opposition. Il en est amplement traité dans le titre 35. de l'Ordonnance de 1667.

Requête civile s'entend aussi de la Requête que l'on donne à cet effet, & du moyen sur lequel est fondée ladite Requête.

Le Droit Romain ne permettoit pas d'interjetter appel d'un Jugement rendu par le Préfet du Prétoire, parce que *vice sacrâ Principis judicabat* : on pouvoit seulement présenter une Requête tendante à ce que révision fût faite du procès ; de sorte que si l'équité le permet, le Jugement du Préfet du Préteur soit infirmé. *Leg. unica, cod. de Sentent. Præfecti Prætorio.*

Ratio differentiæ est, quia scilicet appellatio iniquitatis Sententiæ querelam continet. Leg. 17, ff. de minorib. At verò illa supplicatio, quâ petebatur revivisio litis Sententia Præfecti Prætorio decisæ, erat tantùm imploratio ejusdem Magistratûs clementiæ, ad quam supplicans, tanquam ad Justitiæ & æquitatis asylum confugiebat.

Plusieurs prétendent que l'usage des Requêtes civiles s'est introduit parmi nous, sur le fondement de ces suppliques, qui étoient admises par le Droit Romain contre les Jugemens du Préfet du Préteur, contre lesquels il n'étoit pas permis de se pourvoir par la voie d'appel.

Ce moyen de se pourvoir contre des Arrêts ou Jugemens en dernier ressort, paroit odieux, en ce que l'autorité de ces Jugemens semble exclure toutes sortes de voies de revenir contre ; cependant on a trouvé à propos de l'admettre pour la conservation de la Justice, *ne injuria nascatur unde jura.*

Les Requêtes civiles s'obtiennent par Lettres royaux, lesquelles doivent contenir le fait, la procédure, & le dispositif de l'Arrêt contre lequel on veut se pourvoir. Ainsi, par Requêtes civiles on entend des Lettres royaux obtenues en la petite Chancellerie, par lesquelles on se pourvoit pour faire avec connoissance de cause, & sur des justes raisons autorisées par l'Ordonnance, rétracter un Arrêt rendu avec nous, & auquel nous avons été Partie.

Les Ordonnances ont défendu d'avoir aucun égard aux Requêtes présentées contre des Arrêts, à moins que ce ne fût en vertu de Lettres expédiées en Chancellerie ; parce qu'il ne doit pas être permis aux Particuliers de revenir contre des Jugemens rendus par des Cours souveraines, à moins qu'ils n'en ayent obtenu la permission du Roi : ce qui est fondé sur l'autorité que doivent avoir les choses jugées par de tels Juges, ausquels le Roi attribue une partie de sa puissance ; *ita ut judicent vice sacrâ Principis : at credit Princeps eos, qui ob singularem industriam, exploratâ eorum fide & gravitate ad ejus officii magnitudinem adhibentur, non aliter judicaturos esse, pro sapientia ac luce dignitatis suæ, quam ipse foret judicaturus. Leg. un. §. pen. ff. de offic. Præf. Prætor.*

Ce moyen de se pourvoir contre les Arrêts, est appellé Requête civile, non-seulement parce qu'on présume que cette Requête ne contient rien d'incivil, mais encore parce qu'elle n'offense pas les Juges, en ce qu'elle ne les taxe point d'erreur ni d'ignorance, & n'est ordinairement fondée que sur le fait & le dol personnel de la Partie adverse, ou sur d'autres circonstances, qui n'influent presque jamais sur l'honneur des Juges qui ont rendu l'Arrêt contre lequel on se pourvoit par Requête civile.

Il faut avoir été Partie au procès pour pouvoir obtenir des Lettres de Requête civile contre l'Arrêt qui est intervenu. Article 1. de l'Ordonnance de 1667. Quand on n'a pas été Partie au procès, ou duement appellé, on peut se pourvoir contre l'Arrêt par simple Requête à fin d'opposition ; *neque enim autoritas rei judicatæ locum habet, nisi inter quos res fuit judicata.* Ainsi la chose se pouvant réparer par la simple Requête à fin d'opposition, il ne doit pas être permis d'avoir recours à un remede extraordinaire.

Non-seulement ceux qui ont été Parties principales dans un procès, peuvent faire rétracter l'Arrêt par Lettre en forme de Requête civile, mais aussi ceux qui par intervention ou autrement, auront été compris dans l'instance ou procès, quand même il n'y auroit eu qu'une jonction de leur contestation à l'instance ou procès qui leur étoit étrangers, & qui n'avoient pas été réglés avec eux, parce que la jonction rend tous les reglemens communs ; comme il a été jugé au Parlement de Paris, par Arrêt rendu en la cinquiéme des Enquêtes le 12 Mai 1712.

On ne se pourvoit par Requête civile que pour faire rétracter entierement l'Arrêt : c'est pourquoi celui qui prétendroit seulement faire changer, modifier, ou interpréter quelque clause d'un Arrêt, en ce qu'elle est obscure ou ambiguë, pourroit, sans avoir recours à une Requête civile, se pourvoir par interprétation, suivant l'Ordonnance de 1539, art. 109, & celle de 1545, article 8.

On peut se pourvoir par simple Requête contre les Arrêts & Jugemens en dernier ressort qui auroient été rendus faute de se présenter, ou en l'Audience faute de plaider, pourvû que la Requête soit donnée dans la huitaine du jour de la signification à personne ou domicile de ceux qui seront condamnés, s'ils n'ont coustitué Procureur; ou au Procureur, quand il y en a un. Sur quoi il faut remarquer, I°. Que le jour de la signification est compris dans la huitaine, & qu'ainsi l'opposition qui viendroit le neuviéme jour, ne seroit pas récevable. II°. Qu'il ne suffit pas que la Requête d'opposition soit répondue dans la huitaine; il faut qu'elle soit signifiée.

Ce que nous venons de dire, que l'on peut se pourvoir par simple Requête contre les Arrêts & Jugemens en dernier ressort qui auroient été rendus faute de plaider, n'a pas lieu quand la cause a été appellée à tour de rolle: car en ce cas les Parties ne peuvent se pourvoir contre que par Requête civile; parce que quand la cause est appellée à tour de rolle, le demandeur & le défendeur doivent être prêts de plaider.

Les causes sur lesquelles les Requêtes civiles peuvent être fondées, que l'on appelle ouvertures de Requêtes civiles, sont, à l'égard des majeurs, énoncées dans l'article 34. du titre 35. de l'Ordonnance de 1667.

La premiere est le dol personnel de la Partie adverse dans l'obtention de l'Arrêt contre lequel on se pourvoit. Ce qui est fondé sur une disposition du Droit Romain, qui met le dol au nombre des causes pour lesquelles on peut se faire restituer en entier; *quia dolus nemini patrocinari debet.* Ainsi par Arrêt du Parlement de Provence du 23 Juin 1644, il a été jugé qu'il y avoit ouverture de Requête civile contre un Arrêt obtenu par dol & fraude de la Partie adverse, qui avoit supprimé une piéce importante. Boniface, tom. 4, liv. 1, tit. 12, nomb. 10.

La deuxiéme est, si la procédure établie par les nouvelles Ordonnances, n'a pas été observée dans les Arrêts rendus depuis qu'elles ont été publiées; mais non pas à l'égard de ceux qui auront été rendus auparavant. *Voyez* la Novelle 115, chap. 1.

La troisiéme est, si l'Arrêt prononcé sur des choses non demandées & non contestées. Les Juges doivent donc prononcer sur tous les chefs de demandes, & même sur les demandes qui ont été faites dans le cours du procès.

La quatriéme est, si l'Arrêt adjuge à l'une des Parties plus qu'elle n'a demandé. Par exemple, si le demandeur avoit conclu à ce que le défendeur fût condamné de lui payer quatre cens livres, le Juge ne pourroit pas condamner le défendeur à lui en payer cinq cens, ni adjuger la totalité d'un héritage à celui qui n'en auroit demandé par son exploit que la moitié; *quia Sententia debet esse libello conformis, & potestas Judicis ultra id quod in judicium deductum est, nequaquam potest excedere. Leg.* 18, *ff. de communi dividendo.*

De ce que le Jugement doit être entierement conforme aux conclusions prises par le demandeur, il s'ensuit encore I°. Que le Juge ne peut pas adjuger au demandeur une autre chose que celle qu'il demande. II°. Que le Juge doit prononcer conformément aux qualités sous lesquelles les Parties ont procédé. C'est pourquoi il y auroit lieu à la Requête civile, si un Arrêt condamnoit en son propre & privé nom celui qui n'auroit été assigné qu'en qualité de tuteur, ou s'il condamnoit comme héritier pur & simple celui qui n'auroit procedé qu'en qualité d'héritier par benéfice d'inventaire.

La cinquiéme est, s'il y a contrarieté d'Arrêts ou Jugemens en dernier ressort entre les mêmes Parties, sur les mêmes matieres, & en mêmes Cours & Jurisdictions: sauf, en cas de contrariété en différentes Jurisdictions, à se pourvoir au Grand Conseil. C'est une des dispositions de l'article 34. du titre 35. de l'Ordonnance de 1667.

Il résulte des termes de cet article, que la contrariété d'Arrêts ou Jugemens en dernier ressort est un moyen de Requête civile, quand ils ont été rendus entre les mêmes Parties, sur les mêmes matières, & en mêmes Cours & Jurisdictions; & alors la Requête civile se poursuit pardevant les mêmes Juges qui ont rendu ces Arrêts.

Mais quand les Arrêts ont été rendus en différens Tribunaux, la contrariété qui s'y rencontre produit un moyen particulier de se pourvoir contre un Grand Conseil Comme les Cours souveraines sont toutes indépendantes l'une de l'autre, aucune d'elles n'est en droit de juger de ce qui est décidé par un autre. *Voyez* ci-dessus, Contrariété d'Arrêts.

La sixiéme est, si dans un même Arrêt il y a des dispositions contraires. Plus une décision est absolue, & plus ceux qui en sont les Auteurs doivent prendre de soin pour la rendre certaine & sans contrarieté; autrement il y auroit lieu à revenir contre par Requête civile.

La septiéme est, si dans les choses qui concernent le Roi, l'Eglise, le Public ou la police, l'Arrêt a été rendu sans que les piéces ou le procès ait été communiqué à Messieurs les Gens du Roi, où il y a ouvertures de Requête civile. Comme ils sont les défenseurs des droits du Roi, de l'Eglise & du Public, il ne convient pas qu'on juge aucunes pareilles affaires sans leur participation.

Il faut observer à ce sujet, que le défaut de conclusions des Gens du Roi dans un procès où une Communauté ecclésiastique est partie, n'est pas un moyen suffisant de Requête civile, lorsqu'il ne s'agit pas d'un domaine de l'Eglise, & qu'il n'est question que des fruits & revenus dont les personnes qui composent la Communauté sont maîtresses, & ont la libre administration. Ainsi jugé au Parlement de Paris, par Arrêt du 27 Novembre 1703, rapporté par M. Augeard, tome 3, Arrêt 64.

La huitiéme est, si l'Arrêt a été rendu sur piéces fausses. Mais l'impétrant doit en ce cas prouver non seulement que les piéces produites sont fausses, mais aussi que les Juges ont fondé leur Jugement sur icelles.

Leg. 3, *cod. si ex falf. instrum. vel testimon. judicat. sit.* M. le Prêtre, cent. 2, chap. 73. En effet, il se peut faire qu'outre les piéces maintenues fausses, la Partie en ait produit d'autres vraies & valables, sur lesquelles les Juges ayent assis leur Jugement.

Pour que des piéces fausses produites au procès soient un moyen de Requête civile, il faut encore qu'en l'instance sur laquelle est intervenu l'Arrêt, les piéces n'ayent pas été impugnées & débatues de faux; parce qu'en ce cas ce seroit une pure proposition d'erreur, puisque la question de faux auroit dejà été jugée.

La neuviéme est, si l'Arrêt a été rendu sur des offres ou consentemens qui ayent été désavoués, & dont le desaveu a été jugé valable, pourvu qu'il apparoisse du dol, de la surprise, & de l'erreur intervenue dans ces offres ou consentemens; auquel cas la Requête civile est reçue.

La Requête civile est donc reçue contre un Arrêt rendu par expédient lorsque celui qui se prétend lézé par ledit Arrêt, desavoue son Procureur, pour l'avoir accordé & passé sans mandement spécial; mais il faut qu'il fasse voir que s'il eût été ouï, l'Arrêt auroit jugé autrement. Le fait d'un Procureur ou d'un curateur n'est pas un moyen suffisant pour revenir contre un Arrêt, dautant que le préjudice & le dommage que la Partie ou le mineur en peut souffrir, est réparable par le recours qui leur est accordé contre le Procureur ou le curateur.

La dixiéme est, s'il y a des piéces décisives qui changent l'état de la cause & de la premiere contestation, qui soient nouvellement recouvrées, & qui ayent été auparavant détenues par le fait de la Partie adverse. Hors ce cas, le recouvrement de Pieces décisives ne donneroit pas lieu à la Requête civile.

Il en est à cet égard de même que de la transaction, *quæ pretextu instrumentorum de novo repertorum retractari non potest*; comme il est dit en la Loi 4, *cod. de re judicat.* en ces termes, *sub specie novorum instrumentorum posteà repertorum res judicatas retractari exemplo grave est.*

Outre les causes alléguées ci-dessus, les Ecclésiastiques, les Communautés & les mineurs peuvent encore se pourvoir par Requête civile, au cas qu'ils n'ayent pas été défendus, ou qu'ils ne l'ayent pas été valablement; comme si dans leurs défenses & dans leurs écritures on a omis de bons moyens par lesquels ils auroient pu obtenir gain de cause, suivant l'article 35. du titre 35. de l'Ordonnance de 1667.

Mais cette ouverture n'a lieu en faveur des Ecclésiastiques, que contre les Arrêts par lesquels le droits de l'Eglise ou des Bénéfices qu'ils possedent ont reçu quelque dommage. Ainsi un Ecclésiastique ne pourroit pas se servir de cette ouverture de Requête civile, s'il s'agissoit d'un Arrêt qui eût été contre lui rendu par rapport à son patrimoine particulier, & à ses biens temporels.

A l'égard du mineur qui auroit été défendu par son curateur, il ne seroit pas restituable en sa Requête civile; comme il a été jugé par un Arrêt du 23 Mai 1561, rapporté par Charondas sur le Code Henry, liv. 9, tit. 9, art. 1.

Il faut excepter le cas où il s'agiroit de l'état d'un mineur; car il ne seroit pas alors censé avoir été suffisamment défendu, s'il n'avoit point eu de tuteur dans cette contestation, mais seulement un curateur aux causes. Ainsi jugé par Arrêt du 21 Février 1692, rapporté dans le Journal des Audiences. Il s'agissoit d'un Arrêt rendu contre un mineur dont on contestoit l'état, en débatant de nullité le mariage de sa mere, & le prétendant nul quant aux effets civils. Il fut jugé que c'étoit un moyen valable de Requête civile pour lui, de ce que dans une affaire de cette importance il n'avoit eu qu'un curateur aux causes, qui étoit son Procureur.

Quant aux instances ou procès touchant les droits de la Couronne ou du Domaine, où les Procureurs généraux ou les Procureurs du Roi sur les lieux sont Parties, ils doivent être mandés en la Chambre du Conseil, avant que de mettre l'instance ou le procès sur le Bureau, pour sçavoir s'ils n'ont point d'autres piéces ou moyens, dont il doit être fait mention dans l'Arrêt ou Jugement en dernier ressort; & au cas que cette formalité n'ait pas été observée, il y a ouverture à la Requête civile pour le Roi, suivant l'article 36.

On ne peut se pourvoir contre un Arrêt, sous pretexte du mal jugé au fonds, à moins qu'il n'y ait d'ailleurs quelques ouverture à la Requête civile.

L'Ordonnance fait défenses d'employer d'autres ouvertures à la Requête civile, que celles dont il vient d'être fait mention ci-dessus, & qu'elle a énoncées dans les articles que nous avons cités.

Il faut donc établir pour principe, que l'erreur n'est pas un moyen d'ouverture de Requête civile, puisque l'Ordonnance de 1667. n'en fait point mention. Au contraire, l'article 42. du titre 35. abroge les propositions d'erreur, & défend aux Parties de les obtenir, & aux Juges de les permettre, à peine de nullité & de tous dommages & intérêts. *Voïez* ci-dessus Proposition d'erreur, & ci-après Révision d'Arrêt, & le Commentaire de Bornier sur ledit article 42.

Cependant, si l'erreur de fait provenoit de la fraude de celui qui a obtenu gain de cause par l'Arrêt ayant avancé des faits faux, ou pour en avoir dénié de véritables qui soient vérifiés par la Partie adverse, ce sera pour lors un moyen de Requête civile, à cause du dol & de la mauvaise foi de la Partie adverse; mais si l'erreur procédoit du fait & de la faute de celui qui auroit succombé, ce ne seroit point un moyen de se pourvoir contre l'Arrêt.

A l'égard de l'erreur de droit, elle ne peut pas servir de moyen pour se pourvoir par Requête civile contre un Arrêt.

L'article 32. du même titre porte précisément, que les Arrêts & Jugemens en dernier ressort ne seront rétractés, sous prétexte du mal jugé au fonds, s'il n'y a d'ailleurs ouverture de Requête civile. Ainsi l'erreur de droit ne peut pas servir de moyen de Requête civile contre un Arret. Cela est tiré de la Jurisprudence Romaine, suivant laquelle l'autorité des

des Ordonnances & des Jugemens du Sénat étoit si grande, qu'il n'étoit pas permis aux Particuliers de revenir contre, sous quelque prétexte que ce fût, pas même sous prétexte d'erreur de droit; *quia Senatus præsumebatur habere omnia jura in scrinio pectoris.*

Cependant, si l'Arrêt avoit jugé directement contre la disposition expresse de l'Ordonnance ou de la Coutume des lieux, on pourroit se pourvoir en cassation au Conseil privé; d'autant que les Cours souveraines comme les autres, sont tenues de juger conformément aux Ordonnances, qui sont les Loix générales du Royaume; & aux Coutumes, qui sont les Loix particulieres des lieux, ayant été rédigées par l'autorité des Rois de France.

Au surplus, quand il y a ouverture de Requête civile, celui qui après l'entérinement poursuit pour le fonds, peut toujours cumuler les questions de Droit, & les disputer contre l'Arrêt, à l'effet d'obtenir gain de cause au principal.

Pour se pourvoir par Requête civile, il faut premierement consulter deux anciens Avocats, pour sçavoir s'il y a ouverture de Requête civile, leur consultation doit être rédigée par écrit, & contenir sommairement les ouvertures de Requête civile, & être signée par eux & par celui qui a fait le rapport de la cause. Ce qui a été ainsi ordonné, pour empêcher que les Parties ne s'engagent trop légerement dans une telle poursuite.

En conséquence de cette consultation, on fait dresser des Lettres de Requête civile, dans lesquelles il faut déduire le fait & l'Arrêt contre lequel on veut se pourvoir, ce qu'il a jugé, les ouvertures qu'on a de Requête civile, & les noms des Avocats qui ont signé la consultation. A l'égard des moyens qui donnent ouverture à la Requête civile, ils doivent y être énoncés, afin que la Partie adverse en ait connoissance, & puisse y soutenir de réponse.

Ces Lettres contiennent ensuite *un Mandement aux Juges qui ont rendus l'Arrêt, que s'il leur est justifié que l'exposé soit véritable, ils remettent les Parties au même état qu'elles étoient avant l'Arrêt.* Ces Lettres finissent par une commission au premier Huissier ou Sergent d'assigner la Partie pardevant le Cour, & la consultation des Avocats doit être attachée aux Lettres de Requête civile pour les impétrer. Article 13.

L'article 15. a abrogé l'usage de clorre les Lettres de Requête civile, & d'y attacher une commission.

L'article 16 veut seulemen, que celui qui a obtenu des Lettres de Requête civile contre des Arrêts contradictoire; préparatoires ou définitifs, présente Requête à la Cour à fin d'entérinement d'icelles, & en conséquence qu'il lui plaise remettre les Parties en l'état qu'elles étoient avant l'Arrêt.

En présentant cette Requête, il doit consigner la somme de trois cens livres pour l'amende envers le Roi, & cent cinquante envers la Partie.

Si l'Arrêt est par défaut, il suffit de consigner la somme de cent cinquante livres pour l'amende envers le Roi, & soixante-quinze livres pour celle envers la Partie. Ces sommes sont payées au Receveur des Amendes, pour être rendues à ceux qu'il appartiendra, suivant le même article.

L'amende étant consignée, il faut signifier la Requête civile avec assignation, & donner copie tant des Lettres que de la consultation.

Ensuite la cause est mise au rolle, ou portée à l'Audience sur deux actes, l'un pour communiquer au Parquet, & l'autre pour venir plaider sans autre procédure, ainsi qu'il est porté en l'article 17.

Cette communication au Parquet est absolument nécessaire; faute de quoi, l'Arrêt qui interviendroit sur une Requête civile non communiquée au Parquet, pourroit être cassé; comme il a été jugé par Arrêt du Conseil d'en-haut du 23. Septembre 1668, rapporté dans le Recueil des Arrêts donnés en interprétation des nouvelles Ordonnances, page 217.

Lors de la communication au Parquet, sera représenté l'avis signé des Avocats qui auront été consultés.

Après la communication; si la cause est portée à l'Audience, il faut faire signifier un avenir; si au contraire elle est mise au rolle, il faut le déclarer par un acte signifié au Procureur de la Partie adverse.

Il n'est plus nécessaire aujourd'hui de faire trouver à l'Audience, lors de la plaidoirie, les Avocats qui ont été consultés; l'article 30. en a abrogé l'usage, & ordonne seulement à l'Avocat du demandeur, avant de plaider, de déclarer les noms des Avocats, par l'avis desquels la Requête civile a été obtenue.

Si depuis les Lettres obtenues le demandeur en Requête civile a decouvert d'autres moyens contre l'Arrêt ou le Jugement donné en dernier ressort, que ceux qui ont été employés en sa Requête, il est tenu de les énoncer dans une Requête qu'il fait signifier au Procureur du défendeur, sans obtenir Lettres d'ampliation qui ne sont plus d'usage, suivant l'article 29.

Par cette Requête, après avoir énoncé les nouvearx moyens qu'on a découvert contre l'Arrêt, en conclut *à ce qu'il plaise à la Cour donner acte au Suppliant, de ce que pour amplification de sa Requête civile, il emploie le contenu ci-dessus; & en conséquence ordonner que lesdites Lettres en forme de Requête civile seront entérinées; ce faisant, remettre les Parties en tel état qu'elles étoient avant ledit Arrêt.*

La raison pour laquelle le demandeur en entérinement des Lettres en forme de Requête civile, est obligé d'alleguer ses nouveaux moyens dans une Requête signifiée à la Partie adverse, est fondée sur l'article 21, qui ne permet pas à l'Avocat du demandeur en Requête civile, d'alléguer en plaidant d'autres ouvertures que celles qui sont mentionnées & expliquées aux Lettres, & en la Requête tenant lieu d'ampliation; autrement il y auroit de la surprise, si l'Avocat du demandeur plaidoit d'autres moyens ausquels l'Avocat du défendeur ne se seroit pas attendu, & contre lesquels il ne se seroit pas préparé.

Cette Requête d'ampliation, après avoir été signifiée, doit être communiquée au Parquet avant le jour de la plaidoirie de la cause, ainsi qu'il est prescrit par ledit article 31.

Le tout étant instruit dans les regles, intervient sur la plaidoirie des Avocats, Arrêt qui entérine les Lettres de Requête civile, ou qui en déboute celui qui les a obtenues.

Si la Cour juge qu'il y ait lieu d'entériner les Lettres, elle dit, *qu'ayant égard aux Lettres obtenues par le demandeur contre l'Arrêt dû... & icelles entérinant, a remis & remet les Parties en l'état qu'elles étoient auparavant ledit Arrêt, & condamne le défendeur aux dépens.*

L'article 33. veut, qu'en ce cas les Parties soient remises en pareil état qu'elles étoient avant l'Arrêt, quoique ce fût une pure question de Droit ou de Coutume qui eût été jugée; parce que la Cour ne doit juger que le rescindant, sans toucher à la question principale, laquelle est censée n'avoir point été décidée au moyen de l'entérinement des Lettres de Requête civile. *Voyez* ci-après, Rescindant & Rescisoire en matiere de Requête civile.

S'il n'y a point d'ouvertures de Requête civile, ou si la Cour ne trouve pas suffisantes celles qui auroient été proposées par le demandeur, elle le déboute des Lettres par lui obtenues contre l'Arrêt du ... & le condamne en l'amende & aux dépens.

Cette amende est réglée & définie par l'article 39. du titre 35. de l'Ordonnance de 1667, qui porte, que si les ouvertures des Requêtes civiles ne sont jugées suffisantes, le demandeur sera condamné aux dépens, & à l'amende de trois cens livres envers le Roi, & cent cinquante livres envers la Partie, si l'Arrêt contre lequel la Requête civile aura été prise est contradictoire, soit qu'il soit préparatoire, ou définitif; & en cent cinquante livres envers le Roi, & soixante-quinze livres envers la partie, s'il est par défaut; sans que les amendes puissent être remises ni modérées.

Lorsque les Lettres en forme de Requête civile sont enterinées; il faut faire juger le procès principal en la même Chambre où l'Arrêt contre lequel les Lettres ont été obtenues a été rendu, ainsi qu'il est porté en l'article 22. Il faut excepter le cas où il s'agiroit du fait ou de la faute des Juges; car alors l'affaire principale devroit être renvoyée en une autre Chambre que celle où elle auroit été jugée. *Voyez* l'art. 61. de l'Ordonnance de Moulins.

Voilà de quelle maniere se poursuit l'entérinement des Requêtes civiles, & les prononciations qui interviennent en conséquences. Entrons à présent dans l'examen de quelques questions qui peuvent se rencontrer au sujet de ces Lettres.

Il faut d'abord tenir pour principe, que les Lettres en forme de Requête civile doivent être departies & plaidées aux mêmes Cours où les Arrêts & Jugemens en dernier ressort ont été rendus néanmoins dans les Cours où il y a une Grande Chambre appellée Chambre de Plaidoyé, les Requêtes civiles y doivent être plaidées, quoique les Arrêts ayant été rendus aux Enquêtes ou aux autres Chambres.

Mais si les Parties étoient appointées sur la Requête civile, les appointemens son renvoyés aux Chambres où les Arrêts ont été donnés, pour y être instruits & jugés, suivant les articles 20 & 21.

Cela souffre une exception contenue en l'article 23; sçavoir, que les Requêtes civiles qui seront renvoyées aux Chambres des Enquêtes par des Arrêts du Conseil d'en-haut, y doivent être plaidées, sans que les Parties en puissent faire aucunes poursuites aux Grandes Chambres ou Chambres du Plaidoyé, après que la cause renvoyée par l'Arrêt du Conseil qui en attribue la Jurisdiction, aura été préalablement retenue; sans quoi la cause n'y pourroit pas être plaidée, la plaidoirie en étant affectée dans les Cours de Parlement & autres Cours, à la Grande Chambre, suivant l'article 21.

Les Juges d'attribution n'étant que des Commissaires, leur compétences est renfermée en eux-mêmes, & les autres Chambres n'ont aucun pouvoir d'en connoître.

Les Requêtes civiles ne peuvent point être appointées, si ce n'est en plaidant, ou du consentement des Parties; article 27. Mais lorsqu'il y a un trop grand nombre de Requêtes civiles accumulées, le Roi donne de tems en tems une Déclaration, qui ordonne un appointement général pour toutes ces Requêtes civiles.

La cause étant appointée, celui qui a été Rapporteur de l'Arrêt, ne peut point être le Rapporteur ni du rescindant ni du rescisoire, article 38; parce qu'il y a lieu de croire que le Rapporteur ne voudroit pas changer l'avis qu'il auroit donné dans le premier Jugement de l'affaire.

Quand la Requête civile est appointée au Conseil, la Cour ne peut pas juger par un même Jugement le fonds & la Requête civile; comme nous avons dit, *verbo* Rescindant & Rescisoire.

Celui qui été débouté de l'entérinement des Lettres en forme de Requête civiles, ou dont les Lettres auroient été entérinées sur le rescindant, mais qui auroit succombé au rescisoire, est non recevable à se pourvoir par d'autres Lettres, soit contre le premier Arrêt ou Jugement en dernier ressort, ou contre celui qui l'auroit débouté de l'entérinement de ses Lettres, ou enfin contre celui par lequel il auroit succombé au rescisoire, suivant l'article 41. La raison est, qu'autrement un procès ne finiroit jamais.

Les Requêtes civiles, obtenues & signifiées, n'empêchent point l'exécution des Arrêts, à cause de l'autorité des Jugemens rendus en dernier ressort & pour détourner les Parties de se pouvoir par Requête civile pour les faire casser. C'est la disposition de l'article 18, qui défend en ce cas aux Cours de donner aucunes défenses ni surséances. Pareillement l'exécution des Sentences présidiales au premier chef de l'Edit, n'est point retardée ni sursise par les Requêtes présentées contre lesdites Sentences.

L'article suivant veut & ordonne, en conséquence dudit article 18, que ceux qui ont été condamnés de quitter la possession & jouissance d'un Bénéfice, ou de délaisser quelque héritage ou autre immeuble, rapportent la preuve de l'entiere exécution de l'Arrêt ou Jugement en dernier ressort au principal, avant qu'ils puissent faire aucune poursuite pour communiquer & plaider sur les Lettres en forme de Requête civile; & jusqu'à ce qu'ils en ayent fait preuve, ils sont déclarés non-recevables.

Si les Arrêts contre lesquels on auroit obtenu des Lettres de Requête civile, avoient condamné l'impétrant à la restitution des fruits, dommages, intérêts & dépens le défendeur en l'entérinement desdites Lettres pourroit faire exécuter l'Arrêt pendant le cours de la Requête civile par les autres voies, sans que lesdites Lettres y puissent mettre aucun empêchement, suivant ledit article 19.

Les Procureurs des défendeurs qui ont occupé en la cause, instance ou procès sur lequel est intervenu l'Arrêt ou Jugement en dernier ressort, doivent occuper sur la Requête civile sans un nouveau pouvoir; article 6. La Requête civile étant une dépendance de la cause principale, il y a lieu de croire que le défendeur en l'entérinement des Lettres de Requête civile, consent à ce que le Procureur qu'il avoit en l'instance occupe aussi pour le regard desdits Lettres; autrement il l'auroit révoqué; car quoique par cet article ce Procureur soit tenu d'occuper, néanmoins il est au pouvoir de la Partie de le révoquer.

Suivant ce même article 6, cette regle reçoit une exception, où le Procureur qui a occupé dans la cause, instance ou procès, sur lequel est intervenu l'Arrêt contre lequel les Lettres ont été obtenues, ne peut pas occuper sur la Requête civile, sans un pouvoir spécial; sçavoir, lorsque la Requête civile n'a pas été obtenue, ou n'a pas été à lui signifiée dans l'année du jour & date de l'Arrêt. *Voyez* Bornier sur cet article.

Les Requêtes civiles ne sont point nécessaires contre les Sentences présidiales au premier chef: l'article 4. défend de s'en servir, ordonnant qu'on se pourvoie seulement par simple Requête au même présidial. Par cette Requête il faut expliquer les moyens & ouvertures; & ensuite on conclut à ce que les Parties soient remises en pareil état qu'elles étoient avant la Sentence présidiale.

Ainsi les Jugemens en dernier ressort, dont il est parlé dans plusieurs articles du titre des Requêtes civiles, vont de pas égal avec les Arrêts; ce sont les Jugemens donnés par des Cours qui jugent en certains cas souverainement, comme les Requêtes de l'Hôtel, & les Eaux & Forêts.

Mais quoique les Sentences présidiales soient en dernier ressort & sans appel, néanmoins l'Ordonnance les distingue des Jugemens donnés en dernier ressort & souverainement, comme ceux qui sont rendus par les susdites Jurisdictions en certains cas.

Pour poursuivre par Requête civile, l'Ordonnance accorde des tems différens, suivant la diversité des personnes.

L'ancien Droit Romain donnoit dix ans entre présens, & vingt ans entre absens, pour demander la rétractation ou révocation & réformation des choses jugées dont on ne pouvoit pas appeller. Dans la suite, ce tems a été réduit à un an, sauf à le proroger pour juste cause.

Mais à cause de l'autorité des choses jugées, nos Ordonnances ne donnent que six mois entre majeurs. Ainsi à leur égard les Requêtes civiles doivent être obtenues & signifiées, & les assignations données, soit au Procureur ou à la Partie, dans les six mois, à compter du jour de la signation qui leur en a été faite des Arrêts & Jugemens en dernier ressort, à personne ou à domicile, suivant l'article 5. Ce qui est fondé sur l'autorité des choses jugées & l'utilité publique, qui requierent que celui qui en vertu des Arrêts a été six mois en repos, soit par ce tems à couvert de toutes prescriptions & de toutes recherches.

Voyez M. Louet & son Commentateur, lett. R, somm. 49.

Le même tems de six mois est donné aux mineurs, mais à compter du jour de la signification qui leur a été faite de l'Arrêt à personne ou à domicile depuis leur majorité, suivant le même article 5. du titre 35. de l'Ordonnance de 1667. Ainsi une Requête civile & non recevable après les six mois de majorité, quand on a exécuté l'Arrêt, quoique des mineurs prétendent avoir été mal défendus, s'ils y a eu des majeurs en cause qui se soient défendus; comme il a été jugé au Parlement de Paris le 13 Avril 1696, rapporté dans le Journal des Audiences.

Si les Jugemens en dernier ressort ont été donnés contre ou au préjudice des personnes qui soient décédées dans les six mois du jour de la signification à eux faite, leurs héritiers, successeurs, ou ayans cause, ont le même délai de six mois, à compter du jour de la signification qui leur a été faite des mêmes Jugemens & Arrêts en dernier ressort, s'ils sont majeurs; mais s'ils sont mineurs, le délai de six mois ne court que du jour de la signification qui leur sera faite depuis leur majorité. Article 8.

Les Ecclésiastiques, les Hôpitaux & les Communautés, tant laïques qu'ecclésiastiques, séculiers & regulieres, & ceux qui sont absens du Royaume pour cause publique, ont un an pour obtenir & faire signifier les Requêtes civiles, à compter du jour des significations qui leur ont été faites au lieu ordinaire des Bénéfices, des Bureaux, des Hôpitaux, ou aux Syndics ou Procureurs des Communautés, ou au domicile. Article 7.

Celui qui a succédé à un Bénéfice durant l'année, à compter du jour de la signification faite de l'Arrêt ou Jugement en dernier ressort à son prédécesseur, auquel il a succédé par autre voie que par résignation, a encore une année pour se pourvoir par Lettres de Requête civile, du jour de la signification qui lui en est faite, article 5; attendu que ce successeur peut ignorer l'Arrêt ou Jugement en dernier ressort rendu contre son prédécesseur.

Mais si ce successeur avoit succédé par résignation, il n'auroit que le tems de l'année qui restoit à son résignant; parce qu'il a lieu de présumer que le résignant n'auroit pas manqué de lui faire sçavoir l'Arrêt ou le Jugement en dernier ressort qui lui auroit été signifié: c'est pourquoi cet article dit, *dont il n'est résignataire*, pour nous faire connoître que le résignataire n'a pas plus de droit que le résignant en ce cas.

Si les Lettres de Requête civile contre les Arrêts ou Jugemens donnés en dernier ressort, ou les Requêtes données contre les Sentences présidiales au premier chef, sont fondées sur piéces fausses, ou sur piéces nouvellement récouvrées, qui eussent été retenues ou détournées par le fait de la Partie adverse, le tems d'obtenir & faire signifier les Lettres ou Requêtes, ne commencera à courir que du jour que la fausseté, ou que les piéces auront été découvertes, suivant l'article 12.

Il suffit de signifier la Requête civile dans le tems de l'Ordonnance, sans donner assignation dans ce même tems, selon l'Arrêt du 4. Mai 1682., donné en l'Audience de la Grande Chambre.

Cette question a été décidée en faveur de la Communauté des Maîtres Passementiers de cette Ville de Paris, que la signification dans le tems de l'Ordonnance suffit: ce qui semble contraire à l'article 5, qui porte que les Requêtes civiles seront obtenues & signifiées, & assignations données dans les six mois, &c.

Mais l'article 7. ne parle que de la signification des Requête civiles, & ne parle point de l'assignation donnée en conséquence: cependant cet article 7. étant rélatif au 5, il y avoit lieu de dire que l'assignation devoit être faite dans le tems de l'Ordonnance; mais la Cour a jugé autrement par cet Arrêt.

Suivant l'article 14, aucunes Lettres en forme de Requête civile ne peuvent être accordées par Monsieur le Chancelier, Garde des Sceaux, Messieurs les Maît es des Requêtes, que dans le tems & aux conditions expliquées ci-dessus, sans qu'il puisse y avoir clause portant dispense ou restitution de tems pour quelque cause & prétexte que ce soit.

Si quelques-unes avoient été obtenues & signifiées après le tems & délai porté par l'Ordonnance, ou ne contenoient point les ouvertures & les noms des Avocats qui en auroient donné l'avis, elles seroient nulles, & les Juges n'y auroient aucun égard, sur peine de nullité de tout ce qui auroit été jugé ou ordonné au contraire.

L'article 11. veut que la signification des Arrêts ou Jugemens en dernier ressort, ou des Sentences présidiales, pour en induire les fins de non recevoir contre les Requêtes civiles, ou Requêtes dans le tems requis par l'Ordonnance, soit faite aux personnes, ou au domicile, quoique les Arrêts, Jugemens ou Sentences présidiales au premier chef, eussent été rendus contradictoirement en l'Audience, ou signifiées au Procureur.

Cela fut ainsi ordonné par l'article 11, afin que celui qui pourroit se pourvoir par Requête civile contre un Arrêt, ne puisse ignorer le Jugement qui auroit été rendu contre lui; car si la signification s'en faisoit chez son Procureur, il pourroit n'en pas être averti.

Cet article néanmoins déclare que c'est sans tirer à conséquence pour les hypotéques, saisies & exécutions, & autres choses à l'égard desquelles les Arrêts, Jugemens & Sentences contradictoires donnés en l'Audience ont leurs effets, quoiqu'ils n'ayent point été signifiés, & ceux donnés par défaut en l'Audience, & sur procès par écrit, à compter du jour qu'ils ont été signifiés aux Procureurs.

Quand la Requête civile a été entérinée, parce que la Cour auroit adjugé plus qu'il n'étoit demandé, l'usage de toutes les Cours souveraines est que l'Arrêt soit cassé pour tous les chefs, parce qu'on présume par-là que les Juges n'ont pas été suffisamment instruits. Il en faut dire de même, au cas que la procédure n'ait pas été observée pour un chef seulement; auquel cas la Requête civile étant entérinée, elle l'est pour tous les chefs.

Après avoir rapporté & expliqué les articles du titre 35. de l'Ordonnance de 1667, qui parlent des Requêtes civiles, il ne nous reste plus qu'à faire quelques observations sur cette matiere,

Le premiere, est que l'on peut obtenir des Lettres en forme de Requête civile contre quelques chefs d'un Arrêt, sans donner atteinte aux autres; comme il a été jugé au Parlement de Paris par Arrêt du dernier Juillet 1685, rapporté dans le Journal du Palais.

Lorsque la Requête civile est ouverte contre un chef d'un Arrêt, les autres subsistans, l'amende consignée doit être restituée quoique ledite Requête civile n'ait pas été ouverte contre tous les chefs. Boniface, tom. 1, liv. 3, tit. 4. chap. 1 & 2, rapporte deux Arrêts qui l'ont jugé ainsi.

La deuxieme, qu'on ne peut obtenir Requête civile contre un Arrêt provisionnel, interlocutoire, ou de récréance, à moins que les choses fussent irréparables en définitives M. Dolive, liv. 1, chap. 25; Boniface, tom. 4, liv. 1, tit. 22, nomb. 1 & 2; Despeisses, tom. 2, pag. 569.

La troisieme est, qu'une Requête civile ne doit point être admise, quand la cause au fonds est notoirement injuste à l'égard de celui qui en demande l'entérinement. Boniface, tome 1, livre 3, titre 4, chapitre 3.

La quatrieme est, qu'une instance de Requête civile périt par trois ans; parce qu'il n'est pas juste de donner plus de tems à ces sortes d'instances, qu'à celles des appellations des Sentences. Boniface, tom. 4, liv. 1, tit. 22, nomb. 11.

La cinquiéme est, que lorsqu'en conséquence des Lettres de Requête civile entérinées, le premier Arrêt vient à être retracté par celui qui est ensuite rendu sur le principal, l'autre ne subsistant plus, les dépens tombent sur celui en faveur de qui il avoit été rendu: c'est pourquoi, s'il s'en étoit fait payer, il eroit tenu de les rembourser, comme les ayant reçus mal-à-propos.

La sixiéme est, que quand celui qui a obtenu des Lettres de Requête civile, se voyant mal fondé transigne avec sa Partie, & pour retirer les amendes qu'il a consignées, & qui de droit doivent appartenir à Sa Majesté & aux Fermiers de son Domaine, passe un Arrêt par appointé sur des actes frauduleux, en vertu duquel il fait entériner sa Requête civile, & fait prononcer la restitution de l'amende, cet Arrêt doit être cassé par Arrêt du Conseil d'Etat; ensorte que celui qui a obtenu une telle décharge, est condamné au payement de la somme de l'amende dûe à Sa Majesté, à cause de ladite Requête civile dont il s'est désisté par sa transaction; comme il a été jugé par Arrêt du Conseil d'Etat du 7. Mars 1676, qui fait défenses aux Notaires & à tous autres de recevoir & passer de semblables actes, & aux Procureurs de signer de pareils Arrêt par appointé, à peine de mille livres d'amende pour chacune contravention, & d'interdiction de leurs Offices.

REQUETE CIVILE EN MATIERE CRIMINELLE, ne doit point être écoutée, parce qu'il seroit odieux qu'on attaquât journellement des Arrêt en matiere criminelle, pour raison de l'une des causes marquées dans l'Ordonnance de 1667. titre 35. d'autant que la faculté de se pourvoir par tant de moyens contre tels Arrêts, pourroit faciliter les accusations, ou procurer l'impunité des crimes qui auroient été commis.

C'est aussi la raison pour laquelle tous les moyens de Requête civile sont marqués dans l'Ordonnance civile, & pour revenir contre les Arrêts rendus en matiere criminelle, l'Ordonnance de 1670, qui traite de ces sortes de matieres, a ouvert une autre voie de se pourvoir contre les Arrêts rendus dans ces sortes de matieres, qui sont les Lettres de révision que le Roi accorde pour revenir contre la procédure faite dans l'instruction d'un procès criminel, fondées sur les nullités qui y auroient été faites. Elles sont en matiere criminelle ce que sont les Lettres de Requêtes civile en matiere civile: mais les causes des Lettres de révision sont restraintes aux nullités de la procédure; au lieu que les moyens de Requêtes civiles sont en assez grand nombre, comme il paroît par les articles 34 & 35. de l'Ordonnance de 1669, dans lesquels ils sont rapportés.

Le 4 Septembre 1699. il a été jugé à la Tournelle criminelle, sur les conclusions de M. Joly de Fleury, Avocat général, qu'on n'étoit pas recevable à prendre Requête civile contre un Arrêt définitif rendu au grand criminel, & qu'il n'y a que la révision.

Le 13 Mai 1710. il a été jugé au Grand Conseil, qu'un accusateur ne peut point prendre de Requête civile contre un Arrêt qui met hors de Cour sur la plainte, & renvois l'accusé absous.

Cependant il y a trois cas dans lesquels on pourroit obtenir Requête civile contre des Arrêts rendus en matiere criminelle.

Le premier est, si l'Arrêt n'étoit point définitif, & ne regardât que l'instruction & la procédure.

Le deuxiéme est, si dans l'Arrêt définitif, rendu à la décharge de l'accusé, il y avoit eu dol de sa part.

Le troisiéme est, s'il y avoit de la fausseté dans les informations.

Hors ces trois cas, je n'estime pas que celui qui auroit obtenu des Lettres de Requête civile en matiere criminelle dût être écouté. *Voyez* le Dictionnaire des Arrêts, *verbo* Requête civile, nomb. 42. & suivans; & le Commentaire de Bornier sur l'article 34. du titre 35. de l'Ordonnance de 1667.

REQUETE CONTRE UNE SENTENCE PRÉSIDIALE RENDUE AU PREMIER CHEF DE L'ÉDIT, est un moyen de se pourvoir contre une telle Sentence par une simple Requête présentée au même Présidial.

Ainsi, quand les Présidiaux ont jugé en dernier ressort, c'est-à-dire jusqu'à deux cens cinquante livres à une fois payer, ou dix livres de rente ou de revenu annuel, ce qu'on appelle le premier chef de l'Edit, on ne se pourvoit point contre ces sortes de Jugemens par Requête civile, mais seulement par une simple Requête présentée au même présidial; ce qui a été ainsi ordonné pour relever les Parties des fraix qui se font pour l'obtention desdites Lettres.

Pour le surplus, & à la réserve du tems donné pour se pourvoir, les mêmes choses doivent être observées, tant pour les Requêtes contre les Sentences présidiales au premier chef de l'Edit, que pour les Arrêts & Jugemens en dernier ressort. Les moyens d'ouverture pour ces sortes de Requêtes sont les mêmes que ceux de Requête civile contre les Arrêts. A l'égard du tems dont il faut obtenir & signifier ces sortes de Requêtes, *Voyez* l'article 10. du titre 24. de l'Ordonnance de 1667.

Quant à la procédure pour l'instruction des instances des Requêtes contre les Sentences présidiales au premier chef de l'Edit, c'est la meme que celle contre les Arrets.

De plus, ces Requêtes contre ces Sentences présidiales n'empêchent point l'exécution desdites Sentences, sans qu'on puisse donner aucunes défenses ou surséances en aucun cas. *Voyez* les articles 10., 18 & du même titre de l'Ordonnance de 1667.

REQUETE D'AMPLIATION, est une Requête que présente celui qui a obtenu des Lettres en forme de Requête civile, à l'effet de pouvoir se servir des nouveaux moyens de Requête civile qu'il a découverts depuis que les Lettres en forme de Requête civile ont été par lui obtenues *voiés* ce que j'en ai dit en parlant des Requêtes civiles.

REQUETES DE L'HÔTEL, signifient la Jurisdiction de Messieurs les Maîtres des Requêtes, qui connoissent des causes personnelles & mixtes entre les Officiers de la Maison du Roi, & des causes personnelles, possessoires & mixtes de Messieurs des Requêtes du Palais, & de leurs veuves, des Secretaires du Roi, Officiers du Grand Conseil.

Ceux qui ont leurs causes commises, peuvent choisir, ou les Requêtes de l'Hôtel ou du Palais. Il faut excepter Messieurs des Requêtes du Palais du Parlement de Paris, qui ne peuvent plaider en vertu de leur privilége qu'aux Requête de l'Hôtel, de même que Messieurs des Requêtes de l'Hôtel ne peuvent plaider en vertu de leur privilége qu'aux Requêtes du Palais à Paris. *Voyez* ce que j'ai dit ci-dessus à ce sujet, *verbo* Committimus.

Les appellations des matieres dont Messieurs des Requêtes connoissent à l'ordinaire, & concurremment avec Messieurs des Requêtes du Palais, vont au Parlement; mais Messieurs des Requêtes de l'Hôtel jugent de certaines matieres à l'extraordinaire au souverain, & privativement à tous autres juges; & alors on ne se peut pourvoir contre leurs Jugemens que par Requête civile.

Ils jugent à l'extraordinaire souverainement & en dernier ressort des affaires qui naissent en exécution des Arrêts du Conseil privé, des renvois du Conseil privé ou de l'Etat des appellations, des appointemens donnés par un Maître des Requêtes en l'instruction d'un procès au Conseil, des taxes & exécutoires de dépens, & des causes intentées pour salaire d'Avocat au Conseil.

Lorsque Messieurs des Requêtes de l'Hôtel procedent au souverain contre des Ecclésiastiques accusés de crimes, sur le renvoi qui leur en est fait par le Conseil, ils n'instruisent pas conjointement avec les Officiers; mais ils ne privent point les Juges de l'Eglise de prendre connoissance des crimes, & de juger les coupables: ils leur renvoient les accusés; & après que le procès a été instruit & jugé dans les Cours d'Eglise, l'accusé est introduit dane les prisons royales, & le procès porté au Greffe des Requêtes de l'Hôtel, ou remis au Rapporteur. *Voyez* les Mémoires du Clergé, Edition de 1719. tome 7. page 949.

Quand ils prononcent dans leurs Jugemens souverains, ils commencent leur prononciation par ces mots *Les Maitres des Requêtes, Juges souverains en cette partie, &c.* *Voyez* Maître des Requête. *Voiés* Committimus.

REQUETES DU PALAIS, signifient une Jurisdiction composée de Conseillers de la Cour, Commissaire en cette partie, qui connoissent en premiere instance, concurremment avec Messieurs des Requêtes de l'Hôtel, des matieres personnelles, possessoires & mixtes entre privilégiés; c'est-à-dire, ceux qui ont leurs causes commises en vertu des Lettres que nous appellons *Committimus*.

Ils connoissent encore des causes des Eglises de fondation royale, & de toutes celles qui ont leur causes commises en vertu des Lettres appellées *Gardes gardiennes*, c'est-à-dire, qui mettent les Eglises, & les Ecclésiastiques ausquels elles sont accordées, en la protection & garde de Messieurs des Requêtes du Palais.

Pour entendre comment la Jurisdiction des Requêtes du Palais a été établie, il faut sçavoir que les Maîtres des Requêtes n'ont pu d'abort tenir leur Jurisdiction exactement; car ils étoient dans les premiers tems en très-petits nombre & continuellement occupé à la suite de la Cour: ce qui fit que les causes des Officiers commençaux furent entierement négligées.

Cela donna lieu au Parlement de Paris d'en prendre soin; pour raison de quoi il députa plusieurs de ses Conseillers, pour les juger au lieu & place des Maîtres des Requêtes, desquels ils prirent le nom: mais pour les distinguer, on appella ces Conseillers les députés aux Requêtes du Palais; ce qui leur est resté jusqu'à présent.

Cet établissement, qu'on tient avoir été fait entre le regne de Philippe le Bel & celui de Philippe de Valois, fut approuvé par Charles V, lequel par l'article 1. de son Ordonnance de 1364. enjoignit aux Gens tenans les Requêtes du Palais, de venir au Siege tous les jours que les Présidens & les Conseiller vont à la Chambre; & par l'article 15. de la même Ordonnance, il leur enjoignit de garder & observer le stile du Parlement.

Cette Chambre des Requête du Palais a toujours été remplie des plus anciens Conseillers du Parlemens jusqu'à François I, lequel par son Edit du mois d'Août 1544. créa un nouveau Commissaire aux Requêtes du Palais. Ensuite Charle IX, par autre Edit du mois de Novembre 1567. en créa trois, à la charge qu'ils seroient pris du Corps du Parlement.

Les affaires s'étant multipliées, Henri III, par Edit donné à Saint Maur au mois de Juin 1580. créa une seconde Chambre des Requêtes du Palais & le nombre des Juges de ces deux Chambres a été augmenté dans la suite, de maniere qu'il y a aujourd'hui dans chacune trois Présidens & quinze Conseillers.

Les Commissaires aux Requêtes n'ont jamais cessé d'être du Corps du Parlement; & les commissions pour juger ausdites Requêtes, ne se délivrent qu'aux Conseillers de la Cour: autrefois elles n'étoient données qu'aux anciens; aujourd'hui elles se donnent sans distinction aux Conseillers de la Cour qui en achetent de ceux qui en sont révétus.

Ceux qui se sont démis de leur Commission, peuvent, en conserver leur Office de Conseiller, entrer au Parlement, & y prendre séance.

Ces Commissaires sont toujours appellés lorsque le Parlement s'assemble, soit pour la vérification des Edits & Ordonnances, ou pour la réception des Officiers de la Cour; & quand il se fait quelque assemblée publique, comme quand le Parlement va en procession, ou assiste à quelque *Te Deum*, ils marchent selon l'ordre de leur réception.

Ils ont le droit de faire des Réglemens, pour être observés par les Officiers de leur Jurisdiction.

Outre les deux Chambres des Requêtes du Palais il y a encore un Parquet, qui est le lieu où originairement se tenoient les Audiences des Requêtes du Palais. Maintenant on y plaide les affaires de peu de conséquence, sur-tout celles qui concernent la procédure. C'est aussi là que se font toutes les instructions pour obliger un défendeur à fournir de défenses; on y obtient les Sentences de rétention, d'évocation & de cassation; enfin, on y fait généralement tout le actes concernant la poursuite des criées, & on y fait les adjudications par décret forcé ou volontaire.

Cette Audience est tenue par un Président & un Conseiller. Comme ce Parquet sert pour les deux Chambres des Requêtes du Palais, les Officiers de l'une & de l'autre y doivent le service chacun à leur tour.

Messieurs des Requêtes de l'Hôtel ont pareillement un Parquet, où chaque Maître des Requêtes en quartier va expédier seul à son tour les mêmes causes, à l'exception des adjudications qui se font à la Chambre.

S'il se présentent au Parquet, tant aux Requêtes de l'Hôtel que du Palais, quelque demande de conséquence, on renvoie les Parties à l'Audience de la Chambre.

Lorsque les Sentences du Parquet sont contradictoires, ou que l'opposition n'en est pas recevable contre celles qui sont rendues par défaut, ou que l'opposant en a été débouté, il n'y a que la voie de droit pour se pourvoir contre, qui est l'appel au Parlement.

Voilà quel a été le commencement & le progrés des Requêtes du Palais jusqu'à présent.

On y connoît des mêmes affaires qui se jugent aux Requêtes de l'Hôtel, comme Jurisdiction commise en vertu du privilége de *Comittimus*, & aux mêmes conditions.

Lorsqu'une cause est portée aux Requêtes du Palais, la Partie qui fait signifier le premier avenir, saisit la premiere ou la seconde Chambre de cette Jurisdiction.

REQUINT, est la cinquiéme partie du quint. *Voyez* Quint.

REQUISITION, est une demande qui se fait à l'Audience sur quelque incident.

REQUISITOIRE, est une demande que l'on fait par quelque exception ou signification.

RESCINDANT, est ce que la Partie soutient devoir être cassé ou retracté. Le rescisoire est ce qu'elle soutient devoir être ordonné en conséquence du rescindant.

Pour entendre ce que ces termes signifient, il faut sçavoir que la rescision est la cassation d'un acte ou contrat, laquelle s'obtient par Lettres royaux, pour plusieurs causes, comme pour lézion & minorité, pour dol & fraude de la Partie adverse, pour violence & juste crainte, & autres causes légitimes que nous avons expliquées ailleurs.

Le rescindant est le Jugement par lequel le Juge entérine les Lettres de rescision, & ôte l'obstacle qui empêchoit celui qui est restitué, d'agir & de poursuivre ses droits, & le rétablit dans le même état qu'il étoit au tems qu'il a fait le contrat lequel il a obtenu Lettres de restitution.

Le rescisoire est ce que l'impétrant obtient en vertu du rescindant; c'est pour cela que le rescisoire est appellé l'exécution, la suite & l'effet du rescindant. Par exemple, un mineur renonce à une succession, ou son tuteur pour lui; étant parvenu à sa majorité, il obtient des Lettres de rescision contre sa renonciation. Par ces Lettres il demande que sa renonciation soit cassée: voilà les rescindant. En conséquence du Jugement qui intervient, il se constitue demandeur contre les détenteur & possesseur des choses aliénées, concluant à ce qu'il soit condamné à les lui restituer avec les fruits : c'est ce que nous appellons rescisoire.

Ainsi quand le rescisoire est poursuivi contre un autre que celui contre, pour lequel on demande la cassation de l'acte ou contrat, le rescindant & le rescisoire sont différens; mais quand le rescindant & le rescisoire sont poursuivis contre la même personne ou le même défendeur, le Juge par un même Jugement prononce sur l'un & sur l'autre.

Lorsque le rescindant & le rescisoire sont accumulés, il est au choix de l'impétrant de faire adresser les Lettres au Juge du domicile du défendeur, ou au Juge de l'assiete des choses en question; soit que l'impétrant poursuive l'entérinement desdites Lettres contre celui avec lequel il a contracté, soit qu'il le poursuivre contre un tiers détenteur. *Voyés* Papon, liv. 7, tit. 7, nomb. 24.

RESCINDANT EN FAIT DE REQUETE CIVILE. Le rescindant est la cassation de l'Arrêt, qui est demandée & poursuivie en vertu des Lettres en forme de Requête civile. Le rescisoire est la question principale décidée par l'Arrêt contre lequel les Lettres de Requête civile ont été obtenues.

En fait de Requête civile, il n'est pas permis aux Juges de juger le fonds avec la Requête civile, dans le cas même où la Requête civile auroit été appointée au Conseil, ainsi qu'il est porté en l'art. 40. du titre 35. de l'Ordonnance de 1667; parce que ce seroit une chose inutile & illusoire d'entrer dans le Jugement du fonds & du principal, si l'impétrant n'avoit pas des moyens & des ouvertures suffisantes pour gagner le rescindant; c'est-à-dire pour être remis au même état qu'il étoit avant l'Arrêt contre lequel il a pris Requête civile.

Ainsi, entériner une Requête civile par le mérite du fonds, ce seroit non-seulement recevoir des griefs contre un Jugement de Cour souveraine, mais encore multiplier inutilement les procès, que de restituer les Parties contre un Arrêt, lorsqu'on connoîtroit qu'il auroit bien jugé au fonds, & que ce ne seroit qu'en la forme qu'il y auroit quelque chose à redire.

Il n'est donc pas permis aux Juges d'accumuler le fonds avec la Requête civile : en entérinant une Requête civile, ils ne peuvent que remettre les Parties en pareil état qu'elles étoient avant l'Arrêt contre lequel les Lettres en forme de Requête civile ont été obtenues, & voilà ce qui se pratique ordinairement.

Cependant, lorsque la piéce qui donne ouverture à la Requête civile, fait la décision du fonds, il paroit naturel que les Juges qui entérinent la Requête civile, puissent aussi décharger en même tems celui qui a obtenu lesdites Lettres, de la condamnation portée par l'Arrêt, autrement ce seroit engager les Parties dans deux procès pour un.

Posons pour exemple qu'un héritier ait été condamné à payer une dette du défunt, & qu'ensuite il ait recouvré la quittance ; ce qui lui auroit donné occasion de se pourvoir par Requête civile contre l'Arrêt.

Il faut demeurer d'accord que ce cas & autres semblables n'ont pas été prévus par l'Ordonnance. En effet, cette quittance recouvrée emporte nécessairement l'entérinement de la Requête civile, & la décharge de la condamnation ; ensorte qu'il y auroit de l'injustice d'obliger celui qui auroit recouvré cette quittance, d'avoir deux procès pour un, & d'être encore obligé de demander sa décharge, après que sa quittance auroit été déclarée bonne & valable par les Juges, lorsqu'ils ont entériné la Requête civile.

C'est aussi la raison pour laquelle en ce cas & autres semblables, dans lesquels la Requête civile & le principal sont inséparables, il est permis aux Juge de prononcer sur la Requête civile, & sur le principal par le même Arrêt.

Par exemple, lorsqu'il s'agit d'un mineur qui prétend n'avoir pas été défendu, ou d'une contrariété d'Arrêts ; dans ces cas le fonds même sert de moyen de Requête : c'est pourquoi il dépend alors de la prudence & de la religion des Juges, de ne point séparer la forme d'avec le fonds.

RESCINDER, signifie casser ou annuller un acte ou contrat pour une juste cause, en conséquence de Lettres de Chancellerie obtenues à cet effet ; sans quoi les Juges ne peuvent rescinder un contrat, attendu que les voies de nullité n'ont point lieu en France.

RESCISION, est la cassation d'un contrat ou d'un autre acte, en conséquence de Lettres de Chancellerie obtenues à cet effet. Par ces Lettres, le Roi casse & annulle les actes qui sont sujets à cassation ; & on les appelle pour cela Lettres de rescision.

Comme Sa Majesté n'entre point dans l'examen de l'exposé de ces Lettres, & ne s'informe point par elle-même si les actes contre lesquels on veut se pourvoir sont sujets à cassation, elle adresse ces Lettres à des Juges pour qu'ils en décident.

Les Lettres de rescision n'ont donc point d'effet par elles-mêmes, mais seulement par le moyen de l'entérinement, quand il est ordonné par le Jugement qui intervient sur l'examen qui s'en fait par les Juges dénommés dans lesdites Lettres, Parties présentes ou duement appellées.

Ainsi, lorsque dans le cours d'une cause, instance ou procès, l'une des Parties oppose à l'autre une obligation ou une transaction, ou un autre acte qui peut lui nuire, & qu'elle prétend devoir être déclaré nul, attendu qu'elle a été surprise & lézée en le passant ; après avoir obtenu en Chancellerie des Lettres de rescision, elle doit en poursuivre l'entérinemt, & présenter au Juge une Reqnête à cet effet.

Après que le Juge a mis au bas de cette Requête une Ordonnance de *Vienne*, il faut faire signifier cette Requête avec les Lettres de rescision.

Si la cause d'entre les Parties n'a pas été appointée, l'affaire est portée à l'Audience, & l'on plaide sur le tout, c'est-à-dire sur ce qui forme la contestation d'entre les Parties, & sur la demande en entérinement des Lettres de rescision.

Si l'affaire est appointée, l'on prend sur la Requête à fin d'entérinement des Lettres, une Sentence ou Arrêt d'appointé en droit & joint ; en conséquence de quoi les Parties écrivent & produisent en la maniere ordinaire.

Voyez ci-dessus, Nullités, où nous avons expliqué dans quels cas il faut obtenir des Lettres du Prince, pour revenir contre des actes que l'on a passés.

Voyés Lettres de rescision. *Voyez* aussi Restitution en entier.

RESCRIPTION, est un mandement qu'on donne à un fermier, à un débiteur, ou à un correspondant, pour payer une somme exprimée dans le billet à celui qui en est porteur, avec promesse de la part de celui qui a donné le mandement, de tenir compte à son fermier ou à son débiteur, de la somme qu'il aura payée en conséquence.

Ces sortes de rescriptions ou mandemens se font ordinairement par des personnes, qui ordonnent à leurs Trésoriers, Commis, Caissiers, Receveurs & Agens, de payer les sommes qu'ils leur donnent à leurs créanciers ; & il leur en est tenu compte par leurs maîtres ou amis, sur l'argent qu'ils peuvent avoir entre leurs mains.

Si ces Commis, Fermiers & Receveurs ne satisfont pas aux rescriptions qui leur sont adressées, & qu'ils deviennent insolvables, ceux qui ont donné les rescriptions, ne peuvent pas en rendre responsables les personnes au profit de qui ils les ont faites, pour n'avoir pas fait les protests dans le tems prescrit par l'Ordonnance.

La raison est, que ces rescriptions ne portent pas, qu'elles soient faites pour valeur reçue en deniers, marchandises ou autres effets ; mais seulement que lorsque celui qui en est porteur en sera payé, celui qui a donné le mandement en tiendra compte, & en fera déduction sur ce que le mandataire lui doit. Or le titre 5. de l'Ordonnance du Commerce de 1673, n'entend pas parler de simples rescriptions & mandemens, mais seulement de Lettres de change, qui ne sont réputées telles, que quand le tireur a pardevers lui pareille somme qu'il reçoit en change de la personne sur laquelle il tire la Lettre, ou bien qu'il tire sur son crédit ; parce que c'est ce qui donne le nom aux Lettres de change.

RESCRITS, sont des Lettres de Chancellerie que le Roi adresse aux Juges pour faire exécuter ses ordres. Ces Lettres sont, ou des Lettres de grace, comme des Lettres de rémission ; ou des Lettres de Justice, comme des Lettres de restitution en entier, & autres.

RESEPAGE, terme des Eaux & Forêts, qui signifie une nouvelle coupe bois qui a été mal coupé, ou qui n'est pas de belle venue. *Voyés* le Dictionnaire de Trévoux.

RESERVATION,

RESERVATION, est un acte ou clause par laquelle on réserve & on retient quelque chose sur ce que l'on vend, ou sur ce que l'on donne à quelqu'un. Ces réserves doivent être expressément dénommées ; autrement on n'y auroit point égard. Ainsi, quand on veut retenir une servitude sur un héritage que l'on vend, il faut absolument en faire mention, si l'on veut qu'elle ait lieu.

RESERVE, est la même chose que réservation ; mais le mot de réserve est bien plus en usage que l'autre. On dit, par exemple, qu'un Procureur a vendu sa Pratique, mais qu'il a fait plusieurs réserves.

RESERVES COUTUMIERES, sont les parts & portions que les Coutumes assurent à nos héritiers *ab intestat*, dans nos propres ou dans nos autres biens. Cette réserve est une espéce de légitime qui a été établie en faveur de tous les héritiers *ab intestat*, soit en ligne directe, soit en ligne collatérale.

Voyez ci-dessus, Quatre-Quints, & ce que j'ai dit sur l'article 292. de la Coutume de Paris, glose derniere à la fin, & sur l'article 295, glose premiere. *Voyez* aussi M. le Brun en son Traité des Successions, liv. 2. chap. 4.

RESIDENCE, est le lieu de la demeure actuelle de quelqu'un. On dit, par exemple, qu'on ne reçoit point de caution qui n'ait une actuelle résidence sur le lieu, & qu'il n'y soit domicilié.

Résidence se dit spécialement de la demeure des Bénéficiers & des Officiers, à l'effet de desservir leur Eglise, ou d'exercer leur Office, comme il leur est enjoint.

RESIDENT, est celui qui fait sa demeure actuelle dans un lieu.

RESIDU, est ce qui reste à payer d'une obligation, ou le réliqua d'un compte.

On appelle résidu de procédure ce que le Procureur garde par devers lui, & qu'il n'a mis dans les sacs & productions, comme étant inutile.

RESIGNANT, est celui qui se démet d'un Bénéfice ou d'une Charge.

RESIGNATAIRE, est celui en faveur de qui est faite la démission d'un Bénéfice ou d'une Charge ou la procuration *ad résignandum*.

RESIGNATION EN MATIERE D'OFFICE, est une démission d'icelui, faite par celui qui en est pourvû, en faveur d'un autre. *Voyez* Procuration *ad resignandum*. *Voyez* aussi Démission.

RESIGNATION EN MATIERE DE BÉNÉFICE, est la démission qui se fait pardevant l'Ordinaire ; ce qu'on appelle résignation pure & simple ; laquelle ne se fait gueres qu'après une assurance secrette que le Bénéfice sera conféré à celui qui aura été nommé à l'Ordinaire.

Quand on n'est pas assuré de la foi de l'Ordinaire, on envoie la résignation en Cour de Rome ; car les procurations *ad resignandum*, qui se passent devant le Pape en faveur d'autrui, ne sont aucunément hazardeuses pour le résignant, à cause des clauses qu'on y insere ; sçavoir, *non alius*, *non aliter*, *dummodo ipse N. acceptare voluerit*, *& non aliàs* ; *non intendens resignationem sortiri effectum*, *donec N. dicti Beneficii possessionem cœperit actualem*, *&c.*

RESILIMENT, est un acte par lequel les Parties qui avoient précédemment passé un contrat, s'en départent réciproquement, & consentent que ce contrat ne sera point exécuté. Les Jurisconsultes appellent un tel acte *distractus*, comme étant opposé à *contractus*.

RESOLUTION D'UN CONTRAT DE LOUAGE AVANT QUE LE TEMS PORTÉ PAR ICELUI SOIT EXPIRÉ. La regle est, que le bailleur ne peut empêcher le preneur de jouir de la chose qu'il a prise à bail, qu'après que le tems du bail est expiré.

Il y a néanmoins cinq ans esquels un contrat de louage peut être résolu avant que le tems convenu soit expiré.

Le premier est, lorsque le locataire ou le fermier ont été deux ans sans payer le loyers, ou sans exécuter d'autres conventions portées par le bail.

Le deuxiéme est, si le locataire ou fermier malverse dans la maison ; comme s'il y tient un commerce infame ou s'il abuse de son bail pour détruire ou dégrader les lieux.

Ces deux premiers cas sont communs aux fermiers & aux locataires des maisons ; & dans l'un & l'autre cas il n'y a pas lieu aux dommages & intérêts du preneur, ni à aucune remise de loyers échus, parce que le bail n'est résolu que par sa propre faute.

Le troisiéme cas est, si le locataire d'une maison ne la garnit pas de meubles exploitables pour sûreté de son louage ; auquel cas le propriétaire l'en peut faire sortir.

Le quatriéme cas est, si le propriétaire d'une maison qui menace ruine, la veut faire rebâtir. Cette réparation étant absolument nécessaire, le propriétaire de la maison ne doit au locataire, pour tous dommages & intérêts, que la remise des loyers pour le tems que le locataire ne peut pas y habiter.

Mais s'il n'y avoit point de nécessité pressante, & que le propriétaire ne fît rebâtir sa maison que pour le rendre plus agréable & plus commode, il seroit tenu des dommages & intérêts du locataire, outre la remise des loyers pour le tems de sa non-jouissance.

Le cinquiéme cas est, quand le propriétaire veut venir loger lui-même dans sa maison avant le bail expiré : auquel cas il doit donner un tems raisonnable au locataire pour chercher une autre maison ; comme trois mois ou six mois, suivant la qualité des maisons & des locataires.

Dans ce cas on adjuge ordinairement au locataire des dommages & intérêts, qui sont liquidés à une demi année, ou à trois mois de remise des loyers, suivant les circonstances & à la qualité des personnes.

On a agité autrefois cette question ; sçavoir si l'apparition des corps morts qui apparoîtroient dans un héritage donné à bail pourroit le faire résoudre ? Mais je crois aujourd'hui que cette question ne seroit pas écoutée ; & il me paroît que c'est aussi le sentiment de Papon, liv. 10. tit. 5. nomb. 9.

Voyez la Science parfaite des Notaires, liv. 6. chap. 3. M. le Prêtre, cent. 2. chap. 54. & Brodeau sur Louet, lett. L. somm. 4.

RESOLUTOIRE, se dit d'une convention particuliere par laquelle on convient qu'un contrat demeurera comme non fait, en cas que l'une des Parties n'exécute point ce à quoi elle s'est obligée. *voyez* Clause résolutoire.

RESOUDRE, signifie, casser, annuller ou détruire un acte par un acte contraire.

RESPECTIF, signifie réciproque de part & d'autre. Ainsi on dit qu'un Jugement est contradictoire, quand il est rendu sur les demandes & défenses respectives des Parties, ou sur leurs productions respectives. On dit aussi dans ce même sens, que les transactions se font sur les prétentions respectives des Parties.

RESPECTIVEMENT, signifie d'une maniere respective de part & d'autre. Ainsi dans l'article 1. du titre 22. de l'Ordonnance de 1667. il est dit, qu'en matiere où il échoira de faire des enquêtes, le même Jugement qui les ordonnera, contiendra les faits des Parties, dont elles informeront respectivement si bon leur semble, c'est-à-dire de part & d'autre.

RESPONDANT, est celui qui cautionne un domestique, & qui répond de lui; de sorte qu'il s'oblige de reparer le tort qu'il pourra faire à celui envers qui il en a répondu.

RESPONDRE, signifie cautionner quelqu'un, & se charger d'une dette à laquelle il est obligé. Aussi le mot de répondre a-t-il été dit en latin en cette signification, comme qui diroit *pro alio spondere*. C'est dans ce sens qu'on dit que les cautions & les certificateurs répondent de celui pour qui ils s'obligent, ou dont il pourra être tenu dans la suite.

RESPONDRE, signifie aussi se charger de quelqu'un. Un exempt à qui on a donné un prisonnier en garde, est tenu de le représenter, parce qu'il en a répondu.

RESPONDRE UNE REQUESTE, se dit de l'Ornance que le Juge met au bas.

RESPONSABLE, signifie Garant.

RESSEMBLANCE, qu'un Auteur a dit être un je ne sçai quoi qu'on ne peut définir, n'est autre chose que la conformité qui se trouve quelquefois entre des personnes, soit par rapport à leurs visages, à leur voix, leurs airs, & à leurs tailles.

La nature fait naître quelquefois deux personnes si semblables qu'elles n'ont pas besoin de chercher leurs images, ni dans le miroir, ni dans une onde vive & pure; mais qui la trouvent dans d'autres eux-mêmes, pour ainsi dire. Rusticus & Auguste se ressembloient parfaitement; Pompée & Vibius étoient très-semblables; & tant d'autres qui font foi, que pour ressembler à un autre, on n'est ni son fils ni son parent.

La ressemblance n'est donc qu'un jeu de la nature, qui est le plus solide argument des imposteurs; mais quelque parfaite qu'elle puisse être, ce n'est jamais un argument invincible, qui prouve que qui se veut faire passer pour celui auquel il ressemble, le soit effectivement. Si c'en étoit un, que de confusion, & que d'incertitude il auroit dans l'état des hommes; & combien d'imposteurs, qui ont tenté de ce prévaloir de la ressemblance qu'ils avoient avec unu autre personne, n'auroient point été confondus comme ils l'ont été. Mais la divine Providence permet qu'une telle imposture soit tôt ou tard découverte.

Le nommé Arnauld Tilly, dit Parisete, se dit Martin Guerre, à qui il ressembloit parfaitement, & pendant son abseuce s'étant transporté chez lui, on l'y reçut, comme étant celui dont il avoit emprunté le nom, & qu'il croyoit être décédé à la guerre, où il en avoit fait connoissance, & où il s'étoit informé de lui de tout ce qui lui étoit arrivé jusqu'au tems qu'il étoit hors de chez lui. Cet Arnauld Tilly fut reçu de tout le monde pour Martin Guerre, & abusa de sa femme au moyen de cette ressemblance & des discours qu'il lui tint sur tout ce qu'il avoit appris être arrivé à Martin Guerre: ensorte qu'entretenant cette femme dans son erreur, il vécut avec elle pendant plusieurs années, & en eut une fille. Mais le vrai Martin Guerre revint dans sa maison, & eut bien de la peine à se faire reconnoître. Enfin, après de très-longues discussions, la Cour ayant avec beaucoup de peine & beaucoup d'adresse découvert l'imposture de ce scélérat, le condamna à faire amende honorable, à être pendu, ensuite brûlé; ses biens, attendu la bonne foi de la femme dont il avoit abusé, adjugés à la fille qu'il avoit eu d'elle. Cet Arrêt a été rendu au Parlement de Toulouse le 12 Septembre 1560. & est rapporté avec toutes les circonstances des faits dans Papon, liv. 22. tit. 9. nomb. 20. & dans le premier tome des Causes célébres.

Dans un bailliage près d'Orléans, un jeune homme prit le nom d'un autre à qui il ressembloit, & se fit passer pour lui: la mere & les autres parens de l'absent le prirent pour celui dont il avoit pris le nom, & le marierent à une jeune fille d'égale condition que la leur. Le vrai fils étant revenu, & la supposition étant découverte & juridiquement prouvée, ce faussaire fut condamné d'être pendu. L'exécution ayant été faite, la fille que les parens de ce malheureux lui avoient fait épouser, intenta action contre eux, tant pour la restitution de sa dot, que pour ses dommages & intérêts. Ils répondirent qu'eux-mêmes avoient été trompés les premiers, en disant, *id fecerat natura, non dolus*, & furent déchargés de cette demande. Voyez M. Corbin en ses Plaidoyés, chap. 87. où il rapporte l'Arrêt rendu au Parlement de Paris le 8. Mars 1607.

RESSORT, est tout ce qui est compris dans l'étendue d'une Jurisdiction. Il est pris aussi pour le lieu où les appellations des Juges inférieurs sont portées & ressortissent. Ainsi ressort dans ce dernier sens, est le détroit du Juge qui a droit de connoître des causes d'appel.

Les juges des Seigneurs ne peuvent avoir ce droit si les Seigneurs n'en ont un titre exprès, ou ne sont fondés en possession immémoriale. V. la Coutume de Meaux, art. 186 ; & celle de Senlis, art. 1. & suivans.

RESSORTIR, se dit en parlant des Tribunaux des Juges supérieurs, ou se relevent les appellations des Juges inférieurs.

RESTITUER, est rendre un Jugement, par lequel au moyen de la rescision de quelqu'acte ou contrat, fondé sur une juste cause, le Juge remet les Parties au même état qu'elles étoient auparavant.

RESTITUTION EN ENTIER, est un bénéfice de droit, par lequel celui qui a été lézé & trompé en passant quelqu'acte ou contrat, ou par le fait & l'omission de quelque chose, est remis au pareil état qu'il étoit auparavant, en obtenant des Lettres de rescision du Prince, qui cassent & annullent l'acte ou contrat qui a été fait.

La restitution en entier est donc l'effet de la rescision, c'est-à-dire le Jugement qui intervient sur les Lettres de rescision & qui en ordonne l'enterinement.

Comme les voies de nullité n'ont point lieu en France, si la nullité n'est exprimée par les Ordonnances ou par les Coutumes, la restitution contre un contrat ne se donne que par les Lettres royaux qu'il faut obtenir en Chancellerie, & faire entériner en Justice.

Mait quand un contrat est nul de nullité d'Ordonnance ou de Coutume, il ne faut point des Lettres de rescision. Par exemple, si un bien d'Eglise a été aliéné sans les formalités requises, l'acte est nul de plein droit, & par conséquent il doit être déclaré tel par le Juge, sans qu'il soit besoin de Lettres de rescision pour cela. Il en est de même de l'obligation qu'une femme mariée auroit passée en pays coutumier sans être autorisée de son mari.

Dans ces cas & autres semblables on déclare les actes nuls ; & supposé que l'on eut obtenu des Lettres de rescision, le Juge prononce la nullité de ces actes, & ajoute que c'est *sans avoir égard aux Lettres de rescision*, pour montrer qu'elles ne sont pas nécessaires.

Ces Lettres sont appellées Lettres de rescision, parce qu'elles font casser l'acte ou contrat par lequel on est lézé; & le Juge ne les entérine qu'au cas que les causes pour lesquelles les Lettres ont été obtenues se trouvent véritables : ainsi la restitution est une suite de rescision, comme nous avons dit, car l'acte ou contrat étant cassé, les Parties sont remises au même état qu'elles étoient auparavant.

Les Causes de restitution sont le dol, la crainte, la violence, la minorité, la déception, la lézion d'outre moitié de juste prix, ou du tiers au quart dans les partages, & l'absence nécessaire ou utile à la République. *Voyez* Dol, Mineur, Lézion d'outre moitié, Lézion du tiers au quart. *Voyez* aussi absent pour cause nécessaire ou utile à la République.

Ce bénéfice de restitution en entier est accordé à toutes sortes de personnes, tant mineurs que majeurs; il n'y a de différence, qu'en ce qu'un mineur peut se faire restituer en justifiant avoir été lézé par l'acte qu'il a passé; mais à l'égard du majeur, il faut qu'outre la lézion il prouve qu'il y a eu dans la passation de l'acte une juste crainte de sa part, ou dol de la part de celui avec qui il a contracté, ou quelqu'autre circonstance qui donne lieu à la restitution; car la lézion seule, à moins qu'elle ne soit énorme, n'est pas une cause suffisante pour donner lieu à la restitution d'un majeur.

La restitution doit être demandée dans les dix ans, à compter du jour du contrat pour les majeurs, ou du jour de la majorité acquise par les mineurs; autrement on n'y est plus reçu. *Voyez* Bouguier, lett. R, nomb. 14; Henrys, tom. 2. livre 5. quest. 21; le Recueil alphabétique de M. Bretonnier, *verbo* Bénéfice de restitution; & Louet, lett. D, somm. 21.

A l'égard de la restitution pour cause d'absence, les dix années ne courent que du jour du retour de l'absent; comme nous l'avons dit, lettre A, en parlant de l'absent pour cause nécessaire & utile à la République.

Il ne faut pas seulement que les Lettres soient obtenues dans les dix ans, il faut encore qu'elles soient signifiées; autrement l'impétrant seroit déchu de l'enterinement d'icelles. *Mornacius*, *ad leg.* 1, *cod. de divers. rescript.*

Le droit de se faire restituer en entier passe à l'héritier; il passe même au successeur à titre singulier, lorsqu'il a eu la précaution de se faire céder dans son contrat d'acquisition par son auteur, les actions rescindantes & rescisoires; avec toutefois cette restriction, que le tems de se faire restituer ne se proroge pas en faveur de l'héritier du mineur, ou de celui qui est en son lieu & place, ainsi qu'il auroit été prorogé en faveur du mineur. *Mornacius*, *ad leg.* 2, *cod. de temporib. in integ. restitut.*

Au reste, toute restitution est réciproque entre les Parties qui ont contracté l'engagement contre lequel l'une des Parties se fait restituer. *Restitutio in integrum ita facienda est, ut unusquisque in integrum jus suum recipiat. Leg.* 24. §. 4. *ff. de minoribus.* Ainsi, quand un acte ou contrat est cassé par la restitution en entier, les Parties sont remises dans le même état qu'elles étoient auparavant, sans que cet acte ou contrat puisse produire aucun effet, & causer le moindre préjudice à aucune des Parties, directement ou indirectement.

RESTITUTION EN ENTIER DES MINEURS, est celle qui leur est accordée pour raison de la lézion qu'ils ont soufferte, *dolo vel calliditate adversarii, vel ætatis lubrico, aut inconsulta facilitate.*

Nous en avons déja parlé, *verbo* Mineurs. Il nous reste à remarquer ici, que ceux qui ont contracté avec le mineur, ne peuvent pas l'obliger de se servir du bénéfice de restitution; *quia unicumque licet ea contemnere, quæ pro se introducta sunt. Leg.* 41. *ff. de minoribus.*

Voyez Belordeau en ses Observations forenses, lettre C, art. 38. & 39. & lettre E, article 4. *Voyez* aussi Henrys, tome 1. livre 4. chapitre 6. question 25. & le Recueil alphabétique de M. Bretonnier, *verbo* Bénéfice de restitution.

RESTITUTION ACCORDÉE A DES MINEURS

NE SERT PAS AUX MAJEURS, Quoique leurs intérêts soient semblables, les choses sont divisibles & séparables de leur nature, attendu que cette restitution n'est fondée que sur leur minorité, & sur la lézion qu'ils ont soufferte. *Solis minoribus prodest in integrum restitutio ex causa minoris ætatis, adeo ut minorum occasione majoribus non prosit. Leg.* 3. §. 4. *ff. de minoribus.*

Ce bénéfice étant alors uniquement attaché à la personne du mineur, il ne peut passer en la personne d'un autre; d'autant plus qu'il est à présumer que celui qui a contracté avec le mineur, ne l'auroit pas fait s'il n'y eût que lui qui fut tenu de l'obligation résultante du contrat. D'où il s'ensuit,

I°. Que le majeur qui s'est porté caution d'une dette contractée par un mineur, si ce mineur se fait restituer, son fidéjusseur restera toujours obligé, sans pouvoir se faire relever de son cautionnement. *Voyez* Chenu, cent. 2; Henrys, liv. 4, chap. 1, quest. 3; & Lapeyrere, lettre R.

II°. Que le mari majeur qui s'est obligé de faire ratifier sa femme lorsqu'elle sera majeure, ne peut se faire restituer contre cette obligation, quoique sa femme puisse s'en faire relever de son chef; comme il a été jugé par Arrêt du 8 Février 1603, rapporté par M. le Prêtre, centurie 3, chap. 60.

III°. Qu'une rente constituée, ou autre dette contractée par un mineur & un majeur, étant une chose divisible de soi, nonobstant l'individuité de l'hypotéque, le bénéfice de restitution accordée en ce cas au mineur, ne peut point donner lieu au majeur de se faire restituer; comme il a été jugé par Arrêt du mois de Mars 1650, rapporté par Brodeau sur Louet, lett. H, chap. 20.

Il faut dire au contraire, que quand il s'agit de choses & de droits indivisibles, dans lesquels les majeurs ont un intérêt commun, la restitution du mineur sert au majeur, comme dans les servitudes. *Arg. leg.* 10. *in princ. ff. quemadmodum servit. amitt. & leg.* 72. *ff. de verb. oblig.* C'est pourquoi, si un majeur & un mineur ont laissé prescrire une servitude réelle qui étoit due à un héritage commun & possédé par indivis, la restitution du mineur à l'encontre de cette prescription doit servir au majeur, parce que cette prescription regarde le fonds, & que le mineur ne peut recouvrer le droit de servitude dû à l'héritage commun par le moyen de la restitution, que le majeur n'en profite. *Itaque in rebus indivisis restitutio minoris majori prodest, glossa ad leg.* 1, *cod si in communi eademque causâ in integrum restitutio postuletur. Leg. loci*, §. *si fundus, ff. si servit. vindic.*

Enfin, toutes les fois que l'acte fait par un mineur conjointement avec un majeur, est nul & vicieux, ou que la restitution accordée au mineur est plutôt fondée sur la chose que sur la personne du mineur, comme quand il a été lézé, & que la lézion procede du dol de la Partie avec laquelle il a contracté, dont le mineur releve le majeur, le fidéjusseur du mineur est restituable. C'est ainsi que se doit entendre la Loi 46, *ff. de fidejussorib.*

On demande si le bénéfice de restitution accordé au mineur, profite à ses cohéritiers majeurs, pour arrêter le cours de la prescription de l'action hypotécaire? Le Commentateur d'Henrys, tome 2, liv. 4, question 35, tient que non; parce que le droit ne communique le bénéfice de restitution aux majeurs, que dans les choses individues : or quand on dit que l'hypotéque est indivisible, cela ne se doit entendre que par rapport aux héritages sur lesquels elle est assignée; ainsi l'hypotéque demeure toujours indivisible sur chaque piece d'héritages, quoiqu'ils passent entre les mains de différents possesseurs, *tota est in toto & tota in qualibet parte*, comme l'explique Loiseau dans son Traité du Déguerpissement, livre 2, chap. dernier.

RESTITUTION DE FRUITS, est celle qui s'adjuge dans les actions réelles, quand le défendeur est condamné à se départir de la possession d'un héritage; auquel cas il est aussi condamné à restituer les fruits qu'il a perçus pendant le tems de son injuste détention.

Le possesseur de mauvaise foi doit non-seulement restituer les fruits qu'il a effectivemen perçus, mais aussi ceux que le propriétaire auroitpu tpercevoir, s'il n'en eût été empêché par l'injuste détention du possesseur de mauvaise foi *Voyez* ce que j'ai dit dans ma Traduction des Institutes, livre 2, titre 1, §. 35.

L'Ordonnance de 1539, art. 94. porte : *Qu'en toutes matieres réelles, pétitoires & personelles, intentées pour héritages & choses immeubles, s'il y a restitution de fruits, ils seront adjugés non-seulement depuis contestation en cause, mais aussi depuis le tems que le condamné a été en demeure de mauvaise foi auparavant la contestation.* Sur quoi *voyez* les Commentaires qui ont été faits sur cette Ordonnance, & qui se trouvent dans le Neron de l'édition de 1720. *Voyez* aussi Bacquet, des Droits de Justice, chap. 8, nomb, 25, & la remarque.

Touchant la liquidation des fruits, *voyez* Liquidation. *Voyez* aussi Régistresdes gros fruits.

Au reste, quand on dit que si les fruits ne sont pas demandés, le Juge ne peut les adjuger à celui qui obtient gain de cause, cela s'entend de ceux qui ont été perçus avant la contestation en cause : mais pour ce qui est de ceux qui ont été perçus après, ils peuvent être adjugés par le Juge, quoiqu'ils n'ayent pas été demandés.

RESTREINDRE, signifie modifier, limiter. C'est une maxime de Droit, qu'il faut étendre les dispositions favorables, & restreindre celles qui sont odieuses. *Favores sunt ampliandi, odia verò sunt restringenda.*

RESTRICTION, signifie modification, limitation d'une Loi, ou d'une convention, en lui donnant des bornes dans lesquels on veut la restreindre.

Les Loix générales souffrent toujours quelque restriction. Les Edits & Déclarations se vérifioient autrefois avec quelque restriction.

Un demandeur peut faire signifier une restriction de

ſa demande en expliquant les bornes dans leſquelles il la reſtreint. Les Juges mettent quelquefois quelque reſtriction à leur Jugement.

RESULTAT, eſt le précis & la ſubſtance d'une conférence, d'une conſultation, d'une Loi, ou de quelqu'autre choſe. Dans les Conſeils des Princes du Sang on appelle *réſultat du Conſeil*, ce qu'il y a été arrêté par délibération.

RESUMER, ſignifie reprendre ſommairement la ſubſtance d'une Loi, ou d'un diſcours, pour en tirer des conſéquences, ou pour y répliquer.

Il eſt de l'habileté d'un Avocat de ſçavoir bien réſumer les moyens de la Partie adverſe pour les refuter.

RETABLIR, ſignifie remettre quelqu'un en poſſeſſion de quelques biens, honneurs & dignités, dont il étoit déchu. Quand on entérine une Requête civile, ou des Lettres de reſciſion, on remet les perſonnes au même état qu'elles étoient avant l'Arrêt ou avant le contrat.

RETABLISSENENT DE MEMOIRE. *Voyez* purger le mémoire d'un défunt.

RETENIR PAR PUISSANCE DE FIEF. *Voyez* Puiſſance de Fief. *voyez* auſſi Retrait féodal.

RETENTION, ſignifie réſerve. On peut en faiſant une donation d'un héritage à quelqu'un, y mettre la retention de l'uſufruit.

RETENTION DE CAUSE, eſt une Sentence, par laquelle ſur un renvoi demandé aux Requêtes par une Partie ſur la conteſtation des Parties, Meſſieurs des Requêtes retiennent la cauſe pour en connoître, comme étant Juges compétens.

Par un droit particulier, Meſſieurs des Requêtes de l'Hôtel ou du Palais ſont toujours Juges de leur compétence. D'où il s'enſuit, I°. que ſi un privilégié fait, en vertu de ſon *Committimus*, donner aſſignation aux Requêtes à ſon débiteur, & que celui qui eſt aſſigné prétende que le demandeur n'a pas droit de *Committimus* dans cette Juriſdiction, ou que la choſe pour raiſon de laquelle eſt aſſigné n'eſt pas de la compétence des Requêtes, il faut qu'il propoſe ſes moyens déclinatoires pardevant Meſſieurs des Requêtes, pardevant qui il eſt aſſigné; & ſi le défendeur eſt bien fondé dans ſes exceptions déclinatoires, ils renvoient la cauſe pardevant le Juge qui doit en connoître: ſi au contraire il eſt mal fondé, Meſſieurs des Requêtes rendent une Sentence de rétention, & le défendeur eſt obligé de procéder en leur Juriſdiction; à moins qu'il n'appelle de cette Sentence, & faſſe juger le contraire au Parlement.

II°. Que ſi un privilége qui a ſes cauſes commiſes aux Requêtes eſt aſſigné au Châtelet, il prend aux Requêtes une Sentence de renvoi; & ſi le demandeur prétend que le défendeur n'a pas droit de *Committimus* ou qu'il eſt mal fondé par rapport à la maniere dont il s'agit à demander ſon renvoi, c'eſt à Meſſieurs des Requêtes à faire droit ſur ce déclinatoire. Ainſi ils renvoient la cauſe, ſi le défendeur eſt bien fondé en ſon déclinatoire; ou ils rendent une Sentence de rétention, s'ils jugent que la cauſe eſt de leur compétence.

Il y a encore une autre eſpéce de rétention, qui a lieu quand pat Arrêt au Conſeil privé les Parties ſont renvoyées au Parlement: en ce cas, pour y procéder il faut un Arrêt de rétention; & c'eſt le Procureur le plus diligent qu'il fait ſignifier l'Arrêt de renvoi du Conſeil privé à l'autre, avec aſſignation en la Cour pour y procéder, & obtenir un Jugement de rétention.

RETENTUM, eſt une ſecrette délibération de la Cour, qui eſt miſe au bas d'un Arrêt de condamnation de mort, à l'effet d'adoucir la peine du ſupplice; comme ſi le criminel étoit condamné d'être rompu & d'expirer ſur la roue, la Cour met quelquefois un *retentu m* au bas de l'Arrêt, portant *qu'il ſera étranglé après avoir reçu les coups, ou après une heure ou deux qu'il aura été mis ſur la roue.*

Les Arrêts rendus en matiere civile contiennent auſſi quelquefois un *retentum*, pour augmenter ou diminuer la condamnation de dépens. Sur quoi il faut remarquer que les Cours inférieures ne peuvent faire aucun *retentum*. *Voyez* Deſpeiſſes, tom. 2. pag. 566.

RETENUE *Voyez* Droit de retenue.

RETIRER, ſignifie rentrer en vertu du retrait en poſſeſſion d'un héritage. *Voyez* Retrait.

RETOUR, en terme de Palais, ſe dit de ce qui eſt ſujet à réverſion: par exemple, on dit en parlant des douaires, qu'il y en a qui ſont ſujets à réverſion, & d'autres qui ſont ſans retour; c'eſt-à-dire, qui par une ſtipulation particuliere appartiennent en propriété à la femme, en cas qu'elle ſurvive à ſon mari décédé ſans enfans iſſus de leur mariage.

RETOUR. DROIT DE RETOUR OU DROIT DE REVERSION, eſt un droit en vertu duquel les immeubles donnés par les aſcendans, retournent aux donateurs, lorſque les enfans donataires décedent ſans hoirs.

Ce droit qui ſe pratique aujourd'hui tant dans le pays coutumier, que dans le pays de Droit écrit, eſt fondé ſur pluſieurs motifs. Le premier a été de diminuer la douleur d'un pere qui a vû troubler l'ordre naturel dans le prédécès de ſes enfans. Ainſi ce droit de retour eſt une ſage invention des légiſlateurs, qu'ils ont admis pour diminuer quelque choſe de la douleur que cauſe à des peres & meres la mort prématurée de leurs enfans, qui renverſe l'ordre de la nature & de la mortalité *Argum. leg. 6. ff. de jure dotium.*

Le ſecond a été d'exciter les peres à faire de leur vivant des libéralités à leurs enfans, en leur faiſant eſpérer que ſi leurs enfans viennent à mourir avant eux, les choſes qu'ils leur auront données leur reviendront: *Ne aliàs parentum in liberos magnificentia retardaretur. Leg. 2. cod. de bon. quæ liber.*

Le troiſiéme eſt, que le pere qui a ſongé en établiſſant ſes enfans pourvoir à ſa poſtérité, eſt préſumé n'avoir point en vue que les biens qui leur a donnés paſſent à des étrangers

En effet, les donations faites par les aſcendans à leurs deſcendans, leur ſont cenſées faites en avancement d'hoirie, c'eſt-à-dire de leur ſucceſſion qui leur eſt dûe par la Loi naturelle & par la Loi civile, à l'effet d'être transmises à leurs descendans. C'est pourquoi quand l'enfant donataire décede sans enfans, il est juste que le donateur reprenne ce qu'il a donné la cause cessant. Et c'est principalement sur ce motif que le droit de retour est fondé, & sur ce que ce droit de réversion est tacitement inhérent à la donation; de sorte qu'elle est présumée faite sous cette condition, quoiqu'elle ne soit pas exprimée.

Les collatéraux ne doivent pas envier ce droit aux ascendans, puisque les héritages donnés par les ascendans à leurs descendans, ne rentrent en la possession des ascendans dont ils sont provenus, que pour revenir à ces mêmes collatéraux. Ainsi ce retour ne leur cause aucun préjudice, puisque ces héritages ne sortent pas hors la ligne.

D'ailleurs, rien n'est plus conforme à l'équité naturelle, que ce droit de retour; car il ne seroit pas juste qu'un pere qui se seroit dépouillé pour avancer son fils, demeurât dans le besoin pendant qu'il verroit son bien entre les mains des héritiers collatéraux de son fils, que la Loi ni le pere n'ont eu dessein d'enrichir au préjudice des ascendans, qui dans l'ordre naturel doivent mourir les premiers.

Enfin il y auroit de l'inhumanité de leur refuser ce secours dans le tems qu'ils peuvent en avoir un plus grand besoin; & ce seroit agir en quelque maniere contre l'ordre de la Providence, qui a donné ses biens au pere avant que de les donner au fils.

Il y a cependant quelques Coutumes qui exigent que la réversion soit expressément stipulée, autrement elle n'auroit pas lieu. Mais ce droit a paru si équitable, qu'il a été reçu dans les Coutumes qui n'en parlent point; & cette réversion est une exception de la regle généralement observée en pays coutumier, qui est que propre ne remonte point.

L'article 313. de la Coutume de Paris ne dit pas précisément, que quand le fils donataire de son pere meurt sans enfans, les choses données retournent au pere qui a fait la donation; il dit seulement, *que les ascendans succedent aux choses par eux données à leurs enfans descendans sans enfans, & descendans d'eux.* Mais les termes dans lesquels cet article est conçu, sont plus que suffisans pour admettre ce droit dans cette Coutume.

La plûpart des autres ont une disposition semblable; & par un droit commun de la France coutumiere, non-seulement le droit de retour y a été admis, mais encore dans celles qui n'en parlent en aucune maniere, comme nous l'avons dit ci-dessus.

Dans le pays coutumier, le droit de retour est reçu d'une maniere différente de celle qui se pratique à cet égard dans les Parlemens de Droit écrit.

Dans ces Parlemens, par le droit de retour, conformément à la Jurisprudence Romaine, les choses données retournent au donateur sans charge de dettes & sans hypotéques, & les donataires n'en peuvent pas disposer au préjudice de la réversion Ainsi par Arrêt du Parlement de Toulouse du 26. Juin 1582, il a été jugé que la dot constituée par la mere retourneroit à ladite mere, la fille prémourant sans enfans, quoique la fille eût disposé de la totalité de ses biens par testament; *idque ex Leg. 2. cod. de bon. quæ liber. quæ licet vulgò interpretetur de patre, habet etiam locum in matre quæ dotem dedit.* La Rocheflavin, livre 3. titre 9, article 1.

Dans la France Coutumiere, le droit de retour est mixte; il participe du droit de réversion & du droit de succession tout ensemble. Le donataire est propriétaire des biens donnés, & a par conséquent la faculté de les aliéner ou hypotéquer entre-vifs.

A l'égard des dispositions de derniere volonté, celle que le donataire en auroit faite ne seroit valable que pour le quint, & les quatres quints retourneroint au donateur.

Le donateur n'exerçant le droit de révision qu'en qualité de successeur, est obligé aux dettes de la succession du donataire pour sa part, *saltem pro modo emolumenti*; mais il n'est pas tenu de la totalité: car celui qui exerce ce droit, n'est pas proprement héritier, il n'est que le successeur *in re singulari*, de même que le Fisc & les Seigneurs hauts-justiciers, lesquels ne sont tenus des dettes que jusqu'à concurrence de ce qu'ils amendent des biens, pourvû qu'ils ayent fait faire inventaire.

En pays coutumier, par le moyen de retour exercé, la chose retourne au donateur en la même qualité qu'elle avoit en sa personne lors de la donation; c'est pourquoi elle reprend sa qualité d'acquêt, si elle l'étoit, quoiqu'elle fût devenue propre en la personne du donataire, & quoiqu'il la reprenne comme successeur. En effet, le retour cause en quelque façon la résolution de la donation par une condition résolutive qui est toujours sous-entendue. Par la même raison, si la chose donnée étoit un propre au donateur elle en reprend la qualité en sa personne.

En pays coutumier, comme en pays de Droit écrit, pour que le droit de retour ait lieu, il faut que le donataire décede avant le donateur, sans enfans, parce que la donation est censée faite, tant pour le donataire, que pour ses descendans qui le représentent.

Le retour n'a lieu qu'au profit du donateur: ainsi, quand l'ayeul a donné un propre, après la mort du petits-fils donataire arrivée sans enfans, ce propre appartient à l'ayeul & non pas au pere.

Cela fait voir que par le droit de retour, les héritages remontent jusqu'à la personne de l'ascendant qui a fait la donation, quoiqu'il y ait un autre ascendant du donataire, & du même côté, qui se trouve entre lui & le donateur.

Il faut dire aussi, que lorsque le pere a donné un héritage à son fils, & que le pere donateur vient à décéder, & qu'ensuite le fils donataire décede sans enfans, l'ayeul ne peut pas jouir du droit de retour, parce que ce n'est pas lui qui a donné.

Les véritables immeubles corporels ou incorporels, même les immeubles par fiction, comme les Offices & les rentes constituées, sont sujets à réversion.

pour ce qui est des choses mobiliaires, comme somme de deniers, celles qui sont données en dot sont sujettes au droit de retour dans les Parlemens de Droi crit ; c'est par elles que ce droit avoit commencé chez les Romains.

En pays coutumier, ce droit de retour n'est pas admis pour le meubles. La raison est, que les deniers ou autres meubles, estimés comme ils sont ordinairement dans les donations faites par les ascendans à leur enfans, sont censés n'être plus existans dès qu'ils sont confondus avec d'autres. Or le retour suppose l'existence des choses qui retournent, & partant la réversion cesse au cas de la donation de meubles.

Mais lorsque les meubles se trouvent en nature lors du décès du donataire, comme si ce sont des obligations, le retour peut avoir lieu; parce que les raisons pour lesquelles nous avons reçu ce droit dans nos Coutumes, ont alors lieu : ainsi les choses données étant existantes, elles peuvent se reprendre.

Suivant le Droit Romain, le droit de retour n'a lieu qu'en faveur du pere & de l'aieul paternel qui ont fait la donation, parce que son origine vient de la puissance paternelle. Ainsi la mere ou tout autre ne peut prétendre ce droit, sans une stipulation expresse, selon la novelle 25. de l'Empereur Léon.

Mais parmi nous, comme nous apprend M. Maynard, livre 9, chapitre 90, tant en pays de Droit écrit, que dans les Provinces coutumieres, la mere jouit du droit de retour. Ce qui nous est assez marqué par l'article 313. de la Coutume de Paris, qui porte en général & sans distinction, que les ascendans succedent aux choses par eux données à leurs enfans &c.

Il n'est pas accordé aux collatéraux, si ce n'est dans la Coutume d'Auxerre, article 242 ; & dans le Parlement de Toulouse, au rapport de M. Maynard, liv. 9, chap. 16 ; & de M. Dolive, liv. 4, chap. 7. Mais ce droit de retour qui est reçu dans ces Coutumes en faveur des collatéraux, n'est pas étendu au delà des oncles & des tantes.

Quand on dit que le droit de retour a lieu en faveur des ascendans, cela ne s'entend que par rapport à leurs enfans légitimes ; car le pere naturel ne pourroit pas exercer ce droit sur les choses par lui données à son bâtard.

Les Loix ne donnent au pere naturel aucun des droits qu'elles accordent au pere légitime ; *pater est quem justæ nuptiæ demonstrant* : au contraire, les enfans nés hors le mariage légitime, *patrem habere non intelliguntur, nec gentem, nec familiam habent* ; ils ne ne succedent point à leurs pere & mere, & leurs pere & mere ne leur succedent point ; ils ne peuven obliger leur pere de les doter, ils peuvent seulement lui demander des alimens. Ainsi la succession du pere naturel n'étant point due à ses enfans, ce qu'il leur donne n'est pas censé donné en avancement d'hoirie, à l'effet de retourner au donateur, au cas que le donataire décede sans enfans.

La réversion accordée aux ascendans a lieu, soit que la donation soit faite par contrat de mariage, ou hors le contrat de mariage de l'enfant donataire ; il y a en l'un & l'autre cas parité de raison, attendu que la donation est toujours faites aux enfans par leurs ascendans en avancement d'hoirie, & pour leur établissement. Quand le donateur est héritier des meubles & acquêts, & que par droit de réversion il reprend les choses par lui données à l'enfant donataire, ce sont deux différens droits successifs qui concourent en la même personne.

Mais quand l'aïeul a donné quelque chose à son petit-fils, & que ce petit-fils décede sans enfans, le pere est héritier des meubles & acquêts, & l'aïeul donateur prend par droit de réversion les choses par lui données.

Cela fait voir que quoique le droit de retour participe de la succession, & même qu'on ne puisse jouir de ce droit, que *titulo successionis*, néanmoins ce droit ne suit pas toujours l'ordre de la succession, & peut être séparé de la qualité d'héritier, puisqu'il peut appartenir à un autre qu'à celui qui est héritier du défunt.

Touchant le droit de retour, *voyez* ce que j'en ai dit sur l'article 313 de la Coutume de Paris. *Voyez* aussi M. de Perchambault sur la Coutume de Bretagne, titre 23, §. 32 ; Henrys & son Commentateur, tome 1, livre 6, chapitre 2, question 8, & chapitre 5, questions 12, 13 & 14 ; M. le Brun en son Traité des Successions, livre 1, chapitre 5, sect. 2 & 14 ; & le Traité du Droit de réversion par M. Bechet, qui se trouve dans la nouvelle édition de son Livre intitulé Usance de Saintonge. Enfin, *voyez* le Traité du Droit de retour des dots, des donations, des institutions contractuelles, & des testamens mutuels, faits par Arnaud de la Rouviere, Avocat au Parlement de Provence, imprimé à Paris en 1737.

RETOUR EN FAIT D'APPANAGE, est celui qui a lieu à l'égard des terres qui sont données par le Roi aux Puinés de France, pour leur tenir lieu de légitime sous condition de retour ou de réunion au Domaine de la Couronne, par défaut de mâles, & non autrement. *Voyez* Appanage.

RETOUR QUANT A L'USUFRUIT, est la réversion de l'usufruit, que la Coutume de Paris, en l'article 314. accorde aux pere & mere, des conquêtes de leur communauté, qui par le décès de l'un d'eux, étoient avenus à l'un de leurs enfans, au cas qu'il décede sans enfans & sans freres & sœurs, & autres descendans du prédécédé.

Cet article a été ajouté à l'ancienne Coutume de Paris, parce qu'il a paru équitable aux Réformateurs de cette Coutume de donner dans le cas marqué ci-dessus, au survivant de pere & mere, la jouissance de ces biens, puisque s'il n'y avoit contribué, ils ne se trouveroient pas dans la succession de cet enfant.

La raison pour laquelle le survivant des pere & mere ne succede pas dans la propriété de ces biens, est tirée de l'article 312. de la Coutume de Paris, qui ne permet pas que les propres remontent : or le conquêt parvenu au fils par la mort de son pere, est devenu propre paternel naissant en sa personne ; ainsi la mere n'y peut pas succéder, à l'exclusion des collatéraux paternels, *& vice versâ*.

Cette jouissance est contraire au Droit commun, & par conséquent ne s'étend pas aux Coutumes qui ne l'accordent pas.

Voyez ce que j'ai dit sur l'article 314. de la Coutume de Paris.

RETRAIRE, signifie retirer un héritage des mains d'un acquereur par la voie du retrait.

RETRAIT, est le droit de retirer un héritage aliéné. Il y en a de quatre sortes; sçavoir le conventionnel, le lignager, le féodal, & le censuel.

Le retrait conventionnel est préferé au retrait lignager & au retrait féodal, parce qu'il procede de la volonté des Parties, sans laquelle la vente n'auroit pas été faite. Le retrait lignager l'emporte sur le féodal, quoique le Seigneur prétende être fondé sur un ancien droit de réversion. Les fiefs ayant été rendus héréditaire, & patrimoniaux, les Seigneurs en se depouillant & en transferant la propriété d'iceux à une personne & à sa famille, contreviendroient à leur propre fait, s'ils vouloient user de retrait au prejudice de ceux de la famille. *Voyez* Loysel, liv. 3, tit. 5, art. 4; & la Note de M. Lauriere.

RETRAIT CONVENTIONNEL, est celui dont les Parties sont convenues par contrat de vente: ainsi c'est la faculté que le vendeur s'est réservée de retirer son héritage dans un certain tems qui produit l'action de réméré.

Ce retrait stipulé au contrat est préferé au retrait lignager; parce que si la clause a lieu, & si en vertu de la faculté de réméré, le vendeur rentre en la possession de son héritage qu'il a vendu, il ne peut pas y avoir lieu au retrait lignager, par la raison que l'héritage ne sort pas de ma famille, & que la vente n'en a été faite que sous condition de réméré.

La faculté accordée au vendeur de pouvoir racheter l'héritage par lui vendu, n'empêche point le cours du retrait lignager ou féodal; mais en concurrence, le conventionnel est préferé à l'un & à l'autre: ainsi lignager où le Seigneur peut retraire un héritage vendu avec faculté de réméré, de la même maniere que si la vente étoit pure & simple, & par conséquent dans le tems porté par la coutume; sauf néanmoins le droit du vendeur, auquel le retrait lignager ou féodal ne peut préjudicier, soit que la faculté de réméré soit portée par le contrat, ou auparavant, ou depuis, pourvu que ce ne soit point en fraude des lignagers depuis l'action intentée; car après que la demande en retrait lignager ou féodal a été portée en Justice, les conventions qui se font faites depuis entre le vendeur & l'acheteur, ne peuvent nuire ni préjudicier au demandeur en retrait lignager ou féodal.

Quand l'héritage vendu à faculté de réméré est retiré par un lignager, le vendeur qui par après se sert du retrait conventionnel contre le lignager, n'est pas tenu de lui rembourser les fraix faits à l'effet du retrait lignager. La raison est, que le lignager a dû prévoir que le vendeur pourroit le retirer en vertu de la faculté qu'il s'en étoit réservée.

Mais si le vendeur qui s'est réservé par le contrat la faculté de réméré, vend ensuite ou transporte à titre de donation cette faculté à un étranger, le lignager doit être en ce cas préferé à l'étranger qui veut exercer le retrait conventionnel; autrement ce seroit ouvrir le chemin aux fraudes, & donner accasion de tromper les lignagers, & rendre leur droit entierement inutile.

Voyez ci-dessus, Réméré; le Recueil alphabétique de M. Bretonnier, *verbo*. Retrait conventionnel; & ce qui en est dit dans ses Observations sur le dixieme Plaidoyé d'Henrys.

RETRAIT LIGNAGER, est un droit en vertu duquel un parent du côté & ligne dont est venu au vendeur un héritage vendu, peut le retirer des mains de l'acquereur, en intentant l'action en retrait dans le tems prescrit, à l'effet de le conserver dans la famille.

Ce retrait inconnu dans le Droit Romain, & qui n'a point lieu dans les pays de Droit écrit, est une suite des propres, & a été introduit dans le pays coutumier, pour conserver dans les familles les propres, lorsque ceux qui en sont propriétaires les vendent, ou qu'ils sont vendus sur eux, à la requête de leurs créanciers, pour le payemement de leurs dettes.

Il est appellé lignager, parce qu'il ne peut être exercé que par un parent du côté & ligne dont l'héritage étoit échu à celui qui l'a vendu.

Le retrait n'a véritablement été introduit que pour conserver les héritages dans la famille de ceux qui les ont acquis: ce qui paroît conforme à la raison qui nous inspire une affection particuliere pour ces sortes de biens, & un desir ardent de les transmettre à l'infini à nos descendans.

Hoc ipsum probat quod testatur Aristoteles, lib. 2. Politicorum, cap. 5. Nimirum olim apud Locros Lege vetitum fuisse, ne quis antiquam patrimonium alienare posset, nisi evidentem calamitatem supervenisse ostenderet: etenim legitimo quodam & innato desiderio moveri solemus ad possessiones paternas, vel avitas, quantum fieri potest, conservandas; easque in æternum gentis nostræ decus & perpetuam nominis dignitatem in familias retinendas.

Pasquier dans ses Recherches, liv. 2, chap. 16, dit que le retrait lignager, le droit d'aînesse, la prohibition de diposer par testament de tous ses propres, & l'affectation des propres dans les lignes par la regle *paterna paternis; materna maternis*, & les autres Loix qui tendent à conserver les biens dans les familles, & qui sont particuliere pour le Droit coutumier, ont commencé sous le regne de Hugues Capet, qui vivoit en 990.

Chopin, *lib.* 1. *de Domanio*, *tit.* 23. *num.* 1, fait remonter plus haut le retrait lignager. Quelques Auteurs ont prétendu qu'il nous venoit de la Loi de Moïse, au Levit. chap. 25; & qu'il en est aussi parlé au livre de Ruth, chap. 4.

Quoi qu'il en soit, il est certain qu'à présent le retrait lignager a lieu dans toute la France coutumiere, à l'exception quelques Coutumes locales, comme en la Ville d'Issoudun, en la Coutume de Berry, art. 30; & dans quelques Provinces qui se régissent par le Droit écrit, comme dans le pays de Forez, & celui de Lyonnois; nonobstant l'Ordonnance d'Henri III. de l'année 1581, qui porte que dorénavant le retrait

retrait lignager aura lieu en tous les pays du Royaume, même en pays de Droit écrit; car cette Ordonnance a été révoquée par l'Edit du mois de Novembre 1584, vérifié au Parlement le 20. du même mois, & par l'Edit du mois de Mai vérifié en la Cour le

Cependant il est en usage dans quelques lieux du pays de Droit écrit, sçavoir en Provence. *Voyez* Chopin sur le titre du Retrait lignager de la Coutume de Paris, *num.* 17. Il est aussi reçu dans le Maconnois & dans le Dauphiné.

Dans une partie des Provinces qui se reglent par le Droit écrit, le retrait lignager n'a pas lieu, parce que les Loix Romaines ne connoissent point les qualités de propres, comme dit l'Auteur des Observations sur Henrys, tome 1. liv. 2. chap. 4. quest. 19; & au tome 2. plaidoyé 19.

Ce droit ou plutôt cette grace accordée à la famille, paroît favorable, en ce qu'il est fondé sur la raison du sang, & qu'il tend à perpétuer, autant qu'il est possible, un héritage dans la famille du vendeur.

Mais on peut dire que l'action en retrait est d'un autre côté défavorable, en ce qu'elle est entièrement opposée à la liberté du commerce, qui consiste à pouvoir vendre son bien à telles personnes qu'il nous plaîts. Ainsi le retrait lignager est un droit singulier & extraordinaire, introduit contre le Droit commun des contrats de vente, qui sont du Droit des gens. Louet, lettre R, sommaire 52.

C'est ce qui a donné lieu à toutes les formalités séveres que nos Coutumes semblent n'avoir introduites; sous peine de nullité, que pour rendre le plus souvent cette action sans effet: car tout ce qui est prescrit par la Coutume du lieu au sujet du retrait lignager, doit être observé par le retrayant *in forma specifica*, à peine d'être déchu du retrait; de maniere que *qui cadit à syllaba, cadit à toto.* Aussi quand il se rencontre quelque incident douteux, ou quelque article de Coutume sujet à interprétation, on décide ou on interprete toujours contre le retrayant.

L'action en retrait mixte, en laquelle la personne, comme étant plus noble, attire la chose; c'est pourquoi elle doit être intentée par le demandeur par devant le Juge de l'acquereur: & si le retrayant jouit du privilége de *Committimus*, il est à son choix de faire cette demande devant le Juge ordinaire du domicile de l'acquereur, ou devant Messieurs des Requêtes l'de Hôtel ou du Palais: car l'action en retrait, comme étant mixte, Messieurs des Requêtes en connoissent, quand l'une des Parties à droit de *committimus*.

Il y a des Coutumes comme celles de Châteaneuf, où l'action en retrait est réelle; & alors la chose attire la personne: ainsi dans ces Coutumes, le retrayant peut poursuivre le retrait en la Jurisdiction ou est situé l'héritage qu'il veut retraire, ou devant le Juge du domicile du défendeur.

Le retrait lignager n'a lieu qu'en cas de vente d'un héritage propre au vendeur, faite à un étranger de la ligne, ou en cas d'acte équipollent à la vente.

La vente s'entend d'une vente pafaite, soit par devant Notaires ou sous signature privée, & non resolue du consentement des Parties, avant l'action en retrait intentée par les lignagers.

L'acte équipollent à la vente, est quand l'héritage est donné en payement d'une somme dûe, ou à la charge d'acquitter le vendeur de ses dettes envers ses créanciers.

Non-seulement le retrait à lieu en contrat de vente volontaire à charge de décret; mais aussi en adjudication par décret forcé, excepté en quelques Coutumes, qui n'admettent pas le retrait en ce dernier cas.

La Coutume de Paris en l'article 150; celle de Sens, article 45; celle d'Auxerre, article 167; celle de Melun, article 168. celle de Reims, article 192; & plusieurs autres, donnent cette faculté aux lignagers de retirer l'héritage propre vendu par décret.

Mais il en arrive quelquefois de grands inconvéniens, & cela donne lieu à quantité de fraudes qui vont à la perte des créanciers; car la Partie saisie tâche ordinairement d'écarter les enchérisseurs, sous prétexte que l'héritage sera retiré, ce qui le fait adjuger à vil prix, ensuite de quoi, sous le nom d'un parent affidé, il le fait retirer; & par ce moyen les derniers créanciers se trouvent privé de leur dû.

En échange non frauduleux d'héritage contre héritage fait but à but, le retrait lignager n'a lieu: c'est la disposition de l'article 143 de la Coutume de Paris: parce que l'héritage échangé tient lieu de celui qui est donné en contr'échange, & sortir même nature de propre.

L'échange est réputé frauduleux, quand l'un des contractans jouit de l'un & de l'autre héritage à moins qu'il n'y ait cause légitime.

En échange d'héritage contre meubles, retrait à lieu, parce que les meubles reçoivent un certains prix & une certaine estimation; ensorte que l'échange en ce cas est une véritable vente. D'ailleurs *mobilium vana, & momentanea est possessio.* Ainsi, comme les choses mobiliaires changent perpétuellement de mains, elle ne restent pas ordinairement dans la famille, & par conséquent ne lui peuvent pas tenir lieu d'un héritage qui en est sorti.

En quelques Coutumes, comme Paris & Orléans en échange, s'il y a soulte excédant la valeur de la moitié, l'héritage est sujet à retrait pour portion de la soulte, parce que c'est un contrat mêlé d'échange & de vente, & la vente excédant, l'héritage donne lieu au retrait pour raison de la soulte. Mais si la soulte est moindre que la moitié, il n'y a lieu au retrait excepté en quelques Coutumes qui ont une disposition contraire. *Voyez* ce que j'en ai dit sur l'article 125 de la Coutume de Paris.

Propre héritage baillé à rente rachetable à personne étrange, est sujet à retrait, parce que le sort principal, pour lequel la rente est stipulée rachetable tient lieu du prix de l'héritage baillé à rente : & le retrayant est obligé de rembourser le sort principal, de la rente, & les arrérages échus depuis l'ajournement ; à moins que le vendeur n'en veuille décharger le premier débiteur, & prendre en son lieu & place le retrayant : car le retrayant ne peut contraindre celui qui a baillé l'héritage à rente rachetable, de le prendre pour le débiteur de la rente en l'acquit du preneur, sur lequel il veut exercer le retrait. voiés ce que jai dit sur l'article 132. de la Coutume de Paris.

A l'égard des baux à quatre-vingtdix-neuf années, ils sont sujets à retrait, suivant l'article 149. de la même Coutume.

En partage d'une succession, l'héritage propre qui sort de la ligne, n'est sujet à retrait.

M. de Perchambault sur l'article 317. de la Coutume de Bretagne, dit que le retrait ne doit point avoir lieu en transaction, parce que la transaction est un titre non translatif, mais déclaratif de propriété des choses ; & que si elle porte qu'on donne quelque argent à celui qui abandonne l'héritage, ce n'est pas dans le dessein de l'acheter, mais pour se délivrer d'un procès. Ainsi suivant cet Auteur, la transaction étant présumé faite, *ut à lite discedatur*, sa faveur doit l'emporter sur tout autre considération.

Charondas sur l'article 157. de la Coutume de Paris, dit que régulierement le retrait lignager n'a pas lieu en la transaction, parce que par icelle on ne tend pas à la propriété & seigneurie de la chose, mais à sortir de procès : mais s'il y a argent baillé, soit que le possesseur quitte la chose ou la retienne, il y a lieu au retrait pour le droit qui est ainsi quitté ; car c'est l'estimation de la chose litigieuse & du droit qui est en procès ; laquelle est comparée à la vendition.

M. Duplessis, Traité du retrait lignager, chap. 7. session 2, dit qu'il estime que le retrait n'a jamais lieu au cas de la transaction. Si toutefois la fraude & le déguisement paroissoit évidemment, & que celui qui cede l'héritage en eût auparavant la possession & le droit le plus apparent, & que les deniers à lui baillés par la transaction approchassent de l valeur de l'héritage, il y auroit lieu au retrait.

Quoiqu'il en soit, voici quel est l'usage. En transaction où il n'y a bourse déliée, retrait n'a lieu, ni en transaction où il y auroit bourse déliée, si la somme donnée pour sortir de procès, étoit moindre de la moitié du prix de l'héritage.

Cela est fondé sur ce que, dès qu'il y a évaluation & estimation par la stipulation d'une somme d'argent tout acte d'où résulte un abandonnement d'un immeuble litigieux ou non, ouvre la voie au retrait, de quelque nom dont on ait affecté de déguiser le contrat.

Sur ce principe, il faut dire qu'un acte en forme de donation ne seroit pas exempt du retrait, si la donation étoit rémunératoire ou onéreuse, ni l'acte en forme de transport, de récompense & de payement; ainsi que s'expliquent plusieurs Coutumes; comme celles de Tours & du Maine, avec nos plus doctes Jurisconsultes, tels que sont Dumoulins sur les Coutumes d'Orléans & du Maine, Chassanée sur celle de Bourgogne, & Coquille sur celle de Nivernois.

Il ne suffit pas, pour donner lieu au retrait lignager, que le propre soit vendu ou aliéné par acte équipollent à la vente ; il faut que la vente soit faite à un étranger de la ligne.

Il n'y a que les véritables propres qui soient sujets au retrait lignager ; parce que le motif sur lequel est fondée la faculté de retraite, au préjudice de la liberté du commerce, a été de maintenir & de conserver dans les familles les héritages propres, & les fonds patrimoniaux. *Retractus est jus conservatorium, non acquisitorium* ; c'est pourquoi le retrait ne doit point être admis dans la vente des acquêts.

Nous avons cependant quelques Coutumes extraordinaires qui admettent aussi le retrait dans la vente de ces sortes de biens, comme Anjou, Bordeaux, Maine, Normandie, Poitou, Tours & Auvergne. Mais leur disposition à cet égard est exorbitante du Droit commun, & ne peut par conséquent tirer à conséquence ce pour toute autre Coutume.

Propre en matiere de retrait lignager, est un immeuble échu par succession directe ou collatérale, ou par donation en ligne directe. Par un immeuble on entend ici non-seulement les maisons & héritages, mais encore les cens & rentes fonciéres non rachetables, & les fiefs en l'air & sans domaine, parce que ce sont des droits incorporels qui ont la qualité d'immeubles ; & comme ils font souche dans les familles, & passent aux parens par succession, ils ont la qualité de propres, & sont sujet à retrait.

La chose prise en contr'échange d'un propre, prend la qualité de propre, par une subrogation qui se fait de plein droit ; *Subrogatum capit naturam subrogati* ; c'est pourquoi l'héritage échangé contre un propre, est sujet à retrait.

Les immeubles par fictions, comme les Offices venaux, sont les rentes constituées à prix d'argent, & les rentes foncieres rachetables, ne sont point sujets à retrait.

Les choses mobiliaires n'y sont point sujettes, exceptés quand elles sont vendues conjointement avec l'héritage pour un seul & même prix. Ainsi, comme une coupe de bois n'est qu'un effet mobilier, lorsque la vente d'une coupe de bois a été faite sans fraude il n'y a pas lieu au retrait. Mais il y a présomption de fraude qui donne lieu au retrait, lorsque la coupe sans le fonds, & le fonds sans la coupe, sont vendus à la même personne par deux contrats séparés, & en divers tems non éloignés, comme dans l'espace d'un an.

L'usufruit d'un procès, excepté en la Coutume de Normandie, n'est point sujet à retrait ; parce que l'usufruit ne consiste que dans la jouissance & perception des fruits, qui est personnelle, & qui par conséquent ne regarde point la proprieté de la chose : ainsi par l'usufruit, l'héritage ne sort point de la faculté. Mais s'il y a présomption de fraude, c'est-à-dire si quelque tems après l'usufruit constitué au profit d'une personne, la vente du fonds se faisoit à la même, le tout seroit sujet à retrait.

A l'exception de la Coutume de Normandie, le retrait n'a point lieu en vente de coupe de bois de haute-futaie, ni en vente des autres fruits d'un héritage, comme nous l'avons dit; parce que le retrait n'a été introduit que pour conserver le corps de l'héritage dans la famille de celui qui le vend, & non pas pour y conserver les fruits; autrement ce seroit ôter au propriétaire la jouissance de son droit de propriété, que de lui ôter la liberté de se choisir un Marchand pour la vente des fruits de son héritage. On demeure d'accord que les bois qui sont sur pied au tems de la vente, font partie du fonds; mais il est également certain, que quand ils sont vendus séparément du fonds, ils sont regardés comme s'ils étoient déja surcoupés, & par conséquent comme meubles.

De ce que nous venons de dire, il résulte que le retrait ne peut point avoir lieu en vente de coupe de bois de haute-futaie, taillis, & autres arbres vendus à l'effet d'être coupés & abbatus, de même que le retrait n'a point lieu, quand une maison est vendue à condition de la détruire, & d'en faire élever les matériaux, de maniere que la propriété du sol demeure au vendeur.

Pour exercer le retrait lignager, il faut être parent lignager du vendeur, en quelque degré que ce soit, il n'importe; excepté dans les Coutumes qui restraignent le droit de retrait au septiéme ou neuviéme degré.

Ce droit étant inhérent à la qualité de lignager, un parent ne peut point ceder le droit qu'il a de retraire à un étranger de la ligne; & en cas qu'il le fasse, la cession est nulle & sans effet, si ce n'est qu'elle fait déchoir le lignager qui l'a faite de son action & de son droit. *voiés* Loysel, liv. 3. tit. 5. art. 7. & la Note de M. Lauriere.

Le retrait lignager n'ayant été introduit que pour empêcher que les héritages propres sortent de la famille, lignager sur lignager n'a droit de retenue. Article 156. de la Coutume de Paris. Loisel, *loco citato*, nomb. 9.

Un lignager ne peut pas prêter son nom à un étranger de la ligne. Quand l'acquereur sur lequel le retrait a été exercé, justifie que le retrayant a eu dessein de ceder l'héritage à un étranger, & que la fraude a été exécutée, l'acquereur peut répéter l'héritage.

L'action en retrait n'est pas mise au rang des biens & droit du défunt; parce qu'elle n'est pas considérée comme un profit & un intérêt pécuniaire, mais comme un droit accordé à cause de l'affection qu'un lignager peut avoir pour les héritages qui sont de la ligne, & qui sont sortis de la famille par la vente qui en a été faite.

De ce principe il s'ensuit, que si le retrayant décede après l'action en retrait par lui intentée, ses héritiers qui sont de la ligne, succedent dans la poursuite de l'instance, lorsqu'elle a été contestée du vivant du retrayant. Mais si le défunt n'a laissé aucuns héritiers de la ligne d'où est échu l'héritage, l'action en retrait, quoique contestée, est entierement éteinte, & ne peut être reprise par les héritiers du retrayant qui ne sont pas de la ligne.

Par quelques Coutumes, comme Orléans, Melun & autres, qu'on appelle *soucheres*, il faut, pour être admis à intenter l'action en retrait lignager, être descendu en ligne directe de l'acquereur qui a mis l'héritage dans la famille.

Dans d'autres, comme Paris, Meaux, il suffit d'être parent au vendeur du côté & ligne de l'acquereur, mais il n'est pas requis de lui être parent en ligne directe. Ainsi, pour sçavoir si quelqu'un est habile à exercer le retrait dans les Coutumes, il faut remonter jusqu'au premier acquereur de l'héritage, & voir si le retrayant est parent au vendeur du côté & ligne de l'acquereur qui a mis le premier dans la famille l'héritage.

Par exemple, si un fils vend un héritage qui lui est échu de son pere, & que cet héritage fût échu au pere par la succession de l'ayeul qui en étoit l'acquereur, en ce cas il ne suffit pas d'être parent du vendeur du côté du pere, il faut l'être du côté de l'ayeul paternel; desorte que celui qui le seroit du côté de l'ayeule maternelle, ne seroit pas reçu à retraire cet héritage. Et cette disposition a été étendue aux Coutumes qui ne décident point cette question.

Enfin, dans d'autres Coutumes, comme Reims, il suffit d'être parent au vendeur du côté paternel ou maternel d'où l'héritage lui est échu, sans l'être à celui qui a mis l'héritage dans la famille.

Suivant le Droit commun coutumier, quand plusieurs lignagers ont intenté l'action en retrait, le plus diligent est préferé même aux plus proches parens du vendeur du côté & ligne. *Voyez* l'article 140. de la Coutume de Paris, & la Conférence.

En concurrence d'assignations données le même jour, le plus proche parent lignager du vendeur est préferé, suivant le Droit commun coutumier; & en concurrence de tems & de degré ils viennent au retrait chacun pour leur part.

Mais pourquoi, quand plusieurs lignager ont intenté en differens jours leur action en retrait, préferet'on le plus diligent? C'est qu'il suffit que l'héritage rentre dans la famille du vendeur par quelqu'endroit que ce soit, puisque le retrait n'a été introduit que pour conserver les héritages dans les familles, & non pas pour les faire passer par degré au présomptifs héritiers, & aux parens les plus proches. D'ailleurs, il est juste de récompenser les plus diligens. *Jura vigilantibus prosunt; & sua cuique damnosa esse debet mora.*

Il y a cependant quelques Coutumes qui suivent dans le retrait l'ordre & la nature des successions. Telles sont les Coutumes d'Anjou, article 370. de Tours, article 154. de Chartres, article 68, & quelques autres, qui veulent que les parens ne puissent venir au retrait qu'en leur rang, & suivant la prérogative du degré. Dans ces Coutumes, quoiqu'un parent ait formé sa demande en retrait, si celui qui est plus proche vient dans l'an & jour, & avant le remboursement actuel fait par le premier demandeur en retrait, il sera reçu à retirer l'héritage à son exclusion. Loysel en ses institutes coutumieres, liv. 3. tit. 5. art. 10. en a fait une regle en ces termes: *Le lignager qui prévient exclut le plus prochain, fors les lieux où l'on peut venir entre la bourse & les deniers.*

Quiconque est habile à succéder, est habile à retraire; c'est-à-dire, que quiconque n'a point d'empêchement pour être héritier du vendeur, dans le cas où il se trouveroit son plus proche parent, peut exercer le retrait. Et au contraire, quiconque ne peut être habile à succéder, ne peut retraire, comme le bâtard légitimé par Lettres du Prince, les Religieux profès, le condamné à mort civile ou naturelle & non réhabilité, & les aubains.

A l'égard du bâtard légitimé par subséquent mariage, comme il est par la légitimation rendu habile à succéder, il est devenu habile à exercer le retrait; & il suffit qu'il soit légitimé au tems qu'il intente l'action en retrait, & que le tems préfini l'intenter ne soit pas expiré.

Ce principe, que quiconque est habile à succéder, est habile à retraire, ne s'entend pas précisément de celui qui est le plus proche parent du vendeur, & qui a droit de lui succéder *re & effectu*; il s'entend aussi de celui qui lui pourroit succéder, si le dégré ou les dégrés qui le précedent n'étoient pas remplis; parce que le retrait n'est pas accordé *jure hereditario tantum, sed & jure sanguinis.*

Il en est de même du fils exhérédé, qui, quoiqu'incapable de succéder; ne laisse pas d'être en droit d'exercer le retrait, parce qu'il suffit d'être parent du côté & ligne du vendeur pour exercer le retrait, sans qu'il soit besoin d'être dans le cas de succéder *re & effectu.*

Le retrait peut être exercé au nom de l'enfant *qui est in utero*, par son tuteur ou curateur, pourvu qu'il vienne au monde dans l'an & jour de la vente. La raison est, que *qui sunt in utero pro jam natis habentur, quoties de eorum commodis agitur. Voyez* Buridam sur l'article 192. de la Coutume de Reims; & Maynard, liv. 9. ch. 2.

Le fils peut retirer les propres vendus par ses pere & mere, quoiqu'il en soit héritier, d'autant qu'il n'exerce pas le retrait en qualité d'héritier, mais en qualité de parenr lignager.

Il arrive même souvent que le vendeur retire sous le nom de ses enfans l'héritage par lui vendu; mais il ne pourroit pas le retraire en son nom, parce qu'il ne peut revenir contre son propre fait.

Quoique la faculté de retirer un propre vendu ne soit pas accordée au vendeur, néanmoins si la vente avoit été faite à un lignager, qui l'eût ensuite revendu à un étranger; en ce cas non-seulement les parens du dernier vendeur pourront le retraire, mais le premier vendeur y sera aussi reçu, parce que le premier vendeur, en vendant son héritage à un parent de son lignage ne l'a point mis hors de la famille; son intention au contraire étoit de l'y conserver.

L'action de retrait lignager est mixte personnelle *in re scripta*, participante de la personnelle & de la réelle, comme je l'ai expliqué sur l'art. 129. de la Coutume de Paris, glose 5. nombre 8. de sorte que celui que l'on assigne doit être traduit devant le Juge de son domicile dans les Coutumes qui n'en parlent point. Ainsi, quoique l'action mixte donne le choix au demandeur d'intenter son action pardevant le Juge du défendeur, ou pardevant le Juge du lieu où la chose est située, & qu'il y ait ici plus de réalité que de personnalité, néanmoins il seroit trop rude d'obliger l'acquereur ou le possesseur de l'héritage d'aller se défendre dans un lieu éloigné de son domicile.

Quelques Coutumes veulent que cette action ne se puisse valablement intenter que pardevant le Juge du lieu de l'héritage, comme Anjou, article 382. Maine article 392. dans lesquelles l'action de retrait est réelle: d'où il s'ensuit, que quand elle est intentée devant un Juge incompétent, c'est-à-dire, devant un autre Juge que celui où est situé l'héritage que l'on veut retraire, cette assignation n'empêche pas que l'an du retrait ne court; comme il a été jugé par arrêt du 1. Mars 1701. rapporté dans le Journal des Audiences.

D'autres Coutumes permettent d'intenter cette action, ou pardevant le Juge du domicile de l'acquereur, ou pardevant celui du lieu où l'héritage est situé, au choix du retrayant, comme Reims, article 198.

Mais la regle est que l'assignation en retrait soit donnée pardevant le Juge du domicile de l'acquereur, & non du lieu où la chose est située, dans les Coutumes qui n'en parlent point.

Pour que le retrait ait lieu, il faut que l'assignation soit revêtue de toutes les formalités requises par l'Ordonnance & la Coutume, sur peine de déchéance du retrait, quoique le retrayant soit encore dans le tems pour donner une nouvelle assignation en retrait.

Mais l'assignation donnée pardevant un Juge incompétent, ne cause que la nullité d'icelle, & non la déchéance du retrait, si le tems pour former une nouvelle action n'est point passé.

Une nullité dans l'exploit, fondée sur la Coutume ou sur l'Ordonnance, ne se couvre point par une nouvelle assignation, & elle se peut alléguer en tout état de cause, même en cause d'appel, quoiqu'elle n'ait pas été proposée en premiere instance.

Une simple erreur, comme si un parent maternel du vendeur s'étoit dit dans l'exploit parent paternel, se peut corriger avant ou après contestation en cause, pourvu que ce soit dans l'an & jour, parce qu'une telle méprise n'est pas une nullité prononcée par la Coutume ni par l'Ordonnance.

Il faut dire aussi, que quoique le retrayant n'ait point marqué dans son exploit de demande la qualité de l'héritage qu'il prétend retraire, ni cotté le dégré de sa parenté, cette omission ne produit point de nullité, comme il a été jugé par Arrêt du 26. Juillet 1674. rapporté par Soefve, tom. 2. cent. 4. chap. 87.

Le tems pour intenter l'action en retrait, est d'an & jour par la plus grande partie de nos Coutumes; cequi a lieu dans celles qui n'en parlent pas. Ce tems, qui court tant contre les mineurs que contre les majeurs, étant passé, les lignagers ne sont plus recevables à en faire la demande. Le retrait étant contraire à la liberté publique, il a été des regles d'en borner & restraindre l'action dans un certain tems, même à l'égard des mineurs & des absens; ainsi après l'an & jour, jour, les mineurs & les absens ne l'ont plus sans espérance de restitution. *Ea quæ tempore ipso jure pereunt, hæc pereunt minori. Cujacius, ad legem, 30. ff. de minoribus.*

L'an & jour se prend pour les héritages tenus en censive, du jour que l'acheteur a été ensaisiné; si c'est un fief, du jour qu'il a été reçu à foi & hommage; & si c'est un franc-aleu, du jour que le contrat de vente a été publié & insinué en Jugement. A présent, depuis l'Edit des insinuations laïques, l'an & jour ne commence que du jour de l'insinuation.

Dans toutes nos Coutumes, le jour du terme *à quo* n'est point à la vérité compris dans l'an & jour; mais le jour du terme *ad quem* y est compris: ce qui est contre la régle des autres termes & délais, dans lesquels le jour du terme *ad quem* ne se compte point.

La raison pour laquelle dans le retrait, *dies termini computatur in termino*, est que l'intention de la Coutume n'a été de donner, pour intenter l'action en retrait, que le terme d'une année entiere. Ainsi, le jour qu'elle accorde par dessus l'an, n'est que pour faire que l'année soit complette: après quoi la prescription est acquise. Mais le jour *à quo* n'est pas compris, parce que l'intention de la Coutume a été de donner un an entier pour intenter l'action en retrait. *Voyez* An & Jour.

Il suffit que l'assignation soit donnée dans l'an & jour, quoique le délai d'icelle ne doive écheoir qu'après, si ce n'est en Coutume qui est une disposition contraire, comme Paris, art. 130, qui porte que l'assignation en retrait lignager doit échoir dans ledit an & jour.

Pour le tems de l'assignation, comme pour les autres formalités du retrait, on suit la Coutume du lieu où l'héritage est situé, quoique le retrait se poursuive ailleurs, parce que les héritages se reglent par les Coutumes des lieux où ils sont situés.

Celui qui veut avoir par retrait lignager un héritage propre, est tenu d'observer dans la poursuite du retrait toutes les formalités prescrites par l'Ordonnance & par la Coutume du lieu où l'héritage est situé, faute de déchéance si une seule de ces formalités étoit omise.

L'acquéreur peut en tout état de cause proposer l'omission qui en auroit été faite par le retrayant: cette omission ne se couvre point par les procédures, mais seulement par l'Arrêt qui adjuge le retrait.

Les principales formalités requises dans la poursuite d'un retrait lignager, que la plupart de nos Coutumes prescrivent, sont que le retrayant fasse à l'acquéreur *offre de bourse, deniers, loyaux coûts, à parfaire*, dans l'exploit d'ajournement, & dans chaque journée de la cause principale, jusqu'à contestation en cause inclusivement. *Voyez* l'article 140. de la Coutume de Paris, & ce que nous avons dit dessus. Nous dirons seulement ici qu'il ne faut point d'offres dans les procédures, mais seulement dans ce qui se fait, ou est présumé fait par le Juge, & dont l'acte est expédié par un Greffier.

Dans tous les actes où les offres sont requises, elles doivent être faite *in forma specifica*, en se servant des mêmes termes que ceux qui sont marqués par la coutume; & il ne suffiroit pas de se servir de termes équipolens, parce qu'en matiere de retrait lignager, qui est de rigueur, les formalités prescrites par la Coutume sont de droit étroit, & doivent être observées *ad unguem*. Ainsi l'on est déchu du retrait pour la moindre faute ou la moindre omission, & l'on ne peut à cet égard rectifier ce en quoi l'on a manqué.

En quelques Coutumes le retrayant est obligé, sur peine de déchéance du retrait, de présenter actuellement & réellement la somme entiere du sort principal, par l'ajournement en retrait & à chaque journée de la cause, & une somme pour les loyaux coûts.

On est déchargé des formalités des offres en toute Coutume, en faisant la consignation dès le commencement de l'instance, par l'Ordonnance du Juge.

Le retrayant auquel l'héritage est adjugé par retrait, doit payer & rembourser l'acheteur du prix qu'il a payé au vendeur pour l'achat de l'héritage, ou consigner, au refus fait par l'acheteur de recevoir le remboursement dans le tems porté par la Coutume, & sous les conditions d'icelle.

Ce remboursement se doit faire du prix entier porté par le contrat, & de tout ce qui en fait partie; ou en cas de fraude, de la somme seulement que l'acquereur en aura payée, sans que le retrayant puisse compenser des sommes liquides qui lui seroient dues par l'acquereur.

Le remboursement ou la consignation doit être faite en bonnes espèces, de poids & ayant cours, sur peine de déchéance du retrait.

L'acte des offres doit contenir une énumération & désignation précise de la qualité de toutes les espèces offertes, tant en or qu'en argent; & en cas de refus fait par l'acquéreur de recevoir le remboursement, le retrayant n'en doit point consigner d'autres que celles qu'il a offertes.

Les espèces se paient ou se consignent par le retrayant, suivant la valeur qu'elles ont au tems du remboursement, & non au tems que l'acquereur les a payées, en cas qu'elles soient depuis augmentées ou diminuées; mais la diminuation survenue depuis la consignation regarde l'acquéreur.

Il n'est donc pas nécessaire que le remboursement ou la consignation se fasse dans les mêmes espèces que celles qui sont portées par le contrat d'acquisition; il suffit qu'elles soient dans le commerce.

Si par l'évenement il se trouvoit dans la consignation des espèces fausses ou décriées, l'acquéreur pourroit faire déclarer les offres & la consignation nulles, sans que le retrayant pût être reçu à substituer de bonnes especes en la place des mauvaises, parce que tout est de rigueur en matiere de retrait, & que *qui cadit à syllaba, cadit à toto.*

C'est aussi pour cette raison que celui entre les mains duquel la consignation a été faite, ne peut pas exhiber à l'acquéreur les espèces consignées, crainte que sous prétexte de les examiner il n'en substitue de fausses pour avoir occasion de débattre ensuite de nullité la cassation. Ainsi jugé par deux anciens Arrêts rapportés par Chopin, titre du Retrait, nomb. 4.

Quand l'acquéreur n'a payé qu'une partie du prix, le retrayant est tenu de l'en rembourser & de payer au vendeur ce qui lui en reste dû; en un mot, faire que l'acquéreur en demeure entierement déchargé.

Le tems pour faire le remboursement ou la consignation par le retrayant, ne commence à courir qu'après la Sentence adjudicative du retrait, & que l'acquerer a mis son contrat au Greffe, partie présente ou duement appellée, & affirme le prix, s'il en est requis.

Par quelques Coutumes, ce tems est de quinze jours; par quelques unes, de huitaine. Celle de Paris & la plus grande partie des autres, ne donnent que vingt-quatre heures après que l'affirmation a été faite, & les contrats & titres mis au Greffe; & si dans ce tems le remboursement n'a pas été fait par le demandeur en retrait, il est déchu de sa demande, quelque compensation qu'il prétendit faire des sommes liquides à lui dues par l'acquéreur.

Au cas que l'acquiescement au retrait fait par l'acquéreur, ce tems ne court que du tems que la Sentence est intervenue, portant acquiescement & adjudication du retrait, & que l'acquéreur a affirmé le prix de son acquisition, & mis ses contrats & titres au Greffe.

Les vingt quatre heures que la Coutume de Paris donne pour l'exécution du retrait, & le jour se continuent.

Il y a plusieurs cas dans lesquels le retrayant n'est pas débouté du retrait, pour n'avoir pas fait la consignation dans les vingt-quatre heures après la Sentence adjudicative du retrait, & que l'acquéreur a mis son contrat au Greffe. Je les ai rapportés sur l'article 136. de la Coutume de Paris.

Le retrait adjugé produit plusieurs effets.

Le premier est, d'ôter au retrayant la faculté de se départir du Jugement qui le lui adjuge, sans que l'acquéreur y consente; parce qu'il peut arriver que l'acquéreur ait intérêt que le retrayant l'exécute. Lorsque l'acquéreur a rendu le giron après contestation en cause, le retrayant peut aussi être contraint par les voies de droit d'exécuter le retrait.

Le deuxiéme est, que suivant la Coutume de Paris & plusieurs autres, les fruits pendans par les racines à l'héritage tombé en retrait, sont dus au retrayant du jour de l'ajournement & offre de bourse, deniers, loyaux coûts & à parfaire, à la charge seulement de rembourser à l'acquéreur les fraix des labours & semences. Ce qui paroit fondé sur ce que le retrayant a mis l'acquéreur en demeure, par les offres qu'il lui a faites pendant le cours de l'instance: cependant par disposition de plusieurs autres Coutumes, le retrayant en gagne les fruits que du jour de la consignation réelle & actuelle du prix de la vente entre les mains de personne publique.

Le troisiéme est, que l'acquéreur doit payer les dépens à celui à qui le retrait a été adjugé, s'il a laissé rendre Sentence contre lui.

Le quatriéme est, que le retrait adjugé, le retrayant rentre dans la place de l'acquéreur, en lui remboursant seulement le prix qu'il en a payé, & les loyaux coûts, qui sont les fraix & dépenses faites par l'acquéreur pour l'acquisition de l'héritage, tant auparavant qu'après; sçavoir, les fraix du contrat, le vin du marché, les épingles de la femme, ce qui a été donné aux entremetteurs, & les droits payés au Seigneur féodal ou censier; en un mot, tout ce que l'acquéreur a payé pour l'acquisition de l'héritage, & pour y parvenir.

Mais pour les réparations faites par l'acquéreur durant l'an & jour du retrait, il ne peut demander au retrayant que les réparations nécessaires; encore faut-il qu'elles ayent été faites par Ordonnance du Juge, sur rapport d'Experts.

Les réparations nécessaires sont celles sans lesquelles la maison ne pourroit être habitée & tomberoit en ruine, comme le rétablissement d'un mur qui menace ruine, le remplacement d'une poutre endommagée, & autres semblables réparations urgentes.

L'acquéreur ne peut donc, pendant l'an & jour du du retrait, faire aucunes améliorations dans l'héritage sujet à retrait, qu'il puisse répéter le retrait ayant lieu; à plus forte raison il ne peut empirer l'héritage, que ce ne soit à ses risques, périls & fortunes.

Celui qui achete un héritage propre au vendeur, ne peut s'en dire propriétaire incommutable jusqu'à ce que l'an & jour du retrait soit passé. Il ne peut donc pas faire abattre un édifice, ni faire couper bois de haute futaie.

A l'égard des bois taillis, il ne peut les faire couper avant le tems ordinaire, ni faire pêcher les étangs, que lorsque le tems de la pêche ordinaire est arrivé; car quoique les poissons & les bois taillis soient des fruits de l'héritage, ces sortes de fruits ne se perçoivent pas annuellement: ainsi celui sur lequel l'héritage peut être retrait, n'en peut pas prévenir le tems, puisqu'il n'est pas assuré que l'héritage lui restera.

Supposé donc que l'aquéreur eût fait pendant l'an & jour quelque chose de semblable, ou perçu des fruits avant le tems que l'on a coutume de les percevoir, l'héritage venant à être retiré par retrait lignager, l'acquéreur sera tenu de restituer ce qu'il aura perçu, avec dommages & intérêts.

Cependant si lors de l'acquisition faite, les bois étoient en coupe, & les étangs en pêche, & que l'acquéreur eût perçu les fruits avant l'ajournement, ils lui appartiendroient.

Quoique celui qui achete un héritage propre au vendeur, ne s'en puisse pas dire propriétaire incommutable jusqu'à ce que l'an & jour du retrait soit passé, il peut néanmoins, jusqu'au jour de l'ajournement en retrait, le revendre, parce qu'il est toujours *interim* le véritable propriétaire ; mais en ce cas, s'ils revend à un parent du lignage du vendeur, les autres parens de ce premier vendeur ne pourront pas intenter contre lui une demande en retrait. Cela est fondé sur ce que le retrait lignager n'a été introduit que pour remettre dans les familles un héritage qui en est sorti : or dès que cet héritage y est rentré avant la demande en retrait, cette raison cesse ; ainsi le retrait ne peut plus avoir lieu.

Le cinquieme effet du retrait adjugé est, qu'il subroge le retrayant en la place de l'acquereur, comme si la vente n'avoit pas été faite à l'acquereur, mais au retrayant. Ce qui a fait dire à M. Charles Dumoulin : *Perinde est, ac si emisset ab ipso venditore, & primus emptor non est amplius in consideratione, & perinde habetur ac si non emisset*. D'où il s'ensuit,

I°. Que les charges, servitudes & hypoteques créées ou constituées par l'acquereur, sont éteintes, & le bail par lui fait, résolu. Ainsi, quoique par le moyen du retrait adjugé, le retrayant soit entierement subrogé au lieu & place de l'acquereur, il n'est point tenu de tous les engagemens qu'il a faits au sujet de l'héritage en qualité de propriétaire ; *quia primus emptor non est amplius in consideratione, sicque resoluto jure dantis, jus accipientis resolvitur; & qui cum eo contraxerunt, non possunt agere ratione ejus quod interest, quia potuerunt illud prævidere. Arg. leg.* 9, §. 1, *ff. locat. cond.*

II°. Qu'il n'est dû que simples droits au Seigneur pour la vente & pour le retrait, parce que le retrait n'est pas considéré comme une seconde vente.

III°. Que le retrayant est tenu de toutes les charges & conditions portées par le contrat d'acquisition, attendu que le retrayant est entierement subrogé au lieu & place de l'acquereur : ce qui fait aussi que toutes les clauses qui sont faites en faveur de l'acquereur, doivent être exécutées en faveur du retrayant.

IV°. Que l'héritage retiré est véritablement acquêt en la personne du retrayant, & neanmoins est propre en deux cas. Le premier, en ce qu'il est sujet au retrait, si le lignager qui a fait le retrait de cet héritage, le vend ensuite à un étranger. Le second, en ce qu'il est tellement affecté à sa famille, que si le retrayant meurt laissant un héritier des acquêts & un héritier des propres, l'héritage retiré par retrait lignager, doit appartenir à l'héritier des propres & non pas à l'héritier des acquêts, en rendant dans l'an & jour du décès à l'hétier des acquêts les prix de l'héritage.

L'acquereur n'a aucun recours contre son vendeur pour ses dommages & intérêts, en cas d'éviction par retrait lignager, à moins qu'il ne s'y soit obligé par convention expresse; d'autant que l'éviction par retrait lignager ne pouvoient pas du fait du vendeur, mais de l'autorité de la Loi, dont on n'est point garant que quand on s'y oblige expressément; car alors on est obligé par son propre fait aux dommages & intérêts, au cas que la promesse qu'on a faite ne soit pas exécutée.

De même que quand on a passé un an & jour pour intenter l'action de retrait lignager, l'on ne peut plus être admis à en faire la demande ; de même aussi, quand après l'avoir intentée on cesse toutes poursuites pendant l'an & jour, à compter du jour de l'exploit la péremption est acquise. Papon, liv. 12, tit. 3; nomb. 20; le Vest, Arrêt 168. Comme l'instance est la fille de l'action, elle ne peut pas durer plus de tems que l'action d'où elle procede : ainsi l'action de retrait étant annale, l'instance de retrait non contestée ne peut par conséquent durer plus d'un an.

Je dis l'instance de retrait non contestée, parce que la cause est contestée, l'instance ne tombera pas en préremption que par l'espace de trois ans. Chenu, centurie 2, quest. 96.

Enfin, si l'affaire est portée au Parlement, & qu'elle soit appointée, elle ne perit point par trois ans, parce qu'il ne dépend par des Parties qu'elle soit jugée. Brodeau sur Louet, lettre I, somm. 2; Boniface, tom. 1, liv. 8. tit. 1, chap. 9.

Cependant M. Brillon *verbo* Péremption, nomb. 40. rapporte un Arrêt rendu au Grand Conseil le 2 Janvier 1705, qui a jugé que pour acquerir la péremption d'instance, dans le cas du retrait lignager, l'interruption des procédures pendant une année n'étoit pas suffisante ; & il paroît par ce que cet Auteur rapporte au sujet de cet Arrêt, qu'il a été rendu dans le cas que l'instance n'étoit pas contestée : ainsi cet Arrêt pourroit bien contenir une Jurisprudence nouvelle, & contraire à ce qui étoit observé auparavant.

Les Sergens sont garants de nullités de Coutumes & l'Ordonnances, sur-tout en matiere de retrait ; & pour raison de ce, peuvent être condamnés aux dommages, intérêts & dépens de celui qui avoit intenté l'action de retrait, comme il a été jugé par deux Arrêts. Il y en a un premier par défaut du 10 Juin 1704, conformément aux conclusions de M. l'Avocat général le Nain ; un second contradictoire du 12 Mai 1705, suivant les conclusions de M l'Avocat général Portail. Cependant on dit communément, *à mal exploiter point de garants* ; mais les affaires de retrait sont si délicates, qu'il seroit à craindre que les Sergens se laissassent gagner par un acquereur, s'ils étoient de n'en être point tenus.

La matiere du retrait lignager est d'une très-grande discussion. Il en est parlé dans le Recueil alphabétique de M. Bretonnier, & dans ses Observations sur le dixieme Plaidoyer d'Henrys. Je l'ai amplement traitée dans le titre 7. de la Coutume de Paris, où je renvoie le Lecteur.

RETRAIT DE MI-DERNIER, est un retrait qui a lieu quand un héritage est acheté pendant la communauté de deux conjoints, dont l'un est parent lignager du vendeur, & qu'après la dissolution de la communauté par la mort de l'un des conjoints, l'héritage est partagé comme acquêt de la communauté qui étoit entre le survivant & les héritiers du prédécédé ; en ce cas, la moitié de cet héritage est sujette au retrait contre le survivant qui n'est pas parent lignager du vendeur, ou contre les héritiers du prédécédé qui n'étoit pas parent du vendeur.

Ce retrait est appellé retrait de mi-denier, parce que retrayant ne retire que la moitié de l'héritage, qui par le partage de la communauté, est sortie hors la ligne.

Il se doit faire dans l'an & jour de la mort du précécédé des conjoints, en rendant & payant par le retrayant la moitié du sort principal & fraix & loyaux-coûts. Ainsi ce retrait n'est pas une espece distincte du retrait lignager, puisqu'il ne se regle pas par d'autres regles ni par d'autres formalités.

Comme ce retrait, de même que le retrait lignager, est une grace accordée contre le Droit commun, il faut y observer scrupuleusement toutes les formalités requises par la Coutume, tant pour le tems, que pour le maniere des offres.

La seule différence qui soit entre le retrait de mi denier, & le retrait commun, c'est que dans le retrait de mi-denier, il faut offrir non-seulement la moitié du sort principal, fraix & loyaux-coûts, mais encore la moitié des améliorations qui ont été faites en l'héritage, comme des bâtimens, & autres accommodemens nécessaires & utiles.

Ces augmentations & impenses, ayant été faites des deniers de la communauté, dont la moitié appartient au survivant, sans ce remboursement sa part se trouveroit diminuée d'autant; ce qui ne seroit pas juste.

D'ailleurs il est certain que pendant tout le tems que les conjoints ont joui de l'héritage acquis pendant leur communauté, ils ont été en droit de faire telles augmentations qu'ils ont jugé à propos, puisque pendant leur jouissance ils ont été considérés comme propriétaires incommutables, vu que ce retrait ne peut être exercé qu'après la dissolution de la communauté par le décès de l'un desdits conjoints.

Enfin, au cas du retrait commun, l'acquereur n'a qu'un an à attendre; pendant lequel il ne peut faire aucunes impenses, si elles ne sont nécessaires: mais quand pendant le mariage un héritage du côté & ligne de l'un des conjoints, est par eux acquis pendant la communauté, ce seroit une incommodité très-grande pour eux, s'ils ne pouvoient faire aucunes impenses pendant le mariage, qui pourroit durer quarante ans & plus, à compter depuis l'acquisition.

Quoique le marige ne soit pas dissous par la mort civile, néanmoins elle donne ouverture à ce retrait, si par le partage de la communauté, la moitié de l'héritage qui n'est point confisquée, passe à l'autre conjoint qui est étranger de la ligne d'où l'héritage est échu à l'autre conjoint qui est mort civilement.

Deux conditions sont requises pour donner lieu à ce retrait. La premiere, qu'un héritage propre à l'un ou l'autre des conjoints, ait été acheté pendant le mariage: s'il étoit échu pendant le mariage à l'un d'eux par tout autre titre d'acquisition, il ne seroit pas sujet à retrait.

En effet, s'il lui eût été donné en avancement d'hoirie, ou échu par succession, il lui seroit propre pour le tout, & il le reprendroit en entier, ou ses héritiers, après la dissolution du mariage; & s'il lui avoit été donné ou légué par un étranger, ou par un parent lignager en ligne collatérale, il lui seroit acquêt, & tomberoit en communauté; & en cas de partage, il n'y auroit pas lieu au retrait.

Enfin, quand l'héritage propre est retiré par retrait lignager par l'un des conjoints, il lui est propre pour le tout; à la charge de rembourser l'autre des conjoints, ou ses héritiers de la moitié du prix tiré de la communauté pour exécuter le retrait; mais s'il est partagé comme conquêt après la dissolution du mariage sans enfans issus d'icelui, la moitié échet en retrait.

La deuxieme condition est, que l'un des conjoints soit mort sans enfans issus du mariage, & qu'après sa mort la moitié de l'héritage soit sortie hors la ligne; car quand le survivant qui n'est en ligne a des enfans qui sont en ligne, retrait n'a lieu. La raison est que les héritiers qui sont en ligne, étant présomptifs héritiers du survivant qui n'est en ligne, conservent, par l'espérance qu'ils ont de lui succéder, l'héritage dans la famille, & empêchent que les lignagers n'exercent le retrait contre lui à leur préjudice. *Voyez* ce que j'ai dit sur l'article 158. de la Coutume de Paris.

Mais les enfans qui sont en ligne étant décédés après la mort du prédécédé de leurs pere & mere; retrait a lieu contre le survivant qui n'est en ligne, dans l'an & jour du décès du dernier décédé. La raison est que de ce jour seulement l'héritage est demeuré en des mains étrangeres, sans espérance de rentrer dans la famille par les enfans du possesseur.

Il n'y a pas de doute que les enfans d'un premier lits qui sont en ligne, ne soient en droit de retirer, contre le survivant qui n'est point en ligne, la portion de l'héritage acquis pendant le second mariage.

Nous avons même quelques Coutumes, comme celle d'Anjou, art. 397. qui permettent aux enfans d'user du retrait contre leurs pere & mere. D'autres, comme celle de Paris, n'en parlent point; & dans ces Coutumes les enfans ne doivent point y être admis.

Alibi inauditum, dit Choppin sur l'art. 397. de la Coutume d'Anjou, *& novum est, iberos ipsos à parentibus retrahere gentilitate prædiorum, cum ad eos tunc ta reditura sint proximo legitimarum hæreditatum ordine.*

De l'Homme titre du Retrait, maxime 181. dit que les enfans ne peuvent user du retrait contre leurs pere & mere, de qui ils tiennent la vie, les biens & les droits du sang.

Le survivant qui est en ligne, ne peut pas non plus exercer le retrait sur ses enfans communs, sous prétexte que le prédécédé des deux conjoints n'étoit pas de la ligne, parce qu'il seroit absurde de dire que les enfans de celui qui est en ligne, ne sont pas en ligne.

Quand il n'y a point d'enfans issus du mariage, l'action en retrait de mi-denier doit être intentée dans l'an & jour de la mort du prédécédé, avec protestation de la poursuivre, au cas que par le partage de la communauté l'héritage sorte de la ligne, en tout ou en partie.

L'an.

..n & jour accordé aux collatéraux pour intenter ..etrait, ne court du jour de la mort du prédé- .. des deux conjoints, parce que celui qui en li- .. conserve le droit de la ligne pendant le tems que le mariage; mais quand l'un des deux vient à dé- ..r, la moitié de l'héritage appartient du jour de son ..s au survivant pour moitié; & pour l'autre moi- ..lle appartient aux héritiers du prédécédé; ensor- ..te la moitié est dès ce jour censée hors la ligne.

..ependant comme il ne seroit pas juste que des pa- .. lignager obligeassent le survivant & les héritiers ..rédécédé de partager par moitié l'héritage, & mê- ..qu'il peut arriver que par le partage de la commu- ..é il sorte entierement de la ligne, ou qu'il demeu- ..our le tout dans la ligne, les lignagers doivent in- ..er leur action contre le survivant qui n'est en li- .., ou contre les héritiers du prédécédé qui ne sont .. ligne, sans pouvoir néanmoins la poursuivre ..près le partage, en protestant comme dessus; en- .. que l'action avec cette protestation intentée, ..ite dans l'an & jour du décès, conserve le droit ..elui qui l'intente, dans quelque tems que le par- .. soit fait dans la suite.

..uand on dit que l'action de retrait de mi-denier .. être intentée dans l'an & jour de la mort du pré- ..édé des conjoints, & qu'après ce tems les parens li- ..gers en sont exclus, cela s'entend lorsque le con- .. d'acquisition de l'héritage a été inféodé, ensai- .. ou publié, & de plus enrégistré au Greffe des ..nuations laïques.

..ouchant le retrait de mi-denier, *Voyez* ce que j'en ..it sur les art. 155. 156. & 157. de la Coutume de ..s; Mornac sur la Loi 31. *ff. pro socio.* & la Loi .. *ff. de jure dotium*, §. *si fundus*, M. le Prêtre, cent. ..hap. 99. Choppin sur la Coutume de Paris, liv. ..t. 6. nomb. 19.

..ETRAIT QU'IL NE FAUT PAS CONFONDRE ..C LE RETRAIT DE MI-DENIER, QUOIQU'IL AIT ..C LUI QUELQUE RAPPORT, est le retrait qui se .. de la moitié d'un héritage qui avoit été acquis .. retrait lignager pendant la communauté.

..e principe est, que si le mari pendant la commu- ..té retire en son nom un héritage propre de son cô- ..l n'entrera point dans la communauté, & lui sera ..ore; & que si c'est un propre de sa femme que le ..i retire, cet héritage sera pareillement propre à sa ..me, & n'entrera point dans la communauté; ce ..est fondé sur ce que la retrait lignager a été intro- .. pour conserver les propres dans les familles.

..Mais après la dissolution de la communauté si cet ..itage est partagé comme conquêt, il est loisible au ..joint à qui cet héritage est propre, ou à son héri- .., de déclarer dans l'an & jour la dissolution du ..riage, qu'il entend retenir entierement l'héritage; .. offres de rembourser à l'autre conjoint; ou à ses ..itiers, la moitié du sort principal qui a été donné ..ur faire le retrait de cet héritage, avec la moitié .. fraix & loyaux coûts; & la moitié des augmenta- ..ns qui ont été faites sur l'héritage; & si le conjoint ..nager a l'aîné des héritiers des acquêts, l'héritier des propres qui veut succéder dans l'héritage retiré, est tenu faire deux remboursemens; sçavoir, moitié au survivant des conjoints, & l'autre à l'héritier des acquêts.

Dans cette déclaration, qui se doit faire dans l'an & jour de la dissolution du mariage, qu'on veut retenir l'héritage tout entier, il n'est requis aucune formalité; au lieu que dans le retrait de mi-denier, les mêmes formalités sont requises, que celles qui doivent être observées dans le retrait lignager. *voyés* la Coutume de Troyes, art. 150. celle d'Orléans, art. 382. & celle de Sens, art. 62.

Voici deux choses en quoi ces deux sortes de retraits conviennent. La premiere est, que dans l'un & l'autre, l'an & jour ne commence à courir que du jour de la mort de l'un des conjoints.

La seconde est que quoique dans le cas du retrait lignager commun, le retrayant ne soit tenu que de rembourser les réparations absolument nécessaires, néanmoins dans le retrait de mi-denier, & dans celui dont nous parlons, le survivant, ou les héritiers du prédécédé, doivent rembourser la moitié des réparations nécessaires & utiles, & la moitié des améliorations qui ont été faites des deniers de la communauté; & cela pour conserver l'égalité dans le partage des biens de la communauté.

RETRAIT FÉODAL, ou retenue féodale, ou retenue de fief par puissance de fief, est un droit qu'a le Seigneur féodal, de retraire des mains de l'acquereur un fief mouvant de lui, qui a été vendu par son Vassal, pourvu que le retrait se fasse dans le tems prescrit.

Ce droit est fondé sur ce qu'autrefois les fiefs n'étoient donnés qu'à vie: quand ils ont été depuis rendus héréditaires & patrimoniaux, les démembremens des fiefs ont été faits à la charge du retour & de la réversion en cas de vente, en payant & remboursant les acquereurs. De-là vient que presque toutes nos Coutumes en ont une disposition expresse; de sorte que le retrait féodal est reçu, non-seulement dans les Coutumes qui n'en parlent pas, mais aussi dans les pays de Droit écrit. *Voyez* Henrys, tom. 1. liv. 3. quest. 16. avec les observations.

Cependant, quelque favorable que soit le retrait féodal, la plupart de nos Coutumes veulent que le retrait lignager lui ont préferé, comme nous avons dit ci-dessus en parlant du retrait en général. Sur quoi il faut remarquer que dans les les pays du Droit écrit, où le retrait lignager est reçu, le retrait féodal est préferé au retrait lignager. La Rocheflavin, des Droits seigneuriaux.

Le retrayant lignager qui évince le Seigneur de l'héritage qu'il avoit réuni à sa table par puissance de fief, est tenu de lui payer ses droits avant que le Seigneur soit obligé de le recevoir en foi. *Voiés* ce que j'ai dit sur l'article 22. de la Coutume de Paris.

Cette même Coutume, en l'article 159. permet aux lignagers de retirer sur le Seigneur féodal l'héritage qu'il a retenu par puissance de fief, en formant leur demande dans l'an & jour que la retenue féodale a été publiée en Jugement au plus prochain Siége royal ; & cette disposition doit avoir lieu dans toutes les Coutumes qui n'en disposent pas autrement.

Ce droit est cessible ; c'est-à-dire que les Seigneurs féodaux peuvent ceder le retrait féodal, quoique le retrait lignager ne soit pas cessible, comme nous avons dit ci-dessus. La raison de la différence est, que le retrait lignager est restraint & borné aux lignagers du vendeur, & par conséquent il ne peut être cedé à des étrangers de la famille ; mais le retrait féodal est un droit dominial, utile & profitable au Seigneur, faisant partie de ses biens : c'est pourquoi il le peut ceder à ceux qu'il lui plaît, sans que ses Vassaux y puissent trouver à redire.

D'ailleurs, le retrait lignager n'est pas un droit *in re*, ou foncier, ou adhérant au fonds ; mais un droit personnel *ad rem*, fondé sur l'affection. Le retrait féodal au contraire est un droit *in re*, ou foncier, accordé au Seigneur, pour qu'il ne soit pas contraint d'accepter & de recevoir un Vassal malgré lui, ou pour éviter la fraude qu'on pourroit lui faire en vendant à vil prix un héritage, pour que le quint denier en fût moindre.

On a douté autrefois si le Roi pouvoit user de retrait féodal : mais aujourd'hui on tient qu'il le peut, parce qu'il ne doit pas être de pire condition que les autres Seigneurs de son Royaume. Ainsi le Roi peut retraire les fiefs mouvans immédiatement de la Couronne, mais non pas les arriere-fiefs qui ne sont mouvans de la Couronne que médiatement ; parce que si le Roi pouvoit retirer les arriere-fiefs, il auroit à la fin tous les fiefs du Royaume.

Pour ce qui est des Engagistes, ils peuvent user aujourd'hui du retrait féodal, comme je l'ai dit, *verbo* Engagistes.

Plusieurs Coutumes, comme Berry, Lorris, Bourbonnois, décident que l'Eglise ne peut user de retrait féodal ; mais dans les autres Provinces, l'Eglise peut user de ce droit, à la charge de vuider ses mains dans l'an. *Voyez* les Observations de M. Bretonnier, sur le dix-neuvieme Plaidoyé d'Henrys.

Ce retrait n'a lieu qu'en vente de fief, ou acte équipollent à la vente, soit que le fief soit vendu en entier, ou en partie.

Il faut excepter, I°. Quand la vente est nulle & non parfaite. II°. Quand elle est faite à un parent lignager ; parce que le retrait lignager est préferé au féodal, & par conséquent le retrait cesse quand la vente du fief a été faite à un lignager. III°. Quand le Seigneur a reçu l'acquereur en foi, ou lui a donné souffrance, ou a reçu ses droits ; ou en a composé.

Le retrait féodal est un droit dominial & foncier, auquel l'usufruitier ne peut donner atteinte, sauf au propriétaire à lui faire raison du quint. Ainsi l'usufruitier d'un fief ne peut pas, en recevant les droits, exclure le propriétaire du fief, & l'empêcher d'exercer le retrait : il y sera toujours reçu, en remboursant l'acquereur des droits, si aucuns il a payé à l'usufruitier, ou en tenant compte à l'usufruitier, s'il ne les a point encore reçus.

Mais on demande si une femme étant propriétaire d'un fief dominant, son mari peut préjudicier au droit de retrait féodal par la reception des droits de quint, ou autrement ? Dumoulin prétend que le mari peut y préjudicier ; *quia non est simplex fructuarius, sed est quasi dominus & administrator totorum bonorum uxoris.* Il n'en seroit pas de même, si la femme étoit séparée de biens.

Enfin, ccomme le tuteur est l'administrateur des biens de son mineur, & par conséquent *loco domini*, lorsqu'il reçoit les droits, il excluse son mineur du retrait, sans espérance de restitution.

Le retrait féodal n'a pas lieu en cas d'échange, si ce n'est lorsque la soulte excede la valeur de la moitié de l'héritage donné en contr'échange ; auquel cas le retrait n'a lieu que pour l'excédent, à moins que l'acquereur n'aime mieux abandonner le tout.

En pays coutumier, lorsque dans un contrat de vente il y a des fiefs relevans de différens Seigneurs, si l'un d'eux veut user du retrait, il n'est obligé que de retirer les fiefs relevans de lui ; mais en pays de Droit écrit, le retrait féodal est indivisible, si ce n'est du consentement de l'acquereur.

Ce retrait ne peut être exercé que par voie d'action, & en vertu d'une Sentence qui l'adjuge ; mais il est exempt de toutes les formalités du retrait lignager.

Le tems pour l'exercer est défini dans nos Coutumes ; la plus grande partie ne donne que quarante jours, à compter, non pas du jour que la vente a été faite, mais du jour de la notification de la vente, & exhibition du contrat faite au Seigneur, par copie du contrat de vente. Aujourd'hui ce n'est que du jour de l'insinuation ou enrégistrement du contrat de vente.

En cas de fraude, le tems ne court que du jour qu'elle est découverte ; & si l'acquereur ne fait aucune exhibition du contrat, l'action de retrait dure trente ans. Mais le Seigneur a toujours la faculté de l'intenter, sans attendre l'exhibition ni les quarante jours.

A l'égard de l'instance faute au sujet du retrait féodal, quoique non contestée, elle dure trois ans ; comme je l'ai remarqué sur l'article 129. de la Coutume de Paris, glose 6, nomb. 8.

La notification doit être faite au propriétaire, à sa personne : ou en son domicile, ou au principal manoir du fief, car c'est le lieu où les significations des actes concernant les fiefs se font, attendu que le principal manoir est réputé le domicile du Seigneur féodal, pour ce qui concerne les droits du fief.

Le Seigneur qui exerce le retrait féodal, doit rembourser à l'acquereur le premier entier de la vente, quoiqu'il n'en ait payé qu'une partie, & fait une obligation ou un contrat de constitution pour l'autre, ou l'en décharger envers le vendeur ; parce qu'au cas du retrait, soit lignager ou féodal l'acquereur doit être entierement indemnisé envers le vendeur, ensorte qu'il ne puisse en aucune façon être poursuivi pour raison de son action.

Le tems pour le remboursement n'étant point défini

par nos Coutumes, c'est au Juge à le définir, comme de huit ou quinze jours, plus ou moins, suivant qu'il le trouve à propos, à compter du jour qu'après la Sentence adjudicative du retrait féodal, l'acquereur aura en Justice affirmé le prix de son acquisition: ce tems passé, le Seigneur est déchu du retrait.

Le Seigneur peut user de compensation envers l'acquereur, & même envers le vendeur, si le prix ou partie ne lui a pas encore été payé, parce que ce retrait ne requiert aucunes solemnités; ainsi la compensation étant un payement, l'acquereur ne la peut pas refuser.

Le Seigneur est obligé de reconnoître toutes les charges & servitudes imposés par le vendeur sur le fief retiré par le retrait féodal, par la raison qu'il entre au lieu & place du vendeur; mais il est déchargé de celles qui ont été imposées par l'acquereur, parce que son acquisition est rendue nulle par le retrait.

L'héritage réuni au fief, qui est propre au Seigneur retrayant, ne lui est qu'acquet. Arrêt qui l'a jugé ainsi le 24 Janvier 1623, rapporté par Bardet, tom. 1. liv. 1, chap. 109.

De plus, le retrait féodal est mis au nombre des fruits de la Seigneurie: c'est pourquoi le fief retiré par retrait féodal, n'étaat pas réuni au fief dominant, n'en fait pas partie.

Voiés ce qui est dit du retrait féodal dans le Recueil alphabétique de M. Bretonnier; & les Observations de cet Auteur sur le liv. 3, chap. 3, quest. 16; & sur le 15. Plaidoyé d'Henrys. *voiez* aussi ce que j'ai dit sur les articles 20, 21 & 22. de la Coutume de Paris.

RETRAIT CENSUEL, un retrait en vertu duquel un Seigneur censier retire, par puissance de Seigneurie, l'héritage qui est tenu de lui à cens; lorsqu'il est aliéné.

Il faut donc distinguer le retrait seigneurial & censier, d'avec le retrait féodal. On appelle retrait seigneurial & censier celui qui se fait des rotures; & on appelle retrait féodal celui qui se fait des fiefs.

Ce dernier a lieu par tout le Royaume; mais le retrait censuel n'est point aujourd'hui en usage dans la Coutume de Paris, & n'a lieu que dans les Coutumes qui l'admettent; comme dit Brodeau sur l'article 20 de la Coutume de Paris, nomb. 4; & Charondas, liv. 2, réponse 11.

Telles sont celle de Berry, tit. 13, art 6, tit 14, art. 13; de Montreil, art. 6, & 35; de Peronne, art. 155; de Boulonnois, art. 53 & 139; & en l'ancienne, art. 114. & 120, de Saint-Omer sous Artois, art. 45; du Comté de Bourgogne, art. 41.

Dans ces Coutumes, le Seigneur censier est préferé au parent lignager.

Plusieurs de ces Coutumes, qui accordent ce retrait seigneurial des héritages tenus en roture, distinguent les fiefs sans Justice, voulant que le Seigneur censier ne puisse exercer ce retrait, si le droit de Justice n'est attaché à son fief.

D'autres au contraire ont accordé de droit de retenue au Seigneur du fief, quoiqu'il n'y ait point de Justice qui y soit annexée.

La disposition de ces dernieres Coutumes est fondée sur ce que les héritages en roture ayant été distraits du fief dont ils faisoient partie avant qu'ils eussent été données en censive, la réunion qui s'en fait par le moyen de ce retrait semble favorable, & qu'ainsi tout Seigneur de fief peut l'exercer quand il veut éteindre les cens & rentes, & les autres charges par lui imposées sur cet héritage.

Ce retrait ne peut appartenir au Seigneur suzérain, mais seulement au Seigneur foncier, direct & immédiat, qui a donné les héritages, auquel le cens appartient, & à qui sont dus les lods & ventes.

Ces héritages étant le gage du cens, la sureté & la chose du Seigneur bailleur, il lui est loisible de laisser ces héritages entre les mains d'un autre tenancier que le premier, ou de les reprendre si bon lui semble, si le nouvel acquereur ne lui plaît pas, ou si pour diminuer ses droits la chose a été vendue à vil prix. C'est donc à ce Seigneur foncier & direct que ce droit de retenue appartient, lequel est subsistué au lieu & place du cens que ce retrait anéantit.

Dans la plûpart de celles où il est reçu, il est cessible; Loysel, liv. 3. tit. 5, article 7. ce qui rend ce droit très-incommode & très-contraire à la liberté du commerce des héritages. Ainsi les Habitans de la campagne ne peuvent point dans lee Coutumes qui admettent ce droit, acquerir aucun héritage sans la permission du Seigneur.

A l'égard des pays de Droit écrit, les Parlemens de Toulouse & de Bordeaux ont reçu le retrait censuel, autrement dit, droit de prélation. Mais il n'est pas reçu dans les Parlemens de Grenoble & de Provence: il ne l'est pas non plus dans le pays de Droit écrit qui sont du ressort du Parlement de Paris, si ce n'est quand il est stipulé par les terriers; & alors c'est en vertu da la convention des Parties.

Voiés ce qui est dit du retrait censuel dans le Recueil alphabétique de M. Bretonnier.

RETRAIT DE BIENSÉANCE, est celui qui peut être exercé par l'un de plusieurs copropriétaires qui possédoit un héritage par indivis, pour retirer la portion vendue par son associé ou codétenteur. Il n'a lieu que dans un petit nombre de Coutumes qui l'admettent, telles que celles d'Acqs, titre 10. article 16 & 18. Lille, article 19; la Marche, article 271. Ce retrait est intimé du Droit usité en allemagne, appellé *Jus congrui*, par lequel il est permis de retirer l'héritage voisin & contigu au sien, lorsqu'il est vendu. *voyés* Math. *de afflictis*, *Decis. Neapolit.* 338. & 339. Missing. *cent.* 3. *observ.* 5.

RETRAIT DE CHOSES DONNÉES PAR DONATION ALIMENTAIRE, est celui que peuvent exercer en quelques Coutumes, les héritiers présomptifs de celui qui a donnés ses biens par donation alimentaire, pourvû qu'ils fassent au donateur offres de la rembourser & indemniser dans l'an à compter du jour que la donation leur a été signifiée.

Ce retrait est admis dans la Coutume d'Angoumois & dans celle de Poitou, & n'est point sujet aux formalités du retrait lignager. *Voïés* ce que nous avons dit ci-dessus, en parlant de la donation alimentaire.

RETRAIT ECCLESIASTIQUE, est celui qui est exercé en vertu des Déclarations du Roi, qui donnent à l'Eglise la faculté de rentrer dans ses domaines aliénés.

La derniere Déclaration qui donne cette faculté, est du mois de Juillet 1702, en exécution de laquelle il y a eu nombre de procès portés au Grand Conseil, qui ont donné lieu à presqu'autant de demandes en garantie.

Voïés ce qu'a dit à ce sujet M. Brillon dans son Dictionnaire, *verbo* Aliénations des biens d'Eglise, nomb. 186. & *verbo* Garantie, nombre 31, & *verbo* Retrait, nombre 2.

RETRAYANT, est celui qui exerce l'action de retrait.

RETRANCHEMENT, signifie diminution. C'est dans ce sens que l'on dit, qu'en pays coutumier il se fait un retranchement dans les legs qui excedent le quint des propres.

En pays de Droit écrit, les legs sont sujets au retranchement de la falcidie, & les fideicommis au retranchement de la quatre trébellianique. *Voïés* Falcidie.

Dans tout le Royaume, les donations faites par ceux qui se remarient ayant des enfans, sont sujettes au retranchement de l'Edit des secondes Nôces. *Voïés* Secondes Nôces.

RETRANCHEMENT DE LEGS QUI SE FAIT LORSQUE LE TESTATEUR A LEGUÉ PLUS QUE LE QUINT DE SES PROPRES, est la diminution qui se fait desdits legs en ce cas, lorsque l'héritier ne trouve pas dans les biens du testateur de quoi, après avoir pris ses quatre quints des propres, payer les dettes & les legs en entier.

Il faut d'abord sçavoir que la plupart de nos Coutumes défendent de disposer par testament, au préjudice des quatre quints, qui doivent être laissés aux héritiers des propres & permettent à ces héritiers de se tenir à cette légitime ou réserve coutumiere, accordée aux héritiers du sang, & d'abandonner tous les autres biens de la succession, c'est-à-dire tous les meubles, acquêts & conquêts, & le quint des propres.

Si tous les biens abandonnés par l'héritier aux légataires, ne suffisent pas pour la délivrance des legs entiers qui leur ont été faits, ils en doivent souffrir la réduction.

Ainsi les quatre quints des propres doivent demeurer à l'héritier francs & quittes de tous legs; & sur l'autre quint des propres, & sur les meubles, acquêts & conquêts, jusqu'à la concurrence d'iceux, l'héritier fait la délivrance des legs aux légataires.

Suivant l'usage fondé sur la Jurisprudence des derniers Arrêts, quand le testateur a légué au-delà du quint des propres, & qu'il a laissé des meubles & acquêt dont il n'a pas disposé, l'héritier est obligé d'abandonner le propre au légataires, ou de lui donner récompense, si les meubles & acquêts valen mieux ou autant que les quatre quints des propres dont il n'a pu disposer.

Le retranchement de ces quatre quints ne doit s'entendre, que les dettes préalablement déduites & payées sur tous les effets de la succession: *quia scilicet bona non estimantur, nisi deducto ære alieno.*

Le testateur est obligé de conserver en chaque ligne paternelle & maternelle les quatre quints des propres, & il ne lui suffit pas de laisser les quatre quints des propres de quelque ligne qu'ils puissent être.

Par exemple, un testateur qui a des propres paternels & maternels, legue tous ces propres maternels, qui ne composent que le quint de tous ses propres de l'une & l'autre ligne. Il faut dire que la réduction portée par nos Coutumes, doit s'entendre pour chaque ligne séparément: de maniere que quand le testateur a légué un propre qui n'excede pas le quint de la totalité de tous ses propres qu'il possede, mais qui excede le quint des propres de la ligne de laquelle il est, le legs sera réductible au quint des propres de cette ligne, sans que le légataire puisse prétendre de récompense sur le quint des propres de l'autre ligne. La raison est, que tous les propres de chaque ligne composent un patrimoine distinct & séparé.

Le retranchement de ces quatre quints ne se fait, qu'eu égard aux propres que le testateur possede au jour de son décès, & non de ceux qu'il a eu pendant sa vie, & qui ont été par lui aliénés ou donnés depuis par son testament.

Quand les legs ne sont que des sommes de deniers, & qu'ils excedent le quint des propres, l'héritier fait lui-même délivrance des legs, ou l'exécuteur testamentaire; & s'il n'y a point dans la succession d'effets mobiliaires pour acquitter ces legs, on ne les paie que jusqu'à concurrence du quint des propres; de sorte que les quatre quints restent à celui qui en est héritier.

Mais s'il a pris les meubles sans faire inventaire, il ne peut point prétendre les quatre quints des propres, sous prétexte que les legs de sommes de deniers qui ont été faits par le défunt, excedent le quint des propres. *Voïés* M. Louet, lettre I, chap. 7; Henrys, tom. 1, liv. 5; & Montholon, Arrêt 109.

L'héritier, soit qu'il soit pur & simple, ou par bénéfice d'inventaire, doit s'imputer d'avoir omis de prendre cette précaution; & il ne seroit pas recevable à prouver que les meubles & le quint des propres ne suffisent pas pour faire la délivrance des sommes léguées, parce qu'il y a lieu de présumer le contraire. D'ailleurs, l'héritier qui a pris les meubles sans en faire inventaire, est censé se soumettre à payer les legs en entier, comme ayant renoncé au privilége que la Coutume lui donne de se tenir aux quatre quints des propres.

voïés ce que j'ai dit sur l'art. 292. de la Coutume de Paris, glos. 3, nomb. 26. à la fin; & sur l'art. 295. glos. 1, nomb. 2, & suiv.

RETROACTIF, est une qualité qui se donne aux actes & aux choses qui produisent leur effet pour le passé.

Par exemple, la ratification, qui est un consentement survenu après qu'un acte a été passé, a un effet retroactif, elle produit le même effet que si le consentement de la personne qui a ratifié l'acte, fût intervenu au tems même qui a été passé. *Voyez* Ratification.

Les Loix n'ont point d'effet rétroactif; elles n'ont d'effet que pour le futur, & non pour le passé *Leg.* 7. *cod. de legibus.*

RETROCEDER, signifie ceder à un cedant ce qu'il avoit cedé, & de lui en faire une nouvelle cession.

RETROCESSION DE TRANSPORT, est l'acte par lequel le cessionnaire remet le cedant dans ses droits, en lui faisant un transport de la dette ou obligation qu'il lui avoit cedée.

Par exemple, Titius transporte à Mævius une obligation de Caïus, à l'effet de demeurer quittes ensemble d'une pareille somme qui étoit dûe à Mœvius par Titius. Il arrive après que Mœvius veut rendre & remettre entre les mains de Titius son transport: ce qui se peut faire par le consentement des Parties. L'acte par lequel Titius transporte à Mœvius l'obligation qu'il lui avoit cedée sur Caïus, est appellé rétrocession.

Cet acte est nécessaire, lorsque le premier transport a été signifié au débiteur; car en ce cas le cessionnaire est devenu le propriétaire de la dette, & sans retrocession le premier cedant n'a aucun droit de l'exiger, quoique ce soit lui qui en ait été originairement le créancier.

RETROCESSION D'UN BAIL, est l'acte par lequel celui qui avoit eu par transport le bail d'une ferme, maison ou terre, passé par un autre, fait un nouveau transport de bail à son cédant.

On donne aussi quelquefois à la cession d'un bail le nom de rétrocession; mais alors on emploie le terme de rétrocession dans une signification impropre & trop étendue.

RETULIT. Ce terme latin se dit de l'expédition qu'un Notaire fait & délivre d'un acte passé par son prédécesseur.

RELATIONS, sont les déclarations qui se font entre les mains d'un Curé ou d'un Vicaire, après & en conséquence de la publication d'un Monitoire, de ce qui s'est passé de secret dans l'affaire pour laquelle le Monitoire a été publié.

Les révélations ne font point foi en Justice, jusqu'à ce que les témoins ayent été répétés, & déposé devant le Juge.

REVENDICATION, est l'action réelle par laquelle nous revendiquons ce qui nous appartient. *Voyez* Action réelle.

Quoique ce terme se puisse dire des meubles & des immeubles, toutesfois il se prend pour la revendication des immeubles, ne se dit qu'improprement des immeubles, pour lesquels nous nous servons de l'action réelle, ou de l'action pétitoire.

Par exemple, je ne dis pas *je revendique un tel héritage*; mais *je poursuis le possesseur d'un tel héritage par action réelle*; au contraire, je ne dis pas, *j'agis par action réelle contre un tel, pour une tapisserie qu'il possede, que je prétend être à moi*, mais je dis, *je revendique ou reclame une telle tapisserie qui m'appartient.*

REVENDICATION DE CHOSES MOBILIAIRE VENDUE à lieu dans le cas de l'article 178 de la Coutume de Paris, qui porte que, *qui vend chose mobiliaire sans jour & sans terme, espérant être payé promptement, il peut la chose poursuivre en quelque lieu qu'elle soit transportée, pour être païés au prix qu'il l'a vendûe.*

L'article suivant dit: *Et néanmoins encore qu'il eût donné terme, si la chose se trouve saisie sur le detteur par autre créancier, il peut empêcher la vente, & est preferé sur la chose aux autres créanciers.*

Voyez ce que j'ai dit sur ces deux articles de la Coutume de Paris.

REVENDICATION DE MARCHANDISES VENDUES A UN MARCHAND QUI A FAIT DEPUIS BANQUEROUTE a lieu, soit que le vendeur les ait vendues à terme, ou sans terme; ensorte qu'il peut empêcher qu'elles soient vendues avec les autres marchandises & effets mobiliaires de celui qui a fait banqueroute. Mais pour que la revendication soit bonne & valable, il faut que les piéces de marchandises soient entieres, & n'ayent point changé de nature. *Voiez* le quatre vingt-cinquiéme Parere de M. Savary, où cette question est parfaitement bien traitée.

REVENDIQUER, signifie redemander en Justice par action réelle, un meuble qui nous appartient. Sur quoi il faut remarquer qu'on ne peut revendiquer les meubles vendus à l'encan, c'est-à-dire en place publique, par autorité de Justice. *voiés* Vente publique.

REVENDIQUER, se dit aussi des personnes & de causes en matiere de Jurisdiction. Ainsi un Procureur du Roi, ou Procureur fiscal, peut d'office revendiquer un Justiciable qui a distrait la Jurisdiction; & en revendiquant la cause, en demander le renvoi.

REVENIR CONTRE SON PROPRE FAIT. c'est un principe certain, qu'on ne doit pas être admis à revenir contre son fait. *Nemo adversus factum suum venire potest Leg.* 25. *ff. de adoptionib.*

Voiés ce qui est dit à ce sujet dans le quatorziéme tome des Causes célebres. à l'endroit où il est parlé de la demande en cassation de mariage, intentée par une fameuse Commédienne, qui en fut déboutée par Sentence de l'Officialité rendue le 21 Juin 1730. fondée en partie sur ce que le défaut qui se trouvoit dans la célebration du mariage, provenoit du fait de la demanderesse qui prétendoit le faire déclarer nul.

REVENTE, est une vente réitérée. On fait une revente à la folle enchere de celui à qui un effet a été adjugé faute par lui d'avoir rempli les conditions de l'adjudication; & cette revente se fait à ses risques, périls & fortunes. *voiés* Folle enchere.

REVENTE, DU DOMAINE DU ROI, est celle qui se fait quand il a été adjugé à trop vil prix, à la charge de rembourser les premiers Engagistes du prix qu'ils en ont payé.

REVERSIBLE, signifie ce qui est sujet à retourner.

Le douaire est, après la mort de la femme, reversible aux héritiers du mari, à moins qu'il ne soit stipulé sans retour.

Le domaine fixe qui a été aliéné, est reversible, & sujet à être, en quelque tems que ce soit, réuni à la Couronne, en remboursant par le Roi, le prix que l'acquereur en a payé.

REVERSION, signifie retour. On donne les appanages & les douaires à la charge de reversion.

On appelle aussi reversion du fief servant au fief dominant, la confiscation qui se fait du fief servant, causée par l'ingratitude du Vassal, c'est-à-dire par desaveu ou par félonie. *Voyez* Commise.

La reversion a aussi lieu à l'égard des terres baillées à bail emphytéotique, lorsque le tems pour lequel il a été fait est expiré.

Les immeubles donnés par leurs ascendans à leurs desdendans, retournent aux donateurs par dro it de reversion, lorsque les enfans donataires décedent sans hoirs. *Voyez* Retour.

Il faut remarquer que dans les cas de reversion, *resoluto jure dantis, resolvitur jus accipientis*; & par conséquent l'immeuble ainsi retourné & consolidé, reprend sa premiere origine; en sorte que les hypotéques & les servitudes crées dessus, *medio tempore*, sont éteintes.

Il faut excepter le cas de reversion des immeubles donnés par les ascendans à leurs descendans, qui retournent aux donateurs par la mort de leurs enfans décédés sans hois; car alors du moins en pays coutumiers le donataire ayant pû les aliéner & hypotéquer entre-vifs, les hypotéques qu'il auroit crées dessus ne seroient point éteintes, & ces immeubles reviennent aux donateurs, moins par droit de retour que par celui de succession.

REVESTIR, se prend au Palais en différens sens. On dit, revétir quelqu'un d'un Office ou d'une Dignité.

On dit qu'un acte est revétu de toutes ses formes, pour dire qu'il a toutes les qualités & toutes les formalités qui sont nécessaires pour le rendre valable.

On dit, revétir quelqu'un d'un héritage, pour signifier l'en saisir, & l'en faire prendre possession. C'est ainsi que les Notaires s'en expliquent dans les contrats de donation ou de vente, en disant que le donateur ou le vendeur s'est démis & désaisi de tel héritage, & en a saisi & revétu l'acheteur ou le donataire.

On dit aussi qu'un Seigneur a revétu un vassal d'un fief, quand il a reçu en foi & hommage.

REVISION, est l'examen, la correction, ou la reformation de quelque chose.

REVISION DROIT DE REVISION, est un droit accordé aux Procureurs, pour revoir & relire les écritures que les Avocats font pour leurs Parties.

Ce droit qui étoit de dix sols par rolle de grosse, avoit été aboli par l'Ordonnance de 1667. mais il a été établi au profit & en faveur des Procureurs du Parlement de Paris, par la Déclaration du 16. Mai 1693.

Ce droit est attribué aux Procureurs, parce qu'ils sont dans l'obligation de relire les écritures des Avocats, attendu qu'ils sont responsables des demandes & des faits posés dans toutes écritures qu'ils produisent pour leurs Parties. Les Procureurs ne doivent donc pas être moins attentifs, à s'acquitter des engagemens pour lesquels ce droit leur a été accordé, qu'is ne le sont à s'en faire payer.

REVISION DE COMPTE, étoit un nouvel examen d'un compte qui n'a plus lieu aujourd'hui. L'article 21. du titre 29. de l'Ordonnance de 1667, porte qu'il ne sera ci-après procédé à la revision d'aucun compte.

Mais s'il y a dans un compte des erreurs, omission de recette ou faux emplois, les Parties pourront en former leur demande, ou interjetter appel de la clôture du compte, & plaider leurs prétendus griefs en l'Audience.

REVISION DE PROCES JUGÉ PAR SENTENCE DONT ON PEUT INTERJETTER APPEL, ne peut pas être admise sous quelque prétexte que ce soit. Il faut se pourvoir contre par la voie d'opposition, si la Sentence a été rendue par défaut; ou se pourvoir par la voie d'appel, si la Sentence a été rendue contradictoirement.

REVISIONS D'ARRET EN MATIERE CIVILE, n'a point lieu en France; car la proposition d'erreur étant aujourd'hui abrogée, la reversion d'Arrêt n'a pas lieu, du moins en matiere civile. Il n'y a que la Requête civile & la voie de cassation dont on ne puisse se servir pour revenir contre un Arrêt quand on ne peut pas se pourvoir contre, par la voie d'opposition.

Voyez Opposition, Requête civile, Cassation *Voiés* aussi le Commentaire de Bornier, sur l'article 42 du tit. 35. de l'Ordonnance de 1667.

REVISION D'ARRET EN MATIERE CRIMINELLE, est un moyen extraordinaire, dont peut se servir celui qui prétend avoir été définitivement mal jugé, a cause des nullités qui se trouvent dans l'instruction du procès.

Ce remede extraordinaire ne peut être admis qu'en vertu de Lettres de revision obtenues en Chancellerie qui sont en matiere criminelle ce que sont les Requêtes civiles en matiere civile.

Ainsi, pour maintenir l'autorité des choses jugées & empêcher que les parties ne reviennent contre témérairement & sans une juste cause, l'Ordonnance veut que ces Lettres de revision passent par l'avis des Maîtres des Requêtes, avant que d'en renvoyer la connoissance aux Cours où le procès auroit été jugé & que les impétrans qui y seroient mal fondés, encourent la même peine qu'en courent ceux qui viennent à succomber dans les Requêtes civiles.

Celui qui desire obtenir des Lettres de revision d'Arrêt, doit commencer par exposer le fait avec toutes ses circonstances dans une Requête, & ne doit demander à revenir contre l'Arrêt qui a été rendu contre lui, que pour raison des nullités qui se trouvent dans l'instruction du procès.

Cette Requête doit être rapportée au Conseil du Roi, & est ensuite renvoyée, si le Conseil le juge à propos, aux Maîtres des Requêtes, pour sur l'impétration des Lettres, donner leur avis, lequel doit être ensuite rapporté au Conseil : & au cas que les Lettres soient trouvées justes, elles sont expédiées & scellées par Arrêt du Conseil ; mais pour cet effet elles doivent être signées par un Sécretaire des Commandemens du Roi.

Lorsque les causes pour lesquelles ces Lettres sont demandées, sont trouvées justes & raisonnables, le Roi ordonne aux Juges ausquels elles sont adressées, qui sont ceux qui ont rendu l'Arrêt, qu'ils ayent à procéder à la révision du procès, à l'examen des preuves, & au Jugement qu'ils ont rendu, de même que si l'affaire n'eût point été jugée.

Quoique, comme nous avons dit, les Lettres de révision soient en matiere criminelle ce que sont les Requêtes civiles en matiere civile, il y a néanmoins quelques différence entr'elles, principalement en ce que lorsqu'on procede à l'entérinement des Lettres de révision, on peut juger le rescindant & le rescisoire, & par un même Arrêt révoquer la condamnation, & adjuger au condamné des dommages & intérêts, si le cas y échoit ; au lieu qu'on ne le peut pas en matiere de Requête civile. C'est aussi pour cela que les Lettres de révision sont beaucoup plus difficiles à obtenir, & qu'il faut qu'elles soient signées par un Sécretaire des Commandemens.

Touchant la révision d'Arrêt, *Voyez* les articles 8, 9, & 10, du titre 16. de l'Ordonnance de 1670 ; & ce que j'en ai dit ci-dessus, en parlant des Requêtes civiles en matiere criminelle.

REVISION DES PROCÉS CRIMINELS JUGÉS EN DERNIER RESSORT PAR LES PRESIDIAUX, OU LES PREVÔTS DES MARECHAUX, est ordinairement renvoyée au Parlement ou au Grand Conseil, & jamais aux Juges qui ont rendu le Jugement. La raison est, que ce n'est pas tant une révision, que c'est un appel desdits Jugemens, quoique rendus en dernier ressort, qui est reçu par le Roi, lequel renvoie le procès & les Parties au Parlement ou au Grand Conseil pour en connoître.

RÉUNION, est le retour d'une chose ou autre, dont elle avoit été démembrée.

RÉUNION A LA COURONNE, se dit lorsqu'une chose démembrée du Domaine du Roi, y est ensuite réunie, & est appellée par Chopin, *fiscalis patrimonii redhibitorium jus, lib. 3. de sacr. polit. tit. 1, num. 12.*

Cette réunion ou réversion au Domaine du Roi, d'une chose qui en avoit été démembrée, ne peut avoir lieu que pour celles qui sont du domaine fixe, & non pas pour les choses qui sont du domaine casuel.

Le domaine casuel n'est pas considéré comme un véritable domaine consacré à la Couronne ; c'est pourquoi les Rois en peuvent disposer, soit par donations ou ventes.

A l'égard du domaine fixe, il est inaliénable de sa nature, ainsi qu'il est prouvé par Chopin, livre 2, tit. 3, de son Traité du domaine, & décidé par l'Ordonnance de 1539, & celle de Moulins faite pour la réunion du Domaine en 1566.

Mais cette régle souffre deux exceptions qui donnent lieu à la réunion à la Couronne.

La premiere est, que le Roi peut vendre & aliéner son Domaine en cas de nécessité pressante pour cause de guerre ; mais cette vente se fait toujours avec faculté perpétuelle de racheter & de retirer la chose du Domaine aliénée, pour en faire la réunion à la Couronne, en remboursant par le Roi aux acquéreurs le prix qu'ils en ont payé.

Cette faculté de racheter ne se prescrit point à l'égard du Domaine du Roi, comme nous l'avons fait voir, *verbo* Domaine : au lieu qu'un Particulier qui vend un immeuble avec faculté de rachat, cette faculté se prescrit par l'espace de trente ans.

La deuxiéme est pour les appanages qui sont donnés aux Enfans mâles de France, lesquels passent à leurs Enfans mâles graduellement en ligne directe ; mais retournent à la Couronne, lorsque les enfans mâles manquent.

Suivant ce que nous venons de dire, jamais les aliénations qui se font du domaine fixe ne sont incommutables, puisque les biens aliénés pour appanage retournent à la Couronne au défaut d'enfans mâles, & que les ventes que nos Rois font en cas de nécessité, sont toujours faites avec faculté perpétuelle de retirer la chose du Domaine aliénée, pour en faire la réunion à la Couronne, en remboursant par la Roi aux acquéreurs le prix qu'ils en ont payé.

Le Roi donne de tems en tems des Déclarations ou des Arrêts du Conseil d'Etat, concernant la réunion à la Couronne, des Domaines, Justices, Seigneuries, & autres droits domaniaux engagés, & concernant la revente d'iceux, avec la forme des remboursemens & des nouvelles encheres.

M. Brillon en a rapporté plusieurs, *verbo* Domaine.

RÉUNION DE FIEF, est l'acquisition qui se fait par un Seigneur d'un fief mouvant de sa seigneurie, ou l'acquisition du fief dominant par le Seigneur du fief servant.

Elle se fait donc dans deux cas. Le premier, lorsque le Seigneur du fief dominant acquiert le fief servant, ou qu'il le retire par retrait féodal : sur quoi *voyez* Commise, *voyez* aussi Retrait féodal. L'autre arrive quand le Seigneur du fief servant acquiert le fief dominant ; & dans ces deux cas, par le moyen de la réunion, ces deux fiefs ne font qu'un même corps.

Il s'ensuit de là, que les biens acquis par réunion deviennent au Seigneur un véritable propre, quand ils lui sont adjugés sans bourse déliée & à titre lucratif, pourvu que le fief lui soit propre ; mais ils lui seront acquêts, s'ils le réunit à titre onéreux : alors son héritier des propres pourra retenir le fief réuni, en indemnisant l'héritier des acquêts du prix qu'il aura coûté.

Suivant ce que nous venons de dire, la réunion de fief imprime à l'héritage réuni, non-seulement la qualité féodale, mais encore la qualité de propre, si le fief auquel il est réuni est de cette qualité, quand la réunion s'est faite à titre lucratif & sans bourse déliée.

Cependant plusieurs de nos fameux Auteurs tiennent que la réunion n'imprime que la qualité féodale à l'héritage réuni qu'il n'avoit pas, mais non point celle de propre de ligne qu'a l'héritage auquel il est réuni; de sorte qu'il doit être partagé dans la succession de celui à qui il a été réuni comme acquêt. *Voyez* ce que j'ai dit sur l'article 53. de la Coutume de Paris, glose premiere, nomb. 22. & suivans.

Si la réunion se fait par retrait féodal ou par acquisition, elle n'a lieu qu'à la charge des dettes ausquelles le fief réuni est hypotéqué.

Il y a encore lieu à la réunion de fief par l'expiration de l'inféodation, ou à défaut d'enfans mâles, ou par la commise : & dans la plupart des Coutumes, cette réunion est exempte de charges & de dettes, à moins qu'elles n'ayent été inféodées, c'est-à-dire consenties par le Seigneur; parce que le fief n'a été accordé par le Seigneur féodal, qu'à la charge de réunion, lorsque l'un de ces cas arrivera.

Cependant quelques Coutumes, comme celle de Normandie, article 201, titre des Fiefs, portent que le vassal peut vendre, engager & hypotéquer son fief, sans le congé de son Seigneur; & dans ces sortes de Coutumes, la réunion ne se fait qu'à la charge des dettes dont est tenu le fief réuni, de quelque maniere que cette réunion se fasse.

Pour ce qui est des Coutumes qui n'ont point de disposition expresse sur cela, *voyez* ce que j'ai dit sur l'article 53. de la Coutume de Paris.

A l'égard des effets que produit la réunion, *voyez* la fin de l'article qui suit, où il est parlé de la réunion de censive au fief.

RÉUNION DE CENSIVE AU FIEF, se fait quand les héritages qui sont dans la censive d'un Seigneur, sont acquis par ce même Seigneur, ou lorsque le propriétaire d'un bien en censive acquiert le fief de la Seigneurie dont les héritages étoient mouvans. Elle se fait de plein droit, si le Seigneur n'y fait une déclaration expresse qu'il veut les tenir séparement. *Voyez* ce que nous avons dit sur l'article 53. de la Coutume de Paris.

La Coutume d'Orléans, qui a été reformée trois ans après celle de Paris, veut que cette déclaration soit fait par le contrat d'acquisition, ce qui est très-juste pour éviter les contestations qui pourroient naître sujet du tems auquel cette déclaration doit être faite, s'il n'étoit pas défini & arrêté.

Un héritage qui a été baillé à cens par un Seigneur du fief, & qui est déguerpi par le tenancier, retourne au fief par la renonciation faite, soit par le tenancier, soit par l'héritier.

La raison est, qu'au moment qu'un héritage a été démembré d'un fief, la réunion s'en fait toujours de droit, d'abord que le Seigneur y peut rentrer. Il faut même regarder l'aliénation d'une partie d'un fief comme un jeu de fief, pour raison duquel on doit retenir un droit seigneurial, qui représente la partie aliénée par rapport au Seigneur dominant qui ne peut s'en plaindre, pourvu que l'aliénation n'excede pas les deux tiers du fief, & que celui qui l'a fait se réserve la foi & hommage.

La Coutume de Saint-Omer, article 3, celle de Sens, article 237, celle de Bourbonnois, article 399, celle d'Orléans, article 134, celle de Reims, article 146, celle de Montreuil, article 14, de Ponthieu, article 92, & d'Auxerre, article 92, portent que si le tenancier veut se décharger du payement du sens, il peut renoncer à l'héritage, en payant les arrérages échus.

Que ce soit le preneur, son héritier ou autre qui renonce, il n'importe ; il suffit que la rénonciation soit faite & acceptée par le Seigneur du fief duquel l'héritage a été démembré, & en la censive duquel il est resté.

Le Seigneur jouit donc des ses héritages d'élaissés par droit de réunion: d'où il s'ensuit que le Haut-Justicier n'y peut rien prétendre, parce qu'ils ne sont pas vacans, puisqu'en cessant d'être au tenancier, ils appartiennent dans le même instant au Seigneur du fief dans la censive duquel ils sont, dautant qu'il les arrête & retient comme son propre bien, en vertu du domaine direct qu'il a dessus.

Ainsi cette réunion ne se fait point par rapport à la Justice, mais par rapport au fief dont une portion peut être baillée à cens; au lieu que la Justice ne peut pas être baillée à cens, ni pour le tout, ni pour une partie.

Il n'en est pas de même des héritages qui sont dans le cas de la deshérence, de biens vacans, de confiscation, ou droit de bâtardise, lesquels appartiennent au Seigneur haut-justicier, ainsi qu'on l'a expliqué en parlant de ces différens cas dans leur ordre.

La réunion produit deux effets, le premier est, que la censive & l'arriere-fief réunis au fief, font partie du fief & relevent du Seigneur dominant, & sont sujets avec lui, quand le cas y échoit, à la saisie féodale, aux droits de quint, au retrait féodal & à la commise, & doivent être mis dans le dénombrement qui sera donné à la mutation suivant, lequel ne pourra plus s'en faire que conformément à l'article 51. de la Coutume de Paris.

Le second effet de la réunion est, que les héritages réunis sont partagés noblement entre les héritiers, & que le Seigneur dominant les exploite réunis pendant la saisie féodale du fief auquel la réunion a été faite, & qu'il en jouit au cas que par l'ouverture qui arrive ensuite, il lui soit dû relief par le nouveau vassal.

On demande si la réunion qui se fait du fief servant au fief dominant ou d'une censive qui se fait au Seigneur censier, étoient les hypotéques constituée *intermedio tempore ?*

Il faut distinguer ; ou la réunion se fait *ex primæva obligatione, ex necessitate*, & faute de l'accomplissement de la convention, c'est-à-dire pour une cause inhérente.

inhérence à la tradition de la chose ; ou la réunion se fait pour autre cause survenue depuis.

Au premier cas, comme le fief retourne alors *ipso jure* au Seigneur, en vertu de sa directe Seigneurie & puissance féodale, toutes les hypoteques & servitudes imposées par le vassal sont résolues & éteintes, parce qu'il est alors censé n'avoir jamais possédé le fief : c'est ce qui fait que cette réunion a un effet rétroactif.

Au second cas, la réunion n'en a point ; ainsi les charges & hypotéques constituées par le Vassal, demeurent attachée au fief. *Ratio est, quia licet secundum tunc ad Dominum revertatur, ad eum redit non tanquam ad Dominum, sed tanquam ad Privatum.*

Voyez ce que j'ai dit sur l'article 43. de la Coutume de Paris, glose premiere, paragraphe quatrieme ; & sur l'article 53, glose premiere nombre 13.

REUNION DE FRANC ALEU AU FIEF NE PEUT AVOIR LIEU ; c'est-à-dire que si des terres tenues en franc-aleu, & qui ne sont chargées d'aucuns sens, étoient achetées par un Seigneur, haut, moyen, ou bas-Justicier, dans l'étendue de son territoire, cette acquisition ne feroit point de réunion à son fief ; parce que, n'en ayant jamais fait partie, elles ne peuvent par conséquent en avoir été démembrées.

REVOCABLE, qui peut se revoquer. Le caractere de la donation entre-vifs est d'être irrévocable ; au lieu que la donation à cause de mort est toujours révocable, de même que les testamens & autres dispositions de derniere volonté.

Mais il ne s'agit plus aujourd'hui de donations à cause de mort, ni par conséquent de la maniere dont elles peuvent être révoquées.

REVOCATION DE PROCUREUR, est un acte par lequel une Partie révoque un Procureur qui avoit charge d'occuper pour elle, & en constitue un autre au lieu & place de celui qui est révoqué.

On peut révoquer son Procureur *ad lites* quand on veut, même après la contestation en cause ; mais pour qu'une révocation de Procureur soit valable, il faut que l'acte contienne constitution de nouveau Procureur au lieu & place de celui qui est révoqué.

La raison est, qu'autrement la Partie adverse seroit dans l'obligation de faire assigner celui qui auroit fait la révocation, en constitution de nouveau Procureur ; ce qui n'est observé que dans le cas du décès du Procureur, & non dans le cas d'une révocation volontaire de Procureur, laquelle dépend à la vérité de celui qui l'a constitue ; mais elle doit se faire de maniere que le procès qui est entre les parties n'en reçoive aucun retardement.

REVOCATION DE DONATION, est un acte par lequel on révoque une donation quel'on a faite.

La donation à cause de mort peut se révoquer de plusieurs manieres, & entr'autres par le seul changement de volonté du donateur, parce que la donation à cause de mort est une derniere volonté : *At suprema hominis voluntas ambulatoria est, usque ad extremum vitæ spiritum.*

Mais la donation entre-vifs est de la nature des contrats ; ainsi comme les contrats *sunt ab initio voluntatis & ex post facto necessitatis* la donation entre-vifs est irrévocable, & ne peut se révoquer que pour cause approuvée par les Loix ; sçavoir pour cause d'ingratitude, & par la survenance des enfans, comme nous avons dit sur le titre septieme du second Livre des Institutes.

Touchant ce que nous venons de dire, que la donation à cause de mort étant une disposition de derniere volonté, étoit révocable, il faut remarquer que cela ne peut plus avoir lieu parmi nous, puisque les donations à cause de mort ne peuvent plus être admises depuis la Déclaration du mois de Février 1731.

A l'égard de ce que nous avons dit, que la donation entre-vifs est irrévocable cela doit s'entendre de la donation qui est parfaite ; car celle qui n'est pas acceptée peut toujours être révoquée par le donateur.

Comme l'Ordonnance de Louis XV. du mois de Février 1731, faite au sujet des donations, contient plusieurs décisions remarquables touchant la révocation des donations, nous avons jugé à propos de rapporter ici les articles de cette Ordonnance qui en parlent, comme faisant un Droit qui doit être aujourd'hui observé par tout le Royaume.

„ Articles XXXIX. Toutes donations entre-vifs faites par personnes qui n'avoient point d'enfans ou de descendans actuellement vivans dans le tems de la donation, de quelque valeur que lesdites donations puissent être, & à quelque titre qu'elles aient été faites, & encore qu'elles fussent mutuelles ou rémunérations, même celles qui auroient été faites en faveur de mariage par autres que par les conjoints ou par les ascendans, demeureront révoquées de plein droit, par la survenance d'un enfant légitime du donateur, même d'un posthume, ou par la légitimation d'un enfant naturel par mariage subséquent, & non par aucune autre sorte de légitimation.

„ XL. Ladite révocation aura lieu, encore que l'enfant du donateur ou de la donatrice fût conçu au tems de la donation.

„ XLI. La donation demeurera pareillement révoquée, quand même le donataire seroit entré en possession des biens donnés, & qu'il y auroit été laissé par le donateur depuis la survenance de l'enfant, sans néanmoins que ledit donataire soit tenu de restituer les fruits par lui perçus, de quelque nature qu'ils soient, si ce n'est du jour que la naissance de l'enfant, ou sa légitimation par mariage subséquent, lui aura été notifiée par exploit ou autre acte en bonne forme ; & ce, quand même la demande pour rentrer dans les biens donnés n'auroit été formée que postérieurement à ladite notification.

„ XLII. Les biens compris dans la donation révoquée de plein droit, rentreront dans le patrimoine du donateur, libres de toutes charges & hypotéques du chef du donataire, sans qu'ils puissent

„ demeurer affectés, même subsidiairement à la restitution de la dot de la femme dudit donataire, „ reprises, douaires, ou autres conventions matrimoniales ; ce qui aura lieu, quand même la donation „ auroit été faite en faveur du mariage du donataire, & inserée dans le contrat, & que le donateur se seroit obligé, comme caution, par ladite donation, à l'exécution du contrat de mariage.

„ XLIII. Les donations ainsi révoquées ne pourront revivre ou avoir de nouveau leur effet, ni par „ la mort de l'enfant du donateur, ni par aucun acte „ confirmatif ; & si le donateur veut donner les mêmes biens au même donataire, soit avant ou après „ la mort de l'enfant, par la naissance duquel la donation avoit été révoquée, il ne pourra le faire que par une nouvelle disposition.

„ XLIV. Toute clause ou convention par laquelle „ le donateur auroit renoncé à le révocation de la „ donation par survenance d'enfans, sera regardé „ comme nulle, & ne pourra produire aucun effet.

„ XLV. Le donataire, ses héritiers ou ayans cause, „ ou autres détenteurs des choses données, ne pourront opposer la prescription pour faire valoir la „ donation révoquée par la survenance d'enfans, qu'après une possession de trente années, qui ne pourront commencer à courir que du jour de la naissance du dernier enfant du donateur, même posthume, & ce sans préjudice des interruptions telles „ que de droit.

A l'égard de la révocation qui peut se faire pour cause d'ingratitude de la part du donataire envers son bienfaiteur, V. ce que j'en ai dit, *verbo* Ingratitude.

Pour ce qui est de la révocation qui se fait par la survenance des enfans au donateur, Voyez le Recueil alphabétique de M. Bretonnier, *verbo* Donation.

REVOCATION D'UN TESTAMENT, est un acte par lequel le testateur révoque expressément ou tacitement un testament qu'il a fait. D'où il s'ensuit que cette révocation est expresse ou tacite.

La révocation expresse d'un testament est une déclaration du testateur, par laquelle il marque qu'il n'entend pas que le testament qu'il a fait ait son exécution.

En pays coutumier, un simple acte reçu par deux Notaires, ou par un Notaire & deux témoins, sans être revêtu d'aucune forme testamentaire, suffit pour révoquer un testament, & réduire les choses à l'ordre des successions légitimes.

Il y a plus, c'est qu'une simple déclaration sous seing privé, écrite & signée de la main du testateur, portant qu'il révoque le testament qu'il a fait, est suffisante pour le révoquer, & empêcher qu'il n'ait son exécution.

Mais en pays de Droit écrit, une telle déclaration, même passée pardevant Notaires, n'empêcheroit pas un testament d'avoir son effet, & ne suffiroit pas pour réduire les choses à l'ordre des successions légitimes, à moins que le laps de dix ans ne concourût avec un tel acte.

La révocation tacite d'un testament, est celle qui se présume par un testament postérieur revêtu de toutes les formalités réquises pour sa validité ; & cette révocation ast admise en pays de Droit écrit, conformément à la disposition des Loix Romaines. Un testament est une disposition universelle : or il ne peut pas y avoir deux dispositions universelles d'une même personne ; c'est pourquoi la derniere doit être préférée à celle qui la précede.

Cela est si vrai, qu'un testament fait en faveur de la cause pieuse, est révoqué par un postérieur, quoiqu'il n'y ait point de révocation expresse du premier ; comme il a été jugé au Parlement d'Aix par Arrêt du 20 Novembre 1670, rapporté par Boniface, tom. 5, liv. 1, tit. 14, chap. 3.

C'est donc un principe certain fondé sur la raison & sur l'autorité des Loix, qu'un acte qui contient la derniere disposition universelle du testateur, révoque de plein droit toutes les autres de cette nature, sans qu'il soit besoin que les testateurs les révoque expressément.

Il n'en est pas de même des codicilles ; car comme ce ne sont pas des dispositions universelles, mais seulement des dispositions des choses particulieres, quand les codicilles ne sont pas cantraires les uns aux autres, rien ne peut empêcher qu'une personne ne laisse plusieurs codicilles qui ayent tous leur exécution.

Mais pour qu'un testament soit cassé par un postérieur, il faut que ce postérieur soit fait suivant toutes les formalités réquises ; *quia quæ jure contrahuntur, contrario tantùm jure pereunt Leg.* 35, & *leg.* 100. *ff. de reg. jur.*

Il faut excepter : I°. lorsque dans le premier testament l'héritier institué n'est pas du nombre des héritiers du sang, & que dans le second le testateur a institué celui qui lui devoit succeder *ab intestat.*

II°. Quand l'acte de révocation est revêtu de toutes les solemnités requises pour un testament, à l'exception de l'institution d'héritier qui ne s'y trouve point ; car en ce cas, quoique cet acte ne contienne pas d'institution d'héritier, le testament est révoqué de plein droit dans le pays de Droit écrit où elle a lieu. La raison est, qu'on présume alors que le testateur a institué ses héritiers *ab intestat.*

Pour ce qui est du pays coutumier, la révocation tacite d'un testament par un testament postérieur, n'a point lieu ; parce qu'en pays coutumier, les testamens ne sont à proprement parler que des codiciles : ainsi plusieurs testamens d'une même personne ne peuvent valoir, s'il paroît que telle a été la volonté du testateur.

Touchant cette matiere, voyez ce que j'ai dit dans ma Traduction des Institutes, sur le titre 17. du second livre.

REVOCATION DE LEGS, est un acte par lequel le testateur révoque expressément ou tacitement le legs qu'il a fait à quelqu'un. D'où il s'ensuit, que cette révocation peut être expresse ou tacite.

Voyez ce que j'ai dit dans ma Traduction des Institutes, sur le titre 21. du second livre ; & sur le paragraphe 12. du titre précédent. Voyez aussi ce que j'ai dit ici, *verbo* Legs révoqué, & *verbo* Translation.

REVOCATION D'EXHEREDATION, est un acte ar lequel celui qui avoit exhérédé un de ses enfans, éclare vouloir qu'il soit admis à sa succession.

Cette révocation doit être expresse; ensorte que exhérédation ne peutêtre tacitement révoquée, soit ar dissimulation, soit par acte équipollent; comme a été jugé par Arrêt du 30 Juin 1656, rapporté par oefve, tom. 2, cent. 1. chap. 36.

Par cette raison, la bénédiction seule, à l'article e la mort, donnée par le pere à un enfant exhéré-é, n'est pas suffisante pour révoquer l'exhérédation. *Voyés* un Arrêt du 27 Avril 1660, qui est rapporté ans le Journal des Audiences, qui l'a jugé ainsi.

L'exhérédation du fils faite par le pere, pour s'être marié sans son consentement, ne seroit pas non plus évoquée par la conversation que le fils & sa femme uroient eue avec le pere depuis l'exhérédation. Peeus, question 24.

Il y a néanmoins un cas où l'exhérédation est taitement révoquée, qui est lorsque l'action dont on infere une révocation tacite, donne à connoître que par une rémission pleine & entiere de la part du ere, les justes ressentimens qui avoient donné lieu à l'exhérédation sont dissipés, & que la tendresse paernelle a entierement pris le dessus; comme je l'ai lit, en parlant du rappel qui releve les enfans de leur exhérédation.

Outre que régulierement la révocation d'une exhérédation doit être faite par un acte, il faut que cet acte soit passé pardevant Notaire.

Touchant la forme & la révocation des exhérédation, voyez Henrys, tom. 2, liv. 5, quest. 47; Bardet, tom. 1, liv. 3, chap. 55, & tom. 2, liv. 3, chap. 20; Soefve, tom. 2, cent. 1, chap. 25.

REVOCATION DE PRIVILEGES, se fait par un Edit par lequel le Roi révoque des priviléges. Il y a un Edit du mois d'Août 1705, qui révoque tous les priviléges accordés depuis le premier Janvier 1689; c'est-à-dire les exemptions attribuées à plusieurs charges de nouvelle création, excepté les Offices de Judicatures & quelques autres. Cet Edit est rapporté dans le Mémorial alphabétique de la Cour des Aides, *verbo* Révocation, où est aussi l'Edit du mois de Septembre 1706. rendu en interprétation.

REVOIR UN PROCÉS. Voyez Révision de procès.

REVOLTE, est la rébellion que des Sujets font contre l'autorité légitime de leur Souverain. Ce terme signifie aussi la résistance & la désobéissance à l'égard d'un supérieur, comme d'un pere.

REVOLU, signifie un terme qui est achevé & fini. Ainsi une année révolue est un espace de douze mois complets; & un jour révolu est une durée de vingt-quatre heures.

REVOQUER, signifie ordinairement casser, annuller; comme quand on dit, que le Roi a révoqué un tel Edit.

Quelquefois ce terme signifie ôter le pouvoir qu'on a donné. Ainsi on dit, qu'on révoque un Procureur quand on lui ôte le pouvoir qu'on lui avoit donné.

Ce terme signifie quelquefois retracter ce qu'on a fait; comme quand on dit, un tel avoit fait un testament en ma faveur, mais il l'a révoqué.

On dit aussi, que la volonté des hommes est ambulatoire, en parlant des testamens, parce que l'on a toujours la liberté de les révoquer.

REZ DE CHAUSSÉE, est la superficie du sol ou du fonds sur lequel une maison est bâtie; comme dans les articles 69, 187, 188, 200 & 209. de la Coutume de Paris. Voyez ce que j'ai dit sur l'article 187. de cette Coutume.

R I

RIGUEUR, signifie exacte observation de la Loi à la lettre, que le Juge n'est pas obligé de suivre, quand l'équité lui suggere d'adoucir la rigueur du Droit & la sévérité de la Loi, par une juste interprétation tirée pour ainsi dire de la Loi même. Voyez ce que j'ai dit, *verbo* Equité.

Dans les cas favorables, on peut étendre & adoucir ces Loix par une juste interprétation; mais dans les cas odieux, il faut suivre la disposition des Loix à la rigueur.

En matiere criminelle, les Juges souverains peuvent, par des raisons particulieres, adoucir & diminuer les peines qui sont établies par les Loix; mais les Juges subalternes sont Juges de rigueur.

En matiere criminelle, quand il n'y a pas de preuves, mais seulement de légeres présomptions contre l'accusé, le Juge ne doit point le condamner; & dans le doute, non-seulement il doit tenir son glaive en suspens, mais il doit renvoyer l'accusé. Voyez ce que j'ai dit, lettre C, en parlant de la condamnation à mort.

Au reste, l'expérience nous fait connoître que les crimes sont moins communs dans les lieux, où étant prouvés pleinement, ils sont punis à toute rigueur.

RIVAGE, est le bord de la mer ou d'un fleuve. Les rivages de la mer sont, quant à l'usage, de même nature que les bords des rivieres; c'est-à-dire que l'usage en est public & libre à un chacun, pourvu que les choses que l'on y met ne nuisent point à la navigation: mais la propriété de ces rivages appartient au Roi. Pour ce qui est de la propriété des bords des rivieres, elle appartient à ceux qui sont propriétaires des terres adjacentes. Voyez ce que j'ai dit dans ma Traduction des Institutes, sur les §. 4 & 5. du premier titre du second livre.

RIVAGE, [DROIT DE] est un droit pour le vin & autres marchandises qui entrent en l'eau par bâteaux, ou qui en sortent.

RIVERAINS, sont des habitans de certains villages voisins des forêts ou des rivieres, qui ont des droits d'usage dans ces forêts, soit qu'elles appartiennent au Roi, ou à des Seigneurs particuliers.

Ces usages sont réglés par les titres des Villages & Communautés de ces Riverains, & consistent où à mener paître leurs porc & bêtes aumailles dans les forêts, dans les tems de la paisson & glandée, ce qu'on appelle droit de pâturage & pâcage; ou à prendre du bois pour leur chauffage, même pour bâtir & réparer leurs maisons.

Dans les forêts du Roi, on ne donne plus de chauffages en espèce, si ce n'est aux Communautés ecclésiastiques, ausquelles ils ont été accordés. Pour ce qui est des autres chauffages, dont les forêts du Roi étoient autrefois chargées, ils ont été réduits en argent, ou entierement supprimés.

Il nous reste à remarquer ici, I°. que les Riverains des forêts du Roi sont tenus de faire des fossés à leurs dépens de quatre pieds de large, & de cinq pieds de profondeur, pour faire la séparation de leurs bois.

II°. Que les Riverains des rivieres sont tenus de laisser dix-huit pieds sur le bord de la riviere, pour la facilité de la navigation.

RIVIERE, est une eau abondante & perpétuelle qui vient de quelque source, & qui coule dans une espèce de canal qu'on appelle lit.

Il y a plusieurs espèces de rivieres; sçavoir, les rivieres navigables, & celles qui ne le sont pas.

Les rivieres navigables sont celles qui portent bâteaux; au contraire, les non navigables sont celles qui ne portent point bâteaux.

Les rivieres navigables sont appellées royales, comme appartenantes au Roi *jure regio*, & sont comprises parmi les droits qui sont réservés à la Couronne.

Quoique les rivieres prennent leurs cours par les terres des Seigneurs hauts-justiciers, lesdits Seigneurs ne peuvent pas prendre connoissance des malversations qui se commettent tant sur l'eau que sur le rivage, suivant les Ordonnances des Eaux & Forêts.

Cela est fondé sur ce que les choses qui sont publiques & du Droit des gens, comme les grandes rivieres, les rivages, les grands chemins, sont dépendantes du Souverain.

Les grands fleuves sont donc en la protection particuliere du Roi; soit à cause de l'utilité de la navigation qui porte les marchandises d'un pays à un autre, ce qui est un des biens de la société civile, en quoi l'Etat se trouve intéressé; soit parce qu'ils servent communément de limites & de défenses aux Royaumes: & il y auroit de l'inconvénient que Sa Majesté n'en eût pas l'entiere propriété.

Ainsi les isles qui s'élevent dans les fleuves ou dans les rivieres navigables, appartiennent au Roi, par le seul droit de propriété qu'il a dessus, aussi-bien que les péages, passages, ponts, bacs, bâteaux, pêches, moulins, & autres choses ou droits que ces fleuves ou rivieres produisent.

Il en est de même des héritages qu'un fleuve ou une riviere navigable enferme comme des isles; ils appartiennent aussi au Roi.

Mais les petites rivieres non navigables, & les isles qui s'y forment, appartiennent à ceux qui sont propriétaires de ces rivieres.

Sur le fondement que les simples ruisseaux ou rivieres non navigables appartiennent aux Seigneurs Hauts-justiciers, la riviere de Loire, dans l'étendue du pays de Forez, où elle ne porte pas bâteau, est au Seigneur Haut-Justicier, qui a droit d'y permettre les moulins & les prises d'eau. Ainsi jugé par Arrêt du Parlement de Paris du 9 Décembre 1651, rapporté par Henrys, tom. 2. liv. 3, quest. 5 & 6.

Ce même Auteur en la question suivante dit, que le fleuve du Loire étant entre deux Seigneurs, l'un d'eux y faisant un avaloir ou moulin, ne peut pas l'appuyer sur la terre & Seigneurie de l'autre.

Tous les droits des rivieres navigables, comme droits de péage, pontage, de bac, & autres, appartiennent au Roi, privativement aux Seigneurs Hauts-Justiciers, à l'exception de ceux qui ont un titre ou une possession immémoriale au contraire.

Voyez l'Edit du mois de Décembre 1672. qui est rapporté dans le Traité de la Police, tom. 2, liv. 5, tit. 1, chap. 2; & ce que j'ai dit ici, *verbo* Atterissement. *Voyez* aussi Bacquet, des Droits de Justice, chapitre 30.

R O

ROBE LONGUE, ROBE COURTE. Voyez ci-dessus, *verbo* Lieutenant.

ROLLE signifioit autrefois un assemblage de feuilles de papier ou de parchemin, qu'on attachoit ensemble, ou que l'on colloit bout à bout, & que l'on rouloit.

Aujourd'hui ce terme n'est gueres employé, que pour signifier les feuilles des actes & contrats passés pardevant Notaires, & des Sentences, Jugemens & Arrêts, les feuillets des écritures d'Avocats, des requêtes, inventaires, & autres écritures faites par les Procureurs. Ainsi on dit, il y a tant de rolles de minutes ou de grosses, c'est-à-dire de feuillets, qui contiennent chacun deux pages d'écriture.

ROLLE, se prend encore pour une liste ou un état qui contient les noms de plusieurs personnes qui sont de même condition, ou dans le même engagement. On entend donc par rolle un état de taxes ou de droits, dont le recouvrement est à faire, de ce que chacun en doit porter, suivant le reglement qui en est fait par les Officiers qui ont droit de le faire; & c'est dans ce sens qu'on dit le rolle de la Capitation, le rolle des Tailles.

ROLLE DES TAILLES, qui est la liste de tous les Taillables, doit être fait par les Asseseurs & Collecteurs, & doit être vérifié par les Elus. Il est toujours exécutoire par provision, sauf le rejet, si les Collecteurs sont avoués par les Habitans; autrement les Collecteurs en répondent personnellement.

ROLLES, sont les listes dans lesquelles on met les causes pour être jugées en l'Audience de la Grande Chambre.

Toutes les appellations verbales des Jurisdictions qui se relevent au Parlement, vont à la Grande Chambre, pour être vuidées en l'Audience. Dès que l'appel est interjetté d'une Sentence rendue en l'Audience, il faut mettre la cause au rolle ordinaire, ou à celui des Jeudis, ou bien poursuivre l'Audience par placet présenté à M. le Premier Président.

Les rolles ordinaires sont ceux des Bailliages, dans lesquels on met les appellations qui ont été interjettées desdits Bailliages Sénéchaussées.

Il y a huit rolles ordinaires des Provinces au Bailliages, dont les appellations ressortissent au Parlement, qui sont suivant leur ordre, les rolles de Vermandois, d'Amiens, de Senlis, de Paris, de Champagne & Brie, Poitou, Lyon, Chartres & Angoumois. Une cause dont est appel Présidial d'Amiens, est mise au rolle d'Amiens; & ainsi des autres

Les rolles se font selon l'ordre de M. le Premier Président; ensorte que la premiere cause du rolle est celle qui lui plaît, ainsi des autres en suivant; excepté que les Officiers du Châtelet de Paris ont droit de mettre la premiere cause du rolle de Paris.

Mais d'autant qu'on ne plaide que très-peu de cause de chaque rolle, toutes les autres demeurent appointées au Conseil, pour être jugées par écrit; & il faut que les Parties prennent appointement à bailler causes d'appel & réponses aux causes d'appel dans les délais de l'Ordonnance, & à écrire, produire & poursuivre le Jugement, comme aux instances qui sont appointées au Conseil, en l'Audience.

Il y a encore des rolles extraordinaires, qui sont celui des Jeudis le matin, & ceux des Mardis & Vendredis de relevée, dans lesquels on ne peut faire mettre aucune cause, que par placet présenté à Monsieur le Prémier Président.

Dans ces rolles extraordinaires, on met toutes les causes qu'on veut faire plaider promptement, de quelque Province que ce soit.

Ces rolles se font par le Secretaire de Monsieur le Premier Président, & les rolles ordinaires se font par le Greffier des Présentations.

Il y a encore le rolle des Mecredis & Samedis, matin, que l'on appelle petit rolle, qui se renouvelle de quinzaine en quinzaine, dans lequel on met deux sortes de causes; sçavoir, celles qu'on veut faire juger sur un appointement offert, & celles de matiere provisoire ou de procédure.

L'appointement offert est un écrit que le Procureur signifie au Procureur de la Partie adverse, qui contient les qualités des Parties, & le prononcé de l'Arrêt qu'on veut obtenir après la signation de cet acte.

Ensuite on présente à l'un de Messieurs les Avocats généraux un placet, sur lequel il met *vû*; on le porte ensuite au Secretaire de Monsieur le Premier Président, qui l'insere dans le rolle suivant son rang. Le Procureur qui a offert cet appointement, fait signifier un autre acte, par lequel il somme le Procureur de la Partie adverse de venir communiquer au Parquet sur cet appointement; sinon déclare qu'il en communiquera & fera arrêter ledit appointement par M. l'Avocat général qui aura reçu la communication, qui est toujours celui auquel on a fait viser le placet.

Si le Procureur de la Partie adverse comparoît au Parquet pour communiquer, ou son Avocat, après que l'affaire a été debattue de part & d'autre, M. l'Avocat général, qui a entendu les moyens des Parties, ouvre son avis ordinairement; & s'il trouve quelque chose à réformer dans l'appointement, il le déclare aux Procureurs ou aux Avocats des Parties qui se trouvent à l'Audience; les uns pour demander la réception de l'appointement quand la cause est appellée, & les autres pour empêcher la réception dudit appointement.

Monsieur l'Avocat général, pardevant lequel les contestations ont été agitées, donne rarement le tems aux Procureurs ou Avocats de plaider: pour ne point faire passer inutilement l'Audience, il se leve & après avoir expliqué sommairement les moyens sur lesquels chaque Partie fonde la justice de sa cause, il dit son avis à la Cour; qui est presque toujours confirmé.

Quand le Procureur auquel on a offert l'appointement ne comparoit point, ni son Avocat, on obtient par défaut la réception de l'appointement, à moins que Monsieur l'Avocat général n'en voulût réformer quelque chose; & pour lors on l'obtient tel qu'il l'a résolu.

Il est à remarquer que contre les Arrêts qui interviennent à tour de rolles sur ce requêtes ou appointemens offerts, soit contradictoirement, soit par défaut, on ne peut se pourvoir que par requête civile ou par cassation.

ROLLES DE LA COUR DES AYDES. Il y a deux sortes de rolles qui s'expédient à la premiere Chambre, l'un appellé le rolle ordinaire, & l'autre appellé le rolle extraordinaire.

Les causes qui sont sur le rolle ordinaire, se plaident les Mercredis & Vendredis matin; celles qui sont sur le rolle extraordinaire, se plaident le Mardi de relevée, depuis le mois de Décembre jusqu'à la S. Jean.

ROLLES DES PRESIDIAUX, sont les rolles sur lesquels on met toutes les causes d'appel qui vont des Jurisdictions inférieures au Présidial.

ROLLES DES OPPOSITIONS, sont des Regiſtres qui contiennent les oppositions que l'on forme à la vente des Offices, ou des rentes sur l'Hôtel-de-Ville, qui sont reçues par des Offices, dont les uns sont appellés Gardes-rolles, & les autres sont appellés Conservateurs des hypotéques. *Voyez* ce que j'ai dit de ces Officiers, lettre C. & lettre G.

ROTE, est la Cour souveraine de l'Etat du Pape, comme les Parlemens en France. Ses décisions ne sont point sujettes à être réformées par la voie d'appel. Elle est établie par les Papes dans leurs Etats, à l'instar des Parlemens établis par nos Rois dans le Royaume.

Cette Jurisdiction souveraine est composée de douze Docteurs, qu'on appelle Auditeurs de *Rote*, qui sont pris dans les quatre Nations, d'Italie, France, Espagne & Allemagne. Il y en a trois Romains, un Toscan, un Milanois, un Bolonois, un Ferrarois, un Venitien, un François, deux Espagnols & un Allemand: chacun d'eux a 4. Clercs ou

Notaires sous lui. Ils jugent de toutes les causes bénéficiales & profanes, tant de Rome, que des Provinces de l'Etat Ecclésiastique, en cas d'appel, & de tous les procès des Etats du Pape au-dessus de cinq cens écus. Ils s'appellent aussi Chapelains du Pape, ayant succedé aux anciens Juges du sacré Palais, qui jugeoient dans la Chapelle.

Ce mot de *Rote* vient, dit on, ou de ce que les Juges de cette Jurisdiction y servent tour à tour, ou de ce que les plus importantes affaires du monde Chrétien roulent devant eux. Du Cange le dérive de *Rota prophirica*, à cause que le pavé de la Chambre étoit autrefois de porphyre, & taillé en forme de roue: ce qui a donné lieu à nommer ainsi la Jurisdiction qui s'y tient. Ce fut Jean XXII. qui l'établit.

Il y a un Recueil fameux des Jugemens rendus par les Juges de cette Jurisdiction, qu'on appelle *Decisiones Rotæ*.

ROTURE, est un héritage tenu en censive; à la différence des fiefs, qui sont des héritages tenus noblement. La foi & hommages, le dénombrement, le relief, le quint, la main-mise, le retrait féodal, ni la commise, n'ont point lieu dans les rotures.

Les héritages tenus en roture ne doivent que deux principaux droits; sçavoir, le cens par chacun an, & les lods & ventes, qui sont dûs au Seigneur censier par l'acquereur à titre de vente, ou autre équipollent à la vente.

A ces deux droits il faut ajouter les amendes fautes de payement de cens, ou faute de notification de vente; la premiere est de cinq sols parisis, la seconde de trois livres quinze sols.

ROTURIER, est celui qui n'est pas noble. *voïés verbo* Noblesse, où nous avons expliqué les principaux priviléges des Nobles, qui dénotent en quoi ils different des Roturiers.

Les Roturiers composent le troisiéme ordre des trois Etats de France; ils sont Bourgeois ou Vilains, dit Loysel, liv. 1. tit. 1. régle 8. Sur quoi M. Lauriere observe que les Bourgeois sont les habitans des grosses Villes, qui étoient anciennement en France toutes fortifiées; & que Vilains étoit le nom que l'on donnoit aux roturiers qui possedoient des héritages tenus en vilennage, c'est-à-dire chargés de rente ou de champart: c'est pourquoi on les appelloit Vilains.

Les roturiers ou vilains sont justiciables des Seigneurs desquels ils sont couchans & levans. *voïés* Loysel, liv. 1. tit. 1. régle 19. & la note de M. Lauriere.

ROUAGE, est un droit qui se paye au Seigneur, en quelques pays, sur chaque piéce de vin vendu en gros, pour avoir de lui la permission de l'enlever. Ce droit est ainsi appellé, parce qu'il doit être payé avant que la roue tourne, & pour avoir le droit de la faire rouler sur ses terres.

Le droit de rouage est dans quelques endroits plus étendu, suivant Bacquet, des Droits de Justice, chap. 30. nomb. 22. où il dit, que c'est un droit appartenant à un Seigneur, de prendre pour chaque chariot ou charette vuide, ou chargée de marchandises, passant par sa Seigneurie, certaine somme de deniers.

ROUE, signifie un supplice que l'on fait souffrir aux assassins & voleurs de grands chemins, à qui l'on brise les os avec une barre de fer sur un échaffaut: après quoi on les expose sur une roue la face tournée vers le Ciel, jusqu'à ce qu'ils soient expirés; & même souvent, pour l'exemple, quand le Jugement a été prononcé par un Arrêt du Parlement, on les y laisse pendant vingt-quatre heures.

Ce cruel supplice, qui étoit inconnu aux anciens, a été inventé en Allemagne, On tient qu'il n'étoit pas fort usité en France avant François I. qui par son Edit de l'année 1534. ordonna d'y condamner les voleurs de grands chemin.

Le Jugement qui condamne à ce supplice est ainsi conçu: *Nous avons ledit..... déclaré dûement atteint & convaincu de .... pour réparation de quoi le condamnons d'avoir les bras, jambes, cuisses & reims rompus vif sur un échaffaut, qui pour cet effet sera dressé sur la place de .... & mis ensuite sur une roue, la face tournée vers le Ciel, pour y finir ses jours, tant qu'il plaira à Dieu le laisser vivre; ce fait, son corps mort porté par l'Exécuteur de la haute Justice sur le chemin de.... ses biens acquis & confisqués.*

Lorsqu'il y a un *retentum*, on met au bas de l'Arrêt: *Et a été arrêté que ledit... sera étranglé avant que de recevoir les coups, ou après en avoir reçu un tel nombre, ou bien une heure après qu'il aura été mis sur la roue.*

ROY, est un Souverain, un Monarque, un Prince, qui a droit de commander à ses Sujets, & qui ne reconnoît de supérieur que Dieu seul.

Comme Dieu fait les Rois pour tenir sur terre sa place au-dessus des hommes, il ne les a élus à ce haut rang, que pour se faire regner lui-même par l'empire de la Justice qu'il met en leurs mains; & c'est pour soutenir la grandeur d'un ministere si auguste, qu'il leur communique tant de puissance & tant de gloire Il ne les a donc pas établis pour donner au Peuple le vain spectacle d'une grandeur & d'une magnificence mondaine, ou pour recevoir les vœux de leurs Sujets dans l'oisiveté; mais pour les défendre envers & contre tous, les maintenir en paix dans leurs Royaumes, & y faire regner la Religion, la Justice & le bon ordre.

Un Roi est par rapport à son Royaume, ce que le cœur est à l'égard du corps de l'homme; & de même que dans l'homme le cœur est le principe de la vie, le Roi est aussi après Dieu le premier mobile de ses Etats. Un Roi n'est donc pas à soi, mais il se doit tout entier à son peuple, qui le doit cherir & respecter avec une parfaite soumission, & le regarder comme la vive image de Dieu, dont il tient la place sur la terre.

Saint Chrysostome dit, que la Royauté est un assemblage de soins & d'inquiétudes pour le repos &

le bonheur des Peuples. Aussi les Chinois disent que les Rois doivent avoir dans l'Empire toute la tendresse d'un pere, & les peres dans leur famille toute l'autorité des Rois.

Les Rois sont les Maîtres & les arbitres des Loix ; mais il est de leur sagesse de ne les charger qu'à propos, & de s'y soumettre eux-mêmes dans les affaires qui les regardent. Aussi la cause du fisc n'est jamais favorable sous un bon Prince, pour peu qu'il trouve de doute à se déterminer en sa faveur. Il assujettit lui-même les actes & contrats qu'il fait à toutes les régles ausquelles sont soumis ceux des Particuliers.

Les Rois qui sont les images de Dieu même, ont le pouvoir de ne suivre aucune formalité dans leurs Jugemens, lorsque les crimes sont dans la derniere évidence. Ainsi Josué jugea Acham, qui avoit transgressé la Loi, & le condamna par son Jugement à une peine capitale ; ainsi Saül alloit condamner son fils Jonatas, si l'avenir ne l'avoit pas dérobé à sa Justice.

Soit que les Rois agissent comme Rois, ou qu'ils agissent comme Particuliers, ils sont toujours esclaves de leur parole. Quand ils agissent en qualité de Rois, ils représentent le Peuple & l'Etat entier : il est du droit naturel qu'un Etat & un Peuple exécute sa parole. A l'égard des actes que les Rois font en qualité de Particuliers, ils sont tous soumis aux mêmes Loix que ceux qui se font par leurs Sujets. *Grotius*, *liv.* 2. *de Jure belli & pacis*, *cap.* 15.

On peut dire même qu'un Roi est plus obligé d'exécuter ses promesses qu'un particulier, puisqu'il est l'arbitre & le modérateur de la Justice, & que la foi & l'autorité publique résident en lui; & de plus, parce qu'il doit l'exemple à ses Sujets.

Heureux sont les Peuples dont les Rois mettent toute leur application à remplir dignement tous leurs devoirs, & à servir d'exemple à leurs Sujets dans le chemin de la vertu. *Regis ad exemplum totus componitur orbis.*

Il faut aussi demeurer d'accord que le bonheur des Peuples dépend de leur soumission aux Loix de l'Etat, & aux ordres de ceux à qui Dieu en a confié la conduite. La tranquilité & la paix d'un Royaume, consistent dans l'harmonie & dans l'union du Souverain & de ses Sujets. C'est donc au Roi à commander, & à ses Sujets à obéir.

Ainsi pour entretenir l'harmonie d'un Royaume il faut qu'il y ait un commerce ou un retour des devoirs du Souverain à ses Sujets, & de ceux-ci au Souverain. Mais cette bonté, cette équité, cette justice que doit avoir un Prince ne doit en rien diminuer la subordination & l'obéissance du Peuple. Si un Prince doit être le pere de ses Sujets, ils doivent avoir pour lui la soumission des enfans; & les devoirs des uns sont aussi sacrés que celui des autres. Aussi voit-on que tout prospere, que tout abonde, dans une Monarchie où cette union du Souverain & de ses Sujets est bien observée.

Un Roi véritablement digne de commander, est un des plus précieux présens que le Ciel puisse faire à la terre. Les Infidéles même l'ont avoué, & les tenébres de leur fausse Religion n'ont pû leur cacher ces deux vérités, que Dieu seul donnoit des bons Rois, & qu'un tel don en renfermoit beaucoup d'autres ; parce que rien n'étoit plus excellent que ce qui ressembloit plus parfaitement à Dieu ; & que l'image la plus noble de la Divinité, étoit un Prince juste, modéré, saint, & qui ne regnoit que pour faire regner la vertu.

Au reste, Dieu ne donne de l'autorité aux Rois, que pour le bien des Peuples ; c'est-à-dire, pour rendre justice, pour empêcher les violences, pour conserver l'égalité & la paix, pour récompenser la vertu & pour punir le vice.

Pour ce qui est des aliénations, ventes, substitutions, & transports que les Rois peuvent faire, il faut remarquer qu'ils ont deux sortes de patrimoines; sçavoir, le Domaine, qui est le vrai patrimoine de leur Couronne, qui appartient en qualité des Rois ; & leur patrimoine particulier, qui leur appartient au moyens des acquisitions qu'ils ont faites, ou par succession de leurs parens.

Les biens du premier genre ne sont point à leur disposition, parce qu'ils n'en jouissent que comme usufruitiers & en qualité de Princes, mais comme les autres leur appartiennent en pleine propriété, ils peuvent en disposer comme bon leur semble *voiés* ce que dit à ce sujet M. Gundelin Docteur de l'Université de Hal, dans son Traité du Contrat pignoratif, imprimé en 1706.

Pour ce qui est des titres & qualités que l'on donne aux Princes, ceux qui sont parfaitement souverains, comme le Roi de France ; c'est-à-dire, ceux qui ne sont en vasselage, ni tributaires, & principalement les Rois, sont qualifiés du titre de Majesté, qui signifie souveraineté parfaite : d'où vient que ceux qui l'offensent, sont dit coupables de leze-Majesté.

Ce titre est le plus haut & le plus auguste qui ait jamais été inventé, desorte même qu'on peut dire qu'il appartient proprement à Dieu.

Pour ce qui est des Princes qui ne sont pas parfaitement souverains, ils ne prennent pas le titre de Majesté ; mais ou celui d'Altesse, comme le Duc de Lorraine, Florence, Mantoue, & Ferrare, ou celui d'Excellence, comme les Princes de pays de surséance; ou finalement celui de Sérénité, comme les Ducs de Venise.

La souveraineté des Rois est encore marquée par certains ornemens qui annoncent leur puissance & leur grandeur; sçavoir le Sceptre & le Diadême; le Sceptre est un signe de puissance comme le Diadême est un signe d'honneur. L'un & l'autre sont tellement les marques de la Souveraineté des Rois, que dans les bons Auteurs ces termes sont employés pour signifier la royauté même.

Le Sceptre aujourd'hui est fait d'or, qui est le métail souverain: on y met au haut la figure d'un aigle ou d'une cigogne; & les Rois de France y font mettre une fleur-de-lys. Le Diadême est aujourd'hui une Couronne d'or, enrichie de perles & de diamans précieux.

Pour ce qui regarde les droits utiles de la royauté, *voiés* ce que j'en ai dit, *verbo* Régale, *Voyez* aussi Loi, Puissance royale, & Souverain.

ROI DE FRANCE, est un Prince saisi de plein droit par succession de la Couronne de France.

Je dis *un Prince*; sur quoi il faut remarquer que ce terme se prend dans une signification étroite, de maniere qu'il ne comprend que les mâle; parce que le Royaume de France ne tombe point en quenouille, quoique les femmes soient capables de tous autres Fiefs. Loysel, livre 4, titre 3, régle 86.

Le Pere le Long, dans son Histoire politique de France, liv. 3. chap. 7. dit, que les Auteurs même entre les François, sont partagés au sujet de la Loi Salique.

Les uns prétendent que c'est en vertu de cette Loi, que les femmes sont privées du droit de succeder à la Couronne de France.

D'autres soutiennent que ce n'est pas en vertu de cette Loi, dont l'antiquité ne leur est pas si connue, que par une coutume immémoriale, qu'ils croient établie dès le commencement de la Monarchie Françoise, quoiqu'elle n'ait eu lieu pour la premiere fois que du tems de Philippe de Valois cousin germain des Rois Louis Hutin, Philippe le Long & Charles le Bel auquel il succeda, à l'exclusion d'Edouard III, Roi d'Angleterre, fils d'Izabeau de France, fille de Philippe le Bel, & sœur des trois derniers Rois de France.

Sans trop examiner laquelle des deux opinions est à préferer, c'est aujourd'hui un proverbe commun, que le Royaume de France ne tombe point en quenouille, & qu'il est déferé par succession au Prince qui se trouve être le plus proche parent du Roi qui est décedé. Lorsqu'il y a plusieurs Prince du Sang dans un égal degré de parenté, comme quand le Roi decede laissant plusieurs enfans, celui d'entr'eux qui est l'aîné est seul saisi de la Couronne. *Voyez* ci-dessus Couronne de France.

Nos Rois ne tiennent point leur Couronne de l'élection de leuts Sujets. Ayant conquis les Gaules par le droit de la guerre, & par la force de leurs armes, ils ne tiennent leur puissance que de Dieu seul & de leur épée.

En effet le Roi de France est Empereur en son Royaume, & seul Souverain en icelui, ne reconnoissant aucun Supérieur, & le tenant immédiatement de Dieu, qui par sa grace l'a établi: Aussi se disent-ils Roi par la grace de Dieu, pour marquer leur autorité souveraine & leur indépendance. Du Tillet dans son Recueil des Rois, pag. 261. & suivantes. Anciennement les Ducs & les Comtes de France avoient usurpé une espéce de souveraineté, jusqu'à se qualifier tels par la grace de Dieu; mais une des trois choses que Louis XI. définit au Duc de Bretagne par le Traité qu'il fit avec lui, fut de se qualifier Duc par la grace de Dieu.

Bodin remarque que les grands Officiers de France usoient de cette adjonction, jusques-là, dit-il, qu'un Elu de Meaux s'étoit qualifié Elu par la grace de Dieu en quoi il s'est trompé; car ce n'étoit pas un Elu sur le fait des Aydes & des Tailles, mais celui qui étoit élu Evêque de Meaux.

Lorsqu'ils sont sacrés, ils prennent leur épée (qui est la marque de leur puissance) de dessus l'Autel, & non pas de la main d'aucun de ceux qui assistent à leur Sacre, pour faire voir que c'est à Dieu seul qu'ils sont redevable de leur autorité suprême. Fauchet dans ses Origines, liv. 7, chapitre 17.

Anciennement on ne comptoit les regnes de nos Rois, que du jour de leur sacre & couronnement: ce qui étoit cause qu'il se trouvoit un intervale de tems entre le décès du dernier Roi & le sacre de celui qui lui succedoit; ainsi la France étoit pendant une espace de tems sans Roi.

Mais à présent le Roi ne meurt jamais, c'est-à-dire que le Trône ne vaque pas un seul moment; parce que dès que le Roi est décedé, son successeur est à l'instant saisi de plein droit de la Royauté, & tous les hommes de son Royaume deviennent ses sujets.

Tous les héritages situés dans son Royaume lui appartiennent par le droit de son Empire, c'est-à-dire, qu'il en a la Seigneurie directe & primordiale, & que le domaine utile en appartient à ceux de ses Sujets qui en jouissent; ensorte qu'il ne peut pas se les attribuer, ni en disposer à sa volonté. *voyés* Souverain.

Mais il peut disposer à sa volonté tous les biens qu'il auroit acquis, ou qui lui seroient échus par succession, indépendamment de sa Couronne *voiés* Bacquet en son Traité de la deshérence, chap. 7. nombre 9. & suivans; & Chopin sur la Coutume de Paris, livre 1. titre 2. nombre 28.

Le Roi peut bien ceder & quitter les droits féodaux, comme de Justice, censive & autres; mais il ne peut ceder les droits royaux & de souveraineté. *voiés* ce que j'ai dit, *verbo* Régales.

Il n'y a en France que le Roi qui plaide par Procureur. M. Augeard, tom. 2. chapitre 39. rapporte un Arrêt du Parlement de Metz du 29. Janvier 1697, qui a jugé que le Roi de Suede ne pouvoit pas plaider en France par Procureur.

Voici une observation à faire touchant l'autorité souveraine de nos Rois & leur independance, qui est que le 2. Janvier 1615, toutes les Chambres du Parlement étant assemblées, M. le Procureur général remontra, que les maximes de tout tems tenus en France, étoient que le Roi ne reconnoit aucun Supérieur au temporel de son Royaume, sinon Dieu seul; & que nulle Puissance n'a droit ni pouvoir de dispenser ses Sujets du serment de fidélité & obéissance qu'ils lui doivent, ni le suspendre, priver ou déposer de son Royaume, & moins encore d'attenter ou faire attenter par autorité, soit publique ou privée, sur les personnes sacrées des Rois; que quoique ces maximes ayent été confirmées par plusieurs Arrêts, néanmoins quelques personnes se donnoient la libersé de les révoquer en doute, & de les détenir pour problématiques. A ces causes, il requit qu'il plût à la Cour ordonner que les anciens Arrêts seront renouvellés, &c.

Sur ces remontrances, la Cour ordonna que les Arrêts des 2 Décembre 1561. 29 Décembre 1594. 7. Janvier

Janvier & 19. Juillet 1595, 27 Mai, 8 Juin & 26 Novembre 1601, & 26 Juin 1614, seront gardés & observés selon leur forme & teneur. Défenses à toutes personnes, de quelque qualité & condition qu'elles soient, d'y contrevenir, sous les peines y contenues, &c. Biblioteque canonique, tome, page 338.

Dans les Monarchies parfaites, telles qu'est celle de France, il n'y a que le Roi seul qui puisse faire des Loix; & quoique par une bonté singuliere nos Rois ayent permis à des Provinces de suivre leurs usages comme Loix, il faut toujours que ces Coutumes soient non-seulement arrêtées par l'exprès commandement de Sa Majesté, & pardevant des Commissai'res par lui députés, mais encore qu'elles soient approuvées & vérifiées par lui en son Parlement.

La puissance publique n'appartient entierement & parfaitement qu'au Roi; ainsi nul autre que lui ne peut avoir de puissance sur ses Sujets : mais comme il ne peut pas être par-tout, ni donner ses ordres en tous lieux, il est obligé de communiquer l'exercice de cette puissance publique à ceux que nous appellons Officiers; lesquels, par rapport aux emplois qu'il leur donne, représentent sa personne & font sa fonction publique, comme ses Commis & ses Procureurs.

Le droit de Justice appartient en France au Roi seul, qui est fondé de droit commun en toute Justice haute, moyenne & basse, dans toute l'étendue de son Royaume. Nul Seigneur ne peut donc prétendre avoir droit de Justice en aucun Fief, Terre ou Seigneurie situés en France, sans titre particulier, concession ou permission du Roi, ou sans une possession immémoriale qui tienne lieu de titre. *Voyez* ce que j'ai dit, lettre D, en parlant du Droit de Justice; & le Traité de Bacquet, des Droits de Justice, chap. 4.

Au reste, Loiseau en son Traité des Seigneuries, chapitre 2. vers la fin, après avoir fait voir les inconvéniens qui se trouvent aux Etats électifs, dit que le Royaume de France est la Monarchie la mieux établie qui ait jamais été au monde, étant en premier lieu une Monarchie royale, & non pas seigneuriale; une Souveraineté parfaite, à laquelle les Etats n'ont aucune part; successive, non élective, non héréditaire purement, ni communiquée aux femmes; mais déferée au plus proche mâle par la Loi fondamentale de l'Etat. Occasion, dit cet Auteur, pourquoi ce Royaume a déja plus duré qu'aucun autre qui ait jamais été.

Le Pere le Long, dans son Histoire politique de France, livre 3, chapitre 5, rapporte les Traités qui ont été faits sur les prérogatives des titres & prééminences des Rois de France, avec les noms de leurs Auteurs.

M. le Bret a fait un Traité particulier de la Souveraineté, dans lequel il explique les droits de la Royauté; blâme l'erreur de ceux qui disent que la France doit dépendre de l'Empire; parle des Loix fondamentales du Royaume; de la majorité des Rois acquise à quatorze ans; des droits des femmes, veuves, enfans & freres des Rois; du pouvoir qu'ils ont sur les Bénéfices & de la Régale spirituelle dont ils jouissent; de la collation de ceux dont ils sont Patrons & Fondateurs; de l'obéissance dûe aux commandemens & rescrits du Prince; du pouvoir qu'il a de faire seul des Nobles, naturaliser les étrangers, légitimer les bâtards, & faire battre monnoie.

Il parle aussi des droits qu'a le Roi de France sur la mer, sur les fleuves navigables, sur les grands chemins; du droit de marque & de représailles, de celui qui lui appartient d'établir des postes & des couriers publics, d'écrire au Parlement en corps & aux armées.

Enfin, il parle de plusieurs autres droits dépendans de la Souveraineté, comme ceux qu'il a sur les mines & métaux, biens vacans par deshérence, de ceux qui sont acquis par confiscation, de l'autorité & droits de ses Sceaux, du dernier ressort, & de la puissance du glaive.

Voyez ce que j'ai dit, *verbo* Régales, & *verbo* Souverain, où j'ai rapporté les principaux droits en quoi consiste la Souveraineté. *Voyez* aussi ce que j'ai dit, *verbo* Main-garnie, où j'ai expliqué, de quelle maniere se doit entendre cette maxime qui dit que le Roi plaide toujours main-garnie. *voyez* aussi Bacquet des Droits de Justice, chap. 7; & ce que dit Coquille dans son Institution au Droits François, en l'article qui a pour titre, *du Droit de Royauté.*

Voici un extrait d'un Manuscrit touchant les droits royaux, qui se trouve dans la Bibliotéque de Bouchel, *verbo* Roi; comme il m'a paru assez juste, j'ai cru le pouvoir rapporter ici.

I°. Nul ne peut lever aucuns deniers en France sur les Sujets y demeurans, quelqu'autorité qu'il ait, & pour quelque cause que ce soit, à moins qu'il n'en ait des Lettres expresses & précises de Sa Majesté.

II°. Nul ne peut faire assemblées des gens, ni aucun port d'armes, sans congé & permission expresse du Roi.

III°. Nul Sujet, de quelqu'état, qualité, autorité, ou condition qu'il soit, ne peut entrer en aucune association, intelligence, participation, ou ligue offensive ou défensive, avec Princes, Potentats, Républiques, Communautés, dedans ou dehors le Royaume, directement ou indirectement, par eux, ou par personnes interposées, verbalement ou par écrit, faire aucune levée ou enrollement de gens de guerre sans l'exprès congé du Roi, sous peine d'être déclarés criminels de léze Majesté, & proditeurs de leur patrie, incapables & indignes, eux & leur postérité de tous états, offices, titres, honneurs, priviléges, & tous autres droits.

IV. Nul Prince ou Seigneur du Roi de France, ne peut contracter mariage avec une personne étrangere, sans le consentement exprès de Sa Majesté.

V°. Nul ne peut lever ou avoir pont levis en sa Maison ou Châtelet, s'il n'est Duc, Comte, Baron ou Châtelain, sans le congé & permission du Roi, ou de son Suzerain ; & nul ne peut faire clore Village, sans l'exprès congé du Roi.

VI'. Au Roi seul appartient de donner rémission & rappel de ban.

VII'. Aux seuls Juges royaux appartient la vérification & entérinement de toutes graces, pardons & rémissions par lui faites à quelques personnes & pour quelques crimes ou excès que ce soit, sans qu'aucun Seigneur, Baron ou Clerc, ou autre de ce Royaume, puissent en aucune maniere s'y entremettre.

VIII'. Au Roi seul appartient créer nouvelles Jurisdictions dans son Royaume, & nul autre que lui ne le peut faire sans son congé.

IX. C'est aussi à lui seul qu'appartient le droit de créer & ordonner de nouvelles Foires & de nouveaux Marchés dans tout son Royaume, & d'octroyer tels priviléges & franchises que bon lui semble.

X'. A lui seul appartient donner Lettres de noblesse & de légitimation par-tout son Royaume.

XI'. A lui seul appartient bailler poids & mésures par-tout son Royaume, d'y faire battre monnoie, & punir les faux monnoyeurs.

XII'. Il n'y a que le Roi de France qui puisse dans ce Royaume donner & permettre le droit de marque, c'est-à-dire représailles, & donner sauvegarde.

XIII'. La connoissance souveraine & sans ressort des Eglises cathédrales ; & des Eglises qui sont de fondation royale & garde antique, & autres qui sont réservées & exemptes par privilége, ou d'autre maniere, en chef ou en membre, appartient au Roi seul ; comme aussi la connoissance de leurs sujets, hommes & serviteurs, terres & possessions, & autres droits à eux appartenans en quelque maniere que ce soit.

XVI'. La destruction des Villes & Châteaux appartenans à des malfaiteurs, ne se peut faire que par les ordres de Sa Majesté.

XV'. Au Roi seul appartient la succession des aubains.

XVI'. *Item*, le trésor trouvé, la succession des bâtards, les biens vacans, la deshérence, s'il n'y a Coutume au contraire.

XVII'. Le Roi de France a plusieurs autres droits particuliers & différens dans chaque Province, tels qu'ils appartenoient aux Ducs, Comtes, Barons & autres Seigneurs, auparavant que lesdites Provinces fussent réunies à la Couronne.

XVIII. Il ne doit aucune foi & hommage pour un arriere-fief à lui adjugé, mouvant d'un sien Vassal.

XIX'. Aucune prescription, telle qu'elle soit, ne peut courir contre le Domaine de la Couronne.

XX'. Il a droit de gîte dans tous les Monasteres de fondation royale, & aussi droit d'oblat.

XXI'. Il a le droit de Régale, en vertu duquel il jouit des fruits des Evêchés & Archevêchés de son Royaume tant qu'ils sont vacans, & jusqu'à ce que le nouvel Evêque ou Archevêque lui ait prêté le serment de fidélité.

XXII'. Le Roi peut de sa propre autorité lever des subsides sur les Eglises & sur les Ecclésiastiques, pour le maintien & la défense de son Royaume.

XXIII'. Il ne reconnoît aucun Supérieur dans son Royaume, & aucun n'y peut prendre puissance.

XXIV. Tous les Evêques & Archevêques sont tenus de lui faire la foi & hommage.

XXV'. Le Roi ne peut être excommunié, ni ses Officiers, pour raison de leurs Offices ; & aucune monition, suspension ou interdiction ne peut être publiée ni exécutée contre les Prélats du Royaume de France.

XXVI'. Les Légats du Pape ne peuvent entrer dans ce Royaume, & user de leurs facultés, sans permission expresse du Roi. *Voyez* l'article 11. des Libertés de l'Eglise Gallicane de M. Pithou.

XXVII'. Les Rois de France ont droit de faire assembler Conciles provinciaux & nationaux, selon les occurrences & nécessités de leurs Etats. *Voyez* l'article 10. des Libertés de l'Eglige Gallicane.

XXVIII'. Les Prélats de l'Eglise Gallicane, quoique mandés par le Pape, ne peuvent sortir du Royaume sans congé du Roi. *Voyez* l'article 13.

Le Lecteur peut voir dans les Libertés de l'Eglise Gallicane de M. Pithou, plusieurs autres articles qui marquent la puissance & l'indépendance de nos Rois.

ROY D'YVETOT, étoit autrefois le Seigneur qui possedoit cette petite contrée de Normandie, dans le pays de Caux.

Un Arrêt de l'Echiquier de Normandie en l'an 1392, donne le titre de Roi au Seigneur de cette Terre. On trouve plusieurs autres actes où l'on donne la qualité de Roi au Seigneur d'Yvetot, & celle de Reine à Madame d'Yvetot.

L'Historien Froissart raconte que Clotaire I, Roi de France, ayant tué Gautier, son Sujet & Seigneur d'Yvetot, dans l'Eglise de Soissons, le jour du Vendredi Saint, dans le tems qu'on faisoit la cérémonie de l'adoration de la Croix, le Pape Agapet, premier du nom, enjoignit à Clotaire de réparer cette faute par quelque chose d'autentique; & que ce Roi, pour l'expiation de ce crime, érigeât en Royaume indépendant la Terre d'Yvetot. Mais comme cet Auteur a écrit plus de cent cinquante ans après le tems qu'il dit que cela est arrivé, & qu'il n'en rapporte aucuns témoins ni aucunes preuves, on regarde ce récit comme une fable.

Quoi qu'il en soit, le Seigneur de cette Terre n'a plus que la qualité de Prince d'Yvetot. Mais ce Bourg s'est toujours maintenu dans l'indépendance, & dans l'exemption des tailles & autres impositions ; & de plus, ceux qui en sont Seigneurs, perçoivent les droits de quatriéme dans leur Terre, de la même maniere que les Fermiers du Roi les perçoivent en Normandie ; sur quoi plusieurs Arrêts des Cours souveraines ont été rendus.

ROY DE LA BASOCHE, étoit autrefois celui qui

présidoit à cette Jurisdiction qui avoit été établie par Philippe le Bel, sous le magnifique & pompeux titre de Royaume.

Mais Henri III. voyant que le nombre des Clercs alloit à près de dix mille, défendit qu'aucun Sujet du Royaume prît le nom de Roi; & dès ce tems-là tous les droits du Roi de la Basoche passerent en la personne de son Chancelier.

Voyez Basoche.

ROY DES RIBAUDS, étoit autrefois l'Officier à qui le nom de Prévôt de l'Hôtel a été donné par Charles VI. *Voyez* Grand Prévôt de l'Hôtel.

ROYAL, se dit de tous les Officiers de Justice établis par le Roi, & des Sieges où la Justice se rend en son nom. Ainsi on dit un Siege, un Bailliage royal. On dit aussi un Juge, un Notaire, un Sergent royal.

ROYAUME, est un pays réduit sous l'autorité d'un Roi, d'un Monarque.

RU

RUBRIQUES, est le nom qu'on donne aux titres des Livres du corps de Droit. On les nomme ainsi, parce que ces titres étoient anciennement écrits en lettres rouges.

S

SA

SAC, en terme de Palais, se prend communément pour les pieces qui sont enfermées dans le sac proprement dit. C'est en ce sens qu'on dit se communiquer les sacs, pour dire communiquer les pieces de la cause. Les Avocats se communiquent les sac de la main à la main; les Procureurs se les communiquent sous leur recepissé. On appelle Greffier-garde-sacs, celui qui a le dépôt du Greffe, & qui se charge des productions des Parties.

Les Avocats, Procureurs, leurs veuves & héritiers, sont déchargés de le représentation des sacs, nonobstant leur recepissé après cinq ans. Messieurs du Parlement de Paris après trois ans; Louet, lettre S., somm, 21. *Voiés* ce qui est dit à ce sujet dans le Dictionnaire de M. Brillon, *verbo* Sacs; & ce que j'ai dit ci-dessus, *verbo* Recherche de procès & instances.

SACQUIER, est un petit Officier établi en quelques Ports de mer, dont la fonction consiste à charger & décharger les Vaisseaux de sel & de grains, en les transportant dans des sacs, comme il y a des Mesureurs de sel, & des Compteurs de poisson.

Ces Officiers sont fort anciens, puisqu'il en est parlé dans le Code Théodosien, livre 14. titre 22. *de Saccariis, portus Romæ.*

SACRE DES ROIS DE FRANCE, est une cérémonie solemnelle, qui se fait ordinairement à Reims dans l'Eglise de Saint Remy, & a laquelle assistent les Princes & les Pairs de France.

L'Archevêque y donne une sainte onction aux Rois de France, avec une huile qui leur a été envoyée du Ciel dans la sainte Ampoule.

Le Roi jure dans son Sacre d'observer les Loix de l'Eglise & de l'Etat.

Le Roi acquiert par l'onction de son Sacre une espéce de participation au Sacerdoce.

L'on ne comptoit anciennement le regne de nos Rois, que du jour de leur Sacre, comme j'ai dit, *verbo* Roi de France.

Voiés ce qui est dit du Sacre des Rois de France dans le Dictionnaire de M. Brillon, & les Auteurs qu'il indique.

SACRILEGE, est la profanation des lieux saints, & des choses sacrées.

On distingue ordinairement de trois sortes de sacriléges. La premiere est, lorsqu'on vole une chose sacrée dans un lieu saint, comme seroit le Ciboire, le Soleil où l'on met l'Hostie sacrée, & les Vases destinés pour le Service divin; ou lorsque l'on commet un meurtre d'un Prêtre dans l'Eglise, faisant ses fonctions sacerdotales. La seconde, quand on vole une chose sacrée dans un lieu qui n'est pas sacré. La troisiéme, quand on vole une chose profane dans un lieu sacré, ou qu'on y commet des hommicides, larcins, irrévérences & autres crimes.

La peine du sacrilége est arbitraire parmi nous. Quelquefois ce crime est puni de la peine des galeres, & quelquefois du dernier supplice; ce qui dépend des circonstances, eu égard à la qualité, l'âge & le sexe du coupable. Mais ordinairement celui qui est convaincu de ce crime, est condamné à faire amende honorable, à avoir le poing de la main droite coupé, & à être brûlé vif. *voïés* les Décisions de Jean Filleau décision 8. & le Traité des matieres criminelles de M. Bruneau, tit. 30. où plusieurs Arrêts notables rendus contre des profanateurs de choses saintes, sont rapportés. *voïés* aussi Julius Clarus, *lib.* 5. *Sententiar.* & aux additions, §. *Sacrilegium*; & Papon, liv. 14. titre 10. nomb. 3. & 4.

Les Juges royaux connoissent de ce crime, à l'exclusion des Juges des Seigneurs, si ce n'est quand le vol a été fait sans effraction.

Les Clercs qui ont commis sacrilége ne peuvent demander leur renvoi au Juge d'Eglise. *voïés* la Bibliotéque canonique, tom. 2. pag. 461. & suiv.

La déposition des complices de ce crime est admise, & fait foi. *Can. in primis* 12. *quæst.* 1. *Can. qui autem* 17. *quæst.* 4.

Il y a une Déclaration du Roi du 21. Janvier 1685. donnée en exécution de celle du 21. Mars 1671. qui défend à toutes les Cours & Juges de prononcer des condamnations d'aumônes pour employer en œuvres pies, si ce n'est pour sacriléges, & autres cas esquels il n'échet pas d'amende : & ordonne que lesdites aumônes ne pourront être appliquées qu'au pain des prisonniers, ou au profit des Hôpitaux, Religieux mendians : & legs pitoyables. *Voyés* le Recueil du Domaine, pag. 697.

SAGE-FEMMES, que l'on nomme aussi Matrones, sont des femmes prudentes, qui ont été reçues pour assister les femmes grosses, & les aider à se délivrer de leur fruit. On nomme aussi en Justice des Sage-femmes pour visiter les filles que l'on prétend avoir été deflorées, pour, sur leur rapport, juger ce qui en est.

Il faut pour être reçues, qu'elles ayent étudié en anatomie. A Paris, il faut encore qu'elles soient reçues à S. Cosme par le Corps de Chirurgie, en présence de la Faculté de Médecine, sur la présentation & instruction faite par une Jurée Sage-femme en titre d'office au Châtelet.

SAISIE EN GENERAL, est un exploit de Sergent, par lequel il s'empare au nom du Roi & de la Justice, des meubles d'un débiteur, ou de ses immeubles, ou arrêté entre les mains de quelqu'un ce qu'il doit à celui sur qui est faite la saisie, à l'effet que le créancier au nom de qui la saisie est faite, puisse être payé de son dû.

On ne peut faire saisir qu'en vertu d'une obligation passée pardevant Notaire dans l'étendue de son ressort, ou en vertu de Jugement portant condamnation de payer quelque somme, ou d'exécutoires de dépens, pourvû que les obligations & Jugement soient scellés du sceau de la Jurisdiction ; car c'est le sceau qui donne l'exécution.

Il faut encore, suivant l'article 166. de la Coutume de Paris, que l'obligation ou Sentence soit de chose certaine & liquide en somme ou espéce ; mais si l'espéce est sujette à appréciation on peut exécuter & ajourner afin d'appréciation. *Voyez* ce que j'ai dit sur cette article de la Coutume de Paris.

Il y a quelques cas esquels on peut saisir & exécuter sans obligation, condamnation, ni permission du Juge ; sçavoir, en vertu de la simple gagerie, laquelle a lieu dans la Coutume de Paris en trois cas énoncés ci-dessus *verbo* Gagerie.

Il y a encore deux cas où il est permis d'user de saisie, sans obligation ni condamnation précedente.

Le premier est énoncé en l'article 173. de la même Coutume, qui permet aux Bourgeois de Paris de proceder par la voie d'arrêt sur les biens de leurs débiteurs forains trouvés dans la Ville de Paris ; mais telle saisie ne se peut faire que par permission de M. le Lieutenant civil, qui se donne sur Requête.

L'autre cas est énoncé en l'article 175, qui permet à un Hôtelier de saisir & arrêter les chevaux & hardes de ses Hôtes, pour dépens d'hôtelage à eux livrés ou à leurs chevaux.

Pour proceder par voie de saisie, il faut être créancier ; il n'importe qu'on le soit de son chef, ou du chef d'un défunt auquel on succede, par la maxime, *le mort exécute le vif, mais le vif n'exécute pas le mort* ; c'est-à-dire, que les héritiers d'un défunt peuvent mettre à exécution par voie de saisie un contrat ou Jugement sur les biens du débiteur du défunt.

Mais le créancier vivant ne peut exécuter son obligation ou Jugement contre les héritiers de son débiteur mort, sans faire préalablement déclarer l'obligation ou le Jugement exécutoire contr'eux.

Néanmoins suivant l'article 158. de la Coutume de Paris, les créanciers peuvent, pour la conservation de leur dû, saisir & arrêter les biens du défunt par permission du Juge, qui se donne sur Requête ou commandement préalablement faits aux héritiers.

La saisie se fait, ou de meubles & effets mobiliers, ou de sommes dûes à un débiteur, ou enfin d'immeubles.

La saisie de meubles s'appelle *saisie & exécution* la saisie des deniers dûs à un débiteur, s'appelle *saisie & arrêt* ; la saisie d'immeublés se nomme *saisie réelle.*

Il y a encore saisie féodale, qui est une espéce de saisie particuliere.

Voici une remarque importante à faire au sujet des saisies, c'est que la vente que feroit un débiteur d'un bien saisi sur lui, seroit absolument nulle ; *quia tunc res est sub Prætorio pignore, quod rem ipsam afficit.*

Voiez Maynard liv. 2. chap. 63.

Il n'en est pas de même de la saisie féodale, à l'égard de laquelle cette raison cesse. Ainsi celui sur lequel un héritage est saisi féodalement, peut aliéner nonobstant cette saisie. *Voiés* M. le Prêtre, cent. 2. chap. 54.

SAISIE ET EXÉCUTION, est un exploit de saisie de meubles & choses mobiliaires, fait par un Sergent assisté de deux Records, à la requête d'un créancier, pour être vendus à huitaine aux lieux, jours & heures accoutumés, pour être le prix de la vente donné au créancier saisissant, jusqu'à concurrence de son dû, les fraix de Justices préalablement payés.

Voiés le titre 33. de l'Ordonnance de 1667.

Cette saisie, appellé saisie mobiliaire, doit être précedée d'un commandement, & ne se peut faire qu'en vertu d'un titre exécutoire, c'est-à-dire, d'un contrat ou d'un Jugement en forme exécutoire.

Toutes les formalités qui sont requises pour les ajournemens, doivent être observées dans les exploits de saisies & exécutions, art. 3. du tit. 33. de l'Ordonnance de 1667. mais il y en a encore d'autres qui sont absolument nécessaires pour leur validité.

1°. Il faut que les exploits de saisies & exécutions de meubles, ou de choses mobiliaires, contiennent l'élection du domicile du saisissant, dans la Ville où la saisie & exécution est faite, & si la saisie n'est pas dans une Ville, Bourg ou Village, le domicile doit être élu dans le Village ou la Ville qui est la plus proche, article 1. du titre 33. de l'Ordonnance de 1667. afin que le débiteur sçache le lieu où il peut s'addresser pour satisfaire à son créancier & faire ses offres. Cependant, lorsqu'il s'agit des deniers de Sa Majesté, les Procureurs, Fermiers & autres employés à les recouvrer, peuvent faire élection de domicile en leur Bureau, & ne sont point obligés d'en élire dans le Village ou la Ville qui est plus proche du lieu où la saisie & exécution est faite, article 2 de l'Edit du mois de Mars 1668 : ce qui s'observe pareillement pour les choses qui ont le privilége des deniers royaux.

II°. Les Huissiers ou Sergens sont obligés de mettre le tems, avant ou après midi, qu'ils font leurs saisies & exécutions, suivant l'article 4. du titre 33. de l'Ordonnance de 1667 ; ce qui n'est pas requis dans les autres exploits. L'article 15. du titre 19. de la même Ordonnance porte aussi, que les Huissiers ou Sergens déclareront par leurs procès verbaux si les exécutions ont été faites avant ou après midi, & qu'ils spécifieront par le menu les choses saisies.

III°. Il faut que la saisie se fasse par un Sergent assisté de deux Records, qui signent aussi l'exploit de saisie. Quoique par l'Edit du Controlle l'usage de se faire assister de deux Records ait cessé d'être nécessaire; néanmoins, comme une saisie mobiliaire est un exploit de rigueur, qui conduit à faire vendre les meubles de celui sur qui la saisie est faite, il faut absolument que le Sergent qui le fait soit assisté de deux Records, sans préjudice toutefois du controlle.

Pour parvenir à faire une saisie & exécution, il faut que le créancier fasse donner à son débiteur copie de son titre exécutoire, & lui fasse faire commandement de lui payer le contenu : après quoi il peut dès le lendemain exécuter son débiteur.

L'Huissier ou Sergent, avant que d'entrer dans une maison pour y saisir & exécuter les meubles, doit, suivant l'article 4. du titre 33. de l'Ordonnance de 1667, appeller deux voisins au moins pour y être présens, qui signent son exploit ou procès verbal, s'ils sçavent & veulent signer ; sinon il en doit faire mention.

S'il n'y a point de voisins, il est obligé de le déclarer dans l'exploit, & le faire parapher par le Juge le plus prochain incontinent après l'exécution, suivant l'article 4 ; ce qui se doit entendre quand la saisie est faite dans une maison qui se trouve seule dans la campagne.

Par un Edit du mois de Mars 1668, portant reglement pour les procédures touchant les affaires de Sa Majesté, art. 3, il est porté que lorsque l'Huissier ou Sergent qui doit saisir pour les deniers du Roi, ne trouve aucun voisin pour l'accompagner dans la maison où il veut faire la saisie, il fera incontinent après l'exécution, parapher l'exploit par un Officier de l'Election du Grenier à sel, ou autre qui doit connoître de la saisie & exécution.

Si les portes de la maison sont fermées, ou qu'il n'y ait personne pour les ouvrir, ou que ceux qui y sont ne veuillent pas ouvrir, l'Huissier ou Sergent doit dresser son procès verbal, & ensuite se retirer pardevant le Juge du lieu, lequel au bas de l'exploit ou procés verbal du Sergent doit nommer deux personnes, en présence desquelles l'ouverture des portes & la saisie & exécution seront faites, & signeront l'exploit ou procès verbal de la saisie avec les Records, ainsi qu'il est porté en l'article 5.

Mais comme les personnes que le Juge auroit nommées, pourroient refuser de prêter leur ministere, M. le Lieutenant civil ordonne qu'un tel Commissaire se transporter en la maison, pour en faire faire l'ouverture.

Quand c'est en vertu d'un Arrêt de Cour souveraine, l'Huissier dresse son procès verbal comme quoi il a trouvé les portes fermées, & en conséquence se retire pardevers la Cour, & lui demande permission de faire ouvrir les portes ; & après l'avoir obtenue, il les fait ouvrir : mais il faut que le tout se passe en présence de deux personnes, & qu'elles signent le procès verbal, afin qu'on ne l'accuse point de violence, ou d'avoir pris quelque chose.

Après que l'Huissier ou Sergent est entré dans la maison, il doit faire son exploit & procès verbal de saisie & exécution, & déclarer par menu & en détail tous les meubles qui s'y sont trouvés, suivant l'article 6.

Si en procédant à une saisie de meubles, il se trouve dans une chambre des coffres ouverts ; le Sergent peut en faire la description, & exécuter ce qui s'y trouve ; s'ils sont fermés, & qu'on les ouvre, il en peût faire de même.

Lorsque le débiteur refuse de les ouvrir, le Sergent ne peut les exécuter, ni faire ouvrir sans permission du Juge ; & pour y parvenir, le Sergent laisse ce qu'il a déja exécuté en la garde de ses Records, & donne assignation au débiteur en l'Hôtel du Juge, pour dire les causes de son refus ; sinon permis de faire ouvrir les portes par un Serrurier, en présence d'un commissaire ou de deux témoins.

Cette assignation, qui requiert célérité, se donne du matin à l'après-diné, & même d'une heure à l'autre ; & en conséquence de l'Ordonnance du Juge, le Sergent procede à l'ouverture & saisie des coffres.

L'Huissier ou Sergent qui procede par saisie & exécution, est obligé de n'y point comprendre les choses qui ne peuvent être saisies ; sçavoir, une vache, trois brebis & deux chevres, pour aider au débiteur saisi à vivre ; ce qui concerne les saisies faites sur les personnes qui vivent à la campagne. Néanmoins telle saisie auroit lieu, si la créance pour laquelle la saisie seroit faite, procédoit de la vente des mêmes bestiaux, pour avoir prêté l'argent pour les acheter, suivant l'art. 14.

En second lieu, il ne peut pas saisir le lit dont le saisi se sert pour lui, ni l'habit dont il est vêtu & couvert, suivant le même article. Il en est de même des habits dont les enfans du saisi se servent, ou dont ils sont couverts.

Par l'Ordonnance de Louis XIII, art. 195, les chevaux & armes des Gentils hommes, Gendarmes, Chevaux-Legers, & Capitaines des Régimens entretenus, servant à leurs personnes, jusqu'à deux chevaux, ne peuvent être saisis, si ce n'est à la requête de ceux qui les ont vendus. *Creditori interdi-*

citur manum in equum & arma militis injicere. Mornacius; ad leg. 4, cod. ercifcundæ. Bouvot, tom. 2. verbo Saifie, queft. 41.

En troifiéme lieu, les meubles deftinés au Service divin, ou fervant à l'ufage néceffaire, de quelque valeur qu'ils puiffent être, appartenans aux perfonnes conftituées aux Ordres facrés. On ne peut pas même faifir leurs Livres, à moins qu'on ne leur en laiffe jufqu'à la fomme de cent cinquante livres, fuivant l'article 15. du titre 33. de l'Ordonnance de 1667.

En quatriéme lieu, les chevaux, bœufs & autres bêtes de labourage, charrues, charettes, & uftenfiles fervant à labourer & cultiver les terres, vignes & près: ce qui eft fondé fur l'utilité publique. *Voyez* Belordeau en fes Obfervations forenfes, lettre B, art. 12. Il faut excepter fi c'eft pour deniers royaux que les fommes fuffent dûes au vendeur, ou à celui qui auroit prêté l'argent pour l'achat des mêmes beftiaux & uftenfiles; & ce qui feroit dû pour les fermages & moiffons des terres où feront les beftiaux & uftenfiles, fuivant l'article 16.

Comme le Sergent ne peut pas vendre les meubles faifis & exécutés, qu'après la huitaine de la faifie & exécution, pour ôter au faifi le pouvoir de détourner fes meubles, & rendre par ce moyen la faifie inutile & fans effet pour le faififfant, le Sergent peut y mettre un gardien, & eft obligé de fignifier au faifi par le même procès verbal, dont il lui doit donner copie fur le champ, fignée des mêmes perfonnes qui ont figné l'original, le nom & domicile de celui en la garde duquel les chofes faifies ont été données en garde, fuivant les articles 7 & 8, & en ce cas les meubles font transportés en la poffeffion du gardien.

L'article 15. du titre 19. veut que les gardiens foient mis en poffeffion des chofes faifies, s'ils le requierent; néanmoins le faifi peut offrir un gardien folvable qui accepte la garde des chofes faifies, pour les repréfenter en tems & lieu, fans que pour lors le Sergent puiffe déplacer les meubles, & le donner en garde à un autre.

Par acte de notoriété donné par le Lieutenant civil du Châtelet de Paris le 22. Septembre 1688, il eft dit que les Huiffiers & Sergens faifant des faifies de meubles, doivent laiffer copie du procès verbal de faifie aux Commiffaires qu'ils établiffent, & aux gardiens qui fe chargent volontairement des chofes faifies fans les déplacer. *voyez* le Recueil de ces actes, pag. 53. & fuiv.

Si l'Huiffier ou Sergent prétend que le gardien préfenté n'eft pas folvable, il le doit refufer, & donner affignation au faifi pardevant le Juge des lieux, à une certaine heure du même jour, pour voir ordonner qu'il préfentera un autre gardien; finon qu'il fera établi garnifon.

Le Juge, fur les raifons alléguées de part & d'autre, & eu égard à la qualité du gardien, à la valeur des chofes faifies, déclare le gardien folvable, ou infolvable & en conféquence ordonne que le faifi en préfentera un autre, & qu'à faute de ce, il fera établi garnifon.

Lorfque la conteftation énoncée ci deffus arrive, le Sergent doit fe tranfporter à l'heure de l'affignation en l'Hôtel du Juge; & cependant il faut qu'il laiffe un Record en garnifon, de peur que le faifi ne détourne fes meubles.

Le Sergent n'eft pas refponfable de l'infolvabilité du gardien, en cas que les meubles fuffent détournés par le faifi, fi celui qui lui a été préfenté pour gardien pouvoit paffer pour folvable, eu égard à la valeur des chofes faifies; autrement les Huiffiers ou Sergens ne feroient jamais aucunes exécutions, qu'ils ne conteftaffent la folvabilité de ceux qui feroient préfentés pour gardiens, ce qui cauferoit de grands inconvéniens: c'eft pourquoi quand l'infolvabilité d'un gardien qui auroit été réputé folvable arriveroit dans la fuite, le Sergent n'en feroit pas tenu.

Le devoir des gardiens eft de conferver & avoir foin des chofes faifies qui leur ont été données en garde, & d'en rendre compte au faifi & à fes créanciers, & de tout ce qui en peut provenir; comme fi ce font des beftiaux, lefquels produifent des profits & revenus, fuivant l'article 10.

Les gardiens font déchargés de plein droit dès que les conteftations entre les Parties ont été jugées définitivement, & deux mois après que les oppofitions ont été jugées, fans qu'il foit befoin pour cet effet d'obtenir aucun Jugement de décharge; article 20. du titre 19.

Néanmoins ceux qui ont eu en poffeffion, les chofes faifies, font obligés de rendre compte de leur adminiftration & des chofes qui leur auront été données en garde.

L'article 172. de la Coutume de Paris porte, que les exécutans font tenus de faire vendre les biens faifis dans deux mois après les oppofitions jugées ou ceffées.

Suivant l'article 22. du titre 19. de l'Ordonnance de 1667, les faififfans doivent faire vuider les oppofitions dans un an; autrement les gardiens font déchargés après l'an, à compter du jour de leur commiffion.

Les meubles & effets mobiliers ne peuvent être vendus, qu'il n'y ait au moins huit jours francs entre l'exécution & la vente. Ce tems eft accordé pour l'intérêt du faifi & celui des autres créanciers, afin que le faifi puiffe dans ce tems fatisfaire aux caufes de la faifie, & empêcher par ce moyen la vente de fes meubles, qui réduit ordinairement le faifi dans la derniere extrémité, & pour donner lieu à fes créanciers de faire oppofition à la faifie, afin de venir à contribution avec le faififfant, au cas d'infolvabilité, à moins que le faififfant ne fût privilégié, ainfi que nous avons dit fur la Coutume de Paris, au titre des Arrêts, Exécutions & Gageries.

Si les faifies font faites pour chofes confiftantes en efpéces, il faut furfeoir à la vente jufqu'à ce que l'appréciation en ait été faite, fuivant l'article 2; car jufqu'à ce que les chofes foient appretiées, on ne peut pas dire la somme qui est dûe au saisissant & les Sergens saisissant ne peuvent vendre que pour payer & satisfaire le saisissant, & non pour plus. Il seroit injuste de vendre, par exemple, pour mille écus de meubles, pour une somme de mille livres: c'est pourquoi l'Ordonnance a voulu que les espéces fussent apprétiées auparavant que de vendre les meubles saisis du débiteur.

La vente des choses saisies se fait sans Ordonnance du Juge, quand elle se fait en vertu d'une obligation scellée, ou d'un Jugement qui soit scellé, & qui ait force de chose jugée, pourvû qu'il n'y ait point d'opposition; car s'il y en a, il les faut faire vuider auparavant.

Quelquefois le Juge ordonne que les meubles seront vendus à la diligence du saisissant; & que jusques à ce que les oppositions soient vuidées, le Sergent demeurera dépositaire des deniers de la vente d'iceux.

Le Sergent doit signifier à la personne & au domicile du saisi, le jour & heurre de la vente, à ce qu'il ait à faire trouver des encherisseurs, si bon lui semble, suivant l'article 11. Et d'autant que cet article ordonne que la vente des choses saisies soit faite au plus prochain marché public, aux jours & heures ordinaires des marchés, les Sergens doivent aussi déclarer au saisi, dans la même signification, dans quel marché la vente se ra faite.

Si le Sergent ne peut faire enlever les meubles le jour que la vente en doit être faite, faute par le gardien de les présenter, il doit lui faire commandement de les représenter & à faute de ce faire, lui donner assignation à comparoir pardevant le Juge, pour s'y voir condamner par corps, suivant l'Ordonnance, comme dépositaires des biens de Justice, avec dépens dommages & intérêts de l'instance contre le saisi.

Sur cette assignation, le Juge doit condamner par corps le gardien à représenter les meubles qu'il a pris en garde.

Quand le gardien a représenté les meubles saisis, le Sergent les doit faire transporter au marché public pour les vendre, ainsi qu'il a été dit ci-dessus.

Les choses y doivent être adjugées au plus offrant & dernier enchérisseur, & les adjudicataires doivent en payer le prix sur le champ, art. 17. sinon l'Huiss. ou Sergent en seroit responsable, comme s'il avoit reçu.

Pour empêcher que les Huissiers ou Sergens, en faisant des ventes, ne prennent pour eux les choses saisies, ils sont obligé de déclarer dans leur procès verb. le nom & le domicile des adjudicataires; art. 18.

Il y a néanmoins de certaines choses lesquelles ne peuvent pas être adjugées dès le premier jour au plus offrant & dernier enchérisseur, dont il est parlé dans l'article 13. sçavoir, les bagues & vaisselle d'argent de valeur de trois cens livres ou plus, lesquelles ne peuvent être vendues qu'après trois expositions, à trois jours de marché differens, à moins que le saisissant & le saisi n'en conviennent par écrit, lequel sera mis entre les mains du Sergent pour sa décharge.

Les formalités requises pour les exploits de saisies, & pour la vente des choses saisies, doivent être gardées par les Huissiers ou Sergens, à péine de nullité des exploit de saisie & procès verbaux de vente, dommages & intérêts enve rs le saisissant & le saisi d'interdiction, & de cent livres d'amende; article 19.

Suivant l'article 10. le Sergent qui a fait la vente doit délivrer au saisissant les deniers provenans d'icelle, jusqu'à concurrence de son dû, & le surplus délivré au saisi; & en cas d'opposition, à qui par Justice il sera ordonné; sur peine contre l'Huissier ou Sergent d'interdiction, & de cent livres d'amende, applicable moitié au Roi, & moitié à celui qui doit recevoir les deniers; & à faute par le Sergent de payer les deniers de la vente aux termes de cet article, il faut le faire assigner pardevant le Juge pour voir déclarer les peines qui y sont portées, encourue contre lui.

Ainsi, quand il y a entre les mains du Sergent qui a fait la vente, des oppositions à la délivrance des deniers, il retient le tout jusqu'à ce que les oppositions ayent été levées & jugées: mais lorsqu'il y a trois oppositions entre les mains du Sergent, le Receveur des Consignations, quand il y en a avis, fait porter les deniers aux Consignations.

Les Huissiers ou Sergens après que la vente est faite, doivent, pour faire régler leur salaire, porter la minute de leur procès verbal de vente au Juge, lequel, sans frais, doit taxer de sa main ce qu'il conviendra à l'Huissier ou Sergent pour son salaire à cause de la saisie, vente & exécution.

Les Huissiers ou Sergens doivent faire mention de cette taxe dans les grosses de procès verbaux, sur peine d'interdiction, de cent livres d'amende envers le Roi, suivant l'art. 21. & cette taxe se met au bas du procès verbal.

Sur la Sentence qui provient de la saisie & exécution de meubles, le premier saisissant est ordinairement préferé; mais quand il y a de confiture, alors tous les créanciers sont égaux, & viennent par contribution au sol la livre, pourvû que leur opposition ait été formée avant la contribution faite & jugée; comme je l'ai dit, *verbo* Contribution.

La décision de l'article 231. de la Coutume de Bretagne, est donc contraire à ce qui se pratique à ce sujet dans toute la France; car cet article porte, que si un créancier a fait exécuter & vendre pour son dû des biens de son débiteur, un créancier antérieur peut dedans huit jours après la vente faire Arrêt sur lesdits biens, pour être payé de son dû, préferablement au créancier qui les a fait vendre en conséquence de sa saisie.

SAISIE ET ARRET, est la saisie qu'un créancier fait d'une dette ou autre chose dûe par quelqu'un à son débiteur.

Cette saisie est appellée arrêt, parcequ'elle ne fait qu'arrêter ce qui est dû au débiteur, jusqu'à ce que le saisissant ait obtenu Sentence, portant que les deniers saisis lui seront mis entre les mains jusqu'à concurrence ou en déduction de son dû.

Pour y parvenir, en faisant la saisie & arrêt il faut donner assignation à ceux entre les mains desquels on saisit, pour voir déclarer la saisie bonne & valable, & affirmer par eux la somme qu'ils doivent au débiteur sur lequel la saisie est faite, & en vuider leurs mains en celle du saisissant.

Il faut pareillement faire donner assignation au saisi, pour voir ordonner que ceux entre les mains desquels on saisit, vuident leurs mains en celles du saisissant, jusqu'à concurrence.

Si ces débiteurs ne comparoissent pas à l'assignation à eux donnée, ils seront réputés débiteurs, & en conséquence condamnés à vuider leurs mains au profit du saisissant, jusqu'à concurrence de son dû.

S'ils comparoissent & affirment ne rien devoir, ils seront renvoyés absous avec dépens, à moins que le saisissant n'eût des moyens suffisans pour justifier du contraire.

Mais s'ils reconnoissent devoir une telle somme au débiteur du créancier qui a saisi, ils seront condamnés à vuider leurs mains en celles du saisissant jusqu'à concurrence, si la somme excede sa créance, supposé que le débiteur du créancier saisissant n'allegue aucuns moyens valables pour l'empêcher, comme la prescription, la compensation & autres.

On ne peut pas arrêter les deniers dûs au débiteur en vertu d'une simple promesse, si ce n'est en vertu d'une permission du Juge, laquelle s'obtient sur simple Requête. On demande par cette Requête, qu'il soit permis de faire assigner son débiteur pour reconnoître sa promesse; & cependant permis de faire saisir les den. qui lui appartiennent ou qui lui sont dûs. Le Juge met au bas de la Requête. *Soit donné assignation*, & cependant permis de saisir & arrêter.

Il y a des choses qu'il n'est pas permis de saisir & arrêter. I°. Les distributions quotidiennes & mannuelles, & le droit des miches & pains qui se distribuent chaque jour aux Chanoines & Prébendiers; les oblations & autres menues rétributions des Bénéficiers; parce qu'elles tiennent lieu d'alimens.

A l'égard des autres revenus des Bénéfices, ils peuvent être saisis; mais le Bénéficier sur lequel la saisie en est faite, est en droit de demander sur les revenus de son Bénéfice une pension alimentaire pour sa subsistance. Voyez la Rocheflavin, liv. 2. tit. 1. Arrêt 21. & lett. H, tit. 4. Arrêt 7. liv. 6. tit. 36. Arrêt 1. Maynard, liv 5. chap. 15. Catellan, liv. 6. chap. 21. & Basnage sur la Coutume de Normandie, art. 514.

Cela est si vrai, que quand les Evêques se sont exposés par leurs dépenses aux poursuites des créanciers, & que leurs biens ont été saisis, ils obtiennent la troisiéme partie de leurs revenus. Voyez M. Duperay, liv. 1. ch. 9. n. 9.

II°. Les émolumens des Professeurs dans les Universités, ne peuvent être saisis. Il n'en est pas de même des gages, comme il a été jugé par Arrêt au Parlement de Toulouse du 16 Mars 1675.

Cette décision a lieu à l'égard des Officiers royaux, suivant un Arrêt du onze Avril. 1676. Voyez Catellan, liv. 6, chap. 23.

III°. Les gages qui tiennent lieu à un Officier de distributions journalieres, pour les services qu'il rend dans son ministere.

IV°. Les gages des Officiers de la Maison du Roi; faisant le service ordinaire.

V°. Les pensions ou récompenses attribuées par Sa Majesté à ses Officiers.

VI°. Les gages des prévôts des Maréchaux, de leurs Lieutenans & Archers, si ce n'est pour dépenses, de bouche, armes ou chevaux.

VII°. Les appointemens des Commis des Fermes, suivant l'Ordonnance des Aydes.

SAISIE RE'ELLE, est la prise de possession qui se fait au nom du Roi & de la Justice, à la requête d'un créancier, & par un Huissier ou Sergent, d'un immeuble appartenant si celui sur qui la saisie est faite, faute de payement de ce qu'il doit au saisissant.

Cette saisie est appellée réelle, parce qu'elle est de biens stables & droits réels, & differe de la saisie mobiliaires, c'est-à-dire de la saisie & exécution de meubles.

La saisie réelle se fait par le ministere d'un Sergent à l'effet que la vente & l'adjudication en sera poursuivie à la diligence & requête du saisissant, en observant toutes les formalités requises.

Pour empêcher que les parties n'en viennent aux mains, & que le saisissant ne se fasse justice à lui-même, il ne peut pas se mettre en possession de la chose saisie. Mais le Sergent qui fait la saisie réelle, doit déclarer qu'il établit le Commissaire aux Saisies réelles pour le régime & le gouvernement d'icelle, en la possession duquel il met la chose saisie, pour, après être par lui donnée à louage ou à ferme au plus offrant & dernier encherisseur, pendant qu'il sera procédé aux criées, décret & adjudication d'icelle, à la poursuite du saisissant; autrement la saisie réelle seroit nulle & de nul effet.

Plusieurs conditions sont requises pour rendre une saisie réelle bonne & valable.

La premiere, qu'elle soit précédée d'un commandement fait au domicile du débiteur, lequel commandement soit recordé de deux témoins. Quoique l'Edit qui établit le controlle, dispense les Sergens d'avoir des Records pour les exploits, celui de la saisie réelle étant de rigueur & d'une très grande importance, a été excepté par l'usage.

M. le Camus, Lieutenant civil, en a donné un Acte de notoriété pour le Châtelet de Paris le 24 Mai 1699. La raison est, que cette procédure étant nécessaire pour parvenir à la saisie réelle, est censée en faire partie, & que les formalités qui assurent la vérité d'un Acte aussi important, doivent être plus grandes que celles des autres exploits.

Si ce commandement étoit nul, la saisie réelle, & toute la procédure faite en conséquence, seroit annulée; mais si la saisie étoit mal faite, & que le commandement fût valable, il ne seroit pas nécessaire de faire faire un nouveau commandement.

Quand le débiteur vient à décéder après le commandement, mais avant la saisie réelle, il n'est pas nécessaire de faire faire à l'héritier une nouvelle sommation de payer, pour procéder à la saisie réelle & aux criées; mais il faudroit toujours faire condamner l'héritier à la dette du défunt.

La seconde condition requise pour rendre une saisie réelle bonne & valable, est que le titre en vertu duquel on saisir soit valable, & soit en forme exécutoire, c'est-à-dire en grosse, & muni du sceel de la Jurisdiction d'où il est émané; & cela contre celui à qui l'immeuble que l'on saisit appartient: car la saisie faite *super non domino*, n'est pas valable.

La troisiéme qu'elle soit faite par un Sergent ayant pouvoir & caractere pour cet effet, qui se transporte sur les lieux, y fasse la saisie, & mention de son transport. l'Huissier ou Sergent qui procede à une saisie réelle, doit donc se transporter sur les lieux où sont situés les biens qu'il veut saisir. C'est ce qui a été prescrit par l'art. 1. de l'Edit de 1551, pour empêcher les saisies vagues & generales qui se faisoient auparavant en plusieurs Provinces de tous les biens du débiteur, en quelques lieux qu'ils fussent situés.

La quatriéme, qu'il fasse la saisie réelle de la maniere qu'il est requis par les Ordonnances; sçavoir quant aux Terres nobles, Fiefs & Seigneuries, que les principaux manoirs de chacun Fief soient saisis, nommément & expressément avec les appartenances & dependances; & quant aux Terres roturieres, il faut qu'elles soient déclarées & spécifiées par le menu, tenans & aboutissans.

Ainsi, quand on saisit une maison, il faut la désigner par la situation & consistance, l'enseigne, s'il y en a, tenans & aboutissans; comme il a été ordonné par l'article 1. de l'Ordonnance de 1551. & par l'article 346. de la Coutume de Paris. Cela est fondé sur ce qu'il est de l'intérêt public que les choses saisies soient connues d'un chacun, afin que ceux qui pourroient y avoir quelque intérêt, puissent former leurs oppositions à la saisie, pour ce qu'ils prétendroient leur appartenir, & qui auroit été compris dans la saisie.

Il y a encore une autre raison qui est, afin que les encherisseurs soient certains de ce qu'ils veulent acheter, & qu'ils fassent des encheres plus fortes à l'avantage du débiteur & de ses créanciers, sçachant la valeur de ce qui doit être adjugé par decret.

La cinquiéme, que le Sergent fasse élection de domicile du créancier au lieu où la saisie est faite, quoiqu'il ait son domicile ailleurs; que l'exploit soit daté d'an & jour, avec déclaration du tems de devant ou après midi, & que le Sergent fasse itératif commandement de payer pour les causes mentionnées au commandement fait avant la saisie réelle, déclarant qu'à faute de ce, il se pourvoira par criées & subhastations, par quatre quatorzaines ordinaires & accoutumées.

La sixiéme, que le Sergent déclare par l'exploit, qu'il saisit réellement & de fait le fonds & très-fonds de tels héritages, & énonce les causes de la saisie, & le nom de la personne sur qui la saisie réelle est faite.

La septiéme, qu'il établisse au régime & gouvernement de la chose saisie, le Commissaire aux Saisies réelles, ou un Commissaire dans les lieux où il n'y a point de Comissaire aux Saisies réelles, & déclare qu'il le commet pour régir & gouverner l'immeuble qu'il saisit.

La huitiéme, que l'exploit de saisie recordé, comme nous avons dit, soit controllé aux lieux où la saisie est faite, & soit signifiée au saisi, à sa personne ou domicile, avec copie baillée, & la signification dûement recordée, & que mention du tout soit faite dans la saisie réelle.

Pour ce qui est de l'exploit d'une saisie, réelle, il faut observer, I°. Que si le saisissant a droit de Committimus, & qu'il veuille s'en servir, l'Huissier doit faire mention dans la saisie, de la date du Committimus en vertu duquel le créancier veut faire porter le décret aux Requêtes du Palais ou de l'Hôtel; & en ce cas l'Huissier doit donner copie du Committimus avec l'exploit de signification de la saisie.

II°. Que dans les saisies réelles qui se font de Fiefs, il suffit, suivant l'Edit de Henri II. de 1551. & l'article 345. de la Coutume de Paris, que les principaux manoirs de chacun des Fiefs soient saisis nommément & expressement, avec les appartenances & dépendances, comme nous l'avons dit ci-dessus; & quant aux Terres roturieres, il faut qu'elles soient déclarées & spécifiées par le menu, tenans & aboutissans.

Mais on demande par quelle raison il suffit, par rapport aux Fiefs, de saisir expressément le principal manoir avec ses appartenances & dépendances, sans les exprimer en particulier? C'est ce qu'il seroit difficile au saisissant de recouvrer les aveux par lesquels il pourroit être en état d'expliquer les domaines & les droits seigneuriaux d'un Fief.

III°. Que dans la plupart de nos Coutumes, le Fief & la Justice n'ont rien de commun; desorte que le Fief peut être sans Justice: ainsi, à l'exception de quelques Coutumes, comme celle de Brétagne, où la Justice est une dépendance du Fief, on ne peut se dispenser de faire mention de la Justice dans la saisie réelle; faute de quoi elle n'y seroit pas comprise.

Mais comme le Patronage attaché à un Fief est censé en faire partie, & qu'il suit *ipso jure* la propriété du fonds, il est toujours compris dans la saisie du principal manoir, comme une dépendance du fief.

IV°. Que si le Fief est incorporel, comme ceux que l'on appelle Fiefs en l'air, qui ne consistent qu'en droits qui sont dûs aux propriétaires de ces Fiefs, soit par un Seigneur supérieur, soit par des vassaux ou des censitaires, il suffit de saisir ce Fief, & de désigner en général les fonds sur lesquels les droits qui en dépendent sont assis.

V°. Que dans la saisie réelle d'un franc-aleu noble, qui a Justice, fief ou censive, il suffit de saisir le principal manoir, les circonstances & dépendances. La raison est, que l'art. 1. de l'Edit de 1551. permet cette espèce de saisie générale, non-seulement pour les Fiefs, mais encore pour les Seigneuries. Or sous ce terme de Seigneurie, on comprend toute espèce de Terre qui donne à celui qui en est propriétaire l'autorité sur les personnes par rapport à la Justice, le domaine direct sur les fonds qui en sont tenus, soit en fief, soit en censive, & par conséquent les francs-aleus qui ont Justice, fief ou censive.

VI°. Que lorsqu'on saisit un Fief & des rotures sur un débiteur, il suffit de saisir le principal manoir du Fief, ses circonstances & dépendances; mais il faut toujours déclarer les rotures par tenans & aboutissans, même dans le cas où les rotures seroient enclavées dans les Terres tenues en fief, & où les propriétaires les auroient affermées avec la Seigneurie. La raison est, que ce bail général ne change point la nature de chaque partie du bien, & ne fait point que la roture devienne partie du Fief. Ainsi toute partie d'un domaine roturier, qui n'est point déclarée dans la saisie réelle par tenans & aboutissans, n'est point censée saisie, & n'appartient point à l'adjudicataire.

VII°. Que la saisie réelle d'une maison seroit nulle, faute par le Sergent d'en avoir déclaré les tenans & aboutissans, quoiqu'elle fût d'ailleurs connue par autre démonstration, comme par l'enseigne que le Sergent auroit déclarée, & par le nom de la rue & de la ville.

M. le Maître en son Traité des Criées, chap. 4. prétend que la saisie n'en seroit pas moins valable, d'autant que la cause pour laquelle l'Ordonnance veut que les tenans & aboutissans soient déclarés dans une saisie réelle, & afin que la chose saisie soit connue: d'où il conclut, que si on ne pouvoit pas douter de la chose saisie par quelque demonstration particuliere, il ne seroit pas nécessaire d'en declarer les tenans & aboutissans.

Mais son avis n'a pas été suivi, & l'on tient communément qu'il n'y a point de démonstration qui puisse dans ce cas dispenser de faire dans une saisie réelle la déclaration des tenans & aboutissans; parce que quand les termes d'une Loi sont précit, il n'est pas permis aux Particuliers de ne point en exécuter la disposition à la lettre, sous prétexte qu'on en a suivi l'esprit. D'ailleurs, l'étendue & les dépendances d'une maison ne sont point aussi connues par l'indication de la situation de la maison & de l'enseigne, comme elles le sont par la déclaration des tenans & aboutissans.

VIII°. Qu'on ne signifie point la saisie au Commissaire aux Saisies réelles; on la lui porte pour l'enregistrer. Le Commissaire cotte à la marge des saisies le jour qu'elles ont été apportées pour être enregistrées. Cet enregistrement doit être fait dans les vingt-quatre heures de l'apport: mais si on commet des Commissaires particuliers, il faut les faire signer en l'exploit, ou mettre qu'ils ont déclaré ne sçavoir signer, ou qu'ils ont refusé de le faire, de ce interpellés; & dans ce dernier cas, il faut que le Sergent fasse signer l'exploit par Notaires, & au défaut de Notaires, par le Greffier des lieux, & qu'il laisse au Commissaire copie de la saisie & de l'exploit.

IX°. Que le Greffier des oppositions de la Jurisdiction où se poursuit la saisie, doit aussi l'enregistrer, & mettre en marge le jour de l'enregistrement, le volume & le folio.

X°. Qu'on ne peut faire de décrets que dans les Justices royales, ou dans les Justices des Pairies qui ressortissent directement au Parlement, & non dans les autres Justices seigneuriales.

C'est ce qui a été jugé par plusieurs Arrêts, & entr'autres par un du 22 Décembre 1688. en la Grande Chambre, sur les conclusions de M. l'Avocat général Talon, entre Boulay, Greffier de la Haute-Justice de Preaux, appellant d'une Sentence rendue par le Lieutenant général de Belesme, le 1. Juillet de la même année, par laquelle l'évocation avoit été ordonnée des saisies réelles & décrets encommencés dans les Justices subalternes & non royales, dépendantes du Siége royal de Belesme, avec défenses à toutes personnes, même aux Huissiers & Sergens, de porter & poursuivre aucunes saisies réelles & décrets dans lesdites Jurisdictions subalternes & non royales dudit ressort, & au Comissaire aux Saisies réelles, de faire aucuns baux judiciaires des biens saisis réellement. Par l'Arrêt contradictoire intervenu sur cet appel, la Cour mit l'appellation au néant, ordonna que ce dont avoit été appellé sortiroit effet, condamna l'appellant en l'amende de douze livres & aux dépens.

XI°. Que quand la saisie réelle est enrégistrée, & que le saisi a été dépossedé par un bail judiciaire adjugé & exécuté, elle dure trente ans; autrement elle périt par trois ans.

La saisie réelle n'étant point une action, mais une exécution en vertu d'un titre, devroit naturellement durer pendant trente ans, quoique non enregistrée, & non suivie de bail judiciaire néanmoins comme elle ne se fait que pour parvenir à une adjudication en Justice, & que l'on y marque le Juge devant lequel les procédures seront faites, on regarde ici l'exploit de saisie réelle comme une espèce d'instance sujette à péremption, par la discontinuation de procédure pendant trois ans, à moins, comme nous avons dit, qu'elle n'ait été enregistrée & suivie de bail judiciaire. *Voyez* le Traité de la vente des immeubles, chap. 6. nomb. 17. où cette question est parfaitement bien traitée.

Outre les conditions que nous avons rapportées ci-dessus pour la validité d'une saisie réelle, il y a des Coutumes qui ont des dispositions particulieres, & qui requierent de certaines formalités dans les saisies réelles, à peine de nullité; & c'est à quoi il faut bien prendre garde.

Par exemple, la Coutume d'Orléans, art. 465. désire entr'autres formalités qu'après le commandement de payer fait au débiteur, celui qui veut parvenir au décret, obtienne une commission spéciale du Juge, contenant la dette & cause pour laquelle il prétend faire proceder par saisie réelle & criées.

La Coutume de Ponthieu a une semblable disposition en l'article 117.

Au Châtelet de Paris, l'usage est d'obtenir une commission pour saisir, lorsque les biens sont situés hors la Prêvôté, ou que la saisie se doit faire par un autre qu'un Huissier à cheval, ou Sergent au Châtelet.

Par la Coutume de Nivernois, chapitre 32. il est requis qu'au fait de la saisie réelle & criées, il y ait un Notaire & un Sergent.

Pour saisir les immeubles de mineurs, il faut saisir sur leur tuteur ou curateur, discussion préalablement faite de leurs effets mobiliers.

Cette discussion n'a plus lieu dans les saisies que l'on fait des biens de ceux qui appartiennent à des majeurs, même dans les Coutumes qui l'ordonent, comme celle de Chartres, article 84.

La raison est, que cette Coutume est de 1508. ainsi la disposition de cet article n'est pas suivie, à cause de l'article 74. de l'Ordonnance de Villers-Cottérêts, qui est postérieure de trente-un ans à cette Coutume, laquelle Ordonnance a dérogé au sujet de cette discussion à toute Coutume antérieure contraire.

Pour revenir à la saisie & criées des biens appartenans à des mineurs, elles doivent donc être faites sur le tuteur, contre lequel, avant que de rien faire, il faut que le titre du créancier soit déclaré exécutoire, & ledit tuteur est tenu de rendre compte avant la certification des criées; parce que, comme nous avons dit, les immeubles des mineurs ne peuvent être vendus, que la discution de leurs effets mobiliers n'ait été préalablement faite; ce qui se fait par le moyen de la reddition de compte.

Si la discution des effets mobiliers du mineur en la forme ci-dessus n'avoit pas été faite, & qu'il apparût que le mineur en avoit, le décret seroit infirmé sans restitution de fruits contre l'adjudicataire possesseur de bonne foi, à la charge de payer dans un certain tems par le mineur le prix de l'adjudication; après lequel tems passé, le décret sortira son plein & entier effet.

Pour ce qui est de la saisie & criées des biens appartenans à une femme qui est en puissance de mari, elles doivent être faites tant sur elle que sur son mari, encore qu'il ne soit obligé à la dette; mais le mari peut se faire décharger de la poursuite, en représentant ce que sa femme lui a apporté par l'inventaire qui en auroit été fait lors du mariage, ainsi que des dettes par chacun d'eux contractées: auquel cas le créancier doit faire autoriser ladite femme par Justice, au refus de son mari; & alors l'adjudication de l'immeuble saisi réellement pourra être faite sur ladite femme, pourvû néanmoins qu'elle soit majeure: autrement les poursuites doivent être faites contre son tuteur, contre lequel il sera besoin de faire déclarer toutes les piéces exécutoires.

Voyons présentement quelles procédures se font ordinairement en conséquence d'une saisie réelle, à l'effet de parvenir à l'adjudication par décret. Mais avant que d'entrer dans une explication particuliere, il faut remarquer que la procédure d'un décret, tant forcé que volontaire, est ordinairement composé de douze piéces. La premiere, est le commandement de payer. La deuziéme, est la saisie réelle. La troisiéme, est la signification des criées & des affiches. La quatriéme, sont les affiches. La cinquiéme, est le procès verbal de criées La sixiéme, est le procès verbal de rapport desdites criées. La septiéme, est l'exploit d'assignation pour l'interposition du décret, c'est-à-dire, pour proposer moyens de nullité par le saisi. La huitiéme; le congé d'adjuger. La neuviéme, sont les affiches à la quarantaine. La dixieme, est la signification desdites affiches. La onziéme & derniere est l'adjudication.

Premierement, le poursuivant doit porter l'exploit de saisie réelle au Commissaire des Saisies réelles, & le lui faire enrégistrer. Sur quoi il faut remarquer, que par l'article premier de l'Arrêt du Parlement du 12 Août 1664. portant Réglement du Commissaire aux Saisies réelles dans cette Ville de Paris, il est ordonné que le Commissaire cottera à la marge des saisies réelles le jour qu'elles lui auront été apportées pour être enregistrées dans vingt-quatre heures, & signera ledit enregistrement.

La raison est, que c'est la premiere enregistrée qui doit être préferée, ensorte que les autres sont converties en oppositions; à moins qu'on ne justifie que la saisie qui a été la premiere enregistrée est frauduleuse, & que celle qui a été enregistrée depuis, est pour une somme beaucoup plus considérable.

Un autre devoir de Commissaire aux Saisies réelles, est de faire proceder incessamment au bail judiciaire des choses saisies au plus offrant & dernier encherisseur, en donnant bonne & suffisante caution, suivant l'article 82. de l'Ordonnance de 1536. & l'article 4. de l'Edit des Criées. Et pour y parvenir, il doit faire saisir & arrêter ès mains du principal locataire, s'il y en a, les deniers qu'il doit, & lui donner assignation pour voir affirmer ce qu'il doit, & exhiber son bail & sa derniere quittance. *Voyés* Baux judiciaires.

Par l'article 4. de l'Edit des Criées de 1551. il est défendu au débiteur saisi de troubler le Commissaire établi dans la jouissance de sa commission; & quoique cet Edit le défende expressément à tous proprietaires des choses saisies, & à tous autres, néanmoins cette défense ne se doit entendre qu'au cas que les débiteurs saisis soient proprietaires desdites choses, car autrement ceux à qui elles appartiendroient auroient droit d'expulser & chasser les Commissaires établis dans leurs biens.

Aussi la Cour vérifiant cet Edit, déclara que les défenses y portées de ne troubler ni empêcher le Commissaire établi, n'auroient point lieu contre les tiers opposans à fin de distraire, lesquels lors de la saisie seroient possesseurs & actuellement jouissans des choses saisies, pour la distraction desquelles ils se seroient rendus opposans.

Le poursuivant, après avoir porté l'exploit de saisie réelle au Commissaire des Saisies réelles, doit faire dresser les affiches, & les faire apposer par le Sergent.

Ces affiches doivent contenir au long la description des choses saisies, à la réquête de qui, sur qui, & les causes de la saisie, avec dénonciation à toutes personnes y prétendant droit, soit de proprieté, d'hypotéque ou autre, qu'ils ayent à s'y opposer, si bon leur semble; qu'autrement ils en seront déchus.

Ces affiches doivent être mises & apposées à la porte principale & entrée de l'Eglise paroissiale des lieux saisis.

Si les héritages sont situés en diverses paroisses, elles doivent être mises à la porte de chacune d'icelles, pour le regard de ce qui y sera situé.

Quand aux saisies des maisons, il faut de plus apposer une affiche à l'entrée principale de la maison saisie.

Mais une chose qui est générale pour toutes saifies, c'est que ces affiches doivent être apposées à la porte de l'Auditoire de la Jurisdiction, & à la porte principale de l'Eglise paroissiale de la Jurisdiction où les criées se poursuivent, afin que la saisie & les criées viennent à la connoissance d'un chacun, ainsi qu'il est ordonné par les articles 2. & 3. de l'Edit des Criées.

Si la chose saisie est située dans l'étendue d'une Eglise succursale, il faut y apposer les affiches, parce qu'elle succede au lieu de l'Eglise paroissiale.

Lorsque l'héritage & sur les limites de deux Paroisses, & qu'on ignore en laquelle il est; si c'est une maison, elle doit être réputée de la Paroisse vers laquelle elle à son entrée & porte principale; mais le plus sûr est de faire apposer des affiches aux portes des deux Eglises: & si c'est une terre labourable, elle est reputée de la Paroisse à laqu'elle la dixme a coutume d'être payée.

L'apposition des affiches est absolument nécessaires, sur peine de nullité des criées qui seroient faites ensuite.

Il est d'usage de signifier au saisi l'apposition des affiches; mais cela n'est pas requis, ni par l'Ordonnance, ni par la Coutume; & il n'y a aucune nécessité de le faire, vû que le débiteur ne le peut ignorer, en ce que l'apposition des affiches est pour rendre la chose publique.

Après l'apposition des affiches, il faut faire les quatre criées, qui sont quatre publications ou proclamations publiques, qui se font par quatre Dimanche de quatorze jours en quatorze jours consécutivement, par un Huissier ou Sergent, en la maniere que nous avons dit ci-dessus, *verbo* Criées.

Il est d'usage de faire signifier chaque criée au saisi, quoique l'Ordonnance en parle point: la Coutume de Ponthieu le requiert expressement en l'article 123. & celle de Vitry en l'article 138.

Lorsqu'il y a appel d'une saisie réelle, on ne peut proceder aux criées avant d'avoir fait statuer sur l'appel, pourvû que l'appel a été interjetté avant la premiere criée; car si elles sont commencées, elles doivent se continuer nonobstant l'appel.

Quand les biens saisis sont de peu de valeur, & qu'on a sujet de craindre qu'ils ne se consomment en frais de criées & de consignation, les créanciers peuvent demander qu'ils soient vendus sur trois publications, après prisée & estimation, conformément à l'article 9. du Réglement du 29. Janvier 1658. rapporté dans le Journal des Audiences, qui porte, que si par l'estimation qui sera faite, les biens saisis n'excedent point la somme de deux mille livres, ils peuvent être vendus après trois publications faites sur les lieux, & qu'on sera tenu de rapporter préalablement un certificat que les publications ont été faites.

Les créanciers hypotécaires peuvent aussi demander que les biens saisis, qui sont de peu de valeur, leur soient donnés après prisée & estimation faite par Experts, selon l'ordre de leur hypotéque; de même que les créanciers privilégiés & bailleurs du fond saisi, peuvent demander que le bien sur lequel ils ont privilége spécial, leur soit donné sur & en déduction de leur dû, si mieux n'aiment les créanciers opposans s'obliger de les faire vendre à si haut prix, que le créancier privilégié puisse être entierement payé de toutes les sommes à lui dûes en principaux, intérêts & frais.

Cela paroît très-équitable, n'étant pas juste que des créanciers hypotécaires, qui n'ont rien à prétendre sur les biens saisis, donnent lieu à des frais qui absorbent une partie du prix, & empêchent que les privilégiés & les anciens ne puissent toucher leur dû.

Il y a eu plusieurs Arrêts rendus, tant en faveur des créanciers privilégiés, qu'en faveur des anciens créanciers, hypotécaires. *voiés* celui du 19 Janvier 1647. rapporté dans le Journal des Audiences.

Mais lorsqu'il ne paroit point de créancier qui demande les biens pour son dû, & que la partie saisie n'a point interjetté appel de la saisie réelle le saisissant doit faire dresser des affiches & proceder à la publication des criées, comme nous avons dit.

Après que l'Huissier ou Sergent a fait les quatres criées, il doit en dresser son procès verbal. Ensuite de quoi le poursuivant criées en porte la grosse signée de l'Huissier aux Certificateurs des criées, avec les titres de sa créance, les exploits de commandement, de saisie réelle, affiches, significations des criées, pour les certifier.

Les certificateurs les ayant vûes & examinées, mettent leur certification au bas du procès verbal, sur laquelle le Greffier expédie l'acte de Certfication.

Par l'acte, sur le rapport fait par les Certificateurs en Jugemens, l'Audience tenant, des saisies & criées dont est question, le Juge prend l'avis de Plusieurs Praticiens du Siége, comme Avocats & Procureurs, qui sont présens à l'Audience; & si après lecture faite, les criées se trouvent selon l'usage & la coutume des lieux, ils les déclare bien & dûement faites, & bonnes & valables, & rend une Sentence qui les déclare telles.

Si les Certificateurs trouvoient quelque chose à redire aux criées, ils en feroient leur rapport; & si elles emportoient nullité d'icelles, le Juge refuseroit de les certifier.

Les criées doivent être certifiées pardevant les Juges des lieux où sont situés les héritages saisis; ensorte même qu'elles se certifient pardevant les Juges subalternes, excepté celles des Seigneuries qui ressortissent au Châtelet de Paris; car la certification des biens saisis réellement, situés dans l'étendue de la Prevôté de Paris se fait au Châtelet, quoique le décret & les criées fussent poursuivies au Parlement, ou aux Requêtes du Palais ou de l'Hôtel, ou au Grand Conseil, ou en la Cour des Aydes, ou en quelque Justice subalterne.

A l'égard des criées qui se poursuivent pardevant

le Baillif du Palais, elles s'y certifient à l'Audience, par l'avis des Avocats & Procureurs qui sont alors sur le Barreau.

En quelque Jurisdiction que se fasse la certification des criées, la Partie saisie ne doit point y être appellée, si ce n'est dans les Coutumes qui l'ordonnent, parce qu'il n'est pas Partie capable pour l'empêcher. D'ailleurs il ne souffre en cela aucun grief en ce qu'il doit par après être appellé pour bailler ses causes & moyens de nullité contre les saisies & criées.

Si la certification avoit été mal faite, il n'y auroit pas pour cela nullité dans les criées; mais il faudroit faire faire un autre certification. C'est le sentiment de M. le Maître sur l'article 5. de l'Edit des Criées.

Les criées étant certifiées, il faut en bailler le procès verbal au greffier de l'Audience, lequel délivre un acte contenant le rapport de certification de criées. Après quoi le poursuivant criées doit faire ajourner le saisi pour voir adjuger & interposer le décret au quatriéme jour.

Après que les criées ont été certifiées, le poursuivant criées doit faire vuider & terminer les oppositions, avant que de parvenir à l'adjudication par décret.

Il y a quatre sortes d'oppositions; sçavoir, l'opposition à fin d'annuller, l'opposition à fin de distraire, l'opposition à fin de charge, & l'opposition à fin de conserver. Sur quoi *Voyez* ce que j'ai dit *verbo* Opposition.

Les Oppositions à fin d'annuller, de distraire & de charge, doivent être vuidées avant que d'obtenir un Jugement portant congé d'adjuger au quarantiéme jour.

Il faut encore que les saisies réelles & criées soient enregistrées un mois auparavant le congé d'adjuger.

Cela étant observé, le poursuivant criées doit faire assigner le saisi, pour voir adjuger & interposer le décret au quarantiéme jour comme nous l'avons dit; & c'est alors que commence la procédure contradictoire.

Si celui sur qui les saisies réelle & criées sont faites est opposant, il faut qu'il soit ajourné pour deux fins; sçavoir, pour bailler ses causes d'opposition & moyen de nullité, s'il y en a, & aussi pour voir adjuger & interposer le décret. S'il n'est point opposant avant la certification des criées, il ne faut pas lui donner assignation pour proposer ses moyens de nullité puisqu'il n'y a lieu de croire qu'il n'en a point, & qu'il n'en veut point proposer, ne s'étant pas opposé.

La Coutume de Paris en l'article 359. veut qu'avant de proceder à l'adjudication des choses saisies, le débiteur soit ajourné parlant à sa personne, pour voir adjuger par décret, quarante jours après le Jugement donné, &c. Et qu'où l'on ne pourroit pas parler à la personne du saisi, il suffit de faire l'ajournement au domicile du saisi, au Prône de l'Eglise paroissiale du lieu ou l'héritage est assis, avec affiche à la principale porte de ladite Eglise, afin que le débiteur soit plus amplement contumacé, & averti de l'assignation, & qu'il n'en puisse point prétendre cause d'ignorance. Mais comme cette disposition est particuliere, elle n'est pas requise dans les autres Coutumes.

Si le défendeur ne comparoît pas, on obtient par défaut une Sentence de congé d'adjuger: s'il comparoît, le poursuivant criées doit le poursuivre de bailler cause & moyens de nullité contre lesdites saisies & criées sinon il obtiendra une Sentence de congé d'adjuger par défaut.

S'il fournit moyens de nullité, le poursuivant criées donnera ses réponses, & les parties seront appointées en droit.

Si le propriétaire donne ses moyens de nullité, & empêche par ce moyen l'adjudication par décret, justifiant que les criées ont été mal faites, & que les solemnités n'y ont pas été observées, elles seront déclarées nulles, & le saisissant sera condamné en tous les dépens, dommages & intérêt du proprietaire.

De plus si les criées étoient déclarées nulles, les oppositions qui auroient été faites le seroient aussi.

Si le défendeur n'a proposé aucuns moyens de nullité, le Juge rend sa Sentence de congé d'adjuger: mais si ceux qu'il a fournis ne sont pas admissibles, le Juge l'en déboute, & ordonne qu'il sera passé outre à la vente & adjudication par décret des biens saisis.

En exécution de la Sentence qui déclare les saisies réelles & criées bonnes & valables, & qui ordonne qu'au quarantiéme jour il sera procedé à la vente & adjudication des biens saisies, il faut dresser une enchere de quarantaine. *Voiés* ci-dessus enchere de quarantaine.

Cette enchere qui est dressée par le Procureur du poursuivant criées, doit être par lui mise entre les mains du Greffier de l'audience, qui la paraphe & la fait publier par un Huissier; ensuite elle doit être attachée à la porte de l'Auditoire du lieu où les criées sont poursuivies au marché public, & à l'Eglise paroissiale des lieux où les choses sont situées, pour y demeurer quarante jours, qui ne commencent à courir que du jour que les affiches des encheres ont été mises.

Outre le tems de quarante jours pour faire l'adjudication au plus offrant & dernier enchérisseur, l'Edit des Criées accorde encore quinzaine; ensorte que l'adjudication se fasse sauf quinzaine, pendant laquelle toutes encheres sont différemment reçues.

Cette adjudication sauf quinzaine doit être publiée en Jugement, l'Audience tenant, & pendant cette quinzaine ceux qui voudront encherir, seront tenus de comparoir au plus prochain jour de Mercredi ou Samedi en suivant ladite quinzaine, à l'Audience, ou pardevant un des Conseillers commis pour cet effet, pardevant lequel tous enchérisseurs sont reçus, & le Greffier dresse un acte desdites encheres.

Si la derniere enchere n'est pas suffisante, le poursuivant, le saisi & les opposans demandent la remise de l'adjudication à quinzaine, laquelle en ce cas est accordée par le Juge ou le Conseiller commis, après laquelle il peut adjuger.

Cette remise doit être signifiée aux Procureurs du saisi & opposans, & au dernier enchérisseur.

L'usage du Châtelet est, que les adjudications par décret ne se fassent qu'après trois remises pour le moins de quinzaine en quinzaine.

Le jour que l'affiche est mise, ni le jour que la quinzaine échoit, ne sont pas comptés; parce qu'il n'est pas juste que ce tems, où il s'agit de dépouiller un propriétaire de ses biens, soit compté *de momento ad momentum*.

L'adjudication sauf quinzaine se prend les jours ordinaires de criées, en la Jurisdiction où le décret se poursuit.

Cette adjudication, aussi bien que les autres, se fait à la poursuite & diligence du Procureur poursuivant criées; à la différence des baux judiciaires qui se font à la requête du Commissaire aux Saisies réelles.

Les formalités pour les enchéres sont, I°. que tous enchérisseurs nomment leur Procureur en faisant leur enchére, & élisent domiciles en la maison dudit Procureur; autrement l'enchere ne seroit pas reçue. Article 9. de l'Edit des Criées.

II°. Que tout enchérisseur fasse signifier son enchere au dernier précedent enchérisseur; autrement l'enchere seroit nulle. Il faut excepter la derniere enchere, par laquelle l'adjudication est faite dans la derniere remise, laquelle ne doit point être signifiée. Aarticle 10.

Suivant l'article 11. les Procureurs ne sont point reçus à enchérir sans une procuration spéciale, de même que les Parties ne sont point reçues à enchérir sans constituer un Procureur, afin qu'on ne reçoive pas les encheres de gens de néant ou supposés, & que le décret ne soit retardé.

Voyez, touchant les encheres, ce que j'en ai dit *verbo* Encheres.

Après que les remises sont finies, le Juge adjuge par décret l'héritage saisi réellement au plus offrant & dernier enchérisseur. Cette adjudication étant faite, le Procureur poursuivant criées est tenu de mettre entre les mains du Greffier toutes les piéces des poursuites & procédures nécessaires des criées, pour dresser le décret; & après qu'il est expédié en parchemin, le Procureur poursuivant reprend ces piéces du Greffier, pour les garder & s'en servir en cas de besoin, parce qu'il est garant envers l'adjudicataire des nullités de la procédure au cas qu'il y en ait.

La grosse du décret par lequel l'adjudication a été faite, se met entre les mains du Garde-scel où elle reste vingt-quatre heures; & au bas du décret il met: *Scellé le . . . . . jour, ... après avoir resté vingt-quatre heure en mes mains, suivant l'Ordonnance de la Coutume.*

L'adjudicataire est tenu de fournir au poursuivant l'ordre, une copie signée du décret pour produire. Il est encore obligé de consigner le prix de l'adjudication dans la huitaine; après lequel tems la contrainte par corps est délivrée contre lui, au poursuivant criées ou opposans, sans que le Receveur des Consignations puisse faire les contraintes.

Outre le prix de l'enchere, l'adjudicataire est tenu des frais ordinaires de criées qu'il doit payer au Procureur du poursuivant criées suivant son mémoire: & ces frais sont toujours sousentendus, quoique dans l'enchere il n'en soit point fait mention desorte que si l'adjudication étoit faite à plusieurs différentes choses saisies sur un même proprietaire, & par un même décret, & à divers prix, ils seroient tous tenus entr'eux de rembourser les frais des criées, chacun par contribution, à proportion du prix des choses qui leur seroient respectivement adjugées: ce qui s'entend des frais de la saisie, établissement de Commissaire, des criées, affiches, significations, assignation & délivrance d'exploits au proprietaire, certification des criées, Sentence de congé d'adjuger, &c.

Quant aux frais extraordinaires, comme pour instruire & juger les oppositions & procédures qui pourroient avoir été faites pour l'intérêt particulier du poursuivant, ou des opposans, ou du débiteur saisi, ils ne se remboursent point pour l'adjudicataire; mais ils doivent être supportés par chacun de ceux qui en reçoivent du profit, ou par ceux qui ont contesté témérairement, & qui ont succombé dans la contestation.

Ces frais sont mis & employé en frais extraordinaires de criées, pour lesquels le poursuivant est préferé à tous autres créanciers, quoiqu'il ne vienne pas en ordre pour son dû; car il ne seroit pas raisonnable que les frais faits pour l'établissement des droits des premiers créanciers, ne fussent pas portés par les biens saisis & décretés.

Il faut excepter les droits dûs au Seigneur, lesquels par l'article 358. de la Coutume de Paris, sont préferables à ces frais.

Il y a un cas auquel l'adjudicataire n'est pas obligé de consigner dans la huitaine, qui est lorsqu'il y a appel de la Sentence du décret d'adjugé; parce que par le moyen de l'appel, l'exécution de la Sentence étant tenue en suspens, l'adjudicataire ne peut être contraint de consigner, que la Sentence n'ait son effet par le Jugement qui doit intervenir sur l'appel.

Si pendant la poursuite de l'appel l'héritage décrété dépérit, & souffre un notable dommage, ou même une ruine totale, il semble que la perte ne doit pas tomber sur l'adjudicataire, parce qu'elle n'est pas arrivée par sa faute; & l'adjudication n'étant pas présumée parfaite, au moyen de l'appel interjetté de la Sentence d'adjudication, la perte ne doit pas tomber sur lui.

Il faut néanmoins dire le contraire, parce que, quoique par une telle Sentence il ne soit pas rendu propriétaire de la chose, d'autant que la tradiction ne lui en a pas été faite, & qu'il n'en avoit pas encore pris possession au tems de la perte ; toutefois, d'autant que la perte des choses tombe quelquefois, non pas sur ceux qui en sont propriétaires, mais sur ceux à qui elles sont dûes, dans cette espèce on doit dire que la perte le regarde ; de même que quand la perte de la chose vendue arrive après que le contrat de vente a été parfait, elle tombe sur l'acheteur, quoiqu'il n'en soit pas propriétaire, & même qu'il n'en ait pas pris possession, *toto titulo*, ff. & *cod. de pericul. de commod. rei vendit*

Si les deniers consignés au Greffe étoient perdus, il semble que la perte n'en doit pas tomber sur les créanciers, mais sur le saisissant, d'autant que le débiteur n'est point délivré de la dette & de l'obligation qu'il a contractée, que par le payement de ce qu'il doit ; que les deniers consignés par l'adjudicataire des biens décretés étant perdus sans le fait des créanciers, on ne peut point leur imputer que les deniers ont été consignés, & le débiteur ne peut point valablement prétendre être déchargé envers eux jusqu'à la concurrence desdites deniers, d'autant qu'ils n'en ont rien touché, & que quoique la consignation ait été faite à leur requête, néanmoins on la doit considerer plutôt comme étant faite par la nature de la vente par décret, & même que c'est par la faute du débiteur ; car s'il avoit satisfait à ses créanciers comme il le devoit, ils n'auroient pas été contraints de se pourvoir par la voie des saisies réelles, & il n'auroit pas été besoin de consignation, & par conséquent la perte des deniers consignés ne seroit pas arrivée.

Et pour faire voir que le débiteur n'est point déchargé des obligations des créanciers saisissans & opposans, par la perte des deniers consignés, c'est que nonobstant la consignation, les intérêts ne laissent pas de courir à leur profit jusqu'à ce que l'ordre soit fait, & qu'on ne peut rien imputer aux créanciers qui ne peuvent tirer leur dû jusqu'à ce que l'ordre soit fait.

Néanmoins il a été jugé que cette perte tomboit sur les créanciers, & non pas sur le débiteur. M. Louet, letsre C, chapitre 50, rapporte deux Arrêts qui l'ont jugé ainsi, par la raison que par l'adjudication des biens saisis & décretées sur le débiteur, il en perd la propriété & la possession, sans qu'il y puisse rien prétendre, puisque la propriété en est transferée en la personne de l'adjudicataire, lequel en est devenu propriétaire incommutable par le moyen de l'adjudication qui lui en a été faite ; comme *una quæque res domino perit*, le saisi ayant perdu le droit de propriété en la chose décretée, ne peut plus être tenu du péril du cas fortuit, ni de la perte du prix qui représente la chose décretée, auquel prix le saisi n'a & ne peut prétendre aucune chose, jusqu'à ce que les créanciers soient entierement satisfaits.

Si les créanciers prétendent qu'il n'y a point eu de leur faute, il y en a encore moins de la part du pauvre débiteur dont le bien a été vendu, & qui en est dépossedé, au profit de ses créanciers.

Celui qui auroit mis enchere, ne seroit pas tenu du péril de la chose arrivé avant l'adjudication ; parce qu'avant icelle, non-seulement il n'est point le propriétaire de la chose, mais encore elle ne lui est point dûe ; ainsi la perte ne doit point tomber sur lui, mais sur le saisi qui en conserve la propriété jusqu'au décret d'adjugé.

De ce que nous venons de dire il s'ensuit, que si au tems de l'enchere, la terre saisie & mise en criées étoit couverte de fruits prêts à cueillir, & qu'après l'enchere, par quelque malheur, tous les fruits fussent perdus, comme par une grêle ou autrement ; en ce cas, si l'adjudication étoit faite en consequence de cette enchere, l'enchérisseur pourroit demander avec justice que l'on rabate sur le prix de l'enchere la valeur desdits fruits, suivant l'estimation qui en sera faite par Experts.

Les adjudications par decret se font publiquement en l'Audience de la Jurisdiction & de vive voix, & aux jours marqués & heures pour ce assignées.

Le principal effet de l'adjudication par decret, est la translation de tous droits de propriété en la personne de l'adjudicataire, sans qu'il puisse être inquiété par des créanciers hypotécaires qui n'auroient pas fait leur oppositions, ou autres prétendans droit de propriété dans quelque partie des choses saisies, criées & adjugées ; d'autant que le décret purge tous droits de propriété & d'hypotéque, & toutes charges réelles & foncières, faute d'opposition.

Il faut excepter, I°. les héritages situés dans des Coutumes où l'on ne peut acquérir droit de propriété & possessions, que par démission & investiture ès choses féodales, vest & devest, saisine & désaisine ; ès choses censuelles, comme sont les Coutumes de Vermandois, de Reims, Ribemont, Chauni & autres.

II°. Il faut excepter les fiefs qu'on appelle de danger, dans lesquels, dans les Coutumes de Bar-le-Duc & de Chaumont, le nouvel acquéreur ne peut pas entrer, ni prendre possession des fiefs qui y sont situés, qu'il n'ait été auparavant investi, & fait les foi & hommage au Seigneur dont ils sont mouvans, & à son refus au Seigneur suzerain, à peine de commise ; car en ce cas il faut que l'adjudicataire, ayant que de se mettre en possession desdits fiefs, en prenne l'investiture, & fasse les soumissions ordinaires envers le Seigneur, suivant la disposition de ces Coutumes.

Après que l'adjudication par décret est faite, le poursuivant criées doit, comme nous avons dit ci-dessus, mettre toutes les piéces nécessaires des procédures & poursuites de criées entre les mains du Greffier pour en dresser le décret ; & après qu'il est dressé, il faut le mettre entre les mains du Scelleur, lequel les garde pendant vingt-quatre heures, dont il doit faire mention au bas. Pendant ce tems-là, on reçoit au Greffe toutes les oppositions à fin de conserver; & après ce tems de vingt-quatre heures on n'en reçoit plus. Ainsi les créanciers qui n'ont pas eu le soin de faire dans les vingt-quatre heures leur opposition à fin de conserver, n'ont plus d'autre ressource, que de proceder par voie de saisie & arrêt sur les deniers revenans bons ès mains du Receveur des Consignations.

Enfin, après que le décret est délivré, le Procureur du poursuivant criées leve au Greffe un extrait des opposans, contenans leurs noms & ceux de leurs Procureurs; & il prend un appointement en droit à écrire & produire sur l'ordre.

Il faut que le Procureur prenne des mesures justes pour n'ommettre dans cet appointement aucun des créanciers opposans; car s'il en omettoit quelqu'un, il demeureroit responsable en son nom de la dette du créancier qu'il auroit omis, suivant l'art. 13. du Réglement de la Cour du 23 Novembre 1598. Ce qui ne se doit entendre que du cas où ce créancier auroit été utilement colloqué, si l'appointement avoit été pris avec lui.

L'apointement sur l'ordre qui est pris au Greffe par le Procureur poursuivant, doit être par lui signifié tant au Procureur de la Partie saisie, qu'à ceux des opposans.

Huitaine après cette signification, le Procureur poursuivant doit fournir les causes & moyen d'opposition de sa Partie; ensuite il produit les titres & les piéces de son opposition; & enfin il fait sommer les Procureurs de la Partie saisie & des opposans de produire de leur part dans la huitaine, & par un second acte il les somme de contredire.

Le plus ancien des Procureurs des opposans est, dans cette procédure, regardé en quelque maniere comme le Syndic de tous les opposans; aussi prend-il communication de l'instance d'ordre. Il fournit de contredits non-seulement contre la production des opposans, mais encore contre toutes celles qui lui sont communiquées. Cela n'empêche pas que les autres opposans ne puissent prendre aussi communication de l'instance d'ordre, & contredire les moyens d'opposition des créanciers qui prétendent mal-à-propos être colloqués avant eux.

Enfin, quand l'instance est en état, on procede à l'ordre, c'est-à-dire au Jugement qui fixe le rang dans lequel les créanciers qui ont formé leur opposition au décret, doivent être payés sur les deniers provenans du prix des héritages vendus par décret, & sur ceux qui sont entre les mains du Commissaire aux Saisies réelles, provenans des baux judiciaires desdits héritages, suivant l'ordre des privileges & des hypotéques, ou comme créanciers chirographaires, pour ceux qui n'ont point d'hypotéque.

Au Châtelet, on nomme un des Commissaires pour faire l'ordre des créanciers. L'adjudicataire doit lui remettre le décret & la quittance de consignation du prix de l'adjudication. Cela étant fait, le Commissaire rend une Ordonnance, portant que les créanciers opposans remettront entre ses mains leurs titres dans la huitaine, & si après une seconde sommation, avec un pareil délai de huitaine, les opposans manquent à y satisfaire, on obtient contr'eux une Sentence, qui en leur accordant un nouveau délai de huitaine pour remettre leurs titres entre les mains du Commissaire, ordonne que faute par eux de satisfaire à ce Réglement, sans qu'il soit besoin d'autre Sentence, il sera procedé à l'ordre par le Commissaire, nonobstant les oppositions, desquelles on déboute ceux qui manqueront de produire leurs titres.

Le Commissaire ayant dressé l'ordre, on assigne les opposans ou domicile qu'ils ont élu, pour en prendre communication dans la huitaine, pour accorder l'ordre ou pour le contester.

Si après une seconde sommation, quelques-uns des créanciers opposans ont manqué de prendre communication de l'ordre, on obtient contr'eux une Sentence, qui porte que, faute par eux de prendre communication dans la huitaine de l'ordre dressé par le Commissaire, il sera tenu pour accordé par rapport à eux, sans qu'il soit besoin d'un nouveau Jugement.

Lorsque les opposans comparoissent, & contestent quelques collocations de l'ordre, le Commissaire leur en donne acte dans son procès verbal, & il renvoye les Parties devant le Lieutenant civil, pour être fait droit sur leurs contestations.

Ce renvoi n'a lieu que pour les opposans entre lesquels il y a quelque contestation; car les premiers créanciers dont la collation n'est contestée par aucune des parties, peuvent toucher les sommes pour lesquelles ils ont été colloqués, sans prendre aucune part à l'instance d'entre les autres opposans.

A l'égard de ces derniers opposans, il intervient un appointement à écrire & produire, que l'on instruit à la maniere ordinaire des autres instances.

Dans d'autres Tribunaux, il y a des procédures différentes de celles que nous venons d'expliquer, pour parvenir à faire l'ordre des créanciers. Comme l'Edit des Criées de 1551, & les autres Loix, n'ont rien déterminé là-dessus, il faut suivre les usages de chaque Jurisdiction.

Mais la maniere de colloquer chaque créancier dans l'ordre, soit comme privilégié, soit comme hypotécaire, soit comme chirographaire, a des régles plus certaines. Nous les avons expliquées, lettre C, en parlant de ces créanciers.

Au reste, en matiere de décret, toutes les formalités sont tellement de rigueur, que l'omission de quelqu'une rend absolument nulle toute la procédure, aussi-bien que l'adjudication qui auroit été faite en conséquence. C'est pourquoi il y faut bien prendre garde.

SAISIES ET CRIÉES DE RENTES. Les saisies &

& criées de rentes foncieres se font en la même forme que celles des héritages sujets aux rentes foncieres, suivant l'article 349. de la Coutume de Paris.

Le Sergent doit se transporter sur l'héritage sujet à la rente fonciere, & y saisir la rente dûe, déclarant par son procès verbal qu'il saisit une telle rente à prendre sur tel héritage, lequel il doit désigner & déclarer par le menu, par tenans & aboutissans; & les criées en doivent être faites en la Paroisse où les héritages sujets à la rente sont situés.

Il faut observer la même chose pour les rentes de bail d'héritage.

Pour ce qui est des rentes constituées sur Particuliers, la saisie en doit être faite ès mains du débiteur, avec défenses de racheter, ni vuider ses mains du principal & arrérages d'icelles au préjudice du saisissant.

Les criées en doivent être faites devant la principale porte de l'Eglise paroissiale du saisi créancier de la rente; & il faut mettre affiches & pannonceaux, tant contre la maison du saisi, qu'en la principale porte de ladite Eglise & Paroisse dudit saisi créancier de la rente, suivant l'article 348. de la Coutume de Paris.

A l'égard des rentes constituées sur l'Hôtel-de-Ville de Paris, qui sont présumées avoir une assiette à Paris, la saisie s'en fait entre les mains des Receveurs & Payeurs d'icelles : on doit y déclarer par le menu, la nature des rentes & la date de la constitution. Pour ce qui est des criées, il faut les faire devant la principale porte de l'Eglise paroissiale de l'Hôtel-de-Ville, qui est Saint Jean en Gréve, & mettre affiches & pannonceaux contre les portes de ladite Eglise & de l'Hôtel-de-Ville, suivant l'article 347. de la Coutume de Paris.

Aujourd'hui l'on ne fait point de criées de rentes sur l'Hôtel-de-Ville, ni de rentes constituées sur des Particuliers; mais on peut les saisir réellement, & la vente s'en fait après les affiches & pannonceaux royaux aux lieux requis sur trois publications, qui se font, pour les rentes de l'Hôtel-de-Ville, en l'Eglise de S. Jean sa Paroisse, en la Paroisse du saisi, & en celle de la Jurisdiction où la saisie est poursuivie.

Pour les rentes constituées sur Particuliers, en la Paroisse du saisi, & en celle de la Jurisdiction où la saisie réelle se poursuit.

Après que cela est fait, la vente desdites rentes qui ont été saisies réellement, se fait à la Barre de la Cour, si c'est au Parlement; & en l'Audience, si c'est au Châtelet ou ailleurs.

SAISIES ET CRIÉES DES OFFICES ROYAUX COMPTABLES EN LA CHAMBRE DES COMPTES A PARIS. Cette saisie doit être faite sur le saisi, le Sergent déclarant *qu'il saisit & met en la main du Roi l'état & Office de... dont le saisi est pourvu & titulaire, & les émolumens qui y sont attribués, sans aucune réserve ni exception*, &c.

Cette saisie doit être signifiée à M. le Chancelier, à ce qu'il lui plaise n'admettre aucunes Lettres de résignation ni provision de l'Office. Elle doit être aussi signifiée au Payeur de gages dudit Office, à ce qu'il n'en prétende cause d'ignorance, lui faisant défenses de payer les gages à autres qu'au Commissaire établi, sur peine de payer deux fois; car par l'exploit de saisie réelle, le Sergent doit établir le Commissaire aux Saisies réelles pour la perception des gages & émolumens.

Si cette saisie n'étoit pas signifiée à M. le Chancelier, le titulaire de l'Office le pourroit vendre; & n'y ayant point d'opposition au Sceau, l'acquereur seroit par ses provisions en sûreté contre les créanciers de son vendeur, d'autant que le Sceau purge les hypotéques pour les Charges, comme le décret purge celles qui sont sur les héritages.

Quand on dit qu'il faut signifier cette saisie à Monsieur le Chancelier Garde des Sceaux, cela s'entend en parlant au Garde-Rolle des Offices de France étant en exercice.

Quant aux criées, elles doivent être faites, suivant l'article 350. de la Coutume de Paris, devant la principale porte de l'Eglise S. Barthelemy, Paroisse de la Chambre des Comptes; & les affiches & pannonceaux se doivent mettre, tant contre la principale porte de ladite Eglise, que contre la maison où est demeurant le débiteur, au cas qu'il soit demeurant en la Ville ou Fauxbourgs de Paris.

S'il demeuroit ailleurs, il faudroit outre la solemnité susdite, faire les criées en la Paroisse de son domicile, & mettre pannonceaux, tant contre la principale porte de l'Eglise paroissiale, que contre la maison de saisi. Art. 352. de la Coutume de Paris.

La vente de ces offices se poursuit en la Cour des Aydes, suivant l'Edit du mois d'Août 1669. concernant la vente des biens des Comptables.

SAISIES DES OFFICES QUI NE SONT POINT COMPTABLES EN LA CHAMBRE DES COMPTES, comme de Sergens, Notaires, Greffiers, doit être faite sur le débiteur, & signifiée à celui qui en donne les provisions, & aussi à celui qui en paye les gages, avec défenses de les payer à autre qu'au Commissaire établi, à peine de payer deux fois.

A l'égard des criées, elles doivent être faites en la Paroisse du Siége dont dépend l'Office saisi, & où s'en fait le principal exercice, suivant l'article 351. de la Coutume de Paris.

SAISIE DES OFFICES DE JUDICATURE. Autrefois ces Offices ne pouvoient pas être saisis réellement : mais cette Jurisprudence a été changée par l'Edit du mois de Mars 1683. suivant lequel la saisie de ces Offices se fait sans criées, vû que la vente ne s'en fait point par décret; mais on saisit seulement l'Office sur le débiteur, & on lui donne assignation dans les délais de l'Ordonnance, pour voir ordonner qu'il passera une procuration *ad resignandum*; & qu'à faute de ce faire, la Sentence qui interviendra vaudra ladite procuration, pour être en conséquence d'icelle ledit Office vendu après trois publications en la maniere accoutumée.

Si le débiteur ne comparoit point, le Juge ordonne que dans quinzaine pour tous delais, le débiteur fournira sa procuration *ad resignandum* de l'Office sur lui saisi; & qu'à faute de ce faire, la Sentence vaudra procuration.

Ensuite le saisissant doit faire faire trois publications de quinzaine en quinzaine; les jours de Dimanche, à l'issue de la Messe paroissiale, à la principale porte de l'Eglise paroissiale du saisi, & de la Jurisdiction où se poursuit la vente.

Par Edit du mois de Février 1683. rapporté par Neron, il a été ordonné, I°. Que les créanciers opposans au Sceau & expédition des provisions des Offices, seront préferés à tous autres créanciers qui auront omis de s'y opposer, quoique privilégiés, & même à ceux qui auront fait saisir réellement les Offices, ou seroient opposans à la saisie réelle.

II°. Les Directeurs valablement établis par les créanciers de l'Officier, pourront s'opposer au Sceau audit nom de Directeurs, & conserveront les droits de tous lesdits créanciers.

III°. Entre les créanciers opposans au Sceau, les privilégiés seront les premiers payés sur le prix des Offices: après les privilégiés acquittés, les hypotécaires seront colloqués sur le surplus dudit prix, selon l'ordre de priorité ou de posteriorité de leurs hypotéques, & s'il en reste quelque chose après que les créanciers privilégiées & hypotécaires opposans au Sceau auront été entierement payés, la distribution s'en fera par contribution entre les créanciers chirographaires opposans au Sceau.

IV°. Si aucun des créanciers ne s'est opposé au Sceau, ou si tous les créanciers opposans au Sceau étant payés, il reste une partie du prix à distribuer, la distribution s'en fera premierement en faveur des créanciers hypotécaires, suivant l'ordre de leur hypotéque, & le surplus sera distribué entre tous les autres créanciers par contribution, sans avoir égard à aucunes saisies de deniers faites ès mains de l'acquereur de l'Office, du Receveur des Consignations, ou autres dépositaires du prix d'icelui, ni à la saisie réelle & oppositions, dont les frais de poursuites seulement seront remboursés par préférence.

V°. Après la saisie réelle enregistrée; le titulaire de l'Office ne pourra traiter qu'en présence des saisissans & opposans, si aucun y a, ou eux dûement appellés; & ce traité fait par l'Officier sera nul, quoique les oppositions ne fussent que pour conserver, & non au titre, si ledit traité n'est homologué avec les créanciers.

VI°. Le créancier qui aura saisi réellement l'Office sera tenu de faire enregistrer la saisie réelle au Greffe du lieu d'où dépend & où se fait la principale fonction de la Charge, quand même l'adjudication seroit poursuivie en un autre Jurisdiction; & six mois après ledit enregistrement signifié à la personne ou domicile de l'Officier, quand il sera d'une Compagnie supérieure, & trois mois à l'égard de l'Officier d'une Compagnie subalterne, & de tout autre, le créancier pourra faire ordonner que le titulaire de l'Office sera tenu de passer procuration *ad resignandum* de ladite Charge; sinon que ce Jugement vaudra procuration, pour être procedé à l'adjudication après trois publications, qui seront faites de quinzaize en quinzaine aux lieux accoutumés, & même au lieu où la saisie réelle aura été enregistrée.

VII°. Après les trois publications, il sera donné deux remises de mois en mois, avant que de proceder à l'adjudication de ladite Charge.

VIII°. Quand il aura été ordonné par un Jugement contradictoire, ou rendu Partie dûement appellée, dont il n'y aura point d'appel, ou qui aura été confirmé par Arrêt, que le Titulaire de l'Office sera tenu de passer procuration *ad resignandum*, sinon que le Jugement vaudra procuration, l'Officier demeurera de plein droit interdit de la fonction de sa Charge, trois mois après la signification dudit Jugement faite à personne ou domicile dudit Officier & au Greffe du lieu d'où dépend & où se fait la principale fonction de la Charge saisie, & ce en vertu dudit Jugement, sans qu'il puisse être réputé comminatoire, ni qu'il en soit besoin d'autre, & sans que les Juges, pour quelque cause que ce soit, puissent proroger ou renouveller ledit délai.

IX°. L'adjudication faite en Justice, & la Sentence ou Arrêt portant que l'Officier sera tenu de passer procuration *ad resignandum*, sinon ledit Jugement vaudra procuration, ou cas où il ne sera besoin d'adjudication, tiendront lieu de la procuration de l'Officier, & seront en conséquence les Lettres de provisions expédiées.

X°. Ce qui regarde la préférence des créanciers opposans au Sceau, sur ceux qui ont omis de s'opposer, sera exécuté tant pour le passé que pour l'avenir; la distributon du prix des Offices par ordre d'hypotéque entre les créanciers hypotécaires, aura lieu à l'égard des Charges qui seront vendues après la date des Présentes, soit par contrat volontaire ou par autorité de Justice; & la forme de proceder à la vente des Charges, sera observée seulement à l'égard des Charges qui seront saisies depuis la date de notre présent Edit, lequel nous voulons être exécuté nonobstant le contenu en la Coutume de Paris, même l'article 95. & toutes autres Coutumes, Stiles & Ordonnances, ausquelles nous avons expressement dérogé & dérogeons par ces Présentes.

XI°. N'entendons néanmoins comprendre au présent Edit les Offices comptables, à l'égard desquels voulons que celui du mois d'Août 1669. soit exécuté, tant pour la forme de proceder à la vente, que pour le Jugement de l'ordre & distribution du prix. Si donnons en mandement à nos ames & féaux Conseillers les Gens tenans notre Cour, &c.

SAISIE FÉODALE, est la saisie du fief du Vassal faite par le Seigneur, faute par le Vassal d'avoir fait la foi & hommage au Seigneur de qui son fief eleve, ou de lui avoir payé ses droits, ou faute d'aveu & dénombrement.

Plusieurs conditions sont requises pour la validité de la saisie féodale.

La premiere, qu'elle soit faite faute par le Vassal d'avoir fait la foi & hommage au Seigneur de qui son fief releve, & de lui avoir payé ses droits, ou faute d'aveu & dénombrement.

La deuxiéme, qu'elle soit faite dans le tems porté par la Coutume. *Voyés* l'article 7. de la Coutume de Paris.

La troisiéme, qu'elle soit faite par forme de Justice, c'est-à-dire par un Sergent, & en vertu de l'Ordonnance du Juge du Seigneur, laquelle doit être particuliere pour tel fief dénommé; si ce n'est dans les Coutumes qui permettent au Seigneur de saisir de sa propre autorité.

La quatriéme, que si le fief consiste en fonds de terre & maisons, le Sergent se transporte sur les lieux.

Si ce sont censives & rentes inféodées, le Seigneur doit signifier par un Sergent aux débiteurs d'icelles, & aux créanciers qui en est proprietaire & Vassal du Seigneur, qu'il saisit lesdites redevances.

La cinquiéme, que les causes de la saisie y soient énoncées, afin que le Vassal ne l'ignore pas, & qu'il y satisfasse.

La sixiéme, que la saisie soit faite au nom & à la requête du Seigneur, & non pas au nom du Procureur Fiscal.

La septiéme est, que cette saisie soit notifiée au Vassal.

La huitiéme, qu'elle soit faite du fief, & non pas simplement des fruits.

La neuviéme, que le Seigneur qui saisit le fief mouvant de lui, y fasse établir Commissaire, lorsque la saisie est faite faute d'aveu & dénombrement.

Il y a deux sortes de saisies féodales; les unes emportent la perte des fruits; les autres ne l'empertent pas.

Celle qui se fait faute de foi & hommage, & droits non faits & non payés dans les quarante jours prescrits par la Coutume, emporte la perte des fruits du fief au profit du Seigneur, desorte qu'ils lui appartiennent, & qu'il n'est pas obligé de les rendre, suivant ce que j'ai dit, lettre F, en parlant des fruits que le Seigneur gagne au moyen de la saisie féodale, & où j'ai expliqué plusieurs questions qui concernent cette saisie.

Mais celle qui se fait faute d'aveu & dénombrement donné au Seigneur dans les quarante jours, à compter du jour que le Vassal a été reçu en foi & hommage, n'emporte pas perte des fruits; ensorte que dans ce cas, le Seigneur qui saisit le fief relevant de lui, ne le met point à sa table.

C'est aussi la raison pour laquelle, quand la saisie féodale est faite faute de foi & hommage, il ne faut point d'établissement de Commissaire, par la raison que comme cette saisie emporte perte de fruits, le Seigneur les retient par ses mains. Au contraire, dans celle qui est faite faute de donner un dénombrement, il faut nécessairement établir un Commissaire, à peine de nullité; parce que le Seigneur ne fait pas les fruits siens pendant que la saisie dure.

La saisie féodale faite faute de foi & hommage, & du payement des droits, cesse dès que le Vassal a fait la foi & hommage à son Seigneur, & lui a payé les droits, & le Seigneur ne rend point compte des fruits par lui perçus.

Celle qui est faite faute d'aveu & dénombrement, cesse dès le moment que l'aveu a été donné au Seigneur par le Vassal: après quoi le Commissaire doit rendre les fruits qu'il a perçus au Vassal, ou lui en rendre compte.

La saisie féodale a ce privilége, qu'elle n'est jamais convertie en opposition, & qu'elle est préferée à toute autre, en ce qu'elle retient toujours le nom de saisie.

En effet, c'est un droit qui est inhérant à la chose, & qui la suit en quelque main qu'elle passe, lequel droit est réel, & plus ancien que celui de tous les créanciers qui ont saisi le fief de leur débiteur. Il n'y a donc rien qui puisse empêcher les effets de la saisie féodale faite faute d'homme, droits & deniers non faits & non payés; c'est-à-dire, que les fruits du fief saisi par le Seigneur pour les susdites causes, appartiennent au Seigneur tant que la cause de sa saisie dure, étant au pouvoir du Vassal saisi, ou de ses créanciers à son refus, de satisfaire aux causes de la saisie, & par ce moyen d'en obtenir main levée.

Voyez Coquille en son Institution au Droit François, titre des Fiefs; & ce qui est dit de la saisie féodale dans le dictionnaire de M. Brillon. Voyez aussi ce que j'ai dit sur les articles premier & neuf suivant la Coutume de Paris.

SAISIE FÉODALE EST PUREMENT RÉELLE, & ne peut passer pour être ni personelle, ni mixte.

La raison est que cette saisie est une réunion du fief à la table du Seigneur qui se fait *jure feudi*, & en conséquence du domaine direct. C'est pour cela que Dumoulin sur l'article 1. de la Coutume de Paris, glose. 4. nombre 24. dit; *Ista apprehensio dominicalis est juris privati & patrimonialis, sive ut ita loquar, domanialis*, & dans la glose cinquiéme, nombre 1. il ajoute que cette saisie ne se fait point sur la personne du Vassal mais sur le fief. *Nulla manus injectio potest fieri in personam vassali, sed solum in feudum ipsum, & in rem beneficiariam.*

Enfin dans la glose neuviéme, nombre 47. il décide en termes formels que c'est une matiere entierement réelle. *Manus injectio feudalis, non est personalis, sed realis, nec fit in personam, sed in rem ipsam, quam solum & non personam afficit .... & sic non inducit jus personale, sed jure in re.*

La saisie féodale étant une matiere purement réelle, elle ne peut être évoquée aux Requêtes de l'Hôtel ou du Palais. L'Ordonnance de Louis XII. de l'année 1499. article 43. défend expressément à Messieurs des Requêtes de prendre connoissance, sous ombre de *Committimus* ou autrement, sinon des causes personnelles & possessoires, quand même ce seroit du consentement des Parties. C'est pourquoi cette Ordonnance ajoute ; *Nous enjoignons à notre Cour de Parlement, & à nos Procureur & Avocats généraux, qu'ils empêchent lesdits renvois.*

L'article 24. du titre des *Committimus*, de l'Ordonnance de 1669. a confirmé cette ancienne Ordonnance d'une maniere bien précise. Voici les termes: *Ne pourront aussi avoir lieu les* Committimus *ès demande, passer déclaration ou titre nouvel de censives ou rentes foncieres, ni pour payement des arrerages qui en seront dûs, à quelques sommes qu'ils puissent monter, ni aux fins de quitter la possession d'héritages ou immeubles, ni pour les élections, tutelles, curatelles, scellés, inventaires, acceptation de garde-noble, ou pour matieres réelles, encore que par le même exploit la demande fût faite à fin de restitution de fruits.*

Si par cet article on n'est point en droit d'évoquer des demandes pour passer déclaration ou titre nouvel de censives ou rentes foncieres, ni pour payement des arrérages qui en sont dûs, on ne peut à plus forte raison évoquer une saisier féodale, qui contient non-seulement un droit réel, mais encore la réunion du fief servant au fief dominant, qui se fait par puissance féodale.

Il faut cependant demeurer d'accord qu'anciennement on pouvoit évoquer aux Requêtes les choses foncieres & exploits domaniaux, qui appartiennent originairement à la Justice fonciere, & font partie d'icelle ; mais c'étoit un abus, comme le remarque fort bien Dumoulin sur l'article 23. de la Coutume de Sens, & après lui Louet, lettre R, somm. 36.

Aussi par Arrêt rendu au Parlement de Paris, sur les conclusions de M. l'Avocat général Joly de Fleury, le 4. Juin 1703. il a été jugé que la saisie féodale ne pouvoit être évoquée aux Requêtes de l'Hôtel ou du Palais. Cet Arrêt est rapporté par M. Augeard, tome 1 : Arrêt 41.

SAISIE FÉODALE NE PEUT ETRE FAITE, DANS LES PAYS DE DROIT ÉCRIT, QU'APRES QUE LE SEIGNEUR A MIS ET CONSTITUÉ LE VASSAL EN DEMEURE. Ainsi après le refus & la contumace du Vassal, il faut que le Seigneur se pourvoie en Justice, pour avoir permission de faire saisir les fruits du fief servant ; encore cette saisie n'emporte point la perte des fruits, à moins que la coutume ne soit outrée, & que cela ne soit ainsi ordonné en Justice avec connoissance de cause. Henrys, tome 1. livre 3. quest. 2.

SAISIE VERBALE, dont il est parlé dans l'article 11. du la Coutume d'Angoumois, étoit une saisie féodale, qui se faisoit par le Seigneur du fief qui n'avoit exercice de Jurisdiction.

Cette saisie se faisoit en conséquence du seing privé du Seigneur, & du scel de ses armes, & étoit signifiée par un Sergent emprunté.

Quand le Seigneur du fief vouloit faire une saisie réelle & effective, il prenoit commission & conforte main de son Seigneur suzerain, pour confirmer sa saisie verbale ; & en conséquence il faisoit saisir & établir Commissaire par un Sergent du même Seigneur suzerain, & faisoit présenter le bail devant le Juge dudit Seigneur.

La Justice fonciere & la saisie verbale, dont il est parlé audit article 11. de la Coutume d'Angoumois, ne sont plus en usage. *voiés* Vigier aux dernieres additions sur cet article 11.

SAISIE ET ANNOTATION DE BIENS. *voiés* Annotation de biens. *voiés* aussi Contumace.

SAISIE SUR SAISIE NE VAUT. Il n'y a que la premiere qui soit appellée saisie ; toutes les autres sont converties en oppositions.

Cette maxime a lieu, tant pour la saisie & exécution de meubles, que pour la saisie réelle. La premiere saisie en fait de meubles est toujours préferable aux autres, en ce que le premier saisissant les meubles ou autres choses mobiliaires de son débiteur, est le premier payé sur le prix prevenant de la vente d'iceux, si ce n'est en cas du privilége de l'opposant ou postérieurement saisissant, ou en cas de déconfiture.

Pour ce qui est de la saisie réelle, le premier saisissant réellement, c'est-à-dire, le créancier dont la saisie réelle se trouve enregistrée la premiere, est préferé à tout autre, non pas pour être payé de son dû par préference, mais pour poursuivre les criées & le décret, pour le prix en provenant être distribué entre lui & les créanciers opposans selon l'ordre de leurs priviléges & hypotéques.

Ainsi cette premiere saisie réelle retient seule le nom de saisie ; & celles qui se trouvent avoir été faites après, sont appellées oppositions, & n'ont point d'autres effets ; c'est-à-dire, que ceux à la requête desquels elles sont faites, s'opposent à ce que les criées, décret & adjudication des choses saisies ne se fassent, si ce n'est à la charge d'être conservées dans leurs droits & hypotéques, & être mis en ordre selon le tems de leur créance ou de leur privilége, s'ils y sont privilégiés.

Il faut excepter la saisie féodale, laquelle étant faite sur une saisie à la requête des créanciers du vassal saisi, vaut comme si elle étoit faite la premiere, & n'est pas convertie en opposition, à cause que le droit en vertu duquel la saisie féodale est faite, est plus ancien que celui des créanciers qui ont saisi le fief de leur débiteur, comme je l'ai remarqué, *verbo* Saisie féodale.

Il faut encore excepter de cette régle générale : *saisie sur saisie ne vaut*, lorsqu'il y a intervalle ou cessation de poursuites du premier saisissant d'environ six mois. La Rocheflavin, livre 2. titre 1. Arrêt 33.

Enfin saisie sur saisie vaut, lorqu'elle est faite

au vû & sçû du premier saisissant, qui ne s'y oppose pas. Peleus, liv. 3. art. 34. Basset, tom. 2. liv. 7. tit. 7. chap. 1.

SAISINE, est la prise de possession par l'acquéreur d'un héritage, par le moyen de la notification du contrat d'acquisition, qui se fait au Seigneur de qui releve l'héritage. Ainsi saisine est une espèce d'investiture que donne le Seigneur, pour laquelle il lui est dû un droit appellé droit de saisine.

Cette saisine & désaisine s'appelle *entrée & issue* en la Coutume de d'Artois, art. 29.

Suivant la Coutume de Paris, article 82. ne prend saisine qui ne veut; mais si on prend saisine sera payé douze deniers parisis pour la saisine de l'héritage censuel.

Néanmoins il n'y a personne qui ne doive faire ensaisiner son contrat d'acquisition, quoique cette Coutume n'y oblige pas, parce que l'action du retrait ne court que du jour de l'ensaisinement du contrat d'acquisition & dure un an entier à compter de ce jour.

Cependant depuis l'Edit des Insinuations laïques l'an du retrait ne court que du jour que le contrat d'acquisition a été insinué; mais il faut toujours que le contrat soit ensaisiné pour jouir en repos de l'héritage acquis, après que l'année du retrait sera finie.

Nous avons des Provinces dans le Royaume qu'on appelle pays de saisine, comme sont les Coutumes de Clermont en Beauvoisis de Senlis & du Valois.

La saisine en ses Coutumes est une formalité semblable à celle du nantissement, en ce que l'acquéreur d'un héritage, ou le créancier d'une terre, prend par ce moyen une espèce de possession & mise de fait du Seigneur de qui relevent & sont tenus en censive les biens acquis & hypotéqués.

Mais elle differe du nantissement, en ce que l'effet de cette saisine n'est pas de donner l'hypotéque aux contrats; car il est certain qu'elle est acquise indépendamment de la saisine, dès-lors que le contrat est passé sous le scel royal & autentique. Mais la saisine sert à donner la préférence entre un genre de créanciers qui ont déja hypotéque acquise, quand il s'agit entr'eux d'être colloqués utilement sur le prix du bien décreté sur leur débiteur commun.

Voilà la différence qu'il y a de ces Coutumes de saisine à celle de Picardie, où il n'y a point d'hypotéque en vertu des contrats ordinaires passés devant Notaires, sans nantissement, ou sans Jugement portant condamnation.

Au reste, les contrats de mariage n'ont pas besoin d'être ensaisinés dans ces Coutumes, non plus que d'être nantis dans les Coutumes de nantissement. *Voyez* Nantissement.

Touchant la saisine, *voyez* ce qui en est dit dans le Glossaire du Droit François. *Voyez* aussi Ricard sur le titre 14. de la Coutume de Senlis, l'Institution au Droit François de Coquille, page 122 Charondas, liv. 4. rep. 38. & liv. 5. rep. 60. Sœfve, tom. 1. cent. 2. chap. 87. & ce que j'ai dit sur l'article 130, de la Coutume de Paris.

SAISINE EN MATIERE DE COMPLAINTE, signifie possession. Quand on y est troublé, l'on peut dans l'an & jour du trouble former complainte. C'est ce que marquent ces termes: *Complainte en cas de saisine & nouvelleté.*

Mais la complainte en cas de saisine & de nouvelleté est différente du cas de simple saisine, dont il est fait mention dans plusieurs de nos Coutumes; car celui qui la derniere année précedente le trouble pour lequel se forme la complainte possessoire, a possedé & joui paisiblement d'aucun héritage, cens, rente, ou autre droit corporel, *non vi, nec clam, nec precario ab adversario*, est bien recevable pour raison d'iceux à intenter complainte en cas de nouvelleté dans l'an & jour du trouble, s'il est troublé ou empêché en sa possession & jouissance, pour être conservé en sa possession.

S'il y a défaut de telle jouissance d'an & jour derniers, & qu'auparavant & depuis dix ans il en ait joui paisiblement, soit continuellement, ou par intervalle, & par la plus grande partie dudit tems, encore qu'il ne soit fondé en titre; néanmoins il est bien récevable d'intenter le cas de simple saisine, afin d'être remis en la possession qu'il avoit perdue.

La simple saisine n'est donc autre chose qu'un droit que celui qui avoit joui d'une rente, ou d'autre charge réelle sur un héritage, auparavant & depuis dix ans, & pendant la plus grande partie de ce tems, pouvoit autrefois exercer contre celui qui l'y troubloit dans les dix années, pour être remis dans la saisine & la possession de sa rente, ou autre charge réelle, encore qu'il ne fût fondé en titre.

Ainsi, en cas de simple saisine, le possesseur jouit durant le procès, quoiqu'il ait pris possession sans juste cause ou juste titre, d'autant qu'il a joui plus d'un an; mais en cas de complainte de nouvelleté, celui-là doit jouir qui peut montrer de ses derniers exploits & actes de possession, & comme il a été de nouveau troublé en icelle.

Bouteiller prétend que simple saisine ne se doit asseoir que sur trouble de servitude ou de prestation de rente. L'article 98. de la Coutume de Paris, semble n'admettre la simple saisine que dans le cas de prestation de rente, lorsque celui qui possedoit une rente a été troublé en la jouissance d'icelle: mais aujourd'hui la simple saisine n'a plus lieu dans la Coutume de Paris, comme nous l'avons remarqué sur ledit article 98, & je ne crois pas qu'elle soit usitée ailleurs; car il paroît absurde qu'une action possessoire se puisse intenter dans les dix ans du trouble & de la cessation, & qu'elle dure plus que la complainte effective, qui ne dure qu'un an.

D'ailleurs, en concurrence de prétentions diffé

rentes, l'on doit toujours dans le doute, & lorsqu'il n'apparoît d'aucun titre de part ni d'autre, ou qu'il est incertain lequel est le plus considérable, conserver celui qui est en possession; & celui qui a été troublé en la sienne, doit s'imputer de n'avoir pas agi au possessoire dans l'an & jour du trouble: s'il est réduit à agir au pétitoire, c'est la faute d'avoir laissé passer le tems qui lui étoit accordé pour intenter la complainte.

SAISIR, c'est livrer, mettre en possession, entrer en jouissance: *Le mort saisit le vif*, c'est-à-dire qu'il ne faut point demander en Justice la délivrance d'une succession, comme celle d'un legs.

SAISIR LES BIENS DE SON DÉBITEUR, c'est, selon le Droit Romain, *mitti in possessionem*. Saisir parmi nous, c'est déposseder un propriétaire des meubles, héritages, maisons & autres biens qui lui appartiennent; ce qui se fait par le ministere d'un Sergent, qui déclare par un exploit, qu'il saisit par autorité de Justice une telle chose à la requête d'un tel, faute de payement de telle somme à lui dûe.

Suivant notre usage, un débiteur n'est dépossedé de ses meubles, que par la saisie & exécution qui en est faite, & qui est suivie d'établissement de gardien. A l'égard des immeubles, le propriétaire sur qui ils sont saisis réellement, n'en est dépossedé que par le bail judiciaire.

SE SAISIR, signifie s'emparer de quelque chose.

SALAIRE, est la récompense du travail que l'on a fait pour quelqu'un, & des services qu'on lui a rendus.

Vignerons, mercenaires & gens de journée, sont tenus de travailler dès le soleil levé jusqu'au soleil couché; autrement ne leur est dû salaire.

Quand on n'a rien promis de certain aux ouvriers en les louant, & que les uns payent plus, les autres moins, il faut choisir un milieu entre le plus grand & le moindre prix.

Un Sergent ne peut retenir les meubles des débiteurs pour payement de ses salaires. Il ne peut pas non plus demander le payement de ses salaires après un an.

Touchant le salaire des témoins, *Voyez* Témoins

Touchant le salaire des Procureurs, *Voyez* Procureur.

SALAIRES DES TUTEURS, sont adjugés par le Juge, quand, pour solliciter les dettes des mineurs, ils ont été obligés de faire des diligences, & commettre des solliciteurs. *Voyez* Maynard, liv. 6. chap. 55. & Boniface, tom. 4. liv. 4. tit. 1. chap. 9.

Au Châtelet de Paris, la regle est, que les tuteurs ne peuvent demander des appointemens & salaires, à moins qu'il n'y ait un avis des parens qui les leur adjuge & le fixe. Dans le Recueil des Actes de notoriété donnés par M. le Camus Lieutenant civil, il y a en deux qui le déclarent ainsi.

Le premier est du 7. Mars 1685. qui porte que l'usage du Châtelet est que l'on passe au tuteur les frais nécessaires pour la perception des droits du mineur, même l'entretien d'un homme d'affaires & voyages, lorsqu'il a été ainsi reglé par l'avis des parens assemblés ou pour l'élection des tuteurs, & que tous les comptes de tutelle se rendent aux dépens du mineur, sans que le tuteur soit obligé d'en porter aucune chose.

Le deuxiéme est du 19 Juin 1708, qui porte que les appointemens & les voyages des tuteurs des mineurs ne doivent point être passés dans les comptes de tutelle, s'ils ne sont fixés par l'avis des parens, ou si les Juges n'ont décidé quelle dépense en est nécessaire.

SALAIRES DE DOMESTIQUES, SERVITEURS, LABOUREURS ET AUTRES, doivent être demandés dans l'an, à compter du jour qu'ils sont sortis de service; & ce pour trois années s'il n'y a promesse ou autre titre, ou interpellation judiciaire: mais ils n'ont de privilége que pour la derniere année. *Voyez* ce que j'ai dit sur l'article 127. de la Coutume de Paris, & le Commentateur d'Henrys, tom. 1. liv. 4. quest. 20.

SALINE, est le lieu où sont les eaux, les chaudieres, les fontaines, les puits & tous les outils propres pour faire le sel, & où l'on en fabrique.

Il y a une Déclaration du mois de Janvier 1691. portant réglement pour la levée du quart-bouillon sur les salines de la Province de Normandie.

L'Edit du mois d'Août 1692. est un réglement pour les salines du Comté de Bourgogne.

Voyez le Dictionnaire de M. Brillon.

SALIQUE. *Voyez* Loi Salique.

SALPETRE, est une espèce de mineral qui se trouve dans les cavernes, caves, bergeries, étables, écuries, rochers, masures & carrieres, qui a de la faveur & du sel chaud & sec.

Il est défendu de transporter le salpêtre hors le Royaume.

Il est permis aux Salpêtriers d'entrer dans les maisons pour le recueillir.

L'Edit donné à Blois au mois de Mars 1672. est un réglement général pour la vente des salpêtres & poudres.

Voyez le Dictionaire de M. Brillon & celui de Chasles.

SALVAGE ou SAUVELAGE, est un droit qui appartient à ceux qui ont aidé à retirer du naufrage des marchandises qui étoient sur le point de périr. Ce droit est ordinairement la dixiéme partie de ce qu'on sauve.

SALVATIONS, se dit de tout ce qui est proposé pour soutenir ce qui a été auparavant exposé de notre part, pour refuter les argumens que la Partie adverse a objectés contre les piéces que nous avons produites.

Ainsi salvations de causes d'appel ou de griefs, ou de contredits, sont les écrits qui servent de réponses aux réponses aux causes d'appel ou aux réponses à grief ou aux contredits.

Pareillement les réponses aux reproches des témoins faites par la partie adverse, sont salvations par lesquelles celui qui a fait l'enquête soutient la déposition de témoins, & réfute les reproches de la Partie adverse.

Quand la preuve d'un fait se fait par actes, les défenses contre ces actes sont appellées contredits, & les réponses aux contredits sont appellés salvations.

SAUF, signifie excepté, à la réserve, à la charge, pourvû que. On ajoute ce mot dans tous les défauts comminatoires qui portent quelque délai.

On donne à l'Audience des défauts sauf l'heure c'est-à-dire, au cas que le défaillant ne comparoisse pas avant la fin de l'Audience.

SAUF NOTRE DROIT ET LE DROIT D'AUTRUI, est une clause qui est toujours sous-entendue dans les dons, graces, privileges, & actes du Prince; & sur-tout par rapport à la derniere partie de cette clause, qui regarde le droit d'autrui.

Les Princes souverains sont à la vérité maîtres de tout; mais cela ne s'entend que de la directe Seigneurie & Justice souveraine, & non pas de la possession & proprieté des biens en particulier, qui appartient à ceux de leurs Sujets qui en jouissent.

Itaque beneficium Imperatoris latissimam recipit interpretationem, si nullius privati læsionem contineat; secus vero strictam. Leg. 3. ff. de Constitution. Princip. juncto Gotofr. ibidem.

Voyes la Bibliotéque du Droit François *verbo* Sauf. Au reste, cette clause, sauf notre droit & celui d'autrui, se met toujours dans les ensaisinemens des contrats.

SAUF-CONDUIT, est une assurance qu'on donne par écrit à quelqu'un pour la sûreté de sa personne pout aller & venir en liberté.

Il n'ya que le Roi qui accorde des saufs-conduits, ou celui qui le représente. Les créanciers qui ont la contrainte par corps contre leur débiteur, peuvent bien par un acte lui en accorder une surséance, qui lui tienne lieu de sauf-conduit pendant un tems, à l'effet de regler ses affaires; pendant lequel tems ils consentent que la contrainte par corps soit sursise, sans néanmoins lui donner aucune surséance des poursuites qu'ils exercent ou peuvent exercer sur ses biens.

Les Juges peuvent quelquefois donner des saufconduits à des délinquans ou à des prisonniers, pour agir en leurs affaires; mais cela ne se doit faire qu'avec une grande connoissance de cause, & pour quelque juste considération.

Voïés Julius Clarus, *liv. 5. Sentent. §. finali, quæst. 32.* aux additions; & Franc. Marcus, tom. 2. quest. 68.

SAUF-REPIT. Ce terme, qui se trouve dans les articles 267. & 352. de la Coutume de Bretagne, signifie la souffrance que le Seigneur baille à son Vassal pour lui faire hommage.

SAUVE-GARDE, sont les Lettres, que le Roi donne à ceux qui ont juste sujet d'appréhender d'être opprimés par de plus puissans qu'eux, & d'être troublés dans leurs biens & possessions. Le Roi mande par ces Lettres au premier Huissier ou Sergent, de conserver & maintenir le suppliant dans ses biens, possessions & droits, contre tous ceux qui voudroient l'y troubler.

Telles Lettres doivent être publiées & signées ès lieux aux personnes qu'il appartient. On peut même en faire afficher des copies avec pannonceaux & armes Royaux, aux possessions & héritages de l'impétrant.

Celui qui enfreint la sauve-garde doit être puni de peine capitale, si les défenses de l'enfeindre sont sous peine de la vie; à tout le moins il doit être puni de peine corporelle & exemplaire, si l'infraction est faite quant au corps.

Si au contraire l'infraction est faite quant aux biens, la punition est d'amendes arbitraires, selon la qualité des personnes & exigences des cas.

Quand celui qui a obtenu sauve-garde se trouve blessé, battue ou tué, il est présumé que celui contre lequel la sauve-garde a été obtenue a fait le coup à moins qu'il ne fasse apparoir de son innocence.

Quelques Auteurs tiennent que la différence qu'il y a entre sauve-garde & l'assurément, est qu'il n'appartient qu'au seul Juge royal de donner des sauves-gardes, & que les Juges des Seigneurs Hauts-Justiciers ne peuvent donner que des assuremens. *Solus Rex potest in Regno dare custodiam, sive salvagardiam.* Gousset sur l'article 100. de la Coutume de Chaumont en Bassigny; Bacquet en son Traité des Droits de Justice, chap. 7. nombre 32; Ferrault en l'article 16. de son traité des Priviléges des Rois de France.

Néanmoins dans la Coutume de Sens & plusieurs autres, le droit de donner sauve-garde appartient, tant au Juge Royal, qu'aux Juges des Seigneurs Hauts-Justiciers; & à Langres on ne fait aucune différence entre assurément & sauve-garde du Roi: chaque Juge dans son territoire peut donner assurément & sauve-garde.

Voïés Assurément, & la Conférence des Coutumes, partie 5. pag. 127. *Voïés* aussi Bacquet, des Droits de Justice titre 7. nombre 32.

SAUVEMENT, est un droit seigneurial qui est semblable au droit de vintain. Il consiste en la deuxième partie des bleds & vins, que les vassaux donnoient autrefois à leur Seigneur, à la charge de construire & d'entretenir à ses dépens les murailles du Bourg, pour la sûreté des habitans & la conservation de leurs biens, en cas de guerre ou de quelqu'autre accident.

Il est traité de ce droit dans Salvaing, en son Traité de l'usage des Fiefs, chap. 48.

SC

SCEAU, signifie cachet public gravé de la figure ou des armes du Roi, de l'état ou du Magistrat, avec lequel on scelle les Contrats, les Jugemens & les Lettres du Prince; parce qu'on ne peut pas si facilement contrefaire les Sceaux que les signatures.

L'usage en est si ancien, qu'on ne peut trouver l'origine. *Voyez* ce qui est dit dans le Dictionnaire de Trevoux. On sçait seulement, que la plûpart des Peuples s'en sont servis, mais ils n'avoient pas de grands Sceaux comme les notres: c'étoient de petits cachets; tels que ceux d'aujourd'hui qui servent de bagues.

Les anciens imprimoient ces Sceaux sur diverses matieres; les uns sur une certaine espéce de terre; d'autres sur de la cire. Ils se servoient de ces cachets à divers usages; ils les apposoient principalement sur les contrats & sur les testamens.

[illegible], les Sceaux ont été plus communs dans le commencement de la Monarchie, qu'ils n'avoient été parmi les autres peuples.

On ne sçavoit ce que c'étoit que de signer des actes; les Rois & les Juges avoient leurs Sceaux, qui faisoient autant de foi que la signature en fait aujourd'hui.

Cet usage des Sceaux en France venoit de ce que hors les gens d'Eglise, très-peu de personne sçavoient lire & écrire; & comme les contrats se passoient sous l'aveu des Juges, les contrats, de même que les Sentences, étoient scellés du Sceau du Juge, qui étoit bien plus connu que sa signature. *voiés* Loyseau, liv. 2. des Offices chap. 4.

Mais Philippe le Long crut qu'il étoit de la Majesté Royale que la principale marque des actes de Justice qui le rendoit autentique, fût celle du Roi c'est pourquoi il institua des Sceaux royaux; & comme le salaire qu'on donnoit à ceux qui les imprimoient produisoit un revenu considérable, il en fit un droit domanial.

Depuis ce tems les Sceaux des Justices Royales, & ceux qui sont apposés aux contrats passés pardevant les Notaires royaux, sont tous gravés des armes de France, quoiqu'auparavant il n'y eût que les expéditions de Chancellerie & les Arrêts des Cours souveraines qui fussent scellés des armes de France.

Il y a trois sortes de Chancellerie, & par conséquent trois espéces de Sceaux; sçavoir celui de la grande Chancellerie de France, celui des Parlemens, & celui des Présidiaux; à quoi il faut ajouter le petit Sceau.

Le Roi n'adresse jamais ses Lettres qu'à ses Officiers, pour les signifier ensuite aux Juges des Seigneurs qui peuvent connoître de l'affaire.

Ils n'appartient qu'aux Juges royaux, à l'exclusion des subalternes, de connoître du crime de faux commis aux Sceaux.

C'est le Chancellier de France, ou le Garde des Sceaux qui a le pouvoir de regler les fonctions des Officiers des Sceaux, d'examiner s'ils s'acquittent bien de leurs Charges, & de fixer leurs droits & émolumens.

Tous les Sceaux des Chancelleries sont en cire qui paroît au-dehors; à la difference des petits Sceaux des Justices & des contrats, dont la cire est couverte d'un morceau de papier.

SCEAU DE LA GRANDE CHACELLERIE, appellé communément le Grand Sceau; est celui qui a d'un côté la représentation du Roi assis en son Trône, le Sceptre en la main, & de l'autre côté les armes de France; il est gardé par M. le Chancellier, ou le Garde des Sceaux de France.

Il sert à sceller les Edits, Ordonnances & Déclarations, les Lettres de provisions d'Offices, les abolitions & rémissions légitimations, naturalités dons, expéditions de Finances, & toutes les autres Lettres de grande importance qui ne sont pas du stile ordinaire de la Justice, & qui ont besoin de la pleine grace & entiere autorité du Roi.

Le grand Sceau sert aussi à sceller les Commissions sur les Arrêts du Conseil du Roi, Grand Conseil; & même ceux des Cours de Parlemens, lorsqu'ils doivent être portés hors de leur ressort pour y être exécutés; car l'autorité du grand Sceau est reconnue dans toutes les terres de l'obéissance du Roi.

Enfin, l'on expédie au grand Sceau des Paréatis sur toutes sortes d'actes de Justice, pour être exécutés dans toute l'étendue du Royaume.

Le grand Sceau a son contre-scel, dans lequel est gravé l'écusson de France. On se sert de ce contre-scel pour attacher à la piéce principale celles qu'il est nécessaire d'y joindre, ou pour les rendre exécutoires, ou pour en constater la vérité, & empêcher qu'on ne les puisse changer ni en suppo-ser d'autres.

Les Edits se scellent en cire verte; mais les Lettres qui doivent durer toujours, les Provisions d'Offices héréditaires, les actes & commissions de Justice, sont scellés de cire jaune.

Des Sceaux du Roi, de leur autorité & de leurs droits, de la dignité du Garde des Sceau, *voiés* M. le Bret en son Traité de la Souveraineté, liv. 4. chapitre 1.

SCEAU DES PARLEMENS, est celui des Chancelleries près les Parlemens, qui ont chacune un Sceau particulier; néanmoins la même empreinte des armes de France, qui sont trois fleurs-delys, se trouve à tous.

Ces Chancelleries sont une émanation de la grande, pour lui servir d'aide.

Le Sceau du Parlement de Paris à pour inscription autour *Sigillum parvum pro absentiâ magni*, pour dire qu'en absence du Grand Sceau, on y peut sceller toutes sortes de Lettres, particulierement les Commissions sur Arrêts du Parlement & du Grand Conseil, & autres expéditions de Justice, qui autrement ne pourroient être scellées qu'au grand Sceau : ce que l'Histoire nous apprend s'être pratiqué dans des tems de guerres & de troubles.

On scelle ordinairement au Sceau des Parlemens les actes de moindre conséquence, qui sont du stile ordinaire de la Justice, & qui n'ont pas besoin de la pleine grace & entiere autorité du Roi. Telles sont les Lettres d'émancipation ou de bénéfice d'âge, les Lettres de bénéfice d'inventaire, les Committimus, les Terriers, les Lettres d'attribution de Jurisdiction pour criées, les Lettres de main souveraine, les reliefs d'appel, les anticipations, les *debitis*, les compulsoire, les désertions, les rescisions, les requêtes civiles & autres.

Les Lettres que l'on passe sous le Sceau de la Chancellerie d'un Parlement, ne sont exécutoires que dans l'étendue de son ressort, si ce n'est qu'on se servît du Sceau du Parlement de Paris en l'absence du grand Sceau, comme nous avons dit : auquel cas, selon la qualité des matieres ; le Sceau du Parlement de Paris seroit exécutoire par tout le Royaume.

Messieurs les Maîtres des Requêtes le tiennent chacun tour à tour.

Le Doyen a droit de le tenir pendant un quartier de l'année tout entier, & durant tous les premiers mois des trois autres quartiers, & par conséquent six mois entiers de l'année ; & pendant les autres mois, les Sceaux sont tenus par les Maîtres des Requêtes plus anciens de chaque quartier sucessivement, entre les mains desquels les Sceaux de cette Chancellerie sont déposés.

Le Procureur du Roi des Requêtes de l'Hôtel, qui a titre & fonction de Procureur général de la grande Chancellerie & de toutes les autres Chancelleries du Royaume, a droit d'entrée dans la grande Chancellerie de France, de séance dans celle du Parlement & d'inspection sur les Lettres & sur les Officiers du Sceau, pour empêcher les mauvaises clauses & surprises des Lettres, & faire garder la discipline aux Officiers.

Dans les Chancelleries établies près les autres Parlemens, il y a un Garde des Sceaux, qui a ordinairement un Office de Conseiller au Parlement joint à sa Charge qui est dépositaire du Sceau.

Mais dans la plupart de ces Chancelleries le Sceau est mis dans un coffre fermé de trois clefs ; l'une est pour le Garde des Sceaux, l'autre pour l'Audiencier, la troisiéme pour le Contrôlleur.

Les fonctions de ces Gardes des Sceaux sont semblables à celles des Maîtres des Requêtes dans la Chancellerie du Parlement de Paris.

SCEAU DES CHANCELLERIES PRESIDIALES, est celui de chaque Siége présidial où sont représentées les armes du Roi, mais beaucoup plus petites qu'à celui des Chancelleries établies près les Parlemes.

Il étoit anciennement gardé par un Garde des Sceaux institué pour cet effet, qui étoit Conseiller du Siége ; mais cette Charge ayant été supprimée, cette garde a été attribuée aux Juges présidiaux tour à tour, qui toutefois la négligent, & la laissent ordinairement à celui qui en a les émolumens.

Il sert seulement pour expédier les reliefs d'appel & anticipations des Siéges présidiaux, les Sentences présidiales, c'est-à-dire celles qui sont données aux deux chefs de l'Edit, & les Exécutoires émanés des Juges présidiaux.

Ce Sceau est exécutoire par tout où ressortit le Siége présidial.

SCEAU DE JUSTICE, OU PETIT SCEAU, est le Sceau qui sert à sceller les contrats, Sentences, & autres mandemens expédiés sous le nom des Juges royaux inférieurs.

Ce petits Sceaux des Justices & des contrats ont les armes du Roi empreintes, mais en une forme plus petite que ceux des Chancelleries présidiales.

Ils n'ont qu'une fleur-de-lys & celui du Châtelet n'en a encore qu'une. Ils sont gardés par des Officiers Gardes des Sceaux, qui furent créés en titre d'Office en 1568.

Ces Sceaux qui servent aux Justices royales, servent aussi à sceller les contrats qui sont passés dans l'étendue de ces Justices ; mais ils ne sont pas également exécutoires pour l'un & l'autre.

Les contrats passés sous le Sceau royal sont exécutoires par tout le Royaume, suivant l'art. 65. de l'Ordonnance de 1539.

Les Sentences scellées du Sceau royal sont de soi executoires seulement dans l'étenduede la Jurisdiction où elles ont été rendues ; & hors du ressort, elles ne sont exécutoires que par la permission & le pareatis du Juge des lieux où on les veut mettre à exécution.

Voyés dans les observations sur Henrys, tom. I. Liv. 2. chap. 4. question 25. la Déclaration du 27. Septembre 1697. qui porte rétablissement des Offices des Gardes des petits Sceaux, & qui les unit au Corps des Notaires ; & qui fait défenses aux Notaires des Seigneurs de recevoir aucun acte entre des personnes demeurantes hors de leur Jurisdiction, ni pour raison d'immeubles situés ailleurs.

SCEAU SEIGNEURIAL, appellé autentique, est celui des Justices subalternes & seigneuriales ; car les Seigneurs font apposer par les Officiers de leurs Justices un Sceau de leurs armes aux Sentences & Actes judiciaires qui sont rendus dans leurs Justices.

A l'égard des Seigneuries dans l'étendue desquelles il y a des Notaires, l'on appose aussi à ces contrats les Sceaux des Seigneurs pour les pouvoir mettre à exécution ; mais les obligations passées sous le Sceau autentique & non royal, ne sont exécutoires qu'aux cas que les obligez fussent demeurans dans le détroit où ce Sceau est autentique ; autrement une telle obligation ne passeroit que pour une promesse sous signature privée.

Pour ce qui est est des obligations passées sous le Sceau Royal, elles sont exécutoires par tout le Royaume, soit que les parties obligées fussent demeurantes dans le ressort de la Jurisdiction du Sceau de laquelle les obligations sont scellées, ou qu'elles fussent demeurantes ailleurs.

Cette différence vient de ce que l'autorité du Roi s'étend par tout le Royaume; par conséquent il seroit absurde de restraindre le pouvoir du Sceau royal dans certains lieux, outre que le Sceau du Roi est connu par tout, & personne ne le peut ignorer.

Mais comme l'autorité & le pouvoir des Seigneurs est restraint dans les limites de leurs Justices, & sur leurs Justiciables seulement, les obligations qui y sont passées ne sont point exécutoires sur les biens de ceux qui n'y étoient point domiciliés lorsqu'elles y ont été passées. *Voïés* l'art. 165. de la Coutume de Paris.

Après avoir parlé des différentes espéces de Sceaux ordinaires, nous allons parler de quelques espèces de Sceaux qui sont particuliers; sçavoir, du Sceau Dauphin, du Sceau des grands jours, du Sceau des Compagnies Orientales & Occidentales, & du Sceau des Reines & des enfans de France; mais nous croyons devoir dire auparavant quelque chose du Sceau attributif de Jurisdiction.

SCEAU ATTRIBUTIF DE JURISDICTION. Les Sceaux dont les obligations & contrats sont munis, ne sont point attributifs de Jurisdiction; & en cela nous ne suivons point en France la disposition du Droit Romain & du Droit Canon, qui porte que l'action personnelle doit être intentée pardevant le Juge du lieu où le contrat a été passé. *Leg.* 19. §. 1. *& leg. sequen. ff. de Judiciis*, *cap. Romana*, §. *contrahentes de foro compet. in sexto.*

Ainsi en France, quoique les obligations & les contrats soient passés sous le Sceau Royal, & que les parties contractantes se soient soumises généralement ou spécialement à la Jurisdiction du Juge Royal sous lequel l'acte a été passé, le Juge royal, sous prétexte de cette soumission, ne peut connoître des causes & procès mûs à raison des contrats passés sous son Sceau, si les parties contractantes ne sont ses Justiciables; sinon le créancier, nonobstant la soumission générale ou speciale, est tenu de poursuivre sa dette pardevant le Juge en la Justice duquel le débiteur est demeurant, sans avoir égard au lieu où le contrat a été passé, ni à la soumission générale ou spéciale que les parties auroient faite à la Jurisdiction d'un autre Juge.

Il faut néanmoins excepter de la regle les Sceaux du Châtelet de Paris, d'Orleans & de Montpellier, qui sont attributifs de Jurisdictions. *voyez* Prorogation de Jurisdiction, & ce que j'ai dit sur l'article 164. de la Coutume de Paris, nomb. 11. & suiv. *Voïés* aussi ce que j'ai dit cy-dessus, lettre C. en parlant du Châtelet de Paris.

SCEAU DAUPHIN, est un grand Sceau qui est particulier pour sceller les expeditions qui concernent la Province du Dauphiné.

Dans ce Sceau est représentée l'image du Roi à cheval & armé, ayant un écu pendu au col, dans lequel sont empreintes les Armes écartelées de la France & du Dauphiné, le tout dans un champ semé de fleurs de lys & de Dauphins.

Ce Sceau a son contre-sceau, dans lequel sont empreintes les Armes de France & du Dauphiné; & ce contre-sceau a pour suppôt un Ange qui le soutient.

Les Lettres concernant le Dauphiné, appellées Chartes, & autres qui sont accordées à perpetuité, sont scellées en verd de ce grand Sceau Dauphin. Pour ce qui est des autres Lettres qui sont à tems, comme provisions d'Office, Arrêts & expeditions de Justice, qui doivent avoir leur exécution dans le pays du Dauphiné, elles sont scellées en cire rouge, de ce même Sceau de la Chancellerie du Parlement du Dauphiné.

SCEAU DES GRANDS JOURS, est celui que le Roi envoye dans les Provinces, pour sceller les Actes & expéditions qui y seront arrêtés aux grands jours qui s'y tiendront.

C'est Mr. le Chancelier qui donne les Sceaux pour la Commission de ces grands jours; & ces Sceaux lui sont rendus, lorsque la Commission est finie.

Comme il y a ordinairement un Maitre des Requêtes nommé dans ces Commissions, c'est lui que M. le Chancellier en rend dépositaire.

SCEAU DES COMPAGNIES ORIENTALES ET OCCIDENTALES, est un Sceau particulier que le Roi a fait faire, où est d'un côté l'effigie de Sa Majesté, & de l'autre les Armes de France. Ce Sceau sert pour la nouvelle France, & pour les Indes Orientales & Occidentales.

SCEAU DES REINES ET DES ENFANS DE FRANCE. Les Reines & les Enfans de France ont un Chancelier, & un Sceau qui sert pour expédier les provisions des Offices de leur maison, & les autres actes qui sont expediés sous leurs noms.

SCEAU ECCLESIASTIQUE, & le Sceau de l'Evêque, qui sert à sceller les Lettres & expéditions qui se font sous son nom & sous son autorité. Ce Sceau fait foi en Justice; mais il n'emporte point exécution ni hypotéque. Louet, Lettre H. somm. 15. Coquille, question 218.

SCEAU DES COMMUNAUTÉS, est celui dont les Communautés se servent pour manifester leurs actes, & faire connoître qu'ils viennent d'eux. *Arca communis & Sigillum*, sont les caractères ausquels on reconnoît une Communauté faisant corps.

SCEAU PRIVÉ, est le cachet de chaque particulier, qui étoit autrefois d'un usage commun dans les actes que l'on faisoit.

Pasquier en ses recherches, liv. 4. chap. 11. dit qu'il y a eu un tems avant l'Ordonnance d'Orléans, pendant lequel, au lieu de seing, les parties qui faisoient quelqu'acte mettoient au bas leur sceau, comme il se voit en plusieurs anciens titres. Cela s'observe même encore aujourd'hui un Suisse & en Allemagne.

La raison pour laquelle le Sceau tenoit autrefois lieu de la signature, vient, selon quelques-uns, de ce que les anneaux sont le symbole mystérieux de la foi, qui est le fondement de tous les contrats. Loyseau, liv. 2. du droit des Offices, chapitre 4. en rend une autre raison, & dit que cela vient de ce que tout le monde est capable d'appliquer son cachet au bas d'un acte, mais non pas d'y mettre son seing.

L'Histoire nous apprend que du tems des Rois Merovingiens, les sciences étoient tellement négligées, qu'il n'y avoit que les Moines & les autres gens d'Eglise que l'on appelloit Clercs qui sçussent lire & écrire, ce qui fit que la science fut appellée Clergie, comme n'étant connue que des Clercs.

Mais depuis que les Laïcs se sont fait instruire des choses dont la connoissance est absolument nécessaire dans le commerce de la vie pour bien regler les affaires, l'écriture est devenue plus commune, & l'usage s'est introduit de faire signer les actes par les Parties, au lieu de leur y faire mettre leur sceau.

SCEL, est la même chose que Sceau; mais ce terme n'est aujourd'hui en usage que dans quelques phrases. On dit, par exemple, sous le Scel du Châtelêt de Paris. On dit le Scel secret du Roi. Il entre aussi dans la composition de quelques mots, comme Garde-scel, contre-scel, qui est un petit Sceau qui s'appose au derriere du grand Sceau.

SCELLÉ, est l'apposition du Sceau aux Armes du Roi, faite par le Juge du lieu, ou par un Commissaire au Châtelêt de Paris, sur les coffres, cabinets & portes de chambres où sont les biens, meubles & papiers d'un défunt ou d'un absent, pour les conserver à ses héritiers ou à ses créanciers; ensorte qu'on ne peut point rompre ou lever le scellé qu'en présence de celui qui l'a posé.

Après la levée du scellé, on procéde à l'inventaire des biens, meubles & papiers qui se trouvent dans les lieux scellés, en présence de ceux qui y ont intérêt, ou des Notaires ou Procureurs par eux commis pour veiller à leurs intérêts, & empêcher qu'il ne se fasse aucune soustraction.

Il y a plusieurs causes pour lesquelles le scellé peut être apposé. I°. le créancier peut faire apposer le scellé sur les biens de son débiteur décedé, pourvû qu'il soit fondé en titre valable qui le fasse créancier d'une somme certaine; ou bien il faut, pour apposer le scellé sur les biens d'un défunt, justifier qu'on a un intérêt notable de conserver & reclamer des choses qu'on auroit donné au défunt en nantissement, ou qu'on lui auroit prêtées.

II°. La veuve, pour la répétition de ses conventions matrimoniales, ou les héritiers d'un défunt qui appréhendent que la veuve ou quelqu'autre personne ne détourne les effets de la communauté.

III°. L'exécuteur testamentaire, pour rendre un compte fidéle & exact de ce dont il aura été saisi pendant l'an & jour de son exécution.

IV°. Les créanciers d'un débiteur, quoique vivant, peuvent faire apposer le scellé sur ses biens, en cas d'absence & de latitation, de faillite, de banqueroute, ou d'emprisonnement pour dettes. Mais on ne peut point apposer le scellé sur les biens d'un homme vivant & résidant dans sa maison; on peut seulement faire mettre ses biens en sequestre.

V°. Le Procureur du Roi peut d'office faire apposer le scellé sur les biens d'un défunt, pour la conservation des biens & des droits des enfans mineurs, au cas qu'il n'y ait point de tuteur ou de curateur, & que les pere & mere soient décedés; car quand il y a un tuteur nommé, c'est à lui à faire l'inventaire, sur les peines de droit.

VI°. Le scellé peut s'apposer en matiere criminelle, sur les biens volés ou recelés.

L'article 18. de l'Arrêt du Parlement du 10. Juillet 1665. porte: » Ne pourront aucuns Juges » apposer les scellés sur les biens des défunts, ni les » Substituts les requerir, s'ils n'en sont requis par » les Parties, ausquelles il sera libre de faire procéder ausdits inventaires par les Notaires, chacun dans leur détroit; ce qui aura lieu, même » pour les biens des mineurs qui seront assistés de » tuteurs; & néanmoins en cas d'absence des héritiers légitimes, ou des Seigneurs ayant droit par » confiscations, aubaines & deshérences, seront » lesd. scellés apposés, le Substitut présent & requérant, lesquels scellés & inventaires pour les » Nobles, seront faits par les Lieutenans généraux » ès Bailliages & Sénéchaussées; & pour les personnes coutumieres, seront faits par les Juges » ordinaires, quand ils en seront requis, sans par » lesdits Juges substituer autres Officiers, faire aucune dépense de bouche dans la maison des Parties, ni que pour raison de ce, il leur soit taxé » ou payé aucune chose outre le salaire tel qu'il » sera reglé cy-après.

Pour faire apposer le scellé sur les biens d'un défunt, il faut le faire peu de tems après sa mort; car douze ou quinze jours plus tard, les choses ayant pû changer de nature ou d'état, l'héritier n'a que l'action en partage, & le créancier la voye de faire déclarer ses titres exécutoires.

Les appositions des scellés & inventaires ne doivent pas être évoquées pardevant les Juges de privilége, par la raison que cela regarde naturellement la fonction des premiers Juges.

Il faut excepter les scellés & les inventaires des Princes du Sang, & de ceux des Officiers publics de la Cour.

On ne peut apposer le scellé sur les effets d'un défunt ou d'un absent, si ce n'est à la requête de quelque partie qui ait intérêt à la conservation de ses biens. Aussi la Cour par plusieurs Arrêts a reprimé l'ardeur excessive de quelques Procureurs du Roi ou Fiscaux, qui les portoit à faire faire indiscretement des scellés sans en être requis; en conséquence de quoi ils ont été condamnés aux dépens, dommages & intérêts des héritiers.

Il n'est pas non plus permis de faire apposer le scellé sur les effets d'une personne qui est à l'article de la mort, quelqu'intérêt que l'on ait à la conservation de ses biens ; il faut attendre qu'elle soit décedée.

Celui qui n'est pas créancier du défunt, mais de quelqu'un de ses héritiers, peut bien saisir les effets de la succession, mais non pas faire apposer le scellé dessus, parce que l'apposition du scellé est une espéce d'exécution. Ainsi par Sentence du mois d'Avril 1717. main-levée a été donnée du scellé apposé à la requête d'un créancier de M. Romanet, Président au Grand-Conseil, en la maison de la Dame Romanet sa mere.

Pour faire apposer le scellé, il faut présenter requête au Juge ordinaire des lieux, tendante à ce qu'il lui plaise permettre au suppliant de faire proceder par voie de saisie & scellé sur tous les biens & effets de la succession d'un tel. Sur cette requête le Juge met : *Permis de faire saisir & sceller, & à cette fin commis.*

Au Châtelet de Paris, il y a des Commissaires qui ont le droit d'apposer le scellé sans Ordonnance du Lieutenant Civil, quand le corps du défunt est encore dans la maison : & cela sur la simple requisition des héritiers ou des créanciers qui ont des titres en bonne forme. Voilà le cas où ils peuvent apposer le scellé sans être commis par le Juge.

Dans les Provinces, ce sont les Prevôts & Baillifs qui apposent eux-mêmes le scellé. *Voiés* l'Arrêt du 16. Mars 1701. dans le Journal des Audiences, qui a adjugé par provision au Prevôt de Chartres, le droit d'apposer le scellé dans la Ville de Chartres chez un Noble.

Il faut remarquer I°. que les Huissiers du Parlement exécutans les Arrêts de la Cour, sont en droit d'apposer le scellé. Ainsi jugé par Arrêt du 14. Décembre 1675. rapporté par Sœfve, tom. 2. cent. 4. chap. 91.

II°. Que le Procureur du Roi ne peut faire apposer le scellé, qu'il n'y ait des mineurs ou des absens : néanmoins il a été jugé que dans le cas d'un testament, où l'argent comptant & les meubles en nature étoient légués aux pauvres, sans désignation d'un certain Hôpital, & d'un corps de pauvres, le Procureur du Roi avoit pû faire apposer le scellé & faire inventaire ; mais celui de Sezanne & autres Officiers furent condamnés à rendre les vacations qu'ils avoient prises ; parce qu'en cas de pauvres, le ministere des Officiers de Justice doit être gratuit. L'Arrêt du Parlement qui l'a jugé ainsi, est du 17 Décembre 1701.

III°. Que les Officiers du Châtelet de Paris ont droit de suite, pour l'apposition des scellés & la confection des inventaires, quand le défunt avoit son principal domicile à Paris ; mais autrement ils n'auroient pas droit de suite, quoiqu'ils eussent apposé les scellés & fait inventaire à la requête d'un créancier porteur d'un titre passé sous le scel du Châtelet de Paris. Ainsi jugé par Arrêt du 23. Février 1714.

IV°. Que les Officiers d'un Seigneur haut-justicier ne sont pas en droit d'apposer le scellé dans leurs Châteaux, faire inventaire de leurs effets, & donner des tuteurs à leurs enfans mineurs, à l'exclusion des Officiers royaux ; comme il a été jugé par plusieurs Arrêts du Parlement, & récemment par deux.

Le premier a été rendu en la Grande Chambre sur les conclusions de M. l'Avocat général le Nain, le 6. Février 1702. Cet Arrêt ordonna que les Seigneurs de Binainville & d'Orvillers seroient appellés, pour le reglement être fait avec eux ; & jusqu'à ce, & par provision, accorda aux Officiers du Présidial de Mantes le droit d'apposer le scellé, & de faire l'inventaire des effets de tous les Seigneurs hauts-justiciers de leur Jurisdiction, si le cas y échet, même de donner des tuteurs à leurs enfans, le tout au cas du Réglement, c'est-à-dire si la réquisition leur en est faite.

L'autre Arrêt a été aussi rendu en la Grande Chambre le 4 Février 1704. sur les conclusions de M. l'Avocat général de Lamoignon. Par cet Arrêt, le Commissaire aux inventaires d'Etampes fut maintenu pour la levée des scellés qu'il avoit apposés sur les effets d'un Seigneur voisin, au préjudice des Officiers de la Seigneurie qui avoient aussi scellé.

On ne peut pas dire que cette décision soit fondée sur ce que le pouvoir des Juges des Seigneurs finit par la mort des Seigneurs, mais seulement les raisons que nous allons déduire.

On demeure d'accord que tout mandat cesse par la mort, non-seulement du mandataire, mais aussi par celle du mandant : or les provisions d'un Juge ne doivent pas être regardées comme un simple mandat, puisqu'elles impriment à un Juge le caractere attaché à ses fonctions, qui ne l'abandonne que lorsqu'il est valablement destitué.

La raison de la décision de ces Arrêts est, qu'on a toujours mis au nombre des droits royaux, celui de se rendre justice à soi-même, & que par conséquent ce droit n'appartient qu'au Roi. Or si les Officiers des Seigneurs apposoient le scellé sur les effets de leurs Seigneurs, s'ils en faisoient l'inventaire, & s'ils donnoient des tuteurs à leurs enfans, qui par la mort de leurs peres deviennent eux-mêmes les Seigneurs de ces Officiers, il arriveroit delà que les Seigneurs, que leurs Officiers ne font que représenter, & qui ne sont que les interprétes de leurs volontés, se rendroient justice à eux-mêmes.

D'ailleurs, le Réglement de 1665. qui régle le pouvoir des Officiers des Seigneurs par rapport à leurs Seigneuries, permet à ces Officiers de connoître des baux & sous-baux de leurs Seigneurs, des droits de leurs domaines, pour les en faire payer ; mais il leur interdit la connoissance des actions intentées contre leurs Seigneurs, & des affaires où ils pourroient avoir quelque intérêt.

Tels sont certainement les scellés, les inventaires & les nominations de tuteurs, choses qui réglent ordinairement la fortune des Seigneurs & de leurs Créanciers dont la connoissance est attribuée aux seuls Juges royaux, & où sans cela il arriveroit tous les jours des abus par des levées de scellés précipitées, par des soustractions d'effets non compris dans l'inventaire, que les Officiers des Seigneurs ne pourroient pas empêcher dans la crainte d'être destitués.

Cependant M. Augeard, tome 2. chapitre 61. rapporte un Arrêt rendu en la Grande-Chambre le 23 Avril 1704. sur les conclusions de M. l'Avocat général le Nain, qui est entierement contraire à la décision que nous venons de donner; car sans avoir égard à l'intervention de la Communauté des Notaires du Châtelet de Paris, il jugea que l'inventaire de M. le Cardinal de Furstemberg seroit parachevé par les Officiers du Bailliage.

Il résulte de-là, qu'il jugea qu'après le décès des Seigneurs hauts-justiciers, leurs Officiers peuvent, à l'exclusion des Officiers royaux, apposer le scellé dans leurs Palais, & faire inventaire de leurs effets.

M. l'Avocat général dit, qu'il falloit en cela mettre de la différence entre les Officiers des Seigneurs laïcs, & les Officiers des Seigneurs ecclésiastiques. Au premier cas le Juge ne peut apposer le scellé chez son Seigneur, ni faire l'inventaire de ses effets, parce qu'il ne peut connoître des causes de son Seigneur, ni par conséquent de celles de ses héritiers, qui en lui succedant dans sa terre, deviennent au moment de sa mort Seigneurs du Juge. A quoi M. l'Avocat général ajouta, qu'il en seroit peut-être autrement, si les héritiers du Seigneur avoient renoncé à sa succession, ou que sa succession fût vacante.

Mais lorsque le Seigneur est ecclésiastique, il est constant que ses propres Juges peuvent apposer le scellé sur ses effets, & en faire inventaire; parceque ses héritiers n'ont aucun intérêt dans sa Seigneurie, puisqu'ils n'ont aucun droit de lui succeder dans le Bénéfice, auquel sa seigneurie est jointe.

Le procès verbal d'apposition de scellé contient l'énoncé de la requête qui a été donnée à cet effet; & ensuite celui qui appose le scellé, fait une description des endroits où il l'a apposé. Après quoi, suit une description des meubles trouvés en la maison du défunt.

Cela étant fait, il laisse tous les scellés & les meubles trouvés en ladite maison, en la garde d'un tel qui s'en est volontairement chargé, & promis de les représenter lorsqu'il sera ainsi ordonné, comme dépositaire des biens de Justice.

On peut s'opposer à la levée d'un scellé, ou en faisant inserer son opposition dans le procès verbal du Commissaire, ou en lui faisant signifier son opposition par un acte séparé.

Pour faire lever le scellé, il faut que les Parties intéressées & opposantes soient appellées en conséquence d'une Ordonnance du Juge apposée au bas d'une requête tendante à cet effet.

Les Parties intéressées étant assignées pour voir proceder à la levée des scellés, le Juge ou Commissaire au jour marqué par l'assignation, se transporte en la maison où il a apposé les scellés, & procede à la levée d'iceux, après les avoir reconnus sains & entiers, dont il dresse son procès verbal; ensuite on fait inventaire de ce qui se trouve sous les scellés.

Si toutes les Parties sont présentes, ou leur Procureur pour elles, il n'est pas nécessaire que le Procureur du Roi ni son Substitut y soient, si le scellé a été apposé à la requête de la veuve, & qu'il soit levé à sa diligence.

En travaillant aux oppositions & levées de scellés & inventaires, les Officiers qui y sont employés ne prendront aucuns répas ni nourriture sur les effets de la succession, ni aux dépens d'aucunes des Parties intéressées, à peine de concussion & de restitution du quadruple contre chacun desdits Juges, Procureurs Fiscaux, Greffiers & Sergens solidairement, mais se contenteront des salaires raisonnables.

C'est ce que porte l'article 57. de l'Arrêt de la Cour du 10 Juillet 1665.

Voyez cet Arrêt, qui dans d'autres articles régle ce qui est dû aux Officiers de Justice pour leurs vacations. Il se trouve dans le Recueil des nouveaux Réglemens pour l'administration de la Justice, aussi-bien que ceux dont je vais rapporter le prononcé, au sujet de l'apposition & de la levée des scellés.

Par Arrêt du 12 Janvier 1666. la Cour a ordonné, qu'à la diligence des Substituts du Procureur général, & des Procureur Fiscaux, les scellés seront apposés sur les biens des mineurs qui n'auront point de tuteurs, sans néanmoins qu'ils puissent assister à la levée desdits scellés, après qu'ils auront été reconnus; ni aux inventaires, sous prétexte de minorité ou absence de l'une des Parties; & seront tenus ceux qui provoqueront la levée desdits scellés, d'accorder un délai compétent pour élire un tuteur aux mineurs, & pour avoir procuration de l'absent, sinon qu'il y eût un péril évident en la demeure, à peine de restitution de ce qu'ils auront pris pour leurs salaires: & au surplus lesdits dix-huitiéme & cinquante-quatriéme articles seront exécutés; & que le vingt-uniéme article aura lieu, & sera exécuté pour la somme de quarante livres & au-dessous, à l'égard des Bailliages & Siéges présidiaux; pour la somme de vingt-cinq livres & au dessous, à l'égard des Prevôtés & Siéges subalternes.

Le 15 Janvier 1671. la Cour a fait un Réglement touchant les taxes que les Officiers subalternes peuvent prendre pour les appositions des scellés, inventaires & clôtures, & a condamné ceux qui avoient pris au-de là de ce qu'il convenoit, à rendre ce qu'ils avoient pris de trop, & aux dépens.

Par autre Arrêt du 15 Janvier 1684. la Cour a

fait défenses à tous Prevôts & autres Juges royaux, Officiers & Praticiens exerçans les Justices des Particuliers aux Greffiers, Notaires, & Sergens qui travailleront de leurs ordonnances, d'apposer des scellés dans les maisons des défunts sans en être requis par les Parties. Et en cas que les enfans ou héritiers présomptifs desdits défunts soient mineurs, ordonne qu'il sera procedé à l'apposition du scellé à la requête du Procureur Fiscal, & ensuite à la nomination du tuteur à la poursuite du parent le plus prochain qui se trouvera dans le lieu, & du Procureur Fiscal s'il n'y en a point; après quoi le scellé sera levé, & procedé, si besoin est, à l'inventaire par un Notaire, lequel en ce cas sera payé de ses vacations, sans que la présence du Juge ou autre Officier y soit nécessaire. Et si lesdits héritiers présomptifs sont absens, le scellé pourra être apposé à la requête du Procureur du Roi ou Procureur Fiscal, sans qu'en aucun desdits cas lesdits Juges & Officiers puissent prendre aucunes vacations ni salaires pour les appositions de scellés & inventaires faits sans réquisition des Parties, lorsque les meubles, bestiaux & effets mobiliers des successions dont il sera question, ne monteront qu'à deux cens livres & au-dessous. Fait pareillement défenses à tous lesdits Juges, Officiers, Greffiers, Notaires & Sergens, de prendre directement ou indirectement aucune promesse ou obligation sous leurs noms, & sous ceux d'autres personnes, pour les taxes, salaires & vacations qui leurs appartiendront pour toutes expéditions de Justice par eux faites, ou par les Officiers du même Siége; le tout à peine d'interdiction de leurs Charges, & de tous dépens, dommages & intérêts des Parties.

Par autre Arrêt du 8 Juillet 1693, la Cour faisant droit sur les conclusions du Procureur général du Roi, fait défenses à tous Juges, Commissaires & Notaires du ressort, de proceder à la levée des scellés, confections des inventaires, & à tous Procureurs de les requerir, & d'y assister que vingt-quatre heures après les enterremens faits publiquement des corps des défunts, à peine de nullité des inventaires, d'interdiction, & de cent livres d'amende contre les Commissaires, Notaires & Procureurs. Et sera le présent Arrêt lû & publié dans tous les Siéges du ressort.

Enfin par un Arrêt de Réglement du . . . Juillet 1733, la Cour a fait défenses de proceder à la levée des scellés & confections des inventaires, que trois jours francs après les funérailles faites publiquement.

Ces défenses sont faites pour donner aux créanciers du défunt le tems de prendre leurs mesures pour assurer leur gage.

Une remarque à faire touchant les scellés, c'est que lorsqu'il échoit à Sa Majesté une succession par droit d'aubaine, bâtardise, deshérence ou autrement, le scellé doit être mis sur les effets en provenans, par les Commissaires aux inventaires créés par l'Edit du mois de Mars 1720, assistés de leurs Greffiers, & les inventaires ensuite faits par eux, à la réquisition du Procureur du Roi du Bureau des Finances, & en présence du Trésorier de France qui aura été pour ce commis, lequel, en cas de contestation, ordonnera ce qu'il appartiendra, ou fera les référés au Bureau pour y être statué; comme il est ordonné par deux Arrêts du Conseil d'Etat du 20. Mars 1703. & du 5. Juin de la même année.

SCELÉ SUR LES BIENS DES OFFICIERS COMPTABLES, doit être apposé en la forme prescrite par Arrêt du Conseil d'Etat du Roi du 19. Octobre 1706. par lequel Sa Majesté ordonne qu'après le décès des Officiers comptables, les scellés seront apposés par l'un des Trésoriers de France, avec le Procureur de Sa Majesté du Bureau, dans la Généralité duquel les Comptables avoient leurs domiciles.

Et en cas que les Officiers du Bureau des Finances soient prévenus, & que sur la réquisition des veuves, enfans ou héritiers des Officiers comptables, les scellés ayent été apposés par les Officiers des Justices ordinaires ou Commissaires aux inventaires, ils apposeront leurs sceaux sur ceux de la Justice ordinaire, & sera par eux incessamment procedé à la reconnoissance & levée des scellés qu'ils auront apposés, ceux qui auront été mis par les Officiers de la Justice ordinaire ou Commissaires aux inventaires, préalablement reconnus, auquel effet ils seront appellés pour les reconnoître.

Et faute par eux de comparoir aux assignations qui leur seront données à la requête du Procureur de Sa Majesté du Bureau, lesdits scellés seront brisés & ôtés, après avoir été reconnus par un Graveur ou autre Expert pour ce mandés d'office.

Veut Sa Majesté, qu'après la reconnoissance & levée desdits scellés en présence des opposans ou dûement appellés, il soit procedé à l'inventaire des deniers comptans & autres effets, acquits & piéces servant à l'appurement des comptes rendus ou qui seront à rendre par les héritiers ou ayant causes des comptables décedés, qui seront mis à part; & en cas que les veuves, enfans ou héritiers des Comptables décedés déclarent avant que l'inventaire du surplus des effets soit fait, qu'ils acceptent la succession, & fassent leurs soumissions entre les mains du Trésorier de France commis, de représenter les états au vrai, & de compter des exercices desdits Comptables, ledit Trésorier de France se retirera; & lesdits effets ensemble les autres meubles, titres & papiers, seront remis ausdits héritiers, ou aux Juges ordinaires & Commissaires aux inventaires, pour en faire inventaire en la maniere accoutumée; & si après que lesdits deniers & acquits auront été mis à part, lesdites veuves, enfans & héritiers n'ont point fait lesdites soumissions, ledit Trésorier de France commis fera inventaire sommaire des meubles, effets, titres & papiers appartenans aux successions desdits Comptables.

Ordonne néanmoins Sa Majesté, que si dans le mois du jour que les inventaires auront été faits, lesdites veuves, enfans & héritiers font lesdites soumissions, tous lesdits meubles, effets, titres & papiers appartenans ausdites successions leur seront remis, ou aux Officiers ordinaires, pour en faire inventaire en la maniere accoutumée.

Et en cas de renonciation par les veuves à la communauté & par les héritiers à la succession, veut Sa Majesté, qu'à la requête de son Procureur au Bureau de ses Finances, après les formalités en ce cas requises & observées, les meubles soient vendus de l'ordonnance du Trésorier de France; & les deniers en provenans, ensemble ceux qui auront été trouvés sous les scellés, mis & déposés dans leur Greffe, jusqu'à ce que par Sadite Majesté en ait été autrement ordonné.

Et sera le présent Reglement exécuté dans tous les scellés qui seront apposés sur les effets des Officiers comptables décedés, ou qui s'absenteront sans avoir compté, le tout sans préjudice des droits qu'ont les Officiers des Chambres des Comptes d'apposer les scellés sur les effets des Comptables en la maniere accoutumée.

SCELLEUR, est un Officier qui a été érigé en 1568. en chaque Jurisdiction, pour garder les Sceaux, & les apposer aux Sentences & contrats.

SCHEDULE. Ce terme qui s'écrivoit ainsi autrefois, est aujourd'hui transmis en celui de cédule au scédule. Sur quoi *voiés* ce qui en est dit dans le Dictionnaire de Trévoux; & ce que j'ai dit ci-devant, *verbo* Cédule.

SCHOLARITÉ (PRIVILEGE DE) est un privilége particulier accordé aux Recteurs, Principaux des Colléges, Regens, Lecteurs des Universités exerçans actuellement, & autres Supports, qui leur fait avoir leurs causes commises en premiere instance pardevant les Juges Conservateurs des Privileges des Universités, ausquels l'attribution en a été faite par les titres de leurs établissemens.

Ce privilége de Jurisdiction est un effet de la protection dont les Rois de France ont toujours honoré les Universités, & les gens de Lettres qui les composent. Il est parlé de ce privilége dans les art. 28. 29. 30. & suiv. du tit. 4. de l'Ordonnance du mois d'Août 1669. qu'il faut voir avec les Notes de Bornie.

Quand aux Ecoliers étudians dans les Universités, ceux qui y étudient actuellement depuis six mois, jouissent des priviléges de scholarité, & ne peuvent être distraits, tant en demandant qu'en défendant, de la Jurisdiction des Juges de leur privilége, si ce n'est en vertu d'actes passés avec des personnes domiciliées hors la distance de soixante lieues de la Ville où l'Université est établie.

Mais ils ne peuvent pas s'en servir, non plus que les Régens, à l'égard des cessions & transports qu'il auroient acceptés, & des saisies & arrêts faits à leur requête, suivant ledit article 30. du titre 4. de l'Ordonnance de 1669. si ce n'est en la forme & maniere ordonnée par les Committimus, & portée aux articles 21. 22. & suivans du même titre de cette Ordonnance.

Le privilége de scholarité ne s'étend pas aux matieres purement réelles, non plus que celui du Committimus.

Les Ecoliers ne jouissent plus du privilége de scholarité, dès qu'ils cessent d'étudier dans l'Université qui leur procuroit ce privilége; d'autant que la cause cessant, l'effet doit cesser aussi.

Il en est de même des Régens, Professeurs & Suppôts des Universités, dont le privilége ne dure qu'autant qu'il sont en exercice actuel de leurs fonctions, excepté toutefois à l'égard de ceux qui auront régenté pendant vingt ans dans les Universités, lesquels jouissent de ce privilége tant & si longuement qu'ils continuent d'y faire leur actuelle demeure, suivant l'article 31. du titre 4. de l'Ordonnance de 1669.

Ceux qui sont du corps des Universités, & qui tiennent des Pensionnaires, peuvent faire assigner de tous les endroits du Royaume, pardevant les Juges des lieux de leur domicile, ceux qui leur sont redevables des pensions, & autres choses par eux fournies à leurs Ecoliers, sans que le privilége de l'assigné en puisse distraire la cause, ni l'évoquer ailleurs; comme il est porté en l'article 28.

En 1315. Louis Hutin exempta les Ecoliers étrangers du droit d'aubaine. La Charte de ce privilége est conservée dans la Bibliotéque du Collége de Navarre.

Les Clercs de Procureurs ne jouissent pas du privilége de scholarité. *Voyez* Papon en ses Arrêts, page 418.

Voyez ci-dessus, Conservateurs des priviléges des Universités. *Voyez* aussi Peleus, question 123. Bacquet, traité des droits de Justice, chap. 8. nomb. 40. & 54. Dolive liv. 1. chap 32.

SCRUTIN, signifie la maniere de recueillir les voix secretement, & sans qu'on sçache les noms de ceux qui ont donné leurs suffrages.

Par exemple, s'il s'agit d'une élection, on donne aux suffragans autant de Billets qu'il y a de personnes qui peuvent être élûes, & chacun jette dans un vase ou capse, le billet qui contient le nom de la personne qu'il veut élire.

SE

SEANCE, se dit de chaque vacation des Juges qui se sont assemblés, pour voir & juger un procès.

SEANCE, se prend aussi souvent pour le droit qu'on a d'avoir une place honorable dans une assemblée.

Les Ducs & Paris ont droit de séance à la Grande Chambre du Parlement. C'est aussi sur ce fondement qu'on l'appelle la Cour des Pairs.

Lorsque dans une cause il s'agit de l'intérêt particulier du Roi, son Procureur général, sous le nom de qui l'affaire est poursuivie, quitte sa place ordinaire & se met au Barreau des Pairs de France.

SEANCE, se dit aussi de la visite que Messieurs du Parlement de Paris font aux Prisons de la Conciergerie & au Parc civil du Châtelet pour les Prisonniers, à l'effet de vuider leurs demandes en liberté, & ce cinq fois l'année; sçavoir, le Mardi de la Semaine Sainte, le Vendredi de devant la Pentecôte, la veille de la Nôtre-Dame d'Août qui est le 14. la veille de Saint Simon & Saint Jude, & la veille de Noël.

Aux séances que Messieurs du Parlement font au Châtelet, les Avocats & les Procureurs du Châtelet plaident devant eux les causes dont ils sont chargés, de la même maniere qu'ils ont Coutume de plaider devant Monsieur le Lieutenant civil.

SECONDES NÔCES. Par ces termes nous entendons non-seulement les Nôces qui suivent les premieres, mais aussi tous autres mariages qui sont contractés après les premiers, comme le troisiéme mariage, le quatriéme ou autre. Sur quoi il faut remarquer.

I°. Que le premier mariage non-valablement contracté & déclaré, nul n'est pas considéré comme un mariage, & par consequent mis en ligne de compte; *quia quod nullum est, nullum de jure parit effectum.*

II°. Que le mariage non consommé, quoique légitimement contracté, s'il est dissous par la profession monastique de l'un des conjoints n'est pas aussi regardé comme le premier mariage de celui des conjoints qui reste dans le monde.

Les seconds mariages n'ont jamais été regardés favorablement; ils sont à la vérité permis, mais ils sont odieux, surtout quand on s'y porte par une passion assez aveugle pour se soustraire aux devoirs inviolables que la nature inspire, en favorisant la personne que l'on épouse de la meilleure partie de ses biens au préjudice de ses enfans.

Aussi Saint Ambroise en son Exameron, dit: *Mutato concubitu, parentes depravantur prælatis filiis posterioris copulæ, neglectis autem his qui ex priore progeniti sunt.* Il y a d'anciens Canons qui défendent aux Ecclésiastiques qui sont *in sacris.* de se trouver aux festins des secondes nôces. Les Bigames ont besoin de dispense pour être admis aux Ordres sacrés. Tertullien appelle les secondes nôces un adultere. Valere Maxime dit que les secondes Nôces & cette vicissitude de mariages sont un aveu d'intempérence. Enfin, les Loix Romaines parlent des secondes nôces en termes durs & odieux.

Quoiqu'il en soit, les secondes nôces sont permises, *idque propter necessitatem; quia melius est nubere quàm uri*, comme le dit Saint Paul, Ep. 1. Cor. chap. 7. vers. 9. Saint Augustin parlant contre les montanistes, qui soutenoient que les secondes nôces ne différoient en rien d'une conjonction illicite & prohibée par les Loix dit: *Stulta est eorum persuasio, quia peccata interdixit Deus, non matrimonia.*

Mais quoique les secondes nôces soient permises, il y a néanmoins quelque différence entre les premieres nôces & les secondes, quant à la célébration qui s'en fait. On prive les secondes nôces de la bénédiction nuptiale, à cause qu'elle n'ont pas la pleine & entiere signification de l'union de Jesus-Christ avec l'Eglise; *quia scilicet non sunt unius duntaxat unio cum una:* c'est pourquoi elles ne méritent pas les mêmes cérémonies que les premieres. D'ailleurs, Dieu n'ayant beni que le premier mariage, & les secondes nôces étant une présomption d'incontinence, on a crû qu'elles ne méritent pas de recevoir la bénédiction nuptiale.

Les secondes nôces ayant toujours été regardées comme un effet d'intempérance, & faisant connoître le peu d'amour que le survivant desconjoints qui les contracte, à conservé pour le prédécédé avec qui il étoit auparavant uni par le mariage, & pour les enfans qui lui en sont restés, ce n'est pas sans raison qu'on a établi diverses peines contre ceux qui les contractent.

Les Loix Romaines ont établi des peines contre les secondes nôces, quand elles sont prématurées ou qu'elles sont intemperées.

Les secondes nôces *prématurées* sont celles que les femmes contractent dans l'an du deuil de leurs maris; par la raison qu'il y a trop de précipitation à se remarier ainsi, sans passer l'an du deuil à pleurer leurs maris; d'ailleurs à cause que l'enfant qui peut provenir dans cette année de deuil, peut jetter dans l'incertitude s'il est du dernier ou du précédent mariage. Et comme le mari n'est pas dans l'obligation de pleurer sa femme, & que *in eo cessat prolis incertitudo*, les maris n'étoient point sujets aux peines des secondes nôces prématurées.

La Loi premiere au Code, *titulo de secundis nuptiis*, nous marque cinq peines dont les femmes sont punies, quand elles passent à des secondes nôces avant l'an du deuil expiré.

La premiere est la note d'infamie qu'elle encourt *ipso jure*; celui qui l'épousoit, ou le pere de la veuve qui consentoit au mariage, étoient sujets à cette peine.

Mais cette peine d'infamie n'a jamais eu lieu en France pour des secondes nôces, parce qu'elles sont permises par l'Eglise, & que le Droit canon a rejetté cette peine.

L'amour peut quelquefois pousser une femme à s'oublier elle-même; ainsi on fait très-bien de ne pas noter d'infamie une veuve qui se remarie dans l'an du deuil, pour ne pas l'exposer à un plus grand désordre, si elle n'avoit pas la liberté de se remarier dans le tems qu'elle en auroit envie quoique destinée à pleurer son premier mari.

L'Eglise ayant jugé que l'incontinence n'étant pas moins dans le sexe que dans les hommes, il ne falloit pas défendre, sous peine d'infamie, aux femmes

femmes ce qui étoit permis aux hommes, n'a prescrit aucun tems aux veuves pour se remarier, suivant ce que dit l'Apôtre en son Epître premiere aux Corinthiens, chap. 7. verset 39. & c'est ce qui s'observe parmi nous.

Cependant la Cour ne laisse pas quelquefois de punir les secondes nôces, quand elle sont trop précipitées, comme il paroît par le Jugement qu'elle a rendu dans l'espèce suivante. Une femme se remaria trois jours après la mort de son mari, & accoucha neuf mois après moins quelques jours. Elle fit baptiser cet enfant sous le nom de son premier mari, dont elle n'avoit point eu d'autre enfant. Les héritiers collatétaux de son premier mari, prétendirent que cet enfant n'étoit point de lui, mais du second mari de cette femme.

M. l'Avocat Général Bignon dit, que l'enfant étant né dans le neuviéme mois de l'un & de l'autre mariage, il étoit difficile de connoître qui des deux maris en étoit le pere; & que cette question avoit été diversement définie par les Auteurs qui l'avoient traitée. Mais enfin il dit que tout bien consideré, l'enfant étant né dans le neuviéme mois de l'un & de l'autre, il lui paroissoit plus juste de le donner au second mari qui aussi-bien que sa femme étoit inexcusable de s'être engagé avec tant de précipitation dans des nôces qui étoient contre l'honnêteté & qui paroissoient même être en quelque façon contre l'honnêteté publique.

Par ces raisons la Cour jugea que cette femme qui s'étoit rémariée trois jours après la mort de son mari, seroit privée de son douaire; & l'enfant qu'elle avoit eu dans le neuviéme mois de l'un & de l'autre mariage, fut déclaré appartenir au second mari. Cet Arrêt rendu le 10 Juin 1664. en l'audience de la Grande Chambre, est rapporté dans le Journal des Audiences.

La deuxiéme peine dont les femmes sont punies par le Droit Romain, quand elles passent à de secondes nôces avant l'an du deuil expiré, est que la veuve qui fait un tel mariage ne peut donner en dot à son second mari, ou lui laisser par testament plus que la troisiéme partie de ses biens en cas qu'elle n'ait point aucuns enfans issus d'un autre mariage précédent. Cette peine est observée dans les Parlemens qui sont dans les Provinces du Droit écrit, & notamment dans celui de Toulouse *Voyez* M. Maynard chap. 89. liv. 3. de la Rocheflavin lettre M. titre 4. Arrêt 17. M. Dolive, liv. 3. chap. 11.

La troisiéme peine est, que celle qui se remarie dans l'an du deuil, ne peut rien recevoir, en vertu de quelque ordonnance que ce soit de derniere volonté, faite par d'autres en sa faveur. Ce qui a été reçû dans les Parlemens des Provinces du Droit écrit.

La quatriéme est, que tout ce qui lui a été laissé par derniere volonté de son défunt mari, lui est ôté; comme indigne de le recevoir; elle perd même ce qui lui devroit revenir en conséquence de ses conventions matrimoniales. Une veuve qui se remarie dans l'an du deuil, manquant de respect envers les manes de son mari, est indigne de recevoir quoique ce soit de ses libéralités. Cette peine est en usage dans les Parlemens de Toulouse, de Grénoble & d'Aix *Voyez* M. Maynard, liv. 3. chap. 88. & 92. & aux chapitres 9. & 94. M. du Vair, Arrêt 5. en l'addition à M. d'Expilly, plaidoyé 38. la Rocheflavin, lettre M. titre 4. Arrêt 1. 7. & 15. Charondas en ses Réponses, liv. 7. chap. 164. & Monarc sur la Loi 11. §. 1. *ff. de his qui notant infam.*

La cinquiéme peine est, que la veuve qui se remarie dans l'an du deuil ne peut pas accepter une succession *ab intestat*, qui lui échoit par de-là le troisiéme degré de parenté. Ce qui est d'usage dans les Parlemens de Droit écrit.

La premiere de ces peines, qui est l'infamie, n'est point en usage dans les Provinces du Droit écrit, ni dans celles du Droit Coutumier, comme nous avons dit ci-dessus. A l'égard des quatre autres, elles ne sont point reçues dans tous les Parlemens des Provinces qui sont régies par le Droit coutumier : les veuves qui se rémarient avant l'année du deuil finie, n'y sont pas punies d'autres peines que celles qui se rémarient après l'an du deuil. C'est le sentiment de Charondas, *loco citato*; de Boerius, question 186. de Papon, livre 15. titre 1. Arrêt 12 & 15. de M. du Vair, Arrêt 5. & plusieurs autres.

Les secondes nôces *intempérées* sont celles qui sont contractées par un homme veuf, ou une femme veuve, qui ont des enfans d'un mariage précédent. La faveur des enfans méritoit bien que l'on établit des peines contre ceux qui passent à des secondes nôces, au préjudice des droits du sang & de la nature.

La Loi *hac edictali 6. cod. de secund. nupt.* qui est un Edit des Empéreurs Leon & Anthemius, établit des peines contre ceux & celles qui ayant des enfans, convolent à de secondes nôces.

Dans le commencement de cette Loi, il est défendu à celui ou à celle qui se rémarie ayant des enfans d'un précédent mariage, d'avantager sa seconde femme ou son second mari de ses propres biens plus qu'un de ses enfans peut avoir; & en cas que les enfans du premier lit soient avantagés les uns plus que les autres, l'avantage fait à la seconde femme ou au second mari, doit être reglé selon la portion du moins prenant des enfans.

Le premier paragraphe de cette Loi décide que celle qui se rémarie, est obligée de reserver à ses enfans du premier lit les gains nuptiaux, & autres avantages qui lui ont été faits par son premier mari.

Voilà les deux principales peines qui ont été établies par les Loix Romaines, contre les personnes qui ayant des enfans d'un premier lit, se remarient. Ces peines sont observées dans tous les Pays de la France, de la maniere qui suit.

Premiérement, quand on se remarie ayant des enfans d'un premier lit, il n'est pas permis d'avantager de ses propres biens celui ou celle avec qui on contracte un second mariage de plus que le moins prenant de ses enfans. Sur quoi il faut remarquer que la reduction des donations faites aux seconds maris, ne se régle qu'au jour du décès de celles qui les ont faites, pour sçavoir quel est l'enfant qui sera le moins prenant, comme il est porté, en la Novelle 22. chap. 28. dont ont suit en France la disposition. *Voyez* M. Maynard, liv. 3 chap. 83. M. Cambolas, liv. 1. chapitre 16. & M. Louet, let. N. somm. 2.

En second lieu, celui ou celle qui se remarie, ne peut avantager sa seconde femme ou son second mari, des libéralités de sa premiere femme ou de son premier mari; desorte qu'il est obligé de les réserver à ses enfans du premier lit.

L'Edit de François I. du mois de Juillet 1560. vulgairement appellé l'Edit des secondes Nôces, contient deux articles qui décident ce que nous venons de dire.

Le premier est conçu en ses termes : » Que les » femmes veuves ayant enfans, ou enfans de leurs » enfans, si elles passent à de nouvelles nôces, ne » peuvent & ne pourront en quelque façon que ce » soit, donner de leurs biens & meubles, acquêts » ou acquis par elles d'ailleurs que leurs premiers » maris, ni moins leurs propres, à leurs nouveaux » maris, ou peres, meres ou enfans desdits maris, » autres personnes, qu'on puisse présumer être par » dol ou fraudes interposées, plus qu'à un de leurs » enfans ou enfans de leurs enfans : & s'il se trouve » division inégale de leurs biens faite entre leurs » enfans ou les enfans de leurs enfans, les dona- » tions par elles faites à leurs nouveaux maris, » seront réduites & mésurées à raison de celui qui » en aura le moins.»

Ce premier article de l'Edit des secondes Nôces, qui est conforme à la Loi *hac edictali* 6. *cod. de secund. nupt.* défend à la veuve qui se remarie de donner de ses biens à son second mari, plus qu'un de ses enfans le moins prenant peut en avoir.

Cet article ne parle point des hommes, qui ayant des enfans d'un premier lit, se remarient; mais sa décision a été par les Parlemens du Royaume étendue à eux, attendu qu'il y a parité de raison, & qu'il n'est pas extraordinaire que des hommes ayent la même foiblesse que les femmes de se dépouiller entierement de l'amour qu'ils doivent avoir pour leurs enfans du premier lit, lorsqu'ils convolent en seconde nôces.

Le second article de ce même Edit est conçu en ces termes, » Et à l'égard des biens à icelles veu- » ves acquis par dons & libéralités de leurs défunts » maris, ains elles seront tenues les réserver aux en- » fans communs d'entr'elles & leurs maris, de la » libéralité desquels iceux biens leur seront advenus. » Le semblable voulons être gardé ès biens qui sont » advenus aux maris par dons & libéralité de leurs » défuntes femmes; tellement qu'ils n'en pourront » faire don à leurs secondes femmes, mais seront » tenus les réserver aux enfans qu'ils ont eu de leurs » prémieres. Toutefois n'entendons par ce présent » notre Edit, bailler ausdites femmes plus de pou- » voir & liberté de donner & disposer de leurs » biens, qu'il ne leur est loisible par les Coutumes » des Pays, ausquelles par ces Présentes n'est déro- » gé, en tant qu'elles restraignent plus ou autant » la libéralité desdites femmes.

Ce deuxiéme article de l'Edit des secondes Nôces est tiré de la Loi *fœmina* 3. *cod. de secund. nupt.* qui veut qu'une femme qui se remarie, laisse à ses enfans du premier lit les avantages qu'elle a reçus de son premier mari : sur quoi il faut remarquer que tout ce qui auroit été donné par les parens de son premier mari, est sujet à la reserve portée par ce deuxiéme article de cet Edit; sçavoir, la dot & la donation à cause des nôces, comme il est statué par la Loi 5 *cod. de secund. nupt.* attendu que ces donations ont été faites à la femme par rapport à son futur époux.

Mais quand il s'agit de quelque donation particuliere faite sans contemplation du futur mariage au fiancé ou à la fiancée, par les parens de l'un ou de l'autre, cette donation n'est pas sujette à la réserve portée par le deuxiéme article de l'Edit des secondes Nôces, parce qu'elle n'y est pas comprise & que comme il s'agit d'une peine, la Loi ne doit point recevoir en cela d'extention. *Voyez* Bechet en son traité des secondes Nôces, chap. 33 & d'Expilli, plaidoyé 19.

Au reste, comme l'Edit des secondes Nôces n'a été fait qu'en faveur des enfans du premier lit, il s'ensuit, I°. que s'il n'y a point d'enfans du premier mariage qui soient vivans lors des secondes nôces, ou s'il y en a qui soient morts civilement, la prohibition portée par cet Edit cesse. II°. Quelle cesse aussi, lorsqu'au tems de la mort du donateur, les enfans qui étoient vivans lors du second mariage, sont tous morts dans le tems qu'il est décedé.

Comme la faveur des enfans du premier lit a fait restraindre & borner les dons & libéralités, que ceux qui convolent en secondes nôces, exercent inconsidérément & avec profusion envers la personne qu'ils épousent en secondes nôces, il est juste que cette cause cessant pendant le second mariage, la disposition qui en auroit été faite au profit du second mari ou de la seconde femme soit valable, suivant la régle, *cessante causâ cessat effectus*.

Il y a un acte de notorieté en exécution de l'Edit des secondes Nôces de François I. & de l'art. 279. de la Coutume de Paris. Cet acte est du premier Mars 1698. qui fixe la part du mari qui a droit de prendre autant que l'un des enfans le moins prenant, dans la succession d'une femme, qui en passant à de secondes ou autres nôces, a fait cet avantage à son second ou autres maris.

Il nous reste à remarquer quelles peines encourent les meres qui se remarient sans avoir fait pourvoir d'un tuteur à leurs enfans du premier lit, rendu compte, & payé le reliquat.

C'est une maxime certaine en Droit, qu'elles sont privées de leur succession, & du bénéfice de la substitution pupillaire, & les biens de leur second mari sont hypothéqués tacitement au payement du reliquat du jour de la tutelle *Leg. 2. qui petunt tutor.* Les Empereurs Theodose & Valentinien étendirent cette peine à la perte de la substitution pupillaire : & à l'égard de la mere tutrice de ses enfans qui passe à des secondes nôces, ils l'assujettirent aux mêmes peines quand elle se remarie avant que d'avoir rendu compte, & payé le reliquat. *Leg. 6. cod. ad S. C. Tertull.* Justinien par sa Novelle 22. chap. 40. prononce contre la mere qui se remarie sans avoir fait pourvoir d'un tuteur à ses enfans du premier lit, rendu compte, & payé le reliquat, la même peine que contre celle qui se remarie avant la fin de l'année du deuil.

Aucune de ces Loix n'est suivie au Parlement de Paris ; & ces peines n'y ont pas lieu, à la réserve de l'hypotéque tacite sur les biens du second mari.

A l'égard du Parlement de Toulouse, Catelan, tome 2. Liv. 4. chap. 21. assure que les peines de la Novelle y sont suivies. Il rapporte un Arrêt du 14. Août 1694. qui a privé une mere de l'usufruit des libéralités de son premier mari, pour s'être remariée sans avoir fait nommer un tuteur à sa fille du premier lit. Dans le Chapitre 58. il dit la même chose, & rapporte un Arrêt du 17. Juin 1660. rendu après un partage, lui étant Compartiteur, par lequel une mere fut privée de son augment, sans espérance de le recouvrer après la mort de son fils unique du premier lit.

Au reste, ces peines cessent, I°. si les enfans décédent après la puberté. II°. si la mere lors de son second mariage étoit mineure. Dolive, liv. 3. ch. 5. Cambolas, liv. 6. ch. 36. & 43.

Touchant les secondes nôces prématurées ou intemperées, *voyez* ce que j'ai dit sur l'article 279. de la Coutume de Paris, où j'ai expliqué de quelle maniere les peines établies par les Loix Romaines contre les secondes nôces, sont observées en France, & où j'ai donné un ample Commentaire sur l'Edit des secondes Nôces. *Voyez* aussi Henrys, livre 4. question 14. & le Recueil alphabétique de M. Bretonnier.

SECONDE GROSSE D'UNE OBLIGATION. *Voiés* Grosse.

SECRETAIRE, est un Clerc qui écrit & fait des extraits pour celui par qui il est employé.

Quelques-uns prétendent que le mot de *Secretaire* est venu des Perses, qui adoroient le Dieu du secret & du silence, pour montrer la fidélité avec laquelle ceux qui sont chargés d'une telle commission doivent en garder les secrets, surtout les Secretaires d'Etat.

Les Conseillers & les Magistrats ont des Secretaires qui font les extraits des instances & procès qu'ils doivent juger. Cet emploi est très-bon, il faut seulement le sçavoir faire valoir.

SECRETAIRES DU CONSEIL, sont ceux qui expédient au Conseil les résolutions qui y sont arrêtées dans les affaires de Finance.

A l'égard de ceux qui expédient les Arrêts du Conseil qui se rendent sur les affaires des Parties, on les appelle Greffiers.

SECRETAIRES DU ROY, sont des Officiers de la Grande Chancellerie, qui ont droit d'en expédier & signer les Lettres, & d'assister au Sceau.

Le Roi est le Chef de leur Compagnie ; & pour cette raison, dans le partage des émolumens du Sceau, la premiere bourse est reservée au Roi.

Monsieur le Chancellier est Juge des matieres qui concernent leurs Charges & fonctions.

Ils étoient autrefois distribués en plusieurs Colléges, qui ont été réunis en un seul corps au mois d'Avril 1672.

Les Secretaires du Roi, Maison, Couronne de France & de ses Finances, sont aussi Commensaux de la maison du Roi, quoiqu'ils ne soient plus Officiers de sa Maison pour servir auprès de sa personne, comme ils faisoient dans leur institution, & qu'ils ne soient plus que simples Officiers de la Chancellerie.

Il n'y en avoit d'abord que soixante pour expédier toutes les Lettres de Chancellerie. On en ajouta soixante sous Louis XI. Ensuite Henri II. en 1554. en créa quatre-vingt. Henri III. en créa encore cinquante-quatre, dont il fit un Collége à part. On en fit encore vingt. Enfin présentement ils sont au nombre de trois cens quarante, suivant l'Edit du mois de Mars 1704.

Ils jouissent de plusieurs honneurs, immunités, droits & priviléges.

Un des plus beaux, c'est que leur Charge annoblit celui qui la posséde & sa postérité, pourvû qu'il meure revêtu de cette Charge, ou qu'il ne s'en soit démis qu'après vingt années d'exercice. Ils ont pour cela un grand nombre de Lettres patentes & d'Arrêts rendus en leur faveur.

Les plus considérables sont celles du Roi Charles VIII. données à Paris en Fevrier 1484. dans lesquelles Sa Majesté dit qu'elle les rend dignes de parvenir à la Chevalerie, & à toutes sortes de dignités ecclésiastiques & seculieres, comme si leur noblesse étoit ancienne, & qu'elle remontât à la quatriéme génération.

Ils ont le droit d'acquerir, tenir & posséder des Fiefs, Seigneuries, & Terres nobles dans la mouvance de Sa Majesté, sans payer aucun droit de nouveaux acquêts, lods & ventes, &c. Droit qu'ils tiennent de Louis XI. par Edit donné au Plessis-lès Tours, en Novembre 1482.

Ce privilége des Secretaires du Roi, pour l'exemption des droits seigneuriaux, a lieu dans le cas de l'ouverture de la Régale ; ensorte que le Roi jouissant de la Régale temporelle d'un Evêché, si un Secretaire du Roi acquiert des héritages dans la mouvance de l'Evêché, il est exempt des droits seigneuriaux.

Mais ce privilége n'a pas lieu pour les droits d'échange appartenans au Roi dans l'étendue des Seigneuries particulieres des Seigneurs sujets au Roi. *Voyez* l'Arrêt du Conseil du 21. Mars 1692. qui est dans le Récueil des Ordonnances & Edits pour le Domaine, page 660. & suiv.

Un Secretaire du Roi, retirant un héritage par rétrait lignager, n'est point obligé de rendre les droits seigneuriaux à l'acquéreur aussi Secretaire du Roi. Mais un Secretaire du Roi est obligé de rembourser les droits seigneuriaux, quand il retire un héritage sur un acquéreur non privilégié.

Comme cette décharge des droits seigneuriaux est personnelle, & fait partie de l'Office des Secretaires du Roi, quand un non privilégié retire un héritage par retrait lignager sur un Secretaire du Roi, il doit lui rembourser les droits seigneuriaux, comme s'il les avoit payés au Roi. *Voyez* Louet & son Commentateur, sur la Lettre S. sommaire 22.

On met au nombre de leurs priviléges, le droit qu'ils ont d'être après vingt années vétérans, sans qu'il leur soit pour cela besoin d'obtenir des Lettres particulieres du Roi.

Les Secretaires du Roi, tant ceux qui sont revêtus actuellement de leurs Offices, que les vétérans après un service de vingt années, & leurs veuves pendant leur viduité, ont le privilège de vendre le vin de leur crû dans leur maison d'habitation, qui ne doit être qu'à Paris, à huis coupé & pot renversé, dans les quartiers de Janvier & Juillet, sans payer les droits de détail & d'augmentation; & à cet effet, ils sont tenus de fournir déclaration par chacun an, par tenans & aboutissans, des vignes qu'ils font façonner, & du vin qu'ils y recueillent, ensemble de déclarer au Bureau, avant que de vendre; & ils sont obligés de souffrir les visites des Commis. Le tout à peine de déchéance de ce droit, comme il est porté en l'article 1. du titre 9. des Exemptions du détail, de l'Ordonnance de 1680.

La Déclaration du 13. Décembre 1701. porte: » Nous ordonnons que nos Secretaires jouiront » pléinement, paisiblement & perpétuellement » des droits, priviléges, exemptions & immuni- » tés, qui leur ont été accordés par Edits & Décla- » rations bien & duement enregistrées, & Arrêts » de notre Conseil rendus en conséquence, sans » que pour raison d'augmentation des droits attri- » bués à aucun des Officiers, suppression de re- » vente faite d'iceux à nouveaux acquéreurs, ou » que lesdits droits se perçoivent à notre profit, ou » ayent été engagés depuis lesdites concessions, » l'on puisse prétendre nosdits Secretaires y être su- » jets, même sous la dénomination dexempts & » non exempts, privilégiés & non privilégiés, au pré- » judice de nosdits Edits & Déclarations, que nous » voulons être exécutés selon leur forme & teneur.

» Et quoique sur ce fondement nosdits Conseil- » lers-Secretaires ne puissent être censés sujets à » aucunes charges, à moins qu'il ne soient spécia- » lement dénommés dans nos Edits & Déclara- » tions; néanmoins, comme par plusieurs Décla- » rations rendues à l'occasion des survivances, & » entr'autres celles des années 1638. 1646. 1661. » & 1663. nous les avons nommement exceptés » de l'exécution d'icelles, ce qui a été omis dans » notre Edit du mois d'Août dernier, concernant » les survivances, nous déclarons n'avoir entendu » les y comprendre, ni qu'ils soient en vertu d'ice- » lui tenus de nous payer aucunes finances, pour » raison de la survivance de leurs Offices.

» Et comme nous sommes informés que quel- » ques uns de nosdits Secretaires ont été troublés » dans l'exemption de taille à eux accordée par nos » anciens Edits & Déclarations, pour les héritages » qu'ils font valoir par leurs mains, & ce sur le » fondement de notre Edit du mois de Mars 1667. » auquel les Officiers de nos Cours des Aydes & » Elections ont donné en aucuns cas des interpré- » tations différentes & contraires à nos intentions, » nous voulons & entendons, de même que nous » nous sommes expliqués à cet égard par notre » Edit du mois d'Octobre dernier, que nosdits » Secretaires puissent exploiter & faire valoir par » leurs mains une seule ferme, dont le labour n'ex- » céde pas la valeur de quatre charrues, encore » que les héritages qui la composent, soient situés » en différentes paroisses.

» Voulons en outre & nous plaît, que toutes les » contestations & procès nés & à naître, au sujet » des droits, priviléges & exemptions de nosdits » Conseillers-Secretaires, soient instruits & jugés » par nos amés & féaux Conseillers, les Gens te- » nant notre Grand-Conseil, Juges-Conservateurs » desdits Priviléges, conformément aux attribu- » tions qui leur en ont été cy-devant données par » plusieurs Edits & Déclarations; & en vertu des » Présentes, encore qu'il s'agisse de droits de nos » Domaines engagés ou régis par nos Fermiers, » & de tous autres droits à nous appartenans.

Louis XIV, leur à confirmé le privilége de Noblesse, & l'exemption des droits énoncés cy-dessus par Edit du mois de Mars 1704.

Enfin, il a été donné à Chantilly au mois de Juillet 1724. un Edit enregistré le 2. Août suivant, qui fixe l'état & le nombre des Secretaires du Roi.

Jai crû devoir en rapporter ici les articles, attendu qu'ils réglent aussi les droits & priviléges des Secretaires & autres Officiers des Chancelleries près les Cours supérieures, & des Chancelleries Présidiales.

Article I. » Nous avons par le présent Edit perpétuel & irrévocable, éteint & suprimé, éteignons & suprimons cent Offices de nos Conseil- » lers-Secretaires, Maison, Couronne de France & » de nos Finances; au moyen de quoi la Compag-

„ nie de nosdits Conseillers-Secretaires sera & de„ meurera pour toujours reduite & fixée, à comp„ ter du jour & de la datte de la publication du pré„ sent Edit, au nombre de deux cens quarante, „ conformément à celui du mois d'Avril 1672.

„ Article II. Ladite suppression aura lieu pour „ tous les Offices qui sont actuellement vacans; & „ ensuite que les Offices des deniers pourvûs, à „ l'exception seulement de ceux qui pour l'exercice „ des Charges dont ils sont revêtus, sont obligés „ d'avoir des Offices de nos Conseillers-Secretaires, „ & de ceux qui ont actuellement la Noblesse indé„ pendamment de leurs Offices, lesquels en demeu„ reront exceptez, à condition par eux de garder leurs „ Charges pendant six années. Voulons & ordon„ nons que sans aucune autre exception, sous quel„ que prétexte & occasion que ce soit, ladite suppres„ sion ait lieu, à commencer par l'Office du dernier „ pourvû, & successivement en remontrant jusqu'au „ nombre de cent, y compris les Offices vacans.

„ Article III. Et pour favoriser autant qu'il nous „ sera possible ceux de nosdits Conseillers-Secretai„ res, dont les Offices se trouveront supprimés, „ voulons & ordonnons que ceux des Titulaires des„ dits Offices supprimés, qui dans l'espace de deux „ années, à compter du premier du présent mois, „ auront acquis avec notre agrément l'un desdits „ deux cens quarante Offices reservez, rentrent dans „ l'exercice de leurs Charges, en vertu de leurs an„ ciennes provisions, sans payer aucuns droits ni „ frais de reception, & que le tems qu'ils ont ser„ vi en ladite qualité jusqu'au jour de leur suppres„ sion leur soit compté, pour remplir le nombre „ des vingt années nécessaires pour parvenir à la vé„ térance desd. Offices.

„ Article IV. La finance de cent Offices suppri„ més par le présent Edit montant à la somme de „ huit millions de livres, suivant la fixation portée „ par l'Edit du mois de Juin 1715. sera payée & „ remboursée par la Compagnie des deux cens qua„ rante nos Conseillers Secretaires reservés par le „ présent Edit, en quatre termes égaux, de trois „ mois en trois mois, à commencer du premiers Oc„ tobre prochain; à l'effet de quoi les titulaires & „ proprietaires des cent Offices supprimés seront te„ nus d'en répresenter incessament les titres au Tré„ sorier de la dite Compagnie, ou autre qu'elle „ commettra pour en faire la vérification.

„ Article V. Les intérêts de ladite somme de huit „ millions seront payés par ladite Compagnie à „ raison du denier trente, à compter du premier du „ présent mois, & jusqu'au parfait remboursement, „ sauf toutefois la réduction desdits intérêts, à pro„ portion des payemens qui seront faits par ladite „ Compagnie.

„ Article VI. Au moyen du remboursement que „ doit faire lad. Compagnie, conformement au pré„ sent Edit, les finances des cent Offices supprimés „ seront & demeureront à perpetuité unies au titre „ & finances des deux cens quarante Offices re„ servés.

„ Article VII. Pour indemniser la Compagnie de „ nos deux cens quarante Secretaires du rembour„ sement qu'elle est tenue de faire ladite somme „ de huit millions de livres, & des intérêts d'icel„ le jusqu'au parfait payement, nous avons accor„ dé & accordons à ladite Compagnie cent mille „ livres de gages, à commencer du premier du pré„ sent mois, à prendre dans les deux cens vingt mil„ le livres qui étoient attribuées aux cent Officiers „ supprimés, & dont l'emploi sera fait chaque an„ née dans nos Etats au nom de ladite Compagnie, „ pour cause du remboursement ordonné par le pré„ sent Edit, pour être lad. somme de cent mille li„ vres de gages payée au Trésorier de ladite Com„ pagnie, dans les mêmes termes que doivent être „ payés les gages des deux cens quarante nos Con„ seillers-Secretaires reservés par le présent Edit.

„ Article VIII. Nous avons pareillement accor„ dé & accordons, à commencer du premier jour „ du présent mois, à la Compagnie de nos deux „ cens quarante Conseillers-Secretaires, les bourses „ & autres droits qui pouvoient appartenir aux „ cent Officiers supprimés, sans qu'aucuns autres „ prenans bourse en notre grande Chancellerie „ puissent participer aux bourses & autres droits „ des cent Officiers supprimés, attendu que le rem„ boursement desdits Officiers ne doit être fait & „ contribué que par nosdits deux cens quarante „ Conseillers-Secretaires reservés.

„ Article IX. Et à l'égard des cent-vingt mille „ livres restans des deux cens vingt mille livres „ de gages de cent Officiers supprimés par le „ présent Edit, nous nous les sommes retenus & re„ servés pour les employer à l'indemnité que nous „ nous sommes proposés d'accorder aux Officiers „ des Chancelleries près nos Cours, & aux Garde„ scel de nos Chancelleries Présidiales, dont nous „ jugeons à propos de restraindre les privileges, ain„ si qu'il sera expliqué cy-après.

„ Article X. Pour faciliter à nosdits Conseillers„ Secretaires le payement de lad. somme de huit „ millions, nous leur permettons de l'emprunter en „ tout ou en partie, & d'affecter aux emprunts spé„ cialement & par privilége les cent mille livres de „ gages, & les cent bourses & autres droits réunis „ à leur Compagnie, à cause de cent Offices sup„ primés par le présent Edit.

„ Article XI. Et pour marquer à nosdits Conseil„ lers-Secretaires l'estime & la satisfaction que „ méritent de notre part le zèle qui les a distingués „ en toutes occasions, & les preuves qu'il conti„ nuent de donner de leur attachement à notre ser„ vice, en concourant comme ils font aux vûes & „ dessein que nous avons de soulager notre Etat; „ voulons que nosdits Conseillers-Secretaires soient „ & demeurent maintenus & confirmés, comme „ nous les maintenons & confirmons dans tous les „ droits, avantages, immunités, privileges, exem„ ption & prérogatives qui leur ont été accor„ dés, ou dans lesquels ils ont été confirmés par „ nous, ou par les Rois nos predécesseurs, pour en

„ jouir conformémens aux Edits, Déclarations, „ Lettres patentes & Arrêts rendus en leur faveur „ & notamment aux Edits des mois de Novembre „ 1482. Février 1484. Avril 1672. Mars 1704. & „ Juin 1715. & à la Déclaration de 1643.

„ Article XII'. Le motif qui nous a déterminé à „ la suppression de cent Offices dans la Compa- „ gnie de nos Conseillers-Secretaires, nous déter- „ mine de même à restraindre les privilèges accor- „ dés à nos Conseillers-Secretaires & autres Officiers „ des Chancelleries près nos Cours, & aux Garde- „ scel des Chancelleries présidiales; & pour cet effet „ nous avons révoqué & révoquons par le présent „ Edit, la noblesse au premier degré accordée à „ nos Conseillers-Secretaires, & autres Officiers „ des Chancelleries près nos Cours & Conseil „ supérieurs provinciaux, & aux Gardes-scel des „ Chancelleries présidiales, ainsi que l'exemption „ des droits de lods & ventes & autres droits seigneu- „ riaux, par quelques Edits que lesdits privilèges & „ exemptions leur ayent été accordés.

„ Article XIII. voulons néanmoins que lesdits „ Offices ayant été exercés & remplis de pere en „ fils successivement & sans interruption pendant „ soixantes années, le titulaire dans la personne du- „ quel les soixantes années de service de pere en fils „ se trouveront accomplies & revolues, soit censé „ & réputé noble, & qu'il transmette la noblesse à „ sa postérité. Voulons en outre que les titulaires „ desdits Offices des Chancelleries près nos Cours & „ Conseils supérieurs & provinciaux, & Gardes- „ scel des Chancelleries presidiales, jouissent & „ leurs successeurs ausdits Offices, des franchises, „ exemptions & privilèges personnels, dont jouit „ la Noblesse de notre Royaume, tant qu'il seront re- „ vêtus desdits Offices, & qu'ils puissent en obtenir „ des Lettres d'honneur après y avoir servi vingt „ années; auquel cas ils jouiront desdites exemp- „ tions & privilèges leur vie durant, & leurs veu- „ ves tant qu'elles demeureront en viduité.

„ Article XIV. Pour indemniser nos Conseillers- „ Secretaires, & autres Officiers des Chancelleries „ près nos Cours & Conseils supérieurs & pro- „ vinciaux, Garde-scel des Chancelleries présidia- „ les de la noblesse au premier degré qui leur étoit „ attribuée, & qui se trouve révoquée par le pré- „ sent Edit, nous leurs accordons outre & par-des- „ sus les privilèges de la noblesse personnelle ci-des- „ sus énoncée, cent vingt mille livres de gages par „ augmentation, qui seront réparties entr'eux au „ *prorata* des gages dont ils jouissent actuellement „ & qui seront attachée & sreunies au corps de leurs „ Offices, pour sortir même nature, & être assi- „ gnées sur les mêmes fonds que leurs anciens ga- „ ges, & pour leur être payées chaque année dans „ les mêmes termes & par les mêmes payeurs que „ lesdits anciens gages, sans que sous prétexte de „ ladite augmentation, ils soient, ni leurs succes- „ seurs, tenus de payer plus grands droits que ceux „ qu'ils payoient avant, & sans que les Trésoriers- „ Payeurs de leurs gages puissent prétendre aucune „ taxation sur & pour raison de l'augmentation „ desdits gages.

SECRETAIRES D'ETAT; sont des Secretaires du Roi & de ses Commandemens, qui ont souvent la qualité de Ministres, & dont les qualités sont très-nobles & très distinguées.

On les appelle Secretaires d'Etat & des Commandemens, à cause du secret & des affaires importantes qui leur sont communiquées.

Ils sont aussi appellés Notaires du prince souverain, parce que leurs fonctions approchent de celles des Notaires, en donnant foi & autorité aux actes du prince, qu'ils contresignent pour lui, ensorte qu'ils ont la même autorité que s'ils étoient signés de sa main.

Ils expédient les dépêches de Sa Majesté, ses Lettres de cachet, ses Brevets, les Arrêts du Conseil d'en-haut, & les provisions qu'ils signent en commandement.

Ils gardent & signent les minutes des Traités de Paix, des contrats de mariage passés en présence du Roi, & des autres affaires importantes de la Couronne.

Enfin, ils expédient les dons & les graces que Sa Majesté accorde pendant les mois qui leur sont assignés.

Au sujets des contrats de mariage qu'ils passent en présence du Roi, il faut remarquer qu'ils ont même hypotéque & vertu que ceux qui sont reçus par les Notaires.

Le Secretaire d'Etat qui a passé un tel contrat, peut en garder une minute, & en délivrer des expéditions; mais il doit en déposer une copie chez un Notaire, pour servir de minute à celui-ci. *Voyez* la Déclaration du 21. Avril 1692. rapportée dans le Journal des Audiences.

Ils étoient autrefois qualifiés de Secretaires des Finances, & étoient tirés du corps des Secretaires du Roi, ils sont encore aujourd'hui obligés de s'y faire admettre, ou d'obtenir des Lettres qui les en dispensent, pour exercer leurs fonctions.

Jusqu'en 1588. ils avoient prêté serment entre les mains du Chancelier ou du Garde des Sceaux; mais Henri III. voulut qu'un nouveau pourvu de cette Charge prêtat le serment immédiatement entre ses mains: ce qui a toujours été observé depuis.

Louis XIII. par un Réglement du 11. Mars 1626. fixa les départemens des quatre Secretaires d'Etat: ce qui a reçu depuis quelques changemens.

Ils conduisent les Députés des Parlemens, des Etats, des Provinces, &c. à l'Audience de Sa Majesté, chacun suivant le département dans lequel ces Compagnies sont situées.

Toutes les Lettres qui sont écrites au Roi par les Provinces, ou par les Parlemens, doivent aussi être adressées à celui des Secretaires d'Etat, dans le département duquel elles sont tombées.

Ils se trouvent ordinairement au lever du Roi, & par tout où Sa Majesté l'ordonne, pour être à portée de recevoir ses ordres.

Ils ont été pendant long-tems, au nombre de quatre. A la mort de Louis XIV. ils ont été réduits à trois : mais à la fin de Septembre 1718. ils ont été établis au nombre de cinq, dont les deux derniers ne sont que par commission.

Voïés le Traité qu'a fait du Tot, des Secretaires d'Etat.

SECRETAIRES DU CABINET, sont des Officiers qui écrivent les Lettres particulieres du Roi. Il y en a quatre. Ils se qualifient Conseillers du Roi en tous ses Conseils. Sur l'Etat, ils sont qualifiés Secretaires de la Chambre & du Cabinet.

SECRETAIRES DES PRINCES ECCLÉSIASTIQUES ET LAÏCS, sont ceux qui expédient leurs dépêches & leurs mandemens ; ensorte que foi doit y être ajoutée, comme s'ils étoient signés de leurs mains.

SÉCULARISER, signifie rendre séculier ce qui étoit régulier. Un Religieux est sécularisé par sa seule promotion à l'Episcopat, qui le dispense de l'observation de sa régle. On sécularise une Abbaye ou autre Maison religieuse en y introduisant des Séculiers.

SECULIER, se dit d'un Laïc qui vit dans le monde. On le dit aussi d'un Ecclésiastique qui n'est engagé par aucun vœux ni assujetti aux régles particulieres d'une Communauté religieuse.

SÉDITION, est une offense qui blesse la Majesté du Prince, & trouble la tranquilité publique, par une entreprise qui met ceux qui doivent obéir à la place de ceux qui ont droit de commander, & qui rend des mutins & des scélérats dispensateurs de l'autorité publique, qui n'appartient qu'au Souverain, qui seul a droit de lever des troupes & déclarer la guerre.

Il n'est donc loisible à personne, tel qu'il soit, de faire aucunes levées ou enrollemens de gens de guerre sans permissions, congé ou licence du Roi, portée par Lettres patentes, sous peine de crime de léze-Majesté au premier chef.

Ceci est tiré des Edits de François I. en Septembre 1523. article 4. & 5. en Janvier 1544. & de l'article 15. de l'Edit de 1562. confirmé par celui d'Henri III. en Juillet 1575. article 5. 6. & 7. Ce qui est conforme aux Loix Romaines. *Vide Leg.* 1. 3. & 10. *ff. ad Leg. Jul. Majest. Leg. pen. cod. de re milit. in Novel* 85. *Justiniani.*

Ce crime est appellé sédition ; *leg.* 1. & 2. *cod. de seditiof.* On le nomme aussi communément rébellion, & est puni de mort. *Voyés* Rébellion.

SÉDUCTEUR, est celui qui par des sollicitation secrettes, & abusant du peu d'expérience d'une Jeune fille, la fait consentir à se marier avec lui sans le consentement de ses pere & mere *Voïés* Rapt de séduction.

On appelle aussi séducteur celui qui, abusant du peu d'expérience d'une Jeune fille, l'engage à vivre avec lui dans une union parfaite, sans contracter mariage ; au moyen de quoi elle devient sa concubine.

Quoique les Juges fixent ordinairement à un simple usufruit les donations faites à une concubine, il est néanmoins d'usage d'excepter le cas où une personne d'une conduite irréprochable auroit été séduite ; car alors les Juges ajoutent aux alimens un dédommagement convenable, pour réparer la honte & le dérangement d'une personne qui n'a pû résister à des sollicitations trop séduisantes.

Sur quoi il faut remarquer que ce dédommagement doit être reglé suivant la qualité des personnes & les circonstances. *Voïés* ce qui est dit à ce sujet dans le septiéme Tome des Causes célébres, page 92 & suiv.

SEGORAGE OU SEGREAGE, est un droit qui consiste en la cinquiéme partie des bois qui se vendent par les vassaux, laquelle est dûe au Seigneur avant la coupe de ces bois ; & avant même que de les exposer en vente, le proprietaire est tenu de le déclarer à son Seigneur où à ses Officiers, & le prix qui lui en aura été offert. *Voïés* le Glossaire du Droit François.

SEGRAIRIE, est un synonime de grurie & de grairie, qui signifie la même chose, & dont le Roi prend les mêmes droits *voïés* Bois tenus en grurie.

SEIGNEUR, signifie le proprietaire d'un fief ou d'une terre, à qui certains droits & devoirs sont dûs par ceux qui relevent de lui.

Ce mot est aussi pris pour un titre d'honneur, & un nom d'autorité, qui signifie celui qui tient l'autorité publique, suivant ce que dit Loyseau, au Traité des Seigneuries. Aussi tient-on communément que ce terme vient du mot latin *Senior*, qui signifie un homme recommandable & respectable.

Ce terme dans sa propre signification se prend, comme nous avons dit, pour le proprietaire d'un fief, ou pour le proprietaire d'une terre ; & dans ce sens il est opposé à celui de vassal, ou à celui de censitaire.

Touchant les droits des Seigneurs, *voïés* ce que j'en ai dit en parlant des fiefs, en parlant des Droits seigneuriaux, & en parlant de la Félonnie.

A l'égard des devoirs des Seigneurs dans leurs terres, *voïés* le Traité qui en a été imprimé à Paris en 1668. chez Pierre le Petit, qui est divisé en trois parties ; la premiere, des devoirs des Seigneurs envers l'Eglise, & ce qui en dépend ; la seconde, des devoirs des Seigneurs touchant la Justice & la police ; la troisiéme, de ce que les Seigneurs doivent faire pour le soulagement de leurs sujets, & particuliérement des pauvres.

Il y a plusieurs sortes de Seigneurs, en tant que ce terme signifie le proprietaire d'un fief ou d'une terre ; sçavoir, le Seigneur censier, le Seigneur féodal, &c.

SEIGNEUR CENSIER, est le proprietaire d'un fief ou d'un franc-aleu noble, duquel un héritage tenu en censive releve; ensorte que le propriétaire de l'héritage censuel est obligé de payer au Seigneur censier le cens, qui est une certaine rente annuelle, seigneuriale & perpétuelle, en argent, grain, vin ou volaille.

Voyez Cens *voiés* Surcens.

L'usage qui a été rédigé par écrit dans nos Coutumes, a introduit de certains droits dûs aux Seigneurs censiers en certains cas par les détenteurs, propriétaires & possesseurs des héritages censuels, qui sont les lods & ventes, les saisines & amendes, qui sont appellés droits seigneuriaux, & qui viennent en conséquence du cens, quoiqu'il n'en soit point fait mention.

Le Seigneur censier est aussi appellé Seigneur foncier, d'autant qu'il est Seigneur direct du fonds de la terre qu'il a donné à cens.

Le Seigneur est, pour ses droits de lods & ventes préferés au bailleur de l'héritage, & a tous autres créanciers qui pourroient avoir quelque hypotéque sur ledit héritage; parce que ledit Seigneur étant le premier bailleur du fonds, dès-lors du bail par lui fait, il a retenu droit d'hypotéque sur ledit héritage pour ses droits de lods & ventes, quand ledit héritage seroit vendu. La Loi 15. *ff. qui potior. in pig. hab.* le décide en termes exprès. *Etiam superficies in alieno solo posita pignori dari potest, ita tamen ut prior causa sit Domini soli, si non solvatur ei solarium.* La raison est, que *quidquid solo in ædificatum est, solo cedit. Leg. Paulus, ff. de pignorib. & hypot.*

Aussi M. Bouguier, titre 5. chap. 12. remarque un Arrêt donné à son rapport l'an 1626. qui a donné la préférence au Seigneur pour ses redevances, aux Maçons & Charpentiers, eu égard à l'estimation de la chose au tems du contrat d'accensement ou d'arrentement, & ventilation faite d'icelle.

SEIGNEUR FÉODAL, est le proprietaire du fief dominant, ou du franc-aleu noble, duquel reléve un fief; car quoique le franc-aleu ne soit pas fiief, néanmoins celui qui le possede est réputé Seigneur féodal à l'égard des fief qui en relevent, d'autant que le franc-aleu peut avoir des fiiefs dans sa mouvance.

Au Seigneur féodal sont dûs en certains cas droits & devoirs féodaux, qui sont la foi & hommage, l'aveu & le dénombrement, le quint ou le rachat, autrement dit relief. Mais il est dû surtout un très-grands respect au Seigneur par ses Vassaux; desorte que le Vassal qui commet félonie envers son Seigneur, confisque & perd son fief. *voiés* Félonie.

Le Seigneur doit de son côté agir avec douceur envers ses Vassaux; & suivant les Loix des fiefs, le Seigneur qui outrage griévement son Vassal, perd les droits qu'il avoit sur lui.

Au reste, le Seigneur qui est offensé par son Vassal, lui peut faire faire son procès par ses Officiers: toutefois Henrys, tome 1. livre 3. chapitre 1. question 5. est d'avis de se pourvoir en cas semblable plutôt devant le Juge royal supérieur, que devant ses Officiers.

SEIGNEUR DOMINANT, est celui duquel releve le fief possedé par un autre. Il est aussi appellé Seigneur féodal. Son Vassal est appellé Seigneur du fief servant, lequel est appellé Seigneur profitable en la Coutume de Clermont, article 108. & 109. parce qu'il jouit du fief; à la difference de celui auquel on en doit la foi & hommage qui s'appelle direct.

SEIGNEUR DIRECT, est donc le Seigneur duquel releve un fief, ou duquel un héritage est tenu en cens ou censive; & celui qui est proprietaire du fief servant, ou d'un héritage tenu en censive, est appellé Seigneur utile.

La raison est, qu'il tire toute utilité du fonds dont il a la propriété, à la charge néanmoins de reconnoître qu'il tient son héritage du Seigneur direct; en témoignage de quoi il est obligé, ou de lui faire foi & hommage au commencement de sa possession, si c'est un fief; ou de lui payer le cens ou censive, si c'est une roture.

Par la même raison, le preneur à titre d'emphitéose est aussi appellé Seigneur utile, & le bailleur est appellé Seigneur direct.

SEIGNEURS HAUTS-JUSTICIERS, sont ceux qui ont haute, moyenne & basse Justice. Ils ont, après les Patrons, les premiers honneurs dans les Eglises bâties dans l'étendue de leur haute Justice.

S'il n'y a point de Patron, ils doivent avoir leur siége au lieu le plus honorable & le plus éminent de l'Eglise; & après leur mort, leurs héritiers y peuvent faire mettre une litre ou ceinture funébre sur laquelle leurs armes soient peintes.

Celui qui a la haute Justice, est ondé d'avoir la moyenne & basse; ce qui est commun au Châtelain & autres Seigneurs de dignité plus éminente. Viguier sur Angoumois, article 6.

Toute Justice leur est donnée au-dedans de leurs terres; mais comme eux ou leurs auteurs peuvent en avoir concedé une partie à leurs Vassaux, cette maxime que celui qui a la haute Justice est fondé d'avoir la moyenne & basse, souffre une exception; sçavoir, si un autre ne les y a pas au même lieu par concession du Prince, convenance ou usance ancienne; Angoumois, art. 6. Poitou, art. 14. Anjou, article 42. sans préjudice des droits que les inférieurs ont sous lui.

Ainsi le Haut-Justicier peut exercer tous les dégrés de Justice dans le territoire sujet à sa Jurisdiction, si aucun n'y possede la moyenne ou basse; parce qu'il ne peut pas prétendre des droits possedés par un autre en vertu d'un juste titre.

Ce Juste titre pour acquerir les dégrés de Jurisdiction est, I°. Une concession faite par le Prince. Ainsi dans la Coutume d'Angoumois on peut avoir la Justice par une concession faites par les Comtes d'Angoulême, qui étoient Prince de la lignée royale

yale, & qui pouvoient disposer de leurs acquêts, & de plusieurs Terres & Justices qu'ils avoient ajoutées au domaine ancien de leur Comté.

II°. Une convenance ou contrat, par lequel les possesseurs justifient avoir acquis la moyenne & basse Justice du Haut-Justicier & ses auteurs, ou de quelqu'autre Seigneur proprietaire de ces deux dégrés de Justice.

III°. Une usance ancienne & une longue possession de ces deux dégrés, continue par un si longtems, qu'il se trouve suffisant pour s'être assuré de la proprieté par prescription. Le long usage & l'exercice de la Jurisdiction, justifié par le rapport des actes de Justice, fait en ce cas présumer qu'il y avoit eu un titre de concession qui avoit servi de fondement à cette possession, laquelle par conséquent se peut maintenir & conserver. *Faber*, §. *Servitus autem*, *instit. de jure person.* §. *retinendæ*, *num.* 25. & 26. *de interdict.* & *leg.* 1. *num.* 4. *cod. de emancip.*

La haute Justice ne se peut acquerir par prescription, parce qu'il est nécessaire pour l'établir d'en avoir des Lettres patentes. Il n'en est pas de même de la moyenne & basse qui se peut acquerir par convention & par la possession ancienne, suivant l'art. 6. de la Coutume d'Angoumois.

La question est, comment on doit entendre cette possession ancienne? Quelques-uns croyent qu'il faut qu'elle soit immémoriale: cependant, comme il ne s'agit point des droits du Roi, mais seulement de l'intérêt des Seigneurs Hauts-Justiciers, qui sont fondés par la Coutume d'avoir en même lieu la moyenne & basse Justice, je tiens qu'il faut suivre ce qui est dit à ce sujet dans les additions sur Viguier art. 6. de la Coutume d'Angoumois; sçavoir, que cette ancienne usance, dont il est parlé dans cet article, se doit prendre dans la maniere ordinaire dont on se sert pour prescrire les autres droits, comme les cens & rentes.

La Justice, selon notre usage, est patrimoniale & inféodée, susceptible des mêmes conventions que les autres droits réels & incorporels, pouvant se détacher du fief, être vendue, échangée, divisée comme le reste de nos biens. *Molin. art.* 1. des Fiefs, *glos.* 5. *num.* 62. & 63. Dargentré. article 271. de la Coutume de Bretagne, *verbo* Sans titre, nombre 28. D'où il s'ensuit qu'elle peut être possedée & prescrite de la même maniere, par dix ans entre présens, & par vingt ans entre absens avec titre & bonne foi, ou par trente ans sans titre, laquelle possession de trente ans s'appelle en Droit une usance ancienne & une prescription de très-long-tems.

Les pilliers, les prisons & ceps, sont les marques de la haute Justice, & les instrumens qui servent à son exercice & exécution; mais le Haut-Justicier ne peut point prescrire contre la Coutume, pour s'attribuer un plus grand nombre que celui de deux piliers.

Pour ce qui est des droits honorifiques que les Seigneurs Hauts-Justiciers s'attribuent, *voyez* ce que j'en ai dit, *verbo* Droits honorifiques.

Touchant les autres droits qui appartiennent au Seigneur Haut-Justicier, *voyés* ci-après Seigneur d'un Bourg ou Village; & ce que j'en ai dit lettre J. en parlant de la Justice haute, moyenne & basse.

SEIGNEUR D'UN BOURG OU VILLAGE est celui qui a droit d'en porter le nom.

Les Seigneurs Hauts-Justiciers prétendent qu'il n'y a qu'eux qui ayent le droit de se qualifier Seigneurs du Bourg ou Village. Les Seigneurs féodaux ont soutenu au contraire que ce titre leur étoit commun avec les Seigneurs Hauts-Justiciers: mais les derniers Arrêts rapportés par Brodeau sur Louet, F., chap. 31. ont jugé que les Seigneurs féodaux ne peuvent pas prendre le titre de Seigneurs du Village, en tout ni en partie, au préjudice du Seigneur Haut-Justicier.

Les Seigneurs Hauts-Justiciers doivent en effet être nommés Seigneurs du lieu, à raison des habitans qui sont leurs sujets, & qui en cette qualité sont obligés de leur obéir, & à leurs Juges, dont les Jugemens s'exécutent sous le nom & l'autorité des Seigneurs, lesquels représentent le Roi en leur Justice. En un mot, les Seigneurs Hauts-Justiciers ont droit de décider de la vie & de la fortune de leurs sujets.

Mais les simples Seigneurs féodaux ou censiers, ne peuvent être appellés Seigneurs qu'improprement, à raison, non pas tant des personnes qui sont leurs vassaux ou censiers, que des terres qui sont en leur mouvance féodale ou censive: ainsi ceux qui les possedent ne sont appellés sujets qu'improprement, attendu, qu'il n'y a que le droit de Justice qui donne le droit de Seigneurie, de dépendance, & de sujétion.

Outre les Arrêts qui sont rapportés par Brodeau, *loco citato*, *voyez* celui qui est rapporté par Basset, tom. 2. tit. 5. chap. 1. & ceux qui sont rapportés par Boniface, tom. 1. liv. 3. tit. 2. chap. 8. §. 1. qui ont aussi jugé que les Seigneurs qui n'ont point la haute Justice, ne peuvent pas se qualifier Seigneurs du lieu.

Lorsqu'une terre qui a haute Justice est divisée & partagée, l'aîné en ligne directe, ou celui qui posséde la principale partie du fief, retient la qualité entiere de Seigneur; & ceux qui en possédent les autres parties, sont obligés de prendre la qualité de Seigneur en partie, & leur maison doit être appellée la maison du Seigneur d'un tel fief en partie: ce qui a lieu pareillement quoique l'aîné ait vendu sa portion à des étrangers. Mais si la terre est possedée par indevis, & qu'il n'apparoisse pas lequel est descendu de l'aîné, aucun d'eux ne se peut dire & qualifier seul Seigneur, mais seulement Seigneur en partie.

Celui qui est Seigneur & proprietaire de la partie principale de la Terre, Seigneurie & Justice, a droit de se dire seul & indéfiniment Seigneur, avec préférence en tous les droits honorifiques, &

par conséquent doit être nommé le premier en tous les actes de Justice & Seigneurie ; sauf aux autres Seigneurs de se dire Seigneurs en partie. Ainsi jugé par Arrêt du 26. Février 1661. rapporté dans le second tome du Journal des Audiences.

A l'égard du Seigneur qui n'a que la moyenne ou basse Justice, il ne peut se dire Coseigneur simplement ; il faut qu'il ajoute, *en la moyenne ou basse Justice* : & pour ce qui est de celui qui n'a que la directe, il ne peut pas non plus se dire Coseigneur simplement ; il peut seulement se dire Seigneur direct du fief, & non pas du lieu. *Voiés* Cambolas liv. 3. chap. 33. qui rapporte deux Arrêts du Parlement de Toulouse qui l'ont jugé ainsi.

Pour ce qui est des Appanagistes, *Voiés* ce que j'en ai dit, *verbo* Appanage.

NOUVEAU SEIGNEUR, se dit seulement de celui qui a nouvellement acquis un fief, à l'égard des Vassaux qui relevent du fief qu'il a acquis.

LE SEIGNEUR PLAIDE TOUJOURS MAIN GARNIE. Cela signifie que la saisie féodale valablement faite par le Seigneur, dure nonobstant opposition ou appellation ; ensorte qu'il n'y a jamais lieu à la provision pour le Vassal, jusqu'à ce qu'il ait satisfait aux causes de la saisie.

Il faut excepter trois cas où cette régle cesse ; le premier, quand le Vassal désavoue son Seigneur ; le deuxiéme, quand il y a contestation entre deux Seigneurs pour la mouvance, & que le Vassal se fait recevoir par main souveraine ; le troisiéme, quand le Vassal a fait offres suffisantes à son Seigneur, pour les droits qui lui sont dûs pour la mutation.

Voyez ce que j'ai dit à ce sujet sur l'article premier de la Coutume de Paris, glos. 3.

SEIGNEURS SUZERAINS, sont ceux desquels relevent des terres en arriere-fiefs, comme sont les Ducs, les Comtes, & autres grands Seigneurs qui relevent immédiatement du Roi, & de qui d'autres fiefs relevent. *Voyez* Fiefs suzerain.

SEIGNEURS PEAGERS, sont ceux à qui les droits de péages appartiennent, & qui, suivant l'art. 107. de l'Ordonnance d'Orléans de l'année 1560. sont tenus d'entretenir en bonne & dûe reparation les ponts, chemins & passages.

La même Ordonnance les oblige de rétablir les ponts, quand ils sont tombés faute d'avoir été entretenus comme il faut ; mais quand ils sont tombés par cas fortuit, comme par des glaces, le péager n'est obligé à les refaire, qu'à proportion du revenu qu'il en reçoit. *Voyez* Réparation.

SEIGNEURIAL, se dit de ce qui appartient au Seigneur. On dit, par exemple, que les lods & ventes sont des droits seigneuriaux. On dit aussi qu'on doit porter foi & hommage au manoir seigneurial.

SEIGNEURIE, est une terre féodale. Il y en a de deux sortes ; sçavoir, la directe & l'utile.

La seigneurie directe est celle de qui d'autres terres relevent, soit en fief, soit en censive.

La seigneurie utile est celle du propriétaire du fief servant, ou d'un héritage tenu en censive.

SEING, est la signature qui se met au bas des actes, qui y marque que celui qui a mis son nom, en connoît ou en confirme & autorise la teneur.

Autrefois on mettoit son sceau au bas des actes, au lieu de son seing, comme nous avons dit *verbo* Sceau privé.

Il y a deux sortes de seings, sçavoir le seing public, & le seing privé.

SEING PUBLIC, est le seing d'une personne publique, comme celui des Notaires & des Greffiers, qui rend autentique & exécutoire l'acte auquel il est apposé ; c'est un témoignage public qui donne autorité à l'acte.

SEING PRIVÉ, est la signature que les Parties apposent aux écrits qu'elles passent, qui marque qu'elles reconnoissent pour véritable ce qui est énoncé, & en consentent l'exécution.

Quand cette signature des Parties est apposée à un acte qui est revêtu de l'autorité publique, cet acte devient autentique & exécutoire ; mais quand cette signature est apposée à une écriture privée, il est appellé acte sous seing privé.

Un tel acte ne fait foi en Justice que du jour qu'il a été reconnu. De plus, un tel acte n'a point de date au préjudice d'un tiers ; c'est-à-dire, qu'avant qu'il ait été reconnu pardevant Notaires ou en Justice, sa date ne peut donner aucune prérogative de tems, au préjudice d'autres personnes qui agissent en vertu d'actes publics, par la raison que les Parties qui font des actes sous signature privée, peuvent leur donner telle date que bon leur semble.

Ainsi une vente de meubles & effets mobiliers, un contrat de société, de dépôt & autres étant sous signature privée, ne sçauroient en cas de déconfiture préjudicier aux créanciers qui ont des actes exécutoires, ni à un premier saisissant dans le cas d'une saisie particuliere.

Un acte sous seing privé n'est point exécutoire, parce que toute exécution parée, procéde de l'autorité publique que les Particuliers ne peuvent pas donner eux-mêmes aux actes qu'ils passent.

On n'ordonne jamais le payement d'un billet sous seing privé, qu'après en avoir fait reconnoître la signature par celui qui l'a passé, ou après avoir fait dûement vérifier la signature par comparaison des piéces autentiques & reconnues.

Les écritures privées ne font foi en Justice par elles-mêmes, parce qu'on a voulu prevenir la témérité des faussaires, qui obtiendroient des Sentences, & jetteroient la consternation dans les familles, ausquelles il ne resteroit que le triste reméde de l'inscription de faux, dont on reconnoît les longueurs, & bien souvent l'impuissance.

Enfin, un acte sous seing privé n'emporte point

ypotéque, quand même les Parties en feroient onvenues; parce que parmi nous ce n'eſt point la onvention qui établit l'hypotéque, c'eſt l'autoité publique.

Touchant la forme de la reconnoiſſance des céules & promeſſe ſous ſeing privé, *Voyez* ce que 'ai dit *verbo* Reconnoiſſance & *verbo* Simple proneſſe.

De ce que nous avons dit ci-deſſus, il s'enſuit que ceux qui contractent ſous ſeing privé, ſont également obligés que s'ils avoient paſſé l'acte pardevant Notaires. Toute la différence qu'il y a c'eſt que les actes ſous ſeing privé ne ſont pas exécutoires d'eux-mêmes, ne donnent point d'hipotéque ſur les biens de l'obligé, & n'ont point de date en Juſtice, que du jour qu'ils ſont reconnus pardevant Notaires, ou pardevant le Juge.

Il faut excepter de la régle générale, I°. Les contrats de mariage qui ne ſont point obligatoires, & ne produiſent aucun effet; à moins qu'ils ne ſoient paſſé pardevant Notaires. La raiſon eſt, que ces contrats étant une loi qui doit régler non-ſeulement les droits des futurs conjoints, mais auſſi ceux de leur famille, la date de ces contrats doit être certaine & publique. D'ailleurs il eſt juſte d'empêcher les avantages indirects qui ſe pourroient faire entre mari & femme, au préjudice de leurs héritiers, contre la prohibition de la Loi.

II°. Les donations, parce qu'elles ne ſont pas valables à moins qu'elles ne ſoient inſinuées, c'eſt-à-dire tranſcrites dans les Regiſtres publics. Or on ne peut enregiſtrer & reconnoître publiquement une écriture qui n'eſt point autentique.

III°. Les actes de foi, aveux & dénombremens en fait de fiefs, & les déclarations en cenſive. Tous ces actes doivent toujours être en forme probante & autentique; autrement les ſucceſſeurs de ceux qui les auroient donnés, ne feroient pas obliges de les exécuter. Il y a plus, c'eſt qu'en fait des fiefs, le Seigneur ſuzerain ne ſeroit pas tenu de les reconnoître.

Pour ce qui eſt des billets ou promeſſes cauſés pour valeur en argent, *voiés* ce qui en eſt dit *verbo* Signature privée.

BLANC SEING, ou blanc ſigné; *voiés*, ce que j'en ai dit, *verbo* Blanc.

SEJOUR, ſignifie au Palais le tems qu'on demeure en un lieu. On taxe à ceux qui plaident, leur voyage & leur ſéjour. *voiés* l'Arrêt de la Cour du 10. Avril 1691, qui eſt à la fin de ce Volume.

SEL GABELLÉ, eſt celui qui a paſſé dans le grenier ou dépôt public, dans lequel on met le ſel que le Roi vend à ſon Peuple. Le faux ſel au contraire eſt celui qui eſt vendu ſecretement par des particuliers qui ont fraudé les droits du Roi.

Il y a donc un dépôt public où l'on amene le ſel. Il eſt porté par meſure en préſence des Grenetiers, Controlleurs, Avocats & Procureurs du Roi, & Greffiers, qui délivrent au Marchand un certificat de la quantité de ſel qu'il y a apportée, & reçoivent du Marchand pareil certificat, pour ſervir auſdits Officiers, à la reddition de leur compte; & ils font Procès verbal de chaque deſcente de ſel qui eſt portée audit grenier.

SEL PAR IMPÔT, eſt le ſel que l'on oblige chaque Particulier de prendre au grenier du Roi tous les ans, qu'on leur taxe ſuivant ce qu'ils en peuvent conſommer. C'eſt ce qui ſe pratique dans les pays voiſins des ſalines, où il eſt aiſé de frauder la gabelle.

SEL SANS GABELLE, eſt celui qui eſt délivré à de certaines perſonnes qui ont le privilége de n'en point payer la gabelle, mais ſeulement le prix du Marchand.

SELLETTE eſt un petit ſiége de bois, ſur lequel on fait aſſeoir les criminels quand ils ſubiſſent leur dernier interrogatoire devant les Juges.

Ce dernier interrogatoire ſe fait ſur la ſellette, lorſqu'il y a contr'eux des concluſions du Procureur du Roi à peine afflictive. Art. 21. du titre 14. de l'Ordonnance de 1670.

Mais quand leſdites concluſions ne vont pas à peine afflictive les criminels ſubiſſent le dernier interrogatoire de bout derriere le Barreau.

SEMENCE *voiés* Labour.

SEMESTRE. Ce terme ſignifie le tems de ſix mois, & ſe dit auſſi de la moitié de l'année pendant laquelle la moitié d'une Compagnie s'aſſemble pour tenir la ſéance alternativement.

La Chambre des Comptes, la Cour des monnoyes & le Grand Conſeil, ſont des Compagnies ſemeſtres. Le Parlement de Metz l'eſt auſſi. Dans le Conſeil d'Etat il y a douze Conſeillers d'Etat qui ſont ſemeſtres.

Le pouvoir des Officiers ſemeſtres eſt limité à certains tems; c'eſt pourquoi ils ne peuvent de leur autorité privée le porter au-delà: ainſi lorſque le bien de la Juſtice exige que leur pouvoir ſoit prorogé, il faut que ce ſoit en vertu d'un ordre ſpécial de la puiſſance ſuprême dont il eſt émané.

Il eſt ſouvent à propos, pour le bien de la Juſtice, & l'intérêt même des Parties qui ont le malheur de plaider entr'elles, que les Juges qui ont commencé une affaire, continuent d'en connoître juſqu'à la fin; c'eſt ce qui dépend de la nature de l'affaire, & ce qu'on voit arriver tous les jours dans les Compagnies ſemeſtres, & dans tous les Tribunaux dont le pouvoir eſt borné à certain tems; mais alors on doit avoir recours à l'autorité ſouveraine, de laquelle, tout pouvoir eſt émané: on repréſente les raiſons qui portent à penſer qu'il ſeroit utile qu'un Rapporteur inſtruit d'une affaire majeure & embaraſſée, ſoit continué audelà du tems de ſon ſervice ordinaire, même que le Tribunal dont le ſervice eſt limité à un certain tems, ſoit pareillement continué; & quand le Souverain l'approuve, il donne des Lettres patentes, avec le secours desquelles tout pouvoir devient parfaitement légitime.

Les Magistrats, quelque éminente que soit leur dignité, ne la tiennent que du Roi, ils n'ont de pouvoir que celui qu'il a plû à Sa Majesté de leur confier, & ce pouvoir ne peut, sans l'autorité de Sa Majesté, sortir des bornes dans lesquelles elle a jugé à propos de le renfermer. Si donc il se trouve limité à certaines circonstances & à certains tems, nulle autorité que la sienne ne peut ni l'étendre, ni le proroger.

SEMI-PREUVE. *voiés* Preuve pleine & complette.

SENAT, est l'assemblée, le Conseil des plus notables Habitans d'une République, qui ont part au Gouvernement, lesquels sont appellés Sénateurs. *voiés* ce qui en est dit dans le Dictionnaire de Trevoux.

SENATUSCONSULTE, suivant la définition qu'en donne Justinien, §. 5. *tituli Institut. de jur. natur. gent. & civil.* est un Décret du Sénat, par lequel il ordonne & établit quelque chose.

Le Senat ayant été créé pour avoir la plus grande part dans l'administration des affaires publiques il ne faut pas douter qu'il n'ait de tous tems fait des Sénatusconsultes sur les affaires les plus importantes, & qui intéressoient l'Etat.

On avoit à Rome défini quel nombre de Sénateurs étoit requis pour faire un Sénatusconsulte; & ce nombre a augmenté ou diminué au tems que se faisoit le Sénatusconsulte.

Celui qui présidoit à l'assemblée prenoit les voix des Sénateurs, & résumoit leurs avis, pour conclure à la pluralité des voix, de maniere que ce qui étoit arrêté par le plus grand nombre étoit suivi & exécuté.

Quand les suffrages étoient partagés de maniere que celui qui présidoit à lassemblée ne connoissoit pas d'abord le plus grand nombre, pour compter les suffrages plus facilement, il faisoit passer d'un côté du Sénat tous ceux qui étoient d'un avis, & de l'autre ceux qui étoient d'un avis contraire.

Il étoit alors permis de changer de sentiment, desorte que ceux qui avoient opiné d'une maniere, pouvoient se retracter en se rangeant du côté de ceux qui étoient d'un avis contraire.

Après qu'un Sénatusconsulte avoit été arrêté à la pluralité des voix; l'assemblée finie, & l'Arrêt étant entierement dressé, le Sénateur en faisoit lecture devant le Peuple assemblé.

Le Peuple Romain à reçû dans tous les tems des Sénatusconsultes: il s'en est fait du tems de la République, aussi-bien que du tems des Rois; mais il s'en falloit beaucoup qu'ils eussent force de Loi.

Dans ce tems-là l'on ne consultoit le Sénat que pour avoir son avis. Un Sénatusconsulte n'ayant donc de lui-même aucune autorité, il falloit qu'il fût confirmé par une loi faite du consentement de tout le Peuple; ce qui a donné lieu à cette formule, *Populus jubet; Senatus auctor est.*

Sous l'Empereur Tibere, les Senatusconsultes commencerent a avoir force de Loi, parce qu'ils se firent sous la requisition du Prince & sous son autorité. Aussi le Senatusconsulte qui étoit fait de cette maniere étoit-il appellé *Senatusconsultum factum ad orationem Principis*, & avoit une pleine & entiere autorité.

L'usage des Sénatusconsultes qui se faisoient *ad orationem Principis*, fut un effet de la politique de Tibere qui voulut qu'au lieu de consulter le Peuple on consultât le Sénat, sous prétexte que le nombre des Citoyens Romains étoit si fort augmenté, qu'il n'étoit pas possible de les réunir tous dans une même assemblée.

Ainsi l'Empereur revêtu par la Loi Regia de toute l'autorité du Peuple, faisoit assembler le Sénat, pour lui proposer la Loi qu'il avoit dessein d'établir; & les Décrets du Sénat, faits sur la requisition de l'Empereur, n'avoient pas moins d'autorité que les Loix établies pendant la République, non pas à la vérité par le pouvoir du Sénat, mais en conséquence & en vertu de l'autorité du Prince.

Sous les derniers Empereurs, le Sénat eut le pouvoir de faire des Réglemens de son chef & sans la requisition du Prince; mais ces Sénatusconsultes ne se pouvoient faire que pour des choses de peu d'importance; par exemple, lorsqu'il s'agissoit de réprimer le luxe des habillemens.

Sous l'Empereur Justinien, l'autorité du Sénat étoit beaucoup diminuée. Enfin Leon le Philosophe ôta entierement au Sénat le droit de faire des Ordonnances sur quelque matiere que ce fût.

Dans le tems même où le Sénat n'a pas eu le pouvoir de faire Réglemens qui eussent force de Loi, il a néanmoins toujours eu le droit d'examiner & de donner son approbation aux Loix que les Princes faisoient.

On peut a cela rapporter ce qui s'observe parmi nous, touchant les enregistremens des Edits & Déclarations de nos Rois dans les Parlemens & autres Cours souveraines.

Au tems même que le Sénat a cessé de pouvoir faire des Sénatusconsultes, ceux qui avoient été fait auparavant n'ont pas déchu pour cela de leur autorité, & ils sont toujours resté en vigueur, comme les Sénatusconsultes Velleïen, Macedonien, Trebellien, Tertullien, Orphitien & autres.

voiés, touchant le Sénat Romain & les Sénatusconsultes, ce que j'en ai dit dans mon Histoire du droit civil.

SENATUSCONSULTE TERTULIEN. *voiés* ce que j'en ai dit dans ma Traduction des Institutes, liv. 3. tit. 3.

SENATUSCONSULTE ORPHITIEN. *voiés* ce que j'en ai dit dans ma Traduction des

Institutes, liv. 3. tit. 4.

SENATUSCONSULTE VELLEÏEN. *Voyez* Velleïen.

SENATUSCONSULTE MACEDONIEN est un Sénatusconsulte par lequel il fut ordonné que toute action fût déniée à celui qui prêteroit de l'argent à un fils en puissance de pere.

Il faut excepter I°. Si le creancier a été déçu, croyant son débiteur pere de famille, pour l'avoir vû exercer des Charges & élevé a des dignités, tenir de fermes publiques & particulieres. *Leg.* 3. *ff. de Senatusconf. Maced. Leg.* 1. & 2. *ff. eod.*

II°. Si le fils de famille a emprunté autre chose que l'argent, à moins que ce ne fût en fraude de ce Sénatusconsulte. *Leg.* 3. §. *pen.* & *leg.* 3. §. 3. *ff. eod.*

III°. Si le fils de famille a emprunté de l'argent pour les affaires de son pere ou même si ayant fait l'emprunt en son propre nom, il l'a employé pour une chose où le pere auroit mis du sien, *veluti studiorum causa Leg.* 2. *cod.* 5.

IV°. Si le fils de famille a emprunté de l'argent pour acquitter une autre créance à qui on ne pouvoit opposer aucune fin de non-recevoir, *Leg.* 8. §. 14. *ff.* 5. *t.*

V°. Si l'argent a été prêté à un fils de famille sans que son pere s'y soit opposé, en ayant connoissance. *Leg.* 7. §. 12. *leg.* 12. *leg.* 16. *ff.* 5. *t. leg.* 2. 4. *cod. eodem.*

VI°. Si le pere a ratifié le prêt fait à son fils *ratihabitio retrotrahitur ad initium Leg.* 7. §. 5. *penult. ff.* 5. *t. leg. ult. cod eod.*

VII°. Si le fils de famille qui a emprunté de l'argent à un pécule castrense ou quasi-castrense; car le Sénatusconsulte Macedonien n'a point lieu à l'égard de ces sortes de biens; *quia in his filius familias pro patre familias habetur. Leg.* 1. §. *ult. ff.* 5. *t. leg. ibid. leg.* 4. *cod. eod.*

VIII°. Si un fils de famille a emprunté de l'argent d'un autre fils de famille, quoique celui qui a prêté l'argent ait la libre administration du pécule; *huic enim perdere peculium non licuit. Leg* 3. §. 2. *ff.* 5. *t.*

IX°. Si celui qui a prêté de l'argent au fils de famille étoit mineur; *ætatis enim beneficium Senatusconsulto potentius est. Leg.* 34. *ff. de minorib.*

X°. Si le fils de famille qui ayant emprunté de l'argent, ratifie ce prêt étant devenu pere de famille; *veluti si patrem debiti solverit, tunc enim & in residuo Senatusconsultum cessat Leg.* 7. §. *ult. ff.* 5. *t.*

Ce Sénatusconsulte n'est point reçu en pays coutumier & les enfans de famille se peuvent valablement obliger pour d'argent, s'ils sont majeurs; mais s'ils sont mineurs, ils peuvent recourir au bénéfice de restitution.

En pays de Droit écrit, même dans ceux du ressort du Parlement de Paris, ce Senatusconsulte est observé; comme j'ai dit sur le §. 7. du titre 7. du quatriéme livre des institutes, où j'ai fait aussi quelques observations touchant ce Senatusconsulte. *Voyez* le Recueil alphabétique de M. Brétonnier, *verbo* Fils de famille.

Au reste, il y a bien de la différence entre le Sénatusconsulte Macedonien & la Sénatusconsulte Velleien; car comme le premier a été fait en haine des usuriers, qui prêtent de l'argent aux Fils de famille pour fournir a leurs débauches, les fils de famille n'y peuvent pas valablement renoncer; l'autre au contraire ayant été fait en faveur des femmes, il leur est permis d'y renoncer, suivant la régle qui veut que *quilibet possit renunciare juri pro se introducto.*

SENATUSCONSULTE TRÉBELLIEN. *Voiés* Quarte Trébellianique, ce que j'ai dit dans la nouvelle traduction des institutes sur le titre 23. du livre deuxiéme.

SÉNÉCHAL, est un Officier de Robe-courte, au nom duquel se rend & s'exerce la Justice qui a l'honneur de la séance à l'Audience, & au nom duquel les Sentences de la Sénéchaussée rendues par son Lieutenant sont intitulées, aussi-bien que les contrats qui sont passés dans l'étendue de son ressort.

Suivant l'opinion commune, ce mot vient de *senex* & *Caballus*, qui signifie viel Chevalier. *Voiés* ce qui est dit de l'étimologie de mot dans le Dictionnaire de Trévoux.

C'est au Sénéchal que s'adressent les Lettres, Commissions & Ordonnances du Roi, pour tout ce que Sa Majesté veut faire exécuter dans le Bailliage; & les cris, proclamations & actes de Justice, se font sous le nom de cet Officier.

Il est aussi du devoir de sa Charge de convoquer assembler & conduire le ban & arriere ban, d'en faire la montre & revûe, & aussi de se faire représenter par ceux qui font levée de gens de guerre en son ressort, leur pouvoir & commission.

Enfin il doit tenir main-forte à la Justice & où bésoin est avertir le Gouverneur.

Comme le Sénéchal n'est plus aujourd'hui qu'un Magistrat titulaire & honoraire, le droit de la Jurisdiction est dévolu à son Lieutenant, dont les appellations sont portées au Parlement.

Le Sénéchal est dans plusieurs endroits ce qu'est le Baillif dans d'autres; ils sont de même pouvoir & de même autorité.

L'origine des Sénéchaux vient de ce que les Ducs s'étant emparés de la puissance d'administrer la Justice, & ne voulant pas l'exercer en personne, établirent des Officiers pour la rendre en leur nom & sous leur autorité, & appellerent ces Officiers Baillifs en certains lieux, & Sénéchaux en d'autres; & dans ces premiers tems ils étoient révocables a volonté.

Après que les Rois de la troisiéme Race eurent réuni à la Couronne les Villes qui en avoient été démembrées, les Baillifs & Sénéchaux succederent en quelque sorte à toute l'autorité des Ducs & des Comtes; ensorte qu'ils eurent l'administration de la Justise, des Armes & des Finances.

Les Baillifs & Sénéchaux furent aussi revêtus du pouvoir qu'avoient eu sous la seconde Race de nos Rois les Commissaires royaux, ou *Missi Dominici*, qui jugeoient les causes d'appel dévolues au Roi : c'est pourquoi les Baillifs & Sénéchaux connurent des causes d'appel du territoire des Comtes, & jugerent en dernier ressort jusqu'au tems que le Parlement fut rendu sédentaire par Philippe le Bel.

Toutes les Charges étant devenues perpetuelles par l'Ordonnance de Louis XI. les Baillifs & les Sénéchaux non contens de n'être plus révocables, tâcherent de rendre leurs Charges héréditaires.

Mais les Rois appréhendant qu'ils n'usurpassent l'autorité souveraine, comme avoient fait les Ducs & les Comtes, leur ôterent d'abord le maniement des Finances, puis le commendement des Armes par l'établissement des Gouverneurs, & ils leur laisserent seulement la conduite de l'arriere-ban, pour marque de leur ancien pouvoir, avec quelques honneurs & prérogatives.

SÉNÉCHAL EN NORMANDIE. *voyez* ce qui en est dit ci-dessus, *verbo* Grand Sénéchal.

SÉNÉCHAUSSÉE, est l'étendue de la Jurisdiction d'un Sénéchal.

Sénéchaussée se prend aussi quelquefois pour le lieu de la Jurisdiction, ou pour la Jurisdiction même du Sénéchal, où sont portées les appellations, tant des Prevôts royaux, que des Seigneurs Hauts-Justiciers qui sont dans le ressort.

On y connoît aussi, privativement à tous autres Juges, de toutes causes en matieres civiles & possessoires des Nobles, & de plusieurs autres matieres. *voïés* l'Edit de Cremieu.

SENTENCE, est un Jugement rendu par des Juges inférieurs sur le différend de deux ou plusieurs Particuliers. *Judicium appellatur Sententia, quia eo declarat, quid statuat super re proposita.*

Ce Jugement est ou definitif, ou interlocutoire. *voïés* Jugement.

Celui qui est condamné par une Sentence, peut se pourvoir contre par la voie d'appel, excepté.

I°. Quand les Sentences sont rendues par les Présidiaux, présidialement & en dernier ressort. *voïés* Sentence présidiale.

II°. Quand celui contre qui la Sentence a été rendue y a acquiescé, à moins qu'il n'eût des causes légitimes pour revenir contre son acquiescement, comme le dol, la force & la surprise de la part de la Partie adverse; auquel cas il faudroit qu'il se fît restituer contre son acquiescement.

III°. Lorsque l'appel n'a pas été interjetté dans le tems de l'Ordonnance, & que par ce moyen la Sentence a passé en force de chose jugée.

L'appel valablement interjetté d'une Sentence produit ordinairement deux effets, l'un dévolutif, & l'autre suspensif, comme nous avons dit, *verbo* Dévolutif.

SENTENCE PROVISIONELLE ET EXECUTOIRE NONOBSTANT L'APPEL, est celle qui, sur une raison apparente d'équité, adjuge par provision pendant l'instruction à l'une des Parties quelque chose; comme celle qui est donnée en répétition de dot ou de douaire, de dation, de tutelle, de confection d'inventaire, d'interdiction de biens aux furieux ou aux prodigues, pour alimens ou médicamens, pour salaires de serviteurs, restitutions de fruits & autres semblables.

Les Sentences provisionnelles sont exécutées par provision nonobstant l'appel qui en ce cas n'est point suspensif. *voïés* les articles 13. & 14. du titre 17 de l'Ordonnance de 1667.

Il y a un Arrêt du Parlement de Paris du 7. Décembre 1689. qui fait défenses à tous Juges de ressort d'ordonner l'exécution provisoire de leurs Sentences nonobstant l'appel, sinon dans les cas portés par les Ordonnances, & qui veut à cet effet que lorsque l'on prononce l'exécution provisoire d'une Sentence, la cause & le motif y soient inserés.

Au reste, ce qui est irréparable en définitive, ne se peut exécuter par provision.

SENTENCE DE RETENTION. *voïés* Retention. *voïés* Exception déclinatoire.

SENTENCE D'INTERDICTION. *voïés* cy-dessus Interdit. Nous remarquerons seulement icy, que les Sentences d'interdiction doivent être publiées & rendues dans le Tribunal ou Chambre du Conseil, & qu'à Paris on les fait signifier aux Syndics des Notaires qui ont soin de faire inscrire les noms des interdits sur un tableau qu'ils ont dans leurs Etudes, afin que les personnes qui contractent avec eux n'ayent point d'excuse, ni d'autre recours que contre les Notaires qui ont reçû lec actes sans les avertir.

SENTENCE PRESIDIALE est celle qui est rendue en dernier ressort; c'est-à-dire sans appel, & au premier chef de l'Edit des Présidiaux.

Ce premier chef porte que les Présidiaux peuvent juger diffinitivement, par Jugement dernier & sans appel, jusqu'à la somme de deux cens cinquante livres pour une fois payer, & jusqu'à dix livres de rente ou revenu annuel, & aux dépens, à quelque somme qu'il puisse monter. Sur quoi. *voïés* ce que j'ai dit ci-dessus *verbo* Présidiaux.

Nous remarquerons seulement ici, que quand il y a une Sentence présidiale dont il y a appel interjetté par celui qui a été condamné par lad. Sentence, il faut aller au Grand-Conseil, où la Partie qui a intérêt de soutenir la présidialité, ainsi que la Partie qui a intérêt de faire recevoir & juger son appel obtiennent une commission en réglement de Juges entre le Présidial & le Parlement.

L'effet de ce réglement de Juge est, que si le Grand-Conseil Juge que la Sentence ait été rendue dans le cas de la présidialité, il renvoye au Présidial pour procéder en exécution d'icelle. Si au contraire il juge que la Sentence n'a pas été rendue en dernier ressort, le Grand Conseil renvoye au Parlement, pour proceder sur l'appel qui en a été interjetté.

Mais les Parlemens qui sçavent mesurer & ne point compromettre leur autorité, ne s'avisent pas de recevoir l'appel d'une Sentence qualifiée présidiale ; ils ordonnent que les Parties se pourvoiront, & leur indiquent par ce moyen la voye d'aller au Grand Conseil, & d'y prendre une Commission en réglement de Juges.

SENTENCE D'ORDRE, est un Jugement rendu par un Juge inférieur, qui contient la suite selon laquelle un chacun des créanciers est mis pour être payé de sa dette sur les deniers provenans de la vente des biens immeubles de leur débiteur, suivant leurs droits, privilèges & hypotéques.

L'article 19. de l'Arrêt du Parlement du 10. Juillet 1665. porte, que tous Juges seront tenus dans les Sentences d'ordre de regler & liquider toutes les sommes pour lesquelles les créanciers opposans seront colloqués, tant en principal, qu'arrérages, dommages & intérêts, sans reserver d'en faire la liquidation par procès verbal, ou autre Jugement ou mandement separé, ni prendre aucun salaire particulier, outre les épices reglées sur la Sentence d'ordre en la forme ci-dessus; en vertu de laquelle Sentence d'ordre seront les Receveurs des Consignations ou autres dépositaires, contraints de vuider leurs mains des deniers adjugés aux dénommés en icelle, nonobstant tous stiles & usages contraires, à peine de concussion, amende & repétition.

L'article 20. du même Arrêt porte qu'aucuns Juges ne pourront assister aux distributions & numérations de deniers provenans de biens décretés & licités ou déposés, qui seront payés par les Receveurs des Consignations ou Greffiers en leurs Bureaux; ni pour raison de ce prétendre aucune taxe, ou recevoir aucun salaire, encore qu'ils eussent été réquis par les Parties d'y assister *Voyez* Ordre des créanciers.

SENTENCE ARBITRALE, est celle qui est rendue par les Arbitres, en conséquence du poevoir qui leur a été donné par écrit par les Parties.

Lorsque les Arbitres sont de differens avis ; c'est le plus grand nombre des voix qui l'emporte; mais quand les Arbitres sont partagés en opinions, ils peuvent convenir d'un sur-Arbitre sans le consentement des Parties, comme il est dit en l'article 11. de l'Ordonnance du Commerce, titre des Societés ; & si les Arbitres ne conviennent d'un sur-Arbitre, le Juge doit en nommer un.

Le Jugement des Arbitres est exécutoire nonobstant opposition ou appellation quelconque, & sans préjudice d'icelles, soit que les Parties eussent stipulé une peine ou non dans le compromis contre le contrevenant.

Mais il est permis aux Parties de se pourvoir par appel contre les Jugemens des Arbitres pardevant les Cours souveraines, & non pardevant les Juges subalternes.

Nonobstant l'appel interjetté d'une Sentence arbitrale, elle peut donc être mise à exécution selon sa forme & téneur ; & cela par l'autorité du Juge royal.

Les Juges subalternes ou des Seigneurs ne peuvent donc pas mettre à exécution une Sentence arbitrale, parce que les appellations des Sentences arbitrales vont directement aux Cours souveraines, pardevant lesquelles ces appellations ne seroient pas reçues, si les Jugemens des Arbitres étoient confirmés & rendus exécutoires par des Juges subalternes.

Les Parties ne peuvent pas convenir dans le compromis, qu'il ne leur sera pas permis d'appeller de la Sentence qui sera rendue par les Arbitres qu'elles ont nommés. La raison est, qu'elles ne peuvent par leur consentement donner au Jugement des Arbitres plus d'autorité que celle qui lui est donnée par les Ordonnances. Or par l'Ordonnance de François I. de l'an 1560. les Jugemens des Arbitres n'ont force que de Sentence, dont il peut être interjetté appel aux Cours souveraines.

Quoique régulierement un chacun puisse renoncer à son droit, néanmoins cela se doit entendre, pourveu que ce soit sans préjudicier au droit d'un tiers. Or si une telle convention des Parties étoit valable, elle porteroit préjudice aux Cours souveraines, en ce qu'elle donneroit la même force aux Jugemens des Arbitres qu'aux Arrêts.

Mais pour empêcher que celui qui perdra son procès par le Jugement des Arbitres, n'en puisse interjetter appel, les Parties peuvent apposer une peine pécuniaire, même très-forte, qui sera encourue de plein droit contre celui qui appellera du Jugement des Arbitres. Cette peine est toujours due par celui qui a interjetté appel du Jugement, dès l'instant qu'il l'a interjetté, sans qu'il soit récevable à renoncer à son appel ; & si plusieurs ont appellé, la peine est due *in solidum* à ceux qui ont acquiescé à la Sentence.

Il est si vrai que la peine est due *ipso jure*, dès l'instant que l'appel est interjetté, que l'appellant ne peut point être admis à poursuivre son appel, avant que d'avoir payé la peine, & que toute Audience lui est déniée, jusqu'à ce qu'il ait entierement satisfait.

Cependant un mineur pour lequel un tuteur auroit compromis avec une peine contre le contrevenant, ne seroit pas obligé de payer la peine, parce que celui qui ne peut pas aliéner, ne peut pas compromettre ; mais le Jugement ne laisseroit pas d'avoir l'autorité d'une Sentence dont l'appel seroit porté au Parlement.

Mais si un tuteur avoit compromis tant en son nom qu'en qualité de tuteur, pour un intérêt commun, il seroit obligé de payer la moitié de la peine pour lui, à moins qu'il n'y eût obligation solidaire de payer toute la peine.

Si le tuteur & le pupille avoient des intérêts différens à discuter avec un autre, en ce cas si le tuteur appelloit tant en son nom qu'en qualité de tuteur, il devroit la peine entiere pour lui ; au lieu que quand l'intérêt est commun, la peine doit être partagée; ensorte qu'il n'est dû alors qu'une seule peine. La raison est, qu'il n'est pas juste que celui qui compromet avec plusieurs, ayant un intérêt commun, apposant une peine au compromis, puisse avoir autant de peines qu'il y a de personnes avec lesquelles il a compromis.

On ne peut apposer pour peine dans un compromis, que celui qui appellera du Jugement des Arbitres perdra tous les droits qu'il peut prétendre dans la chose dont il s'agit. Une telle clause ôteroit aux Parties la faculté de pouvoir appeller du Jugement des Arbitres.

Il y a des cas esquels on peut appeller d'une Sentence arbitrale, sans être obligé de payer la peine apposée dans le compromis; sçavoir quand il y a quelque nullité dans le compromis ou dans la Sentence qui est intervenue en conséquence, comme dans les cas suivans.

Le premier est, quand tous les Arbitres dont les Parties sont convenues ne se sont pas trouvés au Jugement. Mais au contraire le Jugement seroit valable, si tous les Arbitres s'étant trouvés, un d'eux avoit refusé de dire son avis; & le Jugement rendu ne seroit pas moins valable, quoiqu'il eût refusé de le signer.

Le deuxiéme est, lorsque les Arbitres n'ont pas jugé tous les chefs du procès, lorsqu'ils ont été en pouvoir de le faire, ou quand ils ont jugé plus qu'il n'étoit porté par le compromis.

Le troisiéme est, quand les Arbitres ont rendu une Sentence après l'expiration du tems convenu par les Parties pour la décision de leur différend; à moins que ce tems n'eût été prorogé par les Parties pardevant Notaires, ou sous signature privée; car lorsque le tems défini par le compromis est passé, les Parties ne sont pas obligées de le proroger, & l'Arbitre n'a plus de pouvoir, parce qu'il étoit limité dans un certain tems.

Il y a encore un cas où l'on peut appeller d'une Sentence arbitrale, sans être tenu de payer la peine apposée au compromis; sçavoir lorsque l'appel est interjetté de la Sentence rendue par le Juge pour l'exécution de la Sentence arbitrale; comme il a été jugé par Arrêt du 12. Août 1607. rapporté par Mornac sur la Loi 29. *ff. de recept.*

Au reste, quoique la peine apposée aux compromis soit dûe, suivant la convention des Parties, par celui qui interjette appel d'une Sentence arbitrale cette peine est néanmoins souvent regardée comme comminatoire; ensorte que quand on soutient la Partie appellante non-recevable dans son appel, faute d'avoir satisfait à la peine portée au compromis, on a coutume de joindre cet incident au fonds, & rarement adjuge-t'on la peine stipulée, quoique par l'événement la Sentence arbitrale soit confirmée.

Les Arbitres, de même que les Juges, doivent rendre leurs Jugemens selon les formalités & procédures ordinaires, & selon ce qui est produit pardevant eux; car pardevant un Arbitre on instruit un procès de même que par devant le Juge, quand c'est un affaire qui mérite que les Parties produisent, contredisent & justifient par actes & titres leurs prétentions.

Néanmoins quand il est question de contestation entre Marchands, les Arbitres peuvent juger sur les piéces & mémoires qui leur sont rémis, sans aucune formalité de Justice, nonobstant l'absence de quelques-unes des Parties, suivant l'Edit du Commerce, titre des Societés, articles 12.

L'Arbitre prononce sa Sentence par écrit, de même que le Juge, sur le vû de toutes les piéces produites par les Parties; & quand la question le requiert, il ren. des Sentences interlocutoires, pour faire preuve, produire témoins pardevant lui, & les entendre.

L'Arbitre doit, ainsi que le Juge, condamner aux dépens celui qui succombe au principal, suivant l'Ordonnance de 1667. titre des Dépens, article 2. si ce n'est qu'il y ait eu dans le compromis une clause expresse portant pouvoir de les remettre, moderer & liquider, ou qu'il ne s'agit d'une cause où il y eût lieu de compenser les dépens, ainsi que les Juges ont coutume de faire dans certains genres de causes; comme nous avons dit ci-dessus lettre D. en parlant des Dépens.

Néanmoins, si l'Arbitre avoit omis de condamner aux dépens dans le cas où il l'auroit dû faire, sa Sentence ne seroit pas nulle pour cela; mais celui au profit de qui elle auroit été rendue, seroit en droit de se pourvoir pardevant le Juge ordinaire, à l'effet d'en faire prononcer la condamnation, suivant la disposition de l'Ordonnance.

Quoique, suivant ce que nous venons de dire, les Juges & les Arbitres conviennent en plusieurs choses, il y a néanmoins entr'eux quelques différences considérables. I°. Les Arbitres ne peuvent contraindre les témoins de venir déposer pardevant eux. II. Les Arbitres ne peuvent faire mettre à exécution les Jugemens qu'ils rendent, parce qu'ils n'ont point de Jurisdiction. Il faut que celui au profit de qui la Sentence arbitrale a été rendue, la fasse homologuer par le Juge ordinaire du lieu, & que sous l'autorité du scel de la Justice, il la fasse mettre à exécution selon les voyes ordinaires; sçavoir, par saisie & exécution des meubles du condamné, & par saisie réelle de ses immeubles.

Toutefois la Coutume de Brétagne, en l'article 18. excepte un cas auquel un Arbitre peut mettre sa Sentence à exécution, qui est quand les choses contentieuses sont entre ses mains; auquel cas il peut les délivrer à celui qui aura obtenu gain de cause, & ainsi mettre son Jugement à exécution.

L'Edit du commerce au titre des Societés, article 3, porte que les Sentences arbitrales entre associés pour négoce, marchandises ou banques, seront homologuées en la Jurisdiction consulaire, s'il y en a, sinon és Siéges ordinaires royaux, ou ès Justices des Seigneurs.

Plusieurs raisons obligent de faire homologuer en Justice les Sentences arbitrales.

LA

La premiere est, afin que le Jugement de l'Arbitre ait l'autorité d'un Jugement judiciaire ; autrement il ne l'auroit pas, par la raison qu'il n'est pas rendu par une personne publique, qui ait le pouvoir de décider les différends des Particuliers ; desorte qu'il ne pourroit pas être mis à exécution ; au cas que la Partie qui est condamnée par un tel Jugement, n'y voulût pas satisfaire. Sur quoi il faut remarquer que les Sentences des Arbitres étant homologuées, sont exécutoires nonobstant oppositions ou appellations quelconques, tant pour le principal que pour les dépens, suivant l'Ordonnance de 1560.

La deuxiéme est afin que le Jugement de l'Arbitre emporte hypotéque sur les biens du condamné ; parce que l'hypotéque ne peut être constituée que par un acte public, comme nous avons dit *verbo* Hypotéque.

Avant que de faire homologuer une Sentence arbitrale, il faut que les Arbitres l'ayent prononcée aux Parties ; car quoique par l'Article 7. du titre 26. de l'Ordonnance de 1667. la formalité des prononciations des Arrêts & Jugemens ait été abrogée, néanmoins pour la validité d'une Sentence arbitrale, elle doit être non-seulement dattée, mais prononcée dans le tems du compromis, sinon elle est nulle, parce que c'est la prononciation qui en assure la date, & non pas la date qui y est donnée par les Arbitres ; comme il a été jugé par Arrêt de la Grande Chambre le 18. Juin 1698. & par un autre Arrêt rendu aussi en la Grande Chambre, au rapport de M. l'Abbé Pucelle, le 20. Février 1713.

Après que la Sentence des Arbitres a été par eux prononcée, elle doit être mise dans les vingt-quatre heures entre les mains d'un Notaire choisi par les Arbitres, lequel peut seul en délivrer des expéditions en papier à chacune des Parties requerantes, suivant l'Edit du mois de Mars 1679. *Voiés* Dépôt de Sentence arbitrale.

Celui à qui la Sentence arbitrale donne gain de cause, en ayant levé une expédition, en poursuit l'homologation par une demande judiciaire qu'il forme pardevant le Juge ordinaire des lieux ; lequel en connoissance de cause homologue la Sentence arbitrale, & en conséquence en ordonne l'exécution.

Cette homologation donne droit à celui au profit de qui la Sentence arbitrale a été rendue, de la faire mettre à exécution, nonobstant oppositions ou appellations quelconques, mais sans y préjudicier.

Quand il se trouve quelque difficulté pour l'interprétation d'une Sentence arbitrale, les Parties, sans en interjetter appel, peuvent s'adresser à l'Arbitre pour en faire l'interprétation ; & s'il étoit décedé, ce seroit pardevant le Juge ordinaire qu'il faudroit qu'elles se pourvussent pour cela.

Il ne faut pas confondre les Sentences arbitrales rendues en vertu d'un compromis, avec les avis que rendent les Avocats en conséquence des renvois qui leur sont faits par la Cour.

Comme les Parties ne peuvent donner ni communiquer aux Arbitres un plus grand pouvoir que de rendre une Sentence arbitrale, elles ne peuvent en empêcher l'appel ; elles peuvent seulement stipuler une peine payable par celle des Parties qui en appellera.

Mais la Cour semble, par les Arrêts de renvoi, communiquer son pouvoir aux Avocats qu'elle nomme, pour juger les contestations des Parties ; ainsi leur avis est reçu par appointement, & n'est point sujet à l'appel.

Si cela étoit autrement, la Cour nommant des Avocats par son autorité pour tirer les Parties d'affaires, ce renvoi, au lieu de faire du bien aux Parties, leur seroit très-préjudiciable, si les Arbitres ne pouvoient rendre qu'une Sentence arbitrale dont il fût permis d'interjetter appel. La raison est, que ce seroit un nouveau dégré de Jurisdiction par lequel elles seroient obligées de passer.

Voici comment se fait en Parlement la reception de ces avis. Celui au profit de qui il est rendu, donne à l'Avocat des qualités, au bas desquelles l'Avocat redige son avis, que l'on signifie avec sommation de signer l'appointement, sinon qu'on en poursuivra la reception à l'Audience en la maniere accoutumée ; & sur le vû de la sommation & de l'avis signé par l'Avocat, le Greffier expédie l'Arrêt.

La Partie dont le Procureur n'a point signé l'appointement ne peut point former d'opposition à cet Arrêt, & quand cela arrive, elle est deboutée avec dépens ; car comme nous l'avons dit, quand la Cour a renvoyé une affaire pour être jugée par l'avis d'Avocats, elle adopte leur décision, & la regarde comme si elle l'avoit prononcée elle-même.

SENTENCE PASSÉE EN FORCE DE CHOSE JUGÉE, est celle dont on ne peut point interjetter appel. Telle est une Sentence rendue en dernier sort, dont nous venons de parler *verbo* Sentence présidiale. Telle est aussi une Sentence dont l'appel n'est pas recevable, parceque les Parties y ont formellement acquiescé, ou tacitement, pour n'en avoir pas interjetté appel dans le tems prescrit, ou pour avoir laissé périr l'appel qui en avoit été interjetté, suivant l'art. 5. du tit. 27. de l'Ordonnance de 1667.

Il y a donc une grande différence entre ce que nous appellons Sentence, & ce que nous appellons chose jugée : *Differunt enim tanquam causa & effectus.* La Sentence est la cause, & la chose jugée est l'effet de la Sentence. En effet, la Sentence définitive est la prononciation & la décision du différend qui est entre les Parties, faite par le Juge selon les formalités réquises, au lieu que la chose jugée est celle qui est décidée par un jugement rendu en dernier ressort, ou dont l'appel n'est pas recevable, pour les causes que nous venons de déduire.

Sententia non transit in rem judicatam, quandiu ab ea potest appellari ; sed elapso appellandi tempore,

Sententia latâ secundùm leges vim habet rei judicatæ, ita ut ab ea non possit ampliùs appellari: proindè controversiæ finem imponit, jamque rei sit judicata quæ executioni mandari possit, illiusque executio nullatenus possit impediri, ne quidem sub instrumentorum de novo repertorum pretextu. Voyez Chose jugée.

SENTENCE RENDUE EN JURISDICTION ECCLÉSIASTIQUE, PASSE EN FORCE DE CHOSE JUGÉE, QUAND ELLE EST CONFORME A DEUX AUTRES QUI L'ONT PRECEDÉE; car alors on ne peut plus interjetter appel de la troisiéme Sentence. *Enim verò his tantum Jure canonico in qualibet causa appellare licet; adeo ut trino Judicio superatus appellare amplius non possit. Cap. 65. extra de Sententia & re judicata. Voyés* le Dictionnaire de Trevoux.

SENTENCES QUI NE PASSENT POINT EN FORCE DE CHOSE JUGÉE, sont celles qui sont rendues contre les loix, comme nous l'avons dit lettre J, en parlant du Jugement qui est rendu contre les loix.

Les Sentences rendues par les Juges d'Eglise *in causa matrimonii*, ne passent aussi jamais en force de chose jugée, soit qu'elles déclarent valable un mariage qui est nul, soit qu'elles prononcent la nullité d'un mariage qui est valablement contracté, comme dans l'espece du chapitre 7. *extra de Sententia & re judicata*; & dans ce dernier cas, dès que l'Eglise reconnoît qu'elle a eté trompée sur les faits qui lui ont donné lieu d'ordonner aux Parties de se separer, elle leur enjoint de se réunir. *Dicto capitulo 7. extra de Sententia & re judicata.*

Dans les autres causes, celui qui n'interjette pas appel d'une Sentence dans le tems porté par la loi, est censé acquiescer à la dite Sentence, & renoncer au droit d'en appeller, ce qui fait qu'elle passe en force de chose jugée; mais le consentement d'une Partie & sa renonciation expresse ou tacite au droit d'appeller ne peut pas rendre valable un mariage qui est nul pour raison de quelque empêchement dirimant, ni faire qu'un mariage legitimément contracté soit dissous, & les conjoints separés; *quoad vinculum matrimonii*, contre l'ordre de Dieu, qui veut que le mariage soit indissoluble, *quod Deus conjungit, homo non separet*; parce qu'un tel Jugement entretiendroit les Parties dans le peché, en separant les conjoints légitimement unis, ou en joignant ceux qui ne pourroient l'être.

Sentier. Ce terme qui est en l'article 194. de la Coutume de Senlis, signifie un petit chemin de quatre pieds de largeur, dans lequel on ne doit point mener de charrête. *voyez* Beaumanoir, ch. 15. au commencement; & M. Salvaing en son Traité de l'usage des Fiefs, chap. 38.

SEPARATION, est un jugement rendu par le Juge séculier, par lequel il separe d'habitation & de biens de la femme d'avec son mari, ou de biens seulement.

Il y en a donc de deux sortes; sçavoir, la séparation de biens & d'habitation, & la séparation de biens seulement.

La premiere peut se demander par le mari ou par la femme. Quand c'est la femme qui la demande, elle peut accepter ou renoncer à la communauté; & en cas qu'elle l'accepte, elle doit demander que partage en soit fait, d'autant que cette communauté est résolue pour l'avenir, au moyen de la séparation.

La seconde ne se peut demander que par la femme, pour cause de mauvais ménage provenant de la dissipation de son mari: c'est pourquoi il faut que la femme qui la demande renonce à la communauté; autrement l'acceptation qu'elle en feroit seroit une preuve qui détruiroit la raison de dissipation de son mari sur laquelle sa demande en separation doit être fondée.

Cependant le défaut de renonciation à la communauté de biens, ne seroit pas un moyen de nullité dans une Sentence de séparation que la femme auroit obtenue contre son mari: mais dans l'exécution de cette Sentence, la femme qui n'a pas renoncé demeure commune, & perd tout ce qu'elle a apporté dans la communauté. *voiés* un Acte de notorieté de M. le Lieutenant civil le Camus, en datte du 26. Juillet 1707.

Le Juge d'Eglise n'est point compétent de connoître d'une demande en séparation entre mari & femme; l'on ne peut se pourvoir pour un tel sujet, que pardevant le Juge Laïc. *Voyez* Soefve, tome 2. cent. 2. chapitre 82.

Une femme qui veut se faire separer d'habitation & de biens, ou même de biens seulement, doit se faire en païs coutumier autoriser par Justice.

Quand elle poursuit la séparation d'habitation pour mauvais traitemens, & qu'elle paroît bien fondée, le Juge ordonne par provision, qu'elle se retirera dans la maison de quelqu'une de ses parentes, avec défenses au mari de la maltraiter.

Pendant le procès pour les sévices, la Cour adjuge à la femme des provisions & pensions sur le mari, lesquelles, faute de payement, se prennent sur les biens de la communauté, ou sur les propres du mari par saisie.

Quand il y a des créanciers, il est à propos de les faire sommer, qu'ils ayent à assister à l'instance de séparation, afin qu'ils ne la puissent debattre de collusion entre le mari & la femme.

La Sentence de séparation fait regarder la femme separée comme une personne émancipée; de maniere qu'elle peut, sans l'autorisation de son mari, s'obliger jusqu'à concurrence de ses meubles & de revenu de ses immeubles, ester en Jugement sans le consentement de son mari, & sans être autorisée par Justice, pourvû toutefois que la séparation soit faite en Justice, & non par transaction particuliere.

Voyez un acte de notorieté de M. le Camus du 8. Mai 1703, page 178. & suiv. *voiés* aussi ce que j'ai dit cy-dessus *verbo* Femme séparée.

Il faut de plus que la séparation soit exécutée. Ce qui a fait naître plusieurs difficultés pour sçavoir ce qu'il faut, pour qu'une Sentence de séparation soit censée exécutée, de maniere qu'on ne la presume pas frauduleuse.

La maniere la plus ordinaire est de faire, en cas de séparation de biens seulement, un procès verbal de vente des meubles du mari. *voiés* ce que j'ai dit sur l'article 224 de la Coutume de Paris.

Mais comme il se trouve souvent que les meubles ont été saisis par des créanciers, alors une restitution des propres faite par le mari à sa femme, ou quelqu'autre acte, suffit pour justifier qu'il n'y a point de fraude, comme une saisie réelle, ou autres actes forcés.

La séparation non exécutée est nulle, même entre le survivant des conjoints & leurs héritiers & ayans cause; comme il a été jugé par un Arrêt de la Grande Chambre, du Parlement de Paris le 30. Mai 1712. au rapport de M. Mengui.

Au reste, un mari ne perd jamais l'autorité qu'il a sur la conduite & sur les mœurs de sa femme: ainsi, quelque separation qui ait été prononcée en Justice, si la femme se comportoit mal, le mari pourroit la poursuivre en Justice pour crime d'adultere.

SEPARATION DE CORPS ET D'HABITATION, est un Jugement qui ordonne que les conjoints par mariage seront separés d'habitation & de biens, en conséquence des mauvais traitemens faits par le mari à sa femme, ou de ses débauches; de sorte que la femme ne demeurera plus avec son mari, & que le mari restituera les biens qui appartiennent à sa femme, & lui donnera la part qui lui appartient en la communauté, à moins qu'elle n'y rénonce.

On ne sépare ceux que la dissention éloigne de cet esprit de paix qui entretient la société conjugale, que pour empêcher de plus grands désordres & non pas pour permettre aux conjoints de passer à d'autres nôces, jusqu'à ce que l'un d'eux soit decedé; parce qu'un mariage légitimément contracté est indissoluble.

Ainsi nous n'admettons point, suivant le Droit Canonique, de divorce *quoad fœdus & vinculum*; mais nous admettons le divorce *quoad thorum & habitationem*; c'est-à-dire une separation d'habitation & de biens, laquelle est plus souvent demandée par la femme, que par le mari.

Mais pour que cette séparation soit accordée à celui des conjoints qui la demande, il faut qu'il justifie pleinement qu'il est contraint de le faire par de très-fortes raisons. Ainsi les altercations entre maris & femmes, ne sont à cet égard jamais regardées que comme des accidens inséparables de la condition humaine: c'est pourquoi on ne sauroit trop fermer les yeux sur les petits accidens qui troublent la paix domestique. En effet, comme le mariage est le plus solide appui de la société civile, on ne peut trop écarter tout ce qui tend à séparer ceux qui sont unis par ce lien sacré.

Il faut donc, au lieu de rendre les divorces aisés, y apporter tous les obstacles qu'on peut y opposer. Aussi nos Legislateurs persuadés qu'entre les femmes; toutes celles qu'un heureux naturel & une raison éclairée ne conduisent pas, ou sur qui la Religion n'a pas pris un empire absolu, ne respirent que l'indépendance, ont-ils songé à les retenir. Ils ont compris que les femmes de ce caractère ne se mettent sous le joug d'un mari, que pour secouer celui du pere ou de la mere: & qu'ensuite elles ne cherchent à rompre le joug du mari, que pour se livrer plus librement aux plaisirs. Ils ont consideré qu'en rendant les routes de la séparation de corps & de biens presque impraticables, les femmes qui ne trouveroient pas dans la Religion & dans la raison des motifs suffisans pour s'acquitter de leur devoir, ne laisseroient pas de mettre toutes choses en usage pour bien vivre avec leurs maris, voyant la difficulté qu'il y auroit à s'en separer.

Il y a plusieurs causes pour lesquelles une femme peut demander une telle séparation.

La premiere, est les sévices & mauvais traitemens du mari envers sa femme; mais il faut qu'ils soient considérables & souvent réïterés: & comme dit le chap. 13. *extrà de restitutione spoliatorum*, *si tanta sit sævitia viri, ut mulieri trepidanti non possit sufficiens securitas provideri, non solum non debet restitui, sed ab eo potius removeri.*

Ainsi les menaces faites par le mari à sa femme, ne sont pas causes suffisantes pour qu'elle puisse demander la séparation de corps & de biens; comme il a été jugé par Arrêt du 12. Juin 1655. rapporté par Boniface, tom. 1. liv. 6. tit 8. Cependant les menaces graves & accompagnées d'injures atroces envers une personne d'une condition élevée pourroient toucher les Juges, & donner lieu à la séparation; parce qu'alors entre les personnes de qualité, les injures sont aussi sensibles que les sévices, & les mauvais traitemens entre gens ordinaires.

La deuxiéme, est, si le mari est convaincu d'avoir attenté à la vie de sa femme.

La troisiéme est, si le mari a donné plusieurs fois la vérole à sa femme, & qu'il continue de vivre dans la débauche. *voiés* M. le Prêtre, cent. 1. ch. 100. & Soefve, tom. 2. cent. 3. chap. 75.

La quatriéme est, si le mari accuse sa femme d'adultere, & qu'il y succombe; ou si le mari a fait des plaintes & enquêtes sur faits graves contre sa femme, sans la convaincre, comme il a été jugé le premier Fevrier 1716. par Arrêt rendu en la Grande Chambre, au rapport de M. Ferrand.

La cinquiéme est, la folie & la fureur qui donneroient lieu d'appréhender que le mari n'attentât à la vie de sa femme. A l'égard de l'épilepsie, ou mal caduc, la question s'étant présentée, sçavoir si c'étoit une cause de séparation, l'affaire fût appointée au Parlement de Paris par Arrêt du 22. Mai 1663. rapporté dans le Journal des Audiences.

La sixiéme est, si le mari a conçu contre sa femme une haine capitale.

Un mari peut aussi demander la séparation de

corps & de biens contre sa femme, si elle a attenté à sa vie ou à son honneur, si elle a impliqué dans une accusation capitale ; si par intrigues & menées elle l'a fait soupçonner de conjuration ; si elle a commis adultere. Mais il faut que le mari qui intente la demande en séparation contre sa femme pour quelqu'une de ces causes, puisse la convaincre d'en être coupable.

Pour ce qui concerne le cas où une femme auroit été, à la poursuite de son mari convaincue du crime d'adultere, *Voyez* ce que j'en ai dit ci-dessus *verbo* Adultère.

L'honneur du mariage exige que la demande en séparation de corps & de biens ne se poursuive que civilement, & non par la voye extraordinaire. Bardet, tom. 2. Liv. 5. chap. 7. rapporte un Arrêt du 21. Février 1636. qui l'a jugé ainsi.

Il faut néanmoins excepter, s'il s'agissoit d'une accusation capitale, comme si l'un des conjoints avoit voulu faire assassiner l'autre ; en ce cas la séparation pourroit être poursuivie extraordinairement.

Comme la séparation d'habitation demandée par la femme n'est fondée que sur des mauvais traitemens articulés par la femme, or ordonne une information ou une enquête respective ; parce que cette separation dépend absolument de la déposition des témoins.

Quand les Juges ne se déterminent pas sur la demande en séparation d'habitation, avant qu'ils prononcent définitivement, ils ordonnent que la femme se retirera pendant un an, plus ou moins, dans un Couvent que le mari doit lui indiquer, & dans lequel il est tenu de lui fournir les meubles & hardes nécessaires suivant son état, & de payer sa pension ; à lui cependant permis de la voir quand bon lui semblera.

Ce sage tempérament est pour empêcher que la femme ne passe pas subitement de l'Audience en la maison de son mari, où les esprits ne manqueroient pas de s'irriter, & afin que cette retraite puisse les réunir.

Lorsqu'une femme se fait séparer de son mari pour sévices, il ne peut pas l'obliger à retourner avec lui, quelques offres qu'il fasse de la traiter maritalement. Ainsi jugé par Arrêt du 18. Juin 1673, rapporté par Boniface, tome 4. livre 5. titre 13. chapitre 2.

La séparation de corps & d'habitation empêche la succession d'entre les conjoints en cas de deshérence, parceque l'objet qu'on a eu en établissant la succession réciproque entre conjoints, appellée *undè vir & uxor.* a été d'honorer en la personne du survivant le souvenir d'un mariage bien concordant & d'accomplir en cela la volonté du défunt qui est présumé avoir voulu préferer son conjoint au fisc. *Voyés* M. le Brun en son traité des Successions, liv. 1. chap. 7. nomb. 19.

L'effet de la séparation d'habitation emporte toujours la séparation des biens, quoiqu'il n'y ait point de dissipation, & que la communauté soit opulente parce qu'il n'est pas juste que le mari jouisse des biens de sa femme, lorsqu'il ne la traite pas maritalement. Aux termes des Edit & Déclaration du Roi des mois de Décembre 1703. & 19. Juillet 1704. les séparations de corps & de biens doivent être insinuées.

Lorsque le mari & la femme qui ont été séparés de corps & de biens, se remettent ensemble en communauté, l'effet de la séparation cesse : ainsi par la réconciliation les choses sont rétablies dans l'état auquel elles étoient auparavant. *Voyez* ce que j'ai dit à ce sujet sur l'article 224 de la Coutume de Paris, glose 2. nomb. 41 & suiv.

SEPARATION DE BIENS, est un Jugement qui dissout la société & communauté de biens entre les conjoints par mariages, pour la mauvaise conduite du mari dans l'administration de ses biens & de ceux de sa femme, & qui ordonne au mari de restituer à sa femme les biens qu'elle lui a apportés en mariage pour en avoir l'administration.

Les causes de cette séparation sont ou la prodigalité du mari, ou son incapacité d'administrer ses biens; ensorte qu'il les perde & les dissipe y ayant sujet de craindre qu'il ne dissipe aussi ceux de sa femme.

La cause ordinaire de cette séparation est la dissipation & le mauvais ménage du mari. *Si maritus vergat ad inopiam, matrimonio constante, mulier sibi prospicere potest dotem repetendo, si evidentissime appareat mariti facultates ad dotis exactionem non sufficere ; quod dignoscitur quando neque tempus neque finem impensarum habet, & annuatim impendit plusquam habet ex reditu. Leg. 24. ff. solut. matrim. Leg. 29. eod de jure dot. Leg. 1. cod de curat. furios.*

Cette séparation doit être exécutée par la renonciation à la Communauté & vente des meubles du mari, ou par inventaire & partage fait d'icelle entre le mari & la femme.

Cette séparation ne donne à la femme que l'administration & la jouissance de ses revenus, comme nous avons dit ci-dessus, *verbo* Femme séparée.

En païs de Droit écrit, une femme séparée de biens par la faillite de son mari, jouit de son augment de dot en baillant caution, quoique la propriété ne lui en appartienne qu'en cas de survie à son mari ; comme il a été jugé par Arrêt du 18. Juillet 1656. rapporté dans le Journal des Audiences. *Voiés* Henris, tom. 2. liv. 4. quest. 1.

Plusieurs conditions sont requises pour la validité de cette séparation, attendu qu'elle donne atteinte à un contrat de mariage public & solemnel.

La premiere, qu'elle soit faite par autorité publique, c'est-à-dire qu'elle soit prononcée par le Juge. D'où il résulte que la séparation ne peut pas être faite du consentement mutuel des deux conjoints, par une acte particulier de transaction ou autre ; car il seroit nul de plein droit.

La deuxiéme qu'elle ne soit prononcée qu'avec connoissance de cause, après enquête du mauvais ménage du mari, à moins que sa disposition ne fut notoire: d'où il s'ensuit qu'elle ne peut être faite par une Sentence du consentement des Parties, sans sujet ni connoissance de cause.

Enfin pour que la Sentence de séparation ait lieu, il faut nécessairement qu'elle soit réellement exécutée par une renonciation de la femme à la communauté, ou par un inventaire & partage des biens d'icelles. Quand la séparation auroit été faite dans toutes les formes, si elle n'est point réellement exécutée, il n'y a point de séparation.

Ainsi lorsque la Sentence de séparation est demeurée sans exécution, la femme ou ses héritiers peuvent, s'ils le veulent, demander part en la communauté.

Brodeau tient que les créanciers pourroient toujours prétendre aussi la nullité de la séparation, sur le fondement qu'elle n'auroit pas été réellement exécutée.

La sépartion de biens entre mari & femme est valable, quoique la Sentence de séparation ne soit pas publiée en Jugement, si ce n'est en Coutume qui l'ordonne; entre Marchand & Négocians pour l'intérêt du commerce, & empêcher que des créanciers de bonne foi ne soient trompé par une séparation qui ne leur auroit pas été connue.

Dans la Coutume de Paris, il suffit que la femme se fasse autoriser par le Juge pour assigner son mari qu'elle obtienne dans les délais sa séparation sur les enquêtes ou autres titres qui prouvent la dissipation de son mari, comme les saisies & exécution, saisies réelles, & autres preuves littérales & testimoniales, & qu'après que la séparation a été prononcée, elle soit exécutée sans fraude.

Dans celle de Ponthieu, les assignations se donnent au mari & aux créanciers par un cri public; & après avoir communiqué au Procureur du Roi, se rend la Sentence de séparation qui s'affiche & se publie.

Dans la Coutume de Normandie il faut des Lettres de Chancellerie, & plusieurs autres formalités; de maniere que la validité de la procédure dépend de l'usage de la jurisdiction où elle se fait.

Mais il est certain que celle d'un Siége ne régle pas les autres; & revenant au même principe, on peut dire que les Jugemens ne peuvent pas être blamés, pourvû qu'il n'y ait rien contre les Ordonnances qui produisent une nullité dans la procédure, & qu'on ait observé les formalités ordinaires du Siége où ils sont rendus.

L'usage du Parlement de Dijon est singulier à l'égard d'une femme qui a demandé & obtenu en Justice la séparation de biens, fondée sur la dissipation de son mari; en ce que du vivant de son mari elle ne peut obtenir de provision, préciput, ni autres droits, & perd non-seulement ses bagues & joyaux; mais encore tous les avantages à elle faits par son mari; elle ne prend pas la même portion de sa dot qui a entré en communauté, appellé à Dijon la Communion.

La raison de cet usage est, qu'il est impossible de traiter ces sortes de demandes sans aigreur & sans blesser la réputation d'un mari, qui souvent par trop de complaisance pour sa femme, ne ménage pas comme il devroit le bien de la communauté & le sien propre.

La demande en séparation de biens ne peut être demandée par le mari, parce qu'étant le maître de la communauté, quelque dissipation que fasse sa femme, c'est à lui-même qu'il doit s'en prendre, & c'est sa propre faute s'il n'y met pas ordre.

Il y a cependant un cas où l'on doit permettre au mari de demander la séparation des biens; c'est quand les affaires de sa femme sont si intriguées, que l'application & la fortune du mari n'y peuvent pas suffire. Il y a un Arrêt du 27 Février 1602. rendu en faveur d'un mari, sur ce que sa femme avoit cent quatorze procès indécis. Peleus rapporte cet Arrêt, liv. 5. des Actions forenses, action 28.

La femme séparée de biens est tenue de nourrir son mari, lorsqu'il a perdu son bien par malheur, & non pas par ses dissipations & par sa faute. *voiés* Brodeau sur Louet, Lettre C, sommaire 26; Coquille en sa question 2. vers le milieu.

Quand après une simple séparation de biens pour le mauvais ménage du mari, la femme lui laisse l'administration de ses biens, comme étant devenu meilleur ménager, la séparation n'est pas pour cela seul anéantie, à moins que le mari n'eût fait après des acquisitions en son nom & au nom de sa femme, & qu'ils eussent fait d'autres actes par lesquelles il parût que la femme a bien voulu se départir de l'avantage de la séparation, & le mari remettte sa femme dans la communauté, de laquelle elle auroit été excluse par la Sentence de séparation. *voiés* ce que j'ai dit sur l'article 224. de la Coutume de Paris, glose 1. nomb. 41.

SEPARATION DE BIENS D'UNE SUCCESSION est un Jugement qui ordonne que les biens de l'héritier seront séparés des biens du défunt.

Cette séparation a lieu, quand les Créanciers d'un débiteur décédé appréhendent que les biens du défunt leur débiteur, & ceux de son héritier, ne soient pas suffisans pour les satisfaire & payer les créanciers de l'héritier; en ce cas ayant droit spécial sur les biens du défunt, ils peuvent demander au Juge que lesdits biens soient separés de ceux de l'héritier pour être payés sur iceux; sauf aux créanciers de l'héritier à se pourvoir sur les biens qui lui appartiennent, autres que ceux qui lui sont échus par la succession de leur débiteur. C'est ce qu'on appelle séparations de biens.

Loysel liv. 3. tit. 7. article 12. dit qu'en séparation de biens les créanciers chirographaires du défunt sont préferés à tous les créanciers de son héritier. *vide. Cujacium in Parat. ad tit. ff. de separat.*

En France ce bénéfice ne s'accorde pas seulement aux créanciers d'un défunt, mais aussi aux créanciers de l'héritier.

Notre usage est en cela contraire à celui du Droit Romain, par lequel ce bénéfice ne s'accordoit qu'aux créanciers du défunt, & non point à ceux de l'héritier qui en sont exclus. *Leg.* 1. §. *ex contrario*, & §. *secundum ff. de separationib.* dont la disposition ne s'observe point parmi nous.

La raison de cette différente pratique est, que parmi nous les biens de l'héritier, même pur & simple, ne sont point obligés ni hypotéqués aux créanciers hypotécaires par l'addition de l'hérédité, comme ils l'étoient par le Droit Romain, mais seulement du jour du titre nouvel par lui passé, ou de la Sentence contre lui rendue, qui déclare le contrat du défunt exécutoire contre lui. Ainsi, avant que l'héritier ait passé titre nouvel, ou que le contrat fait par le défunt ait été déclaré exécutoire contre l'héritier, ses créanciers peuvent demander la séparation des patrimoines.

M. le Prêtre, cent. 1. chap. 40. 75. & 76. fait voir que la séparation des biens étant demandée contre les créanciers de l'héritier, les créanciers du défunt ne peuvent demander hypotéque sur les biens de l'héritier que du jour du titre nouvel, ou reconnoissance en Jugement, attendu que par l'addition, l'héritier n'est tenu que personnellement.

De ce que nous venons de dire, il résulte, que les créanciers d'un défunt sont préférables sur ses biens aux créanciers de l'héritier, soit qu'ils soient antérieurs ou postérieurs en date; comme aussi les créanciers de l'héritier sont pareillement préférables sur les biens de l'héritier aux créanciers du défunt.

Suivant le Droit Romain, la séparation des biens d'une succession, qui ne s'accordoit comme nous avons dit, qu'aux créanciers d'un défunt, & non aux créanciers de l'héritier, devoit être demandée dans les cinq ans, à compter du jour de l'addition de l'hérédité. *Leg.* 1. §. 13. *ff. de separationib. & leg. penult. cod. de hæreditariis actionib.* Mais cette Jurisprudence n'est pas reçue parmi nous; car elle peut être demandée jusqu'à trente ans, si l'occasion s'en présente, avant que la prescription de trente ans ait lieu, comme l'a fort bien remarqué Monarc sur la Loi pénultiéme. *cod. de hæreditariis actionib.* où il dit que les prescriptions ou fins de non-recevoir, introduites par le Droit Romain, n'ont point lieu en France, à moins qu'elles ne soient confirmées par les Ordonnances ou par la coutume du lieu.

Touchant cette séparation de biens, *voiés* Bouvot, tome 1. *verbo* Créancier, quest. 1. M. le Prêtre, à l'endroit cité ci-dessus; les Loix civiles, liv. 3. titre 2. Boniface, tome 3. livre 1. titre 30. chap. 1. Belordeau en ses Observations forenses, lettre S. article 14; Bacquet, des Droits de Justice, chapitre 21. nomb. 416. Bouguier, lettre A. chap. 2. Henrys, liv. 4. quest. 28. & ce que j'ai dit sur l'article 333. glose premiere, nombre 33. & les sept suivans.

SEPTUAGENAIRES, ne peuvent être emprisonnés que pour crime de stellionat, recelé, & dépens en matiere criminelle, & que les condamnations soient par corps, ainsi qu'il est porté en l'article 9. du titre 34. de l'Ordonance de 1667.

Voyez les Arrêts des 8. & 14. Mai 1668. qui sont rapportés dans le Recueil des Arrêts, en interprétation des nouvelles Ordonnances, p. 177. Le dernier de ces Arrêts fait voir que quand il y a fraude, les septuagenaires cessent d'être favorables.

Quand il s'agit de toutes autres dettes civiles que de celles que nous venons de rapporter, les septuagenaires ne peuvent donc pas être condamnés par corps à les payer.

C'est une question, sçavoir si l'on entend à cet égard ceux qui sont entrés dans la soixante-dixiéme année de leur âge, ou ceux qui l'ont accomplie? L'Ordonnance ne s'en explique pas, & je trouve deux Arrêts rendus à ce sujet au Parlement de Paris, qui sont absolument contraires l'un à l'autre. *Voyez* M. Brillon, tome 5. page 190.

Le premier est du 24. Juillet 1700. rendu en la Grande Chambre, conformément aux conclusions de M. l'Avocat Général Portail, & depuis Premier Président du Parlement, qui juge que celui qui avoit atteint sa soixante-dixiéme année, jouissoit de la décharge de la contrainte par corps, sur le principe que, *in favorabilibus annus inceptus habetur pro completo.* Or il n'y a rien de si précieux & de si favorable que la liberté. *Voyez* l'Auteur des Notes sur M. Duplessis, au traité des Saisies réelles, & le Journal des Audiences, tome 5. liv. 16. chap. 3.

Le second est du 6. Septembre 1706. rendu en la Grande Chambre, sur les conclusions de M. Joly de Fleury, lors Avocat Général, & à présent Procureur Général, qui a jugé tout le contraire, & que la soixante-dixiéme année devoit être accomplie. Cet Arrêt est rapporté par M. Augeard, tome 1. chap. 78.

Quoiqu'il en soit, j'inclinerois beaucoup plus pour la décision du précédent. Ainsi la Peyrere, de l'édition de 1706, lettre P. nombre 181. rapporte un Arrêt du Parlement de Bordeaux du 17. Août 1702, qui a jugé qu'un Prisonnier pour dettes doit être élargi, dès qu'il est entré dans sa soixante-dixiéme année, & qu'il n'est pas besoin qu'elle soit accomplie; ce qui est fondé sur l'avis de Messieurs les Commissaires députés par le Roi dans le procès verbal qu'ils ont fait sur l'Ordonnance de 1667. où il est dit qu'il suffit que le septuagenaire soit entré dans sa soixante-dixiéme année.

Cependant par Arrêt du 24. Juillet 1737. plaidant M. Caffiot pour Germain de Bauve, prisonnier pour dettes civiles, âgé de soixante-neuf ans six mois douze jours, demandeur en liberté, & M. Baudouin pour Alexandre Bousson, créancier, les Parties ont été mises hors de Cour quant à présent.

Il s'est présenté une autre question, sur laquelle il n'est pas plus aisé de se déterminer que sur la précédente; c'est de sçavoir si le septuagenaire est contraignable par corps, quand il s'agit de deniers royaux?

Par Arrêt donné en la Cour des Aydes au mois de Mars 1716, il a été jugé que non. Mais le contraire a été jugé au Parlement de Paris, sur les conclusions de M. Chauvelin, Avocat Général, le premier Avril de la même année.

En vain allégue-t'on l'Arrêt de la Cour des Aydes, on répondit que c'étoit tout au plus un préjugé, & que les deniers royaux avoient un privilége singulier, en ce que celui qui les a est un retentionnaire, & qu'il y a du dol dans la retention.

Il y a d'ailleurs un Arrêt du Conseil d'Etat du 28. Mars 1680. qui a assujetti à la contrainte par corps les septuagenaires qui sont comptables envers le Roi, fondé sur ce que le Roi ne donne point de privilége contre lui-même.

Les septuagenaires emprisonnés pour dettes avant l'âge de soixante-dix ans, doivent-ils être mis hors de prisons lorsqu'ils ont atteint cet âge?

Il y a un Arrêt du Conseil du 8. Mai 1668. par lequel Sa Majesté, conformément à son Ordonnance de 1667, fait défenses d'emprisonner aucuns septuagenaires, ni de les retenir pour dettes purement civiles; mais veut qu'incontinent après qu'ils auront atteint l'âge de soixante-dix ans, ils soient mis hors desdites prisons, encore que l'Edit des quatre mois leur ait été signifié, ou qu'ils eussent été emprisonnés avant la publication de l'Ordonnance de 1667. & avant qu'ils fussent parvenus à l'âge de soixante-dix ans; si ce n'est que lesdits septuagenaires ayent été condamnés pour stellionat, recelé, ou pour dépens en matiere criminelle, & que les condamnations soient par corps. Cet Arrêt se trouve dans Bornier, au Recueil des Arrêts en interprétations des nouvelles Ordonnances.

SEPULTURE, est le lieu ou la terre dans laquelle on enterre les corps morts.

Ce lieu chez toutes les nations a toûjours été consideré comme une chose réligieuse, qui ne pouvoit pas être profané impunément; & elles ont établi des peines pour en conserver la sainteté.

La mort étant commune à tous les hommes, l'humanité a engagé les vivans à veiller avec soin à la sépulture des morts; & c'est un devoir auquel on est obligé les uns envers les autres, à mesure que l'on passe de cette vie en l'autre.

Sans entrer dans ce qui se pratiquoit autrefois, & dans ce qui se pratique encore aujourd'hui chez quelques Nations, au sujet des sépultures, nous allons donner quelques principes généraux à ce sujet par rapport à ce qui se pratique parmi nous.

La sépulture des Paroissiens qui meurent dans les bornes de leur Paroisse, doit être faite dans leur Eglise paroissiale, à moins qu'ils n'ayent élû leur sépulture ailleurs. Boniface, tome 1. liv. 2. titre 15. chap. 1.

Ceux qui élisent ailleurs leur sépulture, le doivent faire par testament ou par quelqu'autre acte par écrit; autrement le Curé de la Paroisse ne seroit pas dans l'obligation de permettre le transport du corps du défunt dans un autre Eglise. *Voïés* le huitiéme plaidoyé de M. Patru.

Quand il y a élection de sépulture dans un autre Eglise que dans la Paroisse du défunt, son corps doit être inhumé dans l'Eglise qu'il a désignée, mais il faut qu'il soit porté à l'Eglise paroissiale, avant que d'être présenté à l'Eglise choisie ou destinée pour sa sépulture.

Ceux qui meurent dans la foi catholique ne peuvent pas être privés de la sépulture ordinaire, excepté ceux qui sont condamnés à mort, & ceux qui meurent de la peste.

Il n'appartient qu'aux Curés, Patrons & Seigneurs hauts-Justiciers de se faire inhumer dans le choeur de l'Eglise.

Il y a bien d'autre choses à remarquer sur cette matiere, que j'ai expliquées dans mon Dictionnaire de Droit canonique.

SEQUELLE, est un droit de demi-dixme qui est dû au Curé sur les terres de la Paroisse par quiconques qu'elles soient labourées.

Bouvot, tome 1. *verbo* Sequelle, explique en vertu de quoi ce droit peut être pretendu, & en quoi il consiste.

SEQUESTRE, est une tierce personne, & par conséquent autre que les contendants, qui est commise par autorité de Justice, ou du consentement des Parties, au regime & gouvernement d'une chose litigieuse, & qui en est comme le dépositaire, à la charge de la rendre à celui à qui elle sera adjugée; en quoi le sequestre differe du gardien qui est établi Commissaire par l'Huissier ou Sergent qui a saisi & exécuté des meubles, ou saisi réellement des immeubles.

Tout sequestre est obligé de rendre compte des fruits par lui perçûs, après que sa commission est finie; & faute par lui de le faire, il peut être contraint par corps, quand le sequestre s'est fait par autorité de Justice.

Les mâles qui ont accompli leur vingt-cinquiéme année, peuvent être nommés sequestres par le Juge, pourvû qu'ils soient suffisans & solvables, & qu'ils demeurent dans le lieu où les choses dont il s'agit sont situées.

Les femmes & les mineurs ne peuvent être contraint d'accepter un sequestre.

Quand aux femmes mariées, elles ne le pourroient pas faire valablement sans être autorisées par leurs maris; & elles ne pourroient point être poursuivies par quelque maniere que ce fût, pour les pertes qu'elles auroient causées dans les choses sequestrées.

A l'égard de celles qui sont indépendantes & majeures de vingt-cinq ans, elles peuvent accepter cette charge, & en conséquence être poursuivies pour rendre compte de leur administration; mais les Juges ne donnent pas ordinairement de semblables commissions à des femmes.

Elles peuvent néanmoins prendre le bail judiciaire des choses sequestrées, au cas qu'elles soient suffisantes & solvables.

Entre les majeurs de vingt-cinq ans, il y en a que le Juge ne peut pas nommer sequestres. Par exemple, le Juge ne peut pas nommer pour sequestres ses parens & alliés jusqu'au degré de cousins germains inclusivement, a peine de nullité, de cent livres d'amende, & de répondre en son nom des dommages & intérêts des Parties, en cas d'insolvabilité du sequestre, suivant l'article 5. de l'Ordonnance de 1667. titre des sequestres.

Le Juge ne peut pas non plus donner cette commission à l'une des Parties, à cause que ce seroit la mettre par ce moyen en la possession des choses sequestrées.

Les sujets justiciables d'un Seigneur ne peuvent pas être nommés sequestres de ses biens. *voïés* la Rocheflavin, liv. 2. tit. 1. Arrêt 56.

Un septuagenaire peut demander à être déchargé de la commission de sequestre. Il n'y auroit pas même de sûreté à l'établir, par ce qu'il n'est plus sujet à la contrainte par corps pour dettes civiles.

Celui qui empêcheroit par violence l'établissement ou l'administration du sequestre, ou la levée des fruits, perdroit le droit qu'il auroit pû prétendre sur les fruits par lui pris & enlevés, lesquels appartiendroient en ce cas à l'autre Parties; & de plus il seroit condamné en trois cens livres d'amende envers le Roi, dont il ne pourroit être déchargé; & l'autre Partie seroit mise en possession des choses contentieuses, sans préjudice des poursuites extraordinaires qui pourroient être faites par les Procureurs généraux, ou par les Procureurs du Roi sur les lieux, contre celui qui auroit fait la violence, suivant l'article 16. du titre des Sequestres de l'Ordonnnance de 1667.

Le sequestre doit être mis en possession de la chose sequestrée, & en conséquence il la possede véritablement tant que dure sa commission.

Quand les choses sequestrées consistent en quelque jouissance, le sequestre doit incessament faire procéder en Justice, les Parties dûement appellées au bail judiciaire. Au terme de l'article 10. dudit titre 16. de l'Ordonnance de 1667. les sequestres sont obligés de faire faire les baux en Justice, les Parties interessées dûement apppellées & trois publications faites, & affiches apposées aux lieux accoutumés.

Ils ne peuvent faire faire ces baux que pour un, deux ou trois ans tout au plus; le tout à peine de nullité, & de dommages & intérêts.

Quand il y a un bail conventionnel, le sequestre le fait convertir en judiciaires, avec défenses à celui qui tient le bail de payer à autres qu'au sequestre, à peine de payer deux fois, & d'y être contraint par corps en la maniere accoutumée.

Dans les baillages, Prevôtés & autres Justices subalternes, ces baux se font par les Juges en l'Audience.

En la Cour ou aux Requêtes de l'Hôtel du Palais, le sequestre doit faire commettre par le Président un de Messieurs, sur une Requête de *committitur*, & le President met au bas de la Requête: *Commis Maître tel, aux fins de la Requête. Fait, &c.*

Après qu'un de Messieurs est commis pour proceder au bail judiciaire, il faut qu'en vertu de l'Ordonnance du Commissaire, le sequestre fasse assigne les Parties intéressées à comparoir tel jour à dix heures au Parquet de, &c. pour voir procéder au bail judiciaire à loyer des choses sequestrées; & qu'à faute d'y comparoir, il sera procedé tant en présence qu'absence.

Il faut aussi que le sequestre fasse proclamer aux Prônes des Paroisses, qu'il sera procédé au bail judiciaire, & fasse mettre des affiches aux lieux nécessaires & accoutumés.

Les Parties ne peuvent prendre directement ni indirectement le bail des choses sequestrées, à peine de nullité, suivant l'article 18. du titre 19. de l'Ordonnance de 1667.

Si les Parties comparoissent, & qu'il y ait des encherisseurs, le Commissaire doit en faire mention dans son procès verbal; mais il ne peut pas adjuger, qu'il n'y ait trois remises au moins, & il faut à chaque remise faire mettre de nouvelles affiches par l'Ordonnance du Commissaire.

Lors de l'adjudication, le Commissaire arrête les frais du bail à la somme qu'il trouve à propos, suivant l'article 11. du même titre.

Au cas qu'il soit nécessaire de faire des réparations & impenses aux choses sequestrées, l'article 12. veut qu'elles soient faites par autorité de Justice, en conséquence d'un rapport d'Experts, les Parties dûement, appellées; voulant que si elles sont faites autrement, elles tombent en pure perte sur ceux qui les auroient fait faire.

Le sequestre ne peut pas s'en rendre adjudicataire, suivant le même article; ce qui est ainsi ordonné pour empêcher que le sequestre ne fit des réparation & des impenses sans nécessité, pour en profiter au préjudice des Parties.

Les sequestres demeurent déchargés de plein droit de leur commission, dès que les contestations des Parties ont été jugées définitivement, en rendant compte de leur gestion, suivant l'article 10. du même titre.

Ils en sont aussi déchargés, si celui à la requête de qui les sequestres ont été établis, ne fait juger les

les différends & oppositions dans trois ans, à compter du jour de l'établissement, sans qu'il soit nécessaire d'obtenir une autre décharge, à moins que le sequestre ne fût continué par le Juge avec connoissance de cause, suivant l'art 11. du même titre.

Nous allons expliquer ce qui regarde la maniere d'établir les sequestres, & le cas où il est besoin d'en nommer.

SEQUESTRE, signifie quelquefois le Jugement par lequel quelqu'un est établi Commissaire aux choses sequestrées, comme il arrive quand il n'apparoît pas qui a le droit le plus apparent; en ce cas les Parties, ou l'une d'icelles peuvent demander le sequestre, ou le Juge peut l'ordonner de plein droit, quand il le trouve à propos : ce qu'il ne doit cependant faire, que lorsque la possession ne peut être adjugée par aucune raison à celui qui le demande.

Cum non apparet quis litigantium potiori jure possideat, res pendente lite debet sequestrari, ut interim neuter litigantium possideat, sed sequester, diffinitivoque judicio rei possessio victori restituatur. Leg. 17. ff. de pos.

Le sequestre peut aussi avoir lieu, quoique l'une des Parties ait un droit plus apparent que l'autre; sçavoir, lorsqu'elle ne peut pas donner caution suffisante pour la recréance : car en ce cas la Partie adverse peut demander que la chose soit sequestrée, faute par sa Partie de présenter bonne & suffisante caution.

Ordinairement celui qui poursuit par action possessoire le possesseur d'une chose, demande qu'avant faire droit sur le possessoire & sur la recréance qu'il demande, le sequestre soit ordonné.

Les meubles & les immeubles se peuvent mettre en sequestre; car quoique les choses mobiliaires se donnent plutôt en garde & en dépôt qu'en sequestre, néanmoins quand la garde des choses mobiliaires est ordonnée par Justice, c'est un sequestre, & non pas un depôt, comme il arrive quand il est ordonné par Justice que la succession mobiliaire d'un défunt sera mise en main tierce; c'est proprement un sequestre.

Il y a donc une différence essentielle entre le sequestre & le dépôt; le sequestre n'a lieu que quand il y a débat & contestation entre les Parties, touchant la chose qu'on donne en garde; le depôt au contraire a lieu quand il n'y a point de contestation sur la chose que l'on dépose. De plus, le sequestre posse de la chose sequestrée; au lieu que le dépositaire ne possede point la chose qui est mise en dépôt.

Le sequestre peut se demander en tout état de cause, même avant contestation, tant en matiere profane que bénéficiale, par celui qui est dépossedé, & qui a intérêt que la Partie adverse ne dissipe pas les fruits pendant le procès.

Cette demande se forme par une Requête présentée au Juge, qui peut même d'office l'ordonner quand il y a nécessité de se faire. Cette Requête se répond par un *viennent les Parties*; & après avoir été signifiée au Procureur du défendeur, elle est portée à l'Audience sur un simple avenir.

La Sentence qui intervient en conséquence, quand elle ordonne le séquestre, doit nommer le Commissaire devant lequel les Parties procéderont & aussi prescrire le tems dans lequel les Parties seront assignées pardevant lui pour convenir de sequestre. Ces Sentences doivent être exécutées par provision nonobstant & sans préjudice de l'appel.

En conséquence de cette Sentence, le Commissaire nommé pour établir un séquestre doit rendre son Ordonnance, à l'effet de donner assignation au défendeur de comparoir le lendemain à telle heure en son Hôtel, pour nommer & convenir d'un séquestre, en exécution de la Sentence rendue entre les Parties le . . . . . . & à faute de comparoir, sera fait droit. Donné, &c.

Si l'une des Parties ne comparoît pas, ou si elle n'en veut pas convenir il en est nommé d'office par le Juge, de laquelle nomination sera dressé procès verbal.

Dès que le sequestre est nommé, il faut lui donner assignation pour venir prêter serment, devant le Juge commis; à quoi il pourra être contraint par amende & par saisie de ses biens; ce qui se prononce par le Commissaire, & se met dans la continuation du procès verbal.

Si le sequestre vient prêter serment, il doit être mis en possession des choses commises à sa garde par un Sergent, à la requête de la Partie poursuivante; & ce en vertu d'une Ordonnance du Juge, sans qu'il y soit présent.

Les choses sequestrées doivent être spécialement énoncées & déclarées par un procès verbal qui en doit être dressé, & qui doit être signé du sequestre, du Sergent & des deux témoins.

Lorsque le sequestre est ordonné, celui qui étoit en possession de la chose est obligé, non-seulement de la restituer, mais encore les fruits qu'il en a perçus pendant l'année, & de les rendre au sequestre; & c'est ce qu'on appelle fournissement de complainte.

Quand les choses sequestrées consistent en quelque jouissance, le sequestre doit incessamment faire proceder en Justice, les Parties dûement appellées, au bail judiciaire, s'il n'y en a point de conventionnel, ou qu'il ait été fait en fraude & à vil prix.

Voiés ce que j'ai dit ci-dessus en parlant du Sequestre, en tant qu'il signifie celui qui est commis au régime & gouvernement d'une chose litigieuse.

SEQUESTRE EN MATIERE BENEFICIALE. Le Juge n'ordonne gueres le sequestre en matiere bénéficiale; & quoique les droits & titres des Parties soient si douteux, qu'il n'y ait pas lieu d'adjuger la maintenue à l'une des deux, le Juge doit adjuger la recréance au possesseur, comme nous avons dit en parlant de la recréance.

SEQUESTRE VOLONTAIRE OU CONVEN-

TIONNEL, ne se dit qu'en fait d'immeubles, lorsque du consentement des Parties on met la chose litigieuse en main tierce, pour être gardée jusqu'à la fin du procès, ou jusqu'à ce qu'il en soit autrement ordonné.

SERFS ET GENS DE MAIN-MORTE, sont des gens qui sont dans une espéce de dépendance, qui diminue en quelque maniere leur liberté, & qui les soumet à certaines redevances, & assujettit à certains droits envers leur Seigneur. Il y en a encore quelques-uns parmi nous dans quelques Coutumes.

Ce ne sont pas des esclaves, car il n'y en a point en France; mais des personnes sujettes à de certaines servitudes.

Il y avoit autrefois de ces sortes de serfs dans presque toutes les Coutumes du Royaume; mais ils ont été pour la plupart affranchis.

Cette espéce de servitude, dont il est parlé dans les Coutumes de Bourbonnois, de Bourgogne, de Vitry, de Troyes & Nivernois, nous vient du tems que les Romains occupoient les Gaules.

Elle n'est pas néanmoins semblable à celle qui étoit en usage chez eux; car c'est une maxime parmi nous, que tout homme est libre en France, & qu'un esclave devient libre & est affranchi, si-tôt qu'il met le pied en France; mais quelques Coutumes ne laissent pas d'admettre encore des serfs & gens de main-morte.

Il y a deux sortes de serfs ou gens de main-morte; les uns le sont par la naissance, & sont appellés gens de poursuite, c'est-à-dire qu'ils peuvent être poursuivis par le Seigneur pour le payement de la taille qu'ils lui doivent, en quelque lieu qu'ils aillent demeurer; les autres ne sont proprement serfs, qu'à cause des héritages qu'ils posſédent.

Ceux qui sont serfs par naissance, peuvent être affranchis par la prescription, ou par la manumission faite par le Seigneur immédiat, & confirmée par le Roi & les Seigneurs médiats supérieurs.

Ceux qui ne sont que main-mortables d'héritages, comme ils ne sont pas personnellement serfs & gens de corps, mais qu'ils sont seulement serfs par le tenement qu'ils font d'un héritage servile, ils peuvent s'en affranchir par l'abandonnement de cet héritage, avec les meubles qu'ils ont dans l'étendue de la Seigneurie.

Comme la servitude des serfs de cette derniere espéce est purement réelle, ils ne peuvent jamais prescrire la franchise tant qu'ils possédent l'héritage, parce que les droits seigneuriaux ne sont pas sujets à prescription.

Il seroit très-difficile d'établir des principes certains sur les différens droits ausquels les serfs sont obligés envers leurs Seigneurs; car non seulement ces droits sont différens suivant les diverses Coutumes, mais encore dans la même Coutume ces droits sont souvent reglés suivant les titres des Seigneurs, qui ne sont pas toujours semblables.

Il faut cependant demeurer d'accord qu'il y a des charges de la servitude qui sont ordinaires. Premierement, de payer par les serfs une taille à leur Seigneur, suivant leurs facultés, au dire de Prud'hommes, ou de lui payer par an une somme fixe, que l'on appelle taille abonnée. *Voiés* ce que j'ai dit sur ce mot.

En second lieu, de ne se pouvoir marier à des personnes d'une autre condition, c'est-à-dire, francs, ou serfs d'un autre Seigneur. *Voyez* For-mariage. Ils ne peuvent aussi embrasser l'état ecclésiastique sans le consentement de leur Seigneur; & s'ils le font autrement, la Clericature & les Ordres ne les délivrent pas de la condition servile, hors les corvées de corps. C'est la disposition de la Coutume de Nivernois, titre des Servitudes, article 7.

En troisiéme lieu, ils ne peuvent aliener le tenement serfs qu'à des serfs du même Seigneur; autrement le Seigneur peut faire faire commandement à l'acquereur de remettre l'héritage entre les mains d'un homme de la condition requise; & s'il ne le fait dans l'an & jour, l'héritage vendu est acquis au Seigneur, suivant l'art. 18. du même titre de la Coutume de Nivernois.

En quatriéme lieu, ils ne peuvent disposer de leurs biens par testament, ni faire héritier ou convention de succéder, même par contrat de mariage, au préjudice de leur Seigneur. *Voyez* le chapitre 27. de la Coutume d'Auvergne.

En cinquiéme lieu, ils n'ont point d'autres héritiers que ceux avec lesquels ils sont en communauté. *Voyez* l'art. 13. du ch. 9. de la Coutume du Duché de Bourgogne.

Cette regle a été introduite afin que les terres fussent mieux & plus aisement cultivées. En quelques Coutumes elle est tellement observée à la rigueur, que ces malheureux ne se succédent plus lorsque pendant une année ils n'ont pas eu le même domicile. *Voyez* la Coutume de Nivernois, chap. 8. art. 13. En d'autres Coutumes, quoiqu'ils ayent un domicile commun, ils ne se succedent plus lorsqu'ils ne vivent plus à feu, à pain & sels communs, C'est la disposition de la Coutume du Comté de Bourgogne, chap. 15. art. 17.

Voiés Mortaillabes, & Henrys & son Commentateur, liv. 3. chap. 3. quest. 69. *Voiés* aussi le tit. 8. de la Coutume de Nivernois, avec le Commentaire de M. Guy Coquille.

SERF DE CORPS, est celui qui est de condition servile, à la différence de celui qui est serf à cause de ses héritages *Voiés* ce que je viens de dire sur l'article précedent.

SERGENT, est le dernier Officier de Justice, établi pour signifier les actes de procédure, & mettre à exécution les Jugemens qui sont rendus en conséquence: ce qui fait voir qu'un Sergent est le serviteur du Juge.

C'est aussi le sentiment de M. Pasquier, qui paroît fort juste que Sergent vient de *serviens*, par un changement d'U en GF. En effet, c'est par ce changement que de ces mots, *vasco*, *vastare*, *va-*

gina, l'on a fait autrefois Gascon, gâter, gaîne. Ainsi nos anciens François firent du Latin *serviens*, un Sergient, que nous avons depuis appellé Sergent; & l'on trouve d'anciens Livres où le mot de Sergent est employé pour celui de serviteur: ce qui est si vrai, que l'on a appellé autrefois *Sergens de Dieu* les Dévots, au lieu de dire *Serviteur de Dieu*. On tient même que les Sergens ont été ainsi appellés, parce qu'anciennement les Baillifs & Sénéchaux employoient leurs serviteurs & domestiques à exécuter leurs mandemens, & à faire les autres fonctions qui concernent les Sergens.

C'est apparemment pour cette raison que les Sergens de Justices subalternes étoient autrefois appellés Bédaux; & les Sergens royaux, quand ils plaident contr'eux les qualifient encore de ce nom.

Le Prévôt de Paris donnoit aussi ces sortes d'emplois à ses domestiques, qu'il commettoit pour l'exécution de ses mandemens & de son sceau; ensorte qu'il n'y avoit qu'eux qui pussent exécuter le scel & les mandemens du Prévôt de Paris par tout le Royaume. Mais on tient que S. Louis divisa les Sergens en deux corps, & ordonna qu'une partie feroit sa résidence dans la Ville de Paris, & l'autre partie hors ladite Ville.

Les Sergens qui doivent faire leur résidence à Paris, furent nommés Sergens à verge ou à pied, & reçurent le pouvoir d'exploiter tous mandemens de Justice, & même le scel du Prévôt de Paris, à l'exclusion de tous autres. On leur donna aussi le droit de faire la Police, comme ils la font encore aujourd'hui sous les Commissaires du Châtelet, qu'ils sont tenus d'accompagner lorsqu'ils font cette fonction. Le nom de Sergent à verge leur fut donné, parce que la verge du Sergent démontre son pouvoir.

Aussi les Huissiers & Sergens royaux exploitans en leurs ressort, portoient autrefois en leur main une verge ou baguette, dont ils touchoient ceux ausquels ils avoient charge de faire exploit ou commandement de Justice.

Les Sergens qui devoient demeurer hors la Ville de Paris, dans les Bailliages & Sénéchaussées, furent appellés Sergens à cheval, & reçurent le pouvoir d'exécuter aussi seuls les mandemens & le scel dudit Prévôt à la campagne & hors la Ville de Paris, avec défenses expresses d'exploiter en ladite Ville & Banlieue de Paris, à peine de nullité; & parce qu'ils n'avoient droit d'exploiter qu'à la campagne, ils furent appellés Sergens à cheval.

Ensuite il fut crée un grand nombre d'Huissiers dans les Compagnies souveraines, & dans les Justices subalternes de la Ville de Paris, ausquels il fut permis d'exploiter en icelle.

Les Sergens à verge voyant que leur emploi étoit dans la Ville de Paris diminué de beaucoup, obtinrent du Roi François I. le pouvoir d'exploiter non-seulement dans la Ville, mais encore dans toute l'étendue de la Prévôté & Vicomté de Paris. Les Lettres patentes qu'ils en obtinrent sont du mois de Novembre 1543.

Ce dédommagement accordé aux Sergens à verge, donna lieu aux Sergens à cheval de demander aussi de leur côté le pouvoir d'exploiter en la Ville & Banlieue de Paris: ce qui fut accordé à deux cens soixante d'entr'eux, par un Edit du mois d'Avril 1544.

Une des principales fonctions des Sergens du Châtelet, étoit de priser & de vendre les meubles; mais plusieurs plaintes ayant été portées contre ceux à cheval, qui s'engageoient dans de longs voyages, pendant lesquels il n'étoit pas possible de retirer de leurs mains les deniers des meubles par eux vendus, le Roi créa dans toutes les Villes du Royaume des Priseurs & Vendeurs de meubles.

Lesdits Sergens Priseurs & Vendeurs de meubles furent réunis & incorporés au Corps & Communauté des Sergens à verge, par un Edit de 1575.

Les Sergens à cheval ayant obtenu Lettres patentes au mois de Juillet 1587. qui leur accordoient le droit de faire aussi toutes prisées & ventes de meubles, sur l'opposition qui fut faite par les Sergens à verge à la vérification desdites Lettres, les Sergens à cheval en ont été déboutés par plusieurs Arrêts du Parlement & du Conseil privé du Roi.

Depuis en l'année 1690. le Roi a créé un certain nombre d'Huissiers Priseurs & Vendeurs de meubles, qui font Corps & Communauté séparée des autres Huissiers du Châtelet à verge ou à cheval.

Ces Huissiers Priseurs font toutes les fonctions des autres, & ont spécialement, & à l'exclusion d'eux le droit de faire les ventes de meubles.

Outre les Sergens à verge & à cheval du Châtelet de Paris, il y en a encore de deux autres sortes, les uns nommés Sergens fieffés, & les autres Sergens de la douzaine.

Les Sergens fieffés sont au nombre de quatre seulement, qui ont pouvoir d'exploiter dans la Ville, Prévôté & Vicomté de Paris, & par tout le Royaume.

Les Sergens de la douzaine sont au nombre de douze, qui étoient anciennement les Serviteurs & Domestiques du Prévôt de Paris, établis pour la garde de sa personne, lesquels sont gagés du Roi.

Ils portent les couleurs & livrées dudit Prévôt, & doivent par leur institution porter hoqueton & hallebarde. Ils ont leur Confrairie distincte & séparée des autres.

Ces Sergens n'ont d'autre droit que de pouvoir exploiter en ladite Ville, fauxbourgs & Banlieue de Paris seulement: celui d'y faire prisée & vente de meubles ne leur a jamais été accordé.

Autrefois les Charges de Sergens & Huissiers étoient plutôt des Commissions, que de véritables Offices; mais ces Charges ont été depuis créées en titre d'Offices héréditaires.

Il n'y a que le Roi qui ait le pouvoir de créer des Sergens ou Huissiers dans son Royaume; & s'il y a des Seigneurs qui ont droit d'en nommer dans l'étendue de leur Justice, ce n'est qu'en vertu du pouvoir qu'ils en ont reçu du Roi, ou de la possession immémoriale dans laquelle ils sont d'en nommer, & qui leur tient lieu d'un pouvoir exprès du Prince. Ainsi il y a des Sergens royaux qui sont pourvus de leur Office par le Roi, & d'autres non royaux qui sont pourvus de leur Office par quelque Seigneur subalterne.

Les premiers n'ont droit que d'exploiter dans l'étendue de la Justice royale à laquelle ils sont nommés; & les autres dans l'étendue de la Justice du Seigneur qui les a pourvus de leur Office.

Il y a encore des Sergens fieffés nommés par les Seigneurs : ces Sergens n'ont que la charge & le pouvoir de faire les exploits nécessaires pour la recherche & conservation des droits féodaux du Seigneur.

Les Sergens qui exécutent la commission d'un Juge dans l'étendue de la Jurisdiction d'un autre Juge, & qui commettent des excès & violences, doivent répondre sur ces faits devant le Juge du lieu du délit.

Cependant ceux du Châtelet ont attribution de toutes leurs causes, tant civiles que criminelles, pardevant le Prévôt de Paris.

Comme les Sergens sont personnes publiques, qui doivent la foi & la vérité au Public, & qu'ils ne pourroient pas répondre de leurs exploits, s'ils ne sçavoient lire & écrire, nous avons plusieurs Ordonnances qui défendent à toutes personnes qui ne sçavent écrire ni signer de s'entremettre de faire l'Office d'Huissier Sergent. *Voyez* Bornier sur l'article 14. du titre 2. de l'Ordonnance de 1667.

Plusieurs Particuliers prenoient autrefois la qualité d'Huissiers ou Sergens royaux, & s'ingeroient d'exploiter, quoiqu'ils n'eussent aucune commission de Sa Majesté. Par Arrêt du Conseil d'Etat donné à Fontainebleau le 16 Septembre 1681. défenses ont été faites à toutes personnes d'exploiter ni faire aucune fonction d'Huissiers ou Sergens royaux, s'ils ne sont pourvus par Lettres de Sa Majesté scellées du grand Sceau, à peine d'être procedé contr'eux comme faussaires.

Pour ce qui regarde les fonctions des Sergens, elles se bornent à ce que l'on appelle exploits d'assignations, de saisies, de signification, ventes de meubles, à certains procès verbaux, & à la prisée des meubles, quand ils en ont la faculté par leurs Edits de création.

Ils ne peuvent donc pas s'immiscer dans la fonction des Notaires, & par conséquent ne peuvent point faire des inventaires.

Ils ne peuvent pas non plus faire des enquêtes; c'est l'affaire des Juges & des Commissaires, ou autres Officiers nommés Enquêteurs.

Quand les Sergens excedent leur pouvoir, ou qu'ils font des actes qu'ils n'ont pas droit de faire, les actes sont nul, & ils peuvent être pris à partie; comme il a été jugé au Parlement de Paris par Arrêt du 10 Février 1579. rapporté par Papon, liv. tit. 7. nomb. 49.

Pour ce qui est des lieux dans l'étendue desquels ils peuvent exploiter & instrumenter, il faut distinguer de trois sortes de Sergens; sçavoir, les Sergens des Seigneurs, les Sergens royaux, & les Sergens du Châtelet.

Les Seigneurs Hauts-Justiciers sont en possession d'établir des Sergens ordinaires dans l'étendue de leurs Terres, à qui ils donnent des provisions, lesquelles sont enregistrées au Greffe de la Jurisdiction; mais il ne leur est pas permis d'exécuter, ni de faire aucun acte ni signification hors la Terre, ni d'exécuter les mandemens de la Cour ni des Juges royaux dans la Terre même. *Voiés* Chorier en sa Jurisprudence de Guy-Pape, page 110. Comme les Seigneurs n'ont point de Jurisdiction hors l'étendue de leurs Terres, les Sergens par eux commis ne peuvent pas exploiter hors l'étendue de leurs Seigneuries.

Les Sergens des Seigneurs ne peuvent donc instrumenter ni exploiter, que dans l'étendue de la Justice dans laquelle ils sont reçus. Ainsi jugé par Arrêt du vingt Mars 1603. rapporté par M. le Prêtre, cent. 3. chap. 126. & par un autre rendu au Parlement de Toulouse le 14 Juillet 1678. rapporté par la Rocheflavin, liv. 2. lettre N, Arrêt. 1.

Voici un autre Arrêt qui depuis peu à jugé de même. Un Bourgeois de Paris s'étant pourvu en la Chambre du Domaine, pour raison d'une demande en déclaration d'hypotéque, contre un Particulier demeurant à Gennevilliers, & ayant obtenu une commission sur Requête pour faire mettre l'Ordonnance de soit Partie appellée à exécution, un Sergent de la Duché-Pairie de S. Denis fut chargé de donner assignation à celui contre qui cette demande devoit être faite. La Partie assignée a soutenu en la Chambre du Domaine, que cette assignation donnée par un Sergent de Justice seigneuriale étoit nulle, parce que la commission obtenue sur la Requête en question ne pouvoit s'adresser qu'à un Sergent royal. Par Sentence du 30 Avril 1738. rendue en la Chambre du Domaine, l'exploit a été déclaré nul, avec dépens.

Le demandeur originaire ayant interjetté en la Cour appel de cette Sentence, & l'ayant dénoncé au Sergent de S. Dénis qui avoit donné l'assignation, ce Sergent a eu la complaisance de prendre le fait & cause de l'appellant.

Par Arrêt contradictoire rendu au Parquet le 6 Septembre de la même année 1738. la Sentence de la Chambre du Domaine a été confirmée avec amende & dépens, & le Sergent a été condamné à garantir l'appellant des condamnations contre lui prononcées, à compter du jour de la demande en sommation; le tout aussi avec dépens.

A l'égard des Sergens royaux, ils ont la faculté d'exploiter dans toute l'étendue de la Jurisdiction royale dans laquelle ils sont immatriculés, & ne peuvent exploiter dans les lieux qui sont hors son ressort; mais ils peuvent exercer leurs Offices dans étendue des terres qui ont haute, moyenne & basse Justice, & qui sont dans l'enclos de la Jurisdiction royale, dans laquelle ils sont immatriculés.

Enfin les Sergens du Châtelet ont le pouvoir d'instrumenter & exploiter dans tout le Royaume, par un droit qui leur est particulier.

Les Sergens des Seigneurs coégaux ne peuvent donc pas mettre à exécution les Jugemens & Ordonnances de leurs Juges hors de leurs territoires sans la permission du Juge ; *quia per in parem non habet imperium*, *cap. 20. extr. de elect. Leg. 3. in fin. & leg. 4. ff. de recept. leg. 13. §. 4. ff. ad Senatusconf. Trebel. juncto Gotofredo.*

Mais les Sergens des Juges supérieurs ou des Juges royaux peuvent, sans requerir la permission du Juge des Seigneurs, mettre à exécution les Ordonnances de leurs Juges sur le territoire des Juges inférieurs qui sont dans le ressort de la Justice supérieure ou royale.

Les Sergens royaux peuvent néanmoins sans permission mettre à exécution les Jugemens des Chambres qui n'ont point, à proprement parler, de territoire, comme les Requêtes du Palais, de la Table de Marbre, du Domaine, dans le ressort du Parlement de Paris ; & de la Prevôté de l'Hôtel, du Grand Conseil, & des Requêtes de l'Hôtel partout le Royaume.

Lorsqu'un Sergent a exploité dans le territoire d'un Juge étranger sans sa permission, l'exploit est nul ; & non-seulement la Partie publique en peut requerir la nullité, mais aussi le Particulier à qui cette assignation a été donnée ; ce qui peut lui être d'une très-grande importance, par exemple, dans l'action de retrait, dans la prescription, dans la possession pour l'interrompre, parce que si l'exploit est nul, il ne produit aucun effet.

Les Sergens sont responsables envers les Parties des manquemens de formalités qui se trouvent dans les exploits qu'ils font. Boniface, tom. 1. tit. 21. nomb. 5. Mais ils se prétendent à couvert de ce recours, au moyen de la maxime *à mal exploiter point de garant*.

Voyez ce que j'ai dit, *verbo* Retrait lignager, vers la fin.

SERGENS ET HUISSIERS SONT A PEU PRE'S LA MEME CHOSE, si ce n'est que les Huissiers se disent des Cours supérieures, & les Sergens des Justices subalternes.

Il y a néanmoins dans les Présidiaux & bailliages des Huissiers audienciers ; mais ces Huissiers ne sont point Sergens, & différens d'eux en ce que les Sergens ne font qu'exploiter & instrumenter, & n'ont point de fonctions dans le Corps intérieur des Magistrats, comme les Huissiers, dont le principal service est d'assister les Juges dans leurs fonctions, les accompagner dans les cérémonies, & exécuter les ordres de la Justice.

Voyez ce que j'ai dit sur le mot d'Huissier, où j'ai expliqué ce qui regarde également les Sergens & les Huissiers.

SERGENT DELINQUAT, est justiciable du Juge du lieu où le délit a été commis, quand le délit a été commis par le Sergent, dans un fait qui ne regarde point son Office.

Mais quand il délinque dans ce qui regarde ses fonctions, il doit être puni par le Juge qui l'a institué. Il faut excepter le cas ou un Sergent auroit délinqué en exécutant un mandement de Justice ; car alors il ne seroit tenu de répondre du fait de sa commission, que pardevant le Juge de qui elle seroit émanée.

Voiés Papon, liv. 6. tit. 7. nomb. 2. & 49. liv. 5. tit. 8. nomb. 2. & le Journal des Audiences, tom. 1. liv. 1. chap. 85.

SERGENT BATTU ET EXCEDÉ FAISANT ET EXÉCUTANT ACTES DE JUSTICE. Suivant les Ordonnances de nos Rois, ceux qui sont coupables de ce crime sont punis de mort, ou ont le poing coupé, à cause de l'injure faite au Souverain & à la Justice. Ordonnance de Moulins, art. 34. Ordonnance de Blois, art. 190. Edit d'Amboise de l'an 1584.

Mais cela ne s'observe pas toujours à la rigueur ainsi cette peine est arbitraire, & est souvent réduite à quelques réparations envers la Justice, & même quelquefois en une simple peine pécuniare. *voiés* Rébellion. *voiés* Bouvot, tome 1. partie 2. *verbo* Sergent ; le reliefs forenses de Rouillard, chap. 22. la Roche flavin, des Parlemens de France, liv. 2. chap. 16. nomb. 85. & suivant Chorier, Jurisprudence de Guy Pape, pag. 273. & 283. & M. Brillon, *verbo* Huissier, nomb. 15. & suiv.

Ce dernier Auteur remarque à l'endroit cité ci-dessus, que si un Huissier ou Sergent excede ou tue celui qu'il vouloit emprisonner, il ne sera tenu d'aucune chose, pourvû qu'il prouve qu'on lui a fait résistance.

Au reste, quelque croyance qui soit dûe au rapport d'un Sergent, le Juge ne doit point discerner de prise de corps sur le simple rapport que fait un Sergent qui a été offensé.

Quand le rapport est signé de deux témoins, tout ce que le Juge peut faire, c'est de décerner un ajournement personnel, lorsqu'il paroît par le rapport que l'excès a été grand.

SERMENT, est l'affirmation que l'on fait par laquelle on prend Dieu à témoins qu'on dira la vérité touchant les choses sur lesquelles on est interrogé. Ainsi c'est l'invocation du nom de Dieu, par laquelle nous le prions d'être témoin de notre affirmation, & de nous punir sous un mensonge nous déguisons la vérité.

Dans le serment, l'homme appelle Dieu à témoin de ce qu'il dit, à cause que Dieu est la vérité.

Les Saints Peres l'appellent le commun Sacrement des hommes, le lien de la foi publique, & le gage plus assuré que nous puissions donner de nos promesses. En effet, le serment est l'assurance des bons, la terreur des méchans, & le frein qui les retient, puisqu'on ne le peut violer sans manquer de parole à Dieu même, & sans trahir sa conscience dans ce qu'il y a de plus sacré & de plus essentiel. On se doit donc bien donner de garde de jurer témérairement & sans nécessité, & encore plus d'être parjure.

N'est-ce pas faire une insulte atroce à la Majesté divine & marquer n'y pas croire, que de compromettre en vain son existence ? Ferdinand, Roi de Castille avoit coutume de prendre Dieu à témoin de ce qu'il disoit avoir fait, ou de le rendre garant de ce qu'il devoit faire; ce qui donna sujet à un Prince d'italie de dire un jour : Je voudrois que Ferdinand jurât par un Dieu en qui il crût, avant que de me fier à ses sermens.

Quoiqu'il en soit, il faut demeurer d'accord que le serment n'a été introduit qu'à la honte de l'humanité; il suffit à l'homme de bien de connoître ses devoirs pour n'y pas manquer; la religion du serment n'ajoute rien à l'étendue des obligations, comme la suppression du serment ne dispense point de les remplir.

D'ailleurs c'est la probité, & non pas le serment qui empêche un homme de trahir la vérité; car les sermens ne font point naître en nous les vertus: c'est pourquoi celui qui seroit d'assez mauvaise foi pour oser certifier une fausseté à la face de la Justice, l'est ordinairement pour violer son serment; & ceux qui ont quelques principes d'honneur, n'ont pas besoin d'être effrayés par la religion du serment, pour avoir horreur d'un tel mensonge.

Cependant, pour donner plus de poids aux dires que les hommes font en Justice, on a trouvé à propos de leur faire faire auparavant cette invocation du nom de Dieu, par laquelle ils le prient d'être témoin de leur affirmation, & de les punir si sous un mensonge, ils déguisent la vérité, étant à présumer qu'il s'en peut trouver beaucoup qui s'étoient par ce moyen détournés de faire un mensonge qu'ils auroient peut-être fait sans cela.

Concluons donc que le serment n'a été introduit que pour retenir les hommes, & les détourner de celer la vérité par une espèce de crainte de Dieu: *Licet omnia Deo plena sint plurimum tamen valet ad metam delinquendi præsentia religionis urgeris, ut ait Simmacus, libro Epistol.* 54.

Comme on a recours au serment que pour découvrir la vérité d'un fait, ou pour autoriser une promesse légitime, tout serment qui contiendroit une promesse contraire aux Loix ne seroit point obligatoire. Papon livre 9. titre 6. nombre 23. Ricard en son Traité des Donations, part. 1. chap. 4. sect. 2.

Pour que le serment produise son effet, il faut qu'il ait été déferé à celui qui l'a prêté, autrement on n'y auroit pas d'égard.

Le serment qui se prête en Justice est déferé ou par le Juge, ou par l'une des Parties à l'autre. Dans l'un & l'autre cas, le serment est appellé judiciaire, parce qu'il se prête par autorité de Justice; mais il n'y a que celui qui est déferé par l'une des Parties à l'autre qui soit appellé décisoire, pour marquer qu'il décide tellement la contestation d'entre les Parties, qu'on ne peut plus revenir contre, par quelque moyen sous quelque prétexte que ce puisse être.

Soit que le serment soit déferé par le Juge, soit qu'il soit déferé par l'une des Parties à l'autre, il se prête à l'Audience, ou devant le Rapporteur du procès, & celui qui le prête leve la main droite, ou s'il est Prêtre, met la main *ad pectus*, & promet à Dieu de dire la vérité.

Le serment peut être déferé en tout état de cause. Charondas, liv. 12. rép. 7.

Celui à qui le serment est déferé ne peut se dispenser de le prêter; & s'il ne le fait, il doit être condamné: *quia manifestæ pravitatis est, nec jurare velle, nec solvere. Leg. manifestæ, ff. de jurejurando.*

Il faut excepter le cas où il s'agit d'un fait dont on n'a pas une parfaite connoissance. Ainsi un héritier peut refuser le serment, parce qu'il n'est pas présumé instruit de ce qui a été fait par le défunt. Soefve, tome 1. cent. 3. chap. 19. ou du moins il ne peut être contraint de jurer que sur ce qui en est parvenu à sa connoissance. *Itaque hæres potest tantum cogi jurare, se credere rem ita esse peractam, nec ab eo quidquam aliud potest exigi, juramento de credulitate præstito.*

Lorsque le serment est déferé à une Partie, si elle décède sans l'avoir prêté, & qu'il y ait eû en cela de sa négligence, le serment est tenu pour non prêté, & ce qu'on lui avoit adjugé, ou la décharge qu'on lui avoit donnée en conséquence du serment, ne doit point avoir d'exécution.

C'est ce qui a été jugé en l'Audience de la seconde chambre des Enquêtes du Parlement de Paris, le 15 Janvier 1714. dans cette espèce. Un Rotisseur ayant fait assigner les Sieurs & Dame de Saint Mayoul à lui payer une somme, pour viandes à eux fournies, en conséquence de la fin de non-recevoir qu'ils luiopposerent, ils furent déchargés en affirmant. Huit jour après le Rotisseur les sommes d'affirmer; ils n'y satisfont pas. Le Sieur Mayoul meurt dix mois après, & sa femme ensuite. Le Rotisseur demande que le serment décisoire lui soit déferé; les légataires universels offrent leur serment de crédulité; le Rotisseur dit qu'il n'est plus tems: l'Arrêt donne gain de cause au Rotisseur.

Mais tout au contraire, quand celui à qui le serment a été déferé, décède sans avoir prêté le serment, & qu'il n'a pas tenu à lui qu'il ne l'ait prêté, dans ce cas le serment est réputé avoir été prêté & les avantages qui lui avoient été adjugés à condition de prêter le serment, lui sont conservés. *Voyez* la Peyrere, lettre S.

Le serment déferé & ordonné, ne peut être révoqué par la Partie, sous prétexte de faire preuve par témoins; mais il pourroit être révoqué en rapportant une preuve par écrit de ce qui fait l'objet de la contestation. *Ibidem.*

De la preuve par serment, *voïés* Despeisses, tom. 2. pag. 527. & suivantes.

SERMENT DEFERÉ PAR LE JUGE, est celui qui est, dans les affaires obscures & douteuses, déferé d'office par le Juge, sans qu'il en soit requis.

Le serment se défere ordinairement par le Juge au défendeur; ainsi quand la demande n'est pas prouvée, le Juge décharge le défendeur, en affirmant par lui qu'il ne doit point la somme ou la chose qu'on lui demande.

Il y a néanmoins des cas où le serment est déferé par le Juge au demandeur, & principalement lorsqu'il y a quelque présomption qui fasse en sa faveur; ce qui dépend de la prudence du Juge, qui ne doit pas s'écarter des régles ordinaires sans quelque raison.

Par exemple, le Juge doit déferer le serment à celui qui auroit en sa faveur la semi preuve résultante d'une enquête; préférablement à l'autre Partie, soit qu'il fût demandeur ou défendeur.

Aux Consuls, quand un Marchand en fait assigner un autre, pour lui payer une somme qu'il pretend lui être dûe depuis deux ans, conformément à son livre journal en bonne forme, quoique la prescription marquée par la Coutume & par l'Ordonnance soit bien acquise, les Juges de cette Jurisdiction ne laissent pas de condamner le défendeur & par corps, à payer la somme contenue en l'exploit de demande, en affirmant par le demandeur qu'elle lui est bien légitimément dûe.

Cet usage est fondé sur une présomption de bonne foi, que l'expérience nous enseigne regner de tout tems dans le commerce. Ainsi on ne présume pas qu'un Marchand, par une longue prévoyance, conçoive le dessein d'en tromper un autre, en couchant sur ses Registres de sommes qui ne lui seroient pas dûes.

Au Châtelet, quand la prescription est acquise contre la demande intentée, on décharge toujours le défendeur, à moins que le demandeur ne s'en rapporte à son serment; auquel cas le Juge ne décharge pas purement & simplement le défendeur, mais en affirmant par lui qu'il ne doit point la chose qui lui est demandée.

SERMENT DÉCISOIRE, est celui qui est prêté en Justice, & qui a été déferé par la Partie adverse, à l'effet de s'en rapporter à ce serment; ce qui fait que celui à qui il est déferé est, pour ainsi dire, constitué Juge dans sa propre cause.

Ce serment a tant de force, que comme il tient lieu de transaction ou de payement, on n'est plus recevable à faire retracter le Jugement qui a été rendu en conséquence, sous quelque prétexte que ce soit, même de parjure.

Après le serment, tout est jugé pour l'absolution ou pour la condamnation; c'est une espéce de transaction qui a plus d'autorité que la chose jugée. *Leg.* 1. *cod. de rebus credit. leg.* 3. §. 3. *leg.* 5. §. 2. *leg.* 34. *in fine*, *ff. de jure jurando*, §. 11. *Instit. tit. de actionib. leg.* 1. *ff. quar. rerum act. non. det leg.* 2. & 40. *ff. de jure jurando*; *leg.* 22. *ff. de dolo malo.* Louet, lettre S. somm. 4. Papon, liv. 9. tit. 6. nomb. 16. & 17. Journal des Audiences, tom. 5. liv. 14. chap. 3. Pinault, tom. 1 Arrêt 70.

Ce que nous venons de dire ne se doit entendre que du serment déferé par l'une des parties à l'autre, & non pas de celui qui est déferé d'office par le Juge à l'une des Parties; car l'autre est toujours recevable à prouver le contraire. Quand le serment est déferé par une Partie à l'autre, celle qui l'a déferé se doit imputer de s'en être rapporté à la conscience de sa Partie adverse, & de l'avoir, pour ainsi dire, constitué Juge dans sa propre cause; mais quand le serment a été déferé par le Juge à une des Parties, on ne peut pas lui imputer quelle s'en soit rapportée à la conscience de l'autre, & qu'elle l'ait constitué Juge dans sa propre cause; comme je l'ai observé dans ma Traduction des institutes, sur le §. 11. du titre 6. du quatriéme Livre.

L'acte par lequel une Partie défere le serment à l'autre, est une espéce d'aliénation. D'où il s'ensuit I°. que ceux qui n'ont pas la libre administration de leurs biens, ne peuvent pas déférer le serment. II°. Qu'un Procureur ne peut pas déferer le serment à la Partie adverse, sans en avoir une procuration spéciale. La Peyrere, lettre S.

Le serment peut être déferé par une Partie à l'autre en tout état de cause, Papon, liv. 9. tit. 6. nomb. 5. & non-seulement en matiere civile, mais aussi en matiere criminelle, lorsqu'il ne s'agit que d'un délit qui se résout en dommages & intérêts. *Ibidem.*

Le serment ne peut être demandé quand le débiteur oppose la prescription de cinq ans. *voïés* Henrys, livre 4. chap. 6. quest. 73.

Le serment déferé en matiére civile vaut contestation en cause, & en fait durer l'action trois ans, comme la contestation. Mornac, *ad leg.* 9. §. *si is*, *ff. de jurejurando.*

La Partie qui a déferé le serment peut revoquer sa déclaration, *re integrâ*, & prouver par témoins ce qu'elle a avancé, suivant la Loi 11. *cod. de reb. credit.* Ainsi jugé par Arrêt du 26. Novembre 1590. La Rocheflavin, liv. 3. lett. S. Arrêt 1. pag. 262.

Après que la chose est jugée, le serment ne peut plus être déferé devant le même Juge. Cambolas, liv. 2. chap. 38.

Le serment décisoire du fidejusseur ne décharge point le principal obligé, si ce qui fait la décharge du fidejusseur ne concerne le fidejusseur que personnellement. *Voïés* M. le Prêtre, cent. 1. ch. 10.

Celui qui défere le serment à la Partie adverse, ne peut pas demander qu'elle jure sur un fait à charge, sans pouvoir alléguer ses exceptions à décharge. Ainsi le demandeur qui prétend avoir prêté une somme au défendeur, ne peut pas demander que le serment lui soit déferé, s'il n'est pas vrai qu'il lui a prêté cette somme, sans lui permettre d'affirmer aussi qu'il l'a rendue au demandeur. Dupinault, Arrêts 63. & 145.

Voïés, ce qui est dit touchant ce serment dans M. le Prêtre, cent. 1. chap. 65. Papon, liv. 9. tit. 6. Cambolas, liv. 2. chap. 37. & 38. liv. 3. chap. 28. Du Fail, liv. 2. chap. 292. Henrys, liv. 4. quest. 21. Dupinault, tom. 1. Arrêts 7. 36. 70. 103. tom. 2. Arrêts 213. & 262.

SERMENT SUR L'ESTIMATION D'UNE CHOSE POUR LAQUELLE IL Y A PROCÉS. Ce serment, qui étoit appellé chez les Romains *jusjurandum in litem*, est deferé par le Juge au démandeur touchant l'estimation de la chose pour laquelle il y a procès, lorsque le défendeur contre l'Ordonnance du Juge ou par fraude, n'a pas représenté ou restitué une chose à la demande de sa Partie, ou a empêché frauduleusement qu'elle ait été représentée ou restituée.

Ainsi c'est la contravention à l'Ordonnance du Juge, ou la fraude du défendeur, qui donne lieu à ce serment, lorsque la chose est périe par la faute ou la fraude du défendeur, & que l'on n'en peut pas sçavoir autrement l'estimation. *Leg.* 3. *&* 5. §. 4. *ff. de in litem jurando.*

Ce serment est principalement usité dans les actions de bonne foi, comme dans l'action du commodat, dans celle du dépôt; dans l'action qui est donnée contre le mari pour la restitution de la dot, dans l'action de tutelle, pour repétition des choses appartenantes aux mineurs; dans les actions arbitraires & autres, tant réelles que personnelles, pourvu qu'il soit question de la restitution de quelque chose. *Leg.* 5. *ff. eod. & leg.* 68. *ff. de rei vindicat.*

Il n'y a donc pas lieu dans les actions dans lesquelles il ne s'agit point de restitution, mais par lesquelles nous demandons qu'il nous soit donné ou fait quelque chose pour notre utilité; *dicta leg.* 5. §. *ult. & leg. seq. ff. de in litem jurando.*

Il est permis au demandeur d'estimer tant qu'il voudra la chose dont il s'agit, & touchant l'estimation qu'il prétend lui être restituée, il prête serment devant le Juge, lequel peut toutefois lui prescrire des bornes, & lui défendre que son estimation excéde une certaine somme, eu égard à la chose ou au fait dont il s'agit. *Leg.* 4. *juncta glossa*, *ff. eod.*

Dumolin, article 9. de la nouvelle Coutume, dit que ce serment ne doit être fait, sinon *per Judicem præmissâ taxatione*; ce que M. Rafficod, dans ses Notes sur le Traité des Fiefs de Dumoulin, pag. 69. *in fine*, explique par ces mots; *Ita ut* dit-il, *infra aut in tantum*, *sed non ultra possit jurari id quæ dicimus*, jurer & affirmer jusqu'à la somme désignée par le Juge.

Par Arrêt du 12. Décembre 1654. rapporté dans le Journal des Audiences, le serment *in litem* a été déferé par la Cour à un homme qui avoit été volé dans une Hôtellerie de cette Ville, & ordonné qu'il seroit cru à son serment, jusqu'à la concurrence seulement de la somme de cinq cens livres.

SERMENT DE CALOMNIE, étoit un serment que les Plaideurs prêtoient chez les Romains par lequel chaque Partie affirmoit qu'elle ne contestoit, que parce qu'elle croyoit avoir bon droit.

Le demandeur affirmoit que ce n'est point par calomnie qu'il avoit formé sa demande, mais parce qu'il croyoit sa cause bonne.

Le défendeur affirmoit qu'il ne contestoit la demande qui étoit intentée contre lui, que parce qu'il croyoit avoir des justes raisons de le faire.

Celui qui prêtoit ce serment ne juroit pas que la chose étoit effectivement comme il le disoit, mais seulement qu'il le croyoit ainsi: c'est pourquoi celui qui, après avoir prêté un tel serment, perdoit sa cause, n'étoit pas parjure pour cela.

Mais si le demandeur refusoit de prêter ce serment, il étoit débouté de sa demande, & si le défendeur étoit refusant de le prêter, il étoit condamné; *si quidem habetur pro confesso.*

Ce serment a été reçû par le Droit canonique, aussi en est-il traité dans le septiéme titre du second livre des Décrétales, en conséquence de quoi il s'étoit anciennement introduit dans ce Royaume.

Nous avons quelques anciennes Ordonnances qui enjoignent au demandeur d'affirmer sur les saints Evangiles, qu'il croit que sa demande est juste, & qui obligent aussi le défendeur de jurer de la même maniere sur les défenses dont il se veut servir pour défendre à la demande qui est intentée contre lui.

Mais il y a long-tems que ce serment n'est plus en usage parmi nous. Il y a lieu de croire que la crainte que l'on a eue que ce serment pourroit donner à quantité de parjures, n'ait beaucoup contribué à le faire abolir.

Cependant il seroit à souhaiter qu'il fût aujourd'hui en usage; peut-être que cela diminueroit le nombre excessif de mauvais procès que quantité de personnes poursuivent, ou soutiennent avec opiniâtreté, sans aucun fondement légitime. *voïés* Despeisses, tom. 2. pag. 471.

SE PURGER PAR SERMENT *voyez* Purger.

SERMENT DE FIDELITÉ, est une promesse solemnelle, par laquelle le Sujet s'oblige d'être toujours fidéle à son Prince, & le Vassal d'être toujours fidéle à son Seigneur.

Comme il y a des fiefs liges & des fiefs simples, il y a aussi des sermens de fidélité particuliers pour ces deux sortes de fiefs. Dans les fiefs simples, le Vassal ne s'oblige d'être fidéle à son Seigneur, que par la foi & le serment de son corps; au lieu que dans le fief lige, le Vassal s'oblige plus étroitement de lui être fidéle, par la foi & le serment de son corps, & sur les saints Evangiles. *voïés* ce que j'ai dit ci-dessus, *verbo* Fief lige.

SERMENT DE FIDELITÉ DES EVEQUES, est le serment de fidélité qui doit être prêté par les nouveaux Evêques, qui sont obligés d'en prendre

Lettres du

Lettres du Sceau de les faire enregistrer en la Chambre des Comptes de Paris pour obtenir mainlevée de la Régale.

La premiere prébende qui vaque après que les Archevêques & evêques ont prêté serment de fidélité, est ce que l'on appelle l'expectative du serment de fidélité à quoi ils sont obligé de satisfaire.

Cependant la prévention du Pape a lieu contre les nommés du Roi pour le serment de fidélité quoiqu'elle n'ait pas lieu en Régale, ni contre les Indultaires.

SERMENT DE JUGE est prescrit par l'Ordonnance de Charles VIII. art 3. & 62. Il avoit été tiré mot à mot de la Loi *Sancimus*, *cod. ad leg. Jul. repetund.*

Il contenoit deux choses l'une de n'avoir rien baillé ni promis, directement ou indirectement, pour parvenir à son Office; l'autre de garder les Ordonnances; & au surplus de faire bonne & briéve justice.

La vénalité des Charges ayant été tolerée en France, le premier article n'a duré que jusqu'en l'année 1597. que dans l'Assemblée de Rouen il fut arrêté qu'il ne seroit plus exigé, d'autant qu'il étoit honteux que les Juges entrassent en leurs Offices par un parjure solemnel, & qu'en l'acte de leur réception ils commissent une fausseté publique. Loiseau en son traité des Offices, livre 1, chap. 4. nomb. 89.

Aujourd'hui on les fait donc seulement jurer due garder les Ordonnances, (qui est ce qu'on disoit à Rome, *jurare in leges*;) & au surplus de faire bonne & briéve justice: bonne, c'est-à-dire de juger, au défaut des Ordonnances, selon la raison & l'équité, *ut æquius meliusvidetur*: briéve, c'est-à-dire, prompte autant qu'il peut être au pouvoir du Juge.

SERMENT DES TEMOINS, est celui que les témoins sont obligés de prêter avant que de déposer, par lequel ils jurent & promettent à Dieu de dire la vérité.

Ce serment est tellement nécessaire, que si un témoin avoit déposé sans l'avoir prêté, ce seroit un moyen de nullité contre l'enquête ou contre l'information.

SERMENT DES PRETRES ET DES RELIGIEUX, ne se fait pas en Justice de la même maniere que celui des Laïcs en levant la main droite, mais en mettant la main *ad pectus*; ce qui a été introduit pour mettre la différence entre les Prêtres & les Laïcs.

SERMENT DES EXPERTS, est celui qu'ils prêtent entre les mains du Juge commis pour proceder à la nomination des Experts & rapport, avant que de passer outre à la visite & examen des lieux qui sont le sujet de la contestation d'entre les Parties. Par ce serment ils promettent le bien & soigneusement visiter, & fidélement rapporter.

Quoiqu'ils soient Officiers, & ayent prêté serment à Justice, ils doivent néanmoins le réiterer pour le fait particulier de la visite & du rapport dont il s'agit.

SERMENT PRETÉ A JUSTICE; est celui que prêtent en Justice les officiers publics, lors de leur réception, de s'acquitter fidélement des fonctions de leurs Charges.

L'effet de ce serment est, qu'un Officier est crû sur le rapport qu'il fait par écrit, de ce qui dépend précisement & directement de sa Charge, principalement lorsqu'il n'y va nullement de son intérêt particulier. Ayant prêté serment à Justice, & étant approuvé & reconnu Officier public par une réception solemnelle, les actes qui concernent son ministere, & qui sont faits en bonne forme, sont de la foi publique, & par conséquent servent de preuve pleine & complette.

Tels sont les actes de Greffiers, Notaires, Huissiers & autres.

SERMENT DU DEMANDEUR EN RETRAIT LIGNAGER, est celui qu'il est tenu de prêter, s'il en est requis par l'acquereur. Ce serment contient trois choses que le demandeur en retrait affirme; sçavoir que c'est pour lui qu'il agit, que c'est sans dol, & pour son profit.

Mais il n'est pas obligé de jurer que c'est dans le dessein de conserver l'héritage en sa famille, qu'il exerce le retrait; car ils peuvent avoir en vûe de le retirer, & ensuite de le revendre pour y gagner.

Ce serment a été introduit pour obvier aux fraudes qui peuvent se commettre par des lignager qui prêteroient leurs noms à des étrangers.

Il n'est cependant point dû, s'il n'est requis; mais après qu'il a été requis par le défendeur jusqu'à ce que le demandeur en retrait y ait satisfait, le défendeur ne peut être contraint de ceder les lieux.

SERMENT DU DÉFENDEUR EN RETRAIT est celui que le défendeur en retrait est obligé de faire lorsqu'il a rendu le giron, ou que le Jugement qui est intervenu adjuge le retrait au demandeur: alors le défendeur est tenu de montrer & d'exhiber judiciairement son contrat & titres d'acquisition, & affirmer par serment que le contenu en son contrat est véritable.

Il doit pareillement affirmer par serment ses frais & loyaux-côuts, lorsqu'il les aura donnés par déclaration.

Cette exhibition & ce serment sont absolument nécessaires pour rendre le demandeur certain de la vérité du prix & des loyaux-côuts, afin qu'il en fasse le remboursement.

Ainsi quand l'acquereur affirme son contrat de vente véritable & sans déguisement, il rend par le moyen de ce serment le prix de la vente certain, qui pourroit avoir été augmenté dans l'acte en fraude par un consentement mutuel des contractans.

Ce serment du défendeur en retrait est toujours nécessaire, quoiqu'il ne soit pas requis; d'autant que jusqu'à ce que le défendeur l'ait prêté, le demandeur en retrait n'est point en demeure de faire de remboursement: c'est pourquoi son droit lui est toujours conservé, jusqu'à ce qu'il ait été rendu certain par cette formalité du prix qu'il lui faut rembourser.

SERMENT D'OFFICIER, est la promesse & protestation que fait un Officier, de s'acquitter fidelement de l'Emploi qu'il va exercer; pour raison de quoi il prie Dieu d'être témoins de son affirmation.

SERPAULT OU SERPOL, signifie Trousseau. *voïés* ce que je dis sur ce mot, lett. T.

SERVAGES OU SERVAIGES, sont des redevances dûes par des personnes de condition servile.

SERVANTE *voyez* Serviteurs. Nous remarquerons seulement ici, I°. Que les Ecclésiastiques ne doivent point avoir de jeunes servantes.

II°. Que quand une servante est devenue grosse chez un maître, il est dans le doute présumé l'avoir engrossée, *Voïés* le sixiéme plaidoyer d'Ayrault; & Peleus question 91.

Au reste, un tel commerce d'un maître avec sa servante est bien infame: il opere une débauche très-nuisible à la paix domestique, ou des mariages de conscience, qui sont un concubinage masqué, ou enfin une déroute épouventable dans la fortune des hommes.

SERVICE, est le devoir auquel un sujet est tenu envers son Seigneur féodal. *Voyez* le Glossaire du Droit François.

SERVICE DE CHEVAL *Voyez* Sommage & cheval de service.

SERVICE DE COUR ET DE PLAIDS, signifie l'obligation dont les Vassaux sont tenus en quelques Coutumes, d'assister aux plaids de leur Seigneur féodal ou de ses Officiers. *Voïés* le Glossaire du Droit François, *verbo* Service de Cour, & *verbo* Pairs.

SERVIR LE FIEF, c'est faire la foi & hommage au Seigneur dominant, lui offrir & jurer le service féodal accoutumé.

SERVIS. Ce terme en quelques pays signifie les cens & autres petits devoirs annuels nobles qui sont dûs au Seigneur foncier par les sujets & tenanciers des héritages, & réconnoissance de la Seigneurie directe.

On dit cens & servis. Ces termes sont ordinaiment conjoints; ils ne sont gueres usités que dans les pays de Droit écrit.

SERVITEURS, sont ceux qui sont aux gages d'un maître, ou qui sont attachés à lui par l'espoir d'une récompense.

Ils doivent le respect à leur maître, & ne pas abuser de la confiance qu'il a en eux.

De ce que les serviteurs doivent respecter leur maître, il s'ensuit, I°. Qu'un serviteur n'est pas recevable à agir criminellement contre son maître, Papon, liv. 24. titre 2. nomb. 9. Ils ne peuvent pas non plus être ouis en témoignage contre leur maître, si ce n'est pour crime de leze-Majesté, *aut adulterii*; Bouvot, tome 2. *verbo* Injure, quest. 38. A l'égard du crime de leze-Majesté, l'importance de ce crime fait qu'il n'y a point de personnes qui puissent être dispensées de porter témoignage à cet égard; & pour ce qui est du crime d'adultére, les serviteurs & domestiques sont admis à rendre ce témoignage pour raison de ce crime parce qu'alors ils sont témoins nécessaires, d'autant que ce crime ne se commet qu'en secret.

II°. Qu'un serviteur qui injurie son maître, doit être puni plus severement qu'un particulier qui auroit fait la même injure à un autre, dans la dépendance du quel il ne seroit pas. *Voïés* du Luc, liv. 12. titre. 3. chap. 6. la Rocheflavin, liv. 2. titre 5. art. 4. la Bibliotéque de Bouchel, *verbo* Chambriere; Boniface, tome 2. part. 3. liv. 1. tit. 2. ch. 18. Bouvot, tome 2. *verbo* Injure, quest. 11. & *verbo* Serviteur, quest. 6.

III°. Qu'un serviteur merite peine afflictive, lorsqu'il abuse de la fille de son maître quoique majeure, & quoiqu'elle dise l'en avoir prié, & même qu'elle veuille l'épouser; comme il a été jugé par un Arrêt rendu en la Tournelle criminelle du Parlement de Paris le 30. Janvier 1694. & rapporté dans le Journal des Audiences.

Enfin, la dépendance dans laquelle sont les serviteurs, fait qu'en quelques provinces ils ne peuvent sortir de la maison de leur maître sans congé avant le terme; & quand ils le font, ils sont condamnés à une amende. *Voyez* Boniface, tome 1. liv. 8. tit. 14. chapitre 1. & Bouvot, tome 1. part. 2. *verbo* Serviteurs.

De ce que les serviteurs ne doivent pas abuser de la confiance que leurs maîtres ont coutume d'avoir en eux, il s'ensuit I°. Qu'un serviteur seroit punissable, s'il avoit découvert le secret de son maître dans une affaire de grande importance, en cas que son indiscrétion lui eût causé quelque préjudice. II°. Que les vols domestiques sont toujours punis de mort, quand même la chose volée seroit peu considérable. *Voyez* cy-après, vol qualifié par rapport à la personne qui le commet.

Les maîtres doivent avoir pour leurs serviteurs beaucoup de bienveillance: d'où il s'ensuit I°. qu'ils ne doivent pas les maltraiter avec excès *voïés* la Rocheflavin, liv. 3. lettre S, titre 5. Ainsi un serviteur ou servante peuvent faire informer d'outrages excessifs, & avec effusion de sang, commis en leurs personnes par leurs maîtres ou maîtresses. Bouvot, tome 2. *verbo* Serviteur, quest. 1.

II°. Que le maître est recevable à poursuivre l'injure faite à son domestique. Boniface, tom. 2. part. 3. liv. 1. tit. 3. chap. 18. & tom. 5. liv. 3. titre 7. chap. 4.

Cependant un maître n'est pas admis en ce Royaume à poursuivre par accusation l'hommicide commis en la personne de son domestique: il peut seulement se rendre dénonciateur, *quia nullus admittitur ad accusationem, nisi ut tueatur jus suum, vel suorum liberorum, parentum, aut consanguineo-*

rum. voiés Bacquet, des Droits de Justice, ch. 16.

Les maitres doivent être portés à faire du bien à leurs domestiques, autant qu'ils peuvent leur en procurer. D'où il s'en suit, que les libéralités qui sont faites par un Maitre à ses domestiques, reçoivent toujours une interprétation favorable, & que les legs que les maitres font à leurs domestiques, sont payés par priviléges & préference à tous autres. Voyez M. Brillon, *verbo* Legs, nomb. 63. & 141.

C'est aussi sur le fondement de cette interprétation favorable, qu'une convention par laquelle un particulier s'étoit obligé de servir un Curé moyennant quarante livres de pension viagere, a été déclarée exigible contre les héritiers du Curé, quoique celui qui s'étoit obligé de le servir pendant sa vie, eût été empêché par maladie de continuer son service. L'Arrêt qui est du 16. Avril 1641. est rapporté par Soefve, tome 1. cent 1. chap. 37.

Pour ce qui est des gages des Serviteurs, voyez ce que j'en ai dit *verbo* Gages.

A l'égard des cas où les Maitres sont tenus des dommages causés par leurs Serviteurs, voyez Domestiques.

Touchant les femmes qui se remarient avec leurs valets & gens de basse naissance, voyez ce que j'en ai dit ci-dessus, *verbo* Mariage inégal; & M. Ricard en son Traité des Donations, part. 3. chapitre 9.

SERVITUDE. Il y en avoit chez les Romains de deux sortes; sçavoir celle par laquelle une personne est assujettie à une autre, & celle en vertu de laquelle un héritage est assujetti à certaines charges au profit d'un autre héritage ou de quelque personne qui n'est pas propriétaire de l'héritage servant.

Il y avoit donc chez les Romains une servitude d'une personne assujettie à une autre, & une servitude d'un héritage envers un autre héritage, & enfin, une servitude dûe par un héritage à une personne.

Voyez ce que j'ai dit sur le titre 3. du premier Livre des Institutes de Justinien, & sur le troisiéme, quatriéme & cinquiéme titre du second Livre.

SERVITUDE PAR LAQUELLE UNE PERSONNE EST ASSUJETTIE A UNE AUTRE, se pratiquoit autrefois chez les Romains, & est encore usitée chez quelques Nations. Elle donne aux Maitres droit de vie & de mort sur leurs esclaves, & tient les esclaves dans une si grande dépendance, qu'ils ne peuvent rien acquerir pour eux-mêmes.

La Loi de l'Evangile n'a pu souffrir cette inégalité dans la condition des hommes; elle les considére tous comme libres, & tels qu'ils sont de droit naturel. C'est pour cette raison que toutes personnes sont libres en France, & que si-tôt qu'un esclave y entre, il acquiert la liberté; ce qui n'est établi par aucune loi, mais seulement par un long usage qui a force de Loi

Néanmoins dans quelques Coutumes du Royaume il y a des hommes que l'on appelle main-mortables, hommes ou gens de corps, de pote, qui ressemblent à ceux que les Romains appelloient *adscriptii*, *agricolæ*, *coloni*, *censiti*, & *menbra sive servi terræ*; Mais ils ne laissent pas pour cela d'être libres: toute leur sujettion ne se réduit qu'à certains devoirs qui ne blessent point absolument les droits de la liberté naturelle. *voiés* Serf.

Il y a même aujourd'hui des esclaves dans l'Isle de l'Amerique; & cette régle, que tout esclave est libre dès l'instant qu'il a mis le pied dans le Royaume de France, n'a pas lieu pour les Négres de ces isles qui viennent ici avec leurs Maitres, lorsqu'ils s'y en retournent avec eux.

SERVITUDE D'HERITAGES, est un droit établi sur un héritage contre sa liberté naturelle, en conséquence duquel droit un héritage est assujetti à certaines charges au profit d'un autre héritage, ou de quelque personne qui n'est pas le proprietaire de l'héritage servant.

La servitude est donc un droit, c'est-à-dire une chose incorporelle, qui par conséquent ne peut subsister d'elle-même, & qu'il faut attacher & appliquer à un certains corps, c'est-à-dire à l'héritage qui doit la servitude à celui à qui elle est due, dont elle augmente la valeur.

La servitude étant un droit & une chose incorporelle, elle ne reçoit ni tradition ni division. *Leg.* 43. §. 1. *ff. de acq. rer. domin. leg.* 32. §. 1. *ff. de servit. prædior. urbanor. leg.* 14. & 17. *ff. si servit vindicet.* Si une servitude est établie sur un héritage voisin, en faveur d'un autre héritage, cette servitude étant indivisible, est toute en l'héritage dominant & l'héritage servant, & toute en chaque partie, comme l'ame est toute en tout le corps, & toute en chacun de ses membres.

Si un héritage est commun à plusieurs par indivis, pas un ne peut donc imposer un droit de servitude, que tous les autres n'y ayent consenti; parce que cette servitude étant repandue sur tout l'héritage, elle engageroit les portions qui n'appartiennent pas à celui qui l'auroit imposée.

Un des coproprietaires d'un héritage possedé entre plusieurs par indivis, ne peut pas aussi stipuler un droit de servitude pour cet héritage; parce qu'il l'acquerroit généralement à tout l'héritage, & par conséquent aux portions qui ne lui appartiennent pas.

Les servitudes étant de leur nature individues; c'est-à-dire ne se pouvant pas diviser, on ne peut suivant ce que nous venons de dire, acquerir une servitude pour une partie d'un héritage, parce que la servitude est toute dans le fonds qui la doit, & toute dans chaque partie d'icelui; *Leg.* 9. *ff. de servit.* Et on ne peut pas stipuler une servitude pour une partie indivise, parce que l'usage d'une servitude ne souffre point de division; c'est-à-dire que nous ne pouvons pas nous en servir pour une partie & lorsque nous nous en servons, nous nous en servons pour le tout & solidairement. *Leg.* 17. *ff. eodem.*

C'eſt pour cette raiſon, qu'en conſtituant des ſervitudes ſur des héritages, on a coutume de convenir ſur quel endroit de l'héritage la ſervitude eſt établie ; auquel cas les autres parties ſont libres & exemptes de la ſervitude ; mais la partie ſur laquelle on a aſſigné, la ſervitude y eſt ſeule obligée, comme ſi elle étoit ſeparée des autres. *Leg.* 13. §. 1. *leg.* 23. *ff. de ſervitutibus prædiorum ruſticorum.*

Le ſervitude eſt un droit établi ſur un héritage contre la liberté naturelle, parce que la nature a fait tous les héritages libres. Elle a cependant établi quelques dependances néceſſaires ſur certains héritages. ; ainſi l'eau qui tombe ſur les montagnes & les lieux élevés, coule enſuite néceſſairement dans les vallées & dans les lieux bas ; mais ces dépendances ne ſont pas de véritables ſervitudes, parce qu'elles viennent de la nature même, & de l'ordre qu'elle a établi ſur ces héritages plus élévés ou plus bas.

La ſervitude étant un droit établi ſur un héritage contre la liberté naturelle, tous les héritages ſont reputés libres ; enſorte que celui qui prétend droit de ſervitude ſur l'héritage d'autrui, eſt tenu de le juſtifier. *Leg. latius cod. de ſervitutibus & aquis.*

En matiere de ſervitude il faut donc un titre : telle eſt la diſpoſition de la Loi municipale, conforme en cela au droit des Gens, & à l'équité naturelle, qui veulent que chacun uſe de ſon bien ainſi qu'il le juge à propos ; car tout proprietaire à qui appartient le ſol, peut en ligne droite au-deſſus & au-deſſous, faire tout ce qu'il lui plait, ſoit en faiſant bâtir, ſoit en y faiſant planter des arbres. Il faut donc, pour gêner cette liberté, qu'il y ait un titre, ſans quoi l'on entre dans le droit commun : *nulle ſervitude ſans titre.*

C'eſt à celui qui impoſe une ſervitude à s'expliquer clairement, & à déſigner la portion du fonds qui y eſt aſſujettie ; c'eſt lui qui impoſe la Loi, & qui eſt en droit d'en déterminer l'objet ; & tout ce qui n'eſt point enveloppé dans cette Loi, jouit de ſa liberté primitive. *Servitutibus tempore conſtitutionis modus ad certam partem fundi tam remitti quam conſtitui. poteſt. Leg.* 6. *ff. de ſervitutibus.*

Mais quand une fois la ſervitude eſt impoſée, qu'elle eſt déterminée à une certaine portion d'héritage, il n'eſt plus permis d'en changer l'ordre *Quando modus ſervituti impoſitus eſt, non conceditur conſtituenti pluſquam pactum eſt in ſervitute habere*

Le motif de cette Loi eſt puiſé dans l'équité, & conforme aux principes de Droit. *Unius incluſio eſt excluſio alterius, maximè in odioſis ; at ſervitus, ut potè contra naturam, odioſa eſt, libertas verò res favorabilis eſt ; favores autem ſunt ampliandi.*

Les ſervitudes étant contre la liberté naturelle, ne ſe préſument point ; ainſi une ſervitude impoſée ſur une partie expreſſement dénommée d'un fonds, ne peut jamais s'étendre ſur le reſte.

Il faut donc une dérogation expreſſe & bien ſpécifiée pour détruire la liberté ; & ſi cette dérogation n'eſt pas claire & formelle, la Loi ſe détermine en faveur de la liberté. *Quoties dubia interpretatio libertatis eſt, ſecundùm libertatem reſpondendum eſt. Leg.* 20. *ff. de reg. jur.*

D'ailleurs, on explique toujours une clauſe obſcure inſerée dans un contrat, contre celui en faveur de qui elle a été miſe, & qui a été le maître de la faire rédiger plus clairement. *Veteribus placuit pactionem obſcuram vel ambiguam iis nocere, in quorum poteſtate fuit legem apertius conſcribere. Leg.* 39. *ff. de pactis.*

Voyez l'article 215. de la Coutume de Paris.

Il y a deux ſortes de ſervitudes d'héritages ; ſçavoir, les ſervitudes réelles qui ſont dûes par les héritages aux héritages d'autrui, & les mixtes qui ſont dûes par les héritages d'autrui à quelqu'autre perſonne qu'a celui qui en eſt le propriétaire ; & ces ſervitudes ſont ordinairement appellées perſonnelles, qui ſont au nombre de trois, l'uſufruit l'uſage & l'habitation dont j'ai parlé en leur lieu ; c'eſt pourquoi je n'en dirai rien en cet endroit. Je vais ſeulement parler des ſervitudes réelles, & de ce qui les concerne.

§. I. *Des ſervitudes réelles.*

La ſervitude réelle eſt celle qui aſſujettit un héritage à certaines choſes en faveur d'un autre héritage.

La ſervitude réelle eſt attachée à l'un & l'autre fonds, c'eſt-à-dire à celui par qui elle eſt dûe ; enſorte qu'elle paſſe aux ſucceſſeurs, & ſuit toujours ces héritages, en quelques mains qu'ils puiſſent tomber.

Un droit qui auroit été accordé à quelqu'un en particulier, *ut in leg.* 8. *ff. de ſerv.* ne ſeroit donc pas une ſervitude réelle, puiſqu'une telle conceſſion ne ſeroit pas perpetuelle, & ne paſſeroit pas la perſonne en faveur de qui elle auroit été faite, mais ſeroit éteinte à ſa mort.

Comme les ſervitudes réelles ne peuvent être dûes que par des héritages à d'autres héritages, celui qui n'a point d'héritages dans un endroit, ne peut y acquerir aucune ſervitude de cette nature, ni en être chargé.

Il faut de plus que les deux héritages, c'eſt-à-dire le dominant & le ſervant, ſoient voiſins ; *leg.* 1. §1. *ff. commun. prædior. tam urban. quam ruſt. leg.* 23. §. *ff. de ſervit. præd. urban. leg.* 10. *ff. de ſervit. præd. ruſtic.* En ſorte que la diſtance qui ſe trouveroit entre deux héritages, & qui empêcheroit l'uſage d'une ſervitude, empêcheroit auſſi qu'on ne la pût valablement impoſer. *Leg.* 7. *in fin. ff. eod. leg.* 14. §. 2 *ff. de ſervit. leg.* 38. *ff. de ſervit. præd. urban.*

Pour qu'une ſervitude réelle ſoit valablement conſtituée, il faut que l'héritage dominant & l'héritage ſervant appartiennent à différens proprietaires ; *quia nemini res sua servit, sed prodest jure proprietatis domino.*

La servitude réelle est promptement un droit & une qualité du fonds dominant auquel elle est dûe ; ainsi elle en augmente la valeur, & en rend l'usage plus commode & plus agréable. Au contraire, elle diminue le prix du fonds servant qui en est chargé, & en rend la possession onéreuse & incommode.

On entend par héritage une chose incorporelle immobiliaire, qui est dans le commerce des hommes. Il y en a de deux sortes ; sçavoir les héritages urbains, & les héritages rustiques.

Les héritages urbains sont les édifices qui sont bâtis pour servir d'habitation aux peres de famille, soit dans les Villes, soit dans les Villages, & à la campagne.

Les héritages rustiques sont les terres & les héritages où il n'y a point d'édifice ; ou s'il y en a, ils n'y sont pas destinés pour servir d'habitation aux peres de famille, soit que ces héritages soient situés dans les Villes, soit qu'ils le soient au Village & à la campagne, comme sont des étables & des granges ; parce que cette distinction d'héritages urbains & rustiques ne se tire pas du lieu où ils sont situés, mais de leur destination & de leur usage, *Leg.* 166. *leg.* 198. *ff. de verb. signif.*

Les servitudes réelles sont aussi de deux sortes ; il y en a d'urbaines, & d'autres qui sont rustiques : ce qui dépend de la qualité de l'héritage dominant. *Servitutes prædiales nomen & differentiam sumunt à prædio dominante, non à serviente ; si quidem sunt jura & qualitates prædiorum, in quorum utilitatem & commodum constituuntur.*

Les servitudes urbaines sont donc celles qui sont dûes aux édifices, en quelque lieu qu'ils soient bâtis, pour servir d'habitation aux peres de famille, quoiqu'elles soient dûes par ceux des champs.

Les servitudes rustiques au contraire sont celles qui sont dûes aux terres & héritages où il n'y a point d'édifices destinés pour servir d'habition à un pere de famille, quoiqu'elles soient dûes par des héritages des Villes.

§. II. *Des servitudes des héritages des Villes.*

Ces servitudes sont appellées urbaines, comme nous avons dit ci-dessus.

La premiere de ces servitudes est appellée en Droit, SERVITUS ONERIS FERRENDI, c'est-à-dire la sujetion de supporter les charges de la maison voisine, *leg.* 33. *ff. de servit. præd. urban.* comme si celui à qui appartient un mur, depuis les fondemens jusqu'au plancher du premier étage d'une maison appartenante au voisin, est obligé de supporter le mur qui est bâti dessus.

Ce droit qu'on a d'obliger le voisin à souffrir qu'on fasse porter les charges de sa maison sur la sienne, a quelque chose de particulier ; car toute autre sorte de servitude ne consiste que dans une pure souffrance & une simple tolérance de la part du propriétaire de l'héritage servant, *leg.* 15. §. 1. *de servitutib.* Mais dans cette servitude, le propriétaire de l'héritage qui en est chargé, est absolument tenu de soutenir la charge du bâtiment de l'héritage dominant, & d'entretenir à ses frais & dépens le mur ou le pilier qui soutient le bâtiment de l'héritage dominant ; parce que c'est en quoi consiste principalement cette servitude *oneris ferendi* ; ce qui fait que celui qui la doit, est ordinairement proprietaire du mur, depuis les fondemens jusqu'au premier plancher. *Leg.* 33. *ff. de servit. prædior urban. leg.* 6. *ff. si servit, vindicet.*

La deuxiéme est appellée en Droit, SERVITUS TIGNI IMMITTENDI, c'est-à-dire le droit de poser ses poutres dans le mur du voisin. Dans cette servitude, l'on est tenu de souffrir que le voisin enfonce & appuye ses poutres dans notre mur, sans néanmoins être tenu de réparer & d'entretenir ce mur : en quoi la servitude de *tigni immittendi* différe de celle d'*oneris ferendi.*

La troisiéme est appellée JUS TIGNI PROJICIENDI, qui n'est autre chose que le droit d'avancer son bâtiment sur l'héritage d'autrui, de maniere toutefois qu'il repose dans le mur de l'héritage dominant, comme sont les saillies, balcons & avances. *Leg.* 142. §. 2. *ff. de verb. signif.*

Le quatriéme est appellée SERVITUS STILLICIDII RECIPIENDI, VEL NON RECIPIENDI. Celle qui est appellée JUS STILLICIDII RECIPIENDI, est une servitude en vertu de laquelle le voisin est obligé de recevoir dans sa maison, dans sa cour ou cloacque, l'eau qui tombe de notre toit. Celle qui est appellée JUS STILLICIDII NON RECIPIEEDI, est une servitude en vertu de laquelle le voisin est exempt de recevoir dans sa maison, cour ou cloacque, les eaux qui tombent du toît de la maison voisine.

L'on ne peut concilier cette servitude avec la précedente, qu'en disant que cela dépend absolument de l'usage commun du lieu où ces héritages sont situés : *Nam si jus commune civitatis sit jus stillicidii recipiendi, contrarium erit servitus & vice versâ.*

La cinquiéme se nomme SERVITUS FLUMINIS RECIPIENDI, VEL NON RECIPIENDI. *Servitus fluminis recipiendi*, est une servitude qui nous donne droit de faire écouler dans la maison de notre voisin l'eau qui est tombée de notre toît dans une goutiere. *Servitus fluminis non recipiendi*, est une servitude qui nous donne droit de ne pas recevoir dans notre maison, cour ou cloacque, les eaux qui tombent du toît dans la maison voisine, & que l'on en fait écouler par le moyen d'une goutiere. Il faut dire de cette servitude ce que nous avons dit de la précedente ; c'est-à-dire qu'elle est *jus fluminis recipiendi, aut jus fluminis non recipiendi, secundum jus commune civitatis in quasita sunt prædia.*

La sixiéme est JUS ALTIUS NON TOLLENDI ; c'est-à-dire, le droit d'empêcher son voisin d'élever son bâtiment au-delà d'une certaine hauteur. On peut aussi établir une servitude, en vertu de laquelle on puisse élever son bâtiment au-delà de la hauteur ordinaire. Mais cela ne peut avoir lieu, que quand le Droit commun du lieu où sont situés les héritages, fait consister la liberté dans le contraire.

La septiéme est, JUS PROSPECTUS, AUT NE LUMINIBUS OFFICIATUR, qui signifie le droit qu'on a d'empêcher le voisin de ne rien faire qui puisse nous ôter la vûe, & rendre notre maison plus obscure par quelque maniere que ce soit, comme en faisant planter des arbres, qui par leur hauteur ou par l'épaisseur de leurs feuillages, empêcheroient la pénétration de la lumiere jusqu'à notre maison, ou en borneroient la vûe. *Leg.* 3. 4. 15. 17. & 23. *ff. de servit. præd. urban.*

Il y a encore une autre servitude urbaine, qui est approchante de celle-ci; sçavoir, le droit d'obliger le voisin à souffrir que nous tirions du *jour* de son héritage. Cette servitude est appellée SERVITUS LUMINUM, & consiste à pouvoir avoir dans notre héritage certains endroits ouverts sur l'héritage du voisin pour en tirer du jour, contre le commun usage du lieu où les héritages sont situés.

Ceux qui ne sont pas chargés de la servitude *altiùs non tollendi*, dont nous venons de parler, ont la liberté entiere d'élever leurs maisons tant qu'il leur plaît, suivant cette maxime, que *quiconque est propriétaire du sol, l'est aussi de tout ce qui est au-dessus ou au-dessous jusqu'à l'infini*, si ce n'est qu'il leur soit défendu par les Loix du pays de faire aucune élévation qui excede la forme des anciens bâtimens, ou la forme que les Statuts particuliers de la Ville ont prescrite.

Toutefois si quelqu'un vouloit élever un bâtiment jusqu'à une hauteur extraordinaire qui pourroit être incommode à ses voisins, il pourroit en être empêché, suivant la Loi 11. *ff. de servit. urban. prædior.* qui est d'usage en France, selon l'opinion de Chopin sur la Coutume de Paris, liv. 1. tit. 4. & de Cujas sur ladite Loi. Charondas sur l'article 187. de la même Coutume, rapporte deux Arrêts, l'un du 4. Février 1559. & l'autre du 29. Janvier 1588. par lesquels il a été jugé que des bâtimens élevés extraordinairement seroient rabaissés jusqu'à une certaine hauteur.

Au reste, celui qui possede une maison libre de toutes servitudes, ne peut pas faire en son fonds ce qui ne peut pas lui être utile, & qui peut nuire à son voisin, comme en bouchant les vûes, & en lui ôtant sa clarté; comme il a été jugé par Arrêt du 4. Février 1554. cité par l'Hommeau, titre des Servitudes, maxime 420.

§. III. *Des servitudes des héritages des champs.*

Les servitudes des héritages des champs sont les servitudes que l'on nomme rustiques. Les principales sont, suivant le Droit Romain, *iter*, *actus* & *via*.

ITER, est un droit de passage, c'est-à-dire la liberté d'aller & de se promener sur l'héritage d'autrui, à pied ou à cheval, ou en litiere, avec pouvoir de remuer la terre, de l'applanir & de faire toutes choses nécessaires pour l'usage & l'exécution de ce droit, qui est appellé en Latin *Iter*, qui vient du mot *ire*.

ACTUS, qui vient d'*agere*, conduire, est le droit de faire passer des bêtes de charge, ou de conduire une charette ou un chariot sur l'héritage d'autrui. Celui qui a ce droit, n'a pas le droit de sentier ou le droit de passage, comme une servitude distincte & séparée, *leg.* 4. §. 1. *ff. si servit. vind.* mais il en a la commodité & l'usage, & il s'en peut servir même sans bête de charge & sans voiture. *Leg.* 1. *ff. de servitutibus prædior. rusticor.* & *arg. leg.* 1. *ff. de adimendis. legat.* & *lege. nonâ. ff. si servit. vindicet.*

VIA, est une servitude qui contient directement, & le droit d'aller & de se promener sur le fonds d'autrui, & celui d'y faire passer des bêtes de charge ou des voitures; ensorte qu'il peut agir séparément pour chacune de ces deux servitudes, si bon lui semble : *arg. leg.* 13. §. 1. *ff. de acceptilationib. juncto Cujacio*, *lib.* 22. *observat. cap.* 35. Et en cela le droit de *via* est différent du droit d'*actus*: *Nam licet qui actum habet, iter quoque habeat per consequentias*, *leg.* 1. *ff. de servit. prædior. rusticor.* & *arg. leg.* 1. *ff. de adimend. legat. directo tamen iter vindicare non potest*, *leg.* 4. *ff. eodem*; *via verò utrumque etiam directò continet*, *arg. leg.* 13. §. 1. *ff. de acceptilation. juncto Cujacio*, *loco supra citato.*

De plus, la largeur de la servitude appellée *actus*, n'étant pas réglée par les Loix, dépend toujours de la volonté des Parties; mais la largeur de la voie est définie à huit pieds quand le chemin est droit, & à seize quand le chemin va en tournant, *leg.* 13. §. 2. *leg.* 8. *ff. de servit. præd. rusticor.* quoique la largeur puisse avoir plus ou moins d'étendue par convention faite entre les Parties.

Enfin celui qui n'a que la servitude d'*actus*, ne peut pas conduire un chariot chargé à la hauteur d'une pique, ni traîner par l'héritage servant des poutres & de grosses pierres; mais celui qui a la servitude de *via*, est en droit de faire tout cela. *Leg.* 1. & 7. *ff. de servit. præd. rusticor.*

Nous ne distinguons point en France ces trois sortes de servitudes rustiques, de la même maniere qu'elles étoient en usage chez les Romains: nous reconnoissons seulement la servitude de chemin pour les gens de pied, la servitude pour les bêtes de charge & la servitude pour les chariots & autres voitures; & ce ne sont que les clauses particulieres que l'on y insere qui les rendent plus ou moins étendues.

Il y a encore huit servitudes rustiques, dont il est parlé dans les Loix Romaines, & dont l'usage est reçu parmi nous.

La premiere est, AQUÆ DUCTUS, qui est le droit d'aqueduc, c'est-à-dire de faire passer de l'eau par l'héritage d'autrui, par tuyaux de plomb, de bois, de pierre, ou autrement. *Leg.* 1. *ff. de servit.*

præd. rusticor. Leg. 2. *ff. de aqua quotidiana.*

La deuxiéme est AQUÆ HAUSTUS, qui est le droit de puiser de l'eau dans la fontaine ou dans le puits de son voisin. *Leg.* 5. *in fin. ff. de servit. præd. rusticor.*

La troisiéme est, PECORIS AD AQUAM APPULSUS, qui est le droit d'abreuver ses bestiaux à la fontaine, à la citerne, au puits, ou à la mare de son voisin. *Leg.* 1. *Leg.* 2 §. *ult. ff. eod.*

La quatriéme, est, JUS PASCENDI PECORIS, c'est-à-dire le droit de pâturage, ou le droit de faire paître ses bestiaux dans les terres d'autrui. *Ibid.*

Cette derniere servitude & la précedente peuvent être personnelles, & n'être dûes qu'à la personne en faveur de qui elles auront été accordées, *leg.* 4. *ff. de servit. præd. rusticor.* auquel cas elles sont éteintes par sa mort, & ne passent point en la personne de ses héritiers. *Leg. penult. ff. eod.*

La cinquiéme est, JUS CALCIS COQUENDÆ, c'est-à-dire le droit de faire cuire de la chaux dans le fonds d'autrui.

La sixiéme est, JUS ARENÆ FODIENDÆ, c'est-à-dire le droit de faire tirer du sable dans les terres d'autrui.

La septiéme est, JUS CRETÆ FODIENDÆ, qui est le droit de tirer de la terre blanchie, que l'on nomme communement craie, dans les terres d'autrui.

La huitiéme est, JUS EXIMENDI LAPIDIS, qui est le droit de faire tirer de la pierre dans le fonds d'autrui.

§. IV. *En quoi les servitudes urbaines & rustiques conviennent.*

Les servitudes des héritages des Villes, & les servitudes des héritages des champs, conviennent en plusieurs choses. I°. En ce que toute servitude réelle, soit urbaine ou rustique, ne peut être dûe que par un héritage : d'où il s'ensuit, que celui qui n'a point d'héritage dans un endroit, ne peut pas y acquerir aucune servitude de cette nature, ni en être chargé.

II°. En ce que toutes les servitudes réelles sont individues, aussi bien que les servitudes personnelles, à l'exception toutefois de l'usufruit, comme nous l'avons fait voir ailleurs.

III°. en ce que les servitudes réelles ont une cause perpétuelle, à la différence des servitudes personnelles qui n'ont qu'une cause temporelle ; ainsi les servitudes réelles étant inhérentes à l'héritage à qui elles sont dûes, ne s'éteignent point par la mort du propriétaire de l'héritage dominant, mais passent en la personne de son héritier, & en celle de tout autre acquereur de cet héritage.

Comme la cause des servitudes réelles est perpétuelle, il faut qu'elles soient établies en des choses dont celui à qui l'héritage dominant appartient, puisse continuellement se servir, quoique l'usage n'en soit pas toujours continel, mais intermittent, comme celui des servitudes appellées *itineris, actûs, viæ, pecoris ad aquam appulsûs*, &c. L'acte de la servitude doit donc toujours pouvoir exister, quoiqu'il cesse très-souvent ; parce que la nature des servitudes n'est pas que quelqu'un fasse quelque chose, mais qu'il souffre qu'on fasse quelque chose dans son fonds ; ou qu'il ne fasse pas dans son fonds, ce qu'autrement il auroit droit d'y faire. *Leg.* 15. §. *ult. ff. de servitutibus.*

De ce que les servitudes réelles ont une cause perpétuelle, il s'ensuit encore qu'elles ne peuvent pas être constituées *ex tempore*, *vel ad certum tempus*, *sub conditione*, *aut ad certam conditionem.* Cependant si une servitude étoit constituée pour un certain tems, ou sous condition, cette convention ou autre semblable seroit maintenue en Justice, par le moyen de l'exception résultante d'une telle clause apposée à la constitution de la servitude. *Leg.* 4. *ff. de servit. leg.* 28. *ff. de servit. præd. urban.*

Il est encore certain, que quoiqu'une servitude réelle ait une cause perpétuelle, néanmoins on peut en restraindre l'usage, en spécifiant la maniere dont le propriétaire de l'héritage dominant pourra s'en servir. Par exemple, les parties peuvent convenir que le propriétaire de l'héritage dominant, auquel la servitude d'*actus* est accordée, ne pourra faire passer que des carosses, & non pas des charettes, dans le fonds qui est redevable de cette servitude.

On peut aussi convenir qu'il ne se servira de cette servitude que dans un certain tems de la journée, comme l'après-midi seulement, ou pendant le jour, & non pas durant la nuit, ou pendant certains mois ou certains jours de chaque année.

On peut encore convenir qu'une servitude de passage, n'aura lieu que pour faire transporter ses vendanges en sa maison par l'héritage de son voisin.

Ces sortes de clauses ne finissent & ne retardent pas l'usage des servitudes ; elles ne font que les limiter. *Leg.* 4. *ff. de servit.*

IV°. Les servitudes réelles, soit urbaines ou rustiques, conviennent en ce que les unes & les autres s'acquierent, se poursuivent & s'éteignent par les mêmes manieres.

Enfin, celui qui est proprietaire de deux héritages, peut en aliénant l'un des deux, charger celui qu'il lui plaît d'une servitude envers l'autre ; *leg.* 3. 5. & 6. *ff. communia prædior.* Mais il faut pour cela que sa destination soit par écrit, & qu'il l'ait marqué dans l'aliénation qu'il en a faite.

Ainsi un pere de famille ayant fait bâtir deux maisons, & les ayant chargées de quelques servitudes l'une envers l'autre, & les vendant à deux Particuliers sans exprimer les servitudes dont il entend qu'elles soient chargées, lesdites servitudes sont éteintes de plein droit ; comme il a été jugé par Arrêts des 26 Mai 1601. & 5 Décembre 1603 cités par Brodeau sur Louet, lettre S, chapitre 1. conformément aux articles 215 & 216. de la Coutume de Paris.

§. V. *Par quels moyens s'acquiérent les servitudes.*

Suivant le Droit Romain, les servitudes s'acquierent & nous sont acquises par la quasi-tradition, qui se fait par l'usage qu'en fait le propriétaire du fonds dominant, & la souffrance du propriétaire du fonds servant. *Quasi traditio sit usu ex parte domini prædii dominantis, & patientiâ ex parte domini prædii servientis. Leg. ult. ff. de servitutibus.*

On peut aussi acquérir une servitude par l'adjudication qui s'en fait par le Juge, lorsque partageant les biens d'une succession ou d'une société, il ordonne qu'un héritage qu'il adjuge à un des cohéritiers ou des associés, sera sujet à une servitude envers l'héritage qu'il adjuge à un autre des cohéritiers ou des associés.

Un testateur peut par acte de derniere volonté établir sur un de ses héritages une servitude. Par exemple, un testateur peut par son testament défendre à son héritier d'élever sa maison au-dessus d'une certaine hauteur, pour ne pas ôter le jour à une maison voisine. Il peut aussi ordonner que son héritier recevra dans son mur les poutres & les solives de la maison voisine, ou qu'il sera obligé de souffrir la servitude de l'écoulement & de la chûte des eaux, ou qu'il laissera aller & venir par son fonds le propriétaire de l'héritage voisin, soit à pied, soit avec une bête de charge ou une voiture, ou qu'il lui permettra de conduire par son fonds de l'eau dans le sien.

Enfin on peut, suivant la disposition des Loix Romaines, acquérir une servitude par une longue possession de bonne foi, c'est-à-dire de dix ans entre présens, & de vingt ans entre absens.

Nous avons expliqué jusques ici par quelles manieres les servitudes peuvent nous être acquises par les Loix Romaines : voyons présentement par quelles voies elles peuvent nous être dûes.

Suivant les Loix Romaines, les servitudes ne nous peuvent être dûes, que quand elles nous ont été promises par une stipulation, ou par un simple pacte qui a été ajouté sur le champ à un contrat de bonne foi.

Tout ce que nous venons de dire est d'usage par toute la France, si ce n'est par rapport à deux articles.

Le premier regarde ce que nous avons dit de la prescription des servitudes, qui étoit admise chez les Romains ; car parmi nous dans la plûpart des Provinces qui sont régies par le Droit coutumier, les servitudes ne s'acquiérent pas par la prescription sans titre, quelque long-tems qu'on les ait possedées.

Il n'y a qu'en pays de droit écrit qu'on les peut acquérir par une longue possession, conformément au droit Romain ; encore faut-il que ces pays de Droit écrit ne soient pas de ceux qui sont du ressort du Parlement de Paris ; car ils suivent la maxime que la plûpart de nos Coutumes ont établie là dessus ; sçavoir, que les servitudes ne peuvent s'acquérir sans titre, quelque longue qu'ait été la possession pendant laquelle on en a joui.

Cette maxime, *nulle servitude sans titre*, s'est introduite parmi nous, pour obvier aux entreprises qui se faisoient par succession de tems entre voisins, sous couleur de souffrance & tolérance, pour cause d'amitié & familiarité, dont on abusoit très-souvent. Ainsi l'on n'a point trouvé de plus sûr moyen pour empêcher les désordres qui provenoient de ces abus, que nulle servitude ne se peut acquérir par la seule possession immémoriale, quand même elle seroit de cent ans & plus.

On n'a donc point d'égard à la longueur de la possession ; & on présume que quand elle est destituée de titre, ce n'est qu'une simple souffrance ou une usurpation.

Voyez ce que j'ai dit à ce sujet dans mon Commentaire de la Coutume de Paris, sur l'article 186. & ce que j'ai dit ci-dessus, *verbo* Complainte.

Le deuxiéme regarde ce que nous avons dit, que les servitudes ne sont véritablement dûes, que quand elles sont promises par stipulation, ou par un simple pacte qui a été sur le champ ajouté à un contrat de bonne foi ; car parmi nous, les simples pactes n'obligent pas moins par eux-mêmes, que les conventions ausquelles les Romains donnoient le nom de contrat, comme je l'ai fait voir sur le titre 14. du troisiéme liv. des Institutes.

Touchant les actions en vertu desquelles on peut agir en Jugement, pour raison de quelque servitude, *voyez* ce que j'en ai dit dans ma Traduction des Institutes, sur le §. 2. du titre sixiéme du quatriéme livre.

Suivant ce que nous avons dit ci-dessus, le droit de servitude ne se peut pas acquérir par décret sans titre précédent, parce que le lieu ne peut être vendu & adjugé qu'avec le droit que le saisi sur lequel il est adjugé y avoit ; & il se peut faire qu'il jouissoit d'une servitude de mur, égout ou autre, par la courtoisie de son voisin & à titre de précaire. Ainsi en termes de Droit, *qui uti optimâ maximâque sunt ædes tradit, non hoc dicit, servitutem illis deberi, sed illud solùm, ipsas ædes liberas esse, hoc est nulli servire. leg. 90. leg. 126. ff. de verbor. signif. leg. 19. ff. de contrah. empt. Leg. penult. ff. de evictionib.*

Cela recevroit néanmoins de la difficulté, dit M. Louet, *verbo* Servitude, si la saisie, les criées, l'enchere, & les autres procédures du décret, faisoient mention expresse & spécifique de la servitude active, soit de mur, égoût ou autre, dont les marques anciennes se rencontreroient, & qu'il n'y eût point eu d'opposition formée de la part du propriétaire de la maison voisine, sur laquelle la servitude exprimée seroit prétendue. Ce silence seroit un tacite acquiescement qui feroit présumer un titre perdu & adheré ; & l'adjudicataire qui auroit contracté avec la Justice, sous l'autorité de la fo publique

publique, seroit surpris, n'ayant le plus souvent point d'autre titre que son décret.

Cependant plusieurs Arrêts sont rapportés par nos Auteurs, & nottamment par M. le Prêtre en ses Artêts de la Cinquiéme, qui ont jugé que l'adjudicataire par décret d'une maison, qui avoit des vûes sur celle du voisin, étoit tenu de les retirer, quoique le proprietaire de la maison voisine ne se fût pas opposé au décret. Le Grand sur l'article 61. de la Coutume de Troyes, glose 2. nomb. 45. & suivant, dit qu'il faut un titre précedent. Le Maître est de même avis, aussi-bien que M. Auzanet, qui en ses Mémoires en a fait un article exprès.

§. VI. *Par quels moyens les serviteurs réelles sont éteintes.*

Il y a plusieurs moyens par lesquels les servitudes réelles sont éteintes.

Le premier est la confusion de la proprieté, c'est-àdire, lorsquele proprietaire de l'héritage dominant acquiert l'héritage qui doit la servitude, *aut vice versâ*; de maniere que les proprietés de deux héritages, l'un desquels doit une servitude à l'autre, se trouvent réunie en une même personne. *Leg.* 1. *leg.* 15. *ff. si servit. vindicet.* En effet, on ne peut pas avoir droit de servitude sur un héritage dont on a la proprieté, *si quidem nemini res sua servit.* Ainsi, dès que quelqu'un acquiert l'héritage qui servoit au sien, ou auquel le sien devoit une servitude, la servitude est anéantie & ne peut plus subsister, quand même l'héritage seroit ensuite aliené. *Leg.* 3. *communia prædior.*

Le second est le non usage pendant le tems déterminé par les Loix. Ce tems est de dix ans entre présens, & de vingt ans entre absens, suivant les Loix Romaines. *Leg.* 6. §. 1. *ff. quemadmodum servitutes amittantur*; & *leg. penult. cod. de servitutib.* Mais parmi nous, la liberté ne se peut réacquerir contre un titre de servitude, que par trente ans entre âgés & non privilégiés, suivant l'article 186. de la Coutume de Paris.

La servitude ne s'éteint pas seulement par le non usage, mais encore par un usage qui n'est pas conforme à la maniere portée par l'acte qui a établi la servitude; comme si celui qui a droit de puiser de l'eau dans le fonds d'autrui pendant la nuit, ou de certaines heures seulement, en puise pendant le jour, ou à d'autres heures, *Leg.* 10. §. 2. & *seq. Leg.* 18. *ff. quemadmodum servitut. amittantur.*

Il faut ici remarquer une différence notable à l'égard de la servitude d'un héritage de Ville, en ce que la servitude d'un héritage des champs s'éteint par le seul non usage, c'est-à-dire pour ne s'en pas servir, quoique le proprietaire du fonds qui doit la servitude, n'ait fait aucun acte qui y soit contraire.

Mais la servitude d'un héritage de ville ne s'éteint point par le seul non usage; il faut qu'il soit accompagné de quelqu'acte contraire à la servitude de fait par le proprietaire de l'héritage qui en est chargé, comme si la maison voisine étoit assujettie à la servitude de ne pouvoir être élevée au-delà d'une certaine hauteur, sans le consentement du propriétaire de l'héritage dominant, il faudroit, pour cette servitude fût éteinte, que le propriétaire de l'héritage chargé de cette servitude, eût haussé sa maison au-delà de ce qui est porté par l'acte, & que le propriétaire de l'héritage dominant ne s'y fût pas opposé.

Comme la servitude rustique consiste dans l'exercice & le fait du propriétaire de l'héritage à qui elle est dûe, dès qu'il cesse de s'en servir, le tems du non usage commence à courir. La servitude urbaine au contraire ne consiste pas dans l'exercice & le fait du propriétaire de l'héritage, à qui elle est dûe, mais dans la patience & tolérance du propriétaire de l'héritage qui l'a doit: cela fait qu'elle ne s'éteint pas par le nom usage, & se conserve toujours dans l'édifice, sans le fait du propriétaire de l'héritage pour lequel elle a été établie, de maniere que tant que l'édifice servant se trouve capable de souffrir la servitude, & qu'il n'est point intervenu de fait contraire de la part de celui qui en est le propriétaire, la possession & le droit de s'en servir subsiste toujours, par rapport au propriétaire de l'héritage à qui elle est dûe. *Leg.* 6. *in fine ff. de servit. præd. urban.*

Le troisiéme moyen est la renonciation à la servitude, faite par le propriétaire de l'héritage à qui elle est dûe; *Leg.* 8. *ff. quemadmod. servir. amittant.* parce que chacun peut renoncer à ses droits particuliers.

Le quatriéme est la résolution du droit de celui qui a constitué la servitude; car elle en cause aussi l'extinction. *Leg.* 11. §. 1. *ff. eodem.* L'espéce de cette Loi est, qu'un héritier avoit chargé d'une servitude d'un fond légué sous condition laquelle étant arrivée, le Jurisconsulte répondit que cette servitude étoit éteinte; *quia scilicet resoluto jure dantis, resolvitur jus accipientis, & quia nemo plus juris in alium transferre potest quam ipse habet*. *Leg.* 9. *ff. de reg. jur.* Par cette raison, si le possesseur d'un héritage à titre de bail emphytéotique constitue dessus quelque servitude pendant sa jouissance, cette servitude sera éteinte par l'extinction de son bail.

Le cinquiéme est la perte de l'héritage qui doit la servitude; comme si un champs qui est redevable d'un droit de chemin ou passage au propriétaire d'un héritage voisin, se trouve entierement couvert & occupé par un fleuve. *Leg.* 14. *ff. quemadmod. servit. amittant.* Il en seroit de même si la source d'eau étoit tarie, par rapport à la servitude *aquæ hauriundæ.* Mais si les choses sont rétablies dans la suite, la servitude éteinte ressuscite, & a le même effet qu'auparavant. *Leg.* 35. *ff. de servit. præd. rusticor.*

Le sixiéme est une clause particuliere apposée dans la constitution de la servitude, qui en contient la destruction; comme si une servitude est établie à condition qu'elle sera éteinte, si celui à qui elle est dûe fait une telle chose; le cas arrivant, la servitude est éteinte.

La mort naturelle ou civile n'est pas un moyen d'éteindre les servitudes réelles, parce qu'elles sont dûes aux héritages, & non pas à ceux qui en sont les propriétaires. *Servitutes prædiales sunt jura prædiorum, non verò personarum. Leg. 3. ff. quemadmodum servit. amittant.*

Suivant la disposition des Loix Romaines, les ventes publiques des héritages qui sont chargés de servitudes, ou ausquels les servitudes sont dûes, n'en causent pas l'extinction. *Leg. 23. §. 2. ff. de servit. prædior. rusticor. verba sunt: Si fundus serviens vel is, cui servitus debetur, publicaretur utroque casu, durant servitutes; quia cum sua conditione quisque fundus publicaretur.*

Mais cette Loi n'est qas suivie parmi nous; car le décret purge les servitudes, du moins celles qui sont cachées & non visibles parce que l'adjudicataire n'en a pû avoir aucune connoissance; ainsi, pour empêcher qu'il soit trompé, & n'ait porté plus haut le prix de l'adjudication qu'il n'auroit fait s'il avoit eu connoissance de la servitude imposée sur l'héritage; on a trouvé à propos que le débiteur purgeât ces sortes de servitudes.

A l'égard des servitudes qui sont visibles & apparentes, comme sont les servitudes d'égoût & autres semblables, le décret ne les purge pas; parce que l'adjudicataire par décret de l'héritage qui en est chargé n'en a pû prétendre cause d'ignorance, ayant pû les voir, ou les faire voir par des Experts.

Voilà, dit M. Auzanet sur l'article 186. de la Coutume de Paris, ce qui se pratique pour les servitudes passives auxquelles l'héritage saisi est sujet: mais pour les servitudes actives que l'héritage saisi a sur les héritages voisins, elles ne sont point acquises & conservées par le décret, si elles ne sont déclarées expressément pour la saisie réelle, & dans les autres procédures du décret.

Voyez ce que j'ai dit sur le commencement du titre 9. de la Coutume de Paris, nomb. 22.

SERVITUDES PERSONNELLES, sont celles qui sont dûes par les héritages aux personnes. Il y en a trois; sçavoir l'usufruit, l'usage & l'habitation. Le Lecteur pourra voir ici en leur lieu, en quoi ces servitudes consistent.

SERVITUDE DE TALH ET DALH, est le droit de couper & prendre du bois dans une forêt: car talh & dalh sont les instrumens dont on se sert pour couper les bois.

SERVITUDE DE PEXE, est le droit de faire paître son troupeau.

SERVITUDE DE DENT ET JASILHA. La servitude de dent est le droit de faire paître son troupeau. La servitude de Jasilha est le droit de le faire coucher sur une terre, & l'y faire reposer pendant deux nuits.

SERVICES. Ce terme qui n'est en usage qu'au Palais, signifie outrages & mauvais traitemens envers une personne: sur laquelle on a quelque puissance ou autorité, & que l'on traite avec trop de rigueur.

Lorsqu'un Maître use de grands services envers son apprentif, il y a lieu de résoudre son obligé; & les Juges doivent le pouvoir d'un autre Maître.

Quand il y preuves de sévices, une femme est en droit de demander séparation d'avec son mari.

SEXE MASCULIN COMPREND LE FEMININ, soit dans les dispositions entre-vifs, soit dans les dispositions à cause de mort, à moins qu'il n'y ait quelque raison évidente qui porte à croire que ce qui est dit du sexe masculin ne regarde point le sexe féminin. *Sed regulariter sexus masculinus fœmineum complectitur. Leg. 62. ff. de legatis III. verbum hoc, si quis, tàm masculos quam fœminas complectitur. Leg. 1. ff. de verbor. signif. Pronunciatio sermonis in sexu masculino ad utrumque sexum plerumque porrigitur. Leg. 195. ff. eodem.*

SEXTELLAGE, est le droit qui se paye pour raison des grains vendus aux Halles. *voyez* ce qui en est dit dans le Glossaire du Droit François.

SI

SIEGE, se prend pour toutes sortes de Jurisdictions ecclésiastiques ou séculieres, & pour le lieu où elle s'exerce.

SIEGE ECCLÉSIASTIQUE. *voiés* Juge ecclésiastique.

SIEGE ROYAL. *voiés* Juges royaux, & Jurisdiction royale.

SIEGE SEIGNEURIAL. *voiés* Juges des Seigneurs & Jurisdiction inférieure ou seigneuriale.

SIEGE DES MONNOIES, sont les Jurisdictions subalternes qui connoissent dans leur district des abus & malversations qui se commettent par les Officiers des Monnoies, & par les ouvriers qui travaillent en or & argent.

Il y en a de quatre sortes; sçavoir les Généraux provinciaux des Monnoies, les Juges-Gardes des Monnoies, les Prévôts généraux, & les Juges des Mines & Minieres. Toutes les appellations qui s'interjettent de leurs Jugemens, ressortissent aux Cours des Monnoies.

Outre ce que nous allons dire de ces Jurisdictions, on peut voir les Traités des Monnoies des sieurs Constant & Boizard.

§ I. *Des Généraux provinciaux des Monnoies.*

Il y a été un tems que ces Généraux ont souffert différentes variations dans leurs qualifications, leur nombre & leurs fonctions. Ils ont été plusieurs fois créés, supprimés & rétablis. Enfin leur nombre est devenu certain par l'Edit du mois de Juin 1696. par lequel Louis XIV. a supprimé tous les Généraux provinciaux des Monnoies qui existoient alors, & en a créé vingt-huit autres sour la même dénomination pour les différentes Généralités & Monnoies du Royaume. Sçavoir;

I°. Un pour la Généralité de Rouen. II°. Un pour Caën & Alençon. III°. Un pour Rennes, Dol, Saint-Malo, Saint-Brieuc, Tréguier, & Saint-Pol de Leon. IV°. Un pour Nantes, Vonnes & Cornouailles. V°. Un pour la Ville de Tours, la Touraine & l'Orléanois. VI°. Un pour Angers, & les Provinces d'Anjou & Touraine. VII°. Un pour la Ville & Généralité de Limoges. VIII°. Un pour la Ville de Bourges & le Nivernois. IX°. Un pour la Ville & Généralité de Poitiers. X°. Un pour la Rochelle, Pays d'Aunis, & la Province de Xaintonge. XI°. Un pour Bordeaux, & les Elections de Périgueux, Agen, Condom & Sarlat. XII°. pour Bayonne, l'Election d'Acqs, le Pays du Soule & de Labour, & le Comté de Masson. XIII°. Un pour la Ville & ressort du Parlement de Pau. XIV°. Un pour la Ville & Diocése de Toulouse & ceux de Mirepoix & autres circonvoisins. XV°. Un pour Narbonne & Diocése des environs. XVI°. Un pour Montpellier & autres lieux adjacens. XVII°. Un pour Lyon & Pays Lyonnois, Forez & Beaujolois. XVIII°. Un pour le Dauphiné, la Savoye & le Piedmond. XIX°. Un pour la Ville & Ressort du Parlement d'Aix. XX°. Un pour Riom, & les Provinces d'Auvergne & Bourbonnois. XXI°. Un pour la Ville & ressort du Parlement & Chambre des Comptes de Dijon. XXII°. Un pour la Ville & ressort du Parlement de Besançon. XXIII°. Un pour Metz & Province de Luxembourg. XXV°. Un pour la Ville & Généralité d'Amiens, Boulonnois, Pays conquis & reconquis. XXV°. Un pour la Ville de Lile, la Province d'Artois, & les Pays conquis nouvellement en Flandre & Hainault. XXVI°. Un pour Reims & Elections circonvoisines. XXVII°. Un pour Troys & autres lieux circonvoisins. XXVIII°. Un pour l'Alsace, & autres lieux de la frontiere d'Allemagne.

Ces Généraux ont séance après le dernier Conseiller des Cours des Monnoies où ils ressortissent, & ils y ont voix délibérative pour les matieres de leur Jurisdiction & ressort seulement, lorsqu'ils s'y trouvent pour le fait de leurs Charges.

Ils connoissent en premiere instance & à la charge de l'appel esdites Cours des Monnoies, de tout ce qui est de la Jurisdiction privative desdites Cours, même de la cumulative & concurrente, lorsqu'il ne s'agit que d'amendes & confiscations mobiliaires; & ils connoissent en dernier ressort & sans appel de ce qui est de surplus de la Jurisdiction cumulative & concurrente, en appellant avec eux le nombre de huit Gradués, ou sept au moins.

La Jurisdiction privative des Cours des Monnoies est de connoître, privativement à toutes autres Cours & Juges.

I°. De l'enregistrement des Edits, Déclarations & Réglemens sur le fait des Monnoys, & de leur exécution, circonstances & dépendances.

II°. De la fabrication, poids & titres des Monnoies.

III°. Des adjudications & baux des Monnoies & des encheres faites en conséquence.

IV°. Des contestations qui naissent en exécution de ces baux, pour raison des traités, societés & marchés faits par les Marchands, & autres personnes qui apportent des matieres dans les Monnoies, ou qui y fournissent les choses nécessaires au travail, circonstances & dépendances.

V°. Des abus & malversations des Maîtres des Monnoies & de leurs Commis, des Juges-Gardes des Contre-Gardes, des Essayeurs, Tailleurs, Ouvriers, Monnoyeurs & autres Officiers des Monnoyes; comme aussi les larcins commis par les Maîtres des Monnoies, & toutes autres personnes dans les Monnoies.

VI°. Des fautes & malversations des Changeurs Affineurs & Départeurs, des Batteurs & Tireurs d'or & d'argent, des gens employés aux Mines & Minieres, des Cuilleurs d'or de puillole, Orfévres, Lapidaires, Graveurs, Fondeurs & mouleurs en sable, des Distilateurs d'eau-forte & d'eau-de-vie, des Horlogers, Fourbisseurs & autres travaillans en ouvrages d'or & d'argent.

VII°. Des Priviléges, Statuts & Réglemens des réceptions & des jurandes de tous ces arts & métiers, des saisies faites par leurs Gardes & Jurés, & des contestations qui peuvent naître en conséquence, & généralement de toutes celles qui peuvent naître entre les Marchands, Artisans & autres personnes avec eux, pour raison de leurs fonctions, & exercices de leur art & métier.

VIII°. Des Marques & contre marques appliquées sur les ouvrages & matieres d'or & d'argent, & des poinçons de marque & de contremarque qui se trouvent insculpés aux Greffes desdites Cours & Chambre des Monnoies.

IX°. Des appellations des Jugemens rendus tant en matiere civile que criminelle par les Commissaires des Cours des Monnoies, les Généraux provinciaux, les Prévôts généraux des Monnoies, les Juges-gardes. les Juges des Mines & Minieres, & par les Juges ordinaires commis par les Cours des Monnoies, à cause de l'absence des Présidens & des Conseillers desdites Cours dans les Provinces du Royaume.

La Jurisdiction concurrente & cumulative des Cours dees Monnoies est de connoitre par coucurrence & prevention avec les Baillifs, Sénéchaux & autres Juges royaux, des larcins faits des matieres & ouvrages d'or & d'argent chez les Orfévres & autres Justiciables desdites Cours, par leurs compagnons ou apprentifs, & des crimes de fabrication & exposition de fausse monnoie, rognure & altération d'espéces, fabrication, vente & commerce d'outils, machines, poudres & in-

Notaires, lesquelles seroient hypotécaires & antérieures, à celle du créancier par simple promesse sous signature privée, celui au profit de qui une telle promesse est faite peut, au cas de cet Edit, assigner le débiteur par un même exploit, à comparoir à trois jour à l'Audience du Juge, pour reconnoître ou nier sa signature, & à comparoir à autre délai compétent pour être condamné au payement de la somme contenue en sa promesse.

L'Huissier donne d'abord assignation au débiteur, *à ce qu'il ait à comparoir à trois jours à l'Audience de tel Juge, pour reconnoître ou nier sa signature, étant au bas du billet par lui fait au profit du demandeur le tel jour, de la somme de.. & duement controllé par... sinon voir dire que ledit billet demeurera pour reconnu; & en outre, donne pareille assignation audit... à comparoir à huitaine, pour se voir condamner à payer au demandeur ladite somme de.. contenue audit billet, & aux intérêts, suivant l'Ordonnance, & aux dépens.*

Si le défendeur ne comparoit pas sur l'assignation à lui donnée pour reconnoître ou nier sa signature, le Juge ordonne que la promesse demeurera pour reconnue, & que les Parties viendront plaider dans les délais ordinaires; mais s'il constitue Procureur & fournit de défenses, & que par icelles il nie que l'écriture ou signature dont est question soit de lui, le demandeur le doit sommer de comparoître pardevant le Juge, pour procéder à la vérification de l'acte, sans qu'il soit besoin de prendre aucune Ordonnance du Juge pour cet effet *Voyez* Reconnoissance. *Voyez* Cédule reconnue.

SIMPLE SAISINE *Voyez* Saisine.

SIMPLE GAGERIE. *voyez* Gagerie.

SIMULATION DONT ON S'EST SERVI DANS UN CONTRAT, peut être prouvée par témoins, sans recourir à l'inscription de faux. *voyez* Actes autentiques.

SIRE, est une nom d'honneur, qui signifie le Seigneur & le Maitre.

Ce nom étoit autrefois donné aux Seigneurs des fiefs de dignité; mais aujourd'hui ce titre n'appartient qu'à la Sacrée personne du Roi, comme une marque de sa Souveraineté dans toute l'étendue de son Royaume.

Les Consuls prennent néanmoins encore ce titre; mais à leur égard, c'est la même chose que si on disoit Sieur un tel.

SO

SOCIETÉ, est un contrat, par lequel deux ou plusieurs personnes entrent en communication de tous leurs biens, ou d'une partie, ou de quelque négoce & trafic, pour être participantes du gain ou de la perte qui en peut provenir, à proportion de ce que chacun d'eux à contribué dans la société, s'il n'a été convenu autrement entre les Parties.

La société est donc universellle, ou particuliere.

La société universelle est celle qui se fait de tous les biens que les associés ont, ou qui leur peuvent écheoir; tant par succession qu'autrement, à l'effet de les rendre communs entre les associés.

La société particuliere est celle qui se fait d'une partie des biens des associés, pour faire quelque négoce ou trafic, à l'effet de partager le gain ou la perte qui se trouvera au tems que la société sera finie.

Ce contrat produit une obligation mutuelle entre les Parties, & une action appellée *actio pro socio*, laquelle est directe de part & d'autre, parce que la condition de tous les associés est égale. *Omnium sociorum æque principaliter interest, atque adeò non potest uni ex sociis actio directa competere, alteri vero contraria.*

Celui qui intente cette action conclut, *à ce que ses associés soient condamnés à lui faire raison de ce que l'equité exige de chacun des associés envers les autres, en conséquence de leur société, suivant les clauses & convention de leur contrat, & principalement à faire entre tous les associés une distribution juste & raisonnable du gain ou de la perte qui doit revenir à chacun d'eux.*

On peut demander aussi par cette action la reparation du dommage causé par l'un des associés dans les biens de la société, par son dol, ou par sa lourde faute, ou même par sa faute legére, dont naturellement un associé est responsable; mais pour ce qui est de la faute très-légere, un associé n'en est point tenu. Ce contrat, qui se fait toujours pour l'utilité de tous les associés, ne requiert entr'eux qu'une diligence exacte & extraordinaire dans les choses qui concernent le société, d'autant plus que les associés doivent s'imputer à eux-mêmes d'avoir fait un tel contrat avec des personnes qui ne sont pas aussi diligentes qu'ils l'auroient pû souhaiter.

Ce contrat qui est très-usité, donne lieu à quantité de question qui se décident par des principes de droit & d'équité, que j'ai expliquées dans ma Traduction des Institutes, sur le titre 28 du 3me. Livre.

Dans les Loix civiles, livre 1. tit. 8. section 1. & suivantes, il est traité de la nature de ce contrat, de ses différentes sortes, de combien de manieres il se dissout, & des effets qu'il produit.

Au reste, il faut remarquer que la société finit par la mort de l'un des associés, ensorte que son héritier n'a pas droit de s'immiscer dans la société; il a seulement celui de prendre connoissance de l'état où elle se trouve, & de s'en faire rendre compte, & les autres associés la peuvent continuer entr'eux. *voyez* Henrys, tom. 2. liv. 4. question 125.

Touchant cette maniere on peut voir aussi le Commentaire de M. de Perchambault sur la Coutume de Bretagne, tit. 11. §. 74. Lou. Lettre S. chap. 13. Despeysses, tom. 1. Bouvot, *verbo* Société. Henrys, tom. 1. Liv. 4. chap. 6. quest. 9. & tom. 2. liv. 6. question 15. la Peyrere, lettre S. nomb. 69. & 70.

Prévôts & Juges royaux, & par concurrence avec les Généraux provinciaux & autres Juges subalternes de la Cour des Monnoies, même avec ladite Cour hors la Ville & Fauxbourgs de Paris de tous les délits commis par les Justiciables d'icelle, jusqu'à Sentence définitive inclusivement, sauf l'appel en ladite Cour.

Ils connoissent en dernier ressort & sans appel, même dans la Ville de Paris, de tous Faux monnoyeurs, Rogneurs, Billonneurs, Transporteurs de monnoies, marchandises d'or & d'argent, & autres prohibées, dedans & dehors le Royaume, avec pouvoir d'informer, décreter & constituer prisonniers pour tous lesdits cas ceux qui s'en trouveront chargés, ausquels ils feront & parferont le procès, appellant avec eux un Assesseur pour leurs instructions; mais ils doivent faire juger en la Cour des Monnoies les procès par eux instruits aux Justiciables d'icelle dans l'étendue de la Ville & Banlieu de Paris; & à l'égard de ceux qui sont instruits hors ladite étendue, ils doivent la faire juger au plus prochain Présidial, en appellant avec eux le nombre des Juges portés par les Ordonnances, après en avoir fait juger la compétence.

Il faut remarquer que la Compagnie du Prévôt général des Monnoies de Paris a été augmentée par un Edit du mois de Mars 1645. de quatre Lieutenans, de quatre Exempts, de quatre Greffiers & de vingt Archers. Par ce même Edit, le Roi créa quatre Présidens & quinze Conseillers de la Cour des Monnoies de Paris, avec dix-neuf Commissions attachées à ces Charges; lesquels Présidens devoient être distribués dans quatre Départemens du Royaume, & les Conseillers dans quinze expliqués par l'Edit, pour connoitre en première instance, à la charge de l'appel en la Cour des Monnoies, de tous les délits, abus & malversations qui se commettent par les Justiciables d'icelles; & les Lieutenans, Exempts, Greffiers & Archers du Prévôt général des Monnoies devoient faire auprès de ces Présidens & Conseillers-Commissaires, ce que les autres Officiers & Archers de cette Compagnie font auprès de la Cour des monnoies de Paris.

Ces Présidens & Conseillers-Commissaires nouveaux créés avoient pouvoir de désunir leurs Commissions & de les vendre, pourvu que ce fût à des Présidens & Conseillers de la Cour des Monnoies: mais par un autre Edit du mois de Juin 1646. le Roi a supprimé deux Présidens & huit Conseillers de ces nouveaux créés, & quatre Commissions; ensorte qu'il ne restoit plus que quinze Commissions, dont six pourroient être possedées par ceux des Conseillers de la Cour qui les voudroient lever, & les neuf autres seroient retenues par les deux Présidens & les sept Conseillers qui restoient de la création de 1645. ou par ceux de ladite Cour ausquels il les pourroient vendre. Enfin, par Lettres patentes du mois d'Octobre 1647. les fonctions de ces quinze Commissions ont été supprimées, & il ne reste aujourd'hui que le titre & les gages à ceux qui les avoient, lesquelles ont été reunies au Corps de la Cour des Monnoies, & en conséquence, les Lieutenans, Exempts, Greffiers, Archers de la Prévôté des Monnoies ont été réunis à ladite Prévôté, avec pouvoir & faculté à eux de résider en telles Villes & endroits du Royaume que bon lui semblera.

Au reste, le Prévôt, ses Lieutenans, Exempts, Greffiers, Archers & trompette jouissent des mêmes honneurs, autorité, prérogatives, prééminences, exemptions, pouvoir & Jurisdiction, que les autres Prévôt, Lieutenans, Exempts, Greffiers & Archers des Marechaussées; & les Archers dudit Prévôt ont le pouvoir d'exploiter par tout le Royaume, & mettre à éxécution tous Arrêts en forme & mandement, de même que les Huissiers du Châtelet de Paris, excepté pour ce qui est du scellé dudit Châtelet.

§. IV *Des Juges des Mines & Minieres.*

Ils ont été créés par Lettres patentes du Roi Charles VI. en date du 30. Juin 1413., qui portent que les Marchands & Maîtres faisant faire l'ouverture des mines, qui demeureront & feront résidence sur le lieu du Martinet ou Mines, auront à l'avenir un Juge & Commissaire pour connoître & déterminer de tous les cas mûs & à mouvoir qui pourront toucher lesdits Marchands, Maîtres & Ouvriers; auquel Juge & Commissaire sera baillé par les Généraux des Monnoies, aujourd'hui representés par la Cour des Monnoies de Paris, les Ordonnances & instructions pour le fait desdites Mines, & duquel le Juge ne pourra être appellé ailleurs que pardevant lesdits Généraux des Monnoies, ce qui a été confirmé par d'autres Lettres patentes des années 1437. 1438. & 1508.

Henri II. a créé un Maître général & Surintendant général des Mines & Minieres de France, par Lettres patentes du 23. Mars 1553. qui portent, que les appellations seront relevées en ladite Cour des Monnoies, érigée telle par le même Roi par Edit du mois de Janvier 1551.

Louis XIV. a aussi créé deux Surintendans des Mines & Minieres de France, à l'instar des Grands Maîtres Généraux, Réformateurs des Eaux & Forêts, par Edit du mois de Mars 1647. mais aujourd'hui c'est Monsieur le Duc qui est par commission seul Surintendant général des Mines & Minieres, & qui charge ceux qu'il juge à propos de veiller à l'ouverture & à l'exploitation des Mines & Minieres.

A l'egard des Juges qui avoient été créés pour en connoître à la charge de l'appel en la Cour des Monnoies, il en reste peu, ou pour mieux dire, point du tout. D'ailleurs, comme ce qu'il y a en France de Mines se trouvent presque toujours dans les pays du ressort du Parlement de Pau, le Roi donne des Commissions à des Magistrats de ce Parlement, ou à d'autres personnes qui résident sur les lieux, pour connoître en dernier ressort de tout ce qui peut concerner les Mines & Minieres; ensorte qu'à présent tout le droit de la Cour des monnoies de Paris concernant les Mines & Minieres, se trouve réduit à la réception, police & Jurisdiction sur cent cinquante Huissiers des Mines & minieres, qui ont été créés par Edit du mois de Mars 1645, pour une plus prompte exécution des Arrêts de la Cour des Monnoies, & des Jugemens & Ordonnances des Commissaires créés par le même Edit; à l'effet de quoi ces cent cinquante Huissiers devoient être repartis au nombre de dix dans chacun des quinze Départemens desdits Conseillers-Commissaires, & reçus pardevant eux.

Mais comme il a été dit ci-dessus, les fonctions de ces Commissaires ayant été supprimées, & ces Comissaires ayant été renvoyés pour faire le service en la Cour des Monnoies, ces Huissiers sont à présent reçus pardevant elle, avec le titre d'Huissier en la Cour des Monnoies, Mines & Minieres, & ont au surplus les mêmes pouvoirs & fonctions que les autres Huissiers de ladite Cour, à l'exception qu'ils ne peuvent pas y faire le service, & qu'ils n'ont point part aux rétributions qui en reviennent.

SIENS, dans sa propre signification, ne s'applique qu'aux enfans & descendans; & de-là vient que la stipulation d'un propre fictif au profit du futur & des siens, ne s'entend que de lui & de ses enfans, & ne comprend pas ses héritiers collatéraux, quand la clause ne porte pas, *aux siens de son côté & ligne directe*.

Si au lieu de la stipulation de propre pour le futur & les siens ou enfans, la clause portoit la conversion du propre pour le futur, ses hoirs héritiers, elle seront toujours bornée aux enfans & descendans, & ne comprendroit pas les héritiers collatéraux, suivant Auzanet, tit. 3. de la Coutume, art. 43; parce que si l'on avoit voulu y faire entrer les collatéraux, on se seroit servi des termes propres & ordinaires pour cela, & qui sont *de son estoc côté & ligne*.

Le mot *Siens* peut néanmoins s'entendre aussi des collatéraux, comme dans les contrats de vente & autres actes, dont l'exécution active & passive garde tous les héritiers indistinctement, de quelque qualité qu'ils soient quoiqu'on ne se soit servi que du mot *Siens*. La raison est, que les contrats passent aux héritiers, quoiqu'ils ne soient pas descendans de celui qui a contracté. *Qui enim contrahit non tantum sibi prospicit, sed etiam suis hæredibus. Leg. 9. ff. de probat. Sicut etiam qui contrahendo se obligat non tantum se, sed etiam suos hæredes relinquit obligatos, quia scilicet hæres succedit in jus universum & causam defuncti.*

Cependant si la clause d'un acte entre vifs, comme une donation, portoit que la chose donnée appartiendroit aux siens descendans de lui, alors la la double qualité d'héritier & de descendant, qui a été l'objet de la disposition, seroit requise.

Dans les dispositions testamentaires & de derniere volonté, le mot *Siens* en pays coutumier signifie seulement ceux qui succedent à la personne, à l'exclusion de tout autre. *Vide Ferrerium ad Guidonem Papam, quest.* 230. & le Recueil des Consultations imprimé chez Montalant, tom. 1.; le Traité des Substitutions, Fideicommis & Elections, chap. 1. & 92. tom. 2.

Quoique sous le mot *Siens* les enfans de l'un & l'autre sexe soient également compris, néanmoins en Provence, où les Filles ne succedent point, elles ne sont comprises sous le mot *Siens*, que quand il n'y a point d'enfans mâles.

Enfin en pays de Droit écrit, dans un testament ou autre disposition de derniere volonté, le mot *Siens* se rapporte en premier lieu aux descendans, & à leur défaut aux collatéraux.

SIGNALEMENT, est un portrait ou description exacte & générale, non seulement du nom, surnom, âge, traits du visage, couleur du poil, taille, marche, attitude & contenance d'une personne absente que l'on cherche, ou qui est en fuite pour raison de quelque crime, mais aussi de la couleur & façon des habits dont elle se sert ordinairement.

Quand un criminel prévient par sa fuite un décret de prise de corps, l'usage est de faire dresser son signalement avec le plus d'exactitude & de ressemblance qu'il est possible: on en donne un à l'Officier porteur du décret, & l'on envoie ordinairement les autres aux Prévôts des Maréchaux des différentes Provinces que le criminel est soupçonné habiter tour à tour: on en adresse même souvent aux Gouverneurs, Commandans, Lieutenans du Roi, ou autres principaux Officiers qui composent l'état Major des Villes frontieres, afin que le criminel ne puisse échaper à la recherche, ni passer dans les Pays étrangers.

Les Officiers des Troupes ont aussi coutume de signaler par écrit les Soldats qu'ils engagent au service du Roi, & pour y avoir recours en cas de désertion.

L'usage de signalement est aussi commun qu'il est nécessaire; car par leur exactitude on peut connoître & s'assurer de la vérité d'une personne que l'on n'a jamais vûe ni connue.

SIGNATURE, est la souscription ou apposition de son nom au bas d'un acte, mise de sa propre main.

Anciennement les Parties ne signoient point les actes qu'elles passoient pardevant Notaires, elles y mettoient seulement leurs sceaux; & la seule présence des Notaires, qui sont Officiers publics, suffisoit pour faire valider ces actes ainsi passés, & pour les rendre autentiques. Aussi en cette qualité donnoient-ils aux Parties hypotéque du jour de leur date.

Les inconveniens qui sont arrivés de cet abus ont donné lieu aux Ordonnances de 1554, à celle d'Orléans en 1560. article 84. & à celle de Blois en 1579. art 165. qui enjoint aux Notaires de faire signer les Parties & les Témoins, au cas qu'ils sçachent signer ; sinon de les interpeller de le faire ; & faire mention de leur réponse qu'ils ne sçavent pas signer. Ainsi une personne qui signeroit pour une autre, ne rendroit pas l'acte valable ; il faut que les Parties contractantes signent pour elles-mêmes, & non d'autres pour elles. Belordeau, lett. F. art. 7. voyez le chap. 14. du premier Livre de la Science des Notaires.

SIGNATURE PRIVÉE EN FAIT DES BILLETS OU PROMESSES CAUSÉES POUR VALEUR EN ARGENT. Voici ce que porte la Déclaration du Roi du 22. Septembre 1733. *Tous billets sous signature privée, au porteur, à ordre ou autrement, causés pour valeur en argent, autres néanmoins que ceux qui seront faits par des Banquiers, Négocians, Marchands Magnufacturiers, Artisans, Fermiers, Laboureurs, Vignerons, Manouvriers & autres de pareille qualité, seront de nul effet & valeur, si le corps du billet n'est écrit de la main de celui qui l'aura signé, ou du moins si la somme portée audit billet n'est reconnue par une approbation écrite en toutes lettres aussi de sa main ; faute de quoi le payement n'en pourra être ordonné en Justice.*

Néanmoins celui qui refusera de payer le contenu ausdits billets ou promesses, sera tenu d'affirmer qu'il n'en a point reçu la valeur.

Et à l'égard de ses héritiers ou représentans, ils seront seulement tenus d'affirmer qu'ils n'ont aucune connoissance que lesdits billets ou promesses soient dus.

SIGNER; signifie écrire son nom de sa main au bas d'un acte pour l'approuver, & s'obliger à l'exécution de ce qu'il contient, ou pour l'attester.

SIGNIFICATION, est la notification d'un acte qu'on fait à une Partie, par la copie qui lui en est donnée, & attestée par un Officier de Justice.

Ainsi un Huissier met au bas des significations l'attestation qu'il fait d'en avoir donné copie.

Les significations des expeditions ordinaires se font simplement de Procureur à Procureur, & néanmoins par le ministere des Huissiers ; mais il y a d'autres expéditions, comme les exploits de demandes, les faits & articles, &c. qui doivent être signifiés à la personne ou domicile de la Partie.

SIGNIFIER UN ACTE, c'est en bailler copie.

SIMONIE, est une volonté déterminée de vendre ou d'acheter une chose spirituelle, ou qui est annexée à une spirituelle. J'en ai traité amplement dans l'Ouvrage que j'espére donner au Public sur les Matieres canoniques, ainsi je n'en dirai ici que deux mots.

Le crime de simonie commis par un Ecclésiastique, est de la Jurisdiction d'un Juge d'Eglise, qui peut le déclarer indigne & incapable de posseder aucun Bénéfice, suivant le Chapitre *de hoc, extra de simoniâ* ; mais si la simonie avoit été commise à son insçu par un parent ou ami du pourvu de Bénéfice, & qu'il n'y donne point son consentement la provision sera nulle, & le Bénéfice vaquera, sans que rien l'empêche de pouvoir posséder le Bénéfice en vertu d'autres provisions. *cap. ex insinuatione, extra eod. titulo, ex cap. penult. extr. de electione & electi potest.*

A l'égard de la simonie commise par des Laïcs, ils étoient excommuniés par les anciens Canons : mais suivant l'art. 21. de l'Ordonnance de Blois, les Laïcs qui sont convaincus d'avoir commis ce crime, doivent être punis par le Juge Laïc.

Il y a même un cas où le Juge laïc connoît de la simonie commise par un Ecclésiastique, c'est quand il s'agit du possessoire du Bénéfice ; alors il déboute ordinairement du possessoire celui qui a obtenu le Bénéfice par simonie.

SIMPLE PROMESSE, est un écrit sous seing privé qui est obligatoire, mais qui doit être reconnu pardevant Notaires ou en Justice ; & jusqu'à ce, il n'emporte point hypotéque, & n'est point exécutoire ; en quoi les écrits sous seing privé different des actes passés pardevant Notaires.

L'on n'ordonne donc jamais le payement d'un billet sous seing privé, qu'après que celui au profit de qui il est fait a fait reconnoître la signature de celui qui l'a passé, ou après qu'elle a été duement vérifiée par comparaison des piéces autentiques ou reconnues, je l'ai dit, *verbo* Seing privé.

Tout porteur de billet, promesse, ou autre écrit sous signature privée, & dont il veut faire demande en Justice, doit avant toutes choses, faire controller l'acte, à peine de nullité & d'amende, comme nous avons dit, *verbo* Controlle.

Quand la promesse ou le billet sous seing privé a été controllé, celui qui en veut demander le payement, doit en faire donner copie avec l'exploit, & conclurre *à ce que le défendeur soit tenu de venir reconnoître sa cédule ou promesse, sinon qu'elle sera tenue pour reconnue ; & en conséquence, qu'il sera condamné à payer au demandeur la somme de ... contenue en lad. promesse, avec les intérêts, & aux dépens.*

Le délai auquel on donne cette assignation, est au moins de trois jours francs, quand les Parties sont demeurantes dans le lieu de l'établissement du Siége où l'assignation est donnée. C'est le délai que donne, pour les assignations en reconnoissance d'écritures l'Edit de 1684. mais cela n'a lieu que dans le cas que nous venons de marquer : ainsi quand le défendeur a son domicile ailleurs que dans la Ville où est le siége de la Jurisdiction où l'assignation est donnée, on suit la disposition de l'Ordonnance de 1667. qui accorde pour toutes sortes d'assignations un délai compétent, suivant la distance des lieux, à laquelle cet Edit n'a point derogé.

Comme pendant les délais ordinaires de l'assignation un débiteur pourroit préjudicier à son créancier, en éloignant par ses chicanes la condamnation du payement de la somme portée par son billet, en créant de nouvelles dettes pardevant

grediens pour faire de la fausse monnoie, ou pour altérer la bonne, & de billonnement & transport des espéces, circonstances & dépendances.

Au reste, les Généraux provinciaux ne connoissent point de l'enrégistrement des Edits, Déclarations & Réglemens sur le fait des Monnoies, non plus que de la réception des Officiers subalternes des Cours, s'ils ne leur sont adressés par le Roi, ou renvoyés par lesdites Cours. Ils ne connoissent pas non plus de la fabrication des poids du titre des Monnoies.

§. *II. Des Juges-Gardes des Monnoyes.*

Leur établissement remonte à l'année 689, ou pour suivre la plus commune opinion, à l'année 864. au tems de Charles-le-Chauve. Ils ont, de même que les Généraux provinciaux, essuyé quantité de changemens, jusqu'à ce que le Roi Henri III. eut, par son Edit du mois de Juillet 1581, fixé leur état.

Il y a autant de Juges-Gardes des Monnoies, qu'il y a de Villes où l'on bat monnoies; sçavoir Paris, Rouen, Caën, Tours, Angers, Poitiers, la Rochelle, Limoges, Bordeaux, Dijon, Orléans, Reims, Nantes, Troys, Amiens, Bourges, Rennes, Strasbourg, Besançon, Lille, Lyon, Bayonne, Toulouse, Montpellier, Riom, Perpignan, Grenoble, Aix, Metz & Pau.

Les vingt premiers Siéges ressortissent en la Cour des Monnoies de Paris, les huit qui suivent ressortissent en la Cour des Monnoies de Lyon; & à l'égard de ceux de metz & Pau, ils ressortissent chacun aux Parlemens desdites Villes, qui sont en même tems Cours des Monnoies dans l'étendue de leur ressort.

Ces Siéges sont composés de deux Juges-Gardes, d'un Controlleur Contre-garde, d'un Procureur du Roi, d'un Avocat du Roi, d'un Greffier, d'un Garde-scel & de deux Huissiers; tous lesquels Officiers sont aussi pour les Généraux Provinciaux.

Les Juges-Gardes connoissent, privativement aux Généraux provinciaux, & autres Juges subalternes des Cours des Monnoyes, de la fabrication des espéces, circonstances & dépendances; & cumcurremment & par prévention avec lesdits Juges, de toutes les matieres qui sont de la Jurisdiction privative & cumulative des Cours des Monnoies; le tout néanmoins à la charge de l'appel esdites Cours.

Observez cependant, I°. Que les Juges-Gardes des Monnoies de Paris, Lyon, Mets & Pau, ne connoissent uniquement que de la fabrication des espéces, & qu'ils n'ont aucune Jurisdiction contentieuse, ces quatre Cours ayant le premier dégré de Jurisdiction dans les ressorts de ces Juges-Gardes, le tout néanmoins en dernier ressort.

II°. Qu'on ne bat point monnoie en la Ville d'Angers, ensorte que les Juges-Gardes de cette Ville n'ont que la Jurisdiction contentieuse pour les affaires qui sont de la connoissance privative & cumulative de la Cour des Monnoies de Paris.

III°. Que les Juge-Gardes des Monnoies de Strasbourg & Besançon ne ressortissent en la Cour des Monnoies de Paris, que pour ce qui concerne la fabrication des espéces; car à l'égard des autres matieres qui sont de Jurisdiction contentieuse, les Juges-Gardes de Strasbourg ressortissent au Parlement de Metz, comme Cour des Monnoies, & ceux de Besançon ressortissent pour les matieres civiles en la Chambre des Comptes de Dole, & pour les criminelles au Parlement de Besançon.

§. *III. Des Prévots généraux des Monnoies.*

Il y en a deux en France, celui de Paris, & celui de Lyon.

Celui de Paris a été créé par Edit du mois de Juin 1635. avec un Lieutenant, trois exempts, un Greffier, quarante Archers & un Archer Trompette. Par un autre Edit du mois de Juillet 1639. il a été créé un Assesseur & un Procureur du Roi, dont les Charges ont été depuis réunies à celles des Substituts du Procureur général de la Cour des Monnoies, qui en font les deux fonctions.

Le Prévot général de la Cour des Monnoies de Lyon a été créée à l'instar de celui de Paris, & aux mêmes prérogatives & fonctions, avec un Lieutenant, un Assesseur, un Procureur du Roi, quatre Exempts, un Greffier, trente Archers & un Archer Trompette. Sa création a été faite en même tems & par le même Edit d'érection de la Cour des Monnoies de Lyon, lequel est du mois de Juin 1704.

Comme le Prévôt général de la Cour des Monnoies de Lyon a été créé à l'instar de celui de Paris, & aux mêmes prérogatives & fonctions, nous rapporterons seulement ici ce qui a été réglé à l'égard de celui de Paris & de sa Compagnie.

L'objet de leur établissement a été de faciliter l'exécution des Edits & Réglemens pour le fait des Monnoies, pour raison de quoi ils sont tenus de prêter main-forte aux Députés de la Cour des Monnoies de Paris, pour exécuter les Arrêts & Commissions qui lui sont par elle adressées; & à cet effet fournir des Archers plus ou moins, selon que la nécessité le requerra, & toute fois & quantes qu'il sera ordonné par ladite Cour, & qu'ils en seront requis par les Commissaires d'icelle.

Le Prévôt général des Monnoies de Paris a séance en la Cour des Monnoies après le dernier Conseiller, sans voix délibérative, quand il y est mandé, ou qu'il a quelque représentation à y faire pour le service du Roi & les fonctions de sa Charge.

Le Prévôt général des Monnoies & ses Lieutenans connoissent privativement, à tous autres

Nous ferons seulement ici quelques observations importantes.

La societé ne peut & ne doit s'étendre qu'à un commerce honnête & licite.

Il faut que tous les associés consentent & agréent volontiers toutes les conditions de la societé, pour qu'elle soit valable ; mais il n'y en doit entrer aucune qui blesse la bonne foi & l'équité.

Il n'y a pas même d'actes où la fidélité & la bonne foi soit plus requise que dans ce contrat ; ce qui fait que si un des associés s'approprie ou recele ce qui est en commun, ou le tourne à son profit contre la raison & l'équité, il commet un larcin, & il est tenu d'en dédommager ses associés; & s'il a entre ses mains de l'argent appartenant à la societé qu'il employe à ses affaires particulieres, il en devra les intérêts par forme de dédommagement & de peine de son infidélité. *Leg.* 45. *ff. pro socio.*

Toutes les obligations contractées par un des associés, n'obligent pas toujours les autres qui n'ont pas contracté, mais seulement celles qui concernent la societé. *voyez* Henrys, tome 2. livre 4. qu. 52.

Cela se présume par la qualité, quantité & tems de l'obligation ; & même dans ce cas les associés qui n'ont pas contracté, ne sont pas obligés que jusqu'à concurrence de la societé, à moins qu'il n'y eût de l'intelligence & de la fraude.

Il faut excepter si les associés sont marchands, Banquiers, ou s'il s'agit des deniers royaux ; car alors ils seroient obligés tous solidairement pour dettes concernant la societé, attendu la nécessité du commerce & le privilége des deniers royaux. La Peyrere, à l'endroit marqué cy-dessus.

Un billet signé par deux associés emporte aussi une solidité en faveur du créancier, contre les deux associés débiteurs de la somme prêtée, quoique la solidité ne soit point stipulée par led. billet, & qu'il ne soit point dit que l'emprunt est fait pour employer aux affaires de la societé, lorsque d'ailleurs il y a lieu de la présumer. Ainsi jugé par Arrêt de la Tournelle civile du mois de Décembre 1669.

Un associé qui a été condamné solidairement à la Bourse, avec contrainte par corps envers un créancier de la societé, lorsqu'il a payé a pareille contrainte par corps avec l'associé, pour le remboursement de sa moitié.

L'associé dans les affaires du Roi qui paye plus que sa part, obtient contre ses associés la même contrainte qu'il y avoit contre lui.

En fait de societé, le livre de raison de celui qui est chargé par ses associés de le tenir, fait pleine preuve entr'eux. Mornac. *ad Leg.* 5. *cod. de edendo.*

Un créancier de la societé est preferé sur les effets de la societé au créancier de l'associé, quoique ce créancier soit antérieur à celui de la societé. Ainsi les femmes des associés ne peuvent être preferées aux créanciers de la societé sur les effets de lad. societé ; comme il a été jugé par Arrêt du 25. Janvier 1677. rapporté dans le Journal des Audiences.

La societé ne se peut prouver par témoins, il la faut prouver par écrit. Mornac *ad leg.* 31. *pro socio* ; la Peyrere ; lettre T. nomb. 24.

En fait de délit, il n'y a point de societé ; desorte que les biens de la societé, fût-elle universelle de tous biens, n'en peuvent souffrir. *Socius numquam tenetur ex delicta socii, etiamsi essent socii omnium bonorum; sed qui maleficium commisit, ipse tantum sentire debet, & de suo præstare, non autem de communi. leg. si fratres* §. *ult. ff. pro socio.*

Suivant le Droit Romain, la societé finit par la mort de l'un des associés; ensorte que l'héritier d'un associé qui est décedé, n'a pas droit de s'immiscer dans la societé; il a seulement celui de prendre connoissance de la societé, & de s'en faire rendre compte. Mais cette disposition n'est pas suivie par toutes nos Coutumes ; celle d'Auvergne fait passer les societés jusques aux descendans. *voïés* Henrys, tome 2. liv. 4. question 125.

Il est libre à un associé de renoncer à la societé, soit qu'elle lui soit à charge, ou autrement, si ce n'est qu'il le fît avec mauvaise foi, comme dans le cas d'une societé universelle de biens, où il demanderoit à se retirer pour recueillir seul une succession qui lui échoiroit. De même la renonciation à contre-tems n'est point permise, soit que le contrat de societé y ait pourvû ou non ; car elle blesseroit la fidélité qui y est essentielle.

On peut expulser un associé, lorsque les affaires sont totalement derangées, & qui est réduit dans la pauvreté, ou quand ses créanciers lui ont fait vendre son bien, ou qu'il a lui-même fait cession. Cette exclusion ne doit cependant s'entendre que pour l'avenir ; car elle ne peut pas préjudicier au droit qui lui est déja acquis dans la societé.

SOCIETÉ APPELLÉE ASSOCIATION. *voyez* Association. *voyez* aussi Convenance de succeder.

SOCIETÉ ENTRE MARCHANDS. *voyez* l'Ordonnance de 1673. tit. 4. avec les remarques de Bornier ; & ce que j'ai dit ici, *verbo* Marchands.

SOCIETÉ TAISIBLE, est celle qui se contracte par le consentement tacite des Parties, & qui se présume par la demeure & dépense commune, & par la confusion & mêlange des biens.

Elle a lieu, I. entre les freres & sœurs après le décès de leurs pere & mere, ou lorsqu'ils sont censés émancipés & demeurent séparément de leursdits pere & mere, étant personnes de leurs droits.

II°. Entre l'oncle & le neveu, les cousins germains & autres parens plus éloignés.

Entre personnes tout-à-fait étrangeres.

Cette societé taisible comprend tous les meubles & les acquêts faits pendant sa durée ; Poitou, art. 231. Les propres n'y entrent point, ni les deniers tenant lieu de propres, mais les fruits seulement.

Pour former cette societé, cinq conditions sont requises I°. Que tous les participans soient majeurs de vingt-cinq ans ; Poitou, article 231.

Saintonge, titre 7. article 58. Angoumois, article 41. Les mineurs ne sont pas capables de la contracter, parce qu'ils ne peuvent pas disposer de leurs biens.

II°. Qu'ils soient tous de roturiere condition parce que cette societé est une espéce de négoce & de commerce interdit aux Nobles, & même aux Ecclésiastiques.

III°. Qu'ils soient usans de leurs droits: ainsi les femmes mariées & les enfans de famille n'y participent sans convention expresse.

IV°. Qu'ils communiquent tous ensemble & vivent de biens communs; Angoumois, Poitou, Saintonge, ès articles cités ci-dessus, Berry, titre 8. art. 10. ajoute qu'avec la demeure & dépense commune, il y ait communication de gains, profits & pertes. Ainsi par Arrêt du 15. Mai 1698. rapporté dans le Journal des Audiences, il a été jugé qu'une pauvre fille, que sa sœur veuve avoit retirée, logée & nourrie chez elle pendant quelques années, n'étoit pas en droit par cette seule cohabitation, sans aucune mention, convention, pensée ni volonté de communauté & sans communication de gains & profits, de demander par droit de communauté tacite la moitié dans tous les biens de sa défunte sœur, en vertu de l'art. 231. de la Communauté de Poitou.

V°. Qu'ils demeurent par an & jours entiers en cette societé.

Voyez Vigier en son Commentaire, avec les additions sur l'article 41. de la Coutume d'Angoumois, où cette matiere est très-bien expliquées; & le Traité qu'en fait M. le Brun, & qu'il a inseré dans son Livre de la Communauté. *Voyez* Aussi le chapitre 22. de la Communauté de Nivernois, avec les Commentaires de Coquille, où sont traitées toutes les questions qui peuvent concerner cette matiere.

SOCIETÉ EN COMMANDITE, est celle où l'un des associés fournit l'argent, & l'autre, sous le nom duquel le commerce se fait, son industrie, à la charge de partager entr'eux le profit.

Dans cette societé, où l'on fournit l'argent & l'autre l'industrie, l'argent n'est point fait commun, ni le péril d'icelui ne touche point l'associé qui ne fournit à la societé que son industrie. Fachin, liv. 2. chap. 95. & 96.

La Peyrere, lett. S, nomb. 47. dit que la raison douter se prend de la Loi 1. *ff. pro socio*, qui veut que ce qui est porté dans la societé soit commun entre les associés; mais comme celui qui n'y fournit que son industrie n'y met rien de réel, il n'est pas juste qu'il ait part à ce qui est porté par l'autre; & par cette même raison il ne court pas aussi risque de ce que l'autre y a fourni. *Voyez* Banque. *Voyez* Coquille sur l'article 4. du titre 24. de la Coutume de Nivernois.

SOCIETÉ LEONINE, est celle où il est convenu que l'un des associés sera tenu de la perte ou d'une partie d'icelle, & n'aura aucune part dans le gain. Elle est appellée societé leonine, en ce qu'elle est semblable à celle qu'Esope raconte que le lion fit avec d'autres animaux; & c'est avec raison qu'elle est prouvée par les Loix. *Leg.* 29. §. 1. *ff. pro socio.*

SODOMIE, est un crime abominable & contre nature, qui a été ainsi appellé du nom de la Ville de Sodome, qui périt par le feu, à cause de cet exécrable péché.

SŒUR. Ce terme relatif signifie une fille qui est née d'un même pere & d'une même mere qui ont un autre fille ou un autre fils. Il y a des sœurs qui ne sont que d'un côté sœur de pere, sœurs de mere; de même qu'il y a des freres qui ne sont que d'un côté freres de pere, freres de mere. *Voyez* Freres.

SOI-DISANT, signifie qu'on ne demeure pas d'accord de la qualité que prend la Partie adverse.

SOIENT PARTIES APPELLÉES. *Voyez* ce qui est dit ci-après sur ces termes, *viennent, ou soient Parties appellées.*

SOL LA LIVRE, est la réduction de la livre en sols dans une contribution entre créanciers, dans le cas de déconfitures *Voyez* Contribution & Déconfiture.

SOL DE TERRE, est le fonds sur lequel un édifice a été construit.

Quiconque à le sol, doit aussi avoir le dessus & le dessous de son sol; c'est-à-dire, qu'il peut bâtir si haut & si bas qu'il veut.

Dans les textes de Droit, le fonds est appelé *solum*, & l'édifice *superficies*; parce que la superficie c'est-à-dire, *ædificium superpositum*, *sine solo*, *consistere non potest.*

Aussi les Loix ont décidé que l'édifice cede au fonds, n'en étant que l'accessoire. Ainsi un créancier du sol qui a vendu la place pour bâtir, est plus privilégié que celui qui a fourni les deniers pour construire le bâtiment qui est dessus.

Voyez Louet, lett. S, chap. 1. l'Hommeau en ses Maximes, nomb. 3. art. 316. ce que j'ai dit sur l'art. 187. de la Coutume de Paris, & dans ma Traduction des Institutes, sur les paragraphes 29. & 30. du premier titre du second Livre.

SOLDATS. Dans les Loix Romaines & dans les Ordonnances de nos Rois, on n'entend pas ordinairement par Soldats des Fantassins & hommes de guerre, qui servent à pied moyennant certaine solde ou paye journaliere mais généralement tous les hommes de guerre qui sont occupés à défendre leur patrie.

Ceux qui exposent leur vie pour elle, méritent certainement qu'on ait pour eux de grands égards aussi lear a-t-on de tout tems accordé plusieurs priviléges très-considérables.

Claude Cottier, Jurisconsulte de Tours a fait un sçavant Traité *de Privilegiis militum.* La faculté de tester *jure militari*, n'est pas un des mo ndres. Sur quoi *voyez* ce que j'en dis ici *verbo* Testament militaire.

SOLEMNEL, se dit d'un acte qui est autentique & revêtu de toutes les formalités établies par les Loix pour le rendre valable. Un mariage solemnel doit être fait devant son curé, en présence de témoins, & après publication de bans.

SOLEMNITÉ, se dit au palais des procédures & formalités requises par les Loix, pour rendre un acte valable, autentique & qui fasse preuve en Justice. En effet, un acte fait avec toutes les formalités requises, ne peut être contesté.

SOLIDITÉ, est une obligation de plusieurs débiteurs, dont chacun est tenu de la totalité; comme quand une somme a été prêtée à plusieurs personnes conjointement, ou quand la caution ou le fidejusseur s'oblige solidairement avec le principal débiteur au payement de la somme qui a été prêtée.

Solidité n'est donc autre chose que la qualité d'une obligation, qui est exigible contre chacune des Parties qui l'ont contractée pour le tout, sans que le créancier soit obligé à la discussion des autres.

La clause de solidité ne regarde les coobligés, que par rapport aux créanciers, & non par rapport à eux; c'est pourquoi plusieurs obligés ensemble solidairement envers un créancier, tous entr'eux ne sont tenus de cette obligation que personnellement pour leurs parts & portions; ensorte que si l'un des coobligés est poursuivi pour le payement de la dette entiere, comme obligé solidairement, il a son recours contre ses coobligés, quoique l'acte ne contienne aucune clause de garantie, laquelle est en ce cas suppléée par la disposition du Droit.

Chacun des débiteurs qui se sont obligés solidairement, peut être poursuivi & contraint pour le tout, quoique dans l'acte il n'ait pas renoncé au bénéfice de division & de discussion; parce qu'il suffit pour cela qu'ils se soient obligés par contrat solidairement, & il n'est pas nécessaire qu'il y ait dans l'acte une renonciation expresse au bénéfice de division & de discussion. *voyez* Henrys & son Commentateur, tome 2. liv. 4. quest. 152.

Mais il faut que dans l'acte le mot de *solidité* ou de *solidaire* soit employé, suivant la Novelle 99, de l'Empereur Justinien; autrement il n'y auroit point d'obligation solidaire, & chacun des obligés ne seroit tenu envers le créancier que pour sa part & portion.

Il y a néanmoins des cas où l'obligation solidaire ne provient point du consentement des Parties, mais de la disposition du Droit. Par exemple, les réparations civiles & amendes pour crimes & les dépens adjugés pour tenir lieu de réparations civiles, peuvent être demandés solidairement à chacun des accusés, sauf son recours contre les autres. Belordeau, lettre D, article 13.

Mais les dépens en matiere criminelle, adjugés purement & simplement, de même que ceux qui ont adjugés en matiere civile, sont divisés entre ceux qui sont condamnés par un même Jugement; desorte que l'une des Parties ne peut être poursuivie pour les portions des autres.

Les provisions d'alimens en matiere civile & criminelle, & les amendes adjugées pour crimes, les amendes du fol appel, de requête civile, ou pour d'autres causes en matiere civile, peuvent être demandées solidairement à chacune des Parties condamnées, sauf leur recours contre les autres.

Suivant ce que nous avons dit ci-dessus, quand plusieurs se sont obligés solidairement envers un créancier, il lui est loisible de faire assigner pour le tout celui qui lui plait, & il conclut *à ce qu'attendu la solidité, celui qu'il assigne soit condamné à lui payer la totalité de la dette, sauf son recours sur ses coobligés, ainsi qu'il avisera.*

Voyez, touchant les obligations solidaires, ce que j'en ai dit dans ma Traduction des Institutes, sur le titre 17. du troisiéme Livre.

SOLIDITÉ ENTRE MARCHANDS, a lieu lorsque plusieurs ont acheté conjointement des marchandises; ils sont tous alors obligés solidairement pour le prix, à moins qu'il n'y ait convention contraire: ce qui est fondé sur le privilége & la sûreté du commerce. *voyez* ci-dessus Marchands.

SOLLICITATIONS AUPRÈS DES JUGES, POUR FAIRE OBTENIR GAIN DE CAUSE A UNE DES PARTIES QUI PLAIDENT, ne doivent point faire d'impression sur l'esprit des Juges, & ne peuvent pas autoriser & rendre valable une promesse qui auroit été faite pour raison de ce.

La Justice n'appuyera jamais de son autorité un pareil acte, ne pouvant se prêter à favoriser un commerce aussi honteux, aussi préjudiciable au bien de l'Etat & à l'intérêt public.

Il n'étoit pas même permis à Rome de recevoir de l'argent pour solliciter l'Empereur d'accorder quelque grace. Il en coûta la vie à un homme qui se croyant en faveur auprès de l'Empereur, avoit reçu d'un Officier d'armée cent écus d'or pour le recommander. Son corps fut exposé sur le chemin qui conduisoit du Palais du Prince à une de ses maisons de plaisance, située dans le Fauxbourg de Rome, afin que tout le monde fut intimidé par cette terrible leçon. Un autre qui prenoit de l'argent de ceux dont il louoit au Prince le mérite, fut condamné à être étouffé par la fumée, un Héraut criant à haute voix que c'étoit ainsi que devoit périr quiconque vendoit une fumée en vendant son crédit. *Voyez* Lampride dans la vie de l'Empereur Alexandre Severe.

Comme le credit ne peut jamais être un effet de commerce, on doit regarder le gain qu'en tirent ceux qui le vendent, comme un gain honteux qu'on est obligé de restituer.

Si quelqu'un étoit assez téméraire pour dire que ces principes ne sont bons que pour ce qui est de la conscience, il n'y a qu'à répondre que la morale de l'honnête homme est aussi ennemie de la vérité du crédit que celle de l'Evangile, puisque cela est profondément gravé dans le cœur de tous les honnêtes gens.

SOLLICITEUR, est un homme qui s'occupe à poursuivre les affaires & les procès de ceux qui ne peuvent ou ne veulent pas faire eux-mêmes les pas & les démarches nécessaires pour cela. Aussi on peut dire qu'un Solliciteur est un homme toujours prêt à aller où l'on dirige sa course.

Comme la profession d'Avocat consiste à se renfermer uniquement dans les travaux du cabinet, le Solliciteur est l'antipode de l'Avocat.

Il seroit à souhaiter que chacun fut le solliciteur de ces propres affaires: le plus souvent celui qui se charge d'un tel emploi, songe plus à travailler pour ses intérêts, qu'à faire le profit & l'avantage de ceux aux gages desquels il est.

D'ailleurs, comme les Solliciteurs ne trouvent à s'enrichir que quand les affaires dont ils se mêlent sont dans le désordre & dans la confusion, il y a toujours à craindre quelque mauvaise manœuvre de leur part, à moins qu'ils ne soient d'une très-grande probité.

Le legs universel fait à un Solliciteur par celui dont il étoit agent, est nul; comme il a été jugé au Parlement de Paris, en la Troisiéme Chambre des Enquêtes, le premier Juin 1713.

A l'égard des donations particulieres qui sont faites à des Solliciteurs par ceux dont ils sont agens, quand elles sont excessives, elles sont réductibles à une juste portion, par rapport aux services qu'ils peuvent avoir rendus.

SOLUTION, c'est-à-dire payement. *Voyez* ce que j'en ai dit, lettre P.

SOMMAIRE. *voyez* Matiere sommaire.

SOMMAIREMENT, sans circuit de procédure; c'est-à-dire en Latin, *de plano, summatim & summarié.*

SOMMATION, est un acte par lequel on somme & interpelle quelqu'un de faire quelque chose, afin de le constituer en demeure, faute d'avoir satisfait à la sommation.

SOMMATION, signifie quelquefois une demande en garantie, une dénonciation de poursuites que fait une Partie à celui qui est tenu de l'en acquerir.

SOMMATIONS RESPECTUEUSES, sont des sommations que les enfans sont tenus de faire à leurs pere & mere, à l'effet de se pouvoir marier sans leur consentement, & ne point encourir le risque d'en être exhérédés.

Par ces sommations, les enfans prient & interpellent leurs pere & mere de donner leur consentement à leur mariage; mais il faut que les garçons ayent trente ans accomplis, & les filles vingt-cinq accomplis.

Il a été jugé qu'un fils majeur pouvoit se marier sans attendre le consentement de ses pere & mere, & sans leur faire les sommations respectueuses; mais dans ce cas il peut être deshérité.

Ces sommations doivent être faites par des Notaires, & non pas par des Huissiers; parce qu'elles ne sont point des actes judiciaires, mais des actes de respect & de soumission. Il faut même, avant que de les faire, en avoir demandé la permission aux Juges royaux des lieux où les pere & mere ont leur domicile.

L'Arrêt de réglement du Parlement de Paris du 27. Août 1692. rapporté dans le Journal des Audiences, porte: » La Cour faisant droit sur le requisitoire du Procureur général du Roi, a ordonné & » ordonne qu'en attendant qu'il plût au Roi d'y » pourvoir, les fils & les filles, même les veuves » qui voudroient faire sommer leurs peres & meres aux termes de l'Ordonnance, de consentir à » leurs mariages, seront tenus à l'avenir d'en demander permission aux Juges royaux des lieux » des domiciles des peres & meres, qui seront tenus de la leur accorder sur requête, & que les » sommations seront faites en cette Ville de Paris » par deux Notaires, & par tout-ailleurs par deux » Notaires, ou un Notaire royal & deux témoins » domiciliés, qui signeront avec le Notaire; le tout » à peine de nullité.

Pour ce qui regarde les fils & les filles de famille qui veulent entrer dans une Maison réligieuse, & y faire profession, ces sortes de sommations n'ont point lieu; & il a été jugé au Parlement de Bordeaux qu'une fille majeure pouvoit entrer en Religion contre le gré de son pere, & qu'il pouvoit être contraint de payer la pension du Noviciat, l'aumône dotale, & autres frais nécessaires pour l'entrée en Religion. L'Arrêt est du 21. Décembre 1718. rapporté par la Peyrere, édition de 1725. aux additions qui sont à la page 4.

SOMMER, signifie interpeller, requerir, demander à quelqu'un l'exécution d'une chose qu'il doit faire.

SORCIER, est un magicien, un enchanteur; qui suivant l'opinion de quelques-uns, a communication avec le diable, qui lui fait faire des choses merveilleuses.

SORT PRINCIPAL, est le fonds, le capital d'une somme qui porte intérêt; ou bien c'est la somme pour laquelle une rente a été constituée au profit de celui qui a donné ladite somme d'argent.

Ainsi, sort principal se dit par rapport aux intérêts ou aux arrérages, qui sont l'accessoire d'une somme ou de la rente constituée qui les produits.

SORTILEGE, est un maléfice qui se fait par des superstitions & enchantemens, & qui, selon quelques-uns, se fait par l'opération & le secours du diable; mais les sortiléges bien approfondis ne sont que des empoisonnemens ou des profanations, & il n'y a que les ignorans qui attribuent à la sorcellerie les effets surprenans dont ils ne peuven pénétrer la cause.

Les imposteurs qui sont convaincus d'avoir causé quelque dommage, soit par la perte des bestiaux, ou par des maladies, ou la mort qu'ils auroient procurée à quelqu'un, doivent être condamnés d'être pendus, leurs corps ensuite brûlés & réduits en cendre.

On les doit même condamner à être brûlés vifs suivant l'exigence des cas & l'atrocité de leurs malefices.

La connoissance & jugement des accusés de sorcellerie appartient au Juge laïc; mais il a été un tems que les Juges d'Eglise en connoissoient, lorsqu'ils s'arrogeoient une autorité qui ne subsiste plus aujourd'hui.

Le Parlement de Paris ne souffre point que l'on fasse le procès à personne simplement pour sortilége, mais pour malefice & pour les autres crimes qui accompagnent ordinairement l'extravagante manie de ceux qui se disent sorciers.

En 1672. le Parlement de Rouen avoit fait arrêter quantité de Bergers & autres gens accusés d'être sorciers, ausquels ils avoient commencé de faire le procès, mais le Roi par un Arrêt du Conseil les fit tous relâcher; & depuis ce tems-là on n'a plus entendu parler de sorciers en Normandie. Henrys avec les Observations, tom. 1. liv. 4. chap. 6. quest. 99.

Voyez l'article 36. de l'Ordonnance de Blois, & les articles 1. 2. & 3. de la Déclaration donnée à Versailles au mois de Juillet 1682. *voyez* aussi le Traité de la Police, tom. 1. livre 3. tit. 7. chapitre 4. Charondas, livre 9. réponse 64. ce que j'ai dit des sorciers dans la Traduction des Institutes, sur le paragraphe 5. du titre 18. du quatriéme livre; & ce qui en est rapporté dans le onziéme tome des Causes célébres, pages 220. & suivantes.

SORTIR EFFET, signifie avoir son effet. Un acte conditionnel ne peut sortir son effet, que la condition ne soit accomplie. Les Arrêts qui confirment une Sentence, portent qu'elle sortira son plein & entier effet. On stipule dans des contrats de mariage, qu'une partie de la dot entrera en communauté, & le reste sortira nature de propre.

SOUCHE est la personne dont les descendans ont tiré leur origine, & à laquelle il faut remonter, pour voir par le nombre des personnes engendrées, combien il y a de dégrés de parenté entre deux collatéraux.

On appelle donc souche commune, celui qui est le chef de plusieurs descendans de différentes lignes, qui tirent de lui leur origine. *Stipes est gentis vel familiæ caput, seu ea persona ex qua cœteræ, de quibus agitur, suam ducunt originem; adeò ut stipes posterorum respectu sit, quod est truncus arboris respectu ramorum.*

Ainsi souche commune de deux collatéraux, signifie l'ascendant de qui ils tirent leur origine. Par exemple, le pere est la souche commune à l'égard des freres & sœurs. A l'égard de l'oncle & du neveu, la souche commune est le pere de l'oncle qui est l'ayeul du neveu. Pour ce qui est de deux cousins germains, leur ayeul est leur souche commune; ainsi des autres.

Il y a des Coutumes *soucheres*, ou pour succéder à un héritage propre, il faut être descendu de celui qui a mis l'héritage dans la famille, au lieu que dans les Coutumes de côté & ligne, ou de simple côté, il suffit d'être parent de la ligne, ou du côté d'où l'héritage est provenu au défunt *voyez* Coutumes soucheres.

SOUCHE, (SUCCEDER PAR) est opposé à succéder par têtes. *voyez* Succéder.

SOUCHETAGE, est la marque que font les Officiers des Eaux & Forêts après la coupe des bois, pour compter le nombre & la qualité des souches abbatues.

On appelle aussi souchetage, le compte & la marque des bois de futaie, que l'Ordonnance veut être faits avant l'adjudication. *voyez* l'Ordonnance des Eaux & Forêts, titre 15, article 50. & tit. 16. art. 2. 3. 4. 5. & 6.

SOUFFLER UN EXPLOIT, signifie n'en point donner de signification aux Parties ni à leurs Procureurs.

SOUFFLET, est un affront très injurieux *quia in vultu totus homo est.* En effet, la tête est d'autant distinguée des autres parties du genre humain, que le souverain l'est de ses sujets. La source de cette distinction, c'est que l'ame réside dans la tête, & qu'elle y fait toutes ses fonctions. Or dans la tête, le visage est la partie plus éclatante, puisque c'est dans les yeux que l'ame est peinte, c'est sur sa face que ses passions sont représentées. Enfin le visage de l'homme est le plus beau spectacle de la nature. Ainsi, donner un soufflet à un homme, c'est outrager ce qui éclate le plus dans lui, c'est insulter toutes ses graces, c'est mépriser l'ame même dans le fidelé miroir qui la représente, & par conséquent c'est faire essuyer à l'homme l'ignominie la plus atroce & la plus flétrissante; c'est pourquoi un homme d'honneur en doit toujours poursuivre la vengeance, & agir pour raison de ce par la voie extraordinaire.

Quand cette injure est faite à un gentilhomme, ou à une personne de quelque considération, celui qui est convaincu de lui avoir fait cet outrage, est condamné en de grosses amendes, & à demander, l'Audience tenant, pardon à la personne à qui il a fait une telle insulte, & lui dire, que *follement & brutalement il lui a donné un soufflet, & qu'il s'en repent.* Il est même quelquefois condamné au bannissement; ce qui dépend des circonstances.

Voyez Boniface, tome 2. partie 3. chapitre 6. & tome 2. livre 3. tit. 10. chap. 2. Sur les peines & réparations qui doivent être ordonnées pour un soufflet, *voyez* l'Edit du mois de Décembre 1704. articles 3. & 4.

SOUFFRANCE EN MATIERE FEODALE, est une surséance ou délai de faire la foi & hommage, que le Seigneur donne à son nouveau vassal pour quelque juste cause, comme pour minorité ou absence nécessaire.

Comme nous n'allons donner ici que les principes généraux qui concernent cette matiere, ceux qui voudront en avoir une parfaite connoissance, n'auront qu'à voir ce que nous avons dit sur les articles 21. 35. 41. 42. & 67. de la Coutume de Paris.

Budée sur la Loi *Herennius*. 63. *ff. de evictionib.* appelle cette souffrance dont il est parlé dans nos Coutumes, *precarium clientelare*, *patientiam*, *tolerantiam*, *inducias fidei*.

On distingue deux sortes de souffrance; l'une est légale & coutumiere, nécessaire & forcée, laquelle se donne aux mineurs ou à leurs tuteurs pour cause de minorité, sans que le Seigneur à qui elle est demandée puisse la refuser; l'autre est volontaire, qui se donne par le seigneur au vassal pour quelque juste empêchement, dont il est parlé en l'article 67. de la Coutume de Paris.

Ce n'est pas que la souffrance qui se demande pour un vassal ou par Procureur pour, se puisse refuser quand elle est demandée pour quelque juste empêchement; mais c'est qu'il suffit de la demander pour des mineurs, en justifiant leur minorité, & qu'elle leur est accordée de plein droit dès qu'elle est demandée. *Induciæ illæ propter minorem ætatem legales sunt, & ipso jure competunt, absque ulla mora & contestatione, statim ac petitæ sunt; allegata dumtaxat & probata minori ætate.*

Mais la demande de la souffrance pour quelqu'autre empêchement est sujette à continuation; car elle doit être fondée sur une excuse valable & suffisante; or ce que c'est qu'une excuse valable n'est point défini par la Coutume; & comme c'est une chose qui dépend de la décision du Juge, qui doit être par lui reglée suivant les circonstances & les conditions des personnes, leurs emplois & l'éloignement des lieux, cette souffrance n'est point légale, nécessaire ni forcée, mais volontaire & sujette à contestation.

La souffrance accordée aux mineurs de minorité féodale étant forcée & nécessaire, doit être accordée par le Seigneur, sans que pour ce il lui soit rien dû, sinon les droits, au cas qu'il en soit dû pour la mutation arrivée en leur personne.

Il faut dire la même chose de celle qui est accordée pour quelque juste empêchement, suivant l'article 67. de la Coutume de Paris; parce que la Coutume veut que le Seigneur l'accorde, sans pour ce exiger aucun droit.

L'une & l'autre souffrance doivent être demandées dans le tems de quarante jours; sinon le Seigneur a droit de saisir, & la saisie produit son effet, qui est la perte des fruits perçus par le Seigneur, quoique le vassal fût bien fondé de la demander pour cause de minorité, ou pour tout autre légitime empêchement.

La souffrance n'est accordée que pour differer la foi & hommage dans un tems auquel le vassal la pourra faire, & non pour différer le payement des droit féodaux qui seroient dûs par le vassal, qui auroit une cause légitime pour demander souffrance.

Cette régle a même lieu à l'égard des mineurs; de sorte que le Seigneur peut ne leur point accorder la souffrance, ou à leur tuteur pour eux, qu'il ne soit payé de ses droits; & jusqu'a ce, la saisie féodale dure en pure perte pour eux, sauf leur recours contre leur tuteur.

La raison de la différence entre la foi & hommage & les droits pecuniaires, est que le Seigneur ne peut pas exiger de son vassal ce que l'âge, l'infirmité ou l'absence ne lui permettent pas de faire; & comme il seroit injuste que ce défaut portât préjudice au vassal, la Loi a voulu que le Seigneur fût tenu de lui bailler souffrance, jusqu'à ce qu'il fût en état de s'acquitter en personne de ce devoir.

Mais les profits des fiefs n'ont rien de commun avec la foi & hommage, & ils se peuvent exiger de toutes sortes de personnes qui les doivent, de quelqu'âge qu'ils soient, présens ou absens.

La raison est, que l'empêchement de faire la foi & hommage de la part du vassal, ne doit point causer du dommage au Seigneur, ni apporter aucun retardement au payement des droits qui lui sont dûs.

Après avoir donné ces principes généraux qui concernent cette matiere, nous allons faire quelques observations sur les différentes causes qui peuvent donner lieu à la souffrance pour cause de minorité, ou pour toute autre cause.

§. I. *Observations sur la souffrance pour cause de minorité féodale.*

Quoique l'article 41. de la Coutume de Paris ne parle que d'enfans mineurs, comme héritiers en ligne directe, néanmoins le bénéfice de la souffrance a lieu pour tous les mineurs qui se trouvent propriétaires d'un fief, soit par la succession en ligne directe ou collatérale, ou par toute autre cause; parce que cette disposition n'est fondée que sur la minorité du vassal.

L'emancipation faite d'un mineur avant la majorité féodale, ne donne pas droit au Seigneur de lui refuser souffrance; parce que l'émancipation rend à la vérité les enfans capables d'administrer leurs biens, d'en faire baux à loyer ou à ferme, & de disposer de leurs meubles & effets mobiliers, mais elle ne les rend pas pour cela capables & habiles de faire la foi & hommage.

La souffrance pour cause de minorité féodale, doit être baillée par le Seigneur, non-seulement aux vassaux mineurs déja nés, mais aussi à ceux qui sont conçus & qui ne sont pas encore nés; & la souffrance en ce cas doit être demandée par un curateur créé au ventre.

Cette décision est fondée sur ce que *qui sunt in utero, pro jam natis habentur, quoties de eorum commodis & utilitate agitur.*

La souffrance accordée à un mineur vaut pour tout le fief; ainsi le mineur n'est point obligé de la redemander dans la suite pour les portions qui lui seroient échues depuis la souffrance accordée, par la raison que le mineur ne doit pour tout le fief qu'une foi & hommage, laquelle est individue.

Il faut dire le contraire des nouveaux fiefs qui seroient échûs à au mineur; car il seroit tenu d'en demander souffrance, s'ils lui étoient échus au tems de sa minorité féodale. Comme la souffrance vaut foi tant qu'elle dure, & que la foi est dûe pour chaque fief mouvant du même Seigneur, il y a lieu de conclurre que le mineur est tenu de demander une autre souffrance pour un autre fief qui lui est échu après la souffrance qu'il a précedemment obtenu pour un autre fief.

Le Seigneur ne peut pas obliger le tuteur du mineur de lui faire la foi & hommage pour & au nom du mineur, & jusqu'a ce refuser main-levée de la saisie. La Coutume dit bien en l'article 41. que le Seigneur est tenu de bailler souffrance; mais elle ne dit pas que le Seigneur pourra contraindre le tuteur de lui venir rendre la foi & hommage pour le mineur.

Quoique la souffrance que le Seigneur accorde aux mineurs soit forcée & necessaire, provenant de la disposition de la Loi, qui veut que la souffrance ne puisse leur être refusée, il faut toujours que les mineurs ou le tuteur la demandent dans les 40. jours, à compter du jour de l'ouverture du fief, faute de quoi le Seigneur féodal peut saisir le fief, & cette saisie féodale dure en pure perte des fruits jusqu'à ce que la souffrance soit demandée; sauf au mineur son recours contre son tuteur.

La raison est, que tant que la souffrance n'est pas demandée au Seigneur, il peut prétendre cause d'ignorance de la minorité féodale de son vassal. D'ailleurs, la souffrance vaut foi tant qu'elle dure, & c'est une marque de soumission que de la demander, semblable en quelque façon à la foi & hommage: c'est pourquoi elle doit être demandée; & par ce moyen, celui au nom duquel elle est demandée, est reputé le vassal du Seigneur, comme s'il avoit été par lui reçu en foi & hommage.

La souffrance doit être demandée par le tuteur en personne ou par Procureur fondé de procuration spéciale.

Cette demande se fait au principal manoir où se fait la foi & hommage, & toutes les offres & significations & autres actes concernant le fief; & le tuteur n'est pas tenu d'aller chercher le Seigneur en son domicile ou domaine qui pourroit être éloigné du fief mouvant.

Néanmoins la souffrance peut être demandée au Seigneur au lieu de son domicile, quoique ce ne soit pas le lieu du fief dominant, & que la foi & hommage ne se puisse pas rendre en un autre lieu qu'au principal manoir, si ce n'est du consentement du Seigneur.

La raison est, que la foi & hommage est un devoir personnel & réel qui ne se peut rendre au Seigneur qu'au lieu du fief dominant; mais la souffrance n'est qu'une surséance, laquelle est plus personnelle que réelle. D'ailleurs, ce n'est pas tant un devoir de fief, qu'une instruction qu'on est obligé de donner au Seigneur de l'état & des âges de ses vassaux.

La souffrance doit être demandée en présence de deux Notaires, ou d'un Notaire & deux témoins, & on doit lui faire offres de ses droits, si aucuns lui sont dûs, & déclarer les noms & âges des mineurs pour lesquels la souffrance est demandée; parce qu'il est juste que le Seigneur soit instruit du tems auquel chacun des mineurs aura l'âge pour lui rendre la foi & hommage, afin que faute par eux de venir lui rendre ce devoir, il puisse saisir la part de ceux qui y auront manqué.

Les Notaires doivent laisser au Seigneur une copie de cet acte, & en donner un autre au tuteur, pour lui servir en cas de besoin; le tout aux frais du mineur.

Quand le Seigneur est refusant de bailler souffrance, & la main-levée de la saisie, il faut en lui donnant copie de la demande de la souffrance, que le tuteur proteste de se pourvoir en Justice, pour faire déclarer ses offres bonnes & valables, & obtenir main-levée de la saisie du jour de la demande & des offres; & pour cet effet il doit ensuite le faire assigner.

Si le Seigneur n'est pas dans le lieu seigneurial, les Notaires doivent déclarer dans l'acte, que le tuteur d'un tel ou de tels, s'est transporté audit lieu pour lui demander souffrance pour ses mineurs, en lui offrant les droits qui lui sont dûs, protestant de se pourvoir en Justice, &c. *comme dessus*.

La surséance ou délai que le Seigneur accorde à son vassal pour cause de minorité, produit le même effet que si le vassal lui avoit véritablement rendu ses devoirs, au moins tant que cette souffrance dure.

Mais quoique le vassal ne se présente point après la souffrance finie, pour faire la foi & hommage à son Seigneur, néanmoins le Seigneur ne gagne pas les fruits du fief en vertu de la saisie féodale qu'il auroit faite avant que d'avoir accordé la souffrance.

La raison est, que par la souffrance le vassal obtient pleine & entiere main-levée de son fief, & rentre en la possession d'icelui, comme s'il n'avoit jamais été saisi: c'est pourquoi le Seigneur ne peut gagner les fruits qu'il n'ait été remis en la possession du fief par une nouvelle saisie féodale.

Cette nouvelle saisie ne se peut faire qu'après que la souffrance est entierement expirée; celle qui seroit faite auparavant, seroit absolument nulle: desorte que, non seulement il ne pourroit pas gagner les fruits du fief, il seroit encore condamné envers le vassal en tous ses dépens, dommages & intérêts.

Quand la souffrance a été accordée à plusieurs

mineurs, elle cesse à mesure que chacun d'eux atteint la majorité féodale ; de sorte que la souffrance dure & subsiste pour les autres mineurs, & s'il ne fait pas la foi & hommage, le Seigneur peut bien saisir la part qu'il a dans le fief, mais non pas celle des autres. Cela est fondé sur ce que la souffrance accordée à plusieurs mineurs est dividue ; ainsi ce sont alors autant de souffrances qu'il y a des mineurs, lesquelles prennent fin en divers tems, selon & à mesure que ceux ausquels elles sont accordées, deviennent majeurs de la majorité féodale.

II. *Observations sur la souffrance pour autre cause que pour la minorité féodale.*

Comme le Seigneur a intérêt de connoître son vassal, on a reglé que la foi & hommage étoit un devoir personnel qui ne pouvoit pas être rendu par Procureur, si ce n'est en certains cas, & principalement quand le vassal est bien fondé à demander souffrance pour cause légitime & excuse suffisante ; auquel cas le Seigneur est tenu de recevoir la foi & hommage par procureur, si mieux n'aime accorder souffrance.

Les excuses suffisantes sont les empêchemens légitimes, qui empêchent le vassal de venir rendre en personne la foi & hommage à son Seigneur. Ces empêchemens sont personnels ou réels.

Les empêchemens personnels viennent de la personne du vassal ; comme s'il est pourvu d'une Charge qui l'oblige à une résidence continuelle & actuelle : par exemple, s'il est Président, Conseiller, Greffier, ou Huissier de la Cour.

On met au nombre des empêchemens personnels les absences, les emprisonnemens, la captivité, les maladies tant du corps que de l'esprit, qui ne permettent pas de se transporter au lieu où se doit faire la foi & hommage.

Les empêchemens réels regardent le lieu ou la foi & hommage doit être faite, lorsque le vassal n'y peut pas venir sans encourir le risque de la vie ; comme s'il est obligé pour venir au fief dominant, de passer proche des ennemis, ou par des lieux infectés de maladie contagieuse, ou par une riviere extraordinairement débordée ; ou enfin, s'il y a des inimitiés capitales entre le Seigneur & le vassal, suivies de menaces & attentats, qui donnent vassal un juste sujet de craindre que son Seigneur ne le maltraite.

Au cas d'excuse suffisante, notre Coutume, en l'Article 67. donne le choix au Seigneur, ou d'accorder la souffrance à son vassal jusqu'à ce que l'excuse cesse, ou de recevoir la foi par un procureur fondé de procuration spéciale.

Pour cet effet, le vassal doit donner une procuration spéciale pour demander ou la souffrance au Seigneur, ou pour lui faire la foi & hommage au nom du vassal, s'il aime mieux recevoir la foi par procureur.

Les causes légitimes pour lesquelles le vassal demande souffrance, doivent être contenues & exprimée dans l'acte de procuration.

Ce même acte doit contenir l'affirmation du Procureur, que les causes qui y sont énoncées sont véritables, afin que le Seigneur puisse les contester ; & que le Juge en connoissance de cause puisse décider si elles sont valables ou non.

Enfin, il faut que le Procureur exhibe le titre de propriété du vassal, & fasse voir s'il est vraiment propriétaire du fief par acquisition ou autrement.

Si l'excuse est raisonnable, le Seigneur est obligé de l'admettre, & de recevoir la foi par le procureur, ou de donner souffrance au vassal, en payant par le vassal les droits dûs pour sa mutation ; faute de quoi le Seigneur seroit en droit de refuser la souffrance, & la saisie féodale qu'il auroit faite auparavant, continueroit son cours jusqu'aux offres valables : c'est pourquoi le vassal, en faisant proposer son excuse, doit déclarer, sous peine de nullité, le titre de la mutation ; & en cas d'acquisition, il en doit exhiber le contrat, & faire des offres suffisantes.

Il dépend du Seigneur de recevoir les excuses qui lui sont proposées par le vassal, ou de n'y point avoir égard : mais en cas de refus, le vassal doit faire assigner son Seigneur pardevant le Juge, pour voir déclarer l'excuse légitime, & ordonner la main-levée du jour que la procuration lui a été notifiée & signifiée à la requête du procureur envoyé par le vassal.

Si elle est jugée légitime, la saisie cesse du jour qu'elle a été proposée & notifiée, & le Seigneur est tenu de donner souffrance, ou de recevoir la foi par Procureur, sans préjudice des fruits échus avant la notification de l'excuse faite au Seigneur, qui lui demeurent acquis. Mais si elle n'est déclarée juste le vassal est condamné de faire la foi & hommage en personne, & la saisie continue jusqu'à ce qu'il s'en soit acquité.

Quant aux inimitiés que le Seigneur & le vassal ont l'un contre l'autre, en conséquence desquelles le vassal prétend faire la foi par Procureur, il le doit faire ordonner ; & le Juge ne doit recevoir cette excuse, décharger le vassal de faire la foi & hommage en personne, s'il ne voit que les inimitiés sont si grandes, que le vassal pourroit être en danger de sa vie, s'il se transportoit au fief dominant, & la grandeur des inimitiés se tire des procès criminels des batteries & outrages exercés entre l'un & l'autre, & par d'autres circonstances de fait particuliers.

La souffrance accordée par le Seigneur vaut foi tant que dure l'empêchement, de sorte que le Seigneur ne peut plus saisir ; & s'il a saisi, cette souffrance est une main-levée de la saisie faite auparavant, quoique le Seigneur n'eût déclaré qu'il accordoit la main-levée. Parce que le Seigneur accorde la souffrance, le vassal est présumé avoir satisfait aux causes de la saisie, & le Seigneur en être content, au moins

moins pendant le tems que durera l'empêchement, en consequence duquel la souffrance a été accordée.

Si après l'empêchement cessé il en survenoit un autre au vassal, il seroit tenu de demander au Seigneur une nouvelle souffrance ; autrement le Seigneur pourroit saisir son fief en pure perte des fruits. La raison est, que dès que l'empêchement cesse, la souffrance ne subsiste plus ; ainsi il en faut une seconde pour raison du nouvel empêchement qui est survenu au vassal.

Il arrive quelquefois que la cause de l'excuse proposée par le vassal, se trouve fausse & supposée : auquel cas, la chose étant prouvée, le Seigneur peut avec raison prétendre contre son vassal que la saisie féodale a continué son cours, nonobstant la souffrance qui lui a été accordée sous un faux exposé ; attendu que le Seigneur est censé n'avoir accordé souffrance au vassal que sous cette condition, si l'excuse se trouvant fausse, ou peut dire qu'il n'y a point eu de souffrance ; c'est pourquoi le vassal doit être condamné par le Juge à la restitution des fruits par lui perçus depuis la saisie féodale.

Si le Seigneur n'avoit point fait saisir avant la souffrance accordée quoique le cause de l'excuse se trouvât fausse, il ne pourroit pas prétendre les fruits du fief ; d'autant qu'il n'y a que la saisie féodale qui puisse faire gagner au Seigneur les fruits du fief servant.

Mais quand le Seigneur doute de la vérité de l'excuse proposée, il doit pour sa sûreté & pour le gain des fruits, au cas que dans la suite elle se trouve fausse, commencer par faire saisir le fief, & ensuite accorder souffrance à son vassal, avec protestation que la souffrance ou la reception en foi par Procureur, ne lui pourra nuire ni préjudicier, & ne pourra empêcher l'effet de la saisie féodale qu'il a faite, qu'il veut & entend subsister, au cas que l'excuse se trouve fausse.

Par cette protestation, le Seigneur conserve les droits qu'il a sur les fruits du fief saisi ; sans quoi le Seigneur qui auroit accordé souffrance purement & simplement, pourroit être débouté de la demande des fruits pendant le tems de la souffrance, sous prétexte que la cause pour laquelle elle auroit été demandée étoit fausse.

SOUFFRANCE EN MATIERE DE COMPTE, se dit des délais qu'on donne aux comptables pour rapporter les quittances des sommes mentionnées en l'article des sommes qu'ils ont payées.

SOULTE, est une somme qui se paye en forme de supplément par un des copartageans à l'autre, pour faire par ce moyen que leurs lots soient égaux. Ainsi souvent dans un partage un immeuble est mis dans un lot, à la charge que celui auquel il échoira, sera obligé de recompenser les autres copartageans en argent pour rendre toutes les portions égales.

Ce terme vient de *solvere* ; car c'est une espéce de solution ou de payement qui se fait aux autres copartageans de la portion qu'ils pourroient autrement avoir dans un immeuble.

Toute cédule, promesse & obligation faite pour soulte de partage ou vente d'immeubles appartenans à l'un des conjoints est reputée immeuble, à l'effet seulement d'empêcher que les biens des conjoints par mariage ne tombent indirectement dans la communauté, & qu'ils ne se puissent avantager par ce moyen indirectement pendant le mariage, contre la disposition du Droit Coutumier, en convertissant les immeubles en deniers & choses mobiliaires.

Mais cette fiction ne s'étend pas hors ce cas ; c'est pourquoi elle n'empêche pas que telle obligation ne soit considerée comme meuble dans la succession de celui à qui elle appartient, & qu'il n'en puisse disposer entierement à sa volonté comme d'un effet mobilier par Ordonnance de derniere volonté, nonobstant les articles 292 & 295. de la Coutume de Paris, qui ne se doivent entendre que des véritables immeubles.

De ce que la soulte ou supplément de partage est reputée immeuble à l'effet de ne point entrer dans la communauté, il s'ensuit que celui des conjoints à qui elle appartient comme propre de communauté, lui doit demeurer, sans que lui ni ses héritiers en doivent récompense de mi-denier à l'autre.

Il n'en est pas de même, lorsque la soulte a été payée des deniers de la communauté, pour un héritage échu à l'un des conjoints ; car en ce cas cet héritage devroit être conquêt à proportion de la soulte : mais à cause de la difficulté du partage, il est échû ; & il est dû à l'autre ou à ses héritiers le mi-denier de la soulte, pour les indemniser du payement de la soulte qui a été fait des deniers de la communauté.

De ce que la soulte dans les successions est reputée une dette mobiliaire, il s'ensuit que tous les héritiers du défunt sont obligés de contribuer à la soulte à laquelle le défunt étoit obligé envers ses cohéritiers, comme étant une dette mobiliaire & personnelle, quoique dûe pour raison des héritages ausquels ses héritiers des meubles & conquêts ne succedent point, mais seulement ses héritiers des propres.

Voyez Charondas liv. 8. rep. 46.

Pour ce qui est du privilége de la soulte de partage il est sur le total de l'héritage qui la doit, & non pas sur une partie seulement. V. M. le Brun en son Traité des Successions, liv. 4. chap. 1. nomb. 35.

SOULTE, a aussi lieu dans les échanges, quand deux héritages sont échangés, & que l'un vaut plus que l'autre.

En fait de soulte dans un échange d'héritages, lorsque la soulte excéde la valeur de la moitié d'un des héritages échangés, il y a lieu au retrait lignager pour portion de la soulte : mais quand la soulte n'excéde pas ladite moitié, il ne peut pas y avoir lieu au retrait. *Voyez* ce que j'ai dit sur l'article 145. de la Coutume de Paris.

SOULTE, se dit aussi du débet d'un compte arrêté en une société.

SOUMISSION, signifie obligation, promesse de payer ou de faire quelque chose sous les peines portées par les Loix, ou exprimées dans l'acte de soumission.

Par exemple, les cautions judiciaires & leurs certificateurs font au Greffe les soumissions en tels cas requises & accoutumées.

Pareillement, lorsqu'une somme est adjugée à quelqu'un à sa caution juratoire, il faut pour la toucher qu'il fasse les soumissions ordinaires; c'est-à-dire qu'il s'oblige de la restituer, en cas que par la suite la restitution en soit ordonnée.

Ces soumissions emportent la contrainte par corps à rendre & restituer les sommes touchées, quand par l'événement on y est condamné.

SOUMISSION A UNE AUTRE JURISDICTION qu'à celle dont on est justiciable. *Voyez* Prorogation de Jurisdiction.

SOURCE D'EAU. Le proprietaire d'un héritage peut disposer à sa volonté de l'eau d'une fontaine dont la source est dans son héritage, & la détourner de l'héritage de son voisin sur lequel elle avoit coutume de passer, au cas que ce voisin n'y eût aucun droit de servitude. La raison est, que l'eau qui a pris sa source dans un héritage, en fait en quelque façon partie; ainsi le propriétaire de cet héritage en peut disposer à sa volonté, & la détourner pour en faire son profit, la proprieté de l'eau appartenant à celui *in cujus fundo nascitur*.

Voyez ce que j'ai dit sur l'art. 187. de la Coutume de Paris, nomb. 11. & suivans.

SOURD. La surdité qui empêche celui qui en est attaqué de pouvoir vacquer à ses propres aaffaires, lui sert d'excuse peur s'exempter de la tutelle. Papon, liv. 15. tit. 5. nomb. 11.

Les sourds sont exclus d'être Juges, Arbitres, & promus aux Ordres: mais à cet égard on n'entend pas par sourds ceux qui ont l'ouie un peu dure, mais qui n'entendent point du tout, ou qui n'entendent qu'avec beaucoup de peine.

Pour ce qui est de la question, sçavoir si un sourd peut faire un testament, *voyez* ce que j'en ai dit dans ma Traduction des Institutes, sur le paragraphe 3. du tit. 12. du second livre.

Touchant la maniere de faire le procès aux muets & sourds, *voyez* le titre 18. de l'Ordonnance de 1670.

SOUS-BAIL, est une partie d'une maison qu'un principal locataire loue à un autre. *Voyez* Sous-Locataire.

SOUSCRIPTION, est la signature qu'on met au bas d'un écrit.

Ce terme signifie aussi le cautionnement que l'on fait du contenu en une lettre ou autre écrit, par celui qui y joint sa signature.

SOUSCRIRE, signifie signer au bas de quelque chose. Les Notaires souscrivent au bas des actes, pour les rendre autentiques.

SOUSCRIRE, signifie encore se rendre caution d'un autre, s'obliger à payer la somme contenue en un acte qu'on souscrit avec lui.

SOUS-FERME. *Voyez* Sous-Bail.

SOUS-FERMIERS, se dit ordinairement de ceux qui ont fait un sous-bail des droits du Roi avec les Fermiers généraux. V. Fermiers du Roi.

SOUS-INFEODATION. *Voyez* Accensement.

SOUS-INFEODER, signifie faire départie de son fief ou arriere-fief, dont on retient la foi & hommage, & autres droits féodaux en dependans. *Voyez* Démembrer un Fief.

SOUS-LOCATAIRE, est celui qui loue une portion de maison dudit principal locataire, lequel en fait les deniers bons au propriétaire.

On demande si le propriétaire a droit de faire saisir les meubles des sous-locataires.

Il semble qu'il ne le peut, puisqu'ils ne sont pas obligés envers lui, ni par contrat, ni par quasicontrat, ni par autre cause, attendu que les sous-locataires, ne sont obligés qu'envers le principal locataire, de qui ils tiennent à titre de loyer leur habitation. Néanmoins il faut dire que les meubles de sous-locataires sont tenus de louage à proportion du tems & du lieu qu'ils ont occupé.

La raison est, que cette obligation desdits meubles envers le proprietaire de la maison se contracte *sine conventione, sed re ipsâ*, d'autant qu'ils occupent la maison du proprietaire; ainsi le principal locataire ne payant pas, la convention qui est faite entre lui & les sous-locataires sert au proprietaire, comme si en effet elle avoit été faite avec lui.

Mais les meubles des sous-locataires, ne sont pas responsables de tous les loyers qui pourroient être dûs par le principal locataire, mais seulement de ceux qui se trouvent dûs par les sous-locataites, *leg.* 11. §. 5. *ff. de pign. act.* La raison est, qu'il seroit absurde que le proprietaire d'une maison eût plus de droit sur les sous-locataires, que le principal locataire n'en pourroit avoir sur eux.

Voyez ce que j'ai dit sur l'art. 162. de la Coutume de Paris.

SOUS-ORDRE, est une distribution de la somme pour laquelle un créancier a été colloqué dans un ordre, entre les créanciers de ce créancier colloqué, qui se sont opposés sur lui en sous-ordre, ou comme exerçans ses droits, ou qui ont saisi sa collocation.

Exemple, Titius est la partie saisie: Caïus est un de ses créanciers qui a formé opposition aux criées. Mœvius créancier de Caïus forme opposition à ce que les deniers que Caïus doit toucher lui soient donnés en payement, ou jusqu'à la concurrence de son dû. C'est le cas de l'opposition en sous-ordre, suivant l'Arrêté du Parlement du 22. Août 1691.

1°. On ne doit prendre aucun appointement sur les oppositions en sous-ordre portant jonction à l'ordre; & lesdites oppositions doivent être jugées après que l'on aura prononcé sur l'ordre, & par un Arrêt ou Sentence séparés.

2°. Les oppositions en sous-ordre doivent être

jugées au rapport de celui qui a fait le rapport de l'ordre.

3°. Les frais nécessaires pour la poursuite, instruction & jugement des oppositions en sous-ordre, se prennent sur la somme qui a été adjugée au créancier sur lequel lesdites oppositions ont été faites, ou peuvent être avancés par les opposans, si bon leur semble, sans qu'en aucun cas ils puissent être pris sur les revenus, ni sur le reste du prix des immeubles qu'il s'agit de distribuer entre les créanciers.

4°. Les créanciers d'un opposant qui ne forment entr'eux aucune contestation, peuvent intervenir dans l'ordre, s'ils le jugent à propos, pour y faire valoir la créance de leur débiteur commun.

SOUSSIGNER; est souscrire un acte, mettre au bas son nom, & donner à connoitre par cette approbation qu'on en fait qu'on en consent l'exécution.

A l'égard des Notaires, ils ne soussignent que pour attester les actes, & les rendre autentiques.

SOUS-TENANT EN MATIERE FEODALE, est un arriere-vassal qui dépend d'un chef-Seigneur, non pas immédiatement, mais médiatement & par le moyen d'un autre Seigneur immédiat, qui dépend lui-même du chef-Seigneur.

SOUSTRACTION DE BIENS, signifie enlevement d'effets mobiliers, ou de titres & papiers, que l'on fait au préjudice d'une autre personne.

Par exemple, une veuve soustrait ou cache après la mort de son mari des biens communs au préjudice des héritiers du mari; ou au contraire, les héritiers du mari soustraient ou cachent des biens communs pour en profiter, contre les intérêts de la veuve. *Voyez* Recelé.

SOUSTRAIRE, signifie dérober, détourner, receler, ôter, enlever des effets mobiliers, ou des titres & papiers, au préjudice de quelqu'un.

SOUS-TRAITANT, est celui qui traite des Fermes avec ceux qui en ont traité en premier lieu.

Voyez Fermes du Roi.

SOUS-VASSAL, est un vassal qui releve d'un Seigneur, lequel releve lui-même d'un autre. *Voyez* les articles 54. 55. & 62. de la Coutume de Paris, & ce que j'ai dit cy-dessus.

SOUTENEMENS, sont des défenses que fournit un rendant compte, pour en défendre les articles, & répondre aux débats qui ont été formés contre.

SOUVERAIN, qui vient de *Superior*, signifie celui qui est supérieur à un autre; mais ce terme aujourd'hui semble être consacré pour signifier les Rois & les Princes qui n'ont personne au-dessus d'eux, qui sont absolus, & indépendans, qui ne relevent que de Dieu & de leur épée, dont la puissance n'est bornée que par la Loi divine, les Loix naturelles, & les Loix fondamentales de l'Etat.

Ils ont droit de porter le titre de Majesté; leurs Sujets sont obligés de leur obéir dans ce qui concerne les devoirs de la sujétion, & les droits de la Souveraineté. En un mot, ils n'ont aucun supérieur que Dieu seul; c'est-à-dire; qu'ils n'en ont point sur la terre, ni pour la mouvance, ni pour la Jurisdiction. Mais aussi pour qu'un Prince s'acquitte de ses devoirs, il faut qu'il soit juste, saint, moderé, & qu'il ne regne sur la terre que pour y faire regner la vertu; comme nous avons dit, *verbo* Roi.

Comme les Souverains sont sur la terre les images visibles de la Divinité, on doit respecter les motifs cachés qui les font quelquefois agir, ainsi qu'on doit en user à l'égard des Jugemens secrets de Dieu.

Le premier & le principal droit de souveraineté, est celui de donner la Loi à tous en général, & à chacun en particulier. Sur quoi *voyez* de que j'ai dit, *verbo* Loi.

De ce premier & principal droit en dérivent plusieurs autres.

I°. Le droit de faire battre monnoie au nom du Souverain, & d'en fixer le titre & la valeur.

II°. Le droit d'instituer les principaux Officiers & premiers Magistrats.

III°. Le droit de décerner la guerre ou de traiter de la paix. Ainsi nul ne peut lever une armée, faire la guerre, prendre les armes sans le commandement du Prince; & il n'appartient qu'à lui de faire alliance, paix ou tréve avec l'ennemi.

IV°. D'octroyer priviléges, exemptions, immunités, & dispenser des Edits & Ordonnances sans en rendre de raison; comme aussi d'accorder grace aux condamnés, contre la rigueur des Loix, soit pour la vie, pour les biens, pour l'honneur, ou pour rappel de ban.

V°. De mettre sur les Sujets tailles & impôts ou les ôter.

VI°. Les droits de la mer, & brefs de conduite de bris ou de varech, de confiscation pour crime de léze-Majesté, d'héresie, ou de fausse monnoie.

VII°. Le droit de naturaliser les étrangers, & de légitimer les bâtards pour les effets civils; celui d'annoblir les roturiers; & aussi celui d'amortir les héritages tenus par gens de main-morte.

VIII°. Le droit de Régale, celui d'aubaine, & le droit d'hommage lige.

IX°. Le pouvoir d'octroyer, droit de foire, de marque ou de représailles.

Il est traité de quelques-unes de ces marques de Souveraineté ou premier livre du grand Coutumier; dans Bodin en sa République, liv. 1. & dans le premier chapitre des Institutes de Coquille. *Voyez* ce que j'en ai dit cy-dessus, *verbo* Loi, *verbo* Puissance royale, & *verbo* Roi.

X. Les héritages situés dans son Royaume lui appartiennent par le droit de son Empire & de sa Souveraineté. *Omnia sunt Principis quantum ad superioritatem, non verò quantum ad dominium & proprietatem; quia singulæ res sunt singulorum. Unde Seneca, lib. 7. de beneficiis ad Reges sic loquitur: ad Reges potestas omnium pertinet, ad singulos proprietas.*

En conséquence de ce principe, tous les héritages qui sont situés dans ce Royaume, tant nobles que roturiers, sont tenus en fief ou arriere-fief, censive ou arriere-censive du Roi; & à l'égard des héritages tenus en franc-aleu, ils sont toujours sous sa dépendance; tellement que la Seigneurie directe & primordiale appartient à Sa Majesté, & aux propriétaires le domaine utile seulement: d'où il s'ensuit, que le Roi ne peut s'attribuer ces héritages appartenans à ses Sujets, ni en disposer à sa volonté. Bacquet en son Traité du droit d'aubaine, chap. 36. nomb. 5.

Au reste, la Souveraineté est le comble de la puissance qui est sans bornes, c'est-à-dire qui n'est bornée que par trois choses; sçavoir; I°. par la Loi de Dieu, II°. par les Loix fondamentales de l'Etat, III°. par les Loix naturelles de la Justice.

Touchant les droits des Souverains, *voyez* ce qui en est dit dans le Dictionnaire de M. Brillon, *verbo* Souveraineté; & dans Loyseau en son Traité des Seigneuries.

SOUVERAIN, se dit aussi des Juges qui ont pouvoir du Prince de juger les procès de ses Sujets en dernier ressort & sans appel.

A Paris il y a cinq Compagnies souveraines; le Parlement, la Chambre des Comptes, la Cour des Aydes, le Grand Conseil, & la Cour des Monnoies.

Il y a encore outre cela au Palais, la Chambre souveraine du Domaine, des Francs-fiefs, établie par commission particuliere.

Les Maîtres des Requêtes se disent aussi Juges souverains en cette partie, quand les affaires leur sont renvoyées du Conseil: mais pour qu'ils puissent juger au Souverain, c'est-à-dire sans appel, il faut qu'ils soient au moins sept.

SOUVERAINENENT, signifie d'une autorité souveraine, en dernier ressort & sans appel.

SOUVERAINETÉ, est la qualité & l'autorité du Prince souverain qui ne connoît point de Supérieur, dont nous avons rapporté sommairement les marques, *verbo* Souverain.

SP

SPECIALITÉ, *Voyez* Hypotéque spéciale.

SPECIFICATION, est une espéce d'accession qui nous rend propriétaires d'un ouvrage fait d'une matiere appartenante à autrui.

Cette question a partagé les sentimens des Jurisconsultes. Les Sabiniens donnoient indistinctement la proprieté de la nouvelle espéce qui avoit été faite à celui qui étoit proprietaire de la matiere; & cela fondé sur ce qu'un corps ne peut pas subsister sans matiere.

Les Proculeïens au contraire donnoient la proprieté de la matiere à celui qui l'avoit mise en œuvre, fondés sur ce que la forme donne l'existence à la chose.

Les Jurisconsultes appellés *Erciscundi*, par un juste tempéremment adjugeoient la nouvelle espéce au proprietaire de la matiere, au cas que cette nouvelle espéce pût retourner à son premier état, & l'adjugeoient à l'ouvrier dans le cas contraire.

Cette distinction est d'autant plus juste, qu'elle est fondée sur un principe certain, qui est que les ouvrages qui peuvent retourner à leur premier état conservent toujours un corps de matiere que la force de l'art n'a pas pû éteindre & consumer; au lieu que dans les ouvrages qui ne peuvent retourner à leur premier état, la matiere est comme éteinte & consumée, la main de l'ouvrier lui ayant donné une existance qu'elle n'avoit pas: raison pour laquelle il paroît naturel de lui adjuger l'ouvrage, en remboursant néanmoins le proprietaire de la matiere du prix d'icelle; comme aussi dans le premier cas le proprietaire de la matiere, devenu par droit de suite proprietaire de l'ouvrage, auquel sa matiere a été employée, doit payer à l'ouvrier le prix de son travail.

La décision que nous venons de rapporter fait naître un autre question, à l'égard de celui qui auroit mis en œuvre sa propre matiere, & qui auroit fait entrer dans son ouvrage partie de la matiere d'autrui.

Dans ce cas l'ouvrage doit appartenir à celui qui à mis la matiere en œuvre, puisqu'il a contribué à cet ouvrage de deux manieres, & par sa propre matiere qu'il y a employée, & par son propre travail.

Voyez le paragraphe 25, du premier titre du second livre des Institutes de Justinien, & ce que j'ai dit ci-dessus.

SPECIFIER, signifie désigner par le menu, & faire un dénombrement & une spécification particuliere de quelque chose; comme quand on dit, il est bon dans un bail de spécifier par le menu les dépendances d'une terre.

SPECTRE, signifie fantôme. Un locataire n'est pas en droit de demander la résolution de son bail sous prétexte qu'il apparoît un spectre dans le lieu qu'il a loué; comme je l'ai dit, *verbo* Résolution de bail.

SPOLIATION, est l'expulsion violente, ou l'action par laquelle on déjette quelqu'un de la possession d'un bien ou d'un droit dont il jouissoit.

Elle donne lieu à la réintégrande, par laquelle celui qui est spolié, doit être avant toutes choses remis en la possession de l'héritage dont il a été déjetté, & qu'il possedoit paisiblement depuis an & jour. *Spoliatus ante omnia restituendus est. voyez* Réintégrande.

SPOLIER, signifie déjetter quelqu'un de la possession paisible d'un héritage qu'il possedoit. Ce qui donne lieu à la réintégrande; suivant ce que nous venons de dire.

Ce terme signifie aussi la soustraction frauduleuse que l'on fait des effets de quelqu'un, ou d'une succession. Et dans ce sens on dit qu'un tel héritier ſpolie les effets & les titres de la ſucceſſion en fraude de ſes cohéritiers, ou des créanciers de la ſucceſſion.

ST

STATUER, ſignifie juger, décider, ordonner : termes qui expriment la proprieté des Jugemens, Réglemens, Loix & Ordonnances. Ainſi le Roi dit dans ſes Edits *Nous avons dit, ſtatué & ordonné.*

Il ſe préſente aſſez ſouvent des queſtions importantes ſur leſquelles les Loix n'ont rien ſtatué; ce qui fait qu'étant indéciſes, elles ſe jugent diverſement dans les Tribunaux. Mais il ſeroit à ſouhaiter pour le bien public, que le Roi fit ſur chacune de ces queſtions une Ordonnance qui établît une Juriſprudence certaine.

STATUT, ſignifie un certain droit, ſelon lequel ſont régis & gouvernés les perſonnes & les biens immeubles d'une Province, d'un Baillage, d'une Ville, & quelquefois même d'un Bourg ou autre lieu. De cette définition il réſulte qu'il y a des ſtatuts réels & des ſtatuts perſonnels.

Le ſtatut perſonnel eſt celui qui forme & regle principalement l'état & la condition de la perſonne ſans rien regler ſur ce qui regarde ſes biens. Tel eſt par exemple, le ſtatut qui regle le majorité, & celui qui met les femmes ſous l'autorité de leurs maris.

L'effet du ſtatut perſonnel eſt, que la perſonne porte par tout la puiſſance, ou l'impuiſſance, la capacité ou l'incapacité que lui donne le ſtatut qui la régit, qui eſt la Coutume de ſon domicile. Ainſi celui qui eſt majeur dans la Coutume de ſa naiſſance & de ſon domicile, l'eſt toujours dans quelque Coutume qu'il ſe rencontre, où la majorité ſeroit fixée à un âge plus avancé.

Il faut dire auſſi que la femme qui eſt ſous la puiſſance de ſon mari, & qui par la conſéquence qui en réſulte, ne peut ni vendre ni aliéner ſes biens, ni s'obliger ſans l'autoriſation de ſon mari, porte cette incapacité dans les pays même, ou la femme n'a pas beſoin pour toutes ces choſes, d'être autoriſée de ſon mari.

Suivant ce principe, qu'en fait de ſtatuts perſonnels il faut ſuivre la Coutume du domicile de la perſonne, il a été jugé qu'une fille âgée de dix-ſept ans, ayant fait ſon teſtament à Paris, où la Coutume requiert vingt ans pour diſpoſer par teſtament de ſes meubles & acquêts immeubles, & vingt cinq ans pour diſpoſer du quint de ſes propres, la diſpoſition teſtamentaire que cette fille avoit faite étoit valable, quant aux biens qu'elle avoit en Auvergne, où elle avoit établi ſon domicile, dont la Coutume ne regloit point l'âge pour teſter, & où par un privilége accordé par nos Rois on ſuivoit la diſpoſition du Droit Romain.

Le ſtatut réel eſt celui dont la diſpoſition concerne & regle, pour certains cas ſeulement, les immeubles ſitués dans l'étendue du lieu où il eſt en vigueur, indépendamment des perſonnes à qui ces biens appartiennent.

On met au nombre des ſtatuts réels, ceux qui défendent de diſpoſer par teſtament que du quint de ſes propres; ceux qui excluent les filles de la ſucceſſion des fiefs; ceux qui les excluent de toutes prétentions, même de légitime, lorſqu'elles ont été dotées; ceux qui reglent la maniere de ſucceder, ou par ſouche, ou par tête.

L'effet du ſtatut réel eſt de regler ſeulement les choſes, ſans que ſa diſpoſition s'étende au-delà des limites de ſon territoire : ainſi tous les ſtatuts réels ne gardent que les biens qui ſont ſitués dans les Coutumes qui les prononcent. Comme les immeubles ont une aſſiete fixe & immuable, chaque Coutume a un empire ſouverain ſur ceux qui ſont ſitués dans ſon diſtrict. & cet empire n'en paſſe pas les bornes.

Ainſi la prohibition de diſpoſer au-delà du quint de ſes propres, étant un ſtatut réel, cette prohibition ne s'étend point au-delà du lieu où elle eſt reçue.

En conſéquence de ce principe, que pour ce qui eſt des biens dont on peut diſpoſer entre-vifs ou par teſtament, il faut recourir aux Coutumes où les héritages ſont ſitués, il a été jugé qu'un homme qui avoit ſon domicile en la Coutume de Paris, avoit pû inſtituer ſa femme héritiere des biens qu'il avoit dans le pays de Droit écrit. L'Arrêt qui eſt du 14. Août 1574. eſt rapporté par Marion au huitiéme de ſes plaidoyés.

Comme les héritages ſe reglent par la diſpoſition des Coutumes dans l'étendue deſquelles ils ſont ſitués, ſi dans une ſucceſſion il y a trois fiefs ſitués dans trois Coutumes différentes, ces fiefs ſe regleront ſuivant leſdites Coutumes; enſorte que l'un pourra appartenir entierement à l'aîné; un autre ſe pourra partager également entre tous les enfans ſans droit d'aîneſſe; & dans l'autre l'aîné prendra ſon préciput & ſon droit d'aîneſſe.

Par la même raiſon que les héritages ſe reglent par la diſpoſition des Coutumes dans leſquelles ils ſont ſitués, la regle générale, qu'entre les filles il n'y a point de droit d'aîneſſe, ne ſe doit entendre que pour les fiefs, qui ſe trouvent ſitués dans les Coutumes qui en ont ainſi diſpoſé, & non dans les autres.

Comme la ſucceſſion des immeubles ſe regle par les Coutumes des lieux où ces immeubles ſont ſitués, il faut donc pour enregler les partages, faire autant d'opération différentes qu'il y a diverſité de Coutumes dans leſquelles ces immeubles ſont ſitués.

De ce que nous venons de dire il s'enſuit, que les ſtatuts réels n'exercent aucun empire au-delà des bornes qui leur ont été preſcrites par le Légiſlateur, & que néanmoins ils ne laiſſent pas d'aſſujettir à leurs diſpoſitions, ceux qui ne réſident point dans leur territoire, par rapport aux immeubles qu'ils y poſſedent.

Au contraire, les statuts personnels ont un pouvoir d'une plus grande étendue : ils ne se contentent pas d'ordonner dans le lieu de leur établissement, ils suivent par-tout les personnes en quelqu'en droit qu'elles aillent, mais avec cette restriction, qu'ils ne se font valoir que sur les personnes naturellement sujette à leurs dispositions, & non sur celles qui n'y sont pas soumises attendu qu'elles ont leur domicile ailleurs, & que l'homme qui est né pour se transporter d'un lieu à un autre, & ne pas toujours rester dans un même endroit, ne doit pas pour cela être sujet à recevoir, par rapport à sa personne, la Loi d'une main étrangere.

Quelques Auteurs ajoutent à ces deux espéces de statuts, une troisiéme ; sçavoir, des statuts mixtes qui sont ceux qui regardent les choses & les personnes : mais il ne paroît pas qu'il soit fort important d'admettre cette troisiéme espéce de statuts, puisque quelque couleur qu'on veuille leur donner ; ils n'ont pas plus de pouvoir, ni des effets d'une plus grande étendue que les statuts réels.

Voyez ce que j'ai dit des statuts personuels & réels, lettre C, en parlant de la Coutume suivant notre Droit François.

Il se peut présenter plusieurs questions sur les statuts réels & sur les statuts personnels. M. Froland ancien Avocat, a fait d'amples Mémoires sur la nature & la qualité de ces statuts. Ces Mémoires ont été imprimés en 1729. en deux volumes *in quarto*.

STATUTS, sont des reglemens faits par des Corps & Communautés, touchant la police & la discipline de leur Compagnie.

Il n'appartient qu'au Roi d'autoriser les statuts des Corps & Communautés, & leur octroyer Lettres, suivant l'Ordonnance d'Orléans, article 99. qui doivent être vérifiées entérinées & registrées aux Cours souveraines, sur ce oui M. le Procureur général. Et il est défendu aux Présidiaux d'en faire publier, s'ils n'ont été enregistrés & publiés en la Cour.

Les peines portées par les Satuts des corps & Communautés, ne peuvent être demandées contre les contrevenans, que par action civile. *voyez* Boniface. tome 3. liv. 2. titre 4. chap. 2.

Ces Status ne sont point obligatoires, quand ils se trouvent contraires à l'intérêt public. *voyez* Basset, tome 1. liv. 3. tit. 14. chap. 2. Le long tems n'excuse pas aussi les Statuts des Eglises qui contreviennent aux saints Décrêts. *voyez* Charondas, livre 7 réponse 170. Enfin par Arrêt de Réglement fait au Parlement de Paris, en date du 8. Mars 1717. les Statuts des Ordres régulier ne peuvent avoir d'exécution, qu'ils n'ayent été confirmés par des Lettres patentes dûement enregistrées en la Cour.

STATUTS DE QUERELLE, est dans le ressort du Parlement de Provence, ce qui est appellé complainte par-tout ailleurs. *voyez* ce qui en est dit dans le Dictionnaire de M. Brillon.

STELLIONAT est une espéce de larcin, qui se commet par celui qui vend ou qui engage des immeubles qui ne lui appartiennent pas, ou qui les hypotéque comme francs & quittes, quoiqu'ils ne le soient pas; ou qui les vend comme étant propriétaire de la totalité, quoiqu'il ne le soit que d'une partie.

Un homme commet aussi stellionat, qui prend la qualité d'une terre, & qui l'hypotéque comme propriétaire sans déclarer qu'il n'en est qu'usufruitier; ou qui oblige & hypotéque un héritage qui est substitué, sans faire mention de la substitution. *voyez* Brodeau sur Louet, Lettre S, chapitre 18. nomb, 9. & Henrys, tome 1. livre 4. chapitre 6. quest. 38.

Suivant le droit Romain le stellionat étoit censé commis, lorsqu'un débiteur qui constituoit une seconde hypotéque, ne déclaroit point en avoir déjà constitué une premiere. *Stellionatûs criminis reus est, qui reus alteri obligatam denuò obligavit, dissimulata priori obligatione, Leg.* 1. *cod. de crimine stellionatûs.* Mais cette disposition du Droit Romain n'est pas reçue en France.

De ce que nous avons dit ci-dessus, il résulte que le stellionat est un contrat frauduleux, qui a pour principe & fondement du côté du débiteur, le dol & la fraude qu'il employe pour tromper la bonne foi du créancier. C'est une tromperie qui trouble la societé civile, & le commerce qui se fait par le moyen des contrats, qui est du droit des gens. Aussi appelle-t'on ces débiteurs malicieux, stellionataires & faux vendeurs

M. Cujas dit que le mot de *Stellionatus* vient de *Stellio*, qui est une espéce de petit lezard extrêmement fin ; desorte qu'on appelle en Droit de ce nom toute sorte de dol & de tromperie, qui ne peut être désigné par un nom propre. Il en est traité au Digeste liv. 47. titre 20. & au Code, livre 9. titre 34.

Le stellionat est, comme nous avons dit, une espéce de crime ; cependant la maniere la plus ordinaire & la plus facile de poursuivre ceux qui en sont coupables, est la voie civile.

Le créancier exerce contre le stellionataire l'action qu'il a contre lui, pour le faire condamner à racheter la rente, ou à rendre ce qu'il a reçu & par corps, comme stellionataire.

On peut prendre la voie de la poursuite extraordinaire, mais cela ne se pratique pas, d'autant que par l'action civile le créancier vient à ses fins avec moins d'embarras.

Les femmes ne peuvent être réputées stellionataires, que quand elles sont libres.

En pays coutumier, quand les femmes en puissance de mari se sont obligées conjointement avec lui, elles peuvent bien être poursuivies personnellement par saisie & vente de leurs biens, mais non pas comme stellionataires & par corps. Ainsi dans le cas où il y a communauté des biens entre le mari & la femme, & qu'ils ont passé l'un & l'autre un contrat frauduleux, le mari seul est coupable de stellionat.

Comme ordinairement les femmes n'ont point connoissance des affaires de leurs maris, il ne seroit pas juste qu'une femme fût, par le dol de son mari, contraignable par corps. Ainsi jugé par Arrêt du Conseil privé du Roi le 5. Juillet 1680. rapporté dans le Journal des Audiences. Mais les femmes & les filles majeures peuvent être contraintes par corps pour cause de stellionat procédant de leur fait, suivant l'article 8. du titre 34. de l'Ordonnance de 1667. ce qui paroît très juste, quoique suivant le Droit commun, les femmes ne soient pas contraignables par corps; mais c'est ici une dette qui provient de délit, & non pas une dette civile.

Le stellionat est toujours consideré comme crime; & d'autant que tous les délits sont personnels, si un des coobligés commet stellionat, la peine, qui est d'être contraignable par corps au remboursement, n'a lieu qu'à son égard; les autres coobligés qui n'y participent point, ne peuvent être poursuivis comme stellionataires, quoiqu'obligés solidairement. *voyez* Brodeau sur Louet, lettre S. chap. 18. nombre 10.

La condamnation pour crime de stellionat emporte infamie. *Crimen stellionatus infamiam irrogat. Leg. 13. ff. de his qui notant. infam.*

Les Prêtres qui sont convaincus de stellionat, ne sont pas exempts de la contrainte par corps; parce que ce n'est pas un dette civile, mais une dette qui provient de délit.

Les Septuagenaires qui en sont convaincus, sont aussi contraignables par corps, par la même raison. *voyez* Septuagenaires.

STERILITÉ, est une cause pour laquelle un fermier est en droit de demander au propriétaire de la terre la remise de la pension pour le tems que la stérilité a duré, à moins que la fécondité d'une année précédente ou suivante ne fût assez grande pour dédommager le fermier de la perte qu'il auroit soufferte; *leg. 15. §. 4. ff. locati conducti*; ou à moins que le fermier ne se fût chargé de supporter la perte qui pourroit être causée par la stérilité.

La stérilité donne donc ordinairement lieu à la remise de la pension du fermier, parce que cette pension est donnée en considération de la récolte, & qu'ainsi elle n'est promise que sous la tacite condition qu'il naîtra des fruits. *voyez* Bail à ferme.

Damnum sterilitatis respicit locatorem, sicque remittanda est pensio colono, si propter sterilitatem vi majore contigentem nullos omnino fructus perceperit; ne colonus supra damnum seminis amissi mercedem præstare cogatur, & quia pensio in singulos annos constituta est, sub tacita conditione si conductor fructus percipiat, qua propter nullis omnino natis fructibus, pensio ipsi remitti debet. Leg. 15. §. 7. leg. 25. §. 6. ff. locati conducti; & leg. 8. & 18. cod de locato & conducto.

Cette remise n'a pas lieu pour la pension qui se paye pour l'emphytéose, comme il est décide en la Loi premiere au Code, *titulo de jure amphyteutico*, qui décide que le dommage qui arrive au fonds donné à bail emphytéotique (pourveu qu'il ne périsse pas entiérement) regarde le preneur; & partant la perte des fruits de plusieurs années tombe entiérement sur lui, sans qu'il puisse en aucune maniere demander la remise de la pension annuelle à laquelle il est obligé, parce que cette pension est toujours très-modique, & qu'elle ne se paye pas *pro perceptione fructuum, (ut in locatione conductione,) sed in recognitionem directi dominii. Sic apud nos judicatum fuit Arresto lato die 27. Julii 1599. Mornacius, ad leg. 1. cod. de jure emphyteutico.*

Cette remise n'a pas lieu non plus à l'égard du fermier partiaire. *Ratio est; quia quasi societatis jure damnum & lucrum cum domino partitur. Leg. 25. §. 6. ff. locat. & cond.*

Quoique la remise de la pension doive être accordée au fermier pour les années qui auront été entierement stériles, de sorte que ses terres n'ayent rapporté aucuns fruits, néanmoins il ne peut pas demander que la pension lui soit diminuée pour l'exiguité & mediocrité des récoltes qu'il auroit souffertes. C'est la décision de la Loi 15. §. 5. *ff. locati conducti, his verbis: Cum quidam de fructuum exiguitate quæreretur non esse rationem ejus habendam, rescripto divi Marci continetur.*

Mais la plupart de nos Auteurs tiennent que quand la récolte est considérablement moindre que de coutume, le fermier peut demander quelque diminution de la pension. *voyez* Despeisses, tom. 1. pag. 97. & ce que j'en ai dit sur l'article 171. de la Coutume de Paris, glose 3. nomb. 22.

STILE, est l'ordre judiciaire, la pratique & maniere de commencer & conduire un procès, confirmé par l'usage, c'est-à-dire, la forme de procéder en Justice, & de dresser des actes de procédure, de la maniere & dans les termes dont ils doivent être conçus, suivant les Ordonnances & les Réglemens établis en chaque Jurisdiction.

In iis quæ ad ordinationem litis spectant stilum quidem servari æquum est, in quo Judicium redditur, sed non ita in iis quæ ad decisionem, Mornacius, ad tit cod. uti lite penden. &c.

On entend aussi quelquefois par stile, la maniere de dresser un contrat ou autre acte de Notaire, dans les formes ordinaires, suivant les regles & l'usage des lieux.

Au reste, quand le stile d'un acte est prescrit par les Ordonnances, il doit être exactement observé; & si l'on s'en écarte, on donne ouverture à des Requêtes civiles, ou à des cassations d'Arrêts.

STIPULATION, prise suivant le Droit Romain, est un contrat du Droit civil, dont la substance consiste dans une certaine formalité de paroles, par lequel celui qui est interrogé répond suivant l'interrogation qui lui est faite, qu'il fera ou donnera à l'autre ce qu'il stipule de lui. Par exemple : *Titius, me promettez-vous de me donner cent écus au premier jours du mois prochain ?* Titius répond : *Oui je vous le promets* : c'est un contrat appellé stipulation.

Parmi nous cette solemnité de paroles n'est pas en usage, même dans le pays de Droit écrit. On a trouvé à propos de rendre obligatoires toutes les conventions & accords qui se font entre les hommes, pourvû qu'il n'y ait point de raison qui en cause la nullité.

Stipulations, suivant l'usage de France, sont les clauses & les conventions portées par les contrats ; ainsi dans le contrat de vente on dit : par exemple, que le vendeur a stipulé que l'acheteur lui payeroit les intérêts du prix convenu jusqu'à l'entier payement d'icelui, ou qu'il donneroit une telle caution pour sûreté.

Touchant les stipulations, voyez ce que nous avons dit dans notre traduction sur les Institutes, au troisiéme livre, tit. 16. & suivans.

Nous allons seulement faire ici quelques observations sur les stipulations, en tant que ce terme se prend pour toutes sortes de conventions & accords qui se font entre les hommes.

STIPULATION FAITE EN FAVEUR DE QUELQU'UN, NE DOIT POINT S'INTERPRETER A SON PREJUDICE. C'est la disposition de la Loi 25. au Digeste, *titulo de Legib.*

Ainsi la stipulation de propre n'empêche pas le stipulant de disposer par testament du meuble stipulé propre. *voyez* ce que j'ai dit sur l'article 292. de la Coutume de Paris, glose 3. nomb. 11. & 12.

STIPULATION FAITE EN FAVEUR DE LA CAUSE PUBLIQUE, SE DOIT TOUJOURS INTERPRETER FAVORABLEMENT, d'où il s'ensuit qu'elle reçoit les extensions que l'intérêt public requiert. La raison est que l'utilité publique est préférable à celle des Particuliers.

STIPULATION CONFORME AU DROIT COMMUN, PEUT RECEVOIR UNE EXTENTION FAVORABLE, dans les cas où il y a parité de raison.

STIPULATION CONTRAIRE AU DROIT COMMUN, NE REÇOIT POINT D'EXTENTION d'un cas à un autre, d'une chose à une autre, ni d'une personne à une autre ; ainsi dans tout ce qui n'est pas expressément compris, elle est sans effet, & l'on suit alors le Droit commun, sans avoir aucun égard à la stipulation.

Par exemple, la stipulation de propre apposée dans un contrat de mariage, n'a d'effet que par rapport au cas, aux choses & aux personnes qui sont expressement énoncées dans la stipulation. *voyez* ci-après Stipulation de propre.

Il en est de même de la stipulation de reprendre par la femme, franchement & quittement de toutes dettes, ce qu'elle a mis dans la communauté, en y renonçant. Si cette stipulation n'est faite précisément qu'en sa faveur, elle ne s'entend pas à ses héritiers, enfans ou collatéraux. *voyez* ce que j'ai dit sur l'article 237. glose 1. nombe 14. & suiv.

STIPULATION FAITE DE PLUSIEURS CHOSES, PEUT VALOIR POUR QUELQUES-UNES, ET ESTRE NULLE POUR D'AUTRES. La raison est, qu'il y a autant de stipulation que des choses qui sont comprises dans l'acte.

Voyez ce que j'ai dit dans ma Traduction des Institutes, sur le §. 18. du titre 20. du troisiéme Livre.

STIPULATION PENALE N'EST PAS REÇUE FAVORABLEMENT. Ainsi, pour peu qu'une stipulation paroisse usuraire, elle est reprouvée, & réputée comme non faite. *Sic pœna adjecta dationi quantitatis à Senatu solet usuraria judicari. Vide Mornacium, ad leg. 44. ff. de usur.*

Je crois aussi qu'on ne peut pas stipuler une rente à plus haut prix que celui de l'Ordonnance, pour le prix d'une vente d'héritages ou d'Offices, jusqu'au payement du prix dont on est convenu. *voyez* ce que j'ai dit sur le commencement du deuxiéme titre de la Coutume de Paris, §. 2.

STIPULATION PENALE FAUTE D'ÉPOUSER LA PERSONNE QUE L'ON AVOIT PROMIS D'ÉPOUSER N'EST PAS ORDINAIREMENT SUIVIE ; car quoique la Cour adjuge quelquefois les dommages & intérêts contre celui des fiancés qui n'a pas voulu accomplir le mariage, néanmoins elle n'autorise pas ordinairement les stipulations des peines fautes d'épouser.

La Loi Titia *ff. de verb. oblig.* dit que *inhonestum est vinculo pœnæ astringi matrimonia.* D'ailleurs, si la substance de tous les contrats consiste dans le consentement des Parties, ce consentement est beaucoup plus nécessaire dans les contrats de mariage, dans lesquels on a toujours remarqué que la contrainte produit de très-fâcheux effets : *Coacta matrimonia tristes ac difficiles exitus habere solent.*

S'il étoit permis de stipuler des peines contre celui qui refuseroit d'accomplir le mariage dont on seroit convenu, cette liberté tant requise par les loix ne se trouveroit plus dans les mariages, & on ne manqueroit jamais d'en stipuler ; & souvent pour ne pas payer la peine stipulée, on contracteroit des mariages qu'on n'auroit pas voulu contracter.

Quoique l'Empereur Leon par sa Novelle 18, ait ordonné que les peines stipulées faute d'épouser seroient payées, on n'a pas suivi sa Constitution. L'Empereur Justinien ne l'a pas voulu inserer dans le Corps du Droit civil ; & le Corps du Droit canonique, *cap. 17. & 29. extra de sponsalib. matrimom.* en forme une décision qui est absolument contraire, & que nous suivons en France.

Ainsi dans ce Royaume les Juges ne s'arrêtent point aux stipulations de peines portées dans les promesses de mariage ; & quant aux dommages & intérêts, ils dépendent toujours *ex arbitrio Judicis* & non de la convention des Parties, pour ne point autoriser de semblables stipulations.

Ce n'est pas que la Cour n'adjuge quelquefois

les peines stipulées entre les futurs conjoints, mais ce n'est que quand elle voit que les peines stipulées n'excédent pas les dommages & intérêts ausquels celui qui refuse d'accomplir le mariage doit être condamné. *Voyez* Louet & son Commentateur, lettre M. somm. 24. & ce que j'ai dit lettre P. en parlant des Promesses de mariage.

STIPULATION FAITE CONTE LE DROIT PUBLIC, N'EST PAS VALABLE. Les Particuliers peuvent faire des accords & stipulations pour ce qui les concerne en particulier; mais ils ne peuvent pas donner atteinte au droit public.

Pascisci possumus de re duntaxat privatâ & familiari; de his verò quæ ad causam publicam pertinent pactum est inutile. Leg. 27. §. 4. ff. de pact Jus enim publicum privatorum pactis mutari non potest. Leg. 38. ff. eodem.

Ainsi la convention apposée dans un contrat de mariage, que la femme ne pourra pas renoncer à la communauté est nulle, & la femme ou ses héritiers peuvent revenir contre, parce que le droit qu'à la femme de renoncer à la communauté est public. *Voyez* ce que j'ai dit sur l'article 237. de la Coutume de Paris, glose 1. §. 1. nomb. 13.

STIPULATION FAITE CONTRE LES BONNES MŒURS EST NULLE. C'est la disposition de la Loi 27. §. 3. & *seq. ff. de pact. quia quæ bonos mores lædunt viro probo impossibilia videntur.* Par exemple, s'il étoit convenu entre les Parties contractantes qu'un dépositaire ne seroit point tenu du dommage qu'il pourroit causer par son dol à la chose déposée, telle convention seroit absolument nulle: *Illa conventio esset contra bonos mores, si quidem invitaret ad delinquendum. Leg. 1. §. 2. ff. depositi; & leg. 23. ff. de reg. juris.*

Le pacte qui seroit fait touchant la succession d'un homme vivant, est pareillement nul, étant contre les bonnes mœurs, s'il n'est fait de son consentement. *Pactum de hereditate viventis, nisi ipse de cujus bonis agitur consenserit, non valet; quia hæc conventio est contra bonos mores; siquidem inducit corvinam sollicitudinem mortis alienæ. Leg. ult. cod. de pactis; leg. 4. cod. de inutilib. stipulat.*

Il faut dire aussi que la promesse que feroit un homme de payer une somme au tems de la succession ouverte de ses pere & mere, ou autre dont il est présomptif héritier, seroit illicite & contraire aux bonnes mœurs, parce qu'elle donneroit occasion de souhaiter la mort d'autrui.

Voyez Mornac sur la Loi 17. *ff. de condict. indeb.* & Brodeau sur Louet lettre H. chap. 6. Mais la convention seroit valable, si elle étoit faite du consentement de celui de la succession duquel il seroit question.

STIPULATION DE PROPRE, est une clause portée par un contrat de mariage, par laquelle les contractans, ou l'un d'eux, stipulent qu'une somme de deniers sortira nature de propre au stipulant.

L'effet de cette stipulation est d'empêcher que cette somme tombe dans la communauté, ensorte qu'avenant la dissolution du mariage, le stipulant reprend, hors part & sans confusion des biens de la communauté la somme qui lui est stipulée propre.

Si le stipulant décede, ses héritiers ont la même faculté de reprendre cette somme, comme étant propre au défunt ou à la défunte, par stipulation & destination.

La faveur des mariages a fait introduire la fiction des propres, comme celle des meubles, parce que sans cela un homme qui n'auroit que des propres, trouveroit difficilement à se marier; & celui qui n'auroit que des meubles, feroit en se mariant trop de tort à sa famille. Ainsi, bien loin que cette stipulation intervertisse l'ordre des successions, elle en est au contraire le fondement, puisqu'elle conserve les biens dans la ligne du sang.

Cette stipulation de propre apposée dans un contrat de mariage, produit différens effets, suivant qu'elle est plus ou moins étendue, ce qui dépend des termes dont on s'est servi pour l'exprimer.

Pour entendre cette matiere, il faut donc observer qu'il y a quatre clauses différentes de stipulation de propre, qui produisent différens effets; & que lorsque le propre fictif est parvenu à ceux au profit de qui la stipulation est faite, elle est éteinte, & ne produit plus aucun effet.

La premiere clause est la simple stipulation de propre; c'est-à-dire *que la somme apportée en dot, ou partie d'icelle, sera propre à la future épouse.* Cette stipulation ne produit point d'autre effet, que d'empêcher que la somme stipulée propre entre dans la communauté. Pour ce qui regarde la succession des deniers stipulés propres, il faut observer que si le stipulant décede le premier, délaissant des enfans communs, en ce cas les deniers stipulés propres leur appartiennent, à l'exclusion du survivant.

Il en faut dire de même des collatéraux, qui succedent dans ces derniers à l'exclusion du survivant, s'il n'y a point d'enfans communs, ou des enfans nés de la défunte d'un mariage précédent; mai dès-lors que ces derniers sont parvenus aux enfans comme héritiers de leur mere, telle stipulation est consommée, ayant eu son effet; ensorte que tels deniers ne sont plus considerées que comme meubles, & selon leur véritable nature, la destination ne pouvant s'étendre plus loin que les termes dont elle est conçue & exprimée; ainsi le pere succede à ces deniers quand il survit à ses enfans, quoiqu'ils decedent en minorité, à l'exclusion de ses autres enfans, qui sont leurs freres & sœurs.

La deuxiéme clause est, *que les deniers ou meubles que l'un des contractans apporte en mariage, lui sortiront nature de propre & aux siens.* En ce cas les enfans communs, au profit desquels cette stipulation est faite, succedent dans ces deniers ou meubles, à l'exclusion du survivant, ils y succédent même les uns aux autres jusqu'au dernier, sans que le survivant y puisse rien prétendre : mais il succede au dernier mourant des enfans, comme héritier mobiliaire, à l'exclusion des collatéraux, parce que telle stipulation est consommée en la personne du dernier des enfans, quoiqu'il décéde en minorité.

La troisiéme clause est, *que les deniers ou meubles d'un des contractans seront propres à lui & aux siens de son côté & ligne ;* auquel cas les collatéraux succédent au dernier mourant des enfans, à l'exclusion du pere ou de la mere survivant, que si les deniers ont été donnés par le pere & la mere de la fille, les collatéraux paternels & maternels du dernier des enfans y succédent également ; mais s'ils ont été donnés par l'un ou l'autre, comme par le pere de la fille, lequel auroit fait cette stipulation, en ce cas les collatéraux de dernier mourant des enfans du côté de leur ayeul maternel y succederont, supposé que leur ayeul fût décédé ; car autrement, nonobstant telle stipulation, il y succederoit par droit de réversion, suivant l'article 313.

La quatriéme clause est, *que les deniers donnes par pere & mere à leur fille, seront employés en héritages, pour lui sortir nature de propre, à elle & aux siens de son estoc & ligne, ou seulement pour lui sortir nature de propre ancien, comme échu par succession des ascendans.* Cette stipulation a le même effet que la précédente.

Mais si la stipulation porte seulement l'emploi des deniers, sans la clause *des siens, estoc, côté & ligne*, le pere ne laisse pas de succéder à ses enfans dans les deniers non employés, à l'exclusion même de ses enfans, ensorte que le pere succede à son fils dans les deniers non employés préférablement à ses autres enfans, pourveu que celui de la succession duquel il s'agit soit décédé en majorité, car autrement tels deniers non employés passeroient à ses freres & sœurs, comme tenant lieu de l'immeuble, en l'emploi duquel ils ont été destinés. La raison est, que la stipulation n'est pas consommée jusqu'à ce que les enfans soient majeurs, les biens qui leur échéent conservant toujours leur qualité, soit naturelle ou accidentelle, jusqu'à leur majorité.

La stipulation de propre n'a pas un effet perpetuel, comme nous avons dit ci-dessus. D'où il s'ensuit, I°. Que lorsqu'il y a dans un contrat de mariage une stipulation qu'une somme sera propre à la future épouse, & aux siens de son côté & ligne, meme qu'elle sera employée en héritages ou rentes, cette stipulation n'a effet contre le mari, que pour empêcher qu'il n'en profite à cause de la communauté, & pendant la minorité de ses enfans ; mais quand ils sont devenus majeurs, & que la somme leur a été remise, la fiction de propre & la nécessité de l'emploi cessent entierement ; ensorte que le plus proche parent héritier mobilier y succede. Ainsi jugé par Arrêt du 16. Mai 1692. rapporté dans le Journal des Audiences, tom. 5. livre 8. chap. 12.

II°. Que les deniers stipulés propres à un mari par un premier contrat de mariage, ont repris après la mort de sa femme la même qualité de deniers, & qu'il en a pû disposer comme de chose mobiliaire. Ainsi jugé au Parlement de Paris le 29. Août 1719.

Les propres conventionnels stipulés par contrat de mariage, ne sont donc considérés en ladite qualité de propres qu'entre les conjoints, & l'on ne peut disposer de la totalité d'iceux à l'égard des tierces personnes.

Touchant les propres conventionnels, *Voyez* Louet, lettre D. somm. 66. lettre R. somm. 44. & lettre V. sommaire 3. Bouguier, lettre R. nomb. 1. lettre S. nomb. 6. le Journal des Audiences tom. 1. liv. 1. chap. 131. & livre 8. chap. 35 Ricard, des Donations entre vifs, part. 3. chap. 10 sect. 1. nomb. 1429. & suiv. M. le Prêtre, centurie 1. chap. 42. & cent. 2. chap. 80. Montholon, Arrêt 93. Henrys, tom. 2. liv. 4. quest. 3. & ce que j'ai dit ci-dessus *verbo* Propre fictif ; & mon Commentaire sur l'art. 93. de la Coutume de Paris.

STIPULATION DE REPRISE *voyez* Reprise.

STIPULER, signifie demander, exiger, faire promettre, faire convenir des clause & conditions d'un contrat, à l'effet que l'acceptation qui en sera faite régle le droit des Parties, & les oblige à les exécuter.

En France on peut stipuler pour un absent ; auquel cas le Procureur ou l'Agent qui stipule pour lui, promet de le faire ratifier

SU

SUBALTERNE, est une qualité de l'Officier qui exerce sa charge sous le commandement ou sous le ressort d'un autre.

On joint quelquefois ce terme aux Jurisdictions royales ; mais il convient plus spécifiquement aux Juges & Jurisdictions des Justices des Seigneurs. *voyez* Justice subalterne.

SUBDELEGUER, est nommer un autre Juge, auquel on communique une partie du pouvoir qui nous a été donné par une premiere délégation ; mais un Juge délégué ne peut pas subdéléguer, si ce pouvoir ne lui a été expressément accordé dans sa Commission.

SUBDELEGUÉ, est un Juge auquel un Intendant de Province communique une partie de son pouvoir, à l'effet d'exécuter les ordres de Sa Majesté, & de représenter l'intendant en cas d'absence. Ainsi comme les Intendans sont ambulans & ne résident pas toujours dans les principales Villes des Généralités, ils ont des Subdelegués qui instruisent les affaires en leur place.

Les Offices de Subdélégués & de leurs Greffiers, ont été supprimés par Edit du mois d'Août 1715.

Touchant les droits qui étoient attribués aux Subdélégués des Intendans des Provinces, *voyez* M. Brillon, *verbo* Subdélégués.

SUBDIVISER, signifie diviser une partie d'un tout déja divisé.

Les biens d'une communauté entre mari & femme, après le decès du premier mourant, se divisent d'abord en deux parts, dont l'une appartient au survivant des conjoints; & l'autre qui appartient aux enfans, se subdivise, pour être partagée entre eux par portions égales.

SUBHASTATION. Ce terme dans l'art. 150 de la Coutume de Paris, se prend pour la vente des immeubles qui se fait par criées & par décret.

Mais ce terme généralement pris, signifie toute sorte de vente publique qui se fait à l'encan & à cri public, au plus offrant & dernier encherisseur.

Ce terme vient de ce que chez les Romains, pour marque de vente publique, on mettoit une pique appellée *hasta*, ou dans le marché, ou dans le lieu où la vente devoit être faite.

Itaque subhastare est sub hasta distrahere; quia scilicet hasta erat præcipuum signum eorum quæ publicè venundabantur, sub hasta à præcone. voyez le Glossaire du Droit François, *verbo* Subhaster.

Subir signifie souffrir de gré ou de force le commandement d'un Supérieur, ou la peine qui a été imposée.

SUBIR INTERROGATOIRE, signifie se présenter devant le Juge pour être par lui interrogé.

SUBORDONNÉ, se dit de ce qui est sous la supériorité d'un autre. On dit par exemble, que la Jurisdiction du Châtelet est subordonnée à celle du Parlement.

SUBORNATION. *Voyez* Rapt de séduction.

SUBREPTRICE, est une qualité que l'on donne à une concession obtenue du Supérieur par surprise. Il en est de même du terme d'obreptice, avec cette différence, qu'obreptice signifie l'omission d'un fait qui auroit pû empêcher que la grace ne fut accordée; au lieu que subreptice signifie, non pas l'omission du fait, mais le déguisement dont on s'est servi dans l'exposé du fait & de ses circonstances. *Voyez* Obreption & Subreption.

SUBREPTION, est ce que l'on ajoute ou déguise dans l'exposition du fait, pour faire passer des Lettres. Obreption, est l'omission & la suppression des faits & circonstances dans l'exposé, qui pourroient servir d'obstacle à l'impétrant.

Itaque in eo differunt subreptio & obreptio, quod per subreptionem exprimenda silentio prætermittantur, per obreptionem vero requisita falso supponantur: comme je l'ai dit, *verbo* Obreption.

SUBROGATION. Ce mot pris généralement, signifie toute sorte de succession, soit d'une chose à un autre dont il y a un exemple dans l'article 143. de la Coutume de Paris; ou d'une personne à une autre personne, à titre universel, ou à titre, particulier.

SUBROGATION EN MATIERE DE CREANCE, est une subistution en la place & aux droits d'un autre créancier.

Il y en a de deux sortes, l'une conventionnelle, l'autre légale, qui se réglent diversement. *voyez* ce que j'ai dit de l'une & de l'autre sur l'article 108. de la Coutume de Paris. Nous en allons donner ici les premiers principes.

Une observation préliminaire qu'il convient de faire, est qu'un étranger qui n'est point créancier a trois voies pour entrer en la place d'un créancier hypotécaire; la premiere, quand il offre lui-même les deniers au créancier, auquel cas il est nécessaire qu'il prenne cession de ce créancier; la seconde, par Sentence du Juge, avec adjudication des mêmes droits; la troisiéme, par convention & subrogation du débiteur. *voyez* Brodeau sur Louet lettre C, som. 38. nomb. 2.

Le créancier qui ne peut pas se servir de l'une de ces trois voies, quoiqu'il ait acquitté une dette de ses deniers, ne peut pas prétendre succéder aux droits du créancier qu'il a payé.

Ainsi, le payement fait par un fidejusseur étant contraint, ne lui acquiert pas de droit la subrogation aux droits & actions du créancier principal contre d'autres cautions, sans stipulation ni subrogation expresses; comme il a été jugé par Arrêt du 26 Août 176. rapporté par M. Augeard, tom. 1. chap. 70.

SUBROGATION CONVENTIONNELLE, est un contrat par lequel le créancier transfere sa créance avec tous ses accessoires, au profit d'une tierce personne.

Cette subrogation est une espéce de vente d'une dette, & de toutes les actions personnelles & hypotécaires qui en dépendent.

Elle se fait par une convention entre le créancier & celui à qui le créancier transfere tous ses droits sans la participation & la convention du débiteur, mais cette subrogation appellée cession ne saisit pas étant faite entre le cédant & celui au profit de qui elle est faite, sans la participation du débiteur, qui, nonobstant cette cession demeure toujours obligé envers le cédant, & non envers celui au profit de qui elle est faite.

Il faut donc, pour que le cédant soit désaisi de la dette qu'il a cédée, que celui au profit de qui la cession est faite la signifie au débiteur.

Voyez ci-après, *verbo* Transport. *voyez* aussi ce que j'ai dit sur l'article 108. de la Coutume de Paris; le Traité de la Subrogation, par M. de Renusson; le Recueil alphabétique de M. Bretonnier & henrys, liv. 4. quest. 5. 6 & 7.

SUBROGATION LEGALE est celle qui se fait par la Loi en faveur de celui qui paye les créanciers d'un débiteur; auquel cas, sans la participation desdits créanciers, par la seule convention faite avec le débiteur, & par la déclaration que fait ce même débiteur dans la quittance de remboursement que les deniers dont le payement est fait proviennent d'un tel, il se fait une transmission légale de tous les droits des créanciers remboursés en la personne du nouveau créancier qui a prêté ses deniers pour les rembourser.

Cette subrogation est proprement ce qu'on appelle *subrogation*, & n'est pas appellée cession, quoique la cession soit appellée subrogation.

La raison est, que le débiteur qui consent que la substitution soit faite des droits du créancier antérieur en la personne du nouveau créancrier, ne peut pas ceder les droits que son créancier a contre lui; mais il en peut consentir la subrogation, laquelle se fait par l'autorité de la Loi.

Ainsi, quand il s'agit d'une hypotéque spéciale & privilégiés, la subrogation est suffisante, & il ne faut point de cession. M. le Prêtre, cent 1. chapitre 69.

Cette subrogation a été introduite par les Loix en faveur des débiteurs, pour faciliter à un homme qui a un créancier trop dur & trop incommode, un moyen de se tirer de ses mains, en lui subrogeant un nouveau créancier qui le rembourse de ses deniers, & qui entre dans tous ses droits de la même maniere que s'il avoit été créancier originaire, attendu qée le changement de personne n'en produit aucun par rapport au droit, qu'une subrogation réguliere fait subsister au même état.

La subrogation légale est donc une véritable succession à l'obligation personelle de l'ancien créancier, qui donne au nouveau créancier le même avantage qu'avoit l'ancien contre ses débiteurs; c'est-à-dire que le nouveau créancier a la même action que l'ancien, non de son chef propre, mais du chef de cet ancien créancier.

Si c'étoit de son chef propre, il n'auroit que l'action simple *negociorum gestorum*; il faut donc nécessairement que l'obligation personelle à laquelle il a succedé, lui ait donné une action, laquelle est l'effet de cette succession légale, & qu'il exerce comme créancier personnel.

Elle a l'effet d'une cession pour conserver l'hypotéque sur tous les coobligés, & l'hypotéque subsiste contre un coobligé qui n'a point parlé, ni été partie dans la quittance & acte de subrogation.

On appelle cette subrogation légale, pour la distinguer de la subrogation conventionnelle, qui est un transport d'une dette, fait par un créancier à celui qui le rembourse. La subrogation légale au contraire est le seul ouvrage de la Loi.

Nous en avons dans le Code un titre, *de his qui in priorum creditorum locum succedunt*. Les dispositions qui s'y trouvent sont admises dans toute la France par un Edit d'Henri IV. du mois de Mai 1609. qui porte que quand un étranger prête ses deniers au debiteur pour acquitter un créancier privilégié, ou qui a d'anciennes hypotéques, il peut se faire subroger en son lieu & place.

Mais cet Edit porte qu'il faut pour cela que dans l'obligation ou dans le contrat de constitution que le débiteur fait à son profit, il soit fait mention que les deniers empruntés sont pour employer au payement d'une telle dette, & que dans la quittance que l'ancien créancier donne au débiteur, il y ait une déclaration que la somme payée provient des deniers empruntés d'un tel.

Il faut nécessairement que cette déclaration soit inserée dans la quittance; car si c'étoit dans un acte séparé de la quittance, quoique ce fût dans le même moment, elle ne seroit plus valable; parce que la dette ayant été une fois eteinte par le moyen du payement, on ne pourroit plus la faire revivre par une subrogation postérieure.

Cette subrogation se fait par la seule volonté du débiteur, sans la participation du créancier qu'il rembourse: ce qui est fondé sur ce que le débiteur est, pour ainsi dire, le créateur de l'hypotéque qu'il a constituée à l'ancien créancier; & comme il ne lui a donné cette sûreté que jusqu'au tems qu'il le rembourseroit, le débiteur est le maître de la lui ôter en le payant, pour la donner à un étranger, dont les deniers sont employés au payement de la dette. Ainsi cette hypotéque que le débiteur donne au nouveau créancier, est la même que l'ancien créancier avoit avant qu'il fût payé.

Mais on a douté si l'étranger qui prête son argent à un de plusieurs débiteurs, peut prétendre que cette subrogation ait son effet contre tous ceux qui sont obligés de l'ancienne dette.

Il semble que le débiteur à qui l'argent a été prêté, a bien pû subroger contre lui le nouveau créancier, comme étant maître de l'hypotéque qu'il a créée sur ses biens; mais que n'etant pas le maître des hypotéques que ses coobligés ont constituées sur leurs biens, il n'a pû accorder la subrogation que contre lui seul, & non contr'eux.

Cependant la Cour a décidé le contraire par son Arrêt de réglement du 6 Juillet 1690. qui comprend non seulement les coobligés, mais encore la caution, en voici les termes.

» Ce jour la Cour, toutes les Chambres assemblées, aprés avoir déliberé sur les articles présentés par les Gens du Roi, a arrêté & ordonné sous le bon plaisir dudit Seigneur Roi, que pour succeder & être subrogé aux actions, droits, hypotéques & priviléges d'un ancien créancier, sur les biens de tous ceux qui sont obligés à la dette, ou de leurs cautions, & pour avoir droit de les exercer ainsi & en la maniere que lesdits créanciers l'auroient pû faire, il suffit que les deniers du nouveau créancier soient fournis à l'un des débiteurs, avec stipulation faite par acte passé pardevant Notaires, qui précede le payement, ou qui soit de même date, que le débiteur employera lesdits deniers au payement de l'ancien créancier; que celui qui les prête sera subrogé aux droits dudit ancien créancier; & que dans la quittance ou dans l'acte qui en tiendra lieu, lesquels seront aussi passés pardevant Notaires, il soit fait mention que le remboursement a été fait des deniers fournis à cet effet par le nouveau créancier, sans qu'il soit besoin que la

» subrogation soit consentie par l'ancien créancier, » ni par les autres débiteurs & cautions, ou qu'elle » soit ordonnée par Justice ; & qu'en attendant que » ledit Seigneur Roi en ait autrement ordonné, la » Compagnie suivra cette Jurisprudence dans tou- » tes les occasions qui s'en présenteront : ordonne » que le présent Arrêté sera envoyé aux Bailliages » & Sénéchaussées du ressort, pour y être pareil- » lement observé, & à cet effet lû, publié & en- » regiſtré. Enjoint au Substitut du Procureur gé- » néral du Roi d'y tenir la main, & d'en certifier » la Cour dans un mois. Fait à Paris en Parlement » le 6. Juillet 1690.

Il y a un autre Arrêt de réglement au sujet des subrogations & de la forme des oppositions aux décrets, qui est du 31. Août 1690. & qu'on peut voir dans le Journal des Audiences.

Voyez ce que j'ai dit sur l'article 108. de la Coutume de Paris ; le Recueil alphabétique de M. Bretonnier. *Voyez* aussi Henrys, liv. 3. quest. 5. 6. & 7. & le Traité de la Subrogation, fait par M. de Renusson.

SUBROGATION RÉELLE, est celle qui se fait d'une chose subrogée à la place d'un autre ; auquel cas la chose subrogée prend la qualité de celle à la place de laquelle elle est. Aussi tient-on pour maxime, *subrogatum sapit naturam subrogati* : ce qui a lieu.

I°. Quand celui qui est chargé d'un fideicommis en aliéne les biens, & que du prix en provenant, il acquiert d'autres héritages.

II°. en matiere d'échange d'héritages.

III°. A l'égard des héritages acquis des deniers des mineurs par leur tuteur ou curateur.

IV°. A l'égard des héritages acquis de deniers dotaux d'une femme.

Voyez Louet & son Commentateur, lettre S. chap. 16. & le Recueil alphabétique de M. Bretonnier.

SUBROGATION DE CRIÉES, est une substitution au droit du poursuivant criées, qui se fait au profit d'un des opposans, faute par le poursuivant de faire les poursuites nécessaires pour parvenir à l'adjudication par décret.

Quelquefois les débiteurs font saisir réellement leurs biens à la requête d'un créancier supposé, lequel ne poursuit les criées qu'autant qu'il plaît au débiteur, pour ôter à un légitime créancier le moyen de les faire vendre promptement, pour demeurer ainsi en la possession d'iceux : pour lors un autre créancier qui a intérêt que les criées se fassent promptement, peut demander la subrogation aux criées, au lieu du saisissant & du poursuivant, en le remboursant de ses frais.

Cette subrogation se fait encore quand celui qui poursuit les criées est satisfait de ce qui lui est dû par le débiteur.

Pour parvenir à la subrogation, il faut présenter requête au Juge de la Jurisdiction où se poursuivent les criées, & exposer *que le demandeur en subrogation est légitime créancier de tel... de telle somme portée par le contrat, &c. qu'il s'est opposé aux criées de telles choses saisies sur tel... à la requête de tel... qui est négligent de parachever les criées encommencées ; & en conséquence de ce, il demande que dans deux mois ledit tel, saisissant, soit tenu de faire mettre à fin lesdites criées ; sinon que ledit tems passé, ledit tel, demandeur, sera subrogé à la poursuite desdites criées, sous les offres qu'il fait de le rembourser de ses frais ; & qu'en conséquence le Procureur dudit poursuivant sera tenu de rendre & remettre les piéces, poursuites & procédures entre les mains dudit tel ; & qu'à faute de ce faire, ledit tel, Procureur du poursuivant, sera contraint par corps, & en ce faisant, demeurera déchargé, &c.*

Sur cette Requête signée du Procureur de celui qui demande la subrogation, un Conseiller ou le Greffier met : *viennent les Parties au premier jour.*

Après qu'elle est signifiée, la Cour ordonne que dans deux ou trois mois, ou autre délai, selon qu'elle le trouve à propos, le poursuivant mettra les criées à fin ; sinon ledit tems passé, sera fait droit sur la subrogation requise.

Quelquefois la Cour accorde plusieurs délais les uns après les autres ; & enfin si elle voit qu'il y ait de la collusion & de la négligence, elle accorde la subrogation à celui qui l'a demandée.

Cette subrogation ne peut être demandée que par un des créanciers opposans ; parce que pour être poursuivant criées, il faut être saisissant : or tout opposant est saisissant ; mais par l'argument des contraires, celui qui n'est point opposant, n'est point saisissant.

Pour qu'un Procureur puisse demander pour sa Partie une subrogation de criées, il faut qu'il soit fondé de procuration spéciale ; autrement il seroit sujet à désaveu.

La subrogation accordée, le subrogé doit faire signifier le Jugement de subrogation, tant au Procureur du pousuivant criées sur lequel il est obtenu, qu'à celui du débiteur & au plus ancien des opposans, & ensuite le faire enregistrer par le Greffier des Oppositions, afin qu'on sçache qui est le poursuivant criées.

Le créancier qui est subrogé à une poursuite de criées, doit payer au poursuivant & à son Procureur les frais qui ont été faits avant la subrogation : mais il ne peut pas les obliger de demeurer garants de leurs procédures pour les frais qu'il leur rembourse ; comme il a été jugé par Arrêt du 6. Juillet 1678. rapporté dans le Journal du Palais.

Lorsque celui qui a été subrogé à une poursuite de criées, reconnoît que l'immeuble saisi ne mérite pas les frais d'un décret, il peut présenter sa requête, & obtenir en conséquence un Jugement qui ordonne qu'il sera vendu par forme de licitation, & alors le tout doit être dénoncé aux opposans.

SUBROGATION D'ACQUETS AUX PROPRES, est un droit particulier établi dans quelques

Coutumes, comme dans celle de Poitou, en vertu duquel celui qui n'a point de propres, ne peut disposer de ses acquêts, que jusqu'à concurrence d'une certaine partie.

Comme cette disposition renferme un droit tout particulier, elle ne peut être étendue aux Coutumes qui n'en parlent point. *Voyez* Sœfve, tom. 1. cent 3. chap. 30. ce que j'ai dit sur l'article 292 de la Coutume de Paris, glose 2. nomb. 26; & Dupineau, nouvelle édition, liv. 6. chap. 8.

SUBROGATIS. Ce terme latin se dit au Palais, de l'Ordonnance du Chef d'une Compagnie, par laquelle il subroge & donne un nouveau Rapporteur, au lieu & place de celui qui ne peut rapporter une affaire dont il étoit chargé.

SUBROGATUR. Ce terme latin signifie au Conseil privé, l'acte par lequel un Rapporteur est subrogé en la place d'un autre.

SUBROGÉ TUTEUR est celui qui est donné à un mineur, quand le tuteur est son créancier ou son débiteur; ensorte qu'il peut avoir des droits à démêler avec lui. Ainsi, pour l'empêcher de détourner les piéces & instrumens qui concernent sa dette ou sa créance, on lui donne un subrogé tuteur, pour être présent, & assister à l'inventaire fait par le principal tuteur, & empêcher qu'il ne se passe rien dans la confection de cet inventaire qui soit préjudiciable au mineur.

Il doit donc empêcher les malversations & recelés, & revendiquer ce qui pourroit avoir été détourné, si le tuteur ne fait pas les diligences nécessaires contre ceux qui ont fait les divertissemens.

Il doit aussi, en cas de malversation de la part du tuteur, faire assembler les parens pour le destituer de la tutelle, & agir contre le tuteur, si le mineur a des actions à intenter contre lui, ou défendre celles que le tuteur peut intenter contre le mineur.

Comme le subrogé tuteur n'a point d'autres fonctions que celles que nous venons de dire, il n'est point tenu de l'administration, ni du reliquat de compte de tutelle, pourvû qu'il n'y ait point de fraude de sa part, & que l'inventaire ait été loyalement fait en sa présence.

Voyez ci-après, *verbo* Tuteur; & Brodeau sur Louet, lettre T, somm. 13.

SUBROGER, signifie ceder son droit, mettre quelqu'un en son lieu & place; comme quand on fait un transport, on subroge le cessionnaire, en ses droits, noms & actions, privilèges hypotéques.

SUBSIDE, est un nom général qu'on donne à toutes les impositions qu'on fait sur le peuple, ou sur les marchandises, au nom du Roi ou de l'Etat, pour subvenir à ses nécessités & à ses charges.

La subvention, les aydes & autres impositions semblables, sont des subsides.

Il n'y a que le Roi qui puisse lever des subsides sur le peuple.

SUBSIDIAIRE, se dit des moyens qui ne sont pas principaux; mais qui sont surabondans, dont on se sert, non pas pour établir son droit, mais pour le fortifier.

On appelle aussi subsidiaires, les conclusions incidentes que l'on prend dans le cours d'une affaire pour servir au cas que les premieres souffrent quelque difficulté.

SUBSIDIAIREMENT, signifie d'une maniere subsidiaire, c'est-à-dire par surabondance de droit, ou pour derniere ressource, au défaut d'autre expédient.

C'est dans ce dernier sens que la Coutume de Berry a employé ce terme dans l'article 5. du titre 19. qui porte, que quand un ascendant a donné des héritages à un de ses enfans, & que le donataire vient à décéder sans hoirs, lesdits héritages retournent au donateur sans charges de dettes personnelles, au payement desquelles il ne pourra être tenu que subsidiairement, dans le cas où le restant des biens du défunt ne suffiroit pas.

SUBSISTANCE, est un droit qu'on a commencé de lever depuis quelques années, pour faire subsister les soldats dans les quartiers d'hiver; au moyen de quoi on est exempt du logement de la Gendarmerie durant l'hiver.

Ce droit se paye comme la taille & le taillon.

SUBSTITUTION, est une institution d'héritier faite au second dégré, ou autre plus éloigné. Elle se fait, ou par une disposition entre vifs, ou par une disposition de derniere volonté. *Voyez* le Recueil alphabétique de M. Bretonnier, & le Traité des Substitutions de M. Marie Ricard; & la nouvelle Ordonnance concernant les Substitutions, du mois d'Août 1747. qui regle les biens qui peuvent être substitués, les clauses, conditions & la durée des Substitutions, les droits qui peuvent être exercés sur lesdits biens, les régles que doivent observer ceux qui sont grevés de substitution, les Juges qui en doivent connoître, & l'autorité de leurs Jugemens.

SUBSTITUTION FAITE PAR UNE DISPOSITION ENTRE VIFS, est celle qui est faite par une donation entre vifs, à la charge d'une substitution au profit d'un autre dont le donataire est chargé. Comme cette substitution est faite par une donation entre-vifs, elle est irrévocable.

Un Particulier peut par le contrat de mariage d'une personne qu'il affectionne, l'instituer son héritier, & le charger de restituer les biens qui lui viendront de sa succession, aux enfans qui naîtront de ce mariage. Mais le cas le plus ordinaire est d'un pere, qui mariant son fils, l'institue son héritier par le contrat de mariage & le charge de restituer les biens qui viendront de sa succession aux enfans qui naîtront de ce mariage. Voila une substitution contractuelle qui empêche que l'héritier institué puisse aliéner les biens sujets à restitution, au préjudice des enfans substitués. *Voyez* Institution contractuelle.

SUBSTITUTION FAITE PAR UNE DIS-

POSITION DE DERNIERE VOLONTÉ, estcellequi est faite par testament, ou par codicile, ou par tout autre acte, que l'on déclare ne pouvoir avoir son effet qu'après la mort de celui qui fait la substitution; c'est-à-dire, qui en la personne grevée de la substitution ne transfere aucun droit de proprieté des biens de celui qui fait la substitution; ensorte qu'il est toujours en droit de la révoquer jusqu'au dernier moment de sa vie.

Il y a trois sortes de substitutions qui se font par disposition de derniere volonté; sçavoir, la vulgaire, la pupillaire, & l'exemplaire, ou quasi-pupillaire.

Mais avant que d'entrer dans l'explication de ces trois espéces de substitutions testamentaires, qui n'ont lieu qu'en pays de Droit écrit, il faut observer qu'en pays coutumier on ne peut substituer par testament, que la portion des biens dont on a la libre disposition: ainsi la substitution faite au profit d'un étranger, ne comprend que le quint des propres, attendu que les quatres autres quints doivent toujours appartenir aux héritiers des propres, francs & quittes detoutes dispositions testamentaires.

SUBSTITUTION VULGAIRE, est celle par laquelle on substitue à l'héritier institué de quelque âge & qualité qu'il soit, au cas qu'il ne se porte pas héritier. Par exemple *Titius soit mon héritier*: *si Titius n'est pas mon héritier*; *Mævius soit mon héritier.*

Les Romains, jaloux de l'accomplissement de leur derniere volonté, inventerent cette substitution, afin que si l'héritier institué par le testateur dans le premier degré venoit à manquer, celui qui seroit institué dans le second ou autre degré plus éloigné, pût recueillir la succession, & faire valider son testament.

Cette substitution a lieu dans les pays du Droit écrit & autres, où les institutions sont nécessaires pour la validité des testamens.

Mais dans la France coutumiere, où les institutions ne valent que comme des legs universels, comprenant tous les biens dont le testateur pouvoit disposer, les substitutions vulgaires n'ont lieu que pour subroger les substitués au lieu & place des institués, c'est-à-dire des légataires universels, au cas qu'ils ne puissent pas accepter le legs fait en leur faveur.

Voyez ce que j'ai dit sur le titre 15. du second livre des Institutes.

SUBSTITUTION PUPILLAIRE, est celle qui se fait à un pupille par celui en la puissance duquel il est au cas qu'il décede avant que d'être parvenu à sa puberté.

L'usage a introduit cette substitution chez les Romains, sous couleur, qu'en conséquence de la puissance paternelle, le pere & le fils n'étant censés qu'une même personne, la volonté du fils n'étoit autre que celle du pere.

Cette substitution s'éteint par la puberté, c'est-à-dire dèsque les mâles ont quatorze accomplis, & les femelles douze.

Il n'est pas au pouvoir du pere d'étendre cette substitution au-de-là de cet âge. *Legibus concessum est parentibus consilium capere pro liberis, quandiu consilii essent incapaces; sed noluerunt leges patriam potestatem extendi, post mortem parentum, ultrà liberorum pubertatem.* Ainsi, quand un pere substitue à ses enfans au-delà de la puberté, une telle substitution est réduite à l'âge prescrit par les Loix.

Un pere qui a plusieurs enfans impuberes, peut substituer pupillairement à quelqu'un d'eux, sans le faire à l'égard des autres.

La substitution pupillaire expresse exclut la mere de la légitime; il n'y a que le Parlement de Bourdeaux qui donne toujours & dans tous les cas la légitime entiere à la mere. Mais la substitution tacite n'exclut pas la mere de la légitime. *voyez* le Recueil alphabétique de M. Bretonnier.

La substitution pupillaire se divise donc en expresse & en tacite. Celle-la se fait *verbis expressis* au cas que le fils décede avant la puberté, ou avant que d'avoir atteint l'âge de pouvoir tester. Celle-ci se fait tacitement, & est compris sous la vulgaire expresse, par une interprétation de la volonté du testateur, qui substituant à son fils *in casum vulgarem*, *si hæres non erit* est présumé lui succeder tacitement *in casum*, *si res erit*, *& nondum puber factus decesserit.*

Cette espéce de substitution n'a lieu que dans le pays du Droit écrit, & non pas dans la France coutumiere, où les institutions ne sont point en usage. *voyez* ce que j'ai dit sur le titre 16. du second livre des Instituts.

SUBSTITUTION EXEMPLAIRE, est celle qui se fait par les parens à leurs enfans, de quelque degré, âge & sexe qu'ils soient, quand la foiblesse de leur esprit les empêche de pouvoir régler leur derniere volonté, & déclarer celui qu'ils veulent instituer leur héritier, commesont lesprodigues lesfurieux, les imbéciles & dépourvus de jugement.

Cette substitution est appellée exemplaire, parce qu'elle a été introduite par l'Empereur Justinien, à l'exemple de la substitution pupillaire; car avant lui les peres n'avoient pas cette faculté, si elle ne leur étoit accordée par des Lettres du Prince.

Cette faculté reçoit encore aujourd'hui une espéce de restriction; en ce que si celui qui est furieux ou en demence à des enfans, ou au défauts s'il a des freres & sœurs, le pere qui lui substitue ne peut pas lui donner pour héritier un étranger; mais il est tenu de lui substituer ses enfans, ou un d'eux, & au défaut d'enfans, ses freres & sœurs, ou quelqu'un d'entr'eux.

Cette substitution se fait par les ascendans, tant paternels que maternels, à leurs descendans sans distinction de sexe, de degré, ni d'âge; & comme elle ne se fait point *jure patriæ potestatis*, *sed humanitatis instuitu*, elle se peut faire aux enfans que le testateur n'a pas dans sa puissance; en quoi ell differe de la substitution pupillaire, qui se fait *patriæ potestatis jure.*

Cette substitution n'a lieu qu'en Pays de Droit écrit.

Voyez ce que j'ai dit sur le paragraphe dernier du titre 16. du second Livre des Institutes.

SUBSTITUTION QUI EST REÇUE EN PAYS COUTUMIER POUR EMPECHER LES SUITES FACHEUSES DE LA DISSIPATION DES ENFANS. Les substitutions dont nous venons de parler dans les articles précedent, ne sont parmi nous reçues qu'en pays de droit, écrit un autre espéce de substitution tirée de la Lo. *Si furioso*, §. 1. *ff. de curator. furiosi*

Cette substitution est le seul reméde dont les peres & meres se puissent servir pour arrêter la dissipation de leurs enfans, & empêcher que par leur mauvais ménage ils ne se reduisent eux-mêmes & leurs enfans à un extrême nécessité.

C'est donc avec beaucoup de raison qu'on laisse à la prudence des peres & meres la faculté de prétenir un tel malheur, en leur permettant de transmettre directement en la personne de leurs petits-fils la proprieté des biens qui composent leurs successions, & d'en priver leurs enfans qu'ils sçavent être dissipateur, pourvû qu'ils leur laissent la légitime, & leur donnent l'usufruit des biens substitués.

Cette disposition est toute favorable pour les petits-fils au profit de qui est faite la substitution, & n'est pas moins avantageuse aux enfans dont les biens sont substitués; puisqu'au moyen du legs d'usufurit de ces mêmes biens, ils ne courent point risque de tomber dans l'indigence, dans laquelle leur prodigalité les auroit probablement réduits.

Suivant les termes de cette Loi. *Si furioso*, *ff. de curator. furios.* il y a trois choses qui doivent nécessairement être observées pour la validité d'une substitution de cette nature.

La premiere de réserver au fils dont le pere veut substituer les biens, une portion suffisante pour lui fournir des alimens : *eique*, dit la Loi *alimentorum nomine aliquid negasset.*

La seconde est de faire la substitution au profit des petits fils : *debet pater providere nepotibus.*

La troisiéme enfin est d'en exprimer les causes & les motifs : *additâ causâ*, *necessitateque judici.*

Pour faire une substition valable, aux termes de cette de cette Loi, les peres & meres doivent donc premierement réserver quelque chose à leur fils; autrement ce seroit une véritable exhérédation dont la rigueur dépouilleroit entierement le fils deshérité, de la portion qu'il doit avoir dans la succession de ses pere & mere; ce qui ne pourroient pas être admis sans une des causes pour lesquelles il est permis aux peres & meres d'exhereder leurs enfans.

Il faut enore que les peres & meres n'ayent en vûe que l'avantage de leurs petits-fils, & faire la substitution entierement à leur profit: sans cela cette disposition ne seroit pas moins odieuse que l'exhérédation, dont la peine s'étendroit jusques sur les petits-enfans.

Enfin, il faut qu'ils alléguent & expriment la cause qui les a portés à faire une telle substitution.

Autrefois cette derniere condition devoit être observée aussi-bien que les deux autres; & l'on déclaroit nulles les substitutions faites sans cause, sur le fondement de la Loi *Si furioso*, *ff. de curat. furios.* en ces termes *additâ causâ*, *necessitateque judicii*, qui l'avoit ainsi ordonné, sur le fondement que cette substitution est une espéce d'exhérédation dont par conséquent le testateur est obligé d'exprimer la cause.

Mais aujourd'hui, suivant la derniere Jurisprudence des Arrêts, cette derniere condition n'est point requises. Il y en a un dans le Journal du Palais, rendu le premier Avril 1686. & un plus recent rendu le 19 Février 1704. sur les conclusions de M. l'Avocat général Joly de Fleury, qui ont jugé les substitutions valables, quoique le pere n'en eût allégué aucune cause. Ces Arrêts ordonnent seulement la distraction de la légitime.

Quid juris, si le pere ou la mere qui ont fait une telle substitution en ont énoncé les motifs, en marquant que c'est à cause de la dissipation qu'ils ont reconnu dans la personne de celui dont ils substituent la part & portion?

Si les motifs sont vrais, qu'il soit prouvé que le grevé de substitution, par l'excès de ses profusions & de ses dépenses frivoles, travailloit à sa ruine & à celle de sa famille, la substitution est valable; mais si les motifs d'une telle substitution sont faux, ellle doit être déclarée nulle, si celui à qui elle est faite en veut poursuivre la nullité. De pareilles allégations deshonnorent le grevé de substitution. Or il ne doit pas être permis à un pere de priver ses enfans de la proprieté d'un bien qui leur doit appartenir, & par le même acte d'imprimer sur eux une note qui les deshonore, lorsqu'ils ne se sont point attiré un tel affront par leur mauvaise conduite. C'est l'espéce des Arrêts de rainssant & de Millet, des 27. Mars 1669. & du 31. Mai 1681. qui ont déclarés nulles les substitutions faites *cum elogio*, témérairement & sans juste cause.

Ces sortes de substitutions paroissent peu favorables, en ce qu'elles mettent les biens substitués hors le commerce ordinaire, & qu'elles privent celui qui est grevé de sustitution de la proprieté d'un bien qui lui devoit appartenir de droit commun aussi lui donne-t-on le nom d'exhérédation. Mais quand la substitution est faite à un prodigue, c'est une exhérédation officieuse, qui n'est que l'effet de la prudence & de la sagesse d'un pere de famille, qui se trouve obligé de grever de substitutiou un fils dissipateur, pour garantir ses petits-fils & son fils même de la misere. Aussi le caractere de la substitution véritablement officieuse, est de conserver des alimens au fils prodigue, & la proprieté des biens au petits-fils.

Mais dans les cas où ces inconvéniens ne sont point à craindre, un pere ou une mere peuvent toujours substituer l'excedent de la légitime; parce ce que les hommes ont une pleine & entiere liberté de disposer de leurs biens, en laissant la légitime à leurs enfans, pourvû que leur disposition ne soit accompagnée d'aucune note qui flétrisse l'honneur & la réputation du grevé de substitution.

Dans les grandes Maisons, dont les biens consistent en Terres titrées, les substitutions sont devenues presque nécessaires, par les prodigieuses dépenses où sont entraînés les Seigneurs qui ont à soutenir des noms illustres, & des emplois proportionnés à leur naissance.

Quoique les substitutions soient regardées en quelque maniere comme des exhérédations, il paroit parce que nous venons de dire qu'elles ne se réglent pas absolument par les mêmes principes.

Premierement, un pere ne peut pas exhereder son fils, & le retrancher de sa famille, que pour quelqu'unes de ces causes graves que la Loi a eu la sage précaution de définir. En effet, il ne convient pas qu'une affaire d'une si grande importance ne soit pas définie par la Loi, & dépende du caprice & de la décision des hommes.

En second lieu, ce n'est pas assez que le motif de l'exhérédation soit juste, le pere est obligé de l'exprimer; parce que quand on ôte les biens à ses enfans par une exheredation rigoureuse, on en doit marquer le motif, parce que comme celui qui exhérede prononce l'exhérédation, laquelle est une véritable peine, il faut du moins en spécifier la cause pour connoitre si elle est juste & conforme aux Loix, qui ne permettent d'exhéréder qu'en certains cas.

Enfin il faut pour qu'une exhérédation soit valable, que la cause pour laquelle le testateur a déclaré l'avoir faite, soit par l'héritier prouvée être conforme à la vérité: car quoique la Loi ait accordé aux peres & meres une espéce de magistrature, & quoique leurs jugemens, qu'on présume dictés par l'amour qu'ils ont ordinairement pour leurs enfans, outre qu'ils sont obligés d'en expliquer les motifs, l'équité veut que leurs jugemens soient réprimés, si la justice & la raison n'en ont pas été les principes.

Il n'en est pas de même des substitutions; elles sont permises en général, pourvû que la légitime soit conservée au grevé de substitution, & que le pere en la prononçant ne paroisse pas avoir eu intention de faire injure à celui de ses enfans dont il a voulu que la part & portion fût substituée.

Dans les substitutions qui ne sont que des exhérédations officieuses, il n'est donc pas nécessaire d'avoir une cause légitime pour substituer, & encore moins de rendre compte au Public du sujet qui nous a porté à le faire.

Cependant, quoique celui qui fait une telle substitution ne soit pas tenu d'en exprimer les motifs, quand il le fait, il faut absolument que ces motifs se trouvent véritables; autrement le fils seroit en droit de revenir contre, & de faire casser la substitution comme calomnieuse & déraisonnable, suivant ce que nous avons dit ci-dessus.

Il résulte de tout ceci, qu'il ne faut pas confondre une disposition aussi favorable que l'est celle-cy avec un acte aussi odieux que l'est une exhérédation, ni prétendre que la substitution soit assujettie à la sévérité des maximes rigoureuses qui se trouvent dans la Novelle 115. de Justinien, puisqu'elles ne regardent que la véritable & inofficieuse exhérédation, & non pas celle que l'on qualifie d'exhérédation, officieuse, & qui n'est pas une véritable exhérédation; en effet cette substitution n'est autre chose qu'un legs; c'est un legs de proprieté en la personne des petits-fils; c'est un legs d'usufruit en la personne du fils, & non pas une exhérédation.

Il ne faut pas non plus confondre la substitution dont nous parlons ici, & qui est observée en France, tant en pays de Droit écrit qu'en pays coutumier, avec les trois espéces de substitutions qui avoient été introduites par les Loix Romaines, & qui ne sont en usage parmi nous que dans les pays de Droit écrit; sçavoir, la vulgaire, la pupillaire, & celle qui est appellée substitution exemplaire, dont nous avons parlé ci-dessus.

SUBSTITUTION NE SE PEUT FAIRE A DES ENFANS, QUE DE L'EXCEDENT DE LEUR LEGITIME. Comme la portion légitimaire est sacrée, les peres & meres ne peuvent l'altérer, la diminuer, ni même la substituer; autrement leur disposition passeroit plutôt pour une véritable exhérédation, que pour une substitution.

Il n'y a qu'un cas auquel ils peuvent substituer la légitime, qui est celui de la dissipation: mais pour qu'une telle substitution vaille à l'égard de la légitime, il faut, I°. que le pere fasse mention de la dissipation de son fils. II°. Qu'il lui laisse l'usufruit de sa portion héréditaire en entier. III°. Qu'il en laisse la proprieté aux enfans nés ou à naître de lui.

Ainsi lorsqu'un pere prive par une telle substitution un de ses enfans de la proprieté de sa légitime, il faut qu'il en explique disertement les causes & qu'il déclare qu'il ne le fait *que par la crainte de la dissipation de son fils*. En ce cas là, quoique les raisons que le pere allégue contre son fils soient fâcheuses, elles ne sont point considerées comme un témoignage de sa haine, mais comme un effet de sa prévoyance & de sa sagesse.

Comme la nature & toutes les Loix déferent aux enfans cette portion légitimaire des biens de leurs peres & meres, il faut nécessairement qu'ils fassent connoitre les motifs qu'ils ont de se dispenser de leur payer une dette si légitime.

Ainsi, par Arrêt rendu en la grande Chambre le 23 Avril 1708. il a été jugé qu'une mere ayant substitué le legs fait par elle à ses enfans, à leurs enfans à naître, sans avoir marqué de cause de sa disposition, les enfans devoient avoir la distraction de leur légitime mais que le surplus demeureroit substitué.

Il en seroit de même si le testateur s'étoit servi

de termes généraux, comme de dire qu'il substitue le legs par lui fait aux enfans d'un tel son fils, pour de bonnes & justes considérations, parce que ce n'est pas là satisfaire à la Loi qui veut une cause légitime : & pour sçavoir si elle est de cette nature, il la faut exprimer en termes solemnels. Ces considérations vagues & indéfinies ne désignent rien pour trop désigner. Quiconque peut se résoudre à deshériter ainsi son fils, en lui substituant jusqu'à sa légitime, on peut dire le sujet, l'expression de la cause n'ajoute rien à l'injure qu'il lui fait. La plus grande qu'il lui puisse faire est cette exhérédation; mais il faut qu'on en sçache le motif, & il n'est pas permis de l'envelopper dans des éloges mystérieux & énigmatiques qui font soupçonner ce qui n'est pas, & dont on ne se sert que quand on manque de véritables raisons pour faire une semblable disposition.

Lorsqu'une substitution de la totalité de la portion héréditaire d'un fils est accompagnée des trois conditions que nous avons rapportées ci-dessus, le fils ne peut pas revenir contre. *Voyez* le Journal des Audiences, tome 1. livre 2. chap. 146. & liv. 5, chapitre 15. & Soefve, tome 1. cent. 1. chap. 16.

Mais s'il y a des créanciers qui demandent la distraction de la légitime du fils pour être payés dessus, il est naturel de la leur accorder; pourvû I°. que leur créance soit antérieure à la publication de la substitution; II°. Pourvû que leur créance paroisse avoir été par eux contractée de bonne foi, & n'ayant aucune connoissance de sa dissipation.

SUBSTITUTION RECIPROQUE, est une espéce particuliere de substitution par laquelle plusieurs institués sont substitués les uns aux autres; comme quand le testateur dit, j'*institue Titius, Mævius & Caius mes héritiers, & je les substitue les uns aux autres.*

Voyez ce que j'ai dit sur le §. 1. du titre 15. du second livre des Institutes.

SUBSTITUTION DIRECTE, est celle par laquelle les biens de la succession se transferent directement de la personne du testateur en celle du substitué.

On peut substituer directement autant de personnes que l'on veut; comme il est expressément décidé au commencement du titre 15. du livre second des Institutes.

Cela est observé en France dans les pays de Droit écrit, où la bubstitution vulgaire à lieu : car ni l'Ordonnance d'Orléans, ni celle de Moulins, qui réglent les degrés du substitution, n'ont lieu que pour les substitutions fideicommissaires, non pas pour les directes qu'on peut faire jusqu'à l'infini. La raison est, que comme la substitution directe s'éteint par l'adition de l'hérédité, il n'y a jamais qu'un degré de substitution qui puisse réussir; les autres qui suivent sont éteints de plein droit, à l'instant que la succession est appréhendée par celui qui étoit avant.

SUBSTITUTION FIDEICOMMISSAIRE, est celle par laquelle un homme charge son héritier testamentaire, ou *ab intestat*, de rendre toute sa succession, ou partie d'icelle à quelqu'un, après le décès de l'héritier.

Elle est appellée oblique, parce que les termes dans lesquels elle est conçue ne tombent pas directement sur la personne au profit de laquelle elle est faite; mais ce sont des prieres & des recommandations qui sont adressées à celui qui est chargé de la restitution du fideicommis. Par exemple; *J'institue Titius, & le prie de restituer ma succession à Sempronius.*

Ordinairement la priere de restituer ne se fait qu'après que le grevé de substitution aura joui des biens pendant sa vie; car nous ne voyons presque plus de fideicommi où l'héritier soit chargé de rendre immédiatement après avoir recueilli sa succession, mais seulement après sa mort.

Cette substitution se fait donc à la charge de restitution de la succession au profit d'un autre, soit né, soit à naître. Et telles substitutions sont en usage par toute la France.

Les biens de la succession ne s'y transferent pas directement de la personne du défunt, mais indirectement & obliquement, en passant par les mains de celui qui est chargé de la restitution du fideicommis; ce qu'il faut néanmoins entendre, de maniere que si l'institué se trouvoit mort avant le décès du testateur, la substitution fideicommissaire ne laisseroit pas que de valider.

Dans cette substitution le substitué succede donc après celui qui est chargé de la restitution du fideicommis : ce qui est le premier effet de cette substitution. L'autre effet est de conserver les biens, & d'empêcher que l'héritier les dissipe, au préjudice de celui au profit de qui la substitution est faite; la volonté du testateur étant que le substitué en jouisse à son tour.

Ainsi une telle substitution emporte une prohibition absolue d'aliéner ni engager, tandis qu'il y a des degrés suivans des personnes substituées qui ont espérance d'être un jour appellées à cette substitution; car quand l'ouverture s'en fait, les substitués prennent les biens sans aucune charge des dettes précedens institués ou substitués, comme s'ils les prenoient de la main du défunt; & ils sont en droit de revendiquer les biens substitués, qui auroient été aliénés au préjudice de la substitution.

Celui qui est chargé d'une telle sustitution, doit donc être consideré comme simple usufruitier, quoique néanmoins son droit soit plus grand, au cas que les personnes appellées aprés lui à la substitution viennent à déceder avant lui, ou ne naissent point; car pour-lors le possesseur qui est chargé de la substitution dont l'ouverture ne peut plus arriver, devient proprietaire incommutable des biens substitués, & il en peut librement disposer, tant entre-vifs que par derniere volonté; & ne l'ayant pas fait, il les transmet à ses héritiers suivant l'ordre légitime des successions.

Bien plus, ceux qui étoient appellés à la substitution, s'ils décedent avant l'ouverture de la subs-titution, quoiqu'ils laissent des enfans vivans lors de cette ouverture, ces enfans n'y seront pas appellés. La raison est, qu'ils n'y peuvent venir de leur chef, puisque les dons ne s'étendent jamais au-delà des personnes dénommées.

Ils n'y peuvent pas non plus venir par droit de représentation, d'autant qu'un bien qui ne nous est pas encore acquis, n'est point transmissible à nos héritiers.

Une différence qu'il faut observer entre la substitution directe & la substitution précaire, est que la substitution directe saisit de plein droit, du moins en pays de Droit écrit, celui au profit de qui elle est faite: mais la substitution précaire ne saisit pas, même en pays de Droit écrit; ainsi c'est au substitué de se pourvoir par action simple, en ouverture de substitution contre l'héritier grevé ou son héritier, le cas d'icelle arrivant; comme il a été jugé par un Arrêt rendu au Parlement de Bordeaux, le 5. Août 1695. rapporté par la Peyrere, lettre S. nombre 207.

Par autre Arrêt rendu en l'Audience de la Grande-Chambre du Parlement de Paris du 26. Février 1715. il a été jugé, I°. que la priere faite par un testateur au légataire de vouloir conserver son legs à une autre personne, forme un fideicommis. II°. Que le légataire étant décedé avant le testateur, quoique par ce moyen son legs fût devenu caduc, la charge du fideicommis subsistoit, & que l'héritier étoit tenu de l'acquiter, comme auroit été obligé de faire le legataire, s'il avoit survêcu au testateur.

Il nous reste à remarquer que plusieurs de nos Coutumes rejettent les substitutions testamentaires de fideicommis; sçavoir, Normandie, Auvergne, la Marche, Bourbonnois, Nivernois, Montargis, Sedan. Ces Coutumes ne sont pas raisonnables, puisqu'elles permettent les legs, elles doivent permettre les fideicommis; car l'on peut substituer dans les legs aussi-bien que dans les hérédités, suivant le titre *de singularibus rebus per fideicommissum relictis*, qui est le vingt-quatriéme titre du second livre des instiutes de Justinien, & suivant la Loy unique, *cod. de caduc. col.* §. 7.

Pour justifier la disposition de ces Coutumes, l'on ne peut pas dire qu'elles rejettent ces substitutions testamentaires pour éviter les procès qu'elles causent, puisque ces mêmes coutumes admettent les substitutions contractuelles, qui ne causent pas moins des procès que les testamentaires.

SUBSTITUTION FAITE A UN FILS GREVÉ DE RESTITUER LE FIDÉICOMMIS A UN ÉTRANGER. Lorsqu'il meurt avant l'ouverture du fideicommis, les enfans de ce premier substitué sont preferés à cet étranger, quoiqu'il y fût nommément appellé par le testateur.

Voyez Transmission de substitution.

SUBSTITUTION Graduelle & perpetuelle, est une espéce de substitution fideicommissaire, par laquelle on fait des degrés de substitution jusqu'à l'infini; c'est pourquoi le premier appellé à la succession y ayant succedé, transmet, avenant l'ouverture de la substitution, les biens substitués au second, celui-ci au troisiéme, & ainsi successivement de dégré en dégré à l'infini.

Mais par l'Ordonnance d'Orléans, art. 59. les substitutions graduelles, soit contractuelles, soit testamentaires, ont été réduites à deux dégrés, l'institution non comprise; ce qui emporte prohibition d'en faire davantage.

Comme cette Ordonnance ne parloit que pour l'avenir, & non pour les substitutions faites auparavant; par celle de Moulins: art. 57. les substitutions faites auparavant l'Ordonnance d'Orléans, furent reduites au quatriéme dégré, l'institution non comprise.

Quand il y a plusieurs dégrés dans la substitution au-delà de ce que permet ladite Ordonnance d'Orléans, la substitution ne se termine pas dans le deuxiéme dégré, à moins que les deux dégrés, l'institution non comprise, n'ayent été effectivement remplis, c'est-à-dire, la substitution executée dans les deux dégrés.

La substitution au premier & au second dégrés ayant été exécutée, la substitution s'évanouit en la personne du possesseur qui se trouve au dernier dégré limité par l'Ordonnance; ensorte que ne restant plus grevé, il a les biens substitués libres, & en a la pleine & entiere disposition.

Voyez le Prêtre, cent. 2. chap. 21. Ricard, des Substitutions, traité 3. chap. 9. sect. 6. part 1. nomb. 822. & 853. les Observations sur Henris, tome 3. liv. 5. quest. 93. & le livre intitulé Question de Droit, *verbo* Substitions.

SUBSTITUTION FAITE EN FAVEUR DES MASLES, exclut les femelles, quoique plus proches en dégré que les mâles. *Voyez* Guy Pape, quest 483.

Un testateur ayant plusieurs enfans mâles & une fille, institue les mâles héritiers universels, & la fille en certaine somme d'argent, & fait une substitution en ces termes: *Si quelqu'un d'eux vient à déceder sans enfans, que sa portion vienne au plus prochain de la race.* Un des mâles étant décedé les autres mâles doivent être appellés à la sustitutions à l'exclusion de la fille. *voyez* Maynard, livre 8. chapitre 2.

Sous le nom des mâles, le fils de la fille n'est pas compris, quand la substitution est faite aux mâles premierement. Peleus, question 48. Ricard, des Substitutions, troisiéme traité, chapitre 9. section 6. nombre 771.

SUBSTITUTION A LA CHARGE DE PORTER LE NOM ET LES ARMES, est souvent pratiquée par les gens de qualité; & elle a lieu à l'égard des filles, à condition que leurs maris porteront le nom & les armes du testateur.

Lorsqu'une terre noble est substituée au profit d'un parent & de ses hoirs mâles, portant le nom & les armes de la maison; cette terre appartient pour le tout au fils aîné du parent substitué.

Une substitution où il est parlé de porter le nom & les armes de la famille, est reputée masculine, & donne l'exclusion à une fille descendant directement de l'institué ; ce qui n'auroit pas lieu dans les substitutions où il ne seroit point parlé de porter le nom & les armes ; comme il a été jugé par un Arrêt rendu en la Grande Chambre le 23. Juillet 1696. rapporté dans le Journal des Audiences.

SUBSTITUTION FAITE EN VUE DE L'AGNATION, est toujours censée faites en faveur de seuls mâles descendans par mâles ; ce qui se présume quand l'institution ou la substitution a commencé par un mâle ; auquel cas le terme d'enfans mâles ne comprend jamais le mâles issus d'une fille.

Mais quand l'institution ou la substitution a commencé par une fille, en ce cas le testateur n'est pas présumé avoir eu l'agnation en vûe, puisqu'il a institué ou substitué une fille qui n'étoit point dans l'agnation ; & alors les mâles issus des filles sont appellés à la substitution.

C'est la doctrine de M. Charles Dumoulin, dans son Commentaire sur l'article 25. de la Coutume de Paris, glose 1. nombres 6. & 7. qui est adoptée par tout ce qu'il y a de sçavans Docteurs sur cette matiere. *voyez* un Mémoire de M. Terrasson, que M. Brillon rapporte, *verbo* Substitution, nombre 97.

SUBSTITUTION CONTRACTUELLE, est une espéce de substitution graduelle qui se fait par contrat de mariage, ou autre disposition entre-vifs. Elle a été reçue en France par un usage particulier, contre la disposition du droit Romain.

Ainsi parmi nous, un pere peut instituer son fils son héritier par contrat de mariage, & le charger de restituer ses biens aux enfans qui naîtront de son mariage ; auquel cas le fils institué ne pourra pas aliéner les biens sujets à restitution, au préjudice des enfans substitués.

L'Ordonnance d'Orléans, qui réduit les dégrés des substitutions graduelles, ne concerne pas seulement les testamentaires, mais encore les contractuelles.

SUBSTITUTION DOIT ESTRE PUBLIÉE ET ENREGISTRÉE par l'héritier : ainsi le défaut de publication & d'enregistrement ne peut être opposé en aucun cas aux substitués par les héritiers testamentaires ou *ab intestat* ; parce que cette nécessité de publication & d'enregistrement n'a été imposée qu'en faveur des créanciers & contractans, avec les institués & premier substitués.

Voyez ci-dessus Publication de Substitution. *voyez* aussi Insinuation de Substitution, & le Recueil alphabétique de M. Bretonnier, *verbo* Substitution.

SUBSTITUTION EMPECHE L'ALIENATION DES BIENS SUBSTITUÉS. Cette maxime est tirée de l'Autentique *Res quæ*, *cod. commun. de legat.*

Par Arrêt rendu au mois de Février 1703, un contrat de vente d'une maison vendue franche & quitte de substitution, a été déclaré nul & résolu, avec restitution du prix des intérêts & dépens, quoiqu'alors la substitution ne fût point encore ouverte, & que l'on prétendit qu'il étoit évident que la substitution & le codicile contenant la substitution, étoient nuls.

Quoique la clause que la maison substituée étoit franche & quitte de substitution, ne fût pas apposée dans le contrat de vente, le vendeur d'un bien substitué peut toujours être poursuivi par l'acquereur, qui peut agir pour faire résilier son contrat avant l'éviction, & même avant le trouble. *voyez* Henris, tom, 1. liv. 4. chap. 6. quest. 36. & le Journal des Audiences, tome 1. liv. 7. chap. 10.

Mais par rapport à celui au profit de qui une substitution conditionnelle est faite, l'aliénation des biens substitués demeure en suspens jusqu'à l'évenement de la condition sous laquelle est faite la substitution. Maynard, tome 1. livre 5. chapitre 54.

Il faut donc que la substitution soit ouverte, pour que celui au profit de qui elle est faite, puisse agir par revendication contre les acquereurs & détenteurs des biens substitués ; ce qu'il peut faire sans être obligé d'agir préalablement contre les héritiers de celui qui étoit chargé de la substitution.

Le substitué, avenant le cas de la substitution, a une hypotéque tacite sur les biens de l'héritier grevé, pour raison des aliénations & dégradations par lui faites dans les biens substitués ; & cette hypotéque est du jour de l'aliénation, & non pas du jour de la condamnation ; comme si l'héritier a vendu des bois de haute-futaie, avec les intérêts du jour de la demande. Ainsi jugé par Arrêt du 29. Mars 1675. rapporté dans le Journal du Palais.

L'Autentique *Res quæ*, *cod communia de legatis*, qui défend l'aliénation des choses sujettes à restitution, permet néanmoins de les aliéner, ou partie d'icelles, pour la dot & pour la donation à cause de nôces : ce qui est observé parmi nous, tant en pays coutumier, qu'en pays de Droit écrit. Sur quoi *voyez* ce que mon pere a dit sur la Novelle 39. de l'Empereur Justinien.

Il y a encore d'autres cas esquels les biens sujets à restitution peuvent être aliénés. I°. Pour acquiter les dettes du testateur ; *quia bona non estimantur, nisi deducto ære alieno* : mais il faut en ce cas que l'héritier ait accepté la succession par bénéfice d'inventaire, ou à titre de légataire universel : & alors le substitué ne peut revenir contre la vente, ni même recouvrer les biens en rendant le prix aux acquereurs. Catelan, liv. 7. chap. 4. II°. Pour payer la rençon de celui qui est chargé de la substitution. *voyez* la Rocheflavin, livre 3. lettre S. titre 9. art. 2.

Enfin, lorsque le substitué a consenti à l'aliénation des biens substitués, il ne pourra plus, après que la substitution sera ouverte, revenir contre la vente, parce qu'il est censé avoir tacitement renoncé à la substitution. La Rocheflavin, livre 3. lettre S. titre 9. article 6. Cambolas, livre 1. chap.

25. Mais il n'avoit reçu, en qualité de Procureur, que le prix de la vente des biens substitués, faite par l'héritier, cela ne pourroit pas lui nuire, lorsque dans la suite le cas de fideicommis seroit échu M. Dolive liv. 5. chap. 28.

Touchant l'aliénation des biens substitués, *voyez* Brodeau sur Louet, lettre S. somm. 9. nomb. 4. & suivans; Montholon, Arrêts 28. & 45. Bouvot, tome 1. partie 3. quest. 3; *verbo* Substitution, & la Peyrere, *verbo* Substitution.

SUBSTITUTION NE PEUT ESTRE FAITE DES BIENS DONNÉS ENTRE VIFS PUREMEMT ET SIMPLEMENT. Cette régle est suivie au Parlement de Paris, où le donateur ne peut après coup charger de substitution les biens par lui donnés purement & simplement à un de ses enfans.

Au Parlement de Toulouse, il le peut sous trois conditions. I°. Que la substitution comprenne expressément les biens donnés. II. Au cas que le donataire décede sans enfans. III°. Que la substitution soit faite en faveur des enfans ou petits-enfans du donateur.

Au Parlement de Bordeaux, l'on ne peut substituer aux biens donnés par contrat de mariage, mais l'on peut substituer aux biens donnés par des actes particuliers.

SUBSTITUTS. Les Procureurs généraux des Parlemens ont pour leurs Substituts les Procureurs du Roi, établis dans les Bailliages & Sénéchaussées, & autres Jurisdictions royales inférieures, pour intervenir dans les affaires dans lesquelles le Roi, le Public, les Mineurs ou l'Eglise ont intérêt; & chaque Procureur du Roi a un Avocat du Roi, & leurs fonctions se réglent presque de même que celles des Procureurs & Avocats généraux.

Messieurs les Procureurs généraux ont encore des Officiers à qui ils distribuent les instances & les procès qui doivent passer au parquet, qui sont aussi appellés Substituts. Ce sont eux, qui en cas d'absense de Monsieur le Procureur général, en font les fonctions; & c'est sur leur rapport que les conclusions du Parquet sont délivrées.

Il y a dans le Recueil des Réglemens pour l'administration de la Justice, une Déclaration du Roi du 29 Juin 1704. donnée en faveur des Substituts du Procureur général du Roi au Parlement de Paris, touchant la Noblesse, & tous les droits, priviléges, franchises, immunités, rangs, séance & prééminences des Nobles.

SUBSTITUTS DES PROCUREURS POSTULANS, sont des Procureurs qui occupent pour d'autres en cas d'absence ou de maladie, & ausquels les Huissiers font leurs significations. Au Parlement de Paris, chaque Procureur a aumoins deux Substituts.

SUBVENTION, est une levée qui se fait quand il plaît au Roi sur les Villes closes & gros Bourgs. Anciennement la subvention ne se levoit que de trois en trois ans, & s'en faisoit l'assiette par les Baillifs & Sénéchaux, en vertu de Lettres patentes du Roi. Cependant les Elus ont prétendu que cela leur appartenoit.

SUCCEDER A QUELQU'UN, signifie être en son lieu & place; soit à titre universel, ou à titre particulier: à titre universel, quand on succede à quelqu'un en qualité d'héritier: à titre particulier quand on succede à quelqu'un dans une chose, à titre de vente, de donation, de legs & autres semblables.

SUCCEDER A QUELQU'UN A TITRE D'HÉRITIER, signifie donc lui succeder à titre universel: titre en vertu duquel l'héritier représente la personne du défunt, & par conséquent succede dans tous ses droits, noms & actions, pareillement dans toutes ses dettes. *Si quidem par debet esse ratio commodi & incommodi.*

C'est une maxime certaine, que pour pouvoir succeder à une personne à titre d'héritier, il faut qu'elle soit capable de nous succeder aussi à titre d'héritier. *Si vis mihi succedere, fac ut tibi succedere valeam.* Maxime que j'ai expliquée, *verbo* Héritier.

Pour pouvoir succeder à quelqu'un à titre d'héritier, il faut être né ou conçu au tems que sa succession est échue. *Voyez* Charondas livre 5. rep. 63. Louet lett. R. somm. 38. & Henrys tome 2. liv. 6. quest. 25.

On succede à titre d'héritier à quelqu'un, ou par par souches ou par têtes.

SUCCEDER PAR SOUCHES, est quand on succede par représentation d'une personne décedée; desorte que ceux qui la représentent, en quelque nombre qu'ils soient, n'emportent de la succession que la part & portion qu'auroit eu celui qu'ils représentent, s'il étoit vivant.

Quando succeditur in stirpes, nulla habetur ratio numeri personarum succedentium, sed omnes ex uno latere, quotquot sint, eam tantùm hæreditatis partem capiunt, quam habiturus fuisset is, quem representant si viveret, si quidem in ejus locum succedunt.

De plus, quand on succede par souches, les plus proches n'excluent pas les plus éloignés; mais les plus éloignés succedent avec les plus proches par représentation de la personne aux droits de laquelle ils sont subrogés.

Par exemple, un homme décede & laisse un fils, & quatre petits-fils d'un autre fils prédécedé: ces quatre petits-fils viennent à la succession de leur ayeul par représentation de leur pere, & ne prennent que la part qu'il y prendroit s'il étoit vivant.

Voici un autre exemple. Quand les enfans d'un frere décedé succedent à leur oncle, avec leurs oncles freres du défunt, ils lui succedent par souches; ensorte qu'ils ne sont reputés que pour un, en quelque nombre qu'ils soient.

De ce que nous venons de dire il s'ensuit, qu'on ne succede par souches que dans le cas de la représentation; & que quand les héritiers succedent tous de leur chef, ils succedent par têtes.

Il faut excepter un cas où Justinien dans sa Novelle 118. a voulu qu'une succession se partageât par souches, quoiqu'il n'y eût point lieu à la répréſentation ; ſçavoir, quand d'un côté il y a ayeul & ayeule, & de l'autre un des deux ſeulement ; il eſt certain qu'il ne peut pas en ce cas y avoir lieu à la répréſentation, puiſqu'en ligne directe aſcendante la répréſentation n'a jamais lieu : cependant Juſtinien a voulu que la ſucceſſion ſe partageât par ſouches ; deſorte que l'ayeul & l'ayeule n'en ayent que la moitié, & que l'autre appartienne en entier à l'autre ayeul ou ayeule du défunt.

Mais cette diſpoſition n'eſt point ſuivie en pays coutumier, comme je l'ai remarqué ſur l'article 311. de la Coutume de Paris. Cela doit être aujourd'hui hors de doute, puiſque par Arrêt de la Grande Chambre du 30 Mai 1702. il a été jugé que dans la Coutume de Paris, trois ayeuls d'une petite-fille décedée ſans enfans, viennent à la ſucceſſion de ſes meubles & acquêts par têtes, & non par ſouches. Cet Arrêt a été rendu avec beaucoup de ſolemnité ; & la Cour a cru ſa déciſion ſi importante pour l'avenir, qu'elle a voulu qu'il fût lû & publié au Châtelet, & qu'on y inſerât l'extrait des moyens allegués par les Parties, & de ceux par leſquels ſe détermina M. l'Avocat général le Nain qui porta la parole dans cette cauſe.

On trouve dans M. Augeard, tome 2. chapitre 55. cet Arrêt tel qu'il eſt dans les Regiſtres du Parlement. Nous nous contenterons de rapporter ici ce que dit M. le Nain, dont les concluſions ont été ſuivies.

Ce Magiſtrat commença par dire : » Que la » queſtion qui ſe préſente, n'eſt décidée ni par la » diſpoſition de la Coutume de Paris qui régit les » Parties, ni par le préjugé d'aucun Arrêt, & » qu'ainſi elle doit être examinée comme une queſ» tion nouvelle ; que ce n'eſt pas dans les principes » du Droit Romain qu'il en faut chercher la déci» ſion, mais dans l'eſprit de la Coutume de Paris, » & dans l'eſprit général du Droit coutumier ; qu'il » y a deux principes communs à toutes les Coutu» mes du Royaume, qui concourent à faire con» noître le bien jugé de la Sentence, & à établir » que les ayeuls, dans le cas auquel la Coutume les » admet à la ſucceſſion, doivent y venir par têtes » & non par ſouches.

» Le premier eſt, que l'on ne ſuccede jamais » par ſouches, que lorſque l'on ſuccede par repré» ſentation. L'autre que les ayeuls ne ſont jamais » appellés par répréſentation à la ſucceſſion de » leurs petits-enfans, mais qu'ils y viennent tou» jours de leur chef. On peut dire que cette régle, » qu'on ne ſuccede jamais par ſouches, que lorſque l'on ſuccede par répréſentation, & que toutes les » fois que l'on ſuccede par répréſentation on ſuc» cede par ſouches, ne ſouffre aucune exception.

» La raiſon eſt évidente ; auſſi dans les différens » changemens que le tems a apportés aux diſpoſi» tions des Coutumes, par rapport aux ſucceſſions, » ſoit dans l'ancienne Coutume de Paris, ſoit » dans la Coutume reformée, ſoit en directe, ſoit » en collatérale, on ne s'eſt jamais écarté de cette » regle.

» Elle avoit même lieu avant la redaction de cet» te Coutume, comme il paroît par le procès ver» bal de l'ancienne Coutume de Paris ſur les arti» cles 123. & 133.

» C'eſt pourquoi M. Loyſel a fait de cette maxi» me une régle du pays coutumier. Or il eſt conſ» tant que les ayeuls ne ſuccedent jamais à leurs » petits-enfans par répréſentation, mais de leur » chef.

» Jamais on ne ſuccede par répréſentation, que » la Loi ne l'ait décidé expreſſément ; parce que » l'effet de la répréſentation étant de rapprocher » celui qui eſt plus éloigné, pour le faire concourir » avec un parent plus proche en dégré, & de faire » que ceux qui ſont en même dégré ſuccedent quel» quefois inégalement, la répréſentation apporte » une exception à la régle fondamentale des ſuc» ceſſions, qui veut que les plus proches en dégré » ſuccedent à l'excluſion de tous les autres, & que » ceux qui ſont en pareil dégré ſuccedent égale» ment entr'eux ; & cette exception ne ſçauroit » jamais être admiſe que par une diſpoſition pré» ciſe de la Loi.

» La Coutume de Paris, en appellant les ayeuls » à la ſucceſſion de leurs petits-enfans ; ne porte » pas qu'ils y viendront par répréſentation, ce qui » ſuffiroit pour les en exclurre ; mais les exclut po» ſitivement par l'article 311. d'un des effets né» ceſſaires de la répréſentation ; ſçavoir, de con» courir avec ceux du dégré plus proche, puiſqu'» elle porte que les ayeuls ne ſuccedent qu'au dé» faut des peres & meres ; ce qui emporte l'exclu» ſion de l'autre effet de la répréſentation, qui de» vroit produire également ces deux effets.

» Il eſt vrai que le Droit Romain admet un de » ces effets & rejette l'autre, & que ſuivant la » Novelle 118. les ayeuls ne ſuccedent qu'au dé» faut des peres & meres ; que cependant ils ſuc» cedent par ſouches dans le cas auquel ils ſont ap» pellés à la ſucceſſion, & que quelques-unes de nos » Coutumes ont ſuivi cette diſpoſition ; mais il » faut regarder cette diſpoſition de la Novelle » 118. comme une de ces irrégularités qui ſe ren» contrent plus ſouvent dans cette partie du Droit » Romain, que dans les autres : à moins qu'on ne » veuille dire, comme le prétend Daumat, que » comme dans le Droit on ne connoiſſoit point, » comme dans nos Coutumes, la différence des » propres & des acquêts, ni par conſéquent l'affec» tation des propres à la ligne d'où ils venoient, » Juſtinien a été obligé de ſe ſervir de ce moyen » pour empêcher que les biens d'une famille paſ» ſaſſent dans une autre.

» Quelques Coutumes, à la vérité, ſans exami» ner la raiſon de cette diſpoſition, l'ont adoptée ; » mais nous, qui ne ſommes point ſoumis à l'auto-

» rité du Droit Romain, & qui ne le suivons qu'autant qu'il est conforme à la raison & à l'esprit » de nos Coutumes, ne faisons point de difficulté » de nous écarter de cette disposition, laquelle n'est » point fondée en raison, ou est fondée sur une rai» son qui n'a point lieu dans le pays Coutumier.

Voyez ce que j'ai dit à ce sujet, sur le titre premier du troisiéme livre des Institutes; & ce que j'ai dit ici *verbo* Représentation.

SUCCEDER PAR TETES, c'est quand ceux qui succedent à un défunt, succedent entr'eux également sans représentation. *Quando succeditur in capita, habetur ratio numeri personarum succedentium, & tot fiunt partes hæreditatis, quot sunt personæ succedentes; quia singuli hæredes suo non alieno jure succedunt.*

Cette maniere de succeder a donc toujours lieu lorsque tous les héritiers du défunt viennent à sa succession de leur chef; auquel cas, les parts & portions de la succession se reglent par rapport au nombre des héritiers: desorte qu'on en fait autant de portions qu'il y a de personnes qui succedent, soit en ligne directe, soit en ligne collatérale.

En ligne directe, lorsqu'un pere décede laissant trois enfans, sa succession se divise en trois portions égales, dont chacune appartient à chacun d'eux parce qu'ils succedent tous à leur pere de leur chef.

En ligne collatérale; par exemple, quand il n'y a que des enfans des freres qui sont neveux du défunt auquel ils succedent, en ce cas ils succedent tous également par têtes; c'est-à-dire, que s'il y a un fils d'un frere décedé, & quatre d'un autre frere décedé, la succession se partagera en cinq portions égales entre ces cinq neveux du défunt. *voyez* ce que j'ai dit dans ma Traduction des Institutes, sur le premier titre du troisiéme livre.

SUCCESSEUR, est celui qui est aux droits d'un autre. On en distingue de deux sortes; sçavoir, le successeur à titre universel, & le successeur à titre particulier.

SUCCESSEUR A TITRE UNIVERSEL, est celui qui succede dans tous les droits, noms, raisons & actions de celui qu'il représente, & au lieu duquel il est; ensorte qu'il est généralement tenu de tous ses faits & promesses: tel est l'héritier d'un défunt *Voyez* Héritier.

Outre l'héritier, nous avons d'autres personnes qui succedent aux biens d'un défunt à titre universel, & qui ne sont pas ses véritables héritiers, mais *loco hæredum*: aussi les appelle-t-on héritiers irréguliers.

Tels sont les légataires & les donataires de tous les biens de tous les meubles, ou de la moitié, ou autre portion de l'universalité des biens. Tels sont aussi les Seigneurs hauts-Justiciers, qui succedent aux biens vacans par droit de deshérence, ou par droit de bâtardise; & enfin ceux à qui la confiscation appartient.

Tous ces divers successeurs universels, & non héritiers, ne succedent pas à la personne, mais aux biens du défunt: c'est pourquoi ils ne sont pas obligés indéfinitivement aux dettes, de même que le seroit un véritable héritier, mais seulement jusqu'à concurrence des biens de la succession, en faisant faire un bon & loyal inventaire avant que de s'immiscer dans les biens; faute de quoi ils seroient tenus de toutes les dettes.

SUCCESSEUR A TITRE PARTICULIER, est celui qui est subrogé à quelqu'un dans quelque chose qu'il a acquise de lui à titre de vente, de donation, ou autre semblable. L'acheteur, ou le donataire, ou autre successeur à titre particulier, n'est pas obligé d'entretenir les conventions faites par son auteur.

De ce principe il s'en suit, que si le proprietaire a vendu une maison ou une ferme durant le bail, l'acquereur n'est pas obligé d'entretenir le bail fait par le vendeur, quand par le contrat d'acquisition l'acquereur ne s'est pas chargé d'entretenir le bail ou qu'il ne l'a pas approuvé par quelqu'autre acte; sauf au locataire à se pourvoir contre son auteur pour ses dommages & intérêts. Ce qui est tiré du Droit Romain

La raison est, que l'acheteur, ou tout autre successeur à titre particulier, ne se représente point son vendeur, ou autre auteur semblable: ainsi, n'ayant point contracté avec le locataire, il n'est point tenu des faits & promesses de celui aux droits duquel il est subrogé dans la chose qu'il a acquise de lui.

Comme le droit du vendeur est résolu par la vente de l'héritage qu'il avoit baillé à louage, il s'ensuit que le droit du locataire est aussi entierement résolu, suivant la maxime, *resolutò jure dantis, resolvitur jus accipientis.*

SUCCESSION, est la subrogation qui se fait de tous les droits & charges d'un défunt en la personne de son héritier. Il y en a de deux sortes; sçavoir, celle qui se défere par testament, qui est appellée succession testamentaire; & celle qui est déferée par la Loi, qui est appellée succession légitime, ou succession *ab intestat.*

SUCCESSION TESTAMENTAIRE, est celle qui est déferée par testament à l'héritier institué. Elle à lieu en pays de Droit écrit, & non pas dans la France coutumiere, où l'institution d'héritier n'a pas lieu; car nos Coutumes ne reconnoissent point d'autres héritiers que ceux du sang, suivant cette régle: *Le mort saisit le vif, son hoir plus proche & habile à lui succeder.*

Les Romains, au contraire, n'admettoient les héritiers légitimes, qu'au défaut des héritiers testamentaires, par l'attachement particulier qu'ils avoient pour les testamens; ce qui est encore aujourd'hui en usage parmi nous dans les pays de Droit écrit: ensorte que cette régle du Droit Romain y a lieu. *In ultimis voluntatibus dispositio hominis tollit dispositionem legis, lege permittente.* Voyez Institution d'héritier.

Suivant les Loix Romaines, une succession testamentaire est ordinairement divisée en douze parties qu'on appelle onces, lesquelles ont chacune leur nom. *Unici*, est un douziéme, c'est-à-dire une once de douze. *Sextans*, est un sixiéme, qui fait deux onces de douze *Quadrans*, est le quart de la succession, & par conséquent trois onces de douze. *Triens*, est le tiers, qui signifie quatre onces de douze. *Quincunx*, c'est-à-dire cinq onces *Semis*, *seu semi-as*, six onces ou la moitié de douze. *Septunx* sept onces. *Bes*, *quasi bis triens*, deux tiers, & par conséquent huit onces. *Dodrans*, *quasi dempto quadrante as*, neuf onces qui font les trois quart de la succession. *Dextrans quasi dempto sextante as*, c'est-à-dire dix onces de douze. *Deunx*, *quasi demptâ uncia as*, & par conséquent onze onces de douze. *As*, signifie toute la succession : car ce mot latin signifie dans la division d'une chose, sa totalité, ou le tout qui pouvoit être divisé en douze onces, lesquelles faisoient une livre Romaine.

Cette division d'une succession testamentaire est d'usage en France, dans les pays ou l'institution d'héritier est reçue ; en ce que les testateurs qui instituent plusieurs héritiers, ont coûtume d'assigner à chacun d'eux une certaine portion de sa succession.

Voyez ce que j'ai dit dans ma Traduction des Institutes, sur le §. 5. du titre 14. du second livre.

SUCCESSION FIDEICOMMISSAIRE, est celle qui est déferée à quelqu'un, en conséquence d'un fideicommis universel qui lui a été fait par le défunt. *voyez* ce que j'ai dit dans ma Traduction des Institutes, sur le titre 23. du second livre.

SUCCESSION LÉGITIME, est celle qui est déferée par la seule disposition de la Loix aux héritiers du sang. Elle n'a lieu qu'en pays de Droit écrit, conformément au Droit Romain, que quand celui du quel il s'agitest décedé sans avoir faitletestament ; ou s'il en a fait, il faut que son testament soit nul, ou ait été infirmé, ou que personne ne se soit porté héritier en conséquence.

Mais en pays coutumier, on n'y reconnoît que l'héritier du sang ; & l'institution d'héritier n'y a pas lieu de la même maniere qu'elle étoit admise chez les Romains ; car elle ne vaut pas en pays coutumier, comme institution d'héritier, & ne peut valoir que comme legs universel qui est sujet à délivrance ; outre qu'en pays coutumier, l'héritier institué n'est tenu des dettes que comme légatairer jusqu'à concurrence de ce qu'il amande des biens du défunt; au lieu qu'en pays de Droit écrit, l'héritier pur & simple est tenu de toutes les dettes du défunt, comme le représentant.

Il y a trois sortes de personnes qui sont admises à la succession d'un défunt, tant par le droit Romain, que par notre droit coutumier ; sçavoir, les descendans, les ascendans & les collatéraux, dont nous allons parler ici. Sur quoi on peut voir aussi le Traité que j'en ai fait, qui se trouve dans ma Traduction des Institutes, au commencement du troisiéme livre & le récueil alphabétique de M. Bretonnier *verbo* Succession.

SUCCESSION LÉGITIME SELON LE DROIT ROMAIN, est celle qui se défere parmi nous en Pays de Droit écrir, suivant Justinien, Novelle 118. qui a introduit trois ordres d'héritiers légitimes.

Le premier est celui des descendans nés en legitimes mariage, ou légitimés par mariage subséquent. En quelque degré qu'ils soient, ils succédent à leurs peres & meres & autres ascendans, sans aucune distinctions des mâles ni des filles, des aînés ni des puînés. Tous les descendans succédent à leurs peres & meres par souches, & non par têtes quand ils sont en degré inégal ; de maniere que jamais les plus proches en degré n'excluent ceux qui sont les plus éloignés; parce qu'en ligne directe descendantes, la représentation à lieu à l'infini, comme nous avons dit, *verbo* Représentation.

Le deuxiéme est celui des ascendans, qui sont les peres & meres, ayeuls & ayeules & autres, qui ne sont à la succession que par proximité des degrés de cognation, ensorte qu'au défaut des descendans du défunt, ils lui succedent à l'exclusion des collatéraux. Il faut excepter les freres & sœurs du défunt, qui sont admis à sa succession conjointément avec ses pere & mere, pourvû qu'ils soient joints par le double lien de parenté. A l'égard de la représentation, elle n'a jamais lieu entre les ascendans ; comme nous avons dit, *verbo* Succeder par souches.

Le troisiéme est celui des collatéraux, lesquels au défaut des descendans & ascendans du défunt ; lui succedent par droit de proximité, sans aucune différence de sexe, & sans aucun droit d'aînesse. Ainsi le plus proche parent du défunt lui doit succeder ; & s'ils sont plusieurs en même degré, ils partagent tous également.

Le plus proche parent en collatérale exclut donc le plus éloigné ; & entre collatéraux la succession se partage par têtes, & non par souches. Mais cette régle, qu'en succession collatérale le plus proche succede au défunt, & exclut les plus éloignés en degré, cesse quand un frere ou une sœur concourent avec des neveux ou niéces d'un autre frere ou sœur prédécedés ; car alors les enfans des freres ou sœurs viennent conjointément avec leur oncle ou leur tante à la succession de leur oncle défunt ou de leur tante décedée. Et c'est l'unique cas où le Droit Romain ait introduit la représentation en ligne collatérale. *Novel* 118.

Il y a aussi un cas où plusieurs collatéraux, quoiqu'en même degré ne sont pas admis à la succession de leur parent ; sçavoir, quand il se trouve des freres ou sœurs du défunt qui lui sont joints par le double lien, & qu'il y en a d'autres qui ne lui sont joints que du côté paternel ou maternel ; car alors les freres ou sœurs joints par le double lien, sont preferés aux autres. *Voyez* Double lien.

SUCCESSION LÉGITIME SELON LE DROIT COUTUMIRE.

TUMIER. Par le Droit commun de nos Coutumes; il y a trois sortes de successions légitimes; sçavoir la succession en ligne directe descedante, la succession en ligne ascendante, & la succession en ligne collatérale.

La succession en ligne directe descendante, se défere dans nos Coutumes aux enfans & autres descendans par égales portions, à l'exception du droit d'aînesse pour les fiefs; & la représentation a lieu à l'infini dans cette succession: ensorte que les descendans succedent à leurs ascendans par souches, & non par têtes.

Ainsi nos Coutumes sont pour la plûpart conformes au Droit Romain, pour ce qui est de la représentation en ligne directe descendante. Mais elles n'y sont pas conformes en tout; car la plûpart donnent des grands avantages à l'aîné, & plusieurs excluent les filles de la succession en ligne directe descendantes, à qui elles ne donnent qu'un mariage avenant, qui est reglé par les parens communs.

La succession en ligne directe ascendante se défere aux pere & mere, ayeul & ayeule, & aux autres ascendans du défunt.

En pays coutumier les ascendans excluent tous les collatéraux de la succession de leurs enfans, sans excepter les freres & sœurs du défunt, pour les meubles, acquêts & conquêts immeubles; parce que ces biens n'étant point affectés à la ligne paternelle ou maternelle, ils appartiennent aux plus proche héritier. Or il est sans difficulté que les pepere & mere du défunt lui sont plus proches que ses freres & sœurs.

Mais on demande si le défunt n'a laissé que des ayeuls & ayeules; & des freres & sœurs, qui en ce cas doit être admis à la succession de ses meubles, acquêts & conquêts immeubles? Il n'y a pas de difficulté, quand cette question se présente dans une Coutume qui défere nommément la succession aux pere, mere, ayeul & ayeule du défunt, comme celle de Paris, en l'article 310. car alors l'ayeul & l'ayeule y sont admis à l'exclusion des freres & sœurs du défunt, par la disposition de la Coutume.

A l'égard des Coutumes qui n'appellent à la succession que les pere & mere du défunt, sans faire à leur défaut mention des ayeuls & ayeules, on a autrefois douté si les ayeuls & ayeules excluoient les freres & sœurs du défunt.

M. le Brun en son Traité des Successions, livre 1. chap. 5. section 1. nombre 20. incline pour ce parti; attendu I°. que la succession des ascendans est plus favorable que celle des collatéraux. II°. que l'ayeul a besoin en ce cas d'une double consolation pour la perte de son fils & de son petit-fils Enfin, les freres du petit-fils n'ont pas sujet de se plaindre d'une jouissance momentanée d'un ayeul dont ils doivent dans peu être les héritiers.

On peut ajouter à toutes ces raisons de Mr. le Brun, ce que le Commentateur de la Coutume de la Rochelle dit sur le titre 18. section 3. que par la conference & raison naturelle des autres Coutumes, l'ayeul, ayeule & autres ascendans sont implicitement compris sous le nom de pere & mere, *Leg.* 201. *ff. de verb. signif.*

Voici un autre raison qui paroit décisive; c'est que comme la plûpart des Coutumes admettent les ayeuls & ayeules au défaut des peres & meres & autres ascendans, *salvâ prerogativâ gradûs*, à l'exclusion des freres & sœurs du défunt, il est juste d'étendre cette disposition de la Coutume de Paris à celles qui n'ont pas de disposition contraire, attendu que cela doit passer pour un droit commun.

Voyez ce que j'ai dit sur l'article 310. de la Coutume de Paris.

Pour ce qui est des propres, le pere & mere ou autres ascendans du défunt ne succédent point à leurs enfans, à moins qu'il ne s'agit d'immeubles qui leur eussent été donnés par leurs pere & mere en avancement d'hoirie.

La succession en ligne collatérale est celle qui, au défaut de descendans & ascendans du défunt, est déferée au plus proches de ses collatéraux; ensorte que le plus proche en degré exclut le plus éloigné.

Il n'y a point dans cette succession lieu à la représentation, finon en un cas; sçavoir, quand les enfans des freres ou des sœurs viennent avec leur oncle ou leur tante à la succession de leur oncle ou de leur tante.

Telle est la disposition de la Coutume de Paris, & de beaucoup d'autres. Mais il y en a plusieurs qui rejettent entierement la représentation en ligne collatérale, comme Boulonnois, article 330. d'autres l'admettent à l'infini, tant que l'on peut trouver de lignage, comme Anjou, art. 225. & d'autres enfin ne l'admettent que pour les immeubles, & la rejettent à l'égard des meubles qu'elles donnent toujours au plus proche, comme Nivernois, chap. 34. titre 13.

Touchant les successions collatérales, il nous reste à remarquer, I°. que les femelles ne succedent point aux fiefs en pareil degré.

II°. Que dans les meubles & acquêts, les freres & sœurs succedent à leurs freres & sœurs conjointément & également, tant ceux qui ne sont que du côté paternel ou maternel, que ceux qui sont joints des deux côtés, à l'exception de quelques Coutumes où le Droit de double lien est expressément reçu. Nous avons cependant quelques Coutumes, comme celle de Nivernois, chapitre 34. art. 14. qui prefere les freres à la sœur, les neveux issus d'un frere aux neveux issus d'une sœur; & quand les enfans d'un frere succédent avec leur tante, ces Coutumes donnent les meubles à la tante & les immeubles aux enfans des freres. D'autres préferent toujours les mâles aux filles en pareil degré, à l'égard des immeubles en ligne collatérale, comme la Coutume de Lille titre 2. articles 26. 27. 31. & 33. Enfin il y a des Coutumes dans lesquelles les meubles & acquêts du défunt se divisent en deux parties égales, dont l'une est donnée à la ligne paternelle & l'autre à la ligne maternelle.

III°. Que suivant la régle *paterna paternis materna maternis*, les propres appartiennent à ceux qui sont parens du défunt du côté duquel ces héritages lui sont parvenus, quoiqu'il y ait d'autres parens qui soient plus proches au défunt d'un autre côté que celui d'où proviennent lesdits propres.

Mais pour ce qui est des meubles ou acquêts immeubles, les collatéraux y succedent selon la prérogative des degrés de parenté; c'est-à-dire, que le plus proches de l'une ou l'autre ligne succede au défunt, à l'exclusion de tous autres collatéraux qui sont dans un degré plus éloigné. Il faut excepter le cas où la représentation a lieu par la disposition de la coutume.

IV°. Qu'il n'y a jamais de rapport à faire en collatérale, soit pour les acquêts soit pour les propres ou pour les fiefs; à moins que la Coutume ne l'ordonne expressément, comme font les Coutumes d'égalité, *Voyez* Coutume d'égalité.

Comme la succession des immeubles se reglent par les Coutumes des lieux où ces immeubles sont situés, il arrive que pour en faire les partages, on est obligé de faire autant d'opérations qu'il y a diversités des Coutumes dans lesquelles ces immeubles sont situés, *voyez* Statut.

SUCCESSION DES PROPRES, est une succession inconnue dans tous les pays de Droit écrit, introduites par nos Coutumes, qui pour conserver dans les familles les immeubles qui nous viennent de nos peres & meres, appellent à la succession de ces biens les parens de la ligne d'où il sont venus au défunt, en quelque degré qu'ils soient; desorte qu'ils sont préferés à ceux de l'autre ligne, quoiqu'ils soient les plus proches parens du défunt. Il y a plus, c'est que pour conserver les propres dans les familles, nos Coutumes ne permettent d'en disposer que du quint par testament, ou autre disposition de derniere volonté; comme nous avons dit ci-dessus, *verbo* Quatre-quint.

Au sujet de la succession des propres, nos Coutumes ont des dispositions bien différentes: on les peut réduire à trois principales; sçavoir, les Coutumes souchères, les Coutumes de stoc & ligne, & les Coutumes où il suffit d'être parent paternel ou maternel pour succeder aux propres.

Voyez ce que j'ai dit ci-dessus, *verbo* Propres, *verbo* Coutumes, & sous les mots *paterna paternis*. *voyez* aussi ce que j'ai dit sur l'article 326. de la Coutume de Paris & le Traité des Propres de M. Renusson.

Au reste, les mêmes choses s'observent entre les héritiers de la ligne en la succession des propres, comme en la succession des meubles & acquêts; de sorte que dans les cas où la représentation a lieu dans la succession des acquêts, elle a pareillement lieu dans la succession des propres.

SUCCESSION D'UN MINEUR QUI LAISSE UN HÉRITIER DES PROPRES ET UN HÉRITIER DES MEUBLES ET ACQUETS, se partage comme celle du majeur, quand il n'y a pas quelque particularité qui forme une exception à la régle générale, suivant laquelle les successions se partagent en l'état qu'elles se trouvent au tems du décès du défunt.

Par exemple, si en pays coutumier avant le décès d'un mineur, le débiteur d'une rente constituée en avoit fait le rachat, les deniers provenans de ce remboursement n'appartiendroient pas à l'héritier des meubles, si la rente étoit propre, mais aux parens du côté & ligne dont la rente est procedée; par la raison que, suivant l'article 94. de la Coutume de Paris, les deniers provenans du rachat des rentes appartenantes à des mineurs, sont censés de même nature & qualité d'immeubles que l'étoient lesdites rentes, pour retourner aux parens du côté & ligne d'où ils sont échus au défunt.

Il en seroit de même si le remploi des deniers remboursés avoit été fait en autres rentes ou héritages.

Mais pour que cela soit, il est nécessaire que le mineur créancier de la rente ait été domicilié dans une Coutume où les rentes sont réputées immeubles, parce que c'est le domicile du créancier qui décide de leur qualité.

Par une suite nécessaire de ce que nous venons de dire, lorsque le tuteur employe les deniers provenans du rachat des rentes de son mineur au payement des dettes de ce mineur décedé en minorité, les héritiers du côté & ligne de la rente, qui auroient succedé ausdits deniers non employés, peuvent demander le remploi sur les meubles & acquêts; & s'ils ne suffisent pas, le surplus doit être supporté par tous les héritiers, a proportion de ce qu'ils amendent des biens de la succession, la part confuse des héritiers qui demandent le remploi. La raison est, que si la rente n'avoit pas été rachetée, & les deniers non employés au payement des dettes, elles auroient été acquittées par tous les héritiers, qui y auroient contribué à proportion de ce qu'ils auroient amendés des biens d'un mineur. *Voyez* ce que j'ai dit sur l'article 94. de la Coutume de Paris.

SUCCESSION CONTRACTUELLE, est celle qui se fait en vertu d'une institution contractuelle *Voyez* Institution contractuelle.

SUCCESSION DES MERES. *Voyez* Edit des Meres.

SUCCESSION EN LIGNE COLLATERALE EST DEFERÉE AU PLUS PROCHE PARENT, EN QUELQUE DEGRÉ QU'IL SOIT, pourvû qu'il justifie de sa parenté, soit qu'elle provienne du côté paternel ou maternel; ensorte que le droit de succeder en collatérale s'étend jusqu'à l'infini: ce qui n'avoit pas lieu chez les Romains avant la Novelle 118. du moins à l'égard des cognats, dont la succession se renfermoit dans le sixiéme degré de parenté, à l'exception de deux personnes; sçavoir, du fils ou de la fille du cousin ou cousine issus de germain, les quels, quoiqu'au septiéme dégré, ne laissent pas d'être appellés à la succession par le droit du Préteur. *Voyez* ce que j'ai dit sur le §. dernier du cinquiéme titre du troisiéme livre des Institutes de Justinien.

SUCCESSION appellée *unde vir & uxor*, est une succession particuliere, introduite originairement par le droit Romain, & observée par toute la France, tant en pays coutumier qu'en pays de Droit écrit, en vertu de laquelle le survivant des conjoints par mariage succede au prédécedé à l'exclusion du fisc. Ainsi, pour que cette succession ait lieu, il faut que le prédécedé des conjoints n'ait laissé ni descendans, ni ascendans, ni collatéraux.

Cette succession, en vertu de l'Edit *unde vir & uxor*, qui défere la succession de l'un des conjoints à l'autre, est en usage en France, non-seulement en cas de deshérence, mais encore quand le prédécedé est bâtard, ou aubain, ou naturalisé, & ne laisse aucuns héritiers; auquel cas le survivant lui succede, à l'exclusion du Roi ou du Seigneur Haut-Justicier. *Voyez* Brodeau sur Louet, lettre V. chapitre 13.

Le véritable fondement de cette Jurisprudence, est la maxime admise dans tous les Etats bien gouvernés, que le fisc succede toujours le dernier, & que toutes sortes de personnes qui ont en leur faveur quelque raison, soit naturelle, soit civile, lui sont toujours préferées, *fiscus post omnes*.

Bacquet, en son Traité du Droit d'Aubaine, chap. 33. tient le contraire; mais son avis n'a pas été suivi.

Touchant la succession *unde vir & uxor*, *voyez* ce que j'en ai dit sur l'article 318. de la Coutume de Paris, glose 3, section 1; & le Recueil alphabétique de M. Bretonnier. *Voyez* aussi Henrys, tom. 3. liv. 5. chap. 6. quest. 17. 18. & 19.

SUCCESSION DE SERFS ET MAINMORTABLES. Les gens de condition servile ne se succedent point les uns aux autres, que quand ils sont vivans en communauté. *Voyez* le Glossaire du Droit François *verbo* Chanteau.

SUCCESSION DU FISC; est celle qui est déferee au Roi; telle est la succession qui lui appartient par droit d'aubaine.

On peut dire la même chose des successions qui sont déferées par droit de deshérence; car elles appartiennent au fisc qui est représenté par les Seigneurs Hauts-Justiciers. *Voyez* Droit d'Aubaine, & Droit de Deshérence. *Voyez* aussi Droit de Bâtardise.

SUCCESSION D'UNE PERSONNE VIVANTE N'EST SUSCEPTIBLE D'AUCUNE FACTION. *Voyez* ce que nous avons dit ci-dessus, *verbo* Stipulation contre les bonnes mœurs.

SUCCESSION QUI DEMEURE EN SUSPENS, est celle qui est échue à un condamné à mort naturelle ou civile, pendant les cinq ans qu'il a pour se représenter. *Voyez* Contumace en matiere criminelle.

SUFFISANCE, se dit d'un débiteur dont les biens sont suffisans pour satisfaire ses créanciers.

SUFFRAGE, signifie la voix que l'on donne dans une assemblée où l'on délibere de quelque chose.

SUGGESTION, est une fausseté artificieusement déguisée, à la faveur de laquelle le seducteur est parvenu à substituer sa volonté à la place de celle du testateur, à la lui insinuer avec assez d'adresse pour la lui faire adopter comme la sienne, ou la lui faire prononcer comme si elle étoit partie de son propre mouvement.

C'est un artifice qui induit une personne à faire une chose, ou à souscrire à quelque disposition, sans y être porté d'une pleine & entiere volonté, mais seulement par surprise ou par condescendance aux violentes sollicitations qu'on lui a faites. Ainsi un testament est suggeré, quand il est fait à la sollicitation de quelqu'un; comme si un Notaire, ou autre interrogeoit un testateur, & lui disoit: *Ne voulez-vous pas faire un tel votre légataire universel?* Ou si l'on apportoit un testament écrit, pour le faire transcrire par les Notaires, & le faire ensuite signer par le testateur.

On appelle encore suggestion, quand un autre que le testateur dicte le testament, ou enfin quand on prévient sa volonté de telle sorte par ses discours, qu'on le pousse à nous laisser quelque legs: car c'est lui arracher en quelque sorte un présent qu'il n'avoit pas dessein de faire; & l'on tient que la persuasion n'est pas à cet égard moins pernicieuse que la force ouverte.

Quand on prouve qu'un testament a été fait par suggestion, il est déclaré nul. Il y a même des Coutumes où, pour la validité d'un testament, il faut exprimer qu'il a été fait sans suggestion.

La suggestion, lorsqu'elle est bien établie, est certainement le plus formidable de tous les moyens dont on puisse se servir contre un testament, puisqu'un testament est *sententia voluntatis nostræ, non alienæ*; mais l'abus qu'on fait de ce moyen est si fréquent, qu'on n'y a pas d'égard, à moins qu'on n'en produise des preuves évidentes.

Il ne faut pas se persuader que parce qu'un testateur aura demandé les conseils de personnes sages & éclairées, en qui il aura eu confiance, il en puisse résulter ni preuve, ni même la moindre présomption de suggestion. Au contraire, le soin qu'il prend pour assurer l'exécution de ses dispositions, de consulter des personnes qu'il croit capables de le guider dans une affaire si importante, est la preuve la plus claire, & la démonstration la plus complette, de la certitude & de la détermination de ses volontés.

Que faut-il donc pour établir ce qu'on peut appeller suggestion? Il faut appercevoir au moins du côté du testateur les traces d'une volonté contraire aux dispositions qu'il a faites; & du côté de ceux ausquels on impute la suggestion des vestiges de cet artifice qui la caracterise, à la faveur de quoi on découvre qu'ils sont parvenus à déterminer le testateur, à adopter comme sienne une volonté étrangere. Si ces deux points ne se trouvent réunis, la suggestion est une chimere, incapable de faire la plus legere impression.

La question si les faits de suggestion peuvent être prouvés par témoins, dépend entierement des circonstances; mais il est de la prudence des Juges de ne la point admettre, à moins qu'il n'y ait de fortes présomptions que le testament a été suggeré, à quoi peut beaucoup servir un commencement de preuve par écrit.

M. Ricard, titre des Donations, part. 3. chap. 1. nomb. 3. 4. & 5. pose pour principe que l'Ordonnance de Moulins, qui défend la preuve par témoins au-dessus de cent livres, n'a point été faite pour favoriser les mauvaises intentions des hommes & n'a d'application qu'aux cas où l'on peut avoir fait des contrats ou des actes par écrit; & qu'ainsi elle n'a pas lieu en matiere de suggestion, dans laquelle il s'agit de la preuve d'un fait arrivé contre la volonté de l'une des Parties.

Il distingue ensuite deux sortes de faits de suggestion, ceux qui se sont passés lors du testament, & ceux qui se sont passés avant. Pour être admis à la preuve des premiers, il faut s'inscrire en faux, quand le Notaire a exprimé que le testament a été fait sans suggestion, suivant la Coutume des lieux qui le requiert, parce que l'énonciation du Notaire suffit. Mais à l'égard des faits de suggestion arrivés avant le testament, comme le Notaire ne peut rendre raison que de ce qui se passe devant lui quand il auroit exprimé que le testament a été fait sans suggestion, la preuve du contraire seroit admise en ce cas sans inscription de faux, & à plus forte raison dans les testamens passés dans l'étendue des autres Coutumes qui ne requierent pas cette expression.

Au reste, pour que les Juges y ayent égard, il faut que les faits allégués soient pertinens, décisifs & capables de donner atteinte au testament. On appelle faits de suggestion décisifs, ceux qui sont fondés dans des présomptions de Droit écrit, & marqués par l'Ordonnance ou par la Coutume. par exemple, l'on articule qu'un Novice à la veille de sa profession a disposé en faveur du Monastere où il a été depuis reçu Profés, & autres semblables.

Mais pour ce qui est des faits de suggestion qui sont vagues & incertains, & qui ne décident rien précisement, la preuve en doit être rejettée.

Voyez ce que j'ai dit sur l'article 289. de la Coutume de Paris.

SUJETS, sont ceux qui demeurent dans l'étendue de la Seigneurie d'un Seigneur ayant Justice; ainsi les Justiciables des Seigneurs sont appellés sujets des Seigneurs.

Néanmoins il n'y a véritablement que le Roi qui ait des sujets; mais comme il falloit un nom duquel les Seigneurs pussent se servir pour dénoter ceux qui dépendent de leur Seigneurie, celui de vassal ne signifiant que ceux qui possedent des fiefs, on a adopté le nom de sujets, pour signifier ceux qui possedent des rotures à titre de cens dans l'étendue d'une Seigneurie, & les autres habitans qui n'y possedent aucuns immeubles. L'on n'a pas cru que cela pût donner aucune atteinte à la Majesté du Roi, qui est le souverain Seigneur dans son Royaume.

Appeller vassaux les Justiciables des Seigneurs, ce seroit tout confondre, puisque les vassaux ne peuvent être sans fiefs; aussi le Roi, la Cour & tous les Etats n'ont pas fait difficulté de se servir du nom de sujets, pour signifier les Justiciables des Seigneurs. Henri II. dans l'art. 2. de la troisiéme Déclaration donnée en interprétation de l'Ordonnance de Cremieu, dit que la prévention des Baillifs & Sénéchaux n'aura lieu contre les Prévôts, qu'à l'égard des sujets des Hauts-Justiciers.

Le Parlement jugeant les oppositions formées à l'enregistrement des Lettres patentes données à Laon le 17. Juin 1554. a ordonné par son Arrêt que quand les *sujets* des Gentils-hommes seront poursuivis devant les Baillifs ou devant les Prévôts royaux, alors la prévention aura lieu, si les Seigneurs Hauts-Justiciers n'en demandent le renvoi.

La Coutume de Paris en l'article 71. se sert du mot de Sujets pour signifier les justiciables des Seigneurs.

SUITE en conséquence du Sceau du Châtelet. *Voyez* Droit de suite.

SUITE PAR HYPOTÉQUE, est la poursuite qu'un créancier hypotécaire est en droit d'exercer contre le possesseur de la chose qui lui est hypotequée, quoiqu'elle ne soit plus en la possession du débiteur qui a constitué l'hypotéque, & ait passé en la possession d'un nouvel acquereur qui n'est point obligé à la dette.

Cela provient de ce que l'action hypotécaire est réelle: or la nature de l'action réelle est d'être donnée à celui qui a droit de proprieté, ou autre semblable, contre le possesseur de la chose, quoiqu'il ne soit point obligé envers celui qui l'intente; à la difference de l'action personnelle, qui n'est donnée qu'à un créancier contre son débiteur, & ne peut être donnée contre un autre personne.

En conséquence de ce droit de suite, le créancier peut, par l'action qui descend de l'hypotéque constituée, poursuivre differens droits & differentes prétentions; car si le gage affecté à une rente constituée au profit du demandeur a été aliené par le débiteur de la rente, le créancier peut poursuivre le nouvel acquereur de cet héritage en vertu de son hypotéque, pour continuer la rente & payer les arrerages qui en sont dûs, ou déguerpir & abandonner l'héritage.

Ses conclusions doivent donc tendre *à ce que cet héritage soit déclaré, affecté & hypotéqué au payement & continuation de la rente, en passer titre nouvel, & payer les arrérages dûs d'icelle, & les continuer à l'e-*

venir ; sinon déguerpir & abandonner l'héritage, pour être vendu & adjugé par décret, pour les deniers en provenans être donnés au demandeur jusqu'à concurrence de son dû.

L'action qui dérive du droit de suite par hypotéque, est appellée pure hypotéeaire, & elle est intentée dans la Coutume de Paris avant la discussion du principal obligé. *Voyez* ci-dessus Hipotéque. *Voyez* demande en déclaration d'hypotéque.

Le droit de suite par hypotéque n'a lieu que pour les immeubles, & non pour les meubles quelques précieux qu'ils soient ; parce qu'il n'y a parmi nous que les immeubles qui soient susceptibles d'hypotéque. Comme les meubles n'ont point de situation fixe, permanente, assurée & perpétuelle, ils peuvent être facilement transportés d'un lieu à un autre ; & s'ils avoient suite par hypotéque, il n'y auroit presque personne qui en voulût acheter sans autorité de Justice ; ce qui empêcheroit tout commerce.

L'article 170. de la Coutume de paris, porte, que *meubles n'ont point de suite par hypotéque* ; mais cet article ajoute, *quand ils sont hors de la possession du débiteur.*

Comme cette suite par hypotéque ne peut avoir lieu que quand la chose hypotéquée a passé de la personne de notre débiteur en la possession d'un autre personne, on ne peut pas inferer des derniers termes de cet article, par un argument *à contrario*, que les meubles ayent suite par hypotéque, quand ils sont en la possession du débiteur.

En effet, le sens de cet article est, que nous ne pouvons poursuivre ni saisir le meuble de notre débiteur quand il est hors de sa possession ; mais tant qu'il est en la possession du débiteur, le créancier le peut saisir, & au moyen de cette exécution, en faire un gage de Justice ; de maniere que le créancier puisse après suivre le meuble saisi, contre celui qui s'en trouveroit possesseur.

C'est ce que Loyseau appelle *suite provenant de l'exécution, ou gage de Justice*: suit e fondée sur ce qu'au moyen de la saisie, le nouvel acquéreur n'a pas pû recevoir à titre translatif de proprieté le meuble saisi, & l'acquérir du proprietaire, qui étoit dépossédé de tout droit de proprieté par autorité des Juges.

Voyez ce que j'ai dit sur l'article 170. de la Coutume de Paris, & Coquille, quest. 63.

Par le Droit Romain, non-seulement le prix provenant de la vente des meubles se distribue suivant l'ordre des hypotéques ; mais encore les meubles ont suite par hypotéque ; lorsqu'ils ne sont plus entre les mains des débiteurs.

Mais quoique la distribution des meubles par hypotéque ait été parmi nous conservée dans le pays de droit écrit, on n'y a pas cependant suivi la maxime du Droit Romain, qui veut que les meubles même ayent suite par hypotéque, lorsqu'ils ne sont plus entre les mains du débiteur.

C'est le sentiment de tous les Docteurs qui ont traité cette matiere, que *mobilia translata non subjiciuntur pignori.*

SUPERCESSIONS, sont des Arrêts du Conseil d'Etat qui concernent la décharge des Comptables.

SUPERSEDER, signifie surseoir. Les Lettres d'Etat font superseder à toutes poursuites.

SUPPLEMENT DE LEGITIME, est le supplément de ce qui manque au légitimaire ; c'est-à-dire à celui qui demande sa légitime, pour l'avoir entiere sur les biens de celui sur lesquels elle est dûe, & qui ne lui en a laissé qu'une portion qui n'est pas assez forte pour la remplir.

En effet, quand les parens ne laissent pas à leurs enfans une portion de leurs biens qui ne remplit pas leur légitime, ou qu'ils font dépendre la portion qu'ils leur laissent de quelque condition qui en suspend l'effet, ou d'un tems qui le retarde, ces enfans ne peuvent se plaindre que le testament soit inofficieux ; ils peuvent seulement demander le supplement de leur légitime, & que les conditions & autres causes de retardement soient sans effet. *Leg. 29. & tribus sequentibus, cod. de inoff. testam.*

Quand l'Empereur Justinien, dans la Loi 30. de ce titre, ordonne que les enfans à qui le pere a laissé moins que la légitime, n'en puissent demander que le supplement, sans attaquer son testament comme étant inofficieux, il est évident que cet Empereur entend parler d'une portion raisonnable qui approche de la légitime, & non pas d'une somme modique, comme de cinq sols, qui est plutôt une illusion qu'une institution, & qui augmente plutôt l'inofficiosité qu'elle ne la diminue. *Si quod relictum est sit vilissimum & ridiculum, non minuit ; sed auget fraudem & inofficiositatem. Molinæus, ad titulum, cod. de inoffic. testam.*

Plusieurs Parlemens ont tenu que l'institution d'héritier en la somme de cinq sols n'étoit pas suffisante pour couvrir la prétérition à l'égard des enfans. D'autres au contraire ont tenu qu'elle l'étoit. Celui de Toulouse a tenu que quand un des enfans étoit institué héritier universel, il suffisoit d'instituer les autres en la somme de cinq sols ; mais que quand l'institution étoit au profit d'un étranger, l'institution des enfans ne couvroit pas la préterition. Albert, lett. T. art. 28.

Voici ce que porte l'art. 51. de l'Ordonnance des Testamens du mois d'Août 1735. Quelque modique que soit la somme ou l'effet pour lesquels ceux qui ont droit de légitime auront été institués héritiers, le vice de la préterition ne pourra être opposé contre le testament, encore que le testateur eût disposé de ses biens en faveur d'un étranger.

L'article suivant permet à ceux ausquels il aura été laissé moins que leur légitime à titre d'institution, de former leur demande en supplément de légitime : ce qui est ainsi reglé pour l'avenir, même dans les pays où elle n'étoit pas admise jusqu'alors, ou étoit prohibée en certains cas.

Voyez ce que j'ai dit sur le §. 3. du tit. 18. du second livre des Institutes ; & Henris, liv. 4., question 12.

SUPPLEMENT DU JUSTE PRIX D'UN IMMEUBLE. *Voyez* Lézion d'outre moitié du juste prix.

SUPPLEMENT DE PARTAGE. *Voyez* Soulte.

SUPPOSITION DE NOM, est le crime que commet celui qui prend un autre nom que le sien, dans la vûe de tromper quelqu'un, en se faisant passer pour la personne dont il a pris le nom : ce qui a causé quelquefois de grands troubles dans des familles. *Voyez* l'histoire du faux Caille, qui est rapportée dans le second tome des Causes célébres.

La peine de ce crime est arbitraire ; quelquefois elle est capitale, suivant les circonstances & suivant les crimes qui ont accompagné cette supposition de nom.

Bouchel dans sa Bibliotéque, *verbo* Supposition, rapporte un Arrêt rendu le 8. Mars 1596, qui condamna à être pendu un nommé Jacques de la Ramée, qui se disoit fils du Roi Charles IX, & qu'il s'appelloit François de Valois; mais que la Reine Elizabeth accoucha de lui, la Reine mere ayant supposé une fille en son lieu, & qu'il fut baillé à nourrir à un personnage qu'il nommoit, & lequel avant que de mourir lui avoit dit la vérité de son extraction. Il disoit qu'il avoit eu révelation de s'aller faire sacrer à Reims : de fait il y fut fait prisonnier; & un quidam prisonnier avec lui, pour avoir dit qu'il avoit entendu de nuit une voix disant : *François de Valois prend courage, la Couronne t'appartient*. fut condamné à avoir le fouet, & assister à l'exécution de l'autre.

Soefve, tome 2. cent. 1. chap. 85. rapporte un Arrêt du Parlement de Paris du 19. Janvier 1658. qui condamna un Ecclésiastique, lequel se disoit fils de M. de la Porte, Conseiller d'Etat, de comparoir en la Chambre ; & là étant à deux genoux, déclarer en sa présence que témerairement, malicieusement & sans preuve il avoit pris le nom dudit Conseiller d'Etat, qu'il lui en demande pardon & à la Justice ; lui fait défenses de plus porter ce nom, à peine de punition exemplaire ; & le condamne en cinq cens livres de reparation civile, & aux dépens du procès.

Boniface, tome 1. part. 3. livre 1. titre 18. rapporte un Arrêt du Parlement de Provence du 23. Avril 1664. qui condamne un imposteur à mort, qui s'étoit adopté un nom pour succeder à ceux de la famille.

Bardet, tom. 2. liv. 5. chap. 2. rapporte un Arrêt du dernier Janvier 1636. qui fait défenses à un imposteur de prendre le surnom qu'il se donnoit faussement, à peine de punition corporelle.

De même qu'il n'est pas permis de prendre le nom d'une famille, il n'est pas permis d'en prendre les armes ni le cachet.

La ressemblance donne quelquefois à des malheureux occasion de se faire passer pour ceux à qui ils ressemblent. *Voyez* ce que j'ai dit à ce sujet *verbo* Ressemblance.

SUPPOSITION DE QUALITÉ, est la prévarication que commet celui qui se donne une qualité qu'il n'a pas.

Il a été rendu un Arrêt au Parlement de Paris le 14. Août 1723. contre Louis de Navarre Archer de Robbe courte, & le nommé Crebey, dit Touraine ou Tourangeau, Soldat, Navarre atteint & convaincu de prévarication & de supposition d'ordre pour arrêter différens particuliers, sous ce prétexte en avoit extorqué de l'argent; pour reparation de quoi il fut par cet Arrêt condamné au carcan, avec écrite au devant & derriere, portant ces mots : *Archer de Robbe courte prévaricateur & imposteur* ; & ensuite mené aux Galeres pour y servir le Roi à perpétuité; ses biens acquis & confisqués au Roi ou à qui il appartiendra. Et à l'égard de Crebey, dit Touraine ou Tourangeau, l'Arrêt ordonne qu'il sera plus amplement informé pendant un an, pendant lequel tems il tiendra prison.

Celui qui contrefait le Juge ou le Magistrat, commet crime de faux, s'ingerant en une affaire dont la conoissance ne lui appartient pas : ce qui fait qu'on peut pour raison de ce proceder criminellement contre lui ; & cela s'est pratiqué à l'égard d'un particulier, qui feignant d'être Magistrat, prit des levraux à la porte de la Ville, par Arrêt du Parlement de Dijon du 7 Août 1613. rapporté par Bouvot, tome 2. *verbo* Office, quest. 41.

Par Arrêt du Parlement de Bordeaux, rendu le 3. Janvier 1525, un soi-disant faussement Prévôt des Maréchaux, qui avoit fait mourir sept femmes accusées de sorcellerie sans preuve, fut condamné à avoir la tête tranchée. Papon, liv. 4. tit. 13. nomb. 7.

SUPPOSITION DE PART, est le crime que commet celui ou celle qui suppose un enfant comme étant né de personnes qui ne lui ont pas donné l'être ; en un mot, c'est une action par laquelle on ôte à un enfant sa véritable naissance pour lui en donner une fausse, en enlevant cet enfant à celui dont il est né, pour l'attribuer à celui qui n'en est pas le pere.

Ce crime se commet en supposant un enfant pour & en la place d'un autre, en un supposant un à un homme & à une femme qui ne seroient pas ses pere & mere, ou quand un homme & une femme se disent pere & mere d'un enfant qui n'est pas d'eux.

Ce crime est très-énorme, puisqu'il offense non-seulement la vérité, mais la nature même. Il trouble l'ordre des familles, & ôte le bien à de légitimes héritiers, en faisant passer dans le monde le phantôme de la supposition pour l'ouvrage de la nature & les fruits du mariage. *Publicè interest partus non subjici, ut ordinum dignitas, familiarumque salva sit. Leg. 9. §. 1. ff. de inspiciendo ventre.*

Les Magistrats sont donc obligés, pour l'intérêt de l'Etat, pour l'intérêt de la Justice, pour la Police de la nature inébranlable, pour le repos du Public, de supprimer la naissance de ces enfans étrangers introduits dans des familles par l'imposture des fausses meres. Mascardus, *de probationibus*, *cap.*

1147. *num.* 20. dit que dans la supposition de part, qui est ordinairement une de ces questions d'état très-obscures, les présomptions y doivent être admises. *In his enim simulatis actibus ac fraudulentis, qui occulte patrari solent, sufficit probatio per conjecturas & præsumptiones.*

Ce crime est quelquefois puni du bannissement, précedé d'une amende honnorable, comme il a été jugé au mois de mars 1730. par Arrêt rendu au Parlement de Paris, les Chambres assemblées. Quelquefois il est puni d'une moindre peine. Ainsi, par Arrêt du 5. Juin 1636. la veuve du Lieutenant général du Maine a été privée de son douaire, pour avoir supposé un enfant. *voyez* le trentiéme Plaidoyé de M. le Maître, & le Journal des Audiences, tom. 1. liv. 3. chap. 29. Enfin ce crime doit être puni très-sévérement à l'égard des Sages femmes qui le commettent.

Toutes sortes de personnes ne sont pas admises à intenter l'action en supposition de part: elle n'est recevable dans un Particulier, qu'autant qu'il paroît avoir intérêt de l'intenter.

Les régles qui sont observées à l'égard de la supposition de part, sont à peu près semblables à celles que l'on admet au cas de l'adultere, où l'action n'est pas, comme dans les autres crimes, une action publique.

Dans le cas de supposition de part, il n'y a que les peres & meres, & ceux à qui l'enfant appartient par un intérêt présent, qui puissent être écoutés; c'est une action qui tend à arracher un enfant d'une famille, pour le transplanter dans une autre: c'est l'intérêt de deux familles, & par conséquent il n'y a que ceux qui composent ces deux familles qui puissent intenter ces sortes d'actions, attendu qu'elles y sont intéressées, & toutes autres n'y sont pas recevables. *De partu supposito accusant parentes, aut hi ad quos res pertinent, non quilibet ex populo, aut publicum accusationem intendat. Leg.* 30. §. 1. *ff. ad Leg Cornel. de fals.* C'est aussi ce que remarque M. Cujas sur ce même titre du Code, qui dit que quand la Loi dans cette occasion parle de ceux qui ont intérêt, elle ne parle point d'un intérêt trop curieusement prévû, & qui dépend d'un futur contingent & d'un événement incertain; mais d'un intérêt ouvert, actuel, acquis & incontestable. Cela est aussi reçu parmi nous.

Ainsi la poursuite pour raison de supposition de part, ne peut être faite que par le mari pendant qu'il est en vie, & après sa mort par son plus proche héritier. C'est ce qui fit que dans l'affaire de Saint-Geran on ne reçut point l'intervention des héritiers présomptifs du sieur de Saint-Geran dans la procédure, où l'on prétendoit découvrir une supposition de part.

Il y a encore un Arrêt rendu le 16. Juin 1638. rapporté dans le Journal des Audiences, qui a jugé que la mere & la sœur d'une femme mariée ne pouvoient, du vivant de son mari, être admises à intenter l'action en supposition de part. *voyez* le Recueil d'Arrêts de Desmaisons, lett. S. chap. 1. & Bardet, tom. 2. livre 7. chap. 31.

Le crime de supposition de part ne se prescrit que par trente ans, suivant Charondas, liv. 10. réponse 76. & Expilly, Plaidoyé 8. Cependant je crois que ce crime se prescrit, comme tout autre, par vingt ans, quoique la Loi 19. §. 1. *ff. ad Legem Corneliam de falsis*, dise le contraire. Voici les termes: *Accusatio suppositi partus nulla temporis præscriptione depellitur.* Mais M. Cujas, *Observat. lib.* 4. *cap.* 14. dit que cela se doit entendre, *nisi vice unium præterierit.* Aussi M. Soefve, tom. 2. cent. 3. chap 53. rapporte un Arrêt du 27. Mars 1665. qui l'a jugé ainsi.

Touchant la supposition de part, *voyez* Henrys, tom. 2. liv. 6. quest. 56. 57. & 59. Boniface, tom 5. livre 3. titre 22. chapitre 1. & 2. Soefve, tome 1. centurie 1. chapitre 87. & centurie 2. chapitre 89. Despeisses, tome 2. page 973. & suiv. Menochius, *de Præsumptionibus*, tome 2. livre 5. chapitre 24. Mascardus, *de Probationibus*, tome 3. conclusion 1147. le douziéme tome des Causes célébres, page 1. & suiv. & l'Arrêt du 21. Juillet 1633. rapporté dans le Journal des Audiences.

SUPPOTS DES UNIVERSITÉS ET COLLEGES, jouissent des droits & priviléges qui sont accordés au Corps dont ils sont les Suppôts.

SUPPRESSION, est l'extinction & l'anéantissement qui se fait par le Souverain, de Charges, de rentes, ou de droits.

SUPPRESSION DE PART, est le crime de celui ou celle qui met obstacle à la naissance d'un enfant, ou qui ôte la connoissance de son existance ou de son état.

Si la conception illicite est un crime, c'est l'augmenter d'un nouveau encore plus grand que de supprimer son fruit ou le faire avorter, soit par respect humain, mauvaise honte, esprit d'intérêt ou mouvement de désespoir: c'est pourquoi ce crime est puni de mort. *voyez* Avortement.

SURANNATION. LETTRES DE SURANNATION, sont Lettres de Chancellerie, qu'on obtient pour faire valider d'autres Lettres de vieille date, à cause que la force du Sceau ne dure qu'un an pour les choses qui ne sont pas jugées ou exécutées. *voyez* ci-dessus Lettres de surannation. *voyez* aussi Loiseau, des Offices, livre 2. chapitre 4. des Sceaux, nombre 44. & suiv.

SURARBITRE. Les Arbitres sont ordinairement élus en nombre impair; mais quand ils sont choisis en nombre pair, ordinairement par le même compromis on nomme un tiers, ou bien on leur donne pouvoir d'en prendre un tel qu'ils voudront, pour décider entr'eux au cas qu'ils se trouvent partagés, & ce tiers est appellé Surarbitre.

SURCENS, est le second cens qui est imposé sur un héritage censuel, & qui est dû après le chef & premier cens.

Il est appellé croît de cens, c'est-à-dire augmentation de cens, ou second cens non seigneurial & n'emporte point lods & ventes.

Le surcens n'est donc que la seconde charge, & le cens la premiere. Celui qui a donné l'héritage à surcens, croît de cens, ou rentre fonciere, est en quelque façon Seigneur foncier; mais celui qui a le premier donné l'héritage à cens, est véritablement Seigneur censier & foncier: c'est lui qui est le chef-Seigneur, c'est lui qui est le Seigneur très foncier, c'est lui enfin qui a la Seigneurie la plus proche du fonds, & par conséquent c'est à lui qu'appartiennent les lods & ventes.

Le surcens n'a pas les mêmes priviléges que le cens: comme il est une seconde redevance créée plutôt pour le profit du Seigneur que pour marquer sa Seigneurie, il ne participe en rien à ce qu'on appelle cens, chef-cens; c'est pourquoi il se purge par décret faute d'opposition. *Voyez* les articles 355. & 357. de la Coutume de Paris.

Voyez Dumoulin sur l'article 55. de la Coutume de Paris, glose 4. nombre 1. 2. & 3. Loyseau, du Déguerpissement, livre 1. chapitre 5. nombre 11. & 12. *Voyez* ci-dessus Cens, & ce qui est dit dans le Glossaire du Droit François, *verbo* Surcens. *Voyez* aussi Belordeau en ses Observations forenses, lettre C. article 7.

SURINTENDANT DES FINANCES, est l'Ordonnateur général des Finances du Roi. Il a le privilége de n'être point comptable. Il n'y a pas toujours un Surintendant des Finances, il n'y en a même point eu depuis long-tems. Lorsqu'il n'y en a point, le Contrôlleur général est le Chef des Officiers de Finance.

SURNOM, est un nom qu'on ajoute au nom de famille.

SURPOIDS, signifie les bois en coupe, qui font poids sur la terre. *Voyez* le Glossaire du Droit François.

SURSEANCE, signifie grace, terme, délai qu'on accorde à quelqu'un qui étoit obligé de payer actuellement une dette, ou de faire quelque chose.

SURSEOIR, c'est suspendre, retarder, différer le Jugement d'une affaire, ou l'exécution d'une contrainte.

SURTAUX, est un taux excessif, qui excede les forces de celui ou de ceux sur qui il est imposé, ou qui excede la proportion dont chaque Généralité ou chaque Election ou chaque Particulier doit être tenu.

Il y en a de trois sortes; sçavoir, le surtaux de Généralité, celui d'Election, & celui d'un Particulier.

Les oppositions en surtaux doivent être jugées à l'Audience, & ne peuvent être appointées. Touchant la forme des oppositions en surtaux, *Voyez* le Mémorial alphabétique des Tailles, *verbo* Surtaux.

SURVENANCE D'ENFANS, est une cause pour laquelle une donation entre-vifs est révoquée de plein droit. *Voyez* Révocation de donation.

SURVIE, est une vie plus longue que celle d'un autre avec qui on a relation.

En pays de Droit écrit, on stipule le droit de survie dans les contrats de mariage comme un préciput. *Voyez* Gain de survie.

SURVIE, se prend aussi pour un certain espace de tems que quelques Coutumes exigent se trouver entre le partage qu'un pere a fait de ses biens au profit de ses enfans, & le moment de son décès. *Ne scilicet sua dividens inter liberos bona, nimium vicinus morti facile erret in æquali distributione.*

Cette survie est dans quelques Coutumes de vingt jours, & dans quelques autres de quarante. Sur quoi il faut remarquer.

I°. Que quand le pere demettant a des biens situés dans différentes Coutumes, dont les unes exigent une survie de vingt jours les autres une survie de quarante, & les autres n'en exigent point, en ce cas le partage que le pere a fait de ses biens ne vaut pas, s'il n'a survecu les vingt ou quarante jours prescrits par la Coutume du lieu où les biens sont situés. En un mot, c'est la Coutume de la situation des biens que l'on suit, & qui détermine de la validité du partage par rapport aux biens qui y sont situés.

II°. Qu'en Normandie on exige la survie du démettant, pour les biens situés dans cette Province, quoiqu'il soit domicilié dans une Coutume où cette survie n'est pas admise. *Voyez* Taisand sur l'article 9. du titre 7. de la Coutume de Bourgogne; & Basnage sur l'article 422. de celle de Normandie.

SURVIVANCE, est la grace que le Roi fait aux enfans ou autres héritiers des Titulaires des Charges périssables par la mort, de leur en assurer la jouissance.

Les Officiers reçus en survivance en des Offices de Judicature, en quelque Cour & Jurisdiction que ce soit, ne peuvent exercer aucunes fonctions, ni y avoir entrée, rang, séance, ni voix délibérative, qu'après la mort ou la démission pure & simple des résignans, à moins qu'il ne soit autrement porté par leurs provisions, comme il il est ordonné par la Déclaration du Roi du 4. Mai 1703.

SUSPENSION, est une défense de faire pendant un tems les fonctions attachées à une Charge ou Dignité ecclésiastique ou séculiere.

La suspension ne regarde que l'exercice, & n'ôte par conséquent rien du rang ni du caractère de l'Officier.

SUSPENSIF. On dit que l'appel d'une Sentence a ordinairement un effet dévolutif & suspensif, comme nous avons dit, *verbo* Dévolutif. *Voyez* aussi Sentence provisionnelle.

SUSPICION, signifie soupçon, défiance. On dit, par exemple, il y a une véhémente suspicion de faux contre cette piéce. Un bon Juge se doit déporter d'une affaire, dès qu'il y a la moindre suspicion contre lui.

SUZERAIN. *voyez* Seigneur Suzerain.

SY

SYNALLAGMATIQUE. Ce terme, qui est tiré du Grec, signifie obligatoire de part & d'autre.

Nous avons des contrats qui ne sont obligatoires que d'une part, comme le prêt; & d'autres qui sont obligatoires de part & d'autre, comme le commodat, le dépôt, le gage, la vente, le louage, la société & le mandat; & ces contrats sont appellés Synallagmatique.

Voyez ce que j'ai dit ici sur chacun de ces contrats, & dans ma Traduction des Institutes, au titre 15. & au titre 24. & suivant du troisiéme Livre.

SYNDICS OU PROCUREURS SYNDICS, sont ceux qui sont élus dans les Communautés ou Corps, pour avoir le soin des procès & des affaires de la Communauté.

Comme ceux qui forment un Corps ou Communauté, ne peuvent pas vaquer tous à ce qui regarde leur Communauté, ils peuvent préposer des personnes qui en prennent soin, ausquelles on donne ordinairement le nom de Syndics.

La nomination s'en fait par ceux qui composent la Communauté, à moins que quelque Loi eût autrement pourvu au choix des personnes.

Si le Corps entiers est tel, que tous ceux qui en sont ne puissent s'assembler, ou ne doivent pas tous avoir part à la direction des affaires communes, on en chosit un certain nombre, selon que les Réglemens & les Usages y ont pourvu; & ce nombre, qui représente le Corps entier, fait la nomination de ceux qui doivent être chargés du soin des affaires.

Ces nominations de Syndics se doivent faire à la pluralité des voix, par ceux qui ont droit de les nommer: on doit y observer les formalités requises, à peines de nullité.

Le pouvoir de ces Syndics ne peut exceder les bornes qui leur sont prescrites; & les Communautés ne sont engagées par le fait de leur Syndic, que dans l'étendue de sa commission, & en tant que l'affaire a tourné à l'avantage du Corps, & qu'on y a observé toutes les formalités prescrites.

Une Communauté qui aura donné pouvoir d'emprunter, ne sera obligée que pour les sommes dont il aura été fait un emploi; si elle a donné pouvoir de vendre, la vente ne subsistera qu'en cas qu'elle ait été faite pour une cause utile, & qu'on ait observé les formes prescrites pour ces sortes de ventes.

Les Syndics qui entreprennent une affaire par l'ordre du Corps, sont obligés de prendre soin de toutes les suites, & ne peuvent être personnellement contraints au payement des dépens obtenus contre eux en ladite qualité de Syndics. La Peyrere, édition de 1717. page 90.

Celui qui est chargé d'intenter un procès, est tenu d'y procéder dans toute la suite pendant la durée de son administration.

En général, il est obligé de répondre de sa conduite envers ceux qui l'ont préposé, & de justifier de son pouvoir envers ceux contre qui il agit, ou avec qui il traite, & de faire ratifier par la Communauté ce qu'il aura geré.

La Communauté est tenue de le faire, si le Syndic n'a pas excedé son pouvoir, & s'il fait les choses dans les régles; elle est même obligée en ce cas d'allouer au Syndic les dépenses raisonnables qu'il a employées pour les affaires dont il a été chargé.

Les Syndics sont obligés d'apporter dans leur gestion les mêmes soins & les mêmes diligences qu'un mandataire des affaires d'un Particulier est tenu d'y apporter; autrement il est tenu du dommage qui surviendroit par son dol, par sa faute grossiere, ou par sa faute légere.

Mais cette obligation, n'a pas lieu entre les Procureurs des Maisons religieuses, qui sont des personnes mortes civilement, & contre lesquelles la Communauté n'a pas ce recours.

Le pouvoir des Syndics finit avec leurs Charges, lorsqu'elles expirent. Il cesse aussi par une révocation faite dans les régles, & connue à celui qui est révoqué & à ceux qui avoient à traiter avec lui.

T

TABELLION ET NOTAIRE, sont différens en quelques endroits, où leurs fonctions n'ont pas été réunies. Le Notaire reçoit & fait la minute de l'acte, & le Tabellion en fait la grosse sur la minute du Notaire.

Les Notaires reçoivent donc & passent seulement la minute des contrats & les peuvent délivrer aux Parties en brevet; mais quand ils ne les délivrent pas en brevet, ils sont tenus de les porter aux Tabellions, pour les garder & les délivrer en grosse aux Parties (si elles le requierent) pour avoir une exécution parée.

Mais à Paris & en plusieurs autres endroits du Royaume, ces deux fonctions ont été réunies par les Edits du Roi Henry IV. ce qui fait qu'on appelle aujourd'hui communément Notaires tous les Officiers royaux qui reçoivent les conventions & actes, & les délivrent aux Parties; & on nomme Tabellions les Officiers qui font la même fonction dans les Seigneurs & Justices subalternes.

Au reste, le nom de Tabellion vient du terme Latin *Tabulæ*, qui signifie Tablettes, parce que les anciens écrivoient sur des Tablettes leurs contrats, leurs testamens, & leurs actes les plus importans.

Voyez Notaires.

TABELLIONAGE, est en quelques Justices un droit accordé par le Roi au Seigneur Châtelain ou Haut-Justicier, de pouvoir instituer Notaire, pour instrumenter dans l'étendue de leur Seigneurie.

Ce droit ne leur appartient qu'en tant qu'il leur est accordé par le Roi d'une concession expresse ou tacite. Aussi voyons-nous que sous le bon plaisir de nos Rois plusieurs Coutumes ont accordé aux Seigneurs Châtelains le droit de Tabellionage. On a même prétendu que le droit d'avoir des Notaires se prescrit contre le Roi par une possession immémoriale.

En effet, ce qui s'accorde par le Roi par grace & privilége, est sujet à prescription, & se peut acquerir par le même moyen. Or le droit de créer des Notaires se peut acquerir par grace & privilége spécial; ce qui est sans difficulté; d'où il semble qu'on peut conclure que ce droit se peut prescrire.

Néanmoins comme le droit de créer des Notaires appartient au Roi, & a été réuni au Domaine par Ordonnance de Philippe I. de 1319. & que ce qui est réuni au Domaine de la Couronne est imprescriptible, il faut conclure que le Roi seroit toujours en droit de casser une pareille usurpation.

TABLE, METTRE EN SA TABLE, se dit du Seigneur qui réunit à son domaine ou à son fief le fief de son Vassal par retrait féodal, art. 21. de la Coutume de Paris; & en ce cas Table, selon quelques-uns, se prend pour Catalogue, dans lequel sont contenus toutes les terres & droits dans lesquels consiste le fief auquel la réunion a été faite.

TABLE DE MARBRE au Palais se prend pour trois Jurisdictions; l'une est à la Connétablie & Maréchaussée de France; l'autre est l'Amirauté; l'autre enfin est le Siége de la Réformation générale des Eaux & Forêts, qui juge au souverain, quand un Président à Mortier & des Conseillers de la grande Chambre y vont tenir le Siége avec les Juges de cette Jurisdiction.

Ce nom est démeuré à ces trois Jurisdictions, à cause d'une grande table de marbre qui tenoit autrefois tout le travers de la grande Salle, sur laquelle ils tenoient leur Jurisdiction. Elle fut détruite lors de l'incendie du Palais en 1618.

TABLEAUX, non attachés à fer & à clou, ni scellés en plâtre, sont meubles. *Voyez* ce que j'ai dit sur l'article 90. de la Coutume de Paris. Pour ce qui est des tableaux de Chapelle, quoique non attachés à fer & à clou, ni scellés, ils sont reputés immeubles, suivant la Note de M. Ricard sur cet article de la Coutume de Paris.

TABLEAUX DE FAMILLE, appartiennent à l'aîné, de même que les manuscrits du pere, les titres & papiers de la maison. *Voyez* Percham-bault sur l'article 586. de la Coutume de Bretagne.

TACITE RECONDUCTION, est la continuation d'un bail, par le consentement tacite & mutuel du bailleur & du preneur, à pareil prix & aux conditions portées par le bail.

Ce tacite consentement se tire de la jouissance du preneur à bail, après le tems expiré, sans aucune dénonciation de vuider les lieux faite de la part du proprietaire.

La tacite reconduction est dans la plus grande partie du Royaume pour un an, pour les héritages des champs, en payant les labours & semences qui pourroient avoir été faits pour les années à venir.

Cependant, lorsqu'une terre est de nature qu'il y ait inégalité de revenu d'une année à l'autre, (comme si dans un bail à ferme de terres labourables pour plusieurs années, il y avoit une plus grande quantité ou de meilleures recoltes une année que l'autre) la tacite reconduction ne pourroit être moindre que pour deux ou trois ans.

Pour les baux à loyer des maisons, la prorogation n'en dure qu'autant que l'habitation du locataire dureroit s'il n'y avoit point eu de bail: car le bailleur & le preneur peuvent, quand bon leur semble interrompre la reconduction, en donnant congé dans le tems reglé par la Coutume.

Néanmoins si c'est un lieu dont l'usage de sa nature demande une plus longue prorogation, elle aura lieu pour le tems de cet usage. Ainsi la reconduction d'une grange s'étend au tems de la moisson, & la reconduction d'un pressoir au tems des vendanges.

La tacite reconduction qui renouvelle le bail par le tacite consentement des Parties, en renouvelle aussi toutes les conditions; ce n'est qu'une continuation de bail avec toutes les suites. Par exemple, posons qu'il y ait dans le bail une clause par laquelle le locataire s'oblige de souffrir les grosses réparations qu'il seroit nécessaire de faire dans la maison qu'il loue, pendant le tems du bail, cette clause continue toujours tant que le locataire restera dans la maison, en vertu de la reconduction tacite.

Mais cette reconduction ne donne point d'hypotéque pour le tems de la prorogation, au préjudice des créanciers intermédiataires; & si dans le bail il y avoit des cautions, leur engagement finit avec le bail, & n'est pas renouvellé par la reconduction, parce que leur obligation étoit bornée au tems du bail où ils s'étoient obligés.

Par Arrêt du 22. Août 1604. il a été jugé que l'hypotéque d'une tacite reconduction n'a effet retroactif à l'ancien bail, à l'égard des créanciers, & que ladite hypotéque ne commence que du jour de ladite reconduction; parce que c'est une hypotéque tacite, qui par conséquent ne peut pas rétrograder au préjudice d'un tiers.

A l'égard de celui qui s'est rendu caution du preneur à bail, comme il ne s'est obligé que pour le tems que le bail devoit durer, il n'y auroit pas de raison d'étendre son obligation au-delà du tems du bail; & par consequent il ne peut pas être tenu de la prorogation du bail qui s'en est ensuivie par la tacite reconduction. De même si la contrainte par corps etoit stipulée pendant le bail, elle s'éteindroit avec lui, & n'auroit pas lieu dans la tacite reconduction.

La tacite reconduction n'a lieu qu'aux baux conventionnels, & non aux baux judiciaires, lesquels étant finis sans que le Commissaire ait fait proceder à un nouveau bail, le Fermier judiciaire doit compter des fruits ou loyers, au dire de gens connoissans, pour le tems qu'il a joui au-delà de son bail.

Elle n'a pas lieu non plus à l'égard des emphytéotiques, comme je l'ai dit, *verbo* Emphytéose.

TAILLABLES, sont ceux qui sont sujets à taille: tels sont les roturiers & gens de trafic. *Voyez* ce qui est dit sur ce mot dans le Dictionnaire de Trevoux.

TAILLES, sont des sommes qui se levent aujourd'hui tous les ans pour le Roi, & pour soutenir les charges de l'Etat.

Ce tribut & imposition porte le nom de taille soit à cause qu'on a coutume de départir & égaler ces deniers sur les sujets à proportion de leurs biens & revenus, soit à cause que dans l'origine de cette imposition, ceux qui étoient préposés pour la levée de ces sortes de deniers, (comme sont aujourd'hui les Collecteurs,) avoient des tailles de bois sur lesquelles ils marquoient ce que chaque habitant payoit en déduction de sa cotte ou taille.

Quoiqu'il en soit, les premieres tailles qui furent levées en France, furent appellées fouages, & ne duroient qu'un an. Depuis on les appella tailles, lorsque sous Charles VII. elles furent rendues perpétuelles.

Les tailles dans quelques endroits du Royaume, comme en Languedoc, sont pures réelles: *Adeò ut ipsissimet fundis dumtaxat indicantur, & inhæreant.*

Mais dans la plus grande partie du Royaume de France les tailles sont mixtes, c'est-à-dire réelles & personnelles.

Elles sont réelles, en ce qu'elles se payent par les roturiers, à raison de leurs biens patrimoniaux.

Elles sont personnelles, par rapport à la demeure, qui détermine le lieu où elles se doivent imposer sur chaque taillable; & aussi en ce qu'elles s'imposent non-seulement par rapport aux biens patrimoniaux qu'un taillable possede, mais encore par rapport au gain qu'il fait par son travail & son industrie.

Quoique dans la plus grande partie de ce Royaume les tailles soient mixtes, elles sont néanmoins censées plus personnelles que réelles. *Ratio est, quia imponantur quidem pro modo patrimonii, sed inducuntur personæ, non habitâ tantùm ratione patrimonii, sed etiam redituum ex laboribus & industriâ provenientium.*

De ce que les tailles mixtes sont censées plus personnelles que réelles, il s'ensuit que chaque Particulier n'est tenu de payer par an qu'une seule taille & en une seule Paroisse; c'est-à-dire celle ou il est demeurant au jour de saint Remi, quoiqu'il ait plusieurs biens & héritages situés en differentes Paroisses.

Les aydes au contraire ne sont jamais que des impositions réelles qui ne se prennent qu'à proportion des marchandises dont on doit payer l'entrée ou la sortie, sans aucune distinction de nobles ou de roturiers.

Néanmoins comme nous avons dit ci-dessus, en Languedoc, en Provence, Dauphiné, & en quelques autres lieux où les héritages roturiers sont taillables, les tailles sont purement réelles; ensorte qu'elles ne se levent que sur les héritages roturiers.

Cela fait que chaque particulier noble ou non noble, est tenu de payer ces sortes de tailles par rapport aux héritages roturiers qu'il possede, d'autant qu'elles sont dans ces pays *prædiorum onera, non verò personarum.*

Ainsi les roturiers n'y doivent rien pour les biens nobles qu'ils possédent dans ces Provinces; & au contraire les Gentils-hommes y doivent la taille des héritages roturiers qu'ils y ont.

Les tailles mixtes, c'est-à-dire réelles & personnelles se payent par ceux du tiers-Etat, c'est-à-dire par les habitans roturiers des Villes non franches, Bourgs & Villages à proportion des biens du taillable, de quelque nature qu'ils soient, & en quelque part qu'ils soient assis. d'ou il s'ensuit, I°. que les Gens d'Eglise, les Gentils-hommes & les annoblis en sont exempts. II°. Que les Bourgeois de Paris & des autres Villes franches du Royaume, sont aussi exempts de ces tailles; mais ils payent d'autres droits, qui en leur laissant l'honneur de cette affranchissement, ne leur en procurent pas une utilité absolue. Après tout, il est juste que chacun contribue, il n'importe à quel titre au soulagement & au bien de l'Etat.

Il y a encore d'autres personnes qui sont exemptes de la taille. I°. Les Officiers des Cours souveraines, les Secretaires du Roi, les Officiers commensaux des Maisons royales, servant actuellement par quartier, par semestre, ou toute l'année qui reçoivent au moins soixante livres de gages, & sont employés aux états enregistrés en la Cour des Aydes.

II°. Les Officiers des Siéges présidiaux, Sénéchaussées, Prêvôtés, Vicomtés, Vigueries, Eaux & Forêts, Traites-Foraines, Elections, Greniers à sel, & de toutes les autres Justices & Jurisdictions royales du Royaume.

III°. Les véterans de plusieurs des Offices énoncés ci-dessus.

IV°. Les veuves de certains Officiers, durant leur viduité.

V°. Ceux qui ont douze enfans. Sur quoi il faut remarquer que la répresentation n'a pas lieu à cet égard comme en succession: ainsi plusieurs enfans d'un fils ou d'une fille décedés ne seroient point comptés. M. de Xaintonge page 353, rapporte un Arrêt du Parlement de Dijon qui l'a jugé ainsi le 13. Mars 1617.

Pour que les exempts de taille qui demeurent dans des Villes non franches, jouissent de leur privilége, il faut qu'ils ne fassent aucun trafic, si ce n'est du revenu de leurs terres, qu'ils peuvent vendre librement, mais sans pouvoir tenir des terres d'autrui à ferme.

Les tailles, suivant ce que nous enseigne Ragueau, ne se levoient autrefois que dans la nécessité des affaires, & la levée ne s'en faisoit que par avis, déliberations & consentement des Etats du Royaume; mais aujourd'hui elles se perçoivent annuellement dans chaque Paroisse.

Voici de quelle maniere elles se levent. Après que la somme qu'il plaît au Roi de lever sur son peuple a été arrêtée au Conseil de Sa Majesté, on envoye des commissions aux Trésoriers généraux de France établis aux Bureaux des Généralités.

Ces commissions portent, que les Trésoriers généraux feront le département de la somme qu'il leur est enjoint de lever, aux Elections dépendantes de leurs Généralités, avec le plus d'égalité & de justice qu'ils pourront.

Ils les envoyent aux Elus qui sont les Juges des Elections, avec leur attache, qui leur ordonnent de lever une telle somme dans l'étendue de leur Election, ni plus ni moins.

Les Elus s'assemblent & font ensuite le rolle des tailles, par lequel ils cottisent les Villes, Bourgs & Villages dans leur Election: ils rendent après ces rolles à chaque Paroisse, qui élit tous les ans pour la levée du nouveau rolle, des Collecteurs des tailles d'entre les habitans de la même Paroisse.

Ces Collecteurs sont obligés de faire les rolles de leurs Paroisses, & de cottiser chacun des habitans selon & à proportion de leurs facultés.

Ils sont encore tenus de lever les deniers, & de les porter aux Receveurs des tailles de chaque Election, & ceux-ci aux Receveurs généraux de leur Généralité, qui les portent au Tresor royal.

Les Nobles, les Ecclésiastiques & les Privilégiés de quelque qualité & condition qu'ils soient, peuvent faire valoir leurs terres par eux-mêmes, & les faire labourer par leurs serviteurs, domestiques, sans être pour ce sujet contribuables aux tailles des Paroisses dans lesquelles sont situés leurs héritages.

La déclaration du 16 Janvier 1650, exempte les Nobles de la taille pour tous leurs biens, quand ils les font valoir par leurs mains. Mais depuis il est intervenu un Edit au mois d'Avril 1667, qui restraint ce privilége à une seule terre de l'exploitation de quatre charues seulement.

Par cet Edit il est ordonné que les Ecclésiastiques, les Gentilshommes, les Officiers privilégiés, & les Bourgeois de Paris, ne pourront tenir qu'une ferme par leur main dans une même Paroisse, sçavoir, les Ecclésiastiques & les Gentilshommes, le laboureur de quatre charues, & Officiers & Bourgeois de deux charues, sans qu'ils puissent jouir de ce privilége, que dans une seule Paroisse: & s'ils ont des héritages ailleurs, *ils* seront tenus de les bailler à ferme à *gens taillables*; autrement ils seront eux-mêmes cottisés, comme seroit un fermier qui exploiteroit lesdits héritages.

Il y a une Déclaration du Roi, portant Réglement sur le fait des Tailles, du 16 Août 1683, vérifiée en la Cour des Aydes le 26 Novembre de la même année, qui contient plusieurs décisions importanres touchant le domicile par rapport aux tailles. *Voyez* Domicile en matiere de Tailles.

Il y a dans Henrys tome 1. livre 2. chap. 4. quest. 32. un Edit du mois de Décembre 1689. qui attribue à tous les Officiers des Baillages & Sénéchaussées l'exemption des tailles, & de logement de gens de guerre.

TAILLE SEIGNEURIALE, est une taille qui est dûe aux Seigneurs dans quelques Coutumes, pour les héritages qui relevent d'eux.

Dans les premiers tems la taille seigneuriale étoit à volonté, & s'imposoit par le Seigneur sur les héritages ou sur les personnes taillables, quand bon lui sembloit, & montoit à la somme qu'il lui plaisoit exiger.

Mais dans la suite des tems cette taille a été reglée dans quelques lieux pour de certains cas; & dans d'autres elle a été du consentement des Seigneurs & des tailles abonnée à une certaine somme payable tous les ans.

TAILLE QUI SE PAYE EN CERTAINS CAS, est une taille seigneuriale qui est dûe au quatre cas, sçavoir, I°. quand le Seigneur est fait prisonnier dans une juste guerre, II°. quand il fait son fils aîné Chevalier; III°, quand il marie sa fille aînée à un Gentilhomme; IV°. quand il entreprend le voyage d'Outremer. Mais je crois que cette taille n'est plus en usage aujourd'hui.

Elle étoit appellée *taille franche*, parce qu'elle a été imposées sur des hommes libres & francs, ou tenans héritage affranchi.

Cette taille étoit aussi appellée *aide* & n'étoit anciennement dûe d'obligation, ensorte qu'elle se payoit volontairement par les vassaux.

Dans la suite les Seigneurs en firent un droit qu'ils exigerent de force. *Illæ collationes erant ab initio quasi ultrò tributa; sed quod à principio beneficium fuit, usu atque ætate factum est, debitum.* Mais ce n'est pas la seule usurpation qu'ils ont faite.

Cette taille étoit le cens double; aujourd'hui elle n'est plus guéres en usage: & les Seigneurs ne sont point en droit de la demander, à moins qu'ils ne soient fondés en titre.

Touchant cette taille seigneuriale qui est dûe ès quatre cas, *Voyez* Papon livre 13. titre 3. Boyer, décisions 126. & 129. la Coutume du Duché de Bourgogne, titre 1. des Justices, article 4. le Vest, Arrêt 42. Dolive, livre 2. chapitre 6. & 7. Henrys & son Commentaire, tome 2. livre 3. question 68. Catelan, livre 3. chapitre 16. & Chorier, Jurisprudence de Guy Pape, page 145.

Une chose à observer est, que le Seigneur ne peut rien exiger de ses sujets pour ses dettes civiles si ce n'est pour payer sa rançon aux ennemi s qui l'ont pris au service du Roi; & non autrement. Ainsi le Seigneur détenu pour dettes & amendes, ne pourroient pas contraindre ses vassaux de le tirer de prison. Boyer, décision 128. nombre 8. & Papon livre 7. tit. 1. nombre 9.

TAILLE ABONNÉE, est une taille seigneuriale imposée dans certaines Coutumes par le Seigneur aux gens de condition servile, & à laquelle ils se sont soumis pour se rédimer & affranchir de la taille arbitrale, ou d'autres droits & corvées que les Seigneurs exigeoient de leurs serfs avec dureté.

Cette taille est appellée taille serve, à cause qu'elle à été imposée à des serfs, c'est-à-dire à des gens de condition servile.

Comme cette taille est pour l'ordinaire personnelle, elle suit l'homme de main-morte en quelque lieu qu'il se transporte. C'est pourquoi la Coutume de Troyes les appelle taillable de poursuite.

Cette taille étant un droit & une imposition extraordinaire, le Seigneur ne l'a peut exiger qu'en vertu d'un titre en bonne forme, qui justifie que les serfs s'y sont soumis envers lui; & le droit de percevoir une telle rente se doit entierement regler conformément à la disposition de ce même titre.

Elle n'est pas mise au nombre des droits seigneuriaux ordinaires; ainsi le décret auquel le Seigneur ne se seroit pas opposée pour la conservation d'icelle purgeroit entierement l'héritage qui en auroit été chargé.

Elle se paye au Seigneur une fois par an à la différence de la mortalité, qui ne se payoit autrefois qu'au décès de l'homme de condition servile sur tous les biens qu'il délaissoit, ou sur une partie quand il décedoit sans parens avec qui il vivoit en commun; car les serfs ou main-mortables ne se succedoient que lorsqu'ils vivoient en commun; ce qui avoit été introduit ainsi, afin que les terres fussent mieux & plus aisément cultivées.

Cela étoit si rigoureusement observé, que ces malheureux ne se succedoient plus, lorsque pendant une année ils n'avoient pas eu le même domicile.

TAILLE BAPTISÉE. *Voyez* Capitainage.

TAILLIS. On appelle bois taillis ceux qui sont sujets aux coupes ordinaires, qui ne peuvent être faites que tous les dix ans, en y reservant seize baliveaux par arpent, & qui n'ont pas les mêmes effets que les bois de haute futaie. *Voyez* l'article 1. du titre 26. de l'Ordonnance des Eaux & Forêts, & ce que j'en ai dit ici, lettre B.

TAILLON, est une nouvelle taille, ou une augmentation de taille, établie par Henri II. en l'an 1549. pour l'entretenement, vivres & munitions de Gen-darmes.

Ce taillon monte au tiers de la taille; mais il est à présent aboli & confondu avec la taille.

TALION, est une peine égale & semblable au crime commis. Elle a été établie par la Loi de Moïse, œil pour œil, dent pour dent, comme il est porté dans l'Evangile.

Les Grecs & les Romains ont autorisé cette peine; & les Loix canoniques l'ont aussi autorisée à l'égard des calomniateurs, en les condamnant à souffrir la même peine qu'ils ont voulu faire souffrir à celui qu'ils ont accusé faussement. *Calumniator, si in accusationem defecerit, talionem recipiat, Canone 2. quæst. 3.*

Anciennement cette parité de peine, ou cette Loi de pareille peine, a été approuvée & reçue par la plus part des peuples les mieux policés: mais cette peine s'est trouvée dans la suite des tems une chose difficile à pratiquer; ce qui fait qu'elle n'est restée en usage que chez quelques Nations, encore ce n'est qu'à l'égard des calomniateurs.

Parmi nous, elle n'est pas en usage, Papon, liv. 24. tit. 1. nomb. 3, sinon en fait de crime de leze-Majesté. Mornac, *ad legem 1. ff. de calumniatoribus.*

Voyez Coquille sur la Coutume de Nivernois, article 23, titre des Justices & droits d'icelles, qui marque quelque cas où la peine du talion a lieu; & dit que dans les autres crimes où le talion n'est pas en usage en France, c'est à l'arbitrage du Juge de punir le coupable.

TANTE, ce terme qui est relatif signifie la sœur de mon pere, ou la sœur de ma mere; ce qui fait la distinction des tantes paternelles ou maternels. *Grande tante*, est celle qui a les mêmes qualités à l'égard de mon ayeul ou de mon ayeule. Neveu & niéce, sont des termes opposés à l'oncle & tante.

TASQUE, est un droit de terrage, une espéce de droit de champart, qui s'appelle quelquefois vingtain. *Voyez* ce qui en est dit dans le Dictionnaire de M. Brillon.

TAUREAU BANNAL, Droit de taureau bannal, est un droit que des Seigneurs ont en certains lieux, d'avoir un taureau bannal pour les vaches de leurs sujets, avec défenses de les faire couvrir par d'autres; & pour chaque vache qui est amenée au taureau bannal, les Seigneurs Haut-justiciers & féodaux prennent un certain droit.

TAUX DU ROI, est le denier auquel le Roi a fixé les arrérages de rentes & les intérêts des sommes dûes, dans les cas esquels on peut y condamner. Il n'est pas permis d'exceder ce taux. *Voyez* la Science parfaite des Notaires, liv. 5. chap. 18. *Voyez* aussi le Recueil alphabétique de M. Bretonnier, *verbo* Interêts.

TAXE, est une cottisation de chaque particulier, de la part qu'il doit porter de chaque imposition publique.

TAXE D'OFFICE EN MATIÈRE DE TAILLES, est celle qui est faite par les Elus ou par l'Intendant; au lieu que les taxes ordinaires sont faites par les Collecteurs.

TAXE D'OFFICIERS, est une imposition qui se fait sur une Compagnie, & qui doit être payée par chaque Officier. Le défaut de payement de taxe ne prive pas l'Officier de sa Charge, mais seulement de ses gages, droits, émolumens & revenus, par saisie d'iceux, suivant l'Arrêt du Conseil d'Etat du 13. Juin 1672.

TAXE SUR LES GENS D'AFFAIRES, sont des impositions que le Roi fait de tems en tems, pour les punir de ce qu'ils ont pris de trop sur ses sujets, ou pour reprendre une partie des gains excessifs qu'ils ont faits dans les traités qu'ils ont passés avec Sa Majesté.

Pour raison de ces sortes de taxes, le Roi a hypotéque sur les biens des Traitans & Financiers, du jour qu'ils ont commencé d'entrer dans les affaires de Sa Majesté, de même que pour toutes les autres dettes qu'ils ont contractées avec elle.

TAXE DE DEPENS, est la liquidation des dépens faits en un procès, ausquels une des Parties est condamnée. *Voyez* le titre 31. de l'Ordonnance de 1667.

Cette taxe de dépens se fait quand celui qui a été condamné n'a point fait d'offres, ou que celles qu'il a faites n'ont point été acceptées.

Pour faire taxer des dépens, il faut que celui qui les a obtenus en fasse dresser une déclaration, dont il doit donner copie au procureur de la Partie adverse, avec copie du Jugement qui les adjuge.

Ce Procureur ayant reçu cette signification, doit prendre communication des piéces significatives des articles, par les mains & au domicile du demandeur en taxe, sans déplacer dans les délais portés par l'article 5. du titre 31. de l'Ordonance de 1667.

Huitaine après, il doit signifier au demandeur des offres de telle somme qu'il jugera à propos, desquelles il sera delivré exécutoire en cas d'acceptation.

Si le demandeur en taxe n'accepte pas les offres,

& que nonobstant icelles il fasse taxer les dépens, pour lors, au cas que le calcul n'excéde pas lesdites offres, les frais de la taxe seront porté par le demandeur en taxe, & non compris dans l'exécutoire.

Si dans le délai ci-dessus le défendeur n'a point fait d'offres, ou qu'elles soient contestées, le procureur du demandeur doit remettre sa déclaration ès mains d'un Procureur tiers, qui doit cotter au bas le jour qu'elle lui aura été laissée.

Le Procureur du demandeur doit la faire signifier au procureur du défendeur, avec sommation d'en prendre communication par les mains du tiers sans déplacer.

Trois jours après cette premiere sommation, il faudra de rechef le sommer de se trouver en l'Etude du tiers, à certain jour & heure, pour voir arrêter les dépens contenus en la déclaration, & les signer.

S'il comparoit, les dépens seront arrêtés par le Procureur tiers en sa présence; sinon, sera tenu le tiers de les arrêter dans huitaine pour ceux qui ne contiennent que deux cens articles, & dans quinzaine pour ceux qui en contiennent plus; & le tiers sur chaque piece entrée en taxe, met *Taxé* avec paraphe.

Dès que la déclaration aura été arrêtée par le tiers, il la faudra signifier au procureur du défendeur, avec sommation de la signer, & protestation qu'à faute d'y satisfaire, elle sera signée par le Commissaire.

Si le défendeur ne signe l'arrêté de dépens, le calcul est signé par le Commissaire; ensuite de quoi se délivre l'exécutoire de dépens, suivant le calcul qui en a été fait par le tiers.

TE

TÉMOIGNAGE, est la révélation que fait une personne d'une chose qu'elle dit sçavoir, pour l'avoir vûe, ou pour l'avoir entendue. Ceux qui sont assignés pour rendre témoignage des faits qu'ils ont vûs, ou des choses qu'ils ont entendues, concernant une affaire pour raison de laquelle il y a procès, sont obligés en conscience de rendre témoignage à la vérité.

TEMOIGNAGE DE PERSONNE IDOINE ET NON SUSPECTE FAIT FOI EN JUSTICE, tant en matiere criminelle qu'en matiere civile, non-seulement suivant les Loix humaines, mais encore suivant le Droit Divin.

En effet, Dieu ordonne expressement en plusieurs endroits des Livres Saints, d'ajouter foi au témoignage de deux ou trois personnes qui certifient avoir vû. *In ore duorum vel trium testium stabit omne verbum. Paulus 2. ad Cor. cap. 13. verss. 1. Christus dixit: in lege nostra scriptum est, quia duorum hominum testimonium verum est. Joan. cap. 8. vers. 17.* Enfin, Dieu ordonne dans le Deuteronomie de punir de mort celui qui sera convaincu d'un crime par le témoignage de deux ou trois témoins. *In ore duorum vel trium peribit qui interficietur.*

L'Ecriture Sainte nous fournit aussi plusieurs exemples qui prouvent que la désobéissance à cette Loi, c'est-à-dire, le refus de s'en rapporter à la déclaration de témoins non suspects, a été regardé de Dieu comme un crime contraire à la confiance qu'il a lui-même mis dans le cœur de l'homme, à l'égard du témoignage des autres, quand ils ne sont pas suspects.

Dans quel cahos d'incertitude, dans quel trouble épouvantable ne seroit-ce pas se jetter, que d'établir pour principe qu'on n'est pas obligé d'ajouter foi au témoignage des hommes? Et comment les Juges établis pour régler leur contestations & décider de leur sort, pourroient-ils rendre la Justice, s'ils refusoient de croire les témoins, quoique souvent ils ne connoissent point la probité de ceux qui leur sont produits?

Une grande partie des actes sur lesquels ils Jugent & singulierement ceux qui ne sçavent pas signer, n'est autre chose que le témoignage, ou pour mieux dire un espéce de certificat donné par des Officiers publics, qui attestent que tels & tels ont fait ensemble telle convention.

L'état & la condition des hommes ne sont établis que sur la déclaration de ceux qui présentent un enfant au Baptême, qui est simplement portée dans un Registre par un Prêtre, qui souvent ne connoit ni le pere ni la mere de l'enfant, ni ceux qui le lui présentent, & qui ne prend point le serment de ceux qui lui font cette importante déclaration. Voilà cependant le titre principal par lequel les hommes prouvent leur condition, & sur le fondement duquel ils recueillent les biens dont ils héritent; en un mot, le principal titre sur lequel leur état est fondé.

Quand aux matieres criminelles, qui sont de toutes les plus importantes, puisqu'il y est souvent question de l'honneur & de la vie des hommes, n'est-ce pas presque uniquement par la déposition des témoins que les Juges sont obligés de les décider?

Ce que nous venons de dire, fait bien voir que la confiance qu'on a dans le témoignage des autres, est l'effet naturel de notre raison; puisque sans un tel secours, les hommes ne pourroient jamais entretenir entr'eux de societé, puisque de-là dépend la décision de leurs contestations, & la punition des crimes, sans quoi les biens & la vie des honnêtes gens seroient livrés à l'avidité & à la fureur des scelerats.

TEMOIMS, sont des personnes qui ont été présentes à un fait, & que l'on fait appeller en Justice, pour déclarer ce qu'ils sçavent d'un fait contesté entre les parties.

La déclararion qu'ils en font, est leur témoignage, qui fait foi en Justice. Voyez Preuve testimoniale où il est parlé des cas esquels cette preuve est admise ou non.

Les Praticiens nomment le témoin, de l'ame du procès. Il faut qu'il y ait une action préparée avant que d'ouir la déposition des témoins, & une permission & Ordonnance du Juge pour leur donner assignation, excepté le cas de l'information faite en flagrant délit, comme nous avons dit *verbo* Information.

Toutes personnes de l'un & de l'autre sexe peuvent être témoins s'il n'y en a pas d'exception reglée par quelque Loi.

On met au nombre de ceux qui ne peuvent être témoins, les enfans, les insensés, les personnes dont l'honneur a reçu quelqu'atteinte, ou par une condamnation en Justice, ou par l'infamie de leur profession.

Il en seroit de même de ceux qu'on prouveroit avoir reçu de l'argent pour porter témoignage, ou être interessés aux faits qu'on veut prouver, ou prendre part à l'intérêt des personnes que ces faits regardent. On ne reconnoit pas par cette raison le témoignage de ceux qui sont liés de parenté ou d'alliance aux personnes intéressées au degré défendu.

Nemo idoneus est testis in rem suam, Leg. 10. ff, de testibus & domesticum testimonium reprobatur in judiciis saltem, hoc est testimonium eorum, quibus imperari potest ut testes sint. Reprobatur quoque testimonium eorum: quos respicit negotium de quo controvertitur, vel ratione cognationis, aut affinitatis, vel aliâ qualibet.

L'article 11. du titre 22. de l'Ordonnance de 1667, porte, que les parens & alliés des Parties, jusqu'aux enfans des cousins issus de germains inclusivement ne pourront être témoins en matiere civile, pour déposer en leur faveur ou contre eux. Voyez Bornier sur cette article.

A l'égard des matieres criminelles, l'Ordonnance ne s'explique pas sur cela; mais il y a sujet de croire que son intention est que les parens & alliés ne puissent pas être témoins pour ou contre: car l'article 5. du titre 6. de l'Ordonnance de 1670. veut que les témoins soient enquis s'ils sont parent ou alliés des Parties, & en quel degré, & qu'il en soit fait mention, à peine de nullité de la déposition. Cela seroit inutile si la déposition pouvoit être reçue.

Il faut donc conclure qu'un témoin est récusable tant en matiere criminelle que civile; quand il est parent ou alliés aux deux Parties, de même qu'un Juge peut être recusé, quand il est parent ou allié commun des parties. *voyez* les Observations sur Henrys, tome 1. liv. 2. quest, 35.

Les liaisons étroites peuvent aussi rendre suspect le témoignage d'un ami dans la cause de son ami, aussi-bien que les inimitiés qu'un témoin auroit contre un accusé; ou contre la partie contre laquelle il s'agit de porter témoignage.

Les personnes qui sont dans la dépendance de celui qui veut se servir de leur témoignage, comme sont les domestiques, peuvent être valablement soupçonnée de favoriser l'intérêt de leur maître: c'est pourquoi leur témoignage doit être rejetté, si ce n'est quand ils s'agit de faits qui se sont passés dans l'intérieur de la maison. *voyez* Témoins nécessaires.

La Justice qui demande l'éclaircissement de la vérité, le demande par la bouche de gens qui ne sont point flétris & au témoignage de qui on puisse ajouter foi: c'est pourquoi ceux qui sont notés d'infamie, ne peuvent pas être témoin. *Leg.* 3. §. *pen. ff. de testib.*

Dans tous les cas où la preuve des témoins peut être reçue, il en faut aumoins deux, & ils peuvent suffire, si ce n'est dans le cas où la Loi en demande un plus grand nombre; mais un seul témoin, de quelque qualité qu'il puisse être, ne fait point de preuve.

Les témoins doivent être ouis par leur bouche après avoir prêté serment de dire vérité.

Lorsqu'un témoin assigné pour déposer ne comparoit pas à la premiere assignation, le Juge décerne Ordonnance, portant que le témoin sera tenu de comparoir à une nouvelle assignation, à peine de dix livres d'amendes.

Si le témoin refuse encore de comparoir, le Juge rend une autre Ordonnance, portant la peine de dix livres d'amende encourue contre lui, au payement de laquelle il sera contraint; & qu'il sera tenu de comparoir même par corps, à une autre assignation qui lui sera donnée à cet effet; & l'Ordonnance exécutée nonobstant oppositions ou appellations quelconques, & sans préjudice d'icelles, attendu qu'il s'agit d'instruction, qu'on doit dire la vérité lorsqu'on en est requis, & que sa force doit demeurer à la Justice. *Voyez* l'article 3. du titre 6. de l'Ordonnance de 1670. *Voyez* ci-devant Information, où j'ai remarqué ce qui concerne les Commissaires au Châtelêt à cet égard.

Les ecclésiastiques y sont aussi contraints par saisie de leur temporel, pour le payement de l'amende. A l'égard des Religieux, on oblige les Superieurs par saisie de leur temporel, à faire comparoir leurs Religieux.

Ceux qui n'ont point de revenus, comme les Mendians, on leur fait défenses de pouvoir quêter jusqu'à ce qu'ils ayent obéi à Justice.

Les femmes peuvent être témoins ès matieres civiles & criminelles, & il n'y a que les testamens & actes de derniere volonté où leur témoignage ne soit pas admis, comme je l'ai dit *verbo* Femme.

Lorsqu'un enquête se fait dans le lieu de la résidence du Juge qui l'a ordonnée, si les témoins qu'il convient d'entendre sont éloignés du lieu où le Juge fait sa residence, il doit bailler Commissaire *ad Partes*, pour examiner les témoins dans les lieux de leur demeure, si les Parties en conviennent, afin qu'ils puissent être examinés à moins de fraix, suivant l'Ordonnance du Roi Philippe-le-Bel; & lorſqu'il s'agit de cauſes de petite importante, le Juge doit bailler la commiſſion à la réquiſition de l'une des parties, quoique l'autre n'y conſente pas, mais cela ſe doit entendre quand les témoins ſont fort éloignés du lieu où le Juge fait ſa réſidence; *quia teſtes non temere evocandi ſunt ſuper longum iter.* Bonier, ſur l'article 10. de l'Ordonnance de 1667.

En matiere civile, l'on ne peut faire entendre ſur chacun fait que dix témoins; mais au criminel on en peut faire entendre tant qu'il y en a qui dépoſent du fait.

Les témoins ouïs ſur un chef peuvent être ouïs ſur un autre chef dans le même procès.

Un Juge ne peut & ne doit entendre les témoins qu'en la préſence du Greffier, parce que le Greffier eſt comme témoin de ce que le Juge fait, & l'un ne peut rien faire ſans l'autre.

Le témoin qui veut dépoſer ſur un autre fait que celui pour lequel il eſt appellé pour dépoſer, ne doit pas être ouï.

On ne doit pas non plus récevoir la dépoſition d'un témoin par ces termes, *je crois*, ou *je ne crois pas*. Cependant on en reçoit quelquefois au criminel, faute d'autres preuves; mais une ſemblable dépoſition ne prouve preſque rien.

Il y a une Loi qui ne veut pas qu'on ajoute foi à un témoin qui parle par oui dire. *Teſtis ex auditu fidem non facit. Leg. divus 24. ff. de teſtam milit.* Mais on tient que cette Loi ne comprend pas ceux qui diſent avoir oui dire quelque choſe à un accuſé.

Au reſte, un témoin unique, tel qu'il ſoit, ne prouve rien. *Unus teſtis, nullus teſtis. Leg. 9. §. 1. cod. de teſtibus.*

Pour ce qui eſt des témoins en matiere criminelle, *Voyez* le titre 6. de l'Ordonnance de 1670. *Voyez* auſſi le titre 15. de la même Ordonnance.

A l'égard de l'effet que produit la preuve par témoins, *Voyez* ce que j'en ai dit en parlant de la preuve teſtimoniale.

TEMOINS NECESSAIRES, ſont ceux qui par rapport à leur état ne ſont pas régulierement admis à porter témoignage dans les affaires qui concernent les perſonnes dans la dépendance deſquelles ils ſont, dont néanmoins le témoignage eſt reçu par néceſſité dans les choſes dont il n'y a guéres qu'eux qui puiſſent en avoir connoiſſance.

Ainſi quoique régulierement le témoignage des domeſtiques ſoit rejetté, comme nous l'avons dit ſur l'article précedent, néanmoins il doit être admis quand il s'agit de faits qui ſe ſont paſſés dans l'intérieur de la maiſon; ſauf à y avoir tel égard que de raiſon. *Leg. conſenſu, cod. de repud. & leg. 3. cod. de teſtib. ad quam Gotophredum & Mornacium vide.*

Voyez ce que j'ai dit, lettre P. en parlant de la preuve de crimes qui ne ſe commettent qu'en cachette.

TEMOINS SINGULIERS, QUI DÉPOSENT DIFFERENS FAITS QUI ONT RAPPORT A UN FAIT GENERAL, ET EN FORMENT UNE PREUVE COMPLETTE. Il eſt certain qu'il faut que les témoins ſoient concordans, comme nous l'avons dit ci-deſſus, *verbo* Preuve teſtimoniale; mais cela n'empêche pas que lorſque dans un cas où il s'agit de prouver une habitude continuelle, & qu'on traite cette habitude en général, le genre ſe conſtate par la preuve de pluſieurs eſpéces de faits particuliers: car alors, quoique les témoins dépoſent divers faits, on admet leurs dépoſitions: parce que ces faits ont pour objet le même genre, & tendent à la même fin. Ainſi, en matiere des preuves, quand pluſieurs parties tendent à former un tout, ces parties ſeparées, qui ne ſeroient d'aucun uſage ſont par leur aſſemblage un genre complet. *Quando plura tendunt ad perficiendum unum totum, tunc quæ non proſunt ſingula, ſi ſint ſimul collecta juvant. Bart. ad leg. 1. §. 4. ff. de quæſt.*

Il eſt donc certain que quoique des témoins n'atteſtent pas tous les mêmes faits particuliers, & qu'à cet égard chacun d'eux puiſſe être regardé comme un témoin unique, dès qu'ils conviennent tous dans le fait général qu'on doit établir, les faits ſinguliers qu'ils expliquent ſervent à le prouver. En effet, le genre contenant pluſieurs eſpéces, tout ce qui tend à établir ces eſpéces prouve parfaitement le fait principal.

Tous les Docteurs qui ont traité cette queſtion, diſent que des témoins qui ne s'accordent pas dans leurs dépoſitions, ne ſont pas ſuffiſans pour prouver un fait particulier, mais qu'ils peuvent établir un fait général qui réſulte de leurs dépoſitions: comme, par exemple, qu'un homme eſt un infame, qu'il eſt brutal, violent, maltraite ſa femme &c. Il n'eſt donc pas permis de douter qu'un des témoins ſinguliers forment une preuve complette, lorſqu'il eſt queſtion de prouver quelque choſe en général ſur des faits particuliers, d'où réſulte la preuve du fait général dont eſt queſtion.

Voyez Alexandre dans ſon Conſeil 41. de ſon 1. volume nom. 4. dans ſon Conſeil 13. du ſeptieme volume, nomb. 23; & dans ſon Conſeil 47, nombre 19. du même volume. *Voyez* auſſi Deſpeiſſes, tome 3. tit. 10. ſect. 2.

TEMOINS PEUVENT ESTRE REUNIS DANS UNE SECONDE INFORMATION quand la premiere a été caſſée, ou par l'incompétence du Juge, ou par les nullités; & cela, à cauſe de la faveur des preuves, a été jugé au Parlement de Grenoble, par Arrêt du 30 Mars 1666, rapporté par Baſſet, tom. 2. liv. 7. titre 2. chap. 1.

TEMOINS MUETS, ſont des choſes inanimées, qui ſervent à la conviction d'un accuſé. Ils ne ſont point de preuve pleine & entiere; ils ne peuvent paſſer que pour des ſemi-preuves.

Par exemple, un homme a été égorgé en ſa chambre; on y trouve le couteau d'un autre; ce couteau est un témoin muet, qui dénote que celui à qui il appartient est l'assassin ; mais cela ne passe pas pour une preuve.

TEMOINS EN TERMES D'ARPENTAGE, sont de petits tuileaux ou autres marques que les Arpenteurs mettent sous les pierres qui servent de bornes aux héritages. On ordonne souvent qu'on levera la borne aux héritages. On ordonne souvent qu'on levera la borne, afin de voir s'il y a des témoins qui marquent que c'en soit une effectivement.

TEMS, signifie un terme, un jour certain & précis, dans lequel il faut qu'une chose soit faite, pour qu'elle soit valable.

TEMS ACCORDÉ POUR INTERJETTER APPEL, est défini en l'article 12. & en l'article 17. du titre 27. de l'Ordonnance de 1667.

Voici les termes de l'article 12. » Si aucun est » condamné par Sentence, & qu'elle ait été signifiée » avec toutes les formalités ordonnées pour les ajour- » nemens, & qu'après 3. ans écoulés depuis la sig- » nification, celui qui a obtenu la Sentence l'ait som- » mé avec pareille solemnité d'en interjetter appel, » celui qui est condamné ne sera plus recevable à en » appeller six mois après la sommation; mais la Sen- » tence passera en force de chose jugée : ce qui aura » lieu pour les domaines de l'Eglise, Hôpitaux, Col- » léges, Universités & Maladeries, si ce n'est que » le premier délai sera de six ans au lieu de trois.

L'article 17. porte. » Au défaut des sommations » ci-dessus, les Sentences n'auront force de choses » jugées qu'après dix ans, à compter du jour de » leur signification, & qu'après vingt années à l'é- » gard des domaines de l'Eglise, Hôpitaux, Col- » léges, Universités & Maladeries, à compter aussi » du jour de la signification des Sentences ; lesquel- » les dix & vingt années courront, tant entre pré- sens qu'absens.

Voyez ce qu'a dit Bornier sur ces articles. Nous remarquerons seulement ici que l'on n'est point au Palais d'accord de quelle maniere se doivent entendre ces termes : *Que les Sentences passeront en force de chose jugée, six mois après les sommations d'en interjetter appel, ou dix ans après la signification ; quand il n'y a point eu de sommation.*

Les uns prenant ces termes de l'Ordonnance à la lettre, disent qu'il n'est plus permis dans ce cas d'en interjetter appel ; & par conséquent que cette disposition rend celui qui est condamné par la Sentence non-recevable à en interjetter appel.

D'autres, au contraire prétendent que l'effet de cette disposition de l'Ordonnance, n'est que de rendre le Jugement exécutoire nonobstant l'appel, & non pas d'empêcher que l'appel ne soit recevable dans les trente années. Cet avis paroît contraire au texte de l'Ordonnance ; mais il faut demeurer d'accord qu'il y a quelques articles des Ordonnances qui n'ont jamais été réçus par l'usage : Or ceux qui tiennent cette opinion, alléguent quelques Arrêts; qui contiennent une semblable décision à leur avis enfin ils le fondent sur ce que le Roi n'a point dérogé expressément à l'usage établi avant l'Ordonnance, de recevoir les appellations pendant trente années.

Cependant l'Auteur des notes sur Bornier, en l'article 17. cité ci-dessus, dit que l'on a vêcu longtems au Palais, même depuis l'Ordonnance de 1667. dans un usage contraire à cet article, & qu'on ne donnoit aux Sentences force de chose jugée qu'après trente ans ; mais enfin on s'est rendu à cette disposition qui n'accorde que dix années, à compter du jour de leur signification, pourvû qu'elle soit faite au véritable domicile ; car une signification qui seroit faite à un domicile élu par un acte passé entre les Parties n'opereroit pas la fin de non-recevoir après les dix années, & il faudroit alors trente ans. Il en faut dire de même de la signification qui seroit faite au domicile d'un Procureur.

TEMS que l'on a pour mettre à exécution une faculté. Il faut distinguer entre la faculté qui procéde de la nature ou de la Loi, & celle qui provient de la convention des Parties. La premiere ne s'éteint par quelque prescripton que ce soit, & l'autre se prescrit par trente ans, quand elle est sans préfinition de tems ; mais quand le tems en est préfini, ce delai n'est pas peremptoire, il faut encore une Sentence qui porte quelque tems pour faire ce dont est question, & qui porte qu'après ce tems l'on en sera déchu. *voyez* lettre F. ce que j'ai dit, *verbo* Faculté de faire quelque chose.

TEMS QUE L'ON A POUR PAYER UNE LETTRE DE CHANGE. *voyez* Change. *voyez* Délai des dix jours après l'échéance des lettres & billets de change, accordés pour en faire le payement.

TEMS DANS LEQUEL LA FOI ET HOMMAGE DOIT ESTRE FAITE. *voyez* Foi & Hommage.

TEMS DADS LEQUEL DOIT ESTRE FAIT L'AVEU ET DENOMBREMENT. *voyez* Aveu.

TEMS DANS LEQUEL DOIT ESTRE INTENTÉE L'ACTION EN RETRAIT. *voyez* Retrait.

TENANCIER, se dit du propriétaire ou détempteur d'un héritage tenu à cens ou à rente fonciere, ou à bail emphytéotique, à l'égard du Seigneur auquel le cens ou la rente fonciere est dûe, ou qui a baillé à titre d'emphitéose ; autrement ce terme ne se peut pas prendre simplement pour propriétaire, & je ne puis pas dire, je suis tenancier d'un tel fonds, pour dire j'en suis le proprietaire.

TENANCIER, se dit aussi quelquefois des fermiers d'une petite métairie dépendante d'une plus grosse ferme.

TENANT. Ce terme indéclinable signifie celui qui tient.

TENANS ET ABOUTISSANS, sont les héritages voisins qui bornent une terre de tous côtés, lesquels doivent être exprimés & déclarés en action réelle ou hypotécaire, afin que le défendeur ne puisse point ignorer pour quel héritage il est poursuivi. *Voyez* Désignation.

Cette formalité de declarer les héritages rotures par tenans & aboutissans, consiste à les orienter & désigner par les Soleils, en déclerant chaque bout & côté, si c'est au midi, au septentrion, à l'orient, ou à l'occident qu'il est exposé, & les noms des proprietaires à qui appartiennent les héritages y contigus.

Cette formalité est si essentielle pour la validité de la saisie réelle, que si elle étoit omise, il y auroit nullité, tant pour la saisie, que pour les criées.

S'il y a des rotures avec des fiefs, il faut déclarer les rotures par le menu, & par tenans & aboutissans; & les fiefs, par appartenances & dépendances. *voyez* l'art. 345. & le suivant de la Coutume de Paris.

TENEMENT, est une métairie qui dépend d'une Seigneurie. Ce terme signifie aussi une piéce de terre de plusieurs arpens qui tiennent tous ensemble. Enfin il signifie une prescription particuliere, laquelle a lieu dans les Coutumes d'Anjou, du Maine, de Tourraine & du Ludonois.

Par cette prescription; un héritage ou autre immeuble, acquis à juste titre de bonne foi, & possédé pendant cinq ans ou pendant dix ans, paisiblement & sans interruption ni inquiétation, est déchargé de toutes charges, rentes & hypotéques constituées sur l'héritage, à moins que l'héritage n'eût été baillé à la rente, ou à la charge dont seroit question; ou que ce ne fut contre le Seigneur du fief, contre lequel cette prescription n'est point admise.

Cette prescription n'a point lieu de la même maniere dans toutes ces Cotumes. En Anjou, & au Maine, l'acquereur se peut défendre par le tenement de dix ans, contre toutes hypotéques créées avant trente années; & par le tenement de cinq ans, contre toutes celles qui sont créées depuis trente ans.

Dans les Coutumes de Tourraine & du Loudunois, l'acquereur se peut défendre par le tenement de cinq ans contre les acquereurs de rentes constituées, dons & legs faits depuis 30 ans; mais à l'égard des autres dettes hypotécaires, contractées avant ou depuis trente ans, elles ne sont point sujettes au tenement.

Le tenement dans son origine n'étoit autre chose que la saisine, ou la possession d'an & jour; mais comme cette prescription étoit trop courte, on l'étendit au tems de cinq années.

Voyez la Dissertation qu'a fait M. Lauriere sur le tenement de cinq ans; Dupineau, nouvelle édition, Arrêt 7, chapitre 11; & le Journal des Audiences, tom. 5, liv. 13. chap. 7.

TENEUR, signifie ce qu'un écrit porte, ce qu'il contient en substance & quelquefois il signifie une copie d'un acte dans toute son étendue, comme quand on dit: voici un tel acte dans toute sa teneur.

Les Arrêts confirmatifs des Sentences portent, qu'elles seront exécutées selon leur forme & teneur; c'est-à-dire, dans tout ce qu'elles contiennent.

Les procès verbaux & les comptes commencent à faire mention de la Sentence ou commission, dont ils disent que la teneur s'ensuit, c'est-à-dire la copie.

TENUE, se dit des Etats, Conciles, & autres assemblées qui se tiennent durant certains tems.

TENUES NOBLES EN MATIERE FEODALE, sont les fiefs qu'on tient ligement & sans moyen. *Voyez* ce qui en est dit dans le Glossaire du Droit François, *verbo* Ligement.

TENURE, signifie relevance d'un fief. *voyez* Basnage sur l'article 103 & sur l'article 138. de la Coutume de Normandie.

TERGIVERSER, signifie chicaner, biaiser, mettre des obstacles, pour empêcher la conclusion ou le Jugement d'une affaire.

TERME, est le tems où les choses aboutissent. *Voyez* Echéance.

Les loyers de maisons se payent ordinairement en quatre termes de l'année, qui sont Pâques, la S. Jean, la S. Remi, & Noel.

On dit en commun proverbe, qui a terme ne doit rien, pour dire que qui a terme ne peut être contraint à payer que le terme ne soit échu.

Celui qui a un terme pour payer, ou pour délivrer, ou pour faire quelque chose, n'est en demeure, & ne peut être valablement poursuivi, qu'après le dernier moment du terme expiré: car on ne peut pas dire qu'il n'ait point satisfait, jusqu'à ce que le délai entier se soit écoulé; *quia quando solutioni dies adjicitur in gratiam debitoris, totius hic dies ejus arbitrio tribuitur.*

Ainsi celui qui doit dans une année, dans un mois, dans un jour, a pour son délai tous les momens de l'année, du mois, ou du jour. *Leg.* 50. *ff. de obligat. & actionib. Leg.* 42. *ff. de verbor. obligat.*

Il faut excepter quand quelqu'un promet de donner *hodie* dans ce jour; car alors on peut agir le jour même, parce que ce jour est ajouté en faveur du créancier. *Leg.* 118. *ff. de verbor. obligat.*

Voyez ce que j'ai dit sur le titre 16. du troisiéme livre des Institutes.

Autrefois le terme de payer qu'accordoit un créancier privilegié, le faisoit déchéoir de son privilége, & rendoit sa dette commune & ordinaire; mais cet usage a été aboli par l'article 177. de la Coutume de Paris, qui décide que quand le vendeur d'une chose mobiliaire auroit donné terme, si la chose se trouvoit saisie sur le débiteur par un autre créancier, il pourroit empêcher la vente, être preferé sur la chose aux autres créanciers. *Voyez* Loysel, Liv. 3. titre 1. article 8 & la note de M. Lauriere.

TERME, se prend dans nos Coutumes pour un quartier de l'année.

TERME ensuivant, signifie le terme qui suit celui qui court, comme je l'ai remarqué sur l'article 109 de la Coutume de Paris.

TERMES, sont des mots qui servent aux hommes pour exprimer leurs sentimens : ou pour faire connoitre les choses comme si elles étoient présentes; mais comme beaucoup de termes se prennent, ou dans leur propre signification, ou dans une signification moins propre, il est de la prudence de ceux qui font quelque disposition entre-vifs ou à cause de mort, de ne se servir que de termes convenables à leur intention, & qui les expriment si clairement, qu'ils ne laissent aucun sujet d'en douter; autrement on est exposé à subir bien des contestations qui naissent à ce sujet, & qui ne sont pas toujours faciles à décider, quelques régles que les Jurisconsultes ayent données pour l'interprétation des chosesdouteuses *Voyez* ci-dessus Choses douteuses.

TERMES ESSENTIELS, sont des termes qui par la disposition de la Coutume, doivent être nécessairement exprimés, à peine de nullité de l'acte ensorte qu'ils ne peuvent être suppléés par des termes équivalens. Nous en avons quelques-uns dans la Coutume de Paris.

Au sujet du retrait lignager, il faut que le demandeur en retrait offre *bourse*, *deniers*, *loyaux-coûts* & *à parfaire*, tant par l'ajournement, qu'à chaque journée de la cause principale, jusqu'à contestation en cause inclusivement, & d'appel aussi inclusivement, ainsi qu'il est porté en l'article 140.

Pour l'autorisation de la femme mariée qui s'oblige, il faut, pour que l'autorisation soit valable, que le mari se serve du terme d'autorisation, ou d'autoriser : tous autres termes équipolens ne suffiroient pas. *Autoritas quæ interponi debet à marito, debet formaliter inscribi in contractu per verbum autoriso, & non sufficeret illum exprimere per equipollens.*

A plus forte raison l'omission qui seroit faite de ce terme causeroit la nullité de l'acte, comme nous l'avons dit sur l'article 223. de la Coutume de Paris.

A l'égard des testamens, avant la derniere Ordonnance du mois d'Août 1735, les mots de *dicté*, *nommé*, *relu*, étoient absolument essentiels pour qu'ils fussent valables; mais depuis il n'est plus absolument nécessaire de se servir de ces termes, ou d'autres qui étoient autrefois requis par les Coutumes & Statuts : ensorte que leur omission ne causeroit plus la nullité du testament, suivant l'article 23. de cette nouvelle Ordonnance.

TERMES DEMONSTRATIFS OU LIMITATIFS. Pour entendre la différence qu'il y a entre la signification de ces deux termes, il faut sçavoir qu'on peut assigner un legs sur un fonds ou sur une dette, desorte que la dette ou le legs se puisse prendre sur le fonds ou la dette désignée, & aussi sur les autres biens du défunt : ou bien uniquement sur le fonds ou sur la dette désignée, sans aucun recours sur les autres biens du testateur.

Au premier cas, c'est-à-dire quand l'assignat est demonstratif, l'héritier n'est pas liberé par la perte de la chose, ni par l'abandonnement qu'il en feroit.

Au second cas, c'est-à-dire quand l'assignat est limitatif, l'héritier est liberé par la perte de la chose, ou par l'abandonnement qu'il en feroit.

La question est de sçavoir quand les termes de l'assignat sont démonstratifs ou limitatifs.

Il faut distinguer si c'est une espéce, un corps certain que légue le testateur, ou si c'est une somme, une quantité.

Si c'est un corps certain que légue le testateur, l'assignat est limitatif, & il suffit à l'héritier de livrer le corps tel qu'il est; & s'il n'est point en nature, ou s'il n'est pas suffisant pour satisfaire à la volonté du défunt, il n'est rien dû d'avantage.

Si c'est une somme, une quantité qui est léguée, il faut délivrer la somme entiere; & si les biens assignés ne suffisent pas, le légataire peut se pourvoir sur les autres biens, pourvû que la somme ou la quantité léguée ne tiennent pas lieu d'un corps certain.

Par exemple, si le testateur avoit légué la somme de mille livre que Titius lui doit par une promesse, ce legs seroit fait d'un corps certain; ce seroit *nomen legatum*, le legs de la dette de Titius. Il en est de même du legs que le testateur feroit de cent pistoles qui sont dans son coffre : car s'il y en avoit moins, l'héritier seroit déchargé en donnant au légataire ce qui s'y trouveroit; & s'il n'y en avoit point, le legs deviendroit nul. *Leg.* 108. §. 10. *ff. de legat.* 1.

Voyez ce que j'ai dit sur l'article 99. de la Coutume de Paris, & les Arrêts des 31 Août 1675. & 1 Septembre 1681, qui sont rapportés dans le Journal du Palais; & le Dictionnaire de M. Brillon tom. 4. pag. 50 & 58.

TERMES DIRECTS, ET TERMES OBLIQUES OU INDIRECTS, font une signification bien différente.

Termes directs, sont ceux qui tombent directement sur la personne de celui qu'un testateur fait héritier, ou à qui il laisse quelque chose, sans l'entremise d'une autre personne. *Leg. eam cod. de fideicom. juncta glossa.*

Termes obliques ou indirects, sont ceux dont on se sert pour laisser quelque chose à quelqu'un par l'entremise d'une autre personne, pour la recevoir par ses mains. *Leg. coherendi*, §. *cum filiæ*, *ff. de vulg. & pupil. substit.*

Toute institution d'héritier doit être faite en termes directs; & celle qui est faite en termes obliques & indirects, est appellée fideicommis universel, quand elle est faite dans le premier degré, mais quand elle est faite dans le second, ou autre plus-

éloigné, elle est appellée substitution fideicomissaire.

On appelle aussi legs, toutes les liberalités qu'un testateur fait à titre particulier à quelqu'un en termes directs; au lieu qu'on nomme fideicommis, les liberalités particulieres qu'un testateur fait à quelqu'un, en termes obliques & indirects.

TERMES PROHIBITIFS ET NEGATIFS, sont des termes qui se trouvent dans les Ordonnances & dans nos Coutumes, qui marquent qu'elles défendent quelque chose, & annullent tout ce qui pourroit être fait au contraire, quoique la clause irritante n'ait pas été ajoutée à cette prohibition. Ainsi, quand l'Ordonnance est conçue en termes prohibitifs, par exemple, *ne pourront*, &c. elle emporte avec soi peine de nullité de ce qui se fait au préjudice de cette prohibition. *Legislatori prohibuisse sufficiat; nam quæ lege fieri prohibentur, si fuerint facta pro infectis habentur. Leg.* 5. *cod de legib.* *Voyez* Clause irritante.

La plupart des articles du titre 10. de la Coutume de Paris sont, à l'égard des femmes, conçus en termes négatifs: d'où il faut conclure que dans cette Coutume la femme mariée ne peut rien faire d'elle-même en Jugement ou hors Jugement, sans le consentement ou l'autorité de son mari; & que les actes qu'elle feroit autrement seroient nuls de plein droit, si ce n'est dans le cas où la Coutume par forme d'exception, a donné la liberté aux femmes d'agir par elles-mêmes, sans l'autorité & le consentement de leurs maris.

TERMES LATINS QUI ONT ÉTÉ FRANCISÉS PAR LES PRATICIENS, pour plus grande commodité & brieveté.

Ragueau sur le mot d'*Iterato* en rapporte plusieurs. Il dit d'abord que ce terme signifie une seconde commission ou décret de la Cour de Parlement, par lequel il est mandé de mettre à exécution ce qui avoit été ordonné, nonobstant le susan; ou pour passer outre à l'exécution d'un exécutoire de dépens, nonobstant opposition ou appellation, pour avoir été taxés en la présence de la Partie condamnée. Il dit ensuite que les Praticiens ont retenu en usage plusieurs autres dictions & phrases prises du latin, duquel ils usoient anciennement en Justice ou Finance; comme *visa*, *contentor*, *placet*, *pareatis*, *vidimus*, *recuperetur*, *ostendatur*, *advertatur*, *intendit*, les *debentur* des Chambres des Comptes, *capiatis*, *capiatur*, *radiatur*, *idem*, *item*, *hinc*, *inde*, *ne varietur*, *ad instar*, *quousque*, *tradita*, *deficit*, *tenet*, *pro media*.

Nous avons encore *ab intestat*; *dictum*, *transeat*, *pro vino*, *alias*; *comparuit*, *resultat*, congé *ex nunc*, appellé *omisso medio*, *toties quoties*, *sub pœna convicti*, *in mente curiæ*, *fiat*, *vel concessum ut petitur*, Juger *an benè vel malè*, Juge *à quo*, Juge *ad quem*, procucation *ad lites*, procuration *ad resignandum*, commission *ad partes*, à juger les dépens *pro rata victoriæ*, Lettres de *debetis* ou *debentur*, condamner *in petitis*, réponses par *credit vel non*, Lettres *ne lite pendente*, *alibi*, *ex officio illico*, *servivi*, & l'*ita est* du Garde du scel aux contrats de la Prévôté de Paris, le *biscapit* de la Chambre des Comptes, quand une Partie est deux fois employée en dépense; le *stipes* & le *nobis* qui appartient aux Gens des comptes & le *resutata* de Chancellerie.

Enfin plusieurs autres dictions & phrases de Pratique tirent leur origine de la Langue latine, comme *recepissé*, *compulsoire*, *exécutoire*, *quinqueneles*, *subhastations*, *certificat*, *subreption*, *obreption*, *adjudication*, *licitation*, *examen à futur*, *indults*, *regrets*, *graces expectatives*, *examiner témoins en turbe*, *ester à droit*, & autres manieres de parler.

TERRAGE, est un droit de gerbe de bled & légumes que le Seigneur de la terre prend. Le terrage & le champart sont une même redevance; aussi sont ils joints ensemble dans plusieurs de nos Coutumes, comme en celle de Dunois, article 28. & 51. d'Amiens, article 193. 195. & 197.

Voyez Champart, & ce qui est dit sur le mot *Terrage* dans le Dictionnaire de Trévoux.

TERRAGEAU, est le Seigneur auquel appartient le droit de terrage; & celui qui possede la terre sujette à ce droit est appellée terragier.

TERRE, signifie, I°. une grande étendue de pays, un Etat, un Royaume; II°. un canton, une contrée, un fief qui a des dépendances & des redevances; III°. un simple domaine, un héritage, un champ.

TERRES ALLODIALES, sont celles qui sont tenues en franc-aleu, à la différence des fiefs & des censives.

TERRES EMBLAVÉES, sont des terres chargées de bled qui est deja levé; & quand le bled n'est pas encore levé, les terres dans lesquelles le bled est ensemencé, sont appellés terres semées ou ensemencées.

TERRES JECTISSES, sont des terres jettées & amassées par main d'homme dans un lieu pour l'exhausser, & non pas celles qui par leur assiette naturelle, sont plus hautes d'un côté que d'un autre.

Voyez Coquille sur l'article 12. du titre 10. de la Coutume de Nivernois, & ce que j'ai dit sur l'article 192. de la Coutume de Paris.

TERRES LABOURÉES ET FUMÉES, son celles où l'on plante des herbes, soit médicinales ou potageres, fleurs, arbres & généralement toutes sortes de plantes.

Voyez ce que j'ai dit sur l'article 172. de la Coutume de Paris.

TERRIER. *Voyez* Papier terrier.

TERRITOIRE, se prend pour l'étendue des terres qui sont sujettes à une Seigneurie ou à une Jurisdiction: ainsi il y grande difference entre terrein, terroir & territoire.

Territorium ab eo dictum est, quod Magistratus jus ibi terrendi habeat. Leg. 239. §. 8. *ff. de verbor. significat.*

TESTAMENT, est une déclaration & une ordonnance solemnelle de ce que nous voulons être exécuté après notre mort. Cette déclaration est un acte fait dans les formes prescrites par les Loix ou par les Coutumes locales, qui marquent les dernieres volontés d'une personne au sujet de ses biens après sa mort.

Cette déclaration est solemnelle; en quoi par le Droit Romain elle differe des codiciles, comme nous avons dit, *verbo* Codicile.

Elle contient une disposition de derniere volonté, qui ne commence par conséquent à avoir effet qu'après la mort du testateur, & qui peut toujours être par lui revoquée jusqu'au dernier moment de sa vie.

La volonté du testateur est l'ame de son testament. *Semper vestigia voluntatis testatorum sequimur. Leg. 5. cod. de necess. serv. hæred. instit.* Cette volonté est respectée jusques dans les expressions ambigues qui la cachent. *Leg. 3. ff. de rebus dubiis.* Ainsi, de quelque façon que la volonté du testateur se puisse développer, les nuages dont elle est environnée ne lui font aucun obstacle; elle s'observe inviolablement, pour peu qu'on la puisse connoître.

Le testament est ainsi appellé, pour marquer que c'est une déclaration de notre volonté faite devant des témoins. *Testatio mentis, hoc est voluntas testata, seu testibus adhibitis declarata & probata; deducto testamenti nomine ex ipsa rei substantia, non verò ex ipsis verbis.* Ainsi mal-à-propos certains Grammeriens ont voulu gloser sur cette étymologie, disant: *Testamentum ex eo appellatur, quod sit testatio mentis, eadem ratione, quâ dicitur calceamentum calcatio mentis dicitur.*

Une condition essentielle pour la validité d'un testament, est que le testateur ait la faculté de tester: *Quæ quidem facultas competit non jure dominii, sed jure legis*; comme je l'ai dit *verbo* Faculté.

Voyez touchant les testamens, ce que j'ai dit sur le titre 10. du second Livre des Institutes, & les titres suivans du même Livre, où il est parlé des conditions qui étoient requises chez les Romains pour qu'un testament pût avoir son exécution, & où nous remarquerons ce qui se pratique parmi nous à cet égard, tant en pays coutumier, qu'en pays de Droit écrit. *Voyez* aussi ce que j'ai dit sur les articles du titre 14. de la Coutume de Paris, où la matiere des testamens est amplement traitée.

Pour ce qui est de l'âge auquel on peut tester, *voyez* ci-dessus *verbo* Age.

A l'égard des biens dont on peut disposer par testament, il faut distinguer les pays de Droit écrit d'avec les pays de droit coutumier.

En pays de Droit écrit, on peut disposer par testament de ses biens de quelque nature qu'ils soient; mais en pays coutumier on ne peut disposer que du quint de ses propres, comme je l'ai dit, *verbo* Propre, & *verbo* Quatre-quint.

Comme les meubles ne sont pas de longue durée, & que la possession en est momentanée, *siquidem res mobilia potest una hora transire per centum manus*, nos Coutumes permettent d'en disposer à notre volonté. Elles nous accordent la même faculté à l'égard des immeubles qu'on a acquis par son travail, & par son économie, & généralement de tous les immeubles qui sont acquêts en notre personne.

La raison est, qu'il est juste de laisser à un homme la satisfaction de favoriser en mourant ceux qui lui ont été chers & qui ont mérité son amitié, puisque la seule consolation qui nous reste en quittant les choses de ce monde, est de laisser à nos amis, sur-tout quand on décede sans enfans; car quiconque en a lorsqu'il décede, doit leur laisser au moins leur légitime.

Par le Droit Romain, les testamens sont ou écrits, ou nuncupatifs. Il y a deux autres sortes de testamens qui sont en usage parmi nous en pays coutumier; sçavoir, le testament olographe, & le testament solemnel.

TESTAMENS ÉCRITS, sont ceux que le testateur redige ou fait rediger par écrit, en présence de sept témoins convoqués exprès de sa part pour ce sujet, lequel testament doit être muni de l'apposition des cachets des témoins, & de la signature du testateur & de celles des témoins.

Touchant les témoins, il faut remarquer qu'ils doivent être de sexe masculin, puberes & capables de recevoir par testament.

TESTAMENS NUNCUPATIFS, sont ceux qui se faisoient de vive voix devant sept témoins mâles, âgés de quatorze ans & capables de recevoir par testament; ensorte qu'il suffisoit pour leur validité que le testateur déclarât sa derniere volonté en présence de sept témoins par lui priés & convoqués à cet effet.

Ainsi les testamens nuncupatifs se faisoient sans écrits, sans signature, & sans apposition de cachets; & la preuve de ces sortes de dispositions se faisoit par les témonins après la mort du testateur, lesquels manifestoient sa volonté.

Ce genre de testamens entraîne après soi de grands inconveniens. I°. Les témoins peuvent mourir avant le testateur. II°. Ils peuvent oublier les différentes dispositions du testateur. III°. Ils peuvent être corrompus pour les augmenter ou diminuer. Enfin ce genre de testamens est contraire aux Ordonnances, qui défendent la preuve par témoins au-dessus de cent livres.

Aujourd'hui toutes dispositions testamentaires ont à cause de mort, de quelque qualité qu'elles soient, doivent être faites par écrit: ainsi celles qui sont faites verbalement sont nulles; desorte que la preuve par témoins, même sous prétexte de la modicité de la somme dont on auroit disposé, n'est pas admissible.

Mais l'usage des testamens nuncupatifs écrits, & des testamens mystiques ou secrets, a toujours lieu dans les pays de Droit écrit, & autres où lesdites formes de tester sont autorisées par les Coutumes & Statuts.

Voyez ce que j'ai dit sur le §. dernier du titre 10. du second Livre des Instituts, & les douze premiers articles de la nouvelle Ordonnance des Testamens du mois d'Août 1735.

TESTAMENT OLOGRAPHE, est un testament qui est entierement écrit, daté & signé de la main du Testateur.

S'il y avoit des choses écrites d'une autre main, cela causeroit la nullité du testament.

Les témoins ne sont point nécessaires dans le testament olographe dans la Coutume de Paris, ni dans les autres qui n'en parlent point, parce que cette espéce de testament ne requiert aucune solemnité.

A l'égard de la preuve, elle s'en fait par l'écriture & la signature du testateur, par comparaison d'autres écritures & signatures faites par lui.

Ce testament est en usage dans le pays coutumier, & non pas dans le pays de Droit écrit, si ce n'est dans ceux qui sont du ressort du Parlement de Paris.

Il faut néanmoins excepter de Beaujolois, où le testament olographe n'est pas valable, quoique le Beaujolois soit du Parlement de Paris; comme il a été jugé par un Arrêt très-notable, rendu en la Grande Chambre le 20. Août 1725. & ordonné être lû & publié au Bailliage de Villefranche & Beaujolois.

Quoique les testamens olographes ne soient pas valables dans les pays de Droit écrit, néanmoins ils y sont valables quand ils sont faits par le pere ou par la mere entre leurs enfans, pourvû qu'ils soient entierement écrits, datés & signés de la main du testateur ou de la testatrice. *voyez* l'article 16. & les suivans de la nouvelle Ordonnance.

Touchant le testament olographe, *voyez* ce que j'en ai dit sur l'article 289. de la Coutume de Paris.

TESTAMENT SOLEMNEL, est celui qui est dicté par le testateur, reçu par personnes publiques, & revêtu des solemnités requises par les Ordonnances & par la Coutume du lieu où il est fait.

Il doit donc être dicté par le testateur, & non pas par une autre personne en son lieu & place.

Il doit être reçu par personnes publiques, c'est-à-dire qu'il doit être passé pardevant deux Notaires, ou pardevant le Curé de la Paroisse du testateur, ou son Vicaire général & un Notaire, ou pardevant ledit Curé ou Vicaire & trois témoins, ou enfin pardevant un Notaire & deux témoins; iceux témoins idoines, suffisans, mâles, âgés de vingt ans accomplis, & non légataires.

Dans la Coutume de Paris & dans plusieurs autres, il ne suffisoit pas que ce testament eût été dicté & nommé par le testateur; il falloit encore qu'il lui eût été relû, & qu'il fût fait mention audit testament qu'il avoit été ainsi dicté, nommé & relû; mais aujourd'hui ces termes ne sont pas précisément nécessaires, suivant l'article 23. de la nouvelle Ordonnance de 1735.

Enfin, pour la validité de ce testament, il faut qu'il soit signé par le testateur & par les témoins, ou que mention soit faite qu'ils ont été interpellés de signer, & de la cause pour laquelle ils n'ont pû signetr. Il faut cependant qu'il y ait un témoin qui signe le testament, à peine de nullité.

TESTAMENT MYSTIQUE OU SECRET, est celui que le testateur a écrit ou fait écrire, & mis dans une enveloppe cachetée de son sceau, qu'il présente ensuite à sept témoins au moins, y compris le Notaire ou Tabellion, ou qu'il fait écrire & sceller en leur présence, en déclarant que le contenu audit papier est son testament écrit & signé de lui, ou écrit par un autre & signé de lui, dont le Notaire ou Tabellion en dresse l'acte de subscription, qui doit être écrit sur ledit papier & sur la feuille qui doit servir d'enveloppe; & ledit acte doit être signé, tant par le testateur que par le Notaire ou Tabellion, ensemble par les autres témoins, sans qu'il soit nécessaire d'y apposer le sceau de chacun desdits témoins: ce qui doit être fait de suite & sans divertir à d'autres actes; & au cas que le testateur par un empêchement survenu depuis la signature du testament, ne puisse signer l'acte de subscription, il doit être fait mention de la declaration qu'il en fera, sans qu'il soit besoin en ce cas d'augmenter le nombre des témoins.

Ce genre de testament, introduit par la Loi 21. *cod. de testament.* est appellé mystique, parce qu'il participe du nuncupatif & de l'olographe. Il y a des Provinces ou il est appellé testament solemnel, dans d'autres testamens secret, & dans plusieurs testament clos & caché.

Si le testateur ne sçait pas signer, ou s'il n'a pû le faire lorsqu'il a fait écrire ses dispositions, il doit être appellé à l'acte de subscription un témoin outre le nombre porté ci-dessus, lequel doit signer ledit acte avec les autres témoins; & mention doit être faite de la cause pour laquelle ledit témoin aura été appellé.

Ceux qui ne sçavent ou ne peuvent lire, ne pourront faire de disposition dans la forme du testament mystique.

Cependant si le testateur ne sçait pas parler, mais qu'il puisse écrire, il peut faire un testament mystique, à la charge que ledit testament soit entierement écrit, daté & signé de sa main; qu'en cet état il le présente au Notaire ou Tabellion, & aux autres témoins; & qu'au haut de l'acte de subscription il écrive en leur présence, que le papier qu'il présente est son testament: après quoi ledit Notaire ou Tabellion doit écrire l'acte de subscription, dans lequel il doit faire mention, que le testateur a écrit ces mots en présence dudit Notaire ou Tabellion & des témoins ; & au surplus, doit être observé tout ce qui est prescrit par l'article 9. de l'Ordonnance des Testamens du mois d'Août 1735. dont nous avons ci-dessus rapporté la teneur.

Indépendamment du nombre des témoins requis par ledit article 9. on peut cependant suivre les Statuts & Coutumes observées dans les lieux régis par le Droit écrit, qui exigent un moindre nombre de témoins que celui qui est ordonné par ledit article 9. à la charge néanmoins d'appeller un témoin outre le nombre requis par lesdites Coutumes ou Statuts, dans le cas mentionné en l'article 10.

Il faut enfin dans le cas du testament mystique, y mettre la date des jours, mois & an, tant pour celle de la disposition, que pour celle de la subscription.

Tout ceci est tiré des articles 9. 10. 11. 12. 13. & 38. de l'Ordonnance des Testamens du mois d'Août 1735.

TESTAMENT D'UNE FEMME EN PUISSANCE DE MARI. La régle est certaine, qu'en pays coutumier une femme en puissance de mari ne peut point contracter ni s'obliger, sans être autorisée de son mari ; & au défaut de cette autorisation, il faut, pour la validité des actes qu'elle passe, qu'elle soit autorisée par Justice.

Mais cette régle n'a point lieu pour les testamens ; & une femme mariée, séparée ou non, peut dans presque toutes nos Coutumes disposer de ses biens par derniere volonté, sans être autorisée de son mari, ni par Justice. La raison est, que le testament est le dernier acte de la vie, que la Loi a laissé entierement au libre arbitre & à la seule volonté du testateur. *Firma esse debent testamentorum jura, nec ex alieno pendere arbitrio ; ideòque testamentum definitur voluntatis nostræ justa sententia, non verò alienæ.*

D'ailleurs le testament n'a lieu qu'après la mort de celui ou de celle qui l'a fait, tems auquel la puissance maritale est entierement éteinte. Or il n'est pas juste que l'effet s'étende au-delà de sa cause.

Enfin, quand nos Coutumes qui son de Droit écrit ont défendu à la femme mariée de contracter sans l'autorité de son mari, le terme de contracter ne concerne point les dispositions de derniere volonté, suivant la Loi 20. *de verborum significatione*, qui dit précisement, que *verba gesserunt contraxerunt non pertinent ad jus testandi.*

TESTAMENT FAIT PAR LE PERE OU PAR LA MERE, QUI CONTIENT UNE DISPOSITION DE LEURS BIENS ENTRE LEURS ENFANS, est valable en pays de droit écrit, pourvû qu'il soit fait en présence de deux Notaires ou Tabellions, ou d'un Notaire & de deux témoins. Ainsi, pour la validité de ces sortes de testamens, il n'est pas nécessaire d'appeler le nombre des témoins requis dans les autres ; ce qui marque combien ils sont favorables. De plus, s'il est olographe, c'est-à-dire entierement écrit, daté & signé de la main du testateur, il sera valable entre les enfans & descendans, suivant les articles 15 & 16. de la nouvelle Ordonnance des Testamens, qui déroge à la Novelle 107. de Justinien, dont la disposition étoit suivie en pays de Droit écrit, avant cettte Ordonnance des Testamens ; car suivant cette Novelle 107. de Justinien un testament fait par le pere ou la mere entre leurs enfans, quoiqu'imparfait & destitués des formalités requises, étoit valable, pourvû que le testateur sçût lire & écrire, & suivît ce que prescrit cette Novelle.

Enfin il faut remarquer, que suivant, l'art. 38. de la nouvelle Ordonnance des Testamens, tous les testamens, codicilles, & actes de partages faits par le pere ou la mere entre leurs enfans, ou autres dispositions à cause de mort, en quelque pays, en quelque forme qu'ils soient faits, doivent contenir la date des jours, mois & an, & ce encore qu'ils fussent olographes.

A l'égard du pays coutumier, les testamens des peres & meres entre leurs enfans, n'y ont jamais été reçus sans être revêtus de toutes les solemnités requises par les Coutumes des lieux où ils sont passés, de même que cela se pratique encore aujourd'hui dans ce Royaume. *Voyez* ce que j'ai dit ci-dessus, *verbo* Partage. *Voyez* aussi Testament olographe.

TESTAMENT MILITAIRE, est celui qui est fait à l'armée par un homme de guerre, & qui n'est assujetti à aucunes solemnités requises pour la validité des testamens, pourvû qu'il soit fait *in expeditione*.

M. Ricard en son Traité des Donations, part. 1. sect. 10. chap. 3. nomb. 1628. remarque les testamens militaires n'ont été introduits en France qu'en 1409. suivant ce que dit l'auteur du grand Coutumier ; qu'ils ont été ensuite autorisés, quoique non rédigés par écrit, par les Ordonnances d'Henri III. de 1576 & 1577. articles 31 & 32. sur la pacification des troubles : ce qui a depuis été restraint par l'Ordonnance de Moulins, qui ne permet pas la preuve par témoins pour chose excédente la somme de cent livres.

Ce privilége, introduit par les Loix Romaines en faveur des Soldats, est donc aujourd'hui reçû en France ; mais l'Ordonnance des Testamens du mois d'Août 1735. en a reglé les formalités, qu'il faut suivre à la lettre à peine de nullité. Voici ce qu'elle porte.

Les testamens militaires de ceux qui servent dans les armées, en quelque tems que ce soit, doivent être faits en présence de deux Notaires ou Tabellions, ou d'un Notaire ou Tabellion & deux témoins, ou en présence de deux des Officiers, sçavoirs les Majors & les Officiers supérieurs d'un Régiment, les Prevôts des Camps & armées, leurs

leurs Lieutenans ou Greffiers, & les Commissaires des Guerres, ou l'un desdits Officiers avec deux témoins ; & en cas que le testateur soit malade ou blessé, il peut aussi faire ses dernieres dispositions en présence d'un Aumonier des Troupes ou des Hôpitaux avec deux témoins, & ce encore que lesdits Aumôniers fussent réguliers. C'est la disposition de l'article 27. de l'Ordonnance.

Le testateur doit signer son testament ou telle autre disposition, s'il sçait & peut signer ; & en cas qu'il déclare ne sçavoir ou ne pouvoir le faire, il en doit être fait mention. Lesdits actes doivent être pareillement signés par celui ou ceux qui les recevront, ensemble par les témoins, sans cependant qu'il soit nécessaire d'appeller des témoins qui sçachent & puissent signer, si ce n'est lorsque le testateur ne sçaura ou ne pourra le faire ; & à la réserve de ce cas, lorsque les témoins, ou l'un d'eux, déclareront qu'ils ne sçavent ou ne peuvent signer, il suffira d'en faire mention. C'est ce que porte l'article 28.

Les testamens olographes faits par ceux qui servent dans les armées, en quelque pays que ce soit, sont valables, pourvû qu'ils soient entierement écrit, datés & signés de la main de celui qui les aura faits, comme il est dit en l'article 29.

Ces dispositions ne doivent avoir lieu qu'en faveur de ceux qui seront actuellement en expédition militaire, ou qui seront en quartier ou en garnison hors le Royaume, ou prisonniers chez les Ennemis, sans que ceux qui sont en quartier ou en garnison dans le Royaume puissent profiter de ces dispositions, si ce n'est qu'ils fussent dans une Place assiegée ou dans une Citadelle, ou autres lieux dont les portes fussent fermées, & la communication interrompue à cause de la guerre. Ainsi ordonné par l'article 30.

Ceux qui n'étant ni Officiers, ni engagés dans les Troupes, se trouveront à la suite des Armées ou chez les Ennemis, soit à cause de leurs emplois ou fonctions, soit pour le service qu'ils rendent aux Officiers, soit à l'occasion de la fourniture des vivres & munitions des Troupes, pourront faire leurs dernieres dispositions dans la forme portée par les articles 27, 28 & 29. & dans les cas marqués par l'article 30. comme il est dit en l'article 31.

Mais quelques favorables que soient les testamens militaires, ils demeurent nuls six mois après que ceux qui les auront faits seront revenus dans un lieu où ils puissent avoir la liberté de tester en la forme ordinaire, si ce n'est qu'ils fussent faits dans les formes qui sont requises de Droit commun dans le lieu où ils auront été faits.

Le testament militaire est encore sujet parmi nous aux dispositions des Coutumes pour la prohibition de tester des propres au de-là d'une certaine quotité, & pour l'âge de tester.

Touchant le testament militaire, *voyez* ce que j'ai dit sur l'onziéme titre du second Livre des Institutes.

TESTAMENT MARITIME, est celui qui est fait sur mer, dont la forme est prescrite par l'Ordonnance de la Marine du mois d'Août 1681.

L'article 1. du titre 11. porte, que les testamens faits sur mer par ceux qui décederont dans les voyages, seront reputés valables, s'ils sont écrits ou signés de la main du testateur, ou reçus par l'Ecrivain du Vaisseau en présence de trois témoins qui signeront avec le testateur ; & que si le testateur ne peut ou ne sçait pas signer, il sera fait mention de la cause pour laquelle il n'aura pas signé.

Il est dit en l'article second, qu'aucun ne pourra par testament reçu par l'Ecrivain, disposer que des effets qu'il aura dans le Vaisseau, & des gages qui lui seront dûs.

L'article 3. ajoute, que les dispositions ne pourront valoir au profit des Officiers du Vaisseau, s'ils ne sont parens du testateur.

Cette Ordonnance ne parlant point du testament militaire, il y a lieu de croire qu'elle ne l'exclut pas, & qu'ainsi les Soldats qui sont sur mer peuvent faire un testament militaire quand ils sont *in expeditione*

TESTAMEMT FAIT EN TEMS DE PESTE. La Loi 8. *cod. de testament.* dit que l'on peut relâcher quelque chose des formalités des testamens, sans marquer ce que l'on en peut relâcher ; ce qui avoit donné lieu à différens Parlemens d'en relâcher plus ou moins. *Voyez* le Recueil alphabétique de M. Bretonnier *verbo* Testament, vers la fin.

Mais l'Ordonnance du mois d'Août 1735. a établi une Jurisprudence uniforme dans tout le Royaume, à l'égard des testamens faits en tems de peste.

L'article 33. porte, qu'en tems de peste les testamens, codiciles, & autres dispositions à cause de mort, pourroient être faits, en quelque pays que ce soit, en présence de deux Notaires ou Tabellions, ou de deux Officiers de Justice royale, seigneuriale ou municipale, jusqu'aux Greffiers inclusivement, ou pardevant un Notaire ou Tabellion avec deux témoins, ou pardevant un des Officiers ci-dessus nommés, aussi avec deux témoins, ou en présence du Curé ou Desservant, ou Vicaire, ou autre Prêtre chargé d'administrer les Sacremens aux malades, quad même il seroit regulier, & de deux témoins.

Voici les quatre articles suivans de cette Ordonnance, où il est encore parlé des testamens faits en tems de peste.

Article 34. ce qui a été reglé par l'article 28. pour les testamens militaires, sur la signature tant du testateur, que de celui ou ceux qui recevront le testament, & des témoins, sera aussi observé par rapport aux testamens, codiciles, ou autres dispositions faites en tems de peste.

Article 35. Seront en outre valables en tems de peste, en quelque pays que ce soit, les testamens, codiciles & autres dispositions à cause de mort, qui seront entierement écrits, datés & signés de la main de celui qui les aura faits. Déclarons nuls tous ceux qui ne seront pas revêtus au moins d'une des formes portées aux deux articles précedens & au présent article.

Article 36. La disposition des articles 33, 34 & 35, aura lieu, tant à l'égard de ceux qui seroient attaqués de la peste, que pour ceux qui seroient dans les lieux infectés de ladite maladie, encore qu'ils ne fussent pas actuellement malades.

Article 37. Les testamens, codiciles, & autres dispositions à cause de mort, mentionnés dans les quatre articles précedens, demeureront nuls six mois après que le commerce aura été rétabli dans le lieu où le testateur se trouvera, ou qu'il aura passé dans un lieu où le commerce n'est point interdit, si ce n'est qu'on eût observé dans lesdits actes les formes requises de Droit commun dans le lieu où ils auront été faits.

TESTAMENT MUTUEL, est un testament réciproque fait entre conjoints ou autres au profit du survivant, mais l'usage des testamens ou codiciles mutuels a été abrogé par l'art. 77. de l'Ordonnance des testamens du mois d'Août 1735.

TESTAMENT COMMUN, est celui par lequel deux personnes disposent conjointement de leurs biens en faveur d'une autre personne, comme quand le testament est fait par des peres & meres conjointement au profit de leurs enfans.

Le testament mutuel & le testament commun ont été abrogés par l'article 77. de l'Ordonnance de 1735.

TESTAMENT INOFFICIEUX, est celui dans lequel le testateur a passé sous silence, ou exheredé ceux que le devoir de piété & l'affection naturelle l'obligeoit d'instituer ses héritiers.

Ce testament n'est pas nul de plein droit; mais il peut être cassé par le moyen de la plainte d'inofficiosité, laquelle est accordée aux héritiers passés sous le silence ou exhérédés injustement, à qui la succession du défunt étoit dûe, sous couleur que le testateur étoit furieux ou insensé lorsqu'il a fait une telle disposition.

Ceux à qui la fureur a troublé le sens & devoyé l'esprit, ou qui sont insensés, sont tellement incapables de tester, que pour casser un testament fait contre les devoirs de la pieté naturelle, les Jurisconsultes n'ont point trouvé de moyen plus propre à cet effet, que de feindre que celui qui avoit fait un testament inofficieux étoit alors furieux ou insensé.

Voyez ci-dessus Querelle d'inofficiosité, & ce que j'ai dit sur le titre 18. du second livre des Institutes.

TESMAMENT FAIT *AB IRATO*, est celui par lequel un testateur paroît s'être laissé emporter par des mouvemens de haine & de colere injustes, contre ses héritiers présomptifs, qui en ce cas sont bien fondés à soutenir qu'il ne doit point être exécuté.

TESTAMENT DE MORT, est la déclaration que fait un criminel condamné à mort, après que sa condamnation lui a été prononcée, soit dans la prison, soit au lieu du supplice.

Il se fait, I°. Par l'aveu du crime pour lequel le coupable a été condamné, & qu'il n'auroit pas confessé auparavant. II°. Par l'aveu d'autres crimes, desquels il n'auroit point été accusé. III°. Par l'aveu de ses complices, ou des coupables d'autres crimes.

Ce testament est reçu par le Juge qui assiste à l'exécution. Il n'a lieu que pour les coupables condamnés à mort, & ne peut être dit testament de mort, qu'après que le coupable est mort civilement par la prononciation de son Jugement, & qu'il a été livré à l'exécuteur qui en a pris possession.

Quand il contient l'aveu de quelque crime pour lequel le coupable n'a point été condamné, il n'augmente point la peine prononcée contre lui.

Il ne sert à l'égard des complices que d'indice contr'eux, à l'effet de les faire emprisonner. Cependant deux testamens de mort conformes contre une même personne, forment un soupçon violent, & peuvent, suivant les circonstances, suffire pour faire appliquer à la question, sur-tout quand il y a eu confrontation.

La raison est, qu'on ne peut pas présumer qu'un homme voulût mentir, lorsqu'il ressent sur sa personne les effets de la colere de Dieu & des hommes, lorsqu'il voit sur sa tête le glaive foudroyant de la Justice, & qu'il se trouve prêt de comparoître devant le Tribunal de celui qui est la Verité & la Justice même.

Quoiqu'il en soit, les testamens de mort ne font jamais une preuve complette; car si ceux qui après avoir mené une vie dont ils ont rempli exactement tous les devoirs, quand ils se sentent approcher de la mort, s'élevent au-dessus de toutes les choses de la terre, & ne sont présumés dire que la vérité; ceux au contraire que leur mauvaise manœuvre a réduits à finir leur vie en public par un supplice qu'ils ont merité, ne respirent souvent que rage, que désespoir, que fureur, & qu'un desir funeste d'en voir tomber d'autres en de semblables malheurs. *Leg. ult. cod. de accusat. & inscript.* Ainsi leur testament de mort ne peut jamais faire une preuve complette, tant à cause de l'infamie qui environne celui qui est, ou qui va être conduit au dernier supplice, & qui le rend intestable, que parce qu'il n'est point en état de pouvoir être ni récollé, ni confronté, qui sont les formes essentielles pour rendre un témoignage légitime & complet en matiere criminelle, auquel on soit obligé d'ajouter foi.

TESTE. *Voyez* Succeder par tête.

TI

TIERCE OPPOSITION, est celle qui est formée à l'exécution d'un jugement par un tiers qui n'a point été partie dans la contestation qui a été décidée par ce Jugement.

Cette opposition se forme devant le Juge qui a rendu le Jugement, contre celui au profit de qui il a obtenu gain de cause; & si son opposition est bien fondée, le Jugement est retracté à son égard seulement; mais si celui qui l'a formée n'avoit aucun intérêt dans la chose, il est condamné aux dépens, & en l'amende portée en l'article 10 du tit. 27. de l'Ordonnance de 1667.

La tierce opposition se peut former en quelque tems que ce soit; ensorte que si c'est contre une Sentence, on la peut former après que le terme d'en interjetter appel est passé, parce qu'une Sentence ne passe point en force de chose jugée, que par rapport à ceux contre lesquels elle a été rendue. *Voyez* l'Ordonnance de 1667. titre 27. article 10. & titre 35. article 2.

Voyez Chose jugée. *Voyez* Tiers opposans. *Voyez* aussi ce qui en est dit dans le second Tome des Causes célébres, page 315.

TIERCEMENT, est une enchere qu'on fait sur l'adjudicataire du bail d'une terre ou maison adjugée en Justice, du tiers du prix au-delà de celui de l'adjudication: ainsi, pour tiercer un bail de 300. livres, il faut encherir 100 livres au-dessus.

L'Ordonnance des Eaux & Forêts regle aussi le tiercement au tiers du prix de la vente d'un bois, qui fait le quart au total; de sorte que de quinze mille livres, c'est cinq cens livres, & le demi-tiercement est de deux cens cinquante livres.

TIERCEMENT EN FAIT DES FERMES DU ROI, est le triple de la derniere enchere, en conséquence de laquelle a été faite l'adjudication.

En fait de baux qui se font des Fermes du Roi, après l'adjudication pure & simple, aucune personne n'est reçue à examiner, à encherir, à moins que son enchere ne triple la derniere. Par exemple, si l'enchere courante est de cent mille livres, celle qui se fait par tiercement doit être de trois cens mille livres.

Le tiercement, pour être valable, doit être fait au Greffe du Conseil dans le jour suivant l'adjudication, jusqu'à huit heures du soir: l'acte doit être en même tems signifié à l'Avocat de l'adjudicataire.

L'enchere de tiercement doit être publiée au premier jour de Conseil suivant où aucunes encheres ne seront reçues, que celle de l'adjudicataire, & de celui qui a fait le tiercement.

Toutes personnes sont reçues au triplement du triplement, huit jours après l'adjudication, soit qu'elle soit faite sur le triplement, ou non.

Le triplement sur le tiercement est le triple du tiercement; & par conséquent si le tiercement est de trois cens mille livres, le triplement est de neuf cens mille.

Ce triplement doit être signifié dans la huitaine au Greffe du Conseil, & dans le jour suivant à l'Avocat de l'adjudicataire.

L'enchere du triplement du tiercement se publie au premier jour du Conseil suivant, & l'adjudicataire avec celui qui a fait le triplement, sont seuls reçus, à l'exclusion de tous autres, à encherir par simple enchere, & sur le champ l'adjudication se fait, sans qu'on puisse revenir contre, & sans que les adjudicataires puissent être dépossedés de leurs baux.

Suivant ce que nous avons dit, on peut venir par tiercement contre les adjudiciaires des Fermes ou Domaines du Roi. On peut aussi revenir par doublement, qui est le double du tiercement. Sur quoi on peut voir le Réglement qui a été fait pour les doublemens & tiercemens en l'année 1682.

Il y a eu depuis plusieurs Arrêts rendus au Conseil d'Etat sur ce sujet. Le dernier est du 12. Juin 1525. Voici ce qu'il porte: *Après que les adjudications auront été faites des Domaines par les Commissaires généraux à ce députés, il ne pourra être reçu de tiercemens, s'ils ne sont faits dans les vingt-quatre heures des adjudications, & s'ils ne sont au moins du tiers du prix principal auquel cas l'adjudication definitive sera remise à quinzaine pour tout délai, après laquelle ne pourra plus être reçu d'enchere que par doublement, qui ne pourra être moindre de moitié du prix de ladite adjudication, ni être reçue que dans l'espace de huitaine d'icelle; sauf néanmoins le doublement du prix total & principal des adjudications définitives, qui pourra être reçu, pourveu qu'il soit fait & signifié dans six mois du jour des adjudications, conformément à l'Arrêt du Conseil du* 20 *Novembre* 1703.

TIERCER, signifie faire un tiercement ou une enchere du tiers du prix, sur une adjudication déja faite; mais il signifie dans les fermes du Roi encherir du triple de l'enchère courante comme nous venons de dire en parlant du Tiercement.

TIERCEUR, est l'encherisseur qui fait une enchere d'un tiers, ou un tiercement après l'adjudication.

L'Ordonnance des Eaux & Forêts veut qu'après les tiercemens & doublemens on ne reçoive les encheres qu'entre le tierceur & le doubleur.

TIERS, signifie la troisiéme partie d'un tout. Ce terme signifie aussi quelquefois une personne préposée pour regler à quoi on s'en doit tenir au sujet de deux avis qui sont contraires. Tel est un tiers Arbitre, un tiers Expert.

TIERS-ETAT, signifie le Peuple. Le Royaume étant composé de trois Membres; sçavoir, du Clergé, de la Noblesse, du Tiers-Etat, par ce dernier on entend le Peuple.

TIERS COUTUMIER, en Normandie est une espéce de légitime ou portion alimentaire, que la

Coutume accorde en proprieté aux enfans sur certains biens de leurs pere & mere décedés, au cas qu'ils renoncent à leur succession, & dont les pere & mere ne peuvent les priver, sinon par voye d'exhérédation prononcée pour juste cause. L'usufruit du tiers des biens du pere affectés aux enfans, est donné à la femme pour son douaire; ce qui fait qu'en Normandie on confond quelquefois le tiers coutumier & le douaire; cependant la femme peut avoir moins que l'usufruit de ce tiers; au lieu que les enfans ne peuvent, comme on l'a dit, être privés du tiers en propriété.

Voyez Basnage & Berault, sur les articles 371, 399 & suiv. de la Coutume de Normandie. *Voyez* aussi l'art. 404.

TIERS AU QUART. *Voyez* ci-dessus. Lézion du tiers au quart.

TIERS ET DANGER, est un terme d'Eaux & Forêts, qui signifie un droit qui appartient au Roi, ou à quelques Seigneurs, surtout en Normandie, sur les bois possédés par les vassaux.

Ce droit consiste au tiers de la vente qui se fait d'un bois, soit en argent, soit en espéce, & outre cela au dixiéme: ainsi de soixante arpens, c'est vintg-six arpens; de six-mille livres, c'est deux mille six cens livres.

Comme en Normandie le Roi à le tiers dans le prix des ventes de bois, ces ventes ne doivent point être faites sans sa permission, à peine de forfaiture & de confiscation des deux autres tiers du prix.

Pour obtenir du Roi cette permission de vendre ces bois, ou lui donnoit la dixiéme partie du total du prix des ventes. Au moyen de ce droit, la permission de vendre étant obtenue, le danger qu'il y avoit de vendre ces bois étoit ôté, & il n'y avoit plus par conséquent de confiscation à craindre: raison pour laquelle ce droit a été appellé droit de danger, ou plûtôt du Latin *denarius*, qui signifie dixiéme.

Ce droit qu'a le Roi sur la Province de Normandie est universel. L'Ordonnance de 1669. au titre 23. le déclare imprescriptible.

Il y a cependant de bois qui ne sont sujets qu'au tiers sans dangers, & d'autres qui ne sont sujets qu'au danger sans tiers. Sur quoi *Voyez* Terrien, sur le chapitre 37. du livre 14 de l'ancienne Coutume de Normandie, nombre 3.

Touchant le tiers & danger, *Voyez* le Traité qu'en a fait M. Berault, qui est rapporté dans la Bibliotéqne du droit François de Bouchel, *verbo* Tiers & Danger. *Voyez* aussi le titre 23. de l'Ordonnance de 1669, avec l'Edit du mois d'Avril 1673, qui est rapporté dans le nouveau Neron, tome 2, page 129; & Bacquet, des droits de Justice, chap. 10. nomb. 5. *Voyez* aussi le Dictionnaire de Chasses, *verbo.* Tiers & Danger.

TIERS ARBITRE. *Voyez* Surarbitre.

TIERS EXPERT, est celui qui est préposé pour décider lequel rapport des Experts nommés par les Parties doit prévaloir, lorsqu'ils sont d'avis contraires. On appelle aussi tiers Expert, celui qui est nommé d'office, & substitué par le Juge en la place de celui qui est rejetté par l'une des Parties. Sur quoi il faut remarquer que le premier Expert nommé par l'une des Parties, peut être par l'autre rejetté sans aucune raison pertinente, il suffit que celui qui est le récuse, dise qu'il lui est suspect. Mais quand à l'Expert qui est nommé d'office, on ne le peut rejetter qu'en vertu d'une juste cause de récusation, *ne detur processus in infinitum.* D'ailleurs, le tiers Expert nommé d'office n'étant pas choisi par aucune des Parties, il n'y a pas à présumer qu'il soit porté à faire quelque avantage à l'une des deux au préjudice de l'autre.

TIERS EN MATIERE DE TAXE DE DEPENS, est un Procureur qui regle les différends que le demandeur & le défendeur en taxe peuvent avoir sur quelques articles contenus en la déclaration de depens.

On lui donne le nom de *Tiers*: parce que c'est une tierce personne entre le demandeur en taxe & le défendeur, pour les accorder.

On l'appelle *référendaire*, à cause que quand les Parties ne veulent pas en passer par son avis, il fait rapport des contestations à ceux qui les doivent regler; c'est-à-dire à la Chambre des Tiers.

Lorsque le Procureur tiers a reglé les dépens, celui qui en a poursuivi la taxe obtient un exécutoire, duquel il est permis d'interjetter appel au Parlement; parce que cet exécutoire, n'est pas un Arrêt de la Cour, mais un simple arrêté d'un Conseiller.

La charge de regler & taxer les dépens appartient aux Procureurs, dans les Jurisdictions où il y a des Procureurs tiers en titre d'office; & dans quelqu'autres il y a des Commissaires-Examinateurs, comme au Châtelet, qui reglent & taxent les dépens.

TIERS ACQUEREUR, se dit de celui qui a acquis un héritage affecté & hypotéqué par celui qui a été proprietaire du fonds avant lui.

TIERS DETENTEUR, se dit dans le même sens que tiers acquereur.

TIERS OPPOSANS, sont ceux qui n'ayant pas été Parties ni dénommés dans un Jugement, forment opposition à ce qu'il soit à leur égard exécuté, à cause de l'intérêt qu'ils ont d'en empêcher l'exécution.

L'opposition de la part d'un tiers qui n'a pas été Partie dans une cause ou procès, se peut donc faire, quoique le Jugement ait été rendu contradictoirement entre d'autres personnes. Ce qui est fondé sur cette maxime incontestable, que *res inter alios judicatæ nullum aliis prejudicium faciunt. Leg.* 1. *ff. de except. rei judic. & toto titulo 60. libri septimi Codicis.*

Ceux qui n'ont point été parties dans un Jugement, & qui ont intérêt d'en empêcher l'exécution, n'ont point d'autre moyen de se pourvoir contre; car si c'est un Arrêt, il n'y a que ceux qui y sont dénommés qui puissent revenir contre par la voye de cassation; si c'est une Sentence, il n'y a aussi que ceux entre lesquels elle a été rendue, qui puissent en interjetter appel: ainsi c'est avec beaucoup de raison que cette opposition a été introduite.

Mais pour empêcher que ceux qui sont condamnés par Sentence ou Arrêt se servent par personnes interposées de ce moyen pour en arrêter l'exécution & afin de détourner les Parties non intéressées de former témerairement des opppositions à des Jugemens, le tiers opposant qui se trouve mal fondé & qui est débouté de son opposition, est condamné aux dépens, & l'amende qui est de soixante quinze livres, si l'opposition a été formée à l'exécution d'une Sentence, & 250. livres si l'opposition a été formée à l'exécution d'un Arrêt, suivant l'Article 10. du tit. 27. de l'Ordonnance de 1667.

La raison est, qu'il ne faut pas mal à propos & témerairement s'opposer à l'exécution des Jugemens; on ne le doit faire que quand on a un intérêt formel dans la chose.

Voyez Tierce opposition.

TIMBRE. *Voyez* Papier & Parchemin timbrés.

TIRET, est un fillet de parchemin qui sert aux Clercs de Procureur pour attacher leurs écritures, les piéces de leurs dossiers, les étiquettes sur les sacs.

TIREUR en fait de Lettres de change, est celui qui demande à un Marchand ou Négotiant de payer une lettre de change.

TITRE, est la cause en vertu de laquelle nous possedons quelque chose.

Il y en a de deux sortes: sçavoir le titre translatif de proprieté, & celui qui n'est point translatif de proprieté.

TITRE TRANSLATIF DE PROPRIETÉ, est celui qui se fait à perpétuité, & en vertu duquel la proprieté de la chose est transferée, quand la tradition en est faite par celui qui en est le proprietaire, comme la vente, la donation, l'échange, & autres.

Si la chose m'est livrée pour une de ces causes par une personne qui en ait la proprieté, & qui ait la faculté d'aliener ses biens, par la tradition qu'il m'en fait il m'en transfere la proprieté; s'il n'en est pas le proprietaire, la possession qu'il m'en transfere me donne lieu de la prescrire. *Voyez* ce que j'ai dit sur l'article 313. de la Coutume de Paris: glose 3.

Au reste, le titre translatif de proprieté ne produit son effet, & ne la transfere qu'en conséquence de la tradition de la chose *Quia non pactionibus, sed traditionibus dominia rerum transferuntur*, comme je l'ai dit, *verbo* Tradition.

TITRE NON TRANSLATIF DE PROPRIETÉ, est celui qui ne se fait pas à perpétuité, & qui n'est pas capable de transferer la proprieté d'une chose en la personne du possesseur, comme le commodat, le gage le dépôt, le louage & autres semblables, qui ne sont point des causes légitimes de transferer le domaine.

En vertu de la tradition qui seroit faite en conséquence d'une semblable cause, le possesseur ne seroit pas en droit de prescrire la chose qui lui auroit été ainsi livrée par celui qui n'en étoit pas le proprietaire; par ce que le titre non translatif de proprieté ne transfere que la possession naturelle, & non pas la possession civile, laquelle est absolument nécessaire pour la prescription.

Tout titre non translatif de proprieté est donc vicieux quant à la prescription, en ce qu'il annonce & prouve que le bien dont il s'agit, appartient à un autre que celui qui le posséde, & que sa possession a commencé & a été continuée par la mauvaise foi: ce qui fait qu'il ne le peut point acquerir par la prescription. Et c'est dans ce sens que l'on dit communément: *Satius est non habere titulum, quam habere viciosum.* C'est pourquoi il faut suivre le conseil de Dumoulin, qui est que, *satius est non ostendere titulum, quam viciosum exhibere.*

TITRE ONEREUX. Le titre se divise encore en titre onereux, & titre lucratif.

Titre onereux, est celui par lequel on acquiert une chose en payant la valeur en argent ou en autre chose, ou à de certaines charges & conditions, comme l'achat, l'échange, la dot.

TIRRE LUCRATIF, au contraire, est celui par lequel on acquiert une chose sans qu'il en coute rien & sans charge, comme la donation, le legs.

Un Seigneur peut destituer l'Officier qu'il a pourvû à titre lucratif; mais quand il a pourvû à titre onéreux: c'est-à-dire, quand il a vendu sa charge, il faut qu'il le rembourse s'il veut le destituer comme je l'ai dit lettre D, en parlant de la destitution d'Officier.

TITRE VICIEUX, est un titre qui se trouve contraire à la possession de celui qui se peut prévaloir de la prescription.

Mais quand on oppose un tel titre au possesseur du bien d'autrui, quelque longue qu'ait été sa possession, fût-elle immémoriale, & même de plusieurs siécles, tant par rapport à lui que par rapport à ses successeurs, la prescription ne pourroit pas avoir lieu, vû qu'aucun possesseur ne peut prescrire contre son titre. *Satius est non habere titulum, quam habere vitiosum.*

Mornac sur la Loi 13. *ff. de public. in rem acti*, dit que, *si titulus non sit idoneus ad dominium transferendum, vel si possessum est contra titulum, etiam per 350. annos, dominium revocatur à possessore.* Ainsi jugé en 1551. pour la Reine Catherine de Médicis, contre l'Evêque de Clermont.

Voyez ce que j'ai dit cy-dessus, *verbo* Prescription; & sur l'article 113. de la Coutume de Paris, glose 3. nombre 30.

TITRE PRESUMÉ, est celui qui se tire d'une jouissance & possession paisible pendant le tems requis par la prescription.

Par exemple, un homme a possedé paisiblement un héritage appartenant à autrui pendant dix ans entre présens, ou bien a perçu pendant cette espace de tems une rente du proprietaire d'un fonds, qui en cette qualité croyoit en être redevable : on demande si ce titre présumé est suffisant pour donner lieu à la prescription.

Il faut dire que la maxime *possideo quia possideo*, est admise dans la prescription de trente ans, dans laquelle à cause du très-longs tems qu'elle requiert, il n'est réquis ni bonne foi ni titre.

Mais la prescription ordinaire, c'est-à-dire, de dix ou de vingt ans, ne peut avoir lieu, à moins que le possesseur n'ait un titre. Or un titre présumé n'est point véritablement un titre : il faut pour prescrire avoir un titre qui soit réel & effectif : ainsi un titre présumé ne peut point servir à prescrire un héritage qu'on auroit possedé pendant dix ans, ni induire une obligation d'une rente pour l'avenir en faveur de celui qui l'auroit perçue pendant l'espace de dix années.

C'est à mon avis l'opinion qu'il faut tenir, sans s'arrêter à la distinction que d'Argentré donne à ce sujet, & que j'ai rapporté sur l'article 113. de la Coutume de Paris, glose 3. nomb. 30.

TITRE EN FAIT DE SERVITUDE. *Voyez* Servitude.

TITRE NOUVEL, est un acte par lequel celui qui le fait, reconnoit qu'il est proprietaire d'un fonds affecté & hypotequé à une rente dûe à un tel, & en conséquence promet payer & continuer à l'avenir les arrérages & intérêts ; ou que cet héritage est chargé de tels droits ou rentes, ou autres redevances annuelles, pour empêcher la prescription de dix, vingt, trente ou quarante ans.

Le titre nouvel se fait aussi par celui qui doit une rente constituée à quelqu'un, reconnoissant par icelui qu'il est redevable de cette rente envers lui, qu'il lui en a payé les arrérages, & promet de les lui continuer à l'avenir jusqu'à l'entier rachat d'icelle ; ce qui se fait pour empêcher la prescription de trente ans, que le débiteur pourroit opposer à son créancier, auquel même il auroit payé les arrérages de la rente pendant ce tems, & dont il auroit eû des quittances, le créancier n'ayant rien pardevers lui pour pouvoir prouver que les arrérages de sa rente lui en auroit été payés ; c'est pour cela que de dix ans en dix ans il peut obliger le débiteur de la rente de lui passer titre nouvel ou reconnoissance d'icelle : ce que nous appellons en Droit *antapocha*, c'est-à-dire contre-quittance, ou *secunda cautio*.

Voyez ce que j'ai dit du Titre nouvel dans la Science parfaite des Notaires, livre 5. chap. 20. & sur l'article 118. de la Coutume de Paris nombre 19.

TITRE PRIMORDIAL, est le titre originaire qui contient l'époque d'un droit qui nous appartient, & pour raison duquel ce titre a été fait & passé ; à la différence des autres titres qui ont été faits en conséquence, & qui n'en font qu'une suite.

La reconnoissance d'une cause, quoique le titre primordial ne soit pas exhibé, oblige les successeurs des terres sur qui la rente a été constituée ; mais une simple reconnoissance non suivie d'aucune prestation ne prouve pas contre un tiers possesseur. Bourguier, lettre T. nombre 6.

TITRE EXÉCUTOIRE, est un tirre en vertu duquel on peut saisir, arrêter & exécuter ; sçavoir une obligation passée pardevant Notaires, mise en grosse & scellée, ou une Sentence, ou Arrêt signé & scellé ; ou enfin une permission du Juge à cet effet.

Une obligation passée sous le scel royal est exécutoire par tout le Royaume, après un commandement fait au débiteur de payer ; mais celle qui est passée sous le sceau non royal, si l'obligé n'étoit point demeurant dans le droit où le sceau est autentique, n'est pas exécutoire, & telle obligation ne peut passer que pour un billet sous seing privé ; mais si le débiteur y étoit demeurant, elle seroit exécutoire par tout le Royaume.

Comme les titres ne sont exécutoires que contre ceux qui y sont expressement dénommés, on ne peut mettre à exécution un titre contre les héritiers de l'obligé, qu'après avoir fait déclarer le titre exécutoire contr'eux.

Il y a des cas où l'on peut exécuter sans titre. *Voyez* Gagerie.

TITRE CLERICAL, est une rente au moins de cent cinquante livres, accordée à un Ecclésiastique sa vie durant, ou en pleine propriété, par ses parens on autres ; sans quoi il ne pourroit être admis à l'Ordre de Prêtrise, à moins qu'il ne fût pourvû d'un Bénéfice.

La constitution du titre clérical ne peut être alterée, diminuée ni détruite par aucune convention sécrette & tacite ; comme si celui qui a l'usufruit d'une rente est accordé sa vie durant, pour lui servir de titre clérical, en décharge le donateur lui promettant de ne lui en jamais rien demander, telle convention est absolument nulle, & la pension doit être payée & continuée pendant la vie du donataire ; comme il a été jugé par les Arrêts de la Cour, ainsi que le remarque Mornac sur la Loi 106. *ff. de legatis* 1°.

Voyez ce que j'ai dit au sujet du Titre clérical dans la science parfaite des Notaires, Livre 5. chapitre 19.

TITRES D'UNE FAMILLE DOIVENT ESTRE CONFIÉS A L'AÎNÉ, comme le chef de la famille, en conséquence d'uu inventaire qui en doit être fait afin que chacun des héritiers ayant eû ce qui lui appartient en la succession du défunt, puisse en cas de besoin avoir communication des actes & titres concernant son lot.

Voyez Belordeau en ses Observations forenses, liv. 1. part. 1. art. 29.

TITULAIRE, est celui qui a un titre en vertu duquel il possede une Charge ou un Bénéfice, soit qu'il en fasse les fonctions ou non. Un Officier est toujours titulaire jusqu'à ce qu'il ait donné sa démission, & qu'elle ait été admise: il est opposé à survivancier, & à celui qui exerce par commission.

TO

TOMBE, signifie le droit qu'ont les gens d'une famille d'être enterrés sur une tombe particuliere qu'ils ont fait mettre dans une Eglise, & dont la place leur appartient. *Voyez* ce qui en est dit dans le Dictionnaire de Trevoux, & dans celui de M. Brillon, où il est dit qu'il n'y a que le Patron & le Seigneur haut-justicier qui ayent droit d'avoir une tombe relevée dans le Chœur.

TORTIONNAIRE, signifie unique & contre raison. On dit, par exemple, qu'une saisie ou un emprisonnement ont été déclarés injurieux, tortionnaires & déraisonnables.

TORTURE. *Voyez* Question.

TOTAL, signifie l'assemblage de plusieurs choses, qui est complet. On dit le total d'une dette, le total d'une succession.

TOUR DE L'ECHELLE, est une servitude en vertu de laquelle celui à qui elle est due, lorsqu'il fait refaire son mur, ou qu'il fait construire quelque bâtiment, peut poser une échelle sur l'héritage d'autrui, & occuper l'espace de terre qui est nécessaire pour le tour de l'échelle; ce qui peut aller à cinq ou six pieds. Ragueau *verbo* Echellage.

Monsieur le Lieutenant civil, dans un Acte de notorieté qu'il a donné le 23. Août 1701. dit que tour de l'échelle est de trois pieds de distance. Voici les termes.

» SUR LA REQUESTE. &c. Contenant, que par » un traité il a été convenu, que pour séparer les » cours & le jardin des Parties, Nicolas feroit à ses » frais un mur au lieu des haïs & palissades qui » séparoient les cours & jardin, dans le même ali- » gnement, avec stipulation que Françoise se réser- » voit le tour de l'échelle le long du mur du côté de » Nicolas, en cas qu'elle voulût construire quel- » que bâtiment contre ce mur.

» NOUS APRÉS, &c. attestons par acte de noto- » rieté, que le tour de l'échelle est de trois pieds » de distance du pied du mur au rez-de-chaussée, à » laquelle distance l'échelle doit être mise pour être » posée au haut du mur; mais que ce tour de l'échel- » le ne s'établit pas sans titre entre voisin; d'au- » tant que celui qui bâtit, peut bâtir sur son héri- » tage jusqu'à l'extremité d'icelui, ou d'un mur mi- » toyen, ausquels cas il n'y a point de Droit pour » le retour de l'échelle; & que s'il convient faire » quelque rétablissement d'un mur non mitoyen, » & bâtir entierement sur l'héritage de celui qui le » veut faire rétablir, il doit faire le service & les » ouvrages de son côté; & s'il est mitoyen des deux » côtés respectivement, & si une personne en bâ- » tissant un mur s'est retiré de soi de trois pieds, » comme il est propriétaire de ces trois pieds, c'est » en ce cas qu'il a droit du tour de l'échelle; ce » qui n'est pas une servitude, mais une jouissance » du droit que chaque propriétaire a de jouir de » son héritage.

TOURNELLE CIVILE, TOURNELLE CRIMINELLE. *Voyez* Chambe. *Voyez* Parlement.

TOURNOIS. *Voyez* Parisis.

TR

TRADITION, est la translation de la possession d'une chose dont on rend possesseur celui entre les mains de qui on la met. Sur quoi il faut remarquer que la tradition est un moyen d'acquerir, quand une chose est livrée & mise entre les mains de quelqu'un, en vertu d'une cause translative de proprieté, par celui qui en est le propriétaire, & qui est capable d'aliéner ses biens.

Ainsi, lorsque le propriétaire d'un fonds m'en fait une donation, & me met en possession d'icelui, j'en deviens le propriétaire par cette tradition, sans laquelle je n'aurois que *jus ad rem*, c'est-à-dire le droit de poursuivre le donateur, pour me livrer le fonds qu'il m'auroit donné; & je n'en aurois pas *jus in re*, c'est-à-dire le domaine ou la proprieté; *quia non pactionnibus, sed traditionibus dominis rerum transferuntur.* D'où il s'ensuit; que de deux acheteurs ou donataires d'un même fonds, celui qui en a été mis en possession le premier, en est proprietaire, quoique son contrat soit postérieur à celui de l'autre, suivant la Loi *Quoties* 15. *cod. de rei vind. leg.* 31. §. *ult. ff. de action. empt. & leg.* 9. §. 4. *ff. de public. in rem. act.* dont les décisions sont observées en France. *Voyez* Charondas, liv. 5. rép. 19. Louet, lettre V. somm. 1. & Catelan, liv. 5. chap. 28. où il dit que la tradition qui se fait avec la retention de l'usufruit, n'est pas considérée à cet égard, & que la possession réelle l'emporte; comme il a été jugé au Parlement de Toulouse, par Arrêt du 23. Février 1668.

Régulierement la tradition qui est faite à titre translatif de propriété par celui qui est le propriétaire de la chose, & qui a la libre administration de ses biens, transfere la propriété de la chose dont il transfere la possession.

Il faut excepter la tradition qui se fait pour cause de vente; car il ne suffit pas que la chose vendue soit livrée par le proprietaire, pour que la propriété en soit transferée en la personne de l'acheteur; il faut encore que le prix en soit payé au vendeur.

C'est pour cette raison que celui qui a vendu & livré la chose, la peut revendiquer, si le prix ne lui en a point été payé à moins que la chose livrée n'ait été vendue sans terme.

Voyez ce que j'ai dit sur le paragraphe 40. du premier titre du liv. 2. des Institutes de Justinien.

TRAFIC, signifie commerce, négoce, vente, ou échange des marchandise, de billets, d'argent.

Il n'y a que le trafic en détail qui déroge à la noblesse, comme nous l'avons dit, *verbo* Noblesse.

TRAHISON, signifie fourberie, perfidie; manque de fidélité à son prince; à son ami, à celui enfin qui se fioit en nous. *voyez* ce qui en est dit dans le Dictionnaire de Trevoux.

TRAITANS, sont ceux qui ont fait de traités avec le Roi pour le recouvrement des droits & impositions qu'il leve sur le peuble. On les appelle ordinairement Partisans, Gens d'affaires.

Ils sont civilement responsables du délit de leurs Commis dans l'exercice de la Commission. Ainsi jugé par Arrêt de la Cour des Aydes, rendu le 7. Août 1683. rapporté dans le Journal du Palais.

Un Traitant n'est point reçu au bénéfice de cession de biens à l'égard du Roi, ni à l'égard de son associé qui a payé pour lui le prix entier du traité commun, quoiqu'il l'ait fait sans avoir pris communication. Ainsi jugé par Arrêt de la Cour des Aydes le 20. Décembre 1671. rapporté dans le Journal du Palais.

Touchant l'hypotéque qu'à le Roi sur les biens des Traitans, *voyez* Comptables.

TRAITÉS. *voyez* Contrat.

TRAITE FORAINE. Sur les frontieres de France, il y a des Bureaux où l'on paye certains droits imposés sur les marchandises qui entrent dans le Royaume, ou qui en sortent; ce qu'on appelle *Douane.*

Ces droits qui se levent sur les marchandises qui entrent dans le Royaume, & qui en sortent, sont appellés traites foraines.

Ainsi, traite foraine est une espéce de droit & imposition qui se leve sur toutes les marchandises & denrées qui entrent ou qui sortent du Royaume, duquel droit jouissent les fermiers des cinq grosses Fermes.

Il y a des Juges que l'on appelle Maîtres de ports, qui connoissent de ces Droits, des marchandises de contrebande & de plusieurs autres choses qui regardent l'entrée ou la sortie des personnes & des choses.

Les appellations de leurs Jugemens ressortissent aux Cours des Aydes de leur ressort, & doivent être relevées dans quarante jours.

Voyez Douane. *voyez* Juges des Traites foraines, & le Dictionnaire de Trevoux.

TRAITE D'ANJOU est un droit qui se prend sur toutes les marchandises qui passent tant par eau que par terre par les Pays d'Anjou, Vicomtés de Thouars & de Beaumont, soit vin, denrées & autres marchandises, pour les mener dans la Bretagne, ou hors du Royaume, ou dans d'autres lieux où les Aydes ne sont point établies, pour raison de quoi, l'Ordonnance de François I. du mois d'Avril 1518. article 1. veut qu'avant de déplacer, il soit payé vingt sols tournois de chacune pipe de vin, pour le droit d'acquit de la traite, & douze deniers pour livre pour l'imposition des vins & autres marchandises, eu égard au prix que les vins & marchandises vaudront, dont le Commis est tenu de donner acquit à celui qui les fait transporter, pour le montrer aux Receveurs par où il passera, & le laisser entre les mains du dernier Receveur de la route, sous peine de confiscation des vins, marchandises, chevaux & voitures, & d'amende arbitraire: lequel Receveur donne au voiturier une reconnoissance de cet acquit.

Suivant l'article 11. du même Edit tous les vins, vendanges, bled, bestial & autres choses qui seront menées & transportées des lieux de Chantoceaux, Saint Florent-le-viel, Bonzillé, Ingrande, & autres lieux du pays d'Anjou, Vicomtés de Thouars & de Beaumont, ou d'ailleurs en ce Royaume, où les Aydes n'ont cours dans les lieux, doivent payer le droit de traite & imposition foraine, sur peine de confiscation des vins vendanges, & autres marchandises & voitures & d'amende arbitraire.

Voyez Fantanon, tom. 2. liv. 2. chap. 16.

TRANSACTION, est un accord qui se fait entre deux ou plusieurs personnes, touchant la décision d'un procès ou d'un différend dont l'événement est douteux incertain, en donnant, promettant ou retenant quelque chose par l'une des Parties; sans quoi ce ne seroit pas une transaction, mais un acte par lequel on renonceroit *gratis* & libéralement aux droits qu'on pourroit prétendre. *Transactio enim, nullo dato, vel retento aut promisso, minime procedit. Leg.* 38. *cod de transact.*

La transaction ne s'étend point aux choses qui ne sont point exprimées.

Comme la fin de toute transaction est de finir ou prévenir un procès, il est plus difficile de donner atteinte aux transactions qu'aux contrats; & les Lettres de rescision que l'on prend pour se faire restituer contre, sont rarement enterinées.

Telle est la faveur des transactions, que quand elles sont passées sans fraude, dol & force entre majeurs, sur des choses qui sont en leur disposition, aucune des parties n'est admise à se pouvoir contre, sous quelque prétexte que ce soit; ainsi qu'il est dit expressement dans l'Ordonnance de Charles IX. de l'an 1560. *Nulla restitutio contra transactionem inter majores initam conceditur ex causa læsionis, sed doli, aut metus, causâ tantum. Voyez* M. le Prêtre, cent. 4. chap. 30. Charondas, I, 3. rép. 79.

Touchant les transactions, *voyez* ce qui en est dit dans le Dictionnaire de M. Brillon, & ce que j'en s'en ai dit dans la Science parfaite des Notaires.

Quoique le bénéfice de restitution qui appartient au mineur, passe régulierement en la personne de ceux qui lui seccedent & qui ont ses droits, néanmoins un cessionaire des droits d'un mineur n'est pas recevable à demander la rescision d'une transaction faite avec le mineur, quand lui-même ne s'est pourvû contre.

TRANSACTION EN MATIERE CRIMINELLE. Quoique les Parties ayent transigé, la Partie publique ne laisse pas de poursuivre celui qui est présumé coupable d'un crime capital ou sujet à peine afflictive.

Voici ce que porte l'article 19. du titre 25. de l'Ordonnance de 1670. » Enjoignons à nos Procu» reurs & à ceux des Seigneurs de poursuivre in» cessament ceux qui seront prévenus de crimes » capitaux, ou ausquels il échoira peine afflictive, non» obstant toutes transactions & cessions de droits » faites par les Parties. Et à l'égard de tous les au» tres, seront les transactions exécutées, sans que » nos Procureurs ou ceux des Seigneurs puissent » en faire aucune poursuite.

TRANSCRIRE, signifie copier, décrire. Il signifie aussi insérer un acte tout au long dans un autre. Dans les Arrêts d'homologation d'une transaction d'un partage, on y insére les actes tout au long.

TRANSFUGE, est un homme qui sort du Royaume & quitte sa Patrie, avec la résolution de n'y plus revenir, & de s'établir en pays étranger.

TRANSLATION DE DOMICILE PAR GENS SUJET A LA TAILLE *Voyez* Domicile en matiere de Tailles.

TRANSLATION DE LEGS est une déclaration par laquelle un testateur transfere un legs, I°. de la personne à qui il est fait, en la personne d'un autre. II°. De la personne de l'héritier qui en étoit chargé, en celle d'un autre héritier que le testateur en charge. III°. En changeant la chose leguée en un autre.

Voyez ce que j'ai dit dans ma Traduction des Institutes sur le §. 1. du titre 21. du second Livre.

TRANSMETTRE, signifie ceder, faire passer à un autre; mettre ce qu'on possede en la possession d'un autre.

TRANSMISSION, est une translation qui se fait de plein droit en la personne de nos héritiers, des droits qui se trouvent acquis au tems de notre mort.

Par exemple, si un fils décede après la mort de son pere décedé avant qu'il ait accepté sa succession, ses droits passent & sont transmis à ses héritiers, dumoins en pays Coutumier, où le mort saisit le vif: mais en Pays de Droit écrit, l'héritier *ab intestat* ne transmet point l'hérédité, si avant sa mort il ne l'a pas acceptée. *Voyez* dans le Journal du Palais un Arrêt rendu au Parlement de Dijon le 18. Juillet 1681. & Ricard en son Traité des Donations entre-vifs; part. 1. chap. 4. sect. 2. où est l'Arrêt d'Albiat du 16. Juillet 1613.

La transmission suppose un droit qui est déjà commencé à former: en quoi ce droit de transmission différe de celui de représentation; car la représentation suppose une simple espérance.

Celui qui représente, vient *suo jure*; au lieu que celui en la personne duquel la succession se transmet vient *suo alieno*. C'est pour cette raison que Mr. Dumoulin sur la Coutume de Paris, §. 53. glose 1. quest. 31. nomb. 101. & 102. dit que la transmission produit ordinairement un double relief.

La transmission fait une succession médiate, & la représentation une immédiate.

Celui qui vient par transmission, doit obtenir ce que le défunt a eû; mais celui qui vient par représentation, obtient ceque celui qu'il représente auroit dû avoir s'il n'étoit predecedé.

On ne peut transmettre qu'à son héritier; au lieu qu'un fils peut venir par représentation de son pere ou de sa mere, soit qu'il soit leur héritier, soit qu'il ne le soit pas. M. le Brun dans son Traité des Successions, liv. 3. chap. 5. sect. 1.

TRANSMISSION EN FAIT DE SUBSTITUTION, est une préférence accordée aux enfans du premier substitué descendant du testateur, qui meurt avant l'ouverture du fideicommis, à un étranger qui seroit nommément appellé au fideicommis par le testateur; & cette préférence leur est accordée, quoiqu'il n'en ait point fait mention ensorte qu'il le représentent, & ont droit de se mettre en sa place, à l'effet de recueillir le fideicommis aumoment qu'il vient à s'ouvrir par le décès du grevé.

Cette préférence est fondée sur une vocation précise, quoique tacite, qui a le même effet que si le substitué avoit vêcu lui-même, ce qui fait que le transmissaire recueille tous les droits du substitué au même titre que lui-même. Ainsi la transmission ne fait point cesser le fideicommis; au contraire elle le soutient.

Les transmissaires recueillant les biens du substituant sans être héritiers du substitué ne tiennent ces biens qu'en qualités de successeurs de celui qui a fait la substitution, & non point du substitué. Ainsi ils ne sont point tenus des dettes ausquelles il étoit obligé *quia scilicet fideicommissum illud ad nos pervenit ab ipso gravante; non verò à gravato, qui mortuus ante testatorem ei non successit; & cujus liberi superstites ei non succedunt sed testatori.*

Dans les Parlemens de Paris & de Grenoble, la transmission n'est pas reçue; mais elle est admise dans les Parlemens de Toulouse, de Bourdeaux & de Provence.

Quoique cette Jurisprudence soit contraire aux véritables principes du Droit, qui ne permettent pas de transmettre un droit qui n'est pas encore acquis; cependant l'équité demande qu'on admette la transmission en faveur des enfans: c'est pourquoi

M. le Premier Président de Lamoignon, dans ses Arrêts, au titre des Fideicommis, art. 7. est d'avis qu'on l'admette en ligne directe dans tout le Royaume.

Voyez M. Brillon, tome 6. page 324. & suivantes, où ce droit de transmission est traité fort au long.

TRANSMISSION EN FAIT DE LEGS ET DE FIDEICOMMIS, a lieu à l'égard de ceux qui sont laissés purement & sans condition; desorte que dans ce cas quoique celui à qui un legs ou un fideicommis a été laissé, décédé avant que l'héritier ait accepté l'héredité, il suffit qu'il ait survêcu le testateur, pour qu'il transmette à ses héritiers le legs ou fideicommis qui lui a été fait.

A l'égard des legs ou fideicommis qui ne sont payables qu'à un certain jour ils sont pareillement dûs au moment de la mort du testateur, & par conséquent transmissibles aux héritiers des légataires qui ont survêcu le testateur, quoiqu'ils soient décedés avant l'arrivée du jour marqué par le défunt; mais ils ne peuvent être demandés avant l'échéance de ce jour.

Enfin, pour ce qui est des legs & fideicommis conditionels, ils ne sont ni dûs ni exigibles qu'après l'évenement de la condition qui leur a été apposée par le testateur; & ils ne sont point transmissibles aux héritiers des légataires, lorsque ces légataires décedent avant l'événement de cette condition.

Voyez ce que j'ai dit ci-dessus lettre L. en parlant des legs qui ne commencent à être dûs qu'au jour du décès du testateur. *Voyez* aussi ce que j'ai dit dans mes Paraticies du Digeste, sur le titre 4. du 34 Livre.

TRANSPORT. Les cessions & transports sont des actes qui ont été inventés pour faire passer la proprieté des droits & actions d'une personne à un autre, par le moyen de la signification du transport faite au débiteur. Celui qui fait le transport, est appellé cédant; & celui au profit de qui il est fait, est appellé cessionaire. *Voyez* Cession.

Le transport se fait avec garantie ou sans garantie. Quand il est fait sans garantie par un débiteur à son créancier, il anéantit la dette, quoique le créancier n'en soit pas payé, à cause de l'insolvabilité de celui qui est le débiteur de la dette transportée; mais s'il est fait avec garantie; le créancier n'étant pas payé, & ayant fait les diligences nécessaires pour l'être, le débiteur demeure obligé comme auparavant. *Voyez* Garantie.

TRANSPORT NE SAISIT QUE DU JOUR QU'IL A ÉTÉ SIGNIFIÉ; c'est-à-dire, qu'il n'a effet à l'égard du débiteur sur qui le transport est fait & des autres tierces personnes que du jour qu'il a été bien & dûement signifiée, & copie baillée au débiteur. D'où il s'ensuit.

I°. que le payement fait au cédant par le débiteur est valable, non obstant le transport, quand il n'a pas été signifié; ensorte qu'au moyen d'un tel payement, le débiteur est quitte & liberé.

II°. Qu'un créancier du cédant, même celui qui a un hypotéque postérieure au transport, peut faire saisir & arrêter la dette cedée, comme nous dirons cy-après.

III°. Que si un débiteur avoit cedé & transporté une dette à quelqu'un qui n'eût pas fait signifier son transport, & que ce même débiteur eût transporté le même effet à une autre personne qui eût fait signifier son transport, ce dernier cessionaire, quoique postérieur, seroit preferé à l'autre. La raison est, que la signification du transport équipole à une prise de possession. Or, suivant la disposition des Loix, en concurrence de deux acheteurs, on ne considere point la date des contrats, mais le tems de la prise de possession.

La signification du transport est donc absolument nécessaire pour mettre la dette transportée hors de la possession du cédant.

Cela coupe racine à quantité de fraudes qui se commettroient tous les jours, par le moyen des transports simulés que l'on mettroit au jour, pour frustrer des créanciers légitimes qui auroient contracté de bonne foi en un tems auquel le transport étoit inconnu.

Néanmoins, nonobstant le défaut de signification, le transport est valable, & a son effet au profit du cessionaire contre le cédant.

Mais si faute de signification du transport, le cédant avoit touché la dette au préjudice du transport, ou qu'il leût cedée à une autre personne, ou que d'autres créanciers l'eussent saisie & arrêtée, le cessionaire seroit en droit d'agir personnellement contre le cédant ou ses héritiers.

En comparant la délégation avec le transport, & rappellant les principes de l'un & de l'autre, il est aisé de voir qu'il y a une très-grande différence entre la délégation & le transport.

La délégation saisit sans qu'il soit besoin de signification; au lieu que le transport ne saisit point, & que celui auquel le transport est fait, n'est présumé proprietaire des droits qui lui sont transportés, que par la signification du transport fait au débiteur.

Ainsi les créanciers du cédant peuvent, jusqu'à la signification du transport, faire saisir la dette ou les droits cedés entre les mains du débiteur; auquel cas ils seroient préferés au cessionnaire.

Mais la signification avec copie délaissée au débiteur, rend le cessionaire maître, & fait qu'il est preferé à tous créanciers du cédant, qui auroient saisi postérieurement à la signification du transport.

Lorsqu'un transport a été accepté par le débiteur de la chose cedée & transportée, il n'a pas besoin d'être signifié.

Voyez ce que j'ai dit sur l'article 108. de la Coutume de Paris; le Traité de la Subrogation de M.

deRenusson. *Voyez* aussi ce que j'ai dit ici, *verbo* Subrogation, & *verbo* Transport; & Belordeau en ses Observations forenses, lett. C, art. 11.

TRANSPORT DE RENTES CRÉÉES PAR LE ROI. Comme elles sont dans le commerce, elles peuvent, par ceux qui les ont acquises, être vendues & transportées à d'autres; mais le vendeur ou le cédant n'est jamais tenu que de ses faits, promesses & obligations; c'est-à-dire, que si la rente n'étoit pas bien & duement constituée, ou si avant la vente ou cession le vendeur ou le cédant l'avoit vendue & aliénée, ou obligée & hypotéquée, en ce cas, comme stellionataire & faux vendeur, il seroit tenu, d'autant qu'il seroit question de ses faits, promesses & obligations, & non des faits du Prince.

Mais hors ce cas, le vendeur ou le cédant n'est jamais tenu à la garantie de telles rentes, quelque clause de garantie qu'il eut fait inserer dans le contrat. *Voyez* ci-dessus Rentes créées par le Roi.

TRANSPORT DE DROITS LITIGIEUX, est celui qui est fait de droits qui sont contestés, & qui dépendent de l'évenement d'un procès qu'il faut essuyer avant que d'en pouvoir jouir.

Quoiqu'en France on puisse ceder & transporter toutes sortes de dettes & actions, même les dettes & droits litigieux, néanmoins par plusieurs Ordonnances de nos Rois, les Juges & Officiers; Avocats, Procureurs & Solliciteurs de Procès, ne peuvent point prendre cession des droits litigieux pour lesquels les actions sont intentées pardevant eux, ou par eux.

L'article 54. de l'Ordonnance d'Orléans y est précis. *Defendons à tous nos Juges, & à nos Avocats & Procureurs, d'accepter directement ou indirectement aucun transport ou cession des procès & droits litigieux ès cours, Siéges & ressorts ou ils sont Officiers: semblable les défenses faisons aux Avocats, Procureurs & Solliciteurs des Parties, pour le regard des causes & procès dont ils auront charge, sur peine de punition exemplaire.*

Ainsi, aux termes de cette Ordonnance, un Juge ne peut recevoir la cession d'un droit dans une affaire dont il a été Juge.

Un Avocat ne peut pas non plus accepter de son client le transport du procès dont il étoit le défendeur.

L'Ordonnance limite donc la prohibition aux procès dont ils auront été Juges, ou dont ils auront été les défenseurs.

Cette Ordonnance n'a pour objet que de punir le crime: ce n'est pas contre le nom de Juge ou d'Avocat qu'elle s'eleve, c'est contre l'abus & la fonction du ministere.

Il ne faut pas que le Juge, & les Avocats ou Procureurs, abusent de la confiance des Parties ou de leurs cliens, pour, à l'abri des connoissances qu'ils ont acquises par leur capacité & leur expérience, les dépouiller ou faire vexation. *Hæc omnia bono publico introducta sunt ad vitandas fori calliditates.*

Touchant les droits litigieux, il faut encore observer que, suivant la disposition des Loix *per diversas & ab Anastasio, cod. mandati*, celui qui a pris cession de droits litigieux, ne peut demander au débiteur que la somme qu'il a effectivement payée avec les intérêts de l'argent qu'il a déboursé: mais ces Loix ne sont point aujourd'hui observées dans ce Royaume; & à l'exception des Parlemens de Toulouse & de Grenoble, l'on juge que la cession doit avoir son effet, & que le cessionnaire peut exiger du débiteur la totalité.

Voyez le Recueil alphabétique de M. Bretonnier, *verbo* Droits litigieux; & Henrys, liv. 4. quest. 5. & les deux suivantes.

TRANSPORT DE BAIL. *Voyez* Cession de bail.

TRANSPORT FRAUDULEUX, est celui qui est fait par un Marchand, en fraude de ses créanciers. Voici ce que porte l'article 4. du titre 11. de l'Ordonnance de 1673: *Déclarons nuls tous transports, cessions, ventes & donations de biens meubles & immeubles, faits en fraude des créanciers. Voulons qu'ils soient rapportés à la masse des créanciers.*

La question est de sçavoir, quand est-ce que ces transports sont réputés frauduleux?

Il n'est pas facile de donner des régles certaines pour constater la fraude qui se peut trouver dans ces sortes de transports, d'autant que cela ne se peut faire que par rapport aux circonstances qui donnent lieu de présumer que les transports n'ont été faits que pour soustraire les effets du débiteur, & les mettre à couvert de la saisie qu'en pourroient faire ses créanciers.

La premiere de ces circonstances qui font présumer la fraude, est si le transport ou autre acte a été fait par un Marchand ou Négociant, peu de tems avant sa banqueroute.

La seconde, si celui qui méditoit sa banqueroute, s'est servi des noms interposés pour ceder ses dettes actives.

La troisiéme, si le cessionnaire de celui qui a fait banqueroute s'est hâté de payer avant l'échéance.

La quatriéme, s'il y avoit des liaisons étroites entre le cédant qui a fait banqueroute, & celui au profit de qui le transport a été par lui fait.

Mais comme les inductions que l'on tiroit de ces circonstances pouvoient être quelquefois fausses, d'ailleurs comme elles donnoient lieu à quantité de contestations, la Déclaration du 18 Novembre 1702. a levé le doute qui résultoit à cet égard de l'art. 4. du tit. 11. de l'Ordonnance de 1673.

Cette déclaration, en interprétant ledit article 4. ordonne *que toutes cessions & transports sur les biens des Marchands qui font faillite, seront nuls & de nulle valeur, s'ils ne sont faits dix jours au moins avant la faillite publiquement connue ; comme aussi les actes & obligations qu'ils passeront pardevant Notaires au profit de quelques-uns de leurs créanciers, ou pour contracter de nouvelles dettes, ensemble les Sentences qui seront rendues contre eux, n'acquerront aucune hypotéque ni préférence sur les créanciers chirographaires, si lesdits actes & obligations ne sont passés, & si lesdites Sentences ne sont rendues pareillement dix jours au moins avant la faillite publiquement connue.* Voyez Banqueroute.

TRANSPORT DE MARCHANDISES HORS LE ROYAUME. Il étoit défendu par plusieurs Constitutions des Empereurs Romains, sous peine de la vie, de transporter dans des Pays étrangers, ou de vendre à des Etrangers pour transporter hors l'Empire, du vin, de l'huile, toute sorte de légumes, du fer ou des armes, comme on peut voir dans le titre du Code, *quæ res exportari non debeant.*

En France, le commerce & le transport de toutes choses est défendu avec ceux contre lesquels la guerre est déclarée; & pendant la paix il n'est pas permis de transporter des marchandises hors le Royaume sans payer un droit, que nous appellons *la Douane* ou *Traites foraines.*

Il y a certaines choses qu'il est défendu de transporter hors le Royaume, même en tems de paix, sous peine de confiscation; sçavoir, de l'or & de l'argent monnoyé, en plus grande quantité qu'on en a besoin pour son voyage, du fer, des armes, & autres sortes de choses ou marchandises défendues, appellées marchandises de contrebande.

TRANSPORT DE JUGES, se dit des descentes des Juges sur des lieux contentieux, qui est ordonné pour, sur la visite & le procès verbal qu'ils feront dresser de l'état où ils les auront trouvés, être ordonné ce que de raison.

TRANSPORT DE PRISONNIERS. Quand un accusé a été condamné par un Juge inférieur à une peine corporelle, la Sentence ne peut être mise à exécution, si elle n'est confirmée par la Cour. Ainsi dès que le Jugement est rendu, soit qu'il y ait appel ou non, l'accusé & son procès doivent être envoyés aux prisons de la Cour supérieure.

L'usage est de charger les Messagers & de les rendre responsables des prisonniers, si par leur fraude, ou manque d'avoir une escorte suffisante, les prisonniers leur échapent; ainsi qu'il a été jugé par deux Arrêts au Parlement de Paris.

Le premier est du 20 Mars 1690. rendu à la requête de M. le Procureur général, contre le nommé Courtinault, Conducteur de la Messagerie de Niort à Paris, par lequel il est dit que ce Messager sera tenu de constituer prisonnier le nommé Bertrand, qui lui avoit été donné & ce dans trois mois; sinon le tems passé, qu'il y sera contraint par corps. Cet Arrêt lui enjoint, lorsqu'il sera chargé de la conduite des prisonniers, de les mener avec une escorte suffisante, & de marcher entre deux soleils, à peine d'en répondre; & en outre, que les Messagers & autres conducteurs de prisoniers, seront tenus d'observer les Arrêts & Réglemens de la Cour: ce faisant, que ceux qui ameneront des prisonniers dans la Conciergerie du Palais, prendront leur décharge au Greffe de la Géole, pour la remettre dans le mois entre les mains des Greffiers des Siéges & Jurisdictions des prisons desquelles les prisonniers auront été transferés; & que ceux qui transfereront des prisonniers des prisons de la conciergerie en celles d'autres Siéges, s'en chargeront sur le Registre de la Géole de la conciergerie, & seront tenus de rapporter dans le mois au Greffier de ladite Géole un certificat des Géoliers desdites prisons, visé par le Juge de la prison, & du Substitut du Procureur général du Roi, & du Procureur Fiscal, faisant mention du jour que les prisonniers auront été amenés en leurs prisons, pour être le certificat remis entre les mains du Procureur général; le tout à peine de cinquante livres d'amende pour chaque contravention, au payement de laquelle les Messagers & Conducteurs seront contraints par corps, sur le rolle qui en sera délivré au Receveur des amendes, & certifié par les Greffiers des Siéges, ou de la Géole de la Conciergerie, chacun à leur égard. Et il est dit que l'Arrêt sera lû & publié l'Audience tenant dans les Bailliages, Sénéchaussées, & autres Siéges royaux du ressort de la Cour, & registré dans leurs Greffes.

Le second Arrêt de Réglement a été rendu le 26 Août 1704. sur le procès criminel instruit à la requête de M. le Procureur général, contre Jacques Sergent, Cocher de la Messagerie de Chartres & Laurent le Moine, Facteur de la même Messagerie, par lequel la Cour a déclaré la contumace bien instruite contre Jacques Sergent; & adjugeant le profit pour les cas résultans du procès, le nommé Sergent a été condamné d'être conduit aux Galeres du Roi, pour y servir comme forçat l'espace de cinq ans; & après que Laurent le Moine, pour ce mandé en la Chambre de la Tournelle, a été admonesté, il a été condamné d'aumôner au pain des prisonniers de la Conciergerie du Palais la somme de quatre livres: ordonné que dans trois mois les nommés Cherrier, Pean, & autres Associés pour la Messagerie de Chartres, seront tenus de constituer prisonnier Claude-Thibault Janviliers; sinon le tems passé, contraints par corps. Ordonne que l'Arrêt du 20 Mars 1690. sera exécuté, & en conséquence, que les certificats y mentionnés seront visés gratuitement par les Juges, les Substituts du Procureur général, & les Procureurs Fiscaux; & que lorsque les prisonniers seront transferés des prisons des Siéges & Jurisdictions du ressort de la Cour en celles de la Conciergerie du Palais, les Substituts & Procureurs Fiscaux seront tenus d'envoyer au Procureur général copie de l'acte par lequel les Conducteurs des prisonniers s'en seront chargés contenant leurs noms, qualités & demeures des prisonniers &

Conducteurs, & le jour de leur départ, laquelle copie sera signée du Greffier, & ce dans le jour du départ, & par autre voie que celles des Conducteurs; le tout à peine par les Substituts & Procureurs Fiscaux d'en répondre en leurs propres & privés noms. Et il est dit que l'Arrêt du 20 Mars 1690. & celui-ci, seront lûs & publiés l'Audience tenant, aux Bailliages, Sénéchaussées & autres Siéges royaux du ressort de la Cour, & registrés aux Greffes des mêmes Siéges.

Voici un autre Arrêt qui a été rendu au sujet de la translation de ceux qui sont condamnés à mort, & renvoyés pardevant les premiers Juges, pour l'exécution de leurs jugemens confirmés par la Cour.

Le premier Juin 1680. a été rendu un arrêt de réglement à la Tournelle, sur appointement à mettre, qui fait défenses aux Greffier & Géolier de la Conciergerie de délivrer aucuns prisonniers à l'avenir à aucun Sergent ou Archer, autres que ceux qui les auront amenés, pour les transferer en exécution d'un ordre de la Cour, ni à eux de s'en charger, si ce n'est de l'ordonnance d'icelle, à peine de tous dépens, dommages & intérêts.

Le motif a été de réprimer le brigandage qui se faisoit journellement dans la Conciergerie par les Guichetiers, Géolier & Greffiers de la Géole, pour la conduite des prisonniers, qui les mettoient entre les mains de qui il leur plaisoit, surprenoient des exécutoires des sommes immenses, qu'ils contraignoient les Fermiers des Seigneurs de payer avec toutes sortes de rigueurs, & partageoient ensuite entr'eux.

TREBELLIANIQUE, est le quart de l'herédité qui doit rester à l'héritier qui est chargé de la rendre.

Voyez Quarte Trébellianique.

TREILLIS. *Voyez* Fer maillé.

TREIZIÉME, qui signifie la treiziéme partie d'un tout, est en quelques Coutumes un droit qui est dû au Seigneur, en cas de vente d'un fief servant, ou d'une roture. *Voyez* ce qui en est dit dans le Glossaire du Droit François, dans le Dictionnaire de Trévoux, & dans celui de M. Brillon.

TREPAS DE LOIRE, est un droit qui se prend sur toutes d'enrées & marchandises passant, montant, traversant par la riviere de Loire, entre les Ports de Candes & d'Ancenis.

On prend là pour chaque muid de sel, mesure de Paris, deux sols six deniers, & ainsi de toutes les autres marchandises, conformément à l'Ordonnance d'Henri II. du mois de Février 1554. qui veut que ce droit soit levé sur toutes sortes personnes & marchandises, suivant les Pancartes.

Il y a cependant quelques personnes qui en sont exemptes, comme les Maîtres des Requêtes, les Secretaires du Roi, & autres dont le privilége en est attribué à leurs Charges.

Henri IV. fit une Déclaration au mois de Septembre 1594. qui contient l'énumération de toutes les marchandises qui sont sujettes à ce droit.

Au reste, il paroît que ce mot *trépas de Loire*, est dit par corruption de *outrepasser*, parce que ce droit se paye pour les marchandises que l'on fait passer outre la Loire, & que l'on conduit en Bretagne, qui étoit autrefois une Province étrangere. On disoit même autrefois *trépasser* un commandement, pour dire l'enfraindre, passer outre, comme il est marqué dans le Dictionnaire de Trévoux, *verbo* Trépas.

Voyez Fontanon, tom. 2. liv. 2. chapitre 16.

TRES-FONCIERS, sont des Particuliers qui ont des bois, sur lesquels le Roi prend le tiers & danger, grurie & grairie & autres: le fonds desdits bois leur appartient & néanmoins ils ne peuvent en disposer au préjudice des droits appartenans au Roi.

Ces droits appartiennent au Roi, parce qu'ils sont gardés par les Officiers de Sa Majesté, & que lesdits Officiers sont gagés & payés du Domaine de Sa Majesté, & qu'iceux Officiers font Justice aux Particuliers des délits qui y sont commis.

TRESOR, est un amas d'argent qui étoit caché, & dont on ignore le propriétaire.

Suivant le Droit Romain, celui qui trouve dans son héritage un trésor, en devient propriétaire. Celui qui en trouve un dans le fonds d'autrui, le partage par moitié avec le propriétaire du fonds. *Leg. un. cod. de thesaur.*

C'est aussi ce qui se pratique en plusieurs lieux du pays de Droit écrit, à l'exclusion du Seigneur du Pays de Droit écrit, à l'exclusion du Seigneur Haut-Justicier & du Roi; comme il a été jugé par Arrêt du mois de Février 1631. rendu en la Chambre de l'Edit de Grenoble, entre Pierre d'Orange, Haut-Justicier d'Orpiere; le nommé Damian, Maçon; & Michel Abel, propriétaire d'une maison, dans le mur de laquelle Damian avoit trouvé un pot rempli de piéces d'or.

Il fut jugé par cet Arrêt que le Maçon auroit la moitié du trésor, & le propriétaire l'autre moitié, sans avoir égard à la demande formée par le Prince d'Orange, comme Seigneur Haut-Justicier.

Par un autre Arrêt du 31. Janvier 1641. le Roi a été débouté de la demande formée à fin d'un tiers d'un trésor trouvé dans une muraille, par la raison que le Droit Romain est observé à Castres.

En pays coutumier, la régle ordinaire est que le trésor qui est trouvé par le propriétaire dans son fonds, se partage par moitié entre lui & le Seigneur Haut-Justicier du lieu où il est trouvé, Bacquet, des Droits de Justice, chap. 32. & chap. 2. nomb. 10. Charondas, liv. 3. rép. 20. Papon, liv. 13. tit. 7. nomb. 2. le Bret, en son Traité de la Souveraineté, liv. 3. chap. 6.

Celui qui est trouvé dans le fonds d'autrui, se partage en trois portions égales, dont l'une appartient au propriétaire du fonds, l'autre au Fisc ou au Seigneur Haut-Justicier, & la troisiéme à celui qui le trouve. Chopin, livre 2. du Domaine, tit. 5. nomb. 11.

Il y a néanmoins un cas auquel celui qui a trouvé le trésor dans le fonds d'autrui, n'y peut rien prétendre; sçavoir, quand de dessein prémédité il a fouillé dans le fonds d'autrui, à son insçu & sans son consentement; & alors le trésor se partage entre le propriétaire du fonds, & le Fisc ou le Seigneur Haut-Justicier dans l'étendue de la Seigneurie duquel le tresor a été trouvé; parce qu'on ne favorise pas le dessein de celui qui, par un desir de s'enrichir, fouille dans le fonds d'autrui sans son ordre & sans sa participation. *Inventor hoc casu nihil ex thesaurio consequitur, quia non licet data opera in alieno fundo thesaurum quærere. Leg. uni cod. de thesaur.*

Si pendant la main-mise, ou la saisie féodale faite par le Seigneur d'un fief tenu & mouvant de lui faute d'homme, droits & devoirs non faits & non payé, il est trouvé un trésor, la part du proprietaire n'appartient point au Seigneur féodal; parce que pendant la saisie & nonobstant icelle, le Vassal est le véritable propriétaire du fief, quoiqu'il en perde les fruits jusqu'à ce qu'il ait satisfait à ce à quoi la nature des fiefs l'engage.

Voyez M. Charles Dumoulin sur l'article 37. de l'ancienne Coutume de Paris, aujourd'hui le 55. glose 10. nomb. 48.

Il en seroit de même si le Seigneur, après la foi & hommage de son Vassal, eût choisi le revenu d'une année pour son relief, parce que les trésors ne sont pas *in fructu*.

C'est aussi la raison pour laquelle un usufruitier n'en peut profiter, pas même en usufruit. *Fructuarius nihil habet in thesauro invento in fundo, quia thesaurus nullo modo est fructus fundi, nec naturalis, nec civilis, nec est pars aliqua fundi, sed est prorsus separata, nihil cum fundo habens commune.* M. Charles Dumoulin sur la Coutume de Paris, tit. 1. §. 1. glose 1. nomb. 60.

Il faut dire la même chose de celui qui jouit d'un fonds par engagement, & de tous ceux qui ne sont pas véritables & incommutables proprietaires, *re & effectu*.

Il résulte de ce principe, qu'un mari ne peut retenir le trésor trouvé dans le fonds dotal, parce qu'il n'en est pas proprietaire véritable & à perpétuité. *Leg.* 7. §. *si fundum, ff. solut. matrim.* Cependant, parce qu'il a *dominium fictum & ad tempus*, il jouira du tresor tant que le mariage durera, à la charge d'en faire la restitution à sa femme ou à ses héritiers.

En pays contumier, le mari retient le trésor à cause de la communauté, & non pas *ratione fundi*, d'Argentré sur l'art. 5. de la Coutume de Bretagne; si bien qu'après la dissolution de la communauté, il doit être regardé comme un effet d'icelle.

A l'égard de l'acquereur d'un héritage à faculté de réméré, il profite du trésor qui est trouvé dans cet héritage; *quia verum est talem emptorem dominum esse, ideoque thesaurum vindicare potest, nec redempto fundo ad restitutionem thesauri tenetur.* D'Argentré, article 51.

Si le trésor est trouvé dans un chemin qui n'appartient ni à celui qui a trouvé le trésor, ni à aucun autre Particulier, si c'est dans un grand chemin, c'est-à-dire un chemin royal, la moitié en appartiendra au Roi, & l'autre à l'inventeur; parce que les grands chemins appartiennent au Roi. L'Hommeau en ses Maximes, liv. 1. chap 18. le Bret en ses Décisions, part. 2. liv. 2. décision 4. Bacquet, Traité des Droits de Justice, chapitre 32 Mais cette décision ne doit avoir lieu que quand le trésor a été rrouvé par hazard dans un chemin royal; car si c'étoit *data ad hoc opera*, il appartiendroit au Roi pour le tout. *Leg.* 11. *cod. de thesaur.*

A l'égard du trésor qui est trouvé daas un chemin de traverse, il doit être partagé entre celui qui l'aura trouvé, & le Seigneur Haut-Justicier.

Le trésor trouvé dans un lieu saint ou dans uu lieu religieux, tel qu'est un cimetiere, appartient entierement à celui qui l'a trouvé, suivant la derniere Jurisprudence Romaine §. 39. *Inst. de rer. divis.*

Le parlement de Paris l'adjugeoit anciennement à l'Eglise, sans que l'inventeur, le Seigneur Haut-Justicier, ni même le Roi, y puissent rien prétendre.

Bacquet, au Traité des Droits de Justice, chap. 32. nomb. 28., 29 & 30. prétend qu'il se soit partager entre l'Eglise & celui qui l'a trouvé, *fortuito, & non data opera*; & que le Roi, aussi bien que le Seigneur Haut-Justicier, en doivent être entierement exclus, parce qu'ils n'ont aucun droit dans les lieux saints & religieux.

J'estime cependant que le Seigneur seroit bien fondé de prétendre sa part dans le trésor trouvé dans l'Eglise, d'autant qu'il n'est pas vrai que sa Justice ne s'étende pas sur l'Eglise; comme nous avons dit sur l'article 167. de la Coutume de Paris, glose 2. nomb. 21.

A l'égard du trésor qui est trouvé dans un lieu abandonné, il doit en appartenir moitié à l'inventeur, & moitié au Seigneur Haut-Justicier, dans les Coutumes qui accordent aux Seigneurs Hauts-Justiciers les épaves & biens vacans.

Dans celles qui ne les leur accordent pas, le trésor trouvé dans l'étendue de la haute Justice d'un Seigneur, dans un lieu vacant & abandonné, la moitié en appartient au Roi & l'autre moitié à l'inventeur, à l'exclusion du Seigneur Haut-Justicier; *quia quæ in nullius bonis sunt, & quæ dominum assertoremque nullum habent, censentur esse Principis*, comme dit Faber sur le §. 39. *Instit. de rer. divis.* Il nous reste trois observations à faire. 1°. Q'un trésor trouvé par art magique, appartient tout entier au Roi ou au Seigneur Haut-Justicier ; ensorte que celui qui l'a trouvé n'y a aucune part.

II°. Que celui qui a trouvé un trésor dans un fonds appartenant à autrui, & qui n'en a pas donné avis au propriétaire & au Seigneur, quand il est découvert, il est privé de sa part dans le trésor; & le Roi, le Seigneur Haut-Justicier & le propriétaire peuvent agir contre lui criminellement.

III°. Qu'un mercenaire ou un domestique qui a trouvé un trésor dans le fonds de son maître, n'y a aucun droit.

Voyez ce que nous avons dit au sujet des trésors, sur le §. 39. du titre premier du Livre second des Institutes, & sur l'article 167. de la Coutume de Paris; & ce que nous en avons dit ici, *verbo* Justice haute, moyenne & basse. *voyez* aussi Papon, liv. 13. tit. 7. Expilly, plaidoyé 37. le Traité des Domaines du Roi & des Seigneurs particuliers, par Berthelot, chapitre 34. Charondas, Rép. livre 3. chapitre 20. la Peyrere, *verbo* Trésor; Chopin, au second livre de son traité des Domaines de France, tit. 5. art. 11. le Bret, liv. 5. décision 4. le Grand sur l'article 178. de la Coutume de Troyes; Bouchel, *verbo* Trésor; Gossan sur les articles 9. & 10. de la Coutume d'Artois; & Bacquet en son Traité des Droits de Justice, chapitre 32.

TRESOR ROYAL, qu'on appelloit l'Epargne sous François I. est le lieu où se portent tous les deniers, qui toutes les charges acquittées, reviennent au Roi de toutes les recettes générales, fermes, parties casuelles, & tous autres deniers qui entrent dans les coffres du Roi.

TRESORIERS DE FRANCE, sont des Officiers d'un Bureau établi dans chaque Généralité, où l'on examine les états de finance, & les comptes par un bref état.

Ils ont leur Bureau dans chaque Province ou Généralité, composé d'un certain nombre de Présidens & Conseillers *voyez* Généralités.

Il y a un Arrêt du Conseil d'Etat du Roi du 11. Août 1705, qui confirme les Trésoriers de France dans la possession de connoître seuls de toutes les demandes & contestations concernant les biens acquis à Sa Majesté par confiscation, aubaine, bâtardise ou deshérence; avec défenses aux Officiers des Bailliages d'en connoître, sous quelque prétexte que ce soit. Cet Arrêt ordonne aussi que tous les deniers & effets en provenans, seront remis au Receveur général des Domaines de la Généralité.

Dans la Généralité de Paris, les Trésoriers de France n'ont point de Jurisdiction contentieuse dans leur Bureau, elle appartient à la Chambre du Trésor; mais dans les autres Provinces qui ne sont pas dans le ressort de la Chambre du Trésor, la Jurisdiction contentieuse touchant le Domaine appartient aux Trésoriers de France.

Voyez ci-dessus Chambre du Trésor. *voyez* aussi Henrys, tom. 1. liv. 2. chap. 4. quest. 14. & 60.

TRIAGE, se dit en termes d'Eaux & Forêts, de certains buissons ou quartiers de forêts qui en font la division.

Ce terme vient de celui de *tiers*, parce qu'ordinairement dans les bois communaux les Seigneurs ont pour leur part un tiers, & les habitans les deux autres tiers.

Les Officiers de la Maîtrise sont tenus de faire souvent la visite des forêts, de garde en garde, & de triage en triage.

Par la derniere Ordonnance, les Seigneurs qui ont leur triage c'est-à-dire leur part, ne peuvent rien prétendre dans les communaux des habitans. *voyez* l'Ordonnance des Eaux & Forêts, tit. 25. articles 4. 6. 7. & 8.

TRIBUNAL, signifie le Siége où les Juges rendent la Justice. Ce terme se dit aussi du Corps des Juges de leur Jurisdiction.

TRIBUNAL DE L'UNIVERSITÉ DE PARIS, est une Jurisdiction composée des Doyens des trois Facultés supérieures; sçavoir, Théologie, Droit & Médecine, & des Procureurs des quatre Nations qui composent la Faculté des Arts; le Recteur de l'Université est à leur tête.

Il y a aussi dans cette Jurisdiction un Syndic, qui est le Censeur public, dont les fonctions sont semblables à celles du Procureurs du Roi dans les Jurisdictions royales, & un Greffier. Les Appariteurs sont les Bedeaux de l'Université.

Ce Tribunal connoît en premiere instance de toutes les contestations qui surviennent entre les Principaux, Régens des Colleges & Suppôts de l'Université, touchant l'ordre de la discipline & l'exécution des Statuts, tant généraux que particuliers. Les appellations de ses Sentences se relevent au Parlement.

Cela est fondé sur l'art. 20. de l'Appendice des Statuts de la Faculté des Arts donnés par Henri IV. en 1600. enregistrés en la Cour le 25. Septembre de la même année; sur les Lettres patentes en forme d'Edit, données par Louis XIV. au mois de Septembre 1661. & sur pareilles Lettres de Louis XV. du mois de Février 1722. registrées le 15. Avril de la même année.

TRIBUT. Ce terme, qui vient du mot latin *Tributum*, signifie une contribution que les Souverains levent sur leurs sujets par capitation, pour soutenir les dépenses de l'Etat.

Le tribut differe de l'impôt en ce que le tribut se leve sur les personnes, *tributimque à singulis familiarum capitibus exigitur*; au lieu que l'impôt ne se leve que sur les Marchandises. *voyez* Vectigal.

Anciennement à Rome les tributs & autres levées de deniers se repartissoient sur les trente-cinq Tributs dans lesquelles étoient divisés les Citoyens Romains; ensuite les tributs furent départis sur les cent quatre-vingt treize Centuries dans lesquelles les habitans de Rome furent divisés; & quant au-dehors de la Ville de Rome, les tributs étoient levés & départis par Jurisdictions.

De même en ce Royaume, le Peuple ayant été divisé en Elections, puis sous-divisé en Paroisses, les tailles & autres tributs ont toujours été départis & levés sur icelles : d'où est venu ce brocard, que la taille suit le clocher ; c'est-à-dire, que personne ne peut être distrait, ni se distraire de sa Paroisse, pour payer à part & séparément la taille.

La raison est, que l'enceinte & les confins des Paroisses & des autres territoires étant de droit public, & ayant été limités & reglés par autorité publique, on n'y peut rien innover que par une semblable autorité, c'est-à-dire par Lettres patentes du Prince dûement vérifiées.

TRIENNAL, signifie un exercice qui dure trois ans. La plupart des Réguliers ont des Supérieurs triennaux ; ils en élisent d'autres au bout de trois ans.

TRIENNAL, se dit aussi des Charges qui ne s'exercent que de trois années l'une, & des Titulaires qui en sont pourvus.

TROIS BRIEFS JOURS. *Voyez* Ajournement.

TRONC, signifie la souche de l'estoc dont on est descendu.

TROUBLE, c'est-à-dire inquiétation *Voyez* Inquiétation.

TROUBLE EN MATIERE DE POSSESSION, donne lieu à la complainte dans l'an & jour, lorsque celui qui est en possession d'un héritage, ou droit réel, ou d'universalité de meubles, est troublé en sa possession.

Le trouble se fait contre une possession ou de fait, ou par paroles : de fait, quand par voie de fait quelqu'un fait enlever les fruits d'un fonds que nous possedons : par paroles quand quelqu'un se qualifie possesseur d'un fonds ou d'un droit que nous possedons.

TROUBLE, (TEMS DE) empêche la prescription de courir, à cause de l'impossibilité d'agir dans un tems de trouble & de désordres, & de l'appréhension dans laquelle on est alors, que les titres dont on se voudroit servir ne soient volés par les chemins, ou perdus d'une autre maniere.

TROUSSEAU, sont les lits, draps, robes, habits, hardes, linge, vaisselle, & autres menus meubles que les peres & meres ou autres, donnent par présent de mariage à leurs fils, filles, ou autres parens ou amis. *Voyez* ce qui en est dit dans le Recueil alphabétique de M. Brétonnier, où il en est parlé, *verbo* Coffre.

TROUVAILLE. Ce terme, en parlant des Coutumes de la mer, signifie la part qui appartient à ceux qui ont trouvé ou sauvé de la marchandise perdue.

T U

TURBE, signifie troupe, nombre de personnes. *Voyez* Enquête par turbe.

TURCIE ET LEVÉES, est un vieux mot qui signifie les digues que l'on entretient au long de la mer ou des rivieres, aux dépens des deniers d'octroi ou d'autres à ce affectés. Il est sur-tout usité pour les digues qui sont le long de la Loire, dont un nommé Turci donna le dessein : ce qui a fait donner à ces digues & autres semblables le nom de *Turcies*. Il y a deux Intendans des turcies & levées, dont un demeure à Tours. Il y a aussi dans cette même Ville un Ingenieur de turcies & levées.

TURPITUDE, se dit de tout ce qui se fait contre la justice, contre la pudeur & contre l'honnêteté. Il n'y a point d'action en Justice pour demander le salaire de la chose ou il y a de la turpitude : *quia scilicet audiendus non est propriam allegans turpitudinem ; unde qui aliquid dedit ob turpem causam illud repetere non potest, nisi eo casu quo versatur solius accipientis turpitudo.* *Voyez* ce que j'ai dit dans mes Paratitles du Digeste, sur le titre *de conditione ob turpem vel injustam causam.*

TUTELLE, est l'autorité que les Loix donnent aux tuteurs, pour défendre ceux qui par la foiblesse de leur âge ne peuvent pas se défendre eux-mêmes, ni prendre le soin de leurs affaires.

Quoiqu'on ne puisse contraindre personne à prendre soin des biens d'autrui, néanmoins comme la tutelle & la curatelle sont reputéées charges publiques, celui qui est nommé tuteur ou curateur, peut être contraint d'accepter cette charge, & ne peut s'en exempter qu'en vertu de quelque cause légitime. Sur quoi *voyez* ce que j'ai dit dans ma Traduction des Institutes, liv. 1. tit. 25.

En Pays de Droit écrit, il y a trois espéces de tutelle ; sçavoir, la tutelle testamentaire, la tutelle légitime, & la tutelle dative.

La tutelle testamentaire est celle qui est deférée à quelqu'un dans un testament par celui qui a droit de donner des tuteurs.

Le droit de donner des tuteurs consiste dans la puissance paternelle : d'où il s'ensuit qu'il n'y a que le pere & l'ayeul paternel qui puissent donner des tuteurs à leurs enfans, au cas qu'ils les ayent dans leur puissance ; & comme la tutelle, de quelque nature qu'elle soit, prend fin avenant la puberté de celui qui est en tutelle, il s'ensuit qu'on ne peut donner des tuteurs qu'à ceux qui ne sont pas encore puberes.

La tutelle légitime est celle qui est déférée au plus proche parent des enfans, au défaut de la tutelle testamentaire.

Le frere des pupilles, quand il est majeur de 25. ans, est appellé par la Loi à la tutelle de ses freres ou l'oncle à la tutelle de ses neveux, quand il est le plus proche parent, pourvû que la mere des pupilles soit décédée ; quand elle est en vie, la tutelle de ses enfans lui appartient préférablement à tout autre, pourvû qu'il n'y ait rien à redire à sa conduite, & qu'elle ne se remarie point ; car les secondes nôces font perdre à la mere la tutelle de ses enfans.

La

La tutelle dative eſt celle qui eſt deſerée par le magiſtrat, au défaut de la tutelle teſtamentaire & de la tutelle légitime,

C'eſt le Juge du domicile des pupilles qui defére la tutelle, & il ne peut la donner qu'à ceux qui ſont demeurans dans le lieu où les biens des pupilles ſont ſitués.

Dans la France coutumiere, la tutelle dative eſt ſeule en uſage, & les tutelles teſtamentaires & légitimes n'y ſont point reçues, ſi ce n'eſt en quelques Coutumes qui admettent les teſtamentaires, deſquelles il faut ſuivre la diſpoſition ; mais dans les autres, la tutelle ſe defére par le Juge du lieu où le pere des mineurs avoit ſon dernier domicile,

Mais lorſque le pere ou la mere ont nommé un tuteur à leur fils par leur teſtament, on ne le refuſe gueres en Juſtice ; & quand le pere & la mere ſont vivans, s'ils veulent accepter la tutelle de leurs enfans, ſont ordinairement preferés à tous leurs autres parens.

Il en eſt de même dans le Pays de Droit écrit du reſſort du Parlement de Paris. Henrys, tome 2. livre 4. queſtion. 15.

Voyez touchant les tutelles & les curatelles, ce que nous avons dit ſur le titre 13. & les ſuivans du premier Livre des inſtitutes ; & ce qui eſt dit de la tutelle & des tuteurs dans le Récueil alphabétique de M. Bretonnier. Nous allons ſeulement expliquer la procédure qui ſe fait pour faire nommer un tuteur.

Pour y parvenir, il faut que quelqu'un des proches préſente Requête au Juge ordinaire, afin qu'il permette d'aſſembler les parens, pour élire au mineur un tuteur & un ſubrogé tuteur. En conſéquence de cette Requête repondue par le Juge, on aſſigne les parens, qui doivent au moins être au nombre de ſept, tant du côté paternel, que du côté maternel ; & au défaut des parens, on prend des voiſins ou amis.

Sur cette aſſignation, les parens qui comparoiſſent en l'Hôtel du Juge, après avoir prêté ferment de nommer celui qu'ils jugeront les plus propre & le plus capable de gérer la tutelle, nomment un tuteur que le Juge approuve, en conſéquence d'une Requête que les parens lui préſentent, à l'effet de faire homologuer leur avis portant nomination d'un tuteur.

Il faut cependant remarquer que quand il s'agit d'élire un tuteur, les parens peuvent ſigner une procuration pardevant Notaires, contenant leur avis. En conſéquence de cette nomination, le Juge doit rendre une Sentence qui homologue leur avis, & ordonne que celui que les parens ont nommé ſera & demeurera tuteur ou curateur, & qu'il acceptera la charge pardevant lui.

Le Juge dans ſon procès verbal doit faire mention du nombre des enfans mineurs, de leur age, de leurs noms, ſurnoms, & des dégrés de parenté des parens qui donnent leur avis ; & il ne doit jamais admettre aucune femme à nommer aux tutelles & curatelles, ſi ce n'eſt la mere & l'ayeule des mineurs.

Lorſque les biens des mineurs ſont conſidérables, & qu'ils ſont ſitués en différentes Province, on peut leur nommer pluſieurs tuteurs, pour avoir l'adminiſtration des biens qu'on déſigne à chacun, & on leur fixe des appointemens convenables.

Si le tuteur nommé a été préſent lors de la nomination, la tutelle demeure à ſes riſques du jour qu'il a été nommé ; mais ſi cette nomination a été faite en ſon abſence, il n'eſt reſponſable de la tutelle que du jour que la nomination lui a été ſignifiée.

Cette ſignification doit être faite par celui qui a convoqué l'aſſemblée des parens pour l'élection d'un tuteur.

En ſignifiant au tuteur nommé l'acte de ſa nomination, il le doit ſommer d'accepter la tutelle ; ſi non que la tutelle courra à ſes riſques, périls & fortunes, avec aſſignation pour le voir ordonner ainſi.

Mais s'il refuſoit d'accepter la tutelle, il faudroit pourſuivre l'Audience où le Juge doit admettre ou rejetter ſes excuſes.

Si ſans y avoir égard le Juge ce condamne d'accepter la tutelle, il peut en appeller ; mais il eſt obligé de l'adminiſtrer pendant l'appel, ſinon elle courra à ſes riſques périls & fortunes.

Il nous reſte à faire ici quelques obſervations importantes ſur ce qui regarde la matiere des tutelles.

La premiere eſt, que quoique dans le pays de Droit écrit la tutelle teſtamentaire ait lieu, & que ſuivant le Droit Romain, le tuteur teſtamentaire ſoit préferé à tout autre, ſans avoir beſoin d'être confirmé par le Juge ; néanmoins cela ne s'obſerve pas exactement dans le pays de Droit écrit du reſſort du Parlement de Paris : car I'. le tuteur teſtamentaire n'y eſt pas toujours préferé à celui qui eſt élu par les parens, s'il y a quelque Juſte cauſe pour cela, ſuivant un Arrêt du 8. Juillet 1587., rapporté par Louet, lettre T, chap. 2. En ſecond lieu, le tuteur teſtamentaire y doit être confirmé par le Juge ſur un avis de parens, parce que dans ces Provinces les tutelles ſont mixtes, c'eſt-à-dire qu'elles ne ſont ni pures teſtamentaires, ni pures datives. Henrys, tom. 2. liv. 4. queſt. 15.

La deuxiéme obſervation eſt, que dans les pays de Droit écrit le tuteur, excepté celui qui eſt donné par teſtament, eſt obligé de donner bonne & ſuffiſante caution ; & que ſi le tuteur a diſſipé les biens du mineur & qu'il ſoit inſolvable, le mineur a ſon recours contre la caution, & puis contre les parens qui ont donné leur avis, & enfin ſubſidiairement contre le Juge qui a nommé le tuteur, mais cela n'eſt point obſervé dans le pays de Droit écrit du reſſort du Parlement de paris, pour ce qui est des parens qui ont donné leur avis, car ils n'y sont point responsables de l'insolvabilité du tuteur; comme il a été jugé par Arrêt du 16 Juillet 1640. rapporté par Brodeau sur Louet, lettre T, chap. 1, nomb. 5. A l'égard de ce qui se pratique à ce sujet dans le pays coutumier, il faut remarquer que dans la plupart de nos Coutumes les tuteurs ne sont point obligés de donner caution, & que les parens qui ont donné leur avis, ni le Juge qui a nommé le tuteur, ne sont point responsables de l'administration du tuteur. *Voyez* Caution du tuteur.

La troisiéme observation est, qu'en Normandie, Brétagne & Dauphiné, les parens assignés font ce qu'ils peuvent pour se dispenser de donner leur avis, quand il s'agit de nommer un tuteur ou un curateur à une personne que l'on fait interdire. Ceux qui les ont nommés sont dans ces pays-là garants & responsables de leur administration; & cela subsidiairement, solidairement en cas d'insolvabité les uns des autres. Il est vrai que si le tuteur lors de la nomination étoit notoirement solvable, les parens qui l'auroient nommé ne seroient point tenus de son insolvabilité qui seroit survenue depuis, parce qu'ils ne peuvent en ce cas être soupçonnés de dol ni de fraude.

C'est pour cette raison que lorsqu'il y a des parens plus proches aux mineurs que ceux qui ont été assignés, ceux-ci ne manquent pas de s'excuser, & de demander que ceux qui sont les plus proches soient assignés, pour donner leur avis sur la nomination du tuteur, & être en conséquence responsables de son administration.

En pays de Droit écrit, la tutelle finit de la part du pupille à l'âge de quatorze ans pour les mâles, & de douze pour les filles; mais en ce point nos Coutumes sont différentes: les unes sont conformes au Droit Romain; il y en a d'autres où la tutelle finit à vingt ans; la plus grande partie est à cet égard conforme à la Coutume de Paris, où la tutelle dure jusqu'à vingt-cinq ans; elle finit aussi par le mariage, & par des lettres démancipation, qui s'accordent aux mineurs quand ils ont atteint l'âge de dix-sept à dix-huit ans.

Mais de quelque maniere que la tutelle finisse, avant l'âge de vingt-cinq ans, le mineur est toujours réputé mineur; c'est pourquoi il ne peut aliéner ni hypotéquer ses immeubles sans être assisté de son curateur. Il ne peut pas non plus ester en Jugement, à moins qu'il ne soit émancipé par le mariage, & qu'il ne s'agisse que de la perception de ses revenus.

La tutelle finit de la part du tuteur par sa mort, par sa mauvaise administration. La mere & l'ayeule cessent d'être tutrices losqu'elles se remarient. Celui qu'elles épousent est ordinairement nommé tuteur, quand il est solvable; il est même responsable en son nom de la tutelle, quand la mere ou l'ayeule qu'il a épousée n'a pas fait nommer un autre tuteur à ses enfans.

Après que la tutelle est finie, le tuteur doit rendre compte à ses mineurs, comme nous l'avons dit, *verbo* Compte de tutelle. Nous allons présentement parler de tuteurs, de leur administration, de leur autorité, & de l'obligation que produit la tutelle entre le tuteur & celui dont la tutelle lui est confiée.

TUTEUR, est une personne préposée pour avoir soin de la personne d'un pupille ou d'un mineur, & de l'administration de ses biens: *Tutor enim defensor est, sicque appellatur à tuendo, quia personæ principaliter datur, rebus vero per consequentias.*

Comme le tuteur est principalement donné pour avoir soin de la personne, on n'en donne ordinairement qu'un; mais quand les mineurs ont des biens situés en différentes Provinces, on leur en peut donner plusieurs, l'un pour les biens d'une telle Province, & l'autre pour ceux d'un autre Province; & alors chaque tuteur n'est tenu que de la gestion des biens qu'il a administrés; mais si plusieurs tuteurs avoient été nommés sans que par l'acte de tutelle leurs fonctions eussent été divisées, chacun d'eux seroit tenu solidairement, tant pour raison des biens qu'il auroit administrés, que pour ce qui auroit été régi par son curateur

Lorsqu'il n'y a qu'un seul tuteur, & que la tutelle est difficile à gérer, soit par la qualité, soit par la quantité des biens du mineur, on permet au tuteur de se faire soulager par un homme d'affaires, auquel on donne des appointemens qui sont réglés par les parens du mineur.

Il a quelques personnes qui sont incapables d'être tuteurs. I°. Les Réligieux, parce qu'ils sont morts au monde. II°. Les mineurs de vingt-cinq ans & les interdits soit pour démance soit pour cause de dissipation, parce qu'ils ont eux-mêmes besoin de défenseurs. III. Les femmes, qui à cause de la foiblesse de leur sexe, sont incapables de toutes charges publiques, *tutela enim est munus quasi publicum.* Il faut néanmoins excepter les meres & les ayeules, qui peuvent être admises à la tutelle de leurs enfans; ce qui ne leur est pas refusé quand elles le demandent, a moins qu'il n'y ait des fortes raisons pour les exclure.

Suivant la disposition du Droit Romain, il est défendu aux créanciers & aux débiteurs des pupilles d'accepter leur tutelle, sans avoir préalablement fait la déclaration de leur créance ou de leur dette.

Ainsi en pays de Droit écrit, le tuteur nommé qui se trouve créancier du pupille, ou avoir des prétentions à démêler avec lui, doit le déclarer, sous peine d'être déchu de ses droits & prétentions, comme il est porté en la Novelle 94. & cela pour obvier aux inconvéniens qui pourroient arriver, en ce qu'un tuteur pourroit détourner les titres & piéces qui serviroient à la défense du mineur. Mais ce soupçon ne tombe point sur les meres & les ayeules, ni sur les tuteurs testamentaires; c'est pourquoi ces personnes sont dispensées de la rigueur de cette Loi. *Voyez* Henrys, liv. 4. chap. 6. quest. 37 & 129.

En pays coutumier, on ne fait pas de difficulté de donner la tutelle ou curatelle des mineurs à ceux qui sont leurs créanciers ou leurs débiteurs, par la raison que les tuteurs sont obligés de faire un inventaire en présence d'un légitime contradicteur, qui est un subrogé tuteur; ainsi on ne présume pas que le tuteur ou le curateur puisse facilement détourner les piéces & instrumens qui concernent sa dette ou sa créance envers les pupilles & les mineurs.

Il y a des personnes qui peuvent s'excuser de la tutelle, mais qui pourroient être tuteurs s'ils y consentoient; comme ceux qui ont cinq enfans, les Conseillers des Cours souveraines, ceux qui sont chargés de trois tutelles, ceux qui sont dans les Ordres sacrés, &c. *Voyez* ma Traduction des Institutes, sur le tit. 25. du premier Livre.

Après avoir donné ces principes généraux sur ce qui regarde les tuteurs, il convient de parler maintenant de leur administration & de leur autorité.

Le tuteur est obligé à deux choses avant que de s'immiscer dans l'administration des biens du mineur.

La premiere est, de prêter serment de bien & fidélement administrer la tutelle; le subrogé tuteur est aussi obligé de prêter un pareil serment.

La seconde chose, c'est de faire faire un bon & loyal inventaire des titres & papiers du mineur & de ses effets. Les tuteurs & curateurs, avant que de s'immiscer dans l'administration des biens des mineurs, sont donc obligés de faire inventaire de leurs biens, titres & papiers.

Le tuteur ne se doit pas contenter de faire inventorier les meubles, il faut qu'il en fasse faire l'estimation par gens connoissans.

Si le tuteur avoit omis de faire faire un inventaire, le Juge permettroit au mineur de faire informer, joint la commune renommée; c'est-à-dire, qu'il pourra faire entendre des témoins qui déposeront que, suivant le bruit commun, le pere ou autre parent auquel le mineur aura succédé, avoit une telle quantité de biens; & sur l'information, le Juge peut déferer le serment au mineur, jusques à une certaine quantité.

Après que l'inventaire est fait, le tuteur doit faire procéder à la vente des meubles à l'encan par un Officier public, qui les adjuge au plus offrant & dernier enchérisseur.

Mais on en conserve quelquefois une partie, quand le mineur approche de sa majorité, ou quand il y a de certains meubles précieux qui lui convient de conserver; ce qui dépend des circonstances, & de l'état des affaires du mineur.

Le tuteur qui n'auroit pas fait vendre les meubles du mineur, n'en seroit pas quitte pour payer le prix de l'estimation portée par l'inventaire, parce qu'ils sont souvent prisés au-dessous de leur juste valeur; il doit outre cela payer la cruë. *Voyez* Cruë.

Six mois après la vente des meubles, le tuteur doit employer les deniers qui lui restent en acquisitions d'héritages, ou en contrats de constitutions comme aussi les principaux des rentes dont il est forcé de recevoir le rachat, & même les deniers revenans bons de ses épargnes, lorsque, suivant les facultés du mineur, ils forment un capital assez considérable pour les placer. En un mot, le tuteur qui garde des deniers oisifs entre ses mains plus de six mois, est obligé d'en payer les intérêts au mineur, comme nous avons dit, *verbo* Deniers pupillaires.

Le tuteur doit administrer les biens de son mineur avec la même diligence qu'un bon pere de famille veille à ses propres intérêts; il est de son devoir de poursuivre exactement les debiteurs de son mineur, veiller à ce qu'ils ne deviennent pas insolvables par sa négligence, leur faire payer régulierement les arrérages & faire ce qu'il convient pour que leurs biens ne soient pas vendus par décret sans y former opposition.

En un mot, le tuteur est responsable de sa faute, même légere; & par conséquent il doit avoir autant de précaution pour ce qui concerne les affaires de son mineur, que pour ce qui le regarde lui-même.

A l'égard de l'aliénation des immeubles de son mineur, il doit y observer toutes les conditions que nous avons marquées, *verbo* Aliénation.

Il doit aussi ne rien faire de son chef, quand il s'agit de chose importante; mais il faut qu'il y procede en vertu d'un avis des parens, pour se mettre à couvert de toute recherche.

Par exemple, quand il s'agit de placer des deniers appartenans à son mineur, il doit en faire l'emploi en vertu d'un avis des parens, comme nous avons dit, *verbo* Deniers pupillaires.

Cet avis est aussi très-utile lorsque le tuteur est obligé de diminuer considérablement le prix des anciens baux, lorsqu'il y a des réparations à faire dans les maisons ou dans les fermes de son mineur, & principalement quand il s'agit de soutenir au nom du mineur des procès, soit en demandant, soit en défendant.

Pour ce qui regarde l'action qui provient de l'administration de tutelle, *voyez* ce que j'en ai dit, *verbo* Administration. A l'égard de ce qui concerne son éducation, *voyez verbo* Education.

Enfin, pour ce qui est de l'autorité du tuteur, *voyez* ce que j'en ai dit dans ma Traduction des Institutes, au titre 21. du premier livre.

Suivant la disposition du Droit, l'hypotéque entre le tuteur & le pupille est réciproque, & par conséquent du même jour, c'est-à-dire du jour de la tutelle. Les Parlemens du Droit écrit & celui de Normandie suivent cette disposition.

Autrefois celui de Paris la suivoit aussi, suivant un Arrêt du 11. Décembre 1604, rapporté par Louet, lettre H, chap. 23. mais depuis la Jurisprudence a changé, & dans ce Parlement l'on ne donne aujourd'hui l'hypotéque au tuteur, que du jour de la clôture de son compte.

Les transactions qu'un mineur devenu majeur fait avec son tuteur sur la gestion de la tutelle, peuvent être cassées, pour peu que le mineur ait été lézé, & il peut revenir contre dans les dix ans depuis sa majorité, à moins que le compte n'ait été examiné, & que toutes les piéces justificatives n'ayent été remises entre les mains du mineur. Louet & son Commentateur, lett. T. chap. 3.

Dans les Parlemens de Toulouse, Grenoble & Rouen, les mineurs peuvent se faire relever pendant trente ans des actes qu'ils ont passés avec leurs tuteurs, *non visis tabulis*. Henrys, tom. 2. liv 4. quest. 74. Basnage sur l'art. 5. de la Coutume de Normandie.

Toutes dispositions entre-vifs ou testamentaires, faites par des mineurs à leurs tuteurs ou curateurs, sont prohibées & de nul effet comme il est déclaré en l'art. 131. de l'Ordonnance de 1539.

Un tuteur peut épouser celle qui a été sous sa tutelle, ou le fils du tuteur peut épouser la pupille de son pere, après que le compte de tutelle aura été rendu en présence d'un légitime contradicteur, pourvû que ce soit du consentement des plus proches parens de la pupille, & que le mariage soit contracté suivant les formalités requises.

Il n'y a qu'au Parlement de Toulouse où les tuteurs ne peuvent pas épouser leurs mineures, ni les marier à leurs enfans : ensorte que le tuteur qui auroit épousé sa pupille, ou qui l'auroit mariée à son fils, seroit puni, en ce qu'il ne pourroit succéder à ses enfans ou petits-enfans; comme il a été jugé par Arrêt du 20 Mai 1637, rapporté par Dolive, liv. 3. chap. 2. *Voyez* le Recueil alphabétique de M. Brétonnier.

TUTEUR HONORAIRE, est celui qui est donné à un mineur qui est de qualité, pour avoir soin de son éducation; & comme le tuteur onéraire est plûtot un homme d'affaires qu'un véritable tuteur, on lui donne ordinairement des appointemens, qui sont réglés par l'avis des parens, & qu'il employe dans son compte.

Le tuteur honoraire n'administre donc pas les biens du mineur par lui-même; c'est le tuteur onéraire qui en a tout le soin, & c'est lui seul qui rend le compte de tutelle.

A l'égard des actes que le mineur passe, il suffit qu'il soit autorisé par l'un des deux. Mais le tuteur onéraire ne manque presque jamais de faire paroître le nom du tuteur honoraire dans tous les actes, à quoi néanmoins il n'est point obligé, si ce n'est à l'égard du mariage du mineur, où le consentement du tuteur honoraire prévaut à celui du tuteur onéraire

En pays de Droit écrit, conformément à la disposition des Loix Romaines, les tuteurs honoraires sont tenus subsidiairement de l'insolvabilité des tuteurs onéraires, pour le reliqua du compte de tutelle.

Mais dans les pays de Coutumes, & même dans les pays de Droit écrit du ressort du Parlement de Paris, le tuteur honoraire n'est point aujourd'hui tenu de l'insolvabilité du tuteur onéraire; attendu qu'il n'a soin que de l'éducation du mineur, & qu'il n'est point chargé de l'administration de ses biens. *Voyez* le Recueil alphabétique de M. Bretonnier.

TUTRICE. La tutelle en France comme chez les Romains, est une charge réputée publique, qui par conséquent ne peut être point exercée par des femmes

Il faut excepter la mere & l'ayeule, qui peuvent être tutrices de leurs enfans, suivant l'Autentique. *Sacramentum, cod. quando mulier tutelæ offic. fung. pot.* & même la mere, par l'usage ordinaire de la France, est préferée à tous autres, pourveu qu'il n'y ait rien à redire à sa conduite.

Mais toute autre femme ne peut être admise à cette charge. Ainsi, par Arrêt du Parlement de Toulouse du 23. Juillet 1629. rapporté par Dolive, liv. 1. chap. 33. il a été jugé qu'une belle-mere, qu'un pere avoit dans son testament nommé tutrice à ses enfans du premier lit, ne pouvoit pas être admise à leur tutelle.

Cette distinction particuliere n'est accordée à la mere & à l'ayeule, que par un privilége spécial, fondé sur l'affection que la mere & l'ayeule ont coutume d'avoir pour leurs enfans.

Ce privilége ne peut donc pas être étendu à une autre femme par la volonté d'un particulier; ensorte même que le Juge ne pourroit pas confirmer cette disposition, comme étant contraire aux Loix & à l'intérêt des pupilles.

Néanmoins le beau-pere peut être tuteur du fils de sa femme; comme il a été jugé par Arrêt du Parlement de Paris, rendu le 18 Décembre 1565, rapporté par Chenu, quest. 18.

Quoique les meres & les ayeules soient admises à la tutelle de leurs enfans, sans qu'on leur puisse contester s'il n'y a cause légitime, toutefois elles ne sont pas obligées de la prendre & peuvent la refuser.

Mais quand la mere a accepté la tutelle de ses enfans, elle ne peut plus s'en décharger, à moins qu'elle ne convole en secondes nôces, auquel cas elle perd la tutelle de ses enfans, mais non pas le droit de veiller à leur éducation.

La mere qui se remarie sans avoir fait pourvoir de tuteur à ses enfans, ni rendu compte, est privée de la succession de ses eafans, soit qu'elle lui arrive *ab intestat*, ou par droit de substitution, si son fils décede en pupillarité, & si elle n'est pas solvable, les biens du mari sont obligés pour le reliqua de la tutelle. Cambolas, liv. 4. chap. 46. & liv. 5. chap. 31.

Nous avons deux Loix qui décident que les biens de celui qui épouse une femme tutrice de ses enfans, sont soumis à l'hypotéque tacite des mineurs pour le payement du reliqua, même pour la gestion faite auparavant le mariage. C'est la Loi 2. vers. *Sed, cod. quand. mul. tut. off. fung. pot.* & la Loi 5. *cod. in quib. caus. pign. vel hypot. tut. contr.*

M. Henrys, dans son dixiéme plaidoyé, établit pour maxime, que celui qui a épousé une tutrice, doit être condamné par corps au payement du reliqua, parce qu'il est véritablement réputé tuteur, & par conséquent sujet aux mêmes charges que les tuteurs.

Mais à l'égard de la mere tutrice, elle ne peut pas pour raison de ce, être condamnée par corps; & la demande qu'en feroit un fils contre son pere ou sa mere qui auroit administré la tutelle, passeroit avec raison pour absurde, & causeroit de l'indignation.

La veuve qui vit impudiquement pendant sa viduité, perd la tutelle de ses enfans. Coquille sur la Coutume de Nivernois, ch. 27. des Donations.

La mere qui convole en secondes nôces perd la tutelle de ses enfans, & quoique son mari décede peu après *durante adhuc tutela*, elle ne peut pas la reprendre après l'avoir perdue, *ob neglectam priorismariti memoriam, spretumque maternum ergà liberos amorem*; d'autant que s'étant remariée, elle est présumée ne pas veiller comme elle devroit à l'intérêt de ses enfans. Boërius, décisions 124. & 286. Guy-Pape, décision 539. Papon, liv. 15. tit. 5. Arrêt 27. Taisand sur la Coutume de Bourgogne, tit. 6. art. 9. nomb. 1.

Cependant le pere qui contracte un second mariage, ne perd pas pour cela la tutelle de ses enfans.

Au reste, quand la mere ou l'ayeule est tutrice de ses enfans mineurs, on lui donne un subrogé tuteur, pour veiller à la confection de l'inventaire, & empêcher qu'il ne s'y passe rien de préjudiciable aux mineurs.

V

VACANCE, eſt le défaut de Titulaire en une Charge ou en un Bénéfice.

VACANS. *Voyez* Biens vacans.

VACATIONS. Ce terme ſe prend pour les ſalaires qui ſe payent aux Officiers de Juſtice, comme aux Commiſſaires, Procureurs, Notaires, Sergens, Greffiers & autres dans les levées de ſcellés ou inventaires, & dans les deſcentes ſur les lieux & autres affaires des particuliers, eſquelles ſont dûes vacations à ceux qui les font, à raiſon du tems qu'ils y ont employé.

VACATION DE JUGES, ſont les droits qui leur ſont attribués par heures, pour vacquer au Jugement des procès qui ſe jugent de grands ou de petits Commiſſaires.

Elles doivent être conſignées par les Parties, avant que les Juges procédent au Jugement de l'affaire qui eſt de Commiſſaires; parce que les Juges, quand ils jugent de grands ou de petits Commiſſaires, vacquent à des heures extraordinaires pour l'intérêt des Parties.

Voyez l'Edit du mois d'Août 1669. avec les remarques de Bornier.

VACATIONS DES JURÉS-EXPERTS ſont les droits qui leur ſont attribués, pour travailler à quelque viſite & eſtimation en fait de bâtimens.

Il y a un acte de notorieté du 23. Juin 1692. qui porte, que lorſque les Experts employent la journée, elle ſe compte pour deux vacations; ſçavoir le matin depuis huit heures juſqu'à onze, & depuis deux heures de relevée juſqu'à cinq; enſorte qu'il y ait toujours trois heures au moins pour chaque vacations. *Voyez* ce que j'ai dit ci-deſſus, *verbo* Expert

VACATIONS OU VACANCES, eſt le tems pendant lequel on ne plaide point dans une Juriſdiction, ſi ce n'eſt dans la Chambre des vacations, laquelle eſt principalement établie pour les matieres proviſoires, & autres qui demandent expédition & celerité.

Elle ne dure au Parlement de Paris, que depuis le 9. Septembre juſqu'au 27. Octobre, veille de S. Simon Saint Jude, deſorte que depuis ce jour juſqu'à la rentrée de la Saint Martin tout ceſſe au Palais.

Les vacations du Châtelet commencent au premier Lundi après la Nôtre-Dame de Septembre, & finiſſent le Lundi avant la Saint Simon & Saint Jude; de ſorte que les vacations du Châtelet ne durent que ſix ſemaines, pendant lequel tems l'on ne plaide point au Préſidial.

Pendant la premiere quinzaine, on plaide au Parc civil pour les affaires proviſoires, les Mercredis & Samedis; & les deux autres quinzaines, les Vendredis & Samedis.

Pendant les vacations du Châtelet, l'Audience de la Chambre civile & de la Chambre criminelle ſe tient les Mercredis à midi juſqu'à deux heures.

VAGABONDS, ſont gens oiſifs, fainéans, ſans métiers & vacations, gens abandonnés qui courent le pays ſans avoir aucun domiciles certains; gens ſans aveu, c'eſt-à-dire, qui n'ayant ni feu ni lieu aſſuré, ne ſont connus & avoués de perſonne: *homines illi telluris ſunt inutile pondus, & fruges conſumere nati.*

Comme ils n'ont aucun domicile certain où ils habitent, quoiqu'ils ayent le domicile de leur origine, on les appelle *errones*, gens ſans retraite, ſans toi, ſans maiſon, *ſine lare, ſine fide.*

Ces ſortes de gens peuvent être arrêtés par tout où on les trouve, & punis des crimes dont ils ſeront convaincus; & quand ils ne ſeroient accuſés d'autre crime que de celui d'être vagabonds, ils pourroient néanmoins être condamnés à quelque peine.

Les Loix ne confondent point ces gueux dont la mendicité a sa source dans la fainéantise, avec les mandians invalides ou extrêmement âgés qui ne mandient que parce qu'ils y sont forcés. Elles regardent les premiers avec horreur; & bien loin de leur accorder aucune protection, elles leur refusent toute sorte de retraite.

Mais pour les pauvres qui ne mandient que parce qu'ils y sont forcés, elles les regardent avec pitié comme une portion de ceux qui font partie du peuple & dont le témoignage ne doit point être rejetté.

M. Charles Dumoulin sur le titre *de testibus* au Code, dit qu'il falloit rejetter le témoignage de ces mandians errans & vagabons qui promenent par tout leur misere & leur fainéantise mais non pas le témoignage de ceux qui ne sont pas de ce caractère, & qui ne mandient pas par lâcheté & par libertinage, mais uniquement parce qu'ils y sont forcés.

Ainsi on doit les mettre au nombre des autres hommes & avoir pitié de leur misere, soit par des aumônes, soit par une retraite dans les maisons destinées à cet usage. Voici ce qu'en dit l'Empereur Justinien dans sa Novelle 80. chap. 5. *Læsos autem aut læsas corpore, aut canitie graves, hos sine molestia esse jubemus in hac nostra civitate, aut piè agere volentibus adscribendos.*

Le soin de veiller à ce que font les vagabonds & gens sans aveu, regarde dans les Villes les Officiers de Police, & à la campagne les Prevôts des Maréchaux.

Suivant l'article 9. du titre 2. de l'Ordonnance de 1667. les assignations qui leur sont données, doivent être faites par un seul cri public, au principal marché du lieu de l'établissement du Siége où l'assignation sera donnée sans aucune perquisition; & sera l'exploit paraphé par le Juge des lieux sans frais.

Ces sortes de gens ont coutume de causer des troubles & des séditions. Comme il est dangereux de les avoir, ils peuvent être arrêtés dans les lieux où ils se trouvent; & si personne ne veut répondre pour eux, ils peuvent être détenus prisonniers jusqu'à ce qu'ils ayent fait connoître la raison qui les fait séjourner dans le lieu où ils ont été pris.

On les appelle gibier de Prevôt, parce que les Prevôts des Maréchaux connoissent, en dernier ressort, des crimes qu'ils commettent, même dans les Villes où les Prevôts des Maréchaux ont leur résidence. *voyez* Prevôts des Maréchaux.

On trouve dans le Dictionnaire de M. Brillon, plusieurs Déclarations & Ordonnances faites pour empêcher que ces sortes de gens demeurent dans les Villes, ou se retirent à la campagne dans des Châteaux.

VALETS QUE LEURS MAITRESSES ÉPOUSENT *Voyez* Mariage inégal.

VAINE PASTURE. *Voyez* Pâturage.

VALIDATION, est un terme de la Chambre des Comptes, qui se dit des Lettres de la Chancellerie qu'on obtient pour faire valoir un compte.

VALIDATION DE CRIÉES, est l'autorisation qui s'en fait par Lettres obtenues en Chancellerie.

Pour entendre ce que c'est, il faut sçavoir que dans les Coutumes de Vitry, Château Tiery, & dans quelques autres, lorsqu'il est question de certifier de criées il est d'usage de prendre soigneusement garde si toutes les significations en ont été faites, parlant à la partie saisie: & cette formalité est tellement de rigueur, qu'il faut, pour en couvrir le défaut, avoir indispensablement recours à des Lettres de Chancellerie, qu'on nomme Lettres de validation ou d'autorisation de criées, ausquelles un poursuivant est assujetti pour la validité de sa procédure.

L'adresse de ces Lettres est toujours faite au Juge du Siége où les criées sont pendantes. Sa Majesté lui mande par ces Lettres, qui s'il lui appert que les criées ayent été bien & duement faites & certifiées selon la Coutume & Siége des lieux, & qu'il n'y ait dans les exploits que le manque d'avoir parlé à la personne du saisi, qu'elles ayent été certifiées à la charge d'obtenir lesdites Lettres d'autorisation, il passe outre à la vente & adjudication des choses saisies, & fasse au surplus aux Parties bonne & briéve justice.

VALUE, est la somme qu'une chose vaut; & la plus value est la somme qu'une chose vaut au-delà de la prisée qui en a été faite. Sur quoi il faut remarquer que la crue d'un inventaire tient lieu de plus value.

VARECH, est une herbe qui croît en mer sur des roches, & que la mer arrache en montant & jette sur ses bords. Il est défendu de couper cette herbe la nuit, & hors les tems prescrits pour cela.

Mais en Normandie, on appelle de ce nom généralement tout ce que la mer jette sur ses bords, soit de son crû, soit qu'il vienne de bris & naufrage.

Dans cette Province, les droits que les Seigneurs des fiefs voisins de la mer prétendent sur les effets, qu'elle pousse sur son rivage, sont appellés droits de varech.

Si le propriétaire des choses que la mer a jettées à terre les réclame dans l'an & jour, elles lui sont rendues; mais s'il laisse passer ce tems sans les avoir réclamées, elles appartiennent au Seigneur féodal ou au Roi.

Toutes sortes de varechs n'appartiennent pas au Seigneur; il y en a qui appartiennent au Roi à son exclusion, comme l'or & l'argent monnoyés, ou en masse qui excede vingt livres.

Item, les chevaux de services, francs-chiens, oiseaux, yvoire, corail, pierreries, écarlate, verd-de-gris, & les peaux zibelines qui ne sont pas encore appropriées à aucun usage d'hommes.

Item, les trousseaux de draps entiers, lits, & tous les draps de soi en tiers.

Enfin tout le poisson royal qui vient en terre sans aide d'hommes; en quoi n'est comprise la baleine.

A l'exception de ce que nous venons de remarquer, toutes les autres choses que la mer jette sur ses bords, appartiennent au Seigneur du fief.

Voyez l'auteur de l'Esprit de la coutume de Normandie titre 23. les Commentateurs de cette Coutume sur les articles 596. & 601. de l'Ordonnance de la Marine, titre 18. du livre 4.

VARIER, signifie se contredire, changer de sentiment ou de réponse. Le Patron laïc peut varier, c'est-à-dire présenter au Collateur plusieurs personnes entre lesquelles il sera libre au Collateur de conferer le Bénéfice vacant à celui qu'il voudra: mais le Patron ecclésiastique ne peut point varier; *quia variatio turpis est in Patrono ecclesiastico*

Suivant les sentimens de tous les Criminalistes, les variations sont de très-forts argumens contre les accusés; comme je l'ai dit *verbo* Contradiction.

Les témoins qui varient, rendent leurs dépositions suspectes. Sur quoi il faut remarquer qu'en matiere criminelle les témoins ne peuvent varier en leurs dépositions après leur récollement.

VASSAL, est celui qui est proprietaire d'un fief, il se dit à l'égard du Seigneur duquel le fief releve; car un vassal peut être un Seigneur dominant à l'égard des fiefs qui relevent de celui dont il est proprietaire. *Voyez* ce qui est dit de l'étimologie de ce terme dans le Dictionnaire de Trevoux.

Le vassal est tenu de faire la foi & hommage à son Seigneur, envers lequel il est encore tenu de certains droits, charges & redevances.

Mais dès que le vassal cesse d'être possesseur du fief, l'obligation de fidélité qu'il a promise à son Seigneur au tems de sa réception & investiture, se trouve éteinte, aussi-bien que ces qualités de vassal & de Seigneur.

Touchant les droits & devoirs que les vassaux doivent à leurs Seigneurs, *Voyez* Seigneur, & le premier titre de la Coutume de Paris.

VASSAL DE PLEIN FIEF, est celui qui est à pur & sans moyen, ou comme dit la Coutume de Normandie, qui tient au Seigneur *un à un, & non par moyen.*

VASSELAGE, se prend quelquefois pour la foi & hommage que le vassal rend à son Seigneur, mais en général ce terme signifie une servitude ou dépendance envers un Seigneur supérieur. On distinguoit autrefois entre le vasselage-lige & le vasselage simple. Celui qui appartenoit au Roi, étoit appellé vasselage-lige, & emportoit une obligation de la part du vassal de servir son Seigneur à la guerre envers tous & contre tous; par cette raison il ne pouvoit appartenir qu'au Roi. On appelloit vasselage simple celui qui appartenoit à des Particuliers, la féudalité toujours réservée au Roi. *Voyez* ce qui est dit sur ce mot dans le Dictionnaire de Trevoux.

VASSELAGE ACTIF. Ce terme qui se trouve dans l'article 14. du titre 12. de la Coutume de Berry, signifie le droit de féudalité qui appartient au Seigneur sur son vassal.

VASSEUR, se dit d'un arriere-vassal qui tient un fief d'un Seigneur qui releve d'un autre, d'où l'on a formé vavasserie, qui est la qualité d'un fief tenu par un Vavasseur.

VE

VECTIGAL est un mot latin qui signifie l'impôt qui est imposé sur les marchandises & d'enrées qui se transportent d'un lieu dans un autre.

Cet impôt est appellé *vectigal; quia solvitur ratione mercium quae vehuntur.*

Voyez Tribut.

VEILLER signifie avoir soin de ses affaires ce qui fait qu'on en est favorisé par le Droit suivant cette maxime qui dit que *jura vigilantibus prosunt.* Il faut veiller pour empêcher qu'on ne fasse vendre par décret des biens qui nous sont hypotéqués. On dit aussi, *tandis que le vassal dort le Seigneur veille, & que le vassal veille quand le Seigneur dort;* pour dire que quand le vassal néglige de porter la foi & hommage, le Seigneur saisit le fief, & fait les fruits siens. *Voyez* ce que j'ai dit sur l'article 61. de la Coutume de Paris.

VELLEIEN, est un décret du Senat Romain par lequel les femmes ne peuvent pas s'obliger valablement pour d'autres; ensorte que si elles se sont chargées de quelque obligation contractée par un autre personne, comme servant de caution ou autrement, elles ne peuvent être valablement poursuivies pour raison de telles obligations.

Les motifs de ce Senatusconsulte sont expliqués dans la loi premiere au Code, *ad Senatusconf. Velleïan.* Les termes sont remarquables: *Non sicut moribus civilia officia adempta sunt fœminis, & pleraque ipso jure non valent; ita multo magis adimendum eis fuit id officium, in quo non sola opera, nudumque ministerium earum versaretur, sed etiam periculum rei familiaris.*

L'effet du Senatusconsulte est de rendre absolument nulle l'obligation d'une femme qui s'oblige pour un autre; de maniere toutefois que si par l'intercession de la femme l'ancienne obligation du débiteur a été éteinte, comme par une novation ou

transport

transport d'obligation, le créancier est rétabli dans ses droits à l'encontre de son débiteur. A plus forte raison, lorsque par l'intercession de la femme l'ancienne obligation du débiteur n'a pas été détruite & éteinte, le créancier est en droit de s'en servir contre lui quand il voudra.

Ce Senatusconsulte a été long-tems observé dans toute la France. Mais sous Henri IV. par un Edit du mois d'Août 1606. la disposition fut abrogée.

Quoique cet Edit fut général pour tout le Royaume, il ne fut néanmoins enregistré qu'au Parlement de Paris. Depuis cet enregistrement, les femmes ont pû s'obliger valablement pour d'autres sans renoncer au bénéfice du Senatusconsulte Velleïen, & à l'Autentique *Si quia mulier*, tant dans le pays du Droit écrit que coutumier du Ressort du Parlement de Paris, à l'exception néanmoins des Coutumes qui ont des dispositions contraires.

La raison est, que cet Edit ne déroge qu'à la disposition du Droit, & non à celle des Coutumes.

Voyez ce que j'ai dit sur l'article 334. de la Coutume de Paris.

Au Parlement de Dijon, cet Edit a été observé depuis qu'il y fut enregistré le 7. Août 1609. En Brétagne, par une Déclaration de 1683. le Senatusconsulte Velleïen a été abrogé.

Voyez la remarque de M. Hevin sur Frain, ch. 140. *in addit.*

Ce Senatusconsulte est en usage dans tous les Parlemens du Droit écrit, mais il s'y pratique différemment.

Il faut observer que l'Edit de Henry IV. de 1606. a simplement abrogé le Senatusconsulte Velleïen; mais il ne permettoit pas aux femmes d'obliger & hypotéquer leurs biens dotaux: cela ne leur a été permis que par la Déclaration de 1664. *voyez* le Commentateur d'Henrys, tom. 1. livre 4. quest. 8.

Une femme peut renoncer au Senatusconsulte Velleïen, comme nous avons dit, *verbo* Renonciation. Mais quoiqu'une femme n'y ait pas renoncé, il y a des cas où elle est valablement obligé, & où le privilége de ce Senatusconsulte n'a pas lieu.

Les plus remarquables sont, I°. si une femme à servi de caution à dessein de tromper le créancier. *Leg. 2. §. sed. ita. ff. ad Senatusconf. Velleian.*

II. Si elle s'est obligée pour un autre, ensorte que l'utilité de cette obligation la regarde. *Leg. 13. ff. eod.* D'où il s'ensuit qu'une femme qui s'est obligée pour faire sortir son mari de prison, ne pourra s'aider du Velleïen. Guy-Coquille en son Commentaire de la Coutume de Nivernois, article 10. du titre des Droits appartenans à gens mariés.

III°. Si elle emprunte de l'argent avec quelqu'un conjointement & solidairement pour employer en une chose commune, comme à faire rétablir un édifice commun; en ce cas elle ne pourra pas se servir du bénéfice de ce Senatusconsulte, quoiqu'elle soit poursuivie solidairement par le tout *Leg. 17. §. 2. ff. eod.*

IV. Si après deux ans de l'intercession elle s'est encore obligée, & a donné des gages au créancier au nom d'un autre que de son mari. *Leg 22. cod. eod.*

Touchant le Senatusconsulte Velleïen, *voyez* le Dictionnaire de M. Brillon, *verbo* Femme, nomb. 36. & suiv. & *verbo* Velleïen. *voyez* aussi le Recueil alphabétique de M. Bretonnier, *verbo* Femme; & Henrys, livre 4. quest. 8.

VENAL, signifie ce qui s'achete. Ainsi par Offices venaux, on entend ceux qu'on ne peut acquerir qu'à prix d'argent. Ce qui fait le plus grand relief de ces sortes de Charges, c'est le mérite de ceux qui en sont titulaires, & la maniére dont ils s'en acquittent.

VENDANGES OU RECOLTES DE VIN. Ce terme signifie la saison où l'on recueille & pressure le raisin pour en faire du vin.

Il faut qu'il y ait une Ordonnance du Juge avec publication, pour que l'on puisse commencer les vendanges.

Cette publication doit être précédée d'une information faite par Experts, sur la commodité ou incommodité de l'avancement ou retardement des vendanges. Maynard livre 8. chap. 24. rapporte un Arrêt du Parlement de Toulouse qui l'a jugé ainsi en 1561.

Tout Particulier ayant vignes est sujet au ban des vendanges, de même que les Villageois, ensorte qu'il ne peut pas vendanger plutôt qu'eux. Bouvot, tome 2. *verbo* Droits seigneuriaux, quest. 3.

Il faut excepter le cas où un Particulier justifieroit avoir un privilége de vendanger le jour même que le Seigneur. Salvaing, de l'usage des Fiefs, chap. 39.

Le droit de publier les vendanges est de la Haute-Justice, & n'appartient point au moyen Justicier. *voyez* l'Auteur des Observations sur Henrys, tom. 1. livre 3. chap. 3.

L'Official ne peut pas connoître d'une contravention faite aux défenses de vendanger un jour de Dimanche; & quand cela est arrivé, on a jugé qu'il y avoit lieu à l'appel comme d'abus. Bouvot, tome 2. *verbo* Appellation, question. 44.

VENDEUR, signifie celui, qui vend une chose de quelque nature qu'elle soit. Il est garant de ses faits & promesses.

Voyez Garantie en fait de vente, *voyez* aussi Eviction.

Vendeur, se dit aussi de celui qui constitue sur lui une rente, qui vend un revenu certain à un autre; quoique ce devroit être au contraire celui qui fournit l'argent, qui aliene le fonds de son argent; qui devroit être appellé vendeur.

Enfin, vendeur se dit de certains Officiers créés pour ce qui regarde les ventes. Tels sont les Huissiers-Priseurs du Châtelet, qui se disent Jurés-Priseurs, Crieurs & vendeurs de meubles. Tels sont aussi les Jurés-Vendeurs de vin, de marée, de volailles, qui reçoivent l'argent de ces denrées de ceux qui les achetent, & qui en répondent aux Marchands.

VENDIQUER, se prend pour reclamer un meuble, ou une chose mobiliaire. *voyez* reclamer, Revendication, Action réelle.

VENDIQUER, se dit encore du Seigneur haut-justicier qui vendique son sujet, lequel a été appellé pardevant le Juge d'une autre Justice que la sienne, soit royale ou seigneuriale. Et alors vendiquer est faire la réclamation de son sujet par le Procureur de sa Jurisdiction, à ce qu'il soit renvoyé pardevant le Juge du Seigneur qui le requiert.

VENDRE EN BLOC, signifie vendre un total des choses fongibles pour un tel prix, sans aucune considération du poids, du nombre & de la mesure, comme quand on vend généralement tout le bled qui est dans un grenier.

Cela s'appelle en Droit, *vendere aversis oculis*, auquel cas la vente est parfaite, dès que l'on est convenu du prix; & le bled ansi vendu est au péril de l'acheteur.

Voyez ma Traduction des Institutes sur le §. 3. du titre 24. du troisiéme livre.

VENGER LA MORT D'UN DEFUNT, est poursuivre ceux qui l'ont assassiné. Cette obligation regarde ses héritiers. *Leg. 21. ff. de his qui ut indign.* Et quand ils ont négligé de s'acquitter de ce devoir, ils sont privés de sa succession, à moins que leur extrême pauvreté ne les excuse. Ainsi jugé par Arrêt du 30. Juillet 1630. rapporté dans le Journal des Audiences.

Voyez cependant ce que j'ai dit ci-dessus, en parlant de l'homicide volontaire.

Celui qui poursuit la vengeance de la mort du défunt dont il est héritier présomptif, ne fait pas acte d'héritier, quoiqu'il obtienne condamnation contre celui qui est convaincu d'avoir commis cet assassinat; *quia talis actio non ad rem familiæ, sed ad vindictam pertinet.* *voyez* M. le Prêtre, cent. 1. chap. 11.

VENIAT, est un terme latin qui signifie une Ordonnance d'un Juge supérieur & souverain, qui mande son Juge inférieur, pour lui venir rendre raison du Jugement qu'il a rendu, ou de la conduite qu'il a tenue dans quelque affaire. Un *veniat* est certainement plus doux qu'un ajournement personnel.

Il n'y a que les Juges souverains qui puissent ordonner des *veniat* aux Juges leurs inférieurs. Ainsi jugé par Arrêt du 7. Septembre 1737. dont nous avons fait mention, *verbo* Avocat général.

VENIN. *voyez* Poison.

VENTE. *Voyez* Achat, & ce que j'ai dit cidessus, lettre G. en parlant de la garantie en fait de vente, & ma Traduction des Institutes sur le titre 24. du troisiéme livre. *voyez* aussi le conseil 30. de Dumoulin, où il est parlé de la promesse de vendre.

Enfin *Voyez* les Institutes de Loysel, livre 3. titre 4.

VENTE D'UNE CHOSE SANS JOUR ET SANS TERME, est celle qui se fait dans la vûe d'être payé du prix incessamment & sans délai.

Cette vente conserve toujours au propriétaire de la chose pour lui livrée, la propriété. D'où il s'ensuit.

I°. Que si elle est saisie par le créancier de l'acheteur, la disposition de l'article 178. de la Coutume de Paris, qui donne la préference sur les meubles au premier saisissant & exécutant, n'a point lieu à son égard; & qu'en cas de déconfiture, le vendeur n'est point tenu de venir à contribution au sol la livre avec les autres créanciers saisissans & opposans, suivant l'article 179. mais qu'il doit être préferé à tout créancier.

II°. Que si l'acheteur s'en est désaisi, le vendeur peut la poursuivre, en quelque lieu & à quelque titre qu'elle se trouve transportée, pour être payé du prix qu'il l'a vendue, & même pour la recouvrer & en demeurer saisi jusqu'à ce qu'il soit payé.

La raison est, que la tradition de la chose vendue sans jour & sans terme, n'en a point transferé la propriété en la personne de l'acheteur, mais qu'elle est toujours demeurée pardevers celui qui l'a vendue, dans l'espérance d'en recevoir le prix incessamment.

Voyez ce que j'ai dit dans ma Traduction des Institutes, sur le §. 41. du premier titre du second livre; & ce que j'ai dit sur l'article 176. de la Coutume de Paris, où je prouve que quoique cet article ne parle que de chose mobiliaire, cependant par la derniere Jurisprudence sa disposition a lieu pour les immeubles.

VENTE FAITE A CREDIT ET A TERME, ne donne, suivant le Droit Romain, aucun privilége au vendeur sur la chose qu'il a ainsi vendue, §. 41. *institutionibus de rerum divisione; ubi si venditor fidem emptoris secutus est, statim res fit emptoris.*

Mais la Coutume de Paris en l'article 177. n'a pas suivi cette disposition du Droit Romain, & a trouvé qu'il étoit plus équitable d'y contrevenir en donnant préference au vendeur sur la chose vendue à terme pour le prix de la vente, afin que les créanciers de l'acheteur ne profitent pas de son bien à son préjudice.

Cependant il faut observer qu'il y a une très-grande différence entre la vente faite sans jour & sans terme, & celle qui est faite à crédit, suivant les termes dans lesquels les articles 176. & 177. de notre Coutume sont conçus.

La vente faite sans jour & sans terme donne droit au vendeur de revendiquer sa chose, & de la poursuivre en quelque main qu'elle ait passé, & en quelque lieu qu'elle ait été transportée, desorte qu'il la peut revendiquer contre l'acquereur de bonne foi, quoiqu'elle ait passé par plusieurs mains, ou contre un créancier de bonne foi, à qui elle auroit été donnée en gage.

Au contraire, la vente étant faite à crédit & à terme, le vendeur n'a que le droit de préférence sur les créanciers de l'acheteur, qui auroient saisi la chose ainsi vendue, pour être payé du prix qu'il l'auroit vendue; mais il n'a pas le droit de revendication & de suite, parce qu'il n'en est plus le propriétaire, s'étant fié à la foi de l'acheteur. *Res abiit in creditum*, & par ce moyen le vendeur est devenu simple créancier de la somme qui lui est dûe, sur laquelle il a droit de préférence, mais non pas l'action réelle contre l'acquereur de bonne foi.

Ainsi, suivant l'article 177. de la Coutume de Paris, il faut que la chose vendue à terme soit en la possession de l'acheteur, & non ès main d'un tiers acquereur, pour que le vendeur puisse exercer dessus son privilége. Cet article a paru si équitable qu'il a été étendu aux autres Coutumes qui n'on point de disposition contraire. *Voyez* ce que j'ai dit sur cet article.

VENTE D'HÉRITAGE, se doit faire avec une désignation du corps de l'héritage vendu; & pour le constater, on en exprime les tenans & aboutissans. Ce qui est requis d'une nécessité absolue dans les ventes qui se font par décret.

Cette désignation est requise; afin que l'acheteur soit certain de ce qu'il achete, & en connoisse la situation & l'étendue.

VENTE A FACULTÉ DE RACHAT. *Voyez* Remeré.

VENTE D'OFFICE, est plûtôt une composition qu'une véritable vente; parce que cette composition étant faite, & le prix étant payé ou consigné, il faut la résignation ou demission du titulaire, & la provision du collateur pour en être pourvu.

La raison est, selon Loyseau, qu'un Office ne peut par un commerce entierement libre, être trasferé directement & immediatement d'une personne en une autre, par vente ou trasport suivi de tradition, ou acte équipolent, ainsi que les autres biens corporels ou incorporels; mais il faut qu'il passe par les mains du collateur, sans les provisions duquel l'Office ne peut être possédé par celui qui en a traité.

De ce que nous venons de dire il s'ensuit, que la composition d'un Office ne donne pas droit en l'Office, mais seulement droit à l'Office. Cela est si vrai, que celui qui a une procuration irrévocable de son vendeur pour le résigner en sa fvaveur, ou un acte après de résignation n'a point encore de droit en l'Office, jusqu'à ce que la résignation soit admise par le collateur, & les provisions expédiées à son profit.

Comme jusqu'à ce que les provisions soient expédiées, l'Office reste toujours *in bonis*. du résignant, il peut être saisi par ses créanciers; il peut être aussi confisqué par ses malversations; & enfin il peut être par lui résigné en faveur d'un autre, au cas qu'il prévienne par effet son premier resignataire.

Mais les provisions pures & simples étant expediées & scellées, donnent droit en l'Office au resignataire; ensorte qu'il ne peut plus le perdre par le fait, ni par les dettes du résignant. La raison est que le résignataire en étant pourvu, le résignant en est entierement dépossedé & le collateur n'a plus droit d'en pourvoir un autre que le résignataire, jusqu'à ce que l'Office soit vacant.

Voyez Provisions en fait d'Offices. *Voyez* aussi Garantie en fait d'Offices.

VENTE D'OFFICE FAIT QUE CELUI QUI EN ÉTOIT POURVU PEUT ESTRE CONTRAINT DE RACHETER LES RENTES PAR LUI CRÉÉES POUR L'ACQUISITION DUDIT OFFICE. La raison est, que le gage du créancier de la rente ast aliéné; & cela auroit lieu, quand même le nouvel acquereur de la rente auroit acquis l'Office à la charge de ladite rente, & qu'il offrît de passer titre nouvel de reconnoissance d'icelle, par la raison qu'on ne peut pas obliger un créancier de prendre un débiteur pour un autre qui pourroit être moins solvable, ou être moins agréable au créancier. Il faut excepter le cas où le fils seroit pourvu de l'Office de son pere; *quia pater & filius una eademque personna censentur:* & cela quand même le fils ne seroit pas héritier de son pere, & qu'il fût pourvu de l'Office de son pere à titre de donataire ou de légataire, comme il a été jugé par Arrêt rendu à l'Audiance de la Grande Chambre le 12 Août 1707.

Mais quand la rente a été créée avant que le débiteur eût acquis l'Office, comme en ce cas le créancier ne peut pas dire que son gage a été aliéné, il seroit mal fondé à demander le remboursement de la rente sur le fondement de la vente de l'Office.

Il faut dire la même chose, quoique lors de la constitution de la rente le débiteur fût pourvû de l'office, si après la vente d'icelui, il a des immeubles suffisans pour répondre de la sûreté de la rente, & des autres dettes hypotécaires qu'il peut devoir.

VENTE D'UNE SUCCESSION. Toutes les choses qui sont dans le commerce, tombent dans le contrat de vente, corporelles ou incorporelles, il n'importe; ainsi les successions & les actions qui sont droits incorporels, peuvent être vendues.

Quand nous disons qu'une succession peut être vendue, cela ne se doit entendre que de la succession d'un défunt, & non pas de celle d'un homme vivant, vû qu'il n'y a point d'héritier d'un homme vivant. *Viventis non est hæreditas ; & præterea pactum de hæreditate viventis corvinam sollicitudinem inducere posset mortis alienæ.* C'est pourquoi tous pactes concernant une succession non échue sont réprouvés, comme étant autant d'occasions & de sujets de souhaiter la mort de celui des biens duquel on a traité avec son présomptif héritier; comme nous avons dit ci-dessus, *verbo* Stipulation contre les bonnes mœurs.

A l'égard de la vente d'une succession échue, celui qui l'a vendue est obligé d'en céder ses droits, mais non pas de transferer en la personne de l'acheteur la proprieté de chaque chose de la succession; parce qu'il n'a pas vendu chaque Partie de la succession comme propriétaire d'icelle, mais comme héritier & représentant la personne du défunt, c'est pourquoi il suffit qu'on ne lui en dispute point la qualité. *Leg. 7. & seq. ff. de hæred. vel act. vend. & leg. 1. cod. de evict.*

L'effet de la vente d'une succession échue, est que le gain & la perte des biens héréditaires passent en la personne de l'acheteur. C'est aussi la raison pour laquelle le vendeur est tenu de lui rendre tous ce qu'il a tiré de la succession, & lui céder toutes les actions qu'il peut avoir pour la poursuite des biens héréditaires. *Leg. 1. §. 3. & leg. 2. ff. de hæred. vel act. vend.* Autrement l'acheteur ne s'en pourroit servir, vû que la vente de la succession ne fait pas perdre au vendeur sa qualité d'héritier. *Leg. 7. § 10. ff. de minorib. Leg. 88. ff. de hæredib. instit.*

Le vendeur peut donc être poursuivi par les créanciers de la succession, quelque accord qu'il en ait passé, parce qu'il ne peut pas changer ni ôter le droit des créanciers de la succession, ou des légataires, sans leur consentement, ni transferer en une autre personne l'obligation personnelle dont il s'est volontairement chargé par l'adition de l'hérédité.

Il faut dire aussi que les créanciers ou légataires du défunt ne peuvent pas poursuivre l'acheteur de la succession, s'il n'y consent. La raison est, qu'il ne leur est en aucune façon obligé, ni par contrat, ni quasi-contrat, ni par quelqu'autre maniere que ce soit. *Leg. 2. cod. de hæred. vel act. vend.*

Mais comme l'acheteur d'une succession est au lieu & place de l'héritier, tout l'émolument qui en peut provenir doit lui appartenir; & en cela on considere la quantité des biens héréditaires, non pas du jour de la vente de la succession, mais du jour de la mort du défunt.

Ainsi l'héritier est obligé de lui faire raison de tout ce qu'il en a perçu, & de toute la perte qu'il a causée dans les effets de l'hérédité par son dol ou par sa faute.

L'acheteur au contraire est tenu de payer & rembourser tous les frais faits par le vendeur, avant ou après la vente de l'hérédité, à l'occasion de la succession, comme les frais funéraires. *Leg. 3. ff. de hæred. vel act. vendit.*

Pour que la vente d'une hérédité soit valable, il faut qu'il y ait une hérédité, & que cette hérédité appartiennent au vendeur, *leg. 1, 7. 8 & 9. ff. eod.* mais telle qu'elle soit, il n'importe; & le vendeur n'est jamais tenu de l'éviction. *Leg. 2. in princ. leg. 14. §. 1. ff. eod.* La raison est que les choses qui ont été évincées sont de la succession, ou n'en sont pas: au premier cas, elles ne peuvent pas être évincées; au second cas elles ne sont pas partie de la succession.

Enfin il faut remarquer, que quand même il ne se trouveroit aucune chose dans une succession qui auroit été vendue, celui qui l'auroit achetée, ne pourroit pas demander aucune diminution du prix dont il seroit convenu. *Ratio est, quia hæreditas nomen juris est, atque adeo sine ullo corpore juris habet intellectum.*

Charondas, liv. 8. rep. 75. rapporte deux Arrêts du parlement de paris, l'un du 29. Mars 1580 & l'autre du trente Avril 1584. qui ont jugé qu'en vente d'hérédité, de tout le droit qu'on y peut prétendre, il n'y a pas lieu à la restitution pour cause de lézion d'outre moitié du juste prix.

Ces Arrêss avoient été précédés de deux Arrêts semblables rapportés Par Papon dans son Recueil, livre 16. titre 3. nomb. 18. parce que le bénéfice de la Loi 2. *cod. de rescind. vendit.* ne peut pas avoir lieu *in re incerta, tanquam in jactu retis, & in hæreditate vendita.*

Touchant la vente d'une hérédité, *voyez* M. le Prêtre, cent. 3. chap. 94; ce que nous allons dire sur l'article suivant vers la fin; & l'Arrêt du 7. Décembre 1666. rapporté dans le Journal du Palais.

VENTE D'ACTIONS, se peut faire de toutes sortes d'actions, tant réelles que personnelles, pourvû que ce soit avant contestation en cause. C'est la disposition du Droit Romain, contenue en la Loi seconde, au Code, *tit. de litigios.* Mais parmi nous, chacun peut vendre ses droits, dettes & actions, soit qu'elles soient portées en Justice, ou non.

La vente d'une dette se peut faire par le créancier, à linsçu & sans le consentement du débiteur *Leg. 17. ff. de hæred. vel act. vend: leg. 3. cod. eod. leg. 1. cod. de novation.* Dans cette vente, le vendeur n'est pas obligé de garantir le débiteur solvable; il suffit qu'il prouve & Justifie qu'il est son débiteur, & qu'il lui doit la dette qu'il a vendue. *Leg. 4. Leg. 23. ff. de hæred. vel act. vend. leg. 3. & ult. cod. eod.*

Il s'ensuit de là, que si le débiteur devient insolvable, ou que le cessionnaire perde le procès qu'il aura intenté en vertu de l'action qui lui aura été cédée, il n'a aucun recours par ses dédommagemens, & pour sa perte de la dette, contre son cédant, ni pour la restitution du prix qu'il lui en a donné. *Leg. 4. leg. 23 ff. de hæred. vel act. vend. leg. ult. cod. eod.*

Il faut excepter le cas où celui qui auroit vendu une dette se seroit obligé à la garantie par une clause expresse ; ou bien, si sans aucune garantie il avoit vendu & transporté une dette d'un débiteur qui au tems de la cession étoit déchu de ses biens, & fût dès-lors estimé insolvable. *Vide Mornacium ad leg. 5. ff. eod.*

Suivant la disposition du Droit Romain, l'acheteur d'un droit litigieux, ne peut pas exiger plus du débiteur dont il a acheté la dette, qu'il n'en a payé au vendeur, *juxta leg. per diversas & leg. ab Anastasio, cod. mandati.* Mais parmi nous, la disposition de ces Loix n'a pas lieu, & un débiteur n'est pas reçu à demander la subrogation pour cessions & transports faits de dettes dont il est tenu, comme nous avons dit, en parlant des transports de droits litigieux.

Il faut excepter les cessions & transports de droits successifs faits par un des cohéritiers à un étranger, soit que ces droits soient litigieux ou non; car en ce cas les autres cohéritiers sont bien fondés à demander la subrogation en remboursant, parce qu'il est de l'intérêt de ces cohéritiers de ne rien avoir à démêler avec un étranger qui voudroit pénétrer les secrets de leur famille dont il n'est point & avoir occasion de vexer & molester par les procès les véritables héritiers du défunt, sous prétexte des droits successifs qu'il auroit achetés à bon marché d'un de leurs cohéritiers.

VENTE D'UN BIEN SAISI, FAITE PAR CELUI QUI EN EST PROPRIETAIRE, N'EST PAS VALABLE. *Voyez* ce que j'ai dit sur le mot de Saisie.

VENTE PUBLIQUE est celle qui se fait par autorité de Justice ; c'est-à-dire, à l'encan, à l'égard des meubles ; & par décret à l'égard des immeubles, avec toutes les formalités requises.

Ceux à qui les biens vendus par autorité de Justice appartiennent, ne peuvent plus revenir contre une telle vente. Comme ses sortes de ventes se font sous l'autorité de la Justice, elles donnent un droit ferme & stable à ceux à qui les biens ont été ainsi adjugés. *Legitimè facta venditio autoritate publica, nulla potest ratione rescendi.*

Touchant la vente publique des immeubles, *Voyez* Adjudication, Saisie réelle, & le Traité de la vente des immeubles de M. d'Héricourt.

VENTE PUBLIQUE DE MEUBLES, est une vente qui se fait publiquement par un Huissier ou Sergent, en conséquence d'une saisie de meuble, ou en vertu d'une permission du Juge.

Il y en a de deux sortes ; sçavoir la vente forcée, & la vente volontaire.

La vente forcée est celle qui se fait des meubles saisis dans le plus prochain marché public, aux jours & heures ordinaires, par le Sergent qui a fait la saisie, & qui est tenu de signifier auparavant à la personne ou au domicile du débiteur, le jour & l'heure de la vente, à ce qu'il ait à faire trouver des encherisseurs, si bon lui semble.

Il faut I°. qu'il y ait au moins huit jours francs entre l'exécution de la vente.

II°. Pour que la vente soit réputé sérieuse, il faut qu'il y ait un déplacement ; c'est-à-dire, que les meubles ayant été mis hors de la possession du débiteur, & sans fraude.

La vente volontaire est celle qui se fait en public par un Sergent, au lieu, place & heure que veut choisir celui qui poursuit la vente de ses meubles qui ne sont point saisis, & qui veut vendre de son bon gré.

Pour y parvenir, il faut qu'il présente Requête à cet effet à Monsieur le Lieutenant civil, pour en obtenir la permission. On expose la cause pour laquelle on veut faire la vente, & on attache à la Requête un mémoire des choses qui doivent être vendues. L'Huissier procede à la vente, en vertu de la permission que Monsieur le Lieutenant civil met au bas de cette Requête.

Touchant la vente publique des immeubles, *Voyez* Saisie & exécution.

VENTE PAR DÉCRET, est celle qui se fait d'un immeuble par autorité publique, en conséquence d'une saisie réelle, suivie de toutes les formalités requises pour parvenir à l'adjudication par décret *Voyez* Décret.

VENTES *Voyez* Lods & Ventes.

VENTES RECÉLÉES ET NON NOTIFIÉES, sont celles qui n'ont pas été notifiées au Seigneur censier dans les vingt jours de l'acquisition, par l'exhibition du contrat ; pour raison de quoi il lui est dû amende.

Voyez Notifier. *Voyez* aussi ce que j'ai dit sur l'article 77. de la Coutume de Paris.

VENTES DÉGUISÉES EN COUVERTES, sont celles qui sont cachées sous un autre titre, afin de frauder les droits seigneuriaux.

La Coutume d'Angoumois donne deux exemple de ces sortes de ventes ; le premier en l'article 17. des biens donnés en assiete de rente générale ; le deuxiéme en l'article 74. de l'échange avec retour d'argent. Ces contrats sont censés ventes, & sujets aux droits du Seigneur.

Aujourd'hui même les droits seigneuriaux sont dûs pour échange, quoiqu'il n'y ait point de retour d'argent, comme j'ai dit, *verbo* Lods & ventes.

VENTE A L'AMIABLE D'UN HÉRITAGE SAISI RÉELLEMENT, est un expédient dont se servent des créanciers bien avisés, pour éviter que les biens de leur débiteur soient consommés en frais.

Au lieu de faire les poursuites qui se pratiquent pour parvenir à une adjudication en Justice, les créanciers consentent à une vente volontaire des fonds saisis, avec une délégation sur le prix en faveur des créanciers, dont les saisies & les oppossitipnsse convertissent en saisies & arrêts entre les mains de l'acquereur.

VENTE D'UNE MESME CHOSE ÉTANT FAITE A DIFFERENTE PERSONNES EN DIFFERENS TEMS. Celui des deux acheteurs qui a été mis en possession, est toujours préferé à l'autre, quant à la proprieté de la chose vendue.

C'est la décision de la Loi *quoties duob. cod. de rei pactionib.* qui est admise parmi nous: Cette Loi décide que de deux acheteurs ou donataires d'une même chose, celui-la est préferé en la proprieté, qui se trouve le premier mis en possession, quoique son contrat soit d'une date postérieure. La raison est, qu'un contrat donne bien *jus ad rem*, mais il ne donne pas *jus in re; siquidem rerum dominia non pactionibus, sed traditionibus duntaxat transferuntur*, Voyez M. Louet, Lettre V. sommaire 1.

Il faut à ce sujet remarquer, que si deux acheteurs l'un avoit été d'abord mis en possession en vertu de la tradition qui se fait par la retention d'usufruit, & que l'autre ensuite ait été mis en possession réelle & actuelle, la possession réelle, quoique postérieure, l'emporteroit sur l'autre. Ainsi jugé au Parlement de Toulouse, par Arrêt du 23. Février 1668. rapporté par M. Catelan, livre 5. chapitre 28.

VENTE DE MARCHADISE A PERTE DE FINANCE, est celle qui se fait à crédit & à un prix excessif de quelque marchandise, que l'on fait racheter par une personne interposée, à très-bas prix, comme à un tiers de perte.

Voici comme cela se fait. Une personne au lieu de prêter de l'argent à un autre qui en a besoin, lui vend des marchandises à un très-hauts prix & les lui fait racheter à très-bas prix par une personne interposée.

Cela est usuraire, & défendu par l'Ordonnance d'Orleans article 142. & par l'Ordonnance de Blois article 202. mais cela ne laisse pas de se pratiquer encore tous les jours.

VENTILATION, est l'estimation des biens qui sont en commun, pour en faire le partage.

VENTILATION se dit aussi de l'estimation particulière d'une chose vendue conjointement avec un autre pour un même prix.

Quand par un même contrat on a vendu deux ou plusieurs héritages & que l'un d'eux est sujet à retrait, pour sçavoir le prix que le retrayant doit rembourser à l'acquereur, il faut faire l'estimation de l'héritage sujet à retrait, non pas eu égard à sa propre valeur, mais eu égard aux héritages compris dans la vente, & à la valeur particuliere de chacun d'eux, & à la totalité du prix: c'est ce qu'en Pratique nous appellons ventilation. Elle a pareillement lieu, lorsque quelqu'un a acquis *unico pretio* plusieurs héritages mouvans de différens Seigneurs, pour fixer les droits dûs à chaque Seigneur. Dans ce cas elle doit être faite aux fraix de l'acquereur, qui doit s'imputer de n'avoir pas fixé le prix de chaque héritage en particulier.

La ventilation a encore lieu lorsqu'on fait estimer séparément le fonds & la superficie, eu égard à la valeur du total, & au prix qu'il est vendu & adjugé.

Cela est nécessaire lorsqu'il se trouve des créanciers privilégiés sur le fonds, & d'autres sur la superficie; ce qui arrive quand le vendeur du fonds n'a pas été payé, soit en tout ou en partie, & que l'acquereur a fait bâtir des deniers empruntés à cet effet, ou que les frais des bâtimens sont dûs aux entrepreneurs ou aux ouvriers.

VENTRE, signifie un posthume. Sur quoi il faut remarquer, I°. que *qui sunt in utero, pro jam natis habentur, quoties de eorum commodis & utilitate agitur.* II°. Qu'on leur donne un curateur Voyez Curateur.

VERBAL. Ce terme s'applique à une promesse de bouche, dont il n'y a point de preuve par écrit, mais il s'applique à plusieurs actes dont j'ai donné l'explication. Ainsi Voyez Appellation verbale, Offre verbale, preuve testimoniale, Procès verbal, Requête verbale.

VERBALISER, signifie former des contestations devant un Juge commis, pour en être inserées dans un procès verbal, & en être fait rapport au Siége.

VERCHERE. Ce vieux terme de Coutume usité encore en Auvergne, signifie un fonds donné en dot à une fille.

VERDERIE, est une étendue de bois & de pays, qui est commise à la garde & Jurisdiction d'un Verdier.

VERDIER, est un Officier des Eaux & Forêts, dont les fonctions ont été différentes selon les tems & les lieux.

Il a été aussi appellé Gruyer, Segrayer, Maître Sergent & Garde-marteau.

Ce mot vient du Latin *Viridarius*, dont Ulpien s'est servi pour signifier le Garde d'un verger.

Aujourd'hui verdier est un Officier établi pour commander aux gardes d'une forêt éloignée des Maîtrises, qui en doit faire la visite de quinzaine en quinzaine.

Il y a une Jurisdiction pour les moindres délits qui s'étendent jusqu'à soixante sols d'amende.

Voyez ce qu'à dit Bornier de ces Officiers de Forêts, sur l'article 6. du tit. 10. de l'Ordonnance de 1670.

VERGE, est une petite baguette que les Sergens & Huissiers portoient autrefois, & dont ils touchoient ceux ausquels ils signifioient quelque exploit, en signe d'autorité & de contrainte. C'est de là qu'il y a encore au Châtelet, des Huissiers qu'on appelle Sergens à verge. Présentement il n'y a plus que les Huissiers-Audienciers qui portent de ces petites Baguettes, lesquelles sont fort courtes, & dont ils frappen sur les bancs & murailles, pour annoncer la fin de l'Audience, & pour faire faire passage aux Magistrats qu'ils conduisent. *Voyez* ce qui est dit sur ce mot dans le Dictionnaire de Trevoux.

VERGES, est le supplice des femmes de mauvaise vie, de celles qui débauchent les autres, des coupeurs de bourse & autres délinquans. Leurs Sentences portent, qu'ils *seront battus & fustigés nus de verges par les carrefours de la Ville, & attachés au cul d'une charrete.*

VERIFICATEUR, est celui qui est nommé en Justice pour examiner si une écriture est vraie ou fausse. Les Maîtres Ecrivains sont Jurés-Vérificateurs des écritures & signatures. On nomme des Banquiers pour être vérificateurs des signatures en Cour de Rome. Enfin on nomme des Antiquaires pour vérificateurs des anciens titres.

VERIFICATION, signifie l'enregistrement qui se fait dans les Cours souveraines des Edits & Déclarations du Roi.

Les Edits concernant le Domaine & Finance ordinaire, doivent être vérifiés en la Cour de Parlement & en la Chambre des Comptes; & ceux qui concernent les Finances extraordinaires, doivent être vérifiés en la Chambre des Comptes & en la Cour des Aydes.

Suivant la Novelle 66. de Justinien, les nouvelles Ordonnances doivent être observées deux mois après leur publication & insinuation. Mais en France elles doivent être observées du jour de leur publication.

Voyez les articles 4. & suivans du premier titre de l'Ordonnance de 1667. avec les Remarques de Bornier.

VERIFICATION D'ÉCRITURES, est l'examen d'une écriture privée dont on doute, ou d'une piéce contre laquelle il y a inscription de faux, pour sçavoir si elle est vraie ou fausse.

Quand il s'agit de quelque acte sur lequel une Partie se fonde, & que l'autre Partie soutient faux ou falsifie, la Cour en ce cas ordonne que la vérification en sera faite par comparaison d'écritures par des Maîtres Ecrivains, pour, sur leur rapport, être ordonné ce que de raison; autrement la Cour ne peut pas sçavoir si véritablement l'acte est faux ou non.

La vérification d'une écriture privée se peut faire de trois manieres. I°. Par témoins, quoiqu'ils ne soient qu'au nombre de deux qui déposent avoir été présens, lorsque la chose a été faite, écrite & signée en leur présence par celui du fait de qui il s'agit; pour lors cette preuve oculaire est suffisante. II°. Par la déposition des témoins, qui affirment que c'est son écriture; & qu'ils lui en ont vû écrire de semblable. III°. Par comparaison d'écritures, qui se fait par des Experts.

La vérification se fait toujours pardevant le Juge où le procès principal est pendant, par des Experts Ecrivains ou Greffiers, sur des piéces de comparaison dont les Parties conviennent; & pour convenir d'Experts & de piéces, l'une des Parties doit donner à l'autre assignation au premier jour à cet effet.

Si l'une des Parties ne comparoît point ou ne veut point nommer d'Experts, ni donner des piéces de comparaison, la vérification se fait par les Experts que l'autre Partie nomme, & pas ceux qui sont nommés par le Juge, pour & au lieu de la Partie refusante ou défaillante.

Touchant la reconnoissance des piéces & la vérification d'écritures privées, *voyez* l'Ordonnance de 1670. tit. 14. article 10. & la Déclaration donnée à Versailles au mois de Décembre 1684. registrée en la Cour le 22. Janvier 1685. *Voyez* aussi le Traité de la comparaison d'écritures, par M. le Vayer, Maître des Requêtes; le Traité de la preuve par Témoins par M. d'Anty, chap. 5. part. 2. & le Traité fait par Bligny, imprimé à Paris en 1708.

A l'égard de ceux qui nieront leur seing apposé en leurs promesses, après que la vérification en aura été faite ils doivent être condamnés au double des sommes portées, & en de grosses amendes envers le Roi & la Partie; ainsi qu'il est porté en l'article 93. de l'Ordonnance de Villers-Cotterets, en l'article 8. de celle de Roussillon, & en la susdite Déclaration du mois de Décembre 1684.

Au reste dans le second tome des Causes célèbres, page 25. il est dit que le Jugement des Experts est conjectural, incertain, & peut servir de passeport au mensonge aussi-bien qu'à la vérité.

VERIFIER, signifie examiner si une écriture est vrai ou fausse, & en faire rapport en Justice.

Ce terme signifie aussi prouver la vérité d'un fait par enquête ou par information. Sur quoi il faut remarquer que la permission de vérifier en matiere civile est toujours respective.

VERRE DORMANT. *Voyez* Fer maillé, lettre F.

VERSET est la partie d'un chapitre d'une section ou d'un paragraphe subdivisé en plusieurs petits articles.

VERSO, est la page qu'on trouve quand on a tourné le feuillet. Il est opposé au *recto* qui est la page qui se présente d'abord.

VERTE MOUTE est un droit qui est dû en Normandie au Seigneur, quand le sujet est tenant en grange hors du fief. *Voyez* Terrien, livre 5. chapitre 8. & Basnage sur l'article 210. de la Coutume de Normandie.

VEST. Pour entendre ce que signifient ces termes, *vest & devest*, il faut sçavoir que dans quelques-unes de nos Coutumes celui qui veut transporter à un tiers un héritage tenu en censive, est tenu de s'en dévestir & démettre entre les mains du Seigneur, au profit de l'acquereur, lequel est obligé d'aller au Seigneur pour en recevoir de lui la possession : c'est ce qu'on appelle devest & désaisine, vest & saisine.

Ainsi devest n'est autre chose que la permission que le propriétaire d'un héritage donne en présence du Seigneur, ou du Juge foncier, à l'acquereur dudit héritage, d'entrer en la possession d'icelui, dont il déclare se démettre en rompant un petit bâton en présence de témoins.

Voyez Pasquier en ses Recherches ; liv. 8. ch. 58.

Saisine ou vest est un acte solemnel fait par le Seigneur foncier, en sa Justice, par la tradition d'un petit bâton qu'il donne en présence de témoins à l'acquereur d'un héritage tenu en roture : par le moyen de quoi cet acquereur acquiert droit de proprieté & possession en l'héritage par lui acquis

Dans quelques-unes de ces Coutumes, le devest & le vest se pratiquent non-seulement dans les ventes & aliénations des héritages, mais encore dans les simples engagemens & obligations des héritages ; car les Seigneurs y ont fait extension de ce droit, & ont introduit que le débiteur qui voudroit hypotéquer son héritage pour quelques dettes que ce fût, seroit obligé de le rapporter en leurs mains par désaisine, afin que la saisine en fût donnée au créancier pour sûreté de sa dette. Et ainsi dans ces Coutumes il n'y a point d'hypotéque sans nantissement. *Voyez* Nantissement, & ce qui est dit de vest & de devest dans le Dictionnaire de M. Brillon.

VESTIR, signifie mettre en possession un acquereur d'un fief ou d'un héritage ; d'où sont venus les mots de vest, advest & devest ; advestir, desavestir, vesture & desavesture, qui se trouvent dans nos Coutumes. *Voyez* ce qui est dit sur le mot de vesti dans le Dictionnaire de Trevoux.

VETERANS, étoient chez les Romains les Soldats émérites, qui aprés avoir servi vingt années, étoient exempts de toutes fonctions militaires, & jouissoient néanmoins de certains privileges très-considérables.

Ce terme de la milice Romaine a été parmi nous employé pour signifier les Officiers qui ayant exercé vingt ans une Charge, s'en sont défaits, & jouissent de certains honneurs & priviléges qui leur sont attribuées en conséquence des services qu'ils ont rendus.

Les Conseillers vétérans ont voix & séance aux Audiences ; mais ils n'ont pas droit d'assister au Jugement des procès par écrit.

Un Secretaire du Roi qui est vétéran, acquiert à ses enfans le droit de Noblesse.

Mais pour jouir des priviléges, droits & honneurs accordés aux vétérans il faut que les Officiers qui se défont de leurs Charges, après les avoir possedées l'espace de vingt ans, obtiennent des Lettres de vétérance. L'Edit du mois d'Août 1569. le porte expressément.

Les services des Officiers qui se sont distingués dans des emplois honorables, & qui ont des priviléges ont toujours été récompensés par nos Rois, qui leur ont accordé de survivances pour leurs enfans, ou des Lettres de vétérance qui conservent aux peres pendant leur vie, tous les honneurs & tous les priviléges attachée à l'Office qu'ils ont exercé pendant vingt ans.

VEUF, est celui dont la femme a passé de cette vie en l'autre.

VEUVAGE, signifie l'état des personnes qui ont perdu leur femme ou leur mari, ce qui ne peut arriver que par la mort naturelle de l'un des conjoints.

Ainsi la mort civile de l'un des conjoints ne cause pas le veuvage, ni l'absence de l'un d'eux quelque longue qu'elle soit. *Voyez* Absent.

VEUVE, dont le mari a passé de cette vie en l'autre, & qui pendant son veuvage jouit de tous les priviléges qu'avoit son mari.

Une veuve a trois mois de délai pour faire inventaire, & quarante jours pour délibérer elle se acceptera la communauté, ou si elle y renoncera.

On ne peut proceder extraordinairement contre une veuve, pour raison de recelé.

Les héritiers du mari ne peuvent pas, après le décès d'icelui intenter l'accusation d'adultere contre la veuve ; parce que le mari ayant négligé de former cette accusation contre sa femme, est censé lui avoir pardonné. Mais quand cette accusation a été commencée par le mari, ses héritiers après sa mort peuvent la reprendre, pour faire déchoir la veuve de son douaire & de ses conventions matrimoniales.

Les héritiers du mari peuvent aussi alléguer par forme d'exception, que la femme a vécu impudiquement pendant l'an de son deuil, & que *peccavit contra cineres mariti*, pour la faire déchéoir du douaire & de ses conventions matrimoniales. *Voyez* ce que j'ai dit à ce sujet, *verbo* Deuil, & *verbo* Secondes noces.

Une veuve mineure ne peut contracter un second mariage sans le consentement de son pere.

La veuve à qui son mari a laissé des héritages à la charge de demeurer veuve ; les perd si elle se remarie ; ensorte qu'ils retournent aux héritiers du défunt. *Voyez* le Dictionnaire de M. Brillon, tom. 6. pag. 852, nomb. 20.

VEXATION, est le dommage qu'on souffre par les chicanes de quelqu'un.

VEXIN-LE-FRANÇOIS, est un lieu situé dans l'étendue de la Coutume de Paris, où les fiefs relevent de toutes mains ; c'est-à-dire, que pour les fiefs qui se réglent selon l'usage de Vexin-le-François, il est dû relief à toutes mutations qui arrivent de la part du vassal, même en ligne directe.

La Coutume de Vexin, dont la Coutume de Paris fait mention dans les articles 3. 4 & 33. n'est-ce n'eſt pas une coutume ſéparée & diſtincte de celle de Paris ; un certain uſage particulier, qui dépend des anciens titres & inveſtitures des fiefs faites par les Seigneurs : ce qui fait voir que les droits particuliers ne ſont pas abrogés par les Coutumes publiques & générales.

Cet uſage particulier du Vexin-le-François déroge à la Coutume de Paris. I°. En ce que dans les fiefs dans leſquels il eſt obſervé, le quint n'eſt jamais dû, quoique la mutation ſoit cauſée pour vente ou acte équipolant à la vente. II°. En ce que le relief eſt dû à toutes mutations, même en directe.

Comme le droit du Vexin-le-François eſt extraordinaire, odieux & exorbitant, & que celui qui prétend un droit extraordinaire eſt obligé de le juſtifier, le Seigneur qui prétend qu'un fief qui releve du ſien ſe régle ſuivant le Vexin-le-François, eſt tenu de le prouver par bon titres & actes de poſſeſſion immémoriale, au cas que le vaſſal ſoutienne le contraire. Dumoulin ſur cet article, gloſ. 6. nomb. 2.

Ce même Auteur en cet endroit tire de ce principe cette conſéquence, que ſi le vaſſal qui dénie que ſon fief ſe régle ſuivant le Vexin, ſuccombe, il n'encourt point la confiſcation ou commiſe de ſon fief.

La raiſon eſt qu'il ne déſavoue point ſon Seigneur ni la mouvance ; mais il conteſte ſeulement la qualité de ſon fief, & le droit extraordinaire que le Seigneur prétend avoir deſſus.

Mais on demande ſi pour prouver qu'un fief fût réglé ſuivant le Vexin-le François, il ſuffiroit au Seigneur de prouver qu'il eſt ſitué entre pluſieurs autres qui ſuivent cette Coutmme ?

Il faut dire que non, parce que le Vexin-le-François n'eſt pas renfermé dans de certaines bornes, dans leſquelles toutes les terres ſe reglent à l'égard des fiefs ſuivant l'uſage du Vexin : ainſi les fiefs du Vexin ne ſont tels, qu'autant que le Seigneur qui les prétend tels le prouve, attendu que le lieu de leur ſituation ne détermine rien à cet égard, & qu'ils ſont ſitués en différens endroits où il s'en trouve qui ſont régis par la Coutume de Paris.

Voyez ce que j'ai dit ſur l'article 3. de la Coutume de Paris, avec les Obſervations de M. le Camus. *Voyez* auſſi Brodeau ſur le même article, & le Gloſſaire du Droit François, *verbo* Fiefs qui ſe gouvernent ſelon l'uſage du Vexin-le-François

VI

VIAGE, ſignifie uſufruit. *Viager*, ſignifie ce qui ne dure pendant la vie.

VIAIRE, dans l'article 33. de la Coutume de Chaumont ſignifie penſion viagere.

VICAIRE, eſt celui qui eſt comme Lieutenant d'un autre, qui tient ſa place, & qui en ſon abſence fait ſes fonctions ſous ſon autorité.

VICAIRE EN MATIERE FÉODALE, eſt l'homme vivant & mourant, que les Gens de main-morte ſont obligés de donner au Seigneur féodal, pour faire la foi & hommage, à la mutation duquel le droit de fief eſt dû. *Voyez* Homme vivant & mourant.

VICE D'UNE CHOSE VENDUE. Pour ſçavoir quand le vendeur en eſt tenu, *voyez* Redhibitoire.

VICE-AMIRAL, eſt un Officier général qui commande les Vaiſſeaux de guerre à la place de l'Amiral.

VICE-BAILLIF, eſt un Officier qui tient la place du Prevôt des Maréchaux, & qui prend connoiſſance des cauſes criminelles contre les voleurs, faux-monnoyeurs, vagabonds & gens ſans aveu.

Les Vice-Baillifs ou Vice-Sénéchaux ont été établis dans certains lieux, pour avoir pareil pouvoir & juriſdiction que les Prevôts qui ſont à la ſuite de Meſſieurs les Maréchaux de France : c'eſt pourquoi on appelle ces Vice-Baillifs ou Vice-Sénéchaux, Prevôts provinciaux ou ſubſididiaires, comme étant créés *in ſubſidium* des autres.

VICE-GERENT, eſt un Juge eccléſiaſtique qui tient la place de l'Official dans le reſſort d'un Parlement où s'étend le Diocèſe d'un Evêque dont le Siége épiſcopal eſt dans un autre Parlement.

VICE-SÉNÉCHAL, eſt le Lieutenant du Sénéchal, ſoit de celui de l'épée ſoit de celui de robe, & il a même fonction que le Vice-Baillif.

VICOMTE, eſt le propriétaire d'une Terre ou Seigneurie érigée ſous le titre du Vicomté *voyez* le Dictionnaire de Trévoux.

VICOMTE EN NORMANDIE ET EN QUELQUES AUTRES LIEUX, eſt un Officier de Robe qui exerce la Juſtice d'une Seigneurie, ſoit qu'elle ait titre de Vicomté, ou non.

Voyez le Gloſſaire du Droit François, *verbo* Vicomte, & Paſquier en ſes Recherches, liv. 2. chap. 14.

VICOMTÉ, eſt le titre d'une Seigneurie qui releve du Roi médiatement ou immédiatement ; ou d'un comte, lequel eſt relevant de la Couronne. Ce terme ſe dit auſſi de l'étendue du reſſort & de la Juriſdiction du Vicomté & même du Siége de la Juſtice. C'eſt particulierement en Normandie que les eſclaves des Juriſdictions ſont diſtingués par Vicomtés.

VIDAME, eſt un titre de Seigneurie qu'on donne à quelques Gentilshommes qui relévent de l'Evêché, comme le Vidame de Chartres, d'Amiens & autres.

Les Vidames étoient autrefois Juges & Défenſeurs du temporel de l'Egliſe, lorſque les Evêques avoient uniquement ſoin du Spirituel. Depuis la Vidamie a été faite Dignité féodale tenue de l'Egliſe.

Ainsi les Ecclésiastiques, de leurs Vidames & Juges, ont fait des Vassaux, comme les Rois en ont fait de leurs Comtes. Ce termes vient de *Vicarius*, ou de *Vicedominus*. *Voyez* ce qui est dit dans le Dictionnaire de Trevoux.

VIDIMUS DE LETTRES, se dit en quelques endroits pour signifier une copie collationée par Notaire, Secrétaire, Greffier, ou par attestation de Juges.

VIDUITÉ, est l'état de veuvage. Sur quoi il faut remarquer, I°. Qu'une femme ne doit point se remarier dans la premiere année de son veuvage, comme je l'ai dit, *verbo* Deuil. II°. Que la mere peut être tutrice de ses enfans tant qu'elle restera en viduité, comme je l'ai dit, *verbo* Tutrice. III°. Qu'en Normandie un mari jouit par droit de viduité de tous les biens de sa femme morte, lorsqu'il a eu d'elle un enfant né vif; mais lorsqu'il se remarie, il n'a l'usufruit que du tiers des biens de sa femme. IV°. Qu'une donation mutuelle, à la charge de garder viduité par le survivant, est valable. *voyez* le Dictionnaire de M. Brillon, tom. 6. pag. 852. nomb. 20.

En pays de Droit écrit l'année ou droit de viduité est établi en faveur de la femme survivante: il consiste en une somme d'argent qu'on lui adjuge, tant pour les intérêts de sa dot mobiliaire, que pour les alimens qui lui sont dûs, aux dépens de la succession de son mari, pendant l'année du deuil.

VIE CIVILE. L'état des personnes ne consiste pas seulement à jouir de la liberté naturelle, mais encore à jouir de tous les droits qui sont attribués aux seuls citoyens.

Ainsi, par vie civile on entend la faculté de jouir de tous les avantages qui sont accordés aux citoyens par les Loix de l'Etat, & en quoi consiste cette liberté que l'on nomme liberté civile.

Ces avantages sont de pouvoir intenter de actions en Justice, d'être capable de succeder, & de pouvoir disposer par testament de ses biens; en un mot, d'être capable des effets civils.

Ceux qui en sont incapables sont morts civilement, *habentur pro mortuis*; parce qu'ils ne participent aux droits des François, non plus que s'ils étoient morts véritablement. *Voyez* Mort civile. *Voyez* Recouvrement de la civile.

VIENNENT OU SOIENT PARTIES APPELLÉES. Ces deux manieres de répondre des Requêtes présentées aux Chambres où l'on plaide, sont bien différentes.

Quand l'instance est liée avec la partie contre laquelle on baille la Requête, on fait mettre *viennent* quand elle n'est pas liée, c'est-à-dire quand elle n'est pas commencée, on fait mettre *soit Partie appellée*.

Par exemple, Jacques en vertu de son committimus a fait assigner Pierre aux Requêtes du Palais; sur l'assignation Pierre a comparu: la procédure en cet état, Pierre ou Jacques présente une Requête en la Chambre; sur cette Requête il faudra mettre *viennent*.

Supposé que sur cette Requête il intervienne Sentence, & que Jacques qui l'a obtenue contre Pierre, demande par une Requête que cette Sentence soit déclarée exécutoire contre Jean; parce que Pierre & Jean auroient un intérêt commun, on ne pourra mettre que *soit Partie appellée* sur cette Requête présentée contre Jean parce que Jean n'a point été en cause. Il faut dire la même chose des Requêtes présentées aux Cours Souveraines, & sur lesquelles intervient Arrêt.

Les *viennent* se mettent non-seulement dans les incidens quand il y a Procureur, mais aussi pour des matieres provisoires & qui requierent célérité, quoiqu'il n'y ait point de Procureur, pourvû que les Parties, ou du moins le défendeur, soit domicilié dans la Ville ou en la Jurisdiction.

Par exemple, pour avoit main-levée, on fait mettre un *viennent*; & la Requête ensuite est signifiée à celui ou nom de qui la saisie a été faite.

Après trois jours francs, à compter du jour de la signification de la Requête sur laquelle il y aura *viennent*, on peut obtenir Sentence ou Arrêt, après avoir préalablement fait signifier un avenir pour plaider sur ladite Requête; mais en conséquence de Requêtes sur lesquelles il y aura *soient Parties appellées*, on ne peut obtenir Sentence ou Arrêt qu'après que les délais qui sont les mêmes que ceux des assignations, seront expirés.

Les Présidens, les Conseillers, & même les Greffiers des Chambres, peuvent mettre *viennent* ou *soient Partie appellée*, sur lesdites Requêtes.

VIENTRAGE, est un droit seigneurial qui se leve sur les vins & autres breuvages; comme les droits de chantelage, de forage & d'afforage.

VIF-GAGE. *Voyez* Mort-gage.

VIGUIER, est en quelques Pays le premier Juge royal, autrement appellé Prevôt ordinaire, Châtelain, Garde de la Prevôté, Vicomté, qui sont tous Juges de même pouvoir.

Ce mot vient de *Vicarius*. C'étoit en effet le Vicaire, ou Lieutenant de Comtes, ou Gouverneurs de Ville, qui rendoient autrefois eux-mêmes la Justice.

Le Viguier connoît de toutes les matieres en premiere instance entre roturiers, excepté certains cas réservés aux Sénéchaux & Baillifs. L'appel de ses Sentences se releve devant le Baillif ou Sénéchal.

Voyez Pasquier en ses Recherches, liv. 2. chap. 14. le Traité de la Police, tom. 1. livre. 1. titre 6. chap. 2. le quatriéme chapitre du Traité du Réglement, par la Rocheflavin; Escobiac, titre 9. Filleau, part. 2. tit. 9. & Boniface, tom. 1. liv. 1. tit. 9.

VILAIN. *Voyez* Roturier.

VILLAGE, est un hameau qui n'est point fermé de murs, qui sert d'habitation à des paysans.

VILLE, est un lieu qui fait l'habitation d'un peuple nombreux, un assemblage de plusieurs maisons disposées par rues & renfermées d'une clôture commune, qui est ordinairement de murs & fossés.

On appelle aussi la Ville, le Corps des Officiers qui régissent la Police de la Ville, & qui tiennent le Conseil de Ville, c'est-à-dire le Prevôt des Marchands & les Echevins.

VILLE METROPOLITAINE, est celle où est le Siége d'un Primat ou d'un Archevêque.

VILLE EPISCOPALE, est celle où est le Siége d'un Evêque.

VILLES D'ARRESTS, sont des Villes dont les Bourgeois & habitans, par privilége spécial accordé par les Rois de France, peuvent saisir & arrêter les hardes & choses appartenantes à leurs débiteurs forains, trouvées en icelles, encore qu'ils ne soient fondés sur aucune obligation ou cédule.

Telle est la Ville de Paris, suivant l'article 173. de cette Coutume. Ce privilége lui fut accordé par Louis-le-Gros en l'année 1134. la vingt-septiéme de son régne. Il consiste en ce que le Bourgeois de Paris peut faire saisir par gagerie, sans titre ni cédule, les hardes & marchandises des forains; mais ce privilége ne lui donne en cela aucune préférence sur les deniers provenans de leur vente, que celle de la Coutume, c'est-à-dire, du premier saisissant. Ainsi lorsqu'il y a plusieurs oppositions, & qu'on allégue la discution, alors il y a lieu à la contribution; ou bien le Juge ordonne que le Bourgeois de Paris qui a fait saisir, sera tenu de donner caution de rapporter, en cas que la contribution doive avoir lieu.

Mais le forain dont les effets ont été ainsi arrêtés, doit en avoir main-levé en élisant domicile à Paris, & en donnant bonne & suffisante caution Enfin, si les défenses qu'il propose sont valable, le Prévôt de Paris doit le renvoyer pardevant son Juge.

Plusieurs autres Villes ont le même privilége comme Bourges, titre des Exécutions, article pénultiéme & dernier; Bretagne article 702. Melun article 331. Orleans, article 442. & Reims, article 407.

Ce n'est pas la Coutume qui accorde ce privilége; il faut qu'on en ait une concession constatée par des Lettres Patentes du Souverain.

Ce privilége n'est pas borné dans quelques Villes à pouvoir arrêter les hardes & choses appartenantes à leurs débiteurs qui sont forains, mais il ne s'étend au droit de pouvoir faire arrêter leurs personnes, & les tenir prisonniers jusqu'à ce qu'ils ayent payé ce qu'ils doivent aux Bourgeois & habitans de ces Villes, qui sont pour cette raison appellées Villes d'arrêts des personnes des débiteurs. Telle est la Ville de Reims.

Quoique ces débiteurs ne pussent être ailleurs contraignables par corps pour telles dettes, néanmoins les Forains qui sont débiteurs des habitans de ces Villes, quand ils sont pour raison de ce constitués prisonniers, ne peuvent avoir main-levée de leurs personnes, qu'en payant réellement & actuellement ou en cas de contestation de la dette, en donnant bonne & suffisante caution pardevant le Juge par l'autorité duquel ils ont été arrêtés, de subir Jurisdiction pardevant lui, & payer le jugé, tant en principal que dépens.

Mais ces Coutumes où il est permis d'arrêter les Forains, ne s'entendent qu'au cas qu'il y ait un instrument autentique, où cédule reconnue; s'il n'y a qu'écriture privée l'emprisonnement ne pourra pas être valablement fait en conséquence.

Voyez Forains. *Voyez* aussi le Glossaire du Droit François, lettre A. page 67. & ce que j'ai dit sur l'article 173. de la Coutume de Paris, & sur l'article suivant.

VILLES FRANCHES sont les Villes capitales du Royaume, dont les habitans sont exempts de toute taille. Comme ces Villes sont les principales colonnes du Royaume il est bien juste de les distinguer des autres par quelque privilége & quelque immunité.

Il est même permis aux habitans de ces Villes de faire valoir leurs terres par leurs mains, & de les faire labourer par leurs serviteurs domestiques, sans être pour ce sujet contribuables aux tailles des Paroisses où sont situés leurs héritages.

VILLENAGE, se dit des tenues des rentes, héritages ou possessions non-nobles.

TENIR EN VILLENAGE, c'est tenir des héritages à la charge de rendre à son Seigneur les services que lui doivent les villains ou roturiers comme de charier ses fumiers, ou faire d'autres corvées.

VIMAIRE. Vieux terme de Coutume, qui vient du mot latin *vis major*, signifie force majeure. Ce terme est encore aujourd'hui en usage dans les Eaux & Forêts où l'on dit, que le vimaire est quand on peut voir cinq arbres chûs tout d'une vûe.

M. Dargou s'est servi de ce terme, livre 3. chap. 27. en parlant de la stérilité causée par cas fortuit. » Mais dit-il, si la clause du bail porte expressément qu'on ne pourra demander diminution pour toutes sortes de vimaires, prévûs & non prévûs, alors il la faut suivre à la lettre; parce qu'il est à présumer que le proprietaire a diminué le prix courant du bail, en considération de ce que le fermier a bien voulu s'engager à une obligation aussi dure & aussi extraordinaire.

A cette raison il faut ajouter, que *contractus vires capiunt ex conventione contrahentium.*

VIN DE MARCHÉ, appelle pot-de vin est un

par-dessus qu'on donne au-delà de la somme principale du marché conclu, & qu'on stipule quelquefois pour en faire partie. *Voyez* Pot-de-vin.

Loysel livre 3. tit. 4. art. 14. dit que vin de marché n'entre point en compte du prix, pour en prendre droit de vente, à moins qu'il ne fut fort excessif.

C'est aussi l'avis de M. Charles Dumoulin, sur le §. 24. de l'ancienne Coutume de Paris, notes 2. & 3. & de Charondas sur l'art. 56 de la nouvelle.

La Coutume de Chaumont, art. 37. & celle de Vitry, art. 49. ont des dispositions contraires; & Pithou sur l'art. 52. de celle de Troyes, tient que le vin du marché fait partie du prix, & qu'il en est dû lods & ventes.

Voyez Billecard sur l'article 125. de la Coutume de Châlons; la Lande, sur l'article 1. de la Coutume d'Orléans, page 5. col. 2. vers le milieu, & Brodeau, sur l'article 76. de la Coutume de Paris, nomb. 16.

VIN DE MESSAGER est un droit qui appartient à la Partie qui a obtenu gain de cause, & qui demeure hors la Jurisdiction où il a fallu plaider. Ce droit est ainsi appellé, parce qu'avant que les Postes fussent établies, c'étoit un droit qui se donnoit pour rembourser ce qu'on avoit payé à un homme qu'on avoit été obligé d'envoyer sur les lieux, soit pour charger un Procureur, soit pour faire quelqu'autre chose nécessaire pour l'instruction d'une affaire.

Aujourd'hui il se donne pour tenir lieu de remboursement des ports de Lettres qu'une Partie a reçues de son Procureur, ou des ports de lettres & papiers qu'elle a été obligée d'envoyer à son Procureur, & dont elle lui doit tenir compte.

Ce droit se donne, I°. Pour charger un Procureur de la défense de sa cause; & il est à raison de trois livres, quand le délai de l'assignation est à un mois ou au-dessous; & de six livres, quand l'assignation est donnée à six semaines ou plus.

II°. Il se donne sur tous les actes dont il est nécessaire qu'un Procureur instruise son client.

III°. Sur toutes les actes où il faut débourser de l'argent, comme pour consigner l'amende, pour payer les honoraires des Avocats, lever les Sentences & Arrêts.

IV°. pour charger un Avocat, soit que la cause soit plaidée par défaut, ou contradictoirement.

V°. Pour donner avis que l'affaire est appointée.

VI°. Pour faire juger une affaire appointée lorsqu'elle est en état.

Tous ces vins de Messagers se réglent sur le pied de cinq sols, de quinze sols, ou de trente sols; à l'exception.

I°. De celui qui se donne pour charger un Procureur de la défense de sa cause, que nous avons dit être de trois livres ou de six livres, selon les délais de l'assignation.

II°. A l'exception de celui qui se donne pour faire plaider ou juger définitivement, lequel est double de celui qui se donne pour charger un Procureur de la défense de sa cause.

VINAGE, signifie un droit que les Seigneurs prennent sur le vin.

Ce terme signifie aussi le droit qu'ils prennent sur les marchandises & bétail passant pays.

Voyez le Glossaire du Droit François sous ce mot & le Dictionnaire de Trévoux, *verbo* Vin.

VINDICTE PUBLIQUE, est la poursuite de la punition des crimes. Elle ne réside en France qu'en la personne des Gens du Roi. Ce sont les seuls qui peuvent conclure à une peine afflictive contre ceux qui ont commis quelque crime. Les Particuliers qui ont été endommagés, ne peuvent que dénoncer les criminels, ou se porter Parties civiles. *Voyez* Accusateur.

Les Gens du Roi, en la personne desquels réside la poursuite des crimes, ne sont pas obligés d'en faire la poursuite, lorsque la Partie civile néglige de poursuivre l'affaire qui lui a été faite, ou qu'elle en a été satisfaite, pourveu que le crime ne soit pas atroce & capital; car s'il est permis aux Particuliers de souffrir les injures qu'on leur fait, & si les Juges s'en peuvent taire comme eux, il n'en est pas de même des crimes graves qui violent les Loix, qui troublent le repos commun, blessent trop ouvertement la Justice & l'autorité du Souverain, qu'il lui doit servir d'appui. Aussi Tibere disoit qu'il pouvoit bien remettre les injures qui lui avoient été faites, comme étant un Particulier; mais qu'il ne pouvoit remettre celles qui étoient faites à l'Etat.

La dissimulation des Juges à l'égard de ces crimes énormes, n'est pas honteuse à ceux qui en sont coupables, qu'elle est préjudiciable au Public & au Souverain qui en est l'appui: c'est plutôt une lâcheté, qu'une retenue, parce que pour en épargner un seul par crainte ou par faveur, ils en perdent plusieurs; & qu'au lieu que le châtiment d'une violence publique en arrêteroit d'autres, l'impunité qu'ils favorisent par leur silence, est cause qu'il se commet de pareils crimes & même de plus grands.

VINGTAIN, est un droit en vertu duquel le Seigneur fondé en titre prend la vingtiéme partie des fruits qui croissent en sa terre ou de quelques espéces de fruits seulement, selon les conventions.

Ce droit est réel, c'est-à-dire dû par les fonds mêmes; ou personnel, c'est-à-dire dû par les sujets à leur Seigneur, pour construire & maintenir à ses dépens les murailles du Bourg ou de l'enclos du Château, pour leur sûreté & la conservation de leurs meubles, moyennant la vingtiéme partie des bleds ou du vin qu'ils recueillent, qu'ils sont obligés de lui donner. *Voyez* le Glossaire du Droit François, *verbo* Vingtiéme, & *verbo* Vingtain.

VIOL, eſt un raviſſement d'honneur que l'on fait à une femme, en lui arrachant par violence des faveurs que la vertu, la bienſéance, & une pudeur naturelle ou politique refuſent. Cette brutale & malheureuſe concupiſcence, qui détruit la raiſon & porte l'homme à ravir l'honneur d'une fille ou d'une femme, eſt un crime qui fait horreur, & qui a eté avec raiſon dans toutes les Nations jugé digne de mort, & même quelquefois accompagné de cruels tourmens.

Julius Capitolinus en la vie d'Opilius Marcinus, vingt-troiſiéme Empereur Romain, dit que cet Empereur punit ſévérement deux Soldats qui avoient violé une femme. Il les fit mettre chacun dans le ventre d'un bœuf, leur corps étoient clos & couſu; la tête ſeule des coupables paſſoit afin qu'on pût les voir, les entendre parler & déplorer leur miſere, pendant qu'ils étoient rongés & dévorés par les vers que la pourriture des bœufs engendroient.

Ce crime eſt capital, & quand il eſt commis par un Eccléſiaſtique, c'eſt un cas privilégié. Ainſi par Arrêt rendu au Parlement de Toulouſe le 27 Mars 1662, un Curé accuſé d'avoir voulu forcer une de ſes paroiſſiennes, & de lui avoir mis un mouchoir à la bouche, fut débouté en renvoi pardevant le Juge d'Egliſe. Albert, lettre C. art. 2.

Moins la fille violée eſt âgée, plus celui qui l'a forcée eſt criminel. Auſſi le nommé vital Bargoin qui avoit forcé une fille qui n'avoit pas accompli ſa quatriéme année, fut condamné à la roue par le Juge-Mage de Valence & ce Jugement fut confirmé au Parlement de Grenoble le dernier Août 1636. *Voyez* Chorier, Juriſprudence de Guy Pape, page 270. Baſſet, tome 1. liv. 6. page 130.

Ce que nous avons dit ci-deſſus, que le viol eſt un crime capital, ne ſe doit entendre que quand il eſt commis envers femme ou fille d'honneur qui n'ont rien ſur leur compte. Ainſi la peine de mort ne pourroit être prononcée à l'encontre de celui qui auroit forcé une femme de mauvaiſe vie, quand même elle n'auroit commerce qu'avec un ſeul homme. *Voyez* Papon, livre 22. titre 8.

Au reſte, une femme violée conçoit avec la même facilité, & auſſi-tôt que ſi elle y avoit donné ſon conſentement. Ainſi jugé au Parlement de Toulouſe, ſuivant un rapport de Médecins: *Qui retulerunt poſſe quidem voluntatem cogi, ſed non naturam, quæ ſemel irritata jungo voluptate ferveſcit, rationis & voluntatis ſenſum amittens.* Larocheflavin, liv. 3. lettre R. tit. 2. article 2.

VIOLENCE, ſignifie la force & la tyrannie dont on uſe envers quelqu'un, pour uſurper ſon bien, ou pour lui faire faire quelque choſe contre ſon gré.

Toute violence capable de jetter de la terreur dans une ame intrépide, eſt un juſte ſujet de ſe faire reſtituer contre les actes que l'on auroit été forcé de paſſer contre ſon gré, & uniquement par la crainte des maux dont on étoit menacé; comme la crainte de la mort, des chaînes & des priſons, & la crainte de la perte de tous ſes biens.

Voyez Crainte, car nous avons expliqué ſous ce mot de quelle maniere il faut ſe pourvoir pour ſe faire reſtituer contre les actes que la violence nous a fait paſſer contre notre volonté.

A l'égard de la poſſeſſion dont on auroit été déjetté par violence, on peut ſe pourvoir par complainte ou par réintegrande, pour ſe faire réintegrer dans ladite poſſeſſion. *Voyez* Complainte. *Voyez* Réintegrande.

On diſtingue de deux ſortes de violence; ſçavoir la violence publique, & la violence privée.

La violence publique eſt celle qui bleſſe le droit public, & qui ſe commet avec armes. *Voyez* ce que j'ai dit ci-deſſus *verbo* Force publique. Chez les Romains, elle étoit punie de la déportation & de la confiſcation de tous les biens, & quelquefois auſſi de plus grande peine.

La violence privée eſt celle qui bleſſe le droit privé, & qui ſe commet ſans armes. Chez les Romains, elle étoit punie de la relégation & de la perte du tiers des biens,

Parmi nous, la violence publique eſt punie de mort; & la privée de peine arbitraire ſuivant les circonſtances.

Voyez ce que j'ai dit ſur le paragraphe 8. du dernier titre des Inſtitutes.

VIRER LES PARTIES, eſt une maniere de s'acquitter ſans rien débourſer, en faiſant une compenſation, de ce qui eſt dû par une perſonne à une autre. Ainſi quand un marchand donne en payement à un autre un billet ou une lettre de change on appelle cette opération *virement*, parce que l'on change de débiteur & de créancier.

Cette facilité de s'acquitter ſans bourſe délier, ſe pratique dans pluſieurs endroits, & particulierement à lyon pendant les payemens des quatre Foires. *Voyez* Conſervateurs des priviléges des Foires de Lyon.

Par exemple, Jacques doit à Pierre mille écus, Pierre eſt créancier de Paul, & Paul l'eſt de Jacques, Après qu'entr'eux ils ſont demeurés d'accord, Jacques rapporte ſur ſon livre le payement fait en ces terme;: *Paul doit pour mille écus*; moyennant quoi tous trois s'acquittent.

Cet exemple eſt en trois perſonnes ſeulement; mais le nombre en eſt ſouvent plus grand, & va quelquefois juſquà dix ou douze, uſant toujours de la même régle.

VIRILE. *Voyez* Portion virile.

VIRILITÉ, ſignifie l'âge viril qui commence à vingt-cinq ans, & finit à cinquante; comme nous avons dit, *verbo* Age.

VISA, eſt un acte qui confirme ou vérifie les Lettres ſur leſquelles il intervient.

Les Juges mettent au bas des Lettres qui leur

sont adressées, ou qu'on veut exécuter dans leur ressort, le *Visa*, pour marquer la vérification d'icelles.

Il y a plusieurs Lettres de Commissions qui ne peuvent être exécutées sans le *Visa*, ou Lettres de Trésoriers de France.

Monsieur le Chancelier écrit de sa main le *Visa* au bas des Edits & Lettres patentes, avant qu'on les scelle.

VISER signifie mettre un *Visa* au bas d'un acte, après l'avoir examiné.

VISER LA FEUILLE, est approuver ce que le Greffier a écrit sur la feuille où sont rédigés les Jugemens rendus à l'Audience.

L'Ordonnance de 1667. en l'Article 5. du titre 26. veut que celui qui a présidé voye à l'issue de l'Audience, ou dans le même jour, ce que le Greffier a rédigé, & signe le plumitif, & paraphe chaque Sentence, Jugement ou Arrêt, ainsi qu'il est prescrit par ledit article 5. de l'Ordonnance de 1667. *Voyez* sur cet article ce qu'a dit Bornier. Nous remarquerons seulement ici qu'un Greffier ne peut pas délivrer un Arrêt, qu'après que le President aura signé la feuille.

Dans les Cours, on appelle *Plumitif* la feuille sur laquelle le Greffier écrit le Arrêts: d'où vient *viser la feuille*; parce que celui qui a présidé, met Vû à chaque Arrêt. Dans les autres Jurisdictions, on appelle cette feuille *Registre des Audiences*.

VISITE est l'examen de quelque ouvrage ou autre chose, qui se fait par des Experts en conséquence d'un Jugement qui l'ordonne.

Les Juges n'ordonnent de Visite, que lorsqu'il s'agit, d'une question de fait, qui peut être éclaircie par le resultat des personnes expérimentées dans la chose; comme quand il s'agit de sçavoir si des ouvrages de maçonnerie, charpenterie, peinture, &c. ont été bien faits, ou si des étoffes sont bien façonnées, ou enfin quand il s'agit d'estimer un dommage souffert par un délit ou quasi-délit.

Posons par exemple que j'aye commandé à un Menuisier un ouvrage de deux cens livres & que je prétende que l'ouvrage qu'il a fait est défectueux; il faut que le Juge avant faire droit aux Parties, ordonne que l'ouvrage en question sera vû & visité par Experts & gens à ce connoissans, dont les Parties doivent convenir.

Les Jugemens qui ordonnent des visites, doivent faire mention des faits sur lesquels les Experts doivent faire leur rapport, du Juge devant lequel les Parties doivent comparoître pour nommer des Experts, & du délai qu'on leur donne pour cela.

En cas d'absence de l'une des Parties, le Juge nomme d'office un Expert pour le défaillant; comme il est dit en l'article 8. du titre 21. de l'Ordonnance de 1667.

Avant que les Experts procédent à la visite, le Juge leur marque le jour & l'heure pour comparoître devant lui, & faire le serment; ce qu'ils seront tenus de faire sur la premiere assignation, & dans le même tems sera mis entre leurs mains le Jugement qui aura ordonné la visite, après quoi ils y vaqueront incessamment.

Suivant l'article 185. de la Coutume de Paris, ils doivent en procédant à la visite faire rédiger & même signer leur rapport sur le lieu.

La visite achevée, ils donnent leur repport en minute au Commissaire, pour être attaché à son procès-verbal, & transcrit dans la grosse en même cahier; comme il est dit en l'article 12. du tit. 21. de l'Ordonnance de 1667.

Il faut excepter les rapports qui se font à Paris où il y a des Greffiers appellés Clercs de l'Ecritoire, qui sont commis pour rédiger tous procès-verbaux de visite, prisée, estimation, &c. qui en gardent des minutes, & en délivrent des grosses aux Parties. *Voyez* Experts, Rapport d'Experts, Vacations d'Experts.

VISITE EN MATIERE CRIMINELLE, est celle que le Juge ordonne être faite par des Chirurgiens, en cas de blessures, en conséquence de la Requête qui lui est présentée à cet effet par celui qui a été blessé, à l'effet de lui adjuger une provision, sur le rapport qui sera fait par les Chirurgiens nommés par le Juge. *Voyez* Provision en matiere criminelle.

VISITE POUR RAISON D'IMPUISSANCE, est la preuve ordinaire dont l'Eglise s'est toujours servie pour vérifier l'impuissance d'un mari, pour raison de laquelle sa femme prétend faire déclarer nul son mariage. S'il a été un tems où le congrés a été en usage, il n'étoit fondé ni sur les Loix ni sur les Canons; au contraire le congrés renverse l'ordre ancien qu'ils avoient établi pour éclaircir la vérité dans ces occasions. Enfin comme c'étoit un abus plutôt qu'un usage, c'est avec raison qu'il a été défendu par Arrêt du Parlement de Paris du 18. Février 1667, dont nous avons parlé *verbo* Congrès.

A l'égard de la visite dont nous parlons ici, il est vrai que tous les Peres de l'Eglise blâment fort cet usage, comme honteux & sujet à de grandes erreurs; mais ils conviennent qu'on peut y avoir récours dans une nécessité absolue.

Voyez Impuissance.

VISITE DES EGLISES, doit être faite par les Evêques & Archevêques, & par les Archidiacres, pour raison de quoi il leur est dû un droit qui est appellé *Procuratio*. Je me reserve à traiter cette matiere dans le Dictionnaire de Droit canonique, que je dois faire mettre sous presse dans peu.

VITRIC, est un mot qui n'est guères usité en notre langue. Il vient du mot latin *Vitricus*, qui signifie le second mari de ma mere, qui est mon beau-pere.

ULTRAMONTAINS sont ceux qui

demeurent *ultra montes*, pour désigner les habitans des terres sujettes à la domination du Pape.

U N

UNDE VIR ET UXOR. *Voyez* Succession *unde vir & uxor.*

UNION. On appelle contrat d'union, un contrat qui se fait entre les créanciers d'un homme oberé de dettes, par lequel ils s'unissent pour agir de concert, à l'effet de parvenir au recouvrement de leur dû, & d'empêcher que les biens de leur débiteur ne se consument en frais par la multiplicité & contrarieté des procédures.

Par ce même contrat, les créanciers nomment des Directeurs ausquels ils donnent pouvoir de faire toutes poursuites & diligences nécessaires pour la conservation de leurs droits, & pour leur intérêt commun; consentant que tout ce qui aura été fait par ces Directeurs; ait son plein & entier effet & vaille comme s'il avoit été fait par tous les créanciers du débiteur. Par ce même contrat, les créanciers consentent qu'il soit procédé à une vente volontaire des biens de leur débiteur.

Les créanciers ne peuvent point faire de contrat d'union, lorsque le Roiy a intérêt, & qu'il est créancier du débiteur; il faut alors procéder toujours à une vente forcée & judiciaire de ses effets.

L'homologation des contrats d'union ne peut point faire à Paris pardevant les Juges & Consuls il faut qu'elle se fasse au Châtelet ou autre Jurisdiction. Ainsi jugé par Arrêt du 27. Mars 1702.

UNIR *Voyez* Réunir.

UNIVERSALITÉ DE MEUBLES, est le droit qu'on y a pour le tout, ou pour une portion par quotité; car une portion de quotité fait un tout & une universalité.

Tous les meubles d'un défunt appartiennent à titre universel à celui ou à ceux qui sont ses héritiers mobiliers.

Celui qui succede à l'universalité des meubles d'un défunt, est à cet égard héritier d'un patrimoine particulier, & est comme tel tenu des dettes, *pro rata emolumenti*, avec les héritiers des propres.

Une donation de l'universalité des meubles est sujette à insinuation; mais la donation des meubles particuliers n'y est pas sujette.

La complainte n'a lieu en chose mobiliaire particuliere, mais bien pour universalité de meubles, comme en succession mobiliaire. Art. 97. de la Coutume de Paris.

UNIVERSITÉ est un corps composé de plusieurs Compagnies; c'est pourquoi l'on appelle de ce nom les Corps qui sont composés de plusieurs facultés. Ainsi les universités sont les séminaires où l'on éleve la jeunesse, pour en former des Ministres capables de gouverner l'Eglise & l'Etat & d'administrer la Justice.

Les Universités ont des Professeurs qui enseignent les sciences dont ils font profession, & donnent des certificats d'études & des degrés.

Il y a vingt-quatre Université en France; & plusieurs, comme celle de Paris, sont composées de quatre Facultés; sçavoir, de celle de Théologie, de celle de Droit, de celle de Médecine, & de celle des Arts.

Il y a d'autres Universités qui ne sont établies que pour enseigner quelques-unes de ces sciences.

Celle de Paris est une des premieres & de plus illustres; aussi nos Rois ont-ils coutume de l'appeller leur fille aînée.

Son Chef est appellé Recteur, qui préside au Tribunal de l'Université; & il a pour Conseillers les Doyens des trois facultés supérieures, & les quatres Procureurs des quatre Nations qui composent la Faculté des Arts. Le Procureur-Syndic y assiste comme Partie publique, avec le Greffier & le Receveur.

Ce Tribunal se tient chez le Recteur le premier Samedi de chaque mois. L'appel des Sentences qui s'y rendent se releve au Parlement.

Dans les affaires que peut avoir l'Université en Corps, elle a ses causes commises en premiere instance à la Grande Chambre.

Les Particuliers du Corps qui sont en exercice, ou qui ont acquis la qualité de Vétérans, ont leurs causes commises pardevant le Prevôt de Paris, comme Juges-Conservateurs des Priviléges royaux de l'Université. *Voyez* Lettres de gardes-gardiennes.

Il faut remarquer, I°. que les Universités & Ecoles publiques ne peuvent être établies en France sans l'autorité & le consentement du Roi. Preuves des Libertés, tome 2. chapitre 37.

II°. Qu'une Université est un Corps mixte, & par conséquent le droit de patronage qui lui appartient est mixte *Cùm enim Academiæ, Universitates, ex Collegiis ecclesiasticis & laïcis constent, mixta sunt corpora, proinde eorum bona.*

V O

VOCAL. En matiere d'élection ou de délibération, on appelle vocaux ceux qui ont droit de donner leur voix & leur suffrage.

VŒU, est une promesse faite à Dieu d'une bonne œuvre, à laquelle on n'est point obligé, comme d'un jeûne, d'une aumône, d'un pelerinage. Il est libre de ne pas faire de vœux; mais quand on les a faits, on est tenu de les executer. Ainsi ce qui n'étoit dans son principe qu'un pur effet de la volonté, devient en consequence de cette promesse faite à Dieu, un engagement irrévocable, à moins qu'il n'y en ait une dispense accordée par le Supérieur.

Les vœux sont simples ou solemnels. Le vœu simple est celui qui se fait en particulier & sans aucune solemnité. Le vœu solemnel est celui qu'on fait en recevant les Ordres sacrés, ou en faisant profession dans un Monastere approuvé par l'Eglise & par le Souverain.

Je traiterai cette matiere plus amplement dans mon Dictionnaire de Droit canonique.

VOIE, signifie chemin, passage. Il y en a de deux sortes; sçavoir, les voies publiques qui appartiennent au Public, & les voies particulieres qui sont des droits qui appartiennent à des Particuliers à titre de servitude. *Voyez* ce que j'en ai dit au titre 3. du livre 2. des Institutes.

VOIES DE FAIT, sont défendues, quand même celui qui s'en serviroit pourroit avoir raison; parce qu'il n'est pas permis à qui que ce soit de se faire Justice.

Il est loisible à tous les habitans du Royaume d'agir par les voies de droit, & de demander justice; mais il n'est permis à personne de se la faire

Le Roi même la demande par ses Procureurs; il présente des Requêtes, donne des assignations: ce qui marque qu'il n'est permis à personne de se la rendre, quand même il auroit titre, & qu'il seroit fondé en droit & en raison. D'ailleurs, s'il étoit permis de se faire justice, on seroit tous les jours aux épées & aux coûteaux les uns contre les autres.

Les duels comme étant très-préjudiciables à l'Etat, ont été défendus par Saint Louis & par ses Successeurs. Mais Louis XIV. en les défendant, a par son Edit du mois de Juin 1643. fourni aux personnes de qualités un moyen de se venger des injures qui leur seront faites, sans hazarder leur propre vie, comme elles faisoient auparavant: & ce grand Roi aussi par ce moyen ôte toute occasion aux voies de fait.

Voici les neufs premiers articles de cet Edit, qui ont été faits à ce sujet.

» Article I'. Que ceux qui s'estimeront offensés » en leur réputation, seront tenus d'en porter leur » plainte à sa personne, ou à Messieurs les Maré- » chaux de France, afin que l'injure qu'ils auront » reçue soit séparée de telles sortes, qu'ils en soient » pleinement satisfaits en leur honneur.

» II'. que ceux qui seront demeurans dans les » Provinces s'addresseront aux Gouverneurs & » Lieutenans généraux de sa Majesté, qui déci- » deront aussi tôt les différens, si faire se peut; si- » non en avertiront Sa Majesté, pour ensuite faire » exécuter ses Ordres & Commandemens sur ce » sujet.

» III'. Que celui qui aura offensé, sera tenu de » comparoir lorsqu'il lui aura été ordonné; & à » faute de ce faire, après que le commandement » lui en aura été signifié par deux fois à sa personne » ou à son domicile, avec la plainte de l'offensé, il » sera ajourné à trois briefs jours; & ne paroissant » point, il sera suspendu de son honneur, déclaré » incapable de porter les armes, & renvoyé aux » Cours de Parlement, pour être puni comme ré- » fractaire aux Ordonnances.

„ IV'. Il est joint aux Maréchaux de France, „ que sur l'avis qu'ils auront des différends surve- „ nus entre personnes qui font profession des ar- „ mes, ils mandent aux Parties de comparoir de- „ vant eux, leur faisant défenses d'en venir au „ combat; & ensuite en connoissance de cause, ils „ ordonnent une satisfaction si avantageuse à l'of- „ fense, qu'il ait sujet d'en demeurer content & „ satisfait.

„ V'. Que si l'injure est jugée par lesdits Sieurs „ Maréchaux, toucher à l'honneur de l'offense, „ l'offensant soit privé pour six ans de ses Charges „ Offices & Pensions, sans y pouvoir être rétabli „ qu'après ce tems, & après avoir satisfait à la ma- „ niere qu'il a été ordonné.

„ VI'. Que si l'offensant n'a ni charge ni Pension, „ il soit privé pendant six ans du tiers de son reve- „ nu, & ce tiers appliqué à l'Hôpital royal; & s'il „ n'a point de revenu, il tienne prison deux ans en- „ tiers.

„ VII'. Qu'en cas que les offensans refusent de su- „ bir les Jugemens desd. Sieurs Maréchaux de Fran- „ ce, ausquels est attribué l'autorité de juger & „ décider absolument tous différends concernant „ le point d'honneur: ils fassent arrêter par leurs „ Prevôts, & retenir en prison les refractaires, jus- „ qu'à ce qu'ils ayent satisfait & obéi; & outre ces „ peines, pourront encore être condamnés en des „ amendes, déclarés déchus des privileges de no- „ blesse; & imposés en la taille comme roturiers.

„ VIII. Que les offensés ou prétendans l'être, „ qui ne voudront s'adresser ausdits Sieurs Maré- „ chaux de France, ou aux Gouverneurs des Pro- „ vinces, & appelleront au combat ceux par qui „ ils croyent avoir été offensés, seront déchus de „ ne jamais pouvoir obtenir la réparation de l'of- „ fense qu'ils prétendent avoir reçue; seront pri- „ vés de toutes les Charges Offices, Pensions & „ autres graces qu'ils tiendront de Sa Majesté, sans „ espérance de les jamais recouvrer; seront bannis „ pour trois ans hors du Royaume, & la moitié de „ leurs biens confisqué, & les Châteaux & Mai- „ sons seigneuriales qu'ils possedent, rasées, & les „ fossés comblés.

„ IX. Que ceux qui seront appellés en dueil, en „ donneront avis à Sa Majesté, ausd. Sieurs Ma- „ réchaux de France, ou aux Gouverneurs des Pro- „ vinces; au moyen de quoi toutes les Charges, „ Offices & Pensions des appellans, leur sont adju- „ gés; Sa Majesté déclarant qu'elle tiendra tou- „ jours le refus de se battre, pour preuve certaine „ d'une valeur bien conduite, & digne des emplois „ aux plus honorables & importantes Charges „ dans les guerres..

Il faut joindre à tout ceci ce que j'ai dit, *verbo* Point d'honneur.

VOIRIE, signifie une place à la campagne, qu'un

donner au Public, pour y porter les immondices qui se trouvent dans l'étendue de la Seigneurie.

VOISINS, sont ceux qui habitent en des lieux proches les uns des autres. On le dit aussi des lieux & des héritages qui se joignent.

La raison naturelle nous inspire de ne rien faire qui puisse nuire à nos voisins. *Itaque artem exercere etiam in domo propria, fœtore cujus vicini circumveniantur, non licet, ut ait Franc. Marc. tom. 1. quæst.* 23. & *tom.* 2. *quæst.* 483.

Les Boulangers ne peuvent pas se servir dans leurs maisons de moulins à bluter farine, à cause de l'incommodité qu'en recevroient leurs voisins. Sœfve, tom. 1. cent. 4. chap. 42.

Par Arrêt du Parlement de Paris de l'année 1605. il fut enjoint à un Maréchal demeurant rue de Jouy, qui incommodoit les voisins, & empêchoit la voie publique, de contenir ses serviteurs en toute modestie, à peine de 60 liv. parisis, & de punition corporelle s'il y écheoit. Corbin, Suite de Patronage, chap. 198.

Les Forgerons & Maréchaux ferrans peuvent être contraints de régler les heures de leur travail de jour & de nuit, & les proprietaires des maisons voisines peuvent demander qu'ils ne puissent faire bâtir de fourneaux qu'au milieu de leurs boutiques, sans les appuyer aux murs mitoyens. *Voyez* un Arrêt du Parlement de Provence du 30 Janvier 1670. rapporté par Boniface, tome 1. de la suite de ses Arrets, liv. 4. tit. 18. chap. 1.

Touchant les engagemens reciproques de ceux qui sont proprietaires ou possesseurs des héritages qui se joignent, *voyez* ce que j'en ai dit ci-dessus, *verbo* Arbres; & ce qui en est dit dans les Loix civiles; liv. 2. tit. 6.

VOITURIERS PAR TERRE ET PAR EAU, sont, de même que les Cabaratiers & Hôteliers responsables de ceux du ministere de qui ils se servent, ou qu'ils reçoivent chez eux pour y demeurer, parce qu'il y a de leur faute de garder chez eux des gens pour y demeurer ou pour y servir, sans connoître leurs mœurs, comme il est porté dans le titre du Digeste: *Nautæ, Caupones, Stabularii, ut recepta restituant.* Ainsi ils sont absolument responsables de toutes les pertes de hardes & de marchandises qui se font chez eux, à moins qu'elles ne soient arrivées par cas fortuit, ou par des passans.

Les Messagers & Voituriers ne sont donc pas responsables des vols qui leur auroient été faits sur les chemins, pourvû qu'ils eussent été faits de jour & entre deux soleils, suivant les Réglemens qui ont été faits sur ce sujet.

Les Cochers & Messagers ne sont pas tenus de la perte qui arrive par les chemins de l'argent dont ils sont porteurs, s'ils ne s'en sont chargés par leurs Registres, & qu'il ne leur ait été baillé par compte. Aussi le titre *Nautæ, Caupones, stabularii, ut recepta restituant*, montre qu'ils ne sont tenus que *ex recepto.* D'ailleurs, il y a un Réglement particulier qui porte, que les Cochers & Messagers auront pour livre de l'argent qu'ils portent d'un lieu à un autre tant de sols, & qu'ils seront responsables de la perte qui en arrivera en étant chargés par leurs Registres: d'où il résulte *à contrario* qu'ils n'en sont point tenus, s'ils n'en ont été chargés, & payés du droit attribué pour le port. Il y a dans le Journal des Audiences un Arrêt du Parlement de Paris, rendu le 5 Janvier 1627. qui l'a jugé ainsi.

Par autre Arrêt du 30 Mai 1656. rapporté dans le même Journal, il a été jugé qu'un Voiturier par eau est obligé de représenter les balots & bahuts qui lui ont été baillés a porter, bien qu'il n'en fût chargé par aucun Registre, & qu'il n'eût accoutumé d'en avoir; & qu'en ce cas la preuve par témoins auroit lieu, même pour somme excedant cent livres, attendu qu'il s'agit ici d'un maléfice. Le même Arrêt enjoint à ce Voiturier d'avoir bon & fidéle Registre.

Voyez ce que j'ai dit des Voituriers dans ma Traduction des Institutes, sur le paragraphe dernier du premier titre du quatriéme Livre, où j'ai marqué en quoi notre Jurisprudence differe à cet égard de celle qui avoit été introduite par le Droit Romain.

VOIX en fait d'affaires qui se décident par les Compagnies, signifie suffrage.

Les affaires qui se doivent terminer par le nombre des suffrages, se décident à la pluralité des voix, & une seule de plus suffit pour l'emporter sur l'autre.

Dans plusieurs Compagnies, celui qui préside n'a pas la liberté de prendre tel parti qu'il veut, dès qu'il y a une voix de plus d'un côté que d'un autre. Quand son tour vient d'opiner, il faut qu'il se joigne au plus grand nombre, & conclue pour: desorte qu'il ne lui est pas loisible de se ranger de l'autre côté, & par ce moyen partager les suffrages, ou conclure pour le parti pour lequel il est.

Dans d'autres Compagnies, celui qui préside n'est pas obligé de conclure à la pluralité; il peut, en donnant son suffrage pour le moindre nombre, causer l'égalité de part & d'autre; & en cas de partage, avoir la voix conclusive & prépondérante.

Les jeunes Officiers qui sont reçus par dispense d'âge, n'ont point de voix délibérative, si ce n'est dans les affaires qu'ils rapportent.

Cela leur a été permis par la Déclaration du 20 Mai 1713, qui est dans le second tome des nouveaux Reglemens pour l'administration de la Justice.

Cela leur a été accordé afin de les accoutumer de bonne heure au travail, & les empêcher de se dissiper en les mettant dans la nécessité d'examiner & de discuter tout un procès pour en rendre compte; & comme ils ont tout le tems qu'ils jugent à propos pour refléchir au rapport qu'ils en doivent faire, il n'y a pas lieu de craindre qu'ils y donnent leurs suffrages legerement & au hazard, comme on pourroit l'appréhender dans les affaires dont ils ne feroient pas Rapporteurs, & où il faudroit qu'ils opinassent sur le champ.

VOIX DELIBERATIVE. Avoir voix délibérative dans une assemblée, se dit de ceux qui ont droit d'y dire leur avis, lequel est compté parmi les suffrages.

VOIX DE CEUX QUI SONT PARENS. Dans les Cours & Jurisdictions, quand les parens ont été admis par dispense aux Charges de Judicature, leurs voix ne sont comptées que pour une, si ce n'est qu'ils se trouvent de différens avis.

Voyez ci-dessus Parenté en fait de Charge de Judicature.

VOIX MI-PARTIES. *Voyez* Partage d'opinions.

VOIX ACTIVE, se dit dans les élections de celui qui a droit d'élire ; & on dit qu'un homme a voix active & passive, lorsqu'il a droit de donner sa voix pour l'élection, & qu'il peut être élu.

VOIX DU PEUPLE, n'est pas suspecte, & les Juges y doivent avoir égard, quand elle n'est pas suscitée par une cabale, & qu'elle est confondue avec celle des honnêtes-gens : ce sont-là les deux points qui la font appeller voix divine. *Vox populi, vox Dei est. Voyez* Commune renommée.

VOL, est un larcin qui est fait avec violence : néanmoins vol & larcin se prennent quelquefois indifféremment pour toute sorte de larcin.

Ceux qui sont convaincus de larcin ou vol fait clandestinement & sans violence, non qualifié, c'est-à-dire, non accompagné de circonstances aggravantes, doivent être punis pour la premiere fois du fouet.

Ceux qui sont derechef convaincus de vol, après avoir été repris de Justice pour raison de larcin non qualifié, doivent être pendus, quand même la chose volée seroit de peu de valeur.

Cependant on ne les condamne ordinairement qu'au fouet & à la fleur-de-lys, qu'on ne leur applique que sur les épaules. Aussi le mal n'est pas plutôt passé qu'ils sont aussi effrontés qu'auparavant. *Voyez* ce que j'ai dit sur le titre 2. du quatriéme livre des Institutes.

VOL QUALIFIÉ, est celui qui est accompagné des circonstances qui en augmentent l'énormité, & par conséquent la peine.

Les circonstances se tirent du lieu où le vol est fait, ou de la qualité de la chose volée, ou de la qualité de celui qui l'a commis, ou enfin par rapport à la maniere dont il est fait.

VOL QUALIFIÉ PAR RAPPORT AU LIEU OU IL EST COMMIS, est celui qui est commis dans les Eglises, dans les Maisons royales, & dans les Cours & Jurisdictions pendant le tems de l'Audience.

A l'égard du vol commis dans les Eglises, il doit être puni de mort, à cause qu'il est accompagné de sacrilége ; car ç'en est un que de violer un lieu si respectable.

Les auteurs coupables & complices de vols & de larcins commis dans les Maisons royales, doivent être punis de mort. *Voyez* la Déclaration du 15. Janvier 1677. & celle du 11. Septembre 1706.

La peine de mort doit être pareillement encourue par tous ceux qui sont convaincus d'avoir volé dans quelque Auditoire, dans le tems que la Justice s'y rendoit.

Cependant cette peine est quelquefois modifiée. Ainsi par Arrêt du 29. Août 1733. un malheureux ayant été surpris volant un mouchoir dans la Grande Chambre du Parlement de Paris, l'Audience tenant, n'a été condamné qu'à faire amende honorable, à être marqué de trois lettres G. A. L. & aux Galeres pour trois ans.

VOL QUALIFIÉ PAR RAPPORT A LA QUALITÉ DES CHOSES VOLÉES, est celui qui est fait de choses, à la conservation desquelles le Public est interessé.

Telles sont I°. les ornemens des Eglises, & les choses qui servent au Service divin. Ceux qui sont convaincus de les avoir volées, doivent être condamnés d'être pendus. A l'égard des Calices & des Vases sacrés, ceux qui sont assez téméraires & assez impies pour les voler, doivent être condamnés à faire amende-honorable devant la porte de l'Eglise dont ils auront dérobé les Vases sacrés, & y avoir le poing coupé, & ensuite être pendus, & leurs corps jettés au feu ; à moins que l'atrocité de leur crime ne meritât d'être punie de plus grande peine, c'est-àdire d'être brulés vifs.

II°. Les charues, socs, harnois, herses, draps au lavoir, linges au soleil, chevaux & bestiaux qui sont au pâturage dans un pré sous la foi publique, qui sont choses à la garde desquelles on ne peut pas continuellement veiller, sont censées être sous la protection de la Justice. Ce vol est facile à faire ; mais il doit être puni grievement, suivant la valeur de la chose volée, & les circonstances.

Il y a encore un vol qui est qualifié par rapport à la qualité des choses volées, & qui, quoiqu'il dût être puni très grievement, demeure le plus souvent impuni. Ce vol appellé peculat, est celui qui se fait des Finances qui appartiennent au Prince, ou qui se levent sur le public. Ceux qui commettent ce crime avec adresse, s'enrichissent impunément aux dépens du pauvre peuple. C'est ce qui a fait dire à Caton *Privatarum rerum fures in compedibus vitam agunt : publicarum autem in auro & purpura conspicui palam, incedunt magno cum apparatu.* Comme la peine de ce crime ne s'étend pas toujours au dernier supplice, il faut voir Papon, livre 22. titre 2. où il l'explique doctement, & fait voir la différence des peines que l'on fait souffrir à ceux qui en sont convaincus, & se sert pour cette différence de belles autorités du Droit. *Voyez* Peculat.

VOL QUALIFIÉ PAR RAPPORT A LA QUALITÉ DE

CELUI QUI LE COMMET, est celui qui est fait par un domestique à son Maître.

Ce crime doit être d'autant plus sévérement puni, qu'il est difficile de l'empêcher & de se précautionner contre ; attendu que la vie & les biens des Maîtres sont nécessairement confiés aux domestiques.

Aussi tout vol fait par un domestique à son Maître, doit être puni de mort, quand même la chose volée seroit peu considérable : car tout ce qui appartient au Maître, est pour ainsi dire sacré par rapport à ses domestiques, qui sont obligez de veiller à la conservation de sa personne & de ses biens.

VOL QUALIFIÉ PAR RAPPORT A LA MANIERE DONT IL EST COMMIS, est celui qui est fait par force & par violence, ou avec effraction.

Ceux qui sont convaincus d'avoir volé par force & par violence sur les grands chemins, en campagne ou dans la Ville, de nuit ou de jour, sont condamnés à être rompus vifs; & à plus forte raison quand ils ont joint le meurtre au vol.

Ceux qui sont convaincus d'être entrés dans les maisons, & d'y avoir volé avec effraction, ou par le moyen des rossignols ou de fausses clefs, doivent être condamnés d'être pendus.

Cela s'observe pareillement à l'égard de ceux qui sans effraction sont entrés dans une maison à main armée, pour voler quelqu'un, en l'intimidant & menaçant de lui ôter la vie, quand même le vol n'auroit pas été entierement consommé, soit par l'arrivée de personnes qui sereient survenus, ou autrement.

VOL DU CHAPON, est un arpent de terre que le fils ainé prend avec le principal manoir ou hôtel noble, par préciput & avantage pour son droit d'ainesse.

Cet arpent est appellé dans l'article 8. de l'ancienne Coutume de Paris, vol du chapon, comme qui diroit autant de terre qu'un chapon en pourroit parcourir en volant.

Il est néanmoins estimé differemment suivant les lieux; comme l'a remarqué Ragueau, *verbo* Vol de chapon.

VOLET, est un petit colombier bourgeois & domestique, où l'on nourrit des pigeons, qui n'a qu'une petite ouverture, qu'on ferme avec un ais.

Il n'est permis qu'aux Seigneurs d'avoir des colombiers à pied. Mais on souffre qu'un Bourgeois ait un volet, si ce n'est dans les Coutumes qui défendent toutes sortes de colombiers. *Voyez* ci-dessus Colombier.

VOYAGE, est un droit accordé à la Partie, qui a affirmé en personne au Greffe de la Jurisdiction où le procès est pendant, être venu exprès pour charger un Procureur de son affaire, soit pour apporter l'exploit, ou pour produire, soit pour faire juger.

Les voyages pour charger Procureur ne se taxent que pour homme de cheval, à raison de 3 livres 15 sols; & pour faire juger, ils se taxent suivant la qualité des personnes, à l'exception des Princes, Ducs & Pairs, Maréchaux de France, quand il s'agit de leurs droits hors Paris, lesquels ne sont taxés que pour un Ecuyer seulement, à raison de 7 livres 10 sols par jour.

Dans les Parlemens & autres Jurisdictions, il n'y a de séjour, mais seulement un jour par dix lieues pour venir, & pareil délai pour retourner. Quand le voyage est affirmé pour charger un Procureur, il n'y a qu'un jour de séjour; pour produire, trois; & pour faire juger, quatre.

Si le procès est jugé de grands Commissaires, il y en a, outre les quatre, encore deux pour chaque vacation.

Il ne peut y avoir dans une instance plus de trois voyages, à moins qu'il n'y ait des demandes principales jointes; auquel cas est taxé un second voyage pour produire, lorsqu'il y a une distance de six mois du premier produit.

L'on donne un voyage d'homme de cheval pour faire faire les criées, pour les retirer, & faire certifier dans l'ordre qui se fait en conséquence des deniers provenans de l'adjudication.

Il n'est taxé qu'un seul voyage d'homme de cheval au poursuivant pour produire, & pour faire juger suivant sa qualité, sans qu'il puisse prétendre de séjour que pour dix vacations, outre les quatre jours ordinaires, quelque nombre qu'il y en ait.

En matiere criminelle, il y a pareillement voyage d'homme de cheval pour faire informer & décreter, pour l'interrogatoire, pour la confrontation avec le séjour tant qu'elle aura duré. Outre les quatre jours de séjour aux crimes capitaux où la Partie est présente, le voyage est taxé suivant la qualité, de même que pour faire juger, sans qu'il en puisse être taxé pour donner conclusions civiles, ou défenses, & produire.

L'accusé a les mêmes voyages, lorsque l'accusateur est condamné aux dépens.

Les voyages & séjours ne pourront être employés ni taxés, s'ils n'ont été véritablement faits, & dûs être faits, & que celui qui en demandera la taxe, ne fasse apparoir d'un acte fait au Greffe de la Jurisdiction en laquelle le procès sera pendant, lequel contiendra son affirmation qu'il a fait exprès le voyage pour le fait du procès, & que l'acte n'ait été signifié au Procureur de la Partie aussi-tôt qu'il aura été passé, & le séjour ne pourra être compté que du jour de la signification; comme il est dit en l'article 14 du titre 31 de l'Ordonnance de 1667.

Dans les Parlemens & Jurisdictions où le séjour ne se taxe point, mais seulement un voyage quand il est affirmé, ce voyage se taxe à raison de dix livres par jour pour venir, & pareil délai pour retourner; & pour apporter les plaids un jour de séjour, & pour produire, trois jours.

Ces deux premiers voyages se taxent comme homme de cheval, c'est-à-dire trois livres quinze sols par jour, sans distinction de qualité des personnes; excepté aux Artisans des Villes où il n'y a point de Jurande, ausquels n'est taxé que voyage d'homme de pied, à raison de trente sols par jour.

On donne un troisiéme voyage pour faire juger, qui se taxe suivant la qualité des personnes, & qui est de quatre jours de séjour.

Si le procès est vû de grands Commissaires, sera ajouté deux jours de séjour pour chaque vacation; & aux causes plaidées pendant plusieurs Audiences, sera pareillement ajouté aux quatre jours de séjour deux jours pour chaque Audience.

Arrêt du Parlement du 10. Avril 1691. *portant Réglement général sur les voyages & séjours.* Vû par la Cour l'Arrêt d'icelle en forme de Réglement, du 26. Août 1665. conclusions du Procureur général du Roi: oui le rapport de Me. Etienne Daurat, Conseiller, la matiere mise en délibération. Ladite Cour a ordonné & ordonne, que les voyages & séjours ne seront taxés, s'ils n'ont été véritablement faits & dûs être faits, & s'ils n'ont été affirmés par un acte au Greffe de la Jurisdiction où le procès est pendant; que les femmes pourront venir pour la poursuite des affaires de leurs maris, les enfans pour leurs peres & meres, & les gendres pour leurs beaux-peres & leurs belles-meres, sans qu'ils ayent besoin de procuration, en faisant leur affirmation au Greffe, ainsi que le mari le pourra faire dans le procès où la femme sera seule Partie; que les enfans ne pourront être envoyés, ni faire leur affirmation pour leurs peres & meres & leurs ayeuls, s'ils ne sont au-dessus de l'âge de vingt ans; que quoique les affirmations soient faites par les enfans ayant l'âge au-dessus de vingt ans, leurs voyages ne seront taxés que de leur qualité personnelle, sans néanmoins qu'ils puissent être taxés à une somme plus forte que celle qui seroit accordée à la personne qui les envoye, même à la femme qui viendra pour son mari, ou au gendre, qui viendra pour son beau-pere ou sa belle-mere; que pour les voyages & séjours d'un autre envoyé de quelque qualité qu'il soit, ne sera taxé que pour homme de cheval; qu'il ne sera taxé ausdits envoyés aucuns voyages, si la procuration n'a été par eux acceptée lors de la passation d'icelle; que si la Partie, ou celui qui sera chargé de sa procuration, font en même tems plusieurs affirmations pour différentes affaires, leurs voyages & séjours ne seront taxés que pour moitié, quand il se trouvera en même tems deux affirmations, & à proportion quand il y en aura un plus grand nombre: lesquels voyages seront reglés à dix lieues par jour, & se taxeront ainsi qu'il ensuit; sçavoir.

A un Cardinal, vingt livres.

A un Archevêque, quinze livres.

A un Evêque, dix livres.

A un Abbé, sept livres dix sols.

Aux Prieurs, Doyens, Prévôts & Archidiacre des Eglises Cathédrales, six livres.

Aux Chanoines & aux Curés, cinq livres.

Aux Prêtres & aux Religieux qui viendront par Acte capitulaire, trois livres quinze sols.

Que les voyages ne seront taxés aux Princes, Ducs & Pairs, Maréchaux de France, quand il s'agit de leurs droits hors de Paris, pour charger un Procureur & produire, que pour un homme de cheval; & pour faire juger, que pour un Ecuyer seulement.

Aux Chevaliers des deux Ordres du Roi, douze livres dix sols.

Aux Marquis & Comtes, dix livres.

Aux Barons, neuf livres.

Au Chevalier & à l'Ecuyer sans autre titre, sept livres dix sols.

Aux Officiers du Roi & des Maisons royales, suivant leurs qualités.

Aux Gardes-du-Corps, Gendarmes, Mousquetaires, Chevaux-Légers, pendant le tems de leur exercice, sera taxé du lieu de la Cornette, en faisant le voyage avec congé, sept livres dix sols.

Quand ils ne seront à la Cornette, ou qu'ils seront vétérans, il leur sera taxé de leur domicile même somme.

Au Prévôt des Maréchaux, sept livres dix sols.

Au Lieutenant, six livres.

Au Greffier trois livrs quinze sols.

Aux Lieutenans des Siéges particuliers, Assesseurs, Avocats & Procureurs du Roi esdits Siéges, six livres.

Au Grand Maître des eaux & Forêts, neuf livres.

Aux Maîtres particuliers, Lieutenans Avocats' Procureurs du Roi esdites Maîtrises, six livres.

Au Greffier, trois livres quinze sols.

Aux Présidens des Elections, six livres.

aux Elus, Avocats & Procureurs du Roi, quatre livres.

au Greffier, trois livres quinze sols.

Aux Grenetiers, Controleurs, Avocats Procureurs du Roi, Greffiers & Officiers des Greniers à sel, trois livres quinze sols.

Aux Secretaires du Roi, Gardes des Rolles, Audienciers & Trésoriers du Sceau, sept livres dix sols.

Aux Référendaires, Chauffes-cire, & Huissiers en la Chancellerie, trois livres quinze sols.

Aux Receveurs généraux des Finances, Trésoriers ordinaires des Guerres & de la Maison du Roi, six livres.

Aux Trésoriers provinciaux, Commissaires des Guerres, Controlleurs des Domaines, Payeurs des Gages, Receveurs des Consignations, Receveur de Tailles, Commissaire aux Saisies réelles, quatre livres.

Aux Capitaines, sept livres dix sols.

Aux Lieutenans, Enseignes & Capitaines appointés, six livres cinq sols.

Aux Présidens des Cours souveraines, quinze livres.

Aux Conseillers desdites Cours souveraines, dix livres.

Aux Gens du Roi desdites Cours dix livres.

Aux Greffiers en Chef, sept livres dix sols.

Aux Avocats exerçans ausdites Cours, six livres.

Aux Procureurs desdites Cours, cinq livres.

Aux Officiers des Chambres des Comptes sera taxé comme aux Cours souveraines; à l'exception des Correcteurs & Auditeurs qui ne seront taxés que pour six livres.

Aux Trésoriers de France, Avocats & Procureurs du Roi esdits Bureaux, sept livres dix sols.

Au Greffier, quatre livres.

Au Lieutenant général d'un Siége où il y a Présidial, sept livres dix sols.

Aux Présidens des Siéges présidiaux, sept livres dix sols.

Aux Lieutenans particuliers & criminels, Conseillers, Avocats & Procureurs du Roi ausdits Siéges, six livres.

Aux Lieutenans généraux des Bailliages & Siéges royaux ressortissans nuement en la Cour, six livres.

Aux Lieutenans particuliers, Conseillers, Avocats Procureurs du Roi auxdits Bailliages, cent sols.

Aux Officiers Prevôtés royales non ressortissantes en la Cour, quatre livres.

Aux Avocats plaidans aux Siéges ressortissans en la Cour, quatre livres.

Aux Procureurs, Greffiers, Notaires, trois livres quinze sols.

A tous Marchands, Orféyres, Horlogers, Teinturiers, Apoticaires, Barbiers, Cordonniers, Maréchaux, Tailleurs, Menuisiers, Serruriers, Maîtres Charpentiers, Maçons, Couvreurs, de Villes capitales des Provinces, & autres où il y a Jurande, & Laboureurs, sera taxé pour voyage d'homme à cheval, trois livres quinze sols.

Et à ceux des autres Villes, ensemble aux Savetiers, Porte-faix, Vignerons, même aux Meûniers qui ne seront propriétaires des moulins qu'ils occupent, sera taxé seulement pour voyage d'homme à pied, trente sols.

Qu'il sera taxé pour apporter l'exploit, & charger un Procureur, voyage pour homme de cheval, de la distance du domicile de la Partie, à raison de dix lieux par jour, & un jour de séjour.

Qu'il sera pareillement taxé voyage pour produire, d'homme de cheval, de trois jours de séjour, sans qu'il en puisse être taxé sur les incidens: & où il se trouvera des demandes principales jointes, sera taxé un second voyage pour produire, lorsqu'il se trouvera une distance de six mois du premier produit, sans que pendant tout le cours du procès il puisse être taxé plus de deux voyages pour produire.

Qu'il sera taxé voyage pour faire juger, si le Jugement est définitif, suivant la qualité, avec quatre jours de séjour; & en cas que le procès se trouve jugé de grands Commissaires, sera encore donné deux jours de séjour pour chacune vacation.

Que les voyages ne seront taxés que pour un homme de cheval aux affaires interloquées, ou appointées au Conseil sur la plaidoirie; & quand elles auront été plaidées pendant plusieurs Audiences, sera ajouté aux quatre jours de séjour, deux jours pour chacune Audience, sans qu'il soit taxé aucun autre voyage pour produire.

Qu'il sera taxé voyage pour obtenir les Lettres en forme de Requête civile, & consulter, avec trois jours de séjour, sans qu'il puisse être taxé au défendeur plus de six livres pour le Messager, lorsque la Requête civile sera signifiée à son Procureur, & lorsqu'il y aura assignation, pourra employer son voyage s'il est affirmé pour charger un Procureur.

Qu'il sera taxé voyage d'homme de cheval pour faire enquête, avec quatre jour de séjour, ou plus grand s'il y échoit.

Qu'il ne sera taxé voyage que pour homme de cheval aux descentes, avec le séjour, suivant les vacations du procès verbal.

Comme aussi voyage d'homme de cheval pour former l'inscription de faux, de deux jours de séjour, sans qu'il puisse être taxé qu'un vin de Messager, pour faire juger les moyens de faux; & sera encore taxé voyage pour convenir de piéces de comparaison, tant au demandeur qu'au défendeur, avec quatre jours de séjour. Et s'il y a décret, & que l'instruction ait son cours, les autres voyages seront taxés comme ils sont ci-après employés sur le criminel.

Que pour la présentation & affirmation du compte, le voyage ne sera taxé que pour homme de cheval, avec quatre jours de séjour; & n'aura la Partie pour produire qu'un vin de Messager, & à l'oyant ne sera taxé que pour voyage pour produire.

Qu'il sera taxé voyage d'homme de cheval pour dresser la demande en dommages, intérêts, ou demande libellée en exécution d'Arrêts, reprendre un procès par l'héritier, & pareillement au défendeur, lorsqu'il sera assigné un an après l'Arrêt.

Que sur les demandes en peremption, les voyages ne seront taxés pour produire & faire juger que pour homme de cheval.

Que pareillement sur les folles assignations, désertions & incompétences, & en toutes autres affaires qui seront renvoyées pour être reglées à l'expédient, ou terminées par l'avis des Avocats & Procureurs, les voyages où il en échoira, ne seront taxés que pour homme de cheval, même sur les appellations de taxe & exécutoires de dépens.

Que pour faire informer & décreter, sera taxé voyage pour homme de cheval.

De même pour l'interrogatoire, aussi voyage d'homme de cheval.

Pour la confrontation avec le séjour pendant qu'elle aura duré, outre les quatre jours ordinaires.

Et aux crimes capitaux où la Partie sera présente, le voyage sera taxé suivant la qualité, de même que pour faire juger, sans qu'il puisse être taxé de voyage pour donner les conclusions civiles, ou défenses, & produire.

Qu'il sera taxé voyage à l'accusé décreté d'ajournement personnel, ou d'assigné pour être oui pour l'interrogatoire, suivant sa qualité.

De même au recollement & à la confrontation, & pour le Jugement définitif, avec les séjours ordinaires.

Que les frais de garde des Prisonniers, soit aux Commissaires, Huissiers ou autres Officiers qui s'en chargent, même le séjour de ceux à qui la Ville est donnée pour prison, seront réputés compris aux dommages & intérêts qui seront adjugés; & n'entreront en dépens que les gîtes & géolages seulement.

Qu'il sera taxé voyage d'homme du cheval, pour charger un Sergent de faire les criées.

Autre voyage d'homme de cheval, pour retirer les criées & faire certifier.

Qu'il ne sera point taxé de voyage pour les publications de l'enchere de quarantaine.

Qu'il n'en sera point pareillement taxé pour faire procéder à l'adjudication, mais seulement un vin de Messager de quinze livres, qui seront portées par l'adjudicataire.

Qu'il ne sera taxé au poursuivant qu'un seul voyage, pour produire dans l'ordre, pour homme de cheval; pour faire juger, aura suivant sa qualité, sans qu'il puisse prétendre de séjour que pour dix vacations, outre les quatres jours ordinaires, quelque nombre qu'il y en ait.

Que dans les instances d'opposition à fin de charge & de distraire, il ne sera taxé au poursuivant qu'un seul voyage pour faire juger, d'homme de cheval seulement.

Que dans les instances jugées sur appointemens à mettre, de quelque qualité qu'elles soient, ne sera taxé aucun voyage, mais vin de Messager seulement, à l'arbitrage de celui qui fera la taxe, dont le plus fort ne pourra exceder dix livres.

Que les vins de Messager pour le port de l'exploit, quand il n'y aura point d'affirmation de voyage, seront taxés pour les assignations données au mois & au-dessous, trois livres.

A six semaines & à deux mois, six liv.

Que les Evêques ayant Abbayes, plaidans pour les droits de leurs Abbayes, n'auront voyages que comme Abbés; ainsi que les Abbés qui plaident pour des Prieurés, sans en pouvoir prétendre de plus éloignés que du lieu du Bénéfice qui fait la contestation.

Que les Maires des Villes, Prevôts des Marchands, Echevins, quand ils viendront pour les affaires de la Ville, seront taxés à raison de cent sols par jour.

Que les Messagers ordinaires ayant procès, n'auront que de deux voyages qui seront affirmés, qu'un seul, & les vins du Messager de même.

Que s'il y a plusieurs plaidans en communauté, soit aucuns suivans la Cour ou demeurans en cette Ville, & les autres de Villes éloignées; sera taxé de deux voyages l'un, pour le plus éloigné & le plus qualifié.

Comme aussi, si plusieurs occupans en matiere civile par même Procureur, ayant adjudication de dépens, font plusieurs affirmations, ne seront taxés que les voyages ordinaires au plus qualifié ou éloigné, qui se partageront entre ceux qui auront affirmé sans qu'ils puissent être multipliés contre le condamné.

Que les voyages seront de même taxés en matiere criminelle pour les accusateurs, & aux accusés qui seront renvoyés chacun en particulier, lorsqu'ils seront obligés d'être présens en personne.

Qu'aux affaires évoquées des Cours souveraines & renvoyées, les voyages & séjours se taxeront comme ils auroient été aux lieux dont l'évocation est ordonnée jusqu'au jour d'icelle, & depuis comme on a accoutumé de les taxer en la Cour.

Que les voyages de femmes seront taxés de la même qualité qu'à leurs maris, sans qu'il y soit ajouté l'homme de pied, qu'à celles seulement dont les maris ne sont taxés que pour homme de cheval.

Qu'il ne sera taxé que les voyages ordinaires & ci-devant marqués quoiqu'il y ait plusieurs affirmations; mais lorsqu'il y en aura une pour faire juger, le procès étant en état, le voyage entrera en taxe, encore, que l'Arrêt intervienne après, quelque intervale de tems qu'il y ait.

Que les séjours aux procès jugés de grands Commissaires, ne seront taxés (en conformité de l'Ordonnance) que du jour de la signification de l'acte d'affirmation.

Qu'il ne sera taxé voyage ni vin de Messager, pour payer épices d'un Arrêt, les dépens compensés.

Que quand les dépens de la cause d'appel seront compensés, lorsqu'il n'y aura que ceux de la cause principale à taxer, il ne sera point taxé de voyage de la qualité pour faire juger, attendu qu'il fait partie des dépens compensés; & sera seulement taxé le voyage d'homme de cheval pour lever l'Arrêt.

Qu'il ne sera aussi taxé voyage pour faire taxer les dépens, & que le vin de Messager sera reglé suivant l'assistance pourvû qu'elle n'excede quinze livres.

Que quand les Arrêts portent condamnation de partie de dépens; même compensés en quelques chefs, & les autres reservés, pourvu qu'il y ait condamnation de quelque portion de dépens, les épices se taxeront pour le tout, s'il n'y a arrêté contraire sur la minute & Registre de la Chambre où l'Arrêt sera rendu. Fait en Parlement le dixiéme Avril 1691. Collationné *Signé* DU TILLET.

Lû & publié à la Commmunauté des Avocats & Procureurs de la Cour, ce 21. Mai 1691. par moi Greffier d'icelle Communauté, soussigné. Signé, TUAULT.

VOYER, est un Officier qui a soin des rues & voyes publiques, & qui en cette qualité a inspection sur les saillies, auvents & avenues. Il donne des alignemens pour empêcher qu'on n'entreprenne sur la voye publique, & fait étayer les maisons qui menacent ruine, afin d'empêcher qu'elles ne causent du dommage en tombant.

Ce terme vient de *via*; ainsi on appelle Voyer, celui qui a une inspection & une intendance sur les chemins: *Curator viarum, qui vias munit.*

Il y avoit autrefois un grand Voyer en France; mais sa Charge a fini du tems de Louis XIII. Aujourd'hui les Trésoriers de France, surtout à Paris prétendent être Grands Voyers.

Ils en font la fonction, & ont soin des grands chemins des voyes publiques, du pavé, tant de la Ville que de la campagne. L'Office de Voyer est exécuté ailleurs par le Procureur du Roi, ou autre à qui ce droit est accordé.

VOYER, se dit aussi du Seigneur Voyer qui a Justice & Seigneurie sur les chemins, & qui a droit d'exiger le droit de péage pour leur entretien.

VOYERIE, est un droit d'inspection sur les chemins, tours, remparts, portes, édifices, alignemens, ponts, levées, cloaques, fontaines, maisons, réparations d'Eglises. Ce droit consiste aussi à prendre le soin de la réfection du pavé, de l'apposition & établissement des auvents, enseignes, goutieres & autres.

On distingue deux sortes de voyeries, la grande & la petite. La grande est la police de l'inspection des grands chemins & des rues, du pavé & des bâtimens. Elle consiste quant à l'exercice à donner des alignemens des rues, voyes & grands chemins, à pourvoir aux périls éminens des bâtimens, & à faire démolir tout ce qui est fait & construit au préjudice des Edits & Déclarations, & à empêcher les contraventions qui se pourroient faire au contraire à cet égard. La petite voyerie consiste à avoir soin de la réfection du pavé, de l'apposition & établissement des auvents, enseignes, goutieres & autres.

Les Trésoriers de France ont la connoissance de la grande & de la petite voyerie de la Ville, des Fauxbourgs, & de la Généralité de Paris.

Leurs Jugemens sur le fait de la voyerie sont sans appel; & c'est pour cela qu'ils sont mis au rang des Cours souveraines.

Il y a un Traité du droit de Voyerie par M. Mellier, ou je renvoye ceux qui voudront avoir une plus ample connoissance de cette matiere. C'est un *in-douze* qui a été donné au Public en 1709.

VOYERIE, dans plusieurs Coutumes, se prend aussi pour la Jurisdiction d'un Village exercée par le Voyer. Et dans ce sens, la grande voyerie signifie la moyenne Justice; & la basse ou simple Voyerie, signifie la basse Justice & fonciere.

US

US, est un vieux terme qui ne se dit qu'avec le mot de Coutume, avec lequel il a beaucoup de relation; car Us n'est autre chose que la maniere ordinaire d'agir, qui a passé en force de Loi.

Dans les contrats portant aliénation, on insere ordinairement cette clause, *pour en jouir & disposer suivant les Us & Coutumes des lieux*; ce qui se met ainsi, afin d'éviter la longeur des clauses qu'il faudroit déduire en particulier.

Les Us & Coutumes ne sont autres choses que les maximes générales d'une Province ou d'une Jurisdiction, dont les Juges rendent raison par des actes de notorieté.

Il est nécessaire que ces maximes soient autorisées de plusieurs Jugemens; autrement elles ne seroient pas admises & reçues comme Loi.

US ET COUTUMES DE LA MER, sont des maximes & usages dont on se sert sur la Mer, dans le Commerce & dans la navigation, pour en regler les différends & la police. Les trois Arrêtés qui en furent faits en différens tems & en différens lieux, ont servi de modéle pour faire les Ordonnances & Réglemens de la Marine, tant en France qu'en Espagne, sur lesquels on a reglé depuis les contrats maritimes & la Jurisdiction maritime.

Voyez ce qui en est dit dans le Dictionnaire de Trevoux.

USAGE. Les Romains appelloient Coutume ce que nous appellons usage, qui paroît être la même chose que nos Us & Coutumes. Ainsi parmi nous, usage est le Droit François non écrit, qui s'est introduit imperceptiblement par le tacite consentement des peuples, & qui par une longue habitude s'est acquis la force & l'autorité de la Loi.

Les Coutumes, au contraire, sont comprises aujourd'hui sous le nom de Droit François écrit, puisqu'elles sont rédigées par écrit par autorité publique.

Voyez Coutumes. *Voyez* aussi ce que j'ai dit sur le paragraphe 9. du second titre du premier livre des Institutes de Justinien.

Nous observerons seulement ici, que l'usage n'obtient force de Loi qu'après le choc de contradiction, pour ainsi dire, car il faut que, *judicio contradictorio confirmata sit tritura fori.*

Aussi rien ne donne mieux le dernier sceau à un usage, que de prouver qu'il est autorisé par une suite d'Arrêts qui y sont entierement conformes, ou qu'il est si ancien qu'on n'en peut pas marquer l'origine. Dans ce dernier cas, les Loix, sans rougir de s'y soumettre, avouent qu'un tel usage doit l'emporter sur elle; parce qu'il n'a eu besoin, pour subsister, que d'être gravé dans le cœur des hommes.

USAGES CONTRAIRES A L'HONNESTETÉ ET

AUX BONNES MŒURS, sont ceux qui ont été reçus; ou par l'usurpation que des Seigneurs ont anciennement faites de certains droits ridicules & impertinens, ou par un zéle indiscret & absurde, que quelques personnes ont eu d'abord de donner à leurs Supérieurs des marques éclatantes, mais outrées, de leur soummission envers eux.

Mais comme dans la suite on a reconnu l'absurdité de ces sortes d'usages, ils ont été défendus par les Ordonnances de nos Rois, & rejettés par plusieurs Arrêts, & avec beaucoup de raison. *Mala enim consuetudo, non minùs quàm perniciosa corruptela abjicienda est & vitanda, can. 2. dist. 8. quod contra bonos mores esse dignoscitur, omninò abolendum esse sancimus. Novellâ Justiniani* 134.

Voyez Belordeau en ses observations forenses, lettre C, article 43.

USAGE EN TANT QUE CE TERME EST PRIS POUR UNE SERVITUDE PERSONNELLE, est un droit personnel de prendre sur les fruits d'un bien appartenant à autrui, autant qu'il en faut à l'usage pour ses soins.

Ce droit étant personnel, ne se peut ni donner ni vendre, ni louer. Ce droit étant borné aux besoins de l'usage, il n'est pas si plein ni si étendu que l'usufruit. *Voyez* ce que j'ai dit sur le titre 5. du second livre des Institutes. *Voyez* aussi les Loix civiles, tome 1. liv. 1. tit. 11. sect. 2. Despeisses, tome 1. seconde partie, tit. 1. article 2.

USAGE EN FAIT DE FOREST, se dit I°. du droit qu'on a de couper du bois, ou de mener paître ses bestiaux dans des bois ou forêts du Roi ou des Particuliers, seulement pour ses besoins, & nécessités; c'est-à-dire pour se chauffer, ou réparer sa maison & ses harnois.

II°. Usages au pluriel se dit des bois, des pâturages, des brossailles, des terres vaines & vagues qui appartiennent à des Communautés, où chaque Particulier peut mener ses bestiaux, ou prendre du bois pour son usage.

USAGER, est celui qui a droit d'usage dans des pâtures.

Usager, se dit aussi de celui qui a droit d'usage dans les bois.

Il est enjoint par les Ordonnances aux Usagers, d'avertir les Proprietaires ou Verdiers, avant que d'abbattre les bois dont ils ont besoin pour leur usage, pour éviter les entreprises & les dégats qu'ils pourroient faire.

Ainsi les habitans qui ont droit d'usage de bois & forêts, n'en peuvent user à discretion, quoique ce soit pour leurs affaires; mais ils doivent avertir le Forestier, & lui faire marquer les arbres dont ils auront besoin; & s'il n'y satisfait, ils peuvent en couper sans fraude.

Il faut encore remarquer, I°. qu'il est défendu aux pauvres gens de vendre leurs usages à gens puissans & riches. II°. Que les Usagers ne peuvent prendre les arbres abbatus par les orages.

USANCE, se prend quelquefois pour l'usage & la jouissance de quelque chose; mais ordinairement il signifie le terme de trente jours, qui est accordé pour payer les Lettres de change tirées sur l'Angleterre, la Hollande, l'Allemagne, l'Espagne & le Portugal, ou qui sont tirées de ces pays sur un Négociant de France. Une Lettre à usance, c'est-à-dire payable un mois après sa date: à double usance, c'est-à-dire deux mois. En Espagne & en Portugal, l'usance est de deux mois; & deux usances font quatre mois. *Voyez* le parfait Négociant de Savary, tome 1. livre 3. chapitre 5. *Voyez* Change *Voyez* aussi ce qui en est dit par Bornier sur l'article 5. du tit. 5. de l'Ordonnance de 1673. & le Dictionnaire de Trevoux *verbo* Usance.

Comme usance se prend quelquefois pour l'usage & jouissance de quelque chose, la Coutume d'Aangoumois, article 6. appelle ancienne usance la prescription de très-long-tems.

USANS DE LEURS DROITS, sont ceux qui sont majeurs de 25. ans comme en l'article 292. de la Coutume de Paris, ou qui sont émancipés soit par émancipation obtenue par Lettres du Prince, ou par celle qui est causée par le mariage, ensorte néanmoins que ceux qui sont émancipés par l'une ou l'autre maniere, ne sont réputés usans de leurs droits, que pour ce qui regarde l'administration de leurs biens, & non pour vendre, engager, ou aliéner leurs immeubles tant qu'ils sont en minorité. Art. 239. de la Coutume de Paris.

USER DE MAIN-MISE, signifie frapper. On le dit aussi d'une saisie réelle

USTENSILES D'HÔTEL; sont ceux qui servent journellement dans une maison, comme sont les bancs, escabelles, tables, ustensiles de cuisine, lits, & autres choses semblables énoncées dans la Somme rurale de Bouteiller, livre 1. tit. 74.

Ils sont réputés meubles quand ils se peuvent transporter sans fraction ni détérioration; parce qu'alors il n'y a aucune cause qui les puisse faire réputer immeubles contre leur propre nature.

Mais quand ils sont attaché à fer & à clou, ou scellés en plâtre, & mis pour perpétuelle demeure, de maniere qu'ils ne peuvent être transporté ailleurs sans détérioration, ils sont réputés immeubles; parce qu'étant incorporés à la maison, ils sont censé en faire partie.

Les ustensiles d'Hôtel sont encore réputés immeubles, quoiqu'ils ne soient pas attachés à fer & à clou à la maison, lorsqu'ils ont été mis pour perpétuelle demeure; parce que la destination du pere de famille peut d'un meuble faire un immeuble, ou au moins le faire réputer immeuble, pour être reglé comme tel dans sa succession, & en plusieurs autres cas.

Ainsi l'artillerie, les canons & autres armes destinées pour la défense d'un Château, & les paremens, les ornemens & les livres qui servent à la Chapelle du Château, sont réputés immeubles par la seule destination du pere de famille. *Ea enim*

quæ

quæ perpetui usûs causâ in ædificiis sunt, constat esse ædificii: quæ verò ad præsens, non esse ædificii. Leg. 17. §. 7. & seq. ff. de actionib. empti & venditi.

Voyez ce que j'ai dit sur l'article 90. de la Coutume de Paris, nomb. 1.

USUCAPION, est l'acquisition de la proprieté d'une chose, qui se fait par le moyen de la possession continuée sans interruption, pendant le tems requis par la Loi.

La prescription, au contraire, n'étoit autrefois chez les Romains qu'une fin de non-recevoir, & une défense particuliere, en vertu de laquelle le possesseur qui avoit prescrit, étoit maintenu en sa possession avec une pleine & entiere sûreté contre l'action réelle du proprietaire, & contre tous droits d'hypotéque.

Il y avoit suivant l'ancien Droit Romain, plusieurs différences considérables entre l'usucapion & la prescription, que j'ai rapportées au commencement du sixiéme titre du second livre des Institutes de Justinien.

Mais depuis que cet Empereur eut transformé l'usucapion en la prescription, ces deux mots ne signifient plus qu'une même chose. Il est cependant à remarquer que le terme d'usucapion est plus souvent employé dans le Droit nouveau, pour signifier les choses corporelles; & celui de prescription pour les choses incorporelles, & pour les moyens de s'acquitter d'obligations, actions, servitudes & autres droits semblables.

Parmi nous, l'on se sert peu du terme d'usucapion; celui de prescription est plus François: ainsi nous nous en servons pour signifier non-seulement un moyen de s'affranchir d'une dette, d'une servitude, ou de quelqu'autre droit incorporel, par le laps de tems; mais aussi pour signifier un moyen d'acquerir la proprieté d'une chose corporelle, par le moyen de la possession continuée sans interruption pendant le tems requis par la Loi. *Voyez* Prescription.

USUFRUIT, est le droit de jouir d'une chose appartenante à autrui, sans en diminuer la substance. L'usage & l'usufruit different, en ce que l'usufruitier fait tous les fruits siens de la chose en laquelle il a l'usufruit; mais celui qui n'a que l'usage d'une chose, n'en peut percevoir qu'autant qu'il en a besoin pour lui & pour sa famille.

Voyez ma Traduction des Institutes, titres 4 & 5. du second livre. *Voyez* aussi les Loix civiles, tome 1. tit. 11, Despeisses, tom. 1. partie 2. tit. 1. Nous ferons seulement ici les observations suivantes.

L'usufruit d'un héritage étant un droit inhérent à un immeuble, est consideré comme un véritable immeuble. D'où il s'ensuit, que si celui qui est usufruitier a des créanciers, un d'eux peut saisir réellement l'usufruit que son débiteur à sur un immeuble. Ensuite l'on porte la saisie réelle chez le Commissaire établi par icelle pour l'enregistrer, & faire proceder au bail judiciaire de la jouissance de l'héritage, ou bien pour recevoir les revenus de l'usufruit, s'ils ne consistoient qu'en rentes.

On ne fait point de criées d'un usufruit; on donne assignation au saisi pour en voir ordonner la vente; & après que les délais sont échus, & que la procédure ordinaire a été observée, on obtient Sentence, portant que l'usufruit sera vendu & adjugé à la Barre de la Cour, pardevant celui de Messieurs qui sera commis.

Cette vente ne se fait qu'après trois publications & affiches, qui doivent être faites & apposées aux lieux & endroits ordinaires & accoutumés: & comme l'affiche est le fondement de l'adjudication, il faut qu'elle soit bien circonstanciée.

Après les trois publications faites de quinzaine en quinzaine, on fait une enchere qui met le prix à l'usufruit qui doit être adjugé; & l'on y marque, comme on doit l'avoir fait dans les affiches, que l'adjudicataite jouira de l'usufruit, aux charges dont l'usufruit est chargé, comme sont les reparations locatives; les cens, rentes, corvées & autres, qui doivent être exprimées, s'il y en a; & aussi à la charge que le poursuivant sera remboursé par préference aux créanciers des frais de la saisie réelle, & de ceux qu'il conviendra faire jusqu'à l'adjudication, soit par l'adjudicataire, ou sur les deniers provenans du prix.

Enfin, le jour de l'adjudication venu, l'usufruit est adjugé à la Barre de la Cour, au plus offrant & dernier encherisseur.

Les confiscations de biens meubles & immeubles situés dans une haute-justice, le droit de bâtardise & de deshérence, appartiennent à l'usufruitier en pleine proprieté, à l'exclusion du proprietaire; ensorte que l'usufruitier n'est pas tenu de les lui restituer après l'usufruit fini.

En effet, les biens confisqués sont les fruits de la Jurisdiction, & le proprietaire du fief n'en a jamais eu la proprieté. Ainsi le proprietaire ne peut pas se plaindre que la proprieté de la chose ne lui soit pas rendue telle qu'elle étoit au tems de la constitution de l'usufruit, puisque la chose confisquée n'en faisoit point partie pour lors.

Barthole sur la Loi derniere, *ff. soluto matrimonio*, est de cet avis, & rapporte pour exemple que les confiscations & amendes, en conséquence de la Terre & Seigneurie donnée en dot par la femme à son mari, appartiennent au mari comme fruits civils de la Jurisdiction, & ne se rendent point après la dissolution du mariage.

Voyez Charondas sur l'art. 183. *in fine* de la Coutume de Paris, & au premier livre de ses Pandectes, chap. 22. & Brodeau sur le même article de la Coutume de Paris, nomb. 24.

Pour un simple usufruit, ne sont dûs aucuns profits ni émolumens de fief, ni aucuns droits seigneuriaux. *Cum verum laudimiorum subjectum sit fundus, usufructus autem prout est formalis & abstractus à proprietate, nec fundus sit, nec fundi para, nec ejus causa manus mutetur, nec vessallus alius aut esse incipiat, aut prior desinat, jura dominica locum non habent in usufructus venditione.*

Voyez Henrys, tome 1. livre 3. chapitre 3. question 21.

En pays de droit écrit, le legs de l'usufruit d'un héritage fait par un mari à sa femme, pour lui tenir lieu de sa dot, n'emporte pas la proprieté de ce domaine, & après la mort de la femme il doit retourner aux héritiers du mari. *Voyez* Henrys tome 2. livre 5. question 15.

Le pere ne peut pas se départir au profit de ses enfans, & au préjudice de ses créanciers, d'un usufruit qui lui appartient en vertu de la disposition de l'homme; mais il le peut lorsque l'usufruit lui appartient en vertu de la Loi. *Voyez* le Commentateur d'Henrys, tom. 2. liv. 5. quest. 54.

En pays de Droit écrit, la regle est que le pere qui a ses enfans en sa puissance, jouit pendant sa vie de l'usufruit de leurs biens; mais que cette regle souffre quelques exceptions. *Voyez* le même Auteur, tom. 2. liv. 4. quest. 13.

USUFRUIT D'UNE FOREST, donne la jouissance du mort-bois, consistant en coudre, genêt, houx, geniévre, bourdaine, aulne, saule, tremble & autres appellés mort-bois, parce qu'ils ne portent point de fruits.

Cet usufruit donne aussi la jouissance du bois mort en cime & racine, quand il n'est pas propre à ouvrage, & encore la jouissance des bois abbatus par les vents, pourvû toutefois que l'usufruitier s'en serve à son usage sans les vendre. *Leg. 2. de usufr. Voyez* l'article 29. de l'Ordonnance d'Orléans.

USURE, est ce que le débiteur donne à son créancier pour le profit de ce qu'il lui a prêté, sans diminution du principal; ensorte que le créancier puisse poursuivre son débiteur pour repeter le sort principal quand il voudra.

On distingue trois sortes d'usures; sçavoir, la lucratoire, la punitoire & la compensatoire. L'usure lucratoire, est celle qui est promise au créancier en pur gain du prêt qu'il a fait. L'usure punitoire, est la peine du retardement que fait le débiteur de payer une dette. L'usure compensatoire, est celle qui tient lieu au créancier de dedommagement, par rapport au gain qu'il manque à faire, ou à la perte qu'il souffre faute de payement de la part de son débiteur.

L'usure lucratoire est absolument défendue parmi nous; les Ordonnances de nos Rois ont en cela suivi la disposition du Droit canonique, qui défend ces sortes d'usures, quoiqu'elles fussent permises par le Droit Romain, quand elles n'étoient pas excessives, & qu'elles ne passoient pas les bornes que les Loix Romaines y mettoient.

L'usure compensatoire est permise parmi nous, d'autant qu'elle tient lieu de dommages & intérêts. Par exemple, les intérêts des deniers qui ont été promis en dot, sont dûs au mari à compter du jour du mariage, à cause que dès ce jour-là il est chargé de la dépense & de l'entretien du menage. Pareillement l'acquereur d'un fonds qui n'en a pas payé le prix, doit naturellement les intérêts de ce même prix, sans qu'on ait besoin de faire des commandemens, ni d'obtenir de condamnation contre lui, à cause qu'ils viennent en compension de la jouissance du fonds, dont le vendeur est privé depuis la tradition qu'il en a faite à l'acquereur.

L'usure punitoire n'est pas défendue parmi nous; les Juges y condamnent par forme de dédommagement, lorsque le demandeur assigne son débiteur à lui payer ce qu'il lui doit, avec les intérêts de la somme dûe; en ce cas les Juges condamnent aux intérêts, lesquels sont dûs (à compter de jour de la demande suivie d'une condamnation) non comme un profit pour le créancier, mais bien comme un dédommagement de la perte que lui a causé le retard du débiteur.

Quoiqu'il ne soit pas permis de stipuler des intérêts de l'argent qu'on a prêté, cela néanmoins est permis au cas de l'aliénation de l'argent prêté; ce qui se fait dans les rentes constituées. Celui qui donne une somme d'argent à la charge que celui qui le reçoit lui en payera les arrérages aux taux du Roi, c'est-à-dire au denier vingt, comme pour 20000. livres par chacun an, il aliéne ces 20000. livres; ensorte qu'il n'est plus en son pouvoir de les répeter de son débiteur tant qu'il lui en payera la rente, sçavoir 1000. livres chaque année; mais il dépend seulement du débiteur de se décharger de telle rente pour l'avenir, en rendant à son créancier le sort principal de la rente, c'est-à-dire la somme pour laquelle il s'est obligé de payer à son créancier une telle somme par chaque année.

L'usure ne se prescrit point. Ainsi jugé par Arrêt du 7. Juillet 1707. La Cour entérina des Lettres de rescision prises par l'héritier du débiteur le 17. Avril 1706. contre le consentement par lui donné en 1647. à l'effet de passer une Sentence de condamnation d'intérêts, non précedée d'exploit qui en fit la demande. Cinquante-quatre ans après, cette Sentence, qui avoit été rendue le 29. Octob. 1647. nonobstant ce consentement & autres actes approbatifs, la Cour ordonna que les intérêts seroient payés sur le principal. La même chose a été depuis jugée par Arrêt du 23. Juillet 1713.

L'usure lucratoire a été réprouvée dans tous les tems, comme une chose odieuse & très-pernicieuse à l'Etat: aussi a-t'elle toujours été regardée comme le poison le plus dangereux à la société civile.

Par l'Ordonnance de S. Louis de l'année 1254. il est défendu aux Chrétiens & aux Juifs d'exercer aucune usure.

Par celle de Charles IX. de l'année 1560. les usuriers doivent être condamnés à la restitution, & punis corporellement.

Par celle de Henri III. de l'année 1570. article 202. les usuriers doivent être condamnés pour la premiere fois à faire amende honorable, à un bannissement, & en une amende, & pour la seconde fois au gibet.

Touchant l'usure, *Voyez* ce que nous avons dit dans la Science parfaite des Notaires, où nous avons traité cette matiere fort au long.

USURE MARITIME, est celle qui a lieu pour prêt d'argent fait à celui qui va faire des voyages de long cours, & négocier au-delà des mers : c'est pourquoi cet argent est appellé *pecunia trajectitia*. Il est parlé de cette usure dans les titres du Digeste & du Code *de nautico fœnore.*

Il étoit permis chez les Romains de stipuler dans ce cas des intérêts légitimes, mais tels qu'il plaisoit aux Parties ; & parmi nous, quoique toutes stipulations d'intérêts pour prêt d'argent, soient prohibées elles sont permises lorsqu'elles se font pour le trafic & marchandises sur mer ; & ces intérêts peuvent, de même que chez les Romains, être aussi forts qu'il plaît aux Parties.

Comme dans ces sortes de contrats, que l'on appelle prêts aux grosses avantures, le créancier prend sur lui tous les périls qui peuvent arriver ; ensorte que le vaisseau faisant naufrage, & l'argent étant perdu, il perd le droit de l'exiger de son débiteur : ces intérêts extraordinaires sont le prix & la récompense du péril auquel s'expose volontairement le créancier, contre la nature du prêt mutuel. Ainsi un tel contrat est moins un prêt qu'une société, dans laquelle chacun risque à perdre où à gagner ; & il est juste que le créancier, qui prend sur lui le péril de l'argent qu'il prête, en puisse tirer un avantage considérable & extraordinaire, & participe au gain que son débiteur fait à l'occasion de l'argent qu'il lui a prêté, lorsque le vaisseau revient sans faire naufrage.

USURPATEUR, est un injuste possesseur du bien d'autrui, qui s'en est emparé par violence.

On appelle aussi usurpateur, le Seigneur qui fait enclore les héritages de ses Vassaux dans son parc, auquel cas il est tenu de payer le triple de l'estimation ; comme il a été jugé par Arrêt du 15 Mars 1643. rapporté dans le premier tome du Journal des Audiences, livre 5. chap. 10. *Voyez* l'Ordonnance de Philippe-le-Bel de 1303. & la Loi 13. au Digeste *communia prœdiorum.*

Depuis, la question a été décidée autrement aux Requêtes du Palais entre Monsieur de Bechamel de Nointel, & les nommés Benoist. Monsieur de Bechamel avoit fait offre d'une somme qui n'équipolloit pas le double de la valeur des terres qu'il avoit enclavées dans son parc. Ses offres ont été déclarées bonnes & valables par Sentence rendue en la premiere des Requêtes du Palais le 27. Janvier 1711, & par Arrêt du... de la même année, cette Sentence a été confirmée.

USURPATEURS DE NOBLESSE, sont ceux qui sans être Nobles en prennent le titre & la qualité dans les actes qu'ils passent, & qui par cette voie s'attribuent les prérogatives & les exemptions des Nobles. *Voyez* ci-dessus Noblesse.

C'est une usurpation condamnable, que de se faire honneur de la qualité de Noble quand on ne l'a pas ; & celui qui en est convaincu, subir les peines établiés par les Ordonnances contre les usurpateurs de noblesse. Cette poursuite se fait à la Cour des aydes, ou par le Jugement qui intervient sur la conviction du titre de noblesse usurpé sans titre légitime, il est fait défenses à celui qui se l'étoit donné, de prendre à l'avenir les qualités de Chevalier, Ecuyer ou autres annexées à la noblesse ; & il est ordonné qu'elles seront rayées & biffées sur tous les actes où elles auront été employées & que le timbre apposé à ses armes sera rompu & brisé ; & pour avoir pris & usurpé la qualité de Noble, on le condamne à une amende considérable ; suivant les Edits & Déclarations du Roi, & aux dépens de l'instance, avec injonction aux Asseseurs & Collecteurs des Tailles de l'y imposer comme roturier.

Autrefois l'amende qui étoit encourue pour avoir usurpé le titre de Noble, étoit de deux mille livres ; mais les nouvelles Ordonnances prononcent une amende plus forte.

Voyez l'Ordonnance d'Orléans, article 110. celle de Blois, article 257. l'Edit d'Henri III. du mois de mars 1583. article 1. celui de 1600. article 25. & celui de 1634. article 3. vérifié en la Cour des Aydes : au sujet des Tailles.

USURPATION, est une simple possession de fait, sans aucun titre légitime : c'est une jouissance injuste & frauduleuse d'une chose, ou d'un droit dont on s'est emparé de mauvaise foi, par violence ou par artifice, au préjudice du Public ou des Particuliers ; & c'est dans ce sens-là que le nom d'usurpateur est toujours un nom trés-odieux.

La peine de ce délit dépend des circonstances.

USURPATION DES DROITS DE SOUVERAINETÉ a eté faite autrefois, sous la seconde Race de nos Rois, par plusieurs grands Seigneurs, comme nous l'avons dit ci-dessus en parlant des droits seigneuriaux exorbitans.

UT

UTERIN. *Voyez* Frere.

VU

VU. Le vû d'une Sentence ou d'un Arrêt rendu sur productions des Parties, est une énumération des piéces par elles produites, qui se fait après les qualités des Parties, lesquelles piéces ont servi à la décision du procès.

Dans les Jugemens d'Audience il n'y a point de vû, mais seulement les qualités des Parties & le dispositif.

A l'égard des Jugemens qui commencent par *Vû la Requête*, ce sont des Jugemens donnés sur Requête, qui ne sont point contradictoires, & qui par conséquent ne font aucun préjugé

VUE. En fait de Lettres de change, on dit qu'une Lettre est payable a vûe, ou à huit jours de vûe, c'est-à-dire aussi-tôt qu'elle sera présentée par le porteur, ou huit jours après.

VUES. Touchant les vûes qu'on est en droit de faire sur les héritages voisins, il faut distinguer si le mur où l'on fait les vûes est mitoyen, ou s'il ne l'est pas.

S'il est mitoyen, on ne peut faire aucune vûe sans le consentement du voisin.

Si le mur n'est pas mitoyen, & qu'il soit à six pieds de distance de l'héritage voisin, on peut faire telles vûes qu'on veut.

Mais s'il n'y a que deux pieds, l'on ne peut faire que des vûes biaises.

Enfin, s'il y a moins de deux pieds, il faut se contenter de vûes à fer maillé ou à verre dormant.

Voyez ce que j'ai dit sur l'article 199. & suiv. de la Coutume de Paris.

VUES ET MONTRÉES. *Voyez* Désignation, & ce que dit Bornier sur le dernier article du titre 9. de l'Ordonnance de 1667.

VUES ET MONTRÉES. Plusieurs Coutumes parlent des vûes & montrées, c'est-à-dire la vûe d'un héritage que le demandeur faisoit au défendeur: *sicque litigantes in rem præsentem veniebant, in prædium de quo litigabatur, simul profecti.* Pour en faire la vûe & démonstration, & afin que le Juge en pût asseoir son Jugement avec plus de certitude & de connoissance de cause, le défendeur étant certifié de quel héritage il étoit, & quelle en étoit la consistance & l'étendue.

Mais comme on y parvient aisément par les descentes sur les lieux, ces vûes & montrées ont été abrogées par l'article 5. du tit. 9. de l'Ordonnance de 1667. De plus, l'article 3. du même titre porte, que ceux qui feront demande des censives par action, ou de la proprieté de quelque héritage, rente fonciere, charge réelle ou hypotéque, seront tenus, à peine de nullité, de déclarer par leur premier exploit le Bourg, Village ou Hameau, le terroir & la contrée où l'héritage est situé, sa consistance, ses nouveaux tenans & aboutissans du côté du Septentrion, Midi, Orient & occident, sa nature au tems de l'exploit, si c'est terre labourable, prés, bois, vignes ou d'autre qualité; ensorte que le défendeur ne puisse ignorer pour quel héritage il est assigné. *Voyez* Henrys & son Commentateur, livre 3. chap. 3. quest. 18.

VUIDER SES MAINS, signifie délaisser ou remettre quelque chose entre les mains d'un autre.

On dit que les Gens de main-morte peuvent être contraints de vuider leurs mains des héritages non amortis.

On dit aussi qu'un dépositaire vuide ses mains des deniers qu'il a, quand il les remet entre les mains de qui il est ordonné.

VUIDER LES LIEUX, signifie sortir d'une maison & autres bâtimens, cour, jardin & dépendances.

On dit, en parlant d'un fermier ou locataire, qu'il sera tenu de vuider les lieux, pour dire qu'il sera tenu d'en sortir, & en laisser la libre jouissance au proprietaire, locatoire, ou autre qui doit y entrer.

Y

YV YV

YVRESSE, n'excuse pas d'un homicide, ni de quelqu'autre crime, d'autant que celui qui est yvre est à la vérité privé de sens & de connoissance; mais comme il en est privé par sa faute, il n'est point excusable: *Nulla vini culpa est, sed bibentis.* L'yvresse étant, selon S. Basile, la mere de l'impudence, *& judicii totius obtenebratio*, est une chose trop odieuse pour mériter quelque faveur. *Qui à demone obsidentur*, disoit le même S. Basile, *illi sunt miseratione digni; at ebrii quamvis eadem perpatiantur, nulla tamen misericordia digni judicantur, eo quod sponte sua cum demone contendant.*

Cependant le Juge peut condamner les coupables à une moindre peine, suivant les circonstances; mais les délits qu'ils commettent dans l'yvresse ne doivent jamais demeurer impunis.

Nous lisons même dans Plutarque que Pittacus fit une Loi, par laquelle si quelqu'un s'étant enyvré venoit à faire quelque faute, il étoit puni plus sévérement que s'il avoit manqué n'étant pas yvre.

Pour éviter les inconvéniens qui proviennent de l'intempérance, il faut se représenter sans cesse que la sobrieté est la mere de toutes les autres vertus, qui conserve la force de notre jugement, qui entretient notre mémoire en sa vigueur, & qui nous rend capables de garder le dépôt du secret; enfin c'est elle qui est le principe des bonnes actions.

Continentia, inquit Sanctus Ambrosius, facit sobrium abstinentium, moderatum, pudicum. Hæc virtus si in animo habitat, libidinem frænat, affectus temperat, desideria sancta multiplicat, vitiosa castigat, omnia intra nos confusa ordinat, scientias inserit, mentemque placida tranquillitate componit.

Si nous devons esperer tant de biens de l'abstinence, quels malheurs ne devons-nous pas appréhender de l'intempérance, qui étant sœur & compagne de l'oisiveté, est aussi comme elle la mere de tous les vices. Aussi on ne peut pas voir un homme yvre sans frémir, raison qui détermina les Lacédémoniens à faire enyvrer souvent leurs esclaves, pour faire horreur de l'yvrognerie à leurs enfans.

Fin du second Volume.

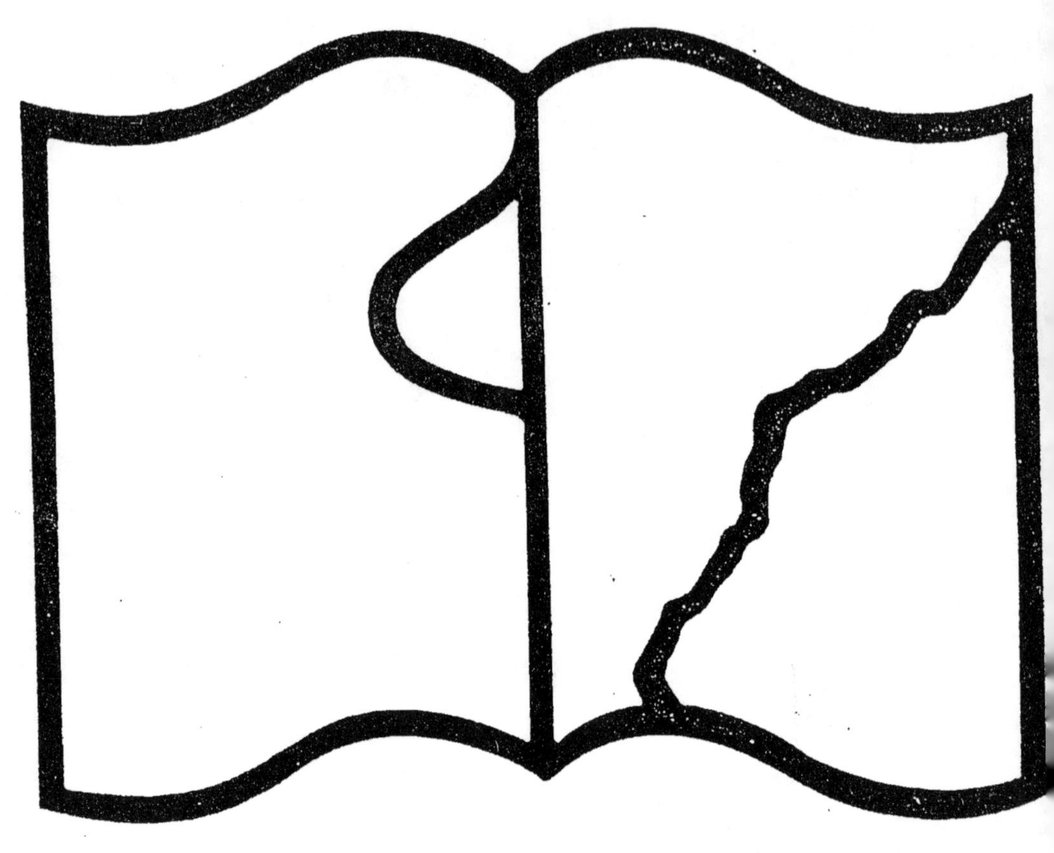

Texte détérioré — reliure défectueuse

NF Z 43-120-11